水下生产系统（上）

Shuixia Shengchan Xitong

白　勇　主编

中国工信出版集团

哈尔滨工程大学出版社
Harbin Engineering University Press

内容简介

水下生产系统是开发深水油气田工程的重要技术，其主要设备包括水下采油树、管汇、跨接管、立管和管道等。本书作者根据自己三十多年的海洋工程工作经验，结合海洋石油开发项目中的一些工程实际问题，系统地介绍了水下生产系统在海洋石油工程中应用的基本理论。本书以工程实例为主导，在内容上分为上、中、下三篇，包括油田开发与流动保障、采油树与管汇、立管与管道。每一部分都结合实际工程应用，给出了适用的行业规范和数据，为国内发展深水油田项目提供了基础理论依据。

本书有较强的实用性，可作为高等学校海洋工程专业的选修教材，也可供从事海洋工程研究、设计的科技人员参考使用。

图书在版编目(CIP)数据

水下生产系统 / 白勇主编. —哈尔滨 : 哈尔滨工程大学出版社, 2020.10

(国之重器出版工程·现代舰船设计)

ISBN 978-7-5661-2792-1

Ⅰ. ①水… Ⅱ. ①白… Ⅲ. ①海上油气田-油气开采-综合生产系统 Ⅳ. ①TE53

中国版本图书馆 CIP 数据核字(2020)第 184192 号

选题策划 史大伟 薛 力
责任编辑 雷 霞 唐欢欢
封面设计 刘长友

出　　版 哈尔滨工程大学出版社
社　　址 哈尔滨市南岗区南通大街 145 号
邮政编码 150001
发行电话 0451-82519328
传　　真 0451-82519699
经　　销 新华书店
印　　刷 固安县铭成印刷有限公司
开　　本 710 mm×1 000 mm 1/16
印　　张 103.75
字　　数 2027 千字
版　　次 2020 年 10 月第 1 版
印　　次 2020 年 10 月第 1 次印刷
定　　价 598.00 元(全 3 册)
http://www.hrbeupress.com
E-mail:heupress@hrbeu.edu.cn

苏哲子　中国工程院院士

李伯虎　中国工程院院士

李应红　中国科学院院士

李新亚　国家制造强国建设战略咨询委员会委员、中国机械工业联合会副会长

杨德森　中国工程院院士

张宏科　北京交通大学下一代互联网互联设备国家工程实验室主任

陆建勋　中国工程院院士

陆燕荪　国家制造强国建设战略咨询委员会委员、原机械工业部副部长

陈一坚　中国工程院院士

陈懋章　中国工程院院士

金东寒　中国工程院院士

周立伟　中国工程院院士

郑纬民　中国计算机学会原理事长

郑建华　中国科学院院士

屈贤明 国家制造强国建设战略咨询委员会委员、工业和信息化部智能制造专家咨询委员会副主任

项昌乐 “长江学者奖励计划”特聘教授，中国科协书记处书记，北京理工大学党委副书记、副校长

柳百成 中国工程院院士

闻雪友 中国工程院院士

徐德民 中国工程院院士

唐长红 中国工程院院士

黄卫东 “长江学者奖励计划”特聘教授

黄先祥 中国工程院院士

黄　维 中国科学院院士、西北工业大学常务副校长

董景辰 工业和信息化部智能制造专家咨询委员会委员

焦宗夏 “长江学者奖励计划”特聘教授

前 言

在海洋油气资源开发的初期，都是把生产出的油气先输送到海洋平台上或岸基设施上，然后再进行与陆上油气田开发相似的各种后续处理工序。近年来，随着科学技术的发展，海洋油气开发从海洋平台逐步向以水下生产系统为基础的发展方向上转移。水下生产系统不仅能够提高采收率、解决油井产出物处理和输送问题，而且受海平面环境的影响较小，能够适用于深水或超深水油气开发，因而其倍受关注并得到蓬勃发展。

处于海洋环境中的油气资源开发结构物承受着极其复杂的环境荷载，基于工程实践的系统设计与计算对于海洋石油的开采有着非常重要的意义。目前，国内还没有一套完整的书籍来介绍水下生产系统的设计与开发，水下生产设备的设计、制造、安装与测试，水下工程管理与经济评估，海底管道，因此，作者结合三十多年来从事的海洋石油开发项目中的一些工程实际问题，系统地介绍了水下生产系统在海洋石油工程中基本理论的应用。

本书以工程实例为主导，在内容组织上分为上、中、下三篇，包括油田开发与流动保障、采油树与管汇、立管与管道。上篇油田开发与流动保障，主要基于当前世界上成熟的水下生产系统模型，从水下生产系统的设计与发展、油井的布置、水下分配系统、水下控制系统、水下定位和勘测、水下设备安装、风险控制、经济评估与项目管理等各个方面，系统地介绍了水下生产系统的基本情况；并从石油天然气和伴生固体的物理特性及流动特性分析水下生产系统的可操作性、系统完善性和系统可实现性。采油树与管汇主要基于相关规范和实际工程经验，对深水水下生产设施，包括水下采油树，水下管汇、跨接管和水下接头等主要设备，从结构、材料选择及设计、建造、运输、安装、计算分析等方面开展了深入系统的研究，为进一步促进国内相关产业的发展，减少关键技术对国外的依赖，提升我国企业的竞争力奠定了基础。立管与管道阐述各种海洋环境作用下海洋立管和海底管道系统设计及安装分析方法，通过图文并茂的方式，使读者对海洋立管工程和海底管道相关的问题和要点有初步的认识和理解。

本书在编写过程中，参考和引用了一些专家学者的著作，在此表示衷心的感谢。由于编者能力有限，书中难免出现疏忽和纰漏，望各位专家和同仁给予批评指正。

编　者

2020 年 5 月

目　录

第一篇　深水油气田开发

第 1 章　水下工程概况 ………… 003
1.1　引言 ………… 003
1.2　水下生产系统 ………… 006
1.3　流动保障和系统工程 ………… 011
1.4　水下结构和设备 ………… 017
1.5　水下输送管道 ………… 021
第 2 章　水下油田发展 ………… 023
2.1　水下油田开发概述 ………… 023
2.2　浅水区和深水区的油井开发 ………… 024
2.3　干式采油树和湿式采油树 ………… 025
2.4　水下回接发展 ………… 029
2.5　独立式开发 ………… 033
2.6　人工举升法及其限制 ………… 037
2.7　水下生产过程 ………… 041
2.8　基盘、丛式管和菊链 ………… 043
2.9　水下油气井工程的评估 ………… 047
第 3 章　水下分配系统 ………… 053
3.1　引言 ………… 053
3.2　设计参数 ………… 055
3.3　水下分配系统各组件的设计要求 ………… 056

第 4 章　海底勘察、选址及奠基 …… 075
4.1　引言 …… 075
4.2　海底勘察 …… 076
4.3　水下测量与定位 …… 083
4.4　海底土壤勘察 …… 088
4.5　水下基础 …… 093
第 5 章　水下安装与安装船要求 …… 107
5.1　引言 …… 107
5.2　典型安装船 …… 108
5.3　安装船的要求和选择 …… 116
5.4　安装定位 …… 118
5.5　安装分析 …… 120
第 6 章　油气田水下生产工程项目成本估算 …… 125
6.1　水下成本估算概述 …… 125
6.2　水下资本开支 …… 127
6.3　成本估算方法 …… 128
6.4　水下设备费用 …… 134
6.5　测试和安装费用 …… 142
6.6　项目管理和工程费用 …… 145
6.7　运营费用(OPEX) …… 145
6.8　水下生产系统生命周期费用 …… 146
6.9　实例分析——水下生产开发资本支出估算 …… 149
第 7 章　水下控制 …… 155
7.1　概述 …… 155
7.2　控制系统分类 …… 157
7.3　水上设备 …… 163
7.4　水下控制模块安装基座 …… 167
7.5　水下控制模块 …… 168
7.6　水下传感器 …… 172
7.7　高完整性压力保护系统 …… 175
7.8　水下生产控制系统 …… 179

7.9　安装和维修控制系统 …… 181
第 8 章　水下电源 …… 185
8.1　引言 …… 185
8.2　电力系统 …… 186
8.3　液压动力单元(HPU) …… 194
第 9 章　项目执行与交接管理 …… 199
9.1　简介 …… 199
9.2　项目执行 …… 200
9.3　交接 …… 209
第 10 章　ROV 修井和接口 …… 215
10.1　引言 …… 215
10.2　ROV 修井 …… 215
10.3　水下机器人系统 …… 220
10.4　ROV 接口工具 …… 226
10.5　遥控工具(ROT) …… 233
第 11 章　水下脐带缆 …… 239
11.1　简介 …… 239
11.2　水下脐带缆元件 …… 241
11.3　水下脐带缆的设计 …… 243
11.4　附属设备 …… 249
11.5　系统联试 …… 253
11.6　安装 …… 254
11.7　技术挑战和分析 …… 256
11.8　脐带缆工业历程 …… 262

第二篇　水下工程的风险及可靠性分析

第 12 章　水下工程的风险及可靠性分析 …… 267
12.1　简介 …… 267
12.2　风险评估 …… 269
12.3　环境影响评估 …… 273
12.4　项目风险管理 …… 277

12.5 可靠性 …… 278
12.6 故障树分析 …… 283
12.7 水下失效减少的认定 …… 287
第 13 章 水下设备 RBI …… 289
13.1 简介 …… 289
13.2 目标 …… 289
13.3 水下设备 RBI 方法 …… 290
13.4 管道 RBI …… 298
13.5 水下采油树 RBI …… 307
13.6 水下管汇 RBI …… 311
13.7 RBI 输出及收益 …… 319
第 14 章 海底系统工程 …… 321
14.1 简介 …… 321
14.2 典型的流动保障过程 …… 323
14.3 系统设计和操作 …… 330
第 15 章 水力学 …… 337
15.1 引言 …… 337
15.2 烃的组成和特性 …… 337
15.3 乳状液 …… 343
15.4 相态 …… 346
15.5 油气流动 …… 350
15.6 段塞和液体处理 …… 362
15.7 段塞捕集器设计 …… 369
15.8 压力波动 …… 372
15.9 线路尺寸计算 …… 373
第 16 章 热传导和隔热 …… 381
16.1 绪论 …… 381
16.2 热传导基础 …… 382
16.3 *U* 值 …… 392
16.4 稳态热传导 …… 396
16.5 瞬态热传导 …… 399

16.6 热管理方案及隔热 …… 403
第17章 水合物 …… 421
17.1 简介 …… 421
17.2 水合物的物理性质和相特性 …… 423
17.3 水合物防治 …… 431
17.4 水合物治理技术 …… 435
17.5 水合物控制设计理念 …… 438
17.6 热力学抑制剂的回收 …… 443
第18章 蜡和沥青质 …… 447
18.1 介绍 …… 447
18.2 石蜡 …… 448
18.3 石蜡管理 …… 455
18.4 石蜡整治 …… 457
18.5 沥青质 …… 459
18.6 沥青质控制设计思路 …… 463
第19章 海洋腐蚀和积垢 …… 467
19.1 引言 …… 467
19.2 管道内部腐蚀 …… 468
19.3 管道外部腐蚀 …… 479
19.4 积垢 …… 489
第20章 侵蚀和砂控制 …… 497
20.1 引言 …… 497
20.2 侵蚀机理 …… 498
20.3 砂蚀率的估测 …… 503
20.4 阈值速度 …… 506
20.5 侵蚀控制 …… 511
20.6 砂管理 …… 513
20.7 渗透率计算实例 …… 517

第一篇　深水油气田开发

第1章

水下工程概况

1.1 引言

自 1950 年以来,世界能源消耗持续稳定增长,如图 1 - 1 所示。尽管在可再生资源领域的一系列新方案和新发明减少了矿物燃料的消耗,但矿物燃料(石油、天然气和煤矿)仍占世界能源消耗的 80%。最近几年,人们对石油和天然气的需求越来越大,这导致了原油价格快速上涨。石油和天然气占总矿物燃料消耗的比例很高,因此石油和天然气的生产对世界能源的稳定意义重大。

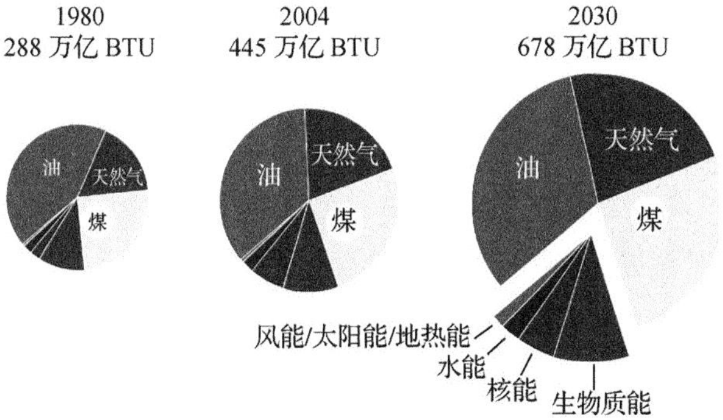

图 1 - 1　煤、石油、天然气消耗

Source:IEA REFERENCE CASE

1947 年，在路易斯安那州附近的墨西哥湾 4.6 m 深的水下，Kerr-McGee 首次成功开采了世界第一个海上油井，从此开创了海上石油和天然气工业。然而，近海海底领域发展的概念是在 19 世纪 70 年代初才被提出来的，当时人们将井口、生产设备和其他一些放置在密封空间里的组件放到海底。海底产生的碳氢化合物会从油井输送到附近的加工设备，或者陆地加工厂，或者已有的海上平台。这就是海洋工程的开始，油井和相关的海底设施都被称为海洋采油系统。图 1 - 2 显示了从 1955 到 2005 年墨西哥湾浅水区和深水区海洋工程完成的数量。按照 ISO(国际标准化组织)相关规定，在 300 m 水深内的完井，称为浅水区石油开采；超过300 m水深，则称为深水区石油开采。在过去的 40 年里，海洋工程已由浅水区延伸到3 000 m深的深水区，从人工操作系统发展到远程操控系统。

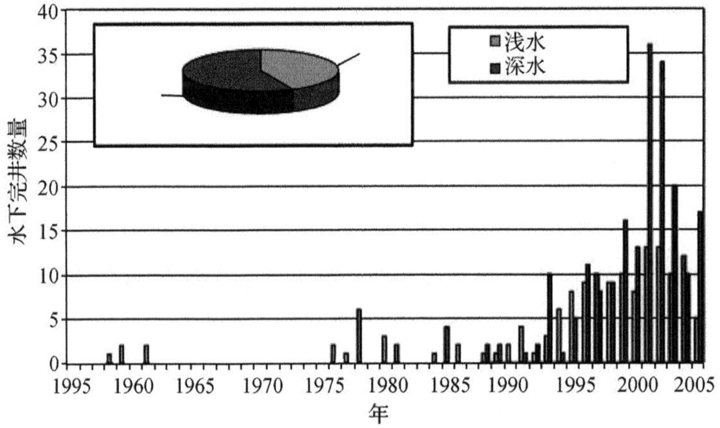

图 1 - 2　墨西哥湾每年完成的浅水区和深水区海洋工程数量

随着沿海地区和浅水区储备资源的耗尽，深水区石油的开采和生产变成了海洋能源工业的一项挑战。海洋石油和天然气的开采和生产正以日益加速的脚步迈向更深的水域。如图 1 - 3 所示为在墨西哥湾每年完成的海底安装工程的最大水深。图 1 - 4 则说明了墨西哥湾的海洋石油生产由浅水区向深水区转移的趋势。自 1995 年以来，深水区的海洋石油生产急速上升，以大约每年 2 千万桶原油的速度递增。

近海海底石油和天然气开采技术是高度专业化的技术，它对工程设计、安装有着特殊要求。海底采油系统具有一些与复杂的安装、操作和维护相关的独特特点，这些特点使得海洋开采成为一个独特的工程科学。本书将从以下几个方面详细阐述海洋工程：

(1)水下生产系统；
(2)流动保障和系统工程；
(3)水下结构和设备；
(3)高温高压管线。

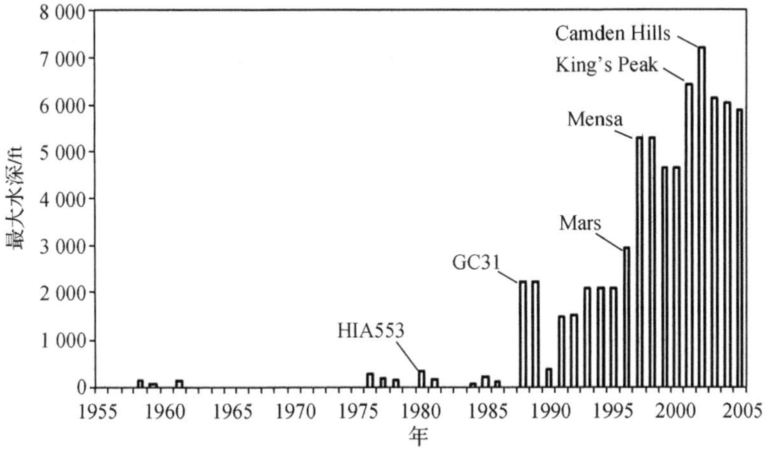

图1-3 墨西哥湾每年完成的海底安装工程的最大水深

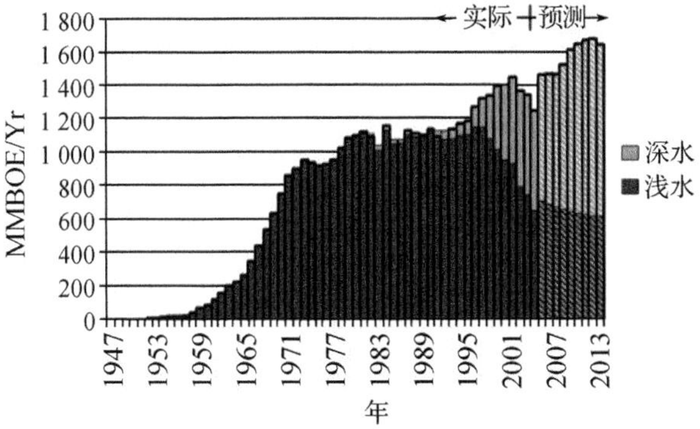

图1-4 墨西哥湾海洋石油产量

1.2 水下生产系统

水下生产系统主要由水下井口、水下采油树、跨接管、脐带缆、水下管汇和水下相关控制设备组成。这种系统可以处理很多复杂工作,包括通过输油管道将单独的卫星井和固定平台、浮式平台或近岸装备连接,也包括通过输油管道将在基盘上或聚集在多支管的多个油井连接,将石油或天然气转移到一个固定的或移动的装备上,或者直接转移到近岸的设备上。由于储备能源耗尽,石油和天然气开采由远洋向更深水域和地质层推进,海上钻孔和石油天然气生产技术也获得了突飞猛进的发展。以前局限于储集层的特性和保护区的传统技术现在已被开发应用于深水区,经济实惠。最新水下技术被验证可行,并形成了一个工程系统,即水下生产系统。如图 1 - 5 所示,这个系统与钻井、油井开发、油井开采的整个过程和设备紧密联系。海底采油系统可以分成以下几部分:

钻井　　油田开发　　油井开采

图 1 - 5　海底采油系统的各个部分

(1)水下钻井系统;
(2)水下采油树和井口系统;
(3)脐状管和立管系统;
(4)海底管汇和跨接管系统;
(5)接头及管线系统;
(6)操控系统;

(7)水下装置。

图1-6阐明了海底采油系统各主要部分之间的关系。

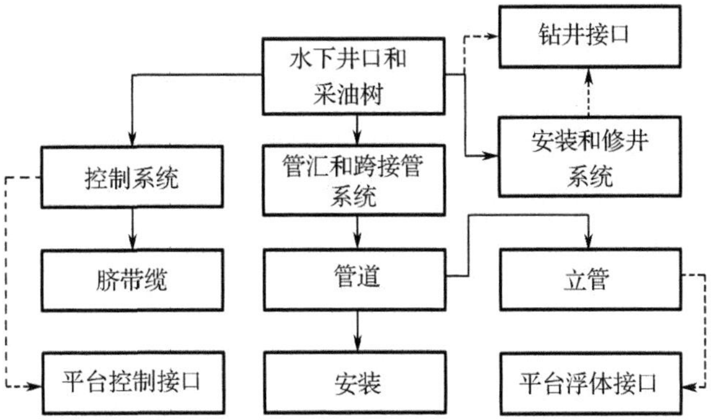

图1-6 海底采油系统的各主要部分之间的关系

本节阐述海底采油系统的各主要部分,而水下结构和水下装置部分将在本书的其他章节论述。

1.2.1 油井建筑

海底采油系统的整体布局是为了使海底各种设备和结构获得其各自的位置,如图1-7中所示的采油树、管汇、跨接管、管道、立管、天然气生产植物及操控脐带缆。有些海底采油系统是用来扩展现有的平台,例如,有些储藏区的宽度和深度很小,以至于有些平台运用传统的直接钻井技术或者水平井难以勘探。按照采油树安装的不同位置,采油系统可以分为两类:有隔水罩的海底采油树系统和无隔水罩的海底采油树系统。海水的深度也会影响海底油井的发展,在比较浅的水域,水下系统主要受水下结构装置高度的限制。采油树及其他结构不能安装在小于30 m深的水域。在水深低于30 m的地方,有隔水罩的水底采油树组成的导管架平台可以使用。

由于成功地采用了最可靠、最及时、最安全和最经济的方法,水下油井发展一直以来都取得了最大化的经济效益。尽管海床油井系统相对昂贵,但在降低总体资产耗费上,它还是有明显的优势。在21世纪,深海回接技术已被广泛应用于石油和天然气储备的开发上。随着石油和天然气不再大量开采,人们转向关注先前未被开发利用、比较昂贵但可以利用的资源。

关于水下油井开发,应该考虑以下几个部分:

图1-7　无隔水罩的水下生产系统

(1)深水或者浅水区开发;
(2)有隔水罩的水底采油树和无隔水罩的水底采油树;
(3)独立发展还是捆绑发展;
(4)液压和化学装置;
(5)水下加工;
(6)人工搬运方法;
(7)配置设备,例如基盘、柱井组、卫星井、管汇等。
以上几个方面的优点、缺点和局限性将在油井建筑章节的相关部分论述。

1.2.2　分配系统

水下系统与整个生产过程及操作管理的所有设备紧密相关。它的设计原理在于确保海底石油和天然气开采的安全、环保,以及管道的正常运行和可信度。水下分配系统包含一系列产品,这些产品通过脐状系统来衔接水下操控和平台,以控制水下系统的所有设备。水下分配系统包含但不限于以下部分:

(1)最上层的脐状终止装备;
(2)水下累积器模块;
(3)水下脐带缆终端装置(脐带缆终端接头、水力分配模块、电力分配模块、透过抗杂式飞线);

(4)水下分配装备;

(5)水力透过抗杂式飞线;

(6)电力透过抗杂式飞线;

(7)多个快速接口;

(8)水力接连器;

(9)电力接连器;

(10)螺帽。

以上几个部分的优点、缺点和局限性将在分配系统章节的相关部分论述。

1.2.3 海底勘察

海底考察、定位及土地勘察是海底油井发展的主要任务之一。作为预定的油井发展的部分,详细的地理和岩土勘察是十分必要的。考察的目的是确认潜在的人为危险、自然灾害及影响工程进展的因素,以便确定海底开采位置和管道建设、调节对生物群落潜在的影响、判断海底及底基的条件。在海底勘察部分,将论述以下几个问题。

(1)建立垂直管线外形、轮廓计划和各种海床特征,尤其是岩层和珊瑚。

(2)获得精确的水深测量技术,定位所有障碍物并确认其他海床因素,这些都可能影响被选定的海底油井的发展,影响涉及管道的安放、跨越和稳定。

(3)开展对选定的水下油井和路线的地理考察,从而确定浅水区海底的地理特征。

(4)开展地理技术样本和试验测试,以便准确地估量被选定的海底油井区域、近岸区域、远洋管道、油井平台位置附近土壤的自然特性和特点。

(5)在测量技术范围内,定位所有的海底设备(例如管汇、跨接管和海底采油树)、管道和电缆。

(6)决定经常运用于海底油井发展的功能设计类型。

1.2.4 装置和管道

海底采油系统的发展要求专业化的水下装置。这些设备的发展需要昂贵的专业管道,这些管道配合潜水装置为相对较浅的水域服务,而在深水区则需要自动装置的配合。水下装置是在海洋环境下安装的海底装置和结构,它服务于海底采油系统。在海洋环境下进行设备安装是一项危险的活动,要尽可能避免超重起吊。水下设备和结构的运输主要是通过管道实现。

水下装置分为水下设备的安装和管道及立管的安装两类。海底设备如采油树和基盘的设置可以通过传统的移动钻井设备完成,而管道及立管则由驳船铺设,铺设方法分为S型铺管法、J型铺管法与卷式铺管法三种。水下设备装置包括已有的管道,例如采油树、管汇、管线和脐带缆,其中包含可以运行采油树和无修井机的设备的管线。被安装的水下设备根据它们的质量、形状、规模、水深分类。

1.2.5 成本估算

当将水下系统作为一个特殊储藏和待发展油井时,水下费用随着水深增加的变化不大。但是如果碰到一个刚硬的平台,费用会随着水深而快速上涨,因为需要控制结构的质量和强度。因此,深水区偏向使用水下系统。相反,对于一个给定的水深和位置,平台费用并不会随油井的数量变化而产生大的变化,平台实施钻井也相对便宜。平台结构费用更多是由水深、开采要求和环境主导,而不是油井的数量。采用移动钻井会增加钻井的费用,因此对于数量较少的油井开发,人们通常使用水下系统。

海底费用涉及整个水下工程的费用,通常包括资产支出和运营成本。资产支出是指将一个工程投入使用所必需的钱,包括原创费用,工程、建设和设置费用。运营成本是指正常运行过程中的开销,以及安装后的各种成本,包括劳动力、原料、工具和其他一些相关的开销。运营成本包括操作性费用、维持费用、测试费用和其他相关费用。

1.2.6 水下控制

水下生产控制系统是指根据ISO 13628－6要求,在生产过程中管理水下生产系统的控制系统。水下控制系统是水下生产系统的核心,与钻井、管道、设备等相比,它是相对便宜的项目。因此,它很少涉及在工程最初优先考虑的项目里。然而,如果忽略它的复杂性、零件数和接口数,将会导致设置、运转等一系列问题,并影响长期的稳定。

水下控制部分将会解释水下生产控制系统的原理和特征,并比较它们的优缺点和局限性。除此之外,还将具体论述运用于水下控制系统的政府规定、工业代码、工业标准、一般技术要求。

1.2.7 水下电力供应

电力供应是水下加工的一个重要环节。水下电力供应是水下系统的一个重要组成部分,对靠近油井海床上的井内液、气流运输必不可少。如果没有水下电力供应系统,水下加工将无法运作。

这部分将从以下三个方面论述电力供应系统的成分和技术。

(1)电力单元;

(2)源源不断的电源供应;

(3)水力单元。

1.2.8 项目执行和交流

任何工程的成功都主要依赖于项目执行。项目执行能确保及时的正确行动或者工程的重新定位。一旦项目执行计划定下来,即需要一份正式的常规报告和规划。项目执行与工程的各个阶段紧密相关,但随着活动的日益频繁、多样化和地域扩张,问题会越来越多,越来越复杂。工程师必须设定预期目标,团队才能理解项目执行系统和现有的数据资源。项目执行本身并没有动力,因此,它主要受制于工程师。

本部分收集了很多顶尖工程师的学识和经验,目的在于让人们更好地理解水下项目执行和交流的要求,从而指导参与工程项目的各个团队。除此之外,还介绍了制作无缝接口、建立用于确认各种组合间接口的方法和工具的一系列难题。

1.3 流动保障和系统工程

系统工程将活动分为三个基本服务区域:

(1)生产系统设计;

(2)系统完整性;

(3)设备应用和开发。

图1-8描述了上述服务区域的内容。

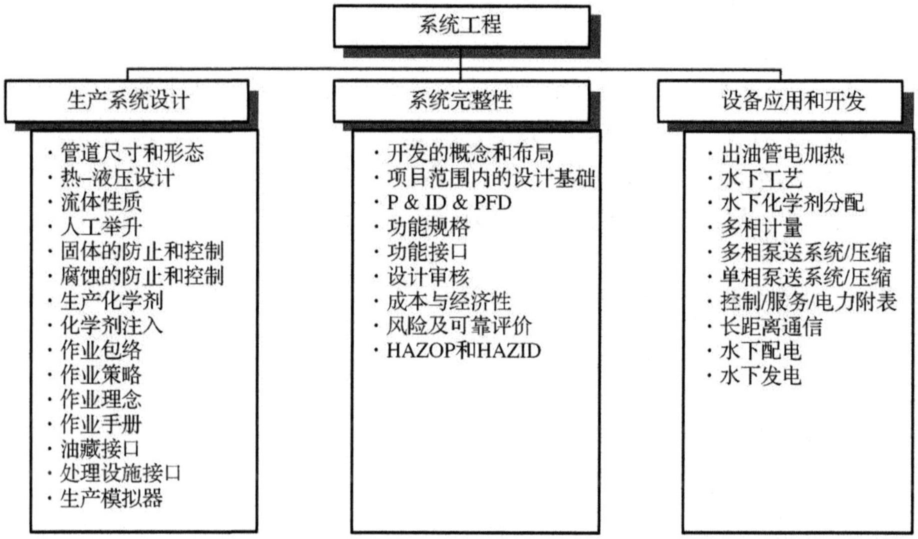

图1-8　系统工程

1.3.1　水下操作

装完生产系统后，还有大量的步骤以确保安全、无污染地操作，从而便于碳氢化合物持续流动。以下便是典型的后续操作：

(1)运行和启动；

(2)正常运转；

(3)产品加工；

(4)注入化学溶液；

(5)常规测试；

(6)维护和保修；

(7)紧急关闭；

(8)安全装置(应对恶劣天气)；

(9)干预措施。

这里只具体描述在深水区工程中表现不同的那些活动。很多时候，应用于深水区生产活动的科技与外大陆架的发展相似。深水增加了工程的难度，尤其是水下工程的发展，因为设备可能放在离主控设备很远的地方，不能及时联络。例如，维修可能需要一个专门的竖支管和控制系统，还需要一个深水运用设备或者专门的干预管道。要想做好工作，一个适当的计划、模拟、设计、测试和完整系统是十分必要的,只有这样才能向深水区迈进。

1.3.2 连接和启动

操作通常是在海岸基地、卖方地盘或制造者场地由系统集成测试开始的。尤其是水下工程,远程工具安装将用来做连接,这些连接将模拟安装。在近岸,启动装置会涉及大批的船只,包括钻井、支援船只、井架驳船、运输驳船、拖船、铺管船、远程操控船等。

这时候的油井产品包括完井液和油藏液体。这些可能被焚烧、处理后排放到海里,或者运送到陆地上指定的地点进行处理。使油井正常运作的清理阶段通常需要两到三天。

1.3.3 产品加工

生产系统包括几个分离器,以及一系列的安全阀、处理器、压缩机和相关的管道。对于深水区的设备,生产系统用于加工更高速的流体,多达150 000 BOPD(日产油桶数),400 MMcfgpd及100 000 BWPD(日产水桶数)。这些包括用普通主导设备从各种发展中杂合的产品。

主要的表层生产加工系统包括原油分离、注水设备、气体压缩、压注化学溶液、水下生产设备的操控系统和相关的管道设置。加工系统与其他的发展理念稍有不同,如船只移动,这可能是环境作用于这些移动的生产设备上引起的。在这样的情况下,生产分离要求有专业的设计。

科学家正在研究液化天然气技术和将其转化成甲醇的技术,试图处理天然气,从而减少气体挥发和回灌。随着越来越多的国家对产出的天然气燃烧的限制,以及加工设备规模和耗费的改进,这些替代品越来越流行。然而,这些技术要求更复杂的加工设备,目前,这些设备相对水下工程来说比较大。

穿透水面的设备,不管是固定的还是移动的,都可以像传统发展工程一样处理加工问题。随着水下技术的发展,在水面设备出故障的时候,油井可以保持对外开放,从而使管道压力增加(尽量不要因为压力关闭阀门,以此来延续阀门的使用期,确保阀门在紧急情况下还可以使用)。操作者通常需要将延迟程序合并到安全系统里。这点区别造成各种安全设备的不同功能。在所有的阀门中,管道关闭阀门都关闭着。

1.3.4 压注化学溶液

深水区的采出水问题是个很严重的问题(海底低温、采出水、冷凝物、石油蜡以及石油里的沥青烯),关系到整个工程项目的成败。为了解决这个问题,越来越多的人更加信赖化学液体,用它们来确保生产的顺利进行。在海上石油加工中运用化学物并不是什么新的方法。运用的化学物包括腐蚀抑制剂、封隔液、水合物防蜡剂、泡沫剂、溶剂、乙二醇、柴油等。这些化学液体通常运用于分批处理,微量不间断注入以及补救例(如油井维修)。所有运用于海洋的化学液体都要求有相关的安全说明书。

腐蚀抑制剂用来保护生产系统的碳钢成分,这些成分会被采出水弄湿。材料选择是合理设计生产系统的一个关键因素,要求有采出水的相关信息。

(1)防蜡剂　防蜡剂是用来防止井眼、生产采油树和管道堵住。这些化学抑制剂的注入取决于采出水的成分。在采出液流尚热的时候,注入经常用在采油树、管道、多支管和其他关键部位上,而分批处理则用在开始和结束阶段。在开始生产之前,就要决定蜡含量、流点及其他因素,再决定需要的其他化学物,这是处理的最好方法。对于一口日产石油桶数为 10 000 的油井,每年要注入大概30 000加仑的防蜡剂。

(2)水合物抑制剂　水合物抑制剂通常与开始和结束阶段挂钩,换句话说,它是分批处理的。当管道堵塞或者海底低温造成它自然冷却而形成通风冷却时,经常需要持续注入。甲醇是最常被应用的水合物抑制剂,常用在水下油井和极地地区。在这些地区,采出水的急速冷却导致水合物的生成。当液体滚烫的时候,甲醇就会被注入采油树中,有时也被注入水下安全阀上的井口中。墨西哥湾深水区的一些油井在生产过程中会注入20%~40%的甲醇。

(3)沥青烯抑制剂　沥青烯抑制剂采用与别的抑制剂一样的方式注入,但要求持续注入。当压力降到接近沸点压力的时候,生产系统里会形成沥青烯。

通过系统传送干性油可以代替防蜡剂和水合物抑制剂,在发生堵塞情况时补救。100~1 000 桶这种干性油可以整合到生产系统里。

很多发展项目要求有其中一种或多种的化学抑制剂来避免采出水这些问题。几个著名的需要水合物抑制剂的项目包括 Mensa, Morpeth, Arnold 和 Troika。目前,人们在不断努力提高这些化学抑制剂的性能,并减少它们的毒性。

(4)传递　大部分的化学液体通过平台上的一个或多个注入导板,被传送到生产系统的适当位置。注入导板由抽水机、调节器、蓄电池、阀门、管道、控制器和仪表组成,用来确保准确传送到生产系统。远程的海洋生产系统需要操控冒口和更为复杂的化学传送和分配装置。

(5)运输　干性的化学物更多是通过供应船送到海上平台。如果是包装好的,在运送之前,这些干性化学物就可能被存放在运货板上,以确保安全。大批量的干性化学物既可以从供应船上空运,也可以用储存箱运送。空运可以使用直升机。液化石油类化学产品需要有书面同意的运送箱,便携的储油罐、圆桶运送到近岸,或者从供应船送到海上平台储油箱。

1.3.5　油井测试

流量测试是为了确认储液槽的生产力和检测任何不利于长期生产的边界效应。有时,为了验证油井的生产潜力,就需要一个全面的油井测试。一次测试可能持续几天或一个月。如果是全面测试,真正的生产时间往往不到测试时间的一半。关于系统的重要数据都是在油井测试的压力恢复阶段获得的。作为测试的部分,采油会被储存,或者重新灌入,或者焚烧,亦或送到岸上出售、处理;而天然气通常在测试过程中挥发掉。

1.3.6　维护和保修

设备和管道需要进行定期的检查,确保它们没有因外部损伤或者其他破坏而影响系统的完整性。与浅水区的托管架及可以潜水的水下项目不同,深水区要求运用远程遥控车来进行勘察和维修。对于TLP这样的浮式平台,勘察过程将会检查底柱、外壳和采油立管。

其他系统的维护中将会检测锚泊系统和生产系统的各个成分。水下设施的很多成分都是组合式的,遇到故障的时候,其内在备份可以迅速修复。它还需要钻井和专业的干预船移到水下系统,如果生产设备是在水面以上的,那么保护、恢复、维修就和传统固定的海上平台差不多。

1.3.7　干预措施

为了重新完井、油井维修和操控,就要对井口采取一些干预措施。有些新型的深水设备不具备在甲板装油井的能力,所以需要有移动钻井器械或者专门的干预船只配合。

除了定位时间比较少,运用钻井器械和移动钻井操控相似(10~30天,取决于干预的难度)。

1.3.8 灾害天气的操作

在灾害天气来临前,保护油井和估量设施这一举动不局限在深水区作业。墨西哥湾上3 000多个油井平台的经验告知人们恶劣天气下疏散逃离的重要性。30多年前,墨西哥湾海上飓风来临时,必须停止作业并有序地撤离。然而,随着人们海上活动范围越来越远,发现不撤离设施反而更安全,因为随着远离操控系统,飞行次数的增多使直升机出故障的频率越来越高。恶劣的天气也会增加直升机操控的危险性。在北海和其他一些操作基地创下了一个先例,那就是在恶劣天气下撤离人为操控设备。

前期安装、测试(在一般情况和紧急关头下)和实际操作经验是为了测出保护油井和生产设备所需要的准确时间,以在必要的时候放弃。公司会根据操控员和活动的类型,采取指定地点不同难度和不同步骤的紧缩计划、安全计划和撤离计划。总体来说,这些都是为了在面临自然灾害或者是紧急情况时,确保设施的安全。

在工程施工过程,工程设计和加工阶段的操作程序和危害分析结果,都可以用来策划紧急应对行动或者是紧缩计划。

对于飓风这样的灾害天气,紧急压缩计划会对停止操作提出要求和规定的程序,最终确保在灾害天气来之前的井口安全,这样做远远比钻井或生产过程的设计操作局限要好。对于钻井操作,紧急压缩计划可能还会提出断开连接的程序。假如天气使移动钻井的负荷过大,难以固定的话,计划会在保证油井安全后撤离钻井设备。紧缩操作包含了各种警惕措施,如气象、海洋环境和井口状况的恶化。越高的警报标准要求越多的检测,如果条件允许,要缩短井口操作的时间,确保油井安全。如果状况有所改善,并了解环境情况,那么在意外事件处理计划的限制下,可以恢复操作。

撤离和生产紧缩必须考虑一系列因素,包括气象追踪、天气预报、油井状况及井口操控的类型和方法。一些在岸开发服务设施管理人员做出决策,然后分析这些因素。它强调在事发当下,针对特殊情形做决定,并根据现有信息做出预测。

确保有足够的时间终止操作,安全有效地保护油井是计划的一个重要组成部分。随着外部环境和井口操作的改变,需要时间做相应的改变和分析。为了确认潜在的危险和临近的灾难,需要高强度的天气检测。清楚定义设施的人事责任是成功应对紧急状况的重要组成部分。

1.4 水下结构和设备

1.4.1 水下管汇

在油田和天然气开发中运用水下管汇,可以简化水下系统,使管道和立管的用量最小化,能促进生产系统内液体的流动。如图1-9所示,管汇是管道和阀门设计的一个布置方案,用来合成、分配、控制和检测液体流动。管汇被安装在一排油井的海床上,用来收集产品或者向井里注入水或气体。管汇有很多种类型,从简单的管道末端管汇到大型结构(如水下加工系统)。管汇有时用渗入泥水的绒毛或者布条固定在海床上。它的规模取决于油井的数量、产量,以及油井如何安装到系统里。

图1-9 水下管汇结构

1.4.2 管道末端和同轴结构

随着油井在现有基础设施基础上的日益发展,在现存深水管道系统能有效运转的前提下,水下出口系统的连接具有很大的优势。这需要在管道的两端组合管道末端管汇与系统连接。管道末端管汇是在管道尾端设置的水下结构，通过跨接管连接刚性管道和其他水下结构，比如管汇、采油树。它也被称为管道端部终端设备，适合辅助管道阀门和垂直连接口。如图 1－10 所示为一个典型的管道终端系统。

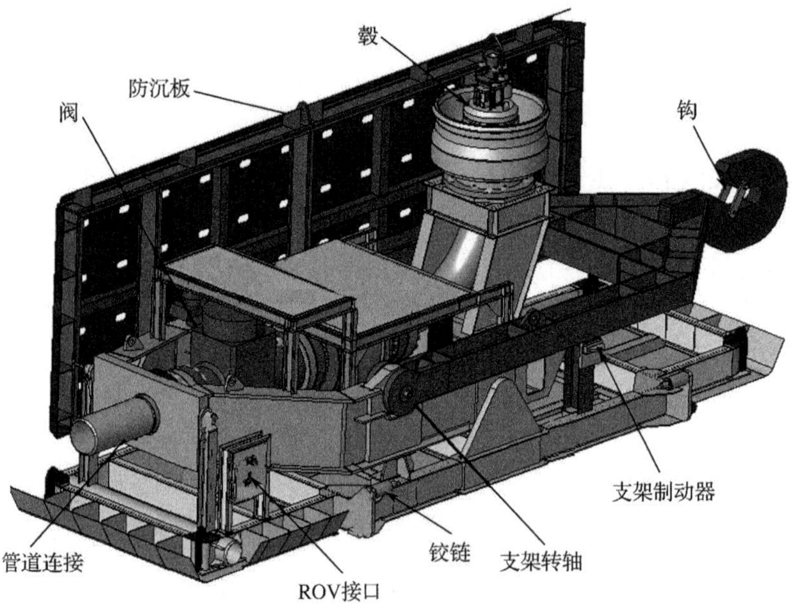

图 1－10　水下管道终端系统

1.4.3　跨接管

图 1－11 所示为水下刚性跨接管，在水下石油（天然气）生产系统中，跨接管是一个短的管道连接器，用来运输在水下结构间产出的液体，例如采油树和管汇之间、管汇和管汇之间，或者是管汇和出口底盘之间。它也可以连接其他水下结构如管道末端管汇和立管。除了产出液体，还可以通过它将水或化学溶液注入井里。结构间的距离决定了跨接管的长度和特性。可移动的跨接管系统可以多样化，固定的跨接管却限制了活动空间和处理能力。

图 1－11　水下刚性跨接管

1.4.4 水下井口

图 1－12 水下井口

井口常用来描述在油井表面的压力，为整个水下操作阶段的钻井、竣工和产品检测提供界面。如图 1－12 所示为水下井口，存在于海洋上或近岸处的油井平台的井口称为地面井口，在泥线的被称为水下井口或者是泥线井口。

水下油井可以分为卫星井和丛式井两类。卫星井是单独的，很少和其他油井共享设备。它通常采用垂直钻井方式，并可以直接向表层设备产出，或者是通过水下管汇，混合几口卫星井产出的东西。使用卫星井的首要好处便是它可以单独定位、安装、控制和使用，具有灵活性。每口井单独操作，所以有利于它的产出和处理。一个区域的深探井或者是探边井也可以像卫星井这样竣工后重复使用，从而降低新油井的钻井费用。

丛式系统指的是几个水下井口聚集在一个中心水下结构。这种布置使得几个油井可以共用一些基础设施，比如管汇、注入线路和常用的控制设备，这样就可以少用管道和冒口，从而降低费用。此外，因为可持续的成分都聚集在丛式系统，一艘维修船就能维修多个油井，从而降低移动费用。丛式系统的缺点是，共享功能降低了各自处理能力。这就需要水下组流器允许各个油井操控。丛式系统的另一个不足便是其中一个钻井或者油井维修就可能中止其他油井的生产，而且需要专业同步钻井和生产过程。

1.4.5 水下采油树

水下采油树是在井眼最上端布置阀门、管道、附件和连接口。图 1－13 所示为垂直采油树和水平采油树对比图，阀门的方向可以是垂直的也可以是水平的。这些阀门可以由电力操控、水力操控，或者是潜水者人工操作，亦或由远程操控设备控制。

1.4.6 脐状管系统

图 1－14 所示为水下脐带缆，脐带缆是管材、管道和电气导线的捆绑组合，从主设施到水下生产系统设备，都装有水下脐带缆。冒口用来传送控制液体和必要的电流，以控制水下生产的功能和设备安全。其中的专用管材用于主设施和水下生产设备的重要区域检测气压和注入液体。电气导线将电传送出去操控

水下电力设备。

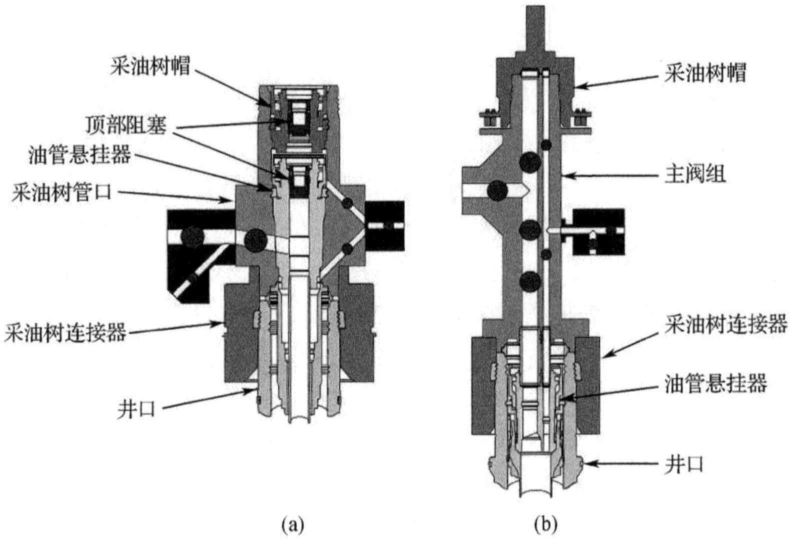

图 1 – 13　垂直钻井和水平采油树的对比图

(a)垂直采油树;(b)水平采油树

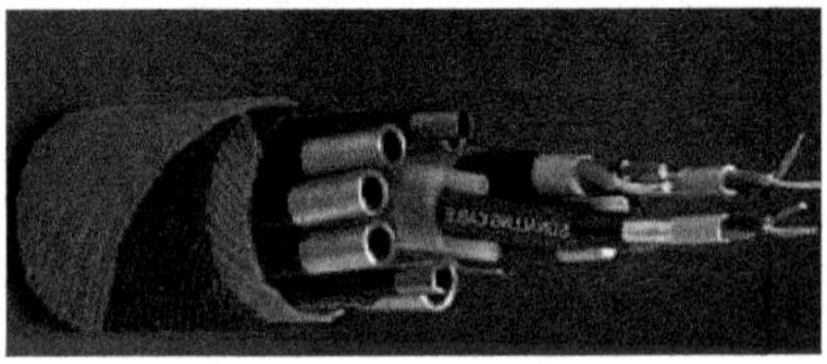

图 1 – 14　水下脐带缆

脐带缆直径能到达 10 in(1 in = 2.54 cm),包括多种多样的管子,管子直径通常为 2 in;管子的数量取决于生产系统的复杂性。冒口的长度取决于水下结构占有的空间和这些结构与主设施的距离。

1.4.7　生产立管

图 1 – 15　水下钻井立管

如图 1 – 15 所示为水下钻井立管。生产立管是管道的组成部分,位于主设施和海床之间。立管的直径从 3 ~ 12 in 不等。它的长度取决于水深和立管的结构,是垂直的或者一系列的波浪形状。立管有塑性和刚性之分，它们可以安置一个固定的平台或者是移动设施里，在水里运作。

1.5 水下输送管道

输送管道通常用管汇来连接一个水下井头，或者是水上设备。输送管由柔性管或者刚性管制作，可以用来运送油气、喷射水和化学物质。在需要清管的情况下，输送管由交叉轴和设定的阀门连接，从而使清管球能够循环使用。输送管可以是单独的管，也可以是捆绑在一个输送管道中的多个管束。不管是管还是管束，都需要采取隔离措施，以避免在流体流经海床时变冷产生的问题。

水下输送管需要在高温高压下作业，较大的压力对高温高压管道工程提出了管道的原料要求。如果产品含有硫化氢和盐水，就会导致介质酸性。在更高的温度下，操作会对腐蚀、屈服强度、绝缘涂层造成影响。当管道受到限制时，就会产生高温液体和内部压力，承受高温高压的管道会形成高强度的轴向压力。高温高压管的解决办法将在高温高压管道部分详细论述。

参考文献

[1] Burleson C W. Deep challenge:The True Epic Story of Our Quest for Energy Beneath the Sea[M]. Houston: Gulf,1999.

[2] Golan M, Sangesland S. Subsea Production Technology[J]. The Norwegian University of Science and Technology,1992.

[3] Haver C. Industry and Government Model for Ultra - deepwater Technology Development[C]// OTC 2008,Houston,USA,Offshore Technology Conference,2008.

[4] ISO. ISO 16708:2006(E) Petroleum and natural gas industries - Pipeline transportation systems - Reliability-based limit state methods[S]. 2006.

[5] Sangesland S. Subsea Production Technology[J]. Simplified Subsea System Design,1992:23-27.

[6] Westwood J. Deepwater Markets and Gamechanger Technologies[C]// OTC 2003,Houston, USA,Offshore Technology Conference,2003.

第2章

水下油田发展

2.1 水下油田开发概述

从最初的勘察到最后的油井恢复,水下油田开发是一个长期复杂的过程。

图 2－1 所示为水下油田开发一个周期的各个阶段。最初,描图和踏勘由地理考察家和地质学家负责。他们最终是在旧油井、地震数据和其他现有的信息基础上勾画出开发区的地貌。这个阶段应先考虑以下几个方面:

(1) 区域结构和次区域特征,如岩石的断层和褶皱;

(2) 地层情况,如储藏区岩层的孔隙率和渗透性;

(3) 地基的埋藏历史,如岩石充分埋藏产生的碳氢化合物的衍生物。

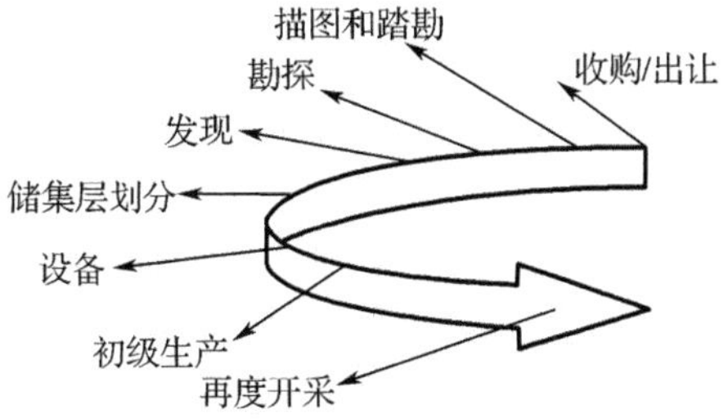

图 2－1　油田循环发展模式

通过关注这些方面,调查员可以确认和选择更大区域内的部分地区来做更多的研究并最终形成一个有前景的评价。

完成初步调查后，就开始油藏的描述阶段，包括钻井描述，有时也有三维地震分析。这些新信息让工程师和地质学家能够测量油库现存的石油和天然气的数量。然后就可以确定最佳的油田布局和管道线路，并根据油田布局和装置考虑选择生产设备。完成所有的油井和设备调试后开始石油和天然气的生产。然而，随着越来越多的石油和天然气运到主设施，储油库的压力减少，需要修复。

本章主要介绍没有上部设施的油井开发布局的主要原理，同时涉及油井开发中最重要的系统整体和连接方面。

为了描述油井开发布局，需要考虑以下几个方面：

(1)浅水区或深水区的油井开发；

(2)干式采油树和湿式采油树；

(3)单机式发展或回接式发展；

(4)水下加工；

(5)人工运输方法；

(6)设备配置服务，如丛式井、卫星井、管汇等。

2.2 浅水区和深水区的油井开发

水下油井开发可以根据水深分类：

(1)水的深度不超过200 m，属于浅水区水下油井开发。浅水区的水深度在潜水员可以到达的范围内。

(2)水深在200～1 500 m之间，属于深水区水下油井开发。

(3)水深超过1 500 m，属于极深水下油井开发。

从设计考虑，浅水区和深水区油井开发的不同点如表2－1所示。

表2－1　浅水区和深水区油井开发的不同点

要点	浅水区开发	深水区开发
硬件设计	①潜水员的协助使得远程操控相关的结构指导和辅助可以减少 ②采用泥水线采油树	①一旦采用远程操控设备，需要配套设施 ②高温高压下，管道需要绝缘 ③采用水平井和垂直井

表2-1(续)

要点	浅水区开发	深水区开发
设备要求	受船的大小限制	由于水平荷载产生的较大张力导致其比浅水区更难
脐状管设计	由于短距离的电力传送,小的脐状管可以使用	脐状管大,而且昂贵
干预措施,保持和维修	人工干预比较方便	①对于深水区的勘察和维修,需要使用远程操控设备 ②深水区开发费用高,风险大

2.3　干式采油树和湿式采油树

在深水区有两种水下生产系统:干式采油树系统和湿式采油树系统,如图2-2所示。

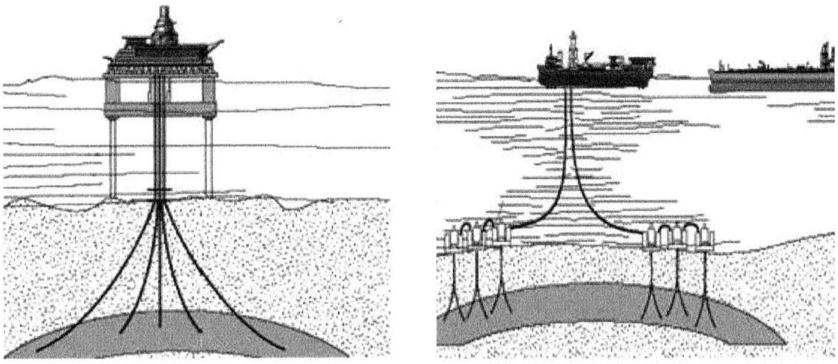

(a)　　(b)

图2-2　干式采油树和湿式采油树

(a)干式采油树;(b)湿式采油树

干式采油树系统的采油树紧挨油井平台,在油井生产期间就可以配合设计,直接通向线路。张力腿平台和筒状平台能应用到这种采油系统中。与传统的干式采油树相似,深水区的干式采油树设计是为了更高的产量。

干式采油树平台为表层的树提供了一个中心油井湾。它的规模取决于油井的数量和空间大小。上部设备需要在油井湾布置。地面采油树是为了整个储油库的内部压力设计的。在甲板需要一个高产量的管汇,个体油井干预则需要一艘可移动的船只。

对于湿式采油树系统,采油树及其相关部件暴露在周边的海洋环境下。在深水区,湿式采油树通常是通过水下采油树安装工具远程操控完井的,但对于浅水区来说,可以通过潜水员来协助完成安装和操作。湿式采油树平台的中央月池可以用来运行海洋立管和采油树,也可以用来安装诸如管汇和水下防喷器等设备。海洋立管和水下防喷器质量很大,要求有大的甲板来存储和处理。如果钻井设备固定的话,采油树按管汇处理并在海床处关闭。

不管是干式采油树系统,还是湿式采油树系统,立管、管道、采油树、油井都是不可缺少的部分。在两种系统里,有的选择和油井相同,但在生产周期方面,选择又不同。

最近几年,由于商业竞争和干式采油树与湿式采油树技术对比现象,操作员不得不重新评估他们向极深水域进军的策略。从全球来看,在深水区,超过70%正在使用或者即将运作的油井采用湿式采油树系统。这个数据说明了湿式采油树系统具有工业优势。

湿式采油树系统的优点主要是两方面:立管和油田布局。下面将从这两个方面集中论述这两种系统的不同,以利于选择最佳的油田开发系统。

2.3.1 湿式采油树系统

对于湿式采油树系统,水下油井开发布局包括水下丛式井和直接存取井两种类型。

在现有的油井开发项目中,直接存取井相对比较少。所有这样的开发项目通常都建立在半潜式移动生产和钻井单元上面,石油出口不是用管道运输就是运到邻近的移动存储罐,这样就为从水面到井里提供一个直接、廉价的运输方式,从而直接从生产辅助方面从事维护和钻井活动。这种方式尤其适合深水区的干预。

水下丛式井以最有效、最实惠的方式从邻近的水下油井获得产品,或者从一个远距离的已有的相关水下内在结构获得产品。如图2-3所示,这种内在结构的基础不是移动生产、储存和卸下装置,就是移动生产设备。

移动生产、储存和卸下装置通常利用一艘整齐型的船只或者是驳船类型的船只为主结构停泊,通过转台和天气预警系统来卸货,或者通过航标或依然保持纵队的形态进行一系列停泊、卸货。

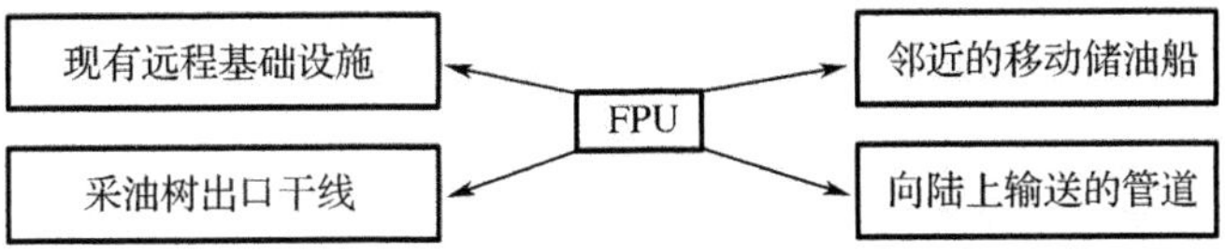

图 2－3　FPU(floating production unit)连接模型

如图 2－4 至图 2－6 所示,移动生产设备有很多不同的方式来输出石油或天然气。通常,它要用到一艘驳船、半潜式钻油台或者是一个微型张力腿平台类型的船只。

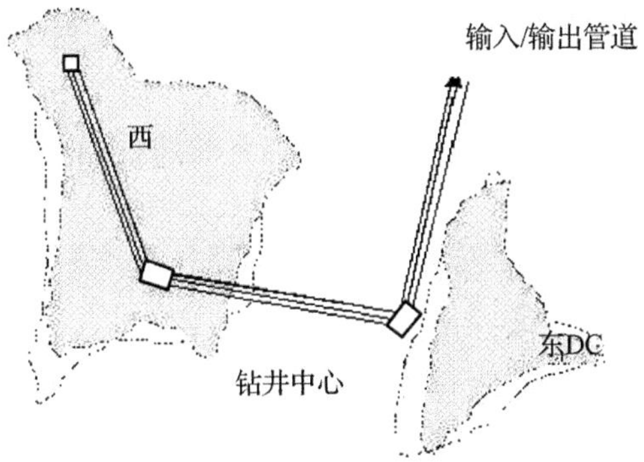

图 2－4　回接油井布局

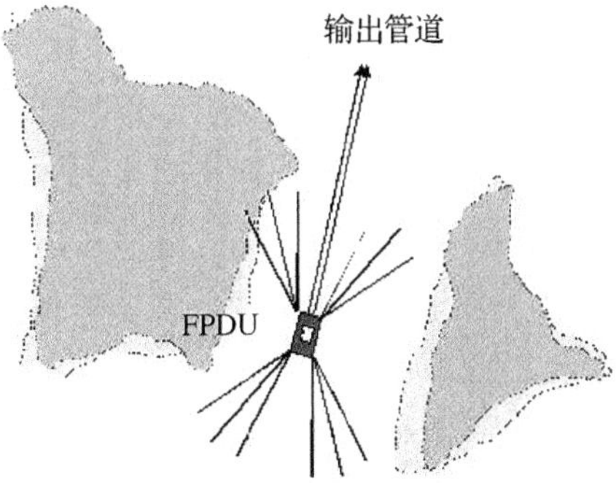

图 2－5　FPDU 油井布局

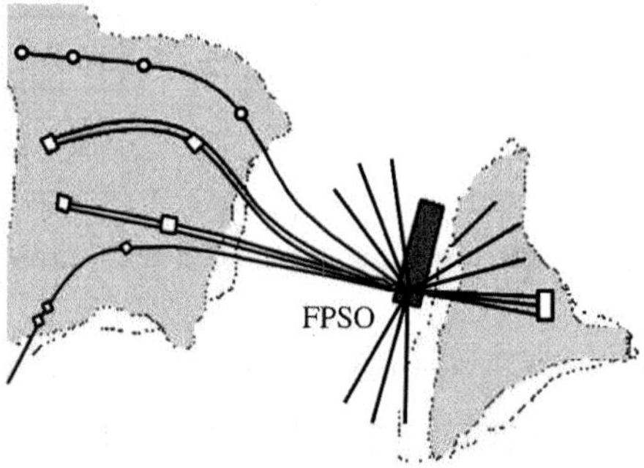

图 2-6　FPSO(浮式生产储卸装置)油井布局

无论是 FPSO 还是移动生产设备,三种立管选择对象一定是上部张紧竖管、钢悬链立管和柔性立管。总的来说,对以上的油井开发布局和立管,尤其是管道安全设计标准的介绍,在于说明湿式采油树系统将会给油田开发领域带来最好的效率和利益。

2.3.2　干式采油树系统

干式采油树系统通过所有的水面油井布局提供直接到达油井的通道,是水下丛井式布局的主要替代品。

干式采油树系统布局是目前移动生产和钻井单元的中心,建立在 TLP(张立腿平台),圆材或者是 CPT 的概念基础上,驳船可以替代这些。有些时候,半潜式移动设备也可以作为参考对象,但还没进行实践。

深水区的水面油井布局以井口平台形式和移动生产、储存和卸下装置或是移动生产设备相联系,正在世界各地兴起。随着 FPSO 的概念日益权威化,井口平台和 FPSO 这种类型的联系会在墨西哥湾逐渐成为现实。现存的井口平台中心目前都建立在张力腿平台的概念上,不是全靠钻井技术能力就是靠微型张力腿平台的辅助。然而,其他如圆材、驳船或者半潜式移动设备单元同样可以考虑作为替代品。

DCU(dry compeletion unit,干式完井单元)可以是单缸式、双缸式、小型立管,也可以是管式立管,有些时候包含拼合式采油树。立管紧压系统也提供了好几种选择,如活性液气张紧轮、空气管、敞开的立管和中柱紧压装置等。

2.3.3　系统选择

对采油树系统的全面客观的评价必须在选择加工过程中进行,考虑价格、风险、灵活性这些因素,从而确保发展理念能够很好地匹配选择的出油库性质。

操作者经常面临一个问题,就是商业规则,比如资产耗费或者目前的价值等因素。在检测的开发项目中,商业规则显示,大部分人喜欢湿式采油树理念高过系统寿命,但是人们对于湿式采油树是否超过干式采油树利益的意见不一。如果现实如此,操作员在作最后决定时,就必须全面评估其他一些重要的不同特性。

人们可以根据经验和技术分析选择最佳的采油树系统和出油库特性相配合。以下是基本的选择点。

(1)经济因素,如大概井网现有价值,内部回馈,项目资金流动,工程规划和可能的增进产出,这些是做出选择的重要驱动因素。

(2)储油库完成计划和方式,世界油井开发位置,操作理念,理论的成熟、可信度、实践性和工业的储备能力都会驱动技术方面的发展。

(3)外在因素主要是工程的风险、项目管理、创新思维和操作人员的喜好(每个人的衡量方法不同)。

2.4　水下回接发展

由于以前资金投入和运行成本高昂,且很难调整抗风险收益,水下油井开发只关注大油田的开采。因此,边缘的小油田开发一般都被忽略了。

近年来,海底回接被认为是少量石油和天然气储备发展的一种经济有效的方法。人们开始认识到,可以通过利用现有的平台基础设施的处理能力降低整体资本开支,而不是继续在每个油井建设新结构。因此,只需要较小的积累就可以高效地开发海底油田。

与 FPSO 或其他固定装置等方面比较,海底回接显著降低了初始投资。海底回接发展的好坏受以下因素影响:

(1)现有的安装距离;

(2)水的深度;

(3)可采量,水库的规模和复杂性;

(4)处理已有安装设备生产石油的费用;

(5)由于限制接收设施处理系统,海底回接独自的发展可能降低回收率;

(6)由于方便的管理和利用油井,平台油井具有高的潜在回收率。

海底回接的主机可以被归类为以下几类:

(1)固定平台回接,如图 2 – 7 所示;

图 2 – 7　固定平台回接

(2)浮式平台回接,如图 2 – 8 所示;

图 2 – 8　浮式平台回接

(3)海岸/海底回接,如图 2－9 所示。

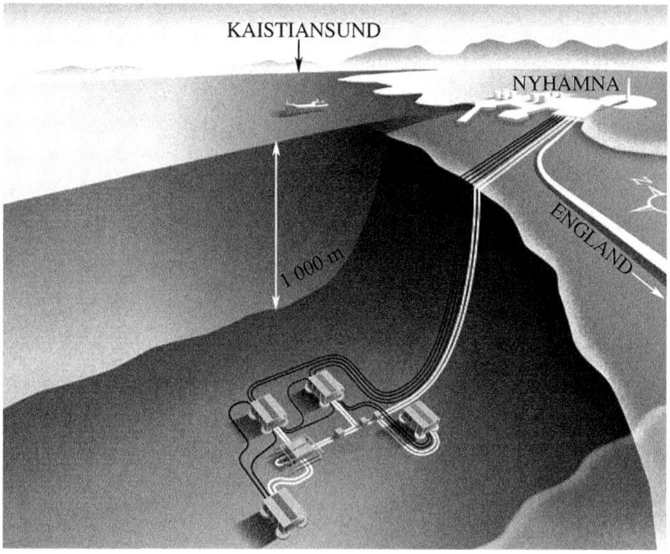

图 2－9 海岸/海底回接

2.4.1 海底回接设计

一般而言,海底回接组成部分包括水下井口、管线和现有的生产平台,如图 2－10所示。对于一个较长的海底回接有许多局限性,例如水合物的生成,包括由于沿程压力和温度的下降引起的管线堵塞等。

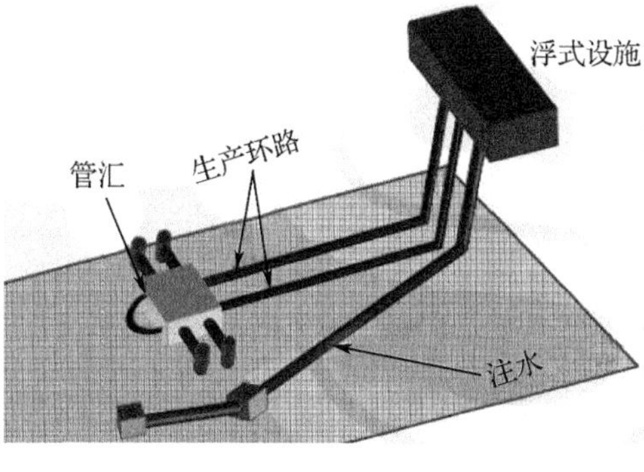

图 2－10 典型海底回接连接图

传统的补救措施包括管道加热或注入化学品以防止水合物的形成。这类化学品可以通过脐带缆从主平台输送到水下井口,并在井口处注入管线。脐带缆还能用于控制水下井口,这类脐带缆的成本通常都很高,回接距离超过 30 km 的脐带缆的成本过高将影响海底回接的经济效益。

一个替代的发展方案包括在井口附近提供一个由主机平台远程控制的小型海上平台,化学品存储在小型海上平台上并通过连接海底井口的短距脐带缆注入。如果平台直接在井口上面,就能够发射清管器并支持测井工具。

当预计有多相烃流时,由于流动保障问题,回接的距离将受限制。当前技术发展的目标在于提供有效的分离设施,以保证油气能流动更长的距离,这类海底设施可能需要额外的地面设施,如发电设备和复杂的控制系统。

同样,当超过回接长度时,需要诸如水下泵等辅助设备保障管内的流动,这类泵需要供电,电力可以由位于泵上方的地面设备提供。

除了海底推动,另一种抽取石油到加工位置的方法是使用气举立管,气举是在海底由气体预先以确定的速度注入到生产管道(或立管)。显然,这仅适用于石油生产系统。通过气举立管,注入的气体由主机设备提供。

气举立管可用于提高生产、流动稳定、管道降压和控制严重塞流。气举立管可根据不同的供应方式分类,如专用/共享气举立管,绝缘/非隔热气举立管等。

2.4.2 回接的选择和难题

随着流动保障和多相流输送的发展,现在能够在更长的距离使用回接技术,而海底加工生产的出现将为未来发展海底回接的商机打下基础。但是,基于以下因素综合考虑,我们可以尝试选择最佳的发展计划:

(1)成本——最低的循环周期,更低的成本费用(CAPEX)和运作费用(OPEX);

(2)安全——项目建设和运作中人员和其他相关者的安全;

(3)环境——发展对环境的影响;

(4)技术创新或转移——测试新技术以及现有的技术转让和技术技巧;

(5)利用能力——利用现有基础设施,延长使用寿命;

(6)可采量,油田规模和复杂性;

(7)在现有的装置下加工石油的费用;

(8)由于接收设施的处理系统限制,相对于独立式开采,海底回接的回收率可能较低;

(9)由于平台更容易干预和维修,它的回收率可能更高。

许多边际油田的开发与海底井管柱回接的油管息息相关。对于现有生产设施的距离,海底回接是一个理想的方法,对现有基础设施的使用要从回接距离施加的限制和技术方面考虑。

(1)油田压力必须提供足够高的生产速度,在一定时间内要使发展在经济上可行。对于长的回接,天然气井比油井能提供更多的机会。同时必须对液压进行研究,以找到最佳管线尺寸。

(2)长距离运输可能难以使油液的温度恒定,其预期可能接近海底的环境温度。水合物、沥青、石蜡等流动保证问题以及高黏度问题必须解决,绝缘的管道和采油树可能不足,需要采用其他涉及化学处理和热处理的方法。

(3)生产的冷流体凝胶强度可能会过大以致超过自然压力导致停滞。所以有必要作出准备以疏导管道内的石油,或者用一个高压泵将液体推回到生产平台,也可以利用柴油燃料的生产液体将其取代。

水下长距离回接的发展将在未来广泛运用,就像新技术的应用,如海底加工和海底电力供应和分配。

2.5　独立式开发

独立油田的开发需要建造新的平台。新的深水基础设施的安装是极其昂贵的。在考虑一个新项目时首先要考虑是否可以利用现有的基础设施,包括现有的生产平台、管道和油井。典型的独立油田的开发如图 2－11 所示。

独立油田开发主要考虑以下几个方面:

(1)油井编组,群集井或安装油井基盘可以促进钻井优化和节约成本;

(2)管线结构优化;

(3)清管需求量;

(4)水下生产增压(泵送)的需求作为初期开发和未来需求的一部分。

根据油井的储层数据和钻井工程来确定编组情况和位置,绘制出储油层地图且根据油层模型确定了油井数后,油井的类型和位置也随之确定。典型的油井编组有以下几种:

(1)卫星井　通常用于需要少量油井的小型油田开发(回接到现有结构的概念)。

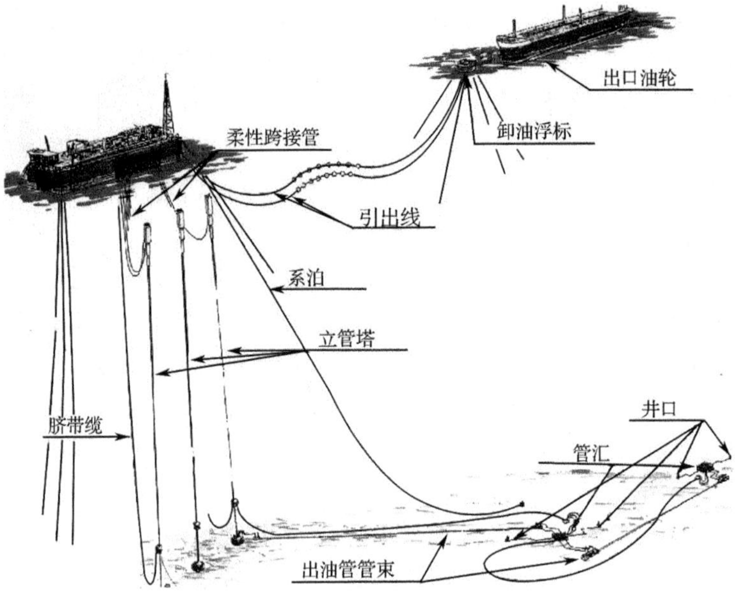

图 2-11　典型的独立式油田开发

(2)丛式井　与独立式油田的开发理念相同。通常在中央生产管汇周围有 3～8 个水下采油树(如图 2-12 所示)。

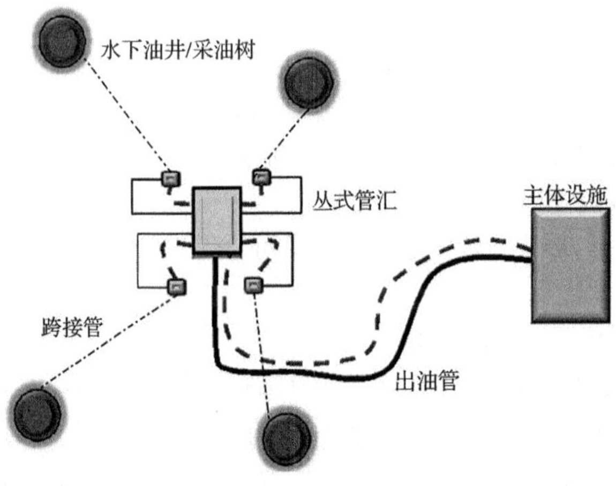

图 2-12　典型的丛式油井

(3)基盘井　海底油井紧密地聚集在一起。这个概念通常利用一个基盘和集成管汇,油井设计指南都基于这个基盘。水下采油树安装并锁定在每个基盘的插槽中。

2.5.1 独立式与回接式开发的比较

对于独立式油田,主要的海底结构通常作为钻井平台建造,也可作为生产平台使用。该结构作为水下油井生产的稳定装置和控制装置,还必须支持海底立管、直升机降落场、船舶系泊设施等必需品。独立式与回接式开发的不同点见表2-2。

表2-2 独立式与回接式开发的不同点

分类	特　点
回接式	• 利用现有平台的闲置产能减少投资; • 非常适合小型开发项目选用,例如海边的油田
独立式	• 不存在水下结构且可采油储量大; • 离岸边的距离很远; • 新的独立式开发可以考虑使用最适合环境条件的平台

2.5.2 独立式设备分类

独立式的设备由主设备接收油田的产品,而井头和加工平台从海底回接树到表面树接收产品。它甚至可以是一个陆基设备,以接收从海底回接到海岸的产品。

在水下油田开发中使用的独立式设备可以分为两类:固定式平台和浮式系统。固定式平台底部坐落于海底以支持固定在海平面以上的平台甲板。浮式平台必须靠钢筋或钢丝绳锚泊定位并与下方的水下系统保持连接。浮式系统可以应用于300~1 500 m以上水深海域。主设备的定义和主要特性如下。

(1)固定式平台　固定平台由混凝土或钢套管建造,并直接固定在海底。这类平台的不同类型有混凝土沉箱、钢套管、浮动钢和浮式混凝土。固定平台通常安装在水深小于500 m的海域。

(2)TLP　TLP是一个垂直停泊浮动结构,是利用所谓的"腿"的一组系泊链来停泊浮体结构的每个角落。允许侧向运动,但要阻止垂直运动。TLP可用于水深300~1 500 m的海域,且干采油树和湿采油树都可以用于TLP生产系统。

(3)SPAR(单住式平台)　SPAR采用大直径、单个垂直圆筒漂浮在海面上以支撑甲板。SPAR 可以应用于水深在 1 500 m 左右的海域。

(4)自升式平台　自升式平台用于油气的生产,它可以像千斤顶一样使用静压来升降平台。这些平台的部分设计可以用于 170 m 的深度,但通常用于水深 120 m 左右。

(5)半潜式平台　半潜式平台可以用于钻井、水下设备安装和油气生产,它的外壳能产生足够的浮力,其重力足以保持结构直立。半潜式平台可用于水深 60 ~ 3 000 m 范围。

(6)FPSO　它是用于油气加工存储的船舶。FPSO 设计用来收集附近平台或水下生产系统生产的油气,可以把原油装载到油轮上或通过管线运输。

不同浮体的波动响应比较如下(图 2 - 13):

(1)由于潜水面大、表面积大(横浪)和较小的回复力,FPSO 响应非常快;

(2)由于回复力较小、漩涡脱落、挡板将增加俯仰响应和滚动响应,半潜式平台的固有周期大;

(3)由于回复力较小、漩涡脱落、挡板将增加俯仰响应和滚动响应,SPAR 的固有周期大;

(4)由于张力很大的腿和有限的潜水面,TLP 的固有周期短。

图 2 - 13　几种典型的主要设施

2.6 人工举升法及其限制

人工举升法被广泛应用于墨西哥湾的浅水海域，它在深水海域（>1 000 ft[①]）的应用是有局限性的。可以肯定的是，大多数深水油田最终都需要人工举升，以维持现有的生产和实现经济目标。深水人工举升的规划是至关重要的，但是运行环境将更加困难且经济上更具挑战性。

人工举升用于从液化天然气的井中不断移除液体。储油层能源匮乏会影响到石油、天然气或者水的流速，人工举升用于补充储油层的能量。应用这个方法使能量向井下转移，井筒中液体密度减小。人工举升也可以通过减少井底压力的方法来提高油井产量，但对于油井来说，这并不是经济可行的。人工举升的方法有很多，每种方法都有具体的配套提升规范和操作条件。在提升系统的选择中，需要考虑很多要素，比如储油层和油井参数，以及油田的发展规划。主要人工举升方法如下。

2.6.1 气举

气举（GL）是目前海洋环境中使用的主要人工举升方法，但是随着操作者逐渐向深水转移，于是需要更高的运行压力，应用气举变得越来越有限制，而应用电潜泵则更为合适。气举的配置如图2-14所示。

气举系统的选择和确定主要基于以下几点：

（1）储油层含水率高；

（2）储油层气油比低；

（3）管道位移距离长。

水下油井的气举设计中，一般不会遇到在传统气举设计中的几点要求。首先，水下油井的干预成本明显高于传统完井系统，水下气举设备的设计必须特别注意其可靠性和寿命；其次，操纵阀的口径尺寸必须预先考虑油井气举的生产情况。图2-15显示了海底气举的井内细节。

气举系统设计涉及两个关键参数：气举体积和气举压力。气举体积是由单

① 1 ft = 0.3048 m。

个油井需求所决定的整个油田的总需求。产量是气举体积的函数,产量会随着气举体积的增加而增加,直到产量的最高点。气举压力需要仔细确定,因为这个参数会影响系统的运行压力、油井系统的材料和设备规范。

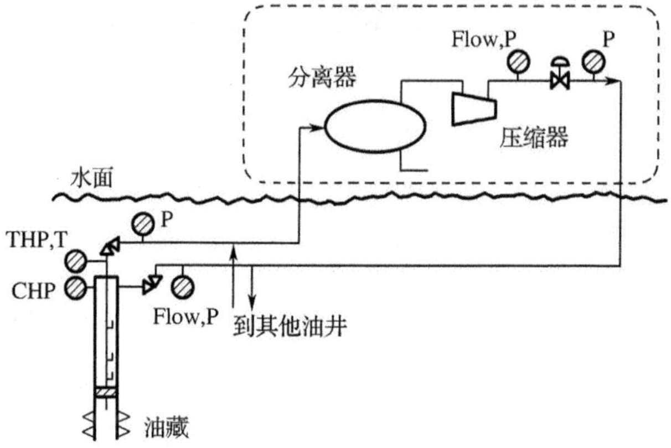

图 2-14 典型的水下气举系统配置图

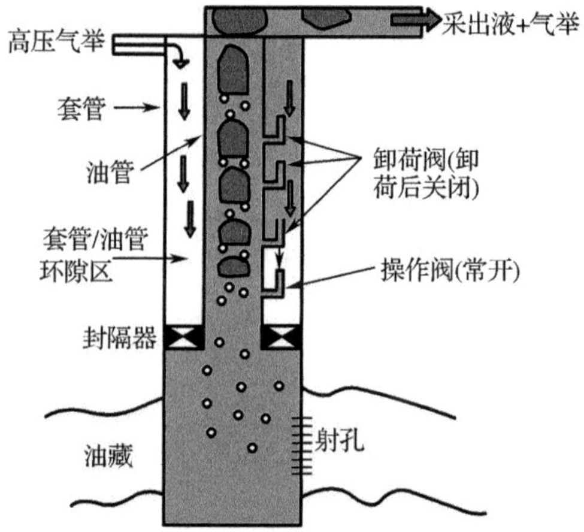

图 2-15 海底气举的井内细节

2.6.2 海底增压

一些储油层有足够的压力,不需要人工举升就能将生产的油气推送到平台。但在长期的生产之后,由于储油层压力降低,或是超深水轻油与深水重油层的压力接近静水压,将生产的油气输送到海水表面会变得十分困难。

海底增压(图 2-16)可以减少或消除由于高黏度引起的立管静水压头和立管、管线的压降所造成的反压。海底增压站包括以下几个组件:

图 2-16　海底增压泵

(1)海底气体压缩机,通常用于将气体重新注入储油层以维持压力;

(2)海底多相泵,用于减少井头的反压,这样可以增加运输的距离;

(3)海底湿气压缩机,用于输送气体到远程的主要海上设施或陆地的工厂。

海底增压在生产过程中会消耗大量电力,因此需要考虑电源的配置。

海底增压能够提供较长的海底回接,这使得对小、远、边缘的油气田开发更经济。海底分离可以提供一个既能解决现有的水上处理设施瓶颈又经济的选择,且可以更好地利用那些目前并不经济的新发展的海底回接设施。海底油气分离可允许石油和天然气在海底分离,被运送到不同的生产设施,这将是另一个更好地利用现有基础设施的机会。

2.6.3　电潜泵(ESP)

由于井下储油层举升驱动力会自然减少,通常使用泵来增加生产的回压。使用电潜泵是一个经济有效的方法,可以将大量的流体从不同油井环境的井内举升出来。

ESP 系统包括下面几个组成部分:三相电动机、密封装配、旋转式气体分离、多级离心泵、电源线、电机控制器、变压器。

与陆地泵系统不同的是,ESP 系统专为沉浸在流体中而设计。因此,它可以坐落在一个良好的海底。ESP 的电机可与环境的压力平衡,无论是井下压力还是海底条件下的水压。

可选组件包括管接头、单向阀、排水阀、井下压力和温度变送器等。图2－17显示了一个典型井下 ESP 的配置。

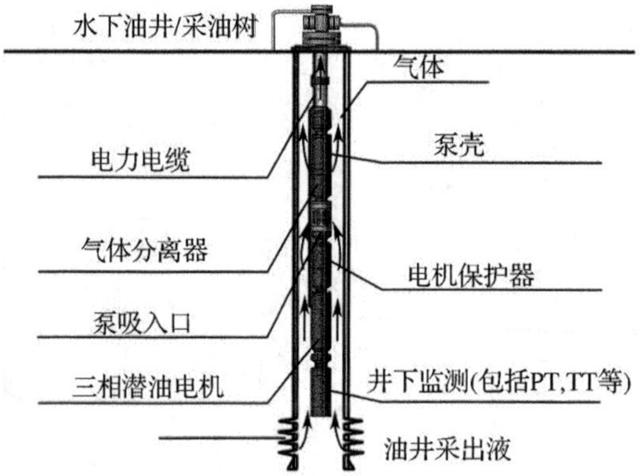

图 2－17　典型井下 ESP 的配置

ESP 的类型选择主要取决于油井流体性质，应用 ESP 的采油树主要类型有：

(1)高含水率油井产出的淡水或卤水；

(2)多相流油井(高气油比)；

(3)产出高黏度流体的油井。

泵速是关于电机转速、级数及作用于 ESP 的动力头和被泵送流体黏度的函数。这些因素决定跨泵系统的压力差以及流速。然而，对于一个给定的泵，存在一个最佳的设计流量，以最大限度地提高泵的效率和运行寿命。出于这个原因，ESP 制造商指定推荐的工作范围，如图 2－18 所示。在制造商建议范围内运行，并不能确保泵送本身不会出现问题，当为一个特定的油层和油井设计人工举升系统时，必须考虑到各种条件和问题。

ESP 的尺寸大小是基于完整运行或流速的预测，这通常涉及油井流入动态关系检测(IPR)，它描述了对于底部压力变化油气生产量的响应。

计算 ESP 大小所需的数据包括油井数据、生产数据、井内流体状态、电源和可能出现的问题等。计算设计 ESP 系统包括：

(1)泵的入口压力测定；

(2)总动力头计算；

(3)泵的类型选择；

(4)负载限制检查；

(5)配件和可选的设备选型。

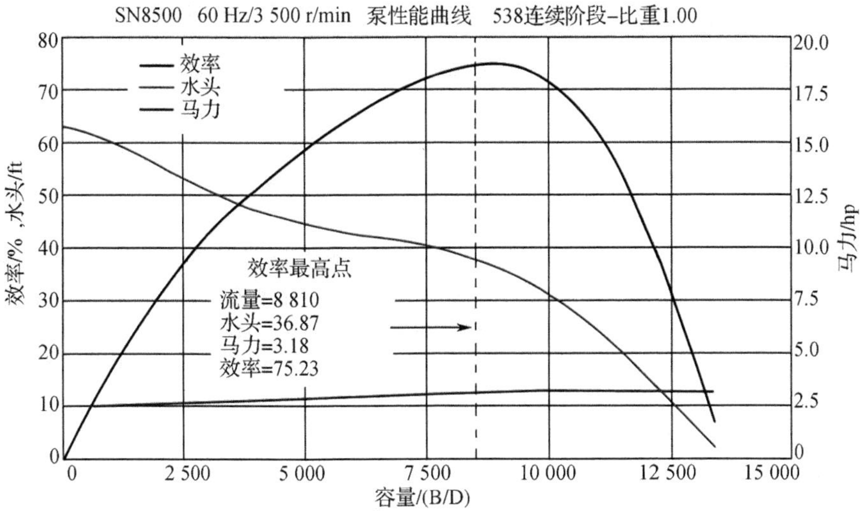

图 2－18　泵运行曲线

2.7　水下生产过程

水下加工即对由于减轻流动保障问题优先于达到平台或岸边所产生的流体进行处理，主要包括：

(1)升压加力；

(2)分离；

(3)固体控制；

(4)热交换；

(5)气体处理(净化)；

(6)化学剂注入。

在专业领域发展上引入“水下加工”，主要有以下优点：

(1)通过减少海上工程及管道等的支出，来减少整体的基本建设支出；

(2)加速或增加建设及重建过程；

(3)鼓励边缘领域的发展，尤其是深水、超深水领域及长距离回接技术；

(4)从现有领域延伸的成果;

(5)通过移除流体,使得相关附属专业发展应用到现存的基础设施中;

(6)处理约束;

(7)改进流程管理;

(8)减少对环境的影响。

依照上文可知,水下激励即增加系统能量的方式。

水下分离可以基于两阶段或三阶段展开:两阶段的分离用于分离任意的气体-液体系统,例如气-油混合物、气-水混合物、气体冷凝物等;三阶段分离系统用于从液相中分离气体或从油中分离出水。

从图2-19中可以看出,可以得到水下加压及去水所需要的技术及产品并适用于系统,但是三相分离及海底气压在展开应用之前仍有一定的限制。

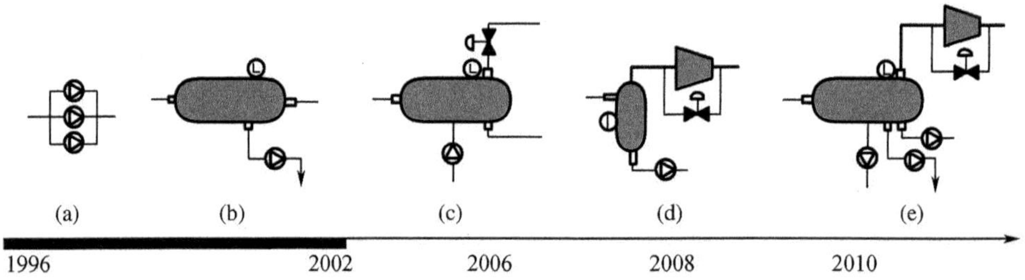

图2-19 水下分离过程

(a)多相增压;(b)除水、重注水;(c)液气分离、固体管理;(d)湿气体压缩;(e)三相分离气体压缩优化控制

三相分离对天然的三相混合物(油、水及气)是适用的,而二相分离适用于气-油混合物、气-水混合物、气体冷凝物。而且,水下分离对流动保障、形成水化物及被气体中存在的水腐蚀威胁有明显效果。

与传统的处理储层流体的方法截然不同的是,水下加工因为最终可以出售的原油是在水下加工的而大有应用前途。它不仅有经济效益,而且改善了采收率,对水化物形成的敏感性较小且开支较小。表2-3所示为海底工程系统的分类。

表2－3　海底工程系统的分类

分类	特征	设备	水处理	砂处理
类型1	直接处理多相混合物	多相泵	无,和其他液体一起泵送	无,和其他液体一起泵送
类型2	部分分离流体	分离器及多相泵;湿气压缩机	部分水流的重新注入,如自由水	无,和液体一起泵送
类型3	在水下完全分离流体	分离器及洗涤阶段/单相或多相水泵,气体压缩机	重新注入/大多数水流的处理	必须处理
类型4	管道输出优质油及天然气	多级分离器及液体处理;单相水泵及压缩机	重新注入/全部水流的处理	必须处理

2.8　基盘、丛式管和菊链

基于领域特性及操作方法,海底生产设备可以用多种方式组成。在规划阶段,策划人员需要与钻井工程师密切合作,建立一个好的布井图,建立容器模型,优化井的数目、类型及位置。油井布置通常是一个运动平衡,隔开井有利于储层流体的恢复需要及节省大量井分组的费用。考虑到用深井,这个数量可能有较大的变数。进一步考虑到储层条件,通过水平钻井或其他技术使用少量高产率的井。在此,要考虑设备花费。

2.8.1　卫星井系统

卫星井是单独的水下井,通常用于需要少量井的工程。由于这些井的分布广泛,产品通过一个单一的管道传递,从每一个井到中心位置的水下管汇或生产平台。油田布局必须检查,这个评估必须包括液压计算及成本敏感度分析(考虑流线成本、连接成本、安装成本及流动保障问题)。图2－20是典型卫星井回接系统。

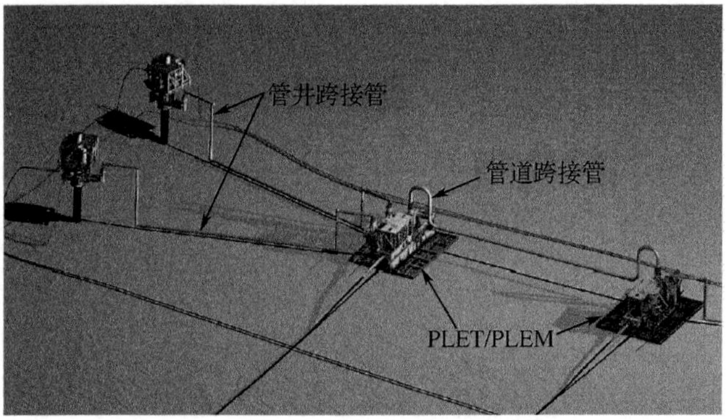

图 2-20　典型卫星井回接系统

2. 基盘及丛式井系统

如果水下油井可以紧密连接在一起，开发成本常常会比相同数量但广泛分布的油井少。井群由成群的卫星井或样板井（井的布置组成严格的由基盘结构控制）组成。图 2-21 所示为一个典型多样集群布置图。

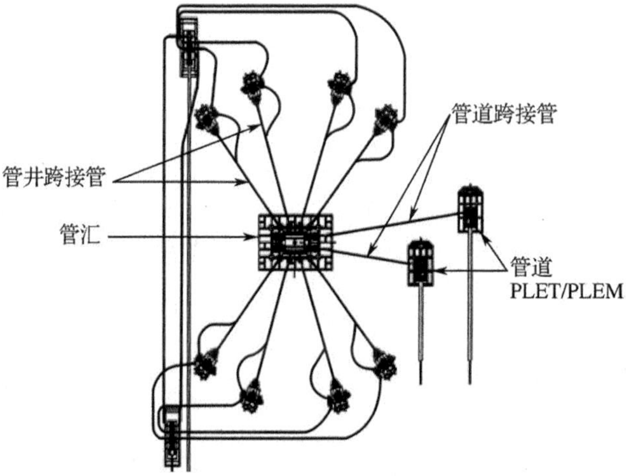

图 2-21　典型多样集群布置

（1）丛式卫星井　水下丛式卫星井比广泛布置的卫星井更经济，主要因为管道及控制脐状管。如果几个卫星井距离较近，一个单独的管汇就可以放在靠近井的位置，收集所有的井的产品，通过单一的生产管道输送到生产设备。另外，一个单独的脐状管及 UTA 能被用于丛式井及生产平台。如图 2－22 所示为三个卫星井、海底管汇及单一生产脐状管与 UTA 的油田组成的丛式系统。

对于丛式卫星井来说，井的相互间距为几米到数十米。更宽的井距通常要求能够在一口井安放钻机，但不对相邻的井增加风险。很难明确的是控制各个卫星井间的距离，所以交叉管道及控制脐状管必须能够适应间距的变化。

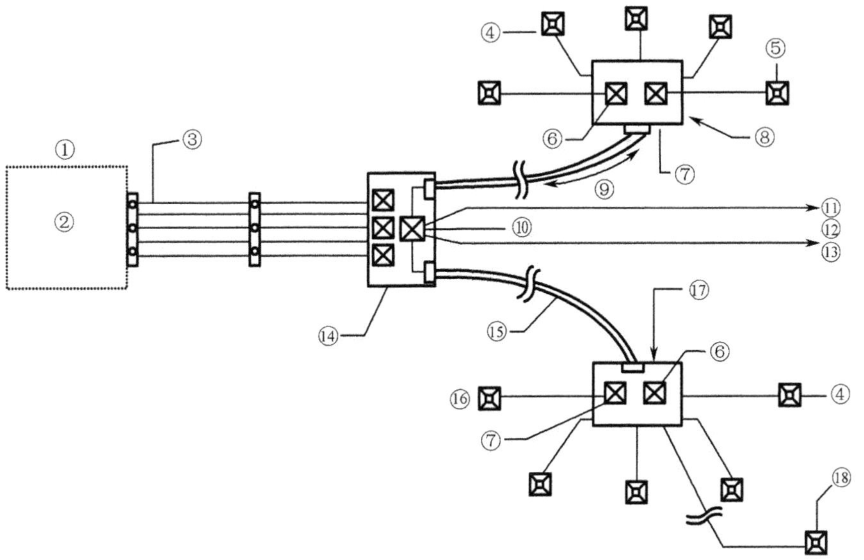

图 2－22　丛式系统

①浮子；②操作处理控制；③柔性管到浮子；④丛式 W. I. 井；⑤丛式生产井；⑥W. I. 管汇；⑦生产管汇；⑧管汇结构(油藏 A)；⑨几条管线；⑩立管管汇；⑪油；⑫输出管道；⑬天然气；⑭立管基座(大)；⑮管道；⑯丛式生产管道；⑰管汇结构(油藏 B)；⑱卫星 W. I. 井

(2)油井基盘　是一个用于引导钻井和其他设备的海底结构物。它还作为支持其他设备如管汇、立管、井口、钻井和完井设备，以及管道连接设备的结构框架。该结构设计应足以承受由井口热膨胀和管道上的意外受力引起的任何载荷。产品可以从基盘流向浮式生产系统、平台、岸上或其他远程设施。

生产井基盘用于支持生产液管汇。钻井作业不会在这类基盘上进行，但它可能会位于油井附近或在其他基盘附近。

丛式井也可以通过油井基盘来布置，油井基盘是设计用于就近安置油井导管组的焊接结构件。典型的油井基盘用于在单个海底位置上组织几个水下油井。除了要考虑储油层，连接到油井基盘上的油井数量还受限于安装船所能吊装的油井基盘的尺寸。小型基盘通常可以通过钻井架安装,大型的基盘可能要求由带有较大起重能力或较好操纵性的安装船来安装。

2.8.3 菊链油井

菊链油井有两个或更多水下卫星井,由一个普通的管道(也可用脐状管)连接在一起。每个水下采油树可安装一个节流器,以避免流体中压力的不平衡。图2-23所示为沿一定路径与单个的油井相连的典型管汇菊链布局。

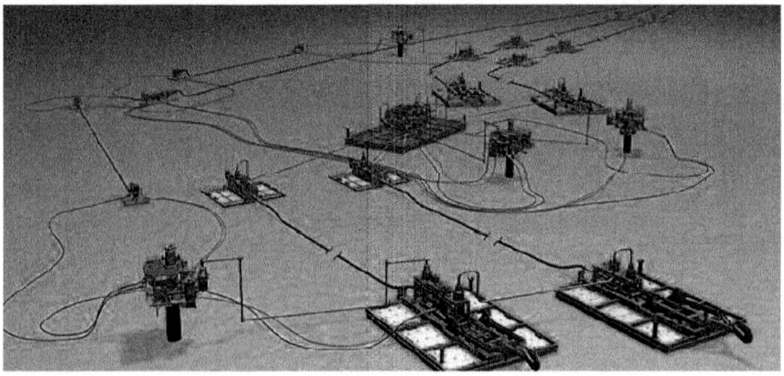

图2-23 典型的管汇菊链布局

对于菊链油井,允许使用多于一口井的内场管道,可能需要提供一个往返的清管。按照菊链布置油井,操作者能更好地利用管道,双管道的优点如下:

(1)循环清管;

(2)如果第二个被破坏了,可以把两个生产管道都转入单一管道;

(3)当需要时,通过管道单独地测试两组油井。

当需要更多的海底井时,菊链油井的优势消失,而管汇则使之变得更可行。菊链的优点如下:

(1)与单个的卫星井相似,只有已经购买及安装,才会有损失。所以在不需要之前,操作者不必购买重要的下部设施。

(2)可以共用某些管道。

(3)可以往返清管。

(4)油井不只被机械地连接,所以能够布置在宽敞的地方,这对低透水性的油田来说是很重要的。

(5)现场设备的安装过程由远程控制,因为其附近无其他设备,操作环境较好。

（6）由坠落物（最坏的状况下）造成的潜在威胁限制了单井。

（7）可以同时进行钻孔和生产作业。

菊环井群的缺点：

（1）每个井口都需要水下节流器；

（2）缺少管道连接及脐状管连接；

（3）需要钻探装置或者动力定位船到达另一个油井。

2.9　水下油气井工程的评估

本部分对增加流液能量可用方法进行概述，并评估深水工程中如何布置采油设备。主要宗旨如下：

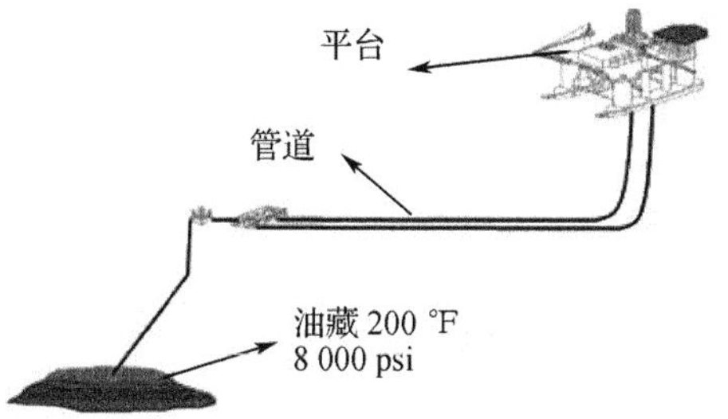

图 2－24　深水工程概述

（1）评估人工气举的方法，主要包括气举、电动泵（电潜泵、多相泵）、液压潜水电泵（HSP）；

（2）确定人工气举位置（立管基座、海底管汇或者井下）；

（3）确定人工气举电潜泵的位置（电动潜油泵安装在井内的位置、多相泵安装在管汇及立管基座的位置）；

（4）确定采用与人工气举相配的多相水泵（开环及闭环系统）、立管基座及连续油管。

2.9.1 原始数据

(1)储藏

① 压力 =8 000 psi①;

② 温度 =200 ℉②;

③ 井产量 =20 bpd③/psi;

④ 通过注入水保持储藏区的压力,钻井完成;

⑤ 真实垂向井深(TVD) =11 000 ft(从泥线开始);

⑥ 管子尺寸 =5.5″OD(0.36″WT)(OD 是外径,WT 是壁厚);

⑦ 分离点 =2 000 ft(泥线下);

⑧ 分离角度 =45°;

⑨ 管道的粗糙度 =0.001 8″;

⑩ 钻井孔的 U 值 =2.0 BTU④/(ft^2 · hr · ℉)。

(2)水下开发

① 8 000 ft 水深;

② 海下完井、双重管道、每个管道上有三个相同的井;

③ 从海底管汇到水面上的距离(管道 + 立管基座)的回接距离 25 000 ft;

④ 钢链,套管结构考虑立管基座及测定速度 U 值 0.2 BTU/(ft^2 · hr · ℉)的管道;

⑤ 假定海底地形平坦;

⑥ 采用标准环境条件包括海水温度曲线及气温;

⑦ 立管/管道的粗糙度 =0.001 8″;

⑧ 评估尺寸为 10″与 12″的立管与管道。

容器的流入动态用 Fetkovick's 方程模拟:

$$Q(P_{wf} \cdot P_R) = AOFP(P_R) \cdot \left[1 - \left(\frac{P_{wf}}{P_R}\right)^2\right]^n$$

其中,$AOFP(P_R) = \left(\frac{P_R^2}{\mathrm{bar}^2 \cdot \mathrm{e}^C}\right)^n \cdot \frac{\mathrm{Sm}^3}{\mathrm{day}}$;斜率及截距取为:$n=0.82$,$C=0.35$。

流入动态关系的形状如图 2-25 所示。

---

① 1 psi =6.84 kPa

② 1 ℉ =32 +1 ℃ ×1.8

③ bpd = barrels per day,桶/日。

④ 1 BTU =1055.056 J

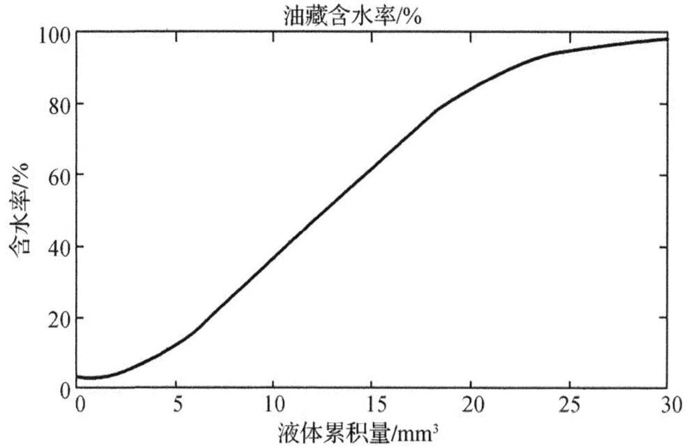

图2-25 含水层剖面

在钻井孔流动压力325 bar及储层压力350 bar时，对应的流入动态关系的生产指数表示为

$$PI(P_{wf}\cdot P_R)=\left|\frac{\mathrm{d}}{\mathrm{d}p_{wf}}Q(P_{wf}\cdot P_R)\right|$$

$$PI(325\cdot \mathrm{bar},350\cdot \mathrm{bar})=69.721\cdot\frac{\mathrm{Sm}^3}{\mathrm{day}\cdot \mathrm{bar}}$$

考虑到容器水饱和度没有增加，对流入动态关系进行修正。

2.9.2 含水率剖面

储藏区中的流体含水率按图2-25假定。含水率在消耗阶段比注水维持压力时增加的要慢。含水率即储藏区中所累计的液体。

当从储藏区中抽取30 000 000 m^3 的液体时，含水率达99%，水上的产油总体积如下所示：

$$\frac{1}{B_{\mathrm{oil}}}\int_{0\cdot \mathrm{m}^3}^{30\times \mathrm{Mm}^3}[1-Water-Cut(N_p)\mathrm{d}N_p]=11.69\cdot \mathrm{Mm}^3$$

2.9.3 过程模拟

通过使用HYSYS模拟器来实现过程的模拟，在管道压力下降计算中用OLGAS相关系数。如图2-26所示的模型，是模拟多相泵在从储藏区中抽取5 000 000 m^3液体时的情况。

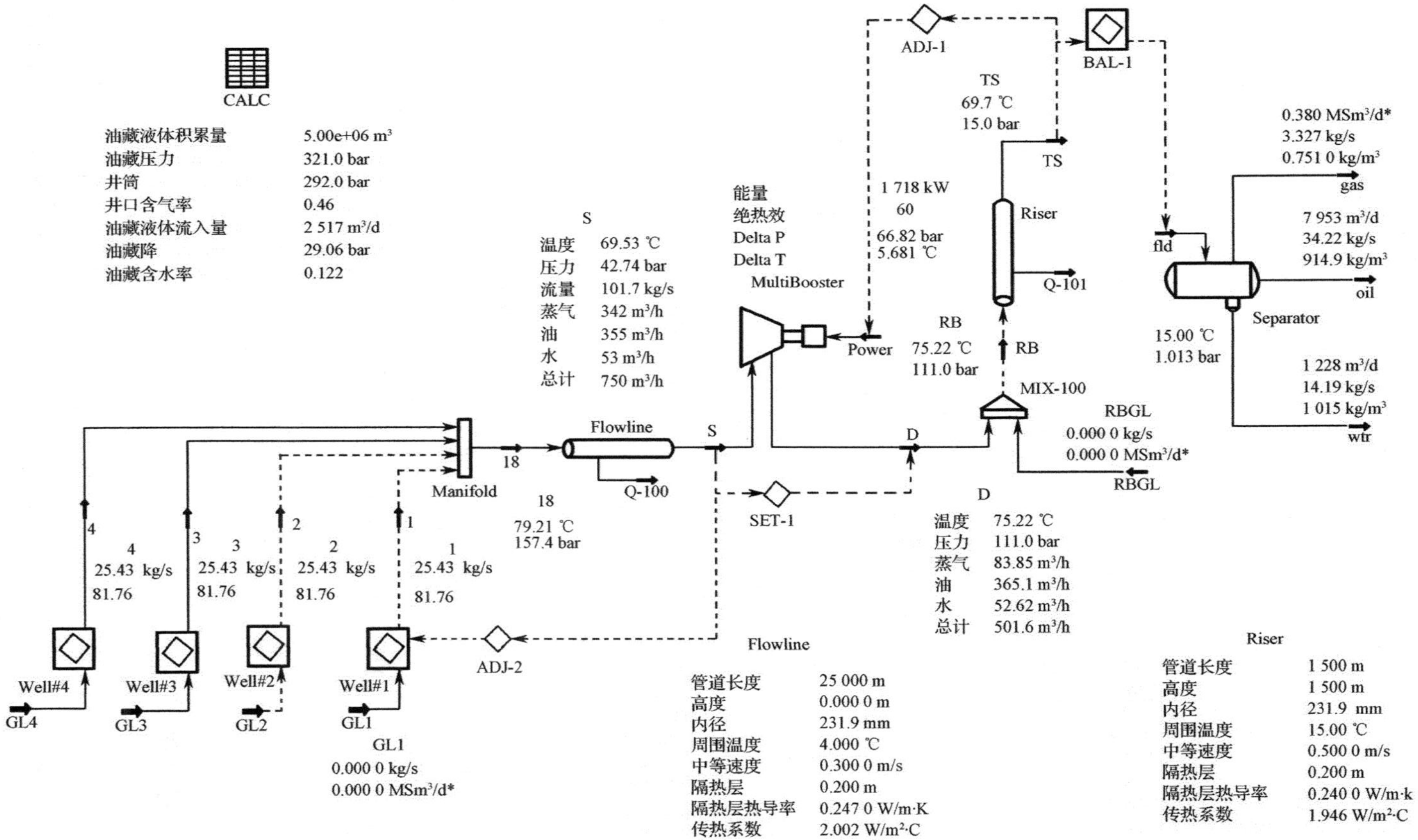
CALC
油藏液体积累量 5.00e+06 m³
油藏压力 321.0 bar
井筒 292.0 bar
井口含气率 0.46
油藏液体流入量 2 517 m³/d
油藏降 29.06 bar
油藏含水率 0.122
S
温度 69.53 ℃
压力 42.74 bar
流量 101.7 kg/s
蒸气 342 m³/h
油 355 m³/h
水 53 m³/h
总计 750 m³/h
能量 1 718 kW
绝热效 60
Delta P 66.82 bar
Delta T 5.681 ℃
MultiBooster
Power
ADJ-1
BAL-1
TS
69.7 ℃
15.0 bar
TS
Riser
Q-101
RB
75.22 ℃
111.0 bar
RB
MIX-100
RBGL
0.000 0 kg/s
0.000 0 MSm³/d*
RBGL
fld
Separator
15.00 ℃
1.013 bar
0.380 MSm³/d*
3.327 kg/s
0.751 0 kg/m³
gas
7 953 m³/d
34.22 kg/s
914.9 kg/m³
oil
1 228 m³/d
14.19 kg/s
1 015 kg/m³
wtr
Manifold
18
Flowline
Q-100
S
D
SET-1
18
79.21 ℃
157.4 bar
D
温度 75.22 ℃
压力 111.0 bar
蒸气 83.85 m³/h
油 365.1 m³/h
水 52.62 m³/h
总计 501.6 m³/h
4
25.43 kg/s
81.76
3
25.43 kg/s
81.76
2
25.43 kg/s
81.76
1
25.43 kg/s
81.76
Well#4
Well#3
Well#2
Well#1
GL4
GL3
GL2
GL1
ADJ-2
GL1
0.000 0 kg/s
0.000 0 MSm³/d*
Flowline
管道长度 25 000 m
高度 0.000 0 m
内径 231.9 mm
周围温度 4.000 ℃
中等速度 0.300 0 m/s
隔热层 0.200 m
隔热层热导率 0.247 0 W/m·K
传热系数 2.002 W/m²·C
Riser
管道长度 1 500 m
高度 1 500 m
内径 231.9 mm
周围温度 15.00 ℃
中等速度 0.500 0 m/s
隔热层 0.200 m
隔热层热导率 0.240 0 W/m·k
传热系数 1.946 W/m²·C

图2-26 过程模拟模型

对多样的储藏区堆积物进行一系列的模拟，根据储藏区情况，建立储藏产液量，通过调查的产量情况来进行反复模拟。

从储藏中生产一定量的产品所花费的时间以体积累积，通过积分液体率函数来计算，如图2-26所示。在多相泵安置在1 000 m的井源上时，描述累计产量随时间的关系。

参考文献

[1] Chedzoy C, Lim F. Design Challenges of Deepwater Dry Tree Riser Systems for Different Vessel Types[C]//, Conference I O A E, 2003.

[2] Jahnsen O, Homstvedt G, Olsen G I. Deepwater Multiphase pumping system[C]// DOT 03, Parc Chanot, France, DOT International Conference & Exhibition, 2003.

[3] Tang Y, Schmidt Z, Blais R. Transient Dynamic Characteristics of Gas - lift unloading Process [C]// SPE 97, San Antonio, Texas, USA, Society of Petroleum Engineers Inc. , 1997.

[4] Lawson P, Martinez I, Shirley K. Improving Deepwater Production through Subsea ESP Booster Systems[J]. The Baker Hughes Technology Magazine, 2004, 13(1).

[5] Mogseth G, Stinessen M. Subsea Processing as Field Development Enabler, FMC, Kongsberg Subsea[C]// DOT 04, New Orleans, USA, Deep Offshore Technology Conference and Exhibition, 2004.

[6] ANSI. ANSI/API RP 17A Petroleum and Natural Gas Industries-Design and Operation of the Subsea Production Systems - Part 1: General Requirements and Recommendations[S]. Washington, DC, USA: American Petroleum Institute, 2001.

[7] Eriksen R, Gustavsson F, Poorte E, et al. Performance Evaluaton of Ormen Lange Subsea Compression Concepts[J]. Offshore, 2006, 66(5): 74 - 79.

[8] Scott S L, Devegowda D, Martin A M. Assessment of subsea production \& well systems[J]. Department of Petroleum Engineering, Texas A\&M University, Final Report Submitted to the US Department of Interior—Minerals Management Service (MMS), Technology Assessment \& Research (TA\&R) Program, 2004.

第3章

水下分配系统

3.1 引　言

本章介绍目前用于水下石油生产的水下分配系统(SDS)的主要组成部分,以及该系统的设计和功能要求。

本章所介绍的系统需满足以下功能:

(1)液压动力分配;

(2)化学剂注入分布;

(3)电力分配;

(4)通信分配。

3.1.1 系统结构

水下脐带缆终端集成主要由以下几部分组成:内部多维快速连接板、上部钢结构、电梯设备、防沉板、LC、LTC、现场集成电缆终端和电线连接。

水下分配集成主要由液压分配模块(HDM)和电力分配模块(EDM)组成。液压分配模块由内部多维快速连接板、上部钢结构、电梯设备、吊点、防沉板、LC、LTC 组成。电力分配模块由舱壁电子连接和电缆组成,有时还包括电子转换模块(ETM)。

液压跨接管主要由 2 个带支撑结构的外侧多维快速连接板、钢管组成。

电子跨接管主要由2个电子连接件和一些电缆组成。

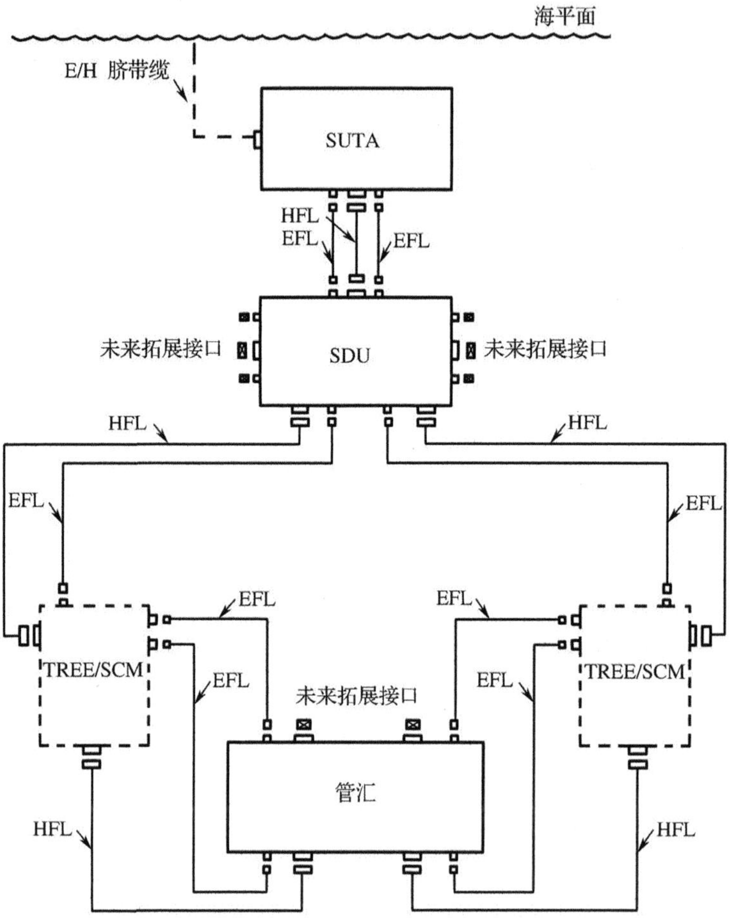

图3-1　水下分配系统的块图

水下分配系统主要包括以下部分(有时不仅限于这些)。

(1)上部缆线终端集成(TUTA);

(2)水下集成模块(SAM);

(3)水下脐带缆终端集成(SUTA),包含脐带缆终端接头(UTH)、液压分配模块(HDM)、电力分配模块(EDM)、跨接管。

(4)水下分配集成(SDA);

(5)液压跨接管(HFL);

(6)电力跨接管(EFL);

(7)多维快速连接(MQC);

(8)液压耦合;

(9)电力耦合;

(10)逻辑器。

3.2 设计参数

3.2.1 液压系统

下列参数由液压系统决定。

(1)液压罐大小;

(2)从减压状态灌满液压系统的时间;

(3)在最大和最小压力状态下液压阀的开启和关闭反应时间;

(4)液压阀开启使压力恢复所需要的时间;

(5)执行一系列的阀门开启所需要的时间,如开启一个井口装置(忽略节流阀的操作);

(6)由于其他控制阀和过程阀的操作(交感神经控制阀卸载,过程阀局部关闭)而产生的瞬时压力,对开启着的控制阀和过程阀的稳定性的影响;

(7)在普通的关闭命令下,关闭过程阀的响应时间,比如通过表面的紧急开关,利用电源线路,关闭液压控制阀;

(8)关闭脐带缆液压系统的时间;

(9)水下集成故障对安全操作和过程阀的关闭的影响;

(10)系统能够协调的外部的控制液体渗漏率;

(11)同时开启和关闭多个节流阀时系统的反应时间。

3.2.2 电力系统和通信

下列主要参数由系统电力需求分析决定。

(1)水下电力模块在最大的和最小的电力负荷下所能提供的电压;

(2)当在水下电力分配线上的水下控制模块达到最大和最小数目时,水下电

力分配线上每一个水下电力模块上的电压;

(3)在最大和最小的设计缆线长度下,水下电力模块上的电压;

(4)在干和湿的脐带缆绝缘状态下,不同电缆参数所引起的水下电力模块中的电压;

(5)最大和最小的水下电力需求;

(6)最大的电流荷载;

(7)峰值电力单元的电力系数,如水下控制模块中的电压;

(8)通信分析,用于获得水下控制模块和主控站模块的最小尺寸;

(9)传输模块的级别;

(10)接收模块的灵敏度;

(11)调制解调器源/负载阻抗。

3.3 水下分配系统各组件的设计要求

3.3.1 上部缆线终端集成

上部缆线终端集成提供了上部缆线仪器和主要的缆线系统的连接。上部缆线终端集成是一个连接单元的电力接线盒,包含了电力光缆和通信光缆,同时包含管道工程、测量仪器、块和用于控制合适的液压和化学用品的泄放阀。

上部缆线终端集成(图3-2)一般被安装在主机上的缆线J型管附近。一般地,在一个用于固定位置的可上锁的不锈钢柜子上,包含一个电器外壳用于入口保护。另外,上部缆线终端集成中的阀门需符合基于火灾测试标准易燃服务阀门的要求。

图3-2 上部缆线终端集成

管线的上端点的终端单元设计为悬挂式,且包含一个外圆管堵用于将脐带缆拉起并通过主机导管连接到一个支撑终端上。对于被水淹没的脐带缆,它必须能密封连接件和管道的各个独立的终端,并能使用开口外圆管堵。

管道必须单独密封,防止在拉的操作中液压油和水进入。电气导线必须密封,防止水顺着绝缘材料进入。如果缆线需要降温,则必须考虑在恢复过程中的压力释放。

一般地,在它的设计使用年限内,J 型管的密封能够抵抗 100 年的最大风浪,且有抵抗压差的能力。根据特定的工程设计规范,在 J 型管和水下之间设计了自由跨度修正。

3.3.2　水下脐带缆终端集成

水下脐带缆终端集成如图 3 - 3 所示,它是水下缆线的接口,可作为液压的传输中心和水下的化学剂供应。水下脐带缆终端集成通过液压跨接管连接到水下井口装置。

图 3 - 3　水下脐带缆终端集成

水下脐带缆终端集成一般由以下几部分组成。

(1)脐带缆终端接头(UTH);

(2)连接脐带缆终端接头和液压分配模块的跨接管;

(3)液压分配模块(如果需要的话);

(4)防沉板基础按照机制安装上刺和链条;

(5)多维快速连接板与液压跨接管连接。

水下脐带缆终端集成所用的类型取决于建筑场地类型,细节设计中要详细考虑。

水下脐带缆终端集成的设计必须具有下列灵活性:

(1)为可能的外加缆线提供连接;

(2)在内部管道故障的情况下提供额外的接头;

(3)允许灵活性的安装设计；

(4)可回收性和重新配置的选项；

(5)允许任意缆线通过跨接管重新定向到任意的井口装置服务。

有或没有钻机的辅助水下脐带缆终端集成都可安装。防沉板包含用于固定在水下的粘贴点，防沉板适合于在外部的水平力作用下竖直的安装无法完成时，安装水下脐带缆终端集成。

水下脐带缆终端集成的尺寸应考虑从制造处到最终目的地的运输方便。缆线将永久接在脐带缆终端接头上(UTH)。

液压跨接管用来连接在水下脐带缆终端集成和水下井口装置(管汇)之间的液压(化学)缆线。电力跨接管用来连接从缆线终端集成到管汇和水下控制模块上的井口装置之间的电力/通信电缆。

脐带缆终端接头、液压跨接管和电力跨接管与缆线终端集成的防沉板是相互独立的。每一个电力 4 芯组(有 4 根导线的缆线)最终和脐带缆终端接头中的电力连接件相连。

电力跨接管连接脐带缆终端接头和电力分配模块，将电力和通信从脐带缆终端接头传输到电力分配模块。水下电力从电力分配模块分配到水下井口装置和产品管束。两个跨接管将脐带缆终端接头(UTH)和液压跨接管(HDM)进行液压/化学连接。

3.3.3 脐带缆终端接头(UTH)

脐带缆终端接头如图 3 – 4 所示，由一个结构框架、铰接刺、多维快速连接板、超双相线和隔水形式的遥控作业机器人电力连接头。缆线服务器固定在多维快速连接板和电力连接上，用于水下产品仪器的运输。

水下脐带缆终端集成是水下液压缆线的终点，它提供了一个连接缆线终端的法兰连接。水下液压缆线由超级双相管构成。

图 3 – 4　脐带缆终端接头

脐带缆终端接头和液压分配模块中的所有管道焊接于多维快速连接板上的液压接头。焊接在连接件和管道之间的连接件的数量应尽量保持最小。而且焊接节点应选用承插焊连接。设计时，允许管道和焊接面积的完全开放。设计也应避免任意开裂截面的腐蚀。

在水下脐带缆终端集成和缆线之间的终端法兰连接的设计应满足以下

条件。

(1)由于水下脐带缆终端集成和防滑板铰接在托管架上，故这个法兰需支撑该集成的重力和安装荷载；

(2)安装完成后，水下脐带缆终端集成铰接于防沉板和防滑板上。因为水下缆线集成终端会被举起和带回到海面，法兰需有50%的安全系数来支撑“无支撑”脐带缆的重力。

脐带缆终端接头至少需要满足下面的要求：

(1)脐带缆终端接头应能承受最少9根缆线钢管线和2个电子嵌块；

(2)结构框架应能安全地黏附在缆线上并能支撑脐带缆终端，同时为多模态快速连接板和舱壁电力连接件提供固定的位置；

(3)铰接的防滑板连接在框架上，同时也是脐带缆终端接头和泥垫结构之间的交界面；

(4)为了方便悬挂在板上，脐带缆终端接头框架的尺寸应尽量小；

(5)脐带缆终端接头应尽量小以便卡线槽中能放进足够多的缆线，并能够灵活地通过系统管理大多数的缆线；

(6)恢复吊点应能承受脐带缆终端接头和缆线的完全恢复荷载；

(7)与缆线连接桶连接的脐带缆终端接头（由缆线的制造商提供），设在缆线的结尾和/或开头；

(8)在脐带缆终端接头中的管道连接和其他可能的故障点尽可能减少，以避免需用替换缆线去修复坏掉的部件。

3.3.4 水下分配集成（SDA）

水下分配集成（SDA）如图3-5所示，它将液压供应、电力供应、信号和化学注入剂分配到水下设施。这些水下设施可以是一个水下基盘、卫星井群以及群集。水下分配集成通过水下脐带缆终端集成与水下脐带缆连接。

(1)建设 根据油漆技术规格标准，水下分配集成框架可以用碳素钢制成。这个框架用于举起和下降到某个位于水下生产结构的位置上。或者，水下分配集成也可以布置在防沉板、简单的保护框架或一个单桩上。

(2)线缆交界面 水下脐带缆终端集成能够通过一个竖直/水平刺和铰接/钳形连接件连接到水下分配集成，或者通过电力和液压跨接管连接到在海床面上的连接站点上，或者使用遥控机器人或潜水金属连接件将折叠结构安放在拉入位置。如果场地摆放需要的话，跨接管能够通过一个安全连接链环连接到分离连接件。

图 3－5　水下分配集成

(3)水下控制模块(SCM)的交界面　通过遥控作业机器人,用跨接管连接水下控制模块和水下集成模块上升基地。

(4)电力分配　电力分配连接通常包含在一个油压平衡并有碳素钢外壳的电力分配单元中。有时,也会使用非压力平衡树脂填充接线盒,但是它不允许后期的维修,而且需要适合于在深水下使用的封装组件;设计所需的限流器可能需放在大气环境中。电力分配单元的入口和出口用法兰安装电控环境型连接件。

配置连接件,以防止任何连接件意外断裂时海水侵入。由于控制系统建筑和系统富余容量的要求,从充油电力连接件的背部引出的电缆尾端需要连接。

故障保护的选择由系统的设计和水下缆线的故障所导致油井破坏的数量决定。电力保护设备有三种类型:保险丝、电路闸刀、热重设行程设备。

当给缆线充电时会有涌入电流,故慢熔保险丝是必需的。保险丝对分配系统中的孤立的在分配出口没有剩余的过载的错误没有效果。一般地,在电力分配系统中的绝缘线失效之前,保险丝是不会烧断的。

电路闸刀可运用到水下电力分配系统中,但不是经常运用。因为重置机制必须运用 O 形圈进入电力分配系统,而 O 形圈可能导致一个错误路径。

热重设行程设备是半导体设备,由于技术控制,该设备并不是所有供应商都能提供。

(5)液压和化学剂分配　通过布置在结构周围的输入交界面连接到分配出口的管道,进行液压分配。入扣连接和管道一般由 316 不锈钢制成,管道终端须完全焊接。应水下控制系统的需要,在现场安装点安装的管道一定要刷洗和清理干净。

化学剂注入系统在安装期间需要更大的体积流量,另外,由于海床上的温度比较低,需要提高化学剂分配系统的黏度。因此,大型井筒管道一般需完全焊接到主要管道上。

为了在安装时能对准,多插板液压连接一定要有些可操作空间。管道用带塑料塞的夹具安装在结构上,这样可以使管道和尾部连接不需要阴极保护。为了避免系统的快速腐蚀,多插板液压连接必须连接在主要结构上的阴极保护系统上。

其他可能选择作为化学注入系统的分配管道的材料是碳素钢,双相或超双相不锈钢。

为了确保正确拼接相应的部分,插板上运用了定位销。不同的连接可能需要不同型号的快速接头,也可能讲求方向。

(6)遥控作业机器人连接件　到水下分配缆线的遥控作业机器人的大小必须仔细考虑。遥控作业机器人不需要停泊部位来补给。如果现场调查表明海底有强大的水流,并有可能改变方向,则必须让遥控作业机器人停泊。

由于遥控作业机器人的多种应用,遥控作业机器人将停泊位置的连接件移动到水下分配缆线上。遥控作业机器人应防止不卷入到其他的跨接管上。因为这可能引起跨接管破坏或者卷入到遥控作业机器人上。如果卷入了就需要切断跨接管来解开遥控作业机器人。

连接点必须清晰标记,因为在需要的地方,遥控作业机器飞行器可以为遥控作业机器人指引方向,并在水下低视线的情况下确保正确的接通。

3.3.5 液压

液压分配模块的目的是为后面的再生产,将(高压和低压)液压液体、化学剂分配到每一个水下生成井口装置、生产管道。液压分配系统包括内部的缆线终端集成框架上的多维快速连接板,液压分配单元如图3-6所示。

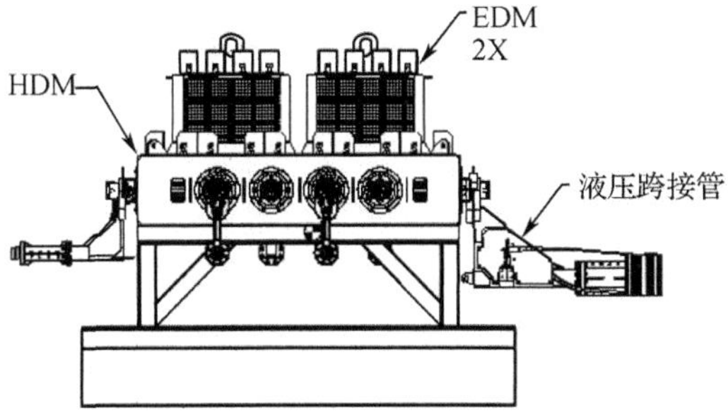

图3-6　液压分配单元

液压分配由以下因素决定。

(1)功能阀的数量;

(2)促动器的尺寸;

(3)功能阀操作系统的频率;

(4)阀、井口装置和管线的位置。

将水下液压能量储存在蓄能器瓶中(水下蓄能模块)以备快速开启水下阀门,且不影响在系统中的其他阀门。蓄能器由缆线中的液压供应充电。

在服役期间,液压集成模块可以通过改变逻辑帽来重组服务。在每个液压集成模块中都有额外的线连接到内部的多维快速连接板上。在脐带缆破损需要更换的变更操作中,扩展领域有化学需求时,允许缆线重新搭配。

在功能需要或者不能单独由一个逻辑器完成的情况下,可以用遥控飞行器控制阀门。液压分配模块中的其余的管道可以给结构重置提供灵活性。

组件最小测试压力应超过设计压力的 50%。一般地,在装配前和装配时,水下分配系统的所有部分都要清洗。

水下液压系统必须耐用,能承受意外的海水和微粒的污染。它必须有能力防止这样的污染物积累,所有的组件均需能抵抗含有固体颗粒的液体污染物。具有非常低的液体吸收性的脆弱部分(比如,方向控制阀试验阶段)可以用过滤器保护,也可以使用滤网。当有线缆损坏需要更换时,可以用逻辑帽/交叉帽重新配置空余的缆线,替换损坏的线路。

3.3.6 电力分配模块(EDM)

电力连接件的种类应尽量保持最少。如果可能,到模块连接件的剩余的路线应该沿着不同的路径。

光缆需要安装在充满液体的压力自补偿的软管中。液体必须是绝缘的,使水和导体之间有双屏障。这两个屏障被设计成都能在水中操作。

各种缆线终端与水下控制模块之间的电力分配光缆和跨接管如出现破损,可以用遥控作业机器人替换,坏掉的光缆也不需要移除。

如果分配系统出现故障,运用遥控作业机器人线路重置后,一条线路中就可以运行几个水下电力模块。

如果一条线路供应超过 2 个水下电力模块,可以将分配装置和隔离单元安装在一个独立、可取回的分配模块中。

电力分配缆线和电力跨接管之间的连接可以通过遥控作业机器人用简单的工具完成,这样对钻井/船只的时间影响最小。

缆线组装的设计和安装应使得当任何的海水进入到油液中时，可以由于重力从终端尾部分离出来。

电力分配模块应有下列配置。

(1)每个缆线终端集成配有一个电力分配模块；

(2)电力分配模块通过两根四芯缆线将电力和通信服务从脐带缆终端接头分配到多维水下集成；

(3)四个电力停顿点(在安装和回收时，用于停靠分配系统的跨接管终端)，每一个都有一个水下遥控机器人保护帽长期保护。

(4)电力分配模块中没有其他的电力停顿点。如果需要，其他的停顿点由一个单独的停顿框架集成提供；

(5)8 个电力输出连接件，每个都由水下遥控机器人保护帽长期保护；

(6)电力分配模块由充油的离合器组成，并安装有一个可收回式结构。这个离合器可约束多维输出的终端为防水壁，并安装有带插座的遥控作业机器人电力连接件；

(7)连接脐带缆终端接头的输入尾部，单腿夹具的终端是带插座的遥控作业机器人电力连接件；

(8)带有树形结构和管汇的电力分配模块提供电子跨接管和步进电子跨接管给静态缆线；

(9)电力(和通信)从一个阴极的电力连接件传输到一个阳极的连接件。

3.3.7　多维快速连接件(MQC)

多维快速连接板配备了相当数量的连接件以与液压跨接管中的管道数量相匹配。在快速连接板上，任意一个空闲的位置都装备了隔开的接头。所有的管道和耦合任务需要与采油树的需求匹配。如图 3 - 7 所示为一个多维快速连接件。

所有的连接件都是通电的，多维快速连接件能够抵抗所有的连接压力(设计压力和测试压力)。连接件的设计必须考虑到由于外部压力比内部压力大引起的外部渗漏。

多维快速连接件安装在水下分配集成中，比如水下脐带缆终端集成封皮、采油树、管汇处，且在安装过程中尽量远离一切破坏。多维快速连接件的位置和安装是水下遥控机器人完成的，而且多维快速板上的连接和断开不能打扰其他连接。

多维快速连接件需有压力来维持防护罩。在安装跨接管之前，多维快速连接件可能需要在水下维持更多的时间，并可以由水下遥控机器人移除。

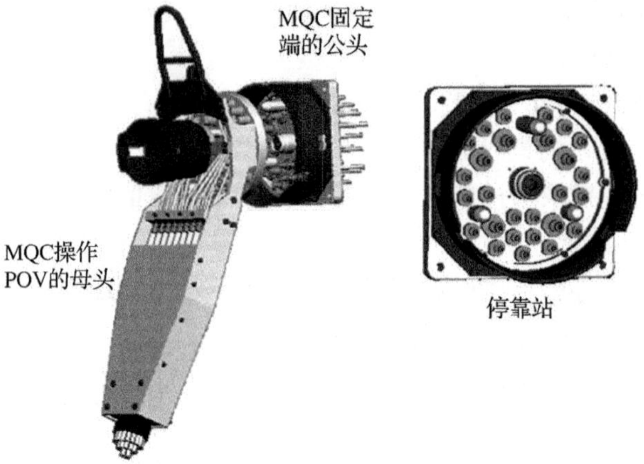

图 3-7　多维快速连接件

为了与跨接管连接,多维快速连接件应具有遥控机器人的操纵附件。这个连接需要满足的所有标准和特殊遥控机器人工具必须详细规定。除此之外,它还需要满足下列遥控机器人的组成和控制扭矩要求。

(1)启动扭矩;

(2)运行扭矩;

(3)当联结器满载通电时的最大扭矩;

(4)断开连接件的最小扭矩(制动扭矩)(在水下包围的环境下,有或没有内部压力);

(5)实行超载机制时需要的最大扭矩。

在插入内部多维快速连接件之前,多维快速连接件需为遥控机器人提供信号,以认证外侧板的方向和排列。

即使在外部板不能被遥控机器人分开时,从内部解开外部板的必需工具也必须安装。多维快速连接件应配备一个紧急释放设备,如果它们没有正确校直,设计也应该防止多维快速连接件相互咬合。在内部板正确校直前,连接件不能参与工作。为了交界面的信息传递,所有接收到的有关遥控机器人的角度、轴向和径向的偏心扭转数据都必须记录。

设计应考虑到附件机制的全面指导,并避免可能的螺纹参与;也应考虑到校直认证和螺纹参与。

多维快速连接板有数字标记,并能够被遥控机器人看到。它还有遥控机器人的监测窗口,这些窗口用于监测多维快速连接件,作为确认安装是否正确的方法,同时,也可监视操作中可能的泄露。

3.3.8 液压跨接管和接头

(1)概述　如图3－8所示为液压跨接管装配图,液压跨接管将液压和化学剂从水下脐带缆终端集成运输到采油树或者从水下分配集成运输到采油树。

液压跨接管有3个主要部分组成:管道束、钢支架组装头和多维快速连接件。管道束的两端都连接到多维快速连接件,而多维快速连接件则连接液压跨接管到采油树,或者连接到缆线终端集成。这些集成有垫板孔眼,用于处理和部署。

(2)建设　管道需捆扎在一起,并加上外壳用来保护和防止管道相互扭结。

从多维快速连接集成连接到接头终端的管道末端应进行焊接,且需进行无损检测。终端集成的结构需合理设计,应能够抵抗所有的交通、安装和操作荷载。

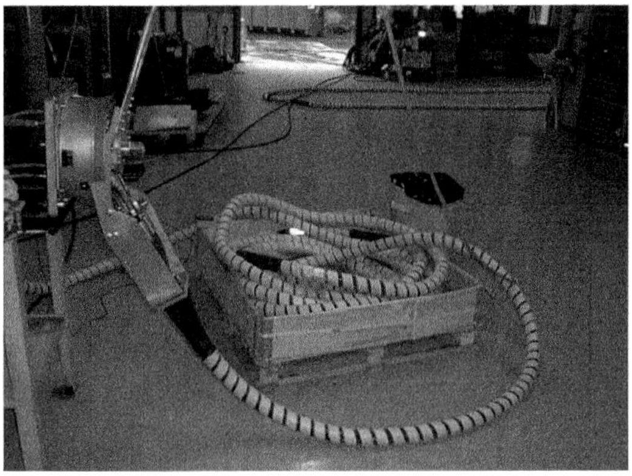

图3－8　液压跨接管装配图

(3)连接板　液压跨接管是为接头而设计的,安装在多维快速连接板上。所有的管道和接头的设计需要与缆线终端集成和采油树的要求一致。

所有的接头和液压跨接管都能抵抗设计压力和试验压力。在验证试验时,所有的接头能承受1.5倍的设计压力。所有的多维快速连接板和接头的设计需考虑,由于外部压力大于内部压力而引起的潜在渗漏。所有的密封剂由化学剂、甲醇和液压控制液体组成。在高压(完全的工作压力)或低压(1 psi)下,液压接头处于未匹配状态时不会泄漏。

为了连接缆线终端集成上的内部多维连接板、采油树和管汇,在液压跨接管上的多维快速连接板有遥控机器人可操作的连接装置。深度补偿必须补偿各点的压力,或者仅仅只有一边有压力。深度突破必须保证没有点压力,安装和拆卸这些终端不需要特殊的工具。

液压接头必须合格,在初校直后,即使在最糟糕的角度下也应能成功啮合与脱离。在制造和遭受 0 psi 和系统工作压力之间的内部压力,以及最大的液压时,多维快速连接必须能够在陆地上啮合和脱离 50 次,在设计水深时啮合和脱离 30 次,且不需要密封圈替换,不发生渗漏。

在多维快速连接设计中,应该考虑下列可能的偏离对准。

① 线性偏离对准:每个方向 1.5 in;

② 轴向偏离对准在阳极阴极之间,限制在 3°;

③ 扭转偏离对准限制在 5°。

多维快速连接板配置了一个紧急释放装置。如果多维快速连接板没有校准正确,这个设计就能够阻止它咬合。接头在校准合适前不能咬合。紧急释放机制用于在受到某一深度下独立外力时提供支持。

多维快速连接件可以由遥控机器人监视。这个视角能够监测多维快速连接件的运动和认证安装是否正确。它必须能够监视到在操作中是否存在渗漏。

(4)安装　液压跨接管中的所有环路均需抵抗 1.5 倍的最大设计压力。安装好的液压跨接管在水中能够被遥控机器人监测到。

液压跨接管的集成设计包含近海部署设备。设计也应包含液压跨接管可以被水下遥控机器人运输和安装的能力。设计必须说明跨接管在空中、水中的最大质量(对于空的和注满的管道)和空气浮力/水中浮力大小。

设计应具体说明处理、安装、拆除跨接管的方法,且提供任意必需的永久浮力的大小。设计应提供近海测试/认证步骤和长期的储存步骤;还必须提供所有的集成图形、材料列表和遥控机器人操作、安装接口图。

为了操作方便,液压跨接管配置有 4 个水桶的 API - 17D 型遥控机器人(或者参考ISO 13628 - 8)。

在运输和调度期间,必须指定液压跨接管内部需要的液体类型。储存液体必须与化学剂和液压液体相容。在运输期间,液压跨接管配置有多维快速连接保护帽。为安装液压跨接管,必须详细说明一个终端最大的允许拉力和最小的弯曲半径。在设计使用年限内,液压跨接管有遥控机器人可识别的永久标记。

(5)液压接头　用于深水的液压接头需要一个能够密封的强力弹簧,以抵抗住外部压力,用来防止海水从装有液压液体的地方进入到一个设计为低压的地方。图 3 - 9 和 3 - 10 分别是阴极液压接头和阳极液压接头。

图3－9 阴极液压接头

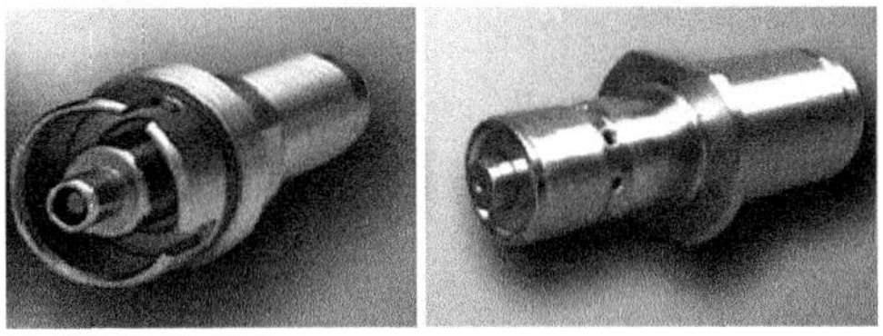

图3－10 阳极液压接头

当需要一个较低的力来补偿时,需要用到接头。接头应有双层弹性密封,为弹性和金属密封相结合。

在深水应用中,完全压力平衡接头是可取的。这些完全是新概念,但在单对接头设计和4个接头液压环路设计中是可以做到的。单对接头是在阀芯有一个使内压力平衡的弹性密封设计,在接头断开时,它为弹簧提供压力辅助。该设计使用了合金和弹性密封装置,当接头匹配或不连接时可以在一个剪切密封装置中起作用。两个设计都遵循流体路线是径向的这一原则 ,因此不产生残余集中力。

为确保有足够的液压反应时间,有足够的流体路径通过液压接头是很重要的。保持提升阀的平衡可以防止被液压从中心推开或密封住一个密封面。

阴极接头常集成于一个液压跨接管集装块板上,以备有必要时收回或替换密封圈。阴极接头是集成的,它们漂浮在板上时,可以允许一些制造误差。接头的后背必须用在软管终端接头上的螺钉、螺旋密封或钢管终端的焊接集成固定。

焊接工业协会规定,只有当软管能承受特定液体满载时的重量时,锻造于标准热塑性软管的中间核心管内的软管终端才可以使用。而这个质量等于或接近于海水的质量。只有这样,才能防止软管在深水应用中倒塌。

在核心管道下必须有一个螺旋弹性金属的高抗倒塌软管。这个弹性内部核心用以承受外部的海水压力和防止软管核心倒塌。高抗倒塌软管需要一个有焊接结构的不同类型的接头。接头中的金属线圈架,通过在热塑电线的外部锻造,滑落到螺旋软管中并密封。

当集装块板的填充密度增加时，所有软管转动 90°并定位进入到软管/缆线约束是很困难的。使用适当的角度连接件将软管定位到夹具上。为了弥补软管并避免急转弯或软管扭结，需要有高度分级的连接件。

接头的设计要求根据具体应用的不同而不同，如海底生产控制模块、连接板装配件、飞脚式连接器等，通常设计要求应遵循 ISO 13628－4 和 ISO 13628－6。本书以下列出的要求涵盖了不同类型液压液压接头（但不限于①有提升阀的接头；②没有提升阀的接头；③阳极空白接头；④阴极空白接头）。

（1）接头包含内部和外部多维快速连接板，它们提供了咬合、预咬合以及在单个集成中锁住多维接头连接的机制，多维快速连接的基本要求可以在第四章找到；

（2）液压接头配置——这个系统配置确保可替换的密封圈放置在最易收回的物体上，如液压跨接管；

（3）液压系统的设计应该考虑接头上的水锤、高压冲击和振动，其中包括外部荷载，比如阻塞；

（4）在高环向荷载控制设计和生产的部分，应该重新考虑来减小组合的危险，比如，对头焊接液压连接件的使用；

（5）在运行和补偿操作中，设计应使外部液体的渗入最小化；

（6）在水深 200 m 的混浊环境下，接头应设计成可靠并可以重复的水下湿耦合；

（7）接头应至少有 2 个对外部环境的密封障碍，除非密封障碍是焊接密封的；

（8）在同一个部分中，所有的化学和液压环路都承受相同的设计压力；

（9）所有的液压和化学管道回路都采用 NAS 1638－64 的第 6 型（或者等效的 ISO 4406 规范 15/12）；

（10）接头设计通过多维快速连接头咬合和对准，能在最大的扭转和弯矩作用于咬合的接头的情况下进行操作和密封；

（11）接头有带弹性支撑密封圈的金属和金属的密封，弹性密封圈应与工作液体相匹配；

（12）接头装备有必要的保护装置，当接头未咬合且处于使用状态时，用来保护装置和防止矿物质的积累和海底生物的生长；

（13）液压系统的设计应该考虑接头上的水锤、高压冲击和振动，其中包括外部荷载，比如阻塞；在高环向荷载控制设计和生产的地方，应该重新考虑来减小组合危险，比如，对头焊接液压连接件的使用；

（14）在所有的液压和低流量的化学使用中都应使用提升阀接头；

(15)无提升阀的接头用于全口径和高流量的化学注入线中,用来减小压力损失和消除提升阀区域的垃圾积累(比如,甲醇供应和径向排出线);

(16)空余的脐带缆管道都应有提升阀接头;

(17)当回到海面时,需要考虑提升阀环路中散开阻塞压力的能力(比如,残余的操作压力或者与系统中断产生的水头压力);

(18)在连接之前,对建设规模给予特殊考虑。

3.3.9　电力跨接管和连接件

(1)概述　电力跨接管连接电力分配单元和采油树上的水下控制模块。图3-11所示为电力跨接管装置图,每个水下控制模块利用电力分配单元2个独立的电力跨接管,为通信环路提供足够的能量。

(2)制造　电力跨接管集成由一对包含在一个热塑性软管中的电线组成,电线的两头都配有焊接接头。这个集成构成一个油压补偿附件,将所有电线及其连接件与遥控机器人金属连接件相连接。

图3-11　电力跨接管装置图

(3)结构　电线是连续的,至少使用美国线规(AWG)中的16号线,并建议使用双绞线。

基于电力分析的结果,调整电线中的电压和额定电流,以不显著降低整个电路的性能。电线配置有连接件插头,且由相容材料组成的引导密封套保护。

在海底应用,选择低抗塌软管,配有钛或类似金属的连接跨接管的2个连接件的结尾配件,来确保使用材料的相容性。

软管中的电线长度应足以使软管拉伸至任意软管破坏位置或者结尾配件。软管的拉伸不会对配置的连接件产生任何的拉伸荷载。

在 300 ft 下，软管应连续，没有胶接件或长度配件。任何的胶接件或长度配件的使用必须基于逐步的分析。

软管中充满道康宁 200 的防电液体。软管、基础密封和装有补偿液体的电线必须与海水相容。电线安装器是一个单一的挤压通过，适用于直接暴露在海水中的环境。通过沉浸深水中和高压检测，所有的电线都 100% 通过了隙缝/针孔测试。

连接件都需适当标记，来简化遥控机器人的操作。采用校准码或其他设施，用于确保方位的正确。

电力连接件必须合格，无论校准前后，即使在最差的角度下，连接和断开都应可以正常进行。在阴极荷载作用下，它们必须能连接和断开 100 次，且插头处没有明显的插头破坏或插座仍能防止海水渗入。在频率为 60 Hz 时，连接和断开的电压是 1 000 V 的有效电压。

(4)安装　连接件有航运防护罩保护。所有的集成都有标于电力跨接管两端的标签。在岸上、近海的复杂操作中，在安装过程中，在遥控机器人可以看到的工作海水深度范围内，这些标签都不能脱落。

海底使用的软管的颜色应容易被遥控机器人看到，比如黄色或橙色。为了便于通过 ROV 观测和确定水下情况，ROV 的把手和底部飞脚式塑料套管应该依照标准规范涂上合适的颜色，并且这些标记在系统的整个生命周期内都应一直存在。

在部署之前，所有的电力跨接管集成都应装满补偿液体，并达到一个微小的正压力(10 psi)。

海底的跨接管未使用时，均有咬合的连接件保护。这些跨接管临时性地安装在电力脐带缆终端集成的停放点上、采油树上，或者为了这个目的而安装的停放点上。

(5)电力连接件

电力连接件有下列基本要求。

① 电力光缆用于在水下生产控制系统的部件之间传送电力(低电压)和通信信号，而电力连接件是电力光缆的终端。

② 电力连接件至少应满足最新版本的 ISO 13628 -4 和 ISO 13628 -6 阐述的所有要求。

③ 电力连接件的种类应尽量保持最少。不同路线中都要有多余的电线。为了使导电连接件上的电力应力最小，尽量保持电压水平和实际中一样低。

④ 连接件一般是 Tronic(CE - Digitron 类型遥控机器人连接件系列)或 ODI(CE - Nautilus 系列)。

⑤ 电力连接件可以通过遥控机器人在水下进行金属电力连接。在连接或断开操作中，它们应能承受由遥控机器人传递的正常或偶然荷载。

⑥ 确定半个连接件的类型是“光缆结尾”型还是“散装连接件”型。

⑦ 可扩充系统树形结构应带有阳极（插头）连接件，跨接管应带有阴极（插座）连接件。

⑧ 连接件用以确保断开时阳极插头都不带电。电力分配系统在正常、维护、失效模式下运作或回收期间，不需要“现场断开”。

⑨ 连接件配置有必要的保护装置，用以在未咬合时或处于工作状态时保护设备，并防止矿物质的积累和海底生物的生长。

⑩ 任意光纤线路的可选择的连接件配置均有一个长期的保护帽。

3.3.10 逻辑器

图 3－12 所示为典型远程组成水下组件的逻辑器接口，液压和化学剂分配装置包括专用的多维快速连接板——连接件。多维快速连接板可以重复使用，通过遥控机器人替换一块外部的多维快速连接板。当环路破坏或系统要求改变时，连接件应具有应对液压、化学剂分配调整的灵活性。

图 3－12　典型远程组成水下组件的逻辑器接口

逻辑器由液压接头集装块板组成。液压接头集装块板安装在液压连接件上，与液压跨接管连接，并用铅垂校准直至满足相关规定。

逻辑器需满足下列最小的要求。

（1）如果有需要，逻辑器在直管或支管使用中常被用来代替阀门；

（2）设计使用年限为 15 年；

（3）额定最大压力为 5 000 psi；

（4）如果有需要，空闲的低压（LP）供应（比如 LP1 和 LP2）配置在框架独立部分的独立连接件中。

(5)高压(HP)供应线路会通过一个逻辑器；

(6)空闲的低压(HP)供应(比如 HP1 和 HP2)配置在框架的独立部分的独立连接件中，且在相应的低压(LP)环路中分配于同一个逻辑器中，比如在有需要的位置，HP1 和 LP1 将被放在同一个逻辑器中；

(7)所有的化学剂和环向出口线路都通过逻辑器分配；

(8)专用于失调连接件的化学管道不需要通过逻辑器；

(9)逻辑器附件不允许横穿过采油树之间的流体；

(10)逻辑器可由遥控机器人安装和收回，攀索扶手栏杆用来辅助遥控机器人的操作；

(11)为了可交换性和工具最少化，所有的特点都应符合标准设计并具有广泛的应用领域。

逻辑器的使用基于下列优先条件：

(1)液压服务；

(2)甲醇(或者其他液压缓解化学剂)分配；

(3)腐蚀抑制剂(CI)；

(4)沥青质分散剂/抑制剂；

(5)工程队定义的其他化学剂。

3.3.11 水下蓄能模块(SAM)

(1)简介　图 3－13 所示为水下蓄能模块，它是储存液压机液体的水下单元，即使当阀门正在操作时，水下系统也能获得足够的压力。

图 3－13　水下蓄能模块

水下蓄能模块常用来提高在采油树和支管中的水下控制系统液压表现。一般地，在最小的系统供应压力下，它将增加液压阀门反应时间和系统液压恢复时间。

(2)描述　当水下系统需要控制一些远离软管的采油树时，上部液压生产单元中的液压机液体需要较长的时间到达水下装置，特别是脐带缆中使用小软管的地方。由于压力不能通过脐带缆迅速储存，阀门开启会导致在水下采油树中的压力丢失。

若压力下降，在压力储存之前，其他已开启的采油树阀门可能会开始关闭。

如果压力丢失太多，水下控制模块中的操作阀门将“退出”，比如关闭，并且无论脐带缆是否储存了压力，都会导致一个或多个采油树阀门关闭。

为了保证水下位置达到足够的压力水平，可能会需要一定量的现场蓄能器。这可以由水下控制模块上的单独的蓄能器提供。但更多情况下，会有一个包含几个蓄能器的集装块，这被称为“水下蓄能模块”或 SAM。

在阀门开启时，水下蓄能模块有充足的低压（LP）蓄能器来维持压力。另外，它可以调整大小以包含充足的液体来执行一些水下控制系统操作。即使表面的供应中断，它也能提供一些储存的能量。需要的集装块的大小和蓄能的容量之间必须有一个平衡，这通过一个由生产者按照规范控制的液压分析器完成。有时，也需要由分析来证明高压（HP）蓄能器的必不可少。

在深水应用中，预先增加氮器压力将减少水下蓄能器的效率，这时应增加需要的蓄能瓶的数量。

（3）组成部分　一个水下蓄能模块是一个简单集装块，重要的是外壳蓄能器。尽管如此，它必须作为整个系统的一部分，设计、生产和测试，且可以能够收回来维修，因为预先充电的蓄能器可能需要周期地更换。

这个设计可能还包含一个过滤器和块/排出阀门，用于清洗和测试。

如图 3 – 14 所示，水下蓄能模块一般为一个独立运行的集装块，通过一个安装设备，连接到水下分配单元或水下控制模块上的液压管道。水下蓄能模块和水下控制模块有相同的运行和回收方法。为了使水下蓄能模块可以回收维修，遥控机器人可操作模块、出口和旁通阀有时候会包含在支管/临时管道（液压分配难以传输到的地方）中。基于上面阐述的压力下降的风险，这个阀门可以保证生产连续的情况下更换单元，但是采油树阀门不能在旁通管开启时开启。

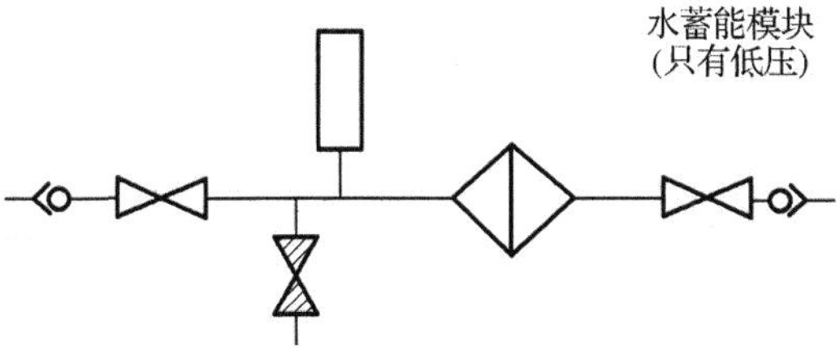

图 3 – 14　水下蓄能器框图

当截止阀和排气阀不使用时，水下蓄能模块可以通过拉断安装基础来收回，并依靠自我密封，快速连接液压接头密封，以维持液压系统中的压力。

要使水下蓄能模块（SAM）和水下蓄能模块安装基础（SAMMB）成对，需要一个较大的力来抵抗由封闭的液压提升阀产生的封闭力，这样水下蓄能模块的安装会非常困难。特别是在深水应用中，这个装置中的液压快速连接接头压力是完全平衡的，用来抵抗接头的咬合力。

在深水应用中，需要一个运行工具来运行和使水下蓄能模块(SAM)安装到水下蓄能模块安装基础(SAMMB)上。

参考文献

[1] Ribeiro L P, Neto E A. Campos Basin-Subsea Equipment Evolution and Next Steps[C]// OTC 2003, Houston, USA, Offshore Technology Conference, 2003.

[2] Vale O R D, Garcia J E. VASPS Installation and Operation At Campos Basin[C]// OTC 2002, Houston, USA, Offshore Technology Conference, 2002.

[3] Horn T, Eriksen G, Bakke W. Troll Pilot-Definition, Implementation and Experience[C]// OTC 2002, Houston, USA, Offshore Technology Conference, 2002.

[4] ISO. ISO/DIS 13628 – 8 Petroleum and Natural Gas Industries—Design and Operation of Subsea Production Systems—Part 8: Remotely Operated Tools and Interfaces on Subsea Production Systems [S]. Geneva, Switzerland: International Standardization Organization, 2002.

[5] ISO. ISO TC 67/SC 4 Petroleum and Natural Gas Industries-Design and Operation of Subsea Production Systems-Part 4: Subsea Wellhead and Tree Equipment[S]. Geneva, Switzerland: International Standardization Organization, 2007.

[6] ISO. ISO 4406 Hydraulic Fluid Power-Fluids-Method for Coding the Level of Contamination by Solid Particles[S]. Geneva, Switzerland: International Standardization Organization, 1999.

[7] NORSOK. U – CR – 006 Subsea Production Control Umbilicals[S]. Norway: Norwegian Technology Centre, 1995.

[8] ANSI. ANSI/API Spec 17F Specification for Subsea Production Control Systems[S]. Washington, DC, USA: American Petroleum Institute, 2011.

第4章

海底勘察、选址及奠基

4.1 引　　言

海底土壤的课题主要包括勘察、选址、土体研究和海底奠基，此课题是海洋领域发展的前端活动之一。本章在尽可能少运用公式和技术需求的情况下，力求为海底工程决策提供指导。

作为区域发展规划的一部分，一份详尽的地理和地质测量，以及土体调研是必须完成的。这种调研的目的旨在评估人为风险、自然风险和工程内在需求，从而确定工程的具体位置、管道结构类别，防止生物群落的冲击破坏，并对海底及潜层定性。

本章将简要介绍以下几方面内容：

(1)构建垂直剖切线图、等高线平面图和海底特性，尤其要反映那些露头岩石或礁石；

(2)得到精确的水深测量成果，定位海底障碍物及其他影响因素，确保在选址阶段就为管道的敷设、建构与稳定运行提供借鉴；

(3)对岩质特性的目标区域选定和走向分布标绘，从而确定浅海分海线地理特性；

(4)开展岩土取样并在实验室进行测试，以评估沿着陆上和海上管道及平台的位置，海底土的类别和力学性能；

(5)对已有的水下设备(如管汇、套管和海底管网)、管道和电缆，只要在测量走廊上，不管它是现役的还是废弃的，都应一一定位；

(6)确定水下基础设计的类型，通常还要根据使用逐步调整。

4.2 海底勘察

海底勘察是一门在海底开发过程中，对一定区域内点线面位置、角度进行精确描述的科学和技术。

4.2.1 海底测量的要求

地球物理和岩土测量学常被用来研究海床及其下层情况，为特定的项目界定地质限制条件，提供指导。

(1)对拟定海域和各管道走线的测量模式　测量的基础上做贯穿于海底开发的方方面面，它包括区内管线、移动离岸钻井锚点标绘、管道末端管汇、采油树、脐状管等。

海底测量路线的名义宽度一般为 500 m，这个宽度即可保证最大 100 m 范围的线路空间，根据方案需要，有时需要进行全覆盖测量。

(2)岩土研究　岩土研究对选定合理的沟槽设计和设备选型方面提供数据支撑，并鉴别任何可能的硬质地层、海礁和人工填充物。

土壤的电磁特性在这里是非常有益的。比如铁离子含量的不同产生的牺牲阳极问题对管汇、管道末端管汇这些特定设备产生的潜在影响需要进行评估。提取样本和贯入试验的结论是可以从大地测量的数据中得到。根据试验结果，拟开发领域的海床土特性即可确定。如果所得到的样本数据发生了畸变，则需要对相应区域的采样点加密，从而了解其变化情况，特别注意的是必须要在移动离岸钻井、管道末端管汇和现场维护操作现场的锚固位置进行压电锥穿透试验。

管道末端管汇，脐状管，管道端部终端设备等所在位置的几何重心、活塞动力中心和弯扭组合中心的数据资料要从海床以下 5 ~ 10 m 范围内得到。测点的选择宜利于试验对样本强度和指标特性的收集。对于板、段、层状部件，可用手工按 1 m 为单位进行分类描述；对于较密的部件也应有所体现。且要保证每层中的部件能够涵盖数据量测、筛分及三轴拉伸的试验数据要求，这样才能确保实现抽样和数据来源的合理性。土的黏聚性可以通过穿透试验和压缩试验来确定,试件的最小直径一般不小于70 mm。

(3)测量船　如图4－1所示,测量船应涵盖所有现行规范和标准,高安全等级并且为所有国家及国际社会所广泛接受,且其航海作业能及兼及测量和取芯两个方面。

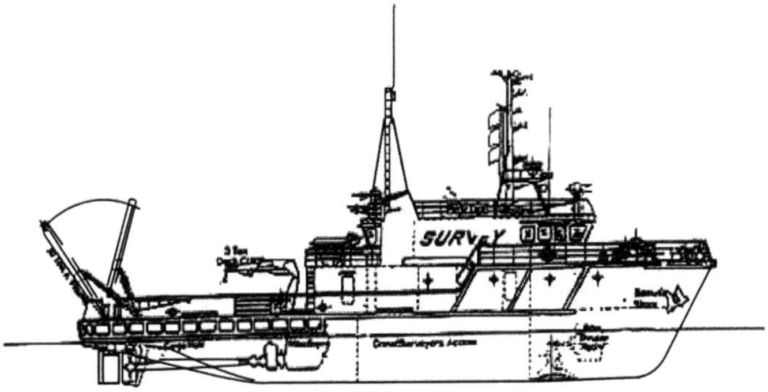

图4－1　测量船

其综合性能指标列举如下。

① 最小离岸持续工作时间2~3周;

② 在2.5~3.5 m海浪的海况下确保正常工作;

③ 测量速度3~10 kn;

④ 装备有必需的航海和通信工具;

⑤ 携行尽可能少的测量工具达到多波束、高精度的声波测距仪,侧扫声呐,浅地层剖面仪,抓斗取样器,活塞体,振动取芯设备,以及差分GPS(具体独立的差分纠错功能);

⑥ 提供安全可靠的投放、回收及处理取芯及其他地球物理探测仪器的起重设备;

⑦ 供给足够的不间断的交流电,确保各种设备仪器的正常稳定工作和生活保障;

⑧ 容纳测量任务正常执行所需的数量设计指标;

⑨ 至少容纳两个代表性的部门;

⑩ 办公和作业场地,必须容纳桌椅大小,以便对绘制面板的查看,并能容纳笔记本电脑及打印机;

⑪ 船上须载有收音机,移动电话和传真设备,此设备还须支持调制解调器的联机运行;

⑫ 船上还须载有卫星电话和移动电话，以便报告每天的工作进度，另外这个系统还不能影响航海和大地测量工作的通信系统；

⑬ 在启航阶段，开展拟担负责任的船舶进行例行的安全稽查，确保履行特定作业海域或批准已批准海域的任务；现行荷载规范是考虑考察测量船满载工作状态下的荷载水平(包括所有提升设备，还考虑了如深拖鱼、钻心等)；作业期间每个人的安全帽、安全鞋和防护眼镜等安全器材必须装备。

(4)测量辅助设备　船上装备作业时需要一个 A 字型框架和离岸补偿起重机。绞车将处理取样和测试过程中的深度要求，绞车有可选自由下落装置，在锤击和开凿过程中具有很高的利用价值。然而，为确保运行安全，该装置是总体单线控制的。岩土取样和测试装置是远程控制的，在安全模式下导航实现升降，直至到达。测量船还载有试验设施设备，可以实现例行试验工作，船在土壤中的钻探模式有：

① 取样和测试装备都完全是远程实现的；

② 用其中一根探测管来实现；

③ 在管柱中采用顶管技术。

(5)回转罗盘　如图 4－2 所示，回转罗盘的工作原理类似于回转仪，其实就是一个指南针，通过一个电动的纺梭高速旋转并克服摩擦力的方式来寻找地球自转的真北。这种仪器在舰艇中广泛使用，它较磁性指南针有两个方面的优势。

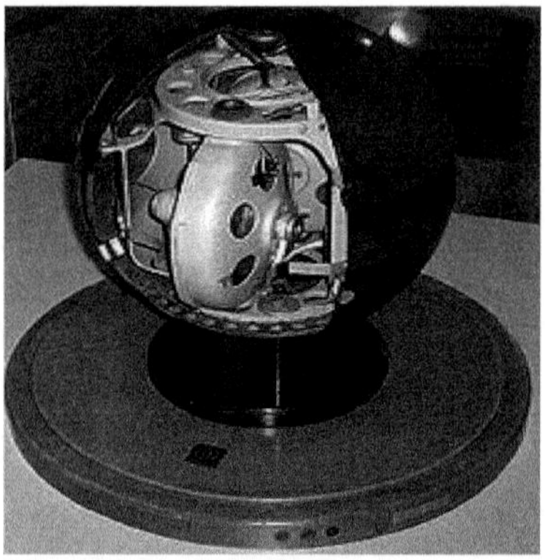

图 4－2　回转罗盘剖视图

① 它找到的是真北，也就是说，是地球的自转轴，而非磁北；

② 它对外部磁场不太敏感，这对全是金属又多磁电设备的舰艇来说是非常重要的。

这种陀螺仪也会产生一定的误差，包括当时误差，主要是急速改变航线及航速，以及在陀螺仪自动纠偏以前的纬度偏差所造成。对于大多数现代舰艇来说，GPS或者其他航海辅助反馈技术可以用一个微型计算机与回转陀螺仪并机协调完成纠偏使命。另外，也可以利用光纤传感器正交试验或者环形激光陀螺仪来降低偏差，这种修正的办法避免了使用机械手段，利用光路差分原理实现定向，提高了导航精度。

一组专门的测量陀螺仪安装在船舶上，并与导航计算机相连接。在启航时，陀螺仪的校准工作需在码头上完成。

(6)航海计算机及软件　计算机及其软件系统需具备如下功能。

① 在交互界面上同步反映获取的各类数据；

② 同步启动和关闭所有的信息采集设备；

③ 舵手演示船舶和鱼类的具体位置、拟定的管线路径及设想的测量线路。

输出统一表头和固定打印模式的表单，须包涵所有涉及水深与位置绝对数据的测量信息。

(7)人员状况　除了要求齐装满员之外，更重要的是配备高素质的专业人员，确保测量和土工作业的安全有效开展。人员数量方面，应当能够确保在特定的时间内正确判读和记录各类数据资料的人员之需，保证在完成测量任务的过程中，不因为操作疲劳使任务停顿。

在测量过程中，拟定和变更航行路线的依据是高质量的人工分析判读资料集成分析。这些地理资料的分析应当由训练有素的航海地质工程师和在海底管线敷设分析方面经验丰富的地球物理学者来完成。

4.2.2 海底测量的装备需求

对于最为重要的测量船舶来说，选测量工具需考虑海上使用的特殊需求。船舶需要高安全等级，且遵照所有国家和国际组织的标准规范建造，其海上支撑系统要能够完成测量和取芯作业。所有的测量作业需在尽可能小的干扰下同步完成。

(1)多波束探测仪(MBES)　如图4-3所示，多波束探测仪是一种高精度的水深和海床坡度测量仪器，可以覆盖整个拟敷设线路通道。在数据获取过程中，采集密度应保证95%的过程包含4个以上的有效深度点。

水下勘察设备要求如下。

① 设备清单；

② 船舶上各系统的集成方法；

③ 地面定位系统；

④ 标定方法；

⑤ 数据后处理方法；

⑥ 在线和离线控制，特别是在涉及到多重任务的情况下；

⑦ 通过全频谱扫描，测深系统提供相关数据；另一方面，某些特定的频谱范围提供的数据资料并无参考价值，因此对相应的范围应进行严格界定。

图 4－3　多波束探测仪模型

约 50% 的叠加数据是有用信息，这些信息可以通过频谱分析去伪存真。在测深仪叠加后，在潮差阶段将会对记录结果产生的误差控制在 ±0.5% 以内。所以，行间距按水深进行相应的调整，以期数据复测率在 50% 左右，从而使相邻结果得到有用的相关性，从而实现控制误差的目的。

应考虑安装一个潮汐测量装置或从该地区现有的水文站得到相应的数据。如果附近没有一个基准参考点可供利用，那么验潮过程须坚持一个阴历月份（月球活动周期）。

(2)侧扫声呐　侧扫声呐是一类用来有效构建对海底大面积的影像的声呐系统。构建的资料是一种开放的多途径应用工具，包括航海图和水下物体探测和识别功能。侧扫声呐成像也常用对可能危及船舶或海底的海底油田开发装置的各种海底残骸障碍和碎片的检测。此外，管道和电缆的海底状况调查过程中也可以使用侧扫声呐。这种方法通常是通过边扫描获得的测深，测深和海底浅层剖面数据一起，反映海底浅层结构全貌。

双频侧扫声呐系统获取的信息精度高，双侧共步显示，例如锚/拖网板冲刷、大石块、瓦砾、底部沉积物的变化等在水平方向上超过 0.5 m 的任何信息。侧扫声呐系统包括一个深水中勘探的双通道拖曳式声呐探测器和跟踪系统。该设备在获取整个指定区域的数据资料的过程中，要求等比例、最优化和全叠加的立体处理方式。

对船舶拖曳式声呐探测器的速度和高度进行调整，可以实现测量区域的全面覆盖。其调整范围最高设置为15%的测量限值。录制装置连续工作，以期获取最佳的数据质量。船载判读调查期间发现的所有接触信息，都通过侧扫声呐在汇集了地球物理学家经验过程输入发出的指令。

4.2.3 底部轮廓

(1)高分辨率海底浅层探查　高精度海底浅层剖面系统提供及处理获得的最上层10 m范围沉积物的高分辨率数据。频率和其他参数的调整，可以使首5 m的海底资料最优化。垂直方向上至少需要1 m范围。

双通道底探查器能够在3.5～10 kHz范围内，脉冲宽度0.15～0.5 m，发射功率2～10 kW之间选挡使用，该系统筛余率高达10 Hz。发射频率、脉冲宽度、输出功率、接收频率、带宽和TVG都是可调的，同时还要进行适当的补偿。

系统可与侧扫声呐系统或船舶航行的参考天线使用相同的跟踪系统。船载浅层剖面记录判读设备是在记录地球物理学家对类似案例判读进行适当调试后作出的。

(2)低分辨海底探查　通常所说的轻型气枪是指使用高压空气炸药爆炸在水柱内形成足够的带宽和高频成分的离散声波脉冲，以满足工程和地质灾害评估中分辨率范围的要求。单一的系统设置小型空气枪或阵列(40 in^3 为限)应由空气压缩机，单通道多元素水听器和相关的信号调节，显示和记录设施组成。

系统能够以1 s为周期重复率提供持续稳定的短声脉冲。其中水听器仅有20个元件，线性插值不超过10 m，频率响应带宽扁平，在100～2 000 Hz范围内均可。

小组底部分析器测试拖下传输频率在每一个半小时内可使用的最大功率和重复率。在动员，从传感器输出脉冲/震源应进行监测，以确保锐利，可重复的签名，利用一个适当的校准水听器。

4.2.4 磁强计

磁强计是一种用来衡量强度和磁场方向的仪器。磁性往往是随着所处地球磁场的不同而不同，也会受到岩石性质及带电粒子之间相互作用，以及太阳和行星的磁层之间相互作用的影响。

在地球物理调查过程中可以用磁强计来寻找铁矿，因为他们可以测量到由于沉积层的变化而引起的磁场变化。磁强计也被用来探测沉船和其他地下或水下物体。

拖曳式磁强计(铯,奥佛或其他同位素)是通过传感器头部在一个稳定的高于海底的位置提供拖曳力的方法实现的。传感器头部有一个三分量海洋梯度平台,可以同步测量和处理0.1 m 范围内的三维梯度向量。拖船位置越远越能减少由此引起的电磁干扰。

在正常操作时,传感器是在海床以上5 m 范围内工作的。在特殊情况下,超过这个限值时,需要进一步配置相关文件来实现。无论哪一种情况,磁强计都应在允许的形状和幅度最高突变范围内拖动。

磁强计在24 000 ~72 000 μg 磁力范围内工作,且具有0.01 nT 的敏感性和0.1 s 采样周期。该设备与深度传感器、运动(倾斜)传感器与拖鱼跟踪系统一起协作工作。船载工作期间的测量判读工作应当由一个有一定磁强判读经验的地球物理学家来完成。

4.2.5 取芯和底部取样器

重力取芯,活塞取芯和振动取芯可以在船的一侧进行,也可以通过船只上安装A 型框架进行,还可以用起重机,与70 mm 长的空心管和透明塑料桶内衬一起完成取芯过程,管长以5 ~10 m 为宜。

抓斗取样器应为可手工处理的Ponar 或Van Veen 类型。这两种系统都可以在处理最大允许水深的1.35 倍的情况下工作。在所有的核心位置,最多允许进行三次尝试来获取5 ~10 m目标深度样本。如果经过三次失败的尝试,则放弃该测点。

4.2.6 定位系统

(1)海洋表面定位　差分全球定位系统是用来表面定位的。系统是在24 小时工作的基础上提供不间断数据分析处理来实现定位的。微分更正是用通信卫星和地面无线电基站节点来实现的。在这两种情况下,需要多站点参考。双频差分全球定位系统要求必须避免与电离层的活动方可正常工作。

这里需要一个无缝链接的二级系统对上面两个系统中的数据资料进行对比分析校正,并对运行记录的水深数据进行三维画像(仅物探船只就已具备该功能),且这两套系统都具有独立的校正站、接收机和处理器。该系统定位精度小于 ±3.0 m,更新频率小于5 s。

在大地测量过程中,接收器可以通过整体显示和远程监控的方法向操作人员展示质量控制参数。质量控制参数主要包括：

① 修复解决方案；

② 伪距残差；

③ 误差椭圆；

④ 卫星的跟踪方位角和海拔高度；

⑤ 浓度分布偏差数据及其校正方案；

⑥ SVS的特性和分布图；

⑦ 差分核准及位置比较。

从调查地区附近的平台/码头/栈桥引出固定导线后，这个系统的建立和正常运行非常重要，还要分别按顺时针和逆时针的方向进行闭合导线校准复测。

(2)水下定位　在测量船上安装一个超短波跟踪系统可标定拖船，远程控制船舶的位置或自动驾驶船舶，同时也对岩土取样位置及其分布进行标定。

定位系统应接入网上导航计算机，所有位置跟踪系统包含百分之百冗余，也包括一个完全独立的备份系统，超短波跟踪船舶可通过支持高精度的便携式系统来实现。此外，为了使操作的连续性得到进一步保障，应对每一套定位仪器的配件按单元保存。

系统应安装在接近船只的旋转中心位置。它通过固定端和探头的协调工作，利用跟踪传感器，根据水深范围、拖船所在位置和偏移量选择最优化的工作模式，精确定位是保证工作顺利进行的基础。

船体应安装换能器，以尽量减少推进器、机械噪音、传输信道和其他声发射气泡干扰传感器。同样，安装无人遥控潜水器或水下机器人转发器/应答器也需要合适的定位和隔声装置，以减少对环境的噪声影响。

这样，在不同层次的标准和频率作用下，转发器和应答器就会保证测量活动在互不干扰的情况下进行。系统可以在1%倾角范围内保证作业精度。

4.3　水下测量与定位

根据国际度量衡局的解释，计量是一门“测量科学，它是对任何水平、任何领域的科学和技术进行或经验或理论的确定性研究”。本节描述了所需的主要水下定位系统，这些系统将与测量计算主机集成，以便为水面和水下设备确定最准确和最可靠的绝对位置。

4.3.1 探头

换能器是将波、运动、信号、激发或振动的一种类型转换为另一种类型的装置。所有的声学传感器和协调装置安装在甲板的同一个固定参考点(如超短基线偏移点)上。高质量的运动传感器(动力参考单元)应当用于补偿换能器的运动。

4.3.2 校准

校准是一种用标准的校准仪器对测量仪器进行比对,从而在测量仪器读数与校对标准仪器读数值之间建立关系的过程。该定位系统校准是对每个设备及其备件进行校准以确保定位的正确性。现场校准包括执行前和执行后校准,另外根据工作时间的长度,还要增加现场校准的数量。下面将校准的一般程序及要求摘选如下。

(1)不能将未校准的电缆、印刷电路等设备运用于任何固定电路板上。

(2)每个校准设置持续至少 20 min,并要做好日志记录,予以发布。

(3)校准结果及对设备的设置有关资料的提交审查和验收报告包括:对每个测量数据的最小值、最大值、均值、标准差及操作建议。任何奇异数,或明显错误的测量异常将都会在报告中进行说明。如果经过进一步审查,仍存疑义,就应当在测量之前用校准设备取代故障设备。

(4)如果该定位设备必须进行修理或更换的电路板(不是指最初校准时)改变了位置信息则须进行校准。

4.3.3 水柱参数

水体是从表面到底部的沉积物的柱体概念。声速的正确性、对声学定位精度至关重要。声速是温度、盐度和密度的函数关系。三个属性都按一定规律定期发生随机变化,因此例行的速度测量尤为重要。

盐度、温度和深度分析器用来确定声音在海水中的传播速度,是一种能够提供所需的信息,并且可以考虑深水工作的实际设备。还可以将声速的计算值或频谱输入到相应的音响系统和所有程序中,并得到遵循和运用。

(1)现场过程　在测量之初或其后就可以得到速度值及其分布图。观测过程中需要按照水通过水柱的上升和下降选择适当的深度和间隔。速度的定值在一般深度范围内通常应取在 ±3 m/s 之内，否则需要反复观察，而海底应在 ±1.5 m/s 之内，经观察、记录、计算就可以得到。

(2)校准　对盐度、深度、温度的校准，是在标准温度下对工业除盐水的盐度校准解决方案进行的，根据应变式压力传感器完成。

4.3.4 长声波

利用长声波或者声波域导航，可以在海床或结构上部署三个或更多的转发器，提供一定广度范围内从一艘船、一枚拖曳传感器或一个移动目标精确的定位。一对转发器的连线被称为基线。基线长度随水深、海底地形和声波频段的变化从超过 5 000 m 到小于 100 m 的范围内变化。长声波方法不管水深如何，总能提供准确的局部控制、高重复性的点位。随着范围从 3 个或更多的测量所产生的冗余度，将有可能对每一个固定位置作出精度的估算。这些因素都为此方法的实际应用提供理论指导，特别是在确定监控位置的过程中。

如果使用了“智能”转发器，长声波校准水平和性能将会显著改善。这些器件可以凭借校准基线阵列直接测量，声学遥测数据计算并在显示设备上显示。还减少了传统长声波方法由于射线固有弯曲的影响而产生的错误，因为在海底，传播的改变一般都很小。此外，他们还可以提供环境监测传感器对传播条件进行监测。

(1)现场流程　对系统的操作人员工作标准要求高，应具有记载长声波测试的丰富经验，且掌握说明资料。局部水下声学探测阵列至少需要 6 个长声波转发器组成网络。精确安装的超高频阵列可以供最高要求的装置使用。

该系统包括：

① 一个可编程声导航单元以备长声波访问；

② 转发器；

③ 安装在船只上的传感器；

④ 一定数量的电缆和备件。

所有设备都连接到在线计算机上，在线计算机系统负责处理计算任务，而此过程不会降低其他设备对长声波的读数。软件程序要求对所有设备高效、准确使用，特别是长基线测量系统要求将会更高。长声波传感器刚性连接在船舶上。工作频率通常是 19 ~ 36 kHz 的中频系统。超高频的操作系统的工作频率通常为 50 ~ 110 kHz。安装/校准和操作手册要随船携带。在任何时候，至少保证 5 条工作线可用。

(2)中频/高频长声波转发器　转发器的长声波(LBL)的最低要求如下(所

列数据为中频/高频)。

① 转换器波形:半波;

② 频率范围:19 ~ 36 kHz/50 ~ 110 kHz;

③ 声学灵敏度:90 dB/90 ~ 125 dB/μPa;

④ 声输出:在 1 位置 190 dB/192dB/μPa;

⑤ 脉冲长度:4 ms/1 ms;

⑥ 时间分辨率:1.6 μsec/8.14 μsec;

⑦ 深度等级:根据项目要求确定。

每个阵列中至少包含 2 个具有深度、温度和电导率选项的转发器。中频转发器包括锚质量(至少 80 kg),将它通过 1.5 ~2 m 长度的滑索(最好是尼龙的,以避免腐蚀)系在释放机械上,套一个泡沫制的东西作为浮标。

超高频阵列设置,包括与之刚性连接 2.0 ~2.5 m 以上的海底护栏,应根据深度,结合任务程序特点进行配置。设置情况可以由无人遥控潜水器在安装后进行检查。可能还需要用于中频列阵的混凝土块或其他转发站。

4.3.5 短声波和超短声波

(1)短声波　短声波定位系统是三类水声定位跟踪车辆和潜水员水下活动的系统之一,另外两类是超短波和长波。像超短波系统,短波系统不需要安装任何海底转发器或设备,因而适合跟踪已抛锚或正在行进中的目标船舶。然而,与超短波系统具有固定的精度不同,短波系统的定位精度随着传感器间距发生变化。因此,如果空间允许,系统可以进行高精度测量工作,例如用较大的船只或码头进行操作,其精度可以与长波固定系统的精度相媲美;然而当在空间相对受限的小船舶上进行时,其精度将会受到一定的影响。

(2)超短波　超短波方法是一种水声定位方法,一个完整的超短波系统由收发器、转换器、应答器、拖鱼和遥控潜水器组成。收发器常常固定在船下的杆上,转换器和应答器常常放在海底。另外还常常有一个"上部工作单元",用来根据收发器测量的数据计算出具体的方位。

收发器和转发器从海底发出声脉冲,它对声波脉冲进行自反馈实现信号检测。脉冲信号到船上的收发器后,短波测量系统计算从最初的声脉冲信号发出到检测到反馈信号的时间,并转换相应的距离值。

要计算一个海底的位置,短波系统需要计算从收发器到水下信标的距离和角度。角度测量由包含一个传感器阵列的收发器来实现,收发器头通常由小于 10 cm 的线分别将三个或更多的传感器连接,用一种叫做"相差分"方法来计算角度。

(3)说明　短波系统取代传统的大型转发器在海底参考点之间呈基线部署,形成水面舰船基线。这三个或四个参考点的标志是水听器,它们间距 10 ~ 50 m,并连接到中央控制单元。

海底位置或移动目标的标定是其由短波水听器接收传输声信号。这比长波法方便,因为不必用多个转发器阵列和校准,但定位精度低于长波法,并且,随着水深和信标距离的增加,误差将会增大,另外,船只的定向、摆动、俯仰等因素都会严重影响测量精度。

对于超短波,多重独立短波船体水听器被单个复杂的水听器所取代,相比它使用的技术而言,它同时接受从水平面和垂直面传来的声波信号的入射角。因此,仅一个信标就可测量与船只相关的距离和方位角信息。

(4)现场程序　超短波系统利用最新最精密的跟踪传感器,对高精度水声定位或类似的系统,可与公司协商进行相关的技术支持。这个水下定位系统综合了计算机与网络系统,提供转发器和应答者之间准确、可靠的绝对位置,为所有必要的设备提供其充分发挥作用的超短波系统接口,并通过在线计算机与地面定位系统集成,完成赋予的各项任务。设备的安装应符合要求,并特别注意应考虑以下几点:

① 系统检查要通过对最近 12 个月内实地考察文件的审查来做出;

② 安装和校准水声定位系统的准确度达到 99% 以上;

③ 超短波传感器应采用固结方式,以尽量减少推进器、机械噪声或其他声发射气泡传输信道的干扰;

④ 为所有超短波设备配备独立的电脑和显示器,保证其作为独立系统工作的能力;

⑤ 垂直参照系的建立应参考生产厂家和安装厂商的建议;

⑥ 系统的定位能力至少需要 9 个转发器和反应器。

(5)校准的超短波系统　校准和测试超短波系统和垂直参考系进行测试是根据最新修订的生产程序和规范文本进行的。如果有主要组件要更换,则需要进行一次完整的安装调试和系统校准。

虽然安装越来越方便,但超短波传感器的调整和校准要求也越来越高。另外,还必以指南针为参考,对船舶的方位角进行校对和补偿。不同于长波方法,没有提供估计位置精度的数值冗余。

4.4 海底土壤勘察

为获得土壤及其周围海底油田开发利用相关的岩石物理性质信息,并为结构设计提供依据,海底土壤勘察由岩土工程师或工程地质学家完成。土壤勘察包括浅层和深层勘探开发探索,这时,常用地球物理方法进行沉积历程推断。地下勘探通常涉及土壤取样和土样化验,表层量测方法包括地质勘探测绘,地球物理方法,摄影,可以派遣潜水员潜水到现场观察。

若要获取地表以下的土壤信息,常用的地下勘探形式就派上了用场。为了避免位置错误,或者在斜面上时,可用检验坑、挖沟等方法,其他情况下,可以进行原位测试定位。而后来集样本,进行观察,并确定土壤和岩石物理性质。

4.4.1 海洋土壤勘察的设备需求

(1)一般性设备　通用土壤勘察工具和设备都可以用来进行海洋土壤勘察。设备的一般要求如下。

① 钻井,120 m 以下的海底的采样和井下测试。

② 进行海底原位量测,例如,圆锥贯入试验(CPT),在其 10 m 的上限范围内由土壤条件来确定。

③ 在现场采样和随后处理过程中,要保证沉积物的干扰最低。该过程的取样器和取样管是根据现场的泥砂沉积数据,进行选择使用的。因此,设备应按相应的类型选取。

④ 所有电子传输设备的设计过程都要考虑现场静水压力。

⑤ 设备使用情况和对沉积物测量参数评估解释的例程及其程序都要做完整的记录并保存备用。

对抽样和所需要的测试设备进行详细记录,主要包括:

① 样本在空气和水中的几何特性和重量进行对比的所有测试设备;

② 在船侧、船尾或通过月池处理在海底操作的设备;

③ 起重机或 A 型框架提供升力和力臂;

④ 对起重机及 A 型架限制因素有水深、沉积类别、穿透深度等;

⑤ 压力锥渗透试验应在就位之前清零;

⑥ 在测试过程中，所有读数为零的传感器应在每次测试之前和之后进行详细记录。

对所有锥进行校准，并对操作过程进行相应的说明，确保足够多的经校准的备用锥为顺利完成任务提供支持。

(2)取芯设备　采用的设备应该是取得较好证明，并在类似工程运用中取得较好效果的设备类型。海底取样器在管顶部应设有止回阀，以避免在拖出水面的过程中渗水或样品脱落。

取样器应满足如下要求。

① 在 80 m 水深作业的能力；

② 在水柱中使用转发器，使取芯过程在不间断监测下进行。

(3)压力锥渗透试验　对压力锥渗透试验(PCPT)要求如下：

① 压力锥渗透试验(PCPT)设备须具有 80 m 水深下作业的能力；

② 所有锥是电动型和锥底点阻力，在渗透过程中随深度的不断增加，记录套摩擦和孔隙水压力；

③ 使用转发器连续监测在水柱中的压力锥渗透试验(PCPT)钻井船；

④ 典型渗透试验可以得到海底以下 5 m 的待测土壤条件；

⑤ 压力锥渗透试验过程中，先开始记录水头压力、探针的阻力、侧摩擦阻力，探针压力须由海床 1m 高度开始进行，直到将推动棒的渗透到土壤中；

⑥ 贯入定位应选择一种合适的方式，以保证贯入过程完美的垂直度。

图 4－4 所示为一个典型的压力锥渗透试验装置。

(4)钻井船　如图 4－5 所示为一个典型的自升式钻井船，钻井船包括钻柱、钻杆、钻头、插入位、附属构件等，而对钻井船钻柱的补偿能力，对可钻头减小取样和检测过程中的开孔弯矩是非常重要的。钻井船使用带有旋转式钻井机的泥浆制备技术钻至目标深度，以获得高质量的样品和现场测试。

(5)井下设备　执行采样和井下作业的模式用的钻柱设备与所要进行的测量关系密切。

(1)压力锥渗透试验；

(2)压力采样；

(3)活塞取样；

(4)锤击采样。

准备足够数量的圆筒和样品管。压力抽样选用薄壁管还是厚壁管取决于土壤条件。最重要的是，设备要在与水和钻探深度具有很高的相关性下工作。

(6)实验室设备　船只提供一个房间或一个集装箱作为离岸土工测试试验室，并配备足够的人员和试验设备确保 24 小时工作。所有用具和设备，包括样品运到陆上运输箱样本化验的切割衬垫，密封和打蜡用品，都必须认真规划。

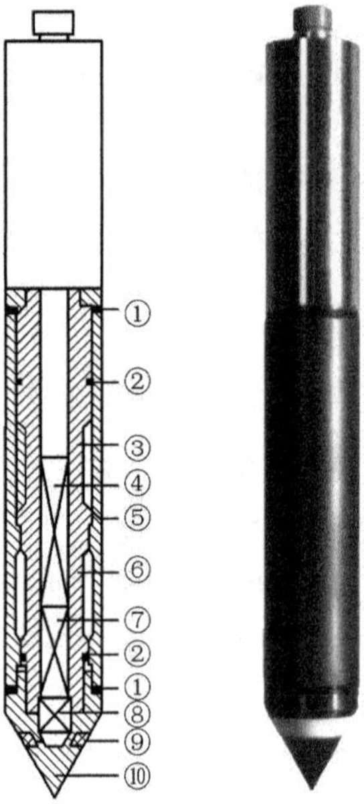

图4－4　压力锥渗透试验设备

①土壤密封；②水密封；③摩擦套管传感器；
④放大器单元；⑤摩擦套管；⑥锥传感器；⑦测斜仪；
⑧压力传感器；⑨过滤器；⑩锥

图4－5　自升式钻井船

离岸实验室将取决于项目的性质。标准的船载实验室测试设备如下所述。

(1)样品挤压设备；

(2)样本的说明；

(3)堆积密度测试设备；

(4)比重测定设备；

(5)含水率测试设备；

(6)三轴抗剪试验设备；

(7)强度黏性沉积物。

4.4.2　水下测量设备接口

(1)声速测量　时时速度记录，以备校准地球物理和测深工具之需。因此在计算程序中引用了一个公认的海水中声速计算的公式。

所有设备的安装操作都要按照制造商的说明和专业许可进行。绞车系统和速度探头的运作效率须与水深测量相匹配。数据是基于对海床坡度的。仪器须在启航前12个月内经国家计量局校准。得到校准证书也是测量程序的一部分。

(2)泥砂处理和存储要求 沉积物样品须细心标记、处理和运输。芯样要以1 m分段包装。核心样本要储存在阴凉处并将震动和冲击限制到最低,但不能冻结。密封的或蜡封的样品应标志如下:

① 其上端(或最近的海床位置);

② 其下端;

③ 上下方向(用箭头向上表达);

④ 芯样位置、获取号、日期及公司的项目编码;

⑤ 组数、距顶部与询问的深度;

⑥ 芯样长度(m)。

标签放置在顶盖内。识别样芯密封、标记及装箱须考虑航运要求,尽量垂直装箱,并规避发动机或发电机的舱位,防止过度振动,损坏样品。

在箱子被运到岸上实验室的过程中须谨慎小心。为了防止在搬运过程的冲击和负载影响,最好采取一定的预防措施。

样本无论空运还是卡车运送至岸上实验室,每一个环节都必须保证做到不将样芯置于摄氏零度以下的环境。每个柱体和样品都要注册和登记,然后存储,以方便检索。

实地测量过程中的完备日志是样本资料完整性的基础。日志须包含以下信息:

① 项目编号;

② 地域位置;

③ 钻孔或样芯编号;

④ 样本编号(当样本是从样芯中分段得到时);

⑤ 水深;

⑥ 采样日期;

⑦ 采样方式;

⑧ 采样管直径;

⑨ 样芯长度;

⑩ 沉积物渗透长度;

⑪ 取芯辅助材料;

⑫ 是将芯材放在船上取出还是密封进管;

⑬ 简短描述其类型(每次取芯完成后或每个班次完成后)。

(3)船载实验室测试 将样芯切成不超过1 m长的小段,在切割过程中和其他时刻都要防止振动样芯，并进行如下测试。

① 贯入试验；

② 岩体切片试验；

③ 电动微切片试验。

由波纳尔/凡韦恩抓斗取样器获取样品，然后标志、过塑、封装、运输。在土壤未被扰动的核心部位须进行微切片实验。

(4)样芯的制备　在封装之前，凭视觉对沉积物分类。对每个样芯的顶部和底部进行贯入试验和切片试验，然后贴上标签，切割样品管的方式以空气空间最小为宜，然后密封防止水分流失，垂直存放。标签至少应包括：

① 公司名称；

② 项目名称；

③ 核心位置的参考编码；

④ 日期；

⑤ 水深；

⑥ 顶部和底部应明确标示(不同颜色或直接标示上，下)；

⑦ “向上”标志，以便妥善储存。

(5)岸上实验室测试　根据不同的土壤类型选择相应的土工程实验室进行试验，芯样在拆封后应尽快进行试验，防止任何形式的扰动。

① 样本描述；

② 筛分；

③ 分离试验、脱水试验和三轴剪切试验；

④ 微切片试验；

⑤ 分类试验(液塑限、含水率、浮重度)；

⑥ 碳酸盐含量；

⑦ 铁含量；

⑧ 热性能；

⑨ 有机质含量；

⑩ 比重。

岸上试验室的试验计划应在试验之前就已经做好。

(6)近海岩土工程勘察　开展近海岸地区工程勘察，是对海洋空间充分利用的需要，它可以指导钻井作业驳船停泊到 2 ~ 20 m 水深的水域。

在前面的章节中所述的总体要求，如认证、一致性、安全性和有效性的要求已经广泛应用。此外，卫生条件和干扰条件须得到应有的重视。

为保证井钻工作的顺利进展，任何小船都应遵守以下指导。

① 小型船只配备备用燃料、基本的工具包、基本发动机零部件、雷达反射器、便携式收音机、移动电话、饮用水、急救箱、遇险信号和救生筏(防水安全容器)。

② 小船应由船员或经历了专门培训的人员驾驶。

4.5　水下基础

基础是将荷载转移到地球结构部件。基础一般分为两类:浅基础和深基础。水下作业结构可桩基,筏基,也可直接支撑在海底,还可以是前面三者的组合。表4-1是水下基础分类。

表4-1　水下基础分类

船的地形		对于不同地基的安装船	
		钻井船	铺管船/施工船
土的地质条件	硬	—	泥垫
	中等	吸力桩	泥垫或者吸力桩
	软	吸力桩	吸力桩

4.5.1　桩/筏支持结构

桩基支撑结构用来抗击压缩、拉伸、横向荷载和剪切荷载。如图4-6所示,结构与桩/筏应当可靠连接。这种连接可能由一个机械装置或注浆桩套管环来实现。选用方法的可靠性必须得到验证。

图4-6　吸力桩

4.5.2 海底支持结构

海底支持结构的基础设计应该有足够的纵向和横向承载能力。在设计过程中,应充分考虑海底条件下高接触应力可能发展的特点。为了达到海底结构所需的稳定性和分散荷载的目的,可以对海底地基以下部分采用灌浆处理的施工工艺。

4.5.3 桩与板的锚固设计及安装

因为桩与板的锚固技术及其评估发展还不够完备,因此不能给出具体而详细的统一建议;在一般意义上,要考虑哪些特点给出了参考,当然也鼓励设计师利用最新研究成果,更希望更具建设性的研究成果能够在这个领域蓬勃发展。

4.5.4 吸力桩的几何特性

(1)基本思路　吸力锚桩承受纵向荷载,根据荷载类型的不同,其力学特性分类如下。

① 冲击荷载　外部摩擦、桩端承力、锚固力;

② 永久荷载　外部摩擦(根据长度变化可适当减少因长期蠕变和往复作用的影响)、持续时间、减少桩的端承能力水平、锚固力。

③ 预拉伸荷载　外部摩擦、较小的内部摩擦或泥土堵塞重量、锚固力。

④ 桩抵抗水平荷载机理　土壤的被动和主动作用、桩墙两侧的外部摩擦、桩尖剪切力。

岩土锚固的承载能力,应根据土壤强度性能下限来判定。这是根据特定地域的土壤测量结果来判别的。结果锚应该按基础土壤强度特性的上限来界定。

因为形状可能会改变横向和纵向荷载间关系,因此,要考虑加荷后土壤锚泊线几何形状的影响。例如,在土壤中系泊的逆接触可能使锚泊线变得陡峭,这可能导致水平荷载减少,而垂直荷载增加。应既对上限也对下限进行逆接触检查,以确保在最差情况仍然安全。

对于轴向的安全因素,其控制性力为拉应力比压应力高,因此,跟其他桩一样,计算出的极限轴向抗力要比设定的土壤承载力低,它是时间的函数(在桩安装后会逐渐变化至稳定),在极端荷载作用以前都是不稳定的。

由于认为桩纵向失效要比侧失效模式更加危险,就应建议其安全系数高于侧向安全系数。分为纵向和横向桩承载能力的安全系数可以在简单的梁柱分析中应运(例如,移动锚回中),但更多的情况下需要用到不分纵向和横向桩抗力的复杂方法。针对综合因素考虑的公式为

$$FOS_{combined} = \sqrt{(FOS_{lateral}\cos\theta)^2 + (FOS_{axial}\sin\theta)^2} \tag{4-1}$$

式中 $FOS_{combined}$——安全组合因子;

$FOS_{lateral}$——横向组合因子;

FOS_{axial}——轴向组合因子;

θ——从水平线到系泊桩附着点所成的角。

(2)分析方法 在吸力永久系泊桩设计中,由于牵扯桩与土相互作用,建议使用有限元高级分析技术如极限平衡分析等进行分析。假如用常规的有限解方法求解抗力,就可能造成圆形区域被转化为等面积矩形区域,并使宽度等于直径,其空间影响主要考虑侧向剪切因素。

对于移动系泊的计算,简单梁柱分析使用荷载-位移曲线(即 $P-y$, $T-z$, $Q-z$),再经过适当修正也是可以的。

在墨西哥湾,热带气旋风暴可能超过系泊和锚泊系统的应力-应变曲线限值,吸力桩的设计应该被认为是锚破坏模式,从而减小了锚退出工作的机率。例如,点系泊线可锚于吸力锚上,这样锚就不会因为土壤的破坏而失效,仍然保持垂直方向。

4.5.5 锚固板

(1)基本思路 最终控制因素定义为极限抗拉承载力,这时板锚周围的土壤达到破坏模式。由于抛锚过程中还存在横向运动的分量,当侧向位移过大时,达到极限状态。达到极限抗拉承载力时,即使荷载不变或开始下降,板锚还是会从锚入的方向被慢慢拔出。因此控制因素是土的抗剪强度、影面积、形状、承载能力系数和渗透深度。基于对土壤破坏模式的考虑,对土壤扰动分析应考虑板锚最终被拉出的能力,这种情况作为一种干扰因素或造成抗力下降的因素,正逐渐被接受。其承载能力和干扰水平的确定,应以同类型锚的可靠度试验研究数据为依据。该板块锚的渗透深度通常要达到其宽度的2~5倍(即最小尺度),从而根据土的剪切强度理论加大其破坏处深度,提高承载能力。如果最终处没有发生破坏,就应该考虑适当减小其设计抗力水平。

板锚如果坦置在承载能力更高的土壤中,就会更有效的发挥其潜在的承载能力,因此锚在安装过程的穿透深度显得尤其重要。此外,由于板锚在与其荷载几乎垂直的时候其承载能力才能发挥到极致。因此,为了保证方位角始终在最

大承载面积的位置，板锚的设计和安装过程应做到如下几点。

① 环境荷载、安装荷载或两者共同作用下会加大锚的转动；

② 确保锚旋转过程中没有重大或意外应力损失情况发生，如果发生可能是因为锚被插入到承载能力较弱的土壤中；

③ 在受到安装荷载、键控操作或最终拉拔极限荷载时，都要保持结构应有的完整性，根据不同的板锚形式和安装方向，本条内容也适用于横轴和纵轴旋转。

应采取适当的方式减少锚在长期静载和往复荷载作用下产生的蠕变。

(2) 拖动嵌入式板锚的预计法　应用于拖动嵌入式板锚的预计法，板锚需要考虑三方面性能要求。

① 锚固力；

② 安装性能；

③ 持力性能。

这三个机制是紧密相连和相互影响的整体，将在下面进一步阐述。

(3) 直接嵌入式板锚的预计法　直接嵌入式板锚承载能力的根本要求，除与拖动嵌入式具有相同的条款外，还应注意以下几点。

① 准确把握最终穿透深度；

② 键控渗透损失应予以考虑(根据柄部和键控翻板配置特点，通常为0.25 ~ 1.0 倍的柄部垂直尺寸，或在图 4 -7 中数值 B)；

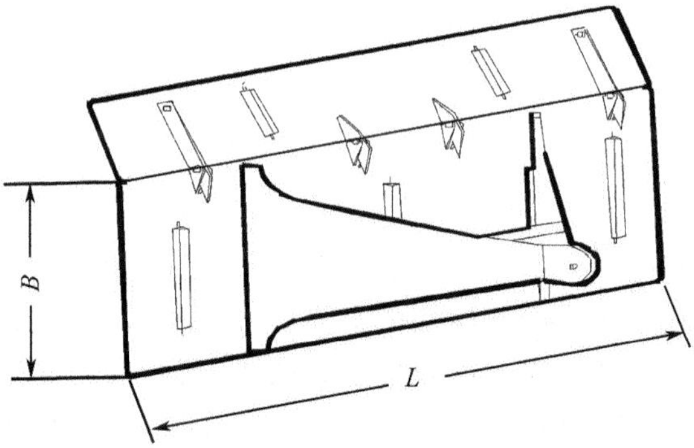

图 4 -7　嵌入式板锚在特殊条件下的安全系数

③ 有效面积计算，应使用形状因子和预测键控特定位置的投影面积。

安全因素在拖动嵌入式板锚中有更高的要求，在相同情况下，拖锚会在水平拖动或在深度拖动方向产生比直接嵌入更高的持力，因此通常会超载。对于这种情况，可考虑使用拖锚安全的因子，这样才可以经得起在重要领域和工程实践的检验。

4.5.6 吸力桩结构设计

(1)基本思路　本节为吸力桩结构设计的指导和标准。该指导和标准也部分适用于驱力桩。对于通常由制造商进行的板锚结构设计，这里没有进行论述。

(2)设计条件　吸力桩结构应能承受的锚泊线的最大适用荷载，为埋置锚所需要的最大荷载，抽拉过程中所需的最大内部压力，以及在升降、搬运、抛射、降低和恢复过程中所需要的最大荷载。剪切元件的疲劳寿命和锚的高应力区应符合规定的最低疲劳寿命指标。

① 整体锚结构的锚泊荷载　在锚泊上加载的最高水平荷载和垂直荷载应该作用于整体锚结构设计中，该计算过程将运用土工反应进行分析，并对低于最大荷载条件下的灵敏度进行检查，以确保在最大负荷以下，但从更保守的角度出发，它将不作为设计的控制因素。

② 对锚泊荷载系件　系泊线眼板或连接环是关键的结构性组件。为了满足疲劳规范，它既是一个完整的投身柄，也是一个独立的基础结构。这就避免了过度焊接，防止抗疲劳寿命降低。附件的设计应在考虑一定安全系数的基础上满足强度和疲劳的要求。如果按最大荷载1倍来设计的锚泊线断裂强度，可能导致与锚壳和其他结构的匹配性降低。

控制荷载下的系泊设计，应进行灵敏度检查，以确保在不超过最大负荷，但在角度较为不利的情况下与之相一致的荷载水平。在负载条件下系泊线受到的影响，是由于锚倾斜和旋转错位产生的垂直偏差，由于目标偏离方向引起的旋转偏差等，这些因素都应予以充分考虑。

③ 埋设负荷　对于要对锚进行灌封，在锚墙、锚帽结构设计中应估计达到其设计渗透锚应力时的吸入压力的上限。然而，由于考虑到内部发生堵塞时隆起较高，其值不会高于最大吸气压力。

④ 抽拉荷载　对于锚的抽拉，需要对两个条件进行评估。

a. 临时条件　吸力桩可能用来系永久系泊。例如，在所有已预装吸力桩与系泊线沿线，有一条系泊线意外掉入海底，并在连接作业时发生了损坏。这时候，可能会作出打捞和恢复吸力桩腿和系泊的决定，通常情况下，须在第一桩安装好30~60天内确定方案；对于移动系泊，会在钻探或测试作业结束后取出，并在其他地方使用。

b. 终端条件　永久系泊的吸力桩可能在其使用寿命结束时被拔出，或者由于最大内部压力的作用下被拔出，这两种情况都应是锚墙、锚帽结构设计中的控制条件。然而，最大拔出压力应不低于定位时锚桩顶端的土承载力。船收锚会沿锚固线形成升力，这可以显著缓解拉拔压力，因此应在收锚过程中进行分析。

⑤ 运输和装卸荷载　吸力桩结构及其安装附件设计应按工作荷载、运输、提升、顶升等过程所产生的最大荷载进行。设计者应与安装承包商密切协作确定各种工况。附件设计的负荷通常按照安装承包商的内部设计准则或其他公认的准则进行。然而，所有起重设备及其配套结构应符合 API RP 2A 指标要求。

⑥ 结构分析方法　桩应按 API RP 2A 第 3 章规定的长细比（长度与直径厚度比）小于 120 执行。当超过 120 时，它建议结构按有限元模型进行整体结构分析，以确保锚墙结构及其配件都在高负荷区具有足够的强度。补充手算环节对构件和附件在局部荷载条件下的效应更加合理。

(3)空间框架模型　空间框架模型通常由梁单元模型与具体结构特点模型叠加构成。这适用于长细比小于 120 的构件设计，初步设计的上限抗力设计，以及大断面构件设计过程。

① 有限元模型　有限元分析法适用于壳结构、顶盖板、支撑构件及长细比大于 120 的桩及开孔构件。对于特殊形状，如开孔铸件或焊接件也应通过有限元分析方法进行计算。

② 手算　当没有必要进行有限元分析时，可考虑按照经验公式和基本工程原理进行手算。

③ 应力集中系数　详细的有限元分析、物理模型以及其他合理的方法或公布的公式用来确定应力集中系数。

④ 稳定性分析　结构构件的屈曲强度计算常用 API 2A“推荐作法”，API 的 2U“圆柱壳的稳定设计”，和 API 的 2V“平板结构设计” 中的计算公式进行。屈曲、后屈曲分析或模型试验结构可作为替代办法，确定屈曲和极限强度。

⑤ 动力响应　锚固点不具备极端的动态响应的基本条件，因此锚结构通常是按静态理论进行分析的。可变荷载分析通常是按运动产生的简谐波在单自由度模型进行计算的。

(4)结构设计标准

① 设计规范　在本文所采用的设计方法是应力设计方法，要求结构的各构件应力在许可值以内。在一般情况下，圆柱壳单元的设计，当长细比为 300 时按 API RP 2A 执行，当大于 300 时应安 API RP 2U 执行；平板单元按 API Bulletin 2V 计算，其他构件按 API RP 2A 进行计算，如果按美国钢结构协会的规定进行计算也是可以接受的。在结构选型或荷载条件不明确的情况下，也可选用其他公认的标准规范。在这种情况下，设计者必须保证安全水平，并贯彻美国石油组织提及的 API 安全设计理念。

在美国石油组织和美国钢结构协会中，容许应力值在大多数情况下为屈服或屈曲应力的一小部分。在美国石油组织，容许应力值表示为屈曲临界压力。在 API Bulletin 2V 中，允许应力被分为两个基本极限状态：极限状态和正常使用极限状态。极限状态与结构的破坏相关联，正常使用极限状态与满足其功能要求相关联。对于吸力锚设计，只进行极限状态设计就足够了。

② 安全级别　共分为两个安全级别：A 类针对常规设计条件，B 类针对罕遇条件。表4－2所示为对标准的建议类别。

表 4－2　吸力桩的安全标准

设计荷载条件	安全等级	设计荷载条件	安全等级
最大接触	A	锚的拉拔（永久）	B
最大单线破坏	B	持力、提升、下沉、修复	A
锚的埋设	A	运输	B
锚的拉拔（临时）	A	—	—

③ 允许应力　对于按照 API RP 2A 和 AISC 进行设计的构件，与之相对应的是安全标准等级 A；如果遇到与安全等级 B 相对应的极端情况，允许应力应增加三分之一。

对于按照 API Bulletin 2U 进行设计的壳模型，对应的是安全等级 A 下的屈曲准则模型，相应的安全系数为 1.67Ψ；而对应于安全等级 B 下的屈曲准则 B 的安全系数为 1.25Ψ。在 API Bulletin 2U 中定义的参数 Ψ 随屈曲应力变化，其为 1.2 倍的弹性比例极限应力，如果考虑塑性变形，按非线性的屈服极限设计时，可降低至 1.0。

对于按照 API Bulletin 2V 进行设计的平板单元，以允许应力除以适当的安全系数进行设计：对于安全级别 A 除以 2.0，对于安全级别 B 除以系数 1.5。

对于长细比超过 120 的圆柱形构件，建议采用有限元技术对整体抗力进行设计。局部屈曲轴压、弯曲和静水压力公式选用，应适当考虑壁厚和屈曲长度影响，当长细比小于 300 时用 API RP 2A，当长细比大于 300 时用 API RP 2U。

按照 Mises 破坏准则的等效应力，在构件纤维体的极端应力不应超过允许的最大压应力。计算公式为

$$\sigma_A = \eta_i \sigma_y \tag{4-2}$$

式中　σ_A——允许的 Mises 等效应力；

η_i——设计负荷因子；

σ_y——材料的最低屈服应力。

设计负荷因子的取值如表 4－3 所示。

表 4－3　有限元分析的设计因子

设计荷载条件	设计因子 η_i	设计荷载条件	设计因子 η_i
最大接触	0.67	锚的拉拔(永久)	0.90
最大单线破坏	0.90	持力、提升、下沉、修复	0.67
锚的埋设	0.67	运输	0.90
锚的拉拔(临时)	0.67	—	—

4.5.7　安装吸力桩，沉箱和吸力板锚

(1)吸力桩和吸力沉箱桩

① 安装程序、分析和监测　安装程序和安装分析是保证吸力沉箱和锚桩到达设计深度的保证。安装分析还应考虑以下内容。

a. 移动锚系泊可以收锚以便重用或清理海底，吸力桩的回收程序和分析占绝大部分时间；

b. 永久系泊设计寿命终结后，主管部门会要求清除，而对于吸力桩的回收程序和分析应考虑固结处理。

对于吸力桩灌封分析，应考虑可能造成锚土塞隆起的风险。允许应力应按 1.5 倍的灌封压力计算。

锚桩的安装公差应考虑其尺寸效应、结构和安装部分的原因。应考虑的典型公差有：

a. 锚的允许倾斜角；

b. 在目标定位过程中，泊线附件在限制侧面负荷和锚的转动力矩过程中形成的允许偏差；

c. 所需的穿透性的最低持力。

吸力桩安装分析应提供吸力桩的设计和安装程序的相关数据。典型内容有：

a. 锚在自重作用下的沉桩能力与土壤性质的适应性，表达为区间值；

b. 针对土壤性质的埋设压力与沉桩深度；

c. 避免堵塞隆起的允许嵌入压力；

d. 沉桩速率；

e. 预计内部堵塞升沉。

为了检验吸力桩安装效果，保证与设计假设相一致，应对下列数据进行监测，并在安装过程中记录：

a. 自重沉桩；

b. 埋设压力与深度；

c. 机械钻速；

d. 内部堵塞隆起所采取的直接或间接手段；

e. 锚顶和锚倾角；

f. 最终沉桩深度。

对于临时吸力桩锚系泊装置，如果已达到设计深度，内部插件升沉测量不做要求。

② 吸力沉箱裙下沉　以下几点应在吸力沉箱裙设计中予以注意。

a. 由于在沉桩过程中的扰动，沉箱裙的抗剪强度会有所降低。通常情况下，此剪切强度应予以考虑；

b. 内外加劲可能影响沉桩抗力，需要增加力量来平衡这种作用，并且对内部加劲肋周围的失效模式应予重视。另一方面，这样内外加强板之间可能会形成错位，这可能会减少阻力和形式潜在的流失路径。在几环加劲时，肋之间的黏土从剖面上被整体拖动，从而大大降低阻力。在硬黏土中，一般呈开放状态，基本上没有给内壁提供摩擦力；

c. 对于沉桩允许负压应计算为箱裙和内壁摩擦和的承载反力。对用传统的承载能力计算箱裙尖底承载力尚存争议，但大多数设计师习惯上还是按照传统承载能力方法进行设计；

d. 如果在裙墙沉箱内外表面进行处理（如油漆），这可能会导致裙墙摩擦力减小，应在计算中予以考虑。

(2) 板锚

① 直接嵌入式板锚　直接嵌入式锚板可通过吸、冲击或振动锤、推进剂或液压冲压等方式实现，这种锚常用在重大海上系泊操作中。举一个例子，嵌入式板锚使用所谓的从动件，在其尖端开槽，用一个可重复利用的吸力锚插入。一旦到达设计深度，从动件立即动作进行扭转，还可用于安装附加板锚。按照嵌入式板锚（SEPLA）的设计理念，板锚嵌入的垂直位置和必要的转角要经过一个关键步骤——系泊线的拉动来实现。

应分析安装程序以便确保嵌入式板锚设计深度施工和检测，安装分析还应考虑以后的备用检索。

对于灌封分析，应考虑造成内部吸力埋置隆起的风险，避免隆起的允许负压超过1.5倍的灌封压力。

板锚的安装公差应在地质,结构和安装设计中予以考虑。典型公差要考虑:

a. 允许偏离目标锚泊线附件荷载和锚的转动扭矩;

b. 未加载或测试前必须达到的最低持力;

c. 锚允许的最大应力损失。

灌封分析应提供与设计和安装程序相关的数据。典型的信息有:

a. 自重沉桩时土壤的性质和范围;

b. 基于土壤性质的埋设压力与沉桩深度;

c. 为避免堵塞隆起,允许嵌入的压力;

d. 渗透速率;

e. 预计内部自重。

为了验证板安装成功,并符合设计中的假设,下列数据应该进行监测,并在嵌入的吸力工具安装记录,以验证设计所用的假设:

a. 自重渗透;

b. 埋设压力与深度;

c. 达标率;

d. 内部隆起自重(如果要考虑该隆起时);

e. 锚定位;

f. 最终深度。

② 拖动嵌入式板锚　对于拖动嵌入式板锚使用永久系泊锚,在安装过程应提供翔实的资料,确保达到目标锚深,对于特定的土壤条件,拖动灌封荷载是在预期的设计荷载范围以内。

监督和检验的重点数据包括:

a. 在拖动埋设线上的线性荷载;

b. 依据拉伸和长度差别确定悬链线的形状,从而判断锚固位置是否得当,并核实该隆起;

c. 锚方向;

d. 锚深度。

(3)锚的试验加载

对于吸力桩、沉箱和吸力板锚,安装记录应证明锚应就位在设计预期的上限和下限之间。此外,安装记录上要反映安装行为的正确性,即要确保沉桩自重、嵌入的压力、阻力和嵌入加载方向与锚设计分析是一致的。在这种条件下,不一定要求锚做全面完整的风暴荷载试验,但是试验要为系泊和锚设计确定出一个最低可接受的荷载水平。测试装载应确保系泊线在遇到强风暴时具有足够的抗力。

板锚应具有足够的抗关键荷载的能力，确保有足够的锚交替发挥作用而不会进一步损失其锚固力。原型试验和模型试验是工程分析和确定关键荷载的可靠基础。在关键荷载筛查中用的重点分析方法应当运用到在承受极端荷载情况下锚的转动分析中。如果锚打开时的锚旋转计算结果和使用时并不同，那么锚的结构按照各种极端情况，系泊最不利于包络线进行设计，确保锚的结构完整性不受影响。

如果安装记录显示偏离预测值较为严重，且这种偏差对锚持力可能产生影响时，锚杆的最大动载试验可能是对系泊临时荷载计算的有效途径。然而，测试锚的最大负荷并不一定需要锚的安全系数得到保证，因为这是针对永久系泊系统而言的。因此，如果安装的记录表明锚持力明显低于计算的安全系数要求，则下列措施能够保证足够的安全性。

① 对锚位置土壤的补充量测，并对所在位置的土壤性质进行进一步确认；

② 将锚固定在一个新的未受干扰的位置；

③ 检查并重新设计和建造锚，以满足新的设计要求和未受干扰的新位置重新安装改造；

④ 船舶延迟连接，以便土体固结。

4.5.8 驱动桩锚

(1)基本思路　驱动桩锚可以承担锚泊系统传来的较大的纵向荷载。桩基础的设计是构建在对桩点岩土性质，以及桩轴向和横向承载能力预测评价的基础之上的。其承载力计算是在固定式近海结构设计准则的基础上发展起来的，在 API RP 2A 中给出了相应的方法。API RP 2A 中提出的相关准则应该在这类桩的设计中严格执行，但是涉及到系泊与固定平台不同的方面需要进行修正。

驱动桩锚设计应考虑以下四个可能的破坏模式：

① 在轴向荷载作用下拉出；

② 桩的超应力张拉或锚孔的侧弯破坏；

③ 侧向翻转；

④ 环境和安装荷载作用下的疲劳破坏。

持力安全系数定义为土壤的计算抗力除以锚的最大动力荷载。轴力的安全系数按照拉应力是控制应力(应大于压应力)，对于其他的桩基系统，安装后如果没有极端荷载作用于桩上，土壤轴向计算极限承载能力就是一个时间的函数。

由于对桩侧向失效模式下的破坏效应没有纵向失效引起的后果严重，所以桩的侧向承载安全系数取得较低。互相独立的纵向和横向承载力安全系数可用于简单的梁柱分析中，但是对于像移动锚泊这样的结构，很难界定纵向和横向承载能力，在这种情况下，可用下面的公式确定其联合安全系数。

$$FOS_{combined} = \sqrt{(FOS_{lateral}\cos\theta)^2 + (FOS_{axial}\sin\theta)^2} \qquad (4-3)$$

式中 $FOS_{combined}$——联合安全系数；

$FOS_{lateral}$——侧向安全系数；

FOS_{axial}——轴向安全系数；

θ——锚泊线指向系点方向与水平面的夹角。

(2)地基和结构强度设计　在大多数锚桩设计中，系泊线连接到海底桩，横向荷载转移持力地基土层。因此，设计应考虑系泊线的角度（从系点到持力土的上层）。在计算土壤持力层的过程中，还应当考虑上层土壤层在系锚挖沟过程中的回塑效应。

在软黏土中驱动桩锚通常取长细比为 25 ~ 30。这时，系于桩尖上将会引起横向传递，且其破坏模式首先是弯曲破坏。驱动桩锚通常采用在侧向弯曲作用下的梁柱模型进行分析。其计算应包括桩的轴力，以及系泊线锚点的屈曲、剪力及沿桩的弯矩。桩上的应力应严格按照 API RP 2A 的限定限值，但是该规范也允许在罕遇条件（如单桩破坏）下放大三分之一。

由于锚桩在极限抗力附近时总会出现最大的挠度，且或多或少与新土有联系，因此“静态”$p-y$ 曲线用来进行抗力计算。“循环”$p-y$ 曲线可能更适合疲劳计算，因为桩土作用会在往复的小变形作用下更加持久，影响更明显。Stevens 和 Audibert 提出的 $p-y$ 曲线在 API RP 2A 中被采用，以获取更为理想的挠度值。应考虑当挠度大于 10% 桩径时的 $p-y$ 曲线下降值。此外，当横向变形与循环荷载相关联，且接近或略大于挡泥墙荷载（例如，超过 API RP 2A 界定的软泥范畴量级），应考虑减少或忽略桩土粘连作用。

驱动锚桩设计应考虑典型的安装公差，这可能会影响计算土体抗力和桩体结构。桩的垂直度影响锚泊线在眼板处的角度，而这关系到系泊的水平和垂直荷载的分配。向下驱动会影响桩柱轴向承载能力，并可能在桩柱内产生较高的弯曲应力。眼板方向会影响孔中和连件中的局部应力。水平定位会影响船只导索器的位置和角度，并应考虑平衡锚泊线作用。

(3)疲劳设计

① 基本思路　锚桩应检查所系泊线作用下的疲劳问题。打桩过程的疲劳应力损失在计算过程中也应考虑进去，并与现场疲劳损失叠加。对于典型的系泊系统，桩作用下的疲劳损伤远远高于锚泊造成的。

② 现场荷载　进行桩土相互作用下桩的全局响应分板，用于分析系统疲劳引起锚泊线的响应。造成桩疲劳破坏的局部应力，应通过应力集中系数（SCF）来

反映。这个系数与疲劳破坏位置的整体等效应力相关,具体位置包括泊眼、泊眼与桩的焊接点,以及桩上与之相邻位置。

对环焊缝的应力集中系数(SCF)评价需要考虑局部厚度偏差。需要注意的是,在计算过程中因使用的桩名义墙厚度要比实际在焊接桩墙中的小,所以需要对应力集中系数(SCF)进行修正。应力集中系数(SCF)是由局部荷载作用下的名义应力作用引起的效应累加,多发生在桩的施焊位置。

③ 安装荷载　安装过程中桩锤的动力荷载作用将会造成泊眼和桩环焊缝疲劳损伤。评价循环荷载响应的是桩土系统在锤冲击作用下的动态响应,这需要通过波动方程对锤击类型、频率、桩的穿透性、土壤抗力进行分析。这种分析是对桩透波性能分析的有效手段。在此过程中,应力随着时间的推进沿桩传播,锤击数目与假定穿透性能就建立起了对应关系。

无论哪种焊缝还是泊眼,都要在局部荷载作用的范围进行疲劳验算,采用的是波动方程的透波分析方法。环焊缝的位置应取决于打桩的时间表。局部响应须考虑集中系数(SCF)的影响。锤击过程的往复循环周期数利用变幅技术进行统计用,工作原理与雨流计数类似。

④ 可用 *SN* 曲线取决于制造工艺和验收标准可接受的缺陷。通常情况下,桩节是由双面埋弧焊方式施焊的,并已作为焊接条件。对于这种情况,使用 D 曲线就可以,如果使用更高的 *SN* 曲线,而对曲线焊缝进行处理,则需要相关数据的印证。使用研磨等焊接处理方法,可支持 *SN* 曲线的提升,但须做到如下几点:a. 磨削正确实施;b. 焊接缺陷检测方法和验收标准严格按要求落实;c. 影响疲劳质量的焊接技能水平应高于 D 曲线的隐含高度。

⑤ 总疲劳损伤和安全系数　一旦疲劳荷载和抗力确定,就可以估计由现场和安装荷载导致的疲劳损伤。对于关键构件的总疲劳损伤应符合下面的公式:

$$D = D_1 + D_2 < 1/F \tag{4-4}$$

这里 D_1 是计算第一阶段,即安装(打桩)和运输阶段的控制性荷载损伤;D_2 是计算第二阶段,即在服役阶段的疲劳损伤,也就是使用寿命期(例如20年)的损伤;F 是安全系数,等于3.0。

(4)驱动锚桩的试验荷载

驱动桩的安装记录应包含桩自重沉桩、桩方向、驾驭记录和最终沉桩情况等和设计与打桩分析密切相关的资料。在这种情况下,强风暴作用下锚的测试荷载就不是很有必要了。然而,锚泊和桩设计过程中则需要一个可接受的测试荷载水平,这种测试荷载应当确保锚泊系线能够抵御在松弛状态下空遇强风暴后的突遇荷载作用;这种荷载的另一个作用是测试锚泊构件安装时的严重破坏情况。

参考文献

[1] Achmus M, Abdel – Rahman K, Kuo Y S. Design of Monopile Foundations for Offshore Wind Energy Plants[C]// 11th Baltic Sea Geotechnical Conference, Cairo, Egypt, ISSMGE, 2008.

[2] Abdel-Rahman K, Achmus M. Finite Element Modelling of Horizontally Loaded Monopile Foundations for Offshore Wind Energy Converters in Germany[C]// International Symposium On Frontiers In Offshore Geotechnics, Perth, Australia, ISFOG, 2005.

[3] API. API RP 2A-WSD Recommended Practice for Planning, Designing and Constructing Fixed Offshore Platforms-Working Stress Design[S]. Washington, DC, USA: American Pertoleum Institute, 2002.

[4] Milne P H. Underwater Acoustic Positioning Systems[M]. Houston, USA: Gulf Pub. Co, 1983.

第5章

水下安装与安装船要求

5.1 引　　言

水下设备通常都在岸上工厂进行加工、测试、包装,再运送到指定地点进行安装,但某些设备要求在现场进行制造安装,如跨接管。将水下设备运送到指定地点的过程主要包括三个步骤:装船、运输和安装。水下安装包括三个阶段:下水、对接和锁定(如水下采油树、管汇和跨接管)。

本章主要是对水下工程中设备安装方法和安装船要求作一个基本介绍,主要内容包括:

(1)典型水下设备安装船;

(2)典型铺管船;

(3)安装船要求;

(4)安装定位;

(5)安装分析。

各种水下设备都有相应的安装方法,参见本章相关内容。

5.2 典型安装船

典型安装船主要有：

(1)运输安装船；

(2)钻井平台，包括自升式钻井平台、半潜式平台和钻井船；

(3)管道铺管船和脐带缆铺管船；

(4)起重船；

(5)辅助作业船，如遥控潜水器支持船(RSV)、潜水员辅助船(DSV)和现场支持船(FSV)等。

5.2.1 运输安装船和拖船

通常用运输安装船将水下设备从岸上运送到海上安装位置，一旦到达海上安装位置，水下设备将由运输安装船运送到钻井船或作业船上进行安装作业。图5-1所示为水下采油树从运输安装船运送到作业船，并准备下水的过程。

图5-1 运输驳船

运输安装船的选择以及甲板布置一般考虑以下一些参数：

(1)待运输设备的尺寸、重量和重心高度；

(2)运输的路线和距离；

(3)安装进度要求；

(4)运输成本;

(5)抵御恶劣天气的能力。

运输安装船一般不具备自航能力,需要使用拖船进行拖航至指定地点,如图5-2所示。

图5-2 拖船和运输安装船

5.2.2 钻井平台

钻井平台主要是进行钻井作业,根据他们的作业水深、起重和定位能力,也常用来进行水下设备的安装。钻井平台包括自升式钻井平台、半潜式平台和钻井船。

(1)自升式钻井平台 自升式钻井平台最早应用于1954年,并且很快就成为移动式钻井平台的主流设计型式。这种钻井平台适用于浅水域(适用水深至110 m)的作业需求。由于平台由3根或4根桩腿牢固插入海床,平台升至离海面一定高度,波浪只对桩腿产生作用,因此平台非常稳定,水下安装时平台本身定位精度可靠。另外由于桩腿还可收回,因此可将其方便转移。如图5-3所示为典型自升式平台。

(2)半潜式平台 深水区域由于自升式平台桩腿长度、结构等的限制,需使用浮式结构,通常选择半潜式平台。半潜式平台可浮在海面上并自航或被拖至工作位置,如图5-4所示为典型半潜式平台。由于平台压载舱(下部附体)都完全浸没在海面以下,半潜式平台只有与附体相连的柱结构受波浪影响,因此平台本身稳定性和定位也较可靠。半潜式平台可采用锚泊定位或动力定位进行固定,适用于150~1 200 m水深的水下设备安装,并且可以完成更深水域的安装。

2002 年,半潜式平台在马来西亚完成了 6 152 ft 水深的水下作业,2003 年在巴西完成了 9 472 ft 水深的水下作业。

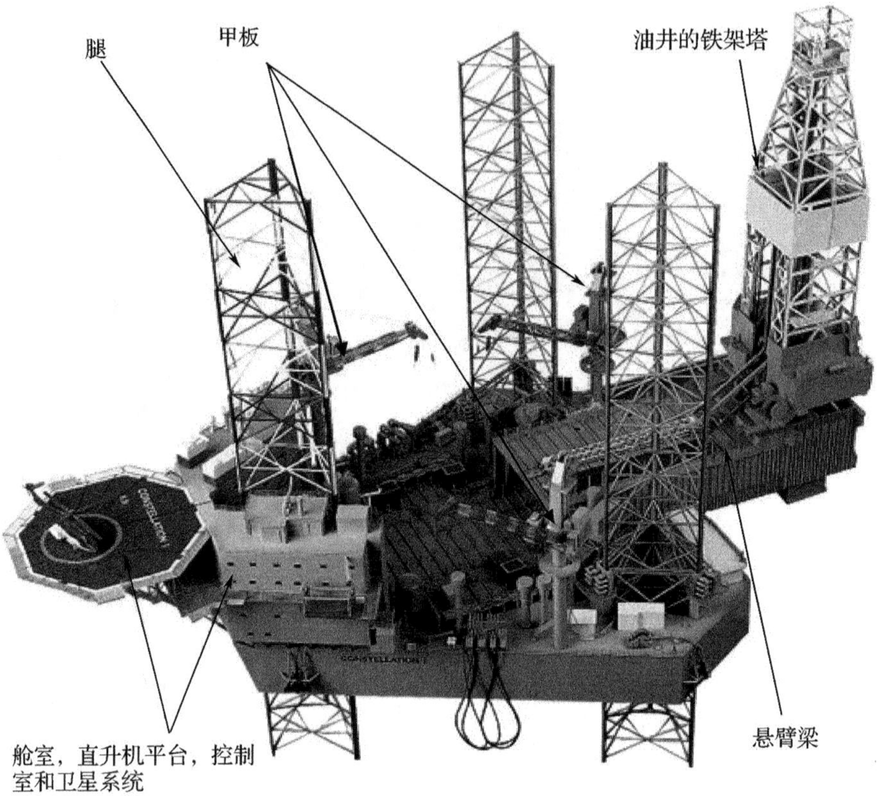

图 5 -3　自升式钻井平台

(3)钻井船　钻井船一般配备有钻井井架、DP 动力定位系统等,以完成深水区域的钻井工作。与半潜式平台相比,钻井船在运载能力上有一定的优势,但是在运动特性上有一定的劣势。钻井船如图 5 -5 所示,钻井船可用于深水以及超深水区域的水下设备,如采油树等的安装。

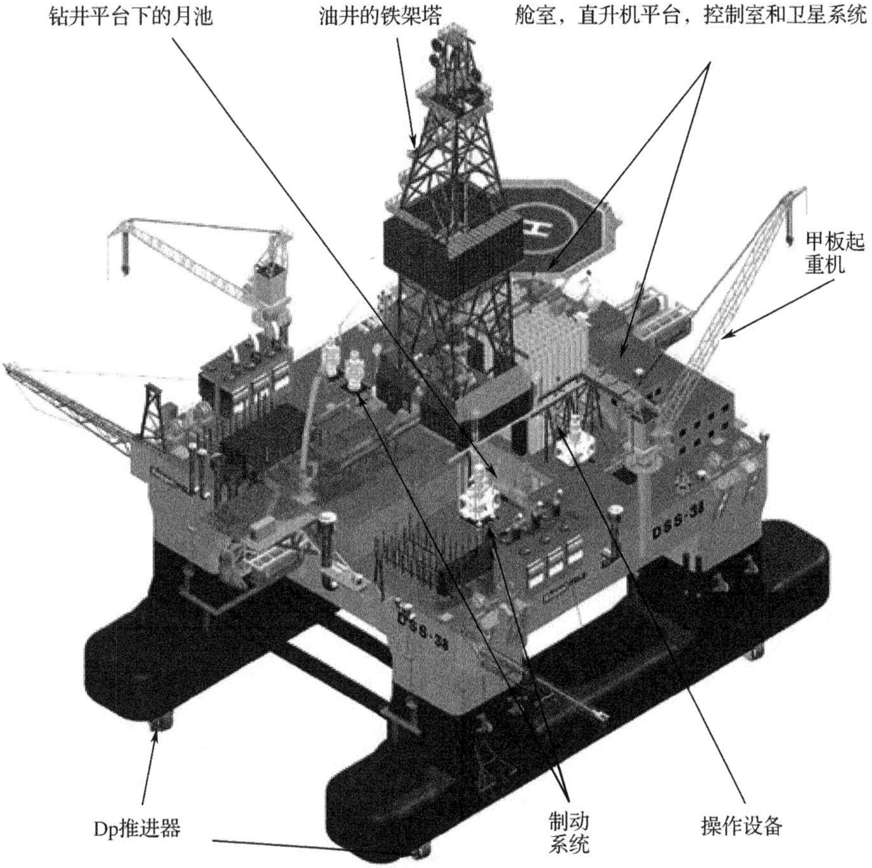

图5-4　半潜式平台

图5-5 钻井船

5.2.3 铺管船

根据管道铺设方法和现场特点，如水深、天气等，可以将铺道船分为以下几类。

(1)S型铺管船 S型铺管法已经在海底管道铺设过程中使用多年，S型铺管法需要有较为开阔的甲板操作空间，一般都将管道作业线设在甲板的中央或边缘，管道作业线包括焊接工作站、节点检验、涂层和管道运输设备。在船尾有托管架，用来调整和控制管道系统(应力/沿管道的应力分布)，使管道在铺设过程中自然形成S形。图5-6所示为典型的S型铺管船。

(2)J型铺管船 J型铺管船常使用J型铺管塔或铺管滑道来铺设管道，以代替S型铺设船使用的托管架。图5-7为J型铺设滑道的示意图。J型铺管法与S型铺管法不同，管道以近似直角(如60°~87°)从铺管船铺设出来。在J型铺管船上，由于没有S型铺管中的上弯段需要维持，因而不需要托管架，并且所需张力也小，这种安装方法可以满足深海管道安装。

(3)卷管式铺管船 卷管式铺管船可以用来安装长度较长但直径小(通常小于16 in)的管道。卷管式铺管法要求管道在岸上已卷绕在滚筒上，然后将滚筒装载于铺管船。在管道卷管过程中，缠绕在滚筒上的管道会产生塑性变形。在平台安装过程中，管道沿直管器进行展开和拉直。滚筒和直管器按船速进行展开，管道直接入水并接触到海床。在大多数情况下，可以使用类似J型铺设的陡峭的滑道，以消除上弯段曲率。这种铺管方法铺管速度较快，所需铺管设备简单，并且容易操作。图5-8所示为典型的卷管式铺设船。

图 5－6　S 型铺管船

图 5－7　J-lay 铺管塔

图 5-8　卷管式铺管船

5.2.4　脐带缆铺管船

脐带缆可用卷管式铺管船或存管盘式铺管船进行安装。卷管式铺管船能支持的脐带缆长度为 3 ~ 15 km,取决于卷筒直径及船的负载能力。存管盘关键部位总重约 250 t,但是可以卷绕的脐带缆长度大于 100 km,避免现场拼接,安装方便快捷。但需要专用存管盘式铺管船进行装载,装载需要较长时间,如每分钟 6 ~ 10 m。图 5-9 所示为存管盘式脐带缆铺管船。

图 5-9　存管盘式脐带缆铺管船

5.2.5　重型起重船

重型起重船(HLV)上配备有可达千吨级的大型起重机。大型的水下设备如基盘等需要重型起重船来进行安装。大多数重型起重船的起重能力为 500 ~ 1 000 t,而通常普通作业船上吊车的起重能力不超过 250 t。对于重型起重船来说,最重要的就是保证其在海面的稳定性。图 5 - 10 所示为重型起重船。

图 5 - 10　重型起重船

5.2.6　海上支持船

海上支持船能为海洋油气田的钻井、操作、调试和维修等提供相应的服务和支持,包括调查、储备、测试、辅助安装等方面。下列海上支持船常用来提供上述的各项功能。

(1)遥控潜水器支持船　是一个储存、部署 ROV 并能进行水下干预作业的平台。

(2)潜水支持船　是一种专门的潜水员支持平台,具备各种支持潜水员水下作业的设备和保护措施。

(3)海洋调查船　测量船是一种专门研究海洋物理、化学、地质、地形、气象学和水文学,用于调查收集数据、资料的平台。

(4)现场支持船　是一个多用途船,可提供物资运输、供应、救助和潜水支持等。

5.3　安装船的要求和选择

水下安装工程一般需要完成以下任务。

(1)水下采油树、管汇、PLET/PLEM、UTA、SDU 等的起吊与安装;

(2)脐带缆和输油管道的铺设;

(3)水下连接(跨接管、跨接线等)。

(4)在水下工程安装船的选择上,应考虑以下因素。

① 安装任务;

② 环境因素,例如安装现场的水深;

③ 安装船性能;

④ 成本,包括安装时间、船的日费率等。

本节主要考虑船的性能,并按安装船性能要求分为两类,即基本要求和功能要求。基本要求介绍了安装船的基本性能、结构安全和可操作性的要求。功能要求介绍了安装作业关键要求,它主要用于安装船的选择。

5.3.1　安装船的基本要求

(1)安装船性能

① 浮性　在一定荷载条件下的船具有浮性,船可能有四个方面的浮力条件,即垂直位置、切边、倾侧及它们的组合。

② 稳定性　船的稳定性要求当作用在船上的力或弯矩消失后,船能够回到最初的平衡位置。稳定性可以分为小角度范围内初步稳定($\leqslant 10°$)和大角度倾斜稳定。初始稳定性与船的倾角和力矩呈线性关系。

③ 抗沉性　抗沉性意味着即使一个或多个舱室被水淹没,船只依然有保持一定的浮力和稳定性的能力。足够的稳定性和储备的浮力能确保任何阶段海洋作业。

④ 适航　适航意味着由于风、波浪、气流而引起扭转力或弯矩情况下,船只在海上能够安全航行或运作。

⑤可操作性和速度及阻力　船的可操作性指能够保持一个恒定的导航方向

或按照引导改变航向的性能。速度和阻力指主引擎的额定功率下的速度能力。

(2)船的强度

船的结构破坏有三类,即强度破坏、失稳和疲劳破坏。强度破坏通常指船舶结构的应力超过了规定的最小屈服强度(SMYS),失稳破坏是指结构压应力大于临界稳定压力即欧拉应力并产生大变形,疲劳破坏指持续循环压力造成的裂纹生长或结构断裂。

船的强度通常包括纵向强度和局部强度。安装过程中不应该超过加载、起重、运输等所有的船舶活动强度。

5.3.2 功能要求

一般而言,安装船只是一个稳定的平台,以保证设备的正常安装。安装船通常配备专门的设备,有些是船本身固有的,有些需要在每一次安装作业之前进行调配。调配需要花费一定时间和成本,需在成本估算的时候考虑。因而在允许的情况下,需要选择一些固定配备有专业设备的安装船,如铺管船、潜水支持船等。水下设备安装船和铺管船/脐带缆铺管船的功能要求的主要区别在于对相应专有的要求不同。本节将介绍在安装船选择方面应注意的各种问题。

5.3.3 水下设备安装船

通常,只要配有荷载和缆绳长度合适的绞车,以及能满足荷载需求的吊机,水下设备可以通过任意安装船进行安装。水下设备通常通过钻井船、半潜式平台、自升式平台、铺管船、海上支持船等进行安装。安装船进行水下安装的主要性能要求如下。

(1)为设备提供足够的甲板空间;

(2)甲板的承载能力;

(3)吊车的起重能力和覆盖范围;

(4)安装船的海上特性(RAO);

(5)遥控潜水器(ROV)的要求,例如一般水下设备的安装至少需要 1 个工作级的 ROV,管道和脐带缆铺设需要一个工作级别的 ROV 和 1 个观察机的 ROV;

(6)航行速度　在深海铺设工作中,最高航行速度对设备是否能按时到达现场进行铺设,以满足安装时间安排十分重要;

(7)定位要求。

水下设备的起吊和安装必须快速安全地完成,应考虑以下限制条件。

(1)环境条件——海风、波浪、海流;

(2)海床土壤性质和海底可见度;

(3)其他限制(系泊绳缆,与其他水下设备之间的位置关系等)。

在安装方案设计阶段,应避免安装船的甲板处理系统和吊机在水下设备起吊离开甲板时出现单摆现象,并须考虑其通过飞溅区和在海床着陆时的安全性。

安装设备如吊机、绞车等在设计、建造和安装时应满足相应的环境,应考虑相应的结构安装规范和限制,例如业内比较流行的 DNV,API,ABS 等相关标准。

5.3.4 铺管船和脐带缆铺设船

与水下设备安装船相比,铺管船的选择应考虑以下特定设备的要求,包括:

(1)张紧器的最大张力,通常与铺设水深和管道的重量有关,当张紧器的最大张力无法满足正常铺设时,通常采用浮力块;

(2)收放绞车,在管道终止铺设或者紧急情况下需要收放绞车;

(3)吊机的承载能力,管道和脐带缆的回接所需要的承载力;

(4)管道的储存能力,铺管船需要有足够的储存管道的能力以保证安装的进行。

5.4 安装定位

水下设备的安装需要安装船有良好的定位系统以保证精确的安装和操作。定位包括海面定位和水下定位。海面定位是指安装船利用各种方法如锚链系泊、动力定位等方式定位以保证安装船在安装时处于正确的位置。水下定位是指当设备下水或者需要与目标点进行对接时,利用水下收发器/应答器等仪器进行设备之间的定位以控制对接过程。

5.4.1 海面定位

海面定位系统包括:

(1)动力系统,为整个系统提供动力;

(2)位置坐标系统,通常包括使用差分全球定位系统(DGPS),水声学测量系

统如超短基线(USBL)、短基线(SBL)、长基线(LBL)等水下测量系统;

(3)控制系统;

(4)定位系统,锚泊定位系统包括起锚装置、起锚线、起锚定位器(见图5-11),动力定位系统如图5-12所示,包括多个螺旋桨推进器等。

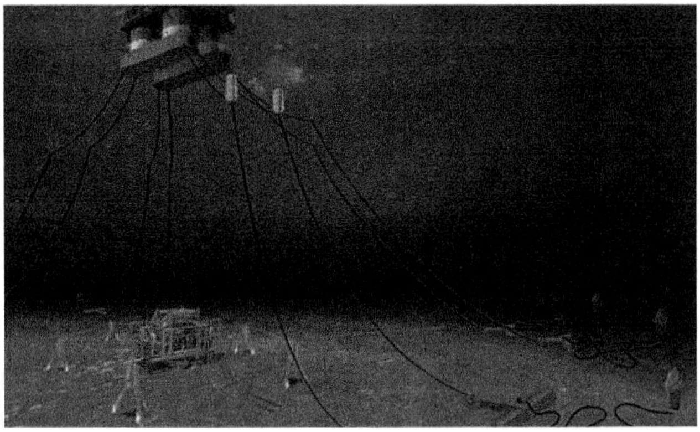

图5-11 半潜式平台的锚定位

图5-12 动力定位系统

5.4.2 水下定位

当海面安装船定位后,水下设备将开始进行下水并对接到海床的指定位置。在下水和对接的过程中,由水声学装置(如转发器和应答器等)进行定位测量(短基线、超短基线等方法)和陀螺罗盘进行倾斜测试,以保证水下设备能够安装成功。

通常水下设备从水面导引至海底指定位置有两种方法:导向绳法(GL)和无

导向绳法(GLL)。导向绳法是指通过4条张紧的导向绳穿过设备的导向柱来引导设备至海底。这种方法受到水深和导向绳长度的限制,且导向绳的布置需要花费大量的时间和成本。无导向绳法一般用在水深超过500 m的地方,利用动力定位和设备底部的锥形导向漏斗进行对接。这种方法的水下定位操作难度较高,同时需要防止整个设备结构方向的偏离和倾斜,一般通过在设备上加大质量以保证其能固定在合适的位置。

设备下水的过程中,应控制其升降运动,通常采用主动或者被动的升沉补偿系统来控制。

5.5 安装分析

5.5.1 概述

安装分析一般基于安装船的起重能力、安装对象和安装船结构的承载力。一般来说,安装过程可以分为两个部分:前期设计(FEED)和详细施工。FEED是指确定安装方法、安装船只、安装设备、安装日程和成本估算等。详细设计是指对整个工程绘制相应的安装施工图,编制详细安装步骤说明书等。前期设计仅仅是对一些关键的安装步骤进行分析,比如通过飞溅区、管道在水深最深处的安装等,以保证安装船和设备的安装可行性;而详细安装设计需要对整个安装过程的各个步骤进行分析。

水下安装可分为:水下设备的安装,管道和立管的安装,脐带缆的安装。整个安装分析至少需要以下资料数据。

(1)环境和地理资料数据;

(2)安装船动力特性数据;

(3)水下生产系统的资料数据;

(4)钻机系统的资料数据。

5.5.2 水下设备的安装分析

水下设备的安装过程通常包括以下几项:

(1)装船固定;

(2)运输;

(3)现场环境勘察;

(4)安装,包括起吊、飞溅区下水、对接等(见图5-13);

(5)完工调查。

安装分析会提供安装过程中结构部件的最大张力、最大弯矩以及可能出现的最恶劣的海况。安装过程通常利用专用有限元软件,如OrcaFlex等。详细安装分析是确定整个水下设备部署过程的进一步分析。

安装分析可以分为静力分析和动力分析两个阶段。静力分析中不考虑环境荷载和动力荷载,比如水流荷载和波浪荷载。静力分析主要是确定安装船位置、缆线铺设张力等。动力分析主要是在动荷载作用下,确定最不利环境状态和可能出现的最大张力。这个分析应对一系列波浪高度和波浪周期进行分析。

分析模型包括安装船(RAO)、吊机、缆绳及其他设备,如图5-13所示。

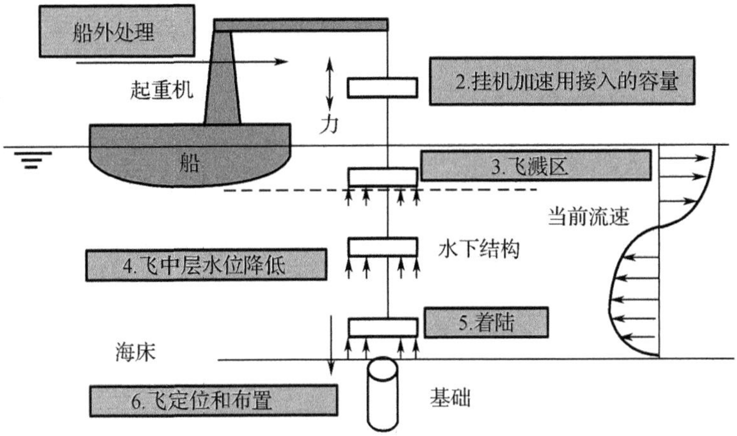

图5-13　水下设备的安装分析简图

5.5.3　管道/立管安装分析

管道/立管的安装方法通常有以下四种。

(1)S型铺管法,管道从铺管船上以一个近似水平的角度进行铺设,通常使用托管架(保证上弯段)来保证铺设过程顺利进行;

(2)J型铺管法,管道从铺管船上的铺管塔进行铺设,管道有竖向的张力,管道整个形态没有上弯段;在S型和J型铺设过程中,管道的节点连接和管道的铺设同时进行；

(3)卷管式铺管法，通常管道在岸上预制，并卷在铺管船上专用的滚筒上，再运送到铺设位置进行铺设。

(4)拖管法，管道在岸上进行预制，再将管道拖到安装位置进行铺设。为了防止由于波浪引起的管道疲劳破坏，可以在水面、特定水深或者海底进行拖管。

图 5－14 所示为 S 型铺管法、J 型铺管法、卷管式铺管法和拖管法进行铺设时的管道形态。

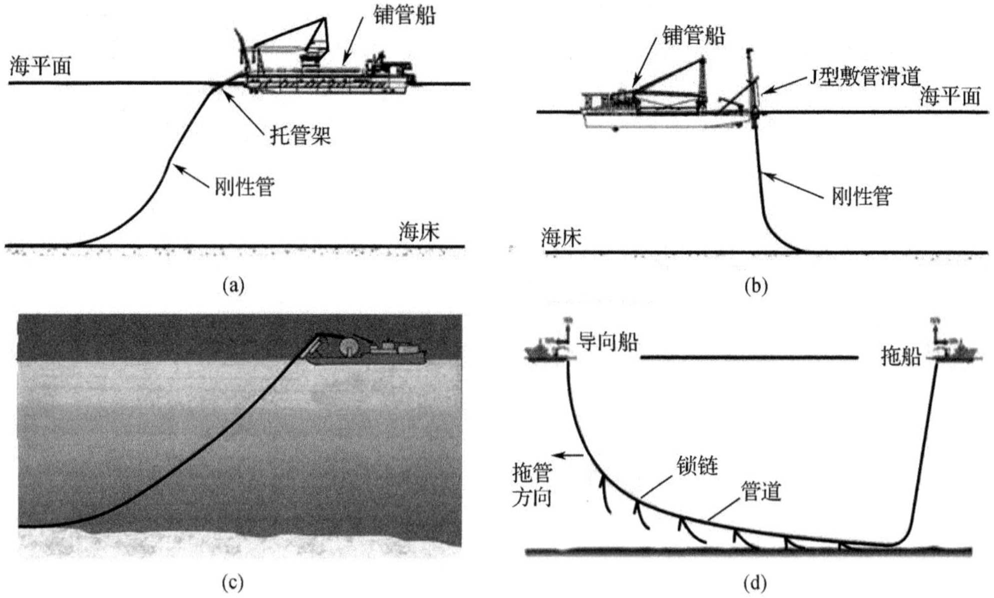

图 5－14　管道形态图

(a)S 型铺管法；(b)J 型铺管法；(c)卷管式铺管法；(d)拖管法

管道和立管在不同的安装方法中承受不同的荷载，如轴向拉力和弯矩。通常管道失效多是由于安装过程中管道的外部压力和弯矩过大导致的屈曲和屈曲传播。

安装分析过程可以分静力分析和动力分析两步，主要是为了验算在安装过程中应力应变是否超出了规定限制。在大部分分析过程中，通常主要使用应变标准；但是在一些工程中，同样也需要进行应力复核。比如根据规范 DNV OS F101 2000，管道铺设过程中，对于管道下弯段区域和上弯段区域，应力不得超过 72% SMYS 和 92% SMYS(如图 5－15)。在详细分析中，通过对管道安装过程中的应力分析来验算应力是否在安全范围内。分析过程可以得出安装过程的极端海况、最大拉力、最大拉应变/应力。分析过程使用的软件是 OFFPIPE 和 OcraFlex。

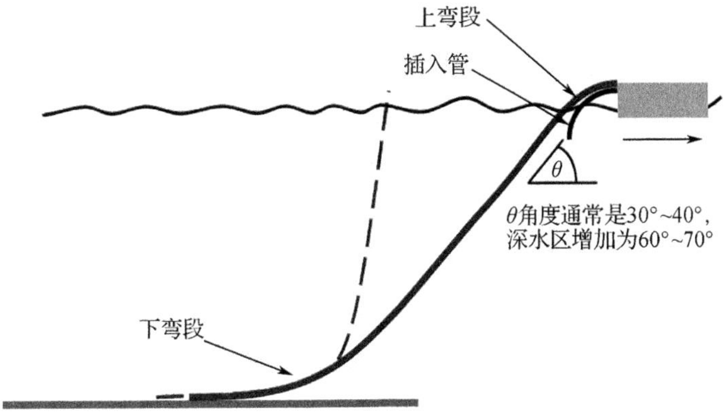

图 5－15　S 型铺管法的安装分析图

5.5.4　脐带缆安装分析

脐带缆安装分析是为脐带缆安装整个过程的方案制订做准备，通过分析可以得出脐带缆在极端海况、最大荷载作用下的效应等。

脐带缆安装分析同样可以分为静力和动力分析两个部分。静力分析时不考虑环境荷载的影响，如水流和波浪荷载。动力分析通常选最不利的静力分析工况，动力分析时需考虑动力荷载的作用，如环境激励、波浪荷载等。

脐带缆安装需考虑的要素有：

(1)脐带缆的最小弯曲半径(MBR)；

(2)最大张力和压力；

(3)最大容许破坏荷载，通过这个可以验算最大可允许的顶部张力；

(4)海床的侧向稳定性，用来验算接触点最大可允许张力。

参考文献

[1]　DNV. DNV 158 Planning and Execution of Marine Operations[S]. Norway: Det Norske Veritas, 1996.

[2]　Veritas N. Environmental Conditions and Environmental Loads [M]. Det Norske Veritas, 2000.

[3]　ANSI. ANSI/API RP 17A Design and operation of subsea production systems [S].

Washington, DC, USA: American Petroleum Institute, 2011.

[4] Bates J B, Gernon G O, Gillette M, et al. Kizomba A and B: Installation overview[C]// OTC 2006, Houston, USA, Offshore Technology Conference, 2006.

[5] Chakrabarti S K. Handbook of Offshore Engineering[M]. Elsevier, 2005.

[6] Lake L W, Arnold K, Clegg J D, et al. Petroleum Engineering Handbook: General Engineering [M]. Society Of Petroleum Engineers, 2006.

[7] El-Hawary F. The Ocean Engineering Handbook[M]. CRC, 2001.

[8] API. RP 1111 Design, Construction, Operation and Maintenance of Offshore Hydrocarbon Pipelines[S]. API, 2009.

[9] API. API RP 17H Remotely Operated Vehicle (ROV) Interfaces on Subsea Production Systems[S]. Washington, USA: American Petroleum Institute, 2009.

[10] Bai Y, Bai Q. Subsea Pipelines and Risers[M]. Elsevier Science, 2005.

[11] ISO. ISO 13628 Petroleum and Natural Gas Industries-Design and Operation of Subsea Production Systems [S]. Geneva, Switzerland: International Standards for Business, Government and Society, 2006.

第6章

油气田水下生产工程项目成本估算

6.1　水下成本估算概述

油气田水下生产工程项目成本指整个工程开发过程中所需支出的总费用，包括资本支出费用(CAPEX)和运营费用(OPEX)，如图6－1所示。

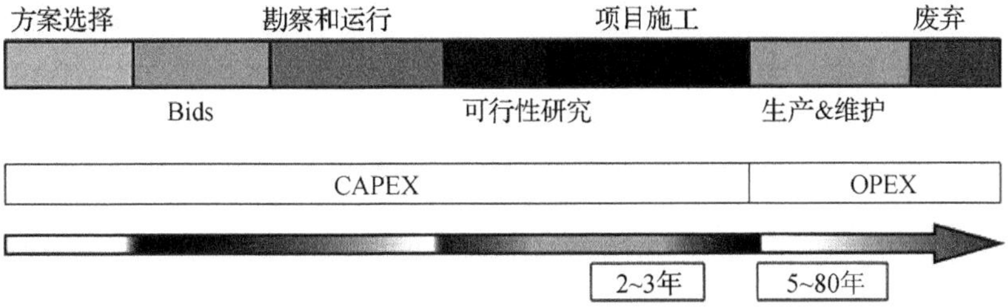

图6－1　油气田水下生产开发成本

下面给出资本支出费用(CAPEX)和运营成本(OPEX)的定义。

(1)资本支出费用CAPEX——水下生产系统的设备采购、测试、安装及管理费用，典型设备包括水下采油树、管汇、管道、管线终端、跨接管、脐带缆和控制系统等。安装费用包括随着安装时间增长的安装船租赁费用和安装工具的租赁费或购置费。

(2)运营成本OPEX——水下生产系统进入正常生产运营期间产生的各项操作、维护、检测等费用。操作次数和频率通常基于特定的开发区域、油藏特性、生产条件以及作业方的运营计划等。

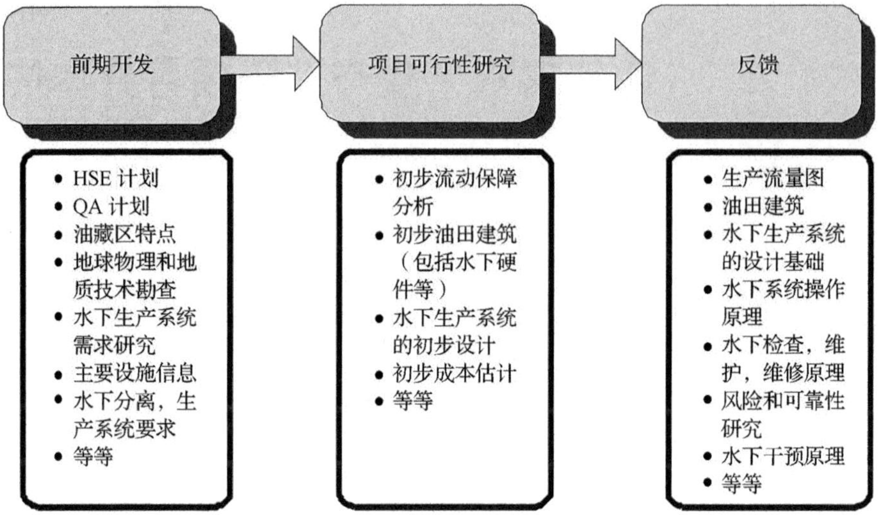

图 6-2　油气田水下开发可行性研究

从图 6-1 可以看出,在整个油气田水下开发过程中,每一阶段都有资本开支。如图 6-2 所示为油气田水下开发阶段的可行性研究内容。项目的初始阶段研究通常包括三部分。

(1)油田前期开发研究;

(2)可行性研究;

(3)前期工程设计。

不同阶段的估算目的不同,所采取的估算方法和精度也不一样。表 6-1 给出了 AACE 所定的成本估算分类。在可行性研究阶段,估算精度为 -30% ~30% 。

表 6-1　成本估算分类(AACE)

估算等级	项目完成程度	用途	方法	期望精度范围	前期准备费用
等级 5	0% ~2%	概念研究、可行性	随机或判断	4 ~ 20	1
等级 4	1% ~15%	概念研究、可行性	主要随机	3 ~ 12	2 ~ 4
等级 3	10% ~40%	预算、授权、控制	混合,但主要随机	2 ~ 6	3 ~ 10
等级 2	30% ~70%	控制或招投标	主要决定性的	1 ~ 3	5 ~ 20
等级 1	50% ~100%	检查估算或招投标	决定性的	1	10 ~ 100

(1)项目完成程度:以百分比表示;

(2)最终用途:估算目的;

(3)方法:成本估算的计算方法;

(4)期望精度:成本估算的精度,1 表示 +10%/ -5%,10 表示 +100%/ -50%;

(5)前期准备费用:1 表示工程总费用的 0.005%,100 表示 0.5%。

本章将提供可行性研究阶段成本估算方面的指导,并给出估算精度为 -30% ~30%的油气田开发成本估算方法。

6.2 水下资本开支

根据 **Douglas-Westwood** 给出的"全球海洋工程报告",2009 年全球油气田水下开发资本支出大约为 2 500 亿美元,预计在 2013 年将达到 3 500 亿美元。图 6 -3 给出了近年来油气田水下开发资本支出的全球分布及逐年变化情况。

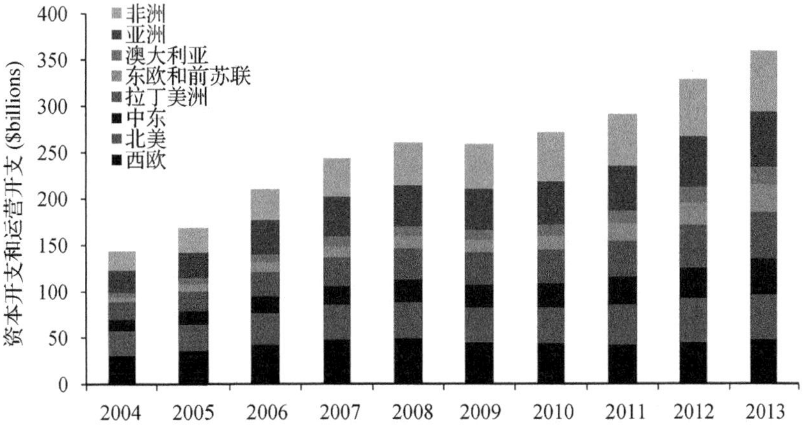

图 6 -3　油气田水下开发资本支出的全球分布情况

图 6 -4 和图 6 -5 分别给出了深水和浅水水下开发资本支出数额构成分解。油气田水下开发的资本支出主要包括设备采购、测试、安装以及保险等。以设备采购为例,影响价格的主要影响因素是井数、水深、油藏压力等级、温度等级、材料要求以及安装船舶的适用性。

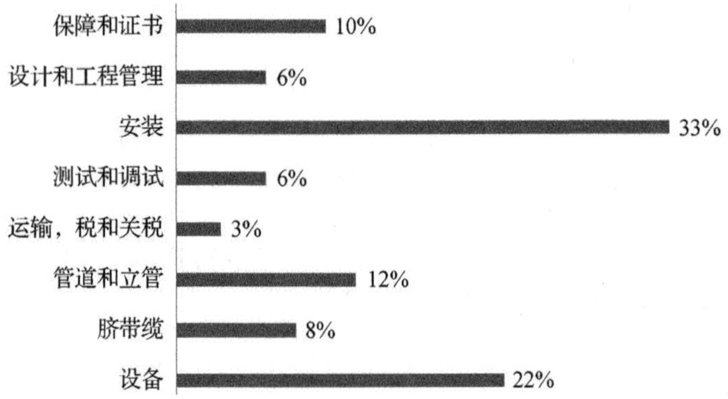

图 6-4　深水油气田水下开发资本支出分解

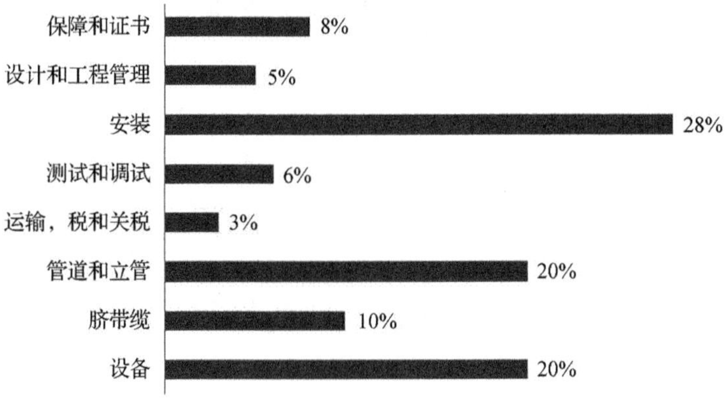

图 6-5　浅水油气田水下开发资本支出分解

6.3　成本估算方法

根据项目的不同阶段以及需要的数据，采用不同的成本估算方法。本书阐述了三种成本估算方法：

(1)类比估算法；

(2)析因估算法；

(3)结构分解法。

容量成本预算法是一种基于相似的历史数据的数量级估算法，具有 -30% ~ +30%的精度。

影响因素估算法基于一些成本影响因素，每个因素都被当作一个“量”考虑到成本数据中。基准成本通常是一个标准产品价格，由特定时间和市场决定。影响因素成本估算准确率在 -30% ~ 30% 之间。本书在第六章第三部分给出了影响因素成本估算的上限和下限。各种影响因素的取值为推荐值，可根据具体工程作相应调整。

结构分解法（**WBS**）是成本估算最终需运用的估算方法，在取得更多的数据和细节的情况下，将各条目整理、列出，最终得到所有条目的累加值，为项目的总成本。此方法中，对于各成本条目需要详细定义。相比于前两者，该方法广泛运用于预算。

6.3.1　类比估算法

类比估算法利用成本容量因素，用已知大小或容量的成本去估算一个新的未知成本。其有一个简单的指数关系。

$$C_2 = C_1\left(\frac{Q_2}{Q_1}\right)^x \tag{6-1}$$

式中　C_1——容量的成本（已知）；

C_2——容量所需成本（未知）；

x——容量成本因子。

容量 Q 是设备主要性能或影响因素，如额定压力等级、重量、体积等。指数 x 通常在 0.5 ~ 0.9 范围内，取决于设备种类。x 值为 0.6 通常用于油气生产设备。应基于历史工程数据计算的各种 x 值来估算一项新的工程。以下介绍计算 x 的步骤。

由公式 6 -1 得

$$x = \ln\left(\frac{C_2}{C_1}\right)/\ln\left(\frac{Q_2}{Q_1}\right) \tag{6-2}$$

画出容量成本曲线，如图 6 -6 所示。图上的点代表由现存的数据库数据计算出的结果，可以利用插值模拟计算得出 x，直线的斜率即是指数 x 的值。

6.3.2　析因估算法

（1）成本估算模型　析因估算法模型中，成本是众多影响因素的函数：

$$C = F(f_1, f_2, f_3, \cdots, f_i) \quad (i = 1,2,3,\cdots) \tag{6-3}$$

式中　C——设备成本；

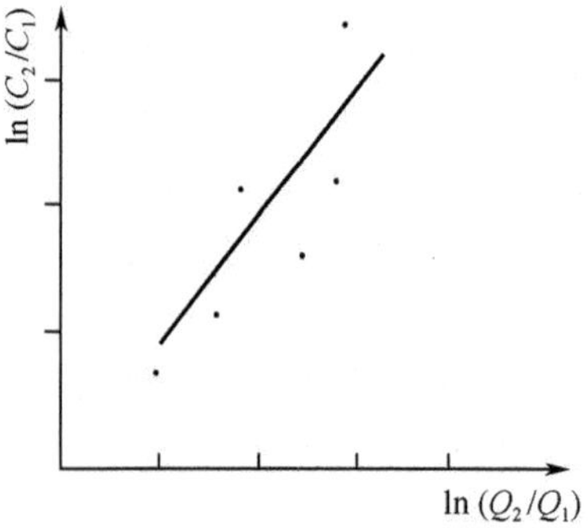

图 6－6　成本容量曲线

F——函数，即计算公式；

f_i——各种影响因素。

假设：

$$C = f_1 \cdot f_2 \cdot f_3 \cdot \cdots \cdot C_0 - C_{mics} \quad (i = 1,2,3,\cdots) \tag{6-4}$$

式中　C——设备成本；

f_i——影响系数；

C_0——基准成本；

C_{mics}——其他成本。

由公式 6－4 可知，设备成本可表示成影响系数与基准成本 C_0 的乘积。C_{misc} 表示其他与设备有关但并非在每个工程中都有的费用。基准成本 C_0 是同种设备中，在当时市场上的标准配置产品成本。如在采油树中，有泥线采油树、立式采油树、卧式采油树等三种主要型式，其中，现阶段业内以 5 in，10 ksi 压力等级的立式采油树为标准配置，其成本、价格最稳定。因此可以以此种产品成本为基准成本，在此基准上通过添加影响系数得出其他型式采油树的成本。

（2）影响因素　以下为适用于所有油气田水下开发成本估算的总体影响因素。

① 通货膨胀率

通货膨胀是指在一段时间内货物和服务价格水平的提高，在该时间段内，单位货币只能换取相对以往较少的货物和服务。通货膨胀的程度通常由通货膨胀率表示，其值在总物价指数内变化（除非有特殊说明，本书所涉及的货币均为美元，资料信息均来源于 2009 年）。公式（6－5）给出了基于已知成本计算目标年份成本的公式。

$$C_2 = C_1 \cdot (1 + r_1) \cdot (1 + r_2) \cdot \cdots \cdot (1 + r_i) \quad (i = 1,2,3,\cdots) \tag{6-5}$$

式中　C_2——目标年份成本；

C_1——为已知年份成本；

r_i——目标年份与已知年份间的通货膨胀率。

举例：若某项目2007年的运营成本为100，2007和2008年的通货膨胀率分别为3%和4%，那么若其他条件不变，2009年的运营成本 $C_{2009}=C_{2007}\times(1+r_{2007})\times(1+r_{2008})=100\times1.03\times1.04=107.12$。

② 原材料价格

原材料的价格是水下钻采设备成本的主要影响因素之一，因海洋结构物基本为钢结构，钢材成本和用量直接关系到产品的最终成本。图6-7所示为2001年至2006年，钢材和石油价格的走势。

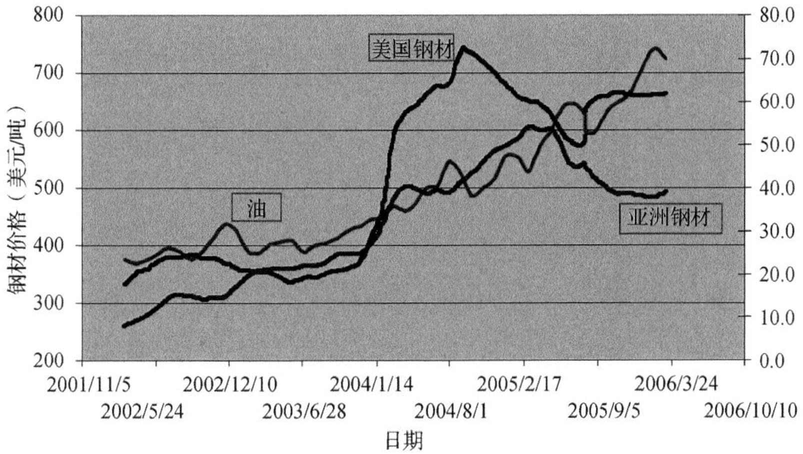

图6-7 钢铁和油价随时间变化图(IHS)

③ 市场环境

供求关系是经济学中的基本概念，是市场经济的核心。需求是指购买者对产品的需要数量，供应是指市场可以提供的产品数量，价格是供求比的体现。如果其他的影响因素保持不变，需求的提高会导致产品价格的提高。

对于海洋石油工程，安装船的制造能力以及供应量是租用成本的主要影响因素之一，紧张的供应量会导致安装船租用成本的大幅提高。

图6-8所示说明了成本的变化趋势受技术环境变化的影响，成本在正常技术环境内变化很小，因多数厂家都能设计制造此种技术水平的产品，因此市场供应量较为充足。但当产品超出了当前的技术水平时，成本会发生较大的变化，如图6-8的 c 点后。例如，当前市场最常用的采油树压力等级是10 ksi的，因此10 ksi包括5 ksi的采油树成本变化不大，但15 ksi的采油树仍为高新技术，因此

其成本费用较前者增加了很多。

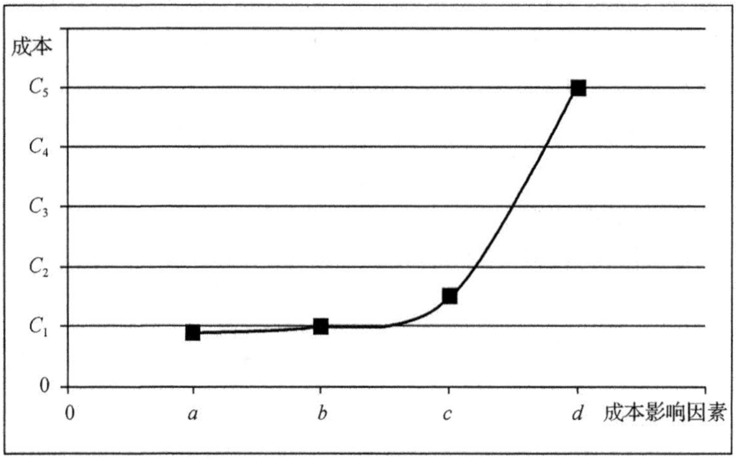

图 6-8 成本变化曲线

④ 特殊因素

除了上述总体因素外，油气田水下开发具有其特殊的影响因素。

a. 开发位置：影响安装船的可供应、适用性，运输费用等；

b. 与现有的依托平台的距离：影响管道的设计和回接距离；

c. 海洋环境特性：如压力等级、温度等，影响设备设计和性能要求；

d. 水深，海洋环境（通常指风、波浪和海流），油藏性能：影响设备设计、性能要求、安装耗费时间、安装方案等。

关于上述因素的更多详细信息，可参见本章第三部分。

6.3.3 结构分解法

结构分解法是用一种适用于所有成本估算任务的通用方法，如图 6-9 所示。在水下工程项目中，把开发工程中油气田水下开发的各项要素细分成多个递进的分块直到组成一个确定的任务，使得整个油气田水下开发项目条理化和明确化。把项目分成很多任务后，任务的成本即变得清楚明确，容易估算。

图 6-9 中，第一层明细结构主要基于工程中的主要类别如各专业、各部门等。以水下工程项目为例，水下设备采购、工程设计、施工/安装、测试及调试为其主要费用构成。水下设备可进一步分为采油树、井口油管悬挂器、脐带缆、管线等各具体单元，见图中第二层。第三层反映出每个设备本身的材料、生产制造

等，以求进一步细分其成本。

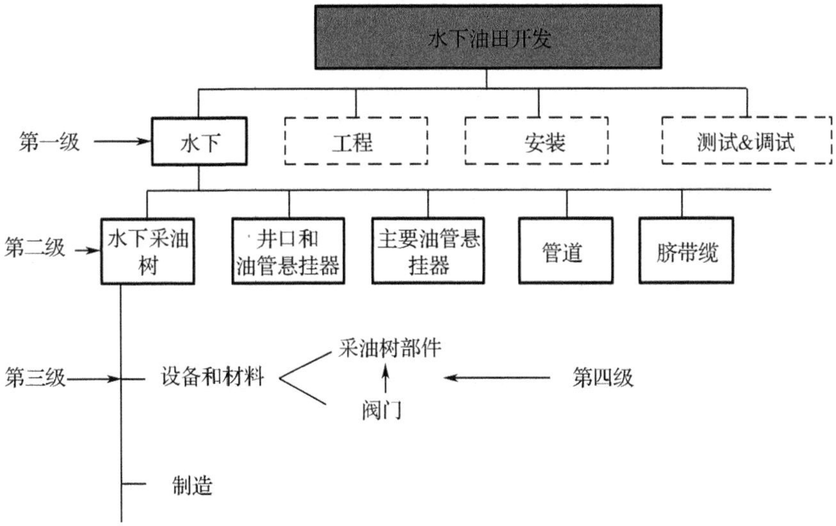

图 6－9　油气田水下开发项目结构分解法估算成本

利用 WBS 方法进行成本预算，整个项目的成本总额基于各个子项目的成本。根据设备厂商提供的预算各种材料价格得到材料总成本，根据各工种价格得到总生产制造成本，其范围是与材料相关的细化工作范围，包括条目说明，材料清单，工作详细清单和生产、施工、运输时间表。

工程详细设计的成本基于项目经验和具体项目工作内容，估算出每条内容所需要劳工时，应用适合的单位成本费用，进而可以得出人工总成本。

6.3.4　成本估算过程

本书将上述析因估算法、类比估算法和结构分解法综合分析，并建立成本估算模型。成本估算流程如图 6－10 所示，首先选取基准成本，然后将其分解，以确定各项成本构成。综合考虑各种考虑成本影响因素，输入成本模型，最后得到目标成本。

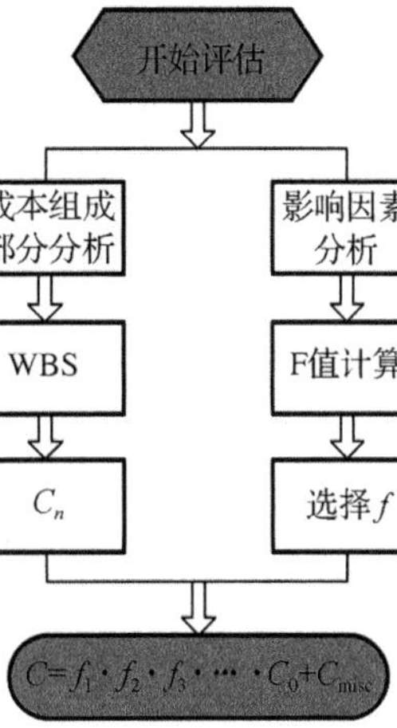

图 6－10　成本估算过程

6.4 水下设备费用

1. 水下生产系统概述

油气田水下生产系统包括各种水下结构物和设备,如井口、采油树、跨接管、管汇等,这些取决于油田的架构类型和顶部设备。典型的油田开发会用到几个井头和一个位于它们中部的丛式管汇,应用卫星井回接会更加灵活和经济。典型水下生产系统的组成和设备如图 6-11 所示。

(1)水下井口　用于支持井内套管结构。它通常包括导向基座,因此在安装采油树时井口也起到导向作用。

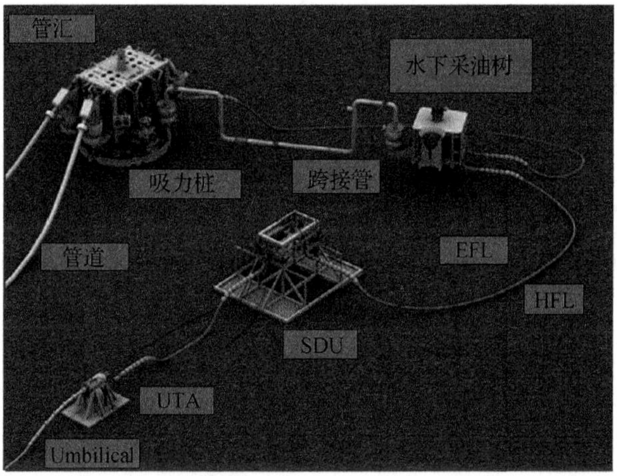

图 6-11　典型水下生产系统的组成和设备

(2)水下采油树　由管道、阀门和相关控制装置组装而成,顶部安装的仪器仪表用来控制油井出产的流体。

(3)跨接管　水下结构物之间的连接器或接头,例如:采油树和管汇、管汇和 PLET、PLET 和 PLET 之间。跨接管包括柔性跨接管和刚性跨接管。

(4)管汇　用于收集采油树或油井产出的液体,并将产出液通过海底管线输送到浮体上的设备。一个有 4,6 或 8 个插槽的丛式管汇是典型的管汇。

(5)基盘　用以支持海底油井或管汇的水下结构。

(6)PLET　设置在管道终端的水下结构,用来连接管道和其他水下结构物如管汇和采油树。

(7)水下基础　用于支撑海床上的水下结构物的基座。泥浆垫、吸力桩和钻孔桩是典型的水下基础。

(8)水下生产控制系统(SPCS)　由主控站(MCS)、电源单元(EPU)、液压动力单元(HPU)等组成。

(9)脐带缆终端装配件(UTA)　带有脐带缆法兰的终端,用于脐带缆安装和引入到需要安装的水下结构物上。

(10)跨接线　UTA 和其他水下设备之间的连接器,包括液压跨接线(HFL)和电气跨接线。

(11)水下分配单元(SDU)　通过 UTA 连接水下脐带缆,分配液压供给、电力供给、信号和向水下设备的注入化学品。

(12)HIPPS　设计隔离或转移低速设备附近的突变,以防止在突变处过压或突然伴流,保护低速设备的设备。

(13)脐带缆　一个包含两个或更多的功能元素的组件,如热塑性塑料软管和/或金属管,电力电缆和光纤。脐带缆是上部和海底之间的电源线和信号传输的主要媒介。

(14)化学注入单元(CIU)　位于平台顶部向海底设备提供化学注入液(如缓蚀剂)的设备。

(15)海底控制模块(SCM)　水下控制设备通常位于海底采油树上,用来向上部操作阀或其他设备传输数据和信号。

本书将主要关注一些典型和常见的设备,并介绍它们的成本估算过程,而不是所有水下设备的成本。

6.4.2　水下采油树

(1)概述　如图 6－12 所示为一个正在进行安装的水下采油树。油气田水下开发中采油树数量一般较多,其成本可以通过单价和采油树的数量相乘进行简单估算。对具体采油树,可通过油田的情况,如水深、油藏类型等进行型式选择。成本可从承包商或制造商处查询。如不可查询或无数据,则可通过前述成本估算方法进行成本估算。

图 6－12 一个正在服役的水下采油树

(2)成本影响因素　估算水下采油树成本时,应考虑以下因素。

① 油管悬挂器装置;

② 遥控采油树帽;

③ EFAT 测试。

在前期工程设计中要选定和指定采油树的参数,需要基于生产油气的信息、储油层特征、生产率、水深等。

采油树主要组成部分为:采油树主体、采油树阀、采油树管、保护框架、SCM、生产阻气门、采油树连接器、遥控面板等;典型孔尺寸为 5″和 7″;标准压力范围:5 ksi,10 ksi 和 15 ksi;

采油树的类型实际上分为立式采油树和卧式采油树两类。它们的主要区别在于形状、大小和重量。卧式采油树包括安装在本体中的油管悬挂器,而立式采油树中,油管悬挂器在井口内。此外,卧式采油树通常比立式采油树尺寸、重量小。

采油树标准内径为 5″,所以当内径小于 5″时,采油树的价格变化不大。但当内径大于或等于 7″时,不仅成本大大增加了而且还需要新的技术。

依据 API 6A 和 API 17D,水下采油树的额定压力等级分为 5 ksi,10 ksi,15 ksi 。额定压力等级为 5 ksi 和 10 ksi 的采油树普遍被应用于 1 000 m 以下的水深。许多供应商可以设计和制造 5 ksi 和 10 ksi 规格的采油树。他们在成本上的主要区别是重量和大小不同。尽管重量和大小是影响因素,但很少有厂商可以设计和制造 15 ksi 的采油树,因此其成本将会有较大提高。

水下采油树的额定温度等级将主要影响密封系统的密封方式和密封设备。API 6A 温度等级分为 K,L,P,S,T,U,V,典型采油树的额定温度等级是 LV,PU,U 和 V。许多制造商可以生产宽范围额定温度等级的设备用于不同工况。采油树的额定温度等级对总成本没有太大的影响。

(3)成本估算模型　海底采油树的成本估算是由单个设备的成本驱动系数乘以基准成本,这通常在当时市场上标准产品的正常价格范围内。如果某些情况与设想的不同,就需要加以修正。

采油树成本估算模型为

$$C_1 = C_0 \cdot f_1 \cdot f_2 \cdot f_3 \cdot \cdots + C_{corr} \tag{6-6}$$

式中　f_1, f_2, f_3——水下采油树的成本驱动系数,如采油树类型、额定压力值和孔径;

C_1——所估算的新采油树成本;

C_0——水下采油树基准成本;

C_{corr}——修正成本。

采油树类型、额定压力盒孔径是水下采油树成本估算中主要的成本驱动系数,下面是一个 5 in,10 ksi 垂直采油树成本估算实例。

基准采油树的成本见表格,其构件包括:出油管连接、器采油树帽和密封垫圈,但不包括油管悬挂器、水下控制模块(SCM)、连接板和传感器。

基准采油树成本:

基准费用 C_0(百万美元)		最小值=2.20 | 平均值=2.45 | 最大值=2.70			
压力	10 ksi	尺寸	5 in	采油树类型	立式
材料		碳素钢			

影响系数——采油树类型:

采油树类型		泥浆树	立式	卧式
成本系数 f_s	最小	0.25	1.00	1.20
	平均	0.35		1.25
	最大	0.45		1.30

影响系数——额定压力：

额定压力		5 ksi	10 ksi	15 ksi
	最小			1.10
成本系数 f_p	平均	0.90	1.00	1.15
	最大			1.25

影响系数——孔径：

孔径		3 in	5 in	7 in
	最小			1.10
成本系数 f_p	平均	0.85	1.00	1.15
	最大			1.25

修正成本：

修正成本(千美元)	最小值 = 150 | 平均值 = 250 | 最大值 = 350

6.4.3 水下管汇

(1)介绍　油气田水下开发中的管汇及相关设备有许多种。如图 6 - 13 所示为从安装船的月池中正在进行安装的一个丛式管汇。有些油田使用基盘代替管汇,其将管汇集成到一个大型基盘式结构上。PLET/PLEM 是管线终端,用于连接跨接管和其他水下设备,如管汇、采油树等。

(2)成本影响因素　估算水下管汇或其他水下结构的成本包括以下组成部分和问题:

① 管汇基础;

② 管汇控制(如 SCM);

③ 压力和温度;

④ 清管回路;

⑤ EFAT 测试。

带有 4,6,8,10 槽的丛式管汇是最典型的管汇型式,管汇的成本主要依赖于槽数,因为每个槽都需要配备一套阀门和工作管路,这不仅增加了采购成本同时也增加了材料成本。除此之外,结构的尺寸和重量也将影响安装成本。

图6-13　水下管汇

水下结构物例如管汇和采油树需要满足上述讨论的标准额定压力等级，额定压力主要影响管汇中管道的设计，例如壁厚等。

(3)成本估算模型　水下结构成本估算参照水下采油树成本计算模型的方法。水下管汇成本估算模型表示如下：

$$C_1 = C_0 \cdot f_1 \cdot f_2 \cdot f_3 \cdot \cdots + C_{corr} \tag{6-7}$$

式中　$f_1, f_2, f_3 \cdots$——水下管汇的成本驱动系数，如槽数和管道尺寸；

C_1——水下管汇估算成本；

C_0——水下管汇基准成本；

C_{corr}——修正成本。

PLEM是一个典型的管汇，通常带有1~3个毂。PLEM的结构与管汇类似，但是例如只有两个油井，PLEM相比于丛式管汇，它在安装和连接油井方面将更灵活与经济。下面是一个水下管汇成本估算的例子。

基准费用：

基准费用 C_0(百万美元)	最小值=1.8 | 平均值=3.0 | 最大值=4.2					
	槽数	4	类型	丛式	外径	10 in
	材料	碳素钢		压力等级	10 ksi	

影响系数——槽数：

槽数		(PLEM)	4	6	8	10
成本系数 f_1	最小值	0.50		1.05	1.25	1.60
	平均值	0.65	1.00	1.25	1.45	1.90
	最大值	0.80		1.45	1.65	2.20

影响系数——管道尺寸：

管道尺寸(外径)/英寸		8″	10″	12″	16″	20″
成本系数 f_2	最小值	0.85		1.04	1.14	1.18
	平均值	0.90	1.00	1.07	1.18	1.29
	最大值	0.95		1.10	1.22	1.40

影响系数——修正成本：

修正成本(C_{corr}/千美元)	最小值 = 150 | 平均值 = 250 | 最大值 = 350

6.4.4 输油管道

(1)介绍　输油管道用于连接井口/采油树或管汇管线终端至海上依托平台，用于传输生产油气流或注水。管道可以是简单的碳钢管线、也可以是复合结构的柔性管。管道需要保温以避免由于石油在水下传输过程中冷却引起的析蜡、结垢、水合物形成等一系列问题。

管道的生产成本一般单独进行计算，由管道长度和单位长度的成本计算。管道安装成本在本章第五部分介绍。

(2)影响因素　管道成本的影响因素有：类型(钢管、柔性管)；尺寸(直径、壁厚，通常由压力等级和温度等级确定)；材料等级；涂层；长度。

近年来，油气田水下开发中所用的钢材已从碳素钢(API 标准中的 B 级及 X70 以上的)转变为特种钢，如双相钢。很明显，高等级的钢材需要更高的成本。但随着近年来高等级钢材生产成本的下降，工程中越来越趋于使用高等级的钢材。通常海底管道采用 X70 和 X80，X65 和 X70(壁厚 40 mm)。

高压力等级需要更高等级的材料，这使得钢材采购费用增加。但高等级的钢材会要求较小的壁厚，这将会减少钢管制作的成本。图 6－14 所示为管道压力等级与成本的关系。

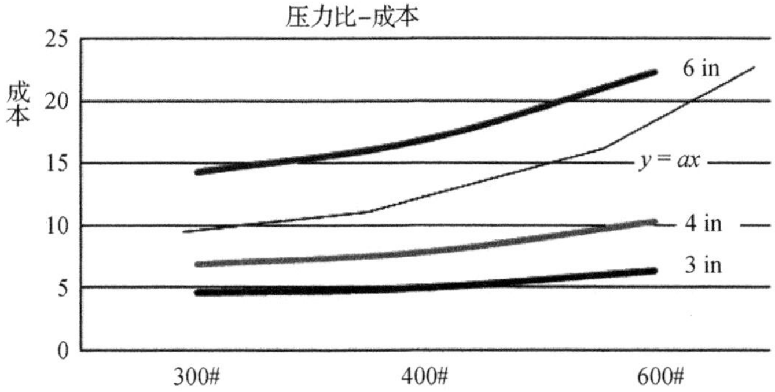

图 6 – 14　压力等级与成本关系

压力等级的影响已计入管道尺寸影响系数中。柔性管将使铺设和连接过程变得相对简单快速，相比传统碳钢管线，其价格较高，但其安装过程的成本较低。

(3)成本估算模型　管道的成本估算模型可表示如下。

$$C_1 = C_u \cdot L \cdot f_1 \cdot f_2 \cdot f_3 \cdot \cdots + C_{corr} \tag{6-8}$$

式中　$f_1, f_2, f_3 \cdots$——输油管道的成本驱动系数，如管道外径和壁厚等；

C_u——管线单位成本(每米)；

C_1——水下管道估算成本；

L——管线总长；

C_{corr}——连接与涂料的修正成本。

管线成本估算中主要的成本驱动系数有外径(OD)、管线壁厚、额定压力和水深。下面是一个水下管线成本估算的实例。

单位长度基准费用(每米)：

基准费用 C_u/(美元/m)	最小值 = 150 | 平均值 = 215 | 最大值 = 280
OD：10″，材料等级：APL 5L X65，刚性管	

影响系数——管线外径：

管线外径 OD：		4″	10″	12″	16″	20″
成本系数 f_1	最小值	0.15	1.00	1.20	1.60	2.20
	平均值	0.25		1.30	1.80	2.60
	最大值	0.35		1.40	2.00	3.00

影响系数——涂层：

涂层/(美元/m)		4″	10″	12″	16″	20″
修正成本 C_{corr}	最小值	140	350	380	460	580
	平均值	170	450	485	580	710
	最大值	200	550	590	700	840

柔性管合复合管与刚性管不同，典型的柔性管包含很多层，但是如果柔性管的基准费用确定了，这个柔性管的成本计算模型同样可以应用于不同尺寸的管道成本的估算。

6.5　测试和安装费用

6.5.1　测试成本

工厂验收测试(FAT)是在水下设备安装前需要进行的一项测试，这通常针对于新生产的设备以检验其是否满足性能和功能上的要求。扩展工厂验收测试(EFAT)可能只应用于几个设备或水下结构，如带有半成品的水下采油树等。系统完整性测试(SIT)用于核实无论是一个还是多个供货商提供的整个系统兼容性是否良好。

典型的水下设备工厂验收测试项目有：

(1)液压控制电路的刷新、运行和压力测试；

(2)装置静水压测试；

(3)ROV 接口功能测试；

(4)气体检测；

(5)SCM 的安装和功能测试；

(6)绝热测试；

(7)阴极保护(CP)的连续性检查；

下面是系统完整性测试的典型项目。

(1)确认个别装配件的互换性，例如油管悬挂器和采油树系统、清管回路和管汇；

(2)确认个别设备的物理接口，例如井口堆叠的采油树和连接到管汇的集线器的跨接管；

(3)确认设备控制面板的远程工具的物理接口；

(4)确定油井跨接管套件安装时允许的最大偏转角。

测试时会用到的特殊工具或设备也要在成本估算中加以考虑：装满水的试验池、起重机、ROV 的热刺装配、处理钢丝绳吊索、运行工具及工具包、测试采油树桩、检查站。

通常 FAT 和 EFAT 的成本包括单个设备的采购，表 6-2 给出了典型水下设备进行系统完整性测试所需的费用。

表 6-2 水下生产系统 SIT 成本估算

项目	单价	数量	单位
测试设施准备	$ 3 000 ~ 3 500	3 ~ 5	天
现场调度	$ 2 500 ~ 3 500	1 ~ 2	次
现场复原	$ 2 500 ~ 3 500	1 ~ 2	次
起重机租赁	$ 1 700 ~ 2 300	3 ~ 5	天
陆上服务工程师(至少 2 人)	$ 1 000 ~ 1 500	3 ~ 5	天

6.5.2 安装费用

安装费用是油气田水下开发中投资成本中重要的一部分，特别是对于偏远的深水海域，安装成本可能是首要影响因素。安装计划需要在整个工程的早期制订，以保证合适的承包商、安装船以及天气条件。

油气田水下开发中，对安装方案进行整体选择和规划时，需要考虑以下几点。

(1)天气及环境条件(风、浪、流参数)；

(2)安装船船体的适用性和承载能力；

(3)待安装设备的质量和尺寸；

(4)安装方法；

(5)安装工具及配件。

一般来说，安装费用在整个水下生产开发项目中的资本支出总额中占 15%~

30%。水下设备的安装费用主要由以下几部分组成。

(1)船体损伤及修复费用；

(2)安装船及人员进场、退场费用；

(3)安装船租赁费用或使用费用(按日费计算)；

(4)特殊工具租赁费用；

(5)安装船等待时间费用。

根据选择的安装船类型及航行的距离,船体的损伤和修复费用可能为几十万美元至几百万美元。

正常情况下,铺管船的铺设速度是每天3~6 km(1.8~3.5 mile)。根据管道的尺寸、壁厚以及焊接方法的不同,每个接头的焊接时间约为3~10 min。

安装水下采油树需要特殊的工具,如采油树送入工具、油管悬挂器送入工具等,通常以工具包的形式租用。卧式采油树安装工具包租赁费用是每天7 000~11 000美元。立式采油树安装工具包租赁费用为每天4 000~6 000美元。采油树安装(从采油树已在安装现场就位算起)需要2~4天。

表6-3是各种常见水下生产设备安装船租赁日费,表6-4为常见水下生产设施的安装时间。

表6-3 不同的安装船租赁日费

安装船类型	日费	安装船类型	日费
钻井船(水深<1 500 m)	$ 240 000	自升式(水深>100 m)	$ 140 000
半潜式(水深<500 m)	$ 250 000	锚泊船	$ 50 000
半潜式(水深500~1 500 m)	$ 290 000	铺管船(水深<200 m)	$ 300 000
半潜式(水深>1 500 m)	$ 430 000	铺管船(水深>200 m)	$ 900 000
自升式(水深100 m)	$ 90 000	—	—

表6-4 典型水下结构物安装时间(4 000 ft/1 200 m水深)

安装任务	参数	安装时间/天
管线、PLET和立管(SCR)安装	8 in,8 km管线12 in,8 km管线8 in 4 km立管;3个PLET	27~30
脐带缆和UTA安装	3个长分别为1 500 m、2 600 m和5 500 m脐带缆	17~20
安装采油树	5 in水平采油树	1~2

表6-4(续)

安装任务	参数	安装时间/天
安装管汇	<8个槽	1~3
安装跨接管	4个刚性跨接管	11~13
飞脚式连接装置	6个飞脚	5~8

6.6 项目管理和工程费用

海底油田开发的项目管理主要包括规划、执行、过程的监控、资源管理等和项目每个阶段的成本估计。

每个阶段的成本主要是人员,例如高级顾问费、工程师费用等。平均而言,不同的工程师的费用如下所示。

(1)项目工程师:每月 $ 24 000;

(2)采油树工程师:每月 $ 20 000;

(3)控制工程师:每月 $ 20 000;

(4)管道工程师:每月 $ 20 000;

(5)立管工程师:每月 $ 20 000;

(6)流动保障工程师:每月 $ 25 000。

6.7 运营费用(OPEX)

油气田水下生产开发的生命周期包括五个阶段:前期规划、钻井、完井、生产、废弃(如图6-1所示)。生产阶段是最重要的一个阶段,此阶段是所有阶段中唯一能够获得利润的阶段。通常一口油井的生产阶段持续5~20年。

在这些年里,计划内和计划外的运营和维修支出都算入其生命周期成本中。运营成本(OPEX)包括执行计划中的重新完井成本。对于计划内的重新完井,运营成本的计算是钻井运营成本日费率乘以每一口井的预计完井时间。计划重新完井的时间和数量都只取决于现场的油藏特性和运营商的区域发展计划。

每一个明确的废弃过程分为多个步骤，一般从历史数据中预估每个步骤的持续时间。

运营成本计算如下：

$$OPEX = 干预持续时间 \times 钻机运行日费率$$

如图6-15所示为深水水下生产开发的运营成本OPEX的典型分布。在总OPEX中，各种成本组成部分的百分数变化随公司和开发区域的变化而变化。

浅水水下生产开发和深水水下生产开发的OPEX成本分布相近。

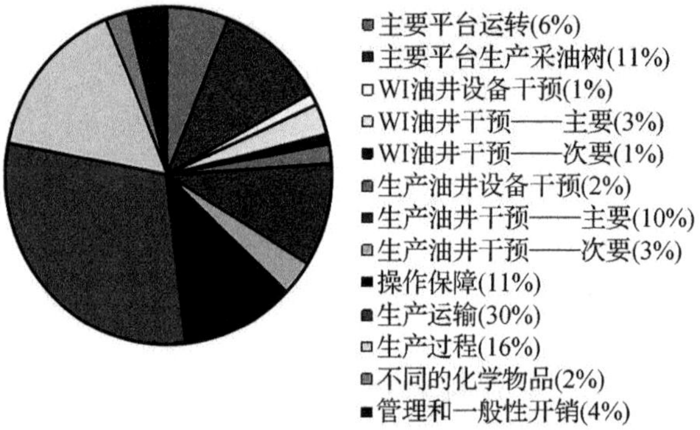

图6-15　深水水下开发运营成本典型分布(US MMS)

6.8　水下生产系统生命周期费用

在钻井和水下生产设备的安装过程中，井喷产生的风险是一个很重要的因素，可能会造成很大的成本支出。另一个容易被忽视的因素是因水下生产设施部件的失效而产生的维修、维护费用。随着石油开采和生产转向更深的水域，修复水下生产设施及其零部件的费用也急速增加。因此，对于水下生产系统生命周期费用，除了资本支出成本和运营成本，还有两个成本需要引入：

(1)风险成本——安装、正常生产运作和重新完井过程中油井失控产生的风险费用；

(2)维护/维修/可用性成本——水下生产设施及其零部件失效产生的维护、维修费用。

6.8.1　风险成本

风险成本是根据失控的风险概率来计算的，公式如下：

$$RI = PoB \cdot CoB \tag{6-9}$$

式中　RI——风险成本；

PoB——生命周期中风险发生的概率；

CoB——风险发生后产生的各项费用（经济损失）。

井喷可能发生在水下生产开发的每个阶段：钻井、完井、生产、维修、重新完井。因此整个生命周期中的风险发生概率是每个阶段的风险发生概率之和，如下式：

$$PoB = P(dri) + P(cpl) + P(prod) + \sum P(wo) + \sum P(re - cpl) \tag{6-10}$$

井喷发生后产生的费用（即造成的经济损失）由很多部分组成。考虑到污染效应，在不同的地方，费用也不同，表 6－5 所示为过去数十年内石油开发中井喷经济损失情况。

表 6－5　井喷经济损失情况统计

地区	事故类型	日期	费用/百万美元	费用组成
北海	地面井喷	1980/09	16.1 13.9	清理费用 重新钻井费用
法国	生产井井喷	1990/02	9.0 12.0	重新钻井费用 清理费用
墨西哥海湾	井喷	1990/07	1.5	清理费用
中东	钻井时井喷	1990/11	40.0	—
墨西哥	钻勘探井时井喷	1991/08	16.6	作业方额外支出
北海	钻勘探井（高压）时井喷	1991/09	12.25	作业方额外支出
墨西哥海湾	井喷	1992/02	6.4	作业方额外支出
北海	钻井时井喷	1992/04	17.0	作业方额外支出
印度	钻勘探井时井喷	1992/09	5.5	作业方额外支出
越南	地表气井井喷	1993/02	6.0 54.0	重新钻井费用 油井成本
墨西哥海湾	井喷	1994/01	7.5	作业方额外支出

表 6-5(续)

地区	事故类型	日期	费用/百万美元	费用组成
菲律宾	勘探井井喷	1995/08	6.0	油井成本
墨西哥海湾	地面生产井井喷 (损失 11 口井)	1995/11	20.0	油井成本和 人员医疗费用

注意:以上成本费用都是基于特定的年份。如考虑通货膨胀,请参考本章的第三部分。

6.8.2 维护/维修/可用性成本

在水下生产系统的生命周期内,维护/维修/可用性成本和水下设备及其零部件失效有关。一旦需要进行维护/维修,可能会要求生产中断维修船进场,开始进行失效修复。此成本主要包括两部分:

(1)维修零部件的费用,包括维修船租赁日费;

(2)由于生产中断造成的产出损失。

事实上,对失效零部件进行维修也是运营费用的一部分。但是通常“计划内”干预或者维修、维护工作都是很明确的,能够作出成本估算,通常也算在运营成本内。对于不可估计或“计划外”的零部件失效和维修,其成本是根据零部件失效的概率来计算的。总维修成本是所有零部件维修成本之和:

$$RA = C_r + C_p \qquad (6-11)$$

式中 RA——总维修成本;

C_r——维修花费,包括维修船使用费用(租赁费用)和零部件更换或修理费用;

C_p——生产中断造成的损失。

计算维修成本的过程如图 6-16 所示。

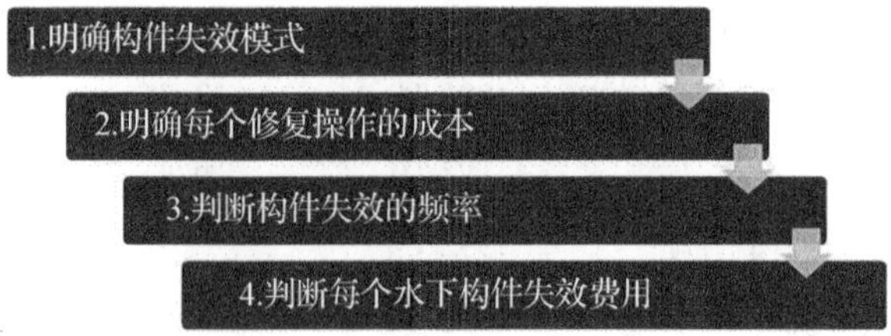

图 6-16 维修成本计算步骤

维修船租赁日费和安装船相似,请参考本章第五部分。

如图 6-17 所示为由于生产停止造成的损失。

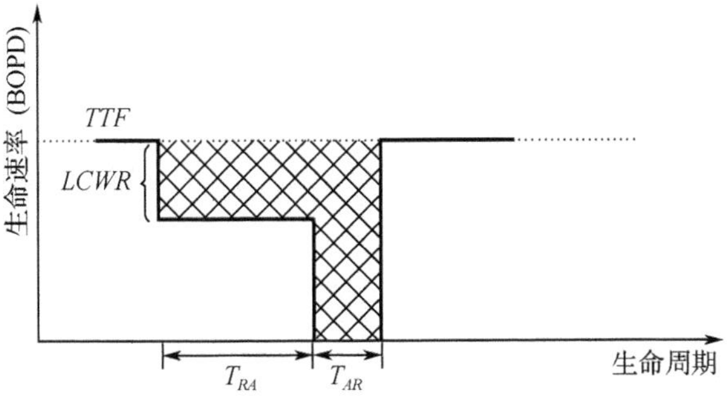

图 6-17　停止生产产生的损失

TTF—失效发生的时间；*LCWR*—由于失效造成的生产能力损失；

T_{RA}—等待维修船进场的时间；T_{AR}—有效维修时间

维修平均时间基于对失效零部件进行维修的具体操作方案。每个失效的零部件都需要进行维修，每项维修操作都可能需要维修船支持（根据水下生产系统类型，或者生产设施布置，请参考第二章"水下生产设施布置及系统工程系统"）。

6.9　实例分析——水下生产开发资本支出估算

通常，水下生产开发项目的资本支出成本用结构分解法进行估算（WBS 方法）。运营成本、风险成本、维修成本很大程度上取决于油藏特性、具体水下生产系统设计以及操作方法和过程。以下所示为水下生产开发项目可行性分析阶段进行的成本估算，其中数据仅为示例。

6.9.1　项目概况

（1）地区：墨西哥海湾；

（2）水深：4 500 ft；

（3）采油树数量：3；

（4）开发类型：水下回接到一个 SPAR 平台。

6.9.2 主要设备

(1)3 个 5 in×2 in,10 ksi 的立式采油树;

(2)1 个中央集输管汇;

(3)2 个管线终端;

(4)25 000 ft 脐带缆;

(5)52 026 ft 海底管道。

6.9.3 估算步骤

估算步骤如图 6 - 18 所示,实例分析如表 6 - 6 所示。

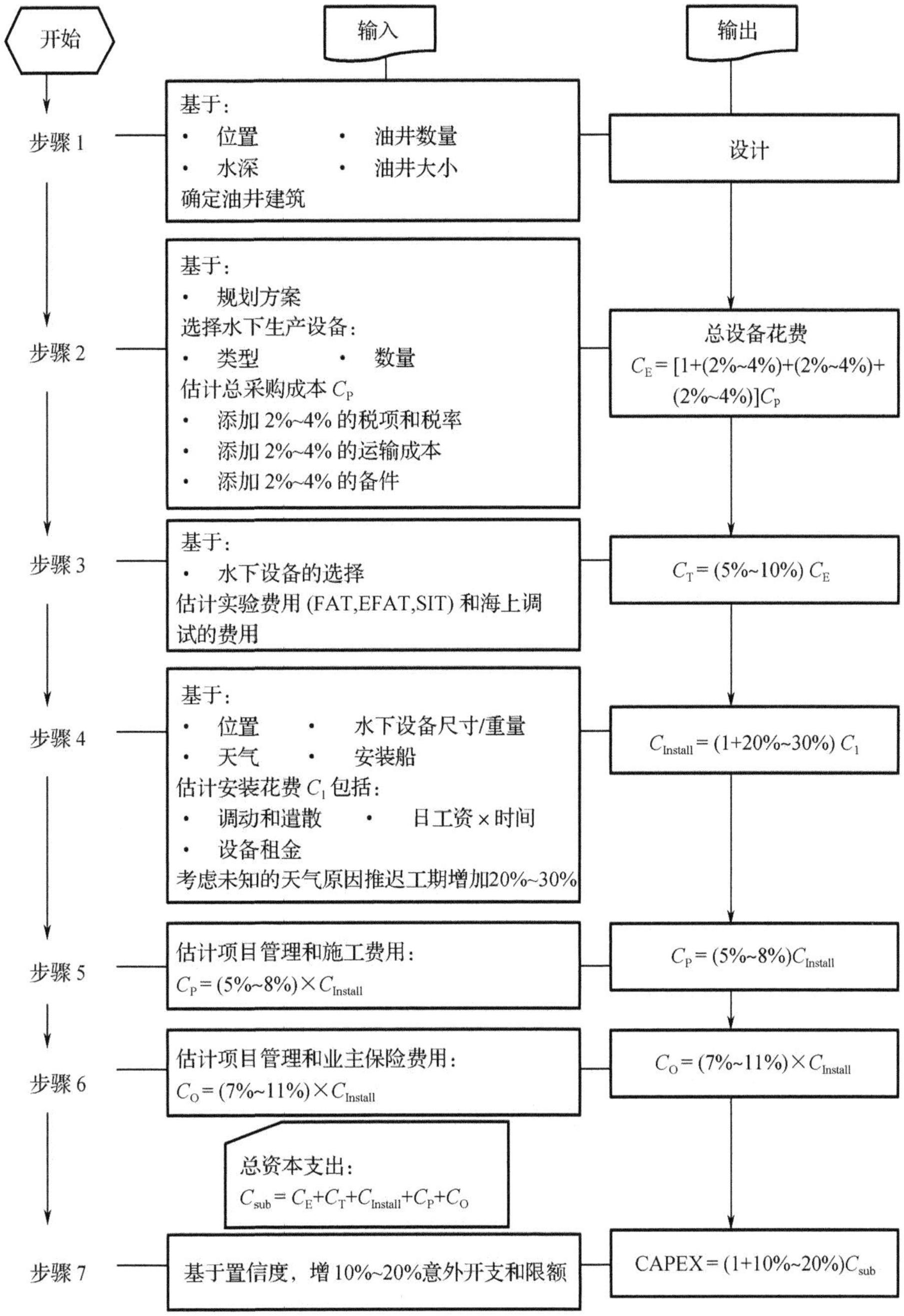

图 6－18 CAPEX 计算步骤

表 6－6　CAPEX 实例分析(2007 年数据)

1. 水下设备采购成本			
水下采油树		个数	成本/美元
水下采油树总成		3	4 518 302
	5 in,10 ksi 的立式采油树系统	1	已包括
	可回收式节流装置	1	已包括
	油管悬挂器 5 in,10 ksi	1	已包括
	高压采油树帽	1	已包括
	5 in,油管头异径接头	1	已包括
	保温层	1	已包括
管汇及水下结构物			
水下管汇			
	(材料等级 EE)	1	5 760 826
吸力桩			
	吸力桩	1	1 000 000
管线终端管汇		2	3 468 368
采油树跨接管(刚性)		3	975 174
清管环路		1	431 555
管线终端管汇跨接管(刚性)		2	1 796 872
跨接线			1 247 031
	液压跨接线:海底脐带缆终端总成至采油树		
	电气跨接线:海底脐带缆终端总成至采油树		
	液压跨接线:水下控制模块至管汇		
	电气跨接线:海底脐带缆终端总成至管汇		
其他水下设备			
多相流量计		1	924 250
控制设备			
地面设备		1	2 037 000
	液压动力单元	1	569 948
	主控站(包括与 OCS 的链接)	1	204 007

表6-6(续)

	地面脐带缆终端总成	1	156 749
	供电单元（包括 UPS)(应考虑现有 UPS 的能力)	1	包括以上
采油树本地控制设备(SCM)		3	5 108 940
管汇设备		1	1 104 163
海底脐带缆终端总成		1	2 764 804
脐带缆			
脐带缆			11 606 659
	长 25 000 ft		
立管			
立管			6 987 752
	生产立管,8.625″×0 .906″,材料等级 X65,悬链线式,2×7 500 ft		
输油管道			
管道			4 743 849
	API 5L X65 钢级,管道,52 026 ft		
	采购费用小计		54 264 324
2. 测试成本			
水下设备工厂验收测试和附加工厂验收测试			27 132 162
采油树系统完整性测试及调试			875 000
管汇及管线终端 SIT			565 499
控制系统 SIT			237 786
	测试费用小计		28 810 447
3. 安装成本			
采油树	3days X $ 1 000 k per day		3 000 000
管汇和其他硬件			48 153
跨接管	(1 day per jumper + downtime)		32 102
ROV 船舶支持			1 518 000
其他安装费用			862 000
管道铺设	520 260 ft		43 139 000
	整个安装费用		63 179 032

表 6-6(续)

4. 工程和项目管理成本			
	整个工程成本		4 738 427
5. 保险			
	整个保险费用		6 002 008
	投资数额		156 994 238
6. 预支和津贴			
	整个津贴成本	12 559 539	
全部投资数额估价:169 553 778			

参考文献

[1] API. API 17D Specification for Subsea Wellhead and Christmas Tree Equipment [S]. Washington, DC, USA: American Petroleum Institute, 1992.

[2] API. API SPEC 6A Specification for Wellhead and Christmas Tree Equipment [S]. Washington, DC, USA: American Petroleum Institute, 2004.

[3] Bai Y, Bai Q. Subsea Pipelines and Risers[M]. Elsevier Science, 2005.

[4] MMS. Lifetime Cost of Subsea Production System[R]. Mieral Management Service, 2000.

[5] Goldsmith R, Eriksen R, Childs M, et al. Lifecycle Cost of Deepwater Production Systems [C]// OTC 2001, Houston, USA, Offshore Technology Conference, 2001.

第7章 水下控制

7.1 概述

水下控制系统主要是对安装在采油树、管汇/基座和管道上的阀门和节流器进行操作。它也可以用于在水上和水下之间接收和传送数据,通过对温度、压力等数据检测,工程师可以了解水下生产系统的运行情况。控制设备的布局十分重要,良好的设计能够减少管道和电缆铺设的长度以及所需连接器的数量,进而影响水下生产系统的安装和回收。

图7－1描述了水下控制系统的布局;图7－2描述的是一个典型的电液混合控制系统中的主要组成模块,其主要的控制设备如下。

(1)水上部分——供电单元、液压动力单元、主控站、水上脐带缆终端总成等;

(2)水下部分——脐带缆、水下脐带缆终端总成、跨接管、水下控制模块等。

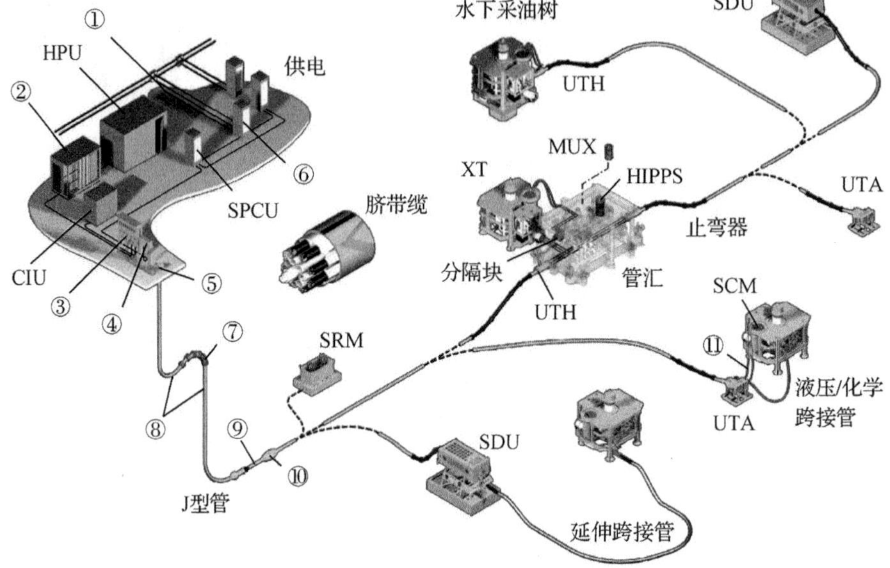

图7-1 水下控制系统概述

①应急关断信号;②蓄能器;③液压接线盒;④电力接线盒;⑤脐带缆悬挂;⑥水下控制单元(SCU);⑦浮块;⑧动力脐带缆;⑨静态脐带缆;⑩过渡接口;⑪电力跨接管

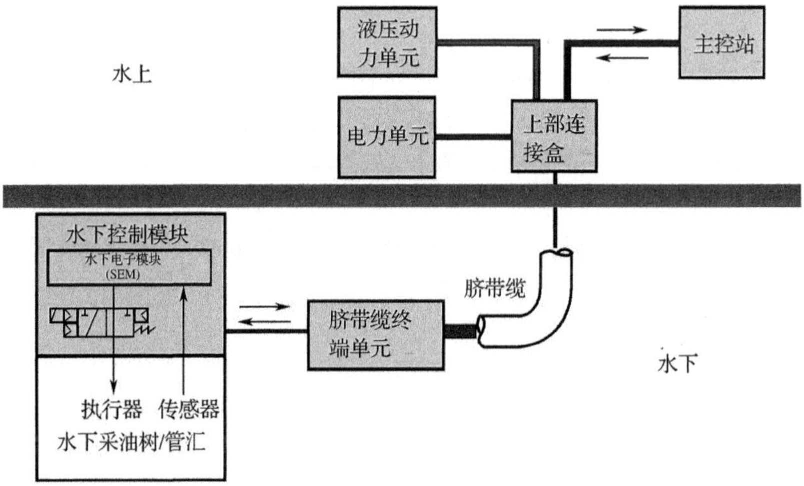

图7-2 水下控制系统上部设备和水下设备

7.2 控制系统分类

水下控制系统的功能，简而言之就是控制阀门的开关、节流控制与重要诊断等。以下是五种基本的控制系统。

(1)直接液压控制系统；

(2)先导液压控制系统；

(3)顺序液压控制系统；

(4)电液混合控制系统；

(5)全电控制系统。

自20世纪60年代以来，控制系统的控制技术就开始从直接液压控制系统发展为先导液压控制系统和顺序液压控制系统，从而缩短了反应时间，并使长距离的回接成为可能。现在，水下开发主要采用的是电液混合控制系统，实质上是水下控制设备通过通信系统接收指令控制电磁换向阀的运动。该系统可以使用水下蓄能器存储液压压力，使用电驱动执行器控制液压线路上的水下生产设备的阀门和节流器。全电控制系统是现有的电液混合控制系统的改进和替代，它能减少系统电能的使用和水下脐带缆所需的费用，这些是很具有吸引力的。

7.2.1 直接液压控制系统

最简单的水下控制和检测系统是直接液压控制系统。在这个系统中，每个阀门多是由独立的液压管控制。这个系统主要用于修井以及规模较小的水下生产系统；特别是在15 km以内的短距离的单一卫星油气田中，应用很普遍。直接液压控制系统的原理如图7-3所示。

当操作者设置控制阀门为开时，液压油将流向驱动器；当操作者设置控制阀门为关闭时，液压油将流回到液压油柜。

此系统的主要部分如下。

(1)液压动力单元　这个单元为水下生产系统提供过滤后的和可调节液压压力的液压液，同时向液压系统的一些诸如液压马达、油缸和其辅助的部分提供驱动压力。与标准水泵不同，这些动力装置利用多级增压网络来控制液压液，而且常包含温度控制设备。

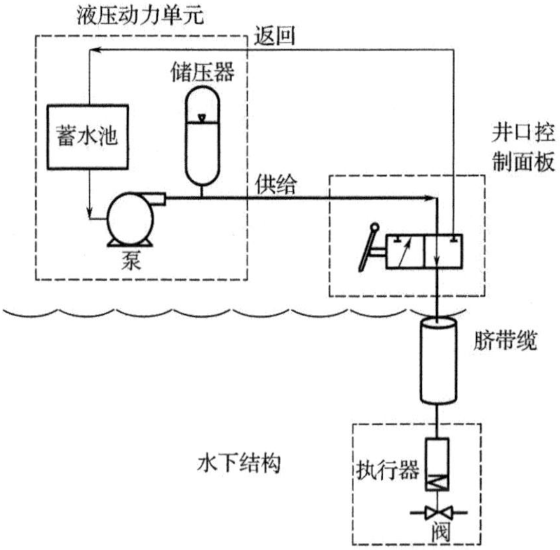

图 7－3　直接液压控制系统

(2)井口控制面板　这个控制面板是用来控制井口的,控制面板指示并能显示当前的井口状态。

(3)控制脐带缆　控制脐带缆将水上设备和水下设备连接起来,它提供了传递高低压液压液、化学注入用品、环空液体和电力信号的通道。

(4)水下采油树　水下采油树是水下采油控制的主要控制模块。

直接液压控制系统的主要特征、优缺点总结如表 7－1 所示。

表 7－1　直接液压动力控制系统的特征、优点和缺点

类型	优点	缺点	显著特征
直接液压控制系统	• 最小的水下设备 • 低成本 • 可靠度高(因为重要部件处于水上) • 易于维修,所有重要部件都位于水上 • 大脐带缆	• 相应速度非常慢 • 需要大量管道 • 长响应时间和脐带缆费用造成有限的监测能力和距离限制 • 有限的操作灵活性	• 较少系统部件 • 简单的操作理论 • 最少的水下设备 • 固有可靠度

7.2.2 先导液压控制系统

先导液压控制系统为每个水下功能提供一个专门的液压管线以及为每一个简单的水下控制模块提供液压供给管。在水下控制模块中,一个液压动力蓄能器为缩短开启采油树阀门的反应时间提供了储备的液压动力能量。它常用于中、短距离的单一的卫星油气田中,比较合适的距离为 4 ~ 25 km。导向阀控制的液压系统的主要原理如图 7 – 4 所示。

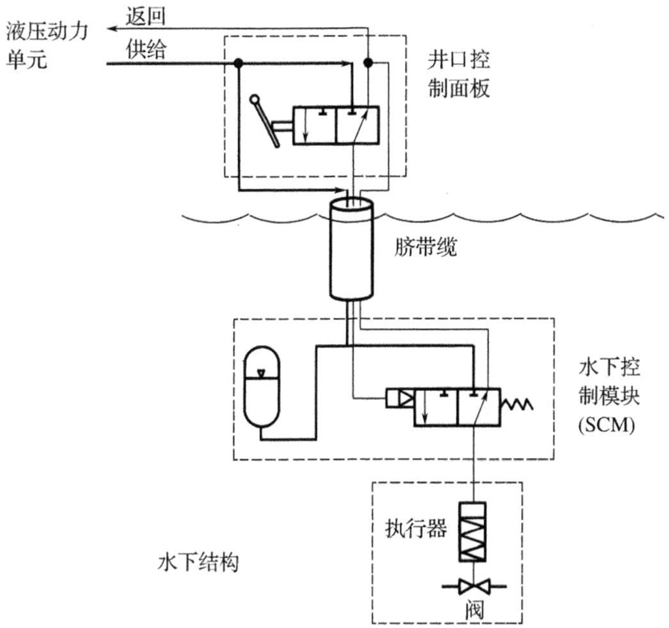

图 7 – 4 先导液压控制系统

与直接液压系统概念上不同的是脐带缆不需要为了达到性能要求而使用大口径的软管。先导系统采用小口径软管作为先导管,较大口径的软管作为供应管。启动先导阀的先导液压量很小,因此只需很小的流量就可以打开先导阀从而打开水下阀门,但这却增加了启动时间。表 7 – 2 总结了先导液压控制系统的显著特征、优点和缺点。

表 7－2　先导液压控制系统的显著特征、优点和缺点

类型	优点	缺点	显著特征
先导液压控制系统	• 低成本 • 可靠度高（因为重要部件位于水上） • 易于维修，因为大部分重要部件都位于表面 • 经证实且简单的水下设备	• 仍然很慢 • 大量管道 • 响应太慢造成的距离限制 • 水下无电信号造成没有水下监测	• 响应时间有改进 • 脐带缆尺寸有小量减少 • 为良好的备份结构

7.2.3　顺序液压控制系统

顺序液压控制系统由若干个顺序阀和蓄能器组成，设计一系列串并联的顺序阀来完成各种复杂的操作指令。顺序液压控制系统的原理如图 7－5 所示。

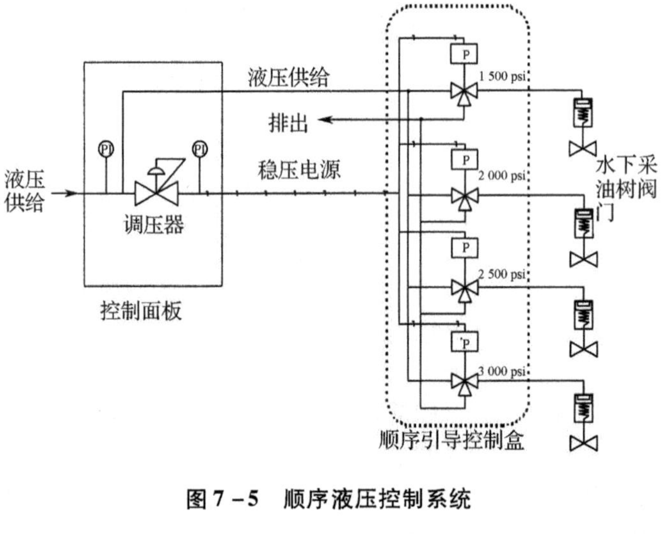

图 7－5　顺序液压控制系统

系统中的阀门是否按照预先确定的顺序打开，取决于上部信号的幅度。该系统的工作原理是通过调整稳压器的第一个阀门，开放先导压力然后打开它。一个典型的系统如图7－5所示，其中序列中的开放的第一阀开启压力为 1 500 psi（103.5 bar），而随后的阀门的开启压力按 500 psi（34.5 bar）依次递增。为了保

持开启阀门之间有足够的压力差,以防止虚开并保持液压系统工作压力在正常的系统设计工作压力范围内,在序列中开启的阀门数量是有限的。

顺序液压控制系统的主要特征、优缺点如表 7 – 3 所示。

表 7 – 3　顺序液压控制系统的显著特征、优点和缺点

类型	优点	缺点	显著特征
顺序液压控制系统	• 相对于直接和先导液压控制系统,系统响应有改进 • 相对于直接和先导液压控制系统,脐带缆有减少 • 液压软管数量较少	• 操作较慢 • 阀门开闭顺序既定 • 响应太慢造成距离限制 • 水下无电信号造成没有水下监测 • 表面部件增加 • 水下部件增加	• 响应时间有改进 • 可进行复杂控制操作 • 脐带缆尺寸有大量减少 • 具有良好的备份结构 • 良好的单序电势

7.2.4　电液混合控制系统

主控站(MCS)通过计算机来操作并与水下电子模块中的微处理器连接,水下电气模块具有与 MCS 通信和执行 MCS 命令功能。电液混合控制系统可以让多个水下控制模块与同一个系统的通信、电气、液压供应线路连接。这样,通过一个简单的终端在水下分配装置上的脐带缆就可以控制多个井。通过水下分配装置,单独井和水下控制模块通过跨接管连接。电液混合控制系统由于包含水下电力模块中的电子设备、地面的电脑和一些必需的软件,所以成本很高,但这些花费与脐带缆节省下来的花销和由于采用先进技术降低的电力花费相比,还是很低。这种系统通常用在长距离的较为复杂的油田,一般适用范围大于 5 km 油田。电液混合控制系统的原理如图 7 – 6 所示。

当数字信号被送到 SEM,它将触发所选定的电磁阀,从而引导液压流从供应脐带缆流到执行机构。多元化 EH 控制系统能够通过电信号监控压力、温度和阀门位置,并不需要更为复杂的通过脐带缆的电气连接。

电液混合控制系统的主要特征、优缺点总结如表 7 – 4 所示。

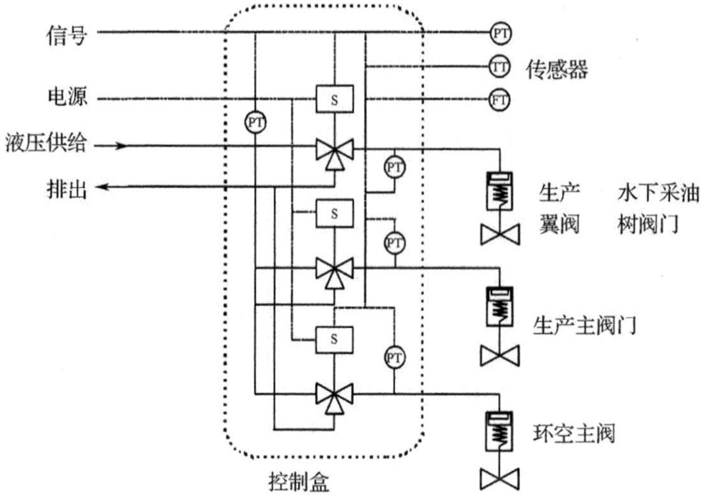

图 7－6　电液混合控制系统

表 7－4　电液混合控制系统的显著特征、优点以及缺点

类型	优点	缺点	显著特征
电液混合控制系统	• 长距离精确的响应时间 • 更小的脐带缆直径 • 通过单一的连通管线控制多个阀门与井 • 方便建立备份 • 加强操作监测与系统的诊断 • 能提供大量的数据反馈 • 无操作限制	• 高等级的系统复杂性 • 需要水下电子连接器 • 更多的水上设备 • 更多的水下设备 • 长距离的液压动力系统 • 长距离回接受限于液压液的清洁的适用性	• 实时系统响应 • 理论上无距离限制 • 最大程度减小脐带缆的尺寸 • 海下状态信息的采集 • 操作便利性

7.2.5　全电控制系统

全电控制系统是指把传统的对水下元件的液压控制转化为一个电动控制的系统。液压的取消使得任何一个控制系统的命令都可以迅速而且连续的传递，而没有在蓄能器进行转换的时间延迟。此系统常用于复杂的领域和长距离、高压高温的边远油田中，通常距离大于5 km。全电路控制系统的原理如图7－7所示。

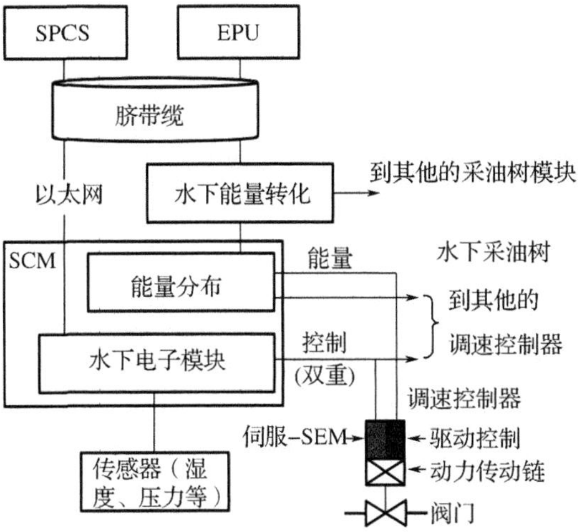

图7－7　全电路控制系统

该系统的主要特点是阀门制动器的电动马达的运作是由本地存储的可充电锂离子电池提供电力的。该系统的总功耗是相当低的，因为只有电子供电且电池充电电力是从上部输送到海底。

全电控制系统的优点是显而易见的，它比传统的电液混合控制系统简单。当开发大型油田时，尤其是卫星井相距较远时，此系统的脐带缆费用很低，因而非常有利。由于不需要液压液，此系统也为高压高温井的相关问题提供了良好的解决方法。另外，在扩大当前系统或添加新的设备时，此系统具有更好的灵活性。而且，此方法没有由于液压油渗漏所产生环境和经济问题。

7.3　水上设备

控制系统的水上部分主要包括了人机交互界面（HMI）的主控站（MCS）、电力单元（EPU）、液压动力单元（HPU）、上部脐带缆终端总成等设备。

7.3.1 主控站

主控站是电液混合控制系统的重要组成部分。它提供了操作者和水下设备之间的交互界面。主控站和上部设备之间通过一个网络来传递指令,其功能包括执行安全关机、水下井口控制和管汇控制以及数据采集。操作者通过由键盘和可视化操作组成的人机交互界面控制主控站。一般来讲,井口传感器及相关的电子设备由另一个人机界面控制。如图 7 - 8 所示为一个主控站,有时也使用双控站。

图 7 - 8 主控站

主控站的作用包括:

(1)采油树阀的控制;

(2)节流器控制;

(3)水下传感器检测/快速扫描;

(4)互锁设备;

(5)报警;

(6)维修;

(7)紧急关闭;

(8)试井管理;

(9)趋势/历史数据和数据采集。

主控站通常由计算机、显示器和控制等部分构成。

如图 7 - 9 所示为主控站计算机显示的一个油井情况。

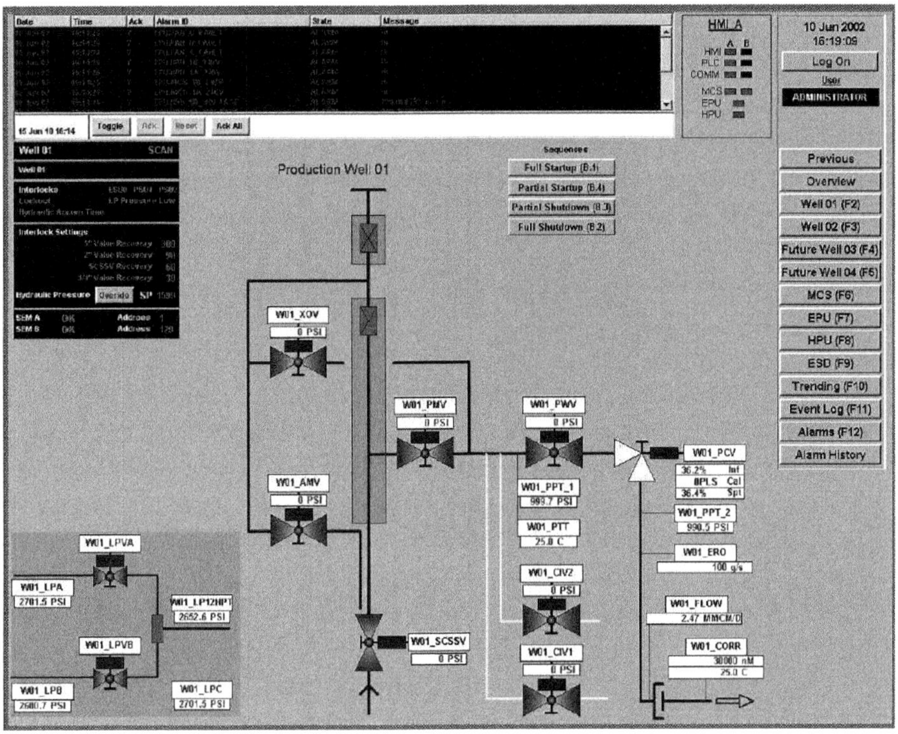

图 7－9　主控台计算机显示的一个油井情况

7.3.2　电力单元

任何一个电液混合控制系统都需要一个上部装置来控制并提供水下设备和提供必要的电能。如图 7－10 所示的电力单元提供电力给水上和水下系统组件。与主控站和液压动力单元一起，电力单元可以通过复合脐带缆向水下系统供应冗余的、独立的和单相电能。

电力单元能给水下设备提供所需的电压和频率的电能。电力传输通过电力脐带缆和水下配电系统实现。

关于电力单元的更多信息，可以参考本书第 8 章。

图 7 - 10　电力单元

7.3.3　液压动力单元

如图 7 - 11 所示的液压动力单元,它为水下阀门的控制提供稳定清洁的液压液。液压液通过脐带缆供应到水下液压分配系统、通过水下控制模块来控制水下阀门驱动器。

图 7 - 11　液压动力单元

液压动力单元由以下构成。

(1)液压泵;

(2)液压柜;

(3)压力补偿系统;

(4)过滤器和系统压力阀。

关于液压动力单元的更多信息,可以参考本书第 8 章。

7.4 水下控制模块安装基座

如图 7－12 所示,水下控制模块安装基座是用于连接水下控制模块和水下采油树/管汇阀门及远距离传感器的接口。它通常是一个焊接结构,安装到采油树或者管汇的保护支架上。

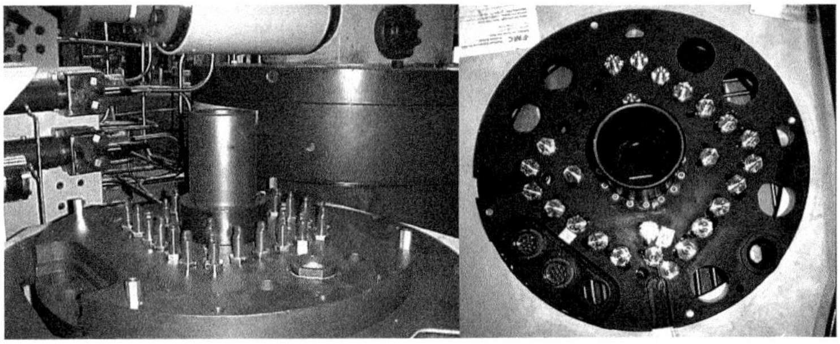

图 7－12　典型的水下控制模块基座

水下控制模块安装基座的垂直面用于连接电气连接插头和液压连接插头(包括高压与低压)。

水下控制模块安装基座与水下控制模块的安装使用引导对齐和旋向对齐。引导对齐使用非对称引脚插口,避免其安装错误;旋向对齐是指水下控制模块旋转安装在水下控制模块安装基座上,当安装完成后自动完成对齐的方式。

7.5 水下控制模块

7.5.1 概述

水下控制模块是个独立的可回收的装置。水下控制模块通常用于在油气生产过程中控制油井。图 7 - 13 所示为一个典型的水下控制模块。

图 7 - 13 典型的水下控制模块

水下控制模块的控制和监测功能如下。

(1)驱动井下安全阀;

(2)驱动流量控制节流阀、关闭阀等;

(3)驱动管汇分流阀、截止阀等;

(4)驱动化学剂注入阀;

(5)监测井下压力、温度和流速;

(6)监测含砂探测头、采油树和管汇压力,温度及节流器。

7.5.2 水下控制模块组件

水下控制模块一般从地面控制设备接收电力、交流信号和液压动力供应。图7-14是一个典型的水下控制模块组件。水下控制模块和采油树通常安装在和地面控制设备相对偏远的位置。脐带缆软管和电缆长达数千英尺,甚至数英里,用于连接水上和水下设备。安装在水下控制模块中的电力设备,产生电力信号,处理通信信号,输送并分配电力到导向阀、压力传感器和温度传感器。

水下电子装置模块直接由电力单元提供交流电(详细请参考第八章),它通常包括两个交流-直流整流器并且输出到直流电路上(24 V或5 V)。传感器一般使用5 V直流供电,而电磁执行器一般使用24 V供电。图7-15所示为一个水下电子装置模块。

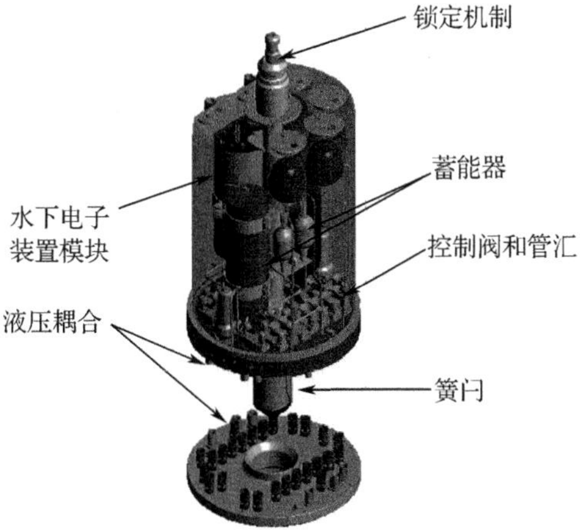

图7-14 典型水下控制模块组件

图7-15 水下电子装置模块

典型的水下控制模块的辅助设备由液压蓄能器、液压过滤器、电子设备和一个压强/温度补偿系统组成。这些设备采用一个装满油的容器来补偿由于使海水远离电缆总成而产生的额外液压。

水下控制模块通常提供一个锁紧装置,这个装置穿过水下控制模块并且锁紧在一个可回收和可延长的基盘上。

7.5.3 水下控制模块的控制模式

如图 7－16 所示，水下控制模块使用从脐带缆系统供应的低压和高压液压。在液压供应分流到各个阀门之前，每一个供应管线都包含一个终端液压过滤器。

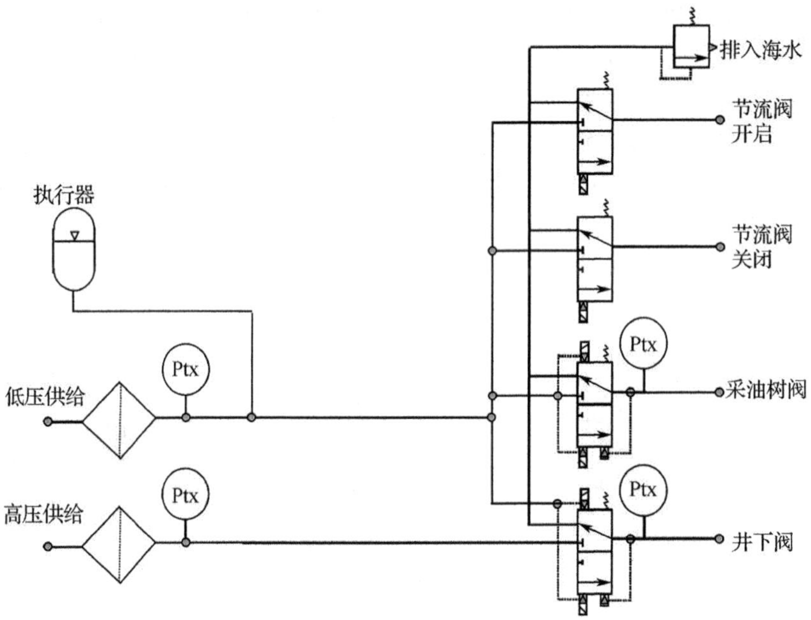

图 7－16　水下控制模块液压系统

低压供应有一个蓄能器，该蓄能器安装在水下控制模块中。而高压供应的蓄能器则不是必需的，有的系统安装蓄能器，而有的系统则没有。压力传感器测量高压供应和低压供应的压力并在主控站的人机界面上显示。如图 7－16 所示，有四个导向阀，三个用于采油树阀门的低压供应上，另一个则用于操作井下安全阀的高压供应上。液压回油管线使用溢流阀将用过的液压液排入海中，并阻止海水进入液压系统。

（1）阀门驱动器　大部分的导向阀由两个电磁模块来控制，一开一关。电磁阀由水下电子模块的电磁阀驱动器控制。

要打开一个采油树阀门，需要主控站合适的操作命令，水下电子模块的微处理激活电磁阀，两秒钟内打开电磁阀（两秒为典型时间，具体根据 MCS 中的相关设置）。使液压液流向采油树上的阀门驱动器，该液压管线的压力上升的速度很快并马上打开该阀门,并在液压压力大于 70 bar 时该阀门将保持打开状态。

要关闭一个采油树阀门:关闭电磁阀和开启电磁阀相似。

(2)节流控制　节流器有两个液压执行器(图 7 - 17),一个用于开动作,一个用于关动作。

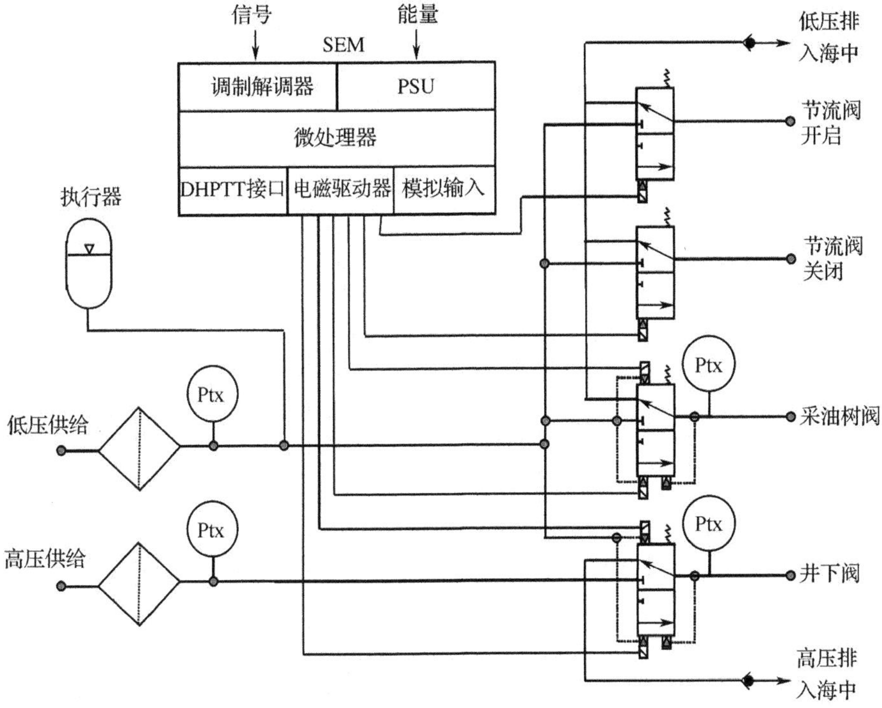

图 7 - 17　水下控制模块阀门执行器

通过向节流器执行器上施加一系列液压脉冲来驱动,在每个脉冲周期,节流器都以步进方式移动。水下控制装置向节流器执行器提供两路压力脉冲,一个开启节流器,另一个关闭节流器。图 7 - 18 所示为水下控制模块对节流器的控制。

主控站发送一系列指令到水下控制模块以操作节流器。例如,操作员希望移动节流器 20 单位,主控台将发送 20 个适当的阀门指令到水下控制模块,使相应的电磁阀通电。

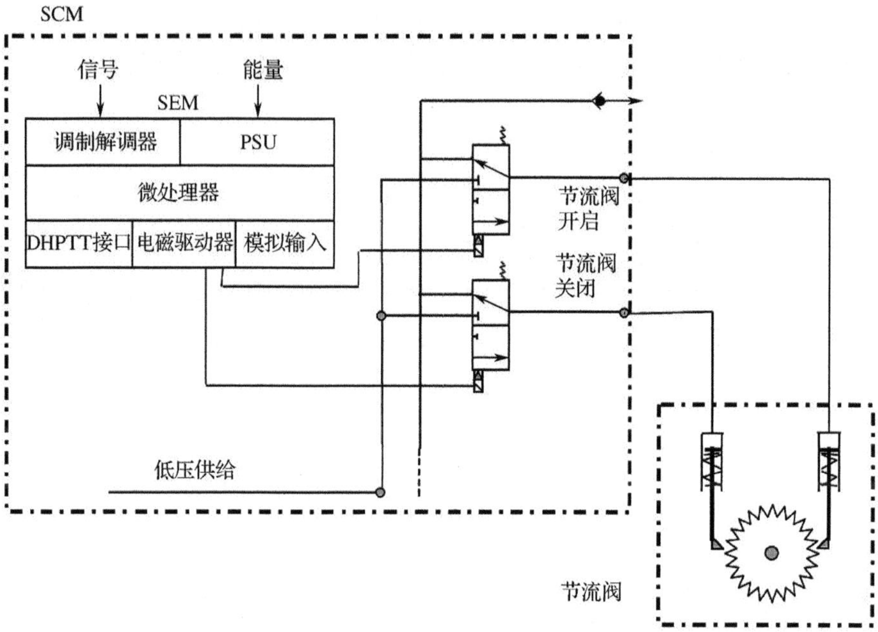

图 7－18　水下控制模块节流阀操作

7.6　水下传感器

水下传感器安装在采油树、管汇、管道等多个位置。图 7－19 所示为一个水下采油树上安装的传感器。安装在采油树上的压力传感器和温度传感器用来测量节流阀的上方和下方。水下控制模块中的软件和电子设备收集传感器数据和系统运行信息,发送给主控站。

用于水下生产系统的各种传感器:

(1)压力传感器;

(2)温度传感器;

(3)压力温度组合式传感器;

(4)节流阀位置指示器;

(5)井下压力温度传感器;

(6)测砂器;

(7)清管球检测器；

(8)清管器。

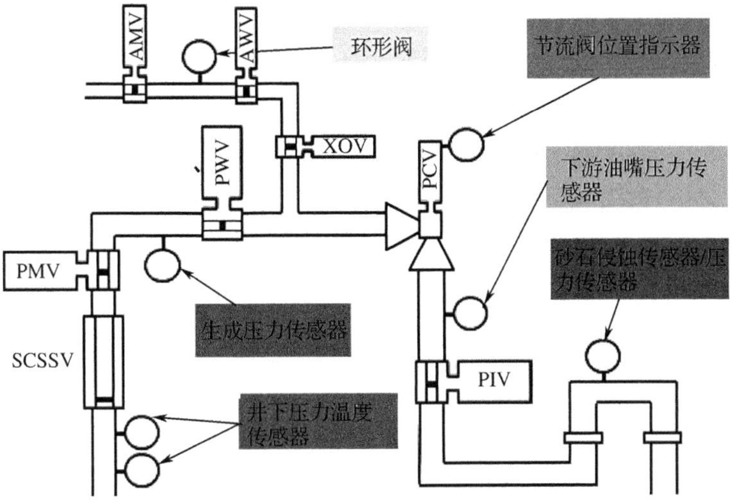

图7－19　水下采油树上的传感器

7.6.1　压力传感器

如图7－20所示为安装在水下采油树、管汇等上面的典型压力传感器。水下压力传感器通常使用压力平衡技术检测压力，挡板检测压力侧的压力与电磁线圈的力相平衡，这样使得挡板基本没有形变并达到平衡，通过检测电磁线圈的电流得出压力值。该检测设备能达到±0.15%的精确度，转换为电流信号后精度为±0.5%左右。

图7－20　压力传感器

压力传感器都是法兰安装,且不能维修维护。可以在一个传感器中安装两个冗余测量单元,从而减小水下压力传感器的故障率。

7.6.2 温度传感器

有些温度传感器通过测量热电偶的输出信号进行温度检测,热电偶是一个简单的装置,其输出数据与热端和冷端之间的温差成比例。用于测量介质温度的一端叫热端,接线端叫冷端。

图7-21所示为温度传感器。温度传感器的安装比较困难,理论上讲,传感器应该和被检测流体尽可能的靠近。然而,如果将传感器安装到生产输出液筒内,在生产流程和环境之间除了传感器就没有了东西来隔离。因此通常是安装一个热电偶套管,或者安装在采油树区域内钻出的坑洞中。

图7-21 温度传感器

7.6.3 压力/温度传感器

现在还有一种传感器设计是将压力传感器和温度传感器组合到一起。在这种设计里,温度传感器安装在一个探测器上,并嵌装到管道上,这也有助于减少水合物产生的误差问题。当传感器在采油树主阀门的上游时,需要在传感器之前安装一两个截断阀;同时,压力测量不受影响,温度测量可能会受安装位置的热惯量影响。

7.6.4 测砂器

检测产出的石油中,砂石是前摄策略的重要组成部分,主要是因为:

(1)减少不易保护设备的损伤;

(2)减少管道的长期磨损;

(3)储油器倒塌警告;

(4)避免分离器液位调节问题。

除了检测砂石产生的噪音,检测工作还包括测量标靶在流体中的磨损。有两种检测类型:声波探砂器和电波探砂器。图7-22所示为一个声波探砂器。通过检测收集的从入射到油井中粒子的声波信号,它通常就安装在一个弯曲管道上。然而,这种检测的准确性受管道和泵的噪声影响。电波探砂检测是基于受砂石侵蚀的物质的电阻,系统会以很高的准确率直接得出侵蚀效应。使用软件可以预测像节流器这样关键管道构件的最坏的侵蚀状况。

图7-22 声波测砂器

7.7 高完整性压力保护系统

HIPPS是高完整性压力保护系统的缩写,它是根据国际电工委员会标准IEC 61508设计的一个特别安全系统装置。其功能是通过关闭源头以保护下游设备不受高压影响,通常是有序地关闭一个或者多个专门阀门,避免管道下面阀门的压力过高。高完整性压力保护系统也指“高完整性管道保护系统”,因为许多高完整性压力保护系统的设计/成本研究都和油层布局及管道设计相关。图7-23所示为水下油田开发的一个高完整性压力保护系统布局。

相比井口和采油树设备,应用高完整性压力保护系统允许使用低压管道。长度、壁厚、压力等级都是管道设计的主要影响因素,这些通常是水下油田开发中昂贵的部件。高完整性压力保护系统一旦安装到管道的出口,其设计压力可以比油井关闭压力小,因此壁厚可以减小,成本也因而减小。

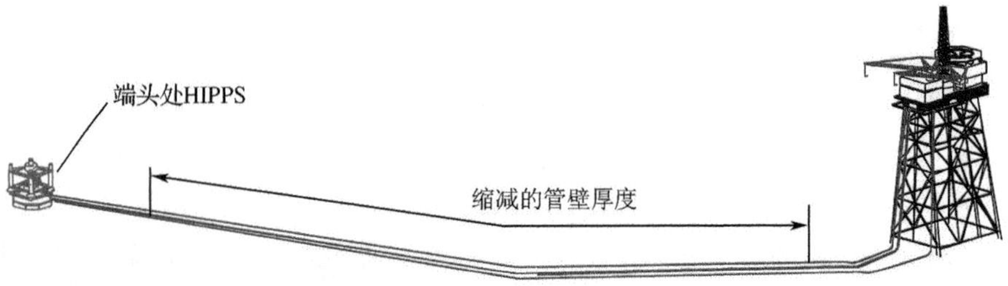

图 7-23　水下油田的高完整性压力保护系统布局

图 7-24 所示为一个水下高完整性压力保护系统的逻辑图。高完整性压力保护系统检测管道中增加的压力并在压力上升到很高之前迅速关闭独立的防护阀门,这要求一个可靠性高且可用性好的灵敏系统。高完整性压力保护系统由压力传送器、逻辑件、冗余隔断阀组成。

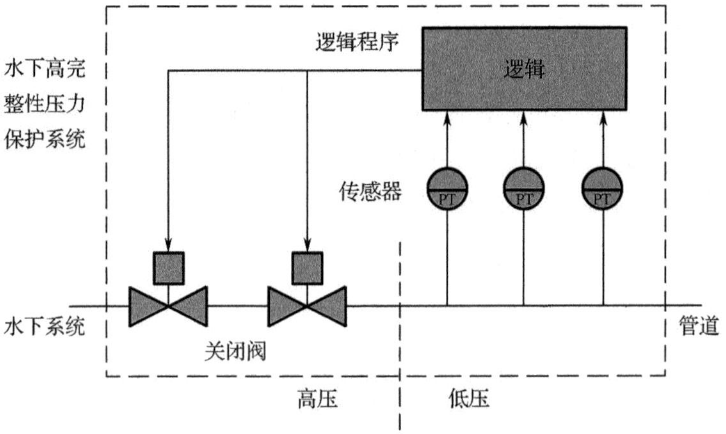

图 7-24　水下高完整性压力保护系统逻辑图

该系统需要上部设备供应必要的电力和液压,它们通过脐带缆输送到水下设备。安装在隔断阀门的水下设备将提供切实的检测和驱动设备。另外一个高完整性压力保护系统隔断阀也将检测压力输送到每个地方,以避免由于第一个阀门的失效而破坏。

上部设备包括:

(1)控制系统;

(2)电力单元;

(3)不间断电源;

(4)液压动力单元。

水下设备包括：

(1)脐带缆和终端/分配单元；

(2)高完整性压力保护系统水下控制模块和安装基座；

(3)水下蓄能器模块及安装基座；

(4)液压跨接管；

(5)过程隔断阀门和位置指示器；

(6)维护阀、通气阀和测试阀。

为了确保可行性，预防错误关闭，按照“三取二”表决结构，采用不同的传感器以避免出现共模故障。不管是变送线还是检测逻辑电路均以这样的方式工作：一旦变送器故障，则视为高压力，从而系统跳闸。如图7-25所示为一个“三取二”回路。

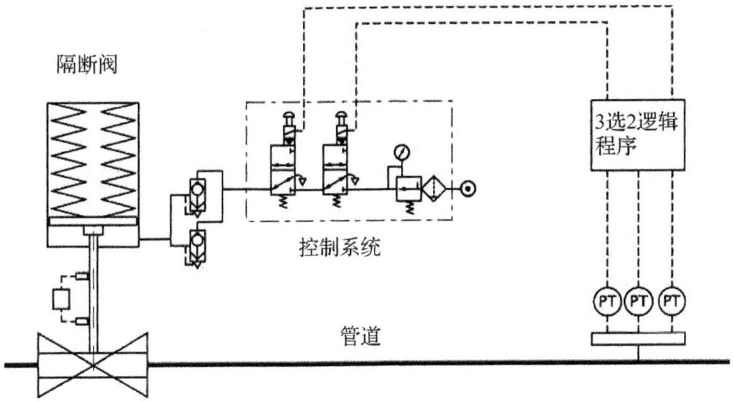

图7-25 “三取二”回路

当探测到高压的时候，控制硬件会检测变送器并关闭隔断阀。检测和触发系统是不可缺少的电力系统，它必须独立于其他平台和水下系统。通常由安装在与隔断阀相连的水下控制模块上的专门控制系统来实现上述功能。高完整性压力保护系统控制模块检测变送器并在检测到高压时关闭阀门。这个操作通过一个经检验的固定逻辑电子系统进行操作，而不是基于微处理和水面控制。因此，每一次跳闸后系统都是预置的，在没有给控制器指令的情况下，是不能改变的。所以，液压设计需要倍加小心，以免液压脉冲使系统跳闸。

图7-26和图7-27展示了两个典型的水下高完整性压力保护系统的布局：单个油井回接和管汇/基盘回接。特别需要注意的是高完整性压力保护系统独立的隔断阀是由安装在水下电子模块上的高完整性压力保护系统控制模块来控制的。

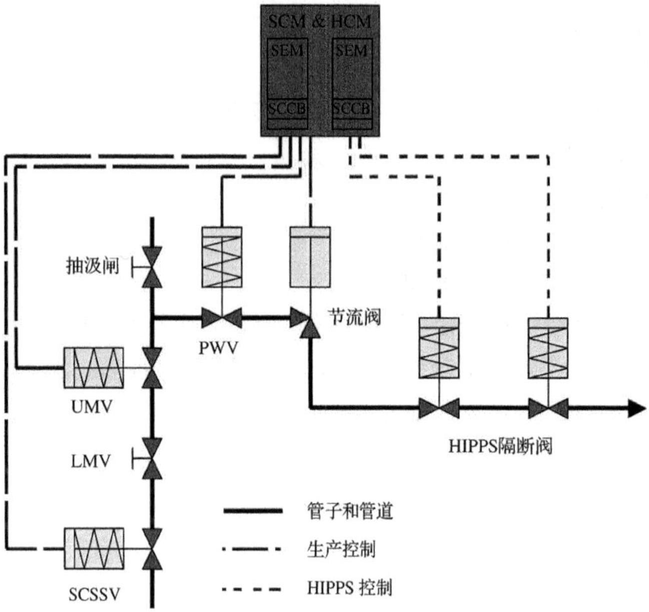

图 7-26　单个油井回接高完整性压力保护系统

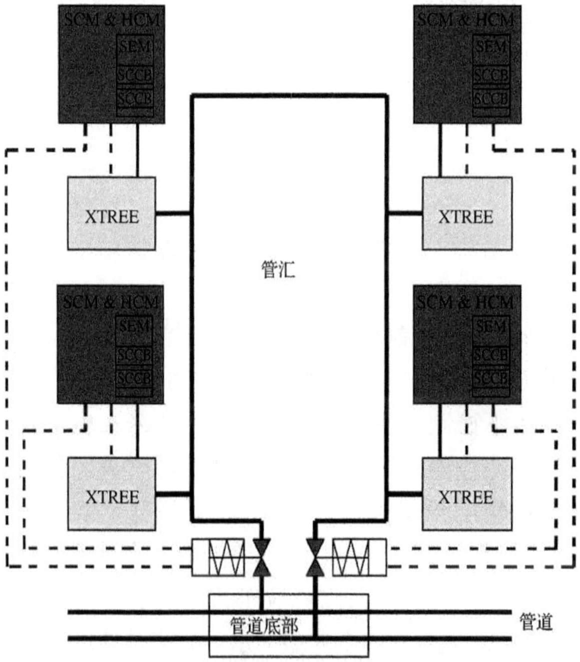

图 7-27　管汇回接高完整性压力保护系统

7.8 水下生产控制系统

如图 7 - 28 和图 7 - 29 所示，水下生产控制系统通常分为三个主要部分。

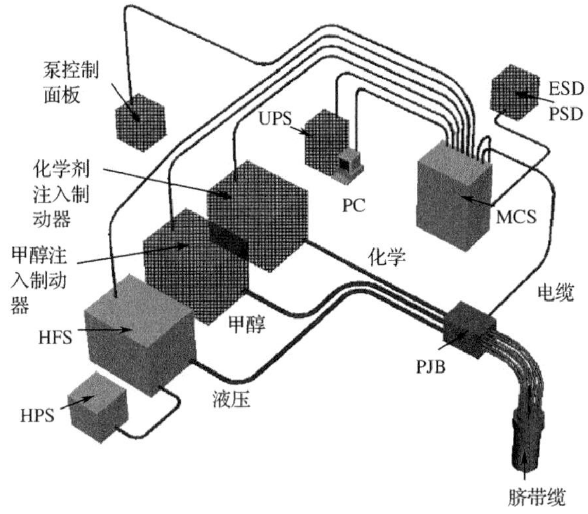

图 7 - 28 水下生产控制系统——上部设备

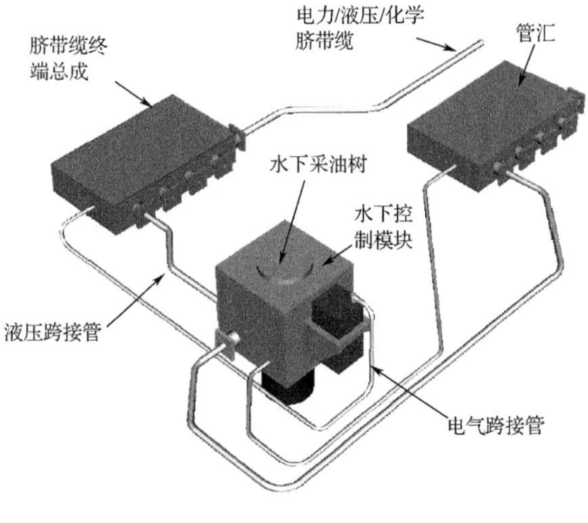

图 7 - 29 水下生产控制系统——水下设备

(1)水面设备;

(2)脐带缆和脐带缆终端;

(3)安装在采油树上的设备。

由于水下生产系统需要各个子设备协调工作,所以应该配备远程集成控制系统。该远程集成控制系统应包括以下功能。

(1)开关水下采油树系统、环空、转换阀;

(2)开关水上控制水下安全阀;

(3)开关水下生产管汇阀门和清管阀;

(4)开关化学注入阀;

(5)调整水下生产节流器;

(6)监测温度、压力、流速以及一些和采油树、管汇、井下仪表相关的其他数据。

水下生产控制系统通常有四种类型。

(1)直接液压控制系统;

(2)先导液压控制系统;

(3)电液先导控制系统;

(4)多路电液混合控制系统。

直接液压控制系统是最简单经济的生产控制系统,它由一个专门控制线路的液压动力单元组成,控制线路安装在水下采油树上,并远程控制阀门。这种类型的控制系统常用于主平台三英里内有一两个油井回接的水下生产系统。

先导液压控制系统和直接液压控制系统相似,只是需要一个导向阀实现快速关闭。

电气液压先导控制系统用于中距离的水下回接的设备。它由连接到一至多个服务脐带缆的上部电气液压控制系统组成,每个水下采油树和管汇都有一个水下控制模块,提供长期高压、低压供应并在水面设备接收到指令的情况下引导到所在位置的阀门。

多路电液混合控制系统用于离水下回接较远的设备,它由连接到一至多个服务脐带缆的电气液压控制系统组成,每个采油树和管汇都有一个水下控制模块接收多路电气控制信号和长期低压、高压供应,并直接传送到连接着阀门的采油树、管汇或其他设备上。该系统通常用于大型的多个深水油井开发,主要优点是使用多路电气控制信号替代单一使用导体,因此只需要一个很小的控制脐带缆,容许空间扩展并减少了脐带缆的费用。

7.9　安装和维修控制系统

如图 7－30 所示，安装和维修控制系统主要有以下一些功能：

(1)在安装、回收和维修过程中，控制和监测水下设备；

(2)在完成、自喷测试和维修过程中，控制和监测井下设备；

(3)在完成、自喷测试和维修过程中，采集数据；

(4)测试管汇与管道末端管汇的安装(如可用)。

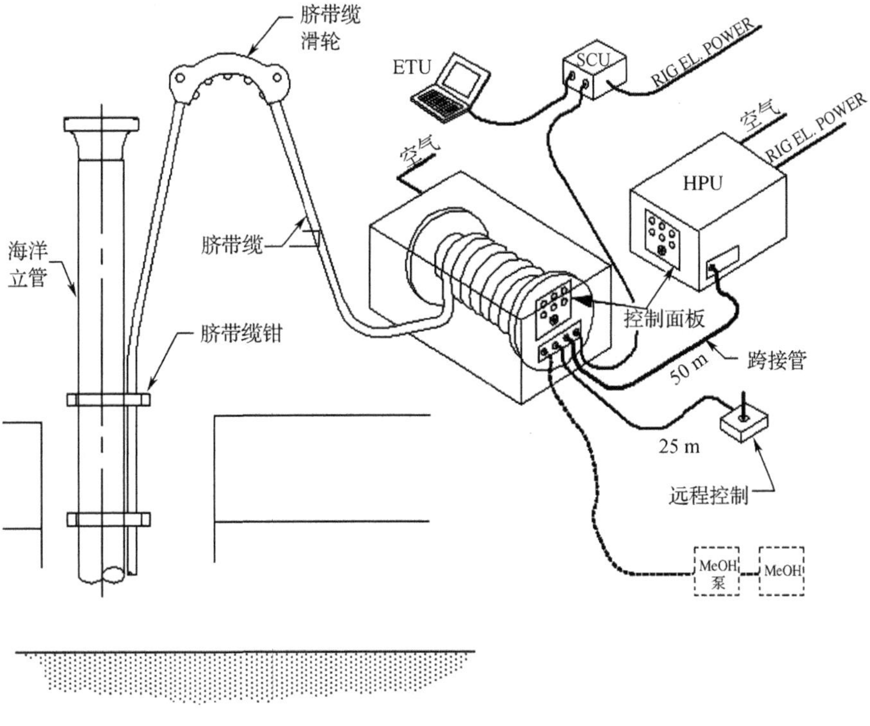

图 7－30　安装和维修控制系统

安装和维修控制系统用于干预水下油井，要求具有一定的安全特征。

(1)ESD(应急关断系统)——必须可以紧急关闭，能够自动安全关闭，避免化学物质的泄露。为防油气泄露到钻井平台上，应急关断面板应该安装在不同位置以确保能够紧急关闭。

(2)EQD(紧急快速断开)——必须可以在一段时间内迅速断开水下立管总成,应急关断应该在水下立管总成紧急快速断开之前进行。

安装和维修控制系统通常由以下部分组成。

(1)液压动力单元;

(2)主控面板;

(3)远程控制面板;

(4)应急关断面板;

(5)滚筒上的脐带缆。

安装和维修控制系统控制的主要工具是油管悬挂器上运行的工具与油管悬挂器送入工具/采油树帽运行工具。为了使用这些工具,应使用不同的立管接头、水下立管总成等组成的立管系统,该系统如图 7 - 31 所示。

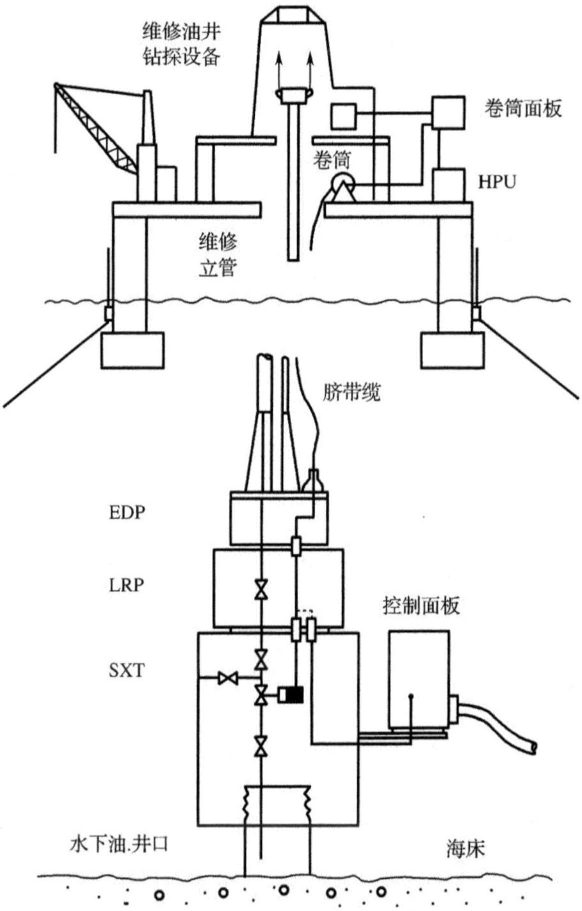

图 7 - 31 采油树中的安装和维修控制系统

和水下生产控制系统相同,安装和维修控制系统也有四种类型:直接式、先导式、电气液压式和多路电液复用式。请参考第七章“控制系统类型”以获取更多的信息。

参考文献

[1] Bouquier L, Signoret J, Lopez R. First Application of the All – Electric Subsea Production System-Implementation of a New Technology [C]// OTC 2007, Houston, USA, Offshore Technology Conference, 2007.

[2] ISO. ISO 13628 – 6 Petroleum and Natural Gas Industries – Design and Operation of Subsea Production Systems – Part 6: Subsea Production Control System [S]. Geneva, Switzerland: International Standards for Business, Government and Society, 2006.

[3] Beer P, Ribbeck L, Jefferies A. Gemini Subsea System Design [C]// OTC 2000, Houston, USA, Offshore Technology Conference, 2000.

[4] Davalath J, Skeels H, Corneliussen S. Current State of the Art in the Design of Subsea HIPPS Systems [C]// OTC 2002, Houston, USA, Offshore Technology Conference, 2002.

第8章
水下电源

8.1 引　　言

水下生产系统的电源设计以水下控制系统(第七章)为基础,不同的控制系统类型(直接液压式、电-液式、全电式等)要求使用不同的动力系统。目前一般有两种类型的动力系统:电力系统和液压动力系统。

动力系统可以为水下设备提供电力和液压动力,包括水下管汇、采油树、传感器、泵机、电机等水下设备上的阀门和执行器等。电源可来自于陆上电厂或者海洋平台,如图8-1所示。如图8-2所示为水下电力分配系统。

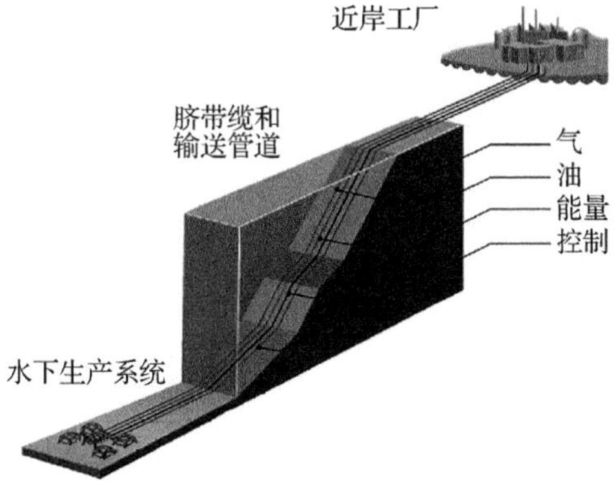

图8-1　水下电源的陆地供应

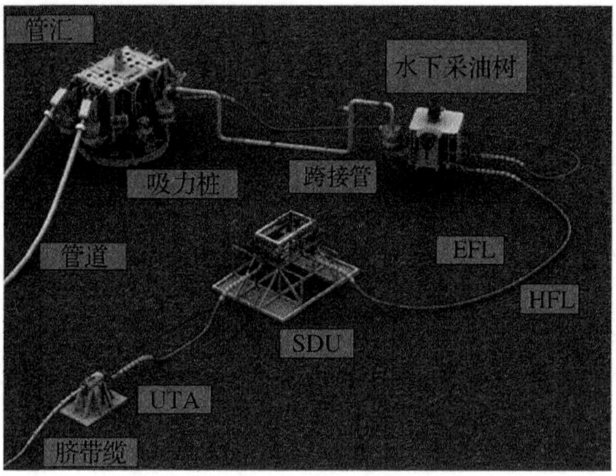

图 8-2　水下分配系统

8.2　电力系统

水下生产系统的电力系统由发电、配电、电力传输和电动机等几个部分组成。电能可以在平台上产生，也可以在陆地产生。为确保水下生产的正常运作，电力系统的充分设计十分重要。如图 8-3 所示为电力系统的设计过程。

8.2.1　设计规范和标准

目前世界上各种组织已制订了许多被全行业所认可的标准和规范。这些标准和规范可用来指导电力系统的设计和安装，表 8-1 至表 8-4 列出了水下油田开发领域的一些主要国际标准和规范。

表 8-1　API——美国石油协会

API RP 14F	Recommended Practice for Design and Installation of Electrical Systems for Fixed and Floating Offshore Petroleum Facilities for Unclassified and Class I, Division 1 and Division 2 Locations
API RP 17A	Recommended Practice for Design and Operation of Subsea Production Systems

表 8－1(续)

API RP 14F	Recommended Practice for Design and Installation of Electrical Systems for Fixed and Floating Offshore Petroleum Facilities for Unclassified and Class I, Division 1 and Division 2 Locations
API RP 17H Draft	ROV Interfaces with Subsea Equipment
API RP 500	Recommended Practice for Classification of Locations for Electrical Installations at Petroleum Facilities Classified as Class I, Division 1 and Division 2
API SPEC 17D	Specification for Subsea Wellhead and Christmas Tree Equipment
API SPEC 17E	Specification for Subsea Production Control Umbilicals

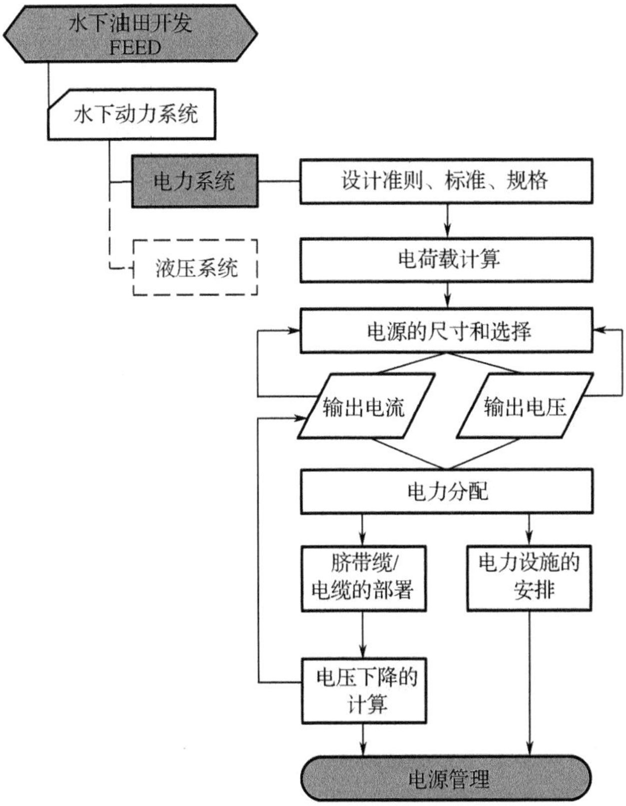

图 8－3　电力系统设计过程

表 8－2 IEC——国际电工标准化机构

IEC 50（426）	International Electrotechnical Vocabulary（IEV）－Chapter 426－Electrical Apparatus for Explosive Atmosphere

表 8－3 IEEE——美国电气和电子工程师协会

Std. 100	Standard Dictionary of Electrical and Electronics Terms
Std. 141	Electrical Power Distribution or Industry Plants
Std. 399	Recommended Practice for Power Systems Analysis

表 8－4 ISO——国际标准化组织

ISO 13628－5	Petroleum and Natural Gas Industries-Design and Operation of Subsea Production Systems-Part 5：Subsea Control Umbilicals
ISO 13628－6	Petroleum and Natural Gas Industries-Design and Operation of Subsea Production Systems-Part 6：Subsea Production Control Systems

8.2.2 电力负荷计算

电力负荷计算是电力系统设计的最早任务之一，工程师应基于水下生产系统的所有装置所需的电力负荷，选择充足的电源。

电力负荷可分为必需的、基本的和非基本的三种。此外，各个石油公司会经常使用自己的术语，常见的如“紧急”和“正常”的。总的来说，可以把电力负荷分为以下三类，如表 8－5 所示。

表 8－5 电力负荷分类

负荷分类	分类依据
必需	电力系统缺失会不会危及人员安全或对船及平台造成严重破坏（是）
基本	电力系统缺失导致石油/天然气生产的退化或丧失（是）
非基本	电力系统缺失是否会影响生产安全（否）

电力负荷也可按工作状态分类为：连续工作、间歇工作、待机工作。配电板通常需要给这三种形式的负载供电。我们一般称 C 为连续工作，I 为间歇性工作，S 为待机工作。在配电板上各个工作类别的总和记为 C_{sum}、I_{sum} 和 S_{sum}，包括相

应的有功功率和无功功率。

为了估算配电板上的消耗，需要给各类负载确定工作系数，系数为 D。总负荷的计算考虑以下两种形式：总运行负荷（$TPRL$）和总峰值负载（$TPPL$），从而有

$$TPRL = \sum^{n} (D_c \times C_{sum} + D_i \times I_{sum}) \quad \text{kW} \tag{8-1}$$

$$TPRL = \sum^{n} (D_c \times C_{sum} + D_i \times I_{sum} + D_s \times S_{sum}) \quad \text{kW} \tag{8-2}$$

式中　n——配电板的数量；

D_c——连续工作系数；

D_i——间歇工作系数；

D_s——待机工作系数。

石油公司基于多年的实践经验，根据不同的系数来求得不同的数值。此外，不同类型的主机设备可能需要不同的多样性的因素。通常而言有

$$D_c = 1.0 \sim 1.1$$

$$D_s = 0.3 \sim 0.5$$

$$D_i = 0.0 \sim 0.2$$

在水下系统工作期间内，连续工作的负荷功耗保持不变。如海底生产通信单元（SPCU，位于海洋平台）和监测传感器的能耗。

间歇工作的负荷根据系统的运行状况而变化，如阀门驱动负荷、HPU 动力系统。另外，间歇工作负荷需确定一个特定的时间周期内各种工作发生的频率和持续的时间。

除了生产系统临时关闭这一情况，任何水下电力系统都不会出现空载的情况。表 8－6 和 8－7 分别为电－液式和全电式控制系统连续工作和间歇工作的负荷表。应当指出的是，根据油气田的需要，节流阀可以是连续工作或间歇工作。

表 8－6　液－电控制系统负荷表

操作设备	类型	电功率	频率/天	持续时间
HPU	间歇工作	11 kW/泵	2	2 min
单阀驱动器	间歇工作	10 W	1～3	2 s
节流阀驱动器	间歇工作或连续工作	10 W（间歇工作）	N/A	2 s（间歇工作）
SEM	连续工作	最大 80 W	—	—
传感器	连续工作	最大 50 W	—	—

表 8-7 全电式控制系统负荷表

操作设备	类型	电功率	频率/天	持续时间
单阀驱动器	间歇工作	3~5 kW	1~3	45~60 s
单阀操作器	连续工作	20~50 W	—	—
节流阀驱动器	间歇工作或连续工作	1~2 kW（间歇工作） 60 W（连续工作）	N/A	2 s （间歇工作）
SEM	连续工作	最大 80 W	—	—
传感器	连续工作	最大 50 W	—	—

8.2.3 电源选择

计算电力负荷后，下一步应选择合适的电源。对于海上油气田的电力系统，电力传输可以分为：岸上供电、海洋供电；海洋供电又分为：平台供电、水下供电。

(1) 上部 UPS 电源　通常水下生产系统是由 UPS 供电的，同时配备有独立的蓄电池。

如图 8-4 所示为水下生产系统的 UPS 供电，其中不间断电源可以为 MCS，EPU 和 HPU。

UPS 可保护电力系统免受电源波动和停电的影响。电源通常由平台供应，输入 UPS 的电源先被整流为直流电（DC），并对充电电池进行充电，同时电池输出直流电逆变为交流电（AC）并应用于水下生产系统。当电源供应失效时，电池输出并逆变为交流电来确保水下生产系统用电的稳定供应。如图 8-5 所示为 UPS 和蓄电池组。

不间断电源系统目前在工业上应用广泛；通过不间断电源系统，功耗设备不会因电源切断而停止电源供应。这种系统能够给功率为一百瓦到几百千瓦的设备持续供电几分钟到几个小时。

(2) 水下 UPS　UPS 应尽可能地靠近设备，以避免在线路上出现故障。与水上 UPS 系统相比，水下 UPS 系统由于电缆长度减少，因而成本较低；但由于电缆较短，UPS 系统更容易短路，一般通过延迟保护系统来保护电源，防止电源短路。

通常水下 UPS 系统应用于水下低压设备（通常是 400 V），使用 UPS 系统供电的水下低压设备如下。

① 在较小区域内的一些控制系统；

② 阀门的电动驱动器；

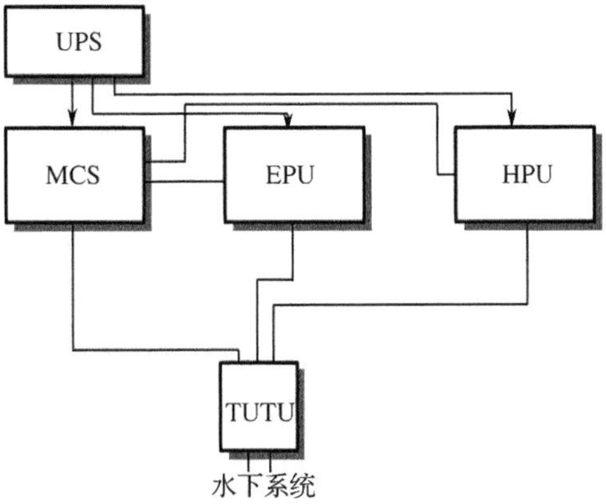

图 8-4　水下生产系统的 UPS 供电

图 8-5　UPS 和蓄电池组

③ 磁性支座；

④ 开关设备的监测和控制设备；

⑤ 电流和电压开关、变压器、电动机和其他电器装置的测量装置。

传统的 UPS 包括蓄电池、整流单元、逆变单元，同时配备监控系统。由于电源电制转换过程中会因能量损失而导致 UPS 设备发热，所以一般需要冷却系统来将热量转移。UPS 的安装位置应考虑周围环境，以保证 UPS 能够正常的工作。

(3) 从水下发电机供电　水下生产系统也可以采用水下发电。有几种水下发电机已经应用于水下油田的开发中。

水下发电通常采用海水发电或温差发电。海水电池需要一个 DC - AC 逆变器，将电压从 1 V 转化为 24 V（例如，SEM 需要 24 V 的电源供应）。海水电池一般具有 5 年的使用寿命。温差发电主要利用井口流和周围海水之间的温度差进行发电，当井口流不工作时，温差发电需要一个蓄电池来为系统持续供电。

8.2.4 电力单元(EPU)

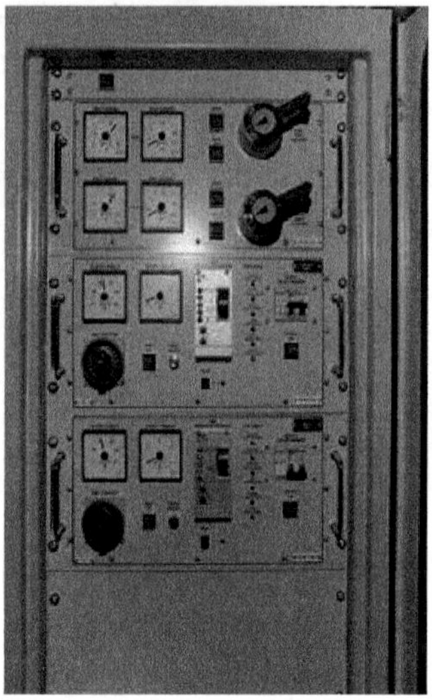

图 8-6 电力单元

如图 8-6 所示为电力单元，通过脐带缆为水下系统提供双路独立的单相电源，并与电源模块一起为主控站(MCS)和 HPU 供电。

EPU 为水下设备提供合适的电压和频率，其电力传输是通过电力脐带缆和水下电力分配系统来实现的。

EPU 的安装位置需考虑操作安全，并允许对电源进行连接/断开操作，可以方便地对各个独立的电源系统维护和修理。EPU 包含冗余的通信调制解调器和滤波器；它可以对系统进行监测、运行和重新配置。EPU 可以防止由于电压峰值和波动对水下设备造成的破坏。

EPU 通常有两种输出：直流总线和交流线。能源储存装置与直流总线相连，而交流输出则连接到 SEM。

EPU 的特点如下所述。

(1)全封闭，专有的粉末涂层钢外壳；

(2)放置于安全区域，即无可燃气体和通风环境；

(3)双路专用电源，包括 SEM 的故障检测；

(4)电源与通信线路复用；

(5)控制和监测 MCS；

(6)为 MCS 和 EPU 提供备用电源。

8.2.5 配电

水下配电系统可将电力和信号从脐带缆终端传送到各个井口。在第三章“水下分配系统“中也有相关介绍，水下分配系统通过电动液压脐带缆将电力(以及液压、化学品供应和通信)传递给水下生产系统。

SUTA 是将电力(也包括水力和化学液体)传输到水下生产系统各个部件的主要分布点。SUTA 与脐带缆相连，脐带缆的液压管和化学管有专门的终端，或者被水下采油树、管汇、管线公用。

电缆有专门的脐带缆,也可与多个水下控制模块(SCM)或其他设备共用脐带缆。电气跨接管(EFL)的电气连接通过电气连接件来实现,在系统中应尽可能减少电气连接件的数量。如有可能,应尽可能多进行不同路径的路由选择。为了减小导电连接件的电应力,应尽可能降低电压。图8-7所示为水下生产系统的电力分配。

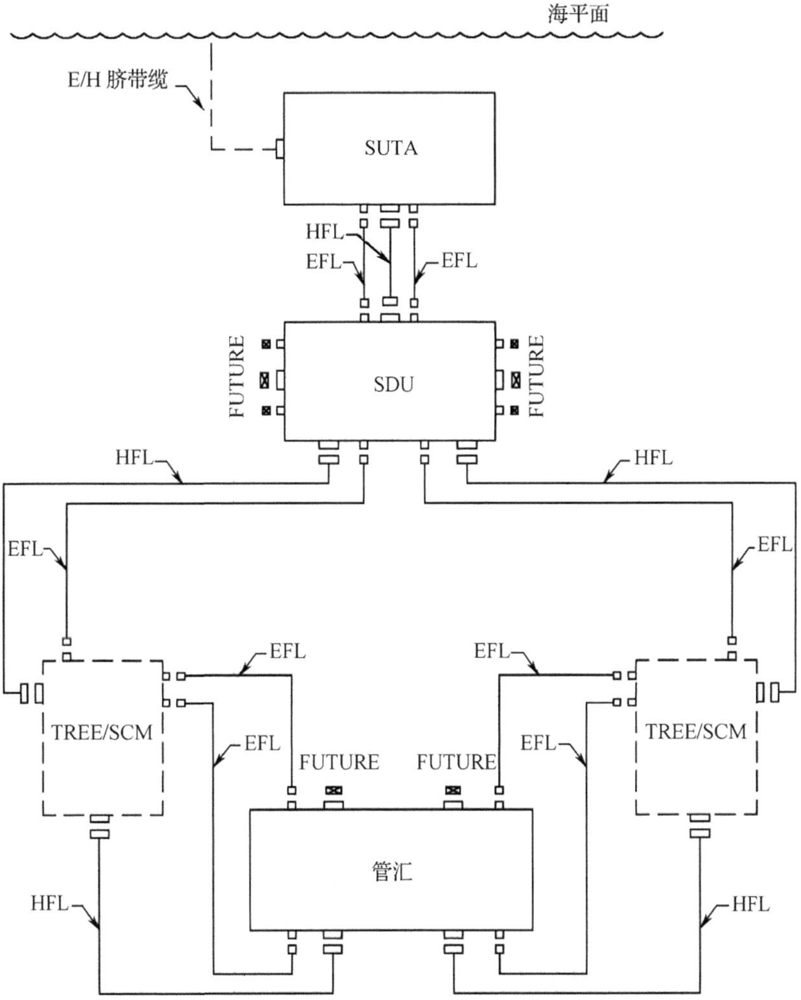

图8-7 水下生产系统的电力分配

配电电缆和电气跨接管的安装通常由ROV或潜水员使用简单的工具完成,安装的过程中应尽可能减少对安装船的影响。脐带缆终端系统到SCM间的管汇配电缆和跨接管电缆由ROV或者潜水员进行维修或者重新配置。

水下配电系统不同于上部系统的地方在于，其点对点连接的路由选择是有限的，在满足需要的前提下要尽量减少部件的数量。设计时需要详细的电气计算和模拟，它们用来确保在所有负荷条件下系统高压配电网络的正常运作传输。

8.3 液压动力单元(HPU)

8.3.1 概述

水下生产系统中的液压动力单元为操作水下阀门提供了一个稳定、干净的液压供应。液压液从脐带缆传送到水下液压分配系统，再到控制模块(SCM)，最终遥控水下阀门。图 8 -8描绘了一个典型的液压动力单元。

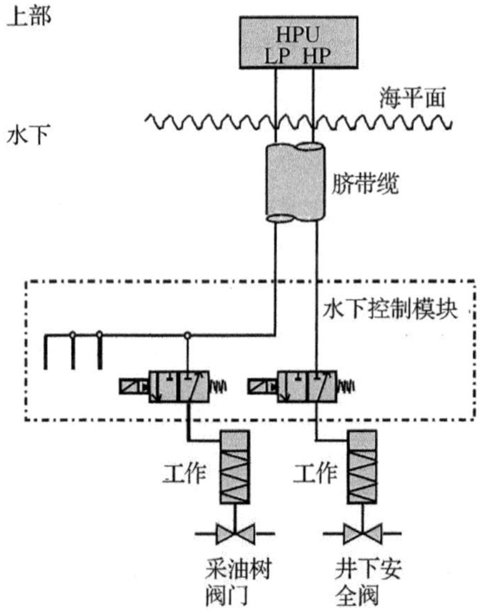

图 8 -8 液压动力系统

水下生产系统中控制的液压系统可分为两种：

(1)开路，即通过控制模块的液压液排入海洋；

(2)闭路，即液压液将从回路重新流回 HPU。

开路系统使用的脐带缆较简单，但它需要特殊设备以避免在操作时出现真空。在排液管的止回阀处也很容易产生真空状态，所以我们应采取措施防止海水进入系统。为了避免出现真空状态，应当采用压力补偿系统来补偿排液管的压力。

液压系统包括高压、低压两个液压线路。低压通常提供 21.0 MPa 的压力差，高压通常提供 34.5 ~ 69.0 MPa（5 000 ~ 10 000 psi）的压力差。低压用于海底采油树和管汇，而高压用于地面控制水下安全阀（SCSSV）。

液压控制系统中的控制阀一般为二位三通开关阀，该阀在压力下降时能够自动关闭。这种阀通常是通过电磁先导操作来控制的。

8.3.2　液压动力单元（HPU）

液压动力单元（HPU）是一个橇装装置，它通过可生物降解或矿物油液压油来控制水下阀门。图 8 - 9 所示为一种典型的 HPU。

图 8 - 9　液压动力装置

HPU 通常包括下列组件：压力补偿液压油柜、电动机、液压泵、蓄能器、控制阀、电子元件、过滤器和控制泵启动和停止的设备。

图 8 - 10 所示为一个典型的液压动力单元示意图。液压动力装置包括两个分开的液压油柜，一个液压油柜用于注入新液体液和连接液压液回路，另一个液压油柜用于向水下系统提供清洁的液压液。

HPU 为水下系统提供低压（LP）和高压（HP）。HPU 中 LP 和 HP 的液压回路都包括电动液压泵、蓄能器、过滤器和其他仪器仪表等。HPU 在 PLC 的控制下，可以自动运行，并且包括联锁控制、电机控制及与 MCS 连接。

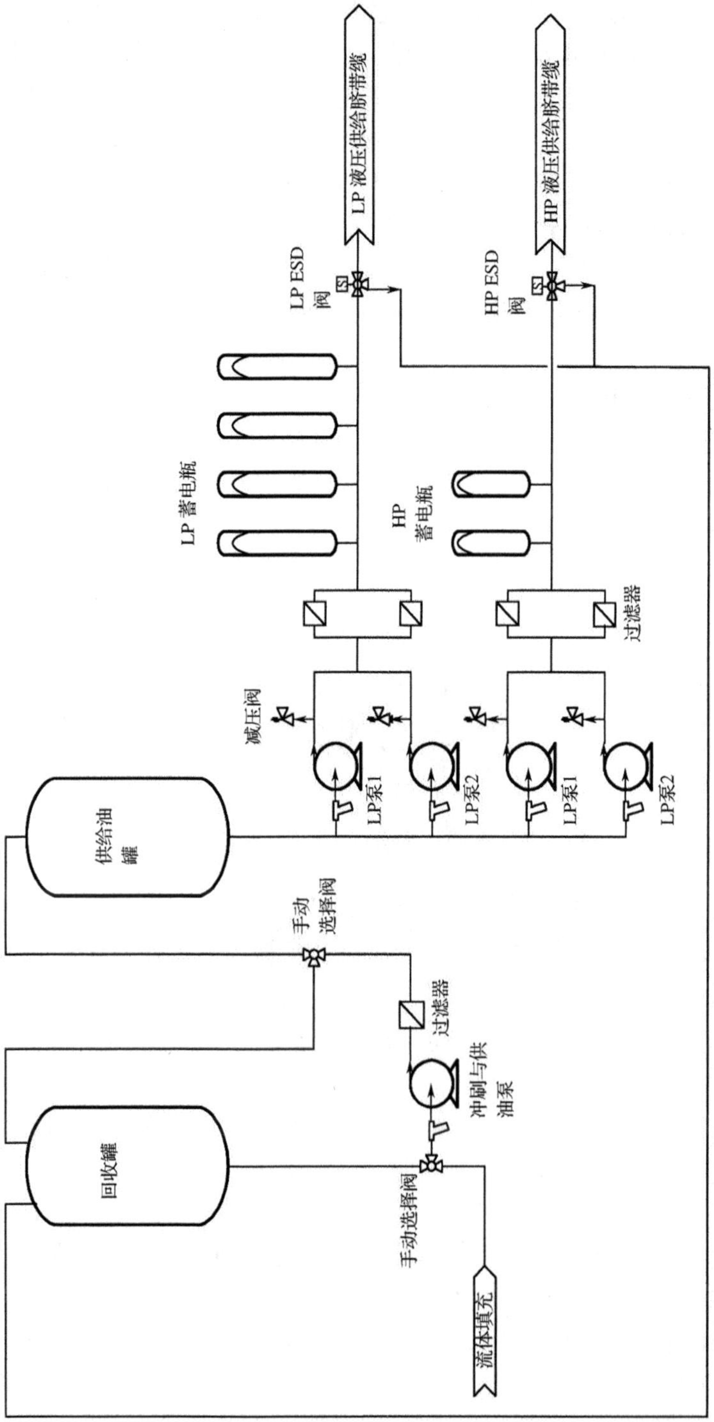

图8-10　液压动力单元示意图

双液压供应包括 HP(向水下安全阀(SCSSV)提供液压)和 LP(所有其他功能)两种方式。LP 供应通过一个换向阀与 SCM 的内部相连。该换向阀不由人机界面控制,但是人机界面上应该显示检测的当前压力值。HP 与 LP 的方式相类似,不重述。

(1)蓄能器　HPU 中蓄能器可以稳定液压源压力。当 HPU 的液压泵失效时,蓄电器能提供足够的压力完成单个水下采油树上所有阀门的操作。蓄能器也应能抵消液压泵周期动作产生的液压源压力的变化。如果所有的电动液压泵都失效,蓄能器应能满足系统的冗余度。

(2)液压泵　液压泵在蓄能器蓄能过程或者系统启动时工作。设计液压系统时,应对液压泵和蓄能器的规格进行优化。

各个液压回路所需的液压泵(和其他组件)的数量通过可靠的分析来确定,液压泵的规格通过液压系统分析确定,可靠性分析和液压分析均在 HPU 的详细设计之前完成。可以根据系统的需要在液压泵的输出配备稳流器,以满足 HPU 的正常操作。

液压泵一般由电机驱动,电机由平台供电。当液压压力降低后,液压泵应能马上启动,并使系统恢复正常压力。

(3)液压油柜　HPU 的液压油柜通常包含液位传感器、液位表、排水口、过滤器、排气口和清洁口。供油和回油的液压油柜可能使用一个油柜,并利用挡板将纯净和浑浊的液体分开。

液压油柜的液位传感器应满足以下要求:

① 低液位应保证至少 5 分钟的液压泵运转所需液压液;

② 低液位应设在排水口以上,以防止空气进入液压泵;

③ 高液位一般为液压油柜容量的 90%。

液压控制液可以使用水液压控制液或液压油液压控制液。HPU 通过液压控制液来传送控制信号或传送液压动力到水下控制模块或水下阀门执行器。

近年来人造有机液压控制液已较少使用,通常用于电 - 液控制系统。水液压控制液的应用最广泛,水液压控制液的特性取决于乙二醇含量(通常为 10% ~ 40%),其黏度随温度的变化(通常 2 ~ 10 ℃)而变化。由于政府规定不允许将矿物质液压控制液排入海中,如果系统使用这种类型的控制液,那么该系统必须是一个封闭回流的液压系统;它需要在脐带缆附近增加一个额外的导管。控制液的清洁度需符合美国国家航空航天标准 1638(NAS)的6 级。

水液压控制液是水溶液,而液压油液压控制液为混溶的液。在工作温度范围内,从生产到油气田操作中,液压液的浓度和特性应保持不变。

20 世纪 80 年代初,人造有机液压控制液最早在 Shell Cormorant 的水下管汇中心里得到应用。这种液压控制液黏度低,稳定性好,材料的相容性好,抗海水污染能力强。这种液压控制液的回油油路必须连接到液压控制液净化系统上(过滤器,脱水)。人造有机液压控制液的成本大约是矿物质液压控制液的4倍。

同样,在这个时期,水液压控制液最早在Statoil Gullfaks工程中应用。这种液压控制液黏度非常低,并且在使用后可排放入海里。这种液体需要控制系统采用更高规格的金属,要具有更好的弹塑性。水基压井液的成本大约是矿物基油的2倍。

液压控制液的性能会影响控制系统的安全性、可靠性及工程的成本,液压控制液同时也影响周围环境。

(4)控制与监测　HPU一般由PLC控制,通过控制面板操作,提供相关参数的显示、控制按键、状态指示等,同时它也具备远程控制或监视的接口。

为保证安全的自动化控制,HPU的控制系统监控参数通常应该是:

① 正常的液压源压力;

② 异常的液压源压力;

③ 液压控制液液位;

④ 泵的状态;

⑤ 回流情况(如适用的话)。

控制面板,可作为单独的一部分或整合到HPU上,它利用了一系列阀门来直接控制液压、电子信号以完成相应的功能。同时应配备显示系统显示各个液压动力连接,包括从HPU到脐带缆终端(或分配)装备,立管脐带缆和水下分配系统液压供应到SCM的液压动力连接。连接处应配备在各个液压回路的独立显示。

参考文献

[1] ISO. ISO 13628 - 6 Petroleum and Natural Gas Industries - Design and Operation of Subsea Production Systems - Part 6: Subsea Production Control System[S]. Geneva, Switzerland: International Standards for Business, Government and Society, 2006.

[2] Stavropoulos M, Shepheard B, Dixon M, et al. Subsea Electrical Power Generation for Localised Subsea Applications [C]// OTC 2003, Houston, USA, Offshore Technology Conference, 2003.

[3] Sheldrake A L. Handbook of Electrical Engineering: For Practitioners in the Oil, Gas and Petrochemical Industry[M]. Chichester, UK: John Wiley & Sons Ltd, 2003.

[4] Lake L W, Arnold K, Clegg J D, et al. Petroleum Engineering Handbook: General Engineering [M]. Society Of Petroleum Engineers, 2006.

[5] NORSOK. U - CR - 005 Subsea Production Control Systems[S]. Norway: NORSOK, 1995.

[6] SAE. AS 4059 Aerospace Fluid Power - Cleanliness Classification for Hydraulic Fluids[S]. USA: SAE, 2005.

第9章

项目执行与交接管理

9.1 简　　介

一个工程项目的成功与否在很大程度上取决于其管理执行情况。在项目执行过程中,我们能够实时对项目进行调整和重新定位。一旦确定了项目的执行计划,我们就需要给出针对该项目的一个正式的定期进度报告,并进行审查。项目的执行情况与该项目的所有阶段都是相关的。但是随着工程量的增加、工程的多样性以及地理位置的不同,问题就会变得纷繁复杂。项目经理必须确保项目管理团队了解他们项目的运行状况并确保获得数据的质量。项目经理要积极地对项目进行监督和推进,否则项目将停滞不前,这是非常关键的一步。

本章旨在介绍油气田水下开发工程项目的执行和界面管理,进而对项目管理所涉及的各个部分产生指导作用。另外,本章也阐述了在创建项目之间的无缝交接时所面临的挑战以及不同职能团队之间处理交接问题所采用的方法和工具。

9.2 项 目 执 行

9.2.1 项目执行计划

要顺利完成一个项目,该项目的工作范围必须要能够反映整个项目的目标。项目组需要制订项目计划,并确保项目的各个方面都已考虑在内。对项目的整体执行要求都要了解,这是项目能够成功完成的前提。

随着项目的推进,项目的执行计划也会随之改变,尤其是设计上的变更,这些变更主要包括以下几个方面:

(1)项目的资源以及工程所需的持续时间;

(2)开展项目方案方法的变更;

(3)重大的工程项目的变更;

(4)项目某些突发因素引起的变更;

(5)项目的优化引起的变更。

项目所必需的所有结构都会采用标准结构设计(自上而下的分析方法)。针对不同的因素,所有的工程应对方案都需要加以定制。同时,还需要制订一张符合各方面情况的规划图表。通过时序分析,工程的进度表就被确定了下来(自下而上的分析方法)。一旦工程开工,监督和汇报工作就要开始并一直持续到工程结束。

9.2.2 进度方案以及基准更新

为了能够更好的控制工程的质量,我们需要制订两套不同的参考方案用于比较。这些参考方案即原始版本和基准版本。现行版本必须定期根据新的进度对方案进行不断的更新,至少每月一次。所有批准的附加的工作范围(例如顺序变化)都需要添加到现行的版本当中去。

根据需要,我们会对基准进行更新,同时用新的版本替代旧的版本。为此,客户和公司往往会达成共识,一起对工程进行调度审查。基准更新的基础主要包括:

(1)旧版本的基准;

(2)由于基准改变所引起的先前并未包括的顺序变化;

(3)先前未包括的合同选项的执行。

9.2.3　项目组织

大多数工程最初都是因为某个目标和一系列的合同义务而建立起来的。为了工程的执行,我们需要建立一个工程组织来负责履行合同义务。

项目的职能职责主要分为以下部分。

(1)项目经理　主要负责项目的运行,针对其工作范围,保证工程在预定时间以及预算之内完成。具体工作如下:

① 主持工程运行,保证工程各部门能够尽可能好的合作。

② 根据工程进度计划以及费用控制,合理地建立一个采购计划以及预算方案。

③ 确保工程计划中各部分的互相兼容,从而保证关键工序按时完成。

④ 根据合同定期向公司和客户汇报项目情况、工程进度等。或者给出包括(不限于)执行计划、技术方案、采购、制造、理财、计价、法律情况以及人事变动在内的各方面的信息。

(2)项目经理助理　协助项目经理处理上述工作任务。当项目经理不在岗时,履行项目经理的职责。项目经理助理从属于项目经理,在项目经理授权之后可对其他任务监督负责。

(3)首席工程师　首席工程师(某些组织叫做系统工程师)需要负责工程的技术整合,以及确定该工程所必需的技术,在确定对项目客户交付的项目成果上起着至关重要的作用。一旦项目开工,首席工程师必定会在工程的技术发展中起到重要的作用。现如今,首席工程师和项目经理由同一个人担当的现象越来越常见。

(4)生产经理　生产经理的职能主要包括:

① 总体上管理生产团队以及设备团队,并使其完成预期目标;

② 对原材料、半成品以及成品的存储进行计划和控制;

③ 使产品在效益、质量、花费以及安全性上面达到公司的要求;

④ 主持相应的员工激励方案;为员工制订相应的培训计划,并付诸实施;

⑤ 根据控制说明,执行工序检验;

⑥ 控制废品生产流程;

⑦ 对材料和物流进行监控,保证产品生产运行平稳,控制并改善产品废

品率；

⑧ 汇报项目进程与计划的偏差；

⑨ 监控并执行产品的标准化管理，保证生产能力能够满足生产要求；

⑩ 业务活动；

⑪ 寻找并采用先进的生产技术、设备以及维修技术来改善生产能力，从而减少生产成本。

(5)财务经理　其职能主要包括：

① 对生产边际贡献、预算和预测的差异进行分析，并制订成本削减方案；

② 控制项目成本，并在项目经理以及所有项目人员的配合下，做好关于经济性评估以及决断方面的所必需的外部交流；

③ 开展成本的标准化；

④ 制订用于与项目经理交流的内部报告，其中主要包括偏差分析；

⑤ 每月做好对产品的实际成本与标准成本的对照分析。

(6)策划经理　与项目经理紧密合作，负责对项目主要计划建设和更新，并按照合同要求向公司汇报。

(7)质量经理　其职能主要包括：

① 明确叙述并管理诸如目标、对象、政策、程序以及与质量保证(QA)和规范工作有关的系统开展以及执行情况；

② 通过审查和审计来鉴定质量保证系统是否正常运行；

③ 建立、实施、传达并维护一套质量方案，从而使得公司的质量系统和策略符合质量系统要求；

④ 在质量保证事宜上，协助和配合项目经理以及项目相关人员；

⑤ 制订关于质量管理条例的相应文件；

⑥ 分析并汇报故障费用等相应的数据；

⑦ 为所有产品、工序以及服务的质量保证系统以及质量改善行为(成本-质量削减、审查系统等)提供指导；

⑧ 根据工程的 HSE 计划协调总工程的健康、安全、环境等事宜。

(8)采购经理　采购计划是项目计划中不可或缺的一部分，采购经理应该根据采购计划对项目的进程进行汇报。采购经理需要为工程中各项采购项目制订完整的订单。

(9)秘书　秘书需要负责文件的管理，其中主要包括归档来去信件、跟踪来去的传送单以及审核文件，帮助和协调项目团队处理好日常工作。

(10)合同经理　合同经理需要在合同事宜上协助和配合项目经理，并为其提供专业经验指导，同时帮助项目经理建立工程。

项目经理需要在一个复杂的多元素体系中进行管理。该体系的结构层有来自不同职业、不同部门、不同公司以及其他组织的人员。即使是在最合适的环境下，管理一个工程也是一个非常困难的任务。项目经理需要计划、组织、协调、联系、领导并激励所有参与者，从而成功完成一个项目。

对于一个典型的工程项目，所有的人员必须要齐心协力。不过有一部分人员不需要直接对项目经理负责。项目经理也无须直接地针对他们的表现对他们进行评估、指导、发展、升职、加薪以及增加福利等工作。项目中不同组织结构的人有不同的信仰和目标，他们很可能从来没有合作过，也可能以后不会再合作，而将他们结合在一起工作的就是一个工程的组织结构。因此，项目经理在建立一个项目团体的过程中，必须处理好这个来自不同组织背景人员的人事关系。这就需要部门与部门之间，部门与公司之间，以及公司与各项经理之间建立完善的关系链，而且并不是所有这些公司和部门的人都直接受雇于该项目。

在常规的组织管理中，由于项目组织的临时性的本质，人与人之间的关系往往没有足够的时间来达到一个预期稳定的状态。在项目初期，一个好的团体表现是必不可少的，否则要挽回工程开始时犯的错误以及浪费的时间是非常困难，甚至是不可能的。另外，项目的管理团人事也经常发生变化，随着工程周期的进展，往往会有新的成员进来，旧的成员退出。尽管存在着诸多此类的困难，项目经理们仍然必须要在压力下完成他们在时间、成本以及性能方面的目标，这些都需要对参与项目的人和团体使用适当的压力以及一些激励手段。

9.2.4 项目管理

(1)概况　项目管理是工程是否能够有效地达到规定性能的直接保障。商业案例以及工程简报列出的要求最终决定了该工程需要达到的性能要求。项目管理在一项工程的发展过程中，扮演着管理活动代理的角色，在其运作的过程中，其组织人员很可能由项目管理的专业人员组成。项目管理主要负责准备项目的执行计划，同时确保所有来自其他相关管理活动的信息，都遵循着使工程顺利实施的方向发展。

(2)项目管理方法　项目管理是一项用合理有效的手段来管理、分配以及安排资源来实现一个既定的目标的过程。这个目标可以是时间上的、金钱上的或者技术上的。项目管理是一个通过利用可获得的组合资源来实现目标的过程，同时它也是一系列任务的系统化执行以实现项目目标的过程。项目管理主要包括以下职能：计划、组织、安排、控制。

图9-1所示为工程管理中的多维关系。

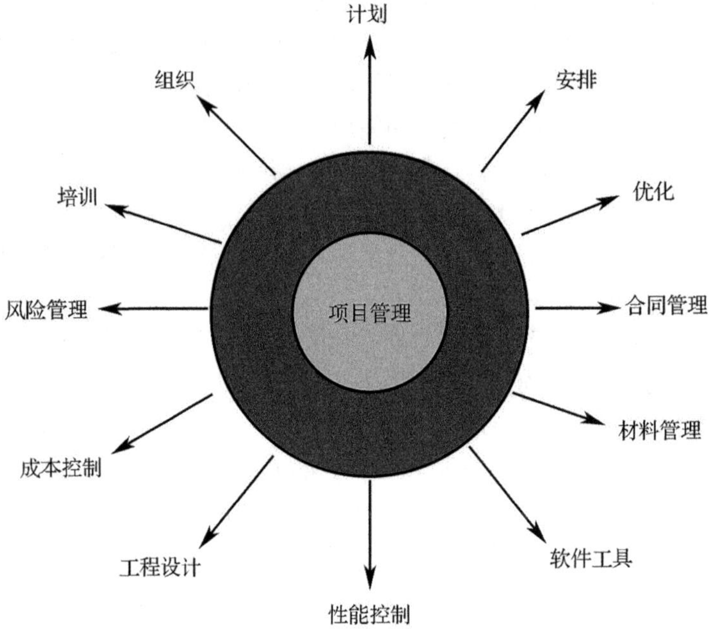

图 9-1　工程管理中的多维关系

9.2.5　缔约策略

缔约策略在实际工程中是许多缔约方法的综合。管理团队将指导承包商们执行主要的工程项目,并且需不断地进行交流和协调工作。一个总括协定将这些承包商们在内部管理、相互校核以及通用系统及控制方面联系在了一起。每个承包商都能够将工程范围内合适的部分转包给其他承包商。

工程的缔约策略主要是通过对主合同以及设备的购买订单进行竞争投标来实现的。另外一个关键的策略就是项目团队在内部制订相关的限制因素,比如相应的管汇以及跨接管系统。然后,这些系统中的关键组成将免费公开发放给一个管道制造商,之后他会与一些成功的阀门以及连接系统供应商进行谈判,从而尽可能减少内部以及潜在的工程建设的错误和耽搁。这样做的两个主要原因是:工程团队可以通过与硬件供应商合作,从而更好地控制交接的质量;可以通过钻探和安装团队合作,从而更好地控制内部交接的质量;另外,通过这种方式,技术专家就能在室内完成相应的设计工作。

9.2.6 质量保证

在工程的完成过程中,工程往往有几个不同的关键工序,它们要么是在同一时间点上完成的,要么就是按顺序完成的。在这些工序中,项目部门需要对工程的进度进行严密监控,并根据合同逐一向公司进行汇报。公司根据质量保证(QA)体系对工程的偏差情况进行评估分析和处理,然后工程将执行修正后的方案。

那些完成工作的团体(承包商)应该具有并维护质量保证系统以保证产品和服务能够按照拟定的规格以及法定要求完成交付,从而满足顾客以及内部人员的需要。"质量保证体系"这个术语意味着一个可用来加强团队组织的正式管理体系。这种体系是一项用来提高工作标准,并保证所有的一切都能连贯地完成的硬性规定。质量保证体系列出了团队需要达到的质量标准。通常,下面是一个团队完成质量体系目标的一般步骤:

(1)统一标准。这些标准关系到员工、受托人的工作表现以及用户对团队的期待。

(2)进行自我评估。这意味着通过与标准进行比较来评估实际工作上的偏差与否。

(3)起草执行方案。这主要包括需要做什么、谁来做以及怎么做、什么时候做。

(4)执行。依照合同,完成项目规定的相应工作。

(5)审查。在这一阶段,你需要检查到底作了哪些改变,并确定这些改变是否影响到了预期目标的实现。

针对那些用于产品和服务交付行为的相关条例:"根据成文条件进行相关工作的调整,当改变可行时,必须要采用正式的文书进行批准。"无论是承包商还是分包商,项目管理都应根据相关规定,积极配合质量经理以及质量部门在工程监控以及审查方面的工作。审查结果应酌情汇报给上级部门。

在计划和执行项目的质量计划(QP)过程中,无可避免的会遇到很多的挑战。对于一个水下系统团队来说,最主要的挑战往往是承包商以及卖家地理分布比较分散从而难以统一管理。

项目开始阶段,质量保证的基本理念主要是基于工程合同中现有的质量体系,这一体系主要是基于 ISO 9001 以及其他一些包括生产、检测试验在内的特殊的质量计划的拓展条例。在工程的初始阶段,QA(质量保证)/QC(质量控制)主要是作为一种监管的角色,在工程不断发展的过程中,工程的复杂性也随之越来越高,为与其相适应,其监管的力度也要随之增长。

水下工程团体的质量团队包括一个 QA 协调员和一个质量工程师(QE),他们都需要向经理负责。QA 协调员的主要工作是开展并监管 QP(质量计划)以及相关流程的实施情况,同时负责主持内部以及外部的质量审查。而质量工程师的主要职责是与第三方监理进行日常交涉、协调,监管承包商以及卖家,执行相应的质量测试。

第三方监督人员的选择主要是基于首席工程师以及质量工程师联合制订的供应商检查执行计划标准。监督人员选择的基本理念是在当地选择知名的,有一定监管、管理能力的监督人员,而不是通过与监督代理机构签订一系列协议来确定人选。

质量计划(QP)要尽量覆盖水下系统项目各个团队的各个方面,同时遵循由项目服务部门以及整改条例管理部门创建的质量管理体系。

9.2.7 系统集成制造以及测试

所有水下设备制造和检测的质量管理必须严格遵循项目的 QA 计划进行。设备所处的临界条件以及后续的高维修费用将会导致与设备成本不成比例的监督水准。为了确保用来支持质量管理行为的资源能够按时获得,并且保证所需的监督和测试要求能够满足系统要求,我们需要建立一个健全有效的组织人员配备计划。在完成各个水下构件的制造和交付过程中,项目团队中的各个成员必须明确各自的义务和责任,并确保所需水准的监督和监控能够顺利进行。水下系统是由大量的独特构件组成的,想要从整体上对项目进行监控是非常困难的,因此在建立性能管理体系的过程中我们必须对此加以考虑。项目计划中必须考虑到许多水下项目在交付的时候与安装环节比较接近,为避免可能发生的过失和不足,因此我们需要制订一些相应应急计划。这些应急计划主要用于在紧急事件中(如设备中断、劳工短缺、关键设备失灵以及油田回流时)克服障碍从而使用户满意。制作进度表必须要在设备安装前为支架安装、整体系统测试以及故障调试提供足够的时间,并且确保测试用的模型设备准备到位。

系统整体测试(SIT)是指在入海之前,在陆上测试整体的安装和运行性能的一整套体系。一旦系统入海,陆上较好的准备以及高水准的测试能够使其在海上安装变得高效,开展更加顺利。

系统整体测试(SIT)是在管道制造商的场地上分两阶段完成的。第一阶段主要进行管线连接点上、吸力桩、管汇以及采油树的所有受力构件的性能测试,每一尺寸下的输送管道以及油井跨接管都是在最大或者最糟糕的条件下进行制造和测试的。系统整体测试第二阶段主要是用于生产控制系统与管汇、采油树以及跨接管之间的整合测试。

系统整体测试(SIT)的整体计划和执行主要是水下系统团体的职责。SIT 的系统计划主要工作是 SIT 计划的制订,该计划用于指定工作范围、测试的详细流程、测试及处理的相关设备要求、人员要求、进度以及成本控制、安全条例等。

在执行 SIT 的过程中,集成工程团队提供所有详细流程、进度表、预算和每天的工作安排,而制造商一般只提供相应的服务条件(人工、仪器和设备),并由 SIT 协调员执行。承包商的工作范围是根据时间和材料合同来确定的,SIT 的人员配备有全职的水下系统团队。在 SIT 执行过程中,其人员数最多可达 4 人。

在 SIT 项目过程中,来自安装以及钻探团队、安装承包商以及操作人员的代表们都将被逐一邀请来观察和参与实际的 SIT 测试,这能够使来自不同团体的人员熟悉设备的相关信息,并且在参与测试的同时开展培训。

在水下团体中,如果拥有一定数量的专家来帮助策划并执行一个成功的 SIT,当然最好。然而,在项目执行过程(水下工程、操作以及安装)中,拥有合适的人选以及尽早地开始规划却往往更加重要。

9.2.8 安装

安装活动是整个项目中决定工程是否最终能很好运作的最主要活动,它需要详细的计划以及管理。项目经理必须确保项目不同工程团队、安装团队、安装承包商以及设备制造团队之间的计划以及交接的顺利进行。安装活动的管理是非常专业的行为,要求团队拥有专门的知识和过硬的技术能力。

安装活动管理的准备工作主要包括:

(1)在初始阶段,确定荷载的大小以及安装的方法。因为这会对结构的设计产生显著影响。

(2)使安装部门的采购和供应管理(PSCM)团队加入进来,调整公司的体系结构,从而扩大公司的范围和规模。

(3)确保能够获得的安装船以及 PSCM 策略能够与相应的安装方法相适应,从而满足相关需要。

(4)确保通过安装承包商的早期介入,使设备的设计能够满足安装要求。对于安装承包商来说,他们往往倾向于在设计以及建造过程中来进行检查,这往往会需要结构的重新设计和重新制造。

(5)在制订详细的安装策略之前,任命一位安装经理来管理相关的安装事宜以及安装合同。

计划工作主要包括:

(1)确保工程团队、安装团队以及建设团队之间进行及时的细节设计检查,以保证全面调整先于工作开始之前。

(2)对已经制订的设计和方法开展同行审查。

(3)确保在正式执行之前,整个安装过程的详细步骤必须已经由安装团队制订完成。

(4)在执行加载、下水和安装之前,应进行详细的审查来确保所有的要求均得以满足,同时确保责任分工明确。

(5)确保拥有确切的海况以及专业的天气预报消息,来支持安装计划以及相关过程的实施。

水下设备的安装主要由建设队伍中一个子团队的安装团队来负责。安装团队的首要任务为谈判、签合同、协调、进度安排和控制不同承包商之间的预算以便完成水下安装工作。该组织能够在整个安装过程中优化船只利用、保证场地安全以及进行整体建设管理。技术责任仍然由水下团队负责,他们需要提供技术支持、对承包商的安装过程进行审查和认可,并给予详细的测试说明。

总体来说,一旦这个新型的组织结构在安装水下设备时是成功的,它就能够显著减少项目的成本。应尽早地选择并确定安装承包商并介入水下设备的设计工作,制订早期的安装细节以及确定各个安装过程的问题和风险。作为计划阶段的重要组成部分,进行安装风险评估在提高该项目成功率上往往非常有用。通过风险分析,我们就可以在海上作业之前确定关键的问题以及潜在的障碍。

9.2.9 进度管理

进度管理是开发管理部门的一个子部分,主要负责计划并监控各个阶段的进行情况。主要职能包括:

(1)在与工程管理部门进行紧密合作后,详细列出进度执行计划;

(2)对阶段进行审查并汇报;

(3)对每阶段进度成果的输入输出过程进行确定并检验;

(4)向开发管理部门提供关于一些成功的产品交付执行过程中的专家建议;

进度管理团队主要由一些与工程不相关的专业人士组成。

9.2.10 HSE 管理

(1)HSE 原理　保护健康、安全以及环境保护,这不仅仅在法律中有规定;同时,它们作为一种理念,即意识到HSE是产品和服务中至关重要和不可或缺的部分,这构成了新的财富价值和附加价值。HSE的基本理念应该是项目安全的重要指导纲要。

项目团队应该致力于实现技术和操作的整合,同时保证工程、设计、采购、执行和竣工工作及测试等各个环节相互作用的实际和经济上的可行性。

9.2.11 HSE管理计划

为了达到无事故、无害于人类、无害于环境的目标,我们需要有一个与工程复杂度和范围相称的完善的计划。

HSE管理计划是用来保证在设计、施工、制造、安装和过渡期的过程中的行动都是安全环保负责的。HSE管理计划提供的必需信息适用于确保整个工程团队,包括合同商和其他人员,以便了解HSE所关注的问题,以及当遇到问题时该如何识别、消除、减轻或者管理,同时建立不同管理层之间的问责制度。这项计划可以视为为工程团队成员所提供的HSE培训工具。

HSE管理计划的目标如下所示:

(1)清晰地表明HSE工程所要达到的目标和期望,并为工程团队提供一个能够实现该目标的工具。

(2)详细地阐述与HSE有关联的工程的组织、责任和管理控制方法。

(3)确认HSE的研究成果。

(4)制订与HSE相关的审查和审计的执行细则和时间。

9.3 交　接

9.3.1 概述

交接主要是指两个团体之间的职责范围的交接,两个团体的信息交流或者两个不同团体的设备之间的物理交接。处理交接差异是项目能否顺利完成的一个关键指标。不同生产厂商以及分包商之间的交接差异往往会导致巨大的问题,比如会使各个活动交接的复杂化。所有工作元素之间的交接应该通过制订双方都能接受的解决方案。工作元素主要包括全部合同的范围、详细定义的分项项目以及分包项目或者相关设备/操作,这些分别在各自的团体中加以讨论并进行适当调节。公司将会对已商定的交接范围以及在工作和供给范围内的确切工程解决方案进行具体说明。各个团体之间需要进行协调,使交接明细化并逐步达成一致。为了反映每个交接的开展和解决情况,我们需要建立一个交接注册机制。

水下设备团队应该参与整体工程的管理交接工作。水下团体的交接工作应该由团队交接协调员负责管理,要维护交接注册工作,并为后续工作分配任务。用于该目标的管理工具是交接任务矩阵图,通过矩阵图,能够很好地完成项目各个阶段的关键人事的分配工作。团队成员能够输入结果到交接数据库,同时也能在交接数据库中进行相关资料的查询输入,注册并维护相关查询直到各个部分满足相关的条件。注册在法律上是允许的,比如:以法律保护和防止侵权为目的对所有权进行记录的版权办公室。通常情况下,注册往往需要缴纳一定的费用来用于管理工作以及为所有者颁发证书和提供参考数字。数据库仅仅是一个可供搜索的记录的集合和平台,这些记录可以是所有权、图书馆可供外借的书籍或者网上找寻约会对象的人的相关记录。然而,数据库中的记录存在与否并不能真正表明所有权的所属状态。

9.3.2 角色和职责

(1)项目经理　项目经理在总体上需要对各个交接工作进行协调,同时他需要在项目团队中寻找一个负责人来协助管理交接体系的日常运行工作。

(2)交接经理　交接经理的主要职责是通过处理不同职能团队之间的信息交流,以便直接管理和协调不同团队之间关于交接问题的鉴定、维护交接注册、组织日常交接会议、协助交接等方面的工作。

(3)交接协调员　交接协调员是由每个团队内部指定的,他向交接经理负责,并通过与交接经理和其他职能团队之间的信息交流,来确认交接问题;与团队内部成员进行相关交流,同时协助完成交接工作。

(4)总工程师　总工程师可以是参与该项目中任何职能团队的成员。总工程师需要找出影响其所负责工作的交接问题所在,并把这些问题汇报给团队内部的交接协调员。总工程师可以同时兼任交接协调员这个职位。

(5)项目控制协调员　项目控制协调员主要负责进度以及预算报告的维护工作。

9.3.3　交接矩阵图

水下交接矩阵图表明了公司与负责具体施工、建造、设备安装的主要承包商的相互关系。交接矩阵图是一个所有项目交接关系的列表，通过该矩阵图，承包商中的任何成员能够在其中获得最新的工程信息。交接矩阵图是一个实时的文档，在工程项目的不断进展过程中需要不断更新，因为新的交接工作会不断涌现，此时旧的交接工作的状态需要被改变。

交接矩阵图上的每个交接都分配有一个特别的项目编号以防止混淆。如表9-1所示为一个交接矩阵图的示例。

表9-1　交接矩阵图示意

交接号	交接项目	详细描述	发起者	接收者	交接日期	状态	备注
			公司名	公司名		开启/关闭	

9.3.4　交接计划安排

每个交接工作都需要进行合理的时间安排，只有这样，公司才有足够的时间获取相关信息来对工程的相关工作进行整合调整。这个安排的日期便是矩阵图中的“交接日期”。

9.3.5　交接管理计划

交接管理计划主要针对不同团队内的交接以及相关设备的物理交接的管理。该计划的目标是为了确保不同团队之间在关于体系、流程、活动和成果上的信息的交流，以便保证交接能够及时和按时地完成和解决。尽早地确定和声明这些信息也能够减少潜在的对项目进度的耽搁，另外，有效地解决整个工程中的交接问题对各方面都是有利的。

在整个项目的设计、采购、制作、安装以及设备的试运行等各个阶段，往往会有许多不同的团队参与工作。交接管理计划建立了用于确认不同职能团队之间的交接问题，记录和追寻问题根源以及解决问题的方法和相关工具。

9.3.6 交接管理流程

所有交接事宜都被输入数据库以便即时跟踪和汇报。所有交接经理以及某些选定人员都有权对系统进行访问。

(1)过程　为了消除对工程造价、进度以及质量的负面影响,交接管理需要对交接的问题迅速作出判断,并快速加以解决。总体上来说,交接的主要过程为:计划、识别、评估、监控和控制以及对那些会影响到其他企业和合同进程交接(例如文档控制、工程控制以及知识管理体系)的收尾。

交接管理会直接影响到工程的各个阶段,无论是从开始到最终交工的具体细节工程还是其中的操作运行过程,交接存在于工程的各个阶段,我们需要预先对其进行管理和处理,从而保证承包商的工程进度和工作的执行。

(2)交流　承包商与客户公司之间需要尽早进行开放的交流和讨论,来确定交接事宜顺利进行,在交流和讨论工程中积极地提供问题的实时解决方案。事实上,在合同中牵涉的所有的交接双方都应该积极地提倡这种开放式的交流。

另外,在同地协助阶段和虚拟团队阶段与外部的交接团队之间举行常规会议,这种做法也是值得提倡的。面对面的会议能够有效维持和促进承包商与客户之间的联系。

(3)会议　所有的交接经理均需参加每周例会。会议的目的是对存在的交接问题、需要完成的交接、预期完成交接的问题以及对"结束"项目的状况进行讨论。

(4)数据库工具　对于在公司网络外部的员工来说,对数据库的访问可以通过共享文档和因特网进行。

(5)交接序列　每个交接问题应该以交接序列的形式进行提交。交接序列可以由任何团体提出,但是必须由各个团队的交接负责人进行提交。在交接负责人将序列上交以后,序列号会依照提交的时间顺序自动产生,同时序列副本会分发到所有相关团体的手中。

(6)实行计划　复杂或困难的交接问题可能需要一个或多个步骤才能加以解决,计划表的实行能够很好地将整个过程表现出来。相关团队需要制订该实行计划,并在交接注册表上进行记录。

(7)交接问题的结束　交接事宜结束时,我们需要在交接注册表单中的"交接结束日期"栏中填入相应的日期,同时需要制订一个"结束索引号"。这个结束索引号可以是一个通信号也可以是文档参考号。

(8)交接冻结　当交接文档被注明"批准设计"或者"批准建造"时,交接即告"冻结"。未完成的交接应该注明"保持"字样,相关交接事宜应该在交接注册表单中记录以便日后继续。

9.3.7 交接注册表单

交接注册表单由一系列承包商提出的"交接序列"组成,而来自公司的"序列"应该存放在另外一个注册表单中,这种做法可以更加容易地找出遗失的序列单。

9.3.8 内部交接管理

内部交接是指发生在特定公司内部以及设计方面的交接。内部交接管理的职责主要落在承包商手中,这个承包商可以是负责整个工程的建造、采购、安装和委托的一方也可以是只负责整个合同的一部分的一方。

9.3.9 外部交接管理

外部交接主要是指发生在特定公司和外部组织之间的交接。外部交接管理可以作为生产公司的一项政策性工具,或者作为项目团队的一个控制工具。

9.3.10 交接决断

外部交接的决断首先应该在交接相关的团队内进行,不过相应的子团队可以用来帮助和协调解决相关问题。如果该团队无法达成最终决定,应由外部交接团队负责此项事宜。如果交接冲突始终无法解决,客户公司应该以中介人的身份介入并促进相关问题的解决。

9.3.11 交接交付

针对某个工程,公司应该为其配备一个有专人看管和管理的交接交付数据库。数据库中包含所有承包商之间的突出的交接情况,以及相关的需要和交接的起始日期。

参考文献

[1] Badiru A B. Project Management in Manufacturing and High Technology Operations[M]. Wiley-Interscience,1996.

[2] Byrne M G, Johnson D P, Smith K L. BPTT Bombax Pipeline System: World-Class HSE Managemen[C]// OTC 2003, Houston, USA, Offshore Technology Conference,2003.

[3] Harrison F L, Lock D. Advanced Project Management: a Structured Approach[M]. Gower Publishing Company,2004.

[4] Gist G. Diana Subsea Production System: An Overview[C]// OTC 2001, Hoston, USA, Offshore Technology Conference,2001.

[5] Kenney J, Harris K, HodgeS S, et al. Na Kika Hull Design Interface Management Challenges and Successes[C]// OTC 2004, Houston, USA, Offshore Technology Conference,2004.

[6] Nooteboom U, Whitby I. Interface Management – the Key to Successful Project Completion [C]// DOT 04, New Orleans, Louisiana, USA, Deep Offshore Technology Conference and Exhibition,2004.

[7] OGP. HSE Management-Guidelines for Working Together in Contract Environment, Report.

第10章 ROV修井和接口

10.1 引　　言

随着越来越多的深海油田进行的开发,大量的水下工作超出了人们的能力范围,水下机器人(ROV)和遥控工具(ROT)的出现使得这些水下工作得以进行。ROV 是可以在水中自由游动的潜水器,它可用来执行如阀门操作、液压操作和其他一般性的水下任务;而 ROT 则是无人操控的专用水下工具,用来执行远程安装或模块更换等任务,这些工作所需要的提举能力超出了 ROV 的运动范围。

本章将对水下远程修井与连接、水下机器人技术、水下机器人的能力以及水下操作的要求作一个概述。

10.2 ROV 修井

水下修井意味着所有活动都要在水下进行。在用于水下生产系统(SPS)的接头设计之前,我们需要首先建立一种干预原理。干预原理通常需要考虑以下几点问题。

(1)需要在水下进行什么样的工作;

(2)应该用什么样的方法完成这些工作;

(3)完成干预活动都有哪些要求。

第一个问题将在下面内容中讨论。对于第二个问题,在水下工程中有两种常用的干预方法:①用 ROV 来进行检测、清洁等;②用 ROT 进行模块更换或水下连接。第三个问题的答案可以在 API 和 DNV 规范中找到。

一般来说,ROV 可用来执行现场勘查、协助钻井、协助安装、协助工作、检测、保养和维修等任务,这些会在后续章节详细讨论。

10.2.1 现场勘查

现场勘查需要在钻井、设备安装等海上活动开始以前就进行,以得到海床精确的深度和性质。

通过精确测量得到的海床地图可以由海床参考系统展现出来,该系统采用多种压力传感器和声波数据传输设备,并由 ROV 部署和回收。海床也可由 ROV 用多波束回声测深仪(MBE)或侧扫声呐(SSS)进行测绘,如图 23 - 1 所示。而由水下地层剖面仪(SBP)所获得的剖面资料可用来研究海床的性质以确定其是否适合作为水下安装的基础。

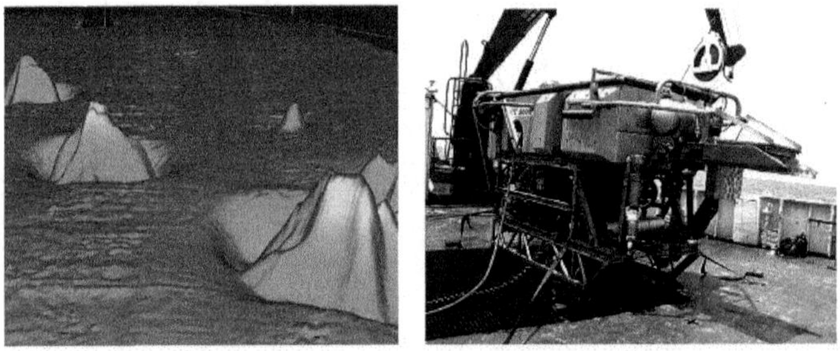

(a) (b)

图 10 - 1 使用 ROV 进行水下绘图

(a)水下测绘;(b)用于测绘的 ROV

10.2.2 协助钻井

钻井作业通常包括钻井过程和完井,一般有以下几步。

(1)声波设备的布置,如转发器或无线电信标台,ROV 通过这些设备来确定海平面或水下的位置(参考第 5 章);

(2)通过观察由 ROV 里的摄像机或静态照相机形成的图像来勘测水下状况;

(3)结构布置与测试,例如永久导向基座、临时导向基座、采油树和防喷器;

(4)竣工勘察,它是通过 ROV 设备来进行的 ROV 目视观察。

在整个过程中,ROV 所做的工作主要包括:通过摄像机和相机(一般声呐扫描会作为声波监测辅助设备而参与其中)进行的水下勘查;监测结构下降和着陆;通过回转罗盘和钻眼进行的结构定位和等级检测;竣工勘察。另外,在结构进行安装和检测时,还有以下一些工作需要 ROV 或 ROT 系统来完成。

(1)声波收发机或信号塔的布置与修复;

(2)碎片定位,且要将包括掉落物品(如果有)在内的水下碎片从海床和采油树上清除;

(3)通过 ROV 的运动来协助水下设备定位;

(4)导线的布置与紧急情况下的切断和恢复;

(5)设备的连接与断开,如吊装环钩;

(6)用刷子或水流喷射装置清理导向支座上的水泥;

(7)通过液压扭矩工具或液压上扣来进行阀门操作;

(8)ROV 操控的定位和更换,还有销钉的拉紧与释放;

(9)用 ROV 进行控制盒更换;

(10)由夹紧和挤压螺钉而进行的阳极安装。

10.2.3 协助安装

在近海,往往采用从上至下的方法进行水下设备的安装,其过程可以分为以下两步。

(1)水下设备安装,例如管汇的部署和着陆;

(2)出油管道/脐带缆安装,例如初始、标准铺设和下降。

水下设备的安装方法通常可以分为两类。对于重量大于 300 t 的大型设备,可以由重型吊船安装,该船上的起重机的缆线要足够长,从而可以将设备卸落到海床上。要想完成对海床的软着陆则需要和起重机一同使用主动的升沉补偿系统。也可以由钻井架上的钻塔来安装,该钻塔具有高达 600 t 的起重能力。对于小一点的水下设备(最大是 250 t),采用一般的装有起重机的吊船就可以达到目的,该起重机可以将设备自上而下沉入水中。该类船舶所配的起重机一般缆线长度都不足以达到海床,而一旦设备要穿过飞溅区,就需要将设备从起重机转到具有高承载力并且足够长的绞车上。这两种安装方法都用到了 ROV,它来进行观察和检测,并且参与导线缆和挂钩的释放和耦合。

对于大部分水中的结构,常常采用 LBL 法来确定其位置,这种方法是用传感器确定其位置,再用罗盘测定其方位,最后用深度传感器来测量深度。而这些组件往往集成绑定在结构上,进而可以由 ROV 进行回收。定向控制可以借助 ROV 来完成。在结构最终落到海床上以前,ROV 需要通过其自带的照相机确定结构的对齐与平衡。ROV 也可用于安装节流器、多相流量计和水下控制模块。对于密封压力试验,ROV 可用来进行热入扣。

ROV 可协助安装用于管道和脐带缆安装的固定锚,它也可以连接用来安装 J 型管和 I 型管的拉线。在正常安装和管道/脐带缆的铺设过程中,接地点一般由其附近的 ROV 监控。

水下生产设备、出油管和脐带缆之间的连接可以通过跨线从脐带缆终端总成(UTA)到采油树/管汇;通过油井跨接管从采油树连接到管汇;通过跨接管从管汇连接到 PLET。跨线可以由 ROV 直接处理和牵引,而跨接管可以使用吊具从船上部署,并且其定位与连接器驱动需要 ROV 的辅助。

10.2.4 工作协助

主要的生产活动包括以下几点。

(1)流动控制,它可由控制盒和脐带缆的液压驱动或外部的 ROV 和 ROT 来操作节流器和阀门来实现;

(2)通过有关的计量仪表,监控流体温度和压力;

(3)针对腐蚀、结蜡和水合物而进行的化学剂与抑制剂注入;

(4)液体、气体和固体的分离(过滤);

(5)增压泵加压;

(6)流体加热或冷却。

在操作阶段,ROV 通常不作硬性要求,除非进行非临界阀门的驱动、可能的间歇状态检测、采样等。

10.2.5 检测

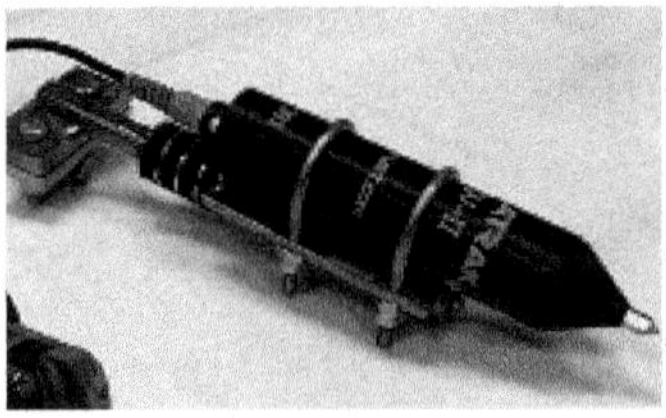

图 10-2 带有 CP 探头的 ROV

当结构由于流体振动、内部侵蚀和腐蚀等原因引起结构削弱时,就需要进行定期检测。检测可分为以下几步。

(1)全局目视检测,包括目视检测、阴极测量和海洋生物增长率测量；

(2)严密目视检测，这要进行额外的物理清理工作，包括非破坏性试验(NDT)的 CP 测量和裂纹检测；

(3)详细检测，包括严密目视检测、裂纹检测、壁厚测量和流动监测；

(4)常规管道检测，包括针对埋地管的跟踪和保护层厚度的测量，该方法也可以用于控制脐带缆和电力、控制电缆的检测。

阴极保护的测量可由 CP 探头(见图 10-2)来完成，通常要由 ROV 进行。

清洁工作由装备有刷子或高压喷射装置的 ROV 来完成，如图 10-3 所示。

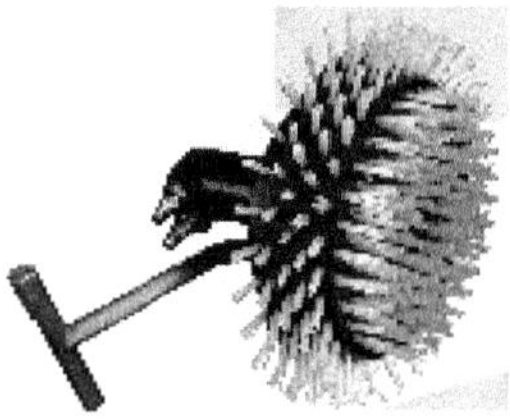

(a)

(b)

图 10-3 旋转刷工具和水射流工具

(a)旋转刷工具；(b)水射流工具

裂纹检测工作由 ROV 完成，可采用磁粉探伤(MPI)、涡流和 ACFM 法等。

10.2.6 保养与维修

保养活动包括修理或更换受到磨损的模块。保养通常要将模块回收到表面，随后更换为新的或其他替代模块。

回收和更换必须在水下设备设计中预先准备好，一些如多相表、节流器和控制盒的设备会经常进行移除和更换。当水下设备的非可回收部件受到严重磨损或损坏时，我们就要实施一个完整的更换过程。

由于保养和修理的昂贵和困难，生产可能会在定期监测的条件下继续进行，除非损坏的模块容易更换或者发生的故障阻碍了生产。

10.3 水下机器人系统

10.3.1 水下机器人修井系统

水下机器人系统(如图 10－4 所示)可以分为以下几个子系统。

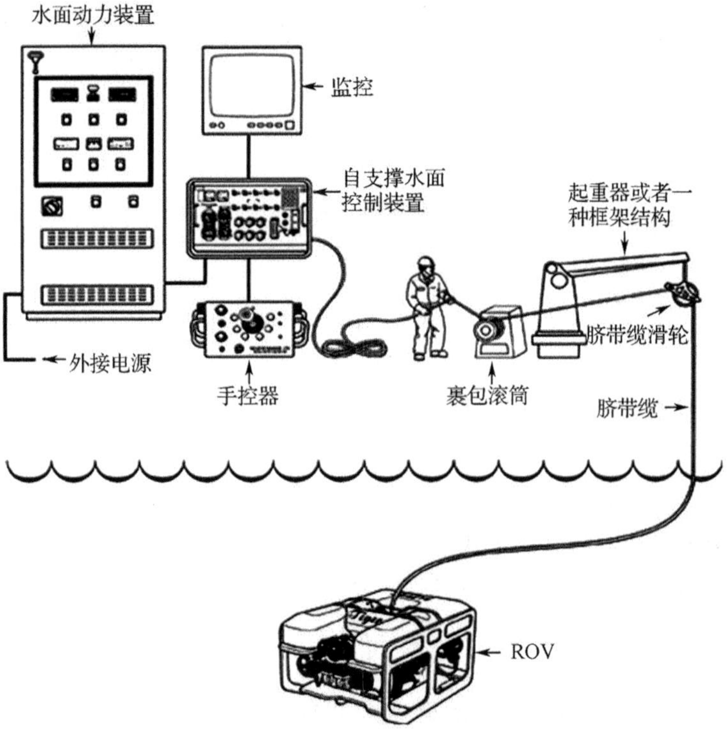

图 10－4　ROV 系统

- 甲板上的对水下 ROV 进行控制的控制室;
- 甲板上的负责 ROV 保养和维修的修井室;
- 甲板上的处理和部署设备,如 A 型框架或起重机、绞车;

- 为水下 ROV 的安装和修复提供电能的脐带缆;
- 减少脐带缆运动对 ROV 的影响的约束管理系统;
- 水下修井 ROV。

(1)水下机器人(ROV)的分类

ROV 可划分如表 10-1 所示的几类。

表 10-1 ROV 分类

ROV 分类	功率/马力	动力来源	水深	负载	应用
观察类	<20	电力	有限	很小到没有	只用于观察
观察类 ROV 用于视觉检测/检测和辅助潜水员。典型的这些系统都配有光线传感器、探针和简易抓斗,但只能携带极少或不能携带负载					
轻量工作类	20~75	电力液压或电力	1 000~3 000 m	适度起重和负载	调查,小型钻井支持
轻量工作类 ROV 用于钻井作业和浅海任务(如 150~200 kg),包括检查、观察和援助的任务。它可以携带一个或两个摄像机,声呐和单一机械臂;它能够携带轻量的负载					
工作类	75~100	电力液压	1 000~3 000 m	大型起重和负载	建造,铺管,钻井和完井
工作类 ROV 可用于各类任务,例如:钻井支持、建造和维修任务、平台清理、水下工具部署和运行(如多达 500 kg)。它具有较高的液压动力和荷载能力,更多的传感器通道通常装有一个抓勾或一个七种功能的机械臂(例如用于支持钻井)或两个七种功能的机械臂(例如用于建造任务)					
重工作类	>150	电力液压	2 000~5 000 m	极大的起重和负载	主要建造和通信
重工作类 ROV,如拖拽或底部爬行载具,通常是为特定的干预任务如海底挖沟或管道维修而特制的					

(2)平台设施

为了安全而有效地进行 ROV 操作,我们需要提供合适的甲板面积和甲板强度,以及利于安装和维修的外部维护结构。

ROV 控制站从简单的 PC 操纵杆控制到设置在船舶或者平台上复杂的大型海上控制舱/室不等。控制站包含有视频显示器及一系列的 ROV 接口控制机械。一个典型的控制台通常包括操作员主控台、照明、电力出口、火灾报警、灭火器等。

(3)ROV 发送和回收系统(LARS)

一个 LARS 系统由绞车、绞车供电单元、起重机/有固定块的 A 型框架以及 ROV 引导系统组成。

一般来说,发送和回收可以通过一个普通的可提升的吊绳来完成。不过,为了方便部署和回收吊绳,我们往往使用卷轴/滚筒。通常情况下,我们采用电机来转动卷轴并提供提升力。该电机可以是电动机或液压马达,它往往配有一个齿轮箱,其主要作用是降低转速和提高扭力。电机系统、卷轴/滚筒、基础框架以及其他配套结构,通常一起称为绞车。在起重臂/A 型框架的底部有一个固定块,用来控制力的方向和将绞车安装到低矮一点的结构(例如甲板)上。

为了在沉入水下的过程中固定好 ROV,常常在 LARS 上安装一个对接接头、游标和引导轨道,如图 10-5、10-6 和 10-7 所示。

图 10-5　缓冲器接头

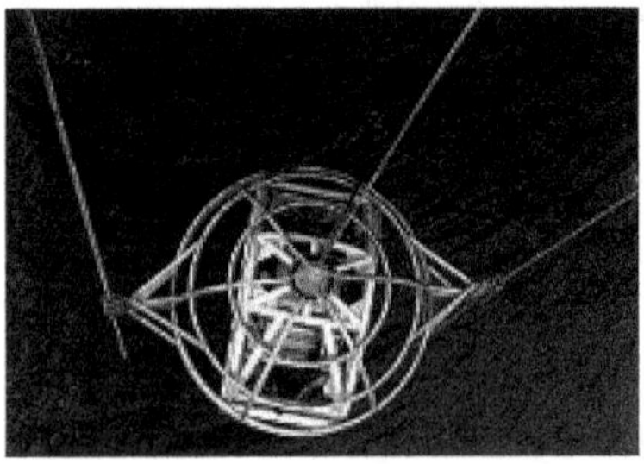

图 10-6　导线油标

(4)脐带缆和运输管理系统

与自动水下工作车不同,ROV 脐带缆是一个联系运输船和 ROV 的媒介,它可用来传输信息和液压/电能。而自动水下车则是一个可以在水下运动的机器人。ROV 通常在外部配有钢装甲层,并具有平衡扭矩的能力。要尽量减少脐带缆的直径和重量,以减少由于波浪和海流以及提升的要求(即要足够的强度来在海面和水下间发送和回收 ROV)所造成的阻尼力。通常,脐带缆是消极漂浮,它常常与浮力块相连(例如每隔 100 m),以避免脐带缆和水下设备或在浅水中工作的 ROV 缠结在一起。

图 10-7　导轨系统

运输管理系统(TMS)可用于部署深海 ROV。受到消极浮力的脐带缆可以发送和回收运输管理系统和 ROV。连接 ROV 和 TMS 电缆的脐带缆,常称为系绳,它有着相对较小的直径和中性浮力。TMS 就像是一个管理水下电缆的绞车。该系统有两个明显的优势。

① 因为消除了脐带缆施加给 ROV 的力,ROV 可以更加顺畅地移动(该作用力在 200 m 水深时与 ROV 本身的抵抗力相同,但会随着水深的增加而迅速增加)。

② 不需要再使用 ROV 独有的推进器,来使 ROV 达到海床附近的工作深度。一个供电 TMS,例如一个安装着很多推进器的 TMS 笼,可以用来平衡海流对 TMS 造成的阻尼力(在某些区域该阻尼力可达到 1 ~ 1.5 kN)。

运输管理系统专门设计用来管理系泊链,并且可以附着在观测类 ROV 上,或者附着在工作类 ROV 上(如图 10 - 8 和 10 - 9 所示)。

图 10 - 8 顶帽类型的 TMS

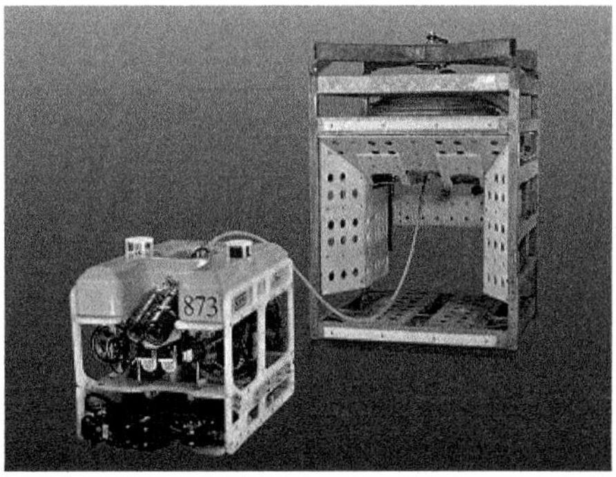

图 10 - 9 带 ROV 侧面进入型 TMS

10.3.2 水下机器人(ROV)

(1)特征

① 构造

多数工作类 ROV 外形常常为矩形,包含了用来支撑和保护推进器的铝制框架、水下监控摄像机、探照灯和其他设备(即观测用闭路电视、用于确定方向的罗盘、深度探测仪、高度探测回声设备、环境监测声呐扫描仪)。

一般来说,ROV 都接近中性浮力,其浮力略大于重力,以确保在紧急状况或断开状态下能浮出水面。ROV 通过推进器垂直向下运动。一般来说,浮力是由铝质框架的复合泡沫材料提供的。ROV 的重量通常在 1 000 ~ 3 500 kg 之间,具体例子可查看 Annex A API 17H 2004 中的表格。较高的浮力作用点和较低的重量可以确保 ROV 有一个良好的稳定性能。

② 工作深度

传统的 ROV 设计的工作深度为 100 ~ 1 000 m，主要用于支持钻探作业，包括水下勘察、水流喷射及密封环安装，以及为轻型结构提供支持和检测等。这些 ROV 能承载大约250 kg，功率从 40 ~ 75 马力不等。

由于石油/天然气公司已经探索到了更深的水区，对 ROV 就提出了更高的要求，以便解决远程干预和管道/脐带缆连接等任务。如表 10 - 2 所示为世界上典型 ROV 作业水深。

表 10 - 2　典型的 ROV 作业水深

ROV 名称	Challenger	Hysub 60	Pioneer HP	Super Scorpio	MRV	Diablo
操作水深/m	1 572	2 000	1 500	914	1 500	2 000
ROV 名称	Triton XLS	SCV - 3 000	Hydra Magnum	Hydra Millennium	INNOVATOR™	
操作水深/m	3 000	3 000	3 144	3 144	3 500	

③ 有效荷载

一个 ROV 的有效承载能力由以下条件决定。

a. ROV 能源；

b. 结构完整性；

c. 机械手的扭矩负载能力；

d. 海流条件。

典型的 ROV 的承载能力如表 10 - 3 所示。

表 10 - 3　典型的 ROV 承载能力

ROV 名称	Challenger	Diablo	Pioneer HP	Super Scorpio	MRV
承载能力/kg	113	250	100	100	220
ROV 名称	Triton XLS	SCV - 3000	Hydra Magnum	Hydra Millennium	Maximum
承载能力/kg	300	100	227	318	499

(2) 导航系统

ROV 的导航分为一般导航和精确导航。一般导航有甲板测算和水声法两种方法，其中水声法在长基线（LBL）系统中使用最广泛。例如，将一系列应答器排列在海床上，至少在 ROV 上安装一个声波收发器，船舶上安装有一个接收器。

精确导航可引导 ROV 找到目标对象，它主要依靠陀螺罗盘完成，该罗盘用于 ROV 的监测和观察系统。精确导航系统由成像声呐/低光摄影机和探照灯组成。一般情况下，水下探照灯的功率为 250 W 和 500 W 之间，大型探照灯可以达到 750 ~ 1 000 W，而小型探照灯也可以达到 100 ~ 150 W，同时配置有一立方形电视以得到立体目标影像，以获得目标厚度以及 ROV 与目标之间的距离。

（3）推进系统

ROV 推进系统由动力源、液压马达和推进器的伺服阀/电力马达组成，该设备可用来调整潜水器状况（平稳、倾侧和行进）并按导航方向将潜水器从 TMS 推进到工作地点，或者反向推进。

作为 ROV 推进系统的主要部件，水下推进器可以通过多种途径来施加非对称的力或采用不同的推进器数量，以使得潜水器具有可操作性和可控性。推进器要有合适的尺寸，以承受作用其上的各种荷载（包括水动力荷载和工作荷载）。现实中有很多种电力推进器和液压推进器。一般来说，电力推进器用于小型潜水器，而液压推动器可用于较大的工作类潜水器。典型的两类推进器如图 10 - 10 所示。当为一个 ROV 选择推进器时，能源、效率、压力、流量、重量、尺寸和前进/后退等因素都要考虑进去。

图 10 - 10　电力和液压推动器

（4）观测系统

ROV 采用了大量的水下摄像机来进行观测任务，包括导航、检测和监控。

摄像机的图像传感器包含弱光硅强化目标摄像机（SIT）、电荷耦合器件（CCD）和用来获得高清图像的设备（HAD）。某些摄像机配备了可以近距离检测照明的 LED 灯，这样在检查时就不需要进行单独照明。由摄像机拍摄到的图像转换成视频信号，并通过传送设备传到海水表面的视频信号捕捉器上。

（5）机械手

ROV 通常配有两类机械手，其中用来固定装置的机械手包含 5 个功能臂，而另一类用来进行各种干预的机械手包含 7 个功能臂。机械手系统在尺寸、额定荷载、范围、功能性和可控性上都有很大的不同。他们可能是简单的电磁控制单元或者伺服阀控制反馈单元。臂端装有一个夹具,通常由两个或三个手指组成,用来抓住把手、物体和结构单元以进行工作或稳定 ROV。

10.4 ROV 接口工具

为了方便 ROV 进行水下干预,如钻井辅助、安装辅助和检测、保养和修理(IMR)等,我们引入并生产了针对 ROV 的接口,如:针对 ROV 自身的液压工作总成和对接框架;针对 ROV 机械臂的液压连接器、阀门覆盖工具和异径接头;针对水下系统并且有利于 ROV 操作的接口,如:安装了阀门面板的 X 形采油树,安装了引导系统的管汇阀,装备了区域控制面板的模块和工具。

本部分以 API 17H 2004 为例,描述规范规定的典型接口的标准。

10.4.1 固定工具

ROV 的固定可通过以下途径实现。

(1)工作平台,利用水下结构的一部分形成;

(2)吸力盘,由附着于 ROV 上的机械臂的吸力盘组成,该吸力盘在 ROV 执行机械手操作(包括清洁、检测和阀门操作)时会用到;

(3)抓握,可广泛用于水下设备的所有项目;

(4)对接,采用单点或双点对接工具部署单元,常用于水下设备接口负荷较危险的地方。将插座纳入水下设备结构内,或是作为一个独立的螺栓/焊接的单位,或是作为水下设备的一部分。

如图 10－11 所示为抓握手柄,如图 10－12 所示为 ROV 上的吸盘。

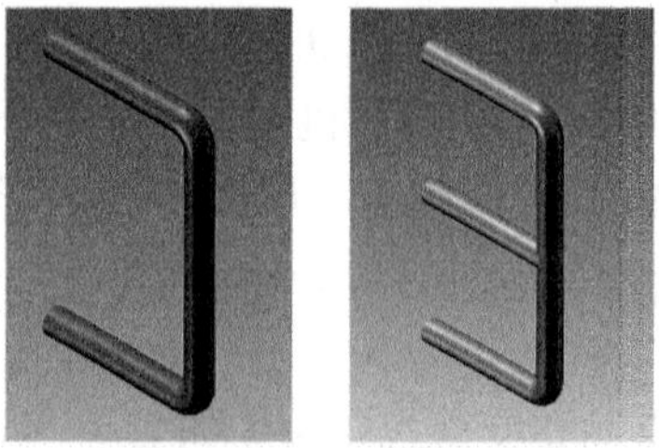

图 10－11　抓握手柄

图 10－12　吸盘

这些接口应符合下列要求。

(1)ROV的工作平台应该是平齐的、畅通无阻的；

(2)水下结构在邻近目标区域的地方应有光滑的平面，以便机械臂上的吸力盘与其稳固相连；

(3)抓握干预接口应能承受来自任何方向的不低于2.2 kN(500 lbf)的荷载和不低于2.2 kN(500 lbf)的握裹力；

(4)对接探头应具有故障保险脱扣(如图10-13所示)和超载限制功能。

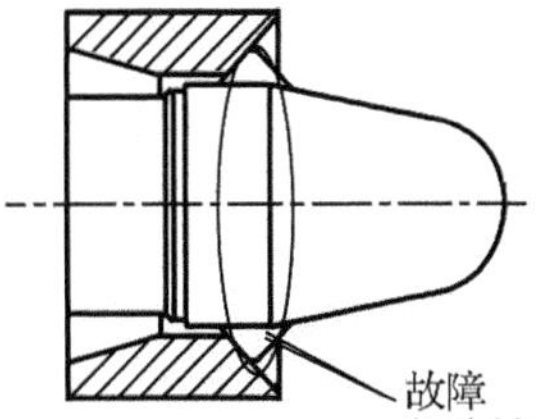

图10-13 带故障保险锁的对接探头

10.4.2 手柄

手柄是接头工具(如扭矩工具、热入扣等)和ROV的机械手或ROV安装工具之间的接口。手柄的构造如图10-14所示。

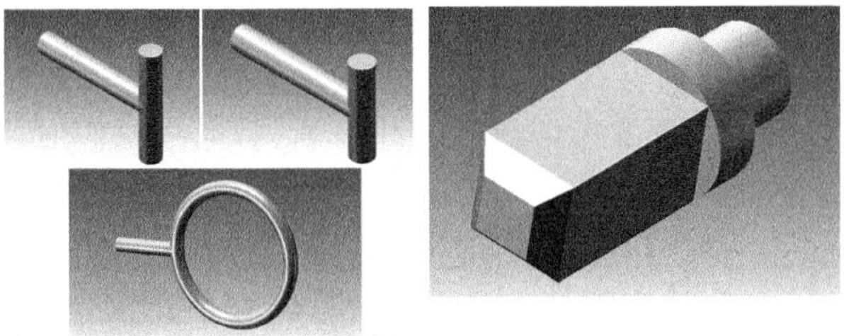

图10-14 手柄

手柄接口应符合下列要求。

(1)手柄杆应能承受最大工作荷载，无论是线性荷载还是扭矩；

(2)操作者在直线操作中产生的任何非线性荷载都可以通过手柄与工具上的附件之间的协调性来考虑；

(3)手柄上应该明确扳手移动的方向，这样可以降低结构损伤的概率。

该接口可以通过ROV的机械手或ROV安装工具来进行安装。

10.4.3 扭矩工具

(1)低扭矩工具

该工具为 ROV 作业提供了球状和针形阀门、卡箍等。水下设备的接头包括密封在管道壳内的轮翼或 T 型杆,这些部件通过螺栓或焊接封闭在一个管状结构中,它可以成为一个独立的结构,也可以作为水下结构的一部分。

如图 10 - 15 所示为典型的 A,B 和 C 三种低扭矩接口,该类接口应满足下列要求。

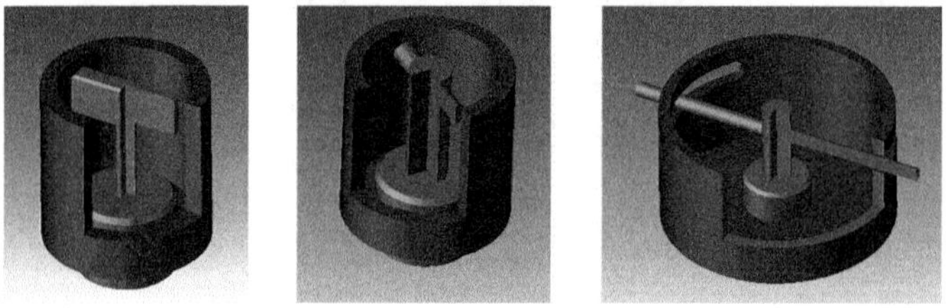

图 10 - 15　三种类型的接口

① 如果接口连接到控制板上,则控制板面应与对接面齐平;

② 该接口材料的抗拉强度应该不低于 450 MPa(65 300 psi),这样它就可以在指定的扭矩下运作,但是工程师可以根据不同荷载工况来随意选择其他的材料;

③ 在大多数情况下都要考虑海生物和腐蚀性,而且我们应该考虑使用抗腐蚀材料或合适的保护层;

④ 在主轴运动的地方应该有个通道。

低扭矩工具的接头可由 ROV 的安装工具 TDU 或机械手来操作,如图 10 - 16 所示。

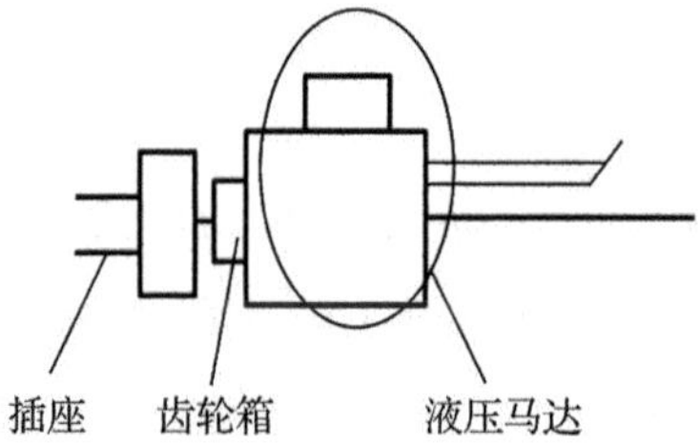

图 10 - 16　ROV 操作扭矩工具草图

(2)高扭矩工具

高扭矩工具为遥控装置的操作提供树状阀门、卡箍、锁定的卫星控制模块、铁链脱扣等。该工具接口包含有一个方形驱动杆,它通过螺栓或焊接封闭在一个管状结构中,如图 10 - 17 所示,它可以成为一个独立的结构,也可以作为水下结构的一部分。

图 10 - 17　高扭矩接口

该接口应符合下列要求:

① 如果接口容器被并到控制板上,则控制版面应与对界面齐平;

② 该接口材料的强度应该不低于 450 MPa (65 300 psi),这样它就可以在指定扭矩下运作;

③ 在大多数情况下都要考虑海生物和腐蚀性,而且我们应该考虑采用抗腐蚀材料或合适的保护层;

④ 沿着驱动主轴的方向应该有个通道。

高扭矩工具的接头可由 ROV 的安装工具 TDU 或机械手来操作,如图 10 - 18 所示。

图 10 - 18　符合 API 170D 规范的高扭转工具

10.4.4　液压连接工具

压力塞/液压连接工具用来辅助 ROV 进行阀门驱动、密封和连接测试、化学剂注入、计划或紧急脱扣和流体收集。该工具的接口由一对耦合的半结构组合而成,如图 10 - 19 所示,该连接允许对两个密封隔开的独立部分进行加压。

工具接口应符合下列要求:

(1)永久安装在水下系统中的母插头应该用抗腐蚀材料制作,以利于长期浸泡在海水中;

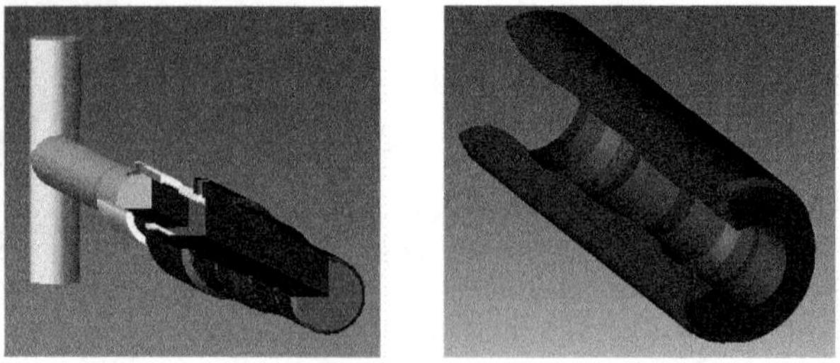

图 10 - 19　压力塞/液压连接工具的耦合结构

(2)应对热入扣进行设计,以保证它在不用时不会充满砂砾;

(3)压力塞与手柄的连接处应有一个柔性接头,这样连接和断开就会很方便;

(4)管筒在非耦合时应该是密闭防水的。

如图 10 - 20、10 - 21 所示为两种不同制造商生产的压力塞,该接口可由 ROV 的安装工具 TDU 或机械手来操作完成。

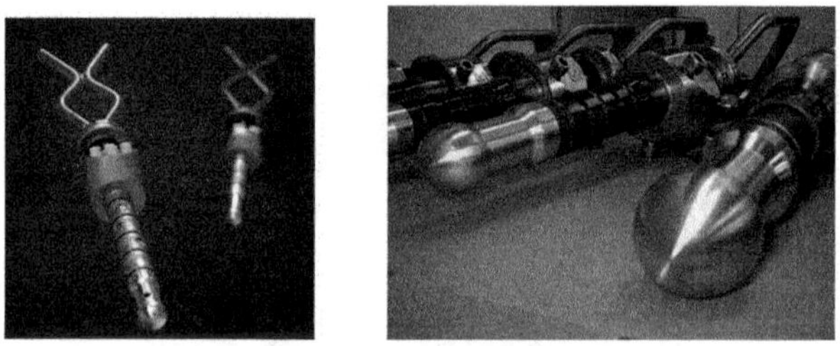

图 10 - 20　压力塞

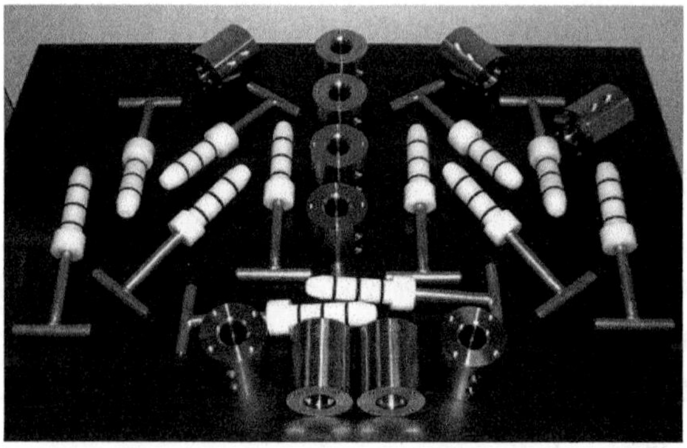

图 10 - 21　压力塞

10.4.5　线性覆盖工具(LOT)

此工具通常在液压阀门安全关闭之后由 ROV 打开液压阀门,它可作为阀门驱动器的一部分。线性覆盖工具里的接头工具可用来将轴力传输至液压驱动阀门的手柄上。

该水下设备的接口包括一个围绕着中央杆的法兰,它可以由 ROV 操作的线性覆盖工具来操作(例如 ROV + TDU/机械手)。

如图 10 – 22 所示为 Subsea 7 公司生产的 LOT。线性驱动覆盖工具(LOT)有两个分离的单元,即操作工具和工具输送器,该输送器用来部署、锁紧(同时驱动水下设备阀门)和回收工具。

图 10 – 22　线形覆盖接口

如图 10 – 23 所示为线性覆盖工具中的一种标准接口,它属于 A 类接口。该接口必须满足以下要求。

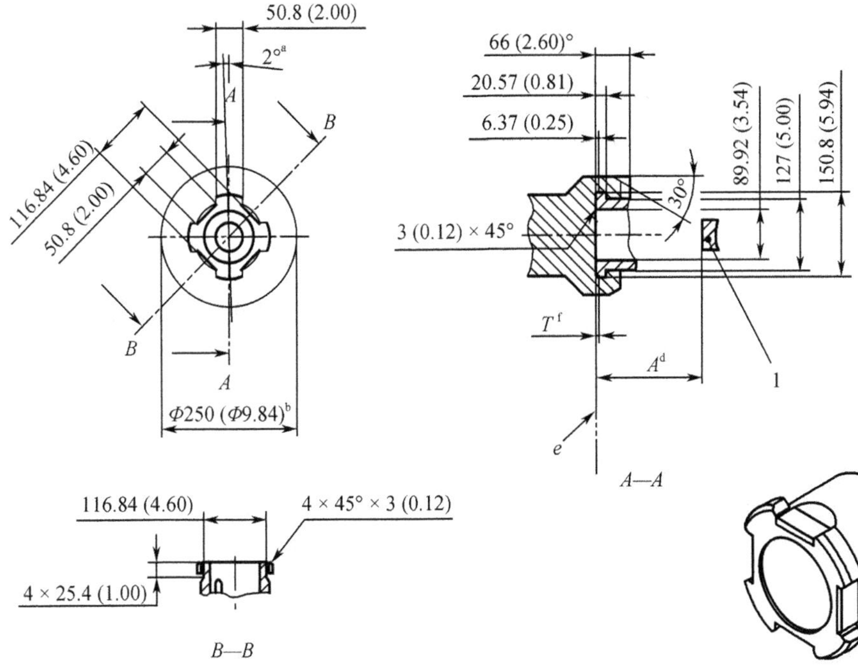

图 10 – 23　线形接口(A 类)

(1)接口法兰应能承受由最大推动力量引起的负荷,需要在全压差时将闸阀打开,同时为了承受上述操作的荷载,生产的材料最低抗拉强度为450 MPa;

(2)在大多数情况下都要考虑海生物和腐蚀性,同时应该考虑用抗腐蚀材料或合适的保护层;

(3)检查TDU的冲程十分关键,以确保有足够的空间对线性推进装置进行上扣,并随后将其移除;

(4)在主轴运动的地方应该有个通道。

10.4.6 部件更换工具(CCO)

该工具可以进行控制盒、节流器和多相表的更换等ROV操作。这类工具的接口由两个完全相同的坐放单元组成,其中,每一单元包含一个中心锁定插座和两个重型插座,并且包含软着陆减震器或盖板,如图10-24所示。

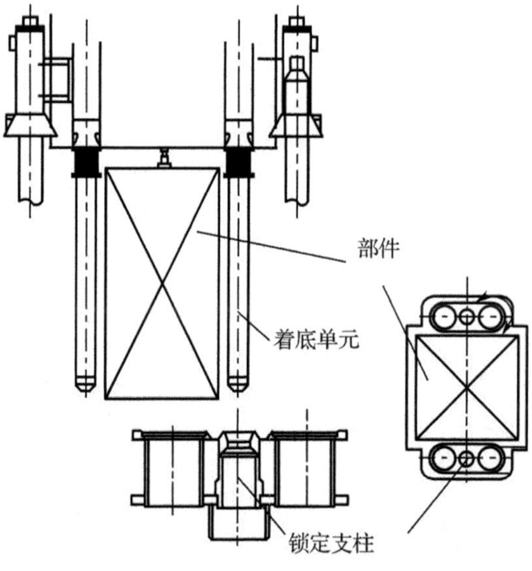

图10-24 部件更换接口

该接口应符合下列要求。

(1)坐放单元的顶面应与部件提升卷筒相齐平;

(2)坐放单元的设计荷载与一般部件不同,应逐一估算;

(3)坐放单元需要由结构框架来支撑,或由部件基础单元来支撑。在布置支撑时需要考虑如何消除结构单元间传递的重量。

该接口可以由 ROV 安装工具或带有 ROT 的 ROV 来操作,如图 10-25 所示。

图 10-25 部件更换工具

10.4.7 电力和液压跨接线操作工具

该操作工具可以安装电力引线(EFL)、液压引线(HFL),还可以安装由电力连接器或液压耦合器,或由两者共同组成的对扣板。

单接头操作工具可由机械手或 TDU 来操作,而多接头快速连接(MQC)对扣板可由目标探测仪或机械手和升降机联合操作。所有充满石油的软导管连接接口都可以采用单接头连接。

多接头连接应满足以下要求。

(1)材料、板型和厚度应可以承受最大的工作荷载;

(2)板材锁定组件应安装脱扣设备,以防对扣板堵塞。

10.5 遥控工具(ROT)

10.5.1 遥控工具的配置

ROT 可分为以下几个子系统,如图 10-26 所示。

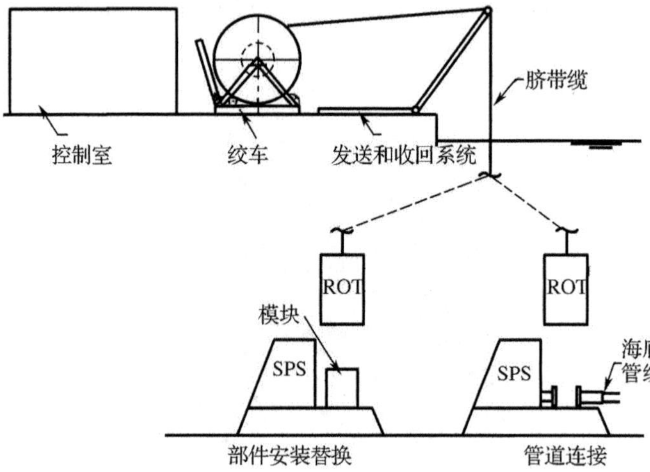

图 10－26　ROT 系统示意图

(1)甲板处理和部署设备,如 A 型框架或起重机、绞车;

(2)甲板上的控制室,用于控制 ROT 的水下操作;

(3)甲板上的修井间,用于 ROT 的保养与维修;

(4)脐带缆或升力线,用于在水下为 ROT 提供能量并部署或回收 ROV;

(5)ROT 主系统。

ROT 主要用于所需的操作荷载大于 ROV 可以提供的情况下的模块更换和管线连接。它通常部署在升力线或升力线与脐带缆的合并处,其横向引导则通过专用推进器、ROV 或引导线的脐带缆来完成。

ROT 应该有为模块替换操作提供的安全锁,它主要用于操作、部署、正常工作或者紧急操作(电力故障)。

接头工具共有三代:

(1)第一代是两个独立牵引和连接的彼此分离的工具;

(2)第二代是牵引和连接相接合的组合工具;

(3)第三代是由 ROV 安装的牵引和连接工具。

10.5.2　牵引和连接工具

这部分介绍牵引和连接工具的基本内容,如构造、使用、要求等。牵引和连接工具主要由以下设备组成。

(1)密封组件的连接器,连接器的类型可以确定液压供应、扭矩工具、集成密封板操作和更换工具的功能要求;

(2)牵引和连接工具;

(3)毂、帽和终端;

(4)牵引门廊/水下结构与接口的定位。

工业上用得最多的是卡爪式接头和卡箍式接头,如图 10－27 和图 10－28 所示分别为卡爪式连接和卡箍式连接,毂也会安装在水下设备上。如图 10－29 所示为一种牵引和连接工具。

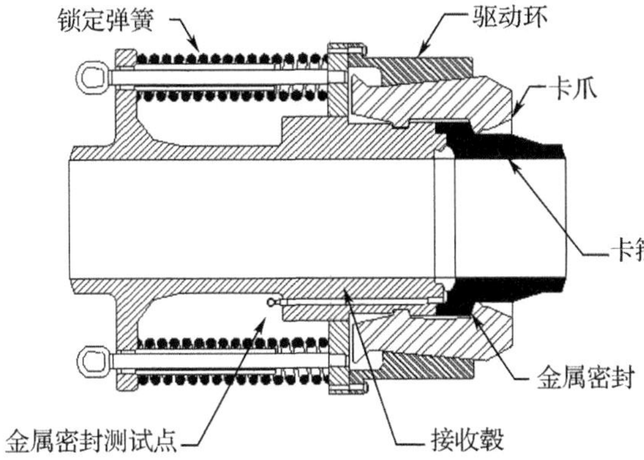

图 10－27　卡爪式连接

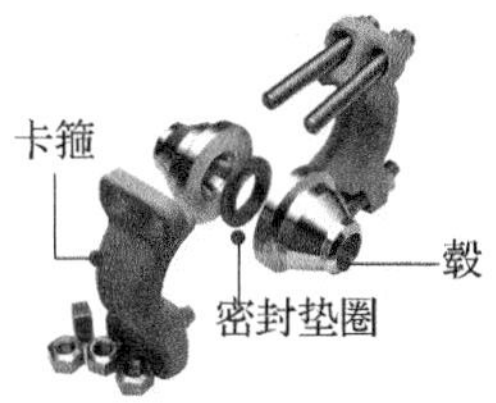

图 10－28　卡箍式连接

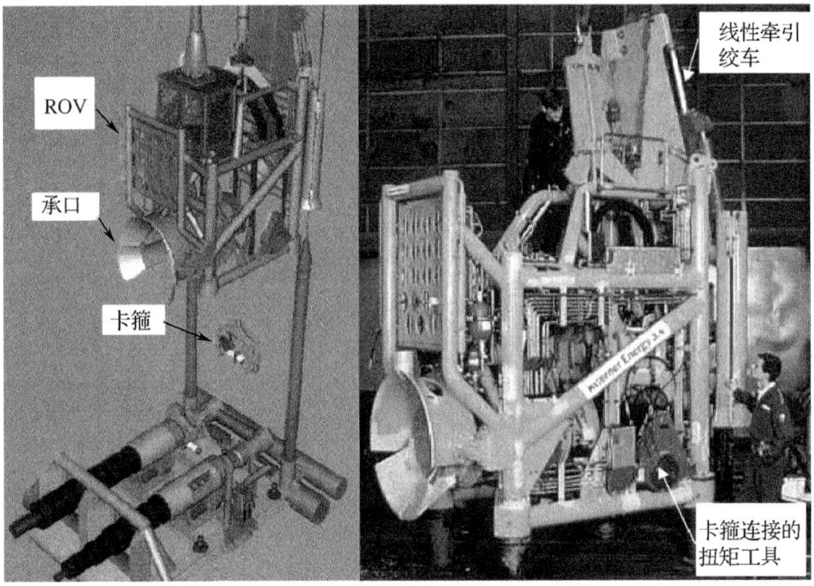

图 10－29　牵引和连接工具

以下是连接操作的主要步骤。

(1)对内侧和外侧毂进行粗略对齐,主要通过牵引工具和导向承口来实现;

(2)当两个毂耦合后用连接工具进行精确对准;

(3)通过连接工具来完成连接,如用扳手拧螺丝,并且用 ROV 进行密封压力测试。

为防止海水侵入和污染毂密封区域,在连接之前要在脐带缆终端做一个防腐帽。

10.5.3 部件更换工具

部件更换工具(CCO)是用来回收和重新安装水下模块的,例如:节流器、阀门、多相表、水下控制模块、化学剂注入模块、清管发射器等。

CCO 通常由导管或其他引导工具来部署。它可以通过一个吊笼用引导定位的方法部署在水下,然后装备有接口滑橇的 ROV 会与部件更换工具对接,并通过电力 - 液压对扣板连接器进行操控。ROV 将 ROT 从吊笼中解锁,将其引导到位后与水下结构对接。如图 10 - 30 所示为 ROV 安装工具的部署。

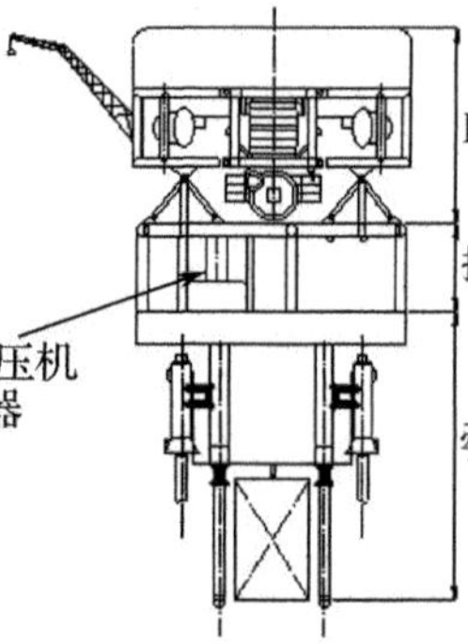

图 10 - 30　ROV 安装工具的部署

模块更换的坐放顺序为:将 ROT 软着陆到水下结构上;精确着陆并将模块与水下接口对齐。

参考文献

[1] Ricci F. Use of ROV's in Operation of EAN Underwater Installation in the North Sea. [C]// ISM 90, Toulon, France, Intervention Sous-Marine, 1990.

[2] Nodland W, Ewart T, Bendiner W, et al. SPURV II - An Unmanned Free-Swimming Submersible Developed for Oceanographic Research[C]// OCEANS 81, Washington, DC, USA, Conference on OCEANS, 1981.

[3] Lallier E, Ross C, Davis C. Protective Deployment of Subsea Equipment[C]// OTC 2003, Houston, USA, Offshore Technology Conference, 2003.

[4] Jolly R, Moles P. Remotely Operated Vehicle Work Capabilities in Support of Deepwater Operations[C]// OTC 2001, Houston, USA, Offshore Technology Conference, 2001.

[5] Blidberg D R. Autonomous Underwater Vehicles: A Tool for the Ocean[J]. Unmanned

Systems,1991,9:10 - 15.

[6] API. API RP 17H Remotely Operated Vehicle(ROV) Interfaces on Subsea Production Systems [S]. Washington,USA: American Petroleum Institute,2009.

[7] API. API RP 17M Remotely Operated Tool(ROT) Intervention System[S]. Washington, USA: American Petroleum Institute,2004.

[8] Gert J R. Challenges and Experience in ROV - based Deepwater Seabed Mapping[C]// OTC 2001,Houston,USA,Offshore Technology Conference,2001.

[9] NORSOK. NORSOK standard U-102 Remotely Operated Vehicle Services[S]. Norway: Norwegian Technology Centre,2003.

[10] NORSOK. NORSOK U - 007 Subsea Intervention Systems [S]. Norway: Norwegian Technology Centre,1998.

第11章

水下脐带缆

11.1 简　　介

水下脐带缆主要用于连接主机设备和水下设备。水下脐带缆通常包含一个悬链式立管(动态部分),通过海床上的静态部分,进而连接到水下设备的 UTA(水下脐带缆终端总成)。当水下脐带缆较短时,静态部分与动态部分可能是相同的。水下脐带缆的拉头包含一个开口的法兰总成,用于将水下脐带缆悬挂在主机设备上。在悬链式立管和 UTA 的顶部可能装有弯曲加强杆或限弯器。

水下脐带缆系统通常包括:

(1)同类型的导管传递电力、控制、数据信号;

(2)超级双相钢管(其他材料也可以,但需要保证其适用性);

(3)水下脐带缆在长度方向应保持连续;

(4)脐带缆系统的设计过程中不允许对原计划作任何改变。

水下脐带缆一般由水下电缆、光纤电缆、钢管、热塑软管四部分组成,有时也可由其中的两者或三者组成圆形截面。该四部分的功能与特性将在本章以下部分进行详细叙述。

如今,各种类型的脐带缆广泛地应用于海洋工业。下文介绍了其主要的一些用途。

(1)水下生产和注水井控制;

(2)修井控制;

(3)水下管汇或隔离阀控制；
(4)化学剂注入；
(5)水下供电。
如图 11－1 所示为一典型的水下控制电缆，其左图为其横截面详图。

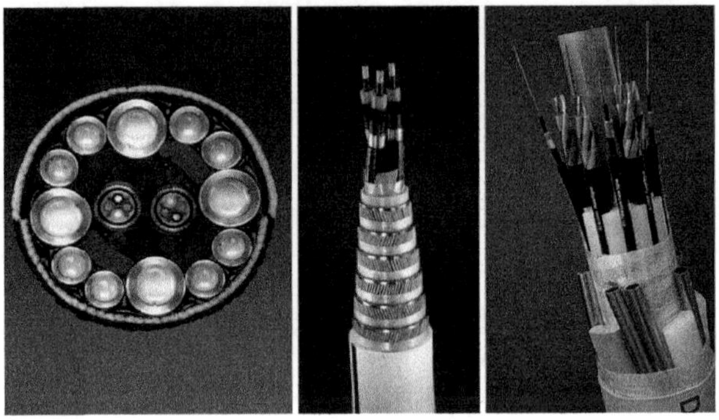

图 11－1　典型的水下脐带缆

脐带缆输送计划通常包括一个总体进度计划，其中各步骤如下。
(1)可行性研究；
(2)脐带缆的规格及报价要求；
(3)疲劳性能测试和其他测试(规范和执行文件)；
(4)长期引导性采购；
(5)竞标评估；
(6)供应商选择；
(7)项目认证和脐带缆采购；
(8)供应商给出详细的脐带缆设计与分析；
(9)第三方专家的分析设计验证；
(10)样机性能测试；
(11)脐带缆的制造，一般需要一年时间；
(12)系统集成测试；
(13)脐带缆连接到主船舶；
(14)调试；
(15)系统启动；
(16)项目管理，质量保证/质量控制。

图 11－2　水下脐带缆横截面

1995 年，Swanson 等人撰写了一篇名为《深水金属管缆的动态分析》的文章，并发表在 OTC 上，这是最早研究钢管脐带缆设计的文章之一。此外,另一篇非常有价值的参考资料则是被用作脐带缆设计和实施标准的 ISO 13628 -5。如图 11 -2 所示为脐带缆的横截面,由 Nexans(Bjornstad,2004)公司生产。

11.2 水下脐带缆元件

11.2.1 概述

水下脐带缆一般由水下电缆、光纤电缆、钢管、热塑软管四部分组成,有时也有可能由这四部分中的两者或三者组成,以满足一些特定功能。水下元件的设计与制造必须满足脐带缆在功能上与技术上的各种要求。在制造商选择合适的元件制造材料前,必须对材料进行性能验证测试与验收测试,以满足元件的功能与技术要求。各组成部分的功能与特性将在以下章节进行详细叙述。

11.2.2. 水下电缆

电缆可分为电力电缆和信号/通信电缆两类,分别用于传递电能与信号。通常,电力电缆和信号电缆可组成一条电缆,该电缆叫做电力控制脐带缆。

(1)电力电缆

电力电缆的主要功能是为海洋平台和水下生产设备(如控制盒、先导控制阀、电动泵等)提供电力能源。

根据 ISO 13628 -5 规范第 7.2.2.1 节,电力电缆的额定电压的取值范围为 0 V到标准额定电压 $U_0/U(U_m) = 3.6/6(7.2)$kV RMS,其中 U_0,U 和 U_m 的取值可参阅 IEC 60502 -1 和 IEC 60502 -2。

(2)信号/通信电缆

信号/通信电缆通常用于远程控制/监控水下生产设备,如:控制盒、先导控制阀、电动泵等。

根据 ISO 13628 -5 规范第 7.2.2.2 节,电力电缆的额定电压的取值范围为 0 V rms - $U_0/U(U_m) = 0.6/1.0(1.2)$kV RMS,其中 U_0,U 和 U_m 的取值可参阅 IEC 60502 -1 和 IEC 60502 -2。

11.2.3 光纤电缆

光纤电缆应能在海水环境中持续工作，纤维类型可采用单模式或多模式设计。设计应尽可能符合制造商/供应商的产品规格。另外，不同的纤维应以不同的颜色加以区别。

为了防水并使氢气和纤维的接触最小化，纤维必须封装起来。外封组件必须保证能提供足够的机械保护，当脐带缆中的光纤电缆发生诸如断裂等意外时，外包装应能防止海水的入侵。

11.2.4 钢管

与超级双相钢管类似，水下脐带缆的钢管应能在海水环境中持续工作，并且满足化学规范 UNS S32750 或 S39274 中关于 ASTM A240 的要求，下面列举一些附加的具体要求：

(1)所用钢管的管材应经过轧制或冷拔工艺制成，而且在此之前必须 100% 经过外表面检查。同时，管材孔洞应满足化学方面的生产要求。

(2)钢管应在非氧化状态下用熔炉成批烧制，其退火温度和退火速率由制造商控制。

(3)根据预先编制并经核准的程序，用规定的焊接长度在卷轴上将钢管进行自动轨道焊接而成。

(4)钢管必须满足最新版 NACE MR－01－75 规范中关于材料与工艺的所有要求。

(5)所有钢管均以 NAC 1638 规范中的第 6 等级来清洗，所采用的方法必须保证钢管在放入脐带缆前的储存和运输过程中不会受到污染。

11.2.5 热塑软管

热塑软管应能在海水环境中持续工作。

11.3 水下脐带缆的设计

11.3.1 静态和动态脐带缆

(1)静态脐带缆

静态脐带缆的设计包括机械强度设计,以承受生产、铺设及服役期的挤压和拉伸荷载。静态脐带缆还应当有足够的重量,从而保证其水下稳定性。静态脐带缆及其可拔出接口/终端的设计应保证其与主机设备接口的连接。钢管的管壁厚度应能抵抗在铺设和服役期间所有可能的压力作用。

其他设计计算分析如下。

① 最大容许拉应力和最小破坏强度;

② 铺设时产生的拉应力;

③ 终端强度;

④ 径向荷载(外挤压力)的影响;

⑤ 坠落物(如船锚)和搁浅的影响;

⑥ 安装和张拉设备的影响;

⑦ 最大容许冲击荷载;

⑧ 弯曲半径和抗弯刚度;

⑨ 扭转平衡;

⑩ 海床上的水动力稳定性;

⑪ 海滩附近的环境荷载与水动力稳定性;

⑫ 岸上应用的材料和外部护套适用性。

(2)动态脐带缆

铺设完毕后,脐带缆系统本应在一个静止状态下工作,但脐带缆系统会受到铺设过程中的动力荷载以及设备附近的环境荷载的影响。进一步说,沿着海床方向的无支撑管段可能会由于涡激振动产生疲劳,因而需要进行动力分析和疲劳分析,在考虑预先的铺设荷载与环境荷载的条件下估算出脐带缆系统的疲劳特性,并得出最大容许跨径长度。最小的容许疲劳寿命应为设计寿命的10倍。

11.3.2 设计

(1)概念设计

① 横截面尺寸的初步确定

a. 钢管尺寸的确定;

b. 与经销商的洽谈。

② 初步结构设计

a. 强度、干扰等;

b. 初始部件设计;

c. 早期可行性确认。

③ 生产事项的早期鉴定

关于招、投标或规格要求的事宜。

④ 服役环境

水下脐带缆在整个设计使用寿命内都浸没在海水中,故水下脐带缆的设计必须考虑以下几点。

a. 铺设前的存放;

b. 工作流体的特性;

c. 海床和上部海洋环境的辐射、臭氧、温度及化学作用;

d. 自由悬挂段的外加动力条件;

e. 对坠落物的防护。

(2)详细设计

① 参数

a. 温度范围;

b. 最大工作荷载;

c. 最小破坏荷载;

d. 最小曲率半径;

e. 动力服役寿命。

② 底部稳定性研究

当脐带缆铺设到海床上时,在海床环境和海流作用下,脐带缆必须具有足够的稳定性。海床上脐带缆的运动特性可由以下两个方向的摩擦系数来表示:

a. 轴向摩擦系数;

b. 侧向摩擦系数。

③ 横截面设计

横截面设计中,确定脐带缆的各部件在横截面上的布置是脐带缆设计中的第一步。脐带缆的横截面包括了很多部件:用于传输液压流体或其他流体的钢管、电缆、光纤电缆,用于承载的钢筋或钢绞线,用于保护和隔热的聚合物层以及填充于各部件空隙之间并固定各部件位置的聚合物填料。

④ 制造设计

a. 绞合;

b. 子管束;

c. 内部护套;

d. 铠装;

e. 外部护套。

其中,外部护套可以是连续挤出成型的热塑护套和螺旋状纺织粗纱制成的保护层。

11.3.3 制造商

脐带缆制造商的生产工艺流程应遵照 API 17E(最新版本)和 ISO 13628 - 5(草案)的相关规定。

(1)绞合

绞合的生产必须在干净的专用控制区进行,并且必须定期对该区域进行清洁。最佳光纤电缆、软管或钢管绞合构造、填料等的设计,在满足总体性能和施工要求的条件下,尽可能减小其总体直径和重量,同时必须保证较好的柔度。

① 绞合构造

通常,需要确定脐带缆部件的最小绞合角度。脐带缆部件、钢管、光纤电缆按螺旋形或星形进行绞合。若采用软管,则需采用振荡布线技术。

② 破坏张拉

为了防止各个部件在受拉情况下不会出现绷紧、变形或其他影响,必须对电缆或绞合进行设计。在制造期间,承包商需绘制并提交一份脐带缆部件最大容许拉力的表格。

③ 验收测试

在完成脐带缆软管和钢管的布线后,应在挤压脐带缆的内部/外部护套之前进行测试。对每一布线层,都应进行软管或钢管的液压检验测试(测试采用 1.5 倍的工作压力)。

(2)内部护套

内部护套的生产过程必须在清洁的专用控制区进行,并且必须对该区域进行定期清洁。全部电缆配件都由张紧的内部护套保护，内部护套外径的挤出成型要从两个成90°的方向进行监测。

(3)外部护套

全部电缆配件都由张紧的夹套保护，外护套外径的张拉过程要从两个成90°的方向进行监测。

(4)标记

水下脐带缆通常根据ISO 13628－5规范中9.14节所要求来进行标记。有时，在一些特定项目中，也会考虑一些其他要求。

(5)主要制造商

世界主要水下脐带缆的制造商列举如下。

① DUCO

DUCO是Technip集团的成员，DUCO公司工作范围包括：

a. 脐带缆的设计解决方案和设计验证；

b. 制造内径在1/4"~1.5"以内，工作压力为3 000~12 500 psi的热塑性塑料软管；

c. 制造内径尺寸在3/8"~3"以内的钢管，其材料包括碳钢、不锈钢、双相不锈钢和高耐腐蚀不锈钢；

d. 制造光电电缆，截面尺寸在2.5~25 mm^2内的低压电缆，尺寸在35~400 mm^2不等、电压最高到36 kV的中等电压电缆。

② Kvaerner油田产品生产公司

美国Aker Kvaerner公司的生产基地在挪威，生产脐带缆有超过15年的历史，其产品包括：

a. 钢管脐带缆破折号从基本的直接液压和电动液压脐带缆到大型、综合功能脐带缆，可以不带转接头和海上脐带缆连接器的长距离连续制造；

b. 完整的生产脐带缆——IPU设计基于已有的技术，能应用于浅水和深水的静态和动态环境中，该设计可提供一个更强的脐带缆和更好地保护管线的理想选择；

c. 配电脐带缆——需要全动态和电气分析，PVC的属性和施工技术能提高抗冲击和抗压性，碳纤维杆技术用于提高轴向机械性能，相比普通的披甲的输电脐带缆更稳定。

③ Nexans

自1915年成立起，挪威Nexans公司是挪威地下和海底电缆的主要供货商，该公司一共提供了超过2 400 km的脐带缆，例如壳牌公司的NaKika 2 300 m水深的脐带缆项目。为挪威国家石油公司的Snohvit油田提供了包括长145 km连接陆地和海底的主要脐带缆,这个长度打破了原有记录。

(6)制造厂布局范例

如图 11 -3 所示为制造厂的布局范例。

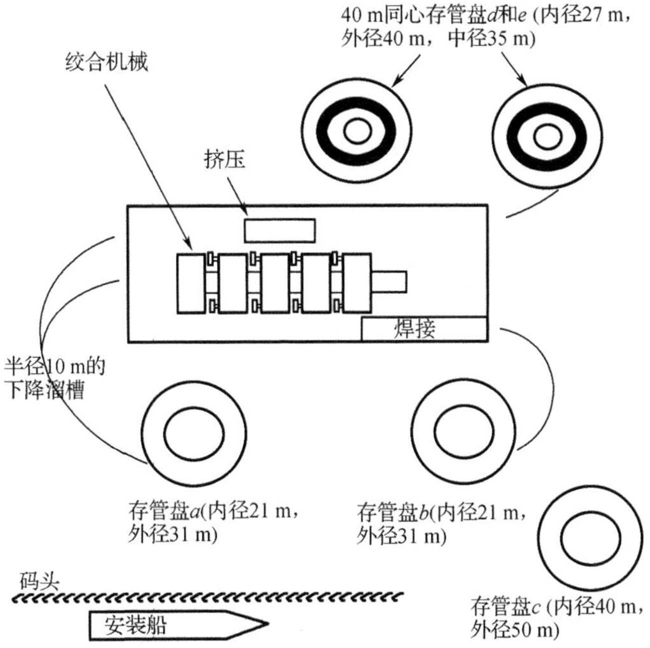

图 11 -3　制造厂布局

11.3.4　验证测试

(1)拉伸试验

综合考虑端部效应和脐带缆部件的倾斜长度,从完整的脐带缆中取出一段有代表性的长度,进行两阶段加载的拉伸试验。

(2)弯曲刚度试验

对一段合适长度的完整脐带缆进行弯曲刚度试验。

(3)挤压试验

对一完整脐带缆的试验样本进行侧向加载,直至样本屈服变形。

(4)疲劳试验

为确定脐带缆的疲劳承载力,需要进行机械试验。应合理选择试验条件,以证明设计元件可以承受脐带缆在制造、运输、负荷、I 或 J 型管牵引过程、动态铺设、服役寿命期内的正常运行所受到的连续反复弯曲荷载。

11.3.5 工厂验收试验

以下的测试应采用完整的脐带缆进行。脐带缆制造商必须对所有试验结果进行记录,并给出书面证明。

(1)目视检测;

(2)电缆测试;

(3)软管测试;

(4)钢管测试。

11.3.6 电力与控制脐带缆

如上所述,电缆脐带缆用于将电能从岸边输送至海洋平台,或进行平台与平台之间的传输,或平台与水下设备之间的传输。从陆地的发电站向海上的铺设设备输送电能,这种方式可使海上结构更轻更小,从而降低了对于劳动力的需求,同时减少二氧化碳的排放量。

通过这种方法,陆上发电能源可以输送到海上任何设备,并为其提供电能。电力脐带缆系统会将海上油田连接成一电网,为海上石油与天然气开发活动提供灵活而安全的电力能源。两种水下电力电缆可用“干”式设计和“湿”式设计来区分。其中,前者可靠性更高但也更加昂贵。

如图 11-4 所示为一种典型的包含了用于系统控制光纤的电力供给脐带缆。水下综合脐带缆的另一应用是对无人铺设设备的远程控制。大多数海上铺设的水下电力电缆拥有含 8~32 条光纤维的光纤元件,它可用于信号的传递。将信号与电能结合成一根电缆的优势有:

图 11-4 典型的含有系统控制光纤的电力供给脐带缆

(1)传输不会受到天气和水上交通的干扰;

(2)拥有比无线电频率更广的带宽;

(3)采用光纤可以获得更高的数据传输速度。

11.3.7 IPU 脐带缆

IPU 脐带缆用于将标准的脐带缆与生产设备或注入管线相连接,同时为水下设备提供高压电。通过与绝热和加热相结合,能更好地实现管内流动保障性能。

典型的 IPU 组件和配置描述如下。

(1)一个大孔径中心管,如 6″~12″,适合输送井内流体、水、气和其他需要大量输送的流体;

(2)围绕中心管上的环形 PVC 基质,能保持脐带缆管道和电缆螺旋缠绕在适当的位置,并给中心管提供绝热保护;

(3)各种嵌入到 PVC 基质中但能自由滑动的金属管道,用于加热、液压、工作介质和放置用于供电和传输信号的电缆或光纤电缆。

(4)聚乙烯或类似材料的保护层。

11.4 附属设备

11.4.1 概述

电力电缆、光纤电缆、热塑软管以及金属管的水下端口应与能够在水下耦合配对的接头总成进行连接。另一种终端形式则是将脐带缆部件直接与水下控制盒或接线盒连接。脐带缆的终端设备与附属设备的设计依据脐带缆系统的不同而不同,详细数据的取值在 ISO 13628 中有具体说明。

11.4.2 脐带缆终端设备的组件

上部脐带缆的终端设备组件(TUTA)可以设计成动力脐带缆,其为钢管、电线、光纤提供终端接口。TUTA 可能需要采用不锈钢管之间的接头来进行管对管匹配连接。TUTA 配件包括用于连接电线的接线盒和用于连接从圆头管堵组件伸出的光纤维连接盒。

金属管应通过超级双相钢管与液压系统管接头连接在一起,并且在焊接部位插入管道。每一批电线和光纤都连接到水下电线接头或光纤接头。

11.4.3 限弯器

限弯器也称为弯曲限幅器，如图 11－5 所示，它用于防止脐带缆在较长的自由段内没有支撑情况下，发生应力过大的现象。它通常用于脐带缆与海底终端设备的连接处。

图 11－5 限弯器

11.4.4 牵引头

牵引头常用来牵引脐带缆，使其沿着海床运动或穿过 I/J 管道。牵引头应能够承受安装荷载，并且不会损伤脐带缆及其功能性部件。如果可能的话，牵引头应能承受在滚轴/滑轮上的持续运动，并且在穿越 I/J 立管时不会被损坏或出现故障。

11.4.5 悬挂装置

悬挂装置用于在主悬挂点处将脐带缆同 I 型管或 J 型管相连，连接点位于甲板上或管柱外侧，如图 11－6 所示。

11.4.6 弯曲加强杆

弯曲加强杆通过在局部增加脐带缆的弯曲刚度来限制脐带缆的曲率半径，通常为模制设备。如图 11－7 所示为一工作平台上的弯曲加强杆。

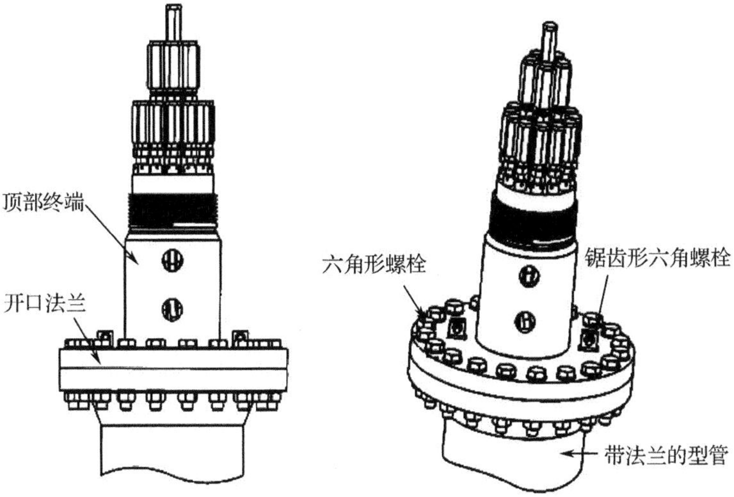

图 11－6 悬挂装置

图 11－7 弯曲加强杆

11.4.7 电力分配元件(EDU)

EDU 可为很多终端设备提供电能,如基盘上独立的水下采油树。EDU 是一个充满油的压力补偿器,其内部的电力和电子信号可以分配给一个或多个卫星 SCM。多个 EDU 往往串联在一起,而每一个 EDU 则连接了多个卫星 SCM。

图 11 -8　装有大型 EDU 装置的大型脐带缆终端设备

11.4.8　安全连接链环

安全连接链环的功能是保护永久安装于管汇或基盘的设备。这样,当脐带缆发生故障时,可以激活安全连接链环和跨接管将其连接在固定水下设备上。

11.4.9　拼接/维修工具

承包商需要提供拼接/维修箱,其中包括必要的材料与配件,它可以用于修理在铺设时动态脐带缆和静态脐带缆以及它们的组件所出现的损坏。

11.4.10　存管盘和滚筒

所有滚筒的使用都不能违反 MBR 关于脐带缆存储的相关要求。如图 11 -9 所示为一个电力脐带缆滚筒。

11.4.11　连接盒

连接盒用于将分段的脐带缆连接成需要的长度,也可用于维修损坏的脐带缆。如果条件允许,每一脐带缆的末端连接多需要配备一个带铠装的终端。连接盒采用流线型设计,若有需要,每个端口要设置一个弯曲加强杆。连接盒应采用合适的尺寸,以利于滚筒储存和安装要求。

图11－9 脐带缆滚筒

11.4.12 浮力附件

考虑到铺设布置，动态脐带缆需要环式、罐式等浮力附件，用以满足必要的设置与动态运动。附件设置不能产生导致脐带缆护层开裂的应力，也不能在夹紧时使附件受压区的应力释放，更不能给脐带缆及其元件带来过大的应变。

11.5 系统联试

FAT试验一般是为了保证各个独立部件和设备能够满足具体要求和相关功能。系统联试简称为SIT，是另一种用来验证集成设备能否投入使用的试验。换句话说，SIT试验用于确认来自不同供应商的设备是否可以正常地相互适应并共同工作。根据用于实际工程的各种设备的差异，SIT试验的程序通常会随着工程的不同而不同。如图11－10所示为对控制脐带缆的系统联试。

图 11－10　对控制脐带缆进行系统综合测试

11.6 安　　装

采用悬链式悬挂的脐带缆常用来对水下采油树进行监测与控制，并在飞溅区利用固定在结构上的 I/J 型管道对采油树进行保护。如图 11－11 所示为深水中浮式生产系统与水下结构的脐带缆连接，而图 11－12 则为浅水中主平台与水下结构的脐带缆连接。

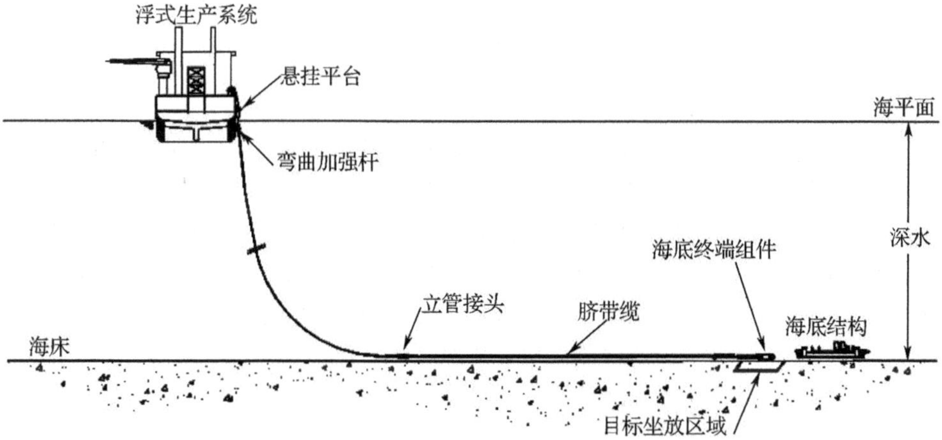

图 11－11　深水中浮式生产系统与水下结构的脐带缆连接

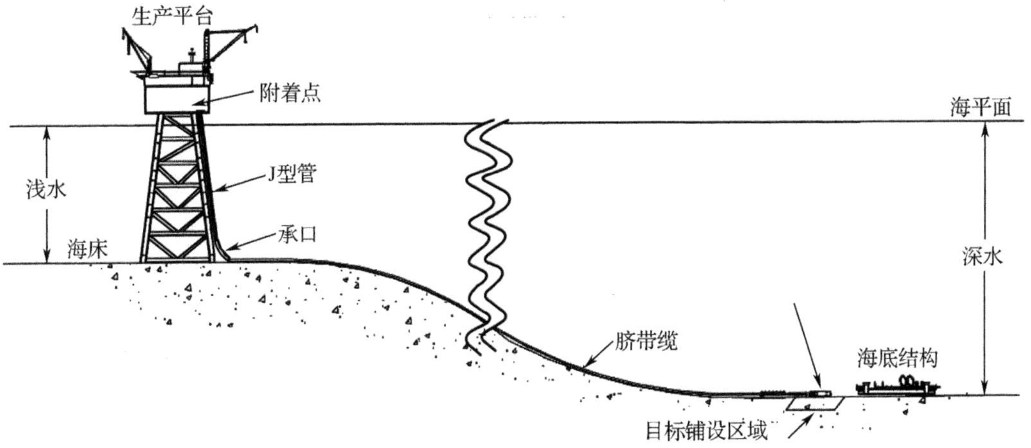

图 11－12 浅水中主平台与水下结构的脐带缆连接

11.6.1 安装接口的相关规定

安装船及其安装设备必须保证处于良好的工作状态和工作秩序中，并且在开始安装之前要依据相关规范和安全计划进行审核。另外，根据美国石油学会推荐的水下脐带缆的 17I 安装指南的规定，承包商需完成水下脐带缆铺设接口的内容如下：

(1) UTA 及其支撑架的设计与制造；

(2) 确定所有缆线横截面的设计要求；

(3) 考虑管线横截面的脐带缆支撑设计；

(4) 保护措施。

11.6.2 安装步骤

脐带缆的安装可以选用以下几种方法。

(1) 脐带缆始于管汇，用一个对扣或铰链与管汇连接，也可以用插头或其他连接方法。最后终止于水下油井附近的次级终端铺设滑撬(如：连接管汇与卫星井的井内脐带缆)。随后建立脐带缆与水下油井的连接，并采用刚性或柔性跨接器、连接板、引线连接法或相互组合的连接法。

(2) 脐带缆始于管汇，用一个对扣或铰链与管汇连接，也可以用插头或其他连接方法。然后，将其从铺管船牵引至浮式生产系统的 I/J 型管或十字节点，并将脐带缆直接与固定或浮式生产系统相连接。

(3)脐带缆还可以始于固定或浮式生产系统，然后用次级终端脐带缆部件(如终止插头、铺设滑撬脐带缆终端单元等)终止于水下结构附近。由水下机器人操作的插头与连接工具经常用于脐带缆与水下结构的连接。

可以按如下情况实行脐带缆的安装。

(1)水下管汇与采油树之间的脐带缆铺设；

(2)首端起始于水下结构的脐带缆铺设；

(3)首端起始于浮式生产系统的脐带缆铺设。

11.6.3 安装过程的疲劳损伤

在钢管脐带缆的安装过程中，处理疲劳损伤时，需要考虑以下问题。

(1)在卷管式铺设和回收过程中，累积的塑性变形的影响；

(2)在卷管式铺设和回收过程中的低周疲劳(XE 疲劳)；

(3)在安装关键阶段，动态波频疲劳的影响。

计算累积塑性应力和低周疲劳的方法将在本章第七部分中讨论，在安装和制造过程中都需要进行计算。

计算在关键安装阶段由海浪引起的疲劳损伤，类似于现场疲劳评估，将在本章第七部分中描述。然而安装过程中的有些分析不适合现场进行，主要包括：

(1)因为脐带缆构造发生变化并且不同的安装阶段承受不同的荷载，需要采用不同的模式对不同的阶段进行分析。

(2)对于安装疲劳分析，采用时域分析是可行的。频域分析不能充分预测疲劳损伤，因为在安装期限内，脐带缆会承受非常不规则的应力。

11.7 技术挑战和分析

11.7.1 脐带缆技术挑战和解决方案

下面所列的是一些面临的技术挑战：

(1)深水

目前最深的脐带缆记录是2 316 m(Shell公司的Shell´s Na Kika project项目)。其他一些深水项目是Thunder Horse 1 880 m,Atlantis 2 134 m。对于设计来说,钢管受到极高的外部压力和张力。同时,增加的重量也可能给安装带来问题,对于铜质缆线来说尤其如此,因为铜的屈服强度很低。在超深水中,一个较重的动力脐带缆可能因为它的悬挂荷载过高而在安装和运行过程中产生问题。

在设计和分析超深水脐带缆时,正确模拟脐带缆的应力和应变非常重要,这里面也要包括摩擦力的影响。有时候,在百年一遇的飓风作用下,脐带缆底部将会受到挤压的作用,这种情况下,应采用懒波浮力模块或碳纤维杆。使用碳纤维杆可以使得脐带缆处于一个简单的悬链形状,无须采用昂贵的经常需要模拟和维护的浮力模块。碳纤维杆会大大提高轴向刚度,因为它们的弹性模量接近钢材并且质量很轻。

用碳纤维杆时,应考虑其对压缩荷载的承受能力。所以,进行脐带缆最小弯曲半径和抗压强度的试验测试是有益的。箍条的使用至今还没有硬性规定(如果在超深水中使用,可能需要配置箍条来防止VIV)。

(2)长距离

Na Kika,Thunder Horse和Atlantis的脐带缆分别长130 km,65 km,45 km。

最长的待开发的脐带缆长为165 km,由挪威石油公司制造。脐带缆长度的限制之一是安装设备。就Nexans安装船而言,在Bourbon Skagerrak,最多载重65 00 t的电缆,它相当于260 km的脐带缆(假设每米25 kg)。

(3)高压电力电缆

铜的屈服强度较低是由于其设计局限,随着深度的增加往往需要对它提供更多的保护,从而导致用于保护的钢质装质量也随着深度的增加而增加。在动态脐带缆中,铜缆的疲劳是另外一个问题。

(4)综合生产脐带缆

Heggadal(2004)提出了一种综合生产脐带缆(IPU®),它将管道和脐带缆结合在一条单一的管线中,如图11-13所示。IPU截面包括以下内容。

① 一个3层聚丙烯膜,位于10.75 in的油气管(分为静态部分和动态部分,厚度分别为4 mm,14 mm)。

② 一个环状PVC矩阵缆,位于油气管道周围,其可以固定脐带螺旋钢管和电缆的位置,并为油气管道提供隔热保护。

③ 嵌入PVC矩阵缆但可自由滑动的缆线,包含各种装载加热、液压和工作流体的金属管道、电力和信号光纤光缆、为水下注入泵供电的高压电缆。

④ 一个12 mm厚聚乙烯外部护套。

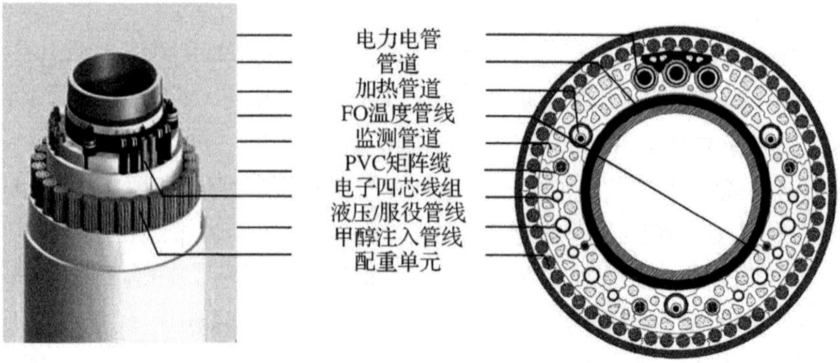

图 11-13　高耐蚀不锈钢 IPU 动态截面

要符合这样一个新的设计概念，需要进行一系列分析和测试。

(1) 分析

- 整体立管分析和疲劳分析；
- 腐蚀与氢致开裂评估；
- 热分析；
- 结构分析（管道、上部结构和水下终端）；
- 卷管分析；
- 电力分析；
- 卷管、拖网作用和海底稳定性研究。

(2) 基本测试

- 材性试验、疲劳、腐蚀等。

(3) 制造测试

- 制造和关闭测试；
- STS 注入试验；
- QC 测试和 FAT；
- 前/后安装测试。

(4) 原型试验

- 外部静水试验；
- 冲击试验；
- 张紧器模型试验；
- 卷管和矫正试验；
- 托管架滚轮试验；
- 维修试验；

- 船舶试验；
- 系统测试；
- 动态立管全比例测试。

11.7.2　极端波浪分析

脐带缆设计的一个重要方面是极端环境条件下的分析。需要采用与脐带缆安装位置相似的船体运动、海流、波浪数据，对其进行有限元分析。例如，在墨西哥海湾就包括针对百年一遇的飓风分析、百年一遇的环流分析以及水下海流的分析。海流和波浪的方向适用于远、近及交叉条件。这一分析可以用来确定脐带缆悬挂处可能承受的顶部张力以及倾角，随后，这些数据用来设计弯曲加强杆以限制其位移并提供足够的疲劳寿命。极端分析的结果如下。

(1)对接地区域进行分析，以确保脐带缆的弯曲半径比最小容许弯曲半径大，同样重要的是检查脐带缆在触底点是否受到挤压或屈曲。

(2)聚氨酯弯曲加强杆的直径和圆锥长度的设计应基于最大角度和相关张力，以及最大的张力和相应的角度，这些数据可以从有限元模型的动力分析结果处得到。

(3)在百年一遇的飓风荷载作用下，当船在远处时，最大的张力出现在悬挂点处。

(4)在百年一遇的飓风荷载作用下，当船在近处时，最小的张力出现在 TDP 区域。

(5)在整个脐带缆、TDP 区域以及弯曲加强杆区域中估算最小弯曲半径，且都应大于容许动力最小弯曲半径。

(6)海床上的脐带缆最短长度应在假定其承担底部极端的最大张力的情况下估算得到。

11.7.3　制造疲劳分析

相当数量的脐带缆在制造过程中会产生疲劳损伤，这需要在疲劳分析中加以考虑。分析中，两个需要关注的方面是累积塑性应变和低周期疲劳。

(1)累积塑性应变

累积塑性应变的定义是“不考虑类型和方向的塑性应变增量的总和”(DNV，2000)。累积塑性应变可以发生在脐带缆的钢管制造和安装过程中。塑性应变的累积需要保持在一定的限度内，避免在给定管道材料进行焊接的过程中发生不稳定破坏或塑性挤压。累积塑性应变是脐带缆供应商用于确定钢管塑性负载量是否可以接受的一般标准。建议对脐带缆的设计采用2%的容许累积塑性应变水平。

如图11－14所示为在制造和安装过程中,脐带缆中的钢管可能出现变形的部位。本图中的所有过程都可能导致脐带缆的塑性变形。

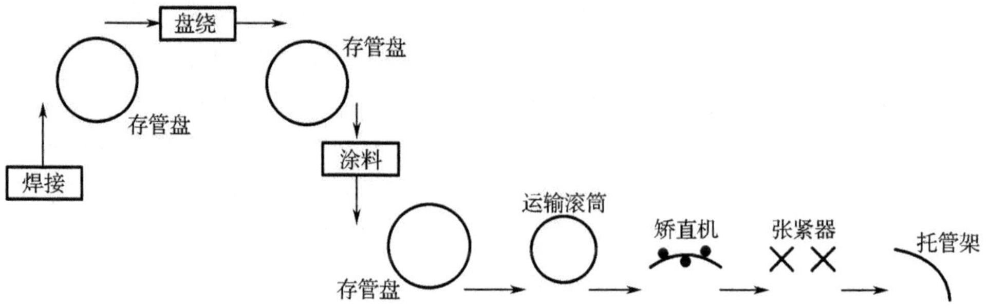

图11－14　制作和安装过程中的变形图解

(2)低周期疲劳

脐带缆钢管在制造和安装过程中受到较大的应力和应变。在这样的低周期作用下,可以根据基于应变准则的方法计算得到疲劳损伤。对于每个制造和安装阶段,疲劳损伤的计算方法往往考虑了弹性和塑性应变周期的影响。计算得到的低频疲劳损伤,再加上波浪与涡激振动,三者结合起来就可以对每个脐带缆钢管的总疲劳寿命进行评估。

11.7.4　现场疲劳分析

所使用的评估波浪诱导疲劳损伤的方法可以概括如下。

- 波浪散点图的海况数据的选择;
- 有限元静力分析模型;
- 脐带缆疲劳分析计算;
- 简化或加强的办法;
- 组合应力谱的应用;
- 雨量循环计数程序或疲劳损伤谱;
- 平均应力影响直方图。

上面列出的前三项疲劳分析方法将在下文中分别加以说明。脐带缆的疲劳分析和SCR之间最大的区别在于当脐带缆钢管和管道发生相对滑动时摩擦力的影响。本节讨论的脐带缆现场疲劳分析方法基于两篇OTC论文：由Duco公司(Hoffman,2001年)撰写的OTC 13203，以及由MCS(Kavangh,2004)撰写的OTC 16631。现场疲劳分析证明脐带缆的疲劳寿命是设计寿命的10倍。

(1)波浪散点图的海况数据的选择

波浪散点图描述了工作中脐带缆的海况环境。采用所有波浪散点图描述的海况进行疲劳分析是不切合实际的。因此，通常的方法是将一组数据组合在一起来表示"联合"海况，用有益波高和波浪周期来表示。对有益波高和波浪周期的选择往往是相对保守的。

这种方法将波浪散点图压缩到一个"可控"的海况数(20~50)，这使得分析能够在合理的时间内完成。精确地考虑不同的海况对于脐带缆的影响也很重要。

(2)有限元静力模型分析

有限元静力分析常通过一个代表钢管脐带缆的模型来进行，其结果常常作为时域和频域动力有限元分析的起点。

(3)水下脐带缆的疲劳分析计算

水下脐带缆的疲劳损伤是3种应力作用的结果，分别是轴向应力(σ_A)、弯曲应力(σ_B)，摩擦应力(σ_F)。这些应力满足

$$\sigma_A = 2\sqrt{2}SD_\gamma / A \tag{11-1}$$

$$\sigma_B = 2\sqrt{2}ERSD_k \tag{11-2}$$

式中 SD_γ——张力标准差；

A——脐带缆的钢横截面面积；

E——杨氏模量；

R——临界钢管的外径；

SD_k——曲率标准差。

临界钢管是脐带缆中承受最大应力的管道，通常情况下，该钢管具有最大的横截面或离脐带缆中心线最远。

临界钢管所受的摩擦力为滑动摩擦应力(σ_{FS})和弯曲摩擦应力(σ_{FB})的较小值。这基于如下理论：当管道相对其导管滑动时，只有达到一个固定值时，才会受到弯曲摩擦应力，如图11-15所示。

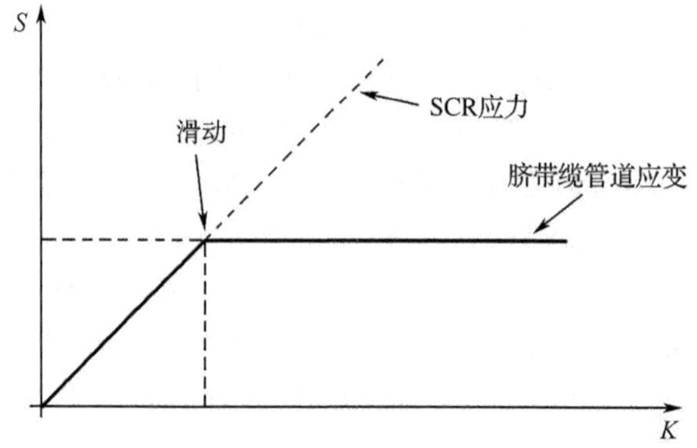

图 11－15　脐带缆摩擦力

因此，按照 Kavanagh 等（2004）的观点

$$\sigma_F = \min(\sigma_{FS}, \sigma_{FB}) \quad (11-3)$$

$$\sigma_{FS} = \frac{\mu F_c}{A_t} \quad (11-4)$$

$$\sigma_{FB} = ER_L \sqrt{2} SD_k \quad (11-5)$$

式中　μ——摩擦系数；

FC——螺旋钢管间的接触力；

A_t——脐带缆钢管的临界横截面；

RL——管道层半径（从脐带缆中心到临界脐带缆中心）。

$$F_C = \left| \frac{T\sin^2\phi}{R_L} + \frac{EI_{tube}\sin^4\phi}{R_L^3} \right| L_P \quad (11-6)$$

式中　T——平均张力；

ϕ——铺管角度（相对于脐带缆中性轴的夹角）；

EI_{tube}——管道弯曲刚度；

L_P——管间距长度的 1/2。

11.8　脐带缆工业历程

现在，许多海上项目需要考虑更大的深度，更长的脐带缆和更多的控制功能。此外，大多数石油企业都在努力，以减少完井的时间，例如开发中快速项目。

因此，脐带缆的选择已经在很多因素上起到关键性作用，如性能、流体的兼容性、接口的影响、易于部署等，在选择过程中必须加以考虑。

在海上脐带缆行业中有两个持续发展的趋势：(1)在更加深的海域开发石油；(2)在水下执行加工的需求。水下油田的开发转移到越来越深的海域，这迫使对脐带缆系统的要求越来越高，以确保在油田的整个生命周期内作业的完善性。在对水下加工技术考虑越来越多的同时，给水下设备例如水下泵提供的电力也在不断增加。这两个趋势都影响了脐带缆的设计，要求组件截面变弱的同时还能承受更大的力，并且具有更大的延伸率。除此之外，截面必须包括高压电单元。

参考文献

[1] Swanson R, Rae V, Langner C, et al. Metal Tube Umbilicals-Deepwater and Dynamic Considerations[C]// OTC 95, Houston, USA, Offshore Technology Conference, 1995.

[2] Suresh S. Fatigue of Materials[M]. New York, USA: Cambridge University Press, 1998.

[3] Stephens R I, Fuchs H O. Metal fatigue in engineering[M]. 2nd ed. New York, USA: Wiley Interscience, 2001.

[4] MCS. Flexcom Version 7 User's Manual[Z]. Houston, USA: Marine Computation Services Inc, 2004.

[5] Knapp R H. Helical Wire Stresses in Bent Cables[J]. Journal of Offshore Mechanics and Arctic Engineering, 1988, 110(1): 55-61.

[6] Kavanagh W, Doynov K, Gallagher D, et al. The Effect of Tube Friction on The Fatigue Life of Steel Tube Umbilical Risers-New Approaches to Evaluating Fatigue Life Using Enhanced Nonlinear Time Domain Methods[C]// OTC 2004, Houston, USA, Offshore Technology Conference, 2004.

[7] Hoffman J, Dupont W, Reynolds B. A Fatigue-Life Prediction Model for Metallic Tube Umbilicals[C]// OTC 2001, Houston, USA, Offshore Technology Conference, 2001.

[8] Heggdal O. Integrated Production Umbilical(IPU ®) for the Fram Ost(20 km Tie - Back) Qualification and Testing[C]// DOT 2004, New Orleans, Deep Offshore Technology, 2004.

[9] DNV. DNV OS F101 Submarine Pipeline Systems[S]. Norway: Det Norske Veritas, 2007.

[10] DNV. DNV RP C203 Fatigue Strength Analysis of Offshore Steel Structures[S]. Norway: Det Norske Veritas, 2001.

[11] Bjørnstad B. Umbilical Stretches Subsea Performance[J]. E&P, 2004, 77(8): 63-65.

[12] Almar-Naess A. Fatigue Handbook: Offshore Steel Structures[M]. 3rd ed. Norway: Tapir Academic Press, 1985.

[13] ISO/TC 67. ISO 13628-5-2009 石油和天然气工业. 海底采油系统的设计和操作. 第5部分:海底缆线和管道[S]. 国际标准化组织, 2009.

[14] ANSI. ANSI/API Spec 17E Specification for Subsea Umbilical[S]. American Petroleum Institute,2003.

[15] ANSI. ANSI/API RP2RD – 1998 浮动生产系统(TLPs)和稳定的半潜式钻井平台用提升设备设计推荐惯例[S]. 美国国家标准学会,1998.

[16] Terdre N. Nexans Looking beyond Na Kika to Next Generation of Ultra-Deep Umbilical[J]. Offshore Magazine,2004,March.

第二篇　水下工程的风险及可靠性分析

第12章

水下工程的风险及可靠性分析

12.1 简　　介

在油气田的开采和生产过程中,往往会有各种各样的风险存在。如果不好好处理,可能会导致严重的后果。

水下进行的油田开采包括设计、制造、安装以及操作等流程,由于各个流程的因素的不确定性,它们都很容易受到成本、经济上的影响。石油开采和生产系统设备的可靠性是系统安全性、采油的可行性以及维护成本的一个控制因素。在前期设计阶段,可靠度以及生产可行性的水准控制能够通过一个系统且严格的可靠性管理计划来加以实现。

本章主要介绍一种推荐的风险系统管理方法,然后介绍一种用于分析油田构筑物的方法,从而改进系统设计的可靠度,同时通过使用可靠的工程工具来减少相应的操作费用。

12.1　风险管理概述

所谓风险,是指由于一些非自然或相关事件而导致出现某些有害的、消极的结果的可能性。风险可以通过事件发生的可能性评估以及事件导致的结果来进行衡量。风险管理是集工程风险的确定、分析以及处理于一体的系统性总过程,它其实是一个使不利事件发生的可能性以及可能导致的结果降低到最小化,同时使有利事件发生的可能性以及可能导致的优势结果最大化的过程。

水下业务从很多方面来讲都是一个独特的产业。然而它的独特性并不仅仅局限于贯穿整个工程的多样化或者各个工程之间的差异性,它同时也包括那些工作在该产业链中所涉及的工作人员。总体上讲,这些人员处在一个高收益和高风险并存的边缘。因此,采取一种整体上的风险管理方法和理念,利用其来提高工程的成功率,对工程来说是有利的。

风险管理可以看成是一个贯穿于设计、建造、操作、维护以及回收过程中的连续的评估过程。完整的风险管理生命周期如图 12－1 所示。

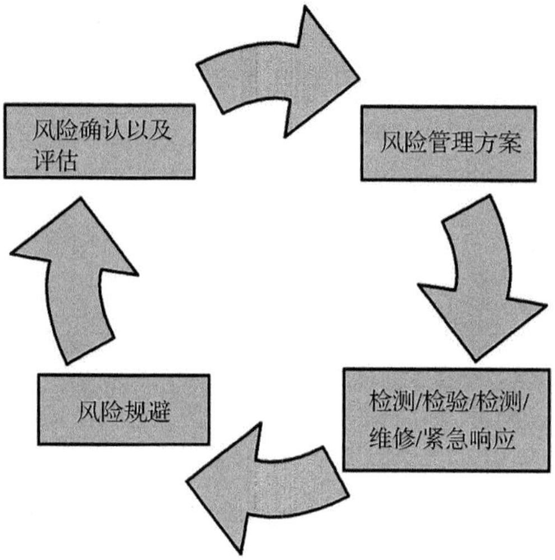

图 12－1　完整的风险管理生命周期图

12.2　水下工程的风险

水下工程是一种具有多风险来源的不确定性的活动。一个成功的风险管理的目的就是通过加强注重这些不确定因素的系统的和高效的方法来管理这些不确定性。主要需要考虑的不确定性来源如下:

(1)技术方面;

(2)财务方面;

(3)组织方面;

(4)缔约/采购方面;

(5)分包商;

(6)政治/文化等。

在对油田开采的经济性能进行评估时,许多成本方面的问题也需要加以考虑。在对油田开采项目的投资条件进行排序时,所需考虑问题如下:

(1)成本(开采成本:资本费用,操作成本:操作费用);

(2)进度(项目任务以及关键工序的完成情况);

(3)税收以及通货膨胀;

(4)健康、安全以及环境保护(符合相应条例以及公司需求);

(5)结构物的可靠度(设计满足相关规范);

(6)输送管道保证(分析满足相关可行性要求)。

12.2 风险评估

12.2.1 概述

风险评估的主要目的在于评估风险和影响安全水准所存在的因素。风险评估要来研究那些危险的事件和状态是如何发展并且相互作用从而最终导致事故发生的。风险评估的程度需要与项目技术风险的水准、来源以及项目所处的阶段相适应。技术风险的评估在项目的不同阶段需要采用不同的形式,比如:

(1)一个简单高水准的技术审查能够有效地减少设备技术的不确定性。

(2)结果/严重性分析可以用来确定设备对采油或安全和环境的最大影响。

(3)潜在的破坏形式以及破坏风险的确定。

(4)技术风险审查可用来确定设备的设计是否符合当前的工程经验。

12.2.2 评估参数

风险评估可以采用表 10 - 1 中的参数进行估计。

表 12-1 评估参数

评估参数	评估关键词
人事	人事的资格以及经验 组织 签到情况 排班情况 代理/后备人员安排
工程总体特点	延期 更换时间/成本 维修概率 交接的数目以及承包商和分包商的数目 工程开发周期
已有的油田基础设施	基础设施——海面上/水下
已处理的构件	价值/结构强度/坚固性
海上操作方法	创新性/可行性 耐用性 操作类型 先前经验 安装能力
使用的设备	保证金/耐用性 运行状态/维护 先前经验 适用性 操作者/承包商的经验(跟踪记录)
操作方面	可移动设备成本及普及状况 语言障碍 季节/环境情况 当地海上交通状况 与海岸线的接近程度

12.2.3 风险评估方法

在对风险进行整体评估时,引入概率参数是非常有必要的,因为不是所有的风险都会影响到工程的可靠性。在评估过程中,为了获得一个整体的情况,部分因素往往会被忽略。本方法基于实用性的相关知识,并采用了一个固定的评分系统从而获得一个较为合理的结果。例如,如果某一风险经过评估后得到的概率在 1% ~20% 之间,则在计算过程中,我们采用其平均值 10% 来进行计算。如表 12 -2 所示为风险评估时在不同风险水平下的不同概率值下所使用的值。

表 12 -2 风险评估中的概率值

风险	概率	使用值
不可能发生	<20%	10%
不太可能发生	20% ~40%	30%
可能发生	40% ~60%	50%
极有可能发生	60% ~80%	70%
基本上会发生	>80%	90%

100% 概率事件在上表中并没有出现,因为 100% 概率事件是一个必然的事件。风险评估仅仅处理那些可能会发生的事件,一旦确定了风险概率并且建立了风险水准,那么风险评估工作就需要优先实施。

12.2.4 可接受风险准则

风险准则表征了可接受或是可承受的风险程度。在抉择的过程中,判断准则用于确定该风险程度是否可被接受,是否需要减小到一个合理的实际水准。要进行量化的风险评估,我们需要确定一个数值化的风险评估准则。

如前所述,风险评估需要考虑项目所承担的不确定性,采用一成不变的判断准则是不适用的。由于存在诸如投入等的不确定性,使用数值化的风险评估准则并不总是恰当的。对于不同的个体,风险评估准则也会相对的不同,并且在不同的社会也会不同,并会随时间、事故经验的多少、生命周期的不同而不同。因此,风险准则只能用于协助决策以及作为决策制订的指南。

在风险分析中,首先应当确定可接受风险的准则。在 DNV RP H101 中,潜在风险主要分为三大类:

(1)低风险;

(2)中等风险;

(3)高风险。

该分类主要利用量化手段,基于对发生结果以及发生概率进行评估。该分类方法应从以下几个方面定义：

(1)人事安全；

(2)环境保护；

(3)资产；

(4)声誉。

在定义可接受风险准则时，我们可以使用一个风险矩阵表加以描述。表12－3是风险矩阵的一个实例。

表12－3　风险矩阵表示例

结果					概率(概率增加→)			
描述	人身	环境	资产	声誉	不可能发生(A)	较少发生(B)	可能发生(C)	经常发生(D)
1. 巨大的	致命	对全球或国家有影响，恢复时间>10年	工程经费>1 000万美元	国际影响	A1＝S	B1＝S	C1＝U	D1＝U
2. 严重	较大伤害	恢复时间>1年；恢复成本>100万美元	工程经费>100万美元	国家级影响	A2＝A	B2＝S	C2＝S	D2＝U
3. 适当	较小伤害	恢复时间>1 md；恢复成本>1 000美元	工程经费>10万美元	国内影响	A3＝A	B3＝A	C3＝S	D3＝S
4. 较小	致病或轻微伤害	恢复时间>1 md；恢复成本<1 000美元	工程经费>1万美元	局部影响	A4＝A	B4＝A	C4＝A	D4＝S

高风险：如果负面事件在经过相关方法处理以后仍然被评为不可接受的风险(U)，该操作则不应予以执行。如果该操作仍要执行，必须要严格按既定程序书写正式申请。

中等风险：在采用改善成本效益的措施后，操作即可以进行，此时风险满足要求(S)。

低风险：应用ALARP(根据实际情况越低越好)相关条款，风险可以被接受。

12.2.5　风险鉴定

很多技术和工具在鉴定风险时，都起到了关键的作用。在本节中，我们将介绍其中的一些。

(1)危险鉴定分析　危险鉴定(HAZID)是用来确定所有可能导致重大意外事故的有害事件。危险鉴定应该在项目的早期阶段就投入工作，并在概念设计阶段和前端工程阶段加以执行。HAZID 是一项通过训练有素的人士和专业人员来确定有害事件的技术鉴定。通过 HAZID，我们可以从所有鉴定过的风险中筛选出风险比较大的事件。该技术同时也可以用来评估运行早期阶段的潜在风险。

(2)设计审查　设计审查是在工程的各个阶段，基于专家意见对设计进行评估。它也可以用来确定系统、结构或构件的设计缺陷。

(3)FMECA　FMECA(失效模式，影响以及失效准则分析)是用于确定、找出并在合理可能的情况下设计出相应的失效模态。为了确定各个阶段可能存在的失效模式，同时也为确保寻找完成任务的最佳方法，我们可以考虑采用 FMECA。来自 FMECA 以及同行审查的所有与流程相关的行为应该加以整合，并应用到设计中去。

FMECA 的优势如下：

① 适用于工程的各个阶段；

② 使用广泛，可以在高级系统、构件以及过程等方面加以使用；

③ 能够优化考虑设计的缺陷；

④ 能够对所有的失效形式进行系统的确定。

FMECA 也有两个缺陷：

① 无法确定相关失效模式的真正原因；

② 耗时长。

12.2.6　风险管理计划

风险管理计划的范围包括资源、角色以及职责、进度以及关键工序等。然而，风险管理计划应该仅仅包含那些在进度和预算计划内可以完成的项目。通过对工程的整体发展实行风险管理，我们可以尽可能地减少风险的产生。更为重要的是，我们将会对整体的风险以及可能的结果有一个更完善的认识。

12.3　环境影响评估

一旦发生海底泄露，它对于环境的影响将十分严重，鉴于在清理影响和估算可能的民事处罚和罚款上涉及诸多因素，评估环境损坏就变得非常困难。环境破坏通常是在1桶油/1美金的基础上根据材料和泄露地点的不同来估算的。

工序设备或者石油管道发生泄漏的后果，会因为材料的物理性质、毒性或者可燃性、天气条件、泄露时期以及减缓措施的不同而产生差异。这些事故的发生会对工厂的人员、设备、附近居住地的居民以及环境产生巨大影响。

环境影响评估可分为4个阶段：

(1)泄露；

(2)扩散；

(3)清理成本；

(4)生态影响。

12.3.1 泄露量的计算

有害物质泄露主要包括管道和容器的裂缝和破损、密封泵裂缝、安全阀漏气等。在计算影响时，材料的质量、泄露率以及泄露时所处的物理反应和大气环境的污染都是计算时的关键因素。

泄露可以瞬间完成，比如一个灾难性的容器破损；也可以是长期累积形成的，比如在一段有限的时间里发生的重大泄露。而泄露的实质也会对结果产生影响，一旦找到了合适的方程，我们就可以对瞬时或者长期的任一种情况进行建模。

对于水下泄露这一案例，确定泄漏量的两个关键因素是泄漏速率和检测时间。

$$V_{rel} = V_{leak} \times t_{detect}$$

式中 V_{red}——从设备中泄露的液体量；

V_{leak}——泄露速率；

t_{detect}——检测时间。

12.3.2 最终液体量的估算

当蒸汽或者挥发性液体发生泄漏后，它会形成可见或者不可见的蒸汽云。蒸汽云会以水汽或者悬浮的液滴的形式顺着风向走。云逐渐扩散，并与空气相混合，直至浓度最终达到安全水平或者被点燃。

最初，由于蒸汽云内部物质充满了能量，它会急速膨胀。直到其膨胀压力与周围环境相一致时，膨胀才会停止。对于重空气而言，根据泄露的趋势，气体沿着地面传播并会将空气带进蒸汽云内部。同时云层中的湍流也有助于空气的混合。

随着浓度的下降，大气中的湍流成为了空气混合的主导机制，并且在整个蒸汽云中形成了浓度分布。在决定蒸汽云的影响时，这一浓度分布发挥着极其重要的作用。

以下几个因素决定了扩散现象：

密度——云相对于空气的密度是影响云的行为的一个非常重要的因素。若其密度大于空气，云就会下沉，并且一旦最先泄露的气体开始消散，它就会在自身的质量下开始扩散。较轻的气体云不会下沉，它会上升到泄露气体的最顶端。

泄露的高度及方向——当从一个较高的海拔释放气体，例如一个烟囱，无论重空气还是轻气体均会导致地面浓度的降低。同时，因为空气的运动不再受到地面制约，高空中释放的气体会比直接向水平或是低空释放的气体扩散得更快。

扩散速率——对于那些只在高浓度时才有害的气体，例如易燃材料，初始的扩散速率很是重要。如果最初的扩散势头相对猛烈，易燃材料就会发生飞速扩散。

天气状况——大气的混合速率非常依赖扩散时的天气状况。而天气状况一般由三个因素决定（风向、风速以及风的稳定性）。

当泄露的液体扩散到周围环境中时，主要影响就是被残留在水中的液体所决定的环境污染。

随着液体泄漏，部分轻质烃类会蒸发，从而减少了需要被清理的液体量。F_{liquid}用来代表未蒸发的液体量，通常，F_{liquid}可用如下公式计算：

$$F_{\text{liquid}} = e^{-kt}$$

式中 t——完成一半清理工作所需的时间，按小时计；

k——蒸发速率常数，按小时的倒数计。

时间 t 包含着最初清理时间，这一时间是按照包括制订策略和协调装备等在内正式开始清理所必需的时间来估算的。

用来计算纯净烃和混合烃的蒸发速率常数的方法如表 12－4 所示：

表 12－4 纯净烃的蒸发速率常数

烃的成分	蒸发常数，hrs^{-1}		
	40 ℉	60 ℉	80 ℉
n－C9	0.231	0.521	0.777
n－C10	0.081 2	0.2	0.311
n－C12	0.010 3	0.030 2	0.051 4
n－C14	0.001 3	0.004 6	0.008 5

表 12-4(续)

烃的成分	蒸发常数,hrs^{-1}		
	40 ℉	60 ℉	80 ℉
n-C16	5.65E-05	3.30E-04	7.60E-04
n-C18	2.46E-05	1.20E-04	2.70E-04

12.3.3 清理成本的确定

通常情况下,对于环境泄露所需的清理成本可以通过以下表达式估算:

$$Cost_{cleanup} = V_{env} \times F_{liquid} \times C$$

式中 V_{env}——泄露到环境中的液体量;

F_{liquid}——残留的液体部分;

C——清理的单位成本。

在环境影响分析中,最难以确定的变量就是各类液体泄漏所需的清理成本的估算。虽然一直以来都有相当多的人尝试着寻找一种合理的方法去估算清理成本,但收效甚微。基于历史数据,在开放海域清理原油的费用为每加仑 50~250 美元不等。

12.3.4 生态影响评估

海平面上的原油泄漏会影响一大批海洋生物。对于石油污染而言,最易受到伤害的就是海鸟、海洋哺乳动物以及海龟这些和烃类有直接接触的生物,即便他们与泄露出来的烃类的相互作用取决于它们在海面上的时间。海鸟、海洋哺乳动物和海龟在海上的确切分布和捕食地点这些既定数据仍然不为我们所知,大型游弋类生物如鲸和海龟是运动的,他们可以摆脱泄露出的油从而不太可能受到影响。生活在海平面下的鱼类能够通过察觉并且避开泄露的油,因此也几乎不受影响。

鱼类和无脊椎动物有:大西洋鳕鱼、胡瓜鱼、美洲大螯虾、大西洋鲱鱼、鲂鱼、雪蟹、红大马哈鱼、黄尾比目鱼、海扇贝、海鸟、鲣鸟、海鸥、鸬鹚、绵凫、黑海鸠、丑角鸭、秃头鹰、黄足鹬、紫矶鹞和千鸟。

海洋哺乳动物有:海獭、长须鲸、大西洋海豚、座头鲸、斑海豹、蓝鲸、白吻斑纹海豚、海龟。

这些物种中的每类生物都有关于它们自己的栖息地、生命阶段以及对油的脆弱性的细节描述如下所列：

(1)鱼类和无脊椎动物　近岸和浅水水域对于许多鱼类在其产卵和早期生活的过程中都有着重要的意义，根据与溢油接触的时间长短，它们会不同程度地受到溢油伤害。

(2)海鸟　海鸟是最容易受到溢油影响的生物。目前已知的海鸟物种都会与海面有接触，进而会接触到泄露的油。海鸠和黑海雀相对最容易受到伤害，因为他们不常常飞行而把大部分时间花在了海面上。

(3)海洋哺乳动物　除了海豹、水獭和北极熊，海洋哺乳动物并不特别容易受到油的有害影响。

其中斑海豹很容易受到油的影响，而海獭虽然并未被看成是海洋生物，但它仍然包含在这个名单当中，因为它们一生中的大部分时间都在海洋里。

(4)海龟　海龟是否容易受到油的有害影响还不确定。

12.4　项目风险管理

深海水下开发中最为关键的不确定因素之一是，如果在项目能够按时进行，油气开采的时间没有耽搁的情况下，设备是否能够按时交付。交接、设备提供商以及分包商的数目会让该过程变得复杂并难以管理。项目风险管理是一项对这些挑战的有效系统管理手段。

项目风险管理是一个用于分析与管理项目相关的风险和机遇的一个系统方法，因此它能够提高目标完成的可能性，特别是在成本、进度以及操作可行性方面，项目风险管理也能够深化对主要风险来源以及它们如何影响项目目标实现的了解。利用该方法，决策者们能够制订相应的风险策略以及行动计划来处理潜在的工程威胁，并发掘潜在机会。

油田开发中的工程风险管理主要有以下几个目标：

(1)确定、评估并控制那些对制订的工程目标(比如进度、成本以及工程成品的性能)会产生影响的风险。这些风险管理行为应该支持工程的日常管理，同时在重要的决策点上也能够帮助和协助决策。

(2)开发并实现相关框架、过程和流程来保证在整个工程中能够有一个正常常规的初始阶段和执行风险管理。

(3)调整相关框架、过程和流程来保证与其他工程工序的流畅和合乎逻辑的相互作用。

项目风险管理过程的实行应该借助一系列支持该过程的相关工具,也可以借助图形来显现进度和那些会对计划有潜在影响的风险。

12.4.1 风险规避

风险规避过程主要集中在决策过程中替代方案的产生、成本的节约以及管理等方面。它主要用来减少那些需要加以关注的不利事件的风险。

在安全分析的早期阶段,为了减少不必要的成本以及时间耽搁,我们需要作出基于安全目的的设计和操作抉择。然而在设计的早期阶段中比较节约成本的风险规避方法并不一定在后期阶段奏效。健康和安全执行条例的制订是为了在改变所需费用较低的早期即能尽早地制订相关的风险规避方法。传统意义上讲,在制订基于安全目的设计/操作时,我们需要对风险减少所需要的成本与减少风险带来的相关收益进行比较。如果收益大于成本,该方法可行;反之,则不可行。这种基于简单比较的成本收益分析在安全分析中经常用到。如图 12-2 所示为一种改善安全性的方法路径示意图。

12.5 可靠性

12.5.1 可靠性要求

可靠性是指设备、系统以及工序在特定时间内、特定环境下操作正确时能够顺利完成相关目标而不发生失效的能力。

现在,量化的可靠度要求已经很少在项目招标阶段使用。量化分析一般都在详细设计阶段才予以使用。

一般在出现某些特别的失败案例以及经验以后,可靠性要求往往会被强行附加在新的合同里面。这是一个合理的做法;然而,这并不是一个实现可靠度要求的成熟做法,因为供应商往往会片面地认为他们只要完成列出的目标就达到了可靠度的相关要求。

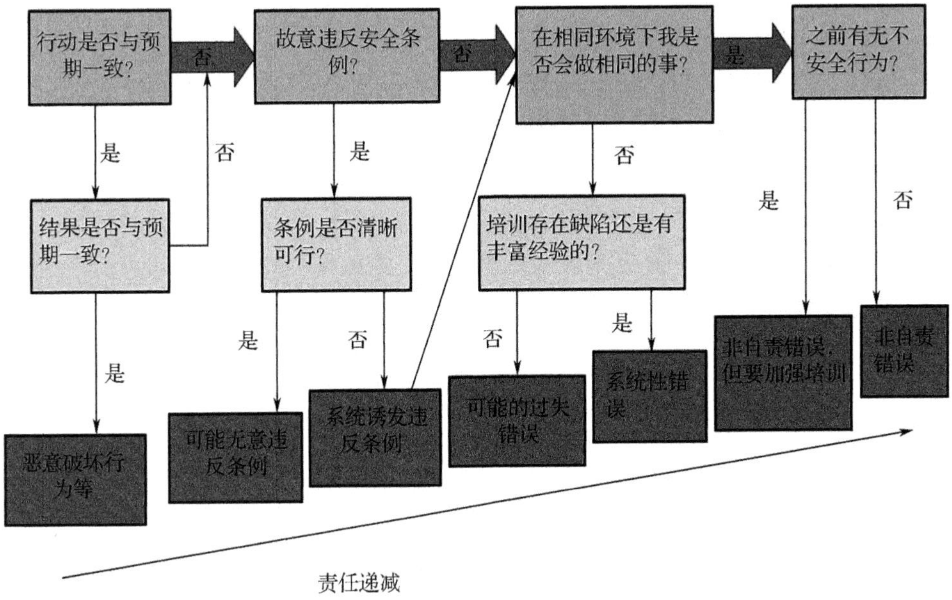

图12-2 改善安全性的方法路径示意图

如果没有明确设置可靠性目标,对供应商来说,其潜在意思便是用尽可能低的成本供应相关产品,任何可靠度均能满足要求。

12.5.2 可靠度相关工序

API RP 17N 列出了12条相互关联的关键工序,在实现一个完善的可靠性工程以及风险管理能力的过程中,这些工序都发挥着极其重要的作用。这些可靠性关键工序为可靠性工作的实施提供了一个较好的环境。当整个组织都能完成相关工序时,可靠性以及技术风险管理方面所做的努力便能达到事半功倍的效果。

风险管理中的关键工序如图12-3所示。12个可靠性关键工序如下所示:

(1)制订可行性目标和要求。确保工程目标与整体商业运行目标保持一致,同时着重聚焦于设计以及制造的可行性及可靠性。在考虑改善可靠度的需要时,需要认真权衡购买成本和运行成本。因此在制订目标和要求时,要将此列入考虑范围。

(2)组织和计划。为相关可靠性活动提供指导和相应的资源,以保证它们对提高整个项目的价值是有正面影响的,同时不对工程的进度产生负面影响。可靠性相关活动应该看作工程进程中一个部分,同时应与项目管理系统中的常规的工程目标整合起来。

(3)设计和制造。这项工序被看成是优秀的工程实例的扩展,但要求着重关注运行过程中失效产生的过程和原因。在设计过程中,应该综合考虑可靠性分析过程中获得的数据,以满足设计功能并完成相关的可行性要求。

(4)可靠性保证。它是管理技术风险过程中的一个重要因素,因为它是一个集确定、评估、调整以及最为关键的关于系统正常工作的相关风险信息交换于一体的综合过程。

(5)风险以及可行性分析。该分析通过确定潜在的问题以及失效机理来提供可靠性管理,确定在操作运行之前它们对系统的影响,并量化风险以及可靠度;其分析与建模主要集中在功能、硬件以及流程上面。

(6)审查与授权。通过审查与授权来保证所有指定行为都是正确的,并被正确执行。

(7)工程风险管理。确定在工程生命周期内的非技术风险,确保所有风险均在产生巨大损失前被发现、量化、处理直至消除。

(8)可靠性认证与检测。通过可靠性评估与检测,我们可以对系统进行检测,并提供相关技术已经达到预期要求的证据。如果已经知道在油田开采的过程中需要用到一些特定的没有被认证过的硬件设备,这些工程的认证过程即可以从工程的可行性阶段就开始。

(9)性能追踪以及数据管理。收集和整理来自所有工程以及工程各个阶段的可靠性数据,从而为可靠性、可用性以及生产效率的评估提供一定的数据保证。已有的可靠性以及可用性数据可以用来确定工程的可用性目标和要求,并为可靠性分析以及设计改善提供相关数据,同时也对了解那些已经投入资金来进行可靠性分析和设计改进的失败项目提供帮助。

(10)供应链管理。确保工程所有相关的组织之间已经就可靠性、技术风险管理目标、要求、实现情况以及吸取的教训进行了相关的交流与讨论。在供应链上,客户与供应商之间的交接管理能力是尤为需要的。

(11)更改管理。确保任何改变与工程可靠性和技术风险管理目标是保持一致的,同时妥善评估和管理更改所带来的影响。

(12)团队学习。提供相应的资源确保相关信息反馈到与设计相关的整个组织中,确保系统在此过程中吸取失败的相关教训。这些教训来自项目的整个生命周期,从策划选择阶段、项目执行阶段直到项目交付阶段,并且应该同时包括正面和负面的实例。

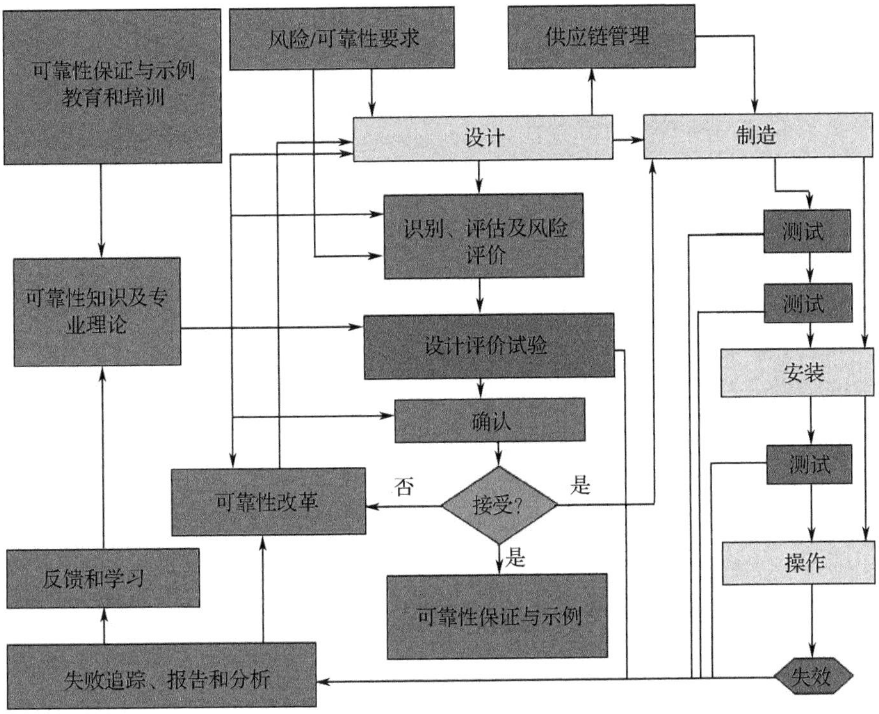

图 12－3　可靠性管理的关键工序

12.5.3　主动可靠性技术

在主动的环境下,可靠性的方向发生了转变。可靠性工程师需要在产品设计的早期阶段介入确定可靠性的相关事宜,并在设计概念出现时便进行可靠性评估。由于提高可靠性和可行性需要的持久性等因素,一个以可靠性为焦点的整体系统管理方法就成为了生产和系统设计中研究的重点。通常情况下,系统的整体失效特点是可以理解的,也是可以预测的。

我们可以通过以下方式增加可靠性和可行性:

(1)通过改善硬件以及软件容错设计。

(2)在生产过程中进行更为有效和严密的筛选试验,从而尽可能地将诱导错误的产生机率最小化。

(3)尽量减少那些无法核实原因的事件的发生数目。

(4)尽量延长预防性维修操作的时间周期。

12.5.4 可靠度建模

为了能够预测系统的可靠性,我们可以利用可靠度建模对各个子系统的可靠性进行评估和组合,对系统以及其操作环境进行数学化的描述。一旦计算出系统的可靠度,我们便可以利用其他方法作为指标性参考,进行决策。在这种情况下,系统的数学化描述主要包括定义系统失效模型,这是一个用于描述系统各种失效方式的模型。可靠度模型的复杂性主要取决于其系统的复杂性及其用途,同时也很大程度上取决于该可靠度模型所需要解决的即时问题。失效可能导致的结果以及相应的成本、维护、停工时间以及模型复杂性的相关考虑不仅仅会影响到未来系统设计和使用的收益情况,更为重要的是还会直接影响到决策者能否盈利。

可靠度模型主要用于尽可能真实地重现一个系统和其使用方法的可靠度。为了能够尽快地得出一个有用的结果,模型通常需要在尽可能地真实反映和实际简化两方面建立起一种平衡。这意味着很多时候,模型的建立需要根据工程判断以及通过合理的讨论对模型进行简化。在数据质量不是很高的情况下,使用精细的数学模型来进行描述很容易造成准确度不高以及结果不准确的现象。尽管可靠性建模是一个量化工具,其主要目标仍是为了定性确定系统的弱点,因此建模的重点应该放在不同系统设计方案结果的比较上,而不是结果的绝对量值上。从这方面来说,可靠性建模是一个用于协助决策的相当有用的工具。

可靠性建模通常是在确定分析目标的基础上的,只有在目标和想要获得的结果都被确定以后,我们才能够选择一个合适的建模技术。最常用的分析技术包括可靠性框图(RBDs)、故障树分析法(FTA)以及马尔科夫分析法(即状态 - 时间分析法),但并不局限于这些。很多时候,为了能够充分地完成分析目标,这些工具需要被组合运用。

12.5.5 可靠性框图(RBD)

(1)目标　建立可靠性框图(RBD)的总体目标是为了在硬件开发的设计阶段进行可靠性预测,并将系统的可靠性利用图像展现出来。

(2)概念　不同于对系统可靠性的绝对指标进行预测,RBD 建立了一套进行设计权衡的分析方法。和其他的可靠性分析工具一样,RBD 能够在设计确定之前对问题进行估计和确定。RBD 能够清晰地展现系统的功能以及接口,同时展现该系统的失效方式。它能够模拟系统各个组成部分之间的内在联系,同时能够计算系统的总体可靠性。该结果能够协调帮助确定各个子系统是否满足系统可靠性要求。特别是相比较于有很多备用功能的复杂系统,RBD 是一种非常有效的工具。利用可靠性相关工具,我们可以考虑各种情况,无论是现役的、备用的还是其他,甚至连一个开关的失效概率都可以考虑进去。一旦模型建立,我们可以通过改变参数、增加附加条件、修改维护条件来进行敏感性分析;得到的结果能够用于各种参数条件下的设计方案的比较,并作出决策。RBD 也能够用于系统结构的可视化以及培训帮助和错误查找。

(3)应用时间　一个高水准的 RBD 在系统草案定下来的时候就能够对其进行描述。在设计进行 FMECA 的过程中,我们需要利用 RBD。使用 RBD 的最好时间在设计阶段的初始阶段,越早越好。

(4)要求　在使用 RBD 时,我们需要了解系统的结构和功能,同时也需要了解系统的各种附加功能。另外,我们也需要知道系统工作的机理以及图框中相关的可靠性参数(例如危险率)。

(5)优点和缺点　API RP 17N 列出了 RBD 的优点和缺点。

优点:

① 最佳图形化显示复杂系统逻辑方法。

② 较好的附加功能逻辑的显示方式。

③ 所有分析方法的先驱。

缺点:

① 对于复杂系统,构建相应的 RBD 非常复杂。

② RBD 的数值化评估耗时周期长(手工进行或者各个 RBD 需要嵌套使用)。

③ 如果模型的建立较细致,对数据量需求非常大。

④ 对于复杂的功能模型,需要用到复杂的 RBD。

12.6 故障树分析

故障树分析(FTA)是可靠性分析中的另一种工具。

12.6.1 目标

FTA 的总体目标是为了确定某特定的不利事件的技术原因,同时估计和预测系统的可靠性。FTA 能够清晰地显示一个系统的各种可能的失效模式。

12.6.2 概念

FTA 是一种用于定义某单一不利事件,以及确定引起该事件发生的各种可能原因的系统性和演绎性的方法。该不利事件构成了一个故障树的最顶端事件,能够大致上代表一个产品和工序的整个完整度或是灾难性的失败。与 FMECA 一样,FTA 也能够用于确定产品的安全性。区别于 FMECA,在采用自下而上的分析方法上,FTA 采用的是自上而下的分析方法来对失败结果进行评估。FTA 能够用来分析与顶端事件同时发生,但不是关键事件的组合效应,进而对系统的可靠性进行评估;确定其潜在的、可能性的设计缺陷和安全事故,以此来简化系统维护和查找错误的流程,在查找失败根源过程中确定失败根源,从逻辑上消除可观测的失败的根源等。FTA 也可以被用来评价潜在的纠正行为以及设计变更的影响。

12.6.3 时间

FTA 最好能够在前期的设计阶段作为一种促进设计变更的评估工具加以利用。一旦产品已经完成甚至已经上市,FTA 就能够有效地作为判别系统的失效模式及其机制的技术性工具。

12.6.4 所需数据

在故障树的构造过程中,我们需要对系统的结构有详细的产品知识,同时在进行量化分析时,我们需要用到各个基础构件的可靠性数据。

12.6.5 优缺点

API RP 17N 阐述了故障树的优点以及缺点如下所示:

优点:

(1)适用于常规失效分析,能够预测特定事件的发生概率。

(2)能够用于失效的本质原因分析。

(3)能够与因果分析中的树保持相容性。

(4)能够用于重要性分析。

缺点：

(1)对于复杂系统，人工管理和恢复会相对困难。

(2)不适用于处理连续事件。

12.6.6　可靠性能力成熟度模型层状图

可靠性能力成熟度模型(RCMM)可以用来评估组织内部那些对于可靠性、安全性以及风险管理有作用的条例的成熟度。

可靠性能力能够被划分为 5 个成熟等级，如图 12－4 所示。每个层次都有关于提高可靠性能力的相关措施。可靠性能力成熟度层次见表 12－5。

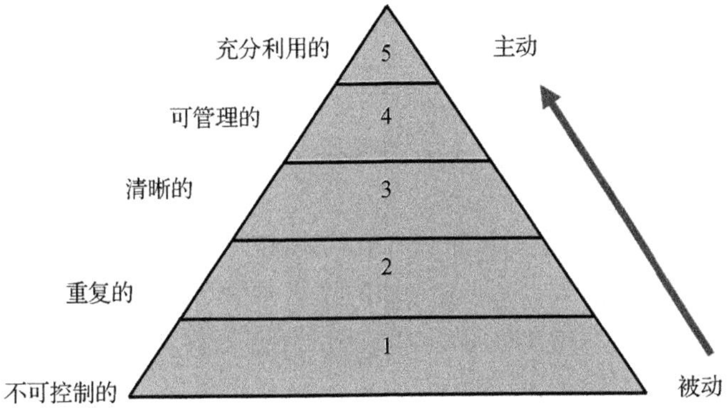

图 12－4　可靠性能力成熟度模型层状图

表 12－5　可靠性能力成熟度层次概述

成熟度层次	描述
1	对可靠性概念一无所知
2	具有可重复性的规定的操作规程，但与可靠性不直接相关
3	对先前在可靠性上的成就有所了解，但是吸取过去的教训的能力有限，可靠性改进有限
4	了解设计的可行性并能够在已有的失败案例基础上，通过改进设计来改善可靠度
5	了解设计的可行性并能够执行一个具有预防性的持续的改进计划(从管理上和操作上)

12.6.7 基于可靠度的设计分析

基于可靠度的设计分析(RCDA)是一套正规化的方法,只要一步一步遵循相应的步骤,降低失效的可能性和损失,形成相对最可靠的、最安全同时也是环保的设计。

在工程设计的初始阶段,使用RCDA的主要好处如下:

(1)机器的可用性能提高。能够增长设备运行的时间长度,减少设备维护,从而显著增加收益。

(2)减少风险。RCDA能够帮助设计,从而减少失效的可能性和损失。

(3)RCDA是基于功能的一种分析方法。它着重于增加某些关键组件的可靠度。这些关键组件对某个工序的主要功能的维护往往有相关联的重要作用。

(4)停机维护时间周期缩短。较少的停机维护时间能够减少停产的天数,显著增加收益。

(5)更安全、更可靠的操作,更好的质量控制,运行更加稳定从而对瞬时的意外有更强的应对能力。

(6)操作成本降低。RCDA能够有效减少相关设计保证期内的维护成本。

(7)优化的预防性以及前瞻性的维护计划和条例。在RCDA过程中,能够创建一个完善的计划。对这些条例的培训一般提前完成,因此一旦机器开始服役,相关设施便开始得到维护。

(8)着重强调基于环境的维护条例。设备的环境将被实时监控、监测,使资产能够发挥出最大的潜能,同时避免不必要的审查以及检修的昂贵支出。

(9)RCDA能够作为操作人员和维护人员的一种培训工具。RCDA能够在平台创建之前对最主要的失效模式、它们可能导致的失效结果以及失效原因进行记录。

(10)为备用构件配置的优化提供可能。我们能够确定主要的失效原因,同时我们也能够确定相应的备用需要。此外,因为该分析基于整个平台,所以库存水平以及再订购水平都能够被一一确定。

RCDA是一个集成到工程管理阶段的步骤,例如工程设计前期阶段,作为一个工序,它需要遵循一个统一的规定和原则。图12-5是RCDA的流程图。

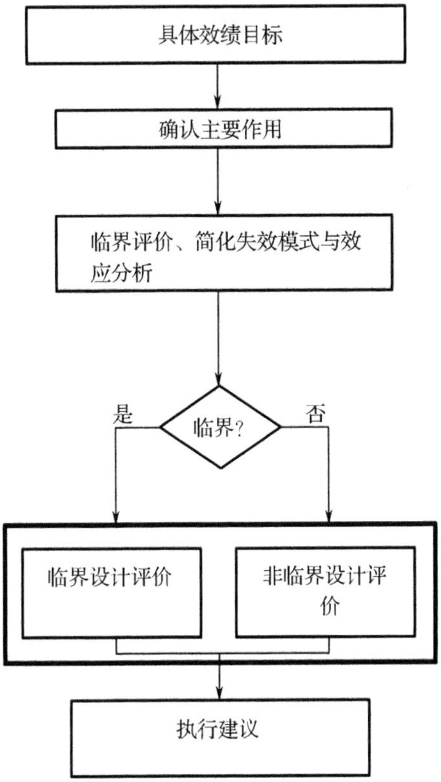

图 12-5 RCDA 流程图

12.7 水下失效减少的认定

该认定方法已经在 DNV-RP-A203 中加以规范化，名为“新技术的认定流程”。它为一个系统的基于风险的方法实现认定的目标提供了可行的平台。

认定过程主要由下列几项活动组成。在该过程的每个步骤中，应该进行档案备份，从而可以对该过程进行追踪。

(1)为认定过程建立一个整体的计划。这是一个持续的过程，同时需要在每个步骤之后利用可获得的关于认定状态的知识加以更新。

(2)建立一个认定的基准，该基准应该包含要求、具体说明以及相关描述，并且同时定义职能以及限定参数。

（3）基于对其失效机理及其风险的确定，以及根据技术的新颖程度的分类，对技术进行筛选，从而重点关注那些最显著的相关的不确定方面。

（4）对维护、条件监测以及认定基准的可能修改进行评估。

（5）计划并执行可靠性数据的收集工作。这些数据用来分析通过经验、数值分析和试验得出不合规范的风险。

（6）对可靠性能，以及与功能要求相关的失效风险进行分析。

参考文献

[1] API. API RP 17N Recommended Practice for Subsea Production System Reliability and Technical Risk Management [S]. Washington, DC, USA: American Petroleum Institute, 2009.

[2] Duell C, Fleming R. Implementing Deepwater Subsea Reliability Strategy [C]//, Offshore Technology Conference, 2001.

[3] DNV. DNV RP H101 Risk Management in Marine and Subsea Operations[S]. Norway: Det Norske Veritas, 2003.

[4] Wabnitz F, Netherland H. Use of Reliability Engineering Tools to Enhance Subsea System Reliability[C]// OTC 2001, Houston, USA, Offshore Technology Conference, 2001.

[5] Brandt H. Reliability management of deepwater subsea field developments[C]// OTC 2003, Houston, USA, Offshore Technology Conference, 2003.

[6] Parkes K R. Human and Organizational Factors in the Achievement of High Reliability[C]// SPE 2009, Australia, Engineers Australia, 2009.

[7] Carter M, Powell K. Increasing reliability in subsea systems[J]. Hart's E&P, 2006, 79(2): 52 - 53.

[8] OGP. Managing Major Incident Risks - Workshop Report[R]. 2008.

[9] Skeels B, Taylor M, Wabnitz F. Subsea Field Architecture Selection Based on Reliability Considerations[C]// DOT 03, Marseille, France, Deep Offshore Technology, 2003.

[10] Mellem T. A Qualification Approach to Reduce Subsea Equipment Failures. [C]// ISOPE 2003, Honolulu, Hawaii, USA, Thirteenth (2003) International Offshore and Polar Engineering Conference, 2003.

[11] Wang J. Offshore Safety Case Approach and Formal Safety Assessment of Ships[J]. Journal of Safety Research, 2002, 33(1): 81 - 115.

[12] Spouge J. A Guide to Quantitative Risk Assessment for Offshore Installations[M]. London, UK: Energy Institute, 1999.

[13] Aller J, Conley M, Dunlavy D. Risk-based inspection [C]// API Committee on Refinery Equipment, Houston, USA, American Petroleum Institute, 1996.

第13章

水下设备RBI

13.1 简　　介

水下设备包括井口、井口连接器、采油树、管汇、跨接管、管汇成撬、管道连接器、管道和立管、脐带缆和 UTA 等。本章将研究针对水下系统的基于风险的检测(RBI)以确保水下系统的完整性。

随着深度的增加,水下系统的成本与风险也随之提高,因此研究能够对水下系统完整性提供最大保障的水下设备 RBI 就尤为重要。

水下设备 RBI 是以设备的临界状态与失效模式为标准,建立针对每个水下设备条目的维修与检测计划的。

13.2 目　　标

水下设备 RBI 的主要目标是找出主要的故障类型,建立缓解和控制计划,最大限度地提高水下系统的可靠性和可行性,同时通过避免事故发生或降低事故发生概率来保证水下生产系统的整体性。水下设备 RBI 可在工程中的许多层面上得到应用,RBI 系统所涉及的范围是多领域的,包括技术、商务、金融和政治。

水下设备 RBI 的目标可以概括如下：

(1)详细划分阶段步骤来改善设备性能；

(2)完善设备数据库的系统使用；

(3)促进新科技的利用；

(4)优化检测、测试和维修工作；

(5)消除意外的设备故障；

(6)提高采油树性能；

(7)降低成本。

有了这一水下 RBI 模型的帮助，我们就可以执行一套定性的 RBI 评估。为了制订一个有效地针对水下设备的检测计划，需要确定和分析所有重大的故障原因和模型。

13.3 水下设备 RBI 方法

13.3.1 水下 RBI 简介

RBI 方法可通过平衡风险来减少所带来的利润和检测所付出的成本，并且优先处理和优化检测力度。

RBI 检测方案的结果包含了关于未来检测的指导：

(1)需要检测的水下设备；

(2)需要采用的检测模式；

(3)检测工序；

(4)检测时间；

(5)报告检测结果的工序；

(6)当发现或者未发现缺陷时的下一步行动计划。

RBI 检测是一个动态过程。为了优化未来的检测工作，在分析过程中充分利用现有的水下生产系统的信息，就变得十分重要了，例如设计、施工、检测以及水下生产系统的维护。从检测结果中，我们可以得到新的和更加完善的关于运行条件的信息，从而为结构可靠性的更新以及下次检测时间的确定提供参考基础。

水下设备 RBI 可以采用两种分析方法，一种与管道 RBI 相同，即把诸如管汇、跨接管当作管道进行评估（OPR 公司开发研制的 PaRIS 软件可以完成这类分析）；另一种方法就是涉及组成部分的机械性能 RBI。

在机械性能 RBI 中，所做的工作主要集中于水下设备部件退化机制，然后基于这些部件，我们才能确定设备故障条件。图 11－1 所示即为机械性能 RBI 的层次结构。

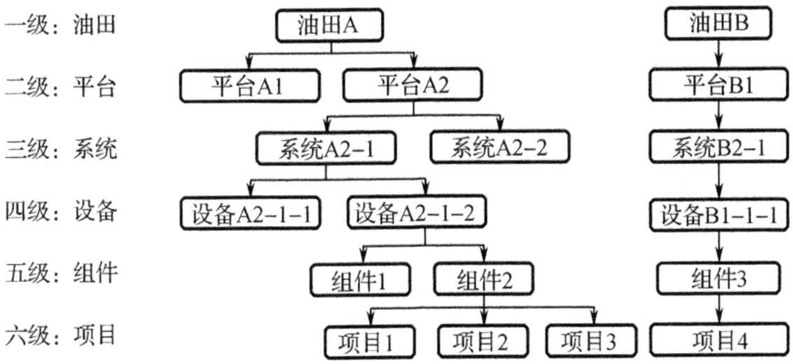

图 13－1　机械性能 RBI 的层次结构

13.3.2　水下 RBI 检测管理

水下设备 RBI 的检测方案从制订、执行到评估并不应该是一劳永逸的行为，因为一个从工序和检测/维护/操作活动中获得信息和数据的连续过程是需要不断被反馈到计划方案中去的，如图 13－2 所示。

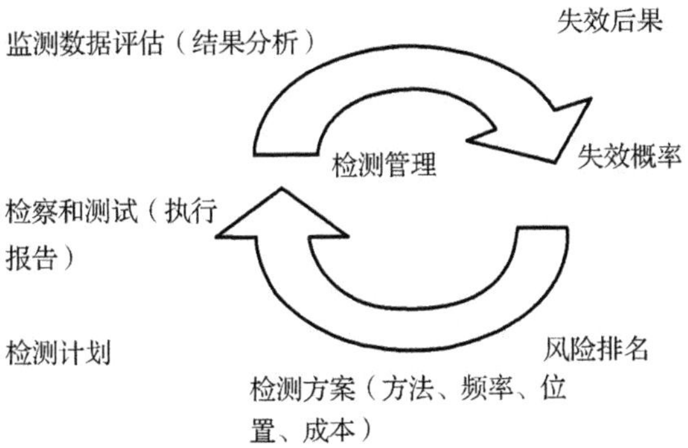

图 13－2　水下设备 RBI 管理过程

13.3.3 风险可接受的标准

风险可接受的标准就是指操作人员在安装过程中无法承受的风险的极限。这些标准必须分别针对各个需要评估的风险类型来定义。与传统的管道 RBI 方法相似,水下设备 RBI 同样细化为安全方面、环境方面和经济方面。最重要的是,安全等级依赖于产品类型和区域等级。如果产品有毒或者处于一个高危区域,那么其安全等级应视为高等级。

风险的可接受标准是用来确定检测时间的,这就需要基于对损害细节的评估和更完善的信息来评估风险等级,对已超过风险可接受标准的部件进行及时的修理或替换。

风险的可接受标准是针对每一个不同的实效后果来定义的。这些标准的定义可能以当前经验、设计规范要求、国际法规以及风险分析为基础。一般来说,考虑到大量阀门和传感器的快速反应,主要风险就是水下采油树和管汇的经济损失,但是对于管道和立管来说,人为的、环境的和经济的风险都应该列入考虑范围。

针对不同类型的项目和不同的退化过程,关于人事风险、环境影响以及经济风险的可接受标准可用图 13-3 中的风险矩阵来代表。

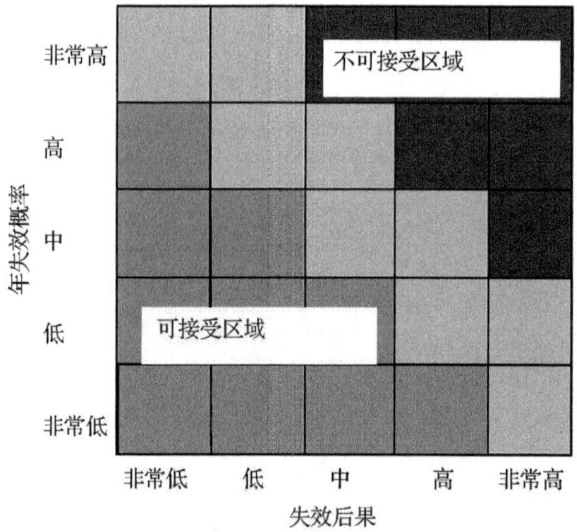

图 13-3 可接受的标准原理和风险矩阵

13.3.4　水下 RBI 工作流程

如图 13－4 所示为 RBI 的工作流程，它包括以下内容：数据收集、初步评估、细节评估、检测参考方案（IRP）和维护参考方案（MRP）。

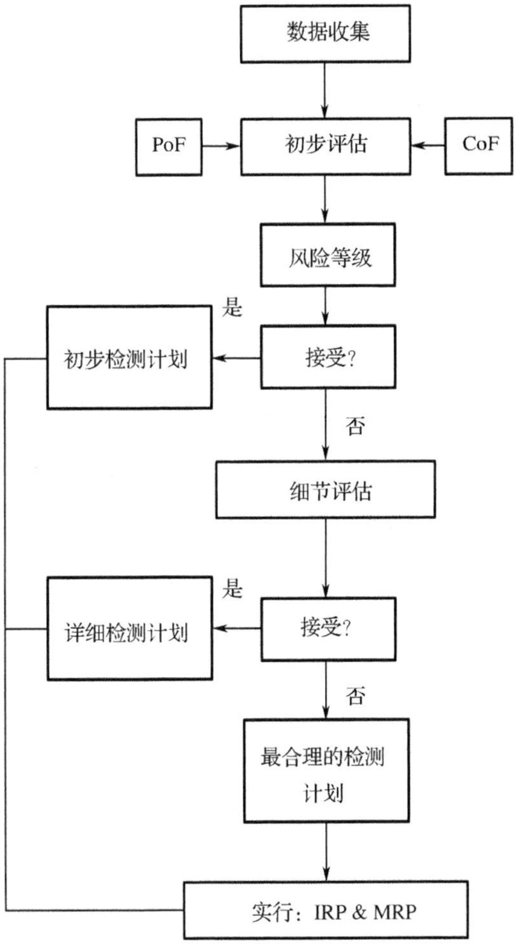

图 13－4　水下设备 RBI 工作流程

在 RBI 研究的开始阶段，数据收集是一项最基本的工作。实际需要的信息要根据细节 RBI 评估程度来确定。而对于筛选过程，我们只需要一些基本信息。随着等级的提升，我们相应地也会需要越来越多的文件来进行初步评估和细节评估。

对于一项 RBI 的分析方案,所需的典型数据可能包括如下内容(但不局限于此):装备类型,建筑材料,检测、修理和替换记录,工序流程组成,流体库存清单,施工条件,安全系统,检测系统,退化机制,速度以及严重性,人员密度,涂装、镀装和绝缘数据,业务中断成本,设备更换成本,环境治理成本。

初步评估主要是在不要求对系统进行细节描述的情况下进行的一种有效地初级定性评估。在很多情况下,如果缺乏细节的信息或者模型,或者一个代价更高的评估所带来的收益显得微不足道时,该评估则被视为合适的方法。

细节评估是在部件级别的基础上进行的,它定义水下设备的不同部分,并且对每一个退化机制都会进行分析。这与把水下设备当作一个部件来分析的初步评估完全不同。细节评估通常是利用先进和准确的预测模型来进行的。细节评估往往包含失效概率(PoF)的确定性和可能性的评估。

维护参考方案(MRP)是针对高风险项目的维修计划。为了延长部件的剩余寿命和尽可能地减少风险,MRP 应当给出缓解或补救的行动方案。检测参考方案(IRP)是一个描述检测如何实施的文件方案,随之而来的 IRP 可以保证在管道系统中的风险可以以一种低成本的方式进行管理,以便将安全性和经济风险保持在一个可接受的极限范围内。

13.3.5 水下设备风险测定

(1)水下设备是小概率的确定　近海可靠性数据手册(OREDA)数据库可以用来作为计算水下设备的失效概率的出发点,并且该过程可被概括为如下几个方面:

① OREDA 中的设备实效数据库;

② 设备运行条件测评;

③ 故障数据库的改进;

④ 水下设备部件失效概率的确认;

⑤ 水下设备是小概率的计算。

英国 PARLOC 数据库也可以被用来预测管道的失效概率,它需要以下两个假设来支持:

① 失效概率的发展应与 PARLOC 数据库中的历史统计结果相一致;

② 北海的 PARLOC 数据库可以应用于管道海洋空间分析。

使用 PARLOC 数据库作为管道危险确认、漏洞尺寸预测和失效概率计算的出发点是很合理的。

在计算水下设备的失效概率之前,为了修改记录在 PARLOC 数据库的失效概率，首先应当评估以腐蚀率、侵蚀率、流动保证问题为主的操作条件以及设备的性能和特点。

在规范 Norsok M—506 中记录的二氧化碳腐蚀速率计算模型可以用来计算腐蚀率、含水量、压力、二氧化碳浓度、pH 值、温度、氧气浓度、抑制剂影响、流态、生物活性等。

同样，侵蚀率也能用以下数据来计算，并可以进行连续监控：流体的密度和黏度、砂粒大小和浓度、砂粒形状和硬度、流体流量和含砂量、管道直径、流态、几何学等。

流量控制主要是分析石蜡、沥青、水合物、氧化皮等的形成过程，而堵塞行为的预测就是在流量控制的基础上产生的。在分析过程中，以下数据会被用于石蜡表面温度、倾点温度和水合物形成曲线。

根据对压力和温度的检测，诸如 PIPESIM，OLGA 之类的流量控制软件可以用来测定石蜡和水合物在检测压力条件下出现的温度。然后该温度就可以与监控温度来进行比较从而得出石蜡化与水化是否会发生。根据统计失效概率来计算水下设备部件的失效概率的方法可以概括如下。

失效概率通过下式计算：

$$\lambda = \frac{n}{t} \tag{13-1}$$

90% 的置信区间：

$$(low.\ high) = \left(\frac{1}{2t}z_{0.95,2n}, \frac{1}{2t}z_{0.05,2(n+1)}\right) \tag{13-2}$$

最后，水下设备失效概率计算式如下：

$$PoF = 1 - \sum_{i=1}^{n}(1-P_1)(1-P_2)\cdots(1-P_i) \tag{13-3}$$

同样，一些水下设备可以根据其结构和特征产生简化模式，例如：管汇的计算方法可等效于管道计算法，而其失效率计算法可用来确定 PoF。

(2)水下设备 CoF 的确定　水下设备失效不大可能造成大规模的泄漏。它受限于外部广泛布置的阀门及传感器的快速反应，其主要的后果是由于修理造成时间的推迟及其修理过程中产生的经济损失。水下设备的经济 CoF（失效后果）分析基于产品类型、流速和生产滞后时间。

水下设备部件的修理时间同样能从 OREDA 数据库中获得，整体现场生产能力可用于确定 CoF，表 11－1 是确定采油树失效 CoF 量的例子。

表 13-1 定性经济型 *CoF* 分类

产品	经济率/%				
	<2	2~5	5~10	10~20	>20
天然气,井产流体	A	B	C	D	E
天然气,半加工	A	B	C	D	E
天然气,干式	A	B	C	D	E
石油,井产流体	A	B	C	D	E
石油,半加工	A	B	C	D	E
石油,干式	A	B	C	D	E

(3)水下设备风险确定　风险计算式为:风险 = $PoF \times CoF$。对水下设备的风险标准应该比出口管道更为严格,而且风险可以定性或定量描述。

13.3.6 检测计划

水下 RBI 评估系统的结果定义了一种专为水下设备系统提出的检测方案。

在这一阶段中,所有项目的检测计划都被收集起来并存放到合适的检测间隔中。而这项活动的成果就是一些为检测方案提供建议的手册,描述如下。

(1)何时检测(检测时间);

(2)何处检测(检测什么位置);

(3)如何检测(针对每一管道系统采用何种检测方法和检测精确度等级)。

如图 13-5 所示为针对基于时间的破坏原因和基于事件的破坏原因所设立的检测间隔的设置。利用有限的评估模型与数据可以用来预测在水下 RBI 中的失效可能性与后果程度,因此 RBI 中的检测计划必须有务实的眼光和健全的工程判断能力。正如上面所述,计算所得的 *PoF* 对某些破坏原因而言随时间而增长,并会因为其他一些原因而保持不变。这对于检测计划将会有一定的影响,并且以下这两种方法都会被用到。

(1)基于时间的破坏原因;

(2)基于事件的破坏原因。

图 13-5 中,*A* 线与 *B* 线代表基于时间的破坏原因,*C* 线和 *D* 线代表基于事件的破坏原因。

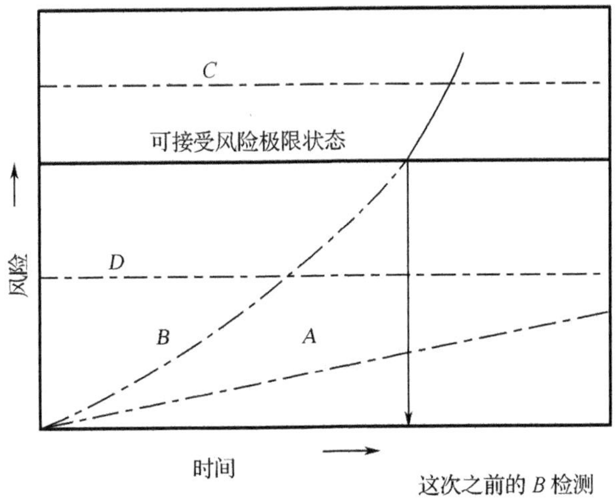

图 13-5　检测间隔的设置

第一种方法代表了 *PoF* 随时间而增长的例子。当超过已定义的可承受风险等级时，就需要对系统进行检测。久而久之，*PoF* 增长因此风险也增长，检测时间则选为当风险超过了可接受极限的那个时间点。

第二种方法代表了 *PoF* 随时间保持常数的例子，因此风险值也随时间变化而保持常数（假设结果不发生变化）。在这种情况下，假设风险初始估计值是可行的，风险值不会超出可接受的极限值，因此不会产生检测的数据。然而，对于那些风险值超过某一特定水平的例子，应该定期对其进行检测，并且高风险时比低风险时检测的次数更多。

对水下 RBI 评估来说，初始评估结果应该与详细的评估结果相符合，因此 RBI 团队应该做出检测进度表，并且在 *PoF* 超出内部腐蚀降解力学所得的 *PoF* 极限值的年份里进行检测。

13.3.7　海上设备可靠度数据

海上设备可靠度数据（OREDA）项目于 1981 年与 Norwegian Petroleum Directorate 共同建立。OREDA 的最初目的在于收集安全设备的可靠度数据，而 OREDA 的主要目的是为提高石油开采和产品设备的研发与操作中的安全与投资利用率而作出贡献。OREDA 的范围扩大到了从大量石油与天然气开采和生产的设备中收集可靠度数据，主要包括海上设备与水下设备，但某些陆上设备也被包括在内。OREDA 可被分为 4 个级别。

(1)归档/安装　这是水下油田和它的设施的标志,每一块油田可能包含一组或多组设施。

(2)设备单元　在 OREDA 中使用的最高设备等级的设备单元中,通常包含一种主要功能,例如采油树、控制系统等。

(3)子单元　一个设备单元可以被划分为多个子单元,每个子单元都含有设备单元来完成其主要功能所必须的功能。典型的子单元为脐带缆和 HTP 等。子单元也可能不止一个,例如两个独立的 HPU。

(4)部件　这些就是子单元的小集团,他们通常包含着那些作为整体所必需的或是进行替换的最低级别的设备,例如阀门、传感器等。

对于每个海上与水下设备单元,以下数据都可供查询。

(1)设备单元边界的说明图,例如,一份关于某些子单元或部件概括了某一设备单元的一部分的说明书。

(2)部件组成清单。

(3)每个部件的故障次数。

(4)所记录的设备单元的总计服务时间(按日历时间计量)。

(5)针对每一部件,考虑其非确定性极限的影响所估算的失效概率。

(6)维修时间预测。例如,修理故障和设备重启过程中所必需的按小时计量的时间。这一时间表示主动修理的时间,例如,实际维修工作所需花费时间。

(7)支持信息,例如,设备和项目的数量。

(8)一个关于部件及其故障模式、子单元及其故障模式、设备单元及其故障模式、故障描述的交叉列表。

13.4　管道 RBI

13.4.1　管道损伤

损伤是指可以通过一种技术或多种技术的组合所检测出来的,与所定义的基线标准状态产生的偏差。

损伤的原因可分为如下三类。

(1)基于事件的损伤,例如,掉落的物体、拖拽的齿轮、滑坡、抛锚等。

(2)基于条件的损伤,例如,pH 值的变化、运行参数的变化、CP 系统的变化等。

(3)基于时间的损伤,例如,腐蚀、侵蚀、疲劳等。

在 RBI 评估中评估每个管道损伤的原因有:内部腐蚀、外部腐蚀、内部侵蚀、外部侵蚀、自由跨度、海床的稳定性。

考虑到损伤发生的可能性以及故障的后果,针对一个管道系统,这些破坏原因都要逐一详细记载。

13.4.2　PoF 值评估

本节,我们将要对评估各种破坏原因的模型进行描述。操作者应该注意的是,由于这些模型是在给定数据的最低级别的基础上来确定检测方案的,所以会显得相对比较保守。作为一个检测计划的另一种代替方案,一份更详细的评估或更有力的补救措施也是可以考虑被采用的。

当检测结果和风险评估表明风险已经接近或者超过风险极限时,我们就要采取适当的措施来保证管道的整体性。这些措施包括进一步地检测、补救行动(例如减小压力)或者提高设备评估的适合度。

13.4.3　内部腐蚀

内部腐蚀是在运行过程中使管壁变薄的主要原因。腐蚀是一个有赖于流体组成、水的存在和运行参数的变化等因素的复杂机制。

对于一个定性的 RBI 评估来说,管道的 *PoF* 基于以下信息分类。

(1)上次检测的结果(如果有的话);

(2)自上次检测后到现在的时间(如果有的话);

(3)生产基础上的腐蚀率;

(4)检测和维护水平。

在检测时,*PoF* 的分类主要是基于检测时关于可观测到的腐蚀缺陷的等级的发现。

同样的,由于腐蚀缺陷会随着时间而增长,*PoF* 也会随着时间而增长。腐蚀率主要由产品的腐蚀性能所决定。除了最容易腐蚀的产品,一个好的"状态监控等级"会相应地得到很好的信誉,这是运营商们进行后续操作的一个保障。

在腐蚀定量化评估中,内部腐蚀破坏可能是腐蚀降解的不同机理所导致。在烃类管道系统中,腐蚀可能会因为以下原因发生:

(1)二氧化碳腐蚀;

(2)硫化氢腐蚀(SSCC);

(3)微生物为诱因的腐蚀(MIC)。

在针对金属损失缺陷而进行的 *PoF* 计算流程的基础之上,每年我们都要针对爆裂和泄露故障模式来计算失效概率。最重要的输入信息就是是否发生腐蚀以及腐蚀速率。影响腐蚀率的因素可被概括如下:材质、产品类型、含水量、温度、二氧化碳分压、腐蚀抑制剂效率(如果有的话)、流态等。

在使用结构可靠性方法进行 *PoF* 计算时,应考虑下列几种因素:外径、最大需用工作压力(MAOP)、额定壁厚、材料拉伸强度(SMTS)、投运年限。

检测时,*PoF* 分类在表 13-2 中有规定。它基于可观测的腐蚀缺陷中那些微不足道、中等或是重要等级的检测发现。表中还对检测发现的不同部分的典型定义作了描述。

表 13-2　内部腐蚀的 *PoF* 分类

检测结果	*PoF*	描述
不严重	1	检测缺陷没有达到当前管道 MAOP 的标准等级的 50%
中等	3	检测到的最严重的缺陷达到了当前管道 MAOP 的标准等级的 50%
严重	5	检测到的最严重的缺陷达到了当前管道 MAOP 的标准等级的 80%
无检测或空白	—	检测时间的设置与设施运行数据相一致

在已经确认的腐蚀性等级和检测监测等级的基础上,定义了随着时间推移而 *PoF* 的增长规律,见表 13-3 的详细说明。

表 13-3　内部腐蚀以一为增量的工作年限

腐蚀率	检测监测条件等级		
	好	正常	差
高	1	1	1
中	4	3	2
低	7	5	3

(1)外部腐蚀　一般来说,为了免受外部腐蚀,管道会由一层防腐蚀涂料将其整个外部完整严密地保护起来。管道的防腐蚀涂料遭到破坏以后,我们会在管道

系统中使用外加电流阴极保护系统(ICCP)或者与牺牲阳极相结合来保护管道。

外部涂料破坏可能是由船舶、锚、拖网等的冲击所引起的。实际上,对于水下管道的水下部分而言,外部腐蚀通常情况下不是大问题。

在定性评估中,水下管道的 *PoF* 概率分级基于下述因素并且概括如表 13 -4 所示。

① 上次检测的结果(如果有的话);

② 自上次检测后到现在的时间(如果有的话);

③ 阳极消耗异常检测(如果有的话);

④ 集成电路"潜在"读数(如果有的话);

⑤ 工作温度。

表 13 -4 基于检测结果的立管外部腐蚀的 *PoF* 分级

检测结果	*PoF*	描述
不严重	1	检测缺陷没有达到当前管道 MAOP 的标准等级的 50%
中等	3	检测到的最严重的缺陷达到了当前管道 MAOP 的标准等级的 50%
严重	5	检测到的最严重的缺陷达到了当前管道 MAOP 的标准等级的 80%
无检测或空白	—	检测时间的设置与设施运行数据相一致

由于潜在的腐蚀缺陷的发展,*PoF* 会随着时间增加。尽管腐蚀发生在飞溅区,立管表面的温度仍然假设与工作温度相同,从而用来计算腐蚀率。

表 13 -5 表明由于外部腐蚀的原因,一个单元的工作年限会在 *PoF* 分级中相应增长,这是前一次检测所得的检测结果和工作环境造成的。常规情况下,很多年都不会有腐蚀发生,但是一旦腐蚀出现,缺陷就会以很高的速率开始发展。

表 13 -5 外部腐蚀 *PoF* 每增长一个等级所需要的时间

检测结果	当在 40 ℃以下进行工作时 *PoF* 中以单位一为步长的工作年限增量	当在超过 40 ℃进行工作时 *PoF* 中以单位一为步长的工作年限增量
不严重	4	3
中等	3	2
严重	2	1
无检测或空白	3	2

(2)内部侵蚀　侵蚀对于管道而言，并不是常见的故障原因。然而，对于包含砂粒的高速运动的流体来说，侵蚀可能发生，特别是在弯曲处、直径减少处、管道连接处或者其他几何细节处。

当流速小于3 ~4 m/s时，侵蚀通常不是大问题。侵蚀率与流体中所含砂石的质量成比例，并且大粒径的砂石比小粒径的在其程度上更加严重。速率对于侵蚀是一个非常重要的参数。侵蚀率与速率的2.5 ~3次方成正比。

内部侵蚀的缺陷特征与腐蚀有很大的相似之处，因而关于腐蚀缺陷的相同的检测分类可以在其中运用。

由于潜在的腐蚀缺陷的发展，*PoF*会随着时间增加。侵蚀率与产油的运动速率有很大关系。高速率会给*PoF*带来更快速的增长，因此按单位"一"来增长的*PoF*年限在很大程度上也与砂石的速率有关。

表13 –6　内部侵蚀*PoF*每增长一个等级所需要的时间

砂石速率	*PoF*中工作年限的增长	砂石速率	*PoF*中工作年限的增长
$v<3$ m/s	10年	$v\geq 8$ m/s	1年
3 m/s $\leq v<8$ m/s	3年	未知速率	1年

表13 –6表明了内部侵蚀以"一"为增量的工作年限。如果砂石不存在，则*PoF*随时间为常数且一直等于"一"。

(3)外部冲击　外部冲击所造成的破坏可能是由掉落的物体、船锚的冲击、船锚的拖动、拖网、船对立管的冲击以及炸鱼等引起的。

外部冲击是一个基于事件的破坏原因，并且如果冲击的年概率是一个常数的话，则*PoF*也接近常数。虽然一次检测对于*PoE*几乎没有影响或者只有有限的微妙影响，但是定期进行管道检测还是可取的。

管道的外部冲击的*PoF*概率分类基于以下几方面：

① 上次检测的结果(如果有的话)；

② 捕鱼活动情况；

③ 管道直径和混凝土涂层厚度；

④ 埋藏深度；

⑤ 海洋作业活动情况。

如表13 –7列出了捕鱼活动带来的外部冲击的*PoF*分类。如表13 –8所示为海洋工作活动的*PoF*分类。无论管道是否是埋置的，*PoF*分类都是独立显现的。

表 13-7 捕鱼活动带来的外部冲击的 *PoF* 分类

管道特征	*PoF*
直径 <8″	4
8″≤直径 <16″	3
直径 >16″,保护层 <40 mm	3
直径 >16″,保护层≤40 mm	1
埋地（所有直径）	1

表 13-8 海洋工作 *PoF* 分类

海洋工作活动	*PoF*	描述
低	1	在该区域几乎没有或有不重要的海洋工作活动（与针对管道位置和风险研究的历史海洋活动的比较）
中	3	在该区域有着中等的海洋工作活动（与针对管道位置和风险研究的历史海洋活动的比较）
高	4	在该区域有着重要的海洋工作活动

(4)自由跨度 自由跨度普遍存在于海底管道中,除特殊情况外(例如埋置)。水下冲刷是自由跨度产生的主要原因之一,自由跨度会因为受到纵向或横流振动的影响,最终疲劳失效。

如表 13-9 所示为在检测时所确定的 *PoF* 分类,分类以检测结果为基础并且只针对海底管道。

表 13-9 以最大自由跨度的检测结果为依据的 *PoF* 分类

检测结果	*PoF*	描述
轻微	1	$L/D<20$
中等	3	$20\leq L/D<30$
严重	5	$L/D\geq 30$,或者动态跨度
无检测或空白	3	无检测或者空白
动态自由跨度	5	检测历史将跨度看作是动态的,该跨度在软土上形成

为了安排一个针对自由跨度的检测计划，我们需要进行一次严谨详细的评估。为了开展一次详细的评估，初步评估中的 *PoF* 常常假设其不随时间变化而变化。对于 *PoF* 评估，我们需要牢记的是，软土中的自由跨度会有改变长度和位置的趋向。而对于软土中的自由跨度记录，需要采用特别的方法来使跨度为静定。

(5)在位稳定性　如果管道没有足够的在位稳定性，海底管道可能会在强烈的洋流条件下运动。不考虑小口径的管道，为了获得足够的稳定性，配重层是必不可少的。混凝土涂层常常被用来做配重层，该涂层同样可以用来保护管道系统不受外部冲击。

在定性的 *RBI* 评估中，关于管道的 *PoF* 概率等级分类基于如下信息：

① 上次检测的结果(如果有的话)；

② 自上次检测后到现在的时间(如果有的话)；

③ 是否埋置；

④ 所处位置(海上/陆地)。

表 13-10 表明了基于检测发现的 *PoF* 分类，特别是当检测已经确定对于后续行动是微不足道的、中等的或者是重要的情况下。

表 13-10　以在位稳定性的检测结果为依据的 *PoF* 分类

检测结果	*PoF*	描述
轻微	1	没有或者仅有微小的管道移动(位移 ≤10 m)，整个管道位于深水中，深度大于 150 m
中等	3	中等的横向的移动，无弯曲(10 m < 位移 ≤ 20 m)
严重	5	横向移动作用导致弯曲、屈曲、起皱，在接近碎屑状或在主流线外(位移 > 20 m)
无检测或空白	1	检测时间与设施运行数据相一致

13.4.4　*CoF* 值的评测

故障后果(*CoF*)是通过安全、环境污染和经济损失等方面来衡量的。

(1)安全影响　安全影响包括人员伤害或者生命消亡，它可以通过定量风险评估(QRA)研究来获得一定的数据资料，并且可以代表潜在的生命损失(PLL)。

表 13 – 11 列出了安全影响等级。

表 13 – 11　安全影响等级

CoF 因素	*CoF* 等级	描　述
A	很低	人员伤亡几乎不发生
B	低	潜在的小事故,无时间和生命损失
C	中	潜在的时间损失,人员伤亡不超过一个或几个人,不存在潜在的致命危险
D	高	潜在的时间和人员损失,存在一个潜在的致命危险
E	很高	潜在的复合致命危险

(2)经济影响　直接经济损失应是石油或天然气的泄漏量和修理费用。然而,设备修理所耽搁的生产时间也应被考虑在内。修复则可分为两部分,即泄露影响和破裂影响。修复的结果也取决于故障的位置(例如:水上、飞溅区或水下)。由于业务中断或生产延迟所带来的经济影响与由管道关闭所带来的花费关系密切。一个重要的需要考虑的因素就是系统的冗杂性,其中产品通过旁支管来维护。如表 13 – 12 所示为经济影响等级。

表 13 – 12　经济影响等级

CoF 因素	*CoF* 等级	生产损失的成本	
		相对于整体油田产量的百分比/%	内容
A	很低	<2	微小出油管
B	低	2 ~ 5	短出油管
C	中等	5 ~ 10	中等出油管
D	高	10 ~ 20	重要出油管
E	很高	>20	干线

(3)环境影响　环境影响考虑的主要是泄露到环境中的不同类型的产品所带来的影响。泄露的石油在水中的扩散可以采用 Adios 软件进行建模。

环境污染的严重程度是由扩散到水中的石油量和当地的条件(例如渔业资源)所决定的。环境污染的等级则是由自然资源的恢复年限所决定的,这取决于当地资源的恢复能力和当地政府的努力。表 13 – 13 表明了针对不同事件的环境影响等级。

表 13－13 环境影响等级

CoF 因素	*CoF* 等级	描述
A	很低	对环境没有或者有微小的影响。没有中间介质的排放或者只有很低的低毒性或无污染介质的排放
B	低	有毒或有污染介质的少量排放。释放的介质会迅速地被空气或海水稀释、中和
C	中	有毒或有污染介质的少量排放或大量低污染介质的排放。释放的介质需要一定时间来稀释、分解、中和或者可以很容易地清除
D	高	大量污染介质的排放,其可以清除或者需要一定时间来分散稀释和中和
E	很高	大量高污染和有毒介质的排放,这些不可以被清除并且需要相当长的时间来分散、稀释和中和

13.4.5 风险的识别及准则

管道的风险由公式计算得:风险 = $PoF \times CoF$。

同样的,风险准则可以定性或定量的分析。如表 13－14 所示为一个定性的风险准则。

表 13－14 定性风险准则

PoF 分类	年失效概率					
5	预期失效	M	H	H	VH	VH
4	高	M	M	H	H	VH
3	中	L	M	M	H	H
2	低	VL	L	M	M	H
1	不存在	VL	VL	L	M	M
失效分类 *CoP*		A	B	C	D	E

13.5 水下采油树 RBI

13.5.1 简介

水下采油树在水下油田中是一个十分重要的设备,它主要由钢框架结构、连接器、阀门、节流器、管道、油管悬挂器、控制系统和帽组成。采油树的监控数据主要集中于温度、压力和砂石条件等。

针对水下采油树的 RBI 可以看作是管道 RBI 的扩展,其方法和原理均与管道 RBI 相似。二者所不同的地方在于,采油树 RBI 侧重于设备退化和根据检测数据来进行的部件故障分析。

13.5.2 水下采油树 RBI 流程

本部分主要举例说明基于很多假设的水下采油树风险决策。采油树的监控数据主要集中于温度、压力和砂石条件等。

水下采油树 RBI 分析时所需的步骤为:制订风险接受准则、收集信息、量化风险评估、生成检测方案、录入检测管理系统。

(1)信息收集 信息主要包括水下树的设计数据、操作数据、腐蚀/侵蚀研究报告等。这些数据是用于确定 *PoF* 和 *CoF*,这些数据同样可以用来预测风险和建立一个优化检测方案。

(2)可接受风险准则 与传统 RBI 管道相似,水下设备 RBI 风险主要从人、环境和经济等角度来量化。最重要的是,安全级别取决于生产、人力和地理位置等级。如果产品有毒或者位于敏感区域,那么安全等级就该相应地提高。

经济影响主要有维修费用和由于生产延时所造成的产品损失。表 13 - 3 所示的相互的贯穿关系可用来作为量化商业影响的基础。

(3)退化机制和失效模式 退化机制主要包括内部/外部腐蚀、内部侵蚀、流动保证问题和机械性破坏等。在 OREDA 中,水下采油树设备已经考虑在内并且记录了失效数据。水下采油树分为以下几个部分:化学联轴器、连接器、岩屑帽、流量滑阀、软管(柔性软管)、液压插头、管道(硬性管)、采油树帽、树导向架、未知、检测阀、控制阀、其他阀门、进程隔离阀、实用隔离阀、油管悬挂器、化学联轴器、液压插头、电源/信号耦合器、油管悬挂器主体、油管悬挂器隔离塞。

在 OREDA 中,采油树的失效模式包括如下方面:外部泄露过程媒介、外部泄露效用媒介、无法关闭/锁定、无法按要求工作、无法打开/解锁、内部泄露过程媒介、内部泄露效用媒介、关闭位置泄露、丧失屏障、冗余损失、无立即见效、其他、堵塞/壅塞、假操作、结构失效。

13.5.3 水下采油树风险评估

水下采油树 RBI 评估中,*PoF* 由不同的失效机制和在本章第三部分所述不同的部位来确定。其影响可以根据维修时间和维修成本所造成的经济损失而确定。

(1)OREDA 数据库 2002 的失效数据库　OREDA 数据库 2002 常常被看成是计算 *PoF* 的开始。在 OREDA 数据库中,失效率以下面三种形式出现:下限、最好的估计、上限,这一分类根据单独设备的情况而决定。

在该工序中,OREDA 的"井口和采油树的失效描述和失效模式"表格应该作为确定水下采油树部件的失效数据的一个参考。在该表格中,每一部件的失效模式都有总结。

(2)失效数据库改进　失效数据是 OREDA 数据库在 2002 年的统计结果。然而,应该注意到的是单个水下设备可能有其独特的历史、性能、类别及功能。因此这些数值需要随各方面的发展做进一步的修改,该修改基于设备性能的特殊状况以及工程师的经验。例如,如果材料是高强钢,则材料失效可以被忽略。

在修改过程中,腐蚀/侵蚀率应该计算在内;流动保证问题与操作环境同样应该考虑在内。

我们假设腐蚀/侵蚀条件并不严重而根据本章第三部分的内容假设流动保证问题很严重,那么如表 13－15 所示为采油树失效描述和失效模式。

表 13－15　采油树的失效描述和失效模式

部件	描述	ELP	FTF	FTO	PLU	ELU	OTH
连接器	泄漏	1					
流量滑阀	堵塞				1		
液压插头	泄漏					1	
管道	堵塞				1		

表 13－15(续)

部件	描述	ELP	FTF	FTO	PLU	ELU	OTH
油管悬挂器主体	失效控制	1					
	疏松						2
采油树框架	拖拽影响						2
节流阀	堵塞				1		
	失效控制		4				
	泄漏		6				
过程隔离阀	堵塞			1			
	泄漏						3

(3) *PoF* 识别　*PoF* 测定的理论方法如本章第三部分“水下设备风险测定”所述，其中所示的每一采油树部件的失效率都该逐一进行计算，然后水下采油树的 *PoF* 才能确认。如表 13－16 所示为水下采油树部件的失效概率。

表 13－16　水下采油树部件的失效概率

部件/失效率(每小时)	低	中	高
连接器	0.24×10^{-9}	0.24×10^{-8}	0.20×10^{-7}
流量滑阀	0.65×10^{-9}	0.65×10^{-8}	0.70×10^{-7}
液压插头	0.40×10^{-10}	0.40×10^{-9}	0.37×10^{-8}
管道	0.10×10^{-8}	0.10×10^{-7}	0.96×10^{-6}
油管悬挂器主体	0.11×10^{-7}	0.20×10^{-7}	0.10×10^{-6}
采油树框架	0.86×10^{-8}	0.24×10^{-7}	0.15×10^{-6}
节流阀	0.70×10^{-7}	0.73×10^{-7}	0.25×10^{-6}
过程隔离阀	0.75×10^{-7}	0.11×10^{-6}	0.50×10^{-6}

选择低值还是高值取决于工程师的经验，技术能力和操作环境等。在此例中，我们假设所有部分的失效率都很高，所以水下树失效率可以根据第十一章中的公式确定，其结果是 2.05×10^{-6}个/小时或 1.8×10^{-2}个/小时

(4) *CoF* 计算　失效影响主要是由于时间延误和维修费用等原因所造成的经济损失。时间延误可通过 OREDA 数据库或工程师经验来判断确定。这里，我们假设延误的时间为 2 天。那么经济损失总数可通过每日的产品数量和维修费用计算得出，在这里 *CoF* 计为 A。

采油树部件的故障是不太可能造成大量泄漏。它受限于阀门和传感器的快速反应，其主要影响是因维修延误的时间而造成的经济损失。采油树的经济 *CoF* 可以基于以下内容分析：

① 产品类型；

② 流量；

③ 生产延误时间。

如表 13－17 所示为关于采油树的定性经济 *CoF* 的一个示例。整体油田的生产能力(%)可用来确定 *CoF*。

表 13－17　采油树的定性经济 *CoF*

产品	经济率/%				
	<2	2～5	5～10	10～20	>20
天然气，井产流体	A	B	C	D	E
天然气，半加工	A	B	C	D	E
天然气，干式	A	B	C	D	E
石油，井产流体	A	B	C	D	E
石油，半加工	A	B	C	D	E
石油，干式	A	B	C	D	E

(5) 风险确定　风险可定量或定性分析，通过评估结果得到的采油树风险是可以被接受的。

13.5.4　监测计划

风险值一旦超过限定值，水下树就该根据风险结果来接受监测。依据监测方法，OREDA 中的失效数据视不同的操作条件而不同，并且失效类别在不同的运作阶段也是有所不同的，这样风险值能在不同阶段得到识别。

13.6　水下管汇 RBI

管汇是一种用来结合、分送、控制和监视流体流量的阀和管道的布置，水下管汇通常和一排油井一起安装在水下，常用来收集产品或向井中注入水或气体。

下面的例子将描述管汇 RBI 评估的具体工作流程以及另一种不同于水下采油树的分析方法来确定 *PoF*。此例中我们只着眼于内部腐蚀，假设在碳素钢材料中存在着二氧化碳引起的内部缺陷，那么在管汇系统中的内部腐蚀可以通过清管漏磁检测方法来检测。缺陷深度与长度由监测报告提供，并且它们会以一定速率增长，从而导致其性能的下降。管汇 RBI 方法可用来保证系统安全等级在任何时候都处于可接受状态，其分析过程如下列所述。

13.6.1　退化机理

在水下管汇 RBI 中，下面的退化机制可用来分析：

(1)内部腐蚀(IC)；

(2)外部腐蚀(EC)；

(3)内部侵蚀(IE)；

(7)外部冲击(EI)。

13.6.2　初步评估

(1)CoF 准则

CoF 可分为三类，即安全、经济和环境影响，并且有一个定性等级系统。

① 安全影响　考虑人员伤亡以及 PLL。

② 经济影响　考虑由于生产中断而引起的维修成本提高和商业损失。

③ 环境影响　考虑不同类型的产品泄露到环境中的影响以及清理的费用。

如图 13－6 所示为一个初步估计的 *PoF* 识别的工作流程。

(2)风险准则　在初步评估中，风险极限设为高风险级别。当风险等级超过高风险级别时，则视为不可接受的。表 13－14 展示了准则矩阵。

(3)结果　初步评估的目的就是采用一种定性的方法来确定每一机制的风

险等级。根据图 13 - 6 所示的框架流程图,如果初步评估中得到的风险等级是可接受的(风险等级在“高风险级别”以下),那么就可以进行一次主要的检测;如果风险等级不可接受(风险等级超过高风险级别),我们就需要更多、更全面的数据,并且进行更为详细的评估。

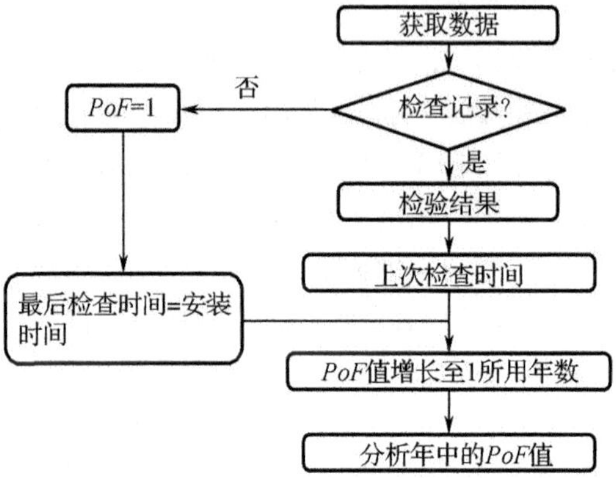

图 13 - 6　初步估计的 *PoF* 识别的工作流程

13.6.3　细节评估

(1)安全等级　在调查中所采用的安全原理同样也是风险原理,即目标的年失效概率有赖于失效后果而产生。不同管汇的安全等级也不尽相同,它取决于管道的运输产品以及所处的位置。安全等级包括高、中、低三等。

(2)*PoF* 计算　在细节评估中,*PoF* 值通过概率与统计的方法,在定量级别上进行计算。反映真实情况的最好的分布可用来作为理论基础。在指定的 *CoF* 计算中,下述内容十分重要。

① 部件性能的分布;

② 部件承受荷载的分布。

(3)目标准则　细节评估的可接受准则通过上一节所表述的安全等级来定义。

① 对于高安全等级:目标年失效概率表示为 10e - 5;

② 对于中安全等级:目标年失效概率表示为 10e - 4;

③ 对于低安全等级:目标年失效概率表示为 10e - 3。

(4)结果　细节评估的目的在于重新对那些在初步评估时采用定量方法时

未被接受的退化机制进行评估。根据 RBI 中所描述的框架流程图,如果细节评估的评估结果是可接受的(年失效率低于标准),我们就可以进行下一步或者说更进一步的检测;如果评估结果不可接受(年失效率超过了该标准),我们就要根据 IRP 和 MRP 立即进行检测。

13.6.4　管汇 RBI 示例

下面我们将以一个例子来展示一个管汇 RBI 评估的具体工作流程。此例中我们只着眼于内部腐蚀,假设在碳素钢材料中存在着二氧化碳引起的内部缺陷,则在管汇系统中的内部腐蚀可以通过清管漏磁检测方法来检测。缺陷深度与长度由监测报告提供,并且它们会以一恒定速率增长,从而导致其性能的下降。管汇 RBI 方法可以保证系统安全等级在任何时候都处于可接受状态。在下面的内容中,具体描述的是其分析过程。

(1)初步评估

①输入数据

初步评估的数据如表 13－18 所示。

表 13－18　初步评估输入数据

参数	单位	值
公称外径	mm	406
公称壁厚	mm	12.7
缺陷深度	mm	4.2
缺陷长度	mm	68
参数	单位	值
材料等级	—	X70（API 5L)
生产类型	—	石油,半加工
最大容许工作压力	MPa	10
设计因素	—	0.72
上次检测时间	—	2 000
腐蚀等级	—	中
操作监控等级	—	好
操作条件	—	人工

②计算

首先,我们采用规范 B31G 来计算只在腐蚀缺陷下的承受内部压力的管道性能。

$$A = 0.893 \frac{L}{\sqrt{D \cdot t}} = 0.845 \tag{13-4}$$

由于 A 值大于 0.4,因此失效概率为

$$P_{corr} = 2 \cdot SMYS \cdot t \cdot F/D = 21.735 \text{ MPa} \tag{13-5}$$

$P_{corr} > 2$ 倍的 MAOP,因此在观测年中的检测发现是微不足道的,根据表 13-19,在观测年中的 *PoF* 值为"1"。

表 13-19 针对内部腐蚀下的检测结果的 *PoF* 分类

检测结果	*PoF*	描述
不严重	1	检测缺陷没有达到当前管道 MAOP 的标准等级的 50%
中等	3	检测到的最严重的缺陷达到了当前管道 MAOP 的标准等级的 50%
严重	5	检测到的最严重的缺陷达到了当前管道 MAOP 的标准等级的 80%
无检测或空白	1	检测时间的设置与设施运行数据相一致

然后,我们可以根据表 13-20,得出当年以"一"为步长增加时 4 年的 *PoF* 值。

表 13-20 针对内部侵蚀的当年以"一"为步长增加时的 *PoF* 分类

腐蚀率	检测条件等级		
	好	中	差
高	1	1	1
中	4	3	2
低	7	5	3

所以,九年后 *PoF* 的值为 3。

第二步,我们需要确定腐蚀缺陷的 *CoF* 值。在输入数据中,操作条件、管道尺寸和产品都是已知的。利用表 13-21,我们可以分别确定对于安全、环境和经济的 *CoF* 值。

a. 安全的 CoF 值表述为 C；

b. 环境的 CoF 值表述为 D；

c. 经济的 CoF 值表述为 D。

最终，CoF 的取值是要提取三个条件中最严重的一个，因此，最终的 CoF 值是 D。

在初步评估中，风险等级可以用“5 × 5”的矩阵表示，风险极限为高风险级别。在本例中，根据表 13 – 14 中的矩阵，通过“$PoF \times CoF$”，初步评估的最终风险是“高”。这一结果表明风险等级是不可接受的，因此我们需要一个更加准确的细节评估。

表 13 – 21　RBI 初步评估中对于安全壳损失的常用后果模型

产品	安全等级			环境				经济率			
	人工	半人工	无人工	$D<8''$	$D>8''$	$D>16''$	$D>32''$	$D<8''$	$D>8''$	$D>16''$	$D>32''$
天然气，井产流体	E	D	B	B	B	B	C	B	C	D	E
天然气，半加工	E	C	A	A	A	A	B	B	C	D	E
天然气，干式	E	C	A	A	A	A	B	B	C	D	E
石油，井产流体	D	C	B	B	C	D	E	B	C	D	E
石油，半加工	C	B	A	B	C	D	E	B	C	D	E
石油，干式	C	B	A	B	C	D	E	B	C	D	E
冷凝液，井产流体	E	D	B	B	B	C	D	C	D	E	E
冷凝液，半加工	E	C	A	B	B	C	D	C	D	E	E
冷凝液，干式	E	C	A	B	B	C	D	C	D	E	E
处理过的海水	B	A	A	A	A	A	A	A	B	C	D

表 13 - 21(续)

产品	安全等级			环境				经济率			
	人工	半人工	无人工	$D<8''$	$D>8''$	$D>16''$	$D>32''$	$D<8''$	$D>8''$	$D>16''$	$D>32''$
原始海水	B	A	A	A	A	A	A	A	B	C	D
生产水	B	A	A	B	B	B	C	A	B	C	D

(2)细节评估

输入数据

区域类型:区域 2

清管的检测方法:相关性

如表 13 - 22 所示为细节评估中所用到的数据。

表 13 - 22 细节评估中的输入数据

参数	单位	值
清管的置信度	%	80
清管的尺寸准确度	%	10
参数	单位	值
工作温度	℃	120
工作压力	MPa	8
水深	m	100
产品的 pH 值	kg/m^3	6
产品密度	kg/m^3	780
海水密度	kg/m^3	1 250
气相 CO_2 的摩尔含量	%	5
液体流量	m^3/day	5 184
含水率	%	25
转化点的含水率	%	50
天然气对空气的比重	—	0.8
天然气压缩率	Z	0.88
管道粗糙度(10E - 6)	m	50
石油黏性	Ns/m^2	0.008 8

表13-22(续)

参数	单位	值
最大相对黏性	—	7.06
天然气黏性	Ns/m^2	0.000 04
防腐剂	Fc	0.85
乙二醇比重	%	60

在细节评估中,我们必须采用考虑基于概率的更为准确的方法来重新计算缺陷失效压力。为了预测缺陷发展趋势,我们也要评估该缺陷的腐蚀速率。

首先,我们采用Norsok code M-506中的二氧化碳腐蚀率计算模型来计算腐蚀率。根据输入数据,中间变量值如下:

$$Kt = 7.77$$

$$f_{CO_2} = 5.282$$

$$f(pH)_t = 0.119$$

$$S = 0.87$$

$$Cr = Kt \cdot f_{CO_2} \cdot \left(\frac{S}{19}\right)^{0.146+0.0324 \cdot \log(f_{CO_2})} \cdot f(pH)_t \cdot Fc = 0.18 \text{ mm/year} \tag{13-6}$$

其次,我们要检测2009年的失效概率是否如初步评估中所确认的那样不可接受。在细节评估中,失效概率可通过定量分析方法得到,其中荷载的正态分布和性能分布都要被用到。

规范DNV-RP F101的A部分是计算失效压力性能P_{corr}。9年后,新的缺陷深度为

$$d = 4.2 + Cr \cdot 9 = 5.82 \text{ mm} \tag{13-7}$$

新的缺陷长度为

$$L = 68 \cdot (1 + Cr \cdot 9/d) = 94.22 \text{ mm} \tag{13-8}$$

然后:

$$P_{corr} = \gamma_m \cdot \frac{2 \cdot t \cdot f_u}{(D-t)} \cdot \frac{(1-\gamma d \cdot (d/t)^*)}{(1-\gamma d \cdot (d/t)^*/Q)} = 16.6 \text{ MPa} \tag{13-9}$$

$$Q = \sqrt{1 + 0.31\left(\frac{L}{\sqrt{D \cdot t}}\right)^2} = 1.238 \tag{13-10}$$

$$(d/t)^* = d/t + \varepsilon d \cdot StD = 0.539$$

为了使用正态分布来计算失效概率,我们需要知道包含操作压力和相关偏

差的荷载分布。偏差常常默认为操作压力的 0.05 倍。性能分布包含着 P_{corr} 和偏差,性能偏差可用 $StD \cdot P_{corr}$ 表达。

$$\phi = \frac{\sqrt{2P_{corr}^2 - OP^2}}{\sqrt{P_{corr}^2 \cdot StD^2 + 0.05^2 \cdot OP^2}} = 6.33 \qquad (13-11)$$

$$StD = 0.078$$

下一步,查正态分布表,使得 $\varphi = 6.33$。在分析之前,失效概率通过由安全等级确定的可接受极限来确定,该安全等级与区域类型、操作条件和产品有关。本例中,根据表格 11-23,安全等级为“高”。根据本章第六部分中表述的准则,*PoF* 的极限为 0.000 01。

表 13-23 安全等级确认准则

产品	非人工	人工/半人工	
	区域 1 和区域 2	区域 1	区域 2
天然气,井产流体	正常	正常	高
天然气,半加工	正常	正常	高
天然气,干式	正常	正常	高
石油,井产流体	正常	正常	高
石油,半加工	正常	正常	高
石油,干式	正常	正常	高
冷凝液,井产流体	正常	正常	高
冷凝液,半加工	正常	正常	高
冷凝液,干式	正常	正常	高
处理过的海水	低	低	正常
原始海水	低	低	正常
处理水	低	低	正常

在正态分布中,*PoF* 的值为 0.000 01,这表明 φ_{limit} 等于 4.5。因此,因为 $\varphi > \varphi_{limit}$,*PoF* 是可接受的。

在接下来的工作中,我们需要预测 *PoF* 什么时候超过极限 0.000 01。这需要我们采用上述方法年复一年地计算 φ 值,直至 $\varphi > 4.5$。本例中,结果为 2014 年。

新缺陷深度:

$$d = 4.2 + Cr \cdot 14 = 6.72\ \text{mm}$$

新缺陷长度：

$$L = 68 \cdot (1 + Cr \cdot 9/d) = 108\ \text{mm}$$

然后，

$$P_{corr} = \gamma_m \cdot \frac{2 \cdot t \cdot f_u}{(D - t)} \cdot \frac{(1 - \gamma d \cdot (d/t)^*)}{(1 - \gamma d \cdot (d/t)^*/Q)} = 12.72\ \text{MPa}$$

$$Q = \sqrt{1 + 0.31\left(\frac{L}{\sqrt{D \cdot t}}\right)^2} = 1.304$$

$$(d/t)^* = d/t + \varepsilon d \cdot StD = 0.609$$

$$\phi = \frac{\sqrt{P_{corr}^2 - OP^2}}{\sqrt{P_{corr}^2 \cdot StD^2 + 0.05^2 \cdot OP^2}} = 4.4$$

因此，PoF 值在 2014 年超过 0.000 01。

(3)检测方案　对于 RBI 评估，检测计划应当在初步评估和细节评估相结合的基础上建立。然而，细节评估的结果是检测方案的主要决定因素。因此，RBI 团队应当建立一个检测进度，并在 2014 年如期完成针对内部腐蚀降解机理的检测。

13.7　RBI 输出及收益

RBI 分析的结果是确定检测策略，如部件分类、检测地点、检测方法的选用、检测的时间间隔以及在不同的检测中所假设的覆盖率。检测的结果被用来更新退化的模式，并改善未来检测方案使之与检测部件的性能相符。

RBI 分析的目的是为水下设备提供检测方案，并在总体上符合验收标准的同时减小设施经营者们的经济风险。

在一个可接受的安全、经济和环境标准之下，RBI 规划是应对具体安装、成本效益和有针对性的检测战略的一个系统方法。

RBI 评估可能会导致现存检测方案的改变。任何改变都基于平衡风险，例如，平衡检测的作用是满足验收标准。通过推迟昂贵的检测来节省资金，事实上，对于过度检测这种情况，的确可以节省检测成本。然而，DNV 方法将管道网络和运营看作一个整体，更关注其总经济成本。

参考文献

[1] Humphreys M. Subsea Reliability Study into Subsea Isolation System[R]. 1996.

[2] Paula M, Labanca E L, Paulo C. Subsea Manifolds Design Based on Life Cycle Cost[C]// OTC 2001, Houston, USA, Offshore Technology Conference, 2001.

[3] Robinson R, Grass J. Design Challenges of a 48 – inch Pipeline Subsea Manifold[C]// OTC 2003, Houston, USA, Offshore Technology Conference, 2003.

[4] Participants O. Offshore Reliability Data Handbook (OREDA) [M]. Norway: Det Norske Veritas, 2002.

[5] Bjornoy O H, Jahre-Nilsen C, Marley M J, et al. RBI planning for pipelines, principles and benefits[C]// OMAE 2001, Rio de, Janeiro, Brazil, Proc. OMAE, 2001.

[6] Marley M J, Jahre-Nilsen C H, Bjφrnφy O H. RBI Planning for Pipelines Description of Approach[C]// Proceedings of the Eleventh International Offshore and Polar Engineering Conference, Stavanger, Norway, The International Society of Offshore and Polar Engineers, 2001.

[7] Standard N. CO_2 Corrosion Rate Calculation Model[J]. M-506, Rev, 1998, 1.

[8] DNV. DNV-RP-F101 Corroded Pipelines[S]. Norway: Det Norske Veritas, 2004.

[9] Stein M, Colbert J, Asher G, et al. Integrated Sand and Erosion Alarming on NaKika, Deepwater Gulf of Mexico[C]// SPE 2005, Dallas, USA, Exhibition S A T C, 2005.

[10] Mott MacDonald Ltd. The Update of the Loss of Containment Data for Offshore Pipelines [C]// PARLOC 2001, Croydon, UK, Offshore T U, Petroleum O A A T, 2001.

[11] ASME. ASME B31G Manual for Determining the Remaining Strength of Corroded Pipelines [S]. USA: American Society of Mechanical Engineers, 2009.

[12] Bai Y, Ashri M, He S. Risk based inspection (RBI) for Subsea Systems[C]// OMAE 2010, Shanghai, China, ASME, 2010.

第14章

海底系统工程

14.1 简　　介

流动保障是一个工程分析过程,它用来保证在一个工程的生命周期中,在任何环境下都可以将油气经济地从储油层运输到终端。其中,流体的性质和系统的热 - 水力分析通常用来制订有效控制系统中固体沉积物(如水合物、蜡、沥青质和水垢)的措施。

"流动保障"一词最先在 20 世纪 90 年代初由 Petrobras 提出,它最初指的是在石油和天然气生产中所遇到的热 - 水力学和产品化学性质问题。尽管该词汇比较新,但是与流动保障有关的问题从很早之前就已经是油气行业中的一个重要的问题了。早在 20 世纪 30 年代,人们就发现水合物会导致天然气管道堵塞,并通过 Hammerschmidt 的探索性研究发现采用化学抑制剂,如甲醇可以解决该问题。

14.1.1　流动保障的挑战

流动保障分析在海底油气系统的设计和运行中是一个公认的重要环节,流动保障的挑战主要集中在预防和控制那些可能堵塞流程的固体沉积物。这些固体沉积物包括水合物、蜡和沥青质,有时也包括水垢和砂。对于一个给定的油气流,这些固体沉积物在特定的压力和温度组合下出现,然后在生产设备和管线的壁面上沉积。在油气流中生成的水合物和蜡沉积如图 14 - 1 所示,它们最终会导致管道堵塞和流动停滞。

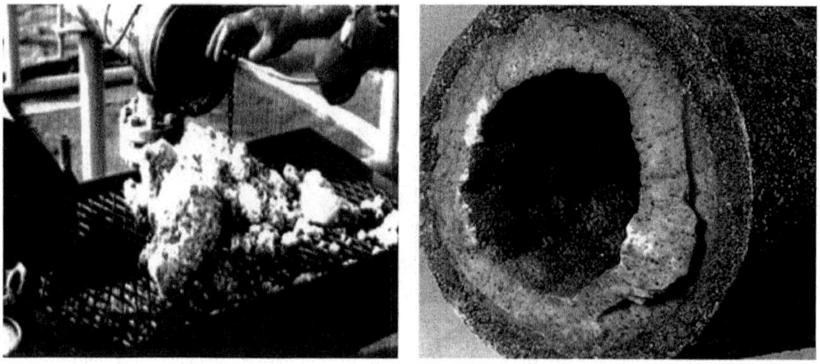

水合物　　　　石蜡

图 14 - 1　油气管道中生成的固体沉积物

水合物、蜡和沥青质的固体控制方法包括:

(1)热力学控制——将整个系统的温度和压强控制在沉淀可能形成的范围之外。

(2)运动控制——控制固体形成条件从而使沉积无法形成。

(3)机械控制——允许固体沉积,但是周期性地进行清管清除。

近年来,由于海底油气田生产系统大都在深水中,并且需要长距离的回接管路,所以该生产系统中的流动保障变得更具挑战性。其中包括深水中的低温和高压共存的环境以及长支管的经济因素。海底系统中的固体沉积问题的处理方法对于天然气和石油系统各不相同。

对于天然气系统,主要的沉积物是水合物。尽管连续使用甲醇或者一乙基乙二醇(MEG)作为抑制剂是一种常见而且成熟的方法,但是在天然气系统中,通常使用低剂量的水合物抑制剂(LDIs)。使用甲醇作为抑制剂的系统通常都在一个直通的基础上运行,甲醇会分离成液相和气相,并且很难复原,而使用 MEG 的系统通常需要对 MEG 进行回收。如果水合物堵塞形成,降压可以作为一种补救措施。

对于石油系统,水合物和石蜡都是重要的问题。在墨西哥湾,通常使用"放空措施",该方法主要依靠在管道中的保护涂层,它可以避免在工作过程中水合物和石蜡的沉积。在设备启动和关闭时,通常将抑制剂、减压和驱油来防止水合物和石蜡的沉积。石蜡可以通过清管来清除,这一方法是有效的,但这有赖于其相对复杂的操作过程的成功执行。当水合物堵塞形成时,海底系统管道中的压力需要降至 200 psi 以下,然后等待堵塞自行消去,但整个过程通常需要很长的时间。

14.1.2 流动保障的重点

只有当油气从储油层输送到终端用户的过程是可靠的、可管理的以及能盈利的,才可以说流动保障是成功的。流动保障的重点包括:

(1)系统供应能力——对应于生产、管道尺寸与加压以及段塞与乳化的压降变化,这些将在第 15 章中进行详细的讨论。

(2)热学性能——温度分布、由启动和关闭引起的温度变化以及保温方式和加热需要,这些将在第 16 章中进行讨论。

(3)固体沉积物和化学抑制剂——水合物、石蜡、沥青质和积垢,这些将在第 17 ~ 20 章中进行详细的讨论。

14.2 典型的流动保障过程

14.2.1 概况

在海底系统中,流动保障是一个工程分析过程,用以制订控制固体沉积物(例如水合物、石蜡和沥青质)的设计和操作指南。基于所生产的油气流的性质,侵蚀、积垢沉积和腐蚀在流动保障过程中也要给予足够的重视。流动保障分析中的主要部分应该先于或者在早期的工程设计(FEED)中完成。对于流动保障问题,每个工程的要求都是不同的,因此需要特定的工程保障措施。然而,在过去的几十年中,流动保障过程本身已经标准化,一个典型的过程如图 14 - 2 所示。与流动保障过程相关的主要问题包括:

(1)流体特性和流动性质评估;

(2)稳态的水力和热力性能分析;

(3)瞬态的水力和热力性能分析;

(4)针对流动保障问题的系统设计和操作原理。

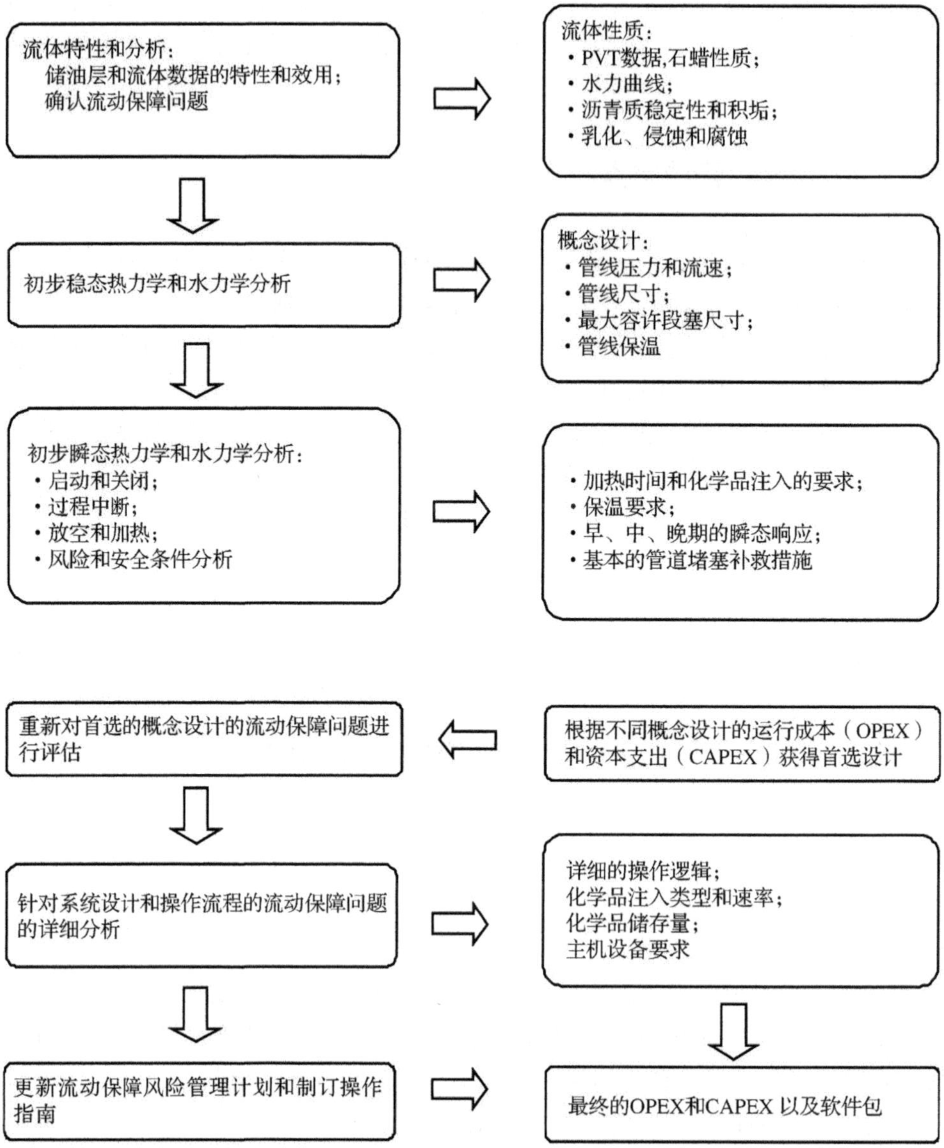

图 14－2　典型的流动保障过程

对于每个问题的详细解释将在随后章节中进行叙述。某些问题会同时发生，因此当有新的资料（例如一个更精确的流体分析或一个改进的储油层性质曲线）被采用时，通常会对前期的步骤进行“回环”处理。

14.2.2 流体特性和性质评估

流体保障过程的有效性有赖于对于油井试样的仔细分析。当缺少试样时，可以采用类似的流体，例如从附近生产中的油井中采集的样本。但这往往要承担很大的风险，因为流体性质会有很大差异，即使他们来自同一储油层。对于流体样本的关键分析是PVT性质，例如相的组成、气/油比(GOR)、泡点等；石蜡性质，例如凝点、浊点或WAT；以及沥青质稳定性。

掌握预产水的含盐度也十分重要，但是很难得到水样，通常只能通过电阻率测井计算来得到含盐度。卤水的组成成分是水合物的防治以及积垢趋势评估中的重要因素。若无法得到卤水样本，可以通过深水卤水组成的扩展数据库中的信息来进行组成成分预测。

水合物稳定曲线是通过PVT数据和盐度估计而得到的，还可以得到甲醇所需的剂量。油井的热－水力模型可以用来确定在一系列生产条件下的油井井筒的温度和压力，并对井筒温度进行瞬态分析。如图14－3所示为油、气、水的典型生产曲线。在选择流动保障措施来防止水合物生成中，含水量起着十分重要的作用。

水合物稳定曲线表明，天然气水合物的稳定性是一个关于压力和温度的函数，这可以在利用例如Multiflash的热力学软件对烃相和液相成分进行分析的基础上计算得到。水合物曲线还定义了温度和压力包络图。水合物抑制剂(例如甲醇或MEG)的用量计算指明了在一个给定的系统压力下向产出水中需要注入多少抑制剂，才能保证在给定温度下水合物不会生成。当在海底系统的稳态或者瞬态下进行正常运行、系统的开启和关闭时，系统温度会下降至一个水合物稳定的范围，加入水合物抑制剂是一种有效地控制水合物生成的方法。抑制剂的用量需求通常决定了对抑制剂的储量、泵的性能以及抑制剂管线的数量和尺寸的要求，以此来保证抑制剂可以在正常运行、系统开启和关闭时按照要求的速率输送到处理井和海底系统之中。

14.2.3 稳态的水力和热力性能分析

稳态管道模型可以通过PIPESIM和HYSYS软件来建立。建立稳态模型有以下几个目的。

(1)确定管道中流速与压降的关系；并基于最大许用流速和最小许用流速来确定管道尺寸。

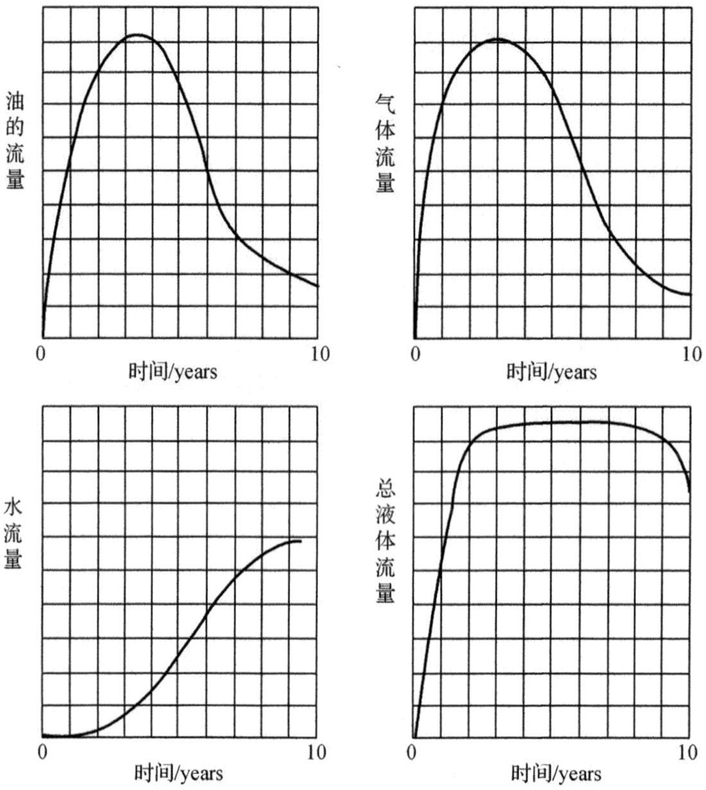

图 14-3　典型的油、气、水随时间的生产曲线

(a)产油;(b)产气;(c)产水;(d)油水生产

(2)检查稳态条件下沿程温度和压力分布,以确保管道在稳态时不会进入水合物生成区。

(3)选择一个保温组合方案,防止海底采油系统的立管底部温度在最大生产速率时降低至冷却的最低温度。立管底部温度由流速和井孔以及管道联合隔热系统的函数关系决定。

(4)确定系统中的最大流速,以确保最高温度不超过分离和脱水过程或是设备设计时所规定的最高极限温度。

14.2.4　瞬态流体水力和热性能分析

瞬态管道系统模型可以通过软件包来建立,例如 OLGA 和 ProFES。瞬态管道分析通常包含启动和关闭,紧急中断,放空和加热,倾斜升温、降温,驱油,清管/段塞等方案。

在这些情况下，系统的流体温度必须超过水合物溶解温度，该温度与所处位置的压力有关。另外，需要模拟瞬态过程中的管道保温和化学抑制剂的注入的组合，以阻止水合物的生成。

(1)启动

在启动过程中，水合物抑制剂一般要注入到井下和采油树中。当启动速率较高时，井下不再需要抑制剂，但是在采油树中仍需要向烃类流体中注入抑制剂，否则井下的油气流也需要加入抑制剂来处理。一旦采油树位于水合物形成区域之外，水合物抑制剂就要注入到采油树中并且提高流体流速，使系统升温。在启动阶段，很难将冷流和热流在冷井中进行混合。

(2)关闭

关闭情况包括稳态时的计划关闭和非计划关闭，以及加热过程中的非计划关闭。除了计划关闭时，水合物抑制剂需要在系统关闭之前注入系统，通常情况下，稳态时计划与非计划关闭是相同的。系统中充满了含有抑制剂的产出液体时，在启动前不需再进一步加入抑制剂或者降压。

在关闭之后，因为系统与周围水体之间发生热传递，管线的温度会下降。管线的隔热系统设计用来保持液体温度高于水合物溶解温度，直到超过“无接触时间”。最小冷却时间中的“无接触时间”，是指在此期间工作人员无须采取措施来防止海底系统水合物生成而直接解决问题。工作人员总是需要更长的“无接触时间”，但它是一个成本利润平衡的问题并且由工程决定。对西非平台运行经验的分析表明，许多典型的过程和设备中断都可以在6 ~ 8 小时内得到分析和改正。

以西非的海底采油系统为例。如果系统在稳态时关闭，第一步就是看该系统在 2 小时内可否重启。如果可以，则要立即启动。如果不行，水化控制的一个方法就是向立管中注射 MeOH(假设将 MeOH 作为水合物抑制剂)来保证在立管底部液体存积的地方不会有水化物生成。然后向采油树的管道中注入甲醇，之后，管线中的液体都要将被甲醇充分处理。一旦到了 8 小时，工作人员需要确认该系统是否可以启动。如果可以启动，他们会立即进入前面的启动程序。如果不行，就需要对管线进行降压。降压的目的是使水合物溶解温度降至周围海水温度之下。一旦流线进行了降压，则管线、跨接管和采油树就会处于一个安全的状态。如果油井关闭了两天而没有启动，就需要向井筒注入 MeOH，并使其充满整个孔径并直到井下安全阀(SCSSV)。一旦这些步骤完成，则整个系统都将处于一个安全的状态。

如表 12 -1 所示为西非的海底采油系统的生产线系统非计划关闭期间的作业记录。关闭之后有三个小时的无接触时间，三小时过后，井筒和跨接管用甲醇充分处理,同时对管线进行降压。为了保证该过程在三个小时内完成,通常用气举辅助放空,驱油往往要在放空完成之后进行。

表 14－1　非计划关闭期间的作业记录

时间/hours	措施
0	关闭
3	无接触时间
6	放空(气举辅助);跨接管/采油树,注入 MeOH
12	驱油

(3)放空

当关闭时间长于冷却时间时,为了保持管线系统不在水合物生成区域内,将采取管线放空或者降压。该情况的瞬态模拟显示放空需要耗费多长时间以及放空时会带出多少液体,同时也表明是否达到避免水合物生成的目标压力。如图 14－4 所示,越短的放空时间越会伴随着更大量的液体带出。放空速率也需要加以限制以减少放空阀下游的 Joule-Thompson 冷却量并防止管线发生脆性断裂的可能。在放空时,必须要提供足够的气体,以确保对剩余的降压后液体施加的静水压仍保持低于环境温度下的水合物溶解压力。在满足放空标准之前,只能通过注入抑制剂来避免水合物在管线中生成。

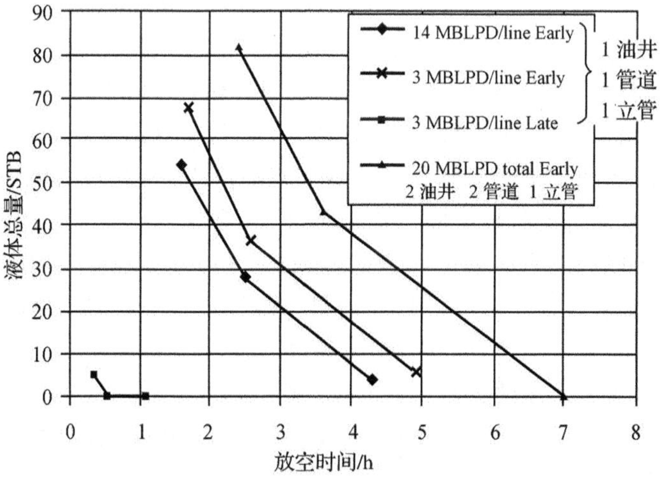

图 14－4　液体带出量与放空时间

(4)加热

在加热过程中,要持续注入抑制剂,直到管线温度超过了给定压力下的水合物溶解温度。图 14 –5 表明了隔热材料对于加热时间的影响。热油有两个优点:第一,它减少或者消除了在管线中要达到水合物溶解温度所需的时间。一旦达到了最小的空泡率,就可以安全地停止甲醇的注入,甲醇注入时间的减少将极大得有利于那些甲醇用量有限的工程。第二,热油同时也会加热管道及其周围的土壤,进而使得加热期间的冷却时间比只靠油气产品加热更长。

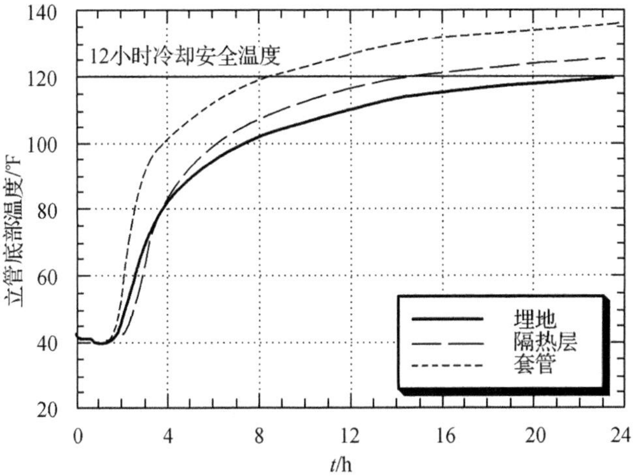

图 14 –5 管线隔热对低温加热的影响

(5)立管冷却

在水合物生成期间,立管的底部是海底系统中典型的最脆弱的部分。立管底部的稳态温度在整个系统中几乎是最低的,而立管所用的隔热系统并不如用于其他管道的套管系统有效。由于立管的流速比其他管线快,因而它会产生更多的热传导,最终会在关闭时被天然气部分或者完全充满,进而导致更快的冷却。

在立管底部的温度达到水合物生成温度之前,理想冷却时间可用以下方程计算:

$$t_{min} = t_{notouch} + t_{treat} + t_{blowdown} \qquad (14-1)$$

式中 t_{min}——最小冷却时间,h;

$t_{notouch}$——无接触时间,2 ~ 3 h;

t_{treat}——用来向井筒、跨接管、采油树和支管注入抑制剂的时间,h;

$t_{blowdown}$——放空所需的时间，h。

冷却时间通常是 12～24 h，如图 14－6 所示为不同隔热材料的 8 in 输油立管的冷却曲线。理想冷却时间的增加需要管道采取更好的隔热措施以及提高最低生产率。理想冷却为一个给定的立管隔热系统提供了一个最小立管底部温度。在管线系统稳态运行时，该温度就是需要达到或超过的目标温度。

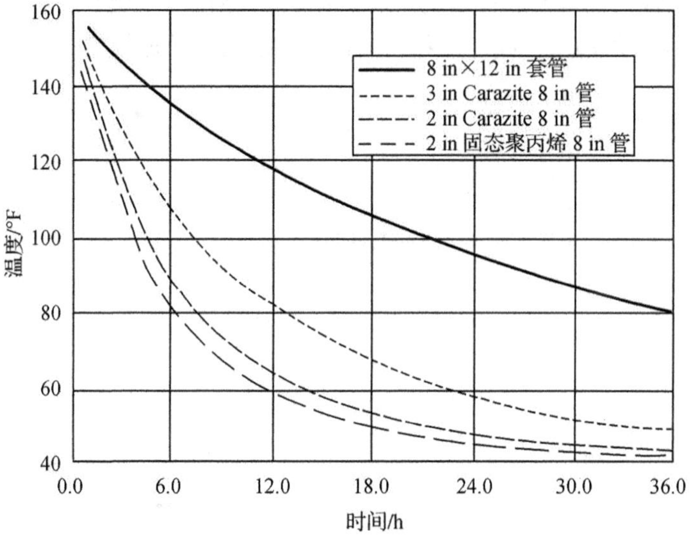

图 14－6　不同隔热材料的 8 in 输油立管冷却曲线

14.3　系统设计和操作

在系统设计中，需要从储油层到终端用户的整个系统角度考虑以确定合适的运行参数，管径，流速，对管子、管线和多支管的隔热，化学品注入要求，主机设备，运行方案和流程等，以保证整个系统可以成功且经济地建立和运行。还要考虑所有的生产模式，包括系统生命周期中的启动、稳态、流速变化和关闭。

对于成功的系统设计，其运行方案和流程是根据系统的未知性和不确定性而提出的，并可以很快地与现存的系统相适应，甚至实际情况与设计中的假设大相径庭都可以正常使用。在深水工程中，运行方案的目标是避免在任何时间水合物的生成或者石蜡堵塞，特别是在系统运行时深海系统中的水合物，包括井筒、采油树、跨接管、支管以及管线。

运行与时间、温度、压力有关，一个典型的操作流程如下。

(1)稳态时，管线运行在无堆积状态下。例如，保持足够的气体孔隙率，以保证可以成功地将压力降至周围环境温度下的水合物溶解压力以下。

(2)在平台关闭时，尽可能同时关闭阀门来保持无堆积状态。

(3)设计保温系统，能在采用补救措施和实施干预之前，提供一个足够的冷却时间来解决设备问题。

(4)在油井、采油树、跨接管和支管中注入水合物抑制剂。

(5)对管线进行放空处理，使压力降至水合物形成区域外。

(6)在从放空状态重启之前，用热油冲洗管道。

(7)分阶段启动油井，同时注入水合物抑制剂。持续注入抑制剂直到完成对油井、采油树、跨接管和支管的加热以及向管线中注入足够的气体来维持放空。

系统通常设计存在三个小时的"无接触时间"，在此期间，不需要采取任何水合物防治措施。放空只有在针对长期、低频率的关闭中才使用，通常一年进行三次左右。启动和关闭的逻辑图可以作为操作指南的概要。如图 14-7 所示的是一个深海油田油井启动过程的典型逻辑图。启动以对管线的清管作为开始，并假设管线已经完成了放空。通过清管来清除管线中的残留物和无抑制作用的液体。然后，要对管线进行加压，使压力上升至系统压力，以避免水下阻流器中剧烈压降引起的问题，并且在转换管线时能使支管处的阀门更容易达到平衡。下一步就是启动已经快速加热的油井，并且要在阻流器上游处注入水合物抑制剂。当系统加热完成后，就可以停止水合物抑制剂的注入。例如，当采油树温度达到 150 ℉时，就可以停止注入 MeOH。150 ℉可以为采油树提供长达 8 小时的冷却时间。

14.3.1　油井开启和关闭

图 14-8 为一个简化的采油树示意图。海底采油树的生产翼阀(PWV)常被用作水下安全阀(USV)。生产控制阀(PMV)根据 USV 规格制造，只有在需要时才会被用作 USV。油井有一个可远程控制水下阻流器来控制流体。水下阻流器用于在系统开启和关闭时减小海底阀门的节流效应。

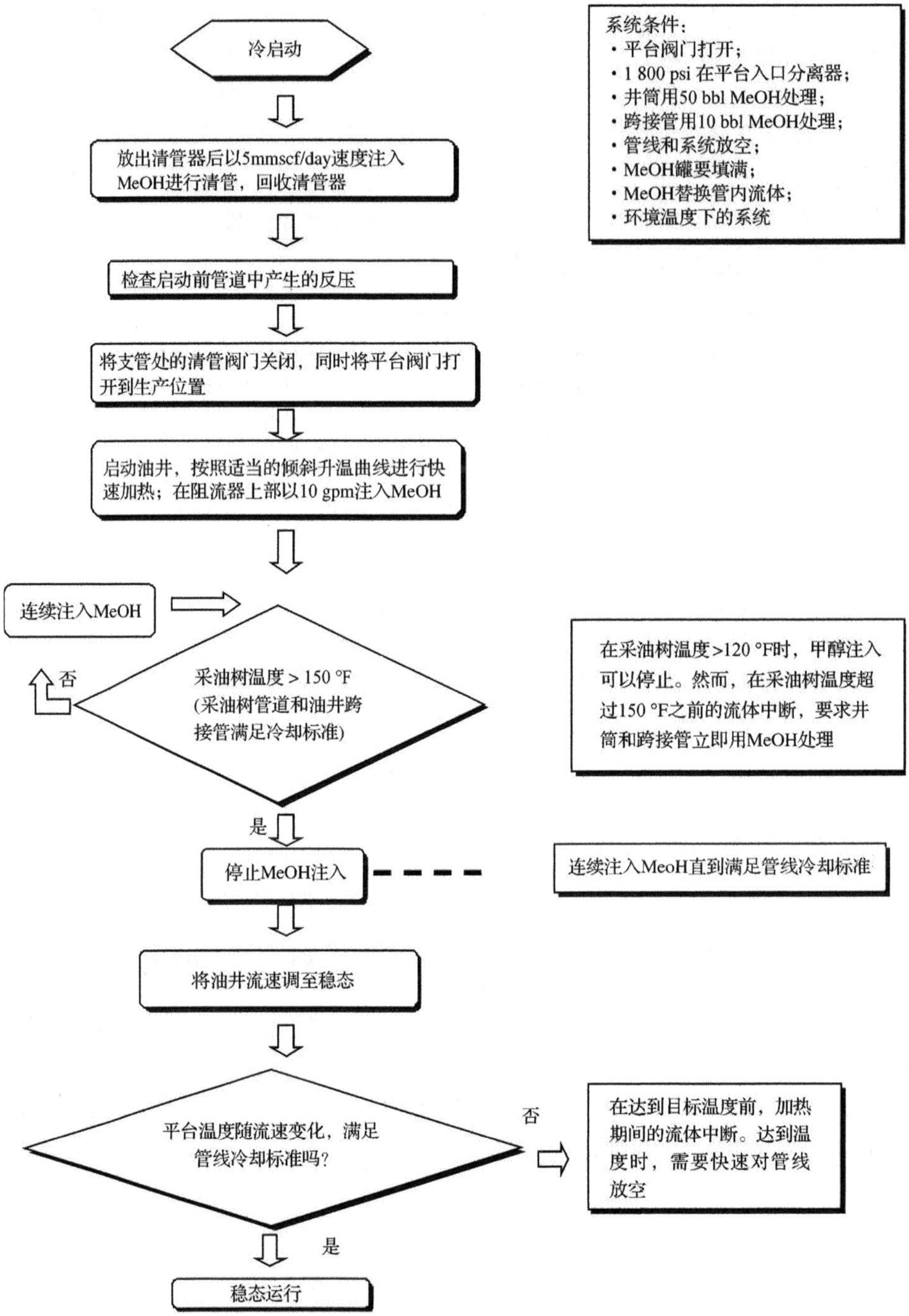

图 14－7　对于低温油井和管线的启动操作逻辑图

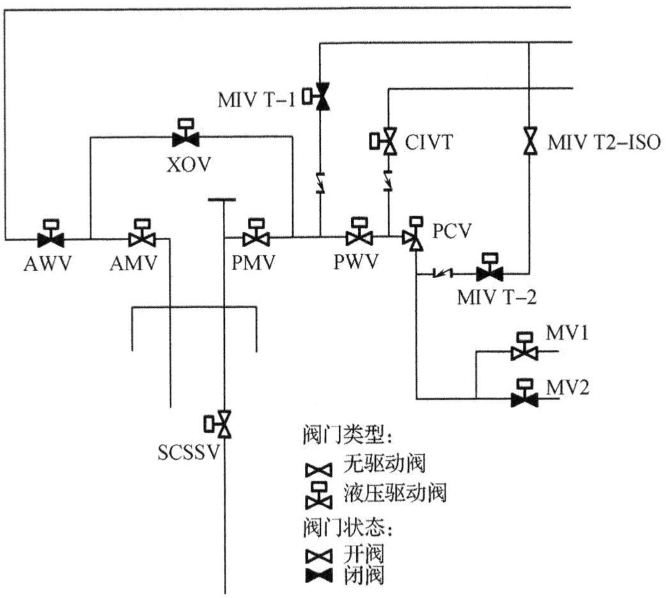

图 14-8 简化的采油树示意图

(1)油井启动

下面是针对油井系统启动时存在管道堵塞风险而采用的启动原则,特别是水合物基于设计阶段中对流动保障的研究表明:

①油井将以最小加热时间下的速率启动,同时还要考虑到水位降低的极限。系统存在着一个最小流速,小于该流速,整个系统的热损失会使流体处于水合物生成区。

②在所有含水量下,特别是在井筒内都能完全抑制水合物是不可能的。高含水量的油井会在尚未完全抑制水合物前就进入生产线。为应对突发关闭,需要制订一个最小化堵塞的风险流程。

③在启动和关闭时,系统需要向采油树中注入抑制剂(典型的有甲醇)。当启动中断并且无法进行放空时,在初始启动阶段注入的甲醇会抑制油井、跨接管、支管和管线的水合物生成。

(2)油井关闭

油井关闭也会带来严重的水合物风险。在关闭过程中,可采用下列方法:

①海底甲醇注射系统能够在油井关闭后,用水合物抑制剂对在支管和 SCSSV 之间产出的液体进行处理或置换,以此来防止水合物生成。

②管线通过将流体压力降至周围海底温度下水化物形成压力以下来抑制水合物生成。

③大部分油井关闭是短期的主设备关闭所造成的。对海底采油树、跨接管和管线,都采用隔热措施来减缓冷却过程,而且允许油井无须进行完全关闭操作就可以进行重启。

14.3.2 管线放空

(1)进行放空的原因

管线系统的温度通过热传递以保持在水合物生成区外,在稳态运行中该热量从储油层通过海底管线传播。当油井关闭时,系统压力仍然很高,但是系统温度会因为与周围环境的热传递而下降,水合物就可能在管线中形成。一旦放空,液体压力将降至与环境温度相对应的水合物生成压力以下,从水合物生成的角度出发,将系统保持在这样一种状态的措施是安全的。

(2)进行放空的时间

通常,基于管线压力、系统中可用的热能和隔热层的保温能力等因素进行放空。当管线关闭时,温度降至水合物形成温度就开始进行倒计时。在需要进行水合抑制剂的注入和放空之前,会有几个小时的"无接触冷却"时间。在海底采油系统中,立管底部水合物生成的风险最大。那里隔热系统最少而且海底水温最低,一旦系统关闭,垂直部分的液体会发生冷凝并流入立管底部的水池之中。因此,这部分管线必须要尽早地进行处理来防止水合物生成。水合物抑制剂从平台注入,并且在立管底部与液体混合,有效地降低了气/液表面生成水合物的温度,这可以使管线在接下来的数个小时之内不必进行放空。

一旦开始放空,顶部的 PLC 定时器可用来决定整个系统的放空时间。在系统关闭后,所有的管线都将在 12 小时之内完全放空,该时间可根据工程需要来确定。在对海底系统进行放空而导致长时间的系统关闭之后,管线中残留的液体必须要在管道重新加压前清除干净。管线中的残留液体可能含有水并且其温度可能与水相同,当低温、高压气体与水接触时,就可能生成水合物。可以对管线进行清管来清除残余液体,也可以不用清管而用热油进行置换。在清管之前,要确保在平台上存有足够的甲醇来完成启动作业和随后的关闭或者中止启动。

参考文献

[1] Kaczmarski A, Lorimer S. Emergence of Flow Assurance as a Technical Discipline Specific to Deepwater: Technical Challenges and Integration into Subsea Systems Engineering[C]// OTC 2001, Houston, USA, Offshore Technology Conference, 2001.

[2] Hammerschmidt E G. Gas Hydrate Formation in Natural Gas Pipelines[J]. Ind. Eng. Chem,

1934,26(8):851 - 855.

[3] Sloan E D J. Hydrate Engineering[J]. Hydrate engineering Monograph,2000,21.

[4] Pattee F M,Kopp F. Impact of Electrically - Heated Systems on The Operation of Deep Water Subsea Oil Flowlines, OTC 11894 [C]// OTC2000, Houston, USA, Offshore Technology Conference,2000.

[5] Lorimer S E, Ellison B T. Design Guidelines for Subsea Oil Systems [J]. Facilities Engineering into the Next Millennium,2000.

第15章

水 力 学

15.1 引 言

为确保油气产品从出油管一头到另一头的系统传递性，对管道中水压的准确估计是非常重要的。从储油层到终端用户，油气流动与系统中热传递的变化和流体状态的变化有关。水力学分析的方法和结果会因流动状态和流动方式的不同而不同。要解决油气热传递和状态变化的水力学问题，需要足够的关于流体力学、热力学、热传导、多成分烃类系统的气体、液体平衡和流体物理属性的知识。在这章中，首先介绍烃的组成和状态特征，接着讨论单相流和多相流的水力学分析，其中包括压降、流速和管道尺寸。

15.2 烃的组成和特性

15.2.1 烃的组成

来自储油层的石油通常是多相和多成分的混合物，主要由烃组成，可以将其分为烷烃、环烷烃和芳香烃三种。除了烃之外，在石油混合物中通常可以找到水、氮气、二氧化碳、硫化氢、无机盐和颗粒。

表 15-1 所示为石油主要成分的典型物理特性。沸点随着成分化学式中碳的数量增加而增加。如果碳的数量少于 5 个，那么该成分在大气压强下是气体状态。当混合物包含更大的分子，则它在常温常压下是液体。典型的石油含有上千种化合物，试图将它分成不同种类是不切实际的。表格 15-2 列出了凝析油的组成，在一般的成分列表中，最后的烃用"+"标记，表示虚拟组分和所有其他更重的成分的混合。

表 15-1　主要石油成分的物理特性(Pedersen, et al, 1989)

组成	化学式	1 个大气压下沸点	1 个大气压下密度
烷烃			
甲烷	CH_4	-161.5	—
乙烷	C_2H_6	-88.3	—
丙烷	C_3H_6	-42.2	—
组成	化学式	1 个大气压下沸点	1 个大气压下密度
烷烃			
i-丁烷	C_4H_{10}	-10.2	—
n-丁烷	C_4H_{10}	-0.6	—
n-戊烷	C_5H_{12}	36.2	0.626
n-己烷	C_6H_{14}	69.0	0.659
i-辛烷	C_8H_{18}	99.3	0.692
n-癸烷	$C_{10}H_{22}$	174.0	0.730
环烷烃			
环戊烷	C_2H_6	49.5	0.745
甲基环戊烷	C_2H_6	71.8	0.754

表 15－1(续)

组成	化学式	1个大气压下沸点	1个大气压下密度
环己烷	C_2H_6	81.4	0.779
芳香烃			
苯	C_6H_6	80.1	0.885
甲苯	C_7H_8	110.6	0.867
邻二甲苯	C_8H_{10}	144.4	0.880
苯	$C_{10}H_8$	217.9	0.971
其他			
氮气	N_2	－195.8	—
二氧化碳	CO_2	－78.4	—
硫化氢	H_2S	－60.3	—

表 15－2　凝析油的典型组成

组成		摩尔百分比
硫化氢	H_2S	0.05
二氧化碳	CO_2	6.50
氮气	N_2	11.71
甲烷	C_1	79.06
乙烷	C_2	1.62
丙烷	C_3	0.35
i－丁烷	$i-C_4$	0.08
n－丁烷	C_4	0.10
i－戊烷	$i-C_5$	0.04
n－戊烷	C_5	0.04
n－己烷	C_6	0.06
庚烷类	C_7^+	0.39

虚拟组分的特征包括分子质量、密度、拟临界特征和其他参数,这些都需要在流动保障分析前计算得出,这些特征应该以实验数据和分析为基础。正如表格 15-1 所示,具有同样分子式和相同碳原子数目的烃可以有极为不同的沸点和其他物理特性。

15.2.2 状态方程

对油和气体的混合物,状态特征和诸如密度、黏度和焓的物理性质是由系统状态唯一确定的。石油混合物的状态方程(EOS)是体积、压力、温度和组成之间的数学关系,它们用来描述系统状态和系统状态间的传递。工程中大多数热力学和传导特征方程都源于 EOS。自从 1873 年范德瓦耳斯提出代表真正系统的第一个 EOS,上百个不同的 EOS 被推荐出来,利兰 (1980)将其分成四类:范德瓦耳斯派、Benedict-Webb-Rubin 派、流体参考方程、主体刚度增加方程。

范德瓦耳斯的三次方程由于简单性和描述多状态混合物的准确性,广泛地用于石油和天然气的工程计算。这个简单的关于状态、Soave-Redlich-Kwong (SRK)和 Peng-Robinson (PR)的三次方程常常用于流动保障软件之中(比如 PIPESIM)。它们只需要有限多个纯组分数据而且很实用有效,通常会得出普遍相似的结果。

SRK 方程(Soave,1972)

$$p = \frac{RT}{V-b} - \frac{a}{V(V+b)} \tag{15-1}$$

其中,p 表示压力,T 代表温度,V 代表摩尔体积,R 表示气体常数,a 和 b 是 EOS 常量。对于单一组分而言,这些参数由临界状态来确定。

$$a = 0.427\,48\frac{R^2T_c^2}{p_c}[1 + m(1-\sqrt{T_r})]^2$$

$$b = 0.086\,64\frac{RT_c}{p_c}$$

$$m = 0.480 + 1.574\omega - 0.176\omega^2$$

其中,ω 是一个偏心因子。

对混合物,a 和 b 按下面方法来求:

$$a = \sum_i\sum_j z_iz_ja_{ij}$$

$$b = \sum_i z_ib_i$$

其中,z_i 和 z_j 是分别成分 i 和 j 的摩尔分数,而且 $a_{ij} = \sqrt{a_ia_j}(1-k_{ij})$,$k_{ij}$是二元组

分分子相互作用系数，烃－烃相互作用系数通常认为是零，并且不同于烃和非烃相互作用系数的零，而且和两个非烃之间的系数也不一样。

$P-R$ 方程，(Peng and Robinson，1976)

$$p = \frac{RT}{V-b} - \frac{a}{V(V+b)+b(V-b)} \tag{15-2}$$

EOS 常数由下式获得

$$a = 0.457\ 24\frac{R^2T_c^2}{p_c}[1+m(1-\sqrt{T_r})]^2$$

$$b = 0.077\ 80\frac{RT_c}{p_c}$$

$$m = 0.376\ 4 + 1.542\ 26\omega - 0.269\ 92\omega^2$$

其中，ω 表示偏心因子。

15.2.3 烃的特性

石油和天然气是非常复杂的流体，由石油中的各种各样的烃化合物组成，物理特性随着组成成分、压力和温度的变化而变化，没有两种石油会有一样的物理特性。在考虑管道中烃的流动时，最重要的物理特性是密度和黏度。

(1)密度

重油是指没有溶解气体的石油。它的比重 γ_o 是在相同温度和压力下石油密度和水密度的比值。

$$\gamma_o = \frac{\rho_o}{\rho_w} \tag{15-3}$$

API 重度，每度定义为

$$^{o}\text{API} = \frac{141.5}{\gamma_o} - 131.5 \tag{15-4}$$

其中，γ_o 是石油在 60 ℉时的比重，水在 60 ℉时的密度是 62.37 lb/ft^3。

计算轻油密度时，应该考虑天然气溶解在石油中的影响。石油的密度可以如下计算：

$$\rho_o = \frac{350.4\gamma_o + 0.076\ 4\gamma_g R_s}{5.615B_o} \tag{15-5}$$

式中 ρ_o——石油密度，lb/ft^3；

γ_o——石油比重；

γ_g——天然气比重；

R_s——溶解的天然气，scf/STB；

B_o——地层体积系数，体积/标准体积。

天然气密度 ρ_g 为

$$\rho_g = \frac{pM}{ZRT} \tag{15-6}$$

式中 M——天然气的分子量；

R——一般天然气常数；

p——绝对压力；

T——绝对温度，

Z——气体压缩系数。

天然气比重是在相同温度和大气压下天然气密度和空气密度的比值。

$$\gamma_g = \frac{\rho_g}{\rho_a} = \frac{M}{29} \tag{15-7}$$

对液体而言，参考物质是水；对气体而言，参考物质是空气。

(2)黏度

动力黏度：

流体的动力黏度用来衡量流体分子间发生相对位移时内部摩擦阻力大小，对牛顿流体则定义为

$$\mu = \frac{\tau}{\mathrm{d}v/\mathrm{d}n} \tag{15-8}$$

式中 τ——剪切应力；

v——剪切方向上的流体速度；

$\mathrm{d}v/\mathrm{d}n$——流动方向上的方向导数。

运动黏度：

$$v = \mu/\rho \tag{15-9}$$

其中 ρ 表示密度。

牛顿流体的黏度是关于温度和压力的函数。如果黏度随着温度和时间历史变化而变化，该流体就叫非牛顿流体。大多数油气流都是牛顿流体，但是在有些情况下，管道中的流体则应该看成是非牛顿流体。流体的黏度随着温度的升高而降低，但是气体的黏度随着温度的升高而增加，一般的关系可以表达如下。

对于液体：

$$\mu = A\exp(B/T) \tag{15-10}$$

对于气体：

$$\mu = CT^2 \tag{15-11}$$

其中 A,B,C 是常数，可由实验测试确定。对气体而言，黏度随着压力的增加而增大。黏度方程能按照压力的形式表述如下

$$\mu = \exp(A + B \cdot P) \tag{15-12}$$

最普遍的黏度单位是泊,能写成 dyne · sec/cm^2,或者 g/cm · sec。厘泊/CP 等于0.01 泊,国标中的黏度单位是 Pa · s,它等于0.1 泊。纯水在20 ℃的黏度是1.0 厘泊。

对管道中油气的压力损失计算而言,溶解有天然气的原油的黏度是个很重要的参数。管道部分的高黏度流体的压力损失会严重影响产品的流动性,石油的黏度应该在实验室中按照要求的压力和温度范围来确定。同时当没有实测黏度可以考虑使用时,也可以使用许多比如以温度、压力、石油和天然气比重这些参数为基础的经验公式来计算。

对管道进行保温处理将有益于减小黏性原油沿管道的压力损失。由于在较高的温度下黏度较小,所以流动阻力较小。绝热材料的选择取决于费用和操作性问题。对大多数开发好的油田,绝热不是很重要;然而,对重油而言,由于水下位置和接收平台之间的管道连接处的黏度将导致压力损失,绝缘就起到很关键的作用。

15.3 乳状液

15.3.1 总述

在某些条件下,管道系统中的水相分离会导致水合物产生或油水乳化。乳状液有很高的黏度,它比单相油或水要高一个数量级。乳状液对摩擦损失的影响会导致在压力损失方面产生比计算值更严重的误差。除了对管道水力学有影响外,乳状液也会给下游加工厂带来严重的问题。

乳状液是一种液体以液珠形式分散在与它不相溶的另一种液体中而形成的分散体系。在大多数原油和水的乳状液中,水主要分散在油中。水滴由交界面的张力作用呈球状,该作用力使它们以最小的表面积与油接触。如果将水和油重重地搅拌,水珠将扩散到油的连续相中而油珠扩散到水的连续相中。如果放置不动,水和油将迅速分离成水层和油层,一旦乳状液形成,它将位于油的上面水的下面。在近海工程中,大多数乳状液是水在油中的类型。

乳状液的形成需要以下三个条件。

(1)两种不溶的液体;

(2)足够的搅拌使一种液体以液珠的形式扩散到另一种液体中;

(3)乳化剂。

形成乳状液所需的必要搅拌可以是下列情况的任何一个或多个的组合。

(1)井底深井泵;

(2)穿过管子、井口、管汇或管道的流量;

(3)表面传导泵;

(4)过节流器、阀门或者其他表面设备的压降。

搅拌次数越多,分散在油中的水珠就越小。在水溶于油的乳状液中的水珠有很大的变化尺寸,从小于 1 μm 到 1 000 μm 不等。有较小水珠的乳液通常更加稳定而且比有大水滴的乳液更难处理。大多数在轻油中乳化的水,比如,高于 API 20°的油,水的体积率为5% ~20%;但是在高于 API 20°的原油中的水体积率则为 10% ~35%。一般来说,有较小 API 重度(高密度)的原油会形成比高 API 重度油更稳定,并且带有更高的乳化体积百分率的乳状液。柏油基的油会比带烷烃基的油更容易乳化。

乳化剂决定了乳化的形成和乳状液的稳定性。如果原油和水中不含乳化剂,水和油将形成分散体并且由于分散小液滴的快速合并而迅速分离。乳化剂是表面活性剂,它吸附在水滴的表面。一些常用的乳化剂是沥青、砂子、淤泥、页岩颗粒、结晶石蜡、铁、锌、硫酸铝、碳酸钙、硫化铁和相似的材料。这些物质通常来自油的形成过程中,有时在无效的腐蚀抑制过程中也会形成。

15.3.2 乳状液对黏度的影响

乳状液总是比乳化过程中的纯净油更加黏。图 15 -1 显示了 Woelflin 提出来的关于含水量的黏度趋势,它被广泛用于石油工程。然而,随着含水量增加(大于大约 40%),黏度会迅速增大,可能导致发生比实际可能的更高的压力损失。Guth 和 Simha 提出的乳状液黏度的相互关系为

$$\frac{\mu_e}{\mu_o} = 1 + 2.5C_w \tag{15-13}$$

式中 μ_e——乳状液的黏度[cP 或者 mPa · s];

μ_o——净油的黏度[cP 或者 mPa · s];

C_w——水相的体积分数,油和液体的体积流动速率比值。

这个关系与 Woelflin 提出的相类似,即都认为乳状液黏度是某些油的黏度的乘积。这个系数是由含水量函数确定的,这两种方法直到含水量占大约 40%,所

给出的结果都几乎一模一样。此外,Guth 和 Simha 关系中的有效黏度上升得较慢,因此高含水量情况下的计算压力损失相对较低。

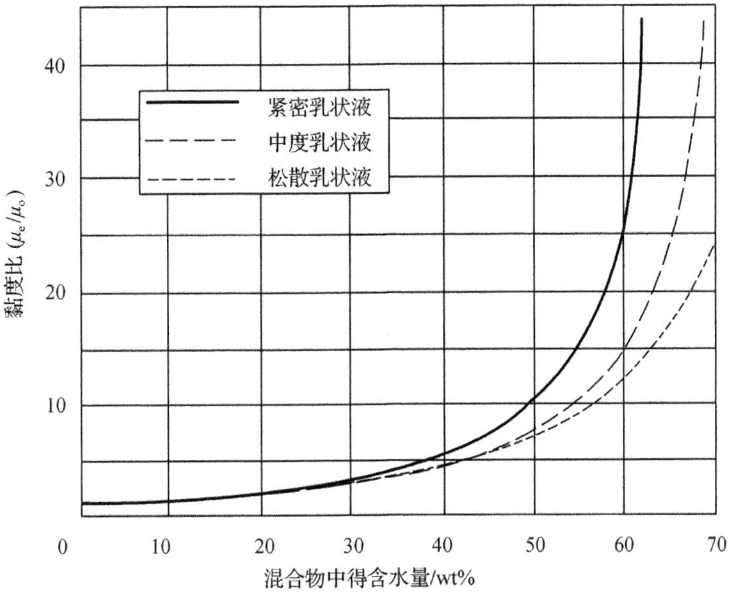

图 15-1 Woelflin 黏度数据

实验测试结果能给出关于乳状液的有用信息,但是实际的乳化过程将取决于剪切时效、温度和流体的组成。将计算所得乳状液黏度和实验数据进行有限地比较,表明 Woelflin 高估了高含水量的黏度。下面所示的 Smith 和 Arnold 推荐的方程在没有其他参考数据时是可以采用的。

$$\frac{\mu_e}{\mu_o} = 1 + 2.5C_w + 14.1C_w^2 \qquad (15-14)$$

式中,C_w 是水相的体积率。

15.3.3 乳化的预防

如果所有水都能从油中排出来或所有液体的搅拌可以被阻止,乳状液将不会形成。在一些油井中排水是很困难的甚至是不可能的,而阻止搅拌几乎也是不可能的。因此,许多油井的乳化产物必须要加以考虑。然而,在一些例子中,乳化会因为不当操作而加剧。

由于实际运行中凝结或储存管理不当产生过量的水,导致乳状液处理问题加剧。此外,使油、水等混合物过度扰动的工序设计将导致问题的处理难度更大。过度泵送、抽油机井中活塞和阀的维护不良、使用过多气举气体或将液体泵送至重力流使用处等都将导致不必要的扰动。有些操作人员通过使用螺杆抽油泵而不是通过往复式、齿轮机构或离心泵来减小扰动。有些离心泵如果在安装过程中没有下游节流阀将会导致凝聚,只要有可能,都应该在水油分离前减小节流阀和控制阀上的压降。

15.4 相　　态

一个多成分的混合物呈现了一条在压力/温度图中关于液/气相变化的包络图,与只有一条相态变化线的纯净物相比,它包括了一条泡点线和露点线。如图 15-2 所示,储油层中以烃的状态特征为基础的石油天然气存储分类可分为下列五种类型:

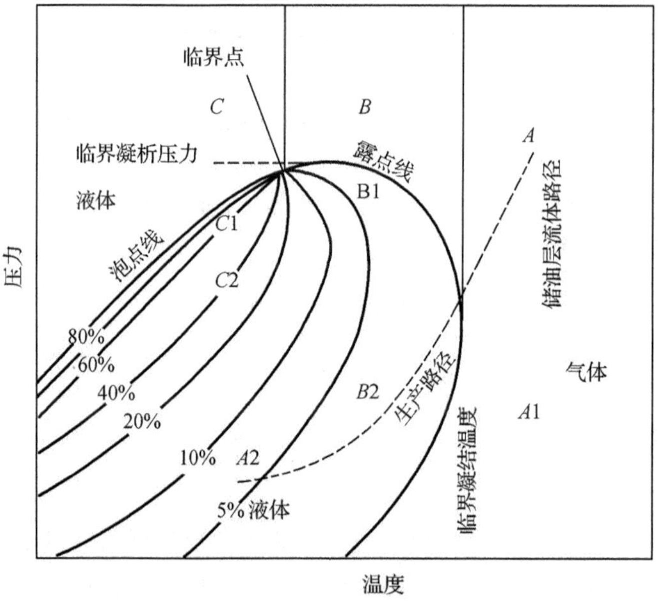

图 15-2　烃类典型相位图

(1)黑油;

(2)挥发性油;

(3)冷凝油;

(4)湿天然气;

(5)干天然气。

烃混合物中高分子的数量变化按从大到小的顺序,按照从黑油到干天然气变化。烃类沿着生产管线从储油层到分离器的压力和温度变化,由图 15 -2 中的 *A*—*A*2 线来表示。在二相包络图中,质量传递在气相和液相之间不断发生。

15.4.1 黑油

黑油是液体油,由很多种化学成分组成,包括大、重和非挥发性的分子。典型的黑油储油层具有低于烃混合物临界温度的温度。图 15 -2 中 *C* 点代表不饱和的黑油,有些天然气溶解在液体烃的混合物中;图中的 *C*1 点代表饱和的黑油,意味着油里包含了很多的天然气而且系统压力的减小将导致天然气释放来形成气相。在运输管道中,黑油在整个运输过程中以液态的形式进行,同时在生产管线上,产出的烃类混合物通常与天然气形成热动力平衡。

15.4.2 挥发性油

挥发性油包含了较少的大分子但是比黑油有更多的乙烷。存储条件与临界温度和压力紧密相关,压力减少一点都将导致大量天然气的释放。

15.4.3 冷凝油

反凝析天然气是指在存储温度和压力下呈气态的液体。然而,随着压力和温度下降,由于反凝析会形成大量的液体。反凝析天然气同时也叫反凝析油或冷凝油。冷凝温度通常介于图 15 -2 中的临界温度和临界凝结温度之间。从储油层上升到立管顶点,如图中 *B* 到 *B*2 所示,液体从单纯天然气到部分转变为冷凝液体到再次作为天然气蒸发出来,导致了剧烈的压力下降。

对于纯净物,压力下降至蒸汽压力线上时,它将从液相向气相转变,同理,在多成分的系统中,当温度低于临界温度时,压力的下降也将导致液相到气相的变化。然而,考虑如图13 -2 中所示 *B*—*B*1—*B*2 线描述的等温压力下降,由于压力从 *B* 点下降,穿过了泡点线,就开始出现液体。当到达 *B*1 点所示的位置时,系统存在着5%的液体。压力的下降已经导致从气体到液体的变化。*A*－*A*2线表明平台上沿着出油管从储油层到分离器的压力和温度的变化。表15－3列出了冷凝气体的典型组成，表15－4所示为典型储油层中烃类的性质。

表15－3　典型储油层中的烃类的组成

组成	成分/%				
	黑油	挥发性油	冷凝油	湿天然气	干天然气
CO_2	0.02	0.93	2.37	1.41	0.10
N_2	0.34	0.21	0.31	0.25	2.07
C_1	34.62	58.77	73.19	92.46	86.12
C_2	4.11	7.57	7.80	3.18	5.91
C_3	1.01	4.09	3.55	1.01	3.58
$i-C_4$	0.76	0.91	0.71	0.28	1.72
$n-C_4$	0.49	2.09	1.45	0.24	0.0
$i-C_5$	0.43	0.77	0.64	0.13	0.50
$n-C_5$	0.21	1.15	0.68	0.08	0.0
C_6	1.61	1.75	1.09	0.14	0.0
C_7^+	56.40	21.76	8.21	0.82	0.0
Total	100.0	100.0	100.0	100.0	100.0

表15－4　典型储油层中的烃类的性质

性质	黑油	挥发性油	冷凝油	湿天然气	干天然气
M_7^+	274	228	184	130	—
γ_7^+	0.92	0.858	0.816	0.763	—
GOR/(scf/STB)	300	1 490	5 450	105 000	∞
OGR/(STB/mmscf)			180	10	0
γ_{API}	24	38	49	57	—
γ_g	0.63	0.70	0.70	0.61	—
P_{sat}/psi	2 810	5 420	5 650	3 430	—
ρ_{sat}/(lb/ft^3)	51.4	38.2	26.7	9.61	—

15.4.4 湿天然气

湿天然气以纯气体状态存在于储油层中，但是在从井管道口到平台顶端的分离器的管线中变成气液两相。在出油管压降的过程中，在湿天然气中会出现液体冷凝。

15.4.5 干天然气

干天然气主要是甲烷。在生产阶段从存储池到运输和加工，烃类混合物在任何压力和温度下都是单一气体。特别地，虽然液态水能够冷凝，但是没有含烃的液体是从气态形成的。干天然气储油层具有高于临界凝结温度的温度。

15.4.6 计算模型

准确估算物理和热动力特性是管道设计成功的前提。压力损失、液体滞留、热损失、水合物形成和蜡沉积都需要用到液体状态的知识。

在流动保障分析中，以下两种方法常常用来模拟油气流。

(1)“黑油”模型：将石油定义为一种包含了溶解的天然气的液相，例如从储油层中生产出来的烃类。“黑油”模型用参数 R_s 来表示油溶液中溶解(冷凝)的气体，该参数可以从实验室测得。这一模型从天然气重度、石油重度和单位体积中液体所含天然气的体积来预测流体性质。用经验公式来估计相的分离，而物理特征决定不同相的特性。

(2)组合模型：对于给定的含有挥发石油和冷凝液体的液体混合物的摩尔分数，一个气/液相平衡计算可以确定气/液相和每个相的组成中供给的量。在混合物中确定气体的质量或质量分数是可能的，一旦知道了每个相的组成，就可以计算表面张力、密度和每个相的黏度。

组合模型的准确性取决于组合数据的准确性。如果有较好的组合数据，选择合适的 EOS 很可能会获得比相应的黑油模型更准确的相态数据。如果烃类液体是轻冷凝的话，尤为准确。在这种复杂的相的情况作用下(比如逆冷凝)，采用黑油模型就可能准确性不够。液相的黏度是水动力研究的首要内容，黑油模型和组合模型多是不准确的。所用的相关性不同，可能会导致计算的压力损失完全不同。由于黏度预测的不确定性，需要谨慎使用实验室测得的数值。

GOR 可以定义为气相和液相的实测体积流动速率的比值，或者天然气和石油在标准条件(1atm,60 ℉)下的体积比值,单位为scf/STB。当水也出现时,含水量通常定义为水和总液体在标准条件下的体积比率。如果水中含有盐,在标准条件下水相将包含盐的浓度。

15.5 油气流动

15.5.1 总述

烃类化合物或组成物的复杂混合物能够以诸如单相液体、单相气体或者一个多相混合物的状态存在,这取决于它的压力、温度和混合物的组成。根据液相条件,管线中的液体流可分为三种。

(1)单相　黑油或干天然气体运输管道,出口管道,天然气或水注入管道,化学抑制剂服务管道诸如甲醇、乙二醇等。

(2)两相　油+释放的天然气管道,天然气+冷凝石油管道。

(3)三相　水+石油+天然气(典型生产管道)。

油/气分离设备之后的管道通常只存在单相状态的油气流,诸如运输和出口管道,但是在大多数时候,来自储油层的生产管道有两相或三相状态;同时,液体流也称为多相流。

在油气流中,水通常看成一种单独的液相或者是与油和冷凝油的结合,因为这些液体彼此间多是不相溶的。如果水的数量足够少以至于对流体性质不会有很大影响,则将该流体假设为单一液相也是可以的。在低黏度范围中,油相和水相之间存在着一个可接受的滑移,从而导致了水在系统位置较低处堆积,这会导致局部水的大量堆积,在管道中可能会出现水塞,引起严重的腐蚀问题。

即使有水存在,两相(液/气)模型可用于黑油系统。水和油气流被看成是具有平均性质的混合性液体。对油/水的冷凝系统,三相(气/液/固)模型也是适用的。

以单相流为基础的水力学理论容易理解,并且其分析模型可以放心使用。多相流体要比单相流体复杂得多。然而,在过去数十年,用来预测多相流体性质的技术有了很大改进,现在可以达到工程可接受的准确度要求来选择管道尺寸、预测压降和计算管道中的流体速度。

15.5.2 单相流体

计算管线沿程压力和温度变化的基础是流体的质量、动量和能量守恒。在本部分中,给出了针对管道中单相流体的稳定状态下的压力梯度方程,并审查了确定井口剪应力的过程,通过解决例题来说明压力梯度方程对可压缩和不可压缩流体的适用性。对循环管线中牛顿和非牛顿流体的状态进行回顾,同时提出了热焓方程,并将其用于解决对于稳态流阶段的温度变化的预测。

(1)守恒方程

① 质量守恒

流体的质量守恒是指在一个控制体内,流入的质量 m_{min} 减去流出的质量 m_{out} 应等于在该控制体内的质量累积。对一维单向管线部分的控制体,其质量守恒方程可表示为

$$\frac{\partial \rho}{\partial t}+\frac{\partial(\rho v)}{\partial L}=0 \tag{15-15}$$

式中 ρ——流体密度;

v——流体速率;

t——时间;

L——管段的长度。

对稳定流,没有质量累积发生时,式(15-15)可变为

$$\rho v=\text{constant} \tag{15-16}$$

② 动量守恒

基于应用于管段中流体流动的牛顿第二定律,在控制体中的动量变化率等于作用于流体上的所有力之和。管道线性动量守恒方程表示成

$$\frac{\partial(\rho v)}{\partial t}+\frac{\partial(\rho v^2)}{\partial L}=-\frac{\partial p}{\partial L}-\tau\frac{\pi d}{A}-\rho g\sin\theta \tag{15-17}$$

方程右边的项目是控制体中的力。$\partial p/\partial L$ 是压力梯度,$\tau\pi d/A$ 是表面力,$\rho g\sin\theta$ 是质量力。联立方程(13-16)和(13-17),稳态阶段的压力梯度方程如下:

$$\frac{\partial p}{\partial L}=-\tau\frac{\pi d}{A}-\rho g\sin\theta-\rho v\frac{\partial v}{\partial L} \tag{15-18}$$

通过整合如表15-3所示的管道1截面和2截面的两侧方程,再加上诸如泵送的机械能,可得出一个针对稳态一维流体的能量守恒方程(伯努利方程),如下所示:

$$\frac{p_1}{\gamma_1}+\frac{v_1^2}{2g}+z_1=\frac{p_2}{\gamma_2}+\frac{v_2^2}{2g}+z_2+\sum h_f+\sum h_l-h_m \quad (15-19)$$

其中，p/γ 是压力水头。$v^2/2g$ 是速度水头，z 是位能水头，$\sum h_f$ 是 1 和 2 截面之间由摩擦力引起的沿程摩擦水头损失。$\sum h_l$ 是局部水头损失之和，h_m 是由液压机械带来的每单位重量的机械能。管道沿程摩擦水头损失是管道壁对流体的剪切所造成的损失。局部水头损失通常由流体的局部中断所引起，诸如阀、管道弯曲和其他装置。

能级线（EGL）是方程（15－19）的左边三项之和，可表示成：

$$\mathrm{EGL}=\frac{p}{\gamma}+\frac{v^2}{2g}+z \quad (15-20)$$

水力坡降线（HGL）仅仅是压强和位能水头之和，可表示成：

$$\mathrm{HGL}=\frac{p}{\gamma}+z \quad (15-21)$$

图 15－3 所示为单一水头与 EGL 和 HGL 的关系。水头损失就是 1 和 2 截面之间 EGL 和 HGL 的变化。一般来说，在初步设计中，局部流失可以忽略，但是在详细设计阶段必须考虑。

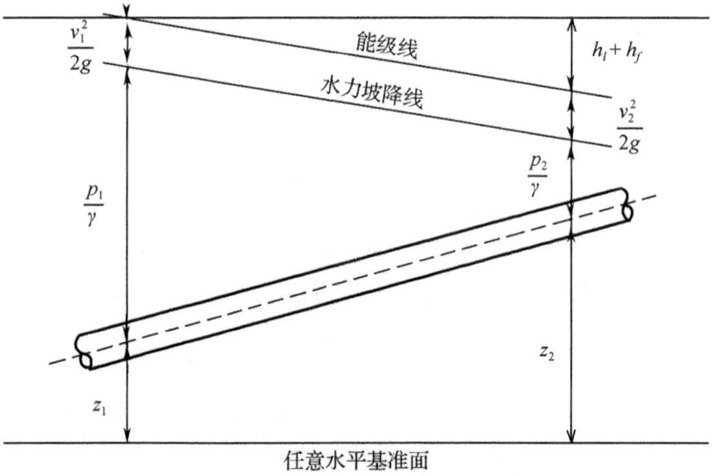

图 15－3　能量/水力梯度线与单一水头的关系

如式（15－19）所示，在详细的管道总压力损失是管道部分、阀门和设备的沿程摩擦水头流失、由阀门和设备引起的局部水头损失、由位能变化所引起的静压力损失和由加速度变化引起的压力变化之和。

(2)管道沿程摩擦因数

Darcy-Weisbach 方程是计算管道沿程摩擦水头流失的最有效的方程之一,表示如下

$$h_f = f\frac{L}{D}\frac{v^2}{2g} \tag{15-22}$$

$$f = f(Re, \varepsilon/D) \tag{15-23}$$

式中 f——沿程摩擦系数;

$Re = vD\rho/\mu$——雷诺数;

ε/D——管道等效砂粒粗糙(相对粗糙)度,它由管道材料决定。

图 15-4 展示了沿程摩擦系数在不同流域的图形表示,也叫做 Moody 图。

如表 15-5 所示为几种常见材料的绝对粗糙度的数值。对于钢管,绝对粗糙度是 0.001 8,除非提出其他备选的特殊规格。0.001 8 这一系数是针对旧管道的,但由于其相对保守,可以应用于实际设计中。柔性管比钢管道更加粗糙,因此,对于同一个最大速率它需要更大的管径。对于柔性管,其粗糙度在没有特殊规格可供选择时,可通过 $\varepsilon = ID/250.0$ 来计算。粗糙度随着在由材料和流体的属性决定的速率下使用而增加。作为通用标准,20% ~30% 的沿程摩擦因素的安全系数将适应钢管在未来平均服务 5 ~10 年的粗糙度条件的改变。

表 15-5 管道材料粗糙度

材料	ε,等效砂砾粗糙度/in
混凝土	0.012 ~0.12
延性铸铁	0.010
普通钢或焊接钢	0.001 8
聚氯乙烯,玻璃	0.000 06

正如图 15-4 所示,$f(Re, \varepsilon/D)$ 函数是非常复杂的。基于流动特性在 Moody 图中定义了一个层流区和一个紊流区。

① 层流

在层流中(Re <2 100),沿程摩擦系数方程是一条直线,并不受相对粗糙度影响。

$$f = 64/Re \tag{15-24}$$

在层流中,沿程摩擦水头损失与平均速率成比例,增加管道相对粗糙度将导致其更早转变为紊流。当雷诺数在 2 000 ~4 000 时,流体处在临界区域里,该区

域中流体基于许多因素，或者为层流或者为紊流。这些因素包括截面或流动方向的改变。在临界区域中的沿程摩擦系数是不确定的，它介于层流沿程摩擦因数和紊流沿程摩擦因数之间。

② 紊流

当雷诺数大于 4 000 时，管内的流体为紊流；沿程摩阻系数不仅取决于雷诺数还取决于相对粗糙度 ε/D 和其他因素。在完全的紊流区内，即 Moody 图中右上部虚线上方的区域，沿程摩擦系数 f 仅仅是粗糙度 ε/D 的函数。针对过渡区的管道，沿程摩擦系数会随着雷诺数的增大和管道相对粗糙度的减小而迅速减小。图 15－4 中最低的线是紊流光滑区的沿程摩擦系数线，该管道的粗糙度 ε/D 太小以至于可以忽略其影响。

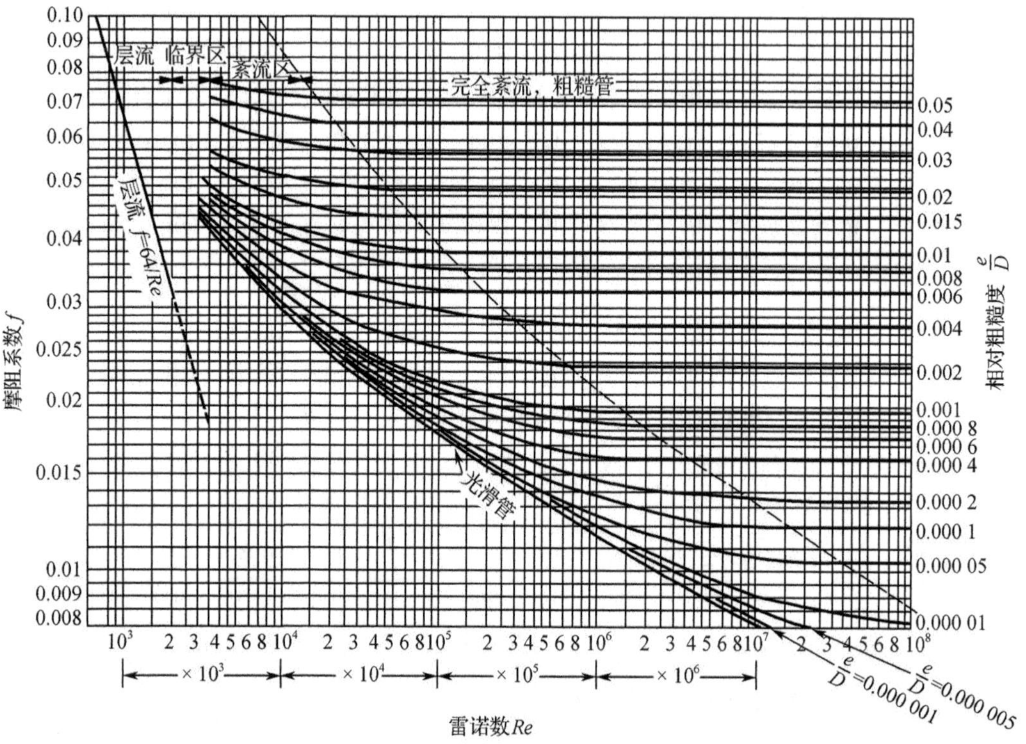

图 15－4 Moody 图

如表 15－6 所示为一些针对层流和紊流的达西沿程摩擦因数关系。

表 15-6 达西沿程摩擦系数关系

流动区	沿程摩阻系数, f	雷诺值范围
层流区	$f=64/Re$	$Re<2\ 100$
紊流光滑区	$1/\sqrt{f}=2\log_{10}(Re\sqrt{f})-0.8$	$Re>4\ 000$ 并且 $\varepsilon/D\to 0$
紊流过渡区	$1/\sqrt{f}=1.14-2\log_{10}(\varepsilon/D+9.35/(Re\sqrt{f}))$	$Re>4\ 000$ 并且过渡区
紊流粗糙区	$1/\sqrt{f}=1.14-2\log_{10}(\varepsilon/D)$	$Re>4\ 000$ 并且完全紊流区

尽管对管道中单相流体已经进行了广泛的研究，但是在紊流计算时，还要使用一个由经验决定的沿程摩擦系数。由于基于管道粗糙度的摩擦系数通常是估算出来的，所以在计算压力梯度时需要考虑误差并且总结出针对不同流型的达西沿程摩擦系数关系。光滑管和完全紊流区域的关系是从过渡区域中简化来的。对于紊流光滑区，相对粗糙度可以忽略不计，而对于紊流粗糙区域，雷诺数可以忽略不计。

(3) 局部损失

除了管道表面沿程摩擦导致的压力水头损失外，当流体流过附属设备时，会有局部压力水头流失，如阀、弯曲处和其他装置。设备中的局部水头流失包括：

① 表面摩擦；

② 流动路径的方向的突变；

③ 流动路径上的障碍；

④ 流动路径的形状和横向截面发生的突变或渐变。

局部流失常被看成是小损失。这些描述对管道系统是有误导性的，特别是在设备水头损失比直线管道截面水头损失大多了的地方。理论上很难对局部损失的大小进行定量描述，因此这些损失的数值通常是由实验确定的。局部损失通常以与摩擦损失相似的形式来表示。不同于在摩擦水头损失的 fL/D，损失系数 K 通常针对不同装置确定。装置水头流失为

$$h = K\frac{v^2}{2g} \qquad (15-25)$$

其中 v 是对应断面的平均速率。对不同的装置，例如阀门、弯管等，常用两种方法来确定 K 的值。一种方法是直接从不随尺寸和雷诺数变化的表格中选一个 K 值。

表格 13-7 给出了不同类型装置的 K 值，这种方法的数据离散性较大并且有可预见的错误。另一确定某个特定装置 K 值的方法采用公称管道尺寸的紊流粗糙区摩擦系数 f_T，这种方法隐含地限定了管道尺寸。Crane Company Technical Paper 410 详细地介绍了不同装置计算 K 值的方法，该方法已经被管道工业普遍接受。

表 15-7　设备损失系数

设备	K
球形阀,全开	10.0
角阀,全开	5.0
蝶阀,全开	0.4
闸阀,全开	0.2
打开 3/4	1.0
打开 1/2	5.6
打开 1/4	17.0
摇摆式止溢阀,全开	2.3
升降止溢阀,全开	12.0
球形止溢阀,全开	70.0
弯管,45°	0.4
大弯曲半径弯管,90°	0.6

阀门的生产商们,常常通过流动系数 C_v 来表示阀门(尤其是控制阀)的性能,它代表着在 60 ℉和压降为 1.0 psi 时液体穿过阀门的流速。它与 K 的关系为

$$C_v = \frac{29.9d^2}{\sqrt{K}} \tag{15-26}$$

式中　d——阀门接头的尺寸,ft。

15.5.3　多相流体

(1)综述

如今,在石油和天然气工业中,由于烃类液体和天然气、不相溶的水和砂石的混合运输相对于常规的、局部的以操作平台为基础的分离设施而言可以节约巨大的成本,因此多相流体受到的关注较多。然而,水合物的形成、生产流体中水分的增加、腐蚀、热损失和其他因素给水力设计带来了新的挑战。

在 19 世纪 50 年代,就开始出现许多关于两相流的研究,其流动特征比单相流体要复杂得多。两相流体涉及了许多变量相互作用的过程。因为密度和黏度的不同,管道中气体和液体通常不以相同速率流动。向上的流动中,密度小、黏

度小的气体会比液体以更快的速率流动。向下的流动中,由于密度的不同,液体通常会比气体流得快。单相流体的分析方法是可行的,而且预测的准确性在工业上也是可以接受的。而多相流体,就算将其严格地限制在简单的管型时,在通常情况下也是相当复杂的。

计算两相流的压力梯度,需要速率、流体特性(如密度)、黏度和表面张力等流动情况的参数。流型是决定两相流体特征的最重要的因素,流型描述的不仅仅是针对单一流体的层流和紊流的确认方法,相态的相对数量和接触面的拓扑模型也必须考虑进去。之所以会有不同的流型,是因为作用在流体上力的相对大小不同,如弹性力、扰动力、惯性力和表面张力,这些力会随着流动速率、管道直径、倾向角度和不同相的流体特征而变化。另一个重要因素是截面含液率,它是指管段中液体所占体积与管道的体积之比。截面含液率是个分数,纯为气体时取为0,纯为液体时取1。

两相流的大多数分析和模拟需要求解以每个状态的一维特征为基础的质量、动量和能量守恒方程。这些方程大部分用来作为解释实验数据的框架。多相流特征的可靠预测需要使用实验数据或经验公式。随着计算方法的改进,双流体模型成为了正在发展的技术,在该模型中,要写出每个相位中的完整的三维运动部分方程,并将每个阶段看成是连续的,而且采用位移的连续函数的体积分数。

(2)水平流动

水平管道的流型已经在许多报告中研究得比较完备了。不同流型之间的转化可以用可视技术来记录。在某些情况下,压力波动的统计分析可用来区分不同的流型。如图15-5所示为一个典型的流型图,它给出了关于流型的较精确的预测。通常使用的像Mandhane和Baked流型图,以水平的、小直径、气体水系统的观测区域为基础。将其扩展到石油和天然气工业中遇到的条件,所得的结果是不确定的。

如图15-6所示为七种对于水平气/液二相流体的流型。

① 泡状流:气体以气泡的形式分散,运动速率与液体速率相近并且容易以较小的速率在管道顶部积聚。

② 空隙流:不同的气体和液体的空隙沿着管道顶部流动。

③ 分层流:液体沿着管道底部流动,气体在液体/气体光滑交界面上流动。

④ 波浪流:在气体具有较大速率时发生并在流动方向有波浪运动。当波浪顶部高到管道边界时,它们会形成比液体平均速率更快的流动空隙。

⑤ 活塞流:高速段塞对设备造成的冲击,可能导致对于设备严重或者危险的震动。

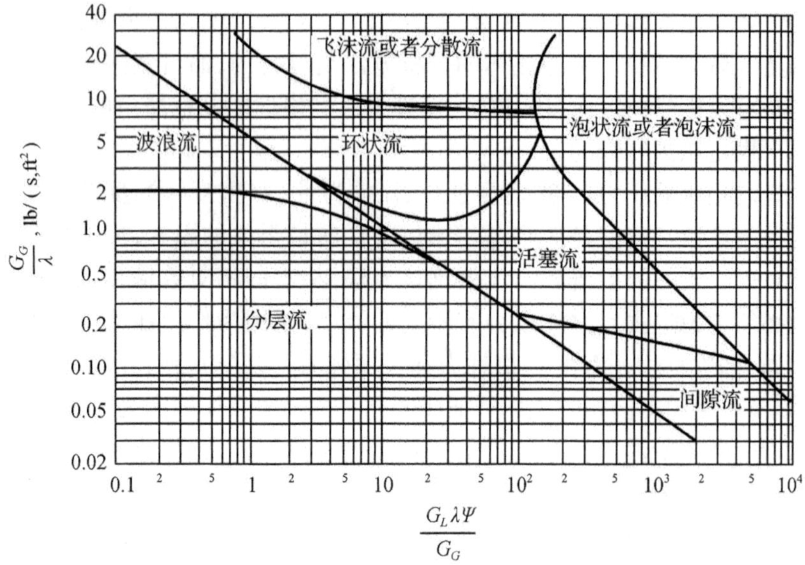

图 15－5 水平管道中二相流体的流型区域

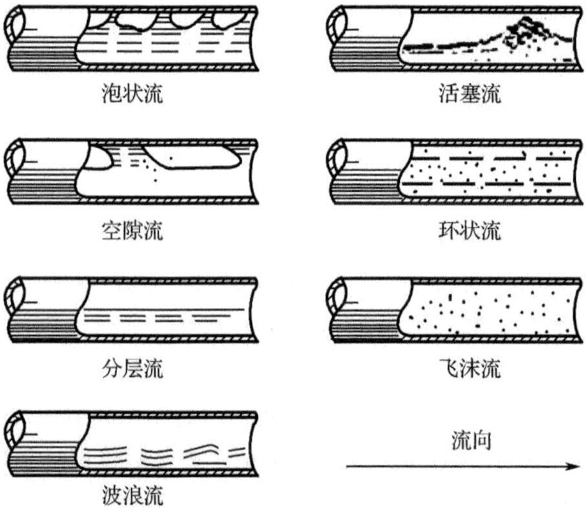

图 15－6 水平管道中二相流型

⑥ 环状流:液体沿着管道壁流动而气体在管道中心流动,一些液体会在气体中心形成小液滴。

⑦ 飞沫流:气体以一个很高的速率运动,几乎所有的液体都成了小液滴。这种流型也叫做离散态或者雾流体。

(3)垂直流动

竖直管道的两相流体可以分为四种不同的流型。包括泡状流、活塞流、涡流和环状流，如图15－7所示。

① 泡状流：液体是连续的，气体以气泡形式随机分布。气泡流中的气体很小，除了对密度有影响外对压力梯度几乎没影响。

② 活塞流：气体和液体都对压力梯度影响很大。气体在空隙流中以大气泡的形式存在并与液滴相区分。气泡的速率比液体空隙的速率大很多，从而导致截面含液率不仅会影响油井和立管的摩擦损失而且还会影响流体密度。

③ 涡流：气泡之间的液体空隙逐渐消失，并且在某些点处液体变成不连续相而气体连续，压力损失主要是由气体而不是液体造成的。

④ 环状流：以连续的气相为特征，在气流中会存在很多小液滴并在管道中形成液体润湿膜。

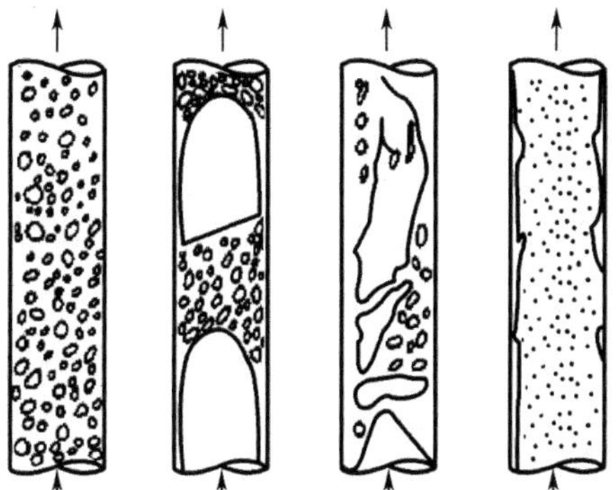

图15－7 垂直管中二相流体的流型

15.5.4 二相流相关性比较

在过去的几十年出现了许多种二相流相关性，它们大多数都以水汽系统为基础得到，并且每个相关性都因为其采用的数据而带有局限性。流动保障中用到的大多数软件对于二相流有很多模型和公式的选择。Baker Jardine 主持了一个主要的数据匹配研究来确定针对油井、凝析气井、输油管道和气体/凝析气管道的最合适的二相流体相关性，其分析结果将在随后的章节中介绍。

(1)相关性描述

① Duns & Ros (D－R)

Duns & Ros 相关性以大量的石油和天然气混合物实验为基础,并针对油井中竖向二相流发展而来。针对泡状流、空隙流、涡流和雾状流等不同流型的不同给出不同的相关性。这些状态分别含有低等、中等和高等的气体流量。

② Orkiszewski (OR)

该相关性用来预测竖直管道中的二相压降。泡状、空隙、段塞、环状过渡以及环状雾的流态都应考虑在内。在气举生产井中,测得的 148 个压力损失为基础的大范围油井条件下,这种方法能准确预测到误差在 10% 之内的二相压降值。

③ Hagedorn & Brown (H - B)

以小直径垂直导管中压力梯度的实验研究为基础。针对不同范围的液体流速、气液比和液体黏度系数,一个 1 500 ft 的实验井可以用来研究从 1 in,1.25 in 到 1.5 in 的公称尺寸管道中的流体。

④ Beggs & Brill Original (B - BO)

根据水平和倾斜管道的二相流研究提出。该相关性以流型图为基础,该模型可将流体向上和向下 ±90°倾斜。

⑤ Beggs & Brill Revised (B - BR)

它是对先前方法的改进:a. 将假设无滑动持液率的额外的泡流考虑在内。b. 摩擦系数从标准的光滑模型变成基于平均流速的单相摩擦系数。

⑥ Mukherjee & Brill (M - B)

根据二相倾斜流体的压力下降的研究提出。结果与实验数据和相关性吻合得很好,也进一步证明了普拉多湾和北海的数据。

⑦ Govier, Aziz & Fogarasi (G - A)

根据出产气体和凝析气油井的压降研究提出。对气液比从 3 900 ~ 1 170 000 scf/bbl变化不等的 102 座实际油井中所得的压降与流速数据进行了详细的分析。

⑧ No-Slip (NS)

假设同性质的流体在相间没有滑动。流体性质看成是液体和气体的平均值,摩擦系数使用单相 Moody 相关性来计算。

⑨ OLGAS - 89,92 (O - 89,O - 92)

以来自 SINTEF 二相流的实验数据为基础。测试设备设计成在和油田条件相类似的运行条件下运行。试验回路是 800 m 长并且直径是 8 in,操作压力在 20 ~ 90 barg。气体表面速率最大达到 13 m/s,液体表面速率最大达到 4 m/s。管道倾斜角度在 ±1°之间,作为对在一个标高 50 m 的垂直立管的垂直截面上下流的补充研究。在试验回路中共进行了超过10 000次的试验,该相关性考虑了 4 个流型:分层、环形、段塞和分散泡状流。

⑩ Ansari (AN)

是 Tulsa University Fluid Flow Project(TUFFP)研究项目的一部分。一种全面的模型用来预测流型和已预测流型的二相流特性。该模型通过使用 TUFFP 的数据库来计算,该数据库包含了 1 775 个油井的实例,其中的 371 个的数据来自于普拉多湾。

⑪ BJA for Condensates (BJ)

根据对在凝析气管道中的体积分数小于 0.1 的无滑动液体体积的二相流的研究,得到该相关性。压力损失计算过程和 Oliemans 采用的方法类似,但是增加了由于液体表面粗糙度所增加的界面剪切力。

⑫ AGA & Flanigan (AGA)

是针对水平和倾斜天然气凝析气系统的二相流研究而提出的。它使用了 Taitel Dukler 的流型图,其中考虑了五种流型:分层光滑、分层波浪、间断、环状分散液体和分散泡。

⑬ Oliemans (OL)

根据大直径冷凝管道的研究提出。该模型以在 100 barg 或更高的压力下运行的 30″,100 km 管道的有限数据量为基础。

⑭ Gray (GR)

壳牌石油公司的 H. E. Gray 提出的针对在天然气和冷凝系统(该系统主要含气体)中的垂直流体的相关性。流体被看成是单相的,并且假设水或冷凝液粘附在管道壁上。当垂直流体的速率小于 50 ft/s,管道尺寸小于 3 ½″,凝析率小于 50 bbl/mmscf,含水率小于 5 bbl/mmscf 时,该相关性是适用的。

⑮Xiao (XI)

该全面力学模型是 TUFPP 研究项目的一部分,它是针对水平和接近水平管道的气液二相流提出的。该数据库包括从 AGA 复合管道数据库中得来的大尺寸油田数据以及文献中的实验数据,数据同时包含了黑油系统和复合流体系统。在计算分层流内部摩擦系数时,提出了一种新的相关性。

(2)分析方法

在 PIPESIM 中,压降的预测和每个相关性所得的流速与油井管道测试的有效实验数据、储油层流体分析,以及由 Baker Jardine 收集的钻井调查和管道测量进行比较。数据点的错误率的计算公式如下:

$$错误率 = (计算值 - 测量值)/测量值 \times 100\%$$

如表 15 -8 所示为每个相关性的数值估算方法。对每个相关性的总压降和流速预测的数值都采用均值。该数值是通过数值总和来计算的,即每个数据库值除以总数据值的 3 倍。图 15 -8 列了针对垂直油井、高偏油井、天然气冷凝井、油管道和天然气管道的每个相关性的计算结果。

Moody相关性在针对单相流的垂直油流、水平油流、垂直和水平天然气流的计算中推荐使用。

表 15-8 相关性式子计算结果的数值

误差范围/%	评价	值
-5.0 ~ +5.0	很好	3.0
-10.0 ~ +10.0	好	2.0
-20.0 ~ +20.0	中等	0
超出范围	差	-3.0

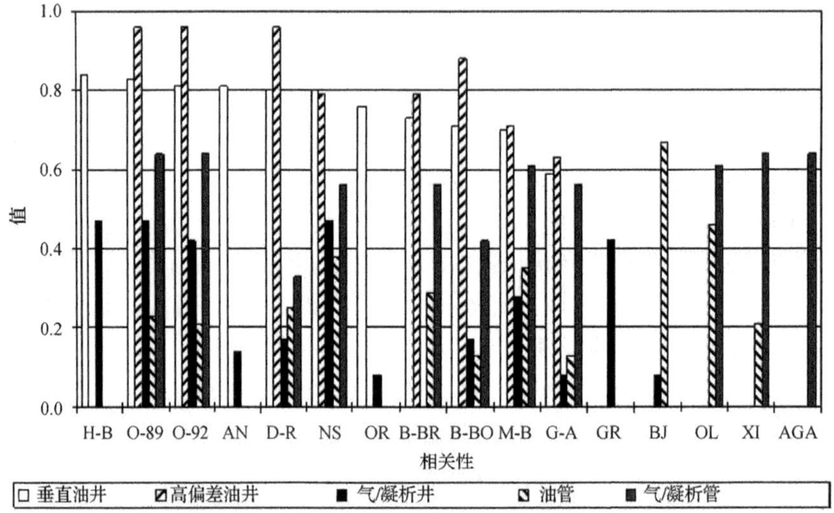

图 15-8 在 PIPESIM 中二相流体相关性计算

15.6 段塞和液体处理

15.6.1 概述

运输管道中发生的段塞流会给设计和施工过程造成很多问题，这些问题包括零件和容器上的动力荷载、循环压力、控制失稳和相态不充分分离。段塞流严重影响接收设备的设计。在凝析油气系统中，管道越长越使得流速较小的液体残留在管道中。当流速变大时，大量液体会被清除，可能会超过接收设备处理液体的容量。如果段塞流大于段塞流捕集器的容量，接收设备就会被淹没和毁坏。因此，在设备设计之前，有必要量化段塞的大小、频率和速度。

如果立管中的滞留量和输送管中的不同，立管底部的压力会发生变化。如果立管滞留量太大或者油气速率太小以致不能提供均匀的上升力，液体会大量翻转以及向下流动，液体积累在底部会造成不稳定的压力。当段塞流周期性地高速离开立管时，这种压力会释放，这种流量的改变以及相应压力的变化是动态的。一个大的段塞流捕集器可以安装在地面，但是设置在平台上并不经济，这就是立管前面的管道断面是水平的或者向前有2°~5°倾角的原因之一。这个断面的长度或许应该是立管高度的几倍，向上的倾斜消除了可能存在的“水槽”效应，并且有利于减少压力和截面含液率。管道的负倾角会增加立管中的段塞，事实上，倾斜角度合适时，严重的段塞是不可能发生的。

如图15－9所示是二相流的速率对流体稳定的影响。高流速可以减少段塞且增加流体的稳定性。更大的系统压力也增加了稳流的趋势，在立管顶部保持反压减少了段塞发生。立管中的流体与钻井孔末端有相对较长的水平管线的流体可能不同，水平管线中的脉动和滞留会传播到相对短的立管中。立管能比油井处理更多的流体，因为管道可以比气举或容器提供更多的流体脉动。

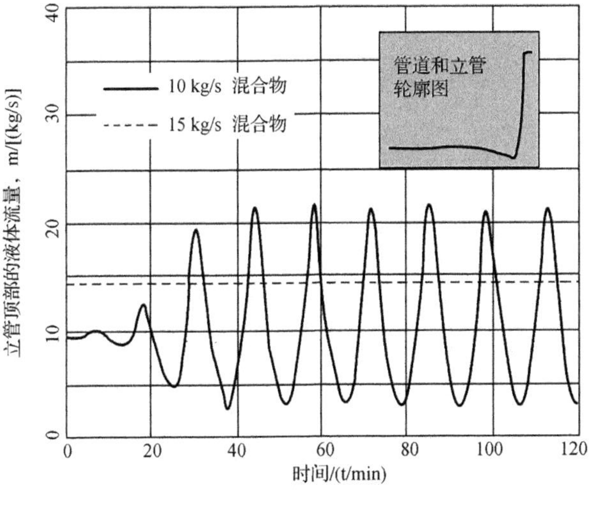

图15－9 立管的流体稳定性与流速

在很多包含多相流体的油气设备中，因为处理设备中油气速率的变化很大，段塞或脉动是最关键的安全隐患。多相脉动来自三种形式。

(1)流体动力段塞:在一定的流速下由于波动的不稳而在分层流体中形成。

(2)地域性段塞:尤其在低流速时,沿着管道高度的变化,随流体周期性的积累和清除而形成。

(3)运行引起的段塞:运行于稳态和临界态之间形成,例如在开始和清洗过程中。

15.6.2 流体动力段塞

流体动力段塞发生于一定流速条件下,由于层流中油气分界面不稳定的波动而引起。如图 15－10 所示为层流中动力段塞的形成过程。图 15－10(a)为当油相和液相之间的速度差足够大时,油气分界面到达管顶部,这种波动增大是由 Kelvin-Helmholtz 失稳引起的。图 15－10(b)中,一旦波动到达管顶,段塞就形成。油气推动段塞移动,达到比流体薄层更大的流速,于是更多流体进入段塞中。图 15－11(c)中,油气流动避免了大部分流体停滞在段塞中,但增大了段塞中的紊流。

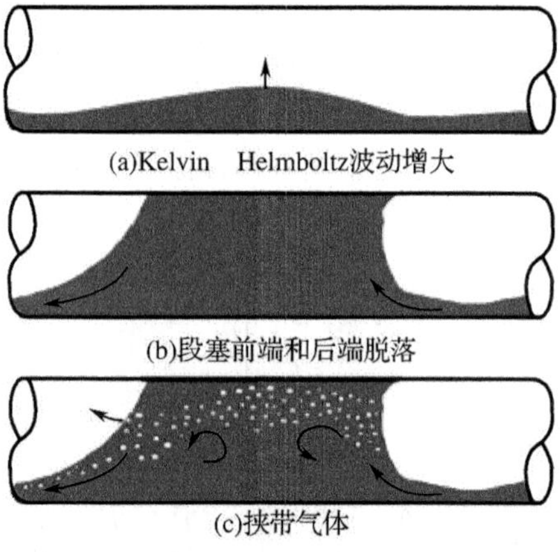

图 15－10　流体动力段塞的形成

段塞中紊流区的存在,导致了多相流中大部分的摩擦压降。紊流区的尺寸大小对管道中摩擦压强损失影响很大。两相流型图能显示出流体动力段塞的发生,但是段塞长度的相关性却不确定。有必要追踪单个段塞沿着管道的发展,以评估管道中流体波动的体积。

段塞的模拟需要考虑流速、含水量以及油田开采寿命 GOR 值,模拟中应该包括人工提升的影响。一般来说,模拟的结果应该以分离器油气的流速、立管底部和顶部的段塞长度以及作为时间函数的关键位置的压力来呈现。油井中的关键位置在油井流体控制设备处及井底。如果模型中包含处理设备,分离器压力、等级,以及作为时间函数的分离器中排出的油气速率也应该呈现出来。

当在预测位发生段塞处引起了油气处理问题,则应该确定分离器上游节流器附件的阻塞效应。段塞的发展对管道的倾斜很敏感,改变不到1度的倾角足以改变流体过渡区的平衡。因此,沿着管道轮廓线凹凸处相对较小高度的改变对其有重要的影响。

图15－11比较了单个水平管道流型和有些波动的管道的流型。波动管道中的多相流在层流和段塞流之间转换,这意味着不仅段塞流大小不同,压降也不同。管道的倾角大都不同,大多数管道都沿着地形形状变化。当模拟低流速多相流时,有必要如实地反映这种波动;高流速时,波动可能对预期影响不大。

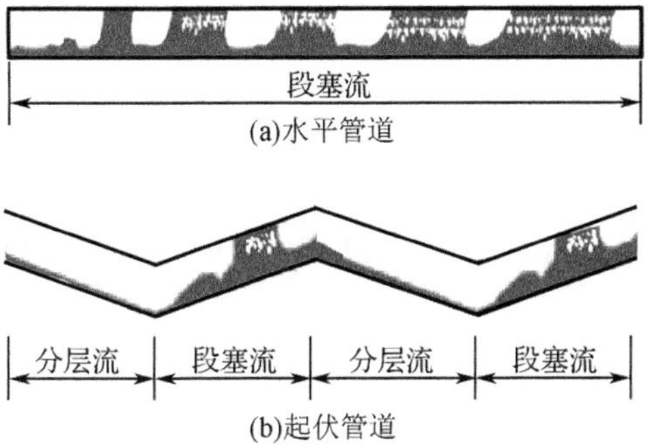

图15－11 管道形状对流型的影响

15.6.3 地域性段塞

如图15－12所示为管道－立管系统中地域性段塞的过程,图中(a)为低点处液体和流体阻塞;(b)为堵塞处压力上升;(c)和(d)为当压力足够大时,油气吹出低处的液体形成段塞,液体堆积在立管底部,阻碍气相的流动。这些液体堆积到气压足够克服静水压力时,吹动立管中液体段塞,段塞长度是立管高度的2~3倍。

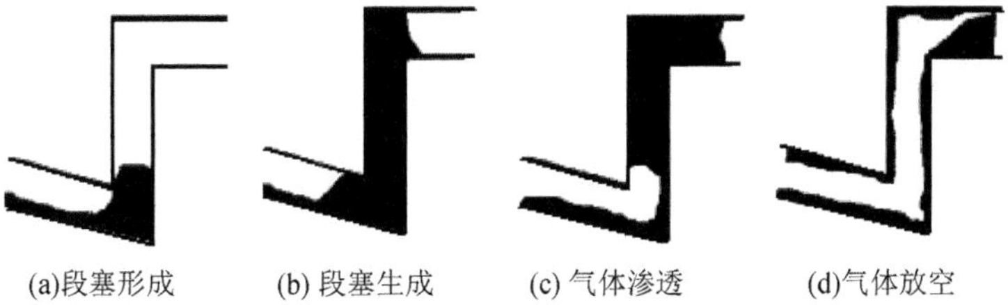

图15－12 立管段塞的形成

地域性段塞可能非常严重，会导致大的压力变化并且液体可能波动到管道外。地域性段塞是一个瞬时状态，需要动态的模型来描述。当最小流速界定为地域性段塞的临界值时，无地域性段塞的区域应当定义为含水量和气油比的函数，并且需考虑气举。在导致油气处理问题的可预测的段塞处，分离器上游节流器额外的阻塞问题效应应该可以确认。

设计可以处理地域性段塞的段塞捕集器很困难。如果立管上的接受平台的运输系统停止工作，段塞从水平管道行进到垂直立管就会导致周期性流动效应。随着段塞进入到垂直立管，气泡被压缩，直到有足够的能量使得段塞加速离开立管。当井头压力有限时，由于段塞的影响，从海底到平台的垂直立管可能会形成回压，并且将会限制油井生产。在这样的情况下，如果段塞捕集器位于海底，垂直压力会减少，油气相也会分离。带气的油会沿着平台通过分离立管吸到地面。在立管底部注入气体将会减轻流体的体积并且使垂直压力损失最小化。

15.6.4 启动和放空时的段塞

段塞形成于启动运行状态中，因为它是从稳态到临界态转变的过程。模拟启动状态时，应该从整个油田开采寿命内具有代表性的运行情况下的关井条件开始。应该估计在油藏管理想约束条件下的启动速率，如有必要，也应该估计为了减轻段塞而施加的提升力。对于气举，要确定要求的气举速率。如果气举直到生产时才可用，这种运行约束条件应该包含在模拟当中。

15.6.5 段塞速率变化

随着流速的提升，管道中流体的持液率会下降。该持液率的变化可以随着产量的提高而使流体趋于稳定，或者由于流速变化而使段塞出现。段塞速率的变化可随着速率的提升而发生在气液冷凝管道中。流线在初始和最终流速下都处于一个稳定的流型中，例如层流，但是在过渡时期内会发生段塞，直至流体以一个更高的速率重新平衡。

对于启动段塞，使用稳定状态分析方法时，很难预测到段塞是否会因速率的变化而发生，该管道必须通过瞬变流方案来进行动态模拟。

15.6.6 清管

在管道中采取清管的原因如下。

(1)液体储存控制;

(2)维护与数据记录;

(3)管道清洗与脱蜡;

(4)抑制剂的使用。

如图15-13所示为清管后在立管底部油气速率的变化情况。当段塞足够大时,整个立管基底充满了液相。清管模拟应该在需要清管处进行,清管运行的时间和清管速率应该以时间函数得以呈现。在一次清管中,应该分析入口和出口温度,以及以时间作为函数的压力和流速。在有液体的清管中,应该分析维持单相流动的反向压力。

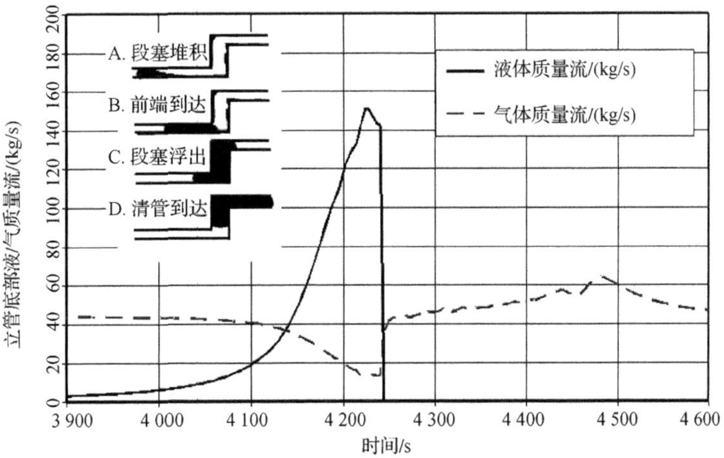

图15-13 清管造成的流速差异

15.6.7 段塞预测

段塞预测可以使用PIPESIM(Schlumberger),OLGA(Scandpower Petroleum Technology),ProFES(Aspentech),TACITE(Simulation Science)。稳态多相模拟软件例如PIPESIM可以预测沿着管道和立管的流体动力段塞分布。然而,只有OLGA2000(标准版)、OLGA2000段塞追踪模块以及ProFES,可以用来模拟瞬态多相流与预测沿着流线、地域性段塞流体的阻塞以及启动\关闭瞬态的段塞。

斜坡段塞对于流速增大时需清理大量液体的冷凝系统是很重要的。流速的模拟应该覆盖整个油田采油寿命中的翻转流速和中等流速和全流速。OLGA2000段塞追踪模块除了有高山地形条件或高液压荷载(>50 bbl/mmscf)

的情形以外，一般不要求模拟冷凝气系统的斜坡段塞。模拟结果可能是以时间为函数的出口速率。

生产系统应该把为油藏模型提供流入性能的储油层蓝本作为开始。在出口处，建议加入分离部分、水准和压力控制的相关性。如果做不到，则应该研究其灵敏度，以确保出口处的随机压力没有明显改变。人为确立定压边界条件会限制段塞流，无论任何段塞模拟时都应避免这种情况。管线和立管中真正的边界条件，可通过使用管道瞬态模型耦合得到的动态过程模型来获取。综上所述，动态过程的仿真在管道和油井在设计中没有必要。在某些情况下，对于设备的设计过程和控制建议采用集成建模。

15.6.8 段塞评估的关键参数

对于分离器和相连的顺流设备的性能评估的关键参数，是平均段塞体积和频率以及发生段塞的最大段塞体积和频率。段塞速率、频率和液体的持液率的结合对于管道支持设计十分重要。下列参数是主要控制因素：v_{sg}（气相折算速率），v_{sl}（液相折算速率），D（管道直径），L（管道长度），ϕ（管道倾角），ρ_g（气体密度），ρ_l（液体密度），μ_g（气体黏度），μ_l（液体黏度）和 σ_l（表面张力）。

15.6.9 段塞探测和控制系统

虽然段塞控制对于避免设备损坏很重要，但是控制手段是有限的。必须注意上部系统操作的潜在影响，然后通过对海底系统进行分析来评估其影响。在设计段塞捕集器和优化管道设计之间通常需要权衡一下。

使用立管上的 γ 显像密度计、声学测量计和立管底部的压力测量可以成功探测出段塞流。当预测出段塞有操作上的困难，或者有更先进的控制系统可以减轻段塞时，应该考虑段塞探测系统。在这种情况下，段塞流模拟应包括先进的控制以测试控制算法。流动保障及其过程应有严格的控制并预测段塞的体积和频率。

15.6.10 段塞流的设备设计

在管道中的段塞捕集器、分离器和控制系统的设计，是基于系统中段塞流的存在和严重性的。对于在管道中以时间为函数等的段塞体积、液体和气体速率的参数估计，在针对段塞流的设备设计中要重视。这些参数需要在稳定运行和一系列瞬时变化的情况下计算求得,例如:翻滚速度、清管、关机和启动、速率变化等。

瞬时模型是计算瞬时段塞流特性的最好方法。某些瞬时模拟包括分离器和控制系统,将之作为其运行的一部分。通常情况下,对于气液冷凝管道的段塞捕集设备的尺寸由清管条件来确定。对于输油系统,由于存在流体动力段塞或者地域性段塞,段塞捕集器的尺寸通常由最大的段塞长度决定。

15.6.11 段塞捕集器尺寸

段塞捕集器应该使波动的尺寸可以被下游处理设备解决。在上部设备的动力模型可用之前,可接受的波动水平未知,设计者通常不得不做出针对段塞量的假设,例如设计千分之一段塞。

冷凝气增加量由倾斜处、开始处和清洗时预测的出口处液流速率决定。所需的段塞捕集器尺寸由液体处理速率、清洗频率和斜率决定。为了获得最优的段塞捕集器尺寸、清洗频率、液体处理速率以及可接受的斜率,需要反复尝试。在优化中,模拟的结果应该由作为代表斜率和清洗频率的流体处理函数的波动体积来展现。黑油系统的分离器体积由分离器确定而不是段塞处理容积来确定,因此,分离器处理段塞的能力应该基于段塞模拟的结果。

15.7 段塞捕集器设计

15.7.1 简介

一个段塞捕集器就是一系列工序设备(典型的就是一个压力容器或者一系列管道),相对于其他设备,它常常布置在生产线或管道的出口处。如图 15 - 14 所示,它常常直接布置在一级生产分离器的上游。在某些情况下,一级分离器会起到段塞捕集的作用,如图 15 - 15 所示。段塞捕集器在气液多相生产系统中和气体冷凝系统中多有使用,来减缓在段塞流形态下的区域、管道运行和清管所造成的段塞的影响。段塞捕集器在例如精制油和采出水的单相流中通常不需布置,因为在单相流中不会出现段塞流。然而,如果需要进行清管的,就要评估是否需要安装捕集器。

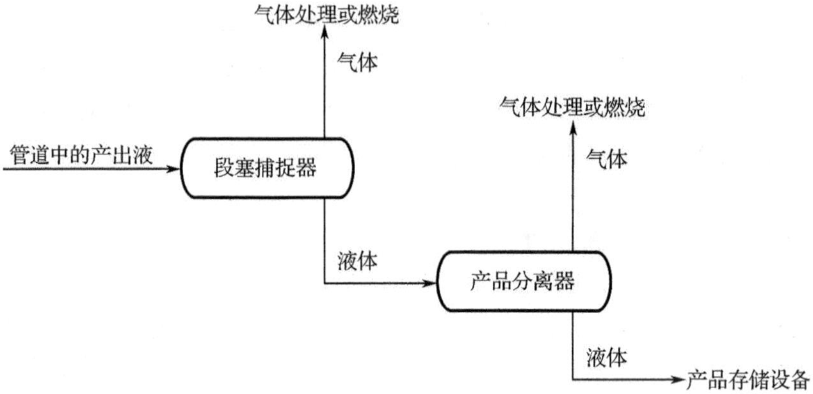

图 15－14　捕集器和生产分离器的位置

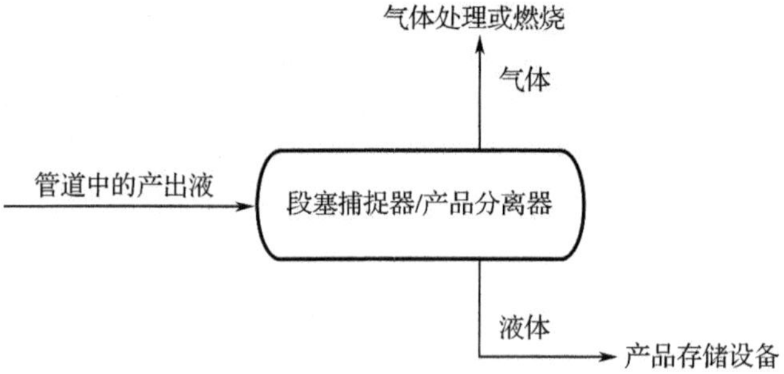

图 15－15　在流程图中结合捕集器和生产分离器

15.7.2　段塞捕集器的设计流程

段塞捕集器的设计目的是根据合适的条件来选择合适的捕集器尺寸。该过程包含如下几步。

(1)确定捕集器功能；

(2)确定捕集器位置；

(3)初选捕集器外形轮廓；

(4)编辑统计数据；

(5)确定设计标准；

(6)计算捕集器尺寸和维度;

(7)可行性检验,如有需要应重复进行。

15.7.3 捕集器功能

捕集器的功能可概括为以下几个内容,一个捕集器可以有一个或多个功能,每个功能具体如下所示。

(1)工艺稳定

工艺稳定是段塞捕集器的重要目的。在一个典型的稳态操作中,生产线上的多相流以常温、常压、恒定速率和稳定流速进入生产设备。在生产设备中,通常采用诸如压力控制阀和等级控制阀的工艺控制设备来保持一个稳定的工作条件。在非稳定条件下,例如启动、关闭、中断、清管或者在正常操作中发生段塞时,仅仅依靠工艺控制设备可能不足以弥补流动速率、容器液体等级、流体速率和段塞引起的系统压力的变化。

为了将机械损害最小化以及为剩余生产设备提供一个稳定的气液供应,以尽量减少工序和运行波动,段塞捕集器应提供足够的空间来阻止流速波动的影响。

(2)相分离

段塞捕集器的第二个主要功能,就是为了减少气流中的液体和液体中的气体而提供一种分离多相流的方法。当在生产分离器的上流安装一个段塞捕集器时,如图15-14所示,该捕集器主要用来保持工艺稳定。液/气分离也会发生,但分离器的效率通常不足以满足油、气产品的分离规格。气流在精炼和压缩之前需要进行额外处理,来去除其中所含的水分,而液体则需要额外的处理来实现油、气、水分离和原油稳定。

当不提供分离捕集器时,生产分离器可设计用来保持工艺稳定和有效气、液分离,如图15-15所示。生产分离器通常不是用来实现油、气、水分离的,但是它有段塞捕集器的功能,这是因为由于段塞而引起的等级波动使得控制油、水界面变得十分困难。

(3)存储

由清管造成的段塞往往会比区域引起的段塞或者在运行段塞流区域时引起的段塞更加剧烈,特别是对那些管线或者管道比较长的气体冷凝系统。在这些情形下,冷凝操作与控制系统不会设计成可以快速处理那些由清管导致的大的段塞模式。故段塞捕集器就成为了一个存储冷凝气的容器,直到它被计量送入工序中或者运输到其他地方。

15.8 压力波动

15.8.1 压力波动的原理

像水锤现象一样,设计单相流管道时需要着重考虑的是压力波动。通常,管道系统中的波动是油泵或阀门突然地关闭和开启所导致的。当流体的动能转化为压能时,产生压力波。压力波的传播速度由流体和管道的特点决定。通常波速范围是从丙烷或丁烷管道中的1 100 ft/s到原油管道中的 3 300 ft/s 到厚壁钢管导管中的 4 200 ft/s。

波动过程中的管道系统的总瞬态压力可由下列等式大致估计:

$$v_s = \sqrt{\frac{144Kg/\rho}{1 + [KdC + Et]}} \tag{15-27}$$

式中 v_s——流体声速,压力波的传播速度,ft/s;

K——流体体积模数,20 psi;

g——重力加速度,32.2 ft/s^2;

ρ——流体密度,lbf/ft^3;

d——管道内径,in;

E——管道材料弹性模量,psi;

t——管壁厚度,in;

C——管道稳定度,轴向约束为 0.91,无约束为 0.95。

压力波流向上游,并在下游反映出来,在管壁来回振动直到能量被管壁摩擦所消耗。波动幅度和压力波大小 P_{surge} 是速度的改变量和波动坡度的函数,并且需花费同样的时间来产生反向波动。

$$P_{surge} = \rho v_s \Delta v/(144g) \quad \text{for} \quad T < 2L/v_s \tag{15-28}$$

式中 Δv——流速总改变量,ft/s;

$2L/v_s$——传播时间,s;

T——阀门关闭时间,s。

这只是对关闭标准规定的有限时间内,波动压力大小的粗略估计。对波动压力和系统中关键点的位置的精确分析,可以通过使用软件进行数值模拟来获得(例如管道模拟程序)。由于摩擦力使得波动衰减,管道内任意一点的波动压力大小比最初的波动要小。不过,当流速很大及阻塞很彻底,或者管道突然分支时,波动能产生很大的压力以致爆管。基于 ASME 准则,由于波动和其他与正常运行的条件差异而产生的压力大小,不应该超过管道和设备中任意一点的内部设计压力的 10% 。

15.8.2 压力波动分析

在工程的前期设计和计划中应该考虑波动分析,这种分析将有助于设计的整体性和经济性。波动的分析可以使得油泵/压缩机、驱动器、控制阀、传感器和管道作为一个整体运行,以符合适当的控制系统原理。当需要修理破裂的管道系统以及确认源头问题时,就必须进行波动压力分析。

所有为高流速设计的长管道系统,都应该检查波动压力是否超过管道系统或零件的最大允许波动压力。长管道系统应该可以在临界时期内经历流速的巨大变化,在这种定义下,长管道系统可能有 1 500 ft 长。

稳态的设计不能恰当地反映波动现象中运行过程。在北海正常运行为 25 ~ 50 lb/in 的油轮装载系统中的装载软管工程中,油轮式电动阀门发生故障,在装载时关闭。在 225 lb/in 压力下装油,软管破裂。波动压力模拟结果表明瞬态动力压力超过 550 lb/in。使用速动安全阀门、贮水池等可以缓和严重的波动问题,但这些设备只是昂贵的单一功能设备。

15.9 线路尺寸计算

15.9.1 水力计算

管道尺寸计算中,从油井、管道、立管到地面设备都应该进行水力计算。计算中的控制因素有流体(油、气或浓缩流体)、管道尺寸、流型以及应用范围。不同于单相管,多相管的尺寸受到产出速度、腐蚀、段塞和加速度的影响。为了提高系统的运行范围,在尺寸确定中也应该考虑人工提升。

设计条件:

(1)已知允许流速和压力差决定固定长度的管道尺寸的大小。

(2)已知流速和长度决定了压力差和管道尺寸的大小。

通常情况下,任一个上述条件都要求反复尝试,这种方法是基于假设的并满足状态条件的管道尺寸。有些设计问题可能会要求确定给定线路尺寸和长度的最大流速,但这和以上条件相反。

在前期工程设计中,给定的线路尺寸在整个过程中的传输能力由从储油层到地面设备的稳态模拟来决定。应该检查诸如 GOR、含水量、黏度和分离器压力的变化值。

管道线路尺寸确立的技术指标在下一章中确定,然而工程设计中,人们几乎没有意识到尺寸的经济优化。像某一工艺设备的未来许用流速、实际压降这样的未知因素可以在优化的预期设计中取得均衡。管道尺寸的确定经常要在两个因素中折中。对于给定的流体流速,管道的成本随直径增加而增加,但压力损失会减少,这会使潜在的抽取和压缩成本减少。在下游流体中,材料成本和抽取成本之间通常有一个经济的平衡。管道的最优尺寸由最小的运行成本决定,或者利用全部的压降或增大最大允许流速来确定。

15.9.2 线路尺寸确定准则

管道的线路尺寸由以下技术指标确定。

(1)允许的压降;

(2)最大速度(允许的侵蚀速度)及最小速度;

(3)系统传输能力;

(4)适当的段塞考虑。

选择最优化线路尺寸的其他参考指标如下。

(1)标准尺寸和习惯尺寸:一般来说,标准管道要便宜一些,并且更容易使用。对于同种尺寸的长管道和复合管来说,习惯尺寸较为经济。

(2)安装的难易度:尤其是在深水中,大尺寸线路的技术安装的难度会约束尺寸的最大化。

(3)未来产量:需要考虑利用这些线路的未来产量。

(4)管道和立管的数量:如果构造和流动保障限制每个支管中生产线的数量不超过两个,就应该寻找包括海底测量过程等的另一种选择。

(5)低温约束:海底设备,包括采油树、跨接管、出油管等都有一个最低温度标准。针对低温环境中 Joule-Thompson 降温系统来说,操作原理和可能的冶炼部位要进行调整。

(6)高温约束:柔性管道存在着基于构造、含水量、水分组合及水的 pH 值的最高温度的约束。对柔性管道系统,流速可能需要限制,并需要更小的管道。

(7)粗糙度:柔性管道比钢管更粗糙,因此在相同最大流速情况下要求更大的直径。为使柔性管道平滑,需要在内表面涂料。

15.9.3 最大运行流速

由于零件腐蚀,流体流速通常受到限制。腐蚀通常在多相流的管道中发生,这是因为受到高流速液体的连续性冲击影响。这种腐蚀总是发生在流向改变的地方,例如拐弯处、T 型管、多支管、阀门、立管等。腐蚀速度定义为将会导致管道表面的腐蚀产物、腐蚀抑制剂和其他保护性物质的移动的液体流速。

管道流速受到以下因素约束。

(1)单相流中的流速在 0.9 ~4.5 m/s(3 ~15 ft/s)范围内波动;

(2)油/气两相流不超过以下 API RP 14E 所推荐等式定义的腐蚀速度:

$$v_{max} = C/\rho_m^{0.5} \tag{15-29}$$

式中 v_{max}——允许的混合流的最大腐蚀流速,m/s(ft/s);

ρ_m——油气混合流的密度,kg/m^3;

C——经验系数,由表 15 -9 确定。

混合流密度 ρ_m 定义为

$$\rho_m = C_L \rho_L + (1 - C_L)\rho_g \tag{15-30}$$

式中 ρ_L——流体密度;

ρ_g——气体密度;

C_L——流体体积分式,$C_L = Q_L/(Q_L + Q_g)$。

表 15 -9 等式中经验系数

服役类型	运行频率	
	连续的	间歇
无砂两相流	100	125
如果允许,两相流中的最小流速应该比 3 m/s 大,以减少段塞的发生		

假设腐蚀速率为一年 10 mL,当油/气混合流中出现砂时,Salama 和 Venkatesh 建议最大的允许流速用下式表示:

$$v_M = \frac{4d}{\sqrt{W_s}} \tag{15-31}$$

式中　v_M——最大允许流速,ft/s;

d——管道内径,in;

W_s——砂的生产速度(bbl/month)

柔性管道的腐蚀范围和最大流速应该由制造厂规定。API 的腐蚀速度范围非常保守,这种范围的执行因操作员的不同而不同。

15.9.4　最小运行速率

以下因素都对最小流速有影响。

(1)段塞:严重的段塞使得流速急剧减小。需要施加最小的允许流速约束,以控制多相流段塞来确保系统的安全生产和运输。

(2)液体处理:在冷凝气系统中,倾斜上升的速度往往受到液体处理设备和最大线路尺寸的约束。

(3)压降:对于黏性油类,需要在可接受的黏度下以最小流速来保持液体温度。小于最小流速时,生产将会自动停止。

(4)液压荷载:最小流速要求能承受液压荷载,防止油井和立管满载和关闭。最小稳态速率由连续的低流速瞬态模拟确定,系统的最小速率也是 GLR 的函数。

(5)砂垫层:要求最小流速能避免出现砂垫层。

15.9.5　油井建模

在 FEED 分析中,生产系统应该从储油层开始时,以流入性能关系为模型。OLGA2000 可以用来评估包括油井、管线和立管的整个系统的液压稳定性,这些立管通过人工提升以获得运行要求和提升函数的最小稳态速率。

在水下管道系统的液压和热量分析中,源头的压力和温度通常用作入口的压力和温度。井口的压力和温度是存储压力、温度、产量指数和生产率的函数,这可以从井眼中的稳态和瞬态的液压和热量分析中获得。使用商业软件 PIPESIM 或 OLGA2000 可以模拟液压和热量分析模型。

井筒的液压和热量分析过程模拟的目的如下:

(1)稳态的井头压力和温度来分析出油管液压和确定热量;

(2)确定最小生产率以防止井筒中水合物的形成;

(3)确定最小生产率以防止井筒中蜡状积淀物的形成,井筒温度要求比稳态流条件下的临界积淀温度要高；

(4)在瞬态井眼分析中确定冷却时间和加热时间以防止井筒中水合物的形成。

瞬态分析确定了在开始和关闭过程中如何控制水合物，使用真空绝缘管(VIT)是一种方法，它可以使得井筒位于水化区以外。通常在 2 个小时或以内，使用 3 000 ~ 4 000 个真空绝缘管可以使井筒加热到水化温度以上。这种加热速率足以确保井筒中几乎没有水合物的存在，这样可以在加热时清除在安全阀门下表面上的甲醇。相反，要在油嘴上方注入甲醇以防止加热过程中形成水合物阻塞油嘴。使用真空绝缘管的一个缺点就是它比裸露的管道冷却得更快，因为绝缘体阻止了管道从在生产过程中加热的土壤中获得热量。由于这种快速冷却，如果在加速过程中生产突然停止，则有必要用甲醇快速处理钻井孔。为了获得更高的存储温度，井筒中可不用真空绝缘管，这样稳态生产过程中断时，井眼筒的冷却速度会非常低。

15.9.6 气举

人工提升可以用来提高生产速率或减少管道尺寸。管道尺寸的确定应考虑气举的影响。

对于使用气举的系统来说，模型应该从储油层延伸到除产生液体外还包含气举气体的地面设备。气举气体的成分是由顶部设备处理得到的，但应该满足露点控制的要求。优先的地点(孔底、出油管入口或立管基座)是由效应和成本确定的。

严重段塞边界的气举效应可以用 OLGA2000 来模拟立管底部所要求的情形。这种模拟可以把没有严重段塞的最小流速作为气举速率和含水量的函数。当气举注入点没有包括阻塞油嘴的约束或阀门时，OLGA2000 瞬态模拟可以以气举线中的瞬态流速为模型，将气举线作为确定流速和压力额最大偏差并维持系统稳定的单独分支。整个油田采油寿命内的最大生产率可确立为气举速率的函数。在前期工程设计的目标中，应该考虑气举速率和压力要求，并包括气举系统的测量和控制手段。

参考文献

[1] API. API RP 14E Recommended Practice for Design and Installation of Offshore Production Platform Piping Systems[S]. Washington, DC, USA: American Petroleum Institute, 1991.

[2] Ansari A M, Sylvester N D, Sarica C, et al. A comprehensive mechanistic model for upward

two – phase flow in wellbores[J]. Old Production & Facilities,1994,9(2):143 – 151.

[3] Aziz K,Govier G,Govier G. Pressure drop in wells producing oil and gas[J]. Journal of Canadian Petroleum Technology,1972,11(3).

[4] Baker A,Nielson K,Gabb A. Pressure Loss,Liquid – Holdup Calculations Developed[J]. Oil Gas J.;(United States),1988,86(11).

[5] Beggs D H,Brill J P. A Study of Two – Phase Flow in Inclined Pipes[J]. Journal of Petroleum Technology,1973,25(5):607 – 617.

[6] Bendiksen K H,Maines D,Moe R,et al. The Dynamic Two – Fluid Model OLGA: Theory and Application[J]. SPE REPRINT SERIES,2004(1):52 – 61.

[7] Brill J. Multiphase flow in wells[J]. Journal of Petroleum Technology,1987,39(1):15 – 21.

[8] Crane Valves. Flow of Fluids Through Valves,Fittings,and Pipe[M]. Crane Valves,1988.

[9] Association A G,Institute A P. Gas – Liquid Flow in Pipelines[M]. American Gas Association,American Petroleum Institute,1969.

[10] Duns H,Ros N C J. Vertical Flow of Gas and Liquid Mixtures in Wells[C]// 6th World Petroleum Congress,Frankfurt am Main,Germany,World Petroleum Congress,1963.

[11] Fayed S F,Otten L. Comparing Measured with Calculated Multi – phase Flow Pressure Drop [J]. OGJ,1983(August):36.

[12] Flanigan O. Effect of Uphill Flow on Pressure Drop in Design of Two – Phase Gathering Systems[J]. Oil and Gas Journal,1958(March).

[13] Gregory G A. Erosional Velocity Limitations for Oil and Gas Wells: Technical Note No. 5 [Z]. Calgary,Canada: Neotechnology Consultants Ltd. ,1991.

[14] Gregory G A. Viscosity of Heavy Oil/Condensate Blends: Technical Note No. 6[Z]. Calgary,Canada: Neotechnology Consultants Ltd. ,1985.

[15] Gregory G A. Pipeline Calculations for Foaming Crude Oils and Crude Oil – Water Emulsions: Technical Note No. 11 [Z]. Calgary, Canada: Neotechnology Consultants Ltd. ,1990.

[16] Hagedorn A, Brown K. Experimental Study of Pressure Gradients Occurring during Continuous Two – Phase Flow in Small – Diameter Vertical Conduits [J]. Journal of Petroleum Technology,1965,17(4):475 – 484.

[17] Larock B E,Jeppson R W,Watters G Z. Hydraulics of pipeline systems[M]. CRC,2000.

[18] Storvick T S,Sandler S I. Phase Equilibria and Fluid Properties in the Chemical Industry [J]. ACS Symposium Series,1977,60(1977).

[19] Mohinder L N,Nayar P E. Piping handbook[M]. New York,USA: McGraw – Hill,1992.

[20] Moody L F. Friction factors for pipe flow[J]. Trans. Asme,1944,66(8):671 – 684.

[21] Mukherjee H,Brill J. Liquid Holdup Correlations for Inclined Two – Phase Flow[J]. Journal of Petroleum Technology,1983,35(5):1003 – 1008.

[22] Oliemana R V A. Two – Phase Flow in Gas – Transmission Pipeline[C]// Petroleum

Division ASME Meeting, Mexico City, USA, ASME, 1976.

[23] ORKISZEWSKI J. Predicting Two – Phase Pressure Drops in Vertical Pipes[J]. Journal of Petroleum Technology, 1967, 19(6): 829 – 838.

[24] Pedersen K S, Fredenslund A, Thomassen P, et al. Properties of oils and natural gases[M]. Gulf Pub. Co., Book Division, 1989.

[25] Ding – Yu P, Donald B R. A New Two – constant Equation of State[C]// Heat Transfer 1970, Paris – Versailles, France, Industrial and Engineering Chemistry Research Fundamentals, 1970.

[26] Bruce E P, John M P, John P O C. The Properties of Gases and Liquids[M]. 5th ed. USA: McGRAW – HILL, 2001.

[27] Salama M M, Venkatesh E S. Evaluation of API RP 14E Erosional Velocity Limitations for Offshore Gas Wells[C]// OTC 83, Houston, USA, Offshore Technology Conference, 1983.

[28] Kokal S L. Petroleum Engineering Handbook [M]. USA: Society of Petroleum Engineers, 2006.

[29] Soave G. Equilibrium Constants from a Modified Redilich – Kwong Equation of State[J]. Chemical Engineering Science, 1972, 27(6): 1197 – 1203.

[30] Yehuda Taitel D B A E. Modeling Flow Pattern Transitions for Steady Upward Gas – Liquid Flow in Vertical Tubes[J]. Aiche Journal, 1980, 26(3): 345 – 354.

[31] Whitson C H, Brulé M R. Phase Behavior[M]. Richardson, USA: Henry L. Doherty Memorial Fund of AIME, Society of Petroleum Engineers, 2000.

[32] Woelflin W. The Viscosity of Crude Oil Emulsions[C]// Drilling and Production Practice, USA, American Petroleum Institute, 1942.

[33] J X J, Shoham O, Brill J P. A Comprehensive Mechanistic Model for Two – Phase Flow in Pipelines[C]// SPE90, USA, Society of Petroleum Engineers, 1990.

第16章
热传导和隔热

16.1 绪　　论

水下生产系统的热力学性能受到管道中流体的水力学性能的控制;反过来,水下生产系统的热力学性能也通过温度对诸如气油比、密度、黏度等流体性质的改变间接地影响水力设计。热设计是管道设计中最重要的部分之一,用以预计沿管道方向的温度分布。用于管道分析的信息常包括膨胀分析、隆起和侧向屈曲、腐蚀预防、水合物预测和蜡沉积分析。在大多数情况下,固体成分(水合物、蜡、沥青和水垢)决定着热和水力设计的要求。为了让液体保持在防止水合物和蜡在管道中沉积的最低温度,可能会在管道外壁添加隔热层。

热设计包括稳态和瞬态热传导分析。在稳态过程中,由于热量通过管壁向周围传递,液体沿着管道流动温度会不断降低。整个管道系统中的温度曲线(temperature profile)应高于正常操作过程中避免生成水合物和蜡所需的温度,这是由稳态流动和热传导计算所决定的。在运行过程中,如果稳态条件由于关闭或重启系统而中断,系统的瞬态热传导分析要确保流体温度在规定时间内处于在凝点范围之外。为了确保隔热涂料的性能在所有运行情况下都能满足要求,必须同时进行稳态分析和瞬态分析。

管道的热管理措施可以分为被动控制和主动加热。被动控制包括通过外部隔热层给管道隔热、套管以及将管道捆绑后埋入地下;主动加热包括电加热和热流体加热。

此外,如果产液中含有气体,那么由于 Joule-Thompson(JT)效应,液体的温度会有所降低。JT 效应主要是压头变化所导致的,它主要出现在管线立管中,可能会导致管道温度降到环境温度以下。JT 效应所导致的冷却不能通过外包隔热层来解决,因此,将不明确讨论 JT 效应的影响,它的影响将会隐含在一些数值结果中。

本章意在讨论管道系统的热力学性能(thermal behavior)和热管理,它包括:

(1)热传导基础;

(2)总的传热系数计算;

(3)热设计的稳态分析;

(4)热设计的瞬态热传导分析;

(5)隔热或加热管理。

16.2 热传导基础

如图 16-1 所示为自然界中存在的三种热传导模式;传导、对流和辐射。热量通过这三种方式中的一种或三种传热模式的任意组合来传递。当静态介质中出现温度梯度时,无论是气体、液体还是固体,热传导将会在这种介质中进行;如果一个表面和流体之间存在温差,热对流将会在流体和表面之间进行;一切有温度的固体都会以电磁波的形式向外发散能量,这个过程称为辐射。尽管这三种传热方式在所有水下系统都会出现,但对于典型的管道,通过辐射方式所传导的热量相对于另外两种传热方式所传导的热量而言微不足道,这是因为系统温度通常都低于 200 ℃。因此,本章仅讨论传导和对流两种传热方式。

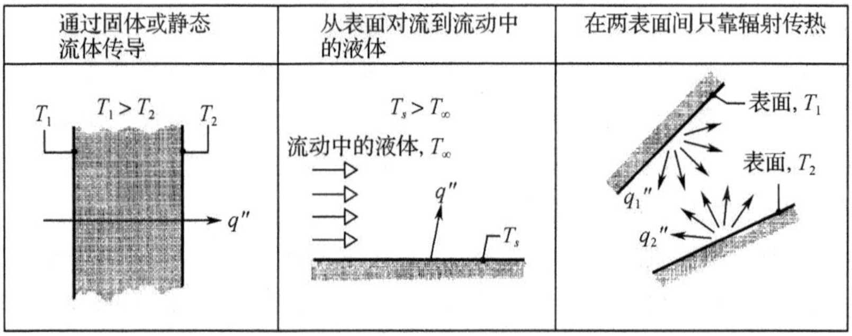

图 16-1 传导、对流和辐射

16.2.1 热传导

在一个温度分布为 $T(x)$ 的一维平面中，热传导可通过傅里叶方程来量化表示

$$q'' = -\kappa \cdot \frac{dT(x)}{dx} \tag{16-1}$$

式中 q''——热通量，BTU/(hr · ft²)或 W/m²，表示 x 方向上单位面积的传热率；

κ——材料的热导率，BTU/(ft · hr · ℉)或 W/(m · K)；

$dT(x)/dx$——x 方向上的温度梯度，℉/ft 或℃/m。

当材料的热导率沿管壁厚度保持不变时，温度分布是线性的，并且热通量可按以下公式计算

$$q'' = -\kappa \cdot \frac{T_2 - T_1}{x_2 - x_1} \tag{16-2}$$

一旦温度分布已知，介质中任一点的热通量都可以通过傅里叶方程计算得到。将能量平衡应用到三维差分控制量和温度边界条件中，温度分布可通过以下热扩散方程得到

$$\frac{\partial}{\partial x}\left(\kappa\frac{\partial T}{\partial x}\right) + \frac{\partial}{\partial y}\left(\kappa\frac{\partial T}{\partial y}\right) + \frac{\partial}{\partial z}\left(\kappa\frac{\partial T}{\partial z}\right) + \dot{q} = \rho c_p \frac{\partial T}{\partial t} \tag{16-3}$$

式中 $\dot{q}$——单位体积介质的产热速率，BTU/(hr · ft³)或 W/m³；

ρ——介质的密度，lb/ft³ 或 kg/m³；

c_p——比热容，BTU/(lb · ℉)或 kJ/(kg · K)；

x,y,z——坐标，ft 或 m；

t——时间，s。

在柱坐标下，热扩散方程可改写为

$$\frac{1}{r}\frac{\partial}{\partial r}\left(\kappa r\frac{\partial T}{\partial r}\right) + \frac{1}{r^2}\frac{\partial}{\partial \phi}\left(\kappa\frac{\partial T}{\partial \phi}\right) + \frac{\partial}{\partial r}\left(\kappa\frac{\partial T}{\partial z}\right) + \dot{q} = \rho c_p \frac{\partial T}{\partial t} \tag{16-4}$$

式中 r,z——柱坐标的半径和轴向；

ϕ——半径方向的角度。

在大多数管道系统的热分析里，沿轴向和周向的传热可能会被忽略，因此无热源的瞬态热传导将会出现在柱坐标的径向方向，上述方程式可以简化为

$$\frac{1}{r}\frac{\partial}{\partial r}\left(\kappa r\frac{\partial T}{\partial r}\right) = \rho c_p \frac{\partial T}{\partial t} \tag{16-5}$$

温度变化率($\partial T/\partial t$)不仅取决于物质的热导率 κ，还取决于介质的密度 ρ 和

比热容 c_p，这个等式有数值解。对于稳态传热，方程的右边等于零；单位长度管的总热流量可用下式计算：

$$q_r = -2\pi\kappa \frac{T_2 - T_1}{\ln(r_2/r_1)} \tag{16-6}$$

式中 r_1, r_2——柱体的内外半径，ft 或 m；

T_1, T_2——r_1, r_2 所对应点的温度，℉或℃；

q_r——单位长度柱体的热流量，BTU/(hr·ft)或 W/m。

16.2.2 对流

水下管道的内外表面都与液体接触，当管道表面和液体之间有温差时，对流传热将会发生。对流系数在流体研究领域也被称为膜传热系数(film heat transfer coefficients)，这是因为对流出现在流体和管道表面相邻的膜层上。

(1)内部对流

内部热对流出现在内部流体和管道内表面之间；它取决于流体的性质、流速和管径。对于管线的内部对流，Dittus 和 Boelter(1930)提出了针对单相流体湍流的无量纲相关公式

$$Nu_i = 0.025\,5 \cdot Re_i^{0.8} \cdot Pr_i^n \tag{16-7}$$

式中 Nu_i——努塞尔特数(Nusselt number)，$Nu_i = \dfrac{h_i D_i}{\kappa_f}$；

Re_i——雷诺数，$Re_i = \dfrac{D_i V_f \rho_f}{\mu_f}$；

Pr_i——普朗特数，$Pr_i = \dfrac{C_{pf}\mu_f}{\kappa_f}$；

n——流体加热时取 0.4，流体冷却时取 0.3；

h_i——内部对流系数，BTU/(ft^2·hr·℉)或 W/(m^2·K)；

D_i——管道内径，ft 或 m；

κ_f——流体的热导率，BTU/(ft·hr·℉)或 W/(m·K)；

V_f——流速，ft/s 或 m/s；

ρ_f——流体密度，lb/ft^3 或 kg/m^3；

μ_f——流体黏度，lb/(ft·s)或 Pa·s；

C_{pf}——流体比热容，BTU/(lb·℉)或 J/(kg·K)。

所有流体特性都是假定流体在平均温度下得到的。针对雷诺数超过10 000、普朗特数在 0.7~160 之间、管长超过 10D 的流体，这个关系式给出了满意结果。

如果是层流($Re<2\ 100$),h_i 可以用 Hausen 公式(1943)计算如下

$$Nu_i = 3.66 + \frac{0.066\ 8\left(\frac{D_i}{L_0}\right)Re_iPr_i}{1+0.4\left[\left(\frac{D_i}{L_0}\right)Re_iPr_i\right]^{2/3}} \tag{16-8}$$

式中 L_0——从管道入口到计算点的距离。

在大多数管道工程中,$D_i/L_0\approx 0$,因此公式(16-8)变为

$$Nu_i = 3.66 \tag{16-9}$$

在过渡区($2\ 100<Re_i<10^4$),由于流体性质的不稳定,热传导性能是不确定的,尤其是管道系统中的多相流。Gnielinski 提出的关系式可以用于计算这个区域的 h_i:

$$Nu_i = \frac{(f/8)(Re_i-1\ 000)Pr_i}{1+12.7(f/8)^{1/2}(Pr_i^{2/3}-1)} = h_iD_i/\kappa_f \tag{16-10}$$

其中,参数 f 可从第 15 章中讨论的 Moody 图中获得,对于光滑管道

$$f = [0.79\ln(Re_i)-1.64]^{-2} \tag{16-11}$$

这个关系式适用于 $0.5<Pr_i<2\ 000$ 和 $3\ 000<Re_i<5\times10^6$ 的情况。

如表 16-1 所示为湍流内部对流系数的典型范围。对大多数多相流管道,从表格中选取内部对流系数的近似值一般是适宜的。

表 16-1 湍流内部对流的典型系数

流体	内部对流系数	
	BTU/(ft² · hr · ℉)	W/(m² · K)
水	300 ~ 2 000	1 700 ~ 11 350
气体	3 ~ 50	17 ~ 285
油	10 ~ 120	55 ~ 680

表 16-2 至 16-5 显示多种典型的油和气体的热导率和比热容。如果不知道这些参数值,在大多数情况可以查用表中数据,表中数据是足够精确的。

表 16-2 原油/液态烃的典型导热系数

温度	0 ℉(-18 ℃)		200 ℉(93 ℃)	
API 重力	BTU/(ft·hr·℉)	W/(m·K)	BTU/(ft·hr·℉)	W/(m·K)
10	0.068	0.118	0.064	0.111
20	0.074	0.128	0.069	0.119
30	0.078	0.135	0.074	0.128
40	0.083	0.144	0.078	0.135
50	0.088	0.152	0.083	0.144
60	0.093	0.161	0.088	0.152
80	0.103	0.178	0.097	0.168
100	0.111	0.192	0.105	0.182

表 16-3 烃类气体的典型导热系数

温度	50 ℉(10 ℃)		100 ℉(38 ℃)		200 ℉(93 ℃)	
气体重力	BTU/(ft·hr·℉)	W/(m·K)	BTU/(ft·hr·℉)	W/(m·K)	BTU/(ft·hr·℉)	W/(m·K)
0.7	0.016	0.028	0.018	0.031	0.023	0.039
0.8	0.014	0.024	0.016	0.028	0.021	0.036
0.9	0.013	0.022	0.015	0.026	0.019	0.033
1.0	0.012	0.021	0.014	0.024	0.018	0.031
1.2	0.011	0.019	0.013	0.022	0.017	0.029

表 16-4 液态烃的典型比热容

温度	0 ℉(-18 ℃)		100 ℉(38 ℃)		200 ℉(93 ℃)	
API 重力	BTU/(lb·℉)	kJ/(kg·K)	BTU/(lb·℉)	kJ/(kg·K)	BTU/(lb·℉)	kJ/(kg·K)
10	0.320	1.340	0.355	1.486	0.400	1.675
30	0.325	1.361	0.365	1.528	0.415	1.738
50	0.330	1.382	0.370	1.549	0.420	1.758
70	0.335	1.403	0.375	1.570	0.430	1.800

表 16－5 烃类气体的典型比热容

温度	0 ℉(－18 ℃)		100 ℉(38 ℃)		200 ℉(93 ℃)	
气体重力	BTU/(lb・℉)	kJ/(kg・K)	BTU/(lb・℉)	kJ/(kg・K)	BTU/(lb・℉)	kJ/(kg・K)
0.7	0.47	1.97	0.51	2.14	0.55	2.30
0.8	0.44	1.84	0.48	2.01	0.53	2.22
0.9	0.41	1.72	0.46	1.93	0.51	2.14
1.0	0.39	1.63	0.44	1.84	0.48	2.01

(2)外部对流

Hilpert 提出的外部平均对流相关系数被广泛地应用于工业中

$$Nu_0 = CRe_0^m Pr_0^{1/3} \tag{16-12}$$

式中 Nu_0——努塞尔特系数，$Nu_0 = \dfrac{h_0 D_0}{k_0}$；

Re_0——雷诺数，$Re_0 = \dfrac{D_0 V_0 \rho_0}{\mu_0}$；

Pr_0——普朗特数，$Pr_0 = \dfrac{C_{p,0}\mu_0}{k_0}$；

h_0——外部对流系数，BTU/(ft^2・hr・℉)或 W/(m^2・K)；

D_0——管道外径，ft 或 m；

κ_0——周围液体的热导率，BTU/(ft・hr・℉)或 W/(m・K)；

v_0——周围液体的速度，ft/s 或 m/s；

ρ_0——周围液体的密度，lb/ft^3 或 kg/m^3；

μ_0——周围液体的黏性，lb/(ft・s)或 Pa・s；

$C_{p,0}$——周围液体的比热容，BTU/(lb・℉)或 J/(kg・K)；

C,m——常数，根据 Re 的数值范围确定，在表 16－6 中列出。

表 16－6 相关常数

Re_0	C	m
4×10^{-1} ~ 4×10^{0}	0.989	0.330
4×10^{0} ~ 4×10^{1}	0.911	0.385
4×10^{1} ~ 4×10^{3}	0.683	0.466

表 16-6(续)

Re_0	C	m
$4\times10^3\sim4\times10^4$	0.193	0.618
$4\times10^4\sim4\times10^5$	0.027	0.805

上述关系式中的所有系数都是基于外表面和周边液体间的油膜温度来进行评估的。

在水中,当水的流速低于0.05 m/s时;在空气中,当空气的流速低于0.5 m/s时;自然对流将起主导影响,可使用以下数值:

$$h_0=\begin{cases}4\ \mathrm{W/(m^2K)},\text{在空气中的自然对流}\\200\ \mathrm{W/(m^2K)},\text{在水中的自然对流}\end{cases}\tag{16-13}$$

注:很多关系式中的参数都依赖于温度。因为沿着管道方向温度的下降相对较小,所以可以采用物理性质的平均值。

管壁与周围液体之间的热传递没有考虑由气体Joule-Thompson膨胀引起的冷却效应。对于很长的气体管道或有二相流的管道,应该考虑冷却效应的影响。

16.2.3 埋地管道的热传导

在水下工程中,以下情况管道可被视为埋地管道:

(1)基于稳定性和保护的要求,在管道上堆积岩石、砂砾或海床材料;

(2)槽式管道上部沉淀导致的逐步淤积;

(3)由于海床的流动性或管道的移动,通常将管道埋入地下。

尽管水下土壤是一个很好的隔热层,但如岩石堆之类的多孔介质只能起到很小的隔热效果。这是因为水在岩石间隙间流动,通过对流方式带走管道周围的热量。

(1)完全埋地管道

对于埋地管道来说,其各接触面的热传递是不对称的。在热传递模拟软件如OLGA和PIPESIM中模拟一根埋地管道,用土壤的伪厚度来表现管道系统的不对称性。

如图16-2所示,一个埋在半无限介质中的水平圆柱体通过传导形状因子,其传热系数可以表示为

$$h_{soil}=\frac{\kappa_{soil}}{\left(\frac{D}{2}\right)\cosh^{-1}\left(\frac{2Z}{D}\right)}\tag{16-14}$$

式中　h_{soil}——土的传热系数，BTU/(ft²·hr·℉)或 W/(m²·K)；

κ_{soil}——土的热导率，BTU/(ft·hr·℉)或 W/(m·K)；

D——埋地管道的外径，ft 或 m；

Z——土的上表面至管道中心的距离，ft 或 m。

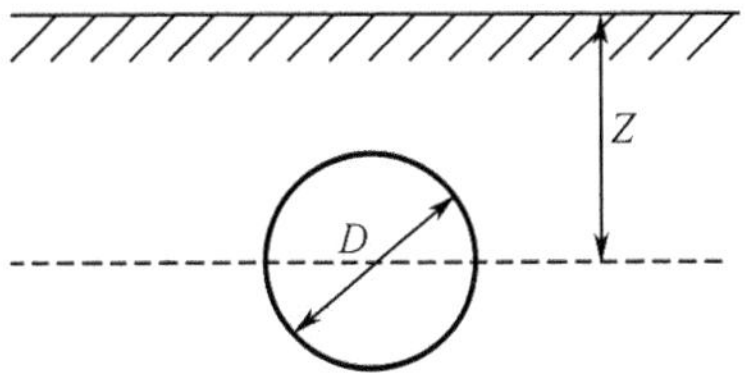

图 16－2　埋地管道的截面

如果 $Z > D/2$，$\cosh(2Z/D)$可以简化为 $\ln[(2Z/D) + ((2Z/D)^2 - 1)^{0.5}]$，因此

$$h_{soil} = \frac{2\kappa_{soil}}{D\ln\left(\frac{2Z + \sqrt{4Z^2 - D^2}}{D}\right)} \tag{16-15}$$

(2)部分埋地管道

与完全埋地管道相比，部分埋地管道的隔热效果较差。热量通过钢质管壁环向地传递至暴露在外的部分。尽管暴露在外的仅仅只是管头，但是由于钢管的导热系数高，导致了热量很快传递到周围环境中去。沟埋管的热量损失比裸露管少但比全埋地管道多，沟埋管的分析必须根据工程进行判断。热传递过程中能量的损失计算需要对海床水流进行修正，也可以通过完全埋地管道和裸管的热传导值的加权平均来计算半埋地管热传导值，如下：

$$h_0 = (1 - f)h_{0,buried} + fh_{0,exposed} \tag{16-16}$$

式中　f——外露在周围液体中的管道表面占总表面的比例；

h_0——外部热传导系数，BTU/(ft²·hr·℉)或 W/(m²·K)。

对于外露的管道，理论的方法假设水流过管道的顶部和底部。对于混凝土外包裹的管道，它的外部膜系数对总体热传导系数影响很小，其静放于水下的影响可以忽略不计，而没有混凝土外包裹的管道则需要考虑该影响。

静放在水下的管道通常假定为完全外露。少许热量散失会增加隆起屈曲的可能性，加重外壳的腐蚀和引起外壳过热。有必要考虑在油田开采寿命内，由于掩埋程度的变化对其隔热值所造成的影响。

16.2.4 土壤热导率

土壤的热导率被证实是一个关于其干密度、饱和度、含水量、矿物质、温度、微粒尺寸、形状、分布和固、液、气三相体积比的函数。在这些参数的基础上，已经提出大量的经验公式用以估计热导率，例如 Kersten(1949)。对典型的未冻淤泥质黏土，Kersten 关系式如下所示。

$$\kappa_{soil} = [0.9 \cdot \log(\omega) - 0.2] \times 10^{0.01 \times \rho} \qquad (16-17)$$

式中 κ_{soil}——土壤的热导率，BTU · in/(ft^2 · ht · ℉)；

ω——单位重量干土的含水量；

ρ——干密度，pcf。

这个黏土关系式是基于五种土的数据取得的，并且只在含水量大于等于 7% 时才成立。

表 16-7 列出了管道周围典型土壤的热导率。虽然陆上土壤的热导率已经得到广泛研究，但是至今只出版了很少一些关于深水土壤热导率的资料(如 Power et al.,1994；von Herzen 和 Maxwell,1959)。很多深水沉积物主要由淤泥和黏土颗粒组成，因为很少有砂子颗粒能从那么远的岸边移动到深水水底，因此在这些土壤中很少有对流热损失，大部分的热传导是通过传导方式实现的。最近针对墨西哥湾(MARSCO,1999)的深水土壤热导率的测量表明其值在 0.7 ~ 1.3 W/(m · K)之间，比之前公布的一般土壤的热导率要低，并且接近静止海水的热导率 0.65 W/(m · K)。这是很多海洋土壤含水量非常高的反映，在流动性指数过好时才能存在，这在陆地上很少出现。尽管详细设计需要具体地点的数据，但大多数的深水土壤的导热系数是相对一致的。图 16-3 显示全世界水下土壤热导率的测试结果，样本结果证明大多数深水土壤的性质相似。

表 16-7　管道周围典型土壤的热导率

物质	热导率 κ_{soil}	
	BTU · in/(ft · hr · ℉)	W/(m · K)
泥炭(干)	0.10	0.17
泥炭(湿)	0.31	0.54
泥炭(冰)	1.09	1.89
砂土(干)	0.25 ~ 0.40	0.43 ~ 0.69
砂土(潮湿)	0.50 ~ 0.60	0.87 ~ 1.04

表 16-7(续)

物质	热导率 κ_{soil}	
	BTU · in/(ft · hr · ℉)	W/(m · K)
砂土(浸泡)	1.10 ~ 1.40	1.90 ~ 2.42
黏土(干)	0.20 ~ 0.30	0.35 ~ 0.52
黏土(潮湿)	0.40 ~ 0.50	0.69 ~ 0.87
黏土(湿)	0.60 ~ 0.90	1.04 ~ 1.56
黏土(冻结)	1.45	2.51
砾石	0.55 ~ 0.72	0.9 ~ 1.25
砾石(砂)	1.45	2.51
石灰石	0.75	1.30
砂岩	0.94 ~ 1.20	1.63 ~ 2.08

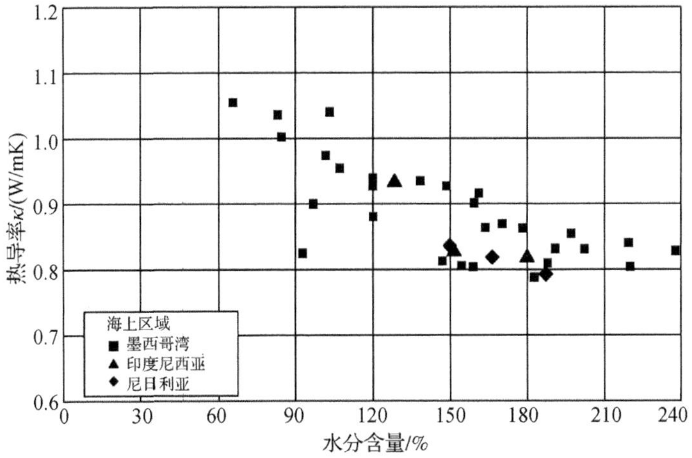

图 16-3　全世界水下土壤热导率的测试结果

16.3 U 值

16.3.1 总传热系数

如图 16 -4 所示为外包两层隔热层的复合水下管道的横截面温度分布。由于水下系统的温度相对较低，管内的流体和管壁之间以及管道外表面和周围环境之间的热辐射可忽略不计。

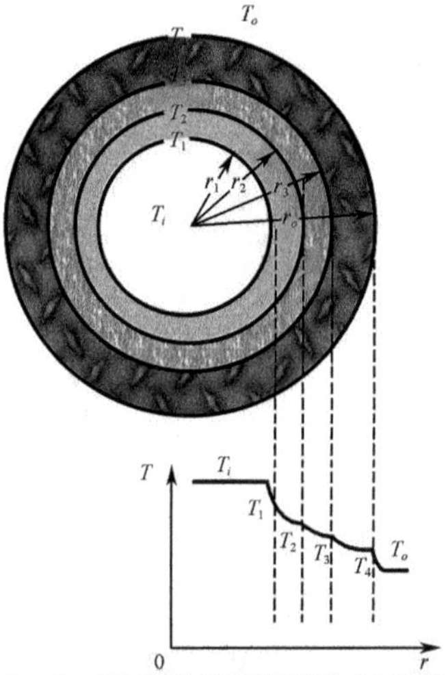

图 16 -4　隔热管的横截面和温度分布

外包隔热层的管道将出现以下对流和传导：

(1)管内流体和管道管壁之间的对流；

(2)管壁与外包涂层或者埋地管外部与土壤之间的热传导；

(3)管道外壁和外部周围流体的对流。

对于管道内表面的内部对流，牛顿方程给出了穿过管道表面边界的传热速率：

$$Q_i = A_i \cdot h_i \cdot \Delta T = 2\pi r_i L h_i (T_i - T_1) \qquad (16-18)$$

式中　Q_i——管壁内表面的对流传热率，Btu/hr 或 W；

h_i——内部对流系数,[BTU/(ft^2·hr·℉)或 W/(m^2·K)];

r_i——管道的内半径,ft 或 m;

L——管道长度,ft 或 m;

A_i——垂直于热传导方向的内表面面积,ft^2 或 m^2;

T_i——内部流体的温度,℉或℃;

T_1——管道内表面温度,℉或℃。

对于管道外表面的外部对流,从表面边界至周围环境中去的传热率为

$$Q_0 = A_0 \cdot h_0 \cdot \Delta T_0 = 2\pi r_0 L h_0 (T_4 - T_0) \tag{16-19}$$

式中　Q_0——外表面的对流传热率,Btu/hr 或 W;

h_0——外部热对流系数,BTU/(ft^2·hr·℉)或 W/(m^2·K);

r_0——管道的外半径,ft 或 m;

A_0——垂直于热传热方向的外表面面积,ft^2 或 m^2;

T_0——环境温度,℉或℃;

T_4——管道外表面温度,℉或℃。

圆柱体径向的热传导可以用傅里叶方程在径向坐标下描述:

$$Q_r = 2\pi r L \kappa \frac{\partial T}{\partial r} \tag{16-20}$$

式中　Q_r——径向热传导速率,Btu/hr 或 W;

r——圆柱体的半径,ft 或 m;

κ——圆柱体的热导率,Btu/(ft^2·hr·℉)或 W/(m·K);

$\partial T/\partial r$——温度梯度,℉/ft 或℃/m。

由公式(16-20)积分后得到

$$Q_r = \frac{2\pi L \kappa (T_1 - T_2)}{\ln(r_2/r_1)} \tag{16-21}$$

在管内流体和管外环境之间的稳定热传导状态下,其径向的温度分布可以通过计算得到,其中内部对流、外部对流和传导的传热率是一样的。因此,可以得到如下传热率方程

$$Q_r = \frac{T_i - T_0}{\dfrac{1}{2\pi r_i L h_i} + \dfrac{\ln(r_1/r_i)}{2\pi\kappa_1 L} + \dfrac{\ln(r_2/r_1)}{2\pi\kappa_2 L} + \dfrac{\ln(r_0/r_2)}{2\pi\kappa_3 L} + \dfrac{1}{2\pi r_0 L h_0}} \tag{16-22}$$

由于管内流体和管外环境之间稳定的传热状态,长 L 的管段的传热率也可以表示为

$$Q_r = UA(T_i - T_0) \tag{16-23}$$

式中　U——表面积为 A 时的总传热系数(OHTC),BTU/(ft^2 · hr · ℉)或W/(m^2 · K);

A——传热表面面积,A_i 或 A_0,ft^2 或 m^2;

T_0——管道周围的环境温度,℉或℃;

T_i——管道内流体的平均温度,℉或℃。

因此,当管道内表面面积为 A 时,OHTC 是

$$U_i = \frac{1}{\frac{1}{h_i} + \frac{r_i \ln(r_1/r_i)}{\kappa_1} + \frac{r_i \ln(r_2/r_1)}{\kappa_2} + \frac{r_i \ln(r_0/r_2)}{\kappa_3} + \frac{r_i}{r_0 h_0}} \quad (16-24)$$

并且,当管道外表面面积为 A_0 时,OHTC 是

$$U_0 = \frac{1}{\frac{r_0}{r_i h_i} + \frac{r_0 \ln(r_1/r_i)}{\kappa_1} + \frac{r_0 \ln(r_2/r_1)}{\kappa_2} + \frac{r_0 \ln(r_0/r_2)}{\kappa_3} + \frac{1}{h_0}} \quad (16-25)$$

在水下工程中,管道的 OHTC 也被称为管道的 U 值,这是一个关于流体性质、流速、周围环境的对流特性以及管道外隔热层的厚度和性质等诸多因素的函数。隔热材料制造商通常使用基于管道外径的 U 值,而管道设计者使用基于内径的 U 值。这两个 U 值之间的关系是

$$U_0 \times OD = U_i \times ID \quad (16-26)$$

由多层隔热材料组成的保温外层系统的 U 值,可以很容易地从热传导和直流电之间的一个类比电阻值得到。稳态的传热率可以通过下式计算

$$Q_r = UA(T_i - T_0) = (T_i - T_0)/\sum R_i \quad (16-27)$$

其中,UA 和横截面的热敏电阻成反比。热敏电阻包括三个主要电阻:内膜、外膜和径向材料电阻。关系式为

$$\frac{1}{UA} = \sum R_i = R_{\text{film,in}} + R_{\text{pipe}} + \sum R_{\text{coating}} + R_{\text{film,ext}} \quad (16-28)$$

上式中,右边各项表明热阻值与内部对流、钢管的传导、隔热层的传导以及外表面的对流有关。可以由下式得

$$R_{\text{film,in}} = \frac{1}{h_i A_i} \quad (16-29)$$

$$R_{\text{pipe}} = \frac{\ln(r_1/r_i)}{2\pi L \kappa_{\text{pipe}}} \quad (16-30)$$

$$\sum R_{\text{coating}} = \frac{\ln(r_{no}/r_{ni})}{2\pi L \kappa_n} \quad (16-31)$$

$$R_{\text{film,ext}} = \frac{1}{h_0 A_0} \quad (16-32)$$

式中 r_{no} 和 r_{ni}——第 n 层涂层的外径和内径；

κ_n——涂层 n 的热导率，BTU/(ft · hr · ℉)或 W/(m · K)；

U——适用于稳定阶段的模拟，然而不能用于评价瞬态热模拟；管壁和隔热层的热扩散系数及其他材料属性必须纳入考虑范围。

16.3.2 可利用 *U* 值

下面的 U 值可以作为初步设计时的最低可能值来使用。

(1)常规隔热：0.5 BTU/(ft · hr · ℉)(2.8 W/m² · K)；

(2)聚氨酯套管：0.2 BTU/(ft · hr · ℉)(1.1 W/m² · K)；

(3)陶瓷隔热套管：0.09 BTU/(ft · hr · ℉)(0.5 W/m² · K)；

(4)隔热管束：0.2 BTU/(ft · hr · ℉)(1.1 W/m² · K)；

外露在环境压力中的隔热材料必须能承受其所处水深的压力。

16.3.3 全埋地管道的 *U* 值

对采取隔热的管道，采用隔热材料或将管道埋入地下都提供了比内、外膜系数大十倍的热阻值。因此，管道的内外膜系数对 U 值的影响可以忽略不计，U 值用下式计算

$$U_i = \frac{1}{\sum \frac{r_i \ln(r_{no}/r_{ni})}{\kappa_n} + \frac{r_i \cosh^{-1}(2Z/D_0)}{\kappa_{soil}}} \tag{16-33}$$

其中分母的第一项表示钢管壁和隔热层径向的热阻，第二项表示在 $H > D_0/2$时土壤引起的热阻值。如果把内外膜系数都考虑进去，一般外膜系数只针对外露的管道。对于外露的管道，土壤基本上提供了管道的所有热阻，U 值和 κ_{soil}之间存在近似线性关系。对于埋地管道和不采取隔热措施的管道，同裸管相比，κ_{soil}对 U 值的影响小。

如图 16－5 所示为裸管和外包 2 in PPF 的管道的 U 值与管道埋入深度之间的关系。当埋深和外径的比值大于 4 时，U 值随埋深的增加减小得非常缓慢。因此，不需要把管道埋得很深来获得显著的热效益。然而，在使用现代管道埋设技术时，有实际的最大、最小埋深限制。此外，在设计管道的合适埋深时，必须考虑诸如潜在的水下冲刷和管道隆起屈曲的问题。

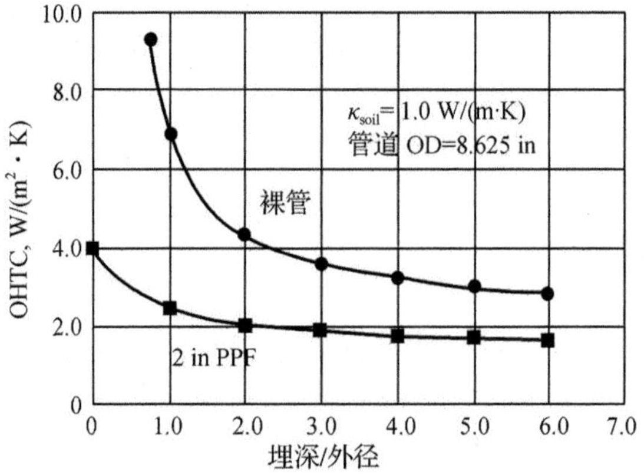

图 16－5　裸管和外包 2 in PPF 的管道的 U 值与埋入深度的比值

16.4　稳态热传导

稳态热传导设计意在将流体温度在流经一定长度的不隔热管道后的温度下降控制在给定最大值以下。在稳态条件下，假设流体的流速及流体通过管壁传到外环境的热量损失在任何时候都是常数。

16.4.1　管道沿管长方向的温度预测

可以通过耦合速度、压力、由质量给出的焓、动量守恒和能量守恒来精确预测管道沿线的温度分布。这些耦合方程的复杂性给求得解析解造成了困难，但可以通过数值分析来解决。

如图 16－6 所示为稳态热传导分析的内流控制体。在充分发展的管道热边界层区域，假定单相流沿管道的速度和径向截面温度近似为常数。沿管道截面的温度积分可以获得平均温度，通过管壁的传热率和流体的热能转变（如流体因为管道和海洋环境之间的热传导导致的冷却）过程中的能量守恒，可以得到管道沿管长方向的平均温度，公式为

$$UdA(T_m - T_0) = -\dot{m}c_p dT_m \qquad (16-34)$$

式中　dA——管道表面积，$dA = Pdx = \pi Ddx$，ft^2 或 m^2；

$\dot{m}$——内部流体的质量流速，lb/s 或 kg/s；

c_p——内部流体的比热容，Btu/(lb·℉)或 J/(kg·K)；

U——管径为 D 的 U 值，BTU/ft^2·hr·℉，W/m^2·K；

D——内径或外径，ft 或 m；

T_m——流体平均温度，℉或℃。

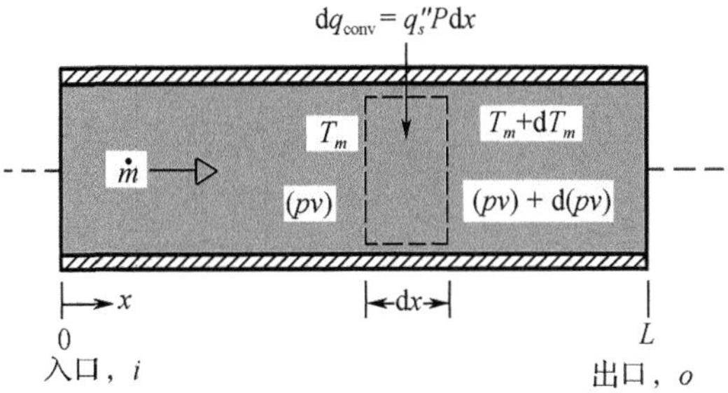

图 16－6　管内流的控制体

分离变量并从管道入口处到距离入口 x 上进行积分，得

$$\int_{T_{in}}^{T(x)} \frac{dT_m}{T_m - T_0} = \int_0^x -\frac{U\pi D dx}{\dot{m}c_p} \tag{16-35}$$

式中　T_{in}——流体入口处温度，℉或℃；

$T(x)$——距离入口 x 处的流体温度，℉或℃。

从积分式(14－35)，可得温度分布方程如下：

$$T(x) = T_0 + (T_{in} - T_0)\exp\left(\frac{-U\pi Dx}{\dot{m}c_p}\right) \tag{16-36}$$

这里的热衰变常数 β 可定义为

$$\beta = \frac{U\pi DL}{\dot{m}c_p} \tag{16-37}$$

式中　L——管的总长，ft 或 m。

然而，如果已知两个位置的温度和它们沿程的相对距离，热量衰变常数的计算就不需要考虑流体性质。用入口温度和另一个位置处的已知温度来预测热衰变常数，然后根据以下公式所给出的指数温度分布来推算整个管线的温度分布

$$T(x) = T_0 + (T_{in} - T_0)\exp\left(\frac{-x\beta}{L}\right) \tag{16-38}$$

如果把 Joule-Thompson 冷却造成的温度下降考虑在内并且假定流体为单相黏性流体，沿管长方向的管道温度可以表示为

$$T(x) = T_0 + (T_{in} - T_0)\exp\left(\frac{-x\beta}{L}\right) + \frac{[p(x) - p_{in}]/\rho - g[z(x) - z_{in}]}{c_p} \tag{16-39}$$

式中 p_{in}——管道入口处的流体压力,Pa;

$p(x)$——距离入口 x 处的流体压力,Pa;

z_{in}——管道入口处的管道高度,m;

$z(x)$——距离管口 x 处的管道高度,m;

g——重力加速度,m/s^2;

ρ——流体密度,kg/m^3。

16.4.2 稳态隔热性能

水下工程中水下管道常采用以下隔热方法:

(1)外包隔热材料;

(2)管道埋地;

(3)套管(PIP);

(4)电加热;

(5)热水循环。

其中运用最广泛的方法是外包隔热材料、套管和管道埋设。

表 16-8 介绍了各种管道尺寸与隔热系统组合下的 U 值。裸管的热损失阻力很小,但是埋地裸管的隔热效果相当于外包了厚度约 60 mm 的聚丙烯泡沫(PPF)隔热层的裸管。结合埋地和外包隔热材料(B&C)可以达到接近 PIP 的 U 值。如果使用较低的土壤热导率和/或较厚的外包层,B&C 系统可以达到和特定 PIP 相同等级的 U 值。考虑实际制造和安装的限制,在大多数设计案例中,选择和设计的 PIP 的 U 值都会比 B&C 系统低。然而,完全安装相同 PIP 系统的成本要比 B&C 系统高两倍以上。

表 16-8 不同水下隔热系统的 U 值(Loch,2000)

管道外径 /in	U 值[$W/(m^2 \cdot K)$]				
	裸管	外包管 $t=50$ mm PPF $\kappa=0.17$ W/(m·k)	埋地管 $H=1.3$ m $\kappa=1.0$ W/(m·k)	埋地和外包	PIP 的外径 8.625 in 12.75 in 18.0 in
4.5	871.0	4.65	4.56	2.52	1.56
8.625	544.0	4.04	2.87	1.81	1.44
12.75	362.0	3.81	2.22	1.5	1.02

16.5 瞬态热传导

瞬态热传导出现在水下管道的关闭(冷却)和启动阶段。在关闭阶段,流体停止流动时所储存在系统中的能量会通过管壁传到周围环境中去。这不再是稳态系统且管道中的温度随时间下降的速度对控制水合物而言很重要。

要求管道系统设计能用于冷却阶段的水合物控制。冷却阶段是指在管道运行压力下,管道温度达到水合物生成温度之前的阶段。这个阶段为操作者提供了一个作出决策的时间来抑制水合物生成或者降低管道压力。如果发生紧急关闭或者冷却,在温度达到水合物形成温度之前,同样需要充足的时间来采取补救措施。因此,能够精确预测流体温度降低到水合物生成温度所需的时间是非常有用的。当一个管道长时间关闭,通常需要清洗(排污)或者清除管内油气,因为系统温度最终将会与周围环境一致。

冷却过程是一个复杂的瞬时传热问题,尤其是对多相流体系统。随时间变化的温度分布可以通过考虑系统中流体和管壁的热能驻留、$\sum \dot{m}C_p\Delta T$、系统管壁的温度梯度和阻碍热能流向环境的热阻值来获得。OLGA 软件广泛应用于针对这个阶段的数值模拟。然而,OLGA 软件一般需要花几个小时来进行这些模拟;在很多初步设计案例中,一个管道瞬态热传递分析通过其他方法可以得到快速而又精确的结果,比如集总电容法。

16.5.1 冷却

解决水下管道系统的瞬态热传导问题的方法有分析法(集总电容法)、有限差分法(FDM)和有限元法(FEM),这些方法的选择取决于问题的复杂程度。分析法多用于简单冷却或瞬态热传导问题。有限差分法是到目前为止一种相对快速且足够精确的方法。有限元法具有更强的适用性,可以更好地处理复杂的几何体,然而,它在实施过程中要求较多。管道是一个简单的几何体,不需要用通用的 FEA 方法来获得冷却速度问题的解答。对这样的系统,FDA 方法方便又精确。对于阀门、舱壁、采油树等一些更加复杂的几何体,需要具有更强的适用性和 3D 功能的 FEA 方法。

(1)集总电容法

预测系统冷却时间经常使用到的数学模型是“集总电容模型”,可用下式表示:

$$T - T_0 = (T_i - T_0)e^{-U\pi DLt/\sum mc_p} \tag{16-40}$$

式中 T——t 时刻的主体温度,℉或℃;

t——时间,s;

T_0——环境温度,℉或℃;

T_i——初始温度,℉或℃;

D——管道的内径或外径,ft 或 m;

L——管道的管长,ft 或 m;

U——直径为 D 的管道的 U 值,BTU/ft^2 · ht · ℉或 W/(m^2 · K);

m——内部流体或外包层的质量,lb 或 kg;

c_p——流体或外包层的比热容,BTU/(lb · ℉)或 J/(kg · K)。

然而,该模型假设在冷却过程中的任意时刻物体的温度都服从均匀分布,并且物体内部没有温度梯度。这个假设意味着表面对流阻力远大于内部对流阻力,或者忽略了这个系统中的温度梯度。这个模型只适用于 Bi 数小于 0.1 的情况。Bi 数是内部热传导阻力和外部热传导阻力的比率,可以写成

$$Bi = \frac{L_c U}{\kappa} \tag{16-41}$$

式中 L_c——特征长度,ft 或 m;

κ——系统的热导率,BTU/ft · hr · ℉或 W/m · K。

因为在大多数立管和管线的管壁上都有很大的温度梯度且管壁还受波浪和电荷载的影响,这会导致 Bi 数超过了“集总电容模型”的适用范围。因此需要一个数学模型来考虑系统关闭过程中外部对流对系统的瞬态热响应造成的影响。

(2)有限差分法

如图 16-4 所示,考虑长 L 的一个管段,假定该管段在稳态流动条件下的平均流体温度为 $T_{f,0}$,周围环境的温度假定为 T_a,且保持不变。

在稳态条件下,管段内的流体总质量为

$$W_f = \frac{\pi}{4}D_i^2 L\rho_f \tag{16-42}$$

式中 W_f——管段内流体质量,lb 或 kg;

D_i——管道内径,in 或 m;

L——管段长度,in 或 m;

ρ_f——当温度为 $T_{f,0}$ 时管段内流体的平均密度,lb/in^3 或 kg/m^3。

关闭后,假设 W_f 在任意时刻都是常数。在任意给定的时间内,所给管段内的流体热量为

$$Q_f = W_f C_{p,f}(T_f - T_{\text{ref}}) \tag{16-43}$$

式中 $C_{p,f}$——流体的比热容,BTU/(lb·°F)或 kJ/(kg·K);

T_{ref}——参考恒温,°F或℃;

T_f——管段内流体的平均温度,°F或℃。

管壁和隔热层的热量可以用相同方法表示:

$$\left.\begin{aligned} Q_{\text{pipe}} &= W_{\text{pipe}} C_{p,\text{pipe}}(T_{\text{pipe}} - T_{\text{ref}}) \\ Q_{\text{layer}} &= W_{\text{layer}} C_{p,\text{layer}}(T_{\text{layer}} - T_{\text{ref}}) \end{aligned}\right\} \tag{16-44}$$

能量平衡常用于控制体中,并用以得出该流体的中心温度。在管道系统的热传导分析过程中,沿管道系统轴向和环向的传热可以忽略不计,没有热源的瞬态传热只出现在径向。热力学第一定律指出,控制体的能量变化值等于散热量减去吸热量。因此,管道所有部分(包括内流、钢管、隔热材料和外包层)的传热平衡可以明确表示为

$$Q_{i,1} - Q_{i,0} = -(q_{i+1/2} - q_{i-1/2})\Delta t \tag{16-45}$$

其中 $Q_{i,0}$——某一时刻 i 部分的热量,BTU 或 J;

$Q_{i,1}$——后一时间步 i 部分的热量,BTU 或 J;

$q_{i+1/2}$——零时刻从 i 部分到 $i+1$ 部分的传热速率,BTU/hr 或 W;

$q_{i-1/2}$——零时刻从 $i-1$ 部分到 i 部分的传热速率,BTU/hr 或 W;

Δt——时间步,s 或 h。

如果将管道系统中所有部分之间的径向传热速率都用热阻概念来表示,那么

$$q_{i+1/2} = \frac{A_0(T_{i+1,0} - T_{i,0})}{R_i/2 + R_{i+1}/2} \tag{16-46}$$

$$q_{i-1/2} = \frac{A_0(T_{i,0} - T_{i-1,0})}{R_i/2 + R_{i-1}/2} \tag{16-47}$$

因此,外包两层隔热层的管道在下一个时间步的平均温度可以改写为

$$T_{f,1} = T_{f,0} - \frac{A_0\Delta t}{W_f C_{p,f}}\left[\frac{T_{f,0} - T_{p,0}}{R_{\text{int}} + R_p/2}\right] \tag{16-48}$$

$$T_{p,1} = T_{p,0} - \frac{A_0\Delta t}{W_p C_{p,p}}\left[\frac{T_{p,0} - T_{f,0}}{R_{\text{int}} + R_p/2} + \frac{T_{p,0} - T_{l1,0}}{R_{l1}/2 + R_p/2}\right] \tag{16-49}$$

$$T_{l1,1} = T_{l1,0} - \frac{A_0\Delta t}{W_{l1} C_{p,l1}}\left[\frac{T_{l1,0} - T_{l2,0}}{R_{l2}/2 + R_{l1}/2} + \frac{T_{l1,0} - T_{p,0}}{R_{l1}/2 + R_p/2}\right] \tag{16-50}$$

$$T_{l2,1} = T_{l2,0} - \frac{A_0\Delta t}{W_{l2} C_{p,l2}}\left[\frac{T_{l2,0} - T_{l1,0}}{R_{l2}/2 + R_{l1}/2} + \frac{T_{l2,0} - T_a}{R_{l2}/2 + R_{\text{surr}}}\right] \tag{16-51}$$

有限差分法的求解过程是基于一个用矩阵反演的经典隐式求解过程。求解的主要原理是用上述能量方程求得每个节点的温度。一旦用矩阵反演求得同一时间步的所有温度,程序将会跳到下一时间步。最后,所有时间步的温度都被求得,冷却分布也就建立起来了。本章附录表中的 Mathcad 工作表阐述了详细的计算方法和定义。使用上述的计算方法,为了获得精确的瞬态温度分布,流体和每个隔热层可分为若干层。沿着管道方向,管道的稳态热传导分析中得出的指数温度分布可以设为瞬时冷却分析中的初始温度分布来参与计算,可以得到在不同时刻沿管道方向的管道温度分布。这种方法如同 Excel 宏、C ++ 或其他语言一样很容易进行编程,但是隔热层被分的层数越多,获得收敛解所需要的时间步长也越短,因为在时域上存在着显著的不同。最大时间步长可用下式进行计算

$$\Delta t_{\max} = \min\left(\frac{W_i C_{p,i} R_i}{A_0}\right)\text{对所有部分或层 } i \qquad (16-52)$$

如果隔热层非常薄,控制最大时间步长的 R_i 将会非常小。在这种情况下,这层存储的热能很小且可以忽略。这里使用的模型保守地假设管道容量只存在热量而不存在热阻,所含的热能可以直接传递到钢材上。变量 C_p 和 k 对系统中所有部分的影响对冷却模拟的精确度而言非常重要。因为这个原因,这些影响不是成为拟合表达式就是成为固定测量值。如图 16-7 所示为聚丙烯固体的比热容随着温度的变化。

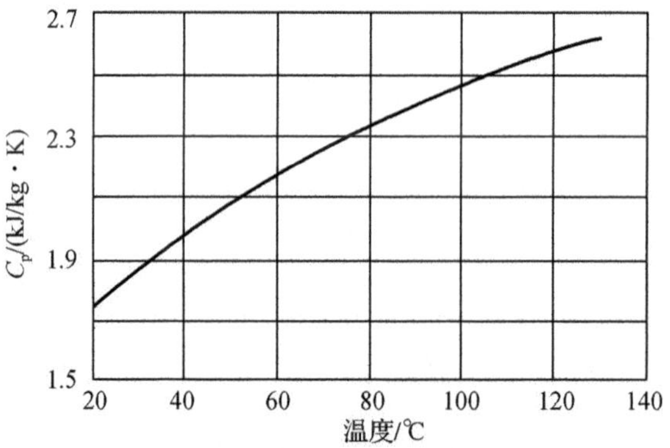

图 16-7 一般性聚丙烯固体的比热容测量结果

Guo et al.(2004)提出了一个用于预测外包隔热层管线及井筒的热损失和温度分布的简单分析模型。该模型的概念和本节介绍的有限差分法很相似,该模型可以准确地预测油井和管道的稳态和瞬态热传导。

16.5.2 瞬态隔热性能

虽然稳态性能是一般隔热设计的主要指标，但是瞬时冷却也是很重要的，尤其是在可能形成水合物的时候。图 16－8 描述了长 27 km 的管道的末端瞬时冷却性能。如图 16－8 所示，PIP 管比 B&C 管的 U 值略低，因此，采用 PIP 的立管在基座处的稳态温度要比采用 B&C 的立管的温度略高。这些稳态温度是短暂关闭后开始时的初始温度，但是，B&C 系统的温度迅速超过 PIP 系统并在水合物形成区提供更长的冷却时间。针对上述情况，在水合物形成前，B&C 管道的冷却时间几乎是 PIP 的三倍。在水合物形成之前的额外时间对海上操作有着极其重大的经济意义，如减少化学剂注入、降低线性冲刷和减少上部设备。

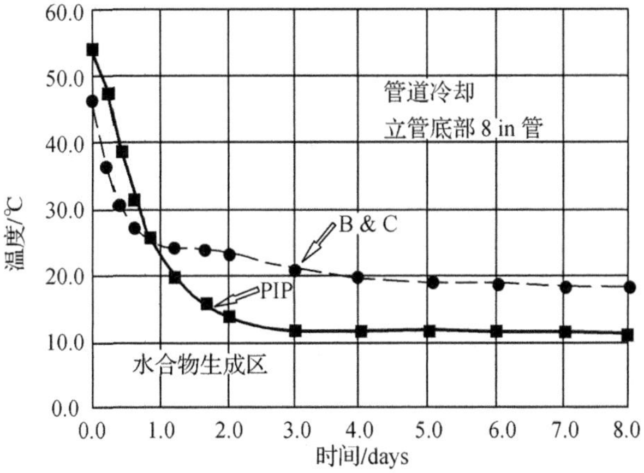

图 16－8 埋地管和 PIP 管的瞬时冷却性能

初始冷却条件下，PIP 温度比 B&C 管道高，但是如图 16－8 所示，冷却曲线存在交叉。液体的温度随着时间发生变化，这不仅与 U 值有关，还与液体的比热容、质量流速以及环境温度有关。

16.6 热管理方案及隔热

随着石油/天然气生产地点向更深的水域发展，为防止水合物和蜡在水下系统中积聚，对热管理方案的需求日益增长。热管理方案的选择取决于所适用的 U 值范围、冷却时间、温度范围和水深。表 16－9 对水下系统中所用到各种各样的热管理方案进行了总结，内容包括其优点、缺点和 U 值范围。

表 16－9 总结分析了关于管道长度和 U 值的水下管道系统的性能，得到的结论是：

（1）单管道隔热系统 U 值高于 2.5 $W/m^2 \cdot K$，并且大多使用缠绕管道安装方法；

（2）对于长度小于 30 km 管道大约有 6 种不同运行方式的 PIP 系统；

（3）缠绕 PIP 系统已经占据了管长为 5～20 km 的市场，其 U 值在 1～2 $W/m^2 \cdot K$ 之间；

（4）正在开发的 66 km 长的 PIP 系统所提供的 U 值在 0.5～1.0 $W/m^2 \cdot K$；

（5）在超过 10 km 的回接中大约使用三束管，并且在直接加热系统中加入了不列颠合金。

表 16－9　水下系统中热管理方案一览表

热管理方案	优点	缺点	U 值
整体外部隔热（包括复合层隔热）	• 适用于复杂几何体 • 耐高温 • 复合层系统可以定制，以达到理想的性能 • 系统几乎对水深无限制	• 难以去除 • 对可以实现的隔热水平有限制 • 系统几乎没有浮力 • 需要时间进行安装 • 对厚度有限制	1.7～5.0
隔热模型/管束系统	• 可调节辅助线 • 可以在使用期中去除 • 比 PIP 系统成本低 • 施工简单 • 水深限制低于 PIP 或整体外部隔热（除了由外管保护的管束系统）	• 模型之间的差距可能导致对流 • 需要大量的材料，导致成本过高 • 可能要对一个复杂的几何体来进行隔热	2.0～8.0
套管（PIP）隔热	• 具有最好的隔热性能（除了真空系统） • 水深限制取决于安装船的性能	• 制作和安装很昂贵 • 一些套管不能够缠绕	0.3～1.5

表 16 - 9(续)

热管理方案	优点	缺点	U 值
真空系统	• 隔热性能极好 • 仅通过辐射传热	• 一旦外管破损,整个管道的隔热性能将丧失 • 需要在保持真空上加强 • 环中真空度必须实时监测	<0.01
填埋	• 周围土壤提供了一些的隔热 • 为管道提供底部稳定性	• 挖掘管沟可行性不大 • 只适用于在海床上布置大量的管道 • 不同的位置土壤的热导率有明显的不同 • 导热性能因土壤性质的变异性而不确定,且难以测量和预测	隔热层 + 土壤隔热
电气热控系统	• 主动系统,能够在关机时控制冷却时间	• 电力要求可能对工程项目不可行 • 可能需要对管道电气隔热	取决于电力供应
热水/石油系统	• 主动系统,能够在关机时控制冷却时间	• 水越深,回接长度越长,失去更多的热量从而减少热效率 • 需要单独的返回线	取决于能量的提供
薄膜/复合层	• 与真空隔热管道(VIT)相连接,获得较高的热阻力。隔热层的总厚小于 3 mm	• 非常低的蓄热能力,导致快速冷却,适合采油树、跨接管、管汇、道线、立管、管道和井筒管	在 BP,Marlin,Shell,Oregano 和 Serrano 得以应用

16.6.1 外部隔热层系统

如图 16 - 10 所示为一个典型的复合涂层隔热系统,它结合了具有良好隔热性能的泡沫塑料和抗蠕变性聚丙烯外壳。这些涂层厚度在 25 ~ 100 mm 范围内变化甚至更高,一般多层隔热系统的涂层厚度大约为 65 mm。

涂层系统通常受到一系列施工条件的限制,包括温度、水深和吸水率。温度和静水压力双重作用可能会导致隔热层蠕变和水分的吸收,由此导致在整个设计使用年限内隔热层的压缩以及隔热性能下降,这些问题需要在设计过程中加以考虑。

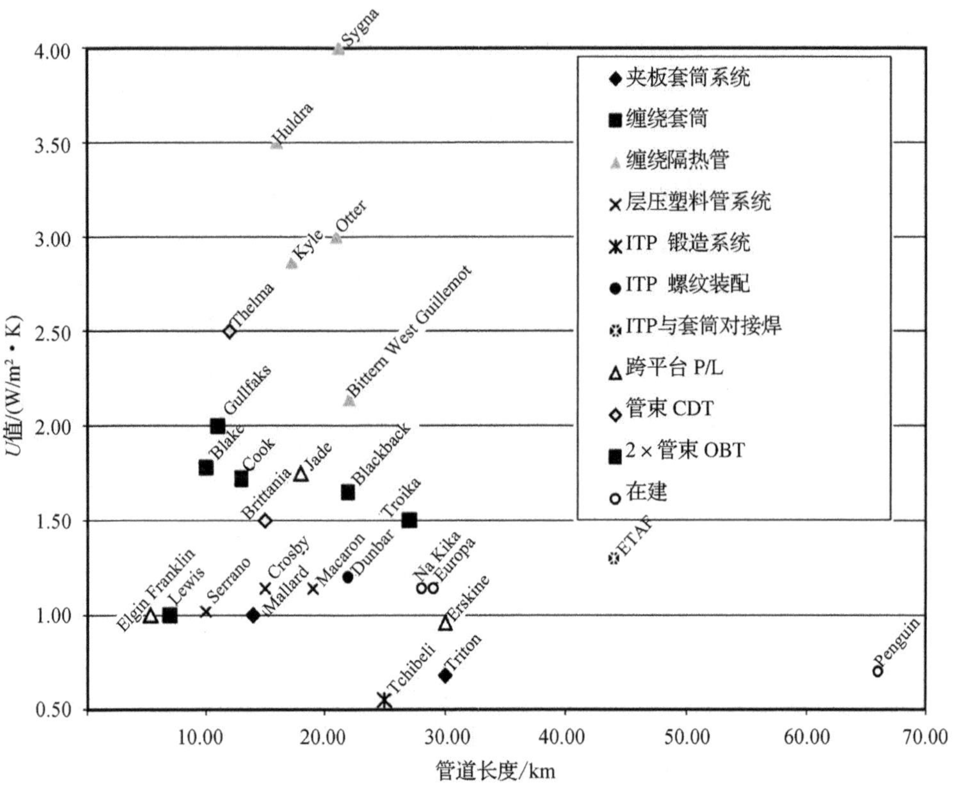

图 16-9　油田开发与管道长度和 U 值

可以根据管道温度来对管道进行分类。表 16-10 给出了管道温度范围及其相应的隔热材料。找到适合水下高温管道的隔热系统，相比于温度较低的情况来说，是一个额外的挑战。

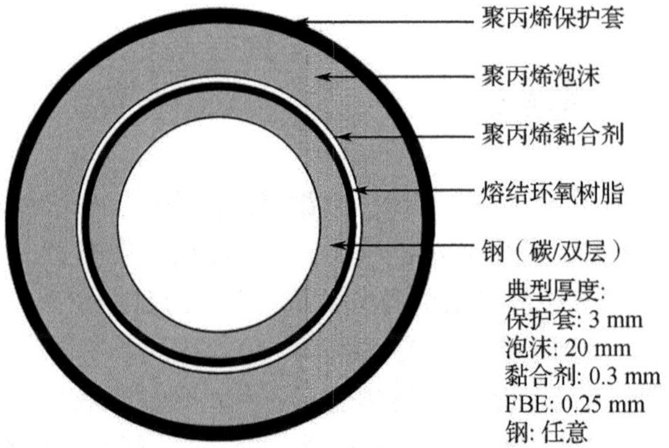

图 16-10　典型的复合层隔热系统

表 16－10 管道隔热可选用的涂层系统

管道	温度范围	隔热系统
低温	－10～70 ℃	聚氨酯(PU)，聚丙烯(PP)，填充橡胶，基于环氧和聚氨酯的复合泡沫塑料
中温	70～120 ℃	聚丙烯，橡胶，复合环氧泡沫塑料
高温	120～200 ℃	聚丙烯系统，酚醛泡沫塑料，聚氨基甲酸酯泡沫材料或无机隔热材料组成的套管系统

(1)隔热材料

表 16－11 总结了由供应商提供的通用新型系统的隔热类型、局限性和特点。这些系统在过去 10 年里在以下方面取得了显著进展，如：厚度极限、水深限制、耐冲击、工作温度极限、蠕变和由此对性能造成的损失、在高应变下缠绕安装的适宜性、预期寿命和 U 值和浮重。水下系统的外部隔热系统简述如下。

① 聚丙烯(PP)：聚烯烃系统导热效率相对较低。涂抹 3～4 层，可与直接加热系统结合使用。比热容为 2 000 J/(kg·K)。

② 复合丙纶(SPP)：控制气泡的形成可以降低热导率，但是由于海洋深度和温度的升高，压缩率和材料蠕变增加，一般不单独使用。

③ 复合聚丙烯强化泡沫(RPPF)：以上两种系统的组合形成了熔结环氧层，PPF 和一层聚丙烯外层用来减少蠕变和吸水率。

④ 聚氨酯(PU)：一种导热效率相对较低的聚烯烃系统，当温度升高到 50 ℃以上时，有相对较高的吸水率。通常用在现场连接接头以改良管道的刚度性能。

⑤ 复合聚氨酯(SPU)：近年来应用最广泛的系统之一，当水深小于 100 m 的时候，提供良好的隔热性能，比热容为 1 500 J/(kg·K)。

⑥ 复合聚氨酯玻璃(GSPU)：与 SPU 相似，但掺入了少许玻璃从而提供了更强的抗蠕变性能，比热容为 1 700 J/(kg·K)。

⑦ 复合酚醛(PhS)、复合环氧(SEP)及掺加小球的复合环氧(MSEP)：由于系统中含有环氧和酚醛材料，所以在较高的温度和压力下，这些材料可以改善系统性能。这些材料一般用抹光机涂抹预制或倒入模具现浇而成。例如在 King 工程中，6 英里长管道使用的 SEP 就是在真空状态下将这些材料浇注到聚乙烯材料套筒中形成的。比热容为 1 240(J/kg·K)。

PP 和 PU 是隔热系统的主要组成部分。复合隔热中，掺加小球可以提高静水压力作用下的隔热层的强度。

表 16－11　外隔热系统

名称	简写	是否可卷	最大温度/℃	吸水率	整个使用周期增加的热导率/%	整个使用周期的压应变/%	最大厚度（小于 100 mm）	密度/(kg/m^3)	最大水深/m	热导率/（W/m^2K）
整体聚丙烯	PP	Y	145	<0.5%	<1%	<2%	60	900	3 000	0.22
复合聚丙烯	SPP	Y	115	<5%	<1%	<5%	—	600～800	—	0.13～0.22
聚丙烯——增强泡沫	RPPF	Y	115～140	<0.5%	<1%	<0.5%	多层[注 1]	600～800	600～3 000	0.16～0.18
整体聚氨酯	PU	Y	115	<5%	<10%	<2%	—	1 150	—	0.19～0.20
复合聚氨酯	SPU	Y	70～115	<5%	<10%	<2%	多层	750～780	100@115 ℃ 300@90 ℃	0.12～0.15
聚氨酯——复合玻璃	GSPU	Y	55～90	<2.2%	随厚度变化	<5%	多层	610～830	2 000～3 000	0.12～0.17
聚氨酯——增强泡沫	RPUF	N. A.	n. a.	n. a.	n. a.	n. a.	多层	448	—	0.080
复合酚醛	PhS	Y	200	—	<5%	<1%	—	500	—	0.080
复合环氧	SEP	N	75～100	<0.5%	<10%	<2%	75	590～720	2 000～3 000	0.10～0.135
掺入小球的复合环氧	MSEP	N	75	—	<10%	<4%	—	540	—	0.12

注 1：对于多层涂层，所提及的性质是针对隔热层的；

注 2：上述数值都是在平均生产温度为 50 ℃时测得的；

注 3：数值是近似的，在设计中使用的所有数值必须由制造商提供。

(2)结构方面的问题

① 安装和工作荷载

通过缠绕安装的涂层系统需要进行仔细地选择和测试,因为某些系统存在一些裂缝,特别是在现场连接接头处,其隔热层本身就存在一个自然的不连续,这会导致应变集中和管道屈曲。水下管道的铺设和运行要求荷载能从涂层转移到钢管,或是从钢管转移到涂层。在铺设过程中,该涂层应具有足够的抗剪荷载的承载力以固定住钢管。在运行过程中,产生的热波动会导致管道的膨胀和收缩。隔热层需要承受这种变化并且不产生分离或破裂。这些要求会使大部分隔热系统以黏结的几何体为基础,其中包含若干涂层或者浇铸的外壳。

② 静水压力

由于海水深度的原因,深水管道将受到巨大的静水压力,该隔热系统必须有能力承受巨大的静水压力。泡沫塑料隔热层是该隔热系统中最弱的部分,因此隔热系统的结构响应在很大程度上取决于该层。系统的弹性变形导致隔热系统体积的减少,并且增大了泡沫塑料层的密度和热导率,这就导致了系统 U 值的增加。为了减少系统的弹性变形,隔热系统需要使用刚性材料。随着密度的增加,泡沫塑料的刚度也会增大。因此,为了减少了系统的弹性变形,需要使用高密度泡沫塑料。

③ 蠕变

在深水中长时间工作(如 20/30 年),隔热系统可能会受到巨大蠕变荷载的作用。隔热系统的蠕变可导致一些有害影响,如结构不稳定导致崩溃、热性能损失。聚合物泡沫材料的蠕变导致体积变小或者泡沫材料致密化。材料密度的增加将会导致热导率的增加,因此,该隔热系统的效果就降低。如果要为深水设备设计有效的隔热系统,必须弄清楚隔热泡沫材料的蠕变响应。

影响聚合物泡沫材料蠕变响应的因素包括温度、密度和应力。高温和高应力的组合作用可以加快蠕变进程。对于那些长期承受巨大静水压力的系统,应该选用高密度泡沫材料。

深水设备的隔热系统的设计是复杂的,它涉及一系列热力学和结构问题,这些热力学和结构问题有时会产生冲突。为了设计有效的隔热系统,需要仔细考虑热力学和结构所涉及的问题,以求得平衡。对于长距离的回接,由于管道外径的增加以及管道的现场焊接,隔热层的基本厚度就会对施工方法产生明显的影响。由于大部分隔热系统都受浮力作用,管道的浮重会减少。为了得到一个有利于设备安装和底部稳定性的浮重,有时需要增加管壁厚度。

16.6.2 套管系统

使用套管隔热系统是实现 $U = 1\ W/m^2 \cdot K$ 或更小的一种方法,其中携带液体的内管被包在一个较大直径的外管内。内外管之间的环形空隙内可以填充大量不需要承受静水压力的隔热材料。

(1)套管系统应用的关键点是:

① 焊接方法;

② 保证隔热层不渗水,止水/舱壁;

③ 现场焊接隔热层的方法;

④ 荷载响应;

⑤ 海上制造工艺和设备的安装速率;

⑥ 浮重;

⑦ 隔热材料的局限性、成本和性能。

(2)典型套管系统现场焊接概括如下:

① 采用角焊缝或角焊缝、对接焊缝的组合焊接而成的滑动套筒;

② 带螺纹或焊接部件的漏斗组装;

③ 半壳对接及全对接焊接;

④ 隔热层与滑动外管通过对接焊缝连上,最近被提出来用于 J 型安装系统;

⑤ 机械连接系统;在内管、外管或内外管进行机械连接,以尽量减少安装管道的焊接。

对于所有这些系统,除了缠绕铺设,铺设管道的现场焊接装配时间对安装成本来说很关键,因此四向焊接方法已被用来加速管道安装。

表 16 - 12 总结了一些套管系统中使用的隔热材料、它们的性能和对应给定的厚度下的 U 值。对于大多数隔热系统,热学性能主要是基于热阻值。但是如果有空隙存在的话,热对流和热辐射将会在环状气体空隙间传递热量。由于大量空隙中气体的对流和辐射,系统会比一个充满隔热材料的热力系统的热效应小。基于这个原因,套管系统通常是一些隔热材料的组合。一种如氮气或氩气的惰性气体可用来填补隔热层与内外管之间的空隙,以减少对流。PIP 中环空隙近似处于真空状态可以减小环空隙内的对流,从而提高隔热性能。另外,隔热系统和环空隙显著地降低了热传导,而困难在于如何长期保持真空状态。

表 16－12 套管隔热材料

隔热材料	密度/(kg/m^3)	热导率/(W/mK)	厚度/mm	环空隙	最大温度/℃	U 值	注释
矿棉	140	0.037	100	有	700	1.6 (40 mm)	岩棉或拉瓦，通常与聚酯薄膜反射膜结合
硅酸铝微球	390～420	0.1	无限制	无	1 000＋	3.9 (100 mm)	通常在填充环内注入粉煤灰
高温水泥	900～1 200	0.26	100	无	200	—	当前正在研究其在 JIP 作用下减小壁厚，提高抵抗坍塌的能力
LD 聚氨酯泡沫	60	0.027	125	无	147	0.76 (100 mm)	在厄斯金置换中，预装单个或两个连接系统
HD 聚氨酯泡沫	150	0.035	125	无	147	1.2 (100 mm)	—
微孔二氧化硅	200～400	0.022	24	有	900	0.4 (100 mm)	棉覆盖层，钙质粉末，玻璃和钛纤维
真空隔热面板	60～145	0.006～0.008	10	有	160	0.26 (100 mm)	在真空下可以用铝箔和可以吸收任何游离气体的物质作为泡沫层

16.6.3 管束

管束就是把数条内管安装在外套管的内部并形成一个整体。由于其隔热的成本较低以及能够循环热介质，管束提供了许多关于流动保障问题的解决方案，这些方案都具有很大的吸引力。管束的其他优势包括：

(1)可以一次性安装多条管道；

(2)外套管有助于抵御深水区的外部静水压力；

(3)管束中使加热管和监测系统相结合成为可能。

管束的缺点就是对管束长度有限制，以及需要一个合适的管束制造商和安装场地。管道和隔热层之间空隙中的对流需要特别对待。

管束建模：

（1）有限元模型；

（2）OLGA2000 FEMTherm 模块。

有限元方法容易模拟各种管束的几何形状和埋置布局，有限元分析软件可用来模拟生产管道、加热管和其他以管束形式结合在一起的管道之间的热作用，来决定 U 值和冷却时间。OLGA2000 FEMTherm 模块可以模拟包含一种流动介质的管束，但它并不适用于间隙内充满了固体隔热材料的情况。一旦 OLGA2000 FEMTherm 模型完成，该模型可以用来对这些组件进行稳态和瞬态模拟。将有限元模型和管束模型所得的 U 值和冷却时间进行比较，有助于获得一个可靠的结果。

16.6.4 埋地

挖沟及回填是提高隔热性能的有效方法，因为土壤的比热容是巨大的，并且可以看作一种天然的储热系统。埋地效果主要是降低 U 值，并显著延长管道的冷却时间（本章第五部分）。埋地后，隔热材料的老化特征需要加以考虑。

表 16－13 列出了 PIP 系统和 B&C 系统中管道隔热影响的比较。由于系统的比热容较大，一个埋地隔热管道的冷却时间会比 PIP 系统要长。而安装一个埋地隔热管道的成本大约为 PIP 系统的 35%～50%。为了充分利用土壤的隔热性，需要一些可靠的土壤数据。如果缺乏这些数据，可能会导致管道隔热系统过于保守。

表 16－13　PIP 和 B&C 对管道隔热影响的比较

PIP 系统	带隔热层及埋地系统
• 在大部分生产周期中，能保持稳态流体中不含水合物和蜡 • 蜡沉积阈值 <5 000 桶每天 • 水合物的形成 <3 000 桶每天 • 隔热妨碍水合物整治 • 蜡沉积主要发生在低流量的立管中	• 管道降温速度比管中套管系统慢，但起始温度较低（低于稳定状态温度） • 低隔热性和土壤的比热容有利于水合物整治 • 低速时蜡沉积沿着整个管道分布更加的均匀 • 蜡及水合物沉积阈值在油田使用期限内更早发生 • 蜡沉积 <12 000 桶每天 • 水合物的形成 <5 000 桶每天

16.6.5 直接加热

主动加热系统一般采用热流体或电力作为加热介质。主动加热的优势主要是它的灵活性,它可以用来延长冷却时间,并保持均匀的流线温度高于蜡和水化物形成的临界温度。它也可以把管道从海水温度加热到一个目标工作水平并避免复杂和危险的启动程序的要求。

1970 年以来,通过电流直接加热管道的方法已经在浅水水域中得到应用,并可以减轻沿整个管道长度的水合物和蜡的沉积问题,该方法在近些年已得到广泛应用。电加热系统也看成是一种在大概 3 天内消除水合物堵塞的有效方法,而在深水生产中所采用的降压方法需要占据数个月。电加热系统在越接近管线孔处,供热越有效,并且热损失最小。跟踪加热可提供最高水平的热效率,并可应用于管束或套管系统中。一个电力系统的加热能力,取决于其线输入功率和容许电压。跟踪加热可以通过使用更高的电压或通过引入中间充电站而应用到很长(≥10 km)的回路中。

表 16 - 14 总结了目前正在使用 EH 或在设计中部分采用 EH 的项目。据报道,管道长在 24 km 以内,单独电力加热管道相比于传统的套管系统可以节省 30% 的潜在资本支出。当管道长度少于 24 km 时,其资本支出优于套管系统,然而,考虑运行关闭时就可以忽略这些成本的不同。当化学品的使用减少、停机和启动时间减少、不需要管线降压和清管和延长冷却时间时,运营成本就会降低。

表 16 - 14 正在使用电加热系统的工程项目

工程名称	直径和长度	水深/m	安装时间	电加热方法	运营模式	状态
Shell Nakika	10 in×6 in PIP	1 900	2003	套管直流	补救	测试
Shell Serrano/Oregano	6 in ×10 in 2 根,10 km 和 12 km	1 000	2001	套管直流	关机时维持温度	正在运行
Statiol Huldra	8 in 单管 15 km	300 ~ 400	2001	接地直流	关机时维持温度 25 ℃	正在运行
Statiol Asgard	8 in 单管 6 根,总长 43 km	300 ~ 400	2000	接地直流	关机时维持温度 27 ℃	正在运行
Statiol Sleipner	20 in 单根,12.6 km	—	1996	感应	维持温度	正在运行

该系统的缺点包括长距离对变压器和电缆的要求、电力成本及实用性和维护方面的困难。典型的例子就是对于一个 $U=1.0\ W/m^2 \cdot K$ 的隔热系统，需要提供 20 ~40 W/m 的电量。该方法不能单独使用，它要求管道必须具有隔热系统。基本的电加热系统有三种，其中包括封闭回路和开放回路系统，以及干燥 PIP 系统。其中前两者是利用电缆或管道周围的海水完成隔热管道的电路循环。

(1)封闭回路系统

该系统直接向两管壁隔离节点提供直流电，该电路由一个沿管道的回路电缆完成。研究结果表明，该系统所需的电能比一个开放的系统约少 30%，所需要的功率与 U 值是成正比的。

(2)开放回路系统(接地电流)

该系统目前在北海的“Asgard”和“Huldra”油田实行，它使用背负式电力电缆来为管道提供电流。回路由管壁和周围的海水组合而成，为电子的流动提供了条件。管道阳极用来限制杂散电流的扩散对附近结构的影响。

(3)套管系统

将被动隔热方法和热追踪系统相组合而使用，直流电或交流电在内管内流通。沿内管运行的光纤传感器可以给管理者提供实时温度分布曲线。所提供的交流电系统通常建议在管道长 20 km 范围内使用。安装过程包括用 T 型接头和变压器将 5 个 20 km 管段连接起来。

16.6.6 热流体加热(间接加热)

将接收设施的剩余能源用来加热和循环热水(类似于管壳式换热器)，这一方法已经应用于集成管束，如布里塔尼亚。在这个实例中，管束的长度限制不超过 10 km，并且热介质仅仅在管道启动或关闭时使用。开始时，该系统通常能够将热介质输送到管道的任一端。

为了能够充分有效地利用剩余能源，必须要注入大量相对高温的流体，这需要储存设施以及巨大的能量来加热流体并保持流体的流动。

热流体循环的主动加热系统通常更适合一般管束，因为它需要大的管道截面。对于热流体循环通常会有一个长度极限，因为它通常涉及一个流体循环回路，在该回路中热介质的温度会下降。

附表：U 值和冷却时间计算表

U-VALUE AND COOLDOWN TIME CALCULATION SHEET

JOB NUMBER:	CUENT
PROJECT NAME	
FLOWLINE:	
DATE:11/19/2004	
VERSION:1.0	DEVELOPER:QIANG BAI
USER:YB	CHECKER:QB

Units:

$$F(T) := 32.0 + \frac{9.0}{5.0}\frac{T}{C}\ ^{\circ}F$$

Input Information:

Pipeline Geometry		
Pipe outer dia meter	$D_o = 0.219$ m	$D_o = 8.62$ in
Wall thickness	$t := 14.3$ mm	$t = 0.56$ in
Insulation layer Thickness		
Insulation layer 1	$t_1 := 0.3$ mm	$t_1 = 0.01$ in
Insulation layer 2	$t_2 := 0.3$ mm	$t_2 = 0.01$ in
Insulation layer 3	$t_3 := 76.2$ mm	$t_3 = 3$ in
Insulation layer 4	$t_4 := 46$ mm	$t_4 = 1.81$ in
Insulation layer 4	$t_5 := 5$ mm	$t_4 = 0.2$ in
Length of pipe	$L_p := 1$ m	$L_p = 3.28$ ft
Thermal Conductivity		
Fluid	$k_f := 0.35\ Wm^{-1}K^{-1}$	$k_f = 0.2$ BTU $ft^{-1}hr^{-1}\,^{\circ}F^{-1}$
Pipe wall	$k_{pipe} := 45\ Wm^{-1}K^{-1}$	$k_{pipe} = 26$ BTU $ft^{-1}hr^{-1}\,^{\circ}F^{-1}$
Insulation layer 1	$k_{l1} := 0.3\ Wm^{-1}K^{-1}$	$k_{l1} = 0.17$ BTU $ft^{-1}hr^{-1}\,^{\circ}F^{-1}$
Insulation layer 2	$k_{l2} := 0.22\ Wm^{-1}K^{-1}$	$k_{l2} = 0.13$ BTU $ft^{-1}hr^{-1}\,^{\circ}F^{-1}$
Insulation layer 3	$k_{l3} := 0.215\ Wm^{-1}K^{-1}$	$k_{l3} = 0.12$ BTU $ft^{-1}hr^{-1}\,^{\circ}F^{-1}$
Insulation layer 4	$k_{l4} := 0.175\ Wm^{-1}K^{-1}$	$k_{l4} = 0.1$ BTU $ft^{-1}hr^{-1}\,^{\circ}F^{-1}$
Insulation layer 5	$k_{l5} := 0.215\ Wm^{-1}K^{-1}$	$k_{l1} = 0.12$ BTU $ft^{-1}hr^{-1}\,^{\circ}F^{-1}$
Specific Heat Capacity		
Fluid	$C_{Pfluid} := 3.054\ 10^3\ J\ kg^{-1}\ K^{-1}$	$C_{Pfluid} = 0.73$ BTU $lb^{-1}\,^{\circ}F^{-1}$
Carbon steel	$C_{Psteel} := 2.29\ 10^3\ J\ kg^{-1}\ K^{-1}$	$C_{Psteel} = 0.55$ BTU $lb^{-1}\,^{\circ}F^{-1}$
Insulation layer 1	$C_{pl1} := 1.6\ 10^3\ J\ kg^{-1}K^{-1}$	$C_{pl1} = 0.38$ BTU $lb^{-1}\,^{\circ}F^{-1}$
Insulation layer 2	$C_{pl2} := 1.95\ 10^3\ J\ kg^{-1}K^{-1}$	$C_{pl2} = 0.47$ BTU $lb^{-1}\,^{\circ}F^{-1}$
Insulation layer 3	$C_{pl3} := 1.95\ 10^3\ J\ kg^{-1}K^{-1}$	$C_{pl3} = 0.47$ BTU $lb^{-1}\,^{\circ}F^{-1}$
Insulation layer 4	$C_{pl4} := 1.95\ 10^3\ J\ kg^{-1}K^{-1}$	$C_{pl4} = 0.47$ BTU $lb^{-1}\,^{\circ}F^{-1}$

续表(续)

Insulation layer 5	$C_{pl5}: = 2.0\ 10^3\ J\ kg^{-1}K^{-1}$	$C_{pl5} = 0.48\ BTU\ lb^{-1}\ {}^{\circ}F^{-1}$
Density		
Fluid	$\rho_f: = 795.8\ kg\ m^{-3}$	$\rho_f = 49.68\ lb\ ft^{-3}$
Carbon steel	$\rho_p: = 7\ 850\ kg\ m^{-3}$	$\rho_p = 490.06\ lb\ ft^{-3}$
Insulation layer 1	$\rho_{I1}: = 1\ 450\ kg\ m^{-3}$	$\rho_{I1} = 90.52\ lb\ ft^{-3}$
Insulation layer 2	$\rho_{I2}: = 900\ kg\ m^{-3}$	$\rho_{I2} = 56.19\ lb\ ft^{-3}$
Insulation layer 3	$\rho_{I3}: = 900\ kg\ m^{-3}$	$\rho_{I3} = 56.19\ lb\ ft^{-3}$
Insulation layer 4	$\rho_{I4}: = 700\ kg\ m^{-3}$	$\rho_{I4} = 43.7\ lb\ ft^{-3}$
Insulation layer 5	$\rho_{I5}: = 890\ kg\ m^{-3}$	$\rho_{I5} = 55.56\ lb\ ft^{-3}$
PROPERTIES OF AMBIENT SURROUNDING		
BURIED PIPELINE		
Depth of cover to center line	$Z: 0.0\ m$	
Thermal conductivity of soil/clay	$k_s = 1.22\ W\ m^{-1}\ K^{-1}$	
SURFACE LAID PIPELINE		
If the depth of cover, Z, is set to 0. the ambient condition is sea water.		
Density of sea-water	$\rho_{H_2O}: = 1\ 026\ kg\ m^{-3}$	
Vis cosity of sea-water	$\mu_{H_2O}: = 0.001\ 82\ Pa\ s$	
Thermal conductivity of seawater	$k_{H_2O}: = 0.56\ W\ m^{-1}K^{-1}$	
Velocity of sea-water	$V_{H_2O}: = 1.6\ ft\ s^{-1}$	
Specitic heat capacity	$C_{PH_2O}: = 4\ 300\ 10^3\ J\ kg^{-1}\ K^{-1}$	
Ambient temperature	$T_a: = 4.28\ ℃$	
Internal Fluid Flow Paremeters		
Reynold number of internal fluid:	$Re_f: = 1.35 \times 10^6$	
Prandle number of intemal fluid:	$Pr_f: = 3.5$	
Initial fluid temperature	$Tf_0: = 87.0\ ℃$	
Time step	$\Delta t: = 0.01\ hr$	
Safty operation temperature	$T_c: = 64\ ℃$	
Calculations:		
Pipe internal diameter	$D_i: = D_o - 2t$	$D_i = 0.19\ m$
Inside film heat tran sfer coefficient	$h_i: = 0.023\ Re_f^{0.8}\ Pr_f^{0.3}\ \frac{k_f}{D_i}$	$h_i = 4.94 \times 10^3\ W/m^2K$
Inside film resistance	$R_i: = \frac{D_o}{D_i\ h_i}$	$R_i = 2.33 \times 10^{-4}\ m^2\ K/W$
Pipewall resistance	$R_{pipe}: = \frac{D_o \ln \frac{D_o}{D_i}}{2k_{pipe}}$	$R_i = 3.41 \times 10^{-4}\ m^2\ K/W$

续表(续)

Insulation 1 resistance	$R_{I1} := \dfrac{D_o \ln \dfrac{D_o + 2t_1}{D_o}}{2\ k_{I1}}$	$R_{I1} = 9.99 \times 10^{-4}\ m^2\ K/W$
Insulation 2 resistance	$R_{I2} := \dfrac{D_o \ln \dfrac{D_o + 2(t_1 + t_2)}{D_o + 2t_1}}{2\ k_{I2}}$	$R_{I2} = 1.36 \times 10^{-3}\ m^2\ K/W$
Insulation 3 resistance	$R_{I3} := \dfrac{D_o \ln \dfrac{D_o + 2(t_1 + t_2 + t_3)}{D_o + 2(t_1 + t_2)}}{2\ k_{I3}}$	$R_{I3} = 0.27\ m^2\ K/W$
Insulation 4 resistance	$R_{I4} := \dfrac{D_o \ln \dfrac{D_o + 2(t_1 + t_2 + t_3 + t_4)}{D_o + 2(t_1 + t_2 + t_3)}}{2\ k_{I4}}$	$R_{I4} = 0.14\ m^2\ K/W$
Insulation 5 resistance	$R_{I5} := \dfrac{D_o \ln \dfrac{D_o + 2(t_1 + t_2 + t_3 + t_4 + t_5)}{D_o + 2(t_1 + t_2 + t_3 + t_4)}}{2\ k_{I5}}$	$R_{I5} = 0.01\ m^2\ K/W$
U value based on pipeline ID	$U_i := U_o \cdot \dfrac{D_o}{D_i}$	$U_i = 2.74\ W/m^2 K$

Cooldown calculation

Initial temperatures of system for cooldown

Wall $\quad Tp_0 := Tf_0 - U_o \cdot \left(R_i + \dfrac{R_{pipe}}{2}\right) \cdot (Tf_0 - T_a)$

Insulatioin layer 3 $\quad TI3_0 := Tf_0 - U_o \cdot \left(R_i + R_{pipe} + R_{I1} + R_{I2} + \dfrac{R_{I3}}{2}\right) \cdot (Tf_0 - T_a)$

Insulatioin layer 4 $\quad TI4_0 := Tf_0 - U_o \cdot \left(R_i + R_{pipe} + R_{I1} + R_{I2} + R_{I3} + \dfrac{R_{I4}}{2}\right) \cdot (Tf_0 - T_a)$

Insulatioin layer 5 $\quad TI5_0 := Tf_0 - U_o \cdot \left(R_i + R_{pipe} + R_{I1} + R_{I2} + R_{I3} + R_{I4} + \dfrac{R_{I5}}{2}\right) \cdot (Tf_0 - T_a)$

Inside fluid film heat transfer coefficient for laminar flow

(Velocity of internal fluid is extremely low during cooldown)

$$h_l := 3.66 \cdot \frac{k_f}{D_i} \qquad h_l = 6.73\ W/m^2 \cdot K$$

Inside laminar film resistance

$$R_l := \frac{D_o}{D_i \cdot h_l} \qquad R_l = 0.17\ m^2 K/W$$

Cooldown temperature profiles of fluid, pipe and insulation layer 3, 4 and 5

$i := 0..10000$

续表(续)

$$\begin{pmatrix} Tf_{i+1} \\ Tp_{i+1} \\ Tl3_{i+1} \\ Tl4_{i+1} \\ Tl5_{i+1} \end{pmatrix} := \begin{bmatrix} Tf_i - \frac{A_o \cdot \Delta t}{W_f \cdot Cp_{fluid}} \cdot \left(\frac{Tf_i - Tp_i}{R_1 + \frac{R_{pipe}}{2}} \right) \\ Tp_i - \frac{A_o \cdot \Delta t}{W_p \cdot Cp_{steel}} \cdot \left(\frac{Tp_i - Tf_i}{R_1 + \frac{R_{pipe}}{2}} + \frac{Tp_i - Tl3_i}{R_{l1} + R_{l2} + \frac{R_{l3}}{2} + \frac{R_{pipe}}{2}} \right) \\ Tl3_i - \frac{A_o \cdot \Delta t}{W_{l3} \cdot C_{pl3}} \cdot \left(\frac{Tl3_i - Tl4_i}{\frac{R_{l3}}{2} + \frac{R_{l4}}{2}} + \frac{Tl3_i - Tp_i}{R_{l1} + R_{l2} + \frac{R_{l3}}{2} + \frac{R_{pipe}}{2}} \right) \\ Tl4_i - \frac{A_o \cdot \Delta t}{W_{l4} \cdot C_{pl4}} \cdot \left(\frac{Tl4_i - Tl3_i}{\frac{R_{l3}}{2} + \frac{R_{l4}}{2}} + \frac{Tl4_i - Tl5_i}{\frac{R_{l4}}{2} + \frac{R_{l5}}{2}} \right) \\ Tl5_i - \frac{A_o \cdot \Delta t}{W_{l5} \cdot C_{pl5}} \cdot \left(\frac{Tl5_i - Tl4_i}{\frac{R_{l5}}{2} + \frac{R_{l4}}{2}} + \frac{Tl5_i - T_a}{R_{surr} + \frac{R_{l5}}{2}} \right) \end{bmatrix}$$

$$f(Tf, T_c) := \left| \begin{array}{l} i \leftarrow 0 \\ \text{break if } T_a = Tf_i \\ \text{while } Tf_i \geqslant T_c \\ \quad i \leftarrow i + 1 \\ i \end{array} \right.$$

This conditional statement is employed to identify whether the critical condition (i. e. WAT or HFT) is breached.

$$Critical\_Time := f(Tf, T_c) \cdot \Delta t$$

Critical time is the required time for fluid coolling down to the critical temperature

Cooldown Time: Critical_Time = 19.55hr

$$Time_i := i \cdot \frac{\Delta t}{hr}$$

参考文献

[1] Cochran S. Hydrate Control and Remediation Best Practices in Deepwater Oil Developments [C] // OTC 2003, Houston, USA, Offshore Technology Conference, 2003.

[2] Boyun G, Shengkai D, Ali G. A Simple Model for Predicting Heat Loss and Temperature Profiles in Thermal Injection Lines and Wellbores with Insulations [C]// SPE 2004, Bakersfield, California, SPE International Thermal Operations and Heavy Oil Symposium and Western Regional Meeting, 2004.

[3] Grealish F, Roddy I. State - Of - The - Art on Deep Water Thermal Insulation Systems[C]//

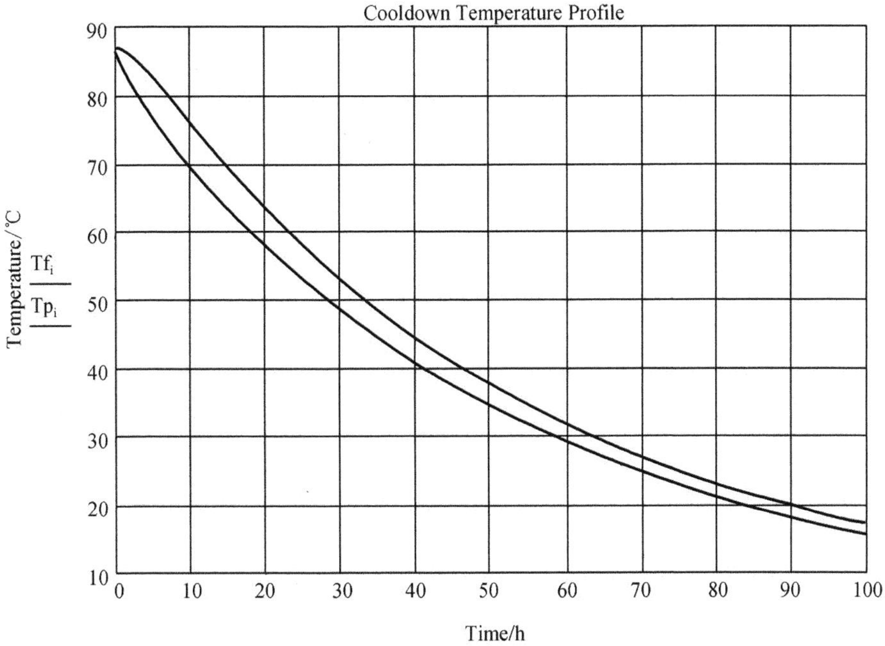

OMAE 2002, Oslo, Norway, ASME, 2002.

[4] Gregory G A. Estimation of Overall Heat Transfer Coefficient for the Calculation of Pipeline Heat Loss/Gain[Z]. Calgary, Alberta, Canada: Neotechnology Consultants Ltd., 1991.

[5] Hausen H. Darstellung des Warmeuberganges in Rohren Durch Verallgemeinerte Potezbeziehungen[J]. Z. VDI Beih. Verfahrenstechnik, 1943, 4(1943): 91.

[6] Hilpert R. Warmeabgabe von geheizen Drahten und Rohren[J]. Forsch Geb Ingenieurwes, 1933, 4(1933): 220.

[7] Horn C, Lively G. A New Insulation Technology: Prediction vs. Results From the First Field Installation[C]// OTC 2001, Houston, USA, Offshore Technology Conference, 2001.

[8] Sund E N B. Introduction to Heat Transfer[M]. Wit Pr Computational Mechanics, 2012.

[9] Farouki O T. Thermal properties of soils[J]. Unknown, 1981, 1.

[10] Loch K. Flowline burial: an economic alternative to pipe – in – pipe[C]// OTC 2000, Houston, USA, Offshore Technology Conference, 2000.

[11] Melve B. Design Requirements for High Temperature Flowline Coatings[C]// OMAE2002, Oslo, Norway, ASME, 2002.

[12] McKechnie J G, Hayes D T. Pipeline Insulation Performance for Long Distance Subsea Tie – Backs[C]// Long Distance Subsea Tiebacks Conference, Amsterdam, the Netherlands, 2001.

[13] Newson T A, Brunning P, Stewart G. Thermal Conductivity of Consolidating Offshore Clayey Backfill[C]// OMAE2002, Oslo, Norway, ASME, 2002.

[14] Parker J D, Boggs J H, Blick E F. Introduction to Fluid Mechanics and Heat Transfer[M]. Addison – Wesley Reading, MA, 1969.

[15] Pattee F M, Kopp F. Impact of Electrically Heated System on the Operation of Deep Water Subsea Oil Flowline [C]// OTC 2000, Houston, USA, Offshore Technology Conference, 2000.

[16] Power P T, Hawkins R A, Christophersen H P, et al. ROV Assisted Geotechnical Investigation of Trench Backfill Material Aids Design of The Tordis to Gullfaks Flowlines [C]// ASPECT 94, Aberdeen, Uk, And N I C O, Technology, 1994.

[17] Von Herzen R, Maxwell A E. The measurement of thermal conductivity of deep - sea sediments by a needle - probe method[J]. Journal of Geophysical Research, 1959, 64(10): 1557 - 1563.

[18] Wang X, Chin Y, Perera R, et al. Convection Heat Losses through Installation Gaps between Pipe and Insulation and between Insulation Half Shells [C]// OTC 2000, Houston, USA, Offshore Technology Conference, 2000.

[19] Young A, Osborne R, Frazer I. Utilizing Thermal Properties of Seabed Soils as Cost - Effective Insulation for Subsea Flowlines [C]// OTC 2001, Houston, USA, Offshore Technology Conference, 2001.

[20] Zhang J, Chen M, Wang X, et al. Thermal Analysis and Design of Hot Water Heated Production Flowline Bundles [C]// OTC 2002, Houston, USA, Offshore Technology Conference, 2002.

第17章 水合物

17.1 简 介

天然气水合物是一种由水分子和油气中某些小分子（如甲烷、乙烷、丙烷、氮、二氧化碳和硫化氢）在物理作用下生成的一种结晶体。在高压和相对低温的条件下，在含水的烃类气体中很容易生成天然气水合物。

随着深水开发活动的日益频繁，天然气水合物问题已经成为近海工业首要问题之一。深水作业已在诸如墨西哥湾、西非和北海等世界各地广泛进行。天然气水合物问题最常发生在钻井和生产过程中。在适宜的温度和压强下，只要有天然气和水存在，水合物随时随地可能产生。如图 17 －1 所示为一个简化的近海深水系统，从油井到平台输出管道均有可能发生水合物堵塞。水合物堵塞最可能发生在油井、管道变向处和立管部分，而很少发生在井下安全阀和平台后的输出管道中。一般来说，油气在井下安全阀前的压强和温度较高，这使得流体温度大于相同压强下水合物生成所需的温度。通常天然气的分离、干燥和压缩的过程在平台上进行。首先，多相油气被分离成气、油、水三相；然后，对天然气进行干燥脱水；最后，天然气经压缩后输出。当天然气和水在平台上被分离后，由于没有水的存在，平台后的天然气输出管道中不会有水合物生成。

如图 17 －2 所示为墨西哥湾地区典型的海水温度与水深的关系。在海水表面，各个季节的水温变化偏差大约在 15 ℉左右。当水深超过 3 000 ft 时，水温随季节的变化很小，且水温基本保持在 40 ℉左右。在井口及 X 型采油树中，有很多阀门用以控制生产流程。由于深水的环境温度通常在 40 ℉左右，在生产系统开启或关闭时，在井口和采油树中很可能生成水合物。在稳态工作状况下，由于油气的流量较大且温度较高，可能不会有水合物生成。在大部分深水作业中，适宜的水温环境是生成水合物的主要原因，不过也有大量例子表明当天然气通过阀门时，由于天然气的 JT 冷却效应也能导致水合物的产生，该过程通常发生在水下系统中及操作平台上。如果没有隔热系统或其他温控系统，管道内的流体从油井沿水下管道流动几英里之后，其温度就会降至环境温度。单位长度内的冷却速度与流体的组成、管道内流体的流量、环境温度、管道直径以及其他热传导因素有关。

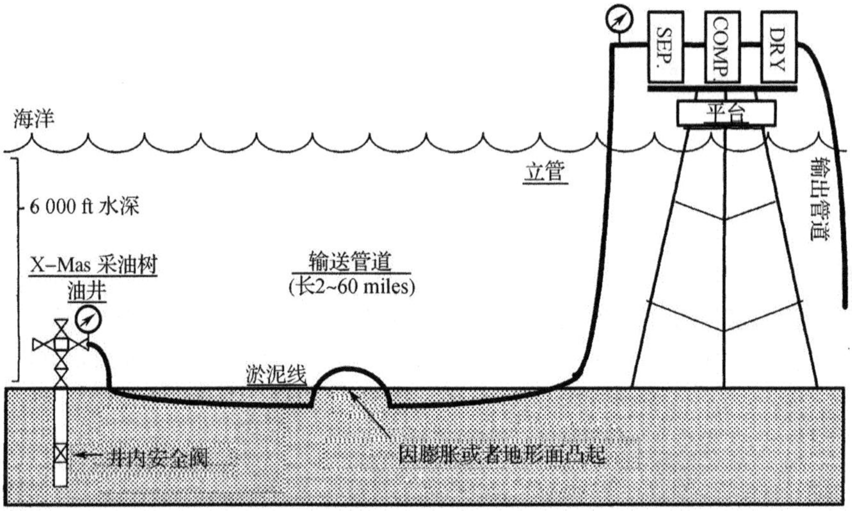

图 17－1　典型的近海油井、生产管道以及平台

由于水合物可能导致管道、阀门和其他水下设施发生堵塞，因此，在近海工程中要尽量避免水合物的生成。水合物问题在深水天然气采集中占有重要地位，因为深水环境下的温度和压强适宜水合物的生成。由于可能生成水合物的原因，油气系统中存在一定量的水就会给生产带来相当大的麻烦。当温度和压强处在水合物生成所需的条件范围内时，一旦水和烃类分子接触，水合物就会大量生成。水合物结晶体会引起管道堵塞，这将导致安全问题，且需要花费大量时间来清理水下设备和管道，因此，由水合物堵塞所导致的经济损失是巨大的。因此，水合物堵塞的预防和整治是设计深水开发系统中需要考虑的重要因素。

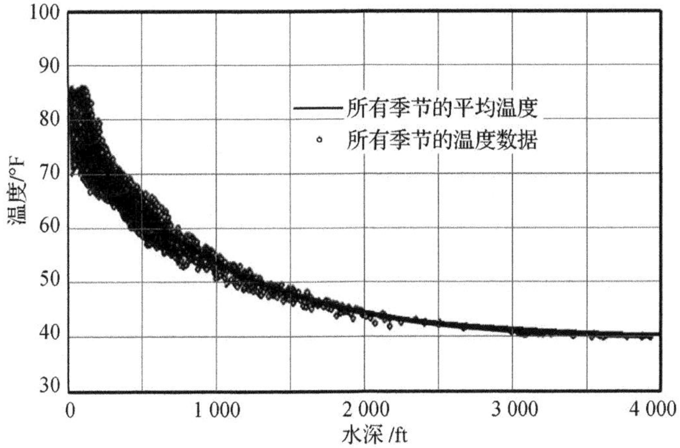

图 17-2　墨西哥湾各季节不同水深处的海水温度

以下是本章对水合物问题讨论的几个要点。

(1)水合物的基础知识；

(2)水合物的生成过程及后果；

(3)水合物防治技术；

(4)水合物的整治；

(5)水合物控制的设计理念；

(6)热抑制剂的回收。

17.2　水合物的物理性质和相特性

17.2.1　概述

天然气水合物是一种由分子量小的客体分子所组成的结晶水结构，它们通常被称为笼形水合物。天然气分子的特性决定了结晶体结构的稳定性，使得水合物的熔点高于冰。天然气水合物一般有三种结晶体结构，生成哪种结晶体结构主要是由客体分子的大小决定的。它们是亚矿物，其生成过程、稳定性以及分解过程是由天然气和水的压强、温度、构成以及其他特性决定的。水合物的成分包括氮、二氧化碳、硫化氢、甲烷、乙烷、丙烷、异丁烷、正丁烷以及其他一些 C5 – C8 的环烃。如图 17 – 3 所示为油气生产管道系统中发现的一种典型的水合物晶体结构。

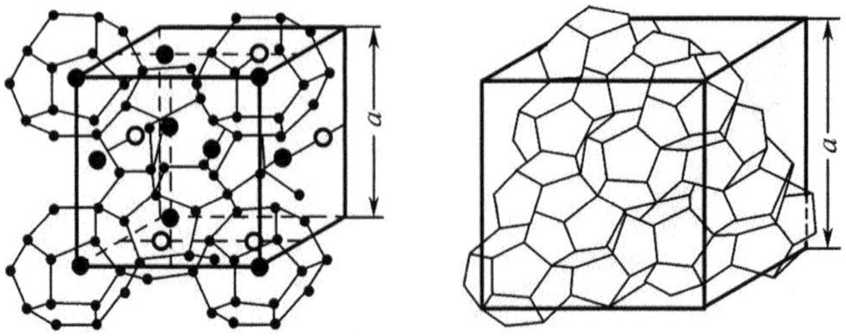

图 17 – 3　油气管道中的水合物晶体结构

天然气水合物的组成成分中大约有 85% mol 的水。因此,它与冰的物理特性相似,例如,水合物的外观及力学性质就和冰类似。水合物的密度会因客体分子的特性和生成条件的不同而有所不同,但一般和冰的密度差不多。因此,水合物能够浮在水及油气的表面,不过,有时候水合物也会停留在水下部。如果水合堵塞物从管壁上脱离,它将像冰弹一样随油气一起在管道中流动,这很可能在管道直径缩小或弯曲部位对管道造成破坏。

天然气水合物的生成需要 4 种条件:水、轻烃类气体、低温以及高压。这 4 个条件缺少任何一个,水合物都不会生成。水合物问题可能出现在稳态操作过程中,但在瞬态操作中更易发生。例如,关闭阀门时,水下管道的温度将会降至周围环境的温度。在这种高压和低温的环境下,只要有足够的时间,水合物就会生成。

在关闭过程中,气、油和水的分离程度在某种程度上限制了水合物的生成。尽管水合物的生成不需要气和水的直接接触,但油层的干预还是减慢了生成水合物所需的分子运动。另外,通常在水油交界处生成一层薄薄的水合物薄膜,这也阻止了水分子和气体分子的更多接触。管道在关闭时没有发生堵塞,当油井重启动时,搅动破坏了水合物薄膜层,使得过冷水和气体得到了很好的混合。水合物的快速生成容易导致管道在地势较低处发生堵塞,因为这些部位的流体流速逐渐加快。含水量越大堵塞会越严重,因为这会使得大量的水合物相互接触碰撞从而结合得更紧密。另外,流量受限处和管道走向改变处也是易生成水合物的地方,如弯头和立管处。

水合物堵塞也可能发生在水下原油生产系统中。大部分深水石油生产系统不会产生大量的水,但随着含水量的增加,石油管道中水合物堵塞的发生概率也必然会提高。在某些原油中,即使有水合物生成也不会发生管道的堵塞,这些水合物在流体中以小颗粒的形式分散存在且很容易流动。不过,当含水量足够高时,这些石油管道最终也会发生水合物堵塞。

17.2.2　水合物的生成和分解

水合物的生成和分解曲线常用来描述水合物生成、分解过程中压力和温度的关系。这些曲线可以由一系列实验得到，不过通常可用热力学软件（如 Multiflash 或 PVTSIM）预测得到，预测时要考虑系统中水和烃的含量。为了得到这些压力－温度曲线，整个水下油气系统必须处于稳态和瞬时状态下以防止水合物的生成。

如图 17－4 所示为这些曲线中的一条，它表明天然气水合物的稳定性是关于温度及压强的函数。分解曲线右边是水合物不会生成的区域，系统在这个温度和压强范围内运作，不会出现水合物堵塞问题。水合物生成曲线以左，水合物保持热力学稳定且有继续生成的趋势，但这并不意味着水合物必定会生成，或者已经生成的水合物会造成管道堵塞以造成系统的工作故障。水合物的稳定性随着压力的升高和温度的降低逐渐增强。一般来说，水合物的生成会有一个延迟，或者说温度需要降低到水合物稳定温度以下才会有水合物生成。讨论天然气水合物时经常会用到系统过冷度的概念，它是指相同压强下水合物稳定温度和实际工作温度的差值。例如一个系统在 40 ℉和 3 000 psi 下运行，而水合物的分解温度为70 ℉，则此时系统拥有 30 ℉的过冷度。

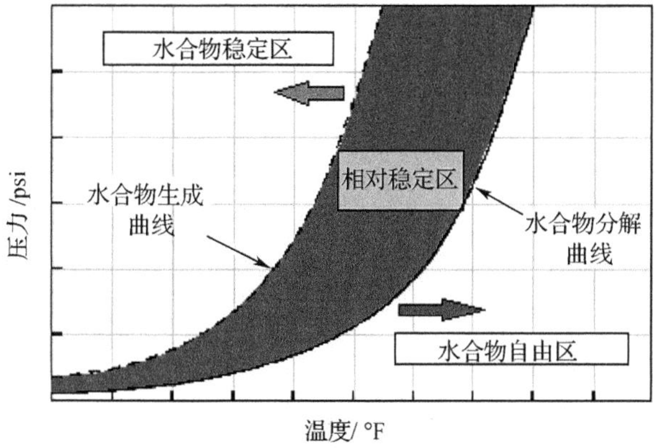

图 17－4　水合物生成和分解区域

由于存在着不生成水合物的系统过冷度，导致在水合物生成温度和水合物分解温度之间形成一个区域，称为亚稳定区，这个区域中的水合物是不稳定的。一些软件包试图预测这个亚稳定区，一般系统在亚稳定区的条件下生产是不安全的。尽管水合物生成温度和分解温度的差值很容易由实验得到，但定量分析所需的设备和技术还不成熟。

当油气系统所处的温度和压强接近分解曲线时，即使流体中含有水，水合物也可能不会在几小时、几天内生成，甚至根本生成不了。只有具备足够大的过冷度，水合物的生成速率才会对系统产生实际影响。如图 17－5 所示为不同过冷度下生成水合物所需要的时间。随着过冷度的增加，水合物生成所需的时间呈指数下降。一般情况下，当过冷度高于 5 ℉时，在油管中的油气－水交界面将生成水合物。

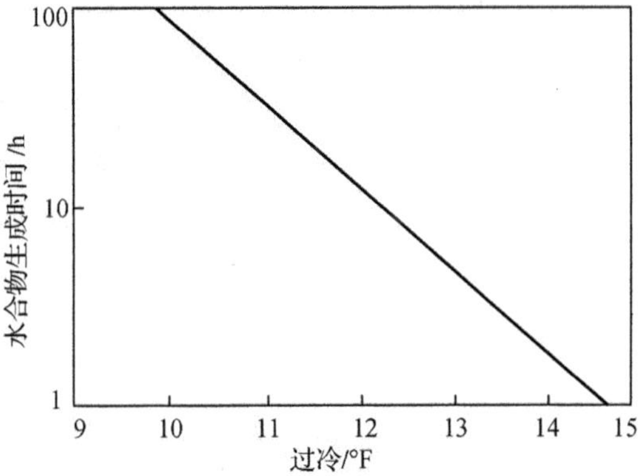

图 17－5　不同过冷度下的水合物生成所需的时间

从热力学角度可以得出水合物生成所需的温度、压强及成分，但不能得出水合物堵塞会在何时、何地发生。水合物堵塞可能在几分钟之内就发生，也可能要几天后才会妨碍生产。水合物堵塞有 2 种形成机制：一种是水合物在管道底部缓慢生成，逐渐限制流体的流动；另一种是水合物在流体中凝结，形成大块的凝结体以堵塞管道。在生产现场，这两种形成机制均可以观察到，不过后者发生的可能性更大。尽管知道在某些位置（如节流器）容易造成水合物堵塞，水合物堵塞的力学机理尚不明确。

水合物控制的重点是使系统环境保持在水合物稳定的区域之外。在石油生产过程中，系统温度一般高于水合物生成温度，即使是处在高压下（5 000～10 000 psi）的井口也是这样。然而，当系统关闭时，即使系统具有良好隔热性能，其温度也最终会降至环境温度，其中墨西哥湾的深水环境温度一般只有 38～40 ℉。目前，有很多方法可以对水合物的生成进行预测，其中大部分都是建立在轻烃系统的基础上的，它们的区别在于计算过程中所考虑的各种因素在复杂程度上的不同。Peng-Robinson 法是一种典型的状态方程法（EOS），目前广泛地用于预测水合物生成和分解的边界曲线。

近十年来,有关水合物的研究取得了很大的进展。水合物的分解曲线可在 1～3 ℉、不含海水的浓盐水中进行预测得到。水合物分解曲线为水合物的管理设计提出了典型的要求,这些要求是偏保守的。对水合物热抑制剂、甲醇以及乙烯乙二醇抑制效果的预测,其精确度在可接受的范围内。

当系统的温度和压强处于水合物生成区域,轻烃类分子和水接触会不断生成水合物并逐渐造成管道堵塞。清理水下设备或管道中的水合物堵塞存在着安全隐患,而且费时费钱。一般防止水合物生成有以下几种方法:温度控制,压强控制,脱水,使用甲醇、乙烯、乙二醇和低剂量热抑制剂等化学抑制剂使热力学平衡产生偏移。

17.2.3 盐、甲醇、气体成分对水合物的影响

添加水合物抑制剂可使水合物分解曲线向低温处移动。甲醇、乙醇、乙二醇、氯化钠和氯化铝都是常见的热力学抑制剂。Hammerschmidt 提出了一个简单的公式,该公式可用来大致估算水合物生成曲线的温度偏移量:

$$\Delta T = \frac{KW}{M(100 - W)} \tag{17-1}$$

式中 ΔT——温度偏移量,℃;

K——常数,由表 17-1 查得;

W——单位质量液体中所含抑制剂的质量;

M——抑制剂的分子量与水的分子量之比。

表 17-1 各种抑制剂的 K 值

抑制剂	K 值
甲醇	2 335
乙醇	2 335
乙二醇(MEG)	2 700
二甘醇(DEG)	4 000
三甘醇(TEG)	5 400

Hammerschmidt 方程是根据超过 100 个、水中抑制剂含量为 5%～25% 的天然气水化测定实验求得的。与 75 个数据点比较,这个方程大约有 5% 的误差。酒精等分子量较大的水合物抑制剂的抑制效果较弱,例如,甲醇的抑制效果比乙

醇和乙二醇更好。在同等百分含量条件下,甲醇比乙二醇使温度偏移量更大,不过在平台上,乙二醇(MEG)比甲醇更难挥发,且比甲醇更易回收、再生循环。

如图 17-6 所示为各种抑制剂在含量为 20% 时,对水合物生成曲线的影响。盐、甲醇和乙二醇作为热力学水合物抑制剂使得水合物稳定曲线向左偏移,其中盐对水合物稳定温度的影响最大。在同等质量条件下,盐是最有效的水合物抑制剂,因此,在对水合物问题进行防治设计时,准确计算海水盐度是很重要的。在近海油气田中,乙二醇(MEG)比二甘醇(DEG)和三甘醇(TEG)更常用,因为乙二醇(MEG)黏度较低且在使用相同质量条件下效果更好。

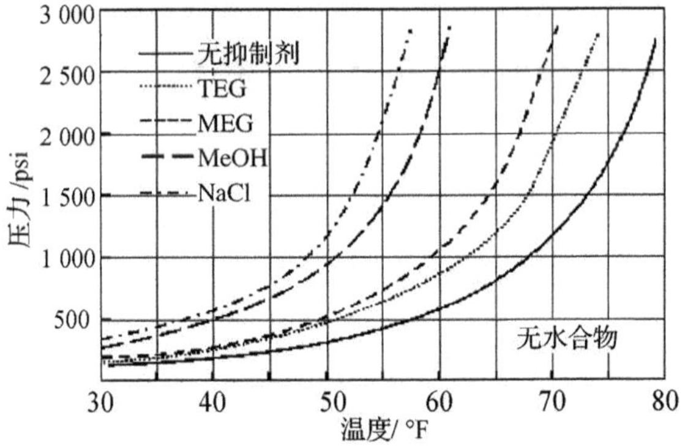

图 17-6　热力学抑制剂对水合物生成的影响

如图 17-7 所示为流体中含盐量对水合物生成曲线的影响。在相同的压强条件下,海水中含盐量的增加会使水合物曲线向更低温度的方向偏移,但盐的溶解度会受到温度的限制。

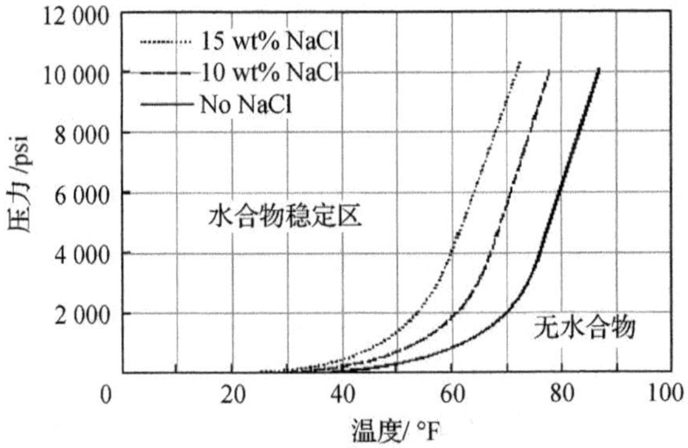

图 17-7　盐对水合物生成的影响

如图 17－8 所示为气体成分对水合物生成曲线的影响。在相同压强条件下,气体分子中小分子含量越多,水合物生成的温度越低。

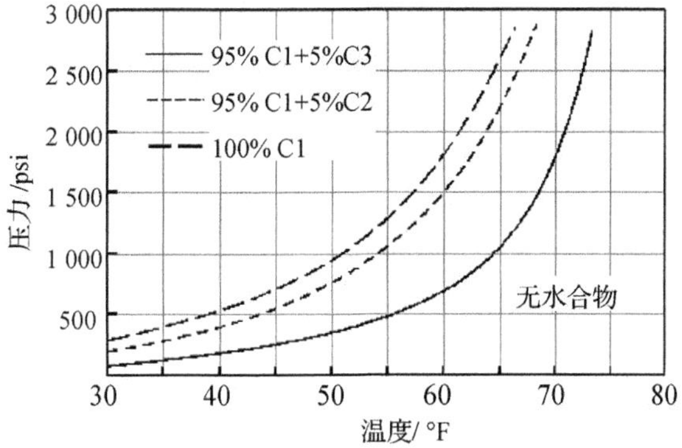

图 17－8　气体成分对水合物生成的影响

如图 17－9 所示为不同百分含量的甲醇对水合物生成曲线的影响。甲醇的百分含量越高,水合物生成曲线的温度偏移量越大。

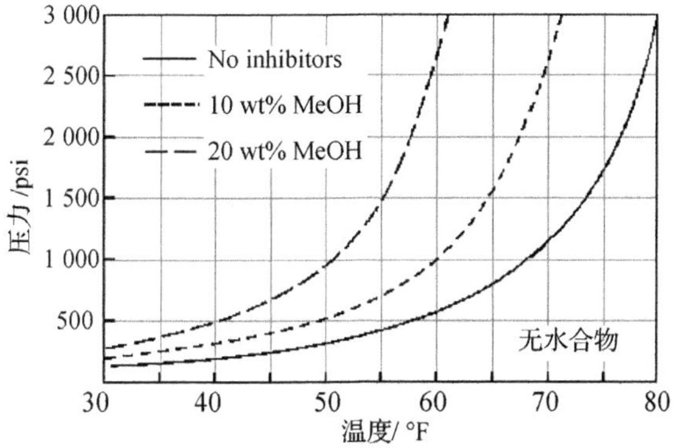

图 17－9　甲醇对水合物生成的影响

17.2.4　水合物抑制剂的作用机理

水下工程中所用的水合物抑制剂有 2 种:热力学抑制剂(THIs)和低剂量水合物抑制剂(LDHIs)。

最常用的热力学抑制剂是甲醇和乙二醇(MEG),乙醇、某些乙二醇以及盐也都是有效的抑制剂。它们通过降低温度来抑制水合物的生成,这就像在水中添加反凝结剂来降低冰点一样。

LDHIs 包括抗凝剂和动力抑制剂。近年来,LDHIs 在水下工程中得到了广泛地应用,它在很低的浓度下(质量百分率小于 1%)就能有效地防止水合物堵塞,比甲醇和二醇类热力学抑制剂所需浓度都低。与热力学抑制剂不同,LDHIs 不改变水合物生成温度,它们主要防止水合物晶体的生成或晶体的凝聚。在过冷度较大时,抗凝剂比动力抑制剂的抑制效果更好,不过,LDHIs 不能回收且价格昂贵。LDHIs 和 THIs 对水合物抑制的作用机理不同,如图 17-10 所示。

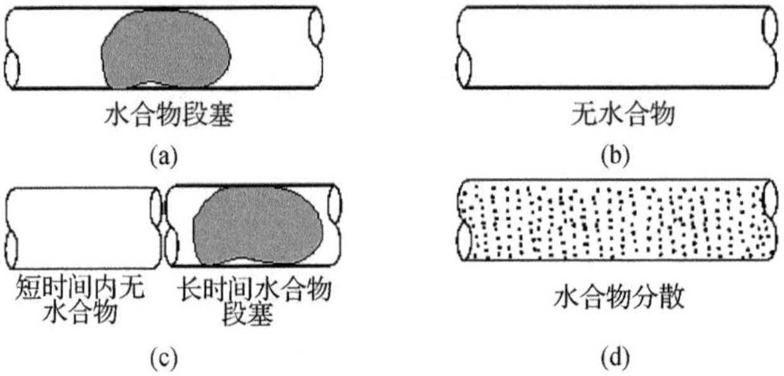

图 17-10 水合物抑制剂作用机理

(a)无抑制剂;(b)热力学抑制剂;(c)运动学抑制剂;(d)A-As 抑制剂

在正常生产过程中 LDHIs 更常用,因为它们用量少从而使得价格相对便宜。在短期生产过程中,对剂量的要求不是很高,所以更倾向于选择甲醇作为抑制剂,而 LDHIs 用得较少。

(1)热力学抑制剂

THIs 通过改变水的化学势能来降低水合物生成温度,从而抑制水合物的生成。这就像在水中加入抗冻剂来降低冰点一样。THIs 包括甲醇、乙醇等。一般情况下,甲醇会气化并与管道中的气体混合,然后溶解在液体中以防止水合物生成。水合物抑制剂只在液相状态下才能起到抑制作用,在气相或油/凝析状态下是没有抑制效果的。虽然大部分甲醇能够溶于水中,但还是有很多甲醇仍处于气态或油/凝析相。因此,处于气态或油/凝析状态的甲醇通常被看成一种经济损失。

(2)低剂量水合物抑制剂

动力抑制剂(KIs)是一种可溶于水的小分子聚合物或共聚物,它们黏着在水合物表面,延缓水合物晶体凝聚,从而防止水合物堵塞的发生。这种抑制剂先通过载体溶剂进行溶解,然后注入到管道液体中。抑制剂的抑制效果不受含水量影响，不过只能在较低的过冷度下（小于 20 ℉）才能起效，这意味着它们在深水环境下可能失效。因此，过冷度较大时，KIs 必须和热力学抑制剂联合使用。另外，KIs 的抑制效果是受时间限制的。因此，当系统长时间处于关闭状态时，它们的作用效果是有限的。KIs 已在北海和墨西哥湾中得到应用。系统长期关闭将需要对生产系统进行降压，这使得重启过程变得复杂。另外，系统的重启需要单独使用甲醇而无须使用 KIs。KIs 通常被称为环保型抑制剂。

抗凝剂（AAs）是表面活性剂，它可使液相物质像水滴一样处于悬停状态。当悬停的液相物质为水合物时，管道内的流体仍能保持正常流动而不发生堵塞。抗凝剂允许生成水合物晶体，使水合物晶体保持在小分子状态并均匀分散在油气中。比起热动力抑制剂阻止水合物生成，抗凝剂更多的是阻止水合物的凝聚。抗凝剂能在大于 40 ℉的过冷度下起作用，所以适用于深水环境，且已经在墨西哥的深水产油系统中得到了成功的应用。抗凝剂的效果会受油和凝析油种类、水盐浓度和含水量的影响。对于深水环境中天然气的开发，抗凝剂只有在充分凝析状态下才有效，这使得原位含水量少于 50%。关闭和重启时可能仍需要甲醇。抗凝剂有毒性，且可能使水合物的微小晶体转化成油/凝析相且保持不变。

17.3 水合物防治

通常水下生产系统中含有少量的水，这使得甲醇和乙醇能不断与水相作用从而阻止水合物生成。在给定压强下，这些抑制剂通过使水合物生产温度曲线向低温区偏移来阻止水合物的生成。如果系统中含水量过高，就很难有效地和甲醇共同作用。因此，设计系统时要综合考虑各方面因素，且在系统启动和关闭等瞬态操作过程中要设置复杂的操作步骤来控制水合物生成。

水下系统的水合物防治技术包括使用热力学抑制剂、使用低剂量水合物抑制剂、低压作业、脱水、隔热、主动加热等。

17.3.1 热力学抑制剂

深水油气开发过程中，最常用的防治水合物生成的办法就是加入热力学抑制剂，如甲醇、乙醇等。尽管乙醇、其他乙二醇以及盐也有较好的抑制效果，但甲醇和乙二醇（MEG）是最常用的抑制剂。

不论是甲醇还是乙二醇(MEG),抑制剂的注入率都是一个关于出水量和抑制剂剂量的函数。抑制剂加入量是一个关于系统设计温度、压强和生产流体的成分的函数。出水量乘以甲醇剂量就是抑制剂注入率,它在整个生产过程中随着压强的降低和水量的增加而不断变化。

在前期工程设计中,水合物抑制剂的选择至关重要,且需要遵照以下几个原则。

(1)上部生产设备的成本,特别需要更新的设备的成本;

(2)水下设备的成本;

(3)平台质量和面积的限制;

(4)水下排放的环境限制;

(5)油气对下游运输和生产所造成的污染和影响;

(6)安全考虑;

(7)系统的可操作性;

(8)抑制剂的局部可行性。

如表17-2所示为甲醇和乙二醇(MEG)作为抑制剂的优点和缺点的比较:

表17-2 甲醇和MEG的优缺点比较

	优点	缺点
甲醇	相同质量条件下,比MEG降低更多的水合物生成温度; 较低的黏性; 不易引起盐析; 回收费用比MEG小; 在墨西哥大约1美元/加仑	气态和凝析的甲醇较多,导致回收率较低(小于80%); 对下游生产造成污染; 低燃点; 水下排放受环境限制
MEG	易于回收,回收率为99%; 气态/凝析态MEG较少; 在墨西哥大约2.5美元/加仑	黏性较高,影响脐带缆和水泵的工作性能; 不适用于重启过程,以液态形式沉积在管道底部; 易引起盐析

只要注入的剂量足够,甲醇和MEG都是有效的抑制剂。在深水环境生产系统中,抑制剂剂量一般为每桶水兑0.7~1桶抑制剂。甲醇能更有效地降低水合物生成温度,但由于不少甲醇处于气态或凝析态,效果大打折扣。抑制剂的选择通常要考虑经济、下游的流程规范、环境问题和经营者偏好等因素的影响。

水合物抑制系统的成本由前期成本(主要为回收系统的成本)决定,也受抑制剂损失的影响。甲醇价格较便宜但回收率较低。此外,甲醇的回收系统比

MEG 的回收系统的成本低 50%。使用甲醇作为抑制剂的水下生产系统，其成本在开始时比较低，但随着生产过程的进行，由于回收率低，成本会越来越高。

使用热力学抑制剂可能存在以下风险。

(1)剂量使用过低，特别是在产水率未知的情况下；

(2)抑制剂未能到达指定地点(操作失误或设备问题)；

(3)环境问题，特别是对甲醇排放的限制；

(4)保证较远位置的抑制剂的供应；

(5)保证材料和化学物质的兼容性等；

(6)将甲醇输送到平台的过程中存在安全问题。

17.3.2 低剂量水合物抑制剂

在抗凝剂和动力抑制剂不断发展的同时，LDHI 的价格仍然相对较高，不过随着它们应用范围的不断扩大，价格降低指日可待。另一个潜在的优点是随着出水量的不断增多，它们还能延长油井寿命。

17.3.3 低压

低压操作就是使系统压强保持在比相应环境压强低的状态下，这个压强是由水合物分解曲线决定的。在环境温度为 39 ℉(4 ℃)的深水环境中，其水合物生成的压强大约为300 psi 或者更小。井筒在这么低的压强下工作是不切实际的，因为在深水中，立管或长距离回接引起的压力损失是巨大的。

通过使用水下节流器和保持生产管道处于低压状态，水合物分解温度和生成温度的差值(即过冷度)变小了。较低的过冷度将减弱水合物生成的动力，还能使抑制剂的使用量降低到最小。

17.3.4 脱水

如果产出液经过充分的脱水，水合物将不会生成。脱水是油气输出管道中防治水合物的常用方法。对水下生产系统，水下分离系统可以减少水下管道中的含水量。应用水下分离系统的好处不仅在于可以控制水合物生成，还可以通过使产出液更容易流动并且更易上浮，来增加抑制剂的回收率或回收速度。另一个优点就是减少了平台上水的控制、处理和分离。

水下分离系统是一项新的技术，这个系统能在水下靠近采油树的地方从产出液中分离出大量的水。分离系统的主要组成部分有分离器、用于重新注水的水泵以及注水井;辅助组成部分包括检测仪器、水泵和分离器的控制设备、电力传输设备以及注入化学品所需的设备。如果没有分离器,含水率可能高达10%。TP实验显示实际含水量在0.5%~3%的范围内。因为这些水下分离系统不会脱去产出液中所有的自由水,且水在管道较远的下游处可能于冷凝状态。因此,水下系统中产出液的大量脱水并不能完全防止水合物的生成。这些水下分离系统需要和其他水合物防治技术联合使用,比如不断添加热力学抑制剂或LDHIs。水下分离系统的主要风险在于其可靠性。

17.3.5 隔热

隔热法通过使管道的温度保持在高于水合物生成温度来防治水合物,同时也延长了管道流体冷却至水合物生成温度所需要的时间。冷却时间不仅使操作者有时间在关闭和重启系统时恢复系统温度,还能为系统的长期关闭做好准备。

隔热法在天然气生产系统中并不常用,因为产出液的热量较低而且还要经历JT冷却。对天然气系统而言,隔热法只在天然气储藏温度较高和管道回接长度较短时使用。系统隔热的另一个好处是允许系统具有更高的含水量,这与不断地注入抑制剂相比更经济。然而,关闭和重启的操作将会变得更加的复杂。例如,系统的长期关闭必然需要降压。关于隔热法的概述详见第14章。

17.3.6 主动加热

主动加热法包括电加热和热介质循环加热。对于出油管和立管,主动加热法必须和隔热法联合使用,以达到能量需求最小化的目的。

(1)电加热

电加热(EH)是一项迅速发展的技术,已在很多海上油气田中得到应用,例如墨西哥湾的Nakika,Serrano,Oregano和Habanero以及北海的Asgard,Huldra和Sliepner。它的优点包括消除管道降压、简化重启操作以及快速排除水合物堵塞。

电加热技术包括:

① 直接加热,将管道作为导体电阻加热;

② 间接加热,在管道外表面安装电热元件来加热。

(2)管束中热介质循环加热

热介质循环加热和电加热法一样有很多优点。与电加热采用电能为流体提供热量不同,热介质循环加热法通常利用热介质在管道中循环流动来为产出液提供热量，这样的实例包括 Statoil Asgard 和 Gullfaks South，Conoco Britannia 和 BP King。这些管束的设计很复杂，需要综合考虑管束的热力学、机械设计、构造、安装、寿命周期和安全问题等因素的影响。

主动加热技术为管道提供了较好的保护，它将水合物的控制简化为关于能量、隔热和时间的问题。主动加热法不仅提高了水下生产系统的操作可行性，而且使得系统的含水量、系统的启动、管道流量的控制及降压时间对水合物生成的影响显得不再那么重要。

电加热管道技术和小剂量水合物抑制剂技术是水合物防治中两项正在发展的技术，它们能简化水下系统的设计和操作。电加热管道技术减少了水下生产系统中在防治水合物问题上所需要考虑的因素。与依靠长时间排污过程的水合物修复技术不同，电加热法提供了一种更迅捷的方法来加热管道并清除水合物堵塞。电加热法的另一个优点已在第 14 章中介绍。小剂量水合物抑制剂减少了水下系统中需注入和保持流动的化学品用量。在水合物控制中，甲醇的处理速度为每一桶产出水需要一桶甲醇。小剂量水合物抑制剂可以在其浓度为 1% 或低于 1% 时就达到同样效果，这就可以减小脐带缆的尺寸和复杂性。然而，为防止水合物生成，水合物抑制剂要不断注入。

17.4　水合物治理技术

和水合物生成的动力特性一样，人们对于水合物的分解也所知甚少，而将实验数据应用于现场又相当困难。造成该状况的部分原因是流体、热传导和相位平衡之间复杂的相互作用。影响水合物分解的因素包括水合物的粒径、空隙率、渗透率、封闭水量、沉积物的“年龄”以及水合物所处的局部条件。这些局部条件包括温度、压强、与堵塞物接触的流体、管道隔热层等。

水合物生成和分解两个因素共同作用，使得水合物的堵塞非常难以排除，水合物分解需要吸收大量的能量，且水合物中的热传导很缓慢。另外，水合物还会吸收天然气，1 in^3 的水合物中可以包含高达 182 in^3 的天然气，这给管道降压带来很大的安全隐患。水合物分解需要吸收大量的热，如果从管道隔热层到环境的热传导很慢，那正在分解的水合物周围的环境温度就会降低得很快。另外，水合物分解时会释放天然气，这部分天然气也可能发生 JT 冷却效应。基于以上机理，分解过程中会生成额外的水合物和冰。若需要更详尽的关于水合物结构和特性的讨论,读者可以参考 Sloan 的书。

由于设计意在防治水合物堵塞,因此,产业中必须包括水合物堵塞整治的设计和操作规范。因为水下系统经常发生水合物的堵塞,所以需要制订一份水下系统的“水合物堵塞整治计划”,它会告诉操作者如何识别水合物堵塞发生的时间以及如何处理。最先进的系统是以 OLGA 为计算引擎的“在线”和“实时”系统,它可以持续预测管道的温度和压强,当监测到水合物生成条件时发出警报。这个系统也可以精确地指出管道中最可能发生堵塞的位置。

水合物整治技术和水合物防治技术类似,包括以下几点。

(1)单边或双边减压,在环境温度下使压强低于水合物生成所需的压强,水合物的热稳定性因此降低。

(2)热力学抑制剂,抑制剂通过与水合物直接接触而溶解堵塞。

(3)主动加热法,通过升温使管道温度达到水合物分解温度,并提供足够的热介质来相对较快地分解堵塞。

(4)机械方法,钻、清管和刨管等方式都尝试过,但不建议使用。将推进器或清管器从水面船舶通过弯管由修井立管插入管道,然后喷射 MEG 分解水合物堵塞。

(5)替换部分管道。

17.4.1 减压

生产系统中最常用的水合物堵塞修复技术就是减压。要避免减压过快,因为这将导致 JT 冷却效应,使得水合物问题更加严重并且还会产生冰。从安全和技术角度考虑,最好的分解水合物办法是在堵塞物的两边同时减压。如果仅在堵塞的一边减压,堵塞物两边的巨大压差可能会使堵塞物像高速子弹一样射出管道。

当水合物周围压强低于分解压强时,水合物表面温度将低于水下温度,周围海水的热量会缓慢地将管道内壁上的水合物分解。减压同时也降低了水合物生成的温度,有利于防止在管道的其他部分生成更多的水合物。由于大部分天然气管道没有隔热措施,与有隔热层或埋入地下的管道相比,管道表面较大的热通量使得水合物分解相对较快。

管道的减压又被称为放空,它会导致很多操作问题。主机设备不仅要处理存在于管道中的大量天然气和液体,而且还要做好长时间等待堵塞分解的准备。由于多段堵塞很常见,堵塞分解的过程可能会相当费时费钱。某些水下系统构造,例如带有很多低点的管道,非常难以放空。如果可能的话,最好的操作方法就是从一开始就防止水合物生成。减压法可能会因为系统的几何构造而无法起效;立管或管道中较高的水头可能使压强无法降至水合物分解压强之下。在这种情况下,就需要一些其他办法来降低水头。若减压或整治需要辅助设备,设备启动时间应该计入总的降温时间中。系统设计师要权衡系统的投入和效益,例如是让设备具有较高的整治堵塞的效率还是让设备能进行更多次的整治。

17.4.2 热力学抑制剂

热力学抑制剂可用于溶解水合物堵塞。使用抑制剂的难点在于如何让抑制剂和堵塞物接触。如果注入点和堵塞位置相对较近,例如堵塞位置发生在采油树或管汇处,只要直接在这些位置注入抑制剂即可。注入抑制剂不一定总能使水合物堵塞分解,但它能防止整治和重启系统中生成额外的水合物堵塞。

如果在连续油管中发生堵塞,可注入甲醇来消除水合物堵塞。在现场应用中,对水合物堵塞进行整治的连续油管长度可达 14 800 ft。当前的产业目标是使可以整治的连续油管长度达到 10 英里。

17.4.3 主动加热法

主动加热法通过增加温度和热流量来整治水合物堵塞。不过,当加热水合物时,这个方法存在安全隐患。水合物在分解过程中会释放天然气,若释放的天然气被堵塞物封闭,管道压强会变大,可能导致管道破裂。因此,缓慢加热才是安全、有效的整治办法。

加热法整治堵塞只需几小时,而减压法则需要几天或几周。快速整治水合物堵塞的方法能减少针对水合物防治所进行的保守设计。

17.4.4 机械法

一般不推荐使用清管法来清除水合物堵塞,因为它们会挤压堵塞物,这将加重堵塞问题。如果管道被完全堵塞,清管器将无法使用。对部分堵塞,清管器可能导致更严重的堵塞。

连续油管是机械法清除水合物堵塞的另一个选择。不建议钻开管道来消除水合物堵塞,因为这会使堵塞物中的天然气大量泄漏。连续油管可以通过防喷管接入管道,连续油管中可以注入润滑剂。在设计初期,就要决定是否接入连续油管并确定其接入的位置。

17.4.5 安全问题

尽管处理水合物堵塞的方法还不够完善，但根据堵塞的位置和长度选择最佳的整治方案是至关重要的。这些信息有利于确定水合物堵塞离平台的距离和水合物分解所需时间等需要考虑的安全因数。

从安全和技术角度出发，清除水合物堵塞时，操作者要考虑可能存在的多段堵塞问题。以下两个安全问题应该注意。

(1)单边减压可能会使堵塞物像高速飞行的子弹一样破坏管道和设备，导致油气泄露到环境中，对人员造成威胁。

(2)整治水合物堵塞必须进行主动加热，这样水合物中释放出的天然气不会被封闭。

17.5 水合物控制设计理念

在正常操作中，流动保障过程中稳态温度计算可用于确定管道的流量及其采取的隔热措施，以保证系统温度高于水合物生成温度。瞬态温度计算用来检测启动和关闭等瞬态过程中的系统情况。保证系统的各个部分有足够的冷却时间是很重要的。在瞬态操作过程中，若系统温度降至水合物稳定温度区域内，就需要注入水合物抑制剂来控制水合物生成。热力学抑制剂注入剂量的计算为系统提供了在一定压强下需添加抑制剂的剂量。这也可用来决定抑制剂的储量、泵流量以及脐带缆数量，以保证在启动和关闭操作时抑制剂能以符合要求的流量输送到各个水下设备中。

17.5.1 水合物控制方法的选择

热力学抑制剂的注入率是一个关于出水量和抑制剂剂量的函数。抑制剂剂量是一个与设计温度、设计压强以及产出液的组成有关的函数。出水量乘以甲醇剂量就是抑制剂注入率，由于生产过程中出水量不断增加和压强不断减小，注入率在实际过程中是不断变化的。天然气生产系统和石油生产系统中，水合物控制措施是不同的。天然气系统需不断注入水合物抑制剂。天然气系统产水量很小，通常只有冷凝水。因此，抑制剂的用量也相对较少，常为 1 ~ 2 bbl MeOH/mmscf。石油系统的产出液中含有自由水，持续注入抑制剂太过昂贵，因此，需要选择其他水合物控制方法。正常稳态生产过程中经常用隔热法控制水合物问题，系统启动和关闭操作时常联合使用放空法和注入甲醇两种方法。不过隔热法耗资较大，而且一个更严重的缺点就是可能会延长水合物堵塞的整治时间，因为隔热层阻碍了水合物分解中所需的热量传导。

如表 17－3 所示为 3 组化学抑制剂的应用范围、优点和缺点。

表 17－3　化学抑制剂的用途、优点及缺点的总结

热力学抑制剂	动力抑制剂	抗凝剂
	用途	
多相流体 天然气和冷凝水 原油	多相流体 天然气和冷凝水 原油	多相流体 天然气和冷凝水 原油
	优点	
稳定且有效 作用原理清晰 可预测的 有着良好的使用记录	成本较低 用量少 环保 无毒 适用于天然气系统	成本较低 用量少 环保 无毒 过冷度大
	缺点	
运行成本/投资成本较高 用量多 毒性 对环境有影响 易挥发 盐析	过冷度有限 抑制效果受时间限制 关闭 系统具体测试 兼容性差 石油系统中的局限性 温度越高，要求含水量越低 无预测模型	随时间变化 关闭 只限于低含水量 系统具体测试 兼容性差 经验较少 无预测模型

如图 17－11 所示为水合物控制方法选择与含水量及管道长度之间的关系。在较高的含水量下，LDHIs 更有效，因为它们的用量较少。水下分离系统和热力学抑制剂或低剂量抑制剂联合使用也能解决可能出现的出水量过多的情况。通

常，水下生产系统中用来防止水合物问题的主要措施就是注入 THIs 和 LDHIs、减压、脱水以及热控制。

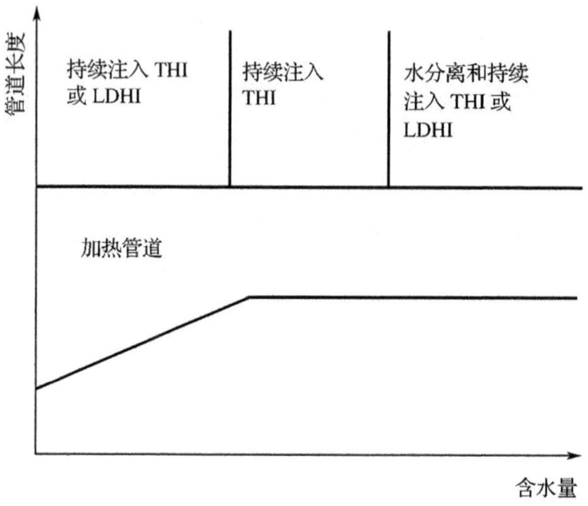

图 17－11　不同含水量和管道长度下的水合物控制方法

水合物防治措施的选择要综合考虑技术和经济因素，并不是一成不变的。如果持续注入热力学抑制剂能够最经济、最有效地达到控制水合物的目的，这将为系统的某些发展提供有利条件。无论采取哪种水合物控制措施，方案的选择在设计早期都是至关重要的，因为它对水下和平台设备的设计以及选择都有很大影响。

热力学抑制剂的主要优点是高效性、可靠性（如果注入量足够）和良好的使用记录。不过，它们也有用量大、成本高、有毒和易燃性等缺点。此外，它们对环境有害，大量排入自然环境是不被允许的。

与热力学抑制剂相比，动力抑制剂用量要小得多，所以能大大降低成本，至于降低的幅度取决于化学品主要供应商的价格政策。它们通常是无毒环保的，更为重要的是，经过一系列成功的实验，如今有了大量的现场实验数据可以采用。不过，动力抑制剂也有一些重要缺陷，包括对过冷度有限制（通常只能小于 10 ℃）且效果与作用时间相关。此外，动力抑制剂的效果与系统特性有关，这意味着在具体实施前需要先对系统进行测试。但是，大量的系统测试需要大量的产出液，这一般来说是不可行的，特别是对新的油气田。而且动力抑制剂可能与其他化学抑制剂（例如：腐蚀抑制剂）相互作用，这也是测试时需要考虑的因素。最后，由于没有稳定的模型来预测动力抑制剂的效果，会给现场操作人员考虑使用何种化学试剂带来困难。

尽管抗凝剂的过冷度限制范围与动力抑制剂不同,但均存在很多相似的优缺点。不过抗凝剂在系统关闭时和低流量情况下的效果存在着不确定性,所以仍需假定水合物凝聚有可能发生。此外,与动力抑制剂和热力学抑制剂相比,抗凝剂的主要缺点是它们仅适用于低含水量的情况。另外,抗凝剂缺乏现场实验,在公开的文献中很少能找到所需数据。

热管理通过为水合物和蜡的控制提供足够高的温度,从而使系统具有足够长的冷却时间。被动的温控措施包括隔热或埋管。套管和管束系统可以延长生产系统的冷却时间,而不需要持续注入水合物抑制剂。不过,当关闭操作的时间大于4~8小时时,系统可能没有足够的热量来维持足够长的冷却时间。由一种能提供"热存储"的相变材料组成的隔热系统已开始投入商业使用。由于土壤的热惰性,埋管也能延长冷却时间。加热时间和冷却时间可以通过使用隔热和热惰性材料来进行优化。

电加热法和热介质循环加热系统都属于主动的热控制。热介质循环加热系统需要进行套管或管束流线设计来为热介质提供循环空间。如果套管或管束的设计、安装和防锈蚀等处理得好,热介质循环加热系统是很可靠的。不过,热传导仍然受到隔热层材料和平台输入热量值地限制。

17.5.2 冷流技术

冷流技术是稳态操作状态下解决水合物堵塞问题的一个全新概念,它由SINTEF开发和所有。与以化学作用为基础的技术(如注入THIs和LDHIs)和隔热/加热技术不同,它将重点放在深水生产管道中的油气水混合物流动的经济性上。从井口到生产设备不使用化学试剂来防止水合物沉积以及蜡沉积。在冷流技术中,水合物的生成受到特定设备的控制。生成的水合物分子像泥浆一样随大量的混合液体一起流动,不会沉积或造成管道堵塞。冷流技术是环保的,因为它不需要使用大量的特殊化学用品。这项技术很有挑战性,但能大大降低成本。

如图17-12所示为冷流技术操作的流程图。流体从井筒(WELL)出发,从冷流管(CFP)流出结束整个冷流过程。该系统有几个主要组成部分:井口部分(WHU)、分离器部分(SU)、热转换部分(HXU)以及反应器部分(RU)。由于这和含水量、气/油比以及其他流体性质有关,可能需要多套冷流设备。

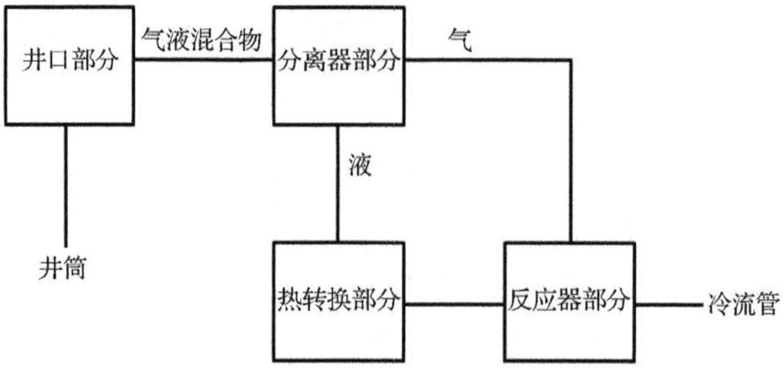

图 17 - 12　冷流技术的大致流程图

如图 17 - 13 所示为 SINTEF - BP 冷流系统的示意图。它将水转化为稳定且便于运输的气态水合物,使得未处理的含水液态流体能长距离、稳定地运输。这个过程已在一个用来运输各种现场液体的流体循环设备中得到了成功地应用,该设备长 1 ft。这项技术能为水下回接减少 15% ~30% 的成本投入。

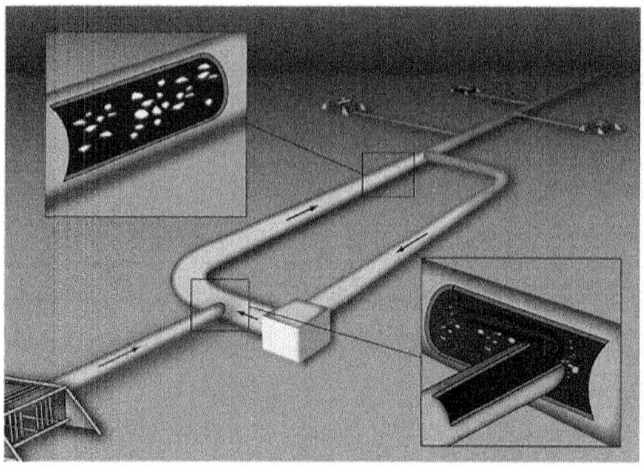

图 17 - 13　冷流系统的大致流程图

17.5.3　水合物控制设计过程

水下油气的水合物控制设计过程如下所示。

(1)确定操作条件:压强、温度、气/油比、含水量;

(2)获取具有较好代表性的油、气、水样本;

(3)测定样本的化学组成和相特性;

(4)分析油层液体以确定水合物生成条件;

(5)进行水合物预测的计算;

(6)预估隔热法和热力学抑制剂的效果;

(7)决定抑制剂剂量、抑制剂储量、脐带缆尺寸;必要时,考虑使用 LDHI。

17.5.4　水合物控制设计和操作方针

水下油气系统的水合物控制设计和操作的指导方针如下。

(1)所有操作过程中都要保持整个生产系统处在水合物生成包络线之外。目前的知识还不足以让系统处在水合物生成区,而不生成水合物或不发生堵塞。

(2)在采油树中注入热力学抑制剂,防止瞬态操作时在节流器和管道的下游生成水合物。

(3)使用 LDHIs 仅仅是针对系统启动和关闭这些瞬态操作过程的,而不是针对系统的正常操作过程。

(4)正常操作时要对管道和立管隔热,执行关闭操作时要保证系统有足够的冷却时间。采油树、跨接管、管汇等其他水下设备也需要进行隔热。

(5)重启操作过程中,隔热井筒可使井筒温度快速回升,在管道流量较低的工作状态下还能提高操作温度。

(6)确定最小生产速度和流动井口温度,综合考虑技术和经济的一致性。

(7)在保证系统拥有合理的升温时间的前提下,设定油井和管道的启动速度使抑制剂注入量最小。

(8)斜井的生产速度要足够快,以免在井筒处出现堵塞。

(9)提供系统设计和操作措施以保证系统能安全关闭。

(10)从独立的井道监控水的生成。

(11)将 SCSSV 安装在一定的深度,以保证其地热温度大于系统关闭时所处压强下水合物生成温度。

(12)通过减压或加热的方法来整治水合物堵塞。

17.6　热力学抑制剂的回收

热力学抑制剂(甲醇、乙醇)作为主要水合物抑制剂在水下系统中应用广泛。石油生产系统中,为不影响成品油质量,对甲醇的使用量是有限制的。而作为含氧溶剂的乙二醇在石油中的使用限制则仍无定论。即使甲醇和乙二醇的回收设备有所改善,该设备仍需要大量的热量来回收 THIs。压缩甲醇和乙二醇对操作要求较高,特别是在无法获得油层产出水的化学性质的设计阶段。设计乙二醇回收设备使其可以清除盐分,因为盐分对乙二醇的抑制效果影响很大。为了减少甲醇和乙二醇的使用量以保证成品油的质量,需要大量经过处理的水来冲洗原油。回收部分和清洗部分的设备的体型和重量均很大,因此,对工程的可操作性和操作设计都有很大的影响。

如图 17-14 所示为一个典型的近海天然气设施的甲醇回收流程图。如图所示,流体从管道进入分离装置,然后被分离成以下 3 相。

(1)以气态输送到陆上天然气厂的天然气;

(2)以液态烃形式输送到岸边的凝析油或油;

(3)液态产出水。

气态烃中的甲醇可以通过吸附来回收,液态烃中的甲醇可以通过水洗、机械分离或两者联合使用来回收。大部分注入的甲醇处于液相中,为了回收这部分甲醇,需要建立一座甲醇塔。如果工程判定和经验得当,96%以上的甲醇能够得到回收。

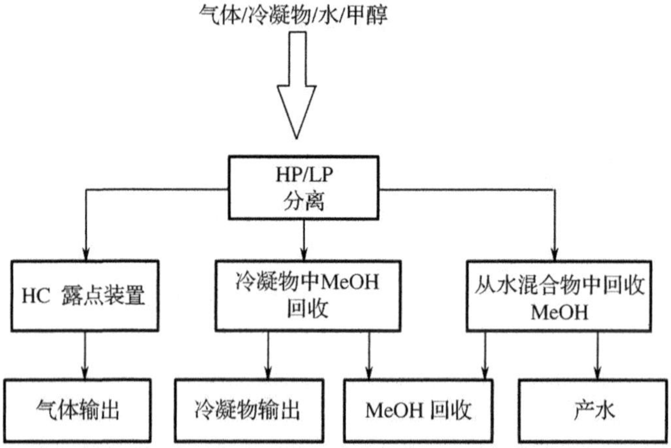

图 17-14　近海天然气设施的甲醇回收流程图

注入系统中的甲醇的大部分均存在于液态混合物中。甲醇是一种高极性液体,能与水完全相溶,因此,要从水中回收甲醇需要采用蒸馏法而不是相变分离法。

甲醇在烃类液体中的溶解度很小,而与水则能完全混溶。因此,可以将水作为溶剂从液态烃中有效地提取出甲醇。由于水是溶剂,因此这一提取过程称为水洗。

烃类液体中,甲醇的损失量是很难预计的。甲醇的可溶性与水及烃的组成成分有很大关系。分散或溶解掉的甲醇可以通过机械分离法如合并、液-液提取或两者联合使用等方法来进行回收。具体方法的制订和原料特性、重量、空间以及整个水下平台系统的成本有关。机械分离法可以在一定程度上将分散的甲醇从液态烃中分离出来。液－液提取能回收分散和分离的甲醇，不过液－液提取法比机械分离法的成本更高。溶剂需要通过提取塔来进行再回收、再利用。在这种情况下，甲醇蒸馏塔的流速、加热和冷却任务都会增加。对于水下系统，在选择用何种系统来回收液态烃中的甲醇时，要综合考虑设备的空间需要、重量以及成本等。

回收气态烃中的甲醇可以采用吸附法。当气态烃流经一个低温的系统时，其中的甲醇就会冷凝从而得到回收。

参考文献

[1] Cochran S. Hydrate Control and Remediation Best Practices in Deepwater Oil Developments [C]// OTC 2003, Houston, USA, Offshore Technology Conference, 2003.

[2] COCHRAN S, GUDIMETLA R. Hydrate management: Its importance to deepwater gas development success[J]. World oil, 2004, 225(9): 55 - 61.

[3] Edmonds B, Moorwood R A S, Szczepanski R, et al. Latest Developments in Integrated Prediction Modeling Hydrates, Waxes and Asphaltenes[C]// Focus on Controlling Hydrates, Waxes and Asphaltenes, Aberdeen, UK, IBC, 1999.

[4] Ellison B T, Gallagher C T, Frostman L M, et al. The Physical Chemistry of Wax, Hydrates; and Asphaltene[J]. SPE REPRINT SERIES, 2004(1): 133 - 143.

[5] Gudmundsson J S. Cold Flow Hydrate Technology [C]// 4th ICGH, Yokohama, Japan, International Conference on Gas Hydrates, 2002.

[6] Hammerschmidt E G. Possible Technical Control of Hydrate Formation in Natural Gas Pipelines[J]. Brennstoff - Chemie, 1969, 50(1969): 117 - 123.

[7] Lysne D. Ultra Long Tie - backs in Arctic Environments with the SINTEF - BP Cold Flow Concept[C]// Oil and gas developments in Arctic and cold regions, Houston, USA, Norway Oil & Gas Industry Summit, 2005.

[8] Lorimer S E, Ellison B T. Design Guidelines for Subsea Oil Systems[J]. Facilities, 2000.

[9] Mehta A, Hebert P, Cadena E, et al. Fulfilling The Promise of Low Dosage Hydrate Inhibitors: Journey from Academic Curiosity to Successful Field Implementation [C]// OTC 2002, Houston, USA, Offshore Technology Conference, 2002.

[10] Pattee F M, Kopp F. Impact of Electrically - Heated Systems on The Operation of Deep Water Subsea Oil Flowlines [C]// OTC 2000, Houston, USA, Offshore Technology Conference, 2000.

[11] Pedersen K S, Fredenslund A, Thomassen P, et al. Properties of oils and natural gases[M]. Gulf Pub. Co., Book Division, 1989.

[12] Pickering P F, Edmonds B, Moorwood R, et al. Evaluating New Chemicals and Alternatives for Mitigating Hydrates in Oil & Gas Production[C]// IIR 2001, Aberdeen, Escocia, Conference I, 2001.

[13] Sloan E D. Offshore Hydrate Engineering Handbook[M]. USA: ARCO, 1999.

第18章

蜡和沥青质

18.1 介　　绍

石蜡或链烷烃是原油中自然存在的典型长链、正烷烃化合物。随着温度的降低，这些化合物可以从油中析出并且形成蜡状的细长晶体。如果石蜡沉积得不到有效地控制，蜡状沉积物会随时间的增长而增加，并造成生产中断、产量减少，甚至使整个管道发生完全堵塞。水下生产设备和管道极易受到石蜡沉积物以及沥青质沉积物的影响，沥青质沉积物容易在温度降低和压强降低的情况下产生。

沥青质是石油中的沥青成分，通常为黑色、脆性且类似于煤的物质。它们也以黑、厚的淤泥质形式存在。在高剪应力和高流量的条件下，沥青质可以凝聚并形成沉积物。沥青质不能溶解于非极性溶剂中，但是可以溶于甲苯及其他芳香族溶剂，沥青质沉积一旦产生就很难清除。不同于石蜡沉积物和天然气水合物，沥青质的形成过程是不可逆的。通常沥青质沉积是伴随着石蜡沉积产生的，这就使得复合沉积物十分坚硬而难以去除。

18.2 石　蜡

18.2.1 简述

从凡士林到硬蜡，石蜡的熔点不断变化，熔点变化范围从室温到 100 ℃以上。石蜡的密度约为 0.8 g/cm^3，比热容约为 0.140 W/(m·K)。生产系统中含有石蜡烃类流体会引起一系列问题，从固体稳态乳化到造成管道发生凝胶。尽管管道是隔热的，但当系统关闭时，只要时间足够长，管道温度最终会冷却到周围环境温度。当流体从储油层流出后，温度逐渐降低，此时石蜡晶体开始形成，由石蜡引起的问题就会发生。石蜡通常自然存在于大多数原油中，它的特性会引起一系列问题。石蜡沉积随着管内流体温度的降低而增加，石蜡沉积物在管壁长时间积累就会导致管道的工作效率大幅降低。晶体开始形成的温度称为浊点或石蜡出现温度(WAT)。当温度在浊点以下时，石蜡晶体开始形成并逐渐增多。石蜡晶体既可以在流体中形成并随液体流动的颗粒，也可以在管道冷却面上形成沉积，并且腐蚀该表面。WAT 可以采用输入 PVT 测试和高温气相色谱测量法来测定，利用专业的热力学模型进行计算，该模型需要利用现场数据来进行校准。管壁温度低于 WAT 的系统需要采取一定的石蜡管理措施。值得注意的是，虽然 WAT 是石蜡沉积开始形成的温度，但是该温度并不能说明石蜡沉积物的数量以及沉积的速率。沉积率测量应该在以往的研究中进行，并将测得的数据用到未来的模型中。凝点温度是指石油停止流动并凝胶的温度。

凝胶的形成和沉积是石蜡在生产系统中可能引起的主要问题。当石蜡从油中析出并在管内形成三维结构体时，原油凝胶便开始形成。当油体处于流动状态时，原油凝胶并不会发生，因为石蜡的内部分子结构被剪力破坏了。然而，当油体停止流动时，如果液体中析出了足够多的石蜡，这些石蜡颗粒会相互作用形成网络，并连接在一起最终形成胶凝结构。

石蜡沉积会导致管内流体流动受限或者可能堵塞管道，但石蜡沉积导致的管道完全堵塞还是很少见的。大部分石蜡堵塞都发生在清管的过程中，且发生在有石蜡沉积且沉积量很大的地方。在这些地方，清管器将会不断刮去管壁上的石蜡，并在其前方形成起一个黏性塞或者蜡块。然而，如果蜡块越来越大，这将导致没有足够大的压力来推进清管器。当这种情况出现时，清管器就会被卡住，然后需要借助机械外力将蜡块移走，以便清管器可以继续推进。

在水下系统的流动保障分析中，以下由石蜡引起的问题需要给予注意。

(1)管道中的沉积，随时间不断增长且会堵塞管道。

(2)在关闭过程中，原油的凝胶化。

(3)由于原油黏度的增加所导致的高启动压力和高泵压。

(4)管道隔热系统增加的成本支出。

(5)石蜡抑制剂增加了运行。

(6)近海环境下的清管作业。

(7)清理地面设施中，石蜡需要较高的分离温度。

18.2.2　凝点温度

凝点温度是指油体开始固化为凝胶体的温度。在凝点温度下，液体由于重力作用仍然可以流动，但只要系统温度再下降一点点(3 ℃或者更低)，液体将会凝结成胶体而不再流动。当周围环境和流体温度高于凝点温度时，就不需要采取相应的降低凝点温度的措施。但当环境或流体温度低于等于凝点温度时，就要采取相应的凝点处理措施来保证流体的流动能力。所以需要对环境温度进行监测，一般情况下会采用保守的分析方法，即按照 100 年来最低的海床温度来设计管道。

凝点温度可以用 ASTM 法来测定，并采用高温气相色谱法(HTGC)来进行估计。目前至少有 5 个 ASTM 凝点协议，但大部分都是为了汽油生产而不是原油生产进行设计的。其中，应用最广泛的两个协议是 ASTM D97 - 09 和 D5853 - 09。通常来说，这些测试都需要 100 ~ 250 mL 的液体样本。ASTM D97 是一个十分古老的关于石油生产的凝点协议，它要求将实验液体加热到规定的温度(60 ℃)，然后放入数个池子中进行冷却直到液体凝胶或固化。Shell 设计了一种“迷你”D97 凝点协议，它只需要用 30 mL 的实验液体样本。该“迷你”凝点协议已经用 ASTMD97 方法校准过了。ASTM 报告的 D97 的凝点(用燃油测量)重复性(95% 的置信区间，相同的实验)是 2.52 ℃，再现性(95% 的置信区间，不同的实验)是 6.59 ℃)。ASTM D5853 是为原油生产专门设计的一个协议，并且承认不同的加热冷却过程对凝点的高低存在着潜在影响。引入了两个不同的加热和冷却协议，这是为了了解两个明显不同的加热冷却过程对凝点的影响。最低凝点协议要求将试验液体加热到105 ℃，且在放入冷却槽之前先在室温空气中冷却 20 min。这项协议在两个方面降低了所测得的凝点：(1)它确保所有石蜡在冷却开始前都处于溶解状态；(2)它的冷却速度相对较快，潜在地消耗了石蜡的动能并在胶凝体开始形成之前达到一个较低的温度。最大凝点协议要求将试验液体加热到 60 ℃或更低，然后在空气中冷却 24 小时，随后将试验液体重新加热到 45 ℃，最后将试验流体放入冷却槽中进行冷却。允许石蜡晶体在长时间的室温条件下形成，由此提高了所测凝点，这反过来缩短了胶凝体形成所需的时间。ASTM D5853 不适宜采用小剂量试验，因此不存在与 ASTM D5853 相对应的“迷你”技术。ASTM 报告中，用原油测量的 D5853 重复性是 3.3 ~ 6.6 ℃，但是再现性高达 17.8 ~ 22.2 ℃。

18.2.3 石蜡形成

石蜡沉积物的自然形态是很复杂的，它是由一系列不同长度的正链烷烃、支链烷烃和石油组成。随着时间推移，石蜡的沉积达到一定程度后就会限制流体的流速。石蜡沉积物在石油生产线上主要是由碳链长度为 C^{7+} 的链烷烃组成的。石蜡沉积受到系统温度的控制，当系统温度降低时，液态石蜡从溶液中析出形成固体。石蜡常常在管壁上形成，因为管壁的温度梯度最大。

除了石蜡沉积，在由于系统关闭所导致的系统温度足够低的情况下，一定量的石蜡固体也会使石油发生胶凝。一旦发生，由于胶凝油的高黏度，在系统中的液体很难或者不可能再流动。油中的石蜡特性可以用浊点和凝点温度来描述，浊点本质上是指当石油在大气压力下冷却时，石蜡最早从溶液中析出时的温度。凝点是指将容器旋转 90 度后静置 5 秒，使石油不发生流动时的温度。通过这些测试，就可以大体上知道在什么温度下石蜡沉积会给生产带来问题以及何时原油的胶凝会给生产带来问题。

对石蜡沉积的预测关键在于对样品油中正链烷烃的浓度进行准确分析，该分析通常采用高温气相色谱技术。链烷烃组成数据常用来构造热力学模型，用以预测石蜡在管道内的沉积率、浊点和凝点，其中，石蜡的浊点和凝点与系统所处的压强有关。热力学模型可以与管道模型相结合，并采用诸如 HYSYS，PIPESIM 或者 OLGA 软件来预测沉积的位置、沉积聚集的速度以及管道所需的清管频率。

与水合物相比，石蜡沉积是缓慢的，并且可以通过控制系统温度和管壁的内外温差来调节。墨西哥湾深水原油的浊点通常会降到 80 ~ 100 ℉。如果系统在高出浊点大约 10 ~ 20 ℉的温度下工作，就不会发生石蜡沉积。针对沉积温度，一个经常使用的经验法则就是在浊点温度基础上加 15 ℉作为系统的温度。尽管这能在井筒和采油树中达到，但要使管道在如此高的温度下工作是不太可能的。由于处理过程和设备额定温度的限制，主机所能达到的温度也是受限的。在随后的时间里，储油层温度的降低会使主机温度降到低于浊点温度，从而导致大量的石蜡沉积产生。如图 18－1 所示为石蜡形成过程中温度与压强的关系。曲线左边是石蜡沉积区域，而在曲线的右边区域石蜡将不会生成。

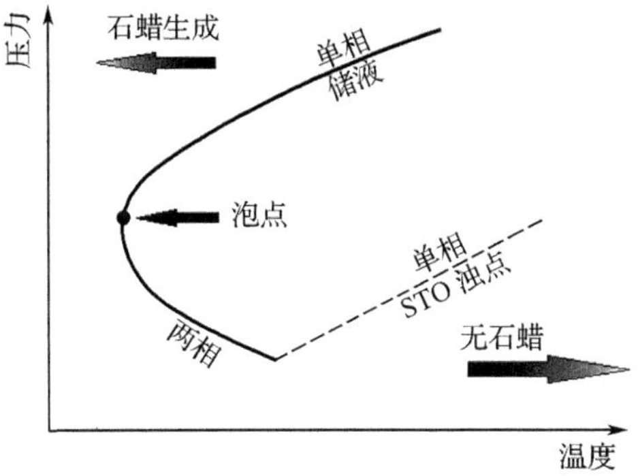

图 18－1　石蜡形成中的温度/压力关系

在井筒中形成的石蜡沉积只能采用连续管道的方法进行处理，但这对于水下油井来说是极其昂贵的。因此，控制水下管道、采油树和其他不能进行清管作业的部件(例如跨接管)的温度，使其高于石蜡沉积发生温度是极其重要的，这个临界温度可以是在浊点温度基础上加 15 ℉。从流动保障分析中所得的井口流动温度和压强可用来确保管道和采油树的温度高于石蜡沉积的临界温度。为了防止石蜡在井筒、采油树和跨接管上沉积，以流动保障所得到的温度预测为基础，需要制订一个最小的晚期生产率。

高凝油有一个潜在的严重问题，它在某种程度上类似于水合物的生成。设备关闭时形成的石蜡会给生产线的重启带来困难，或者导致无法重启。尽管在稳态生产过程中，系统温度可能远高于凝点，但是很难确定何时进行关闭操作。

一旦油温低到浊点且在油体和管道表面之间存在巨大的负温度梯度，石蜡沉积就会发生。然而，Deepstar 的研究表明，在某些系统中当温度高于重油的浊点时，石蜡沉积也会发生。因此，为了防止石蜡沉积产生，系统温度要保持在高于重油浊点 9 ℃以上，从试验角度来说，油沉积的趋势和沉积率可以通过在热油面上放置一个冷的面来测定。试验系统包括冷指、同轴剪切单元和环管。冷指系统包括一个试管状金属指和一个用来装试样的加热搅拌容器，该金属指依靠流动的冷冻流体来进行冷却。同轴剪切单元类似于冷指装置，通过旋转冷指使液体表面产生均匀剪应力。环管是一个套管热交换管，其中冷液体从壳侧处泵送入管,而加热后的油从管边处泵送出管。可以看出,由于它跟管道有着很好的几何相似性,采用环管是一个很好的模拟方法。然而,如果采用实际的现场样本,就没有合适的方法来模拟该系统,因为如果没有建立相同尺寸的模型,动态模拟很难获得成功。无论使用何种方法来测量石蜡的沉积量,通过仔细分析,获得的数据都可以用来预测现场石蜡的沉积。

当油冷却至远低于浊点温度时,它就可能发生凝胶。虽然形成凝胶所需要析出的石蜡量在不同条件下大不相同,但可以将2%的石蜡晶体作为一个有用的经验数据。测量原油凝点的一个典型的方法是 ASTM D-5856-09,如图 18-2 所示,它规定了获得重现值的条件。因为冷却速率在该方法中得不到控制,所以实验结果也各不相同,但从总体上来说偏差应控制在 ±5 ℉以内。

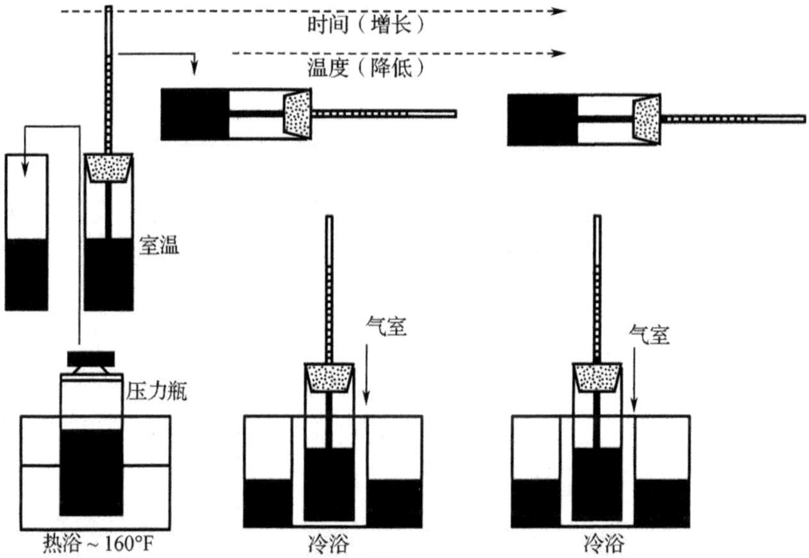

图 18-2　ASTM D-5856 凝点实验(Becker,1997)

18.2.4　凝胶强度

凝点温度常用来确定原油是否会形成凝胶。凝胶强度是指凝胶体破坏时的剪应力,在流变仪中测得的凝胶强度一般为 50 $dyne/cm^2$。然而,在流变仪中的样本会因为存在小的间隙而逐渐均匀屈服,而在管道中凝胶不会发生均匀的屈服。当管道重启后,压力会通过油向前传播,这使得进口处的原油凝胶发生屈服并开始流动。由于原油凝胶的可压缩性和非牛顿特性，使得这个问题变得不易处理，因此，仍需要从流变仪的测量结果或短管试验中作出预测。启动压力的预测可从下式得出

$$\Delta P = 4\tau_y \Big|_{\text{wall}} \frac{L}{D} \tag{18-1}$$

式中　ΔP——压降值；

τ_y——屈服应力；

L——管长；

D——管的直径。

方程(18 -1)假定整个管道均发生凝胶且同时屈服，将管壁凝胶屈服当作一个合理的参数。因此，很明显该方法预测的重启动压力偏大。

对于输出管道，实验室测凝点的方法能很好地预测潜在的问题，因为输出管道和放空式管道中充满了重油。如果管道不是放空的，那么凝胶状态会因为油中轻质成分的增加而改变。

18.2.5　石蜡沉积

石蜡的沉积趋势和沉积率可以通过石蜡分子向管壁扩散的比例来进行准确的预测，该比例的计算可由公式(18 -2)得出

$$\frac{\mathrm{d}m}{\mathrm{d}t} = -\rho D_m A = \frac{\mathrm{d}C}{\mathrm{d}r} \tag{18-2}$$

式中　m——沉积质量，kg；

ρ——石蜡密度，kg/m^3.

D_m——分子扩散常数，m^2/s；

A——沉积面积，m^2；

C——石蜡浓度，%；

r——管道的径向位置，m。

通过链式法则，公式(18 -2)插入两个组分，则径向浓度梯度很容易由公式(18 -3)计算得到

$$\frac{\mathrm{d}m}{\mathrm{d}t} = -\rho D_m A = \frac{\partial C}{\partial T}\frac{\mathrm{d}T}{\mathrm{d}r} \tag{18-3}$$

其中，T 是温度，石蜡的浓度梯度可通过石蜡浓度计算得到，而石蜡浓度则可通过一定温度范围内的热力学模型进行预测。

18.2.6 石蜡沉积预测

石蜡比单质固体更难认识清楚,因为他们是固体烃的复杂混合物,是较低温度下从原油中析出的。石蜡主要是由正链烷烃构成的,但也包含一些异构烷烃和环烷烃,某些石蜡还含有一定量的芳香烃。对石蜡沉积趋势的预测通常包含两部分,包括浊点温度或石蜡析出温度以及石蜡在管壁上的沉积率。浊点温度是指石蜡晶体开始在油中析出时的温度。沉积率决定着石蜡沉积形成的速度和清管的频率。浊点温度可以通过热力学模型来进行很好的预测,还需要知道石油中详细的烃类组成。如图 18 -3 所示为实验数据和模型模拟结果的比较。压强对石蜡沉积趋势的影响可以得到准确的预测。

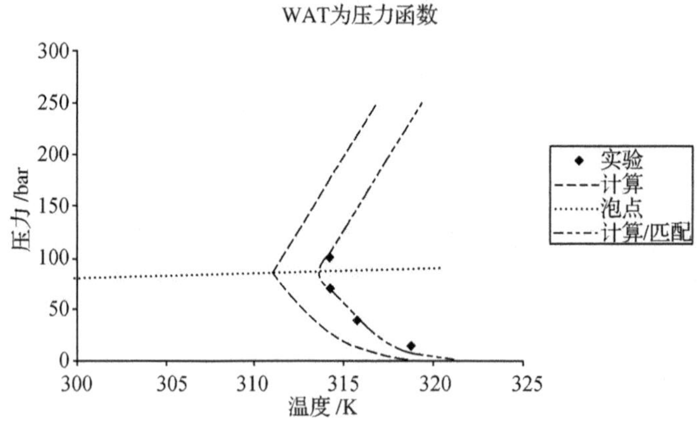

图 18 -3 不同压强下实验数据和计算结果的 WAT 比较

沉积率的预测依赖于分析油中石蜡含量的热力学模型和扩散率模型。现在预测的准确性还不够令人满意,但是一些工业的 JIPs(例如塔尔萨大学)正在研究如何提高模型的预测精度。常用的石蜡模型包括:塔尔萨大学模型、奥尔加石蜡模型和 BPC 模型。

在石蜡沉积预测过程中,需要对采用不同隔热方法、不同流速的系统进行分析,将管道温度的曲线与 WAT 或浊点相比较,以便确定石蜡出现的位置。因为埋地管道是隔热的,所以需要考虑埋地管和外露管的区别。

18.3 石蜡管理

18.3.1 简述

虽然许多石蜡控制和管理方法已在生产实践中得到应用，但是对于水下系统中长距离的原油输送则需要预先进行详细地计划和预测。石蜡管理措施通常基于下述方法中的一种或多种：管道清理、管道隔热和加热、注入抑制剂和连续管道技术。

如果石蜡已经形成，最常用的石蜡控制措施就是进行管道清理。固体沉积可通过清管器定期冲刷石蜡层的方法进行消除。化学抑制剂有助于控制石蜡沉积，但是这些化学物质并不总是有效且很昂贵。万一清管器对生产管道不起作用，尤其是对水下情况，需要通过保持整个管道的流体温度高于浊点来控制石蜡沉积。

连续管道技术已成为油井清洁过程中的一项重要技术，这个技术包括对从油井生产系统到流体收集的全部设备进行重新定位，或者是当连续管道在油井中时进行燃烧作业。由于连续管道卷轴较重，必须由卡车协助才能将其放置在井口边。然后需要对井中流体进行改道，并且将处在连续管道一端的高压喷嘴放入井中。当连续管道下放入井时，用装满溶剂的油罐车为高压泵提供流体来清理井管。一些石油联合生产公司都拥有一队连续管道油罐车，而且这些车在大部分时间工作都很繁忙。由此可见，在世界的很多地方，这种方法的价值都表现得很明显。

18.3.2 隔热

良好的隔热系统可以保证整个生产过程中流体温度都处于浊点之上，从而可以完全消除石蜡沉积。尽管管道加热器可以成功地加热井口和其他设备以防止石蜡的沉积，但石蜡晶体的物理特性并没有因此而改变。一旦油体被储存起来，就将导致石蜡沉积的问题。因为在这个过程中，温度和流体运动条件都有利于石蜡晶体的形成，可能导致石油凝胶并产生沉渣。

18.3.3 清管

石蜡的沉积率可以通过对生产线进行保温和注入石蜡化学分散剂来降低。这种化学分散剂可以将沉积率减少到原来的1/5甚至更小。然而，必须强调的是这些化学制剂不能完全防止石蜡沉积。因此，仍然需要通过冲刷生产线这一物理方法来清除石蜡。为了便于清管，需要设计一个双重的、能进行清管的管道系统。清管必须经常进行以避免产生大量的石蜡沉积物。如果石蜡沉积变得很厚，随着石蜡在前面的累积，就没有足够的压力来推动清管器沿着管道继续向前移动。清管过程中需要关闭水下生产系统，然后注入甲醇并排污，最后在清管完成以后重启系统，整个过程将导致1~3天的生产损失。沉积模型是建立在流体成分分析工作的基础之上的。流动保障计算是确定清管频率的关键，这个频率既不能太高，也不能太低。太高会导致不经济，太低则会有堵塞管道的危险。OLGA能够模拟清管器将石蜡沉积物向前推的过程。

18.3.4 注入抑制剂

通常，使用化学抑制剂会比常用的机械清管贵，尽管成本的比较取决于清管频率、化学试剂的有效性以及其他许多因素。化学抑制剂能够降低沉积率，但是不能完全消除沉积。因此，当使用抑制剂时，清管通常可作为一种备用手段。在系统正常工作条件下，化学试剂必须与石油的化学特性相匹配，抑制剂抑制效果的测试在每一次应用之前都是必要的，测试要在类似实际操作环境下进行。防止石蜡沉积的化学抑制剂包括以下几种。

(1)热力学石蜡抑制剂(TWI):抑制浊点，降低黏性和凝点，使用量较大。

(2)凝点扩散:改变石蜡晶体结构，降低黏性和屈服应力，但不降低石蜡的沉积率。

(3)分散剂/表面活性剂:包裹石蜡晶体来阻止其继续生长，改变石蜡晶体的润湿特性以降低石蜡在管壁或者其他晶体上的附着率。

(4)晶体改性剂:石蜡的联合结晶，降低沉积率，但是不能阻止其形成，改造石蜡晶体以阻止其在管壁上沉积和附着。具有抑制凝聚、适于稳态和关闭状态;降低黏性和凝点、化学性能稳定、成本高、仍需进行机械清管、注入时油体温度需高于浊点等特点。

18.4 石蜡整治

一般的石蜡整治措施包括使用溶剂和热水，以及热水和表面活性剂的联合使用，或者对石油进行加热处理，这些措施可以提升石油产量。以下是去除石蜡、烷烃和沥青质的方法：

（1）用热流体循环加热或电加热法；

（2）机械方法（刮）；

（3）NGS（制氮系统），热化学清理；

（4）溶剂处理；

（5）分散剂；

（6）晶体改性剂。

18.4.1 石蜡整治方法

（1）加热

通过热流体循环加热或者电加热来消除井下和较短管道中的石蜡是十分有效的。通过系统中的热油、热水和蒸汽循环来进行加热，使油气中沉积物的温度达到凝点温度以上。油气中的沉积物必须从井筒中移出以防止再沉积。但这个方法有一个缺点：对井中石蜡沉积采取热油循环加热措施，尽管短期的效果不错，但从长远的角度来看，它会加剧问题的严重性。

（2）机械方法

该方法仅适用于清理未被完全堵塞的管道。机械清除石蜡的方法是通过清管器来清除管道内部的石蜡沉积。清管操作的有效性在很大程度上依赖于清管器的设计以及清管参数的确定。Gomes 等人已经研究过水下生产系统的清管方法、水下清管设备的清管要求、管道、平台、FPOS 的设计要求。连续管道是另一种处理石蜡沉积的有效手段。

（3）NGS

氮生成系统，它是由 Petrobras 于 1992 年提出的一种热化学处理方法。NGS 过程通过控制氮气的生成将热学、化学和机械作用结合起来，使石蜡沉积具有可逆性。这种放热反应会使得石蜡沉积溶解。

(4)溶剂处理

溶剂处理方法是消除石蜡和沥青质沉积最有效的处理方法,但也是最贵的方法。因此,溶剂处理方法只有在热流体循环处理方法不成功时才会使用。当溶剂接触到石蜡时,沉积会逐渐溶解直到溶剂饱和。如果溶剂饱和而石蜡还未溶解完,那么石蜡还有可能再次沉积,导致比处理前更加严重的情形。

(5)分散剂

分散剂并不能溶解石蜡,但是可以通过表面活性反应将石蜡分散在油中或热水中,它们可以和晶体改性剂共同作用来消除石蜡沉积。分散剂将聚合物改性剂分散成较小块,这些小块更容易在低剪应力条件下与原油混合。

(6)晶体改性剂

石蜡晶体改性剂是某些具有化学功能的物质,包括脂肪醇聚酯、乙烯和醋酸乙烯酯的共聚物。晶体改性剂作用于油气沉积物中的成核剂,通过将成核剂溶解在溶液中以防止石蜡晶体凝聚。

有些化学成分可能与原油中的特殊成分共同工作,所以必须要先在原油试样上进行试验,来确保化学添加剂可以防止石蜡沉积。热流体循环加热和表面活性剂相结合的方法可以通过表面活性剂在水和石蜡内表面的相互作用使得固体颗粒悬浮。该方法的一大优点是可以使热流体以较高的温度到达石蜡沉积的部位,这是因为水比油具有更高的比热容。

18.4.2 石蜡问题的评估

石蜡问题的评估过程可以概括如下。

(1)取一个好样本;

(2)基于固液平衡得到石蜡的浊点或者 WAT;

(3)流变性能:黏性、凝点、凝胶强度;

(4)原油成分:标准油成分、HTGC;

(5)石蜡沉积率:冷指或者环管测试;

(6)石蜡熔点;

(7)考虑石蜡抑制剂的使用。

18.4.3 石蜡控制设计理论

针对水下设备和管道的石蜡控制准则归纳如下。

(1)设计水下生产系统,通过隔热使系统的工作温度高于 WAT;

(2)使油井保持足够高的生产率,以避免在井筒和采用树中发生石蜡沉积;

(3)通过清管消除石蜡沉积,确保足够高的清管频率以保证不会发生石蜡堵塞;

(4)使用隔热和化学试剂降低清管频率;

(5)持续辨别和处理高凝油。

对于凝点的控制,处理措施可以归纳如下。

(1)在系统稳态工作状态下,采用热保留(管道隔热)以保持系统温度高于凝点;

(2)对于计划内系统的关闭和开启操作,要注入 PPD;

(3)对于计划外的关闭操作,主要控制隔热管道在冷却时间内能够重启系统;如果上述操作无法实现,则需使用出口泵尽可能早地消除胶凝堵塞,所需的冷却时间还要由当时的操作状态决定。

当系统处于稳态和瞬态工作状态下,处理石蜡的策略可以归纳如下。

(1)稳态工作状态:采用热保留(管道隔热)来保持管道的温度沿管道变化尽可能合理且高于 WAT,尤其是系统中处于深水中的设备,在整个周期内需要定期地进行清管作业以消除石蜡沉积;

(2)瞬态工作状态:石蜡沉积被认为是一个长期问题,所以不考虑系统短时间内处于低温的(例如在开启时)情况。

18.5　沥　青　质

18.5.1　简述

沥青质是原油中的一类化合物,呈黑色且不溶于正庚烷溶剂。芳香族溶剂(如甲醇)是很好的沥青质溶剂。从有机化学的角度看,沥青质(质)由多芳烃和芳香烃的碳环构成且带有侧分支的大分子。沥青质是由存在于动植物活体内的复杂分子构成的,且在超过地质时期的温度和压强作用下只有部分得到分解。沥青质中含有原油中大量无机物成分,包括硫、氮以及镍和钒等金属。石油中一般都含有一定数量的沥青质,只有当沥青质不稳定时,它才会成为生产过程中的一个问题。沥青质的稳定性是一个关于原油中沥青质和稳定因子(如芳香烃和树脂等)组成比例的函数。对沥青质的稳定性影响最大的是压强。添加酸和某些完井液以及原油精炼过程中的高温环境都会使沥青质的稳定性受到破坏。

通常情况下,沥青质不会给操作带来困难,因为大部分沥青质原油中所含的沥青质都比较稳定。由于生产线下游多相流体相互混合且系统温度较高,一些典型的问题仅仅发生在生产线的下游。含有不稳定沥青质的原油会导致一些严重的操作问题,很多问题都与堵塞有关,从而影响阀门、节流器、过滤器和管道的工作性能。油井压力的减小和脂肪族类成分所占体积分数的增加,会使沥青质变得不稳定。当原油中脂肪族类成分达到临界值时,沥青质就会开始絮凝并沉积,此时的压强称为絮凝点。如图 18-4 所示为压强对沥青质稳定性的影响,在曲线的左边,沥青质处于不稳定状态,而曲线右边沥青质则处于稳定状态。

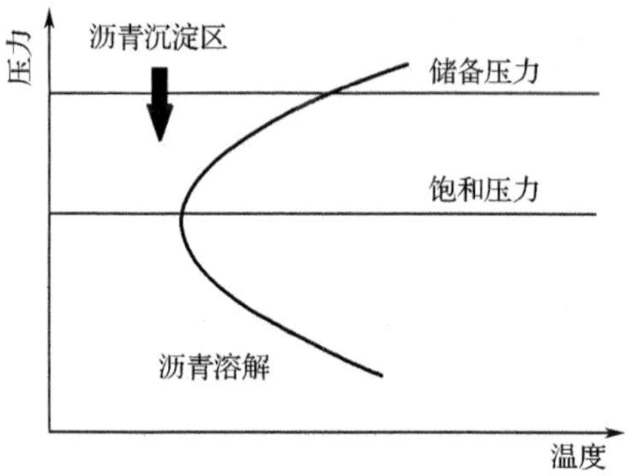

图 18-4　压力对沥青质稳定性的影响

在水下生产系统中,目前还没有对沥青质进行控制的设计标准和操作指南,但已有一些从陆上油井的沥青质控制过程中得到的经验方法。方法包括允许沥青质完全堵塞油井,然后再把堵塞物钻取出来;以及用连续管道进行周期性的溶剂清洗来清除沥青质。由于处理费用和效果多变性的原因,操作者很少采用分散剂来控制沥青质的沉积。

18.5.2　沥青质问题的评估

SARA(饱和烃、芳香烃、树脂和沥青质)分析法是描述原油性质的方法之一。这种方法把原油分为四种虚拟组分或溶解性等级,并按各自占总量的百分比来描述原油的性质。四种虚拟组分分别为饱和烃、芳香烃、树脂和沥青质。沥青质组分是极性最强的组分,它可溶于芳香烃但不溶于正烷烃。沥青质多为极性很强的浓缩多芳烃,蜡的氢碳比为 2,沥青质的氢碳比为 1.15。如图 18-5 所示为假想的沥青质分子，其含氢量较低。

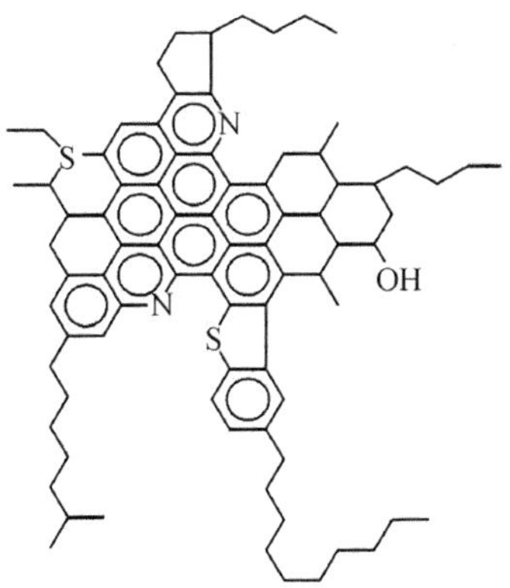

图 18－5　假想的沥青质分子(Ellison et al. ,2000)

沥青质的密度大约为 1.3 g/cm^3。在原油生产系统中，沥青质经常和蜡混合在一起。沥青质合成过程中有两种产生结垢的机制，第一种与酸的存在有关，第二种与合成材料的吸附有关。酸化处理是油井处理中的一种常用方法，它会对含有沥青质的原油油井产生严重的损害。酸也会使沥青质发生沉积，产生油污并形成刚性膜状乳剂，这些都会严重影响储油层的渗透性，导致使原油产量减半。合成材料，尤其是黏土，其中含有的金属可能会和沥青质相互作用，并引起储油层内的黏土对沥青质产生化学吸附作用。SARA 分析、脂肪烃滴定或井底原油的降压试验等方法都可用来确定给定原油样本中沥青质是否稳定。胶状不稳定指数 4($CII4$)是一个 SARA 分析法的参数。CII 表示原油中不利成分和有利成分的比例，如下式所示：

$$CII = \frac{S + A_s}{R + A_r} \tag{18－4}$$

式中　S——饱和烃的百分比；

A_s——沥青质的百分比；

R——树脂的百分比；

A_r——芳香烃的百分比。

当 CII 大于 1 时，表示不利成分超过了有利成分，此时沥青质可能处于不稳定状态。

几种脂肪烃滴定方法可以用来评估重油中沥青质的稳定性。其中的一种方法需要持续增加原油中的脂肪烃并测定溶液的光密度。在这种方法中，沥青质的沉积点可通过监测红外线激光器传输装置的变化来得到，该仪器叫做沥青质沉积探测单元(APDU)。当烃滴入原油中,光密度减小,试样的透光率增加。当将足够的脂肪烃滴入到试样中时,沥青质变得不稳定并发生沉积,光密度显著降低。该点称为 APDU 值,它是脂肪烃体积和原油体积的比值。

井底原油试样的降压试验提供了一种测量生产系统中沥青质稳定性的最直接方法。在降压时,系统中活性油的絮凝点或沥青质开始沉积的压强可以通过监测穿过试样的红外线激光器传输装置的变化来测定。絮凝的出现会使透光性显著下降。如果原油存在絮凝点,则在絮凝点和泡点之间的压强会造成沥青质处于不稳定状态。很多原油只在泡点附近才会表现出不稳定性,这让很多工程师认为只有泡点附近才会出现问题。但是有些原油的不稳定区的压力范围跨度为几千 psi。如图 18-6 所示为沥青质的溶解性曲线,絮凝点的出现、饱和压力、沥青质饱和点以及反应炉中液态沥青质的浓度如虚线所示。不稳定区域就是沥青质饱和点和溶解性曲线围成的阴影部分。如图 18-6 曲线所示,不稳定区域的压强变化范围为 2 600 ~ 3 800 psi。

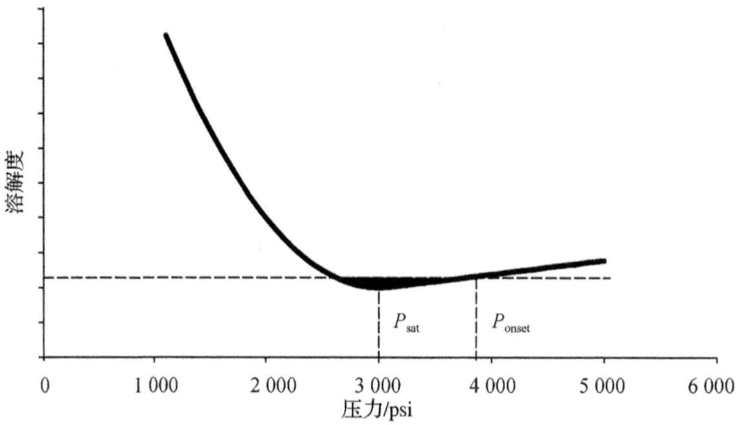

图 18-6 以压力函数表示的沥青质溶解性曲线

18.5.3 沥青质形成

沥青质固体是一种外表类似黑煤的物质,它具有黏性,所以很难从管道内表面除去。此外,沥青质固体会使水-油乳液变得稳定,从而使主过程中原油分解和水处理工序变得复杂。沥青质会对较小的深水工程带来一些问题。现有的研究主要致力于改进沥青质的扫描测试,以及探求扫描测试结果和现场问题之间的关系。常用的扫描工具有三种,首先是 P 值测试,它要求用十六烷(碳链长度为 16 的正烷烃）滴定原油。正烷烃的增加会使原油中的沥青质趋于不稳定。在沥青质从溶液中析出之前加入的十六烷的数量越多，原油的稳定性越好。SARA 扫描测试通过确定原油中四大主要成分——饱和烃、芳香烃、树脂和沥青质的浓度来检测沥青质的稳定性。需要计算出饱和烃和芳香烃的比例以及沥青质和树脂的比例，并用于确定原油的稳定性。PVT 扫描需要使用从 PVT 分析中得到的两个值——原位密度和不饱和度（储油层压强和泡点的区别），来评价沥青质的稳定性。总的来说，沥青质的稳定性随着不饱和度的下降以及原位密度的下降而降低。

18.5.4　沥青质沉积

当温度低于泡点之后，需要测出单元中析出的沥青质的质量和沥青质沉积的质量，这两个值提供了一种评估沉积问题的方法，可以发现在试验中只有少量的沥青质会附着在容器表面。基于这些观察结果，可认为只有约 5% 的沥青质会发生沉积。沥青质的沉积量可用来预测生产系统中沥青质的沉积量。虽然该数字常常较实际情况偏大，但它仍是一个适用于设计和长远计划的参数。

沥青质问题在近海油气田中较少发生，但是一旦发生就会对工程的经济效益产生严重的影响。当产出的液体温度低于泡点时，沥青质最有可能发生沉积，所以在管道中经常发生沥青质沉积。水下系统主要依靠井底注射抑制剂并在必要的时候进行井筒溶剂处理来降低沥青质的影响。在没有抑制剂的情况下，每个月对管道进行清理在陆上工程中是很常见的。由于频繁清管在水下工程中无法实现，所以这促进了抑制剂的发展。

18.6　沥青质控制设计思路

在水下油井中，直接使用连续管道的处理费用很高，所以这不是一种可取的控制方法。因此，水下油井沥青质控制方法综合了各种技术。

（1）在井筒中连续注入沥青质分散剂（为了使分散剂充分发挥其作用，必须从封隔器处注入）；

（2）安装特定设备，该设备有助于周期性注入芳香烃溶剂以浸润油井；

（3）在经济等方面做好使用连续管道清除沉积的准备；

(4)在生产线中通过定期使用溶剂进行清管来控制沉积。

该方法要求安装附加的脐带缆来运送沥青质分散剂和大量溶剂,同时也需要安装一条用于直接在封隔器上注入分散剂的井底管道,对这些设备的需求增加了工程成本。目前,还未找到关于系统压强或其他参数的沥青质沉积函数模型。流动保障模拟有助于了解水下系统中的压强分布,尤其是达到泡点的地方。因为泡点是沥青质最不稳定时的压强,所以这些地方的沉积问题往往是最严重的。

如果在一定时间内,由于流体的高黏滞性或者流体处于较难流动的胶凝状态,流体不能达到稳定流态时,需要考虑用水或稀释的烃如柴油等来替换管内的物质。另一种相似的方法是在管道入口处对流体进行化学处理。当管内充满柴油、水或其他处理液时,因为黏滞性低,流体的流速就会增加很快,并且不需要考虑胶凝的影响。如果胶凝体没有被破坏,可以采取以下的措施:利用连续管道将工具压入管道内来清理凝胶。商用连续管道设备能够清理的管道长度可达几英里长。对凝胶加压,因为凝胶受压后,压力使凝胶的端部发生移动,并破坏凝胶体。不断增大压力,较小的凝胶段可因为达到压力极限而破坏。一个简单的方法是在凝胶上加压然后等待。在压力作用几小时后,凝胶体就会逐渐破坏。

针对运输链烃含量高的原油水下管道的规划、设计和运行,建议采取以下几点措施:

(1)测定原油的主要性质,包括浊点、凝点、凝胶强度、化学降凝剂效果以及黏滞性(它是一个与温度、剪切速率以及溶解的气体有关的函数);

(2)评估原油在系统启动、关闭以及低生产率阶段的稳态流动和瞬变流动所经历的热力学条件;

(3)基于原油的性质和热力学数据,对系统关闭、启动时以及低流速的位置提出可操作的规划,关于系统启动时的一个重要决定是采用压力破坏凝胶还是采用费用高的其他方法防止凝胶形成;

(4)如果重启时需要破坏凝胶或加热,在出口处还需必要的流动控制设备,可能还需要一个静态混合器。

沥青质设计和控制指南仍处于初步发展阶段。虽然石蜡以及氢氧化物等已有相应的模型,但尚未找到针对沥青质的沉积预测模型。针对沥青质的设计和控制通常参考蜡的设计和控制,其设计常按以下步骤进行分析。

(1)制作精炼样品并进行分析;

(2)对石蜡进行模拟来提供:流体的 WAT、石蜡沉积位置、石蜡沉积速率、石蜡沉积量、管道设计参数。

(3)评估生产条件下沥青质的稳定性;

(4)提出化学和热处理方法;

(5)确定清管频率;

(6)设计经济的措施进行石蜡和沥青质的防止和整治。

参考文献

[1] Becker J R. Crude Oil Waxes, Emulsions, and Asphaltenes[J]. Tulsa: PennWell Publishing Company, 1997.

[2] Chin Y, Bomba J. Review of the State of Art of Pipeline Blockage Prevention ad Remediation Methods[C]// Proceedings of 3rd Annual Deepwater Pipeline& Riser Technology Conference & Exhibition, Houston, USA, 2000.

[3] Chin Y D. Maintaining Plug - Free Flow and Remediating Plugged Pipelines[J]. Offshore, 2001, 61(2):68.

[4] COCHRAN S, GUDIMETLA R. Hydrate Management: Its Importance to Deepwater Gas Development Success[J]. World oil, 2004, 225(9):55 - 61.

[5] Edmonds B, Moorwood R, Szczepanski R, et al. Latest Developments in Integrated Prediction Modelling Hydrates, Waxes and Asphaltenes[C]// IBC 99, Aberdeen, UK, IBC, 1999.

[6] Ellison B T, Gallagher C, Frostman L M, et al. The Physical Chemistry of Wax, Hydrates, and Asphaltenes [C]// OTC 2000, Houston, USA, ANNUAL OFFSHORE TECHNOLOGY CONFERENCE, 2000.

[7] Gornes M, Pemirs F, Line A. Solutions and Procedures to Assure the Flow in Deepwater Conditions[C]// OTC 96, Houston, USA, Offshore Technology Conference, 1996.

[8] Herman J, Ivanhoe K. Paraffin, Asphaltenes Control Practices Surveyed[J]. The Oil and Gas Journal, 1999(July).

[9] Lorimer S E, Ellison B T. Design Guidelines for Subsea Oil Systems[J]. Facilities, 2000

[10] Khalil C N. New Process for the Chemical De - Waxing of Pipelines[C]// Advances in Multiphase Operations Offshore Conference, London, UK, IBC oil & gas conferences, 1995.

第19章

海洋腐蚀和积垢

19.1 引　　言

在大多数水下工程中，石油和天然气产品都是以不分离的多相流形式从水下油井运输到平台。腐蚀、结垢和积盐等问题增加了海底多相流管道的运行难度。腐蚀是由于金属和周围环境之间发生化学或电化学反应而导致的金属变质、退化现象。金属腐蚀与环境条件和金属种类有关。

未进行保护的管道，不管是暴露在空气中、埋于海底泥层中还是浸在海水中，其外表面都很容易被腐蚀。在没有适当维护措施的情况下，管道最终会发生腐蚀破坏。腐蚀会损坏管道结构，增加石油、天然气和其他液体输送的安全隐患。沿管道外表面全长喷涂强效的抑制剂可以防止腐蚀，但是在运输、安装期间，管道的防腐涂层很可能会遭到破坏。阴极保护技术通过牺牲阳极的方法来抑制管道的腐蚀破坏。

如果产出液中含有二氧化碳（CO_2）、硫化氢（H_2S）和自由水，将导致石油和天然气管道发生严重的腐蚀。沉井和管道内部的腐蚀受到系统温度、二氧化碳含量、硫化氢含量、水化学、流速、油或水的湿度以及管道钢材的化学组成和表面性质等因素的影响。耐蚀合金（如含13% Cr钢和双相不锈钢）经常用于沉井、水下管道和水下结构中。然而，对于远程管道而言，碳素钢是唯一一种经济可行的材料，但必须控制其腐蚀以保护管道免受内、外腐蚀的影响。

积垢是由水中无机矿物成分淤积而成的。当海水中无机矿物成分超过其溶解度时，固体就会析出，并悬浮在水中或附着在管壁上。前者会形成管道堵塞，而后者则会阻碍管内流体流动并损害泵和阀门等设备。另外，积垢通常还会加速管道腐蚀，微生物的活动也会增多。

本章主要论述海底油气管道的腐蚀和积垢问题及其相应的防护措施，主要侧重于以下三方面。

(1)管道内部腐蚀及其防护；

(2)管道外部腐蚀及其防护；

(3)积垢。

19.2 管道内部腐蚀

19.2.1 简述

当油气管道中的碳氢化合物液体中存在 CO_2 和 H_2S 时，管道系统将出现两类腐蚀：酸蚀和无硫腐蚀。无硫腐蚀发生在仅含 CO_2 或含有少量 H_2S(分压低于0.05 psi)的系统中，酸蚀发生在含有 CO_2 且 H_2S 的分压高于0.05 psi(0.34 kPa)的系统中。

当腐蚀产物没有覆盖在管道表面时，腐蚀速率将高达每年几毫米。“最不利”腐蚀是实验室中研究和模拟的最简单类型。当 CO_2 作为腐蚀的主导因素时，碳酸铁会沉积于钢材表面并形成一层致密的防腐保护膜，这些位置的腐蚀速率将显著降低，这种现象易发生在高温或高 pH 值的环境中。当系统中除 CO_2 外还含有 H_2S 时，将会形成硫化铁薄膜而非碳酸铁膜。这是因为硫化铁比碳酸铁更容易沉淀，所以硫化铁保护膜可以在较低温度下形成。如果腐蚀产物所形成的保护膜不能对管道提供足够的保护作用，局部腐蚀仍将以较高的速率进行，这就是油气管道腐蚀中最可怕的类型。

19.2.2 无硫腐蚀——CO_2 腐蚀

二氧化碳分子由一个碳原子与两个氧原子组成，是一种存在于天然气、原油和冷凝的采出水中的腐蚀性化合物。油田工业的生产环境是最易发生管道腐蚀的环境之一。氧气和有机酸同时存在会加速管道的 CO_2 腐蚀，这主要是由于在溶解原有的碳酸铁积垢的同时又抑制新的积垢生成。

二氧化碳是一种弱酸性气体，当其溶解在水里时就具有了腐蚀性。然而，二氧化碳必须经历一个相对缓慢的水化反应才能形成碳酸（H_2CO_3）。碳酸降低了水中的 pH 值，这使得水与钢管接触后就会发生腐蚀。

二氧化碳腐蚀最容易发生在自流井、凝析气井、冷凝水装置、储存 CO_2 和饱和采出水的储罐以及在较低温度和压强下发生低速腐蚀的管道中。氧气和有机酸同时存在会加速 CO_2 腐蚀，这主要是由于在溶解原有的碳酸铁积垢的同时又抑制新的积垢生成。

水中溶解的二氧化碳的最大浓度是 800 ppm。当含有二氧化碳时，最常见的腐蚀形式包括均匀腐蚀、点蚀、孔蚀、电偶腐蚀、热腐蚀、台面状侵蚀、雨滴腐蚀（raindrop corrosion）、侵蚀腐蚀、腐蚀疲劳（corrosion fatigue）等。二氧化碳的存在通常意味着管道不会发生氢脆变。

CO_2 腐蚀速率大于碳酸单独作用下管道的腐蚀速率。在一个含有 CO_2 的系统中，虽然 CO_2 腐蚀速率能高达几千毫米/年，但也可以得到有效地控制。液体流速对二氧化碳系统的影响很大，湍流常是促使一个 CO_2 系统转变为腐蚀性系统的关键因素，这是由于湍流使得保护性的碳酸铁积垢（菱铁矿）不是被冲刷走就是阻碍其形成保护性薄膜。

CO_2 腐蚀的产物包括碳酸铁（菱铁矿，$FeCO_3$）、氧化铁、磁铁矿等，腐蚀产物的颜色可以是绿色、褐色、棕色及黑色。腐蚀产物在一定条件下能对管道起到保护作用，这些积垢本身可溶。高温、高 pH 的碳酸盐环境，无湍流等条件下有利于积垢的形成。没有湍流可以使碳酸铁积垢附着在其形成的位置。湍流通常是决定碳酸铁积垢能否形成并保留在管壁上的重要因素。碳酸铁不导电，所以不会发生电偶腐蚀，因此，CO_2 腐蚀会均匀地发生在没有碳酸铁薄膜保护的区域。当碳酸形成时，管道会产生缝隙并遭到点蚀。CO_2 腐蚀也会引起管道的脆化，从而导致应力腐蚀裂缝的产生。

（1）腐蚀预测

在液态水环境中，用于石油生产和运输的碳素钢管道，其 CO_2 腐蚀受到大量参数的影响，部分参数如温度、CO_2 分压、流动情况（流态与流速）、pH 值、可溶性腐蚀产物（$FeCO_3$）的浓度、乙酸浓度、水的湿度、金属微观结构（焊缝等）、金属形成史（Metal prehistory）。

这些参数的具体影响目前尚不清楚，而且部分因素之间存在着紧密联系，某个因素的微小变化可能导致腐蚀速率发生显著改变。

不同公司开发出了各种不同的腐蚀预测模型且已投入使用，包括 de Waard

等人开发的 Shell 模型、CORMED 开发的 Elf Aquitaine 模型、LIPUCOR 开发的 Total 模型和由 IFE 开发的新型电化学模型。由于各种腐蚀控制机理的复杂性和出于安全性所做的保守考虑，腐蚀模型通常会过高估计碳素钢的腐蚀速率。

de Waard 等人开发的 Shell 模型在油气工业中最为常用，该模型的理论基础是 1991 年发布的 de Waard 方程式。从“最不利”腐蚀率预测出发，该模型通过量化腐蚀因素来研究环境参数的影响并模拟不同条件下腐蚀产物积垢的形成。第一个版本于 1975 年推出，之后进行过几次修订，通过加入新知识和新信息，计算结果不再如初始版本那么保守。因为 de Waard 和 Milliams 的原始公式中隐含着一定的假设，所以需要引入一个修正因子来考虑环境参数和各种条件下已形成的腐蚀产物积垢的影响。

碳素钢管道的 CO_2 腐蚀率可以采用工业中认可的方程式来估算，该方程将与流体无关的金属表面腐蚀反应的动力效应的影响同与流体有关的溶解的 CO_2 的质量交换的影响相结合。

从包含修正因子的原始公式中计算所得的腐蚀速率与液体速度无关。为考虑流体的流动效应，有人又提出了一个新模型。这个模型考虑了流体的质量转移和流速的影响即所谓的阻力模型。其腐蚀速率公式为

$$v_{cr} = \frac{1}{\frac{1}{v_r} + \frac{1}{v_m}} \tag{19-1}$$

式中 v_{cr}——腐蚀速率，mm/yr；

v_r——与流体无关部分的腐蚀速率，表示反应速率；

v_m——与流体相关部分的腐蚀速率，表示质量转移速率。

对于存在多相湍流的管道流体，v_m 的大小取决于流体流速与液膜厚度，而 v_r 的大小取决于流体温度、CO_2 压强和 pH 值。例如，对于一个含 0.18% C 和 0.08% Cr的钢管，计算管内流体 v_r 和 v_m 方程是

$$\log(v_r) = 4.93 - \frac{1\ 119}{T_{mp} + 273} + 0.58 \cdot \log(p_{CO_2}) \tag{19-2}$$

式中 T_{mp}——管道内流体温度，℃；

p_{CO_2}——管内 CO_2 的分压，bar。

p_{CO_2}可以按式(19－3)计算

$$p_{CO_2} = n_{CO_2} \cdot p_{opr} \tag{19-3}$$

式中 n_{CO_2}——气体 CO_2 的含量；

p_{opr}——管道运行压强，bar。

质量转移速率 v_m 可由式(19－4)近似计算得到

$$v_m = 2.45 \cdot \frac{U^{0.8}}{d^{0.2}} \cdot p_{CO_2} \tag{19-4}$$

式中　U——液相流体的流速，m/s；

d——管道内径，m。

(2) CO_2 腐蚀模型比较

生产环境中的 CO_2 腐蚀将对碳素钢设备的完整性造成巨大威胁，对比由疲劳、侵蚀和应力腐蚀裂缝引起的破坏来说，CO_2 腐蚀破坏更为普遍。NORSOK，Shell 及其他公司和组织已经开发了一些预测管道腐蚀退化的模型。

NORSOK 公司开发的标准 M－506 模型可用于计算 CO_2 腐蚀速率，它是一个针对不同温度、pH 值、CO_2 有效压力和管壁剪切应力情况下，含 CO_2 的水环境中碳素钢腐蚀的经验模型。NORSOK 模型只适用于计算 CO_2 作为单一腐蚀介质时的腐蚀速率，它并没有考虑其他成分的影响如生产出油管道中经常存在的 H_2S。如果这些成分存在，腐蚀速率必须另行估计。De Waard 的模型均未考虑 H_2S 的影响。

如图 19－1 所示为一个水下凝析气管道内腐蚀速率计算的例子。为计算沿管长方向管道内腐蚀速率的变化，通常将两个最常用的腐蚀预测模型和三相液体流动模型结合起来使用，这样有助于确定那些由于流态、流速和积水量的改变而增加腐蚀破坏危险性的区域。此管道流体进口端温度为 90 ℃，出口端温度为 20 ℃，管道腐蚀速率越靠近出口端腐蚀速率越低，这主要是由于温度降低所致。接近管道入口端的区域腐蚀速率较低，这主要是因为高温下腐蚀产物保护膜的保护作用引起的，但两种腐蚀模型对此得到了不同的预测结果。由于管道高程变化所引起的流速变化使得腐蚀速率的预测结果出现峰值。

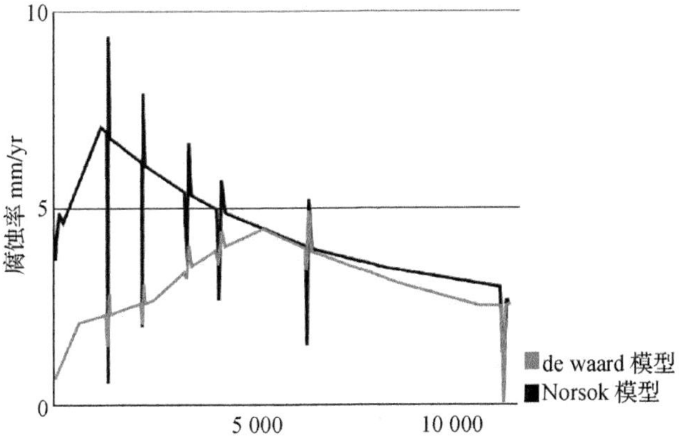

图 19－1　海底管道的腐蚀速率估计

(3) CO_2 腐蚀速率计算的敏感性分析

如表 19－1 所示为一些进行敏感性分析的基本参数值，这些数据来自于直径为 10 in 的生产管道的设计工作数据。

表 19－1　敏感性分析的基本参数值

参数	单位	基本参数值
总压	bar	52
温度	℃	22.5
气体中 CO_2 含量	mol%	0.5
流速	m/s	2.17
H_2S	ppm	220
pH	—	4.2
含水量	—	50%
抑制剂	—	50%

① 系统总压力和 CO_2 分压

系统总压力增加会导致腐蚀速率增加，这是因为 p_{CO_2} 也会按比例增加。由于高压下气体的非理想特性，当压强增大时，应该用 CO_2 有效压力 f_{CO_2} 代替 CO_2 分压 p_{CO_2}，CO_2 实际压强可以表示为

$$f_{CO_2} = a \cdot p_{CO_2} \tag{19-5}$$

式中，a 是有效压力系数，取决于压强和温度为

$$a = 10^{P(0.0031-1.4/T)} \quad \text{for} \quad P \leqslant 250 \text{ bar}$$

$$a = 10^{250(0.0031-1.4/T)} \quad \text{for} \quad P > 250 \text{ bar}$$

如图 19－2 和图 19－3 所示分别反映了系统总压力和 CO_2 分压对管道腐蚀速率的影响。随着总压和 CO_2 分压的增大，管道腐蚀速率会显著增加。

② 系统温度

温度会影响保护膜的形成。在低温时，腐蚀产物很容易被流体冲刷掉。温度升高后，腐蚀产物不易被冲走且保护性能有所提高。温度进一步升高将导致腐蚀速率达到峰值后逐渐减小，这个峰值速率所对应的温度叫做结垢温度。在该温度下，钢管道表面的 pH 值和 Fe^{2+} 浓度逐渐升高。根据 De Waard 模型的研究，温度高于结垢温度时，腐蚀速率将减小并趋于零。但 IFE Norway 公司的试验结果显示，温度高于结垢温度时，腐蚀速率将继续升高。如图 19－4 所示为温度对腐蚀速率的影响，图中系统总压为 48 bar，pH 值为 4.2。如图 19－4 所示，在温

度低于结垢温度时,腐蚀速率随温度升高而增大。

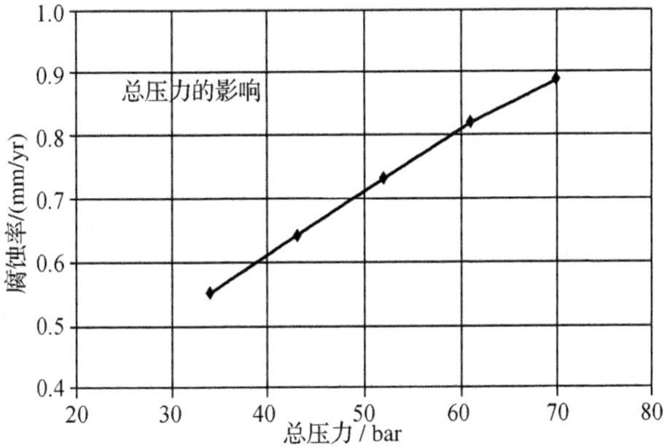

图 19－2　总压对腐蚀速率的影响图

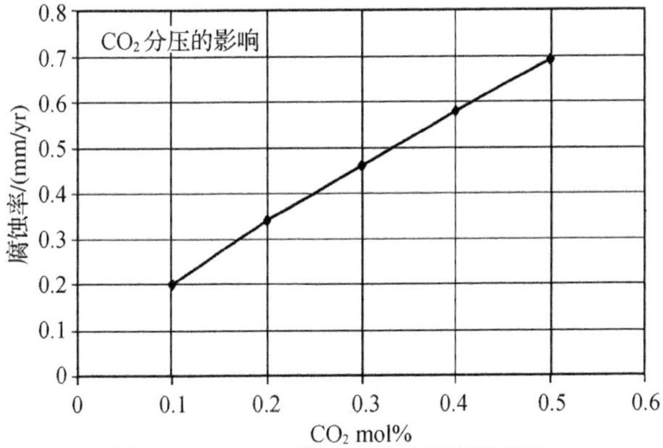

图 19－3　CO_2 分压对腐蚀速率的影响

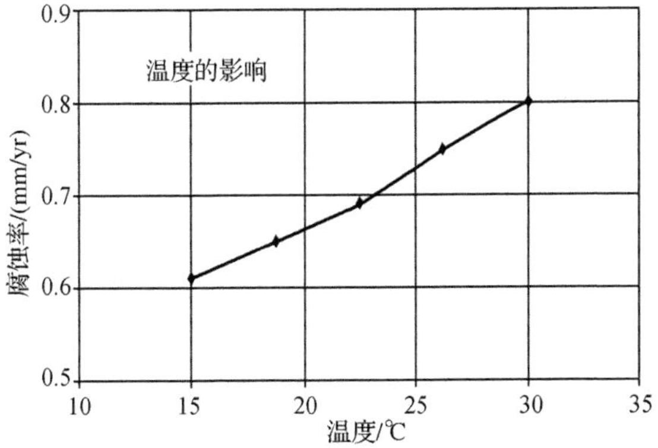

图 19－4　温度对腐蚀速率的影响

③ H_2S

H_2S 溶于 CO_2 溶液之后可以降低 pH 值。当温度低于 80 ℃时，由于形成了稳定的硫化铁薄膜，CO_2/海水体系中，含 H_2S 与不含 H_2S 相比，其管道的腐蚀速率更小。在高温条件下，H_2S 和氯化物的结合会导致相对于 CO_2/海水体系而言较高的腐蚀速率，这是由于没有形成保护膜的原因。

H_2S 含量低于 NACE 的硫化物应力腐蚀标准(per MR0175，NACE 出版)会降低金属的总体腐蚀速率，但会提高麻点腐蚀的速率。麻点腐蚀速率取决于 CO_2 分压，因此，在低 H_2S 含量的情况下，基于 CO_2 的腐蚀模型仍然适用。当 H_2S 浓度增大到与 CO_2 浓度相当或者大于 1 mol% 时，腐蚀机理将不受 CO_2 控制，此时基于 CO_2 的腐蚀模型就不再适用。

④ pH 值

pH 值通过影响阴极、阳极的反应速率来影响腐蚀产物的形成，从而改变腐蚀速率。含腐蚀产物的 CO_2 溶液会使腐蚀速率降低。由于 pH 值会影响碳酸亚铁的溶解度，所以 pH 值对防腐蚀保护膜的形成起主要作用。pH 值的增加会减慢阴极 H^+ 浓度的降低速率。如图 19－5 所示为 pH 值和腐蚀速率的关系。当溶液中的 pH 值小于 7 时，腐蚀速率将随着 pH 值的升高而降低。

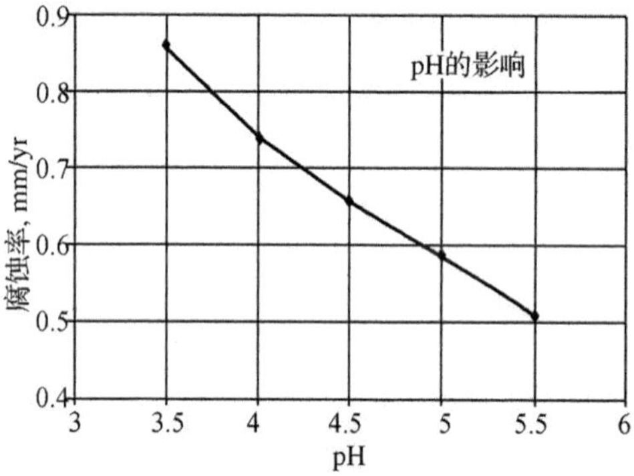

图 19－5　pH 对腐蚀速率的影响

⑤ 抑制剂和化学添加剂

抑制剂可以通过为管道提供一层保护膜来降低腐蚀速率。适量的合适抑制剂可以将腐蚀速率控制在 0.1 mm/yr。使用抑制剂能够显著降低腐蚀速率从而延长管道寿命。

砂粒的冲刷会破坏抑制剂保护膜从而降低抑制剂的有效性。在流体流速较低的管道中特别是当流体中含有蜡、结垢、砂粒等固体时，抑制剂的效果非常不理想。在这种的情况下，沉淀将会不可避免地在 6 点钟位置形成，从而阻碍抑制剂到达金属表面。如果希望抑制剂发挥良好的保护作用，流体流速不能低于1.0 m/s，这一点在含有固体的管道中尤为重要。

⑥ 抑制剂效率和抑制剂有效性

使用抑制剂后，通常用以下两个方面来描述其对腐蚀速率的降低作用：抑制剂效率(IE)和抑制剂有效性(IA)，IE值通常取为95%。然而，抑制剂不可能在整个设计寿命中一直有效。例如，增加抑制剂剂量或者使用更好的化学物质可以增大抑制剂浓度。通常会作出这样的假定，加了抑制剂处的腐蚀速率与没加抑制剂处的腐蚀速率互不相关，且所有系统可以通过使用抑制剂将腐蚀速率控制到0.1 mm/a。由于抑制剂并非在所有时间都发挥作用，所以在某些时段内腐蚀速率可能按未使用抑制剂时的速率发生。如图19-6所示为使用抑制剂的管道在不同的抑制剂有效性下的腐蚀率。

图19-6假定添加抑制剂后钢管道的腐蚀速率为CRmit(典型值为0.1 mm/a)，而未添加抑制剂时的腐蚀速率为CRunmit，并且考虑了IA有效作用时间。

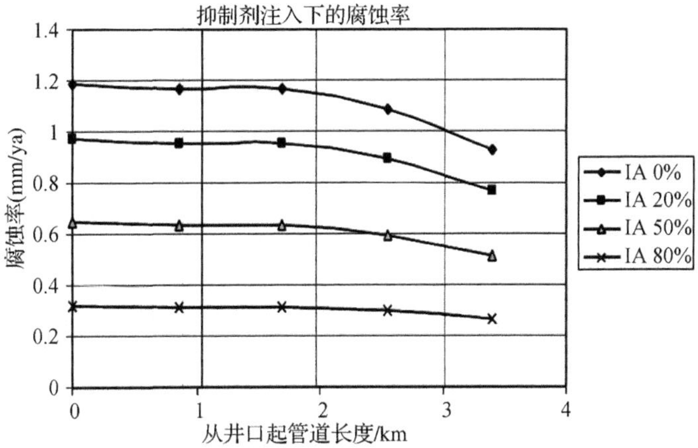

图19-6 不同抑制剂有效性对应的腐蚀速率

⑦ 化学添加剂

基于循环原理，乙二醇(或甲醇)经常用来防止水合物的生成。在未使用腐蚀抑制剂的情况下，乙二醇能起到一定的防腐作用。De Waard提出了一个乙二醇修正因子，但是，如果乙二醇和抑制剂同时存在，乙二醇的防腐作用就微乎其微，出于设计考虑可以将其作用忽略不计。

从系统启动到管道升温至水合物生成温度期间以及延长关闭时间时，需要批量注入甲醇作为水合物抑制剂。

⑧ 单相流体的流速

单相流是指流体仅含有一种成分，通常指通过多孔介质的油、气或水。流体流动通过影响质量转移和固体腐蚀产物的机械运动来影响腐蚀，腐蚀模型中，流体的流速和实际管道中流体的流速相同。如图 19-7 所示，在低 pH 值的情况下，腐蚀速率随流速增大而持续增大。

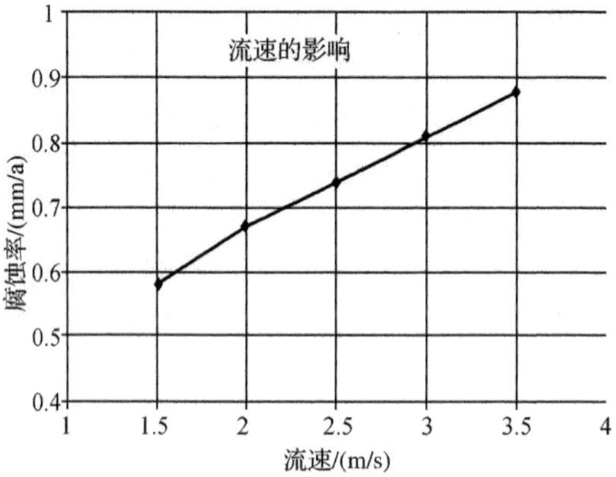

图 19-7　流速对腐蚀速率的影响

⑨ 多相流体的流速

多相流是指流经多孔介质的流体中不只含有单相流体。大多数油井末期会产出油和气两种流体，同时也会产出水，因此，多相流在油井中很常见。对于多相流管道，通常研究其流态和相应的流速。由于各种流体动力和相应湍流的作用，多相流对管道内部腐蚀速率的影响更大，这与单相流对油管腐蚀的影响有着显著的差别。

⑩ 含水量

含水量是指产出水的体积与产出液总体积的比值。CO_2 腐蚀主要是由于 CO_2 与钢管道表面发生接触时存在水所引起。二氧化碳腐蚀的严重程度与钢管道表面与水接触的时间成正比。因此，含水量是一个影响管道腐蚀速率的重要因素。然而，含水量的影响还与流体的流速和流动状态有关。

⑪ 自由跨度的影响

在粗糙海床或受到冲刷的海床上，管道跨越的现象常常发生，所以应进行管道允许自由跨度的计算，以避免管道产生过大屈服和疲劳。局部壁厚的减少会影响管道的承载能力进而影响允许的自由跨度。

如图 19-8 所示，在自由跨度中点处有附加的水体和海洋生物的聚积，这可能会加速腐蚀速率。流态和流速等在这些地方都会发生变化，自由跨度中点附近区域的腐蚀缺陷更严重。

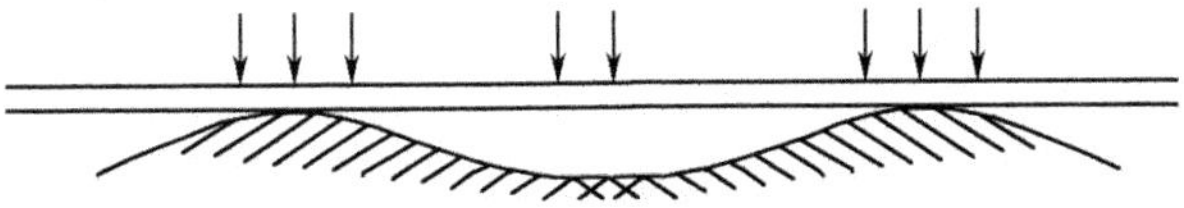

图 19-8 自由跨度对腐蚀缺陷发展的影响

19.2.3 酸蚀——硫化氢腐蚀

硫化氢是一种易燃的有毒气体，自然存在于一些地下水中，它是由沉积在地底下的有机物（如植物）腐烂分解产生的。硫化氢分布在深井或浅井中，也可以通过泉水进入地层水，它会迅速扩散到大气之中。硫化氢还经常存在于一些井中，这些井钻在页岩或砂岩、接近煤炭层、沉积泥或油田的地方。

硫化氢气体具有类似"臭鸡蛋"或"硫磺水"的刺激性气味且可溶于水。在某些情况下，当水体刚开始流动或热水沸腾时，这种气味非常明显。在阵雨天，硫化氢受热蒸发进入大气时，刺激性气味尤其显著。有时，热水器（a hot water heater）是产生硫化氢气味的源头之一。许多热水器中安装的镁腐蚀控制杆能减少自然状态下发生的硫转变为硫化氢的化学反应。

大约 40% 的油井中都存在硫化氢（H_2S），含大量硫化氢的油井通常称为酸性井，但实际中当 H_2S 浓度达到 10 ppm 或者更高时，该油井才会被列为酸性井。H_2S 分压超过 0.05 时即认为 H_2S 具有腐蚀性。油井的年代越久，硫化氢的含量越高。硫化氢与水结合会形成强腐蚀性的硫酸（H_2SO_4），硫酸造成的腐蚀通常称为酸腐蚀。硫化氢与水结合非常容易，它可以严重腐蚀水下的储存罐等。

水中只含硫化氢并不会引起腐蚀问题，然而，当硫化氢溶于水后会生成一种弱酸，从而具有腐蚀性。这是因为它为腐蚀提供了氢离子，可以在钢吸收氢原子的过程中起到催化作用，促使高强度钢中产生硫化物应力裂缝（SSC）。硫化氢与硫元素反应可能会形成多硫化物和硫烷（以游离酸形式存在的多硫化物）。

酸腐蚀的产物包括硫化铁和氢气。在低温环境下，硫化铁形成的积垢可作为保护膜，起到减缓腐蚀的作用，前提条件是流体中不含氯盐和氧气。在较高温度下，积垢作为阴极而存在，电偶腐蚀就会发生。氯化物会形成酸性氯化铁薄膜，可以防止在钢材表面直接生成 FeS 薄膜，从而保证阳极反应继续进行。反应中生成的氢气可能会导致管道发生氢脆变。与硫化氢有关的不利作用还包括腐蚀钢、铁、紫铜和黄铜等金属,腐蚀银器以及使紫铜和黄铜器皿失去光泽。

19.2.4 内部涂层

使用内部涂层的主要原因是可以减少摩擦从而提高流动效率。此外,使用内部防腐蚀涂层有利于降低腐蚀、管道的试运行和清管作业。管道内表面粗糙度的降低使管内摩擦系数减小,从而提高了流动效率。在实际的管道作业中,流动效率的提高表现为沿管道的压降减小。

系统中存在自由水是造成管道内部腐蚀的原因之一。一个有效的涂层系统将为管道提供有效的保护,管道的涂层能显著降低清管频率。管内表面变得光滑可以大大减轻清管器的磨损。

涂层的选择是由环境条件和管道的使用要求决定的。一般内部涂料的主要种类包括环氧树脂、聚氨酯和酚醛树脂。以环氧树脂为基础的材料是最常用的内部涂料,这是由于它具有多种优良性能,包括足够的硬度、防水性、弹性、耐化学性以及极好的附着力。

19.2.5 内部抑制剂

内部抑制剂是指在较低浓度下就能有效降低金属(暴露在腐蚀性环境中)腐蚀速率的化学物质。一般情况下,它们通过吸附作用在金属表面形成保护膜从而实现对管道的保护。

抑制剂的分布形式通常包括溶解和扩散,抑制剂一般通过以下途径来减少管道腐蚀。

(1)增加阳极或阴极极化反应;

(2)减少金属表面的离子运动或扩散;

(3)增加金属表面的电阻抗。

抑制剂大致可以分为:被动抑制剂、阴极抑制剂、沉淀抑制剂、有机抑制剂、挥发性抑制剂。选择抑制剂的关键在于了解系统并预测系统的潜在问题。系统条件包括水的组成(如含盐量、离子和 pH 值)、流体成分(水与烃的百分含量)、流量、温度和压强等。抑制剂的应用方式包括批量注入、挤压成型、连续注入和在两清管器间填充。

抑制剂效率定义如下:

$$\text{抑制剂效率}(\%)=100\times(CR_{\text{uninhibited}}-CR_{\text{inhibited}})/CR_{\text{uninhibited}}$$

式中 $CR_{\text{uninhibited}}$——未添加抑制剂系统的腐蚀速率;

$CR_{inhibited}$——添加抑制剂系统的腐蚀速率。

一般地，抑制剂效率随抑制剂浓度的增大而提高。

19.3　管道外部腐蚀

19.3.1　简介

钢管道等基础设施很容易受到腐蚀。本节主要叙述涂层和外部腐蚀保护，如阴极保护（CP）。减轻海洋腐蚀的优选技术是涂层与 CP 的联合使用，涂料可以阻止潮气接触钢管表面，从而抑制外部腐蚀。但是，考虑到涂层可能发生破坏，建立一个二级 CP 保护体系是必要的。

腐蚀是金属与其周围环境之间发生电化学反应引起的退化作用，主要是电偶腐蚀的结果。所有的金属都具有不同的自然电势，当两种具有不同电势的金属在电解质（如海水）中相连，电流将由比较活泼的一极流向另一极，从而引起腐蚀。较不活泼的金属被称为阴极，而较为活泼的金属则称为阳极。如图 19－9 所示，比较活泼的金属锌是阳极，而较不活泼的金属钢管就是阴极。当阳极产生电流，它会逐渐溶于电解液中成为金属离子，其释放出的电子被相连的阴极吸收，其结果是阴极负极化，管道受到腐蚀保护。

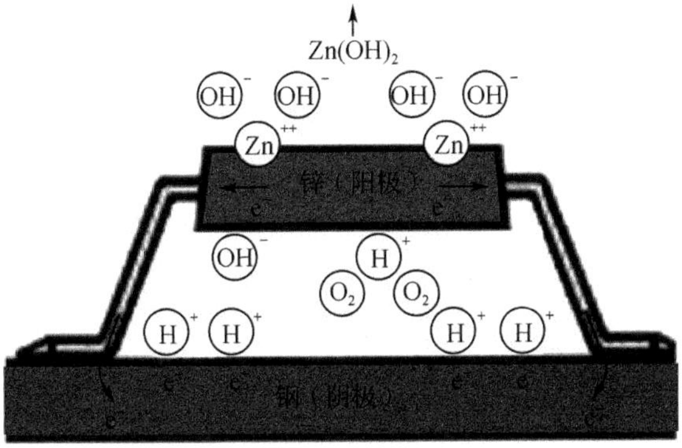

图 19－9　电偶腐蚀

19.3.2 阴极保护基本原理

不采取预防措施时，暴露于自然水体中的碳素钢结构会以令人无法接受的高速率发生腐蚀。通过在结构所在的电解质溶液中形成直流电来减弱或预防管道腐蚀的方法称为阴极保护（CP），如图 19－10 所示。

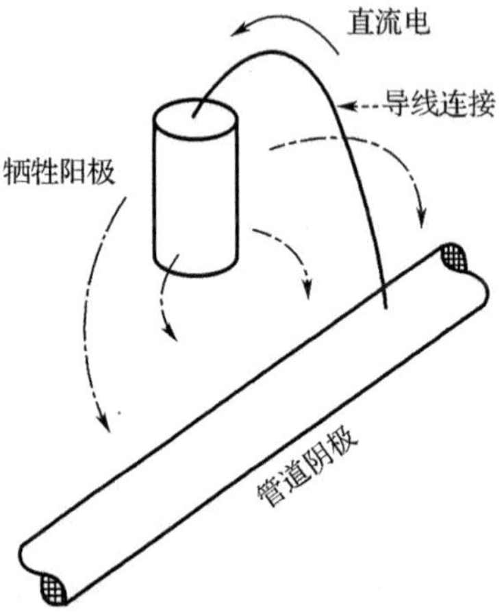

图 19－10 管道的阴极保护

阴极保护的基本概念是，将主体金属的电势降低到低于其腐蚀电势，从而防止腐蚀发生。阴极保护会使腐蚀的金属表面发生阴极极化，从而降低腐蚀速率。暴露在接近中性的电解液中的钢管腐蚀，其阳极和阴极反应分别是：

$$Fe \rightarrow Fe^{2+} + 2e^- \tag{19-6}$$

$$O_2 + 2H_2O + 4e^- \rightarrow 4OH^- \tag{19-7}$$

相对地，由式（19－2）可知，金属表面附近海水的 pH 值会升高，这是有利于管道的腐蚀保护。这是由于发生了以下反应且生成了固体化合物沉淀（钙质沉淀）：

$$Ca^{2+} + HCO_3^- + OH^- \rightarrow H_2O + CaCO_3 \tag{19-8}$$

$$Mg^{2+} + 2OH^- \rightarrow Mg(OH)_2 \tag{19-9}$$

这些沉淀减少了钢管与氧气的接触，并且降低 CP 所需的电流，从而延长了整个 CP 系统的使用寿命。

海底管道达到 $-0.80\ V_{Ag/AgCl}$ 或更大负电势时就能作为阴极受到保护。$-0.80\ V_{Ag/AgCl}$ 称为中性溶液中碳素钢和低合金钢的保护电势（E_c^0）。通常情况下，最好避免电势低于 $-1.05\ V_{Ag/AgCl}$，以防止发生以下二次阴极反应（Jones，1992）：

$$H_2O + e^- \rightarrow H + OH^- \quad (19-10)$$

上述反应将导致资源浪费和涂层破坏，可能发生氢脆变。

阴极保护系统有两种：外加电流和牺牲阳极。近 40 年来，由于其可靠性和安装运行成本较低，后者在过去的 40 年中广泛应用于石油和天然气工业的海上平台和海底管道。阴极保护系统的有效性使自然防腐能力极差的碳素钢材料能够应用于海水、酸性土壤及高盐度混凝土等腐蚀性环境中。

19.3.3　外部涂层

联合使用涂层和阴极保护技术能为油气管道提供可靠的保护。涂层系统作为防腐的主要屏障能有效地降低 CP 的电流需求，然而，为裸露管道提供足够大的保护电流并不可行。阴极保护通过为涂层破坏位置提供电子来抑制腐蚀。

厚涂料层经常应用于海底管道，用来抵抗运输和安装过程中的破坏以及最小化管道外露点和缺陷的影响。因为阴极保护通常与涂料一起使用，以实现腐蚀控制，所以管道长期维持高电阻是一个特殊的要求。涂层必须能对管道表面产生良好的附着力，来抵御周围海水中大量的有机生物对其造成的脱落和破坏作用。管道入水前，管道涂层应通过外观检查和外露点探测器来进行检测，该探测器需要设置合适的电压。定期检查管道阴极保护电势常用来确定管道涂层的破坏区域。

涂层材料的选择取决于设计温度和成本。主要的涂层材料，按成本大致排序为防腐胶带、沥青、煤焦油漆、热熔结环氧树脂（FBE）、聚乙烯（PE）、预压热塑性聚乙烯（PE）和聚丙烯（PP）。

海底管道中最常用的外部涂层是热熔结环氧树脂（FBE），是一种厚 0.5 ~ 0.6 mm的膜状涂层。其主要成分是热固性粉末，可用静电喷涂器喷到干净的白色金属表面。该粉末会在预热到 230 ℃左右的管道上融化，继而发生流动，最终达到 250 ~ 650 μm 的厚度。该热熔结环氧涂层可与混凝土涂层一起使用。另一种常用的涂层是煤焦油漆，它适用于较低温度，且能与混凝土涂料一起使用。

外部涂层可以是双层或者三层的。当管道外表面有耐高温、耐磨损等要求时，往往采用双层 FBE 涂料以提供额外保护。对于深水管道，内部流体的高温可以迅速地扩散到数英里之内的周围环境中。因此，这类涂层仅限于钢悬链立管磨损较为严重的着地点部分，并附加一层强耐磨涂层。三层的聚丙烯涂层由一层热熔结环氧树脂（FBE）、一层热塑性黏性涂料和聚丙烯外涂层组成。聚乙烯（PE）和聚丙烯（PP）涂料是挤压涂料，起着额外的防腐作用，它们常用在如钢升降悬链线等动力系统中以及内部流体温度很高的地方，这些管道涂层也经常用于卷轴管道中。实际应用中,三层涂料体系操作困难,耗时较长。然而,由于绝缘强度高、水密性好、厚度大、CP 电流需求低等优点,PE 和 PP 涂料在欧洲广受欢迎。

19.3.4 阴极保护

阴极保护是一种防止母体金属发生腐蚀的方法。对于海底管道,通常采用牺牲阳极 CP 系统。本部分介绍基于牺牲阳极的阴极保护系统在设计中所用到的参数。

(1)设计使用寿命

管道阴极保护系统的设计使用寿命 t_r 取决于操作者,且应该包括从安装到运行结束的全部时间。对于水下结构和海底管道,由于保养和修复 CP 系统的费用非常昂贵,阴极保护系统的设计寿命 t_r 取阳极设计使用寿命通常是可行的。

(2)电流强度

电流强度是指管道单位外露金属面积的阴极保护电流。通过阴极电流为母体金属提供电子来实现金属表面的阴极保护。初始和最终的电流强度 i_c(initial)和 i_c(final)为预计阴极电流强度提供度量,它们用于计算初始和最终的电流大小,从而确定阳极的尺寸和数量。初始设计的电流强度通常高于平均的最终电流强度,这是由于初始阶段的石灰积垢降低了电流需求。在最终阶段,由于金属表面盐度的增大和石灰积垢层的发展会减少电流需求。不过,在最终设计电流强度时应考虑一旦积垢层损坏,结构重新极化所需的额外电流。最终设计电流强度比初始电流强度低。

当阴极保护系统达到了稳定的保护电势时,平均设计电流强度是预计阴极电流强度的度量。这只是意味着较低的驱动电压,平均设计电流强度会因较低的驱动电压而低于初始和最终的设计值。

表 19-2 给出了不同海水条件下,外露的海底管道的阴极保护系统的设计电流强度建议值。对于完全埋在沉积物中的裸钢管表面,在不考虑地理位置或深度影响的情况下,建议取 20 mA/m² 作为阴极设计电流强度。

(3)涂层损失系数

涂层损失系数描述的是由于涂层作用而引起的电流强度下降的程度。$f_c=0$ 表示涂料是 100% 完全绝缘的,$f_c=1$ 表示涂料不能提供任何保护。

涂层损失系数是一个与涂层性质、使用参数和时间有关的函数,可以表示为

$$f_c = k_1 + k_2 \cdot t \qquad (19-11)$$

式中 t——涂层寿命;

k_1,k_2——由涂层性质决定的常数。

表19－2　外露钢管设计中电流强度建议值总结

机构	位置	水温/℃	设计电流强度/(mA/m^2)		
			初始	平均	最终
NACE	墨西哥湾	22	110	55	75
	美国西海岸	15	150	90	100
	北.北海	0～12	180	90	120
	南.南海	0～12	150	90	100
	阿拉伯海湾	30	130	65	90
	库克海峡	2	430	380	380
	埋/泥区	全部	10～30	10～30	10～30
DNV	热带	>20	150/130	70/60	90/80
	亚热带	12～20	170/150	80/70	110/90
	温带	7～12	200/180	100/80	130/110
	北极	<7	250/220	120/100	170/130
	埋/泥区	全部	20	20	20
ISO	非填埋	>20	—	70/60	90/80
	—	12～20	—	80/70	110/90
	—	7～12	—	100/80	130/110
	—	<7	—	120/80	170/130
	—	全部	20	20	20

注：DNV 和 ISO 格式为：(宽度小于30m)/(宽度大于30m)

以DNV(1993)中的涂层性质为基础，实际使用的粉刷涂层可分为以下四类。

第一类：一层底漆，DFT(干膜厚度)标准值约50 μm；

第二类：一层底漆、至少1层中间层或面漆，DFT(干膜厚度)标准值约150～250 μm；

第三类：一层底漆、至少2层中间层或面漆，DFT(干膜厚度)标准值至少300 μm；

第四类：一层底漆、至少3层中间层或面漆，DFT(干膜厚度)标准值至少450 μm。

用于计算涂料损失系数的常数 k_1 和 k_2 在表19－3中给出。

表 19－3　计算粉刷型涂料的损失系数所用常数(k_1 和 k_2)

厚度/m	涂料类型			
	Ⅰ	Ⅱ	Ⅲ	Ⅳ
	$k_1=0.1$	$k_1=0.05$	$k_1=0.02$	$k_1=0.02$
	k_2	k_2	k_2	k_2
0～30	0.1	0.03	0.015	0.012
>30	0.05	0.02	0.012	0.012

设计阴极保护系统时，平均和最终涂料损失系数可以通过引入设计使用寿命 t_r 来计算

$$f_c(\text{average}) = k_1 + k_2 \cdot t_r/2 \tag{19-12}$$

$$f_c(\text{final}) = k_1 + k_2 \cdot t_r \tag{19-13}$$

(4)阳极材料性能

阳极牺牲材料的性能取决于其实际的化学成分，最常使用的阳极材料是 Al 和 Zn。表 19－4 给出了用于确定阳极质量的材料电化学效率 ε。

表 19－4　以 Al 和 Zn 作为阳极牺牲材料时的电化学效率设计值(DNV,1993)

阳极材料类型	电化学效率(Ah/kg)
Al	2 000(max 25 ℃)
Zn	700(max 50 ℃)

计算阳极电流输出时，闭合电路中的阳极电势不得超过表 19－5 中列出的数值。

表 19－5　以 Al 和 Zn 作为阳极牺牲材料时闭合电路中的阳极电势设计值(DNV,1993)

阳极材料类型	环境	闭电路中的阳极电位(V rel. Ag/AgCl 海水)
Al	海水	－1.05
	积垢	－0.95
Zn	海水	－1.00
	积垢	－0.95

(5)电阻率

海水的盐度和温度都对电阻率的大小有影响。在开阔海域中,盐度的变化并不显著,于是温度就成为了主要影响因素。当表面水温为 7 ~ 12 ℃时,在分别计算海水和海底积垢环境下的阳极电阻时,建议分别使用电阻率 0.3 和 1.5 Ω · m(DNV,1993)。

(6)阳极利用率

阳极利用率描述了用来提供阴极保护电流的那部分阳极材料。当阳极质量消耗超过了由阳极利用率所求得的质量时,其性能就无法预估。阳极利用率取决于具体的阳极设计,包括阳极尺寸和阳极的中心位置等。表 19 - 6 给出了不同类型阳极的阳极利用率(DNV,1993)。

表 19 - 6 不同类型阳极的作用系数设计值

阳极类型	阳极的利用率
长(1)细长直立型	0.90
长(1)嵌入式安装型	0.85
短(2)嵌入式安装型	0.80
环箍式,半壳型	0.80
环箍式,分段型	0.75

19.3.5 电偶阳极系统设计

(1)阳极类型选择

管道的阳极通常选用环箍式半壳型(见图 19 - 11)。使用防腐涂料后,环箍通过夹紧或焊接的方式安装于管道节点处,需要用绞合连接电缆来夹紧半壳型阳极。对于采用混凝土来固定管道上阳极的情况,需要采取一定的措施以防止阳极与混凝土内的钢筋发生电接触。

通常,环箍式阳极沿管道等间距分布。一般需要进行充分的设计计算,来保证阳极可以为管道提供所需的电流以满足整个设计使用寿命期间电流强度的要求,使管道电势极化至 -0.80 $V_{Ag/AgCl}$或更低。如图 19 - 11 所示为环箍型阳极保护下管道的电势分布。

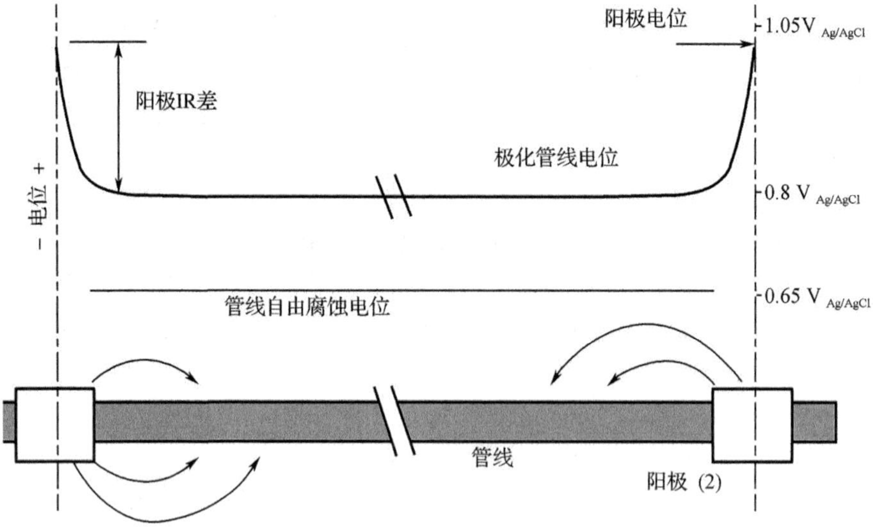

图 19－11　环箍型阳极保护下管道的电势分布

由于安装成本是 CP 设计中需要考虑的主要部分，采用较大阳极间距可以减少总体成本。但是，电势并非沿管道均匀分布，管道接近阳极的部分会有较大的负电势。两个阳极的中点位置电势为正且数值较高，并且需要极化到 $-0.80\ V_{Ag/AgCl}$ 或更低，以实现整个管道的阴极保护。较大的阳极间距使每个阳极的质量增大进而导致电势分布更不均匀。应将接近阳极处的电势极化到低于 $-1.05\ V_{Ag/AgCl}$，以防止发生二次阴极反应。如图 19－12 所示为在较大阳极间距情况下的预期电势衰减。

$$I_c = A_c \cdot f_c \cdot i_c \qquad (19-14)$$

式中，i_c 取决于水深、温度、管道在海水与淤泥中的暴露程度以及是否评估 CP 系统的平均或最终寿命。电流强度 i_c 的大小通常在 60～170 mA/m^2 的范围内。由于实现稳态条件的初始极化时间与设计使用寿命相比通常较短，平均设计电流强度 i_m 与稳态电流强度非常接近。因此，i_m 常用于计算在设计使用寿命内维持阴极保护所需的阳极材料最小值。M 可以这样计算：(2) CP 设计实例

海底管道 CP 设计包括确定电流需求 I_c、所需阳极质量 M 和数量以及每个阳极的电流输出 I_a。电流需求是一个与阴极表面面积 A_c、涂层损失系数 f_c 和电流强度 i_c 有关的函数，可以用下式表示：

$$M = \frac{8\,760 \cdot i_m \cdot T}{u \cdot C} \qquad (19-15)$$

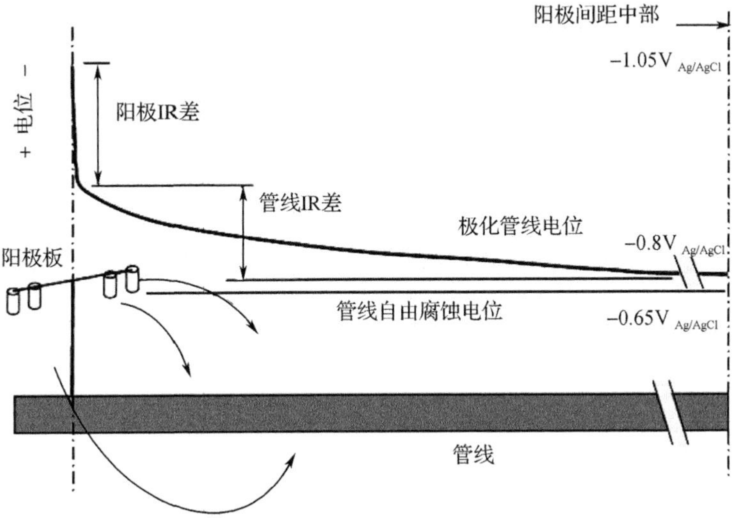

图 19－12　较大阳极间距时管道的电势变化

式中　u——阳极利用率；

C——阳极电流强度；

T——设计使用寿命。

假定阴极电势在空间内保持不变。因此，每个阳极对应的电流输出可以计算如下

$$I_a = \frac{\phi_c - \phi_a}{R_a} \tag{19-16}$$

式中，ϕ_c 和 ϕ_a 分别是闭合电路中管道和阳极的电势，R_a 是阳极电阻。

(3) 阳极间距的确定

Bethune 和 Hart 提出了一个新的衰减方程来修正现有设计规范中一些决定阳极间距 L_{as} 的因素。L_{as} 可表示为

$$L_{as} = \frac{(\phi_c - \phi_a)}{\phi_{corr} - \phi_c} \cdot \frac{\alpha \cdot \gamma}{2\pi \cdot r_p \cdot R_a} \tag{19-17}$$

式中　ϕ_{corr}——自由腐蚀电势；

α——极化电阻；

γ——涂料损失系数的倒数；

r_p——管道半径。

该方法作了如下假定：

① 回路的总电阻等于阳极电阻；

② 所有电流从涂层的漏点位置(裸露区域)进入管道;

③ ϕ_c 和 ϕ_a 是不随时间和位置改变的常数。ISO 标准建议环箍式阳极的间距不宜超过 300 m(ISO 14489,1993)。

(4)常用的电解阳极

近海使用的主要电解阳极的类型是细长直立型、嵌入式安装型和环型(如图 19－13 所示)。阳极类型通常由操作者决定,它需要考虑各种因素,如阳极利用率、输出电流、阳极维护和安装费用、阳极重量以及海流造成的波阻力等。细长直立型阳极拥有最大的电流输出和利用率。

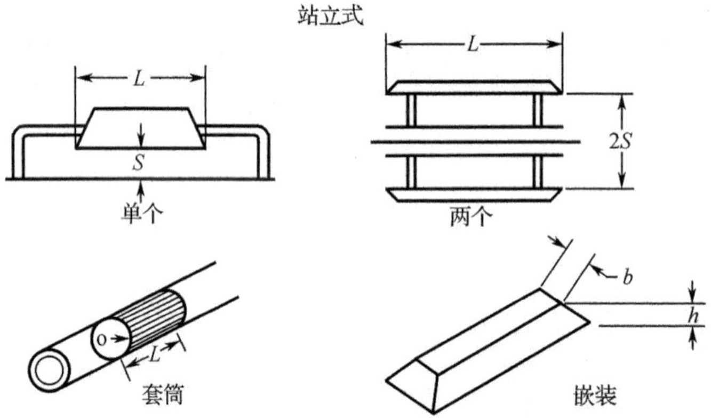

图 19－13　常用的阳极形式

(5)管道阴极保护系统的改造

随着管道系统使用时间的增长,阴极保护系统的改造变得非常必要,这种改造很重要的一个方面是确定改造的具体时间。管道阴极保护系统的评估通常在测量电势的基础上进行。随着阳极逐渐电解,阳极的尺寸逐渐减小,这就造成电阻增大而极化相应减弱。目前已有相应的模型,该模型可以反映受环箍型电解阳极保护的管道处电势随着阳极损耗的变化。在这个模型中,阳极损耗与时间相关。

环箍型阳极已经在海底管道的阴极保护系统中得到应用,特别是在“早期”(大约1964—1976),当时很多石油公司在墨西哥湾从事油气开发。根据最近的调查数据显示,大部分早期阳极系统已经耗尽或即将耗尽。20 世纪 60 年代到 70 年代安装的旧的阳极系统甚至一些新的系统都需要进行改造,因为这些管道现在仍运用于石油运输中。阳极设计可以将几个阳极组合在一起形成阳极阵列(见图 19－13)。阳极阵列通常能够在很大的范围内对海洋结构起到保护作用,这是一个改造阴极保护系统的好方法。

19.4 积　垢

积垢是由许多化学成分组成的沉淀，通常为从采出水中结晶或析出的矿物。最常见的积垢是碳酸钙。积垢是石油工业中最常见且治理费用最高的问题之一，这是由于它与油气产品掺杂在一起，增加了处理、保护和清除的额外费用。积垢会造成利润损失，从而使得边际井经济效益差，通过使用化学除垢剂可以减少积垢。防积垢磁处理方法作为一种有效的方法在过去几十年里也得到了大量的研究，酸洗方法也常常用来清除井内积垢。

不同积垢的溶解度取决于温度和压力的平衡常数、积垢浓度、温度及压强的活动系数、溶液中大量离子的强度和溶液中的其他离子。一旦溶液达到饱和极限，积垢就会开始析出并沉淀。

19.4.1 油田积垢

油田积垢一般是无机盐，如金属钙、锶和钡的碳酸盐和硫酸盐。油田积垢也可能是铁的复杂盐类，如硫化物、水合氧化物和碳酸盐等。油田积垢通过以下两种方式形成：

① 由于生产过程中海水温度或压强的变化，一些无机成分的溶解度下降，导致积盐生成。

② 两种不相容的水溶液（如含丰富钙、锶、钡的地层水和富含硫酸盐的海水）混合也会产生积垢。这种情况下，一般会形成硫化物积垢。

表19-7列举了油田水中最常见的水垢，表19-8列举了形成这些沉淀的常见原因。

表19-7　常见油井积垢的影响溶解度因素

积垢	化学方程式	矿物名称	CO_2 分压	影响溶解度最重要因素						
				pH	总压	温度	总盐度	腐蚀	H_2S	O_2
碳酸钙	$CaCO_3$	方解石	X	X		X	X			
硫酸钙	$CaSO_4 \cdot 2H_2O$ $CaSO_4$	石膏			X	X	X			

表 19－7(续)

积垢	化学方程式	矿物名称	CO_2 分压	影响溶解度最重要因素						
				pH	总压	温度	总盐度	腐蚀	H_2S	O_2
硫酸钡	$BaSO_4$	重晶石			X	X	X			
碳酸铁	$FeCO_3$	天青石	X	X		X	X	X		
硫化亚铁	FeS	Trolite		X				X	X	
氧化铁	Fe_2O_3	赤铁矿		X				X		X
	Fe_3O_4	磁铁矿		X				X		X
氯化钠	NaCl	岩盐				X	X			
氢氧化镁	$Mg(OH)_2$	水镁石		X		X				
硅酸盐	不定			X		X	X			

表 19－8　常见油井积垢的生成原因和化学清除剂

积垢	发生情况	化学式	矿物名称	积垢最常见原因	化学清除剂
碳酸钙	经常	$CaCO_3$	方解石	海水混合，温度压强变化	15% HCL
硫酸钙	经常	$CaSO_4 \cdot 2H_2O$ $CaSO_4$	石膏	同上	ETDA 溶解剂
硫酸钡	经常	$BaSO_4$	重晶石	海水混合	
硫酸锶	不经常	$SrSO_4$	陨铁	海水混合，温度压强变化	
碳酸铁	经常	$FeCO_3$	天青石	同上	游离酸
硫化亚铁	经常	FeS	Trolite	高硫原油或 H_2S 气体腐蚀作用	同上
氧化铁	经常	Fe_2O_3 Fe_3O_4	赤铁矿 磁铁矿	氧气与溶解铁离子反应	同上
氯化钠	不经常	NaCl	岩盐	水蒸发和水化控制 添加物 MeOH	水或 1% ~ 3% HCL
氢氧化镁	不经常	$Mg(OH)_2$	水镁石	井内过量氧气或 碱性液体。高温	15% HCL
硅酸盐		不定		含硅酸盐的高温海水	HCL:HF 酸混合物

(1)碳酸钙

碳酸钙是石油和天然气行业现场作业中最常见的积垢,它存在于每一个地理区域。当钙离子与碳酸根或碳酸氢根结合时,就生成了碳酸钙沉淀:

$$Ca^{2+} + CO_3^{2-} \rightarrow CaCO_3 \tag{19-18}$$

$$Ca^{2+} + 2(HCO^-) \rightarrow CaCO_3 + CO_2 + H_2O \tag{19-19}$$

上述方程表明 CO_2 将会增加海水中 $CaCO_3$ 的溶解度。CO_2 增多还会导致海水酸性增加以及 pH 值降低。碳酸钙积垢通常发生在压强降低的位置如井筒等,这将减小 CO_2 分压,进而增大 pH 值,使 $CaCO_3$ 的溶解度下降。另外,$CaCO_3$ 的溶解度随温度的升高而降低。

(2)硫酸钙

硫酸钙沉淀通过下述反应生成:

$$Ca^{2+} + SO_4^{2-} \rightarrow CaSO_4 \tag{19-20}$$

此沉淀有多种生成方式。石膏($CaSO_4 \cdot 2H_2O$)是油田水介质中最常见的积垢,它生成于低温环境,而在高温条件下则会形成 $CaSO_4$。从理论上讲,由于溶解度较低,$CaSO_4$ 会在温度超过 100 ℉时先于石膏析出。不过在 212 ℉的高温下,石膏也可能析出。随着时间的推移,$CaSO_4 \cdot 2H_2O$ 会水解成 $CaSO_4$。

在油田中,石膏析出的最主要原因是压强下降(如在井筒位置)。溶解度随着压强升高而增大,这是因为当积垢在水中溶解时,压强增大时系统总体积减小。

(3)硫酸钡

硫酸钙沉淀最为麻烦,它的溶解度极小且几乎不能通过化学方法清除。即使浓度很小,当钡离子和硫酸根离子同时存在时就会生成硫酸钡沉淀。

$$Ba^{2+} + SO_4^{2-} \rightarrow BaSO_4 \tag{19-21}$$

硫酸钡沉淀常见于北海和墨西哥湾的储油层中,这些油田的海水中原来就含有钡。二次采油时的海水(含高浓度硫酸)注入之后就会引起积垢问题。当大量的地层水和海水混合时,这些不相容的水体混合就形成了硫酸钡沉淀。

一般地,硫酸钡的溶解度随温度和含盐量的增加而增加。与石膏类似,硫酸钡的溶解度随系统总压的升高而增大,且不受 pH 值的影响。

(4)硫酸锶

硫酸锶的性质与硫酸钡相似,不过其溶解度要大得多。

$$Sr^{2+} + SO_4^{2-} \rightarrow SrSO_4 \tag{19-22}$$

硫酸锶的溶解度随含盐量(最高达 175 000 mg/L)、温度和压强的增大而增大。同样,pH 值对其影响较小。除了一些中东油田外,纯净的硫酸锶沉淀很少存在。在生产油井中,富含锶的地层水与注入的高硫海水相混合,硫酸锶逐渐析出并产生沉淀。

19.4.2 积垢造成的系统运行问题

尽管就补救措施的难易性和成本而言,系统某些部位较其他地方更为重要,但在生产系统中,积垢不受系统各部分所处特定位置的限制。以下列出的是在生产系统中可能形成积垢的位置或操作。

(1)钻完井

如果钻井得到的泥浆以及海水与地层水完全不相容,积垢在早期阶段就可能导致问题。例如将海底淤泥与富含钡和锶离子的地层水相混合是不可行的,类似的还有将富含钙离子的海水与富含碳酸氢盐的地层水相混合。

(2)注水

如果油井中新注入的水与地层水互不相溶,那么当两者混合时就可能会导致积垢问题。例如,将海水注入到富含锶离子或钡离子的含水层中就可能引起积垢。

(3)采出水

假设采出水有形成碳酸钙沉淀的可能,那么只要油井开始产出水,就会有形成碳酸盐积垢的风险。该问题的严重性取决于系统的水化反应、衰减速率以及压强和温度等其他因素。

(4)HP/HT 储油层

HP/HT 储油层有着一些潜在的特殊积垢问题,这是由以下特点造成的:

① TDS(溶解的固体总浓度)高达 30 万 ppm 以上;

② 储油层温度在 350 ℉以上(176.6 ℃);

③ 储油层压强超过 15 000 psi。

具体的实例有北海的 ETAP (Eastern Trough Area Project)和 Elgin/Franklin 储油层。

19.4.3 积垢处理事项

积垢处理可采用如下几种方式。

(1)使用防垢剂防止积垢沉积;

(2)允许积垢形成,但定期清除;

(3)进行预先处理,去除溶解和悬浮的固体。

预防油田生产系统产生积垢的典型方法是使用防垢剂。

19.4.4 防垢剂

防垢剂是一类化学物质,当它以很小的浓度加入到经常发生积垢的产出液中时,可以有效地减缓或防止积垢的形成。使用这些化学品对生产商非常有吸引力,因为很低的剂量(百万分之几)就足以在很长的时间内抑制油井表面或井下设备产生积垢。防垢剂的确切原理尚不清晰,但可以解释如下。

(1)当积垢将要形成时,防垢剂就可吸附在积垢的晶体表面。由于抑制剂分子较大,它可以将微小的积垢晶体包起来并阻碍其进一步生长,这常被看成是防垢剂的主要作用机理。

(2)许多的油田化学剂都是设计用于油/水、液/气或固/液的接触面。由于防垢剂只能在积垢固体和水的接触面上发挥作用,其性能受相同接触面上其他活性化学品的影响而减弱就不难理解了。在使用防垢剂之前,需要在实验室内对存在其他活性化学品时油田防垢剂的性能进行试验研究,这是非常重要的。

因为这些化学品都是通过减缓积垢晶体的形成来发挥功效的,所以防垢剂必须在沉淀析出之前加入到液体中,它对悬浮的固体积垢(不吸附的积垢)无效。这就提供了两条使用防垢剂的基本准侧。

(1)防垢剂必须在积垢水域的上游添加。

(2)防垢剂必须连续作用于积垢水体,以抑制每一个积垢晶体的生长。

常见的防垢剂种类包括:无机磷酸盐、有机磷酯、有机磷酸盐、有机聚合物。

下面是防垢剂选择的几个标准。

(1)效率;

(2)稳定性;

(3)兼容性——它必须不能干预其他油田化学品,也不受其他化学品影响。

防垢剂选择的性能测试中考虑的具体因素如下。

(1)积垢类型。可以根据积垢的组成成分来选择最佳防垢剂。

(2)积垢的严重性。很少有防垢剂在高积垢率时有效。

(3)成本。有时较廉价的产品最有效,有时较贵的产品最有效。

(4)温度。合适的化学品类型受高温和较长使用寿命的限制。

(5)pH。大多数传统防垢剂在低 pH 值环境中效率不高。

(6)气候。如果处于寒冷气候环境,应考虑施加位置。

(7)化学兼容性。防垢剂必须与其他化学处理剂如除氧剂、腐蚀抑制剂、杀菌剂等兼容。

(8)使用技术。如果防垢剂是通过挤压注入储油层的,这一点就显得尤为重要。

(9)黏性。如在偏远的海底油气田等长距离管道系统中应用时,黏性需要着重考虑。

19.4.5 海底积垢控制

(1)油井

墨西哥湾高温高压储油层的生产井,有可能在距油井孔较近的位置或在管内形成硫酸钡积垢沉淀,这些沉淀是由于将不相容海水与地层水混合在一起而生成的。海水中的硫酸盐与地层水中自然存在的钡离子发生反应,生成硫酸钡沉淀。硫酸钡不溶于酸,所以积垢问题的关键在于预防而不是进行酸处理。

如果不处理,硫酸钡沉淀有可能在产生采出水以后在地层上生成孔洞。这些区域不宜采用连续井下注入化学品进行处理,因此需要对每个生产井进行定期积垢挤压处理。经预测,每个生产井每年都需要处理一次。

硫酸钡沉淀控制取决于准确的油井试验和产出液分析,以判定靠近井孔的位置处是否有足够的防垢剂来抑制积垢生成。每个生产井的油井试验和产出液分析频率是每两周一次。

(2)管汇和管道

由于不同储油层中互不相容的产出液的存在,硫酸钡和碳酸钙结垢可能在管汇和管道中生成,这些区域的沉淀可以通过在海底采油树中注入防垢剂来控制。防垢剂必须从水下节流阀的上游处注入系统中。

参考文献

[1] Hartt W H, Bethune K H. A Novel Approach to Cathodic Protection Design for Marine Pipelines: Part II – Applicability of the Slope Parameter Method[J]. Corrosion 2000,2000.

[2] Carlberg B L. Solubility of Calcium Sulfate in Brine[C]// SPEOCS 73, Denver, USA, SPE Oilfield Chemistry Symposium,1973.

[3] Cowan J C, Weintritt D J. Water – Formed Scale Deposits[M]. Gulf Pub. Co., Book Division,1976.

[4] DNV. DNV RP B401 Cathodic Protection Design[S]. Norway: Det Norske Veritas,2005.

[5] De Waard C, Lotz U, Milliams D E. Predictive model for CO_2 corrosion engineering in wet natural gas pipelines[J]. Corrosion,1991,47(12):976 – 985.

[6] Videm K, Dugstad A, Lunde L. Parametric Study of CO2 Corrosion of Carbon Steel[J]. Corrosion/94, paper,1994(14).

[7] Arne D, Srdjan N. Control of Internal Corrosion in Multi – phas Oil and Gas Pipelines[C]//

Prevention of Pipeline Corrosion, Houston, USA, Pipe Line Industry and Pipes & Pipelines International, 1994.

[8] Essel A, Carlberg B L. Strontium Sulfate Scale Control by Inhibitor Squeeze Treatment in The Fateh Field[J]. Journal of Petroleum Technology, 1982, 34(6): 1302 - 1306.

[9] Guo - xian Z, Jian - ping L, Shi - ming H, et al. Effect of Ca2 + and Mg2 + on CO_2 Corrosion Behavior of Tube Steel[J]. Journal of iron and steel research international, 2005, 12(1): 38 - 42.

[10] Gunaltun Y M. Combine Research and Field Data for Corrosion Rate Prediction[J]. Corrosion/1996, Paper, 1996(27).

[11] Hartt W H, Chu W H, Zhang X H. Issues Associated with Expiration of Galvanic Anodes on Marine Structures[J]. CORROSION 2004, 2004.

[12] Horner R A. The Technical Integrity Management of Sour Service Ageing Facilities[C]// Proceedings of the UK Corrosion Conference, London, Institute of Corrosion, 1996.

[13] Jacques D F, Gollberg J B, Whiteside W C. Strontium Sulfate Solubility and The Effects of Scale Inhibitors[J]. Paper No. SPE, 1979, 8874.

[14] Jacques D, Bourland B. A Study of Solubility of Strontium Sulfate[J]. Old SPE Journal, 1983, 23(2): 292 - 300.

[15] Jones D A. Principles and Prevention of Corrosion, Prentice Hall[J]. Upper Saddle River, NJ, 1996.

[16] Mandke J S. Corrosion Causes Most Pipeline Failure in the Gulf of Mexico[J]. Oil & Gas Journal, 1990(October).

[17] RP N S. Corrosion Control of Steel - Fixed Offshore Platforms Associated with Petroleum Production[J]. Houston, TX: NACE International, 1976.

[18] Nyborg R. Controlling Internal Corrosion in Oil and Gas Pipelines[J]. Business Briefing, Exploration \& Production: The Oil \& Gas Review, 2005(2): 70 - 74.

[19] Offstroff A G. Introduction to Oilfield Water Technology[J]. Houston, National Association of Corrosion Engineers, pg, 1979, 60.

[20] Sunde E D. Earth Conduction Effects in Transaction Systems[M]. 2nd ed. New York, USA: Dover Publishing Inc., 1968.

[21] Vetter O, Phillips R C. Prediction of deposition of calcium sulfate scale under down - hole conditions[J]. Journal of Petroleum Technology, 1970, 22(10): 1299 - 1308.

[22] Vetter O, Vandenbroek I, Nayberg J. SrSO4: The Basic Solubility Data[C]// SPE 83, Denver, USA, SPE Oilfield and Geothermal Chemistry Symposium, 1983.

第20章

侵蚀和砂控制

20.1 引　　言

来自油井的烃类产出液是一种复杂的多相混合物，可能包含以下物质。

(1)液态碳氢化合物：油、凝析液、沥青；

(2)固态碳氢化合物：蜡、水化物；

(3)气态碳氢化合物：天然气；

(4)其他气体：硫化氢、二氧化碳、氮气等；

(5)低浓度盐水；

(6)砂和其他杂质。

长期以来在油气生产系统中，侵蚀一直被视为事故的潜在根源。在过去的几十年里，生产平台、钻井装置和其他海底设备上，许多危险的弯头破坏大都由侵蚀引起。由于侵蚀过程固有的多变性，使得为带弯头的油气生产系统的设计和操作提供最佳实践方案变得非常困难。导致侵蚀破坏的潜在机理是：微粒侵蚀(砂蚀)、液滴侵蚀、冲刷腐蚀和气蚀。

由砂导致的微粒侵蚀(砂蚀)在油气系统中是最常见的，因为产出液中含有少量的砂颗粒会导致管道严重的侵蚀和侵蚀-腐蚀破坏。即使在“无砂”或者清洁的生产环境中(在该环境下砂粒的含量低至每天几磅)，系统在高的生产速度下砂蚀破坏依然很严重。砂蚀也会通过破坏管壁上抗腐蚀的积垢而导致局部侵蚀破坏，从而加速侵蚀-腐蚀破坏。

然而,所有其他的侵蚀机制在这样的环境下也有同等的效应。侵蚀会受到很多因素的影响,并且工作条件的微小改变都能严重影响其对管道的侵蚀程度。这可能会导致这样的情况:在一个生产系统中发生管道严重侵蚀,但是在其他相似的系统中只发生微小的侵蚀。随着侵蚀的发展,检测侵蚀的发生会变得很困难,这使得侵蚀控制相当困难,特别是对那些不熟悉侵蚀以何种形式发生的操作者而言。

管道内多相混合油气的流体性质对很多物理现象都有着重要影响,它决定系统中腐蚀和侵蚀发生的性状。在很多管道实例中,尤其是那些涉及天然气油田和天然气的生产系统,液滴以分散状态存在,这些液滴与表面的碰撞会导致侵蚀的发生。

流体动力学对油气生产线来说是一个很重要的参数。管道尺寸和工序设计所导致的过大流速会对管道、配件和化学抑制剂的效用有着一个决定性的影响。这个现象非常复杂,它涉及管道流体力学的很多方面、管道内多相混合物的化学性质以及制造管道的材料。

20.2 侵蚀机理

侵蚀有两种主要的机理。第一种是直接撞击导致的侵蚀。通常,最严重的侵蚀发生在引导流体转向的配件中,比如弯头和三通管,由于改变流体流线,液体中的微粒可能产生很大的动量来撞击管内壁。另外一种是随机撞击导致的侵蚀。这种侵蚀发生在管道的直线段,即便没有垂直于内壁的速度分量,流体中的湍流波动会给这些微粒提供径向动量,从而迫使它们撞击管内壁。但是湍流波动是一个随机过程,所以这是一种随机撞击。基于流体组成、流速和管道系统的构造的不同,这两种侵蚀机理也会导致不同形式的侵蚀。

Venkatesh 对油井的侵蚀破坏作出了很好的概述,忽略侵蚀的机理,生产系统最薄弱的部分应是如下这些部位。

(1)流体方向突然改变的地方;

(2)高体积流量引起的高流体速度发生的地方;

(3)流量限制引起的高流体速度发生的地方。

管道系统的部件及主要分离器的上游运输着包含气、液和粒子的多相混合流体,因此也更容易发生微粒侵蚀、侵蚀-腐蚀和液滴侵蚀。特殊部位受侵蚀的强弱程度在很大程度上依赖于它们的设计和运行环境。然而，下面所列常作为如何识别哪个部分最容易发生侵蚀的一个粗略指导(其中排名越靠前表示该部位越容易被侵蚀)。

(1)节流器；

(2)突然颈缩处；

(3)部分关闭阀、止回阀、变径阀；

(4)标准半径弯头；

(5)焊接处和管道边缘钻孔错位处；

(6)减速器；

(7)长半径弯头，盲三通管(Blind tees)；

(8)盲三通管部位；

(9)直线管道。

20.2.1　砂蚀

砂蚀速率由这些因素决定：砂的流速和流动方式；流体的流速、黏度、密度；微粒(砂)的大小、形状和硬度；流线的构造，如直管、弯管、三通管等。这些因素对侵蚀的影响会在下面的章节中详细阐述。

(1)砂的流速和流动方式

砂的自然性质以及砂产生的方式和流动方式决定了生产系统的侵蚀速率。一个油井中砂的产生率是由一系列地理因素的复杂组合来决定的，它可以通过很多技术来评测。一般来说，新井会产生大量的砂而且清除它们需要大量的压裂支撑剂。然后，砂的产生率会稳定地维持在一个在较低的水平，直到油井老化和储油层恶化时，才会继续增长。砂的产生率是不稳定的，如果一个油井的产砂率每天小于 5 ~ 10 lb，它常常被视为无砂井。然而，这并不能消除侵蚀发生的可能性。

砂的流动机理是控制砂蚀的一个很重要的因素。气态系统一般有一个较高的流动速度(>10 m/s)，这使得它较液态系统而言更易使管道发生侵蚀。然而，在潮湿的天然气系统中，砂微粒常常被夹带着随液体一起运动。砂粒的段塞会产生周期性的高速度，这会加快侵蚀速率。如果流体不稳定或者操作条件发生变化，砂会在低流速环境下随时间发生积累，而在高流速时砂则从系统中被冲走。该流动机理会产生砂的集中化，并增加生产系统特殊部位的侵蚀率。

(2)流体的流速、黏度、密度

砂蚀率在很大程度上取决于砂的冲击速度。侵蚀率和砂的冲击速度成正比。当流体流速足够高时,砂的冲击速度将接近流体速度,这样就会产生侵蚀问题。因此,在液体流动速率最快的地方,侵蚀往往十分严重。当这些条件满足的时候,流体速度的少许增加会导致侵蚀率的增加。在黏性较高时,流体微粒往往会在液体作用下绕过障碍物而不是去冲撞它们。在低黏度和低密度的流体中,微粒的运动趋向于直线,所以当流体改变方向时它们会撞击到管道内壁。因为气体的黏度和密度低,而且气态系统是在一个较高的速度下运作的,因此砂蚀更易发生在气态流体中。

(3)砂的形状、尺寸和硬度

油气流体中的砂颗粒的尺寸取决于储油层的地质状况、井里砂层的厚度和从储油层到地表整个运输过程中颗粒的分裂。如果没有采取除砂的措施例如砂石筛滤系统,微粒尺寸通常在 50 ~ 500 μm 之间。采取除砂的措施之后,一般大于 100 μm 的微粒都会被除去。砂微粒的密度一般约为 2 600 kg/m^3,这是可以接受的。

砂微粒的尺寸主要通过撞击某一表面的微粒数量来影响侵蚀。如图 20 - 1 所示为微粒通过拐弯处时,不同尺寸微粒的运动路径。流动路径取决于微粒的质量以及它们通过弯头时所受到流体的驱动力的总和,图 20 - 1(a)展示的是小颗粒砂(10 μm 级别)在液态流体中的常见运行路径,图 20 - 1(b)代表粒径砂(200 μm 级别)在液态流体中常见的运行路径,图 20 - 1(c)则是通常粒径砂在气态流体中的情况。轻小型的微粒只需要微小的驱动力就可以改变运动方向,所以它们通常会如图 20 - 1(a)所示一样随着流体运动。该图片也展示了微粒在高黏度和密度流体中运动的情况。图 20 - 1(c)说明在拐弯处大、重型微粒的流动路径,这种微粒有相对较大的动量,几乎不会受到流体流动的影响而偏离,因此在弯头处回弹后会继续沿直线运动。图 20 - 1(c)也常出现在低密度低黏度流体的情况下。

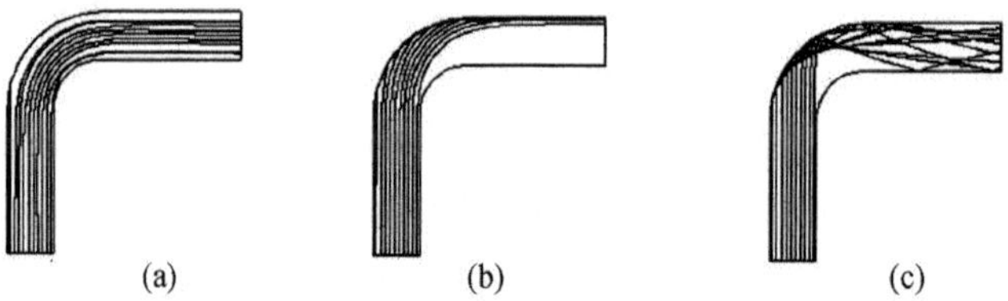

图 20 - 1　拐弯处不同尺寸的微粒的运动路径

(a)小型轻颗粒;(b)中型颗粒;(c)大型重颗粒

一般来讲,硬微粒比软微粒产生的侵蚀更为严重,形状尖锐的微粒比圆滑的微粒产生的侵蚀破坏要更加严重。然而,我们仍然不清楚在不同油田的油井中,不同硬度和尖锐度的微粒对于生产系统中的侵蚀率会不会产生显著的不同。

20.2.2 冲刷腐蚀

在一些流体速度增加的地方,冲刷常常导致局部沟槽、点蚀或者其他特殊形式的侵蚀。腐蚀种类更加分散,并通常通过其生成的积垢和腐蚀来辨识。冲刷腐蚀是微粒侵蚀和腐蚀的联合作用结果。冲刷腐蚀过程的进行取决于侵蚀和腐蚀之间的平衡。通过控制侵蚀和腐蚀的运行条件可以避免冲刷腐蚀的发生。

在一个纯腐蚀性、没有微粒的影响的流体中,新管道系统的构件通常腐蚀很快,直到暴露在液体中的管道表面形成了保护性的脆性积垢。这个脆性积垢层在金属与液体之间形成了一道屏障,从而显著地降低了渗透率。在这种情况下,低水平的侵蚀也和腐蚀同时发生。在高侵蚀的流体中,腐蚀也同时发生,侵蚀过程占主导地位,脆性积垢在它改变管道的渗透率之前就被冲刷走了。因此,腐蚀几乎不影响管道材料的渗透性。在中间状态时,腐蚀和侵蚀可以相互作用和影响。在这种情况下,积垢可以形成,但是会周期性地被侵蚀微粒清除。

20.2.3 液滴侵蚀

液滴侵蚀发生在可以形成液滴的潮湿气态系统和多相流体系统之中。这种侵蚀受到许多因素的影响,包括液滴的尺寸、撞击的速度、撞击的频率、液体和气体的密度和黏度。我们很难预测液滴侵蚀率,因为上述大部分的数值在油田现场条件下都是未知的。

实验结果显示,在大多数条件下,由液滴侵蚀造成的材料损失是随时间变化的。初始阶段,由于管道表面存在着保护层,液滴的撞击不会产生侵蚀。然而,一段时间之后,侵蚀会加速,同时使材料质量损失显著增加,并会随时间呈线性增长。

管道内多相混合物的流体力学作用也影响管道内壁的湿度和注射到管道系统内的腐蚀抑制剂的分布情况。当超过一定的速度时,腐蚀抑制剂保护膜会被剥蚀,导致腐蚀速率的增加。现在,我们常用以下经验公式来求解临界速度:

$$v_{\mathrm{erosion}} = \frac{C}{\sqrt{\rho}} \qquad (20-1)$$

式中 v_{erosion}——侵蚀速度,ft/s;

ρ——混合物密度,$\mathrm{lb/ft^3}$;

C——常数,见表 20-1。

表 20－1　不同 CGR 的天然气冷凝系统的侵蚀速率

CGR [bbl/MMSCF]	混合物密度 [$kg\cdot m^{-3}$]/[$lb\cdot ft^{-3}$]		API 14E	S&V
			$c=100$	$c=300$
	$kg\cdot m^{-3}$	$lb\cdot ft^{-3}$	m/s	m/s
1.0	64.0	4.0	15.3	45.7
10.0	68.5	4.3	14.7	44.2
50.0	78.5	4.9	13.8	41.3
100.0	90.5	5.7	12.8	38.5

表 20－1 展示了通过不同研究所得出的不同侵蚀速度。API 规范中，为了阻止管内壁腐蚀抑制剂保护膜的剥落，最大气体流动速度不能大于 15 m/s。然而，有些学者认为 API 规范过于保守。DNV-RP-O501 认为液滴侵蚀和液体冲击侵蚀在流体速度低于 70～80 m/s 的时候不可能在金属构件表面发生，该结论比较符合实际，但是这些数值从何而来尚不清楚。

20.2.4　气蚀

当液体流经低压限制区域时，会发生气蚀。如果这种压强降低到低于液体气化压强时，就会形成气泡。这些气泡会逐渐破裂，并产生冲击波，这种冲击波会破坏管道系统。气蚀在石油和天然气生产系统中比较少见，因为标准的操作压强会远远高于液体气化压强。气蚀有时可能在脐带缆、控制阀和泵机的叶轮中出现，但在其他构件中不太可能发生。

气蚀对设备或者压缩流量的构件的破坏可以通过计算气蚀值 K 来估测，K 值定义为

$$K=\frac{2(P_{min}-P_{vap})}{\rho\cdot v^2} \tag{20-2}$$

式中　P_{min}——发生在限制区附近的最小压强，Pa；

P_{vap}——液体气化压强，Pa；

ρ——液体的密度，kg/m^3；

v——通过限制区时流体流速，m/s。

当气蚀值 K 小于 1.5 时，可能发生气蚀。

20.3 砂蚀率的估测

设备侵蚀风险方面的知识是对砂蚀的油井进行优化管理的基本信息。一般来讲,砂蚀模型常考虑三个阶段的侵蚀。第一,设备中的流体需要进行模拟或者通过某些方法进行估计。这种流体估测是用来计算流体作用于砂颗粒上的驱动力,以此来估测大量微粒的运行轨迹。计算流体力学(CFD)软件已经可以用来模拟流体的流动和微粒的运行轨迹,我们已证实它可以较好地估测侵蚀部位及其形状。第二,由单个微粒撞击管道内壁造成的破坏,可以用一些材料特殊的经验模型或者理论冲击破坏模型来计算求得。最后,大量微粒的平均冲击破坏可以用来估测某表面的侵蚀破坏分布和深度。然而,我们只是部分了解了侵蚀的物理过程,临界条件的预测都要依赖经验或者半经验模型。

在实验结果的基础上,可以知道砂蚀率与砂颗粒的动能有关,而砂粒的动能与以下几个参数有关:流体流速、流体密度、砂颗粒的尺寸、产砂率、管道的直径、系统几何形状、金属硬度(抗侵蚀能力)。

基于冲击破坏模型,砂蚀率可表示为

$$E = A \cdot v_p^n \cdot F(\alpha) \tag{20-3}$$

式中 E——砂蚀率;

v_p——砂粒的撞击速度;

A——与材料和其他因素有关的常数;

α——微粒撞击角度;

$F(\alpha)$——与材料、冲击角度 α 相关的函数,在 0 ~ 1 之间;

n——与材料相关的指数。

20.3.1 Huser 和 Kvernvold 模型

Huser 和 Kvernvold 提出了一个冲击破坏方程,表示为

$$E = m_p \cdot K \cdot v_p^n \cdot F(\alpha) \tag{20-4}$$

式中 m_p——撞击某区域的流动微粒的质量;

K 和 n——对于钢、钛级别的材料和 GRP 的常量;

$K,n,F(\alpha)$的值可从少量材料样本的喷砂试验中获得。

如图 20 - 2 所示为 Huser 和 Kvernvold 所采用的角度关系式 $F(\alpha)$，这个模型已经和 CFD 微粒模型以及其他很多经验模型一起使用。DNV - RP - O501 将这些经验微粒模型汇编起来，用于计算直管道、管道焊接处、弯头、三通管和减速器处的砂蚀。

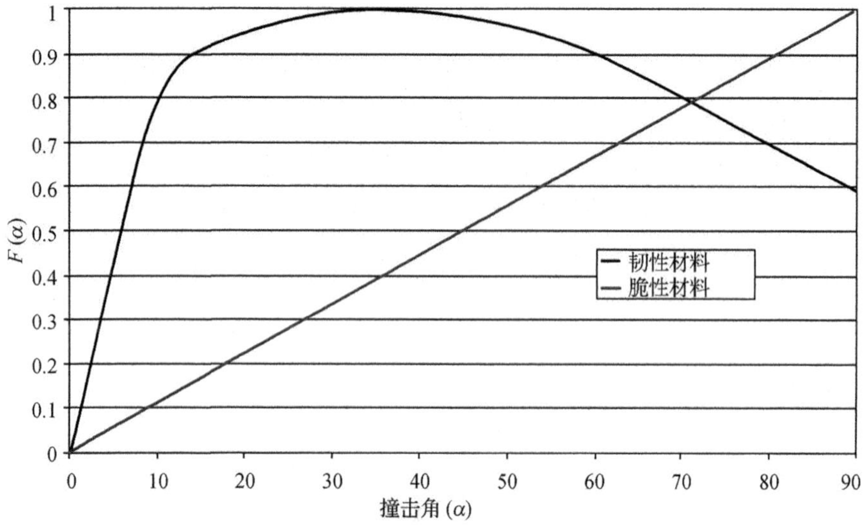

图 20 - 2　柔性和脆性材料的 $F(\alpha)$ 关系

20.3.2　Salama 和 Venkatesh 模型

Salama 和 Venkatesh 提出了与 Huser 和 Kvernvold 模型类似的模型，尽管他们使用保守的假设来简化他们的模型，该假设认为砂撞击角度大约为 30 度，因此 $F(\alpha)$ 为 1。这种近似考虑对于气态流体是合理的，但是无法解释液体流动中微粒驱动的影响。

$$Er = \frac{S_k \cdot W \cdot v^2}{D^2} \tag{20-5}$$

式中　Er——侵蚀率；

W——砂的流量，lb/day；

v——流体流速，ft/sec；

D——管道直径，inch；

S_k——与管道几何形状相关的常数。

对于小半径弯头，$S_k = 0.038$；对于弯头和三通管接头，$S_k = 0.019$

在弯头处,由上述公式所预测的侵蚀率比空气 - 砂试验测得的侵蚀率平均值要大 44%,这种方法也是相对保守的。Svedeman 和 Arnold 也建议用这个公式,但是他们对气态系统的 S_k 重新进行了赋值。长半径弯头的 S_k 是 0.017,三通管接头的 S_k 是 0.000 6。

20.3.3 Salama 模型

Salama 改进了 Salama 和 Venkatesh 关于气态 - 液态系统的模型,提出了一个新的方程

$$E_p = \frac{1}{S_p} \cdot \frac{v_m^2 \cdot d}{D^2 \cdot \rho_m} \tag{20 - 6}$$

式中 E_p——侵蚀速率,mm/kg;

D——管道直径,mm;

d——微粒直径,um;

S_p——几何常数;

v_m——混合物流速,m/s,定义为 $v_m = v_{\text{liquid}} + v_{\text{gas}}$;

ρ_m——混合物的密度,定义为 $\rho_m = (\rho_{\text{liquid}} \cdot v_{\text{liquid}} + \rho_{\text{gas}} \cdot v_{\text{gas}})/v_m$。

微粒的粒径大小和液体的影响都包含在该公式中。通过对 Weiner,Tolle 和 Bourgoyne 的试验数据的校核,我们得出几何常数如下。

对于弯头(1.5D 和 5D),S_p = 2 000;

对于 L 型接头处,S_p = 12 000;

对于 T 型接头处,S_p = 25 000(液体/气体)或 500 000(气体)。

20.3.4 Tulsa ECRC 模型

在对管道构件侵蚀进行大量研究工作的基础上,Tulsa ECRC 提出了一系列微粒模型。这些模型常与一个冲击破坏模型结合使用,该冲击模型的方程为

$$E = F_M \cdot F_s \cdot m_p \cdot v_p^n \cdot F(\alpha) \tag{20 - 7}$$

在以上的公式中,系数 F_M 用以说明材料硬度的多样性。McLaury 和 Shirazi 给出了不同金属典型的 F_M 值,其取值范围从 0.833 到 1.267,并且对不同的金属建议采用一个 ±25% 的侵蚀抵抗,这些取值是从冲击测试中得来的。表 20 - 2 概括了无碳钢的材料性质如硬度和材料因数。

系数 F_s 用来度量砂的尖锐度:尖锐型砂粒取 1.0,半圆滑型砂粒取 0.53,圆滑型砂粒取 0.2。生产系统中通常取 0.53 这个值。

表 20-2 无碳钢的材料性质和侵蚀率因数

材料类型	布氏硬度	材料因数* $F_M \times 10^6$	材料因数** $F_M \times 10^6$
1018	210	0.833***	1.066
13 铬(退火)	190	1.267	1.622
13 铬(热处理)	180	1.089	1.394
22 铬 5 镍(双相)	217	0.788	1.009
316 不锈钢	183	0.918	1.175
耐热铬镍铁合金 825	160	0.877	1.123

注释:* 对应于 v_L,单位为 m/s;

** 对应于 v_L,单位为 ft/s;

*** 对应于碳素钢材料,在 B 代表布氏硬度时,$F_M = 1.95 \times 10^{-5}/B^{-0.59}$。

20.4 阈值速度

实践中,常用来控制油气生产井的砂蚀的措施是限制流体的速度;该临界速度叫做流体阈值速度,当低于该速度时侵蚀就可能发生。

API RP14E 规范对生产速度进行了限制,以避免侵蚀破坏,推荐的速度限值描述见公式(20-8)。对于常数 C,系统持续运行时取 100,临时运行时取 125。当有砂出现时,API RP14E 规范建议 C 值应该小于 100,但是没有给出确切值。此外,API RP14E 规范没有考虑砂的性质和流体的黏度等。

$$v_{\text{erosion}} = \frac{C}{\sqrt{\rho}} \tag{20-8}$$

最近提出的阈值速度的估算方法都是基于几何拐弯处的渗透率提出的,因为这些几何体的截面较直管道截面来说对侵蚀破坏更加敏感。

20.4.1 Salama 和 Venkatesh 模型

Salama 和 Venkatesh 提出了一个用于估算弯头处渗透率的模型,该公式为

$$h = 496\,920 \cdot \left(q_{sd} v_p^2 \middle/ T \cdot d^2 \right) \tag{20-9}$$

式中 h—— 渗透率,mil/yr;

q_{sd}——砂产生速度,ft^3/D;

v_p——微粒的撞击速度,ft/sec;

T——硬度,psi;

d——管道直径,μm。

若假定硬度 T 等于 1.55×10^5 psi,并且渗透率 h 等于 10 mil/yr,Salama 和 Venkatesh 获得了基于砂蚀阈值速度的侵蚀速度表达式:

$$v_e = \frac{1.73 \cdot d}{\sqrt{q_{sd}}} \tag{20-10}$$

作者建议这个公式仅用于气态流体,同时提出微粒在低密度、低黏度的气态流体中的撞击速度约等于流体的速度。这个公式不适用于液态流体的情况,因为这个公式给的阈值速度实际上代表着微粒撞击速度,而这个速度一般都低于液态流体的速度。

20.4.2 Svedeman 和 Arnold 模型

在 Salama 和 Venkatesh 研究的基础上,当渗透率取为 5 mil/yr 时,Svedeman 和 Arnold 提出了用下述公式来估计阈值速度

$$v_e = K_s\left(\frac{d}{\sqrt{q_{sd}}}\right) \tag{20-11}$$

式中 v_e——侵蚀阈值速率[ft/s];

K_s——基于文献数据的经验常数。

20.4.3 Shirazi 等人提出的模型

Shirazi 等人提出一种计算管道不同几何截面的渗透率的方法,该方法采用以下表达式计算碳素钢在弯头处的最大渗透率

$$h = A \cdot F_s \cdot F_p \cdot \left(q_{sd} \cdot \rho_p \cdot v_p^{1.73} \middle/ B^{0.59} \cdot d^2\right) \tag{20-12}$$

式中 h——渗透率;

A——与管道材料有关的系数;

F_s——砂的尖锐度因数,见表 20-3;

F_p——渗透因素(来源于钢管在弯头和三通接头处的实验数据);

ρ_p——微粒密度;

v_p——微粒撞击速度;

B——布氏硬度。

表 20-3　砂的尖锐度因数

描述	F_s
尖锐转角,环形	1.0
半圆形,圆形转角	0.53
圆形,球状玻璃	0.20

该方法解释了在流体流动和侵蚀过程中的许多物理变量,并且提供了一种预测砂蚀最大渗透率的方法。该模型的可靠性可通过将渗透率预测值与文献中记录的渗漏率实验值相比较而确定。与之前的研究成果相比,该方法最大的不同就在于它能确定微粒对管道内壁的特征撞击速度 v_p。这个特征撞击速度取决于很多因素,包含管道的几何形状和尺寸、砂的颗粒大小和密度、流体的流线和速度以及液体的性质。

当给予一个合理的渗透率(5 或者 10 mil/yr)后,结合撞击速度方程与其之间的关系,我们可以很容易地将流体阈值速度计算出来,具体过程见后续章节。

20.4.4　微粒撞击速度

一般而言,侵蚀率和微粒撞击速度成比例,因此有必要详细分析一下特征撞击速度。我们常用一个简单的模型对微粒撞击速度的特点进行描述。图 20-3 展示了一个理论上的过程。在这个过程中,我们定义了一个"滞止区"的概念,它代表微粒一定会渗入的流体层。还有一个特征长度叫做等效滞止长度 L,它用来代表简化的直接撞击模型中的距离。图20-4说明侵蚀实验得出的等效停滞长度,它可以用来计算拐弯处的 L 值。

停滞区的微粒性质主要取决于:

(1)管道设备的几何参数;

(2)流体的性质;

(3)砂的性质。

一个简化的微粒轨迹模型可以用来计算微粒的特征撞击速度。这个模型假定微粒是在一个理想流体中运动,也就是假定微粒在运动过程中,速度呈线性变化并采用简化的驱动系数模型。

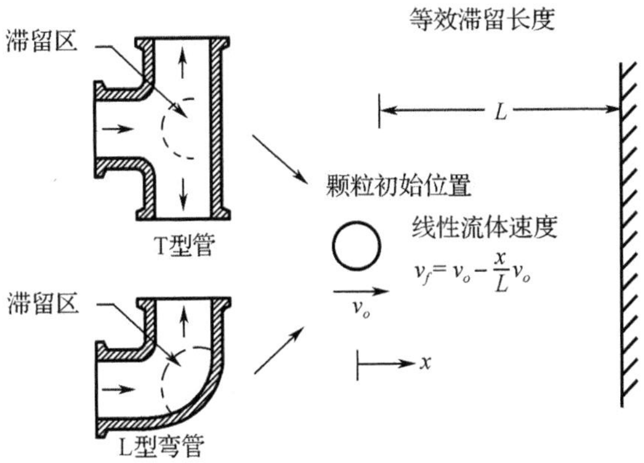

图 20－3　等效滞止长度的概念

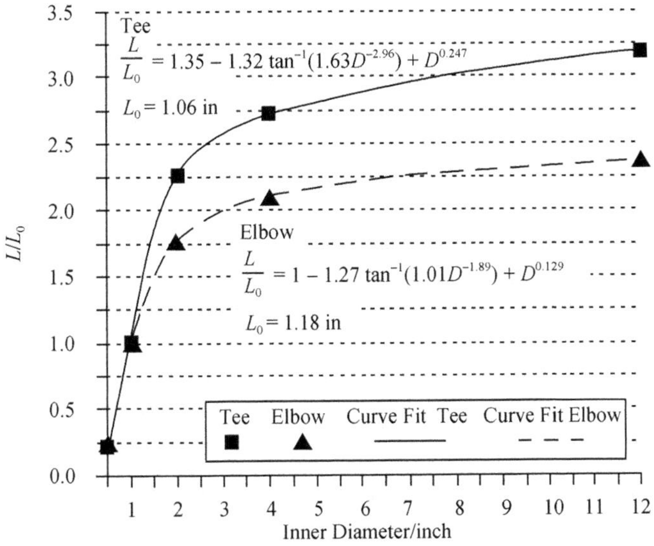

图 20－4　滞止长度与弯曲处管道的直径关系

撞击速度取决于：

(1) 流体流速；

(2) 特征长度；

(3) 流体的密度和黏度；

(4) 微粒的密度和直径。

这些参数组成了三个相互联系的无量纲群，如图 20－5 所示。这些无量纲群定义如下：

微粒雷诺数，N_{Re}

$$N_{Re} = \rho_f \cdot v \cdot d_p \Big/ \mu_f \tag{20-13}$$

式中 ρ_f——流体密度；

v——流体速度；

d_p——微粒直径；

μ_f——流体黏度。

无量纲参数，Φ

$$\Phi = L \cdot \rho_f \Big/ d_p \cdot \rho_p \tag{20-14}$$

图 20-5 包含了许多关于参数变化如何影响微粒撞击速度和砂蚀的有用信息。例如，它揭示了流体和砂的性质是怎样影响微粒撞击速度的。一旦微粒撞击速度确定了，代入公式(20-11)，就可以确定特定几何体下如弯头处的侵蚀速率和渗透率。

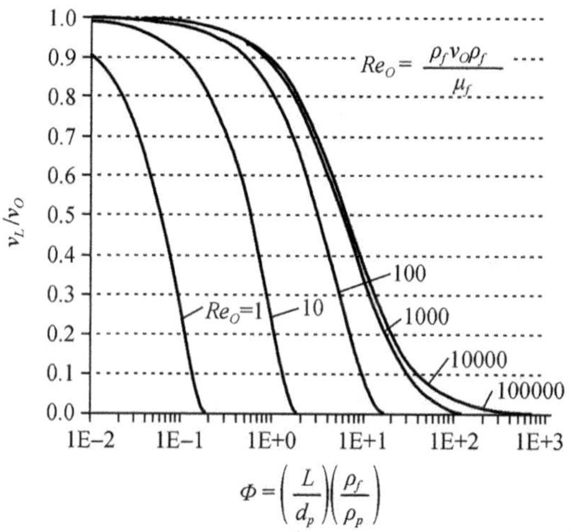

图 20-5 不同因素对微粒撞击速率的影响

20.4.5 长半径弯头的侵蚀

在这个模型中，长半径弯头的侵蚀条件已经在标准弯头的机械模型基础上研究过了。为了能估测长半径弯头的渗透率，我们对机械模型进行了扩展，同时引入一个新名词即弯头半径因数。

弯头半径因数（$ERF_{r/d}$）定义为

$$ERF_{r/d}=\frac{Pn_L}{Pn_{std}} \tag{20-15}$$

Pn_L 是长半径弯头的最大渗透率，Pn_{std}是标准弯头的最大渗透率。弯头半径参数的引入确保了标准弯头的机械模型的准确性，并将其扩展到用于估测大半径弯头的渗透率。

$$ERF_{r/d}=e^{-\left(\frac{\rho_f^{0.4}\mu_f^{0.65}}{d_p^{0.3}}\cdot 0.215+0.03\rho_f^{0.25}+0.12\right)\left(\frac{r}{d}-C_{std}\right)} \tag{20-16}$$

式中 $ERF_{r/d}$——长半径弯头的弯头半径因数；

C_{std}——标准弯头的 r/d，常取为 1.5；

ρ_f——流体密度；

μ_f——流体黏度；

d_p——微粒直径；

r——弯头弯曲半径。

这个公式解释了在不同流体和砂微粒大小中弯头半径的弯曲效应。应该注意的是，该公式建立在砂微粒的密度约为 165.4 lb/ft^3 的基础之上。

因为直接撞击是弯头处侵蚀机理中的重要因素，所以该模型并不研究湍流波动对侵蚀估测的影响。然而，随着曲率半径的显著增加，大半径弯头同管道的直线管道部分很接近，随机撞击机理就会变得重要起来。

20.5 侵蚀控制

侵蚀控制包括侵蚀监测和缓解侵蚀的措施。

20.5.1 侵蚀监测

下面方法可用来对钢管和特殊部位的侵蚀进行监测。

（1）超声波测试仪常夹在管道的外表面，它们发出超声波脉冲来测量材料的厚度和材料损失率，以确定侵蚀的严重程度。这种方法对其他来源的噪音很敏感，而且这种技术的主要局限性在于它只能检查限定的管道局部位置。

（2）重量损失试件，它由与管道相同或者相似的材料制作而成，当管道需要进行监控时将其安装，然后进行周期性的检测和称重。这些构件只能提供离散的监测结果，对于水下设施不具可行性。

(3)电阻探针，可以通过监测某已知截面的电阻的增加来检测侵蚀的积累。电阻探针的校核和温度改变是重点。

(4)电化学探头，通过检测探头经过管道内导电的电解质溶液时，电极之间的线性极化电阻来确定侵蚀率。这种方法只能在易导电的溶液中使用，例如水或者含水量较高的石油系统中。

20.5.2 减轻侵蚀的方法

很多措施可以用来减轻、缓解侵蚀。

(1)降低生产速度

降低生产速度包括降低流体的流速和砂产生的速率，然而这涉及到系统的经济性问题。

(2)管道系统的设计

为了降低侵蚀的严重性，减小流体速度和尽量避免流动方向的突然改变(例如在弯头处和阀门处)值得着重注意。三通管接头相对于弯头来讲不易于受到侵蚀，所以，用全口径阀门和三通管接头代替弯头能减少侵蚀问题。流体的流动状况也会影响侵蚀问题，段塞流体尤其具有破坏性。因此，为了降低侵蚀的严重性，我们需要合理地使用段塞捕集器。

(3)增加管壁的厚度

管道系统常常用较厚的管道壁厚来延长其磨损寿命。然而，厚壁管道的厚度减小了管道孔径，这将导致流体的流速增加进而增加其侵蚀率，尤其是对于管径小的系统。

(4)特定的抗侵蚀材料

一般情况下，在油气生产系统中，几乎所有的构件都是用韧性金属来制作的，而其他材料如塑料、橡胶等也可能会用到。材料的性质对侵蚀问题的影响很显著。如果侵蚀问题还存在较大的可能性，我们也可以采用特定的抗侵蚀材料，例如碳化钨。

韧性材料用于控制侵蚀的基本因素是硬度，所以钢相较于其他软金属来讲抵抗侵蚀的能力较强。在薄弱构件部位，我们常常会用特定的抗侵蚀材料，如碳化钨、涂料、陶瓷等。这些材料一般都较硬且脆，相对钢材而言有较强的抗侵蚀能力。然而，表面涂防侵蚀层的材料，一旦某些防侵蚀层剥蚀或脱落，材料抵抗侵蚀能力会快速下降。

脆性材料以不同的方式受到侵蚀。对于脆性材料,冲击会磨损其表面。侵蚀随微粒冲击角度的增加而线性增加,当角度垂直时达到最大值。

20.6 砂管理

砂管理战略是一种经营理念,我们通常不采用传统的砂控制方法,通过监测和控制油井压强、流体速率、砂通量等来管理生产。在传统的油气生产系统中的砂管理已经在北海和其他地方的很多油井中得到了应用。几乎在所有的实践案例中,该方法都是可行的,而且还会因为砂冲击产生的自净效应使得井壁内表面变的光滑。这些具有光滑内表面的管道反过来会有较高的生产率指标。每个有着成功砂管理的油井都会显示出油气生产率的增加。此外,该方法可以避免使用贵的砂控制设备,还可以保证将来可能对井实施的干预措施的可行性。

采用不同的分析和设计工具来评估砂产生的可能性是很必要的,它可以降低危险性,并可以针对安全和优化生产建立实际可行的操作标准。这些设计工具应能够预测:砂产生的开始时间、砂的数量和产砂率、设备侵蚀风险和在生产管道内运送的砂的性质。

20.6.1 砂管理原理

经典的砂控制技术,如砾石回填、电线包裹层、压裂和回填、化学加固、扩展层等,都是基于除砂的原理。在设备中绝对无砂是可以做到的。另外,在没有完全去除砂通量的方法的情况下,传统的方法通常以减小生产速度来使得进砂量最小化。

砂管理的可靠性和成本效益在加拿大重油井项目中得到了最大范围的验证,该方法将限定和扩展安全极限的技术结合起来。那些不允许砂进入生产系统的过于保守的方法都应避免或者推迟使用。

20.6.2 砂的生命周期

风险管理要求对砂的生命周期进行可靠的分析。砂的生命周期是从估测有利于砂形成的条件起,一直到表面生成物的最终清除为止。这些技术是基于从油田中获取大量的资料数据、对相关物理过程的理论建模、对生产数据的主动监测和油井检测以优化生产率而形成的。这些技术能够帮助生产工程师们在油井生产周期中完成油井的优化设计和风险评估。

(1)砂的分离

砂的分离是一个水利－机械的混合过程,它减少了砂石碎片在井旁的堆积。我们已经建立了很多模型,用于估测砂形成的初始条件。

首先,由于过度的下沉和储油层压力的损耗,生产层部位在接近井筒的自由表面处,由于过大的局部应力而产生了受压或受拉破坏。另外,由于油井反复封闭和水的不断冲刷而导致疲劳效应以及相关毛细孔张力和化学内聚力的损失,这些都会导致薄弱部位的产生,进而产生砂化。

其次,屈服后的材料由于受到流体进入油井产生的流体动力而变得不稳定和流动化。该动力随时间和局部几何尺寸的改变而变化,所以砂并不是一个恒量流,而是快速增长的,这已被小规模的实验室实验所证实。油井的关闭和开启引起的瞬态压力梯度效应以及与此相关的渗透性的改变是造成砂通量快速增加的主要原因,这也是使得井筒周围的砂的驱动力增加的最主要原因。

(2)砂的转移运动

一旦砂分散开来,它会跟随流体穿过空洞并进入井内。然后重力和流体动力就会作用在微粒和砂石碎片上。砂化可能造成的影响包括将砂运输至表面、堵塞空洞管道以及沉积于油井集水坑和水平油井截面,这有赖于下述因素之间的综合作用。

① 流体的流变学特性和密度;

② 局部流体速度;

③ 局部几何障碍;

④ 砂微粒的尺寸;

⑤ 油井的倾斜程度。

在特殊情况下,如在长水平井中,砂会沉积下来,之后随条件的改变(例如速率变化、含水量增加)又会重新运动起来。这些情况常常被解释为流砂而不是油井自净,因为这造成了地层的破坏。

(3)砂蚀

油管部位、流体管道和脐带缆中的砂蚀与砂的转移运动过程关系密切。运动着的微粒一旦撞击管道表面,将会传递动能至钢管,从而造成钢管的磨蚀。一般而言,含砂率和砂微粒的运动速度是决定侵蚀风险的两个主要因素。因此,对于重油油田,液体速率很低因而其风险也很低。然而,对于高温高压(HPHT)天然气凝析油田,气体膨胀和在井口附近的加速度会显著增加侵蚀风险。

因为侵蚀风险会导致严重的安全问题，所以它是一项主要的技术经济指标。侵蚀作用迫使生产速度保持在一个可行的安全极限下。

(4)表面砂沉积

一旦砂经过井口部位，就会通过表面流线，或者对于水下油井来说是通过海水流线，继而沉积在分离器里。根据未来预期的平均产砂率，这些砂必须要不断地进行清理和冲刷。被油污染的砂要被集中起来给予最终的处理。对于水下工程设备来讲，过去是将砂直接排到海里，但是在将来不会采用这种处理方式。

20.6.3 砂监测

砂监测是砂管理中的一个关键方面。一旦怀疑有侵蚀问题发生，我们要立即进行砂监测。当前的砂监测方法归类如下。

(1)体积法

体积法主要包括以下几条：

① 通常，可以在三通管或弯头处安装砂石捕集器来捕获砂。然而，砂石捕集器并不是一种实时的方法，因为测定砂产量时需要将它卸下。由于大部分产生的砂没有正常收集到，这些方法无法证明它的有效性。

② 初步分离之后的流体样本经过水、砂分离后叫做底部砂，在评估井测试或者正常生产时采用水测量法(BS&W)。然而，由于太多的砂留在初步分离器中，使得该方法的有效性难以得到保证。

③ 另外一种方法包括拆卸砂分离器，喷射清理所有的砂和量化所有产生的固体物质，该方法在亚得里亚海的天然气油井中得到广泛应用。然而，其准确性以及可行性(例如所需的时间以及用来拆卸、喷射和重装分离器的人工操作)限制了它的应用。

④ 管内砂石旋转分离器是一种新方法，它应用于某些北海平台上。砂可以有效地从生产的流体中分离出来并存储于一个槽内。储存罐中的称重传感器或者其他器械可以实时地监测砂的积累量。

(2)声音传感器

安装在流体系统中的声音传感器是一种监测砂的有效工具，它包含以下部件：

① 一个撞击探测器，它安装在流体管道中，用于探测砂微粒的撞击；

② 一种声学帆板，它用来收集砂微粒撞击管内壁或节流器时的撞击信息。

20.6.4 砂的去除和分离

在生产系统中，我们常常采用井下砂石筛网和碎石堆来阻止砂的进入。通常，砂石筛网能防止大于100 μm大小的微粒进入生产系统。然而，我们需要在通过砂石筛网将减小生产率和防止未受保护的油井产砂量过大之间寻找一个平衡点。另外，即使小微粒也会导致管道的严重侵蚀，所以筛网和碎石堆都不能保证系统的零侵蚀运作。

砂分离可以分为三个主要层面：

(1)平台的初步分离设备；

(2)水下分离模块；

(3)油水分离器相连的井下分离器。

表面模块包含高压水平挡板分离器、垂直重力分离器和离心分离器，这些设备在保护脐带缆时尤其有效。在水下和井下的分离设备中，经水湿润的砂一般会由于重力作用而分离，继而存储或者重新注入。对于油井中的湿砂来讲，我们需要一个经过特别设计的砂石回旋器或砂石离心器。

20.6.5 砂防治方法

表20-4是对所采用的砂处理方法主要缺点的评估。一般而言，砂控制往往意味着高成本和低风险，砂管理方法可以使其转变为低成本的解决方法，但是它需要进行积极的风险管理。

表20-4 不同砂石处理方法的评估

控制方法	主要缺点
化学固结	• 一些渗透性降低 • 安装和可靠性问题 • 时间间隔较短
筛网、线性槽、特制过滤器	• 缺少分区隔离 • 较高的安装和维修成本 • 设备的使用寿命 • 段塞和筛网损坏 • 筛网侵蚀 • 安装中的潜在损害

表 20 - 4(续)

控制方法	主要缺点
管内砾石填塞	• PI 下降 • 安置和维修困难 • 安装的高成本 • 极性表层发展
管外砾石填塞	• PI 下降 • 操作的复杂性 • 大部分情况下的井下扩充的必要性 • 安装成本
断裂支撑，包括断裂和堆积、应力断裂和树脂保护层的使用	• 渗透率恢复 • 安装时顶部遮挡断裂的风险 • 倾斜油井中的弯曲和直接控制 • 断裂防漏控制 • 生产线中的断裂支撑的回流
选择性射孔	• 相对均匀的形成中的问题 • 强度数据的需要 • 流体区域的下降
定向射孔	• 全应力分布的必要性 • 需要理论分析 • 需要定向射孔工具 • 有限的油田验证可用
生产速率控制	• 设备侵蚀 • 所需的砂石检测 • 所需的分离和处理 • 潜在的生产损失

20.7　渗透率计算实例

这个实例是确定长半径弯头最大渗透率的计算过程。该过程可以分为以下几个部分。

(1)确定弯头半径因数;

(2)计算微粒撞击速度:

(3)等效滞止长度 L;

(4)无量纲参数 N_{Re}和 Φ;

(5)用表 20－5 确定 v_p/v;

(6)计算标准弯头的渗透率;

(7)确定长半径弯头的渗透率。

本例中,管道是 2 in 管,附表 40,ASTM234 等级 WPB 的无缝弯头,其 ID 是 2.067 in,r/d 为 3.0。流体用的是黏土/泥,其流动速度为 25 ft/s,砂率是 1 800 ft^3/D。

表 20－5　计算渗透率的输入数据

参数	描述和单位	值
A	管道材料系数	0.912 5
r/d	长直径弯头	3
F_s	砂尖锐因数(表 20－3)	0.53
F_p	渗透因数	3.68
q_{sd}	砂石率 (ft^3/D)	1 800
ρ_p	微粒密度 (lbm/ft^3)	165.4
ρ_f	流体密度(lbm/ft^3)	65.4
v	流体速率 (ft/sec)	25
d	管道直径(in)	2
ID	弯头直径(in)	2.067
μ_f	流体黏度(lbm/ft · s)	3.36×10^{-3}
B	布氏硬度	120
d_p	微粒直径(um)	350

20.7.1　弯头半径因素

我们根据公式(20－16)来计算弯头半径因素($ERF_{r/d}$)。在计算中,密度的单位是 lbm/ft^3,黏度 μ_f 的单位是 cp,结果是 0.304。

20.7.2 微粒撞击速度

微粒撞击速度按照本章第四部分中的方法进行计算。

第一步:等效滞止长度 L

用图 20－4 计算等效滞止长度 L,L_0＝1.18 in,采用图示的公式(20－17)为

$$\frac{L}{L_0} = 1 - 1.27\ \arctan(1.01d^{-1.89}) + d^{0.129} \qquad (20-17)$$

计算得:$L/L_0 = 1.78$,所以 $L = 1.78 \times 1.18 = 2.1$ (in)。

第二步:计算 N_{Re}和 Φ

因为这两个都是无量纲数,所以我们用常数单位。要计算 Φ,用 $L = 2.1$ in,$d_p = 0.013\ 8$ in (350 um),$\rho_f = 65.4$ lbm/ ft^3,$\rho_p = 165.4$ lbm/ ft^3,得 $\Phi = 60.285$。由于 $\rho_f = 65.4$ lbm/ ft^3,$v = 25$ ft/s,$d_p = 1.148 \times 10^{-3}$ ft(350 um)和 $\mu_f = 3.36 \times 10^{-3}$ lbm/ft · s,得 $N_{Re} = 558.77$。

第三步:确定微粒撞击速度 v_p/v 的值

根据 N_{Re}和 Φ 在图 20－5 中查到 v_p/v,$v_p/v = 0.017\ 5$。然后计算 v_p

$$v_p = 0.017\ 5 \times 25 = 0.437\ 5\ \text{ft/sec}$$

20.7.3 计算标准弯头的渗透率

在这个例子中,假设砂是半圆滑或圆滑型的。公式(20－12)中,$A = 0.912\ 5$,$F_s = 0.53$,$F_p = 3.69$ in/lbm,$v_p = 0.4375$ ft/sec,$q_{sd} = 1\ 800$ ft^3/D,$d_{elbow} = (2.067\ \text{in}/1.0\ \text{in}) = 2.067$。

$$h = 0.912\ 5 \times 0.53 \times 3.68\ \frac{1\ 800 \times 165.4 \times 0.437\ 5^{1.73}}{120^{0.59} \times 2.067^2} \qquad (20-18)$$

求得:$h = 1\ 761$ mil/yr。

20.7.4 计算长半径弯头的渗透率

由公式(20－15)得

$$Pn_L = ERF_{r/d} \cdot Pn_{std} \qquad (20-19)$$

计算得出:$Pn_L = 0.304 \times 1\ 761 = 535.344$ (mil/yr)。

参考文献

[1] API. API Rp 14E Recommended Practice for Design and Installation of Offshore Production

Platform Piping Systems[S]. Washington,DC,USA: American Petroleum Institute,1991.

[2] Bourgoyne A. T. JR. Erosion in Elbows in Hydrocarbon Production System: Review Document [C]// SPE,New Orleans,USA,SPE Annual Technical Conference and Exhibition,1989.

[3] Bourgoyne A T. Experimental study of erosion in diverter systems due to sand production[J]. SPE/IADC,1989,18716:807 - 816.

[4] DNV. DNV RP O501 Erosive Wear in Piping System [S]. Norway: Det Norske Veritas,2007.

[5] Huser A,Kvernvold O. Prediction of sand erosion in process and pipe components[C]// 1st North American Conference onMultiphase Technology,Banff,Canada,BHR Group,1998.

[6] McLaury B S,Wang J,Shirazi S A,et al. Solid Particle Erosion in Long Radius Elbows and Straight Pipes[C]// SPE 1997,San Antonio,USA,SPE Annual Technical Conference and Exhibition,1997.

[7] McLaury B S,Shirazi S A. Predicting Sand Erosion in Chokes for High Pressure Wells[C]// SPE 98,New Orleans,USA,SPE Annual Technical Conference and Exhibition,1998.

[8] McLaury B S,Shirazi S A. Generalization of API RP 14E for Erosive Service in Multiphase Production [C]// SPE 99, Houston, USA, SPE Annual Technical Conference and Exhibition,1999.

[9] Salama M M,Venkatesh E S. Evaluation of API RP 14E Erosional Velocity Limitation for Offshore Gas Wells[C]// OTC 83,Houston,USA,Offshore Technology Conference,1983.

[10] Salam M. An alternative to API 14E Erosional Velocity Limits for Sand Laden Fluids[C]// OTC 98,Houston,USA,Offshore Technology Conference,1998.

[11] Shirazi S A,McLaury B S,Shadley J R,et al. Generalization of the API RP 14E Guideline for Erosive Services[J]. Journal of Petroleum Technology,1995,47(8):693 - 698.

[12] Stein M,Colbert J,Asher G,et al. Integrated Sand and Erosion Alarming on NaKika, Deepwater Gulf of Mexico[C]// SPE 2005,Dallas,USA,SPE Annual Technical Conference and Exhibition,2005.

[13] Svedeman S J,Arnold K E. Criteria for Sizing Multiphase Flow Lines for Erosive/Corrosive Service[J]. SPE Production & Facilities,1994,9(1):74 - 80.

[14] Ivo T,Ian T. Improved Procedures for Estimating the Erosional Rates in High Offtake Gas Wells: Application of University of Tulsa Flow Loop Derived Correlations[C]// 2004 SPE Asia Pacific Oil and Gas Conference and Exhibition,Perth,Australia,Engineers S O P,2004.

[15] Tronvoll J,Dusseault M B,Sanfilippo F,et al. The tools of sand management[C]// SPE 2001,New Orleans,USA,SPE Annual Technical Conference and Exhibition,2001.

水下生产系统（中）

Shuixia Shengchan Xitong

白 勇 主编

中国工信出版集团
哈尔滨工程大学出版社
Harbin Engineering University Press

内容简介

水下生产系统是开发深水油气田工程的重要技术，其主要设备包括水下采油树、管汇、跨接管、立管和管道等。本书作者根据自己三十多年的海洋工程工作经验，结合海洋石油开发项目中的一些工程实际问题，系统地介绍了水下生产系统在海洋石油工程中应用的基本理论。本书以工程实例为主导，在内容上分为上、中、下三篇，包括油田开发与流动保障、采油树与管汇、立管与管道。每一部分都结合实际工程应用，给出了适用的行业规范和数据，为国内发展深水油田项目提供了基础理论依据。

本书有较强的实用性，可作为高等学校海洋工程专业的选修教材，也可供从事海洋工程研究、设计的科技人员参考使用。

图书在版编目(CIP)数据

水下生产系统 / 白勇主编. — 哈尔滨 : 哈尔滨工程大学出版社, 2020. 10
(国之重器出版工程 · 现代舰船设计)
ISBN 978 - 7 - 5661 - 2792 - 1

Ⅰ. ①水… Ⅱ. ①白… Ⅲ. ①海上油气田 - 油气开采 - 综合生产系统 Ⅳ. ①TE53

中国版本图书馆 CIP 数据核字(2020)第 184192 号

选题策划 史大伟 薛 力
责任编辑 雷 霞 唐欢欢
封面设计 刘长友

出　　版 哈尔滨工程大学出版社
社　　址 哈尔滨市南岗区南通大街 145 号
邮政编码 150001
发行电话 0451 - 82519328
传　　真 0451 - 82519699
经　　销 新华书店
印　　刷 固安县铭成印刷有限公司
开　　本 710 mm × 1 000 mm 1/16
印　　张 103.75
字　　数 2027 千字
版　　次 2020 年 10 月第 1 版
印　　次 2020 年 10 月第 1 次印刷
定　　价 598.00 元(全 3 册)
http://www.hrbeupress.com
E-mail:heupress@hrbeu.edu.cn

目 录

第三篇 深水油气田开发

第 21 章 水下立管 …… 003

21.1 引言 …… 003

21.2 管汇构件 …… 008

21.3 管汇设计和分析 …… 015

21.4 管道和基桩设计 …… 028

21.5 水下管汇的安装 …… 039

第 22 章 管道终端系统和线上设备 …… 051

22.1 引言 …… 051

22.2 PLEM 的设计和分析 …… 055

22.3 设计方法 …… 057

22.4 基础的尺寸设计 …… 060

22.5 PLEM 安装分析 …… 064

第 23 章 水下连接和跨接管 …… 077

23.1 概述 …… 077

23.2 跨接管组成和功能 …… 083

23.3 水下连接 …… 092

23.4 刚性跨接管的设计与分析 …… 097

23.5 柔性跨接管设计与分析 …… 099

第 24 章 水下采油树系统和井口装置 …… 109

24.1 介绍 …… 109

24.2 水下完井概述 …… 110

24.3 水下井口系统 …… 111
24.4 水下采油树 …… 127
第 25 章 水下处理系统 …… 155
25.1 介绍 …… 155
25.2 水下泵 …… 162
25.3 水下分离系统 …… 172
25.4 水下气体压缩 …… 180
第 26 章 采油树的安装 …… 189
26.1 概述 …… 189
26.2 水下采油树安装 …… 199
26.3 水下跨接管安装 …… 211
26.4 水下采油树安装计算分析 …… 215
26.5 跨接管安装计算分析 …… 229
第 27 章 水下管汇安装方法 …… 319
27.1 概述 …… 319
27.2 水下管汇系统安装方法介绍 …… 324
27.3 PLET/PLEM 安装方法介绍 …… 335
27.4 水下管汇安装计算分析 …… 338
27.5 管道终端管汇(PLEM)安装计算分析 …… 365
第 28 章 水下采油树设计案例 …… 401
28.1 介绍 …… 401
28.2 材料选择 …… 407
28.3 采油树结构分析 …… 413
28.4 采油树管路分析 …… 416
28.5 装配分析 …… 420
28.6 阴极保护 …… 424
28.7 工厂验收测试 …… 431
28.8 系统集成测试(SIT) …… 434
28.9 浅水测试(SWT) …… 435
第 29 章 水下管汇设计案例 …… 437
29.1 介绍 …… 437
29.2 水下管汇系统 …… 439
29.3 结构分析 …… 444
29.4 组件分析 …… 453

29.5 防沉板分析 …… 458
29.6 工厂验收测试(FAT) …… 464
29.7 系统集成测试(SIT) …… 471

第三篇　深水油气田开发

第21章

水下管汇

21.1 引　　言

在石油天然气田的建设中，水下管汇用于简化水下系统，减少水下输送管道和立管的使用，优化产物在系统中的流体流动。管汇是管道和阀门的排列布置，被设计用于联合、分配、控制以及监控流体流动。水下管汇安装在海床上的一排钻井之中，用于采集产物或将水或天然气注入井中，如图 21－1 所示。管汇有着多种形式，包括从简单的管线终点管汇(PLEM/PLET)到大型结构比如水下加工系统。PLEM 是一种最常见的管汇，相关内容将在下一章里详细讲解，因为它是直接连接在输送管道上的，如何考虑其安装是设计的关键因素。

一个水下管汇系统在结构上是独立于钻井的。钻井和输送管道是通过跨接管连接在管汇上的。水下管汇系统主要包括一个管汇和一个基桩。管汇支撑结构是管汇和基桩的接口，其为管汇的调平和相对于基桩的位置确定，提供了必要的设施。这种管汇和管汇支撑结构的连接使得管汇可以准确地回收和重装，使得生产和油井跨接管能重复使用。管汇是一种由管道、阀门、控制模块、清管环、流量计等组成的结构框架，基桩则为管汇提供结构支撑。根据海床泥土的情况和管汇大小建立基桩就像有着护板的泥垫。水下管汇的功能和目的可以概括为：

(1)为产物管线、钻井提供接口；

(2)从单独的水下钻井中收集生产的流体；

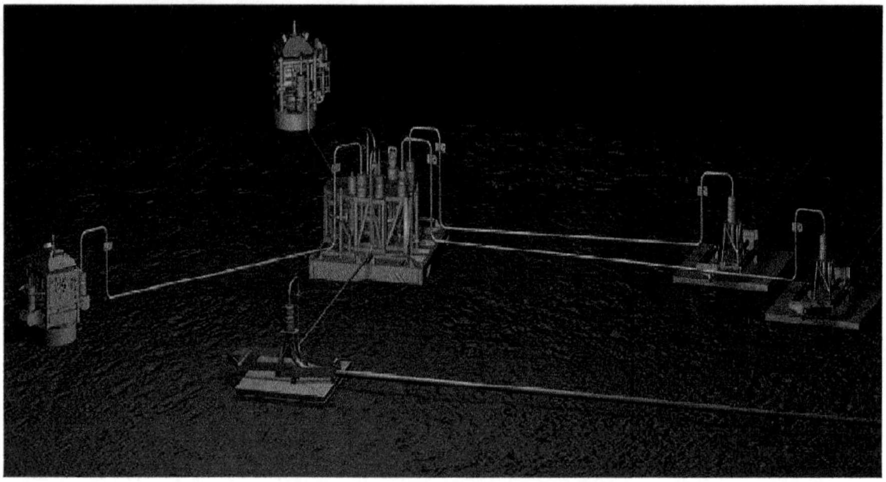

图 21-1　典型的水下结构系统

(3)分配产物流体,注入天然气,注入化学制品和控制流体;

(4)分配电力系统和液压系统;

(5)维持管汇翼控制中心、出油管控制中心和供应带控制中心;

(6)维持和保护所有管道运转和阀门;

(7)为管汇系统在安装和取回过程中提供升降点;

(8)为一个 ROV 在进行 ROV 作业过程中提供一个支撑平台;

(9)提供适航固定接口。

水下管汇系统常被配置用于一些特殊功能,如:

(1)生产和/或勘探管汇,用于控制流体从单独的钻井流进生产和勘探集管,集管连接着管线;

(2)气注管汇,用于将气体注入立管底部,以降低产物流动中的黏滞;

(3)气举管汇,用于将气体注入油管,以减轻顺着油管的流体柱,增加石油产量;

(4)水注管汇,用于给钻井中已关闭阀门之前的最后一个阀门提供水;

(5)阻塞或停止管汇,用于控制钻井作业。

这一章是讨论关于水下管汇的设计、制造和勘探的问题和标准的。单独构件如阀门、激发器、管道等的需要会详细阐述。此章讨论内容包括:管汇构件、管汇设计与分析、基桩与吸力桩、安装和维修。

21.1.1 管汇在水下生产系统中的应用

水下管汇是很多为水下系统有效地提供集合与分配点的水下工程的整合部分。管汇可以设计成很多种不同配置,可以是有着内部或外部清管环、水平或竖直连接器的丛式或集中管汇。以下两个例子详细说明了管汇在水下生产系统中的应用。

(1)Kuito 油田 1A 阶段

Kuito 1A 阶段所用的管汇为一个有着 12 个生产钻井的集中管汇系统。生产管汇通过三根输送管道回接到一个 FPSO 上,每个钻井都通过一个 4″ 柔性钻井跨接管接到管汇上。Kuito 油田 1A 阶段的场地安排如图 21 -2 所示。

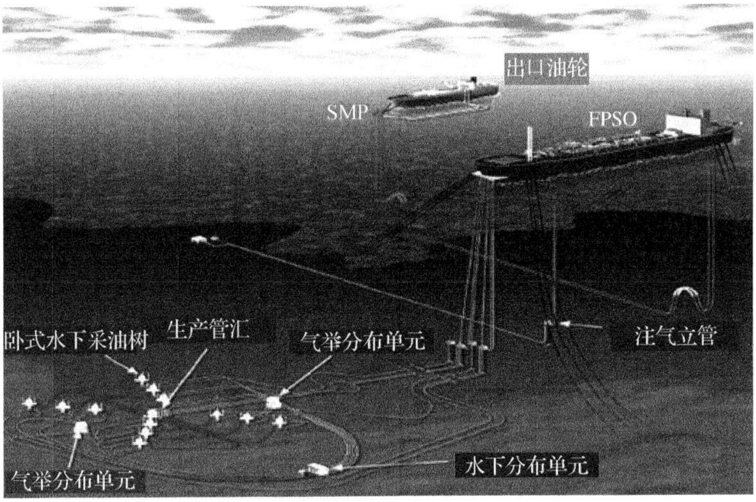

图 21 -2 Kuito 油田 1A 阶段的场地布置

生产管汇有着一个为循环清管设计的 11″生产集管和一个用于每个钻井单独勘探的 6″勘探集管。管线上每端还有一个液压驱动的球形阀门,11″球形阀门隔离了两个生产出油管,且使生产管线得以清管。6″球形阀门将勘探集管与生产集管隔离开。24 个 4 -1、16″液压闸式阀使各个钻井连接在生产或勘探集管上。

管汇结构永久安装在一个 30″桩上。在安装管汇之前,在这根桩上先安装一根导航杆,用于安装管汇结构过程中的导航和减小着陆过程中的竖向荷载。

(2)Gemini 油田

Gemini 油田位于 Mississippi Canyon Block 292,距新奥尔良东南方向 90 mile,水深3 400 ft,这是一个回接在 Viosca Knoll(VK)900 平台上的水下系统。

这个水下系统由三个水下钻井组成,三个钻井连接在一个有着 4″直径的柔性跨接管的四槽管汇上,该管汇用一根导线支撑在水下。两根 12″刚性跨接管将管汇连接在两根 12″出油管上,其延伸 27. 5 mile 到 VK900。Gemini 油田的详细场地安排如图 21 – 3 所示。

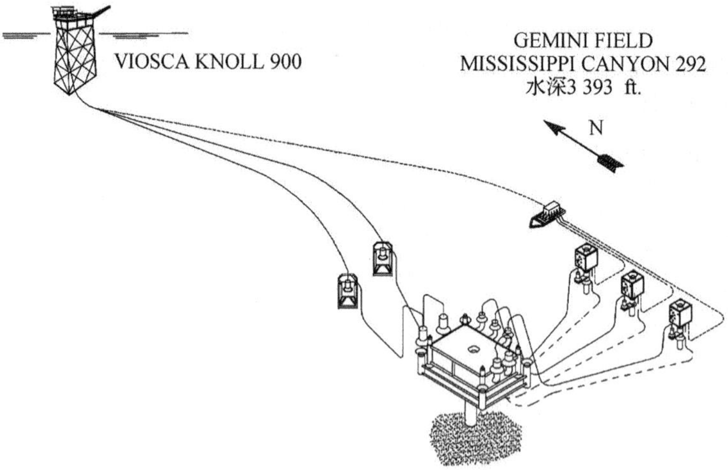

图 21 – 3　Gemini 油田场地布置

该水下管汇收集三个钻井的产物,并将其引入两条出油管之一,通向 VK900 平台。该管汇包括一对 12″集管和一个可移动的清管环,其中一个 12″集管包含了一个操作 ROV 的隔离阀门,另一个包含了一个远程控制的安全故障关闭阀门,当系统正常生产时,这个阀门相当于清管隔离阀门。该管汇有着通过 4 个 4″名义连接枢纽从最多四个水下钻井收集产物的能力。每个枢纽通向一个双给水阀组,该阀组用于进入集管,可以通过与该连接关联的采集树上的控制 pod 远程操作这些阀门。该管汇与跨接管系统设计中使用了一个超过了最大关闭管压的最大容许操作压力。

该管汇设计作为一个使用 Ocean Star 半潜钻机铺设和回收的 moonpool,通过一个单 36″吸力桩支撑在海床上。

21.1.2　水下管汇设计的趋势

近二十年里,随着油气田工程水深的不断增加,水下管汇技术也不断地进行着革新。无潜水员协助的水下管汇,相比浅水中的管汇具有很大的挑战性,推动其进步的两个主要因素就是操作需要和造价。根据巴西石油公司对于水下管汇在深水中的应用,水下管汇的发展可概括为以下几个阶段。

(1)第一阶段

第一阶段的管汇设计为在水深最多为1 000 m的水下工作,管汇由一个独立的水下基桩支撑,在该基桩的结构顶部有4个支撑点。管汇使用一个水准系统来补偿最多2°的倾斜,并且一般情况下都设置了四个可回收的阻塞件和阀门组件,每一个都是为两个不同的钻井设置的。

此阶段的管汇被设计为在任何土壤条件下都保证满足可靠性和安装要求,但是这导致了管汇变得巨大和沉重,这使得管汇的安装变得困难,造价也随之升高。如图21-4(a)所示为一个安装过程中的第一阶段管汇。

(2)第二阶段

第二阶段无潜管汇的建造,吸收了第一阶段水下管汇的经验。如图21-4(b)所示为一个典型的第二阶段管汇。第一阶段与第二阶段的管汇比较如表21-1所示。

(a)

(b)

图21-4 第一、第二阶段的典型管汇

(a)第一阶段;(b)第二阶段

表21-1 第一阶段与第二阶段的管汇比较

属性	第一阶段	第二阶段
尺寸/m	19(L)×14(W)×7(H)	12(L)×12(W)×6(H)
重量/t	400	160
钻井数(槽数)	8	8
生产能力/(m^3/d)	8 000	8 000
造价(相对价值)	100%	70%
ROV 运作	停靠在结构上	着陆在管汇的顶端

表 21 -1(续)

属性	第一阶段	第二阶段
控制系统	电气液压组合	电气液压组合
可回收模块	控制模块和阀门/阻塞件	控制模块
连接系统	垂直	垂直
水下基桩	独立的	固定的
支撑点	4 个	处于中心点的一个
水准系统	有	无

第二阶段管汇的重量和大小都有所减小。由于土壤的岩土力学分析证实了不需要特别的地基,所以不再需要水下基桩装置。管汇结构自身提供了有着裙围的泥垫环绕其基桩,并被设计为可以补偿海床的倾斜。不需要设置外加的水准系统。除了尺寸和重量的减小,另一个减少安装成本的因素为中心点的采用,这使得管汇在近海运送和部署阶段能被钻探立管和线举起。

(3)第三阶段

安装结束后,管汇在第三阶段还需要可回收的阻塞模块和为水下多相流量计的安装所提供的支架。此阶段的管汇中,阀门是设置在管道的最高和最低位置的,以防止在任意一个阀门关闭的时候,由石油隔离引起的气体和水的接触;对于在钻井进入生产阶段前,水的去除处理的新方法也有了进一步的发展。

21.2 管汇构件

管汇构件如集管、阀门、阻塞件和用于连接出油管的 hub,用于多相仪表模块的 hub,液压与电气线,在使用寿命期内是没有维修保养的;而入阻塞模块、水下控制模块和多相仪表模块是可以回收的。

21.2.1 水下阀门

水下管汇阀门是装配在管道系统里面的,用于控制生产和注射流体。由于流体是直接从水下阀门通过的,所以水下阀门很大程度上决定了水下管汇的可靠性。在无潜水下管汇中,这些阀门是液压制动和开关类型的,用于引导流体进入管汇生产集管或管汇勘探集管,也用于化学剂注射线路。在那些设计成允许清管环通过的管汇中,阀门用于提供主要集管之间的连接功能。如图 21 -5 所示为一个带有失效安全驱动器的 Magnum 水下闸式阀,它可以在最多 2 500 m (8 200 ft)的深水中使用。

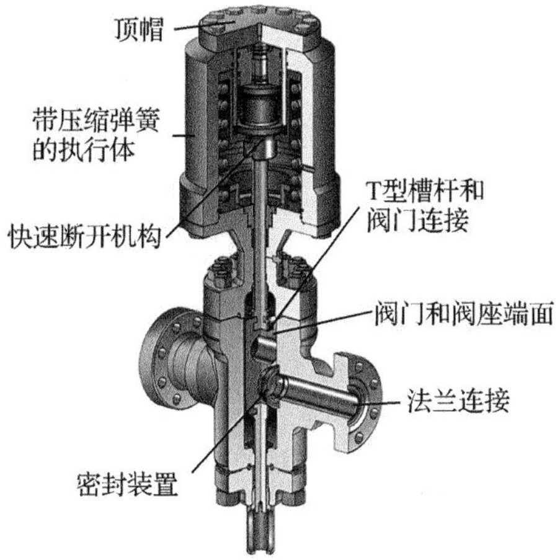

图 21 -5 带有失效安全驱动器的 Magnum 水下闸式阀

所有远程控制的阀门必须位于可回收的管汇框架或模块内,这是水下结构的一个重要设计要求。管汇上的阀门选择和位置是最为重要的。阀门类型、大小、压力等级和驱动功能的设计说明要在管汇详细布置之前给出。每一种阀门都有其优缺点,对于某些方面的应用来说,一个球形阀要比一个 API 6A 闸多很多好处,这使得大家更会选择球形阀门。以下一些因素是需要考虑的:大小、质量、高度、运转速度、密封 wear、可焊性、深度敏感性、ROV 介入、运转过程中的排水量和低压封闭。

(1)阀门种类

闸式阀和球形阀是管汇中使用的两种典型阀门。闸式阀在水下 BOP stacks、采油树和管汇上有着很长的使用历史,因为阀门和阀门驱动器都已经过验证性使用,且因设计革新而得到大力发展,闸式阀被认为是相对可靠的一种装置。图 21 -6 中为两种水下闸式阀。图 21 -6(a)是一个 WOM 水下闸式阀,其带有驱动器、补偿器和 ROV 吊桶。液压驱动器设计为拥有失效安全模型和 ROV 的弹簧回位,机械 ROV 是作为后备的。图 21 -6(b)是一个只有 ROV 吊桶的 WOM 水下闸式阀,两种阀门都是根据 API 6A 和 17D 设计、建造和测试的,设计使用水深最多为 13 000 ft。

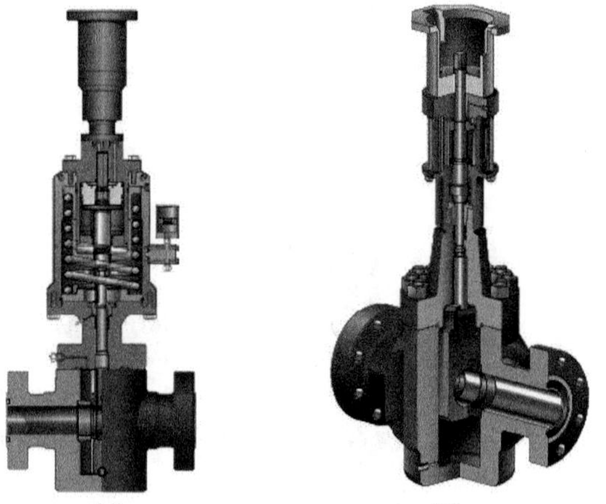
(a) (b)

图 21-6 带 ROV 吊桶的 WOM 水下闸式阀

球形阀也是被证明可用的装置,他们在更深的水深中的应用也在不断增加。在某些深水应用情况下,球形阀比闸式阀有着更好的操作性和经济性,在非金属密封和涂层上的改进使其可靠性得到进一步提高。随着天然气工业和气体管线阀的发展,球形阀最初用在下游段,管线闸式阀是液态管线中的标准阀门。甚至现今人们也还经常认为闸式阀是指定用于液体管线而球形阀是指定用于气体管线的。在 20 世纪 60 年代,墨西哥湾的天然气钻井完成时,管线上的球形阀是作为隔离阀门和终端阀门使用的,用于之后建成的钻井和平台上侧线的联系。

20 世纪 70 年代后期,球形阀被应用于北海,由于海况更加恶劣,所以面临着很多问题。之后球形阀被作为 ESD(紧急关闭)阀门使用,用于在发生重大泄露事故的时候,防止气体从管线中反流回到平台上。

如图 21-7 所示为一个典型的二向水下球形阀,用于方便遥控潜水器(ROV)作业。该阀门包括了额外的 O 型环封,用于防止海水进入阀门,对阀门的运转带来不利影响并对加工液体造成污染。该阀门适用于水深 12 500 ft,最大内压为 20 ksi。

(2)尺寸和压强

由于需要考虑采油树上阻塞件或阀门的可能性失效,管汇阀门一般要能承受同采油树上阀门相同的压强。一般情况下,球形阀容易满足尺寸需要而闸式阀更容易满足压强需要。当提到深水阀门应用时,人们想到的往往是 API 6A 闸式阀,因为对于水下任何水深情况下的首要风险就是勘探钻井。典型的 BOP(防喷器)阻塞件和压井堆阀门要选择 3-1/16″ 10 000或 15 000 psi API 6A 闸式阀。

对于 API 6A 闸式阀来说,尺寸是一个挑战,而由于10 ksi球形阀需求的不断增加,使得这成为球形阀最大的发展努力方向。当闸式阀符合要求时,所有小型的尺寸都会选择闸式阀,而球形阀尺寸应为 10 in 或更大。

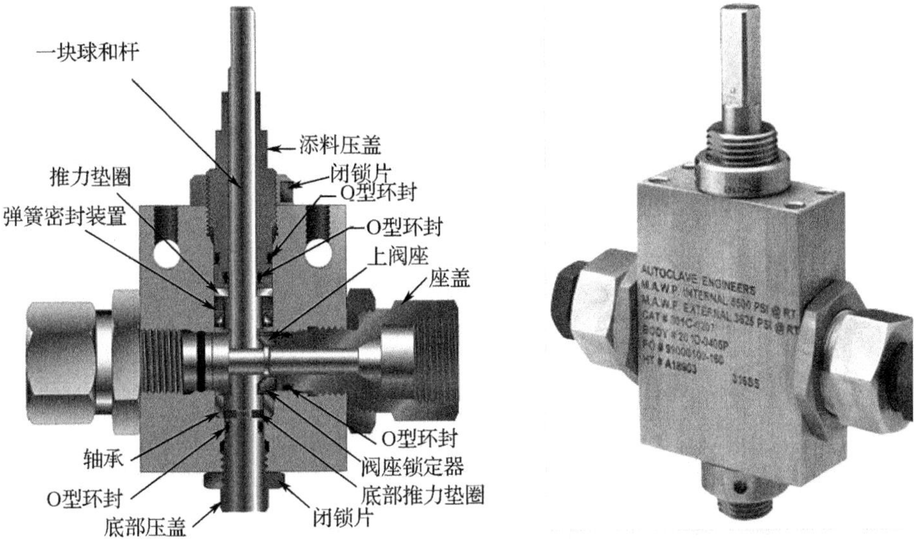

(a)　　(b)

图 21－7　典型的二向水下球形阀

尺寸揭示了水下管汇上的阀门的又一异常情况。规范上需要 5 000 或 10 000 psi的阀门达到 API 6A 或 17D 要求的管线尺寸,不存在于以上两个规范中。一个 5-1/8″或 6-3/8″阀门尺寸规定了其内径,但是管道是根据其外径确定的。管汇需要应用 8″,10 000 psi 阀门时,可以使用内径为 6-3/8″的阀门。选择阀门时,管道等级和壁厚是必须已知的。表 21－2 比较了一些典型 API 6A 尺寸与管道尺寸。

表 21－2　典型 API 6A 尺寸与管道尺寸的比较

名义管道尺寸	标准阀门内径*	管道 ID**
2″	1-13/16″ 或 2-1/16″	1.689″
3″	2-9/16″	2.624″
4″	4-1/16″	3.438″

表 21-2(续)

名义管道尺寸	标准阀门内径*	管道 ID**
6″	5-1/8″	5.189″
8″	7-1/16″	6.813″
10″	9″	8.500″
12″	11″	10.126″
16″	13-5/8″	12.814″

注:* 标准阀门内径如通过 API 6A,10K 凸缘;

** 为名义管道尺寸和 160 个标准管道表所设的管道 ID。

21.2.2 阻塞件

阻塞件是一类控制井流量的阀门,通过调整生产管汇中的顺流压力或注射管汇中的逆流压力来控制流量,使得生产/注射能混合。无潜水下管汇使用的是液压驱动可变阻塞件,这些阻塞件可以固定在管汇上或安装在可回收的模块上。

21.2.3 控制系统

水下阀门通常是通过直接控制系统或电气-液压综合系统驱动的。使用哪一种系统是根据水下管汇与主体平台的距离和所需控制的功能数量决定的。混合控制系统使得阀门驱动反应更快,而且大大减小了所需供应带的数量。

控制系统对水下管汇的设备购置成本具有重大影响,特别是混合控制系统。同时必须考虑其对维修成本的影响,因为一个没有预料的破坏就可以导致钻井生产的中断。

21.2.4 水下模块

水下模块的主要目的是将具有高失效率的构件集合在一个地方,以便于所有构件的回收,无论是通过潜水员、ROV 或特别的流动工具,这样可以节省维修作业的时间。

费用、重量和设备复杂性的上升,是水下管汇模块化的一个需要考虑的重要方面。模块化增加了社会的可用性,但也增加了连接的数量,这反而增加了泄漏的可能。因而在这些模块和可回收盒中必须使用高可靠性的密封构件。

21.2.5 管道系统

管汇所采用的管道构造决定了其整体质量。通常情况下,只有功能性设备是操作者建立的,制造商并不知其所采用的布置,这给了设计团队很大的空间去设计管道系统。凸缘构件或焊接构件的使用是根据制造商的标准决定的,在管汇设计寿命的分析中也必须考虑凸缘构件和焊接构件。

21.2.6 基盘

基盘是设在海床上的一种水下结构,用于引导钻孔和/或其他设备。它也是支撑着其他设备的结构框架,比如管汇、立管、井口、钻孔和完井设备、管线接通和链接设备。结构应能承担任意荷载,如井口和管线的热膨胀。

基盘上的产物是流向浮式生产系统、平台、海岸或其他远方设备的。基盘特别用于多个水下油井组合到一个海床位置,可以组合或模块化设计基盘。以下是一些典型的基盘,实际使用的基盘可能综合了以下多种类型的特点。

(1)模块化基盘

基盘被安装为一个单元或模块,组合在一个基桩结构周围,如油井。

(2)多井/管汇基盘

连着多个油井并包括着一个管汇系统的基盘,这种基盘如图21-8所示。

(3)管汇基盘/中心

支撑着用来生产或注射流体管汇的基盘。油井不会穿过这类基盘,但可能坐落在附近位置。这类基盘跟图21-8所示的类似,只是省略了钻井向导。

(4)油井隔离/回接基盘

多井基盘用作预钻井在安装表面设备之前的钻探向导。在完井过程中,油井常被回接到表面设备上。油井也可以在水下完工,并通过立管回到表面,如图21-9所示。如果油井是穿过基盘的,其必须为钻探提供向导,并有第一根套管柱的着陆能力和为防喷器组着陆提供足够的空间。如果水下采油树是安装在基盘上的,其必须为采油树的定位提供向导,并为所有的安装和干涉运作提供足够的空间。

这是一种支撑海洋生产立管或装料站的基盘,用于承受立管上在服役期间的荷载。此类基盘还有连接管线的功能,图21-10表示了一个带有钻井、管汇和生产立管支撑的联合基盘。

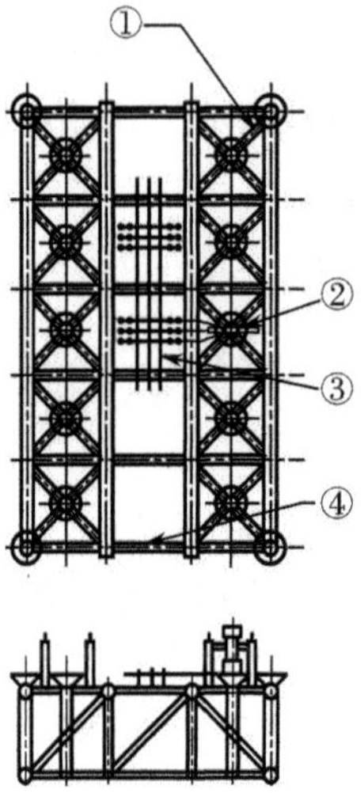

图 21－8　多井/管汇基盘

①导柱容器树(典型,如果需要);②采油树;
③管汇头和阀门;④管道连接架

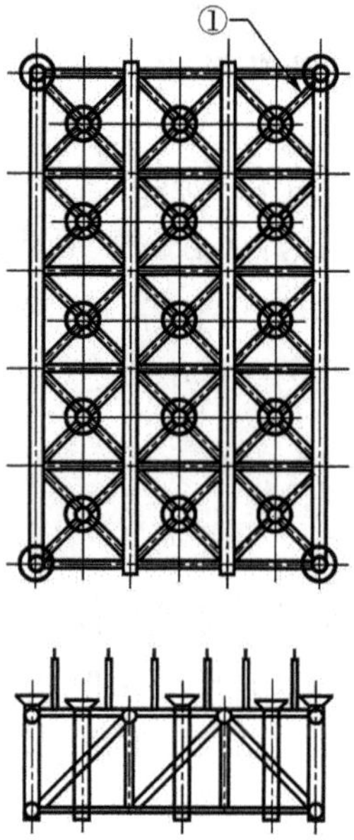

图 21－9　立管支撑基盘

①导柱容器树(典型,如果需要)

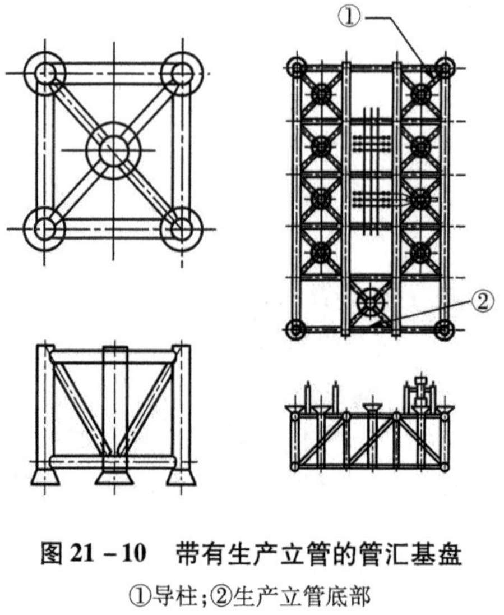

图 21－10　带有生产立管的管汇基盘

①导柱;②生产立管底部

设计用于提供水下钻头的基盘,应该配有钻井隔间和能够承受钻探荷载的相关结构物。设计时应提供足够的刚度,以在出现挠曲的时候保证构件之间的空间偏差。设计荷载也可能需要包括由不充分胶结引起的表面外壳的重量和仓体偏移引起的钻探立管荷载。

基盘必须要能够承受管线安装力、挂钩荷载和任何由热膨胀引起的荷载。如果基盘实际上对挂钩荷载进行设计,则必须考虑设置一个保护性的安全脱钩装置。基盘必须提供一个很强的基桩以将设计荷载传到海床上。基盘还必须能够承受由维修设备引起的适当的荷载。

在地震作用区,地震对基盘的作用必须考虑。设计中需允许由生产出的液流引起的单元热膨胀。必须考虑拖网设备、锚和别的外来物体对结构的意外挂钩的可能性和其产生的荷载。结构的形状和强度必须设计为在承受最大挂钩荷载时关键构件不损坏。

如果基盘是在工程的最后恢复,则必须有一个恢复方法。在安装和回收基盘的过程中,垂直浮力中心必须一直保持在重心之上。任何牺牲阳极的安置位置都需要考虑,应避开承受钻头长期切割的地方。

21.3 管汇设计和分析

从安全角度出发,管汇必须提供足够数量的管道、阀门和流动控制器,以收集生产流体或分配注射流体,如气体、水或化学品。

管汇在管道和阀门处必须有足够的内径以保证可以清管。如果钻井是在基盘上完成的,管汇必须提供与采油树的连接。

管汇还可为需要控制和监控生产/注射作业的设备提供安装和保护,还可包括一个为控制系统提供液压和电气支持的配送系统。

在基盘和管汇上钻井的地方必须考虑添加多余钻井的位置。如要结合卫星井,则基盘和管汇的设计必须提供这样的能力,考虑管线和脐带缆接头、接通荷载、装设阀门和清管能力。初步设计必须考虑系统可能遭受的意外损伤荷载的类型。

维修方式必须在基盘/管汇系统的设计初期加以考虑,特别是以下几项。

(1)维修方法;

(2)可回收构件;

(3)潜水员和 ROV 以及其他维修设备的进入空间;

(4)为了保证能见度的海床以上高度;

(5)构件拆下后的系统安全性;

(6)失效构件的鉴定。

管汇设计和分析包括以下几点:

(1)钢架结构和喷漆设计;

(2)管道工程和阀门设计;

(3)连接设备和控制设备;

(4)CP 设计;

(5)流动保证和水力学。

21.3.1 钢架结构设计

管汇应设计为有与基盘一起安装和作为单独模块安装的能力。集簇管汇应建立在一个完整的基盘和有着单独可回收管汇的保护结构的基桩上。

(1)结构设计

管汇模块属于水下结构。因此,结构设计遵从相关的水下结构规范,如 ISO 13819-1 和 ISO 13819-2。

钢结构管汇管道系统的设计压力或对于已给的设计压力的名义壁厚应根据 ASME B31.8(第八章)或 DNV OS F-101 确定。壁厚设计、柔性分析和关键应力检查所用的准则应为 ASME B31.8(第八章)或 DNV OS F-101。比如,ASME B31.8 中的准则

$$P = \frac{2St}{D}FET \tag{21-1}$$

式中 P——设计压力;

D——公称管道外径,in;

S——额定最小屈服强度,psi;

t——公称壁厚,in;

F——设计系数;

E——纵向连接系数;

T——温度降低系数。

(2)结构分析

管汇系统可包括阀门、hubs、管线连接件和采油树接口、用于控制液流的阻塞件和 TFL(通过出油管)分流器,也可包括控制系统设备,如用于液压和电气功能的配送系统。如图 21-11 所示为一个典型固定管汇的正视图和俯视图。

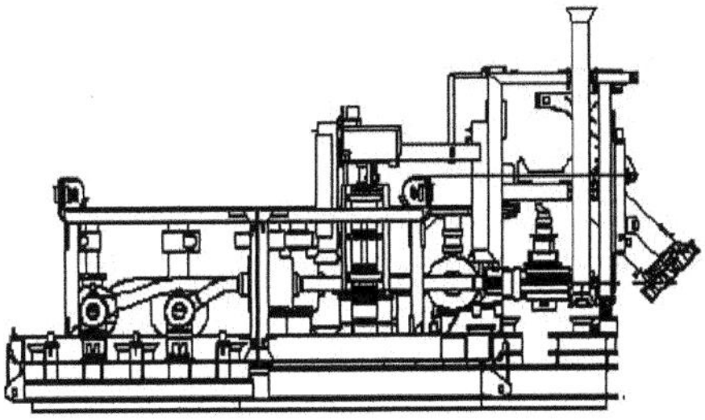
(a)

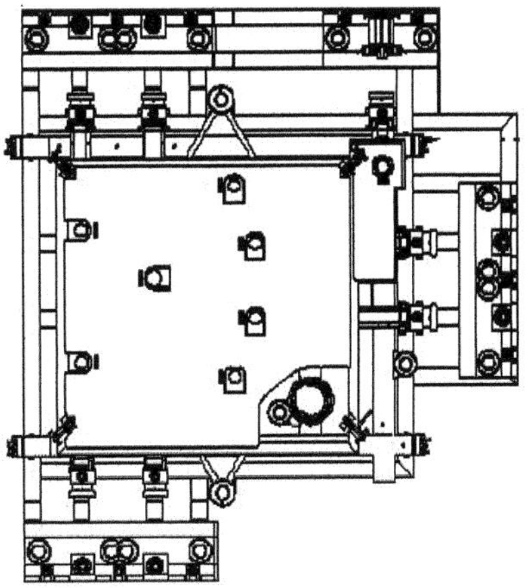
(b)

图21－11 一个典型固定管汇的正视图和俯视图

(a)正视图;(b)俯视图

(3)结构框架

如图21－12所示为一个生产管汇结构框架的标准视图。管汇结构框架满足以下要求。

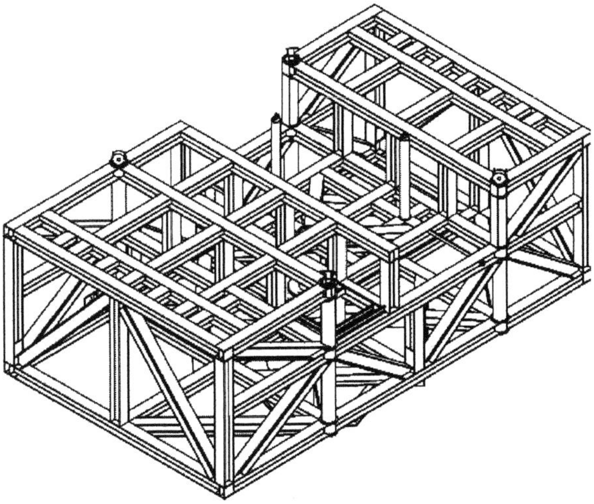

图21－12 一个管汇结构框架的标准视图

① 按照API RP2A的要求设计。

② 按照AWS D1.1的要求建造。

③ 为总管和控制油管提供支撑和保护。

④ 为管汇提供安装到桩基桩上导向和排列的手段。

⑤ 由主构架和辅助的保护结构、支撑结构、排列和导向系统、安装和装卸设施组成。

⑥ 为安装管汇管道和阀门提供足够的开放空间，要有足够的能力抵抗预期的荷载和挠度。

⑦ 将钢架的底部设计为适合承受管汇在地面或甲板上的静荷载。

⑧ 提供一个适合四脚软线绳索悬挂的四点升降安排。

⑨ 包含所有的需用于防止管汇系统受到外部腐蚀的阴极保护的阳极，包括用于保护系统免于外部消耗的阳极，如附加跨接管和跨线的半数总面积。

(4)接口

如图 21－13 所示为一个典型的带有 UTA，RAV 和别的接口的生产管汇。以下几个接口需要在管汇设计中加以考虑。

① 钻井/出油管跨接管的管汇 hub 接口，包括 CVC 流动工具的间隔和通道。

② 压力保护盖的安装和回收。

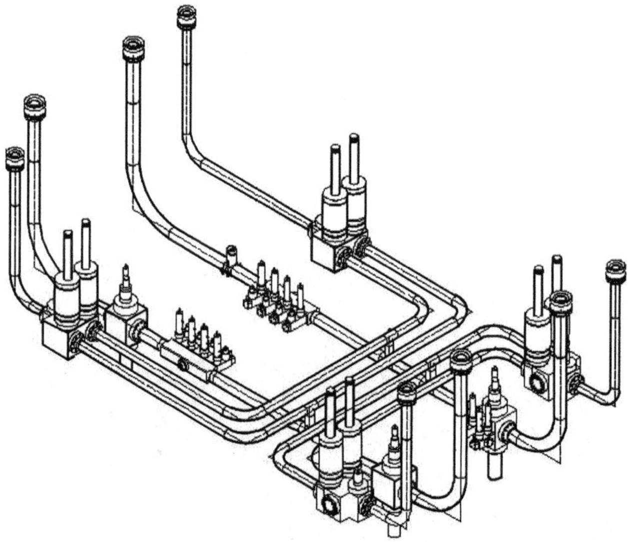

图 21－13　生产管汇和接口

③ 用于阀门运作和隔离的 ROV 通道。

④ 跨线连接板的 ROV 通道。

⑤ 联系安装、吊举、作业（孔眼、吊索、缰绳、平压机、安装仓等）的操作接口。

⑥ 桩基桩顶。

21.3.2 管汇配管设计

管道系统,包括集管和分支管,应基于 DNV-OS-F101/ASME 31.8(第八章)设计,并包含整个管道:直管、弯管、三通管、集管和分支管的减压器。

以下几点需要在管道应力分析中加以考虑:内压,水压试验,热负荷,跨接管运转荷载,出油管与跨接管连接荷载,钻井与跨接管连接荷载,环境荷载,外部腐蚀,内部腐蚀/磨损,承受所有预期荷载、挠度和震动的管道支撑。

管道系统应按照 ASME B31.8(第八章)或 DNV OS F101 要求设计其内压力、热负荷、静水压力下的倒塌和外部作业荷载,按照 ASME 第四部分要求建造。

管道应力分析应采用工业认可的有限元分析软件包,如 CAESAR II, Ansys 或 Abaqus,以确保管汇管道系统在其整个寿命期内满足预期目标。

为了对图 21-13 所示的管道系统进行详细有限元分析,需要使用梁单元来模拟管道系统。如图 21-14 所示为整个系统在运作情况下的管道系统的有效应力分布。管道在阀门处的位移应确保在阀门基部移动限值以内。

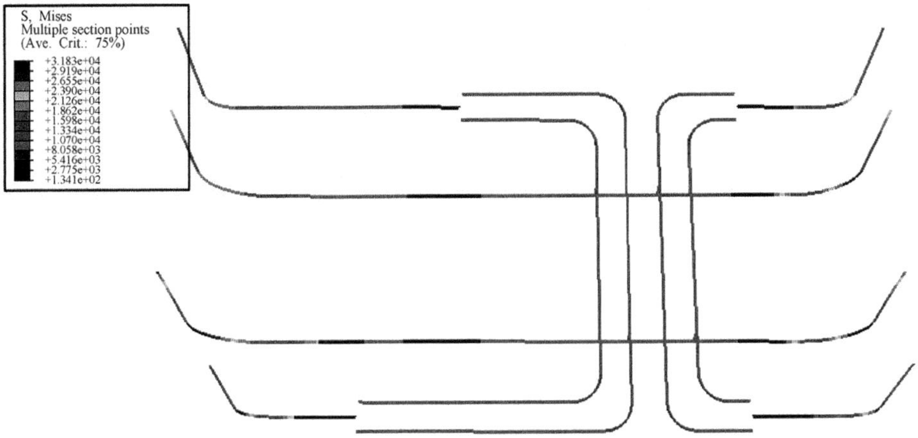

图 21-14 管汇管道系统

管汇管道系统中的管道设备应符合 ASME B16.9 规范。如果应用非标准的设备,此设备必须要按照 ASME B31.8 Appendix F 和 ASME Boiler and Pressure Vessel Code, Section VIII, Division 2 规范的要求进行检查。

如图 21-15 所示为一个 8.625″×8.625″×6.625″集管减少三通管。在水压试验和有着外压内压荷载以及热膨胀荷载的运作例子情况下,基于 ASME Boiler and Pressure Vessel Code, Section VIII, Division 2 的方法,对三通管的三个断面处的应力进行了评估。

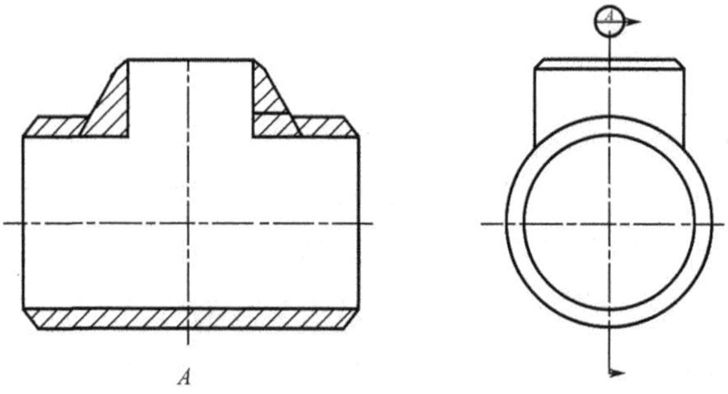

图 21－15　一个管汇管道系统的等大概略图

如图 21－16 所示为一个用于评估三通管截面的应力分布。基于 Mandatory Design 中的应力标准，基于 Stress Analysis of Section VII，Div. 2。

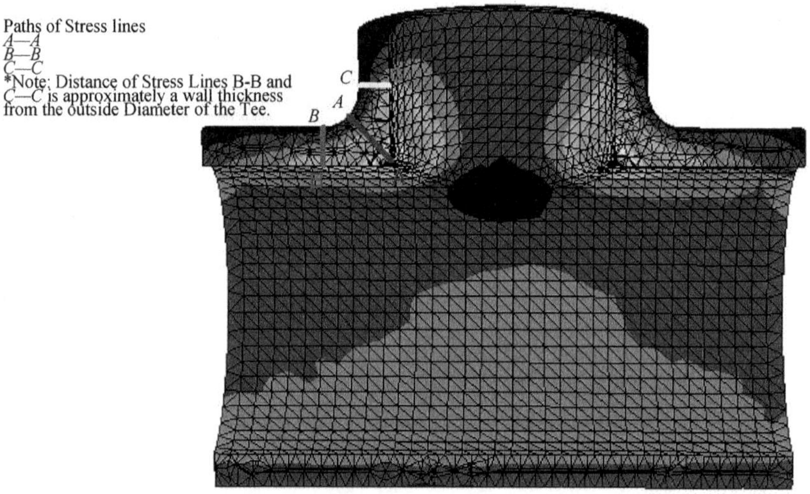

图 21－16　在运作情况下的管道系统的有效应力分布

一次总体薄膜应力允许值(30 ksi)：

$$P_L < k \times S_m \text{，其中 } k = 1$$

一次局部薄膜应力允许值(45 ksi)：

$$P_L < 1.5 \times k \times S_m$$

一次薄膜应力加上弯曲应力允许值：

$$P_L + P_B < 1.5 \times k \times S_m$$

一次应力加上次要应力允许值：

$$P_L + P_B + Q < 3.0 \times k \times S_m$$

在水压力测试情况下，应力标准如下所示，最大一次薄膜应力强度为 0.9 S_Y，允许的一次薄膜应力加上弯曲应力

$$P_m + P_B < 1.35S_Y，其中\ P_m < 0.67S_Y$$

$$P_m + P_B < 2.15S_Y - 1.2P_m，其中\ 0.67 < P_m < 0.9S_Y$$

选取了三个截面用于应力评估，其位置表示于图 21 - 16 中，其中截面 A—A 通过壁厚不连续区域。

21.3.3 清管环

管汇清管环设计为允许清管器通过主集管以提供从生产平台到出油管的往返清管。

清管环需满足以下要求。

(1)清管环必须可以水下安装和回收，无导向索，使用一个有索具的分布梁。

(2)清管环管道应遵循与管汇集管管道相同的规范。

(3)清管环需有一个全口径闸式阀，其可以允许一个清管器无悬挂通过。这个阀门需是液压控制的。

(4)清管环管应提供设施，通过两个平行的液压操作闸阀注入化学药剂/甲醇，而且应使内装式单向阀装在的全口径闸阀上。

(5)清管环管应有与生产管汇出油管集管管道相同的材料和大小。

(6)清管环应与生产管汇出油管集管管道相同的设备隔离开来，除了 CVC 连接器。

(7)清管环建造应具有最小半径为名义管道直径的 5 倍(5D)的弯管。

(8)清管环应配在生产管汇的入口 hubs 上。

(9)清管环并没有要求为自己的阴极保护提供阳极，应验证生产管汇的电气连续性。

(10)除了不锈钢管，露出的清管环构件应外包着三块环氧树脂漆，除非有其他规定。

清管环系统的设计应考虑以下几个方面：管道大小、弯曲半径、内部突起、阀门种类、清管器发射器/回收器、清管器位置的确定。

如图 21 - 17 所示为一个设计用于生产管汇的清管环，该环带有两个 5D 弯管和一个连接用的 ROV 板。

图 21-17　管汇清管环

21.3.4　吊点

吊点应设计为与有证明文件的工程实践一致,其使用了一个设计安全系数,一般为 4 或者更大,这基于在安装时最大额定的收集角的最小规定材料极限强度。这个安全系数是用于设计升力的。设计升力包括全部上升重力,需乘以动力系数(DAF = 1.33,可以在 Lioyd's Rules for Fixed Offshore Installations,第四部分,第三章查到;或者 DAF = 1.3,可以在 DNV Rules for Marine Operations,第二部分,第五章 2.2.2 节中查到)、重力偏差系数(WF = 1.1,可以在 DNV Rules for Marine Operations,第一部分,第三章 3.5 节中找到)和吊索系数(SKL = 1.3,可以在 DNV Rules for Marine Operations,第二部分,第五章 3.1 节找到)。求外在水平力需要考虑计算中的八个方向的横向角。

基于屈服应力 σ_y(AISC S303)的吊点的计荷载限值:

- 轴承 $< 0.9\sigma_y$
- 剪切 $< 0.4\sigma_y$
- 张拉 $< 0.6\sigma_y$

基于极限强度 σ_u(API 17D,s.f. =4)的吊点设计荷载限值:

- 轴承 $< 0.25\sigma_u$
- 剪切 $< 0.25 \times 0.57\sigma_u$
- 张拉 $< 0.25\sigma_u$

焊接材料的允许值与贯穿和坡口焊的母材一致。

21.3.5 控制系统

生产控制系统和其构件应按照ISO 13628－6设计。

对于基于聚合物的软管,材料选择应基于处理的所有流体的详细评估,但不用于纯甲醇作业(含水量低于5%),见API Spec 17E。

环渗系统将暴露在液体混合物中,如生产液体、甲醇、完成液体和压力补偿液体。

应制订一个软管鉴定程序,包括在代表实际工作压力的应力条件下测试候选材料,除非有相关文件存在。

对于供应管,其电缆绝缘材料也应对各种有关的液体进行检查鉴定。电气终端的材料应是相似的材料,以确保不同的两层之间的黏结。应检查在电缆的外保护层(分布线束)和配送系统中的连接器上的金属和聚合物材料,以确保其与电绝缘液体/压力补充液体和海水的兼容性。每个个体阻隔(为了防止海水浸入)在海水中与使用寿命相关的性能也应备份。

液压和化学品分配系统之间的构件差别应备份与相关工作液体、电绝缘液体和海水的兼容性。

21.3.6 CP设计

除了一些对海水腐蚀有免疫性的材料,所有的淹没的金属材料都应进行阴极保护。复杂几何结构的构件和可以有成本效益设计的构件,应额外添加表面涂层。

阴极需根据DNV-RP-B401,Cathodic Protection Design或ANSI/NACE RP 0176,Cathodic Protection of Steel Fixed Offshore Structures设计。该设计应保证在确定的设计寿命期内,每个单独单元可靠的电连续性,包括在水平线终端的连续性。

对于水下工程,建议使用焊接阳极连接,应尽量避免法兰和螺丝连接。所有的构件和未焊接到阳极的部分都应进行实际测量,再检查其阴极保护系统的电连续性。

长期暴露在周围海水中的构件和不能保证充分地阴极保护的构件,应用耐海水材料制造。特例是可以容忍腐蚀的构件,比如压力外护套或结构整体性不予妥协。

材料的选取应考虑构件破坏的可能性和后果。以下几种是被认为在环境温度下淹没在海水中的耐腐蚀材料。

(1)合金625或其他等于或高于PRE值的镍合金PRE = Cr的百分含量 + (3.3 × Mo的百分含量) + (16 × Ni的百分含量);

(2)钛合金,应有相应的在相关运作情况下有阴极保护的合适性能的文献证明;

(3)GRP;

(4)其他有充足文献证明的材料。

不锈钢6Mo或25Cr都是边界情况,不被考虑为在温度高于15 ℃(59 °F)完全耐海水。这些材料不应用于没有阴极保护的受威胁连接器。

为了干预,应确定和准备好阴极保护监测点的位置和数量。氢气导致裂纹的危险也应加以评估。HISC(氢气导致应力裂纹)应位于有阴极保护的双相不锈钢管道上。当双相不锈钢处在阴极,保护电信低于Ag/Agcl/海水的参考电位 -850 mV,且高应力环境下时,它容易受到HISC的影响。再设计双相不锈钢时,需应用到DNV RP F112。

ROV的阳极位置应为

(1)允许ROV进入观察,但不应限制或模糊ROV进入干预接口;

(2)允许实际的ROV对液流输出设备进行干预;

(3)最小化ROV和ROV供应带的挂钩风险。

21.3.7 HPHT和腐蚀涂层的材料

(1)HPHT管汇的材料

① 所有管道系统的管道使用双相不锈钢合金;

② 所有三通管、交叉管、弯头和法兰使用双相不锈钢合金;

③ 生产CVC连接器和hubs使用基于UNS名称的材料;

④ 管汇框架使用碳素钢。

(2)材料评估

对于在水下结构、管汇、管道系统和其他对水下生产系统的安全性和可操作性有着重要意义的构件中使用的材料,在材料选择时应考虑以下几个因素。

① 材料应有很好的市场可用性和可证实的制造和服役性能;

② 设计寿命;

③ 作业条件;

④ 重量减少;

⑤ 在相似腐蚀性条件下的材料的经验和防腐蚀方法;

⑥ 系统可用性要求；

⑦ 考虑到费用、可交替性和相关备用部分的可用性，要尽量减少不同材料种类的数量；

⑧ 检查和腐蚀监测的可能性；

⑨ 内外环境的影响，包括不同材料的兼容性；

⑩ 破坏可能性、破坏模式、临界值和后果的评估；

⑪ 腐蚀抑制和其他化学方法引起的环境问题。

所用材料通常应满足以下几点要求。

① 材料应在所用的相关设计准则里给出；

② 材料应经过广泛认同的国内国际上的标准化机构标准化；

③ 材料应有很好的市场获取性；

④ 如需要焊接，则材料应具有良好的可焊性；

⑤ 材料最好有该类特殊应用的先例。

(3)金属材料

① 在碳氢化合物系统中的腐蚀性评估

腐蚀性评估至少要包括：CO_2 含量、H_2S 含量、氧气含量和其他氧化物的含量、作业温度和压力、酸性、pH、氯化物浓度/水化学、速率。

如果部分天然气系统在水的露点以下作业，则该系统定义为湿法系统。CO_2 腐蚀的评估应基于一个广泛认同的腐蚀预测模型或相同油田之前的经验。

对于出油管，应设计使用功效为85%的腐蚀抑制剂，包括注入乙二醇或甲醇以防止水化，除非记录有更有效的方法。实际的抑制剂功效应通过腐蚀试验验证并记录，除非有相关油田或实验数据。这种对抑制剂性能的评估，应完全反映关于生产混合、腐蚀和水流动态的预计的作业环境。

在出管油系统运送有着浓缩水的碳氢化合物时，应用抑制剂的同时使用pH稳定剂比只使用抑制剂要更好地降低腐蚀。抑制剂和pH稳定剂的联合使用效果应通过腐蚀试验验证并记录，除非相关文件存在。

寿命内暴露在“酸性”环境下的风险应加以评估。“酸性”服役对抗腐蚀合金的要求应遵从 ANSI/NACE MR 0175, Sulfide Stress Cracking Resistant Metallic Materials for Oil field Equipment 和 ISO 13628 中的相关内容。如果该环境在以上文档中被归为“酸性”，烘干或使用腐蚀抑制剂并不能放松对耐“酸性”环境材料的使用要求。

② 水注射系统的腐蚀评估

水注射包含除氧海水、未处理的生海水和包括含水层水的生产出水的注射系统。

对于除氧注射海水的腐蚀评估应基于适合该地理区域的最高作业温度。对于低腐蚀服役使用碳素钢水下注射出油管线，最小的腐蚀允许值为3 mm (0.118 in)。

如果产生回流情况，所有可能接触到注射水的构件应能够承受油井处理化学品或油井增产化学品的腐蚀。对于碳素钢管道系统，应在考虑系统腐蚀和侵蚀的情况对最大流动速度进行评估。

21.3.8 水化预防和补救

由于水下油田发展衍生到了深水环境，操作者需要考虑潜在的天然气液化的危险，主要在钻探和生产作业时出现在井眼、水下管线和水下设备中。在正常和短暂的流动情况下，暴露于不流动液体中的某些零件中也会出现水化物。水下系统的水化物处理思路如下。

(1)在自流情况下，水下系统不需要持续抑制；

(2)处于自流和关闭情况下时，不允许流体系统的任何一部分进入水化形成范围；

(3)启动作业过程中，在可能发生关闭的情况下，生产温度达到足够保证充足的冷却时间之前，在由钻井中流出的冷的生产液体在井口处就已经加入抑制剂。

水下设备中的水化堵塞物处理是非常困难甚至不可能的。在浅水油田工程汇总中，出油管和水下设备可以泄压以允许水化堵塞物分离。在深水中，管线或出油管中的液体静水压头有足够高可以使水化物保持稳定。出油管可以置换，但采油树管道系统、跨接管系统和管汇支阀门一般不会设计为可以清管或者循环的。

将绝热层应用于水下设备中的最佳位置以达到最好的效益是一个挑战。为了给有着复杂几何形状的水下设备设计绝热层，一般需要进行热有限元分析。最小绝热层厚度需要满足冷却时间的要求，但由于接入、制造装配过程、设备测试要求、卸装和修理等情况，这个要求并不适用于所有的表面。

如图 21 - 18 所示为一个水下采油树的模型，使用了 3D 有限元方法建模，以模拟复杂的几何形状。采油树主体、阀块、阻塞件和采油树连接件都有着不规则的外表面。基于 3D 热分析，绝热层厚度可以最优化地防止冷点接触到冷却设备。

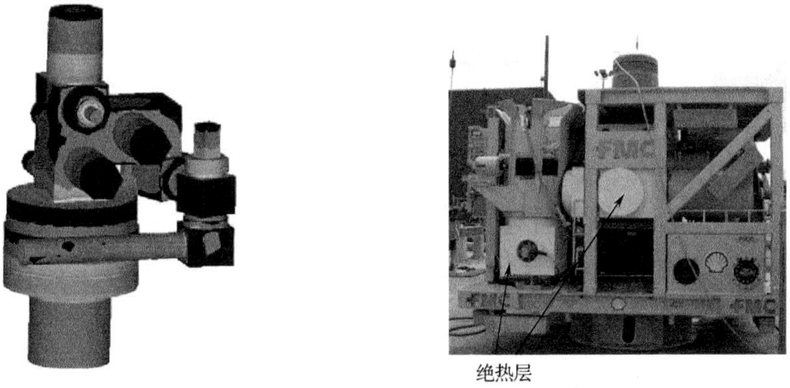

图 21－18　基于 3D 热有限元的绝热层设计

水下闸式阀有着复杂的内部几何形状和平坦的外部表面，而不像顺流和逆流管道那样的一般圆横截面。如果阀门没有很好绝热的话，阀腔中引导液体的部分易受到水化物阻塞。此外，阀门制动器一般不需要绝热以防止制动器密封单元和液压机液体过热。制动器会像一个大鱼鳍一样耗散大量热量，除非阀门组件经过正确分析。3D 热有限元有利于理解热量流动，因此也有利于设计阀门主体的绝热层。如图 21－19 所示为管汇中一组阀门的温度分布结果。为了补充模拟结果，推荐对管汇管道系统的热力性能进行全尺寸实验。

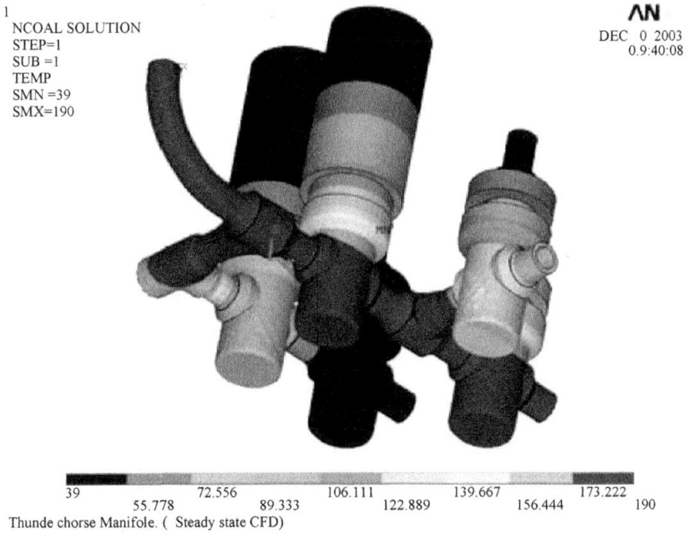

图 21－19　管汇中一组阀门的温度分布结果

在任何管汇管道系统部分的绝热层都设置为足够的厚度，以达到水化处理所要求的冷却时间。与高流体温度相关联的绝热层，可能超过仪器上电子元器件的限制温度。在选择合适的电子部件和决定这些电子部件周围的绝热层厚度时必须要小心。部件的电子性能需要在更高温度下得到验证，或者需要切开绝热层截面以提供电子设备的冷却。

采油树、管汇之间与管汇、出油管之间的连接跨接管会合理地直接接触绝热层，而不会遭受由于阀门引起的管汇中潜在的冷点。

管汇的主要设备需要支撑和保护，这些一般主要有结构钢架提供。在结构支撑接触管汇管道的部分需要严加注意，特别是调节热膨胀引起位移的管道支撑。推荐对接触点进行有限元分析，并考虑在支撑与管汇管道之间使用绝热材料进行隔离。

21.4 管道和基桩设计

21.4.1 介绍

日益增加的用于钻孔和生产系统中更加坚固和专业的锚固系统已经在从浅水到深水的近海碳氢化合物的探索和开发中建立了广泛运用。锚固系统的设计基于土壤的情况和装载量的考虑，可以分为三类：防沉板、吸力桩和管。图 21-20 显示了这三组基于底座外观比率（长/直径）的对比。用于水下设备的底座可以是防沉板和挡板或者是吸力桩，主要取决于水下土壤的情况，而管道通常被用来锚泊钻孔机和生产单位。防沉板的构造取决于支撑管汇系统和连接部件（如跳线）合并重量的结构的位置。挡板渗入到水下更深处来抵抗水平力和某些部分的垂直荷载。防沉板的基本原理将会在 PLET 相关章节中进行描述。

随着合理和安全的压力变化，土壤需要一个大的推动力，基于这种情况，管外观的比率（吸力桩的特征形状）不可避免地要发生变化。基于对推动力的需要，吸力桩外观比率的变化范围在 2∶1（硬黏土）和 7∶1（软黏土）之间。吸力桩在土壤中的充分渗透很关键。

自从 19 世纪 80 年代早期，第一个固定吸水设施理念的引进和应用以来，吸力桩已经在深水开发中得到了广泛运用，这都要归功于相对于传统底板选择、低成本的制造和较少的安装时间。在深水领域中，吸力桩主要被用作主体底座和锚固系统。目前,选择吸力锚桩主要又由于如下优势。

(1)在水下定点对水下的开发非常重要;

(2)在该点简单的安装程序不需要负载测试的证明;

(3)对应用或安装的水深没有特别的限制;

(4)吸力锚桩的容量比浮锚的容量定义更精确。

如图21-21所示为一个典型的吸力桩和安装机制。吸力锚桩是一个圆柱形物体,其底部是开的,顶部配有一个阀门。吸力桩通过抽空其内部水的方式来适应压强的变化。变化的压强组成了克服渗透土壤所产生的阻力的必要推动力。在安装的第一步中,随着挡板中水的自由排泄,吸力桩(锚)由于自重渗透到土壤中。在第二步中,在抽出锚顶部和土壤塞子之间的水时产生一股额外的推动力。达到最终的渗透之后,为了增加拔拉阻力,阀门一般会被关闭。在无黏性土壤上用吸力安装要比在黏性土壤上效率低。吸力桩在同性质的土壤中效果比较好,比如经常在深水中运用的纯砂层和特别柔软的软黏土。

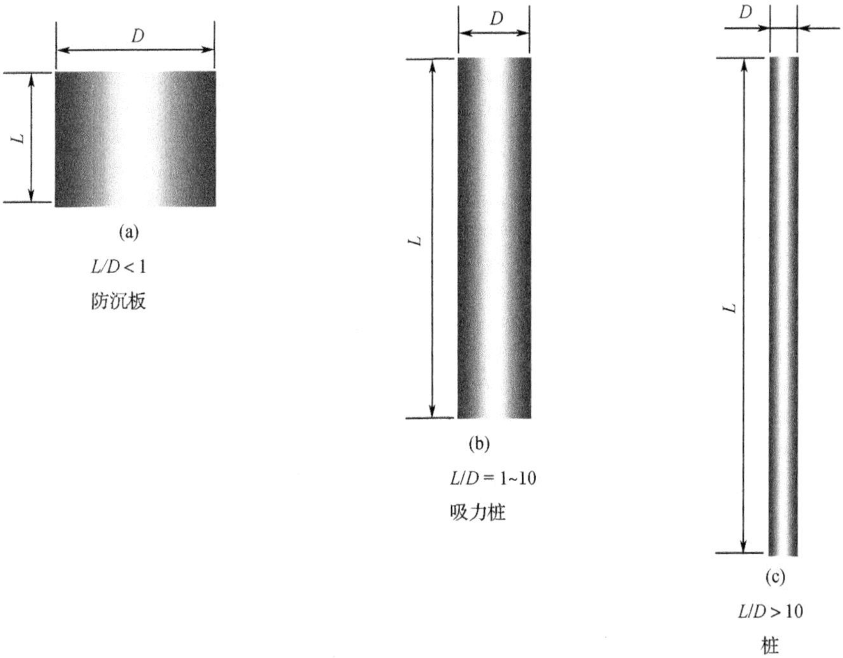

图21-20 桩长径比

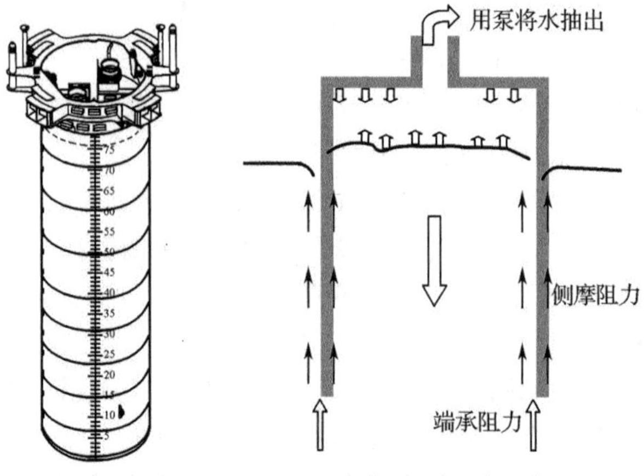

(a)典型吸力桩　　(b)安装过程中的作用力

图 21－21　吸力桩以及它的安装机制

从软到“极端软”的土地情况(例如西非)，吸力桩是一个坚固的底座概念。吸力桩广泛用于水下结构，例如水下管汇、油井保护结构，它也被用作管道安装的替补方案，以及阻止在周期性热负荷作用下的管道移动。如图 21－22 所示为水下结构中使用的吸力桩，一个堆叠的底座可以用作一个单一的桩，也可以用作多个桩。

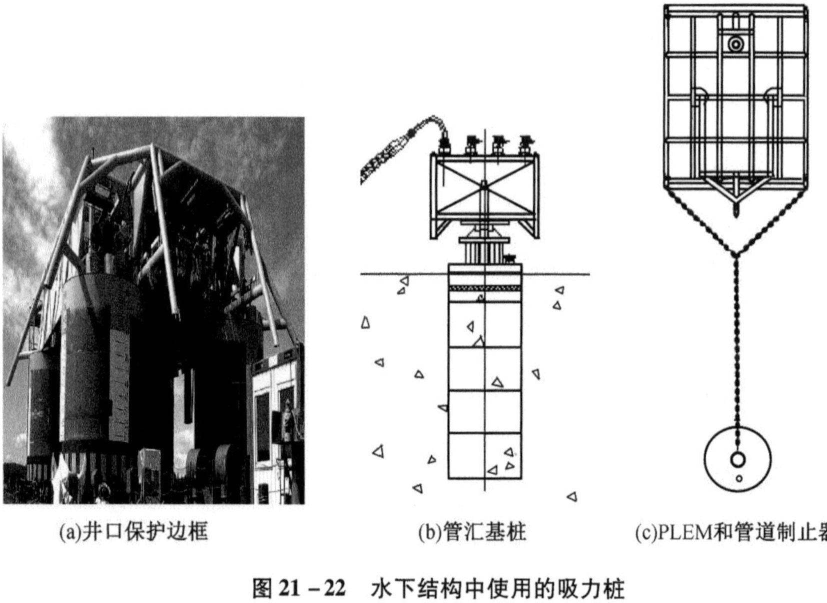

(a)井口保护边框　　(b)管汇基桩　　(c)PLEM和管道制止器

图 21－22　水下结构中使用的吸力桩

这部分将对吸力桩和底座提供一个总的描述,包括以下几点。

(1) 设计方法学:选择合适的设计准则和相对安全的因素;

(2)地质的分布:对土壤分布设计和地质参数的解释和选择;

(3)桩承载量和定型:原有抵抗力的计算和桩定型的承载量;

(4)细节的结构设计:在设计荷载下,验证吸力桩的反应;

(5)安装和修复:安装/修复的分析。

21.4.2 设计方法

用工作应力设计方法,API RPs 的设计原则保证了充分的底座安全。而部分系数方法被用在 DNV 原则,通过这种原则,取得了结构的目标安全水平,通过运用部分系数到荷载参数和土壤参数,把设计参数的可靠性纳入考虑范围之内。

吸力桩设计包括初步的桩尺寸计算和最后结构的设计。在初步的桩尺寸计算中,桩外形的比率(长度/直径)与钢重应该优先于最后吸力桩的设计。吸力桩尺寸计算中,假设抽入吸力桩的压力是土壤强度可以接受的(如土壤堵塞稳定性的检测),而抽出压力也是吸力桩土壤强度可以接受的。

吸力桩底座的设计应该考虑到提起、运输、安装、渗透和如下情况的负荷。

(1) 水下的斜坡,安装耐受性和来自可能冲刷的影响;

(2) 土地承受能力和抗压能力应该满足 API RP 2A-WSD;

(3) 管汇稳定性的分析应该包括倒转、滑动和抗剪阻力;

(4) 归因于重新配置或者水准测量产生的吸力负载;

(5) 应该防止土壤侵入桩套筒内;

(6)对于底座和挡板系统,在水下渗透过程中,浪溅区转移和水排放应该安排空气疏散,考虑拉力的稳定性和土壤的冲洗;

(7) 带有挡板底座的应该设计为自我渗透;

(8) 考虑到末端渗透、校平和移除前的喷发,在需要的地方安装吸水和抽水的挡板系统设备,吸水和抽水系统应该和选择的干预措施一致;

(9)最初的解决结构的方案和长期的变形方案(在安装期和使用期)应考虑在内。

为了满足泵有效的运转,必须保证泵流量在要求的压力下能充分提供足够的流量。这要求必须在泵浸没水中的情况下进行测试。

以下是设计吸力桩的原则和标准。

(1)API RP 2SK:推荐实践于设计和分析不固定结构的位置保持系统;

(2)API RP 2A-LRFD:推荐实践于计划、设计和建立固定的近海平台;

(3)API RP 2A-WSD:推荐实践于计划、设计和建立固定的近海平台;
(4)AISC 钢建筑手册-LRFD;
(5)API Bulletin 2U:圆柱形制板的稳定性设计;
(6)API Bulletin 2V:平板结构的设计;
(7)DNV,"固定的近海安装分类的规定",1995;
(8)DNV-RP-B401,推荐实践 - 阴极的保护设计;
(9)DNV-RP-E303 黏土中吸力锚桩的地质设计和安装。

21.4.3 设计负载

(1)永久负载

在考虑期,永久负载将不会在大小、位置和方向上有所不同,它包含结构的固定负载和任何应用于水下结构的长期静荷载。

(2)活负载和动力荷载

活负载应用于安装期间或者经过考虑的工作期间的底座,它可能在大小、位置和方向上有所不同。

(3)环境负载

环境因素的影响,诸如目前动作和波动动作可以对安装中的水力负载造成重要的影响。这种典型的影响可以看作是动力荷载到底座的转移。

(4)偶然荷载

偶然荷载认为荷载是由于打捞被装置勾住、冲击或者掉落物品所引起的。

21.4.4 地质的设计参数

需要收集关于土层和性质的可靠信息,土壤调查项目应该包括高质量地球物理学和地质调查。地球物理调查允许检测地质灾害和提供地区地理概况。地质调查应该允许尽可能收集可行的未被人类侵扰的高质量的土壤样品,应该做一些原位地质测试(例如锥形穿透计测试,原位十字板剪切试验)。地质钻孔的深度应该超过锚的渗透度,这些钻孔的数量应该由土壤多样性的功能决定。当我们期待得到土地性质侧面的多样性时,应该在每一个锚位置钻一个钻孔。

如下主要的土壤性质在吸力桩的设计中都需要考虑:指标特性、原位应力和应力变化历程、不排水的剪切强度、衰竭的特性、加固的特性、接口的力度和触变。

(1)指标特性

指标特性(包括水汽含量、单位重量、塑性值、粒度分布、有机质含量等)用来描述土壤的所有特性。从实验室测试中推断出来的单位重量应该和通过钻孔岩芯测井(Y 射线吸收)估计出来的土壤的容积密度相一致。在使用无毁坏性技能割开寸管之前,用钻孔岩芯测井是最好的评估样品质量的方法,如图 21 - 23 所示为伽玛密度测试和实验室密度测试的比较。

(2)原位应力

原位有效应力和应力变化过程主要由实验室测试的固结应力得到。原位应力从如下的地质参数来评估:单位重量,中性压力和静止的土压力的系数。应力变化历程通常用超固结比表示,即 OCR。

(3)不排水的剪切强度

不排水的剪切强度是设计的一个重要参数。根据应力路径来评估参数的变化。各向异性三轴压缩,轴向张拉,直接简单的剪切试验可以推导不排水剪切强度。通过原位触探试验可以知道各个深度的不排水剪切强度,可以采用原位十字剪切试验测量不排水剪切强度。

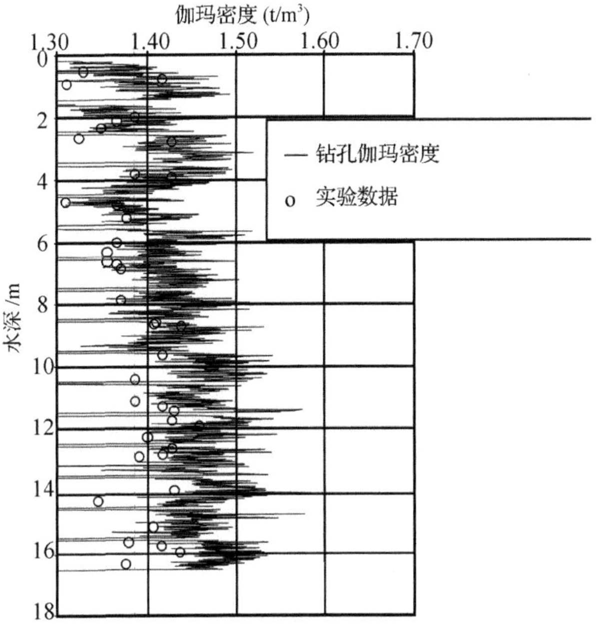

图 21 - 23 伽玛密度测试和实验室密度测试相比较

当计算循环荷载下的容量时,不排水的周期性的剪切强度必须要测量,不排水的周期剪切强度应该通过不同的应力路径获得。重塑土的抗剪强度是一项重要的参数，因为它被用来计算挡板墙的耐穿透性。铸造剪切强度大致可以从实验室测试中推断出来（落锥试验，实验室十字板剪切试验）和原位测试（主要从原位十字板剪切试验中）。

原位和实验室的不排水剪切强度概况如图 21－24 所示，此图展示了不同系列数据之间符合要求的一致性。

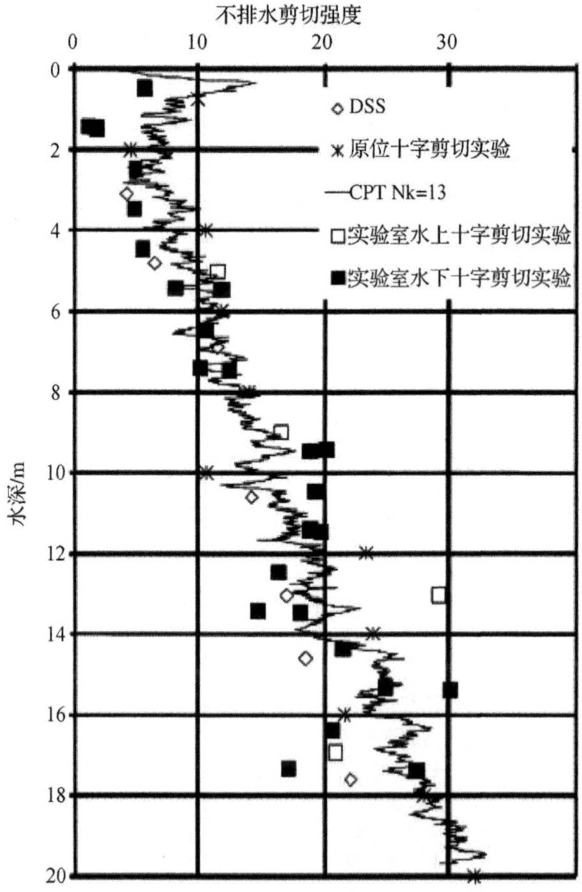

图 21－24　原位和实验室的不排水剪切强度概况

（4）不排水的特性

当吸力锚桩长期负荷时，干燥的摩擦角和附着黏力应该被评估。

（5）固结的特性

固结的特性包括可压缩性系数、泊桑比、渗透率的系数和过密的比率（OCR）。我们需要这些特性来计算长期负载下的锚容量。

(6)触变性

触变性是指重塑黏土的不排水剪切强度随着时间的增长,而没有任何固结效果。

21.4.5 吸力桩尺寸计算(土力设计)

(1)容许轴向,侧向,扭转负荷

吸力桩可以根据不同的负载条件来设计。

① 浮式生产系统的停泊应用,在这种情况下,吸力锚桩应该抵抗一种倾向于停泊的荷载,当在这种停泊荷载中用纤维绳时,垂直分量可能比较高。

② 为 TLP 和其他像竖管塔的结构抛锚,在这些竖管塔中,吸力锚桩应该支持提高负载。

③水下结构中,底座的锚应该抵御联合水平负载和力矩的压缩荷载。

因为吸力桩底座用于支撑管汇,底座应该有足够的能力来承受来自管汇系统的所有负载,包括在水下设备安装和运行情况下的压缩、横向应力、力矩和扭转。安全系数取决于设计要求,例如,如下的安全系数(FOS)被用于 GoM 运用中。

① 运行情况:

$FOS=1.9$(轴向失效)

$FOS=1.9$(侧向失效)

$FOS=1.5$(扭转失效)

② 安装情况:

$FOS=1.5$(所有类型的失效)

安全系数中,1.9 的轴向失效和侧向失效包括 1.3 的静负荷负载系数和 0.7 土壤轴向承载的阻力系数。由于扭转失效的后果比轴向失效和侧向失效的后果轻,安全系数中扭转失效减少到 1.5。然而,底座系统的轴向和侧向上承载的扭转负载所造成的负面影响应该在设计中予以考虑。由于所有类型的安装荷载出现是暂时的,周期短,所以其安全系数可以降为 1.5,这与 API RP 2A 规范 6.3.4 节内容相吻合。

吸力桩的岩土工程设计需要提供足够的侧向容量和轴向容量,任务包含:

① 底座稳定性;

② 耐穿透性以及伴随最后渗透所需要的抽吸;

③ 管汇的垂直沉降;

④ 最大的水平位移;

⑤ 当吸力桩锚和接口操纵基桩时,落在海床上时产生的最强反应。

(2)稳定性分析

稳定性计算分两种的情况运算。

① 竖向荷载和扭矩,以及表面摩擦和塞紧的吸力桩锚的末端支承结合起来。

② 水平荷载和倾覆力矩,以及围绕在锚周围土壤的剪切强度结合起来。

根据 API 和最大的适应能力,以超过自身渗透深度的渗透来辅助吸收,通过计算允许的表面摩擦来解决联合的垂直抗性和扭曲度问题。

(3)渗透分析

渗透分析包括计算挡板渗透阻力、达到目标渗透深度所需负压、允许的负压(负压不仅使土壤挡板变重,也在水中形成空穴),如图 21 -21(b)所示。渗透分析通常用 Andersen 和 Jostad 所提供的总原则来执行,这种分析包括如下参数:渗透阻力、锚的自重渗透、根据深度功能要求的负压、根据深度功能要求的相应负压、土壤与深度有关的功能和最大的渗透深度。

渗透阻力 R_{TOT} 根据惯例用如下表达来评估

$$R_{\mathrm{TOT}} = R_{\mathrm{side}} + R_{\mathrm{tip}}$$

因为边切,R_{side} 是围绕墙边的阻力,而 R_{tip} 是挡板上的承受能力。内部加劲板的效果必须包括渗透阻力,而且如果软泥中有砂层或者烁石的话,渗透阻力可能更高。

需要渗透挡板,要求的负压用如下公式

$$\Delta u = (R_{\mathrm{TOT}} - W')/A_{\mathrm{in}}$$

其中,W' 是安装期间,吸力锚桩的饱和重量,而 A_{in} 是吸力锚桩内区域。由于底部在挡板尖端水平,圆柱体内大量土壤可以承受的负压可以通过计算承受能力来实现。在浅水区,允许的压力应该超过空化压力。需求的吸力应该比允许的吸力小,这是吸力关键的一步,否则可能引起吸力锚桩内的土塞的失败。

在传统的方法中,计算墙边的阻力要考虑外部的和内部的摩擦,通用公式为

$$f_{\mathrm{ext}} = f_{\mathrm{int}} = \alpha \cdot Su_{\mathrm{DSS}}$$

α 是一个黏附的因素,通常作为灵敏度值(原位的和重铸的剪切强度之间的比率)的反面。Su_{DSS} 是渗透深度上平均的 DSS 剪切强度。

目前吸力桩的安装配有内部增强板、高度塑性黏土,相对于测量值,传统方法给出的渗透阻力更高。普遍认为,如果安装期间,传统方法中不考虑陷入增强板区域内的重塑土和水的混合物,它们会导致内部强度降低。若干分析都要求建立一种机制来论述承载力内部增强板的承载力和在挡板墙内部产生的摩擦:①特定的实验室测试来调查内部加强环之间土壤的情况;②大位移形成的有限元分析;③因地制宜并校准。

(4)安装冲击反应

降低吸力桩对水下的冲击响应分析是检查桩接近的海床的限定法纵向位移,起重机降低速度范围内,应该考虑现有水的撤离场所、吸力锚几何结构和当时的土壤结构。检查的标准是避免土壤承载能力的失效和避免由吸力锚可能影响其结构设计所产生的高水头。如图 21-25 所示为吸力桩的安装顺序。

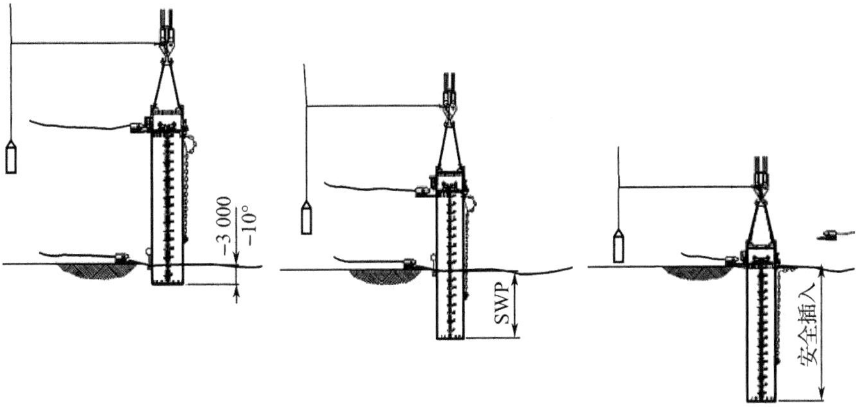

图 21-25 吸力桩安装顺序

21.4.6 吸力的结构设计

吸力桩的设计应该能够承受如下的荷载。

① 最大荷载应用和土壤反应的平衡;

② 桩埋需要的最大负面压力(负压);

③ 拔桩所需最大的内部压力(过压);

④ 在升降、搬运、发射、降低和恢复等过程中,施加在桩上的最大负荷。

最大水平和垂直荷载应该被用于桩的整体结构设计。一个结构的有限元模型可能被用作全面的结构桩分析,以确保在高负荷地区,桩墙结构和配件有足够的强度。吸力桩的结构构件设计应该和 API RP 2A, AISC 和 Bulletins 2U 和 2V 使用范围相一致。一般来说,圆柱壳单元的设计应该和 API RP 2A 或者 API Bulletin 2U 相一致。平板元素应该和 API Bulletin 2V 相一致,而其他结构因素和 API RP 2A 或者 AISC 相一致。

在 API RP 2A 和 AISC 中,容许压力值可以表示出来,大多数情况下作为屈服应力或屈曲应力的一小部分。在 API Bulletin 2U 中,容许应力值以临界屈服应力来表示。在 API Bulletin 2V 中,容许应力定义于极限状态。在 API Bulletin 2V 中的两个基本状态是:极限状态和承载力极限状态。极限状态主要跟结构的失效相联系，而承载力极限状态主要与是否满足设计需求相联系。为了进行吸力桩设计，只考虑了极限状态。

(1)容许应力和使用因素

对于按照 API RP 2A 或 AISC 设计的结构构件，API RP 2A 和 AISC 建议的安全系数应该用在一般设计情况下。对特殊的设计条件，容许应力可以增加三分之一。

用有限元法对结构构件进行分析，结构构件的 von-Mises 应力应该不超过最大的允许应力为

$$\sigma = \eta_0\sigma_y$$

式中 η_0——基本使用系数；

σ_y——材料屈服极限强度。

基本使用系数最大值为 0.8，一般情况下为 0.6。允许应力是在梁的纤维应变分析、弯曲或刚度分析、有限元应变分析的基桩之上建立起来的。对于承受侧向应力和平面内应力的板，其表面的 von Mises 应力

$$\sigma_p = (\eta_0 + 0.1)\sigma_y$$

由于受到侧向压力，在板中间计算得到的名义弹性应力不能超过 $\eta_0\sigma_y$。

(2)屈曲检查

为了检查壳的承载力，需在局部板壳进行静水屈服条件计算。因为土壤支撑着结构，板壳屈曲不是关系到抽油过程中的问题，而是一个安装过程中应注意的问题。当管道插进土壤中并受到一些复杂的周壁压力时，可能在轴向应力和环向应力作用下发生局部屈曲。

管道设计的最小屈服应力应该具有足够的安全存储以保证抵抗最大的吸附应力。此外，为了应对管道埋入过程受到的周壁压力，也应有一个足够的安全储备。

一个封闭的非加强圆筒在水压作用下，发生屈曲并形成环状叶纹。围绕形成的叶纹或者屈服模式，是无约束的壳的尺寸比例 L/D 或 D/t 的一个函数。屈曲可能是纯弹性或弹性变形的组合。对吸力桩而言，D/T 和 L/D 的比例就是弹性屈曲形成的主要机理。

有两种分析方法可用来确定屈曲能力。

① 通过用一个不加约束的壳进行屈服承载能力分析来确定设计准则。

② 对完全土壤结构交互处建立简单的模型，对屈服行为做有限元分析。

许多设计规范提供了决定吸力桩的设计屈服强度的分析方法。API RP 2A 所描述的方法结合了轴向压缩，静水压力以及弯曲，可用于校核安装过程中影响局部屈曲的桩柱臂厚。API RP 2A 中使用的半经验公式适用于直径厚度比小于

300的情况下,方法必须适用于计算各种墙刚度的条件。通过用一个质量分布密度相同的墙厚来计算,上述方法可以使用,它是屈服长度的一个函数。当桩伸入土壤中时,有效刚度将会下降,在泥水分界线的标签页会下降。当管子伸入到土壤中的时候,土壤会逐渐地支撑管壁,这样会增加屈服承载能力。

(3)传输分析

传输分析应该通过以下的几个步骤进行分析:

① 桩结构处理后传输到驳船;

② 在传输到安装一侧时,驳船处的桩通常被两个摇篮支撑着;

③ 在安装到水下前,桩结构会被从水平位置吊起至竖直位置。

传输分析中的荷载应该包括吸力桩的自重和运动过程中的惯性力。在API RP 2A-WSD中,应该考虑动力作用系数2.0。吊点设计计算可以通过手算完成,如同所有的桩结构一样,吊点支撑结构的计算应经过FEM分析。应该进行提升分析来检验吸力桩的整体性以及提升系统在安装和转移过程中连接情况。

21.5 水下管汇的安装

21.5.1 简介

在深水区,安装对节约开支和缩进度的贡献比浅水区要大。安装伴随的危险也是比较大的。深水处的情况是安装水下结构顺利与否的关键所在。在西非海岸线的相对比较安静的条件下,未必比GoM具有更理想的安装条件,因为持续的膨胀可能会使船舰发生共鸣。在巴西海岸的强流也可能是一个决定性的因素。一个水下工程也许会有30个井作业,比如BP Hunder Horse水下开发地需要一个大规模安装,包括套筒和吸力桩基桩的安装。除了flowines由于紧凑的尺寸是比较轻的部分外,大部分独立的构件需要一个大的安装过程,而且许多大的构件也是安装的一个重大挑战。

21.5.2 安装能力

在深水处的安装,因为水深的增加会面临许多挑战,这些挑战可能包括深海处的安装能力。水下安装的能力主要取决于下面条件的限制:升降系统,包括船舰、提升线、提升并将构件调出甲板系统;重量和位置控制系统,包括移动补偿系统,扶沟、有效合作控制、布置和交流。

升降系统与负担的荷载减少直接相关,动力效应会增加这些荷载、降低提升系统的能力。荷载控制和位置控制系统跟荷载的布置有关,应在正确的范围内、在稳定的水下处。这些问题的讨论将在下面的部分进行。

(1)升降系统

升降系统和钢丝绳有很好的可接受性和耐用性,但他们只能限于在非常深的水中使用。随着水深的增加,电缆的质量和有效荷载质量的比例迅速增加。在3 000 m深处的1根5″钢丝绳重量同170吨的有效荷载相同。在约6 000 m深处的钢丝绳,其安全工作荷载完全被自身重量所消耗,使得承载力变为0。

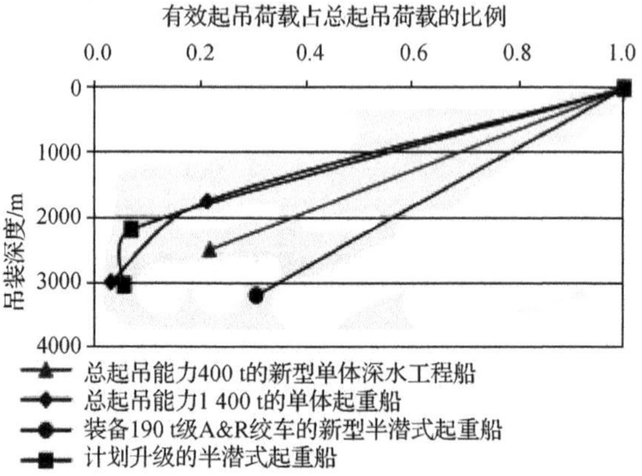

图21-26　升降机深度降解能力

潜在的共振以及线上的有效荷载的自振与水面舰艇相激励,可以带来非常大的动态负载。除了钢丝绳,纤维绳也在深海处使用。光纤维应用包括aramids和涤纶,用在海岸的高模量聚乙烯。光纤拥有几个比较显著的特点,比如质量轻、弯曲小、轴向刚度低、吸收表面波的时候的大阻尼和可修复。Petrobas用聚酯绳索在2 000 m的深海中已安装成功,然而对于光纤维,它有些潜在的问题,比如拉伸性能、蠕变及相对较低的熔点。

(2)荷载控制和定位系统

浮力单元在减少静态拉伸上可能有重要作用。但是在深海处,浮力对构件的影响是不容易预计的,因而不能有效管理和经济地设计这些构件。负重控制和稳定问题很难解决,特别是惯性力作用和水动力作用的增加,会产生不利的动力效应。

重物在长线上下降的过程中会产生很大的动力影响，由船舰产生的振动会变大，伴随着增大的还有在提升线上的动拉应力。在垂直方向的运动可能会轻微的减小，但是增加的质量将会产生重大的影响。比如，一个吸力桩包括：一个局部密封的管道，围绕着它的水会产生附加重力，该重力几倍于在空气中的重力。当受波浪荷载被动力作用时，460 t 的拉力将作业到吸力桩锚上面，同时还有空气中的 44 t 的重量荷载。

被装部件的形状是动力作用的重要影响因素，也是安装能力的重要影响因素。可以发现，在深水处下降的过程中通常都会发生共振。共振只在一个短暂的时刻内发生，它在需要对荷载进行布置的进行认真监测的时期内不会发生。在模态分析法中已经发展成可以预测动力响应了，因此设计和下放的过程可以减少那些不利影响。

(3)运动补偿

在安装水下结构的过程中，安装人员在没有补给系统时，使用机器会遇到一些问题，包括：

① 下降过程中荷载的动态效应过度放大，会有超过极限荷载或者发生索断裂的危险；

② 在着地过程中不稳定以及需要在水下找到正确位置；

③ 跟移动荷载相关的 ROV 辅助措施。

主动和被动的运动补偿系统在水下安装中得到了普遍应用。许多水下安装的吊机在其起重臂顶部装有主动运动补偿系统，能对竖向剧烈运动进行补偿控制，这依赖于一个强有力的电脑系统和一个高速的绞机系统。被动补偿系统是另外一种补偿系统，它用来减轻高钩处承受的载荷，如 cranemaster。本质上讲，cranemaster 是设置在海洋结构上的阻尼弹簧系统，压缩气体通过一个石油储能器起隔离作用。因为他们比较明显的补偿效应，在下面的内容中将对两个被动竖向振动补偿系统进行介绍。

① 升沉补偿着陆系统

Delmar 使用的升沉补偿着陆系统由以下的设备组成：浮力补偿系统，补偿腹链和挂架线。如图 21－27 所示为一个升沉补偿着陆系统的安装过程，这个过程中用到了 AHV。浮力系统支撑着海洋结构，使系统在垂直方向上同中性浮力状态靠近，通过更多的链条使力传到浮力支撑系统上去。当越来越多的铰链加上去后，增加的重力超过浮力，海洋结构逐渐下沉。链条的长度和构造是补偿系统的一个重要组成部分，升沉补偿着陆系统拥有一个很好的补偿效应，但是它相对于驳船来说，覆盖水下设备是比较困难、复杂的。

② 涤纶绳

涤纶绳是作为锚固和停泊的一种最受欢迎的绳子，通常使用于近海工业系统。它的强度和尼龙差不多，但是伸长率非常小。涤纶绳拥有很高的弹性性能及很好的阻尼效应。常规的涤纶绳的力学性能数据能够在 Oracaflex 数据里面找到，该数据库建立在 Marlow Ropes Ltd. 建立的目录之上。

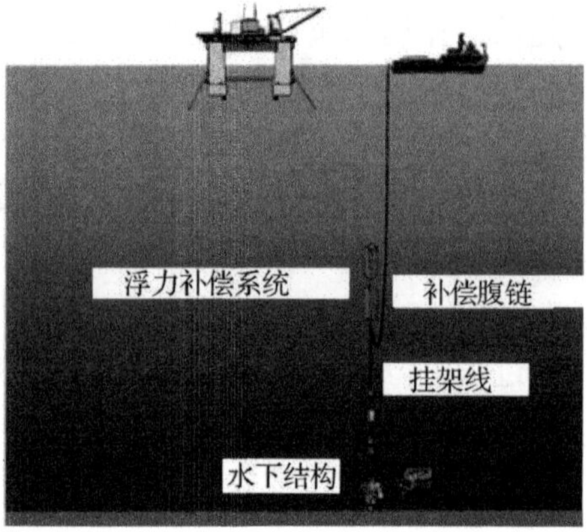

图 21－27　有 HCLS 水下结构的安装

21.5.3　安装设备及安装方法

水下结构和管道的安装需要周密的计划和良好的协调合作，其中有工作船、起重驳船和浮式钻井船、还有声学及电气设备。安装船的选择由几个方面决定：船的可用性，有停泊设备，足够的起重能力以及足够的甲板空间供搬动东西。

（1）起重驳船

如图 21－28 所示为一个从驳船上安装管汇的过程。基础吸力桩是 60.3 t，而管汇是 88.5 t。管汇安放并固定在吸力桩上。ROV 用到来监测管汇的方向和位置在整个安装过程中是否正确。

在水深达到 1 000 m 的地方，通过起重驳船或者钻井提升器来安装管汇，这个过程依赖于绳子的长度和起重能力。在水深超过 1 000 m 的地方，起重悬索不能用来安装水下结构，A&R 绳以及绞车可能会被使用到，他们用来安装结构，荷载将在水深接近 1 m 处的地方从支撑杆传到 A&R 绳上去。如图 21－29 所示为用 THIALF 方法在 Ormen Lange Field 的820 m 水深的地方进行结构安装。

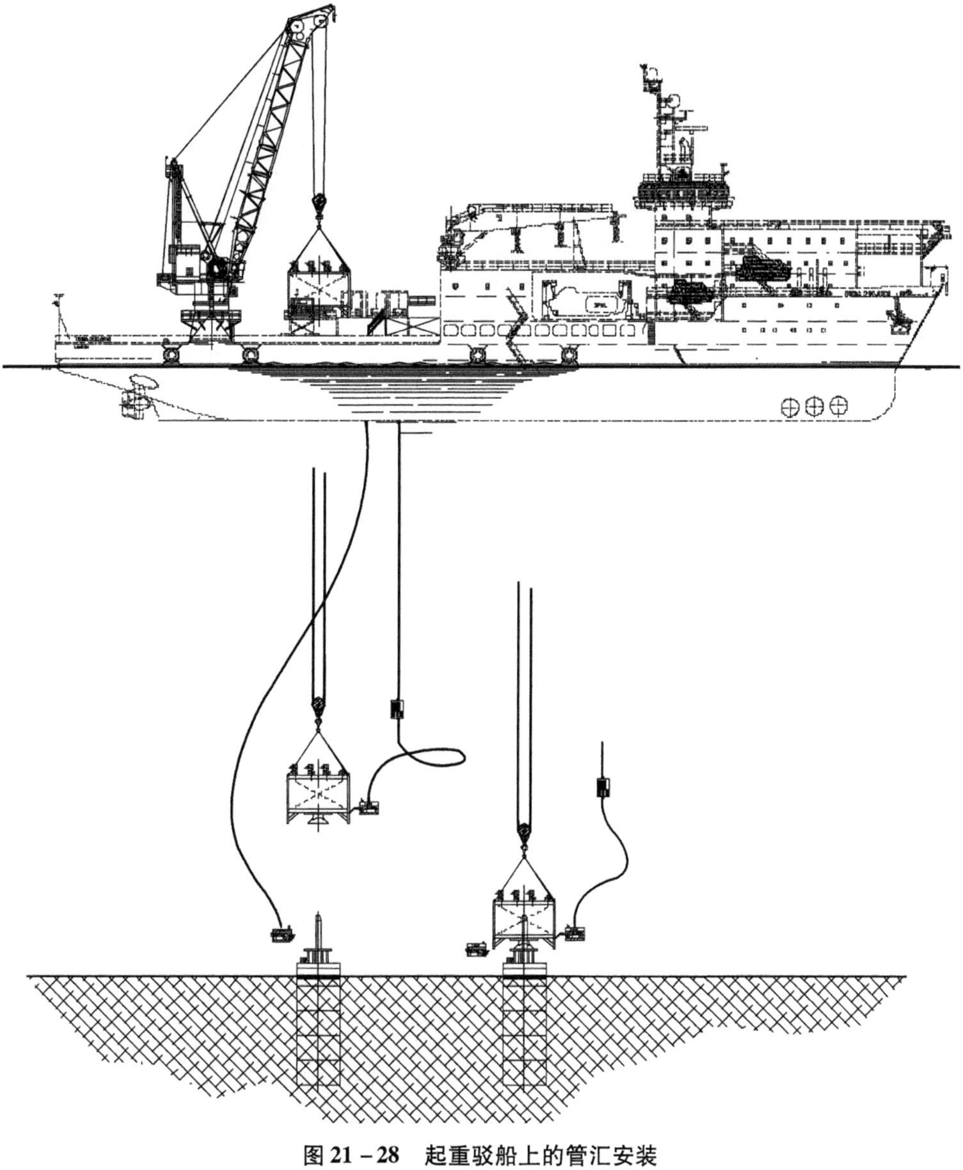

图 21－28 起重驳船上的管汇安装

图 21－29　使用 THIALF 方法在 ORMEN LANGE FIELD 结构安装

(2)DP 的钻机及钻井立管

如图 21－30 所示为一通过使用钻井立管的 DP 来进行管汇的安装。由于管汇比 moon pool 的尺寸要大,从而不能直接通过 moon pool,而需要一种把管汇从船厂运输到作业地的方法。该钻机被机动安装在运输驳船上,使得立管连接和升降机得以运作。之后管汇被六个制动器固定,预先焊接在月亮池的下方,避免在运输和安装阶段的运动。

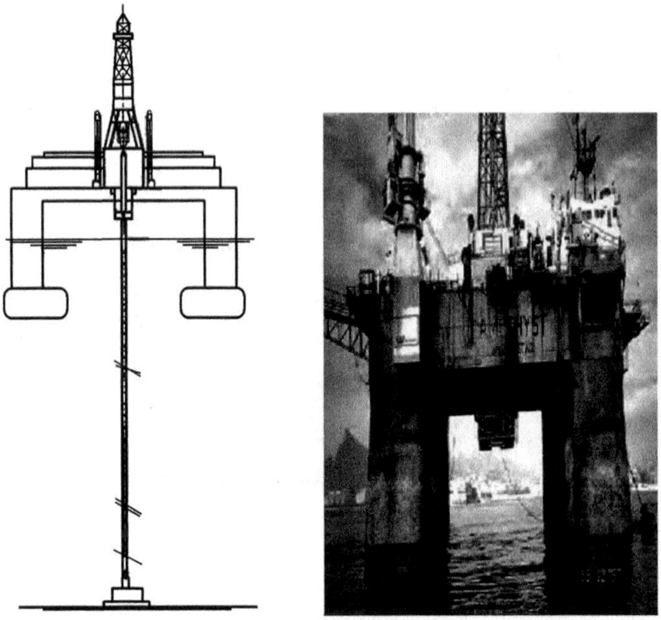

图 21－30　使用立管的管汇安装

通过驳船起重和钻井立管500 m深度处在巴西石油公司的使用情况对比。通过分析结果并考虑日常花费发现：驳船的每日费用约为钻机每日费用的80%，以下得出结论。

① 在有一个很大的设备和油管已经安装在海床或在停泊系统中，需要特别资源的水深部位处安装起重机驳船是不那么经济的；

② 当采用起重机的驳船进行安装时，关于天气的业务窗口和停泊系统的部署任务大约占安装费用总额的35%，而制动器的安装大约占安装费用的30%多；

③ 在通过钻井立管方法来安装的总体费用要比使用起重机驳船来安装的总体费用少25%，这是一个潜在的开发空间；

④ 因为资源可用性强，而且安装使用时间要比使用钻井隔水少，使用驳船起重机仍然是一个很有吸引力的方法。

(3)其他的安装方法

在巴西Campos Basin超深海域处，建立有Racador管汇项目，这次第一次管汇在水深超过1 600 m处兴建。Roncador管汇安装在水深为1 885 m处的地方，使用了钢筋和补给船舰。

如图21－31所示为安装滑行轮管汇的过程，其中一个S型的钻井设备进行了运动补偿，AHTS 1将管汇和SS型钻井设备连在一起，而AHTS 2为管汇导向。

① 下垂形安装方法

如图21－32所示为通过驳船和AHTS安装P52管汇使用下垂形安装方法进行安装的过程。管汇的尺寸是：16.5 m(L)×8.5 m(W)×5.2 m(H)，重280 t，被安装在1 900 m深处。这个过程中使用了浮力套来减少绳子所受的力。

② 安装方法的选择

海洋结构的安装所选择的安装方法和安装设备应该具有保障安全和具有可操作性的特点，同时还要有选定的干预策略。海洋生产系统应该满足以下要求。

a. 安装设备（临时的或永久的）应该不会造成堵塞也不会影响介入过程；

b. 吊索、安装所选用的吊装梁/结构/构件的断开都应该符合选定的干预策略，一个备份系统也要建立起来；

c. 安装设备在安装过程，休息、连接或移动的过程不应该给永久工程带来任何的风险；

d. 提升/安装配置应该按最小的提升质量来进行设计。

水下系统的安装应该满足下面这些方面的要求。

a. 在安装过程中应该视频记录；

b. 使用经过失效－安全设计的安装工具；

c. 允许液压回路冲洗后的接口连接；

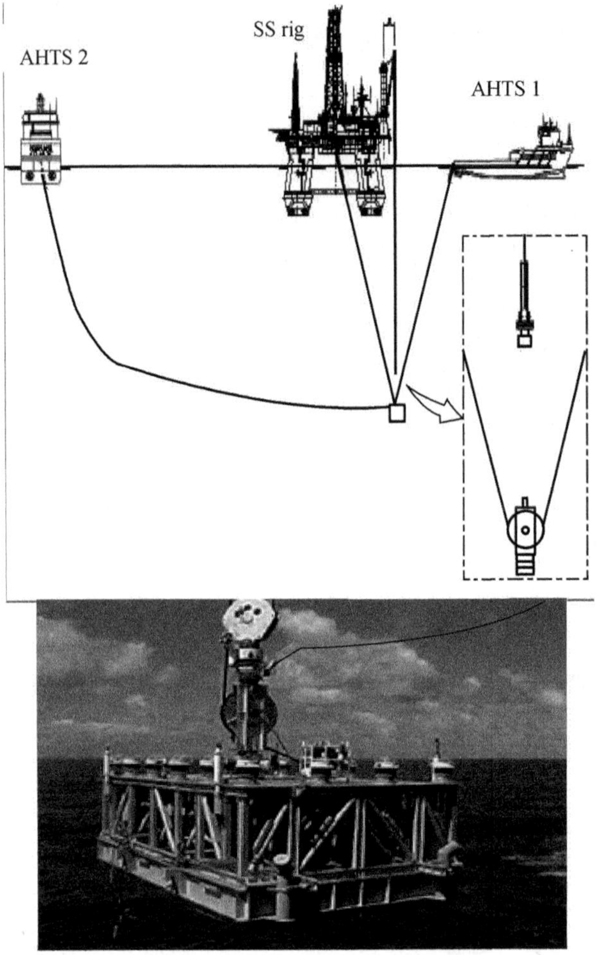

图 21－31　滑行管汇的安装

d. 不管是否可能，不能建立在单一的安装船上；

e. 在表面连接处有位置指示标志；

f. 用最少的安装船进行安装；

g. 要求使用带有显示实际天气窗口的特殊类型的安装设备或安装船进行安装；

h. 需要尽量少的特殊工具；

i. 促进完全可逆的顺序安装技术/操作。

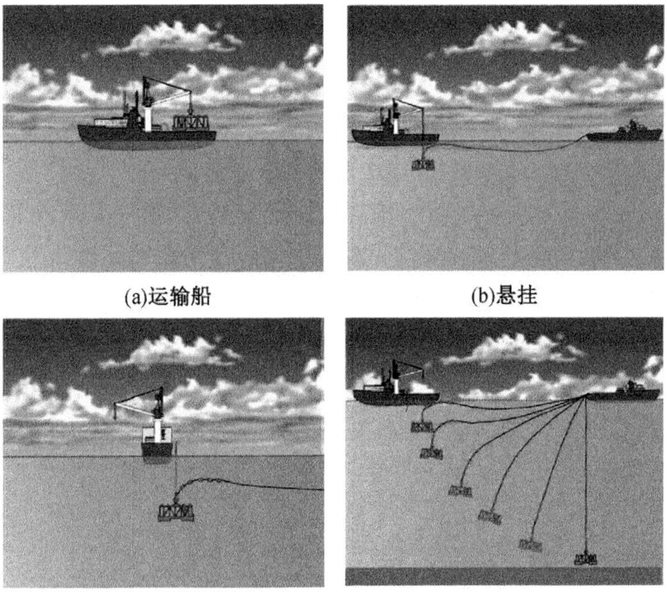

(a)运输船　(b)悬挂　(c)超载　(d)摇摆运动

图21-32 下垂形安装P52管汇

21.5.4 安装分析

水下管汇的设计应该需要进行详细的分析以确保结构能够在合适的安全系数下处理安装问题、水平及下降过程中产生的作用力。未来建立有关海洋操作限制的天气标准,应该在项目的最后阶段进行安装分析。但是在概念或设计阶段,一个较早的动力分析和对动力荷载的主要决定因素进行较早的预计,将会在结构设计标准和施工需求时相整合。提升分析有利于确定动力荷载的大小以及确定义施工的关键步骤。在水动力决定海洋限制条件的情况下,分析也许能够使操作天气窗口扩容以及优化施工进度。Orcaflex是一个典型的可进行动态模拟和进行各种安装操作分析的软件。

在安装过程中,由于安装船的运动和波浪的直接作用,使得被抬升的结构受到了动力荷载作用。抬升操作中,安装程序一般包括以下步骤。

- 驳船提升:从支撑船的甲板上提升;
- 飞溅区:在飞溅区放低;
- 转移到A&R线:由于水深的原因使管汇带来的荷载从支撑杆传递到A&R线;

• 在深水区的放低：在临界共振深度进行下放分析；

• 在水下的着地过程：在安装管汇过程中应该在安装标准内，控制速度和升沉的幅度以保证安全着陆。

这些安装步骤的特征概况如下。

(1)驳船提升

分析的最主要目的是确定吊机最小的提升速度以避免重新使管汇和驳船甲板在提升过程中相接触。这个最小的提升速度应该通过标准来获得，标准中提升速度应比管汇基础和驳船相对速度要大，以避免互相接触。引起吊机顶部运动的结构摇摆是限制条件之一。减震结构和拖拽绳可用于控制结构的移动。

(2)飞溅区

在下放通过飞溅区的时候，安装船的运动和波浪的运动相结合将会对水下结构产生一个很大的作用力。测定在通过飞溅区的工程中，波浪荷载的大小很重要，测定当水下结构被侵入水中的时候所有增加的质量和阻尼也很重要。通常，增加的质量和阻力系数是相互独立的。

在分析中，安装结构可能遭受极端的直接波浪荷载。在不同的浸泡体积下安装结构的增加质量可以通过辐射/衍射软件 Diodore 进行估算，阻力系数用 CFD 软件进行估算，抨击荷载则用 DNV 标准独自进行计算。

(3)转移到 A&R 线

当安装结构经过飞溅区后将会放低水深约 100 m 的区域，在这个深度如果起重机索不够长的话，荷载将会从悬索传递到 A&R 线。一旦到达可以传递荷载的深度，起重机将会停止，A&R 线将会伴随一个降低 Yoke 的 ROV 展开，荷载将会从起重机传递到 A&R 线。

安装结构的水动力系数和在飞溅区的最后时刻是保持一致的。在倾倒的过程中，应该对在束缚处的拉力和安装结构的运动进行检查。

(4)在深水处的下放

当荷载传递到 A&R 卷扬机上后，A&R 线会将结构物放到水下。为了确定下放过程中水下结构物的竖向峰值运动，必须要计算共振探度。在规则波分析中，共振将发生在水下结构下放系统的自然周期和船舶最大升沉运动所对应的波浪周期范围内。下放系统的自然周期主要决定于 A&R 线的长度，因此 A&R 线达到某个长度时，共振将会发生，相应的深度被定义为共振深度。下放过程的自然周期的计算主要与第五章条三节相关。结构的水动力参数和最后的一个过程是一样的，动力荷载主要取决于起重机的尖端运动。

(5)着陆/水下结构

在着陆分析中用到的水动力系数和用在下放分析的水动力系数是一致的。

最大的允许着地速度在安装规范中被确定。安装也许会重量补偿规范来满足标准的要求。水下可能也会影响结构的水动力特性。动力荷载主要取决于起重机的尖端的运动。

参考文献

[1] Knut H A, Hans P J. Foundation Design of Skirted Foundations and Anchors in Clay[C]// OTC 99, Houston, USA, Offshore Technology Conference, 1999.

[2] ANSI. ANSI/API Spec 6A Specification for Wellhead and Christmas Tree Equipment[S]. Washington, DC, USA: American Petroleum Institute, 2011.

[3] API. API Spec 6D Specification for Pipeline Valves[S]. Washington, DC, USA: American Petroleum Institute, 2002.

[4] API. API Spec 17D Specification for Subsea Wellhead and Christmas Tree Equipment[S]. Washington, DC, USA: American Petroleum Institute, 2003.

[5] Thomas B H, Endre S. Ormen Lange Subsea Production System[C]// OTC 2007, Houston, USA, Offshore Technology Conference, 2007.

[6] Andrew C, James G, Douglas R, et al. Independence Installation[C]// OTC 2007, Houston, USA, Offshore Technology Conference, 2007.

[7] Eugene C, Gregg I. Overview of the Gemini Subsea Development[C]// OTC 2000, Houston, USA, Offshore Technology Conference, 2000.

[8] Colliat J L. Anchors for Deepwater to Ultra-deepwater Moorings[C]// OTC 2002, Houston, USA, Offshore Technology Conference, 2002.

[9] DNV. DNV RP E303 Geotechnical Design and Installation of Suction Anchors in Clay[S]. Norway: Det Norske Veritas, 2005.

[10] DNV. DNV RP H103 Modeling and Analysis of Marine Operations[S]. Norway: Det Norske Veritas, 2009.

[11] Davison C, Dyberg P, Menier P. Fast-Track Development of Deepwater Kuito Field, Offshore Angola[C]// OTC 2000, Houston, USA, Offshore Technology Conference, 2000.

[12] Dendani H, Colliat J. Girassol: Design Analysis and Installation of the Suction Anchors [C]// OTC 2002, Houston, USA, Offshore Technology Conference, 2002.

[13] Hédi D. Suction Anchors: Some Critical Aspects for Their Design and Installation in Clayey Soils[C]// OTC 2003, Houston, USA, Offshore Technology Conference, 2003.

[14] Ayman E, Yatendra R, Kuan-Tao C. Industry Trends for Design of Anchoring Systems for Deepwater Offshore Structures [C]// OTC 2003, Houston, USA, Offshore Technology Conference, 2003.

[15] Gilchrist J M, Ragab I M W, Ragab H G. Cost-Saving Solution for Offshore Piles in the Egyptian Mediterranean [C]// OTC 2001, Houston, USA, Offshore Technology Conference, 2001.

[16] Dwight J, Nigel M, Janardhan D. Prediction of Cool Down Times and Designing of Insulation for Subsea Production Equipment[C]// OTC 2004, Houston, USA, Offshore Technology Conference, 2004.

[17] Kopsov L E, Sandvik P C. Analysis of Subsea Structure Installation[C]// ISOPE 95, Hague, The Netherlands, The Fifth (1995) International Offshore and Polar Engineering Conference, 1995.

[18] Paula M T R, Labanca E L, Paulo C A S. Subsea Manifolds Design Based on Life Cycle Cost [C]// OTC 2001, Houston, USA, Offshore Technology Conference, 2001.

[19] Randolph M F, House A R. Analysis of Suction Caisson Capacity in Clay[C]// OTC 2002, Houston, USA, Offshore Technology Conference, 2002.

[20] Roy R, Jerry G. Design Challenges of a 48 – inch Pipeline Subsea Manifold[C]// OTC 2003, Houston, USA, Offshore Technology Conference, 2003.

[21] Rowe S J, Mackenzie B, Snell R. Deepwater Installation of Subsea Hardware[C]//, Houston, USA, Proceedings of 10th Offshore Symposium, 2001.

[22] Soliah J, Guinn M. Subsea Equipment Installations Utilizing Anchor Handling Vessels[J]. Deepwater Technology, 2003(October 2003): 25 – 27.

[23] Sparrevik P. Suction Pile Technology and Installation in Deep Waters[C]// OTC 2002, Houston, USA, Offshore Technology Conference, 2002.

[24] Standing R G, Mackenzie B, Snell R O. Enhancing the Technology for Deepwater Installation of Subsea Hardware[C]// OTC 2002, Houston, USA, Offshore Technology Conference, 2002.

[25] Templeton J S. The Role of Finite Elements in Suction Foundation Design Analysis[C]// OTC 2002, Houston, USA, Offshore Technology Conference, 2002.

第22章

管道终端系统和线上设备

22.1 引　　言

由于海底油气工程的地理位置离现有的水下结构越来越远,因此优先考虑利用海底接头与现有深海管道提供备用的输送能力,这就有必要将管道端部的PLEM回接到系统中。在管道两端采用管道终端管汇系统,通过跨接管来连接刚性管与其他水下结构,如管汇、采油树等。它也称为管道终端控制系统,其可以支撑管道阀门和垂直的端部连接器等。如图22-1所示为Anadark GC 518工程的PLEM图,它回接到Marco Polo TLP。其中管汇位于管道中央,以分隔或者连接各种海底管道。

深水PLEM是一种经济有效的适用于各种管径管道的终止器,利用防沉板,既经济又便于定位。同时它也应当远程安装并且设计支撑ROV的正常操作。通过安装驳船完成PLEM的吊装,PLEM给一系列组件,如阀门等提供安装环境的支持。安装后,通过移动管道连接跨接管和回收PLEM到水面,从而使PLEM可以维修或更换。

图 22－1　在 Anadarko 工程中的 PLEM

22.1.1　PLEM 通常的布置

PLEM 的目的是将安装结构与海底组件相连，并把他们吊装在设计位置，PLEM 不仅能在吊装时承受安装荷载，还能在失效发生时保证结构的回复。

如图 22－2 所示为 PLEM 典型构造图，PLEM 的形式各种各样，但是通常由以下几部分组成。

(1) 管道系统和组件；

(2) 结构框架：支撑整个管道系统和组件；

(3) 基础（防沉板），在沉降过程中将荷载传递到海床；

(4) 扼套（Yoke），铰链在结构框架上，以减少在 PLEM 安装铺设过程中的扭转。

PLEM 的基础支撑整个管道系统的结构框架，除此之外，PLEM 设计中应满足在作业过程中管道的热膨胀。为了防止由于热膨胀产生的管道移动，设计时应采用一个固定的防沉板基础来支撑 PLEM 的结构框架，结构框架可以固定管道的位置。在设计基础的长宽时受到铺管驳船参数的限制，因而在基础周围采用可折叠的设置可以同时满足安装和承载的要求。

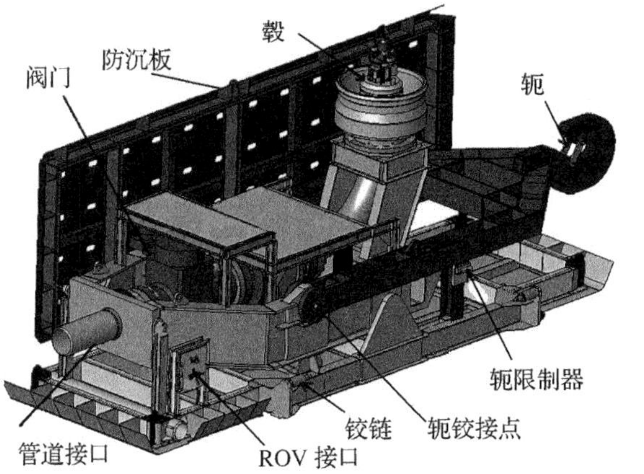

(a)

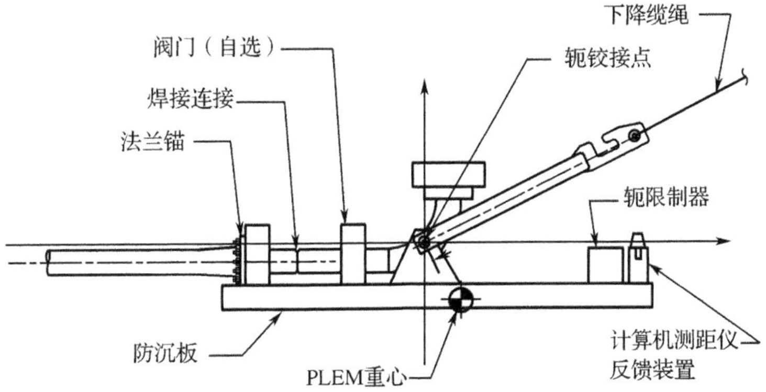

(b)

图 22－2　典型的 PLEM 图

(a) Typical PLEM；(b) PLEM 简图

22.1.2　PLEM 的组件

如图 22－3 所示为内径为 12 in 输气管通过两个 PLEM 与内径为 16 in 输气管相连。端部连接器在 PLEM 上，并由一根刚性跨接管连接两个端部连接器。PLEM 给予管道系统和端部连接器支撑，以保证其正常工作。两个 PLEM 的具体形态图如图 22－4 所示。在下一个部分中将结合图中 12 in PLEM 和 16 in 的 PLEM 来介绍 PLEM 的组件情况。

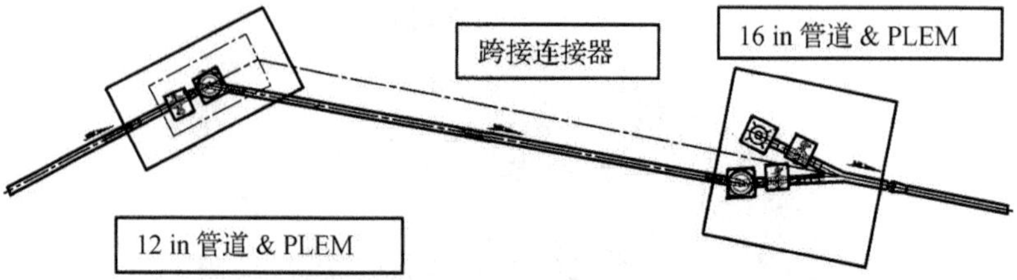

图 22－3　2 个 PLEM 和一根刚性跨接管的连接

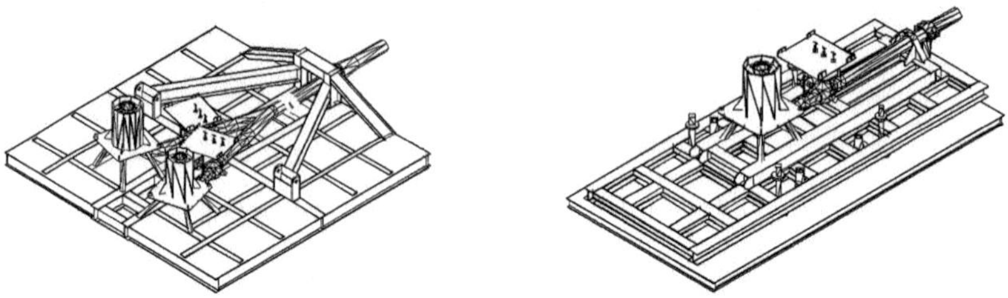
(a)　(b)

图 22－4　PLEM 具体形态图

(a)16″WyeSled(PLEM);(b)12″PLEM

(1)16 in 管道 PLEM

① 管道系统组件

16 in 的管道应在设计时考虑之后的管道膨胀。其中主要组件基于 16 in ANSI 1500 级别或者 12 in ANSI 1500 级别的主连通口来连接非下潜连接管和 16 in Y 型连通器。输气管采用 12 in 的连接器,而 16 in 连接器是为今后管道回接和系统扩充做准备。在管道系统,使用 16 in 和 12 in 的 ANSI 1500 海底球阀为这两种 PLEM 隔离每个管道板块。在球阀上装有无人遥控潜水器接口板,可以完成阀门的操作和维修。每个无人遥控潜水器接口都可以向阀门内注入润滑剂和密封剂。

由于 PLEM 上装有水平放置的 Y 型连通器,并且使用了不同尺寸的连通转换器和阀门,在布管时要保证管子的重心沿着管道的中心线。假设连接结构组件按同样的设计理念安装,将最大限度地减少在安装过程中的 PLEM 旋转的可能性。在安装过程中,PLEM 的旋转问题十分关键,通常要求垂直角度在 3°以内。

② 结构组件

结构组件可以分成两个功能组成部分:安装承载组件和固定承载组件。这些组件主要承担固定荷载并支持管道组件和结构组件。固定荷载包括在系统运行过程中的突变荷载,所有组件的静荷载和管道扭矩。已有的安装经验表明,当管道接触到海床,特别是采用 S 型铺管时,管道往往会旋转。由于 PLEM 会采取一些底部方向调整的措施,因而会残留一些管道扭矩。

(2)12 in PLEM

① 管道系统组件

12 in PLEM 的主要组件是 12 in ANSI 1500 级别球阀和 12 in 的 ANSI 1500 级别的主连通器作为无潜水员时的水下协助连接器。当管道的设计压力为 2 220 psi时,使用 ANSI 1500 级阀门可以将阀门关闭,对管道进行静水压力测试。压力上限应设置的情况连通口位置不发生泄露,这些组件通过管道系统相连。

② 结构组件

该管道组件设置在框架的顶部的扼套中心,而防沉板在框架底部并保持水平,如同管道从 J 型铺管塔上下放一样。一旦 PLEM 下降至海底,临时缆线将支持 PLEM 并进行管道正常铺设。当铺管船离开,将结构固定在最终水平位置。该 PLEM 开始出现在海床上时,称为始端 PLEM。其直径 12 in PLEM 宽 4. 87 m,长 9. 75 m,重约 34. 5 t。

22.2 PLEM 的设计和分析

这一部分主要介绍 PLEM 的设计分析方法,与一般的手册不同,PLEM 有自己的设计标准,PLEM 的形态一般基于实际工程的要求。

22.2.1 设计规范

PLEM 的设计规范一般基于实际工程的要求,在墨西哥湾的水深区 PLEM 的设计和结构分析一般采用以下规范。

- AISC, Steel Construction Manual, Allowable Stress Design(ASD);
- API RP 2A-WSD, Recommended Practice for Planning, Designing and Construction: Fixed Offshore Platforms – Working Stress Design(WSD);

• API 2RD, Design of Risers for Floating Production Systems(FPSs) and Tension – Leg Platforms(TLPs);

• API 5L, Specification for Line Pipe;

• ASME B31.8, Gas Transmission and Distribution Piping Systems.

同时应参考以下规范:

• DNV RP B401, "Cathodic Protection Design";

• Classification Notes No. 30.4 "Foundations" for the design of the mudmat;

• NACE RP 0176, "Corrosion Control of Steel Fixed Platforms Associated with Petroleum Production";

• NACE TM 0190, "Impressed Current Test Method for Laboratory Testing of Aluminum Anodes";

• NACE No. 2 ISSSP-SP10, "Near-White Metal Blast Cleaning";

• NACE RP0387, "Metallurgical and Inspection Requirements for Cast Sacrificial Anodes for Offshore Applications";

• NACE 7L198, "Design of Galvanic Anode Cathodic Protection System for Offshore Structures";

• API 1104, 18th Edition "Pipeline and Pipe Welding";

• AWS D1.1-02, "Structural Welding Code – Steel";

• ISP 8501-1, "Preparation of Steel Substrates before Application of Paints and Related Products".

22.2.2 设计步骤

PLEM 的设计过程可分为以下四个步骤。

(1)结构体系设计,包括 PLEM 的几何构型和管道构型、基础的选择(防沉板或者桩基)、安装的要求、制造和安装的限制。

(2)初步确定尺寸,包括确定主要荷载,配置主要的结构组件、结构框架和支撑结构,支撑结构包括支撑管汇阀、压力和温度组件,以利于 PLEM 的安装和维护,根据荷载确定防沉板的尺寸、结构的固定荷载和土壤参数。

(3)绘制模型的分析图,包括通过 CAD 3D 软件来开发三维 PLEM 系统,并为有限元分析绘制 SAT 格式文件的三维模型。同时通过 SACS/StruCAD 软件来建立模型,以确定钢结构框架组件的尺寸。

(4)应力分析,包括将 SAT 导入 ABAQUS/ANSYS 软件,划分网格,施加操作和安装的荷载,进行应力分析,并检验应力是否满足设计标准。

22.2.3 设计资料

PLEM 设计过程中需要以下数据。

(1)地质资料;

(2)设备的参数,包括其自重和重心的位置;

(3)热荷载和由于热膨胀产生的最大可能移动;

(4)跨接管的安装和操作荷载;

(5)跨接管的冲击速度;

(6)ROV 的可作业要求;

(7)驳船的吊装限制;

(8)安装方法;

(9)安装的最大张力;

(10)最大安装水深;

(11)连通口,端部连接器和各种工具的参数;

(12)ROV 的工作参数。

22.3 设计方法

在 PLEM 的设计中应使其易于安装,并能准确地吊装在海床合适的位置。PLEM 的设计主要包括以下几个部分。

(1)结构设计分析;

(2)防沉板设计分析;

(3)PLEM 安装分析。

22.3.1 结构设计分析

结构分析软件,如 SACS/StruCAD,是最常用的水下钢结构分析软件。通过 SACS/StruCAD 分析,可以得出 PLEM 各结构组件在各种荷载环境下的荷载、应变和挠度。PLEM 的结构设计应该能满足 API-RP-2A 的最新版本和钢结构 AISC 指南、ASD 等。

PLEM 的结构分析包括吊装、安装和放置各期的荷载环境。在安装阶段，PLEM 的控制荷载主要是驳船的张紧力。张紧力为 PLEM 的自重乘以动力放大系数(系数为 1.5)。

如果 PLEM 设计时采用扼套来安装，扼套设计应基于管道铺设分析，并应考虑不可逆荷载。应基于安装驳船的能力对扼套和 PLEM 进行协同设计。

PLEM 的结构完整性分析应包括以下环境。

(1)制造；

(2)吊装；

(3)运输；

(4)安装；

(5)放置操作环境，结构荷载和疲劳损伤；

(6)由于受热和受压产生的管道膨胀；

(7)管道必要组件，包括弯管、三通管、减压器、管汇阀等。

PLEM 应设计有足够的眼板和各种安装辅助装置以满足安装操作的要求，同时在设计时保证 PLEM 在安装阶段的稳定性，例如带轭的 PLEM 重心应靠近防沉板的几何中心，与管道的中线成一条线，并低于轭转动轴中心且略靠近轭转轴后部，如图 22－5 所示。PLEM 与管道采用焊接来防止泄露。

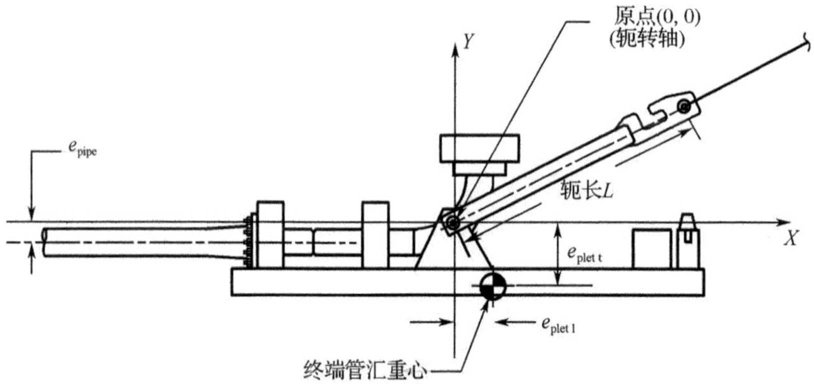

图 22－5　PLEM 的坐标和重心位置

PLEM 上的仪器尺寸和布置应考虑 ROV 的操作。PLEM 的结构框架和防沉板应进行防腐涂层和阴极保护，以满足设计期的要求。其中阴极保护的设计和分析应基于 DNV RP B401，"Cathodic Protection Design"。

22.3.2 防沉板

PLEM 的防沉板尺寸一般基于土壤的承载能力和管道、阀门等一系列组件的荷载,同时其体积根据安装床、生产运输等方面的限制进行相应调整。

基础的承载力基于以下跨接管的荷载环境进行计算。

(1)跨接管的安装;

(2)跨接管的操作;

(3)跨接管的操作,之后跨接管(future jumper)的安装;

(4)跨接管的操作。

防沉板是浅基础,可以根据 API-RP2A WSD 或者 DNV Classfication Notes No. 30.4 “Foundations”设计。

(1)沉降;

(2)偏心荷载;

(3)倾覆和循环效应;

(4)承载破坏、滑移破坏、扭转破坏、倾覆失效等方面的安全系数。

防沉板的设计目标是保证 PLEM 的稳定,减少 PLEM 在海床上的沉降和移动。

22.3.3 PLEM 的安装

PLEM 中的管道在任何时刻不同荷载情况下所承受的载荷应小于极限强度,并且在吊装和着陆的过程中应保证 PLEM 的稳定性。PLEM 在管道起始的部位称为始端 PLEM,而安装在管道终止位置的称作终端 PLEM,终端 PLEM 装有扼套使得绕管道中心线和 PLEM 的重心转动。

在设计过程中应考虑避免以下一些情况。

(1)由于过多的设备导致重力过大;

(2)由于管道的扭转导致需要额外的方法来保证 PLEM 垂直着陆;

(3)由于下降过快,PLEM 倒装从而使得管道弯曲。

PLEM 的安装要从管道的弃置结构入手,管道一般采用 S 型或 J 型铺管法铺设。当管道铺设完成时,在端部装上弃置维修(A&R)接头以防止进水和安装 A&R。缆线不安装 PLEM 的理由是:

(1)通过托管架和 J 型铺管塔来操控 PLEM 并不切合实际;

(2)在连接 PLEM 前,需要慎重地将管道末端放入海底,并对管道顶部自由端方向作评估。

在 PLEM 的设计中应保证 PLEM 的质量、几何平衡等方面的优化，以保证 PLEM 在着陆的时候能够有一个好的方向。然而，经验表明，在管道端部连接 PLEM 是必要的。

如图 22－6 所示为终端 PLEM 的安装过程，在图 22－6(a)中，管道和 A&R 绞线一起下落到海床下，通过 ROV 的同步观测来确定。在图 22－6(b)中，收管过程中，管道成 J 型(管道呈这种形态时是悬挂着而非过度弯曲)，并且 A&R 端部能够移开并与 PLEM 相连。在图 22－6(c)中，由于 PLEM 各组件是焊接相连，所以整体被吊装到海底。如果一切顺利，PLEM 能够很好地在海床上着陆。

用来吊装 PLEM 的吊缆与轭相连，在转轴处施加一个提升力，其作用点在管道中心线附近并在 PLEM 重心之上。这个转轴的位置可以用来在安装过程中控制管道的弯曲荷载；当 PLEM 到达海床时，PLEM 的所受的力与设计时一致。

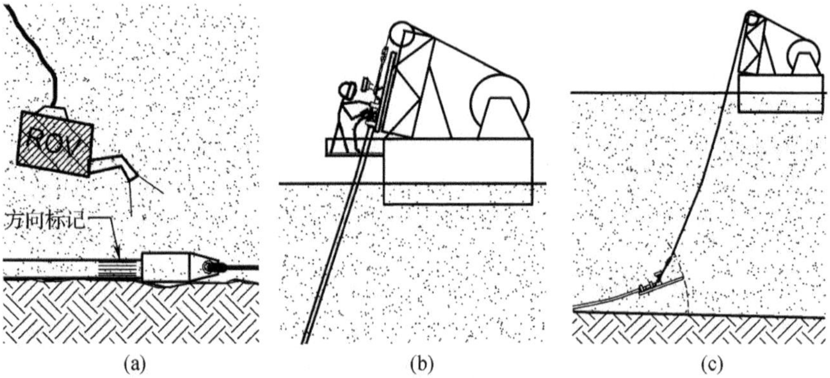

图 22－6　终端 PLEM 的安装过程

(a)定位标记；(b)连接并焊接管道终端管汇；(c)下降终端管汇

22.4　基础的尺寸设计

PLEM 的基础支撑整个 PLEM 结构。防沉板的尺寸一般基于土壤的承载力和各组件，如连通口、阀门、管道等的整体重量，防沉板的设计目标是保证整体稳定性和减少在海床上的沉降和滑移。同时防沉板的体积也受到安装船、制造工厂、海陆上的吊运等各方面的限制，需要进行一定的调整。为了保证结构的完整性，防沉板的设计分析包括以下几个方面：制造，吊装，运输，安装，操作荷载、结构荷载和疲劳破坏，管道的热膨胀。

PLEM 所在区域的土壤特性决定防沉板的尺寸、整体的稳定性和短期长期的沉降。防沉板所需的这些土壤参数相对于桩基设计所需的海床深处，土壤样本更重要。关于桩基础的设计将在本书海底管汇相关章节中给予介绍。

22.4.1　荷载环境

防沉板尺寸设计时，一般需要考虑的荷载环境如下。

(1) 在管汇着陆后，包括立管、连接设备、ROV、管道系统和结构框架系统等的水下重力都将传递到基础上；

(2) 在跨接管安装时期，荷载增加来自跨接管；

(3) 在运行时期，ROV 和端部连接设备将移除和跨接管运行时产生的荷载；

(4) 维护阶段相比运行阶段，应考虑 ROV 的荷载。对于两个连通口的 PLEM，操作荷载作用在其中一个连通口，ROV 的荷载作用在另一个连通口；

(5) 在操作和维护阶段的膨胀的一些部位，荷载将会传递到防沉板膨胀部位。

基础的设计中应保证 PLEM 的所有阶段所能承担的荷载，同时也应当满足 API RP2A(WSD) 规定的安全系数的限制和土壤承载的最小安全系数 2.0。

22.4.2　防沉板分析

根据 API RP 2A，防沉板的设计需要包括以下一些方面。

- 稳定性，由于倾覆、滑移等情况造成稳定性失效。
- 管汇基础结构的变形，对结构组件或者基础组件造成破坏。
- 基础的动力特性，包括基础对结构的动力响应和基础在动力荷载下自身的性能。
- 在水流压力下的防沉板的水力稳定性，包括由于水流冲刷或者管涌等情况造成结构和基础的失稳。
- 在安装或者修复过程中的荷载对自身基础的作用。

(1) 抗倾覆能力

浅基础的倾覆验算的目标是确保在设计荷载下，基础仍然保证其稳定性。倾覆可能发生在基础横向边缘或者纵向边缘，根据不同方向的倾覆采用最低的安全系数。以下公式用来介绍浅基础抗倾覆的安全系数的计算。

$$Safety\ Factor_{\text{overturning}} = \frac{F_z L}{M} \tag{22-1}$$

式中 M——在倾覆方向上的总倾覆弯矩；

F_z——在防沉板几何中心的竖向合力；

L——几何中心点到旋转轴的距离。

荷载的偏心减小了基础底部所能承受的极限竖向荷载，这是由于其减小的基础底部的有效面积。有效区域的计算方法根据 API-RP-2A 的“C6.13 STABILITY OF SHALLOW FOUNDATIONS(浅基础的稳定性)”。

API-RP-2A 的 6.13 ~ 6.17 中提供的浅基础的一些问题的推荐设计方法，这些问题包括：

① 制造；

② 浅基础的稳定性；

③ 浅基础的静力变形(包括短期变形和长期变形)；

④ 浅基础的动力特性；

⑤ 浅基础的水力稳定性；

⑥ 浅基础的安装和移除。

以下章节将给出 DNV Classification Notes No. 30.4 “基础”的防沉板设计的范例。

(2)裙部的贯入阻力

裙摆的设计高度为保证在最大可能固结沉降发生时，结构仍然能在泥线上移动。

根据 DNV 规范中来确定裙部贯入阻力 Q_p

$$Q_p = q_t A_t + \tau_w A_w \tag{22-2}$$

式中 q_t——裙部尖端压力，$q_t = k_p q_{c,\text{CPT}}$；

τ_w——裙部壁面摩擦力，$t_w = k_f q_{c,\text{CPT}}$；

A_t 和 A_w——裙部尖端和裙部壁面摩擦力；

$q_{c,\text{CPT}}$根据 *DNV* 规范中通过 *CPT* 测试钻孔中得到的端部抗力；

$k_p = 0.6$ 和 $k_f = 0.003$ 为最大固结沉降；

$k_p = 0.3$ 和 $k_f = 0.001$ 为可能固结沉降。

下式为从某个 PLEM 所在位置土壤参数的调查结果：

当 $z < 0.5$ m 时，$q_{c,\text{CPT}} = 40 \times z$(MPa)

(3)安装时的承载能力

防沉板所需要的最小尺寸以安全的支撑结构，取决于土壤的极限承载能力，并且要考虑到合力的偏心距的影响。

假定海底土壤包含砂土，其竖向承载能力的计算公式为

$$Q_v = 0.5 \times N_r \gamma' BA + N_q p' A \quad (22-3)$$

式中 N_r 和 N_q——承载系数；

γ'——砂土的有效容重；

B——防沉板的宽度；

A——防沉板的面积；

p'——有效竖向应力。

对于黏性土，竖向力承载能力的计算公式为

$$Q_v = N_c S_u A \quad (22-4)$$

式中 N_c——承载系数；

S_u——滑移面平均不排水抗剪强度；

A——防沉板的面积。

(4) 操作时的承载能力

在拖曳荷载和热膨胀荷载作用时可能出现的土壤失效模式有：侧向滑移和深基础破坏。

不同失效模式的计算原理如下。

① 侧向滑移

土壤侧向滑移承载力的计算公式为

$$Q_h = r\tan(\varphi) W \quad (22-5)$$

式中 $r\tan(\varphi)$——基础与海床间的摩擦力；

W——防沉板所承受的竖向荷载。

当防沉板上有岩块时，额外的侧向承载力为

$$Q_v = P_p - P_a \quad (22-6)$$

式中 $P_p - P_a = (\chi_p + \chi_a)^{1/2} \gamma' H_r B$；

$\chi_p + \chi_a$——土压力系数；

其中，γ'——岩块有效单位重度；

H_r——岩块厚度；

B——防沉板有效宽度。

在有效基础区域内深基础竖向破坏。

② 深基础破坏

通过极限平衡法来保证作用效应与抗力的平衡，对基础进行稳定分析，同时根据塑性应力规范来简化基础的偏心荷载。此外，应确定结构的转动，同时应考虑结构全寿命内可能受到的倾覆力矩包络线。

③ 沉降分析

根据 Janbu 方法对结构进行沉降分析,土壤应为

$$\varepsilon = \Delta\sigma'_v / M \tag{22-7}$$

式中 $\Delta\sigma'_v$——垂直向有效应力增量;

M——变形模量。

同时根据 Janbu 推荐的方法,土壤竖向的应力与深度的分配规律,土壤竖向的固结沉降的计算公式为

$$\delta = \int_0^H \varepsilon \mathrm{d}z \tag{22-8}$$

式中 H——土层厚度。

22.5 PLEM 安装分析

22.5.1 简介

PLEM 的管道系统的安装分析中应验算管道的张力、弯矩、建立和环向应力。整个安装过程可以分为以下几个主要步骤。

(1)1st end PLEM 通过飞溅区;

(2)启动 1st end PLEM;

(3)普通的铺管;

(4)2nd end PLEM 的弃管工作;

(5)回收弃管(应急情况);

分析各个阶段的经历,以确定安装的各个阶段(驳船移动、管道铺设)所应当满足的条件以确保整体性。

(1)各个阶段进行静力分析,分析的目标是确定安装各个阶段(如驳船移动,管道铺设等)应满足的条件。

(2)各个阶段各种条件下的规则波浪动力分析。从静力分析中选择出最主要的阶段进行规则波浪动力荷载,以确定主要的环境条件。当规则波浪的结果过于保守时,应选择不规则波浪进行分析。

(3)应对管道进行局部屈曲验算以保证管道可以抵抗各种复合荷载(如环向

力、弯矩、内外压力),以保证在各个阶段沿着悬链线不会发生局部屈曲。

通常最主要的疲劳分析阶段在管道与 PLEM 焊接后的几个小时。目前海洋管道铺设和 PLEM 安装分析软件有 OFFPIPE 和 ORCAFLEX,其中 OFFPIPE 通常应用于管道分析,其操作简便、计算效率高,并且计算结果相对来说比较精确。缺点是由于基于 DOS 系统,因而无法用 windows 操作系统的界面来表现安装的全过程。相比 OFFPIPE,ORCAFLEX 软件,由于基于其良好的界面因而通常用于海底结构安装分析。ORCAFLEX是三维非线性时域有限元软件,可以完成管道从初始状态到任意大变形的数值分析。该软件可以完成海底结构、管道吊车系统的静力和动力分析。

在 PLEM 的设计中,当使用上述软件,没有足够的信息和参数时,可以采用一些基于 Mathcad 或者 Excel 工作表进行的简化。下文所描述的一种典型方法主要是基于 Gilchrist 的论文,他在论文中有详细阐述。

22.5.2 PLEM 终端

(1) PLEM 的静力平衡

在 PLEM 的设计过程中,通过对 PLEM 的静力分析以保证在 PLEM 安装过程中各个阶段的状态。在静力分析中,进行以下一些简化。

① 忽略由于驳船移动和 PLEM 下降所产生的动力。

② 忽略管道和缆线的剪力。悬浮的管道和缆线采用悬链线模型。这种假定略增大管道触地段的张力和减少了管道上部的张力。

③ PLEM 一直与上部悬浮的管道中心线相连。

④ 忽略波浪和水流荷载对 PLEM 和管道的作用。

当 PLEM 刚下降经过飞溅区时,波浪荷载和水流荷载将对将对 PLEM 产生较大的荷载。即使管道的最大应力在 PLEM 的允许范围内,应考虑减小安装时的波浪和避免出现焊缝疲劳破坏。随着 PLEM 下落,波浪对管汇的作用逐渐减小,稳定的水流荷载成为主要的水力荷载,从而动力的作用可以忽略。

终端 PLEM 上部与缆线相连,下部和管道相连,静力平衡图如图 22-7 所示。

对 X 轴和 Y 轴两个方向上的合力为

$$\sum F_x = T_{oc} \cdot \cos(\theta_{oc}) - T_p \cdot \cos(\theta_p) = 0 \tag{22-9}$$

$$\sum F_y = T_{oc} \cdot \sin(\theta_{oc}) - T_p \cdot \sin(\theta_p) - W_s = 0 \tag{22-10}$$

图 22－7 为 PLEM 的受力矢量图，可由方程(22－9)和(22－10)表示。

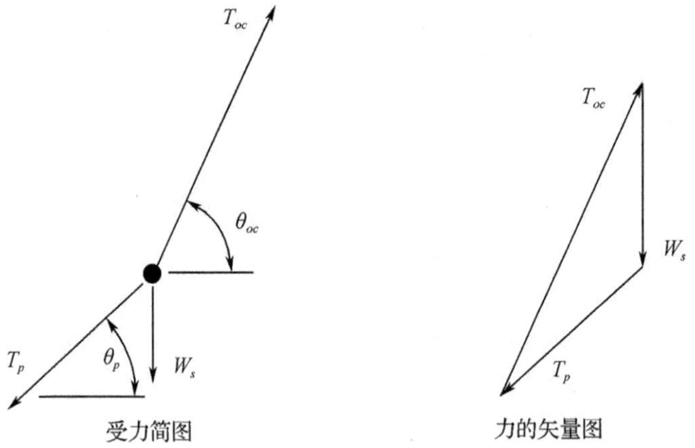

图 22－7　终端 PLEM 的静力平衡

W_s—PLEM 的浮重度；T_{oc}—吊缆底部的张力；T_p—管道上部的张力；

θ_{oc}—吊缆底部与水平方向的夹角；θ_p—管线的顶部与水平方向的夹角

通过悬链线方程可以求解管道的顶角和顶端的张力，通过以下方程可以确定吊缆的底端张力和底部与水平面的夹角。

$$T_{oc} = \sqrt{T_p^2 + 2 \cdot T_p \cdot W_s \cdot \sin(\theta_p) + W_s^2} \tag{22-11}$$

$$\theta_{oc} = \arctan\left[\frac{\sin\theta_p + W_s/T_p}{\cos\theta_p}\right] \tag{22-12}$$

(2) PLEM 的受弯分析

如图 22－8 所示为 PLEM 的力矩平衡图，外力对管道产生的弯矩与自身产生的弯矩相互平衡。在安装过程中，应保证管道所受的弯矩小于其抗弯承载能力，以避免管道过应力的发生。

在管道力矩分析中，由于唯一的矢量力作用经过 PLEM 轴心，所有通过 PLEM 轴线的力产生的弯矩都为零。因为轴线与管道轴向力、PLEM 的重心不同，偏心力产生的弯矩由由以下公式进行计算。

① 管道顶部张力产生的弯矩为

$$M_{Tp} = -T_p \cdot e_{\text{pipe}} \tag{22-13}$$

式中　e_{pipe}——张力与轴线的偏心距，并且产生负弯矩。

② PLEM 的重力沿 X 轴和 Y 轴可分解为两个部分，分别产生的弯矩为：

- 重力沿 Y 轴方向上的分量产生的偏心弯矩为

$$W_{\text{sl}} = W_{\text{s}} \cdot \cos(\theta_p) \tag{22-14}$$

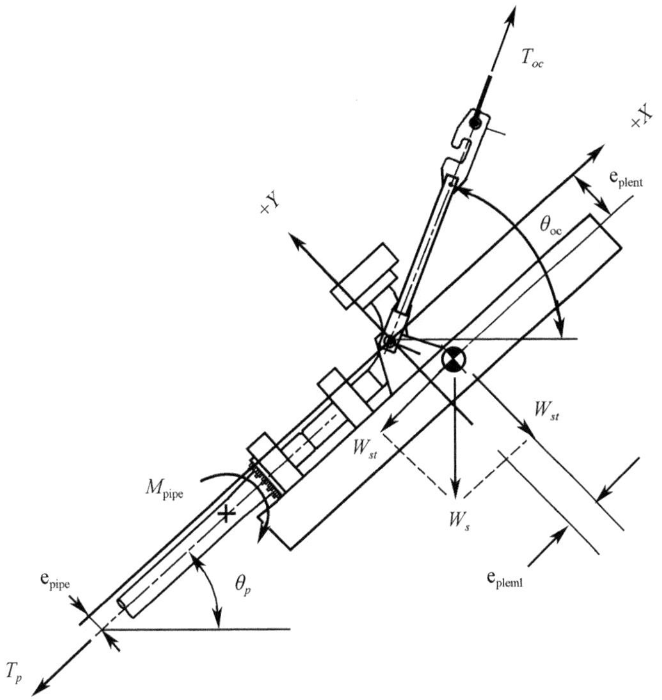

图 22－8　终端 PLEM 的力矩平衡

$$M_{pleml} = W_{sl} \cdot e_{pleml} \tag{22-15}$$

式中　W_{sl}——PLEM 浮重度沿 Y 轴方向上的分量；

e_{pleml}——PLEM 离开转轴的纵向偏心距。

- 重力沿 X 轴方向上的分量产生的偏心弯矩为

$$W_{st} = W_s \cdot \sin(\theta_p) \tag{22-16}$$

$$M_{plemt} = -W_{st} \cdot e_{plemt} \tag{22-17}$$

式中　W_{st}——PLEM 浮重度沿 X 轴方向上的分量；

e_{plemt}——PLEM 重心离开转轴的横向偏心距。

作用在轴心的只有一个矢量力，轴心本身没有抵抗弯矩的能力，弯矩为零是因为缆线的张力是矢量，不会对轴心产生任何偏心，因而整个系统的中弯矩为零，因此：

$$M_{pipe} = M_{plemt} + M_{pleml} + M_{Tp} \tag{22-18}$$

管道所受的弯矩随着 PLEM 的重心分量和管线中心的偏心距的增加而增大，因而在 PLEM 的设计中应尽可能减少偏心距，以减小管道所承受的弯矩，使得管道的应力处在允许的范围内。为了保证管道的应力处在允许范围内,轴心应位于 PLEM 中心以上和管线中心线以上。在安装的开始阶段,管道所承受的弯矩主要来源于管线中央与轴线之间的偏心所产生的弯矩;而在安装的结束阶段,管道所承受的弯矩主要来源于 PLEM 浮重度的 Y 轴方向上的分量所产生的弯矩。

将 PLEM 与具有良好抗弯能力的厚壁管道相连可有效地提高整个系统的抗弯能力,从而增加安全系数或者允许更大的偏心。因为由于管道受弯产生的挠度会减小管道的偏心距,从而减小管道所受的弯矩,因此公式(22 - 18)是保守的。

(3)PLEM 的 90°转向的正位扭矩

PLEM 在着地时应保持一个正确的方向,这是通过在设计时给 PLEM 施加一个矫正扭矩使得组件在非正确方向着地时保持垂直。当 PLEM 正确方向时,扭矩为 0;而当 PLEM 90°偏转时,扭矩最大。在这个截面中,假设 PLEM 偏转 90°来结算最大矫正扭矩。

如图 22 - 9 所示为 PLEM 偏离提供正位扭矩的设计位置 90°后的情况,有两个力作用导致 PLEM 在竖直方向上的转动。

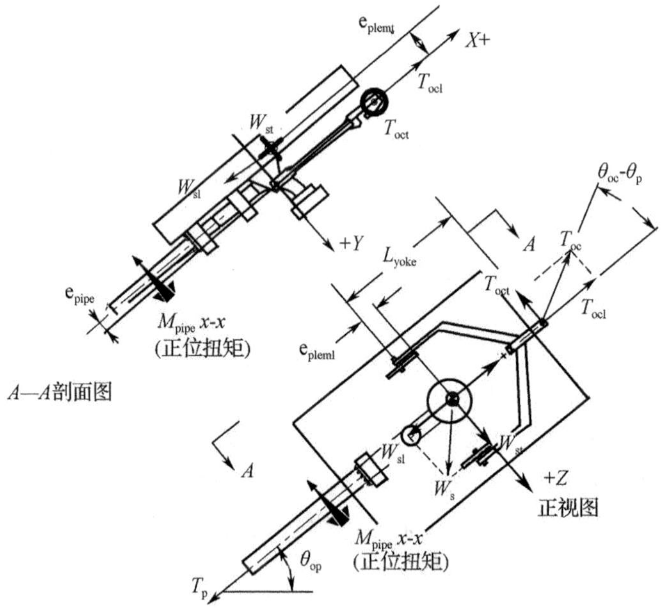

图 22 - 9　PLEM 的 90 度转向的正位扭矩

• PLEM 水下重力 W_s 的横向分量 W_{st}，PLEM 水下重力和重心计算所包含的轭的重力。

• A/R 缆线的底部张力 T_{oc} 的横向分量 T_{oct}，一个向上的力作用在扼起重点。

矫正扭矩的轴线是管道的中心线，只有横向的组件荷载 W_{st} 和 T_{oc} 乘以它们的偏心距有利于矫正扭矩，轴向的荷载与扭矩无关。W_{st} 为 PLEM 的沉没重度的横向分量，见方程(22－14)。

A/R 缆线的底部张力为

$$T_{oct}=T_{oc}\cdot\sin(\theta_{oc}-\theta_{p}) \tag{22-19}$$

以管道轴线的正位扭矩为

$$M_{\text{pipe } x-x \text{ plem}}=-W_{st}\cdot(e_{\text{plem}t}-e_{\text{pipe}}) \tag{22-20}$$

$$M_{\text{pipe } x-x \text{ cable}}=-T_{oct}\cdot e_{\text{pipe}} \tag{22-21}$$

$$M_{\text{pipe } x-x}=M_{\text{pipe } x-x \text{ plem}}+M_{\text{pipe } x-x \text{ cable}} \tag{22-22}$$

式中 T_{oc}——缆线底部张力；

M_{x-x}——管道扭矩。

当管道接近垂直时，横向的荷载(和正位扭矩)很小，同时 PLEM 在下降的过程中不常出现一次或多次旋转的情况，下脚标 $x-x$ 标明的是扭矩的中心轴与 PLEM 的 X 轴平行。

通过 PLEM 的重量和横向的偏心可以提高正位扭矩，其中最有效的方法就是增加钢防沉板的厚度。为了调整 PLEM 的重心位置，防沉板前后的厚度可以不同，通常不会采用增加支点到管道中心线的偏心距的方法，因为在这种情况下会在管道安装的开始阶段增加管道的弯曲应力，这个通常由方程(22－13)中的 $T_p\cdot e_{\text{pipe}}$ 产生。在实际深水工程中，PLEM 的沉没重度通常小于管道的顶部张力，因为更有效的方法是改变 PLEM 重心的偏心量。

当 PLEM 转过 90°时，扼套的侧向荷载达到最大值。扼套和支点的侧向设计荷载为

$$F_{\text{yoke lateral}}=T_{oct} \tag{22-23}$$

(4)管道与 PLEM 90°转向的受弯分析

如图 22－9 所示为 90°转向的例子，在 PLEM 不同方向运行的情况下管道弯矩是不同的。

由于缆线偏心产生的弯矩为

$$M_{\text{pipe } y-y(\text{90degree out of orientation})}=W_{st}\cdot(L_{\text{yoke}}-e_{\text{pleml}}) \tag{22-24}$$

减少扼套的长度能够减少弯矩，然而在使用扼套起重的结束阶段，较长的扼套是经济的。

由管道的偏心矩和轭引起的 PLEM 重心的偏心矩产生的力偶仍然存在于

$x-y$ 平面中。轭转轴引起的管道偏心矩所产生的弯矩 $z-z$ 与之前方程(22 - 13)中提到的相同。

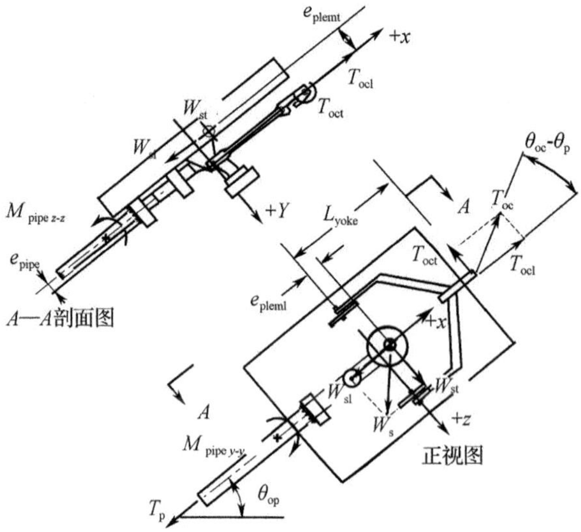

图 22 - 10　管道与 PLEM 90°转向的受弯分析

$$M_{\text{pipe } z-z\text{ (top tension)}} = -T_p \cdot e_{\text{pipe}} \tag{22-25}$$

由于纵向组件质量产生的 $z-z$ 弯矩为

$$M_{\text{pipe } z-z\text{(plem)}} = -W_{\text{sl}} \cdot e_{\text{plemt}} \tag{22-26}$$

弯矩 $z-z$ 之和为

$$M_{\text{pipe } z-z} = M_{\text{pipe } z-z\text{(top tension)}} + M_{\text{pipe } z-z\text{(plem)}} \tag{22-27}$$

PLEM 在 90°转向之后的弯矩为 $z-z$ 和 $y-y$ 弯矩的矢量和：

$$M_{\text{pipe(90° misoriented)}} = \sqrt{M_{z-z}^2 + M_{y-y}^2} \tag{22-28}$$

这个方程用来确定在起重过程中由于 PLEM 偏离方向和扼套无法起重等情况下何时停止，如果 PLEM 没有在正常的环境中，必须重新检测重心的位置、扭转的计算和管道的扭矩，如果是扭矩的问题，最好的解决方法是 PLEM 重新调整对管。

22.5.3　始端 PLEM

如图 22 - 11 所示为始端 PLEM，可以把它看作是第二种 PLEM 的另一种形式，其中扼套和防沉板的功能相结合。

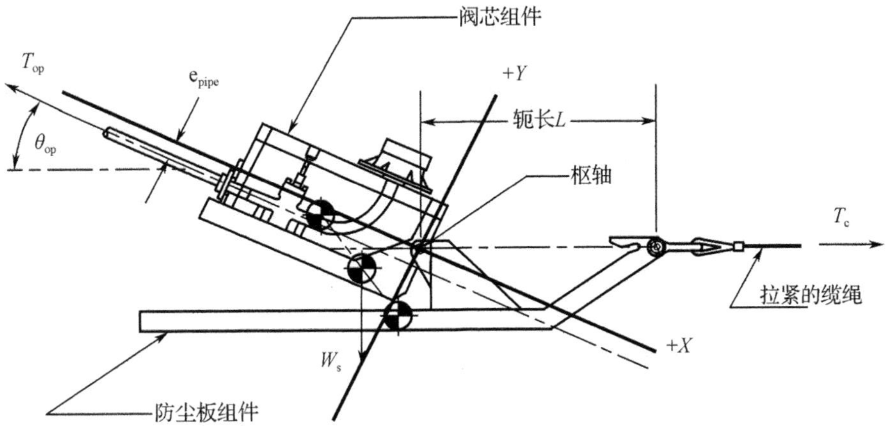

图 22－11　始端 PLEM

始端 PLEM 的典型安装方法为:

(1)预安装贯入桩和铺设缆线到一个方便隔离的位置。

(2)在隔离位置比 PLEM 和管道位置略低。

(3)将缆线与 PLEM 相连。

(4)将 PLEM 拉入指定位置,同时从海床加入管道和 PLEM 清理维护设备。

当缆线将 PLEM 拉水平时,PLEM 的静力作用如图 22－12 所示。

图 22－12 的受力与图 22－7 中终端 PLEM 的受力类似,不同点在于管道和缆线调换位置。方程为

$$\sum F_x = T_{oc} - T_{op} \cdot \cos\theta_{op} = 0 \tag{22-29}$$

$$\sum F_y = W_s - T_{op} \cdot \sin\theta_{op} = 0 \tag{22-30}$$

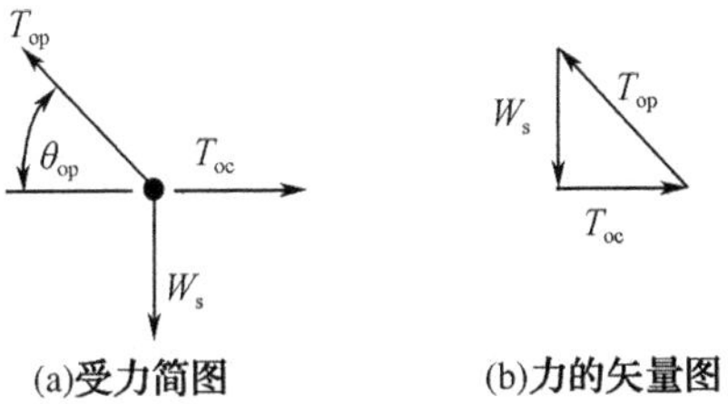

图 22－12　始端 PLEM 的静力平衡

图 22 - 12 中的力矢量多边形可以作为方程(22 - 29)和(22 - 30)的图形表示。在平衡状态时,管道底部张力和管道底部角度只有唯一解,管道底部张力和底部角度的方程可以表述为

$$T_{op} = \sqrt{T_{oc}^2 + W_s^2} \tag{22-31}$$

$$\theta_{op} = \arctan(W_s / T_{oc}) \tag{22-32}$$

通过确定这两个变量来确定悬挂段管道跨度,管道管道跨度可以通过使用悬链线方程来求得。这个分析通过逐步减少 PLEM 的水下重力 W_s 直到 PLEM 超出目标位置来得到拖拉的结果。当缆线底部张力与管道顶部张力平衡时可以进行铺管操作。

为了完成始端 PLEM 修复和调换的动态运行序列的分析,应先进行终端 PLEM 的分析。始端 PLEM 的分析与终端 PLEM 类似,除了铰接的防沉板。

22.5.4 始端 PLEM 和终端 PLEM 的应力分析

由于管道受弯产生的管道外表面的应力按下式计算。

$$\sigma_{bending} = \frac{M \cdot D}{2I} \tag{22-33}$$

式中 M——弯矩;

I——管道截面的惯性矩;

D——管道外径。

$$\sigma_{tension} = \frac{T}{A_s} \tag{22-34}$$

式中 T——管道张力;

A_s——管道钢截面面积。

静水压力产生的管道应力为

$$\sigma_{hydrostatic} = -\frac{P_e \cdot A_e}{A_s} \tag{22-35}$$

式中 P_e——管道张力;

A_e——管道端部截面面积,$A_e = \frac{\pi D^2}{4}$。

管道外表面中应力为以上三种应力之和为

$$\sigma_{pipe} = \sigma_{bending} + \sigma_{tension} + \sigma_{hydrostatic} \tag{22-36}$$

22.5.5　终端 PLEM 的分析实例

终端 PLEM 实例的分析基于方程(22－9)至(22－28)使用类似 Microsoft Excel 或者 MathCAD 的工作表。如图 22－13 所示为实例图。

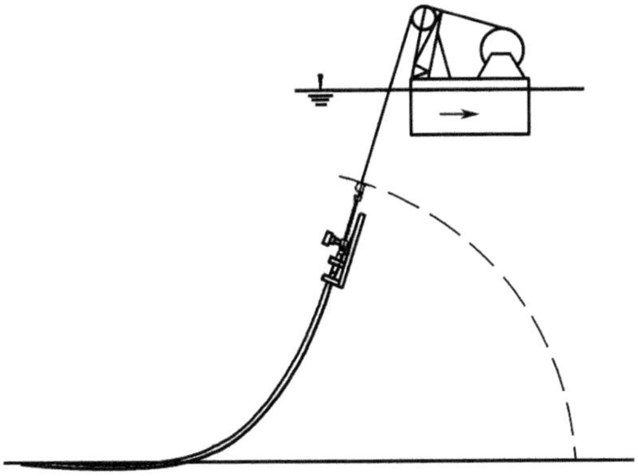

图 22－13　终端 PLEM 实例

输入的数据为

PLEM：W_s＝20 000 lb；L_{yoke}＝6 ft；e_{pleml}＝0.5 ft；e_{plemt}＝－1.0 ft

管道：OD＝6.625 in；W.T.＝0.719 in；e_{pipe}＝0.25 ft

缆线：OD＝2.875 in；W_c＝12.5 lb/ft

水深＝4 000 ft；海水密度＝64 lb/ft^3

如图 22－14 所示为终端 PLEM 实例分析结果。

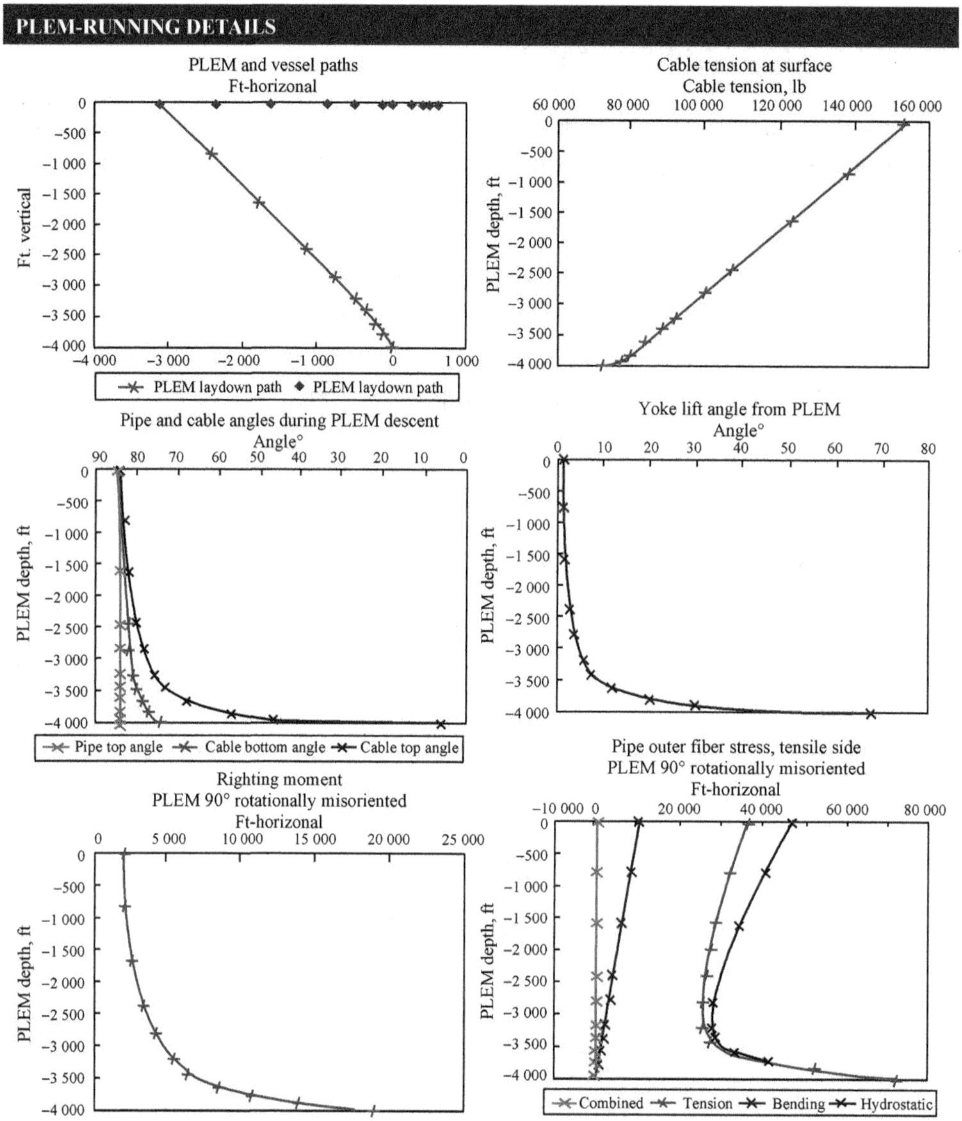

图 22－14　终端 PLEM 在不同水深的分析结果

参考文献

[1] API. API RP 2A－WSD Recommended Practice for Planning, Designing and Constructing Fixed Offshore Platforms Working Stress Design [S]. Washington, DC, USA: American Petroleum Institute, 2000.

[2] Andersen K, Jostad H. Foundation design of skirted foundations and anchors in clay[C]// OTC 99, Houston, USA, Offshore Technology Conference, 1999.

[3] Antani J, Dick W, Balch D, et al. Design, Fabrication and Installation of the Neptune Export Lateral PLEMs[C]// OTC 2008, Houston, USA, Offshore Technology Conference, 2008.

[4] Corbetta G. BRUTUS: The Rigid Spool Piece Installation System[C]// OTC 99, Houston, USA, Offshore Technology Conference, 1999.

[5] Dyson K, McDonald W, Olden P, et al. Design Features for Wye Sled Assemblies and Pipeline End Termination Structures to Facilitate Deepwater Installation by the J – lay Method[C]// OTC 2004, Houston, USA, Offshore Technology Conference, 2004.

[6] Veritas D N. Foundations, Classification Notes No. 30.4[J]. Hovig, Norway, 1992.

[7] Gilchrist R T. Deepwater Pipeline End Manifold Design[J]. Oil & Gas Journal, 1998, Nov.

[8] Istre M. Pipeline End – Sled Design for the Green Canyon 209 Lateral Pipeline[C]// OTC 2001, Houston, USA, Offshore Technology Conference, 2001.

[9] Janbu N, Grande L, Eggereide K. Effective stress stability analysis for gravity structures[J]. Proc BOSS 1976, 1976.

[10] Janbu N. Grunnlag I Geoteknikk, VII[J]. Tapir, Trondheim, 1970, 426.

[11] D'Aloisio G, Jansen J O, Corbetta G. Norne – Heidrun: Closing "The Loop" With Diverless Flange Connections[C]// OTC 2001, Houston, USA, Offshore Technology Conference, 2001.

[12] Jasmin I S J, Mohamed M A. Deepwater PLEM – Deepwater Pipeline End Manifold Design Challenges[C]// OTC 2008, Houston, USA, Offshore Technology Conference, 2008.

[13] Morais M, Azevedo F, Kvello O, et al. Deepwater Achievements and Challenges on the Extra Roncador Pipeline Installation Project[C]// OTC 2001, Houston, USA, Offshore Technology Conference, 2001.

[14] Ritter J, Doiron D, Beck J. Gemini Pipelines[C]// OTC 2000, Houston, USA, Offshore Technology Conference, 2000.

[15] Wolbers D, Hovinga R. Installation of Deepwater Pipelines With Sled Assemblies Using The New J – Lay System of the DCV Balder[C]// OTC 2003, Houston, USA, Offshore Technology Conference, 2003.

第23章

水下连接和跨接管

23.1 概　　述

在水下石油/天然气生产系统中,水下跨接管是一个短管接头,它用来在两个水下组件之间运输液体产品,例如:采油树和管汇,管汇和管汇,或管汇和输出滑车。它也可以连接其他水下结构,如管道末端管汇/PLET 和立管基座。除了液体产品,它还可以作为水/化学药品注入井中的管道。

23.1.1 连接系统

在过去数十年,人们已使用各种连接系统开发水下油田。人们使用不同类型的水平和垂直连接系统和相关的连接工具来连接出油管、脐带缆及其他装置。对于出油管,水下连接系统用于连接采油树到管汇,采油树到采油树以及管道末端到采油树或管汇。对于水下控制系统,水下连接系统用于连接脐带管到采油树或管汇,采油树到管汇。

水平连接系统主要用于依靠潜水员安装的浅水区,比如扩张管用来连接管道同平台附近的固定立管。近年来,在水下工程中的基本原则发生了改变,主要由潜水员活动发展到远程系统用于深水油田开发的建设。在无人遥控机器人的辅助下,水平连接刚性四通也用于深水。大多数水平连接系统是使用机械螺栓法兰接头,而垂直四通连接系统使用倒置的“U”或“M”形带筒连接器的刚性四通。

(1)垂直连接系统

主要在墨西哥湾采用的垂直跨接管是典型的垂直连接系统,其一般特征是倒置的"U"形刚性四通,在每个末端使用机械套管接口,如图 23 - 1(a)所示。垂直连接跨接管系统中包括两个垂直向下的连接器(液压或机械式)和他们之间的一个短管、管子和水下设备(如采油树到管汇,管汇到 PLET 等)。接头控制部分是跨接管回收系统的一部分,由配套的毂连接到水下设备。跨接管接头下放到毂上,装配后测试确保密封完整性。

在连接中垂直连接用一个操作直接安装到接收卡箍。由于垂直连接系统不要求牵引能力,它简化了工具的作用,提供了有效的连接操作时间并减少了刚性卷轴长。调节和连接由连接器本身来实施,或由无人遥控机器人操作连接器驱动工具(CAT)系统如图 23 - 1(b)所示。

图 23 - 1

(a)垂直连接系统;(b)V - CAT 协助的垂直连接

(2)水平连接系统

如图 23 - 2 所示为一个水平连接系统,它可以用于管线的一端和两端连接。终端接头被水下绞车拖进连接点。水平连接可能由一连接工具操作的紧固连接器;由水下机器人操作的集成液压连接器;或由连接驱动工具和水下机器人的帮助下非液压套管连接器组成,水平连接使出油管/脐带管线在一条直线上,在渔民们过度拖网作业时,便于保护系统。

水平连接系统的安装程序如图 23 - 3 所示。在挂接到一个吊具梁上的水平连接系统上部署四通,并在水下结构目标区域上降低至数米以内如图23 - 2 所示。

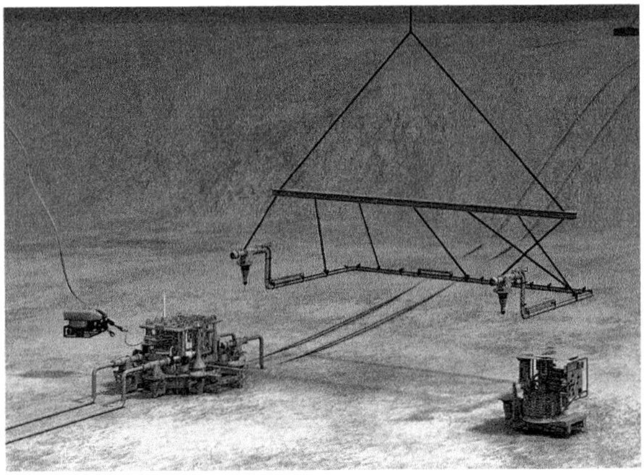

图 23－2　水平连接系统

四通降低直至第一个终端头的接头插入到接口的插座里，如图23－3(a)所示。第二个终端头随着四通的降低，始终保持水平对齐，直到接头完全插入到连接口的插座里。连接驱动工具被水下机器人放在第一个终端头上并锁在上面如图 23－3(b)所示。弄平终端头并锁在水平位置上。保护帽被从连接器和内侧轮毂除掉如图 23－3(c)所示。终端头被连接到内侧轮毂而且连接器被关闭如图 23－3(d)所示。压力试验可以来验证连接器的密封完整性。连接驱动工具被从终端头和内侧轮毂解开并提起，重复连接过程来连接第二个终端头到内侧轮毂而不必返回连接驱动工具至水面舰艇。

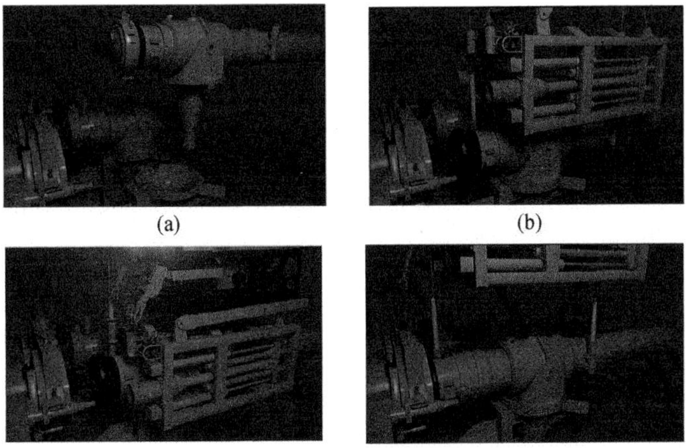

(a)　(b)

(c)　(d)

图 23－3　水平连接系统的连接程序

如图 23-4 所示为一口井到管汇跨接管使用一水平连接系统,水平连接系统被用在 BP 的大 Plutonio 的注水系统中。

图 23-4　Pu-PG 井到管汇跨接管

(3)水平和垂直连接系统的比较

如表 23-1 所示为水平和垂直连接系统间的比较。相对于垂直连接系统,水平连接系统的主要技术缺点包括增加了海上作业时间,增加了复杂性和对水下机器人的依赖性。然而,这些在很大程度上可以由优点抵消,这些优点包括减小结构尺寸,简化出油管连接器,以及降低对船舶/天气的依赖。

表 23-1　水平和垂直连接系统间比较

评价问题	水平连接	垂直连接
连接所需设备	部署相对复杂的水下机器人和操作所有设备	相对简单的部署设备,且对水下机器人 pt 执行任务的依赖性相对较低
连接时间	长	短
连接器复杂性和尺寸	简单;美国石油协会/美国国家标准协会法兰或紧固连接器。连接器质量相对较轻	复杂;套管连接器需要积分击打机制或单独运行工具。连接器质量为几吨
计量和制造精度	要求中等水平的精度,因为连接系统能弹性变形,如果需要的话四通要对齐	要求高水平的精度(因为系统没有通过连接器的纠偏办法)
搁浅抛锚的可能性	相对低,因为系统接近水下	相对成问题,因为更有可能会搁浅
船只的要求	相对较低规格的动力定位,有甲板空间和有四通起重机的船只,起重机高度可以低	相对较高规的动力定位,带有稳定响应振幅算子,能按标准运行且在海上操作时间最长。由于四通的垂直性,起重机高度可能需要相对较高

表 23-1(续)

评价问题	水平连接	垂直连接
密封变化	相对简单;可用水下机器人推开并替换密封	取决于套管连接器品牌,下面相关内容有所涉及:恢复连接器和出油管到表面/甲板,改变密封并重新部署出油管。提升四通后,一些可以用水下机器替换
天气依赖	非常低,因为操作独立于船只运动	相对高,由于对指导方针的依赖

23.1.2　跨接管构造

一个典型的跨接管包括两端连接器和一根两连接器间的管。如果这根管是一根刚性管,跨接器被称为刚性跨接器,反之,如果这根管是柔性的,跨接器被称为柔性跨接器。

如图 23-5 所示为刚性跨接管的常见样式。对于刚性跨接管来说,"M"形和倒"U"形是两种常用的形式。根据其构造,也有水平"Z"形的等。跨接管构造取决于设计参数,水下设备的接口以及跨接管运行的不同模式。

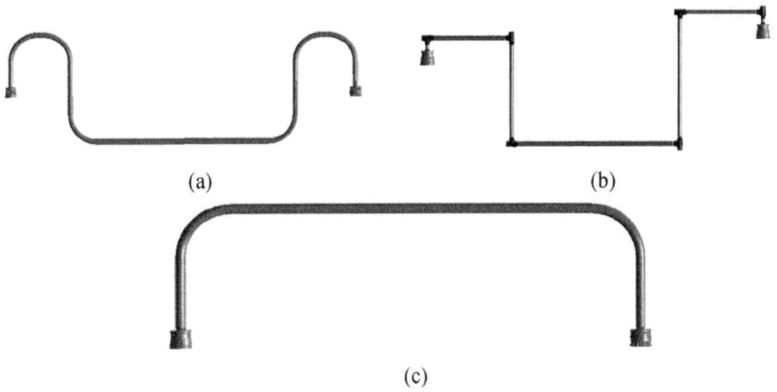

图 23-5　刚性跨接管构造图

(a)(b)"M"形(弯头);(c)倒"U"形

在水下的各个组成部分之间的刚性跨接管通常是在水下横向铺设的钢管。在水下硬件安装后,就要进行组件之间的连接距离的测量或计算。连接跨接管按水下测得的值制造，且与每个组件上的毂相匹配，其中管子按要求长度制造，端头装有连接用的毂并连接在两个组件之间。一旦跨接管装配后，它被运送到近海水下的位置用于设备的部署。跨接管将降至水下，锁定在各自的配对中心，测试并投入使用。

如果测量不准确或该组件从原计划地点移出，新的跨接管可能需要重新制造。在制造新的跨接管之前，构件之间的距离和方向必须预先知道，因为它的长度将是至关重要的。另外，当处于水面以下时，需要注意跨接管构造的小变化，以及由于浮力引起的静荷载发生变化，否则它可能导致跨接管的尺寸变化和安装失败。安装后，如果某个组件需要回收或移动，断开构件和跨接管的连接将是一个耗时的任务。

如图 23－6 所示为一个水下柔性跨接管的构造图，它包括两个端连接器和连接其的一柔性管。水下柔性跨接管通常用于在水下构件之间运送流体。它也可以用来把刚性立管从船上分隔开来，以有效地解决由于 FPSO 的移动而引起的失效。例如刚性和柔性跨接管都用在 FSHR 受体系统，如图 23－7 所示。该 FSHR 包括一个垂直钢管，它受到表面浮力的张拉；它可以通过柔性跨接管连接到立管和 FPU 的顶部。一个 M 形刚性跨接管用于连接垂直立管和一个管道末端管汇。

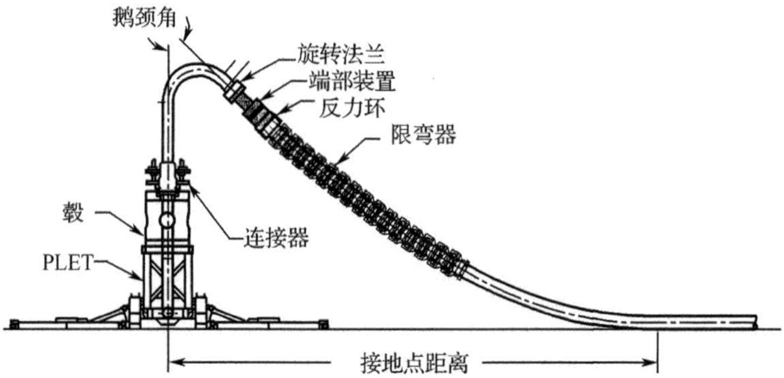

图 23－6　柔性跨接管构造

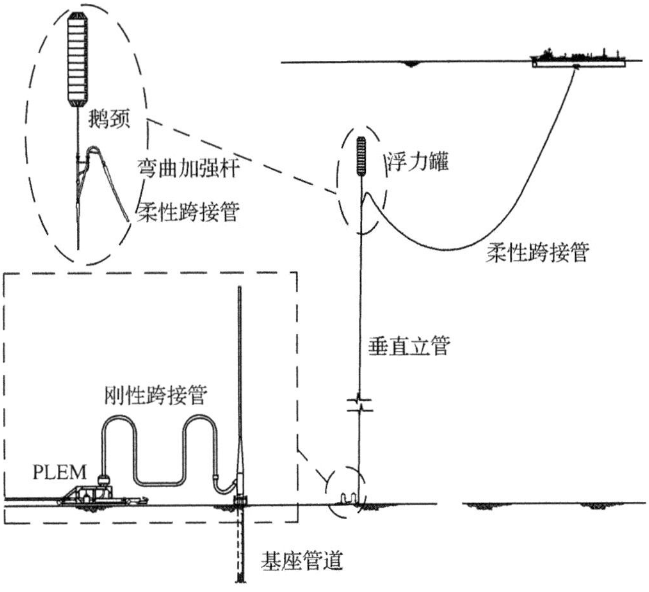

图 23 -7　在 FSHR 系统中使用的刚性和柔性跨接管

23.2　跨接管组成和功能

23.2.1　柔性跨接管组成

一个典型的柔性管包括两端连接器和两个连接器之间的软管。如图 23 -8 所示为 Coflexip 柔性跨接管的组成部分。

该 Coflexip 水下柔性管包括一系列功能层,即:

- 不锈钢内壳,是为抵抗外来的压力而设计;
- 热塑性护套的流体密封;
- 螺旋缠绕钢丝,是为抵抗内部压力;
- 轴向拉伸装甲线,用于负荷加固;
- 外部聚合物鞘,用来隔离环境;
- 外部不锈钢体,这是一个额外的选择保护。

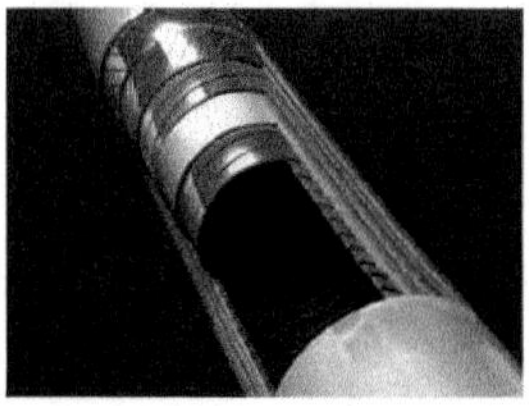

图 23－8　柔性跨接管组成

(a)端连接器;(b)柔性管

(1)柔性管的终端连接件

水下跨接管安装的标准终端连接件要求高规格的碳涂层与钢超高耐腐蚀和损坏的 Nikaflex ® 涂层。终端可选择符合 API 的标准法兰，Grayloc ® ，Cameron 毂。

(2)耐腐蚀性

在高温高压油管中使用的水下跨接管应使用具有抗腐蚀性能的高性能材料技术。来提供抗高压，抗高温，耐腐蚀管道，如 Coflexip 水下跨接管。该管道被设计来抵制最糟糕的工作环境。特别是所有管道结构很适合抵抗诸如水腐蚀剂，硫化氢，二氧化碳，芳烃，酸和碱 。而且没有机械设计完整寿命的损失。

(3)柔性跨接管的优势

柔性跨接管的优点可以概括如下：① 柔韧性；② 耐 H_2S 和耐腐蚀； ③ 耐高温；④ 适用于动态或静态的服务；⑤ 优秀的疲劳设计寿命；⑥可钻空性；⑦高抗坍塌性；⑧高度简化的长度规范；⑨低 U 值；柔性跨接管的缺点是膨胀和小口径及较高的内部压力。

2. 刚性跨接管组件

跨接管连接系统配置了钢管以及在水下管道设施每端使用机械连接。在安装和取回过程中，连接器内金属密封予以保留和保护。该连接器的设计是设计荷载的抵抗由内部管线压力的产生的综合影响，如外部弯曲、扭转、拉伸、热荷载和安装负载。

刚性跨接管系统的设计，应当考虑下列事项。

(1)跨接管系统可由船只安装。

(2)跨接管组件独立于连接器接收器(或支撑结构)。

(3)对系统的所有部件进行分析和可靠性方面预期的失效率。该系统是为了尽量减少失误。

为了组成部分的刚性跨接管系统设计，应考虑下列事项。

（1）在安装、组合、维修过程中应尽量选择减少潜在的磨损和/或密封的表面损害的材料。

（2）冗余系统的所有部件都应就安全、成本和可靠性方面进行分析。

（3）同一设计的跨接管组件应能互换。

（4）标准化的部分应在整个系统中使用。

（5）所有系统组件应与预期的流体（如所有的生产注射和完成液）兼容，且在其设计寿命内运行无故障或维修。

所有系统部件的设计应能在海水中工作，而且应在一个额定的设计深度。

刚性跨接管的连接系统可包括下列项目。

（1）预制的弧形钢管道；

（2）两个连接器组件，每个都有整体的或可回收的驱动器；

（3）软着陆系统的组成部分之一的连接器或连接器提供的（运行工具）驱动器；

（4）两个连接器接收器；

（5）毂端部闭合；

（6）跨接管测量工具；

（7）制作夹具/试验台及起重工具（例如，吊具索具和杆）；

（8）航运/运输站；

（9）测试设备；

（10）运行工具；

（11）金属密封的替代工具；

（12）绝热；

（13）连接器（运行工具）；

（14）毂清洁工具；

（15）连接器覆盖工具；

（16）涡激振动抑制设备（如需要）。

23.2.3　连接器组件

（1）连接器接收器

该连接器接收器安装在水下设备上（如管汇、PLET、采油树等），包括连接器配对毂，连接器定位系统，管道，支持结构。每个连接器接收器的金属密封圈表面镶嵌有耐腐蚀合金。

该连接器接收器应包括下列内容：

① 引导连接器对准到所匹配的毂上的标准系统。该校正系统应在跨接管的初始安装到连接器接收器上提供粗糙校正。在最后的下降过程中为连接器和配对毂在补差容许范围内提供校正。

② 测量工具的接口。

③ 2 个高质量的倾斜仪(90°到彼此)用来直接测量各毂的倾角。

④ 眼板用于 ROV 引导的装置。

该连接器接收器的设计应考虑下列要求。

① 连接器接收器的设计应该是一个独立的组件,在整合成水下设备(如树、管汇、PLET 等)前,需要独立测试。

② 接收器的连接器应可以焊接到水下设备(如管道焊接)。

③ 连接器应把跨接管荷载和连接器覆盖负载转移到水下结构(树架、管汇结构、PLET 等)。

④ 连接器在安装过程中和检索中应保护配对毂的关键表面。

⑤ 连接器的设计应该接受中心端盖。

(2)连接器

该连接器将用于跨接管末端,把配对毂锁定和密封在连接接收器上。该连接器应配备下列内容:

① 在最后的调整和降低之前,设计一种机制(如套筒手指,或制动器),目的是抵抗横向和纵向可能出现的作用,对连接化妆过程中遇到的力量。该连接器是为了适应设计荷载。

② 金属对金属密封面与耐蚀合金镶嵌。密封面应对污染物或轻微表面缺陷相对不敏感,在最大弯矩或扭力矩存在下保持密封完整性的。

③ 使具有弹性的备份制成品能金属密封。

④ 机械位置指示器,以便 ROV 能明确解读指示锁定/解锁操作。

⑤ 一个机械脱扣器或液压次级脱扣系统。

连接器的设计应满足下列要求:

①在连接过程中应该不会使匹配的毂永久变形。

②在安装和拆卸过程中,应保护密封圈和密封面。

③连接器跨接管安装和拆卸过程中应保留金属密封圈。金属密封应由 ROV 操作,而不应当把跨接管带到表面。

④连接器应焊接到跨接管;机械插栓荷载不得超过接收连接器结构和管道的允许值。

在上扣使用 ROV 热刺后,将 ROV 压力塞连接后,需要对连接器密封圈进行外压测试,外压测试压力至少是环境静水压力的 1.25 倍。一个容积补偿应包括在密封测试电路里，这个电路应与焊接接头构造尽可能相合。

(3)连接器驱动器

该连接器驱动器可以和连接器成为一个整体，也可以为一独立检索器。该连接器驱动器应当包括下列内容：

① 无人遥控潜水器处理这些关键位置，观察表面，同时指导刺伤运作。

② 一个附有压力表的 ROV 面板，具有监察工具的功能，压力塞插座用于操作软着陆系统、连接器安装密封试验。所有的控制和密封试验要尽可能是焊接的。须为每个独立的 ROV 热刺提供函数。

③ 压力计，通过它，ROV 可以监测器械的水力性能。

④ 机械脱扣(覆盖)。

⑤ 可选液压次级脱扣系统，但是仍然需要机械脱扣。

该连接器的设计应考虑下列要求：

① 该连接器驱动器设计是为了排除冲击荷载，振动，热负荷意外释放，以及任何其他负载对锁定机制的影响，因此应自锁机制中提供次级锁。

② 该独立检索器应主动锁定在连接器上，在运行维护、检索、处理和上部作业时保护连接器。

如图 23-9 所示为两个典型的套筒连接器组件，包括连接器、连接器、接收器驱动器：卡梅伦 CVC 的系统和 FMC 最大接头系统。该连接器组件连接刚性管，并广泛应用于水下结构连接。

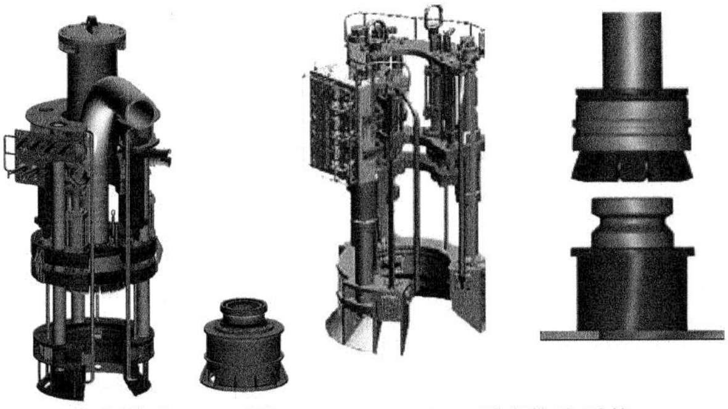

(a)卡梅伦的CVC系统　　(b)FMC最多接头系统

图 23-9　典型的连接器组件(连接器、接收器和连接驱动器)

(4)软着陆系统

安装和检索一个软着陆系统应尽量减少冲击负荷，它是连接器或连接器驱动器的组成部分。它的目的是在降落时吸收冲击荷载作用，而跨接管连接到连接器上的接收器上，同时保持密封面之间的隔离。软着陆系统支撑着跨接管重量,当连接器下降到配对毂时,使跨接管从船体位移中隔离开来。在将连接器锁定在 hub 上之前,通过一种从 hub 上降低或提升连接器的可控方法来使连接器和配对毂共同面对。它有机械位置指示器,以指示降低运作,具有清楚的 ROV 可读性,并允许每个跨接管端部降低或提高以独立于其他。

(5)连接器替代工具

如果主要驱动器有故障的话,该连接器替代工具应能解扣机械连接。

23.2.4 跨接管管线轴

跨接管管线轴应包括直管和弯管之间的端接配置组件,在安装和运行时提供柔度。跨接管管线轴应当具备下列条件。

(1)被设计在 ASME B31 座 1111 和 API 要求下运行,两者的要求更为严格;

(2)在端接连接的直管和弯管组件之间应全焊接组装,管道焊缝应符合 ASME B31.3/ASME;

(3)最少使用 3D 弯管,而为了便于清管则要选用 5D 弯管;

(4)有足够的灵活性,以适应测量和制造公差;

(5)满足弯曲和扭转的连接系统的限制;

(6)适应由于流线的扩展而产生的结束动作;

(7)设计这样的跨接管管线轴可以完全组装,在跨接管测量已经确定好后,应在岸边基地或海上进行最后的焊接;

(8)按规定纳入涡抑制设备;

(9)尽量减少偏心荷载作用;

(10)按规定纳入保温装置。

23.2.5 毂端盖

在安装时,每个毂都有毂端,除非毂的设计是为了配备其他组件(例如,清管器捕捉器,清管环路)。在水下设备安装前,需将毂端盖固定在毂上。在设计毂端盖时,用无人遥控潜水器安装毂校正机制,且跨接管接口对准机制的设计应包括在内。毂端盖设计使用提升缆线或 ROV 回收或安放。此外,主要的密封区域应该得到保护。

当指定一个含压端盖时,它应该符合以下额外要求。

(1)毂端盖需承受的最小压力范围与连接器及毂相同;

(2)密封表面镶嵌有耐腐蚀合金,密封面应对污染物或轻微表面缺陷不

敏感;

(3)能够在水下水压设备中使用;

(4)为二次重复使用作准备,如果使用的是机械压力盖,ROV 的顶升工具可以在不拐伤毂、管子或其他相邻设备的前提下移除毂上的盖子;

(5)在移除跨接管并重新安装端盖后,它则成为一个次级的压力屏障;

(6)毂闭合在表面密封,使用连接器金属密封;

(7)通过 ROV 压力塞接口操纵的有一个抑制剂注入口和减压口,设计应该允许对端盖移除后和为了抑制剂的注入/流通进行内压测定。

23.2.6　制造/测试基座

在制造/检测基座应包括以下内容。

① 压力盖和跨接管测试中心;

② 快速/简便端口用来在跨接管系统制造和装配后进行水压测试;

③ 可移动毂需要在固定装置上测试是否比连接器尺寸大;

④ 入口梯子和工作平台。

制造/测试基座的设计应考虑下列事项。

① 该基座能够被一岸上基地或在船只上安装使用;

② 该基座被用作制造/测试或航运平台;

③ 它支撑在现场制作安装中的配置跨接管或者在到安装地点的路线上提供支撑;

④ 它提供了配对毂的角和高度调,其基于实地测量,建模容许偏差验证跨接管系统功能;

⑤ 不限制连接器的运作和进入;

⑥ 相对毂在水下设备上支撑结构而言,它更具刚性;

⑦ 它允许俯焊以便跨接管的近海运输,以及在安装期间跨接管下接头迅速脱扣,跨接管下接头脱扣在甲板上施行。

(1)运输/航运基站

如图 23 - 10 所示为交通运输/货运站和驳船上的一根刚性跨接管。交通运输/航运站是与制造/测试基座类似的。

它在设计时应考虑以下事项。

① 在现场制作安装或是去安装现场的路上时,基座支撑跨接管;

② 不限制连接器的运作和进入;

③ 提供入口梯子和工作平台(如有需要);

图 23－10　运输/航运基座

④ 允许焊接下降以便跨接管近海运输；

⑤ 在离岸安装过程中允许跨接管快速和简便脱扣，跨接管下接头脱扣应在甲板上完成；

⑥ 该设计应适应不同大小的跨接管航运；

⑦ 允许用新的环垫片运输跨接管；

⑧ 使用导向漏斗，方便跨接管的安装；

（2）测试设备

跨接管测试设备的制造和测试，应配置为适于水下工程使用。测试设备至少应包括：

① 液压动力单元包含跨接头、配件、热刺、液压油等来运作软着陆系统，连接器和外部密封试验，或根据需要在岸上对跨接管连接系统做一个完整的测试；

② 液压泵水压达到系统水压测试的能力要求。

（3）运行工具

运行工具应具有从安装船上安装和检索跨接管的功能，辅以 ROV 的帮助。运行工具设计包括撑杆的布置，吊索附在跨接管上。通常，它包括：

① ROV 可释放卸扣，在跨接管安装时用于移动，在跨接管修复时用于固定（如安全钩）；

② 跨接管吊索有足够的长度能系在卸扣上，并为使用运输位置的运行工具进行提升和安装作准备；

③ 稳线连接点,以方便操控的行动;

④ 导向喇叭口/导杆可用于应急或临时安装。

在对运行工具设计时,应考虑以下项目:

① 在有或没有导向的情况下安装和恢复跨接管;

② 能够运行在钻杆上或降低吊索上;

③ 在部署和恢复跨接管时,不对水下设备造成损害;

④ 允许连接到跨接管;

⑤ 配置运行工具应当在移出跨接管组件时,使得跨接管连接器旋转被最小化;

⑥ 允许用卡车运输拆卸。

(4)跨接管测量工具

一般跨接管测量工具包括拉紧线和声呐系统。这两种系统是在水下操作时,对跨接管和拉紧线测量系统在表面加工时加以利用。

(5)金属密封更换工具

金属密封替代工具应设计以取代金属密封且不用把跨接管回收到水面上。可使用软着陆系统和驱动器来执行替换作业。

密封拆卸工具应主动锁定金属密封圈并将其从连接器中取出。该工具将对取出的密封圈进行保护,以便取回后对其进行检查。

(6)毂清洁工具

如图23-11所示为一个毂清洁工具,位于毂顶部。该毂清洁工具应用于移除后和端闭合检查之后,在跨接管部署之前;它包括一个有清洁块的插头,用于清洁密封表面的碎片油脂。

图23-11 轮毂清洁工具

(7)涡激振动抑制设备

对涡激振动(涡)抑制设备的要求的确定应基于振动分析。

(8)ROV 部署测厚仪

在每个连接端,侵蚀最严重,如有必要需安装测量漏斗和插件,以便安装超声波探头,并在无人遥控潜水器帮助下在这个位置读取管壁厚度,采集并记录每个跨接管的基线读数。

23.3 水下连接

水下连接包括出油管连接和控制脐带缆连接。水下出油管连接可分为 4 个类型:焊接连接、法兰连接、卡箍毂连接和机械连接。焊接连接通常用于在极浅水水下连接,焊接过程在一大气室进行,以保证环境的干燥。至于其他 3 个水下连接类型、连接的方法、主要目的是建立一个耐压密封的前提下来抵抗水下环境带来的负荷。在水下管线终端对齐后再进行水下管线间的连接和接点的制作。机械连接使用一个心轴或集线器式的界面,工具是由液压驱动或机械驱动的。对于深水,所有承受静水压力的密封应具有双向功能。下面将讨论几类典型的水下管线连接器,其代表了大多数可选用的连接器。

23.3.1 螺栓法兰

法兰连接采用金属垫圈设计,允许法兰面对面连接。最常用的典型的法兰,AP16A/17D 或 ANSI B16.5,法兰和螺栓的设计应满足 ANSI/ASME B16.5 标准及 ISO 13628 -4 规范的规定。它们通常用于浅水(<1 000 ft),需要潜水员协助安装。这些设计使用金属环,当垫片螺栓收紧时发生挤压。特别应考虑到对水下应用的这些垫片。在水下组装时,一些垫片背面会积水,导致垫圈法兰连接密封不当。密封围槽应用镶嵌焊接,使其表面具有耐腐蚀性。镶嵌焊接与法兰所用的耐腐蚀合金材料无关。

螺栓法兰连接允许有一定的初始偏差角度,如图 23 - 12 所示。然而,由于采用螺栓孔定值,其旋转对准受到一定限制。

如图 23 -13(a)所示为锥禄的错位与旋转法兰组件。该偏心法兰设计,如 Hydrotec 和 Taper - loc 失调法兰的设计,也被用于水下管道连接。法兰通在每个接口至少包括一个法兰旋转法兰以对上扣缓解。法兰紧固件通常是通过一些螺栓张紧系统来张紧。如图 23 - 13(b)所示为锥禄允许管道 10°的轴向和角度不准。

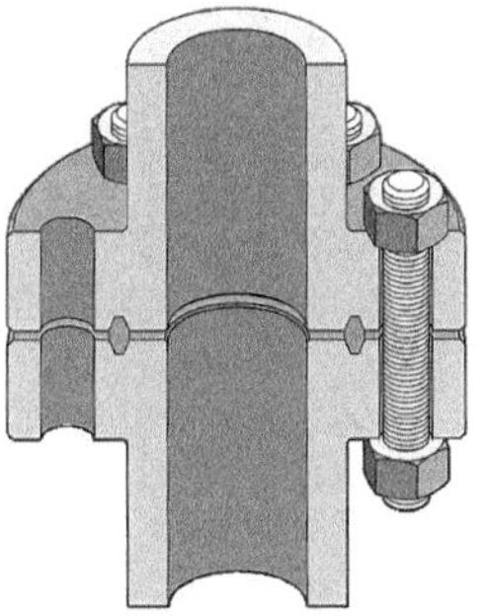

图 23 - 12　法兰螺栓的截面

(a)旋转法兰　　(b)未对准法兰

图 23 - 13　锥禄的错位与旋转法兰组件

螺栓法兰有以下特点。

(1)螺栓和螺母用于法兰预紧;

(2)一个金属垫片压缩两者之间的法兰来制造密封;

(3)常用于浅潜水深度;

(4)可由专业的 ROV 操作工具组装;

(5)法兰前必须密切配合上扣制造;

(6)旋转法兰可导致旋转错位。

23.3.2 夹毂

夹毂连接器类似于法兰螺栓连接。夹毂连接器可能会使用和法兰连接器相同的金属环垫片螺栓，或使用专用垫片设计。当夹紧装置收紧时夹紧装置压紧配对毂。如图 23－14 所示为一个典型的夹毂连接器。因为夹毂连接器所需的螺栓少，所以其组装速度比螺栓法兰快。转动校正是不必要的，因为配对中枢没有螺栓孔，除非是多孔毂。另一方面，大多数夹毂连接器限制螺栓法兰连接的初始失调。

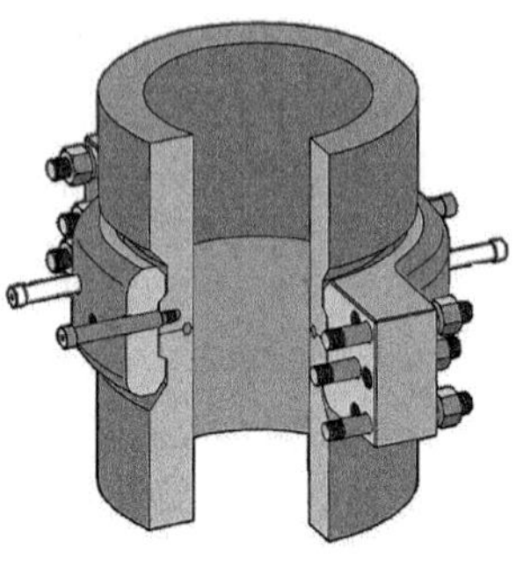

图 23－14　夹毂

因为它们尺寸小，只有少量的螺栓需要处理、安装和紧张，所以夹毂通常用于水下连接，在某些场合它们可能很难断开。由于夹毂由螺栓楔入夹具，即使栓移除仍然有一个螺栓的残余应力和摩擦力来抵抗夹紧阀门。潜水员不得不用锤子敲或其他特殊工具，以剥离夹紧阀的毂，尤其是当它们已经在水下待相当长的时间时。夹毂的特点归纳如下。

(1) 当装置收紧时，夹紧装置对两个毂进行预紧；

(2) 在毂之间压缩一个金属垫片，以创造一个密封环境；

(3) 可通过潜水或无人遥控潜水器组装；

(4) 由于螺栓数比螺栓法兰少，所以组装更快；

(5) 组装前，毂必须紧密对齐，但旋转对齐并不重要。

23.3.3 套管连接器

套管连接器使用最广泛的跨接管阀芯式连接。连接的原则类似于夹毂和夹具，只是用一系列纵向分段“套管”替换了夹具。套管由一个环形锁凸轮环激活，凸轮环沿轴向长度方向打开或关闭连接器。凸轮环的传动角通常是自锁的，以防止意外开启连接器。套管连接器由主体和围绕的毂组成，其内部有独立的“手指”或夹头，按环形阵列分布并依附在主体上，接合上毂后就组成了完整的结构连接件，如图 23－15 所示。

毂和套管的接合是机械或液压驱动。漏斗或导向柱为配对毂粗对齐。套管连接器着陆后，一个无人遥控潜水器安装压力塞，并为行程气缸提供液压动力，以可控制速度把毂拉在一起。开放式套管提供上扣校正，以保护金属密封。该

标准设计可容纳 ± 2 °的角度偏差及 ± 1.5 in 轴向偏移。一旦毂配对，液压缸驱动套筒套管关闭手指来完成连接。给套管施加一个预载，使其与相连的管道具有相同的强度特性。通过 ROV 控制面板组装后，对密封处进行压力测试。套管连接器的特点归纳如下。

(1)套管分段被一个驱动器环驱动着围绕一个连接器主体和毂；

(2)在主体和毂之间压缩一个金属垫片来建立一个密封；

(3)由液压或无人遥控潜水器操作的工具操作运行；

(4)可以调整失调毂；

(5)旋转对线不是很关键。

图 23 – 15　一组套管

23.3.4　制动器与窗口连接器

制动器和出油管窗口连接器具有原则上类似的标准，即把井口的“制动器”分段压缩到配对毂槽中，来锁定连接器。这些制动器被窗口内的连接器组件捕获。“制动器”的段数在不同厂商之间也不同，可以像一个完全纵向环环切那样简单。一个锁定活塞驱动着坍缩的制动器，设置预压密封及对连接器预加荷载。

如图 23 – 16 所示为一个典型的制动器和窗口连接器。其特点归纳如下。

(1)套管分段被一个驱动器环驱动着围绕一个连接器主体和毂；

(2)在主体和毂之间压缩一个金属垫片形成密封；

(3)由液压或无人遥控潜水器操作的工具操作运行；

(4)旋转对准不是很关键。

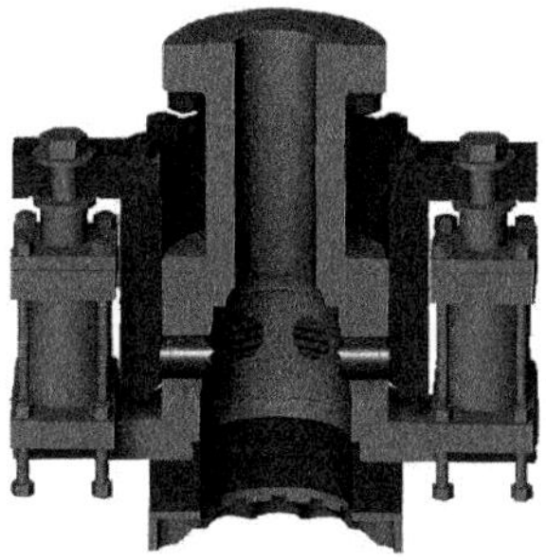

图 23 – 16　制动器和窗口连接器

23.3.5　连接器设计

水下管线连接器的选择和后续设计应考

虑下面的因素，如水的深度、干预方法、连接点类型、水下管线安装方法以及校准方法对应的误差容许值。此外，连接器设计和选择可受下列因素影响。

(1)连接应力

管线本身和水下管线连接器由于一个特定的对准方法和附加轴向运动导致的残余应力，对于端部连接来说，应与运行应力一起考虑分析，以确定合应力是否在允许的范围内。

(2)组装要求

连接器的组装要求应进行审查，以确保：

① 连接器能使垫片变形或偏转以形成密封；

② 有足够的预紧力，以抵消连接器的安装和操作负荷，否则可能破坏垫圈密封；

③ 有足够的轴向间隙可以接近并更换密封圈。

水下管线连接器设计，须经过上扣后在循环压力、自然温度或振动荷载和设计外荷载下不丧失密封性能。

(3)测试

密封连接器应在工厂以规定的水压试验测试水下管线。在某些情况下，连接器可能是一部分，并与水下设施进行测试。在这种情况下，连接器应按照水下设备的静水压力测试规定进行测试。如果是 TFL 的指定，每个上扣连接应符合 API RP 17C 的规定。此外在工厂测试中，可能需要检验组装预紧力、配合度、固定装置及液压驱动装置的性能。

端连接器设备的设计应该提供一些检测手段来验证垫片已形成足够的密封和连接器在被安装到水下后已完全驱动或被夹住。在连接方法的评估中，应考虑以下因素。

① 密封的可靠性；

② 牢固或耐损伤；

③ 便于回收连接器；

④ 安装费用；

⑤ 管道接口基盘的制造困难；

⑥ 对操作荷载的抵抗；

⑦ 初始设备成本。

选择连接方式时，根据其重要的因素来分配指标。每个连接的方法是对其他的方法一至三个标准范围内的比较。

23.4　刚性跨接管的设计与分析

23.4.1　设计荷载

用于分析刚性跨接管设计参数的例子是：

(1)工作压力(外部水压不考虑)；

(2)管内温度，这可能构成屈服强度下降(> 250°)；

(3)绝缘层的厚度和密度，以防止水合物的形成；

(4)该跨接管配对枢纽的距泥水线的高度；

该跨接管系统的设计应考虑到所有负载，这可能是由于以下问题而施加：

(1)制造、组装和测试负载；

(2)装车和运输；

(3)安装，包括龙骨拖、拖交、降低至水下和着陆，跨接管系统将假设在部署过程中充满了水；

(4)静压荷载；

(5)液压试验荷载；

(6)制造和测量公差；

(7)热负荷和压力，包括热/压力循环的影响；

(8)波和流动作用力；

(9)出油管操作负载(出油管因运动结束的压力、温度等)；

(10)水下机器人冲击荷载；

(11)沉陷负载(差异沉降)；

(12)振动疲劳，非定常流或涡流(诱导电流的振动)；

(13)其他操作引起的荷载，包括钻探喉、采油树 BOP 以及在修井时的井口跨接管。

23.4.2　需求分析

分析跨接管时，至少有以下分析。

(1)公差分析

公差分析,以确定应该执行部件之间的配对和部件的最大允许误差。这表明重复的接口可以实现,连接器完全符合配对毂互换。这也决定了最佳跨接管几何特性,以满足功能要求。

(2)无人遥控潜水器入口分析

承包者应执行的ROV可达性分析表明该无人遥控潜水器能明确到达所有的ROV板、替代机械、液压热刺、位置指标、跨接管连接等。

(3)荷载分析

设计分析时必须确认下列加载条件。

① 运输:运输标准应在详细设计阶段确定,跨接管应加以分析以便运输到外地。

② 海上起重:应进行适当的负荷分析并且考虑到安装船只的动态因素。

③ 安装:应进行安装分析。

④ 热膨胀:对管汇结构和跨接管系统都应考虑热膨胀负荷效应。

⑤ 局部应力分析:对局部应力进行分析,包括所有关节、吊点和高应力焊接。

(4)热分析

应对跨接管系统进行热分析,以预期水合物形成的时间,必须包括跨接管和连接器组装分析。

23.4.3 材料和腐蚀防护

涂层系统应被用于防腐蚀保护;应当仔细关注水下组件,以维持整个接地跨接管连接系统的连续性,在该系统应避免使用不同的金属。

23.4.4 水下设备安装公差

垂直或水平连接连接器是由系统选择决定的。当水超过10 000 ft(3 000 m)水深和15 000 psi的工作压力时,所有跨接管或短管采用无导向安装技术,如图23-17所示 。跨接管或短管在陆上建造完并基于水下测量数据与先前安装的设备进行模拟匹配测试之后,才能实际安装,水下设备的安装公差对任何垂直方向的毂而言,在垂直方向上不得超过2°。安装公差应由跨接管和井口公差分析决定。

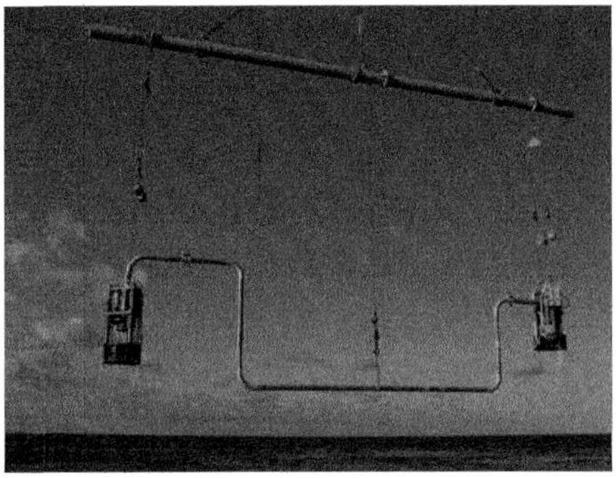

图 23－17　刚性跨接管安装

23.5　柔性跨接管设计与分析

如图 23－18 所示为一个 4 ft 柔性管，用于连接水下树和管汇的。柔性管在水下结构连接中经常使用，它可以用来连接采油树和 PLET 或管汇。柔性跨接管可以让上扣连接器的一边有足够的位移。

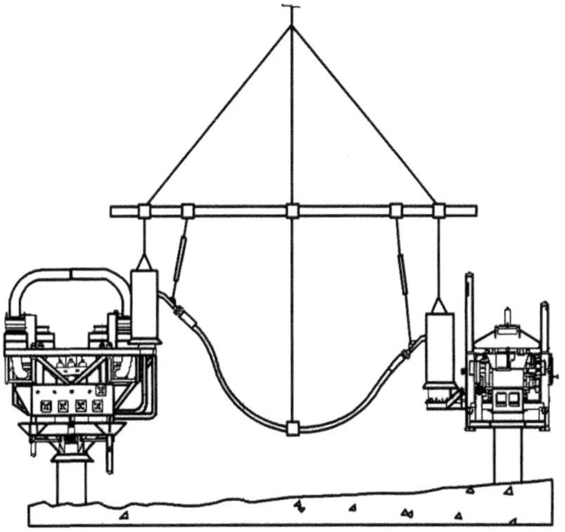

图 23－18　流管汇和采油树之间的柔性跨接管

如图 23－19，23－20 所示分别为典型的 OSI（Oil States Industries）和 VG（Vetco Gray）鹅颈跨接管组件及构件。

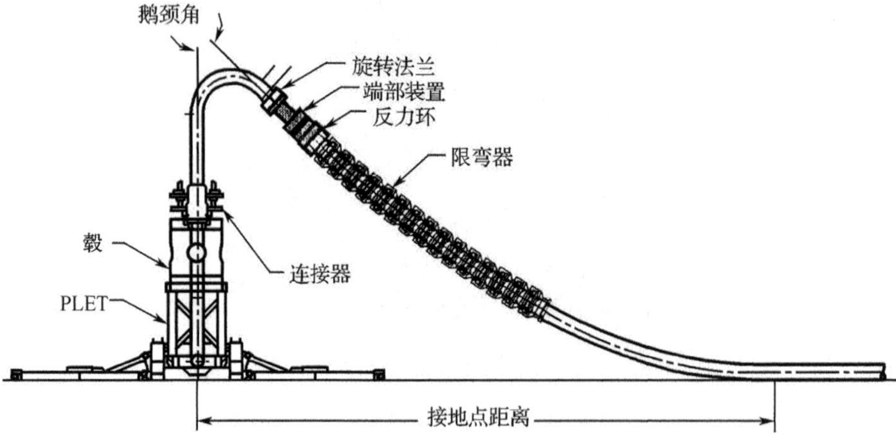

图 23－19　典型的 OSI 鹅颈柔性跨接管组件

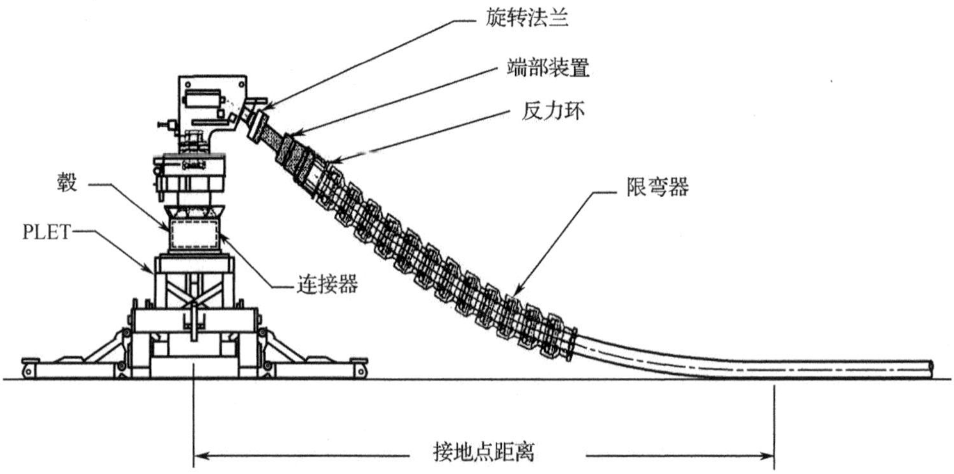

图 23－20　典型 VG 鹅颈柔性跨接管组件

跨接管就地分析和安装分析将通过墨西哥湾的项目进行详细介绍。

23.5.1　柔性跨接管就地分析

(1)跨接管就地分析允许荷载

① 跨接管的就地分析允许负荷包括以下问题：

柔性管的最大张力，为确保支持结构和水下结构的套筒连接器的完整性，最大水平拉应力应限于 5 kips 以下。据设想,5 kips 的负载限制将导致跨接管负荷和力矩低于允许的限度。

② 最小允许弯曲半径不超过 MBR 的 1.25 倍(最小弯曲半径)。

③ 柔性跨接管应始终承受主动的底部张力(即不允许出现轴向压缩荷载)。

④ 跨接管的作用最大负荷应确保在任何时刻周围结构的完整性和稳定性。

(2)分析方法

在安装过程中以及在跨接管的整个设计寿命中,将有一个荷载从跨接管转移到 PLET 套管连接器和管汇结构的过程。进行全面的静态分析,以确保在执行安装和操作时跨接管的完整性,并评估从跨接管转移到相邻结构的诱导负荷。

静态的跨接管设计过程包括如下设计步骤,如图 23－21 所示为典型的静态应用程序设计流程图。

如图 23－22 所示为系统配置的设计流程图。基于流程图,以下描述分析的方法在系统结构设计中采用。

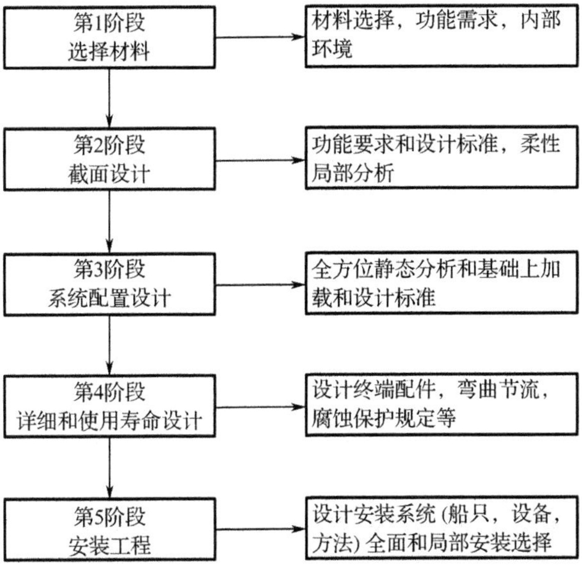

图 23－21　典型的静态应用程序设计流程图

① 静态跨接管分析

所有的静态分析都是在二维和三维荷载情况下计算所有的功能载荷,在柔性跨接管分析中,应考虑以下外部作用力。

a. 沿跨接管和弯曲节流器均匀分布的水下重力;

b. 由于鹅颈,连接器终端,运行工具等出现的集中荷载;

c. 在竖直平面内的水下基础假设为一个连续弹性基础;

d. 外部静水压力。

② 自由端悬链分析

自由端悬链分析,确定了鹅颈角度。自由端指的是跨接管的顶部,尽管根据自由悬链它能够自由转动,但它必须固定在标高位置上。自由端悬链线分析所依据的工作条件,是其设计寿命的长期工具荷载。

对于每一个跨接管,自由端悬链分析假设,该跨接管下端是静止在海床上的且承受一个恒定水平底部紧张力。预定的顶端标高反映了支撑结构的高度,节点无限制的自由转动让顶端跨接管遵循自然的自由悬链吊弦配置。在底部张力范围内,上述分析模型允许对跨接管行为研究,以确定着陆地点的范围和相关鹅颈角度。在此基础上,鹅颈角度可优化,以满足负荷要求。基于优化的鹅颈角度来看,名义底部紧张力是为了确定操作条件。

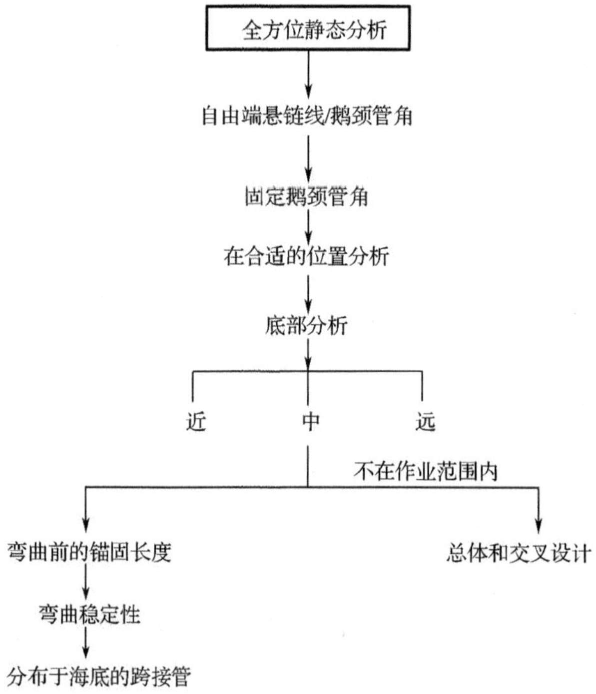

图 23－22　系统配置的设计流程图

③ 跨接管就地分析

对跨接管进行就地分析,以确保自由端悬链分析定义的鹅颈角,能满足所有其他加载条件。跨接管就地分析也提供了要保持跨接管完整和底部支撑结构完整的张紧力的范围。

基于轴向土壤阻力，认为跨接管的长度在大多数情况下，能够完全或部分在纵向方向约束跨接管。因此轴向张力的应力会从跨接管第一个端部向第二个端部自由传递。基于这个原因，建议整个跨接管，包括第一和第二端标高在就地分析时模块化。至少有以下三个极端情况需要研究：近的位置；远的位置；最大的平面漂移。

近的位置被定义为荷载方向，作用在 TDP（着陆点）向支撑结构移动的方向。在这种情况下，底部张力最小和跨接管弯曲半径在着陆地点处是接近 MBR 标准的极限的。远的位置被定义为作用在 TDP 远离支撑结构移动的方向。在这个荷载情况下，最小弯曲半径通常发生在终端配件或跨接管连接接口处。这个状态下，诱导位移和顶张力比较高。横向荷载方向使 TDP 平面漂移方向朝向跨接管。下列标准用于建立跨接管极限状态。

a. 最小允许弯曲半径不超过 1.25 倍的 MBR；

b. 柔性跨接管应该在任何时候承受积极的底部张力（如不允许有轴向压缩载荷）；

c. 跨接管的作用最大负荷应确保在任何时候都能使结构完整和邻近结构稳定；

d. 管 1.5 倍的刚性过渡区应当假设在跨接管终端配件接口后面。

④ 跨接管曲线稳定性分析

跨接管稳定性分析中，最保守的残余底部张力将评估曲线最小稳定半径。

侧向稳定性检查应使每一个横向弯曲满足以下关系。

$$R_{\min} = SF\frac{DAFT_R}{\mu W_S}$$

式中　$R_{\min}$——最小稳定半径，m；

SF——1.5（抗滑安全系数）；

DAF——1.0（动力放大系数）；

T_R——弯曲中的最大残余张力，kN；

μ——跨接管/水下接口的侧摩擦系数；

W_S——跨接管水下重量，kN/m。

跨接管侧向弯曲稳定分析结果将用于在水下跨接管布局规划、评估和确定在安装过程中固定装置受到的反作用力大小。

⑤ 锚固弯曲反应长度

上述跨接管曲线稳定性分析用来保证在操作过程中沿曲线的跨接管稳定。

不过,在横向弯曲之前,需要足够锚固区域产生弯曲。根据不同的侧面跨接管/水下土壤阻力、弯曲半径,柔性直管段被定义为在弯曲切点抵制诱导位移和作用效应。这条直线部分称为弯曲锚反应长度(FAR),并利用以下的关系来估算。

$$L_{\min}=SF\sqrt{\frac{2EI}{\mu RW_S}}$$

式中 $L_{\min}$——最小弯曲反应长度,m;

SF——1.2(安全系数);

EI——跨接管的弯曲刚度;

R——最小稳定半径,m;

μ——跨接管/水下接口的侧摩擦系数;

W_S——跨接管水下重量,kN/m。

23.5.2 柔性跨接线安装

有限元程序 Orcaflex 通常用来模拟柔性管安装。该软件由 Orcina 有限公司开发,下面的安装步骤应在安装分析过程中分析。

步骤 1——跨接管降低;

步骤 2——获取安装配置;

步骤 3——连接到 PLET;

步骤 4——连接到另一个 PLET 或管汇。

分析的主要参数和研究的项目是:

- 波高——通常贯穿整个分析;
- 波周期——通常贯穿整个分析;
- 波浪型——保守分析可采用斯托克斯五阶波;
- 海流——假定为分析常数;
- 船的航向角维持在 180°,除非有其他特殊情况;
- 后仰范围(从船外下放点到着陆点的水平距离);
- 曲率/弯曲半径;
- 在跨接管和部署线上的张力;
- 适用于弯曲限制的弯矩。

数据分析所需的安装包括:

- 水深;
- 海流侧面;
- 波浪数据;

- 水下摩擦因素。

(1)设计准则

跨接管安装设计标准如下,分析应确保这些标准可安全有效的实现。

① 柔性管不得超过 MBR;

② PLETs 和管汇的张力不应超过给定值,例如 5 kips;

③ 弯矩必须在容许限度以内;

④ 连接毂的角度必须保持垂直 ± 4°时连接,± 2°过剩连接毂的角度可能需要 VCCT 来纠正偏差;

⑤ 不得突破最大的起重机负荷;

⑥ 最大的 A&R 负载限制在允许值,例如 45 te;

⑦ 不应该有任何的跨接管压缩。

(2)安装步骤

墨西哥湾的深水区项目的柔性管安装步骤用来说明安装分析。

第 1 步——跨接管降低

分析以跨接管连接到起重机的吊钩及悬挂在船两端作为开始。这个位置上起重机悬索开始平稳地把跨接管放入水中。在模型上,起重船连接点被假定在船体参考点以上 30 m 以上,这就是 MWL。此外,假设在这阶段起重机悬索对所有的跨接管来说都是 17 m。如图 23 - 23 所示为降低柔性跨接管的首端示意图。

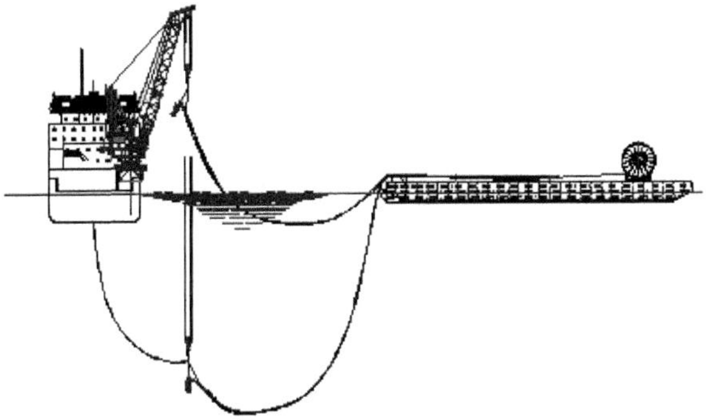

图 23 - 23　降低柔性跨接管的首端示意图

第 2 步——获取安装配置

这步骤包括两边同时放出等长的悬索下放跨接管,并使吊钩达到一定深度。达到这个深度后,只有起重机悬索连接的第一端可以进一步下放进入第 3 步,如图 23 - 24 所示。

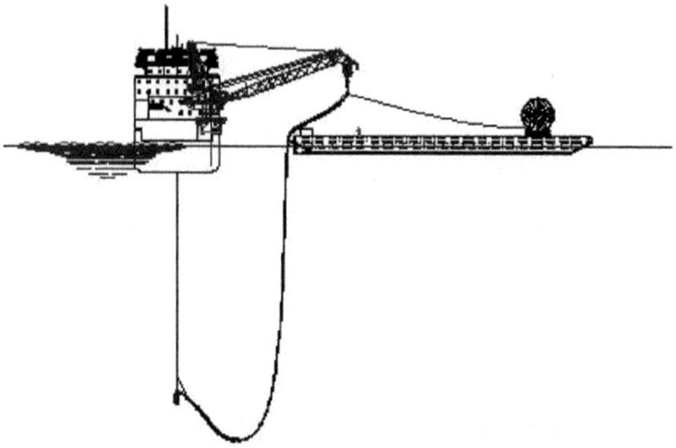

图 23 - 24　获取安装配置

第 3 步——连接首端

这一步开始时，连接到首端的线到达某个深度，在这个深度上，第一端可以连接到可适用的 PLET /管汇。这时，其他线的位置在第 2 步结束时的位置上。对于一些较长的跨接管，它可能会被要求增加起重分离，距船上约 70 m。必须增加两个连接器之间的垂直间隔，有助于让首端的连接器位于垂直方向。由于这个高度差，预计在跨接管上会出现高弯矩和曲率。跨接管首端连接如图 23 - 25 所示。

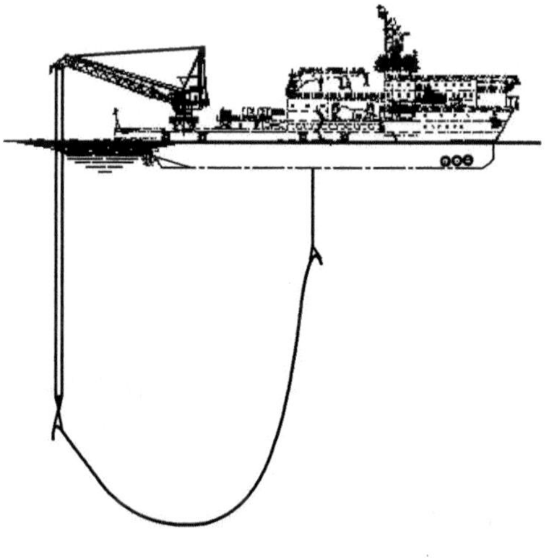

图 23 - 25　跨接管首端的连接

第 4 步——连接到第二个终端

这一步从跨接器第一个终端刚性连接到 PLET /管汇开始，然后第二端起重线下放 10 m 完成着地，并稍微后仰。随后的步骤包括放出第二个终端起重悬索，直至吊线毂在连接点 10 m 以内，然后第二端降落到最终位置。如图 23 – 26 所示为在第二终端连接后的最后步骤。

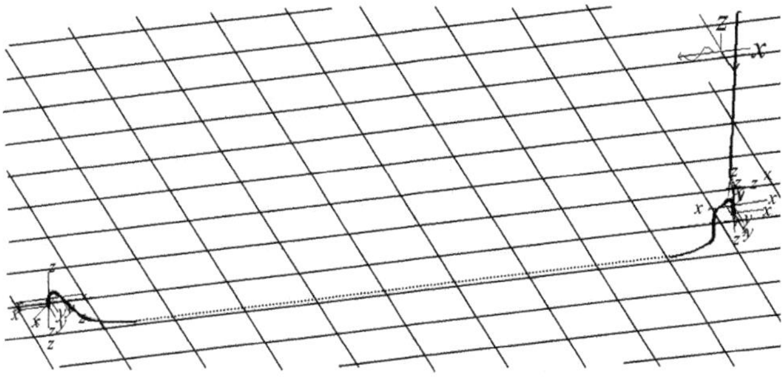

图 23 – 26　第二终端连接后的最后一步

参考文献

[1] Coleman E, Isenmann G. Overview of the Gemini Subsea Development[C]// OTC 2000, Houston, USA, Offshore Technology Conference, 2000.

[2] Corbetta G. BRUTUS: The Rigid Spool Piece Installation System[C]// OTC 99, Houston, USA, Offshore Technology Conference, 1999.

[3] Corbetta G, Cox D. Deepwatcr tie – ins of rigid lines: Horizontal spools or vertical jumpers [J]. Old Production & Facilities, 2001, 16(3): 145 – 150.

[4] Frazer I, Monnot F, Fletcher J. Remote Connection of Deepwater Pipelines Using Standard Bolted Flanges[C]// OTC 2007, Houston, USA, Offshore Technology Conference, 2007.

[5] Lamey M, Hawley P, Maher J. Red Hawk Project: overview and project management[C]// OTC 2005, Houston, USA, Offshore Technology Conference, 2005.

[6] Roveri F, Velten Filho A, Mello V, et al. The Roncador P52 Oil Export System – Hybrid Riser at a 1800m Water Depth [C]// OTC 2008, Houston, USA, Offshore Technology Conference, 2008.

[7] Oldfield G. Subsea, Umbilicals, Risers and Flowlines (SURF): Performance Management of Large Contracts in an Overheated Market; Risk Management and Learnings[C]// OTC 2008, Houston, USA, Offshore Technology Conference, 2008.

[8] Subsea Tieback Seminar – 2009, Houston, USA, 2009[C]. Oceaneering International, Inc..

第24章

水下采油树系统和井口装置

24.1 介　　绍

水下井口装置和采油树是水下生产系统最重要的设备。水下井口与常规的地面井口的主要功能相似,用以支承并密封套管柱,以及在钻井过程中支撑防喷器组。

从原来结构上说,水下采油树系统就是安装在水下井口装置上的阀门组,这些提供了井下和其他如跨接管、管汇等生产设备之间的可控接口。水下采油树系统包含了各种各样的阀门,这些阀门用于对产出的石油、天然气和其他井下液体进行测试、操作、关断和节流。不同采油树的用途也不尽相同,有些用于油气生产而有些则用于注水注气。

目前,水下井口和采油树的设计通常采用以下规范和标准。

- API 6A,井口和采油树装置规范;
- API 17D,水下井口和采油树装置规范;
- API RP17A,设计及操作水下生产系统的推荐作法;
- API RP17H,水下生产系统的遥控潜水器接口;
- API RP17G,完井 - 修井立管系统设计和操作的推荐作法;
- ASME B31.3,工艺管道;
- API 5L,管线钢管;
- ASME B31.8,气体传输和配油管道系统;

- ASME BPVC VIII,压力容器结构标准,第一、二部;
- AWS D1.1,钢结构焊接规范;
- DNV RP B401,阴极保护;
- NACE MR－0175 石油和天然气工业——油田设备用抗硫化应力裂纹的金属材料。

24.2 水下完井概述

完成钻井后有两种选择,一是进行临时弃井,在井口上安装临时井盖,待其他条件完备后再进行完井;另一种是当场进行完井作业并安装油管及油管悬挂器。水下完井是将选定的储油层利用完井方法使油流进入油管中,从而实现生产的方法。水下完井作业与陆地上的完井作业类似,分为两类:裸眼完井和射孔完井,如图 24－1 所示。

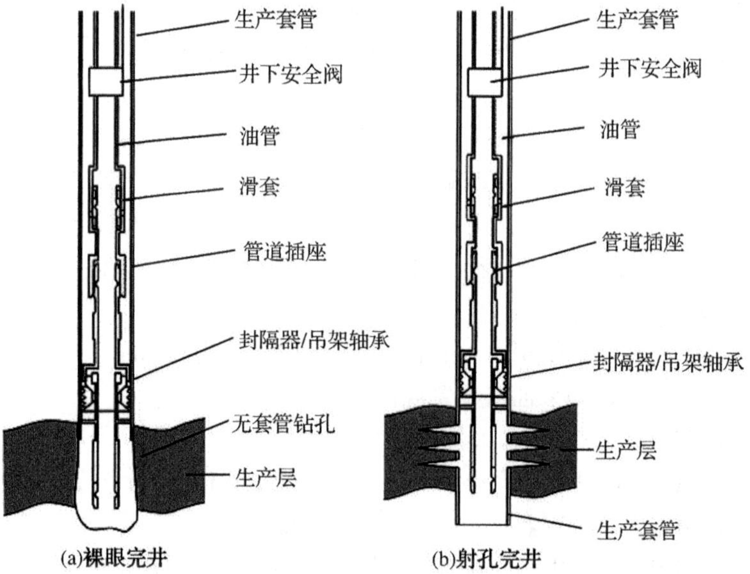

图 24－1 水下完井方法

裸眼完井:裸眼完井是基本的完井类型。该方法是将套管插入到储层目标位置上方，注入水泥固井，待凝固后继续钻井直至穿过储层。由于井底没有套管，油层暴露在井筒下，因此油流在负压下可直接流进油管中。

射孔完井：钻完最后一段井眼后，插入套管至油田气层底部后固井，然后对套管壁进行穿孔，这样储层中的油气可以通过孔隙进入油井。

完井设计包括油管尺寸、完井工具及其部件、水下采油树配置等。水下完井设备包括水下井口、油管悬挂器以及采油树系统，这些将在以下章节中讨论。

24.3　水下井口系统

24.3.1　概述

水下井口系统的主要功能是在海床上为钻井和完井系统以及油井的套管柱提供一个支撑附着点。井口包括一个高压井口头，用来悬挂各层套管及环空密封。此外，井口系统还包括导向设施、机械支撑装置以及用于钻探和完井的连接系统。如图 24－2 所示为 API 17D 标准水下井口系统的主要组成部分。

24.3.2　功能要求

水下井口系统应满足以下功能。

(1)为采油树系统与井口系统的连接提供定位，并考虑管汇和采油树的连接；

(2)连接并支承采油树和防喷器等(BOP)；

(3)承受从钻井、完井到生产作业各阶段包括热膨胀对水下井口系统所造成的所有荷载。应当特别给予重视的是卧式水下采油树方案中，防喷器(BOP)与采油树可能会组合连接在井口头上；

(4)确保低压导管头、高压套管头的垂直度、同心度，并相互对齐；

(5)尽可能采用经过现场验证的设计，并且在对水深和海况的敏感度最小时进行安装。

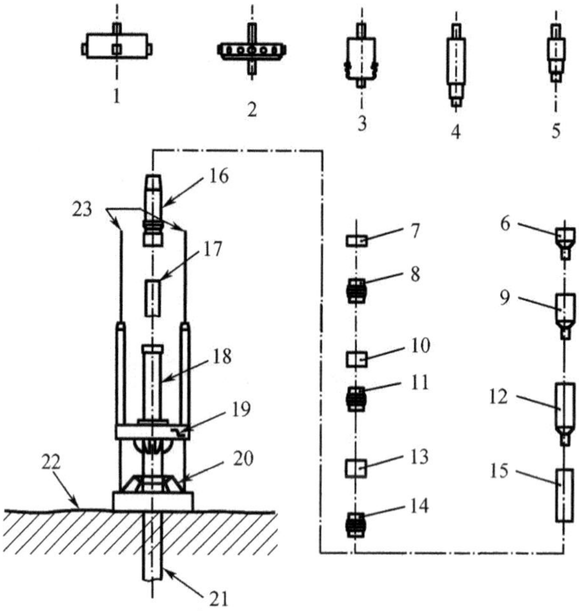

图 24-2 水下井口系统

1—送入工具;2—762 mm 井口壳体送入工具;3—高压井口壳体送入工具;4—套管悬挂器送入工具;5—测试工具;6—1 778 mm 耐磨套管;7—2 445 mm×1 778 mm 环状密封组件;8—1 778 mm 套管悬挂器;9—2 445 mm 耐磨套管;10—3 397 mm×2 445 mm 环状密封组件;11—2 445 mm 套管悬挂器;12—3 397 mm 耐磨套管;13—5 080 mm×3 397 mm 环状密封组件;14—3 397 mm 套管悬挂;15—井筒保护;16—高;17—套管(标);18—低压导管壳体;19—生产引导基座;20—下临时导向基板;21—7 620 mm 导向套管心;22—海底;23—导向绳

24.3.3 操作要求

水下井口系统的操作要求如下。

(1)提供只下水一次便完成以下设备的安装:生产导向基座(PGB)、导管及导管头。总成应设计成在水下安装之前,在月池上进行预安装。

(2)允许紧急情况下针对套管压力、钻井和固井采取喷射操作。

(3)包括对钻井作业时产生的钻屑和回流的水泥进行有效排出做好准备。

(4)在钻井、完井和回收操作时,提供井筒保护器和耐磨套管来保护井筒内壁。

(5)保证所有密封和锁定组件能够进行现场测试。

(6)保证在测试失败时,所有的封隔/密封设备可以回收或更换。

(7)保证所有永久密封在送入阶段受到保护,并且在对接后可以远程控制驱动。

(8)保证安装有井口工具和组件的送入管柱在送入和拉出井口时不会阻塞或受限。

(9)允许在固井作业之后、下入密封总成之前(无须起出送入管柱)进行密封表面的清理。

(10)保证在一次水下作业中完成管道悬挂器的降落、密封装置的安装和牵引(以防失效),多功能工具应尽可能地在工具更换时避免牵引张拉。

(11)允许粒径在基底悬挂器和基底悬挂运行工具层之间有足够的空间流动(与之前管道的内径和附加管道轴环的外径间的空隙相比)。

(12)保证在不拉耐磨套管的情况下测试 BOP。

(13)在钻孔、完工以及后续操作时,导向仪器进入油井。

(14)可以在永久废弃该井时,对所安装的仪器进行安全有效的回收。

(15)设计工作和观测 ROV 的通道。ROV 上的扶手应该设置在可进行 ROV 操作的任何地方,从而保证 ROV 工作条件的稳定。

24.3.4 套管设计方案

水下井口系统的设计,首次考虑了套管的增长,它对井口荷载有很大的影响。一般来说,套管与顶部用螺旋拧紧和水泥固定的管道相连。相对来说,它还是一个比较简单的结构。在套管设计中最重要的参数是管壁的厚度和长度。出于对强度和可靠度的保证,人们越来越需要仔细考虑如何应对日益增长的运行成本和对油价周期性浮动。当油价很低的时候,水下石油工业的发展就很难维持下去了。

有许多典型的井身设计例子可供参考,如图 24-3、24-4 所示为北海一个典型的井口套管的方案。当石油的开采转移到高压高温的深海钻井时,引进更多的设计参数来进行分析,从而增加优化设计的范围就越发变得普遍和必要了,因此在设计谱中要考虑很多变量。然而,通常情况下,必须在分析套管设计时把水下所有的组件整合为一个整体,这在井口可靠度分析阶段中有详细的说明。

一般地,在同一设计条件下会有许多不同的参数设计值。为解决这一问题,一个名为井口增长指数(WHI)的无量纲参数就产生了,它在很大程度上检测了设计的精确性,同时成为了一种在不失严密性的基础上描述井口增长精确度的方法。WHI 压缩了环状流体的膨胀以及井口的增长,它也为观察环状体里面套筒的运动和流体的膨胀提供了一个可行的方法,该方法可以在钻井以及油井的生产阶段实现。WHI 的定义是套管的环状液体膨胀量与水泥之上所露出来的实际体积之比(SPE,1999)。

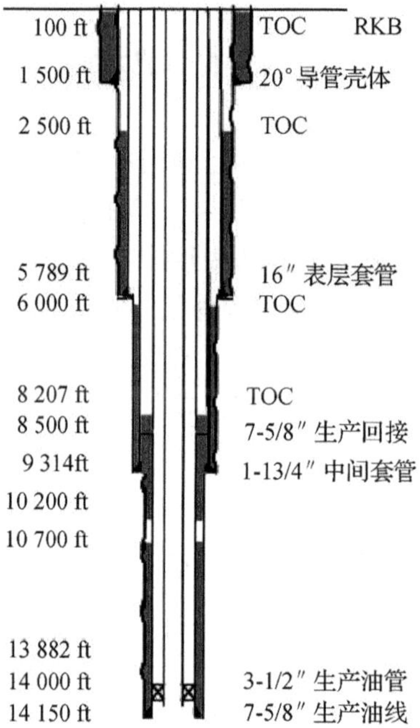

图 24－3　浅水中典型的套管方案

环状液体膨胀包括不受限制的体积改变和由于受到环形压力的环状体积的改变。井口增长对管道径向和轴向的应变作出了估计。在径向和侧向应变的条件下,所有套管柱膨胀的套管段的总体积为

$$\Delta v = \sum_{j-l}^{m} \sum_{i-l}^{n} \left[\frac{\pi}{4}(2d\Delta dl + d^2\Delta l) + v_a \right]_{i,j} \qquad (24-1)$$

每个套管柱的环状横截面总面积为

$$a = \sum \sum \frac{\pi}{4}(D^2) \mid_{i,j} \qquad (24-2)$$

用(24－1)和(24－2)方程进行近似运算,多个套管柱的井口增长指数为

$$WHI = \frac{\sum_{j-l}^{m} \sum_{i-l}^{n} \left[\frac{\pi}{4}(2d\Delta dl + d^2\Delta l) + v_a \right]_{i,j}}{\sum \sum \frac{\pi}{4}(D^2) \mid_{i,j} l} \qquad (24-3)$$

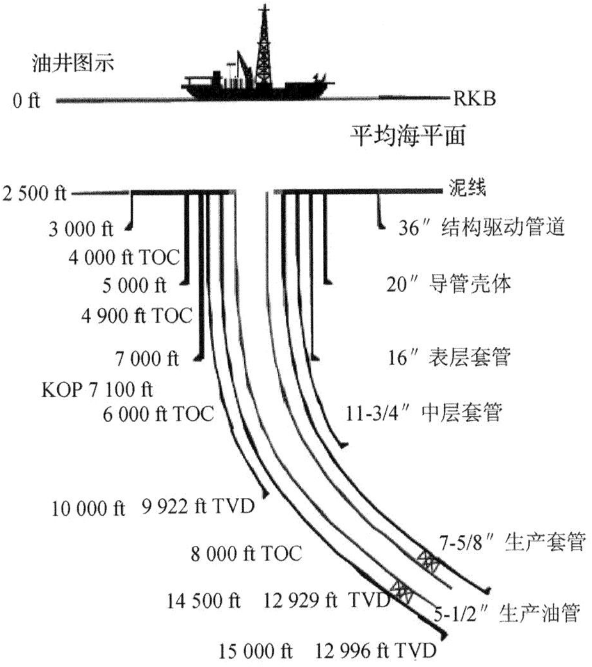

图 24－4 典型套管方案(深水)

WHI 为解释计算结果提供了定量的预估可能。*WHI* 越大,管身设计的准确性也就越大。在套管设计的不同阶段,*WHI* 的计算可以为对比整个管身设计的相对重要性提供帮助。

24.3.5 井口组件

水下井口系统主要由井口壳体、导管壳体、套管悬挂、密封环和导向基座(TGB 和 PGB)组成。高压井口壳体是水下井口主要的承压构件,它支持并密封套管悬挂器,同时把外部荷载传递到导管壳体和管道上,最终传递至地面。

(1)井口壳体

井口壳体是主要壳体,它支撑着中间和生产套管柱。在 API 17D 里,有很多详细的剖面资料介绍,典型壳体如图 24－6 所示。

荷载应力分析和热分析是两个不同类型的水下分析,他们都要在井口壳体的设计程序中加以考虑。支持器的坐放台肩主要承受来自油管悬挂器的荷载。一般地,有限元分析和立管疲劳分析将对设计容许值进行验证。

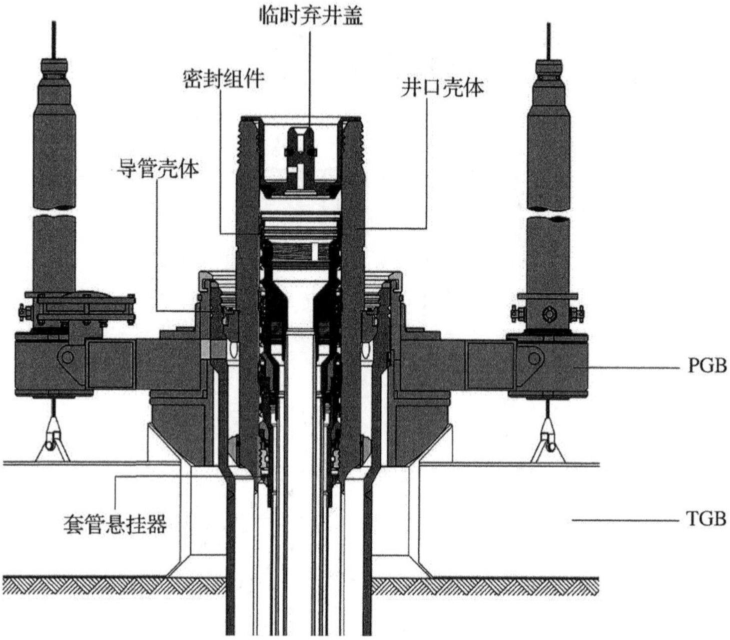

图 24 –5　典型的 18 –3/4″水下井口系统

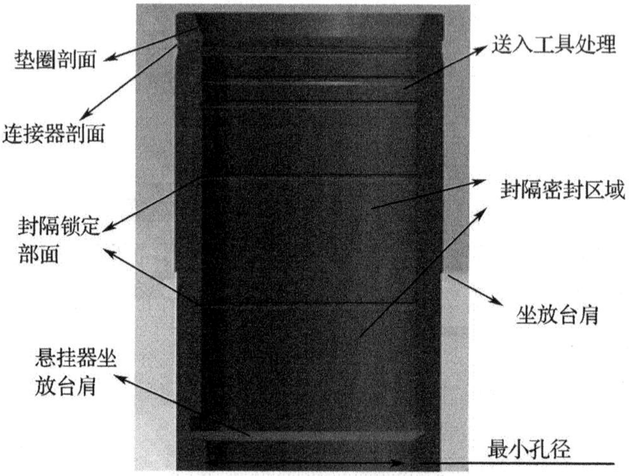

图 24 –6　井口壳体示意图

此外,热分析常常用来确定系统内部的温度,以便在合适的情况下降温。一个圆形井口要在模拟的套管荷载下进行压力测试,同时在没有永久变形的真实环境中进行 BOP 压力测试。

(2)中间套管悬挂器

系统的中间套管悬挂器坐放在距井口较近的第一悬挂位置。如图 24－7 所示为一个中间套管悬挂器的剖面。标准的管道悬挂器采用 16″或 13－5/8″管道。套管悬挂器有一个扩张的承载环,它位于井口位置来支撑悬挂管道以及承受 BOP 压力和荷载。

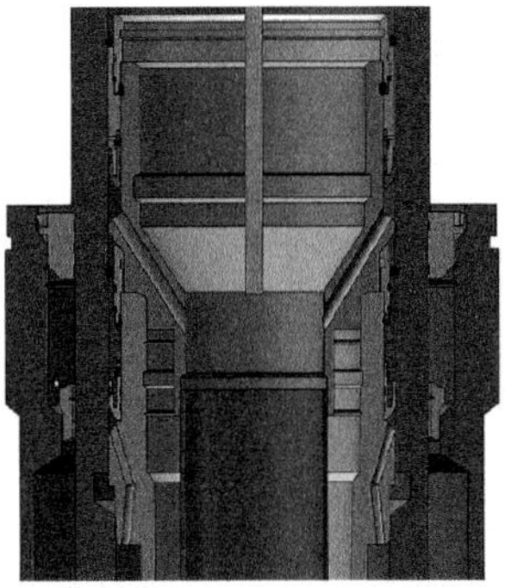

图 24－7　中间套管悬挂器剖面图

对现存的采用相似设计的油田悬挂物进行分析,将其结果与应力水平进行对比。同时,收集相似设备的可靠性数据,并吸取设计教训。更多的可靠性工作将在 FMECA(s)期间进行。最后,通过测试,悬挂器将会对设计荷载、压力以及在所应用领域的组合荷载进行真实的反应,而且没有经历任何的永久变形。

(3)生产管道悬挂器

系统的生产管道悬挂器常坐放在第二悬挂位置。标准的管道悬挂器采用 11－3/4″或 10－3/4″管道。管道悬挂器有一个扩张的承载环,它位于井口位置的第二部分,来支撑管道以及承受 BOP 压力和荷载。详细应力分析和经典计算将采用与中间悬挂器相似的方法进行。

(4)封锁套管

封锁套管用来永久地将生产套管约束在固定位置,以保证悬挂器上的密封组件在启用和关闭操作时不会损坏。系统的封锁套管的额定锁定力为 320 万磅,封锁套管是在完全开放水面使用相关工具进行安装的。

该设备的设计采用同一种方法进行。设计计算和有限元分析将与所掌握的可靠性和 FMECA 同时进行,来验证前面设计的完整性。为了验证封锁套管和工具能够起到设计的积极作用,我们要进行相关测试,同时为了验证荷载承受力,也要进行相关测试。

(5)金属－金属的环状密封组件

金属－金属的环状密封组件可用来隔绝套管环压与钻孔内压,并使各个地层之间相分离。典型的剖面如图 24－8 所示。

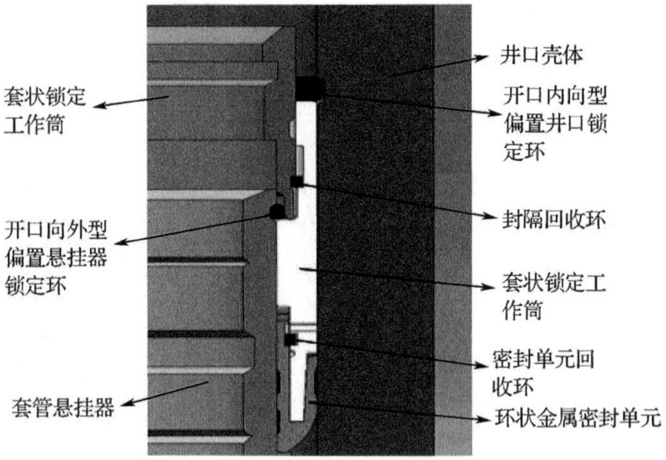

图 24 – 8　中间套管悬挂器剖面图

金属 – 金属环状密封组件经常需要进行实际测试，以验证它是否能抵抗高压和高温。

(6)橡胶环状密封组件

橡胶环状密封组件可以在紧急情况下使用，如当原有的金属密封对井口钻孔不起作用或当套管悬挂器上有一个较深的划痕时。橡胶环状密封组件应在井口的不同深度进行密封，并且最好在远离破坏的地方进行密封。

(7)套筒悬挂送入工具

中间和生产套管悬挂器送入工具将套管悬挂器送入并设置环状物。这些工具的标准设计使用同样的技术、经验，并在许多情况下采用与标准 15 ksi 相同部件的运行工具，如图24 – 9所示。

(a)30″标准井口送入工具　(b)18-3/4″标准井口送入工具　(c)18-3/4″套管县挂器密封组件送入工具

图 24 – 9　套管悬挂运行工具(钻孔运行工具)

(8)防喷器(BOP)测试工具

BOP测试工具的设计方法与该系统的其他组件和工具相似。它用来测试BOP在操作人员钻井时的底层压力,也可用来运行和回收耐磨套管,如图24-10所示。

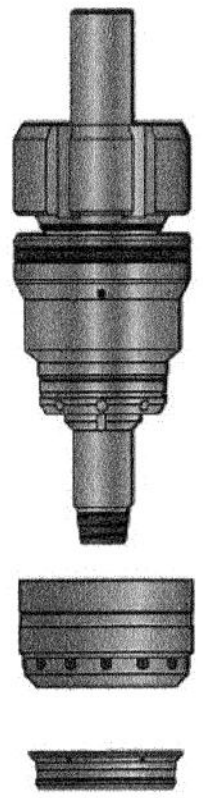

图24-10 BOP分离测试工具(钻孔运行工具)

(9)绝缘试验工具

绝缘试验工具用来测试密封装置,同时分离防喷器组立管。该工具以简单的直进直出的方式运行,一旦在某一位置负荷,套管柱压力就会对目标施加测试压力,直至该压力值达到20 ksi。

(10)外径耐磨套管及外径BOP测试工具

13-5/8″外径耐磨套管及13-5/8″外径BOP测试工具是当18-3/4″BOP开发出来后加速完井的重要工具。该耐磨套管工具常在13-5/8-20 ksi的BOP中运行,并且在井口处或20 ksi的管道顶部锁紧,它们能够进行BOP测试。耐磨套管对所有的密封口起到了保护的作用,包括在进行放钻孔操作时候的生产管道悬挂器。

24.3.6 井口系统分析

这部分所描述的分析方法是以多管井筒系统的简单的线弹性模型(SLEM)为基础的。该方法能够按照简单的线性模型分析其他不同的复杂井口荷载的情况。尽管这一简单的线性模型因为没有考虑屈曲的非线性作用而有局限性,但是井口荷载和位移响应在很多情况下都表现为较好的一阶近似的线性系统。传到导管和表面套管的荷载在特殊情况下要加以考虑,因为许多表面事故可以更直接地影响这些套管。并且,由于它们有着相对较大的刚度并且可以产生线性位移,所以必须要承受更多的主要荷载。

(1)基本理论及方法

这里对多管道井口位移和自由井口系统荷载的简单线弹性模型(SLEM)作了简洁的介绍。同样也讨论了对井口荷载进行系统分析的SLEM的应用。

考虑OCTG套管或油管柱在材料的线弹性范围内的典型性质,轴向的应力应变关系满足胡克定律,管道质量弹性模量为E。既然把管道看作是一个柱形杆,那么胡克定律可以表示为

$$\delta = \frac{PL}{EA} \tag{24-4}$$

式中　δ——位移响应；

P——轴向荷载；

L——管道长度；

A——截面积。

也可以用刚度或弹簧系数 k 来表示

$$P = k \cdot \delta \tag{24-5}$$

刚度系数 k 为

$$k = \frac{EA}{L} \tag{24-6}$$

对于一个海洋平台或有自由井口结构的自升式平台，井口能够在竖向自由地移动，所有在井口的套管和油管柱，都要和井口一起变形。该系统具有静力不确定性，因此必须作为一综合系统进行分析。对于连接在井口的具有 n 个管柱的钻井孔（不包括井底线性或外管道不连接井口）而言，组合系统刚度 k 是每根柱刚度的总和为

$$k_{sys} = \frac{E_1 \cdot A_1}{L_1} + \frac{E_2 \cdot A_2}{L_2} + \cdots + \frac{E_n \cdot A_n}{L_n} = \sum_{i=l}^{n} k_n \tag{24-7}$$

注意，对于管道或油管柱来说，i 为 q 与 w 的组合，它们在几何尺寸和质量上的变化，该特殊管柱的组合刚度由下式给出：

$$\frac{1}{k_q} = \frac{1}{k_{q,1}} + \frac{1}{k_{q,2}} + \cdots + \frac{1}{k_{q,w}} = \sum_{z=1}^{w} \frac{1}{k_{q,z}} \tag{24-8}$$

每根作用在井口的管柱，都会产生一个轴向力 P_i。为了保证力的平衡，井口总轴向力必须为零，即

$$\sum_{i=l}^{n} P_i = 0 \tag{24-9}$$

如果 m 个井口静力 W_j（比如井口重量、BOP 或采油树的自重，或者是该系统的拉索张力）作用在系统上，那么平衡方程就需要用所有管柱的轴向总荷载去平衡净静载

$$\sum_{i=l}^{n} P_i + \sum_{j=l}^{m} W_j = 0 \tag{24-10}$$

当任何力 W 作用于该系统时，井口和所有管柱将发生同一个位移，该位移取决于系统刚度和所施加的荷载（向上的位移为正）

$$\delta_{sys} = -W/k_{sys} \tag{24-11}$$

基于这个相同的位移，所施加的力 W 分散给每根管柱，各根管柱所受到的力取决于它们的相对刚度。所以，每根管柱的轴向力就随着 ΔP_i 荷载的增加而改变为

$$\Delta P_i = k_i \cdot \delta_{sys} \tag{24-12}$$

在整个使用过程中为了对井底位移和实际井底每根管柱的荷载变化进行建模，上述方程和条件必须在油井的建造和随后的生产操作的整个过程中都加以考虑。井口位移的整体基准点是外管道自由端的边缘高度。该方法利用了与整体井筒系统隔离的每根管柱的最初和最终荷载，于是将问题进行了简化。轴向力的结果能用基于一固定的标准的井口条件的单一管柱模型来计算。每根管柱的荷载能够加到多井口系统中并且对轴向荷载进行适当的二次分配，该分配取决于以上所讨论的方程。系统的每根管柱所形成的最初轴向力 P_i 与当它在井口坐放时的胡克荷载一致。这可以通过基于管柱的标准长度，重量，泥土、泥浆密度和井筒偏差的累计重量来计算得出。另外，每根管柱所受的力也可能包括拉伸或钻孔力。

对任何新荷载 S，比如油井生产操作中所产生的荷载，每根管柱都会承受一个轴向力的改变量 ΔP_i。该改变量相对于它的初始重量，常常由于操作环境的改变（比如温度或压力）而产生，并基于它的标准长度。例如，在生产开始之前，钻井孔升温，任何管道相对于原始状态来说将受热而产生轴向膨胀。同样，在冷注入或模拟操作时，每根管柱将由于热传递而产生张力。隔离体轴向荷载的最终改变以及伴随的每根管柱无限制的轴向位移可以用标准的单根弹簧力/位移模型来计算，如 Mitchell（1996）。

系统每增加一根新管柱，井口就会承受如上讨论的相同位移，这些新管柱的力将分散在外部管柱上。如果水泥在新管柱增加之前就已经加固完毕，那么新管柱也会产生某种程度上的压缩来承受一部分自重。同样地，在操作过程中管柱状态一旦有任何改变，轴向力所产生的改变将根据相对刚度沿多管系统重新分析。基于之前所讨论的简单线弹性模型 SLEM 的程序方法总结如下。

① 对于操作荷载步 S，假设管柱 i（从 1 到 n）已经安装或在当前荷载步进行安装，计算现阶段的组合系统刚度；

$$k_s = \sum_{i=1}^{n} k_n \tag{24-13}$$

② 对于每根管柱 i（从 1 到 n），基于每根管柱进行分析，确定相对于 $P_{i,0}$ 的荷载改变量 ΔP_1 和 S；对于一根在该荷载步 S 安装的管柱，定义 $\Delta P_{i,s} = P_{i,0}$；

③ 在当前荷载步 S 中，定义井口静载 j 取 1 到 m，$W_{i,s}, W_{2,s}, \cdots, W_{m,s}$；

④ 计算当前井口系统增加的位移量为

$$\delta_s = \left[\sum_{i=1}^{n} \Delta P_{i,s} + \sum_{j=1}^{m} W_{j,s} \right] \Big/ k_s \tag{24-14}$$

⑤ 对于每根管柱，根据当前荷载步计算多管道轴向荷载的最终的重新分布值为

$$P_{i,s} = P_{i,s-1} + \Delta P_{i,s} - \delta_s \cdot k_i \tag{24-15}$$

(2)井口静载

在第一个敏感性研究中，所增加的井口位移是按照一系列随机静载来计算的，同时采用SLEM方程(24－11)和模拟多管道系统行为的高级数值模型的应力状态模拟程序。SLEM解决方案与不考虑如屈曲等非线性的数值模型几乎一致，这也就说明多管道系统有着与静力井口荷载一样的线性反应。该结果保证了外部套管的额定轴向荷载的平衡。

这与上面所观察到的基本情况一致，即主要荷载分布于外部套管上，它没有屈服或者跟弹性应变比起来屈曲应变可以忽略不计。表24－1总结了在SLEM中使用的系统刚度，在这个例子中，外表面套管刚度占据了组合刚度的92.1％。

表24－1　屈曲敏感性分析实例：SLEM多管道系统的取值

<table>
<tr><th>管线编号</th><th>截面</th><th>A/in^2</th><th>E/psi</th><th>L_ft/ft</th><th colspan="2">K/(lbf/in)</th><th>(K/K_{sys})/%</th><th>K_{sys}/(lbs/in)</th></tr>
<tr><td>1</td><td>1</td><td>38.042 7</td><td>30 E＋06</td><td>500</td><td colspan="2">190 214</td><td>92.1</td><td rowspan="5">206 529</td></tr>
<tr><td>2</td><td>1</td><td>20.767 7</td><td>30 E＋06</td><td>5 000</td><td colspan="2">10 384</td><td>5.0</td></tr>
<tr><td rowspan="2">3</td><td>1</td><td>31.534 2</td><td>30 E＋06</td><td>1 000</td><td>78 836</td><td rowspan="2">4 094</td><td rowspan="2">2.0</td></tr>
<tr><td>2</td><td>15.546 5</td><td>30 E＋06</td><td>9 000</td><td>4 318</td></tr>
<tr><td>4</td><td>1</td><td>8.449 4</td><td>30 E＋06</td><td>11 500</td><td colspan="2">1 837</td><td>0.9</td></tr>
</table>

(3)温度荷载

第二个敏感性研究是弄清楚温度荷载的效应。钻井孔的热量会导致内部管道的屈曲，这是因为外部套管将约束由内管道的压力引起的油井增长；结果，就会产生张力。一系列的生产和注入操作都将产生与生产压力相反的热效应。

初始操作状态是稳定状态，紧接着是一段SITHP不变的长时间的关井。在钻井孔降温到环境温度时，压井工作就会开始，以便进一步冷却钻井孔以及将井口压力降低到最小值。压井持续一段时间，然后开始进行低速率的注浆工作。

如图24－11所示为用SLEM和数值模拟软件得出的关井和注入操作阶段的累计井口位移与时间的关系图，该数据参考点是所有管柱降下去后井口的提升高度。SLEM符合井口运动的整体趋势，并且和数值模型比起来，这些差别可以忽略不计。

如果导管在假定井口固定于外边缘的情况下附着在系统中，那么整个系统的刚度会更大。系统刚度的增加在很大程度上降低了边缘的移动，使得不同模型的结果更紧密地向一起靠近。

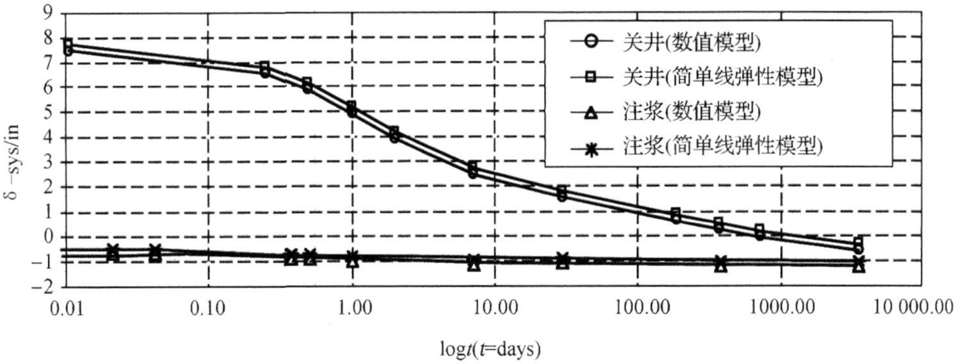

图 24-11　温度引起的相对位移与时间的关系图

(4)井口系统可靠度分析

在深海进行钻井时,井口将承受环境和操作引起的复杂的荷载,这些将影响井口系统的整体可靠度。通常情况下,我们需要建立一个有限元分析模型,并将所有因素都加以考虑来分析井口系统可靠度,这些因素包括海洋环境荷载和钻井船或平台的漂移,以及在套管柱和土层之间的非线性响应。如图 24-12 所示为承受不同荷载时井口系统的方案。

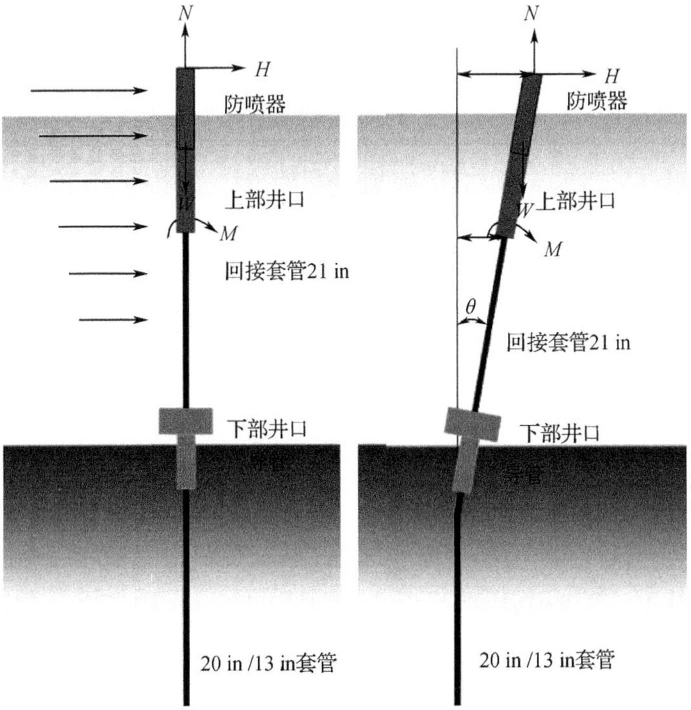

图 24-12　不同水下井口荷载条件下的井口系统

如图 24－13 所示为井口在钻井操作时的受力情况。F_x 是 x 方向上外部荷载的总和，F_y 是 y 方向上外部荷载的总和。W 是 BOP 和井口重量，F_d 是直接作用于 BOP 和井口上部海床的波浪荷载。

套管柱的位移方程为

$$\frac{\mathrm{d}^2}{\mathrm{d}^2x}\left[EI(x)\frac{\mathrm{d}^2y}{\mathrm{d}^2x}\right]+\frac{\mathrm{d}}{\mathrm{d}x}\left[N(x)\frac{\mathrm{d}y}{\mathrm{d}x}\right]+Dc(x)p(x,y)=q(x) \qquad (24-16)$$

式中 $EI(x)$——套管柱、加固环等组合弯曲刚度，$kN \cdot m^2$；

$q(x)$——单位外部荷载，kN/m；

$Dc(x)$——套管柱外部尺寸，m；

$N(x)$——轴向力，kN；

$P(x,y)$——根据 Matlock 和 Reese 方程（24－17）和（24－18）确定的水平力。

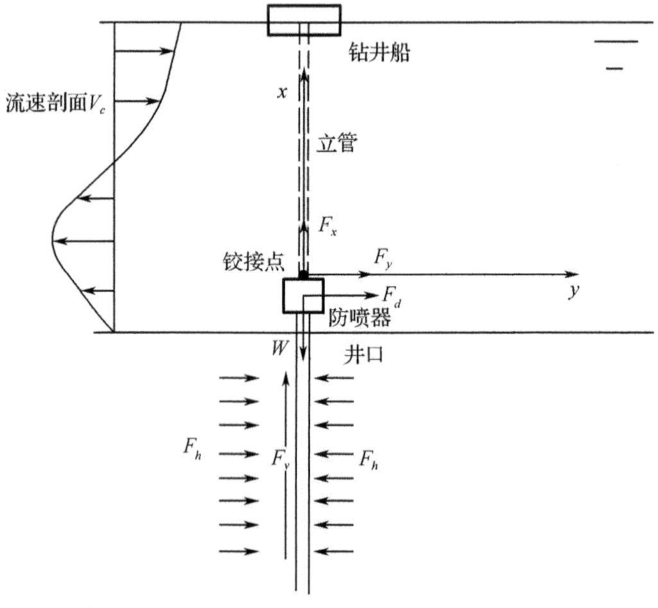

图 24－13　井口的荷载图解

$$\begin{cases}P_u=3C_u+\gamma X=\dfrac{\varepsilon C_u X}{D_c},X<X_r\\P_u=9C_u,X\geqslant X_r\\X_r=\dfrac{6C_uD_c}{\gamma D_c+\varepsilon C_u}\end{cases} \qquad (24-17)$$

$$\begin{cases} \dfrac{P}{P_u}=0.5\left(\dfrac{y}{y_{50}}\right)^{\frac{1}{3}}, \dfrac{y}{y_{50}}<8 \\ \dfrac{P}{P_u}=1.0, \dfrac{y}{y_{50}}\geqslant 8 \end{cases} \tag{24-18}$$

式中　P_u——临界土压力；

x——水下距离；

y——套管柱的水平位移；

C_u——无排水的土的剪切强度；

ε——系数，取 0.25 ~ 0.5 之间；

γ——土的浮重。

在得到了套管柱的位移之后，我们就能得出弯矩并用其来判断井口稳定。

24.3.7　导向系统

(1)导向基座选择

井口系统的导向主要依赖于实际开发形式(基盘或卫星井)，可采用以下一些导向基座选项。

形式一：装有生产管汇的多向井基盘(集成或模块) - 镶嵌基盘的生产导向基座(TMGB)；

形式二：与水下管汇中心相连的独立油井；

形式三：双井口槽结构；

形式四：菊花链形油井。

针对以上 4 个形式，有 3 个不同类型的导向基座。

① 生产导向双基座(Twin - PGB)；

② 镶嵌基盘的生产导向基座(TMGB)；

③ 单一或丛式生产导向基座(SWPGB)。

(2)基本要求

生产导向基座是附着安装在井口低应力壳体上的部件。所有导向基座要遵循以下的基本要求。

① 所有导向基座要定线并与 30″导管壳体锁定，同时与一个反旋转装置一起工作。

② 在所有类型的油井中，应该使采油树朝向正确的位置，以便与流线、液压和电线相连。

③ 对现存油井的重新使用能力的评估，应包含在整体设计中或作为详细修改的一部分。

④ 导向基座及容器设计用来抵抗所有竖向和水平荷载，这些荷载产生于包括 BOP 在内的所有组件的部署、安装和回收，且不会带来任何永久变形。基座将承受组件的着底和回收，以及相对井口中心线的角度错位。

⑤ 导向基座应防止 ROV 以及脐带缆的搁浅。

⑥ 所有导向基座都应保证 36″导管穿过导向基座的表面。

⑦ 生产导向基础将与导管一起安装，并且与 30″壳体锁定，它将提供反旋转装置。锁定及反旋转装置在与油井相关的两阶段——钻井和加固中，将不受任何切割与加固的影响。PGB 与基盘（如果要考虑的话）将排空下一钻井阶段的碎屑和水泥，以保护之前所安装的设备。

⑧ 定位装置允许导向基座安装在不同的方位。

⑨ 构造允许使用现场遗留的跨接线连接器来回收采油树。

⑩ 导向基座的设计要容纳一个具有漏斗状导向的钻机。然而，漏斗状结构只是作为一种选择。

⑪ 导向基座和低压壳体可在执行送入前为导管在月池中提供悬挂装置。

⑫ 因为需要射出导管，向基座应可以安装和回收所有为此而使用的工具。

⑬ 钻孔和加固导管是应急计划的一部分，导向基座应可以应对这些操作。

⑭ 结构和采用反旋转装置的导管锁定装置应可承受所有由钻井、生产操作引起的组合荷载，如弯曲和疲劳荷载、热和压力效应。

⑮ 设备（例如圆水准器）应该安装在导向基座上，并在安装过程中检查导管的垂直度。

⑯ 导向基座应包括 ROV 干预或连接工具所需的所有设备。

⑰ 导向基座应配备阴极保护系统，以便在整个使用寿命里满足导向基座和油井（排水）需要。

⑱ 导向基座应避免与计划使用的任何方向的 BOP 相冲突。

⑲ 在导向基座上增加重力块，以便在水平方向保持稳定。

⑳ 一个专用工具用于输送钻杆来进行导向基座的回收/重定位/重安装。该系统配备了次级脱扣 ROV。

㉑ 如果有必要，PGB 还将包括立式芯棒的回收保护帽，这些要能够由 ROV 安装与回收。依据 ISO13628－4，该保护帽提供针对井口、密封区域和液压耦合器的临时保护，以抵抗掉落物体和环境冲击。保护帽在岸上和海上的运输和储藏期间使用。

（3）生产导向双基座（Twin-PGB）

生产导向双基座（Twin-PGB）将提供一个与现存井口邻近的井槽，它往往是一个基础结构，可以通过使用导向基座锁定来坐放和锁定在已有的井管上。它将满足与以上定义的 PGB 同样的功能和设计要求，如下为一些附加条件/改进。

① Twin-PGB 包含一个与 TMGB 功能一样的井槽。

② Twin-PGB 包含一个双油井管汇，它常需要一个管道布置、ROV 可操作的隔离阀、立式采油树的连接毂、生产管线及工作脐带缆等设施的水平连接，以及采油树及连接毂之间的电路连接系统。

③ Twin-PGB 不与导向管道一起安装。

(4)镶嵌基盘的生产导向基座

在基盘配置里，导向基座的作用将受到采油树的方位和提升高度的限制。假设之前所有功能都包括在设计里面，在这种特殊情况下，PGB 可以和基盘一起安装。镶嵌基盘的生产导向基座（TMGB）将包括必要的设备以保证采油树和基盘/管汇之间更好接触，比如：导向设备井口定位及悬挂和内侧流线/工作脐带缆的连接（如果相关的话）。

(5)单一或丛式生产导向基础（SWPGB）

另外，除了以上所说的基本要求和 PGB 要求之外，SWPGB 还将满足以下条件。

① 在丛式或单一油井的计算时，生产导向基座将与采油树对齐，并支撑采油树与跨接管连接。在这种情况下，PGB 将为了能够将设备回收到表面或进行重定位而设计。

② PGB 将支持深水水下遥感勘测，以便在跨接线的安装中进行测量活动。

24.4 水下采油树

24.4.1 功能要求

典型的采油树功能要求如下。

(1)把产品流体从井口引到出油管（生产采油树），或引导水/气注入到地层中（称为注入采油树）；

(2)通过一个节流器调节流体（不强制）；

(3)监控采油树上的井口参数，如压力、环空压力、温度、探砂等；

(4)通过一个控制系统的阀门驱动器来安全停止生产活动或注入流体的流动；

(5)在井口或出油管注入保护性液体，如防腐蚀剂或水合物抑制剂。

24.4.2 采油树的类型和构造

图 24－14　立式采油树

(1)立式采油树

主阀配置在立式采油树(VXT)管道悬挂器的上方,油井是在采油树安装之前就完成的。VXT 广泛应用于水下油田,这是由其安装和操作的灵活性所决定的。如图 24－14 所示为一个沉入水下的立式采油树。

如图 24－15 所示为一个典型的立式采油树示意图。生产流线和环形孔垂直穿过立式采油树的主体,主阀和抽汲阀都是垂直堆放的。管道悬挂器安在井口上,因此水下采油树可以回收,而不必重新挖孔。

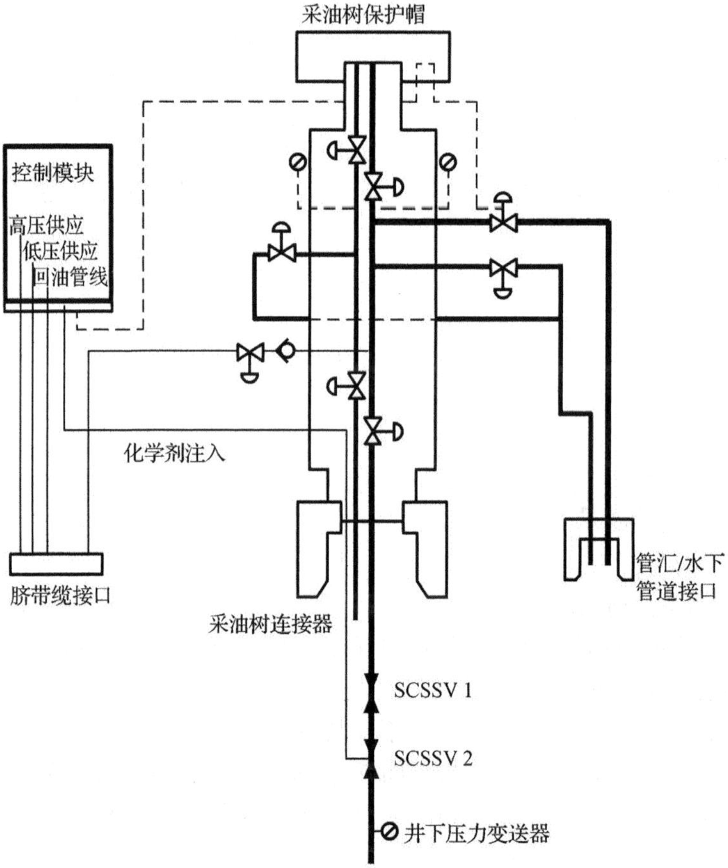

图 24－15　立式采油树示意图

(2)卧式采油树

另外一种发展很快的类型是卧式采油树(HXT),如图 24－16 所示为 FMC 公司制造的卧式采油树。

图 24－16　卧式采油树

如图 24－17 所示为一个卧式采油树的示意图,阀门安装在侧面,这使得水下修井和回收变得容易,这一设计对于常常需要修井的油井尤其有益。因为采用了 ESP,抽汲阀不在这里使用。

HXT 的关键特征是管道悬挂器安装在树体上而不是井口,这就要求在完井以前就把采油树安装在井口上。

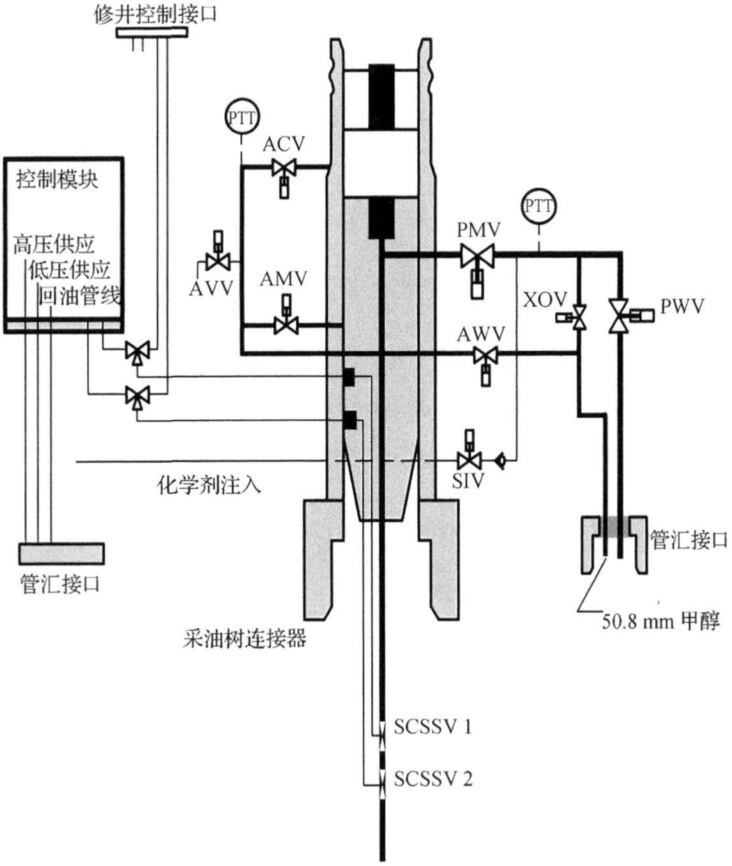

图 24－17　卧式采油树示意图

(3)选择准则

在选择 HXT 或 VXT 时,需要考虑下列问题。

① 卧式采油系统要比立式的昂贵,卧式采油系统的售价是立式的 5 ~7 倍。

② 立式采油系统更大、更重,因此需要考虑到钻塔提供的安装面积的限制。

③ 油井是否已经完成也是选择的另一个因素。如果油井已经完成但是采油系统还没有安装好,那么立式的采油系统比较适合。如果采用卧式的采油系统,系统必须在油井完成之前就安装到位。

④ 卧式的采油系统通常用于复杂的储油层,或经常需要修井来维护油管的情况。相反,立式的采油系统常用于简单的藏油地或不需要经常修井来维护管道的情况。

⑤ 因为天然气油田不用经常修井,所以不推荐使用卧式采油系统。

24.4.3 设计过程

水下采油系统的设计不尽相同,例如完井类型(简单的、潜水员辅助的、不潜水的和无导向的),采油树的用途(生产型、注入型),工作条件(H_2S、CO_2 或 H_2S 和 CO_2)等。这些因素都会影响到采油系统的类型、材料和部件组合的选择。详细的水下采油系统的设计过程如图 24 - 18所示。

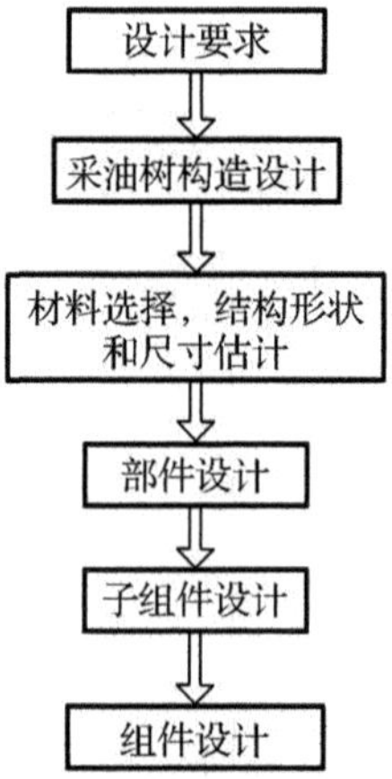

图 24 - 18　采油树的设计过程

设计的要求包括功能要求、性能、工作能力和产品的经济性,这些因素是设计产品时的基本要求,具体的设计要求如图 24 - 19 所示。在对设计对象的功能和要求多很清楚之后,设计者必须选择采油系统类型并完成图解表,采油树系统结构的草图通常就在这个阶段完成。

部件设计是水下采油系统设计的重点。典型的部件设计包括以下方面。

(1)管道悬挂系统。

(2)把采油树连接到水下井口的连接器。

(3)采油树主体,以及设计来承压的在产品流动路径上的锻件。环空流动路径可能也包含在采油树主体里。

(4)为生产管线、密封环和辅助功能而设计的采油树阀门。采油树阀门可采用螺栓连接或集成在采油树主体上。

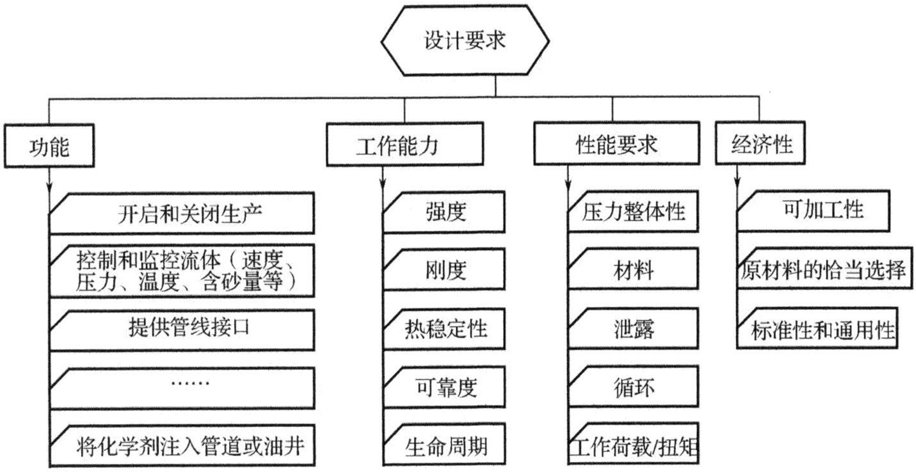

图 24－19　设计要求

(5)远程打开和关闭阀门的阀门驱动器,有些可能是手动阀门,也包括深水 ROV 接口。

(6)用于脐带缆挂接的控制连接板。

(7)控制系统,这包括阀门驱动器命令系统以及压力和温度传感器。该阀门驱动器命令系统可以是简单或复杂的线路系统,包括电脑及根据实际应用而选用的电磁线管。

(8)节流器(可选)用于调节生产流速。

(9)采油树管道,用于导向生产液体、生产管线和环之间的交叉布置、化学剂注入、液压控制等。

(10)支持采油树管道及附属设备并提供安装和修井导向的采油树框架支撑树。

(11)采油树的外部保护帽,它用来保护采油树连接器和采油树本身。保护帽往往提供防拖网保护和防掉落保护。

设计应该考虑这些部件,尽管它们可能是一个系统或一些子组件。在本阶段,部件的计算和报告应该与草案一起完成。子组件和组件设计也应写成报告,报告应包括组件的安装步骤和草案。部件设计步骤如图 24－20 所示。

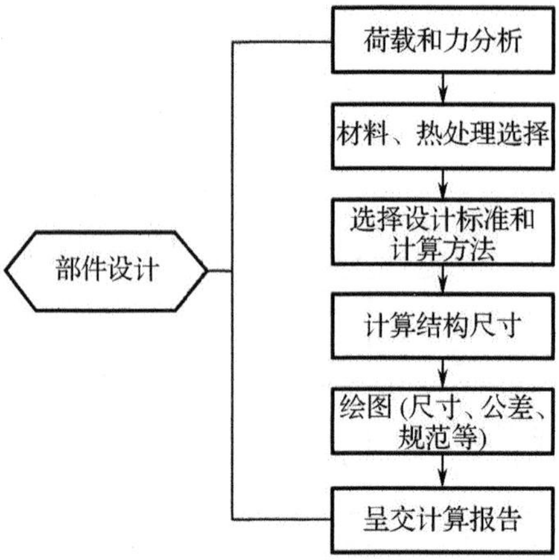

图 24－20　部件设计过程

24.4.4　工作条件

水下采油树的额定压力等级分为 5 000 psi(34.5 MPa),10 000 psi 的(69.0 MPa)和15 000 psi的(103.5 MPa)。目前,20 000 psi 的(138 MPa)水下采油树已经成功得以应用。

如表 24－2 所示为按照 API 6A 的温度标准。

表 24－2　标准温度等级

温度分级	操作范围			
	最小值	最大值/°F	最小值/℃	最大值/°F
K	－60	82	－75	180
L	－46	82	－50	180
P	－29	82	－20	180
R	室温		室温	
S	－18	66	0	150
T	－18	82	0	180
U	－18	121	0	250
V	2	121	35	250

根据 API 17D 规范,水下设备应该能够在 35 ~250 °F 的范围中运行。

选择材料是用户的责任。所有承压组件都应视为“刚体”,其材料要求从表 24 -3 中确定。但是,其他井筒的压力边界渗透设备,如油脂/出油点点配件和锁定螺钉,应当视为“杆”。金属密封组件应看作压力控制部件。

表 24 -3 材料分类等级

保留流体	相对腐蚀的保留流体	CO_2的分压 /psi(MPa)	材料类别推荐
一般条件	非腐蚀	<7(0.05)	AA
一般条件	轻微腐蚀	7 ~30(0.05 ~0.21)	BB
一般条件	高腐蚀	>30(0.21)	CC
酸性环境	非腐蚀	<7(0.05)	DD
酸性环境	轻微腐蚀	7 ~30(0.05 ~0.21)	EE
酸性环境	高腐蚀	>30(0.21)	FF
酸性环境	极度腐蚀	>30(0.21)	HH

设备应该按照材料分类的要求(如表 24 -4 所示)进行设计。当满足其机械性能时,不锈钢可以代替碳素钢或低合金钢,而且抗腐蚀合金可以替代不锈钢。

表 24 -4 材料要求(API -6A)

材料分类	最小材料要求	
	刚体、端部和出口连接器	压力控制系统、杆和轴柄悬挂器
AA——一般条件	碳素和/或低合金钢	碳素/或低合金钢
BB——一般条件	碳素/或低合金钢	碳素/或低合金钢
CC——一般条件	不锈钢	不锈钢
DD——酸性条件[a]	碳素/或低合金钢[b]	碳素和/或低合金钢[b]
EE——酸性条件[a]	碳素/或低合金钢[b]	不锈钢[b]
FF——酸性条件[a]	不锈钢	不锈钢[b]
HH——酸性条件[a]	CRA[b]	CRA[b]

注:a 在 NACE MR 0175 定义

b 遵循 NACE MR 0175

24.4.5 采油树主要部件

(1)概况

由于特定油田的设计要求不同,采油树的部件也不相同。典型的 VXT 部件有:采油树帽、上部生产主阀(UPMV),下部生产主阀(LPMV),生产翼阀(PWV),生产抽汲阀(PSV),转换阀(XOV),环空主阀(AMV),环形通道阀(AAV)或环形抽汲阀(ASV),环形翼阀(AWV),压力和温度传感器(PT,TT,PPT 等),采油树连接器,常规管道悬挂器系统,等等。典型的 VXT 构件如图 24-21 所示。

典型的卧式采油树部件有:采油树碎屑保护帽、采油树本体、内部采油树帽(或上凸插件)、冠状塞(或下部冠状塞插件)、生产主阀(PMV)、生产翼阀(PWV)、环形抽汲阀(VIV)、环形主阀(AMV)、环形翼阀(AWV)、转换阀(XOV)、传感器(PT,TT,PTT 等)、采油树连接器、管道悬挂器系统等。典型的 HXT 构件如图 24-22 所示。

VXT 和 HXT 的主要不同部件如下所示。

① 采油树主体;HXT 的采油树主体通常设计成一个集成的四通。PMV 和环阀门一样位于此采油树主体上。PWV 通常设计成一个集成翼阀,它可以很容易地通过法兰连接到采油树主体,这种设计可以实现生产中的 HXT 组件之间的互换。此外,油管悬挂系统位于采油树主体。

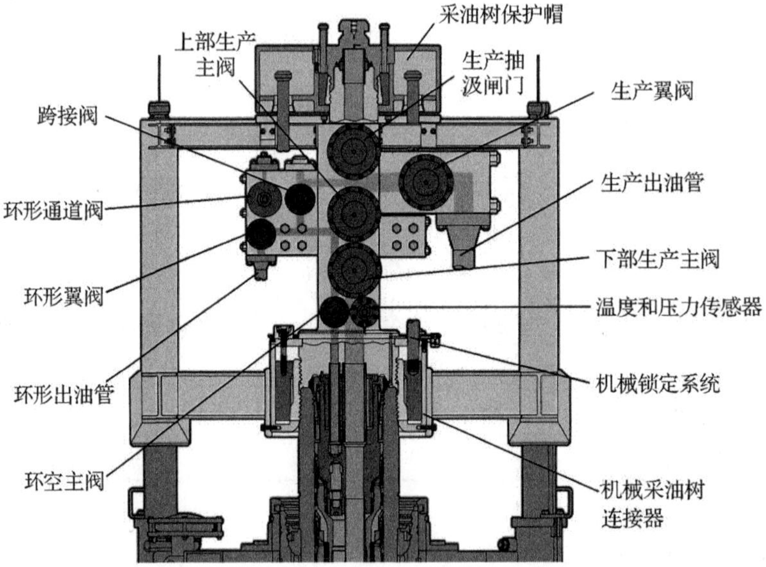

图 24-21 典型的 VXT 构件

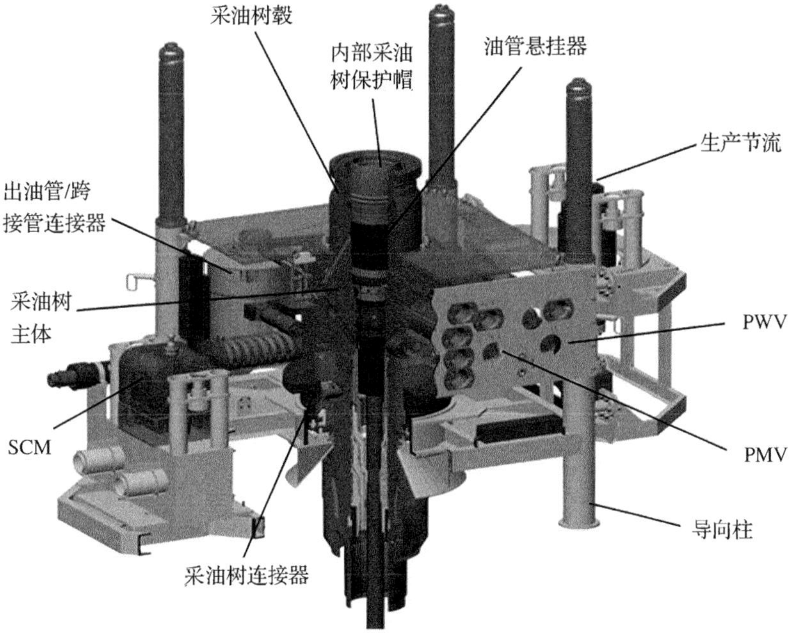

图 24－22　典型的 HXT 构件

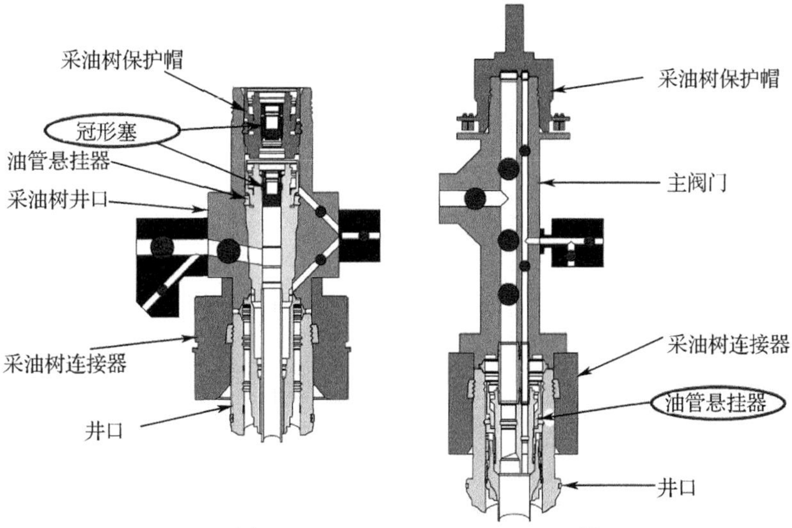

图 24－23　VXT 和 HXT 的不同

(a) VXT; (b) HXT

② 油管悬挂系统;VXT采用了传统的油管悬挂器,它有一个主要生产孔和一个环孔,油管悬挂器位于井口。然而,在HXT中,油管悬挂器有一个单筒悬挂器,并且有一个侧出口,生产流体将从这里传送到PWV。由于HXT的TH位于采油树主体上,它需要用凸塞作为隔层。内部采油树帽是第二个隔层,它位于凸塞之上。如果在TH系统中采用了双凸塞,它将可以不使用内部采油树帽。

③ 采油树帽;VXT系统的采油树帽在修井期间提供控制接口以及密封海水功能,但在HXT中往往设置有内部采油树帽和采油树碎屑保护帽。

(2)油管悬挂器

油管悬挂器(TH)系统设计用于悬浮和密封插入水下油井生产孔的油管柱。油管悬挂器可以通过防喷器组,安装并固定在套管挂钩或采油树筒的内轮廓上。油管悬挂系统的具体设计考虑因素应包括如下。

- 支持的油管柱的数量、尺寸和质量;
- 油管螺纹连接的类型;
- 控制端口的数量和尺寸、井下安全阀的额定压力和其他要求;
- 井下监测和/或控制的电气连接器的要求;
- 定位,如有必要,还需要采油树相关界面的数据;
- 立管类型,完整立管和用于安装和电缆工作的独立管链回路;
- 使控制部件免受残片和流体的污染。

① 油管悬挂器类型

水下油管悬挂器可以分为双孔油管悬挂器和单孔油管悬挂器两类,如图24－24所示。在一个双油管完井中,油管柱运行在两个独立的区域,双孔油管悬挂器要满足独立悬挂和油管柱密封的要求。常规的采油树也要求能连接生产孔和环孔。

单孔油管悬挂器只有生产孔,底部通常设计成螺纹形,便于连接油管柱,单孔油管悬挂器通常用于水平采油树。环空液体通过一个同心端口和采油树的环型主阀排放出去。

在一个卧式采油树系统中,油管悬挂器的构造常为中心型,在侧边有一个产品导出口,如图24－25所示。油管悬挂器的组件包括悬挂器、套筒锁定、锁定爪、门廊密封、电动穿孔器插座和底部干燥耦合连接器等。常用的油管悬挂器有四种基本尺寸:即标准尺寸3－1/2″,4″,5″和7″。

② 内部构造

如图24－26所示为典型的油管悬挂器的构造。通过油管悬挂器的控制端口数取决于:

a. 有多少SCSSV以及它是否平衡。一个平衡的SCSSV需要两个控制管线,而不平衡的阀门只需要一个。

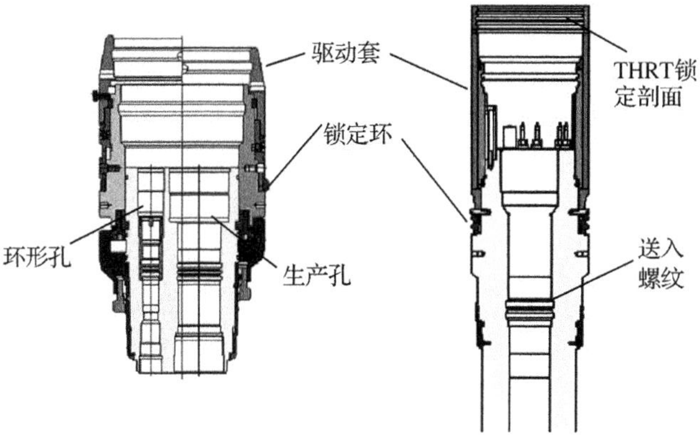

(a)双内孔　　(b)单内孔

图 24－24　双孔和单孔油管悬挂器

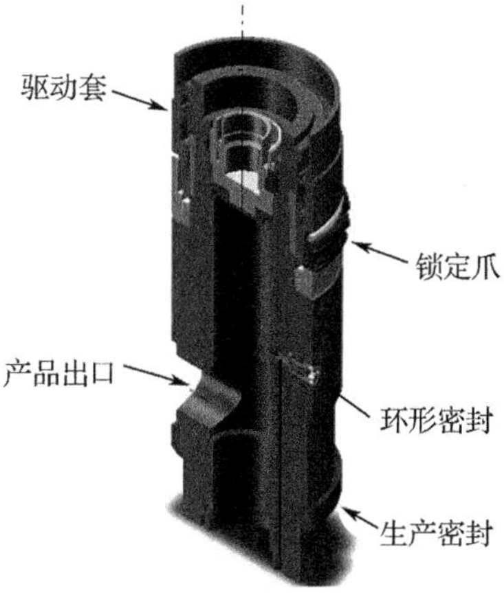

图 24－25　卧式油管悬挂器截面图

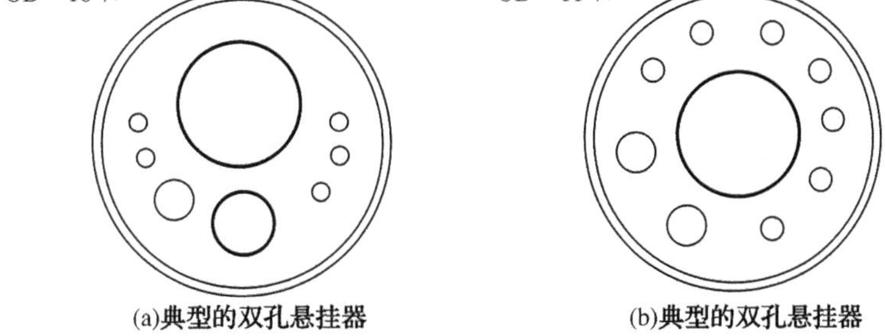

(a)典型的双孔悬挂器　　(b)典型的双孔悬挂器

图 24－26　典型的油管悬挂器内部构造

b. 井下压力/温度监测器(油管悬挂器上的电子连接器/采油树子接口)。下部有一根电缆延伸到油管柱,并且有一个传感装置位于其底部。

例如,一个典型的结构包括如下部分。

a. 井下注入:1Hyd;

b. SCSSV:2Hyd;

c. 智能液压井:2Hyd;

d. 软着陆:1Hyd;

e. 井下仪表:1 或 2 Elec。

③ 油管悬挂器送入工具

油管悬挂器送入工具(THRT)可将油管悬挂器(TH)送入到采油树主体里去。THRT 应由等截面积的活塞进行设计,以防止环空压力将 THRT 从 TH 中解锁,并确保 THRT 在安装过程中或修井作业时,即使发生液压亏损也保持锁定。该系统的设计应防止在安装和保持从 TH 到 THRT 的回收过程中的液压密封锁定。油管悬挂器运行工具如图 24-27 所示。

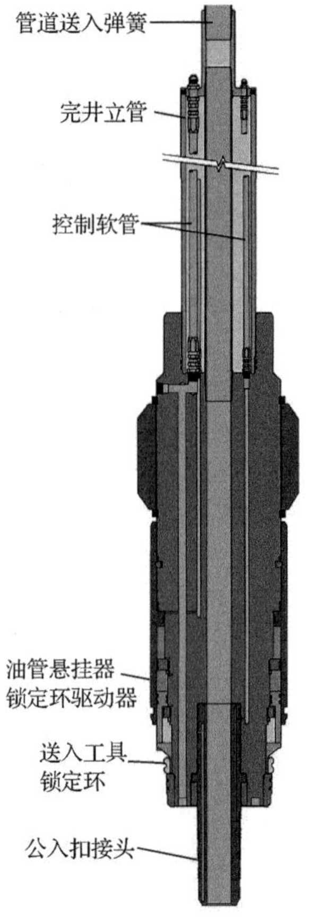

图 24-27 油管悬挂器运行工具

(3)采油树管道

采油树管道可以定义为水下采油树上的工作管道、配件和阀门。采油树管道设计包括:

① 在工作压力盒测试压力下的许用应力;

② 外部加载;

③ 公差;

④ 允许的腐蚀和侵蚀;

⑤ 温度;

⑥ 弯曲壁厚。

采油树流管回路可以由锻造接头或预弯管段组装而成,也可由一个连续管子加工而成。

(4)出油管连接器

出油管连接器通过跨接管来连接水下出油管道和脐带缆。在某些情况下,出油管道连接器还能在不将水下管道或者脐带缆取回水面的情况下断开和移动采油树。如图 24-28 所示为一个水平出油管道连接器。

图 24－28　出油管连接器

出油管道连接器一般有三种类型:潜水员或 ROV 操作的手动连接器、液压连接器、包含液压驱动器的独立运行工具的机械连接器。出油管道连接器系统可以采用很多种安装方法,比如第一端部或者第二端部连接方法。它可以是无潜水安装或者是辅助潜水安装,也可以利用导向器/导向柱在安装时提供导向和对齐设备。

出油管道连接器的支撑框架常常要承受出油管道和脐带缆作用在它上面的全部荷载。来自出油管道和控制管道的荷载会破坏采油树阀门和管道。在安装中,关键耦合部件的定位要清晰。采油树在不对关键耦合部件造成破坏时可以进行移动和更换。出油管道连接器支撑框架需确保在框架安装完成后能够将一系列防喷器组坐放在井口的壳体上。

(5)采油树连接器

采油树连接器是用机械法连接和密封水下采油树和水下井头,它可能需要潜水员协助安装,或允许远程操作液压驱动。典型的采油树连接器类型有 H－4 型连接器和夹式连接器两种,如图 24－29 所示。

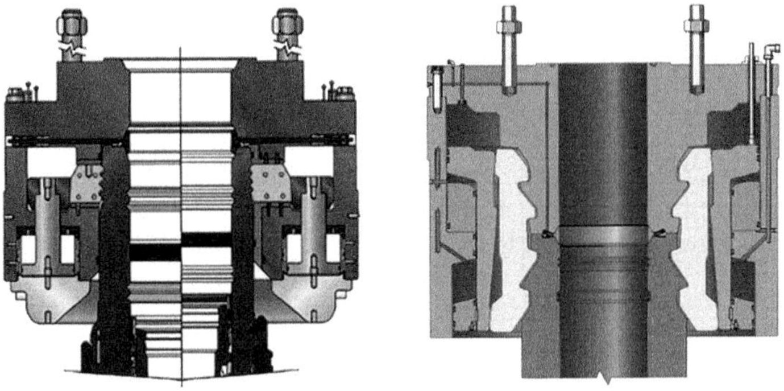

(a)在心轴型井口上的H-4连接器　(b)连接在毂型井口上的筒夹连接器

图 24－29　H－4 连接器和夹式连接器

H－4 型连接器是由 Vetco Gray 改进的液压驱动连接器，它应用于 H－4 型井头工况。液压活塞设计用以提供比在相同运行压力下只使用主释放系统的锁闭力大 25% 的解锁力。如果同时使用二级释放系统，最终的解锁力将比锁闭力高 125%。

夹式连接器应用于枢纽型采油树，它的概念设计需要保证底部的夹式连接器比对应的顶部 API 连接器强。夹式连接器有一个内部活塞用来驱动操动气缸。附加的导向臂用来定心，且当夹式连接器接近与其相配的枢纽时，漏斗形夹段可以找到中心。当夹式连接器被锁定时，夹段通过钳驱动器环上的带摩擦力可以 360°全方位地锁柱相配的毂。

(6)采油树阀门

水下采油树包含了各式各样的阀门，可用来对从下面的井中喷涌而出的油、气体和液体进行测试、工作、调整以及节流。如图 24－30 所示为有代表性的采油树阀门的构造图。

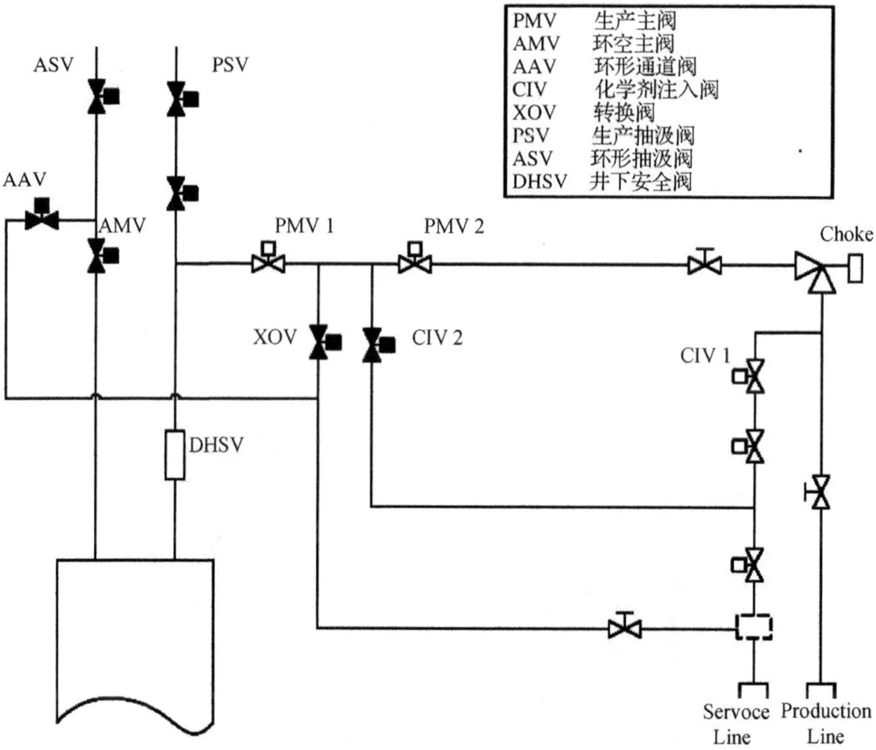

图 24－30 采油树阀门的构造

从海下的油井中出来的生产流体流过井下安全阀(DHSV),而这个阀门在探查到任何事故、泄漏和超压现象发生时就会关闭。生产主要阀门(PMV)在正常生产时会完全打开,通常这些阀门多是质量过硬的闸门阀。尽管它们只是井下安全阀之后的第二道压力隔层,但它们必须能够承受所有为油井安全所考虑的全部压力。生产节流器用来控制流体速度和降低流体压力。

环形主阀门(AMV)和环形通道阀门(AAV)用于在DHSV打开时,平衡油管悬挂器上部空间和下部空间的压力。

在交叉循环上,转化交叉阀(XOV)是一个可选阀,当它打开时,可以使环孔和采油树之间产生联系(通常两者是孤立)。XOV可用于阻止液体通过,或克服水合物的形成所造成的阻塞。

如果需要对油井进行干预,生产抽汲阀(PSV)和环形抽汲阀(ASV)要打开。

水下采油树阀门的设计、制造和测试应依照API 17D和API 6D以及API 6A。该阀门可以通过螺栓连接或内置。

(7)生产节流器

生产节流器是一个流体控制装置,它可用来压降和降低流体速度,以便其安全地通过气门和底座。它常安装在水下采油树的生产翼阀的下部,用来控制从井中流向管汇的流体。它也可以安装在管汇上,如图24-31所示为一个采油树的节流器。

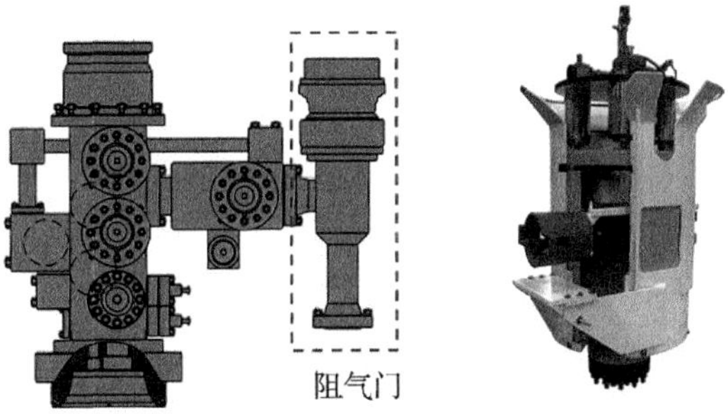

图24-31　水下节流器

两种广泛使用的节流器是正向节流器和可调节流器。可调节流器可以被潜水员近距离调节或远程调节,它们通常有一个旋转的液压驱动器,该驱动器安装在节流器的机身上,它可将节流孔的孔径调至最优值。节流器可以用ROV进行安装或回收,而且节流器可使壳体处于合适的位置,且其内部和驱动器是可替代的单元。

① 阀内/孔口节流器类型

典型的孔口节流器类型:盘式或针/插孔式。盘式有一个旋转盘,同时还有一个固定盘，这能保证节流器的工作效率。插孔式节流器通过移动嵌件和提供缝隙来调节流体，该运动是轴向的。

如图 24－32 所示为 ISO 13628－4 中的节流器类型。

② 节流器设计参数

为了选择最合适的水下生产系统节流器，我们需要知道一些数据：流体进入节流器的速度、入口压力 P_1、孔口节流器的压降、出口压力 P_2，如图 24－33 所示。

节流器的尺寸由 C_V 决定（估值系数），它考虑了所有的尺寸和其余的因素（包括型号以及流体流进节流器的方向变化）。C_V 等于每分钟通过节流器的流量，在这个过程中，水温为 60 ℃且压降为 1 psi。这个 C_V 常常按照 ISA 指南计算。

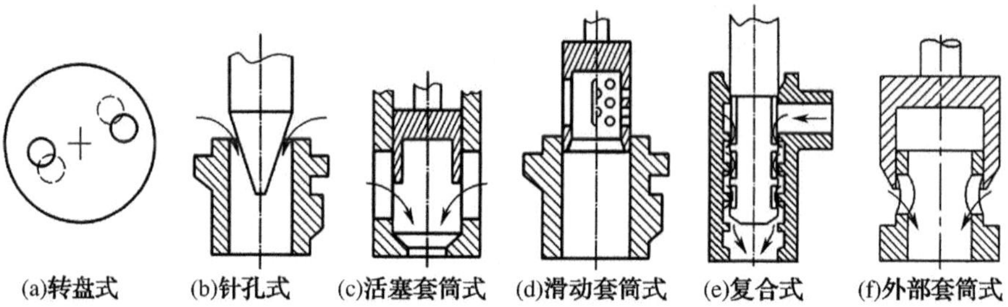

图 24－32　阀内节流器类型

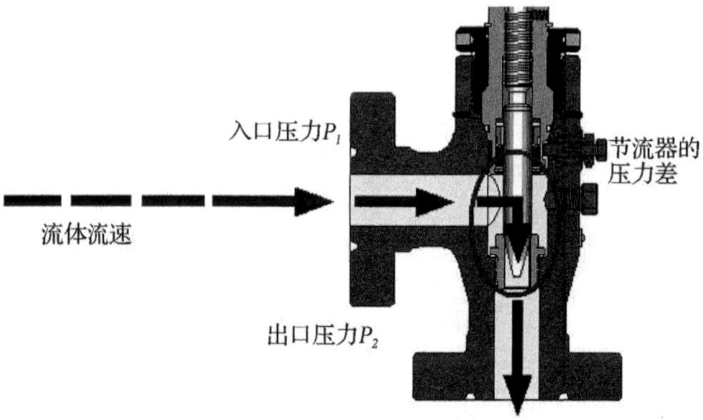

图 24－33　节流器示意图

压力往往通过采油树管道来保持。当流体穿过节流器时，压力下降，但压力会很快恢复到一定水平。这个过程如图 24－34 所示。

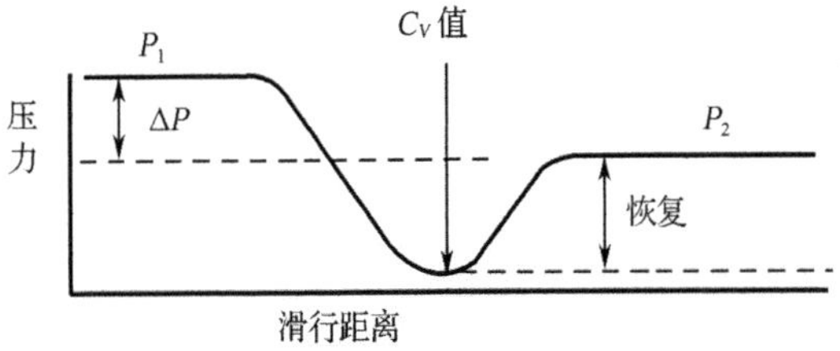

图 24－34 在节流器中的压力降

该下降压力由方程 $\Delta P = P_1 - P_2$ 确定(出口压力减去进口压力)。在确保评价的水下油田开发项目成功的过程中,ΔP 的比率 ΔPR 是最重要的参数。这个比例由 $\Delta PR = \Delta P/P_1$ 确定,用于测量节流器的能力和对其进行回收。ΔPR 越高,对阀内节流器潜在的损害就越大。如果 ΔPR 超出 0.6,就需要对阀内节流器进行特别关注。

(8)采油树保护帽

设计的采油树保护帽要防止液体从井孔中泄漏到环境中,同时也要防止物体掉到井孔之中。卧式采油树和立式采油树对于它的设计是不一样的,采油树保护帽通常需要简单的恢复功能。

碎片保护帽盖在采油树三通的顶端。它的固定、开启、脱扣和回收都通过 ROV 辅助操作安装。如图 24－35 所示为采油树碎屑保护帽示意图。

图 24－35 采油树碎屑保护帽

内部采油树保护帽常将四通的主体锁在管道悬挂器上,并封住油嘴悬挂器上面的区域使其能够承受最大额定工作压力。它通过海洋立管安装并完全拴住水平采油树孔,这需要金属－金属密封和次级橡胶密封才能把内部的采油树与环境隔绝。如图 24－36 所示为一个 ROV 操作的内部采油树保护帽的构造图。

(9)采油树框架

采油树框架可以保护一些关键构件不受从表面掉下来的物体的破坏,同时辅助以下结构的安装。

① 采油树主体;

② 采油树阀门;

③ 水下控制模块(SCM);

④ 节流器；
⑤ 采油树管道；
⑥ 出油管道连接器；
⑦ 采油树连接器；
⑧ 跨线连接；
⑨ ROV 面板；
⑩ 阳极系统。

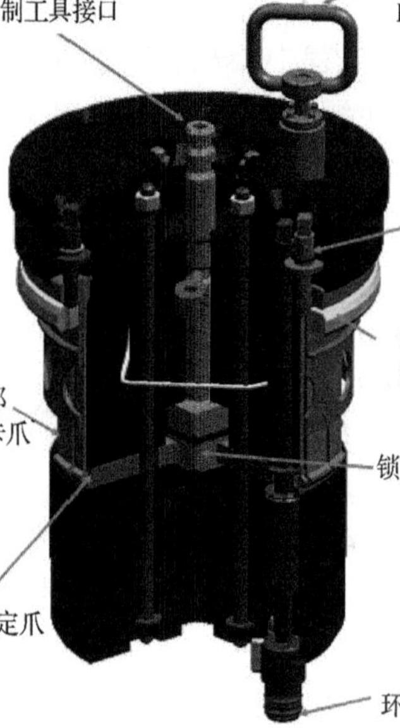

图 24－36　ROV 采油树保护帽

采油树框架的导向系统和定位系统设计是为了把采油树坐放在生产导向基座上或者基盘上。它也可以保护采油树组件在海面操作和水下运行、回收操作时不受破坏。强度和总体质量必须经过计算核查来保证这些操作。水下采油树框架必须没有搁浅点和锐利的棱边，以防割断 ROV 的系绳或控制脐带缆。

24.4.6　采油树安装控制

（1）水下控制模块（SCM）

水下控制模块位于采油树或管汇上，SCM 通常控制所有的液压驱动树和井下安全阀，同时监控采油树所有的压力、温度和砂检测传感器。大多数 SCM 都设计成无须安装指导，只要在 ROV 辅助下用简单的起重钢丝就能安装和维修了。如图 24－37 所示为一个典型的 SCM。

SCM 包含了所有的控制阀、液压检测传感器和电子设备。水下控制模块将被电介质充满，形成压力补偿以提供一个次级屏蔽防止海水进入。SCM 正常安置和锁定在安装基座（SCMMB）上，液压和电气连接器/耦合器分布在 SCM 的底部，允许连接和断开。较低的液压供给和高液压供给是液压连接器一般要求。

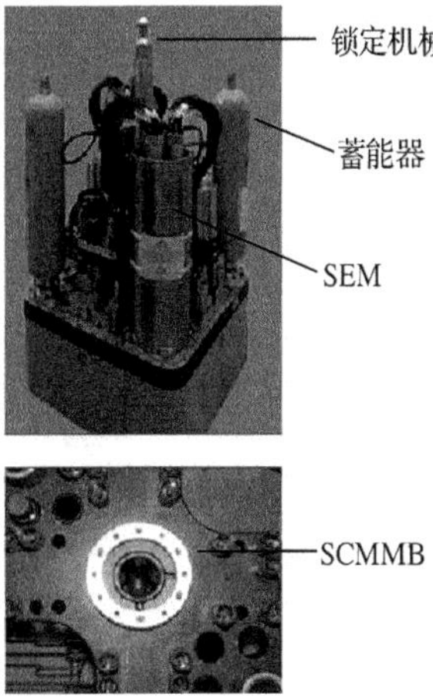

图 24－37　SCM 和 SCMMB

（2）压力、温度传感器、探砂器

水下压力/温度传感器应能够承受水下的压力和温度，水下传感器的设计、构造和接口需要特别考虑。

所有的传感器必须是采用耐腐蚀材料，如 316SS。装置中接触处理液的部分应覆盖上耐腐蚀材料以满足环境条件，如镍合金 625。压力和温度范围应该和采油树的相同。传感器通常是专为 API 型法兰安装设计的。

用于水下结构测量的典型传感器有：

① 压力传感器（PT）；

② 温度传感器（TT）；

③ 压力、温度混合传感器（PTT）；

④ 井内压力温度混合传感器（DHPTT）。

传感器典型的安装位置如下：

① 环线；

② 生产阻气门下游；

③ 生产阻气门上游。

24.4.7　采油树送入工具

采油树送入工具是为了海底部署而设计的，例如海底采油树、跨接管、井头等。所有的运行工具一般都是深水用液压驱动。假如使用扭矩调定，由于钻管具有弹性，将难以记录其旋转圈数。液压工具能提供液压信号用于确定固定位置，这可用来确定机械装置的正确位置。然而，这需要设计一个故障保险系统，以避免在海底部署设备时发生的液压失效。

典型的采油树送入工具包括一个连接采油树顶部接口的连接器，通常还加上一个下层立管组件，其中包括一套在安装和作业过程中用来控制油井的安全阀。如图 24－39 所示为在岸上测试的 TRT。

图 24－38　采油树上的 PTT

图 24－39　采油树送入工具

24.4.8 水下采油树的设计和分析

(1)化学剂注入

化学剂注入根据储油层类型和流体的特性而设计。注入化学剂的最终目标是确保在油田开发的整个生命周期内,生产的油气能从储油层更经济地流到生产设备。化学剂注入在启动阶段和生产过程中使用,如图 24 - 40 所示为海底采油树的化学剂注入点。

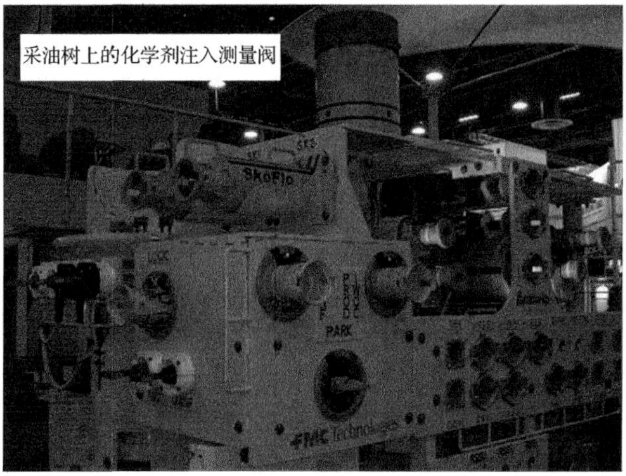

图 24 - 40 水下采油树化学剂注入点

化学品注入设计问题包括:

① 化学剂注入芯的尺寸;

② 海底温度下的黏度;

③ 材料的兼容性;

④ 化学剂的混溶性;

⑤ 化学渗透率;

⑥ 计量阀和可靠性。

(2)阴极保护

水下采油树的阴极保护(CP)应该按照 DNV RP B401 或 NACE MR - 0174 进行设计。主要设计参数和计算方法如下。

① 具体材料的保护标准;

② 电流密度;

③ 表面保护;

④ 涂层破坏因素;

⑤ 应用的阳极的质量和数量。

对于海底井口、采油树和其他结构,系统中通常用到不同的材料。CRA 和高强度钢材采用阴极保护时,主要关心氢导致的破裂等风险。

在水下采油树系统中采用阴极保护,需要注意以下几个设计要点。

① 所有水下金属部件的机身外壳接电以确保整个装置的阴极保护。在不能完全或简单电气连接的压力帽等处需要单独分析和独立保护。所有部件的表面积都按牺牲阳极计算的输入数据计算。

② 所有的水下与海水接触的部件,除了不锈钢控制管、元件、接线板、控制耦合器等,都涂有水下三层环氧系统。

③ 每个水下结构都能获得经济有效的腐蚀控制程序,允许一定量的结构上不加涂层可能是有益的。如果额外暴露的表面积都采用阴极保护系统设计,那么轻微的涂层损坏修复技术可能将被淘汰,内含的额外牺牲阳极将保护那些裸露或没加涂层的表面。

所需电流、阳极的选择、阳极质量和数量的详细设计和计算需根据 DNV RP B401 设计。

(3)隔热和保护层

采油树、井口、跨接管、管汇及管线跨接管等一些相关的设备需要防腐涂层和隔热层,以便在生产停工阶段有足够的时间冷却。隔热的主要目的是:

① 在任何操作条件下有足够的时间去施行保护;

② 避免水化物形成和相关的生产损失等重大后果;

③ 解决停工问题,以避免水下保护阶段和相关的生产损失的负担。

隔热系统应包括在钢材表面的一定工作温度下的防腐涂层,该防腐涂层应依照制造商的说明来使用。需要隔热的面应在工程图里有具体说明。因为隔热会对组件有害,所以不需要隔热的面应作标记或者在安装过程中有适当的保护。

(4)结构荷载

采油树连接器、采油树本体、采油树导向框架和采油树管道的设计必须能够承受安装和操作过程中施加的内部和外部的结构荷载。以下是一些采油树和采油树组件需要考虑的荷载。

① 立管和 BOP 荷载;

② 出油管连接荷载;

③ 搁浅的采油树框架、脐带缆和出油管;

④ 温度应力(流体、构件膨胀,管道增长);

⑤ 提升荷载;

⑥ 掉落物件;

⑦ 压强诱导荷载(外部或内部)。

不承压的结构构件应该按 ASWD1.1 设计。采油树框架常按 API. RP. 17A 设计。这是常用的方法但并不总是对的,因为采油树设计时是无导向的。API 定义了四个坐标位置以及周围的中心线,它们平均间隔 6 ft 左右,这相当于它们组成的矩形中的任意角点的距离为 101.82 ft。

(5)热分析

水下采油树设计要求确定绝热层的类型和厚度,以获取全局的热交换系数(U 值)。在其使用寿命内,绝热系统将工作在特定的水深和内部温度下。它还应该能够承受安装和生产时产生的荷载。热分析和绝热层计算可能包括以下问题。

① 热膨胀系数;

② 每层的绝缘材料成分;

③ 每层的厚度;

④ 每种材料类型(层)的最高额定温度;

⑤ 每层的导热系数随温度变化图;

⑥ 绝热系统在空气中的 U 值;

⑦ 在设计寿命开始和结束时绝热系统的 U 值;

⑧ 图 24-41 中显示了隔热层的位置;

⑨ 其他涂层的力学性能。

24.4.9　水下采油树的安装

水下采油树可以通过钻管或起重机/绞车缆来进行安装,如图 24-42 所示。典型的采油树尺寸和重量分别 12 ft×12 ft×12 ft 和 20~50 t。如果采油树已在钻井船甲板上,该尺寸可以满足采油树从月池进行安装。否则,就需要一个运输驳船来运输,然后将其用起重机调离甲板并沉到水下。由于起重机的缆线一般长 200~300 m,对于深水而言,采油树将被转移到钻机绞车上,因为它的缆线最长可达 1 000 m。如第五章介绍的,安装船可以是半潜船或钻井船,这需要根据不同的水深来决定,如图 24-43 所示。

在 VXT 配置中,油管悬挂器和井下油管应在采油树安装之前就开始送入,而 HXT 油管则悬挂在采油树上,因此油管悬挂器和井下油管可以回收和替换,而无须更换采油树。同样道理,HXT 的移除通常需要移除油管悬挂器和完井管柱。

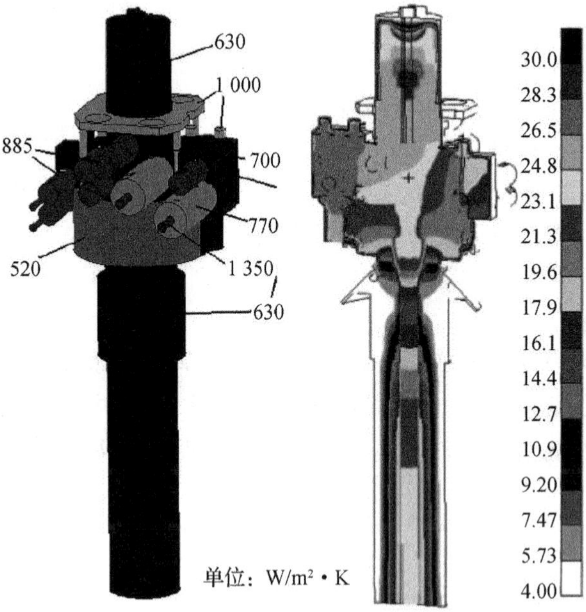

图 24－41　基于有限元法的采油树热学分析图

(a)钻管安装　　(b)钻机绞车安装

图 24－42　采油树的安装

(a)自开式　　(b)半潜式　　(c)钻井船

图 24－43　安装船

VXT 系统通常运行在双孔完井立管上(或一个在 LRP 上装有钻孔选择器的单孔立管,并采用一种由水面的柔性软管来完成的循环方式来运行)。HXT 的 TH 在套管节点上运行,从而节省了双孔完井立管的成本,但管柱的复杂的坐放又需要运行 TH。着陆管柱配有隔离球阀、特制的针对 RAM 断开的插件和一个专用的环状 BOP 提升器。

把采油树牵引到井口上通常需要将导向线连接到井口的 PGB 表面。导向索拉向采油树的导向柱,然后将采油树下放到水下。但是,由于钻机上电线长度的限制,导向索常常只能在水深 500 m 以内使用。对于深水,需要一艘能通过推进器来保持自身位置的动力定位船将采油树下放并固定到井口上。

下面显示了一个通过月池并利用钻管来安装垂直采油树的详细过程。典型的程序如下(如图 24－44 所示)。

(1)进行预安装,并测试采油树;

(2)采油树进入月池;

(3)将导向索装入采油树导向臂;

(4)在月池里向采油树上安装 LRP(下立管封装)和 EDP(紧急断开插件);

(5)连接 IWOCS(安装和修井控制系统);

(6)通过出油立管将采油树降低导向基座,如图 24－44(a)所示;

(7)将采油树锁定在导向基座上,测试密封垫片;

(8)用 IWOCS 执行采油树阀门功能测试;

(9)回收采油树送入工具;

(10)利用送入工具将采油树保护帽放置在钻井管道上;

(11)继续下放采油树保护帽,直至水下采油树附近,如图 24－44(b)所示;

(12)把采油树保护帽安装并锁定在采油树轴心上,如图 24－44(c)所示;

(13)用钻杆(或升降缆)把腐蚀保护帽安装到采油树保护帽上,一些供应商开发了 ROV 安装法(图 24－44(d))。

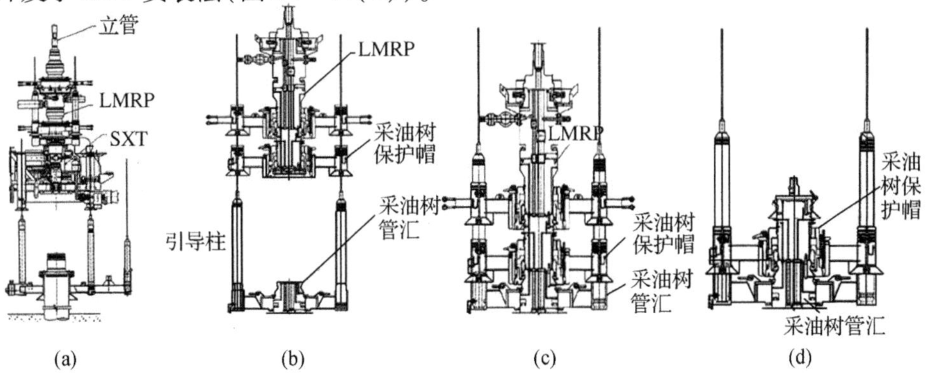

图 24－44　钻管安装立式采油树

如图 24－45 所示为卧式采油树的安装过程,油管悬挂器将安装在采油树上,并且水下完井在采油树安装期间同时进行。

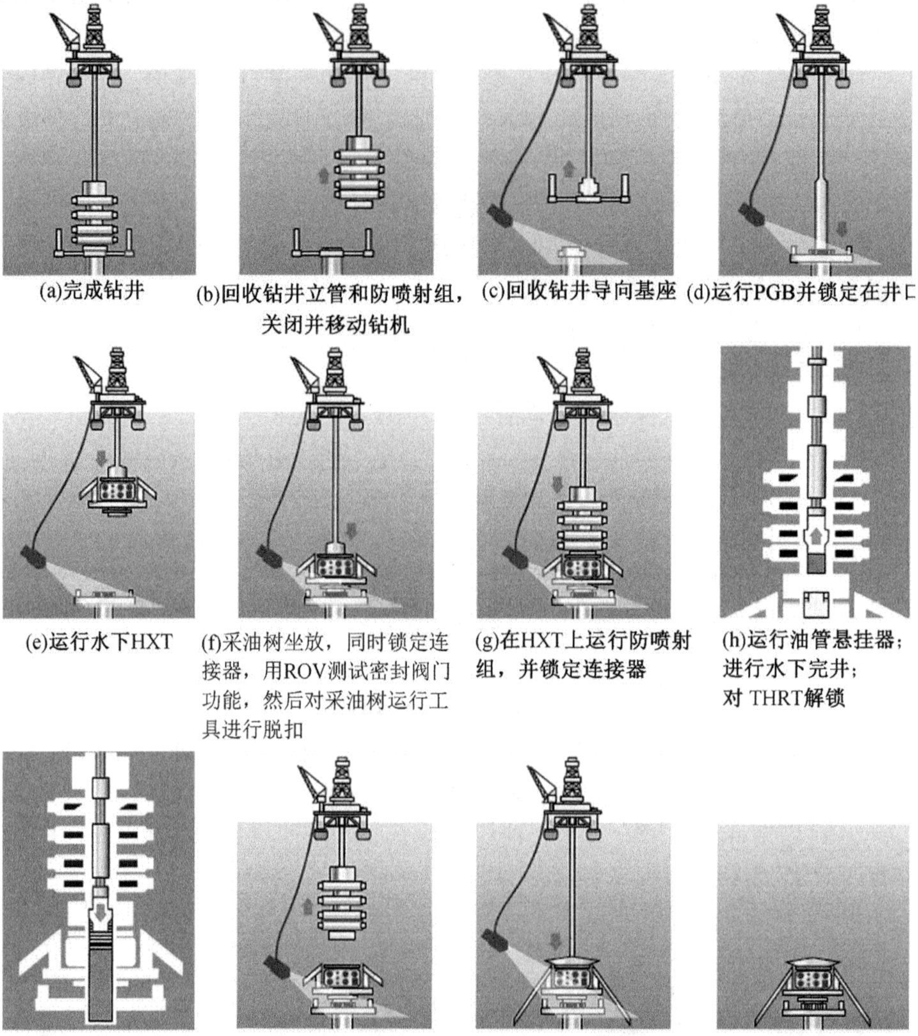

(a)完成钻井
(b)回收钻井立管和防喷射组，关闭并移动钻机
(c)回收钻井导向基座
(d)运行PGB并锁定在井口
(e)运行水下HXT
(f)采油树坐放，同时锁定连接器，用ROV测试密封阀门功能，然后对采油树运行工具进行脱扣
(g)在HXT上运行防喷射组，并锁定连接器
(h)运行油管悬挂器；进行水下完井；对 THRT解锁
(i)通过缆线将内部采油树帽穿过立管和BOP;回收THRT
(j)回收防喷射组
(k)安装碎片帽
(l)准备生产

图 24－45　卧式采油树安装过程

参考文献

[1] API. API 17D Specification for Subsea Wellhead and Christmas Tree Equipment [S]. Washington, DC, USA: American Petroleum Institute, 1992.

[2] API. API SPEC 6A Specification for Wellhead and Christmas Tree Equipment [S]. Washington, DC, USA: American Petroleum Institute, 2004.

[3] ANSI. ANSI/API Specification Q1 Specification for Quality Programs for the Petroleum, Petrochemical and Natural Gas Industry [S]. Washington, DC, USA: American Petroleum Institute, 2003.

[4] Paulo C A S, Silva J E M. Christmas Tree for Subsea Production: U. S., 5299641 [P]. Apr. 5, 1994.

[5] Albert R M, Simon G. Analysis of Complex Wellhead Load Events for Conductor and Surface Casing Strings[C]// 2009. SPE/IADC Drilling Conference and Exhibition, Amsterdam, The Netherlands, SPE/IADC Drilling Conference and Exhibition, 2009.

[6] API. API Spec 17D Design and Operation of Subsea Production Systems – Subsea Wellhead and Tree Equipment[S]. Washington, DC, USA: American Petroleum Institute, 2011.

[7] ISO. ISO 10423 Petroleum and Natural Gas Industries – Drilling and Production Equipment – Wellhead and Christmas Tree Equipment [S]. Geneva, Switzerland: International Organization for Standardization, 2003.

[8] ANSI/NACE. ANSI/NACE MR0175 Petroleum and Natural Gas Industries – Material for use in H2S – Containing Environments in Oil and Gas Production[S]. Houston, USA: National Association of Corrosion Engineers, 2003.

[9] Samuel G, Gonzales A. Optimization of multistring casing design with wellhead growth[C]// 1999 SPE Annual Technical Conference & Exhibition, Houston, USA, SPE Annual Technical Conference and Exhibition, 1999.

[10] Singeetham S, McCoy Jr B. Development of the 18 – 3/4" – 20,000 psi Subsea Wellhead System for High Pressure and High Temperature Applications[C]// OTC 2008, Houston, USA, Offshore Technology Conference, 2008.

[11] Mohr H O. Subsea completions planners see an active future [J]. Ocean Industry, 1991, February. [12] Goonetilleke C C, Mogedal O, Mogedal K, et al. Subsea Trees and Caps for Them: U. S., 7637325[P]. 2009.

[13] Wickizer C L. Challenges of Future Deepwater Operations Examined[J]. Oil Gas J. (United States), 1988, 86(43).

第25章

水下处理系统

25.1 介 绍

随着海洋石油和天然气开采进入更深的水域,在海洋平台上对油气进行处理的成本也越来越高。水下处理系统已被越来越多地认为提高采收率、增加生产和降低成本的有效解决方案。研究发现,使用海上浮式采油平台与水下处理系统的相结合的解决方案(如图 25 - 1 所示)可以有效降低深水油气的开采成本。不同于常规的油气处理设施,水下处理系统的设施在海浪下的海底工作,不受海面天气条件影响。在这套系统中,水下油藏的石油和天然气通过水下采油树开采,生产的流体经水下跨接管被收集在水下基盘或管汇中,然后被输送至水下处理系统中进行初步处理。生产流体经过加工,然后被运输到顶部设施(如海洋平台、船舶或岸上)。

25.1.1 水下处理系统概述

水下处理系统是指在水下或井下对产生的油气混合流体进行处理的设施。这些设备位于水下,而不是固定或浮动海洋平台上。水下处理可以包括几个不同的工艺过程,以帮助降低水下开发的成本和复杂性。一般情况下,水下处理系统包括水下分离器、水下增压泵、水下气体压缩机等部件,具有多相分离、液体加压、气体压缩、除水、除砂、注入、状态监测等功能。对于经济性较差的油气田,在石油和天然气产量下降、含水率增加和顶部设施空间有限的挑战，水下处理系统提高了石油采收率；对于经济型较好的油气田，在稠油、低储层压力和水合物形成等方面的挑战下，使用水下处理系统可以实现油田的经济开发。

图 25-1　水下生产系统中的水下处理单元（TechnipFMC）[1]

我们在 2002 年对水下分离系统当时的进展和未来目标进行了概述。然而，油气行业技术发展相对保守，从新的技术理念的提出到实际运用需要经过漫长的时间。直到 2015 年，大型的水下处理系统（多级分离器和流体处理、单相泵和压缩机）在 Ormen Lange 和 Åsgard（挪威）实现了气液分离和气体压缩的现场开发，如图 25-2 所示。

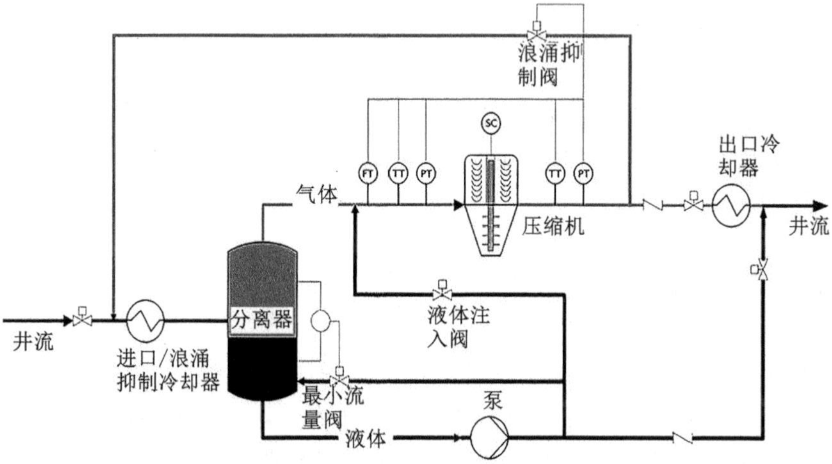

图 25-2　Åsgard 水下压缩项目

图 25－3 说明了不同外输管线长度的水下处理系统的概念配置，这些配置表达了一种“积木”的概念。对于“短”外输管线距离，从水下歧管中抽上来的未经加工的油/水生产混合物在水下泵站加压，直接送到水面上的浮式生产设施。对于“中等”跨接距离，生产混合物通过两相分离器分离成气体和液体（液体为水和油的混合物），然后分别送到水面；水下注水泵将海水通过水下采油树注入油藏，以增加油藏压力。此方案可以解决深水开采中的大多数流动保障问题。对于“长”外输管线距离，生产流体通过三相分离器分成石油、天然气和水，分离后的石油和天然气在没有水面浮动生产设施的情况下直接输送到岸上；分离后产生的水被重庆注入油藏，以增加油藏压力。

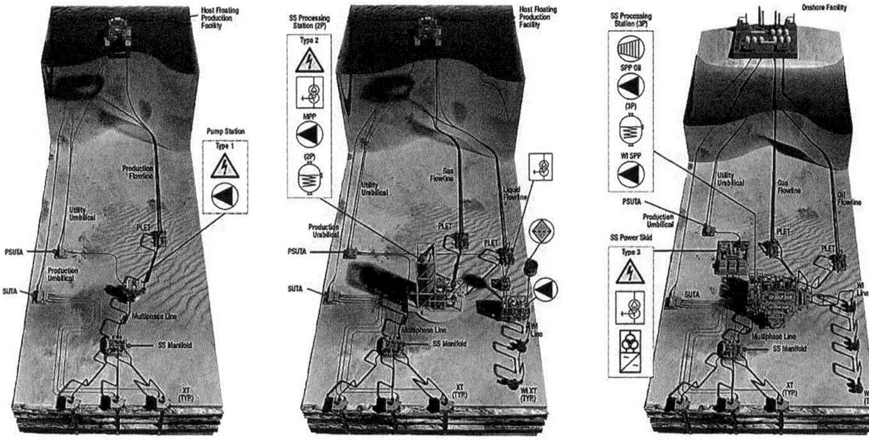

(a)　(b)　(c)

图 25－3　不同跨接长度水下处理的概念配置

深水和远距离油气开采面临多项流动保障的挑战，包括多相流动、水合物堵塞和蜡沉积等。此外，流体冲击、管道压降过大等也可能导致操作困难。通过分离和加压，水下处理系统可以解决很多流动保障的难题，例如，从井流中去除水和沙子将其再注入储集层、分离气体和液体，气体压缩。

水下处理系统的使用因油田而异，水下处理系统的配置有很多方案，因此没有特定的油田开发解决方案。

25.1.2　水下处理系统的应用

挪威北海的 TordisSSBI（水下分离、提升和注入）项目自 2007 年 10 月以来一直在成功运作，并成为世界上第一个全面商业的水下分离、提升和注入系统的里程碑。安装在200米水深的SSBI装置将不断增加的产生的水和沙子与井流分开,并通过一个单独的水下井将其抽回地下。这使得连接Tordis和Gullfaks C平台的管道在SSBI的多相泵的推动下,只输送石油和天然气。该系统减少了背压,改善了流量,并允许Gullfaks C处理更多的碳氢化合物。Tordis SSBI水下处理站包含以下主要内容,如图25－4所示:

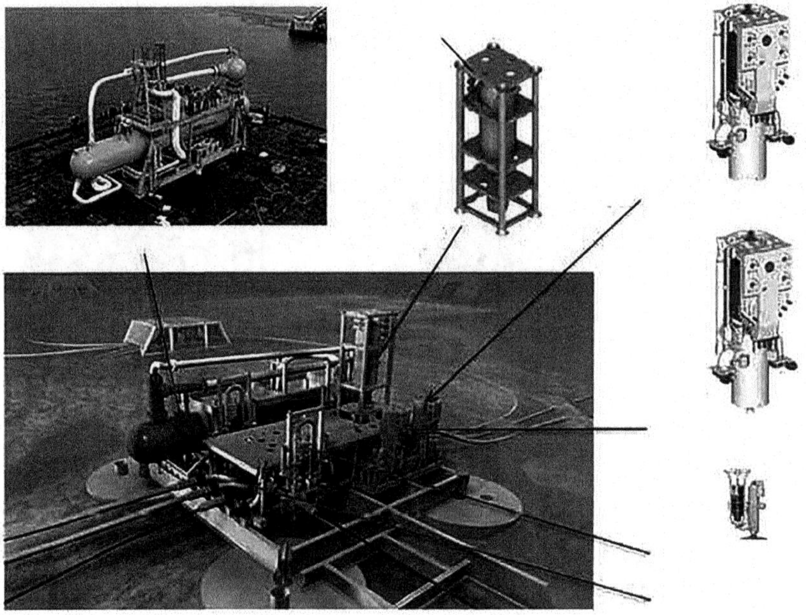

图25－4　Tordis SSBI水下处理系统的关键部件(由TechnipFMC提供)

1. 基座结构

基座结构采用传统的拖网保护结构,用于保护分离器模块、其他模块和组件。它包括四个吸力锚,基座的每个角落各安装一个,便于调平。外输管线模块提供与跨接管的连接,并互连各个模块。

2. 分离器模块

从井口流出的生产流体流向分离器模块,在分离器模块中,入口处允许大多数气体绕过模块并通过模块外的单独气体管道进行输送来进行第一次分离。模块内剩余的水、石油和天然气由重力原理分离。在分离罐中,水是最重的组分位于罐子底部,通过注水泵直接泵送回油气藏,而石油和天然气则通过多相泵重新混合并泵至Gullfaks C的水面平台。分离罐内的砂子由除砂系统处理。

3. 除砂模块

任何来自井流的沙子都将沉积在分离模块的底部。该系统带有一种特殊设计的喷嘴冲洗系统，可在一定的时间间隔内冲洗出沙子，然后将沙子输送到除砂模块中与回注水混合，然后由注水泵泵入油藏。

4. 水下注水泵

注水泵是由平台电力驱动的液体泵。它可以通过泵的安装工具进行回收维护。

5. 多相泵

多相泵与同一公司生产的注水泵相同，唯一的区别是叶轮的内部布置：一个是为了满足单相泵的需要，另一个是多相增压。这两台泵具有相同的尺寸、接口和功率要求，这增加了系统的灵活性。作为它的双胞胎姐妹，这种泵也可以通过泵的运行工具回收。

6. 其他系统

SSBI 站还配备了两个多相流量计，用于测量井流的组成，以准备分离系统设置。在分离槽中安装了液位监测系统，以监测水、石油和天然气接口，这再次为水泵的速度提供了投入。还有一个水下控制模块，用于控制车站的各种功能，并与 Gullfaks C 平台进行通信。

25.1.3　水下加工历史

水下处理系统已经存在了 30 多年，现在越来越为运营商所接受，其部件正在变得成熟和成熟的技术。主要部件包括增压泵、水下分离和气体压缩。考虑到水下油田的数量与水下提升（~40 个）、压缩（3）和水下分离（~11 个）系统的数量相比，目前的技术采用率较低。其主要原因与成本、可靠性的不确定性以及行业的普遍保守主义有关。

第一台水下增压泵是通用电气石油天然气公司开发的双螺杆多相泵，于 1994 年安装在意大利埃尼的普雷齐奥索油田。虽然通用电气是第一，它已成为市场的领导者，其螺旋轴向泵。图 25－5 显示了按水深和安装年份分列的水下促进项目。水下增压泵主要用于天然气与石油比率较低的油田，无论是较重的原油还是较轻的原油。由于水深、油藏特征和后距遥远，关键地区一直是并将继续是巴西、美国墨西哥湾、北海和西非。

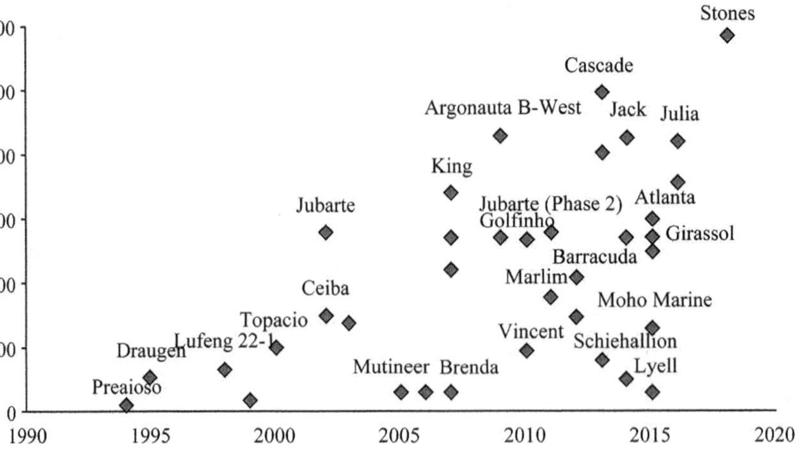

图 25-5　按深度和安装年份分类的水下增压项目

另一项可以增加生产油田产量的水下加工技术是水下压缩。目前有三个水下压缩系统在运行,两个干气压缩机在奥斯加德和奥门兰格,一个湿气压缩机在 Gullfaks 南部,这两个国家石油公司操作的油田。阿克解决方案公司交付了奥斯加德项目,其中包括预压缩分离,而 OneSubsea 为 Gullfaks 南部交付了该系统。Gullfaks south 项目最初遇到了一些问题,但奥斯格尔系统迄今一直稳定运行。

水下分离是分离水下气液或油水的概念,在某些情况下可能是其他水下处理系统的先决条件。第一个水下分离器可以追溯到 1969 年阿布扎比近海的扎库姆。到目前为止,许多应用都与水下增压泵结合使用,而水下分离如今已成为一项成熟的技术。虽然 OneSubsea 在助推器市场中占据了最大份额,但 FMC Technologies 已成为分离领域的市场领导者,成为大多数已完成项目的系统供应商。目前已在 Petrobras、挪威石油公司、壳牌和 Total 公司经营的 11 个油田安装了水下分离系统。所有油田都在巴西、挪威、美国政府或安哥拉,今后这些地区,包括北海和西非的其他地区,是这些系统的主要市场。

25.1.4　水下处理的好处

油田需要在储层压力耗尽时促进储集层流量,图 25-6 所示的水下处理是解决办法之一,包括将产生的流体分解成气体和液体或天然气、石油和单个阶段的水运输。液体流被泵送到主机设施进行最终处理。气流是在自然压力或压缩压力下输送到主机设施的。

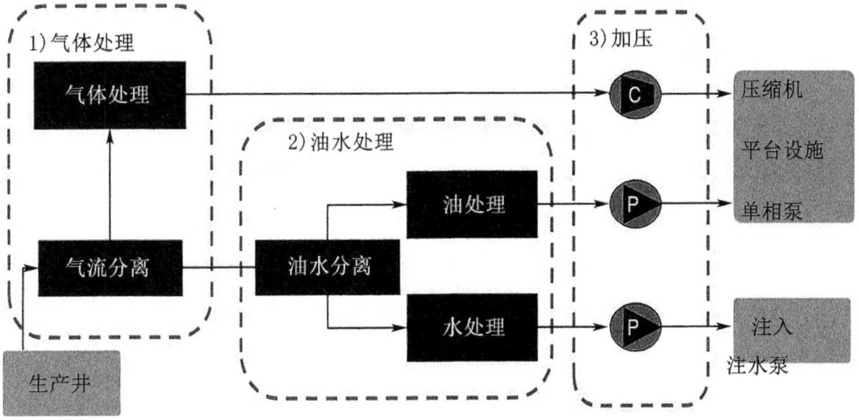

图 25-6 典型的水下工艺框图[24]

水下处理的好处:系统替换需要一个海上平台或在岸处理设施,减少了顶部加工要求。

经济高效的开发解决方案(CAPEX)

降低运营成本(OPEX)

- 由于无人值守而具有的 HSE 优势;
- 放置压缩机靠近井;

增加和加速生产;

能耗更低,降低 CO_2 排放;

不向海洋排放废物。

水下加工为任何流量保证问题,如:

- 提高良好的生产效率通过更快、更高的生产有更大的压力回撤;
- 通过延长经济寿命来增加最终采收;
- 消除使用单相管道的流体浪涌和立管;
- 避免气体水合物没有抑制或减少抑制剂剂量;
- 通过允许更高的液体流速来防止固体流失;
- 允许在线清管控制输油管道中的蜡沉积;
- 通过减少表面处理需求降低资本和运营成本;
- 水合物管理。

因此,水下处理系统能够应对困难的生产环境,如长跨距、低压油藏、北极开发(长距离和冰下)和以具有成本效益的方式处理增加的水生产。

25.1.5 水下加工面临的挑战

到目前为止,世界各地已经设计、安装和使用了许多水下处理单元。水下处理系统成功的两个关键是重量和可靠性。然而,水下处理仍然是一项年轻的技术,在这项技术中,必须证明系统及其组件单元的可靠性和适用性。水下处理单元可能非常笨重:例如,水下分离器每个可能重达1000吨,因此由于尺寸过大和安装复杂,成本和可靠性增加。水下处理的其他挑战包括:

- 井口附近的水下拥堵,维修和保养的便利性差;
- 部件在水下至少站立5年而不进行维修的要求;
- 需要增加脐带,为各种水下处理单元供电;
- 深水外压大,环境温度低;
- 材料必须应对恶劣的水下环境水下泵。

25.2 水　下　泵

25.2.1 一般

水下泵增加了生产流体的压力或速度流,以助其流动到顶部设施。生产流体可以在分离或未分离的情况下进行泵送。如果泵送之前进行分离,在水下泵上游需要一个水下分离器,水下加压设施为单相泵和(或)气体压缩机。单相泵的成本更低,且比多相泵效率高,因此在允许的情况下应该尽量采用单相泵和分离器的模型。如果在泵送之前不进行分离,则需要多相泵。石油和天然气工业的多相泵技术自1980年代初以来一直在发展,多相泵不需要提前对生产液进行分离简化了整个系统的生产操作。到1990年代中期,多相泵已被用于浅底并被应用到岸上的地点。在水下处理系统的解决方案中,多相泵是提高采收率的最成熟的解决方案之一。水下泵的主要优势是加快生产、增加采收率、开发低能油藏、稠油田、长跨距油田。

水下加压会显著提升油田采收率,如图25-7所述。来自油井的压力被用来驱动油气到顶部设施,流动阻力主要由静态和动态水头组成,被定义为系统阻力曲线。油井生产位于两条曲线的交叉区域。水下增压系统会直接增加油气的动能,驱动油气增加产量。

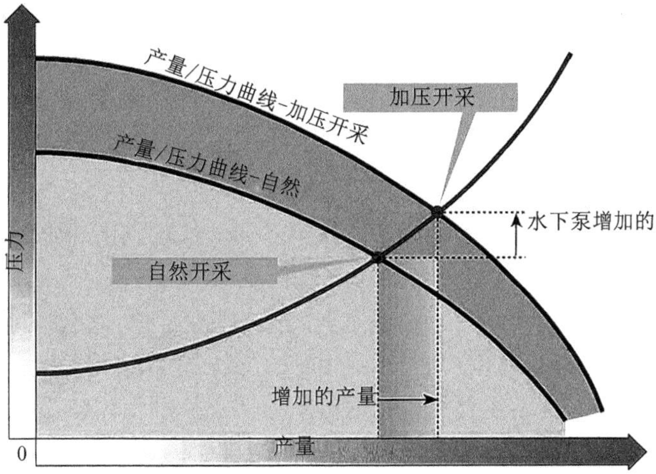

图 25-7 应用水下泵的效果

图 25-8 说明了一口井的压力随油田寿命的变化。在经过了几年的自然压力驱动后,压力下降导致流量降低。通过人工举升、井内处理和水下处理,油田的采收期高于预期油田寿命。

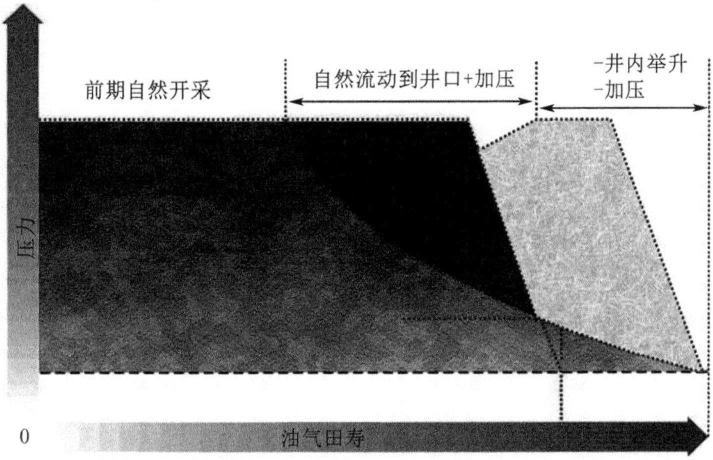

图 25-8 利用水下增压延长油田寿命

水下增压用于确保自然储层压力下降后,油田流体依旧能够高速流动的一种手段。它包括单相泵、多相水泵、注水泵和干气/湿式气体压缩机。在增压应用方面,水下泵通过降低储层的背压来提高生产经济效益,从而提高了流速和总可采储量。在其他方面,单相水泵可用于将生产水或海水注入储集层,以增加储集层压力,并对地层中的油气进行冲刷,提高采收率,提高生产效率。

25.2.2 生产液的构成

水下泵的类型和设计参数主要由流体组成和流体状态来确定。来自油井的流体成分非常复杂,且具有多种流态。在气体状态时,流体为天然气,气体中具有一些油滴、水滴和蒸汽。在原油状态时,流体中除了原油,包含水滴和气泡。在水的状态时,水中包含油滴、气泡和溶解气。在多相状态时,它是气相和液相的结合体。影响泵尺寸的主要因素为适摄入的体积流量和该体积的液体和气体的分数。

流体成分通常用 GVF、GOR 和 GLR 来表示。气体体积分数(GVF)是在实际温度和压力条件下,气体体积与液体加气体总体积的比率在。气液比(GLR)仅是气体体积与液体体积的比率。气油比(GOR)是液体中含有的气体重量,表示为在标准条件下的立方英尺每桶油,标准条件是温度为 60°F 和 14.7 PSIA 的压力。GOR 是分析流动保证的重要参数,因为它涉及到成分的相对质量。不同的工作温度和压力会导致不同的体积,例如 GVF 和 GLR。通过以下公司可以实现 GOR 到 GLR 和 GVF 的转换:

$$GLR = GOR\frac{460 + T(\text{in }^{\circ}\text{F})}{520 * 5.615} \times \frac{14.7}{P(\text{inpsia})} GVF = \frac{GLR}{1 + GLR}$$

25.2.3 水下泵类型

水下泵具有多种类型,泵的选择只要基于水下生产系统的设计要求,如 GVF、水、黏度、压力差和沙子含量,如图 25-8。水下泵主要有以下类型:

- 单相泵和离心泵;
- 螺旋轴流泵;
- 混合泵(离心式和螺旋轴向型);
- 潜流泵:液压电潜泵和电动电潜泵;
- 双螺杆泵。

湿气压缩和干气压缩也包括在图中,适用于 GVF 范围为 80% ~100%。

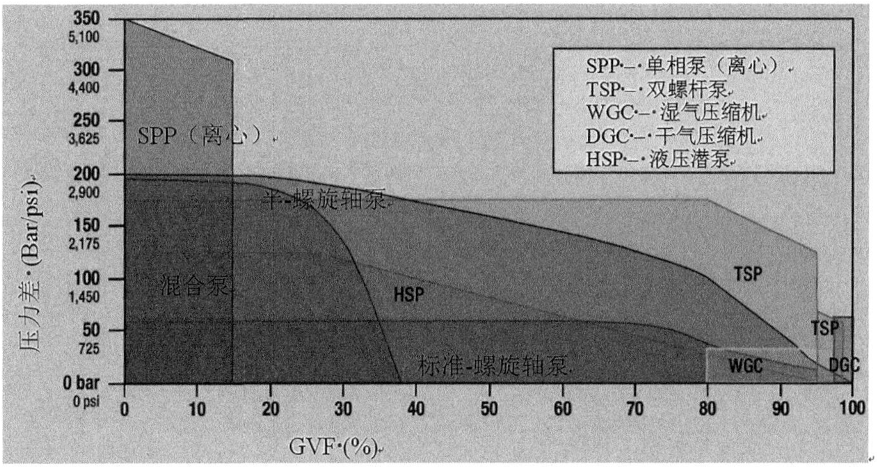

图 25 –9　基于 GVF 和压力差选择水下泵(参考 Intecsea)

水下泵和海洋平台泵的主要区别概述如下:

• 通常情况下,水下泵的设计应满足更宽的气体体积分数、含水率等。因此,平台泵设计成在特定的工作条件下运转,适用范围更加精确,以保证泵的高效运行;

• 水下泵需要在海床不间断工作五年,要求设备具有非常高的可靠性。而平台泵可方便地进行维护,并可遵循正常的维护方案。

• 水下泵的内外表面都有腐蚀问题。在外部,泵的外壳接触腐蚀性海水;在内部,泵的内腔接触生产流体。尽管水下泵设计有外壳用来抵御海水的侵蚀,但是泵的设计应进一步考虑在外盒失效时,泵依然能够抵御海水的侵蚀。

多相泵具有很宽的工作范围,适用于各种条件。水下泵可以分为两个主要类别:

• 转动泵:如离心泵、螺旋轴向多相泵和混合泵。混合泵是螺旋轴向泵和离心泵的组合。

• 旋转正排量泵:如双螺杆泵.

与正排量泵不同的是,转动泵具有固定功率,其性能曲线为与正排量泵的性能曲线有很大的不同。图 25 –10 比较了两种泵的性能曲线。

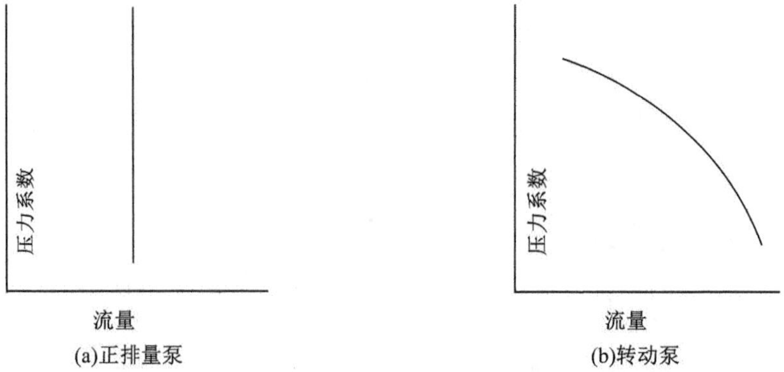

图 25－10　正排量泵和转动泵的性能曲线

转子动力泵通过向流体增加动能并将其转换为压力来产生差压。叶轮将流体加速到一定的速度，扩散器将动能（速度）控制在压力上。转子动力泵将有一个最大的差压集的速度，叶轮直径和数量的阶段。由波塞冬集团开发的螺旋轴流泵设计主要是多相流体用转子动力泵。螺旋轴流泵有多个阶段，逐步动态压缩混合物；即，泵的速度产生所需的压力，需要更多的速度来泵送更高的 GVF 到相同的压力。可容纳全范围的 GVF。GVF 的变化会产生相应的扭矩变化，这在机器的设计中是可以适应的。螺旋轴流泵非常坚固，但更容易产生与段塞流相关的应力。

旋转正位移泵将固定体积从低压侧移动到高压侧。从理论上讲，这种泵具有无限的差压，但差压受到机械设计的限制，如间隙、轴承选择、轴承座的设计压力等，以及可用的轴功率。旋转正排量泵采用多相双螺杆泵技术，有两个螺钉，由外部齿轮定时，它们在固定出口压力下提供所摄入的任何东西。双螺杆泵经过现场验证，在岸上和水下生产设施。这项技术的缺点包括可能的液体泄漏和处理固体的能力有限。

1. 单相泵

当处理的流体处于水连续相或油连续相状态，GVF 低于 10% 时，适用单相泵。单相泵在所有类型的水下泵中具有最高的差压和最高的效率。

水下单相泵采用离心原理工作。

图 25－11 显示了一个离心泵，使用旋转叶轮来产生真空来移动流体。泵的叶轮在轴承座内旋转，并降低进气口的压力。然后，此运动将流体驱动到泵外壳的外部，从而增加足够的压力将其排出。轴流离心泵采用弯曲的螺旋桨形叶轮，而径向流动离心泵上的叶轮看起来更像风扇。轴流泵通过将流体拉入其轴，并使用叶轮将流体送出泵的另一侧来移动流体。

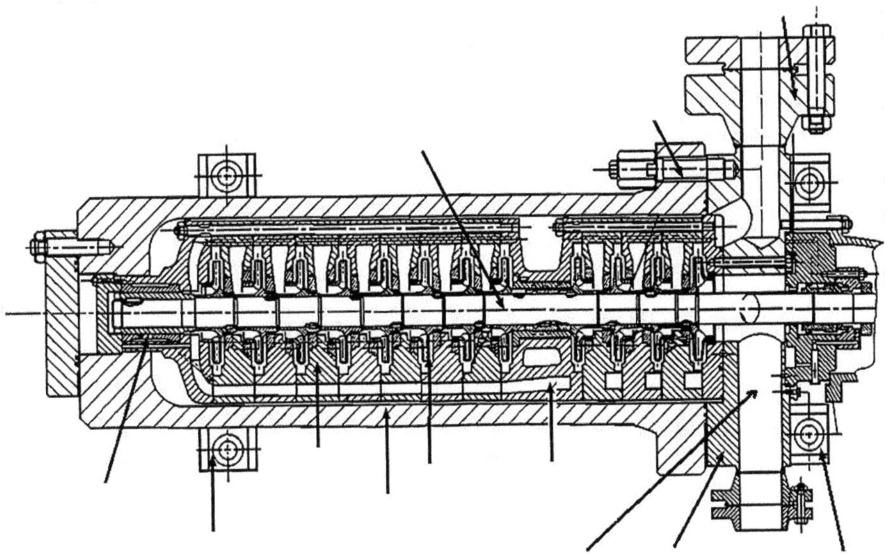

图 25－11　离心泵的横截面

单相泵可以在吸气条件下处理低 GVF(<10% ~15%)的生产流程。正常配置是水平或垂直的。它在成熟的油田或储层驱动压力低的油田中都是有效的。单相水泵还用于向油藏注入海水或产生的水，以增加储集层的压力，并将碳氢化合物从地层扫到生产井。

单相泵的优点：

- 高效；
- 可设计为高能力和高差压；
- 简单的机械设计；
- 经现场验证水下；
- 多个供应商。

单相泵的缺点：

- 对夹带气体的容忍度；
- 可能需要事先分离；
- 泡沫和乳液的高搅拌和成型；
- 在高差压和低流量下性能不佳；
- 高净正吸头。

2. 多相螺旋轴流泵

水下多相泵通常是螺旋轴流泵。螺旋轴型转子动泵利用螺旋轴流路径提高了多相流动条件下的性能。该设计既能处理多相,又能处理液体,但不如单相泵高效。一个典型的螺旋轴流泵横截面如图 25－12 所示。流量从吸水器进入气缸,通过叶轮,增加速度和扩散器,增加压力。螺旋轴流泵适用于广泛的 GVF 应用,典型范围为 30% ~95% GVF 在吸力条件下。正常配置为垂直配置,具有中等的颗粒公差。转子动力学技术的固有特性是,气体和液体流倾向于在泵内分离,泵失去了提供有意义的压力提升的能力。

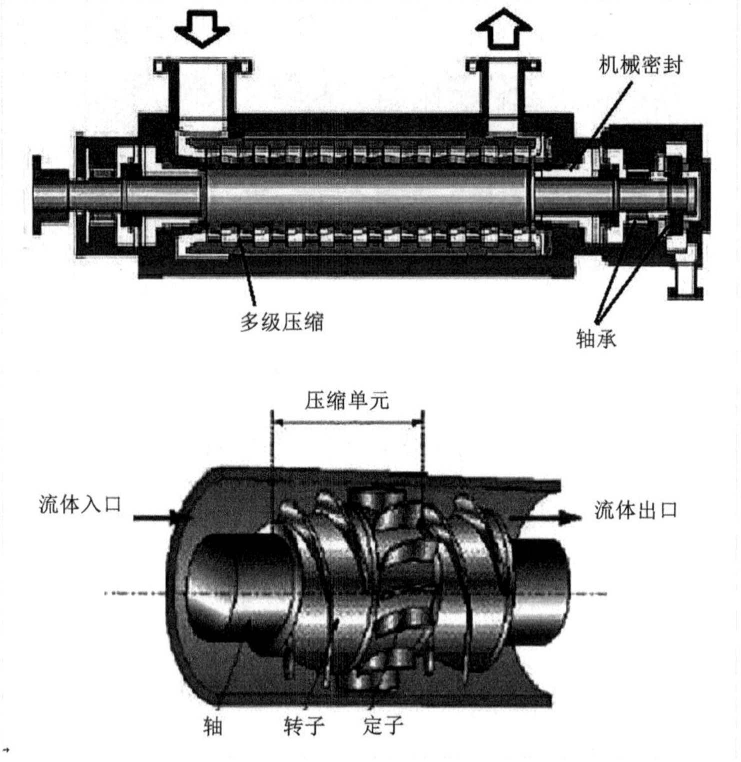

图 25－12　螺旋轴流泵的横截面

3. 混合泵

混合泵结合了螺旋轴向泵和离心泵的设计。图 25－13 比较了混合泵和其他两种类型的泵之间的结构差异。从底部的前几个阶段包括螺旋轴向叶轮,使气体压缩和溶解到生产流体中,随后的阶段包括径向单相叶轮,用于输送生产流体的小于与螺旋轴轴叶轮相比,每级可提供更高的磁头和更高的效率。用于选择混合动力泵的入口 GVF 通常限制为 20%。

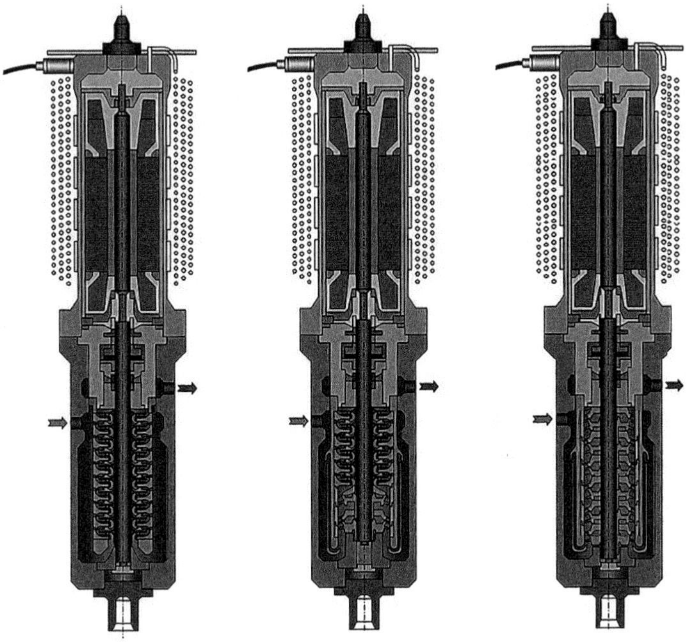

图 25 - 13　混合泵与离心泵与螺旋泵的比较(由 Framo 提供)

4. 多相双螺杆泵

多相双螺杆泵是旋转正排量泵。图 25 - 14 显示了 Leistritz 公司提供的典型双螺杆泵的横截面。将流体引入螺丝的泵吸力是蓝色的。流体移动的泵出口呈红色。泵的出口通常相对于进气道的压力较高。由于泵的独特运行,流体从低压入口移动到高压出口。入口出口之间的蓝色区域显示流体在黄色区域的位置显示齿轮和齿轮润滑。第一个螺丝连接到电机,而第二个螺丝由对面的齿轮连接。双螺杆泵通过两个旋转螺钉的啮合来创建一个体积室。螺丝不接触,但彼此分离,外壳有一个小间隙。双螺杆泵最常应用于重油应用,但正在获得海上和常规油田开发的认可。由于这些泵的容量特别大,它们越来越多的应用于多井集群。

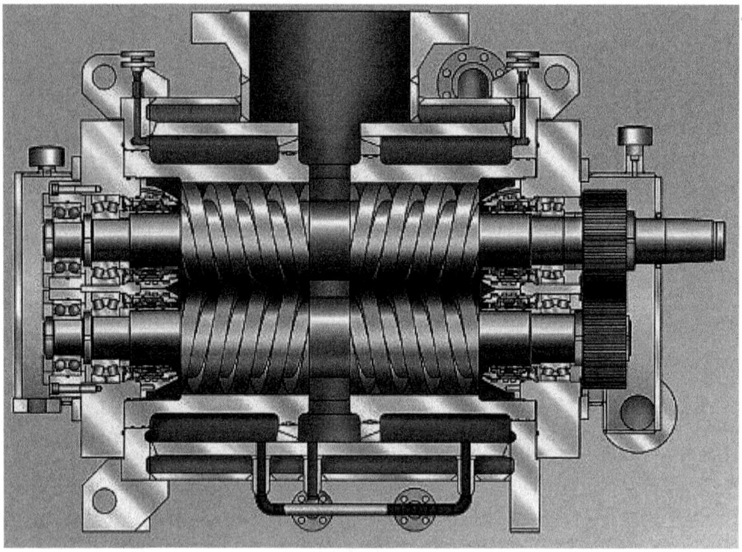

图 25－14 双螺杆泵的横截面(Leistritz)

与螺旋轴多相泵相比,双螺杆多相泵在较高的 GVF 下可以产生较高的差压。双螺杆多相泵在吸气条件下,可以处理 GVF 在 0% ~100% 之间未经处理的井流,但不能长时间处理 100% 气体。为了在高 GVF 下保持螺杆包和泵外壳之间的动态密封,必须始终提供少量液体流动。用于连续液体喷射的外部液体管理系统可确保具有较高 GVF 含量和气体段塞的不间断运行,并确保压缩热量的耗散。管道中压力的增加与管道中流量的增加相对应。提取的体积越多,泵上的背压就越高。正排量泵的优点是,无论通过它们的流量的压差是什么,都等于泵的空隙空间乘以泵的旋转速度。它适用于高黏度流体。双螺杆泵的优点包括:

- 在水面平台上已被现场验证;
- 广泛使用(大多数顶部平台设施上使用的多相泵是双螺杆泵);
- 差压于 GVF 无关的;
- 处理段塞流;
- 以慢速、恒扭矩运行;
- 中等至高流量能力;
- 适用于重油。

它的缺点包括:

- 只能处理含有少量固体的流体;
- 比螺旋泵复杂,而且更昂贵,但应用更广泛;
- 不适合处理 100% 气体。

5. 潜泵

电潜泵(ESP)系统被称为一种有效的人工提升方法。在储层压力不足的井中需要采用电潜泵将液体提升到地表。另外,ESP 系统有时安装在井中,以增加自然产生的油气的流速。ESP 泵是动态泵,安装在沉箱内,安装在水下,广泛用于井、沉箱、生产立管和泥线上的水平增压应用。ESP 是一种多级离心泵,各级堆叠;井的操作要求和完井设计决定了泵级的数量。每个阶段包含旋转叶轮和固定式扩散器,它们通常由高镍铁铸造以最大限度地减少磨损或腐蚀损害。ESP 的常规配置为水平或垂直,它们也称为泥线 ESP,适用于 GVF < 50% 的应用。在石油提升应用中,特别是在海上油田,ESP 的应用非常广泛。

液压潜水泵(HSP),图 25 - 15 所示是一种采用液压涡轮驱动的井下泵,它作为一种替代更常用的电驱动潜水泵的替代方案。HSP 最多可以处理 GVF 高达 75% 的流体。

图 25 - 15　液压潜水泵(参考 ClydeUnion Pumps)

25.2.4　选择水下泵的控制因素

与陆地泵类似,多相泵的选择需要依据差压、流量、GVF、含水量和黏度等参数。这些参数在油田的整个寿命周期中一直在波动。在油田的生命后期,压力下降导致需要安装水下泵来提高压力。较低的油藏压力将会导致低流量、可能产生段塞流。段塞流的出现将导致泵的性能特征急剧变化。

1. 差压

系统的压力损失包括由管道摩擦导致的主要损失、由进口、出口和接头导致的次要损失,和重力损失。水下泵必须要帮助流体克服所有的摩擦力和重力损失，以及内部机械、体积和液压损失。

2. 流量

第二个主要泵参数是流量。流量通常会影响泵的尺寸，但不一定会影响泵的设计。

3. GVF

普通离心泵不能处理高 GVF 流体。当气泡进入一个常规的离心泵，他们积累在叶轮的低压侧，并被锁在里面。如果气泡充满叶轮，泵不能正常驱动流体。然而对于水下应用，泵的设计应该能够处理流体成分的波动，在设计中必须考虑 GVF。

25.3 水下分离系统

25.3.1 一般

水下分离系统用于将生产流体混合物分离成单相，允许分别对单相进行处理。与海洋平台上的分离器相比上，水下分离器的结构和功能都要简单很多，它不对流体的气体进行分离，比如将气体混合物分离成不同成分的气体或者将气体冷冻为液体，或对原油进行提炼。对于经济性较差的油田，它可以用来去除高含水流体中的水分，以实现对经济性较差的油气田进行采收。对于优质油田，输送距离远、气体体积分数高、储层压力和温度低，这些因素非常重要。如果不进行分离，直接输送混合流体，深水、低温低压、远距离会导致水合物生成和管道堵塞。表 25－1 列出了当今安装的一些主要的水下分离设施[12]。

表 25－1　水下分离应用于 2015 全球调查

运营者/年份	油气田	使用的技术	设备类型	设备供应商	水深/ft
Statoil 1999	Troll C	油水分离	水平重力分离器	GE /Framo	1 116
Statoil 2007	Tordis	油水分离、除砂	紧凑水平重力分离器	TechnipFMC	689
Shell 2009	BC－10	气液分离	沉箱分离器	TechnipFMC	6 562
Shell 2010	Perdido	气液分离	沉箱分离器	TechnipFMC	9 600

表 25-1(续)

运营者/年份	油气田	使用的技术	设备类型	设备供应商	水深/ft
Petrobras 2011	Marlim	油水分离、除砂	在线螺旋分离器	TechnipFMC	2 881
Total 2011	Pazflor	气液分离	垂直重力分离	TechnipFMC	2 625
Statoil 2015	Åsgard	气液分离	垂直重力 分离	Aker Solutions	990

水下分离系统的历史非常短。最早的水下分离系统是挪威国家石油公司早在 1999 年就在北海的巨魔田安装的。该水下分离系统安装在 1116 米水深的海床上,与 3.3 km 处水深 350 m 的 Troll C 平台进行连接。来自四口井油气流中的生产水利用重力法进行分离。然后通过注水泵和注水树将分离的水重新注入油藏,而分离出的石油和天然气混合物则通过 10 in 的水下管道输送到平台上。所使用的水下加工中心的重量为 350 t,尺寸为 17 m×17 m×8 m。通过采用紧凑的分离技术,可以大幅减少水下处理系统的整体规模和重量。挪威国家石油公司的 Tordis 和法国石油公司的 Pazflor 分别位于相对较浅的水域深度,分别约为 200 m 和 800 m。在水深特别深时,在水下安装大型的分离罐特别困难,这时可采用空箱水下分离器。空箱水下分离器曾经被安装正深水油田,比如 Perdido(墨西哥湾 2 926 m 水深)和 BC-10(巴西 2 000 m 水深)。

与水面分离设施相比,水下分离系统有以下优点:

• 无须将水和沙子输送到水面设施。它可以最大限度地减少管道的大小和数量,减少平台上的水处理设施;

• 管线中更小的压力降;

• 在较高的分离压力下,油的分离更容易;

• 较高的温度可降低黏度,从而更容易分离油和水;

• 分离器与储层更接近,压力更高,乳状液更少;

• 减少分离器入口的堵塞和流体不稳定性。

分离器通常根据它们分离的阶段或使用的分离方法命名的。三个主要的分离器类别是:

• 液体/液体分离:除水和注水;

• 气液分离:气体和液体的分离以便气体和液体可以单独处理,用于预防水合物和缓解段塞流动;

• 砂处理系统:清除沙子防止侵蚀。

25.3.2 油和水分离

油水分离是指水下水与石油分离的过程，也可进行气体分离。分离出的水注入油藏进行排放或增加油藏压力。油藏注水增压是指将水注入油藏，以部分抵消由于排出油气水引起的压力降低。这种油水分离技术最初的目的是延长高水含量成熟油田的寿命，现在已拓展为使用水下油水分离以解决在环境和经济方面具有挑战性。从生产流中去除水分的双重好处是减少了所需的生产管道的大小和数量，并保护分离设备不受水面恶劣环境的影响。

图 25－16 展示了 Troll C 水下分离系统的爆炸视图，里面有分离器模块、注水模块和注水树。Troll C 水下分离站由 ABB 公司供应，主要模块为水平重力分离器和水下注水泵。生产液从一条主要生产线被输送至分离器中，液体可以在分离罐中沉淀，分离出的水直接由注水泵进行泵送，通过注水树和注水井被输送至油藏。

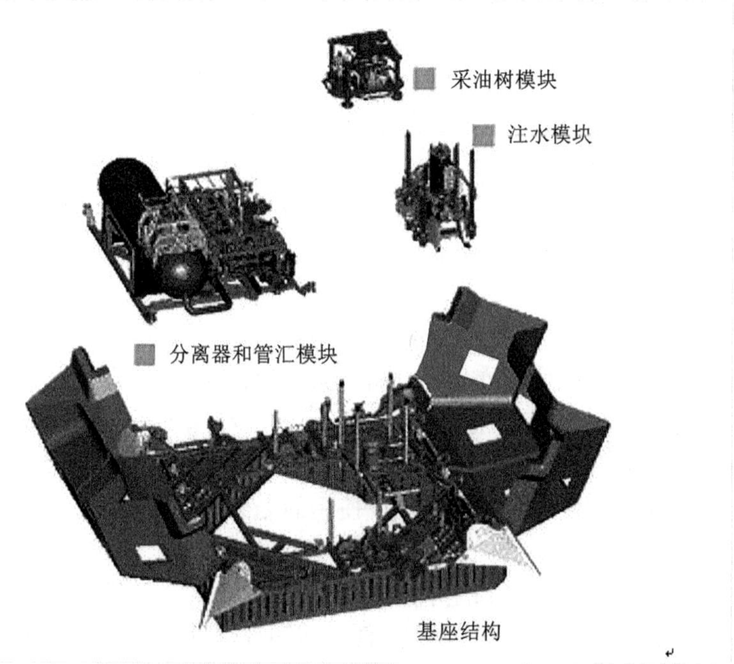

图 25－16　Troll C 水下分离系统

油和水的分离可以通过重力或者离心力来实现。以下四类分离器已经被用于水下分离：

- 传统重力分离器(在一个罐子中分离沙子、油、水和气体)
- 紧凑型重力分离器
- 管道分离器
- 在线螺旋分离器

1. 重力油水分离器

重力油水分离器是海上平台处理系统中最广泛使用的类型,也是在水下油田中最早使用的类型。图 25-17 显示一个卧式油/水分离器。当生产液流入分离器时,天然气、石油和水在罐内剧烈混合,气泡上升并聚集在分离罐最上面,油和水的混合物穿过一个带孔的厚垂直板,这个垂直板可以将湍流转换为稳定流,这样水中的油滴或油中的水滴在水平方向稳定移动。由于油和水之间的密度差,水中的油滴漂浮到油水分界面,油中的水滴向下掉落的油水分界面。当这些液滴到达分界面时,他们需要一些时间才能完全通过界面。流体的分离时间为液滴达到分界面的时间加上液滴穿过分界面的时间。流体的成本不同,分离时间也不同。液体混合物的分离时间可以通过测试来获得:将给定的油和水混合在瓶子里,静止并测量分离时间。分离时间决定了分离罐的尺寸。

通常情况下,分离后的油气通过管道被输送到海面平台,分离后的水被注入油藏。如果水的清洁度符合当地法律规定,分离后的水可以排放到海洋中,这种情况下需要安装水下水处理设施。

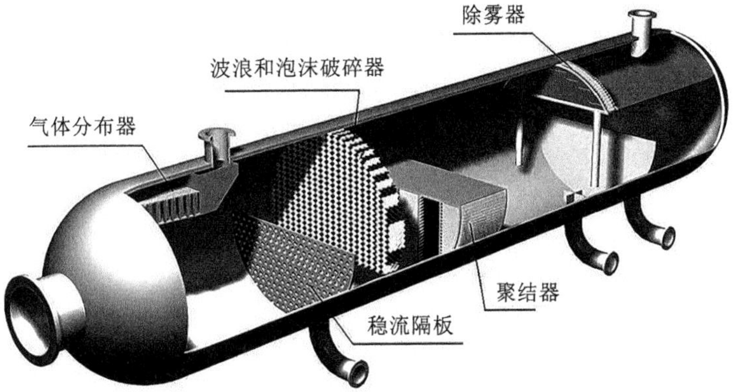

图 25-17 重力分离器

液滴上升和下降时间可通过浮力理论进行计算。作用在液滴上的力主要为重力和拖曳力。液滴下降/上升的时间可表示为:

$$t_{\text{rise}} = \frac{18\,\mu_{\text{water}}\,H_{\text{water}}}{g\,d_{\text{oil}}^{2}(\rho_{\text{water}} - \rho_{\text{oil}})}$$

$$t_{fall} = \frac{18\mu_{oil} H_{oil}}{g\, d_{water}^2 (\rho_{water} - \rho_{oil})}$$

其中,t_{rise}和t_{fall}分别是液滴上升时间和下降时间。H_{oil}和H_{water}分别是油相高和水相高度。μ_{oil}和μ_{water}分别是油黏度和水黏度。ρ_{oil}和ρ_{water}分别是油密度和水密度。d_{oil}和d_{water}分别是油滴和水滴直径。

在给定的条件下,例如给定液滴直径和流速,液滴下降时间是分离罐长度的主要因素。当油比较稠或者油中的水很少时,t_{fall}的值比较大,这导致需要一个较长的分离罐,因此重力分离器不适合分离稠油或者低含水的油。

2. 管道分离器

当油比较稠或者油中仅含少量水时,分离器需要一个很长的分离罐。将长分离罐变成长管,便产生了管道分离器的概念,如图 25 - 18 所示。管道分离器实际是一个很长的重力分离器。在入口处,气体先从液体混合物中分离,然后气体被直接输送到分离器出口处,并与除水的石油重新组合进行输送。液体混合物和剩余气体进入管道分离器,进行油水分离。由于不同相的输送速度不同,速度差能加速去除乳化液层中的液滴,使水滴进入水相中,油滴进入油相中。沉积物具有有足够时间下沉到管道的底部。在管道分离器的末端,液体混合物被分离。

图 25 - 18　管道分离器(TechnipFMC)

3. 螺旋分离器

前文提到,重力是液滴分离的主要驱动力之一,通过旋转产生离心力相当于对重力进行加强,于是便产生了螺旋分离器的概念。螺旋分离器是一种非常紧凑的液液分离器。该装置由一个或多个具有固定的螺旋单元组成。混合油水流入分离腔内经过一个固定的螺旋单元,产生螺旋流。螺旋流产生的离心力使油流向分离器的轴心区域,水流向分离器的管壁区域。

图 25－19　螺旋分离器(TechnipFMC)

相比传统的重力分离器,螺旋分离器可以显著减少所需的容器尺寸从而减少整体水下处理系统的尺寸和重量。

25.3.3　液体和气体分离

气液分离用于从多相流中将气体和液体(油和水的混合物)分离。分离后的气相和液相可以高效进行加压和运输,同时可以防止生成天然气水合物。因为传统的气体压缩机不能处理少量液体和气体单相。由于传统的分离器不能分离含少量水的气体,并且单相加压泵不能处理混有气的液体,需要采用专门的气液分离器。气液分离器通常与单相加压泵一起工作。气液分离器主要有四种类型:垂直重力分离器、螺旋分离器、沉箱分离器、管式分隔符。

1. 重力液/气分离器

简单来看,重力分离器是一个大型的管子,依赖密度差可对油、气、水进行分离。重力分离器是在石油和天然气行业广泛运用的分离器。重力分离器坚固耐用,由于其尺寸可以做的非常大,具有较高的性能。在深水应用时,其大尺寸也是其弊端,使其不易安装和维护。与水油分离器不一样,气液分离器一般采用垂直分离器。相对于水平分离器,垂直分离器占地面积小易于安装。此外,在垂直分离器中,可以非常方便的除沙。

一个典型的立式分离器包括入口气旋、叶片包和螺旋流气旋。进气口气旋利用离心力吸收力矩、初步分离液体和气体。液体会积累在分离器的底部,而气体会上升。当气体到达叶片包时,气体将是均匀分布,小液滴逐步凝聚成大液滴。在经过叶片包后,气体将继续被送至螺旋流气旋。气体将被旋转生成离心力,离心力将液滴推送并收集到墙壁上,而气体依旧不断上升。被收集的液滴会流到分离器的底部。

2. 螺旋分离

与传统重力分离器不同的是,螺旋分离器利用离心力进行分离。离心力可由罐子切向入口或旋流元件产生。螺旋分离器依赖于诱导的气旋旋转,这类似于重力分离器,迫使将较重的成分向外推,而较轻的成分则相反保持在中间部分。这种诱导旋转产生的离心力远远大于重力,使螺旋分离器中液滴的离心力远远大于重力分离器中的重力。旋风分离器要小得多,但是它最多只能分离两个不同的成分。

垂直环形分离泵送系统(VASPS)属于一种螺旋分离器的,它最早于2001被用在Marimbá油田上。如所示图25－20,VASPS是一种气液分离系统,它被安装在泥线上,气流自然流向生产单位,而液体流在经传统泵的推动下,通过不同的外输管线被输送。

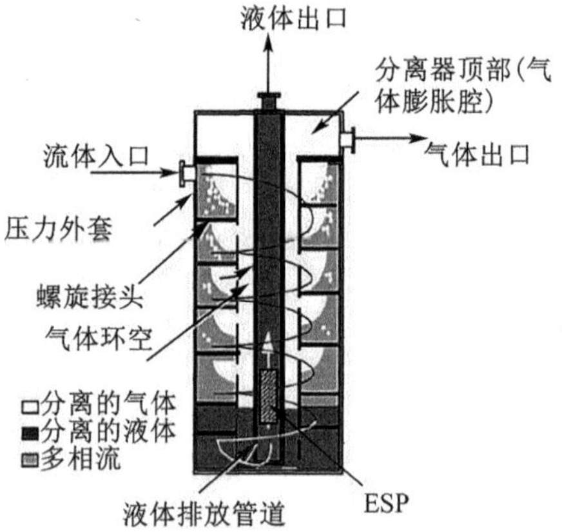

图25－20　安装在Marimba油田的VASPS

3. 沉箱分离器

沉箱分离器系统如图25－21所示,它最早被用来开发壳牌Perdid油田(GOM 2007年)和BC－10油田(巴西2006年)。分离器具有人工举升和水下气体油分离系统。一个300 ft高的沉箱被装入海床中,它由一个圆柱形的气液体分离器和一个1500马力的电潜泵组成。多相流通过有特殊设计的切向入口进入垂直沉箱分离器,液体自动沿着沉箱的内径旋转,切向速度使液体向下流动。入口正上方是一个内径为32 in的气体段。

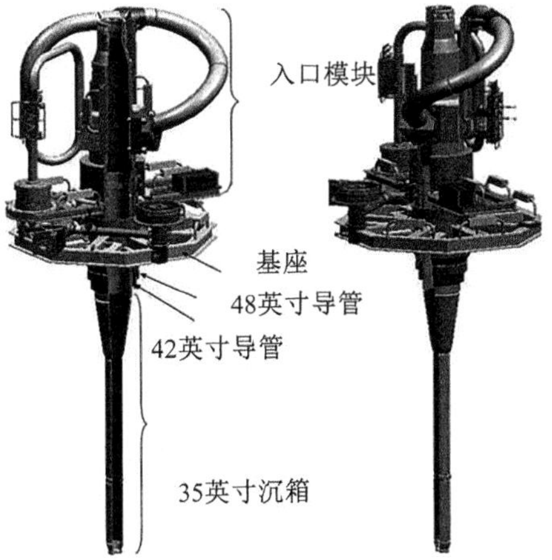

图25-21 沉箱式水下分离系统(TechnipFMC)

4. 内嵌螺旋分离器

内嵌螺旋分离器是一种超紧凑的水下分离解决方案。该分离器的目的就是把液体和气流分开。该设备由FMC联合Statoil开发。它的第一台设备安装在北海的挪威区域,自2004年以来一直在运作。

如图25-22所示,气体流经流动调节元件,使液滴在管道横截面上均匀地分布,然后固定的旋流元件将气体的流动状态转换为旋转状态。然后,气体聚集到气旋的中心,而密度较高的液相在气旋的外壁上形成一层液态薄膜。气体通过位于管道中心的小管排出,在气体排出管内配备了防旋转装置,用于消除气体涡流和恢复压力。液体进入气体排出管与主管之间的环形空间,并被排到液体舱内。分离的液体包含一些气体,这些气体通过回收线返回到回分离器的前端进行进一步的分离。分离的液体通过底部的液体出口喷嘴排出。

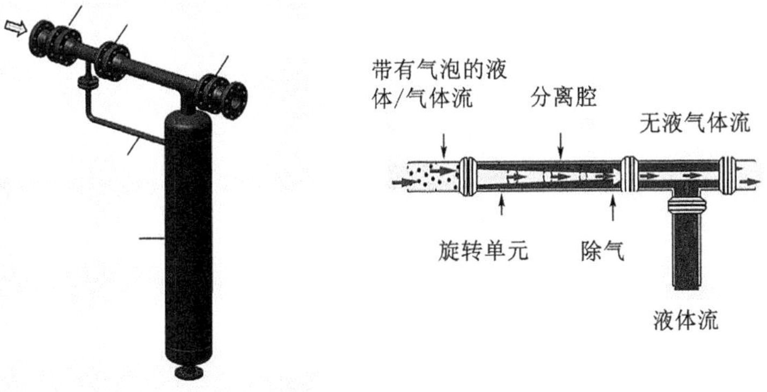

图25-22 内嵌螺旋分离器(TechnipFMC)

25.3.4 除砂

除砂装置用于从单相和多相流体中去除沙子。它实际是一种紧凑的螺旋分离器,它里面没有任何回流,可以用于处理大流量,并实现高效率。根据固态颗粒单位的大小,一般可以去除低至 1 微米的固态颗粒。这项技术是由 FMC 和挪威国家石油公司共同开发的。它的第一个样机被安装在北海的挪威区,自 2009 年以来一直在运作。

除砂器进行固液分离主要依靠密度差和离心力。如图 25 - 23 所示,混合物流进入除砂器之后,经过旋流叶片产生旋流。由于角动量守恒,砂子位于中心区域,并通过小管排出。分离后的液体继续流向出口。除沙器可以被安装在水下处理系统的多个位置,一般安装在水下生产系统的上游,位于节流阀的上游或者下游,或者安装在分离系统的下游,用于分离水中的砂子,保护注水泵。

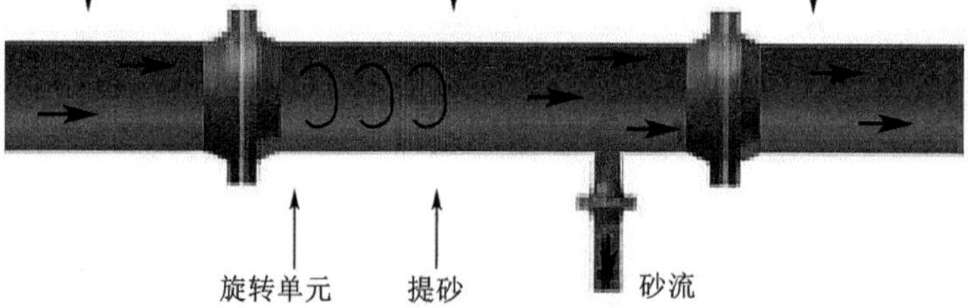

图 25 - 23　除砂装置(TechnipFMC)

25.4 水下气体压缩

25.4.1 一般

水下气体压缩系统安装遥远的海床上,而非海面平台上,它主要应用于气田开采、深水、跨接距离长、恶劣的环境条件以及较低的油藏压力和温度。由于水下压缩系统安装在水下,减少了对平台处理设施的空间需求,它可以降低资本成本和运营成本,可作为一种增加成本效益的替代方案。该技术可以通过降低油井背压来提高储层的采收率和产率,并能稳定产量,这对喜欢在设计负荷下运行的液化天然气工厂是一个明显的好处。此外,它还具有流动保证风险管理方面的优势,比如减少段塞流,以确保能够维持生产,实现油藏的全部储量潜力。水下压缩机类似于泵,但用于气体,通常气体中也包含一定的液体。相对于水下分离和加压,水下气体压缩是较新的水下处理技术,它的可靠性还需要进一步进行验证。

随着油田的老化和储集层中的压力下降,需要对气体进行加压,以回收更多的油和气体。水下压缩系统具有多个优点,比如提高采收率提高、增产、降低运营成本、操作灵活性等。图 25 - 24 显示了挪威的 Asgard 在安装了水下气体压缩机的效果。通过水下气体压缩机,生产率得到提高,并且油田的寿命被延长至 2032 年。在某些情况下,CAPEX 和 OPEX 也会由于采用了气体压缩机而大幅减少,因为它不需要再在恶劣的海上条件下安装昂贵的浮式生产设施。

已用于水下的气体压缩系统主要有两种形式:

1. 传统气体压缩机(也称为干气压缩机):它在水下气液分离后使用,它只可以处理含有非常少量液体的气体;

2. 湿式气体压缩机:允许在被压缩的气体中具有较多的液体。

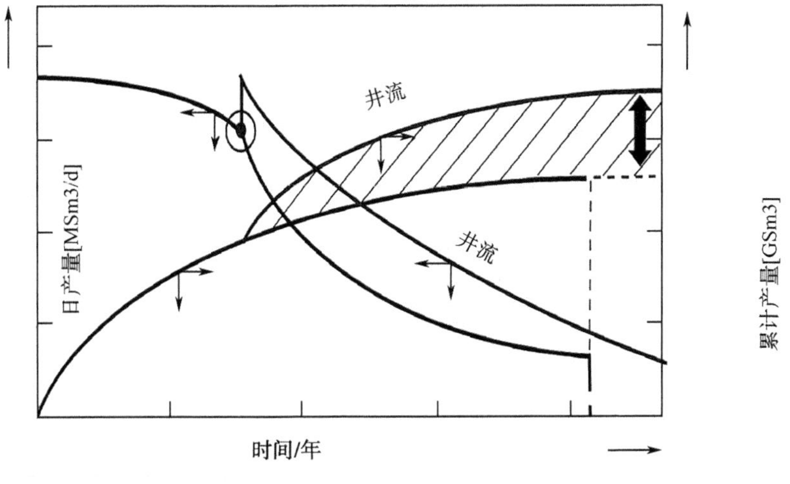

图 25 - 24　水下气体压缩机对油气田的影响(挪威国家石油公司)[24]

25.4.2　常规气体压缩机

大多数气体压缩机都基于离心泵的概念,由支持磁力轴承电机组成。压缩机包括的一个电机和压缩机，它们被密封在一个腔体内。腔体可以承受来自外部海水的腐蚀和压力。常规的气体压缩机（干气压缩机）对液体的耐受性非常小，因此它通常需要跟水下分离器或水下气体干燥系统一起工作。干气适用于长距离输送，因为它具有较小的压力损失，且当输送压力和温度下降时避免生成液体。常规的水下气体压缩系统，如图 25－25 所示，包括冷却器、水下分离器、压缩机和泵单元。入口冷却器用于冷却高温生产液（生产液有时高达 100 ℃），分离器用于将生产液分离成气相和液相。然后，气相和液相分别通过干气压缩机和单相泵加压。通常在出口还需要一个冷却器，以确保流体温度满足管道的设计温度。较低的管道设计温度可以降低管道成本，比如允许使用更便宜的材料和涂料。常规的气体压缩系统可以是用于大流量输送、可以满足苛刻的要求、并能容忍恶劣的条件。

常规压缩机技术的优势包括技术已经经过验证、效率更高和便于进行性能计算；缺点包括低液体容忍性、复杂的水下处理工艺流程和结蜡。

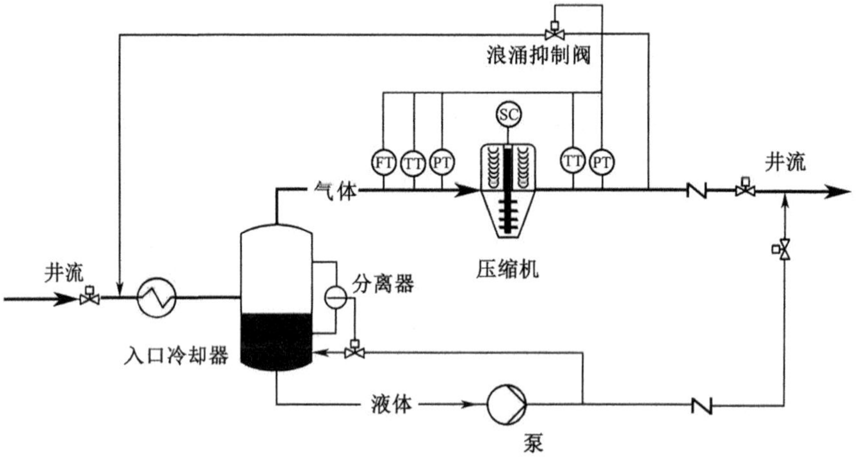

图 25－25　带有干气压缩机的水下处理系统

25.4.3　湿气压缩机

湿气压缩机可看作是特殊设计的多相泵，一般为螺旋轴流泵，对多相泵的性能进行调节，提高泵在处理高 GVF 流体（湿气）时的性能。湿气压缩机可以对含有较多液体的气体进行加压，因此在加压前不需要使用水下分离器或水下干燥器。湿气压缩系统比较紧凑和简洁，如图 25－26 所示。在处理湿气时，也可采用干式压缩机配合分离器或干燥器的模式，但是应尽量采用专为湿气操作而设计的湿气压缩机，因为它不需要使用大型的水下分离器，可以对水下处理流程进行简化,且减少成本。

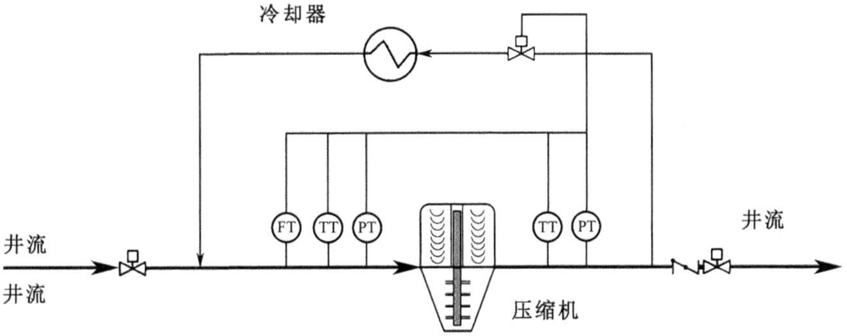

图 25－26 采用湿气压缩机的水下处理系统

湿气是液体体积比气体体积达到 5% 以上的流体。液体的存在会对压缩机的动量、热量和相之间的传递产生影响。在湿气压缩机中会出现几种现象,比如蒸发冷却、传热、液体沉积和液体膜等,其中蒸发冷却和传热会降低被压缩流体的温度。蒸发冷却是从气相到液相的过程,在这个过程中热量从气体传递到液体。相变将导致流体内部损失和熵增加。即使没有发生相变,冷却效果也会发生,这是因为液相的热容量很高。

表 25－2 比较了干气压缩机和湿气压缩机:

表 25－2 干气压缩机和湿气压缩机比较

干气压缩机	湿气压缩机
1. 技术成熟度高 2. 更高的热效率 3. 易于进行性能分析 4. 较小的液体容忍性 5. 需要复杂的水下处理流程	1. 降低水下处理系统的复杂性 2. 无结蜡 3. 通过液相对内部进行冷却 4. 更优 CAPEX 和 OPEX

25.4.4 水下压缩系统的冷却器

在水下压缩系统中需要安装多个冷却装置,如图 25－25 和图 25－26 所示。在系统中不同位置的冷却装置具有不同的功能。他们主要有三种类型:入口冷却器、出口冷却器和防浪涌冷却器。此外，压缩机和泵中的所有电机都需要冷却，但这些冷却器集成在压缩机和泵中。

进口冷却器被放置在分离器的上游，它的主要功能是冷却液体来提高分离效率。液体被收集在分离器中，以避免在管道中形成水合物。除了采用进气冷却器，如果上游的管道没有进行保温，流体也通过海水进行冷却。

出口冷却器安装在压缩机的下游，用于调节气体温度。压缩机的出口温度通常高于管道的设计温度。在出口处安装冷却器可以对出口温度进行控制、降低管道成本、减少压差、预防水合物和腐蚀保护。

25.4.5 选择气体压缩机

选择气体压缩机需要考虑多个参数，如 GVF、流量、压力、成本和气体组成。图 25-27 显示针对不同的压力和流量范围选择压缩机。除了流量范围和压力标准，成本也是一个重要的因素。在石油和天然气工业中，离心式压缩机是目前使用的最主要的压缩机类型。这是因为离心式压缩机具有高效率，能处理高流量且性能稳定。离心式压缩机的基本原理是将电能转化为动能，最后转化为流体压力。一般来说，动态压缩机（离心式和轴流式压缩机）通常是首选，因为它们成本较低。

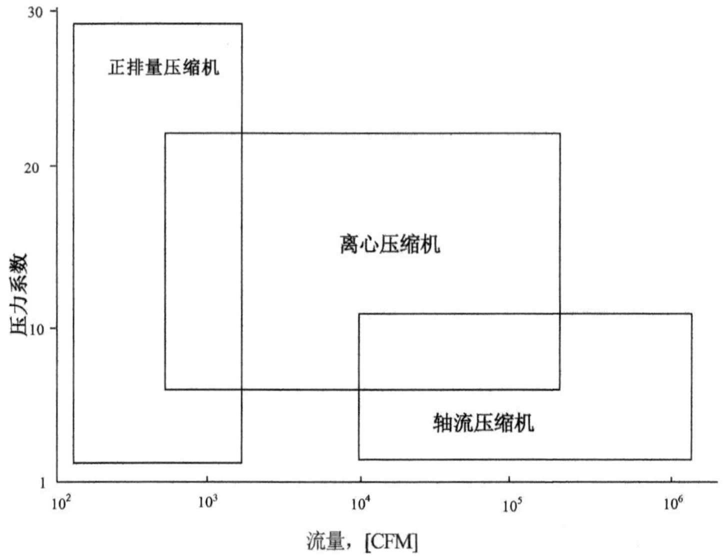

图 25-27 根据流量和压力选择压缩机（参考 Boyce）

正排量压缩机的工作原理是在固定体积内或密闭空间内的气体压力。这些类型的压缩机的特点是体积固定、压力可变。另一方面，动态压缩机使用旋转叶片通过增加气体的速度来增加气体的压力。动态压缩机的性能是本质上由入口气体的条件、叶片尖端速度和叶片之间气体的相对速度来决定。

25.4.6 水下压缩机的应用

水下气体压缩机在水下石油和天然气加工、分离、抽水和压缩等系统中通常是一个主要的组成部分。水下压缩机结构非常复杂，复杂的结构可能导致其具有较高的故障率。不同于海面压缩系统，如果它们出了故障，将可能导致非常严重的后果，因此设备长期的可靠性是水下压缩系统的一大挑战。尽管充满挑战，但水下气体压缩被认为是提高水下气体的回收率的有效方法之一。到目前为止，主要有三个水下压缩项目正在运行：Åsgard、Gullfaks 和 Ormen Lange。Åsgard 压缩项目在 2015 年完成，属于世界上第一个水下压缩项目。Gullfaks 项目采用了世界上第一台湿气压缩机，也在 2015 年上线。据估计，通过使用水下压缩系统 Gullfaks 油田的产量将增加 2200 万桶石油当量。如果通过这些项目使水下压缩系统的长期稳定性得到验证（通常要求连续无故障运行 5 年），则水下压缩系统将具有巨大的潜力。表 25 – 3 比较了水下压缩系统的配置。

表 25 – 3 水下气体压缩系统的比较（Åsgard, Gullfaks and Ormen Lange）

参数	Åsgard	Gullfaks	Ormen Lange
压缩机类型	传统压缩机	湿式气体压缩机	传统压缩机
开机时间	2015 年	2015 年	2016 年
流量/（MMcm/d）	25	10	21
功率要求/mΩ	23	10	25
水深/m	250 – 325	135	860
离岸距离/km	40	15	125

图 25 – 28 展示了挪威 Asgard 的流程流程图 。各个模块的尺寸和干重见图 25 – 29。该设备主要具有以下功能：

- 冷却进入的多相井液；
- 将洗涤器中的井液分离成气体和液体流；

- 在离心式压缩机中加压气流；
- 在排放冷却器中冷却气流；
- 在离心泵中加压液体；
- 重组气液流，将多相流流向顶部。

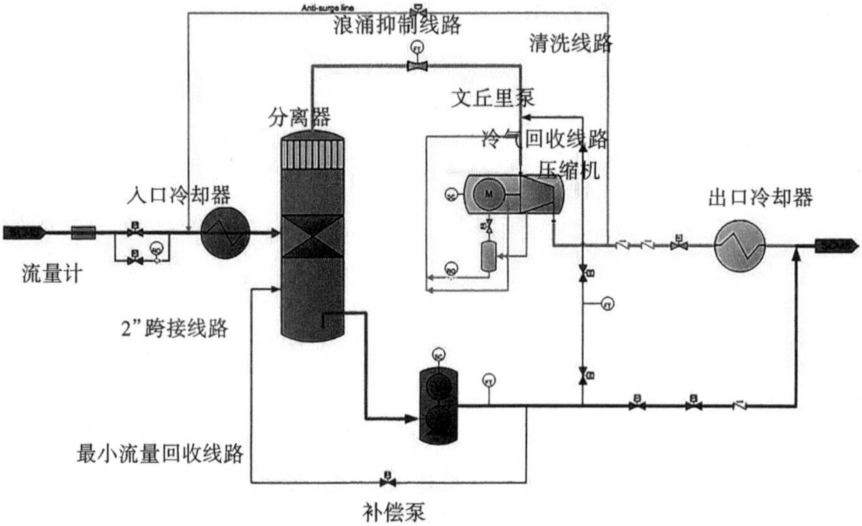

图 25－28　Åsgard 水下处理系统的工艺流程图

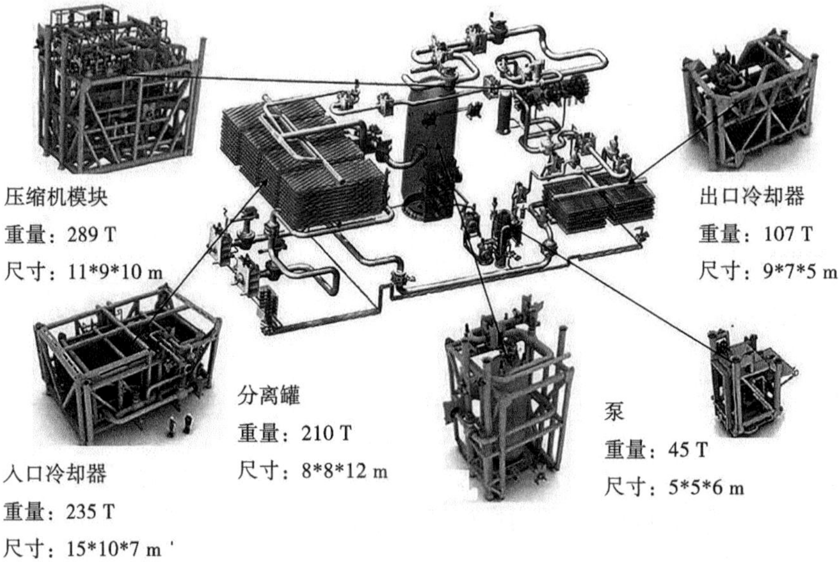

图 25－29　水下处理系统工艺模块尺寸(Statoil)

参考文献

[1] TechnipFMC, Subsea Pumping – Subsea technologies for unprecedented recovery and production, www. technipfmc. com, 2014.

[2] S. H. Yeaw, Subsea Compression – Now and Future, SUT Perth – Evening Technical Meeting: Control, Compression and Renewables, April, 2017.

[3] INTECSEA Offshore, Subsea boosting – Offshore Magazine, ww. offshore – mag. com, 2014.

[4] R. B. Marjohan, A General Overview of Developments in Subsea Processing in Oil and Gas Production, June 2012 JURUTERA.

[5] J. F. Müller, Subsea Processing Moves Forward with Challenges in Tow, Offshore, Vol 75, Issue 4, 2015.

a) B. Olsen, 20 Years of Subsea Boosting Technology Development – Pushing the boundaries for deepwater & long distance tie – backs, MCE Deepwater Development, Londom, 2015.

[6] F. Zhang, et al., Cavitation – Induced Unsteady Flow Characteristics in the First Stage of a Centrifugal Charging Pump, Journal of Fluids Engineering, Volume 139, Issue 1, 2016.

[7] P. Cooper et al, "Tutorial on Multiphase Gas – Liquid Pumping", Proceedings of the 13th International Pump Users Symposium, Houston, 1997.

[8] M. Bozorgmehrian, Sizing and Selection Criteria for Subsea Multiphase Pumps, Master Thesis of University of Houston, 2013.

[9] P. Bibet, B. Quoix, "If you Install a Pump Subsea, Leave Nothing to Change", Proceedings of the Twenty – Eight Pump Users Symposium, Sept 24, 2012, Houston.

[10] G. Hua, G. Falcone, C. Teodoriu, and G. L. Morrison, 2012, "Comparison of Multiphase Pumping Technologies for Subsea and Downhole Applications", Oil and Gas Facilities, February 2012.

[11] T. P. Daigle, S. N. Hantz, B. Phillips and R. Janjua, Treating and Releasing Produced Water at the Ultra Deepwater Seabed, OTC 23622, 2012, Houston.

[12] T. Horn, "Troll C Subsea Separation Station Proves Viability of Seafloor System", Offshore Magazine, Nov 1, 2002.

[13] Sulzer, "Vessel Arrangement with Sulzer Mellaplate Coalescer", https://www. sulzer. com/en/shared/products/2017/03/28/13/47/mellaplate – coalescer, 2017.

[14] M. W. Figueiredo, C. Kuchpil, and E. F. Caetano, "Application of Subsea Processing and Boosting in Campos Basin", OTC 18198, Houston, 2006.

[15] D. Lim and H. Gruhagen, "Subsea Separation and Boosting – An Overview of Ongoing Projects", FMC Technologies, 2009 Asia Pacific Oil and Gas Conference & Exhibition, Jakarta, Indonesia.

[16] FMC Technologies, "Compact Total Separation Systems", www. fmctechnologies. com, Brochure, 2011.

[17] T. Bjørge and L. Brenne, "Subsea Gas Compression; Available Technology and Future Needs", StatoilHydro, 2009.

[18] M. P. Boyce, Centrifugal Compressors: A Basic Guide, PennWell, 2003.

[19] L. C. P. Aguilera, "Subsea Wet Gas Compressor Dynamics", Master Thesis of NTNU, 2013.

[20] P. B. Kondapi, Y. D. Chin, A. Srivastava, and Z. F. Yang, "How Will Subsea Processing and Pumping Technologies Enable Future Deepwater Field Developments?", OTC - 27661, Houston, 2017.

a) Storstenvik, "Subsea Compression - Designing and Building a Subsea Compressor Station", OTC - 27197, Houston, 2016.

[21] T. Vinterstø, "Åsgard Subsea Gas Compression", Statoil, 2013.

[22] L. H. Henriksen, Introduction to Subsea Process, FMC Technologies, 2013.

第26章

采油树的安装

26.1 概　　述

26.1.1 采油树

水下采油树系统就是安装在水下井口装置上的阀门组,这些阀门用于对产出的石油、天然气和其他井下液体进行测试、操作、关断和节流。阀门的方向可以是垂直的也可以是水平的。这些阀门可以由电力操控,或者由液压操控,或者是潜水员操作,或者由远程操控设备控制。水下采油树的主要目的是控制石油或天然气流出或流进油井。

典型的采油树功能要求如下:

- 把产品流体从井口引到出油管(生产采油树),或导向水/气注入地层(注入采油树);
- 通过一个节流器调节流体(不强制);
- 监控采油树上的井口参数,如压力、环空压力、温度、沙石检测等;
- 通过一个控制系统的阀门驱动器来安全停止生产活动或注入流体的流动;
- 在井口或出油管注入保护性液体,如防腐蚀剂或水合物抑制剂;
- 采油树在安装、维修及再入过程中也能提供结合点以实现控制功能,并为送入工具或下入的修井立管组件提供接口；

• 为出油管或脐带缆提供结构上的支撑。

采油树经历了干式、干/湿混合型、沉箱式、湿式采油树四个阶段，水下采油树有多种分类方式，按照湿式采油树上三个阀门（生产主阀、生产翼阀及井下安全阀）布置方式分为：泥线式采油树、立式采油树、卧式采油树。

下面主要介绍立式采油树和卧式采油树这两种目前最常用的采油树：

(1) 立式采油树

主阀配置在立式采油树（VXT）油管悬挂器的上方。油井是在采油树安装之前就已经完成。VXT 广泛应用于水下油田，这是由其安装和操作的灵活性所决定的。图 26－1 显示了一个水下立式采油树剖面图。

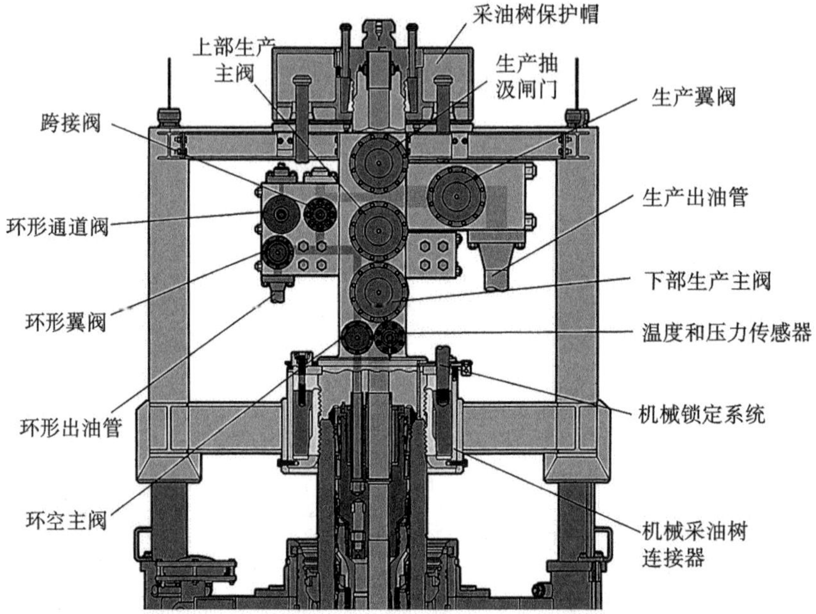

图 26－1 典型的 VXT 剖面图

① 立式采油树典型特点

水下立式采油树油管内主要阀门即生产主阀/生产翼阀及井下安全阀安装在一条垂直线上，生产主阀安装在油管悬挂器上部，如图 26－1 所示；

水下立式采油树油管悬挂器位于水下井口头内，即油管悬挂器安装并锁定在井口装置中后，再安装水下采油树；

在过出油管（TFL）水下立式采油树内，出口与生产孔最大成 15 下角，以便于泵送作业工具的通过。

②立式采油树典型主要组成部件

- 采油树帽；
- 上部生产主阀(UPMV)；
- 下部生产主阀(LPMV)；
- 生产翼阀(PWV)；
- 生产抽汲阀(PSV)；
- 转换阀(XOV)；
- 环空主阀(AMV)；
- 环形通道阀(AAV)或环形抽汲阀(ASV)；
- 环形翼阀(AWV)；
- 压力和温度传感器(PT,TT,PPT 等)；
- 采油树连接器；
- 常规油管悬挂器系统(TH)；
- 其他。

③立式采油树分类

水下立式采油树按环空和生产通道配置形式分为单通道、双通道和多通道。

a. 单通道立式采油树

典型的单通道立式采油树(图 26－2)和简单的双通道立式采油树类似，不同的是单通道立式采油树是采用简单的立管系统来安装采油树和油管悬挂器的。环空位于采油树油管头四通内，采油树内部并无环空通道。

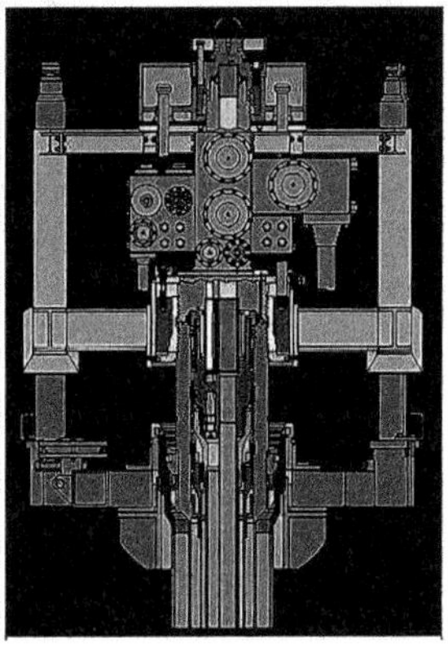

图 26－2　单通道采油树

b. 双通道、多通道采油树

近几年来，大多数水下采油树都采用双通道、多通道类型采油树，采油树内配备有环空通道、环空控制阀、生产清蜡阀。在双通道/多通道采油树连接到井口之前，油管悬挂器必须已经在井口安装好。双通道采油树如图 26－3 所示。

(2)卧式采油树

另外一种发展很快的采油树是卧式水下采油树(HXT)(图 26－4)，卧式采油树发明于 1992 年，其主体为整体加工的圆筒，生产通道和环空通道从采油树侧面水平方向伸出，生产主阀和生产翼阀均在采油树体外侧水平方向，因而称为卧式采油树。

图 26－3　双通道采油树

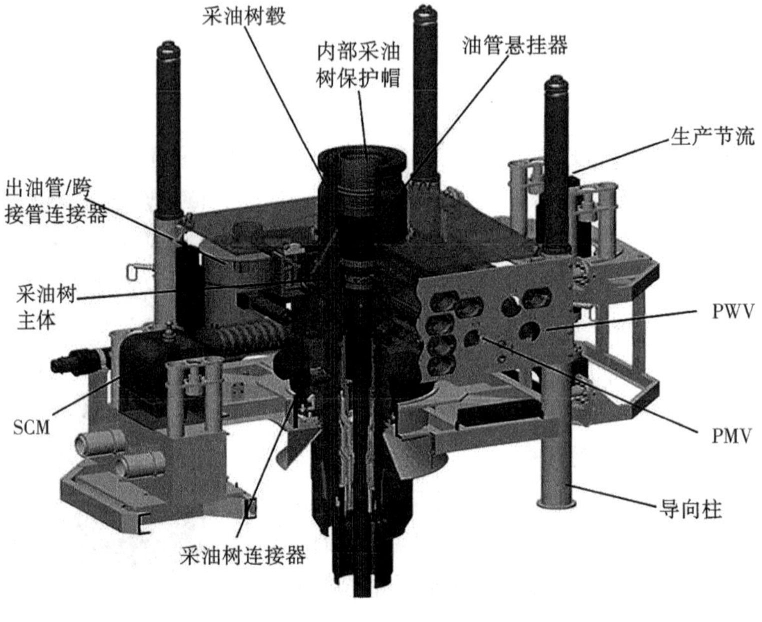

图 26－4　典型 HXT 的构件

①卧式采油树典型特点

与立式采油树相比，优点如下：

a. 简化油管回收作业。油管悬挂器安装在卧式采油树本体内，同时卧式采油树上部的设计可保证 BOP 下放到采油树上，这样无须移动采油树本体，就可进行修井作业，当使用电潜泵、智能完井时具有明显优势。

b. 卧式采油树常采用套管装接头，将单管油管或套管作为一种安装和完井立管使用，与立式采油树相比节省了双筒完井立管的费用，但需一个较复杂的下放管柱来安装油管悬挂器。

c. 卧式采油树采用大通径设计。适合于使用较大直径的生产油管，如外径为 0.2 m 即 7 in 油管，而双通道采油树只能用于较小外径（例如 0.14 m 即 5 1/2 in）的油管。

d. 使用钻杆代替专用立管系统大大的简化了水下采油树的安装和回收作业。

与立式采油树相比，缺点如下：

a. 钻完井期间，安装卧式采油树需两次起下防喷器，即在完井前回收防喷器，并暂时封井，采油树安装到水下井口系统上后，再次下入防喷器，之后钻穿临时水泥塞，完井管柱和油管悬挂器下入座放到采油树上。接着下入采油树内帽，再次回收防喷器。

b. 回收采油树之前必须先起油管。回收卧式采油树要求先完井，再下入防喷器组并进行压井作业。

c. 卧式采油树采用了独立的油管悬挂器，油管悬挂器安装需要使用复杂的防喷器（BOP）水下修井采油树和下方管柱系统，以提供安全自喷测试，回收采油树前不必回收完井管柱，但却需要一套复杂的环空隔离系统。

d. 所设计的水下采油树必须能支撑深水防喷器组、立管系统相关荷载。

②卧式采油树典型主要组成部件

- 采油树外部树帽；
- 采油树本体；
- 内部采油树帽；
- 顶部阻塞器；
- 生产主阀（PMV）；
- 生产翼阀（PWV）；
- 环空抽汲阀（ASV）；
- 环空主阀（AMV）；
- 环空翼阀（AWV）；
- 转换阀（XOV）；
- 传感器（PT，TT，PTT 等）；
- 采油树连接器；
- 油管悬挂器系统（TH）；
- 其他。

③卧式采油树分类

水下卧式采油树根据油管悬挂器位置有三种典型结构形式:

a. 油管悬挂器位于采油树本体内。这类采油树安装时防喷器坐落在水下卧式采油树上部,油管悬挂器和完井油管通过 BOP 坐放在水下卧式采油树通道内的座放台肩上。生产液沿水平方向离开油管悬挂器内的分支孔,连接到生产液出口。回收采油树前应回收完井油管。

b. 上部模拟油管悬挂器位于卧式采油树主体内。油管悬挂器安装在井口头内,上部模拟油管悬挂器坐挂到卧式采油树内,用于密封油管悬挂器和卧式采油树的生产液出口。其特点是回收采油树时可不需要回收完井油管,其中模拟油管悬挂器为卧式采油树所特有。

c. "通钻"卧式采油树。油管悬挂器安装在水下井口系统内,油管悬挂器向上延伸通过油管进入采油树,该系统可在油管悬挂器外提起采油树,因此回收油管时不影响采油树,同样回收采油树时也不影响油管悬挂器,从而将安装过程中的防喷器组下入和回收的次数减少到一次。其缺点为:需采用小口径井口,应用于深水钻井作业时,必须使用 0.43 m 即 16 3/4 in(或者 0.35 m 即 13 5/8 in)的防喷器、0.36 m 即14 in的小井眼钻井立管和小井眼套管柱设计,目前这种采油树费用较高。

(3)采油树系统选择

①采油树系统的选择应该考虑以下问题:

- 水深;
- 油井生产类型和井数;
- 使用 H_2S、CO_2、蜡等井况信息,可选择材料和温度等级;
- 系统压力等级;
- 送入工具可行性;
- 成本、经济性;
- 安装方案及修井干预方案。

②在选择 HXT 或 VXT 时,需要考虑下列问题:

- 卧式采油树要比立式采油树昂贵。卧式采油树的售价是立式的 5 到 7 倍。
- 立式采油树更大、更重,而这在钻机的安装平台有限时必须予以考虑。
- 油井是否已经完成也是选择的另一个因素。如果油井已经完成但是采油树还没有安装好,那么立式采油树比较适合。但如果采用卧式采油树,系统必须在油井完成之前就安装到位。
- 卧式采油树常常用于复杂的油藏或经常需要修井来维护油管的情况。相反的,立式采油树常用于简单的油藏或不需要经常修井来维护油管的情况。

• 因为天然气油田不用经常修井,所以对于气井不推荐使用卧式采油树。

26.1.2　跨接管

在水下石油/天然气生产系统中,水下跨接管是一短管接头,它用来在两个水下组件之间运输液体或气体产品,例如,采油树和管汇,管汇和管汇。它也可以连接其他水下结构,如管道末端管汇、PLET 和立管基座。除了液体产品,它还可以作为水、化学药品注入井中的管道。

一个典型的跨接管包括两个连接器和一根连接管。根据跨接管的特点和应用可以分为三种:刚性跨接管、柔性跨接管、柔 - 刚性跨接管。

1. 刚性跨接管

刚性跨接管通常用于 PLEM、立管基础和水下结构之间的连接。跨接管连接系统配置了钢管以及在水下管道设施每端使用机械连接。在安装过程中和检索过程中,连接器内金属密封予以保留和遮蔽。

对于形状来说,"M"形和倒"U"形是两种常用的刚性跨接管形式。也有水平的等等,如图 26 - 5 所示。对于连接系统构造而言,刚性跨接管可以分为水平结构和垂直结构两种,如图 26 - 6 所示。

表 26 - 1 总结了水平和垂直连接系统间的一个比较。相对于垂直连接系统,水平连接系统的主要技术缺点包括增加海上作业时间和对水下机器人的依赖性较强。然而,这些在很大程度上可以由优点抵消,这些优点包括减小结构尺寸,简化出油管连接器,以及降低对船舶/天气的要求。

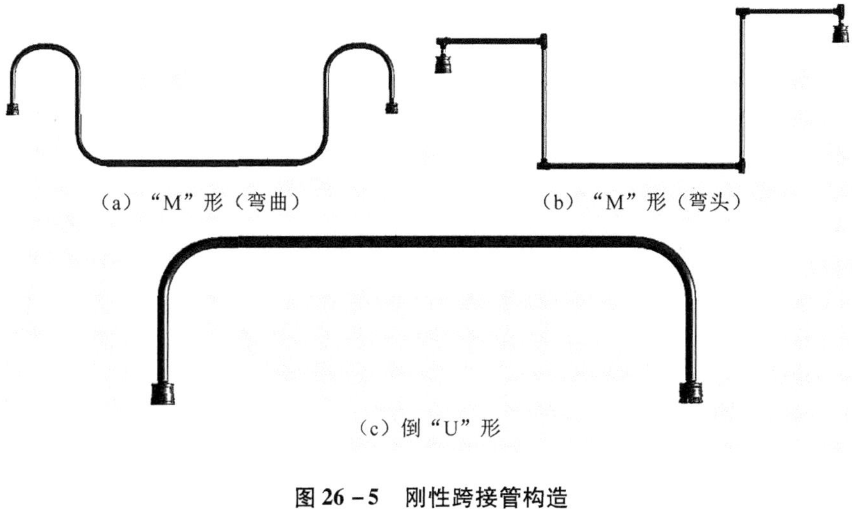

(a) "M"形(弯曲)　(b) "M"形(弯头)

(c) 倒"U"形

图 26 - 5　刚性跨接管构造

(a)垂直连接系统　　(b)水平连接系统

图 26－6　刚性跨接管

表 26－1　水平和垂直连接系统间比较

评价问题	水平连接	垂直连接
连接所需设备	部署相对复杂的水下机器人和操作设备	相对简单的部署设备,且对水下机器人执行任务的依赖性相对较低
连接时间	长	短
连接器复杂性和尺寸	简单;美国石油协会/美国国家标准协会法兰或紧固连接器。连接器重量相对较轻	复杂;套筒连接器需要单独运行送入工具。连接器重量为几吨
计量和制造精度	要求中等水平的精度,因为连接系统能弹性变形	要求高水平的精度因为系统没有通过连接器的纠偏办法
渔网拖挂的可能性	相对低,因为系统接近海床	相对成问题,因为更有可能会拖挂
船只的要求	相对较低的动力定位要求,有甲板空间和有跨接管起重机的船只。起重机高度可以较低	相对较高的动力定位要求。由于跨接管的垂直性,起重机高度可能需要相对较高
密封更换	相对简单;需要采用水下机器人进行密封	取决于连接器能力。需要考虑:回收连接器和出油管到水面/甲板,更换密封并重新部署出油管。某些连接器可以在水下通过水下机器人更换密封
天气依赖	非常低,因为操作独立于船只运动	相对高,由于对安装船只定位的依赖

(2)柔性跨接管

柔性跨接管通常用于出油管终端、水下结构之间的连接。通常用于在水下构件之间运送流体。它也可以用来把连接刚性立管与船体,可以有效的解决由于船舶的移动而引起的失效。如图 26－7 所示,两个连接器中间的管为软管,管长可为 20 m 到 50 m 即 65 ft 到 165 ft 之间,在中型安装船起重范围之内。

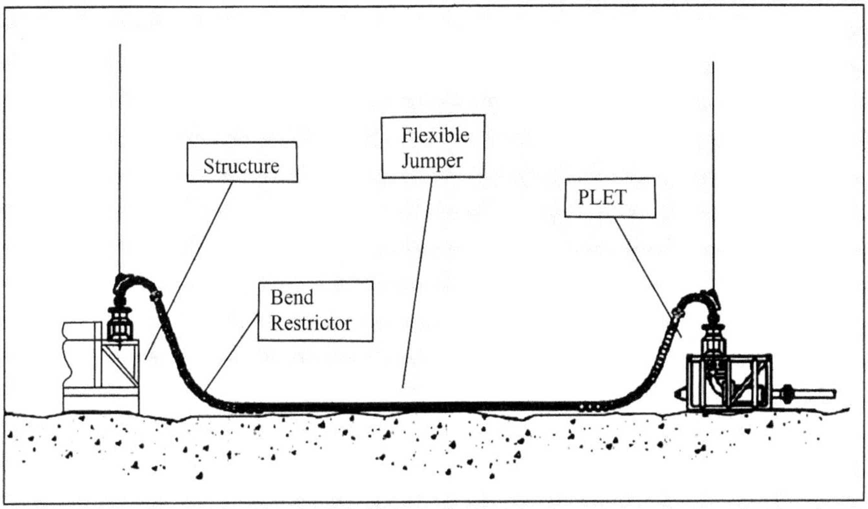

图 26－7 柔性跨接管

(3)柔－刚性跨接管

柔－刚性跨接管两端连接器中间的管线为柔性和刚性两种,柔性管线添加在刚性管线两端方便于跨接管两端的连接。这种跨接管比刚性跨接管柔韧性好,从而为跨接管提供较好的保护,又比柔性跨接管经济。如图 26－8 所示:

(4)跨接管选择

刚性跨接管最大的好处就是成本低。与刚性跨接管不同的是,柔性跨接管对水下结构物之间的位置和距离要求不高,因此对水下测量不用特别关注。柔性跨接管的直径和水深限制根据柔性管水下技术参数来和经济性、使用寿命来决定。柔－刚性跨接管的选择受到刚性管的直径限制,因为刚性管和柔性管必须有相同的内径。

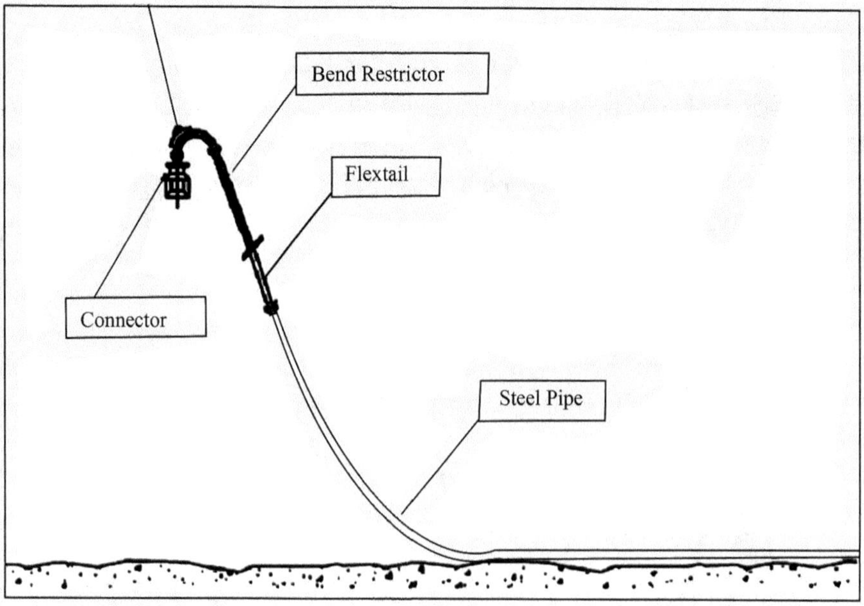

图 26-8　柔-刚性跨接管

表 26-2　跨接管选择依据

类型	应用	优点	缺点
柔性跨接管	• 海底管线——水下结构 • 立管——水下结构 • 采油树——管汇	• 高柔韧度； • 抗 H_2S 和抗腐蚀能力强； • 耐高温能力； • 适合于动态静态服务； • 设计疲劳寿命长； • 对水下测量精度要求较低； • 对连接物荷载影响较低； • 连接物移动对跨接管影响较小	• 较刚性跨接管昂贵； • 较小的直径承受较大的内压； • 每根跨接管需要两个水下连接物
刚性跨接管	• 海底管线——水下结构 • 立管——水下结构 • 采油树——管汇	• 设计简单可靠； • 热膨胀可通过排气套管吸收； • 较好的绝热能力	• 对水下测量精度要求较高； • 需要较大的甲板空间； • 对气象条件要求高； • 连接物移动会对跨接管造成影响； • 每根跨接管需要两个水下连接物

表 26－2(续)

类型	应用	优点	缺点
柔－刚性跨接管	• 海底管线——水下结构 • 立管——水下结构	• 较高的柔韧度； • 对连接物荷载影响较低； • 每根跨接管可以仅连接一个结构物	• 中间刚性管段要求较高； • 应用水深受到柔性技术限制

26.2　水下采油树安装

26.2.1　采油树安装准备工作

(1)安装方法选择

通常水下采油树安装方法有以下两种：

• 钻井立管实施安装；

• 钻机绞车安装。

图 26－9　钻杆安装法示意图

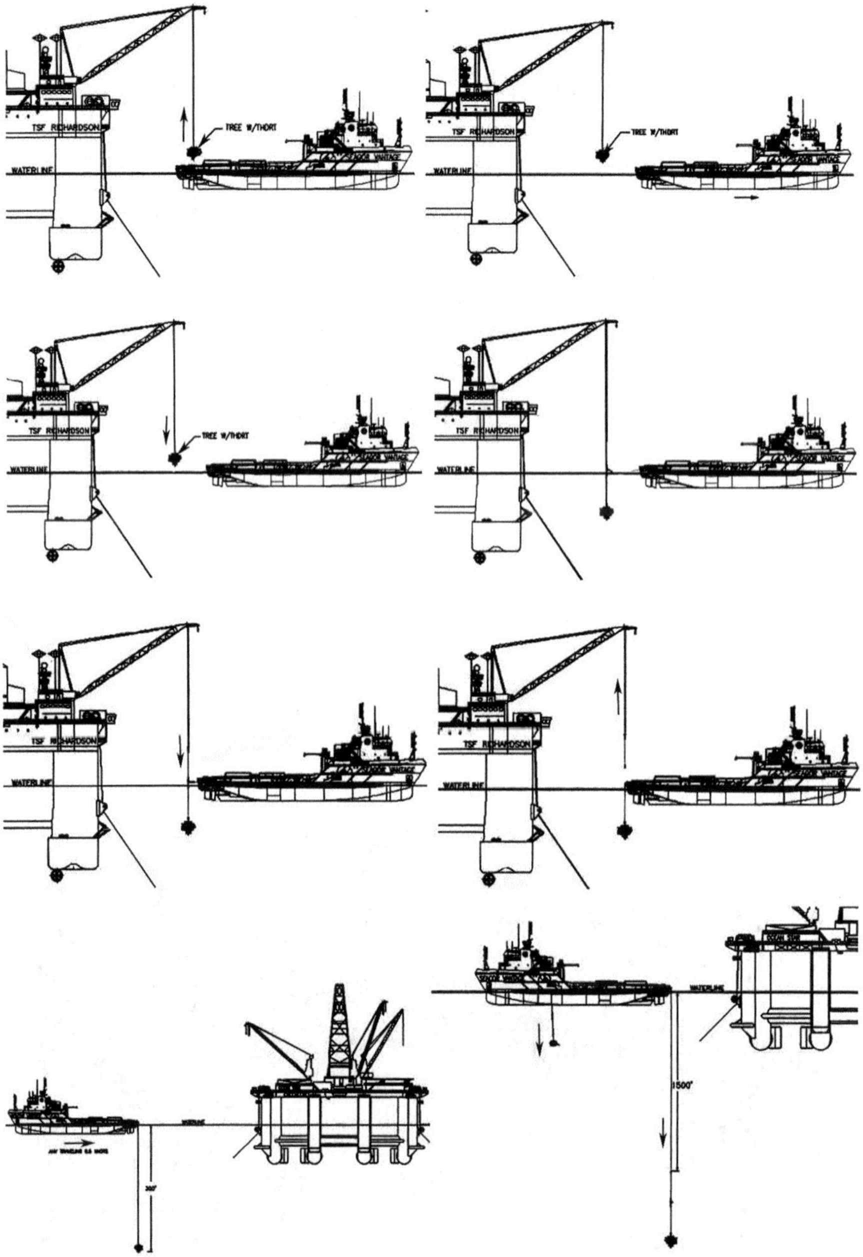

图 26 - 10　绞车安装法过程示意图

根据水深及采油树种类、重量、尺寸限制等要求，选择合理的安装方法，具体各项安装方法安装步骤及注意事项见本章下一节内容。

(2)导向系统选择

能否安全成功地将水下采油树引导至海底井口装置,是采油树安装的一个重要因素。业内现已开发出两种导向系统:

- 导向(GL)系统;
- 无导向(GLL)系统。

①导向系统

对于不超过 500 m 即 1 640 ft 的水深条件,导向法是最传统也是最常用的方法,并通常配合锚泊平台使用。对于超过 500 m 即 1 640 ft 的水深条件,可综合采用无导向技术与动力定位(DP)安装船。该方法采用四条导向绳,从平台与安装在海底井口装置上的导向基座的导向柱相连接(如图 26－11、图 26－12 所示)。导向绳通过 ROV 安装、回收。

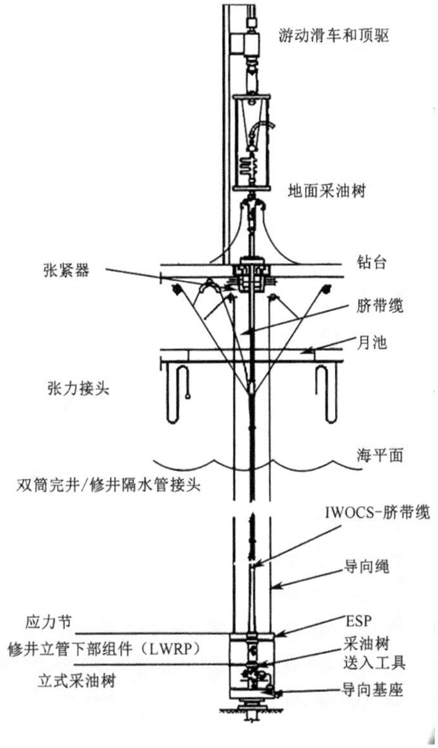

图 26－11 双筒完井/修井立管安装立式采油树布置图

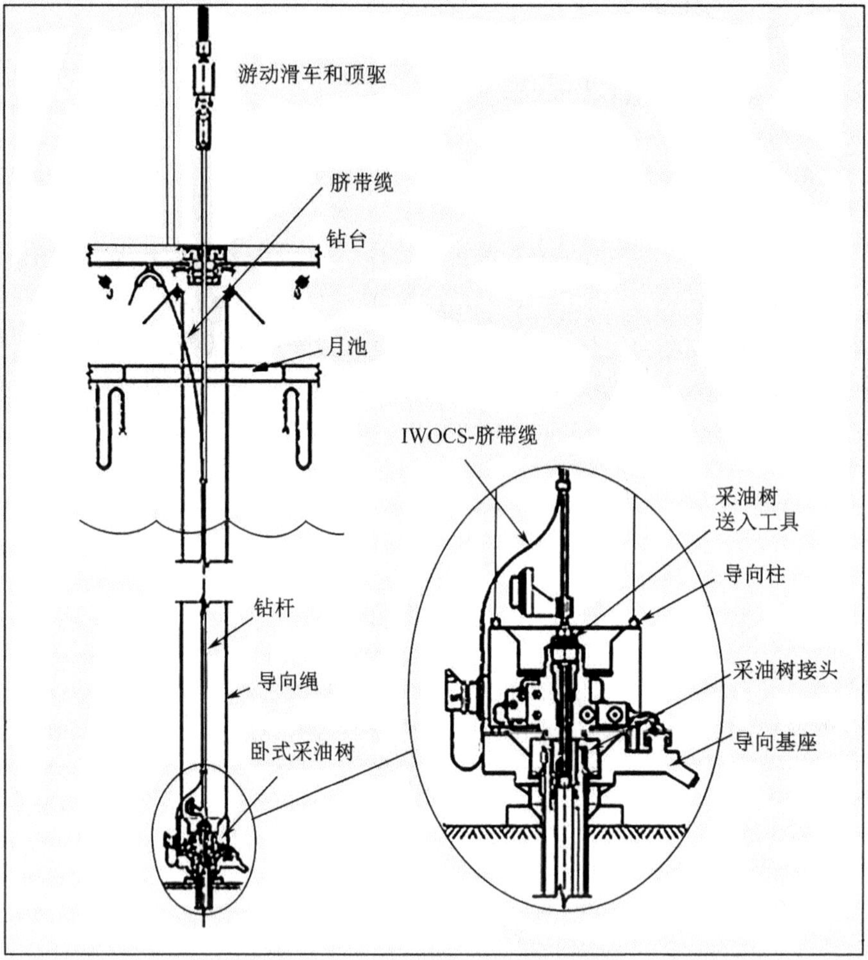

图 26－12　通过钻杆安装卧式采油树

②无导向系统

当水深超过 500 m 即 1 640 ft 时，应采用无导向(GLL)法安装水下采油树。采油树利用配备了动力定位系统的钻井平台进行安装，并通过一个漏斗形导向承口引导连接。如果将漏斗形导向承口设计为采油树下部组件(均适用于立式采油树和卧式采油树)，则其漏斗口向下；如果将漏斗形导向承口设计位于油管头四通之上(仅适用于立式采油树)，则漏斗形导向承口向上。油管头四通为异径接头，用于向不同供应商提供的井口安装采油树。图 26－13 所示为两种无导向采油树；图 26－14 所示为无导向法所采用的漏斗形导向承口。无导向采油树通过 ROV 进行安装。ROV 可协助向井口坐放、锁定采油树，并对该过程实施监控。

图 26－13 立式和卧式无导向采油树

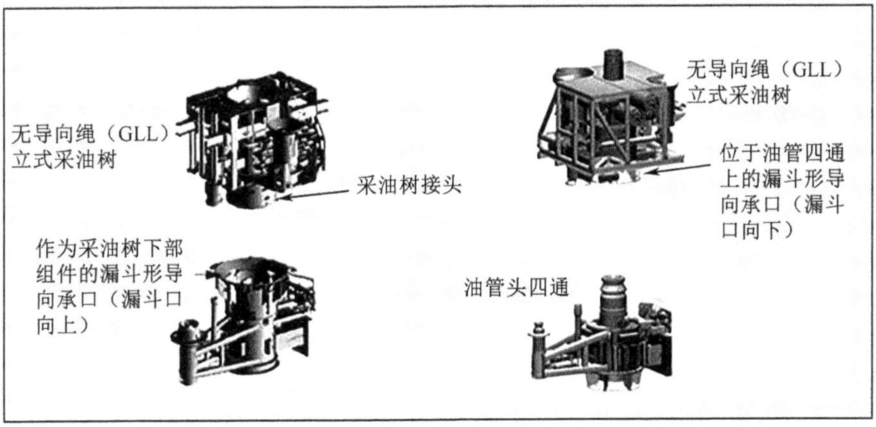

图 26－14 无导向法所用漏斗形导向承口

26.2.2 采油树安装方法

根据采油树分类，可根据卧式采油树和立式采油树两种主要类型分别对采油树的安装进行描述，针对每种采油树又分为绞车安装法和钻杆安装法，根据导向系统分为导向安装法和无导向安装法。

(1)钻杆安装法

①卧式采油树安装

a. 卧式采油树无导向安装

- 将钻机移至安装位置；

- 回收钻井导向基座,更换为出油基座;
- 下入 ROV 进行井口现场调查;
- 检查并清理井口顶部;
- 确认所有采油树阀门位置;
- 确认采油树接头处于解锁状态;
- 将采油树利用甲板滑轨送至月池;
- 对钻杆绞车设备进行系统测试;
- 连接安装和修井控制系统(IWOCS)引线;
- 运行外部树帽,在 ROV 帮助下安装采油树防磨补心;
- 连接修井脐带缆至采油树控制面板,并将脐带缆夹紧至钻杆;
- 断开 IWOCS 引线;
- 将设备移动到正确的位置,将平台移至距安装位置(海底桩体基础)一定距离,以防发生紧急情况,避免不必要的损失,利用 ROV 为采油树定向确保采油树在正确的位置;
- 将采油树移至水面;
- 缓慢下放钻杆直到采油树距水下井口一定距离(例如 15m 即 50ft);
- 利用 ROV 目测确认采油树是否对准井口,确保坐放区域情况;
- 将平台移至最终安装位置;
- 缓慢下放采油树到井口上;
- 采油树坐放完毕后,利用 ROV 操作并锁定采油树接头,并进行采油树/井口密封测试;
- 通过 IWOCS 执行采油树阀门功能测试;
- 回收送入工具;
- 下放防喷器组;
- 下放油管悬挂器;
- 坐放并锁定油管悬挂器;
- 通过钻杆(或者回收缆绳)将防护帽下放至采油树顶端。

b. 卧式采油树导向安装

- 将钻机移至安装位置;
- 回收钻井导向基座,更换为出油基座;
- 下入 ROV 进行井口现场调查;
- 将采油树利用甲板滑轨送至月池;
- 将导向绳装入采油树导向臂;
- 对钻杆绞车设备进行系统测试;

- 连接安装/修井控制系统（IWOCS）引线；
- 连接采油树送入工具至采油树头（型面类似于井口头）；
- 运行外部树帽，在 ROV 帮助下安装采油树防磨补心；
- 连接修井脐带缆至采油树控制面板，并将脐带缆夹紧至钻杆；
- 将采油树沿导向绳下放至海底井口头导向基座；
- 将采油树锁定于导向基座；
- 测试密封垫片；
- 通过 IWOCS 执行采油树阀门功能测试；
- 回收送入工具；
- 下放防喷器组；
- 下放油管悬挂器；
- 坐放并锁定油管悬挂器；
- 通过钻杆（或者回收缆绳）将防护帽下放至采油树顶端。

② 立式采油树安装

a. 立式采油树无导向安装

- 将钻机移至安装位置；
- 回收钻井导向基座，更换为出油基座；
- 下入 ROV 进行井口现场调查；
- 在 ROV 和钻柱基准的辅助下，确定井口上方最终位置；
- 从井口拆下保护罩，清洁并检查此区域；
- 确认所有采油树阀门位置；
- 确认采油树接头处于解锁状态；
- 将采油树利用甲板滑轨送至月池；
- 对钻杆绞车设备进行系统测试；
- 准备安装和修井控制系统（IWOCS）；
- 准备采油树组装，向月池中的采油树安装修井立管下部组件（LWRP）和紧急断开组件（EDP）；
- 将修井立管连接到采油树安装总成（WOR）；
- 将设备移动到正确的位置，将平台移至距安装位置（海底桩体基础）一定距离，以防发生紧急情况，避免不必要的损失，利用 ROV 为采油树定向确保采油树在正确的位置；
- 将采油树移至水面；
- 缓慢下放钻杆直到采油树距水下井口一定距离（例如 15m 即 50ft）；
- 利用 ROV 目测确认采油树是否对准井口，确保坐放区域情况；

• 将平台移至最终安装位置；
• 缓慢下放采油树到井口上；
• 采油树坐放完毕后，利用超载测试以检测采油树是否紧固；
• 通过 IWOCS 执行采油树阀门功能测试；
• 回收送入工具；
• 通过钻杆（或者回收缆绳）将防护帽下放至采油树顶端；

b. 立式采油树导向安装

• 将钻机移至安装位置；
• 回收钻井导向基座，更换为出油基座；
• 从井口拆下保护罩，清洁并检查此区域；
• 确认所有采油树阀门位置；
• 确认采油树接头处于解锁状态；
• 将采油树利用甲板滑轨送至月池；
• 对钻杆绞车设备进行系统测试；
• 将导向绳装入采油树导向臂；
• 对钻杆绞车设备进行系统测试；
• 准备安装和修井控制系统（IWOCS）；
• 准备采油树组装，向月池中的采油树安装修井立管下部组件（LWRP）和紧急断开组件（EDP）；
• 将修井立管连接到采油树安装总成（WOR）；
• 利用送入工具系统将采油树沿导向绳下放至海底井口头导向基座；
• 将采油树锁定于导向基座；
• 采油树坐放完毕后，利用超载测试以检测采油树是否紧固；
• 通过 IWOCS 执行采油树阀门功能测试；
• 回收送入工具；
• 通过钻杆（或者回收缆绳）将防护帽下放至采油树顶端。

（2）绞车安装法

①采油树运输过程

• 将采油树和配套工具装上安装船，并对采油树进行适航固紧；
• 运至现场后，安装吊运索具至采油树，断开采油树上所有适航固紧装置；
• 在安装船附近保持运输船位置；
• 连接平台吊机吊索与采油树吊运索具；
• 吊起采油树，并将其转移至安装船的主甲板。保持吊起状态直至开始安装采油树。

②采油树安装过程

a. 卧式采油树安装：

• 对钻杆绞车设备进行系统测试；

• 将平台绞车钢缆绕过绞车平台上的船外下降滑轮，为连接采油树做好准备；

• 连接平台吊机与采油树索具并将其吊起，直至索具绷紧；

• 利用 ROV 为采油树定向；

• 利用 ROV 目测确认采油树是否对准井口；

• 连接安装和修井控制系统（IWOCS）；

• 将采油树吊离平台甲板至水面；

• 排放吊机吊索，直至采油树入水；

• 将采油树起重机连接到绞车绳索上，放松起重机直到采油树的重量转移到绞车绳索上；

• 下放一定距离（例如 91 m 即 300 ft）时启动 ROV，断开起重索具和起重机之间的连接，下入采油树，并通过 ROV 监测水深；

• 放松绞车绳索，在 ROV 的帮助下放采油树到距离海底一定距离（例如 61 m即 200 ft）停止下放；

• 移动钻井到采油树指定位置；

• ROV 返回到采油树边，放松绞车绳索，直到采油树距离水底一定距离（例如大约 15 m 即 50 ft）；

• ROV 再次检查位置，如有需要则相应的移动钻井；

• 根据 ROV 提供的方向，下入采油树，并坐放到井口头上；

• 当采油树着地后，确认在正确的位置上，之后从采油树上将连接 ROV 的绞车绳索断开；

• 收起起吊索具到距海底一定距离（例如大约 30 m 即 100 ft），保持不动直到所有测试完成；

• ROV 开始连接锁定并对采油树进行测试；

• 一旦 ROV 完成连接锁定和测试任务，钻井可以回收收放索具；

• 通过托管架和 ROV 将起重机连接到起重索具上的三向接头；

• 起重机上升，获得起重索具荷载；

• 断开连接在起重索具上的绞车绳索；

• 起重机收起起重索具并且回收到钻井的主甲板上；

• 下放防喷器；

• 下入油管悬挂器；

• 坐放并锁定油管悬挂器。

b. 立式采油树安装

• 对钻杆绞车设备进行系统测试；

• 将平台绞车钢缆绕过绞车平台上的船外下降滑轮，为连接采油树做好准备；

• 连接平台吊机与采油树索具并将其吊起，直至索具绷紧；

• 向月池中的采油树安装修井立管下部组件和紧急断开组件；

• 将修井立管连接到采油树安装总成；

• 连接安装/修井控制系统；

• 利用 ROV 为采油树定向；

• 利用 ROV 观测确认采油树是否对准井口；

• 将采油树吊离平台甲板至水面；

• 排放吊机吊索，直至采油树入水；

• 将采油树起重机连接到绞车绳索上，放松起重机直到采油树的重量转移到绞车绳索上；

• 下放一定深度后（例如大约 91 m 即 300 ft）时启动 ROV，断开起重索具和起重机之间的连接，下入采油树，并通过 ROV 监测水深；

• 放松绞车绳索，在 ROV 的帮助下放采油树到距离海底一定距离（大约 61 m 即 200 ft）后，停止下放；

• 移动钻井到采油树指定位置；

• ROV 返回到采油树边，放松绞车绳索，直到采油树距离水底一定距离（例如大约 15 m 即 50 ft）；

• ROV 再次检查位置，如有需要则相应的移动钻井；

• 根据 ROV 提供的方向，下入采油树，并坐放到井口头上；

• 当采油树着地后，确认在正确的位置上，之后从采油树上将连接 ROV 的绞车绳索断开；

• ROV 开始连接锁定并对采油树进行测试，测试密封垫片，通过 IWOCS 执行采油树阀门功能测试；

• 利用超载测试以检验采油树是否紧固；

• 立管重量从顶部转移到立管张紧系统；

• 一旦 ROV 完成连接锁定和测试任务，钻井可以回收收放索具；

• 通过托管架和 ROV 将起重机连接到起重索具上的三向接头；

• 起重机上升，获得起重索具荷载；

• 断开连接在起重索具上的绞车绳索；

• 起重机收起起重索具并且回收到钻井的主甲板上。

26.2.3 油管悬挂器安装方法

1. 电液接口测试

• 将油管悬挂器测试工具与油管悬挂器安装在一起，将测试基座与油管悬挂器安装在一起；

• 使用测试工具上的测试管线与油管悬挂器上部通道相连接；

• 将油管悬挂器移动到油管轴线上，将油管悬挂器与油管连接；

• 测试锁紧环的锁紧和解锁功能；

• 连接井下的液压管线和电缆（包括油管内部和外部线缆）；

• 缓慢下放油管悬挂器到测试基座上；

• 利用外部液压测试管路与油管悬挂器侧壁上的电液接头相连接；

• 依据厂家设备说明书和安装说明书进行电液测试；

• 测试完成后移走油管悬挂器安装工具；

• 然后手动向下推动卡圈激活环来将油管悬挂器卡圈撑开。

2. 安装工具测试

• 利用测试树吊起油管悬挂器安装工具，并将其吊到油管悬挂器上方；

• 将液压管线加压来测试安装工具的锁紧和解锁功能；

• 具体管道的施压顺序和压力大小参照设备说明书和安装说明书；

• 观察安装工具上的部件执行情况；

• 最后将安装工具设置为未锁紧的状态。

3. 连接安装工具

• 确认安装工具处于未锁紧的状态；

• 将安装工具对准油管悬挂器，并缓慢旋转下放（对准油管悬挂器顶部的电液插口）；

• 一旦安装工具“软着陆”之后，通入液压将其与油管悬挂器锁紧；

• 将安装工具泄压；

• 通过观察安装工具上的锁紧指示器来核实是否锁紧；

• 施压测试排泄回收管线；

4. 完成测试和准备工作

• 在卡圈激活环上安装剪切销钉，此时油管悬挂器处于未锁紧状态；

• 连接测试地面控制井下安全阀管线；

• 测试井下电缆；

5. 安装油管悬挂器

- 在油管悬挂器测试完成之后，将油管悬挂器提升，拆除测试基座；
- 将油管悬挂器下放；
- 在油管悬挂器将要着陆时，将安装工具内部的“软着陆活塞”通入高压液体；
- 继续下放油管悬挂器到水下采油树树体中；
- 继续下放，油管悬挂器将会与树体中的导向设施接触，并发生旋转；
- 一旦“软着陆”后，将安装工具的高压液体释放，完成油管悬挂器的着陆，同时将会激活油管悬挂器与树体之间的密封；
- 接下来，根据安装说明书步骤，关闭水下防喷器；
- 在防喷器下部区域通入高压液体测试油管悬挂器是否完全着陆，并且测试油管悬挂器与树体之间的金属密封；
- 测试完成后，泄压并打开防喷器。

6. 锁紧油管悬挂器

- 对安装工具通入高压液体，推动安装工具上的推力环向下运动；
- 推力环与油管悬挂器的卡圈激活环接触，推着其向下运动，挤出卡圈。实现油管悬挂器与树体之间的锁紧；
- 安装工具上的锁紧监测管线将会反馈锁紧机构的状态信息。

7. 测试密封和对扣

- 使用 ROV 连接采油树 ROV 控制面板上的控制监测接口，并通入高压液体；
- 测试油管悬挂器外部的密封完整性；
- 接下来，打开 ROV 控制面板上的地面控制安全阀(SCSSV)接口；
- 通入高压液体，测试树体上的 SCSSV 通道与油管悬挂器上的 SCSSV 是否密封对接；
- 接下来，通过 ROV 连接采油树 ROV 控制面板上的环空监测热刺(AMHS)；
- 通入高压液体，测试油管悬挂器侧面生产通道与采油树的生产通道是否密封对接；
- 使用 ROV 推动树体侧面插销来实现采油树体于油管悬挂器的电插头连接；
- 测试树体与油管悬挂器的电缆通信。

8. 油井流体测试

- 使用工具将测井隔离套回收到地面；

• 使用安装工具将顶部堵塞器送入油管悬挂器中；

• 一旦完成后，通入高压液体测试顶部阻塞器是否在油管悬挂器中密封安装；

• 接着使用安装工具将顶部阻塞器卡圈激活并锁紧；

• 一旦顶部阻塞器安装完成，对油管悬挂器安装工具进行解锁；

• 通入高压液体激活安装工具的“软着陆”功能，将安装工具向上顶升，实现安装工具与油管悬挂器完全脱离；

• 回收油管悬挂器安装工具。

26.2.4　小结

采油树的安装也分为绞车安装法和钻杆安装法，这一点和管汇安装类似，可根据水深及采油树种类、重量、尺寸限制等要求，选择合理的安装方法。但采油树相对于管汇对安装精度有额外的要求，因为能否安全成功地将水下采油树引导至海底井口装置，是采油树安装的一个重要因素。采油树的安装根据导向系统又可分为导向安装法和无导向安装法。对于不超过 500 m 即 1 640 ft 的水深条件，导向法是最传统也是最常用的方法，并通常配合锚泊平台使用。对于超过 500 m即 1 640 ft 的水深条件，可综合采用无导向技术与动力定位(DP)安装船进行安装。

26.3　水下跨接管安装

由于跨接管分为刚性跨接管、柔性跨接管、柔 - 刚性跨接管三种形式，并且刚性跨接管根据其构造可分为垂直刚性跨接管和水平刚性跨接管，其安装方式大为不同，本节将针对两种最常用的跨接管(刚性跨接管、柔性跨接管)安装过程，分别进行介绍。

26.3.1　刚性跨接管安装

刚性跨接管的安装需要借助于撑杆和合适的索具对跨接管两端起吊来完成，接头驱动工具(CAT)则用于完成跨接管两端接头的安装和回收。

在安装前需要完成以下步骤：

- 接头驱动工具(CAT)甲板测试；
- 接头驱动工具(CAT)甲板布置；
- 将接头放置在安装船正确的位置上；
- 对 ROV 进行预操作处理。

垂直结构刚性跨接管安装过程：

- 将接头驱动工具(CAT)安放在跨接管上；
- 安装撑杆和合适的索具在跨接管的两端；
- 利用撑杆将跨接管起吊起来，并将荷载逐渐转移到绞车上；
- 绞车下放跨接管到设计水深，之后由 ROV 引导跨接管两端到毂(如果是用于连接管汇和采油树的跨接管，则先连接管汇上的毂，最后连接采油树上的毂，以防跨接管在连接过程中会对采油树产生撞击)；
- 在跨接管两端都与毂连接上后，移除撑杆和索具；
- 用 ROV 操作接头驱动工具(CAT)使连接器锁定；
- 对每个连接器进行密封测试；
- 移除接头驱动工具(CAT)，并将其回收到甲板以便于下次安装。

图 26－15　垂直结构刚性跨接管安装过程

水平结构刚性跨接管安装过程：

- 将跨接管用索具吊接在撑杆上，部署并下放到水下设备目标区上方几米内，见图 26－16；
- 使跨接管 1 号端点连接到 1 号毂上，随着跨接管继续下放，使跨接管 2 号端点对准到 2 号毂上，并连接；
- 通过 ROV 将接头驱动工具(CAT)坐放在 1 号接头上并锁定；
- 将接头调平后锁定在水平位置；
- 接头内部卡爪扣合至设备接口，接头闭合。通过压力测试验证接头密封。释放并吊出接头驱动工具。接头驱动工具(CAT)不必返回至水面，重复连接步骤，连接 2 号接头。

图 26－16　水平结构刚性跨接管安装过程

26.3.2　柔性跨接管安装

当柔性跨接管管长小于 50 m 即 165 ft 时，借助于撑杆的作用，整个安装过程与刚性跨接管安装类似。然而，如果柔性跨接管的长度超过了撑杆的承受范围（例如 100 m 即 330 ft 长柔性跨接管），则需要两根撑杆分别连接在柔性跨接管端部进行安装。另外，柔性跨接管必须在水面上组合好再进行安装，虽然水底测量对于柔性跨接管而言精度要求并不高，但是仍需要根据水下测量和柔性管的柔韧性决定柔性管的具体长度。典型的柔性跨接管安装步骤见表 26－3。

表 26－3　典型的柔性跨接管安装步骤

跨接管长度 <50 m	跨接管长度 >50 m
准备： • 找到跨接管 1 号端点回收至阻挡件，并加以固定； • 找到跨接管 2 号端点	准备： • 从甲板上起吊跨接管 1 号端点； • 安装附件和索具
部署： • 安装限弯器、鹅颈管、接头驱动工具（CAT）； • 安装连接撑杆和索具，如图 26－17（左）所示； • 释放跨接管上的制动器	部署： • 通过起重机下放跨接管 1 号端点； • 继续下降 1 号端点直到跨接管 2 号端点从储存卷盘上露出； • 将 2 号端点连接到绞车上； • 继续下放，直到 2 号端点置于张紧器正上方； • 将荷载转移到 A&R 绞车上； • 在 2 号端点安装附件

表 26-3(续)

跨接管长度<50 m	跨接管长度>50 m
水下安装: • 通过起重机下放跨接管; • 逐渐将荷载转移到绞车上,继续下放直到距离海底 10 m(该距离应根据项目设计)处停止; • 调整跨接管; • 用 ROV 将 1 号端点与毂连接在一起; • 用 ROV 将 2 号端点与毂连接在一起; • 对 1 号端点进行压力、密封性测试; • 对 2 号端点进行压力、密封性测试; • 断开索具与跨接管的连接,回收索具	2 号端点连接器安装: • 对跨接管端部安装连接器和鹅颈管; • 进行密封测试; • 安装接头驱动工具(CAT)、撑杆、索具,见图 26-17(右); • 通过 A&R 绞车下放 2 号端点,并将跨接管 2 号端点连接到绞车钢绳上; • 将 2 号端点荷载从 A&R 绞车转移到绞车
	将 1 号端点安装到月池: • 连接 1 号端点到 A&R 绞车,并转移到月池附近; • 在 1 号端点安装连接器和鹅颈管; • 进行密封测试; • 安装接头驱动工具(CAT)、撑杆、索具
	水下安装: • 下放柔性跨接管,直到 1 号端点距离海底大约 10 m; • 用 ROV 引导 1 号端点到 1 号毂,并释放绞车; • 将跨接管铺设在海床上,直到 2 号端点距海床 10 m,利用 2 号绞车索具使 2 号端点位于 2 号毂上; • 用 ROV 引导 2 号端点到 2 号毂; • 对柔性跨接管两端进行连接; • 断开索具与跨接管的连接,回收索具

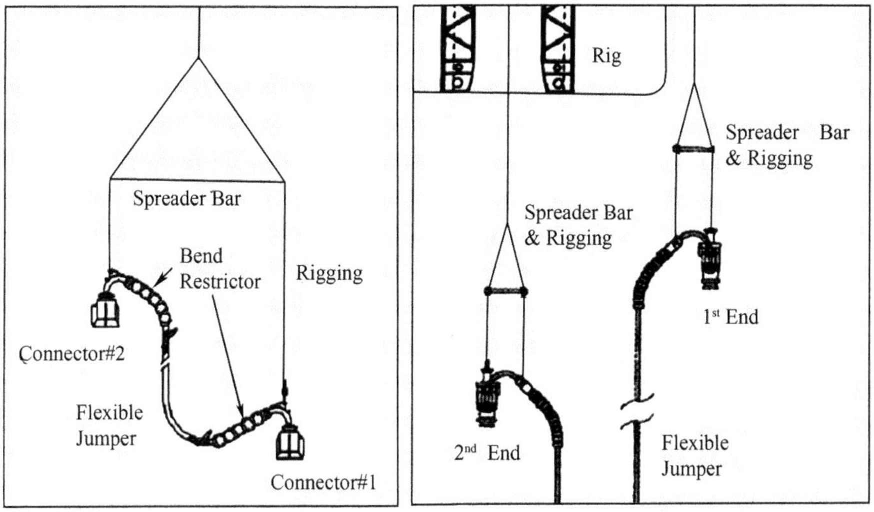

(a)<50 m (b)>50 m

图 26－17 柔性跨接管安装

26.3.3 小结

跨接管大体分为刚性跨接管和柔性跨接管。刚性跨接管的连接系统分为水平连接系统和垂直连接系统,刚性跨接管的经济性较好但连接器接口的距离固定。柔性跨接管对水下结构物之间的位置和距离要求不高,因此对水下测量不用特别关注,在长度选择上比较灵活,可根据连接距离和管的柔性来选择长度。它也可以用来把连接刚性立管与船体,可以有效的解决由于船舶的移动而引起的失效。跨接管的安装都采用绞车安装的方法,对于刚性跨接管和小于 50 m 的柔性跨接管,要借助于撑杆和合适的索具对跨接管两端起吊来完成,接头驱动工具(CAT)则用于完成跨接管两端接头的安装和回收。对于大于 50 m 的柔性跨接管,则需要两台绞车和两个撑杆分别对跨接管两端部分进行起吊安装。

26.4 水下采油树安装计算分析

根据采油树种类,可分为卧式采油树安装和立式采油树安装,针对每种采油树又分为绞车安装法和钻杆安装法，根据导向系统分为导向安装法和无导向安装法。针对每种采油树的各种安装方法、安装步骤及注意事项可参照《水下生产设施安装建议书》中采油树安装部分。其中卧室采油树与立式采油树安装的不同主要在于：在立式采油树配置中，油管悬挂器和井下油管应在采油树安装之前就开始送入；而卧式采油树油管则悬挂在采油树上，因此油管悬挂器和井下油管需要在卧室采油树主体安装好后再行安装。而采油树主体与油管悬挂器下放均属于刚体下放过程，安装力学计算原理一致，因此采油树的种类对采油树安装计算方面影响不大，所以本文根据导向系统与安装方法将水下采油树安装过程分为以下几种情况：通过月池无导向安装；通过月池导向安装；绞车安装。

由于通过月池无导向安装法、绞车安装法同管汇的通过月池安装法、绞车安装法方法相同，故在计算分析时只需要将管汇参数换为采油树参数即可。因此本文仅对通过月池导向安装法进行分析。为便于计算分析，做出以下假设：

(1)在整个安装过程中，不考虑钻杆轴向变形，钻杆各部分弯曲刚度不变；

(2)钻杆受到的风的作用忽略不计；

(3)假设采油树为刚体，不考虑采油树变形；

(4)不计算运动补偿作用；

(5)本文没有进行下放索具受力分析，下放索具的受力可根据每种下放索具特点通过基本力学原理计算，本文不再具体列出；

(6)导向绳不影响钻杆变形，且导向绳不改变流场与波浪场，忽略导向绳对环境荷载的影响；

对于采油树安装分析，需要知道以下输入参数：

- 船舶 RAO 及相关尺寸；
- 船舶与水下导向基座的相对位置；
- 吊点位置、吊架刚度等，月池大小；
- 钻杆尺寸、线密度、刚度等；
- 其他安装工具尺寸、密度等，例如安装索具；
- 采油树大小、刚度等数据；
- 安装方式、下放速度与加速度等细节；
- 环境参数；
- 其他；

对于水下采油树安装的每个相关阶段，必须对以下安装相关方面进行分析：

- 钻杆排放(纵向、横向误差)；

- 钻杆最大张力；
- 采油树所受最大载荷；
- 采油树偏角。

26.4.1 通过月池导向安装计算分析

通过月池导向安装与无导向安装最大的不同点在于采油树是沿着导向绳下放至海底井口(如图 26-18 所示)，由于导向绳的束缚作用，采油树不会产生横向偏移，在计算分析过程中，主要分析钻杆在下放过程中可能产生的最大力矩与最大轴力，最大横向偏移。根据主要安装过程，结合两种采油树安装特点，将采油树通过月池导向安装方法分为以下四个阶段计算分析，见表 26-4，四个安装阶段的采油树分析示意图如图 26-18 所示。

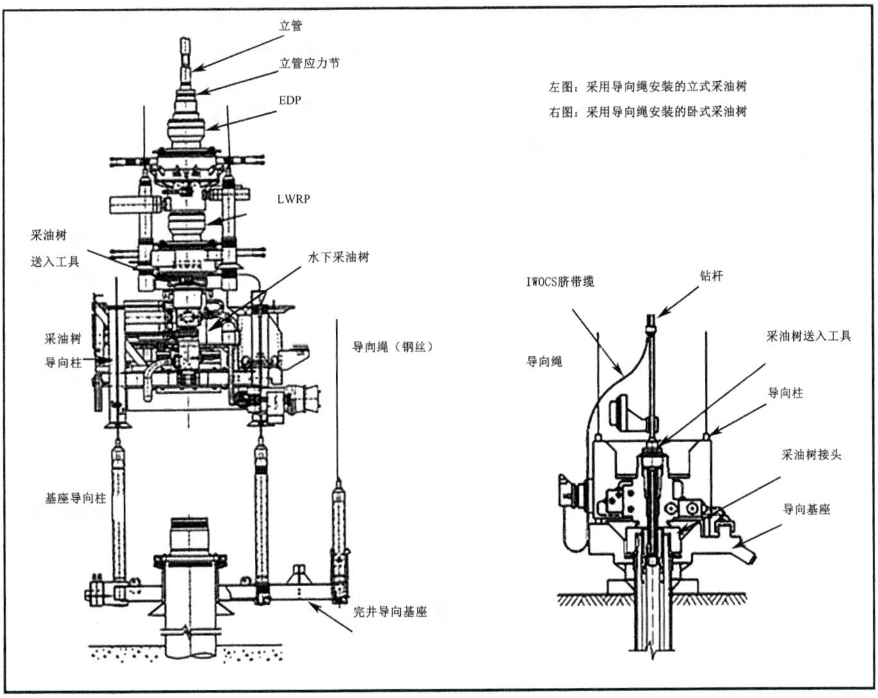

图 26-18 采油树(立式、卧式)导向法安装

表 26－4　采油树通过月池导向安装法下放过程及计算阶段划分

<table>
<tr><th></th><th>受力特点</th><th>对应的具体安装过程</th><th>备注</th></tr>
<tr><td rowspan="6">第一阶段：水面上吊运与下放阶段</td><td rowspan="6">采油树、钻杆均不受环境荷载作用；</td><td>执行采油树安装前测试；</td><td></td></tr>
<tr><td>将采油树利用甲板滑轨送至月池；</td><td></td></tr>
<tr><td>将导向绳装入采油树导向臂</td><td></td></tr>
<tr><td></td><td>对于立式采油树：向月池中的采油树安装修井立管下部组件(LWRP)和紧急断开组件(EDP)</td></tr>
<tr><td>连接安装/修井控制系统(IWOCS)</td><td></td></tr>
<tr><td>将采油树沿导向绳下放至水面</td><td></td></tr>
<tr><td>第二阶段：采油树未完全淹没阶段</td><td>采油树受到环境荷载作用，钻杆没有受到影响；</td><td colspan="2" rowspan="2">将采油树沿导向绳下放至海底井口头导向基座</td></tr>
<tr><td>第三阶段：采油树完全淹没阶段</td><td>采油树、钻杆均受到环境荷载作用；</td></tr>
<tr><td rowspan="5">第四阶段：坐放与连接阶段</td><td rowspan="5">采油树、钻杆均受到环境荷载作用，且需要对采油树进行坐放分析</td><td>将采油树锁定于导向基座。测试密封垫片</td><td></td></tr>
<tr><td>通过 IWOCS 执行采油树阀门功能测试</td><td></td></tr>
<tr><td>回收采油树送入工具</td><td></td></tr>
<tr><td></td><td>对于立式采油树：利用送入工具系统下放采油树帽并坐放、锁定于采油树；
对于卧式采油树：下入防喷器，先后向采油树中下放顶部堵塞器/内部采油树帽和油管悬挂器(TH)</td></tr>
<tr><td>通过钻杆(或者回收缆绳)将防腐帽下放至采油树顶端</td><td>业内已开发出通过 ROV 安装的防腐帽</td></tr>
</table>

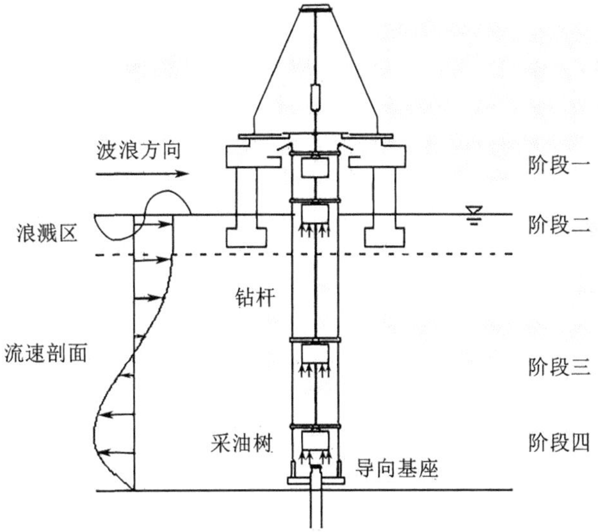

图 26－19 采油树通过月池导向安装布置图

1. 水面上吊运与下放阶段

水面上的采油树吊运与下放均属于该阶段，利用钻杆适配器将采油树从升降机上吊起，并将采油树移至水面下放，直至与采油树下放至波浪波峰临界点，即钻杆末端水深 $d_{dri,n} < -h_{tre} < -SZ_U$，其中 h_{tre} 为采油树高度，SZ_U 为浪溅区上层区域高度，可定为 5 m，具体可参考规范 DNV－OS－C101[9]。简化模型如图26－20 所示：

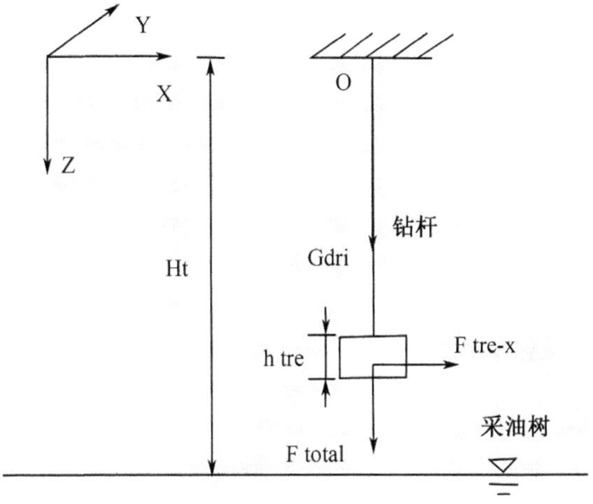

图 26－20 阶段一系统分析示意图

如图 26－20 所示，以 O 点（半潜式平台中的张紧器，见图 26－16）为坐标原点建立三维坐标系，Z 轴为垂直方向，X 轴与采油树长度 l_{tre} 方向平行，Y 轴与采油树宽度 b_{tre} 方向平行。模型中的主要荷载为钻杆自重、采油树自重、由船舶运动产生的附加荷载、采油树受到的风荷载。

（1）采油树分析

采油树下放过程中，不会受到压紧力的作用，动力效应可以通过动力放大系数 DAF 进行计算；

$$F_{total} = DAF \cdot F_{sta} \tag{26-1}$$

$$F_{sta} = G_{tre} + G_{other} = m_{tre} \cdot g + m_{other} \cdot g \tag{26-2}$$

其中，m_{tre} 为采油树空气中质量，m_{other} 为采油树送入工具及其他组件的质量。

当采油树下放开始瞬间或突然停止下放时，采油树受到压紧力作用，特征总力等于：

$$F_{total} = F_{sta} + F_{snap} \tag{26-3}$$

其中，F_{snap} 为采油树受到的压紧力。

采油树受到的特征总力作用于采油树重心位置，本章后面关于采油树的计算均以采油树重心为研究对象。

忽略钻杆受到风荷载，则钻杆不受任何环境荷载作用，整个系统只有采油树受到的风荷载作用。

因此采油树受到 X 轴方向环境荷载大小为：$F_{tre-x} = F_{w-x}$；采油树受到 Y 轴方向环境荷载大小为：$F_{tre-y} = F_{w-y}$。

由于导向绳的束缚作用，故在整体坐标系中采油树不产生横向偏移。而钻杆受到的风荷载可以忽略不计，因此在阶段一钻杆没有产生力矩，不会产生横向偏移。

采油树各个方向相对于导向基座的偏移等于吊点相对于导向基座的偏移：

$$x_{tre-fou} = x_{ct-fou} - x_{RAO} \tag{26-4}$$

$$y_{tre-fou} = y_{ct-fou} - y_{RAO} \tag{26-5}$$

其中，x_{ct-fou}、y_{ct-fou} 为吊点在 X、Y 方向相对于导向基座的偏移；x_{RAO}、y_{RAO} 为安装船/钻井平台各自由度运动量。

采油树相对于坐标原点的偏移为零，及 $x_{tre}=0$，$y_{tre}=0$。

（2）钻杆分析

当下放时间 $\sum_{i=1}^{i=k-1} t_i < t \leq \sum_{i=1}^{i=k} t_i$，钻杆排放长度遵守运动学定律：

$$L_{dri} = L_{dri-0} + \sum_{i=1}^{i=k-1} \frac{1}{2} a_{dri,i} t_i^2 + \frac{1}{2} a_{dri,k} \left(t - \sum_{i=1}^{i=k-1} t_i\right)^2 + \sum_{j=1}^{j=k-1} \sum_{i=1}^{i=j} v_{dri,i} t_i \tag{26-6}$$

其中，k 为钻杆下放加速度变化次数，$k \geqslant 1$；t_k 为钻杆下放第 k 次加速度变化时间；$a_{dri,k}$ 为钻杆下放第 k 次加速度；L_{dri} 为钻杆长度；L_{dri-0} 为钻杆下放前初始长度。

钻杆下放速度也遵守运动学定律：

$$v_{c,dri} = \sum_{i=1}^{i=k-1} a_{dri,i} t_i + a_{dri,k}\left(t - \sum_{i=1}^{i=k-1} t_i\right) \tag{26-7}$$

由于钻杆包含各种接头及其他的连接部分，根据钻杆自身特点将长度为 L_{dri} 的钻杆从原点分成 n 单元，单元长度 l_i 可由具体划分单元方法确定，若简化为均质钻杆，单元长度 $l_i = \frac{L_{dri}}{n}$，因此钻杆自重为

$$G_{dri} = \sum w_{dri-i} \cdot l_i \cdot g \tag{26-8}$$

其中，w_{dri-i} 为钻杆 i 部分单位长度重量；l_i 为钻杆 i 部分长度。

钻杆 i 节点所处水深为

$$d_{dri,i} = \sum l_i - H_t + \eta_z \tag{26-9}$$

其中，H_t 为吊点距水面垂直距离；$\eta_z = \eta_{ct} + x_{Z-RAO}$ 为安装设备垂向产生振动幅值。钻杆末端 n 节点所处水深为 $d_{dri,n} = L_{dri} - H_t$，管汇重心所处水深为 $d_{man} = d_{dri,n} + \frac{1}{2}h_{\text{tre}}$。

钻杆最大轴向力在钻杆顶端：

$$T_{\text{top}} = G_{dri} + F_{\text{total}} \tag{26-10}$$

2. 彩油树未完全淹没阶段

本阶段为从采油树下放接触水面开始，直至采油树顶部完全淹没水面下，即钻杆末端水深 $-h_{tre} - SZ_U \leqslant d_{dri,n} < 0$，此过程均属于采油树未完全淹没阶段。在下放过程中，安装船的运动和波浪的运动相结合将会对水下采油树产生一个很大的作用力，水下采油树也可能遭受极端的直接波浪荷载，并且波浪分析较为复杂。因此，本阶段的下放是整个水下采油树安装工程较为危险的阶段。

如图 26-21 所示，以 O 点（半潜式平台中的张紧器）为坐标原点建立三维坐标系。模型中的主要荷载为钻杆自重、采油树自重、由船舶运动产生的附加荷载、采油树受到波浪、流的作用力，钻杆由于处于水面以上因此没有受到任何水平作用力，钻杆自重沿钻杆长度均匀分布。

(1) 静态分析

采油树受到特征总力：

$$F_{\text{total}} = F_{\text{sta}} + F_{\text{hyd}} \tag{26-11}$$

$$F_{\text{sta}} = m_{\text{tre}} \cdot g - \rho g V_{d\text{-tre}} + m_{\text{other}} \cdot g - \rho g V_{d\text{-other}} \tag{26-12}$$

其中，m_{tre}为采油树空气中质量，$V_{d-tre}=\min\{(d_{dri,n}+h_{tre})\cdot l_{tre}\cdot b_{tre}, h_{tre}\cdot l_{tre}\cdot b_{tre}\}$为采油树排开水体积，$l_{tre}$为采油树长度（与 X 轴平行），b_{tre}为采油树宽度（与 Y 轴平行），m_{other}为采油树送入工具及其他组件在空气中质量，$V_{d-other}$为采油树送入工具及其他组件排开水体积，F_{hyd}为采油树受到水动力荷载。

需要注意的是由于本阶段安装受到月池的影响，因此在计算 F_{hyd}时 C_m 与 C_d 需要用 $C_m\cdot f_m$ 与 $C_d\cdot f_d$ 来代替。

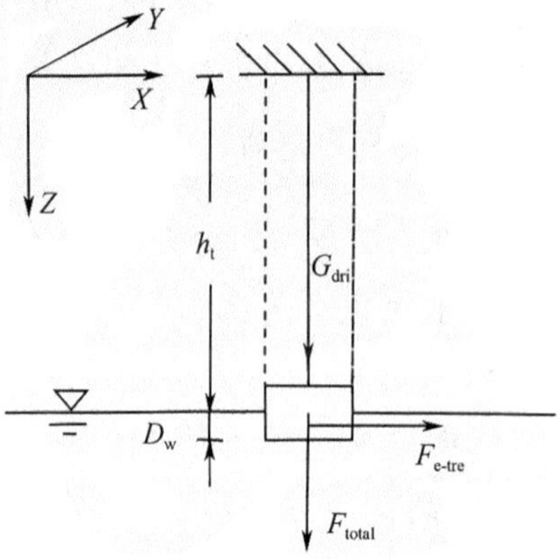

图 26－21　阶段二系统分析示意图

当采油树下放开始瞬间或突然停止下放时，采油树受到压紧力作用，特征总力等于：

$$F_{total}=F_{sta}+F_{snap} \tag{26-13}$$

其中，F_{snap}为采油树受到的压紧力。

采油树各个方向相对于导向基座的偏移等于吊点相对于导向基座的偏移：

$$x_{tre-fou}=x_{ct-fou} \tag{26-14}$$

$$y_{tre-fou}=y_{ct-fou} \tag{26-15}$$

采油树相对于坐标原点的偏移为零，及 $x_{tre}=0$，$y_{tre}=0$。

由于钻杆中间有各种接头及其他的连接部分，因此钻杆自重为

$$G_{dri}=\sum w_{dri-i}\cdot l_i\cdot g \tag{26-16}$$

其中，w_{dri-i}为钻杆 i 部分单位长度重量；l_i 为钻杆 i 部分长度。

钻杆最大轴向力在钻杆顶端：

$$T_{top}=G_{dri}+F_{total} \tag{26-17}$$

(2)动态分析

假定采油树受到的波浪、流等作用力作用于水下采油树重心处，将波浪、流

作用力沿 X 轴与 Y 轴分解，计算采油树受到 X 轴与 Y 轴方向上的环境荷载为

$$F_{tre-x} = F_{D-tre-x} + F_{M-tre-x} \tag{26-18}$$

$$F_{tre-y} = F_{D-tre-y} + F_{M-tre-y} \tag{26-19}$$

其中，$F_{D-man-x}$、$F_{D-man-y}$分别为 X、Y 方向上采油树受到的波浪、流的拖曳力；$F_{M-man-x}$、$F_{M-man-y}$分别为 X、Y 方向上采油树受到波浪、流的惯性力。在计算过程中，$A_{p,XOZ} = \min\{(d_{dri,n} + h_{\text{tre}}) \cdot l_{\text{tre}}, h_{\text{tre}} \cdot l_{\text{tre}}\}$ 为在垂直于 XOZ 平面拖曳力方向上构件的投影面积；$A_{p,YOZ} = \min\{(d_{dri,n} + h_{\text{tre}}) \cdot b_{\text{tre}}, h_{\text{tre}} \cdot b_{\text{tre}}\}$ 为在垂直于 YOZ 平面拖曳力方向上构件的投影面积。

由于导向绳的束缚作用，故在整体坐标系中采油树不产生横向偏移。因此在阶段一钻杆没有产生力矩，不会产生横向偏移，最大轴力位于钻杆顶端，大小为：

$$T_{\text{top}} = G_{dri} + F_{\text{total}} \tag{26-20}$$

3. 采油树完全淹没阶段

本阶段为从采油树顶部完全淹没水面下开始，直至采油树坐放至导向基座上，即钻杆末端水深 $0 \leqslant d_{dri,n} < D_w - h_{tre}$，其中 D_w 为总水深。当采油树顶部在水面下 4 m 以内，仍属于浪溅区下放；当采油树顶部在水面下 4 m 以下，属于中层水域下放（具体可参考规范 DNV - OS - C101[9]）。浪溅区下放与中层水域下放最大的区别就是中层水域下放不需要考虑波浪的直接作用，因此水动力荷载计算有所不同，并且在计算过程中中层水域下放可以忽略波浪的影响。由于随着下放水深的增加，钻杆顶端承受的轴力不断增加，因此当采油树下放到最大水深时，是整个水下采油树安装工程危险阶段之一。

如图 26 - 22 所示，这一阶段系统主要受到水下采油树自重、采油树受到的环境荷载、船舶耦合运动作用、钻杆自重，钻杆受到的波浪、流环境荷载作用。以半潜式平台上的张紧器为全局坐标系原点 O，由于钻杆中间有各种接头及其他的连接部分，因此根据钻杆自身特点将钻杆分成 n 单元，单元长度 l_i 可由具体划分单元方法确定，在钻杆 i 单元上建立第 I 个局部坐标系，若简化为均质钻杆，单元长度 $l_i = \dfrac{L_{dri}}{n}$，在局部坐标系中以 $i-1$ 节点作为坐标原点 O_{I}。

（1）静态分析

由于静态分析不考虑环境荷载，故本阶段静态分析同 26.4.1.2 中静态分析相同。需要注意的是当采油树下放处于浪溅区下放时，$F_{hyd} = \sqrt{F_S^2 + F_d^2 + F_\rho^2 + F_m^2}$；当采油树下放处于中层水域下放时，$F_{hyd} = \sqrt{F_d^2 + F_m^2}$。

（2）动态分析

假定采油树受到的环境荷载作用于水下采油树重心处，将环境荷载作用力

沿 X 轴与 Y 轴分解，计算采油树受到 X 轴与 Y 轴方向上的环境荷载即为：

$$F_{tre-x} = F_{D-tre-x} + F_{M-tre-x} \tag{26-21}$$

$$F_{tre-y} = F_{D-tre-y} + F_{M-tre-y} \tag{26-22}$$

其中，$F_{D-man-x}$、$F_{D-man-y}$ 分别为 X、Y 方向上采油树受到的波浪、流的拖曳力；$F_{M-man-x}$、$F_{M-man-y}$ 分别为 X、Y 方向上采油树受到波浪、流的惯性力。在计算过程中，$A_{p,XOZ} = \min\{(d_{dri,n} + h_{\text{tre}}) \cdot l_{\text{tre}}, h_{\text{tre}} \cdot l_{\text{tre}}\}$ 为在垂直于 XOZ 平面拖曳力方向上构件的投影面积；$A_{p,YOZ} = \min\{(d_{dri,n} + h_{\text{tre}}) \cdot b_{\text{tre}}, h_{\text{tre}} \cdot b_{\text{tre}}\}$ 为在垂直于 YOZ 平面拖曳力方向上构件的投影面积。

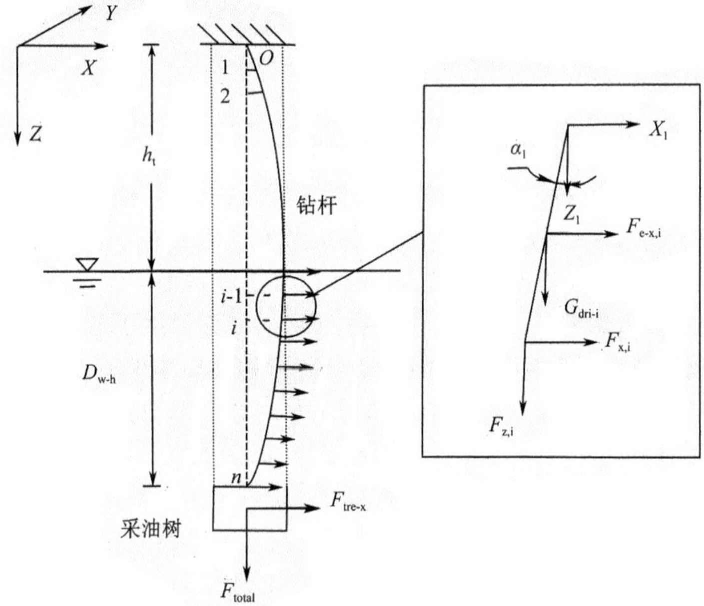

图 26－22　阶段三系统受力分析示意图

钻杆 i 单元受到 X 轴与 Y 轴方向上的环境荷载为：

$$F_{e-x,i} = \frac{1}{2}(F_{dri-x,i-1} + F_{dri-x,i}) \cdot l_i \tag{26-23}$$

$$F_{e-y,i} = \frac{1}{2}(F_{dri-y,i-1} + F_{dri-y,i}) \cdot l_i \tag{26-24}$$

当采油树处于浪溅区下放时，环境荷载需要考虑波浪、流；当采油树处于中层水域下放时，只需要计算流荷载即可。

①对钻杆进行 XOZ 平面内的力学分析：

钻杆 i 单元自重可简化于重心：

$$G_{dri,i} = w_{dri,i} \cdot l_i \cdot g \tag{26-25}$$

节点 i 处受到 Z 方向作用力：

$$F_{z,i} = F_{total} + \sum_{i=i+1}^{n} w_{dri,i} \cdot l_i \cdot g \tag{26-26}$$

边界条件：

钻杆顶部与张紧器固接，故顶端边界条件为

$$\alpha_x(0) = 0$$

$$x(0) = 0$$

钻杆末端通过采油树送入工具与采油树连接，由于采油树下放受到导向绳的作用，故采油树横向偏移始终为零，故钻杆末端可设为铰接，钻杆底端边界条件为

$$F_{z,n} = F_{\text{total}}$$

$$x(n) = 0$$

局部坐标系中：

$$x_I(0) = 0$$

当 n 足够大时，忽略钻杆单元受到的水平作用力和自重产生的弯矩效应。

根据静力学平衡，钻杆末端的 X 方向支持力对于钻杆始端的弯矩应该与各钻杆单元所受 X 方向的力对于钻杆始端的弯矩和大小相等，方向相反。由于钻杆末端的弯矩为零（铰接），据此可求得钻杆末端的 X 方向支持力为

$$R_{x,1} = \frac{\sum_{i=1}^{n} F_{e-x,i}(i-0.5)l_i}{L_{dir}} \tag{26-27}$$

钻杆各个节点处所受的 X 方向剪力也可根据下式求得：

$$S_{x,i} = R_{x,1} - \sum_{i+1}^{n} F_{e-x,i} \tag{26-28}$$

由 $(EI)_i \dfrac{d^2 x_I}{d^2 z_I} = M_{xI}(z_I)$ 可知，当钻杆单元被划分地足够小时，钻杆弯矩方程为

$$M_{I,x}(i) = (EI)_i \frac{x_I(i+1) - x_I(i)}{l_i^{\ 2}} = S_{x,i+1} l_i + M_{x,i+1} - F_{z,i+1}(x_I(i+1) - x_I(i)) \tag{26-29}$$

$$M_{I,x}(i+1) = (EI)_{i+1} \frac{x_I(i+2) - x_I(i+1)}{l_i^{\ 2}} \tag{26-30}$$

其中，$(EI)_i$ 为第 i 段钻杆的弯曲刚度。

在原点 O_I处钻杆挠度为零，钻杆末端的弯矩为零，即节点 n 处的弯矩为零，故边界条件为

$$x_I(0) = 0$$

$$M_{I,x}(n) = 0$$

由式(26－29)和式(26－30)整理可得：

对钻杆节点 i 从 0 到 $n-2$，

$$\frac{(EI)_i}{l_i^2}x_I(i+2) - \left(\frac{2\,(EI)_i}{l_i^2} + F_{z,i+1}\right)x_I(i+1) + \frac{(EI)_i}{l_i^2}x_I(i) = -S_{x,i+1}l_i \tag{26-31}$$

对于钻杆节点 $i=n-1$，

$$-\left(\frac{(EI)_i}{l_i^2} + F_{z,i+1}\right)x_I(i+1) + \frac{(EI)_i}{l_i^2}x_I(i) = -S_{x,i+1}l_i \tag{26-32}$$

式(26－31)和式(26－32)组成 n 元一次方程组，可解得各个节点在局部坐标系中的水平位移 $x_I(1)$，$x_I(2)$，$x_I(3)$……$x_I(n-3)$，$x_I(n-2)$，$x_I(n-1)$，$x_I(n)$。

求得钻杆各个节点的弯矩为：

$$M_{I,x}(i) = (EI)_i\frac{x_I(i+1) - x_I(i)}{l_i^{\ 2}} \tag{26-33}$$

求得钻杆沿 Z 轴各个节点的挠角为：

$$\alpha_{I,x}(i) = \arcsin\left(\frac{x_I(i+1) - x_I(i)}{l_i}\right) \tag{26-34}$$

其中，$i=0,1,2,3,\cdots,n-3,n-2,n-1$。

整体坐标系中，各个节点在 X 方向的位移为

$$x(i) = \sum_{i=0}^{i} x_I(i) \tag{26-35}$$

由于采油树下放受到导向绳的作用，故在整体坐标系中采油树不会出现横向偏移与横向偏角，故采油树在 XOZ 平面内横向偏角为

$$\alpha_{tre-x} = 0 \tag{26-36}$$

采油树末端 X 方向位移为

$$x_{tre} = 0 \tag{26-37}$$

采油树末端相对于导向基座的 X 方向横向偏移：

$$x_{tre-fou} = x_{ct-fou} - x_{RAO} \tag{26-38}$$

②钻杆在 YOZ 平面内的力学分析

钻杆在 YOZ 平面内的力学分析方法同 XOZ 平面的方法一样。

钻杆 i 单元自重可简化于重心：

$$G_{dri,i} = w_{dri,i} \cdot l_i \cdot g \tag{26-39}$$

局部坐标系中：

$$y_I(0) = 0$$

当 n 足够大时，忽略钻杆单元受到的水平作用力和自重产生的弯矩效应。

根据静力学平衡，钻杆末端的 Y 方向支持力对于钻杆始端的弯矩应该与各钻杆单元所受 Y 方向的力对于钻杆始端的弯矩和大小相等，方向相反。由于钻杆末端的弯矩为零（铰接），据此可求得钻杆末端的 Y 方向支持力为：

$$R_{y,1} = \frac{\sum_{i=1}^{n} F_{e-y,i}(i-0.5)l_i}{L_{dir}} \tag{26-40}$$

钻杆各个节点处所受的 Y 方向剪力也可根据下式求得：

$$S_{y,i} = R_{y,1} - \sum_{i+1}^{n} F_{e-y,i} \tag{26-41}$$

由 $(EI)_i \dfrac{\mathrm{d}^2 y_I}{\mathrm{d}^2 z_I} = M_{yI}(z_I)$ 可知，当钻杆单元被划分地足够小时，钻杆弯矩方程为

$$M_{I,y}(i) = (EI)_i \frac{y_I(i+1) - y_I(i)}{l_i^{\ 2}} = S_{y,i+1} l_i + M_{y,i+1} - F_{z,i+1}(y_I(i+1) - y_I(i)) \tag{26-42}$$

$$M_{I,y}(i+1) = (EI)_{i+1} \frac{y_I(i+2) - y_I(i+1)}{l_i^{\ 2}} \tag{26-43}$$

其中，$(EI)_i$ 为第 i 段钻杆的弯曲刚度。

在原点 O_I 处钻杆挠度为零，钻杆末端的弯矩为零，即节点 n 处的弯矩为零，故边界条件为：

$$y_I(0) = 0$$

$$M_{I,y}(n) = 0$$

由式(26－42)和式(26－43)整理可得：

对钻杆节点 i 从 0 到 $n-2$，

$$\frac{(EI)_i}{l_i^2} y_I(i+2) - \left(\frac{2(EI)_i}{l_i^2} + F_{z,i+1}\right) y_I(i+1) + \frac{(EI)_i}{l_i^2} y_I(i) = -S_{y,i+1} l_i \tag{26-44}$$

对于钻杆节点 $i = n-1$，

$$-\left(\frac{(EI)_i}{l_i^2} + F_{z,i+1}\right) y_I(i+1) + \frac{(EI)_i}{l_i^2} y_I(i) = -S_{y,i+1} l_i \tag{26-45}$$

式(26－44)和(26－45)组成 n 元一次方程组,可解得各个节点在局部坐标系中的水平位移 $y_I(1),y_I(2),y_I(3),\cdots,y_I(n-3),y_I(n-2),y_I(n-1),y_I(n)$。

求得钻杆各个节点的弯矩为

$$M_{I,y}(i) = (EI)_i \frac{y_I(i+1) - y_I(i)}{l_i^{\ 2}} \tag{26－46}$$

求得钻杆沿 Z 轴各个节点的挠角为

$$\alpha_{I,y}(i) = \arcsin\left(\frac{y_I(i+1) - y_I(i)}{l_i}\right) \tag{26－47}$$

其中,$i=0,1,2,3,\cdots,n-3,n-2,n-1$。

整体坐标系中,各个节点在 Y 方向的位移为

$$y(i) = \sum_{i=0}^{i} y_I(i) \tag{26－48}$$

采油树在整体坐标系中 YOZ 平面内横向偏角为

$$\alpha_{tre-y} = 0 \tag{26－49}$$

采油树末端在整体坐标系中 Y 方向位移

$$y_{tre} = 0 \tag{26－50}$$

采油树末端相对于导向基座的 Y 方向横向偏移:

$$y_{tre-fou} = y_{ct-fou} - y_{RAO} \tag{26－51}$$

③总体计算

通过以上求解,解得在整体坐标系中,各个钻杆节点处的弯矩 $M_{x,i}$,$M_{y,i}$,挠角 $\alpha_x(i)$,$\alpha_y(i)$,X 方向的位移 $x(i)$,Y 方向的位移 $y(i)$,故钻杆各个节点的水平位移为 X,Y 方向位移的矢量和 $\sqrt{x(i)^2+y(i)^2}$,与 XOY 平面的夹角为 $\arctan\frac{z(i)}{\sqrt{x(i)^2+y(i)^2}}$。采油树在 XOZ 平面内与 YOZ 平面内的横向偏角均为 0;采油树末端在 X,Y 方向位移分别均为 0,故采油树末端总的水平位移为 0。

钻杆节点 i 处所受的轴向力:

$$T_i = \sqrt{F_{x,i}^2 + F_{y,i}^2 + F_{z,i}^2} \tag{26－52}$$

4.坐放与连接阶段

继续下放采油树,直至采油树距导向基座一定位置(根据设计而定)后,停止下放,并为安全坐放做准备。

系统受到的主要荷载为钻杆自重、采油树自重、由船舶运动产生的附加荷载、采油树受到的环境荷载、钻杆受到的环境荷载作用。当采油树还未坐放至导向基座时,力学计算分析同第三阶段一致。

当采油树完全对准并坐放于海底井口导向基座后,将采油树锁定于导向基

座，之后进行一系列测试与回收工作，并安装防腐帽（对于卧式采油树还需要下放防喷器、顶部堵塞器/内部采油树帽、油管悬挂器组件）。在操作过程中应避免采油树设备受压。一般情况下，采油树设备连接时下放速度应小于 0.1 m/s 即 0.03 ft/s（具体数据出自生产厂家或者具体工程要求，以上数据仅供参考），采油树与导向基座之间的撞击力必须加以考虑。

根据参考文献[4]第 14 章，当采油树坐放至导向基座时，采油树会和导向基座产生撞击，最大撞击力为：

$$F_{\max} = v_{it} \cdot \sqrt{m_{\text{tre}} \cdot k} \tag{26-53}$$

$$k = \frac{k_{fou} \cdot k_{\text{tre}}}{k_{fou} + k_{\text{tre}}} \tag{26-54}$$

其中，$v_{it} = \sum_{i=1}^{i=k} a_i \cdot t_i$ 为撞击前采油树下放速度；k 为系统等效刚度；k_{tre} 为采油树刚度；k_{fou} 为水下导向基座刚度。

当采油树与水下导向基座连接时，根据文献[1]2.6.1 章节钻杆对采油树的拉力大小为

$$F_{pd} = 1.2 \cdot \eta_{ct} \cdot K \tag{26-55}$$

其中，η_{ct} 为起重机吊点特征垂向运动单幅值；K 为起重系统刚度。

此时钻杆轴力最大点位于钻杆顶端：

$$T_{\text{top}} = G_{dri} + F_{pd} \tag{26-56}$$

26.5 跨接管安装计算分析

由于跨接管分为刚性跨接管、柔性跨接管、柔/刚性跨接管三种形式，并且刚性跨接管根据其构造可分为垂直刚性跨接管和水平刚性跨接管，其安装方式大为不同。刚性跨接管/柔性跨接管（<50 m）安装需要一根撑杆，而柔性跨接管安装（>50 m）安装需要两根撑杆，撑杆的数量直接对应需要安装吊机的数量，因此力学计算方法则完全不同。本文根据需要撑杆的多少以及跨接管的类型，将跨接管的安装计算分为以下三种情况：

（1）刚性跨接管安装（需要一根撑杆）；

（2）柔性跨接管（<50 m）安装（需要一根撑杆）；

（3）柔性跨接管安装（>50 m）安装（需要两根撑杆）。

通常,水下跨接管安装过程中缆绳、跨接管受力情况比较复杂,尤其针对柔性跨接管安装(>50 m)安装,为便于计算分析,做出以下假设:

(1)在整个安装过程中,不考虑缆绳和跨接管的轴向变形;

(2)在刚性跨接管计算中,将刚性跨接管与下放索具视为整体,且视为刚体,在下放过程中不会发生变形;

(3)缆绳与跨接管受到的风的作用忽略不计;

(4)不计算运动补偿作用;

(5)忽略限弯器的形变(柔性跨接管安装);

(6)落地过程中忽略跨接管与海底摩擦力作用。

对于跨接管安装分析,需要知道以下输入参数:

- 船舶 RAO 及相关尺寸;
- 船舶与水下毂的相对位置
- 吊点位置、吊架刚度等;
- 缆绳/跨接管尺寸、线密度、刚度等;
- 其他安装工具尺寸、密度等,例如安装索具;
- 鹅颈管、限弯器(柔性跨接管安装)、CATs 等附件的湿重、干重、尺寸等;
- 安装方式、下放速度与加速度等细节;
- 环境参数;
- 其他。

对于跨接管安装的每个相关阶段,必须对以下安装相关方面进行分析:

- 吊机钢缆排放(纵向、横向误差);
- 辅助绞车缆绳排放(纵向、横向误差);
- 吊机钢缆最大(小)张力;
- 辅助绞车缆绳最大(小)张力;
- 跨接管所受最大载荷;
- 跨接管最大弯矩(柔性跨接管);
- 跨接管最小弯曲半径(柔性跨接管);
- 跨接管落地分析(柔性跨接管)。

26.5.1 刚性跨接管安装计算分析

刚性跨接管的安装通过吊机与绞车的联合作业完成,同采油树、管汇绞车安装相似,不同的是刚性跨接管安装索具需要使用到撑杆。垂直结构的刚性跨接管与水平结构的刚性跨接管安装计算模拟方法一致。以下计算以垂直结构刚性跨接管为例，根据主要安装过程，将刚性跨接管安装过程分为以下四个阶段计算分析，见表 26－5，刚性跨接管整个的安装过程可以用如图 26－23 所示的模型来模拟。

表 26－5　刚性跨接管安装过程及计算阶段划分

<table>
<tr><th></th><th>受力特点</th><th>对应的具体安装过程</th></tr>
<tr><td>第一阶段：
水面上吊运与下放阶段</td><td>跨接管以及下放索具、缆绳均不受环境荷载作用</td><td>• 将 CATs 驱动装置(CAT)安放在跨接管上；
• 安装撑杆和适合的索具在跨接管的两端；
• 利用撑杆将跨接管起吊起来，并将荷载逐渐转移到纺车上</td></tr>
<tr><td>第二阶段：
跨接管以及下放索具未完全淹没阶段</td><td>跨接管以及下放索具受到环境荷载作用，缆绳没有受到影响</td><td rowspan="2">• 绞车下放跨接管到设计水深，之后由 ROV 引导跨接管两端到毂。(如果是用于连接管汇和采油树的跨接管，则先连接管汇上的毂，最后连接采油树上的毂，以防跨接管在连接过程中会对采油树产生撞击)</td></tr>
<tr><td>第三阶段：
跨接管以及下放索具完全淹没阶段</td><td>跨接管以及下放索具、缆绳均受到环境荷载作用</td></tr>
<tr><td>第四阶段：
连接阶段</td><td>跨接管以及下放索具、缆绳均受到环境荷载作用，且需要对跨接管进行落地连接分析</td><td>• 在跨接管两端都与毂连接上后，移除撑杆和索具；
• 用 ROV 操作 CATs 驱动装置(CAT)，使连接器锁定；
• 对每个连接器进行密封测试；
• 移除 CATs 驱动装置(CAT)，并将其回收到甲板以便于下次安装</td></tr>
</table>

1. 水面上吊运与下放阶段

水面上的跨接管吊运与下放均属于该阶段，利用吊机将跨接管吊起，并移至平台边缘下放，直至跨接管与波浪波峰接触临界点，即缆绳末端水深 $d_{wire,n} < -h_{all} - SZ_U$，其中 h_{all} 为跨接管及其下放索具高度，SZ_U 为浪溅区上层区域高度，可定为 5 m，具体可参考规范 DNV－OS－C101[9]。简化模型如图 26－24 所示：

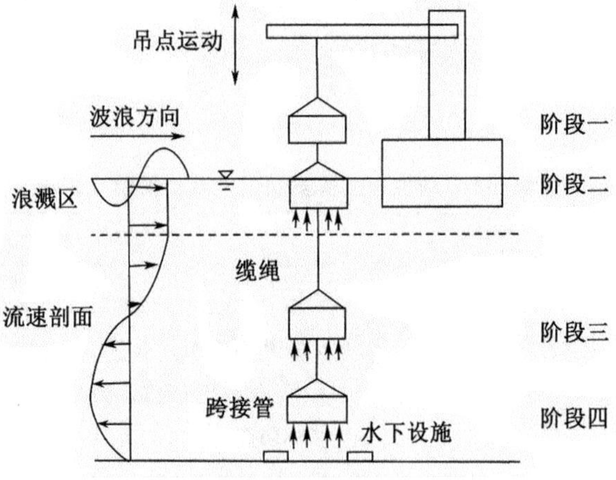

图 26－23　刚性跨接管下放示意图

如图 26－24 所示，以 *O* 点为坐标原点建立三维坐标系。模型中的主要荷载为缆绳自重、跨接管与索具自重、由船舶运动产生的附加荷载。由于跨接管未入水，故跨接管和缆绳均没有受到波浪、流环境荷载的影响，而风荷载对水下设备以及索具、缆绳作用力较小。因此在计算分析水下设备安装过程时，忽略风荷载对安装的影响。计算过程将跨接管与下放索具视为整体，跨接管及其下放索具重心为 *C* 点；*P* 点为索具上端钢缆交点；由索具钢缆连接至跨接管两端 CATs。

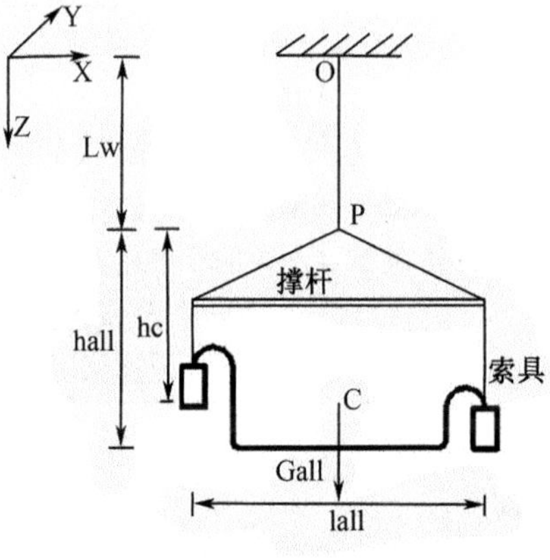

图 26－24　刚性跨接管阶段一系统分析示意图

①跨接管分析

跨接管下放过程中，不会受到压紧力的作用，动力效应可以通过动力放大系数 DAF 进行计算；

$$F_{total} = DAF \cdot F_{sta} \tag{26-57}$$

$$F_{sta} = m_c \cdot g \tag{26-58}$$

其中，m_c 为跨接管及其下放索具空气中质量。

当跨接管下放开始瞬间或突然停止下放时，跨接管及其下放索具受到压紧力作用，特征总力等于：

$$F_{total} = F_{sta} + F_{snap} \tag{26-59}$$

其中，F_{snap} 为跨接管及其下放索具受到的压紧力。

跨接管及其下放索具受到的特征总力作用于跨接管及其下放索具重心位置，本章后面在整体坐标系下关于跨接管及其下放索具的计算均以跨接管及其下放索具重心为研究对象。

由于此阶段跨接管没有接触水面，不会受到波浪、流等外荷载作用，因此跨接管只受到自重作用及船舶运动影响，故此阶段跨接管偏角为零。

P 点相对于水下毂的偏移等于吊点相对于水下毂的偏移：

$$\begin{cases} x_{p-hub} = x_{ct-hub} - x_{RAO} \\ y_{P-hub} = y_{ct-hub} - y_{RAO} \end{cases} \tag{26-60}$$

其中，x_{RAO}、y_{RAO} 为安装船/钻井平台各自由度运动量。

为方便之后的坐标计算，以 P 为原点建立局部坐标系 $X_P Y_P Z_P$，其 Z_P 轴方向垂直向下，跨接管各节点（例如 k 点）在局部坐标系下坐标为（$X_{P,k}$，$Y_{P,k}$，$Z_{P,k}$）。则跨接管各节点（例如 k 点）在整体坐标系下坐标为

$$\begin{cases} x_k = x_P + X_{P,k} \\ y_k = y_P + Y_{P,k} \\ z_k = z_P + Z_{P,k} \end{cases} \tag{26-61}$$

跨接管各点相对于水下毂的偏移为

$$\begin{cases} x_{k-hub} = x_{p-hub} + X_{P,k} \\ y_{k-hub} = y_{p-hub} + Y_{P,k} \\ x_{k-hub} = x_{p-hub} - X_{P,k} \\ y_{k-hub} = y_{p-hub} - Y_{P,k} \end{cases} \tag{26-62}$$

②缆绳分析

当下放时间 $\sum_{i=1}^{i=k-1} t_i < t \leqslant \sum_{i=1}^{i=k} t_i$，缆绳排放长度遵守运动学定律：

$$L_{wir} = L_{wir-0} + \sum_{i=1}^{i=k-1} \frac{1}{2} a_{wir,i} t_i^2 + \frac{1}{2} a_{wir,k} \left(t - \sum_{i=1}^{i=k-1} t_i\right)^2 + \sum_{j=1}^{j=k-1} \sum_{i=1}^{i=j} v_{wir,i} t_i \tag{26-63}$$

其中，k 为缆绳下放加速度变化次数，$k \geqslant 1$；t_k 为缆绳下放第 k 次加速度变化时

间；$a_{wir,k}$为缆绳下放第 k 次加速度；L_{wir}为缆绳长度；L_{wir-0}为缆绳下放前初始长度。

缆绳下放速度也遵守运动学定律：

$$v_{c,wir} = \sum_{i=1}^{i=k-1} a_{wir,i}t_i + a_{wir,k}(t - \sum_{i=1}^{i=k-1} t_i)$$

将缆绳划分为 n 段，每段长度 l_i 根据实际划分方法而定，若简化为均质缆绳，单元长度 $l_i = \frac{L_{wir}}{n}$，缆绳自重为

$$G_{wir} = \sum_{i=1}^{n} w_{wir} \cdot l_i \cdot g \tag{26-64}$$

其中，w_{wir}为缆绳单位长度重量。

缆绳 i 节点所处水深为

$$d_{wir,i} = \sum l_i - H_t + \eta_z \tag{26-65}$$

其中，H_t 为吊点距水面垂直距离；$\eta_z = \eta_{ct} + x_{Z-RAO}$为安装设备垂向产生振动幅值。缆绳末端 n 节点所处水深为 $d_{wir,n} = L_{wir} - H_t$，跨接管重心所处水深为 $d_c = d_{dri,n} + h_c$，其中 h_c 为跨接管以及索具重心距 P 点高度。

缆绳最大轴向力在缆绳顶端：

$$T_{top} = G_{wir} + F_{total} \tag{26-66}$$

2. 跨接管以及下放索具未完全淹没阶段

本阶段为从跨接管下放接触水面开始，直至索具与缆绳连接点 P 点顶部完全淹没在水面下，即缆绳末端水深 $-h_{all} - SZ_U \leq d_{wire,n} < 0$。安装船的运动和波浪的运动相结合将会对水下跨接管产生很大的作用力，跨接管也可能遭受极端的直接波浪荷载，并且波浪分析较为复杂，跨接管自重相对其他水下生产设备较小，因此，本阶段的下放是整个跨接管安装工程较为危险的阶段。

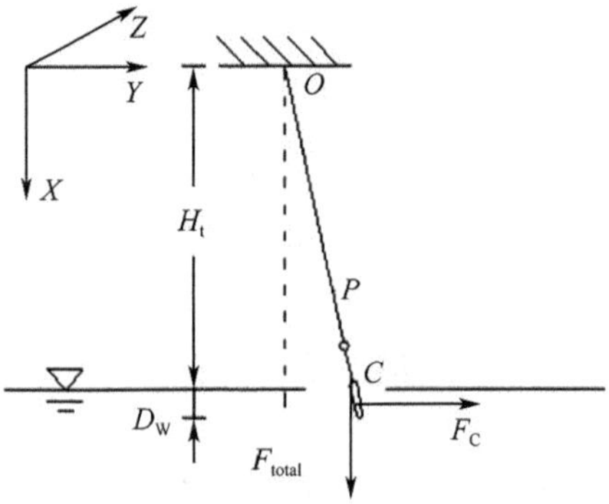

图 26－25　刚性跨接管阶段二系统分析示意图

如图 26-25 所示，以 O 点（吊点）为坐标原点建立三维坐标系。这一阶段跨接管主要受到波浪、流以及船舶耦合运动的作用力，缆绳由于处于水面以上因此没有受到任何水平作用力，缆绳自重沿缆绳长度均匀分布。

（1）静态分析

由于跨接管排水体积较小，可以忽略不计，跨接管及其下放索具在下放过程中受到特征总力为：

$$F_{total} = F_{sta} + F_{hyd} \tag{26-67}$$

$$F_{sta} = m_c \cdot g \tag{26-68}$$

其中，m_c 为跨接管及其下放索具空气中质量，F_{hyd} 为跨接管及其下放索具受到水动力荷载。

当跨接管下放开始瞬间或突然停止下放时，跨接管及其下放索具受到压紧力作用，特征总力等于：

$$F_{total} = F_{sta} + F_{snap} \tag{26-69}$$

其中，F_{snap} 为跨接管及其下放索具受到的压紧力。

P 点相对于水下毂的偏移，以及跨接管各点相对于水下毂的偏移参考式（26-60）~（26-62）。

将缆绳划分为 n 段，每段长度 l_i 根据实际划分方法而定，若简化为均质缆绳，单元长度 $l_i = \dfrac{L_{wir}}{n}$，缆绳自重为

$$G_{wir} = \sum_{i=1}^{n} w_{wir} \cdot l_i \cdot g \tag{26-70}$$

其中，w_{wir} 为缆绳单位长度重量。

缆绳最大轴向力在缆绳顶端：

$$T_{top} = G_{wir} + F_{total} \tag{26-71}$$

（2）动态分析

假定跨接管及其下放索具受到的波浪、流等作用力作用于重心 C 处，将波浪、流作用力沿 X 轴与 Y 轴分解，计算跨接管及其下放索具受到 X 轴与 Y 轴方向上的环境荷载即为：

$$F_{c-x} = F_{D-c-x} + F_{M-c-x} \tag{26-72}$$

$$F_{c-y} = F_{D-c-y} + F_{M-c-y} \tag{26-73}$$

其中，F_{D-c-x}、F_{D-c-y} 分别为 X、Y 方向上跨接管及其下放索具受到的波浪、流的拖曳力；F_{M-c-x}、F_{M-c-y} 分别为 X、Y 方向上跨接管及其下放索具受到波浪、流的惯性力采用近似的算法。在计算过程中，$A_{p,XOZ} = 2(d_{wir,n} + h_{all}) \cdot b_{jum} + b_{jum} \cdot l_{all}$ 为在垂直于 XOZ 平面拖曳力方向上构件的投影面积；$A_{p,YOZ} = 2(d_{wir,n} + h_{all}) \cdot b_{jum}$ 为在

垂直于 YOZ 平面拖曳力方向上构件的投影面积。

①XOZ 平面计算

以起重机吊点为全局坐标系原点 O,将缆绳分成 n 个单元,单元长度 l_i 可由具体划分单元方法确定,若简化为均质缆绳,单元长度 $l_i=\frac{L_{wir}}{n}$。在缆绳 i 单元上建立第1个局部坐标系,在局部坐标系中以 $i-1$ 节点作为坐标原点 O_I,对缆绳进行力学分析,XOZ 平面内计算模型如下:

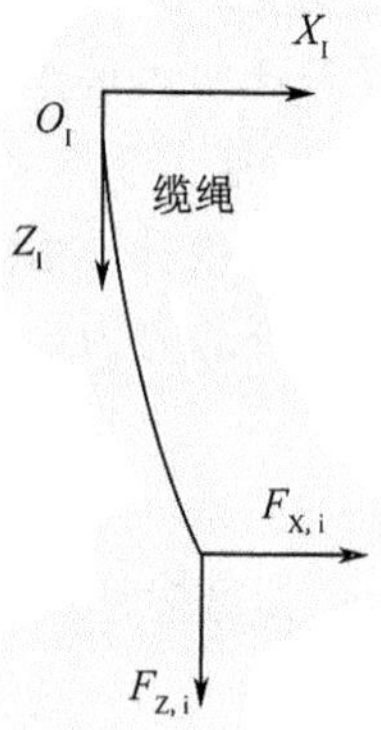

图 26-26 刚性跨接管阶段二缆绳单元受力分析图

缆绳 i 单元自重可简化于重心:

$$G_{wir,i}=w_{wir,i}\cdot l_i\cdot g \tag{26-74}$$

节点 i 处受到 X 方向作用力:

$$F_{x,i}=F_{c-x} \tag{26-75}$$

节点 i 处受到 Z 方向作用力:

$$F_{z,i}=F_{total}+\sum_{i=i+1}^{n}w_{wir,i}\cdot l_i\cdot g \tag{26-76}$$

边界条件:

缆绳顶部与吊点相连,故顶端边界条件为

$$M_{x,0}=0$$
$$x(0)=0$$

缆绳末端通过吊索与跨接管连接,故可设为铰接,缆绳底端边界条件为

$$F_{z,n}=F_{total}$$
$$F_{x,n}=F_{c-x}$$
$$M_{x,n}=0$$

局部坐标系中:

$$x_I(0)=0$$
$$M_{I,x}(0)=M_{I,x}(l_i)=0$$

在 XOZ 平面内局部坐标系中 i 节点的弯矩方程为

$$M_{I,x}(0)=F_{x,i}\cdot l_i-F_{z,i}\cdot x_I(l_i)-\frac{1}{2}G_{wir,i}\cdot x_I(l_i)=0 \tag{26-77}$$

解得缆绳 i 单元末端即 i 节点在局部坐标系中的位移为($i=1,2,3,\cdots,\mathrm{n}$):

$$x_I(l_i)=\frac{F_{x,i}\cdot l_i}{F_{z,i}+\frac{1}{2}G_{wir,i}} \tag{26-78}$$

缆绳 i 单元在 XOZ 平面内与 Z 轴夹角为

$$\alpha_x(i) = \arcsin \frac{x_I(l_i)}{l_i} \tag{26-79}$$

通过上述计算方法可计算出缆绳在各个节点处的水平位移。整体坐标系中,各个节点在 X 方向的位移为:

$$x(i) = \sum_{i=1}^{i} x_I(l_i) \tag{26-80}$$

跨接管及其索具在整体坐标系中 XOZ 平面内横向偏角(逆时针方向为正)为

$$\alpha_{c-x} = \arctan \frac{F_{c-x}}{F_{total}} \tag{26-81}$$

②缆绳在 YOZ 平面内的力学分析

缆绳在 YOZ 平面内的力学分析方法同 XOZ 平面的方法一样。

节点 i 处受到 Y 方向的作用力:

$$F_{y,i} = F_{c-y} \tag{26-82}$$

解得缆绳 i 单元末端即 i 节点在局部坐标系中的位移为($i=1,2,3,\cdots,n$):

$$y_I(l_i) = \frac{F_{y,i} \cdot l_i}{F_{z,i} + \frac{1}{2}G_{wir,i}} \tag{26-83}$$

缆绳 i 单元在 YOZ 平面内与 Z 轴夹角为:

$$\alpha_y(i) = \arcsin \frac{y_I(l_i)}{l_i} \tag{26-84}$$

通过上述计算方法可计算出缆绳在各个节点处的水平位移。整体坐标系中,各个节点在 Y 方向的位移为:

$$y(i) = \sum_{i=1}^{i} y_I(l_i) \tag{26-85}$$

跨接管及其索具在整体坐标系中 YOZ 平面内横向偏角为(逆时针方向为正):

$$\alpha_{c-y} = \arctan \frac{F_{c-y}}{F_{total}} \tag{26-86}$$

③总体计算

通过以上求解,解得在整体坐标系中,缆绳各个节点处的 X 方向的位移 $x(i)$,Y 方向的位移 $y(i)$,缆绳 i 单元在 XOZ 平面与 YOZ 平面内与 Z 轴夹角为 $\alpha_x(i)$、$\alpha_y(i)$,故缆绳各个节点的水平位移为 X、Y 方向位移的矢量 $\sqrt{x(i)^2+y(i)^2}$,与 XOY 平面的夹角为 $\arctan \frac{z(i)}{\sqrt{x(i)^2+y(i)^2}}$。跨接管及其索具在 XOZ 平面内与 YOZ 平面内的横向偏角为 α_{c-x}、α_{c-y};跨接管末端在 X、Y 方

向位移分别为 x_{jumper}、y_{jumper}，故跨接管末端总的水平位移为 $\sqrt{x_{jumper}^2 + y_{jumper}^2}$，与 XOY 平面的夹角为 $\arctan \dfrac{z_{jumper}}{\sqrt{x_{jumper}^2 + y_{jumper}^2}}$。

缆绳节点 i 处所受的轴向力：

$$T_i = \sqrt{F_{x,i}{}^2 + F_{y,i}{}^2 + F_{z,i}{}^2} \tag{26-87}$$

跨接管各节点（例如 k 点）在整体坐标系下坐标为

$$\begin{cases} x_k = x(n) + \sqrt{X_{P,k}^2 + Z_{P,k}^2} \cdot \sin\left(\arctan \dfrac{X_{P,k}}{Z_{P,k}} + \alpha_{c-x}\right) \\ y_k = y(n) + \sqrt{Y_{P,k}^2 + Z_{P,k}^2} \cdot \sin(\alpha_{c-y}) \\ z_k = z(n) + \sqrt{X_{P,k}^2 + Z_{P,k}^2} \cdot \cos(\alpha_{c-y}) \cdot \cos\left(\arctan \dfrac{X_{P,k}}{Z_{P,k}} + \alpha_{c-x}\right) \end{cases} \tag{26-88}$$

其中，$(X_{P,k}, Y_{P,k}, Z_{P,k})$ 为跨接管各节点（例如 k 点）在静态计算中局部坐标系 $X_PY_PZ_P$ 的坐标，具体参考式（26－60）至（26－62）。

跨接管各点相对于水下毂的偏移为：

$$\begin{cases} x_{k-hub} = x_{ct-hub} - x_{RAO} - x_k \\ y_{k-hub} = y_{ct-hub} - y_{RAO} - y_k \end{cases} \tag{26-89}$$

3. 跨接管以及下放索具完全淹没阶段

本阶段为从跨接管以及索具顶部完全淹没水面下开始，直至跨接管与水下生产系统连接，即钻杆末端水深 $0 \leqslant d_{wir,n} < D_w - h_{all}$，其中 D_w 为总水深。当跨接管以及索具顶部在水面下 4 m 以内，仍属于浪溅区下放；当跨接管以及索具顶部在水面下 4 m 以下，属于中层水域下放（具体可参考规范 DNV－OS－C101[9]）。浪溅区下放与中层水域下放最大的区别就是中层水域下放不需要考虑波浪的直接作用，因此水动力荷载计算有所不同，并且在计算过程中中层水域下放可以忽略波浪的影响。由于随着下放水深的增加，缆绳顶端承受的轴力不断增加，因此当跨接管以及索具下放到最大水深时，是整个安装工程危险阶段之一。

如图 26－27 所示，这一阶段系统主要受到跨接管及其附件的自重、跨接管及其附件受到的波浪、流环境荷载、船舶耦合运动作用、缆绳自重，缆绳受到的波浪、流环境荷载作用。以吊机吊点为全局坐标系原点 O，将缆绳分成 n 单元，单元长度 l_i 可由具体划分单元方法确定，在缆绳 i 单元上建立第 I 个局部坐标系。

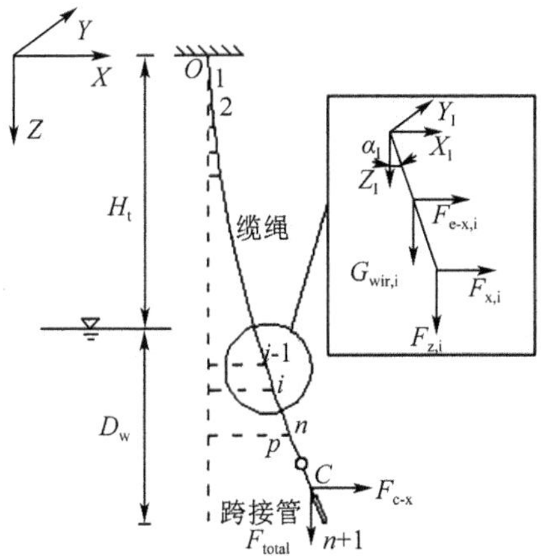

图 26－27 刚性跨接管阶段三系统分析示意图

(1)静态分析

由于静态分析不考虑环境荷载,故本阶段静态分析同 26.5.1.2 中静态分析相同。需要注意的是当跨接管下放处于浪溅区下放时,$F_{hyd}=\sqrt{F_S^2+F_d^2+F_\rho^2+F_m^2}$;当跨接管下放处于中层水域下放时,$F_{hyd}=\sqrt{F_d^2+F_m^2}$。

(2)动态分析

假定跨接管及其下放索具受到的波浪、流等作用力作用于重心 C 处,将波浪、流作用力沿 X 轴与 Y 轴分解,计算跨接管及其下放索具受到 X 轴与 Y 轴方向上的环境荷载即为:

$$F_{c-x}=F_{D-c-x}+F_{M-c-x} \tag{26-90}$$

$$F_{c-y}=F_{D-c-y}+F_{M-c-y} \tag{26-91}$$

其中,F_{D-c-x}、F_{D-c-y}分别为 X、Y 方向上跨接管及其下放索具受到的波浪、流的拖曳力;F_{M-c-x}、F_{M-c-y}分别为 X、Y 方向上跨接管及其下放索具受到波浪、流的惯性力。在计算过程中,$A_{p,XOZ}=2h_{all}\cdot b_{jum}+2b_{jum}\cdot l_{all}$为在垂直于 XOZ 平面拖曳力方向上构件的投影面积;$A_{p,YOZ}=2h_{all}\cdot b_{jum}$为在垂直于 YOZ 平面拖曳力方向上构件的投影面积。

缆绳 i 单元受到 X 轴与 Y 轴方向上的环境荷载为:

$$F_{e-x,i}=\frac{1}{2}(F_{wir-x,i-1}+F_{wir-x,i})\cdot l_i \tag{26-92}$$

$$F_{e-y,i}=\frac{1}{2}(F_{wir-y,i-1}+F_{wir-y,i})\cdot l_i \tag{26-93}$$

当跨接管处于浪溅区下放时,环境荷载需要考虑波浪、流;当跨接管处于中层水域下放时，只需要计算流荷载即可。

① 对缆绳进行 XOZ 平面内的力学分析：

缆绳 i 单元自重可简化于重心：

$$G_{wir,i} = w_{wir,i} \cdot l_i \cdot g \tag{26-94}$$

节点 i 处受到 X 方向作用力：

$$F_{x,i} = \sum_{i+1}^{n} F_{e-x,i} + F_{c-x} \tag{26-95}$$

节点 i 处受到 Z 方向作用力：

$$F_{z,i} = F_{total} + \sum_{i=i+1}^{n} w_{wir,i} \cdot l_i \cdot g \tag{26-96}$$

边界条件：

缆绳顶部与吊点相连，故顶端边界条件为：

$$M_{x,0} = 0$$

$$x(0) = 0$$

缆绳末端通过吊索与跨接管连接，故可设为铰接，缆绳底端边界条件为：

$$F_{z,n} = F_{total}$$

$$F_{x,n} = F_{c-x}$$

$$M_{x,n} = 0$$

局部坐标系中：

$$x_I(0) = 0$$

$$M_{I,x}(0) = M_{I,x}(l_i) = 0$$

在 XOZ 平面内局部坐标系中 i 节点的弯矩方程为：

$$M_{I,x}(0) = F_{x,i} \cdot l_i - F_{z,i} \cdot x_I(l_i) + \frac{1}{2}F_{e-x,i} \cdot l_i - \frac{1}{2}G_{wir,i} \cdot x_I(l_i) = 0 \tag{26-97}$$

解得缆绳 i 单元末端即 i 节点在局部坐标系中的位移为（i = 1,2,3,…,n）：

$$x_I(l_i) = \frac{F_{x,i} \cdot l_i + \frac{1}{2}F_{e-x,i} \cdot l_i}{F_{z,i} + \frac{1}{2}G_{wir,i}} \tag{26-98}$$

缆绳 i 单元在 XOZ 平面内与 Z 轴夹角为：

$$\alpha_x(i) = \arcsin \frac{x_I(l_i)}{l_i} \tag{26-99}$$

通过上述计算方法可计算出缆绳在各个节点处的水平位移。整体坐标系中，各个节点在 X 方向的位移为：

$$x(i) = \sum_{i=1}^{i} x_I(l_i) \quad (26-100)$$

跨接管及其索具在整体坐标系中 XOZ 平面内横向偏角为：

$$\alpha_{c-x} = \arctan \frac{F_{c-x}}{F_{total}} \quad (26-101)$$

② 缆绳在 YOZ 平面内的力学分析

缆绳在 YOZ 平面内的力学分析方法同 XOZ 平面的方法一样。

节点 i 处受到 Y 方向的作用力：

$$F_{y,i} = \sum_{i+1}^{n} F_{e-y,i} + F_{c-y} \quad (26-102)$$

解得缆绳 i 单元末端即 i 节点在局部坐标系中的位移为($i=1,2,3,\cdots,n$)：

$$y_I(l_i) = \frac{F_{y,i} \cdot l_i + \frac{1}{2}F_{e-y,i} \cdot l_i}{F_{z,i} + \frac{1}{2}G_{wir,i}} \quad (26-103)$$

缆绳 i 单元在 YOZ 平面内与 Z 轴夹角为：

$$\alpha_y(i) = \arcsin \frac{y_I(l_i)}{l_i} \quad (26-104)$$

通过上述计算方法可计算出缆绳在各个节点处的水平位移。整体坐标系中，各个节点在 Y 方向的位移为：

$$y(i) = \sum_{i=1}^{i} y_I(l_i) \quad (26-105)$$

跨接管及其索具在 YOZ 平面内横向偏角为：

$$\alpha_{c-y} = \arctan \frac{F_{c-y}}{F_{total}} \quad (26-106)$$

③总体计算

通过以上求解，解得整体坐标系中，缆绳各个节点处的 X 方向的位移 $x(i)$，Y 方向的位移 $y(i)$，缆绳 i 单元在 XOZ 平面与 YOZ 平面内与 Z 轴夹角为 $\alpha_x(i)$、$\alpha_y(i)$，故缆绳各个节点的水平位移为 X、Y 方向位移的矢量和 $\sqrt{x(i)^2 + y(i)^2}$，与 XOY 平面的夹角为 $\arctan \frac{z(i)}{\sqrt{x(i)^2 + y(i)^2}}$。跨接管及其索具在 XOZ 平面内与 YOZ 平面内的横向偏角为 α_{c-x}、α_{c-y}；跨接管末端在 X、Y 方向位移分别为 x_{jumper}、y_{jumper}，故跨接管末端总的

水平位移为：$\sqrt{x_{jumper}^2 + y_{jumper}^2}$，与 XOY 平面的夹角为 $\arctan \frac{z_{jumper}}{\sqrt{x_{jumper}^2 + y_{jumper}^2}}$。

缆绳节点 i 处所受的轴向力：

$$T_i = \sqrt{F_{x,i}^{\ 2} + F_{y,i}^{\ 2} + F_{z,i}^{\ 2}} \tag{26-107}$$

跨接管各节点（例如 k 点）在整体坐标系下坐标为：

$$\begin{aligned} x_k &= x(n) + \sqrt{X_{P,k}^2 + Z_{P,k}^2} \cdot \sin\left(\arctan\frac{X_{P,k}}{Z_{P,k}} + \alpha_{c-x}\right) \\ y_k &= y(n) + \sqrt{Y_{P,k}^2 + Z_{P,k}^2} \cdot \sin(\alpha_{c-y}) \\ z_k &= z(n) + \sqrt{X_{P,k}^2 + Z_{P,k}^2} \cdot \cos(\alpha_{c-y}) \cdot \cos\left(\arctan\frac{X_{P,k}}{Z_{P,k}} + \alpha_{c-x}\right) \end{aligned} \tag{26-108}$$

其中，$(X_{P,k}, Y_{P,k}, Z_{P,k})$为跨接管各节点（例如 k 点）在静态计算中局部坐标系 $X_P Y_P Z_P$ 的坐标，具体参考式(26－60)至式(26－62)。

跨接管各点相对于水下毂的偏移为：

$$\begin{cases} x_{k-hub} = x_{ct-hub} - x_{RAO} - x_k \\ y_{k-hub} = y_{ct-hub} - y_{RAO} - y_k \end{cases} \tag{26-109}$$

4. 连接阶段

继续下放跨接管，直至跨接管距水下毂一定位置（根据设计而定）后，下降速度降低，并为对接做准备。

模型受到的主要荷载为钢缆自重、跨接管及其索具自重、跨接管及其索具受到环境荷载作用、钢缆受到环境荷载作用、由船舶运动产生的附加荷载。当跨接管还未连接毂时，力学计算分析同第三阶段一致。

当刚性跨接管与水下毂连接时，根据文献[1]2.6.1 章节缆绳对刚性跨接管的拉力大小为：

$$F_{pd} = 1.2 \cdot \eta_{ct} \cdot k \tag{26-110}$$

其中，η_{ct}为起重机吊点特征垂向运动单幅值；K 为起重系统刚度。

此时钻杆轴力最大点位于钻杆顶端：

$$T_{top} = G_{dri} + F_{pd} \tag{26-111}$$

26.5.2 柔性跨接管(＜50 m)安装计算分析

柔性跨接管(＜50 m)的安装通过吊机与绞车的联合作业完成，同采油树、管汇绞车安装相似。表 26－6 根据主要安装过程，将柔性跨接管(＜50 m)安装过程分为以下四个阶段计算分析，将柔性跨接管(＜50 m)整个的安装过程可以用如图 26－28 所示的模型来模拟。

表 26－6 柔性跨接管(<50 m)安装过程及计算阶段划分

<table>
<tr><th></th><th>受力特点</th><th>对应的具体安装过程</th></tr>
<tr><td>第一阶段:
水面上吊运与下放阶段</td><td>跨接管以及下放索具、缆绳均不受环境荷载作用</td><td>• 找到跨接管 1 号端点回收至阻挡件,并加以固定;
• 找到跨接管 2 号端点;
• 安装限弯器、鹅颈管、CATs 驱动装置(CAT);
• 安装连接撑杆和索具,如图 26－29 所示;
• 释放跨接管上的制动器</td></tr>
<tr><td>第二阶段:
跨接管以及下放索具未完全淹没阶段</td><td>跨接管以及下放索具受到环境荷载作用,缆绳没有</td><td rowspan="2">• 通过起重机下放跨接管;
• 逐渐将荷载转移到绞车上;
• 继续下放直到距离海底 10 m(该距离应根据项目设计)处停止</td></tr>
<tr><td>第三阶段:
跨接管以及下放索具完全淹没阶段</td><td>跨接管以及下放索具、缆绳均受到环境荷载作用</td></tr>
<tr><td>第四阶段:
落地与连接阶段</td><td>跨接管以及下放索具、缆绳均受到环境荷载作用,跨接管落放至海床上,受到海床支撑作用</td><td>• 调整跨接管;
• 用 ROV 将 1 号端点与毂连接在一起;
• 用 ROV 将 2 号端点与毂连接在一起;
• 对 1 号端点进行压力、密封性测试;
• 对 2 号端点进行压力、密封性测试;
• 断开索具与跨接管的连接,回收索具</td></tr>
</table>

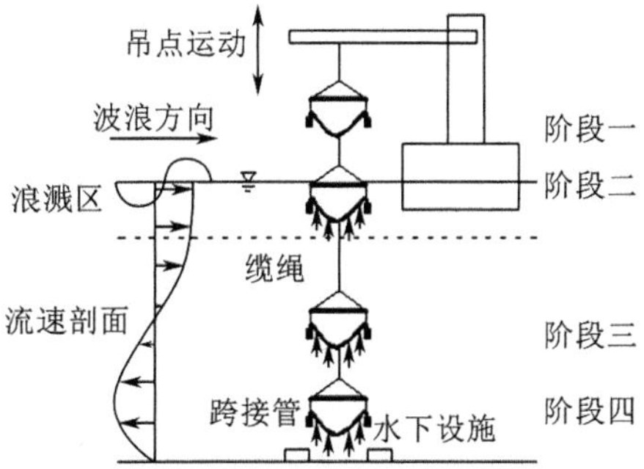

图 26－28 柔性跨接管(<50 m)下放示意图

由表 26－6 可以看出,柔性跨接管(<50 m)的安装同刚性跨接管安装基本一致,需要用到一根撑杆,由起重机与绞车联合作业完成安装,因此柔性跨接管

(<50 m)安装过程中缆绳的排放、轴力计算同刚性跨接管一致,与刚性跨接管计算不同之处在于:

• 柔性跨接管在环境荷载作用下,形态会发生变化,并且由于形态的变化,跨接管所受的环境荷载也会发生变化,因此,在动态计算中,环境荷载对跨接管的作用力计算有所不同;

• 针对柔性跨接管还需要对跨接管的最小弯曲半径与最大弯矩进行分析计算。

1. 水面上吊运与下放阶段

水面上的跨接管吊运与下放均属于该阶段,利用吊机将跨接管吊起,并移至平台边缘下放,直至跨接管与波浪波峰接触临界点,即缆绳末端水深 $d_{wire,n} < -h_{spr} - H_{wir-AE} - H_{jum-EM} - H_{Ben-E} - SZ_U$,其中 $-h_{spr} - H_{wir-AE} - H_{jum-EM} - H_{Ben-E}$ 为跨接管及其下放索具高度(计算见下),SZ_U 为浪溅区上层区域高度,可定为 5 m,具体可参考规范 DNV - OS - C101[9]。简化模型如下:

如图 26 - 29 所示,以 O 点为坐标原点建立整体三维坐标系。模型中的主要荷载为缆绳自重、跨接管与索具自重、由船舶运动产生的附加荷载。由于跨接管未入水,故跨接管和缆绳均没有受到波浪、流环境荷载的影响,而风荷载对水下设备以及索具、缆绳作用力较小。因此在计算分析水下设备安装过程时,忽略风荷载对安装的影响。

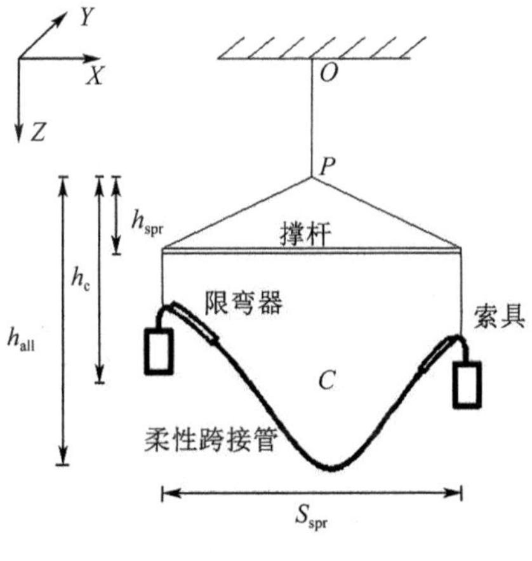

图 26 - 29　柔性跨接管(<50 m)阶段一下放示意图

①撑杆以下部分计算分析

如图 26 - 30 所示,柔性跨接管与撑杆以下索具缆绳受力图,A 点为跨接管 1 号端点一侧索具缆绳与撑杆连接点,B 点为跨接管 2 号端点一侧与撑杆连接点,

E 点为跨接管 1 号端点附近与索具缆绳连接处，F 点为跨接管 2 号端点附近与索具缆绳连接处，M 为跨接管中间最低点。以 A 点为原点，AB 方向所在直线为 X_A 轴方向，建立局部坐标系 $X_AY_AZ_A$。故 S_{AB} 为 X_{A-B}，$Y_{A-B}=0$。

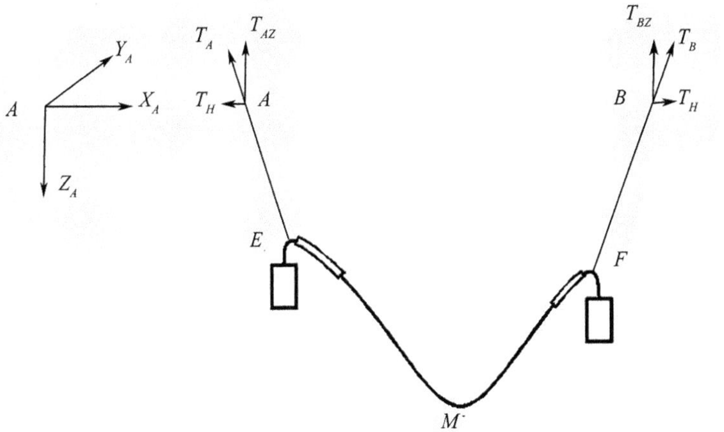

图 26－30　阶段一 *AB* 段缆绳以及跨接管分析示意图

由于跨接管、索具缆绳均满足悬链线条件，将跨接管由中间最低点划分为两段，与两边索具缆绳结合共四段悬链线，根据悬链线求解各参数，求解方法如下：

A. 方程组建立

a) EM 跨接管段：

EM 段跨接管(包括 E 端限弯器长度)高度为：

$$H_{EM}=H_{jum-EM}+H_{Ben-E}=a\cdot\left(\cosh\frac{S_{jum-EM}}{a}-1\right)+H_{Ben-E}\quad(26-112)$$

其中，a 为跨接管段悬链线参数；H_{Ben-E} 为 E 端点处限弯器在 Z_A 轴上的投影长度；H_{jum-EM} 为 EM 段中跨接管部分在 Z_A 轴上的投影长度，S_{jum-EM} 为 EM 段中跨接管部分在 X_A 轴上的投影长度。

EM 段跨接管长度为

$$L_{jum-EM}=a\cdot\sinh\frac{S_{jum-EM}}{a}\quad(26-113)$$

EM 段 E 端点受到 Z_A 方向总的拉力大小为

$$T_{EZ}=w_{jum}\cdot L_{jum-EM}+G_E+G_{Ben-E}\quad(26-114)$$

$$T_{EZ}=w_{jum}\cdot L_{jum-EM}\cdot g+G_E+G_{Ben-E}$$

其中，w_{jum} 为柔性跨接管线密度；G_E 为 E 端包括鹅颈管、CATs 等附件的总重；G_{Ben-E} 为 E 端限弯器重量。

b) *MF* 跨接管段：

MF 段跨接管（包括 *F* 端限弯器长度）高度为：

$$H_{MF} = H_{jum-MF} + H_{Ben-F} = a \cdot \left(\cosh \frac{S_{jum-MF}}{a} - 1\right) + H_{Ben-F} \quad (26-115)$$

其中，a 为跨接管段悬链线参数；H_{Ben-F}为 *F* 端点处限弯器在 Z_A轴上的投影长度；H_{jum-MF}为 *MF* 段中跨接管部分在 Z_A轴上的投影长度，S_{jum-MF}为 *MF* 段中跨接管部分在 X_A轴上的投影长度。

MF 段跨接管长度为：

$$L_{jum-MF} = a \cdot \sinh \frac{S_{jum-MF}}{a} \quad (26-116)$$

MF 段 *F* 端点受到 Z_A方向总的拉力大小为：

$$T_{FZ} = w_{jum} \cdot L_{jum-MF} + G_F + G_{Ben-F} \quad (26-117)$$

$$T_{FZ} = w_{jum} \cdot L_{jum-MF} \cdot g + G_F + G_{Ben-F}$$

其中，w_{jum}为柔性跨接管线密度；G_F 为 *F* 端包括鹅颈管、CATs 等附件的总重；G_{Ben-F}为 *F* 端限弯器重量。

c) *AM*（*AE* 索具缆绳 + *E* 端限弯器 + *E* 端鹅颈管、CATs 等 + *EM* 跨接管）段：

A 端点受到 Z_A轴方向拉力为：

$$T_{AZ} = w_{wir} \cdot L_{wir-AE} + w_{jum} \cdot a \cdot \sinh \frac{S_{jum-EM}}{a} + G_E + G_{Ben-E} \quad (26-118)$$

$$T_{AZ} = w_{wir} \cdot L_{wir-AE} \cdot g + w_{jum} \cdot a \cdot \sinh \frac{S_{jum-EM}}{a} \cdot g + G_E + G_{Ben-E}$$

其中，L_{wir-AE}为 *AE* 段索具缆绳长度。

d) *MB*（*FB* 索具缆绳 + *F* 端限弯器 + *F* 端鹅颈管、CATs 等 + *MF* 跨接管）段：

B 端点受到 Z_A轴方向拉力为：

$$T_{BZ} = w_{wir} \cdot L_{wir-FB} + w_{jum} \cdot a \cdot \sinh \frac{S_{jum-MF}}{a} + G_F + G_{Ben-F} \quad (26-119)$$

$$T_{BZ} = w_{wir} \cdot L_{wir-FB} \cdot g + w_{jum} \cdot a \cdot \sinh \frac{S_{jum-MF}}{a} \cdot g + G_F + G_{Ben-F}$$

其中，L_{wir-FB}为 *FB* 段索具缆绳长度。

e) *EF* 跨接管段

柔性跨接管总长为：

$$L_{jum} = L_{jum-MF} + L_{jum-EM} \quad (26-120)$$

其中，L_{jum}为柔性跨接管总长（不包含限弯器部分）。

f) *AB* 总体计算

AB 段在 X_A方向投影总长为 *AB* 两点之间横向距离：

$$S_{AB} = (S_{jum-EM} + S_{Ben-E} + S_{wir-AE}) + (S_{jum-MF} + S_{Ben-F} + S_{wir-FB}) \tag{26-121}$$

其中，S_{Ben-E}为 E 端点处限弯器在 X_A轴上的投影长度；S_{Ben-F}为 F 端点处限弯器在 X_A轴上的投影长度；S_{wir-AE}为 AE 段索具缆绳在 X_A轴上的投影长度；S_{wir-FB}为 FB 段索具缆绳在 X_A轴上的投影长度。S_{wir-AE}与 S_{wir-FB}大小分别为：

$$S_{wir-AE} = \frac{a \cdot w_{jum}}{w_{wir}} \cdot \left[\cosh^{-1}\left(\sqrt{\left(\frac{T_{AZ}}{a \cdot w_{jum}}\right)^2 + 1}\right) - \cosh^{-1}\left(\sqrt{\left(\frac{T_{EZ}}{a \cdot w_{jum}}\right)^2 + 1}\right)\right]$$

$$S_{wir-FB} = \frac{a \cdot w_{jum}}{w_{wir}} \cdot \left[\cosh^{-1}\left(\sqrt{\left(\frac{T_{BZ}}{a \cdot w_{jum}}\right)^2 + 1}\right) - \cosh^{-1}\left(\sqrt{\left(\frac{T_{FZ}}{a \cdot w_{jum}}\right)^2 + 1}\right)\right]$$

其中，w_{wir}为索具缆绳线密度。

由于静态计算时，系统不受环境荷载作用，因此撑杆始终水平，故 AB 点之间垂向距离 $H_{AB}=0$：

$$H_{EM} + H_{wir-AE} = H_{MF} + H_{wir-FB} - H_{AB} \tag{26-122}$$

其中，H_{wir-AE}为 AE 段索具缆绳在 Z_A轴上的投影长度；H_{wir-FB}为 FB 段索具缆绳在 Z_A轴上的投影长度。大小分别为

$$H_{wir-AE} = \frac{\sqrt{T_{AZ}^2 + (a \cdot w_{jum})^2} - \sqrt{T_{EZ}^2 + (a \cdot w_{jum})^2}}{w_{wir}}$$

$$H_{wir-FB} = \frac{\sqrt{T_{BZ}^2 + (a \cdot w_{jum})^2} - \sqrt{T_{FZ}^2 + (a \cdot w_{jum})^2}}{w_{wir}}$$

B. 联立求解

由公式(26－112)至公式(26－122)共 11 个方程，通过解方程组即可求得 11 个未知量分别为：EM 段各参数：H_{jum-EM}、L_{jum-EM}、S_{jum-EM}、T_{EZ}、a；MF 段各参数：H_{jum-MF}、L_{jum-MF}、S_{jum-MF}、T_{FZ}、a(同 EM 段参数 a)；A 端点受到 Z_A轴方向拉力：T_{AZ}；B 端点受到 Z_A轴方向拉力：T_{BZ}。

从而可求得其余参数分别是：AE 段索具缆绳各参数：H_{wir-AE}、S_{wir-AE}；FB 段索具缆绳各参数：H_{wir-FB}、S_{wir-FB}。

C. 跨接管以及索具缆绳各点在 $X_AY_AZ_A$坐标系下曲线方程计算：

由于跨接管以及索具缆绳所有点均没有受到 Y_A轴方向上的力的作用，故跨接管以及索具缆绳所有点在 Y_A轴上坐标均为零。

a) AE 段索具缆绳曲线方程

AE 段索具缆绳曲线方程适用于 $0 \leqslant X_A < S_{wir-AE}$情况：

$$Z_A(X_A) = \frac{\sqrt{T_{AZ}^2 + (a \cdot w_{jum})^2}}{w_{wir}}$$

$$-\frac{a\cdot w_{jum}}{w_{wir}}\cdot\cosh\left[\frac{\left[\frac{a\cdot w_{jum}}{w_{wir}}\cdot\cosh^{-1}\left(\sqrt{\left(\frac{T_{AZ}}{a\cdot w_{jum}}\right)^{2}+1}\right)-X_A\right]\cdot w_{wir}}{a\cdot w_{jum}}\right]$$

(26 - 123)

b) *EM* 段曲线方程

EM 段包括 *E* 端限弯器与 *EM* 段内的跨接管部分，对限弯器部分，曲线方程主要根据限弯器性质来确定，在本文计算中为输入参数。对于限弯器后面的跨接管部分，及 $S_{wir-AE}+S_{Ben-E}\leqslant X_A<S_{wir-AE}+S_{Ben-E}+S_{jum-EM}$，曲线方程为：

$$Z_A(X_A)=H_{wir-AE}+H_{Ben-E}+H_{jum-EM}+a-a\cdot\cosh\left[\frac{S_{wir-AE}+S_{Ben-E}+S_{jum-EM}-X_A}{a}\right] \quad (26-124)$$

c) *MF* 段曲线方程

MF 段包括 *F* 端限弯器与 *MF* 段内的跨接管部分，对限弯器部分的处理同 EM 段。对于限弯器前面的跨接管部分，及 $S_{wir-AE}+S_{Ben-E}+S_{jum-EM}\leqslant X_A<S_{AB}-S_{wir-FB}-S_{Ben-F}$，曲线方程为：

$$Z_A(X_A)=H_{wir-AE}+H_{Ben-E}+H_{jum-EM}+a-a\cdot\cosh\left[\frac{X_A-(S_{wir-AE}+S_{Ben-E}+S_{jum-EM})}{a}\right] \quad (26-125)$$

d) *FB* 段索具缆绳方程

FB 段索具缆绳曲线方程适用于 $S_{AB}-S_{wir-FB}\leqslant X_A\leqslant S_{AB}$ 情况：

$$Z_A(X_A)=\frac{\sqrt{T_{BZ}^2+(a\cdot w_{jum})^2}}{w_{wir}}-H_{AB}-\frac{a\cdot w_{jum}}{w_{wir}}\cdot\cosh\left[\frac{\left[X_A-S_{AB}+\frac{a\cdot w_{jum}}{w_{wir}}\cdot\cosh^{-1}\left(\sqrt{\left(\frac{T_{BZ}}{a\cdot w_{jum}}\right)^{2}+1}\right)\right]\cdot w_{wir}}{a\cdot w_{jum}}\right]$$

(26 - 126)

D. 轴力、最大弯矩与最小弯曲半径求解

a) *AE* 段索具缆绳

AE 段索具缆绳曲线方程适用于 $0\leqslant X_A<S_{wir-AE}$ 情况，沿 *AE* 段索具缆绳每点轴力分别为：

$$T_{wir-AE}(X_A)=a\cdot w_{jum}\cdot\cosh\left[\cosh^{-1}\left(\sqrt{\left(\frac{T_{AZ}}{a\cdot w_{jum}}\right)^{2}+1}\right)-\frac{X_A\cdot w_{wir}}{a\cdot w_{jum}}\right]$$

(26 - 127)

b) *EM* 段

对限弯器部分，受到的最大轴力为 $T_{Ben-E,\max}=\sqrt{(T_{EZ}-G_E)^2+(a\cdot w_{jum})^2}$，位于 E 点与索具缆绳连接处。对于 $S_{wir-AE}+S_{Ben-E}\leqslant X_A<S_{wir-AE}+S_{Ben-E}+S_{jum-EM}$，即限弯器后面的跨接管，每点受到的轴力大小为：

$$T_{jum-EM}(X_A)=a\cdot w_{jum}\cdot\cosh\left[\frac{S_{wir-AE}+S_{Ben-E}+S_{jum-EM}-X_A}{a}\right]\tag{26-128}$$

此段跨接管某点 X_A 点处弯曲半径为：

$$\rho_{jum-EM}(X_A)=a\cdot\cosh^2\left(\frac{S_{wir-AE}+S_{Ben-E}+S_{jum-EM}-X_A}{a}\right)\tag{26-129}$$

此段跨接管某点 X_A 点处弯矩为：

$$M_{jum-EM}(X_A)=\frac{(EI)_{jum}}{\rho_{jum-EM}(X_A)}\tag{26-130}$$

其中，$(EI)_{jum}$ 为跨接管弯曲刚度。

c) MF 段

对限弯器部分，受到的最大轴力为 $T_{Ben-F,\max}=\sqrt{(T_{FZ}-G_F)^2+(a\cdot w_{jum})^2}$，位于 F 点与索具缆绳连接处。当 $S_{wir-AE}+S_{Ben-E}+S_{jum-EM}\leqslant X_A<S_{AB}-S_{wir-FB}-S_{Ben-F}$，及对于限弯器后面的跨接管，每点受到的轴力大小为：

$$T_{jum-MF}(X_A)=a\cdot w_{jum}\cdot\cosh\left[\frac{X_A-(S_{wir-AE}+S_{Ben-E}+S_{jum-EM})}{a}\right]\tag{26-131}$$

此段跨接管某点 X_A 点处弯曲半径为：

$$\rho_{jum-MF}(X_A)=a\cdot\cosh^2\left(\frac{X_A-(S_{wir-AE}+S_{Ben-E}+S_{jum-EM})}{a}\right)\tag{26-132}$$

此段跨接管某点 X_A 点处弯矩为：

$$M_{jum-MF}(X_A)=\frac{(EI)_{jum}}{\rho_{jum-MF}(X_A)}\tag{26-133}$$

d) FB 段索具缆绳

FB 段索具缆绳曲线方程适用于 $S_{AB}-S_{wir-FB}\leqslant X_A\leqslant S_{AB}$ 情况，沿 FB 段索具缆绳每点轴力分别为：

$$T_{wir-FB}(X_A)=a\cdot w_{jum}\cdot\cosh\left[\cosh^{-1}\left(\sqrt{\left(\frac{T_{BZ}}{a\cdot w_{jum}}\right)^2+1}\right)-\frac{(S_{AB}-X_A)\cdot w_{wir}}{a\cdot w_{jum}}\right]\tag{26-134}$$

E. 将局部坐标系中 $X_AY_AZ_A$ 坐标转换到整体坐标系中

设 O 点（起重机吊点）为坐标原点，建立整体三维坐标系 XYZ。(x_A,y_A,z_A)

为 A 点在整体坐标系内坐标，可将局部坐标系内各点坐标转换到整体坐标系中，转换方法如下：

$$\begin{cases} x = x_A + X_A \\ y = y_A + Y_A \\ z = z_A + Z_A \end{cases} \tag{26-135}$$

在静态计算中，$(x_A, y_A, z_A) = (-\frac{1}{2}S_{AB}, 0, L_{wir} + h_{spr})$，其中 h_{spr} 为撑杆到索具与下放索具缆绳的交点 P 的高度，L_{wir} 为下放索具缆绳长度。

则跨接管每点相对毂的距离为：

$$\begin{cases} x_{-hub} = x_{ct-hub} - x - x_{RAO} \\ y_{-hub} = y_{ct-hub} - y - y_{RAO} \end{cases} \tag{26-136}$$

其中，x_{ct-hub} 为在整体坐标系下毂的 x 方向坐标，即为毂相对吊点的距离；y_{ct-hub} 为在整体坐标系下毂的 y 方向坐标，即为毂相对吊点的距离。

②跨接管与下放索具整体计算分析

将跨接管与下放索具视为整体，跨接管及其下放索具重心为 C 点；P 点为索具上端钢缆交点，见图 26－29。

跨接管下放过程中，不会受到压紧力的作用，动力效应可以通过动力放大系数 DAF 进行计算；

$$F_{total} = DAF \cdot F_{sta} \tag{26-137}$$

$$F_{sta} = m_c \cdot g \tag{26-138}$$

其中，m_c 为跨接管及其下放索具空气中质量。

当跨接管下放开始瞬间或突然停止下放时，跨接管及其下放索具受到压紧力作用，特征总力等于：

$$F_{total} = F_{sta} + F_{snap} \tag{26-139}$$

其中，F_{snap} 为跨接管及其下放索具受到的压紧力。

跨接管及其下放索具受到的特征总力作用于跨接管及其下放索具重心位置，本章之后在整体坐标系下关于跨接管及其下放索具的计算均以跨接管及其下放索具重心为研究对象。

由于此阶段跨接管没有接触水面，不会受到波浪、流等外荷载作用，因此跨接管只受到自重作用及船舶运动影响，故此阶段跨接管偏角为零。

P 点相对于水下毂的偏移等于吊点相对于水下毂的偏移：

$$\begin{cases} x_{p-hub} = x_{ct-hub} - x_{RAO} \\ y_{P-hub} = y_{ct-hub} - y_{RAO} \end{cases} \tag{26-140}$$

其中，x_{RAO}、y_{RAO} 为安装船/钻井平台各自由度运动量。

为方便之后的坐标计算，以P为原点建立局部坐标系 $X_PY_PZ_P$，其 Z_P 轴方向垂直向下，跨接管各节点k在局部坐标系下坐标为 $(X_{P,k},Y_{P,k},Z_{P,k})$，A、B点在静态状态下局部坐标系 $X_PY_PZ_P$ 中坐标为：$(X_{P,A},Y_{P,A},Z_{P,A})$、$(X_{P,B},Y_{P,B},Z_{P,B})$。则跨接管各节点k在整体坐标系下坐标为：

$$\begin{cases} x_k = x_P + X_{P,k} \\ y_k = y_P + Y_{P,k} \\ z_k = z_P + Z_{P,k} \end{cases} \tag{26-141}$$

跨接管各点相对于水下毂的偏移为：

$$\begin{cases} x_{k-hub} = x_{p-hub} + X_{P,k} \\ y_{k-hub} = y_{p-hub} + Y_{P,k} \end{cases} \tag{26-142}$$

③缆绳分析

当下放时间 $\sum_{i=1}^{i=k-1} t_i < t \leqslant \sum_{i=1}^{i=k} t_i$，缆绳排放长度遵守运动学定律：

$$L_{wir} = L_{wir-0} + \sum_{i=1}^{i=k-1} \frac{1}{2}a_{wir,i}t_i^2 + \frac{1}{2}a_{wir,k}\left(t - \sum_{i=1}^{i=k-1} t_i\right)^2 + \sum_{j=1}^{j=k-1}\sum_{i=1}^{i=j} a_{wir,i}t_i \tag{26-143}$$

其中，k 为缆绳下放加速度变化次数，$k \geqslant 1$；t_k 为缆绳下放第 k 次加速度变化时间；$a_{wir,k}$ 为缆绳下放第 k 次加速度；L_{wir} 为缆绳长度；L_{wir-0} 为缆绳下放前初始长度。

缆绳下放速度也遵守运动学定律：

$$v_{c,wir} = \sum_{i=1}^{i=k-1} a_{wir,i}t_i + a_{wir,k}\left(t - \sum_{i=1}^{i=k-1} t_i\right)$$

将缆绳划分为 n_{wir} 段，每段长度 $l_{wir,i}$ 根据实际划分方法而定，若简化为均质缆绳，单元长度 $l_{wir,i} = \dfrac{L_{wir}}{n_{wir}}$，缆绳自重为：

$$G_{wir} = \sum_{i=1}^{n_{wir}} w_{wir,i} \cdot l_{wir,i} \tag{26-144}$$

其中，$w_{wir,i}$ 为缆绳单位长度重量。

缆绳 i 节点所处水深为：

$$d_{wir,i} = \sum l_{wir,i} - H_t + \eta_z \tag{26-145}$$

其中，H_t 为吊点距水面垂直距离；$\eta_z = \eta_{ct} + x_{Z-RAO}$ 为安装设备垂向产生振动幅值。缆绳末端n节点所处水深为 $d_{wir,n} = L_{wir} - H_t$，跨接管重心所处水深为 $d_c = d_{dri,n} + h_c$，其中 h_c 为跨接管以及索具重心距P点高度。

缆绳最大轴向力在缆绳顶端：

$$T_{top} = G_{wir} + F_{total} \tag{26-146}$$

2. 跨接管以及下放索具未完全淹没阶段

本阶段为从跨接管下放接触水面开始，直至索具与缆绳连接点 P 点顶部完全淹没水面下，即缆绳末端水深 $-h_{spr}-H_{wir-AE}-H_{jum-EM}-H_{Ben-E}-SZ_U \leq d_{wire,n}<0$。安装船的运动和波浪的运动相结合将会对水下跨接管产生一个很大的作用力，跨接管也可能遭受极端的直接波浪荷载，并且波浪分析较为复杂，跨接管相对其他水下生产设备自重较小，因此，本阶段的下放是整个跨接管安装工程较为危险的阶段。

如图 26－31 所示，以 O 点（吊点）为坐标原点建立整体三维坐标系。这一阶段跨接管主要受到波浪、流以及船舶耦合运动的作用力，缆绳由于处于水面以上因此没有受到任何水平作用力，缆绳自重沿缆绳长度均匀分布。

（1）静态分析

①撑杆以下部分计算分析

对于撑杆以下部分计算分析同本书 26.5.2.1 章节一致，可参考。

②跨接管与下放索具整体分析

将跨接管与下放索具视为整体，跨接管及其下放索具重心为 C 点；P 点为索具上端钢缆交点，见图 26－29。

跨接管及其下放索具下放过程中受到特征总力为：

$$F_{total}=F_{sta}+F_{hyd} \tag{26-147}$$

$$F_{sta}=m_c \cdot g-\rho g V_{d-c} \tag{26-148}$$

其中，m_c 为跨接管及其下放索具空气中质量，V_{d-c} 为跨接管及其下放索具排开水体积，F_{hyd} 为跨接管及其下放索具受到水动力荷载。

当跨接管下放开始瞬间或突然停止下放时，跨接管及其下放索具受到压紧力作用，特征总力等于：

$$F_{total}=F_{sta}+F_{snap} \tag{26-149}$$

其中，F_{snap} 为跨接管及其下放索具受到的压紧力。

跨接管及其下放索具受到的特征总力作用于跨接管及其下放索具重心位置，本章之后在整体坐标系下关于跨接管及其下放索具的计算均以跨接管及其下放索具重心为研究对象。

由于此阶段为静态分析，跨接管不受波浪、流等外荷载作用，因此跨接管只受到自重作用及船舶运动影响，故此阶段跨接管偏角为零。

P 点相对于水下毂的偏移等于吊点相对于水下毂的偏移参考式（26－140）。

跨接管各点相对于水下毂的偏移参考式（26－141）～（26－142）。

③缆绳分析

将缆绳划分为 n_{wir} 段，每段长度 $l_{wir,i}$ 根据实际划分方法而定，若简化为均质缆绳，单元长度 $l_{wir,i}=\dfrac{L_{wir}}{n_{wir}}$，缆绳自重为：

$$G_{wir}=\sum_{i=1}^{n_{wir}} w_{wir,i}\cdot l_{wir,i} \tag{26-150}$$

其中，$w_{wir,i}$ 为缆绳单位长度重量。

缆绳最大轴向力在缆绳顶端：

$$T_{top}=G_{wir}+F_{total} \tag{26-151}$$

（2）动态分析

①整体受力分析

将跨接管及其下放索具视为整体，假定跨接管及其下放索具受到的波浪、流等作用力作用于重心 C 处，将波浪、流作用力沿 X 轴与 Y 轴分解，跨接管形态同章节 26.5.2.1 中静态计算结果，计算跨接管及其下放索具受到 X 轴与 Y 轴方向上的环境荷载即为：

$$F_{c-x}=F_{D-c-x}+F_{M-c-x} \tag{26-152}$$

$$F_{c-y}=F_{D-c-y}+F_{M-c-y} \tag{26-153}$$

其中，F_{D-c-x}、F_{D-c-y} 分别为 X、Y 方向上跨接管及其下放索具受到的波浪、流的拖曳力；F_{M-c-x}、F_{M-c-y} 分别为 X、Y 方向上跨接管及其下放索具受到波浪、流的惯性力。

A. 当 $-h_{spr}-d_{wir,n}>Z_A(E)$ 且 $-h_{spr}-d_{wir,n}>Z_A(F)$ 时：

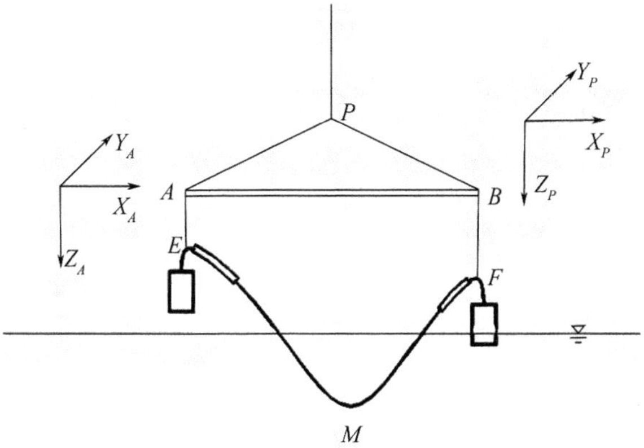

$$A_{p,XOZ}=D_{jum}\cdot\sqrt{1+\frac{2a}{\min\{H_{jum-EM}+h_{spr}+d_{wir,n}+Z_A(E),H_{jum-EM}\}}}$$
$$\min\{H_{jum-EM}+h_{spr}+d_{wir,n}+Z_A(E),H_{jum-EM}\}$$
$$+D_{jum}\cdot\sqrt{1+\frac{2a}{\min\{H_{jum-MF}+h_{spr}+d_{wir,n}+Z_A(F),H_{jum-MF}\}}}$$
$$\min\{H_{jum-MF}+h_{spr}+d_{wir,n}+Z_A(F),H_{jum-MF}\}$$
$$+(A_{Ben-F,XOZ}+A_{F,XOZ})\cdot\frac{\max\{-h_{spr}-d_{wir,n}-Z_A(F)-H_{Ben-F},0\}}{H_{Ben-F}}$$
$$+(A_{E,XOZ}+A_{Ben.E,XOZ})\cdot\frac{\max\{-h_{spr}-d_{wir,n}-Z_A(E)-H_{Ben-E},0\}}{H_{Ben-E}}$$

垂直于 XOZ 平面拖曳力方向上构件的投影面积计算如下：

$$A_{p,XOZ}=D_{jum}\cdot\sqrt{1+\frac{2a}{\min\{H_{jum-EM}+h_{spr}+d_{wir,n}+Z_A(E),H_{jum-EM}\}}}$$
$$\cdot\min\{H_{jum-EM}+h_{spr}+d_{wir,n}+Z_A(E),H_{jum-EM}\}$$
$$+D_{jum}\cdot\sqrt{1+\frac{2a}{\min\{H_{jum-MF}+h_{spr}+d_{wir,n}+Z_A(F),H_{jum-MF}\}}}$$
$$\cdot\min\{H_{jum-MF}+h_{spr}+d_{wir,n}+Z_A(F),H_{jum-MF}\}+(A_{Ben-F,XOZ}$$
$$+A_{F,XOZ})\cdot\frac{\max\{-h_{spr}-d_{wir,n}-Z_A(F)-H_{Ben-F},0\}}{H_{Ben-F}}+(A_{E,XOZ}$$
$$+A_{Ben-E,XOZ})\cdot\frac{\max\{-h_{spr}-d_{wir,n}-Z_A(E)-H_{Ben-E},0\}}{H_{Ben-E}}$$

垂直于 YOZ 平面拖曳力方向上构件的投影面积为：

$$A_{p,YOZ}=(A_{Ben-E,YOZ}+A_{E,YOZ})\cdot\frac{\max\{-h_{spr}-d_{wir,n}-Z_A(E)-H_{Ben-E},0\}}{H_{Ben-E}}$$
$$+(A_{Ben-F,YOZ}+A_{F,YOZ})\cdot\frac{\max\{-h_{spr}-d_{wir,n}-Z_A(F)-H_{Ben-F},0\}}{H_{Ben-F}}$$
$$+D_{jum}\cdot\min\{H_{jum-MF}+h_{spr}+d_{wir,n}+Z_A(F),H_{jum-MF}\}$$
$$+D_{jum}\cdot\min\{H_{jum-EM}+h_{spr}+d_{wir,n}+Z_A(E),H_{jum-EM}\}$$

B. 当 $-h_{spr}-d_{wir,n}>Z_A(E)$ 且 $0<-h_{spr}-d_{wir,n}\leqslant Z_A(F)$ 时：

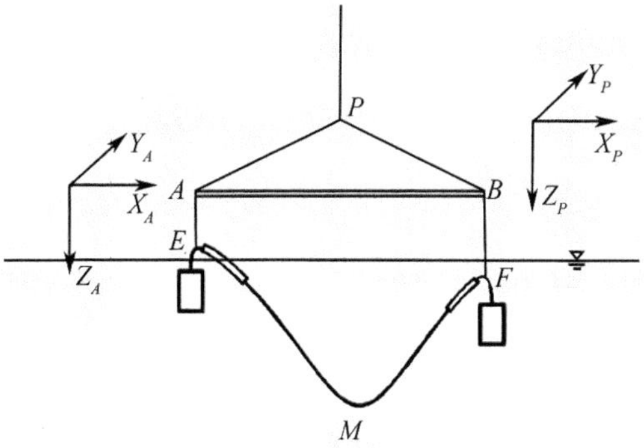

垂直于 XOZ 平面拖曳力方向上构件的投影面积计算如下：

$$A_{p,XOZ}=$$

$$D_{wir}\left[L_{wir-FB}-\frac{T_{BZ}}{w_{wir}}+(H_{wir-FB}+h_{spr}+d_{wir,n})\sqrt{1+\frac{2aw_j}{w_{wir}\cdot(H_{wir-FB}+h_{spr}+d_{wir,n})}}\right]$$

$$+D_{jum}\cdot\sqrt{1+\frac{2a}{\min\{H_{jum-EM}+h_{spr}+d_{wir,n}+Z_A(E),H_{jum-EM}\}}}$$

$$\cdot\min\{H_{jum-EM}+h_{spr}+d_{wir,n}+Z_A(E),H_{jum-EM}\}+D_{jum}\cdot L_{jum-MF}$$

$$+(A_{Ben-E,XOZ}+A_{E,XOZ})\cdot\frac{\max\{-h_{spr}-d_{wir,n}-Z_A(E)-H_{Ben-E},0\}}{H_{Ben-E}}+A_{F,XOZ}$$

$$+A_{Ben-F,XOZ}$$

垂直于 YOZ 平面拖曳力方向上构件的投影面积为：

$$A_{p,YOZ}=A_{F,YOZ}+H_{jum-MF}\cdot D_{jum}+A_{Ben-F,YOZ}+(Z_A(F)+h_{spr}+d_{wir,n})\cdot D_{wir}$$

$$+(A_{Ben-E,YOZ}+A_{E,YOZ})\cdot\frac{\max\{-h_{spr}-d_{wir,n}-Z_A(E)-H_{Ben-E},0\}}{H_{Ben-E}}$$

$$+D_{jum}\cdot\min\{H_{jum-EM}+h_{spr}+d_{wir,n}+Z_A(E),H_{jum-EM}\}$$

C. 当 $0<-h_{spr}-d_{wir,n}\leqslant Z_A(E)$ 且 $-h_{spr}-d_{wir,n}>Z_A(F)$ 时：

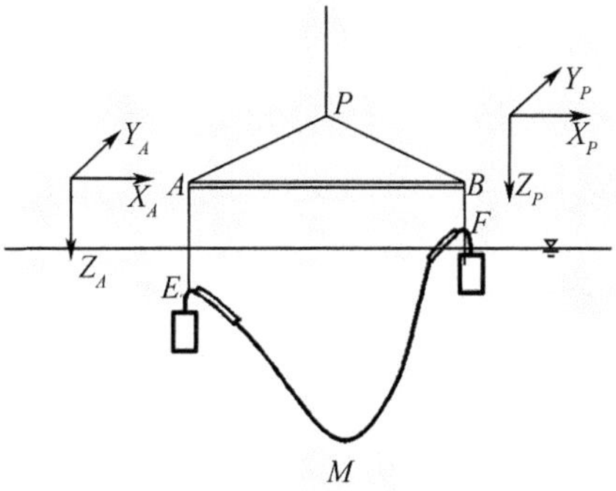

垂直于 XOZ 平面拖曳力方向上构件的投影面积计算如下：

$$A_{p,XOZ}=D_{wir}\left[L_{wir-AE}-\frac{T_{AZ}}{w_{wir}}+(H_{wir-AE}+h_{spr}+d_{wir,n})\sqrt{1+\frac{2aw_j}{w_{wir}\cdot(H_{wir-AE}+h_{spr}+d_{wir,n})}}\right]$$

$$+D_{jum}\cdot\sqrt{1+\frac{2a}{\min\{H_{jum-MF}+h_{spr}+d_{wir,n}+Z_A(F),H_{jum-MF}\}}}$$

$$\cdot\min\{H_{jum-MF}+h_{spr}+d_{wir,n}+Z_A(F),H_{jum-MF}\}+D_{jum}\cdot L_{jum-EM}$$

$$+(A_{Ben-F,XOZ}+A_{F,XOZ})\cdot\frac{\max\{-h_{spr}-d_{wir,n}-Z_A(F)-H_{Ben-F},0\}}{H_{Ben-F}}$$

$$+A_{E,XOZ}+A_{Ben-E,XOZ}$$

垂直于 YOZ 平面拖曳力方向上构件的投影面积为：

$$A_{p,YOZ}=A_{E,YOZ}+H_{jum-EM}\cdot D_{jum}+A_{Ben-E,YOZ}+(Z_A(E)+h_{spr}+d_{wir,n})\cdot D_{wir}$$

$$+(A_{Ben-F,YOZ}+A_{F,YOZ})\cdot\frac{\max\{-h_{spr}-d_{wir,n}-Z_A(F)-H_{Ben-F},0\}}{H_{Ben-F}}$$

$$+D_{jum}\cdot\min\{H_{jum-MF}+h_{spr}+d_{wir,n}+Z_A(F),H_{jum-MF}\}$$

D. 当 $0<-h_{spr}-d_{wir,n}\leqslant Z_A(E)$ 且 $0<-h_{spr}-d_{wir,n}\leqslant Z_A(F)$ 时：

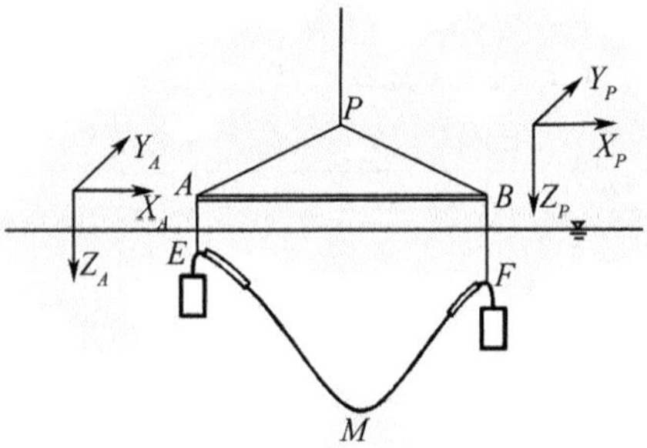

垂直于 XOZ 平面拖曳力方向上构件的投影面积计算如下：

$$A_{p,XOZ}=D_{wir}\left[L_{wir-AE}-\frac{T_{AZ}}{w_{wir}}+(H_{wir-AE}+h_{spr}+d_{wir,n})\sqrt{1+\frac{2aw_j}{w_{wir}\cdot(H_{wir-AE}+h_{spr}+d_{wir,n})}}\right]+$$

$$D_{wir}\left[L_{wir-FB}-\frac{T_{BZ}}{w_{wir}}+(H_{wir-FB}+h_{spr}+d_{wir,n}-H_{AB})\sqrt{1+\frac{2aw_j}{w_{wir}\cdot(H_{wir-FB}+h_{spr}+d_{wir,n}-H_{AB})}}\right]$$

$$+A_{E,XOZ}+A_{F,XOZ}+L_{jum}\cdot D_{jum}+A_{Ben-E,XOZ}+A_{Ben-F,XOZ}$$

垂直于 YOZ 平面拖曳力方向上构件的投影面积为：

$$A_{p,YOZ}=A_{E,YOZ}+A_{F,YOZ}+(H_{jum-EM}+H_{jum-MF})\cdot D_{jum}+A_{Ben-E,YOZ}+A_{Ben-F,YOZ}$$

$$+(Z_A(E)+h_{spr}+d_{wir,n})\cdot D_{wir}+(Z_A(F)+h_{spr}+d_{wir,n})\cdot D_{wir}$$

E. 当 $-h_{spr}-d_{wir,n}\leqslant 0$ 且 $-h_{spr}-d_{wir,n}>H_{AB}$ 时，此时 $0>H_{AB}$：

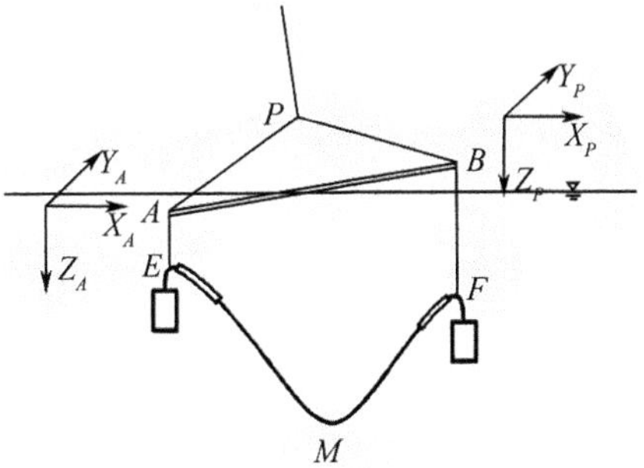

垂直于 XOZ 平面拖曳力方向上构件的投影面积计算如下：

$$A_{p,XOZ}=D_{wir}\cdot L_{wir-AE}+\left|\frac{-h_{spr}-d_{wir,n}}{H_{AB}}\right|\cdot D_{spr}\cdot L_{spr}+D_{wir}\cdot\left(1-\left|\frac{d_{wir,n}}{Z_{P,A}}\right|\right)\cdot$$

$$L_{wir-PA}+D_{\text{wir}}\cdot$$

$$\left[L_{wir-FB}-\frac{T_{BZ}}{w_{wir}}+(H_{wir-FB}+h_{spr}+d_{wir,n}-H_{AB})\sqrt{1+\frac{2aw_j}{w_{wir}\cdot(H_{wir-FB}+h_{spr}+d_{wir,n}-H_{AB})}}\right]$$

$$+A_{E,XOZ}+A_{F,XOZ}+L_{jum}\cdot D_{jum}+A_{Ben-E,XOZ}+A_{Ben-F,XOZ}$$

垂直于 YOZ 平面拖曳力方向上构件的投影面积为：

$$A_{p,YOZ}=A_{E,YOZ}+A_{F,YOZ}+(H_{jum-EM}+H_{jum-MF}\cdot D_{jum}+A_{Ben-E,YOZ}+A_{Ben-F,YOZ})$$

$$+H_{wir-AE}\cdot D_{wir}+(Z_A(F)+h_{spr}+d_{wir,n})\cdot D_{wir}+|-h_{spr}-d_{wir,n}|\cdot$$

$$(D_{spr}+D_{wir})$$

F. 当 $0<-h_{spr}-d_{wir,n}\leqslant Z_A$ 且 $-h_{spr}-d_{wir,n}\leqslant H_{AB}$时，此时 $0\leqslant H_{AB}$：

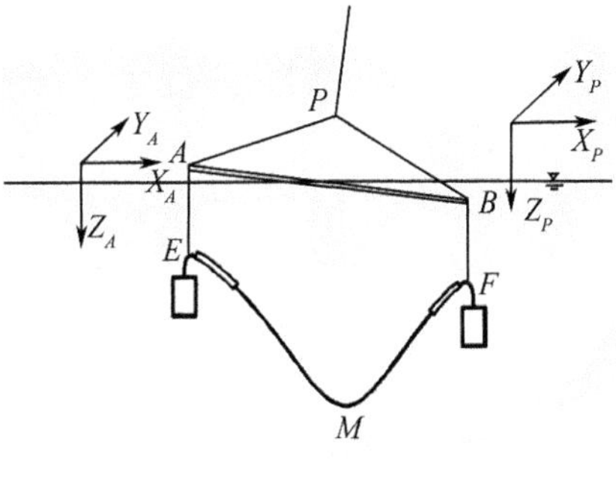

垂直于 XOZ 平面拖曳力方向上构件的投影面积计算如下：

$$A_{p,XOZ}=D_{wir}\cdot L_{wir-FB}+\left(1-\left|\frac{-h_{spr}-d_{wir,n}}{H_{AB}}\right|\right)\cdot D_{spr}\cdot L_{spr}+D_{wir}\cdot\left(1-\left|\frac{d_{wir,n}}{Z_{P,B}}\right|\right)$$

$$\cdot L_{wir-BP}$$

$$+D_{wir}\left[L_{wir-AE}-\frac{T_{AZ}}{w_{wir}}+(H_{wir-AE}+h_{spr}+d_{wir,n})\sqrt{1+\frac{2aw_j}{w_{wir}\cdot(H_{wir-AE}+h_{spr}+d_{wir,n})}}\right]$$

垂直于 *YOZ* 平面拖曳力方向上构件的投影面积为：

$$A_{p,YOZ}=A_{E,YOZ}+A_{F,YOZ}+(H_{jum-EM}+H_{jum-MF})\cdot D_{jum}+A_{Ben-E,YOZ}+A_{Ben-F,YOZ}+H_{wir-FB}\cdot D_{wir}+(Z_A(E)+h_{spr}+d_{wir,n})\cdot D_{wir}+|H_{AB}+h_{spr}+d_{wir,n}|\cdot(D_{spr}+D_{wir})$$

G. 当 $-h_{spr}-d_{wir,n}\leqslant 0$ 且 $-h_{spr}-d_{wir,n}\leqslant H_{AB}$ 时：

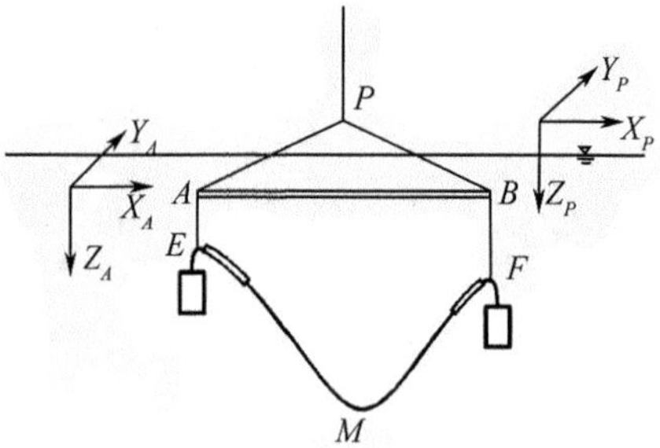

垂直于 *XOZ* 平面拖曳力方向上构件的投影面积计算如下：

$$A_{p,XOZ}=D_{wir}\cdot L_{wir-FB}+D_{spr}\cdot L_{spr}+D_{wir}\cdot\left(1-\left|\frac{d_{wir,n}}{Z_{P,B}}\right|\right)\cdot L_{wir-BP}+D_{wir}\cdot\left(1-\left|\frac{d_{wir,n}}{Z_{P,A}}\right|\right)\cdot L_{wir-PA}+D_{wir}\cdot L_{wir-AE}+A_{E,XOZ}+A_{F,XOZ}+L_{jum}\cdot D_{jum}+A_{Ben-E,XOZ}+A_{Ben-F,XOZ}$$

垂直于 *YOZ* 平面拖曳力方向上构件的投影面积为：

$$A_{p,YOZ}=A_{E,YOZ}+A_{F,YOZ}+(H_{jum-EM}-H_{jum-MF})\cdot D_{jum}+A_{Ben-E,YOZ}+A_{Ben-F,YOZ}+H_{wir-FB}\cdot D_{wir}+H_{wir-AE}\cdot D_{wir}+|H_{AB}|\cdot D_{spr}+D_{wir}\cdot(Z_{P,A}+Z_{P,B}-2d_{wir,n})$$

其中，D_{wir} 为缆绳直径；D_{jum} 为跨接管直径；$A_{E,XOZ}$、$A_{F,XOZ}$ 分别为 *E* 端、*F* 端包括鹅颈管、CATs 等附件在 *XOZ* 平面上的投影面积；$A_{E,YOZ}$、$A_{F,YOZ}$ 分别为 *E* 端、*F* 端包括鹅颈管、CATs 等附件在 *YOZ* 平面上的投影面积；$A_{Ben-E,XOZ}$、$A_{Ben-F,XOZ}$ 分别为 *E* 端、*F* 端限弯器在 *XOZ* 平面上的投影面积；$A_{Ben-E,YOZ}$、$A_{Ben-F,YOZ}$ 分别为 *E* 端、*F* 端限弯器在 *YOZ* 平面上的投影面积；$Z_A(E)$、$Z_A(F)$ 分别为 *E*、*F* 点在 $X_AY_AZ_A$ 坐标系下 Z_A 轴上的坐标；L_{wir-PA}、L_{wir-BP} 分别为 *PA* 端、*BP* 端索具缆绳长度；L_{spr}、D_{spr} 为撑杆长度与直径。

A. *XOZ* 平面计算

以起重机吊点为全局坐标系原点 *O*，将缆绳分成 n_{wir} 单元，单元长度 $l_{wir,i}$ 可由具体划分单元方法确定，若简化为均质缆绳，单元长度 $l_{wir,i}=\frac{L_{wir}}{n_{wir}}$。在缆绳 *i* 单元上建立第 I 个局部坐标系，在局部坐标系中以 *i* - 1 节点作为坐标原点 O_1，对缆绳进行力学分析，*XOZ* 平面内计算模型如图 6 - 32：

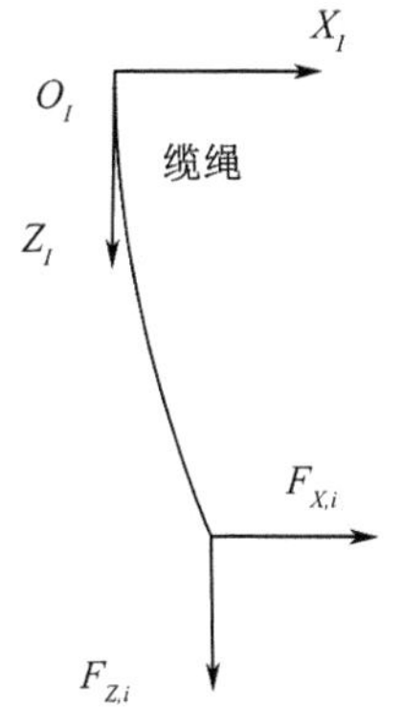

图 26－32 柔性跨接管(＜50 m)
阶段二缆绳单元受力分析图

缆绳 i 单元自重可简化于重心：

$$G_{wir,i} = w_{wir,i} \cdot l_{wir,i} \tag{26-154}$$

节点 i 处受到 X 方向作用力：

$$F_{x,i} = F_{c-x} \tag{26-155}$$

节点 i 处受到 Z 方向作用力：

$$F_{z,i} = F_{total} + \sum_{i=i+1}^{n_{wir}} w_{wir,i} \cdot l_{wir,i} \tag{26-156}$$

边界条件：

缆绳顶部与吊点相连，故顶端边界条件为：

$$M_{x,0} = 0$$

$$x(0) = 0$$

缆绳末端通过吊索与跨接管连接，故可设为铰接，缆绳底端边界条件为：

$$F_{z,n} = F_{total}$$

$$F_{x,n} = F_{c-x}$$

$$M_{x,n} = 0$$

局部坐标系中：

$$x_I(0) = 0$$

$$M_{I,x}(0) = M_{I,x}(l_{wir,i}) = 0$$

在 XOZ 平面内局部坐标系中 i 节点的弯矩方程为：

$$M_{I,x}(0) = F_{x,i} \cdot l_i - F_{z,i} \cdot x_I(l_{wir,i}) - \frac{1}{2}G_{wir,i} \cdot x_I(l_{wir,i}) = 0 \tag{26-157}$$

解得缆绳 i 单元末端即 i 节点在局部坐标系中的位移为($i=1,2,3,\cdots,n$):

$$x_I(l_{wir,i}) = \frac{F_{x,i} \cdot l_{wir,i}}{F_{z,i} + \frac{1}{2}G_{wir,i}} \tag{26-158}$$

缆绳 i 单元在 XOZ 平面内与 Z 轴夹角为:

$$\alpha_x(i) = \arcsin\frac{x_I(l_{wir,i})}{l_{wir,i}} \tag{26-159}$$

通过上述计算方法可计算出缆绳在各个节点处的水平位移。整体坐标系中,各个节点在 X 方向的位移为:

$$x(i) = \sum_{i=1}^{i} x_I(l_{wir,i}) \tag{26-160}$$

跨接管及其索具在整体坐标系中 XOZ 平面内横向偏角为:

$$\alpha_{c-x} = \arctan\frac{F_{c-x}}{F_{total}} \tag{26-161}$$

B. 缆绳在 YOZ 平面内的力学分析

缆绳在 YOZ 平面内的力学分析方法同 XOZ 平面的方法一样。

节点 i 处受到 Y 方向的作用力:

$$F_{y,i} = F_{c-y} \tag{26-162}$$

解得缆绳 i 单元末端即 i 节点在局部坐标系中的位移为($i=1,2,3,\cdots,n$):

$$y_I(l_{wir,i}) = \frac{F_{y,i} \cdot l_{wir,i}}{F_{z,i} + \frac{1}{2}G_{wir,i}} \tag{26-163}$$

缆绳 i 单元在 YOZ 平面内与 Z 轴夹角为:

$$\alpha_y(i) = \arcsin\frac{y_I(l_{wir,i})}{l_{wir,i}} \tag{26-164}$$

通过上述计算方法可计算出缆绳在各个节点处的水平位移。整体坐标系中,各个节点在 Y 方向的位移为:

$$y(i) = \sum_{i=1}^{i} y_I(l_{wir,i}) \tag{26-165}$$

跨接管及其索具在整体坐标系中 YOZ 平面内横向偏角为:

$$\alpha_{c-y} = \arctan\frac{F_{c-y}}{F_{total}} \tag{26-166}$$

C. 总体计算

通过以上求解,解得在整体坐标系中,缆绳各个节点处的 X 方向的位移 $x(i)$,Y 方向的位移 $y(i)$,缆绳 i 单元在 XOZ 平面与 YOZ 平面内与 Z 轴夹角为

$\alpha_x(i)$、$\alpha_y(i)$，故缆绳各个节点的水平位移为 XY 方向位移的矢量 $\sqrt{x(i)^2+y(i)^2}$，与 XOY 平面的夹角为 $\arctan\frac{y(i)}{x(i)}$。跨接管及其索具在 XOZ 平面内与 YOZ 平面内的横向偏角为 α_{c-x}、α_{c-y}；跨接管末端在 X、Y 方向位移分别为 x_{jumper}、y_{jumper}，故跨接管末端总的水平位移为：$\sqrt{x_{jumper}^2+y_{jumper}^2}$，与 XOY 平面的夹角为 $\arctan\frac{y_{jumper}}{x_{jumper}}$。

缆绳节点 i 处所受的轴向力：

$$T_i = \sqrt{F_{x,i}{}^2 + F_{y,i}{}^2 + F_{z,i}{}^2} \tag{26-167}$$

跨接管各节点（例如 k 点）在整体坐标系下坐标为：

$$\begin{cases} x_k = x_A + X_{A,k} \\ y_k = y_A + Y_{A,k} \\ z_k = z_A + Z_{A,k} \end{cases} \tag{26-168}$$

其中，$(X_{A,k},Y_{A,k},Z_{A,k})$ 为跨接管各节点（例如 k 点）在静态计算中局部坐标系 $X_A Y_A Z_A$ 的坐标。

跨接管各点相对于水下毂的偏移为：

$$\begin{aligned} x_{k-hub} &= x_{ct-hub} - x_{RAO} - x_k \\ y_{k-hub} &= y_{ct-hub} - y_{RAO} - y_k \end{aligned} \tag{26-169}$$

A、B 点在整体坐标系下坐标为：

$$\begin{cases} x_A = x(n) - \sqrt{\left(\frac{1}{2}S_{AB}\right)^2 + H_{spr}^2}\cdot\sin\left(\arctan\frac{S_{AB}}{2H_{spr}} - \alpha_{c-x}\right) \\ y_A = y(n) + \sqrt{\left(\frac{1}{2}S_{AB}\right)^2 + H_{spr}^2}\cdot\sin(\alpha_{c-y}) \\ z_A = z(n) + \sqrt{\left(\frac{1}{2}S_{AB}\right)^2 + H_{spr}^2}\cdot\cos\left(\arctan\frac{S_{AB}}{2H_{spr}} - \alpha_{c-x}\right) \end{cases} \tag{26-170}$$

$$\begin{cases} x_B = x(n) + \sqrt{\left(\frac{1}{2}S_{AB}\right)^2 + H_{spr}^2}\cdot\sin\left(\arctan\frac{S_{AB}}{2H_{spr}} + \alpha_{c-x}\right) \\ y_B = y(n) + \sqrt{\left(\frac{1}{2}S_{AB}\right)^2 + H_{spr}^2}\cdot\sin(\alpha_{c-y}) \\ z_B = z(n) + \sqrt{\left(\frac{1}{2}S_{AB}\right)^2 + H_{spr}^2}\cdot\cos\left(\arctan\frac{S_{AB}}{2H_{spr}} + \alpha_{c-x}\right) \end{cases} \tag{26-171}$$

则 AB 之间的水平距离为：$S_{AB} = \sqrt{(x_A - x_B)^2 + (y_A - y_B)^2}$，垂向距离：$H_{AB} = |z_A - z_B|$。

②局部受力分析

由于跨接管以及下放索具产生横向偏角，故 AB 之间水平距离 S_{AB} 以及垂向距离 H_{AB} 发生变化，故需要重新计算静态时撑杆以下部分形态，参照本文 26.5.2.1 章节，可较为精确计算出撑杆以下部分受到的环境荷载作用。

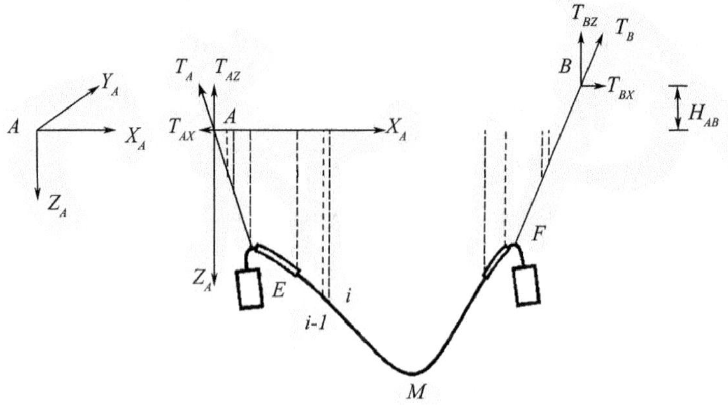

图 26－33　阶段二 *AB* 段缆绳以及跨接管分析示意图

计算撑杆以下跨接管与索具缆绳部分。在局部坐标系 $X_AY_AZ_A$ 中，将撑杆以下跨接管与索具缆绳进行有限元划分（不包含限弯器），如图 26－33 所示，从 A 点起共划分 n 个单元，每段单元长度 l_i 根据具体划分方法确定，将两端限弯器始末两点分别设置为单元节点，两边限弯器分别为一个单元。

简化 E 端 CATs、鹅颈管等附件受到的波浪、流作用力分别作用于鹅颈管与索具缆绳连接处，将波浪、流作用力沿 X 轴与 Y 轴分解，计算 E 端 CATs、鹅颈管等附件在整体坐标系中受到 X 轴与 Y 轴轴的环境荷载即为：

$$F_{oth-x,E} = F_{D-Eoth-x} + F_{M-Eoth-x} \tag{26－172}$$

$$F_{oth-y,E} = F_{D-Eoth-y} + F_{M-Eoth-y} \tag{26－173}$$

其中，$F_{D-Eoth-x}$、$F_{D-Eoth-y}$ 分别为 E 端 X、Y 方向上 CATs、鹅颈管等附件受到的波浪、流的拖曳力；$F_{M-Eoth-x}$、$F_{M-Eoth-y}$ 分别为 E 端 X、Y 方向上 CATs、鹅颈管等附件受到波浪、流的惯性力。F 端 CATs、鹅颈管等附件受到的波浪、流作用力计算同 E 端，大小为：$F_{oth-x,F}$、$F_{oth-y,F}$。

将波浪、流作用力沿 X 轴与 Y 轴分解，计算撑杆以下跨接管、索具缆绳、限弯器每单元在整体坐标系中受到 X 轴与 Y 轴方向上的环境荷载大小（与水深有关）即为：

$$F_{i-x} = F_{D-i-x} + F_{M-i-x} \tag{26－174}$$

$$F_{i-y} = F_{D-i-y} + F_{M-i-y} \tag{26－175}$$

其中，F_{D-i-x}、F_{D-i-y}分别为X、Y方向上跨接管、索具缆绳、限弯器受到的波浪、流的拖曳力；F_{M-i-x}、F_{M-i-y}分别为X、Y方向上跨接管、索具缆绳、限弯器受到波浪、流的惯性力。

对撑杆以下跨接管与索具缆绳的形态计算采用有限元原理：

A. 初值设置

计算模型见图26－33，A点即为第0号节点，在$X_AY_AZ_A$坐标系中，A点坐标为(0,0,0)，假设A点沿X_A轴、Y_A轴、Z_A轴方向力的大小为已知，大小采用静态计算结果，如下：

$$\begin{cases} T_{X_A,0} = a \cdot w_{jum} \\ T_{Y_A,0} = 0 \\ T_{Z_A,0} = T_{AZ} \end{cases} \tag{26-176}$$

节点在X_A轴、Y_A轴、Z_A轴方向受力递推公式为：

$$\begin{cases} T_{X_A,i} = T_{X_A,i-1} \\ T_{Y_A,i} = T_{Y_A,i-1} \\ T_{Z_A,i} = T_{Z_A,i-1} - G_i \end{cases} \tag{26-177}$$

其中，当i节点位于AE段索具缆绳（包括E点）上时，$G_i = l_i \cdot w_i, w_i = w_{wir}$；当$i$节点是$E$点后第一个节点时（即为$E$端限弯器单元），$G_i = G_{Ben-E} + G_E$；当$i$节点位于跨接管时，$G_i = l_i \cdot w_i, w_i = w_{jum}$；当i节点为$F$点时，$G_i = G_{Ben-F} + G_F$；当$i$节点是$FB$段索具缆绳其他节点时，$G_i = l_i \cdot w_i, w_i = w_{wir}$。

节点i（非限弯器后点）在$X_AY_AZ_A$坐标系中坐标递推公式为：

$$\begin{cases} X_{A,i} = X_{A,i-1} + l_i \cdot \cos\left(\text{acttan}\dfrac{T_{Y_A,i-1}}{\sqrt{T^2_{X_A,i-1} + T^2_{Z_A,i-1}}}\right) \cdot \cos\left(\text{acttan}\dfrac{T_{Z_A,i-1}}{T_{X_A,i-1}}\right) \\ Y_{A,i} = Y_{A,i-1} + l_i \cdot \sin\left(\text{acttan}\dfrac{T_{Y_A,i-1}}{\sqrt{T^2_{X_A,i-1} + T^2_{Z_A,i-1}}}\right) \\ Z_{A,i} = Z_{A,i-1} + l_i \cdot \cos\left(\text{acttan}\dfrac{T_{Y_A,i-1}}{\sqrt{T^2_{X_A,i-1} + T^2_{Z_A,i-1}}}\right) \cdot \sin\left(\text{acttan}\dfrac{T_{Z_A,i-1}}{T_{X_A,i-1}}\right) \end{cases} \tag{26-178}$$

当节点i为E节点后一节点时，节点i在$X_AY_AZ_A$坐标系中坐标递推公式为：

$$\begin{cases} X_{A,i} = X_{A,i-1} + S_{Ben-E} \\ Y_{A,i} = Y_{A,i-1} + l_i \cdot \sin\left(\text{acttan}\dfrac{T_{Y_A,i-1}}{\sqrt{T^2_{X_A,i-1} + T^2_{Z_A,i-1}}}\right) \\ Z_{A,i} = Z_{A,i-1} + H_{Ben-E} \end{cases}$$

当节点 i 为 F 节点时，节点 i 在 $X_AY_AZ_A$ 坐标系中坐标递推公式为：

$$\begin{cases} X_{A,i} = X_{A,i-1} + S_{Ben-F} \\ Y_{A,i} = Y_{A,i-1} + l_i \cdot \sin\left(\arctan\dfrac{T_{Y_A,i-1}}{\sqrt{T^2_{X_A,i-1} + T^2_{Z_A,i-1}}}\right) \\ Z_{A,i} = Z_{A,i-1} - H_{Ben-F} \end{cases}$$

局部坐标系与整体坐标系的转换见本文公式(26－135)。

B. X_AAZ_A 平面内循环

a)环境荷载求解

在整体坐标系中，第 i 段单元所受到波浪、流的荷载作用于 i 节点与 $i-1$ 节点中点位置，大小为：

$$F_{e-x,i} = \frac{1}{2}(F_{i-x} + F_{(i-1)-x}) \cdot l_i \tag{26－179}$$

$$F_{e-y,i} = \frac{1}{2}(F_{i-y} + F_{(i-1)-y}) \cdot l_i \tag{26－180}$$

其中，F_{i-x}、$F_{(i-1)-x}$、F_{i-y}、$F_{(i-1)-y}$ 见式(26－174)、式(26－175)。环境荷载的计算与跨接管、索具缆绳、限弯器所处水深与跨接管形态有关，在初次计算中水深与跨接管、索具缆绳、限弯器形态采用静态结果，之后的计算分别采用上一次计算的水深与形态结果。环境荷载的计算结果还与单元直径有关，单元直径根据单元所在位置(限弯器处、跨接管处、索具缆绳处)而定。

而鹅颈管、CATs 及其附件受到的环境荷载大小见本文公式(26－172)、公式(26－173)。

b)节点受力与坐标的计算

节点在 X_A 轴、Y_A 轴、Z_A 轴方向受力递推公式为：

$$\begin{cases} T_{X_A,i} = T_{X_A,i-1} - F_{e-x,i} \\ T_{Y_A,i} = T_{Y_A,i-1} - F_{e-y,i} \\ T_{Z_A,i} = T_{Z_A,i-1} - G_i \end{cases} \tag{26－181}$$

当 i 节点是过 E 点上第一个节点时，i 节点在 X_A 轴、Y_A 轴、Z_A 轴方向受力递推公式为：

$$\begin{cases} T_{X_A,i} = T_{X_A,i-1} - F_{e-x,i} - F_{oth-x,E} \\ T_{Y_A,i} = T_{Y_A,i-1} - F_{e-y,i} - F_{oth-y,E} \\ T_{Z_A,i} = T_{Z_A,i-1} - G_i \end{cases} \tag{26-182}$$

当 i 节点是 F 点时,i 节点在 X_A轴、Y_A轴、Z_A轴方向受力递推公式为:

$$\begin{cases} T_{X_A,i} = T_{X_A,i-1} - F_{e-x,i} - F_{oth-x,F} \\ T_{Y_A,i} = T_{Y_A,i-1} - F_{e-y,i} - F_{oth-y,F} \\ T_{Z_A,i} = T_{Z_A,i-1} - G_i \end{cases} \tag{26-183}$$

节点在 $X_AY_AZ_A$坐标系中坐标递推公式不变,见本文公式(26-178)。

c)循环计算

本文计算采用二范数准则对 B 点坐标进行收敛判断:

$$\sqrt{(X_{A,n} - S_{AB})^2 + (Z_{A,n} - H_{AB})^2} < \varepsilon \tag{26-184}$$

其中,ε 为计算误差,当公式(26-184)成立时则认为满足 X_AAZ_A平面内精度要求,即可进行第 C 步三维计算。

若条件不满足,则对 $T_{X_A,0}$增加一增量/减量 $Var_{X_A,0}$,并返回 X_AAZ_A平面内循环中第 a)步,直至满足公式(26-184)。

若循环数次后对 $T_{X_A,0}$的增量/减量超过$\sum_{i=1}^{n}F_{e-x,i}$并且仍无法满足公式(26-184),则令 $T_{X_A,0}$返回静态计算结果 $a \cdot w_{jum}$,并对 $T_{Z_A,0}$增加一增量/减量 $Var_{Z_A,0}$,并返回 X_AAZ_A平面内循环中第 a)步,直至满足公式(26-184)。

C. 三维循环计算

a)环境荷载计算

环境荷载计算公式同第 B 中 a)步,初次进入 C 步时水深与跨接管形态的形态采用 X_AAZ_A平面内平衡状态下的结果,之后的计算分别采用上一次计算的水深与跨接管形态结果。

b)节点受力与坐标的计算

同第 B 中 b)步。

c)循环计算

本文计算采用二范数准则对 B 点坐标进行收敛判断:

$$\sqrt{(X_{A,n} - S_{AB})^2 + (Y_{A,n})^2 + (Z_{A,n} - H_{AB})^2} < \varepsilon \tag{26-185}$$

其中,ε 为计算误差,当公式(26-185)成立时则认为满足三维精度要求,即为计算结果。

若条件不满足,则对 $T_{Y_A,0}$增加一增量/减量 $Var_{Y_A,0}$,令 $T_{X_A,0}$返回静态计算结果 $a \cdot w_{jum}$;$T_{Z_A,0}$返回静态计算结果 T_{AZ},并返回 X_AAZ_A平面内循环中第 a)步,继

续计算,直至满足公式(26－185)。

D. 跨接管力矩、弯曲半径计算

通过 A～C 步计算即可获得 $X_A Y_A Z_A$ 坐标下撑杆以下跨接管、索具缆绳上各节点坐标分布以及 X_A 轴、Y_A 轴、Z_A 轴方向上分力大小,计算精度与单元划分程度、循环递增/递减变量大小、计算误差有关,单元划分越细、循环递增/递减变量越小、计算误差越小则计算结果越精确。

跨接管部分第 i 节点处弯曲半径计算如下:

$$\rho_i = \frac{a}{2 \cdot \sin\arccos\left(\frac{b^2 + c^2 - a^2}{2bc}\right)} \tag{26－186}$$

$$\begin{aligned} a_A &= \sqrt{(X_{A,i+1} - X_{A,i-1})^2 + (Y_{A,i+1} - Y_{A,i-1})^2 + (Z_{A,i+1} - Z_{A,i-1})^2} \\ b_A &= \sqrt{(X_{A,i} - X_{A,i-1})^2 + (Y_{A,i} - Y_{A,i-1})^2 + (Z_{A,i} - Z_{A,i-1})^2} \\ c_A &= \sqrt{(X_{A,i+1} - X_{A,i})^2 + (Y_{A,i+1} - Y_{A,i})^2 + (Z_{A,i+1} - Z_{A,i})^2} \end{aligned} \tag{26－187}$$

此段跨接管第 i 节点处弯矩为:

$$M_i = \frac{(EI)_{jum}}{\rho_i} \tag{26－188}$$

其中,$(EI)_{jum}$ 为跨接管弯曲刚度。

提高动态计算精度,只需根据局部计算后撑杆以下跨接管以及索具缆绳形态数据,求解撑杆以下部分受到环境荷载带入动态计算整体分析中,循环计算即可。直至循环后得到的撑杆以下跨接管形态与上次计算所得结果相近(可采用二范数进行判断),即可达到精度要求。

1. 跨接管以及下放索具完全淹没阶段

本阶段为从跨接管以及索具顶部完全淹没水面下开始,直至跨接管与水下生产系统连接,即缆绳末端水深 $0 \leqslant d_{wir,n} < D_w - h_{spr} - H_{wir-AE} - H_{jum-EM}$,其中 D_w 为总水深。当跨接管以及索具顶部在水面下 4m 即 13ft 以内,仍属于浪溅区下放;当跨接管以及索具顶部在水面下 4 m 以下,属于中层水域下放(具体可参考规范 DNV－OS－C101[9])。浪溅区下放与中层水域下放最大的区别就是中层水域下放不需要考虑波浪的直接作用,因此水动力荷载计算有所不同,并且在计算过程中中层水域下放可以忽略波浪的影响。由于随着下放水深的增加,缆绳顶端承受的轴力不断增加,因此跨接管以及索具下放到最大水深时,是整个安装工程危险阶段之一。

跨接管以及下放索具完全淹没阶段与未完全淹没阶段计算类似,提高动态计算精度的方法也一致。不同之处在于动态计算过程中的整体计算分析。将以下整体分析替换到 26.5.2.2 动态计算中的整体分析即可。

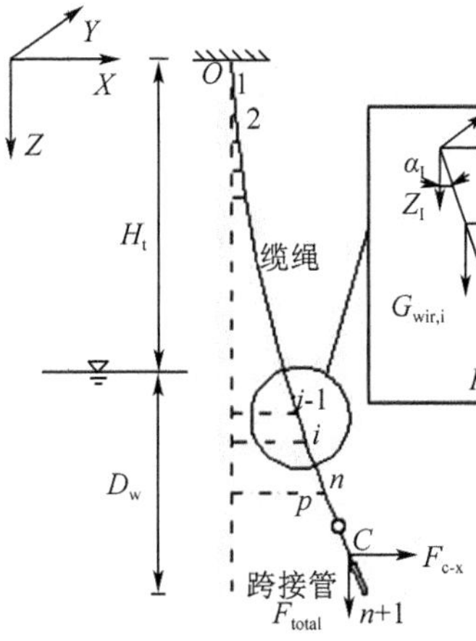

图 26－34 柔性跨接管（<50 m）阶段三系统分析示意图

如图 26－34 所示，这一阶段系统主要受到跨接管及其附件的自重、跨接管及其附件受到的波浪、流环境荷载、船舶耦合运动作用、缆绳自重，缆绳受到的波浪、流环境荷载作用。以吊机吊点为全局坐标系原点 O，将缆绳分成 n_{wir} 单元，单元长度 $l_{wir,i}$ 可由具体划分单元方法确定，若简化为均质缆绳，单元长度 $l_{wir,i}=\frac{L_{wir}}{n_{wir}}$，在缆绳 i 单元上建立第 I 个局部坐标系。

将跨接管及其下放索具视为整体，假定跨接管及其下放索具受到的波浪、流等作用力作用于重心 C 处，将波浪、流作用力沿 X 轴与 Y 轴方向分解，计算跨接管及其下放索具受到 X 轴与 Y 轴方向上的环境荷载即为：

$$F_{c-x}=F_{D-c-x}+F_{M-c-x} \tag{26-189}$$

$$F_{c-y}=F_{D-c-y}+F_{M-c-y} \tag{26-190}$$

其中，F_{D-c-x}、F_{D-c-y} 分别为 X、Y 方向上跨接管及其下放索具受到的波浪、流的拖曳力；F_{M-c-x}、F_{M-c-y} 分别为 X、Y 方向上跨接管及其下放索具受到波浪、流的惯性力。当跨接管处于中层水域下放时，只需要计算流荷载即可。

垂直于 XOZ 平面拖曳力方向上构件的投影面积计算如下：

$$A_{p,XOZ}=D_{jum}\cdot(L_{jum-EM}+L_{jum-MF})+A_{Ben-F,XOZ}+A_{F,XOZ}+A_{Ben-E,XOZ}+A_{E,XOZ}+D_{wir}\cdot(L_{wir-AE}+L_{wir-FB})+D_{spr}\cdot L_{spr}+D_{wir}\cdot(L_{wir-PA}+L_{wir-BP})$$

垂直于 YOZ 平面拖曳力方向上构件的投影面积为：

$$A_{p,YOZ}=A_{Ben-E,YOZ}+A_{E,YOZ}+A_{Ben-F,YOZ}+A_{F,YOZ}+(Z_{P,A}+Z_{P,B})\cdot D_{wir}+D_{jum}\cdot(H_{jum-MF}+H_{jum-EM})+D_{wir}\cdot(H_{wir-AE}+H_{wir-FB})$$

缆绳 i 单元受到 X 轴与 Y 轴方向上的环境荷载为：

$$F_{e-x,i} = \frac{1}{2}(F_{wir-x,i-1} + F_{wir-x,i}) \cdot l_{wir,i} \tag{26-191}$$

$$F_{e-y,i} = \frac{1}{2}(F_{wir-y,i-1} + F_{wir-y,i}) \cdot l_{wir,i} \tag{26-192}$$

当跨接管处于浪溅区下放时，环境荷载需要考虑波浪、流；当跨接管处于中层水域下放时，只需要计算流荷载即可。

①对缆绳进行 XOZ 平面内的力学分析：

缆绳 i 单元自重可简化于重心：

$$G_{wir,i} = w_{wir,i} \cdot l_{wir,i} \tag{26-193}$$

节点 i 处受到 X 方向作用力：

$$F_{x,i} = \sum_{i+1}^{n_{wir}} F_{e-x,i} + F_{c-x} \tag{26-194}$$

节点 i 处受到 Z 方向作用力：

$$F_{z,i} = F_{total} + \sum_{i=i+1}^{n_{wir}} w_{wir,i} \cdot l_{wir,i} \tag{26-195}$$

边界条件：

缆绳顶部与吊点相连，故顶端边界条件为：

$$M_{x,0} = 0$$
$$x(0) = 0$$

缆绳末端通过吊索与跨接管连接，故可设为铰接，缆绳底端边界条件为：

$$F_{z,n} = F_{total}$$
$$F_{x,n} = F_{c-x}$$
$$M_{x,n} = 0$$

局部坐标系中：

$$x_I(0) = 0$$
$$M_{I,x}(0) = M_{I,x}(l_{wir,i}) = 0$$

在 XOZ 平面内局部坐标系中 i 节点的弯矩方程为：

$$M_{I,x}(0) = F_{x,i} \cdot l_{wir,i} - F_{z,i} \cdot x_I(l_{wir,i}) + \frac{1}{2}F_{e-x,i} \cdot l_{wir,i} - \frac{1}{2}G_{wir,i} \cdot x_I(l_{wir,i}) = 0 \tag{26-196}$$

解得缆绳 i 单元末端即 i 节点在局部坐标系中的位移为（$i=1,2,3,\cdots,n$）：

$$x_I(l_{wir,i}) = \frac{F_{x,i} \cdot l_{wir,i} + \frac{1}{2}F_{e-x,i} \cdot l_{wir,i}}{F_{z,i} + \frac{1}{2}G_{wir,i}} \tag{26-197}$$

缆绳 i 单元在 XOZ 平面内与 Z 轴夹角为：

$$\alpha_x(i) = \arcsin \frac{x_I(l_{wir,i})}{l_{wir,i}} \tag{26-198}$$

通过上述计算方法可计算出缆绳在各个节点处的水平位移。整体坐标系中，各个节点在 X 方向的位移为：

$$x(i) = \sum_{i=1}^{i} x_I(l_{wir,i}) \tag{26-199}$$

跨接管及其索具在整体坐标系中 XOZ 平面内横向偏角为：

$$\alpha_{c-x} = \arctan \frac{F_{c-x}}{F_{total}} \tag{26-200}$$

②缆绳在 YOZ 平面内的力学分析

缆绳在 YOZ 平面内的力学分析方法同 XOZ 平面的方法一样。

节点 i 处受到 Y 方向的作用力：

$$F_{y,i} = \sum_{i+1}^{n_{wir}} F_{e-y,i} + F_{c-y} \tag{26-201}$$

解得缆绳 i 单元末端即 i 节点在局部坐标系中的位移为（$i=1,2,3\cdots n$）：

$$y_I(l_{wir,i}) = \frac{F_{y,i} \cdot l_{wir,i} + \frac{1}{2}F_{e-y,i} \cdot l_{wir,i}}{F_{z,i} + \frac{1}{2}G_{wir,i}} \tag{26-202}$$

缆绳 i 单元在 YOZ 平面内与 Z 轴夹角为：

$$\alpha_y(i) = \arcsin \frac{y_I(l_{wir,i})}{l_{wir,i}} \tag{26-203}$$

通过上述计算方法可计算出缆绳各个节点处的水平位移。整体坐标系中，各个节点在 Y 轴方向的位移为：

$$y(i) = \sum_{i=1}^{i} y_I(l_{wir,i}) \tag{26-204}$$

跨接管及其索具在 YOZ 平面内横向偏角为：

$$\alpha_{c-y} = \arctan \frac{F_{c-y}}{F_{total}} \tag{26-205}$$

柔性跨接管的局部受力分析：

以 A 点为局部坐标原点，建立局部坐标系，跨接管及其索具在整体坐标系中 XOZ 平面内横向偏角为：$\alpha_{c-x} = \arctan \frac{F_{c-x}}{F_{total}}$，在 YOZ 平面内横向偏角为：$\alpha_{c-y} = \arctan \frac{F_{c-y}}{F_{total}}$。在 XOZ 方向的横向偏角会引起 B 点相对于 A 点的坐标变化，而

YOZ 平面的横向偏角则对 B 的坐标变化无影响，所以由整体分析可得，在局部坐标系中，B 点的坐标为$(S_{AB}\cdot\cos(\alpha_{c-x}),0,S_{AB}\cdot\sin(\alpha_{c-x}))$。

往后的具体详细计算方法参照大于 50 的情况。

③总体计算

通过以上求解，解得在整体坐标系中，缆绳各个节点处的 X 方向的位移 $x(i)$，Y 方向的位移 $y(i)$，缆绳 i 单元在 XOZ 平面与 YOZ 平面内与 Z 轴夹角为 $\alpha_x(i)$、$\alpha_y(i)$，故缆绳各个节点的水平位移为 X、Y 方向位移的矢量 $\sqrt{x(i)^2+y(i)^2}$，与 XOY 平面的夹角为 $\arctan\dfrac{y(i)}{x(i)}$。跨接管及其索具在 XOZ 平面内与 YOZ 平面内的横向偏角为 α_{c-x}、α_{c-y}；跨接管末端在 X、Y 方向位移分别为 x_{jumper}、y_{jumper}，故跨接管末端总的水平位移为：$\sqrt{x_{jumper}^2+y_{jumper}^2}$，与 XOY 平面的夹角为 $\arctan\dfrac{y_{jumper}}{x_{jumper}}$。

缆绳节点 i 处所受的轴向力：

$$T_i = \sqrt{F_{x,i}{}^2 + F_{y,i}{}^2 + F_{z,i}{}^2} \tag{26-206}$$

跨接管各节点（例如 k 点）在整体坐标系下坐标为：

$$\begin{aligned} x_k &= x_A + X_{A,k} \\ y_k &= y_A + Y_{A,k} \\ z_k &= z_A + Z_{A,k} \end{aligned} \tag{26-207}$$

其中，$(X_{A,k},Y_{A,k},Z_{A,k})$ 为跨接管各节点（例如 k 点）在静态计算中局部坐标系 $X_AY_AZ_A$ 的坐标。

跨接管各点相对于水下毂的偏移为：

$$\begin{cases} x_{k-hub} = x_{ct-hub} - x_{RAO} - x_k \\ y_{k-hub} = y_{ct-hub} - y_{RAO} - y_k \end{cases} \tag{26-208}$$

A、B 点在整体坐标系下坐标为：

$$\begin{cases} x_A = x(n) - \sqrt{\left(\frac{1}{2}S_{AB}\right)^2 + H_{spr}^2}\cdot\sin\left(\arctan\dfrac{S_{AB}}{2H_{spr}} - \alpha_{c-x}\right) \\ y_A = y(n) + \sqrt{\left(\frac{1}{2}S_{AB}\right)^2 + H_{spr}^2}\cdot\sin(\alpha_{c-y}) \\ z_A = z(n) + \sqrt{\left(\frac{1}{2}S_{AB}\right)^2 + H_{spr}^2}\cdot\cos\left(\arctan\dfrac{S_{AB}}{2H_{spr}} - \alpha_{c-x}\right) \end{cases} \tag{26-209}$$

$$x_B = x(n) + \sqrt{\left(\frac{1}{2}S_{AB}\right)^2 + H_{spr}^2} \cdot \sin\left(\arctan\frac{S_{AB}}{2H_{spr}} + \alpha_{c-x}\right)$$

$$y_B = y(n) + \sqrt{\left(\frac{1}{2}S_{AB}\right)^2 + H_{spr}^2} \cdot \sin(\alpha_{c-y}) \tag{26-210}$$

$$z_B = z(n) + \sqrt{\left(\frac{1}{2}S_{AB}\right)^2 + H_{spr}^2} \cdot \cos\left(\arctan\frac{S_{AB}}{2H_{spr}} + \alpha_{c-x}\right)$$

则 AB 之间的水平距离为：$S_{AB} = \sqrt{(x_A - x_B)^2 + (y_A - y_B)^2}$，垂向距离：$H_{AB} = z_A - z_B$。

4. 落地与连接

落地与连接过程分为 3 个过程，分别是：

- 1 号端点连接到 1 号毂上（跨接管未落地）；
- 1 号端点已连接，铺放跨接管过程（跨接管落地）；
- 2 号端点连接到 2 号毂上（跨接管已落地）。

（1）1 号端点连接到 1 号毂上（跨接管未落地）

继续下放跨接管，直到一定深度后用 ROV 将跨接管 1 号端点连接到 1 号毂上，跨接管未落地，简化模型如图 26－35 所示。

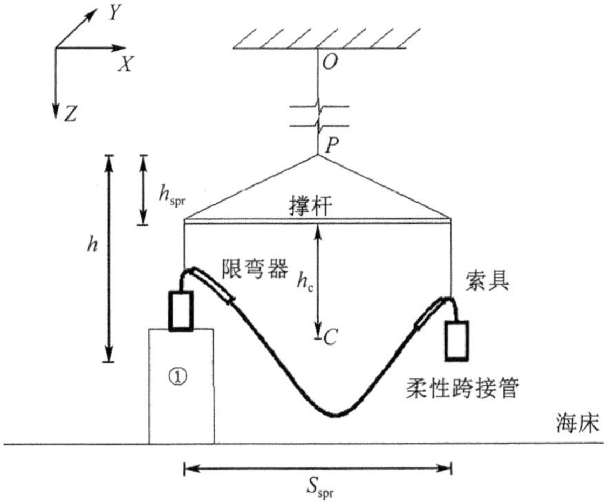

图 26－35　柔性跨接管（＜50 m）阶段四过程一系统分析示意图

此时跨接管形态与缆绳形态与第三阶段（跨接管以及下放索具完全淹没阶段）下放到水深最深阶段即接头端到达连接毂附近时形态相同。

（2）1 号端点已连接，铺放跨接管过程（跨接管落地）

本阶段为跨接管落地的过程，根据参考文献［4］第十四章，当跨接管坐放至海底时，跨接管会和海底产生撞击，最大撞击力为：

$$F_{\max} = v_{it} \cdot \sqrt{m_c \cdot k} \tag{26-211}$$

$$k = \frac{k_{seab} \cdot k_{jum}}{k_{seab} + k_{jum}} \tag{26-212}$$

其中，v_{it}为撞击前跨接管下放速度；k 为系统等效刚度；k_{jum}为跨接管刚度；k_{seab}为海底刚度。

当跨接管坐放至海底时，除需要计算跨接管弯矩、最小弯曲半径、轴力之外，还需要额外计算跨接管与海床的接触长度。以 O 为坐标原点建立整体坐标系 XYZ，计算模型如图 26－36 所示。

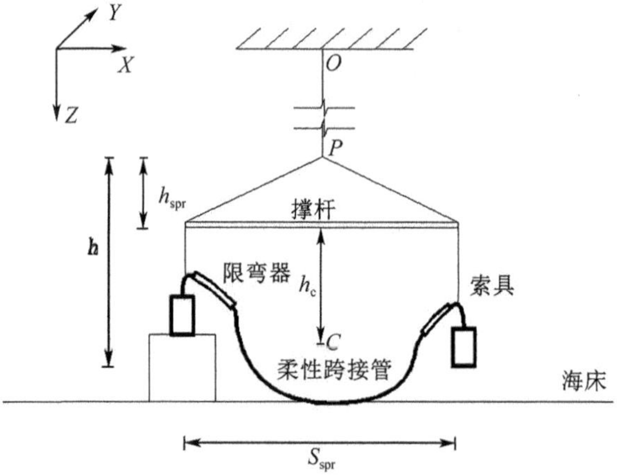

图 26－36　柔性跨接管（＜50 m）阶段四过程二系统分析示意图

撑杆以下部分计算模型如图 26－37 所示，以 E 点为坐标原点建立局部坐标系 $X_EY_EZ_E$，A 点为跨接管 1 号（E）端点一侧索具缆绳与撑杆连接点，B 点为跨接管 2 号（F）端点一侧与撑杆连接点，E 点为跨接管 1 号端点附近与索具缆绳连接处，F 点为跨接管 2 号端点附近与索具缆绳连接处，M 为 AE 边跨接管的触地点，N 为 FB 边跨接管的触地点。

(x_E, y_E, z_E)为 E 点在整体坐标系内坐标，为已知，可将局部坐标系内各点坐标转换到整体坐标系中，转换方法如下：

$$\begin{cases} x = x_E + X_E \\ y = y_E + Y_E \\ z = z_E + Z_E \end{cases} \tag{26-213}$$

A 点坐标(x_A, y_A, z_A)、B 点坐标(x_B, y_B, z_B)为已知，采用第三阶段（跨接管以

及下放索具完全淹没阶段）下放到水深最深阶段即接头端到达连接毂附近时数据。通过公式(26-213)转换可得 A 点、B 点在 $X_EY_EZ_E$ 局部坐标系下坐标($X_{E,A}$，$Y_{E,A}$，$Z_{E,A}$)、($X_{E,B}$，$Y_{E,B}$，$Z_{E,B}$)。

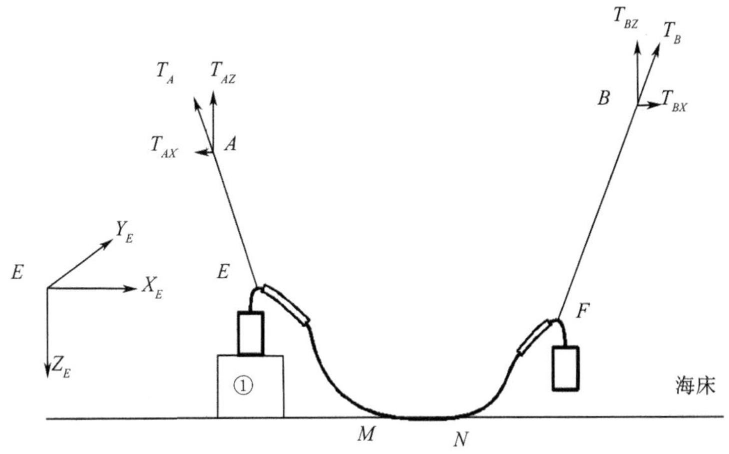

图 26-37 阶段四过程二 *AB* 段缆绳以及跨接管分析示意图

AB 之间的水平距离为：$S_{AB}=\sqrt{(x_A-x_B)^2+(y_A-y_B)^2}$，垂向距离：$H_{AB}=|z_A-z_B|$。

AE 之间的水平距离为：$S_{AE}=\sqrt{(x_A-x_E)^2+(y_A-y_E)^2}$，垂向距离：$H_{AE}=|z_A-z_E|$。

EB 之间的水平距离为：$S_{EB}=\sqrt{(x_E-x_B)^2+(y_E-y_B)^2}$，垂向距离：$H_{EB}=|z_E-z_B|$。

①撑杆以下静态求解

A. 方程组建立

a) EM 跨接管段：

EM 段跨接管（包括 E 端限弯器长度）高度为：

$$H_{EM}=H_{jum-EM}+H_{Ben-E}=a\cdot\left(\cosh\frac{S_{jum-EM}}{a}-1\right)+H_{Ben-E} \quad (26-214)$$

其中，a 为跨接管段悬链线参数；H_{Ben-E} 为 E 端点处限弯器在 Z_E 轴上的投影长度；H_{jum-EM} 为 EM 段中跨接管部分在 Z_E 轴上的投影长度；S_{jum-EM} 为 EM 段中跨接管部分在 X_E 轴上的投影长度。

EM 段跨接管长度为：

$$L_{jum-EM}=a\cdot\sinh\frac{S_{jum-EM}}{a} \quad (26-215)$$

b) *NF* 跨接管段：

NF 段跨接管(包括 *F* 端限弯器长度)高度为：

$$H_{NF} = H_{jum-NF} + H_{Ben-F} = a\cdot\left(\cosh\frac{S_{jum-NF}}{a}-1\right) + H_{Ben-F} \quad (26-216)$$

其中，a 为跨接管段悬链线参数；H_{Ben-F}为 F 端点处限弯器在 Z_E轴上的投影长度；H_{jum-NF}为 NF 段中跨接管部分在 Z_E轴上的投影长度，S_{jum-NF}为 NF 段中跨接管部分在 X_E轴上的投影长度。

NF 段跨接管长度为：

$$L_{jum-NF} = a\cdot\sinh\frac{S_{jum-NF}}{a} \quad (26-217)$$

NF 段 *F* 端点受到 Z_E方向总的拉力大小为：

$$T_{FZ} = w_{jum}\cdot L_{jum-NF} + G_F + G_{Ben-F} \quad (26-218)$$

其中，w_{jum}为柔性跨接管线密度；G_F 为 F 端包括鹅颈管、CATs 等附件的总重；G_{Ben-F}为 F 端限弯器重量。

c) *NB*(*FB* 索具缆绳 + *F* 端限弯器 + *F* 端鹅颈管、*CATs* 等 + *NF* 跨接管)段：

B 端点受到 Z_E轴方向拉力为：

$$T_{BZ} = w_{wir}\cdot L_{wir-FB} + w_{jum}\cdot L_{jum-NF} + G_F + G_{Ben-F} \quad (26-219)$$

其中，L_{wir-FB}为 FB 段索具缆绳长度。

d) *EF* 跨接管段

柔性跨接管总长为：

$$L_{jum} = L_{jum-NF} + L_{jum-EM} + L_{jum-MN} \quad (26-220)$$

其中，L_{jum}为柔性跨接管总长(不包含限弯器部分)。

e) *EB* 总体计算

EB 段在 X_E方向投影总长为 *EB* 两点之间横向距离：

$$S_{EB} = (S_{jum-EM} + S_{Ben-E}) + (S_{jum-NF} + S_{Ben-F} + S_{wir-FB}) + L_{jum-MN} \quad (26-221)$$

其中，S_{wir-FB}为 *FB* 段索具缆绳在 X_E轴上的投影长度。大小分别为：

$$S_{wir-FB} = \frac{a\cdot w_{jum}}{w_{wir}}\cdot\left[\cosh^{-1}\left(\sqrt{\left(\frac{T_{BZ}}{a\cdot w_{jum}}\right)^2+1}\right) - \cosh^{-1}\left(\sqrt{\left(\frac{T_{FZ}}{a\cdot w_{jum}}\right)^2+1}\right)\right] \quad (26-222)$$

垂向距离相等：

$$H_{EM} + H_{EB} = H_{NF} + H_{wir-FB} = D_W + H_t - z_B \quad (26-223)$$

其中，H_t 为吊机距水面距离；D_W 为水域总水深；H_{wir-FB}为 *FB* 段索具缆绳在 Z_E轴上的投影长度。大小为：

$$H_{wir-FB}=\frac{\sqrt{T_{BZ}^2+(a\cdot w_{jum})^2}-\sqrt{T_{FZ}^2+(a\cdot w_{jum})^2}}{w_{wir}} \tag{26-224}$$

B. 联立求解

由公式(26－214)至公式(26－224)共 11 个方程，通过解方程组即可求得 11 个未知量分别为：EM 段各参数：H_{jum-EM}、L_{jum-EM}、S_{jum-EM}、a；NF 段各参数：H_{jum-NF}、L_{jum-NF}、S_{jum-NF}、T_{FZ}、a(同 EM 段参数 a)；B 端点受到 Z_E 轴方向拉力：T_{BZ}；FB 段索具缆绳各参数：H_{wir-FB}、S_{wir-FB}；坐放在海底上跨接管长度：L_{jum-MN}。

C. AE 段索具缆绳求解

设 A 端点受到 Z_E 轴方向拉力：T_{AZ}；E 端点受到 Z_A 轴方向拉力：T_{EZ}。AE 段如图 26－38 所示：

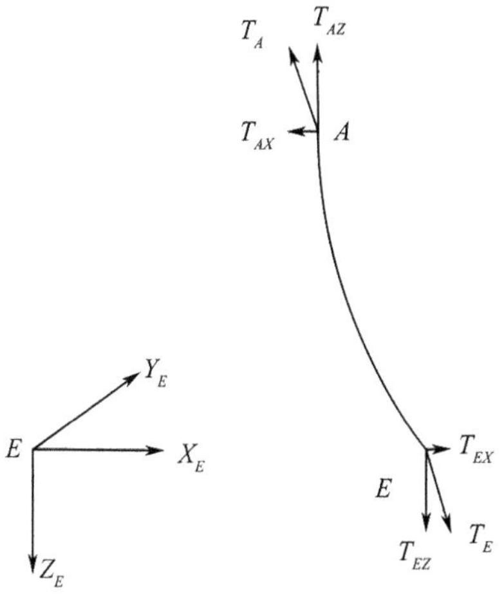

图 26－38　柔性跨接管(<50 m)阶段四过程二 AE 段缆绳受力示意图

根据以下公式可求出 a_{AE}：

$$H_{AE}=a_{AE}\cdot\left(\cosh\frac{S_{AE}}{a_{AE}}-1\right) \tag{26-225}$$

A 点 Z 轴方向轴力大小为：

$$T_{AZ}=L_{wir-AE}\cdot w_{wir} \tag{26-226}$$

E 点 Z 轴方向轴力大小为：

$$T_{EZ}=0 \tag{26-227}$$

X_A 轴方向受力平衡为：

$$T_{AX}=T_{EX}=a_{AE}\cdot w_{wir} \tag{26-228}$$

其中 S_{wir-AE}、H_{wir-AE}、L_{wir-AE}均为已知。故可求得：T_{AZ}、T_{EZ}、a_{AE}、T_{AX}、T_{EX}。

D. 跨接管以及索具缆绳各点在 $X_EY_EZ_E$坐标系下曲线方程计算：

由于跨接管以及索具缆绳所有点均没有受到 Y_E轴方向上的力的作用，故跨接管以及索具缆绳所有点在 Y_E轴上坐标均为零。

a) *AE* 段索具缆绳曲线方程

AE 段索具缆绳曲线方程适用于 $-S_{wir-AE} \leqslant X_E < 0$ 情况：

$$Z_E(X_E) = \frac{\sqrt{T_{EZ}^2 + (a_{AE} \cdot w_{wir})^2}}{w_{wir}} - a_{AE} \cdot \cosh\left[\cosh^{-1}\left(\sqrt{\left(\frac{T_{EZ}}{a_{AE} \cdot w_{wir}}\right)^2 + 1}\right) - \frac{X_E}{a_{AE}}\right] \tag{26-229}$$

b) *EM* 段曲线方程

EM 段包括 *E* 端限弯器与 *EM* 段内的跨接管部分，对限弯器部分，曲线方程主要根据限弯器性质来确定，在本文计算中为输入参数。对于限弯器后面的跨接管部分，及 $S_{Ben-E} \leqslant X_E < S_{Ben-E} + S_{jum-EM}$，曲线方程为：

$$Z_E(X_E) = H_{Ben-E} + H_{jum-EM} + a - a \cdot \cosh\left[\frac{S_{Ben-E} + S_{jum-EM} - X_E}{a}\right] \tag{26-230}$$

c) *MN* 段曲线方程

MN 段跨接管即 $S_{Ben-E} + S_{jum-EM} \leqslant X_E < S_{Ben-E} + S_{jum-EM} + L_{jum-MN}$段平铺在海床上，故 *MN* 段跨接管 $Z_E(X_E) = D_W + H_t - z_E$。

d) *NF* 段曲线方程

NF 段包括 *F* 端限弯器与 *NF* 段内的跨接管部分，对限弯器部分的处理同 *EM* 段。对于限弯器前面的跨接管部分，及 $S_{Ben-E} + S_{jum-EM} + L_{jum-MN} \leqslant X_E < S_{EB} - S_{wir-FB} - S_{Ben-F}$，曲线方程为：

$$Z_E(X_E) = H_{Ben-E} + H_{jum-EM} + a - a \cdot \cosh\left[\frac{X_E - (S_{Ben-E} + S_{jum-EM})}{a}\right] \tag{26-231}$$

e) *FB* 段索具缆绳方程

FB 段索具缆绳曲线方程适用于 $S_{EB} - S_{wir-FB} \leqslant X_A \leqslant S_{EB}$情况：

$$Z_E(X_E) = \frac{\sqrt{T_{BZ}^2 + (a \cdot w_{jum})^2}}{w_{wir}} - H_{EB} - \frac{a \cdot w_{jum}}{w_{wir}} \cdot \cosh\left[\frac{\left[X_E - S_{BE} + \frac{a \cdot w_{jum}}{w_{wir}} \cdot \cosh^{-1}\left(\sqrt{\left(\frac{T_{BZ}}{a \cdot w_{jum}}\right)^2 + 1}\right)\right] \cdot w_{wir}}{a \cdot w_{jum}}\right] \tag{26-232}$$

A. 轴力、最大弯矩与最小弯曲半径求解

a) AE 段索具缆绳

AE 段索具缆绳曲线方程适用于 $-S_{wir-AE} \leqslant X_E < 0$ 情况，沿 AE 段索具缆绳每点轴力分别为：

$$T_{wir-AE}(X_E) = a_{AE} \cdot w_{wir} \cdot \cosh\left[\cosh^{-1}\left(\sqrt{\left(\frac{T_{AZ}}{a_{AE} \cdot w_{wir}}\right)^2 + 1}\right) - \frac{X_E}{a_{AE}}\right] \tag{26-233}$$

b) EM 段

对限弯器部分，受到的最大轴力为 $T_{Ben-E,\max} = \sqrt{(w_{jum} \cdot L_{jum-EM} + G_{Ben-E})^2 + (a \cdot w_{jum})^2}$，位于 E 点与索具缆绳连接处。对于 $S_{Ben-E} \leqslant X_E < S_{Ben-E} + S_{jum-EM}$，即限弯器后面的跨接管，每点受到的轴力大小为：

$$T_{jum-EM}(X_E) = a \cdot w_{jum} \cdot \cosh\left[\frac{S_{Ben-E} + S_{jum-EM} - X_E}{a}\right] \tag{26-234}$$

此段跨接管某点 X_E 点处弯曲半径为：

$$\rho_{jum-EM}(X_E) = a \cdot \cosh^2\left(\frac{S_{Ben-E} + S_{jum-EM} - X_E}{a}\right) \tag{26-235}$$

此段跨接管某点 X_E 点处弯矩为：

$$M_{jum-EM}(X_E) = \frac{(EI)_{jum}}{\rho_{jum-EM}(X_E)} \tag{26-236}$$

c) MN 段

MN 段跨接管 $S_{Ben-E} + S_{jum-EM} \leqslant X_E < S_{Ben-E} + S_{jum-EM} + L_{jum-MN}$ 平铺在海床上，故 MN 段跨接管各点 $M_{jum-MN}(X_E) = 0$，$\rho_{jum-MN}(X_E) = \infty$。

d) NF 段

对限弯器部分，受到的最大轴力为 $T_{Ben-F,\max} = \sqrt{(T_{FZ} - G_F)^2 + (a \cdot w_{jum})^2}$，位于 F 点与索具缆绳连接处。当 $S_{Ben-E} + S_{jum-EM} + L_{jum-MN} \leqslant X_E < S_{EB} - S_{wir-FB} - S_{Ben-F}$，及对于限弯器后面的跨接管，每点受到的轴力大小为：

$$T_{jum-EM}(X_E) = a \cdot w_{jum} \cdot \cosh\left[\frac{X_E - (S_{Ben-E} + S_{jum-EM} + L_{jum-MN})}{a}\right] \tag{26-237}$$

此段跨接管某点 X_E 点处弯曲半径为：

$$\rho_{jum-NF}(X_E) = a \cdot \cosh^2\left(\frac{X_E - (S_{Ben-E} + S_{jum-EM} + L_{jum-MN})}{a}\right) \tag{26-238}$$

此段跨接管某点 X_E 点处弯矩为：

$$M_{jum-NF}(X_E) = \frac{(EI)_{jum}}{\rho_{jum-NF}(X_E)} \tag{26-239}$$

e) *FB* 段索具缆绳

FB 段索具缆绳曲线方程适用于 $S_{EB}-S_{wir-FB} \leqslant X_E \leqslant S_{EB}$ 情况，沿 *FB* 段索具缆绳每点轴力分别为：

$$T_{wir-FB}(X_E) = a \cdot w_{jum} \cdot \cosh\left[\cosh^{-1}\left(\sqrt{\left(\frac{T_{BZ}}{a \cdot w_{jum}}\right)^2 + 1}\right) - \frac{(S_{EB}-X_E) \cdot w_{wir}}{a \cdot w_{jum}}\right] \tag{26-240}$$

B. 将局部坐标系中 $X_EY_EZ_E$ 坐标转换到整体坐标系中

见本文公式(26－213)。

跨接管每点相对 1 号毂的坐标即为跨接管各点在 $X_EY_EZ_E$ 坐标系下坐标。

②撑杆以下动态分析

在环境荷载作用下，撑杆以下跨接管以及下放索具会发生形态上的而变化，因此跨接管的触地点 *M*、*N* 点会发生变化，需要对其进行重新计算。

A. 对 *EM* 段跨接管进行动态求解

由于 *EM* 段跨接管受到环境荷载作用，较静态结果形态会发生变化，故 *M* 点位置为未知。本文采用有限元划分的方法进行计算，沿 *EM* 段方向（包括 *EM* 段跨接管与限弯器两部分）划分为（n_{EM}大小未知）段，限弯器为第一个单元，单元节点分别为 0，1 号节点，每单元长度 l_i 根据划分单元方法确定。如图 26－39 所示：

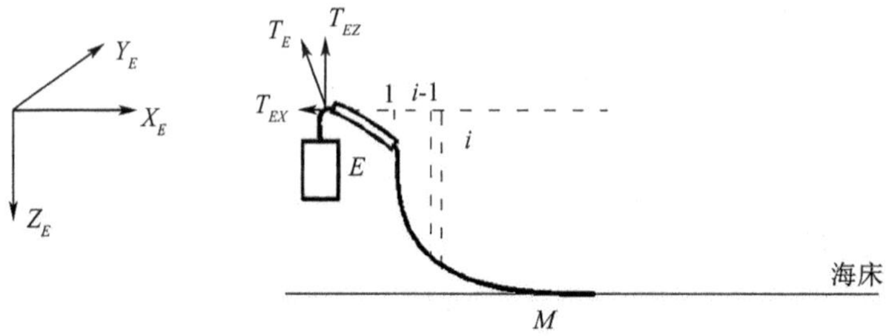

图 26－39　柔性跨接管（＜50 m）阶段四过程二 EM 段受力分析示意图

a) 初值设置

采用静态计算结果设 *E* 点受到垂向拉力大小为 $T_{Z_E,0} = T_{EZ} = w_{jum} \cdot L_{jum-EM}$。*E* 端点鹅颈管角度为 α_0，为已知，则 E 点受到 X_E 轴方向拉力大小为 $T_{X_E,0} = T_{EX} = \dfrac{T_{EZ}}{\tan\alpha_0}$。

b) Y_E方向初值选取

对于初次计算采用静态计算跨接管形态计算跨接管受到环境荷载大小，之后每次计算采用上次循环时的跨接管形态计算环境荷载大小，则此时 n_{EM} 为已知，在整体坐标系中，第 i 段单元所受到波浪、流的荷载作用于 i 节点与 $i-1$ 节点中点位置，大小为：

$$F_{e-x,i} = \frac{1}{2}(F_{i-x} + F_{(i-1)-x}) \cdot l_i \tag{26-241}$$

$$F_{e-y,i} = \frac{1}{2}(F_{i-y} + F_{(i-1)-y}) \cdot l_i \tag{26-242}$$

其中，F_{i-x}、$F_{(i-1)-x}$、F_{i-y}、$F_{(i-1)-y}$见本文公式(26-214)、式(26-215)。E 点受到 Y_E轴方向拉力大小为 $T_{Y_E,0} = \sum_{i=1}^{n_{EM}} F_{e-y,i}$。

c) 限弯器段计算

则限弯器末端即 1 号节点坐标为：

$$\begin{cases} X_{E,1} = X_{E,0} + S_{Ben-E} \\ Y_{E,1} = Y_{E,0} + L_{Ben-E} \cdot \sin\left(acttan \dfrac{T_{Y_E,0}}{\sqrt{T_{X_E,0}^2 + T_{Z_E,0}^2}} \right) \\ Z_{E,1} = Z_{E,0} + H_{Ben-E} \end{cases} \tag{26-243}$$

d) 求解

在整体坐标系中，第 i 段单元所受到波浪、流的荷载作用于 i 节点与 $i-1$ 节点中点位置，大小为：

$$F_{e-x,i} = \frac{1}{2}(F_{i-x} + F_{(i-1)-x}) \cdot l_i \tag{26-244}$$

$$F_{e-y,i} = \frac{1}{2}(F_{i-y} + F_{(i-1)-y}) \cdot l_i \tag{26-245}$$

其中，F_{i-x}、$F_{(i-1)-x}$、F_{i-y}、$F_{(i-1)-y}$见本文公式(26-214)、式(26-215)。环境荷载的计算与跨接管、限弯器所处水深与跨接管形态有关。环境荷载的计算结果还与单元直径有关，单元直径根据单元所在位置(限弯器处、跨接管处、索具缆绳处)而定。

为简化计算，i 单元环境荷载大小采用 $i-1$ 单元环境荷载数据，1 号节点之后节点在 X_E轴、Y_E轴、Z_E轴方向受力递推公式为：

$$\begin{cases} T_{X_E,i} = T_{X_E,i-1} - F_{e-x,i-1} \\ T_{Y_E,i} = T_{Y_E,i-1} - F_{e-y,i-1} \\ T_{Z_E,i} = T_{Z_E,i-1} - G_i \end{cases} \tag{26-246}$$

1 号节点之后节点 i(非限弯器后点)在 $X_EY_EZ_E$ 坐标系中坐标递推公式为:

$$\begin{cases} X_{E,i} = X_{E,i-1} + l_i \cdot \cos\left(acttan \dfrac{T_{Y_E,i-1}}{\sqrt{T^2_{X_E,i-1} + T^2_{Z_E,i-1}}} \right) \cdot \cos\left(acttan \dfrac{T_{Z_E,i-1}}{T_{X_E,i-1}} \right) \\ Y_{E,i} = Y_{E,i-1} + l_i \cdot \sin\left(acttan \dfrac{T_{Y_E,i-1}}{\sqrt{T^2_{X_E,i-1} + T^2_{Z_E,i-1}}} \right) \\ Z_{E,i} = Z_{E,i-1} + l_i \cdot \cos\left(acttan \dfrac{T_{Y_E,i-1}}{\sqrt{T^2_{X_E,i-1} + T^2_{Z_E,i-1}}} \right) \cdot \sin\left(acttan \dfrac{T_{Z_E,i-1}}{T_{X_E,i-1}} \right) \end{cases} \quad (26-247)$$

当 $T_{Z_E,i} < 0$ 时,$Z_{E,i}$ 即为所求。

e)循环计算

令 $Z_{E,n_{EM}} = Z_{E,i}$,本文计算采用二范数准则对 M 点坐标进行收敛判断:

$$\sqrt{(Z_{E,n_{EM}} - H_{E-Seab})^2} < \varepsilon \quad (26-248)$$

其中,H_{E-Seab} 为 E 点距离海底垂向距离,$H_{E-Seab} = D_W + H_t - z_E$;$\varepsilon$ 为计算误差。当公式(26-248)成立时则认为满足精度要求,即为所求。若条件不满足,则对 $T_{Z_E,0}$ 增加一增量/减量 Var_{0,Z_E},并返回循环中第 b)步,直至满足公式(26-248)。

f)*EM* 段跨接管长度、力矩、弯曲半径计算

通过 a)~d)步计算即可获得 $X_EY_EZ_E$ 坐标下 *EM* 段跨接管(包括 *E* 端限弯器)上各节点坐标分布以及 X_E 轴、Y_E 轴、Z_E 轴方向上分力大小,计算精度与单元划分程度、循环递增/递减变量大小、计算误差有关,单元划分越细、循环递增/递减变量越小、计算误差越小则计算结果越精确。

EM 段跨接管(不包括限弯器)长度为:

$$L_{jum-EM} = \sum_{i=1}^{n_{EM}} l_i - L_{Ben-E} \quad (26-249)$$

跨接管部分第 i 节点处弯曲半径计算如下:

$$\rho_i = \frac{a}{2 \cdot \mathrm{sinarccos}\left(\dfrac{b^2 + c^2 - a^2}{2bc} \right)} \quad (26-250)$$

$$\begin{aligned} a &= \sqrt{(X_{E,i+1} - X_{E,i-1})^2 + (Y_{E,i+1} - Y_{E,i-1})^2 + (Z_{E,i+1} - Z_{E,i-1})^2} \\ b &= \sqrt{(X_{E,i} - X_{E,i-1})^2 + (Y_{E,i} - Y_{E,i-1})^2 + (Z_{E,i} - Z_{E,i-1})^2} \\ c &= \sqrt{(X_{E,i+1} - X_{E,i})^2 + (Y_{E,i+1} - Y_{E,i})^2 + (Z_{E,i+1} - Z_{E,i})^2} \end{aligned} \quad (26-251)$$

此段跨接管某点 X_A 点处弯矩为:

$$M_i = \frac{(EI)_{jum}}{\rho_i} \tag{26-252}$$

B. *NB* 段计算

由于 *NB* 段受到环境荷载作用，较静态结果形态会发生变化，故 *N* 点位置为未知。本文采用有限元划分的方法进行计算，沿 *B* 点向 *N* 点方向（包括 *NF* 段跨接管与限弯器、*FB* 段索具缆绳三部分）划分为 n_{NB}（n_{NB}大小未知）段，将限弯器划分为第一个单元，*F* 为限弯器上一个节点，则限弯器另一节点号为 *F* 的节点号加一，每单元长度 l_i 根据划分单元方法确定。如图 26－40 所示：

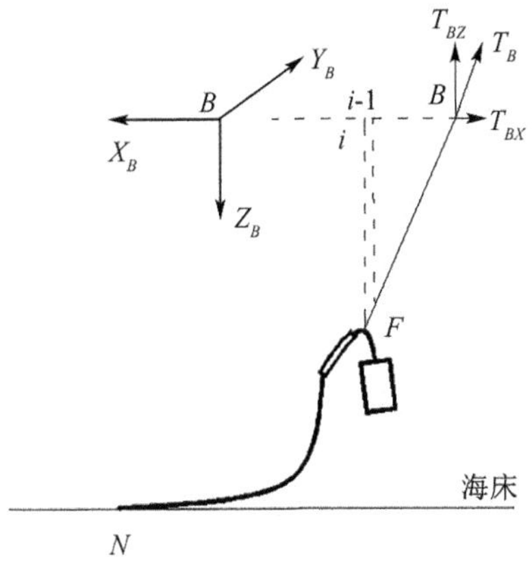

图 26－40　柔性跨接管（＜50 m）阶段四过程二 *NB* 段受力分析示意图

以 *B* 点为原点建立局部坐标系 $X_BY_BZ_B$，如图 26－40 所示，则局部坐标系 $X_BY_BZ_B$ 与局部坐标系 $X_EY_EZ_E$ 的转换公式为：

$$\begin{cases} X_E = X_{E,B} - X_B \\ Y_E = Y_B + Y_{E,B} \\ Z_E = Z_B + Z_{E,B} \end{cases} \tag{26-253}$$

其中，$(X_{E,B}, Y_{E,B}, Z_{E,B})$ 为 *B* 点在局部坐标系 $X_EY_EZ_E$ 中的坐标值。

a）初值设置

采用静态计算结果设 *B* 点受到垂向拉力大小为 $T_{Z_B,0} = T_{BZ}$，*B* 点受到 X_B 轴方向拉力大小为 $T_{X_B,0} = T_{BX}$。

b）Y_B 方向初值设置

对于初次计算采用静态计算跨接管形态计算跨接管受到环境荷载大小，之后每次计算采用上次循环时的跨接管形态计算环境荷载大小，则此时 n_{NB} 为已知，在整体坐标系中，第 i 段单元所受到波浪、流的荷载作用于 i 节点与 $i-1$ 节点中点位置，大小为：

$$F_{e-x,i} = \frac{1}{2}(F_{i-x} + F_{(i-1)-x}) \cdot l_i \tag{26-254}$$

$$F_{e-y,i} = \frac{1}{2}(F_{i-y} + F_{(i-1)-y}) \cdot l_i \tag{26-255}$$

其中，F_{i-x}、$F_{(i-1)-x}$、F_{i-y}、$F_{(i-1)-y}$见本文公式(26－124)、式(26－175)。E 点受到 Y_E轴方向拉力大小为 $T_{Y_B,0} = \sum_{i=1}^{n_{NB}} F_{e-y,i}$。

c)节点坐标及受力计算

节点的坐标递推公式表示如下：

$$\begin{cases} X_{B,i} = X_{B,i-1} + l_i \cdot \cos\left(\operatorname{acttan}\dfrac{T_{Y_B,i-1}}{\sqrt{T^2_{X_B,i-1} + T^2_{Z_B,i-1}}}\right) \cdot \cos\left(\operatorname{acttan}\dfrac{T_{Z_B,i-1}}{T_{X_B,i-1}}\right) \\ Y_{B,i} = Y_{B,i-1} + l_i \cdot \sin\left(\operatorname{acttan}\dfrac{T_{Y_B,i-1}}{\sqrt{T^2_{X_B,i-1} + T^2_{Z_B,i-1}}}\right) \\ Z_{B,i} = Z_{B,i-1} + l_i \cdot \cos\left(\operatorname{acttan}\dfrac{T_{Y_B,i-1}}{\sqrt{T^2_{X_B,i-1} + T^2_{Z_B,i-1}}}\right) \cdot \sin\left(\operatorname{acttan}\dfrac{T_{Z_B,i-1}}{T_{X_B,i-1}}\right) \end{cases} \tag{26-256}$$

当 $i-1$ 单元在 F 点时，即 $i-1$ 节点与 i 节点之间为限弯器单元时，坐标递推公式为：

当$|X_{B,i} - X_{B,i-1}| < S_{Ben-F(\max)}$时，采用公式(26－256)；

当$|X_{B,i} - X_{B,i-1}| \geqslant S_{Ben-F(\max)}$时，递推公式如下：

$$\begin{cases} X_{B,i} = X_{B,i-1} + S_{Ben-F(\max)} \\ Y_{B,i} = Y_{B,i-1} + L_{Ben-F} \cdot \sin\left(\operatorname{acttan}\dfrac{T_{Y_B,i-1}}{\sqrt{T^2_{X_B,i-1} + T^2_{Z_B,i-1}}}\right) \\ Z_{B,i} = Z_{B,i-1} + H_{Ben-F(\max)} \end{cases} \tag{26-257}$$

其中，$S_{Ben-F(\max)}$与$H_{Ben-F(\max)}$为 F 端限弯器在 X_A、Z_A轴上投影的最大长度，由限弯器自身的性质决定，为已知条件。

环境荷载的计算采用公式(26－254)、式(26－255)，环境荷载的计与跨接管、限弯器所处水深与跨接管形态有关。环境荷载的计算结果还与单元直径有关，单元直径根据单元所在位置(限弯器处、跨接管处、索具缆绳处)而定。

当 $i-1$ 单元在 F 点时，即 $i-1$ 节点与 i 节点之间为限弯器单元时，而鹅颈管、CATs 及其附件受到的环境荷载大小见本文公式(26－172)、式(26－173)。

为简化计算，i 单元环境荷载大小采用 $i-1$ 单元环境荷载数据，1 号节点之后节点在 X_B 轴、Y_B 轴、Z_B 轴方向受力递推公式为：

$$\begin{cases} T_{X_B,i} = T_{X_B,i-1} - F_{e-x,i-1} \\ T_{Y_B,i} = T_{Y_B,i-1} - F_{e-y,i-1} \\ T_{Z_B,i} = T_{Z_B,i-1} - G_i \end{cases} \tag{26-258}$$

当 $T_{Z_B,i}<0$ 时，$Z_{B,i}$ 即为所求。

d) 循环计算

令 $Z_{B,n_{NB}}=Z_{B,i}$，本文计算采用二范数准则对 N 点坐标进行收敛判断：

$$\sqrt{(Z_{B,n_{NB}} - H_{B-Seab})^2} < \varepsilon \tag{26-259}$$

其中，H_{B-Seab} 为 B 点距离海底垂向距离，$H_{B-Seab}=D_W+H_t-z_B$；ε 为计算误差。当公式(26-259)成立时则认为满足精度要求，即为所求。若条件不满足，则对 $T_{Z_B,0}$ 增加一增量/减量 Var_{0,Z_B}，并返回循环中第 b) 步，直至满足公式(26-259)。

若循环数次后对 $T_{Z_B,0}$ 的增量/减量超过 $T_{BZ}+L_{jum-MN}\cdot w_{jum}$，并且仍无法满足公式(26-259)，则令 $T_{Z_B,0}$ 返回静态计算结果 $T_{Z_B,0}=T_{BZ}$，并对 $T_{X_B,0}$ 增加一增量/减量 $Var_{X_B,0}$，并返回循环中第 b) 步，直至满足公式(26-259)。

e) BN 段跨接管长度、力矩、弯曲半径计算

通过 a) ~ d) 步计算即可获得 $X_BY_BZ_B$ 坐标下 BN 段跨接管（包括 E 端限弯器）上各节点坐标分布以及 X_B 轴、Y_B 轴、Z_B 轴方向上分力大小，计算精度与单元划分程度、循环递增/递减变量大小、计算误差有关，单元划分越细、循环递增/递减变量越小、计算误差越小则计算结果越精确。

NF 段跨接管（不包括限弯器）长度为：

$$L_{jum-BN} = \sum_{i=1}^{n_{NB}} l_i - L_{wir-FB} - L_{Ben-F} \tag{26-260}$$

跨接管部分第 i 节点处弯曲半径计算如下：

$$\rho_i = \frac{a}{2\cdot \sin\arccos\left(\dfrac{b^2+c^2-a^2}{2bc}\right)} \tag{26-261}$$

$$\begin{aligned} a &= \sqrt{(X_{B,i+1}-X_{B,i-1})^2+(Y_{B,i+1}-Y_{B,i-1})^2+(Z_{B,i+1}-Z_{B,i-1})^2} \\ b &= \sqrt{(X_{B,i}-X_{B,i-1})^2+(Y_{B,i}-Y_{B,i-1})^2+(Z_{B,i}-Z_{B,i-1})^2} \\ c &= \sqrt{(X_{B,i+1}-X_{B,i})^2+(Y_{B,i+1}-Y_{B,i})^2+(Z_{B,i+1}-Z_{B,i})^2} \end{aligned} \tag{26-262}$$

此段跨接管第 i 节点处弯矩为：

$$M_i = \frac{(EI)_{jum}}{\rho_i} \tag{26-263}$$

C. *MN* 段计算

通过 *A* 步与 *B* 步的计算可计算的 *MN* 段跨接管长度，即为跨接管与海床的接触长度为：

$$L_{jum-MN} = L_{jum} - L_{jum-EM} - L_{jum-NF} \tag{26-264}$$

(3)2 号端点连接到 2 号毂上(跨接管已落地)

继续下放跨接管，直到一定深度后用 ROV 将跨接管 2 号端点连接到 2 号毂上，跨接管中间段已落地，简化模型如下：

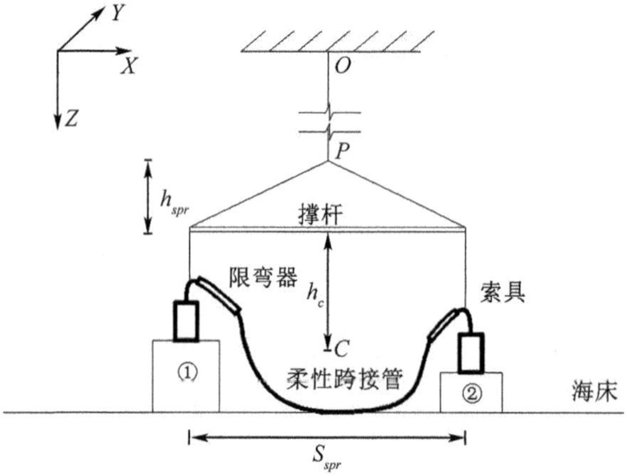

图 26-41　柔性跨接管(<50 m)阶段四过程三计算分析示意图

此时跨接管形态和缆绳形态与本节(2)，*F* 端接头接近 2 号毂附件时形态相同。

26.5.3　柔性跨接管安装(>50 m)安装计算分析

柔性跨接管(>50 m)的安装通过吊机与绞车的联合作业完成，与柔性跨接管(<50 m)安装显著的不同点在于，柔性跨接管(>50 m)的安装需要用到两根撑杆、两台吊机与绞车联合作业，柔性跨接管(>50 m)两端分别由一台吊机与绞车下放。因此安装仿真过程中跨接管形态的计算为本章计算的难点。表 26-7 根据主要安装过程，将柔性跨接管(>50 m)安装分为以下三个阶段计算分析，将柔性跨接管(>50 m)整个的安装过程可以用如图 26-42 所示的模型来模拟。

表 26－7 柔性跨接管(<50 m)安装过程及计算阶段划分

	受力特点	对应的具体安装过程
第一阶段：水面上吊运与下放阶段(2 号端点未露出)	情况一：跨接管以及下放缆绳均不受环境荷载作用;2 号端点未从储存卷盘上露出	• 从甲板上起吊跨接管 1 号端点; • 安装 BP 元件和索具; • 通过起重机下放跨接管 1 号端点; • 继续下降 1 号端点直到跨接管 2 号端点从储存卷盘上露出
	情况二：跨接管或者下放缆绳有部分受到环境荷载直接作用;2 号端点未从储存卷盘上露出	
第二阶段：水面上吊运与下放阶段(2 号端点露出)	跨接管或者下放缆绳受到环境荷载作用;2 号端点从储存卷盘上露出	• 将 2 号端点连接到绞车上; • 继续下放,直到 2 号端点置于张紧器正上方; • 将荷载转移到 A&R 绞车上; • 在 2 号端点安装 BP 元件; • 在船井门高度处,对跨接管端部安装连接器和鹅颈管; • 进行密封测试; • 安装接头驱动装置(CAT)、撑杆、索具; • 通过 A&R 绞车下放 2 号端点,并将跨接管 2 号端点连接到侧绞车钢绳上; • 将 2 号端点荷载从 A&R 绞车转移到侧绞车; • 连接 1 号端点到 A&R 绞车,并转移到月池附近; • 在 1 号端点安装连接器和鹅颈管; • 进行密封测试; • 安装接头驱动装置(CAT)、撑杆、索具。 • 下放柔性跨接管,直到 1 号端点距离海底大约 10 m
第三阶段：落地与连接阶段	跨接管以及下放缆绳均受到环境荷载作用,跨接管落放至海床上,受到海床支撑作用	• 用 ROV 引导 1 号端点到 1 号毂,并释放绞车; • 将跨接管铺设在海床上,直到 2 号端点距海床 10 m,利用 2 号绞车索具使 2 号端点位于 2 号毂上; • 用 ROV 引导 2 号端点到 2 号毂; • 对柔性跨接管两端进行连接; • 断开索具与跨接管的连接,回收索具

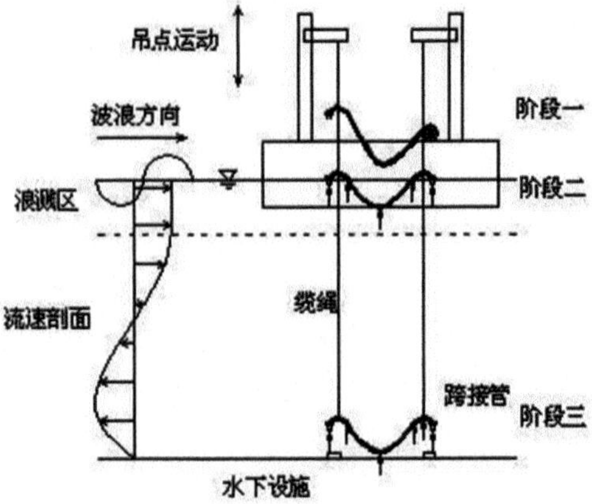

图 26－42　柔性跨接管（>50 m）下放示意图

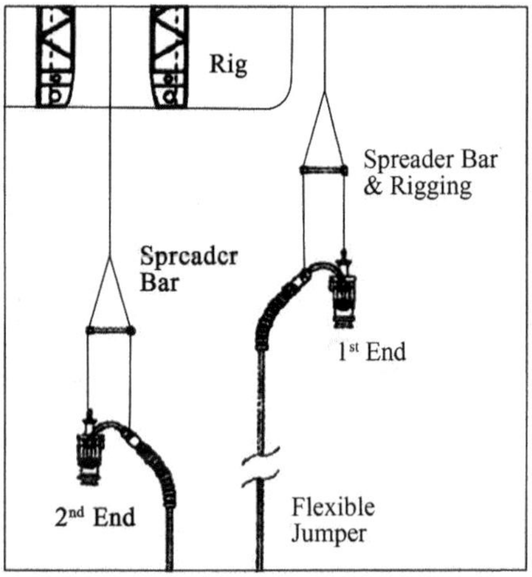

图 26－43　柔性跨接管（>50 m）两端接头连接示意图

由表 26－7 可以看出，柔性跨接管（>50 m）的安装与刚性跨接管安装相比差距较大，由于柔性跨接管（>50 m）的安装需要吊机与绞车的联合作业，且跨接管两端下放速度，下放时间，下放机械的运转情况等相互独立。并且整个下放结构复杂（两套下放索具，跨接管两端端点均具有接头、鹅颈管、限弯器等附件），因此安装分析过程复杂，计算繁琐。因此柔性跨接管（>50 m）安装计算难点在于：

• 柔性跨接管下放缆绳的轴力与柔性跨接管形态有关，柔性跨接管形态确定后，结合环境荷载情况才能确定下放缆绳轴力大小以及排放情况；

• 柔性跨接管在环境荷载作用下，形态会发生变化，并且由于形态的变化，跨接管所受的环境荷载大小也会发生变化。由此可知，跨接管形态与环境荷载的计算密切相关，且均为未知。因此，在动态计算中，跨接管形态的计算与环境荷载大小的确定成为难点；

• 针对柔性跨接管还需要对跨接管的最小弯曲半径与最大弯矩进行分析计算。

在计算中，由于下放索具比跨接管短很多，对柔性跨界管（ >50 m）的下放影响较小，因此本文计算忽略下放索具对其影响。将其直接简化为下放缆绳直接连接到跨接管处。如图 26 - 44 所示。

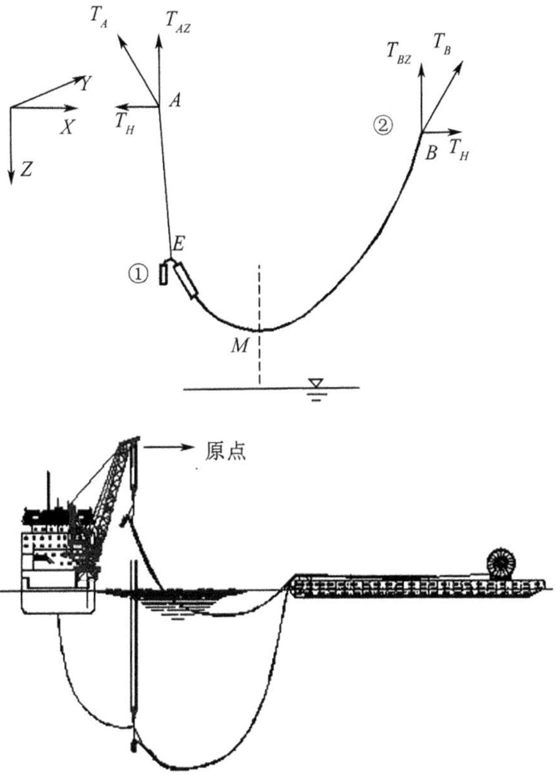

图 26 - 44　阶段一情况一模型计算分析示意图以及原点 *O* 位置示意图

1. 水面上吊运与下放阶段（2 号端点未露出）

根据跨接管是否接触水面，受到环境荷载直接作用，将水面上吊运与下放阶段（2 号端点未露出）阶段分为两种情况：

• 情况一：跨接管以及下放索具、缆绳均未受到环境荷载作用，2 号端点未从储存卷盘上露出；

• 情况二:跨接管或下放索具、缆绳有部分浸入水中,受到环境荷载直接作用,2 号端点未从储存卷盘上露出;

(1)情况一计算

由于该过程跨接管任意点均未接触水面,即在静态计算中 M 点所处水深 $d(M) < -SZ_U$,SZ_U 为浪溅区上层区域高度,可定为 5 m,具体可参考规范 DNV - OS - C101[9]。因此过程只需要进行静态分析即可,计算模型如图所示:A 点为跨接管 1 号端点一侧吊机吊点,B 点为跨接管 2 号端点一侧跨接管端点,E 点为跨接管 1 号端点附近跨接管与下放缆绳连接处,M 为跨接管中间最低点。以 A 点为原点,AB 所在直线方向为 X 轴,设立三维直角坐标系 XYZ,则 B 点坐标为(x_B, y_B, z_B)。

当下放时间 $\sum_{i=1}^{i=k-1} t_i < t \leqslant \sum_{i=1}^{i=k} t_i$,缆绳排放长度遵守运动学定律:

$$L_{wir} = L_{wir-0} + \sum_{i=1}^{i=k-1} \frac{1}{2} a_{wir,i} t_i^2 + \frac{1}{2} a_{wir,k} \left(t - \sum_{i=1}^{i=k-1} t_i\right)^2 + \sum_{j=1}^{j=k-1} \sum_{i=1}^{i=j} a_{wir,i} t_i$$

其中,k 为缆绳下放加速度变化次数,$k \geqslant 1$;t_k 为缆绳下放第 k 次加速度变化时间;$a_{wir,k}$ 为缆绳下放第 k 次加速度;L_{wir} 为缆绳长度;L_{wir-0} 为缆绳下放前初始长度。

缆绳下放速度也遵守运动学定律:

$$v_{c,wir} = \sum_{i=1}^{i=k-1} a_{wir,i} t_i + a_{wir,k}\left(t - \sum_{i=1}^{i=k-1} t_i\right)$$

由于跨接管、下放缆绳均满足悬链线条件,将跨接管由中间最低点划分为两段,与 1 号端点处下放缆绳结合共三段悬链线,根据悬链线求解各参数,求解方法如下:

A. 方程组建立

a) EM 跨接管段:

EM 段跨接管(包括 E 端限弯器长度)高度为:

$$\begin{aligned} H_{EM} &= H_{jum-EM} + H_{Ben-E} \\ &= a \cdot \left(\cosh \frac{S_{jum-EM}}{a} - 1\right) + H_{Ben-E} \end{aligned} \tag{26-265}$$

其中,a 为跨接管段悬链线参数;H_{Ben-E} 为 E 端点处限弯器在 Z 轴上的投影长度;H_{jum-EM} 为 EM 段中跨接管部分在 Z 轴上的投影长度,S_{jum-EM} 为 EM 段中跨接管部分在 X 轴上的投影长度。

EM 段跨接管长度为:

$$L_{jum-EM} = a \cdot \sinh \frac{S_{jum-EM}}{a} \tag{26-266}$$

EM 段 E 端点受到 Z 方向总的拉力大小为:

$$T_{EZ} = w_{jum} \cdot L_{jum-EM} + G_E + G_{Ben-E} \quad (26-267)$$

其中,w_{jum}为柔性跨接管线密度;G_E 为 E 端包括鹅颈管、CATs 等附件的总重;G_{Ben-E}为 E 端限弯器重量。

b)MB 跨接管段:

MB 段跨接管高度为:

$$H_{MB} = H_{jum-MB} = a \cdot \left(\cosh \frac{S_{jum-MB}}{a} - 1\right) \quad (26-268)$$

其中,a 为跨接管段悬链线参数;H_{jum-MB}为 MB 段中跨接管部分在 Z 轴上的投影长度,S_{jum-MB}为 MB 段中跨接管部分在 X 轴上的投影长度。

MB 段跨接管长度为:

$$L_{jum-MB} = a \cdot \sinh \frac{S_{jum-MB}}{a} \quad (26-269)$$

MB 段 B 端点受到 Z 方向总的拉力大小为:

$$T_{BZ} = w_{jum} \cdot L_{jum-MB} \quad (26-270)$$

其中,w_{jum}为柔性跨接管线密度。

c)AM(AE 下放缆绳 + E 端限弯器 + E 端鹅颈管、$CATs$ 等 + EM 跨接管)段:

A 端点受到 Z 轴方向拉力为:

$$T_{AZ} = w_{wir} \cdot L_{wir-AE} + w_{jum} \cdot a \cdot \sinh \frac{S_{jum-EM}}{a} + G_E + G_{Ben-E} \quad (26-271)$$

其中,L_{wir-AE}为 AE 段下放缆绳长度。

d)EB 跨接管段

柔性跨接管总长为:

$$L_{jum} = L_{jum-MB} + L_{jum-EM} \quad (26-272)$$

其中,L_{jum}为柔性跨接管总长(不包含限弯器部分)。

e)AB 总体计算

AB 段在 X 方向投影总长为 AB 两点之间横向距离:

$$S_{AB} = x_B = (S_{jum-EM} + S_{Ben-E} + S_{wir-AE}) + S_{jum-MB} \quad (26-273)$$

其中,S_{wir-AE}为 AE 段下放缆绳在 X 轴上的投影长度,大小为:

$$S_{wir-AE} = \frac{a \cdot w_{jum}}{w_{wir}} \cdot \left[\cosh^{-1}\left(\sqrt{\left(\frac{T_{AZ}}{a \cdot w_{jum}}\right)^2 + 1}\right) - \cosh^{-1}\left(\sqrt{\left(\frac{T_{EZ}}{a \cdot w_{jum}}\right)^2 + 1}\right)\right]$$

AB 之间的垂向距离为 $H_{AB} = y_B$:

$$H_{EM} + H_{wir-AE} = H_{MB} + y_B \quad (26-274)$$

其中,H_{wir-AE}为 AE 段下放缆绳在 Z 轴上的投影长度,大小为:

$$H_{wir-AE} = \frac{\sqrt{T_{AZ}^2 + (a \cdot w_{jum})^2} - \sqrt{T_{EZ}^2 + (a \cdot w_{jum})^2}}{w_{wir}}$$

B. 联立求解

由公式(26－265)至公式(26－274)共10个方程，通过解方程组即可求得10个未知量分别为：EM 段各参数：H_{jum-EM}、L_{jum-EM}、S_{jum-EM}、T_{EZ}、a；MB 段各参数：H_{jum-MB}、L_{jum-MB}、S_{jum-MB}、T_{BZ}、a(同 EM 段参数 a)；A 端点受到 Z 轴方向拉力：T_{AZ}。

从而可求得其余参数分别是：AE 段下放缆绳各参数：H_{wir-AE}、S_{wir-AE}。

C. 跨接管以及下放缆绳各点在 XYZ 坐标系下曲线方程计算：

由于跨接管以及下放缆绳所有点均没有受到 Y 轴方向上的力的作用，故跨接管以及下放缆绳所有点在 Y 轴上坐标均为零。

a) AE 段下放缆绳曲线方程

AE 段下放缆绳曲线方程适用于 $0 \leqslant x < S_{wir-AE}$ 情况：

$$z(x) = \frac{\sqrt{T_{AZ}^2 + (a \cdot w_{jum})^2}}{w_{wir}} - \frac{a \cdot w_{jum}}{w_{wir}} \cdot \cosh\left[\frac{\left[\frac{a \cdot w_{jum}}{w_{wir}} \cdot \cosh^{-1}\left(\sqrt{\left(\frac{T_{AZ}}{a \cdot w_{jum}}\right)^2 + 1}\right) - x\right] \cdot w_{wir}}{a \cdot w_{jum}}\right] \tag{26-275}$$

b) EM 段曲线方程

EM 段包括 E 端限弯器与 EM 段内的跨接管部分，对限弯器部分，曲线方程主要根据限弯器性质来确定，在本文计算中为输入参数。对于限弯器后面的跨接管部分，及 $S_{wir-AE} + S_{Ben-E} \leqslant x < S_{wir-AE} + S_{Ben-E} + S_{jum-EM}$，曲线方程为：

$$z(x) = H_{wir-AE} + H_{Ben-E} + H_{jum-EM} + a - a \cdot \cosh\left[\frac{S_{wir-AE} + S_{Ben-E} + S_{jum-EM} - x}{a}\right] \tag{26-276}$$

c) MB 段曲线方程

MB 段及 $S_{wir-AE} + S_{Ben-E} + S_{jum-EM} \leqslant x < S_{AB}$ 部分曲线方程为：

$$z(x) = H_{wir-AE} + H_{Ben-E} + H_{jum-EM} + a - a \cdot \cosh\left[\frac{x - (S_{wir-AE} + S_{Ben-E} + S_{jum-EM})}{a}\right] \tag{26-277}$$

跨接管以及缆绳各节点所处水深为：

$$d = z(x) - H_{At} + \eta_z$$

其中，H_{At} 为 A 端吊点距水面垂直距离；$\eta_z = \eta_{ct} + x_{Z-RAO}$ 为安装设备垂向产生振动幅值。

D. 轴力、最大弯矩与最小弯曲半径求解

a) AE 段下放缆绳

AE 段下放缆绳曲线方程适用于 $0 \leqslant x < S_{wir-AE}$ 情况，沿 AE 段下放缆绳每点轴力分别为：

$$T_{wir-AE}(x) = a \cdot w_{jum} \cdot \cosh\left[\cosh^{-1}\left(\sqrt{\left(\frac{T_{AZ}}{a \cdot w_{jum}}\right)^2 + 1}\right) - \frac{x \cdot w_{wir}}{a \cdot w_{jum}}\right] \tag{26-278}$$

b) EM 段

对限弯器部分，受到的最大轴力为 $T_{Ben-E,\max} = \sqrt{(T_{EZ} - G_E)^2 + (a \cdot w_{jum})^2}$，位于 E 点与下放缆绳连接处。对于 $S_{wir-AE} + S_{Ben-E} \leqslant x < S_{wir-AE} + S_{Ben-E} + S_{jum-EM}$ 段即限弯器后面的跨接管，每点受到的轴力大小为：

$$T_{jum-EM}(x) = a \cdot w_{jum} \cdot \cosh\left[\frac{S_{wir-AE} + S_{Ben-E} + S_{jum-EM} - x}{a}\right] \tag{26-279}$$

此段跨接管某点处弯曲半径为：

$$\rho_{jum-EM}(x) = a \cdot \cosh^2\left(\frac{S_{wir-AE} + S_{Ben-E} + S_{jum-EM} - x}{a}\right) \tag{26-280}$$

此段跨接管某点处弯矩为：

$$M_{jum-EM}(x) = \frac{(EI)_{jum}}{\rho_{jum-EM}(x)} \tag{26-281}$$

其中，$(EI)_{jum}$ 为跨接管弯曲刚度。

c) MB 段

对于 $S_{wir-AE} + S_{Ben-E} + S_{jum-EM} \leqslant x < S_{AB}$ 段跨接管每点受到的轴力大小为：

$$T_{jum-MB}(x) = a \cdot w_{jum} \cdot \cosh\left[\frac{x - (S_{wir-AE} + S_{Ben-E} + S_{jum-EM})}{a}\right] \tag{26-282}$$

此段跨接管某点处弯曲半径为：

$$\rho_{jum-MB}(x) = a \cdot \cosh^2\left(\frac{x - (S_{wir-AE} + S_{Ben-E} + S_{jum-EM})}{a}\right) \tag{26-283}$$

此段跨接管某点处弯矩为：

$$M_{jum-MB}(x) = \frac{(EI)_{jum}}{\rho_{jum-MB}(x)} \tag{26-284}$$

E. 坐标系转换

跨接管每点相对毂的距离为：

$$\begin{cases} x_{-hub} = x_{ct-hub} - x_{RAO} - x \\ y_{-hub} = y_{ct-hub} - y_{RAO} - y \end{cases} \tag{26-285}$$

其中，x_{ct-hub} 为在整体坐标系下毂的 X 方向坐标，即为毂相对吊点的距离；y_{ct-hub} 为在整体坐标系下毂的 Y 方向坐标,即为毂相对吊点的距离;x_{RAO}、y_{RAO} 为安装船/钻井平台各自由度运动量。

(2)情况二计算

计算模型如图所示,跨接管 2 号端点未露出,但跨接管或者下放缆绳已有部分接触水面,即在静态计算中 M 点所处水深 $d(M) \geqslant -SZ_U$。A 点为跨接管 1 号端点一侧吊机吊点,B 点为跨接管 2 号端点一侧跨接管端点,E 点为跨接管 1 号端点附近跨接管与下放缆绳连接处,M 为跨接管中间最低点。以 A 点为原点,AB 所在直线方向为 X 轴,设立三维直角坐标系 XYZ,则 B 点坐标为(x_B, y_B, z_B)。

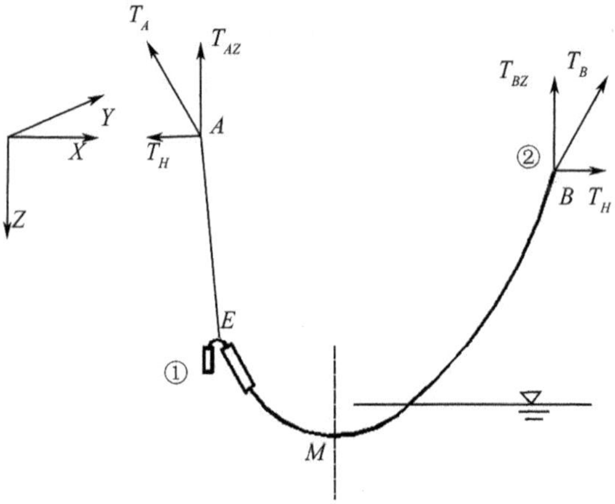

图 26-45　柔性跨接管(>50 m)阶段一情况二受力分析图

缆绳排放长度可参考情况一。

①静态计算

情况二的静态计算与情况一相同,可参考。

②动态计算

计算跨接管与下放缆绳部分。在坐标系 XYZ 中,将跨接管与下放缆绳进行有限元划分(不包含限弯器),如图 26-46 所示,从 A 点起共划分 n 个单元,每段单元长度 l_i 根据具体划分方法确定,将限弯器始末两点分别设置为单元节点,限弯器为一个单元。

简化 E 端 CATs、鹅颈管等附件受到的波浪、流作用力分别作用于鹅颈管与下放缆绳连接处,将波浪、流作用力沿 X 轴与 Y 轴分解,计算 E 端 CATs、鹅颈管等附件在整体坐标系中受到 X 轴与 Y 轴的环境荷载即为:

$$F_{oth-x,E} = F_{D-Eoth-x} + F_{M-Eoth-x} \quad (26-286)$$

$$F_{oth-y,E} = F_{D-Eoth-y} + F_{M-Eoth-y} \quad (26-287)$$

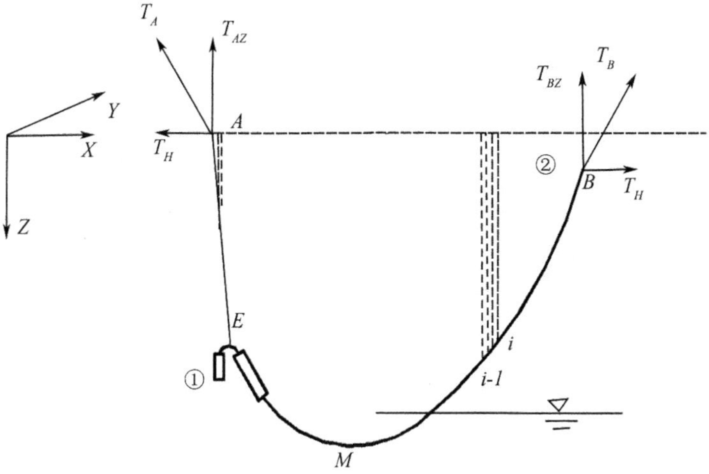

图 26-46 柔性跨接管（>50 m）阶段一情况二有限元划分

其中，$F_{D-Eoth-x}$、$F_{D-Eoth-y}$分别为 E 端 X、Y 方向上 CATs、鹅颈管等附件受到的波浪、流的拖曳力；$F_{M-Eoth-x}$、$F_{M-Eoth-y}$分别为 E 端 X、Y 方向上 CATs、鹅颈管等附件受到波浪、流的惯性力。

当 $H_{At} > z(E)$ 时：

E 端 CATs、鹅颈管等附件垂直于 XOZ 平面拖曳力方向上构件的投影面积为：

$$A_{p-E,XOZ} = A_{E,XOZ} \cdot \frac{\max\{H_{At} - z(E) - H_{con-E}, 0\}}{H_{con-E}}$$

E 端 CATs、鹅颈管等附件垂直于 YOZ 平面拖曳力方向上构件的投影面积为：

$$A_{p-E,YOZ} = A_{E,YOZ} \cdot \frac{\max\{H_{At} - z(E) - H_{con-E}, 0\}}{H_{con-E}}$$

当 $H_{At} \leqslant z(E)$ 时：

E 端 CATs、鹅颈管等附件垂直于 XOZ 平面拖曳力方向上构件的投影面积为：

$$A_{p-E,XOZ} = A_{E,XOZ}$$

E 端 CATs、鹅颈管等附件垂直于 YOZ 平面拖曳力方向上构件的投影面积为：

$$A_{p-E,YOZ} = A_{E,YOZ}$$

其中，$A_{E,XOZ}$为 E 端包括鹅颈管、CATs 等附件在 XOZ 平面上的投影面积；$A_{E,YOZ}$为

E 端包括鹅颈管、CATs 等附件在 YOZ 平面上的投影面积；H_{con-E} 为 E 端接头高度；$z(E)$ 为 E 点在 XYZ 坐标系下 Z 轴上的坐标。

将波浪、流作用力沿 X 轴与 Y 轴分解，计算跨接管、下放缆绳、限弯器各单元在整体坐标系中受到 X 轴与 Y 轴方向上的环境荷载大小（与水深有关）即为：

$$F_{i-x} = F_{D-i-x} + F_{M-i-x} \tag{26-288}$$

$$F_{i-y} = F_{D-i-y} + F_{M-i-y} \tag{26-289}$$

其中，F_{D-i-x}、F_{D-i-y} 分别为 X、Y 方向上跨接管、下放缆绳、限弯器受到的波浪、流的拖曳力；F_{M-i-x}、F_{M-i-y} 分别为 X、Y 方向上跨接管、下放缆绳、限弯器受到波浪、流的惯性力。

对跨接管与下放缆绳的形态计算采用有限元原理：

A. 初值设置

计算模型见图 26－46，A 点即为第 0 号节点，在 XYZ 坐标系中，A 点坐标为（0，0，0），假设 A 点沿 X 轴、Y 轴、Z 轴方向力的大小为已知，大小采用静态计算结果，如下：

$$\begin{cases} T_{X,0} = a \cdot w_{jum} \\ T_{Y,0} = 0 \\ T_{Z,0} = T_{AZ} \end{cases} \tag{26-290}$$

节点在 X 轴、Y 轴、Z 轴方向受力递推公式为：

$$\begin{cases} T_{X,i} = T_{X,i-1} \\ T_{Y,i} = T_{Y,i-1} \\ T_{Z,i} = T_{Z,i-1} - G_i \end{cases} \tag{26-291}$$

其中，当 i 节点位于 AE 段下放缆绳（包括 E 点）上时，$G_i = l_i \cdot w_i$，$w_i = w_{wir}$；当 i 节点是 E 点后第一个节点时（即为 E 端限弯器单元），$G_i = G_{Ben-E} + G_E$；当 i 节点位于跨接管时，$G_i = l_i \cdot w_i$，$w_i = w_{jum}$。

节点 i（非限弯器后点）在 XYZ 坐标系中坐标递推公式为：

$$\begin{cases} x_i = x_{i-1} + l_i \cdot \cos\left(\operatorname{acttan} \dfrac{T_{Y,i-1}}{\sqrt{T_{X,i-1}^2 + T_{Z,i-1}^2}}\right) \cdot \cos\left(\operatorname{acttan} \dfrac{T_{Z,i-1}}{T_{X,i-1}}\right) \\ y_i = y_{i-1} + l_i \cdot \sin\left(\operatorname{acttan} \dfrac{T_{Y,i-1}}{\sqrt{T_{X,i-1}^2 + T_{Z,i-1}^2}}\right) \\ z_i = z_{i-1} + l_i \cdot \cos\left(\operatorname{acttan} \dfrac{T_{Y,i-1}}{\sqrt{T_{X,i-1}^2 + T_{Z,i-1}^2}}\right) \cdot \sin\left(\operatorname{acttan} \dfrac{T_{Z,i-1}}{T_{X,i-1}}\right) \end{cases} \tag{26-292}$$

当节点 i 为 E 节点后一节点时，节点 i 在 XYZ 坐标系中坐标递推公式为：

$$
\begin{cases}
x_i = x_{i-1} + S_{Ben-E} \\
y_i = y_{i-1} + l_i \cdot \sin\left(act\tan \dfrac{T_{Y,i-1}}{\sqrt{T_{X,i-1}^2 + T_{Z,i-1}^2}} \right) \\
z_i = z_{i-1} + H_{Ben-E}
\end{cases}
$$

B. *XAZ* 平面内循环

a) 环境荷载求解

在整体坐标系中,第 i 段单元所受到波浪、流的荷载作用于 i 节点与 $i-1$ 节点中点位置,大小为:

$$F_{e-x,i} = \frac{1}{2}(F_{i-x} + F_{(i-1)-x}) \cdot l_i \quad (26-293)$$

$$F_{e-y,i} = \frac{1}{2}(F_{i-y} + F_{(i-1)-y}) \cdot l_i \quad (26-294)$$

其中,F_{i-x}、$F_{(i-1)-x}$、F_{i-y}、$F_{(i-1)-y}$见本文公式(26-88)、式(26-89)。环境荷载的计算与跨接管、下放缆绳、限弯器所处水深与跨接管形态有关,在初次计算中水深与跨接管、下放缆绳、限弯器形态采用静态结果,之后的计算分别采用上一次计算的水深与形态结果。环境荷载的计算结果还与单元直径有关,单元直径根据单元所在位置(限弯器处、跨接管处、下放缆绳处)而定。

而鹅颈管、CATs 及其附件受到的环境荷载大小见本文公式(26-286)、公式(26-287)。

b) 节点受力与坐标的计算

节点在 X 轴、Y 轴、Z 轴方向受力递推公式为:

$$
\begin{cases}
T_{X,i} = T_{X,i-1} - F_{e-x,i} \\
T_{Y,i} = T_{Y,i-1} - F_{e-y,i} \\
T_{Z,i} = T_{Z,i-1} - G_i
\end{cases}
\quad (26-295)
$$

当 i 节点是过 E 点后第一个节点时,i 节点在 X 轴、Y 轴、Z 轴方向受力递推公式为:

$$
\begin{cases}
T_{X,i} = T_{X,i-1} - F_{e-x,i} - F_{oth-x,E} \\
T_{Y,i} = T_{Y,i-1} - F_{e-y,i} - F_{oth-y,E} \\
T_{Z,i} = T_{Z,i-1} - G_i
\end{cases}
\quad (26-296)
$$

节点在 *XYZ* 坐标系中坐标递推公式不变,见本文公式(26-292)。

c) 循环计算

本文计算采用二范数准则对 B 点坐标进行收敛判断:

$$\sqrt{(x_n - S_{AB})^2 + (z_n - H_{AB})^2} < \varepsilon \quad (26-297)$$

其中,ε 为计算误差,当公式(26-297)成立时则认为满足 XAZ 平面内精度要求,即可进行第 C 步三维计算。

若条件不满足,则对 $T_{X,0}$ 增加一增量/减量 $Var_{X,0}$,并返回 XAZ 平面内循环中第 a)步,直至满足公式(26-297)。

若循环数次后对 $T_{X,0}$ 的增量/减量超过 $\sum_{i=1}^{n} F_{e-x,i}$ 并且仍无法满足公式(26-297),则令 $T_{X,0}$ 返回静态计算结果 $a \cdot w_{jum}$,并对 $T_{Z,0}$ 增加一增量/减量 $Var_{Z,0}$,并返回 XAZ 平面内循环中第 a)步,直至满足公式(26-297)。

C. 三维循环计算

a)环境荷载计算

环境荷载计算公式同第 B 中 a)步,初次进入 C 步时水深与跨接管形态的形态采用 XAZ 平面内平衡状态下的结果,之后的计算分别采用上一次计算的水深与跨接管形态结果。

b)节点受力与坐标的计算

同第 B 中 b)步。

c)循环计算

本文计算采用二范数准则对 B 点坐标进行收敛判断:

$$\sqrt{(x_n - S_{AB})^2 + (y_n)^2 + (z_n - H_{AB})^2} < \varepsilon \qquad (26-298)$$

其中,ε 为计算误差,当公式(26-298)成立时则认为满足三维精度要求,即为计算结果。

若条件不满足,则对 $T_{Y,0}$ 增加一增量/减量 $Var_{Y,0}$,令 $T_{X,0}$ 返回静态计算结果 $a \cdot w_{jum}$;$T_{Z,0}$ 返回静态计算结果 T_{AZ},并返回 XAZ 平面内循环中第 a)步,继续计算,直至满足公式(26-298)。

D. 跨接管力矩、弯曲半径计算

通过 $A \sim C$ 步计算即可获得 XYZ 坐标下跨接管、下放缆绳上各节点坐标分布以及 X 轴、Y 轴、Z 轴方向上分力大小,计算精度与单元划分程度、循环递增/递减变量大小、计算误差有关,单元划分越细、循环递增/递减变量越小、计算误差越小则计算结果越精确。

跨接管部分第 i 节点处弯曲半径计算如下:

$$\rho_i = \frac{a}{2 \cdot \sin\arccos\left(\frac{b^2 + c^2 - a^2}{2bc}\right)} \qquad (26-299)$$

$$\begin{cases} a = \sqrt{(x_{i+1} - x_{i-1})^2 + (y_{i+1} - y_{i-1})^2 + (z_{i+1} - z_{i-1})^2} \\ b = \sqrt{(x_i - x_{i-1})^2 + (y_i - y_{i-1})^2 + (z_i - z_{i-1})^2} \\ c = \sqrt{(x_{i+1} - x_i)^2 + (y_{i+1} - y_i)^2 + (z_{i+1} - z_i)^2} \end{cases} \tag{26-300}$$

此段跨接管某点处弯矩为：

$$M_i = \frac{(EI)_{jum}}{\rho_i} \tag{26-301}$$

提高动态计算精度，只需将根据计算后跨接管以及下放缆绳形态数据求解环境荷载带入动态计算整体分析中，循环计算即可。直至循环后得到的跨接管以及下放缆绳形态与上次计算所得结果相近（可采用二范数进行判断），即可达到精度要求。

2. 水面上吊运与下放阶段（2 号端点露出）

计算基本与阶段一水面上吊运与下放阶段（2 号端点未露出）计算相同，不同的是 2 号端点此时已从存储盘上露出，并已连接到绞车上，且 2 号端点上已安装鹅颈管、接头等附件。由于跨接管较长（>50 m），因此此阶段跨接管已有部分浸入水中。

（1）静态计算

计算模型如图所示：A 点为跨接管 1 号端点一侧吊机吊点，B 点为跨接管 2 号端点一侧跨接管端点，E 点为跨接管 1 号端点附近跨接管与下放缆绳连接处，M 为跨接管中间最低点。以 A 点为原点，AB 所在平面水平方向为 X 轴，设立三维直角坐标系 XYZ，则 B 点坐标为（x_B, y_B, z_B）。

两端下放缆绳排放长度可参考 26.5.3.1 情况一。

由于跨接管、下放缆绳均满足悬链线条件，将跨接管由中间最低点划分为两段，与 1 号端点、2 号端点处下放缆绳结合共四段悬链线，根据悬链线求解各参数，求解方法如下：

A. 方程组建立

a）EM 跨接管段：

EM 段跨接管（包括 E 端限弯器长度）高度为：

$$H_{EM} = H_{jum-EM} + H_{Ben-E} = a \cdot \left(\cosh\frac{S_{jum-EM}}{a} - 1\right) + H_{Ben-E} \tag{26-302}$$

其中，a 为跨接管段悬链线参数；H_{Ben-E} 为 E 端点处限弯器在 Z 轴上的投影长度；H_{jum-EM} 为 EM 段中跨接管部分在 Z 轴上的投影长度，S_{jum-EM} 为 EM 段中跨接管部分在 X 轴上的投影长度。

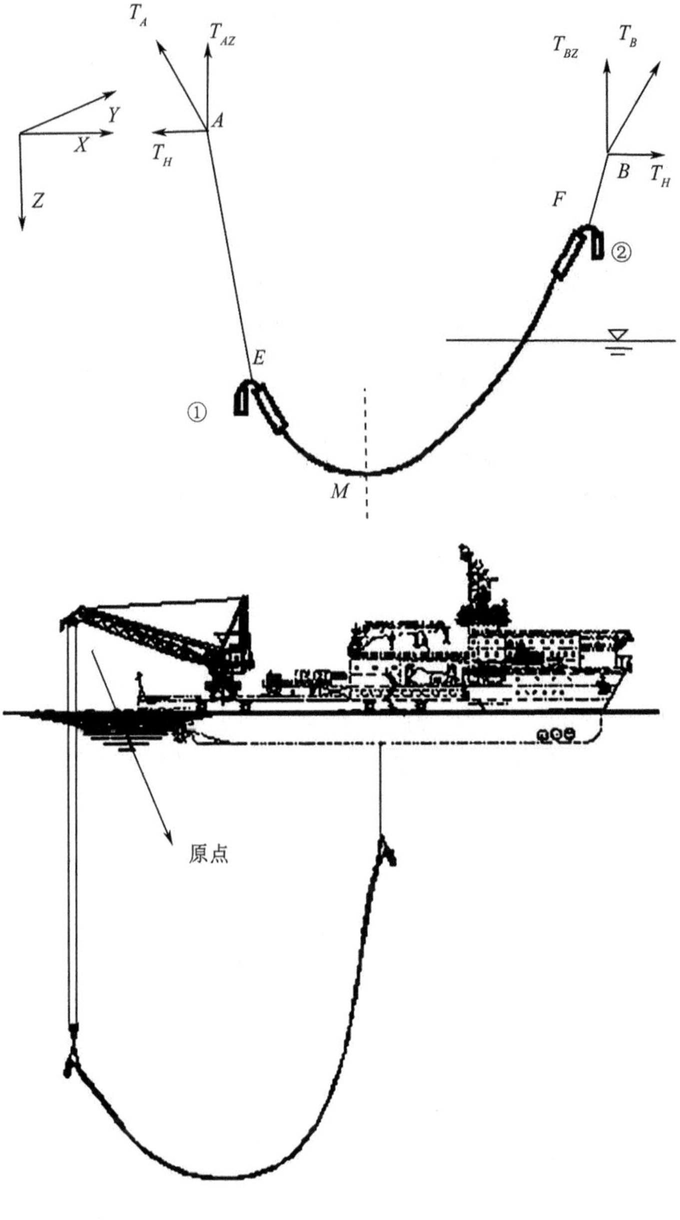

图 26－47　柔性跨接管（>50 m）阶段二计算示意图以及原点 *O* 位置示意图

EM 段跨接管长度为：

$$L_{jum-EM} = a \cdot \sinh \frac{S_{jum-EM}}{a} \tag{26-303}$$

EM 段 *E* 端点受到 *Z* 方向总的拉力大小为：

$$T_{EZ} = w_{jum} \cdot L_{jum-EM} + G_E + G_{Ben-E} \quad (26-304)$$

其中，w_{jum}为柔性跨接管线密度；G_E 为 *E* 端包括鹅颈管、CATs 等附件的总重；G_{Ben-E}为 E 端限弯器重量。

b）*MF* 跨接管段：

MF 段跨接管（包括 *F* 端限弯器长度）高度为：

$$H_{MF} = H_{jum-MF} + H_{Ben-F} = a \cdot \left(\cosh \frac{S_{jum-MF}}{a} - 1\right) + H_{Ben-F} \quad (26-305)$$

其中，*a* 为跨接管段悬链线参数；H_{Ben-F}为 *F* 端限弯器在 *Z* 轴上的投影长度；H_{jum-MF}为 *MF* 段中跨接管部分在 *Z* 轴上的投影长度，S_{jum-MF}为 *MF* 段中跨接管部分在 *X* 轴上的投影长度。

MF 段跨接管长度为：

$$L_{jum-MF} = a \cdot \sinh \frac{S_{jum-MF}}{a} \quad (26-306)$$

MF 段 *F* 端点受到 *Z* 方向总的拉力大小为：

$$T_{FZ} = w_{jum} \cdot L_{jum-MF} + G_F + G_{Ben-F} \quad (26-307)$$

其中，w_{jum}为柔性跨接管线密度；G_F 为 *F* 端包括鹅颈管、CATs 等附件的总重；G_{Ben-F}为 *F* 端限弯器重量。

c）*AM*（*AE* 下放缆绳 + *E* 端限弯器 + *E* 端鹅颈管、*CATs* 等 + *EM* 跨接管）段：

A 端点受到 *Z* 轴方向拉力为：

$$T_{AZ} = w_{wir} \cdot L_{wir-AE} + w_{jum} \cdot a \cdot \sinh \frac{S_{jum-EM}}{a} + G_E + G_{Ben-E} \quad (26-308)$$

其中，L_{wir-AE}为 *AE* 段下放缆绳长度。

d）*MB*（*FB* 下放缆绳 + *F* 端限弯器 + *F* 端鹅颈管、CATs 等 + *MF* 跨接管）段：

B 端点受到 *Z* 轴方向拉力为：

$$T_{BZ} = w_{wir} \cdot L_{wir-FB} + w_{jum} \cdot a \cdot \sinh \frac{S_{jum-MF}}{a} + G_F + G_{Ben-F} \quad (26-309)$$

其中，L_{wir-FB}为 *FB* 段下放缆绳长度。

e）*EF* 跨接管段

柔性跨接管总长为：

$$L_{jum} = L_{jum-MF} + L_{jum-EM} \quad (26-310)$$

其中，L_{jum}为柔性跨接管总长（不包含限弯器部分）。

f）*AB* 总体计算

AB 段在 *X* 方向投影总长为 *AB* 两点之间横向距离：

$$S_{AB}=(S_{jum-EM}+S_{Ben-E}+S_{wir-AE})+(S_{jum-MF}+S_{Ben-F}+S_{wir-FB})$$

(26 - 311)

其中，S_{wir-AE}为 *AE* 段下放缆绳在 *X* 轴上的投影长度；S_{wir-FB}为 *FB* 段下放缆绳在 *X* 轴上的投影长度。大小分别为：

$$S_{wir-AE}=\frac{a\cdot w_{jum}}{w_{wir}}\cdot\left[\cosh^{-1}\left(\sqrt{\left(\frac{T_{AZ}}{a\cdot w_{jum}}\right)^2+1}\right)-\cosh^{-1}\left(\sqrt{\left(\frac{T_{EZ}}{a\cdot w_{jum}}\right)^2+1}\right)\right]$$

$$S_{wir-FB}=\frac{a\cdot w_{jum}}{w_{wir}}\cdot\left[\cosh^{-1}\left(\sqrt{\left(\frac{T_{BZ}}{a\cdot w_{jum}}\right)^2+1}\right)-\cosh^{-1}\left(\sqrt{\left(\frac{T_{FZ}}{a\cdot w_{jum}}\right)^2+1}\right)\right]$$

AB 之间的垂向距离为 $H_{AB}=y_B$：

$$H_{EM}+H_{wir-AE}=H_{MF}+H_{wir-FB}-H_{AB} \tag{26 - 312}$$

其中，H_{wir-AE}为 *AE* 段下放缆绳在 *Z* 轴上的投影长度；H_{wir-FB}为 *FB* 段下放缆绳在 *Z* 轴上的投影长度。大小分别为：

$$H_{wir-AE}=\frac{\sqrt{T_{AZ}^2+(a\cdot w_{jum})^2}-\sqrt{T_{EZ}^2+(a\cdot w_{jum})^2}}{w_{wir}}$$

$$H_{wir-FB}=\frac{\sqrt{T_{BZ}^2+(a\cdot w_{jum})^2}-\sqrt{T_{FZ}^2+(a\cdot w_{jum})^2}}{w_{wir}}$$

B. 联立求解

由公式(26 - 302)至公式(26 - 312)共 11 个方程，通过解方程组即可求得 11 个未知量分别为：*EM* 段各参数：H_{jum-EM}、L_{jum-EM}、S_{jum-EM}、T_{EZ}、a；MF 段各参数：H_{jum-MF}、L_{jum-MF}、S_{jum-MF}、T_{FZ}、a（同 EM 段参数 a）；*A* 端点受到 *Z* 轴方向拉力：T_{AZ}；*B* 端点受到 *Z* 轴方向拉力：T_{BZ}。

从而可求得其余参数分别是：*AE* 段下放缆绳各参数：H_{wir-AE}、S_{wir-AE}；*FB* 段下放缆绳各参数：H_{wir-FB}、S_{wir-FB}。

如果跨接管完全没入水中，则方程中的 w_{jum}、w_{wir}、G_E、G_{Ben-E}、G_F、G_{Ben-F}各参数采用其相应的浮线重度和浮重度来计算。

C. 跨接管以及下放缆绳各点在 *XYZ* 坐标系下曲线方程计算：

由于跨接管以及下放缆绳所有点均没有受到 *Y* 轴方向上力的作用，故跨接管以及下放缆绳所有点在 *Y* 轴上坐标均为零，则静态曲线分析，可将三维坐标的计算简化为在平面坐标系 *XZ* 中的计算。

将跨接管与下放缆绳进行有限元划分（不包含限弯器），从 *A* 点起，*AE* 段缆绳划分为 n_{AE}个单元，*BF* 段缆绳划分为 n_{BF}个单元，跨接管 EF 段划分为 n_{EF}个单元。每段单元长元度 l_i 根据具体划分方法确定，将限弯器始末两点分别设置为单元节点，限弯器为一个单元。

对跨接管与下放缆绳的形态计算采用有限元原理：

初值设置

设 A 点即为第 1 号节点，在 XZ 坐标系中，A 点坐标为(0,0)，假设 A 点沿 X 轴、Z 轴方向力的大小为已知，大小采用静态计算结果，如下：

$$\begin{cases} T_{X,1} = a \cdot w_{jum} \\ T_{Z,1} = T_{AZ} \end{cases} \tag{26-313}$$

节点在 X 轴、Z 轴方向受力递推公式为：

$$\begin{cases} T_{X,i} = T_{X,i-1} \\ T_{Z,i} = T_{Z,i-1} - G_i \end{cases} \tag{26-314}$$

其中，当 i 节点位于 AE 段下放缆绳（包括 E 点）上时，$G_i = l_i \cdot w_i$，$w_i = w_{wir}$，$l_i = L_{wir-AE}/n_{AE}$；i 节点是 E 点后第一个节点时（即为 E 端限弯器单元），$G_i = G_{Ben-E} + G_E$；当 i 节点位于跨接管时，$G_i = l_i \cdot w_i$，$w_i = w_{jum}$，$l_i = L_{jum}/n_{EF}$；当 i 节点为 F 点时，$G_i = G_{Ben-F}$；当 i 节点是 FB 段下放缆绳上时，$G_i = l_i \cdot w_i$，$l_i = L_{wir-FB}/n_{BF}$，$w_i = w_{wir}$。

节点 i 在 XZ 坐标系中坐标递推公式为：

$$\begin{cases} x_i = x_{i-1} + l_i \dfrac{T_{x,i-1}}{\sqrt{T_{x,i-1}^2 + T_{z,i-1}^2}} \\ z_i = z_{i-1} + l_i \dfrac{T_{z,i-1}}{\sqrt{T_{x,i-1}^2 + T_{z,i-1}^2}} \end{cases}$$

其中，当 i 节点位于 AE 段下放缆绳（包括 E 点）上时，$l_i = L_{wir-AE}/n_AE$；当 i 节点是 E 点后第一个节点时（即为 E 端限弯器单元），$l_i = \sqrt{S_{Ben-E}^2 + H_{Ben-E}^2}$；当 i 节点位于跨接管时，$l_i = L_{jum}/n_{EF}$；当 i 节点为 F 点时，$l_i = \sqrt{S_{\mathrm{Ben-F}}^2 + H_{\mathrm{Ben-F}}^2}$；当 i 节点是 FB 段下放缆绳上时，$l_i = L_{wir-FB}/n_{BF}$。

(2)动态计算

计算各单元所受到的环境载荷

在整体坐标系中，第 i 段单元所受到波浪、流的荷载作用于 i 节点与 $i-1$ 节点中点位置，大小为：

$$F_{e-x,i} = \frac{1}{2}(F_{i-x} + F_{(i-1)-x}) \cdot l_i \tag{26-315}$$

$$F_{e-y,i} = \frac{1}{2}(F_{i-y} + F_{(i-1)-y}) \cdot l_i \tag{26-316}$$

其中，F_{i-x}、$F_{(i-1)-x}$、F_{i-y}、$F_{(i-1)-y}$见本文公式(26－288)、式(26－289)。环境荷载的计算与跨接管、下放缆绳、限弯器所处水深与跨接管形态有关，在初次计算中水深与跨接管、下放缆绳、限弯器形态采用静态结果。环境荷载的计算结果还与单元直径有关,单元直径根据单元所在位置(限弯器处、跨接管处、下放缆绳处)而定。

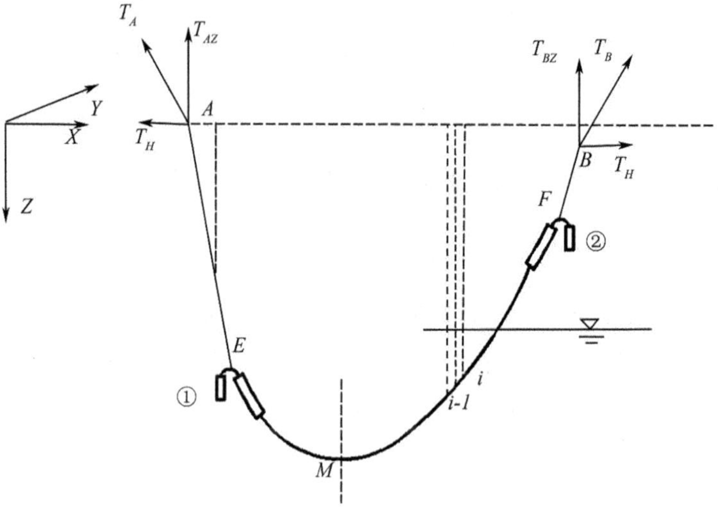

图 26-48 柔性跨接管(>50 m)阶段二有限元划分

取 A 点各方向分力的近似值为 $T_{X,1}=a\cdot w_{jum}+F_{Ax}$,$T_{Y,1}=F_{Ay}$,$T_{Z,1}=T_{AZ}$,其中 F_{Ax},F_{Ay} 分别为以跨接管最低点为分界点,即 AM 段所受到的 X 方向和 Y 方向的环境荷载作用。为求得 A 点各分力的精确解,可在适当范围内,如 $T_{X,1}=(0.9\sim1.1)(a\cdot w_{jum}+F_{Ax})$,$T_{Y,1}=(0.9\sim1.1)F_{Ay}$,$T_{Z,1}=(0.9\sim1.1)T_{AZ}$ 中找出这样的一个精确解,如果所得到的误差不在范围之内,可再扩大相应的取值范围。具体步骤如下:

设 A 点即为第 1 号节点,在 XYZ 坐标系中,A 点坐标为(0,0,0),假设 A 点沿 X 轴、Y 轴、Z 轴方向力的大小为已知,大小采用如下形式:

$$\begin{cases}T_{X,1}=\alpha(a\cdot w_{jum}+F_{Ax})\\T_{Y,1}=\beta F_{Ax}\\T_{Z,1}=\lambda T_{AZ}\end{cases}$$

α,β,λ 的取值范围为 0.9~1.1,并按照各自的增长比例在相应的循环圈中计算。

节点在 X 轴、Y 轴、Z 轴方向受力递推公式为:

$$\begin{cases}T_{X,i}=T_{X,i-1}-F_{e-x,i}\\T_{Y,i}=T_{Y,i-1}-F_{e-y,i}\\T_{Z,i}=T_{Z,i-1}-G_i\end{cases}\qquad(26-317)$$

其中 $F_{e-x,i}$,$F_{e-y,i}$,G_i 根据划分各单元的具体情况取值

节点 i 在 XYZ 坐标系中坐标递推公式为:

$$\begin{cases} x_i = x_{i-1} + l_i \cdot \dfrac{T_X}{\sqrt{T_X^2 + T_Y^2 + T_z^2}} \\ y_i = y_{i-1} + l_i \cdot \dfrac{T_Y}{\sqrt{T_X^2 + T_Y^2 + T_z^2}} \\ z_i = z_{i-1} + l_i \cdot \dfrac{T_z}{\sqrt{T_X^2 + T_Y^2 + T_Z^2}} \end{cases} \tag{26-318}$$

当 i 节点位于 AE 段下放缆绳(包括 E 点)上时,$l_i = L_{wir-AE}/n_{AB}$;当 i 节点是 E 点后第一个节点时(即为 E 端限弯器单元),$l_i = \sqrt{S_{\text{Ben-E}}^2 + H_{\text{Ben-E}}^2}$;当 i 节点位于跨接管时,$l_i = L_{jum}/n_{EF}$;当 i 节点为 F 点时,$l_i = \sqrt{S_{\text{Ben-F}}^2 + H_{\text{Ben-F}}^2}$;当 i 节点是 FB 段下放缆绳上时,$l_i = L_{wir-FB}/n_{BF}$。

本文计算采用二范数准则对 B 点坐标精度做出判断:

$$\sqrt{(x_B - S_{AB})^2 + (y_B - Y_{AB})^2 + (z_B - H_{AB})^2} < \varepsilon$$

其中,ε 为计算误差,若上式得出的结果在误差范围之内,则初始计算所采用的 A 点各分力的值即为 A 点的力的大小的求解值。

通过上面的推导计算可获得 XYZ 坐标下跨接管、下放缆绳上各节点坐标分布以及 X 轴、Y 轴、Z 轴方向上分力大小,计算精度与单元划分程度、循环递增/递减变量大小、计算误差有关,单元划分越细、循环递增/递减变量越小、计算误差越小则计算结果越精确。

跨接管及缆绳的相应节点的轴力值为:

$$T_i = \sqrt{T_{X,i}^2 + T_{Y,i}^2 + T_{Z,i}^2}$$

跨接管部分第 i 节点处弯曲半径计算如下:

$$\rho_i = \frac{a}{2 \cdot \text{sinarccos}\left(\dfrac{b^2 + c^2 - a^2}{2bc}\right)} \tag{26-319}$$

$$\begin{aligned} a &= \sqrt{(x_{i+1} - x_{i-1})^2 + (y_{i+1} - y_{i-1})^2 + (z_{i+1} - z_{i-1})^2} \\ b &= \sqrt{(x_i - x_{i-1})^2 + (y_i - y_{i-1})^2 + (z_i - z_{i-1})^2} \\ c &= \sqrt{(x_{i+1} - x_i)^2 + (y_{i+1} - y_i)^2 + (z_{i+1} - z_i)^2} \end{aligned} \tag{26-320}$$

跨接管部分第 i 节点受到力矩计算如下:

$$M_i = \frac{(EI)_{jum}}{\rho_i} \tag{26-321}$$

提高动态计算精度,只需将根据计算后跨接管以及下放缆绳形态数据求解环境荷载带入动态计算整体分析中,循环计算即可。

3. 落地与连接

落地与连接过程分为 3 个计算过程,分别是:

- 1 号端点落放到 1 号毂上(跨接管未落地);
- 释放绞车,铺放跨接管过程(跨接管落地);
- 2 号端点落放到 2 号毂上(跨接管已落地),连接接头;

(1)1 号端点落放到 1 号毂上(跨接管未落地)

继续下放跨接管,直到一定深度后用 ROV 将跨接管 1 号端点连接到 1 号毂上,跨接管未落地,简化模型如图 26 – 49 所示。

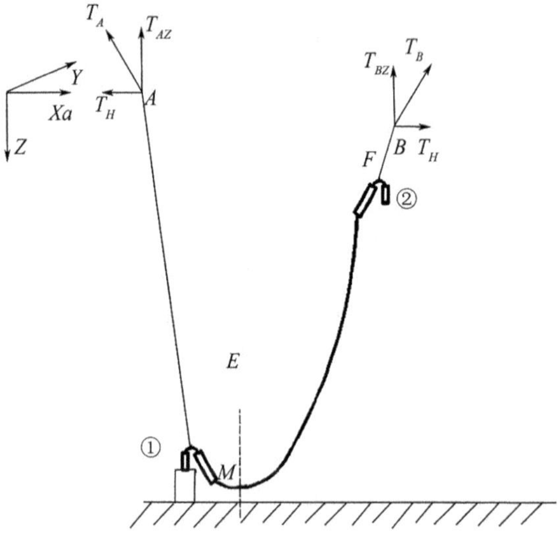

图 26 – 49　柔性跨接管(>50 m)阶段三过程一计算示意图

此时跨接管形态与缆绳形态与第二阶段(水面上吊运与下放阶段 2 号端点露出)下放到水深最深时即接头端到达连接毂附近时形态相同。

(2)释放绞车,铺放跨接管过程(跨接管落地)

根据参考文献[4]第 14 章,当跨接管坐放至海底时,跨接管会和海底产生撞击,最大撞击力为:

$$F_{\max} = v_{it} \cdot \sqrt{m_{jum} \cdot k} \tag{26-322}$$

$$k = \frac{k_{\text{seab}} \cdot k_{\text{jum}}}{k_{\text{seab}} + k_{\text{jum}}} \tag{26-323}$$

其中,v_{it} 为撞击前跨接管下放速度;k 为系统等效刚度;k_{jum} 为跨接管刚度;k_{seab} 为海底刚度。

当跨接管坐放至海底时,除需要计算跨接管弯矩、最小弯曲半径、轴力之外,还需要额外计算跨接管与海床的接触长度。以 A 为坐标原点建立整体坐标系 XYZ,计算模型如图 26－50 所示。

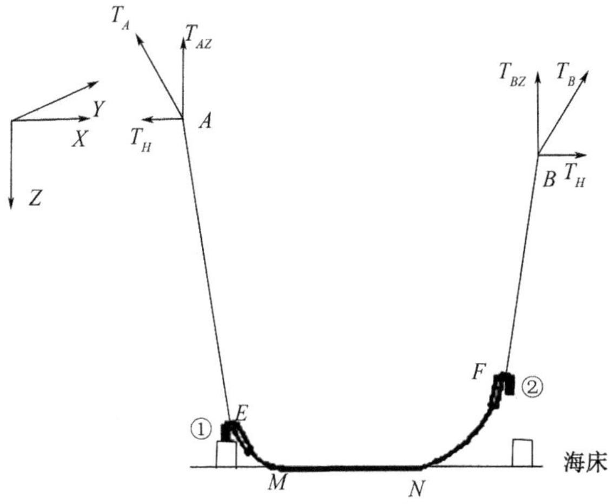

图 26－50　柔性跨接管(>50 m)阶段三过程二计算示意图

计算模型如图 26－50 所示,以 E 为坐标原点建立局部坐标系 $X_EY_EZ_E$,A 点为跨接管 1 号(E)端点一侧下放缆绳与索具连接点,B 点为跨接管 2 号(F)端点一侧与索具连接点,E 点为跨接管 1 号端点附近与下放缆绳连接点,F 点为跨接管 2 号端点附近与下放缆绳连接点,M 为 AE 边跨接管的触地点,N 为 FB 边跨接管的触地点。

(x_E, y_E, z_E) 为 E 点在整体坐标系内坐标,为已知,可将局部坐标系内各点坐标转换到整体坐标系中,转换方法如下:

$$\begin{cases} x = x_E + X_E \\ y = y_E + Y_E \\ z = z_E + Z_E \end{cases} \tag{26-324}$$

A 点坐标(x_A, y_A, z_A)、B 点坐标(x_B, y_B, z_B)为已知,采用第三阶段(跨接管以及下放索具完全淹没阶段)下放到水深最深阶段即接头端到达连接毂附近时数据。通过公式(26－324)转换可得 A 点、B 点在 $X_EY_EZ_E$局部坐标系下坐标$(X_{E,A}, Y_{E,A}, Z_{E,A})$、$(X_{E,B}, Y_{E,B}, Z_{E,B})$。

AB 之间的水平距离为:$S_{AB} = \sqrt{(x_A - x_B)^2 + (y_A - y_B)^2}$,垂向距离:$H_{AB} = |z_A - z_B|$。

AE 之间的水平距离为：$S_{AE}=\sqrt{(x_A-x_E)^2+(y_A-y_E)^2}$，垂向距离：$H_{AE}=|z_A-z_E|$。

EB 之间的水平距离为：$S_{EB}=\sqrt{(x_E-x_B)^2+(y_E-y_B)^2}$，垂向距离：$H_{AB}=|z_A-z_B|$。

①静态求解

A. 方程组建立

a) EM 跨接管段

EM 段跨接管(包括 E 端限弯器长度)高度为：

$$H_{EM}=H_{jun-EM}+H_{Ben-E}=a\cdot\left(\cosh\frac{S_{jum-EM}}{a}-1\right)+H_{Ben-E} \quad (26-325)$$

其中，a 为跨接管段悬链线参数；H_{Ben-E}为 E 端点处限弯器在 Z_E轴上的投影长度；H_{jum-EM}为 EM 段中跨接管部分在 Z_E轴上的投影长度，S_{jum-EM}为 EM 段中跨接管部分在 X_E轴上的投影长度。

EM 段跨接管长度为：

$$L_{jum-EM}=a\cdot\sinh\frac{S_{jum-EM}}{a} \quad (26-326)$$

b) NF 跨接管段

NF 段跨接管(包括 F 端限弯器长度)高度为：

$$H_{NF}=H_{jum-NF}+H_{\mathrm{Ben-F}}=a\cdot\left(\cosh\frac{S_{\mathrm{jum-NF}}}{a}-1\right)+H_{\mathrm{Ben-F}} \quad (26-327)$$

其中，a 为跨接管段悬链线参数；H_{Ben-F}为 F 端点处限弯器在 Z_E轴上的投影长度；H_{jum-NF}为 NF 段中跨接管部分在 Z_E轴上的投影长度，S_{jum-NF}为 NF 段中跨接管部分在 X_E轴上的投影长度。

NF 段跨接管长度为：

$$L_{jum-NF}=a\cdot\sinh\frac{S_{jom-NF}}{a} \quad (26-328)$$

NF 段 F 端点受到 Z_E方向总的拉力大小为：

$$T_{FZ}=w_{\mathrm{jum}}\cdot L_{\mathrm{jum}-NF}+G_F+G_{\mathrm{Ben-F}} \quad (26-329)$$

其中，w_{jum}为柔性跨接管线密度；G_F 为 F 端包括鹅颈管、CATs 等附件的总重；G_{Ben-F}为 F 端限弯器重量。

c) NB(FB 下放缆绳 + F 端限弯器 + F 端鹅颈管、CATs 等 + NF 跨接管)段

B 端点受到 Z_E轴方向拉力为：

$$T_{BZ}=w_{\mathrm{ujr}}\cdot L_{\mathrm{hir}-FB}+w_{jun}\cdot L_{jum-NF}+G_F+G_{Ben-F} \quad (26-330)$$

其中，L_{wir-FB}为 FB 段下放缆绳长度。

d) EF 跨接管段

柔性跨接管总长为：

$$L_{jwn} = L_{jun-NF} + L_{jum-EM} + L_{jum-MN} \tag{26-331}$$

其中，L_{jum} 为柔性跨接管总长（不包含限弯器部分）。

e) EB 总体计算

EB 段在 X_E 方向投影总长为 EB 两点之间横向距离：

$$S_{EB} = (S_{jum-EM} + S_{Ben-E}) + (S_{jum-NF} + S_{Ben-F} + S_{wir-FB}) + L_{jum-MN} \tag{26-332}$$

其中，S_{wir-FB} 为 FB 段下放缆绳在 X_E 轴上的投影长度。大小分别为：

$$S_{wjt-FB} = \frac{a \cdot w_{jun}}{w_{vj}} \cdot \left[\cosh^{-1}\left(\sqrt{\left(\frac{T_{RZ}}{a \cdot w_{jun}}\right)^2 + 1}\right) - \cosh^{-1}\left(\sqrt{\left(\frac{T_{FZ}}{a \cdot w_{jum}}\right)^2 + 1}\right)\right] \tag{26-333}$$

垂向距离相等：

$$H_{EM} + H_{EB} = H_{NF} + H_{\text{writ?}-FB} - H_{AB} = D_W + H_t - z_A \tag{26-334}$$

其中，H_t 为吊机距水面距离；D_W 为时域总水深；H_{wir-FB} 为 FB 段下放缆绳在 Z_E 轴上的投影长度。大小为：

$$H_{wv-FB} = \frac{\sqrt{T_{EZ}^2 + (a \cdot w_{ju\pi})^2} - \sqrt{T_{RZ}^2 + (a \cdot w_{jun})^2}}{w_{vj}} \tag{26-335}$$

B. 联立求解

由公式（26-325）至公式（26-335）共 11 个方程，通过解方程组即可求得 11 个未知量分别为：EM 段各参数：H_{jum-EM}、L_{jum-EM}、S_{jum-EM}、a；NF 段各参数：H_{jum-NF}、L_{jum-NF}、S_{jum-NF}、T_FZ、a（同 EM 段参数 a）；B 端点受到 Z_E 轴方向拉力：T_{BZ}；FB 段下放缆绳各参数：H_{wir-FB}、S_{wir-FB}；坐放在海底上跨接管长度：L_{jum-MN}。

C. AE 段下放缆绳求解

设 A 端点受到 Z_E 轴方向拉力：T_{AZ}；E 端点受到 Z_A 轴方向拉力：T_{EZ}。AE 段如图 26-51 所示：

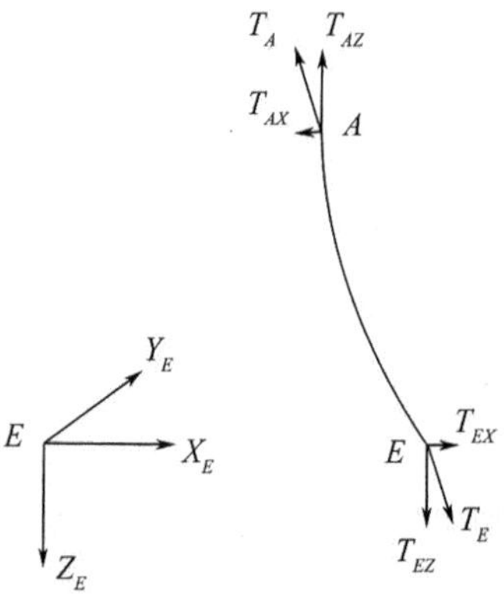

图 26-51　柔性跨接管(>50 m)
阶段三过程二 *AE* 段计算示意图

X_A轴方向受力平衡为:

$$T_{AX} = T_{EX} = a_{AE} \cdot w_{wir} \tag{26-336}$$

AE 段下放缆绳在 X_E轴上的投影长度为:

$$S_{wir-AE} = a_{AE} \cdot \left[\cosh^{-1}\left(\sqrt{\left(\frac{T_{AZ}}{a_{AE} \cdot w_{wir}}\right)^2 + 1}\right) - \cosh^{-1}\left(\sqrt{\left(\frac{T_{EZ}}{a_{AE} \cdot w_{wir}}\right)^2 + 1}\right]\right. = S_{AE} \tag{26-337}$$

AE 段下放缆绳在 Z_E轴上的投影长度为:

$$H_{wir-AE} = \frac{\sqrt{T_{AZ}^2 + (a_{AE} \cdot w_{wir})^2} - \sqrt{T_{EZ}^2 + (a_{AE} \cdot w_{wir})^2}}{w_{wir}} = H_{AE} \tag{26-338}$$

AE 段下放缆绳长度为:

$$L_{\mathrm{wir-AE}} = \frac{T_{AZ} - T_{EZ}}{w_{\mathrm{wir}}} \tag{26-339}$$

其中 S_{wir-AE}、H_{wir-Ae}、L_{wir-AE}均为已知。求解方程组公式(26-337)~(26-339)可解得:T_{AZ}、T_{EZ}、a_{AE},其中 a_{AE}为 *AE* 段下放缆绳悬链线参数。故可解得 T_{AX}、T_{EX}。

D. 跨接管以及下放缆绳各点在 $X_EY_EZ_E$坐标系下曲线方程计算:

由于跨接管以及下放缆绳所有点均没有受到 Y_E轴方向上的力的作用,故跨接管以及下放缆绳所有点在 Y_E轴上坐标均为零。

f) *AE* 段下放缆绳曲线方程

AE 段下放缆绳曲线方程适用于 $-S_{wir-Ae} \leqslant X_E < 0$ 情况:

$$Z_E(X_E) = \frac{\sqrt{T_{EZ}^2 + (a_{AE} \cdot w_{wir})^2}}{w_{wir}} - a_{AE} \cdot \cosh\left[\cosh^{-1}\left(\sqrt{\left(\frac{T_{EZ}}{a_{AE} \cdot w_{wv}}\right)^2 + 1}\right) - \frac{X_E}{a_{AE}}\right] \quad (26-340)$$

g) *EM* 段曲线方程

EM 段包括 *E* 端限弯器与 *EM* 段内的跨接管部分，对限弯器部分，曲线方程主要根据限弯器性质来确定，在本文计算中为输入参数。对于限弯器后面的跨接管部分，及 $S_{Ben-E} \leqslant X_E < S_{Ben-E} + S_{jum-EM}$，曲线方程为：

$$Z_E(X_E) = H_{Ben-E} + H_{jum-EM} + a - a \cdot \cosh\left[\frac{S_{Ben-E} + S_{jum-EM} - X_A}{a}\right] \quad (26-341)$$

h) *MN* 段曲线方程

MN 段跨接管 $S_{Ben-E} + S_{jum-EM} \leqslant X_E < S_{Ben-E} + S_{jum-EM} + L_{jum-MN}$ 平铺在海床上，故 MN 段跨接管 $Z_E(X_E) = D_W + H_t - Z_E$。

i) *NF* 段曲线方程

NF 段包括 *F* 端限弯器与 *NF* 段内的跨接管部分，对限弯器部分的处理同 EM 段。对于限弯器前面的跨接管部分，及 $S_{Ben-E} + S_{jum-EM} + L_{jum-MN} \leqslant X_E < S_{EB} - S_{wir-Fb} - S_{Ben-F}$，曲线方程为：

$$Z_E(X_E) = H_{Ben-E} + H_{jum-EM} + a - a \cdot \cosh\left[\frac{X_A - (S_{B_{en-E}} + S_{jum-EM})}{a}\right] \quad (26-342)$$

j) *FB* 段下放缆绳方程

FB 段下放缆绳曲线方程适用于 $S_{EB} - S_{wir-FB} \leqslant X_A \leqslant S_{EB}$ 情况：

$$Z_E(X_E) = \frac{\sqrt{T_{BZ}^2 + (a \cdot w_{jum})^2}}{w_{wir}} - H_{EB} - \frac{a \cdot w_{jum}}{w_{wir}} \cdot \cos h\left[\frac{\left[X_E - S_{BB} + \frac{a \cdot w_{jum}}{w_{wir}} \cdot \cos h^{-1}\left(\sqrt{\left(\frac{T_{BZ}}{a \cdot w_{jum}}\right)^2 + 1}\right)\right] \cdot w_{wir}}{a \cdot w_{jum}}\right] \quad (26-343)$$

C. 轴力、最大弯矩与最小弯曲半径求解

f) *AE* 段下放缆绳

AE 段下放缆绳曲线方程适用于 $-S_{wir-AE} \leqslant X_E < 0$ 情况，沿 *AE* 段下放缆绳每点轴力分别为：

$$T_{wir-AE}(X_E) = a_{AE}\cdot w_{wir}\cdot\cosh\left[\cosh^{-1}\left(\sqrt{\left(\frac{T_{AZ}}{a_{AE}\cdot w_{wir}}\right)^2+1}\right)-\frac{X_E}{a_{AE}}\right] \quad (26-344)$$

g) *EM* 段

对限弯器部分，受到的最大轴力为 $T_{Ben-E,\max}=\sqrt{(w_{jum}\cdot L_{jun-EM}+G_{Ben-E})^2+(a\cdot w_{jun})^2}$，位于 *E* 点与下放缆绳连接处。对于 $S_{Ben-E}\leqslant X_E<S_{Ben-E}+S_{jum-EM}$，即限弯器后面的跨接管，每点受到的轴力大小为：

$$T_{\text{jun-EM}}(X_E) = a\cdot w_{\text{jun}}\cdot\cosh\left[\frac{S_{Ben-E}+S_{\text{jun-}EM}-X_E}{a}\right] \quad (26-345)$$

跨接管部分 X_E 点处弯曲半径为：

$$\rho_{jum-EM}(X_E) = a\cdot\cos h^2\left(\frac{S_{Ben-E}+S_{\text{jun-EM?}}-X_E}{a}\right) \quad (26-346)$$

跨接管部分 X_E 点受到力矩计算如下：

$$M_{jwn-EM}(X_E) = \frac{(EI)_{jwn}}{\rho_{jun-EM}(X_E)} \quad (26-347)$$

h) *MN* 段

MN 段跨接管 $S_{Ben-E}+S_{jum-EM}\leqslant X_E<S_{Ben-E}+S_{jum-EM}+L_{jum-MN}$ 平铺在海床上，故 MN 段跨接管各点 $M_{\text{jum-MN}}(X_E)=0$，$\rho_{\text{jum-MN}}(X_E)=\infty$。

i) *NF* 段

对限弯器部分，受到的最大轴力为 $T_{Ben-F,\max}=\sqrt{(T_{FZ}-G_F)^2+(a\cdot w_{jum})^2}$，位于 *F* 点与下放缆绳连接处。当 $S_{Ben-E}+S_{jum-EM}+L_{jum-MN}\leq X_E<S_{EB}-S_{wir-FB}-S_{Ben-F}$，及对于限弯器后面的跨接管，每点受到的轴力大小为：

$$T_{\text{jun-EM}}(X_E) = a\cdot w_{\text{jom}}\cdot\cosh\left[\frac{X_E-(S_{\text{Ben-E}}+S_{\text{jum-EM}}+L_{\text{jum-}MN})}{a}\right] \quad (26-348)$$

跨接管某点 X_E 点处弯曲半径为：

$$\rho_{\text{jum-NF}}(X_E) = a\cdot\cosh^2\left(\frac{X_E-(S_{\text{Ben-E}}+S_{\text{jun-}EM}+L_{\text{jum--}MN})}{a}\right) \quad (26-349)$$

跨接管部分 X_E 点受到力矩计算如下：

$$M_{jum-NF}(X_E) = \frac{(EI)_{jwm}}{\rho_{jwn-NF}(X_E)} \quad (26-350)$$

j) *FB* 段下放缆绳

FB 段下放缆绳曲线方程适用于 $S_{EB}-S_{wir-FB}\leqslant X_E\leqslant S_{EB}$ 情况，沿 *FB* 段下放缆

绳每点轴力分别为：

$$T_{wir-FB}(X_E) = a \cdot w_{jum} \cdot \cosh\left[\cosh^{-1}\left(\sqrt{\left(\frac{T_{BZ}}{a \cdot w_{jum}}\right)^2 + 1}\right) - \frac{(S_{EB} - X_E) \cdot w_{wir}}{a \cdot w_{jun}}\right] \tag{26-351}$$

D. 将局部坐标系中 $X_E Y_E Z_E$ 坐标转换到整体坐标系中

见式(26 - 341)。

跨接管每点相对 1 号毂的坐标即为跨接管各点在 $X_E Y_E Z_E$ 坐标系下的坐标。

②动态分析

在环境荷载作用下，跨接管以及下放索具会发生形态上的而变化，因此跨接管的触地点 M、N 点会发生变化，需要对其进行重新计算。

A. 对 EM 段跨接管进行动态求解

由于 EM 段跨接管受到环境荷载作用，较静态结果形态会发生变化，故 M 点位置为未知。本文采用有限元划分的方法进行计算，沿 EM 段方向（包括 EM 段跨接管与限弯器两部分）划分为（n_{EM} 大小未知）段，限弯器为第一个单元，单元节点分别为 0，1 号节点，单元长度 L_{i-EM} 根据划分单元方法确定。如图 26 - 52 所示：

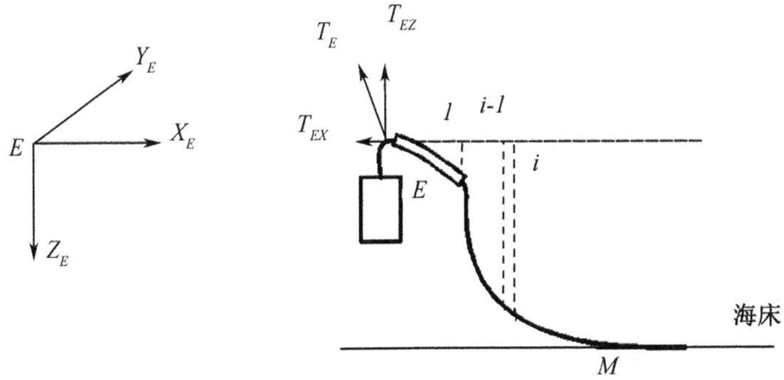

图 26 - 52　柔性跨接管（ >50 m）阶段三过程二 EM 段计算示意图

a）初值设置

采用静态计算结果设 E 点受到垂向拉力大小为 $T_{Z_E,0} = T_{EZ} = w_{jum} \cdot L_{jum-EM}$。$E$ 端点鹅颈管角度为 a_0，为已知，则 E 点受到 X_E 轴方向拉力大小为 $T_{X_E,0} = T_{EX} = \frac{T_{EZ}}{\tan\alpha_0}$。

b）Y_E 方向初值选取

对于初次计算采用静态计算跨接管形态计算跨接管受到环境荷载大小，之后每次计算采用上次循环时的跨接管形态计算环境荷载大小，则此时 n_{EM} 为已知，在整体坐标系中，第 i 段单元所受到波浪、流的荷载作用于 i 节点与 $i-1$ 节点中点位置，大小为：

$$F_{e-x,i} = \frac{1}{2}(F_{i-x} + F_{(i-1)-x}) \cdot l_{i-EM} \tag{26-352}$$

$$F_{e-y,i} = \frac{1}{2}(F_{i-y} + F_{(i-1)-y}) \cdot l_{i-EM} \tag{26-353}$$

其中，F_{i-x}、$F_{(i-1)-x}$、F_{i-y}、$F_{(i-1)-y}$见本文公式(26－288)、式(26－289。E 点受到 Y_E轴方向拉力大小为 $T_{Y_E,0} = \sum_{t=1}^{n_{EM}} F_{e-y,i}$。

c)限弯器段计算

则限弯器末端即 1 号节点坐标为：

当 $|X_{E,1} - X_{E,0}| < S_{Ben-E(\max)}$ 时：

$$\begin{cases} X_{E,1} = X_{E,0} + L_{Ben-E} \cdot \cos\left(\text{acttan}\dfrac{T_{Y_E,0}}{\sqrt{T_{X_E,0}^2 + T_{Z_E,0}^2}}\right) \cdot \cos\left(\text{acttan}\dfrac{T_{Z_E,0}}{T_{X_E,0}}\right) \\ Y_{E,1} = Y_{E,0} + L_{Ben-E} \cdot \sin\left(\text{acttan}\dfrac{T_{Y_E,0}}{\sqrt{T_{X_E,0}^2 + T_{Z_E,0}^2}}\right) \cdot \sin\left(\text{acttan}\dfrac{T_{Z_E,0}}{T_{X_E,0}}\right) \\ Z_{E,1} = Z_{E,0} + L_{Ben-E} \cdot \cos\left(\text{acttan}\dfrac{T_{Y_E,0}}{\sqrt{T_{X_E,0}^2 + T_{Z_E,0}^2}}\right) \end{cases} \tag{26-354}$$

当 $|X_{E,1} - X_{E,0}| < S_{Ben-E(\max)}$ 时：

$$\begin{cases} X_{E,1} = X_{E,0} + S_{Ben-E(\max)} \\ Y_{E,1} = Y_{E,0} + L_{Ben-E} \cdot \sin\left(\text{acttan}\dfrac{T_{Y_E,0}}{\sqrt{T_{X_E,0}^2 + T_{Z_E,0}^2}}\right. \\ Z_{E,1} = Z_{E,0} + H_{Ben-E(\max)} \end{cases}$$

其中，$S_{Ben-E(\max)}$，与 $H_{Ben-E(\max)}$ 为 E 端限弯器在 X_A、Z_A 轴上投影的最大长度，由限弯器自身的性质决定，为已知条件。

d)求解

在整体坐标系中，第 i 段单元所受到波浪、流的荷载作用于 i 节点与 $i-1$ 节点中点位置，大小为：

$$F_{e-x,t} = \frac{1}{2}(F_{t-x} + F_{(t-1)-x}) \cdot l_t \tag{26-355}$$

$$F_{e-y,i} = \frac{1}{2}(F_{i-y} + F_{(i-1)-y}) \cdot l_i \tag{26-356}$$

其中，F_{i-x}、$F_{(i-1)-x}$、F_{i-y}、$F_{(i-1)-y}$见本文公式(26－288)、式(26－289)。环境荷载的计算与跨接管、限弯器所处水深与跨接管形态有关。环境荷载的计算结果还与单元直径有关，单元直径根据单元所在位置(限弯器处、跨接管处、索具缆绳处)而定。

为简化计算，i 单元环境荷载大小采用 $i-1$ 单元环境荷载数据，1 号节点之后节点在 X_E轴、Y_E轴、Z_E轴方向受力递推公式为：

$$\begin{cases} T_{X_E,i} = T_{X_E,i-1} - F_{e-x,i-1} \\ T_{Y_E,i} = T_{Y_E,t-1} - F_{e-y,i-1} \\ T_{Z_E,i} = T_{Z_Z,i-1} - G_i \end{cases} \tag{26－357}$$

1 号节点之后节点 i(非限弯器后点)在 $X_EY_EZ_E$坐标系中坐标递推公式为：

$$\begin{cases} X_{E,i} = X_{E,i-1} + l_{i-EM} \cdot \cos\left(\operatorname{acttan}\dfrac{T_{Y_E,i-1}}{\sqrt{T^2_{X_E,i-1} + T^2_{Z_E,i-1}}}\right) \cdot \cos\left(\operatorname{acttan}\dfrac{T_{Z_E,i-1}}{T_{X_E,i-1}}\right) \\ Y_{E,i} = Y_{E,i-1} + l_{i-EM} \cdot \sin\left(\operatorname{acttan}\dfrac{T_{Y_E,i-1}}{\sqrt{T^2_{X_E,i-1} + T^2_{Z_E,i-1}}}\right) \\ Z_{E,i} = Z_{E,i-1} + l_{i-EM}\cos\left(\operatorname{acttan}\dfrac{T_{Y_E,i-1}}{\sqrt{T^2_{X_E,i-1} + T^2_{Z_E,i-1}}}\right) \cdot \sin\left(\operatorname{acttan}\dfrac{T_{Z_E,i-1}}{T_{X_E,i-1}}\right) \end{cases}$$

当 $T_{Z_g,i}=0$ 时，Z_{Ej}即为所求。

e)循环计算

令 $Z_{E,n_{EM}} = Z_{E,i}$，本文计算采用二范数准则对 M 点坐标进行收敛判断：

$$\sqrt{(Z_{E,n_{EM}} - H_{E-Seab})^2} < \varepsilon \tag{26－358}$$

其中，H_{E-Seab}为 E 点距离海底垂向距离，$H_{E-Seab} = D_W + H_t - z_E$；$\varepsilon$ 为计算误差。当公式(26－358)成立时则认为满足精度要求，即为所求。若条件不满足，则对 $T_{Z_g,0}$增加一增量/减量 Var_{0,Z_g}，并返回循环中第 b)步，直至满足公式(26－358)。

f)EM 段跨接管长度、力矩、弯曲半径计算

通过 a)～d)步计算即可获得 $X_EY_EZ_E$坐标下 EM 段跨接管(包括 E 端限弯器)上各节点坐标分布以及 X_E轴、Y_E轴、Z_E轴方向上分力大小，计算精度与单元划分程度、循环递增/递减变量大小、计算误差有关，单元划分越细、循环递增/递减变量越小、计算误差越小则计算结果越精确。

EM 段跨接管(不包括限弯器)长度为：

$$L_{jum-EM} = \sum_{i=1}^{n_{EM}} l_{i-EM} - L_{Ben-E} \tag{26－359}$$

跨接管部分第 i 节点处弯曲半径计算如下：

$$\rho_i = \frac{a}{2 \cdot \sin\arccos\left(\frac{b^2 + c^2 - a^2}{2bc}\right)} \tag{26-360}$$

$$\begin{aligned} a &= \sqrt{(X_{E,i+1} - X_{E,i-1})^2 + (Y_{E,i+1} - Y_{E,i-1})^2 + (Z_{E,i+1} - Z_{E,i-1})^2} \\ b &= \sqrt{(X_{E,i} - X_{E,i-1})^2 + (Y_{E,i} - Y_{E,i-1})^2 + (Z_{E,i} - Z_{E,i-1})^2} \\ c &= \sqrt{(X_{E,i+1} - X_{E,i})^2 + (Y_{E,i+1} - Y_{E,i})^2 + (Z_{E,i+1} - Z_{E,i})^2} \end{aligned} \tag{26-361}$$

跨接管部分 i 节点受到力矩计算如下：

$$M_i = \frac{(EI)_{jum}}{\rho_i} \tag{26-362}$$

B. NB 段计算

由于 NB 段受到环境荷载作用，较静态结果形态会发生变化，故 N 点位置为未知。本文采用有限元划分的方法进行计算，沿 B 点向 N 点方向（包括 NF 段跨接管与限弯器、FB 段索具缆绳三部分）划分为 n_{NB}（n_{NB}大小未知）段，将限弯器划分为第一个单元，F 为限弯器上一个节点，则限弯器另一节点号为 F 的节点号加一，每单元长度 l_{i-NB}根据划分单元方法确定。如图 26－53 所示：

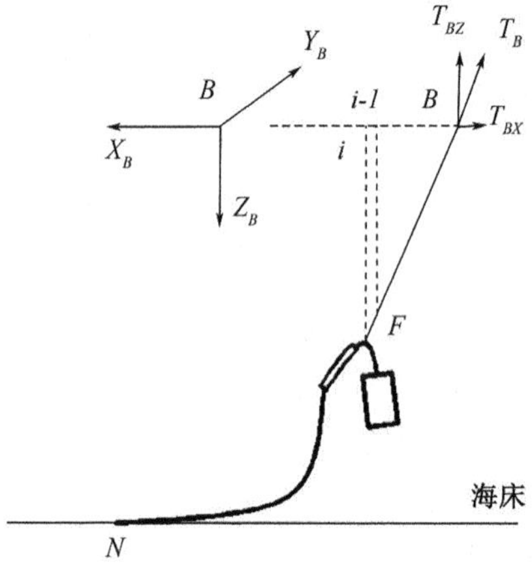

图 26－53　柔性跨接管（>50 m）
阶段三过程二 NF 段计算示意图

以 B 点为原点建立局部坐标系 $X_BY_BZ_B$，如图 26－53 所示，则局部坐标系 $X_BY_BZ_B$与局部坐标系 $X_EY_EZ_E$的转换公式为：

$$\begin{cases} X_E = X_{E,B} - X_B \\ Y_E = Y_B + Y_{E,B} \\ Z_E = Z_B + Z_{E,B} \end{cases} \tag{26-363}$$

其中，$(X_{E,B},Y_{E,B},Z_{E,B})$为 B 点在局部坐标系 $X_EY_EZ_E$ 中的坐标值。

a)初值设置

采用静态计算结果设 E 点受到垂向拉力大小为 $T_{Z_B,0}=T_{BZ}$，B 点受到 X_B 轴方向拉力大小为 $T_{X_B,0}=T_{BX}$。

b)Y_B 方向初值设置

对于初次计算采用静态计算跨接管形态计算跨接管受到环境荷载大小，之后每次计算采用上次循环时的跨接管形态计算环境荷载大小，则此时 n_{NB} 为已知，在整体坐标系中，第 i 段单元所受到波浪、流的荷载作用于 i 节点与 $i-1$ 节点中点位置，大小为：

$$F_{e-x,i} = \frac{1}{2}(F_{i-x} + F_{(i-1)-x}) \cdot l_i \tag{26-364}$$

$$F_{e-y,i} = \frac{1}{2}(F_{i-y} + F_{(i-1)-y}) \cdot l_i \tag{26-365}$$

其中，F_{i-x}、$F_{(i-1)-x}$、F_{i-y}、$F_{(i-1)-y}$ 见本文公式(26-288)、式(26-289)。E 点受到 Y_E 轴方向拉力大小为 $T_{Y_B,0}=\sum_{i=1}^{n_{NB}} F_{e-y,i}$。

c)节点坐标及受力计算

节点的坐标递推公式表示如下：

$$\begin{cases} X_{B,i} = X_{B,i-1} + l_i \cdot \cos\left(\operatorname{acttan}\dfrac{T_{Y_B,i-1}}{\sqrt{T^2_{X_B,i-1}+T^2_{Z_B,i-1}}}\right)\cdot\cos\left(\operatorname{acttan}\dfrac{T_{Z_B,i-1}}{T_{X_B,i-1}}\right) \\ Y_{B,i} = Y_{B,i-1} + l_i \cdot \sin\left(\operatorname{acttan}\dfrac{T_{Y_B,i-1}}{\sqrt{T^2_{X_B,i-1}+T^2_{Z_B,i-1}}}\right) \\ Z_{B,i} = Z_{B,i-1} + l_i \cdot \cos\left(\operatorname{acttan}\dfrac{T_{Y_B,i-1}}{\sqrt{T^2_{X_B,i-1}+T^2_{Z_B,i-1}}}\right)\cdot\sin\left(\operatorname{acttan}\dfrac{T_{Z_B,i-1}}{T_{X_B,i-1}}\right) \end{cases} \tag{26-366}$$

当 $i-1$ 单元在 F 点时，即 $i-1$ 节点与 i 节点之间为限弯器单元时，坐标递推公式为：

当 $|X_{B,i}-X_{B,i-1}| \geqslant S_{Ben-F(\max)}$ 时，采用公式(26-366)。

当 $|X_{B,i}-X_{B,i-1}| \geqslant S_{Ben-F(\max)}$ 时，递推公式如下：

$$\begin{cases} X_{B,i} = X_{B,i-1} + S_{Ben-F(\max)} \\ Y_{B,i} = Y_{B,i-1} + L_{Ben-F} \cdot \sin(\mathrm{acttan}\dfrac{T_{Y_g,i-1}}{\sqrt{T^2_{X_B,i-1} + T_{Z_B,i-1}}^2}) \\ Z_{B,i} = Z_{B,i-1} + H_{Ben-F(\max)} \end{cases} \quad (26-367)$$

其中，$S_{Ben-F(\max)}$，$H_{Ben-F(max)}$为 F 端限弯器在 X_A、Z_A轴上投影的最大长度，由限弯器自身的性质决定，为已知条件。

环境荷载的计算采用公式(26－286)、式(26－289)，环境荷载的计算与跨接管、限弯器所处水深与跨接管形态有关。环境荷载的计算结果还与单元直径有关，单元直径根据单元所在位置(限弯器处、跨接管处、索具缆绳处)而定。

当 $i-1$ 单元在 F 点时，即 $i-1$ 节点与 i 节点之间为限弯器单元时，而鹅颈管、CATs 及其附件受到的环境荷载大小见本文公式(26－288)、公式(26－289)。

E 端 CATs、鹅颈管等附件垂直于 XOZ 平面拖曳力方向上构件的投影面积为：

$$A_{p-E,XOZ} = A_{E,XOZ}$$

E 端 CATs、鹅颈管等附件垂直于 YOZ 平面拖曳力方向上构件的投影面积为：

$$A_{p-E,YOZ} = A_{E,YOZ}$$

F 端 CATs、鹅颈管等附件在拖曳力方向上构件的投影面积计算同 E 端类似。

为简化计算，i 单元环境荷载大小采用 $i-1$ 单元环境荷载数据，1 号节点之后节点在 X_B轴、Y_B轴、Z_B轴方向受力递推公式为：

$$\begin{cases} T_{X_B,i} = T_{X_B,i-1} - F_{e-x,i-1} \\ T_{Y_B,i} = T_{Y_B,i-1} - F_{e-y,i-1} \\ T_{Z_B,i} = T_{Z_B,i-1} - G_i \end{cases} \quad (26-368)$$

当 $T_{Z_B,i}=0$ 时，$Z_{B,i}$即为所求。

d)循环计算

令 $Z_{B,n_{NB}} = Z_B, i$，本文计算采用二范数准则对 N 点坐标进行收敛判断：

$$\sqrt{(Z_{B,n_{NB}} - H_{B-Seab})^2} < \varepsilon \quad (26-369)$$

其中，H_{B-Seab}为 B 点距离海底垂向距离，$H_{E-Seab} = D_W + H_t - Z_B$；$\varepsilon$ 为计算误差。当公式(26－369)成立时则认为满足精度要求，即为所求。若条件不满足，则对 $T_{Z_B,0}$增加一增量/减量 Var_{0,Z_B}，并返回循环中第 b)步，直至满足公式(26－369)。

若循环数次后对 $T_{Z_B,0}$的增量/减量超过 $T_{BZ} + L_{jum-MN} \cdot w_{jum}$，并且仍无法满足

公式(26 - 369)，则令 $T_{Z_B,0}$返回静态计算结果 $T_{Z_B,0} = T_{BZ}$，并对 $T_{X_B,0}$增加一增量/减量 $Var_{X_B,0}$，并返回循环中第 b)步，直至满足公式(26 - 369)。

e) *EM* 段跨接管长度、力矩、弯曲半径计算

通过 a) ~ d)步计算即可获得 $X_B Y_B Z_B$坐标下 *BN* 段跨接管(包括 *E* 端限弯器)上各节点坐标分布以及 X_B轴、Y_B轴、Z_B轴方向上分力大小，计算精度与单元划分程度、循环递增/递减变量大小、计算误差有关，单元划分越细、循环递增/递减变量越小、计算误差越小则计算结果越精确。

NF 段跨接管(不包括限弯器)长度为:

$$L_{jum-BN} = \sum_{i=1}^{n_{NB}} l_i - L_{wir-FB} - L_{Ben-F}$$

$$L_{jum-BN} = \sum_{i=1}^{n_{NB}} l_i - L_{wir-FB} - L_{Ben-F} \tag{26-370}$$

跨接管部分第 *i* 节点处弯曲半径计算如下:

$$\rho_i = \frac{a}{2 \cdot \sin\arccos\left(\frac{b^2 + c^2 - a^2}{2bc}\right)} \tag{26-371}$$

$$a = \sqrt{(X_{B,i+1} - X_{B,i-1})^2 + (Y_{B,i+1} - Y_{B,i-1})^2 + (Z_{B,i+1} - Z_{B,i-1})^2}$$
$$b = \sqrt{(X_{B,i} - X_{B,i-1})^2 + (Y_{B,i} - Y_{B,i-1})^2 + (Z_{B,i} - Z_{B,i-1})^2}$$
$$c = \sqrt{(X_{B,i+1} - X_{B,i})^2 + (Y_{B,i+1} - Y_{B,i})^2 + (Z_{B,i+1} - Z_{B,i})^2}$$

(26 - 372)

跨接管部分 *i* 节点受到力矩计算如下:

$$M_i = \frac{(EI)_{jum}}{\rho_i} \tag{26-373}$$

C. *MN* 段计算

通过 *A* 步与 *B* 步的计算可计算的 *MN* 段跨接管长度，即为跨接管与海床的接触长度为:

$$L_{jum-MN} = L_{jum} - L_{jum-EM} - L_{jum-NF} \tag{26-374}$$

(3)2 号端点落放到 2 号毂上(跨接管已落地)，连接接头

继续下放跨接管，直到一定深度后用 ROV 将跨接管 2 号端点连接到 2 号毂上，跨接管中间段已落地，简化模型如图 26 - 54 所示:

此时跨接管形态与缆绳形态与本节(2)中，*F* 端接头接近 2 号毂附件时形态相同，可参考。

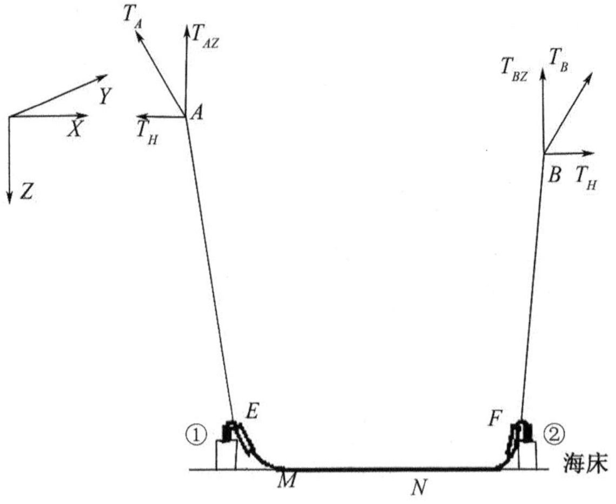

图 26－54　柔性跨接管(>50 m)阶段三过程三计算示意图

参考文献

[1] DNV. Rules for planning and execution of marine operations PART 2 CHAPTER 6. Subsea Operations,1996.

[2] DNV. Rules for planning and execution of marine operations PART 2 CHAPTER 5. Lifting,1996.

[3] DNV. RP. H103. Modelling and analysis of marine operations,2010.

[4] Wilson J F. 海洋结构动力学. 杨国金,郭毅,唐钦满,等,译. 北京:石油工业出版社,1991.

[5] DNV. NO. 30. 5. Environmental condition and environmental loads,2000.

[6] Yong Bai. Marine Structural Design. Elsevier Science,2003.

[7] 林秀娟,肖文生,王鸿雁. 深水采油树下放过程钻柱力学分析. 中国石油大学学报,2011.

[8] 船舶与海上设施起重设备规范. 中国船级社,2007.

[9] DNV. OS. C101. Design of offshore steel structures general(LRFD METHOD),2004.

[10] Yong Bai,Qiang Bai. Subsea Engineering Handbook. Gulf Professional,pp572－630.

[11] Berntsen Y,Larsen CM. On the influence from hydrodynamic forces on speed and footprint for a falling riser. OMAE E2004－51405.

[12] Morrison D,Cermelli C. Deployment of subsea equipment in ultradeep water. OMAEE2003－37190.

[13] Rowe SJ,Mackenzie B,Snell R. Deepwater installation of subsea Hardware. Texas Section of the Society of Naval Architects and Marine Engineers.

[14] Yttervik R,Reinholdtsen SA,Larsen CM,Furnes GK. Marine operations in deep water and a variable current flow environment. Proc. 3rd Int. Conf. Hydrielasticty Mar,2003.

[15] 李中,杨进,曹式敬. 深海水域钻井隔水管力学特性分析. 石油钻采工艺,2007.

第27章

水下管汇安装方法

27.1 概述

27.1.1 管汇种类

管汇是安装在海床上用来收集产品或者向油井注入水或者气体并合理的合成、分配、控制和监控液体流动的水下生产设备。管汇实际上是管道、阀门和配件的排列布置，管汇的使用可以有效的简化水下生产系统、减少水下输送管道和立管的使用、优化产物在生产系统中的流动。

管汇可以布置成不同的样式，但通常都是矩形或者圆形的，也可以是独立的结构或者同水下基盘布置成一个整体。管汇通过基桩或防沉板固定于海底，规模决定于油井的数量、产量以及油井如何安装到系统里。

管汇有很多种类型，从简单的管道末端管汇到大型结构如水下加工系统。根据管汇的功能可分为生产型和注入型两种。生产型管汇（图 27－1）是用于将一个或多个水下生产采油树的液体汇集到一起，并将产品从油井直接输送到出油管；而注入型管汇则是用于将来自一条或多条注入出油管线的流体分配到油井或水下采油树。原油产品生产可采用普通的管汇，气体产品生产则对管汇要求最为严格，而注水用的管汇则是最简单的管汇类型。下图为典型的生产管汇。

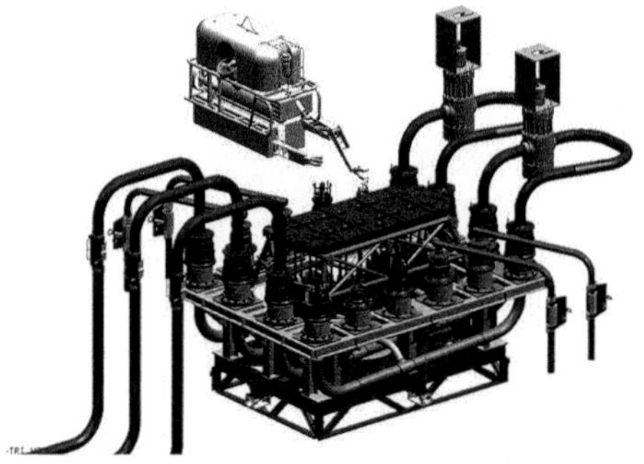

图 27－1　生产型管汇（参考 FMC Technology）

管汇的结构可以是基盘式或丛式的，附带内清管环或外清管环、水平接头或垂向接头。通常 PLET 可作为一个简单的管汇用来替代传统管汇，因此基于油气田水下生产设施布置，管汇可以分为三类（图 27－2）：

基盘管汇：当水下采油树并排分组时，需要采用这种类型的管汇；

丛式管汇：当水下采油树分布在管汇四周一定范围内时，需要采用这种类型的管汇。此类管汇为独立结构；

PLEM/PLET：当水下采油树只有一到两个时该类管汇最为合适。

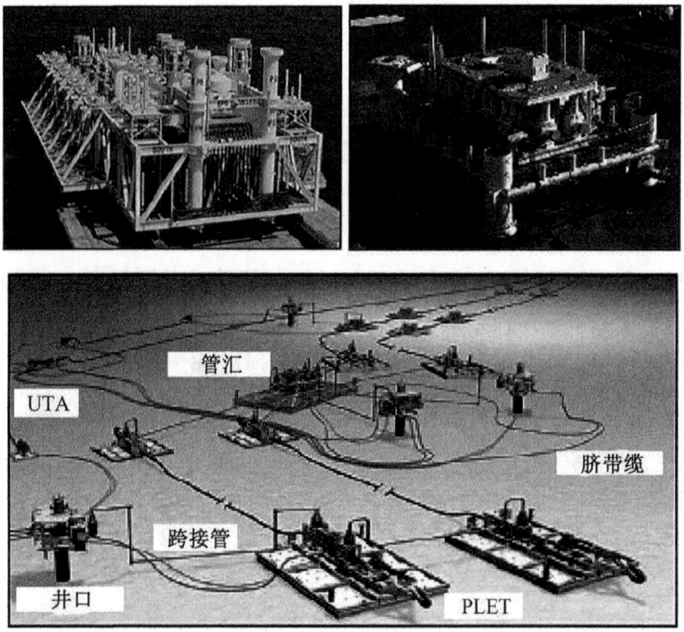

图 27－2　基盘、丛式、PLEM/PLET 管汇

27.1.2　管汇系统介绍

(1)基础桩

自从 19 世纪 80 年代早期,第一个固定吸水设施理念的引进和应用以来,吸力桩已经在深水开发中得到了广泛的运用,这都要归功于相对于传统底板选择,其低成本的制造和较少的安装时间。在深水领域中,吸力桩主要被用作主体底座和锚固系统。目前,选择吸力桩主要又由于如下优势:(a)在水下定点对水下的开发非常重要;(b)在该点简单的安装程序不需要负载测试的证明;(c)其应用或安装,水的深度没有特别的限制;(d)吸力桩的容量比浮锚的容量定义的更精确。

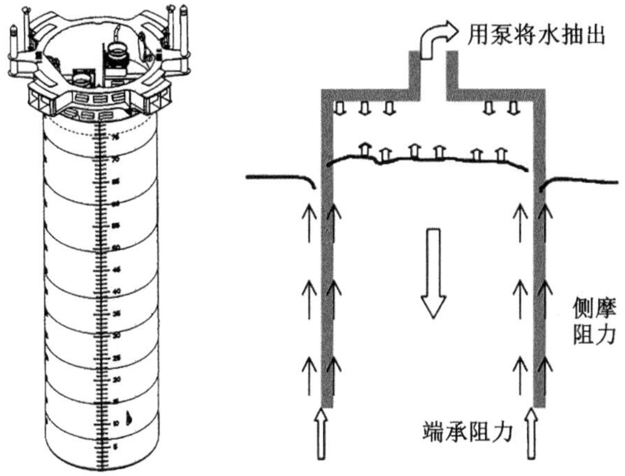

(a) 典型吸力桩　　(b) 安装过程中的作用力

图 27-3　吸力桩以及它的安装机制

吸力桩是一个圆柱形物体,其底部是开的,顶部配有一个阀门。吸管通过抽空其内部水的方式来适应变化的压强。变化的压强组成了克服渗透土壤所产生的阻力的必要推动力。在安装的第一步中,随着挡板中水的自由排泄,吸管(锚)由于自重渗透到土壤中。在第二步中,在抽出锚顶部和土壤塞子之间的水时产生一股额外的推动力。达到最终的渗透之后,为了增加拔拉阻力,阀门一般会被关闭。在无黏性土壤上用吸力安装要比在黏性土壤上效率低。吸管在同性质的土壤中效果比较好,比如经常在深水中运用的纯沙层和特别柔软的软黏土。

(2)清管环

清管环是一个用来连接管汇两轮毂、提供清管器移动通道的导管,见图 27-4。由两个接头(隔离阀和刚性管)组成。关闭隔离阀后,清管环执行相邻轮毂上两个压力帽的功能,使相应管汇头内单向流动。

图 27-4 清管环

(3)基盘

水下基盘是一种简单的大型钢管结构,用于安置油井所需的大量井口总成和采油树。这些油井可能是生产井,也可能是注水井。如图 27-5 所示,水下基盘的作用是提供一个基座,通过该基座进行水下钻井,同时还能容纳和排列井口设备。

图 27-5 基盘管汇

27.1.3 PLET/PLEM 简介

由于海底油气工程的地理位置离现有的水下结构越来越远,因此优先考虑利用海底接头与现有深海管道提供备用的输送能力,这就需要结合管线终端在管道两端搭载连接系统。管线终端(PLET)又可称为 PLEM。图 27-6 为 Anadarko GC 518 工程的 PLEM 图。在管道起始部位的 PLEM 称作始端 PLEM,而安装在管道终止位置的称作末端 PLEM,末端 PLEM 装有扼套使其可以绕管道中心线和 PLEM 的重心转动。

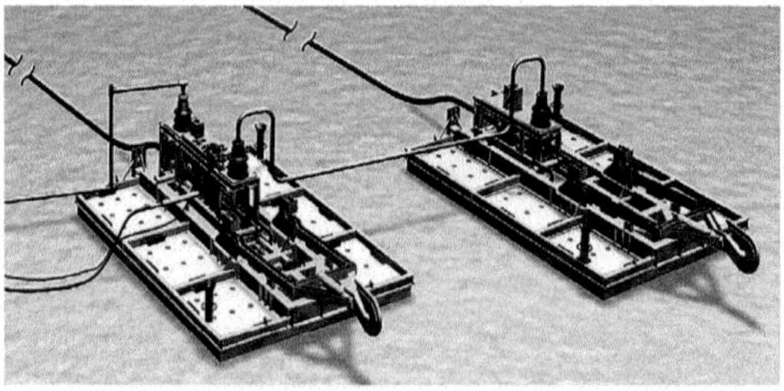

图 27-6 在 Anadarko 工程中的 PLET

PLEM 的目的是将安装结构与海底组件相连，并把它们吊装在设计位置，PLEM 不仅能在吊装时能够承受安装荷载，并且当失效发生时能够保证结构的恢复。

图 27 -7 为一种典型的 PLEM 构造图，PLEM 的形式各种各样，但是通常由以下几部分组成：

- 管道系统和组件；
- 结构框架：支撑整个管道系统和组件；
- 基础（防沉板），在沉降过程中将荷载传递到海床；
- 扼套（Yoke），铰链在结构框架上，以减少在 PLEM 安装铺设过程中的扭转。

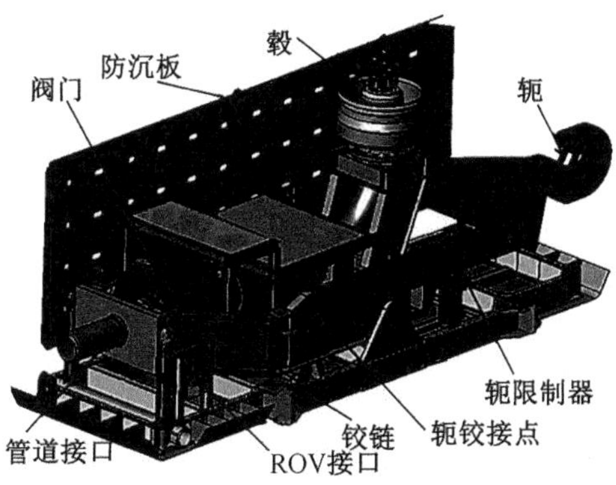

（a）典型的PLEM

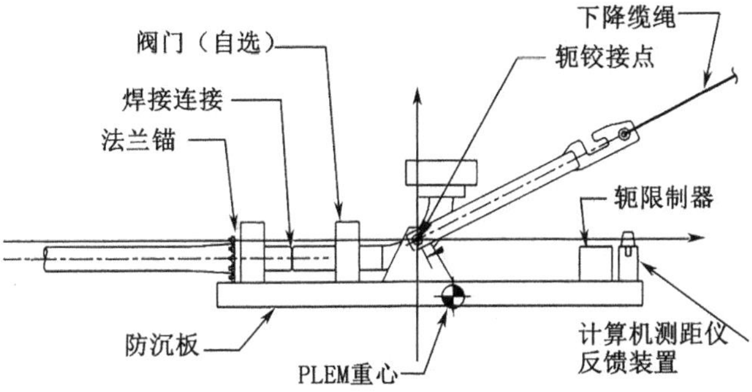

（b）PLEM简图

图 27 -7　典型的 PLEM 图

PLET 和 PLEM 的配置不同，但差别（图 27 -8）并不明显。PLET 通常由一个阀门和轮毂组成，PLEM 通常设有两个轮毂和一个阀门。

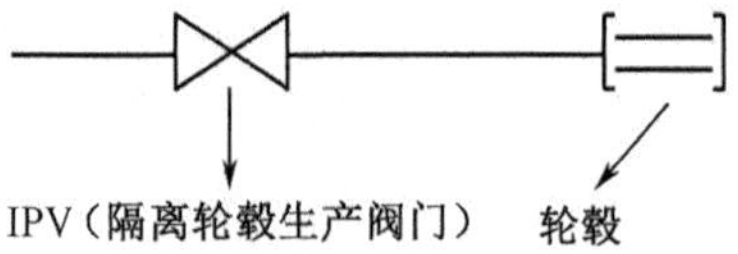

(a)PLET示意图

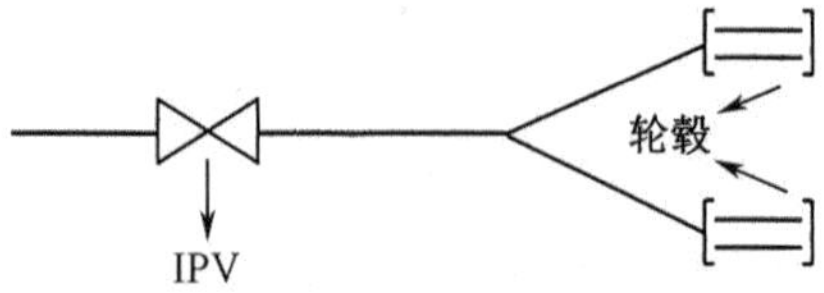

(b)PLEM示意图

图 27 -8　PLET 与 PLEM 差别

27.2　水下管汇系统安装方法介绍

27.2.1　管汇安装方法

水下管汇安装方法如下：

- 常规方法（水深不超过 1 000 m）：钻井立管实施安装、平台绞车安装；
- 特殊方法（水深超过 1 000 m）：滑轮安装、悬垂安装。

根据水深及管汇重量、尺寸限制等要求，选择合理的安装方法。

在管汇安装前还应确定如下内容：

- 检查安装管汇用的索具以及其他的升降设备是否有损坏，确保能顺利完成安装，记录下所有设备及索具型号及认证日期。绘制表 27 -1：

表 27 -1　管汇索具及设备认证

部件	编号	序列号	认证日期	草签/日期
管汇安装索具				

- 确保管汇安装索具和安装设备符合管汇安装要求；
- 检查 ROV，确保 ROV 功能上可以满足安装要求，并且确保 ROV 没有损坏；
- 对管汇的所有部件进行检查，确保没有损坏；
- 进行管汇甲板测试；
- 安装吸力桩。

（1）通过月池安装法及其步骤

这是一种利用钻井立管，通过平台月池将管汇下放至水中的方法。对于尺寸不大（小于月池尺寸）的管汇，一般均可采用该方法，具体安装步骤如下：

- 根据安装说明书，设置所安装管汇阀门；
- 将所有紧固和运输装置从管汇上移除；
- 用平台吊机将管汇放在滑轨上，并运载到升降机加载梁侧；
- 移动管汇，并将滑轨安装到升降机上；
- 空中吊运管汇到最主要的钻杆边（或次要的，主要依赖于设备操作）；
- 下降钻杆适配器到管汇附近并将管汇吊索连接到适配器上；
- 将设备移动到正确的位置，将平台移至距安装位置（海底桩体基础）一定距离，以防发生紧急情况，避免不必要的损失，根据水下基础位置确保管汇在正确的位置；
- 对安装吊索施加拉力，确保吊索没有发生扭转并没有挂到管汇的其他部位，将管汇从升降机上吊起；
- 移去安装滑轨，并将管汇移至水面；
- 缓慢下降管汇直到距水下基础桩体一定距离的位置（例如 15.24 m）；
- 根据水下桩体位置确认管汇位置；
- 利用 ROV 确保坐放区域情况；
- 将平台移至最终安装位置；
- 缓慢下降管汇直到距水下基础桩体一定距离的位置（例如 1.52 m），最大速度不得超过 0.1 m/s 即 0.33 ft/s，确保管汇位置正确；
- 缓慢下放管汇到水下基础桩体上，管汇两边的方向锁会将管汇转动到正确位置；
- 进行目视检查，确保管汇完全坐放在基础桩上；
- 用 ROV 释放安装吊索；
- 用 ROV 从耳轴上移开吊索腿，并将吊索腿放置在管汇顶部；
- 缓慢将吊索吊起，并用 ROV 观查整个运行过程，确保索具不会挂到管汇的其他部件；

- 回收安装索具到平台；
- 利用 ROV 对水下管汇进行测试。

图 27－9　管汇通过月池安装法

(2)绞车安装法及其步骤

本方法通过吊机与绞车的联合作业对管汇实施安装，这种方法针对水深较大的海域比较适用，具体安装步骤如下：

- 根据安装说明书，设置所安装管汇阀门；
- 将所有紧固和运输装置从管汇上移除；
- 用平台吊机将管汇放在滑轨上，并运载到绞车附近；
- 将吊索 D 形环安装在绞车绳上，为下水做准备；
- 将平台移动到正确位置，距离水下基础桩一定距离，防止发生紧急情况；
- 对安装吊索施加拉力，确保吊索没有发生扭转并没有挂到管汇的其他部位，将管汇从吊机上吊起；
- 将管汇移至平台边缘；
- 利用平台将管汇从平台吊车转移至绞车；
- 一旦安装到绞车，缓慢放下管汇至水中；
- 缓慢下降管汇直到距水下基础桩体一定距离的位置（例如 15.24 m）；
- 根据水下桩体位置确认管汇位置；
- 利用 ROV 确保坐放区域情况；
- 将平台移至最终安装位置；
- 缓慢下降管汇直到距水下基础桩体一定距离的位置（例如 1.52 m），最大速度不得超过 0.1 m/s，确保管汇位置正确；

• 缓慢下放管汇到水下基础桩体上，管汇两边的方向锁会将管汇转动到正确位置；

• 进行目视检查，确保管汇完全坐放在基础桩上；

• 用 ROV 释放安装吊索；

• 用 ROV 从耳轴上移开吊索腿，并将吊索腿放置在管汇顶部；

• 缓慢将吊索吊起，并用 ROV 观查整个运行过程确保索具不会挂到管汇的其他部件；

• 回收安装索具到平台；

• 利用 ROV 对水下管汇进行测试。

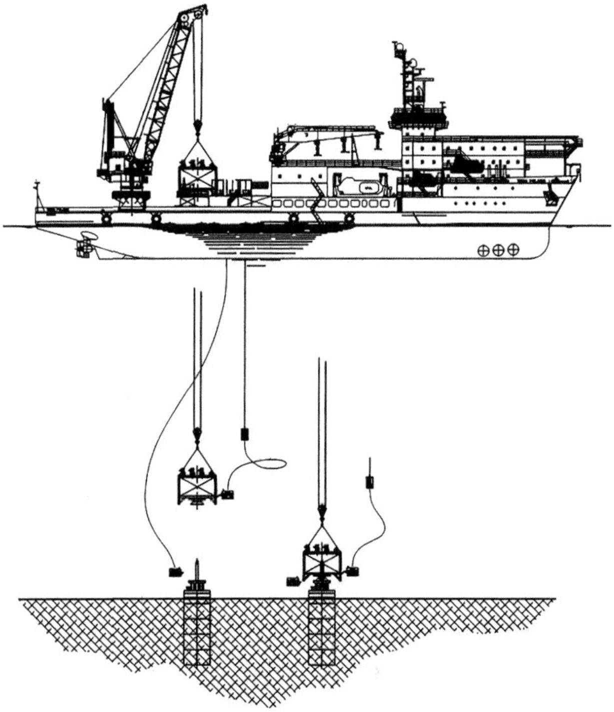

图 27－10　管汇绞车安装法

(3)其他安装方法

①滑轮安装法

该种安装方法需要由配备了升降补偿系统的半潜式平台和两艘操锚船工作作业，其中 1 号操锚船与半潜式平台负责管汇的升降，2 号操锚船负责下降管汇方向。在巴西 Campos Basin 超深海域处，Racador 项目采用此种方法对管汇进行安装。如图 27 - 11 所示：

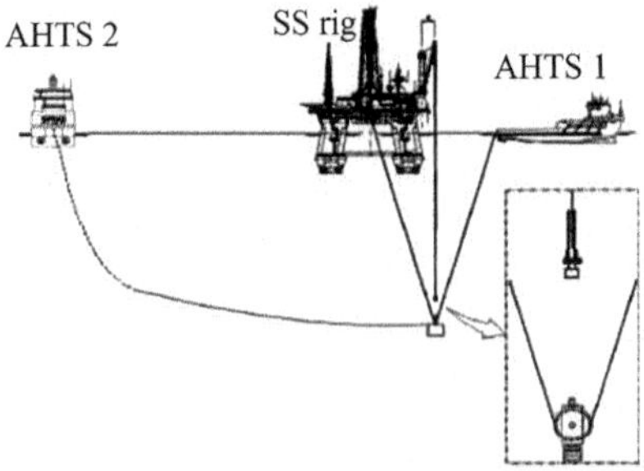

图 27 - 11　滑轮安装法示意图

②悬垂式安装

该方法通过运输船与安装船联合作业，管汇索具由缆绳连接至安装船，两艘船之间的距离约为缆绳长度 90%，管汇由运输船下放至水中，由于缆绳的连接，管汇在水中将做钟摆式运动，直至平衡，再通过安装船缆绳控制管汇其余的下放过程，完成整个安装。如图 27 - 12 所示：

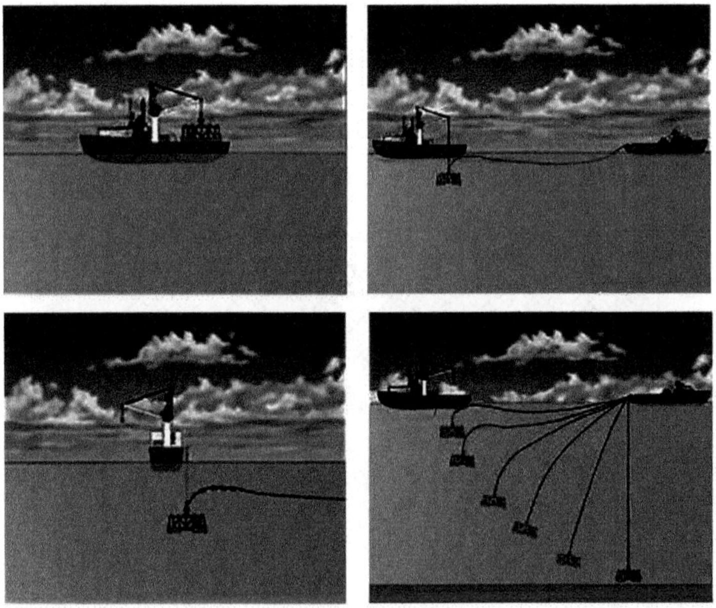

图 27 - 12　下垂形安装 P52 管汇

由于缆绳采用特殊材料可以有效的阻止管汇振动，并且海水和缆绳的拉力可以有效的缓减管汇的摆动,因此该方法在深水海域具有较高的可行性,且对于节约安装成本,加快安装进程有较大的帮助。

27.2.2　基础桩安装方法

水下基础桩用于支撑管汇、基盘、PLET/PLEM 或者水下分配装置(SDU)/脐带缆终端总成(UTA)水下设备以及相关水下生产设施,可用利用操锚船(AHV)或钻井立管对其进行安装,安装过程如下:

(1)操锚船安装法

• 在作业开始之前,应该进行全套的安全作业分析确保不会出现安全问题并使风险最小化;

• 安装前检查桩体,检查所有的阀门和索具确保其能够正常工作,确保在起吊前桩顶部的阀门处于开启状态;

• 确定 AHV 在距离钻井平台正确的位置;

X =	
Y =	
航行 =	

• 利用重力释放勾,用卷扬机将吸力桩吊运至船尾滚筒附近,在吊运过程中绳索始终保持紧绷状态;

• 当吸力桩倾斜时,停止所有的绞车,开始升起重力释放勾绳索,同时 ROV 全程监控;

• 吸力桩在船尾缓慢翻倒,直到滑轨距离 AHV 船尾滚筒重心一定距离(例如 0.6 m);

• 停止桩的运动,开始 AHV 绞车鼓式制动器的运作;

• 从桩体上卸下 AHV 的卷扬机绳索;

• AHV 上的工作人员降下绳索到吸力桩附近;

• ROV 将绳索末端连接到吸力桩顶端;

• 将吸力桩的荷载转移到绳索上,用绳索吊起吸力桩,全程由 ROV 监控;

• 让 AHV 绞车同 ROV 保持同一速率,这样就可以监控吸力桩在水中的下降过程,至距海底一定距离(例如 61 m)停止下降;

• 防止在下降过程中缆绳出现旋转;

图 27－13　吸力桩在船尾缓慢翻倒

• ROV 会继续下潜到海底观察吸力桩安装位置（浮标）情况，并清除障碍物；
• 完成观察后，ROV 会升至吸力桩底部，并引导吸力桩下降；
• 缓慢下降到海底上 1 m 到 2 m 的地方，ROV 旋转吸力桩到要求方向；
• 之后下降吸力桩，并允许其自沉下陷；
• 使用 ROV 观测吸力桩，保证吸力桩在正确的位置和方向；
• ROV 将绳索从吸力桩顶端板眼处松开；
• AHV 回收安装所用的绳索到甲板上；
• ROV 关闭吸力桩顶部所有阀门；

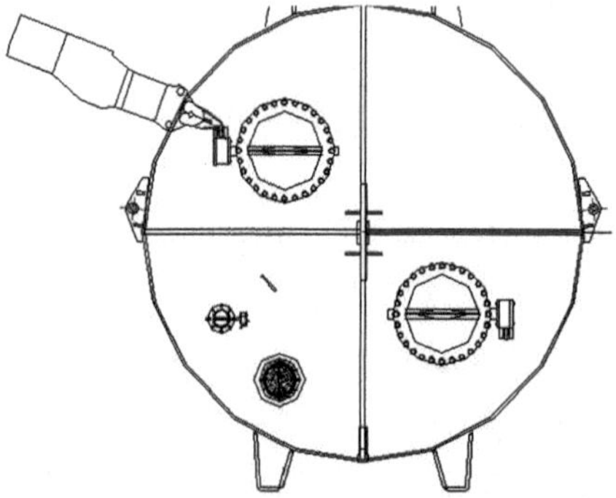

图 27－14　ROV 关闭吸力桩顶部阀门

• ROV 将膨胀环安装在泵的法兰接口上；

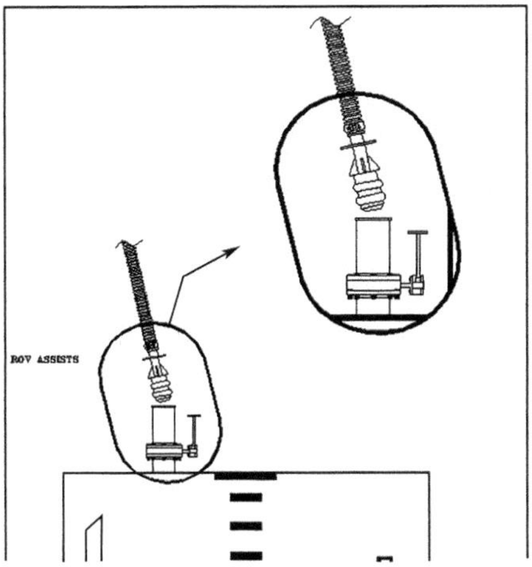

图 27－15　ROV 将膨胀环安装在泵的法兰接口

• 连接辅助工具并启动抽吸泵，ROV 观测桩体侧面深度线，确定最终贯入指定深度。一般来说，在贯入 75% 深度时稍作停顿，以再次确定所有定位参数是否合格；

• 一旦贯入完成，便安装吸入口封隔帽。断开抽吸泵辅助工具，回收浮标。

（2）钻井立管安装法

• 在桩安装之前，要在桩的安装地点预先安装水下浮漂；

• 进行钻井绞车测试；

• 利用钻井起重机将绞车缆绳越过滑轮连接在绞机台上；

• 拆开桩上所有适航紧固装置；

• 为桩体装上安装缆绳；

• 安装前检查桩体，检查所有的阀门和索具确保其能够正常工作，确保在起吊前桩顶部的阀门处于开启状态；

• 将供给船移至钻井平台附近；

• 利用钻井起重机将钻井绞车缆绳末端拉到供给船甲板上，并连接到桩的顶部；

• 将钻井起重机与桩的起重设备连接在一起；

• 将桩从船舶甲板上吊起；

• 此时供给船可以返回，然后将所有剩下的紧固装置移除；

• 钻井起重机开始释放桩到水中，并逐渐将桩的重量转移到钻井绞车上；

• 拆卸起重机上的起吊装备；

• 让 AHV 绞车同 ROV 保持同一速率，这样就可以监控吸力桩在水中的下降过程，至距海底一定距离（例如 61 m）停止下放；

• 在下降过程中监控缆绳，防止出现旋转的状况；

• ROV 会继续下潜到海底观察吸力桩安装位置，并清除障碍物；

• 完成观察后，移动钻井帮助桩在海底的安装；

• 完成观察后，ROV 会升至吸力桩底部，并引导吸力桩下降；

• 一旦达到要求位置，缓慢下降吸力桩，使下陷一定深度后停止旋转；

• ROV 旋转吸力桩到要求方向；

• 之后下降吸力桩，并允许其自沉下陷；

• 使用 ROV 观测吸力桩，保证吸力桩在正确的位置和方向；

• ROV 从吸力桩顶部眼板卸开安装索具并通过钻井绞车回收到甲板上；

• ROV 关闭吸力桩顶部所有阀门（见图 27－14）；

• 使用 ROV 将膨胀环安装在泵的法兰接口上（见图 27－15）；

• 连接辅助工具并启动抽吸泵，ROV 观测桩体侧面深度线，确定最终贯入指定深度。一般来说，在贯入 75% 深度时稍作停顿，以再次确定所有定位参数是否合格；

• 一旦贯入完成，便安装吸入口封隔帽。断开抽吸泵辅助工具，回收浮标。

27.2.3　清管环安装方法

（1）清管环安装与回收所需设备

表 27－2　清管环安装与回收所需设备

设备	编号	数量	提供商	所有者
接头驱动工具（CAT）		2		
双重 CAT 装备		1		
接合垫		16		
毂清理工具（ROV 工具）		一套		
毂保护帽		由管汇结构而定		
观测设备		1		
安装设备		1		
虚拟 ROV		1		

表 27－2(续)

设备	编号	数量	提供商	所有者
清管环		2		
航运索		1		
航运站		1		
撑杆		1		
平台(用于放置 CAT 和测试)		2		
CAT 工具箱		1		

(2)安装步骤

- 将接头驱动工具(CAT)安装在清管环上;
- 同清管环一同下放双重 CAT;
- 下放到管汇上某一位置后,下放双重 CAT 在毂上,并用毂支撑结构,全过程由 ROV 监控;
- 继续下降双重 CAT,让所有的毂都与 CAT 锁住,由毂支撑结构;
- 观察确定双重 CAT 已正确安装在毂上;
- 用 ROV 拆卸清管环上其他的索具;
- 将清管环下降到管汇毂上;
- 固定清管环连接器;
- 进行密封试验;
- 将索具从清管环上移除并回收;
- 将 CAT 从清管环上拆卸,全程由 ROV 监控;
- 回收 CAT。

27.2.4　基盘安装方法

管汇的其中一种形式则是基盘管汇,图 27－16 展示了在钻井平台下方安装基盘的过程,该方法利用临时吸力桩导向架来实现吸力桩的预安装,使用平台下方牵引基盘并通过钻杆将基盘下放至海底。

图 27－17 所示为采用起重船的水下基盘安装方法。由起重船直接将基盘吊离运输驳船甲板,并放入水中。之后,利用吊机水下滑轮进一步将基盘下放至海底。

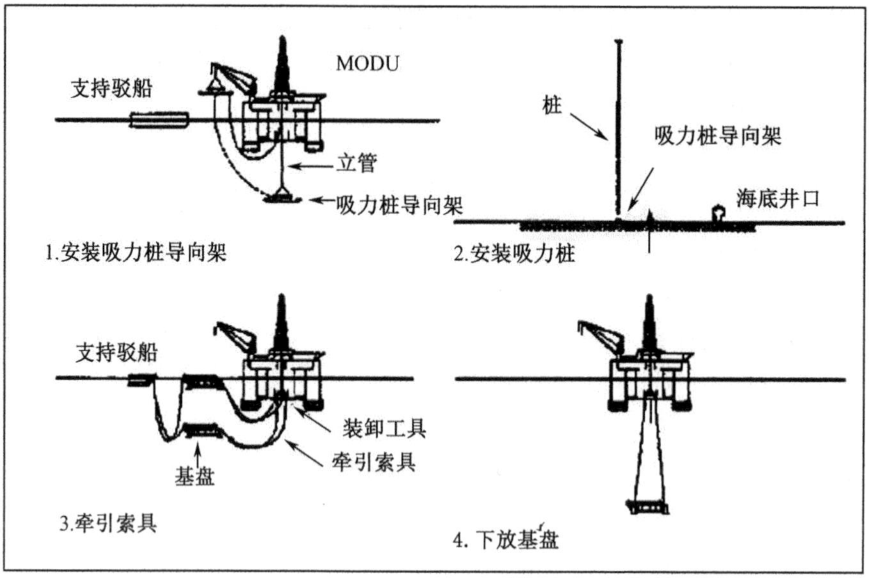

图 27－16 通过可移动钻井平台安装水下基盘

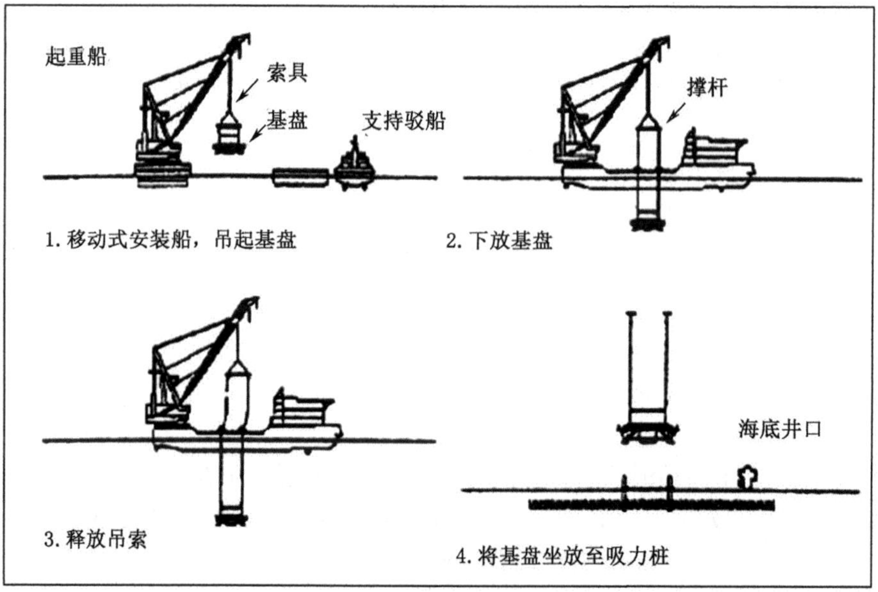

图 27－17 利用起重船安装水下基盘

如果没有水下滑轮或者水下滑轮能力不足,则可将基盘移交至深水下放绞车系统。通常应在基盘入水后,将其从吊机吊钩转移至绞车系统。应特别注意转移过程,以免对整个安装作业造成额外风险。

27.2.5 小结

当水深不超过 1 000 m 即 3 280 ft 时,管汇的安装可采用常规方法,即钻井立管实施安装或绞车安装。用钻井立管安装是通过平台月池将管汇下放至水中的方法,对于尺寸不大(小于月池尺寸)的管汇,一般均可采用该方法;绞车安装法通过吊机与绞车的联合作业对管汇实施安装,这种方法针对水深较大的海域比较适用。当水深超过 1 000 m 即 3 280 ft 时可采用特殊安装方法,如滑轮安装、悬垂安装。在实际中应根据水深及管汇重量、尺寸限制等要求,选择合理的安装方法。

27.3 PLET/PLEM 安装方法介绍

管道一般采用 S 型或者 J 型铺管法。管线终端安装最好在 A&R 绞车的作用下完成安装,可以减少水流作用。只有以下两种情况不采用这种方式安装 PLEM:

- 通过托管架和 J 型铺管塔来操控 PLEM 并不切合实际;
- 装备 PLEM 给管道末端的铺设带来的难度。

在 PLEM 的设计中应保证 PLEM 的重量、几何平衡等方面的优化,以保证 PLEM 在着陆的时候能够较好的控制方向。经验表明,在管道端部连接 PLEM 是必要的。

本章根据始端 PLEM 和末端 PLEM 分别对 PLEM 的安装过程进行介绍。

27.3.1 末端 PLEM 安装

应对末端 PLEM 整个安装过程进行记录和分析,典型的安装过程如下:

- 将管道悬挂至悬挂框架上;
- 进行预安装检查,以验证所有 PLEM 阀门处于关闭位置,且所有热入扣在其对应接收装置内安装到位;
- 将 PLEM 倒置并转移至悬挂框架,其中管道已悬挂到位,如图 27 - 18 所示，使用起重机提升 PLEM 顶端部分，直到其被完全倒置为止。

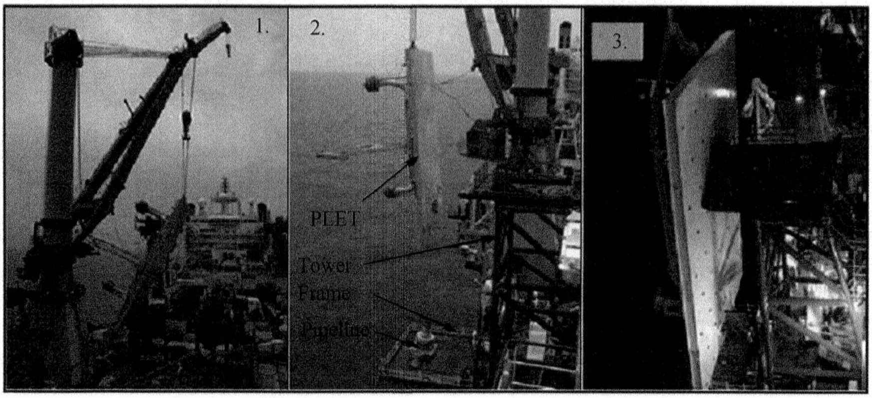

图 27-18　末端 PLEM 安装过程-A

• PLEM 重心位于旋转点以上，使用阻挡钢丝来防止 PLEM 发生翻转；

• 起重机摆动到悬挂框架之上，将 PLEM 下放至管道上；

• PLEM 安装在悬挂框架后，即可将 PLEM 相对于支持塔放置（支持塔已预调整至管道悬挂角），确保 PLEM 和管道的排列顺序正确。为防止 PLEM 相对于管道移动，将 PLEM 在其 3/4 高度处与支持塔相连；

• 将 PLEM 管道锻造件与管道焊接起来；

• 进行测试，并保护好现场连接接头；

• 从框架对 PLEM 总成进行重新定位并下放，直至绞车钢绳与 PLEM 安装索具相连接；

图 27-19　末端 PLEM 安装-B

• 使用起重机继续降低总成，直至负载从起重机转移至钢绳为止，如图 27-

19 所示；

• 通过移动船只，使用绞车钢绳将 PLEM 总成下放至水中，在降低的过程中，PLEM 旋转由水下机器人监控。

27.3.2　始端 PLEM 安装

图 27－20 为始端 PLEM，可以把它看作 PLEM 的另一种形式，扼套和防沉板的功能相结合。

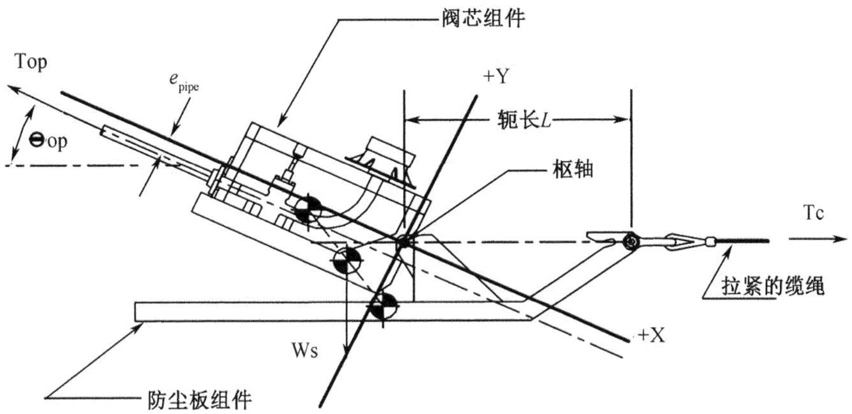

图 27－20　始端 PLEM

始端 PLEM 即为铺管起始点的终端装备，由于安装后需要继续进行铺管作业，PLEM 一般设计为防沉板被水平牵拉固定，主要结构部分可绕防沉板支架进行转动，从而在铺管过程中，随管道铺设主结构逐渐转动直至接触防沉板。如图 27－21 所示：

始端 PLEM 的典型安装方法为：

• 为预安装吸力桩和铺设缆线到一个合适的位置；
• 将 PLEM 焊接至管线首段，PLEM 另一端连接至钢缆；
• 钢缆从安装船穿过锚固在海底的吸力桩；
• 在预定位置上下放 PLEM，安装过程中由钢缆牵拉住 PLEM；
• 将 PLEM 拉入指定位置，同时连接管道保证 PLEM 与海床距离；
• 铺管船进入铺管模式进行管线铺设；
• 铺管完成后弃管。

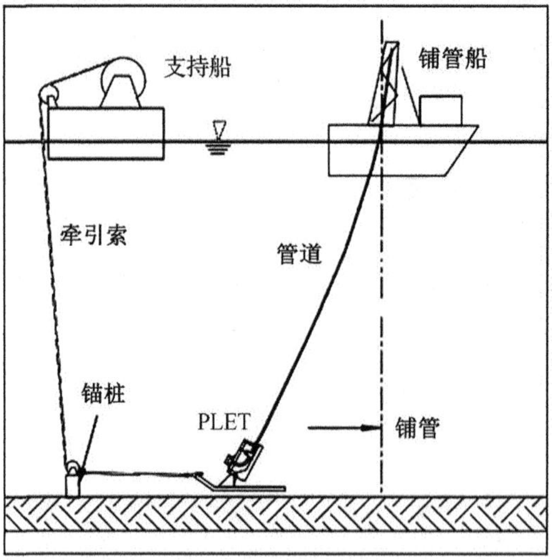

图 27－21　始端 PLEM 安装

27.4　水下管汇安装计算分析

根据管汇设备尺寸、水深要求、安装环境、施工要求等因素，水下管汇安装主要有以下几种方法：

常规方法：

• 通过月池安装法

• 绞车安装法（利用吊机驳船/锚作拖船）

特殊方法：

• 滑轮安装法

• 悬垂安装法

每种安装方法的安装步骤及注意事项可参照本书中管汇安装部分。本节只针对常规方法，即通过月池安装法与绞车安装法两种方法进行计算分析。通常，水下管汇安装过程中钻杆/缆绳受力情况比较复杂，为便于计算分析，做出以下假设：

(1)在整个安装过程中，不考虑钻杆/缆绳轴向变形，钻杆各部分弯曲刚度不变；

(2)钻杆/缆绳受到的风的作用忽略不计；

(3)假设管汇为刚体，不考虑管汇变形；

(4)不计算运动补偿作用；

(5)本文没有进行下放索具受力分析，下放索具的受力可根据每种下放索具特点通过基本力学原理计算，本文不再具体列出。

对于管汇安装分析，需要知道以下输入参数：

- 船舶 RAO 及相关尺寸；
- 船舶相对水下桩结构的相对位置；
- 吊点位置、吊架刚度等，如果是月池安装还需要知道月池大小；
- 钻杆/缆绳尺寸、线密度、刚度等；
- 其他安装工具尺寸、密度等，例如安装索具；
- 管汇大小、刚度等数据；
- 安装方式、下放速度与加速度等细节；
- 环境参数；
- 其他；

对于水下管汇安装的每个阶段，必须对以下部分进行计算分析：

- 钻杆/缆绳排放(纵向、横向误差)
- 钻杆/缆绳最大张力
- 管汇所受最大载荷
- 管汇偏角

27.4.1　通过月池安装法计算分析

这是一种利用钻井立管，通过平台月池将管汇下放至水中的方法，对于管汇尺寸合适(小于月池尺寸)，一般均可采用该方法。根据主要安装过程，将管汇通过月池安装方法分为以下四个阶段计算分析，见表 27－3，四个安装阶段的管汇分析示意图如图 27－22 所示。

表 27-3 管汇通过月池安装法下放过程及计算阶段划分

	受力特点:	对应的具体安装过程:
第一阶段: 水面上吊运与下放阶段	管汇、钻杆均不受环境荷载作用;	•根据安装说明书,设置所有安装管汇阀门; •将所有紧固和运输装置从管汇上移除; •用平台吊机将管汇放在滑轨上,通过升降机将管汇吊运至月池边; •下降钻杆适配器到管汇附近并将管汇吊索连接到适配器上; •将设备移动到正确的位置,将平台移至距安装位置(海底桩体基础)一定距离; •将管汇从升降机上吊起,移去安装滑轨,并将管汇移至水面;
第二阶段: 管汇未完全淹没阶段	管汇受到环境荷载作用,钻杆没有受到影响;	•缓慢下降管汇直到距水下基础桩体一定(例如 15.24 m)位置;
第三阶段: 管汇完全淹没阶段	管汇、钻杆均受到环境荷载作用; •根据水下桩体位置确认管汇位置; •利用 ROV 确保坐放区域情况; •将平台移至最终安装位置;	
第四阶段: 坐放与连接阶段	管汇、钻杆均受到环境荷载作用,且需要对管汇进行落地分析。	•缓慢下降管汇直到距水下基础桩体一定(例如 1.524 m 即 5 ft)位置,最大速度不得超过 0.1 m/s即 0.03 ft/s(具体数据出自生产厂家或者具体工程要求,本数据仅供参考),确保管汇位置正确; •缓慢下放管汇到水下基础桩体上,管汇两边的方向锁会被动的将管汇转动到正确位置; •进行目视检查,确保管汇完全坐放在基础桩上; •用 ROV 释放安装吊索; •回收安装索具到平台; •利用 ROV 对水下管汇进行测试。

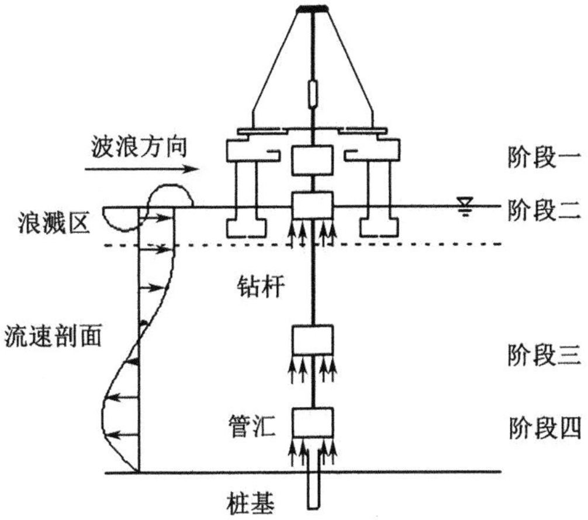

图 27－22　管汇通过月池安装法下放示意图

注：由于物体穿越浪溅区后受到的波浪力大小可以忽略不计，但并不是不存在，因为本文所有设备下放只要浸水就计算波浪、流的作用力，并且下放过程并没有按照传统意义的下放水深划定，而是根据下放物体（例如：管汇）、下放工具（例如：钻杆）是否受到波浪、流环境荷载作用而划分。若在浪溅区以下水域（SZ_L为浪溅区下层区域高度，可定为 4 m，具体可参考规范 DNV－OS－C101[9]）忽略波浪作用，可在软件中实现波浪力的忽略。本文以下所有设备下放均如此。

1. 水面上吊运与下放阶段

水面上的管汇吊运与下放均属于该阶段，即钻杆末端水深 $d_{dri,n} < -h_{\mathrm{man}} - SZ_U$，其中 h_{man}为管汇高度；SZ_U 为浪溅区上层区域高度，可定为 5 m，具体可参考规范 DNV－OS－C101[9]。此时管汇、钻杆均不会受到波浪、流的作用，直至管汇下放到波浪波峰临界点，简化模型如下：

如图 27－23 所示，以 O 点（半潜式平台中的张紧器）为坐标原点建立三维坐标系，Z 轴为垂直方向，X 轴与管汇长度 l_{man}方向平行，Y 轴与管汇宽度 b_{man}方向平行。模型中的主要荷载为钻杆自重、管汇自重、由船舶运动产生的附加荷载、管汇受到的风荷载。

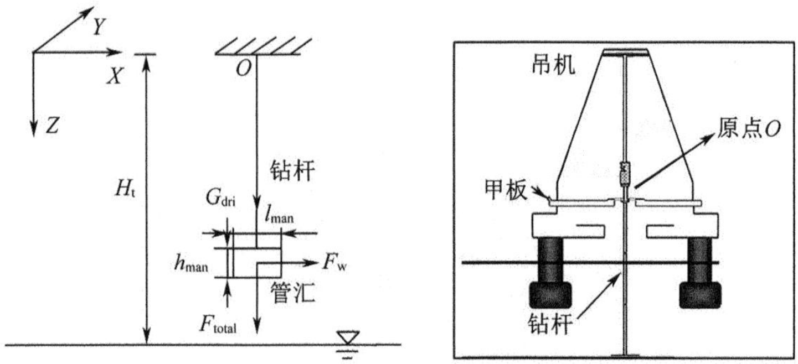

图 27－23　通过月池安装阶段一系统受力分析及原点 O 所在位置示意图

(1)静态分析

管汇下放过程中,不会受到压紧力的作用,动力效应可以通过动力放大系数 DAF 进行计算;

$$F_{total} = DAF \cdot F_{sta} \tag{27-1}$$

$$F_{sta} = m_{man} \cdot g + m_{other} \cdot g \tag{27-2}$$

其中,m_{man}为管汇空气中质量,m_{other}为下放索具与其他附件空气中质量。

当管汇下放开始瞬间或突然停止下放时,管汇受到压紧力作用,特征总力等于:

$$F_{total} = F_{sta} + F_{snap} \tag{27-3}$$

其中,F_{snap}为管汇受到的压紧力。

管汇受到的特征总力作用于管汇重心位置,本章后面关于管汇的计算均以管汇重心为研究对象。

管汇相对于海底桩基的各个方向偏移等于吊点相对于海底桩基的偏移:

$$x_{man-suc} = x_{ct-suc} - x_{RAO} \tag{27-4}$$

$$y_{man-suc} = y_{ct-suc} - y_{RAO} \tag{27-5}$$

其中,x_{ct-suc}、y_{ct-suc}为吊点在 X、Y 方向相对于桩基的偏移;x_{RAO}、y_{RAO}为安装船/钻井平台各自由度运动量。

管汇相对于坐标原点的偏移为零,及 $x_{man}=0, y_{man}=0$。

当下放时间 $\sum_{i=1}^{i=k-1} t_i < t \leqslant \sum_{i=1}^{i=k} t_i$,钻杆排放长度遵守运动学定律:

$$L_{dri} = L_{dri-0} + \sum_{i=1}^{i=k-1} \frac{1}{2} a_{dri,i} t_i^2 + \frac{1}{2} a_{dri,k} \left(t - \sum_{i=1}^{i=k-1} t_i\right)^2 + \sum_{j=1}^{j=k-1} \sum_{i=1}^{i=j} v_{dri,i} t_i \tag{27-6}$$

其中,k 为钻杆下放加速度变化次数,$k \geqslant 1$;t_k 为钻杆下放第 k 次加速度变化时间;$a_{dri,k}$为钻杆下放第 k 次加速度;L_{dri}为钻杆长度;L_{dri-0}为钻杆下放前初始长度。

钻杆下放速度也遵守运动学定律：

$$v_{c,dri} = \sum_{i=1}^{i=k-1} a_{dri,i} t_i + a_{dri,k}(t - \sum_{i=1}^{i=k-1} t_i) \tag{27-7}$$

由于钻杆包含各种接头及其他的连接部分，根据钻杆自身特点将长度为 L_{dri} 的钻杆从原点开始分成 n 个单元，单元长度 l_i 可由具体划分单元方法确定，若简化为均质钻杆，单元长度 $l_i = \frac{L_{dri}}{n}$，因此钻杆自重为：

$$G_{dri} = \sum w_{dri-i} \cdot l_i \cdot g \tag{27-8}$$

其中，w_{dri-i} 为钻杆 i 部分单位长度重量；l_i 为钻杆 i 部分长度。

钻杆 i 节点所处水深为：

$$d_{dri,i} = \sum l_i - H_t + \eta_z \tag{27-9}$$

其中，H_t 为吊点距水面垂直距离。$\eta_z = \eta_{ct} + x_{Z-RAO}$ 为安装设备垂向产生振动幅值。钻杆末端 n 节点所处水深为 $d_{dri,n} = L_{dri} - H_t + \eta_z$，管汇重心所处水深为 $d_{man} = d_{dri,n} + \frac{1}{2}h_{man}$。

钻杆最大轴向力在钻杆顶端：

$$T_{top} = G_{dri} + F_{total} \tag{27-10}$$

（2）动态分析

忽略钻杆受到风荷载，则钻杆不受任何环境荷载作用，整个系统只有管汇受到的风荷载作用。

因此管汇受到 X 轴方向环境荷载大小为：$F_{man-x} = F_{w-x}$；管汇受到 Y 轴方向环境荷载大小为：$F_{man-y} = F_{w-y}$。

①XOZ 平面计算

对钻杆进行力学分析，XOZ 平面内计算模型如下：

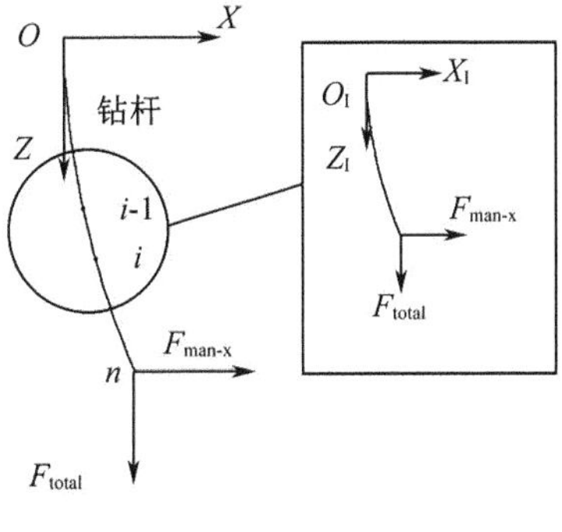

图 27－24　阶段一钻杆受力分析图

由于水下管汇的特征总力 T_{total} 远远大于所受到的水平作用力 F_{man-x}，因此认为此时钻杆的变形属于小变形，忽略钻杆自重产生的弯矩作用影响。由于钻杆通过适配器与一系列索具同水下管汇连接，属于铰接连接，所以钻杆末端不产生弯矩。由于钻杆中间有各种接头及其他的连接部分，因此根据钻杆自身特点将钻杆分成 n 单元，单元长度 l_i 可根据具体划分单元方法确定，若简化为均质钻杆，单元长度 $l_i=\frac{L_{dri}}{n}$。在钻杆 i 单元上建立第 I 个局部坐标系，在局部坐标系中以 $i-1$ 节点作为坐标原点 $O_{\rm I}$。

钻杆 i 单元自重可简化于重心：

$$G_{dri,i} = w_{dri,i} \cdot l_i \cdot g \tag{27-11}$$

节点 i 处受到 X 方向作用力：

$$F_{x,i} = F_{man-x} \tag{27-12}$$

节点 i 处受到 Z 方向作用力：

$$F_{z,i} = F_{total} + \sum_{i=i+1}^{n} w_{dri,i} \cdot l_i \cdot g \tag{27-13}$$

由 $(EI)_i \frac{d^2 x_I}{d^2 z_I} = M_{xI}(z_I)$ 可知，当钻杆单元被划分地足够小时，钻杆弯矩方程为：

$$M_{I,x}(i) = (EI)_i \frac{x_I(i+1) - x_I(i)}{{l_i}^2} = F_{x,i+1} l_i + M_{x,i+1} - F_{z,i+1}(x_I(i+1) - x_I(i)) \tag{27-14}$$

$$M_{I,x}(i+1) = (EI)_{i+1} \frac{x_I(i+2) - x_I(i+1)}{{l_i}^2} \tag{27-15}$$

其中，$(EI)_i$ 为第 i 段钻杆的弯曲刚度。

在原点 $O_{\rm I}$ 处钻杆挠度为零，钻杆末端的弯矩为零，即节点 n 处的弯矩为零，故边界条件为：

$$x_I(0) = 0$$

$$M_{I,x}(n) = 0$$

由(27－14)和(27－15)整理可得：

对钻杆节点 i 从 0 到 $n-2$，

$$\frac{(EI)_i}{l_i^2} x_I(i+2) - \left(\frac{2(EI)_i}{l_i^2} + F_{z,i+1}\right) x_I(i+1) + \frac{(EI)_i}{l_i^2} x_I(i) = -F_{x,i+1} l_i \tag{27-16}$$

对于钻杆节点 $i=n-1$，

$$-\left(\frac{(EI)_i}{l_i^2}+F_{z,i+1}\right)x_I(i+1)+\frac{(EI)_i}{l_i^2}x_I(i)=-F_{x,i+1}l_i \quad (27-17)$$

(27 - 16)和(27 - 17)组成 n 元一次方程组,可解得各个节点在局部坐标系中的水平位移 $x_I(1),x_I(2),x_I(3),\cdots\cdots,x_I(n-3),x_I(n-2),x_I(n-1),x_I(n)$。

求得钻杆各个节点的弯矩为:

$$M_{I,x}(i)=(EI)_i\frac{x_I(i+1)-x_I(i)}{l_i^{\ 2}} \quad (27-18)$$

求得钻杆沿 Z 轴各个节点的挠角为:

$$\alpha_{I,x}(i)=\arcsin\left(\frac{x_I(i+1)-x_I(i)}{l_i}\right) \quad (27-19)$$

其中,$i=0,1,2,3,\cdots,n-3,n-2,n-1$。

整体坐标系中,各个节点在 X 方向的位移为:

$$x(i)=\sum_{i=0}^{i}x_I(i) \quad (27-20)$$

在管汇重心对管汇进行力学分析,将管汇作为刚体考虑,管汇顶端与钻杆底端铰接相连,固管汇顶端与钻杆底端水平偏移大小相等,管汇任意点在整体坐标系中在 XOZ 平面内的横向偏角为:

$$\alpha_{man-x}=\arctan\frac{F_{man-x}}{F_{total}} \quad (27-21)$$

管汇高度为 h_{man},管汇中轴线底端在整体坐标系中 X 方向横向偏移:

$$x_{man}=h_{man}\cdot\sin\alpha_{man-x}+x(L_{dri}) \quad (27-22)$$

管汇中轴线底端相对海底桩基 X 方向的 X 方向横向偏移:

$$x_{man-suc}=x_{ct-suc}-x_{RAO}-h_{man}\cdot\sin\alpha_{man-x}-x(L_{dri}) \quad (27-23)$$

②YOZ 平面计算

YOZ 平面钻杆的力学计算同 XOZ 平面内计算相同,结果如下:

由 $(EI)_i\frac{d^2y_I}{d^2z_I}=M_{yI}(z_I)$ 可知,当钻杆单元被划分地足够小时,钻杆弯矩方程为:

$$M_{I,y}(i)=(EI)_i\frac{y_I(i+1)-y_I(i)}{l_i^{\ 2}}=F_{y,i+1}l_i+M_{y,i+1}-F_{z,i+1}(y_I(i+1)-y_I(i)) \quad (27-24)$$

$$M_{I,y}(i+1)=(EI)_{i+1}\frac{y_I(i+2)-y_I(i+1)}{l_i^{\ 2}} \quad (27-25)$$

其中,$(EI)_i$ 为第 i 段钻杆的弯曲刚度。

在原点 O_I 处钻杆挠度为零,钻杆末端的弯矩为零,即节点 n 处的弯矩为零,故边界条件为：

$$y_I(0) = 0$$
$$M_{I,y}(n) = 0$$

由(27－24)和(27－25)整理可得：

对钻杆节点 i 从 0 到 $n-2$，

$$\frac{(EI)_i}{l_i^2}y_I(i+2) - \left(\frac{2(EI)_i}{l_i^2} + F_{z,i+1}\right)y_I(i+1) + \frac{(EI)_i}{l_i^2}y_I(i) = -F_{y,i+1}l_i \tag{27-26}$$

对于钻杆节点 $i=n-1$，

$$-\left(\frac{(EI)_i}{l_i^2} + F_{z,i+1}\right)y_I(i+1) + \frac{(EI)_i}{l_i^2}y_I(i) = -F_{y,i+1}l_i \tag{27-27}$$

(27－26)和(27－27)组成 n 元一次方程组，可解得各个节点在局部坐标系中的水平位移 $y_I(1), y_I(2), y_I(3), \cdots, y_I(n-3), y_I(n-2), y_I(n-1), y_I(n)$。

求得钻杆各个节点的弯矩为：

$$M_{I,y}(i) = (EI)_i \frac{y_I(i+1) - y_I(i)}{l_i^{\ 2}} \tag{27-28}$$

求得钻杆沿 Z 轴各个节点的挠角为：

$$\alpha_{I,y}(i) = \arcsin\left(\frac{y_I(i+1) - y_I(i)}{l_i}\right) \tag{27-29}$$

其中，$i=0,1,2,3,\cdots,n-3,n-2,n-1$。

整体坐标系中，各个节点在 Y 方向的位移为：

$$y(i) = \sum_{i=0}^{i} y_I(i) \tag{27-30}$$

管汇在整体坐标系中 YOZ 平面内横向偏角为：

$$\alpha_{man-y} = \arctan\frac{F_{man-y}}{F_{total}} \tag{27-31}$$

在整体坐标系中管汇末端 Y 方向位移：

$$y_{man} = h_{man} \cdot \sin\alpha_{man-y} + y(n) \tag{27-32}$$

管汇中轴线底端相对海底桩基 Y 方向的横向偏移：

$$y_{man-suc} = y_{ct-suc} - y_{RAO} - h_{man} \cdot \sin\alpha_{man-y} - y(L_{dri}) \tag{27-33}$$

③总体计算

通过以上求解，解得在整体坐标系中，各个钻杆节点处的弯矩 $M_{x,i}, M_{y,i}$，挠角 $\alpha_x(i), \alpha_y(i)$，X 方向的位移 $x(i)$，Y 方向的位移 $y(i)$，故钻杆沿 Z 轴每一节点的水平位移为该节点 X，Y 方向位移的矢量和 $\sqrt{x(i)^2 + y(i)^2}$，与 XOY 平面的夹角为$\arctan\dfrac{z(i)}{\sqrt{x(i)^2+y(i)^2}}$。管汇在 XOZ 平面内与 YOZ 平面内的横向偏角为 α_{man-x}，α_{man-y}；管汇末端在 X，Y 方向位移分别为 x_{man}，y_{man}，故管汇末端总的水平位移为：$\sqrt{x_{man}^2+y_{man}^2}$，与 XOY 平面的夹角为 $\arctan\dfrac{z_{man}}{\sqrt{x_{man}^2+y_{man}^2}}$。

钻杆节点 i 处所受的轴向力：

$$T_i = \sqrt{{F_{x,i}}^2 + {F_{y,i}}^2 + {F_{z,i}}^2} \tag{27-34}$$

2. 管汇未完全淹没阶段

本阶段为从管汇下放接触水面开始，直至管汇顶部完全淹没在水面下，即钻杆末端水深 $-h_{man}-SZ_U \leqslant d_{dri,n} < 0$。在下放过程中，钻杆虽并没有受到波浪、流的直接作用，然而安装船的运动和波浪运动相结合将会对水下管汇产生一个很大的作用力，水下管汇也可能遭受极端的直接波浪荷载，并且波浪分析较为复杂，因此，本阶段的下放是整个水下管汇安装工程危险阶段之一。

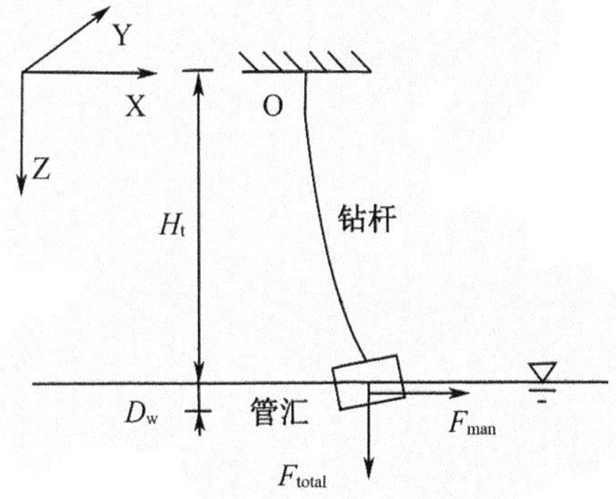

图 27 – 25　阶段二系统分析示意图

如图 27 – 25 所示，以 O 点（半潜式平台中的张紧器）为坐标原点建立三维坐标系。这一阶段水下管汇主要受到波浪、流以及船舶耦合运动的作用力，钻杆由于处于水面以上因此没有受到任何环境作用力，钻杆自重沿钻杆长度均匀分布。

（1）静态分析

管汇受到特征总力：

$$F_{total} = F_{sta} + F_{hyd} \tag{27-35}$$

$$F_{sta} = m_{man} \cdot g - \rho g V_{d-man} + m_{other} \cdot g - \rho g V_{d-other} \tag{27-36}$$

其中，m_{man} 为管汇在空气中质量，$V_{d-man} = \min\{(d_{dri,n}+h_{man}) \cdot l_{man} \cdot b_{man}, h_{man} \cdot l_{man} \cdot b_{man}\}$ 为管汇排开水体积，l_{man} 为管汇长度（与 X 轴平行），b_{man} 为管汇宽度（与 Y 轴平行），m_{other} 为下放索具与其他附件空气中质量，$V_{d-other}$ 为下放索具与其他附

件排开水体积，F_{hyd}为浪溅区管汇受到水动力荷载。

需要注意的是由于本阶段安装受到月池的影响，因此在计算 F_{hyd}时 C_m 与 C_d 需要用 $C_m \cdot f_m$ 与 $C_d \cdot f_d$ 来代替。

当管汇下放开始瞬间或突然停止下放的情况，管汇受到压紧力作用，特征总力等于：

$$F_{total} = F_{sta} + F_{snap} \tag{27-37}$$

其中，F_{snap}为管汇受到的压紧力。

管汇相对于海底桩基的各个方向偏移等于船舶相对于海底桩基的偏移：

$$x_{man-suc} = x_{ves-suc} - x_{RAO} \tag{27-38}$$

$$y_{man-suc} = y_{ves-suc} - y_{RAO} \tag{27-39}$$

管汇相对于坐标原点的偏移为零，即 $x_{man}=0$，$y_{man}=0$。

由于钻杆包含各种接头及其他的连接部分，根据钻杆自身特点进行单元划分，因此钻杆自重为：

$$G_{dri} = \sum w_{dri-i} \cdot l_i \cdot g \tag{27-40}$$

其中，w_{dri-i}为钻杆 i 部分单位长度重量；l_i 为钻杆 i 部分长度。

钻杆最大轴向力在钻杆顶端：

$$T_{top} = G_{dri} + F_{total} \tag{27-41}$$

（2）动态分析

假定管汇受到的波浪、流等作用力，作用于水下管汇重心处，将波浪、流作用力沿 X 轴与 Y 轴分解，计算管汇受到 X 轴与 Y 轴方向上的环境荷载即为：

$$F_{man-x} = F_{D-man-x} + F_{M-man-x} \tag{27-42}$$

$$F_{man-y} = F_{D-man-y} + F_{M-man-y} \tag{27-43}$$

其中，$F_{D-man-x}$、$F_{D-man-y}$分别为 X、Y 方向上管汇受到的波浪、流的拖曳力；$F_{M-man-x}$、$F_{M-man-y}$分别为 X、Y 方向上管汇受到波浪、流的惯性力在计算过程中，$A_{p,XOZ}=\min\{(d_{dri,n}+h_{man})\cdot l_{man}, h_{man}\cdot l_{man}\}$为在垂直于 XOZ 平面拖曳力方向上构件的投影面积；$A_{p,YOZ}=\min\{(d_{dri,n}+h_{man})\cdot b_{man}, h_{man}\cdot b_{man}\}$为在垂直于 YOZ 平面拖曳力方向上构件的投影面积。

3. 管汇完全淹没阶段

本阶段为从管汇顶部完全淹没水面下开始，直至管汇坐放至海底桩基上为止，即钻杆末端水深 $0 \leqslant d_{dri,n} < D_w - h_{man}$，其中 D_w 为总水深。当管汇顶部在水面下 4 m 以内，仍属于浪溅区下放；当管汇顶部在水面下 4 m 以下，属于中层水域下放（具体可参考规范 DNV－OS－C101[9]）。浪溅区下放与中层水域下放最大的区别就是中层水域下放不需要考虑波浪的直接作用，因此水动力荷载计算有所不同，并且在计算过程中中层水域下放可以忽略波浪的影响。由于随着下放

水深的增加，钻杆顶端承受的轴力不断增加，因此管汇下放到最大水深时，是整个水下管汇安装工程危险阶段之一。

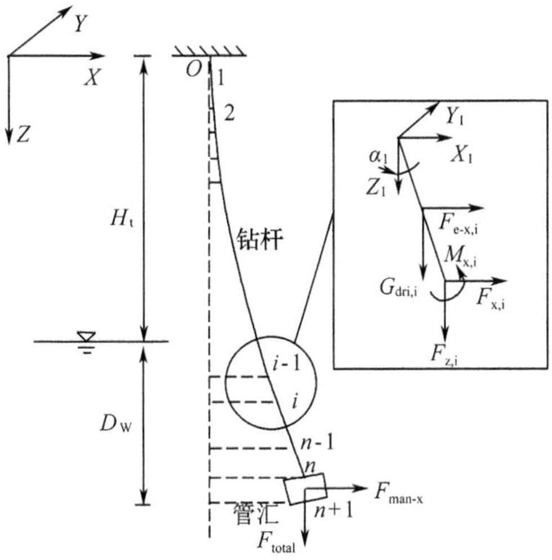

图 27－26　阶段三系统受力分析示意图

如图 27－26 所示，这一阶段系统主要受到水下管汇自重、管汇受到的环境荷载、船舶耦合运动作用、钻杆自重，钻杆受到的环境荷载作用。以半潜式平台上的张紧器为全局坐标系原点 O，由于钻杆中间有各种接头及其他的连接部分，因此根据钻杆自身特点将钻杆分成 n 单元，单元长度 l_i 可由具体划分单元方法确定，若简化为均质钻杆，单元长度 $l_i=\dfrac{L_{dri}}{n}$。在钻杆 i 单元上建立第 I 个局部坐标系，在局部坐标系中以 $i-1$ 节点作为坐标原点 O_{I}。

(1)静态分析

由于静态分析不考虑环境荷载。需要注意的是当管汇下放处于浪溅区下放时，$F_{hyd}=\sqrt{F_S^2+F_d^2+F_\rho^2+F_m^2}$；当管汇下放处于中层水域下放时，$F_{hyd}=\sqrt{F_d^2+F_m^2}$。

(2)动态分析

假定管汇受到的环境荷载作用于水下管汇重心处，将环境荷载作用力沿 X 轴与 Y 轴分解，计算管汇受到 X 轴与 Y 轴方向上的环境荷载即为：

$$F_{man-x}=F_{D-man-x}+F_{M-man-x} \tag{27-44}$$

$$F_{man-y}=F_{D-man-y}+F_{M-man-y} \tag{27-45}$$

其中，$F_{D-man-x}$、$F_{D-man-y}$ 分别为 X、Y 方向上管汇受到的波浪、流的拖曳力；

$F_{M-man-x}$、$F_{M-man-y}$分别为 X、Y 方向上管汇受到波浪、流的惯性力。在计算过程中，$A_{p,XOZ}=\min\{(d_{dri,n}+h_{man})\cdot l_{man}, h_{man}\cdot l_{man}\}$为在垂直于 XOZ 平面拖曳力方向上构件的投影面积；$A_{p,YOZ}=\min\{(d_{dri,n}+h_{man})\cdot b_{man}, h_{man}\cdot b_{man}\}$为在垂直于 YOZ 平面拖曳力方向上构件的投影面积。

钻杆 i 单元受到 X 轴与 Y 轴方向上的环境荷载为：

$$F_{e-x,i} = \frac{1}{2}(F_{dri-x,i-1} + F_{dri-x,i})\cdot l_i \tag{27-46}$$

$$F_{e-y,i} = \frac{1}{2}(F_{dri-y,i-1} + F_{dri-y,i})\cdot l_i \tag{27-47}$$

$F_{dri-x,i}$、$F_{dri-y,i}$根据本文采油树的安装计算公式可得。当管汇处于浪溅区下放时，环境荷载需要考虑波浪、流；当管汇处于中层水域下放时，只需要计算流荷载即可。

①对钻杆进行 XOZ 平面内的力学分析：

钻杆 i 单元自重可简化于重心：

$$G_{dri,i} = w_{dri,i}\cdot l_i\cdot g \tag{27-48}$$

节点 i 处受到 X 方向作用力：

$$F_{x,i} = \sum_{i+1}^{n} F_{e-x,i} + F_{man-x} \tag{27-49}$$

节点 i 处受到 Z 方向作用力：

$$F_{z,i} = F_{total} + \sum_{i=i+1}^{n} w_{dri,i}\cdot l_i\cdot g \tag{27-50}$$

边界条件：

钻杆顶部与张紧器固接，故顶端边界条件为：

$$x(0) = 0$$

钻杆末端通过吊索与管汇连接，故可设为铰接，钻杆底端边界条件为：

$$F_{z,n} = F_{total}$$

$$F_{x,n} = F_{man-x}$$

$$M_{x,n} = 0$$

局部坐标系中：

$$x_I(0) = 0$$

当 n 足够大时，忽略钻杆单元受到的水平作用力和自重产生的弯矩效应。

在 XOZ 平面内局部坐标系中 i 节点的弯矩方程为：

$$M_{I,x}(i) = (EI)_i\frac{x_I(i+1)-x_I(i)}{l_i^{\ 2}} = F_{x,i+1}l_i + M_{x,i+1} - F_{z,i+1}(x_I(i+1)-x_I(i)) \tag{27-51}$$

$$M_{I,x}(i+1) = (EI)_{i+1}\frac{x_I(i+2) - x_I(i+1)}{l_i^{\,2}} \tag{27-52}$$

其中，$(EI)_i$ 为第 i 段钻杆的弯曲刚度。

在原点 O_I 处钻杆挠度为零，钻杆末端的弯矩为零，即节点 n 处的弯矩为零，故边界条件为：

$$x_I(0) = 0$$

$$M_{I,x}(n) = 0$$

由式(27－14)和式(27－15)整理可得：

对钻杆节点 i 从 0 到 $n-2$，

$$\frac{(EI)_i}{l_i^2}x_I(i+2) - \left(\frac{2(EI)_i}{l_i^2} + F_{z,i+1}\right)x_I(i+1) + \frac{(EI)_i}{l_i^2}x_I(i) = -F_{x,i+1}l_i \tag{27-53}$$

对于钻杆节点 $i=n-1$，

$$-\left(\frac{(EI)_i}{l_i^2} + F_{z,i+1}\right)x_I(i+1) + \frac{(EI)_i}{l_i^2}x_I(i) = -F_{x,i+1}l_i \tag{27-54}$$

式(27－16)和式(27－17)组成 n 元一次方程组，可解得各个节点在局部坐标系中的水平位移 $x_I(1), x_I(2), x_I(3), \cdots, x_I(n-3), x_I(n-2), x_I(n-1), x_I(n)$。

求得钻杆各个节点的弯矩为：

$$M_{I,x}(i) = (EI)_i\frac{x_I(i+1) - x_I(i)}{l_i^{\,2}} \tag{27-55}$$

求得钻杆沿 Z 轴各个节点的挠角为：

$$\alpha_{I,x}(i) = \arcsin\left(\frac{x_I(i+1) - x_I(i)}{l_i}\right) \tag{27-56}$$

其中，$i=0,1,2,3,\cdots,n-3,n-2,n-1$。

整体坐标系中，各个节点在 X 方向的位移为：

$$x(i) = \sum_{i=0}^{i} x_I(i) \tag{27-57}$$

管汇在整体坐标系中 XOZ 平面内横向偏角为：

$$\alpha_{man-x} = \arctan\frac{F_{man-x}}{F_{total}} \tag{27-58}$$

在整体坐标系中管汇末端 X 方向位移：

$$x_{man} = h_{man}\cdot\sin\alpha_{man-x} + x(n) \tag{27-59}$$

管汇中轴线底端相对海底桩基 X 方向的横向偏移：

$$x_{man-suc} = x_{ct-suc} - x_{RAO} - h_{man} \cdot \sin\alpha_{man-x} - x(L_{dri}) \quad (27-60)$$

②钻杆在 YOZ 平面内的力学分析

钻杆在 YOZ 平面内的力学分析方法同 XOZ 平面的方法一样。

钻杆 i 单元自重可简化于重心：

$$G_{dri,i} = w_{dri,i} \cdot l_i \cdot g \quad (27-61)$$

节点 i 处受到 Y 方向的作用力：

$$F_{y,i} = \sum_{i+1}^{n} F_{e-y,i} + F_{man-y} \quad (27-62)$$

节点 i 处受到 Z 方向的作用力：

$$F_{z,i} = F_{total} + \sum_{i=i+1}^{n} w_{dri,i} \cdot l_i \cdot g \quad (27-63)$$

管汇在整体坐标系中 YOZ 平面内横向偏角为：

$$\alpha_{man-y} = \arctan \frac{F_{man-y}}{F_{total}} \quad (27-64)$$

在整体坐标系中管汇末端 Y 方向位移：

$$y_{man} = h_{man} \cdot \sin\alpha_{man-y} + y(n) \quad (27-65)$$

管汇中轴线底端相对海底桩基 Y 方向的横向偏移：

$$y_{man-suc} = y_{ct-suc} - y_{RAO} - h_{man} \cdot \sin\alpha_{man-y} - y(L_{dri}) \quad (27-66)$$

③总体计算

通过以上求解，解得在整体坐标系中，各个钻杆节点处的弯矩 $M_{x,i}$，$M_{y,i}$，挠角 $\alpha_x(i)$，$\alpha_y(i)$，X 方向的位移 $x(i)$，Y 方向的位移 $y(i)$，故钻杆沿 Z 轴每一节点的水平位移为该节点 X，Y 方向位移的矢量和 $\sqrt{x(i)^2 + y(i)^2}$，与 XOY 平面的夹角为 $\arctan \dfrac{z(i)}{\sqrt{x(i)^2 + y(i)^2}}$。管汇在 XOZ 平面内与 YOZ 平面内的横向偏角为 α_{man-x}，α_{man-y}；管汇末端在 X，Y 方向位移分别为 x_{man}，y_{man}，故管汇末端总的水平位移为：$\sqrt{x_{man}^2 + y_{man}^2}$，与 XOY 平面的夹角为 $\arctan \dfrac{z_{man}}{\sqrt{x^2_{man} + y^2_{man}}}$。

钻杆节点 i 处所受的轴向力：

$$T_i = \sqrt{F_{x,i}^2 + F_{y,i}^2 + F_{z,i}^2} \quad (27-67)$$

4. 坐放与连接阶段

继续下放管汇，直至管汇距水下基础桩一定位置（根据设计而定）后，停止下放，并为安全坐放做准备。

系统受到的主要荷载为钻杆自重、管汇自重、由船舶运动产生的附加荷载、管汇受到的环境荷载、钻杆受到的环境荷载作用。当管汇还未坐放至桩基时，力学计算分析同第三阶段一致。

当管汇完全对准并坐放于吸力桩上后，需要进行连接、固紧操作以保持管汇位置。此过程通常由 ROV 协助完成。在操作过程中应避免管汇设备受压。一般情况下，管汇设备连接时下放速度应小于 0.1 m/s，连接完成后的垂直偏移不大于 ±3°（具体数据出自生产厂家或者具体工程要求，以上数据仅供参考）。在管汇安装期间，管汇与水下桩结构之间的撞击力必须加以考虑。

根据参考文献[16]第 14 章，当管汇坐放至水下桩结构时，管汇会和水下桩结构产生撞击，最大撞击力为：

$$F_{\max} = v_{im} \cdot \sqrt{m_{man} \cdot k} \tag{27-68}$$

$$k = \frac{k_{suc} \cdot k_{man}}{k_{suc} + k_{man}} \tag{27-69}$$

其中，$v_{im} = \sum_{i=1}^{i=k} a_i \cdot t_i$ 为撞击前管汇下放速度；k 为系统等效刚度；k_{man} 为管汇刚度；k_{suc} 为水下桩结构刚度。

当管汇与水下桩结构连接时，根据文献[1]2.6.1 章节钻杆对管汇的拉力大小为：

$$F_{pd} = 1.2 \cdot \eta_{ct} \cdot K \tag{27-70}$$

其中，η_{ct} 为起重机吊点特征垂向运动单幅值；K 为起重系统刚度。

此时钻杆轴力最大点位于钻杆顶端：

$$T_{top} = G_{dri} + F_{pd} \tag{27-71}$$

27.4.2　绞车安装法计算分析

当水深较深时，可通过吊机和绞车联合作业来安装管汇。下放管汇时，可采用撑杆分配索具拉力。首先由吊机吊起管汇并下入水中一定距离，然后连接绞车索具，吊机继续下放并逐渐将荷载转移到绞车缆绳，最后由绞车下放管汇至海底基础。在整个过程中，由 ROV 监控管汇方向与位置。根据主要安装过程，将管汇绞车安装方法分为以下四个阶段计算分析，见表 27-4，四个安装阶段的管汇分析示意图如图 27-27 所示。

绞车安装法与钻杆安装法的理论模型基本相同，主要区别在于：①绞车与缆绳的连接属于铰接连接，而钻杆与张紧器的连接方式为固接；②由于下放工具的材料特性不同，钻杆安装法必须考虑钻杆的弯曲刚度，而绞车安装法不用考虑缆绳的弯曲刚度。因此，钻杆安装法与绞车安装法的理论分析方法完全不同。

表 27－4　管汇绞车安装法下放过程及计算阶段划分

	受力特点	对应的具体安装过程
第一阶段： 水面上吊运与下放阶段	管汇、缆绳均不受环境荷载作用	• 根据安装说明书，设置所有安装管汇阀门； • 将所有紧固和运输装置从管汇上移除； • 用平台吊机将管汇放在滑轨上，并运载到绞车附近； • 将吊索 D 形环安装在绞车绳上； • 将平台移动到正确位置，将管汇从吊机上吊起； • 将管汇移至平台边缘，利用平台将管汇从平台吊车转移至绞车； • 在管汇安装到绞车之后，缓慢放下管汇
第二阶段： 管汇未完全淹没阶段	管汇受到环境荷载作用，缆绳没有受到影响	• 缓慢下降管汇直到距水下基础桩体一定（例如 15.24 m）位置； • 根据水下桩体位置确认管汇位置； • 利用 ROV 确保坐放区域情况良好； • 将平台移至最终安装位置
第三阶段： 管汇完全淹没阶段	管汇、缆绳均受到环境荷载作用	
第四阶段： 坐放与连接阶段	管汇、缆绳均受到环境荷载作用，且需要对管汇进行落地分析	• 缓慢下降管汇直到距水下基础桩体一定（例如 1.524 m）位置，最大速度不得超过 0.1 m/s（具体数据出自生产厂家或者具体工程要求，本数据仅供参考），确保管汇位置正确； • 缓慢下放管汇到水下基础桩体上，管汇两边的方向锁会被动的将管汇转动到正确位置； • 进行目视检查，确保管汇完全坐放在基础桩上； • 用 ROV 释放安装吊索； • 回收安装索具到平台； • 利用 ROV 对水下管汇进行测试

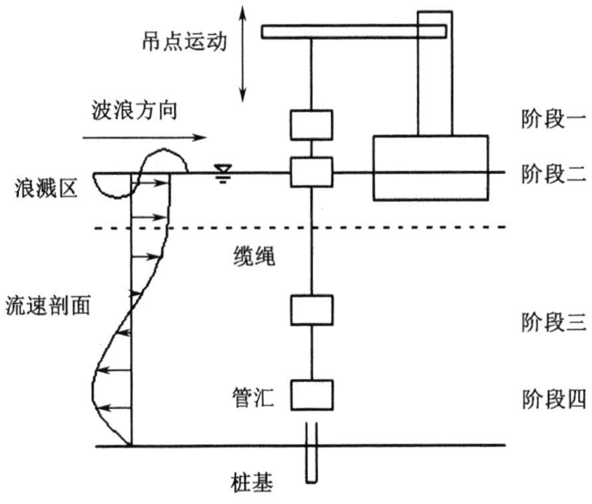

图 27－27　管汇绞车安装法下放示意图

1. 水面上吊运与下放阶段

水面上的管汇吊运与下放均属于该阶段，将管汇从升降机上吊起，并将管汇移至水面下放，直至管汇下放到波浪波峰临界点，即缆绳末端水深 $d_{wire,n} < -h_{man} - SZ_U$，其中 h_{man} 为管汇高度；SZ_U 为浪溅区上层区域高度，可定为 5 m，具体可参考规范 DNV－OS－C101[9]。简化模型如下：

如图 27－28 所示，以 O 点（吊点）为坐标原点建立三维坐标系，Z 轴为垂直方向，X 轴与管汇长度 l_{man} 方向平行，Y 轴与管汇宽度 b_{man} 方向平行。模型中的主要荷载为缆绳自重、管汇自重、由船舶运动产生的附加荷载、管汇受到的风荷载。

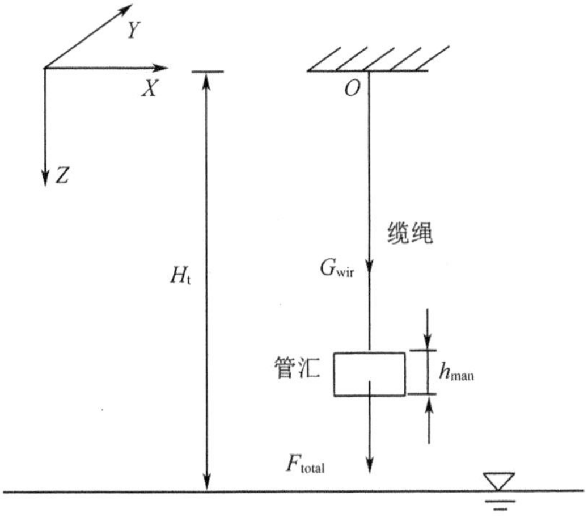

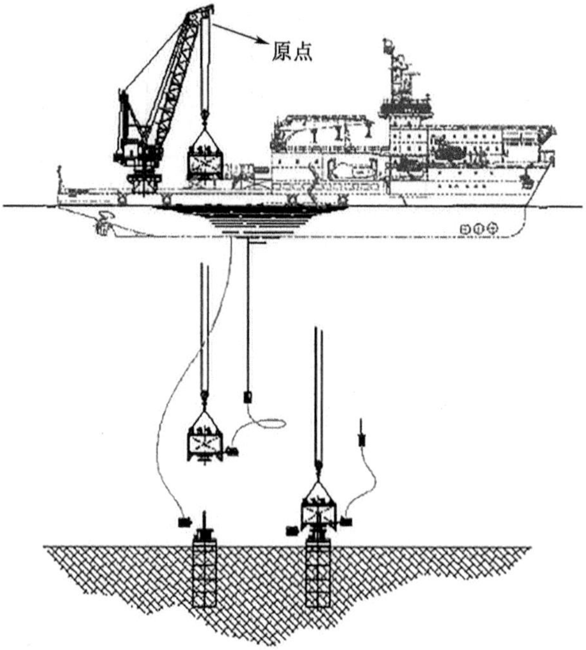

图 27－28　绞车安装法阶段一系统受力分析及原点 O 所在位置示意图

(1)静态分析

由于管汇未入水,故管汇和缆绳均没有受到波浪、流环境荷载的影响,而风荷载对索具、缆绳作用力较小,因此本阶段只考虑风荷载对管汇作用。因此绞车安装法的此阶段静态分析同月池安装法船外下放阶段的分析相同。

(2)动态分析

忽略缆绳受到风荷载,则缆绳不受任何环境荷载作用,整个系统只有管汇受到的风荷载作用。

因此管汇受到 X 轴方向环境荷载大小为:$F_{man-x}=F_{w-x}$;管汇受到 Y 轴方向环境荷载大小为:$F_{man-y}=F_{w-y}$。

①XOZ 平面计算

根据钻杆自身特点将钻杆分成 n 单元,单元长度 l_i 分析同静态分析,见图 27－29。在钻杆 i 单元上建立第 I 个局部坐标系,在局部坐标系中以 $i-1$ 节点作为坐标原点 O_1。

对缆绳进行力学分析,XOZ 平面内计算模型如图 27－29 所示。

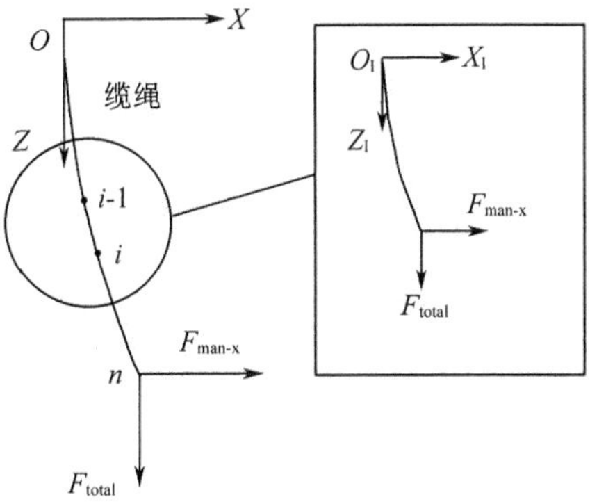

图 27－29　阶段一缆绳受力分析图

缆绳 i 单元自重可简化于重心：

$$G_{wir,i} = w_{wir,i} \cdot l_i \cdot g \tag{27-72}$$

节点 i 处受到 X 方向作用力：

$$F_{x,i} = F_{man-x} \tag{27-73}$$

节点 i 处受到 Z 方向作用力：

$$F_{z,i} = F_{total} + \sum_{i=i+1}^{n} w_{wir,i} \cdot l_i \cdot g \tag{27-74}$$

边界条件：

缆绳顶部与吊点相连，故顶端边界条件为：

$$M_{x,0} = 0$$

$$x(0) = 0$$

缆绳末端通过吊索与管汇连接，故可设为铰接，缆绳底端边界条件为：

$$F_{z,n} = F_{total}$$

$$F_{x,n} = F_{man-x}$$

$$M_{x,n} = 0$$

局部坐标系中：

$$x_I(0) = 0$$

$$M_{I,x}(0) = M_{I,x}(l_i) = 0$$

在 XOZ 平面内局部坐标系中 i 节点的弯矩方程为：

$$M_{I,x}(0) = F_{x,i} \cdot l_i - F_{z,i} \cdot x_I(l_i) - \frac{1}{2}G_{wir,i} \cdot x_I(l_i) = 0 \tag{27-75}$$

解得缆绳 i 单元末端即 i 节点在局部坐标系中的位移为($i=1,2,3,\cdots,n$)：

$$x_I(l_i) = \frac{F_{x,i} \cdot l_i}{F_{z,i} + \frac{1}{2}G_{wir,i}} \tag{27-76}$$

缆绳 i 单元在 XOZ 平面内与 Z 轴夹角为：

$$\alpha_x(i) = \arcsin\frac{x_I(l_i)}{l_i} \tag{27-77}$$

通过上述计算方法可计算出缆绳在各个节点处的水平位移。整体坐标系中，各个节点在 X 方向的位移为：

$$x(i) = \sum_{i=1}^{i} x_I(l_i) \tag{27-78}$$

在管汇重心对管汇进行力学分析，管汇作为刚体考虑，管汇顶端与缆绳底端铰接相连，因此管汇顶端与缆绳底端水平偏移大小相等，管汇任意点在整体坐标系中在 XOZ 平面内横向偏角为：

$$\alpha_{man-x} = \arctan\frac{F_{man-x}}{F_{total}} \tag{27-79}$$

管汇中轴线底端在整体坐标系中 X 方向横向偏移：

$$x_{man} = h_{man} \cdot \sin\alpha_{man-x} + x(n) \tag{27-70}$$

管汇中轴线底端相对海底桩基 X 方向的横向偏移：

$$x_{man-suc} = x_{ct-suc} - x_{RAO} - h_{man} \cdot \sin\alpha_{man-x} - x(L_{wir}) \tag{27-81}$$

②缆绳在 YOZ 平面内的力学分析

缆绳在 YOZ 平面内的力学分析方法同 XOZ 平面的方法一样。

节点 i 处受到 Y 方向的作用力：

$$F_{y,i} = F_{man-y} \tag{27-82}$$

解得缆绳 i 单元末端即 i 节点在局部坐标系中的位移为（$i=1,2,3,\cdots,n$）：

$$y_I(l_i) = \frac{F_{y,i} \cdot l_i}{F_{z,i} + \frac{1}{2}G_{wir,i}} \tag{27-83}$$

缆绳 i 单元在 YOZ 平面内与 Z 轴夹角为：

$$\alpha_y(i) = \arcsin\frac{y_I(l_i)}{l_i} \tag{27-84}$$

通过上述计算方法可计算出缆绳在各个节点处的水平位移。整体坐标系中，各个节点在 Y 方向的位移为：

$$y(i) = \sum_{i=1}^{i} y_I(l_i) \tag{27-85}$$

在管汇重心对管汇进行力学分析，管汇作为刚体考虑，管汇顶端与缆绳底端

铰接相连,固管汇顶端与缆绳底端水平偏移大小相等,管汇任意点在整体坐标系中 YOZ 平面内横向偏角为:

$$\alpha_{man-y} = \arctan \frac{F_{man-y}}{F_{total}} \tag{27-86}$$

管汇中轴线底端在整体坐标系中 Y 方向横向偏移:

$$y_{man} = h_{man} \cdot \sin\alpha_{man-y} + y(n) \tag{27-87}$$

管汇中轴线底端相对海底桩基 Y 方向的横向偏移:

$$y_{man-suc} = y_{ct-suc} - y_{RAO} - h_{man} \cdot \sin\alpha_{man-y} - y(L_{wir}) \tag{27-88}$$

③总体计算

通过以上求解,解得在整体坐标系中,缆绳各个节点处的 X 方向的位移 $x(i)$,Y 方向的位移 $y(i)$,缆绳 i 单元在 XOZ 平面与 YOZ 平面内与 Z 轴夹角为 $\alpha_x(i)$、$\alpha_y(i)$,故缆绳各个节点的水平位移为 X、Y 方向位移的矢量和 $\sqrt{x(i)^2+y(i)^2}$,与 XOY 平面的夹角为 $\arctan \frac{z(i)}{\sqrt{x(i)^2+y(i)^2}}$。管汇在 XOZ 平面内与 YOZ 平面内的横向偏角为 α_{man-x}、α_{man-y};管汇末端在 X,Y 方向位移分别为 x_{man}、y_{man},故管汇末端总的水平位移为:$\sqrt{x_{man}^2+y_{man}^2}$,与 XOY 平面的夹角为 $\arctan \frac{z_{man}}{\sqrt{x_{man}^2+y_{man}^2}}$。

缆绳节点 i 处所受的轴向力:

$$T_i = \sqrt{F_{x,i}^{\ 2} + F_{y,i}^{\ 2} + F_{z,i}^{\ 2}} \tag{27-89}$$

2. 管汇未完全淹没阶段

本阶段为从管汇下放接触水面开始,直至管汇顶部完全淹没水面下,即缆绳末端水深 $-h_{man}-SZ_U \leq d_{wire,n} < 0$,此过程均属于管汇未完全淹没阶段。同通过月池安装方法一样,本阶段的下放是整个水下管汇安装工程危险阶段之一。

如图 27-30 所示,这一阶段水下管汇主要受到波浪、流以及船舶耦合运动的作用力,缆绳由于处于水面以上因此没有受到任何水平作用力,缆绳自重沿缆绳长度均匀分布。

(1)静态分析

管汇受到特征总力:

$$F_{total} = F_{sta} + F_{hyd} \tag{27-90}$$

$$F_{sta} = m_{man} \cdot g - \rho g V_{d-man} + m_{other} \cdot g - \rho g V_{d-other} \tag{27-91}$$

其中,m_{man} 为管汇在空气中质量,$V_{d-man} = \min\{(d_{dri,n}+h_{man}) \cdot l_{man} \cdot b_{man}, h_{man} \cdot l_{man} \cdot b_{man}\}$为管汇排开水体积,$l_{man}$ 为管汇长度

(与 X 轴平行),b_{man} 为管汇宽度(与 Y 轴平行),m_{other} 为下放索具与其他附件空气中质量,$V_{d-other}$ 为下放索具与其他附件排开水体积,F_{hyd} 为浪溅区管汇受到水动力荷载。

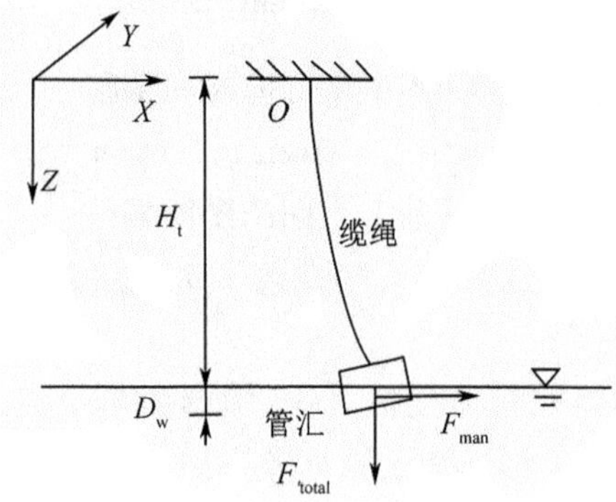

图 27-30 阶段二系统分析示意图

当管汇下放开始瞬间或突然停止下放时,管汇受到压紧力作用,特征总力等于:

$$F_{total} = F_{sta} + F_{snap} \tag{27-92}$$

其中,F_{snap} 为管汇受到的压紧力。

管汇相对于海底桩基的各个方向偏移等于吊点相对于海底桩基的偏移:

$$x_{man-suc} = x_{ct-suc} - x_{RAO} \tag{27-93}$$

$$y_{man-suc} = y_{ct-suc} - y_{RAO} \tag{27-94}$$

管汇相对于坐标原点的偏移为零,及 $x_{man}=0$,$y_{man}=0$;x_{RAO}、y_{RAO} 为安装船/钻井平台各自由度运动量。

当下放时间 $\sum_{i=1}^{i=k-1} t_i < t \leqslant \sum_{i=1}^{i=k} t_i$,缆绳排放长度遵守运动学定律:

$$L_{wir} = L_{wir-0} + \sum_{i=1}^{i=k-1} \frac{1}{2} a_{wir,i} t_i^2 + \frac{1}{2} a_{wir,k} \left(t - \sum_{i=1}^{i=k-1} t_i\right)^2 + \sum_{j=1}^{j=k-1} \sum_{i=1}^{i=j} v_{wir,i} t_i \tag{27-95}$$

其中,k 为缆绳下放加速度变化次数,$k \geqslant 1$;t_k 为缆绳下放第 k 次加速度变化时间;$a_{wir,k}$ 为缆绳下放第 k 次加速度;L_{wir} 为缆绳长度;L_{wir-0} 为缆绳下放前初始长度。

缆绳下放速度也遵守运动学定律:

$$v_{c,wir} = \sum_{i=1}^{i=k-1} a_{wir,i} t_i + a_{wir,k}\left(t - \sum_{i=1}^{i=k-1} t_i\right) \tag{27-96}$$

由于缆绳包含各种接头及其他的连接部分,根据缆绳自身特点将长度为 L_{wir} 的缆绳从原点分成 n 单元,单元长度 l_i 可由具体划分单元方法确定,若简化为均

质缆绳,单元长度 $l_i = \frac{L_{wir}}{n}$,因此缆绳自重为:

$$G_{wir} = \sum w_{wir-i} \cdot l_i \cdot g \tag{27-97}$$

其中,w_{wir-i}为缆绳 i 部分单位长度重量;l_i 为缆绳 i 部分长度。

缆绳 i 节点所处水深为:

$$d_{wir,i} = \sum l_i - H_t + \eta_z \tag{27-98}$$

其中,H_t 为吊点距水面垂直距离;$\eta_z = \eta_{ct} + x_{Z-RAO}$为安装设备垂向产生振动幅值。缆绳末端 n 节点所处水深为 $d_{wir,n} = L_{wir} - H_t$,管汇重心所处水深为 $d_{man} = d_{wir,n} + \frac{1}{2}h_{man}$。

缆绳最大轴向力在缆绳顶端:

$$T_{top} = G_{wir} + F_{total} \tag{27-99}$$

(2)动态分析

假定管汇受到的波浪、流等作用力作用于水下管汇重心处,将波浪、流作用力沿 X 轴与 Y 轴分解,计算管汇受到 X 轴与 Y 轴方向上的环境荷载即为:

$$F_{man-x} = F_{D-man-x} + F_{M-man-x} \tag{27-100}$$

$$F_{man-y} = F_{D-man-y} + F_{M-man-y} \tag{27-101}$$

其中,$F_{D-man-x}$、$F_{D-man-y}$ 分别为 X、Y 方向上管汇受到的波浪、流的拖曳力;$F_{M-man-x}$、$F_{M-man-y}$分别为 X、Y 方向上管汇受到波浪、流的惯性力。在计算过程中,$A_{p,XOZ} = \min\{(d_{wir,n} + h_{man}) \cdot l_{man}, h_{man} \cdot l_{man}\}$为在垂直于 XOZ 平面拖曳力方向上构件的投影面积;$A_{p,YOZ} = \min\{(d_{wir,n} + h_{man}) \cdot b_{man}, h_{man} \cdot b_{man}\}$为在垂直于 YOZ 平面拖曳力方向上构件的投影面积。

3. 管汇完全淹没阶段

本阶段为从管汇顶部完全淹没水面下开始,直至管汇坐放至海底桩基上,即缆绳末端水深 $0 \leqslant d_{dri,n} < D_w - h_{man}$,其中 D_w 为总水深。与通过月池安装法一样,本阶段安装分为浪溅区下放和中层水域下放。由于随着下放水深的增加,缆绳顶端承受的轴力不断增加,因此当管汇下放到最大水深时,是整个水下管汇安装工程危险阶段之一。

如图 27-31 所示,这一阶段系统主要受到水下管汇自重、管汇受到的环境荷载、船舶耦合运动作用、缆绳自重,缆绳受到的环境荷载作用。以起重机吊点为全局坐标系原点 O,将缆绳分成 n 单元,单元长度 l_i 可由具体划分单元方法确定,若简化为均质缆绳,单元长度 $l_i = \frac{L_{wir}}{n}$。在缆绳 i 单元上建立第 I 个局部坐标系,在局部坐标系中以 $i-1$ 节点作为坐标原点 O_{I}。

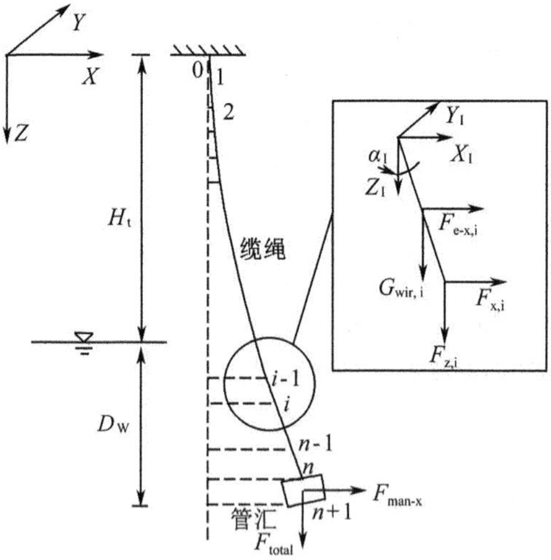

图 27－31　阶段三系统受力分析示意图

(3)静态分析

由于静态分析不考虑环境荷载。需要注意的是当管汇下放处于浪溅区下放时，$F_{hyd}=\sqrt{F_S^2+F_d^2+F_\rho^2+F_m^2}$；当管汇下放处于中层水域下放时，$F_{hyd}=\sqrt{F_d^2+F_m^2}$。

(4)动态分析

假定管汇受到的环境荷载作用于水下管汇重心处，将环境荷载作用力沿 X 轴与 Y 轴分解，计算管汇受到 X 轴与 Y 轴方向上的环境荷载即为：

$$F_{man-x}=F_{D-man-x}+F_{M-man-x} \tag{27-102}$$

$$F_{man-y}=F_{D-man-y}+F_{M-man-y} \tag{27-103}$$

其中，$F_{D-man-x}$、$F_{D-man-y}$ 分别为 X、Y 方向上管汇受到的波浪、流的拖曳力；$F_{M-man-x}$、$F_{M-man-y}$分别为 X、Y 方向上管汇受到波浪、流的惯性力。在计算过程中，$A_{p,XOZ}=\min\{(d_{wir,n}+h_{man})\cdot l_{man},h_{man}\cdot l_{man}\}$为在垂直于 XOZ 平面拖曳力方向上构件的投影面积；$A_{p,YOZ}=\min\{(d_{wir,n}+h_{man})\cdot b_{man},h_{man}\cdot b_{man}\}$为在垂直于 YOZ 平面拖曳力方向上构件的投影面积。

缆绳 i 单元受到 X 轴与 Y 轴方向上的环境荷载为：

$$F_{e-x,i}=\frac{1}{2}(F_{wir-x,i-1}+F_{wir-x,i})\cdot l_i \tag{27-104}$$

$$F_{e-y,i}=\frac{1}{2}(F_{wir-y,i-1}+F_{wir-y,i})\cdot l_i \tag{27-105}$$

当管汇处于浪溅区下放时，环境荷载需要考虑波浪、流；当管汇处于中层水域下放时，只需要计算流荷载即可。

①对缆绳进行 XOZ 平面内的力学分析：

缆绳 i 单元自重可简化于重心：

$$G_{wir,i} = w_{wir,i} \cdot l_i \cdot g \tag{27-106}$$

节点 i 处受到 X 方向作用力：

$$F_{x,i} = \sum_{i+1}^{n} F_{e-x,i} + F_{man-x} \tag{27-107}$$

节点 i 处受到 Z 方向作用力：

$$F_{z,i} = F_{total} + \sum_{i=i+1}^{n} w_{wir,i} \cdot l_i \cdot g \tag{27-108}$$

边界条件：

缆绳顶部与吊点相连，故顶端边界条件为：

$$M_{x,0} = 0$$

$$x(0) = 0$$

缆绳末端通过吊索与管汇连接，故可设为铰接，缆绳底端边界条件为：

$$F_{z,n} = F_{total}$$

$$F_{x,n} = F_{man-x}$$

$$M_{x,n} = 0$$

局部坐标系中：

$$x_I(0) = 0$$

$$M_{I,x}(0) = M_{I,x}(l_i) = 0$$

在 XOZ 平面内局部坐标系中 i 节点的弯矩方程为：

$$M_{I,x}(0) = F_{x,i} \cdot l_i - F_{z,i} \cdot x_I(l_i) + \frac{1}{2}F_{e-x,i} \cdot l_i - \frac{1}{2}G_{wir,i} \cdot x_I(l_i) = 0 \tag{27-109}$$

解得缆绳 i 单元末端即 i 节点在局部坐标系中的位移为（$i=1,2,3\cdots n$）：

$$x_I(l_i) = \frac{F_{x,i} \cdot l_i + \frac{1}{2}F_{e-x,i} \cdot l_i}{F_{z,i} + \frac{1}{2}G_{wir,i}} \tag{27-110}$$

缆绳 i 单元在 XOZ 平面内与 Z 轴夹角为：

$$\alpha_x(i) = \arcsin \frac{x_I(l_i)}{l_i} \tag{27-111}$$

通过上述计算方法可计算出缆绳在各个节点处的水平位移。整体坐标系中，各个节点在 X 方向的位移为：

$$x(i) = \sum_{i=1}^{i} x_I(l_i) \tag{27-112}$$

在管汇重心对管汇进行力学分析，管汇作为刚体考虑，管汇顶端与缆绳底端铰接相连，固管汇顶端与缆绳底端水平偏移大小相等，管汇任意点在整体坐标系中 XOZ 平面内横向偏角为：

$$\alpha_{man-x} = \arctan \frac{F_{man-x}}{F_{total}} \tag{27-113}$$

管汇中轴线底端在整体坐标系中 X 方向横向偏移：

$$x_{man} = h \cdot \sin\alpha_{man-x} + x(n) \tag{27-114}$$

管汇中轴线底端相对海底桩基 X 方向的横向偏移：

$$x_{man-suc} = x_{ct-suc} - x_{RAO} - h \cdot \sin\alpha_{man-x} - x(L_{wir}) \tag{27-115}$$

②缆绳在 YOZ 平面内的力学分析

缆绳在 YOZ 平面内的力学分析方法同 XOZ 平面的方法一样。

节点 i 处受到 Y 方向的作用力：

$$F_{y,i} = \sum_{i+1}^{n} F_{e-y,i} + F_{man-y} \tag{27-116}$$

解得缆绳 i 单元末端即 i 节点在局部坐标系中的位移为（$i=1,2,3\cdots n$）：

$$y_I(l_i) = \frac{F_{y,i} \cdot l_i + \frac{1}{2}F_{e-y,i} \cdot l_i}{F_{z,i} + \frac{1}{2}G_{wir,i}} \tag{27-117}$$

缆绳 i 单元在 YOZ 平面内与 Z 轴夹角为：

$$\alpha_y(i) = \arcsin \frac{y_I(l_i)}{l_i} \tag{27-118}$$

通过上述计算方法可计算出缆绳在各个节点处的水平位移。整体坐标系中，各个节点在 Y 方向的位移为：

$$y(i) = \sum_{i=1}^{i} y_I(l_i) \tag{27-119}$$

在管汇重心对管汇进行力学分析，管汇作为刚体考虑，管汇顶端与缆绳底端铰接相连，固管汇顶端与缆绳底端水平偏移大小相等，管汇任意点在整体坐标系中 YOZ 平面内横向偏角为：

$$\alpha_{man-y} = \arctan \frac{F_{man-y}}{F_{total}} \tag{27-120}$$

管汇中轴线底端在整体坐标系中 Y 方向横向偏移：

$$y_{man} = h_{man} \cdot \sin\alpha_{man-y} + y(n) \tag{27-121}$$

管汇中轴线底端相对海底桩基 Y 方向的横向偏移：

$$y_{man-suc} = y_{ct-suc} - y_{RAO} - h_{man} \cdot \sin\alpha_{man-y} - y(L_{wir}) \qquad (27-122)$$

③总体计算

通过以上求解，解得在整体坐标系中，缆绳各个节点处的 X 方向的位移 $x(i)$，Y 方向的位移 $y(i)$，缆绳 i 单元在 XOZ 平面与 YOZ 平面内与 Z 轴夹角为 $\alpha_x(i)$、$\alpha_y(i)$，故缆绳各个节点的水平位移为 X、Y 方向位移的矢量和 $\sqrt{x(i)^2+y(i)^2}$，与 XOY 平面的夹角为 $\arctan\dfrac{z(i)}{\sqrt{x(i)^2+y(i)^2}}$。管汇在 XOZ 平面内与 YOZ 平面内的横向偏角为 α_{man-x}、α_{man-y}；管汇末端在 X、Y 方向位移分别为 x_{man}、y_{man}，故管汇末端总的水平位移为：$\sqrt{x_{man}^2+y_{man}^2}$，与 XOY 平面的夹角为 $\arctan\dfrac{z_{man}}{\sqrt{x^2_{man}+y^2_{man}}}$。

缆绳节点 i 处所受的轴向力：

$$T_i = \sqrt{F_{x,i}^{\ 2} + F_{y,i}^{\ 2} + F_{z,i}^{\ 2}} \qquad (27-123)$$

4. 坐放与连接阶段

继续下放管汇，直至管汇距水下基础桩一定位置（根据设计而定）后，停止下放，并为安全坐放做准备。

系统受到的主要荷载为缆绳自重、管汇自重、由船舶运动产生的附加荷载、管汇受到的环境荷载、缆绳受到的环境荷载作用。当管汇还未坐放至桩基时，力学计算分析同第三阶段一致。

当管汇完全对准并坐放于吸力桩上后，需要进行连接、固紧操作以保持管汇位置。此过程通常由 ROV 协助完成。在操作过程中应避免管汇设备受压。一般情况下，管汇设备连接时下放速度应小于 0.1 m/s，连接完成后的垂直偏移不大于 ±3°（具体数据出自生产厂家或者具体工程要求，以上数据仅供参考）。在管汇安装期间，管汇与水下桩结构之间的撞击力必须加以考虑。

管汇与水下桩结构之间的最大撞击力以及管汇与桩结构连接后缆绳最大轴力的计算与通过月池安装法一致。

27.5　管道终端管汇（PLEM）安装计算分析

PLEM 的安装伴随着管道的安装，用于开始铺管的 PLEM 称为始端 PLEM 安装，管线铺设完毕后连接的 PLEM 称为末端 PLEM 安装（如图 27－32 所示）。具体安装方法及注意事项可参照本书的 PLET/PLEM 安装章节。无论哪种安装方法，PLEM 安装都是在管道连接与缆绳的联合作用下实现的，对于始端 PLEM 安装由于牵扯到管道的铺设，因此需要根据不同类型的铺管船（S 型铺管与 J 型铺管）对 PLEM 安装分别进行分析，计算较为复杂，为便于计算分析，对 PLEM 安装做出如下假设：

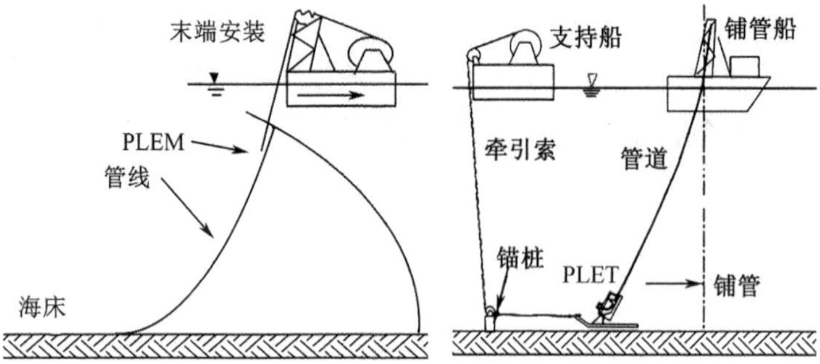

图 27－32　末端 PLEM 安装（左）与始端 PLEM 安装（右）

（1）在整个安装过程中，不考虑缆绳和管道的轴向变形；

（2）在安装过程中，视 PLEM 为刚性结构，及在安装过程中不会发生变形；

（3）缆绳受到的风的作用忽略不计；

（4）不计算运动补偿作用；

对于 PLEM 安装分析，需要知道以下输入参数：

- 船舶 RAO 及相关尺寸；
- 吊点位置、吊架刚度等；
- 如果是始端 J 型铺管船安装则需要知道托管架角度，即为管道脱离角度；
- 缆绳/管道尺寸、线密度、刚度等；
- PLEM 尺寸、重量等；
- 安装方式、下放速度与加速度等细节；
- 环境参数；
- 其他。
- 对于 PLEM 安装的每个相关阶段，一般必须对以下方面进行分析：
- 如果是末端 PLEM 安装，需要计算绞车缆绳排放（纵向、横向误差）；
- 缆绳最大（小）张力；
- PLEM 所受最大载荷；

- 管道最小弯曲半径；
- 管道最大(小)张力；
- 管道最大弯矩。

27.5.1 末端 PLEM 安装

末端 PLEM 即为铺管终点的终端装置，通常情况下末端 PLEM 在 A&R 接头和钢绳的作用下完成安装，一般设计为防沉板被管道固定，主结构部分可绕防沉板支架进行转动。根据主要安装过程，将末端 PLEM 安装分为以下四个阶段计算分析，见表 27－5，末端 PLEM 安装示意图如图 27－33 所示。

表 27－5 末端 PLEM 下放过程及计算阶段划分

安装阶段	受力特点	对应的具体安装过程
第一阶段：船上倒置与吊运	PLEM 未与管道连接，只受缆绳作用	• 将管道悬挂至悬挂框架上； • 进行预安装检查，以验证所有 PLEM 阀门处于关闭位置，且所有热入扣在其对应接收装置内安装到位； • 将 PLEM 倒置并转移至悬挂框架，其中管道已悬挂到位，使用起重机提升 PLEM 顶端部分，直到其被完全倒置为止； • PLEM 重心位于旋转点以上，使用阻挡钢丝来防止 PLEM 发生翻转； • 起重机摆动到悬挂框架之上，将 PLEM 下放至管道上； • PLEM 安装在悬挂框架后，即可将 PLEM 相对于支持塔放置（支持塔已预调整至管道悬挂角），确保 PLEM 和管道的排列顺序正确。为防止 PLEM 相对于管道移动，将 PLEM 在其 3/4 高度处与支持塔相连
第二阶段：水面上与管道焊接后下放	PLEM 与管道连接，PLEM 不受环境荷载作用	• 将 PLEM 管道锻造件与管道焊接起来； • 进行测试，并涂覆现场连接接头； • 对 PLEM 总成进行重新定位并下放，直至绞车钢绳与 PLEM 安装索具相连接； • 使用起重机继续降低总成，直至负载从起重机转移至钢绳为止

表 27－5(续)

安装阶段	受力特点	对应的具体安装过程
第三阶段:下放阶段	PLEM 浸入水中,受到环境荷载作用	• 通过移动船只,使用绞车钢绳将 PLEM 总成下放至水中,在降低的过程中,PLEM 旋转由水下机器人监控
第四阶段:落地阶段	PLEM 浸入水中,受到环境荷载作用;且 PLEM 坐落在海床上,受到海床支撑作用	• PLEM 坐落到海床上

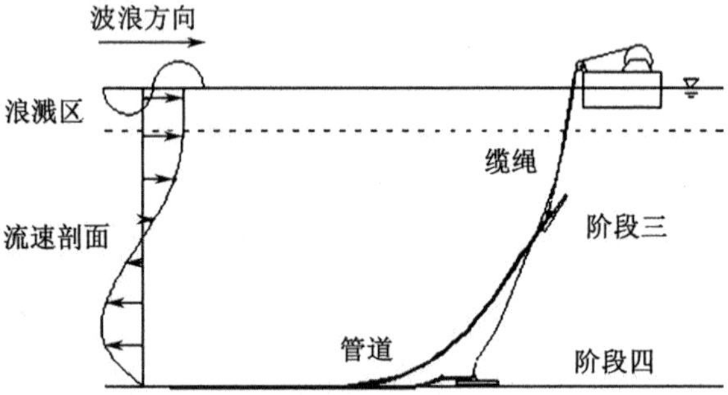

图 27－33　终段 PLEM 安装示意图

1. 船上倒置与吊运

(1)PLEM 与缆绳计算

利用起重机将 PLEM 吊起倒置,并移至悬挂框架。设起重机吊点距甲板高度 H_c,PLEM 支点距离甲板高度 H_{su},起重机吊点 O 距 PLEM 支点 Q 水平距离为 S_{OP}。建立原坐标系 XYZ,坐标原点位于起重机吊点 O,如图所示,PLEM 轭的端部到防沉板另一端长度为 l_{plem},PLEM 端点(非缆绳连接点)与支持点距离为 l_{su}。简化模型如下:

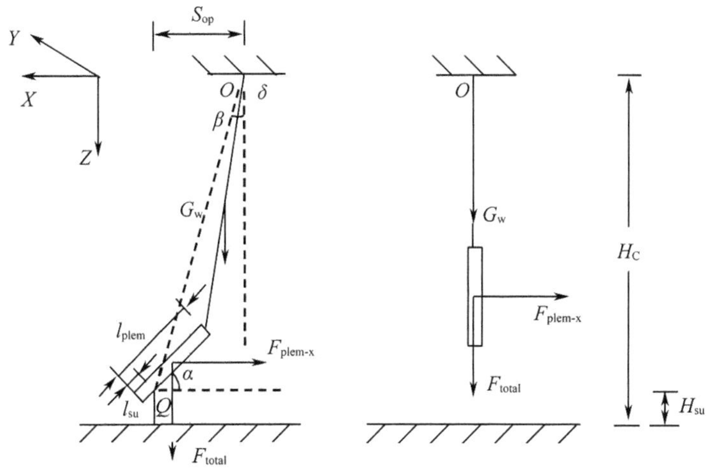

(a)

(b)

图 27－34　末端 PLEM 安装船上倒置计算分析图

模型中的主要荷载为钢缆自重、PLEM 自重、由船舶运动产生的附加荷载、PLEM 受到的风荷载。开始提升时与停止提升时，受到压紧力作用，动力效应可以通过动力放大系数 DAF 进行计算；

$$F_{total} = DAF \cdot F_{sta} \tag{27-124}$$

$$F_{sta} = G_{plem} = m_{plem} \cdot g \tag{27-125}$$

其中，DAF 为动力放大系数；$m_{plem} = m_{yoke} + m_{val} + m_{mat}$ 为 PLEM 在空气中重量；m_{yoke}、m_{val}、m_{mat} 分别为 PLEM 上轭、管道接口、防沉板在空气中重量。

当 PLEM 下放开始瞬间或突然停止下放时，PLEM 受到压紧力作用，特征总力为：

$$F_{total} = F_{sta} + F_{snap} \quad (27-126)$$

其中,F_{snap}为 PLEM 受到的压紧力。

忽略缆绳受到风荷载,则缆绳不受任何环境荷载作用,整个系统只有 PLEM 受到的风荷载作用。由于 PLEM 在 *YOZ* 平面投影面积较小,因此 *YOZ* 平面受到风荷载忽略。

因此管汇受到 *X* 轴方向环境荷载大小为:$F_{plem-x} = F_{w-x}$;管汇受到 *Y* 轴方向环境荷载大小为:$F_{plem-y} = F_{w-y} = 0$。

当下放时间 $\sum_{i=1}^{i=k-1} t_i < t \leqslant \sum_{i=1}^{i=k} t_i$,缆绳排放长度遵守运动学定律:

$$L_w = L_{w-0} + \sum_{i=1}^{i=k-1} \frac{1}{2} a_{wir,i} t_i^2 + \frac{1}{2} a_{wir,k} (t - \sum_{i=1}^{i=k-1} t_i^2)^2 + \sum_{j=1}^{j=k-1} \sum_{i=1}^{i=j} a_{wir,i} t_i \quad (27-127)$$

其中,k 为缆绳下放加速度变化次数,$k \geqslant 1$;t_k 为缆绳下放第 k 次加速度变化时间;$a_{wir,k}$为缆绳下放第 k 次加速度大小;L_w 为缆绳长度;L_{w-0}为缆绳下放前初始长度。

缆绳下放速度也遵守运动学定律:

$$v_{c,wir} = \sum_{i=1}^{i=k-1} a_{wir,i} t_i + a_{wir,k} (t - \sum_{i=1}^{i=k-1} t_i)$$

钢缆自重为:

$$G_w = w_w \cdot L_w \cdot g \quad (27-128)$$

其中,w_w 为单位长度钢缆重量。

对于 *XOZ* 平面,由图中几何关系可知:

$$\sin\delta \cdot L_w + \cos\alpha \cdot (l_{plem} - l_{su}) = S_{OQ}$$

$$\cos\delta \cdot L_w + \sin\alpha \cdot (l_{plem} - l_{su}) = H_c - H_{su}$$

计算以上两公式可得:

$$\delta = \beta - \operatorname{acrcos}\left[\frac{S_{OQ}^2 + (H_c - H_{su})^2 + L_w^2 - (l_{plem} - l_{su})^2}{2L_w \cdot \sqrt{S_{OQ}^2 + (H_c - H_{su})^2}}\right] \quad (27-129)$$

其中,$\beta = \operatorname{acrtan} \dfrac{S_{OQ}}{H_c - H_{su}}$。

YOZ 平面受到风荷载忽略,以缆绳与 PLEM 系统为研究对象,由 PLEM 支点力矩平衡可知:

$$T_{top} = \frac{\cos\alpha \cdot (0.5l_{plem} - l_{su})F_{total} + \sin\alpha \cdot (l_{plem} - l_{su})F_{plem-x} + G_w \cdot (S_{OQ} - 0.5L_w \cdot \sin\delta)}{\cos\delta \cdot S_{OQ} - \sin\delta \cdot (H_c - H_{su})} \quad (27-130)$$

其中，$\alpha = \text{acrcos}\dfrac{\sin\delta \cdot L_w - S_{OQ}}{l_{plem} - l_{su}}$；缆绳顶点轴力在 XOZ 平面与 Z 轴夹角为 δ，在 YOZ 平面与 Z 轴夹角为 0。

将 PLEM 倒置并转移至悬挂框架成功后即图 27－34(b)，进行船上的平移与下放过程，钢缆顶端轴力为：

$$T_{top} = \sqrt{(F_{total} + G_w)^2 + F_{plem-x}^2} \tag{27-131}$$

(2)管道计算

管道上端固定在悬挂框架上，下端为铺设在海底。设总水深为 D_w，悬挂框架距水面距离 H_F，管道与悬挂框架连接处设为 A 点，在 A 点建立局部坐标系 $X_AY_AZ_A$，如图 27－35 所示。

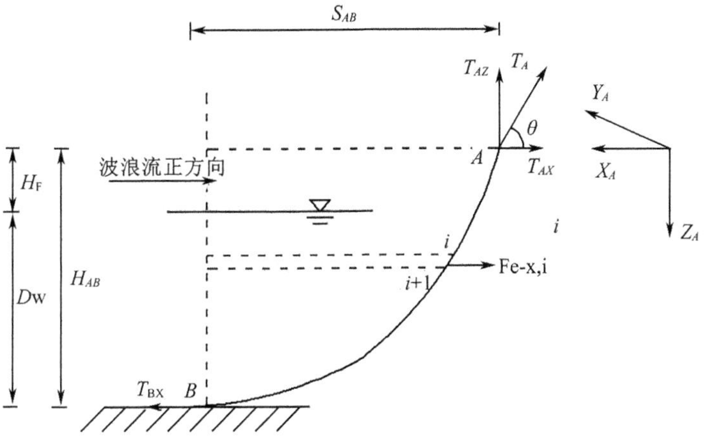

图 27－35　末端 PLEM 安装阶段一管道静态计算分析图

①静态分析

对管道的静态分析可进行有限元划分，将 A 点设为 0 号节点，将管道沿 Z_A 轴均匀分为 n_{AB} 段，由于管道总长 L_{AB} 未知，因此 n_{AB} 为未知；每段长度 l_{i-AB} 根据具体划分情况而定，均匀划分时可假定 l_{i-AB} 为已知长度。管道高度即为：$H_{AB} = H_F + D_w$。对 AB 管道在局部坐标系中的坐标以及节点轴力进行循环计算，如下所示：

A. 初值设置

在 $X_AY_AZ_A$ 坐标系中，假设 AB 段管道长度为 L_{AB}，管道固定于悬挂框架方向已知为 θ_{A-0}，则 A 点沿 X_A 轴、Y_A 轴、Z_A 轴方向力的大小如下：

$$\begin{cases} T_{X_A,0} = \dfrac{L_{AB} \cdot w_p}{\tan\theta_{A,0}} \\ T_{Y_A,0} = 0 \\ T_{Z_A,0} = L_{AB} \cdot w_p \end{cases} \tag{27 - 132}$$

其中，w_p 为管道线密度。

节点 i 在 X_A 轴、Y_A 轴、Z_A 轴方向受力递推公式为：

$$\begin{cases} T_{X_A,i} = T_{X_A,i-1} \\ T_{Y_A,i} = T_{Y_A,i-1} \\ T_{Z_A,i} = T_{Z_A,i-1} - G_i \end{cases} \tag{27 - 133}$$

其中，$G_i = l_{i-AB} \cdot w_w$ 为 AB 管道段 i 单元自重。

节点 i 在 $X_AY_AZ_A$ 坐标系中坐标递推公式为：

$$\begin{cases} X_{A,i} = X_{A,i-1} + l_{i-AB} \cdot \cos\left(\arctan \dfrac{T_{Y_A,i-1}}{\sqrt{T^2_{X_A,i-1} + T^2_{Z_A,i-1}}}\right) \cdot \cos\left(\arctan \dfrac{T_{Z_A,i-1}}{T_{X_A,i-1}}\right) \\ Y_{A,i} = Y_{A,i-1} + l_{i-AB} \cdot \sin\left(\arctan \dfrac{T_{Y_A,i-1}}{\sqrt{T^2_{X_A,i-1} + T^2_{Z_A,i-1}}}\right) \\ Z_{A,i} = Z_{A,i-1} + l_{i-AB} \cdot \cos\left(\arctan \dfrac{T_{Y_A,i-1}}{\sqrt{T^2_{X_A,i-1} + T^2_{Z_A,i-1}}}\right) \cdot \sin\left(\arctan \dfrac{T_{Z_A,i-1}}{T_{X_A,i-1}}\right) \end{cases} \tag{27 - 134}$$

B. 循环求解

在初值 AB 管道长度为 L_{AB} 的前提下，求得 B 点在局部坐标系下坐标为 $(X_{A,n_{AB}}, Y_{A,n_{AB}}, Z_{A,n_{AB}})$，本文计算采用下式对 B 点坐标进行收敛判断：

$$|Z_{A,n_{AB}} - H_{AB}| < \varepsilon \tag{27 - 135}$$

其中，ε 为计算误差，当公式(27 - 135)成立时则认为满足精度要求。若条件不满足，则对 L_{AB} 增加一增量/减量 $Var_{L_{AB}}$，并返回第 A 步，直至满足公式(27 - 135)。

C. 管道力矩、弯曲半径计算

通过以上即可获得 $X_AY_AZ_A$ 坐标下管道上各节点坐标分布以及 X_A 轴、Y_A 轴、Z_A 轴方向上分力大小。计算精度与单元划分程度、循环递增/递减变量大小、计算误差 ε 有关。单元划分越细、循环递增/递减变量越小、计算误差 ε 越小则计算结果越精确。

管道第 i 节点处弯曲半径计算如下：

$$\rho_i = \frac{a}{2\sin\arccos\left(\dfrac{b^2 + c^2 - a^2}{2bc}\right)} \tag{27 - 136}$$

$$a = \sqrt{(X_{A,i+1} - X_{A,i-1})^2 + (Y_{A,i+1} - Y_{A,i-1})^2 + (Z_{A,i+1} - Z_{A,i-1})^2}$$
$$b = \sqrt{(X_{A,i+1} - X_{A,i-1})^2 + (Y_{A,i+1} - Y_{A,i-1})^2 + (Z_{A,i+1} - Z_{A,i-1})^2}$$
$$c = \sqrt{(X_{A,i+1} - X_{A,i})^2 + (Y_{A,i+1} - Y_{A,i})^2 + (Z_{A,i+1} - Z_{A,i})^2}$$
(27-137)

AB 管道第 i 节点力矩计算如下：

$$M_i = \frac{(EI)_i}{\rho_i} \tag{27-138}$$

其中，$(EI)_i$ 为管道 i 节点弯曲刚度。

②动态计算

水面下的管道受到波浪、流的联合作用，固管道轴力的大小会产生相应的变化。由于波浪水流随水深分布不均匀，因此本文采用有限元划分的办法，划分方法同静态计算相同。对 AB 段管道在局部坐标系中的坐标以及节点轴力进行循环计算，如下所示：

A. 初值设置

计算模型见图 27-35，在 $X_AY_AZ_A$ 坐标系中，假设 AB 段管道长度为 L_{AB}，管道固定于悬挂框架方向已知为 θ_{A-0}，则 A 点沿 X_A 轴、Y_A 轴、Z_A 轴方向力的大小如下：

$$\begin{cases} T_{X_A,0} = \dfrac{L_{AB} \cdot w_p}{\tan\theta_{A-0}} \\ T_{Y(A,0)} = 0 \\ T_{Z_A,0} = L_{AB} \cdot w_p \end{cases} \tag{27-139}$$

将波浪、流作用力的方向沿 X_A 轴与 Y_A 轴分解，计算管道各节点 i 在局部坐标系中受到 X_A 轴与 Y_A 轴的环境荷载大小（与水深有关）即为：

$$F_{i-x} = F_{D-i-x} + F_{M-i-x} \tag{27-140}$$
$$F_{i-y} = F_{D-i-y} + F_{M-i-y} \tag{27-141}$$

其中，F_{D-i-x}、F_{D-i-y}分别为 X、Y 方向上管道受到的波浪、流的拖曳力；F_{M-i-x}、F_{M-i-y}分别为 X、Y 方向上管道受到波浪、流的惯性力。波浪、流力的计算与节点所在水深有关，当划分单元足够大时，节点所在水深采用循环计算上一次计算结果（若为第一次计算则采用静态计算结果）：

$$d_i = Z_{A,i} - H_F + \eta_z \tag{27-142}$$

在局部坐标系中，第 i 段单元所受到波浪、流的荷载作用于 i 节点与 $i-1$ 节点中点位置，大小为：

$$F_{e-x,i} = \frac{1}{2}(F_{i-x} + F_{(i-1)-x}) \cdot l_{i-AB} \tag{27-143}$$

$$F_{e-y,i} = \frac{1}{2}(F_{i-y} + F_{(i-1)-y}) \cdot l_{i-AB} \tag{27-144}$$

其中，F_{i-x}、$F_{(i-1)-x}$、F_{i-y}、$F_{(i-1)-y}$见本文公式(27－140)、(27－141)。环境荷载的计算与管道形态有关，在初次计算中水深与管道形态采用静态结果，之后的计算分别采用上一次计算的水深与形态结果。环境荷载的计算结果还与单元直径有关。

节点在X_A轴、Y_A轴、Z_A轴方向受力递推公式为：

$$\begin{aligned} T_{X_A,i} &= T_{X_A,i-1} + F_{e-x,i} \\ T_{Y_A,i} &= T_{Y_A,i-1} + F_{e-y,i} \\ T_{Z_A,i} &= T_{Z_A,i-1} - G_i \end{aligned} \tag{27-145}$$

其中，$G_i - l_{i-AB} \cdot w_w$ 为 AB 管道段 i 单元自重。

节点 i 在 $X_AY_AZ_A$坐标系中坐标递推公式为：

$$\begin{cases} X_{A,i} = X_{A,i-1} + l_{i-AB} \cdot \cos\left(\arctan\dfrac{T_{Y_A,i-1}}{\sqrt{T_{X_A,i-1}^2 + T_{Z_A,i-1}^2}}\right) \cdot \cos\left(\arctan\dfrac{T_{Z_A,i-1}}{T_{X_A,i-1}}\right) \\ Y_{A,i} = Y_{A,i-1} + l_{i-AB} \cdot \sin\left(\arctan\dfrac{T_{Y_A,i-1}}{\sqrt{T_{X_A,i-1}^2 + T_{Z_A,i-1}^2}}\right) \\ Z_{A,i} = Z_{A,i-1} + l_{i-AB} \cdot \cos\left(\arctan\dfrac{T_{Y_A,i-1}}{\sqrt{T_{X_A,i-1}^2 + T_{Z_A,i-1}^2}}\right) \cdot \sin\left(\arctan\dfrac{T_{Z_A,i-1}}{T_{X_A,i-1}}\right) \end{cases} \tag{27-146}$$

B. 循环求解

在初值 AB 管道长度为 L_{AB} 的前提下，求的 B 点在局部坐标系下坐标为($X_{A,n_{AB}}$,$Y_{A,n_{AB}}$,$Z_{A,n_{AB}}$)，本文计算采用下式对 B 点坐标进行收敛判断：

$$|Z_{A,n_{AB}} - H_{AB}| < \varepsilon \tag{27-147}$$

其中，ε 为计算误差，当公式 27－147 成立时则认为满足精度要求。若条件不满足，则对 L_{AB}增加一增量/减量 $Var_{L_{AB}}$，并返回第 A 步，直至满足公式(27－147)。

C. 管道力矩、弯曲半径计算

通过以上即可获得 $X_AY_AZ_A$坐标下管道上各节点坐标分布以及 X_A轴、Y_A轴、Z_A轴方向上分力大小。计算精度与单元划分程度、循环递增/递减变量大小、计算误差 ε 有关。单元划分越细、循环递增/递减变量越小、计算误差 ε 越小则计算结果越精确。

管道第 i 节点处弯曲半径计算如下：

$$\rho_i = \frac{a}{2\sin\arccos\left(\dfrac{b^2 + c^2 - a^2}{2bc}\right)} \tag{27-148}$$

$$a = \sqrt{(X_{A,i+1} - X_{A,i-1})^2 + (Y_{A,i+1} - Y_{A,i-1})^2 + (Z_{A,i+1} - Z_{A,i-1})^2}$$
$$b = \sqrt{(X_{A,i} - X_{A,i-1})^2 + (Y_{A,i} - Y_{A,i-1})^2 + (Z_{A,i} - Z_{A,i-1})^2}$$
$$c = \sqrt{(X_{A,i+1} - X_{A,i})^2 + (Y_{A,i+1} - Y_{A,i})^2 + (Z_{A,i+1} - Z_{A,i})^2} \qquad (27-149)$$

AB 管道第 i 节点力矩计算如下：

$$M_i = \frac{(EI)_i}{\rho_i} \qquad (27-150)$$

其中，$(EI)_i$ 为管道 i 节点弯曲刚度。

2. 水面上与管道焊接后下放

当 PLEM 与管道焊接完成后，释放。以 O 为原点建立整体坐标系 XYZ，计算模型如下：水域总水深为 D_w，吊点距甲板垂直距离为 H_C，甲板距水面距离为 H_D，故吊点距水面距离为 $H_C + H_D$。

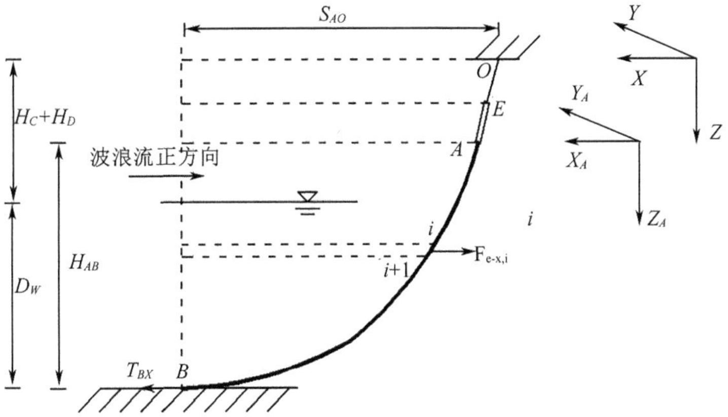

图 27－36 末端 PLEM 安装阶段二模型动态计算示意图

(1) 静态分析

PLEM 的特征力计算与缆绳计算参考阶段一。

在整体坐标系 XYZ 中，对缆绳、管道的静态分析可进行有限元划分，将 O 点设为 0 号节点，将管道沿 Z 轴均匀分为 n_{OB} 段，PLEM 单元如下：

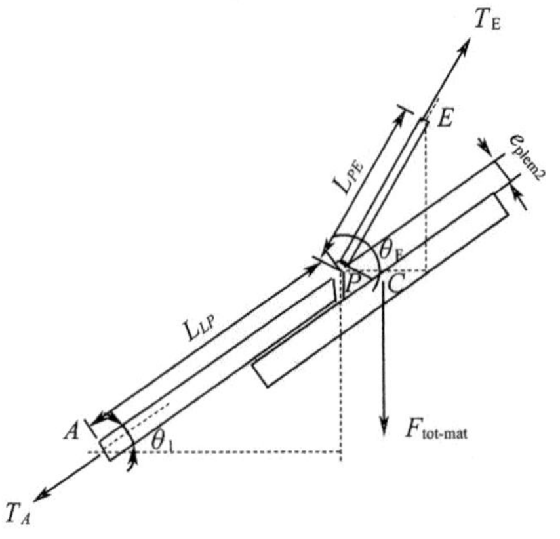

图 27－37　末端 PLEM 安装阶段二末端 PLEM 模型计算分析图

如图 27－37 所示，P 点为枢轴，防沉板组件与阀芯组件简化如图所示，PLEM 两端与管道和缆绳相连的点为 A、E 点，P 点为 PLEM 枢轴，AP 段长度已知为 L_{AP}，PE 段长度已知为 L_{PE}。C 点为 PLEM 重心。PE 段设为一个单元，AP 段设为一个单元。即 E、P、A 均为单元节点，每段长度 l_{i-OB} 根据具体划分情况而定。缆绳吊点距海底距离为：$H_{OB}=H_F+D_w$。计算如下：

在本阶段静态分析中，海底管道长度选用阶段一计算结果 L_{AB}，B 点轴力 T_{BX} 采用阶段一计算结果 $T_{X_A,n_{AB}}$，故 O 点受力为：

$$\begin{cases} T_{OX}=T_{BX} \\ T_{OY}=0 \\ T_{OZ}=F_{total}+L_{AB}\cdot w_p+L_w\cdot w_w \end{cases} \tag{27－151}$$

O 点沿 X 轴、Y 轴、Z 轴方向力的大小如下：

$$\begin{cases} T_{x,0}=T_{OX} \\ T_{y,0}=T_{OY} \\ T_{z,0}=T_{OZ} \end{cases} \tag{27－152}$$

节点在 X_A 轴、Y_A 轴、Z_A 轴方向受力递推公式为：

$$\begin{cases} T_{X,i}=T_{X,i-1} \\ T_{Y,i}=T_{Y,i-1} \\ T_{Z,i}=T_{Z,i-1}-G_i \end{cases} \tag{27－153}$$

其中，当 i 节点位于 OE 段缆绳上（包括 E 点）时，$G=l_{i-OB}\cdot w_w$；当 i 节点是 P 点时，$G_i=F_{tot-yoke}$ 为轭边 PE 段特征总力；当 i 节点为 A 节点时，$G_i=F_{tot-mat}+F_{tot-val}$

为防沉板与管道接口 AP 段特征总力；位于 AB 段（不包括 A 点）时，$G_i = l_{i-OB} \cdot w_p$。

节点 i 在 XYZ 坐标系中坐标递推公式为：

$$\begin{cases} x_i = x_{i-1} + l_{i-OB} \cdot \cos\left(\arctan \dfrac{T_{Y,i-1}}{\sqrt{T_{X,i-1}^2 + T_{Z,i-1}^2}}\right) \cdot \cos\left(\arctan \dfrac{T_{Z,i-1}}{T_{X,i-1}}\right) \\ y_i = y_{i-1} + l_{i-OB} \cdot \sin\left(\arctan \dfrac{T_{Y,i-1}}{\sqrt{T_{X,i-1}^2 + T_{Z,i-1}^2}}\right) \\ z_i = z_{i-1} + l_{i-OB} \cdot \cos\left(\arctan \dfrac{T_{Y,i-1}}{\sqrt{T_{X,i-1}^2 + T_{Z,i-1}^2}}\right) \cdot \sin\left(\arctan \dfrac{T_{Z,i-1}}{T_{X,i-1}}\right) \end{cases} \tag{27-154}$$

AB 管道第 i 节点处弯曲半径计算如下：

$$\rho_i = \frac{a}{2\sin \arccos\left(\dfrac{b^2 + c^2 - a^2}{2bc}\right)} \tag{27-155}$$

$$\begin{aligned} a &= \sqrt{(x_{i+1} - x_{i-1})^2 + (y_{i+1} - y_{i-1})^2 + (z_{i+1} - z_{i-1})^2} \\ b &= \sqrt{(x_i - x_{i-1})^2 + (y_i - y_{i-1})^2 + (z_i - z_{i-1})^2} \\ c &= \sqrt{(x_{i+1} - x_i)^2 + (y_{i+1} - y_i)^2 + (z_{i+1} - z_i)^2} \end{aligned} \tag{27-156}$$

AB 管道第 i 节点力矩计算如下：

$$M_i = \frac{(EI)_i}{\rho_i} \tag{27-157}$$

其中，$(EI)_i$ 为管道 i 节点弯曲刚度。

(2)动态计算

水面下的管道受到波浪、流的联合作用，固管道轴力的大小会产生相应的变化。由于波浪水流随水深分布不均匀，因此本文采用有限元划分的办法，管道、缆绳与 PLEM 划分单元的方法同静态计算相同。对 OB 缆绳、PLEM、管道部分在局部坐标系中的坐标以及节点轴力进行循环计算，如下所示：

A. 初值设置

a) XOZ 平面初值选取

采用静态计算结果 O 点在 X 轴方向拉力为 $T_{X,0}$，Z 轴方向拉力为 $T_{Z,0}$。

b) Y 方向初值选取

对于初次计算采用静态计算跨接管形态计算跨接管受到环境荷载大小，之后每次计算采用上次循环时的跨接管形态计算环境荷载大小，则此时 n_{OB} 为已知，在整体坐标系中，管道与缆绳 i 段单元所受到波浪、流的荷载作用于 i 节点与

i－1 节点中点位置,大小为:

$$F_{e-x,i} = \frac{1}{2}(F_{i-x} + F_{(i-1)-x}) \cdot l_{i-OB} \tag{27-158}$$

$$F_{e-y,i} = \frac{1}{2}(F_{i-y} + F_{(i-1)-y}) \cdot l_{i-OB} \tag{27-159}$$

其中,F_{i-x}、$F_{(i-1)-x}$、F_{i-y}、$F_{(i-1)-y}$见式(27－140)、式(27－141)。E 点受到 Y_E轴方向拉力大小为 $T_{Y,0} = \sum_{i=1}^{n_{OB}} F_{e-y,i}$。

B. 环境荷载求解

PLEM 各单元(轭 PE 单元、管道接口 AP 单元、防沉板单元)受到的环境荷载采用下式计算,将波浪、流作用力沿 X 轴与 Y 轴分解,计算 PLEM 在整体坐标系中受到 X 轴与 Y 轴方向上的环境荷载为:

$$F_{val-x} = F_{D-val-x} + F_{M-val-x} + F_{w-x} \tag{27-160}$$

$$F_{val-y} = F_{D-val-y} + F_{M-val-y} + F_{w-y} \tag{27-161}$$

其中,$F_{D-val-x}$,$F_{D-val-y}$分别为 PLEM 受到的波浪、流的拖曳力;$F_{M-val-x}$,$F_{M-val-y}$分别为 PLEM 受到波浪、流的惯性力;F_{w-x},F_{w-y}分别为 PLEM 受到的风荷载大小,(当 PLEM 在水面上时需要计算风荷载,当 PLEM 完全进入水中后则不需要计算风荷载)。同理,轭端 PE 段受到环境荷载为 F_{yoke-x}、F_{yoke-y};防沉板受到环境荷载为 F_{mat-x}、F_{mat-y}。

对于轭端 PE,垂直于 XOZ 平面拖曳力方向上构件的投影面积为:

$$A_{p-yoke,XOZ} = D_{yoke} \cdot L_{PE}$$

对于轭端 PE,垂直于 YOZ 平面拖曳力方向上构件的投影面积为:

$$A_{p-yoke,YOZ} = D_{yoke} \cdot L_{PE} \cdot \sin\theta_P$$

对于管道接口 AP,垂直于 XOZ 平面拖曳力方向上构件的投影面积为:

$$A_{p-val,XOZ} = D_{val} \cdot L_{AP}$$

对于管道接口 AP,垂直于 YOZ 平面拖曳力方向上构件的投影面积为:

$$A_{p-val,YOZ} = D_{val} \cdot L_{AP}\sin\theta_A$$

对于防沉板,垂直于 XOZ 平面拖曳力方向上构件的投影面积为:

$$A_A\, p - mat, XOZ = h_{mat} \cdot L_{mat}$$

对于防沉板,垂直于 YOZ 平面拖曳力方向上构件的投影面积为:

$$A_{p-mat,YOZ} = b_{mat} \cdot L_{mat} \cdot \sin\theta_A$$

其中,D_{yoke},D_{val}为轭与管道接口直径;h_{mat}、b_{mat}、L_{mat}分别为防沉板高、宽、长。

C. 求解过程

为简化计算,i 单元环境荷载大小采用 $i-1$ 单元环境荷载数据,1 号节点之后节点在 X 轴、Y 轴、Z 轴方向受力递推公式为:

$$\begin{cases} T_{X,i} = T_{X,i-1} + F_{e-x,i-1} \\ T_{Y,i} = T_{Y,i-1} + F_{e-y,i-1} \\ T_{Z,i} = T_{Z,i-1} - G_i \end{cases} \tag{27-162}$$

1 号节点之后节点 i 在 XYZ 坐标系中坐标递推公式为：

$$\begin{cases} x_i = x_{i-1} + l_{i-OB} \cdot \cos\left(\arctan \dfrac{T_{Y,i-1}}{\sqrt{T_{X,i-1}^2 + T_{Z,i-1}^2}}\right) \cdot \cos\left(\arctan \dfrac{T_{Z,i-1}}{T_{X,i-1}}\right) \\ y_i = y_{i-1} + l_{i-OB} \cdot \sin\left(\arctan \dfrac{T_{Y,i-1}}{\sqrt{T_{X,i-1}^2 + T_{Z,i-1}^2}}\right) \\ z_i = z_{i-1} + l_{i-OB} \cdot \cos\left(\arctan \dfrac{T_{Y,i-1}}{\sqrt{T_{X,i-1}^2 + T_{Z,i-1}^2}}\right) \cdot \sin\left(\arctan \dfrac{T_{Z,i-1}}{T_{X,i-1}}\right) \end{cases} \tag{27-163}$$

当 $T_{Z,i}=0$ 时，z_i 即为所求。

D. 循环计算

令 $z_{n_{OB}}=z_i$，本文计算采用二范数准则对 B 点坐标进行收敛判断：

$$\sqrt{(z_{n_{OB}} - H_C - H_D)^2} < \varepsilon \tag{27-164}$$

其中，ε 为计算误差。当公式(27－164)成立时则认为满足精度要求，即为所求。若条件不满足，则对 $T_{Z,0}$ 增加一增量/减量 $Var_{T_{Z,0}}$，并返回循环中第 B 步，直至满足公式(27－164)。

E. 管道力矩、弯曲半径计算

通过以上即可获得 XYZ 坐标下管道上各节点坐标分布以及 X 轴、Y 轴、Z 轴方向上分力大小。计算精度与单元划分程度、循环递增/递减变量大小、计算误差 ε 有关。单元划分越细、循环递增/递减变量越小、计算误差 ε 越小则计算结果越精确。

管道第 i 节点处弯曲半径计算如下：

$$\rho_i = \frac{a}{2\sin \arccos\left(\dfrac{b^2 + c^2 - a^2}{2bc}\right)} \tag{27-165}$$

$$\begin{aligned} a &= \sqrt{(x_{i+1} - x_{i-1})^2 + (y_{i+1} - y_{i-1})^2 + (z_{i+1} - z_{i-1})^2} \\ b &= \sqrt{(x_i - x_{i-1})^2 + (y_i - y_{i-1})^2 + (z_i - z_{i-1})^2} \\ c &= \sqrt{(x_{i+1} - x_i)^2 + (y_{i+1} - y_i)^2 + (z_{i+1} - z_i)^2} \end{aligned} \tag{27-166}$$

管道第 i 节点力矩计算如下：

$$M_i = \frac{(EI)_i}{\rho_i} \tag{27-167}$$

其中,$(EI)_i$ 为管道 i 节点弯曲刚度。

(3)PLEM 分析

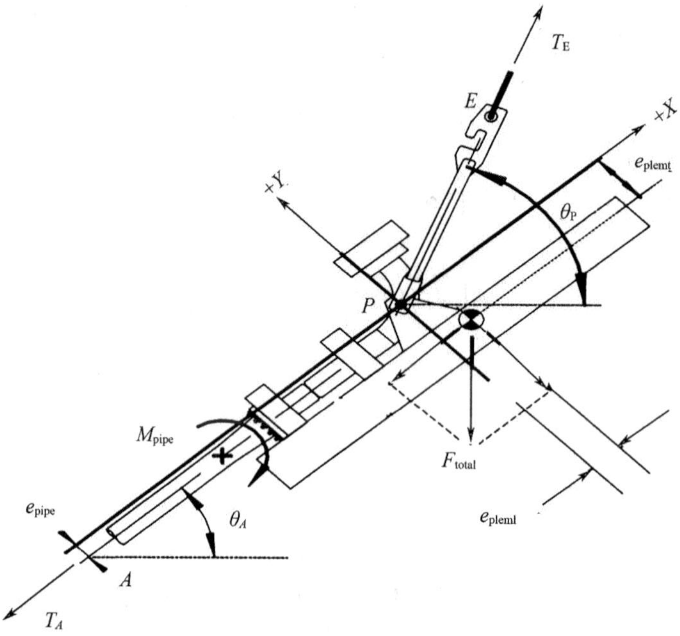

图 27-38 末端 PLEM 安装阶段二 PLEM 受弯分析

对 PLEM 进行受弯分析,如图所示 $\theta_P=\theta_E$,由于钢缆的轴力是个矢量并且不会对轴心产生任何的旋转作用,因此 PLEM 的总弯曲等于零或者为:

$$M_{plem} = M_{pleml} + M_{plemt} + M_{F_p}$$
$$= F_{total}\cdot\sin\theta_A\cdot e_{plemt} + F_{total}\cdot\cos\theta_A\cdot e_{pleml} + T_A\cdot e_{pipe} \quad (27-168)$$

通过 PLEM 的正位扭矩可使 PLEM 在着地时保持一个正确的方向。当 PLEM 正确方向时,正位扭矩为 0;当 PLEM90 正偏转时,正位扭矩最大。对 PLEM 进行 90E 转向正位扭矩分析:正位扭矩的轴线是管道的中心线,只有横向荷载 $F_{total}\cdot\cos\theta_A$ 和 $T_E\cdot\sin(\theta_E-\theta_A)$ 乘以相应的偏心距对正位扭矩有影响:

$$M_{pipex-x} = F_{total}\cdot\cos\theta_A\cdot(e_{plemt}-e_{pipe}) + T_E\cdot\sin(\theta_E-\theta_A)\cdot e_{pipe} \quad (27-169)$$

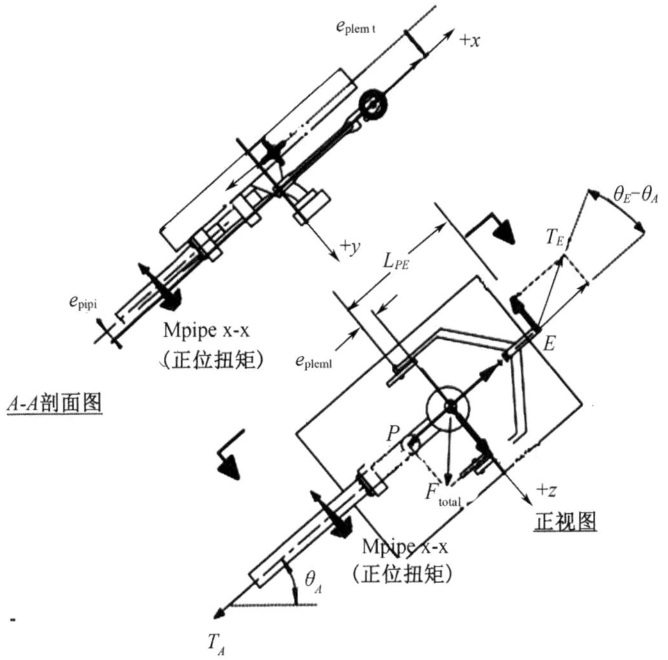

图 27－39　末端 PLEM 安装阶段二 PLEM 正位扭矩分析

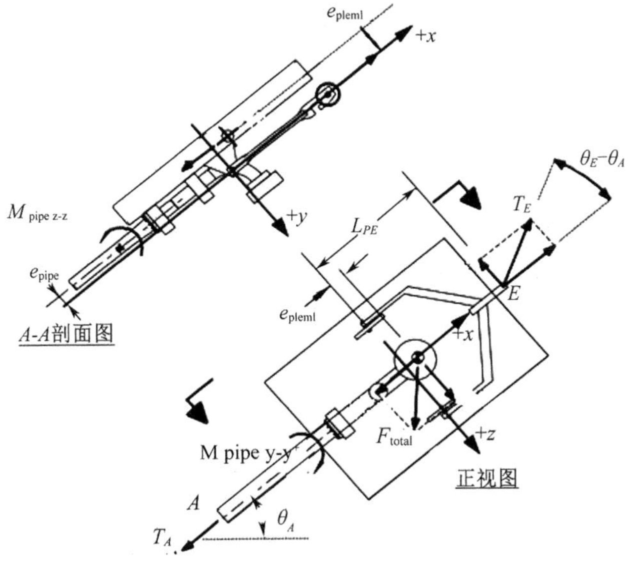

图 27－40　末端 PLEM 安装阶段二 PLEM90E 转向受弯分析

PLEM 不同方向运行的情况下管道弯矩是不同的,对 PLEM 进行 90E 转向的受弯分析:

$$M_{pipey-y} = F_{total} \cdot \cos\theta_A \cdot (L_{PE} - e_{pleml})$$
$$M_{pipey-z} = T_A \cdot e_{pipe} + F_{total} \cdot \sin\theta_A \cdot e_{plemt}$$
$$M_{pipe(90^\circ misoriented)} = \sqrt{M_{pipez-z}^2 + M_{pipey-y}^2} \quad (27-170)$$

3. 下放阶段

在水中下放 PLEM,安装过程中由钢缆牵拉住 PLEM,将 PLEM 拉入指定位置,同时 PLEM 保持与管道的连接。整个过程 PLEM 以及管道、缆绳会受到波浪、流的环境荷载作用。

静态计算同 27.5.1.2 静态计算一致;动态计算需要考虑到 PLEM、缆绳受到荷载作用,计算方法参考 27.5.1.2 动态计算部分。

4. 落地阶段

继续下放 PLEM,直至 PLEM 距海底一定位置(根据设计而定)后,停止下放,并为安全坐放做准备。

当 PLEM 还未落放时,力学计算分析同第三阶段一致。

一般情况下,PLEM 设备连接时下放速度应小于 0.1 m/s(具体数据出自生产厂家或者具体工程要求,本数据仅供参考),在 PLEM 安装期间,PLEM 与海床之间的撞击力必须加以考虑。

根据参考文献[4]第 14 章,当 PLEM 坐放至海底时,PLEM 会和海底产生撞击,最大撞击力为:

$$F_{max} = v_{ip} \cdot \sqrt{m_{plem} \cdot k} \quad (27-171)$$
$$k = \frac{k_{seabed} \cdot k_{plem}}{k_{seabed} + k_{plem}} \quad (27-172)$$

其中,v_{ip}为撞击前 PLEM 下放速度;k 为系统等效刚度;k_{plem}为 PLEM 刚度;k_{seabed}为海床刚度。

此时管道轴力最大点位于管道顶端:

$$T_{AZ} = L_p \cdot w_p \quad (27-173)$$
$$T_{AX} = \sum F_{e-x} \quad (27-174)$$

27.5.2 始端 PLEM 安装

始端 PLEM 即为铺管起始点的终端装置,由于安装后需要继续进行铺管作业,PLEM 一般设计为防沉板被水平牵拉固定,主结构部分可绕防沉板支架进行转动。从而在铺管过程中,随管道铺设主结构逐渐转动直至接触防沉板。根据主要安装过程,将始端 PLEM 安装分为以下三个阶段计算分析,见表 27－6,始端 PLEM 安装示意图如图 27－41、27－42 所示。

表 27－6　始端 PLEM 下放过程及计算阶段划分

	受力特点	对应的具体安装过程
第一阶段:水面上吊运与下放阶段	PLEM、管道未浸入水中不受环境荷载作用	• 预安装贯入桩和铺设缆线到一个合适的位置; • 将 PLEM 焊接至管线首段,PLEM 另一端连接至钢缆; • 钢缆从安装船穿过锚固在海底的吸力桩; • 在预定位置上下放 PLEM,安装过程中由钢缆牵拉住 PLEM
第二阶段:PLEM 淹没阶段	PLEM 浸入水中受到环境荷载作用,完全淹没后管道也受到环境荷载作用	• 在水中下放 PLEM,安装过程中由钢缆牵拉住 PLEM; • 将 PLEM 拉入指定位置,同时连接管道保证 PLEM 与海床的距离
第三阶段:落地阶段	PLEM、管道均浸入水中受到环境荷载作用;且 PLEM 坐落在海床上,受到海床支撑作用	• PLEM 坐落到海床上; • 铺管船进入铺管模式进行管线铺设; • 铺管完成后弃管

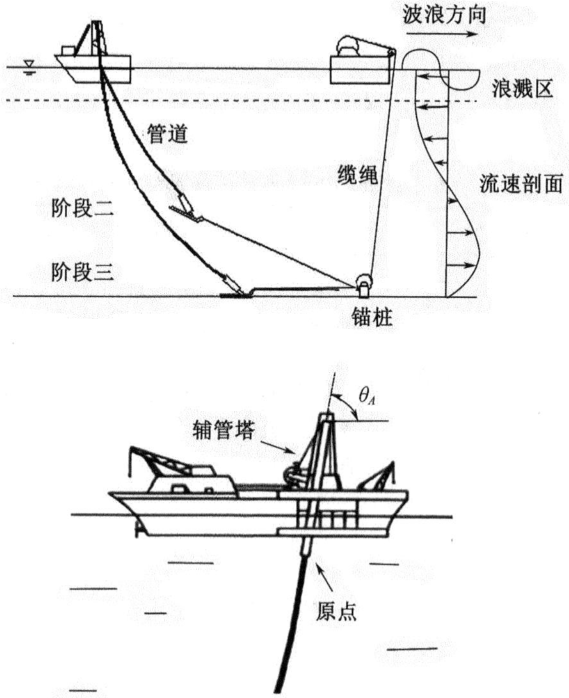

图 27－41　始端 PLEM 采用 J 型铺管船安装示意图

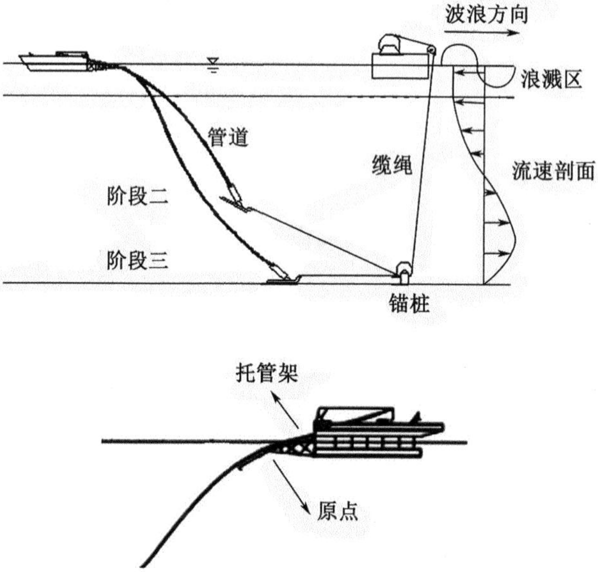

图 27－42　始端 PLEM 采用 S 型铺管船安装示意图

27.5.2.1　水面上吊运与下放阶段

将 PLEM 焊接至管道首端,PLEM 另一端连接至钢缆,开始下放 PLEM,简化模型如下:

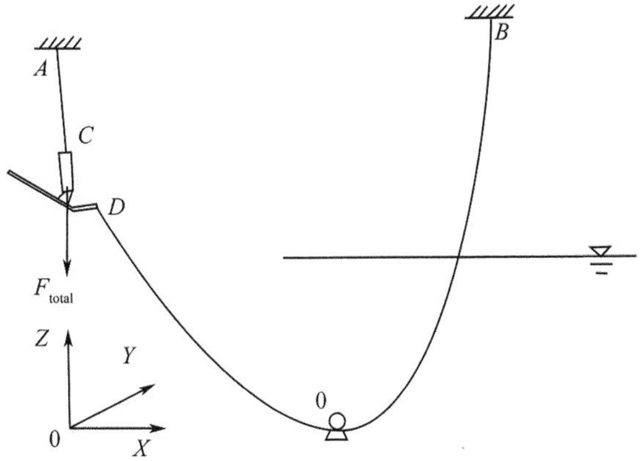

图 27-43　始端 PLEM 安装阶段—静态计算分析示意图

如图 27-43 所示,若为 S 型铺管 A 点为管道与托管架脱离点,若为 J 型铺管,则 A 点即为管道与斜道的脱离点;O 点为缆绳与水下锚桩的连接点,在本文计算中将锚桩简化为一个点,忽略锚桩对缆绳计算的影响;B 点为缆绳与安装船绞车之间的连接点;C 点为管道与 PLEM 的连接点;D 点为缆绳与 PLEM 的连接点。以 O 点为原点建立三维直角坐标系,如图 27-43 所示。模型中的主要荷载为管道自重、PLEM 自重、由船舶运动产生的附加荷载、当 PLEM 在水面上时风荷载对 PLEM 的作用力。由于 PLEM 未入水,故 PLEM 和管道均没有受到波浪、流环境荷载的影响,只有缆绳受到波浪、流环境荷载影响和 PLEM 受到的风荷载作用。动力效应可以通过动力放大系数 DAF 进行计算;

$$F_{total} = DAF \cdot F_{sta} \tag{27-175}$$

$$F_{sta} = G_{plem} = m_{plem} \cdot g \tag{27-176}$$

其中,DAF 为动力放大系数;m_{plem}为 PLEM 在空气中的重量。

之后匀速下放 PLEM,此时:

$$F_{total} = F_{sta} \tag{27-177}$$

当 PLEM 下放开始瞬间或突然停止下放时,PLEM 受到压紧力作用,特征总力为:

$$F_{total} = F_{sta} + F_{snap} \tag{27-178}$$

其中,F_{snap}为 PLEM 受到的压紧力。

如果管道铺管采用S型铺管，则计算方法如下：

(1)静态分析

将结构分为 AC 管道段，CD PLEM 段，DO 缆绳段，OB 缆绳段。每段的具体计算如下：

A. AC 管道段

AC 段管道高度为：

$$H_{AC} = \frac{T_A - T_C}{w_p} \tag{27-179}$$

其中，T_A，T_C 为管道 A、C 两点的轴力；w_p 为管道线密度。

管道在 A、C 两点轴力与 X 轴方向夹角为：

$$\theta_A = \arctan \frac{a_{AC} \cdot w_p}{T_A} \tag{27-180}$$

$$\theta_C = \arctan \frac{a_{AC} \cdot w_p}{T_C} \tag{27-181}$$

其中，a_{AC}为管道悬链线参数。

AC 段管道在 X 轴上的投影长度为：

$$S_{AC} = a_{AC} \cdot \left(ch^{-1} \frac{T_A}{a_{AC} \cdot w_p} - ch^{-1} \frac{T_C}{a_{AC} \cdot w_p}\right) \tag{27-182}$$

AC 段管道长度为已知：

$$L_{AC} = \frac{T_A \cdot \sin\theta_A - T_C \cdot \sin\theta_C}{w_p} \tag{27-183}$$

其中，$L_{AC} = L_p$ 为管道总长，当下放时间 $\sum_{i=1}^{i=k-1} t_i < t \leqslant \sum_{i=1}^{i=k} t_i$，管道排放长度遵守运动学定律：

$$L_p = L_{p-0} + \sum_{i=1}^{i=k-1} \frac{1}{2} a_{p,i} t_i^2 + \frac{1}{2} a_{p,k} \left(t - \sum_{i=1}^{i=k-1} t_i\right)^2 + \sum_{j=1}^{j=k-1} \sum_{i=1}^{i=j} a_{p,i} t_i$$

其中，k 为管道下放加速度变化次数，$k \geqslant 1$；t_k 为管道下放第 k 次加速度变化时间；$a_{p,k}$为管道下放第 k 次加速度；L_p 为管道长度；L_{p-0}为管道下放前初始长度。

管道下放速度也遵守运动学定律：

$$v_{c,p} = \sum_{i=1}^{i=k-1} a_{p,i} t_i + a_{p,k}\left(t - \sum_{i=1}^{i=k-1} t_i\right)$$

B. DO 段缆绳

DO 段管道高度为：

$$H_{DO} = \frac{T_D - T_O}{w_w} \tag{27-184}$$

其中，T_D，T_O 为管道 D、O 两点的轴力；w_w 为缆绳线密度。

管道在 D、O 两点轴力与 X 轴之间的夹角为：

$$\theta_D = \arctan \frac{a_{DO} \cdot w_w}{T_D} \tag{27-185}$$

$$\theta_O = \arctan \frac{a_{DO} \cdot w_w}{T_O} \tag{27-186}$$

其中，a_{DO}为 DO 缆绳段悬链线参数。

DO 段管道距离在 X 轴上的投影长度为：

$$S_{DO} = a_{DO} \cdot \left(\text{ch}^{-1} \frac{T_D}{a_{DO} \cdot w_w} - \text{ch}^{-1} \frac{T_O}{a_{DO} \cdot w_w}\right) \tag{27-187}$$

DO 段管道长度为：

$$L_{DO} = \frac{T_D \cdot \sin\theta_D - T_O \cdot \sin\theta_O}{w_w} \tag{27-188}$$

C. AO 段总体计算

由于安装船下放位置确定，因此安装船距离水下锚桩距离在 X 轴上投影长度 S_{AO}为已知，安装船距离水下锚桩距离在 Z 轴上投影长度 H_{AO}为已知。

$$S_{AO} = S_{AC} + S_{CD} + S_{DO} \tag{27-189}$$

$$H_{AO} = H_{AC} + H_{CD} + H_{DO} \tag{27-190}$$

D. OB 段缆绳

OB 段缆绳距离在 Z 轴上的投影长度为已知：

$$H_{OB} = \frac{T_B - T_O}{w_w} \tag{27-191}$$

其中，T_B，T_O 为管道 B、O 两点的轴力。

OB 段缆绳距离在 X 轴上的投影长度为已知：

$$S_{OB} = a_{OB} \cdot \left(\text{ch}^{-1} \frac{T_B}{a_{OB} \cdot w_w} - \text{ch}^{-1} \frac{T_O}{a_{OB} \cdot w_w}\right) \tag{27-192}$$

OB 段缆绳长度为：

$$L_{OB} = \frac{\sqrt{T_B^2 - (a_{OB} \cdot w_w)^2} - \sqrt{T_O^2 - (a_{OB} \cdot w_w)^2}}{w_w} \tag{27-193}$$

$$L_{OB} = L_w - L_{DO} \tag{27-194}$$

其中，L_w 为缆绳总长，当下放时间 $\sum_{i=1}^{i=k-1} t_i < t \leqslant \sum_{i=1}^{i=k} t_i$，缆绳排放长度遵守运动学定律：

$$L_w = L_{w-0} + \sum_{i=1}^{i=k-1} \frac{1}{2} a_{wir,i} t_i^2 - \frac{1}{2} a_{wir,k} \left(t - \sum_{i=1}^{i=k-1} t_i\right)^2 - \sum_{j=1}^{j=k-1} \sum_{i=1}^{i=j} a_{wir,i} t_i$$

其中，k 为缆绳下放加速度变化次数，$k \geqslant 1$；t_k 为缆绳下放第 k 次加速度变化时间；$a_{wir,k}$为缆绳下放第 k 次加速度；L_w 为缆绳长度；L_{w-0}为缆绳下放前初始长度。

缆绳下放速度也遵守运动学定律：

$$v_{c,wir} = \sum_{i=1}^{i=k-1} a_{wir,i} t_i + a_{wir,k}\left(t - \sum_{i=1}^{i=k-1} t_i\right)$$

E. *CD* 段 PLEM

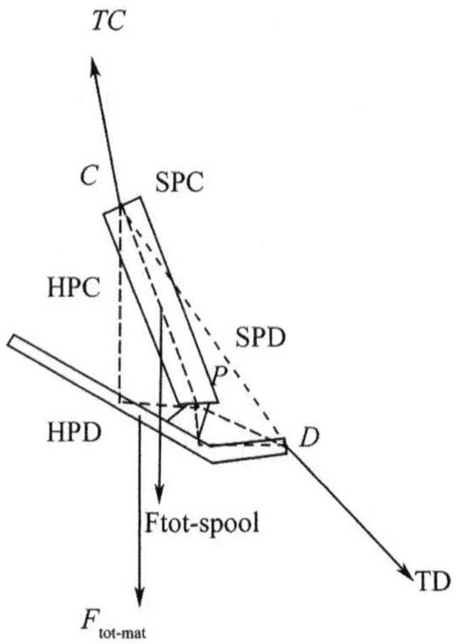

图 27－44　始端 PLEM 安装阶段一 PLEM 计算分析示意图

如图 27－44 所示，P 点为枢轴，防沉板组件与阀芯组件简化如图所示，$F_{tot-mat}$、$F_{tot-spool}$分别为防沉板组件与阀芯组件受到特征力，作用点位于两个组件的重心位置。防沉板重心距离 P 点长度为 L_{P-gmat}为已知，D 点距枢轴 P 点长度为 L_{PD}为已知，P 点距防沉板距离 e_{P-mat}为已知，阀芯组件重心距离枢轴 P 点长度为 $L_{P-gspool}$为已知，C 点距枢轴 P 点长度为 L_{PC}为已知。

a）阀芯组件

对 P 点求弯矩平衡可得：

$$T_C \cdot \sin\theta_C \cdot S_{PC} = T_C \cdot \cos\theta_C \cdot H_{PC} + F_{tot-spool} \cdot \frac{L_{P-gspool}}{L_{PC}} \cdot S_{PC} \tag{27-195}$$

$$\sqrt{S_{PC}^2 + H_{PC}^2} = L_{PC} \tag{27-196}$$

其中，S_{PC}为 PC 点之间距离在 X 轴上的投影长度，H_{PC}为 PC 点之间距离在 Z 轴上的投影长度。

b)防沉板组件

对 P 点求弯矩平衡可得:

$$T_D \cdot \sin\theta_D \cdot S_{PD} = T_D \cdot \cos\theta_D \cdot H_{PD} + F_{tot-spool} \cdot \frac{S_{PD}}{L_{PD}} \cdot \sqrt{L_{P-gmat}^2 - e_{p-mat}^2} \quad (27-197)$$

$$\sqrt{S_{PD}^2 + H_{PD}^2} = L_{PD} \quad (27-198)$$

其中,S_{PD}为 PD 点之间距离在 X 轴上的投影长度,H_{PD}为 PD 点之间距离在 Z 轴上的投影长度。

c)总体求解

$$S_{CD} = S_{PC} + S_{PD} \quad (27-199)$$

$$H_{CD} = H_{PC} + H_{PD} \quad (27-200)$$

由力的平衡可知:

$$a_{AC} \cdot w_p = a_{DO} \cdot w_w \quad (27-201)$$

$$T_C \cdot \sin\theta_C = T_D \cdot \sin\theta_D + F_{tot-plem} \quad (27-202)$$

F. 联立求解

通过解方程组即可求得 24 个未知量分别为:AC 段各参数:T_A、T_C、θ_A、θ_C、S_{AC}、H_{AC}、a_{AC};DO 段各参数:T_D、T_O、θ_D、θ_O、S_{DO}、H_{DO}、a_{DO};OB 段各参数:T_B、a_{OB}、l_{OB};$PLEM$ 段及 CD 段参数:S_{PC}、S_{PD}、S_{CD}、S_{PC}、S_{PD}、S_{CD}。

计算过程中,已知参数为:安装船距离水下锚桩距离在 X 轴上投影长度 S_{AO},安装船距离水下锚桩距离在 Z 轴上投影长度 H_{AO},管道长度 L_{AC},缆绳总长 L_w,OB 段缆绳距离在 X 轴上的投影长度 S_{OB},OB 段缆绳距离在 Z 轴上的投影长度 H_{OB},防沉板重心距离 P 点长度为 L_{P-gmat},D 点距枢轴 P 点长度为 L_{PD},P 点距防沉板距离 e_{P-mat},阀芯组件重心距离枢轴 P 点长度为 $L_{P-gspool}$,C 点距枢轴 P 点长度为 L_{PC}。

G. PLEM 以及缆绳、管道各点在 XYZ 坐标系下曲线方程计算:

由于 PLEM 以及缆绳、管道各点均没有受到 Y 轴方向上的力的作用,故 PLEM 以及缆绳、管道各点在 Y 轴上坐标均为零。

a)AC 段管道曲线方程

AC 段管道曲线方程适用于 $-S_{AO} \leqslant X_A < -S_{CD} - S_{DO}$ 情况:

$$z(x) = H_{AO} - \frac{T_A}{w_p} + a_{AC} \cdot \mathrm{ch}\left[\mathrm{ch}^{-1}\left(\frac{T_A}{w_p \cdot a_{AC}}\right) - \frac{x + S_{AO}}{a_{AC}}\right] \quad (27-203)$$

b)DO 段曲线方程

DO 段缆绳曲线方程适用于 $-S_{CD} - S_{DO} \leqslant X_A < 0$ 情况:

$$z(x) = -\frac{T_O}{w_w} + a_{DO} \cdot \mathrm{ch}\left[\mathrm{ch}^{-1}\left(\frac{T_O}{w_w \cdot a_{DO}}\right) - \frac{x}{a_{DO}}\right] \tag{27-204}$$

c) *OB* 段曲线方程

DO 段缆绳曲线方程适用于 $0 \leqslant X_A < S_{OB}$ 情况：

$$z(x) = -\frac{T_O}{w_w} + a_{OB} \cdot \mathrm{ch}\left[\mathrm{ch}^{-1}\left(\frac{T_O}{w_w \cdot a_{OB}}\right) + \frac{x}{a_{OB}}\right] \tag{27-205}$$

H. 轴力、最大弯矩与最小弯曲半径求解

a) *AC* 段管道

AC 段管道曲线方程适用于 $-S_{AO} \leqslant X_A < -S_{CD} - S_{DO}$ 情况，沿 AC 段管道每点轴力分别为：

$$T_{AC}(x) = a_{AC} \cdot w_p \cdot \mathrm{ch}\left[\mathrm{ch}^{-1}\left(\frac{T_A}{w_p \cdot a_{AC}}\right) - \frac{x + S_{AO}}{a_{AC}}\right] \tag{27-206}$$

沿 *AC* 段管道每点弯曲半径为：

$$\rho_{AC}(x) = \frac{(1 + (z')^2)^{3/2}}{z''} = a_{AC} \cdot \mathrm{ch}^2\left[\mathrm{ch}^{-1}\left(\frac{T_A}{w_p \cdot a_{AC}}\right) - \frac{x + S_{AO}}{a_{AC}}\right] \tag{27-207}$$

沿 *AC* 段管道每点弯矩为：

$$M_{AC}(x) = \frac{(EI)_p}{\rho_{AC}} = \frac{(EI)_p}{a_{AC} \cdot \mathrm{ch}^2\left[\mathrm{ch}^{-1}\left(\frac{T_A}{w_p \cdot a_{AC}}\right) - \frac{x + S_{AO}}{a_{AC}}\right]} \tag{27-208}$$

其中，$(EI)_p$ 为管道弯曲刚度。

b) *DO* 段缆绳

DO 段缆绳曲线方程适用于 $-S_{CD} - S_{DO} \leqslant X_A < 0$ 情况，沿 *DO* 段缆绳每点轴力分别为：

$$T_{DO}(x) = a_{DO} \cdot w_w \cdot \mathrm{ch}\left[\mathrm{ch}^{-1}\left(\frac{T_O}{w_w \cdot a_{DO}}\right) - \frac{x}{a_{DO}}\right] \tag{27-209}$$

c) *OB* 段缆绳

OB 段缆绳曲线方程适用于 $0 \leqslant X_A < S_{OB}$ 情况，沿 *OB* 段缆绳每点轴力分别为：

$$T_{OB}(x) = a_{OB} \cdot w_p \cdot \mathrm{ch}\left[\mathrm{ch}^{-1}\left(\frac{T_O}{w_w \cdot a_{OB}}\right) - \frac{x}{a_{OB}}\right] \tag{27-210}$$

(2) 动态分析

由于 *OB*、*OC* 段缆绳有部分浸入水中，故需要对结构进行动态分析。每段的具体计算如下：

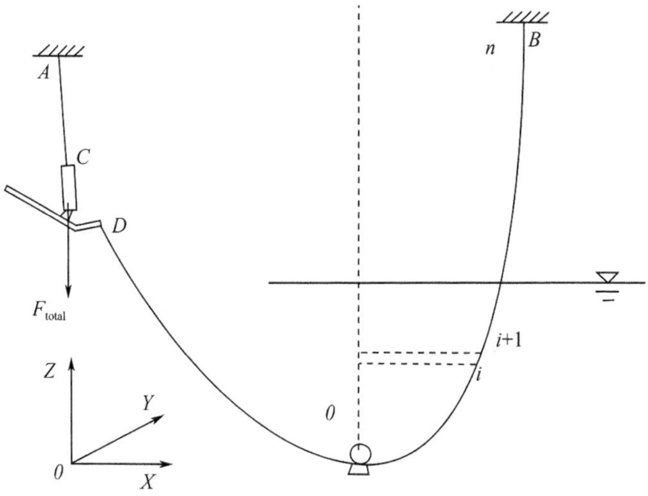

图 27－45　始端 PLEM 安装阶段一动态计算分析示意图

如图 27－45 所示，坐标系建立同静态相同，由于水下锚桩的束缚使得结构变的复杂，为计算简便，假设动态计算中的 L_{OB}、L_{DO} 与静态计算结果相同。将 OB、AO 段缆绳与管道部分进行有限元划分，O 为起始点及 0 号节点，将 OB、AO 段缆绳与管道部分分别划分为 n_{OB}、n_{AO} 段，单元长度根据基体划分方法而定（为方便计算可简化 PLEM 为单独一个单元），分别是 l_{i-OB}，l_{i-AO}。

将波浪、流作用力沿 X 轴与 Y 轴分解，计算缆绳各节点 i 在整体坐标系中受到 X 轴与 Y 轴方向上的环境荷载大小（与水深有关）即为：

$$F_{i-x} = F_{D-i-x} + F_{M-i-x} \tag{27-211}$$

$$F_{i-y} = F_{D-i-y} + F_{M-i-y} \tag{27-212}$$

其中，F_{D-i-x}、F_{D-i-y} 分别为 X、Y 方向上缆绳受到的波浪、流的拖曳力；F_{M-i-x}、F_{M-i-y} 分别为 X、Y 方向上缆绳受到波浪、流的惯性力。

①OB 段缆绳求解

对缆绳的形态计算采用有限元原理：

A. 初值设置

计算模型见图 27－45，在 XYZ 坐标系中，O 点坐标为（0，0，0），假设 O 点沿 X 轴、Y 轴、Z 轴方向力的大小为已知，大小采用静态计算结果，如下：

$$\begin{cases} T_{X,0} = T_B \cdot \sin\theta_B \\ T_{Y,0} = 0 \\ T_{Z,0} = T_B \cdot \cos\theta_B \end{cases} \tag{27-213}$$

节点在 X 轴、Y 轴、Z 轴方向受力递推公式为：

$$\begin{cases} T_{X,i} = T_{X,i-1} \\ T_{Y,i} = T_{Y,i-1} \\ T_{Z,i} = T_{Z,i-1} - l_i \cdot w_w \end{cases} \tag{27-214}$$

节点 i 在 XYZ 坐标系中坐标递推公式为：

$$\begin{cases} x_i = x_{i-1} + l_i \cdot \cos\left(\arctan \dfrac{T_{Y,i-1}}{\sqrt{T_{X,i-1}^2 + T_{Z,i-1}^2}}\right) \cdot \cos\left(\arctan \dfrac{T_{Z,i-1}}{T_{X,i-1}}\right) \\ y_i = y_{i-1} + l_i \cdot \sin\left(\arctan \dfrac{T_{Y,i-1}}{\sqrt{T_{X,i-1}^2 + T_{Z,i-1}^2}}\right) \\ z_i = z_{i-1} + l_i \cdot \cos\left(\arctan \dfrac{T_{Y,i-1}}{\sqrt{T_{X,i-1}^2 + T_{Z,i-1}^2}}\right) \cdot \sin\left(\arctan \dfrac{T_{Z,i-1}}{T_{X,i-1}}\right) \end{cases} \tag{27-215}$$

B. XOZ 平面内循环

a）环境荷载求解

在整体坐标系中，第 i 段单元所受到波浪、流的荷载作用于 i 节点与 $i-1$ 节点中点位置，大小为：

$$F_{e-x,i} = \frac{1}{2}(F_{i-x} + F_{(i-1)-x}) \cdot l_i \tag{27-216}$$

$$F_{e-y,i} = \frac{1}{2}(F_{i-y} + F_{(i-1)-y}) \cdot l_i \tag{27-217}$$

其中，F_{i-x}、$F_{(i-1)-x}$、F_{i-y}、$F_{(i-1)-y}$ 见式（27－211）、（27－212）。环境荷载的计算与缆绳形态有关，在初次计算中水深与缆绳形态采用静态结果，之后的计算分别采用上一次计算的水深与形态结果。环境荷载的计算结果还与单元直径有关。波浪、流力的计算与节点所在水深有关，当划分单元足够大时，节点所在水深采用循环计算上一次计算结果（若为第一次计算则采用静态计算结果）：

$$d_i = z_i - H_{At} + \eta_z \tag{27-218}$$

其中，$H_{At} = H_{AO} - D_w$ 为 A 点距离水面高度；D_w 为水域总深度。

b）节点受力与坐标的计算

节点在 X 轴、Y 轴、Z 轴方向受力递推公式为：

$$\begin{aligned} T_{X,i} &= T_{X,i-1} - F_{e-x,i} \\ T_{Y,i} &= T_{Y,i-1} - F_{e-y,i} \\ T_{Z,i} &= T_{Z,i-1} - l_i \cdot w_w \end{aligned} \tag{27-219}$$

节点在 XYZ 坐标系中坐标递推公式不变，见式（27－215）。

c)循环计算

本文计算采用二范数准则对 B 点坐标进行收敛判断：

$$\sqrt{(x_n - S_{OB})^2 - (z_n - H_{OB})^2} < \varepsilon \qquad (27-220)$$

其中，ε 为计算误差，当公式(27－220)成立时则认为满足 XOZ 平面内精度要求，即可进行第 C 步三维计算。

若条件不满足，则对 $T_{X,0}$ 增加一增量/减量 $Var_{X,0}$，并返回 XOZ 平面内循环中第 a)步，直至满足公式(27－220)。

若循环数次后对 $T_{X,0}$ 的增量/减量超过 $\sum_{i=1}^{n} F_{e-x,i}$ 并且仍无法满足公式(27－220)，则令 $T_{X,0}$ 返回静态计算结果，并对 $T_{Z,0}$ 增加一增量/减量 $Var_{Z,0}$，并返回 XOZ 平面内循环中第 a)步，直至满足公式(27－220)。

C. 三维循环计算

a)环境荷载计算

环境荷载计算公式同第 B 中 a)步，初次进入 C 步时水深与缆绳形态的计算采用 XOZ 平面内平衡状态下的结果，之后的计算分别采用上一次计算的水深与缆绳形态结果。

b)节点受力与坐标的计算

同第 B 中 b)步。

c)循环计算

本文计算采用二范数准则对 B 点坐标进行收敛判断：

$$\sqrt{(x_n - S_{OB})^2 + (y_n)^2 + (z_n - H_{OB})^2} < \varepsilon \qquad (27-221)$$

其中，ε 为计算误差，当公式(27－221)成立时则认为满足三维精度要求，即为计算结果。

若条件不满足，则对 $T_{Y,0}$ 增加一增量/减量 $Var_{Y,0}$，令 $T_{X,0}$ 返回静态计算结果；$T_{Z,0}$ 返回静态计算结果，并返回 XOZ 平面内循环中第 a)步，继续计算，直至满足公式(27－221)。

②AO 段缆绳与管道求解

对缆绳与管道的形态计算采用有限元原理，计算过程同 OB 段缆绳一致，只需要注意 PLEM 的处理，将 PLEM 设立成为单独的单元，计算如下：

A. 初值设置

计算模型见图 27－45，在 XYZ 坐标系中，O 点坐标为(0,0,0)，假设 O 点沿 X 轴、Y 轴、Z 轴方向力的大小为已知，大小采用静态计算结果，如下：

$$\begin{cases} T_{X,0} = T_B \cdot \sin\theta_B \\ T_{Y,0} = 0 \\ T_{Z,0} = T_B \cdot \cos\theta_B \end{cases} \tag{27-222}$$

节点在 X 轴、Y 轴、Z 轴方向受力递推公式为：

$$\begin{cases} T_{X,i} = T_{X,i-1} \\ T_{Y,i} = T_{Y,i-1} \\ T_{Z,i} = T_{Z,i-1} - G_i \end{cases} \tag{27-223}$$

其中，当 i 节点位于 DO 段缆绳上时包括 D 点，$G_i = l_i \cdot w_w$；当 i 节点是 C 点及单元式 PLEM 单元时，$G_i = F_{tot-plem}$；当 i 节点位于 AC 段时不包括 C 点，$G_i = l_i - w_p$。

节点 i 在 XYZ 坐标系中坐标递推公式为：

$$\begin{cases} x_i = x_{i-1} + l_{i-AO} \cdot \cos\left(\arctan \dfrac{T_{Y,i-1}}{\sqrt{T_{X,i-1}^2 + T_{Z,i-1}^2}}\right) \cdot \cos\left(\arctan \dfrac{T_{Z,i-1}}{T_{X,i-1}}\right) \\ y_i = y_{i-1} + l_{i-AO} \cdot \sin\left(\arctan \dfrac{T_{Y,i-1}}{\sqrt{T_{X,i-1}^2 + T_{Z,i-1}^2}}\right) \\ z_i = z_{i-1} + l_{i-AO} \cdot \cos\left(\arctan \dfrac{T_{Y,i-1}}{\sqrt{T_{X,i-1}^2 + T_{Z,i-1}^2}}\right) \cdot \sin\left(\arctan \dfrac{T_{Z,i-1}}{T_{X,i-1}}\right) \end{cases} \tag{27-224}$$

B. XOZ 平面内循环

a) 环境荷载求解

在整体坐标系中，第 i 段单元所受到波浪、流的荷载作用于 i 节点与 $i-1$ 节点中点位置，大小为：

$$F_{e-x,i} = \frac{1}{2}(F_{i-x} + F_{(i-1)-x}) \cdot l_i \tag{27-225}$$

$$F_{e-y,i} = \frac{1}{2}(F_{i-y} + F_{(i-1)-y}) \cdot l_i \tag{27-226}$$

其中，F_{i-x}、$F_{(i-1)-x}$、F_{i-y}、$F_{(i-1)-y}$见本文公式(27-221)、(27-222)。环境荷载的计算与缆绳形态有关，在初次计算中水深与缆绳形态采用静态结果，之后的计算分别采用上一次计算的水深与形态结果。环境荷载的计算结果还与单元直径有关。波浪、流力的计算与节点所在水深有关，当划分单元足够大时，节点所在水深可用下式计算：

$$d_i = z_{i-1} - H_{At} + \eta_z \tag{27-227}$$

其中，$H_{At} = H_{AO} - D_w$ 为 A 点距离水面高度；D_w 为水域总深度。

PLEM 各单元（阀芯组件单元、防沉板单元）受到的环境荷载采用下式计算，将波浪、流作用力沿 X 轴与 Y 轴分解，计算 PLEM 在整体坐标系中受到 X 轴与 Y 轴方向上的环境荷载为：

$$F_{val-x} = F_{D-val-x} + F_{M-val-x} + F_{w-x} \tag{27-228}$$

$$F_{val-y} = F_{D-val-y} + F_{M-val-y} + F_{w-y} \tag{27-229}$$

其中，$F_{D-val-x}$、$F_{D-val-y}$ 分别为 PLEM 阀芯组件受到的波浪、流的拖曳力；$F_{M-val-x}$、$F_{M-val-y}$ 分别为 PLEM 阀芯组件受到波浪、流的惯性力；F_{w-x}、F_{w-y} 分别为 PLEM 阀芯组件受到的风荷载作用力当 PLEM 完全浸入水中后风荷载不需要计算）。同理，防沉板受到环境荷载为 F_{mat-x}、F_{mat-y}。

对于阀芯组件，垂直于 XOZ 平面拖曳力方向上构件的投影面积为：

$$A_{p-val,XOZ} = A_{val,side}$$

对于阀芯组件，垂直于 YOZ 平面拖曳力方向上构件的投影面积为：

$$A_{p-val,YOZ} = A_{val,subs} \cdot \frac{H_{PC}}{L_{PC}}$$

对于防沉板，垂直于 XOZ 平面拖曳力方向上构件的投影面积为：

$$A_{p-mat,XOZ} = A_{mat,side}$$

对于防沉板，垂直于 YOZ 平面拖曳力方向上构件的投影面积为：

$$A_{p-mat,YOZ} = A_{mat,subs} \cdot \sin\left(\arcsin\frac{H_{PD}}{L_{PD}} - \theta_{PD-0}\right)$$

其中，$A_{val,side}$、$A_{val,subs}$ 分别是阀芯组件侧面面积与底面面积；$A_{mat,side}$、$A_{mat,subs}$ 分别是防沉板侧面面积与底面面积；θ_{PD-0} 是 PLEM 在平放时 PD 与水平面形成的初始角度。

b）节点受力与坐标的计算

节点在 X 轴、Y 轴、Z 轴方向受力递推公式为：

$$\begin{cases} T_{X,i} = T_{X,i-1} - F_{e-x,i} \\ T_{Y,i} = T_{Y,i-1} - F_{e-y,i} \\ T_{Z,i} = T_{Z,i-1} - G_i \end{cases} \tag{27-230}$$

其中，当 i 节点位于 DO 段缆绳上时包括 D 点，$G_i = l_i \cdot w_w$；当 i 节点是 C 点及单元式 PLEM 单元时，$G_i = F_{tot-plem}$；当 i 节点位于 AC 段时不包括 C 点，$G_i = l_i \cdot w_p$。节点在 XYZ 坐标系中坐标递推公式不变，见式（27－224）。

c）循环计算

本文计算采用二范数准则对 A 点坐标进行收敛判断：

$$\sqrt{(X_n - S_{AO})^2 + (z_n - H_{AO})^2} < \varepsilon \tag{27-231}$$

其中，ε 为计算误差，当公式（27－231）成立时则认为满足 XOZ 平面内精度要求，即可进行第 C 步三维计算。

若条件不满足，则对 $T_{X,0}$ 增加一增量/减量 $Var_{X,0}$，并返回 XOZ 平面内循环中第 a）步，直至满足公式（27－231）。

若循环数次后对 $T_{X,0}$ 的增量/减量超过 $\sum_{i=1}^{n} F_{e-x,i}$ 并且仍无法满足公式（27－231），则令 $T_{X,0}$ 返回静态计算结果，并对 $T_{Z,0}$ 增加一增量/减量 $Var_{Z,0}$，并返回 XOZ 平面内循环中第 a）步，直至满足公式（27－231）。

C. 三维循环计算

a）环境荷载计算

环境荷载计算公式同第 B 中 a）步，初次进入 C 步时水深与缆绳与管道形态的计算采用 XOZ 平面内平衡状态下的结果，之后的计算分别采用上一次计算的水深与缆绳与管道形态结果。

b）节点受力与坐标的计算

同第 B 中 b）步。

c）循环计算

本文计算采用二范数准则对 A 点坐标进行收敛判断：

$$\sqrt{(X_n - S_{AO})^2 + (y_n)^2 + (z_n - H_{AO})^2} < \varepsilon \qquad (27-232)$$

其中，ε 为计算误差，当公式（27－232）成立时则认为满足三维精度要求，即为计算结果。

若条件不满足，则对 $T_{Y,0}$ 增加一增量/减量 $Var_{Y,0}$，令 $T_{X,0}$ 返回静态计算结果；$T_{Z,0}$ 返回静态计算结果，并返回 XOZ 平面内循环中第 a）步，继续计算，直至满足公式（27－232）。

③整体循环判定

根据 O 点力矩平衡，本文用下式进行收敛判断：

$$\left|\sqrt{T_{X,0-OB}^2 + T_{Y,0-OB}^2 + T_{Z,0-OB}^2} - \sqrt{T_{X,0-AO}^2 + T_{Y,0-AO}^2 + T_{Z,0-AO}^2}\right| < \varepsilon \qquad (27-233)$$

其中，ε 为计算误差；$T_{X,0-OB}$、$T_{Y,0-OB}$、$T_{Z,0-OB}$ 为 OB 段迭代后 O 点的轴力在 XYZ 轴三个方向上的分力；$T_{X,0-AO}$、$T_{Y,0-AO}$、$T_{Z,0-AO}$ 为 AO 段迭代后 O 点的轴力在 XYZ 轴三个方向上的分力。当公式（26－233）成立时则认为满足 O 点力的平衡，计算结果即为所求。若条件不满足，则对 L_{OB} 增加一增量/减量 $Var_{L_{OB}}$，则 $L_{OD} = L_w - L_{OB}$ 返回①号 OB 段重新进行计算直至满足公式（27－233）为止。

④缆绳和管道力矩、弯曲半径计算

通过以上即可获得 XYZ 坐标下缆绳与管道上各节点坐标分布以及 X 轴、Y 轴、Z 轴方向上分力大小。计算精度与单元划分程度、循环递增/递减变量大小、计算误差 ε 有关。单元划分越细、循环递增/递减变量越小、计算误差 ε 越小则计算结果越精确。

缆绳与管道第 i 节点处弯曲半径计算如下：

$$\rho_i = \frac{a}{2\sin\arccos\left(\dfrac{b^2 + c^2 - a^2}{2bc}\right)} \tag{27-234}$$

$$\begin{aligned} a &= \sqrt{(x_{i+1} - x_{i-1})^2 + (y_{i+1} - y_{i-1})^2 + (z_{i+1} - z_{i-1})^2} \\ b &= \sqrt{(x_i - x_{i-1})^2 + (y_i - y_{i-1})^2 + (z_i - z_{i-1})^2} \\ c &= \sqrt{(x_{i+1} - x_i)^2 + (y_{i+1} - y_i)^2 + (z_{i+1} - z_i)^2} \end{aligned} \tag{27-235}$$

管道第 i 节点力矩计算如下：

$$M_i = \frac{(EI)_i}{\rho_i} \tag{27-236}$$

其中，$(EI)_i$ 为管道 i 节点弯曲刚度。

若管道铺设采用的是 J 型铺设，则 A 点铺设角度为 θ_A 已知，由于张紧器（或者悬挂夹具、提升机）的作用，A 点会受到切应力作用，设切力为 T_{AX-s}，沿铺设方向轴力大小为 T_A，如图 27－46 所示，从 A 点取管道一小段 ΔL_{AC} 作为研究对象：

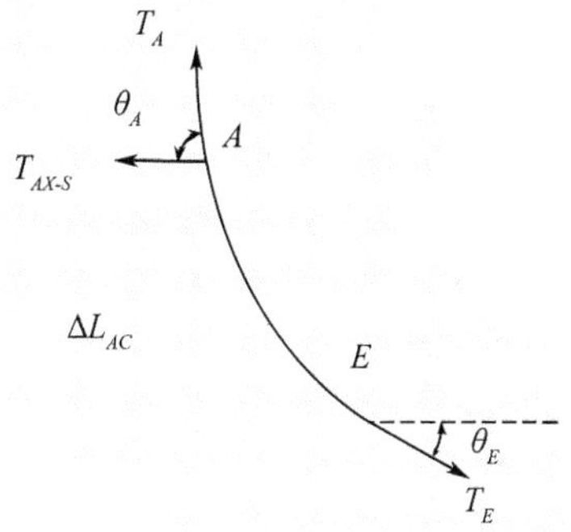

图 27－46 始端 PLEM 安装 J 型铺管 ΔL_{AC} 计算

设 E 点为 ΔL_{AC} 末端，计算 AE 段：

$$T_{EX} = T_{AX-s} + T_A \cdot \cos\theta_A \tag{27-237}$$

$$T_{EZ} = T_A \cdot \sin\theta_A + \Delta L_{AC} \cdot w_p \tag{27-238}$$

$$\theta_E = \arctan\frac{T_{EZ}}{T_{EX}} \tag{27-239}$$

$$T_E = \sqrt{T_{EZ}^2 + T_{EX}^2} \tag{27-240}$$

静态计算同 S 型铺管船基本一致，只需要将 AC 段分为 AE 段、EC 段 $L_{EC} = L_p - \Delta L_{AC}$，将 E 到 B 段的 22 个方程结合公式（27－237）－（27－240），可以求解

$\theta_E, T_E, T_{AX-s}, T_A$ 未知量。

动态计算同 S 型铺管船基本一致,需要注意的是 AC 段最后一个单元,依旧需要将其简化为 AE 段,θ_A 为已知,通过下式即可计算出 T_{AX-s}和 T_A:

$$T_{AX} = T_A \cdot \cos\theta_A + T_{AX-s} \tag{27-241}$$

$$T_{AZ} = T_A \cdot \sin\theta_A \tag{27-242}$$

27.5.2.2 PLEM 淹没阶段

在水中下放 PLEM,安装过程中由钢缆牵拉住 PLEM,将 PLEM 拉入指定位置,同时连接管道保证 PLEM 与海床的距离。整个过程 PLEM 以及管道会受到波浪、流的环境荷载作用。

静态计算同 27.5.2.1 静态计算一致;动态计算需要考虑到 PLEM、管道受到荷载作用,计算方法参考 27.5.2.1 动态计算部分,需要计算 PLEM 与管道受到的环境荷载作用。

27.5.2.3 落地阶段

继续下放 PLEM,直至 PLEM 距海底一定位置(根据设计而定)后,停止下放,并为安全坐放做准备。

当 PLEM 还未落放时,力学计算分析同第三阶段一致。

一般情况下,PLEM 设备连接时下放速度应小于 0.1 m/s(具体数据出自生产厂家或者具体工程要求,本数据仅供参考),在 PLEM 安装期间,PLEM 与海床之间的撞击力必须加以考虑。

根据参考文献[4]第 14 章,当 PLEM 坐放至海底时,PLEM 会和海底产生撞击,最大撞击力为:

$$F_{max} = v_{ip} \cdot \sqrt{m_{plem} \cdot k} \tag{27-243}$$

$$k = \frac{k_{seabed} \cdot k_{plem}}{k_{seabed} + k_{plem}} \tag{27-244}$$

其中,v_{ip}为撞击前 PLEM 下放速度;k 为系统等效刚度;k_{plem}为 PLEM 刚度;k_{seabed}为海床刚度,m_{plem}为 PLEM 空气中重量。

此时管道轴力最大点位于管道顶端:

$$T_{AZ} = L_p \cdot w_p \tag{27-245}$$

$$T_{AX} = \sum F_{e-x} \tag{27-246}$$

参考文献

[1] Yong Bai. Subsea engineering handbook. Elsevier Science,2010.

[2] DNV. Rules for planning and execution of marine operations PART 2 CHAPTER 6. Subsea Operations,1996.

[3] DNV. Rules for planning and execution of marine operations PART 2 CHAPTER 5. Lifting,1996.

[4] DNV. RP. H103. Modelling and analysis of marine operations,2010.

[5] DNV. RP. C205. Environmental conditions and environmental loads,2007.

[6] DNV. OS. C101. Design of offshore steel structures general(LRFD METHOD),2004.

[7] 林秀娟,肖文生,王鸿雁. 深水采油树下放过程钻柱力学分析. 中国石油大学学报,2011.

[8] 船舶与海上设施起重设备规范. 中国船级社,2007.

[9] 顾林声. 水下作业系统的技术性能及经济性能评定.

[10] I Frazer, D Perinet, O Vennemann. Technology Required for the Installation of Production Facilities in 10,000 ft of Water, OTC 2005 - 17317.

[11] Deep water reference book,2000.

[12] Riley G etc. Lifecycle cost of deepwater production systems, OTC 2001 - 12941.

[13] Randy J etc. Installation and workover time savings: key drvers for deepwater tree selection, OTC 2001 - 12943.

[14] US MMS. Lifetime cost of subsea production system. Subsea JIP Report,2000.

第28章

水下采油树设计案例

28.1 介　　绍

水下采油树是根据每个油田的具体要求而设计的，而且每个水下设备供应商都有自己特有的设计风格，即使对于非常类似的油田需求，不同制造商的水下采油树配置和设计也会一样，但其基本组件、功能和测试要求非常相似。这章节提供了一个采油树（如图28－1所示）的设计。这采油树是一个典型的5英寸水下卧式采油树（HXT），其设计符合API 6A和API 17D规范要求。其中部分设计项目都是出于保密原因在这本书中不进行详述。

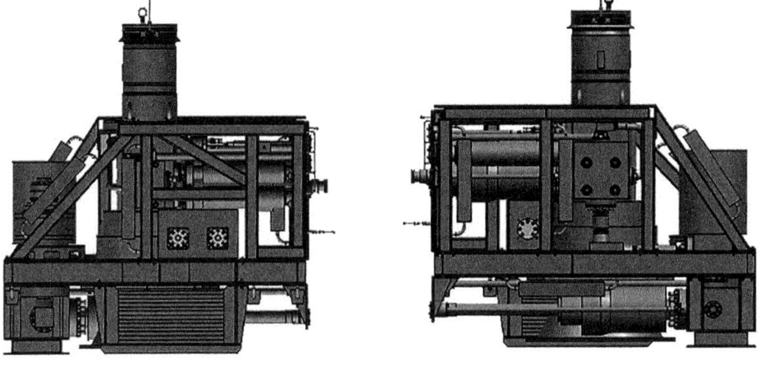

图28－1　水下卧式采油树

（a）前视图；（b）后视图

水下采油树系统的设计要求包括:
设计压力:5 000 psi
操作压力:3 000 psi
设计温度:120 ℃
设计流量:500 m^3/Hour
采油树类型:水平
产品 PSL 等级:PSL 3G
设计水深:1 500 m
液压控制流体:Canning HW 540,NAS 1638 Class 6
设计寿命:20 年

28.1.1 采油树部件

采油树系统的主要组成部分包括:
- 18 - 3/4"井口头连接器
- 主阀块,阀块内包含:

o5 英寸生产主阀(PMV)
o2 英寸环空主阀(AMV)
o2 英寸环空阀(AAV)
- 翼阀块,阀块内部包含:

o5 英寸生产翼阀(PWV)
o2 英寸交叉阀(XOV)
o1/2 英寸闸阀用于采油树化学试剂的注入隔离(CIT)
- 环空阀阀块:

o1/2 英寸驱动闸阀环翼阀(AWV)
- 压力和温度变送器接口
- 控制和化学注入线路所需的液压管
- ROV 接口面板
- ISO 13628 - 8 双端口 Hot Stab
- 阀门修正
- 阴极保护系统
- 保温

28.1.2 缩写

缩写	描述
AAV	环空阀
AMV	主阀
AWVAnnulus	翼型阀门
CID	井下化学试剂注入阀
CIT	采油树化学试剂注入阀
CP	阴极保护
DHPT	井下压力温度传感器
FAT	工厂验收测试
FEA	有限元分析
PMV	生产主阀
PWV	生产翼阀
ROV	水下机器人
SCSSV	地面控制的地下安全阀
SIT	系统集成测试
SWT	浅水试验
TH	油管悬挂器
XOV	交叉阀

28.1.3 采油树部件的设计要求

水下采油树的关键树组件的设计要求将包括但不限于以下项目:

28.1.3.1 采油树连接器

采油树连接器应通过液压控制线进行锁定和解锁。应该有可视锁定/解锁指示器以显示连接器的锁定状态。连接器应具有二次机械释放机构。连接器应具有 H-4 外部锁定轮廓。树连接器和测试桩应设计为使用 VX 密封垫片

28.1.3.2 主要阀门

在树体和生产流路径之间水平放置的内侧阀门被定义为生产主阀。在油管悬挂器下方的环孔上的内阀被定义为环空主阀。在正常生产和修井作业要求方

面，采油树在主阀下游都应有一个翼阀。交叉阀是这样的一种阀门，当它被打开时，允许液体在环路和生产路径之间进行流通，而这些路径通常是隔离的。所有液压操作接口和手动阀门操作接口都应放置在可进入 ROV 的位置。

28.1.3.3 井下和采油树化学试剂注入阀

用于将注入化学物质到采油树内和井下。每个注入点都由化学注入阀控制。

向采油树注入化学试剂的阀门如下：

- CIT1：注入化学抑制剂到树 PMV 和节流阀之间；
- CIT2：注入甲醇到树 PMV 和 PWV 之间；
- CIT3：对节流阀下游注入防腐蚀剂；
- CIT4：在 PMV 和 PWV 之间的注入沥青质抑制剂。

向井下注入化学试剂的阀门如下：

- CID1：向 SCSSV 以上区域注入沥青抑制剂；
- CID2：向 SCSSV 上方注入 MEOH；
- CID3：向 SCSSV 以上注入水合物抑制剂。

28.1.3.4 生产环路

生产环路应提供一个标称内径 5 英寸，该尺寸与油管悬挂器的内腔尺寸相匹配。可使用 T 型接头和/或弯头替换管弯管以减少侵蚀速度或空间要求。对于采油树没有清管要求。交叉和循环流动环路应提供标称 2 英寸内直径。这些管路的位置和姿态应最大限度地减少水合物堵塞的风险。

采油树的管道管壁允许 1 英寸上的腐蚀和侵蚀厚度。流 - 环路的设计和制造应符合制造商的要求，并遵守规格 API Spec 17D 和 ASME B31.8 标准要求。

28.1.3.5 压力/温度传感器（DHPT）

通过系统湿配合接头的电气进料应根据 DHPT 穿透的需要提供。湿配合接头应与管吊架。通过系统的电馈送将在含有出穿透器的铅的压力下终止。压力和压力温度传感器应位于树上。

28.1.3.6 Flowline 连接系统

采油树树组件应包含一个接头轮毂（Hub）。生产跨接管应使用 5 英寸连接。采油树环路不要求进行清关。Hub 上必须配备压力帽，压力帽上具有弹性体密封圈。

28.1.3.7 堵塞器和树帽

树使用内部双冠插头和中。附加的树帽。冠塞被用作永久的压力屏障。树帽保护树木重返接口和垂直井筒免受腐蚀或潜在机械负荷可能造成的环境损害或不希望产生的影响。树帽应符合以下设计要求:

- 不需要独立的阴极保护。
- 为上述所有内部型材提供防腐蚀保护管吊架。

28.1.3.8 油管悬挂器

油管悬挂器是油管的悬挂设施。它应该是同心设计,在侧面有与采油树树体对接的生产孔。油管悬挂器应直接落在树体内的负载肩上,并能在树体内锁紧,以防止因温度压力变化或其他外部载荷而产生的任何向上的推力。

油管悬挂器应满足以下设计要求:

- 油管悬挂器应能够穿过井下设施的控制线路。任何未使用的端口应该被堵住。
- 油管悬挂器内部有六条通道,包括 2 条 SCSSV 控制线、1 条井下线、3 条化学注入线、2 条井下压力温度变送器控制线。
- 树体和油管悬挂器之间的密封件应该是金属对密封,带有弹性备用密封。
- 生产孔的额定工作压力为 5 000 PSI,并应能够承受 7 500 PSI 的测试压力。
- 生产密封件的额定值应为 5 000 PSI,并应在 5 000 PSI 压力的上下游进行压力测试。
- 井下控制线的额定工作压力应为 10 000 PSI,测试压力为 15 000 PSI。

28.1.3.9 内部接口

采油树应该能与 18 -3/4 英寸的井口进行连接。采油树跨接管连接器应能够与 5 英寸的连接器轮毂对接。采油树应提供生产、液压、化学注射和与油管悬挂器的电气 DHPT 接口。树必须提供一个单一的接合部板,以便连接生产的飞行引线组件。

28.1.3.10 外部接口

采油树应为所有阀门提供合适的线性或旋转手动操作工具接口。阀门操作工具应按照 ISO 13628 -8 的要求进行设计。采油树上应具有 ROV 热刺接口。

28.1.3.11 阴极保护

采油树的保护采用铝－锌－素牺牲阳极提供保护，使设备达到设计寿命，并加上额外的安全系数。采油树的阴极保护系统应能够保护采油树、水下进口和采油树上的所有可回收组件，还包括一半的跨接管，但是采油树的阴极保护系统不负责保护海底管线。阴极保护计算应按照 NACE RP－01－76 和 DNV RP401 进行。

28.1.3.12 涂装系统

采油树应涂覆符合 DNV RP B401 第三类规格的环氧树脂基海洋涂层系统。涂层系统必须与保温系统兼容。涂层的颜色应当适宜 ROV 在水下进行观测（即不会导致 ROV 相机产生眩光），涂层的颜色最好是黄色。

部件或运动部件的配合表面可涂覆钼基或 PTFE 涂层系统，以满足干膜厚度、润滑、或其他要求。暴露在控制液体中的部件表面上使用的任何涂层，即使在控制液体受到污染时，也不应被破坏。

28.1.3.13 测试桩

采油树测试桩在采油树的压力测试过程中为树提供压力完整性。它在测试过程中，也应作为一个可移动的井口模拟器，用于安装和坐放采油树。采油树通过树体上的井口头连接与测试树桩的顶端连接并密封。试验桩应符合下列设计要求：

- 试验桩的直径应设计为标准井口系统尺寸 18－3/4 英寸；
- 试验桩上的接口轮廓应设计为与相应的海底井口头的接口轮廓一致；
- 密封垫圈类型为 VX。

28.1.4 FAT&EFAT 测试

FAT 和 EFAT 测试应符合 API 6A 和 API 17D 的要求。FAT 和 EFAT 用于核实设备的功能，并核实设备满足设计要求。这些测试的验收标准应如下所示：

1. 静水压测试

静压试验的验收标准为：

（1）在保持期间没有直接可见泄露或在监测设备上观察到明显泄漏，则认为静压试验是可以接受的。

（2）具体的验收标准应在测试程序中明确说明。

（3）在试验过程中，观察到的压力不应低于试验压力。

(4)观察到的压力不应超过规定的试验压力 5% 以上。

2. 气体试验

气压试验的验收标准为:

(1)在保持期间没有观察到明显的泄漏。

(2)具体的验收标准应在测试程序中明确说明。

(3)在试验过程中,观察到的压力不应低于试验压力。

(4)观察到的压力不应超过规定的试验压力 5% 以上。

3. 机械测试

机械操作应平稳、可重复,设备不得有损坏的迹象,从而损害其功能。这种损伤的例子包括:开裂、磨损和塑性变形。正常磨损,比如配合表面的涂层损坏、对消耗品的更换(如垫片、剪切销等),只要不对设备的功能有损害,都是可以接受的。

4. 阀门功能测试

所有阀门都应在腔内承压和不承压的情况下,测量驱动力、压力、扭矩、转弯、和/或冲程。阀门的实际性能值应该与 API 17D 阀门参数表中确定的参数一致。

所有压力测试都应记录图表。用于测试设备都必须是在测试活动之前和之后进行校准。

28.2 材料选择

本节详细说明了选择 5 英寸采油树系统材料的要求和建议,包括树结构框架、树连接器、管架、管道、金属密封件、螺栓和螺母。材料的选择应按照以下规范和标准进行。

- ASTM A106　Standard Specification for Seamless Carbon Steel Pipe for High - Temperature Service.
- ASTM A193/A193M　Standard Specification for Alloy - Steel and Stainless - Steel Bolting Materials for High - Temperature Service
- ASTM A194/A194M　Standard Specification for Carbon and Alloy Steel Nuts for Bolts for High Pressure or High Temperature Service, or Both

- ASTM A320/A320M　Standard Specification for Alloy/Steel Bolting Materials for Low - Temperature Service
- ASTM A333/A333M　Standard Specification for Seamless and Welded Steel Pipe for Low - Temperature Service
- API RP 14E　Recommended Practice for Design and Installation of Offshore Production Platform Piping Systems
- ASME B31.3　Process Piping

28.2.1　材料要求

材料选择取决于以下要求：

- 相关性，包括指定的操作、启动和关闭条件；
- 设计生命周期和系统可用性要求；
- 故障概率、故障模式以及对人类健康、环境、安全和材料资产的故障后果；
- 抗脆性断裂；
- 检测和腐蚀监测；
- 维护和维修。

材料选择还需要考虑以下额外的评价因素：

- 应优先考虑市场可用性良好的材料以及记录的制造和服务性能；
- 考虑到库存情况，应尽量减少不同材料的数量，成本，相关备件的互换性和可用性。

水下采油树材料的一般要求：

- 碳钢部件应在井液暴露的所有区域都有包层；
- 液压配件应由 AISI 316 或更高的等级制成；
- 位于外壳内的部件的材料选择（如执行器部件）必须适应密封失效或其他原因造成的潜在进水。

28.2.2　海底应用的典型材料

1. 低合金钢

当材料性能满足工况要求时，应当优先选用低合金钢，因为它们具有价格低、易于焊接和易于购买。根据 API 或 ASTM 标准（例如 AISI 4130 和 8630），它们是碳锰等级。低合金钢不耐腐蚀，应减少其在腐蚀性环境中的使用。

对于 CO_2 腐蚀，人们普遍认为，当 CO_2 分压超过 0.5 bar 时，低合金钢可能会发生明显的腐蚀,因此不建议在 CO_2 腐蚀环境中直接使用它们。低合金钢可用于 CO_2 服务,如果在其与腐蚀流体的接触面堆焊上耐腐蚀材料(如 Inconel 或不锈钢)作为保护层。

H_2S 诱导应力腐蚀开裂是当 H_2S 分压高于允许水平时,低合金钢会出现应力开裂。但是,可以通过控制材料晶粒结构和硬度来缓解这种情况。

2. 马氏体不锈钢

马氏体牌号不锈钢(ASTM A182、AISI 410)对二氧化碳和硫化氢都有很好的耐受性。然而,由于氯化物的腐蚀,特别是在较高的温度下,它们具有较低的抗点蚀性。长时间暴露在高氯化物环境中可能会导致严重的局部点蚀,特别是在存在自然裂缝的情况下。这些钢具有高强度,广泛应用于井下设备和水下采油树系统。

3. 奥氏体不锈钢

奥氏体不锈钢(如 AISI 316 L)具有良好的耐腐蚀性,可以耐高达 50 bar 的二氧化碳分压腐蚀。然而,其对氯化物的耐腐蚀性仅限于高达 50 ℃的工作温度。奥氏体不锈钢容易受到缝隙腐蚀,但在高达 60 ℃的温度下,可防止高达 H_2S 0.5 bar 的分压的硫化应力腐蚀。

奥氏体不锈钢的低屈服强度使其不适合用于结构件,但它们被广泛用于接头和连接器。它们特别适用于垫片材料,它们的低强度性能可确保它们顺利变形到环形槽里,并容易变形为任何表面不规则性。

4. 双相不锈钢

双相不锈钢是高合金钢。最常见的两种等级的双相不锈钢是 UNS S31803(为 22% 铬、5% 镍)和 NS S31803(25% 铬、7% 镍)。当其含有 25% 的 Cr 材料有时被称为“超级双相不锈钢”或高性能双相钢。与奥氏体不锈钢(316 L)相比,双相不锈钢具有更好的二氧化碳和氯化物耐受性,并具有更高的机械强度。双相不锈钢经常用于水下管道和井下油管,但不用于大型锻件,因为其费用昂贵且其在厚锻件截面中心附近的机械强度会降低。

5. 高镍合金

高镍合金含有 25% 至 65% 镍的高镍合金对 CO_2 和 H_2S 腐蚀的耐受性最高。其耐腐蚀性对 CO_2 含量没有限制,但是而 H_2S 的耐腐蚀性与镍含量有关。INCONEL 合金 UNS N08825 和 UNS N08825 是石油工业中应用最广泛的高镍合金。它们通常比双相不锈钢更昂贵。高镍合金既可用于实心锻件,也可用作成本较低的低合金钢基板上的焊接包覆。用高镍合金覆盖暴露的表面可以减轻缝隙腐蚀的影响。环形垫片密封区域就是这种情况。重要的是,用于覆盖的合金的硬度大于垫片密封材料,以最大限度地降低局部屈服于环形槽的风险。

28.2.3 结构材料

在水下采油树系统中,结构件通常是使用普通结构钢进行焊接。在符合设计要求的前提下,它的强度等级要求通常比较灵活。表 28 – 1 展示了一些典型结构钢的性能。

表 28 – 1 典型结构材料

材料	指定的最小屈服应力/MPa	最小极限抗拉强度/MPa
A36	248	400
A242	290	434
A572,Gr. 42	290	414
A572,Gr. 50	345	448
A588	345	483
A709,Gr. 36	248	400
A709,GR. 50	345	448
A913,Gr. 50	345	448
A913,Gr. 65	448	552
A 992	345	448

在选择合适的结构材料时,也应考虑焊接性。两个部件之间的焊接连接应根据两个连接部件的较高等级进行检测。本采油树材料建议采用 ASTM A572 G50。

28.2.4 树体和连接器材料

采油树树体和连接器本体的锻件,可采用下面的材料进行生产:

- 低合金钢,AISI 3130 和 8630,内部覆盖适当的 CRA,例如合金 625;
- ASTM A182 F22(2 – 1/4% Cr 1 Mo 钢),覆盖一个合适的 CRA,例如合金 625;
- AISI 410(13% CR 不锈钢);
- ASTM A182 F6NM(13% CR 4% NI 不锈钢);
- 双相不锈钢。

本采油树树体建议采用 AISI 8630 低合金钢。

28.2.5　油管和油管悬挂器材料

油管和油管挂必须由符合适用性能要求的材料制成(如拉伸要求、硬度要求和冲击要求)。水下系统使用的典型材料有:低合金钢(AISI 4130、AISI 8630 或 ASTM A182 F22),内部在与流体的接触面和密封区域进行堆焊覆盖,并配有合适的 CRA,如合金 625。

本采油树的油管和油管悬挂器建议采用 AISI 8630 低合金钢。

28.2.6　采油树管道材料

采油树管道材料可以按照以下指导原则进行选择。

对于节流阀下流的 FF 酸性服务区域,可考虑超级双相不锈钢或双相不锈钢。超级双相不锈钢和双相不锈钢的供应商应提供材料测试数据。对于 EE 等级的酸性服务区域,可以使用 4130。建议将 4130 用于水下采油树管道的材料。

28.2.7　密封材料

用于法兰和连接器的环形垫圈应采用耐腐蚀材料制造。用于帮助密封接合同时最大限度地减少磨损的 ISO 环垫片上使用的涂层和镀层厚度应最大为 0.01 mm。涂层和镀层的最大厚度不能超过 0.013 mm。

可暴露在海水中而不经过阴极保护的金属 - 金属密封件应采用耐腐蚀合金,如 UNS R30035、R30035、N06625 和 N10276。在没有阴极保护的情况下可能暴露在海水中的金属密封件应在耐腐蚀合金中制成,如 UNS R30035、R30035、N06625 和 N10276。表 28 - 2 列出了不同材料的硬度要求。表 28 - 3 列出一般密封材料推荐。

表 28 - 2　硬度需求

材料	最大硬度
软铁	56 HRB
碳钢和低合金钢	68 HRB
不锈钢	83 HRB
镍合金 UNS N08825	92 HRB

表 28 -3　一般密封材料推荐

组件	推荐材料	替代材料
金属对金属密封	合金 625	Alloy 276, UNS R30035 (MP35N), UNS N30003(Elgiloy)
密封圈	合金 625	合金 718、718、925
环形垫片	AISI 316,合金 625	合金 825

注意:
1. 金属对金属密封材料应该比周围金属更高贵;
2. 825 合金不应暴露在未经处理的海水环境中;
3. 密封表面会磨损时,应采用 Ti alloy RTJ 垫片。

28.2.8　紧固件材料

结构部件上的螺栓一般应为碳钢或低合金钢,根据 ISO 898 -1 螺栓的强度等级不应超过 8.8 级。根据 ISO 898 -1、ASTM A320 级 L7 和 ASTM A193 螺母的强度等级不应超过 8 级,最大允许硬度为 HB320。

固定在部件上的螺栓应具有与部件在磨损方面兼容的材料,并在相关情况下具有拆卸部件进行维护的能力。还应考虑电化学腐蚀的风险、热系数和对阴极保护的影响。水下采油树系统中使用的典型螺栓/螺母材料如表 28 -4 所示。

表 28 -4　螺母材料

螺栓	名称	应用
低强度螺栓	ASME SA193 Grade B7M ASME SA320 Grade L7M	这两种材料适用于大多数海底应用
中强度螺栓	ASME SA193 Grade B7	ASME SA193 Grade B7 螺栓和螺栓的硬度应控制在低于或等于 31 HRC 的位置,在这些位置可以接触阴极保护
高强度螺栓	ASME SA453 Grade 660	ASME SA53 Grade 660 螺栓和螺母在所提供的阴极保护下不易受到氢脆的影响

本采油树选用 Astm A320 Gr L7 为螺栓材料，ASTM A194 2HM 为螺母材料。所有螺栓\螺母和垫圈应该使用 Xylan 涂层。

28.3　采油树结构分析

28.3.1　锁环静态分析

锁紧卡环位于采油树和井口之间的连接点。井口连接器中有六个锁紧环件。图 28－2 显示锁紧环片的受力分析图。

作用在主活塞上的负载液压动力计算如下：

$$F_x = P \cdot \frac{S}{n} \cdot \sin\beta \cdot \cos\beta = 390344.3\ \text{N}$$

$$F_y = P \cdot \frac{S}{n} \cdot \sin\beta \cdot \sin\beta = 170537.2\ \text{N}$$

这里，斜角的 $\beta = 23.6°$；液压系统压力为 $P = 21 \times 10^6$ Pa；活塞区域面积为 $S = 0.304\ \text{m}^2$；锁环数量为 $n = 6$。

锁环的材料为 AISI 8630 钢。它的机械参数显示在表 28－5。

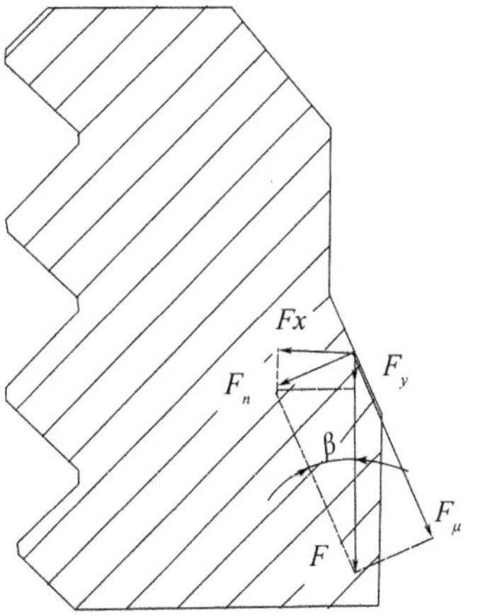

图 28－2　锁紧环片受力分析

表 28－5　AISI 8630 材质的机械性能

密度/（kg/m^3）	弹性模量/Gpa	泊松比	焊接强度/MPa
7 830	209	0.3	450

图 28－3 显示了有限元的分析结果，该分析使用 Ansys 软件。计算最大等效锁紧环的应力的 248.3 MPa，如图 28－3（a）所示。锁紧环的最大变形为 0.04 mm，如图 8－3（b）所示。

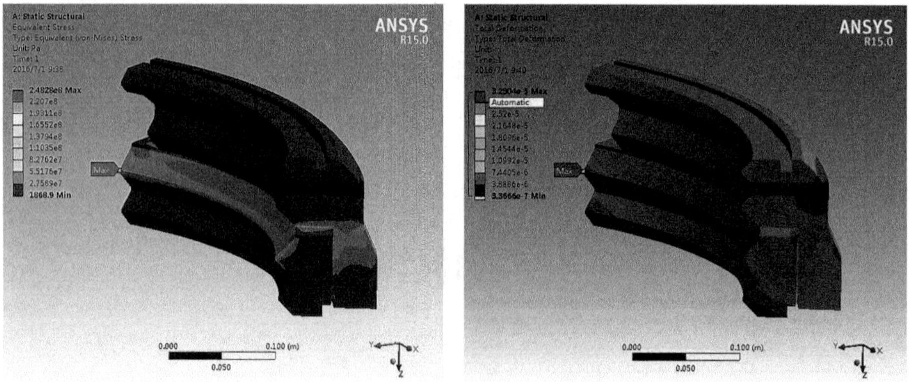

图 28-3 锁紧环的有限元分析结果

(a)等效应力分布;(b)变形分布

在此计算中,AISI 8630 采用了 300 MPa 的允许应力,屈服强度为 450 MPa,API 17D 所要求的安全设计系数为 1.5。在设计载荷低于 300 MPa 允许应力的情况下,计算锁紧环的最大等效应力 248.3 MPa。因此,AISI 8630 材料满足强度要求。

图 28-4 显示了锁环的寿命分析结果,锁紧环在循环载荷下循环时间为 9.82×10^8(31.1 年)。在给定 *SN* 曲线的静态分析应力范围的基础上计算了疲劳寿命。锁紧环的使用寿命比 20 年的设计寿命长。我们满足设计要求。

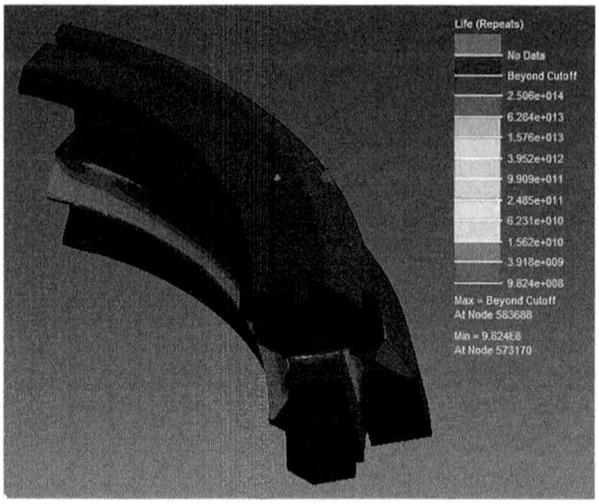

图 28-4 疲劳寿命分析

28.3.2　冲击分析

ROV 冲击分析是在整体范围和局部范围内分别进行的。利用 SACS 软件对全局模型进行了分析,其中标准校核基于 WISC ASD。对于 1.0 t 的 ROV 重量和 0.5 m/s 的冲击速度,计算出的 ROV 冲击力为 19.53 kN。

还建立了局部有限元分析,以估计 ROV 控制面板在物体坠落情况下的抵抗撞击能力。图 28 –5 显示了本地有限元分析的模型。潜在掉落物体的尺寸假定为直径为 0.1 m 的球体。ROV 面板是半英寸厚的两个椭圆形缺口。假定板沿着边缘简单支撑,垂直载荷为 52.8 kN 施加在板材的中心区域。根据施加载荷和相应的挠度,估计了 ROV 登陆面板的抗冲击能力。图 28 –6 给出了采油树在落点物体冲击下的模拟位移分布。显示了采油树在落物冲击下的模拟位移分布。

采油树框架的材料为合金钢,其机械性能如表 28 –6 所示。

表 28 –6　采油树框架材料的机械性能

密度 /(kg/m³)	弹性模量 /GPa	泊松比	焊接强度 /MPa	热传递系数 /(W/m²·℃)
7850	210	0.3	345	18

图 28 –5　采油树冲击分析模型

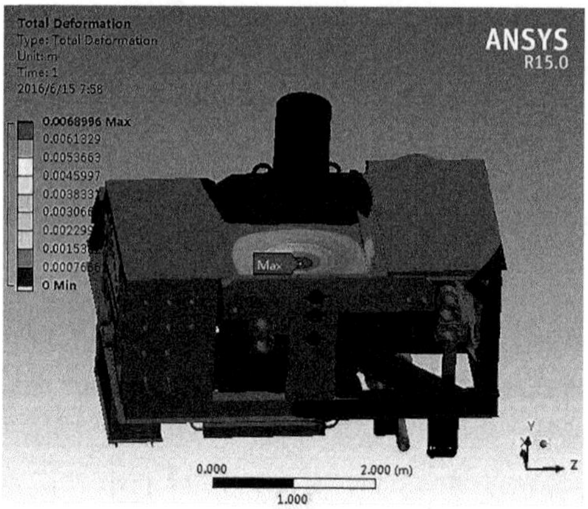

图 28－6　树的位移分布影响负荷

计算中,允许的应力为 230 MPa,其屈服强度为 345 MPa 和 1.5 安全设计系数((API 17D 要求)。分析说得的冲击最大等效应力为 223 MPa,这低于允许的应力 230 MPa,因此框架材料的强度满足设计要求。

28.4　采油树管路分析

生产回路和交叉回路用于连接采油树的不同部件,由于高压和高温引起的热膨胀,在运行条件下管路可能会产生较高的应变和应力。在 5 000 PSI 的工作压力和 132 ℃(270 ℉)的工作温度下,需要对树环进行管道设计,以满足设计应力标准。根据操作方案,最大应力可能发生在不同的位置。图 28－7 显示了在 AUTEPIP 软件中开发的交叉回路和生产回路,通过该软件将分析循环在不同边界条件下的应力分布。

图 28－7　交叉管路和生产管路

28.4.1　设计准则

以下设计参数用于分析生产环路和交叉环路:

- 内部压力和温度
- 保温需求(包括材料和厚度)防止生成水

合物

- 外部负载(包括来自跨接管的扭转载荷)

生产环路和交叉环路的设计满足 ASME B31.8 要求。这个标准决定了在静压试验和操作条件下的应力要求。

静压试验工况

采油树管路将进行 1.25 倍的设计压力的静水压测试,参考 ASME B31.8 要求。

海底生产工况

在水下生产时,采油树管路应满足在以下载荷下的设计要求(参考 ASME B31.8)。

- 重力;
- 浮力;
- 生产流体的温度(管内温度);
- 内部压力(没有外部静压);
- 跨阶管产生的外部载荷(包括扭转载荷)。

28.4.2　标准要求

Hoop 应力计算为

$$\sigma_{\text{Hoop}} = (P_{\text{int}} - P_{\text{ext}}) \times \frac{OD}{2t}$$

纵向应力计算为

$$\sigma_{\text{Long}} = \left(\frac{F_a}{A} + \frac{[(i_iM_i)^2 + (i_0M_0)^2]^{1/2}}{z}\right) or \left(\frac{F_a}{A} - \frac{[(i_iM_i)^2 + (i_0M_0)^2]^{1/2}}{z}\right)$$

联合 Von Mises 应力计算为

$$\sigma_{VM} = (\sigma_{\text{Hoop}}^2 - \sigma_{\text{Long}}\sigma_{\text{Hoop}} + \sigma_{\text{Long}}^2 + 3\sigma_{\text{Torsional}}^2)^{1/2}$$

式中,P_{int}——内部压力;

P_{ext}——外部压力(如果$P_{ext}=0$ 则表示不考虑外压);

F_a——轴向力;

A——管道的截面;

i_i——平面内应力强化因子;

M_i——平面弯曲力矩;

I_o——平面外应力强化因子;

M_o——平面外弯曲力矩;

z——管道截面模量。

表 28－7 列出不同条件下的树管路的允许值(参考 ASME B31.8)。

表 28－7　采油树管路设计标准

场景	允许希 Hood 应力	允许纵向应力	允许的联合应力
陆上静水压试验	0.9 × Yield 应力	0.9 × Yield 应力	0.9 × Yield 应力
水下生产操作	0.72 × Yield 应力	0.8 × Yield 应力	0.9 × Yield 应力

28.4.3　数据输入

表 28－8 列出了用于环路应力分析的设计参数输入数据。应力强化系数采用 1.34。

表 28－8　应力分析的输入数据

生产回路管		
外径	0.075(2.95)	m(in)
壁厚	0.011(0.45)	m(in)
交叉管		
外径	0.181(7.13)	m(in)
壁厚	0.025(1.00)	m(in)
保温材料		
绝缘厚度	0.064(2.5)	m(in)
绝缘密度	993(62.0)	kg/m^3 (lb/ft^3)
绝缘的杨氏模量	82.7(0.012)	MPa(10^6 psi)
隔热剪切模量	1 110.3(0.016)	MPa(10^6 psi)
内容比重	1.03	—
管材		
杨氏模量	192 363.7(27.9)	MPa(10^6 psi)
泊松比率	0.30	——
热膨胀系数	11(6.10)	10^{-6}/℃(10^{-6}/℉)
密度	7 849(490.0)	kg/m^3 (lb/ft^3)

表 28－8(续)

屈服强度	448.2(65 000)	MPa(psi)
轮毂		
屈服强度	448.2(65 000)	MPa(psi)
操作生产条件		
差压	34.5(5 000)	MPa(psi)
工作温度 流体	132	℃(℉)
环境温度	4.5	℃(℉)
腐蚀津贴	0.003(0.125)	m(in)
厚度轧机公差	0.02(0.09)	m(in)
温度降低系数	1.00	—
水压试验		
水试验压力	45.2(6 550)	MPa(psi)
水试验腐蚀余量	0.003(0.125)	m(in)
水测试液体温度	21(70)	℃(℉)
水测试环境温度	21(70)	℃(℉)

28.4.4　分析结果

采油树环路在压力、温度和外部载荷下的热力学分析使用 AutoPipe 软件来完成。图 28－8 显示了用于分析的两个环路的模型。

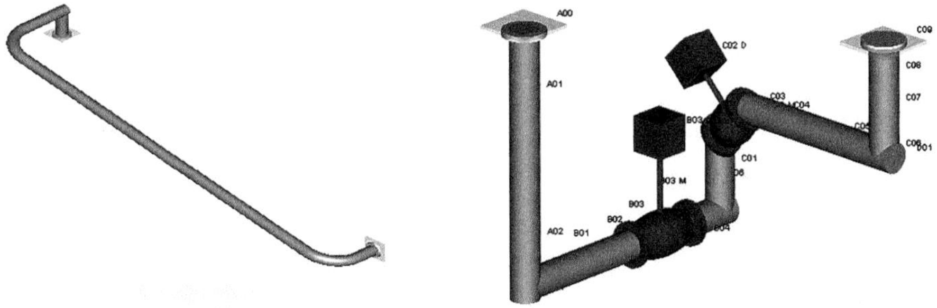

图 28－8　AutoPipe 的采油树环路模型

(a)交叉环路;(b)生产回路

表 28 – 9 和表 28 – 10 显示了最大应力，分别与生产回路和交叉回路的允许值进行了比较。允许的值按 ASME B31.8 要求定义在表 28 – 7 中。

采油树环路的分析结果表明，环路在静压试验和运行条件下的应力低于所需允许值。

表 28 – 9　生产管的最大应力

工况	Hoop 应力/psi	最大持续应力/psi	最大范式等效应力/psi
静水压试验	21 083	7 110	24 144
允许应力	58 500	58 500	58 500
操作工况	15 977	23 822	43 332
允许应力	46 800	52 000	58 500

表 28 – 10　交叉环路管最大应力

工况	Hoop 应力/psi	最大持续应力/psi	最大范式等效应力/psi
静水压试验	23 578	7 914	21 422
允许应力	58 500	58 500	58 500
操作工况	17 868	9 932	22 492
允许应力	46 800	52 000	58 500

28.5　装配分析

28.5.1　焊接颈法兰

图 28 – 9 所示的法兰颈被用于管道和阀门端部管接头。其材料属性已列出在表 28 – 11 中。

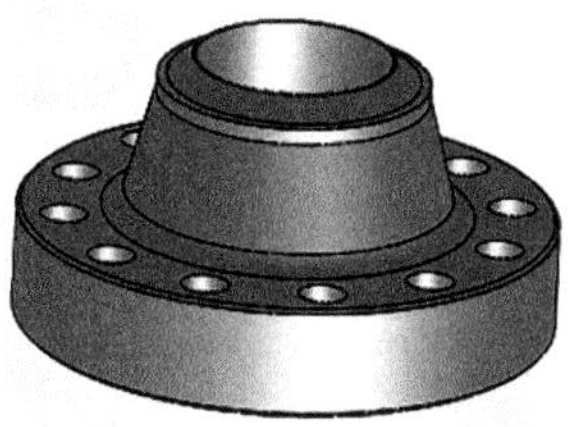

图 28－9　焊接颈法兰

表 28－11　材料属性

材料	杨氏模量/MPa	泊松比	屈服应力/MPa	允许的压力/MPa
ASTM A694 F65	206 000.0	0.28	448.0	323.0

用于法兰对对称机构，可以对其有限元模型进行简化，只对法兰的一小部分进行分析，如图 28－10 所示。

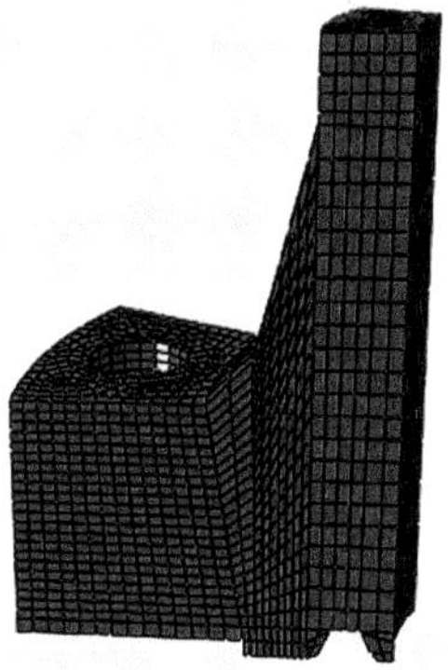

图 28－10　简化的法兰模型

对法兰装配的有限元分析采用两个加载工况。一是在静压试验中只对其内部进行加压；另一种工况为操作工况，需要考虑内部压力、温度和极端外部载荷。

图 28－11 和表 28－12 分别显示了在操作工况下法兰的应力和位移分布。分析结果表明，法兰应力满足要求的设计规范（ASME Ⅶ－2），且垫片反作用力（221.4 kN）满足密封要求。

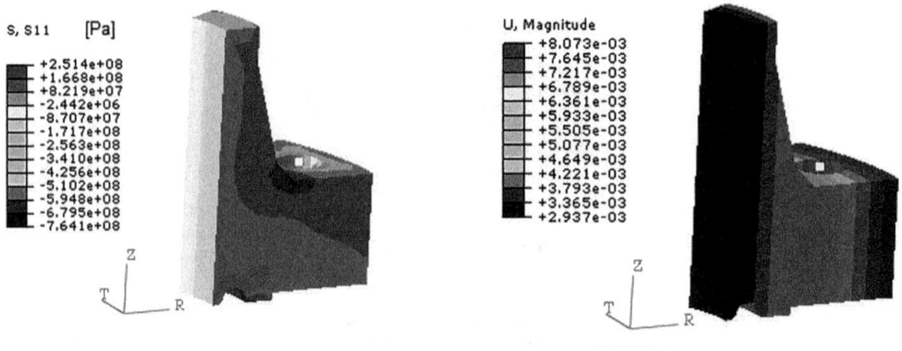

图 28-11　法兰在操作工况下的应力和位移分布图

(a)压力分布图;(b)位移分布

表 28-12　法兰不同应力的规范检查

压力分类	等效应力/MPa	许用应力/MPa	检查
轮毂应力	219.3	<1.5S	满足要求
径向应力	251.4	<S	满足要求
圆周应力	193.4	<S	满足要求
联合应力	235.4	<S	满足要求

28.5.2　90°弯管

采油树系统中的另一个重要的装配为90°弯管,如图28-12所示。这个弯管可以用来改流方向和减少空间需求。

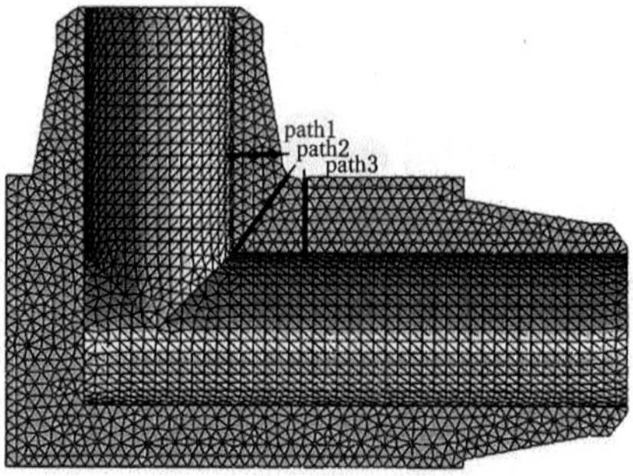

图 28-12　90°弯管的有限元模型

根据 ASME 锅炉和压力容器规范第 VIII 节第 2 项,对缓冲弯管的应力进行评估。在分析中检核管道的不连续性和局部应力集中。在静水和工作条件下,应符合以下应力设计标准。

$$P_L < 1.5 \times k \times S_m$$

$$P_L + P_B < 1.5 \times k \times S_m$$

$$P_L + P_B + Q < 3.0 \times k \times S_m$$

$$P_m + P_B < 1.35\ S_Y, P_m < 0.67\ S_Y$$

$$P_m + P_B < 2.15\ S_Y - 1.2\ P_m, 0.67 < P_m < 0.9\ S_Y$$

这里,S_m:基本允许应力强度;

P_m:一般原代膜等效应力;

P_l:局部原代膜等效应力;

P_b:一次弯曲等效应力。

在图 28 - 12 显示的三条路径用于进行应力评估。图 8 - 13 结果表明了 90°弯管的有限元分析结果。

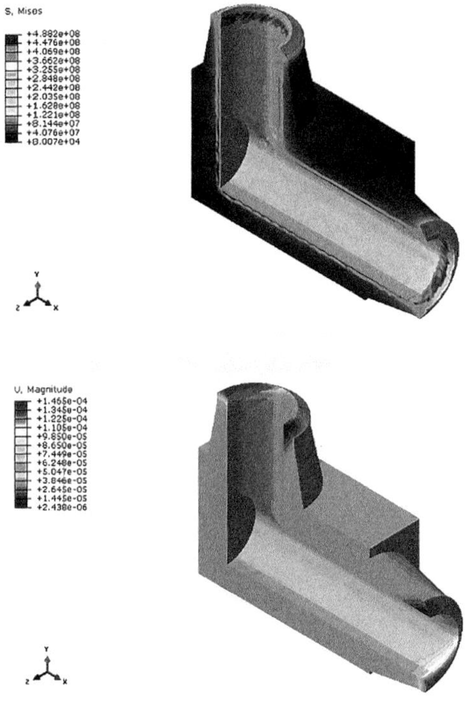

图 28 - 13 90°弯管的有限元分析结果

(a)等效应力分布;(b)位移分布

表 28 - 13 列出了在工作条件下沿三条路径的应力强度的评价结果。结果显示在三条评估线上局部膜应力、局部膜应力和弯曲应力的总和都在允许的范围内。

表 28 - 13　在操作条件下的应力分析结果

	路径 1	路径 2	路径 3	设计标准
膜应力(Pm)/MPa	67.45	96.89	55.89	< Sm
弯曲应力/Pb(MPa)	12.03	73.95	17.24	
(Pm + Pb)/MPa	79.48	170.84	73.13	< 1.5 m
峰值应力/MPa	235.89	165.66	236.53	
总应力/MPa	315.37	336.5	309.66	

28.6　阴极保护

阴极保护(CP)是一种电化学保护，使金属表面成为电化学电池的阴极，从而将腐蚀电位降低到合适水平以及显著减少金属的腐蚀速率。水下采油树的腐蚀控制系统应通过与涂料结合应用 CP 来实现。CP 分析是执行在本节中以验证 CP 对树系统有超过 20 年的设计寿命。阳极上中。采油树的 CP 系统用于保护采油树、采油树基础和一半的所有跨接管。采油树的 CP 系统设计应满足以下标准：

- DNV RP B401 阴极保护设计；
- RP RP 0176 与石油生产有关的钢结构固定海上结构的腐蚀控制。

28.6.1　基本数据

要核算适用于涂层系统对涂层分解因子的影响，在 DNV RP B401 标准中对涂装分三类：

(1)类别 I：一层环氧涂料，最小 20 μm 标称 DFT(干膜厚度)；

(2)类别 II：一层或多层船用涂料(环氧树脂、聚氨酯或乙烯基)，总名义 DFT 最小为 250 μm；

(3)类别 III：两层或两层以上的船用涂料(环氧树脂、聚氨酯或乙烯基)，总标称 DFT 最小为 350 μm。

对管道系统的外表面、结构框架和基础的涂装计划如下所示：

涂装方案，见表28-14。

表28-14 涂装方案

	油漆/稀释剂代码和名称	DFT(μm)
油漆	670HS 环氧油漆(底漆)	400
	670HS 环氧油漆(涂装漆)	100
稀释剂	GTA 220	

- 因为DFT≥350，所涂装属于第Ⅲ类。
- 表面处理包括喷抛清理到最低SA 3.0(喷抛清洗到纯金属：百分百清洁)，符合ISO 8501标准要求。

1. 管道的内表面

管道系统采用的材料都是API 5L X65，内部堆焊防腐金属Inc625。阴极保护设计不需要保护管道内部腐蚀。

2. 防腐块表面积

阴极应进行保护分析，以验证对采油树系统和连接到采油树上的一半跨接管的保护。阴极保护对基础保护的计算与对采油树结构的保护计算不同，他们将分开进行计算。

表28-15中显示了采油树的表面积，这是CP计算的基本输入。采油树的表面积可以在采油树的三维模型参数中获得。

表28-15 表面积

设计寿命	水深/m	涂装类别	表面积/m^2
20年	1 500	Ⅲ	346.55

28.6.2 CP设计计算

28.6.2.1 CP设计参数

以下符号在本章节中适用：

- i_c：电流密度(A/m^2)

- i_{ci}:初始设计电流密度(A/m^2)
- i_{cf}:最终设计电流密度(A/m^2)
- i_{cm}:设计平均电流密度(A/m^2)
- f_c:涂层分解系数
- f_{ci}:初始涂层分解系数
- f_{cf}:最终涂料分解系数
- f_{cm}:平均涂层分解系数
- t_y:涂装年龄(年份)
- a,b:常数,根据涂层性能和环境来确定
- ε:设计电化学容量(Ah/kg)
- E_a^o:设计闭路阳极电位(V)
- L:阳极长度(m)
- r:等效半径(m)
- Ra:节点电阻(ohms)
- P:电阻率(ohms · m)
- c:节点横截面参数(m)
- I_a:电流输出(A)
- M_a:净阳极质量(kg)
- u:利用率
- A_c:采油树的表面区域(m^2)
- I_c:电流需求(A)
- I_{ci}:初始电流需求(A)
- I_{cm}:平均电流需求(A)
- I_{cf}:最终电流需求(A)
- m_s:单个阳极质量(kg)
- C_a:单个阳极电流容量(Ah)
- C_{atot}:总阳极电流容量(Ah)
- M_a:总净阳极质量(kg)
- m_a:净阳极质量(kg)
- m_{ai}:初始净阳极质量(kg)
- m_{af}:最终净阳极质量(kg)

1. 设计电流密度

电流密度用 CP 表示,单位为电流/平方米。初始和最终设计电流密度计量了一个预期的阴极电流密度需求,以在一个合理的短时间内实现一个裸露的金

属表面的 CP。平均设计电流密度衡量的是是在 CP 系统达到其稳态保护电位后，对预期阴极电流密度的测量。基于 DNV－RP－B401 的推荐，所需的电流密度是：

$$i_{ci} = 0.22\text{A/m}^2, i_{cf} = 0.17\text{A/m}^2, i_{cm} = 0.11\ \text{A/m}^2$$

2. 涂层分解因子

涂层分解因子描述了由于电绝缘涂层而导致预期阴极电流密度的降低。如果因子为零，涂层是 100% 电绝缘，这意味着阴极电流密度降低到零。如果因素是一，这意味着涂层没有降低电流性能。

$$f_{ci} = a \quad f_{cf} = a + b \cdot t_f \quad f_{cm} = a + b \cdot t_f/2$$

在上述方程中使用的常数来自于 DNV 规范的推荐。涂层分解因子为：

$$f_{ci} = 0.02, f_{cf} = 0.18, f_{cm} = 0.1$$

材料设计参数适用于镀锌阳极

选用的保护块是铝基材质。设计电化学容量和闭合－电路电位结构参数是：

$$\varepsilon = 2000, E_a^o = -1.05$$

3. 阳极电阻

细长的 Stand－off 类型阳极通常是铸造在管子上，主要用于相对较大的阳极，例如平台子结构和水下基盘。它的电流输出（I_a）（与净阳极质量，M_a，）非常高，利用率因子（u）也是如此。

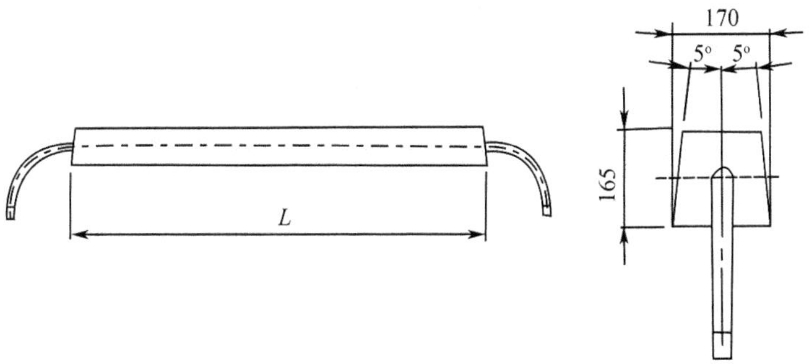

图 28－14　保护块的配置（单位：mm）

本采油树的 CP 系统选用，细长的条状 Stand－off（$L \geqslant 4r$）如图 28－14 所示。它的电阻方程为

$$R_a = \rho/(2 \cdot \pi \cdot L)[\ln(4L/r) - 1]$$

4. 海水和沉积物的电阻率

在温带地区，平均地表水温度是 7 至 12℃，在计算阳极电阻时，保守估计海水

和海洋沉积物的电阻率分别电阻率为0.30和1.3欧姆,这两参数不受水深影响。

5. 阳极利用率

阳极利用率(u)是阳极材料中可以以用来提供保护的净质量比率,可用于计算在整个设计寿命期间维持保护所需的净阳极质量的CP系统。细长Stand - off阳极的利用率为0.90。

28.6.2.2 CP计算与设计

采油树的表面积是$A_c = 345.55\ \mathrm{m}^2$。电流需求由以下公式计算:

$$I_c = A_c \cdot i_c \cdot f_c$$

电流需求的计算结果为

$$I_{ci} = 0.694, I_{cm} = 1.735, I_{cf} = 4.826$$

计算阳极重量为

$$M_a = \frac{I_{cm} \cdot t_f \cdot 8760}{u \cdot \epsilon}$$

所需阳极的数量计算如下:

单个阳极电流容量:$C_a = m_a \cdot \varepsilon \cdot u$

阳极电流总容量:$C_{atot} = N \cdot C_a$

表28-16 阳极数量

	采油树
M_a/kg	371.04
A节点长度L/m	1.0
m_s/kg	67.64
阳极块的计算数量	6
阳极块的实际安装数量	9
所需阳极质量/kg	608.76

阳极电阻计算方法如下:

阳极类型:长细的Stand - off类型

电阻公式:

$$R_a = \frac{\rho}{2 \cdot \pi \cdot L}\left(\ln \frac{4 \cdot L}{r} - 1\right)$$

当阳极已被消耗到其利用率(u),在设计寿命结束时,t_y(年)和剩余的净阳极质量，m_{af}给出的是：

$$m_{af} = m_{ai} \cdot (1 - u)$$

对于长和短的条状阳极，当消耗到其利用率因子时，长度减少应假定为10%。此外，如果最终阳极形状是圆柱形的，则最终半径的计算应该基于这个减少的长度和m_{af}所解释的追踪阳极质量/体积。阳极电阻的计算结果载于表28-17。

表28-17 阳极的计算

	符号	海水
电阻率	ρ/(kg/m³)	0.3
消耗因子	u	0.9
截面属性	c/m	0.64
阳极质量	初始m_{si}/kg	67.64
	最终m_{sf}/kg	6.764
	平均m_{sm}/kg	37.2
阳极长度	初始L_i/m	1
	最终L_f/m	0.9
	平均L_m/m	0.95
等效半径	初始r_i/m	0.102
	最终r_f/m	0.0293
	平均r_m/m	0.067
阳极电阻	初始R_{ai}/ohm	0.128
	最终R_{af}/ohm	0.202
	平均R_{am}/ohm	0.153

单个阳极电流：

$$I_a = \frac{E_c^o - E_a^o}{R_a}$$

相对于Ag/AgCl/海水参考电极，潜在的-0.80 V通常被采用作为碳钢和低合金钢是设计保护电能E_c^o(V)。

$$E_c^o = -0.8\ \text{V}$$

表28-18列出了AL基阳极在Zone I和Zone II的单个阳极电流。

表 28－18　单个阳极电流

	Zone I
ε(A/kg)	2 000
E_a^o/V	－1.05
E_c^o	－0.8
初始电流/A	1.961
最终电流/A	1.236
平均电流/A	1.636

计算核查应进行计算，以证明满足以下要求：

$$C_{atot} = N \cdot C_a \geqslant I_{cm} \cdot t_f \cdot 8\ 760$$

$$I_{atoti} = N \cdot I_{ai} \geqslant I_{ci}$$

$$I_{atotf} = N \cdot I_{af} \geqslant I_{cf}$$

$$I_{atotm} = N \cdot I_{am} \geqslant I_{cm}$$

表 28－19　计算清单

基于铝阳极	Zone I
N	9
C_a	121 752 年
C_{atot}	10 958 768
$I_{cm} \cdot t_f \cdot 8\ 760$	66 781.16
初始电流 $I_{a\ tot\ I}$/A	1.961
最终电流 $I_{a\ totf}$/A	1.236
平均电流 $I_{a\ tot\ m}$/A	1.623 6
I_{ci}/A	1.525
I_{cf}/A	10.604
I_{cm}/A	3.812
$N \cdot I_{ai} \geqslant I_{ci}$	满足要求
$N \cdot I_{af} \geqslant I_{cf}$	满足要求
$N \cdot I_{am} \geqslant I_{cm}$	满足要求
$N \cdot C_a \geqslant I_{cm} \cdot t_f \cdot 8\ 760$	满足要求

表 28 – 19 汇总了证明计算阳极数满足需求的计算清单。在采油树的 CP 设计中，选择了细长的条形阳极（L 计中），采油树框架结构所需的阳极数为 6 个（$L=1.0$ m），采油树基础所需的阳极数为 3 个（$L=1.5$ m）。

28.6.3 阳极分布

根据采用阳极电阻公式进行计算，从阳极到保护受保护物体的距离应至少为 0.3 m。如果可行，专门用于沉积物中沉积物表面 CP 的阳极应自由地暴露在海水中。阳极的位置应彼此有足够的间距以避免相互作用的影响，从而减少有用的电流输出。当阳极之间的距离超过 0.5 m 时，屏蔽和干扰效果变得很微弱。阳极不能焊接在含有高疲劳载荷的元件或承压元件上。对于主要结构件，从阳极紧固焊缝到结构焊缝的距离至少为 0.15 m。

28.7 工厂验收测试

工厂验收测试（FAT）的目的是确认通过内部车身测试测试的设备的结构完整性和适用性，以满足 API 6A 和 API 17D 要求，并通过功能测试来验证正确的操作。在整个 FAT 过程中，买方代表必须见证买方定义的所有测试的顺利完成。在测试过程中，需要记录数据以用于项目和产品历史记录。如果在本程序中进行的任何测试对设备造成机械损坏，应按照质量保证计划生成并解决不合格报告。

28.7.1 要求

28.7.1.1 一般

所有设备和工具在测试前都进行了正确的组装。静压试验的试验压力不得超过 1.5 倍的设计压力，气体试验的设计压力不得超过 1 次。这棵树分六个阶段加压。观测到的气体试验压力不应超过规定试验压力的 110%，也不应低于规定试验压力的 95%。

未经工程部门批准，无需在带有传感器或安装的单片机的树组件上进行焊接。

管衣架和 ROV 树帽应留在树上。但是,它们不是匹配的集,如有必要,可以替换。当采油树树落地并锁定在树试验树桩上时,应对每个阀门进行 ROV 桶的对齐。

28.7.1.2 验收标准

静压试验的验收标准应以“无可见泄漏”和记录压力试验发生的图表记录为依据。除非程序中另有说明,初始试验压力不应超过指定试验压力的 5%。在试验结束前,最终压力不得低于规定的试验压力。

气体测试的验收标准应以“无可见泄漏”和压力表为准。图表记录将用于记录气体测试,但不得用于控制成功或失败的度量。如果在保持期内水坑中没有明显气泡,压力不低于规定试验压力的 95%,则试验期间允许的压降不得超过 2.1 MPa。初始压力不得超过规定的试验压力 10%。

28.7.2 液压管路冲洗和压力测试

此测试的目的是验证树液压回路的连续性和清洁度,并验证所有液压管路是否有能力控制其额定压力。它包括以下过程:

1. 制备和设置

(1)安装测试板到 SCM 基座上;

(2)关闭树上的所有阀门。

2. 管道验证和冲洗剩余的线路

(1)冲洗功能线达到所需的清洁度水平,比如节流功能线和井口功能线;

(2)通过 HotStab 验证线路通信。

3. 安装假 TH 到采油树内

(1)配置采油树;

(2)安装并将假 TH 锁定在树内,并验证它的转数、最大扭矩和预期扭矩。

28.7.3 树本体静压试验

本试验的目的是验证所有生产和环孔连接是否包含静水压力和压力测试与生产和环孔连接的所有管道。

- 将采油树放置在试验桩上;
- 执行连接 VX 密封试验;
- 锁压力盖;
- 进行压力盖密封试验;

- 将带有测试树桩的整个采油树放入测试单元或干水池中；
- 用含腐蚀抑制剂的水把采油树灌满；
- 对采油树施加压力，并保持压力 3 分钟，然后泄压；
- 保持压力 15 分钟，然后泄压；
- 排水树，取下压力帽，并断开跳线软管。

28.7.4　功能测试 ROV 接口

此测试的目的是验证 ROV 接口的正常工作。在以下情况下操作所有的 ROV 接口功能，以确保 ROV 接口的功能性：

1. 对 1/2 英寸闸阀施加 3 000 Psi 的压力

(1) 关闭每个 1.5 英寸的阀门，然后打开它们；

(2) 记录运行扭矩和打开的转数。

2. 对针阀施加 3 000 Psi 的压力

(1) 关闭针阀，然后打开它们；

(2) 记录运行扭矩和转到的次数打开。

3. 对手动闸阀施加 3 000 Psi 压力

(1) 关闭手动阀门，记录操作距离；

(2) 拆卸工具，使用液压打开阀门。

28.7.5　油管悬挂器压力测试

此测试用于验证油管悬挂器是否与树体内腔紧密集合；验证内部堵塞器是否可以保压：

1. 测试 1——将 TH 定位下放，从下部安装 TH 密封

(1) 使用 TH 安装工具安装 TH；

(2) 验证那就是井口测试桩、压力帽和测试连接器是否正确安装；

(3) 通过试验树桩上的端口对 TH 下面的区域施加压力；

(4) 保压 3 分钟，然后泄压；

(5) 保压 15 分钟，然后泄压。

2. 测试 2——内部堵塞器以下

(1) 在 TH 和生产孔的区域施加压力；

(2) 保持压力 3 分钟，然后泄压；

(3) 保持压力 15 分钟，然后泄压。

28.7.6 气密性测试

本试验验证了整个系统能容纳5 000 PSI气体压力。由于高压气体比高压水更危险，在测试过程中必须格外小心。试验应在使用水下摄像机的气体试验水池进行。此测试限定了以下方面：

- 采油树生产通道和环空通道；
- 上部内部堵塞器以下；
- 下下部内部堵塞器以上；
- 下部内部堵塞器以下；
- 油管悬挂器密封。
- 气体测试被划分为三个子测试。
- 气体测试1：测试生产通道、环空通道、下部堵塞器以下、下部堵塞器以上、中部油管悬挂器密封以上；
- 气体测试2：测试上部内部堵塞器以下和下部堵塞器以上；
- 气体测试3：测试上部SBMS以下和中部SBMS密封以上。

28.7.7 螺栓验证

螺栓验证是以确保所有压力包含法兰连接已它到适当的扭矩值经过压力测试。扭矩扳手将被放置在每个螺栓在每个法兰和扭矩值验证。扭矩值，以及技术人员执行检查的首字母缩写，并且执行检查的日期应填写在相应的数据空白中。检查扭矩值时，使用星型检查法兰螺栓。

28.8 系统集成测试（SIT）

系统集成测试在部件资格测试和工厂验收测试之后进行。测试的目的是将所有主要组件聚集在一起，例如井口、采油树、管架、树帽和控制系统，以确认它们的接口并模拟有效的操作程序。系统集成测试将在第一个管道吊架、采油树和树帽系统上进行，该系统配置为生产设备。随后的生产和注塑设备将通过FAT进行验证。

1. 液压油要求
- 类型：HW540
- 标准：NAS Spec 1638
- NAS 清洁度：第 6 类

2. 测试程序

集成测试应按海上实际操作同样的顺序来进行。
- 准备采油树和测试桩
- 安装采油树到测试桩
- 准备油管悬挂器安装工具
- 组装油管悬挂器安装工具到油管悬挂器
- 安装油管悬挂器
- 回收油管悬挂器线缆隔离套
- 安装油管悬挂器保护套
- 安装油管悬挂器下部内部阻塞器
- 安装油管悬挂器上部内部阻塞器
- 安装采油树树帽
- 移除采油树树帽
- 移除采油树内部阻塞器
- 执行采油树二级释放

28.9　浅水测试(SWT)

浅水测试的目标是优化安装程序，验证 ROV 操作空间，并用真实的 ROV 培训海上作业人员，用于提高海上安装和操作的效率和安全性。浅水测试不是一项强制的测试，它通常用来对新研发的设备进行试验以降低海上操作的风险。

28.9.1　主要的测试设备

大尺寸测试水池：水池的尺寸的最低要求应考虑 ROV 工作空间、测试对象大小、ROV 工具操作空间、采油树安装工具的操作空间和足够安全空间。这种测试通常需要一个又大又深的试验水池，而且水池上有足够的起重设施。这类大尺寸的测试水池非常少，可以考虑干船坞、码头附近或海上试验场进行替代。

ROV：应使用工作级 ROV 来操作采油树树和安装工具。ROV 可用于在着陆过程中定位和引导安装工具，并操作该工具的各种功能接口进行操作。可考虑轻量工作级 ROV。

根据 API 17A 建议，以下测试需要在 SWT 期间进行：

- 油悬挂器管的安装和回收；
- 采油树 Stack - up 所有组合的安装和回收；
- 采油树树和管汇之间的连接；
- 采油树上可回收部件的安装和回收，比如节流阀、可插入阀门等；
- 脐带缆和跨接管的牵引和连接；
- 修井控制系统的功能测试；
- 采油树控制系统的功能测试；
- ROT 系统的安装和回收；
- ROV 的接口测试、可接近性测试和功能测试；
- 核实在搬运和动态加载过程中保持螺母预应力的能力。

参考文献

[1] API RP 17A, Design and Operation of Subsea Production Systems-General Requirements and Recommendations, 2017.

[2] API SPEC 17D, Design and Operation of Subsea Production System-Subsea Wellhead and Tree Equipment, 2nd 2011.

[3] API SPEC 6A, Specification for Wellhead and Christmas Tree Equipment, 20th, 2010.

[4] API SECP Q1, Specification for Quality Programs for the Petroleum, Petrochemical and Natural Gas Industry.

[5] ASME B31.8, Gas Transmission and Distribution Piping Systems, 2016.

[6] DNV - RP - B401, Cathodic Protection Design, 2017.

[7] ISO 13628 - 4, Design and Operation of Subsea Production Systems - Subsea Wellhead and Tree Equipment.

[8] ISO 13628 - 8, Design and Operation of Subsea Production Systems - Part 8: Remotely Operated Vehicle (ROV) Interfaces on Subsea Production Systems, 2002.

[9] NACE MR0175, Petroleum and Natural Gas Industries - Material for use in H_2S - Containing Environments in Oil and Gas Production.

[10] NACE RP - 01 - 76, Corrosion Control of Steel Fixed Offshore Structures Associated with Petroleum Production, 2003.

第29章

水下管汇设计案例

29.1 介　　绍

水下管汇是水下生产系统的主要组成部分,在水下系统中主要用于产品的收集和外输。水下管汇的设计比较灵活,其设计成可进行多样配置以满足管汇设计不同的配置需求和服务要求,同时其对于安装船舶的需求也具有高度的通用性。本章讨论了一个水下管汇系统的案例来讨论了水下管汇的设计、制造、检测、测试等。设计中使用的标准和规范如下:

API RP 2A	Planning, Designing and Constructing Fixed Offshore Platforms
API RP 2D	Recommended Practice for Operation and Maintenance of Offshore Cranes
API 8A	Lifting and Handling equipment
API 9A	Specification for Wire Rope
API 17A	Design and Operation of Subsea Production Systems—Part 1: General Requirements and Recommendations
API 17P	Subsea Structures and Manifold
ASME B31.3	Process Piping
ASME B31.4	Liquid Petroleum Transportation Piping Systems

续表

ASME B31.8	Gas Transmission and Distribution Piping System
ASME BPVC Section IX	Welding, Brazing, and Fusing Qualifications
AISC - ASD	American Institute of Steel Construction
AWS D1.1	American Welding Society, Latest Edition
DNV RP B401	Cathodic Protection Design
NACE MR-01-75	Sulfide Stress Cracking Resistant Metallic Material for Oilfield Equipment.
NACE TM 0299-99	Corrosion Control and Monitoring in Seawater Injection Systems

29.1.1 缩写

缩写	描述
AISI	American Iron and Steel Institute
API	American Petroleum Institute
ASME	American Society of Mechanical Engineers
CPS	Cathodic Protection System
CW	Clockwise
FAT	Factory Acceptance Test
FEA	Finite Element Analysis
HP	Header Pipe
ID	Inner Diameter
JSA	Job Safety Analysis
MQC	Multi Quick Connector
NAS	National Aerospace Standard
OD	Outside Diameter
PSI	Pounds per square inch
ROV	Remotely Operated Vehicle
SIT	Systems Integration Test
WT	Wall Thickness

29.1.2　设计数据

水下管汇和辅助部件应按照以下服务要求进行设计和测试：
设计压力：5 000 PSI
操作压力：3 000 PSI
操作温度：4℃ －132℃
设计流量：500 m^3/h
操作流量：350 m^3/h
水深：1 500 m
液体成分：石油和天然气混合物
设计寿命：20 年

29.2　水下管汇系统

29.2.1　设计要求和设计载荷

1. 水下管汇的主要设计要求

● 水下管汇包含两个独立的 6″主管，主管端部接 6″连接器轮毂（Hub）。每个管头的其中一个 Hub 提供端口与 Flowline 连接，另一个 Hub 提供端口为清管循环提供了一个连接点。

● 管汇应包含 5 - 1/8″液压闸阀。来自一个井的所有流体都应通过液压操作的闸阀通过 6″管道流入到两个管头之一。

● 管汇上安装液压管路以便控制管汇上液压控制的闸阀。带 MQC 的液压管路用于控制液压操作的阀门。这些阀门应配备蓄能器，以便在手动操作阀门时可以对液体进行导流。

● 所有的阀门都需安装有阀门位置指示器，并且通过 ROV 的摄像机清晰标记和可见。所有液压操作闸阀都允许 ROV 强制操作。

● 管汇的最大重量应为 100 T。

● 管汇应安装在最大 5°的情况下垂直的防沉板基础上。管汇应安装一只牛眼(一种显示水平度的装置)或两个倾斜仪,以验证5°内的平整度。

• 除非另有说明,暴露的管汇部件应涂覆环氧涂料,但不锈钢管、ROV 接口和阳极除外。

• 所有控制管应为316带焊接连接的不锈钢。所述的承压管头均应按照热分析的要求进行绝缘,达到保温4小时的要求。

2. 管道系统热力和机械分析应考虑以下负荷

• 内部压力5 000 PSI;
• 静水压测试1.25×5 000PSI;
• 热载荷;
• 来自跨接管的载荷;
• 采油树跨接管的扭转载荷;
• Flowline 跨接管的扭转载荷;
• 腐蚀容限假定为4 mm;
• 管道支架假定在阀门底座上,它垂直运动受到限制。

29.2.2 阴极保护

阴极保护的设计应遵循 DNV R401 和 NACE RP 0176 要求。应对管汇进行阴极保护分析以验证在设计寿命期间 CP 系统是否能对管汇系统和连接到管汇的所有跨接管进行充分的保护。基座具有独立的阴极保护系统,因此在对管汇系统进行阴极保护分析时不考虑基座。

阴极保护系统需要满足以下需求:

$$C_{total} = N \cdot C_1 \geqslant I_{cm} \cdot t_f \cdot 8\ 760$$

式中,C_{total}——阳极电流总容量(Ah);

N——阳极的数量;

C_1——一个阳极的电流容量(Ah);

I_{cm}——管汇系统对于一个 CP 单元的电流需求(A);8 760 是一年的小时数(h);t_f是设计寿命(年)。

29.2.3 接口

在管汇设计时需要考虑以下接口:

• 采油树跨接管与管汇轮毂的连接;
• 压力帽的安装和回收;

- 阀门的 ROV 操作接口；
- ROV 对液压管线快速接头的操作接口；
- 与安装、吊装和运输相关的操作接口(垫眼、吊索、桥架、延伸杆、起重机等)。

29.2.4　结构框架

管汇的结构框架应该被设计成：

- 包括主体结构、附件保护结构、支撑结构、校准和导向结构、安装结构。
- 包含必要的阳极保护系统使管汇免受外部腐蚀。
- 为管头和控制管提供支持和保护。
- 提供足够的空间来安装管汇管道和阀门，并足以抵抗所有负荷。
- 提供一种四点提升装置，适用于用钢丝绳进行吊装。所有吊点应该根据 API 17d 的要求进行设计。
- 满足 API 17P(或 ISO 13628－15)和 API RP 2A 的要求。
- 满意 AWS D1.1 的要求。

29.2.5　管道系统和清管回路

29.2.5.1　管汇的管道系统的设计和制造应满足的要求。

- ASME B31.8 要求的内部压力、热负荷、静压塌陷和外部运行载荷；
- ASME B31.3 的制造要求；
- 承受 5 000 PSI 的试验压力和 1.25 ×5 000 PSI 的试验压力；
- 防止内部腐蚀；
- 承受所有可能出现的载荷、弯曲和振动；
- 允许清关球(Pigging)通过主管道。在清管环路上的最小弯曲半径应为生产管汇的额定管径(5D)的五倍。

29.2.5.2　清管回路应满足的要求

- 清管回路结构上的弯管必须满足最小半径为标称管径的五倍(5D)；
- 清管循环管应采用相同的材料，大小和绝缘作为生产流道头管道和 符合相同的标准.
- 清管回路应安装在管汇的入口轮毂上和 可安装和检索使用一个合适的吊杆梁与索具，与 ROV 的协助。

29.2.6 基座

管汇的基座有多种类型:防沉板、吸力桩和单桩。防沉板基座具有结构简单、安装方便和重量轻的优点。基于土壤条件,选择防沉板作为管汇的基座。管汇大小由土壤强度和管汇的重力来决定。对于较软的土壤,必需大尺寸的防沉板,但过大的尺寸会不便于海上安装。为了减少防沉板的尺寸和增加稳定性,在防沉板上采用裙板。

防沉板的设计应根据标准进行 API RP 2A 和 ISO 13628 - 1。防沉板的结构设计应考虑海洋条件、土壤数据、极端外部负荷和结构重力负荷。

29.2.7 材料和阀门选择

材料选择与要求遵循和 API 17P 和 API 17D 的要求。在一般情况下,不锈钢合金或耐腐蚀合金被选为管子、弯头和法兰的材料,碳钢被用作制造管汇结构框架。

管汇上的阀门由第三方制造商提供。

1. 阀门应满足的要求

• 阀门类型:闸阀;

• 满足 API 6A 和 API 17D(或 ISO 10423 和 ISO 13628 - 4)中 PSL 3G 的要求;

• 连接类型:焊接;

• 包括 ROV 视觉位置指示器;

• 最大限度地减少潜在泄漏点的数量。

2. 阀门操作应包含的内容

• 阀都在逆时针方向旋转时打开,在顺时针方向旋转时关闭;

• 阀可以是使用 ROV 工具和 ROV 操作手在阀门承受设计压差时上打开或关闭;

• 在液压系统发生故障时,液压操作的阀门应该处于安全位置;

• 阀门可安装操作手柄由 ROV 机械手直接操作。

3. 液压阀执行器具有的属性

• 使用 HW 540 水基液压油;

• 组装干净,以满足 NAS 1638 Class 6 清洁度要求。

29.2.8　工厂验收测试(FAT)

工厂验收测试程序应在制造现场进行,以确保组件已按照特定要求制造。测试应按照预定义和批准的程序执行。任何故障都应修复和分析,并找出故障原因和导致结果,以确定是否可以接受偏差。工厂验收测试通常是一种多层验收方法,涉及单个组件检查、子系统检查、接口检查和装配体系统检查。测试和制造过程中对设备的修改和变更应被正式记录。

单个组件,如阀门、执行器,连接器、安装工具和控制系统组件,应按照部件级别的验收程序独立进行测试。

1. 以下是对管汇系统的测试

- 管头通径测试;
- 管道、轮毂和阀门的压力测试;
- 所有阀门的操作测试;
- 轮毂密封区域的装配和压力测试;
- ROV 扭矩工具接口检查;
- 电气连续性测试;
- 管汇的实际重量和重心位置测量。

2. 在所有压力测试中应考虑以下因素

- 对于高压试验,初始试验压力不应超过指定压力的5%;
- 在试验保持期间,试验压力不得低于规定的压力;
- 测试压力可从压力表中读取;
- 如果压力峰值超过指定测试压力的10%,在压力测试完成之前获得出具分析报告。

3. 以下验收标准适用于所有压力测试:

- 所有静压试验的验收标准应以“无可见泄漏”和条形图记录为准,记录在保持期内每小时的压力不超过规定试验压力的3%;
- 初始试验压力不应超过指定试验压力的5%;
- 最终压力不得在试验保持期结束前低于规定的试验压力。

29.2.9　系统集成测试(SIT)

管汇应进行系统集成测试。在集成测试期间执行的不同测试用于检查可靠性,并应证明公差要求和整个系统可以正常运行。测试的目的是模拟所有的海

上操作。系统集成测试通常包括以下项目:

- 组件和子系统的集成功能测试;
- 最终的功能测试,包括通过性测试和泄漏测试;
- 所有电气和液压控制接口的最终功能测试;
- 记录的方向和导向适合所有接口组件和模块的测试;
- 模拟安装、干预和生产模式操作,如实际可行以验证和优化相关程序和规范;
- 在特定条件下运行,包括极端公差条件下的操作,以揭示系统、工具和程序中的任何缺陷;
- 测试,以证明设备可以按计划组装,并令人满意地履行其作为集成系统的功能;
- 灌装正确的液体,并按照规定进行润滑、清洁、保存和包装;
- 最终检查,以验证已建成文件的正确性;
- 验证与其他系统的连接操作,例如树和管汇之间的连接;
- 重新安装后的管汇系统的公差检查;
- 清管操作。

29.3 结构分析

29.3.1 介绍

水下管汇用来从两个水下井中收集和外输生产流体,流体输送通过两个流线跨接管来完成。本节对管汇的结构进行分析,包括总体分析和局部有限元分析。总体分析包含四个部分:In - place Assessment、吊装分析、ROV 冲击分析和防沉板分析。局部有限元分析用于验证吊点的局部强度和 Hub 的支撑强度。设计的管汇如图 29 - 1 所示,尺寸为 7.3 m(长) ×7.3 m(宽) ×2.3 m(高)。

结构设计和分析使用下面的代码 AutoPipe、SACS 和 Abaqus 三个软件,主要参考标准 API RP 2A - WSD 和 AISC ASD。管汇的板和梁使用 ASTM A572 Grade 50,管汇的管系统采用 API 5L X - 52。

图 29－1　水下管汇

29.3.2　管道分析

29.3.2.1　管汇的管路系统

管汇管道由 6 个 6 英寸的管头、6 个 5－1/8 英寸的阀门、6 个 6 英寸的轮毂和 6 英寸的支管组成，如图 29－2 所示。6 英寸管头头包括 6.625 英寸 OD×0.719 英寸 WT API 5L X65 的管子，内部堆焊 0.125 英寸厚的耐腐蚀合金，可用于腐蚀和侵蚀。管头和支管终端部连接连接器轮毂，一头用于接接管，一头用于连接清管环路。该连接器能够承受跨接管施加的扭转力。弯曲和剪切力是由管汇通过防沉板承担的。

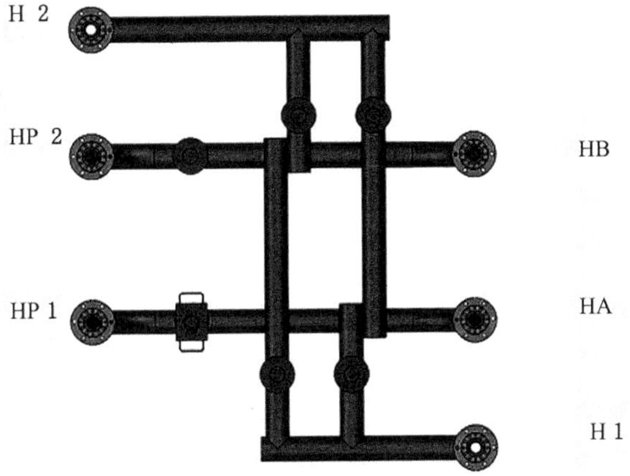

图 29－2　管汇组件和管道系统

清管回路是一种用于连接同一个管汇上的两个 Hub 的管道，并为 PIG 提供一条行走的通道。它由两个连接器和刚性管道组成。清管环路的每个组件都必须根据工作温度、材料性能和几何形状进行热力学分析来确定。设计压力为 5 000 PSI，工作温度范围为 4 ~ 132 ℃。清管回路的设计依据 ASME B31.8 设计规范。

29.3.2.2 负载条件

应该对管汇系统所有的载荷工况进行分析以保证系统的最大应力满足 ASME B31.8 标准的允许范围内。

管汇系统的载荷工况如下

- 陆上静水压试验；
- 考虑压力、温度和跨接管载荷的正常工作工况；
- 考虑知道偏差的非工作工况；
- 不考虑制造偏差的工作工况；
- 考虑知道偏差的工作工况。

1. 陆上静水试验

根据 ASME B31.8 要求，管汇应进行 1.25 倍的静水压力测试。测试压力为 6250PSI，还需额外增加 300PSI 的压力，以确保环境温度的变化导致的压力变化不会不允许波动到规定压力的最小值。用于陆上静压试验的参数为都是：

- 重力：管道无浮力、无保温层、管内无水；
- 压力：1.25 × 工作压力 + 300PSI。

2. 考虑压力、温度和跨接管负载的工作条件

管系统周期性操作载荷条件和允许的应力参考 ASME B31.8。在分析中使用的操作载荷包括：

- 重力：管道浮力、保温和正常生产参数；
- 生产流体的温度；
- 不考虑内部压力和外部静水压力；
- 跨接管扭矩；
- 水流导致的水动力载荷。

3. 具有制造公差的非操作条件

为了保证连接器可以准确对接，每个管头都需要保障制造的平移精度和旋转精度。安装过程中引入的偏差主要是由于管汇的的制造和加工公差造成的。每个 Hub 的偏差为 ±0.12″和 ±0.15°。在此分析中考虑的参数为

- 重力 – 考虑浮力、保温和管道中的水；

- 制造偏差；

4. 无制造公差的操作条件

这个分析考虑在海底运行条件下存在的所有循环载荷，例如重力、浮力、温度和压力。不考虑制造公差。此分析中包含的参数为

- 重力 – 考虑浮力、保温和管道中的水；
- 生产流体的温度；
- 不考虑内部压力和外部静水压力。

5. 具有制造公差的操作条件

根据 ASME B31.8，由管道支架的一次性位移而产生的允许应力等于材料的最小屈服强度。这些一次性移位可能由于制造公差导致的连接器或 Hub 的错位。此分析中包含的参数为

- 重力 – 浮力 – 绝缘和管道中的水；
- 生产流体的温度；
- 内部压力和外部静水压力未被考虑；
- 制造公差。

29.3.2.3　设计标准

根据 ASME B31.8，在操作条件下，管道和清管环路的允许的应力列于表29 – 1。

表 29 – 1　不同负载条件的验收标准

负载条件	最大 Hoop 应力	最大轴向应力	最大联合应力
陆上静水压试验	0.9 × Yield	0.9 × Yield	0.9 × Yield
考虑跨接管扭矩的操作条件	0.72 × Yield	0.8 × Yield	0.9 × Yield
运输和安装	0.9 × Yield	0.9 × Yield	0.9 × Yield

29.3.2.4　输入数据

表 29 – 2 列出了用于热 – 机械分析所需的材料属性、操作参数和其他所需的输入数据。

表 29－2　材料属性、操作参数和其他输入数据

管头和管尺寸		
外径	0.168(6.625)	m(in)
壁厚	0.018(0.719)	m(in)
操作条件		
差压	34.47(5000)	Mpa(PSI)
流体的工作温度	132(1270)	℃(℉)
环境温度	4(40)	℃(℉)
腐蚀余量	0.003(0.125)	m(in)
厚度公差	0.02(0.09)	m(in)
温度降低系数	1.00	—
水试验条件		
水试验压力	45.81(6644)	MPa(PSI)
腐蚀余量	0.0(0.0)	m(in)
流体温度	21(70)	℃(℉)
环境温度	21(70)	℃(℉)
轮毂扭矩		
HB	3463(2554)	Nm(ft. －lbs)
HA	3464(2554)	Nm(ft. －lbs)
H1	9527(7027)	Nm(ft. －lbs)
HP1	0(0)	Nm(ft. －lbs)
HP2	0(0)	Nm(ft. －lbs)
H2	9150(6749)	Nm(ft. －lbs)
流体动力		
一年期底部水流速度@7 米(3 英尺)	3.43(1.35)	m/s(ft/s)
十年期底部水流速度@7 米(3 英尺)	3.86(1.52)	m/s(ft/s)
一百年期底部水流速度@7 米(3 英尺)	4.29(1.69)	m/s(ft/s)

29.3.2.5　有限元分析

该管汇由两个六英寸管头、各种三通、弯头、流量控制阀和连接器 Hub 组成，如图 29－3。该管汇在 AutoPipe 软件中建模，并使用温度和压力的各种组合进行分析。

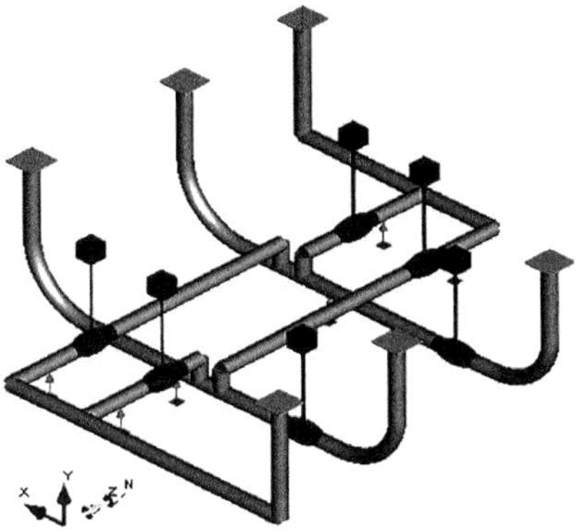

图 29－3　AutoPipe 管路系统

管汇在不同的工作条件下的许用应力参考标准 ASME B31.8。表 29－3 显示了管汇在 AutoPipe 模型中分析出的不同工况下的最大应力。

表 29－3　管汇管系统的应力分析结果

应力	Hoop 应力 (psi)	最大持续压力 (psi)	最大 Von Mises 应力 (psi)
水压试验条件			
计算的应力	30 610	17 526	27 440
允许价值	58 500	58 500	58 500
正常生产工况			
计算的应力	23 381	13 062	31 080
允许价值	46 800	52 000	58 500
运输和安装			
计算的应力	0	1 220	1 220
允许价值	58 500	58 500	58 500

29.3.2.6 分析结果

针对不同的运行情况,对管汇系统进行了热力学分析条件。最大组合 Mise 应力为 39 080 PSI,出现在低于指定的最低屈服强度的 90% 在运行条件下。最高 Hoop 压力为 30 610 PSI,发生在水试验条件下,它是最大允许应力的 49%,表明管汇管道系统具有足够的强度余量。在运输过程中的联合管道应力为 1 220 PSI 满足要求,该应力对应工况为模拟一艘满载的驳船在海上波高 3.5 m(11.6 in)和 6.5 s 的周期。

29.3.3 In - Place 分析

In - place 分析是为了检查是 结构在 In - Place 阶段有足够的强度。分析使用的软件为 SACS 和 Abaqus。应用负载包括结构的重量和跨接管反作用力.

29.3.3.1 模型

SACS 框架模型被用于作用于 In - Place 分析的快速负载筛选工具,适用于研究跨接管反向作用力的联合反应。临界载荷组合被确定为管汇的不同部分的力载荷组合,基于 SACS 分析结果。然后采用 Abaqus 软件创建 In - Place 模型用于详细分析。图 29 - 4 和图 29 - 5 显示 SACS 模型和 Abaqu 模型用于 In - Place 分析。

图 29 - 4 SACS 模型

图 29 - 5 Abaqus 有限元模型

29.3.3.2 分析结果

图 29 - 6 显示了在组合载荷下 SACS 软件的分析结果。该结果表明,该管汇具有足够的强度适用于给定的设计负载。通过对 SACS 框架模型的结果进行筛选,以确定基于管汇结构各部分的载荷组合。

图 29 -7 和图 29 -8 显示了在组合荷载作用下,模型的 Von Mise 应力和位移分布。可以观测到多处局部高应力或高变形区,对于这些区域将采用局部有限元模型进行评估。

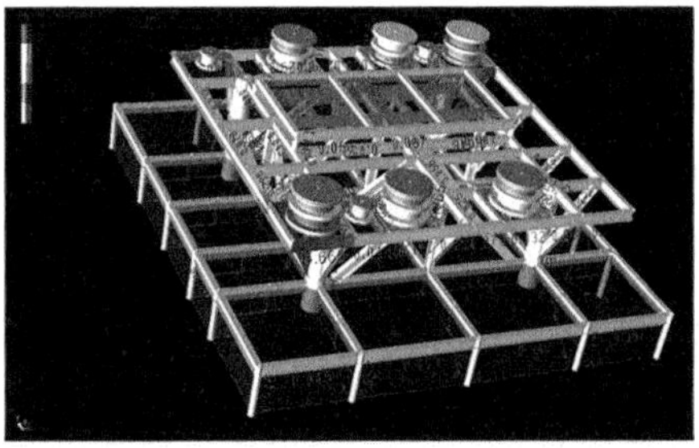

图 29 -6 SACS 分析结果

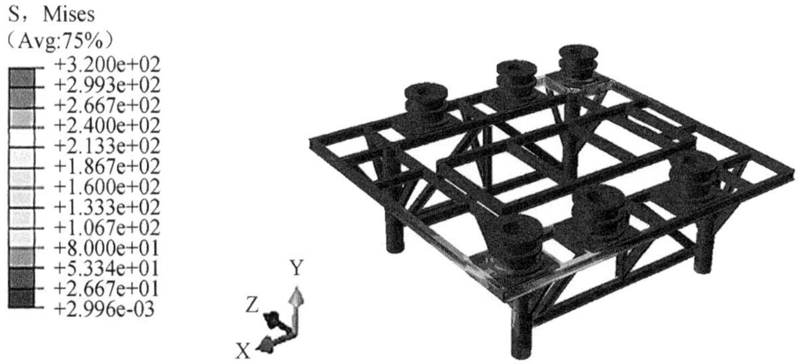

图 29 -7 管汇框架在联合应力下的 Von Mises 应力分布

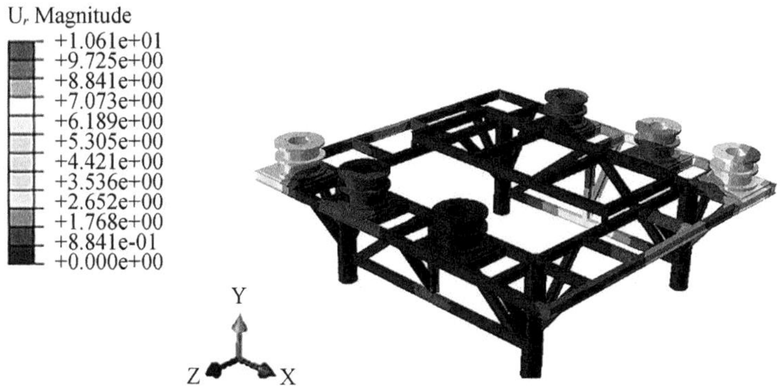

图 29 -8 管汇框架在组合荷载下的位移分布

29.3.4 吊装分析

对管汇模型的吊装分析使用 SACS 软件。提升分析假定四个吊索连接到一个提升点。直接传递吊装载荷的结构单元将采用 2.0 的安全系数,其中结构单元采用 1.35 的安全系数。允用应力为根据 API RP 2AWSD 来确定。

吊装分析采用管汇的空气重量 423 kN。一个组合负载情况下被用评估管汇的结构单元。固定边界为吊带相交点。在水平方向上人为加上 8 个软弹簧用于防止提升模块的刚体运动。

图 29－9 给出了升力分析联合的计算分布。管汇吊装结构的应力统一检查比为 0.25。分析分析结果表明,该机构结构具有足够的起重强度。

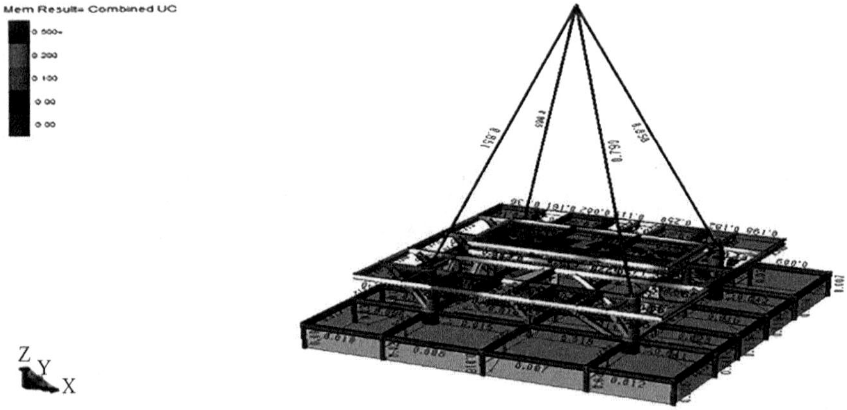

图 29－9 升降分析－最大组合统一检查

29.3.5 冲击分析

对于来自 ROV 的冲击采用 SACS 杆件模型进行分析,标准校核基于 AISC ASD 并采用 1.33 倍的安全系数。ROV 的重量为 1 t,冲击速度为 0.5 m/s,由此可计算出冲击载荷为 19.53 kN。图 29－10 给出了管汇框架在冲击载荷作用下的统一校核分布。分析结果表明,管汇结构可以承受来自 ROV 的冲击载荷。

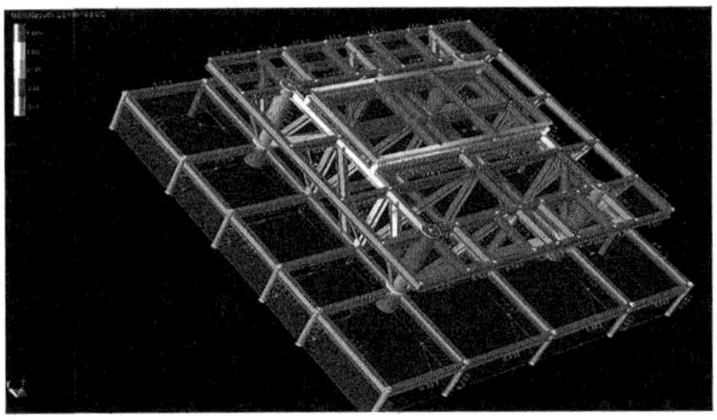

图 29－10　冲击分析

29.4　组件分析

管汇的结构组件,包括直三通和四分之一弯管。这些部件采用 Abaqus 有限元模型进行分析。分析方法和检验标准均符合第 5 部分 ASME VIII div. 2 的要求。弹性应力分析方法是用来评估结构强度防止塑性倒塌。应力使用弹性分析计算,将其分为不同的类别,并且仅限于不会发生塑性变形而确定的保守允许值。为了评估防止塑性变形的能力,计算等效应力为其相应的允许值,比较如下:

$$P_m \leqslant S$$

$$P_L \leqslant 1.5S$$

$$P_L + P_b \leqslant 1.5S$$

这里 P_m 是一般的原代膜应力,P_L 是我本地原代膜等效应力,P_b 是弯曲等效应力,S 是在设计条件下允许的应力的材料。

29.4.1　三通管

图 29－11 为位于管汇支管上的三通管。三通管的材料列在表 29－4。

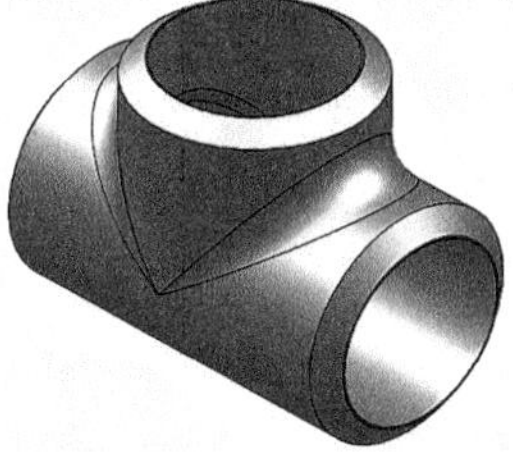

图 29－11　三通管

表 29 – 4　材料属性

材料	杨氏模量 /MPa	泊松比	屈服强度 /MPa	许用应力 /MPa
ASTM A694 F65	206 000	0.28	448	323

图 29 – 12 所示为三通管的 ABAQUS FE 模型网格。由于三通是对称的，因此只对球座的四分之一进行了分析。球台的拐角处预计为应力集中区。在应力集中区域的线性化路径也在图中标记。图 29 – 13 显示了在给定载荷下 Von Mises 应力分析结果。在应力线性化以后，分析结果与许用应力比较，并将结果汇总在表 29 – 5 中。结果表明，所有类型的压力都满足要求。没有独立的二次应力，应力仍然满足要求，不需要极限载荷分析。

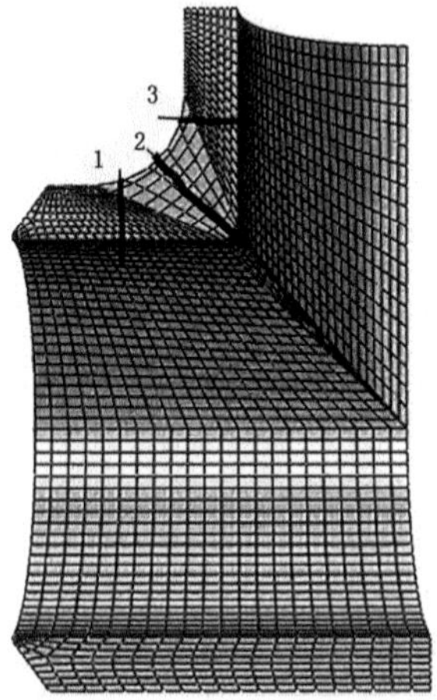

图 29 – 12　应力线性化的路径

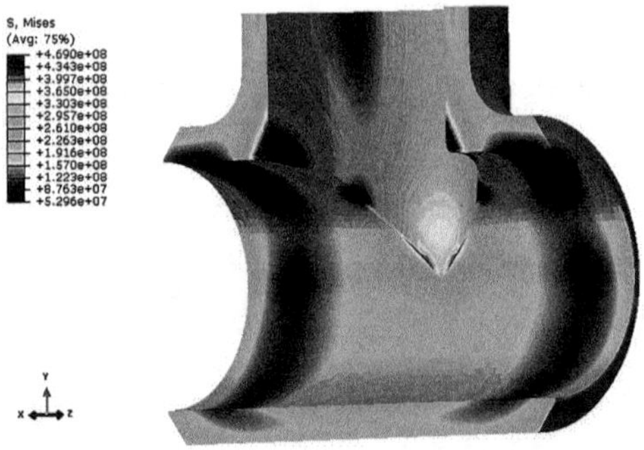

图 29 – 13　Von Miss 应力分布

表 29－5　线性化应力结果和设计标准比较

应力分类		应力/MPa	设计标准	许用应力/MPa	比较结果
主要	普通膜	275.4	S	323.0	满足要求
	局部膜	187.47	1.5S	484.5	满足要求
	局部膜 + 弯曲	462.87	1.5S	484.5	满足要求
初级 + 第二应力		462.87	3S	969.0	满足要求

29.4.2　1/4 弯管

1/4 弯管如图 29－14 所示。1/4 弯管位于支管上，其材料属性如表 29－6 所示。

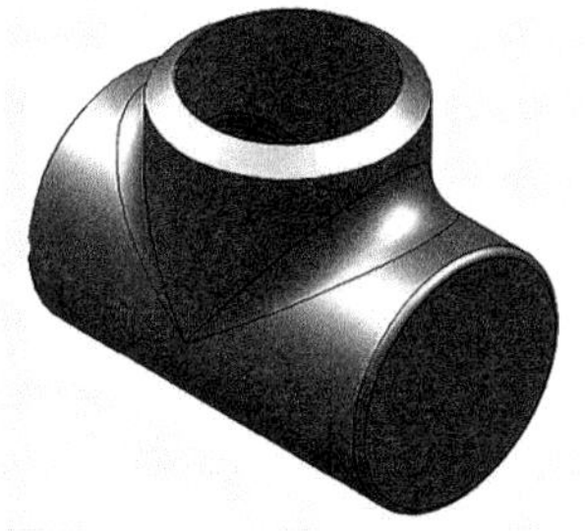

图 29－14　1/4 弯管

表 29－6　1/4 弯管的材料属性

材料	杨氏模量/MPa	泊松比	屈服强度/MPa	许用应力/MPa
ASTM A694 F65	206 000	0.28	448	323

图 29－15 显示 1/4 弯管的 ABAQUS FE 模型网格。图 29－16 显示了在给定载荷下 Von Mises 应力分析结果。在应力线性化以后，分析结果与许用应力比较，并将结果汇总在表 29－7 中。结果表明，所有类型的压力都满足要求。没有独立的二次应力，应力仍然满足要求，不需要极限载荷分析。

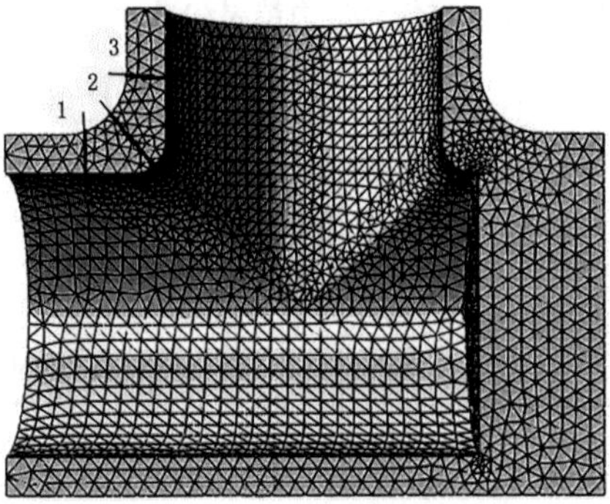

图 29－15　1/4 弯管的应力线性化的路径

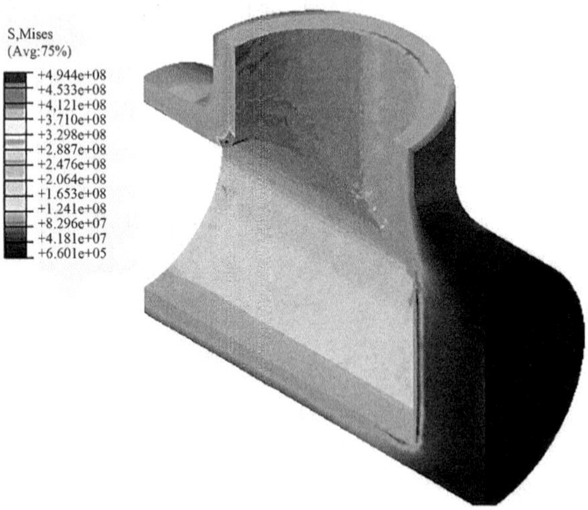

图 29－16　VonMiss 应力分布

表 29－7　线性化应力与设计标准比较

应力分类		应力/MPa	设计标准	许用应力/MPa	比较结果
主要	普通膜	236.78	S	323.0	满足要求
	局部膜	260.99	1.5S	484.5	满足要求
	局部膜 + 弯曲	440.09	1.5S	484.5	满足要求
初级 + 第二应力		440.09	3S	969.0	满足要求

29.4.3　轮毂支撑机构

对管汇系统的吊装分析和 In - Place 分析显示，在各种载荷情况下管汇结构满足 API RP 2A 要求。对轮毂支撑结构的有限元分析用于验证结构的局部应力是否在允许的范围内。该分析采用 Abaqus 软件，载荷包括来自跨接管和管汇的管系统的作用力。模型边界和外部加载条件如图 29 - 17 所示。

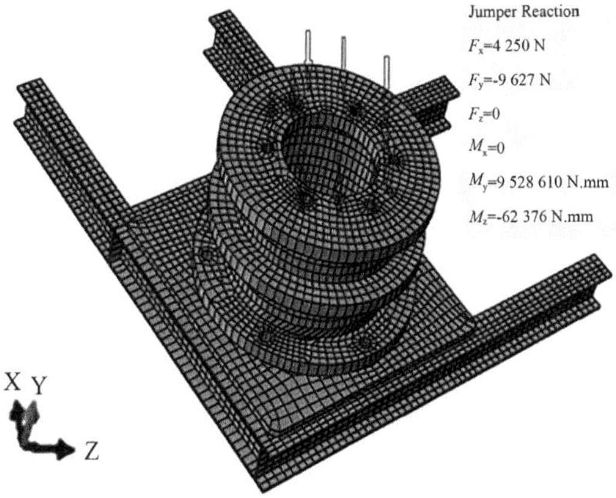

图 29 - 17　轮毂支撑结构的边界条件和载荷

图 29 - 18 显示了 Von Mises 应力在跨接管和管道荷载作用下的应力分布。应力显示的单位是 MPa。分析结果表明最大局部应变小于允许的值的 1% 和，相应的 Von Mises 应力低于允许值的 60%。

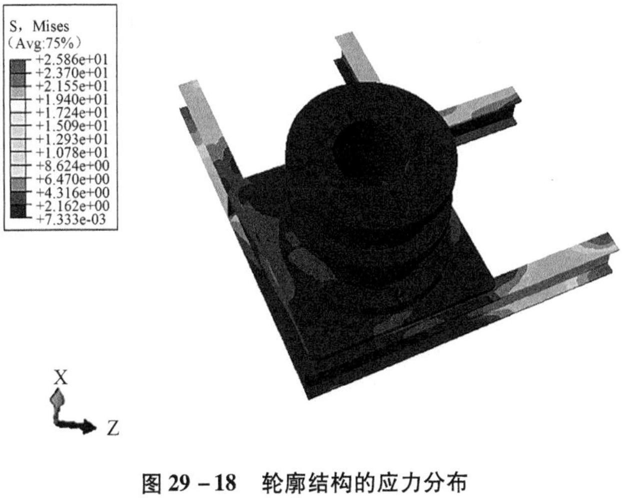

图 29 - 18　轮廓结构的应力分布

29.5 防沉板分析

防沉板分析基于 API RP 2A。此分析的目的是验证防沉板的插入和稳定性。防沉板的模型如图 29－19 所示，长度为 7.2 m，宽度为 7.2 m，插入深度为 0.76 m。设计防沉板的土壤条件如表 29－8。

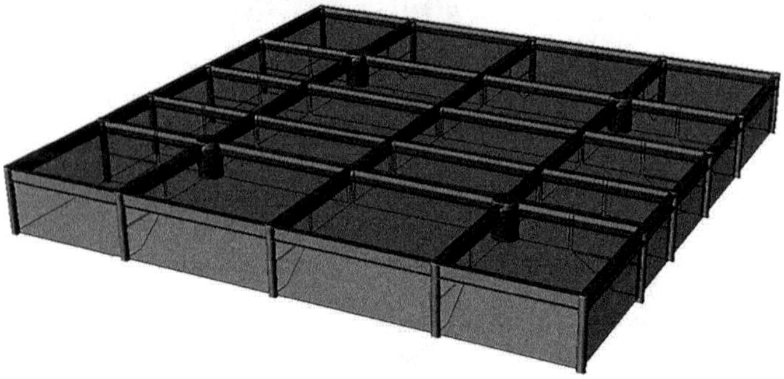

图 29－19　防沉板模型

表 29－8　土壤数据

土壤参数		软土	细沙
土壤深度/m	初始	0	0.6
	最后	0.6	4.7
埋入密度/(kg/m^3)		1 820	2 000
水分/%		34	29
土壤颗粒的比重		2.695	2.654
未排水剪切强度(kPa)	就地，不受干扰	10°	$\Phi = 30°$
	已修复	5°	
摩擦系数	横向	0.22	0.6
	纵向	0.17	0.55
有效摩擦角度 φ		0°	30°
孔隙度 e		1.039	0.911

29.5.1 极限均衡分析方法

1. 最大的未排水承载能力

在饱和黏土上的防沉板在载荷作用下产生正过量孔隙水压力。在承载力分析时，最有可能发生承载故障的情况是，在未排水的条件下载荷施加的瞬间。最大未排水的承载能力(q_{uu})通过 API RP 2A - WSD 中公式进行计算：

$$q_{uu} = c N_c K_c + \gamma D_2$$

式中 q_{uu}——最大未排水承载压力，kPa；

C——未排水抗剪强度，kPa；

N_c——磨损系数；

K_c——校正系数；

γ——有效密度，N/m^3；

D_2——插入深度，m。

设计条件是：$c = 10$ kPa，$N_c = 5.14$ when $\varphi' = 0°$，$K_c = i_c \cdot s_c \cdot d_c \cdot b_c \cdot g_c = 1.2$，$C = 18$ kn/m³，$D_2 = 0.76$ m。计算的极限未排水承载力为$q_{uu} = 75.36$ kPa。

2. 极致的抗滑能力

在未排水条件下的极限水平抗滑能力可以通过 API RP 2A - WSD 中的公式进行计算。

$$H = c \times A' = c \times L' \times B'$$

式中 C——未排水剪切强度，kPa；

A'——减少的面积，m^2；

L'——由于偏心导致的防沉板长度缩短；

B'——由于偏心导致的防沉板宽度缩短。

设计条件是 $c = 10$ kPa，$A' = L' \times B' = 41.3\ m^2$，$L' = 6.17$ m，$B' = 6.7$ m。计算的最终的抗滑能力是 $H = 413$ kN。

3. 抗剪性

抗剪能力由以下公式进行计算：

$$q_s = c/n$$

式中 C——未排水抗剪强度，kPa；

n——安全系数。

根据设计条件进行计算的抗剪性为：$q_s = 3.3$ kPa。

29.5.1.4 短期变形

垂直方向的短期变形可通过 API RP 2A - WSD 中的公式进行计算：

$$U_v = W_P \times \frac{1-\upsilon}{4} \times G \times R = 0.02\ \mathrm{m}$$

水平方向短期变形计算为

$$U_{hx} = H_X \times \frac{7-8\upsilon}{[32 \times (1-\upsilon) G \times R]} = 0.000\,6\ \mathrm{m}$$

$$U_{hy} = H_X \times \frac{7-8\upsilon}{[32 \times (1-\upsilon) G \times R]} = 0.003\ \mathrm{m}$$

翻转角度为

$$\theta_{rx} = M_x \times 3 \times \frac{1-\upsilon}{8 \times G \times R^3} = 0.001°$$

$$\theta_{ry} = M_y \times 3 \times \frac{1-\upsilon}{8 \times G \times R^3} = 0.001°$$

$$\theta_t = T \times \frac{3}{16 \times G \times R^3} = 0°$$

式中 U_v,U_h——垂直和水平方向位移;

W_p,H——垂直和水平方向的力;

θ_t,θ_r——翻转和旋转角度;

M,T——翻转和旋转力矩;

G——泥土的弹性剪切模量;

υ——泥土的泊松比;

R——基础半径。

计算过程中的土壤数据参考表。基于计算结果,防沉板的短期变形非常小,在标准允许的范围内。

29.5.2 实际应力分析

如果在底座上施加的载荷在两个 B 和 L 方向,它将落在钻石形的后室如图 29－20,满足以下条件:

$$\frac{6\,e_B}{B} + \frac{6\,e_L}{L} \leqslant 1.0$$

式中 e_B——B 方向的偏心;

e_L——L 方向的偏心;

L,B——分别表示基础长度和宽度。

对于满足上面方程的条件,在防沉板四个角落的 q 值如下:

$$q = \left(\frac{P + W_f}{A} - U_D\right)\left(1 \pm \frac{6\,e_B}{B} \pm \frac{6\,e_L}{L}\right)$$

式中　P——管汇的重量,kg;

W_f——防沉板的重量,kg;

U_D——孔隙水压力,$U_D=0$。

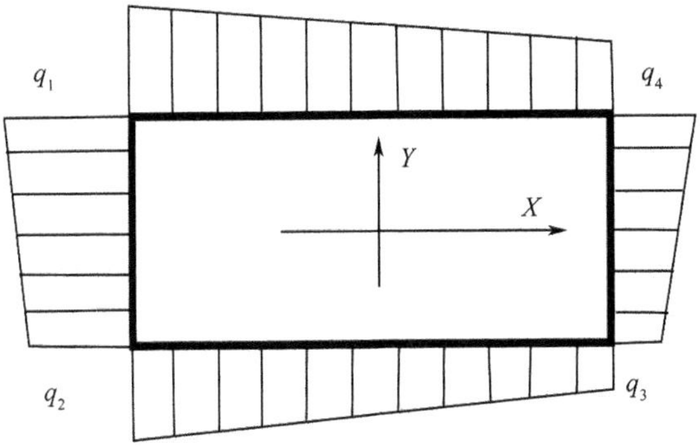

图 29-20　承载压力分布

$$q_1=|F_Y|/A\times(1+6e_x/L+6e_z/B)=14.3\ \text{kPa}$$

$$q_2=|F_Y|/A\times(1+6e_x/L-6e_z/B)=9.6\ \text{kPa}$$

$$q_3=|F_Y|/A\times(1-6e_x/L-6e_z/B)=1.6\ \text{kPa}$$

$$q_4=|F_Y|/A\times(1-6e_x/L+6e_z/B)=6.3\ \text{kPa}$$

可以明显看出$q_i(i=1,2,3,4)<q_{uu}$和$n=q_{uu}/q_{\max}=5.2$,因此防沉板的垂直承载能力满足规范要求。根据表,施加在管汇上的最大滑动力是 50.4 kN,极限抗滑力为 413 kN。由于$n=H/H_{\max}=413/50.4=8.2$,因此防沉板的水平承载能力满足规范要求。

29.5.3　有限元稳定性分析

对于软黏土层的有限元分析用于评估防沉板稳定性。图 29-21 显示了防沉板有限元模型和土壤模型。防沉板模型去除了内部裙边进行简化。防沉板采用全部模型,因为即使模型是对称的,但负载不对称。

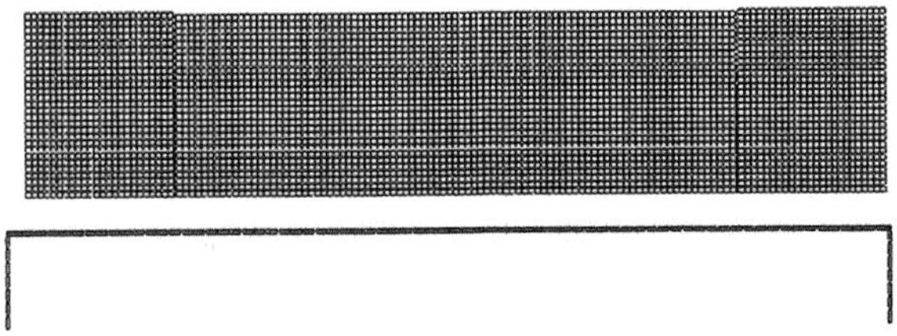

图 29-21　土壤和防沉板模型

1. 载荷

作用在防沉板的载荷包括管汇、管道、跨接管的反作用力和环境负载，如表29－9所示。

表29－9　负荷

	负载/(kN / kN·m)			负荷位置/m			组合力矩/(kN·m)		
	F_{Xi}/M_{Xi}	F_{Yi}/M_{Yi}	F_{Zi}/M_{Zi}	Xi	Yi	Zi	M'_{Xi}	M'_{Yi}	M'_{Zi}
管汇	0/0	－388.0/0	0/0	0.02	0.6	－0.01	0	0	0
轮毂1	0/98.3	－20.9/0	－21.9/0	2.3	2.3	2.5	－97.7	－5.3	5.3
轮毂2	3.2/28.5	－8.3/28.0	－28.6/－8.0	－2.3	－2.3	－2.5	－57.5	－45.7	－79.7
轮毂A	4.5/0	－10.2/0	0/－35.5	2.3	2.3	1.0	10.1	4.5	－69.2
轮毂B	4.5/0	－10.2/0	0/－35.5	2.3	2.3	－1.0	－10.1	－4.5	－69.2

2. 地应力平衡

地基和土壤的初始地应力平衡对结构的承载非常重要。图29－22显示在重力负载下的应力和位移分布。

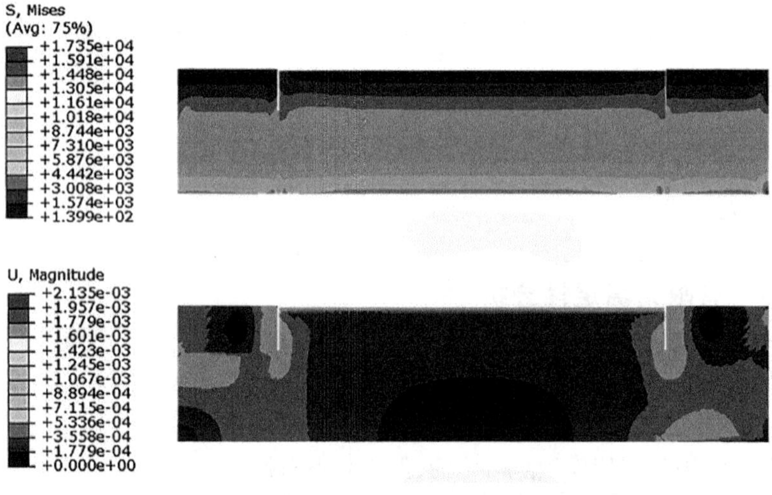

图29－22　重力在地应力平衡上的效果

(a) Mise Stress; (b) Displacement

对防沉板的垂直和水平承载能力的分析是用于确保管汇结构在不同操作条件下的稳定性。图29－23和图29－24显示了防沉板和泥土的Von Mises和位移云图。分析结果表明，防沉板满足API RP 2A在力量和稳定性方面的要求。

图 29－23 Von Mises 应力和防沉板的位移分布

(a) von Mises Stress; (b) Displacement

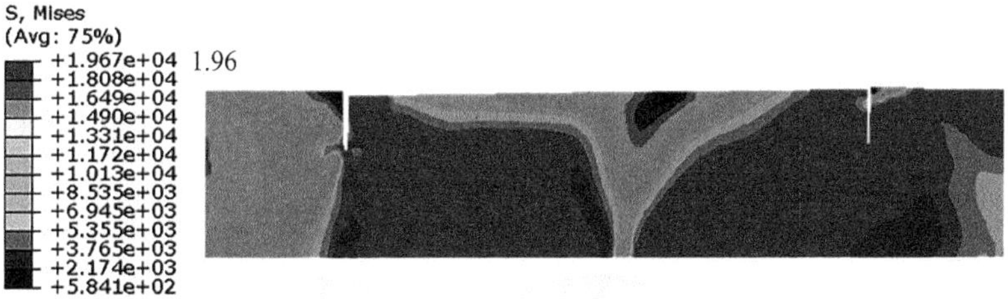

(a)von Mises Stress

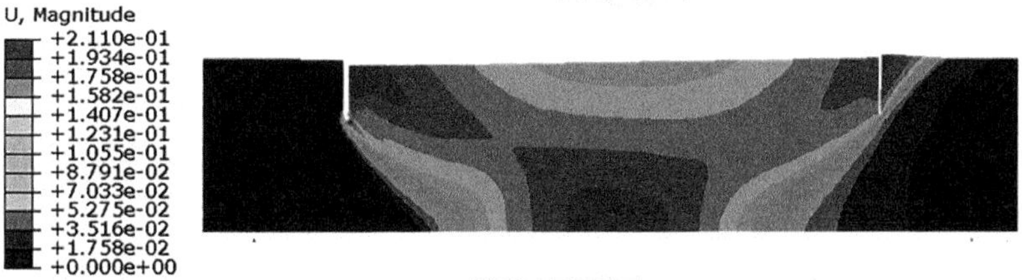

(b)Displacement

图 29－24 Von Mises 应力和土壤的位移分布

(a) von MisesStress; (b) Displacement

29.6 工厂验收测试(FAT)

29.6.1 介绍

此流程介绍了水下管汇的工厂验收测试(FAT)要求,以确认制造完成的设备是否与设计要求一致。主要包含以下测试:

- 通径测试;
- 内部压力测试;
- 阀门功能测试;
- 阀门压力测试;
- 电气连续性检查;
- 吊装测试。

该流程给出了推荐的测试顺序。在业主和供应商同意的情况下,此顺序可能会更改。测试过程中的任何改动都必须满足此过程的意图,并不得有安全方面的隐患。

29.6.1.1 压力测试一般要求

用于管汇管道的测试介质是含有添加剂的水(或抑制水)。在整个过程中,此测试介质被称为"水"。对管汇管道没有 NAS 清洁度要求,但需要在进行静压试验之前用压缩空气和水进行清洗。如果客户不指定的话,阀门驱动测试的介质是 HW540(水性液压油)。

压力测量装置必须满足要求。压力保持期从压力稳定时开始计时。压力测试图必须用适当的测试节编号标记,并作为测试文件的附件。

验证所有密封装置(如压力帽、测试接头等)在开始加压之前以经正确锁定并密封。

29.6.2 管头拖拽测试(通径测试)

根据设计文件判断管汇上的管道是否需要通径测试。支管无清关需求,因此无需进行通径测试;主管需要进行清管,需要进行通径测试。通径试验是用绳子拖拉一个从中心通过的 6″通径球进行测试。绳子可由铜线送入管头。

1. 初始测试条件

测试之前,必须满足以下条件:

- 将所有 6″阀门置于完全打开的位置;
- 管汇已焊接完成;
- 管汇管道已被清洗;
- 管汇上的所有焊接已经通过了无损评估(NDE);
- 所有的接头轮毂(hub)处于安全打开的状态,未安装任何装置;
- Hub 上的密封面受到很好的保护;
- 建议:管汇管头应该是在安装和焊接到管汇上之前进行通径测试。

2. 测试前的程序

- 橡胶和胶带保护 Hub 上的垫片密封表面;
- 测量通径球两个位置的直径:分别在 180 度位置进行测量;
- 验证通径球的直径是否在允许的范围内。

3. 操作流程

以 HP1 - HA 管头为例进行描述,如图 29 - 25 所示。HP2 - HB 管头应该用同样的方法进行测试。

- 第一步是核实轮毂密封表面得到充分保护;
- 将绳子送入其中的一个轮毂,并从另一端的轮毂中取出;
- 下一步,将带有通径球的绳子穿过“HP1 - HA”管头;
- 检查通径球是否能从管子通过;
- 如果拉力过高,标记通径球的位置,然后反向拉绳子;
- 回收通径球并检查通径球是否有损坏。

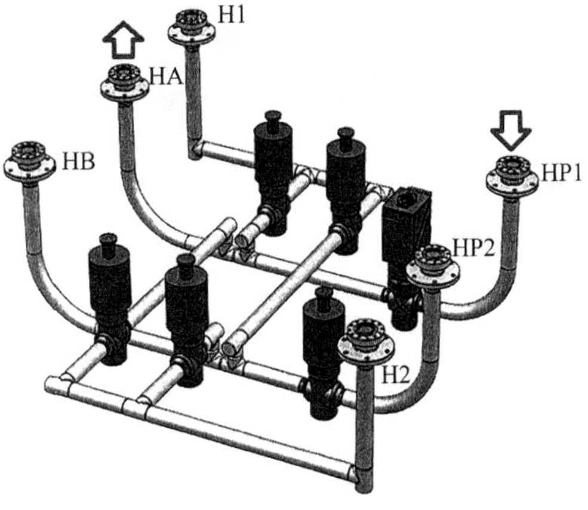

图 29 - 25 管汇的管系统(箭头方向表示拉通径球的方向)

4. 后续操作程序

- 检查通径球，以记录通径球的损坏，如沟槽或深划痕；
- 检查 Hub 密封表面的损坏。

5. 验收标准

所有步骤都顺利完成。通径球可以顺利通过各个管头。

29.6.3 管汇静水压测试

本测试是为了静压试验管汇管道系统的保压能力，测试压力为 6 250 PSI。先进行 3 分钟的保压测试，然后进行 4 小时的保留测试。图 29 – 26 中紫色区域显示了该测试中的承压管道。

1. 初始条件

测试前，应满足以下测试条件：

- 管汇管道已进行过清洗；
- 所有的管道阀门都是半开的状态；
- 所有的管道已成功通过通径测试；
- 所有压力测试帽都安装在 Hub 上；
- 将压力帽上的所有阀门都处于打开状态。

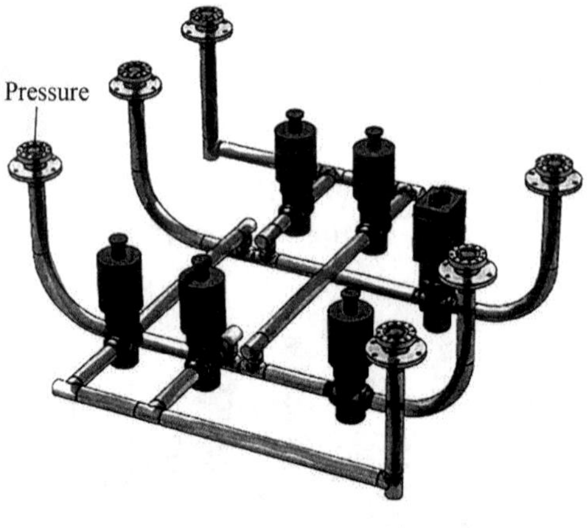

图 29 – 26　压力测试期间的承压管道

2. 所需测试设备

进行本测试，需要以下测试设备：

- 压力帽；
- 液压泵、仪表、图表记录仪、软管和配件；

• 含抑制剂的自来水；
• 起重机

3. 操作前的程序
• 将管汇管道内充满水，并去除里面的空气；
• 一旦所有的空气从系统中排出，关闭压力帽上的阀门；
• 把所有的管道阀门完全打开。

4. 操作流程
• 压力帽验证
o 验证所有压力帽的锁紧状态；
o 验证所有的管道阀门都处于完全打开的位置；
o 将液压泵连接到其中一个压力帽上；
o 将图表记录仪连接到另一个压力帽上。
• 3 分钟压力测试：
o 以 25% 的增量的形式对管道进行逐级加压，每级加压都需等压力稳定后再进行下一级加压，直到达到所要求的测试压力；
o 保压 3 分钟；
o 在中记录结果；
o 泄放压力为零。
• 4 小时压力测试：
o 以 25% 的增量的形式增加生产管道的压力，压力稳定之后再进行第二级升压，直至到达测试压力：
o 保持压力 4 小时；
o 每隔 15 分钟记录一次结果；
o 泄放压力为零。

5. 验收标准
所有静压试验的验收标准应为“无明显泄漏”。
• 在保持压力期间内，每小时压降不超过试验压力的 3% 。
• 初始试验压力不应超过试验压力的 5% 。
• 最终压力不得在保压期结束前低于规定的试验压力。

29.6.4　阀门静压试验

阀门静压测试是为了验证所有阀门的密封都能承受充分的差压。此测试可能已经在组件测试级别进行，但在 FAT 级别重复，以验证管汇制造后的阀门的完整性。

1. 初始条件

在测试前必须满足以下条件：

- 管汇已经被清洗，并且通过通径测试和静水压测试；
- 所有压力测试盖都安装在 Hub 上；
- 将阀门放在压力盖上，保持打开位置。

2. 所需设备

需要以下测试设备：

- 压力帽；
- 液压泵、仪表、图表记录仪、软管和配件；
- 含抑制剂的自来水；
- 起重机。

3. 操作前的程序

- 关闭所有管头阀门；
- 将阀门从完全关闭位置反向旋转 1/4 圈，以允许闸门浮动以达到更好的密封条件。

4. 操作流程

阀门是按分组进行测试，如图 29－27。该测试的目的是验证压力完整性，每个阀门的上游和下游密封都需要测试。

- 验证所有的压力帽都被锁定到 Hub 上；
- 连接图表记录仪和压力传感器；
- 测试四个阀门的上游密封，如图 29－27 所示；

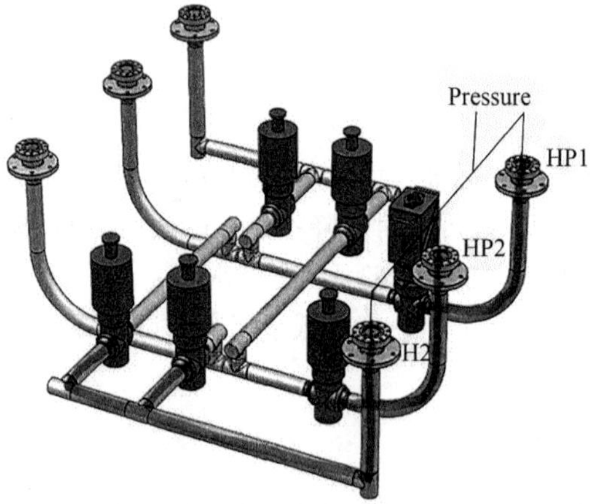

图 29－27　测试阀门的上游（标记的管道表示承受压力的区域.）

• 验证所有四个阀门是关闭的，其他两个阀门都是打开的；
• 对所有的管头压力帽进行泄压；
• 通过压力帽施加 5 000 PSI 的压力到管汇中；
• 保持 5 000 PSI 压力 3 分钟；
• 使用图表记录 5 000 PSI 压力测试结果；
• 泄放压力；
• 在图表中记录测试结果。

5. 验收标准

所有静压试验的验收标准应为“无明显泄漏”。

• 在压力保持期间内，每小时压降不超过规定试验压力的 3%；
• 初始试验压力不应超过试验压力的 5%；
• 最终压力不得在保压结束前低于试验压力。

29.6.5　阀门功能测试

阀门功能测试是测试所有压力阀门的运行情况，以验证驱动扭矩，并确定阀门延伸轴的正确对齐。在测试之前，Hub 完全安装了压力帽。

1. 所需测试设备

• 压力帽
• 4 级 ROV 扭矩工具
• ROV 扭矩工具、扭矩读数仪
• 静压泵

2. 操作流程

4 级 ROV 扭矩工具应根据阀门运行数据设置最大扭矩和最大转速：

• 测试前检查工具设置；
• 将带有仪表和软管的液压泵连接到其中的一个压力帽上；
• 关闭其他所以压力帽上的压力注入阀门；
• 在向管汇加压之前，检查所有压力盖是否都已锁定，所有闸阀都应处于完全打开的位置；
• 向生产管道施加 5 000 PSI 的测试压力，在 ROV 扭矩工具阀驱动试验中需保持这个压力；
• 使用 ROV 扭矩工具顺时针旋转（CW）完全关闭每个阀门，然后逆时针旋转（CCW）完全打开。不要让管汇中的压力超过 5000 PSI。

3. 验收标准

- 阀门操作符合设计扭矩值和旋转次数；
- 当管内为设计操作压力时，阀门可以正常操作；
- 阀门位置指示器可以正确显示阀门的状态。

29.6.6 电连续性测试

电连续性测试用于验证阴极保护系统的管汇组件和阳极之间的电连续性。此测试应在保温材料安装之前进行。但是，它可以在安装保温材料之后进行，前提是被保温的部件在保温材料安装之前以经进行了电阻测量。受阴极保护的部件包括任何以阴极进行电连接的部件，连接方式可以为焊接、螺栓紧固、捆扎或任何其他非焊接方法。这些部件应接受阴极保护，以获得有效和可靠的防腐蚀保护。

在测试之前，请确保所有电气捆扎都已完成。至少，管汇结构上应该连接地线。连接器应处于锁紧状态。使用螺栓连接的电气性接触应该不受油漆或其他涂层的影响。测试应在最终组装后进行。此测试应该在完成最终装配之后进行。测试最好直接单个组件和对应的阴极保护块之间进行。但是，跨螺栓连接进行测试也是可以接受的。

该测试仪器应适用于测试小数据值电阻。仪表的最大读数必须小于 0.5 欧姆。仪表精度必须满足其读数误差小于其总范围内读数值的 0.5% 。所使用的仪表的分辨率必须小于 0.001 欧姆。仪表必须有有效的校准记录。这种测试应该用毫欧表进行测量。常规欧姆表一般用测试较高电阻值。

主要受保护的组件都是：

- 阀门；
- 连接器；
- ROV 接口组件；
- 管汇基础；
- 螺栓连接；
- 液压管线；
- 其他框架结构。

这些组件应使用类似的测试程序单独进行测试。以阀门连续性检查为例进行描述，其他组件测试遵循相同的原则。对于管汇中需要测试的每个阀门，都应具体说明不同阀门的详细信息。每个阀门都应单独测试。对于每个阀门，填写阀门和螺栓连接的连续性检查表。所有受阳极保护的设备的最大净电阻为 0.1 欧姆。

29.6.7　吊装测试

吊装测试用于验证管汇的吊装和吊装之后的平衡性。管汇的重量和重心位置也应该在这个过程中被确定。所需测试设备主要是一个 60 t 的吊车和管汇吊装装置及绳索。

在测试之前,需要满足几个初始条件。管汇上所有的 Hub 都需要安装压力帽。管汇里装满水,管汇管道的保温部件被安装(如果有)。已经完成对管汇上所有结构件的 NDE 测试。

1. 吊装测试

第一步是安装两个水平仪到管汇结构上。它们应该被安装到两个不同的相差 90°的轴上。水平仪用胶带进行固定。

然后,将 4 腿吊带组件连接到管汇的吊装点上。安装 4 个固定销。通过两个主链提升管汇,直到管汇离地面约 0.2 m。读取水平仪的读数。接下来,将管汇落下,取出吊索。对管汇上未涂覆的焊缝进行执行 NDE 无损测试。

2. 重量测量和重心计算

重心的理论重量和位置应根据设计报告确定。试验中,重量和重心是通过以下步骤测量的:

- 记录总重量;
- 记录重心相对于几何中心的位置。

最后从管汇上取下水平仪,对所有未涂装的区域进行涂装,并对涂层进行检验。

29.7　系统集成测试(SIT)

29.7.1　介绍

系统集成测试的顺序需尽量按照测试指导手册的编写顺序来进行。在业主同意的情况下可进行更改。任何更改都不应违背本来的意图,且不得任何安全方面的隐患。

29.7.1.1 压力测试的一般要求

测试介质为含有添加剂的自来水。在整个过程中,此测试介质被称为“水”。在测试之前,管道不需要 NAS 清洁度要求,但需要在测试之前用压缩空气和水进行清洁。

所有要测试的空腔都必须排出尽可能多的空气,以确保压力测试准确性。当在受温度变化影响较大的环境中测试时,应考虑使用图表记录仪,因为图表记录仪可以记录整个保压期间温度的变化(可选,不是强制性要求)。与保压部件相连的空腔必须进行排空,以便能够准确判断是否有泄露。

29.7.2 管汇安装测试

测试的目标是验证管汇安装流程,验证所有接口和系统功能性。

1. 安装测试的测试条件

- 试验台可以承受负荷;
- 测试设备齐全,并已通过所有 FAT 测试;
- 完成作业风险分析报告;
- 风险分析已经完成,并且所有问题都已经解决。

2. 管汇安装的总体流程

- 按照指定流程放置管汇;
- 验证索具认证、承载能力、长度和吊钩高度和吊装能力;
- 安装提升索具和牵引线;
- 将电磁水平仪安装到管汇;
- 提升管汇;
- 记录管汇的吊角;
- 移动管汇至测试区域;
- 断开索具和牵引线;
- 提升 Mock - ROV 到 ROV 操作接口附近对接口进行操作,以验证 ROV 有足够的空间接触到管汇上的所有 ROV 操作接口,并对所有的 ROV 工具的配合和功能进行验证。

29.7.3 清管试验

清管试验是为了确认 PIG 发射器和 PIG 接收机双向通过管头。这项测试需要清管设备,如 PIG 发射器、PIG 接收器和 PIG 泵。

PIG 需要能够在采油树和管汇系统中双向运行(如图 29-28 所示)。进行 PIG 回收测试时需要对 PIG 发射器和接收器进行对换。

将 PIG 送入 HB、HA 管头的程序为:

- 按图 29-28 所示配置系统;
- 连 PIG 发射器连接排放软管;
- 连接 PIG 发射器到管头 HB 上;
- 连接回收软管到 PIG 回收器上;
- 连接 PIG 回收器到管头 HA 上;
- 将水泵入循环管路;
- 使用 PIG 发射器发射 PIG;
- 将 PIG 发送进入管路;
- 通过 PIG 回收器对 PIG 进行回收;
- 记录测试数据。

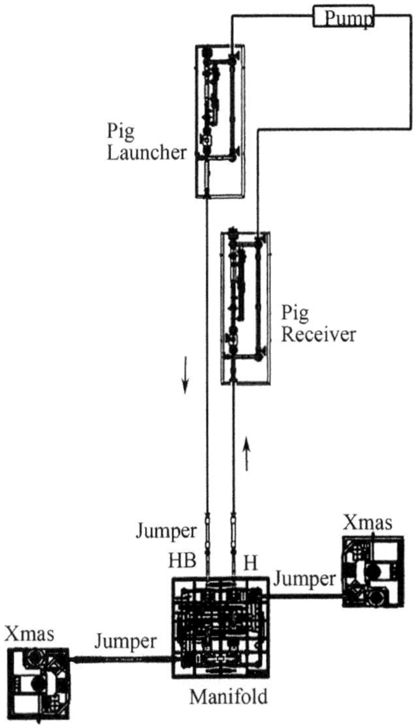

图 29-28 清管试验

参考文献

[1] API RP 17A, Design and Operation of Subsea Production Systems – General Requirements and Recommendations, 2017.

[2] API SPEC 17D, Design and Operation of Subsea Production System – Subsea Wellhead and Tree Equipment, 2nd 2011.

[3] API SPEC 6A, Specification for Wellhead and Christmas Tree Equipment, 20th, 2010.

[4] API SECP Q1, Specification for Quality Programs for the Petroleum, Petrochemical and Natural Gas Industry.

[5] ASME B31.8, Gas Transmission and Distribution Piping Systems, 2016.

[6] DNV – RP – B401, Cathodic Protection Design, 2017.

[7] ISO 13628 – 4, Design and Operation of Subsea Production Systems – Subsea Wellhead and Tree Equipment.

[8] ISO 13628 – 8, Design and Operation of Subsea Production Systems – Part 8: Remotely Operated Vehicle (ROV) Interfaces on Subsea Production Systems, 2002.

[9] NACE MR0175, Petroleum and Natural Gas Industries-Material for Use in H_2S – Containing Environments in Oil and Gas Production.

[10] NACE RP – 01 – 76, Corrosion Control of Steel Fixed Offshore Structures Associated with Petroleum Production, 2003.

水下生产系统（下）

Shuixia Shengchan Xitong

白　勇　主编

中国工信出版集团　哈尔滨工程大学出版社
Harbin Engineering University Press

内容简介

水下生产系统是开发深水油气田工程的重要技术，其主要设备包括水下采油树、管汇、跨接管、立管和管道等。本书作者根据自己三十多年的海洋工程工作经验，结合海洋石油开发项目中的一些工程实际问题，系统地介绍了水下生产系统在海洋石油工程中应用的基本理论。本书以工程实例为主导，在内容上分为上、中、下三篇，包括油田开发与流动保障、采油树与管汇、立管与管道。每一部分都结合实际工程应用，给出了适用的行业规范和数据，为国内发展深水油田项目提供了基础理论依据。

本书有较强的实用性，可作为高等学校海洋工程专业的选修教材，也可供从事海洋工程研究、设计的科技人员参考使用。

图书在版编目(CIP)数据

水下生产系统 / 白勇主编. — 哈尔滨 : 哈尔滨工程大学出版社, 2020.10

(国之重器出版工程 · 现代舰船设计)

ISBN 978 - 7 - 5661 - 2792 - 1

Ⅰ. ①水… Ⅱ. ①白… Ⅲ. ①海上油气田 - 油气开采 - 综合生产系统 Ⅳ. ①TE53

中国版本图书馆 CIP 数据核字(2020)第 184192 号

选题策划 史大伟 薛 力
责任编辑 雷 霞 唐欢欢
封面设计 刘长友

出　　版 哈尔滨工程大学出版社
社　　址 哈尔滨市南岗区南通大街 145 号
邮政编码 150001
发行电话 0451 - 82519328
传　　真 0451 - 82519699
经　　销 新华书店
印　　刷 固安县铭成印刷有限公司
开　　本 710 mm × 1 000 mm 1/16
印　　张 103.75
字　　数 2027 千字
版　　次 2020 年 10 月第 1 版
印　　次 2020 年 10 月第 1 次印刷
定　　价 598.00 元(全 3 册)
http://www.hrbeupress.com
E-mail:heupress@hrbeu.edu.cn

目　录

第四篇　海洋立管设计

第 30 章　海洋立管介绍 …… 003

30.1　概述 …… 003

30.2　立管类型 …… 005

30.3　典型立管工程步骤 …… 011

30.4　立管发展历史的回顾 …… 012

30.5　立管基础设计阶段的设计数据 …… 016

30.6　立管载荷 …… 018

30.7　典型的立管失效模式 …… 019

30.8　立管分析工具 …… 021

30.9　立管和水下系统的设计规范 …… 022

第 31 章　立管系统的选择 …… 029

31.1　概述 …… 029

31.2　可用的立管系统选择类型 …… 029

31.3　立管系统的关键部位 …… 035

31.4　成本估计 …… 037

31.5　不同系统寿命周期成本的比较 …… 040

第 32 章　钻井立管 …… 043

32.1　引言 …… 043

32.2　浮式钻井设备 …… 044

32.3　水下采油系统的重要组件 …… 049

32.4　立管设计规范 …… 051

32.5 钻井立管分析模型 …… 052
32.6 钻井立管分析方法 …… 054
32.7 总结 …… 064
第 33 章 钢悬链立管 …… 065
33.1 简介 …… 065
33.2 钢悬链立管的应用 …… 065
33.3 壁厚设计 …… 067
33.4 基础设计阶段的设计数据 …… 074
33.5 钢悬链立管设计分析 …… 093
33.6 柔性接头、应力节和拉管 …… 094
33.7 焊接 …… 098
33.8 超声检测和工程关键性评估标准 …… 099
33.9 强度设计的挑战和解决方法 …… 100
33.10 涡激振动方面的挑战和解决方法 …… 102
33.11 涡激运动的挑战和解决方法 …… 121
33.12 立管和浮体之间的相互作用的迭代设计方法 …… 124
33.13 船体、其他立管和系泊链之间相互作用的分析 …… 124
33.14 阴极保护要求 …… 125
33.15 疲劳设计挑战和解决方法 …… 128
33.16 建造、安装、连接时的考虑因素 …… 134
33.17 增加疲劳寿命的方法 …… 144
33.18 双层管系统 …… 145
33.19 完整性监测与管理系统 …… 147
33.20 成本估计 …… 147
第 34 章 顶端张力式立管 …… 149
34.1 简介 …… 149
34.2 顶端张力式立管系统 …… 152
34.3 顶端张力式立管的组成部分 …… 157
34.4 设计、施工、安装和连接的要求 …… 169
34.5 立管连接器设计 …… 173
34.6 设计阶段的分析 …… 174
34.7 顶端张力式立管的详细设计阶段 …… 179
34.8 土壤条件 …… 193
34.9 阴极保护系统的要求 …… 195

34.10 延长疲劳寿命的方法 …… 196
34.11 立管监控系统 …… 197
第 35 章 柔性立管 …… 209
35.1 简介 …… 209
35.2 柔性立管的布置形式 …… 209
35.3 柔性立管横截面 …… 212
35.4 柔性立管设计依据 …… 215
35.5 柔性立管设计分析 …… 222
35.6 建造、安装及连接要求 …… 225
35.7 终端部件以及环面排泄孔道设计 …… 237
35.8 阴极保护的要求 …… 239
35.9 免潜水技术连接系统 …… 239
35.10 与浮体的连接 …… 240
第 36 章 立管完整性管理 …… 243
36.1 立管完整性管理基本概念 …… 243
36.2 柔性立管检测与监测技术 …… 254

第五篇 海洋立管设计

第 37 章 绪论 …… 275
37.1 引言 …… 275
37.2 分析设计 …… 280
37.3 管道设计分析 …… 282
37.4 有限元分析 …… 291
第 38 章 管壁厚度及材料等级选择 …… 295
38.1 引言 …… 295
38.2 材料等级选择 …… 297
38.3 压力容器设计 …… 299
38.4 等效应力标准 …… 305
38.5 静水压溃 …… 306
38.6 止屈器 …… 308
第 39 章 金属管道的屈曲/压溃 …… 313
39.1 引言 …… 313
39.2 极限弯矩的解析方法 …… 320
39.3 有限元分析 …… 324

39.4 抗弯强度计算指南 …… 332
第 40 章 基于极限状态的强度设计 …… 339
40.1 引言 …… 339
40.2 基于应力的设计和基于应变的设计 …… 343
40.3 最大极限状态 …… 348
40.4 正常使用极限状态 …… 353
40.5 疲劳极限状态 …… 355
40.6 偶然极限状态 …… 356
第 41 章 海底管道的水力和热力分析 …… 361
41.1 引言 …… 361
41.2 输油管道 …… 362
41.3 输气管道 …… 369
41.4 油气管道的水动力分析 …… 376
41.5 输水管道 …… 382
41.6 商业设计分析软件 …… 388
第 42 章 管土相互作用 …… 391
42.1 引言 …… 391
42.2 管道在黏性土中的沉降 …… 398
42.3 管道在非黏性土中的沉降 …… 407
42.4 管道的轴向载荷 – 位移响应 …… 409
42.5 管道的侧向载荷 – 位移响应 …… 412
第 43 章 管道周围的水动力学 …… 423
43.1 引言 …… 423
43.2 波浪理论 …… 425
43.3 稳定海流 …… 435
43.4 水动力 …… 435
第 44 章 管道在位特性的有限元分析 …… 441
44.1 引言 …… 441
44.2 管道系统的有限元建模 …… 442
44.3 有限元分析程序和载荷步骤 …… 445
44.4 建模单元类型 …… 446
44.5 非线性模型和海床模型 …… 449
44.6 有限元模型的验证 …… 451
44.7 动态屈曲分析 …… 452

44.8 停输操作过程中的循环在位特性 …… 454
第 45 章 热膨胀设计 …… 457
45.1 引言 …… 457
45.2 管道应变 …… 459
45.3 管道应力 …… 463
45.4 管道的有效轴向力 …… 468
45.5 单管管道的膨胀 …… 471
45.6 PIP 系统的膨胀 …… 479
45.7 膨胀分析样例 …… 482
第 46 章 侧向屈曲和管道 …… 489
46.1 引言 …… 489
46.2 屈曲产生 …… 494
46.3 限制侧向屈曲 …… 505
26.4 管道轴向移动 …… 510
第 47 章 隆起屈曲 …… 523
47.1 引言 …… 523
47.2 隆起屈曲的解析方法 …… 526
47.3 隆起屈曲的有限元分析 …… 539
47.4 限制隆起屈曲的稳定方法 …… 543
47.5 限制隆起屈曲的设计 …… 546
第 48 章 疲劳与断裂 …… 551
48.1 引言 …… 551
48.2 S－N 疲劳分析法 …… 553
48.3 断裂 …… 565
48.4 ECA 工业规范 …… 582
第 49 章 坐底稳性 …… 589
49.1 引言 …… 589
49.2 竖向坐底稳性 …… 590
49.3 侧向坐底稳性 …… 591
49.4 管/土相互作用 …… 596
49.5 稳定措施 …… 598
49.6 接受准则 …… 600
49.7 稳性分析 …… 601

第 50 章　管道跨段和涡致振动疲劳 …… 607
50.1　引言 …… 607
50.2　静态分析 …… 611
50.3　动态分析 …… 614
50.4　涡致振动减缓与跨段修正 …… 625
50.5　样例 …… 628

第四篇　海洋立管设计

第30章

海洋立管介绍

30.1 概　　述

立管系统是指用于连接水面浮体和海床井口的隔水套管系统。它是浮式生产系统用于向(或从)船上传送液体的基本装置,也是深海生产系统中最复杂的一类设备。

20世纪50年代,海洋立管第一次应用于加利福尼亚的离岸钻井驳船上,之后,直到1961年,钻井立管才真正地在动态定位驳船CUSS-1上用于钻井。从那时候起,立管主要用于四个目的:钻井、完井、生产/注入和输出。这四个使用方向在细节、尺度和材料方面均有很大不同,后文将详细叙述其各自的功能和特征。

生产立管,是配合浮式平台开采油气使用的,它比钻井立管出现晚,其第一次应用是在20世纪70年代,结构形式是以顶端张力式钻井立管为基础开发的。从那时起,四种普遍的立管样式就存在了,包括钢悬链立管(SCR)、顶端张力式立管(TTR)、柔性立管(Flexible Risers)和混合式立管(Hybrid Risers)。

在水深上,除非特殊说明,本文中的深水定义均指水深超过500 m,超深水为水深超过2 000 m。在过去的10年里,立管技术已经取得了从300~2 500 m的飞速进步。水深的增加使得立管设计中要考虑的问题更加复杂。从浅水到深水,立管设计面临着如下挑战:

(1)流动保障(Flow Assurance)。确保管中流体能顺畅流过。

(2)涡激振动(VIV)。这是深水立管设计的主要挑战,它的直接后果是立管系统的疲劳损坏。

(3)安装(Installation)。目前有若干种安装方法,但是对于深水应用来说,各种安装方式有其相对适用的范围和限制。图 30-1 显示了柔性立管对于 S 型、J 型和圆筒铺设方法相对应的适用水深。不管哪种安装方法,都面临诸如疲劳、折断、干扰和碰撞等各种挑战。

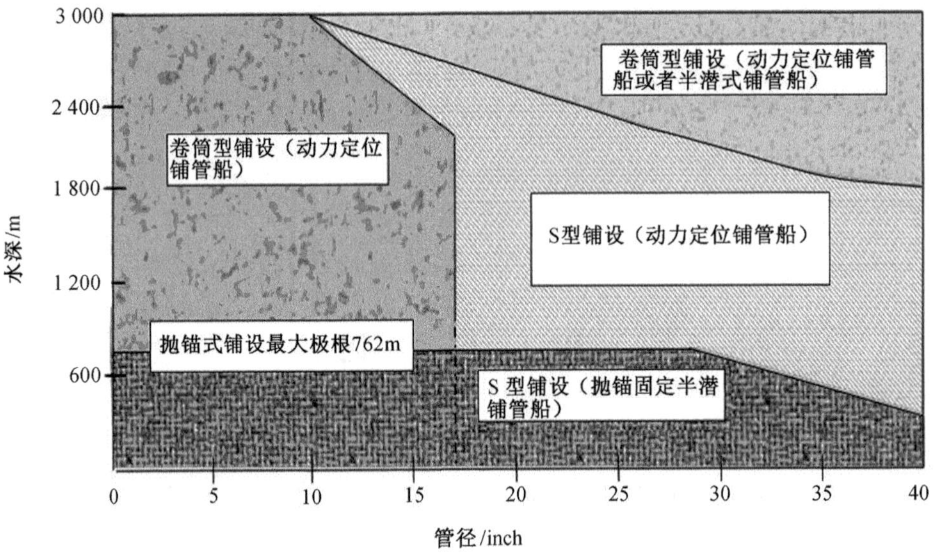

图 30-1 不同水深和管子直径所对应的铺管安装方法示意图

(4)弹性接头的应用降低了立管悬挂位置的弯矩,它可以用来承受高压、高温和酸性的工作环境,其多重应用的特征也是研究的热点。

(5)立管和土壤的相互作用会引起立管触地点的振动,导致这一区域的疲劳损伤,所以需要对这一特殊区域的相互作用加以研究。

(6)操控(Operation)。深水的特殊环境条件使得操控在一定程度内受限,很多任务都由水下潜器(ROV)来完成,这也是立管系统研究的热点之一。

通常,深水立管的设计考虑以下因素:

(1)进行安全、有效、可靠的立管设计,包括在强度、疲劳、优化和热学上来改善性能,降低临界条件;

(2)实现更快、更低成本的离岸建造和安装;

(3)提高进度的灵活性,比如安装船的可用性以及预安装能力。

提高长期完整性，确保立管能够为未来的维护、升级以及额外的运载提供便利。

30.2　立管类型

30.2.1　钢悬链立管(Steel Catenary Riser,SCR)

钢悬链立管(如图 30－2,图 30－3 所示)最初用于固定平台上的输出管道，它与自由悬垂柔性立管有很多相似之处，都要求立管底部末端水平，立管顶端与垂向一般成 20°以内的角度，在这种布置形式下，立管呈流线型向下方延伸，以一种简单的悬链方式悬挂在平台上。在钢悬链立管上有一个重要的部位叫作应力节(或称弹性接头)，其作用是在立管和生产船舶之间提供一种平缓的刚性过渡。

钢悬链立管的应用在深水领域的油气输出和注水管线方面具有很好的效益，能够很好地控制成本。因为在深水应用中，大直径的柔性立管存在着技术和经济方面的限制，而钢悬链立管是一种没有中间浮体和漂浮装置的自由悬挂立

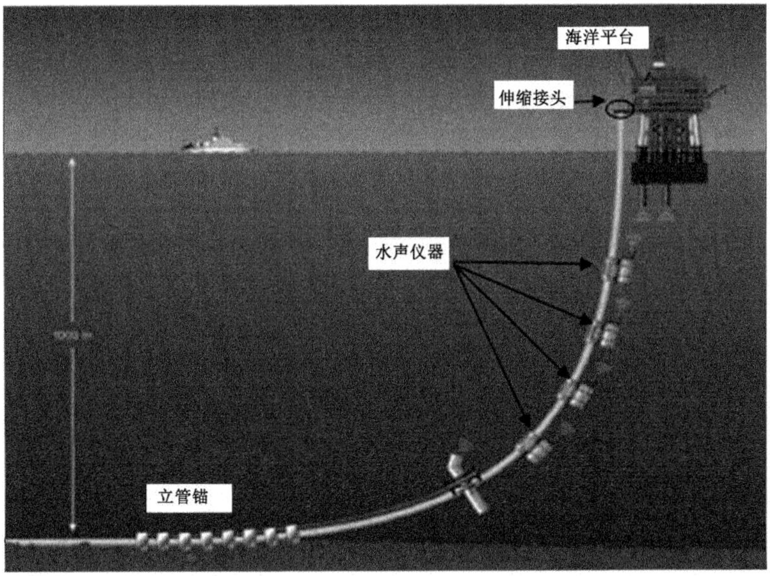

图 30－2　钢悬链立管(SCR)简图

管,这一结构形式大大降低了建造和施工难度。此外,当立管被提起或者下压到海床位置时,钢悬链立管自身具有补偿这种垂直运动的特点,不过,它也需要安装应力接头,以保证立管在浪、流和顶部船体运动的影响下能够旋转。

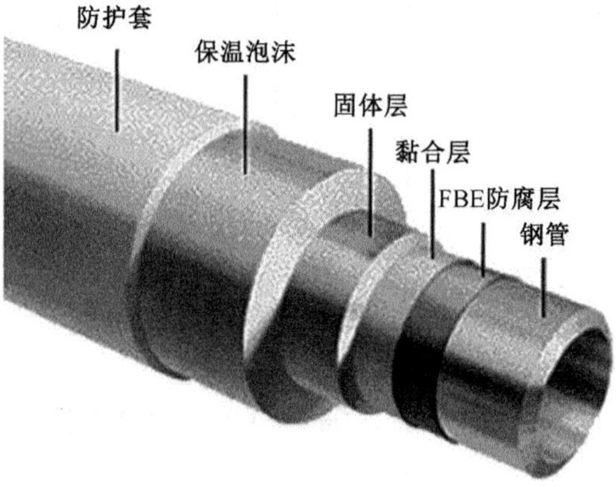

图 30-3 钢悬链立管(SCR)横截面图

在敏感性方面,由于正常情况下立管中的有效张力较低,因此钢悬链立管对浪和流等环境载荷的变化很敏感,由涡激振动(VIV)引起的疲劳破坏也是致命的,而涡激振动抑制装置的应用能有效地将振动降低到可接受的程度,常用的装置有螺旋列板和整流罩。

在钢悬链立管的应用历史方面,螺旋钻井平台是第一个使用钢悬链立管的浮式生产设施(2 860 英尺①,墨西哥湾,1993 年),同时它采用了 12 英寸②的管线进行油气输出。从那时起,钢悬链立管就开始在各种严酷的环境中广泛应用。接着是在 20 世纪 90 年代末期,巴西的 P-18 半潜平台使用了钢悬链线立管作为输出管线。最近,钢悬链线立管开始大量应用于和 FPSO 相关联的生产立管中。

30.2.2 顶端张力式立管(Top Tensioned Riser, TTR)

顶端张力式立管是一种较长且带有弹性的环形圆筒立管,用于连接海床和浮动平台。这种立管需要承受定常流动以及随时变化的波浪流动。在顶部需要通过张紧器为立管提供张力以确定顶部和底部在环境载荷作用下与垂直方向保持一定的角度。此外,因为顶部和底部连接处的旋转运动受到限制,在浪和流载荷的作用下,普通的顶端张力式立管对于垂直运动比较敏感,因此需要顶部张紧装置来补偿垂直运动引起的张力损失。如果顶端张力降低过大,就会引起立管上较大的弯矩,特别是当立管处在很强的海流环境中时,这种弯矩就会更加明显。如果有效张力变成了负值(如压缩),就会出现失稳。

① 1 英尺 = 12 英寸 = 0.304 8 米
② 1 英寸 = 25.4 毫米

顶部张紧器的应用，会使立管重力超出它的表观重力。对于生产用的顶端张力式立管来说，立管张力的要求通常比钻井用顶端张力式立管低一些，它们通常成组出现，排成矩形或者圆形阵列。

通常情况下，顶端张力式立管直接连接在平台井口和油田井口之间。这种立管要能承受漏液失效产生的管型压力，一般用作 TLP（张力腿平台）和 Spar（单浮筒干采油树生产平台）平台的生产立管。相对于其他类型平台，TLP 和 Spar 的垂直和旋转运动较小，因此刚性的顶端张力式立管是这两种平台比较理想的选择。

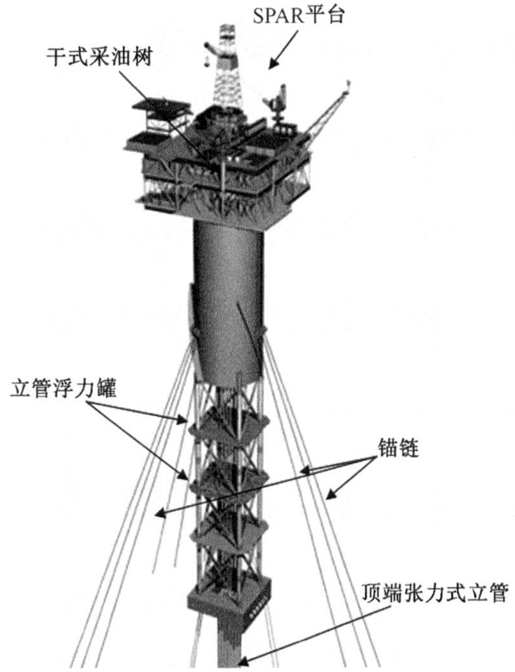

在 TLP 上，顶端张力式立管和平台下面的井口直接连接，再通过液压连接器和水下井口相连，液压连接器的上面

图 30－5　张力腿平台示意图

是锥形的应力接头,用于控制立管的曲率和应力。在水面附近,立管由平台上的液压气动张紧轮支撑,张紧轮允许立管相对平台发生轴向运动。顶端张力式立管通常设计应用于浅水,因此随着水深增加,就需要新的设计方法。图 30 -4 与图 30 -5 分别展示了典型的顶端张力式立管系统在 Spar 与 TLP 平台的应用配置图。

顶端张力式立管第一次是应用在 20 世纪 50 年代的固定式平台海底钻探工程中,当时,第一个真正意义上的张紧器是由一个与线缆相连的装置组成的,这些线缆通过跨过滑轮组支撑着立管,我们可以称之为重力式张紧器。后来,重力式张紧器被气动式张紧器代替了。气动式张紧器使用一个液压圆筒控制活塞的冲程和张力。顶端张力式立管在 1984 年开始在浮式生产设施上使用,当时是安装在北海海域的 Hutton TLP 上,那里的水深达到 148 m。到 2005 年,全球已经有 29 个干采油树生产平台使用顶端张力式立管,其中有 17 个张力腿平台和 12 个 Spar 平台。其中,第一个 Spar 平台是 Neptune,由 Technip 公司在 1996 年开始投入运营的,这个平台的水深仅为588 m,而现在的技术已超过 1 524 m。截止到目前,已投产的最深的 Spar 平台是墨西哥湾的 Shell Perdido(2008),归 Great White 所有,水深 2 400 m。如今海洋开采已经达到了 3 050 m 水深,如何扩展现有的生产技术来满足深水中的钻井需求,已经成为了工业界面临的主要挑战。除了水深,立管重力、深水环境里的高温高压也是直接影响立管设计的挑战,都成为了研究和设计中的热点问题。

30.2.3 柔性立管(Flexible Riser)

柔性立管是由柔性管发展而来的,是带有一定弯曲刚度的多层组合管,这种结构通常表现出很强的顺应性。柔性立管结构由很多层(内壳)组成,外层由不锈钢材料制成,可以承受外部压力,内层结构就像控制内部液体的障碍层,由碳钢结构组成的压力铠装可以承受很强的环状压力,由碳钢结构组成的抗拉伸铠装的作用是承受张力载荷。柔性立管的结构组成可以使它应用于整个立管,或者应用在较短的动态立管单元中(如跨接软管)。

柔性立管已成为深水和浅水立管以及世界上众多输出油管系统所面临的许多问题的成功解决方案。经实践证实,柔性立管非常适合用作离岸工程中的生产输出立管,以及输出油管系统。

图 30 -6 与图 30 -7 是典型的柔性立管系统图和截面示意图。

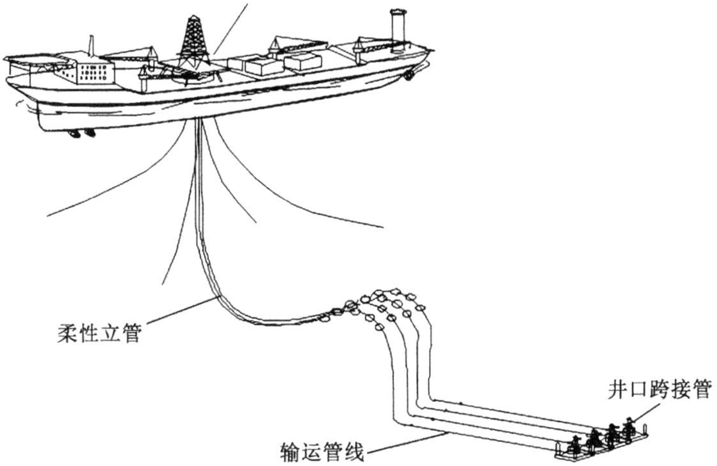

图 30-6　柔性立管示意图

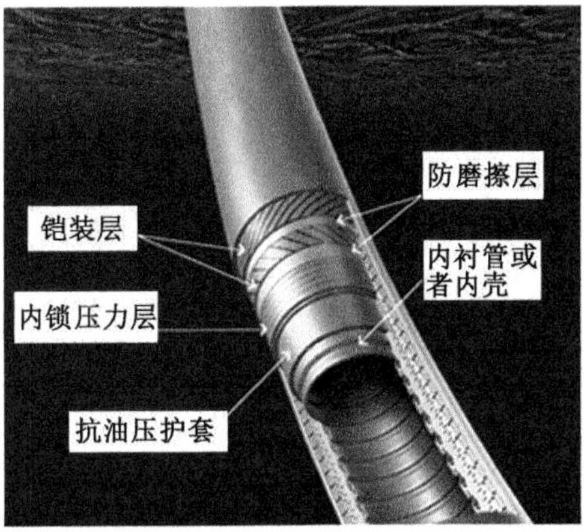

图 30-7　典型的柔性立管截面图

30.2.4　混合式立管（Hybrid Riser）

作为一种新型的生产立管，混合式立管是由顶端张力式立管发展来的，它的主要特点是利用柔性跳接软管来连接刚性立管和浮式结构，这种结构允许浮式结构和刚性立管之间发生一定的相对运动。

混合式立管的雏形是捆绑式立管。第一个捆绑式立管于 1975 年应用在北海的 Argyll 地区，它是在低压钻井立管的建造中产生的，包括一个核心管和许多附属的生产立管,它们通过一个引导器连接在一起。这个引导器有一个漏斗结构,以便这些附属的立管能在安装完核心管之后从平台上依次布置下去。中部的核心管也可以作为输出立管,这种系统结构工作状态良好,但是因为每个附属立管有各自的张紧器而使得结构变得较为复杂。

捆绑式立管第二次应用是在20世纪80年代的Placid地区,这种立管包含一个作为大约50个附属管线引导器的核心管,而不再装备有张力器结构。这种立管通过使用合成泡沫浮力舱和半潜浮筒组合物来提供张力,它们直接安装在半潜生产平台的下面。核心管的底端由钛合金应力节作为终端结构,这一结构形式使其本身具有较好的弹性。因为附属管是自由悬垂的状态,因此必须在应力节处使它们穿过一个引导管来防止弯曲。在立管系统的顶端处,立管是通过一个油气输出跨接软管来和平台进行连接的,这种结构的应用,标志着混合式立管的第一次真正意义上的成形应用。

混合式立管的主要部分(捆绑式混合式立管)是核心管和浮力张紧系统,浮力系统由浮筒或者合成泡沫组成,次级生产和输出管线穿过浮力舱,可以沿着轴向自由移动,这一结构特点的目的是顺应热量和压力导致的膨胀和扩张运动。

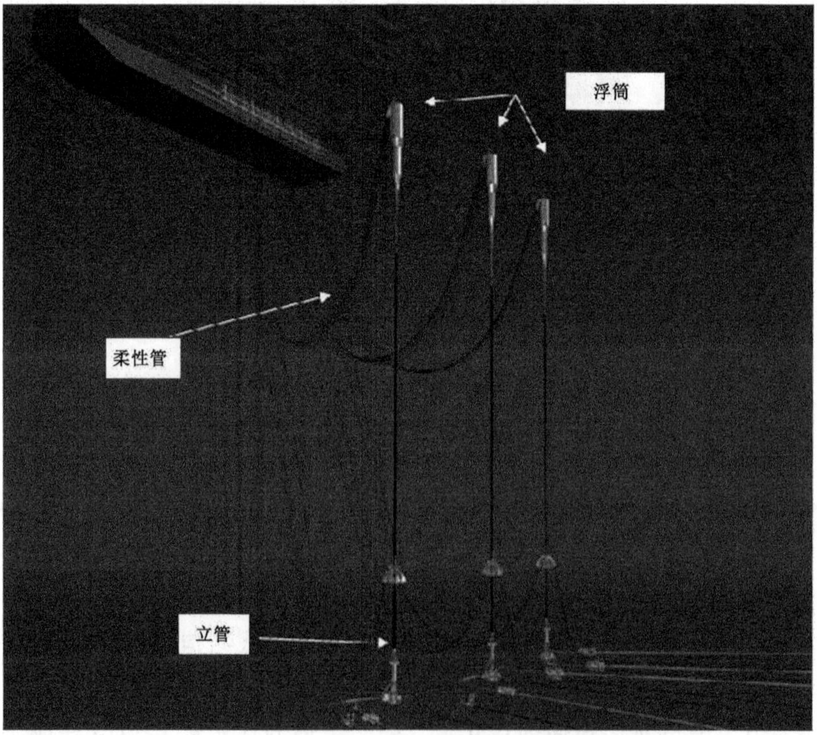

图 30-8 捆绑式混合式立管示意图

核心管通过液压连接器和应力节与立管根部连接在一起，次级管线需要连接到海床基部的刚性管上，并且将海底的出油管和水面下 30 ~ 50 m 处的鹅颈管末端连接在一起。柔性立管安装在鹅颈和半潜式生产船的下浮体边缘之间，为流体提供一条通向船体的流通路径，并且允许刚性立管和平台之间存在一定的相对运动。图 30 - 8 为捆绑式混合式立管系统的结构示意图。

30.3　典型立管工程步骤

本节所述的设计步骤是由多年来积累的工程经验得来的。立管工程步骤大致分成六个部分，分别是概念设计（Conceptual Design）、前端工程设计（Front End Engineering Design，FEED）、详细设计（Detailed Design）、建造（Construction）、试运行和检测（Commissioning & Test）以及运营（Operation）。

概念设计阶段的任务是确定切实可行的立管形式和构造，同时需要考虑海洋环境和客户的要求。前端工程设计阶段需要确定立管的横截面形式和辅助设施的基本属性，并且为确定立管总体概念形式的基础分析提供指导。详细设计阶段要进行立管系统的强度和疲劳分析。建造阶段是立管工程的实施阶段，这一步骤要将前期在电脑或图纸上进行的所有分析工作转化到实际的立管施工上。在这个阶段，为了确定立管设计是否可行，要进行基本的立管工程分析。检测阶段的目的是评估立管系统，以及一整套与其相关的管理系统的可行性。表 30 - 1 详细说明了典型立管工程的工序。

表 30 - 1　典型立管工程的工序

步骤	描述	项目
概念设计	确定可行的立管工程概念和构造，同时要考虑到海洋环境和客户要求	1. 找出可行性立管构造 2. 主要布局和干扰分析 3. 海底工程和船体设计的干扰
前端设计	用于确定横截面、辅助设施的基本属性，并且为确定立管总体概念的基础分析提供指导	1. 横截面设计和辅助设施设计 2. 强度和疲劳设计 3. 动态分析 4. 触地点分析，特别是对钢悬链立管 5. 安装工程 6. 管线和辅助设施的采购

表 30－1(续)

步骤	描述	项目
详细设计	为满足立管系统的强度和疲劳要求进行分析	1. 强度分析 2. 涡激振动和波浪疲劳分析 3. 合格检测,$S-N$ 曲线 4. 安装分析
建造	确定立管设计是否可行,以及在现有建造技术条件下进行基本的立管建造的可行性	1. 工程支持 2. 强度、疲劳和干扰重分析 3. 完整性管理
试运行和检测	评价立管系统,以及完整性管理系统	1. 国内可接受检测(FAT) 2. 组装测试 3. 合格测试 4. 系统完整性测试(SIT)* 5. 接通试运行(HUC)
运营	在钻井、完井和修井过程中,对不同的运行条件和偶然载荷情况,确定许用的操作规范	1. 危险认定和评估 2. 预开始安全检测(PSSR) 3. 操作手册 4. 操作人员 5. 交接班 6. 同时运行 7. 意外事故方案

* 系统完整性测试(SIT)的具体内容包括:(1)运行立管和防喷器(BOP);(2)测试立管和防喷器的紧急解脱次序(EDS);(3)插入套管并且进行粘合连接;(4)对岩心的样品进行系统的测试;(5)测试金属线测井系统的属性(测量它的构成特性)。

30.4 立管发展历史的回顾

立管系统的发展是伴随着近代石油工业的发展而快速进步的,立管从浅水到深水领域的应用见证了石油工业的发展历程。近些年,立管系统已经逐步在超深水领域中得到了应用,它在石油工业的海底钻探和石油生产中的作用越来越重要。立管系统是深水工程领域中起连接作用的最关键的组成部分。从海底管线和生产系统到主船体的漂浮系统，正是立管系统形成了流体与其他装置之间连接的管道。深水立管系统的动态特性决定了它将面临概念化和材料的双重技术挑战。

30.4.1 近期安装的立管系统

表 30－2 列出的是在世界范围内，近期安装的立管工程实例。

表 30－2 近期安装的立管工程

<table>
<tr><th>立管类型</th><th>浮式生产系统类型</th><th>水深</th><th>年份</th><th>地区</th><th>国家</th></tr>
<tr><td rowspan="10">钢悬链立管(SCR)</td><td>TLP(张力腿平台)</td><td>872 m/2 860 ft</td><td>1993</td><td>Auger</td><td>USA</td></tr>
<tr><td>半潜式平台</td><td>605 m/1 985 ft</td><td>1997</td><td>Marlin</td><td>USA</td></tr>
<tr><td>TLP</td><td>509 m/1 670 ft</td><td>1998</td><td>Morpeth</td><td>USA</td></tr>
<tr><td>TLP</td><td>1 006 m/3 300 ft</td><td>2001</td><td>Allegheny</td><td>USA</td></tr>
<tr><td>TLP</td><td>640 m/2 100 ft</td><td>2002</td><td>Typhoon</td><td>USA</td></tr>
<tr><td>TLP</td><td>869 m/2 850 ft</td><td rowspan="3">2003</td><td>Matterhorn</td><td>USA</td></tr>
<tr><td>半潜式平台</td><td>1 920 m/6 300 ft</td><td>Na kika</td><td>USA</td></tr>
<tr><td>TLP</td><td>1 311 m/4 300 ft</td><td>Marco Polo</td><td>USA</td></tr>
<tr><td>FPSO(浮式生产储卸油轮)</td><td>1 245 m/4 085 ft</td><td rowspan="2">2004</td><td>Bonga</td><td>Nigeria</td></tr>
<tr><td>Spar(单浮筒平台)</td><td>914 m/3 000 ft</td><td>Front Runner</td><td>USA</td></tr>
<tr><td rowspan="9">顶端张力式立管(TTR)</td><td>Spar</td><td>588 m/1 930 ft</td><td>1996</td><td>Neptune</td><td>USA</td></tr>
<tr><td>Spar</td><td>792 m/2 599 ft</td><td>1998</td><td>Genesis</td><td>USA</td></tr>
<tr><td>Spar</td><td>1 025 m/3 453 ft</td><td>1999</td><td>Boomvang</td><td>USA</td></tr>
<tr><td>Spar</td><td>1 436 m/4 800 ft</td><td>2000</td><td>Hoover/Diana</td><td>USA</td></tr>
<tr><td rowspan="3">Spar</td><td>1 653 m/5 423 ft</td><td rowspan="3">2002</td><td>Horn Mountain</td><td>USA</td></tr>
<tr><td>678 m/2 223 ft</td><td>Medusa</td><td>USA</td></tr>
<tr><td>1 121 m/3 678 ft</td><td>Nansen</td><td>USA</td></tr>
<tr><td rowspan="2">Spar</td><td>1 710 m/5 610 ft</td><td rowspan="2">2003</td><td>Devils Tower</td><td>USA</td></tr>
<tr><td>960 m/3 150 ft</td><td>Gunnison</td><td>USA</td></tr>
</table>

表 30 - 2(续)

<table>
<tr><th>立管类型</th><th>浮式生产系统类型</th><th>水深</th><th>年份</th><th>地区</th><th>国家</th></tr>
<tr><td rowspan="5">顶端张力式立管(TTR)</td><td rowspan="3">Spar</td><td>1 015 m/3 330 ft</td><td rowspan="3">2004</td><td>Front Runner</td><td>USA</td></tr>
<tr><td>1 324 m/4 344 ft</td><td>Holstein</td><td>USA</td></tr>
<tr><td>1 347 m/4 420 ft</td><td>Mag Dog</td><td>USA</td></tr>
<tr><td>Spar</td><td>1 555 m/5 100 ft</td><td>2006</td><td>Constitution</td><td>USA</td></tr>
<tr><td>Spar</td><td>2 400 m/7 874 ft</td><td>2008</td><td>Gulf of Mexico</td><td>USA</td></tr>
<tr><td rowspan="5">柔性立管(Flexible Riser)</td><td>FPSO</td><td>100 m</td><td>2001</td><td>Banff</td><td>UK</td></tr>
<tr><td>FPSO</td><td>78 m</td><td>2001</td><td>Ceiba</td><td>Equitorial Guinea</td></tr>
<tr><td>TLP</td><td>640 m/2 100 ft</td><td>2002</td><td>Typhoon</td><td>USA</td></tr>
<tr><td>FPSO</td><td>90 m/297 ft</td><td>2002</td><td>Anasuria</td><td>UK</td></tr>
<tr><td>FPSO</td><td>1 280 m/4 200 ft</td><td>2007</td><td>Kikeh</td><td>Malaysia</td></tr>
<tr><td rowspan="4">混合式立管(Hybrid Riser)</td><td>半潜式平台</td><td>469 m/1 540 ft</td><td>1988</td><td>Green Canyon</td><td>USA</td></tr>
<tr><td>FPSO</td><td>670 m/2 228 ft</td><td>1995</td><td>Garden Banks</td><td>USA</td></tr>
<tr><td>FPSO</td><td>1 400 m/4 550 ft</td><td>2001</td><td>Girassol</td><td>Angola</td></tr>
<tr><td>FPSO</td><td>1 220 m/4 000 ft</td><td>2005</td><td>Kizomba</td><td>Angola</td></tr>
</table>

30.4.2 设计方面的挑战

设计者通常要根据详细的说明和推荐规范来设计立管,然而,由于海洋条件等外部因素的影响,有时需要做一些必要的修改。每一根立管在满足结构完整性的同时,还要满足生产率、压力、腐蚀、侵蚀和温度的要求。运行过程中要考虑当遇到极限风暴条件、系泊失效、海洋污染、管线之间的相互作用等情况时的防备解脱系统,以及立管在这些外部载荷作用下的保护措施。这些都需要在设计阶段加以考虑,以确保立管设计的安全性问题。

深水海流对立管有着显著的影响,浅水海流的作用也不可忽略,海流的作用随着水深、幅度和方向的变化而变化。一般情况下立管直径越大,所受的载荷也越大。在深水中,这些载荷能够产生很大的弯曲作用力,并且不论水深如何,海流的脉动都会引起很大的疲劳载荷,这些对立管的寿命都是不利的因素。表 30 - 3列出了目前各种类型的立管在设计中遇到的挑战。

表 30 -3　设计挑战的实例

立管类型	设计挑战	解决方案
钢悬链立管	柔性接头的完整性	更好的材料
顶端张力式立管	疲劳	抑制装置;增加顶端张力
柔性立管	在直径、水深与壁厚等方面的限制	使用新材料;更好的设计
混合式立管	成本;地基安装与设计	简化系统;使用小规模立管(单一形式混合立管)

对于钢悬链立管来说,常见的设计方面的挑战是如何保持立管顶端柔性接头的完整性,除此以外,钢悬链立管还要考虑疲劳破坏的问题,这一类破坏通常发生在两个位置:底部触地点和悬垂段部分。钢悬链立管顶端必须能够承受全部的立管重力,同时抵消船舶的运动,而触地点和它上面的部分也都是应力危险区,因此,必须采用更好的材料或者其他的装置对这一区域进行加强。

顶端张力式立管由于具有特殊的构成形式,因而对涡激振动(VIV)非常敏感,通常情况下,直接的后果是疲劳破坏。因此,需要在顶端张力式立管上使用一些抑制装置,或者采用增加顶端张力的方法来抑制涡激振动。

对于柔性立管来说,设计方面的挑战是立管对直径、水深和壁厚的限制,详细参看图 35 -5 和图 35 -6,所列举的六种柔性立管构造都无法避免上面提到的各项挑战问题。因此,设计者必须考虑采用新材料和新设计来代替传统的多层截面形式。

近些年,混合式立管由于成本高,还没有得到广泛的应用。混合式立管由跳接软管和垂向的海底基座组成,为了尽可能地降低成本,需要考虑简化和缩小系统构造形式。

总体来说,深水立管在应用方面面临的挑战如下:

(1)新的主要载荷的组合(如深水和流载荷);

(2)新概念(复合式立管);

(3)新材料(钛合金);

(4)新的临界失效模式(如海流导致的涡激振动疲劳)。

30.5 立管基础设计阶段的设计数据

立管设计的数据应该包括以下项目：

(1)储层流体的数据；

(2)环境数据；

(3)操作数据。

储层流体数据对立管概念选择和尺寸材料选择很重要，这两类数据通常是从油藏储存工程师那里获得的。水深、海流、波浪和海床等环境数据在立管总体分析中会用到，比如，浪和流的数据用于进行极限条件响应分析，这些数据可以由实地测量或者经验得到。操作数据对于保障流动顺畅性具有很重要的作用。

30.5.1 储层流体数据

储层流体数据一般包括：

(1)储层特性　储层深度、储层结构类型和储层期等；

(2)产品特性　流入/关井压力、温度、密度、气－油率、含水率、气泡点、化学成分、腐蚀性(H_2S 和 CO_2)、沙、乳胶、蜡含量、沥青质和水合物、流量、API 重力、所含水的氯/盐/PH 值、黏性、浊点、倾点和潜在浓缩比、矿物质水成分的形成等；

(3)注入特性　浑浊度、水和气中的油裕量、缩尺概率、压力、温度、腐蚀、过滤要求等。

30.5.2 环境数据

环境数据包括：

(1)水　深度、能见度、盐度、温度、地形高度、电阻系数、氧含量；

(2)流　流速、剖面形状、方向、分布和出现周期；

(3)海床　土壤描述、摩擦角、土壤剪切强度、深度轮廓和承载能力、普通“麻点”缺陷、浅层油气、地震数据、海床地貌、暴风条件下的稳定性、电阻系数、密度、海生物；

(4)波浪　波高、波长、波频、方向、波浪分布和出现周期；

(5)天气 气温、风速、风向、分布和出现周期;

(6)冰山 尺度、出现频率、方向、速度。

随着水深的增加,当拉力载荷增加时,立管上的弯曲载荷就会降低。在浅水里,水面浮体面临的主要问题是运行范围的限制,即使较小的位移也能产生较大的弯曲载荷。浮体对于波浪的响应运动也会产生很大的载荷,尤其会对立管的疲劳寿命周期产生重要影响。

在深水中,波浪和浮体运动对立管产生的影响会小一些,因而立管的疲劳寿命更长。然而,剧烈的海流运动也会增加立管上的弯曲载荷,导致疲劳寿命变短、运行范围减少。进行深水设计时,需要增加立管的管壁厚度来承受增加的张力载荷,但这一措施会导致立管刚度增加、弯曲载荷变大,同时也会引起疲劳寿命变短。

波浪对立管的作用力一部分需要通过浮体来传递,浮体的特征决定了波浪作用力的响应程度,相对于深水环境,浅水中立管的运动更加显著。尤其是当立管和浮体运动发生耦合时,立管的强度和疲劳寿命的许用范围都会发生变化。

30.5.3 操作数据

立管系统处理和运行时的数据要求如下:

(1)生产系统的要求 流速、流态、流动控制要求,井口以及处理设施的压力(流入和关闭)和温度、隔热、循环和加热要求;

(2)注入系统(水或气)的要求 流速、流态、流动控制和过滤要求,井口以及处理设施的压力(流入和关闭)和温度要求;

(3)化学品注入要求 流体类型、特性、流速、流动控制要求,井口和处理设施处的压力和温度要求;

(4)流管清洁要求 往返或双向管;

(5)检测要求 进行的检测类型,检测周期,通道要求,清管要求,障碍检测;

(6)钻井和生产要求;

(7)弃船要求。

30.6 立管载荷

常见的三种立管载荷分别是功能载荷、环境载荷和偶然载荷。

功能载荷是立管必不可少的一部分，比如立管、组件和腐蚀涂层等的重力。立管的外部组件是引起立管应力、应变的主要因素。

环境载荷包括风、浪、流和可能存在的冰冲击载荷，它是引起立管动态特征的主要原因。

偶然载荷是在立管使用期间偶然发生的，比如高空坠物引起的不可忽视的载荷。

表 30－4 详细列出了立管的载荷种类。

表 30－4 立管载荷种类

载荷类型	载荷	引起的载荷环境
功能载荷	1. 立管、组件和腐蚀涂层的重力 2. 由于内容物和外部静水力引起的压力 3. 浮力 4. 热效应 5. 名义顶端张力	1. 海生物、附体、管型材料的重力 2. 由于内容物流动、冲击、阻塞或者清管产生的载荷 3. 安装载荷 4. 浮体限制载荷
环境载荷	1. 浪载荷 2. 流载荷	1. 风载荷 2. 地震载荷 3. 冰载荷
偶然载荷	1. 坠物 2. 定位能力的部分损失 3. 船体影响	1. 张紧器失效 2. 立管干扰 3. 爆炸和火灾 4. 连续变动的热量 5. 操控故障

30.6.1 载荷情况的说明

实际情况下的载荷可以定义为功能、环境和偶然载荷的组合，这取决于立管的布置方向和浪流载荷沿某一方向的变化，极端情况下，波浪和流载荷的组合与设计的状态有关，可以由具体的分析确定。在初步设计和概念设计阶段，只需要考虑关键性的载荷情况，而在详细设计阶段，就需要考虑所有的载荷情况了。

30.6.2 负载系数

负载系数依据载荷种类选定，载荷的组合形式就是不同类型载荷与特定载荷系数之间的结合，然后利用有限元模型法计算载荷的影响。

立管设计中应该使用恰当的载荷系数，对于特定的设计情况，可以根据详细的有限元法（FEM）分析和可靠性方法进行计算，而且分析的详细过程应该有所记录便于后期校核。

30.7 典型的立管失效模式

众所周知，深水环境下的立管系统是十分脆弱的。疲劳失效是设计者首先应该考虑的一种失效模式，其他的失效模式包括腐蚀、侵蚀、管阻塞和流动约束等。其中疲劳失效的主要来源是涡激振动和水面浮体的运动。在立管设计中需要优先考虑一些可动部位的疲劳强度问题。另外，腐蚀和侵蚀失效也会影响到立管的整体性。同时，还必须防止发生管道阻塞或者流动限制失效，确保立管中液体流动的顺畅。

一般来说，立管系统有五种典型的失效模式：疲劳失效、腐蚀失效、侵蚀失效、管阻塞/流动限制失效和立管节点失效。

30.7.1 疲劳失效

疲劳是一种逐步性局部结构破坏，发生在材料承受循环载荷的位置。疲劳强度对应的最大应力通常比极限拉应力小，也可能在材料的屈服应力极限以下。

详细的解释见第七章。

30.7.2 腐蚀失效

腐蚀失效是由于材料与周围环境发生化学反应,导致材料内本质属性发生的损坏。用术语来讲,腐蚀就是当水和氧气发生化学反应时,金属电子的丢失。铁原子被氧化导致铁的削弱是电化学腐蚀的典型实例,也就是所谓的生锈,这种破坏通常会产生氧化物或盐。腐蚀也可以是陶器材料的降级,以及由于太阳的紫外线辐射引起的聚合物弱化。

钢性立管和柔性管的金属结构在水、CO_2 和 H_2S 环境中易受腐蚀。

30.7.3 侵蚀失效

侵蚀失效是由沙粒或者液滴的反复摩擦作用引起的材料损失。侵蚀是指实体(沉淀物、土壤、岩和其他颗粒)从它所处的固有环境中脱落,通常是由风、水或者冰的传递、土壤或其他材料受重下滑引起的,或者发生在生物侵蚀、掘穴生物破坏的情况中。

当沙粒冲击柔性管道的内壳或者内层聚合物覆层时也会发生侵蚀,侵蚀失效一般发生在与弧形的管截面相关联的位置。

30.7.4 管阻塞或者流动限制失效

由于沥青水合物、蜡、水锈和管子内壁沙粒沉淀物的影响,管中可能出现阻塞物,对管子内部液体的正常流动形成障碍,尤其在深水运行条件下(低温和高压)容易遇到阻塞情况。

在管内低温情况下,输送碳氢化合物的管道易受到蜡或者水合沉淀物的影响,石蜡或者水合沉淀的形成会引起管内阻塞,限制液体流动,导致管内压力增加,如果置之不理,最终会导致压力层的破裂甚至管道塌陷。

30.7.5 立管节点失效

立管节点是由无缝管构成的,在末端有机械连接件。对于钻井立管来说,通过连接件上延伸的法兰将立管与节流和压井管线连接起来。立管以类似钻杆的方式操作,需要把它们一根一根地串成串,并且利用张紧器将连接件旋紧。立管节点的失效模式有密封渗漏、插销破裂、焊接疲劳和螺栓破损等形式。

30.8 立管分析工具

立管分析工具是一些经过特殊编制的程序,通常用于顶端张力式立管、钢悬链立管、柔性立管、锚线和管线等细长管线的分析。立管分析中包括实际强度分析、疲劳分析、涡激振动分析和干扰分析,有限元模型法也是立管分析中常用的一种方法。

立管有限元建模分析中的重要特征包括:

(1)基于小应变理论的梁或杆单元;

(2)材料的非线性特征类型;

(3)三维空间的无限的旋转和平移;

(4)材料和几何特性决定的刚度;

(5)允许变截面特性。

有限元分析的结果如下:

(1)节点坐标;

(2)节点处的曲率;

(3)轴向力、弯矩、剪切力和扭矩。

30.8.1 时域分析和频域分析

时域和频域分析的目的是确定船体运动以及波浪载荷直接作用在系统上产生的影响。时域分析的结果是时间序列对应的响应参数的变化,如应力、应变和弯矩等。频域分析的结果用于确定系统的固有频率和特征向量等。

时域和频域分析结果需要分别存储,便于后续的绘图和计算应用,其中一些输出结果如下:

(1)图形

①系统的几何形状;

②沿管线的力的变化;

③管壁上的力;

④几何形状随参数的变化;

⑤时间序列响应；

⑥船体的运动传递函数；

⑦系统整体动态行为的模拟，包括辅助船和波浪作用。

(2)数据

①支持力；

②管壁的力；

③波浪和船体运动时，随时间变化的速度和加速度。

立管设计中有多种分析工具，包括：

(1)通用的有限元程序　ABAQUS，ANSYS 等(用于进行立管整体和局部分析)；

(2)立管分析工具　Flexcom，Orcaflex，Riflex 等(用于模拟立管动态运动和计算相关项目)；

(3)立管涡激振动(VIV)分析工具　Shear 7，VIVA，VIVANA，Deeplines，Flexriser 以及基于 CFD 的软件(用于模拟和预测立管疲劳速率或寿命)；

(4)耦合运动分析软件　HARP；

(5)立管安装分析工具　OFFPIPE，Orcaflex，Pipelay 等。

30.9　立管和水下系统的设计规范

立管设计规范已经由国际标准化组织(ISO)，美国石油协会(API)，挪威石油协会(NDP)，健康、安全和环境协会(HSE)，挪威标准协会(NS)，英国标准协会(BS)，挪威船级社(DNV)和美国船级社(ABS)等协会制定出来，这些规范用于设计满足国际标准和要求的立管。

立管设计中可以使用的规范包括：

(1)API RP16Q《钻井立管规范》；

(2)API 2RD《与浮式系统相连接立管规范》；

(3)API 17B 和 17J《柔性立管规范》；

(4)API RP17G《完井和修井立管规范》；

(5)DNV OS F 201《动态立管规范》；

(6)ISO13628 -5《刚性管脐带管结构规范》。

30.9.1　水下生产系统的规范和标准

每个石油生产国都有一套管理自然资源开采的规范，因此水下生产系统设计的第一步是依据具体的情况选择合适的规范。

石油工业的标准化起源于美国，因此美国的很多标准在石油工业中占据着主导地位，这一点也在发展日趋成熟的标准和说明中有所体现，许多基础的规范都是由美国 API 协会制定的，这个协会由美国石油开采、生产、运输和精炼公司组成。美国企业在全球范围进行开发项目，而有些国家又缺少类似的标准，因此美国的企业就将美国工业的方法和标准带到了这些国家。随着时间推移，美国标准经过一系列的修改和完善，被许多国家采用，从而带来了新一轮的国家和工业化标准的发展。

水下工程需要遵循的标准取决于经营者所要开发的区域类型，运营者有义务遵循适当的国家规范，用于基础的设计和操作。在实践中，需要依据一些规范和建议进行某个区域的开发，可以是国家的、国际的、工业化的或者特定公司的标准。为确保投资的安全，开发中的股份持有者通常要求独立的第三方（船级社）对设计和建设过程进行等级划分，船级社会监督设计、建造的全过程，确保它们满足规范、标准和指导方针的要求。

水下生产系统需求的增加需要有其独立的标准，第一个 API 17 系列标准包括以下方面的内容：

（1）RP17A　水下生产系统的设计和运行；

（2）RP17B　柔性立管；

（3）RP17C　过出油管（Through Flowline，TFL）系统；

（4）Spec17D　水下井口和采油树设备；

（5）Spec17E　水下生产控制管路；

（6）RP17G　完井立管系统设计与运行；

（7）RP17I　水下管线安装；

（8）Spec17J　非环形柔性管；

（9）Spec17K　环形柔性管。

1999 年，国际标准化组织（ISO）在 ISO 13628 系列标准里发表了第一个水下生产系统的应用标准，命名为《水下生产设计运行规范》。到目前为止，已经发表了下述的一系列 ISO 13628 标准：

（1）ISO 13628－1　通用的要求和推荐；

（2）ISO 13628－2　水下和海上应用的柔性管系统；

(3)ISO 13628 -3　过出油管系统；
(4)ISO 13628 -4　水下井口和采油树设备；
(5)ISO 13628 -5　水下控制管线；
(6)ISO 13628 -6　水下生产控制系统；
(7)ISO 13628 -7　修井/完井立管系统；
(8)ISO 13628 -8　远程控制机器人(ROV)和水下生产系统的结合；
(9)ISO 13628 -9　远程控制工具(ROT)干预系统。

30.9.2　刚性立管的设计标准

API RP 2RD 规范是一个使用 Von Mises 屈服强度校核标准、基于应力准则的规范，也可以作为外部过压(塌陷)情况的设计标准来应用。它的设计参数如表 30 -5 所示。

表 30 -5　API RP 2RD 规范中的设计参数

载荷组合	正常运行	极限（百年一遇）	临时	流体测试	幸存（千年/万年一遇）
功能和环境载荷	0.67	0.8	0.8	0.9	1.0

1.设计标准的许用极限状态

结构设计中的关键问题是载荷、抵抗力和许用标准。对于设计载荷和极限状态，不同的许用标准考虑的设计条件不同，在立管设计中应该包括下面的许用标准：

①周向强度许用标准；
②屈服强度许用标准；
③潜在的碰撞许用标准；
④破裂强度许用标准；
⑤弯曲强度许用标准；
⑥疲劳强度许用标准。

对于不同的设计条件，通常采用两种设计方法确定许用标准：

①工作应力设计(WSD)　API；
②极限状态设计(LSD)　DNV，ISO(也叫做载荷与阻力系数设计，LRFD)。

工作应力设计(WSD)是利用单一使用系数确定所有带定量的显式或隐式的设计标准。极限状态设计(LSD)是使用部分安全系数的“确定性”设计标准。极限状态种类包括可服务限制状态(正常运行时可接受的限制)、极限状态(用于极端情况)、疲劳极限状态(循环载荷情况)和偶然性载荷状态(不规则载荷情况)。这两种分析方法的比较如表30-6所示。

表30-6 工作应力设计和极限状态设计的比较

工作应力设计(WSD)	极限状态设计(LSD)
1. 容易使用 2. 对于传统设计可以给出与载荷与阻力系数设计(LRFD)一样的结果 3. 包括(隐式)设计标准	1. 具有成本效益 2. 允许优化设计 3. 稳定的安全水平 4. 较少依靠假设

极限状态设计中应用的阻力系数,包括特征阻力系数和材料系数(通常取1.15),可以依据如下的失效模式进行特征阻力系数的定义:

①屈服(Yielding) 额定最小屈服强度(SMYS);

②脆性断裂(Brittle fracture) 材料韧性;

③疲劳(Fatigue) $S-N$ 曲线和应力集中系数(SCF)。

API发布了一套金属立管设计规范——API RP 2RD,目前面临的新的技术挑战必须要由新的指导方针进行解释说明,如:

①载荷的不确定性,旋涡分离(如涡激振动(VIV)和土壤相互作用);

②强度标准;

③环形焊接的疲劳寿命;

④动态立管卷起时的塑性应变对疲劳的影响;

⑤疲劳合格检测;

⑥工程关键性评估(ECA)对于焊缝瑕疵检测周期和瑕疵可接受标准的确定。

2. 动态立管规范 DNV OS F201

在离岸石油和天然气工业中,关于结构设计和静态、动态载荷下的立管系统,挪威船级社的DNV OS F201规范给出了详细的标准、要求和指导规范。制定这套标准的主要目的是为合同事宜提供技术参考,内容涵盖了设计、材料、制造、检测、运行、维护和立管系统重新评估等许多方面。

这套标准的主要优势是通过载荷与阻力系数设计,提供了一个最先进的极限状态函数,使得这套标准具有更高的可靠性。原则上,该标准对于浮体类型、水深、立管构造和应用是没有限制的。

30.9.3 深水柔性立管设计标准

柔性立管已经应用了几十年,早期的柔性管道是由硫化橡胶和保护装甲组成的粘合式软管。它主要是根据管道的爆炸压力与设计压力的比值来设计的。

20 世纪 70 年代早期,对具有更高可靠性的非粘合式柔性管道的开发投入了大量的资金,因此对柔性管道应用的信心得到大幅提高,柔性管道也因为适合于许多深水工程应用而得到广泛认可。然而,由于当时没有通用的工业标准,柔性管道的使用在一定程度上受到了限制。

20 世纪 80 年代晚期, Veritec 公司(1987)基于 JIP 规划(Joint Industry Program)开发了一套柔性立管的通用设计规范。这些规范是根据制造商的生产设计方法以及离岸工程设计规范发展来的,是当时柔性立管最尖端的设计典范。除了巴西,这一时期其他国家地区对于柔性立管的使用都比较少,然而柔性立管使用的条件和要求(温度、压力和直径)却在持续增加。这一时期许多石油公司制订了自己的规范,导致工业界面临着如下的问题:

①许多经营者有自己的规范;

②生产者使用企业内部的设计标准,同时为满足运行商要求而额外准备文献的工作通常繁重并且代价高;

③通用的设计标准没有及时更新而不能适合工业需求。

设计方面的要求通常分成以下两类:

①在说明书中需要包括可以审查的强制性要求;

②强制性的要求以及柔性立管设计指导都需要包含在单独的工业标准中,如 API RP 17B,另外,工业标准中还需要包括经验范围以外的立管的设计方法。

1. 黏合式柔性立管规范 API 17K

API 17K 规范提出了黏合柔性立管在安全、尺寸和功能互换等方面的技术要求,柔性立管都需要按照这些统一的标准进行设计和制造。

每一项内容的设计都有规定的最低限定要求,如材料选择、制造、测试、标记甚至粘合式立管的包装等都要依据现有的规范和标准进行。

黏合式立管一般只应用在张力腿平台(TLP)和 Spar 平台的干采油树生产方案中,而在承受动态载荷的立管设计中不太适用,因为它的强度和疲劳抗力相对于非黏合立管要小一些。

2. 非黏合柔性立管规范 API 17J

非黏合立管经常应用于承受动态载荷的水下立管系统,API 17J 规范中列出了设计柔性立管前需要考虑的参数,这些基本参数(除了外部环境条件)是关于管内状态的一些特征参数，如压力、温度和流体成分等，这些参数确定了管道结构设计时采用的标准，如材料的选择和壁厚的确定等。

API 17J 规范列举了柔性立管系统的一系列要求，如检测、环境监测、气体出口和安装等要求。规范中也涉及了在立管许用寿命内可以施加的许用载荷的大小，一旦在设计阶段确定了管截面形状，就要通过计算确保这些许用载荷在管子设计寿命内不超出标准要求，如果出现任何异常，都必须重新选择管截面的形式。在正常运行条件下，抗拉防护层的最大载荷不能超过 0.67 倍的极限拉伸强度（UTS）。压力防护层也有它允许承担的最大载荷，即极限拉伸强度（UTS）的 0.55 倍。在异常情况和安装条件下，许用载荷可能增加到 0.85 倍的极限拉伸强度（UTS），工厂验收的测试载荷会增加到 0.91 倍的极限拉伸强度（UTS），因此必须确保立管系统能满足不同的设计要求。

API 17J 规范也规定了设计中其他一些需要考虑的情况和限制因素，要求之一是在不使压力防护层解锁的情况下立管能承受的最小弯曲半径。在设计中最重要的一个任务是利用公式验证立管在极限条件下工作时不会超过最小弯曲半径。管子中最易发生过度弯曲的两个部位是触地点和悬挂点的顶部区域。一旦通过计算得到了最小弯曲半径，还需要设计安装辅助设备，如弯曲加强环或者弯曲抑制器等，确保立管在所有可能遇到的极限条件下都不会超过这个最小弯曲半径。

API 17J 规范中包含了柔性立管各层设计中会用到的信息，另外，管件安排设计、弯曲加强环和弯曲抑制器的设计信息，也都可以从上述规范中查到。除了局部截面设计以外，柔性立管的整体静态、动态都需要校核分析。不过，由于非粘合式柔性立管阻尼系数比较大（由于许多非粘合层的存在），所以，此类柔性立管一般不会产生涡激振动（VIV）引起的疲劳破坏。这样一来，柔性立管一般不需要安装轮翼板或者整流板来限制 VIV，这也意味着它的疲劳破坏通常都是由于波浪运动和安装损伤引起的。但是，柔性立管还是需要进行详细的疲劳分析，而且管道生产商需要证明管道的疲劳寿命是服役年限的十倍，以保证柔性立管在疲劳性能上的安全。

API 17J 规范中也有与立管的制造以及使用前的合格检测程序有关的详细指导方针。

在安装方面，需要有恰当的步骤，不正确的安装会导致张力超出装甲层的张力极限、立管的过度弯曲或者冲击破坏等危险。规范中记载有安装时柔性管发生破坏的实例，例如，如果立管外保护层发生偶然性的破裂，就不可以进行管道更换。

API 17J 规范中也有关于抗崩塌安全性（Safety against Collapse）的设计信息。

API 17J 规范是基于工作应力的设计规范，目前的规范是依据管道抗压能力的 67% 的许用标准设计的，这就意味着内壳的实际应力必须小于内壳的额定最小屈服强度(SMYS)的 67%。

表 30－7 显示了 API 17J 规范中依据水深确定的应力许可应用参数值。

表 30－7　API 17J 规范

水深 D	许可应用参数值
$D \leqslant 300$ m	0.67
300 m $< D <$ 900 m	$(D-300)/600 \times 0.18+0.67$
$D \geqslant 900$ m	0.85

注释：API 17J　1999 年 11 月第二版。

对水深不足 300 m 的情况，许可应用值如表 30－7 所示，深水中由于存在一些和静水压力有关的不确定因素，许可应用值会随水深而逐渐增加，在 900 m 水深处就达到了最大值 0.85。

3. 柔性立管规范 API 17B

与柔性立管有关的另一个文献是 API 17B，它不属于任何组织，因此不是一个真正意义上的规范。然而，API 17B 中的许多规范在实践中逐步得到了完善，为维护柔性立管的完整性以及确保安全高效运行提供了额外的安全保障。API 17B 包含了一整套完善的管理程序，以及检测和监督措施，可以用于管理破坏性风险或立管失效等。API 17B 也提供了一些对设计和分析有用的信息，可用于校核立管设计安全性和服务寿命的计算准确性。API 17B 阐述了各种用于设计计算的方法，可以最大限度地提高柔性立管的利用效率和成本效率，对立管经营者和制造商都是一个很有用的工具。

第31章

立管系统的选择

31.1 概　　述

由于操作人员和安装承包商所关心的问题不一致,立管的选择是一个综合性的决定。深水立管的选择要考虑如下参数:环境、总体覆盖范围、工程施工能力、经验、技术/性能、安装能力等。深水立管的选择与浅水立管的选择大不相同。

在确定合适的立管系统时有以下五个步骤:

(1)确定可供选择的立管系统;

(2)找出立管系统的关键部分;

(3)评估运行成本;

(4)对比不同系统的生命周期;

(5)确定可行性低成本立管系统。

立管选择步骤中的关键问题是技术的可行性和立管的成本。这一章节描述了四种类型立管的技术应用和限制因素,还有成本估计方法等。

31.2 可用的立管系统选择类型

目前有四种可供选择的立管类型,分别是钢悬链立管、顶部张力立管、柔性立管以及混合式立管。如前几章所述,SCR 是自由悬垂的,不带有中间浮筒或者漂浮装置;TTR 很长,通常使用柔性圆筒来连接平台和海床,混合式立管是柔性立管和 TTR 的组合,它们通过柔性跳接软管和立管塔连接在一起。

立管系统的选择取决于许多因素,将会在下面的内容中进行讨论。立管的应用随着作业区域的变化而变化。作业区域的环境状况和水深对立管类型的选择有很大影响,表 31 - 1 显示了在不同区域使用的不同立管类型。

表 31 - 1　立管应用区域

	最适合应用于	已经应用的地区
钢悬链立管	1. FPSO 2. 半潜船	1. 墨西哥湾的 TLP 输出立管 2. 西非的 FPSO 3. 墨西哥湾的半潜船
顶部张力立管	干采油树 (TLP, Spar)	1. 墨西哥湾的 TLP/Spar 生产立管 2. 南海的 TLP
柔性立管	1. FPSO 2. 半潜船 3. 浅水	1. 南海的 FPSO 2. 浅水船舶 3. 墨西哥湾的回接装置
混合式立管	西非的局部地区结构	早期西非的立管系统

31.2.1　钢悬链立管(SCR)

SCR 有许多优于 TTR 的优势,它不需要垂荡补偿装置,没有水下连接和过渡到固定管线需要的柔性跳接软管,更重要的是,需要的井口甲板空间显著减少。同时,生产和注入立管的相似性也使得平台下面靠近井口位置的所有立管的间距可以减小。

生产立管和输出立管之间不同响应需要增加相互之间的间隔。在立管布置形式上,当作备用空隙的间距也是不可缺少的。同样,不同尺寸的输出立管以及含有不同流体的输出管线也需要增加间隔,这些同时也增加了甲板间距的要求和备用空隙的数目。

一般来说,相比于 TTR,SCR 的主要劣势是它在海床上活动轨迹的长度。如果遇到的是软土条件,触地点附近就会出现管线自我嵌入的问题,因而限制了这一区域的顺应性能并增加了应力的幅度。

一些 SCR 存在的另一个主要问题是在立管触地点位置有较大的弯曲应力,触地点附近的张力通常较低,因此立管很容易弯曲。除了较高的静态触底弯曲曲率外,波浪通过立管引起的严重的动态响应也会使得形式更加恶劣。

钢悬链立管同样具有一些优于柔性立管的优势,它成本更低。SCR 可以看作是柔性立管的直接替代物。它们可以用于更大的直径、压力和温度情况下,而且很容易获得。钢缆线要比柔性缆线便宜得多,可以用于更深的水中,且不会增加成本。使用较大的直径可以降低船体位置的阻塞情况,也可以简化船体形状主体上转塔的设计以及半潜平台上门廊的建造工作,能实现较高的生产流速,进而对生产平台进行更有效的利用。随着钢悬链立管的发展,尽管它们在浅水中受到限制,但是对于高温、高压区域的开采机会显著增加。然而,SCR 对疲劳的敏感性限制了船体和立管之间的相对运动,这一点在设计中需要着重考虑。

SCR 的响应对于船体运动和环境载荷很敏感,因为 SCR 的疲劳问题很重要,特别是在触地点位置和立管顶部。虽然可以通过立管布局和壁厚设计的优化将疲劳控制在一定的程度内,但如果运动很剧烈,就很难达到规定的设计疲劳寿命或者应力水平,此时需要一个运动最优化的船体形式。

此外,需要考虑作用在立管门廊上较大的有效载荷,因此必须加强门廊设计方案和对于船舶总体浮力影响的要求。对于如 FPSO 类型的船体,纵摇引起的垂荡运动也可能限制到多数边缘位置 SCR 在靠近船体重心区域的悬挂点布置,进而导致船体上层建筑设计和总体布局的复杂化,同时,危险品在甲板上布局的限制也会导致立管在不恰当的门廊位置悬吊起来。钢悬链立管比较适合于带有系绳系统的平台,如 TLP。波浪引起的平台运动大部分都是横向的,带有一定小角度的垂向运动或者随着系绳作的反向摇摆运动。与柔性管线中陡波和缓波(LAZY WAVE)类似的安排形式可以提高立管抵抗动态载荷和船体运动的能力,因而可以承受更大的船体运动位移。

深水中 SCR 的安装通常是使用 J 型铺设方法完成的,以每天 2 ~ 3 km 的铺设速度,雇佣成本达到了每天 350 000 美元。

SCR 面临着热量和工艺流程挑战的困难,在立管外部较厚的、低密度隔离材料的使用在很大程度上降低了立管的稳定性,这也会导致触地点过度的疲劳问题,同时,SCR 的一些固有的设计形式使得它不容易实现立管底部的气举,可能的 SCR 根部气举解决方法需要一个独立的气举立管、水下多支管和管接头流体管线,所有这些都需要很大的海床空间。虽然双层 SCR 能够解决许多热量和工艺流程方面的问题,但是这种立管的重力也会导致与生产船之间接口设计和载荷设计方面的问题,而且安装工作耗时耗财。

31.2.2 顶部张力立管

这项技术适合于边际油气田，应用于水下钻井和完井回接到直接位于水下井口上部浮式生产系统的情况。平台和 TTR 之间的相对运动应该是最小的，而且，性能相对稳定的 TTR 广泛用于 TLP 平台和 Spar 平台，这也在一定程度上简化了在极限工况时(如飓风)的断开问题，进而可以避免立管的损失。

对于半潜平台，由于张紧系统需要的空间和复杂性很难满足，利用带有多根金属线、液压蓄力器和千斤顶的张紧系统来拉伸的立管数量受到了限制。TLP 立管的张紧器则要比半潜平台上的张紧器简单得多，原因在于 TLP 上的冲程要求更小(TLP 的低垂荡运动)，因而可以应用多种立管。Spar 平台上的立管则是通过较深的中心井口处的内部浮力舱来张紧的。

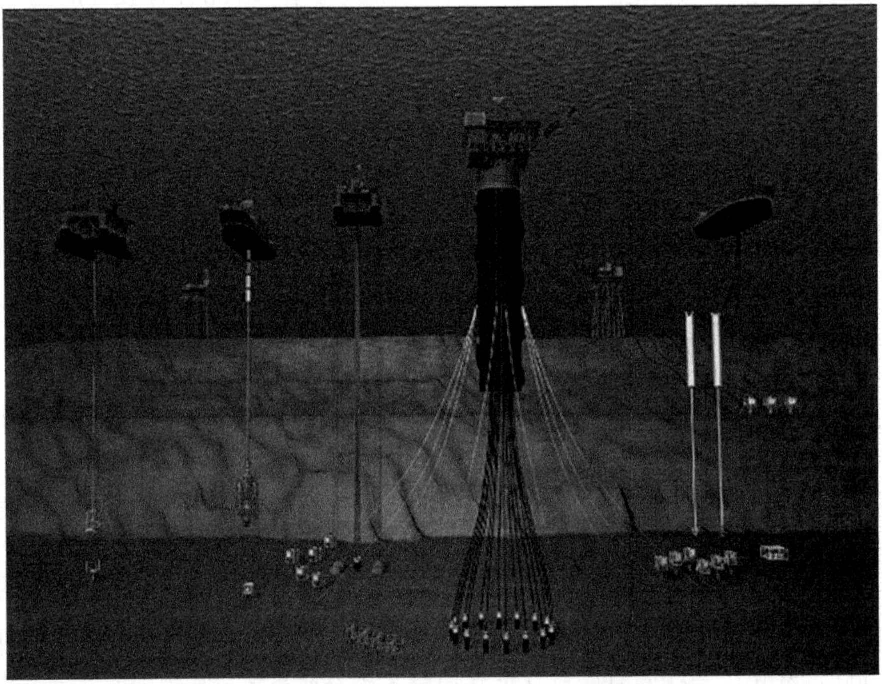

图 31－1　浮式生产系统和顶部张力立管概况示意图

对于浮体和立管的耦合运动，TTR 通过一个带有多重金属线的张紧系统对跳接管长度进行了优化设计。然而，相对于混合式立管(捆绑式和单一式混合式立管)，TTR 对于船体运动很敏感，特别是船体的垂荡运动。

31.2.3 柔性立管

柔性立管用于悬链系泊的设施上，包括半潜平台和船体形状的浮体上，以及TLP平台上的输入和输出管线。

柔性立管可以比刚性立管（TTR，SCR和HR）适应更大的平台运动，它们甚至适用于恶劣海况中的半潜平台和转塔系泊船，而刚性立管却不适合。但柔性立管也存在一些限制性因素，特别是在深水中。

虽然柔性立管成本很高，但它可以用于较小的和边际深水油田开发中。这种立管直径较小，限制因素主要是较高的静水压力和不利的节流阀端盖影响引起的塌陷失效。有限的直径/内压等级组合（通常是5 000 psi时为11英寸，2 000 psi时达到16英寸）限制了输入和输出可选择的办法，进而限制了它的可用性。它们也可用于井口和生产设施之间的短距离开发。在这些类型的应用中，用过的管线可以从海底回收，然后运回陆上基地，最后送交检查和维护清洁，以确保二次利用的安全和有效性。在主要的不规则海床地区，需要利用柔性立管来满足弹性要求。

柔性管本身有一些内在优势，如构造形式的简化、最小的水下基础设施和安装便利等。然而，也存在一些技术和经济方面的限制。由于采用高级塑性材料和制造方法，柔性管线的采购成本很高，不能一直通过它的低安装成本来补偿。工业界已经认识到，在深水中浮体和海床之间使用柔性管需要进行特别的柔性管设计，目的是承受外部的极限静水压力和较高的顶部张力。因此，柔性管的直径就会受到限制。此外，输出柔性管管线的尺寸也面临着制造能力的挑战，反复的温度周期变化也会增加聚酯材料内部的应力。这些都需要在设计方面进行认真的考虑。

尽管成本依旧很高，柔性管系统的发展已经随着压力等级、直径、应用水深和抗腐蚀材料的改进而得以进步。刚性管系统的主要优势在于其成本效益。

31.2.4 混合式立管

混合式立管几乎可以用于所有的浮体，包括FPSO。由于它通过一个柔性跳接管与船体解除了耦合作用，因此会存在较大的动态响应。因此，船体对立管的影响也会很小。此时浮体只需要支撑跳接管的重力，这也减小（参考传统的悬链构造）了施加在FPS上的载荷（水平和垂向上的载荷）。

自由悬垂立管，如混合式立管，占地空间比较小，并且不需要在海床上安装立管管线，因而可以实现管线路径的优化布局。这种方式可以实现较紧凑的水下布局，同样可以降低成本，为生产、完井和钻井提供便利。混合式立管也为不利天气情况下系统的紧急断开提供了便利。

混合式立管的另一个优势在于它可以避免在立管主要部位发生疲劳，束状结构可以使立管在长度方向上保持相对稳定，原因在于立管顶部的位置较低并且借助柔性跳接软管解除船体的耦合运动。混合式立管的安装成本也比较低，可以在一定程度上补偿较高的硬件成本。安装过程中可以采用牵引，或者采用单独混合式立管螺纹连接形式。

关于混合式立管还存在一些和单一立管束应用有关的问题，就像把所有的鸡蛋都放在一个篮子一样，中心管单元的失效会带来严重的后果。这种立管使用时的关键是跳接软管的应用，通过它与钢管束、水下浮筒、柔性接头和立管下部定位锚的连接接口需要进行精确的工程分析研究。

关于自由站立立管在位布局的主要问题是它与其他立管、动态脐带管线或者锚泊线的相互影响。理想情况下，相同类型的立管应该聚集在一起，并且施加在立管上的拉力要进行优化，目的是确保每个立管可以产生相似的位移响应。

如果混合式立管通过托运方式或者螺纹耦合连接形式进行安装，安装成本会比较低。这种立管有优异的热学性能和流动保障性能，特别是对于在立管底部带有转换阀的双层管设计形式，性能更加优异。

31.2.5 四种类型立管的各自优缺点

四种类型立管的各自优缺点见表 31 - 2。

表 31 - 2　立管的优缺点

立管类型	优点	缺点
钢悬链立管	1. 简单，成本相对较低 2. 可用于高温、高压环境 3. 直径和水深的范围很广 4. 管线系统的一部分	1. 疲劳问题 2. 主体区域的布局 3. 柔性接头完整性问题 4. 触地点的挑战 5. 较低和适中的船体运动 6. 静水环境
顶部张力立管	1. 干采油树方案(TLP,Spar) 2. 直接连接于井口 3. 直接连接于水面采油树 4. 未来连接的弹性很大	1. 有限的钻井距离 2. 超深水中较重的立管重力 3. 高温高压下较大的立管重力 4. 较高的成本

表31-2(续)

立管类型	优点	缺点
柔性立管	1. 较少的疲劳问题 2. 适合于FPSO 3. 水下连接很方便简洁 4. 有最简化的构造 5. 最小的水下基础设施 6. 便于安装	1. 直径限制 2. 水深限制 3. 温度限制 4. 高成本 5. 质量很大 6. 操作困难 7. 触地点挑战
混合式立管	1. 较好的强度和疲劳性能 2. 船体附近布局简单 3. 技术上具有可行性 4. 适合高强度的螺纹连接	1. 地基的问题 2. 硬件设施过于复杂

31.3 立管系统的关键部位

立管系统的关键部位必须在立管的初步设计阶段确定,不同的立管系统,关键部位也不同。在进行立管设计时,所有关键部位必须考虑周全。

钢悬链立管的关键部位包括立管主体、悬挂系统、VIV系统、阴极保护系统和立管连接接头设计。立管主体需要考虑的主要参数包括直径、壁厚、材料、覆层以及总长度。悬挂系统的主要参数包括悬挂角度、立管顶部结束的位置和立管顶部张力。VIV系统的主要参数包括轮箍长度和整流器的长度。阴极保护系统的主要参数是阳极的设计。

顶部张力立管的关键部位包括立管主体、张紧系统、VIV系统、阴极保护系统、立管接头设计和浮力系统。主体部位需要考虑的主要参数包括直径、壁厚、材料、覆层和立管总长度。悬挂系统的主要参数有悬挂角、立管顶部末端位置和立管顶部张力。VIV系统的主要参数包括轮箍长度和整流器长度。

柔性立管的关键部位包括立管主体、浮力舱、柔性管截面和终端部件系统。主体部位需要考虑的主要参数包括直径、壁厚、材料、覆层以及长度。终端部件系统的主要参数包括加强筋、锥形口和限流器。

混合式立管的关键部位包括立管主体、悬挂系统、浮力舱、柔性跳接软管和吸力桩。主体的主要参数包括直径、壁厚、材料、覆层和总长度。悬挂系统中需要强调的是悬挂角度、立管顶部末端位置和顶部张力。混合式立管中浮力舱和吸力桩对于系统至关重要。浮力舱的主要尺寸和舱数必须在设计阶段之前或者设计阶段中加以确定。对于吸力桩来说,关键的参数是主尺度、渗入长度和材料,这些因素必须在设计混合式立管时详细考虑。

表 31－3 列出了四种立管类型对应关键部位的详细内容。

表 31－3　四种类型立管的关键部位

立管类型	关键部位
钢悬链立管	一、立管主体 1. 直径 2. 壁厚 3. 材料 4. 覆层 5. 立管总长度 二、悬挂系统 1. 悬挂角度 2. 立管顶部终端位置 3. 顶部张力 三、VIV 抑制系统 1. 轮箍长度 2. 整流器长度 四、阴极保护系统 阳极设计 五、立管接头设计 1. 柔性接头 2. 应力节
顶部张力立管	一、立管主体 1. 直径 2. 壁厚 3. 材料 4. 覆层 5. 立管总长度 二、张紧系统 三、VIV 抑制系统 1. 轮箍长度 2. 整流器长度 四、阴极保护系统 阳极设计 五、立管接头设计 六、浮力

表 31-3(续)

立管类型	关键部位
柔性立管	一、立管主体 1. 直径 2. 壁厚 3. 材料 4. 覆层 5. 立管总长度 二、柔性管截面 三、终端部件设计 1. 顶部加强筋 2. 锥形口 3. 环面排出孔 四、悬挂系统
混合式立管	一、立管主体 1. 直径 2. 壁厚 3. 材料 4. 覆层 5. 立管总长度 二、立管横截面 三、浮力舱 四、吸力锚 五、柔性跳接软管

31.4　成本估计

立管系统从建造到安装的成本主要由以下几部分组成：

(1)工程管理、工程和采购成本；

(2)材料成本；

(3)离岸安装成本。

对于通过托运方式安装的立管，还存在两种额外的成本，即工厂筹备成本和陆上组装成本。成本估计主要是通过前期获得的机构内部数据以及工程和卖方报价得到。

31.4.1 工程管理、工程和采购成本

工程管理的成本通常用百分数(如1%)的形式估计,将这个百分数应用在需要采购的直接原料总价值上,再加上所有立管的安装成本即可,这其中不包括通过托运方式安装的立管。如果要计算该部分成本还应该加上陆上建造的成本。

采购成本通常也使用一个百分数(如3%)来估计,将这个百分数直接使用在所有需要采购的原料的总价值上即可。

31.4.2 材料成本

这一章节将立管系统分成了几个部分,如表31-4所示。每个单元的成本率都应该事先估计。在工程、采购、建造和安装合同中,必须要考虑采购成本的构成。

表31-4 立管钢结构

主要部分	描述	
钢管 (Steel Pipe)	子单元	管子,管子运输工具,输送管纵向焊接垫板,输送管纤维环,复合管等
	主要单元	弯管
	子单元	常规弯管,复合弯管
	主要单元	预制构件项目,特别是用于混合式立管的项目
	子单元	吸力锚,柔性悬挂系统,浮力舱,锻造件等
柔性跨接管 (Flexible Jumpers)	动态管束,维修处理,气体输出和注水	
腐蚀保护 (Corrosion Protection)	覆层:溶解环氧(FBE),聚四氟乙烯(TLPE),液体环氧涂层(Liquid epoxy paint),内部聚乙烯衬里(Internal PE liner),焊接连接器(WeldLink connectors),阴极保护(Cathodic protection),内部注入(Inhibited injection)	
绝缘保护 (Insulation Protection)	管线周围铸胶玻璃合成聚亚安脂(GSPU)(注意不同管线的成本不同),隔离舱壁周围铸胶玻璃合成聚亚安脂	
浮力泡沫装置 (Buoyancy Foam)	泡沫舱,泡沫保护层	

表 31 -4(续)

主要部分	描述
法兰 (Flanges)	美国国家机械工程师协会(ASME)/美国国家标准化组织(ANSI)法兰,转轴法兰,对焊法兰,覆层法兰
水下液压连接 (Hydraulic Subsea Connecting)	水下液压连接,运行工具,分析、测试、记录和每个连接处的合格证书
其他事项 (Other Items)	浮力舱或者气罐,门闩连接器,内部间隔装置,ROV 插入

31.4.3　安装成本

目前广泛用于深水立管安装的几种方法列举如下:

(1)对于柔性立管和 SCR 采用 J 型铺设;

(2)对于 TTR 和使用螺纹连接的单一混合式立管采用钻机;

(3)对于捆绑混合式立管采用拖曳安装方法。

对于深水立管系统来说,J 型铺设是一种传统的安装方法,但是安装操作中曲率较大而存在风险,并且成本较高(每天 1 ~2 千米,30 ~50 万美元)。使用螺纹连接的单一混合式立管可以很好地节省时间,然而,这种方式会限制最大的立管直径。不论是控制深度托运(CDTM)还是表面托运,尽管比其他方法速度更快、经济性更好,但是也有其自身的限制因素,因为存在着由海况引起的疲劳损伤问题并且操作步骤十分复杂。

安装成本可以按照立管类型和安装阶段进行分类,下面列出了立管安装中的主要阶段:

(1)下水阶段　该阶段仅仅存在于托运方式安装的立管。立管应该在陆上进行建造,在最终托运到预定安装位置前,先存放在水中。在这个阶段内,通常会使用两个拖船来进行托运,其中一个辅助船以及一些浮筒在海岸附近的水中辅助托运操作。这个阶段内的动员和复员设备的费用已经包括在工厂筹备成本中了。

(2)托运阶段　该阶段同样仅存在于采用托运方式安装的立管。通常采用两个拖船将立管从路上建造地点托运到预定位置,然后进行直立,此时也会有一个辅助船用于托运、监控和协助水下控制。船舶导航和定位的费用以及表面潜水的费用也包括在这个阶段内。

(3)安装和建造阶段　这是 J 型铺设方法中特有的。其中应该有 J 型安装船和一个水下组装船。安装船主要用于锚泊铺设、J型铺设操作、单一混合式立管的连接以及ROV辅助支持等。组装船用来辅助水下连接、管轴连接、柔性管连接和其他辅助设备安装。

(4)运输阶段　在运输阶段通常都会有一个拖船、货驳船和补给船。拖船和货驳船用于将吸力锚、立管管线、底部管轴、柔性跳接软管和其他设备运到作业地点,补给船对整个阶段提供辅助支持。

在成本估计中,每个阶段都必须要计算的内容有:操作时间、等待时间、天气条件和机器故障。以下是立管安装阶段的成本估计。

(1)操作时间　这一项需要把每个阶段中各项活动持续的总天数加在一起,同时还有对应的成本。

(2)等待时间　这一项包括了每个安装阶段的等待时间,持续的天数可以通过每个阶段工作的天数总和进行估计,然后再乘上某个预先确定的百分比即可。安装船的使用顺序还需要进行优化,以尽可能地降低J型铺设和水下建造阶段的等待时间,因为这两个阶段的日安装成本都十分高。

31.4.4　拖曳安装方法的补充

工厂筹备、修改、工程、采购和承包合同的成本已经统一简化到工厂筹备费用中,当然这一项也可以利用一定的立管制造成本比率进行估计。

31.5　不同系统寿命周期成本的比较

2002年,Steve Hatton,John McGrail和David Walters针对SCR和COR立管的成本比较进行了个案研究,这个研究中考虑到了深水生产立管需要在立管根部安装气举装置的概念,研究中仔细审查了三种方案的成本,这三种方案分别是在环面中带有气举装置的螺纹式同轴偏移立管(CORTM)、环面中有气举装置的焊接双层悬链线立管和带有单独焊接气举装置的焊接生产钢悬链立管。

在这项研究中校核的主要立管参数分类见表31-5,表31-6给出了安装成本估计。

表 31－5　主要参数和参数值

参数		值
水深		2 000 m
生产立管外径		8 in
气举立管的外径压力	单一管立管	4 in
	双层立管	1 000 磅/平方英寸(psi) 关井油管压力
安装要求		2 in

表 31－6　安装成本估计

立管类型	参数	值
同轴偏移立管(COR)	离岸移动钻井单元的日成本	150 000 美元/天
	螺纹连接式立管的安装速度	2 000 m/天
	同轴偏移立管(CORTM) 与船偏移距离	250 m
双层钢悬链立管	J 型铺设成本	300 000 美元/天
	焊接形式双层管铺设速度	500 m/天
	海床上的 SCR 长度	500 m
单一钢悬链立管	J 型铺设成本	300 000 美元/天
	采用 8″焊接形式的 SCR 铺设速度	750 m/天
	采用 4″焊接形式的 SCR 铺设速度	900 m/天
	海床上的长度	500 m

输出结果如图 31－2，图 31－3 所示。

需要注意，这项研究并没有考虑安装船动员和复员的成本，这些可能会对 SCR 方案的成本有很大的影响，因为此种形式需要的安装船每日成本更高，并且还需要单独地放下和提起操作，这也会在一定程度上增加成本。

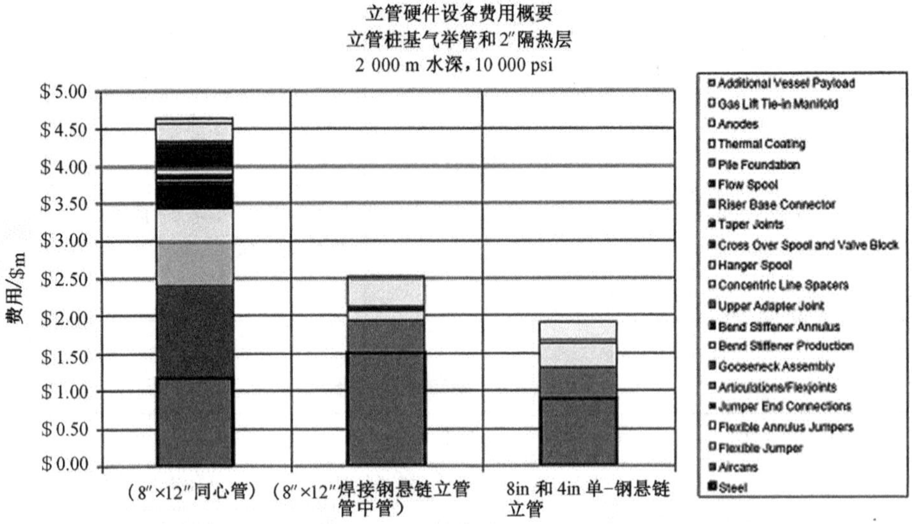

图 31－2　硬件成本对比图

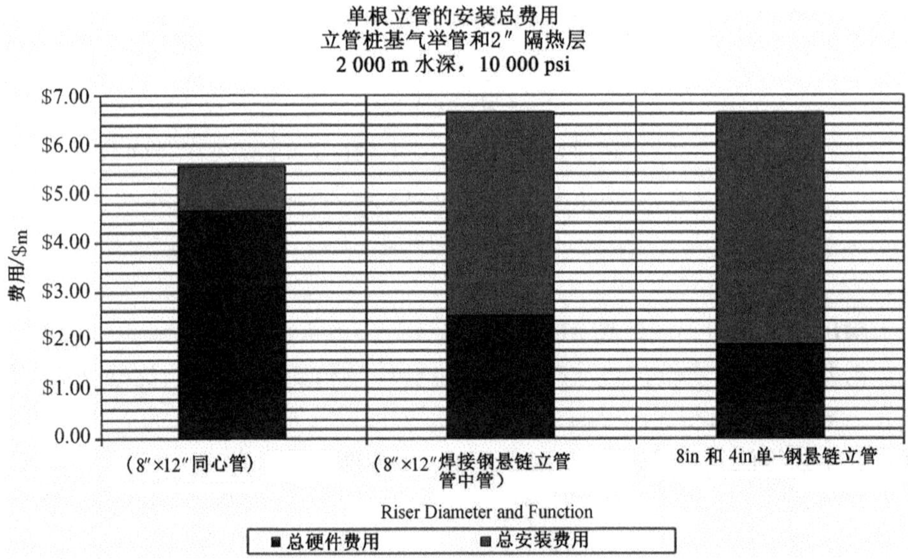

图 31－3　安装成本对比图

第32章

钻井立管

32.1 引　　言

浮式钻井立管常在半潜式平台和钻井船上使用，如图 32－1 所示。随着水深的增加，保持钻井立管的完整性是一个关键问题。对于以双重作业、动力定位为基础的半潜式平台而言，钻井立管的设计和分析尤其重要。为保证其整体安全性，需要对其进行一系列动态分析。动态分析的目的是确定船舶的漂移界限，对回收及调配限制。最近几年，人们往往通过一些测试来验证焊接接头、立管耦合及密封系统是否合理匹配。对于墨西哥湾的立管安装而言，涡激振动是一个关键问题。一些油气开发公司设法采用一个监测系统来测量船舶的实时运动和立管的疲劳损伤。监测结果还可以作为 VIV 设计和分析的工具。

深海钻井隔水管的主要作用：

(1)隔离油井与外界海水；

(2)钻井工作液的循环；

(3)安装水下防喷 BOP 系统；

(4)支撑各种控制管线(节流和压井管线、泥浆补充管线、液压传输管线)；

(5)钻杆、钻井工作从钻台到海底进口装置的导向。

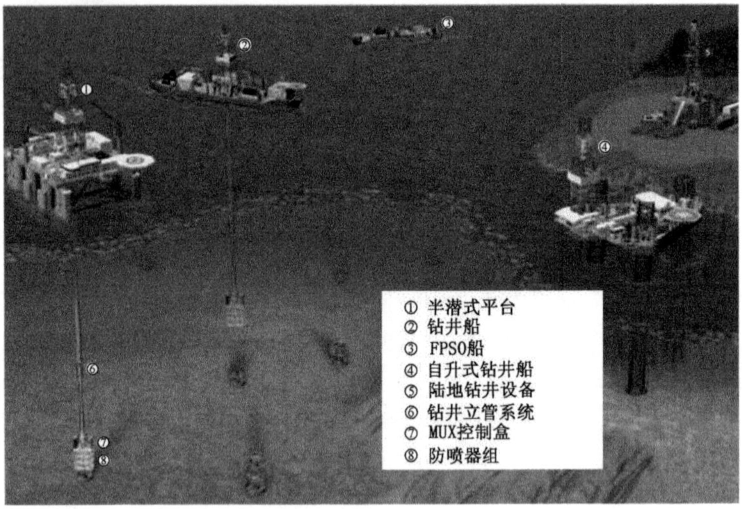

图 32-1　半潜式钻井船、钻井船和钻井立管示意图

32.2　浮式钻井设备

32.2.1　完井和修井立管

在油井中,针对所受荷载不同,有两种不同类型的立管:完井立管和修井立管。

完井立管是将油管悬挂器通过钻井立管和 BOP 管连接到井的管道。完井立管也可以用来连接水下采油树。暴露在外面的完井立管用来承受外部荷载,如钻井立管的弯曲,特别是在上下连接点处。

修井立管主要用于替代钻井立管从水下采油树重新接入油井,也可用来安装水下采油树。修井立管暴露在海洋环境荷载中,受到来自波浪、海流和船舶运动的水动力荷载的作用。

图 32-2 所示为摘自 ISO 的典型的完井和修井系统。完井和修井立管通过增加和减少部件来适应所需执行任务。任一类型的立管都可以提供井口和海面设备之间的联系。二者既可以抵抗表面荷载和压力荷载,同时也为必要的操作提供电线工具。

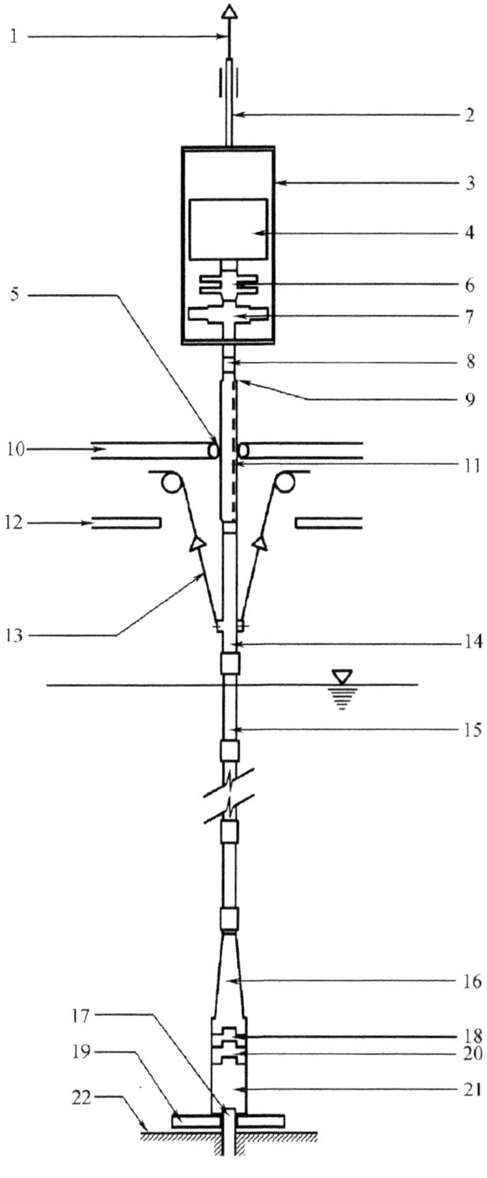

图 32-2 完井修井立管部件(ISO 13628-7)示意图

1—顶部驱动;2—钻井接头;3—水面采油权张拉框架;4—盘管注入器;5—滚轴补心;6—水面 BOP;7—水面采油树;8—水面采油树接头;9—脐带缆;10—钻井板;11—滑动接头;12—月池;13—立管张力缆线;14—张力接头;15—标准立管接头;16—应力接头;17—井口;18—紧急断开插件;19—引向基座;20—下部立管总成;21—水下采油树;22—海床

立管接头是立管最重要的组成部件之一。如图 32-3 所示为一个基于螺栓的立管接头。随着钻井深度的增加，立管接头发展到能够承受巨大的内部和外部压力、附加弯矩和张力荷载以及极端的操作条件，如酸/碱工作环境。对于接头设计来说，材料的选择和螺栓的加工制作是关键。

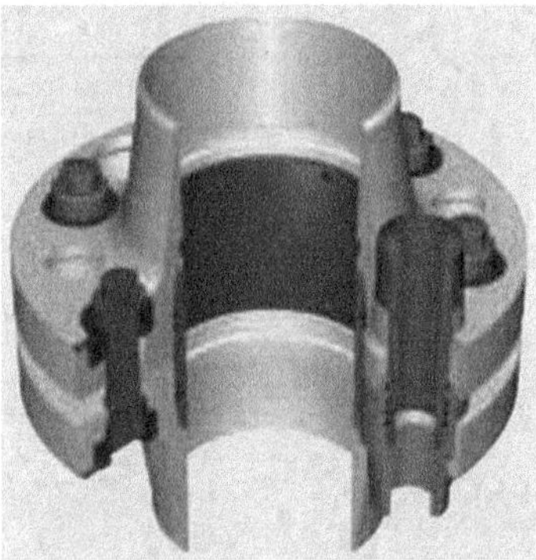

图 32－3 立管接头图

如图 32－4 所示为典型钻井立管系统的关键部件。

卡盘是一种可伸缩的夹紧装置，用来将立管支撑和固定于最上部的接头，通常位于钻台的转盘上。常平架安装在卡盘和转盘之间，用来减少冲击和均布荷载（该荷载往往是平台横摇/纵摇运动导致卡盘和立管产生作用力）对结构的影响。

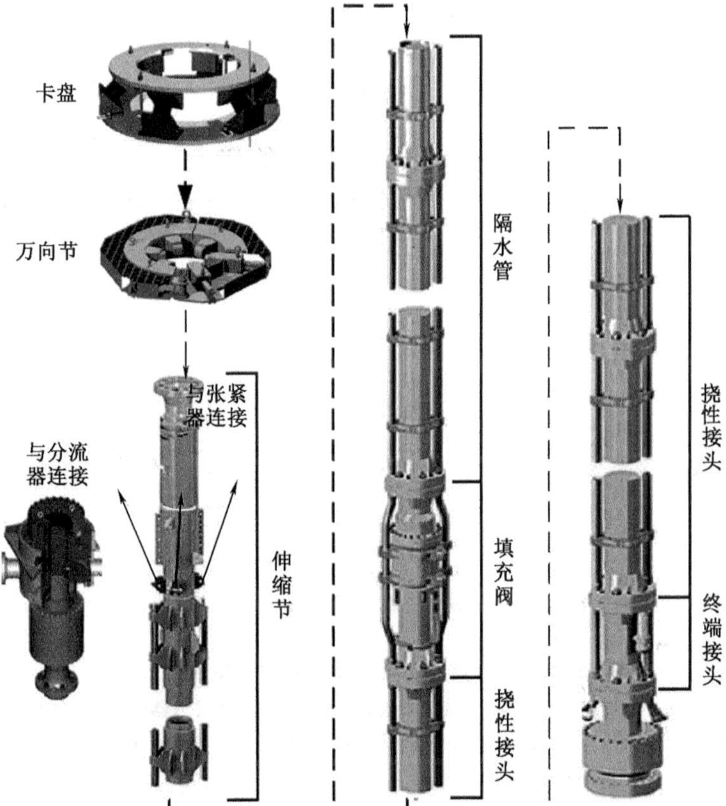

图 32－4 钻井立管系统的关键部件示意图

滑动接头,又叫套筒接头,它由两根同心镶嵌在一起的管道组成。这是一种特殊的立管接头,用来防止立管的损伤,并通过转盘的脐带缆起到控制作用,也可以保护立管免受平台垂荡运动产生的损伤。

立管接头是立管的主要部件。该接头包含一个管状的中间部分以及位于端部的立管连接器。立管接头的标准尺寸是9.14~15.24 m(30~50 ft)。为了保证工作效率,立管接头的长度可以达到22.86 m(75 ft)。立管与水下采油树、油管悬挂器连接或用于修井作业时,立管接头应留有足够的间距。

根据构造和设计,钻井系统应由以下部分组成:

(1)BOP适配器接头是一个专用的C/WO立管接头,当C/WO立管布置在钻井立管内或用于安装和回收水下油管悬挂器时,往往采用该接头。

(2)下部修井立管组合件(LWRP)是进行水下安装或修井时立管线上最下面的一个设备,它包括立管应力节和水下采油树之间的任何设备。LWRP可以进行油井控制,并确保其处于安全运行状态,同时确保连接油管/电缆和油井的正常工作。

(3)紧急断开插件(EDP)是一个LWRP的典型设备,它是立管和水下设备之间的节点脱离设备。当需要将立管和钻井断开时通常采用EDP。它也通常用于立管与油井分离紧急情况。

(4)应力节是立管进行修井作业时管线最下端的接头。它专门设计成锥形截面,以此来控制曲率和减少弯曲应力。

(5)张力接头是一种专用的立管接头。在远海修井作业时,它可以为与船舶连接的C/WO立管提供张紧力。张力接头经常集成在滑动接头的下端。

(6)采油树适配器接头是一个从标准立管接头到水下采油树连接器的跨越接头。

(7)采油树接头可以为油管悬挂器和水下采油树安装/修井操作提供流量控制。

32.2.2 分流装置和运动补偿设备

分流装置与低压BOP相类似。当气体或其他流体在压力作用下从浅层天然气区进入钻孔时,安装钻杆周围的分流装置就会关闭,流体就会从钻井平台分流。

所有浮式钻井系统都要安装运动补偿设备(图32-5),以此来补偿钻井平台的升沉运动。补偿器起到海洋环境作用力和钻井平台之间的挠性连接作用。这个设备包括钻柱补偿器、立管张紧器和导向张紧器。钻柱补偿器位于游动滑车和旋转体之间,它可以在钻井平台升沉运动时维持钻杆的质量恒定。立管张紧器用钢丝绳与滑动接头的外筒连接在一起,该张紧器能够以恒定的张力来支撑立管。导向张紧器中的导向钢丝绳应保持恒定的张力,而那些支撑 BOP 的钢丝绳则在平台升沉运动时控制方向。

图 32-5　运动补偿设备示意图

32.2.3　节流压井管线与钻柱

节流压井管线和钻柱一起附着在主立管的外轮廓上,如图 32-6 所示,它可用于控制高压的发生。两种管线的额定压强均为 15 ksi①。通过向孔内灌注较重的泥浆,高压会通过节流压井管线从井筒中释放出来。一旦压力达到了标准值,BOP 就会打开,然后继续钻井。如果压力不能通过较重的泥浆控制住,就将水泥注入,节流压井管线就会得以固定。

钻柱允许液态泥浆或钻井液进行流动循环。泥浆的功能如下:

(1)冷却钻头和润滑钻柱;

(2)通过控制内部压力循环来保持钻孔中无钻屑;

(3)防止孔壁塌方并防止地层水的浸入;

① 1 ksi = 1 千磅/平方英寸 = 6.895 MPa

(4)提供静水压力水头来控制可能存在的压力。

图32-6 完整的立管接头示意图

32.3 水下采油系统的重要组件

32.3.1 水下井口系统

任何水下油井的基础都是水下井口。水下井口系统的作用是在钻井过程中支撑和密封套管柱,同时在钻井时支撑防喷装置(BOP),并确保水下采油树正常运行。

安装水下设备一般有以下两种方法:

(1)通过水下结构导向套上的张拉导向绳把设备安装在指定位置;

(2)若没有导引线,用动态定位基准系统来移动水面上的船舶直到设备到达指定的着落点上方,然后将设备安装到指定位置。

不考虑导向系统,水下井口系统的安装过程如下:

(1)安装的第一个部件是临时导向基座。临时导向基座可以作为随后水下井口安装的参考点,以此来弥补不规则海床的影响。对于导向系统,临时导向基座还可作为导引绳的定位点。

(2)导管外罩是套管导管顶部的必需部分。无论是打桩还是钻井,套管导管和导管外罩都需要通过临时导向基座进行安装,为永久导向基座提供安装点,并为井口外罩提供着陆区。

(3)永久导向基座。永久导向基座安装在导管外罩上,它为井口系统提供了结构支撑和最终定位,也为防喷装置和水下采油树的接入提供导向和支撑。

(4)井口外罩(高压外罩)通常安装在导管外罩里,主要保证油井压力的完整性，并支撑套管悬挂器。此外，还通过井口接头为防喷装置和水下采油树提供附着点。

(5)为了支撑套管柱，必须在每根柱的顶部安装套管悬挂器。套管悬挂器支撑在井口外罩上，这样能够承受来自套管的荷载。为了密封环形套管，在每个套管悬挂器与井口外罩之间需要装上环空密封总成。

32.3.2 防喷装置(BOP)

海洋立管是一个用来将钻井泥浆和钻屑送回到钻井平台的导管，它还可以将钻头、套管柱和其他工具引导到钻孔中。Geiger 和 Norton (1995)给出了有关浮式钻井装置的描述。

油井通过将第一个套管柱，又称导管或结构套管(一个大直径和厚壁的管道)，放置到某一深度作为开采的开始，该深度可由土壤条件和强度或疲劳设计的要求来确定。它的主要作用是：

(1)防止海床表面附近的软土塌陷；

(2)在进行钻井前，将钻探泥浆引导到地表；

(3)支撑防喷器组和随后的套管柱；

(4)当钻井完成时支撑采油树。

每根钻柱的深度和尺寸在钻井开始前就由地质学家和钻井工程师确定。当半潜式平台或钻井船开始钻井时，井口和防喷器一定要安放在水下。

防喷器组用来控制钻井过程中井筒出现的不正常高压。BOP 的一个主要作用就是保护液柱或将钻井的液体或气体密封在钻孔中，直至恢复到一个有效的液柱。

立管的下端是一个挠性接头。当钻孔钻到最终深度时，电子测深仪就开始工作，以确定大致的产油区域。一旦确定某个地区存在有足够的石油，采油管道就移动到这个区域来采油。只有在这些完成之后，油井才可以进行防喷器组的移除，然后安装用来控制从井口到处理设施的石油和天然气流动的配件。

32.3.3 采油树和油管悬挂器系统

为了完成钻井采油，需要安装油管柱并用油管悬挂器进行支撑。油管悬挂器系统支撑着油管以及套筒和油管之间的环状密封。为了控制流管道和圆环的流体，在井口需要安装水下采油树。水下采油树是一种远程操作阀的布置，它可以用来中止流体和控制流体的方向、流量。

32.4 立管设计规范

立管设计所涉及的规范有：

(1)API Spec5L 《管线管规范》；

(2)DNV－OS－F101 《海底管线系统》；

(3)DNV－OS－F201 《动态立管》；

(4)API Spec16F 《海洋钻井隔水管设备规范》；

(5)API RP 16Q 《海洋钻井隔水管系统设计、选择、操作和维护的推荐做法》；

(6)ISO 13628－7/API RP17G 《石油和天然气工业水下生产系统的设计与操作·第7部分完井修井隔水管系统》；

(7)SY/T 10037 《海底管道系统规范》。

32.4.1 可操作性限定

如表32－1所示为钻井立管操作性限定的典型标准，主要来自于API 16Q。

表32－1 钻井立管的操作性限定标准

设计参数	定义	钻井条件	非钻井条件	
下部挠性接头连接角	平均值		1°	NA
	最大值		4°	90%容量(9°)
上部挠性接头连接角	平均值	2°	NA	
	最大值	4°	90%容量(9°)	
Von Mises应力	最大值	67% σ_y	80% σ_y	
套管弯矩	最大值	80% σ_y	80% σ_y	

一般来说，DNV F2曲线常用于焊接节点，DNV B曲线则用于立管接头(耦合)。在疲劳分析中采用了两个应力集中系数。一个是1.2，用于管道环形焊缝；另一个是2.0，它要根据立管的类型进行选取，然后再用于立管接头。近年来，往往采用疲劳试验来确定实际的$S-N$曲线数据，并用工程风险分析(ECA)来得到

检测到的缺陷接受标准。

对钻井立管来说，因为钻管接头可以进行检测，所以其疲劳寿命的安全系数取3。疲劳计算要考虑所有相关的荷载效应，包括波浪、VIV和安装导致的疲劳。某些靠近LFJ接头的部件，疲劳寿命会更短一些。在这种情况下，疲劳寿命将决定检测间隔时间。

32.4.2 组件承载能力

为验算强度，多种组件的承载力需定义如下：

(1)井口接头；

(2)LMRP接头；

(3)下部挠性接头；

(4)立管连接器和主管道；

(5)周边管线；

(6)伸缩接头；

(7)张紧器/环；

(8)主动升沉绞车；

(9)硬悬挂接头；

(10)软悬挂接头；

(11)卡盘－常平架；

(12)立管运转工具。

32.5 钻井立管分析模型

32.5.1 钻井立管的组装模型

典型的钻井立管的组件如图32－2所示。需要在分析中确定伸缩接头、挠性接头、LMRP和BOP里的空气和海水重力。

水下采油树、管汇和跨接管的浮重和尺寸(长×宽×高)都需要进行双重活动干扰分析。辅助钻井立管和钢丝绳的特性也需要进行干扰分析。

在分析中,推荐使用的张紧力可以根据泥浆的重力计算得出。钻井泥浆密度通常假定为8.0 ppg①、12.0 ppg 和 16.0 ppg 等。套管的最大允许弯矩可以通过假定容许应力为屈服强度的80%而得出。

在分析中,所用到的水动力系数包括标准阻力系数以及针对裸露节点和浮力节点的相关阻力直径。切向阻力系数可以取自规范 API RP 2RD 中6.3.4.1节的方程(31)。对 LMRP 和 BOP 来说,竖向和水平的阻力面积和系数可由供应商提供。

红色警报通常在节点断开前持续60 s,黄色警报大约在红色警报之前90 s。

32.5.2 船舶运动数据

所需的船舶运动数据如下:

(1)船舶的外形尺寸;

(2)最大吃水情况下的重力和惯性;

(3)RAO 的位置参考点位置;

(4)不同方向波浪作用下的最大生存吃水 RAO;

(5)不同方向波浪作用下的最大工作吃水 RAO;

(6)不同方向波浪作用下的移位吃水 RAO。

另外,针对纵荡、横荡和艏摇,在船舶漂移分析中进行不规则波浪力计算时,需要考虑波浪力的二次传递函数。该分析也需要得到船舶的风力和海流阻力系数。

32.5.3 环境条件

通常,方位角指的是波流的行进方向,常常以从正北方向开始的顺时针旋转为正。潮汐变化对深海立管荷载的影响微不足道,在设计过程中可以忽略不计。环境条件包括:

(1)十年一遇的有效波高和相关参数的全方位飓风标准;

(2)十年和一年间隔期的全方位冬季风暴标准;

(3)针对波浪总体的浓缩波浪散布图(服役期、冬季风暴和飓风);

(4)环流/旋涡标准剖面图;

(5)十年和一年一遇的海流剖面和相关的风、波浪参数;

① ppg:密度单位(pounds per gallon)。

(6)底流的超越概率和标准化的底流轮廓图;

(7)环流/旋涡和底流的组合标准剖面图(最大值);

(8)十年一遇的环流/旋涡,一年一遇的底流或者一年一遇的环流/旋涡,一年一遇的底流组合剖面图;

(9)百年一遇的潜流超越概率和轮廓图。

基流是当没有旋涡时存在于水柱上部的海流。土壤不排水抗剪强度、单位浸水重力和 ε_{50} 等的平均值在立管连接分析中可用来计算沿油井柱土壤的等效弹簧刚度。

32.5.4 循环荷载下土的 $P-y$ 曲线

软土在循环荷载作用下的 $P-y$ 曲线研究由 Matlock(1975)首先提出。需要一系列的 $P-y$ 曲线来对泥线下不同深度的导管套筒/土壤之间的相互作用进行模拟。

32.6 钻井立管分析方法

钻井立管设计与分析的一些关键词如图 32-7 所示。

从结构分析的角度来看,钻井立管是一个承受海流作用的垂直缆索。钻井立管缆索的上部边界条件是受到波浪及风荷载作用的钻井平台运动。对于深海钻井立管而言,设计的一个关键技术挑战就是表面环流与底流引起的 VIV 疲劳损坏。

如图 32-8 所示为一个典型的针对 C/WO 立管的有限元分析模型。它说明了在送入和下放立管的过程中,立管处于连接、断开、悬挂中的一种模式。

32.6.1 送入和回收分析

送入和回收分析的目的就是确定容许的海流环境。在送入操作过程中,立管可以由一个距 RKB 有 75 英尺高的挂钩支撑或者悬挂在卡盘上。因为在接头与分流器外壳之间存在着潜在的接触,从而设计的关键部件是挂钩支撑。出于布局考虑,BOP 常安装在立管上。如果立管与 LMRP 分离,那么 BOP 可以不安装

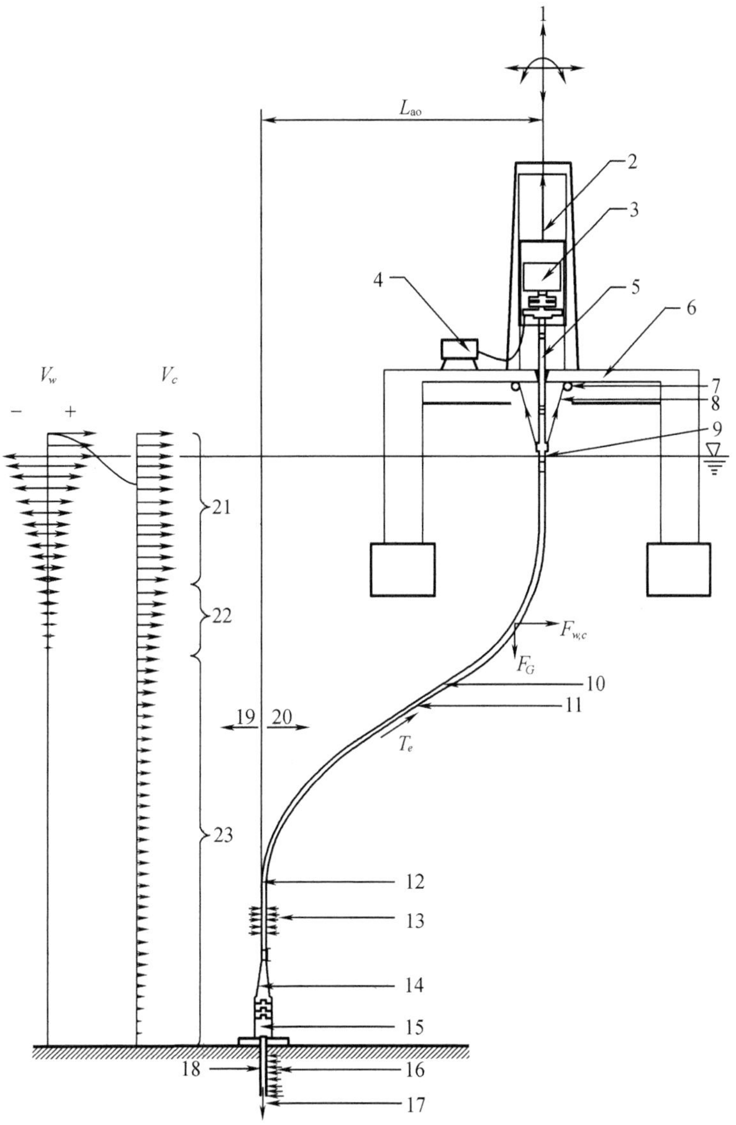

图32-7 C/Wo立管设计与分析中的主要参数(ISO 13628-7,2003(E))示意图

1—由一阶波型产生的波浪运动;2—绞车的张紧和冲程;3—水面设备;4—水面压力;5—滑动接头;6—钻井板;7—张紧器滑轮;8—张紧器的张紧和冲程;9—张力接头;10—外径;11—立管接头;12—弯曲加强杆;13—外部压力;14—应力接头;15—水下设备;16—土壤约束;17—工具;18—导管弯曲加强杆;19—上游;20—下游;21—激励区;22—剪力区;23—阻尼区;24—波浪和海流作用力;25—重力;26—有效张力;27—波浪速度;28—海流速度;29—船体偏移

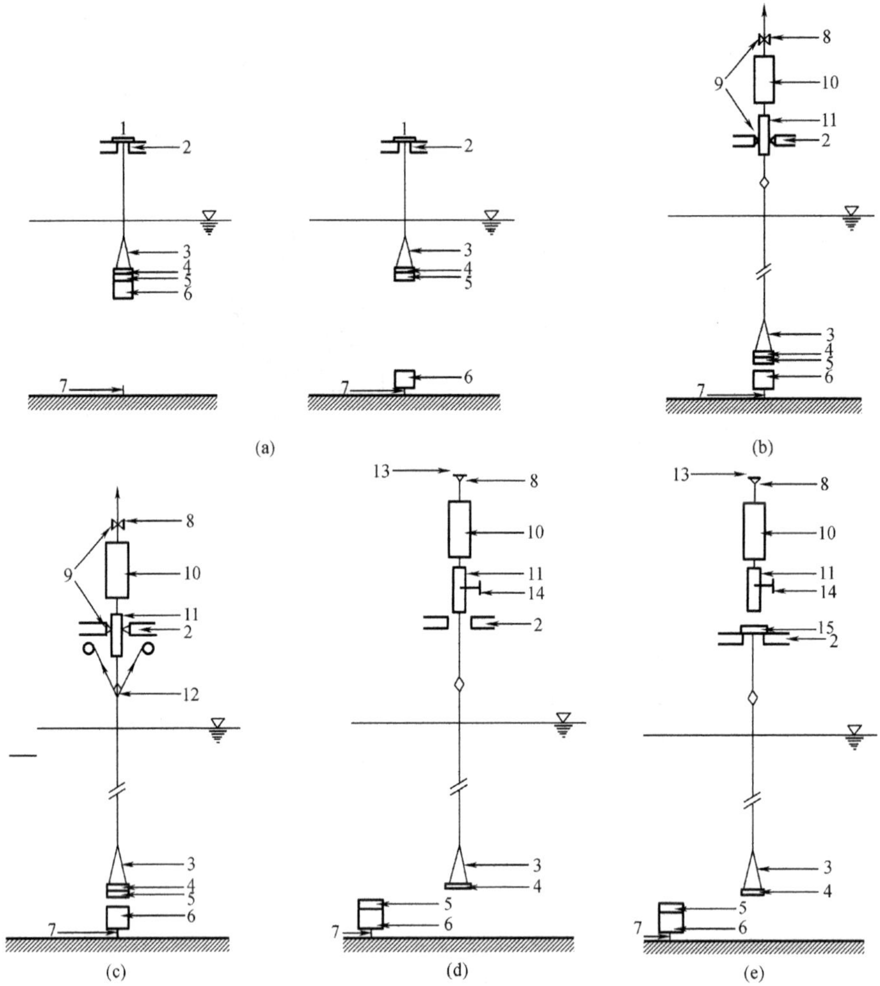

图 32-8　C/Wo 的典型有限元分析模型(ISO 13628-7,2003(E))

(a)送入立管;(b)着陆;(c)连接;(d)断开;(e)悬挂

1—卡瓦/卡盘;2—钻井板;3—应力接头;4—紧急断开插件;5—下立管总成;6—海底采油树;7—井口;8—顶部驱动;9—侧向支撑;10—张力框架设备;11—滑动接头;12—张力接头;13—销栓连接;14—固定支撑;15—悬挂衬套

在立管上。

挂钩可看作一个只受垂直和水平位移限制的销栓支撑。在海流荷载作用下,立管可以绕挂钩旋转。限制标准是立管接头与分流器外壳之间的接触。

静力分析用来评估海流拖曳力的影响,这里不考虑波浪造成的立管的横向运动。

32.6.2 可行性分析

可行性分析的目的是针对各种不同泥浆重力和立管顶部张力来确定可操作性条件。

限定标准的可操作性条件同时采用静态和动态波浪计算分析。静态分析包括分析在当前海流作用下钻井平台上部和下部的偏移量,以此来确定向上和向下的偏移量是否达到了极限值。通常需要考虑两种海流的组合:基流 + 底流和涡流 + 底流。典型的三种泥浆重力都将参照它们各自的顶部张力进行建模。

动态分析过程除了加入了波浪荷载外,其他与静态分析一样。动态分析常采用时域分析,即采用 Hmax 的规则波并且至少持续 5 个周期。通过动态分析确定出 LFJ 和 UFJ 角度的最大值,并与规范限定值进行比较。

挠性接头角度的限定条件如下:

(1)动态分析的连接钻探

上挠性接头角度的平均值小于 2°,最大值小于 4°;

下挠性接头角度的平均值小于 1°,最大值小于 4°。

(2)非连接钻探

上挠性接头角度的最大角小于 9°;

下挠性接头角度的最大角小于 9°。

值得注意的是,对于钻井立管的静态分析来说,上、下挠性接头角度的限值都是 1 度。

立管的其他动力响应限定如下:

(1)立管极限状态下的 Von Mises 应力 <0.67 倍的屈服应力;

(2)立管连接器强度;

(3)张紧器与 TJ 行程限定。

在井口及导管系统中荷载限制如下:

(1)LMRP 连接器;

(2)BOP 法兰与管卡;

(3)井口连接器;

(4)导管弯矩(0.8 倍屈服应力)。

对钻井来说,通常根据 LFJ(1°)和 UFJ(2°)的平均角度来确定包络。在非钻井条件下,通常采用套管的最大动力弯矩来控制包络。

32.6.3 薄弱点分析

薄弱点分析是钻井立管设计过程的一部分。薄弱点分析的目的是设计和确定在极限偏移条件下系统的破坏点。立管系统需要通过设计来保证薄弱点位于BOP之上。

分析的基本假定是所有设备的加载路径都是按制造商的规范设计。立管系统潜在的薄弱区通常有：

(1)钻井立管的过载；

(2)连接器或法兰的过载；

(3)张紧器超出其张紧能力；

(4)超出顶部和底部挠性接头的限制；

(5)井口的过载。

薄弱点分析的评价标准适用于钻井立管系统中每个潜在的薄弱点。薄弱点的标准往往确定系统是否失效。张紧器张紧能力的评价标准通常取决于张力绳的抗拉强度。铁圈垫板孔眼承载能力的评价标准通常取决于每个孔眼的屈服强度。

挠性接头的失效荷载通常为挠性接头所能承受的最大弯矩与拉力的组合，也与角度锁定后的附加荷载有关。

标准的立管接头与导管接头的失效荷载通常取未超出立管材料屈服应力时，所能承受的最大弯曲应力与拉应力的组合。

为了消除不确定性，需要进行全时域的薄弱点计算分析，分析包括：

(1)对于选定的风、波浪和海流的组合进行动态规则波分析，对潜在的薄弱点进行荷载动力放大效应分析，尤其是井口连接器和LMRP连接器。

(2)敏感性分析，它主要用来确定不同参数对薄弱点的影响，如泥浆重力和土壤特性。

(3)船舶偏移量范围从船舶的平均偏移位置到船舶极限偏移位置，其中极限偏移位置通过系泊耦合分析获得。

(4)完成钻井立管系统的偏移分析后，通过对结果的处理来得到偏移产生的力和弯矩，然后将其与钻井立管系统薄弱点处的评价标准进行对比。

如果薄弱点处于BOP之下，那么连接失效就会对油井完整性、立管完整性和成本产生严重的影响。对此应进行扩展分析，以便使薄弱点位于一个失效后果不太严重的位置。可以重新设计钻井立管的液压连接与螺栓法兰连接，这样薄弱点会在这些部位产生。

在一个平静的环境下，由于轻度的海流和较小波高的波浪，慢漂会在井口产生较小的静力和动力弯矩。而在快速漂移的环境中，当张紧器超出其张紧能力时，下部立管在波浪作用增大井口连接器的静态弯矩之前就已被拉直。这意味着，临界环境可以是在井口连接器上产生较大静态弯矩的高海流、产生较大动态弯矩的巨浪和产生缓慢漂移的低速风的组合。

32.6.4 漂移分析

漂移分析是钻井立管系统设计过程的一部分。漂移分析的目的是确定极端环境条件或漂移/驱动条件下何时启动断开程序。该分析适用于钻井和非钻井运行模式。在各个模式中，漂移分析都将确定船舶在各种风和海流及波浪作用下的最大下游位置。

漂移分析的第一个任务就是确定断开点位置的评估标准。这些标准可以根据设备在加载路径下的额定负载能力来确定：

(1)导管的套管——80%屈服强度；

(2)张紧器和伸缩接头顶出行程；

(3)顶部和底部挠性接头的限制；

(4)井口连接器的过载；

(5)LMRP 连接器的过载；

(6)立管接头的应力(0.67 倍的屈服应力)。

耦合系统分析常用在一个包括土壤、套管、井口与防喷器组、立管、张紧器和船舶的模型之中。该系统通常采用环境作用(风、海流和波浪)的组合来计算动力时域响应。在耦合的铺管船法中，船舶漂移(或船舶偏移)是分析的输出结果。该方法考虑了土、套管、立管与船舶的相互作用，这比非耦合方法更加精确。通常，非耦合方法要单独计算船舶的偏移，然后再应用到立管模型中进行二次分析。

在钻井立管的静力与动力分析完成之后，系统断开点的确认如下：

(1)在特定的环境荷载条件下的船舶偏移，可产生与组件断开标准相等价的压力或荷载，该偏移量则为该特定组件的容许断开偏移；

(2)容许的断开偏移量需要沿着钻井立管系统中各个关键组件进行确定；

(3)断开点(POD)为钻井立管系统中所有重要组成部分的最小容许断开偏移；

(4)一旦船只偏移达到了立管断开的条件，该偏移断开程序启动(红色限制)，通常为60秒，这是 EDS 的时间；

(5)对非钻井系统,将 EDS 时间断开点的启动偏移调整为 50 ft。这是非钻井系统调整后的红色限制;

(6)对钻井系统,断开点的启动偏移通常在 EDS 前 90 秒。

32.6.5 VIV 分析

钻井立管的 VIV 分析目的如下:

(1)预测 VIV 的疲劳损伤;

(2)确定疲劳关键部件;

(3)确定所需张力和容许海流速度。

模型求解之后,将结果输入 Shear 7。需要用户自定义的参数如下:

(1)模型的临界值;

(2)结构阻尼系数;

(3)斯特罗哈尔数;

(4)单模态与多模态的双带宽速率;

(5)带有 VIV 抑制设备的立管截面模型。

在钻井立管的 VIV 分析中,假定船舶位于它的平均漂移位置。该分析包括:

(1)用 F. E 模态分析软件为 VIV 分析生成模型形状和模态曲线;

(2)在初始静力分析所得张力分布的基础上,采用 Shear 7 对立管进行建模;

(3)采用 Shear 7 分析立管在每个海流剖面下的 VIV 响应;

(4)评估各海流剖面导致的立管损坏;

(5)从疲劳损伤的角度出发,画出各海流剖面作用下沿立管长度方向的结果。

32.6.6 波浪疲劳分析

钻井立管的动态疲劳评估常常采用时域分析方法,并且在分析中考虑了船舶的偶然偏移和低频运动。进行疲劳分析的步骤描述如下:

(1)进行初始静态分析;

(2)采用相关的静态疲劳海流进行重启动分析;

(3)对所有荷载情况进行动态时域分析,在每个分析中使用相关的波浪数据;

(4)对时域分析的结果进行后处理,以此来评估钻井立管在关键部位的疲劳损伤。

32.6.7 悬挂分析

两个悬挂构造假定如下：硬悬挂，挤压伸缩接头并在船体上锁紧，从而使立管顶部随着船舶上下移动；软悬挂，立管由立管张紧器支撑，这些张紧器的 APV（空气压力容器）都保持打开状态，并配有一个顶部安装补偿器（CMC），它们提供了一个与船舶相连的垂直弹簧连接。

利用随机波进行时域分析至少需要 3 小时的模拟时间。硬悬挂的实例为一年一遇的冬季风暴、十年一遇的冬季风暴和十年一遇的飓风。软悬挂的实例为十年一遇的冬季风暴和十年一遇的飓风。动态时域分析的目的是测试各个模型的可行性。

在硬悬挂模型中，立管从 BOP 中分离出来，只有 LMRP 连接在立管上。在硬悬挂方法中，只有位移是固定的。转动由常平架 - 卡盘的刚度决定。下放保护装置位于主甲板上。

对软悬挂方法来说，立管重力由张紧器和绞车来承担。绞车的刚度为零，而张紧器的刚度可基于张紧器所承受的立管重力以及波浪作用下立管的冲程估算得到。

硬悬挂和软悬挂分析的评价标准如下：

（1）针对软悬挂，要对张紧器和滑动接头的冲程进行限制；

（2）最小顶部张力要保持正值，以避免卡盘隆起；

（3）最大顶部张力为下部结构和悬挂工具的额定值；

（4）立管应力极限为 $0.67F_y$；

（5）常平架的角度要适当以避免滑出；

（6）龙骨与常平架之间的最大角度要避免与船碰撞。

32.6.8 双重作业干扰分析

在使用辅助钻井平台进行部署活动时，双重作业干扰分析将会对不同情况下，现场以及与主设备相连的钻井立管进行评估。该分析的目的是确定海流和偏移的限制量，以确保不会导致任何钻井立管、辅助钻井平台上的悬挂设备或绞车之间发生碰撞。主管道与辅助钻井平台和钻井平台之间的距离是一个重要的设计参数。值得注意的是，主管道与月池、船体或支撑发生的碰撞需要在完成叠加模型之前就对各项进行独立地评估。

根据双重作业分析所提供的资料，可以得到静态偏移以及由海流荷载产生的附加静态偏移。最后，在系统中加上海流荷载，并对钻井立管、双重作业设备与船舶之间的最小距离进行评估。

采用阻尼放大系数来考虑 VIV 阻尼对完井立管(关闭辅助钻井平台)的影响。在钻井立管(关闭主钻井平台)中不会采用阻尼放大系数,这样会相对保守地估计由海流造成的下游偏移。辅助钻井平台设备通常布置在 10%,30%,60%,90% 的深水和上游处,而主要钻井立管一般在下游进行连接。

32.6.9 接触磨损分析

钻杆与水下装置筒壁的接触会导致钻杆在旋转与拉动过程中对两者表面造成磨损。表面较软的水下装置的筒壁将比钻杆受到更大程度的磨损,所以筒壁是研究的主体。磨损体积的估算工作是在 Archard(1956)及其他工作的基础上进行的。磨损的表达式为

$$V_w = (K/H)NS \tag{32-1}$$

式中 V_w——两者表面的全部磨损体积,in^3;

K——材料常数;

H——BHN 材料硬度;

N——法向表面接触力,lbs;

S——滑动距离,in。

这个公式是在大量材料组合的情况下,通过大量的实验获得的。实验结果表明,在表面条件不变的前提下,磨损率 V_w/S 取决于接触面积和旋转速率或滑动速度。表面温度的升高会导致这种参数的变化。80 ksi 材料的 H 值是 197 BHN。对挠性接头的耐磨环和耐磨套管来说,H 值是 176 BHN。

法向力 N 是从荷载作用下的钻杆的接触分析中得出的。滑动距离 S 与 RPM 的关系如下

$$S = \pi d(RPM)t \tag{32-2}$$

式中 d——钻井管道或钻杆接头的直径;

t——分钟数。

将式(32-1)代入式(32-2),求解 V_w 的函数 t,得到

$$t = (H/K)(V_w/N)(\pi dRPM) \tag{32-3}$$

与干燥的接触条件相比,钻井液能润滑钻头以减少磨损。因此,该研究在不考虑润滑效应的情况下进行计算,得到的结果偏于保守。此外,磨损体积 V_w 还与磨损厚度 t_w 有关。

为得到磨损厚度,我们需要考虑磨损形状。磨损区域是由筒壁和工具接头或钻杆外径所形成的新月形边界。可能的接触情况如下所示:

(1)工具接头与套管的接触;
(2)工具接头与 BOP - LMRP 的接触;
(3)工具接头与立管接头的接触;
(4)工具接头与挠性接头的接触;
(5)钻杆与立管的接触;
(6)钻杆与挠性接头的接触。

对于工具接头的各种张力和各个位置下而言,挠性接头的角度以 0.1 度的速度在 0 到 4 度之间增加。每个增步下的反力都要记录下来。只要钻杆张力保持在一个大于零的给定角度,在反力作用下就会不断地发生磨损。当磨损厚度达到 1”时,反力就将保持不变。因此,应计算磨损一定厚度所需的时间。

计算磨损的第一步就是估算泥线附近钻柱的张力,因为其与接触反力有关。为了简化计算,常常采用偏于保守的方法,将每个接触位置的反力按工具接头 5 个位置上的钻柱张力进行标准化计算。

一个典型的磨损计算步骤如下:

(1)确定如下输入数据:钻杆倾角、材料硬度、张力范围、*RPM*。
(2)由张力计算法向力;
(3)从 $t_w - V_w$ 曲线中得到滑动距离 S;
(4)得到每个 t_w 下的分钟数。

32.6.10 反冲分析

导管反冲分析的目的是确定反冲系统设置和船舶的位置要求,以保证断开时实现以下目标:

(1)LMRP 接连器不会发生故障;
(2)LMRP 立管和 BOP 保持通畅;
(3)立管能以可控的方式升起。

如果船舶有自动反冲系统,那么反冲分析就不需要特定的程序。每一阶段的反冲规范如下:

(1)断开 LMRP 与 BOP 的倾角不能超过连接器的容许偏离角度。这会在断开之前产生限制张力减少的可能性。

(2)间隙 LMRP 应尽快提升以避免当船舶前倾时与 BOP 相碰。

(3)速度 钻杆不应提升过快,以避免滑动接头在高速下超过最大行程。

反冲分析的立管建模要求与悬挂分析要求一样。此外,它还要考虑张紧器系统的非线性与速度特性。时域立管分析程序可以单独使用,或与表格处理软件一起使用。分析的先后次序如下：

(1)进行连接立管分析；

(2)释放 LMRP 基座,打开吊卡,然后分析随后的瞬间响应；

(3)改变张紧器的响应特性来模拟阀门开闭,并分析在一系列波浪作用下的立管响应。

该分析要多次重复进行,以确定操作之间必需的时间延迟。必须对立管上升冲程进行监测,以检测是否冲出以及在什么速度下冲出。即使立管允许在悬挂中冲出滑动接头,也要对断开后的立管垂直振动进行监测,以确保其不与 BOP 发生碰撞。

32.7 总　结

国际上众多石油公司已将开发重点转移到深水区域,如墨西哥湾、巴西、西非与北海周边地区等。我国南海也有丰富的油气资源。深海钻井立管在极其恶劣的环境中作业,因此,是一种具有高风险、高难度、高技术、高附加值的石油装备,对性能有较高的要求。深海钻井立管系统是一个复杂的系统装备,由卡盘/万向节、分流器、上部挠性接头、伸缩节、立管短节、填充阀、立管母管、节流与压井管线、液压管线、钻井液增压管线、浮力块、终端接头、下部挠性接头、底部立管总成 LMRP、井口防喷器 BOP 和立管接头等组成。影响立管系统的主要因素是环境因素和作业因素。前者包括水深、波浪、海流,后者包括钻井液密度、脱离后立管系统的悬挂模式、浮力块的分布涡激抑制设备、节流与压井管线的工作压力等。

目前,用于深海钻井立管的主要材料是符合 API 标准的管线钢,主要是 API 5L X80,并且正在向更高强度级别的 X100 和 X120 等发展。另外,具有高性能的钛合金、铝合金也逐渐用于深海钻井立管中,并且在强度、寿命等方面都符合要求。在进行深海钻井立管的设计时,既要进行立管(准)静态性能分析又要进行立管的非线性动力学分析。前者包括载荷分析、应力分析、极限载荷制订和立管的结构设计等;后者包括时域和频域分析、确定性和非确定性(规则波和不规则波)分析、线性和非线性波浪理论分析、LMRP 和 BOP 脱离后的悬挂模式影响轴向动态的分析、波致疲劳性能的分析。

目前,深海钻井立管的生产方法主要有无缝钢管和直缝埋弧焊钢管。其中,直缝埋弧焊钢管应用更为广泛,UOE 和 JCOE 两种方法实现管坯成形之后,还需要进行焊接工艺、机械冷扩径工艺、无损检测工艺、防腐工艺等。

第33章

钢悬链立管

33.1 简　　介

在深水环境下采用湿采油树进行水/气注入和油/气输出时，应该优先选择钢悬链立管（SCR）。2008年末，全球已经有超过100个工程项目应用钢悬链立管，其中主要以墨西哥湾地区为主。同时，全球30个正在使用的钢悬链立管具有详细的工程概念，钢悬链立管已经在后续的许多相关工程中使用了。

在超深水浮式产品的生产中，SCR的设计、焊接和安装方面所面临的问题主要与深水环境内重力整合引起的较高的悬挂张力有关，此外还需要考虑高温、高压、腐蚀、服务条件等方面的内容。

33.2 钢悬链立管的应用

到目前为止，钢悬链立管已经成功地应用在张力腿（TLP）平台、SPAR平台和半潜平台上，例如位于墨西哥湾、巴西的半潜平台以及印度尼西亚海岸的张力腿平台。在2004年建成的工程里，钢悬链立管也开始应用于FPSO的生产服务中，见表33－1。

表 33－1 钢悬链立管工程实例

年份	钢悬链立管工程实例
1993	第一个钢悬链立管安装在墨西哥湾地区用于油气输出的壳牌 Auger TLP 平台上，这些钢悬链立管安装水深达 872 米(2 860 英尺)，使用柔性接头与平均水位 70 英尺下的 TLP 的浮筒相连。立管的直径和壁厚分别是 1 英寸和 0.688 英寸。通常采用 J 型铺设方法进行安装。涡激振动(VIV)抑制器安装在立管顶部 150 米(500 英尺)处，采用螺旋形列板。此后，Shell 公司的张力腿平台安装了多个类似的 SCR，如 Ram－Powell，Mars，Ursa，and Brutus
1997	第一个安装在半潜平台上的钢悬链立管是在巴西沿岸的 Marlim 地区，水深大约为 605 米(1 985 英尺)。这个 SCR 是一个 10 英寸的气体输入线的一部分，壁厚是 0.812 英寸。依据 API 5L 规范，材料等级选择 X60，为降低中垂弯曲时的弯矩，防止动态运动会变得更加显著，在 SCR 的生产中采用了更高的张力
1998	Morpeth 输出/输入钢悬链立管安装在一个水深 509 米(1 670 英尺)TLP 平台上，使用 J 型铺设方法安装立管的轮箍部分，余下部分的安装采用的是 S 型铺设方式
2001	Prince 钢悬链立管安装在水深达 457 米(1 500 英尺)的 TLP 平台上，钢悬链立管是 2 条 12 英寸的油气输出管线部分，有 24°的离船角和 ±2°的柔性接头角度变化，目的是允许立管在相对较浅的水中运动
2001	两条 6 英寸的 King Kong 钢悬链立管安装在水深 1 006 米(3 300 英尺)的 Allegheny 张力腿平台上，为降低作用在 TLP 上的立管载荷，每个立管的浮力要求达到 22 680 kg(50 000 磅)，SCR 的壁厚为 0.791 英寸，材料为 API 5L X－65 等级。在立管接口处使用了 8.23 米长的钛合金应力接头。除了 305 米(1 000 英尺)长的触地点位置使用的是三层聚乙烯外层以外，其他外涂层采用的是 32－14 密尔的溶解环氧(FBE)，安装在张力接头下部的是 158 米(520 英尺)的轮箍(5D 类型)
2002	Typhoon 的 18 英寸气体输出立管的水深直径比是目前所有安装的钢悬链立管中最低的，这使得在海床触地点位置面临极高的疲劳设计挑战，Typhoon 张力腿平台位于大约 640 米(2 100 英尺)的水深处，在生产井口处使用的是柔性立管，用于产品输出的是 10 英寸的油输出 SCR 和 18 英寸的气体输出立管
2003	8 英寸和 10 英寸的 Matterhon 输出钢悬链立管位于 869 米(2 850 英尺)水深的 TLP 上，是首次以卷筒方式安装的 SCR。这些钢悬链立管的设计首要考虑因素是墨西哥湾 Cold－Core 旋涡流(或者潜流)的作用。卷筒安装方法也会影响到立管设计、建造和疲劳测试过程，特别是焊接程序和协调过程，以及疲劳测试和断裂力学分析方法的选择
2003	Na Kika 钢悬链立管是第一个设计安装在双层管系统里的钢悬链立管，这个钢悬链立管安装在水深达 1 920 米(6 300 英尺)的半潜平台上。生产钢悬链立管使用的是双层管系统，然而输出管却是单壁结构

表 33-1(续)

年份	钢悬链立管工程实例
2003	Marco Polo 的 12 英寸油输出和 18 英寸气体输出钢悬链立管与位于 1 311 米(4 300 英尺)水深的张力腿平台连在一起。安装期间,其中一个立管朝着 TLP 方向移动了 25 米(820 英尺)。额外焊接的 4 个接头引起 SCR 的离船角从 12°变为 10°
2004	Bonga 钢悬链立管应用于西非沿岸的浮式生产储油卸油(FPSO)船上,气体输出钢悬链立管和油输出钢悬链立管安装在一个水深达 3000 英尺的 Front Runner Spar 平台上,在白勇博士的 OTC 论文中发表了一篇关于这种立管的涡激振动疲劳分析
2005	Anadarko GC518 生产钢悬链立管采用的是 5 英寸的内径(ID),使用的是 2 号立管
2005	ENI K2 生产钢悬链立管采用的是 5.625 英寸的内径,2 号立管
2005	BP Horn Mountain 石油输出立管采用的是 11.5 英寸内径,2 号立管
2005	Anadarko Genghis Khan 生产立管采用的是 5 英寸内径,2 号立管
2006	Atlantis 油气输出钢悬链立管是 BP 公司和他的合伙人开发的 Mardi Gras 运输系统(MGTS)的一部分。Atlantis 地区生产平台的主船体是一个 88 000 吨、27 米长的半潜平台,位于墨西哥湾 787 区,系泊在 GreenCanyon 水深 2 164 米(7 100 英尺)处。输出立管由安装在位于西侧浮筒内的柔性接头支持,浮筒位于平均水位(MSL)以下的 21 米(70 英尺)处。出油立管外径 24 英寸,底部壁厚是 1.20 英寸,顶部壁厚是 1.127 英寸。输气立管直径和壁厚分别是 16 英寸和 0.898 英寸。设计寿命均为 30 年
2007	Independence Hub 半潜生产平台位于墨西哥湾地区 2 438 米(8 000 英尺)水深处,平台上安装的是 8 英寸和 10 英寸的钢悬链立管,关于该立管的耦合 VIV 分析和传热分析也刊登在一篇 OTC 论文中
2007	Chevron Texaco Blind Faith 钢悬链立管是用作生产、输油和输气的立管。对于生产立管有三个不同的直径:内径 4.625 英寸,5.375 英寸,和 5.625 英寸。对于输油立管,内径为 12.375 英寸,对于输气立管,内径为 12.25 英寸

33.3 壁厚设计

钢悬链立管的壁厚要依据 API RP 1111 规范和联邦规范中规定的可承受压力(箍环和挤压强度)进行设计。失稳分析应该根据 API RP 2RD 规范和 API RP

1111 规范进行，特别是对于输出钢悬链立管更要依据上述规范。一些安装方法，如卷筒安装对相关的直径厚度比有特殊的要求。此外在某些情况下，为满足轴向和横向稳定性的要求，也需要增加壁厚。

另外还需要引入结合了 Von Mises 应力校核的 API 2RD 规范，其中的许用应力标准包括：

(1)运行状态 $=0.67\sigma_y$；

(2)极限状态或者临时状态 $=0.80\sigma_y$；

(3)水诊测试 $=0.90\sigma_y$；

(4)偶然载荷 $=1.00\sigma_y$。

到目前为止，对于 X－65 焊接钢管，离岸条件下可焊接的最大厚度约为 39.9 mm(1.57 英寸)，这个限制厚度是考虑到疲劳性能等因素的影响，主要包括管子制造、焊接能力、覆层应用技术和自动化超声检测(AUT)能力等方面。

33.3.1 依据美国机械工程师协会(ASME) B31.4 和 B31.8 规范的立管壁厚设计

对于这两个规范，主要的设计原则可以表述为立管被当作压力容器进行评定，将周向应力限制为屈服应力的特定百分比。依据 ASME B31.8 规范，最大周向应力取决于多个因素，如材料、管子位置、运行状态以及其他一些由设计者制订的限制因素。

在设计步骤中，应该考虑下面几个设计标准：压力控制(周向压力)、静水力失稳和屈曲传播。

目前的设计原则是限制不同压力时的周向应力及限制合成载荷对应的等值应力。一般而言，除了当外部的冲击载荷对立管的完整性有威胁时，其他情况下这个原则都是偏于安全的。表 33－2 所示为不同管线依据 ASME B31.4 和 B31.8 规范计算各应力时的设计系数 η。

表 33－2 不同管线依据 ASME B31.4 和 B31.8 规范计算各应力时的设计系数 η

	周向应力	纵向应力	等值应力
油气管线、液态烃管系和立管	0.72	0.80	0.90
非生产平台的气体立管	0.60	0.80	0.90
生产平台上的气体管系、气体立管	0.50	0.80	0.90

注释：按照上表，ASME B31.4(液体)和 B31.8(气体)规范的区别是设计系数 η 值不同。

1. 压力控制(周向压力)

由于内外压力的不同,周向应力标准起到限制特征周向拉应力 σ_h 的作用,可以使用如下的方程计算:

$$\sigma_h < \eta_h (SMYS) K_t \tag{33-1}$$

式中 σ_h——周向应力;

η_h——设计利用率;

$SMYS$——指定最小屈服强度;

K_t——材料温度降级系数(碳钢的按照 ASME B31.8 规范,不锈钢或双重的按照 DNV OS F101 规范)。

周向压力方程的一般表达式为

$$\sigma_h = (p_i - p_e)\frac{D}{2t} \tag{33-2}$$

式中 p_i——内压;

p_e——外压;

D——直径;

t——立管壁厚。

远离平台区域的立管,设计系数定为0.72,对于平台区域附近的立管(安全区域)利用率依据 ASME B31.8 定为0.5,或者依据挪威石油名录(Norwegian Petroleum Directory,NPD)定为0.60。设计因子的初值0.72最早出现在B31规范(1935)。工作压力限定为工厂测试压力的80%,这是通过方程(33-1)使用设计因子0.9计算出来的。管线分区制系统包括区域1和区域2,这个区域是根据管线到主船体平台的距离划分的,其中,500米以内称作区域2,500米以外称作区域1。

2. 静水力失稳

外部压力 p_1' 和管子的失稳压力是相等的,用公式(33-3)计算:

$$p_1^3 - p_{el} \times p_1^2 - \left(p_p^2 + p_{el} \times p_p \times f_0 \times \frac{D}{t}\right) \times p_1 + p_{el} \times p_p^2 = 0 \tag{33-3}$$

式中 p_{el}——弹性屈服压力,$p_{el} = \frac{2E}{(1-\nu^2)} \times \left(\frac{t}{D}\right)^3$;

p_p——完全塑形压力,$p_p = \eta_{fab} \times SMYS(T) \times \frac{2t}{D}$;

f_0——椭圆度,$f_0 = \frac{D_{max} - D_{min}}{D_{max} + D_{min}}$;

p_1——外部压力界限;

$SMYS(T)$——指定最小圆周方向屈服强度;

E——杨氏模量；

ν——泊松比；

η_{fab}——制造降级因子，如果没有详细的参考信息，这个因子可以使用缺省值 0.005。

建造阶段引起的椭圆度也需要包括在内，但是外部水压引起的扁平率或者安放位置点的弯曲不需要包括在内，安装和循环工作载荷的作用导致椭圆度的增加会使局部弯曲情况恶化，因此，对这一现象必须加以考虑，建议对服役期内可能遇到的载荷，应用有限元分析的方法进行椭圆度的模拟计算。

失稳方程表达式如下：

$$(p_c - p_{el}) \times (p_c^2 - p_p^2) = p_c \times p_{el} \times p_p \times f_0 \times \frac{D_0}{t} \tag{33-4}$$

失稳方程通过如下方法求解：

$$p_c = y - \frac{1}{3}b, (p_c = p_l) \tag{33-5}$$

其中

$$c = -\left(p_p^2 + p_c \times p_{el} \times p_p \times f_0 \times \frac{D_0}{t}\right)$$

$$b = -p_{el}$$

$$d = p_{el} \cdot p_p^2$$

$$u = \frac{1}{3}\left(-\frac{1}{3}b^2 + c\right)$$

$$v = \frac{1}{2}\left(\frac{2}{27}b^3 - \frac{1}{3}bc + d\right)$$

$$\phi = \arccos\left(\frac{-v}{\sqrt{(-u)^3}}\right)$$

$$y = -2\sqrt{-u} \cdot \cos\left(\frac{\phi}{3} + \frac{\pi}{3}\right)$$

计算椭圆度时，需要按以上步骤进行。

如果 D/t 值小于 50，在组合弯曲应变和外部压力作用下管子应变的确定标准可以用如下公式计算：

$$\left(\frac{f \times \varepsilon}{\varepsilon_b}\right)^{0.8} + \frac{p_e - p_i}{p_c} \leqslant 1 \tag{33-6}$$

式中 ε——管子弯曲应变；

ε_b——$\frac{t}{2D}$；

ε_1——最大安装弯曲应变或最大在位弯曲应变；

f——安装弯曲或在位弯曲挠度安全系数；

p_c——失稳压力。

安全系数f应该由设计者确定，同时需要考虑安装弯曲应变或在位弯曲应变可能出现的幅值增加情况。对于载荷产生的不确定性影响，如果缺乏具体的信息，推荐使用安全系数2.0。对于非名义状态引起的安装弯曲应变增加的情况，安全系数f可能会大于2.0，而对于弯曲应变清晰可辨的情况（卷筒情况）或在位状态时的情况，安全系数可以小于2.0。

在安装阶段，如果可以发现并修复那些潜在的局部弯曲并且在使用阶段阻止屈曲传播，可以选择较低的安全系数。

3. 屈曲传播

在安装过程中，局部屈曲具有较高的危险性，需要设计屈曲抑制器来限制屈曲的传播和可能引起的破坏延伸。

下列方程可以确定是否需要屈曲抑制器：

$$P_{pr} = 24 \times SMYS \times \left(\frac{t}{D}\right)^{2.5} \tag{33-7}$$

式中 P_{pr}——立管传播压力；

$SMYS$——指定最小屈服强度；

t——管壁厚度；

D——立管外径。

通过求解下列方程，可以得到几种可行的屈曲抑制器壁厚和长度的组合，但是这个方程仅仅适用于厚壁圆柱体抑制器。

$$P_x - P_{pr} = (P_a - P_{pr}) \times \left[1 - \exp^{\left(-15\times\frac{t_{BA}\times l_{BA}}{D_{BA}^2}\right)}\right] \tag{33-8}$$

式中 P_x——转换压力，$P_x = S_F \times P_h$；

l_{BA}——抑制器长度；

S_F——安全系数，$S_F = 1.5$；

P_h——静水压力，$P_h = \rho_w \times g \times (h_{max} + h_t + h_s + h_{ref})$；

g——重力；

h_{max}——通用立管所处的最大深度；

h_t——潮水振幅；

h_s——风产生浪涌高度；

h_{ref}——输入口压力参考高度（大约等于海平面上10米＋所处位置水深）。

$$P_a = 34 \times SMYS \times \left(\frac{t_{BA}}{D_{BA}}\right)^{2.5} \tag{33-9}$$

式中 P_a——屈曲抑制器传播压力；

t_{BA}——屈曲抑制器壁厚；

D_{BA}——$D+2\times t_{BA}$，m。

33.3.2 按照 API 1111 规范设计的壁厚

这种方法是基于 API 1111 规范和 ASME B31.8 标准计算立管和管系的最小壁厚，计算时需要依据以下四项要求：

(1) 内压控制　内压要小于最小壁厚能承受的值；

(2) 静水失稳　基于失稳校核的最小壁厚；

(3) 局部屈曲　使用局部屈曲校核方法确定可行的最小壁厚；

(4) 屈曲传播　计算抵抗屈曲传播时所需的最小壁厚。

33.3.3 内压控制

钢制立管内压控制设计时的壁厚 t_{ph} 可通过如下方式确定：

$$t_{ph}(i)=\frac{[p_{id}-p_e(i)]\times D}{2\times\sigma_y\times Fl_{riser}\times f_T}+t_{corr} \tag{33-10}$$

式中 D——管线外径；

σ_y——指定的最小屈服强度；

Fl_{riser}——立管周向应力设计系数；

f_T——温度降级系数；

t_{corr}——内部腐蚀裕度；

p_{id}——内部设计压力，psig；

p_e——管线外压，$p_e=\rho_{sea}\times g\times|Profile_{i,1}|\times f_T$；

ρ_{sea}——海水密度；

$Profile_{i,1}$——校核点水深。

适用于立管和平台附近的管系。

1. 静水力失稳

在建造和运行阶段，碳氢化合物管线可能遇到外压超过内压的情况。由于静水压力的影响，作用在管壁上的压力可能引起管子的失稳，因此选择管子时要确保它能够提供足以抵抗失稳的强度，同时要考虑它的物理特性的变化、椭圆度、弯曲应力和外部载荷等情况。

在管线的任何位置上，管子的失稳压力都必须要超过外部净压力，可用下列公式表示：

$$P_0 - p_i \leqslant p_{cex}(t) \tag{33-11}$$

其中

$$p_{cex} = \frac{f_0 \times p_{yp}(t) \times p_{ec}(t)}{\sqrt{p_{yp}(t)^2 + p_{ec}(t)^2}}$$

式中 p_{cex}——标准圆管单纯失稳的临界压力，包含安全系数；

f_0——SMLS 管弹性失稳的设计因子，$f_0 = 2 \times \sigma_y \times t/D$；

$p_{ec}(t)$——塑性失稳压力；

$p_{yp}(t)$——塑性失稳的屈服压力

$$p_{yp}(t) = 2 \times E \times \frac{\left(\frac{t}{D}\right)^3}{1 - \nu^2}$$

ν——泊松比；

E——杨氏模量。

2. 局部屈曲

组合弯曲应变和外部压力应满足下式：

$$\frac{\xi}{\xi_{b(t)}} + \frac{(P_0 - p_i)}{p_c} \leqslant g_{OV} \tag{33-12}$$

$$OV = \frac{D_{max} - D_{min}}{D_{max} + D_{min}}$$

式中 g_{OV}——失稳锥形系数，$g_{OV} = \frac{1}{1 + 20 \times OV}$；

OV——管子椭圆度；如果没有详细的信息，这个系数可以取作缺省值 0.5%；

f_p——屈曲传播设计因子；

ξ_1——中垂弯曲中，为基于 0.9 倍许用应力的最大安装应变；

ξ_2——最大在位弯曲应变，基于许用纵向应力的一半进行计算，其中纵向应力取 0.80 倍 *SMYS* 在位应力；

$$\xi_2 = 0.5 \times f_p \times \frac{\sigma_y}{E}$$

$\xi_b(t)$——纯弯曲时的弯曲应变；

$$\xi_b(t) = \frac{t}{2D}$$

如果 $\xi_1 > \xi_2$，取 ξ_1 或者 ξ_2 作为管内的弯曲应变

$$P_c = \frac{P_{cex}(t)}{f_0} \tag{33-13}$$

式中 P_c——失稳压力；

f_0——SMLS 管塑性失稳的设计因子；

P_{cex}——标准圆管单一失稳的临界压力。

3. 屈服抑制器的壁厚

由过度弯曲或者其他原因引起的屈曲可能沿着管子传播，因而导致油气管线失效，这些屈曲通常是由直径壁厚比过高的管线所承受的海水静压力而引起的。对于水下的管线系统，静水压力可以导致屈曲的传播，因此，正确估计屈曲传播压力是非常必要的，一旦发现可能存在导致屈曲传播的条件，就要在设计阶段采取措施防止屈曲传播。

依据 API 111 规范中的屈曲传播方程，防止屈曲传播的最小壁厚计算公式如下

$$w_b(i) = \left(\frac{p_e(i)}{24 \times \sigma_y \times f_p}\right)^{\frac{1}{2.4}} \times D \tag{33-14}$$

式中 f_p——屈曲传播设计因子；

D——管线外径；

σ_y——指定最小屈服强度；

p_{id}——内部设计压力，psi①；

p_e——管线外压，$p_e = \rho_{sea} \times g \times |Profile_{i,1}| \times f_T$。

33.4 基础设计阶段的设计数据

33.4.1 总体设计

在初步设计阶段，为尽可能降低成本，必须确定立管和管道的直径和壁厚。

影响立管直径和壁厚设计的因素包括：

(1)工作情况　运输方法，清管，腐蚀，检测；

① 1 MPa = 145.037 psi

(2)井口特性 压力,温度,流量,热量损失,造渣,正常的流体和相关的化学物质;

(3)结构性约束 爆炸,失稳,屈曲,后屈曲;

(4)安装事项 船体张紧能力;

(5)建造事项 制造能力,制造产生的偏差,焊接工序,检测;

(6)船体位移和运动;

(7)海况条件;

(8)深水环境。

井口特性决定了井口成分和性质随时间的有序变化情况,对正常和非正常关闭运行状态,这些都需要预先确定。设计者应该对安装、试运行和运转阶段可能遇到的各项因素做到全面考虑。

33.4.2 建造/安装方法的影响

建造和安装操作可能对立管系统造成永久性的变形或者产生残余载荷/扭矩,进而影响疲劳寿命,因此设计者应该把这些考虑在内。焊接质量、立管末端和椭圆度之间的配合程度决定了服役期内对立管的要求,无损探伤(NDT)的要求则取决于对疲劳寿命和断裂力学分析的评估。

在设计中应考虑如下问题:

(1)在稳定性设计中,应考虑立管在安装过程中以及极限载荷、完全关闭/降压和最小壁厚情况下,中垂弯曲应变的影响;

(2)对于管线弯曲时产生的剩余扭矩,应考虑到柔性接头等部件的影响以及在铺设操作中安装船张紧器的侧向或塑性变形;

(3)几何不连续性以及前期焊接限制产生的应力集中系数(SCF),前期焊接限制一般包括立管的椭圆度(UOE 管)、非同一壁厚管问题(无缝管)、焊接偏差等;

(4)安装时(卷筒,S 型铺设)塑性变形引起的应力集中,如屈服强度不同的管子焊接在一起的时候;

(5)安装时(卷筒,J 型铺设)由塑性变形引起的残余椭圆度;

(6)安装时的装载情况;

(7)焊接工序和偏差裕量,无损探伤方法,以及和抗疲劳性相关的阀值等。

33.4.3 材料选择

在选择材料时需要考虑的因素有强度要求、断裂和疲劳性能要求、焊接缺陷可接受程度以及是否适用于脱硫/酸性条件。

在缺少更详细的数据情况下，DNV - OS - F201 规范 C303 提供了对各种钢材可能发生的屈服应力水平的初步温度降级估测参考。

1. 材料等级优化

材料级别的优化源于管线的制造和焊接过程。除了满足建造和安装成本的最小化，优化过程还要满足运行要求。由于不同的材料等级对立管的工作寿命有很大影响，经营者一般会参与到材料级别的最后筛选中。

2. 材料的拉伸属性

产品等级规范(PSL)1 中的 A25，A，B，X42，X46，X52，X56，X60，X65 和 X70 级别应该满足表 33 - 3 所述的拉伸要求。产品等级规范 2 中的 B，X42，X46，X52，X56，X60，X65，X70 和 X80 级别应该满足表 33 - 4 所述的拉伸要求。

表 33 - 3　PSL 1 规范的拉伸要求

等级	最小屈服强度		最小极限拉伸强度	
	/psi	/MPa	/psi	/MPa
A25	25 000	172	45 000	310
A	30 000	207	48 000	331
B	35 000	241	60 000	414
X42	42 000	290	60 000	414
X46	46 000	317	63 000	434
X52	52 000	359	66 000	455
X56	56 000	386	71 000	490
X60	60 000	414	75 000	517
X65	65 000	448	77 000	531
X70	70 000	483	82 000	565

表 33-4 PSL 2 规范的拉伸要求

等级	最小屈服强度		最大屈服强度		最小极限拉伸强度		最大极限拉伸强度	
	/psi	/MPa	/psi	/MPa	/psi	/MPa	/psi	/MPa
B	35 000	241	65 000	448	60 000	414	110 000	758
X42	42 000	290	72 000	496	60 000	414	110 000	758
X46	46 000	317	76 000	524	63 000	434	110 000	758
X52	52 000	359	77 000	531	66 000	455	110 000	758
X56	56 000	386	79 000	544	71 000	490	110 000	758
X60	60 000	414	82 000	565	75 000	517	110 000	758
X65	65 000	448	87 000	600	77 000	531	110 000	758
X70	70 000	483	90 000	621	82 000	565	110 000	758
X80	80 000	552	100 000	690	90 000	621	120 000	827

X42 到 X80 等级应该符合购买者和制造商间达成的共同拉伸要求。此外，这些要求还要满足表 33-3 的 PSL 1 管和表 33-4 的 PSL 2 管的要求。

对于冷扩张管，每根管子的主体屈服强度和主体极限拉伸强度的比率不应超过0.93。屈服强度应该是产生总延伸为0.5%计量长度时的拉伸应力，这个量需要由应变仪来确定。除了记录延伸量外，还包括使用的条状测试样本的名义宽度，或者圆棒样本的直径和计量长度。对于 A25 级别的管子，制造者需要证明装配的材料已经接受了测试并且满足 A25 级别的力学要求。

3. 酸性环境

酸性工作环境发生在立管内输送碳水化合物的情况。此时含有高浓度的 H_2S 和 CO_2，PH 值很低，它们和水混合形成的酸性环境会产生腐蚀作用，H_2S 的存在还会增加钢材对氢的吸收。

氢含量和侵蚀严重度随着 PH 的降低、H_2S 含量和温度的升高而增加。有效的脱水可以保证输油段的稳定，控制化学品的含量则可以降低腐蚀作用，并且会在一定程度上影响氢的吸收、防止氢诱导的脆性断裂和硫化物引起的应力腐蚀开裂现象。

为了预防腐蚀缺陷，可以应用抗腐蚀合金包层或者衬管，API(1998)规范对抗腐蚀合金包层和内衬管有一套详细说明，将它们分成如下类别：

①冶金粘结管——在结构外部管和抗腐蚀内管之间带有冶金黏结剂的管子。

②机械性包层管——生产包层管最简单、经济的方法是在内部线性排列一

些碳钢管。

抗腐蚀合金管可以通过焊接形式连接或者螺纹、耦合连接器进行连接。焊接包括离岸焊接和岸上焊接。由于岸上环境更加可控,因而岸上焊接质量更高;由于没有和离岸安装驳船相关的过渡成本问题,岸上焊接比离岸焊接耗时短。并且,包层管离岸焊接有一定的技术挑战,因而需要更长的时间。

4. 钛合金

自从1996年钛合金就开始应用于钢悬链立管的顶部应力接头,在立管设计、悬挂结构和应力接头的安装领域得到了广泛的应用。

考虑到剧烈的载荷和内部流体流动,立管触地点区域(Touch Down Zones, TDZ)也采用钛合金。已经进行的一些研究工作已证实了这一应用的优势,特别是在提高疲劳寿命方面优势显著。许多设计规范都没有对钛合金应用有完全的阐述,因此,当确立设计载荷能力和疲劳性能时,还需要考虑这种材料的一些特性。

钛合金拥有特殊的综合性能,如高强度、低弹性模量和密度、优良的抗疲劳性能以及高抗化学腐蚀性能,这些都是它在离岸立管系统中备受欢迎的原因。

钛合金通常用在钢悬链立管顶部末端的锥形应力接头设计中,以及一些和顶部张力立管连接的水下井口位置,这些位置通常是立管承受最高载荷和疲劳的区域,同时还有一些持续暴露在井口液体中的位置。

近些年,由于向深水生产的延伸以及面临着更有挑战性的环境条件,尤其是大量高温高压(High Pressure/High Temperature, HPHT)环境下资源储藏的发现,使得钛合金的应用得到了更大的扩展。

(1)设计规范

2002年,DNV刊载了钛合金立管设计的推荐规范。正在起草的API/ISO立管规范说明钛合金的应用越来越广泛。虽然其他的立管设计规范也可以用于钛合金立管设计,然而,DNV推荐规范已经通过测试,并且会与新的API/ISO规范结合起来使用。

(2)合金的选择和属性

对于悬链立管常用钛合金有两个等级:

①美国检测与原料协会(ASTM)23等级钛合金;

②美国检测与原料协会29等级钛合金。

29级别是抗腐蚀更强的合金,通过增加0.1%的钌可以得到,它的应用使得在脱硫和酸性氯化物盐水和海水中,裂缝和应力腐蚀温度界限超过了260 ℃。国家腐蚀工程师协会NACE MR0175/ISO标准充分证明29级合金对于酸性环境可以达到35级的洛氏硬度(HRC)。

33.4.4 疲劳设计数据

1. 环境影响

在腐蚀性环境中或者温度增加情况下，疲劳寿命降低。校核和维护有涂层的绝缘管和覆层的整体性，可以将海水到达立管围壁的危险降到最低。在设计阶段，需要用到 $S-N$ 曲线。然而，若上述条件不能得到满足，且需要评估立管外部环境时，应该对 HSE 曲线作如下调整：

(1)海水中阴极保护接头

对于 $N \leqslant 1.026\times10^6$，通过将 m 值改变为2.5的方法可以降低疲劳寿命，对于 $1.026\times10^6 < N < 10^7$ 的情况，改变斜率为 $m=5$。对于 $N>10^7$ 的情况，斜率恢复到 $m=3$，此时曲线和在空气中时曲线是一样的。

(2)海水中的自由腐蚀接头

在全部范围内，通过改变 m 值为3降低疲劳寿命。

在一些区域，局部的腐蚀以及疲劳影响是值得注意的，如当触底区域的局部沟槽跨度很大时，就可能出现较高的腐蚀现象，并且触地点是一个容易堆积水的较低位置点，这也会对腐蚀产生影响。众多数据显示，在较低的位置点，腐蚀会更加严重，并且当结合剧烈的动态载荷时，可能会进一步加速疲劳影响。腐蚀速率随着液体流速增加而增加，特别是在生产立管顶部流速大的位置，因为这个位置也存在剧烈的动态载荷引起的腐蚀速率增加。

对于温度而言，上述的海水的环境缩减系数是温度在6~20 ℃之间时得到的疲劳数据。对于更高的温度，这些系数需要依据 API RP 1111 规范来确定。

没有腐蚀性流体时，温度对于立管范围内的钢材疲劳的影响(正比于杨氏模量的变化)是最小的，因而可以忽略。

2. 累积损伤

$S-N$ 设计曲线适用于恒幅交变载荷情况。为了考虑钢悬链立管在频谱载荷作用下引起的变幅载荷循环，需要应用 Miner 规范。下面的公式表明了失效发生的情况：

$$\frac{n_1}{N_1}+\frac{n_2}{N_2}+\frac{n_3}{N_3}+\cdots=\sum\frac{n_i}{N_i}=D=1.0 \tag{33-15}$$

式中 D——累积损伤率。

频谱载荷给出了应力范围 S_i 对应的循环次数 n_i，N_i 值是通过设计 $S-N$ 曲线对应的 S_i 得到的，其中 $i=1,2,3,\cdots$ 直到外加应力频谱指定的应力循环次数。

实际应用时，通常在疲劳设计寿命中采用安全系数，并且假定 $D<1.0$。为应

用 Miner 规范，有必要把实际的工作应力谱（通常指定为一年并且假设每年都重复）转化为几个恒定的应力范围单元，即应力 S_1对应 n_1次循环，S_2对应 n_2次循环，S_3对应 n_3次循环等，从疲劳损伤的角度来说是等效的，这叫做循环计数方法。

3. 环形焊缝

在立管中环形焊缝通常是最大的临界疲劳位置点。然而，由于现有疲劳设计规范很有限，不能反应当前的实际状态，因而，实际中，会利用各种各样的曲线进行设计，这些曲线通常是由详细的疲劳试验数据或者特别设计的疲劳测试得到的。

接头处管壁不重合是环形焊缝严重影响疲劳性能的主要原因，形成原因主要是焊接时圆周方向的收缩变形导致了轴向变形（管壁中心线的不吻合）或角变形。后者环形焊缝中不明显，但是前者却很难避免，而且可能很明显。这种不重合的主要影响发生在当进行轴向加载时，接头处沿着管壁方向会出现二次弯曲，并且，不重合引起管子各内表面间偏移的同时，也影响外部环形焊缝的质量。这种不重合不利于实现全焊透焊接。

用于检测环形焊趾的应力范围是在焊趾管壁中施加的各个名义应力总和，通常选择在管壁内部或者外部的恰当位置，还包括由于不重合引起的二次弯曲应力。焊接本身引起的应力集中应该排除在外，因为它的影响在 $S-N$ 曲线设计中已经包括在内了。作为一种外加应力的来源，不重合的影响经常用应力集中系数或者放大倍率系数来表达：

应力集中系数(SCF) = (外部载荷应力 + 二次弯曲应力)/外部载荷应力

应力集中系数取 1.3 等价于不重合引起的二次弯曲应力是 30% 的外加轴向应力，这个数值可以在缺少更详细的数据时使用，但是在墨西哥湾的大直径输出立管中已经成功实现了低达 1.1 的应力集中系数。鉴于不重合度的影响可能由于外加应力限制了焊接的质量，建议设计者充分考虑实际的情况，如最大的指定不重合和计算得到的对应二次弯曲，而不要应用固定的应力集中系数。在这一方面，可以应用一系列公式计算错位引起的弯曲应力 σ_s。在轴向错位的情况下，根据：

$$\sigma_s = 3\sigma_a \frac{e}{T} \tag{33-16}$$

式中 σ_a——外加轴向应力（只有弯曲施加在薄膜部件上）；

e——管壁中心线偏移；

T——壁厚。

对于应力集中系数：

$$SCF = \frac{\sigma_a + \sigma_s}{\sigma_a} = 1 + 3\frac{e}{T} \tag{33-17}$$

对于局部管壁的非平面弯曲约束的影响已经采取了一些调整措施，这些影响通常来自环形截面的周向刚度、管子直径厚度比还有管壁厚度的显著变化。

例如：

$$\sigma_s = 2.6\sigma_a \frac{e}{T_{min}}\left[\frac{1}{1+0.7\left(\frac{T_{max}}{T_{min}}\right)^{1.4}}\right] \qquad (33-18)$$

虽然式(33－19)供选择的公式更适合环形焊缝的小量不重合情况，但式(33－18)的应用也是很广泛的。

$$\sigma_s = 6\sigma_a \frac{e}{T_{min}}\left[\frac{1}{1+\left(\frac{T_{max}}{T_{min}}\right)^{1.5}}\right] \qquad (33-19)$$

对于管壁厚度大于25 mm时，对 $S-N$ 曲线得到的设计许用应力范围还要采用 $(25/T)^k$ 的修正，其中 T 的单位是 mm。对于环形焊缝，幂指数 $k=0.15$ 或更小，这个取决于不重合程度。如果工程中有直接来源于立管测试样本并经过焊接验证的合适数据，对于厚度修正的要求可以适当宽松。

4. 冲洗打磨环形焊缝

改善环形焊缝疲劳性能最有效的方法是通过加工或打磨的方法去除焊缝处多余的填充材料，最终的焊接节点应该满足 HSE 的 C 级规范要求，并且符合焊接节点评估计算中得到的应力范围。对于顶端或根部焊道的冲磨只会提高那部分焊接质量的级别。在对冲磨焊缝评估时，不用进行厚度修正。

需要注意：通过冲磨改善疲劳性能的程度取决于光滑抛光工作的实现程度和保持性。

因而，通过冲磨提高焊缝级别的前提条件是不会发生表面损伤（如操作失误或者蚀坑）。同样值得一提的是，当显著的表面应力集中被去除时，内含的瑕疵在冲磨焊缝中就会更加明显，并且容易产生疲劳初始裂纹点，因而，C 级应用的进一步要求是焊缝通过检测并且没有可能导致疲劳强度低于 C 级的瑕疵存在。如果已经过打磨和无损探伤测试（NDE），C 级曲线可以用于端部加厚管线或者车间焊接管线。

5. 非焊接材料

设计立管时应该考虑包括非焊接材料在内的各种潜在疲劳初始裂纹，一般都假定机器加工面为 B 级，其他情况假定为 C 级，这时 $S-N$ 曲线需要配合评估区域内的应力范围一起使用，同时需要考虑除表面抛光以外的所有应力集中产生的影响。如打磨环形焊缝一样，必须确保这些焊缝表面抛光时不会恶化，才可以应用 $S-N$ 曲线。

6. 平均应力修正

不考虑变形特征(压缩或者拉伸)或者外加的平均应力,所有的 $S-N$ 曲线都是以外加应力范围的形式表达的。焊缝节点处可能含有焊接引起的很高的拉伸残余应力,这种残余应力会把外加应力转换为同一应力范围内拉伸的效果。设计 $S-N$ 曲线所采用的就是模拟这一状态下产生的测试数据。然而,如果焊接组件应力降低或者评估非焊接材料,这些设计规范又提供了许多参考因素。通常来讲,假设任何外加压应力部分都没有破坏性,可以忽略。然而,残余应力可能来源于焊接以外的其他形式,例如卷轴。因此,通常建议采用保守的处理方法,并且在钢悬链立管的设计中,不采用平均应力修正。

7. 安装时的变形

通过滚压机或由其他残余弯曲应变产生的弯曲疲劳影响可以忽略,如上所述,设计 $S-N$ 曲线已经考虑到了高拉伸残余应力产生的最坏影响,而且改变残余应力也不会导致结果更差。

表 33-5　对空气中钢材的疲劳设计 $S-N$ 曲线的基本参数定义

参考规范	等级	A	M
API	X	1.15×10^{15}	4.38
API	X′	2.50×10^{13}	3.74
HSE:1995 离岸工程指导性说明(Offshore Guidance Notes)	B*	5.73×10^{12}	3.00
HSE:1995 离岸工程指导性说明(Offshore Guidance Notes)	C*	3.46×10^{12}	3.00
HSE:1995 离岸工程指导性说明(Offshore Guidance Notes)	D	1.52×10^{12}	3.00
HSE:1995 离岸工程指导性说明(Offshore Guidance Notes)	E	1.04×10^{12}	3.00
HSE:1995 离岸工程指导性说明(Offshore Guidance Notes)	F	6.30×10^{11}	3.00
HSE:1995 离岸工程指导性说明(Offshore Guidance Notes)	F2	4.27×10^{11}	3.00

* 对 B 级和 C 级曲线可能作如下修改,例如:B-曲线,$A=1.01\times10^{15}$,$m=4$;C-曲线,$A=4.22\times10^{13}$,$m=3.5$。

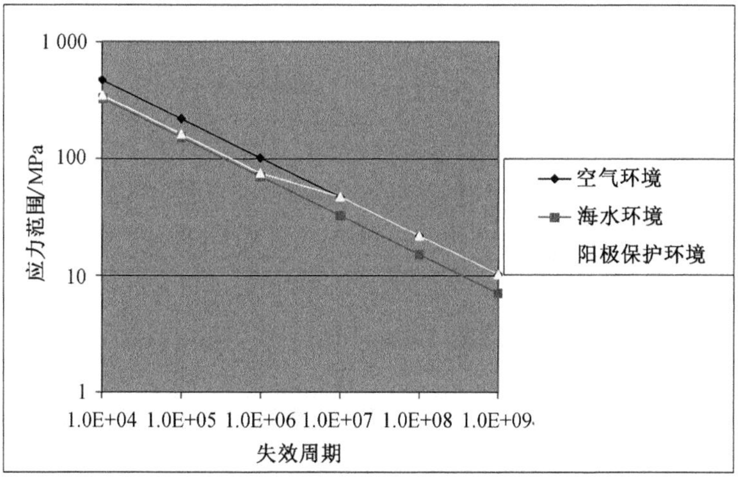

图 33-1 空气和海水环境下 E 级设计曲线的比较图

表 33-6 对于钢管环形焊缝可能应用的疲劳设计 $S-N$ 曲线

疲劳初始裂纹位置和详情		BS 7608 等级	条件	厚度修正 要求	注释
双面焊焊趾	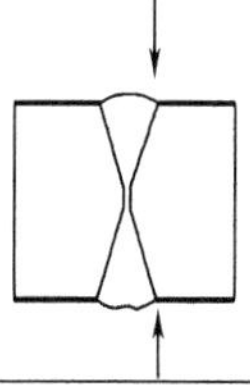	C D E F	磨平	No Yes Yes Yes	易受隐藏瑕疵影响 如果 $e/T \leqslant 0.05$ 忽略错位 如果 $e/T \leqslant 0.1$ 忽略错位
单面焊焊趾	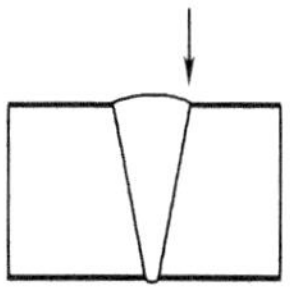	C D E F	磨平	No Yes Yes Yes	易受隐藏瑕疵影响 如果 $e/T \leqslant 0.05$ 忽略错位 如果 $e/T \leqslant 0.1$ 忽略错位
单面焊根部焊道的焊趾	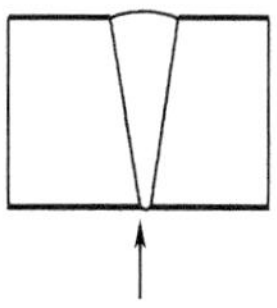	C D E F F2	磨平 磨平 $h_i - l_o \leqslant \pm 0.5$ mm $h_i - l_o \leqslant \pm 1$ mm $h_i - l_o \leqslant \pm 1.5$ mm	No No Yes Yes Yes	易受隐藏瑕疵影响 如果 $e/T \leqslant 0.05$ 忽略错位 如果 $e/T \leqslant 0.1$ 忽略错位
临时衬垫物上单面焊根部焊道焊趾	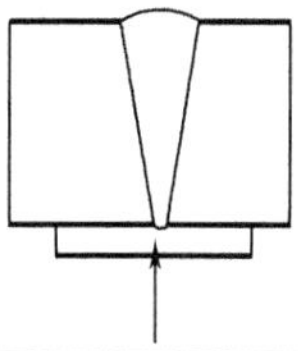	C D E F F2	磨平 磨平 $h_i - l_o \leqslant \pm 0.5$ mm $h_i - l_o \leqslant \pm 1$ mm $h_i - l_o \leqslant \pm 1.5$ mm	No No Yes Yes Yes	易受瑕疵影响 如果 $e/T \leqslant 0.05$ 忽略错位 如果 $e/T \leqslant 0.1$ 忽略错位

表 33－6(续)

疲劳初始裂纹位置和详情		BS 7608 等级	条件	厚度修正要求	注释
永久衬垫单面焊根部	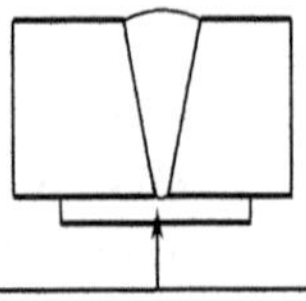	F		Yes	

33.4.5 钛合金立管

对于如 23 和 29 等级的钛合金，在带有光滑根部和顶部焊道的优质全焊透环形焊缝中，一般应用如下 $S-N$ 曲线：

$$N = \frac{6.8 \times 10^{19}}{S^{6}} \tag{33-20}$$

式中 N——失效前的应力循环次数；

S——应力范围。

这个曲线用于处在 150 ℃的含气海水中的焊接接头（没有阴极保护）并且适合大部分的设备。这个曲线是由 Conoco 开发的，现在称之为 RTI 曲线。RTI 曲线作为一个偏于保守的关系曲线得到了广泛应用，曲线默认其中的焊接工序和检测等都是符合推荐规范要求的。设计者的理解能力、经验和专业知识水平也是至关重要的。实际中所采用的不同 $S-N$ 曲线可能会引起后期建造、焊接工序和焊后处理方法等的显著差别，但是目前对于这方面的详细信息仍然不足。

由 Berge, et. al. 和 Salam, et. al 提出的其他曲线斜率是不同的，但是作用都是一样的，它们分布在 RTI 曲线的两侧（这三个曲线跨越了 300 MPa/100 000 次循环的区域，其中 Berge 和 Salama 曲线处于 10 亿次循环对应的 RTI 应力范围值的 ±25% 之间）。图 33－2 表明了这一对比，其中包括了用于参考的钢材 E－曲线。关于钛合金立管的 DNV 推荐规范（DNV－RP－F201）是可行的，其中也包括 $S-N$ 曲线，见图 33－2。

33.4.6 深水环境条件

1. 分析因素

对于深水环境条件，在钢悬链立管设计阶段有四个必须分析的因素。它们是水动力载荷、材料特性、土壤的相互作用和极端风暴条件。

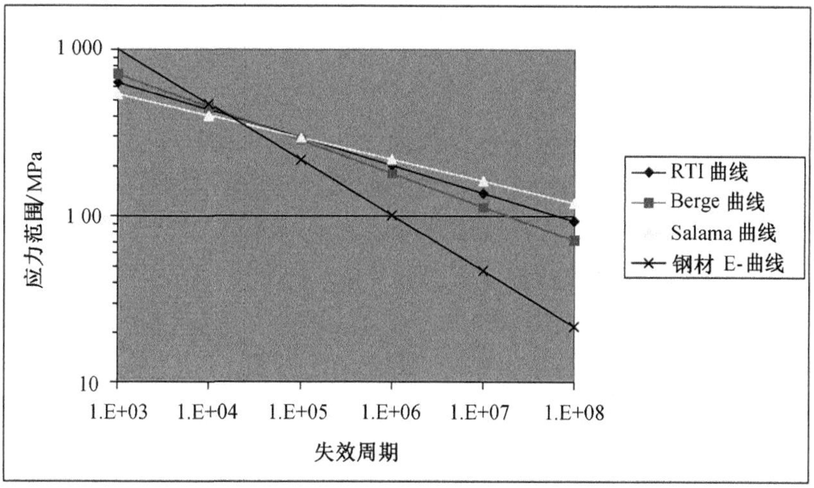

图 33－2　环形钛焊缝的 $S-N$ 曲线图

(1)水动力载荷

存在许多和涡激振动有关的不确定性因素,当应力超过了材料的承受极限时就会发生疲劳。另外,涡激振动会导致阻力增额,因而也会导致应力的增加。同时还必须考虑立管之间的水动力作用,因为可能会导致立管之间的碰撞载荷。在实际应用中,涡激振动抑制器已经应用到了大部分钢悬链立管中。

(2)材料特性

深水工程钢悬链立管使用的钢材可以是符合 API X65 等级的或者更高等级的钢,不确定性主要在于兼具塑性应变(卷轴和铺设)的焊接的影响。在应用有效的 $S-N$ 曲线之前,必须基于相对保守的假设进行钢悬链立管设计,这在一定程度上限制了钢悬链立管的使用,并且给安装工作带来更多麻烦。

(3)土壤的相互作用

大部分深水区域的海床是相对疏松的黏土,管子可能会长期掩埋在黏土中。虽然无法知道土壤确切的活动,但是土壤的提升阻力和侧向阻力对立管是具有破坏性的,为了解决这个问题,有必要对土壤和立管之间的相互作用建立适当的模型进行分析。

(4)极端风暴条件

极端风暴条件分析的主要目的是确定基本的几何响应形式,并评估响应是否在可以接受的范围内。当优化钢悬链立管设计时,需要采用高度重复迭代的处理方法进行大量的分析,以确保对所有载荷组合形式和船体位移来说,响应都是最优的。

2. 土壤－立管相互作用

管子在土壤中摆动运动时，管子运动、插入土壤和土壤阻碍之间存在复杂的相互作用。在触地点区域，还会发生横向（平面外）运动，这是由作用在立管自由悬垂部分的横向波浪引起的摆动力导致的。

正确地描述管子和土壤之间相互作用对于立管疲劳损伤的精确分析计算是很重要的。由于海底的摩擦力和硬度的影响，当立管进行摆动运动时，非平面弯曲应力将会集中在触地点区域。

立管运动的响应分析一般使用摩擦力、阻尼系数（滑动阻力）和线性弹簧（弹性土壤刚度）来模拟管－土之间的相互作用。为了恰当地反应管－土之间复杂的相互作用，必须谨慎选择这些参数。

在温和波浪载荷作用下（导致疲劳损伤的海况），立管触地点的横向响应一般很小（0.2 倍的管子直径），这会导致立管扎进上部的沙质土层中，形成深沟，这种影响在立管接近坚硬的黏性土层时会逐渐减小，其渗透作用是很有限的。深沟的宽度一般是立管直径的 2～3 倍，也能够在沟中为管子留出移动的空间而不至于碰击深沟的边缘。在风暴形成期内，由于立管运动的加剧，深沟会逐渐消失，进而形成天然的后部填充状态。对于极限强度分析，即使存在更高的侧向土壤阻力，管－土之间的相互作用也不是非常重要。

3. 极端条件下的立管屈服失稳

工业界里立管抗失稳尺寸设计方法和深水中屈曲传播之间存在很大的不同，特别是 D/t 较低的情况下。现有的公式都是基于经验数据得来的，这些公式说明了在材料特性和管子瑕疵方面的变化。这些规范为深水设施的应用提供了大量的结果。另外，张力和弯曲（动态和静态）的影响是不确定的，取决于载荷的性质。

33.4.7 海况数据

每一个地点都有它的临界设计条件，如墨西哥湾的环流、西非高度方向性的自然环境。船体的运动和位移对于立管设计也存在很大的影响，这一点需要给予应有的重视。

立管设计中需要考虑的海况数据包括：

（1）水深

（2）波浪

——极端规则波和随机波，如，1，10，100 年一遇的或者更高的循环周期；

——不超过概率为 95% 的波浪条件——用于临时安装；

——与极端海况下的海流相关的波浪；

——由 HS - TP 散点图定义的长期波浪，如有必要其将带有方向性；

——波浪方向；

——波浪频谱；

——局部的海洋风、涌浪以及它们的组合，视具体情况而定(局部海浪高度可能比涌浪低很多，但是也会引起相对严重的立管疲劳或更大的极端响应，这是由于差别显著的周期、方向和它们对于船体运动的影响)。

(3)流

——极端流海况，如，1，10 和 100 年一遇；

——不超过概率为 95% 的海流条件；

——和极端海浪有关的流；

——长期流数据，超越概率和一年发生一次的情况。

(4)潮汐和潮流变化

(5)海洋生物

图 33 - 3 显示了一些地理区域的典型海况数据。在缺少更详细的特定地点数据时，这些信息可以用于初期研究。

在设计的初期阶段，建议立管分析专家和海况专家之间进行相互沟通，确保立管设计中不会忽视一些关键的环境条件。浪/流的方向性和它们之间运动的结合随地点不同而变化，这一点应该引起重视。

立管对波浪周期的响应是很敏感的，分析带有单一波浪周期的最大波高情况可能不会得到最恶劣的立管响应。然而，在许多情况下，可以证明忽略这些包络的大部分区域是正确的。波浪周期的选择应该受到船体幅值响应算子(RAO)的影响，同时要确保船体响应的重要峰值没有丢失。对于不同地理位置的海况数据的分析情况是有很大差别的。在分析相对成熟的地区，如北海和墨西哥湾的大陆架，这些位置有多年积累的统计数据，与尚待开发的领域比，这些区域能够得到质量更高的设计。

钢悬链立管在超深水域越来越得到深入的应用，这些都是边缘的地理区域，以前很少有开发活动进行。当这些地点和某些相对成熟的区域接近时，如墨西哥湾，就可以从现有的数据库中得到风和波浪设计数据，因而对于这些区域的设计水平也不会降低太多。然而，对于海洋洋流却不同，例如，墨西哥湾深水水域的环流、涡流的频率、程度比大陆架要高得多，这不仅对立管和系泊系统的设计影响很大，而且也会影响到安装方法的选择，因而在设计时更加需要可靠的位置数据。

建议在用于钢悬链立管设计的流数据中包含一定的不确定性裕量，当然这应该征求相关海况专家的意见。

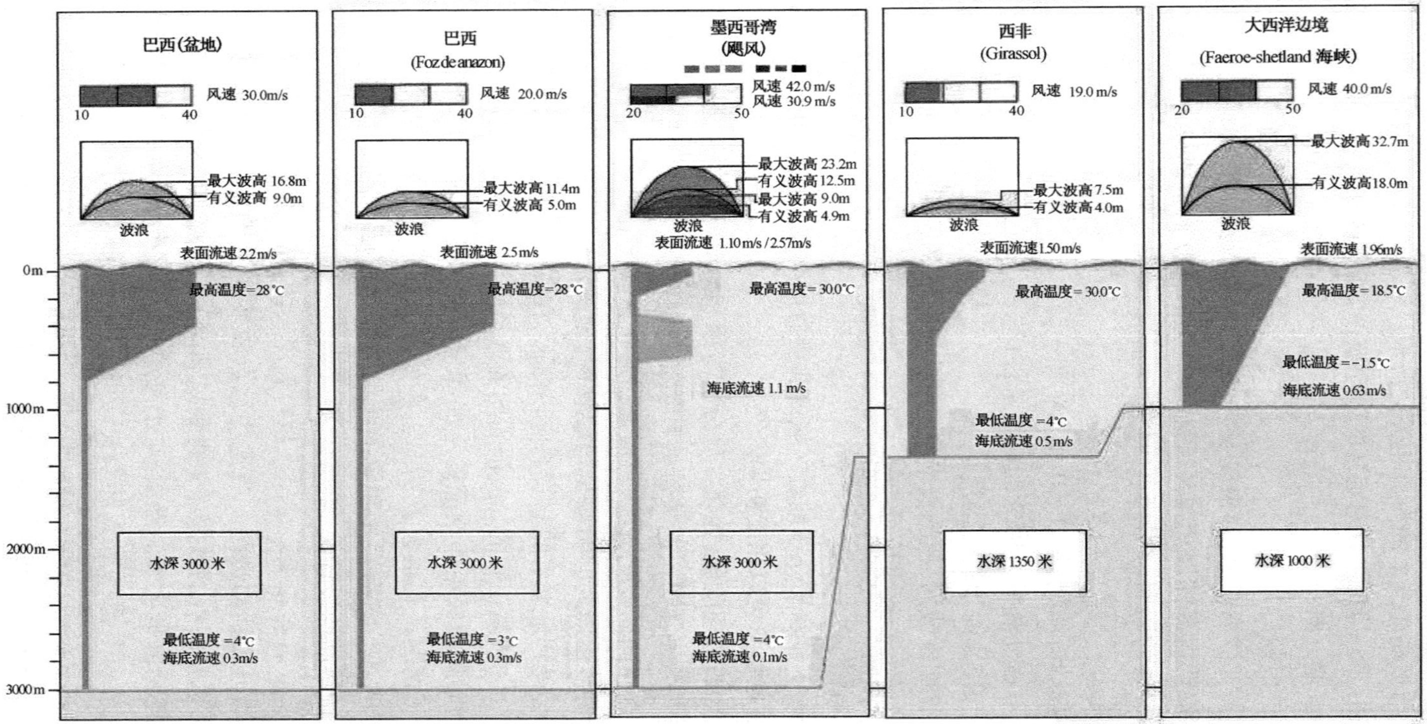

图33-3 一些地理区域的海况数据示意图

33.4.8 岩土数据

由远程控制机器人拍摄的深水影像显示了在触地点位置立管和海床之间复杂的相互作用。这种相互作用很大程度上受到海床岩土性质的影响。土壤的非线性应力应变特性、土壤的胶结和改型(剪切强度方面的改变)、挖沟和回填、黏滞现象、张紧率以及吸入效应都会对作用在立管上的载荷产生影响。完美地模拟这种复杂的相互作用是不可能的,也不值得,但是对这些给立管应力和疲劳寿命产生重要影响的特性进行模拟却是非常重要的。

大量的研究人员投入到海床位置相互作用以及对立管设计的后续影响的研究工作中,这些指导方针的目的是为立管设计提供最实际的建议。

图 33 -4 显示了在墨西哥湾里的 Allegheny 张力腿平台触底区域形成的深沟。

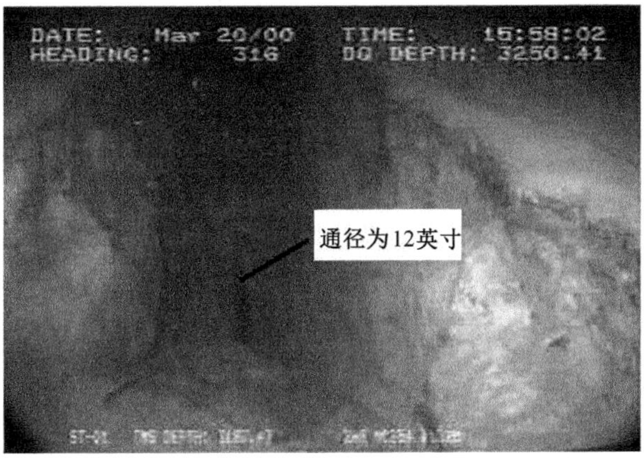

图 33 -4 墨西哥湾里 Allegheny 张力腿平台的深沟示意图

(1)深水土壤

在许多深海地点(墨西哥湾、西非以及巴西),海床附近的土壤类型通常是胶结状态或者微胶结土层。目前为止,大量的研究工作都是关于立管与这些海床土壤的相互作用,当然,也可能存在着其他的情况,例如,冰区土壤通常是很易变的,在西欧北部和加拿大地区,海床位置经常会同时遇到巨大的泥砾以及坚硬的沙层。如墨西哥湾的 Sigsbee 悬崖和挪威的 Ormen Lange 还会遇到变化较大的环境条件,在那里,海底滑坡和泥土沉降运动使土壤变得更加坚硬。虽然这些都是极端例子,但是,沙土层和异常的非陆源土壤,如软泥,几乎随处可见。在模型仿真阶段,应该考虑到立管可能遇到的最糟糕的海床土壤类型。例如,在很多情况下,立管运动会暴露出更深更坚硬的土层,这些土层对立管都存在着消极影响。

(2)理想化的土壤模型情况

在运行阶段可以假定立管与黏土层海床之间相互作用,然而,还必须要考虑其他的土壤条件,如为了检查是否会出现沙层和其他典型的土壤,需要有土壤附近的井口记录、原位置的底层剖面记录等,这些工作都要在使用软土模型进行立管设计之前完成。上述这些土壤属性能从根本上改变立管与土壤的相互作用,海床上的薄层沙土对小直径立管和流动管线的设计都会起到重要的作用。

(3)未发育水系和充分发育水系相互作用

当立管的运动相对较快且海床是由黏土组成的时候,立管的移动速率和土壤的渗透性可能很高,此时在土壤孔隙空间内就可能很少有或者没有排水现象的出现,这种作用类型叫做未发育水系。

相反,当立管的运动很慢,或海床土壤具有渗透性时,没有过多的微孔水压形成,这时就形成了充分发育水系。真实情况下的立管响应一般介于两个极限情况之间,至少带有一定的由于立管运动引起的排水现象。然而,由于一部分水系条件很难模拟,因而一般情况下设计者都是使用工程学的判断方法,把真实的情况理想化为未发育水系或者充分发育水系。

深海中的立管运动一般都是未发育水系的,特别是对于软土海床。一般在研究沙质土层中立管的低频二阶运动时才考虑充分发育水系条件。

(4)有代表性的岩土数据

为了事先估计安装时立管 - 土壤间的相互作用,平台作业地点的岩土数据能否真实地反应立管影响区域的土壤条件是很重要的。横向的影响范围取决于预期的立管运动。对于软质黏土的位置,有效深度可能达到海床以下 5 m 左右。

(5)未发育水系模型的主要岩土特性

未发育水系条件下,模拟立管 - 土壤相互作用最重要的岩土参数是原始和重塑后的未排水剪切强度。未改动的和未排水强度就是最初的整体在位强度,而重塑强度是土壤被彻底扰乱且没有排水情况下,重新巩固和加强之前的真实强度。这两个未排水强度之间的比率叫做土壤敏感度。敏感度是 3 的黏土的重塑未排水剪切强度是未受损强度的 1/3。

通常认为岩土属性不包括未排水剪切强度,由于它不代表特有的土壤属性。未排水剪切强度大小取决于确定岩土属性的测试方法,包括方向和装载率两个方面。许多工厂的立管 - 土壤作用模型已经标准化了,它所依据的未排水剪切强度是利用实验室尺度的 T 型钢仿形工具或者实验室微型翼测量的,虽然这些测试方法不能给出真实的运行强度,但是它们提供了一套可重复的测试方法。

理想的情况下,设计者应该采用从类似试验中得到的土壤强度值。

(6)发育水系模型的主要岩土特性

描述充分发育水系最重要的力学性质是土壤内摩擦排水角和土壤-立管间的接触摩擦角。这两种摩擦角大小取决于土壤的相对密度、矿物成分以及土壤的应力和应变。另外,接触摩擦角和表面粗糙度、立管材料的可压缩性有关,应该使用特殊设计的界面接触试验进行测量。

(7)其他一些重要的土壤性质

如塑性、颗粒尺度和可渗透性等一些土壤性质对于描述土壤的抽吸和动态响应很重要,这些动态响应包括黏性和阻尼效应。在考虑外部腐蚀情况时,土壤化学性质也很重要。

近海的沉降土壤可以标定为沙土或者黏土。管线工程中对沙土和黏土土壤参数的具体要求分别列在表33-7中。

路基作用土壤参数(K_s)的推荐值如表33-8所示。

表33-7 沙土和黏土的设计参数

特征参数	沙土	黏土
材料参数	梯度,比重	液体和塑性极限
	松散和稠密状态的孔隙比	比重
		重塑剪切强度
现场参数	孔隙比和密度指数	水分含量和流动性指数
	体积和干密度	体积和干密度
	峰值摩擦角	不排水抗剪强度
	地基反应模数	排水抗剪强度
	渗透性	敏感度
		胶合参数
		路基反应模数
黏土敏感度,(-)		3.0(-)
水中单位重力,(γ)	9.1(kN/m^3)	4.4(kN/m^3)
泊松比,(ν)	0.35(-)	0.45(-)
孔隙比,(e)	2(-)	2(-)
塑性指数,(IP)		60%
横向摩擦系数,(μ_{Lat})	0.5(-)	0.5(-)
轴向摩擦系数,(μ_{axial})	0.5(-)	0.5(-)

表 33-8 不同类型的土壤地基反应系数估测

土壤类型	路基反应系数 K_s/MPa
非常软的黏土	1~10
软黏土	3~33
中等黏土	9~33
硬质黏土	30~67
砂质黏土/碛黏土	13~140
散沙	5~13
密沙	25~48
淤泥	1~11
岩石	550~52 000
有海生物的岩石	550~52 000

许多情况下,在进行重要的土壤测试之前,来自于临近地点的安装偏移数据能够对土壤类型提供初步的信息,特别是在深水环境下,这种信息更加重要,同时运营者之间相互交流浅层岩土数据也是很有必要的,可以使得在设计阶段节省大量的成本,提高工程设计的效率。

33.4.9 船舶运动特征

在整个设计过程中都要使用船体的幅值响应算子(RAO),因而,对 RAO 正确定义是很重要的,设计者应该提供幅值响应算子以及下面内容:

(1)运动相位角所取的参考物,是滞后还是超前;

(2)船舶坐标系统;

(3)RAO 给出的参考点;

(4)所有参量的单位;

(5)波浪相对于船体的传播方向。

正如我们所知,RAO 曲线中的周期间隔必须足够近,特别是在靠近峰值的地方,这样可以保持较高的准确性。

同时应该注意,立管连接位置对于立管极端响应和疲劳响应有很明显的影响。正确有效地处理和转换收到的 RAO 数据也是很重要的。

33.4.10 波浪理论

目前已经有很多的波浪理论，在刊载的论文、离岸工程教科书和立管指南中都有十分详细的叙述，这里不作深入探讨。一般来说，艾里波(线性)波浪理论适合大部分情况，在规则波和随机波分析中都可以应用。其他的理论如 Stokes V 在规则波分析中存在一定的优势，特别是当涉及到流体质点运动学时，Stokes V 理论描述的波浪类似于那些“真实”的大振幅规则波。

配合 Stokes V 波浪理论的船体运动计算对于不同的立管程序所采用的处理方法是不同的。当使用 Stokes V 理论时，由于是将流体运动学直接应用到立管上，因此一些程序只是在船体的艾里波响应基础上作出了很少的修改或没有任何改动。另一些程序则可以选择船体响应，响应和 Stokes V 波浪中的五个频率对应的幅值响应算子一一对应。然而，在 Stokes V 处理方法中，也有一些矛盾之处，由于基础频率以上的四个波函数一定是基础的，因此它们比相同频率的自由波波长更长，如那些用于获得传统幅值响应算子的波浪。于是，和同频率的自由波相比，Stokes V 波函数作用在船体上的波浪力的空间分布是不同的。

在大多数情况下，这些方法得到的立管应力区别很小，对于前期研究或筛选研究，这些结果都是可以接受的。在有些情况下，还需要进行更加复杂、随机的波浪分析。总之，为确保得到可靠的结果，应该使用最保守的近似处理方法。在响应分析中需要特别注意阶跃变化出现的位置，这种变化可能是钢悬链立管触地点区域的应力或者应变，在这个位置，船体的下行运动对极端响应的预测有着重要的影响。在这种情况下，详细设计阶段就不应该完全依赖 Stokes V 理论。

33.5 钢悬链立管设计分析

在初步设计阶段(Pre – FEED)，需要确定如下内容：

(1)立管主体布局(与其他设备的结合)；

(2)立管悬吊系统(柔性接头，应力节点和拉管等)；

(3)立管悬挂位置、方位角(船体布局，水下布局，全部立管和干扰考虑)；

(4)每根立管的悬挂角度；

(5)船体上的立管位置提升(船体类型，安装和疲劳方面的考虑)；

(6)总体静态配置。

需要根据悬链线理论确定立管的静态布局,同时要考虑悬挂角度、水深和立管单位重力。钢悬链立管的设计还应该满足基本的功能要求,例如钢悬链立管的内外径,主船体上的水下张力,设计压力/温度,流体成分等。

还要考虑回接管安装的位置。回接管是为了调整悬挂系统、立管直径、方位角,以及所要求的极端响应和疲劳特性的变化而设计的。

下面介绍强度和疲劳分析。

在准备前期工程设计(FEED)程序说明书时,进行初步分析要满足如下要求:

(1)满足 API 2RD 应力规范要求的极端响应和柔性接头的极限旋转;

(2)涡激振动疲劳寿命和要求的条纹(减阻装置)长度;

(3)波浪载荷下的疲劳寿命;

(4)立管和浮动船体的相互干扰。

初步的设计和分析会在详细设计阶段中得到证实,并且会记录在技术报告中。在详细设计阶段,需要进行安装分析和一些特殊的分析,如涡激运动(VIM)引起的疲劳分析、半潜平台垂向涡激振动诱导的疲劳分析和系统耦合分析等。

主船体的运动要通过整体技术性能分析来说明,其中要考虑波浪、风和流载荷的影响,采用时域或者频域分析的方法。运动数据需要表达成船体随时间变化的运动轨迹,而幅值响应算子需要通过在浮体重心位置(COG)预先定义的载荷情况加以说明。立管悬挂点的运动需要通过刚性体假设从重心位置进行转换得到。立管系统可以看作一根流载荷作用下的缆线系统,并且含有通过立管悬挂点的运动而定义的边界条件。

33.6 柔性接头、应力节和拉管

33.6.1 柔性接头

对于大部分钢悬链立管的安装来讲,选择的主要连接形式是使用层状弹性体和钢结构的柔性接头,目的是为立管和生产平台的固定管线间提供一种承压连接。柔性接头也可以对平台连接处的立管进行解耦处理。当平台和立管由于天气和海浪的影响各自运动时,也会在一定程度上限制弯曲应力的产生。

立管中的弯曲应力是柔性接头处的偏斜角乘以柔性接头旋转刚度的函数。接头的刚度是接头处全部弹性体层厚度、合成橡胶的弹性模量和柔性接头的其他尺度的函数。

每个柔性接头都有适合其应用的设计形式,每个工程项目都有不同的角度范围、内部压力和张紧能力的要求。同时还需要考虑柔性接头和立管管线尺度之间的协调。

柔性接头比锥形应力接头更加昂贵,柔性接头由钢和弹性体层制成,因而为适应不同的旋转角度可以设计成多种形式。

柔性接头通过一个立管门廊与船体相连,进而与门廊端部的篮筐型接收器合为一体。因此,可以通过一个管筒把柔性接头连接到船体管线系统上。

柔性接头允许立管系统以最小弯矩进行旋转运动。通常在很小的旋转角度时柔性接头会表现出很强的非线性行为,因此,理想情况应该通过非线性旋转弹簧或者带有非线性旋转刚度的短梁柱进行模拟。

图 33 -5 说明了柔性接头波纹系统的实例,波纹可以保护合成橡胶弹性元件不会受到压力降低引起的破坏,这种压力降低通常是由饱和气体环境里的内压波动引起的。在主体/柔性元件和波纹之间的空腔是密封的,并且填充了以水 - 丙二醇为基本成分的抗腐蚀液体。

图 33 -5 酸性环境下的柔性接头波纹系统(Hogan 2002)

在以下环境中通常使用带有波纹结构的柔性接头:

(1)高压(HP)或者多相应用;

(2)高温(HT);

(3)酸性环境。

对于高压情况,需要设计大量的薄层以确保橡胶中的应变在可接受的范围内。柔性接头的刚度可以通过改变碳填充物的百分含量或改变合成橡胶的高度(层数)预先设定。

对于酸性环境,含有铬镍铁合金的波纹能改善柔性接头的性能,并且使弹性体在接近66 ℃的管内流体中不会受到影响。

设计柔性接头时仅仅考虑了观测得到的扭转(最大值和疲劳的范围),然而,对于超深水中的应用,设计者还应该考虑到悬挂张力的影响以及疲劳设计所采用的张力范围,也应该考虑带有柔性接头的钢悬链立管的回接能力,以便日后能够对钢悬链立管进行详细的检查。完整性管理方案的执行需要包括柔性立管的周期性检测/监测,以便将服役寿命期内的失效风险降到最低程度。

柔性接头(图33-6)比较适合应用在低弯曲应力的漂浮物上,尽管这些浮体在配备方面存在很多的限制,而且高温下合成橡胶的性能也面临一定的挑战。

1. 钢悬链立管的支撑

连接立管的SCR支撑结构是和漂浮结构连在一起的,这个支撑结构通常由刚性连接到漂浮结构上的管子和柔性接头组成,它们会沿着钢悬链立管进行分布。管子中含有用于补偿钢悬链立管自然悬垂弧线的渐变弯曲。管子端部、柔性接头以及立管串列相连,这种结构允许柔性接头逆着管线方向拉伸。同时柔性接头结构可以使钢悬链立管随着漂浮结构一起移动。

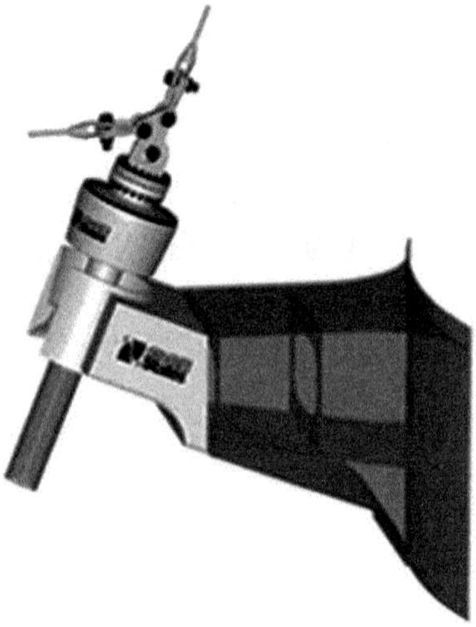

图33-6　柔性接头

2. 水下合成橡胶弹性接头

合成橡胶的弹性接头带有一个旋转轴承,因此扭曲应力可以通过旋转轴承的转动得到释放,这一作用主要体现在以下两个方面:第一,设计柔性接头可以抵抗平均位置的挠曲变形,此处存在很大的轴向弯曲变形,并且转动轴承通常并不滑动,因而柔性接头可以有效地降低挠曲。这样的一个调整装置可以降低作用在橡胶弹性体和旋转轴承上的载荷,因此轴承会在初始方向或者接头调整时进行滑动。第二,橡胶弹性单元可以吸收所有的小扭转变形,而大的变形被旋转轴承吸收。橡胶弹性元件对小的振动比旋转轴承有更大的抗疲劳能力,这种弹性离合器可以用来精确地控制暴发性的扭矩作用。

33.6.2 应力节

对处于低压环境的传统钢悬链立管，应力节的弹性通常比其他的弹性接头更加坚硬。应力节旋转刚度是$\sqrt{EI \times T}$，其中EI是管子弯曲刚度，T是轴向张力。考虑了真实的材料属性（钢或钛），可以利用小尺度的梁单元模拟应力节。

钛所具有的低模数、高强度和优异的疲劳性能的特点使它成为制造应力节的理想材料。这种接头应该足够长以便使钢能够避开疲劳载荷临界区域，这种节点也更适合于酸性环境。海上钢制产品的法兰结构在设计时需要考虑到阴极保护（CP）。此外，应力节是直接焊接到立管的钢管上的。

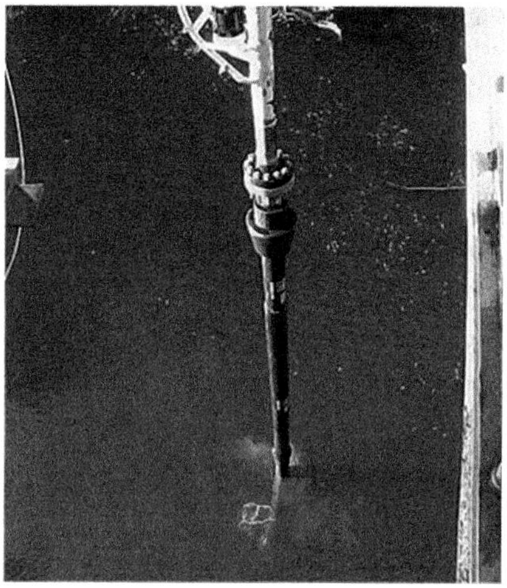

图33-7 应力节

对于带有高弯曲应力的浮体比较适合采用应力节。应力节的内径和长度应该分别限制到25厘米（10英寸）和接近20米（65英尺），这取决于加工和运输的能力。对于运动要求较高的船，应力节的长度更长，图33-7所示为立管和浮体的连接。

33.6.3 拉管

近些年，拉管已经开始应用于Spar平台的钢悬链立管中。拉管属于应力节。拉管是由管子组成的，并且作为立管的一种保护性外套，拉管内部的立管不会承受波浪和流载荷，因此，对于同样水深，使用拉管可以增强立管抗涡激振动和疲劳的强度。拉管的第一次应用是在Red Hawk Cell Spar平台中。在拉管的力学分析中，通常用有限元分析来模拟立管和拉管在出口连接处的作用，以及在最后一个支撑位置导管和拉管之间的接触。

33.7 焊　　接

33.7.1 焊接技术

高疲劳性能的需要和新材料的应用给无损评估方法提出了新的要求。焊缝金属和母材之间的不匹配、韧性以及屈服应力－拉伸应力比(Y/T)等对焊缝位置的断裂性能有很大的影响，因此对其的审查也是必要的。

33.7.2 $S-N$ 曲线和焊接点的应力集中系数

一般使用 $S-N$ 曲线进行钢悬链立管的疲劳分析，见图 33－8，这个曲线把施加的应力范围 S 和疲劳循环寿命 N 联系在一起，并且考虑了一些特定的细节。目前已经有了许多关于各种 $S-N$ 曲线的信息以及近些年的发展情况，可以解释关于 $S-N$ 曲线的部分问题。在表 33－9 中的 B，C，D，E，F 和 F2 曲线遵循的是英国健康、安全和环境协会(HSE)制定的 1995 指导规范，所有的斜率都是 $m=3$。这些曲线以后可能会做一些修改。

表 33－9　空气中的钢在定义 $S-N$ 曲线时的基本参数

等级	自由腐蚀		带有阴极保护					
			$N<1.026\times10^6$ 循环		$1.026\times10^6<N<10^7$ 循环		$N>10^7$ 循环	
	A	m	A	m	A	m	A	m
B*	1.91×10^{12}	3	2.29×10^{12}	3	3.91×10^{16}	5	5.73×10^{12}	3
C*	1.15×10^{12}	3	1.38×10^{12}	3	1.68×10^{16}	5	3.46×10^{12}	3
D	5.07×10^{11}	3	6.08×10^{11}	3	4.29×10^{15}	5	1.52×10^{12}	3
E	3.47×10^{11}	3	4.16×10^{12}	3	2.28×10^{15}	5	1.04×10^{12}	3
F	2.10×10^{11}	3	2.52×10^{12}	3	9.88×10^{14}	5	6.30×10^{11}	3
F2	1.42×10^{11}	3	1.71×10^{12}	3	5.18×10^{14}	5	4.27×10^{11}	3

＊以后可能会对 B，C 级曲线作出适当的修改。

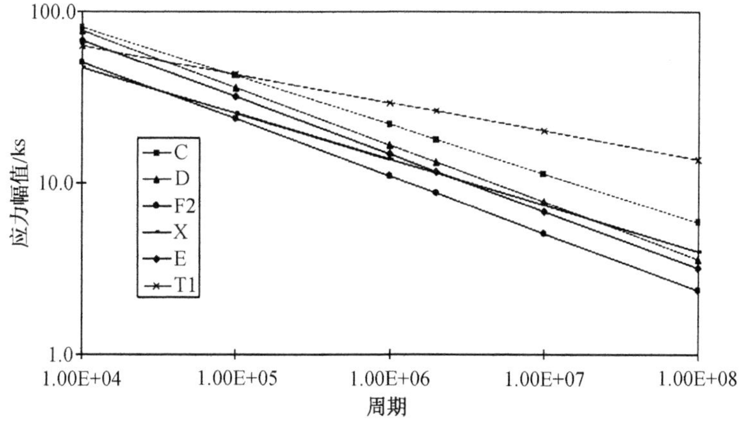

图 33－8 疲劳 $S-N$ 曲线（$\lg N=\lg a-m\lg\Delta S$）

同样应该注意：HSE 指导说明中的 $S-N$ 曲线在 10^7 次循环时，斜率会从 $m=3$ 变到 $m=5$，特别是对于那些由低应力循环引起的疲劳破坏情况，这个变化与结构承受载荷时的累积损伤有关，然而，对于这种处理方法目前也存在各种质疑，这些质疑已经在一些研究中提了出来。有一种解决办法是忽略斜率变化，并且认为循环超过 10^7 次时 $S-N$ 曲线的斜率 $m=3$。

一般情况下，只有通过全尺度疲劳试验才能得到精确的 $S-N$ 曲线，并且对于不同的节点形式和焊接工序对应的曲线也有差别。曲线形式会受到阴极保护系统和海水的影响，值得注意 E 级曲线比较适合高质量的环形焊接，即使这个焊缝是分布在管子外径上的。

33.8 超声检测和工程关键性评估标准

超声波（UT）经常与工程关键性评估方法结合使用。图 33－9 清楚地显示了 ECA 将几何瑕疵与材料特性、应力范围联系在一起，通过 ECA 分析计算得到的允许瑕疵尺度作为超声检测的验收标准取代了工艺标准。

工程关键性评估工作通常是基于 BS 7910 规范进行的（早期的 PD6493）。根据要求，需要使用不同等级（1 到 3）的评估方法来确定极限设计载荷下不会产生脆性断裂的最小临界尺度，并且需要通过检测以确保早期瑕疵引起的裂缝在设计寿命期限内不会达到临界尺度，裂缝的扩展时间必须要大于钢悬链立管设计寿命的 5 倍才是安全的。

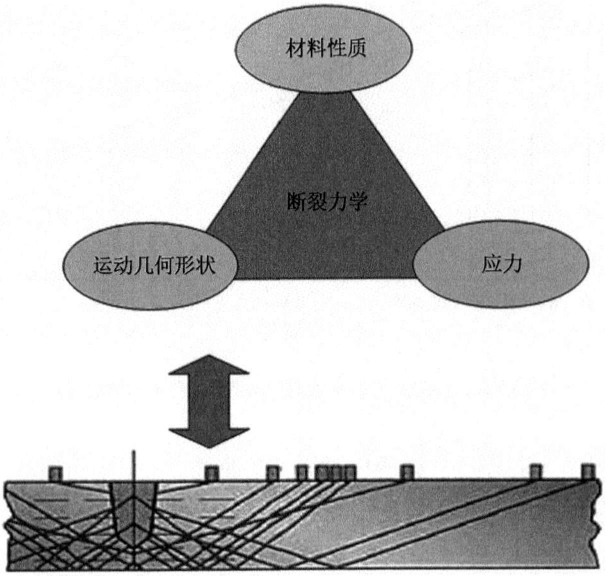

图 33－9　超声传感器和 ECA 综合使用原理图（Shaw 管道服务有限公司）

工程关键性评估能通过以下方面在一定程度上降低立管建造费用：

（1）降低不必要的焊接维修数量，优化标准；

（2）通过降低个别检测要求，降低超声检测资格认证程序的费用。

33.9　强度设计的挑战和解决方法

33.9.1　强度设计问题

钢悬链立管设计要求足以抵抗风暴情况，例如墨西哥湾 100 年一遇的飓风。预期的极限峰值应力和张力一般通过钢悬链立管响应时间记录来计算，这些记录是通过设计风暴条件以及频域分析方法得到的。

超深水钢悬链立管可能存在一些前所未有的设计挑战。主要是:

(1)很高的钢悬链立管悬挂张力　悬挂点附近很高的 Von Mises 应力。

(2)钢悬链立管触地区域有效压缩　梁杆模型的等效弯曲。

(3)钢悬链立管触地区域的应力　屈服和低循环疲劳问题。

33.9.2　钢悬链立管悬挂张力

对超深水钢悬链立管,水深在决定悬挂张力方面起着重要作用。为了最大程度地降低张力,设计者通常使用连接在海面部分附近的浮力筒,正如在 Allegheny King Kong 钢悬链立管中看到的结构一样。

设施上较高的悬挂载荷要求在立管门廊位置设置更多的支撑钢结构,同时也要求船体排水量更大。除此之外,大部分的许用应力被高悬挂张力和巨大的轴向应力占用,因而仅仅剩余了很小一部分的许用弯曲应力。

通过使用更高级别的钢材料(如 X70)可以在一定程度上降低悬挂张力,同时增加了许用弯曲应力的范围。

33.9.3　钢悬链立管触地区域的有效压缩

钢悬链立管触地区域的运动和船体运动引起的悬垂运动响应耦合在一起。在剧烈的海况下,船体的垂荡运动会引起钢悬链立管触地区域有效的压缩变形,因而导致在海床位置的钢悬链立管会发生剧烈震荡/侧向弯曲,威胁到立管的整体性。

33.9.4　钢悬链立管触地区域的应力

传统方法中触地区域的 Von Mises 应力是根据 API2RD 规范以 80% 的材料屈服应力进行校核的。新的设计规范如 DNV 设计规范、ABS 管线和立管指导规范等,还需要校核弯曲力矩、轴向力和内外压力等。

33.9.5　强度设计方法

下面列举了一些用于降低钢悬链立管底部压缩的方法:

(1)将钢悬链立管的悬挂点设置在尽可能靠近主船体运动中心的位置;

(2)增加触地区域的壁厚,目的是:

①增加这一范围的承受能力;
②增加张力(通过增加立管重力)。

33.10 涡激振动方面的挑战和解决方法

涡激振动(Vortex-Induced Vibration,通常简称为 VIV)是一种典型的流固耦合现象。当流体流过非流线型的钝体时,将在结构下游形成交替脱落的旋涡,同时对结构产生周期振荡的水动力作用,受支撑约束的结构物在该流体力的驱动下发生振动的现象称为涡激振动现象。近些年,尤其是在海洋工程领域,立管的涡激振动研究相当活跃。海洋立管疲劳问题的一个主要根源就是来源于波流引起的涡激振动。由于海流、波浪及平台漂移的存在,海洋立管处于持续不断的流动及尾涡作用之下,虽然旋涡脱离本身并没有什么危害,但是当旋涡脱落频率与结构固有频率接近时,会引起结构的共振,响应的幅值依赖于系统的阻尼和相对于结构的流体运动,这样的振动会与结构"锁频",从而可能造成结构的破坏,影响到结构的疲劳寿命。

流体激励的结构自振属于非定常流固耦合动力学问题,同时具有很强的非线性特性,定量研究的难度很大,而且难以得到解析结果。为了取得简明的分析研究结果,只能在保留形成自振的主要机制基础上,建立便于分析研究的简化数学模型,以便发现自振成因,进而探讨其控制方法。本章首先介绍涡激振动现象中的基本参数和理论基础,为定量分析作准备,其次,详细介绍工程中常用的涡激振动半经验数学模型,并进一步对涡激振动的水动力参数进行详细的讨论;最终,扼要介绍涡激振动的防止和抑制方法。

33.10.1 涡激振动响应特性

若要深入研究细长柔性海洋立管在真实环境的洋流作用下的涡激振动特性,首先必须从简单模型入手,即对刚性圆柱形结构物在均匀来流作用下的受力、运动响应以及尾流旋涡结构进行研究。

1. 基本参数说明

对于在均匀流场中弹簧支撑单位长度刚性柱 VIV 系统,基本参数包括:流速 U,圆柱结构质量 m_s,外径 D,弹簧刚度 k,结构阻尼比 ζ,流体密度 ρ,湍流强度 I,

黏性系数 υ 等。当前文献中的VIV影响参数,大都通过这些基本参数演变而来。

坐标系以来流方向(in-line direction)为 X 轴,横流方向(cross-flow direction)为 Y 轴。如图33-10所示。

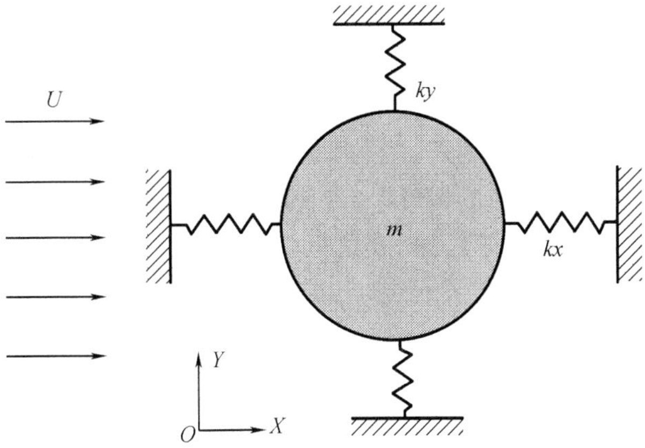

图33-10 弹簧支撑圆柱体的涡激振动实验配置图

(1)频率参数

f_{vac}:圆柱真空中的测量频率,$f_{vac}=\frac{1}{2\pi}\sqrt{\frac{k}{m_s}}$;

f_n:圆柱静水中的测量频率,$f_n=\frac{1}{2\pi}\sqrt{\frac{k}{m_s+m_a}}$,静水中附加质量 $m_a=\frac{\pi}{4}\rho D^2$;

f_v:在给定速度下,圆柱和涡泄"同步"或者"锁定"时候的公共频率 $f_v=(1/2\pi)\sqrt{\frac{k}{m_s+\Delta m}}$,$\Delta m$ 为水动力附加质量;

f_{osc}:不管是否锁定时的(受迫或自激)圆柱的振动频率,当自激锁定时,$f_{osc}=f_v$;

f_s:圆柱静止或者非锁定状态下的涡泄频率,满足Strouhal关系 $f_s=\frac{St\times U}{D}$。

(2)与流场有关的无量纲参数

折合速度:$V_R=\frac{U}{f_n\times D}$;

雷诺数:$Re=\frac{UD}{\nu}$,反映了流体惯性力和黏性力的关系。

(3)与弹簧支撑刚性柱结构有关的无量纲参数

质量比：$m^* = \frac{4m_s}{\pi\rho D^2}$，或者 $m^* = \frac{\rho_m}{\rho}$，这里平均质量密度 $\rho_m = \frac{m_s}{\pi D^2/4}$；

位移比：$Y = \frac{y}{D}$，振幅值比 $A^* = \frac{y_{max}}{D}$；

折合频率：$f^* = \frac{f_v}{f_n}$。

2. 自激实验中响应幅值特性

根据质量－阻尼联合参数 $m^*\zeta$ 的高低，系统会出现两种截然不同的响应（如图 33－11）。在高 $m^*\zeta$ 的情形中，只有两个分支：初始激励分支和下端分支。迟滞环路存在于初始分支与下端分支之间。在低 $m^*\zeta$ 的情形中，涡激振动响应最大幅值有三个分支：初始激励分支、上端分支和下端分支。最大振幅出现在上端分支，且此时迟滞发生在初始分支与上端分支之间（Khalak & Williamson，1999）。

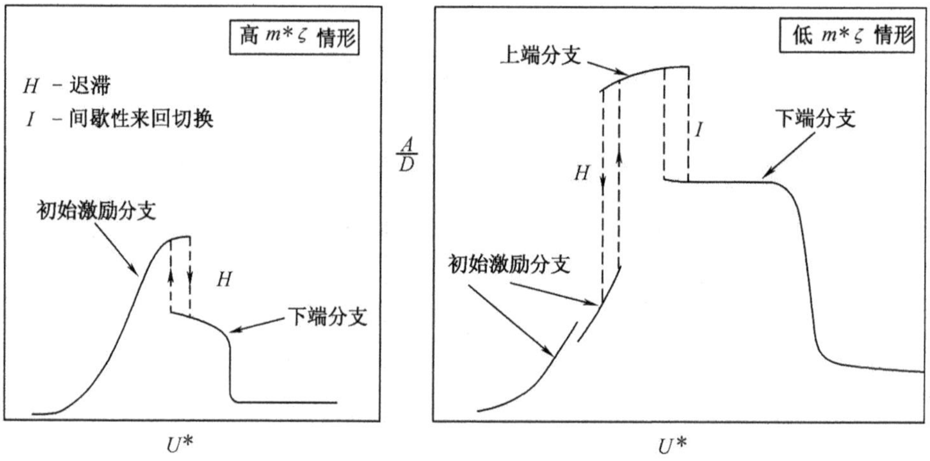

图 33－11　按 $m^*\zeta$ 不同的两种振幅响应

振幅峰值的大小主要取决于 m^*、ζ 和雷诺数 Re。Govardhan（2006）拟合的亚临界雷诺数下的幅值最大峰值公式为

$$A/D = (1 - 1.12\alpha + 0.30\alpha^2)\lg(0.41Re^{0.36}) \qquad (33-21)$$

其中 $\alpha = (m^* + 1.0)\zeta$。通过式(4－21)可见：相同雷诺数下，峰值随着 α 减小而增大；相同 α 条件下，峰值随着雷诺数增大而增大。

Govardhan（2006）还通过实验观察指出：幅值响应是出现三个分支还是两个分支以振动幅值的峰值是否超过 0.6 为分界线。结合式(33－21)可以绘出幅值分支情况云图，如图 33－12 所示，阴影部分为出现两分支区域。

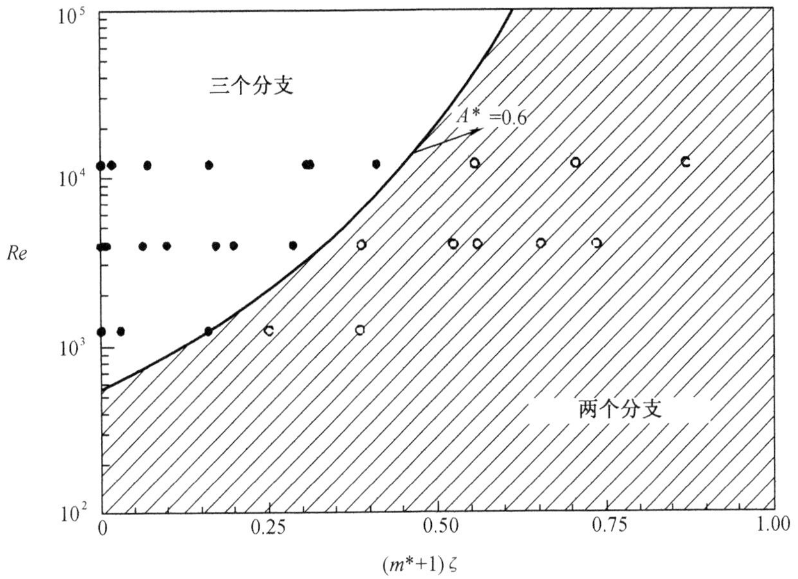

图 33-12 三分支和两分支区域

3. 自激实验中锁定频率特性

涡激振动中的“锁定”(lock-in 或者 synchronization)现象,指的是涡泄频率与结构振动频率匹配,即 $f_{osc}=f_v$。

对于高质量比情况($m^*\gg1$ 或者 $m^*=O(100)$),在“初始分支”和“下端分支”振动频率锁定在结构静水固有频率,即 $f_{osc}=f_n$,或者 $f^*\approx1$(可参见文献 Feng 1968,Sumer and Fredsoe 1997,Williamson and Govardhan 2004)。

对于低质量比情况,$m^*=O(1)$,锁定频率不再等于系统的静水固有频率 f_n,在整个锁定区域也不再是常数。图 33-13 所示为 $m^*=1.2$,$(m^*+1.0)\zeta=0.01$ 时响应频率随折合速度变化,在“初始分支”段,频率锁定于涡泄频率;当涡泄频率达到结构静水固有频率后,响应幅值迅速增大,即达到“上端分支”,此时,锁定频率比涡泄频率稍低;下端分支对应的锁定频率相对稳定。

Govardhan & Williamson (2000[19],2002[20])用从实验中总结的一系列的公式来描述了锁定区域,特别是下端分支范围内的锁定频率。不同质量比下锁定频率示意图如图 33-14 所示。且拟合出如下经验公式。

下端分支开始折合频率公式:

$$f^*_{lower}=\sqrt{\frac{m^*+C_A}{m^*-0.54}} \tag{33-22}$$

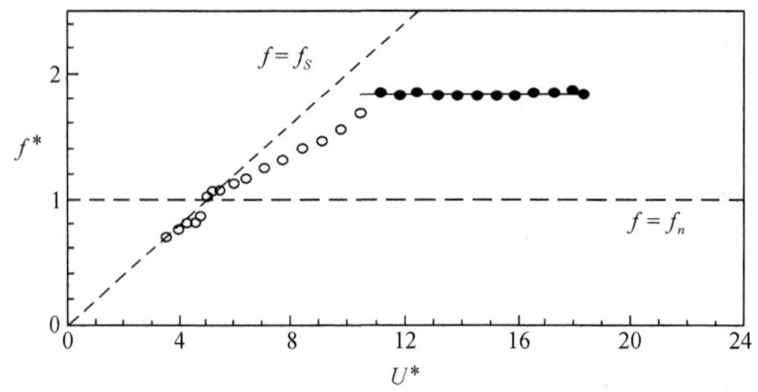

图 33 - 13　$m^*=1.2,(m^*+1.0)\zeta=0.01$ 时锁定频率

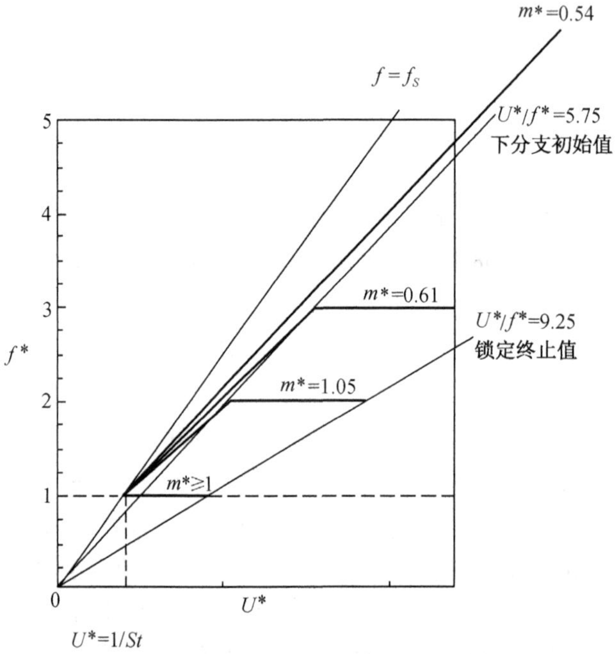

图 33 - 14　不同质量比圆柱的锁定频率示意图

下端分支开始折合速度公式：

$$U_{\text{star}}^{*} \approx 5.75\sqrt{\frac{m^{*}+C_{\mathrm{A}}}{m^{*}-0.54}} \tag{33-23}$$

下端分支结束折合速度公式：

$$U_{\text{star}}^{*} \approx 9.25\sqrt{\frac{m^{*}+C_{\text{A}}}{m^{*}-0.54}} \tag{33-24}$$

随着质量比的降低，下端分支对应的锁定频率增大，且范围更宽。当质量比低于0.54后，系统的锁定区域上限将为无穷，即无论流速如何增加，系统永远处于大振幅的锁定状态下。

4. 尾流结构

Williamson & Roshko (1988)[103]对振动圆柱尾流的泄涡模式做了大量完整的实验研究，并将在振幅和振动频率的空间上将尾流泄涡模式划分成不同区域于图33－15。图33－15将锁定区域附近的尾涡形式分为2S，2P，P＋S模式。所谓的2P模式中，每一个运动周期泄放出两对逆向旋转的旋涡；而2S模式则是每周期交替发放两个独立的旋涡，呈现出经典的Karman模式；P＋S模式在尾流中的旋涡图形沿尾流中线不对称，每周期在圆柱的一侧泄放单个旋涡，而另一侧则是一个涡对。

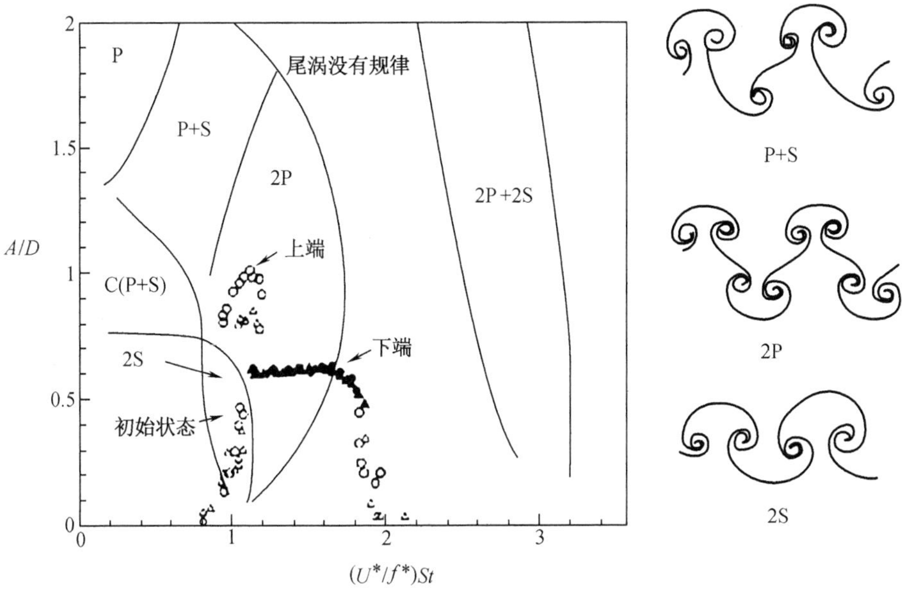

图33－15 振动圆柱尾流的涡泄形式

对于低雷诺低质量比实验，2S模式会出现在初始分支区域；涡泄模式在上端与下端分支大部分都表现为2P模式。值得注意的是，在Williamson & Roshko (1988)所作的实验中，雷诺数较低(300～1 000)，在高雷诺数下能否套用有待实验的验证。

33.10.2 VIV 工程实用分析方法

在还没有掌握精确预报立管 VIV 响应方法的情况下,用来源于实验的经验模型预报是一个不错的选择。建立合理的数学模型来模拟尾流对结构的相互作用是经验模型预报方法的核心问题。流体力模型一般为简单圆柱体(包括刚性柱和弹性柱)的实验数据附以一定的经验假设。根据采用的实验数据和流体力的表达形式,经验模型主要可分为三类:人为构造非线性振动方程的经验模型、响应幅值经验模型和基于受迫实验水动力系数的半经验模型。

1. 尾流振子模型

此类模型以简单的刚性圆柱振荡实验为基础,利用固定圆柱体的流体力系数测量值,附以一定的放大系数以及轴向相关模型,人为构造一个非线性振动方程来模拟流体力,如尾流振子模型、相关模型等。

早期建立的经验模型的代表为尾流振子模型与相关模型。尾流振子或者相关模型的流体力模型均为简单的圆柱体振荡实验附以某种人为构造的数学模型。此类经验模型的控制参数来源于实验与经验,人为构造的非线性振动方程的形式很难广泛适用于不同问题,它虽然能够模拟出若干 VIV 的非线性特性,并给出量级大体相当的预报,但是其精度却依赖于经验参数的选取与方程的形式。

对早期的尾流振子模型与相关模型存在的问题归纳如下:响应幅值按照某种拟合曲线及放大因子人为确定;没有恰当地考虑附加质量效应对系统响应频率的影响;锁定范围或激发范围按折合速度上下限事先给定;无法解释低质量比圆柱体 VIV 响应特性。比如,锁定的频率不再是系统的固有频率,按一般折合速度计量的锁定区域的上限可能达到无穷。这些问题制约着现有模型的精度与适用性。

最近,Facchinetti 等人在总结了近三十年来二十多篇关于尾流振子模型的理论和实验研究基础上,对尾流振子方程与结构运动方程的三种不同耦合模式(位移耦合、速度耦合和加速度耦合)分别进行讨论,并与实验结果进行了比较。Facchinetti 指出:位移耦合模式无法模拟在锁定状态下升力的放大效应以及低质量比圆柱的 VIV 特性,速度耦合无法准确体现低质量比柱的频率锁定范围,且速度和位移耦合都无法获得圆柱在受迫振荡中升力的相位信息,唯有加速度耦合模型能较好地反映上述各类 VIV 现象。

Facchinetti 等选用 Van der Pol 方程描述尾流作用于圆柱的升力,建立的圆柱体涡振的运动方程组为

$$\begin{cases}\left[m_s+\frac{1}{4}\pi C_M\rho D^2\right]\frac{d^2Y}{dT^2}+[r_s+r_f]\frac{dY}{dT}+k_sY=\frac{1}{4}\rho U^2DC_Lq\\ \frac{d^2q}{dT^2}+\varepsilon[2\pi St(U/D)](q^2-1)\frac{dq}{dT}+[2\pi St(U/D)]^2q=(A/D)\frac{d^2Y}{dT^2}\end{cases}$$

(33 - 25)

式中,m_s,r_s,k_s分别为结构质量,阻尼系数和刚度系数;$1/4\pi C_a\rho D^2$ 为附加质量,C_a 为附加质量系数;r_f为水动力阻尼,$r_f=\rho DC_DU/2$;C_L 为升力系数;St 为 Strouhal 数;q 为尾流振子变量,是一个无量纲参数;ε 为 Van der Pol 方程参数;A 为引入的无量纲参数,需要通过实验数据确定。按方程(33 - 25)算出的结构响应振幅和频率与实验观测结果接近,能够较好地反映涡激共振特性。

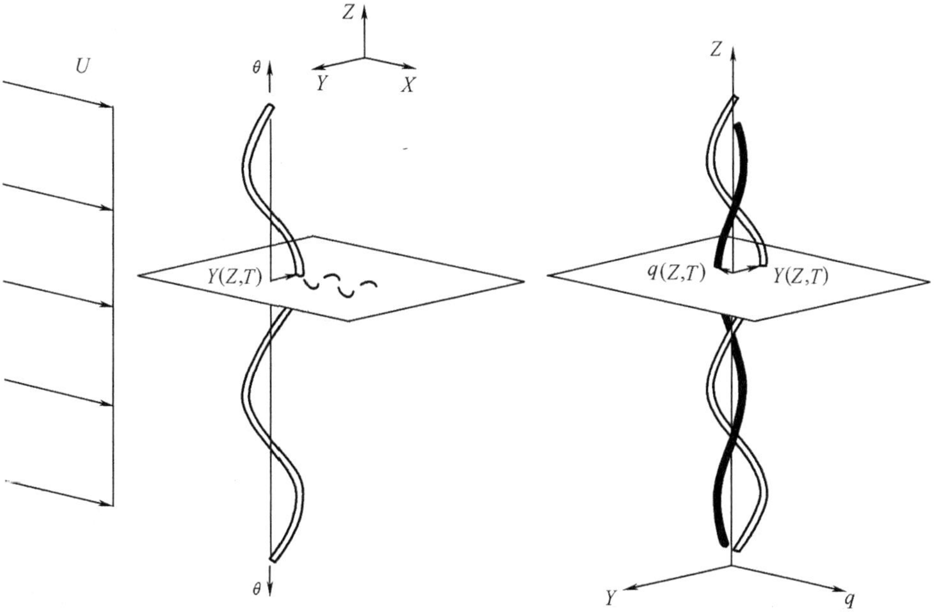

图 33 - 16　张力结构涡激振动模型

(**a**)横向尾流 $\boldsymbol{Y}$ 和张力 $\boldsymbol{\theta}$;(**b**)使用分布尾流振子示意图

式(33 - 25)模型主要针对二维圆柱的涡激振动,Violette 等又进一步将该模型拓展到三维柔性弹性体情况,如图 33 - 16 所示。方程的形式为

$$\begin{cases}\left[m_s+\frac{1}{4}\pi C_M\rho D^2\right]\frac{d^2Y}{dT^2}+[r_s+r_f]\frac{dY}{dT}-\theta\frac{\partial^2Y}{\partial Z^2}=\frac{1}{4}\rho U^2DC_Lq(Z,T)\\ \frac{d^2q}{dT^2}+\varepsilon[2\pi St(U/D)](q^2-1)\frac{dq}{dT}+[2\pi St(U/D)]^2q=(A/D)\frac{d^2Y}{dT^2}\end{cases}$$

(33 - 26)

式中，θ 为立管顶端张力。

2. 响应模型

此类模型以弹性圆柱体自激振荡实验为基础，弹性柱的响应幅值直接利用模型实验数据得到的经验曲线确定。基于弹性圆柱体自激振荡实验的模型绕开了处理流体力的困难，直接将弹性体的响应幅值按利用模型实验数据得到的经验曲线确定，如 Lyons & Patel（1986）中的“三角函数”，以及 Griffin 拟合曲线。这类方法也存在着明显的缺陷：无法全面地反映具体参数对 VIV 响应的影响。如 Griffin 拟合曲线没有考虑到质量比与阻尼因子各自对响应幅值的影响，而简单地认为最大响应幅值为质量比与阻尼因子之积的单调函数。

挪威船级社（DNV）颁布的海底悬跨管线的推荐做法 DNV RP－F105 Free Spanning Pipelines，应用了一个所谓的“响应模型”来预报涡激振动幅值（见图 33－17，图 33－18）。该响应模型是基于大量的物理实验数据，得到的关于折合速度和无量纲振动幅值的经验关系。近来还针对多模态 VIV 和横向振动导致的同向 VIV 的疲劳评估做了修正。当然该模型仅用于工业管道设计，大量保守的因素使之无法给出精确的响应预报。

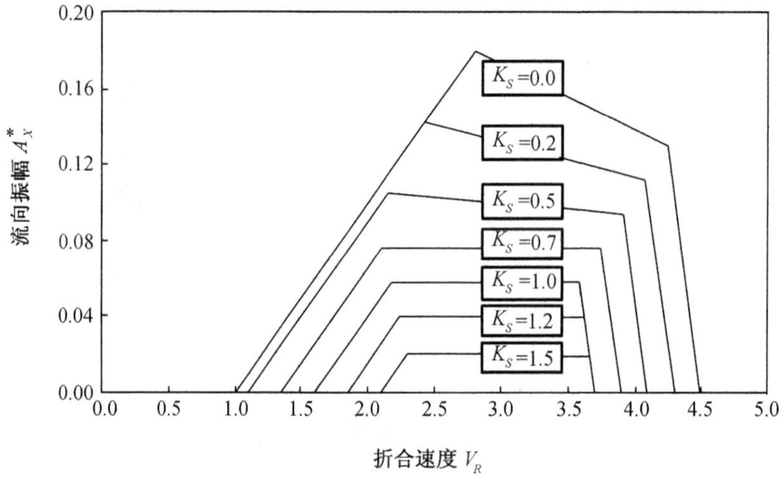

图 33－17　流向响应模型图，其中 K_s 为稳定参数

3. 基于离散频率的半经验模型

近期，更多的学者与工程技术人员开始转向离散频率半经验预报模型。频率离散模型的基本思想将响应分解为若干个离散频率上响应振型的叠加形式。而每个模态的响应特性都需要考虑三个关键性问题：模态响应振幅的大小、模态频率的确定以及该模态激发区域的界定。

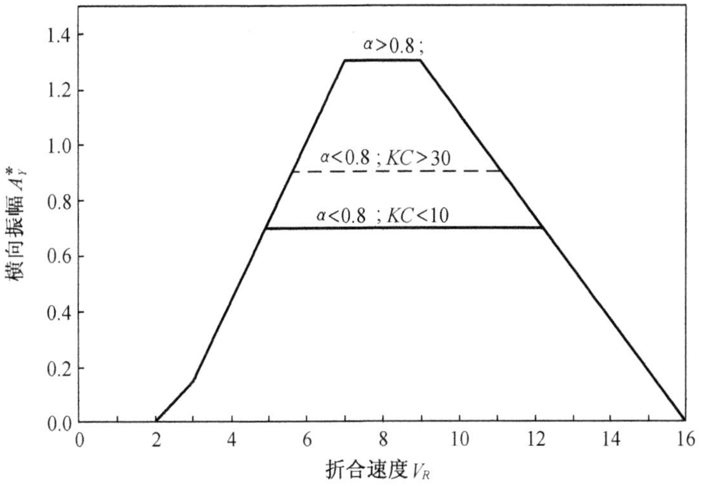

图 33-18 流向响应模型图,其中 V_R 为流率,且与 KC 数相关

在受迫实验水动力系数经验模型基础上发展而成的离散频率模型的知名商业软件包括 Shear 7, VIVA, VIVANA 等。各种频域模型的差别在于:利用何种模型实验(固定圆柱体、自激振荡或是受迫振荡圆柱体模型实验)的数据、怎样利用模型实验的数据、如何考虑柱体的泄涡及受力的轴向相关程度。例如,在 Shear 7 中,立管沿长度被划分为能量输入区与能量耗散区。在能量输入区,流体力对柱体做功;而在能量耗散区,流体力作为阻尼的一部分消耗系统能量[49]。同时 Shear 7 隐含着这样的假定,即认为圆柱体的振动决定了受流体力的相关程度。值得注意的是,所有的经验系数的拟合都是基于亚临界雷诺数条件下的实验数据,并且都没有考虑流向 VIV 响应的影响。对于实际工程结构,应该根据真实的海流数据、结构静水模态数据等,对计算程序中的水动力系数进行修正,以使得理论分析结果更接近实际情况。

下面详细地介绍一下 Shear 7 分析流程。

(1)输入数据并进行模态分析

根据立管两端的约束情况选取合适的分析模型。Shear 7 提供了 33 个分析模型。包括 18 个 BEAM 模型、5 个 CABLE 模型、5 个 RISER 模型、3 个 SCR·模型、1 个 STARAKE 和 1 个 HELLAND。

例如,立管可近似为变张力简支梁,模态频率可依据下式计算:

$$\int_0^L \sqrt{-\frac{1}{2}\frac{T(z)}{EI(z)}+\frac{1}{2}\sqrt{\left[\frac{T(z)}{EI(z)}\right]^2+4\frac{m(z\omega_n^2)}{EI(z)}}}\mathrm{d}z = n\pi \tag{33-27}$$

式中,n 为模态阶次;z 为立管的轴向坐标;$T(z)$ 为张力;$EI(z)$ 为弯曲强度;$m(z)$ 为单位长度质量,水中质量包含附连水质量。

模态形状依据下式计算:

$$Y_n(z) = \sin\left\{\int_0^z \sqrt{-\frac{1}{2}\frac{T(Z)}{EI(Z)}+\frac{1}{2}\sqrt{\left[\frac{T(z)}{EI(z)}\right]^2+4\frac{m(z)\omega_n^2}{EI(z)}}}\mathrm{d}z\right\} \tag{33-28}$$

(2)潜在激励模态识别

首先根据斯脱哈尔频率与流剖面计算旋涡泄放频带范围,其中旋涡最小与最大泄放频率可根据式(5-29)计算:

$$f_{\min} = \frac{StU_{\min}}{D},\quad f_{\max} = \frac{StU_{\max}}{D} \tag{33-29}$$

式中,$U_{\min}$和 $U_{\max}$分别为流剖面的最小与最大流速。

若某阶固有频率处在最小和最大泄放频率范围内,则认为该模态被激励。处在泄放频率带以外的边界模态根据以下原则进行判别:

①高边界模态识别,如果$(f_i+f_{i+1})/2<f_{s\max}<f_{i+1}$,则 f_{i+1}被激励,否则不被激励。

②低边界模态识别,如果 $f_i<f_{s\min}<(f_i+f_{i+1})/2$,则 f_i 被激励,否则不被激励。

(3)主要激励模态识别

基于下式对各阶激励模态的振动能量进行初步估算:

$$\prod{}^r = \frac{|Q_r|^2}{2R_r} \tag{33-30}$$

式中,Q_r 为模态力,$Q_r=\int_{L^r}\frac{1}{2}\rho_f C_L(z,V_{R(z)})D(z)V^2(Z)Y_r\mathrm{d}z$; R_r 为模态阻尼,$R_r=\int_{L-L^r}R_h(z)Y_r^2(z)\omega_r\mathrm{d}z+\int_0^L R_s(z)Y_r^2(z)\omega_r\mathrm{d}z$;$L^r$ 为 r 阶模态的能量输入区域;R_h 和 R_s 分别为模态水动力阻尼和结构阻尼。找到振动能量最大的模态,以其能量值作为一个基准,将其余各阶模态的振动能量与之相除,得到一个能量比。用户选择一个阈值,低于该阈值,模态将被删除,这能识别出主要模态。若大于阈值的模态数只有一个,则进行单模态锁定响应计算;否则进行多模态响应计算。

(4)模态能量输入区域的确定

用户给定一个约化速度双带宽 b 值,则 $V_L=V_p-0.5bV_p$,$V_H=V_p+$

$0.5bV_p(V_P = St^{-1})$。由约化速度的定义，$V(Z_L) = V_L/f_nD$。对线性剪切流而言，据此即可判断结构 r 阶模态能量输入区域的范围($Z_L \sim Z_H$)。当 r 阶模态 z 处的约化速度处于 r 阶模态约化速度带宽内时，流体将激励结构并导致结构对该模态的响应。

(5)多模态重叠区域消除

当多模态参与振动时，临近的能量输入区域可能存在重叠部分，程序将进行模态重叠消除。消除的原则是重叠部分的每一模态的能量输入区域等量缩短直到重叠部分消失。在每一模态的能量输入区域内，认为升力发生在模态的固有频率上。

(6)模态响应振幅预测

首先要计算每阶模态的输入能量和输出能量。当系统的响应达到稳定状态时，r 阶模态的输入能量与输出能量达到平衡。

下面以张力弹簧为例，简要说明主要步骤和主要公式。

张力弹簧的控制方程为

$$m_i\ddot{y} + R\dot{y} - Ty'' = P(z,t) \tag{33-31}$$

$P(z,t)$ 为升力系数分步：

$$P(z,t) = \frac{1}{2}\rho_f DV^2(z)C_l(z;\omega_r)\sin(\omega,r) \tag{33-32}$$

系统总的位移响应可以写为模态响应的叠加：

$$y(z,t) = \sum_r Y_r(z)q_r(t) \tag{33-33}$$

式中，$q_r(t) = A_r\sin(\omega_r t + \varphi)$。

将式(33-33)代入控制方程，得到

$$M_r\ddot{q}(t) + R_r\dot{q}_r(t) + k_rq_r(t) = p_r(t) \tag{33-34}$$

式中，M_r 为模态质量，$M_r = \int_0^L Y_r^2(z)m_r\mathrm{d}x$；$R_r$ 为模态阻尼，$R_r = \int_0^L Y_r^2(z)R(z)\mathrm{d}z$；$K_r$ 为模态刚度，$K_r = -\int_0^L TY_r''(z)Y_r(z)\mathrm{d}z$；$P_r$ 为模态力，$P_r(t) = \int_0^L Y_rP(z,t)\mathrm{d}z$。在能量输入区内，假定各位置处的升力与模态速度同向。计算时采用绝对值的形式，即

$$P_r(t) = \int_{L^r} |Y_r(z)|P(z,t)\mathrm{d}z \tag{33-35}$$

r 阶模态的模态速度为

$$\dot{q}_r(t) = A_r\omega_r\sin(\omega_r t) \tag{33-36}$$

r 阶模态的输入能量为模态力乘以模态速度：

$$\prod_r^{\text{in}} = \int_{L^r} \frac{1}{2}\rho_f DV^2(z) C_L(z;\omega_r) A_r\omega_r \sin^2(\omega_r t) \mid Y_r(z) \mid \mathrm{d}z \quad (33-37)$$

一个周期 P 内的平均模态输入能量为

$$<\prod_r^{\text{in}}> = \frac{1}{P}\int_0^P \prod_r^{\text{in}} \mathrm{d}t = \frac{1}{4}\int_{L^r} \rho_f DV^2(z) C_L(z;\omega_r) A_r\omega_r \mid Y_r(z) \mid \mathrm{d}z$$

(33 -38)

r 阶模态的输出能量为 r 阶模态阻尼力乘以模态速度:

$$\prod_r^{\text{out}} = \int_L R(z) Y_r^2(z) A_r^2\omega_r^2 \sin^2(\omega_r t) \mathrm{d}z \quad (33-39)$$

一个周期 P 内的平均模态输出能量为

$$<\prod_r^{\text{out}}> = \frac{1}{P}\int_0^P \prod_r^{\text{out}} \mathrm{d}t = \frac{1}{2}\int_L R(z) Y_r^2(z) A_r^2\omega_r^2 \mathrm{d}z \quad (33-40)$$

对于该模态,当输入能量与输出能量达到平衡时,即 $<\prod_r^{\text{in}}> = <\prod_r^{\text{out}}>$,则

$$\frac{A_r}{D} = \frac{\frac{1}{2}\int_{L^r} \rho_f V^2 C_L(Z;\omega_r) \mid Y_r(z) \mid \mathrm{d}z}{\int_{L-L^r} R_h(z) Y_r^2(z) C_L\omega_r \mathrm{d}z + \int_0^L R_s(z) Y_r^2(z)\omega_r \mathrm{d}z} \quad (33-41)$$

式(33 -41)即为预测模态振幅的公式。Shear 7 程序会给升力系数赋予一个初值,然后进行迭代计算求得模态振幅 A_r,流程如图 33 -19 所示。

33.10.3 水动力系数

当前海洋细长弹性结构的涡激振动预报工具的流体力模型大都来源于受迫振荡实验数据。采用什么样的实验,怎样利用实验数据,一直是涡激振动研究的重要问题。下面就详细介绍水动力系数经验模型的基本原理。

1. 水动力线性分解及其表达

以频率 ω_{osc} 正弦振动的刚性柱运动方程为 $y(t) = y_0\sin(\omega_{\text{osc}}t)$,用 $L(t)$ 表示由于涡泄产生的升力,假定涡泄被锁定在柱体的振动频率上,则柱体所受线性化升力又可以表示为

$$L(t) = L_0\sin(\omega_{\text{osc}}t + \phi) = L_0\cos\phi\sin(\omega_{\text{osc}}t) + L_0\sin\phi\cos(\omega_{\text{osc}}t)$$

(33 -42)

式中,L_0 为升力振动幅值,ϕ 为升力与位移的相位角。

将升力分解成两部分:与速度同相位部分,与加速度同相位部分,即

$$L(t) = \frac{1}{2}\rho DU^2 C_{LV}\cos(\omega_{\text{osc}}t) + \frac{1}{2}\rho DU^2 C_{LA}[-\sin(\omega_{\text{osc}}t)] \quad (33-43)$$

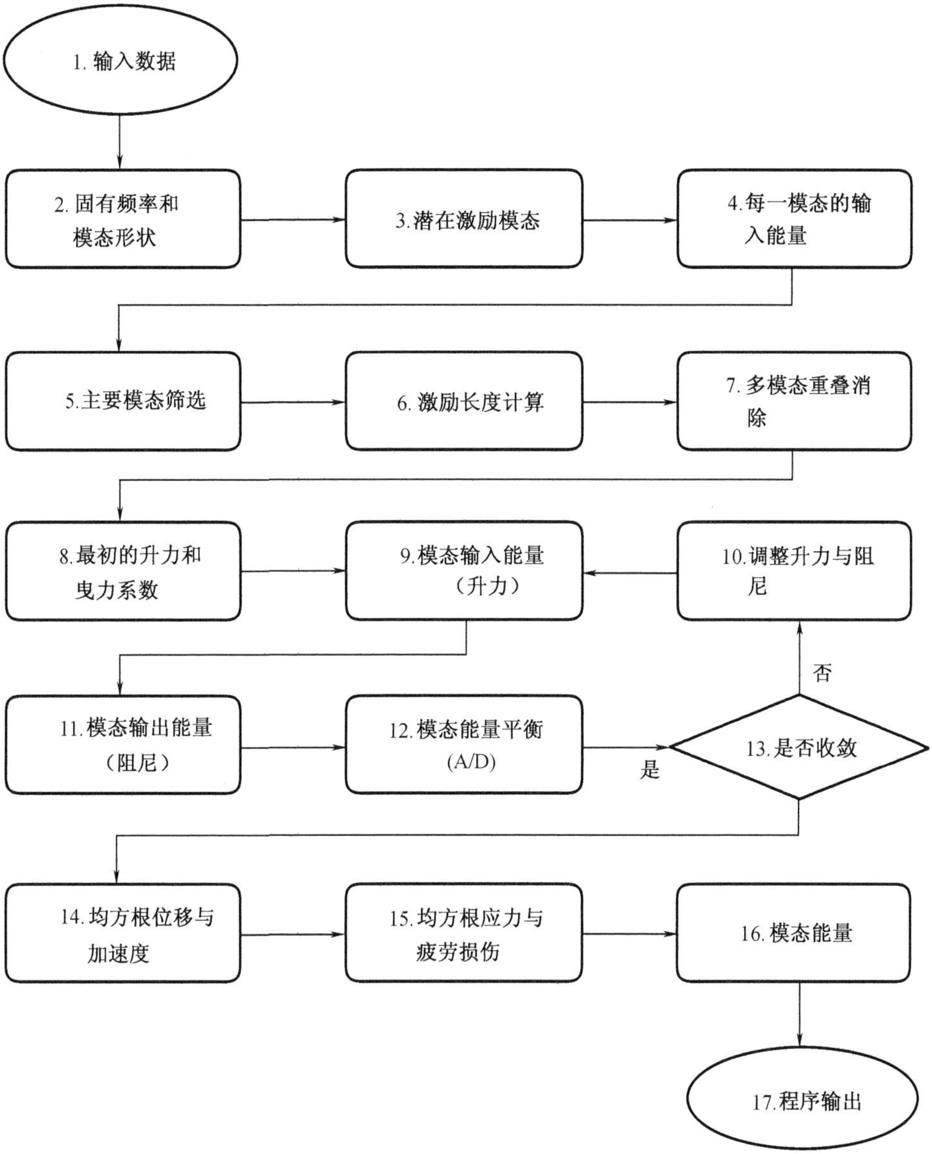

图 33－19　Shear 7 分析流程图

比较方程(33－42)和(33－43)中 $\cos(\omega_{osc}t)$,$\sin(\omega_{osc}t)$前的系数,可得到:
与速度同相升力系数分量为

$$C_{LV} = C_L \sin\phi \tag{33-44}$$

而与加速度同相升力系数分量为

$$C_{LA} = C_L(-\cos\phi) \tag{33-45}$$

式中，升力系数 $C_L = \dfrac{L_0}{\frac{1}{2}\rho DU^2}$。

系数 C_{LV} 和 C_{LA} 在不同类型实验中表达形式不一样，下面详细介绍它们在自激和受迫实验中的表达形式。

(1) 受迫实验的流体力表达

首先，对于受迫振动实验数据，如果测得的升力时程为 $L(t)$，按照 Fourier 级数理论表示为

$$\begin{cases} L(t) = a_0 + \sum\limits_{n=1}^{\infty} a_n \cos(\omega_{osc} t) + \sum\limits_{n=1}^{\infty} b_n \sin(\omega_{osc} t) \\ a_0 = \dfrac{1}{T}\int_0^T L(t)\,\mathrm{d}t \\ a_n = \dfrac{2}{T}\int_0^T L(t)\cos(n\omega_{osc} t)\,\mathrm{d}t \\ b_n = \dfrac{2}{T}\int_0^T L(t)\sin(n\omega_{osc} t)\,\mathrm{d}t \end{cases} \tag{33-46}$$

若取 Fourier 级数的一阶形式，即式(33-46)中 $n=1$，再与式(33-43)的分解形式对比，可以得到

$$a_1 = \frac{2}{T}\int_0^T L(t)\cos(\omega_{osc} t)\,\mathrm{d}t = L_0 \sin\phi \tag{33-47}$$

$$b_1 = \frac{2}{T}\int_0^T L(t)\sin(\omega_{osc} t)\,\mathrm{d}t = L_0 \cos\phi \tag{33-48}$$

这里周期 $T = \dfrac{1}{f_{osc}}$。因此，由三角关系可以得到

$$L_0 = \sqrt{(L_0\cos\phi)^2 + (L_0\sin\phi)^2} = \sqrt{a_1^2 + b_1^2} \tag{33-49}$$

$$\phi = \arctan(a_1/b_1) \tag{33-50}$$

因此，联合(33-44)、(33-45)和(33-47)、(33-48)得到

$$C_{LV} = \frac{a_1}{\frac{1}{2}\rho U^2 D} = \frac{4}{\rho U^2 DT}\int_0^T L(t)\cos(\omega_{osc} t)\,\mathrm{d}t \tag{33-51}$$

$$C_{LA} = -\frac{b_1}{\frac{1}{2}\rho U^2 D} = -\frac{4}{\rho U^2 DT}\int_0^T L(t)\sin(\omega_{osc} t)\,\mathrm{d}t \tag{33-52}$$

(2) 自激实验的流体力表达

对于自激振动实验的流体力的表达形式，我们可以直接通过振动控制方程

求解得到。对于自激实验中的单自由度振动方程为

$$\frac{\mathrm{d}^2 y}{\mathrm{d}t^2} + 2\omega_n \zeta \frac{\mathrm{d}y}{\mathrm{d}t} + \omega_n^2 y = \frac{L(t)}{m_s} \tag{33-53}$$

式中 $\omega_n = \sqrt{\frac{k}{m_s}} = 2\pi f_n, \zeta = \frac{c}{2m_s\omega_n}$。

同样,当自激振动处于锁定稳态响应状态,有

$$\begin{cases} y(t) = y_0 \sin(2\pi f_v t) \\ L(t) = \frac{1}{2}\rho DU^2 C_{LV} \cos(2\pi f_v t) + \frac{1}{2}\rho DU^2 C_{LA}[-\sin(2\pi f_v t)] \end{cases} \tag{33-54}$$

这里涡泄锁定频率 $f_v = f_{\text{osc}}$。将式(33-54)代入式(33-53),分解整理,且令三角函数前系数为零,得到

$$C_{LV} = 4\pi^3 m^* \zeta A^* \left(\frac{f_v}{f_n}\right)\left(\frac{f_n D}{U}\right)^2 \tag{33-55}$$

$$C_{LA} = 2\left[\left(\frac{f_v}{f_n}\right)^2 - 1\right]\pi^3 m^* A^* \left(\frac{f_n D}{U}\right)^2 \tag{33-56}$$

$$\phi = \arctan(-C_{LV}/C_{LA}) \tag{33-57}$$

这里,$A^* = \frac{y_0}{D}, m^* = \frac{4m_s}{\pi\rho D^2}$。

2. 系数 C_{LV} 与能量转换

如圆柱运动 $y(t) = y_0\sin(w_{\text{osc}}t)$ 且总升力为 $L = L_0\sin(\omega_{\text{osc}}t + \phi)$,则升力做的功为

$$\begin{aligned} P(t) &= L_0 \sin(\omega_{\text{osc}} t + \phi) \cdot \frac{\mathrm{d}}{\mathrm{d}t}[y_0 \sin(\omega_{\text{osc}} t)] \\ &= \omega_{\text{osc}} y_0 L_0 \sin\phi \cos^2(\omega_{\text{osc}} t) + \omega_0 y_0 L_0 \cos\phi \sin(\omega_{\text{osc}} t)\cos(\omega_{\text{osc}} t) \end{aligned} \tag{33-58}$$

P 的平均值为

$$\begin{aligned} \langle P \rangle &= \omega_{\text{osc}} y_0 L_0 \frac{1}{nT}\int_0^{nT} [\sin\phi\cos^2(\omega_{\text{osc}} t) + \cos\phi\sin(\omega_{\text{osc}} t)\cos(\omega_{\text{osc}} t)]\mathrm{d}t \\ &= \frac{1}{2}\omega_{\text{osc}} y_0 L_0 \sin\phi \\ &= \frac{1}{2}\omega_{\text{osc}} y_0 \left(\frac{1}{2}\rho DU^2 C_{LV}\right) \end{aligned} \tag{33-59}$$

这里响应周期 $T = \frac{2\pi}{\omega_0}$,$n$ 为积分周期数。

可见,C_{LV} 决定了系统的能量积累与耗散。当 $C_{LV} > 0$,则 $\langle P \rangle > 0$,流体力表现为激励力,流体对运动柱体输送能量,即圆柱从流体吸取能量;当 $C_{LV} < 0$,则 $\langle P \rangle$

<0,流体力表现为阻尼力,流体耗散运动柱体对其输入的能量;而 $C_{LV}=0$ 则代表系统处于能量平衡状态。

图 33－20 所示为 Gopalkrishnan (1993) 在 MIT 的拖曳水池所做的系列实验 C_{LV} 系数数据。图中横坐标 $\hat{f}_0=2\pi U/(\omega_{osc}D)$。粗实线为 $C_{LV}=0$ 的等高线,而粗实线包络的为 $C_{LV}>0$ 的激励区域,激励区基本出现在小振幅范围内,而大振幅情况下拖曳力分量系数基本都是负值,表现为阻尼形式。

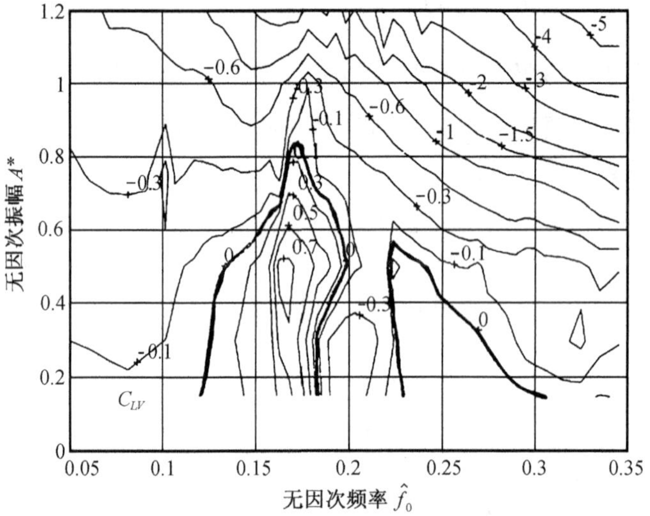

图 33－20　速度同相升力系数云图

3. 系数 C_{LA} 与附加质量

附加质量是一个最熟悉、最不好理解和最容易迷惑的流体动力学特性。它存在于所有的关于钝体的流。然而,它和所有的质量一样,只有它加速的时候才能显示它的存在。它表示的是与加速度同相位的流体力等效影响。

相应的,圆柱加速度为 $\ddot{y}(t)=-y_0\omega_{osc}^2\sin(\omega_{osc}t)$,根据牛顿定律,升力的惯性力分量等于附加质量 m_{AO} 乘以加速度,即

$$\frac{1}{2}\rho DU^2C_{LA}\sin(\omega_{osc}t)=m_{AO}\cdot[-y_0\omega_{osc}^2\sin(\omega_{osc}t)] \tag{33-60}$$

即

$$m_{AO}=\frac{1}{2}\rho DU^2C_{LA}/(-y_0\omega_{osc}^2) \tag{33-61}$$

则,附加质量系数为

$$C_{AO}=\frac{m_{Ao}}{\rho(0.25\pi D^2)}=-\frac{2U^2}{\pi Dy_0\omega_{osc}^2}C_{LA}=-\frac{1}{2\pi^3}\frac{C_{LA}}{(y_0/d)\hat{f}_0^2} \tag{33-62}$$

写成无因次形式为 $C_{AO} = -\dfrac{1}{2\pi^3}\dfrac{C_{LA}}{A^* \hat{f}_0^2}$，其中 $A^* = y_0/D$，$\hat{f}_0 = \dfrac{2\pi U}{\omega_{\mathrm{osc}} D}$。

图 33－21 和图 33－22 所示为 Gopalkrishnan（1993）在系列实验惯性力分量系数和附加质量系数云图。

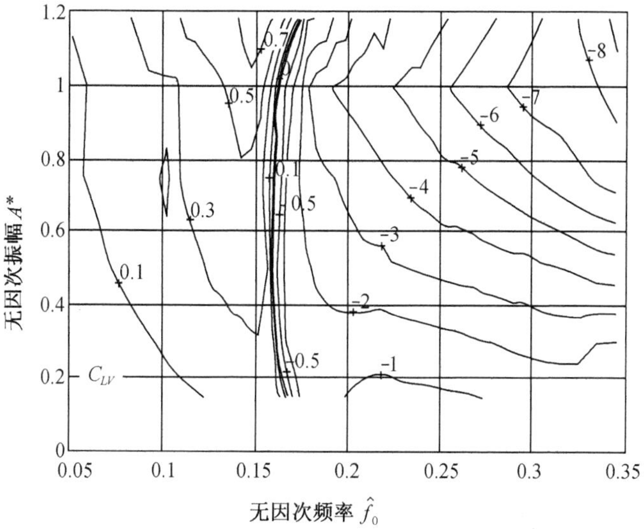

图 33－21　与加速度同相升力系数云图

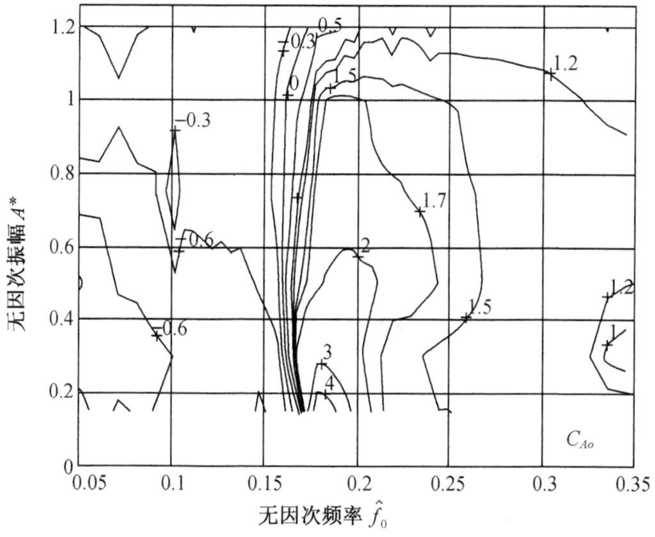

图 33－22　附件质量系数云图

33.10.4 防止和抑制 VIV 的方法

为防止或抑制涡激振动,可以采用两类方法:一是通过调整结构本身的动力特性,以减小其在旋涡作用下的响应;另一类方法则是通过干涉和改变旋涡发生的条件和尾流状态,以达到减弱流体所产生的振荡力的目的。

第一类方法是在结构设计中遵循一定的准则,调整结构本身。包括:控制结构的设计,保证在稳定流中约化速度不在引起涡激振动的范围内;增加结构的有效质量和阻尼,以抑制或减小涡激振动。要注意的是增加质量有可能降低结构的固有频率,增加涡激振动发生的可能性。改变结构,控制结构设计,往往比改变控制来流的方式成本高一些。

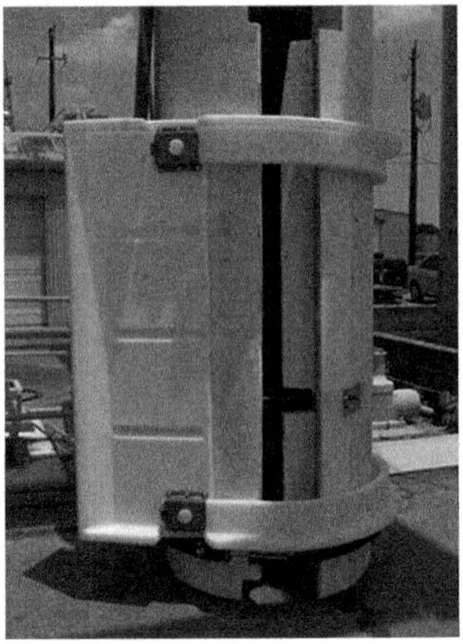

图 33-23 立管上的整流罩

第二类方法是流体力学方法,即阻止旋涡的形成和强化,用调整来流方向或改变结构形状的方法来改变来流。如:美国 Shell Global Solutions 公司的立管加整流罩,如图 33-23 所示;在墨西哥湾用螺旋导板抑制钢质悬链式立管的涡激振动,螺旋导板的示意图如图 33-24 所示;在旋涡释放不严重的情况下,在立管上安装浮力装置也能有效地抑制涡激振动。

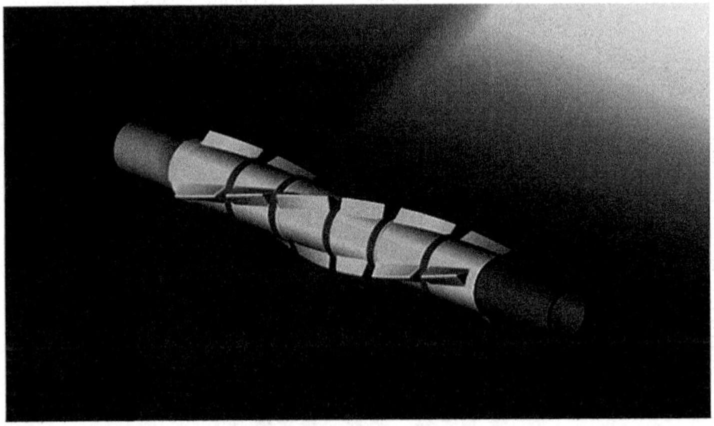

图 33-24 立管上的螺旋导板

33.11 涡激运动的挑战和解决方法

33.11.1 涡激运动的幅度

1.环境条件

在各种环境条件中海流是进行涡激运动(VIM)分析需要考虑的主要因素。无论是长期的还是短期的海流参数都很重要。墨西哥湾(GoM)地区的环流速度有时会达6 kn左右,而且不仅仅分布在表面处,有时会延伸到海平面以下1 200英尺(365.76米)的地方。因此,短期海流条件是预测钢悬链立管疲劳寿命的因素之一。

虽然Spar平台的涡激运动是在墨西哥湾的旋涡和飓风流条件下监测到的,但是其他类型的海流也会引起Spar平台的涡激运动。通常需要对以下情况进行Spar平台的涡激运动疲劳分析:

(1)长期海流;

(2)短期海流:百年一遇的环流和潜流。

当短期海流和长期海流一起考虑时,涡激运动引起的疲劳损伤将会更加容易理解,如墨西哥湾地区的许多海洋工程的疲劳问题都是由短期海流引起的。

对于吃水很深的半潜生产船来说,涡激运动是面临的主要问题,关于Spar平台涡激运动的论述也适合于深吃水的半潜平台,但是目前还没有涉及到关于FPSO和TLP的涡激运动问题,因为这些船的吃水都比较浅。

2.Spar的同轴向和横向运动

海流作用下管子的基本运动通常垂直于来流方向,次级运动是海流同轴向。当两种运动结合在一起时,就在水平面内形成了伯努利双纽线轨迹“8”。对于钢悬链立管来说,设计者需要注意的通常是悬挂点和触地点位置,如图33-25所示。

涡激运动响应和系统固有周期之间的关系经常以转化速度的形式给出,可以定义为如下形式:

$$V_r = V_c \times \frac{T_n}{D} \qquad (33-63)$$

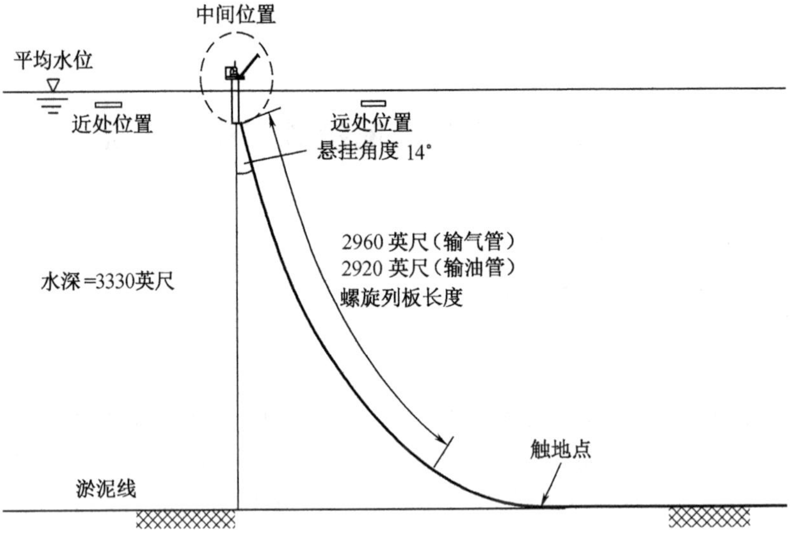

图 33－25　在墨西哥湾 Front Runner 地区，与 Spar 平台连接的钢悬链立管的构造（Bai et al.，2004）

式中　V_r——转化速度；

V_c——海流流速，通常取海流轮廓图中的最高速度；

T_n——Spar 平台的固有周期；

D——Spar 主体的直径。

3. 涡激运动应力柱状图

工程关键性评估在确定立管关键位置的许用瑕疵尺度方面起着重要的作用。影响工程临界评估（Engineering Critical Assessment，ECA）结果的主要输入数据是立管高疲劳损伤位置的应力柱状图。在进行 ECA 时，应力范围和循环次数要通过涡激运动的分析获得，后期阶段，这些应力范围将会和相应的涡激振动、安装及波浪诱导的疲劳损伤组合在一起。

33.11.2　涡激运动挑战和解决方法

流体通过非流线型形体时会引起低压旋涡，进而形成主体顺流，这时候就会在 Spar 平台上产生涡激运动。旋涡脱落会在主体上产生垂直海流方向的载荷，如果激励旋涡的频率和 Spar 的固有频率接近，就会产生共振现象。因此，当海流的流动和结构运动相互影响时，就可能造成破坏性的剧烈摆动，Spar 平台运动时产生的循环张力和立管的曲率反过来会引起疲劳损伤。因此，研究立管上涡激运动引起的疲劳是很重要的。在缺少保护措施的情况下，就可能会出现立管的疲劳失效。

在VIM分析中，需要特别注意以下特点：

(1)对于Spar涡激运动的预测还没有可靠的分析工具。目前，VIM设计数据只能从模型试验和现场测量中获得；

(2)Spar的涡激运动不仅受海流速度的影响，而且受海流轮廓和湍流的影响，这些更加难以测量；

(3)对于海流峰值/VIM的持续时间可能会比风暴高峰期持续时间更长。

鉴于上面几点，在设计阶段应该采取相对保守的方法来求解涡激运动。目前，在如钢悬链立管等的深水立管设计阶段，旋涡诱导运动对疲劳寿命的影响还没有得到足够的重视。然而，当进行综合疲劳分析时，应该将同一位置点的所有疲劳损伤叠加在一起，通过这种方式预测立管系统的总体疲劳寿命。某些情况下，在立管疲劳设计阶段，VIM引起的疲劳和其他方面引起的疲劳损伤一样重要，如VIV疲劳、波浪诱导疲劳和安装疲劳等。

33.11.3 涡激运动引起的立管疲劳

1. 疲劳分析方法

评估涡激运动响应的第一步是确定钢悬链立管的应力和涡激运动幅度之间的关系。对于每个方向(平面内和平面外)，钢悬链立管都可以对相应的涡激运动最大振幅进行补偿。利用有限元模型可以计算所有节点的疲劳损伤，也可以计算触地点和悬挂点区域的疲劳。设计中常定义单位位移对应的应力范围为影响系数(Influence Coefficient, IC)，需要在垂直于海流以及与海流同轴向的方向分别进行计算：

$$\mathrm{IC}=\frac{\text{Stress Range}}{\text{Offset}} \tag{33-64}$$

即

$$\mathrm{IC}=\text{应力范围}/\text{位移}$$

可以使用非线性有限元分析方法计算应力范围，在确定了影响系数之后，可以通过下面的步骤来计算立管的疲劳损伤：

(1)每个海流的换算速度是根据海流轮廓图上观察的最大速度计算的；

(2)使用钢悬链立管周围八个点处的干扰系数(IC)计算和VIM幅度相对应的应力范围；

(3)使用API X规范的$S-N$曲线计算每个应力范围的失效循环次数，没有持续时间的限制，但是带有1.2的应力集中系数；

(4)对于每一个海流情况,每年循环次数是根据每个海流情况的发生概率和Spar的固有周期计算的。

通过下面方式获得应力循环次数:

$$n = \frac{365 \times 24 \times 3\,600 \times \text{海流发电概率}}{T_n} \tag{33-65}$$

式中 n——循环次数;

T_n——Spar的固有周期。

2.累计疲劳损伤

为了获得系统总体疲劳损伤,需要将VIM疲劳损伤和其他损伤进行恰当的叠加,如立管涡激振动、安装、波浪诱导的疲劳损伤等。在合成总的损伤时,要确保各种形式的损伤是在立管的同一点进行累加的。通过如下公式可以给出任何一点的疲劳寿命:

$$\text{疲劳寿命} = \frac{1}{\text{疲劳损伤}} \tag{33-66}$$

式中,疲劳损伤 = VIV疲劳 + VIM疲劳 + 波浪疲劳 + 安装疲劳。

33.12 立管和浮体之间的相互作用的迭代设计方法

当考虑立管和浮体之间的相互作用时,需要注意三个变量,分别是立管悬挂点之间的间隔、离船角和每根管线的铺设方向。

钢悬链立管设计的低成本性、设计程序简单化,使得越来越多的立管工程将它作为首要选择。

33.13 船体、其他立管和系泊链之间相互作用的分析

为确保立管系统与生产系统的其他部分之间不会发生相互作用,在设计阶段需要进行分析。如果会发生相互作用,要确保这种相互作用保持在一个可接受的概率范围内,即使发生的概率较高,造成的影响也不能太大。

可能存在的相互影响包括：

(1)立管和船体之间；

(2)立管和立管之间；

(3)立管和系泊线之间；

(4)立管和脐带管之间。

间隙分析的结果可能会对立管的布局、脐带管、系泊线以及出油管线的布置方向有一定影响，布置立管应该综合考虑现场的总体布局、管道分布要求，锚泊系统禁航区域、起重船位置、补给船装载位置以及坠落物轨迹等。所有这些设计中都不会与立管相互碰撞才是最理想的状态。

为避免和临近立管、脐带管、系泊线或者主船体的碰撞，立管的偏离应该是可以控制的。最小空隙应该保持为5倍的立管外径，如果不能满足这个标准，运营商就会要求设计者证明在服役期内碰撞的概率小于10^{-4}，或者可能存在的碰撞不会破坏立管的整体性。动态分析中也应该包括干扰分析，确保立管的限制偏离裕量符合要求，或者在碰撞情况下，能够保持立管的力学完整性。如果要设计多种立管，首先要评估的也是不同外径的立管之间的相互碰撞问题。

33.14 阴极保护要求

33.14.1 概述

腐蚀是金属或者合金与环境发生的电化学反应，会导致金属或合金的降级。金属的一部分作为阳极，而其他部分作为阴极。在阳极区域，金属溶解，产生腐蚀。这种影响可以通过在腐蚀区域人工地添加阳极和阴极的方法来消除，这个技术叫做阴极保护。

一般来讲，阴极保护系统含有一个阳极，凭借它，阳极电流可以通过电解液(如水)到达阴极(要保护的管子)。

通常有以下两种类型的阴极保护方法：

(1)牺牲阳极系统；

(2)外加电流系统。

图33-26阐明了阴极保护的原理：

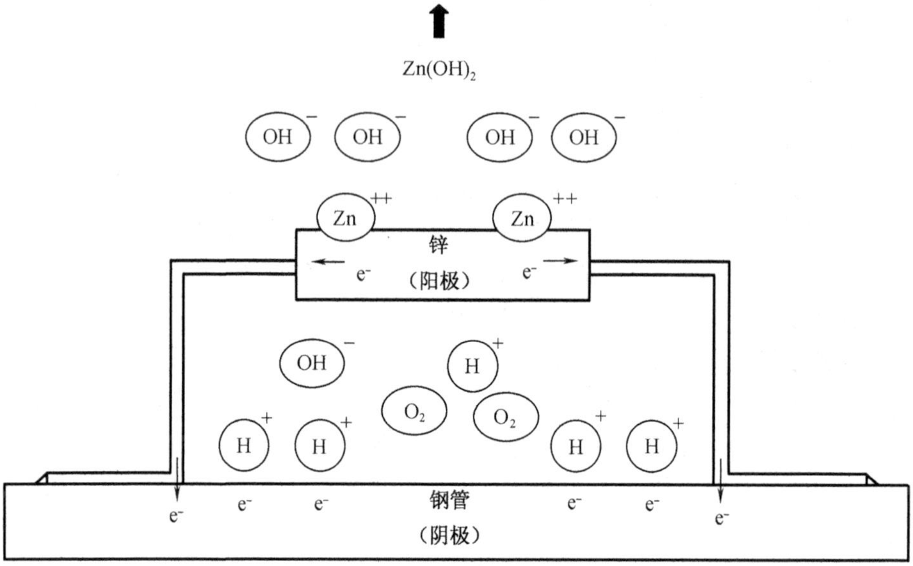

图 33－26　阴极保护原理

33.14.2　牺牲阳极系统

阳极金属的成本(图 33－27)一定要比保护结构成本低,阳极的缓慢溶解可以给保护金属提供电流。这个系统的主要优势在于可以进行自动的电流控制。

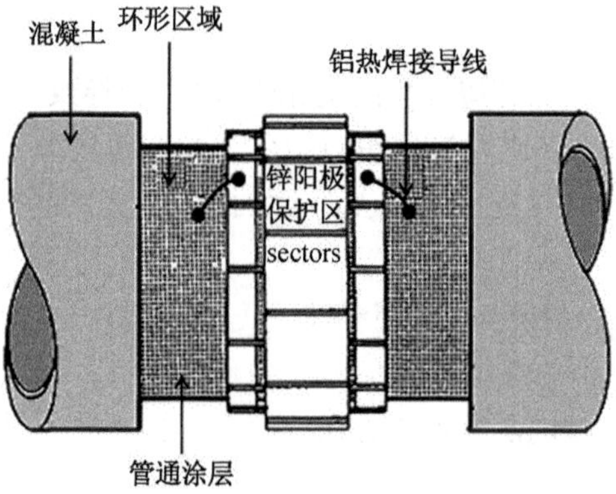

图 33－27　典型的牺牲阳极系统

33.14.3 外加电流系统

在外加电流系统中(图33－28),外接直流电源通常由外部交流电(AC)经过变压器/整流器处理得到。

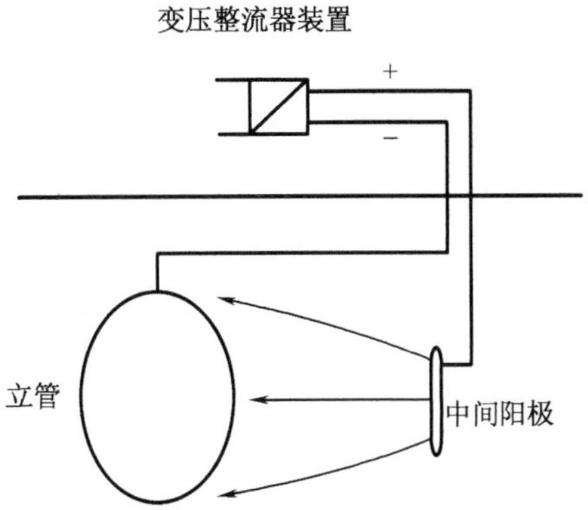

图33－28 典型的外加电流系统

如果无法得到交流电,可以通过柴油、热量或者太阳能发电机的形式获得所需要的动力。

惰性的阳极材料可以释放出直流电。典型的阳极材料包括镀铂的钛/铌(海水)、石墨、硅/钢、磁铁矿(土壤和水)、铅/银(水)等。

对外加电流系统的操控需要有专门的监督系统,特别需要注意的是确保管线电缆和阳极之间的正确连接,因为反向连接会加速管线的腐蚀速度。由于以前对管线的正确连接没有给予足够的重视,这种情况时有发生。

33.14.4 钢悬链立管的阴极保护

海水所具有的较低且恒定的电阻系数特性使得水下管线保护系统的设计得到了极大的简化。

防腐蚀涂层存在着一定的缺陷,有时候在管线操作、安装或者运行期间就会遭到损坏。将牺牲的阳极连接到管子上就可以为管线提供额外的防腐保护。

在进行阳极保护设计时要根据API阴极保护设计和DNV－RP－B401阴极保护设计规范(2005年1月)进行,也可以依据其他相关规范进行设计。

对于通过焊接方式连接在管线上的阳极还需要给予特殊考虑,并且要获得焊接材料专家的批准,因为焊接工序会影响立管材料的属性,而且可能会因为应力集中和硬度过大对立管产生不利影响。

33.15 疲劳设计挑战和解决方法

33.15.1 介绍

对于那些和浮体连接在一起的立管,主要由以下原因引起疲劳损伤:

①一阶和二阶波浪载荷及相关联的浮体运动造成疲劳;

②海流引起的涡激振动造成疲劳;

③环流引起的旋涡也会诱导船体运动产生疲劳;

④安装引起的疲劳。

利用 Miner 叠加原理估算疲劳损伤的方法如下:

$$D = \sum_{i=1}^{k} \frac{n_i}{N_i} \leqslant \eta \tag{33-67}$$

式中 D——累计疲劳损伤比;

k——应力范围区间的总数;

n_i——在应力范围 i 对应的循环次数;

N_i——和应力范围相应的失效循环次数;

η——许用疲劳损伤比,可检查的焊缝一般取做 0.1,不可检查的焊缝取 0.3。

一般通过 $S-N$ 曲线进行疲劳评定,利用断裂力学中的 Paris 法则预测裂纹的扩展,还可以确定进行焊缝检查的频率和容许缺陷尺度。

图 33-29 显示了一个连接体的疲劳损伤,对于水下设备来说这是一种灾难性的损伤。

1. 疲劳问题

钢悬链立管的总体疲劳损伤需要通过以下几个方面的原因综合确定:

(1)波浪和船体运动;

(2)钢悬链立管涡激振动;

(3)船体涡激振动诱导的运动;

图33-29 典型的连接器疲劳损伤

(4)船体的垂荡运动;

(5)安装产生疲劳。

影响钢悬链立管疲劳设计的一些关键因素将在下面的章节中进行详细讨论。

2. 波浪疲劳

(1)波浪散点图

疲劳分析的波浪环境条件通过H_s-T_p波浪散点图描述,定义波浪谱的参数应该由观察的数据经过处理后提供,可以采用 Pierson - Moskovitz 或者 JONSWAP 单峰波谱或者双峰波谱的形式给出。进一步定义波浪载荷情况时应该包括扩展参数,这些参数给出了沿主导方向的波浪载荷空间分布情况,是一个随环境地点发生变化的余弦函数。

实际中至少应该给出八个罗经点方向的波浪载荷概率,由于疲劳损伤可能来源于一个或者两个方向的假想载荷,这些概率的应用可以避免过分保守地估计疲劳损伤。

(2)频域分析和时域分析

通常有以下两种方法计算波浪疲劳。

①疲劳谱分析方法可以用于一阶疲劳分析。疲劳海况被分成许多窗口,对于每个窗口,所选择的海况都是为了实现响应的线性化。当进行线性化分析的时候,可以利用恰当的浮体位移将平均二阶运动看作是一阶疲劳分析的一部分。

②时域下的随机海况分析可以解释系统的非线性问题,特别是对于触地点附近的关键区域,可以通过时域下的随机海况分析得到立管中张力和弯曲变量

的时间轨迹。使用雨流技术方法确定每个海况引起的疲劳损伤,这种方法把连续的应力范围转化为应力柱状图形式。应力柱状图中描述了每个应力范围发生的次数,应用 Miner 叠加法则可以计算出每个应力范围引起的疲劳损伤。

在设计中可以应用谱分析方法计算应力和每个波浪状态发生的频率。

3. 涡激振动引起的疲劳

涡激振动是钢悬链立管设计中最重要的一类问题,特别是对处于高海流状态下的立管。旋涡脱落引起立管的高频振动会导致高频循环应力的产生,进而在立管上造成高水平的疲劳损伤。

当大部分的非流线形体暴露在流体中,并且脱落的旋涡与主体结构的固有频率近似时,就会发生涡激振动,见图 33 - 30。深水立管很容易受到涡激振动的影响,原因如下:

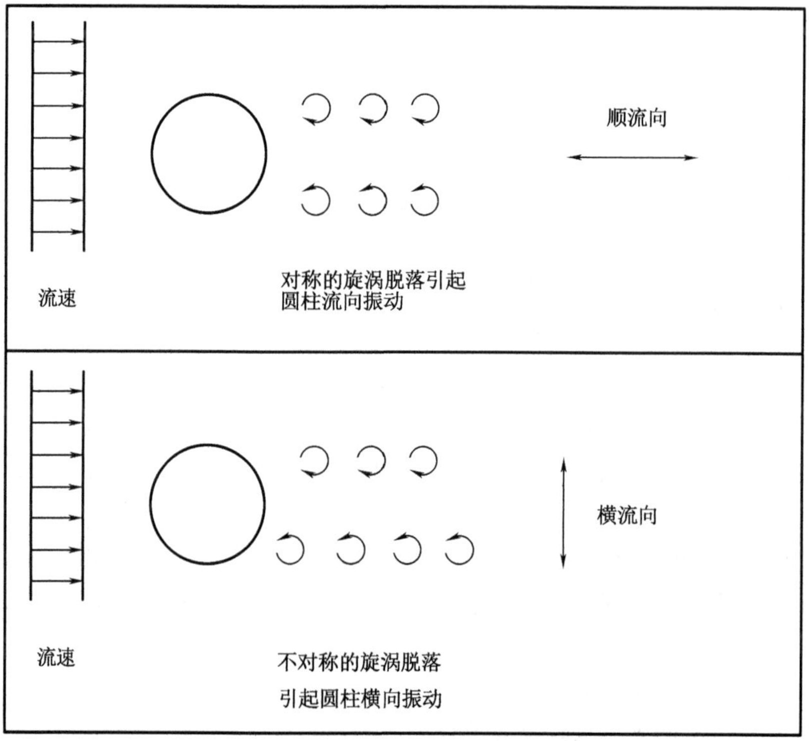

图 33 - 30　圆柱后方典型的流动

(1)深水中比浅水中的海流环境更剧烈;

(2)立管高度的增加降低了它的固有频率;

(3)深水平台通常是浮动平台,因此在立管附近没有可供夹持立管的结构。

深水立管一般都很长,在较大海流作用下激励的固有弯曲模态要比基本弯曲模态高得多。因为深水海流的幅度(和方向)通常随着水深而改变,因此可能会激励出多种模态的立管涡激振动,这使得相比于浅水固定平台上的短跨度立管,深水立管的涡激振动预测会更加复杂。

由于流管和张力腱等邻近管线的影响,深水立管涡激振动响应变得更加复杂,当立管的全部或一部分处在逆流管的尾流中时,立管的涡激振动会发生显著的变化,而且通常是变得更加恶劣。另一方面,临近的管线可能引起作用在立管上的拖曳力发生改变,甚至导致管线之间的破坏性碰撞。

4. 立管涡激振动疲劳的挑战和解决办法

操作者对深水海流的精确预测能力是完善立管设计的关键因素。需要大量的水池试验来校核在高雷诺数下抑制装置/整流器的综合特性。一系列的涡激振动分析软件程序可以有效地测量涡激振动疲劳损伤,同时也兼顾了对分析方法的精炼。为确保涡激振动疲劳设计的准确性,更多的焦点已经集中在可靠的流数据预测方面,许多海流监测和涡激振动疲劳监测程序在改进涡激振动预测技术上起到了很大作用。图 33－31 显示的是一个涡激振动疲劳仿真模型。

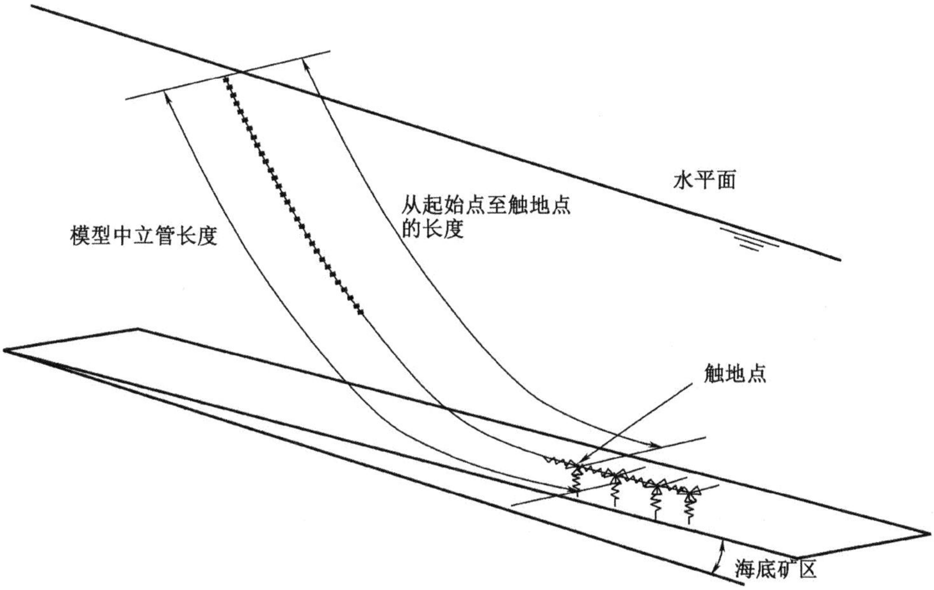

图 33－31　涡激振动疲劳建模

如果主体设施是一个吃水较深的半潜平台,浮筒就可能在海平面以下 100

英尺的地方。当海流方向使得桩柱在流体中的投影面积最大时，就会看到涡激运动现象。在一些情况下，涡激运动诱导的疲劳损伤与涡激振动、波浪以及安装疲劳损伤数量级近似，不可忽略，见图 33-32。

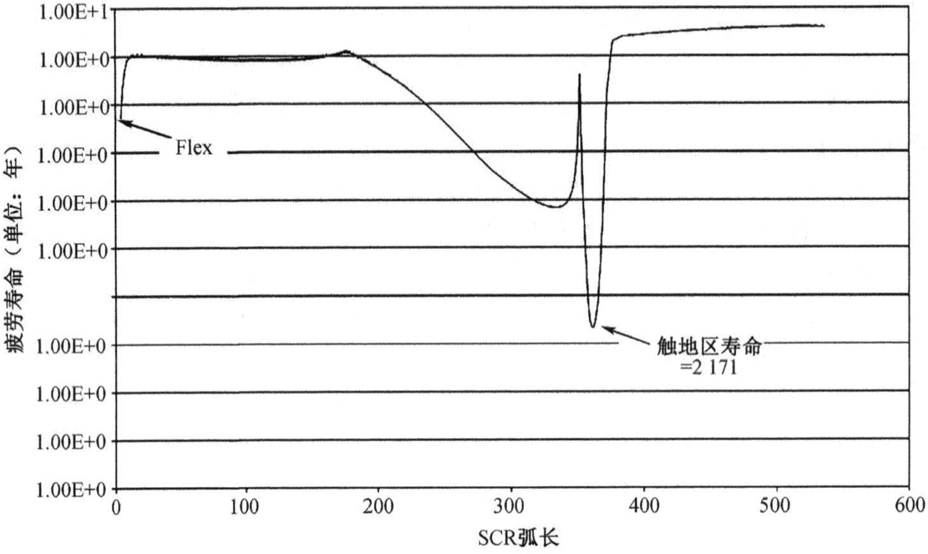

图 33-32　API X 规范中 12 英寸输油管上的涡激运动疲劳损伤（Bai et al.，2004）

33.15.2　壁厚裕量对水下重力和疲劳的影响

深水钢悬链立管水下重力的显著差别可能是由壁厚偏差起的。壁厚偏差的测量、对正容差的严重偏斜都会导致大部分管子接头的壁厚超过要求的尺寸，平均壁厚会有所增加，进而导致深水立管极高的水下重力、更高的悬挂载荷和对疲劳性能的不利影响，其中对输气管线的影响最为严重。因此，在深水钢悬链立管系统的横截面设计、管线详细说明和总体设计中，壁厚裕量的问题不可忽视。

33.15.3　船体类型选择、悬挂角度和立管取向的影响

在进行可行性 SCR 设计阶段，能够清楚地了解悬挂点、钢悬链立管悬挂角、立管取向和船体运动对于触地区域疲劳的影响是很重要的。半潜平台存在显著的横摇、纵摇和垂荡运动，而平台的这些低频运动对于 SCR 的疲劳性能也会有一定的影响。

33.15.4 组合的频域和时域分析

由于频域分析的高效性，设计者通常会采用这种方法进行钢悬链立管的波浪诱导疲劳。Spar 平台和 TLP 平台的 SCR 设计证明了频域分析是一种非常有效的方法，设计者或者操作者可以很方便地实现立管的保守性设计。

然而对于半潜平台上的钢悬链立管，仅仅使用频域分析，很难实现可行的波浪诱导疲劳设计，因为在钢悬链立管触地点区域存在着非线性的动态响应。频域分析中固有的线性化处理方法可能会过高地估计触地点区域的疲劳损伤。通常来讲，大部分的 SCR 波浪诱导疲劳和 15 ~ 20 个海况有关，这些海况来自由 200 多个海况组成的总体散点分布图中。为了加快设计进程，对于关键海况的 SCR 响应，可以进行全时域分析，然后用这个损伤代替频域分析计算得到的损伤。

33.15.5 触地点土壤的影响

深水钢悬链立管可行性设计通常要面临强度和疲劳的综合挑战，其中每一个因素都受到触地点土壤硬度的影响。在立管分析软件中有许多可以用于对触地点建模、代表性深沟、抽吸和横向摩擦的分析。当船体的吃水改变时，立管触地点也会在远近位置点之间移动。在实际情况下立管疲劳损伤还会沿着钢悬链立管进行传播，因此，在计算触地点的疲劳时，准确说明触地点的运动形式也很重要。

通常，土壤的剪切强度决定了土壤的硬度。硬度越大，立管的疲劳损伤越严重，因为此时的振动频率和应力范围也会越高。正割土壤硬度通常比正切土壤硬度要高，因此，使用正割土壤刚度更加保守。然而，真实的正切强度可能会得到更精确的疲劳预测，因为它更能代表疲劳载荷下土壤的变形特性。上面的所有方法对校核立管的疲劳寿命都是可行的。

33.15.6 直径/水深的限制

以下因素会影响立管直径尺寸及壁厚：

(1)海况条件；

(2)主船体的位移和运动；

(3)结构限制　爆炸、倒塌、弯曲、后屈曲；

(4)建造问题　可制造性、偏差、焊接工序、检查；

(5)安装方法　现有船舶的张紧能力；

(6)操作理论　运输策略、清管、腐蚀、检测；

(7)井口特性　压力、温度、流速、热量损失、造渣。

生产井口的特性决定了内部成分和属性随时间的线性变化情况，对于正常运行和非正常关闭情况这些都应该加以说明。设计者应该考虑到安装、试运转和运行等各个阶段的所有内部成分情况。

33.16　建造、安装、连接时的考虑因素

33.16.1　建造考虑

建造立管要按照相关的规范，这些规范与 ABS 立管规范和 API RP 1111 规范中的要求是一致的。所有满足规范要求的铺设方法和建造技术都是可以接受的。指导和说明文件中也有关于立管校正定位、设计水深、挖沟深度以及其他限定因素的描述。

1. 施工程序

在准备施工程序时应该包括下面的基本安装变量：

(1)正常铺设和意外事故情况下的水深；

(2)管线张力；

(3)管线偏离角；

(4)回收；

(5)结束性活动。

施工程序应该反映出正常安装操作和紧急事故情况的许用极限。

2. 连接

在立管起吊、立管形态控制和直线性控制中都要事先安排好连接工序和相应的机械连接装置。末端接头的位置和对正性应该控制在确定的偏差内。

3. 焊接

(1)规范和标准

金属管件的焊接应该按照批准的焊接步骤进行，得到的焊缝才会有足够的强度和韧性。类似于美国机械工程师协会热水储槽规范和压力容器规范

(Pressure Vessel Code)中的PTS 61.40.20.30/ API STD 1104 和 Section IX 一样，这些焊接标准会和这个指导原则一起应用。对于特殊的管材料，应该使用 API STD 1104 /PTS 61.40.20.30 规范对各个焊接工序进行校核，同时任何可供选择的方法都需要提交审查。

(2)焊接工序和消耗品

①低氢状态。除了根部焊道以外，所有名义屈服强度为 40 kpsi 或者更高的焊接以及焊缝厚度超过 1/2 英寸的焊接工作都应该在低氢状态下完成(如小于 15 ml/100 g)。

②熔化极气体保护焊 - 短路电弧(GMAW - S)。GMAW - S 焊接应该限制为二级和三级焊接或者根部焊道在一侧的无衬垫对接焊。

③消耗品。填充金属、钎焊剂和保护气体的选择应该遵循 API STD 1104 规范。

(3)合格条件

焊接工人应该接受公认的国家规范如 API STD 1104 规范中要求的焊工资格认证，测试合格工人将被颁发证书，这个证书作为监督员检测时的参考。

(4)检查/测试

在建造阶段开始之前，需要将焊接程序和相关材料送审，这些内容包括：

①母材和厚度范围；

②电极类型；

③焊接接边加工；

④电学特性；

⑤焊接技巧；

⑥建议的方位和速度；

⑦预热和焊后热处理规范。

合乎规范的焊接操作必须在监督员在场的情况下进行，并且要符合有关的规范要求。在立管建造中，应该事先准备出合格的工序说明材料供监督人员使用。

33.16.2 安装方面的考虑因素

实际的 SCR 安装理论可能不会在工程开始阶段确定。因此，关于各种安装方法可能出现的突发情况(S 铺设、J 铺设和卷筒铺设)，有必要起草一份管线说明。在 J 型铺设中，钻孔的内径可能修改过，因此，必须加厚管壁 1 mm 来适应这种调整。

对于小直径的钢悬链立管，可以采用卷筒铺设的方法，但是为了使 SCR 满足卷筒安装的要求，还需要做大量的工作。例如：

(1)全尺度弯曲试验和对中测试，以确保双层管(Pipe-in-Pipe，PIP)环面的连续性。

(2)卷轴卷起的立管焊缝的全尺度疲劳测试。精确计算卷轴转动时焊缝处的弯曲应变是很重要的，以此来评价裂痕的扩展性。

(3)准确检测许用弯曲应变。限制安装的海况或者海流、移交时的限制以及安装时每个阶段的预期载荷和应力都应该事先确定下来，同时还要计算出各种安装方法和操作对疲劳寿命的影响。

安装分析中应该包括安装设备的功能要求，以找出一些敏感性操作、确定限制条件和操作中的关键性控制点。另外，分析中还应该包括应急程序，以保证在超过安全运行极限时可以执行应急程序。

此外，还要考虑一些与立管卷筒相关的问题，包括卷曲应变、卷轴上弯曲引起的屈服、应变扩大、弹塑性断裂力学性能、疲劳和氢压裂化等。

1. S 型铺设安装

对于 S 型铺设安装，利用水平张紧器和控制过度弯曲曲率的托管架的组合，可以将管子水平地放下。铺管船可以是船舶、驳船或者半潜作业船。要求的铺设张力取决于作业水深、立管淹没深度、弯曲处的允许曲率半径、离船角、中垂弯曲处的允许曲率。托管架应该满足最小、最大曲率半径，以及立管离船角等方面的限制。图 33－33 所示为 S 型铺设概况。

内嵌阀门刚度的增加引起的应变集中也需要考虑在内，同时需要对内嵌阀门进行强度和泄漏保护设计来确保安装后的完整性。

外部覆层和弯曲抑制器会引起局部刚度的增加，因此环形焊缝中的应力可能比管子其他地方高，此时的应变集中系数需要根据应变水平和覆层厚度或者弯曲抑制器的壁厚计算。

安装过程不能对带有覆层的管子、保护系统、阀门和其他连接特性产生损伤，管线安装的标准选择要考虑到安装技术、最小弯曲半径、压差和管子张力等因素。

2. J 型铺设安装

对于 J 型铺设(接近垂直管线铺设)安装，管线被架设在铺管船的提升塔上使用纵向张紧器来铺设。这样，就可以避免在海面附近发生过度弯曲。一般来讲，J 型铺设与 S 型铺设的步骤是一样的。图 33－34 所示为 J 型铺设的概况。

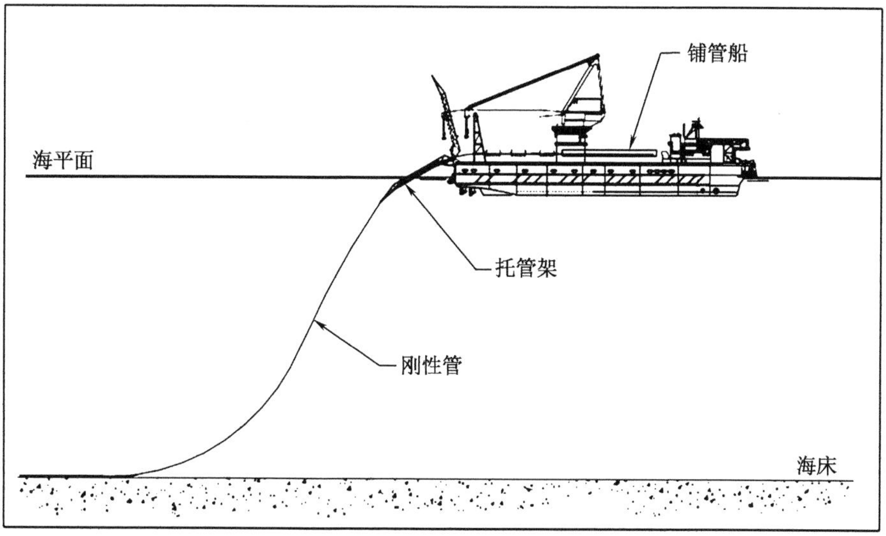

图 33－33 S 型铺设概况

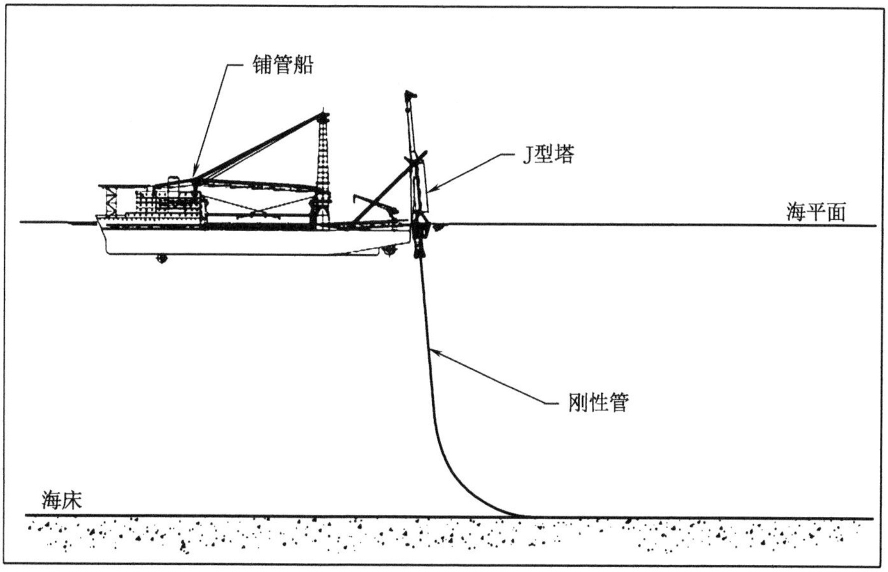

图 33－34 J 型铺设的概况

3. 卷筒铺设安装

在卷筒铺设中，管子缠绕在船上的一个大半径卷轴上，在位铺设时一般处在张紧状态下,在铺管船上还要通过反向弯曲的形式将管子矫直。矫直机需要经过测试确保能够达到要求的笔直度。图 33 – 35 所示为卷筒铺设概况。

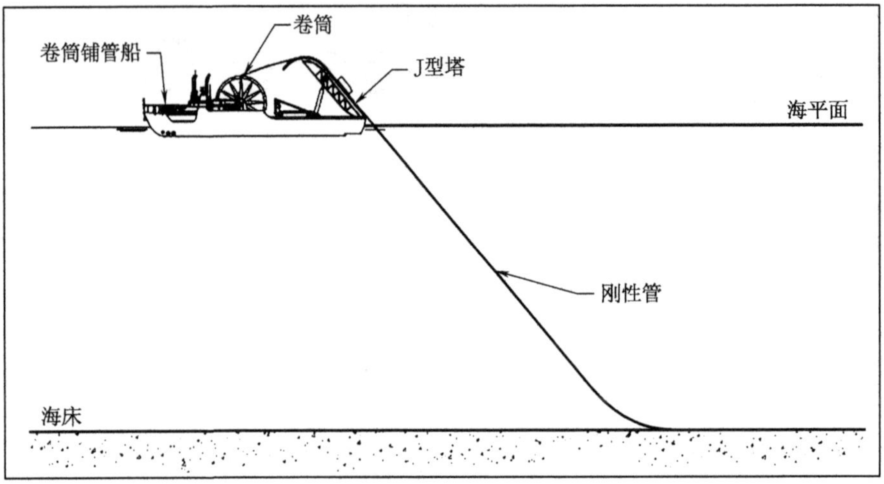

图 33 – 35 卷筒铺设概况

管子通过矫直机和张紧器后还需要安装保护性阳极,同时要确保焊接时选择的填充金属在变形和老化后仍能和母材相互匹配。

通过断裂力学评估来估测延展性裂痕的扩展以及在铺设和服务期内潜在的不稳定裂痕。基于断裂力学和塑性破坏分析方法确定焊缝缺陷的最大许用尺寸。

4. 拖曳安装

管子从远处组装地点运到安装位置时,可以采取水面托运或者海底托运的方式,其中水面托运中需要将水下部分控制在一定深度内。

拖曳管(管束)的水中重力需要通过设计来保证拖航中的可控性,也可以通过给管束添加外部覆层、控制线和安装输送管内部脐带的形式使它们有足够的浮力。可以在立管的固定间距上连接压载锁链,用以克服一定的浮力并且提供需要的水下重力。

5. 安装程序

深水立管的安装可以采用 S 型、J 型、卷筒和拖曳方法。钢悬链立管最常用的是 J 型铺设。相比 S 型铺设,J 型铺设更适合深水安装,因为它具有如下特点:

(1)较小的水平张力,因此相比于 S 型铺设的燃料溢出更少;

(2)相比于 S 型铺设在海床上的弯曲更小;

(3)相比于 S 型铺设在反复弯曲中疲劳更小;

(4)比卷筒铺设的应变硬化更小;

(5)更容易安装三通管和附属物。

钢悬链立管的安装步骤可以分为两道流程,分别是立管建造和近海组装,以及将立管从铺管船运到平台作业位置。

对于第一道流程,立管管线在焊接地点首尾焊接,这个和S型铺设的焊接很类似,如图33-36所示。立管被系统地铺放以顺应建造工序的要求,每天2.3米(S型铺设的一半)的安装速度是关注的焦点。用这种方法安装的最大直径是32英寸,但是没有管壁厚的限制。立管从过度弯曲到垂向弯曲位置的水下重力是通过张紧装置来支撑的。图33-37显示了S型铺设驳船的完整原理图。图33-38所示为张紧装置。

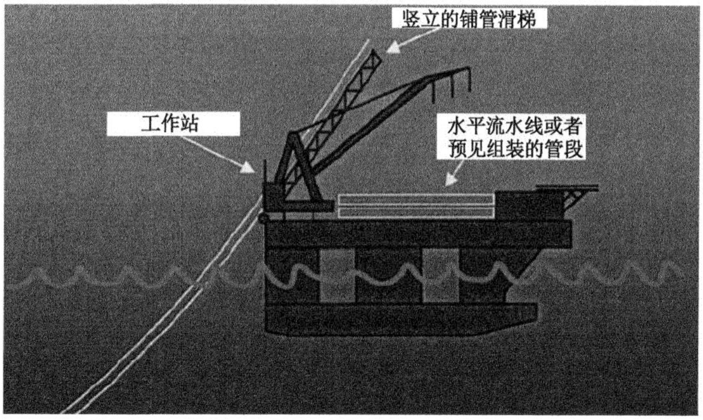

图33-36 立管的离岸建造和安装

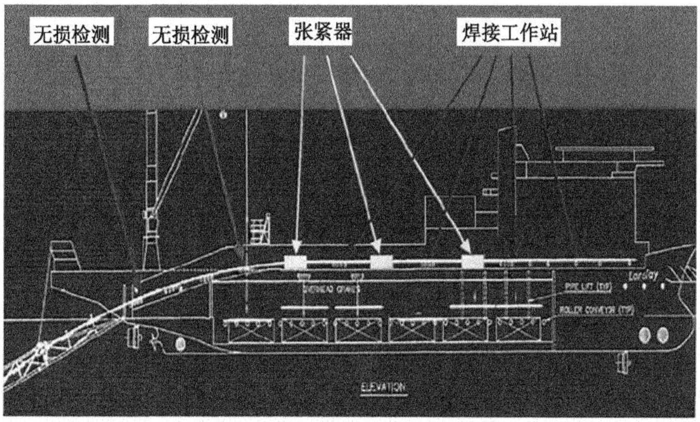

图33-37 S型铺设驳船的构造

图 33－38 张紧装置

钢悬链立管安装的第二道流程如图 33－39 所示。

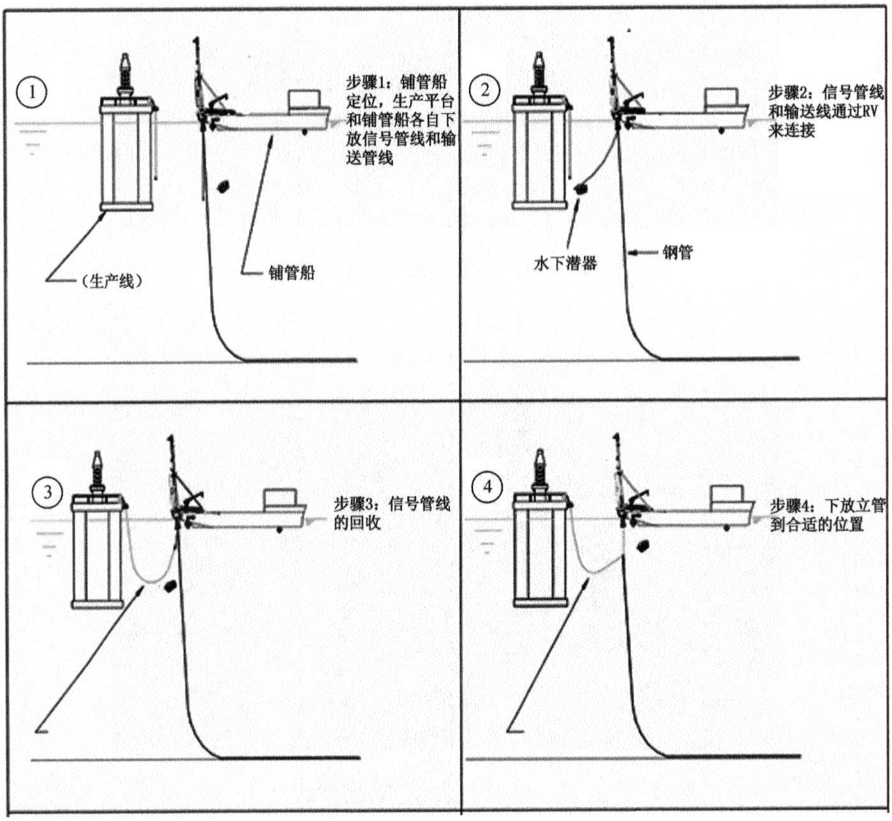

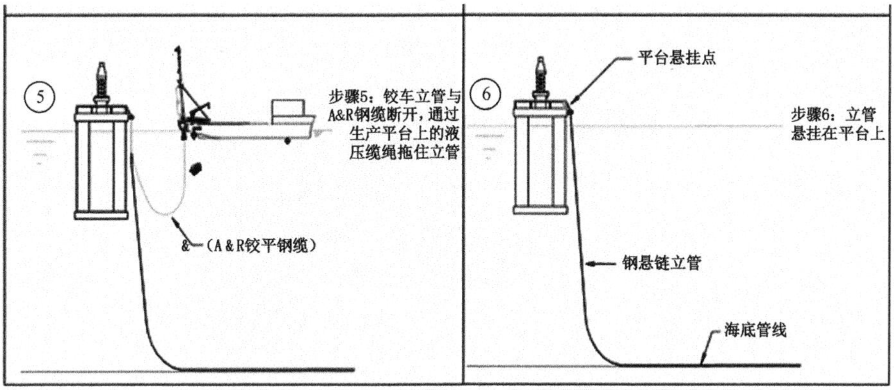

图33-39 运送到浮式生产平台系统（FPS）的钢悬链立管

33.16.3 悬挂装置要考虑的因素

悬挂系统是通过柔性接头（Flex joint）或者应力节（Stress joint）来连接钢悬链立管和离岸平台的系统。为了考虑连接系统，有许多必须确定的参数，如悬挂位置、间隔、悬挂角度、方位角以及在船体结构上的提升位置。

1. 悬挂位置

悬挂位置是悬挂点相对于浮体的位置，由立管设计者确定。设计者同时应考虑到检查、维护、修理和立管功能等因素。悬挂点的安装位置是由以下多种参数确定的：

（1）浮体类型　半潜平台、Spar平台、张力腿平台和浮式生产储油卸油轮。

（2）立管性能　在立管设计中立管运动是关键的因素。

（3）便于安装　立管悬挂系统应该便于实现，以便于回收和更换。

（4）弹性　悬挂点是应力危险区域，应该具有足够的柔韧性来确保应力水平在允许范围内。

（5）检查、维护和修理（IMR）。

（6）更换程序和立管自身的安装程序很类似。

（7）运行功能。

目前大部分的深水钢悬链立管是在水下悬挂的，如半潜平台通常在它的浮筒位置悬挂钢悬链立管。图33-40显示了一个立管的悬挂位置。

2. 悬挂系统空间布置

悬挂系统空间布置是指布置悬挂立管的位置和间隔。然而，当存在很多立管时，浮体的主体结构、立管数量、水下装备的布局、立管功能（油田内部的和输出的）和立管干扰等因素都应该在设计立管间隔之前加以考虑。

图 33－40　立管悬挂位置

对于立管干扰来说，立管系统设计应该包括与其他立管、系泊线、张力腱、船体、海床和任何障碍物之间潜在干扰的评估或分析。在立管设计寿命的期间内都应考虑相互干扰的问题。

3. 方位角

方位角是立管和平台坐标系之间的角度。确定方位角时需要考虑下面的参数：

（1）立管数量；

（2）水下布局；

（3）立管相互干扰。

4. 悬挂角度

悬挂角度定义为平台中心线和立管之间的角度。悬挂角度是控制立管性能的重要参数之一，通常在 10° 到 15° 范围之内。确定悬挂角度的因素包括：

（1）立管的运动；

（2）着底后的立管方向、立管柔性接头和应力节的位置；

（3）有效载荷——作用于立管的外部载荷；

（4）立管间距，确保立管之间不会相互干扰。

5. 主船体结构上的高度

立管在主船体上的高度应该由悬挂系统来确定。在确定主船体上的升高位置时，应该考虑下面这些参数：

(1)安装;

(2)立管性能;

(3)立管位置(内部或外部);

(4)主船体结构设计。

33.16.4 其他的考虑因素

1. 检查和测试

这一部分与立管不同阶段的检查和鉴定有关,包括建造阶段、安装阶段和安装后的测试。

本章中涵盖的建造阶段包括管子和覆层的生产、建造、组装和立管管线的压力测试。安装阶段包括立管的线路测量、筹备、运输、在位现场安装。安装后处理阶段包括分类连续性的调查以及考虑损坏、失效和维修的问题。

(1)制造阶段的检查和测试

在立管管线的制造期间,必须要依据要求进行检查,还要进行必要的资格测试,对达到的规范有所记录。

(2)安装阶段的检查和测试

安装阶段的检查和测试包括安装前的线路测量、安装指南、安装程序、突发事件处理程序、检查、系统压力测试、最终测试和运行准备等。

(3)建造阶段之后检查的情况

对于立管结构的损坏、失效、老化或者安装部件的维修等都需要作出汇报并且有所记录,定期检查。所有必要的维修都要立即进行并且要符合要求。

(4)运行中的检查和勘察

运行阶段包括运行准备工作、检查、勘察、维护和修理。在运行期间,应该经常有计划地进行立管的检查和勘察,给出整体性评估中的立管真实运行情况。运行期间的检测可以根据结构可靠性方法进行计划和安排。

(5)对于超期利用结构的检测

对于在同一位置处超过最初设计寿命的立管,如果它们还在使用中,就需要接受额外的结构检查,目的是校核立管的真实运行状况。检测的范围取决于现有检查记录的完整性。从立管安装开始,任何改动、修理、替换或者设备的安装都要包括在这个报告里。立管的检查表可以根据系统重新资格认定或者系统重估体系,应用结构可靠性方法,综合过去的检查报告进行设计。

2. 清管要求

如果经营者要求立管清管,那么钢悬链立管就应该设计成可以进行清管的结构。浮动船体上的立管、应力节或柔性接头以及海床上的连接接头等都需要有相应设计,保证清洁和检测清管的通道顺畅。

3.采油树和油管悬挂系统

为了完成生产井口,引进了油管柱(Tubing String),它由一个油管悬挂器来支撑。悬挂器支撑着管材以及管子和覆层之间的环形密封剂。为了调节通过管子和环面的流量,水下采油树被安装在井口位置。水下采油树是一个远程控制阀门,用以控制流向、流量和中断流动。

33.16.5 敏感性分析考虑的因素

需要评估的关键灵敏度因素包括海流、海浪、抑制器长度、海床土壤硬度、柔性接头刚度和船体幅值响应算子。海况条件、柔性接头刚度、船体运动和管线重力等参数在整个工程中由于外部因素的变化可能会发生改变。因此,为了解这些关键输入数据变化而进行的敏感性分析是较有价值的。

33.17 增加疲劳寿命的方法

对于超深水钢悬链立管工程,为减缓船舶运动或者超深水涡激振动诱导立管疲劳相关的一些不确定性因素,可以进行如下选择:

(1)优化船型以降低波浪作用引起的船体运动。这是被许多船体设计者采用的一个方案,其中半潜船型在桩柱几何形状方面有很多变化,如减小水线面面积来降低垂荡运动,或者沿着桩柱改变水线面面积来降低垂荡和纵摇运动。

(2)在服役寿命内,多次改变船体位置,以改变触地点位置并延长了钢悬链立管的疲劳损伤沿立管触地点区域其长度上的分布。

(3)海况预测模型的发展增加了在深水海流预测和特定位置深水海流测量的信心。

(4)与风险有关的完整性管理方案包括检查、监测、测试和分析。用以证明设计假设或者使用中涡激振动响应的直接测量是有效的。由于缺乏在半潜平台和 FPSO 上使用钢悬链立管的现场经验,涡激振动的监测是极其重要的。另外,海流数据和 VIV 预测工具的不确定性要求进行涡激振动诱导疲劳损伤的监测。

(5)涡激振动设计中更高安全系数的使用考虑了在海流数据和 VIV 响应预

测方面的不确定性。

33.18 双层管系统

33.18.1 功能要求

对于一些生产立管,要求绝热来避免水合物、蜡或石蜡的堆积。外部绝热材料的使用有时会影响立管的动态性能,因为它增加了拖曳力并降低了水中重力。通常应用双层管绝热技术来满足严格的绝热要求,同时以更重和更加耗费成本的结构形式来维持一个可接受的总体动态响应。

33.18.2 结构元件

双层管系统的内部和外部管系可以通过一定间距的隔离壁连接。隔离壁限制了相对膨胀,它可以把环面空间分成单独的隔间。隔离壁的使用对于管线来讲是一个很好的解决方案,但是对于动态钢悬链立管,必须要考虑高应力集中、局部疲劳损伤和局部热损失增加等的影响。也可以使用均匀的间隔器(扶正器),它允许内外管之间通过相对滑动保持对中性。依据工程的判断,在早期设计阶段的一些影响可以忽略,但是如果必要,必须给予相应的考虑。

下面列举的是单屏障(Single - barrier)钢悬链立管常见的一些影响:

(1)在安装期间可能会沿着钢悬链立管的残余曲率;

(2)由于较大的弯曲曲率导致的残余应力;

(3)两个管子之间残余的轴向力;

(4)内外管之间的连接,包括长度和扶正器的使用;

(5)立管末端的边界条件和初始条件;

(6)安装期间疲劳寿命的损耗;

(7)内外管的预加载荷;

(8)运行期间由于热膨胀和内压引起的轴向力和相对运动;

(9)泊松比对轴向应变的影响;

(10)由于扶正器的作用,包括震颤影响,在内外管上产生的局部应力;

(11)内外管间的摩擦影响；

(12)热应力和热循环影响；

(13)由于热效应和一般动态载荷引起的弯曲的校核(包括螺旋型弯曲)；

(14)土壤作用在外部管子上的力；

(15)内外压力对内外管的应力有不同的影响；

(16)在铺设方向反向的填充材料对于卷轴的影响应该加以评估,并且横截面的变形要达到最小;当它卷起来时,管子会发生屈服,并且和卷轴接触点位置是很柔软的；

(17)在卷起时,双层管扶正器对管子几何形状的影响；

(18)扶正器的磨损；

(19)涡激振动计算的合理性(如考虑阻尼)；

(20)任何电学加热对腐蚀速率的可能影响；

(21)损坏对于热学和结构性能的影响(如由于坠物撞击外部管系)。

双层管分析软件的能力应该经过仔细分析,因为目前可用的商业软件存在很大的区别。双层结构钢悬链立管可以模拟成一个单一的等值管(EP),这是一项新的技术,在许多分析的方面需要特别的注意。在总体等值管分析中,为了估计某一个管子内的载荷和应力,在设计的初期阶段采用应力扩大因子是可以接受的。然而,因子是随着具体情况改变的,考虑其不确定性十分重要。最终,还需要进行双层管校核的完整分析。

在双层结构钢悬链立管的分析中,两个有用的参考是 Gopalkrishnan, et al. (1998),以及 Bell 和 Daly (2001)。Gopalkrishna 说明了在简化的等值管处理方法和完全双层管(PIP)分析之间巨大的差距,特别是它考虑了静应力情况。

33.18.3 强度设计标准

对于高温高压系统,可以应用下面的公式计算等效应变标准：

$$\varepsilon_p = \sqrt{2(\varepsilon_{pl}^2 + \varepsilon_{ph}^2 + \varepsilon_{pr}^2)/3} \tag{33-68}$$

式中 ε_p——等效塑性应变；

ε_{pl}——纵向塑性应变；

ε_{ph}——塑性环形应变；

ε_{pr}——径向塑性应变。

最大许用塑性应变累积应该根据精确的断裂力学理论进行计算。双层管系统中内层管的抗爆裂能力是由内压决定的,局部弯曲能力是根据外层管承受全部外压时进行评估的。

33.19 完整性监测与管理系统

33.19.1 监测系统

监测系统为强度和疲劳评定提供了对柔性接头角度、立管顶部张力和立管触地点应力的运行保障。

监测系统的参数如下:

(1)使用安装在船体底部浮筒上的声觉多普勒剖面仪(ADCP)测量沿水柱的海流轮廓,目的是监测顶部914 m(3 000 英尺)水柱的海流轮廓。声觉多普勒剖面仪安装在海床上以监测底部610 m(2 000 英尺)水柱的海流轮廓,而中部的ADCP 用于获取中部水柱的海流轮廓。

(2)为了监测柔性接头的旋转角,通常使用倾角罗盘来测量这个角度。

(3)为了监测顶部张力,一般使用传统的应变仪。

(4)为了监测触地点的立管应力水平,一般使用测量仪表和加速计。

33.19.2 应用监测数据进行的完整性管理

由监测系统参数收集的监测数据将会用于管理立管结构的完整性。这些数据可以用来确定可以接受的船体位置偏移,协助制订检测计划,校核设计工具以提高精确性,发现立管系统中由于破坏(不可预测的环境情况)引起的任何不正常现象以及进行结构整体性的再次评估。

33.20 成本估计

这一章节讨论对刚性立管材料等级的选择。

在离岸油气工业中采用的钢从碳钢到特殊钢有很多种类。应用的碳钢实例依据 API 规范有从 B 到 X70 的许多等级。应用的特殊钢的实例一般是双重结构形式。

在材料等级的选择上，需要考虑以下因素：

(1)成本；

(2)抗腐蚀影响的能力；

(3)质量要求；

(4)可焊接性能。

图 33－41　典型的钢悬链立管截面

钢的级别越高，单位质量的成本越贵。然而，随着生产高级钢成本的降低，工业界的大致趋势是使用这些更高级的钢材。但是，值得注意的是钢级别的选择已经成为关键的设计因素。图 33－41 显示了一个典型的钢悬链立管截面。

立管材料等级的选择对于如下各项的成本有一定的影响：

(1)立管的建造；

(2)立管的安装；

(3)立管的操作。

1. 建造

随着等级的提高，钢的成本也增加。但是，提高等级可以减小立管壁厚，相对于使用低级钢，高级钢可以降低总体建造成本。

2. 安装

高级钢的焊接比较困难，而且相对于低级钢而言，铺设速度也更低了。如果立管是以铺管船在深水中的最大铺设张力进行铺设，那么应用高级钢比较合适，因为管重力的降低会形成较低的铺设张力。一般来讲，使用低级钢制造的立管安装成本更低。

由于对焊接条件要求的提高及使用价格高昂的焊接材料等消耗品，使用高级钢成本会逐渐增加。

3. 操作

根据立管传输的不同液体，立管可能会承受：腐蚀(内部的)；内部侵蚀磨损；H_2S 引起的腐蚀。

在设计时，为了避免腐蚀缺陷，应该选择特殊的材料，或者应该修改操作程序来满足要求(如在设计和使用阶段，使用特有的化学腐蚀抑制剂避免腐蚀)。

第34章

顶端张力式立管

34.1 简　　介

顶端张力式立管(Top Tensioned Risers,TTR)通常用作动态浮动生产单元(FPU)和海底水下系统之间的沟通管道,常见的动态浮动生产单元有如图34-1所示的Spar平台和张力腿平台(TLP)等干采油树生产设施。

顶端张力式立管是一种独特的立管形式,它依靠能够提供超过本身表观重力的顶端张力器来保持稳定。顶端张力式立管通常用于TLP和Spar平台的干式采油树生产平台。顶端张力式立管一般设计为直接连接海底油气井的形式,井口通常位于平台上。这种类型的立管必须能够承受管道渗漏或者失效而引起的管道压力。目前,一共有四种典型的顶端张力式立管,分别是钻井立管、完井/修井立管、生产/注入立管和输出立管。表34-1显示了TTR的类型和一些参考规范。

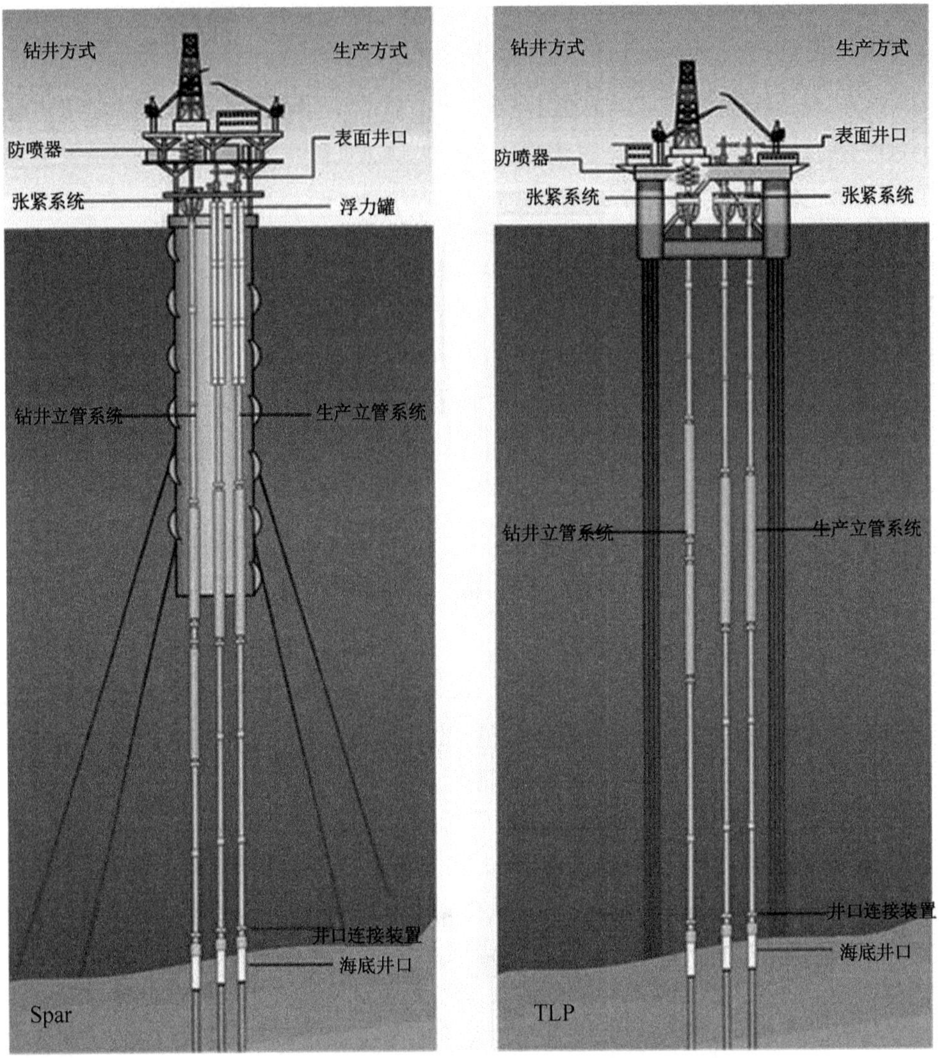

图 34－1　用于 Spar 平台和 TLP 平台的顶端张力式立管

（The Composite Catalog® of Oilfield Equipment Services, 2002/03, 第 45 版）

表 34－1　顶端张力式立管(TTR)类型

TTR 类型	应用	规范
钻井	1. 移动海底钻探单元(Mobile Offshore Drilling Unit, MODU)钻井立管 2. 水面井口平台钻井立管	API RP16Q API RP 2RD DNVOS－F201 DNVRP－F204 DNVRP－F202 DNVOSS－302
完井/修井	1. MODU 完井/修井立管 2. 水面井口平台完井/修井立管	API RP 17G API RP 2RD DNVOSS－302
生产/注入	1. 水面井口平台生产立管 2. 水下回接器	API RP 2RD API RP 1111 DNVRP－F204 DNVOSS－302
输出	表面井口运输立管	API RP 2RD API RP 1111 ASME B31. 4 ASME B31. 8 DNVOS－F201 DNVOSS－302

一般来讲,顶端张力式立管可以承担生产、注入、钻井和输出的功能,本章主要讲述的是顶端张力式立管的组成单元和设计分析等方面的内容。

下面简要介绍下钻井立管。

目前,深水钻井和修井工作由含接缝的钢管来完成。船舶或平台设备已经发展到可以在水深达 1 700 m 以上的区域进行工作,在深水环境下,与钻井工作相关的主要挑战源于浮力控制、减阻装置的应用等方面。

钻井立管在设计中需要考虑的主要因素如下:

(1)质量;

(2)顶端张力;

(3)成本;

(4)运行时间;

(5)涡激振动(VIV)等。

深水钻井的两个关键内容是立管质量的确定和立管工作状态的控制。为了降低立管质量,需要考虑许多新型的材料。一些复合材料构成的立管已经在实际工程中加以应用。一种组合连接钻井接头也已经得到测试,并且准备应用在墨西哥湾的近海试验中。

合成泡沫材料可以用来为顶端张力式立管提供浮力,从而降低顶端张力,但是从材料的获得和运营时间角度来说比较昂贵。而且,合成泡沫可能增加阻力直径以及涡激振动(VIV)疲劳,这一点尤其需要注意。钻井立管的实际使用寿命都只有短短数年,由于考虑到疲劳方面的影响,钻井立管在每次布放时都需要进行比较频繁的检测。

34.2 顶端张力式立管系统

34.2.1 概述

在干式采油树生产开发系统中,顶端张力式立管负责连接水下井口和水面生产设施,它的路径一般是从海底向上伸出,穿过船体或平台龙骨,最后到达水面上生产甲板附近的某一点。

张力腿平台(TLP)的张紧系统一般由四个或者更多个安装在甲板上的液压气动张紧轮组组成,它们通过位于表面防喷器(Surface - BOP)下方的张紧器接头上的承载环(Load Ring)给立管提供接近恒定的张力。目前,一种新式的混合蓄压气缸已经应用于许多现有的深水 TLP 平台(如 Mars、Ram - Powell 和 Ursa 等 TLP 平台)上,这一类张紧器的主要特点是能够降低甲板载荷,改进每个气缸的操作。

传统的 Spar 平台张紧系统包含一个空气罐浮力系统,它由一个主干和通过机械接头连接的气罐分段组成,并且通过每个立管槽进行壳体定位并集中于中心井处。空气罐系统提供很大一部分张力用于支持立管的外部壳体和内部结构的重力。在空气罐系统的制造中,合成材料的使用可以降低整个系统的重力,体现出更明显的优势。对于应用于2 134 m(7 000 ft)水深的立管,其气缸系统总长度可能超过 76 m(250 ft),具体长度值取决于它的功能要求和期望得到的名义顶端张力系数。

这里,需要着重强调一下顶端张力的重要性。尽管 TLP 平台和 Spar 平台立管张紧系统的结构特征有很大不同,但是它们都要利用顶端张力来支撑立管重力。在 TLP 平台上,顶端张力可以借助张力环实现局部载荷转移的方式来施加;在 Spar 平台上,顶端张力则通过立管顶部节点上的分布力来施加。对于立管设计要求中的名义顶端张力,它的影响因素通常包括立管的偏斜,立管间的干扰,以及在预期寿命内降低涡激振动(VIV)诱导疲劳的需要等。若要减少顶端张力,一般可在保障必需的张力的条件下,降低立管重力或者增加系统可用阻尼。若要减少涡激振动的影响,首先,可以通过调整合成材料固有的结构阻尼来进行一定的减缓。再者,可以根据需要,增设涡激振动抑制装置,或者增加顶端张力来限制涡激振动引起的疲劳损伤。当然,涡激振动抑制系统的使用会增加成本和安装难度。而顶端张力的增加除了会导致立管基座处和井口系统载荷的增加,还会增加平台的载荷。

另外,对于 Spar 平台立管系统,还可以根据需要适量增加浮力罐的数量。增加的浮力罐需要安装在 Spar 平台根部附近,因为在那里承受着增加的静水外压,对改善顶端张力更为有效。在 TLP 和 Spar 平台上,还可以扩大立管之间的间隔以避免碰撞或者给浮力罐备好预留空间。不过,在极端情况下,限定的立管间隔可能会限制用于平台上的顶端张力式立管数量。所以,在设计中一定要注意可能影响海底布井的因素,一般说来,这些因素具体包括:立管间的干扰、补充钻井、井口数量和海流方向性等。

34.2.2 顶端张力式立管的布局和组装

顶端张力式立管是一根很长的、柔性的、圆柱形管道,通常用于连接海底井口以及浮式平台。顶端张力式立管在顶端施加张力来维持立管顶部和底部在环境载荷下的弯曲所形成的角度。顶端张力式立管的布局通常是成组的矩形或者圆形。

图 34 -2 展示了一个典型的顶端张力式立管系统布局图。

图 34 -3 展示了一个用于 TLP 平台的典型的顶端张力式立管的组装图。顶端张力式立管的构造取决于立管的功能和所选择的隔板(单一或者双重)数量。一般情况下,顶端张力式立管构造包括如下部分:

(1)管段。主体结构是由刚性管段部分组成的,这一结构是由钢、钛、铝或者复合材料组成,但以钢材料为主。

(2)连接器。相邻的立管管段通过连接器连接,连接器的形式有螺纹式、法兰式、爪式、夹子式、箱体式和销子式等。

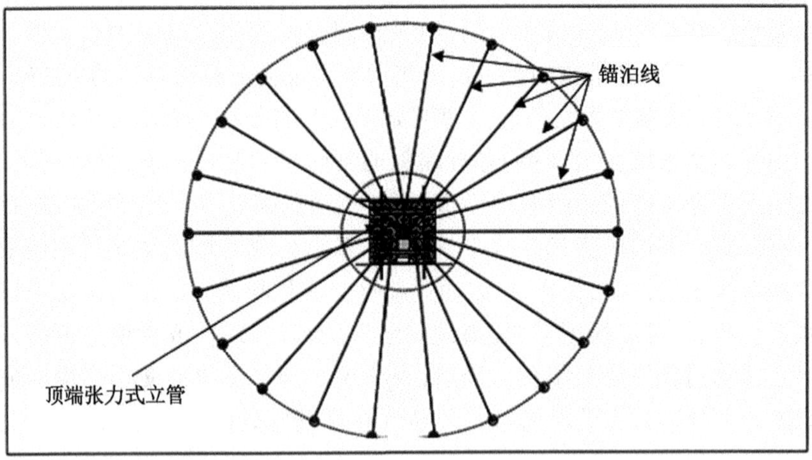

图 34－2　典型顶端张力式立管系统布局图

（3）张紧系统。立管通过张紧系统支撑，如：传统的液压张紧器、气缸、修理和维护（RAM）张紧器、张紧器平台和平衡物。

图 34－4 展示了用于 Spar 平台的基于浮力罐的顶端张力式立管。浮力罐系统已经在下面的 Spar 工程实例中得以应用：

（4）1996 年，Oryx 平台的封口型浮力罐；

（5）1999 年，Genesis 平台的非整体性浮力罐（Non－Integral Buoyancy Cans），使用钻井架安装；

（6）2000 年，Hoover 平台的整体性浮力罐，使用重型起重船和钻井架安装；

（7）2002 年，Horn Mountain 平台的整体性浮力罐，带有顺应引导器（Complaint Guides）和“U”型管。

浮力罐减弱了立管的垂向运动与船体的耦合作用，并且能够在船厂进行建造。不过，它的安装需要有重型起重船或者为离岸安装特殊设计的钻井架才可以进行。另外，在风暴条件下，它存在较大的垂向运动，可能会在浮力罐和 Spar 中心井口之间产生横向载荷。这都是在使用浮力罐时需要注意的问题。

34.2.3　总体设计的考虑因素

在顶端张力式立管的设计中，为了防止立管失效，要考虑的因素包括：可接受的浮体运动，张紧系统的许用冲程，最大立管顶端张力，应力节和柔性接头的尺寸，龙骨接头的形式和尺寸，立管接头增加的长度，液体隔板、阀门和密封装置

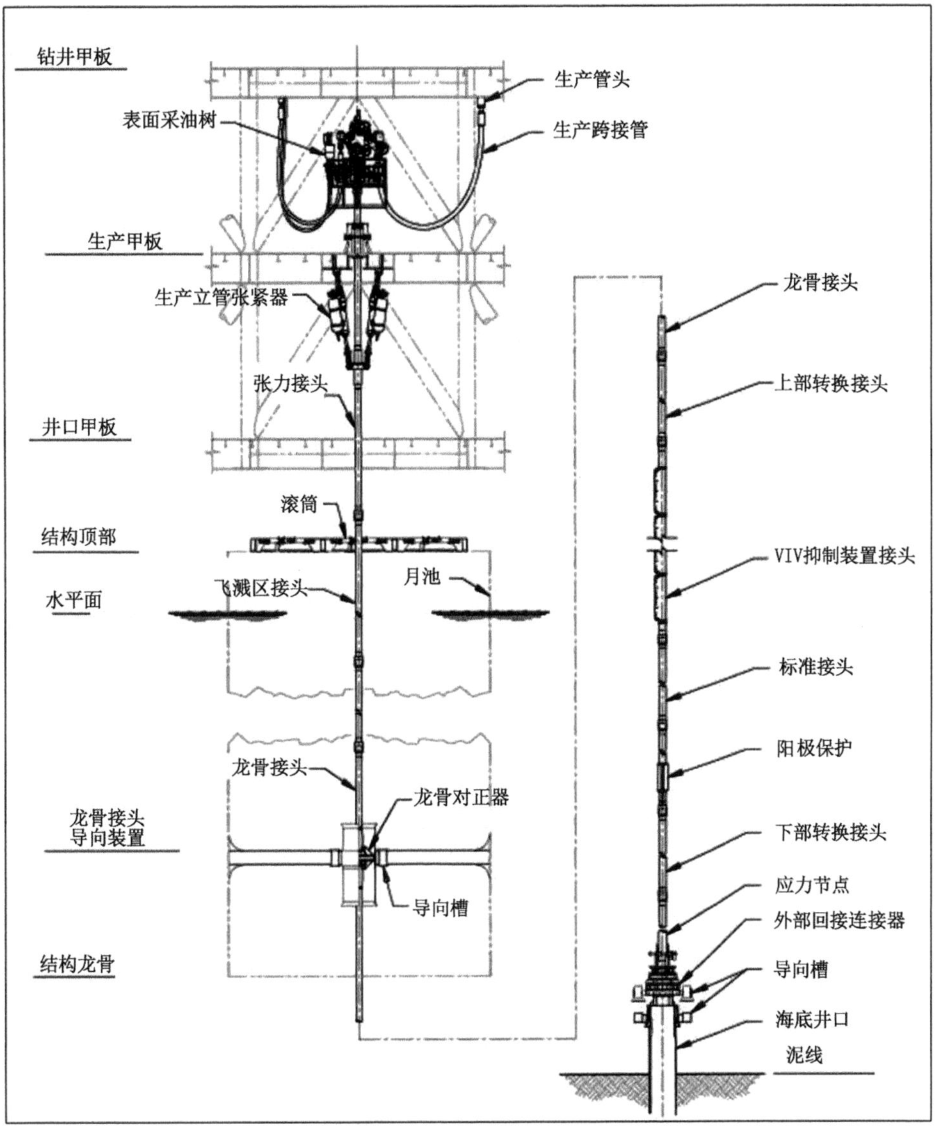

图 34－3　TLP 平台上的顶端张力式立管组装布局图（Jordan, et al. ,2004）

的安全理论和设计标准，海流作用下立管阵列之间的干扰和涡激振动，浮力罐和平台浮体之间的相互作用等。

设计中需要考虑的因素的具体内容会在下面章节进一步讨论。

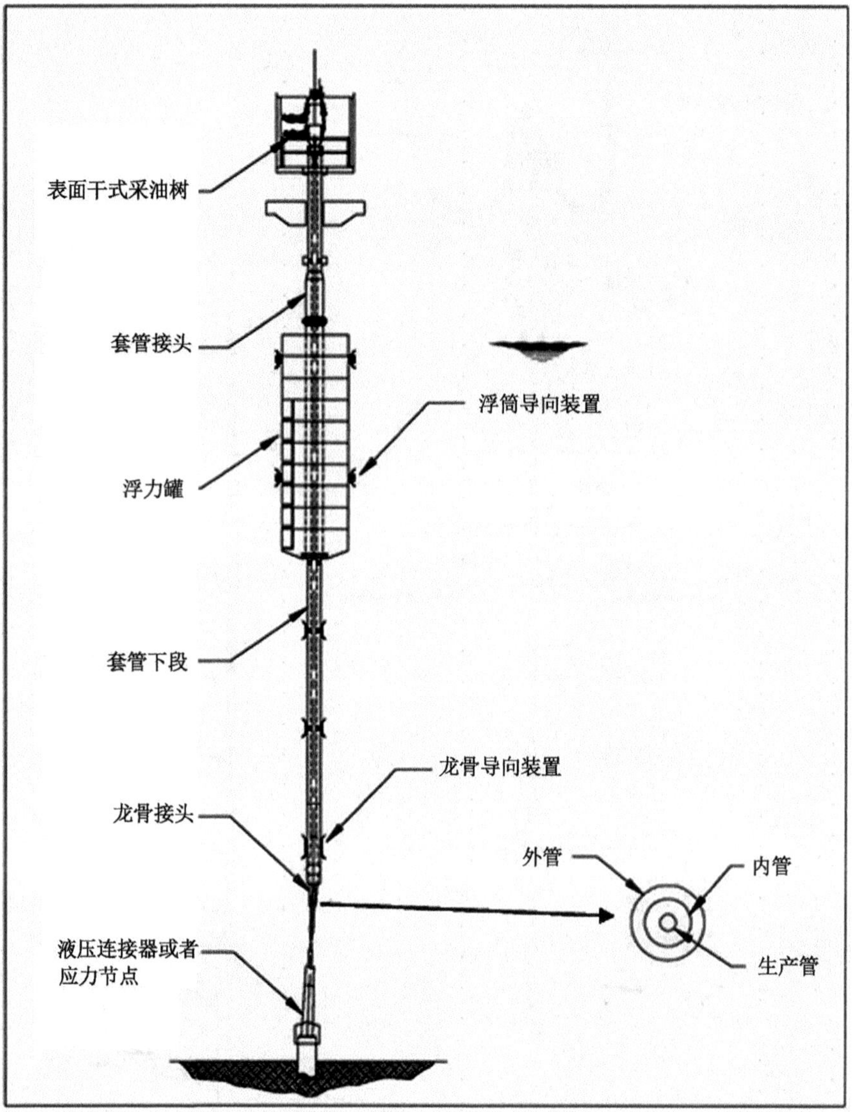

图 34－4　Spar 平台上顶端张力式立管的浮力罐布局图（Yu,et al. ,2004）

1. 浮式平台的水平运动

浮式平台的水平运动会在立管根部和顶部末端引起应力，具体发生在靠近应力接头、柔性接头和龙骨接头的位置。随着水深的增加，船体的运动对于海底附近的立管的影响会越来越小。然而，在某些局部流动条件下，较深水域的底部海流可能会在立管底部造成倾角和应力上的显著增加。

2. 海流引起的疲劳损伤和碰撞

在相邻立管之间,由海流引起的疲劳损伤和碰撞是超深水立管在设计中要考虑的一个要点。在进行立管系统设计时,要着重考虑立管的疲劳寿命,因此,散点图形式的海流数据是必备的重要数据。

3. 立管的顶端张力

在水深达到 1 500 ~2 000 m 位置时,立管的顶端张力的影响会尤为突出,对于立管的要求也变得更多。在这种情况下,相对于金属立管,由复合材料制成的立管系统具有更明显的优势,也更易于维护保养。在这个水深下,顶端张力式立管的结构必须要加以优化,主要目的是降低顶端张力,常见的方法有通过使用单层套管立管代替双层套管立管等。

4. 立管的需用张力

由于立管的张力必须支撑立管重力,防止底部的压缩,还要限制相邻立管之间的涡激振动损伤和碰撞,所以立管的需用张力随着水深的增加而提高。而同时,增加的张力也会影响到张紧系统的尺寸、浮力的要求、柔性接头及应力接头的尺寸等要素。目前工程界的趋势是在深水的区域,把顶端张力式立管的管节从 12 m 增加到 24 m,在控制需用张力的情况下还减少了安装时间。当然,在这种情况下必须要考虑到管节长度增加对操作和生产成本造成的影响。

在成本优化方面一个重要的问题是,通过合理的设计标准和分析步骤来避免过于保守的设计。立管设计的实践经验在一些推荐规范中都有体现,例如 API RP 2RD。

34.3 顶端张力式立管的组成部分

立管组成部分设计的目的,是确保包括连接器、浮力单元、涡激振动抑制器和支持系统在内的立管组分具有足够的结构强度、疲劳强度和在最恶劣载荷组合情况下的整体密封性,对立管系统组成成分需要进行详细的有限元分析来确保各部分状态良好。顶端张力式立管系统的部件会在下面的章节中具体讨论。

34.3.1 张紧系统

顶端张力式立管系统有两种张紧系统:浮力罐张紧系统和液压气动张紧

系统。

1. 浮力罐张紧系统

浮力罐张紧系统最适合于 Spar 平台。在 Spar 平台的立管系统中，浮力灌张紧系统包括一系列浮力罐的组合，它由密封柱轴(Airtight Stem)以及一个或者多个浮力罐组成。这些浮力罐可以是整体的，或者非整体的，或者说分段的，如图 34 - 5 所示。在分段设计中，单个的分段浮力罐连接成一组系列，其中，顶部罐要密封，底部则与海水连通。柱轴由顶部、中部和底部三部分组成。顶部柱轴连接到位于生产甲板的立管顶部；中部柱轴从平均水线下开始，到最底部浮力罐末端结束；底部柱轴罩在龙骨接头上，并且略微延伸到 Spar 平台龙骨下面，其延伸量会受到分舱破损引起的向上冲程的影响。

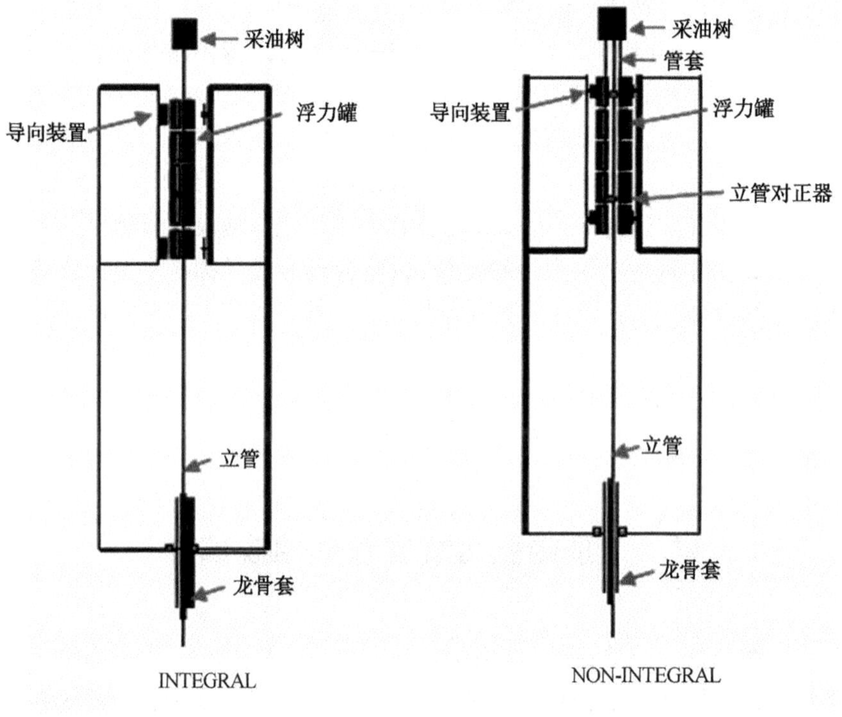

图 34 - 5　整体性和非整体性气罐系统

一般情况下，柱轴延伸量需要等于最大向上冲程加上 5 英寸。柱轴的通径由需要穿过它的设备尺寸决定。一般情况下，需要穿过柱轴内径的最大规格制品是回接器。例如，一个 36 英寸的柱轴能够容纳特有的回接器，它会被安装在 10 ~ 14 英寸直径的空气罐的中心处。在一个典型的气罐系统中，每一个气罐都会由舱壁分成许多单独的舱室。分舱的目的，是通过把失效舱室从余下的完整舱室中分离出来，把个别舱室破损后导致的后果降到最低。

为了实现张紧系统的最佳效率，浮力罐直径需要尽量大，而总的浮力罐的数量需要尽量少。这样便会减少连接器的数量，而同时增加单个浮力罐的长度。但是，直径的增加需要更厚的外壳，或者处理更加密集的环形加强筋，因而产生沉重的内部机构。浮力罐直径的增加也会导致不同井口之间距离的增大和潜在的船体或平台构架结构的增大。在其他方面，如运输、安装和运营期间的维护等问题，也都需要平衡不同浮力罐长度导致的成本和效率问题。

在浮力罐的设计中，还要考虑密封或非密封的选择。密封式浮力罐能够消除立管冲程时气体压缩引起的浮力损失，这也有利于减小冲程。立管冲程的减小可以减少所需的甲板升高的高度，并且对平台总体尺寸有积极影响。不过，密封式浮力罐也需要认真地设计，因为在这种情况下，浮力灌的外壳必须能够承受足够的静水压力，对壁厚也就有了更高的要求。

由空气压缩引起的浮力损失在水面附近最为严重，在浮力灌串列的顶部设置密封式浮力罐消除这种损失是最有效的。对于非密封式浮力罐，静水压力是可以忽略的。

在浮力罐系统中使用复合材料可以减小浮力灌自重，使其以更短的长度和更小的直径提供更高的净升力。而且，由于可以使用光纤对疲劳临界区域提供在线监测，提高了整个系统的可靠性。此外，分段复合浮力罐的应用使得各部分重力明显变轻了，其总重力恰好在平台起重船所能达到的提升能力范围之内，由此也省去了在安装中使用重型起重船。

2. 液压气动张紧系统

液压气动张紧系统较适用于 TLP 平台。TLP 张紧系统由安装在甲板上的四个或者多个张紧轮组构成，通过连接表面防喷器(BOP)下的张紧轮接头上的集索圈给立管施加近于恒定的张力。张紧轮组由一系列液压气缸组成，这些气缸带有控制液压流体的蓄压容器。复合式蓄压瓶已经在早期的一些 TLP 平台上得到了应用，包括 Mars，Ram - Powell 和 Ursa 等 TLP 平台。图 34 - 6 所示为 TLP 平台上的液压气动张紧系统。

这些压力容器的容量范围在12 000 $in^3$①到 24 000 in^3 之间，依据 ASME 规范，它们具有特定的几何尺寸，如：外径 17 ~ 20 in，长度 80 ~ 120 in，质量 145 ~ 363 kg。此类压力容器能够保证在 3 000 psi② 的运行压力下（爆炸压力

① $1\ in^3 = 16.387\ 064 \times 10^{-6}\ m^3$

② psi = 1b/in^2

图 34-6 TLP 平台上的液压气动张紧系统

>15 000 psi)服务 35 年。这些特定的压力容器由覆盖在高密度聚乙烯(HDPE)内衬上的碳/硫-玻璃纤维环氧树脂复合材料(Carbon/S-Glass Fibre Epoxy Composite)和 316L 不锈钢材料制成的轴筒构成。现今有超过 200 个不同尺寸的蓄压瓶在各式各样的深水设施中使用,其中一些的无故障使用期已经超过了 8 年。这些复合材料容器的质量是等效钢制容器的 1/3,而复合材料的成本比钢制容器还要低。目前,复合材料容器的预计成本是每个容器 4 500 美元/天。

如果 ASME(美国机械工程师协会)的规范能够考虑使用持久强度好的碳复合材料,而不是依据持久强度较差的 E 级玻璃复合材料指定的安全系数,压力容器的成本还可以大幅度地降低。在设计张紧器系统时,对于碳复合材料,建议设定安全系数为 2 到 3。

34.3.2 浮力系统

在水深超过 610 m(2 000 ft)的情况下,浮力系统需要提供向上的提升力来降低顶端张力的需求,防止立管中应力过大,同时降低防喷器(BOP)在布置和收回时的挂吊载荷。在深水立管系统中,合成泡沫和空气罐浮力系统可以单独或者组合使用,以提供立管系统需要的升力。图 34-7 所示为典型的浮力舱单元。

随着水深的增加,合成泡沫材料浮力系统效率会逐渐降低,为了抵抗更高的静水压力,合成泡沫需要做得更加结实和紧密。为了达到所需的提升力,需要在材料中使用更多的泡沫,但是成本也会相应地增加。

图 34－7　典型的浮力舱单元

空气罐浮力系统在布置的时候是充满空气的，随着水深的增加，压缩空气量也需要增加，也就要求更强的空气压缩系统。在空气压缩的过程中，空气密度的变化是必须要考虑的，它会随着静水压力的增加而增加。

空气罐浮力系统也可能会带有排气功能，可以通过向海水中释放气体来控制立管的浮力。这对于在深水中控制悬挂立管的响应很有用且很有必要。

34.3.3　回接连接器

回接连接器（Tie-back Connector）和锥形应力节（Tapered Stress Joint，TSJ）用于生产立管和完井之间的海底连接。回接连接器和锥形应力节可以作为整体部件来生产，以形成一个完整的末端连接组合。

回接连接器的设计中，必须要保证能够承受足够的压力、弯曲和张力载荷。压力完整性和疲劳寿命也必须能够承受在生产服务寿命内立管带来的动态力。

实际上，外部的回接连接器是一个具有内锁结构的装置，用来实现管道与水下井口的液体的连通，并能抵抗反力。回接连接器的结构适于降落在井口位置，其内部结构的一部分装有开口锁环，可以进入井口。进入井口的结构中装有可以相对于回接连接器移动的锁定激发单元，它有一个锁定位置，在该位置可以将锁环展开锁住，并施加以预载荷，同时与井口内部的锁定结构相互啮合。该激发单元还有一个解锁位置，可以将回接连接器从井口释放。一个或多个驱动部件可以从激发单元中伸出来，暴露在连接器主体和井口的外面，它们可以通过 ROV 或者其他类似的工具来操控。

34.3.4 龙骨接头

龙骨接头用于对外壳上的疲劳危险区域进行局部加强。龙骨接头是通过收缩配合的轮毂和滚球固定在柱轴的中心处的，而龙骨接头的两端则是通过法兰连接到立管上的。

由于船体运动和环境载荷作用，立管中的弯矩一般是通过安装在柱轴底部末端的龙骨接头以及柱轴和立管之间的一套对正器（Centralizer）来传递的。本节会着重讨论龙骨接头和茎秆结合处的分析方法，以及柱轴顶部的分析问题。

图 34－8 显示了用于 Matterhorn 顶端张力式立管系统的龙骨对正器和引导器。龙骨接头位于立管伸进船舶底部的位置。通过提供必要的额外壁厚来承担载荷的分布，龙骨接头可以避免由于船体运动而在立管上产生的较大的弯曲应力。

图 34－8　在船体龙骨引导器内的龙骨扶正器

（Jordan，et al.，2004）

在龙骨接头设计中，比较关键的几个设计因素包括：冲程、船体入口处的立管弯曲响应、接头与引导器结构之间的摩擦力和剪切力等。工程实践中的建议是，龙骨接头长度应该比许用的船体运动冲程大 50%。接头的横截面以及锥形截面的设计由设计环境工况和操作工况下的承载弯矩的要求来决定。

海水环境下，龙骨支撑的潜在摩擦影响可能很大，甚至可以影响龙骨接头外壳的设计。因此，在立管系统详细设计阶段，需要考虑龙骨接头和主引导器表面之间间歇的接触和摩擦。

疲劳问题也是不可忽略的一点。初步的龙骨接头疲劳分析可以使用 $S-N$ 曲线进行，其对应的应力集中系数(SCF)为 1.5。对于具体的工程实例，疲劳问题需要详细评估，并且要考虑龙骨接头设计的所有方面。

34.3.5　锥形应力节

锥形应力节(Tapered Stress Joint，TSJ)是一种特制的、带有锥形截面的立管接头，用来把弯曲载荷分布在一段可控的长度范围内，以控制弯曲应力在可接受的范围内。在干采油树生产立管系统中，安装锥形应力节的典型位置是在井口连接处，深吃水船舶龙骨接头的上部和下部。

锥形应力节是变壁厚的锻制管节，因此，锥形应力节的弯曲刚度随接头的长度而变化，继而使立管接头的弯曲应力沿着长度保持不变。

在设计寿命内，所有预期的载荷组合条件下需要承受的过度弯曲要求，决定了锥形应力节的厚度和长度。锥形应力节的设计长度也会受到加工制造等方面因素的限制，其较合理的长度应该在 18 m(60 ft)以内。如果必要的话，锥形应力节还可以通过增加节数来得到更长的长度。

在锥形应力节的总体设计分析中，关键的问题是极限响应和疲劳响应。一般要通过局部有限元分析方法来校核锥形应力节的设计，并确定在总体疲劳分析中需要使用的应力集中系数。一般来说，锥形应力节的危险区域在锥形应力节和连接器之间的结合处。在最坏情况的载荷条件下，位于井口界面处的锥形应力节位置会发生最大的角位移和张力。当海面的船体出现严重的偏移和运动并导致立管在极端的环境载荷下被冲离井口位置时，会发生最大的转角和张力。根据钻井的需要，当有必要增大船体位移时，需要增加锥形应力节的长度。锥形应力节和第一个标准立管接头之间的结合面是最危险的区域，有必要在这个接合面使用更厚的立管，以便尽可能地优化响应并限制锥形应力节的长度。

34.3.6　立管连接器

单个的立管单节是通过位于每一个管段末端的机械连接器，即立管连接器，组合在一起的。这个连接器可以连接或分离立管、传递载荷，并且为立管提供密封性。

最常用的立管连接器包括:

(1)螺纹或者沟槽连接器,通过扭矩或者径向过盈装配;

(2)法兰连接器,如美国国家标准协会法兰(Standard ANSI Flange),见图34-9;

(3)紧凑式法兰连接器;

(4)挡块式连接器,在公头和母头之间使用径向楔固定,见图34-10;

(5)箍式连接器,它是通过插销组装的。

图34-9 法兰式连接器

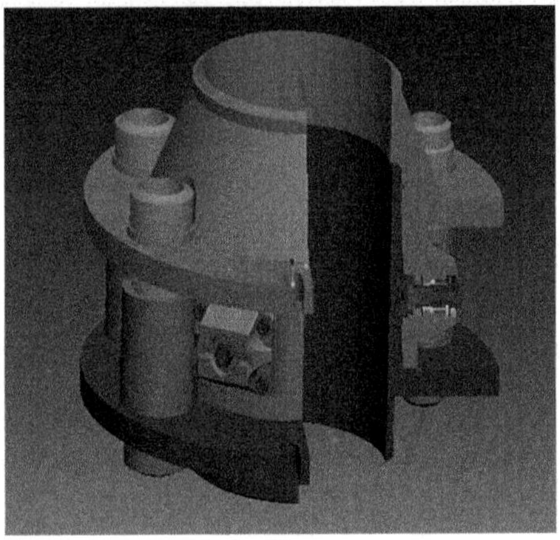

图34-10 挡块式连接器

为了改善立管的多种响应,浮力调整和立管连接器的布置可以是多种形式的。在布置立管时,需要考虑的关键因素如下:

(1)立管的曲率 在立管弯曲的位置,如果海流和波浪载荷较大,则避免使用浮力接头,这样可以降低柔性接头的弯曲角度。

(2)涡激振动(VIV) 增大浮力或增加连接器数可以降低涡激振动引起的疲劳损伤。

(3)悬挂 保持浮力管节位于波浪区的下面以减小立管上的横向载荷,在立管底部使用滑动接头增加张紧力,这些措施都可以改善立管在悬挂状态下的极限状态。

(4)安装和回收 当立管进入波浪区的时候,控制好立管的浮力,降低立管的横向载荷。

图34-11所示是在印度尼西亚的West Seno油田使用的高疲劳接头钻井和生产立管系统。

图34－11 在印度尼西亚的West Seno油田使用的
高疲劳接头钻井和生产立管系统（Utt,et al. ,2004）

法兰连接的设计目前已经基本实现了标准化。螺纹式连接器使用螺纹接头连接各个立管,省去了焊接的步骤。截止到目前,已经证实螺纹连接在深水中是一种可靠的连接方式。这项技术已经应用在了墨西哥湾的TLP平台和Spar平台上。

到目前为止,在顶端张力式立管系统中,已经应用了多种专用的连接器。在选择这些连接器类型时,要考虑以下的因素:

(1)生产还是钻井应用类别(单用途还是多用途)。

(2)内部还是外部立管(对双套管结构而言)。

(3)暴露在水中的情况。

(4)可用空间(对内部立管而言)。

(5)立管连接器的材料(要考虑高强度钢的焊接问题)。

(6)飞溅区的要求。

(7)过去使用的连接器的经验或者历史记录。

(8)载荷(极限轴向力、压力和弯曲载荷)。

(9)疲劳特性(应力集中系数SCF和$S-N$曲线)。

(10)密封方法和持续能力。

(11)立管安装和运行的要求。

目前标准规范中推荐的立管连接器使用要求:

(1)双层生产立管的内层结构　一般采用110级钢连接器，它的末端是加厚的，并且使用一体式螺纹连接器(没有焊接)。一些情况下，连接器会安装到非加厚的普通立管上。

(2)外套结构(单一成分或双套管生产立管)　一般使用X80级别的焊接式的钢连接器。

(3)钻井立管　一般是X80级别的标准钢制法兰，或者专用的法兰连接器。

连接器的选择对于钻井立管来说尤为重要，连接器必须可以在多种工况下组装或断开。目前来说，在双层管钻井立管中，尽管螺纹连接在内层管连接上使用得非常普遍，法兰式连接仍然是更优的选择。

1. 功能要求

在可靠的模式下，立管连接器允许有多种结构和断开方式。立管连接器还应允许半接头之间的可交换性，以便保证立管单节在不同装配顺序下都能够正常运行。

整个立管结构的外部应该保证设备有较好的通过性，这些设备包括引导架结构和用于立管安装、回收、检查和维护的专门工具。

立管管线和各组件都应该布置一定的内部清洗孔道，在必要的时候能够使清洗组件轻松地进入井口位置，进行清管和维护工作。

对于永久性固定的立管，在接头或连接部位应该提供可以连接阳极附加装置(手镯状阳极)的条件。立管上与电气有关的连接应该采用焊接形式，或采用其他的一些可靠的方法，但必须保证处于低应力状态。

2. 密封

连接件与其配合部分之间应该是密封的，配合的部分应该与通过立管的流体相匹配。封口必须保证能够在内外载荷作用下保持完整性。封口的设计可以是整体性或者非整体性的。整体性密封内置于连接器，并且不可替换。而非整体性密封使用的是单独的密封元件，这些元件是可以被替换和拆除的。

立管连接器的密封必须在静态下完成，比如，应该在彼此没有或者只存在很小相对运动的接口之间进行密封，这有利于保证密封处良好的工作性能。

对于连接器与立管部件之间的密封设计工作，应该考虑到外部压力的作用，还应该考虑导致外部载荷和内压频繁变化的运行条件，如果这些条件与外部压力组合起来的话，可能导致在密封处频繁的反向压力作用。因此在密封设计中，所有的工作条件(如试运行、测试、开始运转、温度、操作等)都应该加以考虑。

就像连接管线一样，浸泡在内部液体中的密封环也应该考虑内部腐蚀的问题，而且要选择兼容性好的材料。因此，在真实的环境条件下，封口和封口表面都需经过防腐蚀设计。

在立管连接器上，金属与金属之间的密封是最常见的密封形式。而对于那些没有采用金属与金属密封形式的固定立管，应该增加一部分额外的密封。

对于输送可燃液体、高压和腐蚀性液体的情况，应该使用可靠性较高的密封形式。密封形式的选择还要考虑使用寿命、所处的化学环境和温度条件以及压力和允许的相对位移条件等。

循环载荷作用下的连接器应该采用非承载式密封（Non - load - carrying Seal），这样做可以保持高度可靠的防渗漏性能。

连接器和密封口，包括任何螺栓预紧形式，都应该作为一个整体系统来确定其密封性能。因为连接器对密封也会产生影响，这些影响来自公头和母头连接器的扭矩、螺栓支撑能力以及预紧力等。

3. 局部分析

对于连接件和其他的结构零件应该进行局部有限元分析，这些零件包括井口模块、锥形接头、张力接头、柔性或球形接头、滑动接头以及复杂的立管截面（多层管结构）。在局部分析中使用的载荷和边界条件需要从整体分析中获取。

在强度、泄漏和疲劳的有限元分析中，要应用最不利条件下的容许裕度来进行计算。在疲劳分析中，最重要的因素是应力集中系数（SCF）。应力集中点是结构发生疲劳断裂的根源，因此，利用最不利条件下的容许裕度来计算应力集中系数对于得到连接器的疲劳寿命是很有必要的。

34.3.7 张力接头和张力环

接头本身应该保证生产和环形钻孔的连续性。接头的上部末端要能够连接到圣诞树（Christmas tree）或者立管短节，而且底部末端应该能连接上一个标准的立管单节。张力节顶部和圣诞树之间的连接通常是用法兰短节连接的形式。法兰短节的长度选择要考虑到设备需要达到的总的层叠高度。在张力接头的设计中，应该使其在所有可预见的设计条件下，能够将需要的张紧力传递到生产立管的顶端。

张力环通常是螺旋形的，以便在安装时能够做出适当的调整。张力环要设计成适合钻井张紧轮系统的形式，还要和很多的张紧线匹配。同时要有大量的吊眼（padeyes）来满足钻机张紧轮调整的需要，最终达到尽可能降低立管管体扭矩的目的。另外，也可以在结构中使用可旋转的环体消除扭矩的影响。每一个吊眼的尺寸都要足够大，使得它能够承受需要的张紧力和其他相关的连接件的作用力。

在张力接头的设计中，要使接头能够承受至少一个张紧器失效时引起的非对称拉力。可以使用 Flexcom 等专业软件来进行张紧轮位置点的总体设计。张力环和张力接头接合处的设计还可以使用通用的分析软件,如 ANSYS 或者 ABAQUS 等。

34.3.8 油管/套管悬挂器

悬挂系统的作用是控制不同立管套管之间的载荷分布,以及实现载荷从张紧装置向立管各部件的传递,如图 34-12 所示。油管/套管悬挂器的设计因素与标准立管接头/连接器的设计因素类似。

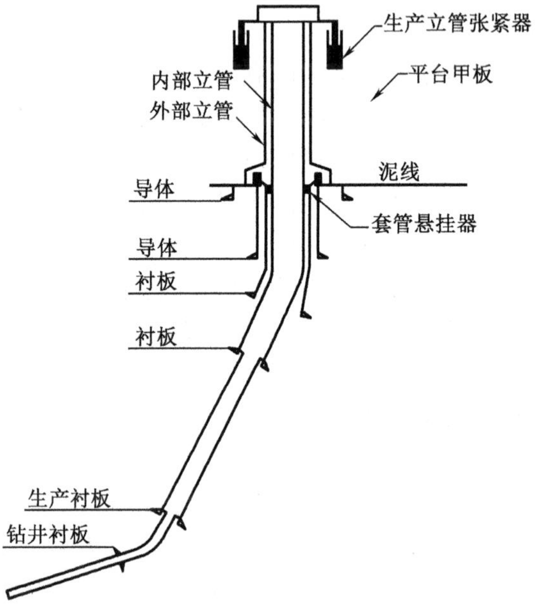

图 34-12　一个水平井口套管悬挂器的布局图（Yu,et al. ,2004）

在考虑了温度和压力的影响情况下,悬挂器设计的关键问题就在于它在油管和/或者内部套管上产生要求的预紧力的能力,对于大部分情况,在套管设计中,由双层管的外管产生的所有轴向载荷都需要考虑进来。

悬挂器应该设计成简单并且易于安装的形式,所有的密封位置都要精心设计,确保连接处的整体完整性和压力/密封性。

在近期的一些工程中,出现了精确地考虑沿双层套管三个管型截面的载荷分布的情况,而其渐渐成为一种发展趋势,这就要求设计者能够列出所有可能的载荷情况,特别是沿着立管截面各种各样的热力学状态,因为热应力对载荷分布具有很大的影响，需要认真对待。

对于多重套管的立管，不要求所有的管都是正向的张力。然而，确保每一根管线都处于张紧状态具有以下的好处：

（1）提高螺纹连接件的疲劳寿命；

（2）降低泥浆管线附近的对正要求；

（3）多重管线的弯矩计算能够得到简化并且提高准确度。

34.3.9　分布式的浮力泡沫

在顶部分布的浮力泡沫是用来提供拉力的，并且它能够降低深水环境下立管接头的水下承载。典型的分布浮力系统包括多个浮力舱单元、合成纤维 Kevlar 带和止推环这几部分。这些浮力舱通常是以半壳体形式构成的，用皮带捆在立管接头上，它的止推环恰好安装在底部，也有的安在立管接头上下连接器顶部。

在浮力系统设计中，表面积和体积之比应该降到最小，目的是将渗水引起的损失浮力降到最低。而且，通常应该安装一个与浮力舱相匹配的外部保护层，它有助于减小渗水，并且对于安装前和安装过程中的一些正常操作引起的碰撞摩擦，它能够提供有效的保护。选择浮力舱的材料时，设计者要考虑到水深条件、化学条件、极端的温度条件以及寿命期间内遭遇的各种载荷。

设计止推环时，应该能够使它将浮力从系统传递到立管节点处，并且足以支撑系统在空气中的全部重力。制造每个壳体内部的结构时，都要考虑到各个管线、辅助管和立管夹持设备的布置问题。

最后，设计者在进行浮力舱的设计时需要确保在储存、处理、运输和安装过程中不会出现很棘手的难题。

34.4　设计、施工、安装和连接的要求

34.4.1　设计方面要求

包括立管管系、分界面、细节和部件在内的立管系统在设计的过程中应该遵循以下基本的设计原则：

(1)立管系统应该满足基础设计任务书中给出的功能和运行要求；

(2)设计时要确保一些无意识的情况不会升级成为重大的灾难；

(3)能够进行简单可靠的安装、回收,并且坚固耐用；

(4)方便进行检查、维护、更换和修理；

(5)立管的接头和各个部件必须能够在目前认可的技术条件下制造出来；

(6)结构细节方面的设计和材料选择应该考虑到尽量降低腐蚀、侵蚀和摩擦的影响；

(7)在切实可行的范围内,尽量保证立管的各个元件不会产生疲劳,对于不能依据这个规则设计的无效或者多余的元件,在设计阶段尽可能提早地把它们检查出来；

(8)设计时,要考虑为张力、应力、角度、振动、疲劳裂纹、摩擦、磨损、腐蚀等方面的监测提供便利。

34.4.2 施工方面的要求

管线系统应该依据相应推荐规范(RP)来建造。

由于是安装在海底,因此管线的建造需要细致地操作。安装系统也需要精心设计、执行和监督,以确保安全施工时立管系统的完整性。而且需要准备出详细的建造程序,在这个程序中,以下基本的安装变量的限制裕量也应该明确表示:

(1)管子张力；

(2)管线分离角；

(3)铺设作业和临时放弃时的水深；

(4)回收；

(5)结束性的工作。

施工程序应该反映出连续铺设作业的容许限度要求,对于管线的修正和临时放弃施工必备的限制条件,以及对于一些可能损伤需要额外检查的情况等。

33.4.3 安装方面的要求

金属立管可以用浮式生产系统(FPS)、浮式钻井装置、施工船(井架驳船)或者是借助牵引颠倒的方式来安装。

在这个阶段,需要有一个安全的立管布置操作流程图。

安装立管需要特殊的操作工具,利用这些工具可以方便地进行连接、提升、下放和立管的支撑工作。其他一些测定压力和检查的工具也需要同时使用以确保安装工作的顺利进行。

安装方法的选择应该考虑天气条件的影响,同时还需要考虑一些应急的操作程序,如中止安装和颠倒安装等。

33.4.4 安装过程

在这一节中,将会介绍一些传统的钻井立管安装方法,这些方法在 TTR 的安装中也有应用。

1. 张力腿平台(TLP)的顶端张力式立管(TTR)安装过程

(1)立管回接器和锥形应力节通过一个 V 型入口引入,沿着支架下降,其中应力节的上端放在支架上面。

(2)把下面的转换接头(X - over)连接到井架上,并把转换接头放在应力/锥形节上,然后把这些接头连接起来。

(3)将接头进行标准连接,最终达到要求的立管长度。

(4)安装 VIV 抑制器达到立管需要的长度。

(5)将顶部的转换接头和最后一个涡激振动(VIV)抑制器接头的上端连接在一起。

(6)顺次安装龙骨接头、飞溅区域接头和张紧轮接头。

(7)在生产甲板和飞溅区域接头之间安装液压气动张紧轮。

(8)调整液压气动张紧轮,使立管处于合适的张紧状态,如自然状态。

(9)完成生产跳接线和控制线的安装,以及采油树和生产立管张紧轮(PRT)之间的连接。

2. Spar 平台的顶端张力式立管(TTR)安装过程

(1)立管的安装是从起重机将液压连接器/应力接头和龙骨接头组件吊装到船上,倒置过来并且逐个悬挂到空置井槽位置开始的。

(2)一旦钻井架滑到井槽和吊索上端,并且连到回接器插头末端时,这些组件就会被放到十字架上。

(3)通过增加标准的立管接头的形式,达到龙骨接头安装所需要的恰当长度的要求。

(4)安装双锥形单球龙骨接头。

(5)安装 VIV 抑制器接头,此时立管接头应该安装在轮箍上。

(6)当达到需要的立管长度时,就开始制造波形接头同时缓慢放下管束,这一过程中 ROV 会辅助监测进程的执行并且帮助将液压连接器插入井口,然后 ROV 会通过一个液压热塞锁住连接器。最后,需要进行立管的过度拉伸和内部压力测试来校核连接器的完整性。

(7)当通过调节Spar压载达到合适的吃水状态时,就需要将立管拉伸到它的工作应力状态,可调整的立管支撑结构被调整到正浮位置,波形接头滑落,同时表面井口连接到着底环上。随着立管被慢慢放下,多余的波形接头长度就会被除去,同时密封口和管轴也安装完毕。一旦防喷器轴和表面防喷器连接起来,井下安装的准备工作就结束了。

(8)井下安装结束,生产和气体提升管安装完毕并悬挂在海底井口下面的密封垫上之后,双层管线连同控制/化学品注入脐带管线一起沿着立管向下延伸,并且顶部悬挂在表面井口处。最后,安装表面采油树,将它锁定在管轴和跳接出油管上,而脐带管将以平台为基础的各支线管路与控制设备连在一起。

(9)当井口投入生产时,立管的重力就会转移到浮力罐上,载荷的传递要求浮力罐排压水舱和Spar平台的压载水舱之间能够很好地相互配合。当载荷传递结束后,立管的可调整支撑结构就会被除掉,由浮力罐为生产立管提供完全的支撑和张紧力。

33.4.5 连接要求

顶端张力式立管(TTR)的连接一般称为悬挂系统。悬挂系统是一种提供支撑的方法,在风暴条件下,它能够为从平台中断开的立管提供支持,并且不会在立管中产生额外的应力。当环境条件超过立管的安全极限时,立管和水下钻井立管组件(LMRP)就会与防喷器(BOP)脱离,直到天气改善后,再重新将立管组件悬挂起来。脱离的立管可以悬挂在吊钩上、十字叉接头上、分流器罩壳上或者专门设计的横梁结构上。应该考虑升沉立管时的动态载荷以确保悬挂组件的强度足以承担由悬浮立管产生的轴向和横向载荷,同时这些载荷还不会对立管和船体造成破坏影响。

1. 悬挂位置

悬挂位置就是悬挂点相对于浮体的位置,是由很多因素决定的,首先就是浮体本身的类型,如半潜(SEMI),Spar,TLP或者FPSO。第二个因素是立管的性能,又叫做立管运动,这也是决定悬挂点位置和立管设计的关键因素,从安装、回收和修缮的角度来说,立管的悬挂应该是相对灵活的。因为悬挂点一直处于应力载荷下,因此应该具有足够的韧性。此外,设计者还应该考虑到立管的检查、维护、修理和立管的功能。

2. 悬挂的间距

悬挂间距是立管的空间布置问题,在确定间距时,有很多情况都是许多立管安装在同一个位置，这时就需要考虑很多因素才能确定悬挂间距，包括浮体的主体结构、立管数量、水下设备的布局、立管（油田内部的或者输出立管）的功能和立管的干扰等。

对于立管干扰，设计时应该包括对以下项目的评估和分析：与其他立管、锚泊线、张力腱、船体、海床以及其他障碍物之间可能存在的干扰，这些在设计寿命的所有阶段都应加以考虑，确保安全运行。

3. 方位角

方位角是立管和平台坐标系之间的夹角，由立管数量、水下设备布局和立管的干扰等因素决定。

4. 悬挂角度

悬挂角度定义为平台中心线和立管之间的角度。悬挂角度是控制立管性能的最重要参数之一。悬挂角度通常在10°～15°范围之内。确定悬挂角度的因素是：

（1）立管性能　立管的运动；

（2）着底后的立管方向　立管柔性接头和应力节的位置；

（3）有效载荷　作用于立管的外部载荷；

（4）立管相互干扰　立管间距以确保立管不会相互之间干扰。

5. 主船体结构上的升高（elevation location）位置

主船体上的升高应该由悬挂系统来确定。在确定主船体上的升高位置时，应该考虑以下参数：

（1）安装；

（2）立管性能；

（3）立管位置（内部和外部）；

（4）主船体结构设计。

34.5　立管连接器设计

立管连接器的设计应该能够确保蓄积的水/液体不会干扰它的安装或者运行。

连接器的强度应该足以承受设计载荷和变形的影响而不会超过它的设计极限，这些变形通常是由制造/破裂、管子主体结构上的外载荷、热梯度以及内外压力载荷引起的,所有相关的限制因素都应该在设计中考虑周全。

在强度、疲劳、渗漏和防火性能上,连接器至少要设计成与管子或者焊缝具有相同的级别,以确保结构的完整性。

对于那些在腐蚀环境下工作的连接器,设计时需要采取一些补偿措施,可以通过在节点处采取一些可以接受的腐蚀控制方式来设计连接器,或者给连接器添加一个有防腐蚀材料的涂层。这些都可以在一定程度上降低腐蚀。

在设计连接器和各个组件时,制造者应该对下面的载荷参数/条件加以考虑和记录:

(1)组装载荷,也就是连接器之间进行组装时的装配载荷;

(2)内外压力,包括测试压力以及海水、泥浆和其他媒介产生的压力;

(3)立管不同水深截面上的弯矩和有效张力;

(4)循环载荷,也叫做立管不同水深截面上的循环应力;

(5)热应力影响(蓄积的流体/水、异种金属)和热瞬态;

(6)安全装置的断开载荷,即突发性事故发生时的载荷。

在极限状态(ULS)和偶然的极限状态(ALS)需要考虑的问题包括(但是不限于)下面各项:

(1)局部弯曲,即局部结构的挠曲变形;

(2)不稳定的裂痕和过度屈服;

(3)密封性,即连接器防止液体或者气体渗漏的紧密性;

(4)某个连接器的螺纹脱离(带有螺纹的连接器);

(5)滑动件之间的黏合效应,即一些部件之间的滑动摩擦。

诸如变形、偏斜、最后阶段的损坏等现象,这些都不利于立管的正常使用,因此需要在使用极限状态(SLS)考虑这些因素的影响。

34.6 设计阶段的分析

在设计顶端张力式立管之前,为确保设计满足标准,需要进行如下的分析工作:

(1)顶端张力因数的分析;

(2)管子尺寸大小的分析;

(3)张紧系统尺寸的分析;

(4)冲程分析;
(5)立管涡激振动引起的疲劳分析;
(6)干扰分析;
(7)强度分析;
(8)疲劳分析。

34.6.1 顶端张力因数的分析(TTF)

顶端张力因数(TTF) = 立管顶端张力/立管湿重

一般 TTF 值取在 1.2 ~ 1.6 之间,以下因素决定 TTF 值的选择:
(1)相互干扰,即相邻立管之间的影响;
(2)立管的涡激振动;
(3)立管材料的强度;
(4)受损状态,需要考虑不同的张紧轮类型和浮体类型。

34.6.2 管子尺寸的分析

这里提到了两种类型的管子,分别是生产立管和立管套管束。第一种类型的管子必须满足井口预期流量的要求,而其他类型的管子必须满足 API 5CT 规范中涉及的关于漂移方面的要求。表 34 - 2 给出了不同外径的管子对应的漂移测试要求。

表 34 - 2 不同立管外径对应的漂移测试要求

漂移心轴尺寸		
外径/英寸	长度/英寸	直径/英寸
$8\frac{5}{8}$或更小	6	$d-\frac{1}{8}$
$9\frac{5}{8}$或更小	12	$d-\frac{5}{32}$
16 或更小	12	$d-\frac{3}{16}$

注:d 代表内层管子直径。

管壁厚一般由以下因素决定:
(1)周向应力;

(2)组合应力;

(3)塌陷,即压力引起的管子塌陷变形。

周向应力通常决定了立管的壁厚大小。在设计立管时,轴向应力也是一个需要重点考虑的参数。

在计算周向应力时,需要考虑以下因素:

(1)制造裕量;

(2)内外管壁的腐蚀裕量;

(3)磨损裕量,如立管组合。

34.6.3 张紧系统尺寸的分析

对于张紧系统的尺寸分析过程,需要考虑三个问题:浮力、液压/气动张紧轮、直接悬挂。

在设计 TTR 之前,需要对浮力罐尺寸进行分析设计,因为浮力罐可以降低顶端张力式立管的张力和载荷。浮力罐的尺寸大小取决于以下因素:

(1)顶端张力系数和立管湿重;

(2)井湾尺寸大小;

(3)茎秆尺寸大小;

(4)考虑浮力时,茎秆的应用;

(5)确定冗余量的方法选择;

(6)对于完井或者修井任务需要补充的张紧系统。

液压/气动张紧轮是立管和平台之间的一个弹簧式装置,它的构造形式取决于以下几个方面:

(1)顶端张力系数和立管湿重;

(2)气缸数量;

(3)确定冗余量的方法选择;

(4)张紧轮的刚度;

(5)冲程。

因为立管的质量会影响到它的功能和疲劳寿命,因此张紧系统的质量在系统分析中也要考虑,然而,张紧器支持的质量从完井/修井到钻井过程中一直是变化的,并且立管从生产到注水这一过程中的功能转变也会导致张紧器支撑质量的变化。

立管质量应该包括下面各项组件的裕量:

(1)连接器;

(2)阳极、控制线、应力节和龙骨接头的质量;

(3)浮力舱;

(4)涡激振动抑制器装置;

(5)制造商提供的壁厚裕量。

34.6.4 冲程分析

对于顶端张力式立管,张紧轮会在立管上部向上提拉,目的是限制弯曲变形和保持恒定的张力。当浮体和立管相对垂向移动时,张紧器必须能够产生持续的拉力。张紧器的行程称为冲程。立管的冲程会影响到对于张紧器、绞车、表面设备和钻台之间的间隙以及滑动接头等的设计要求。

在冲程分析中,需要考虑的影响因素包括:潮汐(单位深度),海流(单位速度),热膨胀,风暴潮(单位深度),沉陷(单位深度),立管间隔和船体吃水的裕量,受损状态(张紧器和船体),船体运动,张紧轮刚度。

34.6.5 立管涡激振动分析

一般情况下,需要对立管的长期疲劳状况和极限状况进行VIV疲劳分析。对于横向的立管涡激振动引起的疲劳损伤的前端评估,一般可以使用商业化的软件程序。MIT编写的Shear 7是目前应用最广泛的一个评估程序。

减轻VIV疲劳损伤有两个主要的方法,分别是增加顶端张力系数(TTF)和增加抑制装置。立管轮箍和整流罩是目前最普遍的两种抑制装置,它们均可以将单独立管的运动降低80%~90%。由于引起的阻力系数更小,因此整流罩要比轮箍更加适用,这一点已经在立管阵列中得到了证实。然而,在波浪区中,不建议使用整流罩,因为整流罩一般只是在水平方向的海流环境中才能有效地降低涡激振动的影响,而在波浪区中流体的方向是非常复杂的,在这里整流罩不能起到很有效的作用。

在确定涡激振动抑制装置的长度时,设计者需要考虑以下因素:

(1)将效率修正系数添加到升力系数中;

(2)使用迭代的方法计算升力系数,这种方法直接给出了A/D需要进行换算;

(3)对于抑制装置需要考虑使用升力系数曲线。

34.6.6 干扰分析

在立管分析中一般会面临两种干扰情况，分别是立管与立管之间，立管与船体或者锚泊线之间的干扰，这些干扰一般都是由大的风暴和海流单独或共同引起的。干扰原理通常就是屏蔽效应。

图 34－13 描述了这种屏蔽效应，而图 34－14 说明了在干扰分析的计算中出现的各种力。

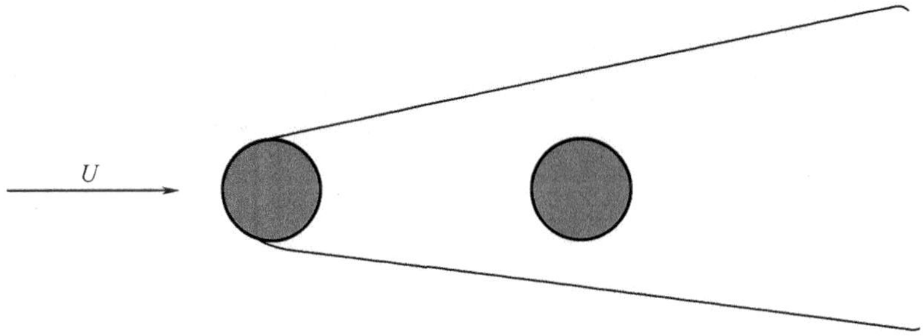

图 34－13 屏蔽效应

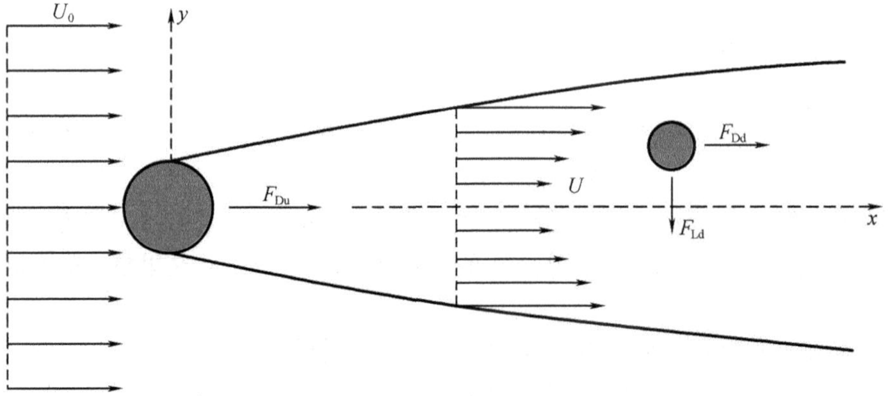

图 34－14 尾流中的流动形式

虽然进行立管干扰分析很困难，但是目前已经有很多干扰分析软件程序可以使用。其中有两个重要参数必须要考虑，分别是顶端张力系数(TTF)和阻力/立管湿重比，因此，在分析的时候，潜流、张力调整器的精度和立管涡激振动对阻力系数的影响必须加以考虑，确保分析的准确性。另一方面，风暴引起的干扰可以通过时域分析和频域分析方法计算，这些在 API 2RD 规范中都有明确的表述。

由于干扰具有破坏性，因此在设计中需要采取一些减缓措施，降低相互之间的接触程度，否则就需要证明这种接触不会对立管产生破坏。

这种相互干扰可以通过以下方式削弱：减少接触、增加顶端张力系数、增加井湾处立管间隔以及调整海底井口间距等。

34.6.7　强度分析

强度分析的目的是检查立管各组件的临界水平。在基础设计阶段，可以利用有限元分析方法对多种载荷情况进行分析，可以应用的技术手段包括静态模拟方法、频域和时域模拟的方法。

Spar 平台上 TTR 立管的分析分为三个步骤，第一步是由环境条件获得 Spar 的运动形式，并且需要知道环境是如何影响 Spar 运动的，然后通过分析处理这些信息得到龙骨处的最大位移、相应的倾斜角、最大倾斜角和相对应的纵荡值。最后，将这些运动加入立管有限元分析模型中，进而分析校核立管各组件中的应力水平。

34.6.8　疲劳分析

疲劳分析的目的是检查主要部件的疲劳水平是否符合要求，确定分析焊缝使用的 $S-N$ 曲线形式以及决定连接件的许用应力放大因子（SAF）等。波浪载荷引起的疲劳分析可以采用频域和时域模拟的方法进行。

34.7　顶端张力式立管的详细设计阶段

34.7.1　概述

在初步设计阶段，主要的内容包括：顶端张力因子的确定，管子尺寸、形式，冲程分析，张紧系统的尺寸确定，立管部件尺寸确定，初步 VIV 分析，干扰分析，强度分析，疲劳分析。

详细设计阶段包括细致的强度和疲劳分析、对中器间隔分析、立管操作和安装分析。由于这种立管本身的性质,立管系统的设计是一个反复迭代的过程,流程大致如下:

(1)考虑系统操作的所有方面,确定设计时需要考虑的全部情况,同时需要确定选择单层还是双层结构,以及立管堆叠形式。

(2)确定初步的壁厚尺寸、材料、其他相关的设计因素(如腐蚀裕量、尺寸公差)。

(3)通过静态分析来校核连接形式,并确定需要的张力。

(4)进行极限工况分析、VIV 分析、疲劳响应分析。

(5)进行干扰预测。

(6)如果(3)(4)(5)或(6)中的结果要求进行设计方面的调整,就需要改进系统设计并重新进行所有相关的分析工作。

(7)最后确定一些特殊部位的设计形式,如锥形应力节头(TSJ)或者龙骨接头。通常,在设计开始时,根据前期经验选择的特殊部位的初步设计形式会成为总体模型的一部分进行分析,然后在接下来的各种设计阶段中对这些设计进行改进,如疲劳分析结果会对 TSJ 的轮廓进行改进。同时,还有必要进行局部有限分析,通过它校核某些部件的设计形式,并且求出相关部位的应力集中因子(SCF)。

(8)进行安装分析。

(9)完成所有的设计报告书。

在各个设计阶段,必须要考虑到对一些关键参数敏感度的研究,这在总体设计中也是至关重要的。

34.7.2 累积连接模型和张力要求

对于连接模型的选择方法和张力要求列举如下:

(1)考虑所有用于立管堆叠的部件,计算立管处于各种内部流体状态时的表观重力。

(2)通过分析系列的载荷条件计算最小顶端张力,立管的张力要求可以参考引用张紧系数:

张力系数 = 张紧系统提供的张力与从海床上的锥形应力节到采油树之间的立管表观重力之比。

(3)可以采用如下的设计策略:对立管最重的状态应用的张力系数为 1.05,此时假设有一个张紧构件失效,那么张紧系统在其他的所有载荷组合形式中都可以提供足够的张紧力。也就是说,在立管表观重力最重的情况下,如果有一个气罐（张紧器）失效，张紧系统也能提供足够的张力。对于其他所有的内部流体状态和张力过剩状态的张力系数都可以根据这个要求进行推断。

（4）在确定最重的立管重力状态时，如油井维修或者井口断开状态，还需要考虑管线重力、控制/注入线、对中器和表面采油树（防喷器 BOP）的安排。需要注意，在一些系统工程中，还需要采用额外的张紧罐为防喷器 BOP 提供支撑，具体形式需要依据计算结果确定。

（5）从确定较重立管状态需要的最小顶端张力到确定所有其他运行状态需要的立管张力系数，都需要考虑系统的全容量状态和过剩张紧系统的情况。

（6）对于生产立管的堆叠连接进行有限元建模分析。

（7）对于船体的偏移进行静态有限元分析，确定当立管、锥形应力节和龙骨接头处于基础分析中定义的静态漂移状态时的应力水平，如果有必要，还需对立管和锥形应力节（长度和壁厚）的设计进行修改，确保应力保持在许用范围，并且要重新计算需要的顶端张力。

（8）需要对所有载荷条件的轴向应力进行校核，确保轴向应力在可以接受的范围内，并且在管线截面位置留有足够的边缘空隙，可以承受立管的极限偏移以及海流和动态载荷造成的影响。

（9）评估立管冲程范围。

初步设计的目的是保证立管张紧系统能够为多种运行状态提供足够张紧力，包括正常生产状态、油井维修、完井、井口断开和紧急完全关闭状态等。根据内部流体压力、密度和功能载荷等系列数据，可以确定一个包含各种临界运行状态的矩阵，这些数据也是进行立管张紧系数设计和张力分布评估的依据。

需要注意，张力系数可以看作是一个施加到整个立管组表观重力上的顶端张力的比率。

初步计算之后，需要进行立管的有限元建模分析。

34.7.3　混合立管截面

通常应用有限元模型模拟混合立管截面形式，其中包括一个单跨梁单元，并且这个模型含有等效复合结构的一些属性，包括弯曲刚度、扭转刚度、轴向刚度、质量、内部流体、浮力、阻力、直径以及有限元离散化等，必须通过计算确定这些属性，而且要考虑到 TTR 复合立管截面的设计形式。这些等值属性的计算将会在下面进行讨论。

1. 弯曲和扭转刚度

在计算抗弯和抗扭刚度时需要考虑到生产立管和其他气举装置、工作管线的刚度在模型总体刚度中的特性。利用下式计算等效刚度：

$$EI_{\text{model}} = EI_{\text{casings}} + EI_{\text{tubing}} + EI_{\text{otherlines}} \tag{34-1}$$

$$GJ_{\text{model}} = GJ_{\text{casings}} + GJ_{\text{tubing}} + GJ_{\text{otherlines}} \tag{34-2}$$

式中 E——杨氏模量；

I——弯矩；

G——剪切模量；

J——扭矩。

2. 轴向刚度

有限元模型中使用的轴向刚度值取决于立管安装中预拉力的次序，通常比较合理的做法是假设内外覆层都会承受立管的整体动态张力，此时等效轴向刚度可以用以下方法计算：

$$EA_{\text{model}} = EA_{\text{outercasing}} + EA_{\text{innercasing}} \tag{34-3}$$

式中 E——杨氏模量；

A——横截面积。

管线材料和其他的线路可以认为对立管轴向刚度没有影响。

3. 质量

计算等效质量时需要考虑生产立管、气举装置和环面中的工作管线的质量：

$$M_{\text{equiv}} = M_{\text{casings}} + M_{\text{tubing}} + M_{\text{otherlines}} \tag{34-4}$$

式中 M_{equiv}——等效质量；

M_{casings}——外套覆层质量；

M_{tubing}——管线材料质量；

$M_{\text{otherlines}}$——其他线路的质量。

4. 内部流体

计算内部流体等效密度时需要考虑生产立管和立管环面空间内的不同流体密度情况，可以采用流体面积比率的形式进行计算：

$$\rho_{\text{annulus}}A_{\text{equiv}} = \rho_{\text{annulus}}A_{\text{annulus}} + \rho_{\text{tubing}}A_{\text{tubing}} + \rho_{\text{gaslift}}A_{\text{gaslift}} - M_{\text{additional}} \tag{34-5}$$

式中 $M_{\text{equiv}} = M_{\text{casings}} + M_{\text{tubing}} + M_{\text{otherlines}} + M_{\text{additional}}$；

ρ——流体密度；

A——流体面积；

$M_{\text{additional}}$——附加质量。

5. 浮力

在有限元模型中使用的等效浮力直径是外部保护性外套的直径，可以用下面公式得到：

$$D_{\text{buoyancy model}} = D_{\text{buoyancy outercasing}} \tag{34-6}$$

式中 D——直径。

6. 阻力直径

由于只有外部保护层暴露在水动力载荷中，因此等效阻力直径就是外部覆层的直径：

$$D_{\text{drag model}} = D_{\text{drag outer casing}} \tag{34-7}$$

式中 D——直径。

7. 有限元模型离散化

由于对于给定状态的模型长度和纵横比没有硬性的规定，因此通常会有一些推荐的梁单元长度规范可以使用。

例如：

构件长度 $\leqslant (EI/T)^{1/2}$　　靠近边界条件

构件长度 $\leqslant \pi/\omega(T/m)^{1/2}$　　远离边界条件

式中 ω——分析中包括的最高横向频率；

T——外加张力；

m——分布质量；

EI——抗弯刚度。

34.7.4 船体边界条件

船体边界条件可以应用在船体侧向平面上立管在龙骨升高位置的节点处，这些边界条件会导致立管随着船体发生横向偏移，但是仍然允许立管发生冲程运动。然而，由于船体边界条件是附属于特定立管节点位置的，因此边界条件的高度会随着立管冲程运动发生变化。

船体边界条件也可以采用导轨面形式建模，导轨面的位置、方向、长度与立管距离都是特定的，这些导轨面不能连接到特定节点上，并且在立管冲程时要保持同样的高度。同时需要在这些表面上应用纵向和横向摩擦系数来模拟立管和表面之间的摩擦作用，在进行导轨面建模时可以在表面和立管之间留有一定间隙，以便在施加边界条件之前可以允许立管发生小范围的运动。

34.7.5 涡激振动和干扰分析

(1) VIV 分析

涡激振动分析的目的是评估长期海流和极端海流条件的影响。

横向涡激振动引起的疲劳损伤的前端评估可以使用现有的商业软件进行。

由 MIT 开发的 Shear 7 软件是目前应用最为广泛的程序，由 Vandiver 和 Li 于 1998 年开发，可以进行立管在长期疲劳和极限情况下的 VIV 疲劳分析。

用 VIV 分析时，张紧线的控制方程如下：

$$m_t\ddot{y} + R\dot{y} - Ty'' = P(x,t) \tag{34-8}$$

式中 m_t—— 单位长度质量；

$\ddot{y}$—— 结构加速度；

R—— 单位长度阻尼；

$\dot{y}$—— 结构速度；

T—— 张力；

y''—— 结构位移的二阶导数；

$P(x,t)$—— 单位长度的激振力。

系统位移响应可以用模态响应叠加的形式给出：

$$y(x,t) = \sum_r Y_r(x)q_r(t) \tag{34-9}$$

式中 $y(x,t)$—— 圆柱体位移响应；

$Y_r(x)$——r^{th}阶模态形式；

$q_r(t)$—— 时间函数(t)。

将方程(6－9)带入方程(6－8)得到

$$M_r\ddot{q}(t) + R_r\dot{q}_r(t) + K_rq_r(t) = P_r(t) \tag{34-10}$$

式中 M_r——模态质量，$M_r = \int_0^L Y_r^2(x)m_t\mathrm{d}x$；

R_r——模态阻尼，$R_r = \int_0^L Y_r^2(x)R(x)\mathrm{d}x$；

K_r——模态刚度，$K_r = -\int_0^L TY_r''(x)Y_r(x)\mathrm{d}x$；

P_r——模态力，$P_r(t) = \int_0^L Y_r(x)P(x,t)\mathrm{d}x$；

$\dot{q}_r$ ——r 阶模态的模态速度。

对于两端固定的变张力梁，n 阶固有频率计算如下：

$$\int_0^L \sqrt{-\frac{1}{2}\frac{T(s)}{EI(s)} + \frac{1}{2}\sqrt{\left[\frac{T(s)}{EI(s)}\right]^2 + 4\frac{m_t(s)\omega_n^2}{EI(s)}}}\,\mathrm{d}s = n\pi, n = 1,2,3 \tag{34-11}$$

式中 s——沿着梁单元纵向轴线的坐标，从 0 到 L；

$T(s)$——拉力；

$EI(s)$——弯曲刚度；

$m_t(s)$——单位长度质量；

ω_n——结构的 n 阶固有频率。

n 阶模态形状表达如下：

$$Y_n(x) = \sin\left\{\int_0^x \sqrt{-\frac{1}{2}\frac{T(s)}{EI(s)} + \frac{1}{2}\sqrt{\left[\frac{T(s)}{EI(s)}\right]^2 + 4\frac{m_t(s)\omega_n^2}{EI(s)}}}\,\mathrm{d}s\right\} \tag{34-12}$$

式中　x——空间位置。

如果原点位于最小拉力末端，n 阶曲率表达如下：

$$Y_n''(x) = \frac{1}{2}\left\{\frac{T(x)}{EI(x)} - \sqrt{\left[\frac{T(x)}{EI(x)}\right]^2 + \frac{4\omega_n^2 m_t(x)}{EI(x)}}\right\} \times \sin\left\{\int_0^x \sqrt{-\frac{1}{2}\frac{T(s)}{EI(s)} + \frac{1}{2}\sqrt{\left[\frac{T(s)}{EI(s)}\right]^2 + 4\frac{m_t(s)\omega_n^2}{EI(s)}}}\,\mathrm{d}s\right\} \tag{34-13}$$

其中脱落频率是

$$f_s = St\frac{V}{D}$$

式中　St——斯特罗哈(Strouhal) 数，是雷诺数(Reynolds)和结构粗糙度的函数；

V——海流速度。

在位置 x 处，各种模态引起的疲劳损伤可以通过每个模态损伤叠加的形式给出

$$D(x) = \sum_r D_r(x) \tag{34-14}$$

由激励频率 ω_r引起的疲劳损伤 $D_r(x)$ 是

$$D_r(x) = \frac{\omega_r T}{2\pi K}[\sqrt{2}S_{r,\mathrm{rms}}(x)]^m\Gamma\left(\frac{m+2}{2}\right) \tag{34-15}$$

式中　$D(x)$——位置 x 处的累积疲劳损伤；

$D_r(x)$——位置 x 处由于第 r 阶模态引起的疲劳损伤；

ω_r——r 阶模态的激励频率；

$S_{r,\mathrm{rms}}$——由 r 阶模态引起的均方根(RMS)应力；

m 和 K——通过 $S-N$ 曲线，$N = KS^{-m}$定义的常数；

S——应力范围；

T——时间。

伽马函数 $\Gamma(x)$定义如下：

$$\Gamma(x) = \int_0^{\infty} t^{x-1} e^{-t} dt \tag{34-16}$$

在数学分析程序中，伽马函数应用广泛，在一些编程计算中也会用到。

减轻 VIV 疲劳损伤的方法包括增加顶端张力系数、增加抑制装置。

最常用的两种涡激振动抑制装置是轮箍和整流器，它们都可以将单独立管的运动降低大约 80% 到 90% 。

确定需要的 VIV 抑制器长度的方法如下：

①在升力系数中应用效率换算系数；

②采用迭代方法计算升力系数，其中在 A/D 中已经给出了规定的换算方法；

③应用升力系数曲线确定抑制装置。

2. 干扰分析

在 TTR 总体设计中，干扰分析是很重要的一个方面，目前的设计规范还不允许立管在各种设计条件下发生碰撞。人们已经认识到在超深水 TTR 立管可行性设计中，立管碰撞已经成为一个关键性的问题。DNV 船级社近期发布了一个关于立管干扰的推荐规范（RP），在这个新的推荐规范中有立管干扰设计和分析方法、标准的相关内容，设计中部分地体现了新的规范要求，其中的干扰分析项目应该考虑以下内容：

（1）潜流；

（2）张力调整器的精确性；

（3）立管 VIV 对阻力系数的影响。

在不过多改变现有规范的前提下，设计原理可以选择为：

（1）在任何情况下都不会发生碰撞，包括 10 年一遇的海况；

（2）允许发生碰撞，但是要设计成可以承受 10 年一遇的风暴条件。

井口布局如图 34 - 15 所示，表面井口可以安排成 4 ×6 的阵列形式，24 个井位仅仅使用 21 个，每一行和列之间的中心距离是 4. 6 m（15 英尺），水下井口和表面井口布局形式相同，但是它的行列间距是 12 m（40 英尺）。由于 TLP 平台没有偏移，立管底部最大分布间距是 21 m（73 英尺），这种形式出现在西北角井位安装的立管上。

图 34 - 16 显示在 10 年一遇的环流条件下临近立管之间最小的中心距离是 0. 8 m（2. 6 英尺），当立管连接器外径大约 0. 3 m（1 英尺）时，在 10 年一遇的环流条件下通常不会发生碰撞。最小的间隙会出现在立管束中部截面位置，逆流和顺流立管中都会出现 VIV 振动诱导的阻力系数放大效应。顺流立管的海流剖面经过改进后包括了伴流效应和旋涡脱落效应，这一点在 API RP 2RD 规范中已经有详细规定。

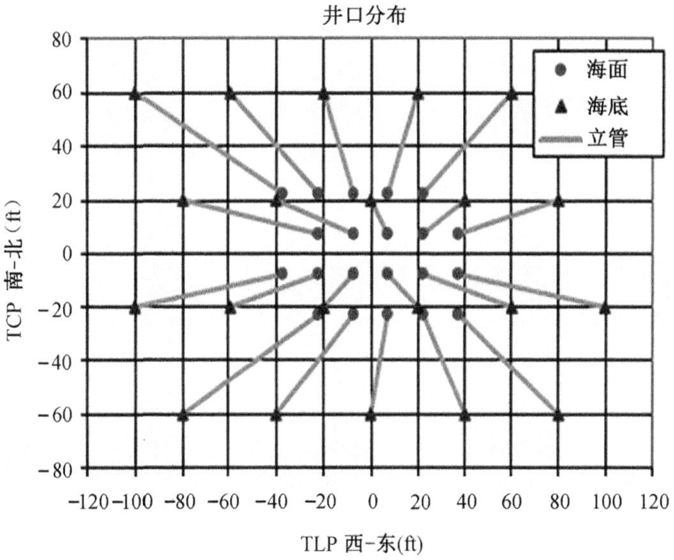

图 34－15　井口安排

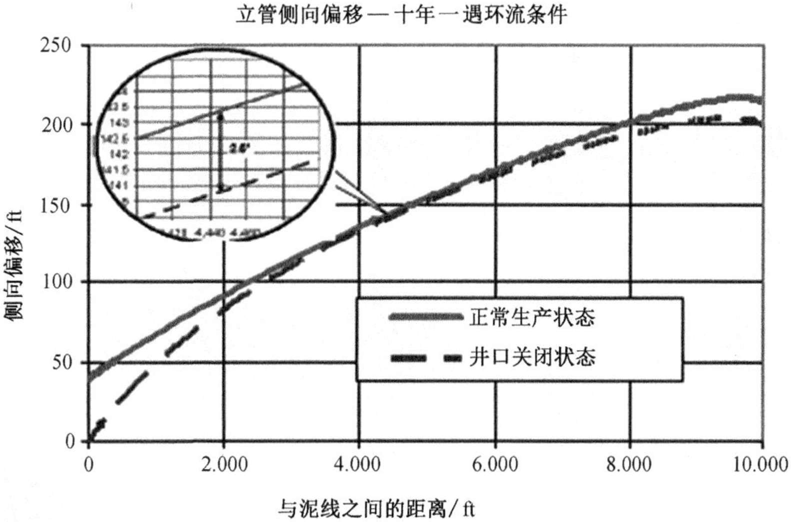

图 34－16　TTR 间隙校核(w/VIV)

除了 10 年一遇的海况外,还需要校核由于立管碰撞引起的立管强度和疲劳水平,通常假设复合立管节点可以满足 DNV 发布的新 RP 规范要求,在某些复合节点位置进行的坠物测试显示这种节点优异的性能。

以下情况需要进行潜在干扰评估：

(1)水下生产立管之间；

(2)水下生产立管和水下钻井立管之间；

(3)水下立管和锚泊线之间；

(4)水下立管和脐带管之间；

(5)水下立管和离岸安装之间；

(6)水下立管和任何其他的障碍物之间。

干扰的类型包括：

(1)立管对立管的干扰；

(2)立管对船体、锚泊线的干扰。

引起干扰的原因包括剧烈风暴和海流两种情况，风暴引起的干扰可以利用时域分析和频域分析方法计算。海流中的干扰通常由旋涡脱落引起。目前已经有可用的软件程序用于海流中的干扰分析，主要的控制参数是顶端张力因子(TTF)和阻力/立管湿重比。减缓干扰的方法包括：

①改变立管设计形式，将接触降低到可接受的水平；

②对于可能发生的接触需要进行校核确保不会对立管造成损伤。

34.7.6 动态分析(极限条件和疲劳)

通过 Morison 方程模拟的波浪和海流作用力在速度方面是非线性的，但是可以线性化。对动态运动响应方程线性化的解决方法是将位移振幅和相位看作是频率的函数，进而转换成针对特定海况条件的线性化方程。

当用根据波幅划分的位移幅度来生成载荷时，得到的结果是频率响应函数或者转移函数。转移函数可以用于生成各种环境条件下的响应模式。

为了对阻力进行恰当的线性化处理，认真选择分析频率对充分模拟立管响应很重要。分析中使用的频率可以对波能谱、浮动安装响应特性和立管固有频率进行充分的定义说明。

在有些立管分析中遇到的非线性效应可以直接进行时域建模，另外，也可以用时域方法分析瞬间情况、评估等效频域分析方法的准确性，或者用于设计阶段的标准化处理。

立管系统的大幅度位移和旋转的估计也需要进行非线性时域模拟，然而，对于某些情况，为节省计算量也会采用线性时域模拟方法。

1. 极限条件分析

TTR 设计阶段的一个重要方面是极限环境条件分析，可以采用有限元模拟

TTR 立管的响应,其中还包括船体位移,以及 TTR 工作地点普遍存在的海流和波浪数据,例如,墨西哥湾可能含有 100 年一遇的飓风、环流和潜流期等。极限分析中需要用这些参数确定立管顶端张力和悬挂位置可能会产生的角度,接下来这些数据会用于抗弯加强筋设计,这些加强筋可以限制 TTR 的移动并且保证立管具有足够的疲劳寿命。

2. 疲劳分析

在疲劳分析中,设计者感兴趣的三个主要方面分别是:TTR 中立管对船体运动响应产生的脉动应力,月池中沿着立管和气罐产生的水动力压力,作用在龙骨下部立管上的深水海流。应力波动引起的临界点累积疲劳损伤可以作为 TTR 疲劳性能的一个指示器,那些负责预测船体运动和立管分析的设计者之间需要相互沟通,进而找出所有恰当的装载方法并且采用一套合理的疲劳评估理论。

设计者可以用表面波和流引起的船体运动来进行 TTR 模型分析,并且模拟立管由于船体运动产生的响应,以及由此引起的作用在月池内立管上的水动力载荷。采用时域分析的方法来估计均方根应力以及跨零周期,每个海况引起的疲劳损伤可以使用窄带应力处理的闭合解形式估计,同时配合近似应力集中系数和 $S-N$ 曲线方法。所有海况下总的疲劳损伤是通过 Palmgren – Miner 线性累积损伤理论进行计算的,其中考虑了每个海况可能出现的概率情况,这种分析方法假定窄带应力方法很有效但是比较保守,就保守分析的情况来说,会引起有些立管系统构件得到的疲劳寿命预测无法被接受,因此,实际中,可以利用时域分析雨流计数法进行替换。

在由波浪环境引起的 TTR 疲劳寿命设计中,通常会使用两套疲劳海况,在早期分析阶段,通常会选择一些有代表性的疲劳海况,如果过于保守,就会对过程进行修改,进而可以考虑到引起立管疲劳危险点的更多海况。

34.7.7　土壤条件

对于模板结构来说,由于它的作用是确保水下井口不会发生运动,因此通常将在海床上的立管基座看成是固定形式。对于个别井口的布局,在立管模型中还需要包括井口以及合理的导向器长度(如 80 m),因此可以确定立管土壤间作用对总体系统载荷的影响。在工程详细设计阶段,还有必要评估一下安装裕量对于立管的响应的影响(如:未对准、垂向井口角度等的影响)。

嵌入海床内的导向套管活动性也是套管设计中需要着重考虑的,以便确定立管根部弯矩。如果海床下的土壤中含有松散的黏土(通常是在深水中),那么这一区域抵抗横向偏斜的阻力就会降低,导致发生显著的运动。

通常在横向载荷作用下,黏性土壤会表现出塑性,因而有必要将导向套管的横向变形和土壤阻力联系在一起,可以通过横向土壤阻力 - 变形($p-y$)曲线来表示,$p-y$ 曲线的纵坐标是单位长度的土壤阻力 p,横坐标是横向变形 y。

对于特定的变形情况,$F-y$ 曲线的瞬时斜率可以看作是弹性刚度,因而,为了使用 $p-y$ 曲线作为非线性弹簧元件,必须要将其转换成 $F-y$ 曲线的形式,对于特定的变形,这一点可以利用下面的简单关系加以实现

$$F = p(y) \times L \tag{34-17}$$

式中 F——弹簧轴向力,N;

p——土壤阻力,N/m;

y——变形,m;

L——外力在套管上的作用长度。

34.7.8 立管组成部分建模

立管的主要部分建模包括气罐、张紧系统、龙骨接头接口、柔性接头、井口锥形应力节和井口连接器、海生物、轮箍和整流器、水动力系数等。

1. 气罐

整体性气罐是以一定的间距附着在立管上的,它们与立管平行布置。每个气罐的顶部直接连接到立管上。在建模时,每个气罐都是一个单独作用在立管上的垂向力,作用点是气罐连接点。气罐的浮力和重力也可以合成到立管模型中,连接有气罐的立管节点会以具有等效几何特性的结构进行模拟,这个结构能够正确地模拟出立管节点和气罐的综合刚度,气罐的外径就是对应的阻力直径,作用点是气罐重力和浮力的合力作用点。

模型的等效弯曲刚度是气罐、保护性外套和管材的抗弯刚度之和,表达如下:

$$EI_{\text{model}} = EI_{\text{casing}} + EI_{\text{tubing}} + EI_{\text{aircan}} \tag{34-18}$$

式中 E——杨氏模量;

I——弯矩。

对于龙骨处的非整体性气罐也以相同的方式建模,利用两组合成线性元件代替气罐结构,其中一个代表立管,另一个代表气罐。气罐元件直接刚性连接到立管元件上,连接点就是气罐向立管传递张力的位置,浮力舱通过一个对中元件和关节连接在立管底部,这些元件可以在无须传递弯矩或者轴向力的情况下把茎杆和气罐集中在立管上。模型中的气罐需要借由质量、外径和壁厚进行详细说明。

立管的抗弯刚度没有变化,表达如下:

$$EI_{\text{model}} = EI_{\text{casing}} + EI_{\text{tubing}} \tag{34-19}$$

式中 E——杨氏模量;

I——弯矩。

由于气罐随着立管做向下冲程运动时引起浮力损失,因此必须要对气罐净浮力进行修正。

上述的建模指导适用于底部开放式的气罐。另外一方面,气罐也可以采用密封结构,这样产生的浮力就是恒定的。密封的气罐可以作为立管的一个整体元件进行建模,气罐和立管统一成为复合模型的一部分,因此会导致质量、刚度、浮力和阻力的增加。

2. 张紧系统

水汽张紧系统可以采用多种方式建模,具体情况取决于设计要求水平。所有需要的张力可以通过一个单独的垂向弹簧元件施加,或者利用单独的弹簧元件准确模拟每个张紧器进而对综合的张紧器组建模。

(1)单独的弹簧模型

非线性弹簧单元的一端通过铰接连接到立管上的张紧圈升高位置,另一端垂向固定在铰接处上部的船体边界位置,将非线性弹簧单元连接到立管上的铰接元件几乎没有旋转刚度,因此,外力只能施加在这一点的平移自由度方向上,在连接点处不会产生诱导的弯矩,因此加载方式与张紧器在实际中的形式很相似。

船体边界条件的目的是确保张力施加在船体垂直轴上,正如液压气动张紧系统一样。

立管系统需要的张力是由位于平均位置的弹簧单元提供的,非线性弹簧单元的曲线斜率与张紧系统的刚度对应,并且指定用于构件的拉伸还是压缩情况,这样就可以精确地模拟出立管向下冲程运动导致的张力增加,向上运动导致的张力减小。

(2)确切的张紧轮模型

如果需要对张紧轮进行准确的模拟,可以使用与单一弹簧单元系统同样的方法,尽管每个张紧轮需要用一个单独的弹簧单元模拟,这种方法也是有效的。弹簧元件可以采用与液压气动张紧轮同样的定位角度。

3. 龙骨接头界面

下部的龙骨过渡接头(LKTJ)和上部的龙骨过渡接头(UKTJ)可以通过线性锥形节来模拟,其中龙骨接头在中间位置。

在有限元模型中,龙骨接头是用两组非线性元件代表的,其中一个代表立管,另一个代表龙骨套管,这种方式可以有效地将套管集中于接头处,确保龙骨套管和接头之间不会有弯矩过渡机构。

4. 柔性接头

在适合的情况下,柔性接头可以利用铰接件模拟,并且具有与柔性接头相同刚度的旋转刚度。柔性接头的刚度应该能够反应出预期加载方案,如小角度旋转的刚度要比大角度旋转高得多,在疲劳分析中,柔性接头非线性刚度特点的准确模拟同样是非常关键的。

5. 井口锥形应力节和井口连接器

锥形应力节可以简单模拟为带有线性变化外径的系列元件,锥形应力节区域的单元网格需要经过细化,这样可以确保精确地模拟应力节外径的变化情况。

为了评估水下井口处的载荷情况,井口和连接器需要进行等效几何特性模拟、重力和刚度的模拟。对于水下井口的安装裕量还需要认真考虑,以便正确地模拟泥线位置的立管。对于初步可行性/概念设计研究,立管模型中不必包括井口连接器;对于详细设计阶段,是否包括井口连接器则取决于要求的详细设计水平。

6. 海洋生物

海洋生物可以是柔软或者是坚硬的,柔软的水生物通过草类材料代替,坚硬的水生物通常含有多层外壳,水生物的影响通过在有限元模型中增加的重力、浮力和阻力来实现。

7. 轮箍和整流器

目前有各种商用 VIV 抑制器,最普遍的就是轮箍和整流器,这两种装置通过扰乱管线周围流体流动形式的方法抑制 VIV,进而防止旋涡的生成。

抑制装置的影响也要在有限元模型中加以考虑,其中包括有装置连接那一部分立管模型的重力、浮力、阻力、惯性的增加情况。

阻力和惯性系数对于螺旋状立管是普遍存在的,然而,在确定最终的水动力系数时,还需要考虑轮箍的高度和倾斜角度,整流器的参数也可以利用轮箍的方法进行计算。

在 SHEAR7 软件中,VIV 抑制器模块是利用轮箍形式的基本参数建模的,而且,使用了升力换算系数。升力换算系数在一定程度上就是 VIV 抑制器的效率系数,轮箍的标准升力换算系数是 0.2(假设为轮箍效率的 80%)。

8. 水动力系数

下面是一些用于模拟处于环境波浪中的裸露立管节点时使用的水动力系数实例。

(1)垂向阻力:1.0(0.6 ~0.7 超过临界点, >1.2 次级临界流动);

(2)切向阻力:0.0;

(3)垂向惯性:2.0;

(4)切向附加质量:0.0。

对于大部分工程来讲,疲劳分析(其中较高的阻力将会削弱疲劳载荷)中可以使用较低的垂向阻力系数(如 0.7);较高的系数(如 1.2)可以用于极限响应分析中,因为较高的阻力会增加极限载荷。

34.7.9　安装分析

在复合管分析中,有许多设计方面要考虑的因素,包括:套管和管材延长,内部流体和海水影响,安装和运行条件下的立管温度分布,内部套管和管道的等效几何特性,三维立管、井湾几何和井口图。

可以利用有限元方法预测安装和装配表面采油树时的吊钩载荷、浮力舱高度、浮力(如果使用气罐张紧器)、立管套管张力以及管道张力,其目的是确保立管内外层套管和生产管道在工作时张力可以进行恰当地分布。

进行安装分析的目的是:确定张力要求和立管串列中的张力分布;预测采油树高度,包括热效应;确定安装时的立管拉伸长度。

34.8　土壤条件

34.8.1　介绍

在这项研究中,需要沿着土柱用这些参数的平均值计算土壤弹簧元件的等效刚度,这些等效弹簧也会用于连接立管的分析当中。

本节将会介绍得到循环载荷下软土 $p-y$ 曲线的方法,曲线的形式如图 34-17 所示,注意图表中点 a 处偏离的位置是静态阻力 p 等于极限阻力 p_u 一半的位置。

下面给出的方法用于得到深度为 H 时的 $p-y$ 曲线,在模拟泥线下不同深度处的导向套管/土壤作用时,需要用到一系列的 $p-y$ 曲线。

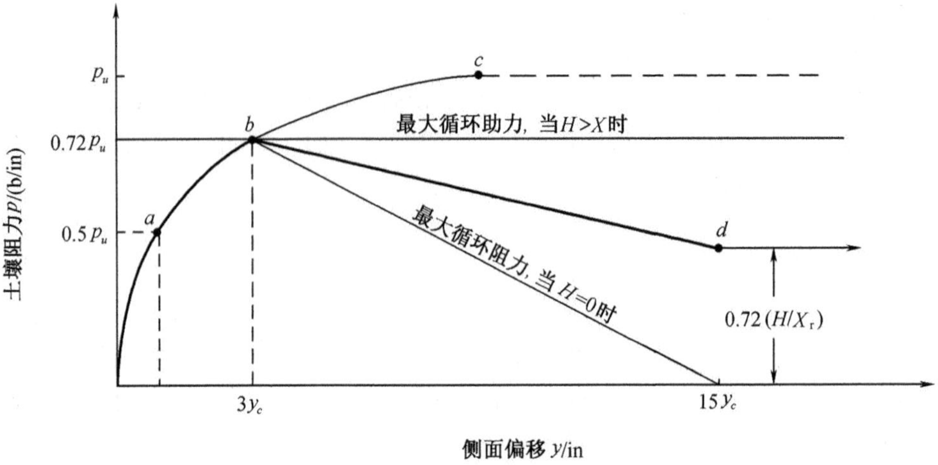

图 34－17　软质黏土循环 $p-y$ 曲线图

34.8.2　方法

得到循环载荷下 $p-y$ 曲线的方法对于生成这个曲线是很重要的，必须要获得下面这些数值：

(1) c：未排水土壤的剪切强度；

(2) γ：水中土壤的单位重力；

(3) D：外部套管直径；

(4) H：泥线深度。

用下面的方程计算深度 H 处土壤的极限横向阻力：

泥线附近土壤的极限横向阻力：

$$p_u = 3cD + \gamma HD + J_c H,\ H < X_R \qquad (34-20)$$

泥线下面的极限土壤横向阻力：

$$p_u = 9cD,\ H \geqslant X_R \qquad (34-21)$$

式中　p_u——单位长度极限横向阻力，lb/in；

c——深度 H 处非干扰黏质土壤的未排水剪切强度，psi；

D——导向套管的外径，in；

γ——水下土壤容积密度，lb/in；

J_c——由实地试验确定的无量纲经验常数，范围从 0.25 到 0.5，0.5 的情况适用于墨西哥湾地区的黏土；

H——泥线下的深度，in；

X_R——泥线以下到缩减阻力区底部的深度。

如果土壤强度和单位重力是常数，联立深度方程(34－20)和(34－21)可以得到：

$$X_R = \frac{6D}{\left(\frac{\gamma D}{c}\right) + J} \tag{34-22}$$

为防止土壤强度和单位重力随水深变化，方程(34－20)和(34－21)可以通过作图方式求解，如 p_u 对深度的曲线，两个方程的第一个交点可以看作是 X_R。

然后计算得到

$$y_c = 2.5\varepsilon_c D \tag{34-23}$$

式中　y_c——横向偏移，此处位置的静态土壤阻力是极限阻力的一半；

ε_c——应变，出现在实验应力－应变曲线中最大应力一半的位置，曲线是由未扰动土壤样本的未排水压缩试验得到的，在没有实验应力－应变曲线的情况下，对于软质黏土推荐采用 0.01。

方程(34－24)可以用于建立从原点到点 b 的循环 $p-y$ 曲线，$p = 0.72p_u$，$y = 3y_c$。

$$p = 0.5p_u\left(\frac{y}{y_c}\right)^{\frac{1}{2}} \tag{34-24}$$

在 b 点，循环载荷的横向阻力达到最大值，阻力全部损失的位置可以假定发生在泥线处，此时泥线处的横向偏移达到了 $15y_c$，如图 34－17 所示。然后，确定 $p-y$ 曲线从 b 点到 d 点的下一段直线部分，$p = 0.72p_u(H/X_R)$，$y = 15y_c$。

对于大于 $15y_c$ 的横向偏移情况，曲线上的直线部分最终是用下面的方程确定的：

$$p = 0.72p_u\frac{H}{X_R} \tag{34-25}$$

34.9　阴极保护系统的要求

特殊构成形式的环氧覆层可以用作阳极周围的绝缘防护材料，当位势小于－800 mV 时，就可以实现充分的保护效果，同时为了防止发生过保护现象，位势必须大于－900 mV。即使安装了外加电流阴极保护(ICCP)来保护船体，在船舷水管、导缆器、转塔船体月池等位置中也要额外添加牺牲的阳极。

水下环境中钢材腐蚀的速率由多种因素决定，如氧含量、钢材状况、温度等，覆层的损坏和脱落也会导致裸露钢材数量的变化。

随着腐蚀速度的变化，对于阴极保护电流的要求也要发生变化，如今的外加电流保护系统（ICCP）是通过连续测量钢材表面与参比电极之间的电势差来控制保护电流供应的，电流会在一个闭环系统中自行调节达到需要的状态，这样就可以确保不会引起船体的粗糙度变化以及燃料消耗的增加。

如上面所提到的，ICCP 系统的目的是在结构上得到均匀分布的保护电位，通过设计变量时阳极数目（和位置）和参比电池的位置，尽可能降低阳极能量消耗。已经开发的边界元素模型被证明是一种模拟船体阴极保护系统最为精炼的数值计算方法。这些计算机模拟技术、“模拟退火法”运算法则和搜索方法的应用使得设计者可以对船体金属结构和海水之间接触产生的电场加以预测，因而可以对阴极保护（CP）设计进行优化。

这也提供了一种预测保护性能、等级变化以及系统引起的海水中电场变化的工具，并且可以评估电干扰的影响。

为了防止阴极保护或者杂散电流引起破坏，与生产船体外部设备连接的机械接口必须进行电学连接，这样的连接包括：

（1）当轴承接触位置不能提供足够的传导面积时，需要进行流体、电学旋转接头和转塔锚泊系统的电学连接；

（2）没有提供传导路径的锚链和止滑器；

（3）电缆。

对于使用钢索进行系泊的位置固定的系统，建议钢索封头应该进行电学隔离，这样可以防止镀锌的导线充当临近元件的阳极而被腐蚀掉。

阴极保护（CP）电路：TTR 和干采油树将会通过脐带跳接线连接到船体 CP 系统上，跳接线中含有两根基础缆线用来保证在干采油树和船体之间电流连续性。TTR 的其他部件都是处于电学接触情况中的，包括浮力舱和茎秆。

34.10　延长疲劳寿命的方法

有两种延长 TTR 疲劳寿命的方法，第一个方法需要进行设计的修改，另一个方法是在分析阶段降低保守性。

对于第一种方法，可以增加立管上VIV抑制器的数量，增加一些浮力泡沫或者选择其他方法增加它的有效载荷，这些措施可以减缓立管的疲劳损伤，进而增加疲劳寿命。

第二种方法对于VIV、强度、干扰等提供了非保守的分析方法。因而，立管的设计寿命可以通过保守性分析得以延长。

34.11 立管监控系统

34.11.1 监控系统回顾

立管响应监控系统可以依据供能方式和与监控设备之间的通信进行分类，有三种类型的立管监控设备：

(1)自动控制的，带有单独的电源和数据存储；

(2)实时的，带有连续的电源和通信传递；

(3)声觉的，带有单独电源和半连续的通信传递。

1. 自动监控

自动监控设备不会连续地与数据处理中心进行通信，独立的监控系统中装配有记忆卡和电池组，仪器被定期地取出以便下载其中存储的数据并且安装新的电池组。这项工作需要有ROV来接近监控系统位置执行，或者在立管回收阶段安装钻井和完井立管时进行，得到的数据在陆上进行处理，进而可以确定立管系统的响应特性。这些系统在能量消耗方面有很严格的限制，能够存储的数据量也很有限。但是，目前的技术已经允许仪器连续工作几个月，就数据同步方面来说，独立的系统受到声音测量速率精确度的限制，以及内部独立时钟精确性的限制。通常情况下，独立的系统仅仅具有相对粗略的同步性，然而，如果采用频域分析方法时，这种系统形式也是可以接受的，此时需要假设在一段时间内的响应是静态的。这些监控系统安装很简单，也很容易修理，因而可以重复更换。

2. 实时监控

通过持续提供能量以及与仪表装置的通信连接可以实现实时监控，这些能量和通信连接需要由线缆完成。就能量损耗来说，实时监控系统更加可靠，可以在不需更换电池组的情况下适应一系列的监控设备。虽然也受到一定的限制，但是这些系统可以充裕地适应传统传输技术下数据速率的广泛要求。就数据同步性来说,实时监控具有更优越的能力。实时监控也存在一些挑战,最严重的是含有电能和传输线缆的系统安装挑战,也是设计中一个必须考虑的因素。监控仪器中增加的线缆需要额外的资源消耗以及昂贵的设备。线缆的安装会对后期立管的安装带来困难,因此通常都是和立管一起进行安装的,因而增加了安装的复杂性并且延长了安装时间,结构更加复杂,比独立的或者声学系统的元件更多,这主要是由线缆和连接器的要求引起的。因此,由定义可知,实时监控系统在数据可靠性方面没有自动的独立系统可靠,它的维修也更加复杂,在设计阶段也需要进行很多的考虑,同时还需要确保不会发生单点失效的情况。

3. 声学技术

可以利用声学技术借助水柱进行实时的无线数据传输,数据从立管上的仪器传输到表面控制室内,这项技术已经应用于 Petrobras 中,其中数据存储单元是沿着立管安装的,用于进行数据存储,定期得到的数据可以通过声学通信的方式传输到表面无线电收发机上,当海流剖面图显示没有发生任何异常情况时,就可以关闭传感器组来节省电源。如果需要,存储单元可以设计成自动开启并开始存储数据的形式。声学通信的形式十分可靠,如果管理恰当,可以为操作者提供非常准确的实时信息。最重要的是,可以不必利用 ROV 搭设昂贵的脐带管线(1 219 m到 1 524 m),可以利用多点网络转发器(通常在海床上以五角星阵列形式布置 4 ~5 个转发器)进行精确的定位,并且配合 ROVNAV 收发器(由 ROV 携带或者安装在 Spar 的龙骨上)和安装在立管上的转发器一起使用。在 Spar 上布置钻井立管之前,需要在钻井立管上每个预定位置安装转发器,也可以借助 ROV 在完成铺设的立管上安装转发器。系统需要测量从表面接收器到转发器之间的距离,确保转发器的精确定位安装。然后数据会传输到 Spar 的甲板上或者海床位置。需要确保立管上的转发器一直处于视线之内,以及至少三到四个海床阵列转发器处于视线之内。在进行海床转发器定位时,还要兼顾考虑整个生产立管模块、各支管和其他水下设备的位置,避免发生冲突。

图 34 - 18　监控系统

图 34 - 18 显示的是一个正在安装的监控系统。

34.11.2 传感器的配置

由于临界疲劳损伤位置总是随着不同的激励模态发生变化,因此设计者有必要确定传感器的数量和位置以便获得响应的具体形式。

通常情况下都是利用经验或者理论方法布置传感器,可以沿着整个立管布置传感器阵列或者集中于敏感区域附近,通常是在以下三个位置成簇集中(图34-19)。

(1)立管顶部聚集;

(2)中跨聚集;

(3)底部应力节(LSJ)聚集。

理论和经验可以配合使用达到优化传感器的配置的目的,利用模态分解和线性回归的方式可以得到优化方法。通常由分散的监控位置获得的响应形态都会借助模态分解的方法加以解释说明,线性回归的方法可以识别出利用传感器测量的响应错误并且将错误最小化处理。

布置传感器的原则是要有足够的空间范围和传感器间隔,这样就可以获得预期的全部立管响应模态。传感器可以沿着整个立管分布,或者集中于敏感区域,空间范围至少要达到能够获得四分之一波长的最低模态数的水平,如图34-20所示,同时必须要有足够的测量点,以便识别各个高阶模态数。

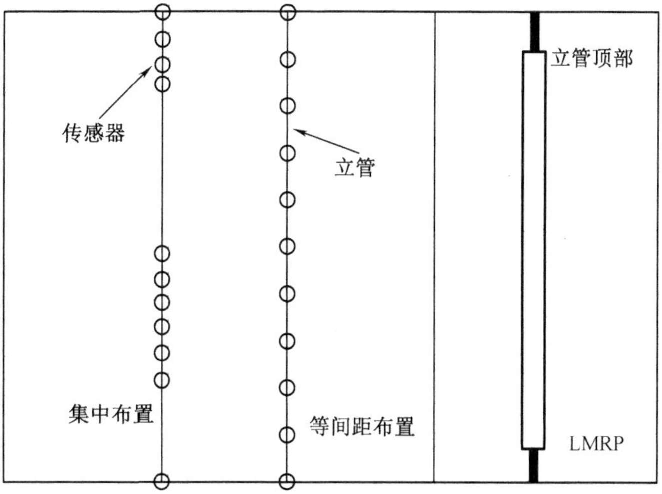

图34-19 深水立管的传感器布置(Wei,et al.,2009)

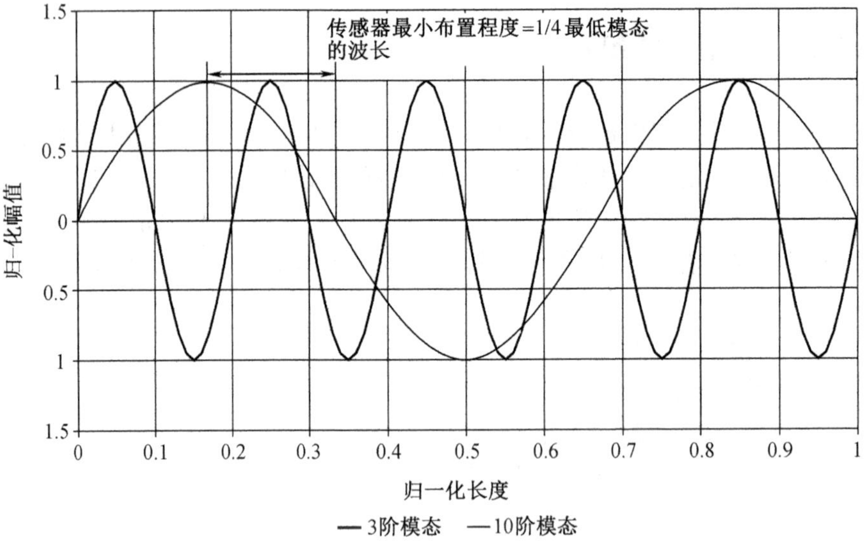

图 34－20 需要的传感器阵列范围图示（Wei, et al. ,2009）

空间假频是由沿立管的数据量不足导致的，因此在各个分散点的测量值不能唯一地与初始形态进行关联，如图 34－21 所示。为了解决这个问题，在最高阶响应模态的每个波长内至少要设置两个数据测量点。

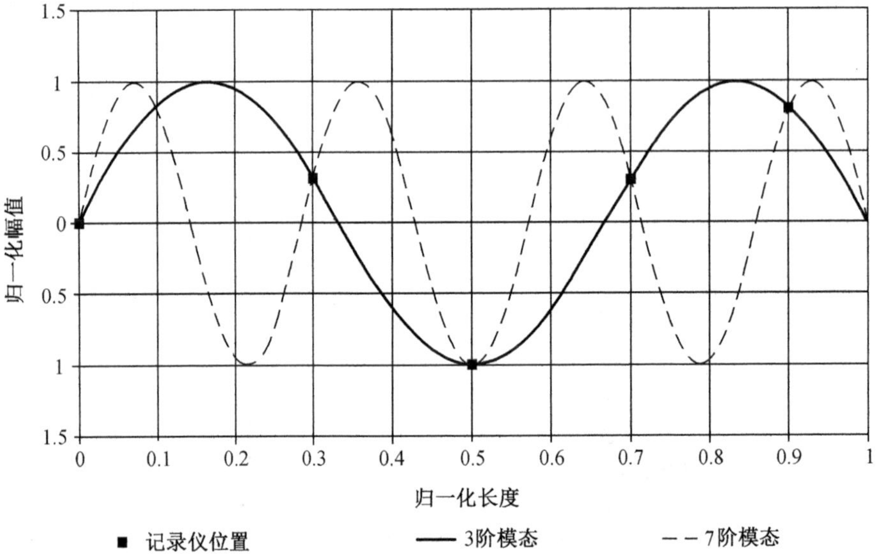

图 34－21 空间假频的实例（Wei, et al. ,2009）

可以利用模式清晰度指标(MCI)来确定任意两个模态之间空间假频的范围(图 34 – 22),清晰度指标可以用不同的模态范围进行计算,如低阶、中阶和高阶响应模态。

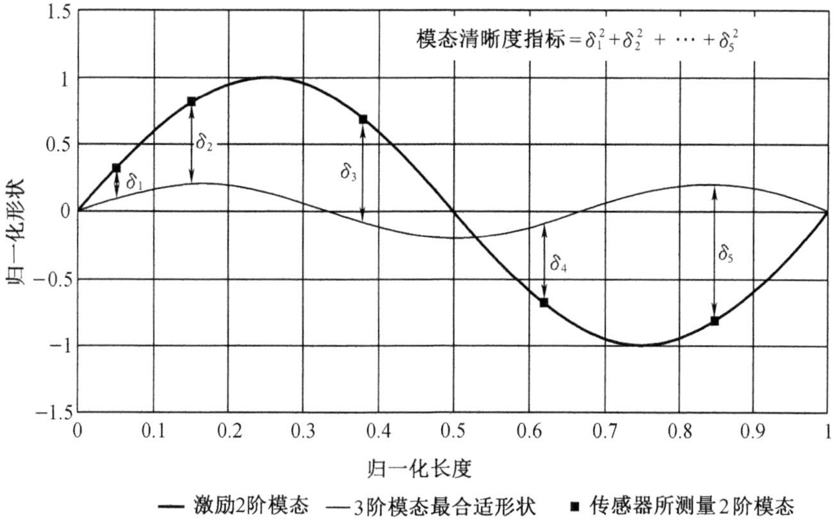

图 34 – 22　模态指标图示（Wei,et al. ,2009）

上述的模态清晰度方法适用于所有基于模态分解进行数据分析的监控程序,这种优化的方法已经在各种深水立管监控系统中加以应用了。

34.11.3　立管响应监控系统实例

立管响应监控系统可以用于许多方面,下面是一个设计完整的钻井立管声学监控系统,它说明了一种最低限度的设计布局。立管监控系统可以用于半潜平台上的钻井立管。这个系统的主要目标是监控那些对于确保安全钻井操作至关重要的参数,并且帮助扩展钻井立管的操作空间。

1. 系统概述

推荐的系统形式如图 34 – 23 所示,运动传感器、瓶子和声频调制解调器的位置也显示在图中,这些位置的确定可以通过有限数量的测量值获得更加有效的总体 VIV 响应,并且得到立管上的最大疲劳损伤情况。这些也不是最终的位置,还需要根据模态认证分析进行优化。

2. VIV 疲劳监控系统

这些 R – 和 K1 标示的瓶子(如图 34 – 23 所示)组成了 VIV 监控系统,它用 7

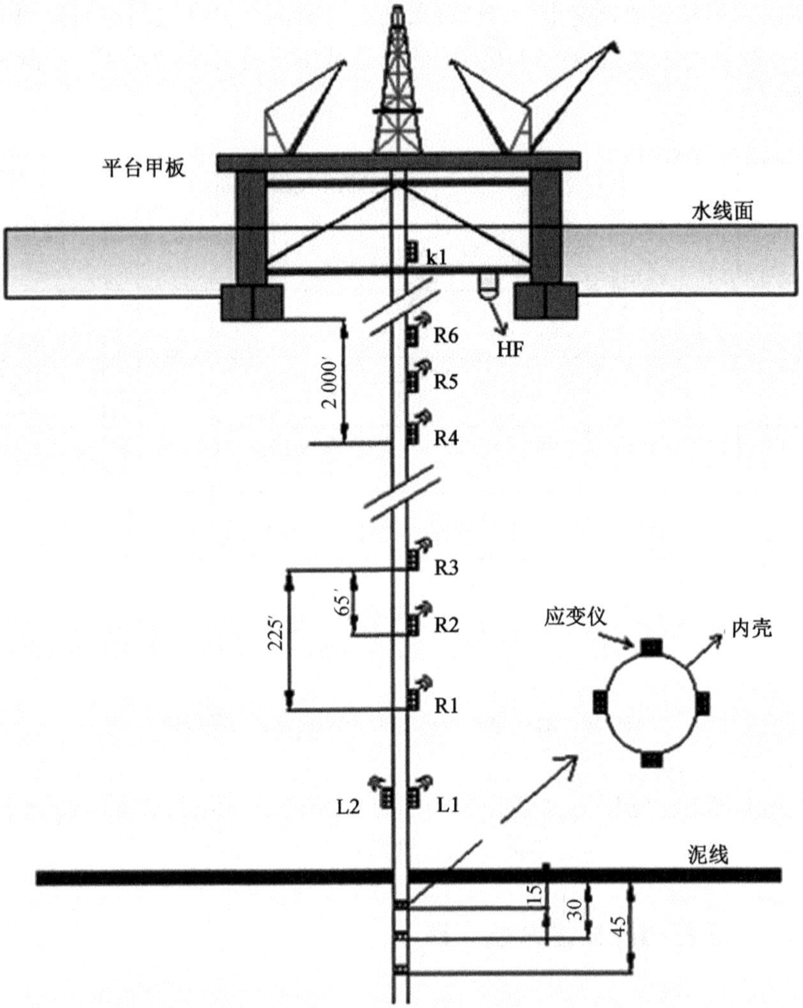

图 34-23　对于钻井立管仪器的推荐布置形式（Wei et al. ,2009）

个瓶子和 5 个应变仪进行 VIV 疲劳响应的测量。VIV 监控系统可以分成三个关键区域,分别是:

(1)立管顶部传感器(K1)

在立管顶部末端放置的一个瓶子内包含一个倾角罗盘、一个加速计和应变仪,它们可以用来测量 VIV 响应,以及此临界区域的应变(疲劳)。这些瓶子通过脐带线连在一起组成了完整性监控和管理系统(IMMS)。

(2)中跨集群(R4,R5,R6)

在立管中跨附近安装了 5 个瓶子,每一个都包含一个倾角罗盘和加速极(3

个轴向),可以提供沿着立管悬垂部分产生的重要的 VIV 响应测量数据,安装这些瓶子的目的是可以通过它们收集立管中跨区间内的 VIV 数据,而不是只依靠立管两端的仪器数据。这在一定程度上降低了数据处理中出现空间假频的可能性。

(3)低位置处的应力节(LSJ)集群(R1,R2,R3)

这个集群中含有三个瓶子,每个瓶子中有一个倾角罗盘、加速计(3个轴向)和一个应变仪,它们将会被安装在最终的三个立管节点位置,进行 VIV 疲劳失效响应的测量以及这个临界区域的直接应变值(以及疲劳)。

3. 低位置处应力节(LSJ)角度的监控

角度监控系统(L1 和 L2)用于连续监控和实时显示应力节的角度,由于命令传输、测量和回复的影响,每次更新都要占用4~5 s的时间。水中的声速大约是1 494 m/s,然而,更新速度(读数间隔)是完全可以设置的,因此,操作者可以自行设定系统进行连续更新,此种传感器的测量精度在 ±0.05°之间。

4. 套管应变的监控

套管应变仪可以测量沿着套管最危险部分的疲劳损伤分布情况,研究表明套管中最大的弯曲发生在泥线以下9 m深的位置,因而,建议对管子最大弯矩处的三个横截面(4.6 m分隔处,以9 m处的标记为中心)应变分布进行监控,进而可以得到疲劳损伤情况,在套管圆周方向上,每隔90°设置一个应变仪(如图34-23中右下角所示),用它们来测量两轴向的弯曲和轴向应变,这些单元将会被规则地向上布置一直到泥线以上,得到的数据也会以声学方式传输到船体甲板上的完整性监控和管理系统(IMMS)中。

5. 声学系统配置

目前有两种声学系统配置形式用于监控立管的响应,分别是:水下传感器/调制解调器/变频器单元;表面单元(接收器/指令器/显示器)。

(1)水下传感器/调制解调器/变频单元配置

水下传感器/调制解调器/变频单元是最小化传感器/声频调制解调器系统设计中最重要的一部分,用于收集振动信息,并传输到表面控制室,它包括一个三维加速计传感器、数字信号处理器(DSP)& 调制解调器和变换器。

传感器能够收集到非常微小的振动信息,并转换成电信号,通过使用模拟/数字转换器产生数字信号。数字信号处理器(DSP)可以对这个信号进行处理分析。而且,DSP 还会充当传感器控制单元、数据记忆存储和变频调制解调器的作用,变频器能够与表面单元之间发送和接收声音信号,实现振动信号和电信号的相互转化。表面单元发出指令后,任务电路就会激活数字信号处理器(DSP)开始工作。图34-24所示为水下传感器/调制解调器/变频单元的结构图。

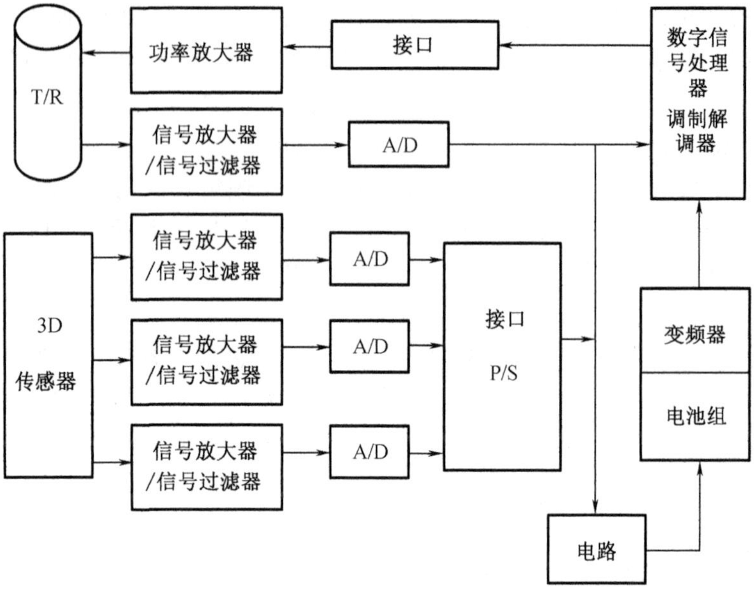

图 34－24　水下传感器/调制解调器/变频器单元的结构图

整个单元能够以两种模式工作，分别是工作模式和待机模式。当处于待机模式时，DSP 和传感器就会休眠以降低消耗。有两种方法可以激活它，分别是异常电流和表面单元的指令，这也是任务电路的功能，因此可以叫做“需求与经济效益的工作方式”，这种方式效率很高，而且节约能源，这也意味着大部分时间里只有任务电路处在工作状态监控信号。

(2)表面单元(接收器/指令器/显示器)配置

表面单元如同没有灵敏元件的传感器/调制解调器/变频器单元一样，因为这个单元处于表面状态，能量供应不再是一个问题，计算机可以借助傅里叶变换对收到的数据进行简单处理，得到每一个监控点的频谱图像。表面单元的作用是接收来自水下单元的信号，并将信号解调以恢复成水下传感器测量的原始数据形式。图 34－25 所示为表面单元结构图。

在这个系统当中，采用的调制方式是码分多址联接方式(CDMA)，其中应用了扩展频谱(spread－spectrum)技术和特种编码方案(其中每个发射机分配了一个代码)，允许多个用户通过同一物理通道进行多路复用。多径传播、频道时间变化、小范围可用宽带、严重的信号衰减和长距离传输等因素导致水下通信十分困难，相比于陆上通信，水下通信采用的是声波而不是电磁波，因而速率非常低。码分多址联接方式(CDMA)的主要优势在于它能够更加有效地利用光谱传输，具有抗干扰、抗多径性能，是水下声学通道中一个很有效的通信方式。

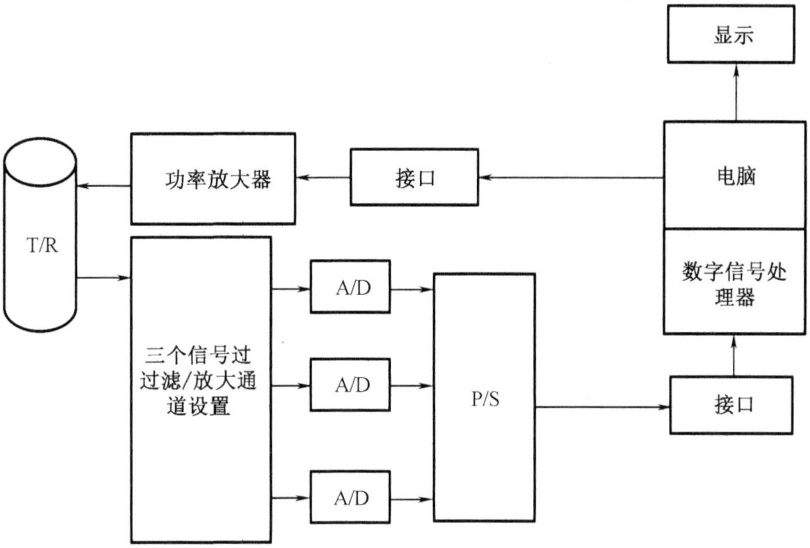

图 34－25　表面单元结构图

因为有三个水下传感器,并且它们依据海流状况各自随机进行数据传输,所以每个传感器必须要同时测量三维的海流数据,于是人们开始采用扩频调解技术。

在这些情况下,无论是硬件还是软件都非常复杂,为了实现系统的功能,需要使用最高速度的数字信号处理(DSP)芯片,并且构成一个基于 PC 机的并行信号处理器。为了应用扩频调解方案,需要具备广泛的宽带处理能力,然而,宽带变频器、功率放大器和信号处理器的设计和开发更加困难。

(3)传送和检测信号

在水中的所有信息都是通过声学进行传输的,由于水下的声学通道十分复杂,因此这种传输不是一项容易的任务。通常情况下,信号会被多路信号和长距离传输中的杂音干扰。目前设计者已经使用一种扩频调制解调技术——码分多址联接方式(CDMA)——来解决这一问题,码分多址联接方式(CDMA)已经在许多通信和导航系统中得到了应用,甚至包括全球定位系统(The Global Positioning System)。

通常情况下,水下声学通信只占据很窄的带宽,其他的部分会被浪费,而扩频调制解调技术却可以充分利用这些空闲的带宽,进而确保传输的可靠性,码分多址联接方式(CDMA)使得水下长距离声学传输更加可行,它允许多个传感器利用相同的物理通道进行多路复用。

码分多址联接方式(CDMA)利用了数学上代表字符串的向量之间正交特

性，水下单元处理器将来自不同传感器和特殊向量的字符相乘，只有借助正确的向量，接收器才能把特定传感器的数据进行解码。

6. 选择性模式处理方法(SMA)

对于各种类型的传感器，只有应变仪可以对 VIV 应变进行直接测量，因而，可以直接测得应力和疲劳损伤，其他的传感器只能提供间接的 VIV 应力响应信息，并且为获得沿着立管的 VIV 应力和疲劳损伤分布还需要进一步处理。直接测量应变的方法需要大量的应变传感器，目的是获得深水钻井立管的疲劳损伤峰值，但同时这种方法的成本也很高。一个更具有成本效益的处理方法是使用不同类型传感器的组合来获得有限个位置处的测量值，进而基于模态叠加方法进行数据处理，得到沿着立管的 VIV 应力响应。

SMA 的主要作用是选择占主导地位的模态进而提高效率，典型的 VIV 响应可能包括多个峰值点和多个模态，如果要立即找出所有的激励模态(如图 34－26 显示的 45 个)，理论上讲需要进行与激励模态数目相同次数的测量。

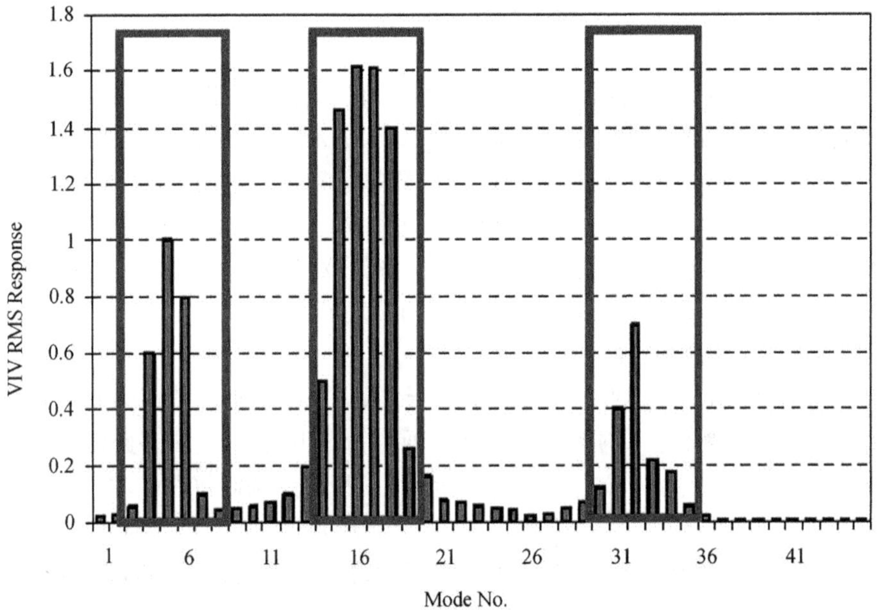

图 34－26　VIV 感应波谱

然而，如果通过搜索感应频谱把 VIV 响应分成包含大部分响应的多个波段形式，并且给每个波段分配相应的代码，然后在每个波段范围内进行处理，理论上讲，需要的测量次数仅仅是每个波段内的模态数目，这种方法可以显著降低测量次数和成本,另一个好处是这种方法可以为模态识别引入较少的模态数,进而降低发生空间假频的可能性。

每个波段内的 VIV 响应可以由 n 个模态确定($n \leqslant N$,其中 N 是得到的可用信号总数):

$$y(x,t) = \sum_{i=s}^{s+n-1} \phi_i(x) q_i(t)$$

从这 N 个可用信号中,可以选择 n 个测量值来确定模态参与因子 $q_s(t)$ 到 $q_{s+n-1}(t)$。

$$\begin{bmatrix} \phi_s(x_1) & \cdots & \phi_{s+n-1}(x_1) \\ \vdots & & \vdots \\ \phi_s(x_n) & \cdots & \phi_{s+n-1}(x_n) \end{bmatrix} \begin{Bmatrix} q_s(t) \\ \vdots \\ q_{s+n-1}(t) \end{Bmatrix} = \begin{Bmatrix} y(x_1,t) \\ \vdots \\ y(x_n,t) \end{Bmatrix}$$

选择性模式处理方法(SMA)的操作步骤如下:

(1)执行快速傅里叶变换(FFT) 得到 VIV 感应波谱;

(2)找出响应峰值,并且把感应波谱分成多个波段形式;

(3)选出每个波段内的候选模态(n) (候选模态的最大数目取决于可用的测量次数 N);

(4)解出每个波段的模态参与因子;

(5)将所有波段的响应求和得到总的响应。

第35章

柔性立管

35.1 简　　介

柔性立管的起源可以追溯到20世纪70年代。最初,柔性立管应用于气候环境较为温和的地区,如巴西的Garoupa油田、北海的Duncan和Balmoral油田都较早地应用了柔性立管作为海洋输油管道。其后,柔性立管技术得到了迅速的发展,现今已在北海地区以及墨西哥湾等地得到了十分广泛的应用。柔性立管适用范围为:最大水深2 438 m(8 000英尺);最大承受压力10 000磅/平方英寸(psi);最高能够承受水温超过66 ℃;同时允许船体在恶劣气候条件下的大幅运动。

柔性立管是一种多层复壁管,各层管壁采用不同的材料制成,且在承受外部或内部载荷时,各层管壁相互间能够发生轻微的滑动,因此具有较低的弯曲刚度。柔性立管的复壁结构主要包括高硬度的金属层和低硬度的聚合材料层,分别用于保证立管的结构强度和流体流动的完整性。柔性立管具有许多优于其他种类立管和输油管道(如SCRs)的特点,如可预制配件;便于卷筒储藏,减少运输和储存费用;可用于顺应式采油平台等。

35.2 柔性立管的布置形式

柔性立管系统的布置形式有多种,选择何种形式要根据产品的要求和当地

的环境条件,这期间需要进行静态分析,考虑如下因素:

(1)整体的性能和形状;

(2)结构完整性、刚性和连续性;

(3)横剖面属性;

(4)支撑方式;

(5)材料;

(6)成本。

图 35-1 所示为柔性立管系统的六种主要布置形式。影响布置形式设计的因素有很多,比如水深,与主船体的连接和悬挂位置,油田布置(如不同类型的立管数量和系泊线的分布),最为重要的是环境数据和主船体的运动特性。

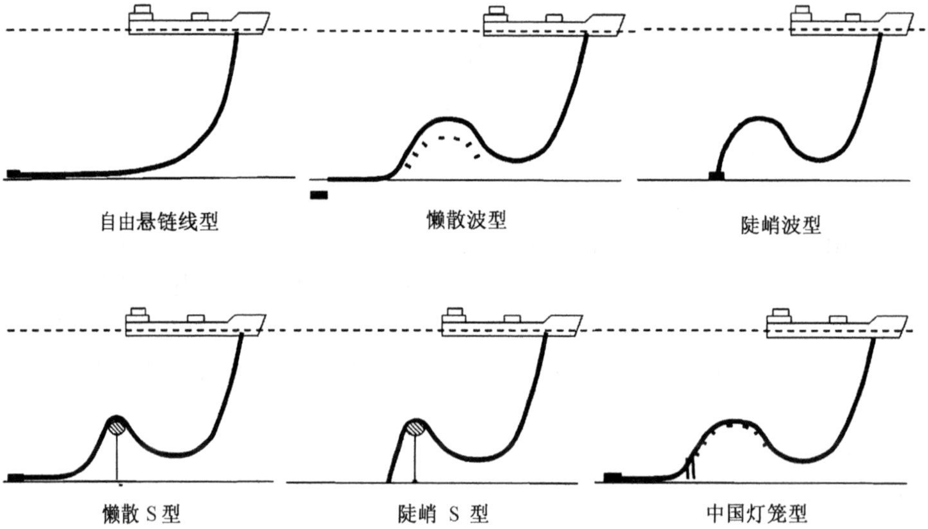

图 35-1 柔性立管系统的布置形式

35.2.1 自由悬链线形

自由悬链线形是柔性立管最简单的布置形式,其对海底基础设施的要求最小,安装简便、廉价。然而,该种布置形式会因船体运动使立管遭受恶劣的载荷情况。当船体运动剧烈时,在立管系统的触地点很可能遭受屈曲压力,拉伸防护层作用减弱。随着水深的增加,由于立管长度的加长,立管的顶部张力需求增大。

35.2.2 懒散波形和陡峭波形

选用波浪形式的系统布置，浮力和重力共同作用在长长的立管上，从而解耦了立管触地点与船体运动的关系。懒散波形相比于陡峭波形，需要的海底基础设施更少，但是如果在立管作业期间的管内流体密度有所改变，懒散波的布置形状容易发生改变，而陡峭波形具有较好的海底基础和弯曲加强器，则不容易发生变形。

浮力模块是由合成泡沫制成的，具有较低的流体分离特性。浮力模块需要夹紧在立管上，以避免滑脱使立管布置形式发生改变，铠装层遭受较高的应力。但是夹紧时要注意夹具不会损伤立管的外套，避免水进入管间隙。浮力模块在一定时间后会发生浮力损失，所设计的波形布置结构要能顺应浮力损失10%的情况。

35.2.3 懒散S形和陡峭S形

懒散S形和陡峭S形的系统布置，会在海底安装一个固定的支撑或浮力块。该支撑固定在海底的结构物上，通过钢链定位浮力块。这一方法解决了触地点问题，使得触地点的运动仅引起很小的张力变化。

35.2.4 中国灯笼形

与陡峭波形布置相似，中国灯笼形的系统是通过锚控制触地点，立管的张力传递给锚而不是触地点。此外，该种布置形式的立管是系到位于浮体下面的井口，这使得井口受到其他船舶干扰的可能性减小。

这种布置形式能够适应流体密度的大范围变化和船体的运动，而不发生布置结构形状的改变，也不会引起管结构产生高应力。但是其安装复杂，所以仅在前面介绍的布置形式都不可用时才采用。该种布置形式最大的缺点是安装成本过高。

当前，世界上只有3家公司供应柔性立管，分别是丹麦的NKT Flexibles公司、美国的Wellstream公司和法国的Technip公司。

35.3 柔性立管横截面

柔性管有两种,分别是黏性柔性管(Bonded Flexible Pipes)和非黏性柔性管(Unbonded Flexible Riser)。黏性管是由织物(Fabric)、弹性纤维(Elastomer)和钢(Steel)构成的各层经硫化作用粘合在一起制造而成的。黏性管只适用于短节管,如跨接管(Jumpers)。

图 35-2 黏性柔性管(Antal, et al., 2003)

图 35-2 展示了黏性柔性管的横截面。图 35-3 是 Heidrun TLP 的照片,展示了 $5\frac{1}{2}$ 英尺的生产装置和 2 英尺的气举软管(Gas Lift Hoses)组合成的采油树。

图 35-3 Heidrun TLP 上的生产装置和气举软管

非黏性柔性管可以根据不同长度需求制作成几百米长。除非特殊说明,本章其余部分涉及的内容均指非黏性柔性管。图 35-4 展示了一种典型的非黏性柔性管的横截面。柔性管横截面有 9 个组成部分,其中只有五种是主要组成部分，分别是：骨架（Carcass）、聚合物内护套（Internal Polymer Sheath）、耐压铠装（Pressure Armor）、张力铠装（Tensile Armor）和聚合物外护套（External Polymer Sheath）。在内护套和外护套之间的空间是管内的环（管内环面）（Pipe Annulus）。

35.3.1 骨架

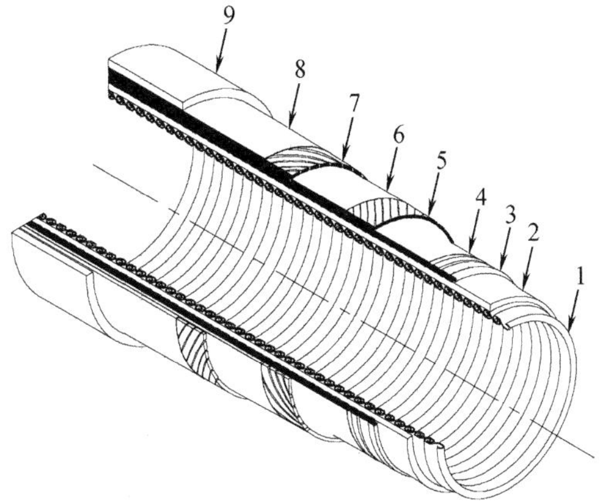

图35－4 典型非黏性柔性管横截面图

（Zhang，et al.，2003）

1—架构层；2—内部流体隔层；3—抗压铠装；4—抗磨层；5—抗拉铠装；6—抗磨层；7—铠装层；8—抗局部扭曲层；9—外部流体隔层

骨架构成了柔性管横截面的最内层。如图35－4所示，它通常由许多不锈钢制平钢带自锁连接而成。骨架的制造可使用不同等级的钢材，钢材的选择主要由管内液体的特性决定。最常用的制造骨架的钢材是AISI 304、316和Duplex。制造骨架的材料需要能够抵抗钻管内液体的腐蚀，因为钻孔内液体需要直接流经骨架表面。

骨架的主要功能是防止由静水压力和环面内合成气体造成的管道坍塌。当气体从管内中心孔通过聚合物内护套扩散到环形套筒中时，环形套筒内的混合气体是立管的一种潜在失效模式出现在运送碳氢化合物的管道中。当井口关闭，压力下降，管内中心孔的气体被抽空时，环内的气体压力会导致立管塌陷。因此，钢制骨架的作用是承受这种导致坍塌的压力。对于运送不含碳氢化合物液体的管道（例如注入水的管道）则不会发生混合气体渗入环内导致立管坍塌的情况，因此不需要建造骨架。

35.3.2 聚合物内护套

聚合物内护套为保持钻孔内流体完整性提供了一道屏障。曝光浓度（Exposure Concentrations）和液体温度是设计内护套时要考虑的两个关键问题。常用的制作内护套的材料有：聚酰胺－11、高密度聚乙烯（HDPE）、交联聚乙烯（XLPE）和聚偏氟乙烯（PVDF）。聚酰胺－11和HDPE是最常见的两种材料，都可以耐受最高大约 65 ℃(149 ℉)的温度和 7% 的许用应变。当护套需要有耐高温能力时,可以用 PVDF,其可承受高达 130 ℃(266 ℉)的温度。然而,PVDF 的许用应变只有 3.5% 。护套层的厚度是由内钻孔液体温度、合成物和内钻孔压力等参数共同决定的。护套的平均厚度为 5 ~ 8 mm,但也制造过 13 mm 的内护套。

35.3.3 耐压铠装

耐压铠装的作用是抵抗由管内钻孔液体压力引起的管壁周向应力。耐压铠装缠绕在聚合物内护套上,由互锁铠装键(Interlocking Wires)制成。铠装键的轮廓如图 35 - 4 所示,这种形式允许立管发生挠性弯曲,并且可以控制铠装之间的间距以防止内护套从中挤出。为了最好地防止管壁环形电压出现,耐压铠装缠绕时应与管的长轴成 89°夹角。

制作耐压铠装键的材料是高强度碳钢。铠装键的选择主要取决于管道的工作环境是酸性还是碱性的(酸性环境的定义参见 NACE MR 01 - 75)。柔性立管中使用的最高强度钢丝的极限抗拉强度可以达到 1 400 MPa (200 ksi)。然而这些高强度钢丝容易发生氢脆裂(HIC)和硫化物应力裂开(SSC)。因此,对于工作于酸性环境的立管而言,不能使用如此高强度的钢丝。可以用极限抗拉强度低至 750 MPa (105 ksi)的附加钢层来解决该问题。

35.3.4 抗拉铠装

抗拉铠装键通常成对交叉缠绕。顾名思义,抗拉铠装层用于抵抗作用在柔性立管上的张力载荷。抗拉铠装层通常由平矩形截面的铠装键沿与管轴成 30° ~ 55°夹角方向缠绕装配而成。当要求立管的抗拉铠装层也承受环向应力或立管没有耐压铠装层时,抗拉铠装层的缠绕角设计为 55°,此时立管的扭矩平衡。

抗拉铠装层需支撑立管各层的重力,并将载荷从终端设备传向船体结构。深水立管的高张力通常需要为柔性立管设计四层抗拉铠装层。抗拉铠装键同耐压铠装键相同,都是由高强度碳钢制成。考虑高强度的铠装键容易产生 HIC 和 SSC,管道工作环境的酸碱性仍然是影响铠装键强度的决定因素。

35.3.5 外聚合物护套

外聚合物护套所用材料与内聚合物护套相同。外护套的主要作用是阻隔海水,同时也保护铠装键在安装时不与其他物体发生碰撞而受损。

35.3.6　其他层和外形构造

柔性立管的横截面除了上述5层主要部分外,还有其他几个次要层。这些层包括缠绕在铠装键的抗磨层。它的作用是减少立管弯曲时因摩擦和外部压力导致的铠装层的磨损。抗磨层也能在一定程度上保持铠装层的缠绕形状。同时,还可以防止由静水压力造成的立管轴向受压,出现铠装键脱离本身位置发生扭曲和"鸟笼"(Bird Caging)现象。

在一些柔性立管的应用中,由于高强度载荷的存在,抗拉铠装层需要使用高强度铠装键。同时,酸性工作环境意味着这些铠装键发生 HIC/SSC 的概率较高。一种解决的办法是制造一根横截面上有两个独立环的管,内环是耐压铠装层。由于高浓度 H_2S 的存在,这些铠装层必须由强度不是很高的钢材制成,以避免遭遇严重的腐蚀问题。因此,需要在抗压铠装层和抗拉铠装层之间安装一个额外的护套,以阻止高浓度 H_2S 进入外环。虽然少量的H_2S还是会透过这层护套由内环流入外环,但外环中 H_2S 的密度已经降到足够低,可以使用高强度铠装键制造抗拉铠装层。

35.4　柔性立管设计依据

35.4.1　设计依据

立管系统,包括其立管管线、交界面和其他组成部分,必须按照如下基本原理进行设计:

(1)正如设计依据中给出的,立管系统应该满足功能上和操作上的要求;

(2)立管的设计应避免不利事件升级为严重的意外事件;

(3)利于进行简单可靠的安装和维修以保证使用顺利;

(4)为检测、维护、更换和修理提供足够的接口;

(5)立管及其组件的建造需按相关的业内标准执行;

(6)结构细节的设计和材料的应用应该尽量减小发生腐蚀、侵蚀和磨损的可能;.

(7)立管的机械组件的设计一定要符合事故保险要求;

(8)设计应有助于对立管的相关性能和状态进行检测,如张力、应力、角度、共振、疲劳破坏、磨损和腐蚀等。

柔性立管的设计不仅要考虑整个系统,而且也应考虑一些附加条件。设计还应同时考虑购买者或者制造商的要求。

在考虑挖沟、填埋或者岩石倾倒的影响时,我们需要考虑由压力、温度所引起的轴向伸长而导致的隆起变形、蠕变和极限载荷能力,分析由温度、时间和作用在管道上的荷载所影响的管道弯曲刚度的变化。

35.4.2 立管接口设计

由于接口处的设计会对其后管道设计和系统设计产生很大影响,接口设计必须在设计初期考虑。明确的接口定义会为系统提供最优、最全面的解决方案。

相关问题包括以下几点:

(1)连接位置。立管连接位置位于水线上方或水线下方,会对设计、安装和使用(状态检测)产生重要影响。

(2)限弯器的选择。锥形口(Bell Mouth)和抗弯器需要在设计上部接口前设计。需要注意,锥形口比抗弯器需要更大的空间。

(3)限弯器安装的位置。安装在终端或I形卷筒尾部。

(4)出油管道安装条件。对挖有沟槽并回填的出油管道,需要考虑突起变形的需要,并且要先加压再埋藏。

(5)连接设计。需要考虑未来可能需要使用工具进行内部检测的情况。这需要设计一个清管系统(Pigging System)为发射检测工具提供通道。这个系统也可用于从顶部连接处到柔性管的清管器。

(6)连接件。确定法兰连接的高度和位置,潜水或非潜水辅助的连接、法兰及管汇。

(7)I型和J型套管。在设计套管时应考虑是选择I型还是J型,这将对柔性立管的安装方案产生影响。I型套管端部若要求设置阀件,将对其所承受的载荷有重要影响。

(8)海底连接件。使用水平构型的连接(如低弯度S形)可以简化安装步骤,并可以显著减少PLEM/立管的海底基础设施复杂性。

由于油田开发工程的复杂性,大部分顶部和海底设备的设计制造很大程度上受到立管锚泊系统设计的直接影响。锚泊系统、立管和其他部分油田开发设施的连接部件是整个锚泊立管系统设计中的重要部分。举例来说,对于立管支撑结构的设计,需要先评估立管上预期的最大载荷,它将对支撑外部立管的主体结构设计产生影响。

立管的布置形式影响了独立I型立管底部的锥形口和在船体连接处弯曲加强件的设计。此外,为减轻立管在安装和使用过程中发生相互间的碰扰,布置形式的设计应保证立管的稳定性以及与出油管的位置关系。

35.4.3 功能要求

功能要求是指在修改某些参数或程序时所遵循的依据。所做出的修改要根据设计、材料、建造和试验而定。

制造商必须使柔性立管满足如下最基本的整体功能要求:

(1)防漏功能;

(2)承载功能;

(3)服役期间履行设计功能;

(4)暴露出来的材料部分应与外部环境有良好的融合性;

(5)防腐功能。

35.4.4 材料选择

柔性立管与其他类型的立管不一样,有特殊的横截面结构,其他类型的立管一般只有一个管层,用钢材制造,而柔性立管管层很多,所应用的材料包括钢材料以及聚合物等。材料选择是柔性立管设计中非常关键的内容。大体上说,影响材料选择的主要有成本、抗腐蚀能力、重力要求、焊接性能四个方面。柔性立管的材料主要有两种:聚合材料和钢材。下面主要对这两种材料进行详细的介绍。

1.聚合材料

PA-12的性能与PA-11的性能在初始阶段是相似的,然而其老化性有很大差异。对于高温环境或是动态管,外套材料选用PA-11比HDPE更加合适,这是因为PA-11的磨损和疲劳性能较好。除非遭受持续高温,否则PA-11能够很好地抵抗碳氢化合物和水合物的腐蚀。PA-11的主要老化是水解,水解主要是由于运输流体的实际操作温度、水的PH值、甲醇或者其他的水合物而引起的。

XLPE是PE的一个特别等级,它通过交联过程获得,为的就是提高基本材料的特性。交联是在挤压处理后通过循环热水获得。PVDF的性能部分地取决于聚合过程。当前应用的两个处理过程分别是乳胶法和悬浮法。应用 PVDF 关键的问题是对终端的密封。表 35－1列出了柔性管中应用的聚合材料,表 35－2 列出了聚合材料的相关性能。

表 35－1　柔性管中应用的聚合材料

结构层	材料
内压防护层	HDPE,XLPE,PA－11,PA－12,PVDF
中介层	HDPE,XLPE,PA－11,PA－12,PVDF
外套	HDPE,PA－11,PA－12
绝缘层	PP,PVC,PU

表 35－2　聚合材料的相关性能

材料	温度范围	密度(kg/m^3)
PVDF	－20 ℃ ~ +130 ℃	1 750 ~ 1 800
XLPE	－45 ℃ ~ +95 ℃	940
	0 ℃ ~ +100 ℃	940
PA－11	－20 ℃ ~ +90 ℃	1 050
	－20 ℃ ~ +65 ℃	1 050
HDPE	－45 ℃ ~ +40 ℃	950 ~ 960
	0 ℃ ~ +60 ℃	950 ~ 960

材料	许用应变/%	弹性模量/MPa	抗拉强度/MPa	热传导率/(W/mK)
PVDF	3.5	950	40	0.17
XLPE	7	800	30	0.35
PA－11	7.7	350	55	0.33
HDPE	7	700	30	0.35

材料	兼容性能	气孔性能
PVDF	能很好地抵抗时效裂纹和环境应力开裂适用于高温环境的生产和注水井的流体,包括乙醇、酸性物质、氯化物溶剂、脂族烃和芳烃、原油对胺、浓硫酸、硝酸、苛性钠(建议 pH <8.5)	只有在低温时有很好的气孔性能

表 35－2(续)

材料	兼容性能	气孔性能
XLPE	不易老化和能抵抗海水、弱酸(取决于浓度和使用频率),高含水量的生产流体。对胺和强酸抵抗能力差以及容易氧化。相比 HDPE 不易遭受环境应力开裂(环境条件包括乙醇和液化碳氢化合物)	比 HDPE 的气孔性能好,在超过 3 000 psi 的压力时,有比较理想的性能
PA－11	不易老化和能抵抗原油腐蚀。很好的抵抗环境应力开裂。在高温对酸性只有有限的抵抗能力,对嗅化物抵抗能力有限。在高温、高含水量环境抵抗能力较差	在 7 500 psi 高压和温度高达 100 ℃有好的气孔性能
HDPE	不易老化、能很好的抵抗酸性物质、海水与石油的腐蚀。对胺抵抗能力较差,容易氧化。容易遭受环境应力开裂(环境条件包括乙醇和液化碳氢化合物)	在 7 500 psi 高压和温度高达 130 ℃时有好的气孔性能

2. 钢材

钢材料主要应用在不锈钢内衬管和装甲层。钢材的等级越高(直到特种钢),单位体积(质量)的价格越高。然而,随着高等级钢材生产成本的降低,海洋工业一般使用高等级的钢材。材料选择是深海立管设计中最初的步骤之一,也是系统设计中的关键要素。

(1)不锈钢内衬管的材料

不锈钢内衬管是柔性管的主体,从本质上说是波纹金属管。它是将金属钢带经过塑性变形而变成“S 形”,同时将它缠绕在一个轴上。在塑性变形的过程中,每一个独立的线圈互锁形成之前的线圈,从而形成连续的套管。它主要的功能是防止静水压力或者残留在环内气体的积累压力对柔性立管的破坏。另外一个重要的功能是保护内部套管免受运输流体中固体的磨损和腐蚀。对于抵抗普通的腐蚀、麻点腐蚀、氯化物诱导的爆裂,不锈钢 AISI 316L 或者 Lean Duplex 是最好的选择。

内衬管材料的选择主要取决于内部流体温度,CO_2、H_2S、氯化物、氧气的含量,其他要考虑的因素包括 PH 值,以及水、单体硫、水银在内部流体中的含量。如果在高腐蚀的环境当中,比如说由于大量的 H_2S 或者 CO_2 聚集,那么可能用到

Duplex 或者 Super Duplex。典型的不锈钢内衬管结构材料有碳钢,铁素体不锈钢(AISI 409 和 430),奥氏体不锈钢(AISI 304,304L,316,316L),高合金不锈钢(Duplex UNS S31803),镍基合金(N08825)。

表 35-3 是几种钢材的性能。

表 35-3 四种钢结构材料相关性能

性能/材料	AISI316L	Lean Duplex2102	Duplex 2205	超级 Duplex
压缩屈服强度/MPa	250	580	600	650
压缩极限强度/MPa	320	700	800	800
拉伸屈服极限/MPa	500	700	750	850
拉伸极限强度/MPa	650	900	1 000	1 000
延伸率	50%	25%	25%	25%

(2)装甲层的材料

装甲层的材料基本都是碳钢,其中碳的含量根据设计要求而定。当因环境引起的对结构层的强度要求很高时,选用高碳钢。酸性环境一般选用低碳钢或中碳钢,钢材也可经热处理,如淬火。

对于装甲层的制造、焊接、酸性要求等都要遵照 API RP 17J 的规范,满足要求的结构承载力。其中的化学元素如碳、硫、硅、磷和铜,在钢中的含量需要严格控制。在厂商的材料说明书中都明确给出各成分的界限。

对材料的可焊性进行评估时,若没进行过焊接热处理,则需要确定最大的等效碳含量(CE):

$$CE = C + \frac{Mn}{6} + \left(\frac{Cr + Mo + V}{5}\right) + \left(\frac{Ni + Cu}{15}\right)$$

3. 其他材料

(1)铝　柔性管的任何一个钢结构层都可以用铝代替。铝相对于钢的优点在于,同等强度极限下,铝的质量可以达到钢质量的 30%~60%。

(2)合成材料　是在树脂基底上增加了一层加固纤维。目前,此种材料仅用于替代某些柔性管的钢拉伸防护层。

(3)复合纤维　是未来柔性管材料的一个潜在选择。此种纤维可以用来替代钢装甲,大大减轻质量并提高柔性管在酸性环境中的性能。

35.4.5 制造过程

制造过程需要依照制造商提供的说明书执行。特殊工序,包括焊接、热处理和涂层需要符合需求。制造商须保留特殊程序的质量说明书以供买方或买卖双方共同认可的第三方检查。

无损评估(NDE)需要符合 ASTM E709 - 磁粉探伤实验、ASTME165 - 液体渗透检验,ASTM A388 和 E428 - 超声波探伤实验、ASTM E94 和 E142 - 放射线探伤实验以及其他的相关要求。

(1)工厂验收测试

柔性立管需要通过工厂验收测试。包括规格、流体静压力、电气连接、电阻性、排气系统测试,以证明制造商制造的管道符合说明书中的要求。

所有的管道都需要进行流体静压力的测试。有阴极保护的管道需要进行电气连接和电阻测试。电阻测试和规格测试只需在粗孔结构中进行。有气体保险阀或终端设有气阀的立管需要进行排气系统测试。

(2)直径对目前立管内部压力和水深设计的限制

柔性立管的设计有两个限制条件,分别是压力和水深。同时,柔性立管也有应用限制。因此,柔性立管的设计为满足压力和水深条件的要求需符合相关的标准和规范(图 35 -5)。

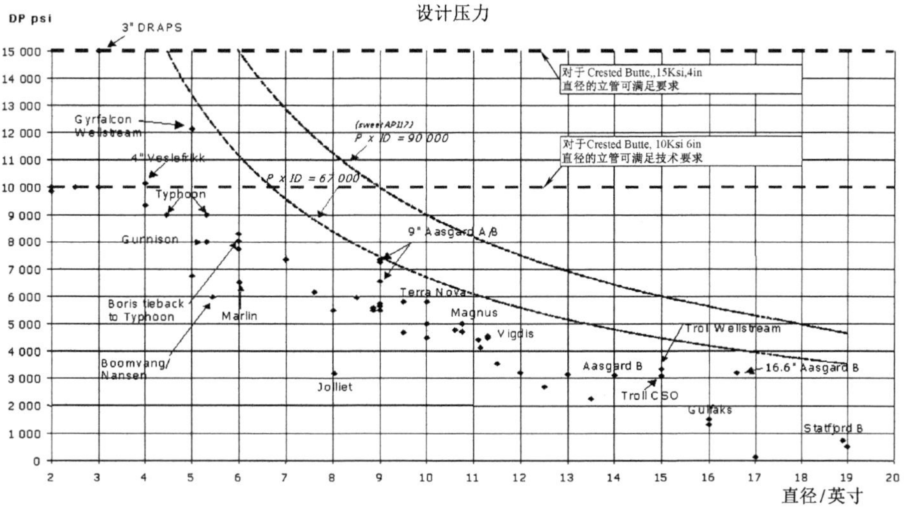

图 35 -5 目前柔性立管的设计限制条件

图 35 - 6 指出了当前柔性立管设计的限制。现有的注水管和最新的合格管道测量都是按照 Remery 程序进行的。图 35 - 6 同时指出了内部压力和水深限制与直径间的关系。

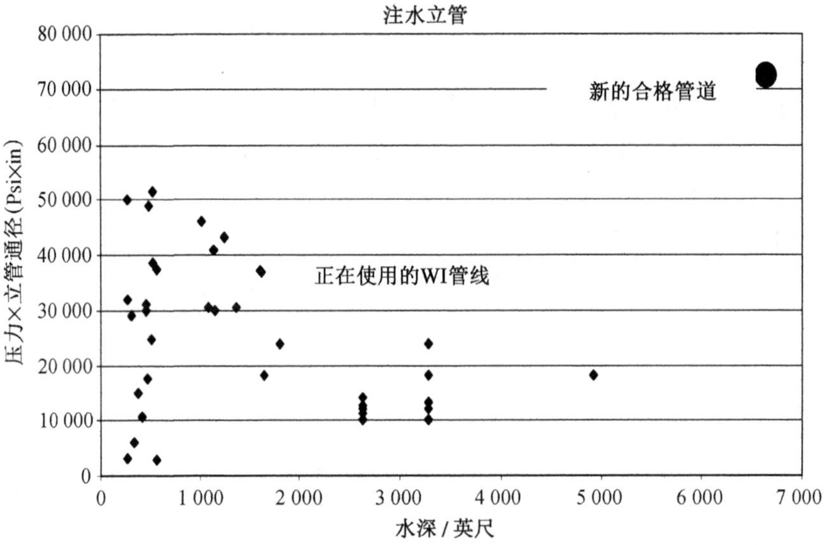

图 35 - 6 注水柔性立管技术限制（Remery, et al. ,2004）

通过图 35 - 6 可以轻易看出水深和立管直径间的关系。如前所述，随着水深增加或者内外压力增加，内外径比随之成比例增加。

35.5 柔性立管设计分析

柔性立管设计分析的主要任务与前述其他立管相似。

35.5.1 基础设计分析文件

文件应最少包含以下内容：

(1) 主体结构和海底结构的布置图；

(2) 用于立管分析的风、浪、流以及船体运动数据；

(3)适用的设计规范和公司规范;
(4)适用的设计准则;
(5)边缘和形管数据;
(6)用于计算静强度、疲劳和干涉分析的载荷状况矩阵;
(7)应用分析方法。

实施柔性立管设计分析时应执行几种类型的分析。分析类型如下:
(1)有限元建模和静力分析;
(2)整体动力分析;
(3)干扰分析;
(4)横剖面模型分析;
(5)极限状态分析和疲劳分析。

1. 有限元模型和静态分析

进行非线性静态分析时需要建立有限元模型,为了获得较准确的结果,在有限元建模时需要做如下考虑:
(1)曲率半径的网格尺寸;
(2)波浪载荷计算中 C_c和 C_m的选取;
(3)边界条件的确定;
(4)动态分析的时长和步长的设定;
(5)有限单元类型的选择;
(6)阻尼模态和阻尼系数的确定。

很多时候需要进行多次分析,以观察计算结果对这些参数的敏感性。静态分析的目的就在于确定立管布置形式的初始静态形状。静态分析中选择的设计参数一般有长度、重力、浮力以及触地点和水下浮力罐的定位。静态分析阶段中考虑的载荷通常为重力、浮力、内部流体、船体偏移和流载。

对于柔性立管的静态分析,至少需考虑其与船体位置的三种情况:近位、远位和极限远位。极限位置不一定要处于立管平面之内,尤其是在考虑环境的方向性影响时。

2. 整体动态分析

动态分析用来评估立管整体的动态响应。在静态分析阶段已经选择了柔性立管和船体的位置,这一阶段的分析需要考虑一系列的动态载荷情况。许多不同的波浪和流载荷、船的位置和运动、立管内环境载荷等复合成立管的作业载荷工况和极限环境载荷工况,立管整体的可行性评估都是基于这些工况进行的。

在动态分析阶段,船体运动的影响应该与波浪和流的载荷结合,以获得立管的响应。水动力可以用莫里森公式计算,船体运动载荷可以通过模型实验和计算机模拟得到。

由于柔性立管的动态性能都是几何非线性的，所以利用频域分析的结果是不精确的，因此，柔性立管的分析通常用时域模拟。

在精确度和收敛满足设计要求之前，应仔细检查动态分析的所有结果。分析时需特别注意选取合适的网格和时间步长。仔细评估对响应特别敏感的波浪方向和波浪周期，以确定最合适的载荷工况。

对于动态分析，海况可以用规则波和不规则波来描述。在参数研究的初始阶段一般都用规则波方法，不规则波分析可以用在最终设计阶段时确定最优化布置的载荷工况。

动态分析中要得到的重要参数有：

(1)顶部和底部的角度(针对陡峭布置)；

(2)顶部和底部的有效张力(针对陡峭布置)；

(3)沿立管方向的最大和最小有效张力；

(4)浮筒系链的张力；

(5)浮筒运动距离；

(6)浮筒与立管的偏离角度；

(7)最大曲率(最大曲率半径)；

(8)立管间距；

(9)结构物和海床的间距；

(10)触地点区域立管的运动和曲率。

为了防止立管与船体在连接点处弯曲过度而设计了弯曲抑制装置，设计该装置时需要知道连接点位置的角度和张力。测量角度时，需要考虑船体相关的自由度运动(如纵倾)。

3. 碰扰分析

实际的海洋平台很少只悬挂一根立管，往往很多不同功用的立管同时悬挂在平台的不同位置，因此立管与立管之间要保持互不干扰，更不能发生碰撞。立管系统设计应该包括潜在立管干扰(包括水动态干扰)的评估或分析。这些干扰包括立管之间的干扰，以及立管和锚链线、键、主船体、海床或者其他的一些障碍物之间的干扰。在立管设计寿命之内的所有阶段，都必须考虑干扰，包括安装、在位、分离以及异常情况。当确定接触的可能性和严重性时，应该评估所选择的分析技术的精确性和合适性。

立管系统应该设计成能够控制对立管或者系统的其他部分造成破坏的干扰问题。

控制立管干扰有两种方法。一种方法要求立管系统在一个可接受的范围内,有一个最低的可能性,立管和其他物体之间的间隙必须小于特定的一个最小值。另一个方法允许在立管和其他物体之间有接触,但是要求分析和设计这个接触带来的影响。

干扰可能发生在立管和任何其他物体之单间,这些物体包括平台、船体或其他立管。如果发生干扰的立管之间差异较大,比方说,尺寸不同、特性不同、海洋生长物范围不同、顶部张力和应力分布不同、边界条件不同、流场环境不同等,这种差异越大,所形成的干扰比同一动态性能立管之间的干扰后果越严重。在具体分析中,要确定冲击载荷的大小和方向。

4. 横截面模型设计

细致的截面模型的建立是为了计算重要的截面系数,比如:弯曲刚度,轴向刚度,FAT压力等。截面的布置和尺寸的选择是根据管线的功能要求和层结构的选择经验。截面设计计算和检查通常是由制造商用特定的经过实验数据验证的软件完成的。

5. 极限分析和疲劳分析

线材和管材的应力是在设计压力下进行计算的。极限响应分析根据规则波理论来判断张力和循环角等。横截面模型用于疲劳分析。

35.5.2 设计评审

设计评审包括对全局配置、锥形孔设计、碰扰和疲劳设计等的检查,在一些特殊的情况下,也要检查柔性油管的屈曲和稳定性。通常来说,考虑到柔性立管所用的材料,柔性立管的细节设计是由供应商来完成的。如前面提到的一样,第三方,也就是立管工程公司,负责对设计进行校正和修改。

35.6 建造、安装及连接要求

35.6.1 建造要求

管道系统的建造需根据相关的说明及操作规程。

海洋工程管道是安装在海床上的,建造过程需要精细的管理。为了保证管道系统的完整性，必须谨慎地设计、实施和监控安装作业。需要对施工过程中如下基本变量的容许范围作准确定义：

(1)管道张力；

(2)管道偏移角；

(3)布置过程和临时弃船时的水深；

(4)回收；

(5)完工。

建造程序应该反映出连续铺管操作的允许极限，修正、临时报废极限，以及对可能的破坏的补充监测条件。

在管线制造过程中，制造工人应该有足够的对自身和管线安全的责任感。

35.6.2 安装要求

金属立管可以由浮式生产系统(FPS)或者浮式钻井架、施工船(浮式起重机)以及拖拽和直立方式来完成。

在操作阶段，需要准备立管安全布置操作流程预案。

为了铺设管线，我们需要一些特殊的工具来对立管进行连接、升降和支撑。另外也需要对压力进行测试和检测的工具。

安装方法必须满足足够的“气候窗”来实现其操作，还要考虑意外事故的处理、安装的推迟和返工。

1. 安装分析

安装分析应该考虑一些偶然情况，分析中应该用最大载荷。如果用到张紧轮，在不违反管的设计标准情况下，应该校核最小和最大的张力载荷。最小张力载荷应该比要求能够阻止管的滑移载荷大，定义如下：

$$F_{\min} = \max\left(\frac{T}{\mu_1},\frac{T}{\mu_2}\right)$$

式中 $F_{\min}$——支撑立管的最小张力载荷；

T——立管上的最大载荷；

u_1——外部套管和张紧轮衬板之间的摩擦系数；

u_2——外部套管和它下面的装甲层之间的摩擦系数。

2. 监控

海底情况需要经常由潜水员或安装在 ROV 上的摄像机监控。为了便于安装完成后回顾海底运动情况，需保存监控录像。录像需要识别所有可视的标记，证实铺设模式和布置形式，栓结法兰、连接件、限弯器以及浮舱的情况，所有的录像需要被保存在独立的文件中，并且每个文件需要单独标记以方便保存和检索。

3. 卷筒安装

卷筒在任何时候都应与滑道布置在同一直线上。滚子、单点附件或其他附属件都不应为立管结构引入非常规载荷。此时，可利用立管倾斜装置使立管曲率达到要求。尽量避免单点接触，对接触点的载荷进行计算以保证作业中不会引入非常规载荷。

4. 卡盘式安装

卷筒式安装的方法及建议同样适用于卡盘式柔性立管的安装。

5. 盘卷式安装

除非储藏带可以用于安装，否则储藏带需要被临时的展开钻机替代，优先于船外线圈的展开。适合的时候，柔性立管需要被缠绕在旋转货盘上，同时，释放井架需要有一个合适的旋转接头。起重机应缓慢地将立管升至水平位置，使其内部所有弯曲旋转释放。潜水员不可以用锋利的工具移动临时的铺设井架。

6. 非盘卷式安装

非卷圈式柔性立管需要用多点提升的起重机升至船外。如果使用船外的沟槽和卷扬机，应确保柔性立管及关键部件不会遭受损害。管道也可以直接放在甲板上或将一端挂起。在这种情况下，安装程序应确保不超过 MBR 标准。

7. 展开及连接

展开过程中的载荷和变形应符合允许极限。安装过程中需要监测弯曲半径，或是安装方法和铺设参数的设计能够确保不超过最大曲率(MBR)标准。例如，当用 ROV 监测触地点(TDP)时，使用转发器保持最小的距离修正，以保证立管的构造符合 MBR 标准。如果可行，牵引键(或使用薄弱连接)应在立管因遭受过大张力持续损坏前断开。当考虑牵引的最大摩擦力时，在利用钢管或 J 形管铺设过程中，柔性立管不可以承受过大的张力，这一过程需要后张力。

连接顺序的制订应考虑到在无口法兰移走后，极少量的抑制钻井液遗失的情况，除非在连接后马上使用含抑制钻井液的驱油。总的来说，柔性立管不可以放置在周围有物体限制其移动的区域。但是当程序、仪器和柔性立管经过特别设计，这种情况也被允许。当存在冲刷问题时，冲刷垫的使用应优先于物理限制。

建议出油管与终点在主铺设方向上直接(如井口或管汇)垂直连接。这样允许管线有超量的长度和扩张量吸收连接处的终端环路。在出油管长度考虑不足时可能会用到终端环路。

8. 挖沟及埋藏

如果已经安装的柔性立管需要被埋入柔软的海底，需要安装立管跟踪设备以备日后寻找其路线。当埋入的柔性立管遇到坚硬海底沟道,或是穿过海沟中的巨石,需要有合适的沙袋或者其他方法使管道顺利通过锐利边缘或是拐角处。这种情况下会违背 MBR 标准,管道的外护套可能发生损坏。

9. 船及设备

船及设备需要保持良好的运转状态,移动前需进行检测。需要校准所有的测量工具,特别是测量载荷的工具。所有起重设备都需要有合格证明。

当管道的张力分布在张紧装置上时,需要由卷线盘传动装置、固盘传送带传动装置、安装程序及控制系统控制管道的张力。

柔性立管安装过程中,安装船需要如下控制设备:

(1)用于布置立管的 ROV;

(2)确定顶部最大张力的张力测控设备;

(3)确定偏移角大小的设备;

(4)对履带张紧装置的压缩载荷测量。

10. 安装程序

每根立管的安装程序由系统配置和每根立管独立的组成元素决定。在这一节的安装程序举例中,展示了在船外滑道水平安装的例子。同样,也可使用垂直安装。其简图分别参见图 35 –7 和图 35 –8。

柔性立管安装时可能采用注水、自由灌水或不注水的方式。制造和安装承包商需要决定安装条件。一些管道可能需要采用注水或自由灌水安装,以防止坍塌,保证其稳定性。考虑到这一点,骨架材料(粗镗孔结构)的选择需要制造商给予确认。

在决定使用何种方式安装立管时,需要考虑的因素有:立管连接前的预安装;需要安装的辅助部件的数量和大小,包括浮力块;地基形态及锚泊系统(重力锚、桩锚、吸力锚); 连接系统,如立管及注油管的连接;极限环境情况(安装环境);其他安装系统的界面,如系泊线;是否需要潜水员帮助;安装船的需求,包括数量、大小、移动及复位的花费;挖沟及保护需要;捆绑式或多重管线的安装;水下及上建的操作,尽可能找出进行陆上安装的原件/设备,减少离岸安装的操作;ROV 控制。

(1)出油管

图 35 –9 展示了典型柔性立管出油管安装程序。出油管应与出油管起始基座附近的桩或重力块相连,并一直铺设到终结基座。最终铺设好的出油管应有一部分备用长度。充气浮力单元连接于出油管终端,与出油管基座铰接。图 35 –10 展示了使用 J 形铺管法的柔性立管出油管安装过程。对 J 形铺管法,需要预先在低锥形孔处使用密封塞,以防止防腐液流失。

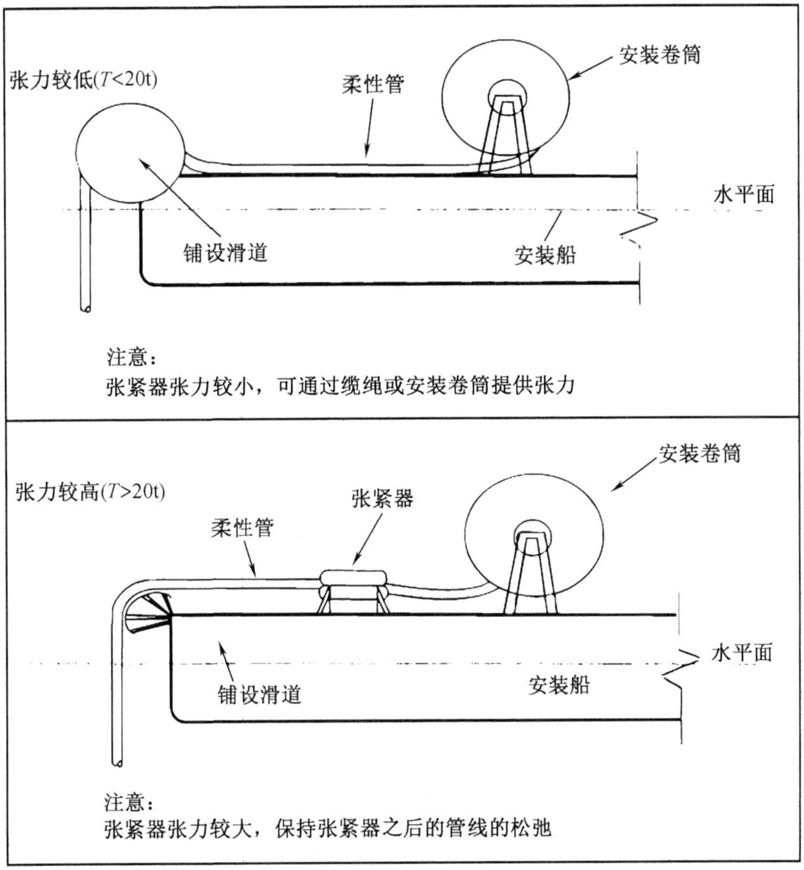

图35-7　水平放置铺设简图

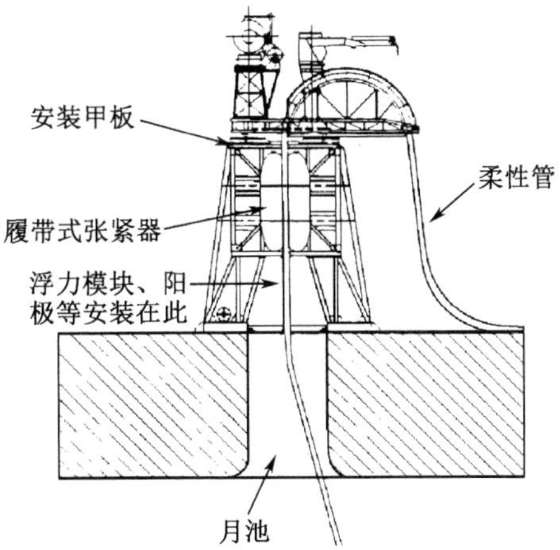

图35-8　垂直放置铺设简图

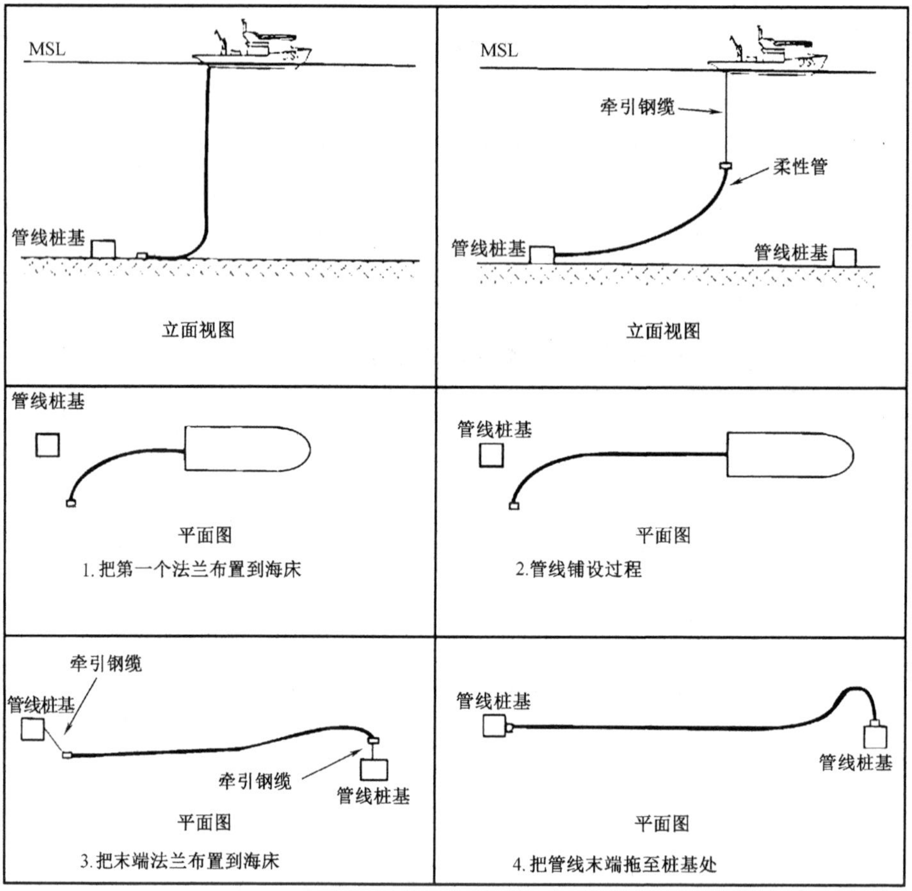

图 35 - 9　典型出油管安装过程

(2)立管

图 35 - 11 至图 35 - 15 分别展示了典型柔性立管形状的安装步骤,包括低弯度 S 形、高弯度 S 形、懒波形、陡波形以及悬链线形。这些图展示的是柔性立管在一端连接于船尾时的安装形式。这种方法不一定适用于所有情况,而且其顺序可以颠倒。图中的船简单地代表了半潜式钻油平台,但并不代表实际安装情况。安装者通常习惯于分别安装各部件。

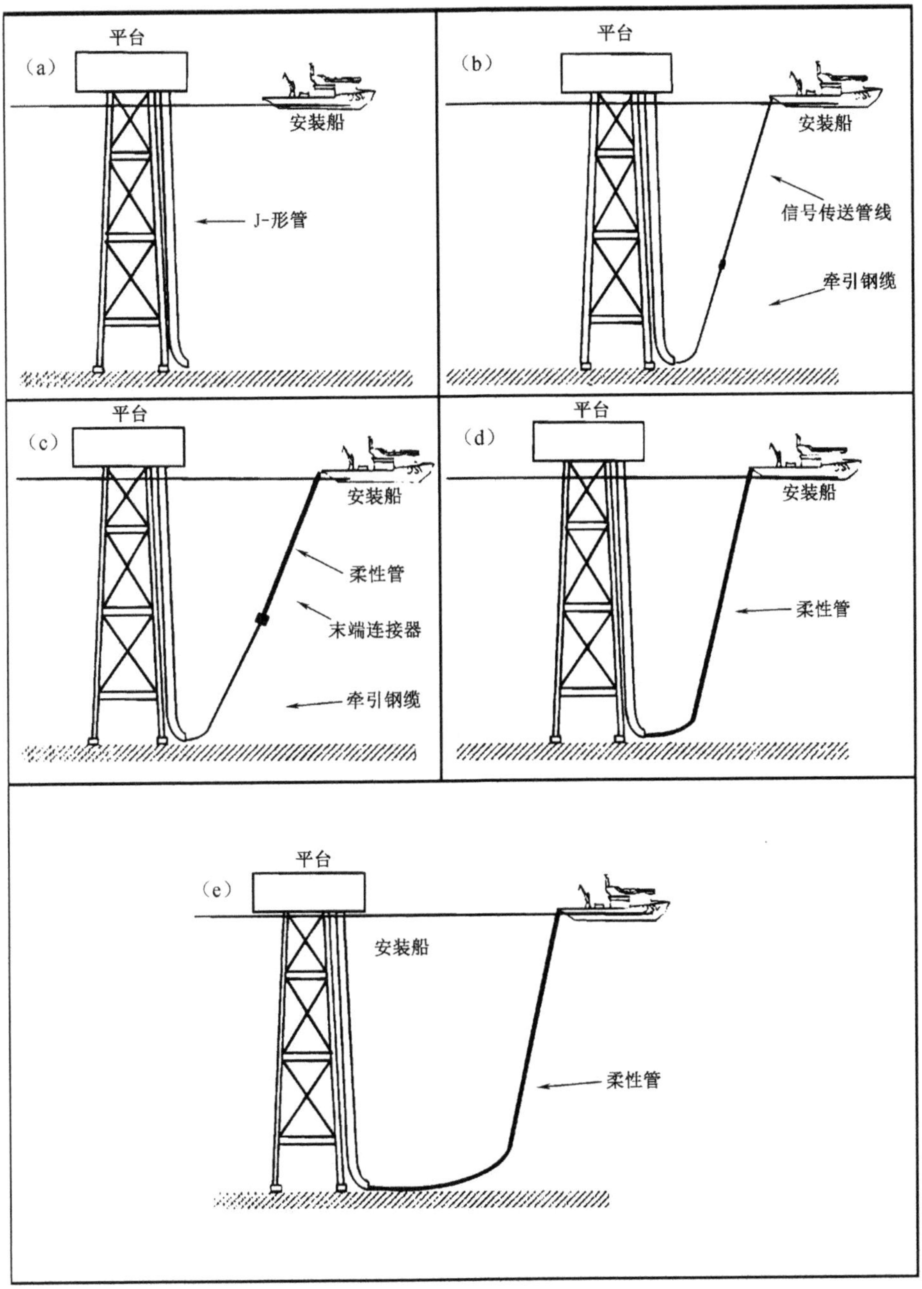

图 35－10 J 形管铺设过程

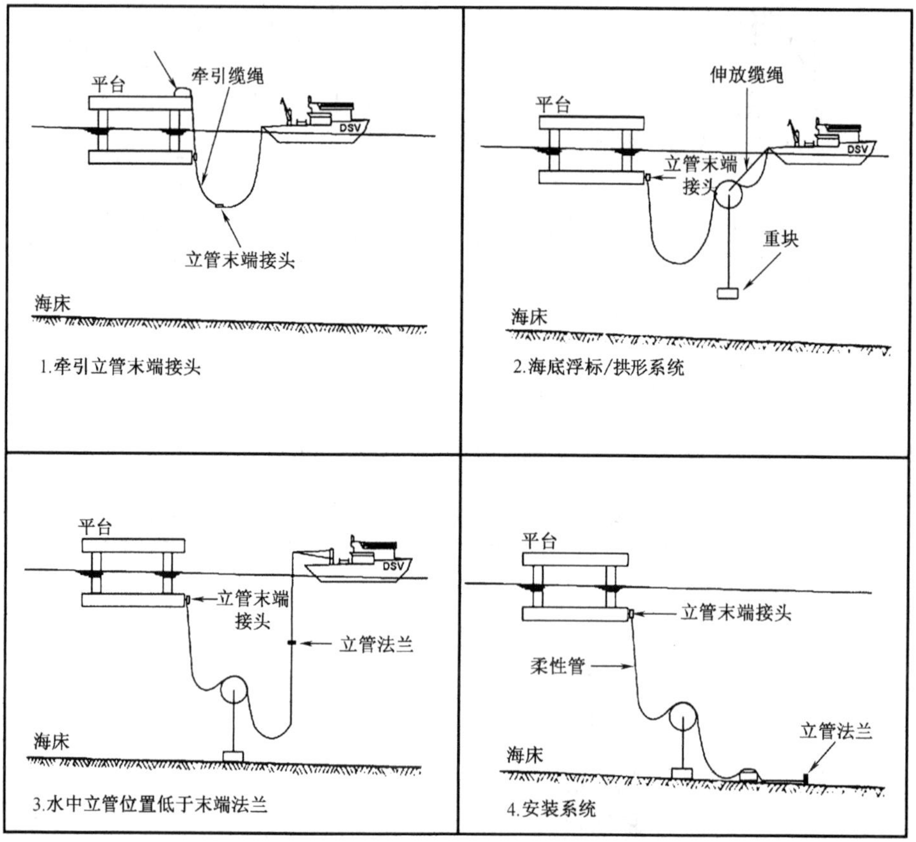

图 35－11　低弯度 S 形立管安装步骤

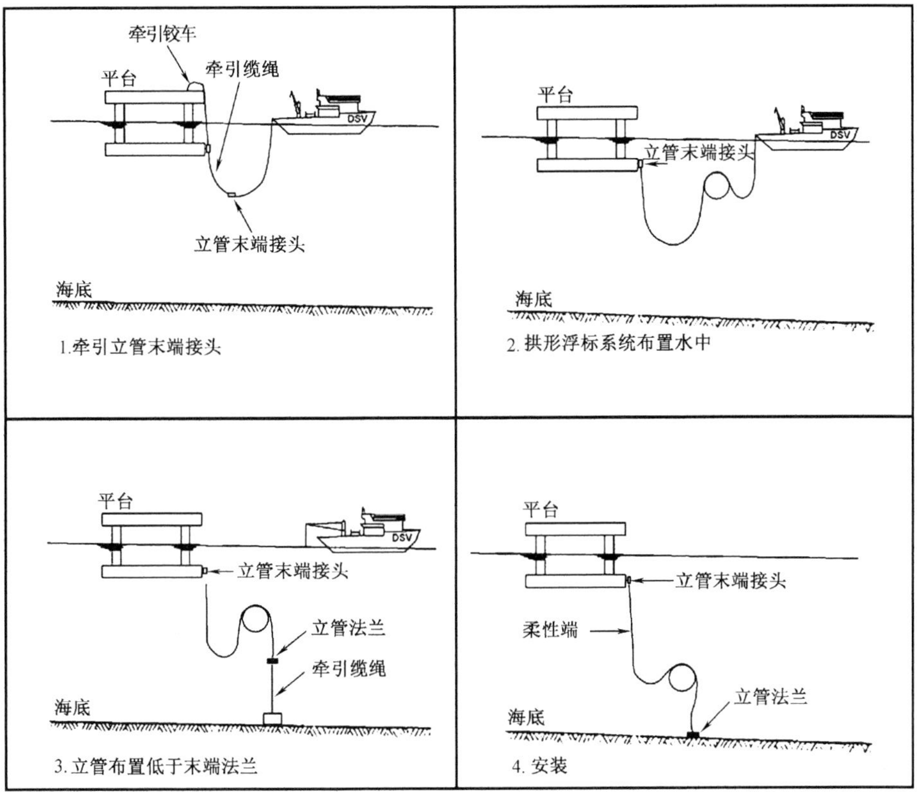

图35－12　高弯度S形立管安装步骤

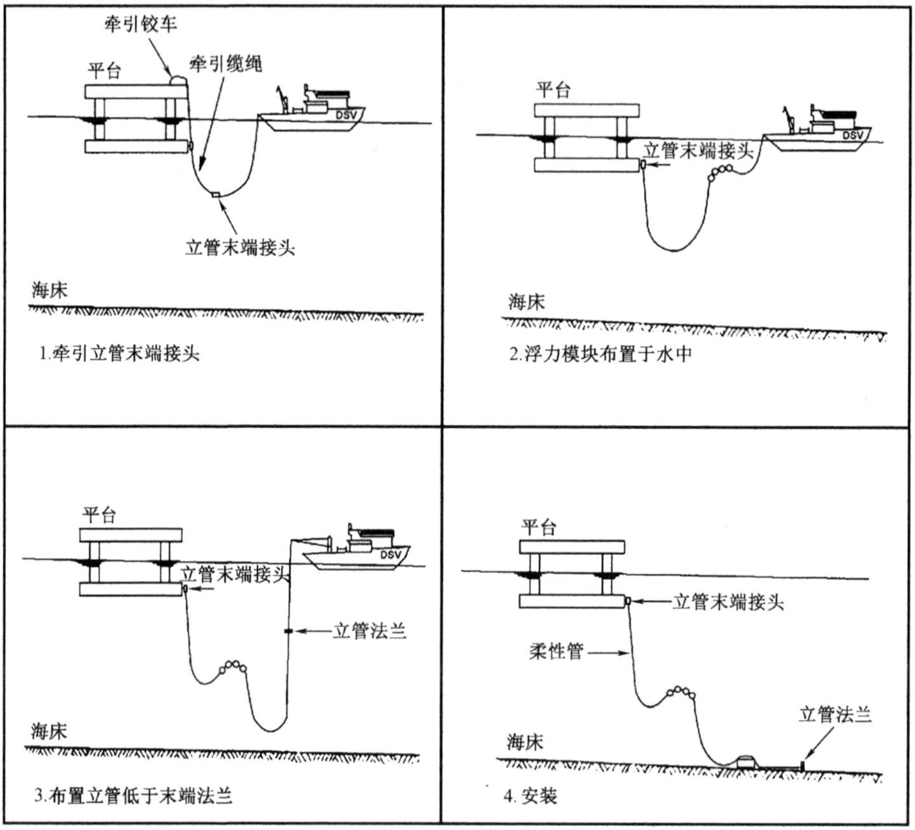

图 35－13　懒波形立管安装步骤

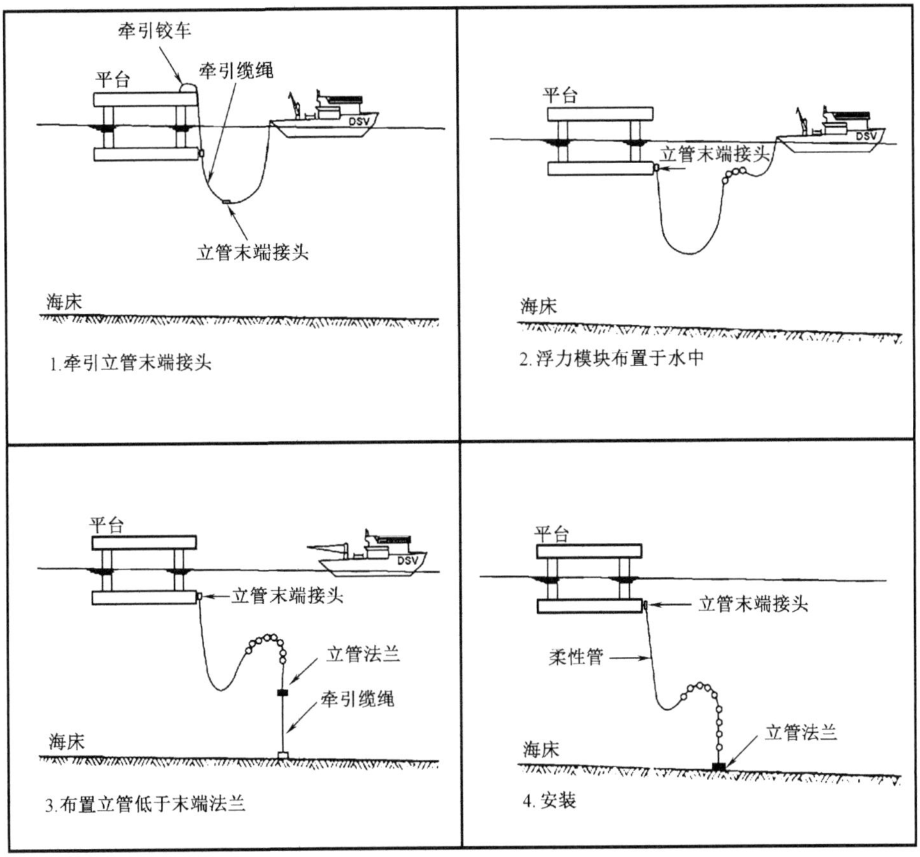

图35-14 陡波形立管安装程序

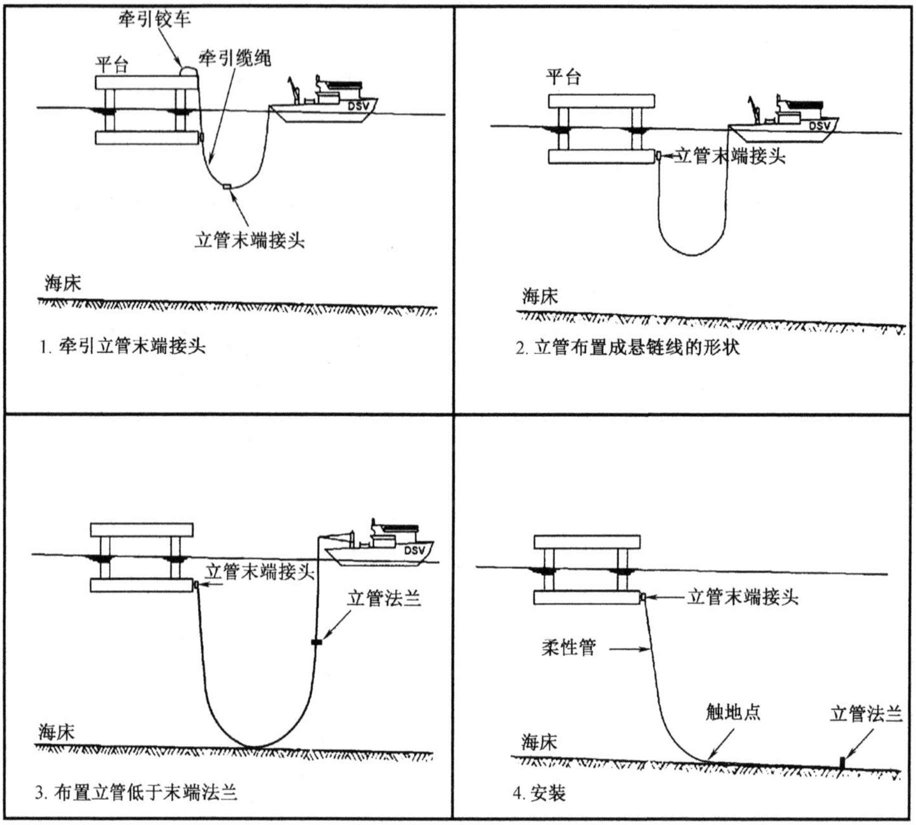

图 35-15 悬链线式立管安装步骤

35.6.3 连接要求

柔性立管的连接要求与钢悬链立管(SCR)及顶部预张力立管(TTR)相同。

35.7 终端部件以及环面排泄孔道设计

35.7.1 终端部件设计和顶部加强筋(锥形口)

终端设计在整个柔性立管设计中十分关键。管件的主要功能是将作用在立管铠装层上的载荷转移到船体上,同时协助聚酯层阻隔流体,起到密封作用。

设计安装终端部件需要考虑许多重要因素及步骤。对于压力保护层和密封圈的尺寸、压力铠装、扭转螺栓的设计,需要严格控制生产偏差,以确保载荷从管线钢制层有效地传递到船体结构上。环氧材料的添加也要恰当地进行,以确保不会产生气孔。环面出气孔的正确定位和运行对于确保环面内无气体混合物存留是非常重要的,图35-16就是一个典型的终端部件系统形式。

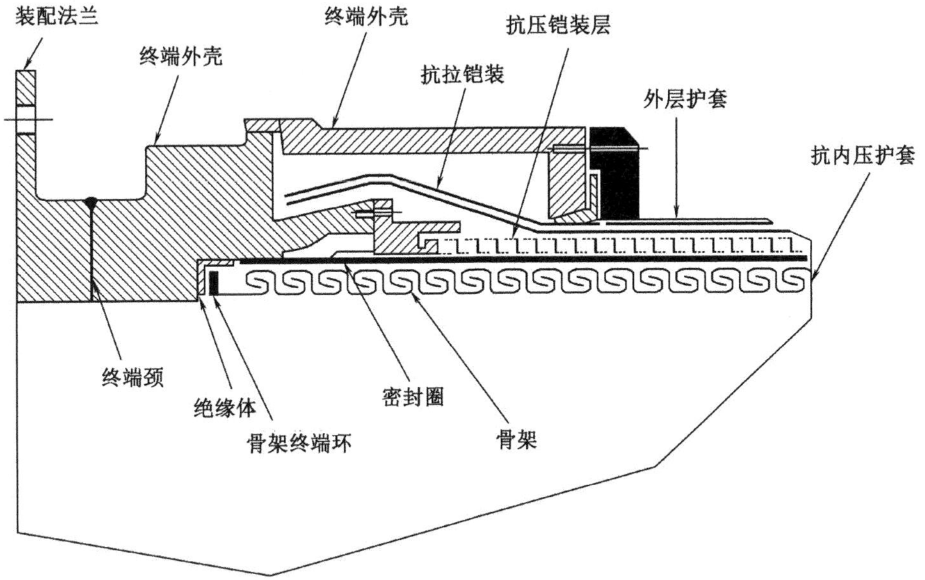

图35-16 典型的终端部件系统

立管中发生疲劳损伤最严重的位置通常是顶部悬挂点,在这个区域可以利用加强筋或者锥形孔防止发生过度弯曲，利用二维有限元模型进行曲率和锥形孔的详细设计分析。

通常用二维非对称锥形梁模拟弯曲加强筋，二维梁单元模拟管结构，管子和加强筋之间的接合可以用一个二维的普通链接件代替。在分析中还需要考虑弯曲加强筋的非线性应力应变曲线和非线性挠曲滞后回线，如果使用锥形接口，通常会采用刚性二维实体单元。

在总体动态分析中，对于每一个载荷情况，通过了解顶部张力和模型底部的角度的大小，进而得到沿着柔性管的曲率分布情况，如图 35 - 17 所示。

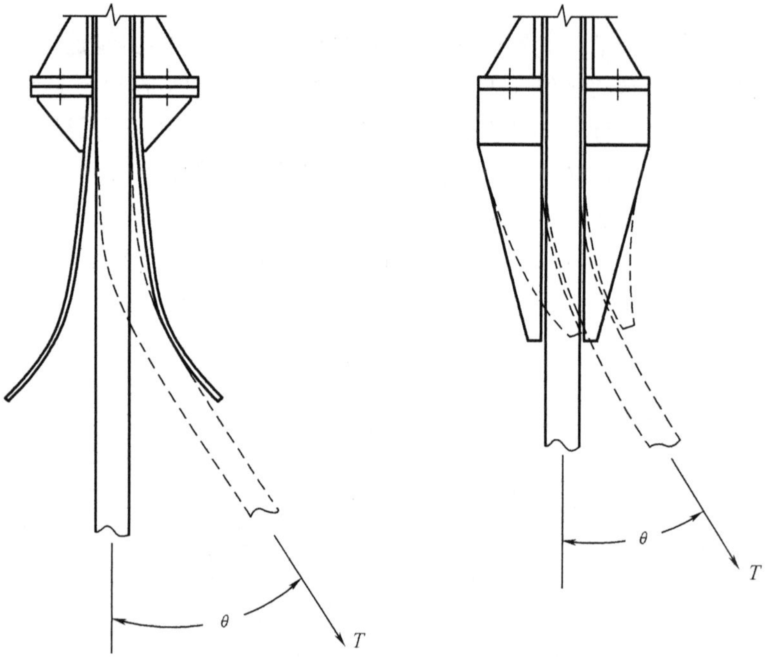

图 35 - 17　锥形接口和加强筋位置曲率分析的总布置图(Zhang, et al. ,2003)

35.7.2 环形通气系统

随着时间的延长，中心管道的液体就会穿过内部聚酯层渗透到管子环形空间内，这些渗透的气体有水，CO_2和 H_2S，它们的存在会对钢结构层产生不利的影响，水和 CO_2 会在压力层和抗拉铠装层引起常见的腐蚀或者孔蚀，水对于刚性立管的疲劳寿命存在不利影响。H_2S还会引起氢压诱导的裂化(HIC)和硫化物应力腐蚀开裂(SSC)现象，因为温和环境工作的管子可以使用高强度拉力钢材(在酸性环境就会遭受腐蚀影响)，因此在设计阶段，这种化合物的集中分布现象需要加以评估以达到标准。

渗透性气体除了对管子钢结构层产生腐蚀和疲劳影响外，对环面产生的压力还会造成内部聚酯层的塌陷，如果核心管的压力突然降低(如紧急的系统停车)，这些气体产生的环面压力就可能比核心管压力大很多，导致内部聚酯层的塌陷变形、丧失流动完整性和管子的失效等。设计的钢质内壳需要抵抗这部分环面压力引起的塌陷变形，然而，也存在没有内壳结构的管子，特别是输送非烃类物质的管子，这种类型管子的失效模式已经在柔性立管中发生过。

为了预防这部分渗透气体在环面的堆积，通常在管结构中设计一个排泄系统把气体排到大气中。排泄阀安装在两端，配合管子的总体布置，直接和环面相连接，设计时要求在 30 ~45 psi预置压力下正常工作。安装在水下结构末端的排泄阀需要进行密封处理，防止海水进入环面孔隙内。

35.8 阴极保护的要求

柔性立管已经在管子内部安装了阴极保护，因此不需要在立管系统中再次安装阴极保护系统。

35.9 免潜水技术连接系统

是否需要潜水技术来支持安装取决于如下因素：

(1)安全考虑；

(2)水深因素；

(3)管理结构的要求或者规范；

(4)连接操作的可用空间，如果有许多立管需要连接到转塔上，可能就没有潜水空间；

(5)经济因素(免潜水连接设备成本很高)；

(6)环境条件；

(7)设备的可靠性(技术风险);

(8)进度要求,如免潜水操作耗时更短。

在较远的水下和深水安装中面临各种挑战和问题,其中,连接是一个需要认真考虑的重要问题,包括水下管线和出油管与采油树的连接、各种接头形式、跨接管线的安装、可收回油嘴连接以及其他的垂向和水平的连接形式等。

免潜水连接件包含三个铰接夹紧单元,它们紧紧环绕在夹紧部位的配合轮毂周围,丝杠是由 ROV 的控制工具操作的,通过将轮毂拉到一起(中间带有密封环)形成高性能的金属间密封结构。比较特别的是,即使存在高达 5 度的偏斜或者两英寸的轴向偏差,连接件也能保持在轮毂周围,有效地保证水下连接件安装的顺利进行。设定的角度和轴向裕量对增加目标安装区域的空间(对于应用滑车引入系统后难以实现精确安装的情况有明显的改善)是很重要的,裕量的选择取决于轮毂配合件的构造形式,有利于最后的接通校正和结合工作的进行,能够尽量减少安装时间和成本消耗。

35.10 与浮体的连接

柔性立管的顶部可以悬挂在支撑结构的内部或者外部(如平台、油轮、半潜结构等)。在外部连接形式中,立管可以连接到与浮筒同一水平高度处水线以上的管系中,或者悬挂在上部甲板位置;而在内部连接形式中,立管通常是由一个 I 型管牵引,并且悬挂在 I 型管的顶部(如图 35 - 18 所示)。这两种悬挂结构有很大区别,其中内部连接仅仅需要承受轴向力,而外部连接需要同时承担轴向力、弯曲载荷和剪切载荷作用。

设计立管的悬挂结构时,设计者必须考虑下面的因素:

(1)载荷、空间和短接管段是悬挂系统结构设计中的主要限制因素。

(2)对于内部连接形式,需要考虑 I 型管内部立管的重力。

(3)对于一些悬挂结构,一般在安装期间出现明显的拉伸载荷时会发生临界载荷(包括摩擦)。

(4)在 I 型管根部位置,需要采用限弯器(抗弯器或者锥形口)防止立管的过度弯曲。

(5)通常由 I 型管对限制器提供结构支撑,可能会在 I 型管上引起一定载荷作用,因此在设计时要考虑到所有相关的载荷情况。需要注意,短接管管段(如弯曲加强筋和I型管根部之间)的使用可能会导致这些载荷的显著增加,这些在设计I型管时也要加以考虑。

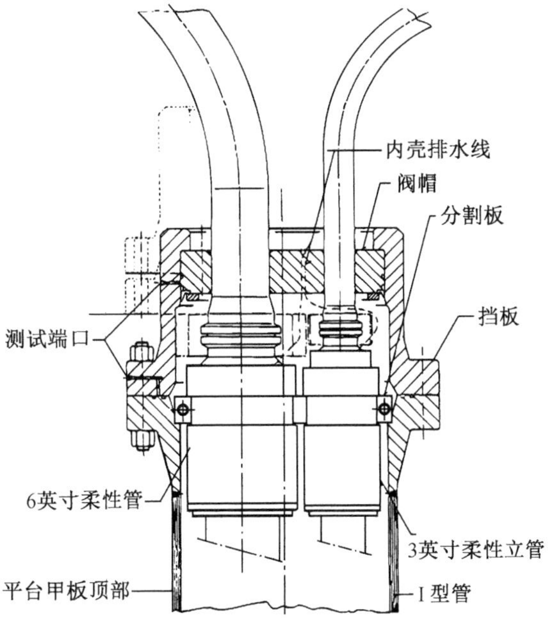

图35-18 典型立管悬挂结构示例

(6)有时候,会在I型管内的海水中添加腐蚀抑制剂,这就要求在I型管的底部进行密封,防止抑制剂损失。另外,立管安装/连接系统的设计也需要考虑到I型管密封性的要求,同时必须确保柔性管材料和I型管内的腐蚀抑制剂具有很好的兼容性。

第36章

立管完整性管理

36.1 立管完整性管理基本概念

36.1.1 完整性管理的基本概念

立管完整性管理 RIM(Riser Integrity Management)是对立管系统全生命周期内各种潜在危害因素进行的综合的、一体化的管理,是有效控制立管系统费用投资、确保立管系统安全、可靠、适用的“知识和经验”的管理。通过对监测与检测设备获得的信息和数据进行分析、处理和评价,识别危害立管安全的失效因素,并结合公司利益开展风险评估,制订合理必要的检测、维护、维修计划和实施方案。大体上包括以下内容:拟定工作计划、工作流程和工作程序文件;进行风险分析,了解事故发生的可能性和将导致的后果,制订预防和应急措施;定期进行立管完整性检测和评估,了解立管可能发生事故的原因和部位;采取修复或减轻失效威胁的措施;培训人员,不断提高人员素质。其目的是保证立管系统物理和功能上的完整,使立管系统始终处于受控状态,通过及时采取措施防止失效事故发生,减少在人员、财产和环境等方面的巨大损失。

深水立管因海洋环境的时变性和不确定性以及与周围土壤相互作用的复杂性,疲劳和结构响应非常复杂,仅通过建立数学模型已不能准确地反映作用在立管上的真实荷载和实际应力。尽管在设计之初,设计人员采用提高设计标准或加大安全系数等手段解决立管强度问题，但仍然有管道破坏，并由此导致巨大经济损失、人员伤亡或海洋环境污染等事故。

近年来，随着能源紧缺带来的世界范围内油气价格的不断攀升，国外油气公司或作业者越来越重视对深水立管系统进行全生命周期的完整性管理，这主要是因为无论是数值模拟还是实验室模型试验都只是对深水立管受力情况进行一定程度上的近似模拟，无法做到对深水立管真实的动态运动特性和受力状况完全准确地模拟。而采用现场监测、检测等手段却能够有效避免数值模拟和实验室模型试验方法的局限性，并可以准确、直接地反映深水立管系统在深水海洋环境条件下的运动及受力性能，从而为油气公司或作业者及时采取维护、维修措施提供准确而可靠的结构损坏程度信息，避免不必要的和无计划的维修、维护或停产，减少或降低操作或运行期间维护、维修费用，追求油气田生产经济效益最大化。同时，通过对真实环境条件及动态响应的监测，还能达到进一步提升设计水平、科学认识深水海洋工程环境特殊性的目的。

这一部分主要讲述关于风险评估和柔性管完整性管理的问题。目前形成完整性管理方案公认的方法包含风险评估和确定立管的内在风险两部分，一旦确定了存在的风险，就需要寻找减小这种风险的具体的完整性管理措施。

图 36 - 1 展示了 Marlin 地区对 6 英寸柔性管和脐带管典型的布局图，它们将水下系统和一千米外的 Marlin TLP 平台连接在一起，这个系统处在 1 036 m (3 400 英尺) 的水深位置。深水和高温、高压环境下，柔性管应用的增加要求操作者采用一套优越的完整性管理程序，以确保财产的安全性并避免产量的降低。通过一系列预防性的维护措施，这套程序还可以延长平台的服役寿命，并且服役期内记录的数据还可以用于柔性管的重评估。任何人都必须清楚地知道一次失败的代价要几倍于进行完整性评估的成本费用，因此必须确保这项工作能得到切实有效的执行。

在工业界里，鉴定机构已经建立了一套柔性管完整性管理程序，其中一个主要的标准是由 MCS 制定的，这个标准的详细内容已经刊登在了很多出版物上，如 UKOOA(2001&2002)。

这一工程的高风险情况要求设计者采取一些预见性的检查或者监督措施，中级的风险通常需要采取一般的检查或者监督措施，检查可能存在的某些失效形式引起的初期特征，确保对管子没有明显的影响。低水平的风险一般不需要经常性的检查、监督或者其他具体的完整性管理程序。

在这一章节中，讨论了一些失效的统计资料和风险评估方法，而且提出了一些关于柔性管失效原因和模式的观点，同时也说明了一些合乎工业标准的用于进行柔性管风险管理的完整性管理措施。

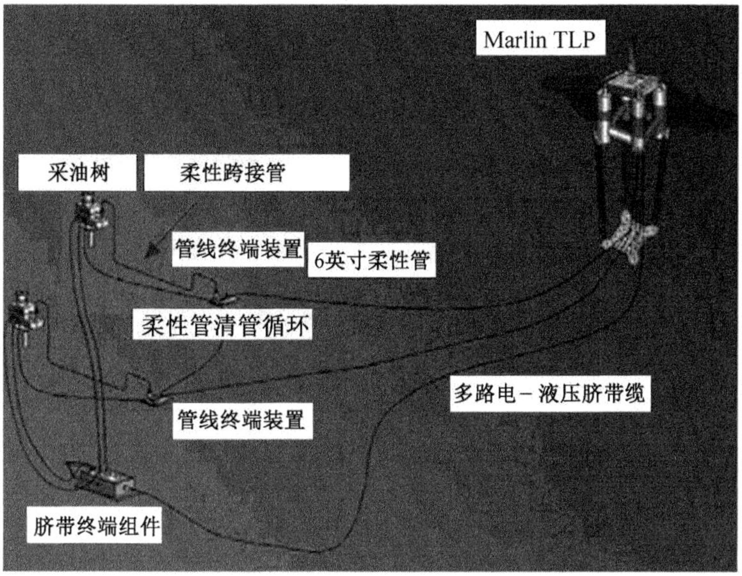

图36－1 Marlin地区的柔性管线和脐带管的布局图(Lecomte,et al.,2002)

立管完整性管理(RIM)可以定义为是一个知识和经验管理的连续过程,确保立管系统在使用周期中的安全性和经济性。

深海中有很多的不确定因素,使问题变得更加复杂,其中包括:

(1)各种海况条件,尤其是深海流速的变化;

(2)一些分析模型,尤其包括立管设计中考虑的涡激振动和立管相互作用;

(3)对平台(船只)立管/锚链系统的耦合运动的预测;

(4)焊接部位的腐蚀面层;

(5)高温、高压的影响;

(6)检测技术;

(7)日常监测技术。

立管完整性管理是一项应用于整个设计、建造、安装、业务营运和运作阶段的连续性评估工程。完整性管理流程见图36－2。

立管完整性管理的四个方面的主要活动内容如下:

(1)危险识别和风险评估

①确定责任;

②系统地识别主要危害要素;

③进行风险评估;

④评估危险程度；

⑤定义安全操作包络线。

(2)制订风险管理计划

①定义实施程序；

②鉴别需要的立管完整性管理资格；

③采用或制订立管完整性管理策略；

④编制详细的检测、维护、腐蚀管理等计划；

⑤建立应急响应计划。

(3)实施风险管理计划

①实施立管完整性管理计划；

②测试应急响应计划；

③变更管理。

(4)学习积累和提高

①事故调查研究；

②性能管理；

③针对关键性能进行评估；

④校阅和审查。

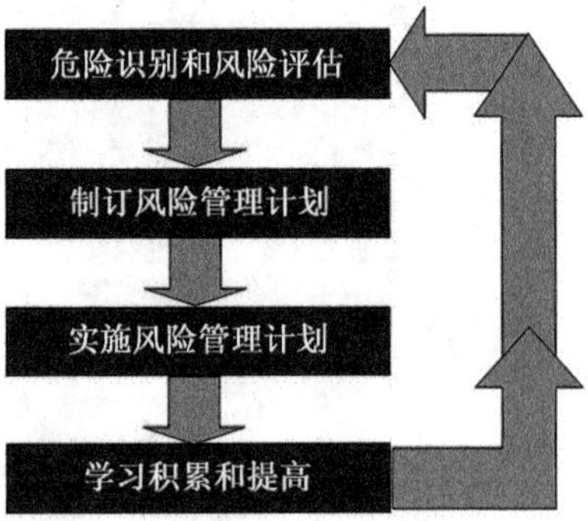

图 36－2　立管完整性管理流程

腐蚀、老化、疲劳、自然灾害、机械损伤等会引起立管失效，随着岁月的流逝不断地侵蚀立管。因此，必须持续不断地对立管进行风险分析、检测、完整性评估、维修、人员培训等完整性管理工作。概括地说，立管完整性管理就是为了降低事故发生的可能性以及事故产生的后果而进行的不断评估和降低立管风险的过程。通过实施立管完整性管理(RIM)，可以清楚识别风险，并将费用使用在风险最大的地方，使得不但避免损失，带来潜在的收益，同时也可避免维修管理过度，保持一个适度的管理。

36.1.2　失效统计

为了有效克服失效及受损，从操作统计数据中得出实际失效模式统计是十分重要的。图 36－3 说明了失效和受损机理。从 UKCS 操作员报告的 106 个柔性立管失效、受损事件(不包括被水淹没的套管)中可以发现，大约 20% 的柔性立管都曾经失效或受损。

这里，失效、受损事件被定义为如下：

(1)失效　导致柔性立管失控并需要被替换的事件；

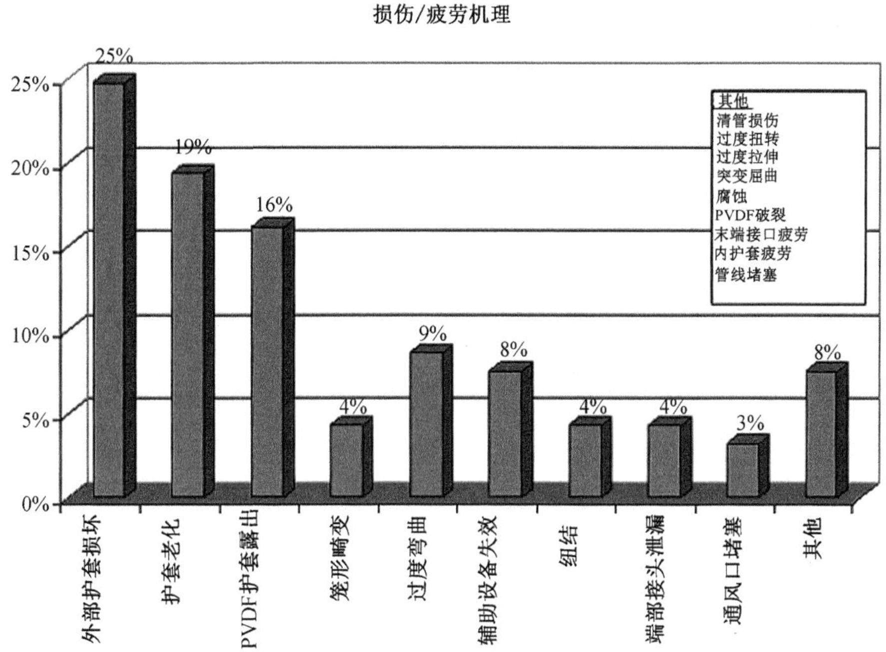

图 36－3　系统失效机理（UKOOA,2001）

（2）受损　导致柔性立管受损的事件，但柔性立管仍可在采取一定修复措施的情况下继续工作。

在 20% 的立管失效或受损事件中，有大约 2/3 的事件发生在安装过程中，其余 1/3 发生在正常工作时。在 106 个报告的事件里，有 32 件需要替换柔性立管。

图 36－4 比较了钢悬链立管和柔性立管的失效数据。

36.1.3　风险管理方法

风险通常由对失效可能性及其后果的评价得出。风险管理方法应通过分析各种导致失效的因素（如温度、压力、考虑、产品液体成分、工作载荷以及管道堵塞或截流）及常见失效模式（如疲劳、腐蚀、以外损伤及辅助设备的失效），考虑所有可能导致失效的模型。

失效可能性评估是衡量模型失效出现的可能性的尺度。它通过评价立管发生失效时的数据及统计得出答案。严重性评价整体上描述了一个典型的失效模式可能导致的严重后果。例如，平台旁运碳氢化合物的管道出现破裂就可看作

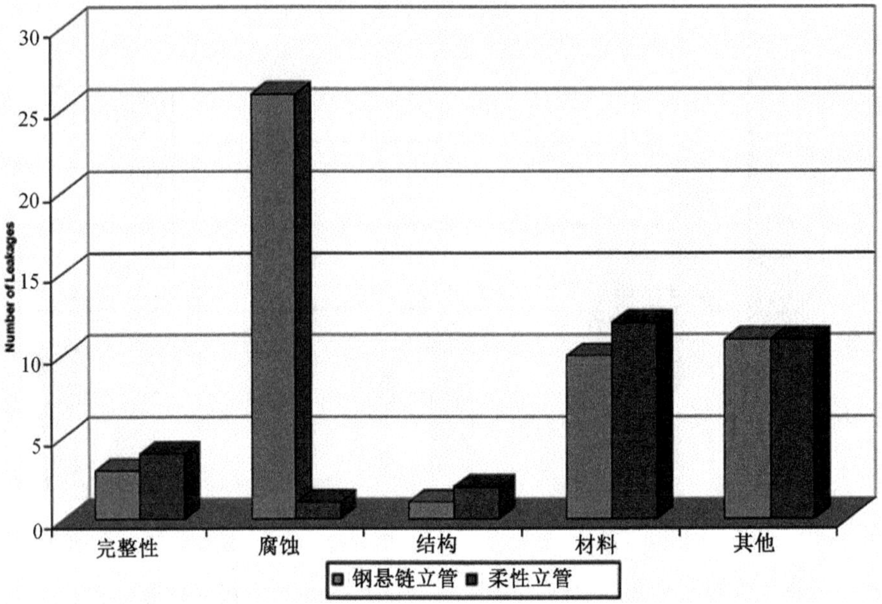

图 36-4　钢悬链立管及柔性立管失效数据比较（PARLOC,2001）

一个十分严重的后果,因为它有污染的危险,还可能会对平台和工作人员产生威胁。相反,海底管汇脐带处的断裂虽然也需要花费高昂的修补费用并且减少产量,但其并不能称为造成了严重后果,因其不会导致污染并且不会对工作人员和其他设备造成威胁。

失效可能性等级、后果严重性等级以及综合风险阵列列举如下:

(1)风险评估及完整性管理策略;

(2)管道失效可能性事件级别的评价;

(3)健康及安全性、环境破坏、操作性、丢失及破裂等后果的等级;

(4)基于可能性(1~5 级)及后果(1~5 级)的检查监控策略级别。

36.1.4　失效因素(Failure Drivers)

有五种因素导致柔性立管失效,它们分别是温度、压力、产品液体成分、工作载荷、辅件。

1. 温度

由温度导致的失效模式通常是聚合物外护套的破裂或老化。工业上常用聚酰胺PA-11(尼龙 11-纤维)作为制造柔性立管许多重要部件的聚合物材料,例如内护套、外护套及其他部件。根据 API RP 17B 规定，当含水量为 0 时，PA－11 可承受的最高温度为90 ℃；当含水量不为 0 时，可承受最高温度为 65 ℃。反复的温度循环同样会导致作用在聚合物材料上的应力增加。更多的细节要求及限制参见 Rilsan Use Group 给出的在 API TR17RUG 上的规范。

图 36－5 展示了 HPHT Kristin 油田开发时采用的温度控制系统。

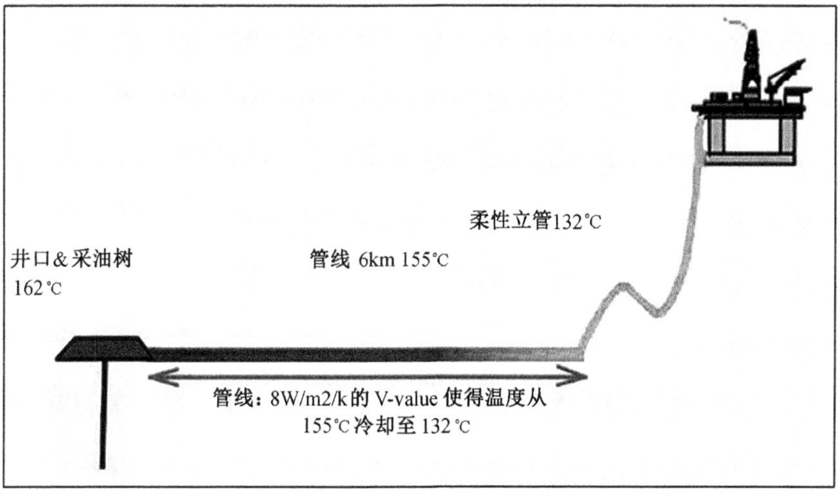

图 36－5　HPHT Kristin 油田开发采用的温度控制系统（Hundseid，et al.，2004）

2. 压力

管道孔径中过大的压力会导致抗拉铠装键失效。然而，压力通常被严格监控及控制，除非压力超过设计极限，否则并不认为压力导致的失效会有很大的危险。然而，热量及压力的循环载荷会严重影响管道的疲劳寿命，并导致埋藏的柔性输油管道严重屈曲。由压力导致的停工事件急剧增加，因此，需要严格监控压力以保证不会导致立管失效。

由静水压力导致的塌陷也是一个潜在的导致立管失效的模式。然而，由于设计时有安全要素，由静水压力导致的塌陷并不易发生，特别是当外护套保持完整时。当外护套破裂，水渗入管道环状空间时，环状空间内的压力会导致聚合物内护套塌陷。骨架的存在有效降低了发生这种失效模式的概率。

另一种由压力导致的失效模式由从管道钻孔内扩散到聚合物内护套及环状空间内的气体导致。气体导致环状空间内的压力急剧增加。当压力迅速下降或钻孔内抽空时（例如紧急关闭钻井），环状空间内的压力将超过钻孔内压力，从而导致没有骨架结构的立管的内护套发生塌陷。图 36－6 展示了 HPHT Kristin 油田的压力控制系统。

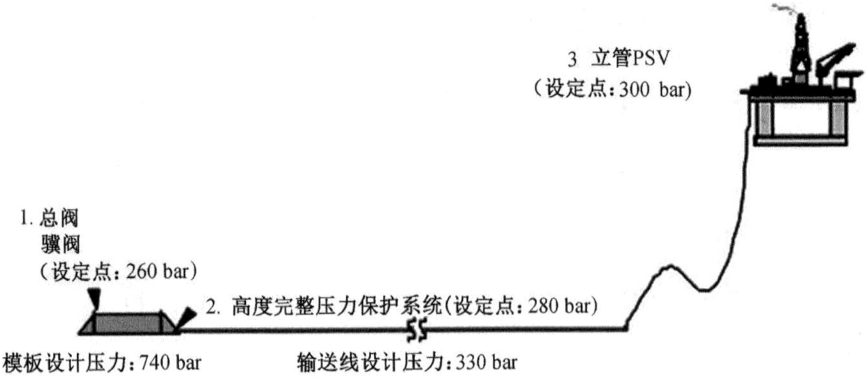

图 36-6　HPHT Kristin 油田的压力控制系统(Hundseid et al.,2004)

3. 产品液体成分

管道钻孔内传送的液体会对管道壁产生侵蚀作用。水、CO_2和H_2S通常引起点蚀、氢致裂纹及(SSC)腐蚀。这些化学物质不仅威胁骨架的安全,也会经内护套渗入环状空间,导致抗拉铠装键及耐压铠装键的腐蚀。水渗入环状空间会影响钢制铠装键的疲劳寿命。

流经钻孔的物质(包括抑制剂及酸类)也会加速聚合物内护套材料的腐蚀。沙粒会导致骨架和聚合物内护套的腐蚀,特别是在管道的弯曲部分。

4. 工作载荷

过大的张力会导致抗拉铠装键的失效并最终导致立管的塌陷。立管所承受的最大载荷发生在安装期间。

过度弯曲是另一导致立管失效的形式。这将导致耐压铠装层的解锁并使立管壁塌陷。可以使用抗弯器、锥形口等限弯器来防止立管在重要区域发生过度弯曲。

当触地点受压时,立管也会失效。这种情况在立管壁上的有效张力为负时出现。过度受压会导致管壁发生屈曲。

5. 辅件

辅件包括限弯器、浮力块及固定系绳,均用于支持柔性立管,保持立管形态,同时防止过度载荷及过度弯曲。辅件的失效很可能导致整个立管的失效。辅件缺失或受损的原因有很多种,例如,由于和海底其他物体的碰撞或腐蚀的影响。

36.1.5　失效模式

1. 疲劳

波浪及立管的运动皆会导致钢制铠装层发生疲劳。在立管安装前应对其疲劳寿命进行细致评估。基于 API RP 2RD 和 API 2A 规范的要求,立管制造商必须证明立管的疲劳寿命是其使用寿命的十倍。由于高阻尼因数,柔性立管不易受 VIV 影响。然而,制造和安装仍应保证足够的疲劳寿命。

环状空间内进水会加速钢制铠装键的疲劳。少量水会从管道钻孔通过聚合物内护套渗入环状空间。

一个更加严重的腐蚀疲劳伤害发生在柔性立管外护套存在裂痕时。这些裂痕会导致海水流进环状空间(见图 36－7),加速海水腐蚀速度,减少钢制铠装键寿命。

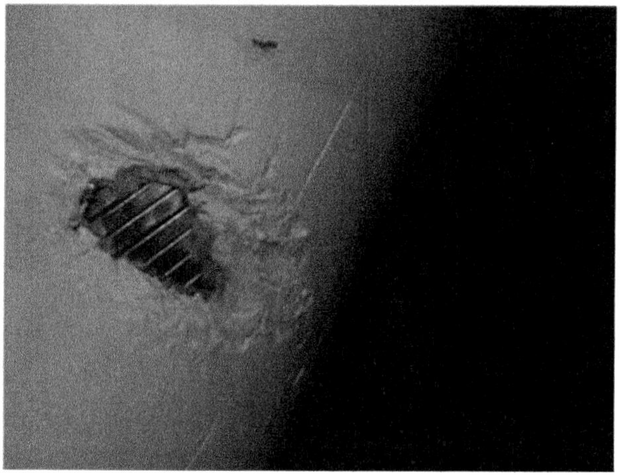

图 36－7　外护套危险示例——外层护套上的洞(Picksley, et al. ,2002)

2. 腐蚀

腐蚀定义为由立管材料与其周围物质发生化学反应导致立管重要性质的破坏。这一破坏通常由原始材料生成氧化物或盐导致。腐蚀亦可由陶瓷材料的退化或是由紫外线引起的聚合物褪色变弱导致。柔性立管的钢制骨架和钢制铠装键容易发生由水、CO_2或 H_2S 引起的腐蚀。

3. 侵蚀

侵蚀定义为由沙粒或液体不断磨损材料所致。侵蚀是固体(沉淀物、土壤、岩石以及其他物质)在自然界中的运动。当沙粒摩擦材料时,骨架或聚合物外护套发生侵蚀现象。这一失效模式常发生在管道弯曲部分。

4. 管道堵塞及限流

运送碳氢化合物的管道容易形成蜡或水合物沉淀。这一现象通常发生在温度较低的管道钻孔处。蜡及水合物沉淀的形成容易造成管道堵塞,限制管内液体流动,同时导致管道钻孔内的压力增大。如果放任这种现象发展,会导致耐压铠装层开裂并最终使立管塌陷。

5. 意外损伤

立管容易受到从船上坠落物品、锚泊、其他立管及拖网板的影响。管道过度的移动也会影响海床。如果这些影响严重,会导致管道外护套受损,并使得水渗入管道环状空间。特别严重时会导致耐压铠装层解锁,抗拉铠装键破裂。

36.1.6 完整性管理方案

本小节介绍了保证柔性立管完整性的几种方案。一套完整的管理方案还包括检查程序、监控措施、各项试验及解析方法。在设计阶段制订柔性立管的风险评估及完整性管理方案是十分重要的,以保证立管在服役期间(包括制造、合格验证及安装阶段)不会遭受到不必要的损害。

1. 柔性立管完整性管理系统

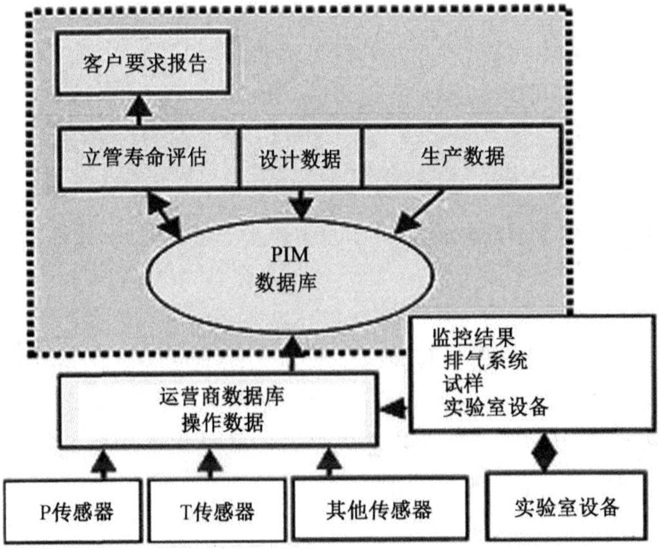

图 36-8 柔性立管完整性管理系统(Benit, et al., 2003)

图 36 – 8 展示了应用在挪威 Asgard 油田的完整性管理系统。完整性管理系统建立并保存设计数据及油田运转数据的数据库，包括：

①设计基础及主要关注点；

②重新估计立管时使用的制造数据；

③工作温度及压力，特别要关注温度变化；

④流体成分，注射化学成分及出砂；

⑤立管环状空间监控及聚合物测试结果；

⑥海况、船体运动及立管响应。

2. 安装程序

安装过程中立管需承受潜在的风险，可能发生过度弯曲、过大张力载荷及碰损等导致外护套受损。因此，要采用严格的安装程序以防止立管在作业前受损。记录安装中的意外状况，在某些情况下，在这些意外过后需要花费巨大的代价来采取有效的缓和措施以保证立管能继续服役。

3. 气体扩散计算

这些计算需要预测管道环状空间内的气体成分。气体成分的确定直接决定了环状空间内是使用“抗酸”或“非抗酸”键、键的腐蚀速度以及其疲劳寿命。

4. 掉落物品报告、甲板起吊、操作程序

掉落的物品可能击打柔性立管并使外护套受损形成漏洞，甚至导致压力铠装键解开或是张力铠装键破裂。因此，柔性立管安装过程及其周围的船体运动需要制订严格的掉落物品报告草案。报告掉落物品并部署 ROV 来确定掉落物品在海床上的具体位置并检测掉落物是否对其周围管道有潜在的危害。甲板起吊和搬运过程需要首先阻止物品掉落的事件发生。

5. 船舶限制区

在柔性立管周围运动的船越少，发生掉落物品事件的可能性越小。由于拖网板和管道间的影响，渔船也可能对立管造成损害。因此，在立管触地点附近强制设置船舶限制区。

6. 管道疲劳寿命的再分析

在管道使用过程中需要定期进行疲劳寿命的再分析，以保证疲劳寿命没有由于设计假设的影响产生巨大恶化。

7. 高完整度压力保护系统（HIPPS）

对于遭受过大压力、压力波动或者不确定压力的立管，推荐使用压力保护系统。这一系统包括一系列检查器和监测器用于自动关闭管道和减少管道压力，以保证管不受到损害。

36.1.7 立管完整性管理标准

目前,工业界的标准对立管生命周期中完整性管理提供了指导。其中相关标准如下:

(1)美国标准

①ASME B31.8S Managing Integrity System Of Gas Pipeline 2002;

②API 1160 - 2001 Managing System Integrity for Hazardous Liquid Pipelines。

(2)欧洲部分规范也对立管的设计、建造、安装、作业和检测等过程做了相关指导,用以保证立管的完整性。相关标准有:

①DNV OS F101 2007 Submarine Pipeline System;

②DNV - RP - F105 2002 Free Spanning Pipelines;

③DNV - RP - F101 2004 Corroded Pipelines;

④DNV - RP - F107 2001 Risk Assessment of Pipeline Protection。

(3)2008 年 4 月 DNV 制定了立管完整性推荐建议 DNV RP - F206,其涵盖了立管系统设计、建造、安装、服役、寿命延长等阶段,从基本内容、过程、执行方法和技术等方面对立管系统完整性管理做出了详细的介绍,并在数据文件的管理,立管使用期内的立管检测和维护等方面过程做了相关指导。该规范适用于已建和待建的刚性立管(TTR 和 SCR)、柔性立管和混合式立管及其部件(如柔性接点、应力接点)、绝缘保温、浮力构件等,不适用于钻井、完井、修井立管。

36.2 柔性立管检测与监测技术

36.2.1 目视检测

1. 一般或近距目视检测(General or Close Visual Inspection,GVI/CVI)

柔性立管及辅助设备需要通过潜水员和相关的设备来检测。海底操作受环境的限制,辅助装置若发生严重损伤可考虑使用视觉检测。

该检测方法已广泛应用于英国的相关部门。这种视觉检测需要考虑立管布置结构的总体设计和监控等。基于风险评估,检测频率为一年一次。

基准调查作为一般目视检测的一部分,经常用于检查安装和试运转后的总体设计及布置结构。一般目视检测决定了立管基点的位置、中拱位置、钻孔中心等。监控同时也要考虑受海洋生物附着的区域是否需要进行立管清洗。事实上,不可能对立管所有部位都进行清洗。近距目视检测通常在检测计划中担当特殊任务。

建议在安装和试运转后进行一般目视检测和近距目视检测,以探测发生的损伤或严重偏移。此外,建议使用近距离目视检测来监控立管、辅助装置及阴极保护系统的有效性。

通过对立管进行的评估来确定常规目视检测的时间间隔。常规目视检测的频率取决于系统操作的强度及服役时间。

常规目视检测技术具有较大的随机性,仅限于检测较为严重的损伤及油气渗透。常规目视检测技术不能够检测细微的外壳缺陷或潜在的环面溢流。

对抗弯装置及浮筒位置的常规目视检测通常具有局限性,这是由于大多数的立管系统处于动态形式,很难进行检测。常规目视检测可以直接检测抗弯装置的损伤,也可以由立管的幅值响应算子或潜水员检测的结果间接地获取动态特征。任何损伤对检测动态特征都有较大的影响。

使用辅助技术进行常规目视检测可以评定表面发生裂痕的刚体结构的完整性,交变电流方法是较有潜力的一种方法。

2. 内部视觉检测

该技术包括内部检测相机及履带装置,能够进入较长的管子。需要编制检测程序,除此之外还有能够导致操作中断的净化处理等。

内部检测技术还没有被广泛采用。它仅用于通过立管上部截面来评定连接于抗弯装置的压力外套。该技术感官上的限制作用很强,只能获取有限数量的信息。

该技术在检测内压力壳崩溃方面很有成效。也可以用于检测管道的潜在损伤和终端装置压力外套可能发生的泄漏。然而,此种技术不列入常规检测程序。检测时,需要使用一种履带装置进入管道。

36.2.2 压力、温度和钻孔内流体检测及监控

1. 压力测试(水动力测试)

进行海面压力测试是为了论证柔性立管完整性符合工业标准及规范。泄漏检测通常是使用系统最大许用操作压力值的 1.1 倍进行测试。泄漏检测中经常使用无毒染料。小型泄漏可能检测不出来。

这项技术适用于所有的系统在安装和试运转后，证实其泄漏完整性。早先的调控要求不再适用了，风险评估在工业中被广泛采用。

在安装和试运转过程中进行柔性立管泄漏检测是一项强制要求。对泄漏测试的要求取决于服役情况和对柔性立管固有缺陷的检测情况。

水动力测试应该在岸上进行测试。测试压力应能反映原始规范，利用新系统的最大许用操作压力值的 1.5 倍，并保持 24 小时。这便形成了一个陆地上进行管子完整性的基础测试，同时将作为管子重新评估程序的一部分。对于管道回收的陆地测试应该考虑安全问题，这可能会花费几天或几周的时间。

在当地进行立管动态压力测试的好处是可以提高它的完整性。这种静态测试对测试施加了波浪情况的约束影响，这可能会导致仅仅记录下管线较为严重腐蚀、聚合材料脆化的失效，同时可能导致对动态力作用下立管测试的失败。

决定了立管的总体情况后，最好对静态管线进行水动力测试。静态测试能较好地反映管线的静态操作情况。水动力测试可以保证柔性立管具有相当的操作寿命。

2. 内压

对钻孔压力的监控通常是在顶部设施上，或偶尔在井口处进行测试。

监控的同时记录下钻孔压力。压力的设置与最大许用操作压力系统(Maximum Allowable Operating Pressure - MAOP)的设置相反。这种方法并不是必须指出管子的压力，对未来估算管子寿命有很大用处。操作压力在检测 PA - 11 的潜在损伤及水下立管的失效损伤中是非常重要的参数。目前的工业在实践中记录每一个立管顶部的数据，但这些数据没有反馈到柔性立管系统完整性管理策略中去。

钻孔压力是一个最基本的监控要素。在可能的情况下，数据应当反映出每根管的情况。如果压力是由分离开的浮体或船只来监控的，而且采用非直接的管压监控，那么应通过井口压力和立管之间的关联性来进行基础性的压力评估。建议在管顶部实施持续性的压力监控，为常规操作情况提供详细的数据资料。在设定的限制范围外，按时间间隔记录下任何失常的情况。

3. 内部温度

温度监控可通过多种途径实施，数据的质量取决于温度采样点的来源。大多数的监控是由上部设备实施的。在这种情况下必须建立顶部测量与海底情况之间的联系。由于从数个井口流出的流体混合流入一个通用管汇，所以对井口跨接软管进行此类温度监控较难实现。使用超常井下管温度可以保守地估计井口跨接软管的内部温度。

温度数据不是有规律地被记录下来。井口温度不经常被监控而且不用作评估海底管线。钻孔温度是基础监控的要素。温度监控应该是不间断的。如果没有其他的指导方针,建议使用温度监控日记。温度记录应该记录数值及范围。

钻孔温度的数值对于确定 PA－11 的老化程度具有非常重要的作用。温度变化范围对于确定压力外套的损伤程度有着非常重要的作用。最合适的数据应该来自立管系统的最热端。这就需要在生产立管的井口附近安装温度监控设施。油气运输系统需要在顶端采样。关于远离高温区位置的监控数据的推断需要小心谨慎,并应该规定一个公差来测量聚合层降解结果的敏感程度。这个推断可能会被不同的流动情况所影响。

需要考虑由辅助装置或环境引起聚合物层的温度升高问题。该温度可能表征了水线以上的缓慢流动情况的位置。它包括终端装置、沉箱、抗弯装置以及绝缘管等。

4. 钻孔流体特征

所有的操作者都监控钻孔流体特征。然而,这些数据的使用及其频率在工业中通常有很大的变化,同时,不是所有的监控都与柔性立管的完整性相关。钻孔流体监控通常在顶端实施。它将提供立管的流体特征及扫描数据集。需要进行水流监控,同时需要考虑水的化学性质。

管内流体的 pH 值的监控评定管内流体的酸性,这是一种已知的 PA－11 降解方式。它需要先采样。pH 值可以以水的化学性质和有害因素为基础来进行计算。它预示了一个发展趋势,这更容易进行监控。井口测试的使用在二氧化碳的含量上提供了更精确的测量方法。这对预测流线或立管材料退化较有帮助。

总腐蚀数要求对钻孔中液体进行监测,因为钻孔液体中的有机酸性物质对 PA－11 型抗压涂层有着潜在的不利影响。

要求对有集中和持续处理作用的化学处理药剂聚合物进行监测,同时要求得到制造者的许可。此做法依据美国石油协会技术组对 PA－11 所作的粗略指南。

钻孔中的气体要求监控硫化氢、二氧化碳和甲烷的含量水平。尽管这种监控并没有被普遍实行,但是,如果气体被分离取样,那么必须确立各个立管与样本之间的对应关系。记录下分离出的气体特征,以便对注气或者气体外输管进行风险评估。

砂石生产要求来自井口测试和顶端信息的监控。系统所产生的砂石具有侵蚀系统的作用,因此它的产量对于系统来说非常重要。

抨击程度也要求被监测,因为它对立管或者连接管线有潜在的疲劳效应。

36.2.3 管内试样监控与电子感应器(FDEMS)

1. 管内试样

这个方法包括对安置在生产液体当中的材料试样进行周期性的移除以及取样,该试样用于评估聚合物性能衰减状况,一般直接或者间接地放置在流动的液体当中。

聚合物试样在英国地区并不被广泛采用,一般用于上部设施较少的情况下。在一些不经常发生的情况中,建议操作人员考虑特定管道的操作特性,例如温度以及管口流体要保持良性,否则会导致了一些 PA－11 材料由于长时间超出管道设计极限的操作而导致性能衰减以至于失效。

腐蚀样片的取样一般应用在上部设施,采用梯架保持器包括一些对样本的破坏性的实验。顶部取样的一个最主要的缺点是管道内的流体温度在顶部的一般要比在海底井口处的低很多。所以,顶部试样的取样有可能低估了柔性立管中聚合物的性能衰减。进一步说,因为海底管汇的混合式流动,由顶部取样所得的结果不容易推断出海底聚合物的衰减。这些细致的问题应该在聚合物寿命计算中得到评估。

PA－11 是一种对老化敏感的聚合物,应该对其性能衰减进行评估。这些评估应该基于一些基础的计算方法,以反映管口的流体组分以及温度范围。如果采用管内试样,则试样监控的频率就应该按照合适的与不确定的聚合物寿命以及基于顶部取样的柔性立管的服役情况的安全因素来设定。PA－11 试样的测试应该基于 API 工作组最近的研究成果中修正过的内部黏度。取样时考虑采用可替代的抗压装甲材料,以便于将来进行完整性监控。

2. 试样在线电磁感应技术

频谱电磁感应分析(FDEMS)包含安置在生产流体当中的管内对于材料试样的电子分析。被测量的电子响应直接与聚合物的黏度有关,黏度是衡量聚合物衰减情况的一个指标。聚合物取样测试是非破坏性的,可以安装到水面或者水下。

这项技术包含一套管内感应器系统,可以用在上部或者是水下,其优点是把聚合物试样安装在海底系统中温度最高的部分。这项技术与一些有关顶部试样取样所带来的问题有关。然而,这项系统依旧处于发展阶段,并且是目前联合工业项目的一个主题,并没有被广泛采用。这种技术的能力以及可靠性的反馈基本没有。

如果可以证明这套系统对于确定每根管道的试样性能的衰减能起到良好的效果,那么它就可以提供远程海底地点的取样资料,但是需要在概念设计阶段就开始计划,以容纳这套设备。另外,这套系统对于特定的化学注射抑制剂敏感,例如甲醇,它会导致寿命预测不准确。基于合适的取样间隔,资料一般被下载到海底的远程操纵潜水器(ROV)里。

36.2.4 基于气体取样及分析的环面完整性监测

气体取样以及分析过程,是通过一个流量计系统分析立管环中排出的气体,然后排放到低压火炬系统或者是安全区域。这个过程测量聚合物气体的渗透压,有害气体的成分(CO_2,H_2S,水蒸气)以及由于CO_2腐蚀造成的氢气的形成。这一过程也可以发现由于流体进入内外聚合物层的破坏。

使用从末端排气口进行气体取样以及分析的方法至今都存在问题,并且在工业界没有得到广泛的采用。这些困难源于实践监控中的低流量,以及取样结果的精确度(大约0.1升/天,取决于立管尺寸以及部分气压)。因为操作过程中的低流量,立管环面容量监控已经作为流量监控或者气体取样的一种替代。首先收集一份立管面环气体样本,采用压力积累测试,随后由操作人员执行立管气体分析,以查明立管环中的水的成分以及氢的浓度。这些测量的结果随后与计算出的管内流量一起用于总的腐蚀量的评估。

使用环面真空体积预测技术并没有在监控环状空间完整性上得到广泛的认可。但是,环状真空体积测量对确定动力立管的大体情况来说是有好处的。对大多数近期的过程来看,环面体积是根据它能够保持的压力以及部分真空来测量的。这些技术用来确定由于时间流逝而导致环面体积减少所造成的环面空区域淹没的可能性。所以在柔性管道刚安装时就进行环面真空测量是比较合适的,这样可以把测量结果与将来所要进行的实际生产过程中的环面真空体积测试结果进行比较。

进行环面真空测试,以及压力积累测试的纲要如下:

1. 环面真空测试

环面真空测试把环形出流系统隔离,以形成环形空间中的部分真空。将已知数量的氮气填充到立管环面中的真空部分,以获得自由或者未被淹没的环空体积。真空是由水驱真空泵形成的。压力计要安置在隔离的区域中,氮气瓶应该被仔细地监控以保证不会发生环空压力过高的情况。泄压阀应该考虑设定为1.0~1.5 barg(需要咨询立管制造商)。取代真空的氮气的体积是作为衡量自由环面空间以及潜在发生淹没等级的标准。测试过程大概需要12个小时。

以下是测试过程的信息纲要,由此可以得知这些步骤需要分别检验以及复查。

(1)对进行离岸真空测试的风险进行估价。

(2)根据流程图安装设备。

(3)回顾以前的立管环结果。

(4)在实验过程中记录立管管口情况。这应该包括压力、温度以及环境温度。

(5)根据标准的离岸过程请求作业许可。

(6)压力试验要达到操作压力的110%并保持15分钟。

(7)检查流体的出流口。如果出流超过0.5升/天则应当进行评估并且停止试验。

(8)确定隔离阀完整性。

(9)隔离阀门系统并且抽空环状空间,记录环空压力随时间的变化。

(10)减少环空压力至200 mbar,并且与真空泵隔离,以使环空中的压力稳定。

(11)用氮气瓶减少环空中的真空,记录氮气瓶中测试前以及测试后的压力。

(12)重置所有的阀门至正常操作状态。

(13)通过所需的填充立管环中部分真空所需要的氮气的体积,计算出立管环的容积。

2. 环面压力积累测试

压力积累测试评估了立管环中自由体积中的压力随着时间趋于稳定的最大值。在这个独立的部分当中应该包括泄压阀,它的低压设为2 barg。当顶部的压力等级达到之后,用流量计测量从环空中出流的气体体积。泄漏气体的量取决于立管的操作情况及其结构。每四个小时记录一次,以得到压力与体积的关系图。所以,这项实验可能需要几天才能完成。当压力达到1.5 barg,将其降为0.5 barg接着降为0 barg,监控释放的时间与泄露气体的体积。

环面空间可以通过压力积累率、压力以及气体泄露体积的测量结果得到评估。实验过程需要4~5天的时间。这项测试的优点是可以取得立管环面中的气体以进行分析。

这个测试过程的纲要如下:

(1)对进行离岸测试过程进行风险评估。

(2)按照流程图安装测试设备。

(3)回顾以往的立管环面的结果。

(4)记录测试过程中的管口的情况。应该测量压力以及温度。

(5)根据标准的离岸过程请求作业许可。

(6)在压力测试中设备的压力要达到110%设备的操作压力,并保持15分钟。

(7)检查流体的出流口。如果流体的流量大于0.5升/天,则应该得到评估并且终止测试。

(8)确定隔离完整性。

(9)隔离出流系统以允许压力积累。

(10)应该安装流量计,以测量排气时候的积累气体容积。出流管口的连续性以及立管环面应该按照FAT进行检查。

(11)每四个小时监控并记载压力直到读数接近1.5 barg,这个过程可以进行几天。

(12)如果要求的话可以保留气体样本,然后缓慢泄压,记录压力达到1.0 barg,0.5 barg以及环境大气压所需的时间。这个过程中排出气体的体积应该得到记录。

(13)重置所有的阀门至正常状态。

(14)通过压力计算环面自由容积,以及排出气体的体积。

(15)气体取样可以指示出由于水蒸气造成的湿环面。

3.环面压力测试

这项测试并不能提供精确的结果,但是它可以趋近于立管环面的自由容积。这个方法包括缓慢的对顶部末端设备的出流管口加压,使其中的氮气压力达到1 barg。记录下由高压氮气瓶中注入的气体的体积,以计算立管环面中的自由容积。这项测试允许立管环中经历20~30分钟达到稳定状态。立管环面的容积由压力/容积之比的变化得出。压力测试应该设有低压泄压阀,设为1.0~1.5 barg;用流量计测定出流至大气中的气体。这项测试的持续时间应该比上一节中的短。另外,该测试应该进行三次,以评估结果的可重复性。高压氮气瓶应该包括10″的压力计以保证在测量压降的时候有足够的精确度。该测试大概需要12小时。

测试过程的纲要如下:

(1)进行风险评估。

(2)按照流程图安装设备

(3)检查以前的环面结果。

(4)在测试过程中记录立管口的情况。这应当包括压力、温度以及环境温度。

(5)获得工作的许可。

(6)测试压力的设备达到操作压力的110%,并保持15分钟。

(7)检查流体的出流口。出流量大于0.5升/天的时候应该得到评估并终止测试。

(8)确定隔离阀完整性。

(9)设定低压泄压阀至 1.2 barg。

(10)记录钢瓶中的初始压力。

(11)设置高压调节器至 2 barg(咨询生产商以获得指导)。

(12)把氮气注入立管环面中。要求管中的压力平缓地积累,可以使用高压调节器来控制立管环中的压力积累速率。

(13)当立管环面中的压力到达 1.0 barg 时关闭隔离阀。

(14)记录高压计的压力读数。

(15)在可控的状态下使立管卸压。

(16)重复两次实验以验证可重复性。

(17)记录并且核实结果。

环面测试用来对碳氢化合物立管的情况进行评估。如图 36 - 9 所示。发生湿环面的立管比干燥的立管更容易受到疲劳损伤的影响。损伤的等级与立管操作条件有关。

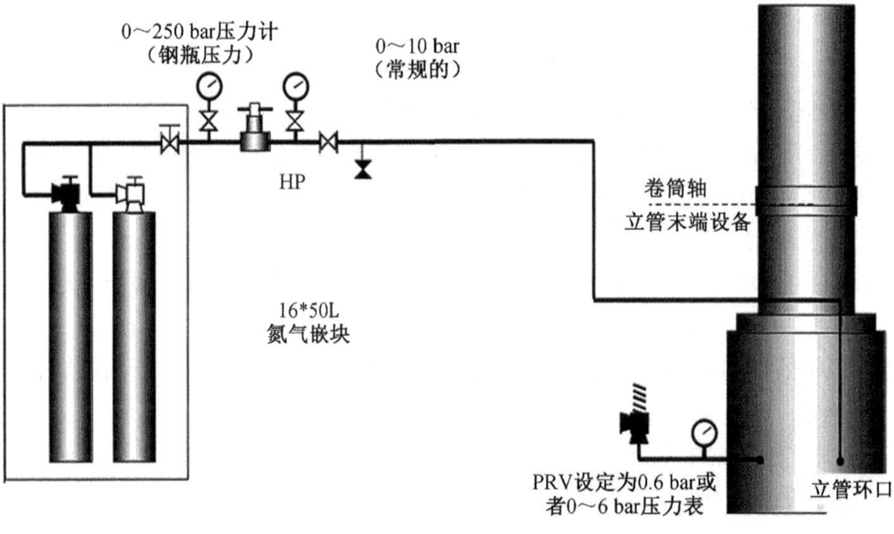

图 36 - 9 立管环空测试(引自 PGS 产品)

36.2.5 放射线技术、涡流探伤法与断层投影技术

1. 放射线技术

此方法采用在线联机的双层放射技术(Double Wall Shot Technique),用于局部完整性检查。每层的放射技术要求到达管口并要求管道通路。

工业实践中一般不对管道采用放射线检查,除非确定或者怀疑发生了反常的情况。这项技术的主要缺陷是它只能应用于顶部。该技术要求通路以进行拍摄以及安置放射源,对于放射源要求有特定的曝光时间以及限定的正常区域。它一般应用于立管末端设备中以监控管线的拉拔,或者监控牵引链柔性跨接管的管线混乱程度。该技术可以探明管线的失效,但是这只适用于柔性立管多层结构以及放射角度的解释。一般优先采用双层放射技术,相对于单层放射技术而言(3层),要求操作人员对拍摄结果进行更多的解读以评估多层装甲层(6层)。这项技术的一个重要优势是不要求管道干扰。

放射线技术也可以用来评估管道中水垢的形成程度,使用伽马放射源以及探测器来测量传递的放射线的强度。这个技术依赖于相近的密度的改变(例如金属以及聚合物管道层、水垢密度)以决定水垢形成的等级。它要求对类似的管道进行试验以对系统进行校准。

该技术一般用来监控装甲层的运动以及潜在的装甲线混乱、装甲线失效或者装甲线从末端设备中拉出状况(如果安装有金属镶嵌块)。此项资料提供持久的记录,可以用来评估未来的趋势,并可以用来开发潜在的管道监控或者更换程序。

可以在水下使用伽马放射源对出油管道的水垢积聚程度进行监控,但是至今在英国地区都没有得到广泛的采用,这可能跟被检查的系统的寿命有关。

放射线技术是一个基础的技术,对恢复柔性管道"与目的的符合程度"的情况进行评估。该方法只适用于发现装甲线上的重大的材料损耗或者装甲线失效的情况,这取决于放射角的角度。很难用该方法察觉一些缺陷点,例如装甲线上的伤痕。如果管道上面并没有看见任何伤痕,或者超出可被探查的最大深度0.4~1.1 mm,则不宜使用放射线技术。

2. 涡流探伤法

该方法对抗拉装甲层外层进行调查,以确定异常情况以及横向破损情况。该方法适合事故监控,应用于立管的局部区域。要求对立管的外部进行清理,以消除海生生物的影响,以在外部放置调查设备。该设备也可以安置在内部,以提供合适的顶端通路出口。

虽然一些操作者采用了该技术,但该技术并没有得到广泛的应用。该技术主要的问题在于对探测第一金属层的装甲层破坏可靠性较低。大体上就是因为主要的探测结果需要更广泛的理解。

因为对于超出第一金属层的结果理解上的困难,涡流法就局限于对第一抗拉装甲层的外部检查上,或者应用到不锈钢内衬管的内部检查上。但是渗透的深度是个问题,并且是未来发展工作的主题。该系统还没有广泛地应用到水下,因为很难到达立管系统的关键区域,尤其是对疲劳很敏感的顶部抗弯加强筋处,以及发生中拱的浮力块分布区域。该技术可以应用到立管内层,但是依然受到不锈钢内衬管层中或者有可能是抗压装甲层中的渗透深度的限制,这取决于操作者的操作技术。

3. X 射线断层摄影术

这个过程是非破坏性的,用于检查柔性管道的所有聚合物层。虽然仍处于开发阶段,基于医疗技术的柔性立管的截面成像技术已经产生。

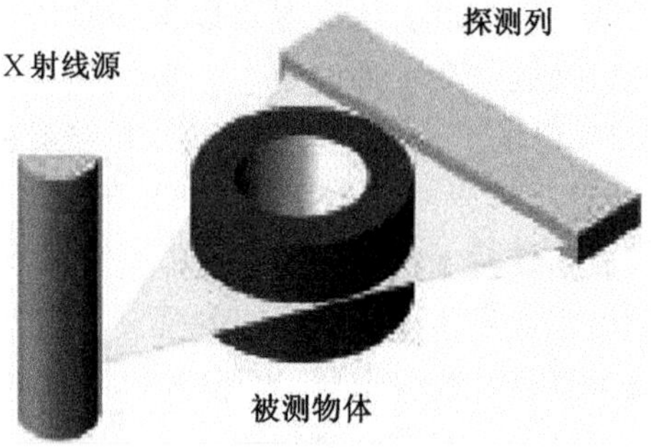

图 36-10　X 射线断层摄影术(CT)系统的布局(出自 TomX AS)

X 射线 CT 系统包括 X 射线放射源、探测列(detector array)以及动作控制系统,如图 36-10 所示。X 射线(例如一定频率范围内的光子)产生于放射源,按照线形路径发射穿透测试物体并被另一侧的闪晶接收。低密度区域相对于高密度区域产生更强的信号。在收集到足够多的截面信息之后,样本资料经过计算机的处理,使用各种信号过滤技术以产生数字图像。

CT 图像的例子见图 36-11,图 36-12。在 CT 画面中,高亮区域表示金属层,阴暗的区域表示低密度区域。

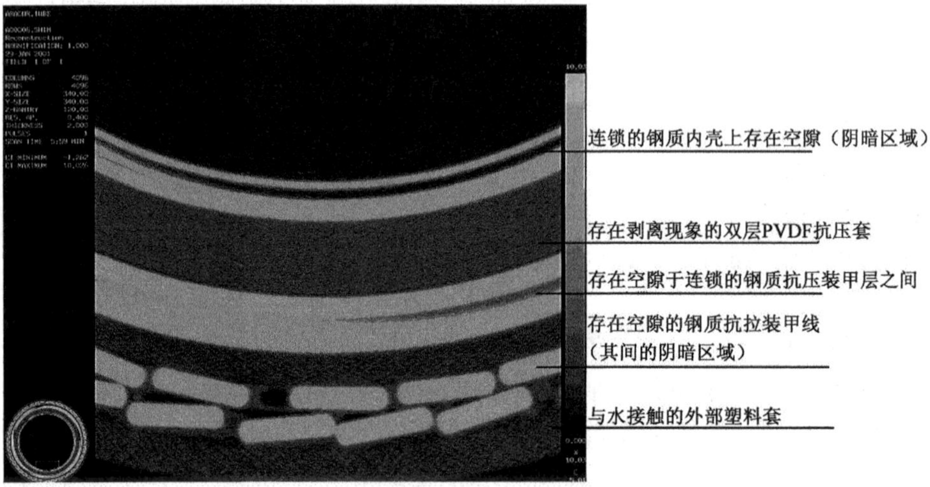

图 36-11　柔性管道截面放大的 CT 图

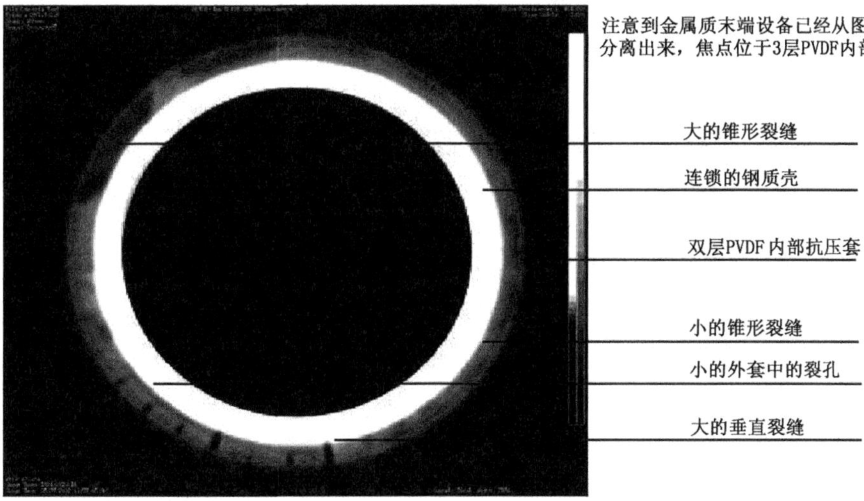

图 36－12 柔性立管双层 PVDF 内套的末端设备的 CT 图像

CT 图像的质量（分辨率以及对比度）取决于几个因素，包括探测器的直线度，探测器的数量，探测器电子学，计算软件，X 射线路径（越线性化越好），信噪比，剂量率（dose rate），X 射线能量以及被测物体（厚度以及密度）。

该监控工具是一项较新的发明，在英国以及挪威地区都没有实际应用经验。该工具最开始是用在顶部设备上（以探测 PVDF 从末端设备中拉出），并计划在近期应用到商业领域。将来的应用方向为工厂接受测试、管道重新鉴定以及水下检测。

该检测技术依然处于发展阶段，至今没有被实际使用，但是，CT 图像的质量令人满意，可以清楚地显示内部聚合物层以及金属层的情况以及外形。该技术初步的发展致力于顶部末端设备的检查。

4. 电磁以及放射线现场检测技术

目前正在发展的电磁以及放射线现场检测技术致力于确定抗压以及抗拉装甲线的情况，其应用可以合理地减少安全方面要求的 API 疲劳系数。

对于新的检测方法，首要探测区域是抗弯加强筋区域，因为这是疲劳载荷最大的区域。同时，该区域失效的结果代表了可能性最高的安全风险。

评估抗弯加强筋区域金属层的情况，其过程是将装有多种放射线以及电子设备的工具放入立管口。该设备通过使用依附于立管外部的运载器上的放射线源来探测各层的情况。至今为止，初始的设计原型已于实验室条件下被测试。

该设备依然处于发展阶段，并且在工业界没有得到商业化的应用。

总的来说，工业界很清楚这种检测设备将会对立管监控者提供极大的好处。该工具发展的下一个阶段就是进行实地测试以确定这种创新性的技术的能力。

36.2.6 载荷、结构配置与外部环境监控

1. 载荷以及结构配置监控

载荷监控主要是指使用顶部张紧设备测量管道上实际的动力载荷，以此与立管结构配置预测的环境载荷进行对比。该监控设备包括一个事先安装的外部负载元件或者管内的负载环，或者在安装之后可以采用外部应变计进行测量。

至今为止的工业实践中尚未实行顶部张力的监控。此外，可能是因为设计阶段的负载元件的要求，少数的操作者采用了应变计测量技术。

2. 外部环境

该方法用于测量立管系统上真实的环境载荷，测量值用于与设计假定值作比较。目前存在数种用于测量风、波浪和海流的方法。此外，还应当监控船体在外部环境载荷作用下的偏移情况，以保证船体的偏移在设计的偏移要求之内。

至今为止，工业实践在安装阶段通常利用一般的天气监控系统进行环境监控。大量的数据并没有被实时掌握，但是可以用回顾式的检查。类似的，使用船体偏移监控也可能做不到实时掌控，但是一旦有所要求，可以进行回顾式的检查。对风的监控一般不做特别的要求，除非考虑到可能有极大的载荷传递到管道上，但这种情况较少发生。

北海地区的环境资料非常详细，所以对于柔性立管油气田的开发来说，环境监控并不十分重要。但是，如果油气田开发区域处在严重的极端环境、疲劳环境，或者水深增加等情况，则推荐使用船载监控系统以确定设计假设，特别是有关疲劳载荷方面的问题。

对于具有特殊跨度的海底出油管来说，涡激振动的存在使得海流监控成为了潜在的热点问题。使用 GVI 方法应当监控跨距以保证管道没有发生过度弯曲。此外，船体偏移应该作为监控的对象，通过使用 DGPS 系统或者类似的技术可以监控船体的运动响应，借以证实模型测试的结果。这些工作应该在操作阶段得到评估，以保证船体以及动力立管系统保持在设计操作范围之内。

3. 旁侧扫描声呐

该方法包括沿着管道长度的方向牵引一个声呐扫描仪以确定埋藏的或者未埋藏的管道的形状。该技术用于探测上升式屈曲、管道盖子丢失、管道卷曲以及测量出油管以及跨接管的自由跨度。

该方法没有广泛应用于英国地区，一般用于确定可能直接或者非直接作用

于管道从而产生海床扰动的异常状况。这种异常状况可以用 GVI 技术进行详细的评估。

该方法可以用于确定出油管形状的异常,或者在 GVI 的帮助下测量上升式屈曲。市场上用多波束旁侧扫描声呐取代单光束声学声呐的趋势导致了光束扩散问题、问题处理方式、牵引速度问题以及集中问题等多方面的进步。被测管道的长度可能会限制该技术的使用。

4. 埋藏管道的检查(脉冲感应系统)

脉冲感应系统安置在远程操纵的潜水器上,以监控立管埋藏的深度,从而用来探测立管的上升屈曲。

脉冲感应系统目前还没有得到使用,现在一般使用远程操纵潜水器上的 GVI 系统,探测由于立管盖子的缺失所造成的上升式屈曲。对于大范围区域,可以使用声呐系统以监控出油管和潜在的海床干扰。相对于脉冲感应系统而言,这两个监控方法对于海床情况的变化感应效果更明显。

5. 内部形状监控

该过程监控管线纵向的轮廓,并且采用安装了船载感应包的清管器,探测上升式屈曲、管道卷曲以及管道轮廓的历史的改变情况。

英国地区没有采用这个技术,这可能是因为缺乏采用该方法所需的合适的顶部以及海底的清管设备,或者是由于过去的管线干扰方面信息存在着不良的信息反馈。这样只能依靠远程操纵潜水器使用 GVI 来探测管道的大概分布情况。

6. 柔性管道中的光纤光学监控

有一个比较新的发明——关于在抗拉层结构中使用光学光纤以监控立管的实时动力响应,并获得柔性立管的疲劳,装甲线的极限应力,以及立管环情况的详细信息。这项技术可以应用于腐蚀的探测,所以可视光纤技术是未来的发展方向。

36.2.7 内部检测

该过程要求在柔性管道系统中使用一个清管器,并要求有预先设计好的清管设备。该清管过程的进行基于对柔性管以及刚性管事故的探测。

使用传统的智能清管器以获得柔性管道的性能衰减的信息是不可行的。但可以使用计数清管器来发现管道中的流量限制。应该小心看管有金属部件的读数清管器,并寻求制造商的建议以避免对柔性管道造成潜在的损伤。总而言之,考虑到内部的聚合物衬套,对于光滑的管道口不能使用清管器。

可以使用计数清管器来确定柔性管道中的不锈钢内衬管的压溃情况，椭圆度的缺失和流量的限制。但是要咨询生产商的意见，以关注由于使用清管器而对管道造成潜在的损伤。假设有条件进行测试，推荐通过外部观察方法或者一般目视检测(GVI)做一个初始的评估。

36.2.8 外套修复过程

目前存在一些对柔性管道外套的局部损伤进行修补的过程。外套修复可以分为干修复和湿修复。

管道在服役过程中的损伤一般需要修复或者更换，这取决于损伤的严重程度、损伤被发现的时间以及更换时间表。决定是修复还是更换要基于生产商的设计评估以及相关利益集团。接下来要决定是采用干修复法还是湿修复法。干修复法控制性更好，因为可以把管道回收到岸边。

1. 干修复方法

怀疑疲劳敏感区域出现损伤的时候，应该对外部整条管道进行肉眼检查，必要时还要使用放射线方法进行检查。

可以使用聚合物片焊接修补法，但是该方法不是一个很好的修复措施。由于聚合物的水饱和度水平以及很难成功干燥，用碎片焊接修补术非常困难；聚合物焊接修补术可能无法承受一系列由于放管以及重新安装过程中所产生的卷曲造成的应变载荷；局部聚合物焊接修补术的可靠性较差。所以，该修补技术在应用前应该先论证其可行性。

另一个更好的修复方法是使用传统的机械夹具修补。经常采用环境障碍密封的方式，即采用一个或者两个密封夹安置在损伤的位置上。夹具修补术应对处理过的立管环保持完整性的能力进行评估。选择夹具位置时应该考虑管道的柔性，以决定夹具的大小以及柔性立管上曲度的极限。同样的，该修复方法在使用前要得到证实。

轻质管道修复夹具的压力保持修复技术还在继续发展。该技术可以应用于管道表面的广大区域以及飞溅区域的修复，并且可以保持内部立管环的压力水平。

在修复之前，应该对立管环中的液体取样，以评估 pH 水平，氧化亚铁含量等。因为这些信息对将来的管道寿命评估很有价值。

应该在一个统一的极限上对立管环进行压力测试，以证明修复后的完整性。推荐寻求生产商的建议，但是如果没有建议时，立管环测试压力应该设定为最大 1.5 bar。

在修复之后，管口压力测试时应该到达 150% MAOP，以证明立管的完整性。

2. 湿修复方法

该方法要对外套的损伤段进行密封，以把立管环与海水环境隔离开来。因为被海水淹没的环状空间可能会被有抑制性的液体冲刷，这就会减缓海水对碳钢装甲线上的裂口的影响。或者，基于对管道的风险评估，早期发现损伤区域可以对夹具进行调整。湿修复方法需要潜水员或者 ROV 来进行，对于动力立管来说，这会是一个复杂的过程。

混合作用式环氧树脂黏合剂（Two - Part Epoxy Adhesive）一般应用于水下设备，可以用于外套的修复。该过程提供了一个没有压力保留能力的障碍式密封方式。

该方法的主要优势是这个修补方法很轻，对立管浮力没有影响。如图 36 - 13 所示。

图 36 - 13　GRP 夹具被用来放置环氧树脂粘合剂

但是，环氧树脂修复方法有以下缺点：

（1）环氧树脂修复时间坐标的设定限制了水下修复工作。

（2）环氧胶的控制以及准备要求有合理的方法以及训练有素的人员。

（3）要求对围绕损伤区域的立管层的表面进行准备工作。这对于有着严重损伤以及大量海生生物的地方来说很难进行。

（4）修复的质量好坏不可以量化。

（5）修补的补丁曾经因为受到检测的 ROV 的冲撞或者是立管的动力运动而

被移出。

还有一种湿修复技术要求在被损伤区域安装机械夹具,如图 36 – 14 所示。

图 36 – 14　典型的钢制管线修复夹具

传统的钢质管道修复夹具已经成功地安装到损伤区域的 WROV 上。这些夹具可以安装在管道中以进行对常规的立管环中抑制性流体的监控。该类型夹具提供了对立管套的全额压力的修理。传统的管线修复夹具的缺点是:

(1)阳极的夹具,要求被分别放置在海底,以使 WROV 可以停靠。

(2)由于 WROV 工具的复杂性,要求有特殊受训的 ROV 工作小组才能胜任。

另外一种轻质的夹具,可以保留住压力并能被快速安装到 WROV 上,如图 36 – 15 所示。该夹具可容纳一系列的夹具,这些夹具可以沿着 WROV 上的安装工具被迅速安装到立管上,并对立管中的抑制性流体进行常规的检验。该轻质夹具还需要长远的发展以证实实地工作中的可靠性。

相对于修复夹具的制造以及安装,对损伤区域的立管外径的测量精确更重要。

当完成修复之后,如果怀疑立管装甲层的修复情况,还要进行管口压力测试,需要达到 110% MAOP,以确定立管完整性。

该修复技术在使用前应当得到论证。

图 36-15　正在开发中的轻质修复夹具

36.2.9　立管解剖

对柔性管道进行解剖以查明其失效模式，或者对一个没有失效的回收管道进行解剖以进行性能衰减方面的评估，这一般要在熟悉管道构造的操作者代表的监督之下由管道供货商进行。

详细的失效检测以及解剖过程取决于实际的管道设计，但是还应该遵循以下标准：

（1）如果对情况不了解，就对最容易发生失效的地方进行评估。

（2）逐层地去除所有的管道层，记录并且标记从末端设备到其他相关点的距离。

（3）每移除一层都要拍照，进行局部的观察。

（4）测量并记录相关的尺寸，例如直径、间距长度以及装甲线空隙大小。

（5）测量并记录管道的异常情况，例如装甲线混乱或者损伤，抗压装甲层解锁，裂缝，压溃或者聚合物突出等。

如果有必要，可以要求对聚合物或者金属部件进行深入的实验分析以查明导致失效的原因。这可能包括对钢质金属线的详细检查（UTS，硬度，伸长，轮廓）或者显微镜聚合物检测措施。

详细的管道解剖很费时间，所以服役阶段内的管道载荷检查应该对最容易失效的地方进行评估。例如,对于 10 英寸的管道来说,对整个剖面的解剖工作被限制在每天 8 米左右,这取决于管道的设计。

可以进行末端设备的解剖以查明管道失效的原因。这要求具有对末端设备的设计方面的知识,并包括对聚合物褶皱环的详细的检验。

该方法被工业界广泛采用,以查明失效的模式并用于阻止类似的失效在其他地方发生。有些时候,为了重复使用而把没有失效的立管回收,对装甲线进行腐蚀检验。

对于以往低风险管道的失效事故,首先要进行详细的解剖。如果类似的设计管道在与失效的管道处于一样的环境中,那么管道解剖十分重要。进一步说,如果立管作业在恶劣的操作环境下,操作者应该考虑换下立管,对其进行详细的解剖以及完整性的评估,以保证余下的立管适合继续使用。

第五篇　海 底 管 道

第 37 章

绪　论

37.1　引　言

海底管道在海底油气资源的开发中应用广泛，如图 37-1 所示。管道系统为单管管道系统、套管系统或管束系统。海底出油管通常是指将油气产品从井口输送到立管底部的海底管道，而立管则是连接处理设施（例如采油平台或 FPSO）的管道。连接处理设施与海岸的海底管道称为输出管道，而将水或化学抑制剂从采油平台输送到海底设备的海底管道则称为水或化学剂注入管。

各种管道的设计过程大体上是一致的，本书将介绍这类通用的设计方法。

37.1.1　设计阶段

管道设计通常分三个阶段，即：

- 概念设计工程；
- 前端工程设计（FEED）工程；
- 细部设计工程。

虽然每个设计阶段的目的和范围会因运营商和项目规模的不同而存在差异，但其主要过程和目的可概述如下[2]：

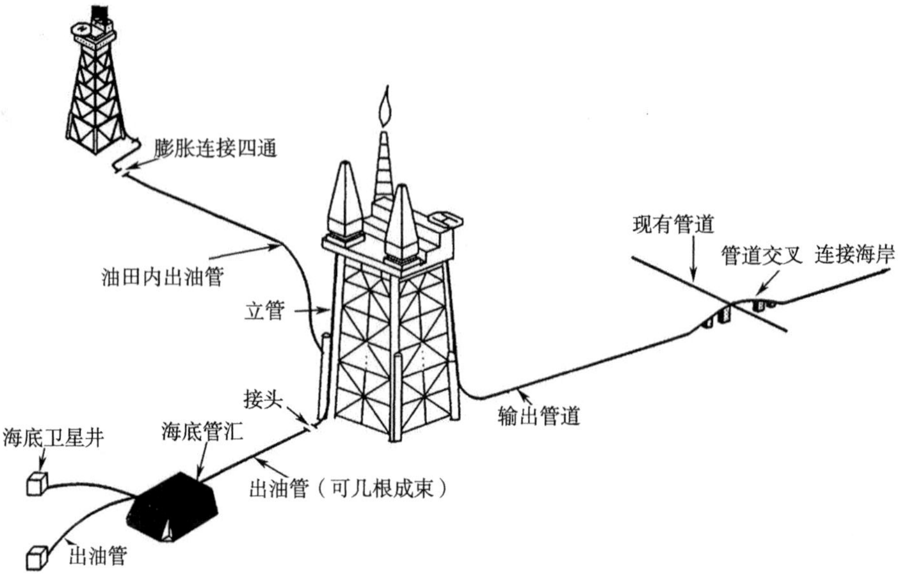

图 37-1　海底管道[1]

1. 概念设计

概念设计的主要目的通常为：

- 为系统设计和施工确定技术可行性和限制因素；
- 排除不可行方案；
- 确定下一步设计和施工所需的信息；
- 确定基础成本和生产调度；
- 确定与其他计划中系统或已有系统的连接接口。

前期工程工作的价值在于揭示潜在困难及数据收集和设计中需要予以重视的地方。

2. 前端工程设计（FEED）

前端工程设计的主要目的通常为：

- 进行管道设计以确定系统概念，包括：
  - 验证管道尺寸；
  - 确定管道等级和壁厚；
  - 验证管道是否满足安装、调试和运行的设计与规范要求。
- 编写授权申请；
- 进行材料统计，以便订购足够的管线管（管道制造是耗时的工程，因而需要尽早启动）。

通常规定前端工程设计应满足“工程、采购、建造和安装（EPCI）”投标的要求，然后 EPCI 承包商将根据其标书规定在更改最少的前提下进行细部设计。

3. 细部设计

细部设计阶段需详细说明所有采购和建造投标的技术投入，主要目的可概述如下：

- 优化路径；
- 选择壁厚和涂层；
- 确认规范对强度、涡致振动（VIV）、坐底稳性、整体屈曲和安装的要求；
- 确认初步工程中规定的设计和 / 或附加设计；
- 将设计和图纸细化至可应用于海底环境，包括管道、接头、交叉、跨度修正、立管、接岸以及海底结构物；
- 根据最新测量数据编写详细定线图；
- 编写规范并准备常用覆盖材料、成本分摊、建造工作（例如铺管、测量、焊接、立管安装、短管安装、海底接头、海底结构物安装等）以及试运行（例如注水、清管、水动力试验、清洗和烘干等）；
- 进行材料统计（MTO）并编写采购材料需求信息；
- 编写认证机构所需的设计数据及其他信息。

37.1.2　设计过程

管道设计过程旨在根据设定的运行参数确定最优的管道尺寸参数。这些参数包括：

- 管道内径；
- 管道壁厚；
- 管材等级；
- 涂层和防腐类型及重量（若需要）；
- 涂层壁厚。

对管道尺寸参数进行优化的设计过程是一个迭代过程，如图 37-2 所示。设计分析如图 37-3 所示。

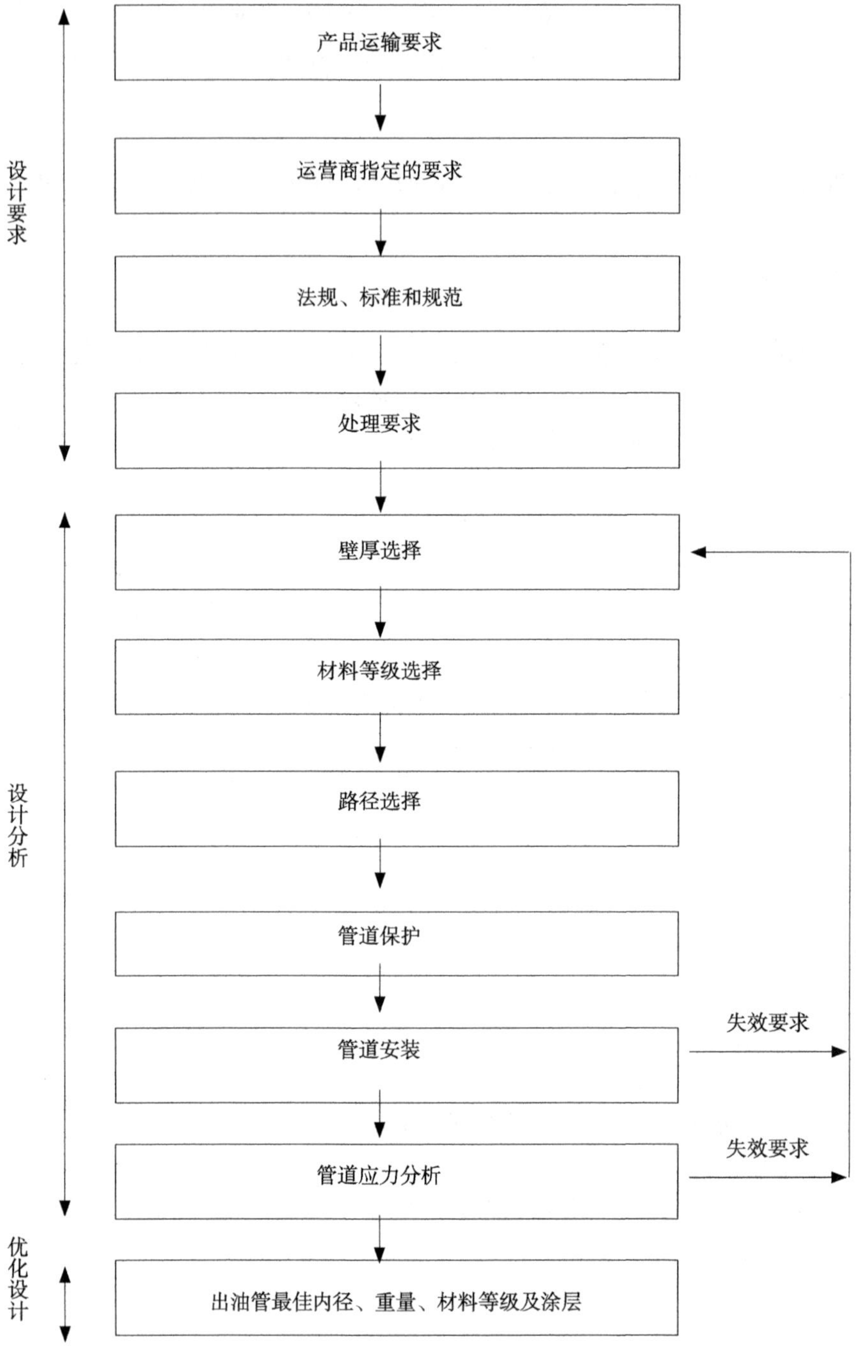

图 37–2　海底管道设计过程 [1]

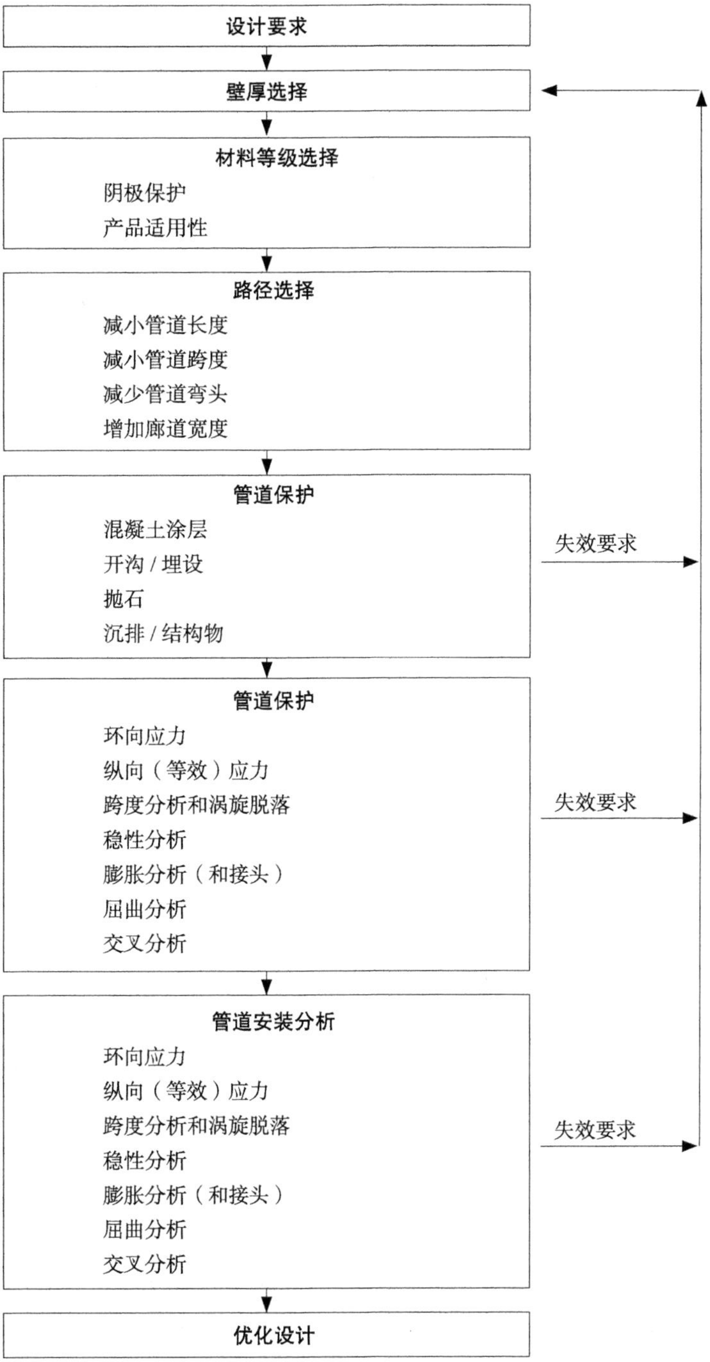

图 37–3　出油管设计分析 [1]

设计过程的每个阶段都需说明是概念设计、初步设计或细部设计，但分析的程度可因要求的不同而不同。例如，审核细部设计的目的时，设计应：

- 规定管道的壁厚、等级、涂层和长度以便进行管道制造；
- 确定路径以便编制定线图；
- 进行管道应力分析，确认在安装、测试及运行的所有阶段管道都处于容许应力的范围之内；分析结果还应包含管道容许跨度、接头细节（包括膨胀短管）、容许测试压力以及设计图和规范的其他要求；
- 进行管道安装分析，确认在安装的所有阶段管道应力都处于容许值的范围之内；分析应特别确认拟采用的管道安装方法不会对管道造成损伤；分析应写入安装规范中；
- 整体响应分析；
  - 膨胀、有效力和整体屈曲
  - 水动力响应
  - 冲击
- 局部强度分析。
  - 爆破、局部屈曲及棘轮效应
  - 腐蚀缺陷和凹陷

37.2 分析设计

近来在离岸和海洋领域，设计过程发生了技术变革。先进的方法和分析工具能够利用现代材料及经过修订，可支持极限状态设计理念和可靠性方法的设计规范进行更为完善的设计。新方法称为“通过分析进行设计（DTA）”，采用两阶段互补方法确定主要极限状态并对特定设计进行优化。

使用先进工程的优点是通过更精确地确定结构物局部加载状态的影响，最大限度地减少不必要的保守设计，从而大大降低项目的资本支出（CAPEX）和营运支出（OPEX）。标准和设计规范应全面涵盖设计内容，但输入参数和分析方法的应用仍存在许多不确定性。由于结构物和加载状态可精确建模，因而对于特定设计条件，真实模拟能揭示设计规范在某方面可能过于保守。有限元法（FEM）模型能够模拟真实的结构特性并应用和记录特定的限制措施。

管道生产的质量控制越好，就可对材料进行更精确的建模，工程师便能通过 FEM 分析工具模拟整个管道系统在全部生命周期的特性并确定载荷最大的部分或部件。将这些信息整合到详细 FEM 模型中即可确定主要失效模式和极限标准，然后与设计规范进行比较以判断是否具备优化空间。借助统计数据可对输入数据及响应的不确定性建模，并确定一系列载荷和影响的概率分布。然后通过设计决策可靠性方法进行优化并记录是否适合最终产品。

工程师长期以来一直困难地使用着仅考虑部分结构系统的分析方法，而不同部分如何相互影响以及结构系统如何响应接近其极限的加载则需要能精确反映载荷、材料和结构的非线性模型。现在工程师能够通过复杂非线性 FEM 程序和高速计算机获取数值结果，可与通过观察得到的特性及实验室测试结果完美契合。

由于设计参数和局部环境因项目而异，所以整体响应常常需要与局部强度一起进行模拟。海底管道的加载状态涉及安装、海床特性、干预工作、测试、各种运行状态及停输，其确定的载荷路径对于与塑性变形和滞后效应相关的非线性系统精确建模非常关键。例如模拟可确认受到周期性载荷作用并发生位移的管道系统是处于符合要求的自稳定状态还是处于不稳定状态，需要进一步加固。通过在真实环境中获取的测量结果对管道特性进行模拟，工程师能发现其设计的优劣并找到安全经济的解决方法。根据传统方法，管道工程师只计算两维载荷和载荷效应，说明三维效应时需忽略或合并结果，此类方法会导致设计过度保守或不够安全。对于受到高载荷作用并发生较大热膨胀的管道，DTA 已证明了三维有限元分析的重要性。

DTA 涉及以下工作：

- 根据指南和规范进行初始设计；
- 通过对整个管道系统建模确定整体特性；
- 对整个生命周期的载荷状态进行模拟；
- 确定潜在问题区域；
- 通过详细有限元建模对结构失效模式和承载力进行检验；
- 制定可尽量降低成本但能保持一致安全水平的策略；
- 进行设计优化循环；
- 记录设计的有效性和长处；
- 提供作业和维护支持。

37.3 管道设计分析

37.3.1 概述

需进行管道应力分析以确定管道在安装、测试和运行时其应力是否符合规范和客户的要求。验证所受应力是否符合要求的相关分析：

- 环向应力；
- 纵向应力；
- 等效应力；
- 跨度分析和涡旋脱落；
- 坐底稳性；
- 热膨胀分析，包括接头设计；
- 整体屈曲分析；
- 交叉分析。

三个设计阶段的第一个阶段是初始壁厚计算。初始尺寸计算还应与安装分析的静水压溃 / 扩展屈曲计算一起进行。

管道设计的分析方法概述如下，可作为相关章节的介绍。

37.3.2 管道应力检验

1. 环向应力

薄壁管的环向应力（σ_h）可通过如图 37–4 所示公式确定：

$$\sigma_h = (p_i - p_o)\frac{D}{2t} \tag{37-1}$$

式中：

p_i 为内部压力；

p_o 为外部压力；

D 为管道外径；

t 为管道的最小壁厚。

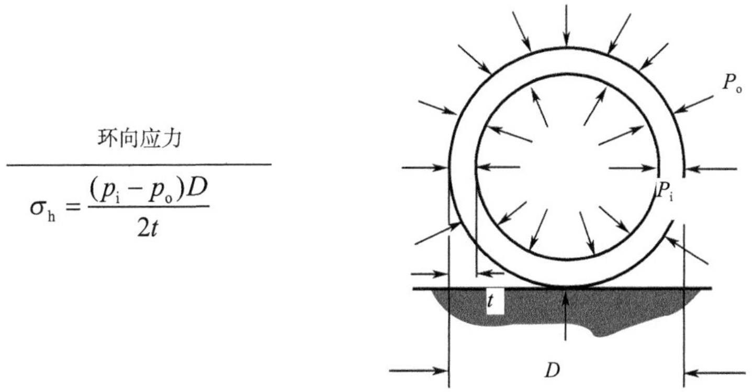

图 37–4 管道环向应力

环向应力不可大于规定最小屈服应力（SMYS）的某个特定比例，此比例取决于所采用的规范 / 标准。

2. 纵向应力

管道的纵向应力（σ_l）为管壁受到的轴向应力，由以下应力组成：

（1）管帽作用力导致的应力（σ_{ec}）

（2）弯曲应力（σ_b）

（3）热应力（σ_t）

（4）环向应力（σ_h）

纵向应力可通过下式确定：

$$\sigma_l=\sigma_{ec}+\sigma_b+\sigma_t+v_{\sigma h} \tag{37-2}$$

纵向应力的分量如图 37–5 所示。使用该公式时应确保遵循符号规定（如拉伸应力为正）。

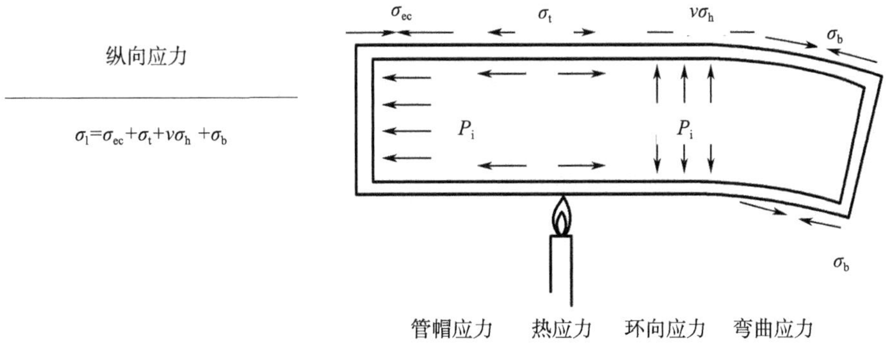

图 37–5 管道纵向应力

3. 等效应力

根据所用的规范 / 标准，确定的复合应力存在差异，但等效应力（σ_e）通常可表达为

$$\sigma_e = \sqrt{\sigma_h^2 + \sigma_l^2 - \sigma_h\sigma_l + 3\tau_{lh}^2} \tag{37-3}$$

式中 σ_h——环向应力；

σ_l——纵向应力；

τ_{lh}——切向剪应力。

对于 D/t 比小于 20 且剪应力可忽略的高压管道，等效应力可计算为

$$\sigma_e = \sqrt{\frac{1}{2}\left[(\sigma_h - \sigma_l)^2 + (\sigma_l - \sigma_r)^2 + (\sigma_h - \sigma_r)^2\right]} \tag{37-4}$$

式中，径向应力的值从管壁内侧的内部压力 p_i 变化为管壁外侧的外部压力 p_o。与纵向应力和环向应力相比，径向应力通常较小，因而设计规范不会对其进行明确限制。

37.3.3 悬跨分析

当管道放置在粗糙海床或受到冲刷的海床上时，若管道和海床在较长距离不发生接触就会出现悬跨，如图 37-6 所示。在这种情况下，通常规范要求对管道进行以下检测：

- 过度屈服；
- VIV 导致的疲劳；
- 人类活动的干扰（捕鱼）。

充分考虑这些要求就需对容许悬跨长度进行评估。如果实际悬跨长度超过容许长度，就应进行调整或修正以减少悬跨长度。这是一项高成本的工作，因而尽可能准确地评估跨度非常重要。在很多情况下，为了说明真实的海床和现场结构特性必须对多种跨度进行分析。

管道跨段或任何圆柱形物体周围的波浪和海流流动所产生的湍流会导致尾流中出现涡旋。这些涡旋从管道顶部至底部交替脱落，并产生作用于跨段的振荡力，如图 37-6 所示。如果脱落频率接近管道跨段的固有频率，则会发生严重的共振，这种共振可导致管道疲劳失效并使混凝土层开裂脱落。

对管道跨段发生共振的可能性进行评估需基于脱落频率与跨段固有频率的比较。可使用传统力学方法计算脱落频率，但必须考虑接近海床产生的影响。通常通过简单模型计算规定跨段的固有频率，但最新研究表明这些模型过于简

单，需对真实海床上的管道进行多种跨度分析。

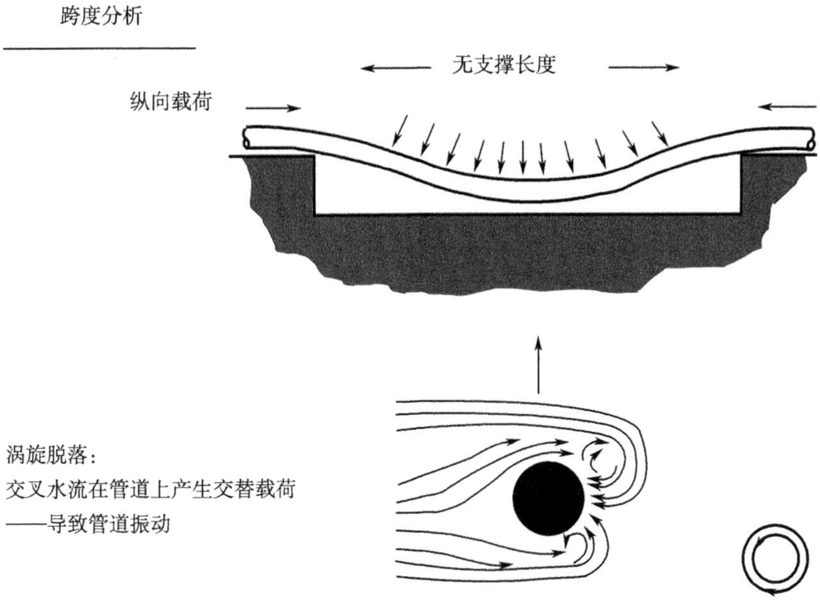

图 37-6　管道跨度和涡旋脱落

涉及管道跨段的另一个主要考虑因素是捕鱼可能造成的影响，这是一个宽泛的主题，这里先不介绍。

37.3.4　海底在位稳性分析

海床上的管道会受到波浪和稳定海流的流体载荷作用。对于可能因管道竖向或侧向移动而导致其破损的海床区域，作为设计要求，管道必须有足够的重量以确保在最恶劣的环境条件下可保持稳性。在浅水中，大多数情况下这部分重量由混凝土配重层提供。而在某些情况下，允许管道在应力（或应变）不超过极限的前提下发生侧向移动。本节将概述大部分设计方案都采用的前一种方法，基于极限状态的稳性设计在第 49 章予以介绍。

坐底稳性分析基于简单力平衡或详细有限元分析。作用于管道的波浪和海流作用载荷为波动拖曳力、升力和惯性力。管道有效沉没重量在海床上产生的摩擦力必须大于这些作用力以确保稳性。如果管道的钢和内容物重量不足或堆石不够，稳性设计必须确定所需混凝土层的重量。在设计时，大部分管道规范都规定了一个安全系数。

海流载荷作用下海底管道的作用力分量如图 37–7 所示。管道在海床上保持稳定必须满足以下关系：

$$\gamma\ (F_D - F_I) \leqslant \mu_L\ (w_{sub} - F_L) \tag{37-5}$$

式中　γ——安全系数，通常不小于 1.1；

F_D——单位长度的水动力阻力（矢量）；

F_I——单位长度的水动力惯性力（矢量）；

μ_L——土壤侧向摩擦系数；

w_{sub}——单位长度的管道沉没重量（矢量）；

F_L——单位长度的水动力升力（矢量）。

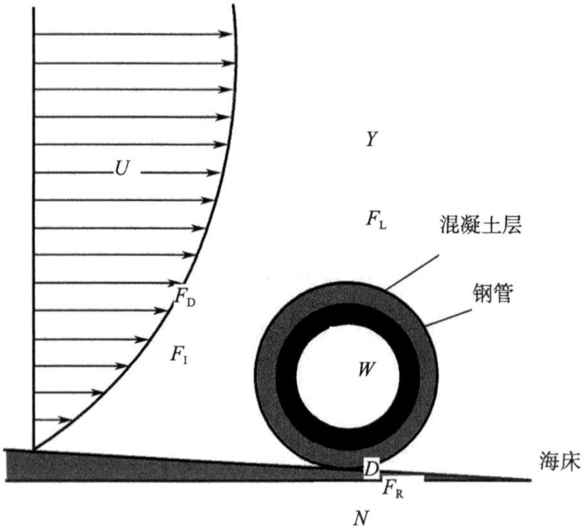

图 37–7　海底管道稳性分析

水动力可通过传统流体力学方法及合适的阻力、升力系数和直径、粗糙度、局部海流速度及加速度得到。

分析中所用的有效流体包含两个部分，分别为

（1）稳定海流，采用边界层理论在管道所在位置进行计算；

（2）波浪产生的流体，采用合适的波浪理论在海床位置计算。

流体的选择取决于局部波浪特性和水深。波浪和海流数据必须考虑到极端条件。例如，对于管道整个生命周期的运行分析常常采用百年一遇的波浪数据。而对于沉没重量较小，在空旷条件下将管道铺放安装于海床上时，则采用诸如 1 年或 5 年一遇较小波浪的数据。

摩擦力取决于海床土壤和管道的沉没重量，可使管道保持平衡。需注意的是该沉没重量应减去流体升力。根据管道和土壤表面情况，侧向摩擦系数可取0.1~1.0。软质黏土和淤泥对管道侧向移动的摩擦力较小，而粗砂的摩擦力较大。

可以看出稳性设计是个复杂的过程，很大程度上取决于经验系数，例如作用力系数和土壤摩擦系数。选择合适的值，主要需依靠工程师的经验和特定的设计条件。

海底管道稳性分析的目的在于确定所需附加配重层的重量。当用于保持稳定的混凝土使管道重量过大而影响安全安装时，应采取其他保证稳性的措施，两种主要方法为：

（1）通过开沟使管道避开海流的作用力；

（2）使用锚（堆石）或其他配重方法提供额外阻力。

对于后一种情况，锚的间距必须设计为可确保固定点之间的管段不会发生较大移动或承载高应力。海底管道的安全性仍然是稳性设计的最重要标准。

第 49 章将介绍坐底稳性分析的有限元模型。

37.3.5 热膨胀分析

热膨胀分析需确定管道两端的最大膨胀及管道中相应的最大轴向载荷，两者对于设计有着非常重要的影响，因为：

（1）轴向载荷可确定管道在运行过程中是否会发生整体屈曲并需要额外分析 / 约束；

（2）管端膨胀可确定连接四通（或其他设备）必须承载的膨胀情况。

如图 37–8 所示，管端膨胀是管道运行参数和约束的函数。管道可膨胀至“固定点”，超过此点管道将不再膨胀（因而被完全约束）。可根据管道运行参数和约束来确定管端与此固定点之间的距离。约束越少，锚之间的距离越大，连接处的膨胀也就越大。

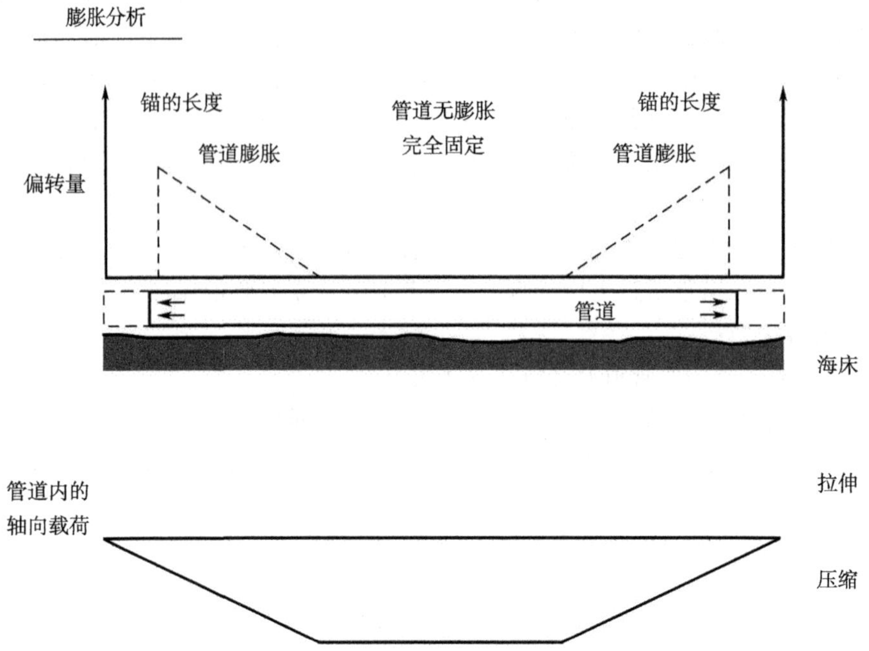

图 37-8　管道的热膨胀

37.3.6　整体屈曲分析

当管道内的有效轴向压缩力增大至使管道产生侧向或竖向弯曲并因此降低了轴向载荷时（即处于更低的能态），管道就会发生整体屈曲。随着越来越多的管道在高温运行（超过 100 ℃），发生整体屈曲的可能性也越高。

整体屈曲分析可确定屈曲是否会发生（见图 37-9）。如果会发生，则需进一步分析以便防止屈曲发生或对管道进行调整。

防止屈曲的一个方法是在管道上抛石。这会对管道施加更大的载荷，但可以防止其发生屈曲。但如果抛石未能提供足够的约束，管道还是会发生整体屈曲（即隆起屈曲），可导致管道失效。

另外一个解决屈曲问题的方法是使管道在海床上弯曲（例如通过蛇形铺设或限制屈曲的方法，如支墩、分布式浮力等）。这种方法明显比抛石成本低，并且管道承载的载荷更小。但管道会发生塑性变形，因而分析必须基于极限状态设计。这种方法越来越流行，并且可以结合抛石使用，先蛇形铺设管道，然后在需要的位置进行抛石，这样能降低发生隆起屈曲的可能性。

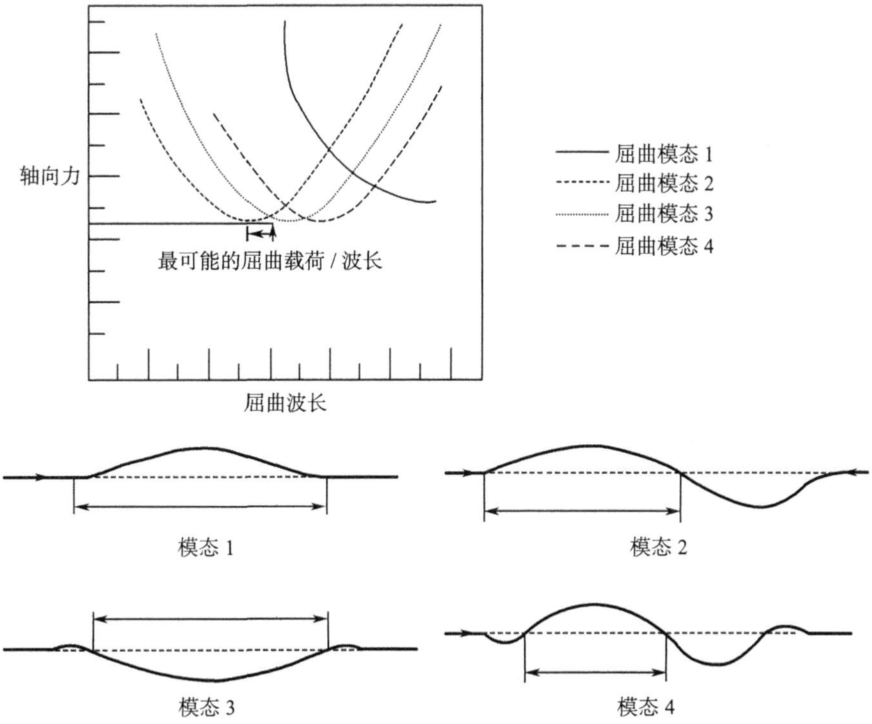

图 37-9　管道的整体屈曲

计算隆起屈曲和侧向屈曲所用的方法详见参考文献 [4-5] 和第 46、47 章。

37.3.7　管道安装

安装管道和立管有多种方法，例如：

- 铺管船铺设；
- 卷管船铺设；
- 拖管法安装。

采用何种分析由安装方法确定，安装方法介绍如下：

1. 铺管船铺设

这种方法（包括 S 型铺设和 J 型铺设）需在铺管船上进行管道连接，因而铺管船上有许多进行焊接、检测以及对接头进行现场涂覆的工作站（见图 37-10）。铺管船向前移动进行铺设，并控制管道以 S 型铺设在海床上。上部管段或上弯段的曲率由称为托管架的支撑结构控制，托管架上安装滚轮以减小对管道的损伤。

下部管段的曲率则通过铺管船上的专用机器施加张力进行控制。管道设计者必须对铺管时的管道结构进行分析，确定合适的抗张承载力和铺管船布置，使管道在铺设过程中不会受到损伤或出现过大应力。

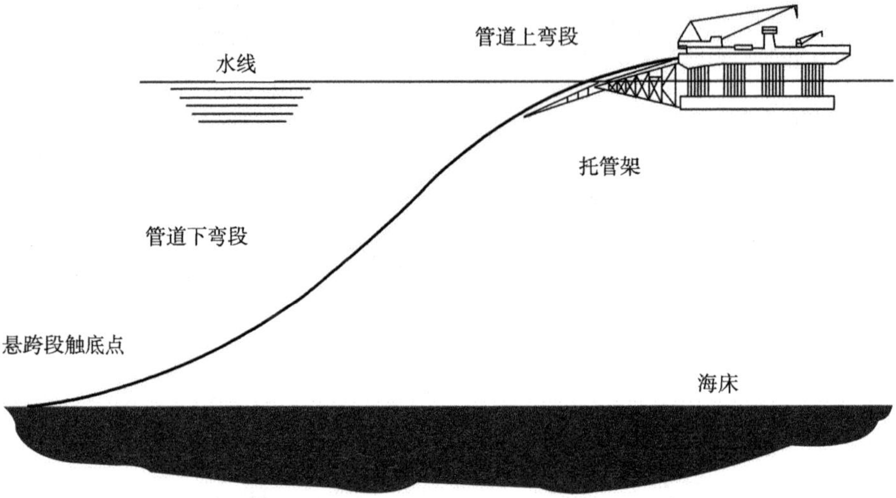

图 37–10　S 型铺设安装过程中的典型管道结构 [1]

可采用多种方法进行适当的分析，如可以得出近似解的简单悬链线分析及使用有限元法的精确分析。分析的主要目的是确定两个区域的应力水平。第一个区域在托管架（上弯段）处，管道的曲率较大，尤其是在最后一个支撑处。由于目前已经能够控制曲率，管道规范允许对上弯段采用较小的安全系数。

第二个高应力区域在下弯段，此处管道因其自重而发生弯曲。下弯段的曲率随着铺管张力的变化而变化，因而不如上弯段那样容易控制。

在所有情况下都应对铺管船布置和张力进行优化，使管壁的应力水平处于规定的范围之内。

2. 卷管式铺管船

卷管式铺管法被广泛应用于北海和墨西哥湾，其最大铺设管径可达 18 in。管道在岸上制造并盘卷到专用船的巨大滚筒上，盘卷过程中管道在滚筒上会发生塑性变形。安装时通过特殊的直坡道将管道展开并拉直，然后将管道以类似 J 的形状铺设在海床上，可通过铺管船进行 J 型铺设，但多数情况下都使用较陡的坡道，这样能够消除上弯段曲率。

可采用与铺管船法相同的技术对卷管式铺管法进行分析，但由于焊接过程会使高等级钢材产生不符合要求的加工硬化，因而必须对管道的钢材等级是否适用于盘卷过程予以特别考虑。

盘卷管道需考虑的一个重要问题是必须将管道的塑性变形限制在相关规范规定的范围之内，如 DNV-RP-F108。现有的卷管式铺管船都能满足这些规范的要求。

3. 拖管法安装管道

有些情况下可采用拖管法安装管道，长管段在岸上制造，然后由合适的船舶（拖船）在海床上或水中进行拖带。对于较短的管道和将几根管道绑扎在一起的管束，这种技术具有优势，因为较为困难的制造工序可以在岸上进行。拖带管道的设计过程取决于所需的安装类型。如采用底拖法时控制管道的底部重量非常重要，既要减小拖带力，同时又要有足够的重量以保持稳性。因而可能需要进行较大程度的重量优化，如对管道壁厚公差的控制要比管道铺设更为严格。

37.4　有限元分析

自 20 世纪 80 年代中期以来，借助高速计算机和新软件对管道特性进行更为精确的详细有限元分析可以实现设计优化和降低成本。管道的详细有限元分析包括现场整体响应分析、局部强度分析和生命周期成本（LCC）设计分析。

现场整体分析模拟管道整个生命周期内的特性，包括以下设计因素：

- 安装；
- 坐底稳性；
- 膨胀、隆起和侧向屈曲；
- 悬跨段涡致振动（VIV）；
- 拖网拖动和钩拉响应。

现场整体分析可进一步结合可靠性（概率）设计。可靠性设计通常包括：

- 标定用于估算合适覆层厚度的安全系数，覆层可防止发生隆起屈曲；
- 水动力载荷和土壤摩擦力的概率分析，用于坐底稳性设计；

局部强度分析为极限状态设计提供了工具，可预测管道在以下失效模式下的强度[6]：

- 局部屈曲；

- 爆破；
- 棘轮效应；
- 材料不均匀；
- 基于损伤力学的断裂和疲劳；
- 拖网冲击及坠落物体。

局部强度分析也可以结合概率分析。典型概率分析采用基于可靠性的强度标准，通过结构可靠性标定安全系数。

先进的通用有限元程序（ABAQUS 和 ANSYS）已经在管道的实际设计中得到应用，如下所述：

（1)先进设计分析：在管道整个生命周期的以下各阶段中模拟其现场特性：

- 安装[7]；
- 注水、压力测试、除水、灌注油气产品；
- 运行和停输所致的压力和温度循环变化；
- 膨胀、隆起和侧向屈曲[4，5]；
- 波浪和海流载荷；
- 坐底稳性[8]；
- 涡致振动[9，10]；
- 拖网板拖动和钩拉[5]；
- 海床轮廓变化的影响。

（2）可替代全尺寸试验的数字工具：制定关于容许悬跨高度和能量吸收要求的设计标准，以防悬跨管道遭受渔具冲击载荷和坠落物体载荷而发生损伤[5]。

直至几年前，全尺寸试验仍然是确定强度的唯一可靠方法。此类试验需要大量资源和成本。现在许多全尺寸试验可通过有限元法以数字方式进行。

（3）可进行极限状态设计的数字结构实验室：制定以下关于结构强度和材料特性的设计标准：

- 局部屈曲 / 塑性压溃[11]；
- 载荷可控及位移可控状态下的爆破强度；
- 周期性载荷导致的椭圆形棘轮效应[12]；
- 材料不均匀及计算焊接力学。

（4）基于可靠性设计：基于可靠性设计的一个例子是壁厚选择，特别是基于可靠性不确定性分析和生命周期成本优化的腐蚀裕度选择[13–14]。

（5）基于可靠性的安全系数标定：通过基于可靠性的标定，选择使用 LRFD 格式的部分安全系数[15–16]。

参考文献

[1] Y. Bai and Q. Bai, Subsea Pipelines and Risers, Elsevier Science Ltd, 2005.

[2] G. Langford, and P.G. Kelly, Design, Installation and Tie-in of Flowlines, JPK Report Job No. 4680.1, 1990.

[3] Y. Bai, and P.A. Damsleth, Design Through Analysis Applying Limit-state Concepts and Reliability Methods, Proc. of ISOPE" 98 , 1998.

[4] P. Nystrøm, K. Tørnes, Y. Bai and P. Damsleth, Dynamic Buckling and Cyclic Behavior of HP/HT Pipelines, Proc. Of ISOPE" 97, 1997.

[5] K. Tørnes, P. Nystrøm, N.Ø. Kristiansen, Y. Bai, and P.A. Damsleth, Pipeline Structural Response to Fishing Gear Pullover Loads, Proc. of ISOPE" 98, 1998.

[6] Y. Bai, and P.A. Damsleth, Limit-state Based Design of Offshore Pipelines, Proc. of OMAE " 97, 1997.

[7] P.A. Damsleth, Y. Bai, P.R. Nystrømand, C. Gustafsson, Deepwater Pipeline Installation with Plastic Strain, Proc. of OMAE" 99, 1999.

[8] B.A. Ose, Y. Bai, P.R. Nystrøm, and P. A. Damsleth, A Finite Element Model for In-situ Behavior of Offshore Pipelines on Uneven Seabed and Its Application to On-Bottom Stability, Proc. of ISOPE' 99, 1999.

[9] N.Ø. Kristiansen, K. Tørnes, P.R. Nystrøm, and P.A. Damsleth, Structural Modeling of Multi-span Pipe Configurations Subjected to Vortex Induced Vibrations, Proc. of ISOPE" 98, 1998.

[10] A. Reid, T. I. Grytten, and P. R.Nystrøm, Case Studies in Pipeline Free Span Fatigue, Proc. of ISOPE" 2000, 2000.

[11] S. Hauch, and Y. Bai, Use of Finite Element Methods for the Determination of Local Buckling Strength, Proc. of OMAE „98, 1998.

[12] N.Ø. Kristiansen, Y. Bai, and P.A. Damsleth, Ratcheting of High Pressure High Temperature Pipelines, Proc. of OMAE " 97, 1997.

[13] S. Nødland, Y. Bai, and P.A. Damsleth, Reliability Approach to Optimize Corrosion Allowance, Proc. of Int. Conf. on Risk based & Limit-state Design & Operation of Pipelines, 1997.

[14] S. Nødland, H. Hovdan, and Y. Bai, Use of Reliability Methods to Assess the Benefit of Corrosion Allowance, Proc. of EUROCORR" 97, pp.47-54 （Vol.2）, 1997.

[15] Y. Bai, and R. Song, Fracture Assessment of Dented Pipes with Cracks and Reliability-based Calibration of Safety Factors, International Journal of Pressure Vessels and Piping, Vol. 74,

pp. 221-229, 1997.

[16] Y. Bai, T. Xu, and R. Bea, Reliability-based Design & Requalification criteria for Longitudinally Corroded Pipelines, Proc. of ISOPE " 97, 1997.

第 38 章

管壁厚度及材料等级选择

38.1 引　言

38.1.1 概述

本章对管壁厚度的设计基础进行审定并与工业实践进行对比。所审定的相关规则参见 ABS[1]、API[2]、ASME B31[3,4]、BS8010[5]、DNV[6] 和 ISO[7]。管壁厚度的选择是海底管道设计中最为重要也是最为基础的任务之一。这一项任务包括许多与不同设计方案相关的技术内容，而与管壁厚度的容器相关的主要设计荷载则如下所示：

- 内部压力载荷；
- 外部静水压载荷；
- 纵向功能性载荷；
- 弯矩载荷；
- 外部冲击载荷。

不同的载荷产生不同的失效机制；因此，下述失效标准应在管壁厚度设计中予以满足。

- 爆破；
- 压溃；

• 屈曲。

当管壁内的环向拉伸应力因内部压力（差压）高于屈服压力，且达到材料的极限抗拉强度并在管道的最薄弱部位发生拉伸断裂时，出现管道爆破现象。许用应力设计（ASD）原则将确保管道中的应力不会超过屈服应力。针对差压的设计以限制环向应力以及针对组合载荷的设计以限制等效应力的设计实践，均已被证明一般情况下是非常安全的，除非外部冲击载荷对于管道的完整性是致命的。然而，这一实践已在管道行业沿用数十年之久，但却变化甚少，虽然管道技术已有显著的改进和发展，参见 Sotberg 和 Bruschi[8], Verley 等人[9]。

考虑到现代工业所达到的精确设计、有效质量和作业控制，以及新材料的可使用性，人们已经明白，为了设计安全及其成本有效性，有必要使确定管壁厚度的实践活动实现合理化。极限状态设计（LSD）对管道的失效状态进行了规定。采用某一安全系数的材料极限强度被用作设计标准。极限状态设计使设计师能够说明最差状态的低概率原因之所在，并确定使得所要求的管道设计达到令人满意的安全级别。安全级别需要反映出一系列的问题，包括经济关系、公共关系和环境成本。管道的极限状态设计详见第 20 章。

新的设计标准也为新型高强材料的应用以及高压与高温管道的设计提供了指导。

38.1.2 管道设计规范

1. ASME B31 标准

管道设计标准最初起始于 1926 年的压力管系 B31 标准[11,12]的出现，随后则是 20 世纪 50 年代初的著名的 ASME 标准 B31.8，其适用于气体输送和分配管系系统，以及适用于输油管系的 B31.4[3]。这两项标准的主要设计原则都是将管道作为压力容器进行评估，并将环向应力限定在屈服应力的某一特定范围之内。

相关设计标准的概要说明如下：

（1）ISO 13623

适用于离岸和陆上应用的管道标准系由 ISO 国际标准化组织[7]编制而成。正如 SUPERB[10]所建议的那样，该指南以基于极限状态的设计程序为依托，允许使用结构可靠性技术。这一标准和指南为相关设计方法和理念的应用呈现出了有价值的行业通用基础。

（2）API RP 1111

适用于含有碳氢化合物的离岸管道的推荐规程 API RP 1111 已根据极限状态设计方案进行更新，旨在形成统一的安全级别[2]。破裂和爆破失效模式被视为主要的设计条件，其与管子直径、管壁厚度和材料等级有关。

2.DNV 管道规则

DNV 海底管道和管道立管的设计、建造和检验规则的第一版于 1976 年发布，其设计部分主要以 ASME 标准为根据，尽管该标准只是为离岸应用而编制的。DNV 的 96 管道标准以及 DNV-OS-F101[6] 中的安全理念均源自于 SUPERB 项目的研发内容。根据地区等级、液体类别和潜在失效后果，将管道归类为相应的安全等级。因而相应采用极限状态法，其基本要求为所有的相关失效模式（极限状态）均需在设计加以考虑。

3.ABS 海底管道系统建造与入级规范

海底管道和立管的建造与入级规范系由 ABS[1] 编制而成。该规范将许用应力设计法（WSD）应用于管壁厚度设计。并视需要允许采用极限状态设计法和基于风险 / 可靠性的设计方法。其包含缺陷评估的新标准。与现场条件、安装和修理状态相关的其他失效模式的标准，已根据设计项目、相关 JIP 和行业经验进行了评估或改进。

38.1.3 管壁厚度

所要求的管壁厚度系由如下表述的几部分组成：

$$t_{req}=t_{min}+t_{corr}+t_{fab} \tag{38-1}$$

式中 t_{min} 为压力容器所需的最小管壁厚度，根据设计标准计算而得；

t_{corr} 为腐蚀裕量；一般介于 0.12 in 和 0.24 in 之间；

t_{fab} 为管壁厚度的制造公差；若管子受 API 5L 限定，负的制造公差为 t_{nom} 的 −12.5%（管壁厚度为 4~25mm 的 SMLS 管），以及 t_{nom} 的 −10%（管壁厚度为 5~15mm 的焊接管）。

38.2 材料等级选择

38.2.1 概述

离岸油气工业所使用的钢材从碳钢（API 标准等级 B 类至 X70 类或更高等

级）至异金属（也即双相不锈钢）不等。选择材料等级时务必考虑到下述因素：

- 成本；
- 耐腐蚀效果；
- 重量要求；
- 可焊接性。

钢材等级越高（最高为异金属），单位容积（重量）的成本越大。但是，由于制造高等级钢材的成本已在降低，这一行业的总趋势在于使用更高等级的钢材。参见第 31 章“高强度管线钢的应用”。显而易见，钢材等级的选择构成了设计的关键要素。

38.2.2 制造、安装及运行成本考虑

在管道使用中选择相应的材料等级对下述方面的成本产生影响：

- 管道的制造；
- 安装；
- 运行。

1. 制造

钢材的成本随着等级的提高而增加。然而，等级的提高可能会使管壁厚度减小，当使用相较于较低等级钢材而言的较高等级钢材时，其结果是总体降低制造成本。

2. 安装

由于高等级钢难以焊接，其使用率与较低等级钢的相比却更低。但是，若将管道铺设在深水区且铺管船以其最大铺管张力进行铺设，那么可能更适于采用高等级钢，因为管道重量的减少可能会导致铺管张力的降低。总之，从安装视角出发，使用较低等级钢的管道其安装成本较低。

3. 运行

与管道中所输送的产品有关，管道可能会受到下述影响：

- 腐蚀（内部）；
- 内部侵蚀；
- H_2S 导致的腐蚀。

无腐蚀破损的设计可以通过选择材料或修正运行程序（也即通过使用化学缓蚀剂）加以实现。

为了给管道选择一种材料，必须先行了解环境参数如温度、压力、水、CO_2 和 H_2S 等对材料防腐的影响。对于无硫环境，较为适用碳钢、低合金马氏

体钢、奥氏体钢和双相不锈钢，但对于酸性环境而言最为适宜的材料则是碳钢、双相不锈钢、衬里管和镍合金复合管。

38.2.3　材料等级优化

今天，材料等级的优化其应用已相当严格，依据从以往的管道设计中所取得的经验以及衬里管制造与焊接的技术进步。优化工作基于在满足运行要求的条件下使制造与安装成本最小化而进行。由于材料等级的选择会对管道的运行寿命产生显著影响，一般情况下运行操作人员需参与材料等级的最终选择。

38.3　压力容器设计

38.3.1　概述

由于内外压之间的压差，环向应力标准限制了特征环向拉伸应力 σ_h：

$$\sigma_h < \eta_h SMYS\, k_t \tag{38-2}$$

式中，η_h 为设计利用系数，$SMYS$ 为额定的最小屈服强度，k_t 为材料温度折减系数，参见标准 ASME B31.8 的表 841.1.8-1。环向应力公式一般表述为下式：

$$\sigma_h = (p_i - p_e)\frac{D}{2t} \tag{38-3}$$

式中，p_i 和 p_e 分别为内部和外部压力；D 为管子的公称外径；t 为管壁厚度。

对处于非平台区域内的海底管道，所有主要标准中的设计系数（利用系数）均定为 0.72。对于平台附近区域和立管区域（安全区域）内的管道，ASME B31.8 标准将利用系数定为 0.50，而 NPD[13] 则为 0.60。设计系数 0.72 的出处可追溯至 B31 标准（1935 年版），其中的许用压力被限定为出厂试验压力的 80%，后者的计算则采用式（38-2），其最大设计系数为 0.9。因此，许用压力下的有效设计系数为 0.8 × 0.9 = 0.72。1958 年版的 B31.8 标准已将系数 0.72 直接用于取自陆上管道的设计压力。

此外，式（38-3）所使用的直径和厚度的定义随标准的不同而有所变化（见

表 38.1）。在最新的标准如 NPD（1990 版）和 BS8010（2004 版）[5] 中，更多使用最小管壁厚度，而不是公称管壁厚度，但利用系数保持不变。这可能导致钢材成本明显增加，说明尽管在管道技术中已有显著改进和发展，但此类标准仍相对较为保守。

在多数标准中，式（38–2）所用的 SMYS 最大值被限定为 490 MPa，屈服与抗拉强度之比为 0.85。这限制了高强碳钢如 X80 或更高等级钢材的应用。屈服核查也已隐含了其他失效模式。为使材料等级超出当前的极限值，有必要对其他失效模式展开明确核查，参见第 40 章。

表 38.1　不同管道标准中所使用的特征厚度和直径

标　准	厚度	直　径
ABS（2006 版）	最小值	平均值，（D-t）
ASME B31.1（1951 版）	最小值	外径 - 0.8 t_{min}
ASME B31.1（2002 版）	最小值	外径、平均值或外径 - 0.8 t_{min}
ASME B31.4（2006 版）	公称值	$D/t > 20$ 时的外径
ASME B31.8（2007 版）	公称值	$D/t > 30$ 时的外压，否则为平均值
BS 8010（2004 版）	最小值	外径，$D/t \leqslant 20$，时接近平均值
CEN 234WG3-103（1993 版）[14]	最小值	外径
CSA-Z662-03（2003 版）[15]	最小值	外径
丹麦指南	最小值	内径
DNV-OS-F101（2010 版）	最小值	平均值
NEN 3650（1992 版），[16]	最小值	平均值
NPD（1990 版）	最小值	外径

38.3.2　DNV–OS–F101

管壁厚度选择的主要要求是必须维持压力容器内的压力不变。由于内外压之间的压差，环向拉伸应力不得超过下述环向拉伸应力标准所给出的许可值：

$$\sigma_h = (p_i - p_e)\frac{D - t_1}{2t_1} \leqslant \eta\left(SMYS - f_{y,temp}\right) \tag{38–4}$$

式中　σ_h——环向应力；

p_i——内部压力；
p_e——外部压力；
D——管子公称外径；
t_1——特征管壁厚度，参见表 38.1 定义；运行时等于公称管壁厚度 - 制造公差 - 腐蚀裕量；
$SMYS$——规定最小屈服应力；
$f_{y,temp}$——与温度相关的折减数值[6]。

如标准 DNV-OS-F101[6] 的式（13-5）所示，压力容器的利用系数表示如下：

$$\eta = \frac{2 \cdot \alpha_U}{\sqrt{3} \cdot \gamma_m \cdot \gamma_{sc} \cdot \gamma_{inc}}$$

式中　σ_h——材料强度系数；
γ_m——材料抗力系数；
γ_{sc}——安全等级系数；
γ_{inc}——偶然压力与设计压力之比。

38.3.3　ABS 海底管道系统建造与入级规范

ABS Guide for Building and Classing Subsea Pipeline Systems

作为压力容器的要求，需要使用在设计计算中的许用环向应力 σ_h 必须经由下述环向应力标准[1] 进行确定：

$$\sigma_h=\eta_h \cdot SMYS \cdot k_T \tag{38-5}$$

式中　η_h——设计系数（见表 38-2）；
$SMYS$——材料规定的最小屈服强度；
k_T——温度高于 121℃时气体的温度折减系数，参见标准 ASME B31.8 中的表 841.1.8-1。油品的 k_T =1。

表 38.2　管道、平台管系和立管的设计系数

	环向应力	纵向应力	等效应力
油气管道、液态碳氢化合物管系	0.72	0.80	0.90
非生产平台上的立管	0.60	0.80	0.90
生产平台上的气体管系、气体立管	0.50	0.80	0.90

注：源自数据 ASME B31.4 和 B31.8。

管子内的环向应力 σ_h 可由下式确定：

$$\sigma_h = \frac{(p_i - p_e)(D-t)}{2t} \tag{38-6}$$

式中 σ_h——环向应力；

p_i——内部或外部设计压力；

p_e——外部设计压力；

D——管子公称外径；

t——最小管壁厚度。

对于壁厚较大的管子，当 D/t 比等于或小于 20 时，可采用更精确的环向应力计算法，例如 BSI BS 8010–3，其结果应力值较小。

38.3.4 美国联邦法规

美国法规中的设计系数和试验压力

在美国，生产型出油管和立管均由 30 CFR 250[17] 第 J 部分（MMS 内政部）所覆盖，而输出管道和立管则由 49 CFR 192[18]（气）和 49 CFR 195[19]（油）（运输部 DOT）所覆盖。CFR 表示美国联邦规范。

$$\sigma_h = \frac{p_i D_o}{2t} \leqslant \eta SET \quad \text{（49 CFR 195）} \tag{38-7}$$

$$\sigma_h = \frac{\Delta p_i D_o}{2t} \leqslant \eta SET \quad \text{（30 CFR 250, 49 CFR 192）} \tag{38-8}$$

表 38–2 中所定义的设计系数符合此类规范的要求，详见下述说明：

所有的 3 个 CFR 均要求油气管道和油田出油管的环向应力设计系数为 0.72。30 CFR 250 和 49 CFR 195 要求出油管立管和油输出立管的设计系数为 0.60，而 49 CFR 192 则要求气体输出立管的设计系数为 0.50。

无论是 30 CFR 250 还是 49 CFR 195，均要求试验压力为管道和立管的最大许用运行压力的 1.25 倍。49 CFR 192 则要求试验压力为管道的最大许用运行压力的 1.25 倍，而立管为 1.5 倍。

30 CFR 250 提出要求，在压力致使管道内的应力超过管道的规定最小屈服应力（SMYS）的 95% 时，不必进行压力试验。

38.3.5　API-RP-1111

1. 最大设计爆破压力

静水试验压力、管道设计压力和偶然超压，包括作用于管道上的内部和外部压力，均不得超过下述公式[2]所给定的数值：

$$P_t \leqslant f_d f_e f_t P_b \tag{38-9}$$

$$P_d \leqslant 0.80\,P_t \tag{38-10}$$

$$P_a \leqslant 0.90\,P_t \tag{38-11}$$

式中 f_d——内部压力（爆破）设计系数；管道为 0.90，管道立管为 0.75；

f_e——焊接结合系数，纵向或螺旋焊缝焊接。参见 ASME B31.4 或 ASME B31.8。仅允许接受系数为 1.0 的材料；

f_t——温度折减系数，如 ASME B31.8 所确定；温度低于 121℃时则为 1.0；

P_a——偶然超压（内压减去外压）；

P_b——管子的规定最小爆破压力；

P_d——管道设计压力；

P_t——静水试验压力（内压减去外压）。

规定最小爆破压力 P_b 系由下述公式之一确定：

$$P_b = 0.90(SMYS + SMTS)\left(\frac{t}{D-t}\right) \tag{38-12}$$

或者

$$P_b = 0.45(SMYS + SMTS)\ln\left(\frac{D}{D_i}\right) \tag{38-13}$$

式中 D——管子公称外径；

D_t——管子公称内径；

$SMYS$——材料的规定最小屈服强度；

（酌情参见 API 技术规格 5L、ASME B31.4 或 ASME B31.8）

t 为公称管壁厚度；

$SMTS$ 为管子的规定最小拉伸强度。

备注：D/t>15 时，式（38-12）和式（38-13）适用于爆破压力。D/t 值较低时，建议使用式（38-13）。

若将试验压力代入式（38-9），得到最大设计爆破压力：

$$P_d \leqslant 0.80 f_d f_e f_t P_b$$

若将爆破压力 P_h 代入式（38–12），得到最大设计爆破压力：

$$P_d \leqslant 0.80 f_d f_e f_t 0.90\left(SMYS + SMTS\right)\left(\frac{t}{D-t}\right)$$

2. 纵向载荷设计

由于主要的纵向静态载荷的作用，有效张力不得超过下式所给定的数值：

$$T_{eff} \leqslant 0.60 T_y \tag{38–14}$$

式中

$$T_{eff} = T_\alpha - P_i A_i + P_o A_o$$

$$T_\alpha = \sigma_\alpha A$$

$$T_y = \text{SMYS} \cdot A$$

$$A = A_o - A_i = \frac{\pi}{4}(D_o^2 - D_i^2)$$

A——管钢的横截面面积；

A_i——管子的内横截面面积；

A_o——管子的外横截面面积；

P_i——管子的内部压力；

P_o——外部静水压；

$SMYS$——额定最小屈服应力；

T_a——管子内的轴向张力；

T_{eff}——管子内的有效张力；

T_y——管子的屈服张力；

σ_a——管壁内的轴向应力。

改写式（38–14），得到外部超压的屈服值

$$\sigma_{eff} = \sigma_a + \frac{\Delta P_e \cdot A_o}{A} + P_i \leqslant 0.60 SMYS$$

式中 σ_{eff}——有效应力；

ΔP_e——外部超压，$\Delta P_e = P_o - P_t$。

38.4　等效应力标准

基于 Mises 等效应力 σ_{eq} 的等效应力标准可以定义为：

$$\sigma_{eq}=\sqrt{\sigma_l^2+\sigma_h^2-\sigma_l\sigma_h+3\tau_c^2}\leqslant\eta_e\cdot SMYS \tag{38-15}$$

式中，η_e 为利用系数；σ_t 为特征纵向应力；σ_h 为特征环向应力；τ_c 为特征切向剪切应力。在某些标准中采用 Tresca 屈服标准。

ASME B31.8 标准规定安全区和中线区的利用系数为 0.90。但在下述情形中此标准则未作要求，即管道经受着对自身支持的可预测非循环位移（例如，故障移动或差异沉降），或者一旦产生屈服的后果并未有损于管道的结构完整性，管道下垂则导致出现支撑接触。

BS 8010（1993 版）要求管道在承受功能和环境（或偶然）载荷时立管和管道的利用系数分别为 0.72 和 0.96，施工和水压测试时的利用系数为 1.0。*SMYS* 被定义为等效应力公式中温度 T 的函数。

特征环向应力如下：

$$\sigma_h=\Delta P_d\ \frac{D-t_2}{2t_2} \tag{38-16}$$

式中　t_2 为 $t-t_{corr}$；

　　ΔP_d 为设计差异超压。

对复合应力标准的不同规范要求是显而易见的，不仅在利用系数方面，而且也在该标准的可应用性方面。这一设计格式可适用于主要的纵向应力，而在受到冲击载荷作用下出现局部应力集中时，却与其无关，这是问题的关键。目前，并无明确的设计标准可应用于针对冲击载荷的设计。

对于深水管道，管壁厚度的设计应当为悬跨段和外部载荷储备充分的弯矩 / 弯曲应变。此外，有必要进行止屈设计，旨在阻止发生屈曲传播。

38.5 静水压溃

外部极限压力“p_l”等于管子压溃压力，并根据BS8010、ABS和DNV进行计算：

$$p_l^3 - p_{el} \cdot p_l^2 - \left(p_p^2 + p_{el} \cdot p_p \cdot f_o \cdot \frac{D}{t} \right) \cdot p_l + p_{el} \cdot p_p^2 = 0 \tag{38-17}$$

式中

$$p_{el} = \frac{2 \cdot E}{\left(1-\nu^2\right)} \cdot \left(\frac{t}{D}\right)^3 \tag{38-18}$$

$$p_p = \eta_{fab} \cdot SMYS\left(T\right) \cdot \frac{2 \cdot t}{D} \tag{38-19}$$

f_0——初始失圆度，（D_{max}–D_{min}）/D；

D——平均直径；

$SMYS$（T）——环向方向上的规定最小屈服强度；

E——杨氏模量；

ν——泊松比；

η_{fab}——制造折减系数。

备注：建造阶段所引起的失圆度必须包括其中，但不包括由于埋设位置处出现外部水压或弯曲而产生的压扁现象。由于安装作业和周期运行载荷而使失圆度增加，可能会加重局部屈曲，必须加以考虑。在此建议采用有限元分析法对失圆度进行全寿命载荷仿真分析。

压溃公式即式（38–17）通常表述如下：

$$\left(p_c - p_{el}\right) \cdot \left(p_c^2 - p_p^2\right) = p_c \cdot p_{el} \cdot p_p \cdot f_o \cdot \frac{D_o}{t} \tag{38-20}$$

压溃公式可通过下述方式进行解题：

$$p_c = y - \frac{1}{3} b$$

式中　P_c 等于式（38–17）的 p_l

b=–p_{el}；

$$y=-2\sqrt{-u}\cdot\cos\left(\frac{\phi}{3}+\frac{\pi}{3}\right);$$

$$c=-\left(p_{\mathrm{p}}^{2}+p_{\mathrm{p}}p_{\mathrm{el}}f_{\mathrm{o}}\frac{D_{\mathrm{o}}}{t}\right);$$

$$d=p_{\mathrm{el}}p_{\mathrm{p}}2;$$

$$u=\frac{1}{3}\left(-\frac{1}{3}b^{2}+c\right);$$

$$v=\frac{1}{2}\left(\frac{2}{27}b^{3}-\frac{1}{3}bc+d\right);$$

$$\phi=\arccos\left(\frac{-v}{\sqrt{(-u)^{3}}}\right);$$

计算失圆度时，要求注意其定义。

对于安装和暂时性情况如管道可能承受过高的外部超压，则必须对以压溃形式出现的横截面不稳定性进行核查。若管子的 *D*/*t* 小于 50 且承受着复合弯曲应变和外部压力，则可以采用下述应变标准：

$$\frac{\varepsilon}{\varepsilon_{\mathrm{b}}}+\frac{\left(P_{\mathrm{e}}-P_{\mathrm{i}}\right)}{f_{\mathrm{c}}P_{\mathrm{c}}}\leqslant g\left(\delta\right) \tag{38-21}$$

式中　ε——管子内的弯曲应变；

$\varepsilon_{\mathrm{b}}=\frac{t}{2D}$——纯弯曲的屈曲应变；

δ——椭圆度 $=\frac{D_{\max}-D_{\min}}{D_{\max}+D_{\min}}$；

$g(\delta)$——压溃缩减系数 =（$1+20\delta$）$^{-1}$；

f_{c}——采用符合压力和弯曲载荷的压溃系数，冷扩径管为 0.6，如 DSAW 管，无缝管为 0.7；

p_{c}——压溃压力。

$\varepsilon\geqslant f\varepsilon_{1}$, $\varepsilon\geqslant f\varepsilon_{2}$，$\varepsilon_1$ 和 ε_2 分别为最大的安装弯曲应变和最大的在位弯曲应变。安全系数 *f* 应由设计师予以确定，并适当考虑到安装弯曲应变或在位弯曲应变可能出现的幅度加大的情形。若对载荷效应的不确定性未有详细说明，则建议安全系数 *f* 的值为 2.0。当安装弯曲应变由于非基态而可能明显加大时安全系数 *f* 可大于 2.0，或者当弯曲应变处在定义状态（如卷管）或在位状态时安全系数 *f* 可小于 2.0。

在安装阶段，假定能够探测到潜在的局部屈曲并予修理，并通过采用止屈器能够阻止屈曲传播，则可以采用较低的安全系数。

38.6 止 屈 器

38.6.1 止屈器的壁厚和长度

在安装期间，对触发屈曲传播的局部屈曲风险必须予以高度考虑，而止屈器的设计则是应用于限制屈曲传播产生破损的程度。

用于确定是否需要安装止屈器的公式可如下式[2]：

$$P_o - P_i \geqslant f_p P_{pr} \tag{38-22}$$

式中 P_{pr}——管道的传播压力，$P_{pr} = 24 \cdot SMYS\left(\frac{t}{D}\right)^{24}$；

f_p——屈曲传播设计系数——0.80；

$SMYS$——额定最小屈服应力；

t——管壁厚度；

D——管道外径。

解下式，可得止屈器的可能的壁厚和长度组合。该公式适用于管壁较大的圆柱形止屈器（Sriskandarajah and Mahendran, 1987）[20]。

$$\left(P_x - P_{pr}\right) = \left(P_a - P_{pr}\right)\left[1 - \exp^{\left(-15\frac{t_{BA} l_{BA}}{D_{BA}^2}\right)}\right] \tag{38-23}$$

式中 P_x——交换压力 $=S_F P_h$；（38-24）

l_{BA}——止屈器长度；

S_F——安全系数 =1.5。

$$P_h = \rho_w g\left(h_{max} + h_t + h_s\right) \tag{38-25}$$

式中 P_h——静水压；

ρ_w——海水密度；

g——重力加速度；

h_{max}——当前管道厚度的最大深度；

h_t——潮幅；

h_s——风暴潮。

$$p_a = 34SMYS\left(\frac{t_{BA}}{D_{BA}}\right)^{25} \tag{38-26}$$

式中　P_a——止屈器的传播压力；

t_{BA}——止屈器的壁厚；

D_{BA}——止屈器外径。

$$D_{BA}=D+2t_{BA} \tag{38-27}$$

设计止屈器时，请参见 Langner[21] 和 Kyriakides[22-23] 的论文。

38.6.2　止屈器的间距

止屈器的间距是对较短间距安装止屈器的费用和较长间隔修理成本增加两者之间进行权衡的结果。下述公式已作为优化止屈器间距的一种方法[24]：

$$C_{BA}=C_{Man}+C_{Matr}-C_{LP} \tag{38-28}$$

式中　C_{BA}——每个止屈器的成本；

C_{Man}——每个止屈器的假定制造成本。

$$C_{Matr}=\rho_\varepsilon C_\varepsilon V_{BA}; \tag{2-29}$$

C_{LP}——插入止屈器而省去管段的成本；

$$C_{LP} = L_{BA}\left\{\frac{\pi}{4}\left[\left(D_i+2t_p\right)^2-D_i^2\right]\right\}\rho_s C_s \tag{38-30}$$

式中　t_p——管道厚度；

ρ_s——钢材密度；

C_s——钢材成本。

$$V_{BA} = L_{BA}\left\{\frac{\pi}{4}\left[\left(D_i+2t_{BA}\right)^2-D_i^2\right]\right\} \tag{38-31}$$

式中　V_{BA}——止屈器的钢材用量；

C_P——待修理管道的成本，假定制造成本已包括在铺管船的每天铺管长度内。

$$C_{P\,Matr}=\rho_s C_s V_p \tag{38-32}$$

$$V_p=(S+3h)\left\{\frac{\pi}{4}\left[(D_i+2t)^2-D_i^2\right]\right\} \quad (38\text{–}33)$$

式中 V_P——待修理管子数量；

S——止屈器间距；

h——所考虑铺管部分的最大深度。

$$C_F = 30\left(C_{LV}+C_{DSV}\right) \quad (38\text{–}34)$$

式中 C_F——修理的固定成本；

30——假定的时间天数，自发生屈曲至修理完毕并开始正常铺管作业；

C_{LV}——铺管船的每天铺管成本（假定）=1.0*10^6[US$]；

C_{DSV}——潜水支持船的每天铺管成本（假定）=0.5*10^6[US$]。

$$C_{TOTAL} = C_{BA}X + \left(C_F + C_P\right)M \quad (38\text{–}35)$$

式中 C_{TOTAL} 为止屈器和管子修理的总成本；

M——铺管期间屈曲传播风险的假定概率，可介于 0 和 1 之间。假定 1 适用于首个铺管期的前 50 km，之后假定为 0.05，直至首个铺管季节结束为止。由于立管安装工程较大而出现相对的延误成本，第二个铺管期的概率则假定为 1。

$$X=\frac{L}{S} \quad (38\text{–}36)$$

式中 X——所考虑的管段长度内的止屈器数量；

L——所考虑的管段长度 /m。

参考文献

[1] ABS, Guide for Building and Classing Subsea Pipeline Systems, American Bureau of Shipping, May 2006.

[2] API RP1111, Design, Construction, Operation, and Maintenance of Offshore Hydrocarbon Pipelines （Limit State design）, 2009.

[3] ASME 31.4, Pipeline Transportation Systems for Liquid Hydrocarbons and Other Liquids, American Society of Mechanical Engineers, 2006.

[4] ASME B31.8, Gas Transmission and Distribution Piping Systems, American Society of Mechanical Engineers, 2007.

[5] BSI: BS 8010, Code of Practice for Pipeline - Part 2. Pipeline Subsea, British Standards Institute, 2004.

[6] DNV, Offshore Standard OS-F101, Submarine Pipeline Systems, 2010.

[7] ISO, Petroleum and Natural Gas Industries – Pipeline Transportation Systems, ISO 13623, 2000.

[8] T. Sotberg, and R. Bruschi, Future Pipeline Design Philosophy - Framework, Int. Conf. on Offshore Mechanics and Arctic Engineering, 1992.

[9] R. Verley, et al., Wall Thickness Design for High Pressure Offshore Gas Pipelines, Int. Conf. on Offshore Mechanics and Arctic Engineering, 1994.

[10] G. Jiao, et al, The SUPERB Project: Wall-thickness Design Guideline for Pressure Containment of Offshore Pipelines, Proc. of OMAE'96, 1996.

[11] ASME B31.1, ASME Code for Pressure Piping, （B31.1-2001）, American Society of Mechanical Engineers, 1951.

[12] ASME B31.3, Process Piping, American Society of Mechanical Engineers, 2002.

[13] NPD, Guidelines to Regulations Relating to Pipeline Systems in the Petroleum Activities, 30 April, 1990.

[14] CEN 234WG3-103, Pipelines for Gas Transmission, European Committee for Standardization, 1993.

[15] CSA-Z662-03, Oil and Gas Pipeline Systems, Canadian Standard Association, 2003.

[16] NEN 3650, Requirements for Steel Pipeline Transportation System, 1992.

[17] 30 CFR 250, Oil and Gas and Sulphur Operations in the Outer Continental Shelf, Code of Federal Regulations, 2005.

[18] 49 CFR Part 192, Transportation of Natural And Other Gas By Pipeline: Minimum Federal Safety Standards, Code of Federal Regulations, 2005.

[19] 49 CFR Part 195, Transportation of Hazardous Liquids by Pipeline, Code of Federal Regulations, 2005.

[20] T. Sriskandarajah, and I. K. Mahendran, Parametric Consideration of Design and Installation of Deepwater Pipelines, Brown and Root U.K. Ltd. Presented at 1987 European Seminar Offshore Oil and Gas Pipeline Technology, 1987.

[21] C.G. Langner, Buckle Arrestor for Deepwater Pipelines, OTC 10711, Langner & Associates, 1999.

[22] S. Kyriakides, Buckle Propagation in Pipe-in-pipe Systems, Part I. Experiments, International Journal of Solids and Structures 39, 351–366, 2002.

[23] S. Kyriakides, T. J. Vogler, Buckle Propagation in Pipe-in-pipe Systems, Part II. Analysis, International Journal of Solids and Structures 39, 367–392, 2002.

[24] J P Kenny A/S, Buckling Arrestor Design, Report No. D501-PK-P121-F-CE-003, 1997.

第 39 章

金属管道的屈曲 / 压溃

39.1 引　　言

目前海底管道和立管的设计主要基于极限状态设计，极限状态设计应考虑到所有可预见的失效情况并针对承载力最低的失效模式进行系统设计。管道必须能够承载安装和运行载荷，此外还需要考虑到一些外部载荷，如由波浪、海流、不平海床、拖网板冲击、拖拉以及因温度变化而导致的膨胀等所产生的载荷。经验表明海底管道上的主要载荷效应是弯曲和纵向力，以及安装过程中的外部静水压和运行过程中的内部压力。弯曲管道会因局部屈曲 / 压溃或断裂而失效，但通常根据局部屈曲 / 压溃极限状态进行设计。许多海底工程和土木工程研究的重点是金属管道的局部屈曲和压溃强度，例如 Murphey & Langner（1985）[1]、Winter 等（1985）[2]、Ellinas（1986）[3]、Winter 等（1988）、Mohareb 等（1994）[4]、Bai 等（1993，1997）[5，6] 等。

39.1.1　弯矩承载力

Bending Moment Capacity 管道横截面的弯矩与管道曲率成正比，如图 39-1 所示。

图 39-1 说明 D/t 较低（<60）的直管在恒定压力和纵向力作用下出现曲率不断增加的情况。弯矩与曲率关系图中有几个关键点。当曲率出现 / 增加后，管道首先出现整体变形，因为处于材料的弹性范围内，所以不会永久变形。此

处的整体变形指超过管道直径 3~4 倍的变形。当达到管道材料的线性极限后，管道在卸载后无法恢复其初始形状，但仍然属于整体变形。如果曲率继续增加，材料或几何缺陷将导致局部屈曲出现。结构和 / 或材料的缺陷可影响局部屈曲在何处及曲率达到多大时出现，但对于所有实际应用而言，由于缺陷一般较小，所以不会影响极限弯矩承载力。出现局部屈曲后，整体变形继续发展，但其施加的弯曲能越来越多地累积在局部屈曲处，直至达到极限点。在极限点，管道的抗弯能力达到最大，如果曲率进一步增加，就会发生几何压溃。在达到灾难性承载力降低点之前，结构压溃是“缓慢”的，横截面面积的变化可以忽略。在此之后出现材料软化，管道横截面被压溃，直至上下管壁发生接触。若管道受到的纵向力和 / 或压力接近最大承载力，极限点之后会立即发生灾难性承载力降低。此类载荷条件的弯矩曲率关系更接近图 39-1 中的虚线。

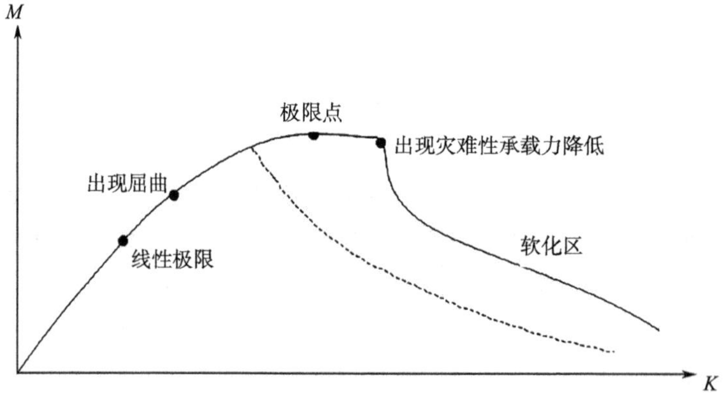

图 39-1　弯矩与曲率的关系

弯矩曲率关系为针对弯曲失效的设计提供了必需信息。依据管道的功能，上述任何点都可作为设计极限。如果管道是承载结构的一部分，设计极限当然应该选择弹性极限。但如果管道和立管的整体形状不太重要，由于有效资源都处于弹性 - 塑性范围内，此标准就显得过于保守了。使用基于局部屈曲出现点或极限点处应力 / 应变水平的设计标准可以得到更高的设计强度。对于位移可控的构形，使管道变形发展至软化区也是可以接受的（不是在设计中）。但这样做必须了解高变形状态下的承载力以及精确预测变形的模式和大小。

钢管的极限弯矩是多个参数的函数，主要参数如下：

- 直径壁厚比；
- 材料的应力应变关系；
- 材料缺陷；

- 焊接（纵向和周向）；
- 初始失圆度；
- 腐蚀等导致的壁厚减小；
- 裂纹（管道和 / 或焊接）；
- 涂层等导致的局部应力集中；
- 附加载荷及其大小；
- 温度。

本章所述标准的重点是极限点处的弯矩承载力，如图 39–1 所示。极限弯矩（弯矩承载力）函数的参数包括初始失圆度、纵向力以及内部 / 外部超压（针对纵向和环向为均质或非均质特性的材料）。本章还将介绍通过解析表达式和有限元模型得到的结果，涵盖的直径壁厚比从 10 至 60。列表中的其余参数对于管道设计也非常重要，但主要参数通常就是本章所研究的这些参数。

39.1.2　失效模式

前一节指出极限弯矩在很大程度上取决于纵向力和压力载荷的大小，对于外部压力较高的情况，还取决于初始失圆度。为说明解析方程的求解方法及更好理解得到的结果，以下对单个载荷及组合载荷作用下管道的极限强度特性予以介绍。图 39–2 为单个载荷作用下管道失效前的横截面变形情况。

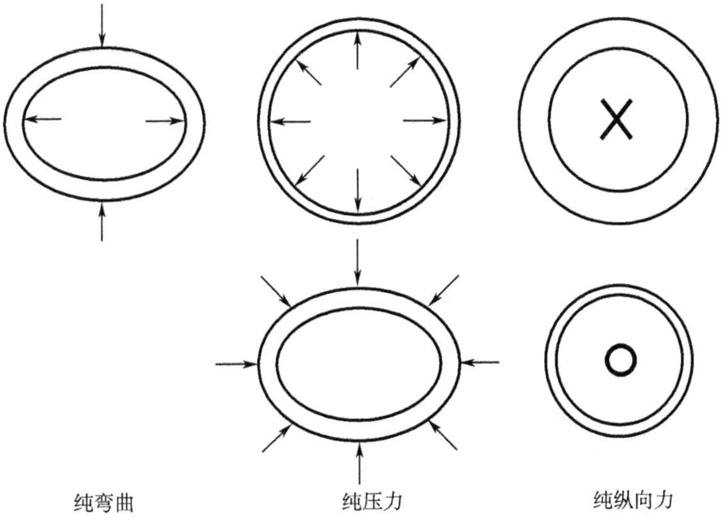

图 39–2　单个载荷作用下管道横截面变形

39.1.2.1 纯弯曲

随着纯弯曲程度不断增加，管道横截面的椭圆度也不断增加并且应力应变曲线的斜率减小，最终导致管道失效。椭圆度达到一定程度，惯性力矩的减小可由应变硬化导致的管壁应力增加而得到补偿。当惯性力矩减小到无法通过应变硬化进行补偿时便达到弯矩承载极限，如果进一步弯曲就会发生灾难性横截面压溃。对于 D/t 较小的管道，因为外层纤维的应力超过了极限纵向应力，失效将从管道的拉伸侧开始。对于 D/t 大于 30~35 的管道，其环向强度与拉伸强度相比要低很多，因而失效模式为管道压缩侧发生内凹屈曲。就纯弯曲而言，管道设计通常允许的几何缺陷（不包括腐蚀）不会明显影响弯矩承载力，承载力可计算如下[7]：

$$M_{C(F-0,\ P-0)}=\left(1.05-0.0015\cdot\frac{D}{t}\right)\cdot SMYS\cdot D^2\cdot t \qquad (39\text{–}1)$$

式中：D 为管道的平均直径；t 为壁厚；$SMYS$ 为额定最小屈服强度。

（$1.05-0.0015\cdot D/t$）$\cdot$ $SMYS$ 为失效时的平均纵向横截面应力，是直径壁厚比的函数。

39.1.2.2 外部压力

理论上，无缺陷圆管在外部均匀压力增加时圆度应保持不变。但由于材料和 / 或几何缺陷，管道总会存在较扁平处，随着外部压力增加会导致横截面整体压溃。外部压力导致失圆度发生变化并产生周向弯曲应力，最大应力分别出现在扁平横截面的顶部 / 底部和两侧。D/t 较小的管道会在这些位置发生材料软化，压溃时起到类似铰链的作用。外部压力导致失效时，平均环向应力随 D/t 比的变化而变化。对于 D/t 较小的管道，横截面变形导致失效；而 D/t 较大的管道，弹性屈曲导致失效。弹性屈曲导致失效意味着在横截面上的平均环向应力达到屈服应力之前就发生压溃。对于 D/t 中等的管道，变形和弹性屈曲共同导致失效。

估算外部压溃压力有好几种方法，但本章只介绍 Timoshenko 和 Haagsma 公式[8,9]。Timoshenko 公式可计算出最外侧纤维屈服时的压力，通常代表压溃压力的下限；而 Haagsma 公式采用全塑性屈服条件，代表压溃压力的上限。管道的压溃压力在很大程度上取决于几何缺陷和初始失圆度，Timoshenko 和 Haagsma 压溃公式都考虑到了初始失圆度。

通过 Timoshenko 公式[8]可得出导致管道外侧纤维屈服的压力：

$$\left[p_{\mathrm{p}}+\left(1+1.5\cdot\frac{f_0\cdot D}{t}\right)\cdot p_{\mathrm{el}}\right]\cdot p_{\mathrm{c}}+p_{\mathrm{p}}\cdot p_{\mathrm{el}}=0 \tag{39-2}$$

式中　p_c——特征压溃压力；

p_{el}——$\dfrac{2E}{(1-\nu^2)}\cdot\left(\dfrac{t}{D}\right)^3$；

p_p——塑性屈曲压力，$2\cdot SMYS\cdot\dfrac{t}{D}$；

f_0——初始失圆度，（D_{max}–D_{min}）/D；

D——平均直径；

t——壁厚；

$SMYS$——环向额定最小屈服强度；

E——杨氏模量；

ν——泊松比。

应注意的是根据式（39–2）确定的压力“p_c”要低于管道的实际压溃压力，只有当管道为正圆时二者才相等。因而将式（39–2）计算出的“p_c”作为压力的极限值，结果通常是安全的[8]。

Haagsma 公式能计算出管壁全塑性屈服时的压力，可表达为

$$p_{\mathrm{c}}^3-p_{\mathrm{el}}\cdot p_{\mathrm{c}}^2-\left(p_{\mathrm{p}}^2+p_{\mathrm{el}}\cdot p_{\mathrm{p}}\cdot f_0\cdot\frac{D}{t}\right)\cdot p_{\mathrm{c}}+p_{\mathrm{el}}\cdot p_{\mathrm{p}}^2=0 \tag{39-3}$$

式（39–3）得出的是压溃压力的理论上限。对于 D/t 较小的管道，Haagsma 公式计算出的压溃压力要比 Timoshenko 公式计算出的值更接近管道的压溃压力[9]。

Timoshenko 和 Haagsma 公式适用于具有初始线性弹性材料特性的管道，弹性屈曲压力可通过传统分析得到。这对于无缝管道或经过退火处理的管道比较合适，但对于采用 UO 或 UOE 法制造的管道，由于存在残余应变和包兴格效应，材料特性在环向存在明显的非线性。可通过式（39–2）中的塑性屈曲压力项引入强度折减系数对此类效应加以考虑。本章将不估算折减系数的大小，但根据 DNV–OS–F101[10]，对于采用 UO 或 UOE 法加工制造的管道，其塑性屈曲压力应分别折减 7% 和 15%。

39.1.2.3　内部压力

对于纯内部压力，失效模式为横截面爆破。压力导致管道横截面扩大，壁厚减小。壁厚减小可由环向应力增加得到补偿。压力达到一定程度时，材料应

变硬化无法再对管壁变薄进行补偿，此时达到最大内部压力。根据 API -RP-1111，爆破压力可计算如下[11]：

$$P_b = 0.09(S+U)\frac{t}{D-t} \tag{39-4}$$

式中，0.45（*SMTS*+*SMYS*）为失效时的环向应力。

39.1.2.4 拉伸

就纯拉伸而言，管壁变薄将导致管道失效，如爆破。当纵向拉伸力增加时，管道横截面将变小，管壁厚度降低。拉伸力增加到一定程度，管道横截面面积将明显减小，此时达到管道材料的最大拉伸应力，拉伸力进一步增加将导致管道失效。最大拉伸力可计算如下：

$$F_l = SMTS \cdot A \tag{39-5}$$

式中，*A* 和 *SMTS* 分别为失效时的横截面面积和纵向应力。

39.1.2.5 压缩

压缩力不断增加可导致管道发生欧拉屈曲。如果压缩力进一步增加，管道最终会因局部屈曲而失效。如果除了纵向，管道在其他方向都得到约束，那么最大压缩力将接近拉伸失效力。

$$F_l = SMTS \cdot A \tag{39-6}$$

39.1.2.6 组合载荷

对于单个载荷作用下的管道，其失效主要由纵向应力或环向应力导致，如上文所述。对于压力、纵向力和弯曲都存在的情况，失效时的应力水平由纵向应力和环向应力之间的相互作用决定。根据 DNV （1995）入级附录中关于板材的屈曲强度分析，这种相互作用可忽略径向应力分量和剪切应力分量[12]，如下式所述：

$$\frac{\sigma_l^2}{\sigma_{ll}^2} - 2\alpha\frac{\sigma_l\sigma_h}{\sigma_{ll}\sigma_{hl}} + \frac{\sigma_h^2}{\sigma_{hl}^2} = 1 \tag{39-7}$$

式中 σ_l——施加的纵向应力；

σ_h——施加的环向应力；

σ_{ll}，σ_{hl}——相应方向上的极限应力。

根据施加的是压缩载荷还是拉伸载荷，极限应力是不同的。α 为修正系数，基于纵向和环向极限应力之比。通过式（39-3）、式（39-4）、式（39-7）及有限元分析，外部和内部超压的修正系数可分别计算如下：

$$\alpha = 0.25\frac{p_c}{F_I} \tag{39-8}$$

$$\alpha = 0.25\frac{p_b}{F_I} \tag{39-9}$$

对于同时受到压力和纵向力作用的管道，可用式（39–7）计算其承载力。Von Mises、Tresca、Hill 和 Tsai–Hill 屈服条件可替代式（39–7）[13]。Corona 和 Kyriakides 等已经进行了试验[14, 15–17]。在同时受到压力和纵向力作用的情况下，管道的失效模式与单个载荷作用下的失效模式非常类似。

一般而言，管道横截面纵向力和弯曲之间的极限强度相互作用可通过全塑性相互作用曲线来表达。但如果 D/t 大于 35，压缩侧可能出现局部屈曲，导致在全塑性相互作用曲线略内位置发生失效[18]。当以拉伸为主时，由于存在拉伸和应变硬化效应，管道的承载力将大于全塑性状态下的承载力。基于有限元分析结果，弯曲的最大压缩力或拉伸力可计算如下：

$$F_1 = 0.5\cdot(SMTS+SMTS)\cdot A \tag{39-10}$$

式中，$0.5\times(SMTS+SMTS)$ 为失效时的纵向应力。

如图 39–2 所示，压力和弯曲都可导致横截面失效。弯曲会使椭圆度增加并最终导致压溃，对于外部超压和内部超压，管道的失效模式是不同的。当弯曲和外部超压同时存在时，两种载荷都将导致椭圆度增加并使承载力迅速降低。对于弯曲和内部超压同时存在的情况，两种失效模式相互影响并使管道得到“强化”。如果内部超压较高，因为外层纤维的应力超过了材料的极限拉伸应力，压溃必定从管道的拉伸侧开始。在管道的压缩侧，高内部压力将导致外凸屈曲，使管道的局部直径增加，从而提高管道的惯性力矩和弯矩承载力。与外部超压相比，管道的弯矩承载力在内部超压情况下更大。

39.1.2.7　其他失效模式

除上述失效模式外，对于介绍的所有载荷条件，断裂也是一种可能的失效模式。特别是拉伸、高内部压力和弯曲都存在的情况，由于达到极限弯矩时的应力水平较高，检查是否会出现断裂非常重要。本章不涉及断裂标准，但应在设计时予以说明。

39.2 极限弯矩的解析方法

下节将对组合载荷作用下的管道极限力矩进行推导。为了将弯矩极限状态公式的复杂度限制在合理水平，需进行以下假设：

- 管道无几何缺陷，初始失圆度除外；
- 采用弹性无缺陷的塑性材料；
- 整个横截面达到极限应力；
- 达到极限应力之前横截面形状无变化；
- 极限应力面可根据式（39–7）予以说明。

39.2.1 极限应力面

弯矩极限状态下的管壁应力状态可视为材料受到两轴载荷的作用。假定管壁极限应力面可根据式（39–11）予以说明。极限应力面为纵向应力“σ_l”、环向应力“σ_h”以及相应方向上的极限应力“σ_{ll}”和“σ_{hl}”的函数，忽略径向应力分量和剪切应力分量。

$$\frac{\sigma_l^2}{\sigma_{ll}^2}-2\alpha\frac{\sigma_l\sigma_h}{\sigma_{ll}\sigma_{hl}}+\frac{\sigma_h^2}{\sigma_{hl}^2}=1 \tag{39-11}$$

式中，α 为基于 σ_{ll}/σ_{hl} 比的修正系数。对纵向应力“σ_l”求解二次方程得到

$$\sigma_l=\alpha\sigma_{ll}\frac{\sigma_h}{\sigma_{hl}}\pm\sigma_{ll}\sqrt{1-\left(1-\alpha^2\right)\left(\frac{\sigma_h}{\sigma_{hl}}\right)^2} \tag{39-12}$$

然后将 σ_{comp} 定义为管壁的极限纵向压缩应力，因而与上面确定的 σ_l 相同，平方根前为负号。而极限拉伸应力 σ_{tens} 则与 σ_l 相同，平方根前为正号。

$$\sigma_{comp}=\alpha\sigma_{ll}\frac{\sigma_h}{\sigma_{hl}}-\sigma_{ll}\sqrt{1-\left(1-\alpha^2\right)\left(\frac{\sigma_h}{\sigma_{hl}}\right)^2} \tag{39-13}$$

$$\sigma_{tens}=\alpha\sigma_{ll}\frac{\sigma_h}{\sigma_{hl}}+\sigma_{ll}\sqrt{1-\left(1-\alpha^2\right)\left(\frac{\sigma_h}{\sigma_{hl}}\right)^2}\tag{39-14}$$

39.2.2　弯矩

如果管道具有弹性无缺陷塑性材料的特性，假定整个横截面都达到极限应力，则其弯矩承载力可计算如下：

$$M_c\left(\sigma_l,\ \sigma_h\right)=A_{comp}\bar{y}_{comp}\sigma_{comp}+A_{tens}\bar{y}_{tens}\sigma_{tens}\tag{39-15}$$

式中，A_{comp} 和 A_{tens} 分别为处于压缩和拉伸状态下的横截面面积，$\bar{y}$为其质量中心与管道中心和应力面的距离，如图 39-3 所示。

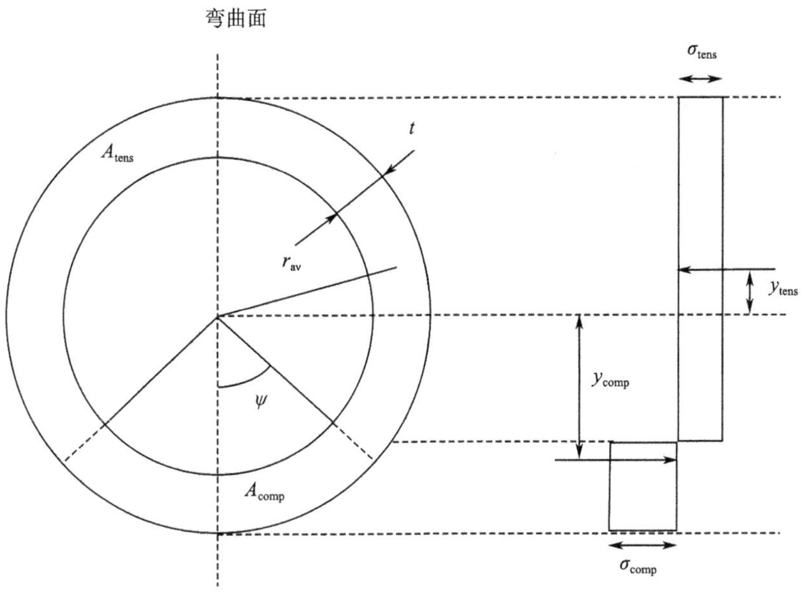

图 39-3　全塑性管道的横截面和理想应力图

几何无缺陷圆管的压缩和拉伸面积可近似计算如下：

$$A_{comp}=2\psi rt\tag{39-16}$$

$$A_{tens}=2\left(\pi-\psi\right)rt\tag{39-17}$$

质量中心与管道横截面中心的距离为：

$$\bar{y}_{comp}=r\frac{\sin\left(\psi\right)}{\psi}\tag{39-18}$$

$$\bar{y}_{tens}=r\frac{\sin(\psi)}{\pi-\psi} \qquad (39\text{-}19)$$

式中 r 为管壁的平均半径，ψ 为弯曲面与塑性中和轴的夹角。塑性中和轴为管壁纵向应力从拉伸变为压缩时的轴。

将式（39-16）至式（39-19）代入式（39-15）得到弯矩承载力：

$$M_C\ (\sigma_l,\ \sigma_h)=-2tr^2\sin\ (\psi)\ \sigma_{comp}+2tr^2\sin\ (\psi)\ \sigma_{tens} \qquad (39\text{-}20)$$

39.2.3 全塑性中和轴的位置

要计算全塑性中和轴与弯曲面的夹角，首先必须得到正确的管壁纵向力，可近似计算如下：

$$F=A_{comp}\sigma_{comp}+A_{tens}\sigma_{tens} \qquad (39\text{-}21)$$

式中压缩面积 A_{comp} 可计算为

$$A_{comp}=2\psi rt \qquad (39\text{-}22)$$

拉伸面积 A_{tens} 为

$$A_{tens}=2\ (\pi-\psi)\ rt \qquad (39\text{-}23)$$

得出

$$F=2rt\ (\psi\sigma_{comp}+\ (\pi-\psi)\ \sigma_{tens}\ ) \qquad (39\text{-}24)$$

对 ψ 求解式（39-24）得到

$$\psi=\frac{F-2\pi rt\sigma_{tens}}{2rt\left(\sigma_{comp}-\sigma_{tens}\right)} \qquad (39\text{-}25)$$

或

$$\psi=\frac{\pi\left(\sigma_1-\sigma_{tens}\right)}{\sigma_{comp}-\sigma_{tens}},\ F=2\pi rt\sigma_1 \qquad (39\text{-}26)$$

39.2.4 弯矩承载力

将塑性中和轴的表达式（39-26）代入弯矩承载力公式（39-20）得到：

$$M_{C(\sigma_1,\sigma_h)}=-2tr^2\sin\left[\frac{\pi\left(\sigma_1-\sigma_{tens}\right)}{\sigma_{comp}-\sigma_{tens}}\right]\sigma_{comp}+2tr^2\sin\left[\frac{\pi\left(\sigma_1-\sigma_{tens}\right)}{\sigma_{comp}-\sigma_{tens}}\right]\sigma_{tens} \qquad (39\text{-}27)$$

将拉伸和压缩应力的表达式（39-13）和式（39-14）代入式（39-27）得

到弯矩承载力的最终表达式：

$$M_{C(\sigma_1,\sigma_h)} = 4tr^2\sigma_{ll}\sqrt{1-\left(1-\alpha^2\right)\left(\frac{\sigma_h}{\sigma_{hl}}\right)^2}\cos\left(\frac{\pi}{2}\frac{\dfrac{\sigma_1}{\sigma_{ll}}-\alpha\dfrac{\sigma_h}{\sigma_{hl}}}{\sqrt{1-\left(1-\alpha^2\right)\left(\dfrac{\sigma_h}{\sigma_{hl}}\right)^2}}\right) \quad (39\text{-}28)$$

或者在设计方案中更有用的表达式：

$$M_{C(F,P)} = M_p\sqrt{1-\left(1-\alpha^2\right)\left(\frac{p}{p_l}\right)^2}\cos\left(\frac{\pi}{2}\frac{\dfrac{F}{F_l}-\alpha\dfrac{p}{p_l}}{\sqrt{1-\left(1-\alpha^2\right)\left(\dfrac{p}{p_l}\right)^2}}\right) \quad (39\text{-}29)$$

式中　M_C——弯矩承载力；

M_p——塑性力矩；

p——作用于管道的压力；

p_l——极限压力；

F——实际作用于管道的纵向力；

F_l——极限纵向力。

39.2.5　弯矩承载力计算公式的适用范围

为避免求解式（39–29）时得到复数解，平方根内的表达式必须为正，得出压力值的理论范围为

$$-\frac{1}{\sqrt{1-\alpha^2}} \leqslant \frac{p}{p_l} \leqslant \frac{1}{\sqrt{1-\alpha^2}} \quad (39\text{-}30)$$

式中极限载荷 p_l 取决于载荷条件，α 则取决于极限力和极限压力之比。由于壁厚设计基于管道的运行压力，此压力范围在设计中不会出现问题。因为存在物理限制，弯曲面与塑性中和轴的夹角必须在 0 至 180° 之间，所以公式对于以下纵向力有效：

$$\alpha\frac{p}{p_l}-\sqrt{1-\left(1-\alpha^2\right)\left(\frac{p}{p_l}\right)^2} \leqslant \frac{F}{F_l} \leqslant \alpha\frac{p}{p_l}+\sqrt{1-\left(1-\alpha^2\right)\left(\frac{p}{p_l}\right)^2} \quad (39\text{-}31)$$

式中极限载荷 F_l 和 p_l 取决于载荷条件，α 则取决于极限力 F_l 和极限压力 p_l 之比。对于管道设计而言，此压力范围通常不会出现问题，但如果存在断裂问题，可

能就需要将范围减小。

39.3 有限元分析

39.3.1 引言

为获取屈曲/压溃变形的可靠有限元(FE)预测,必须对以下因素予以考虑:

- 正确说明管道材料成分;
- 正确说明边界条件;
- 正确的加载顺序;
- 能够说明较大的变形、转动及有限应变;
- 能够对所有相关失效模式进行建模/说明。

有限元模型中的材料定义非常重要，因为模型会变形至弹性-塑性范围，例如在后屈曲阶段，应变水平通常在10%和20%之间。FEA常常使用Ramberg-Osgood应力应变关系，需要用到应力应变曲线上的两个点及材料的杨氏模量。可使用曲线上的任意两点，但通常使用应变为0.5%时的额定最小屈服强度（*SMYS*）和应变约为20%时的额定最小拉伸强度（*SMTS*）。材料屈服极限额定为*SMYS*的80%左右。使用*SMYS*和*SMTS*而不是通过特定试验获取的应力应变曲线的好处是可以考虑到材料应力应变关系中的统计不确定性。因而可以确信FEA所用的应力应变曲线通常要比特定试验获取的曲线更为保守。

为减少计算时间,根据对称性可将有限元模型缩小为管道截面的四分之一。模型长度为管道直径的两倍，一般足以获取所有屈曲/压溃失效模式。模型使用通用壳单元，考虑到了有限膜应变并允许改变壳的厚度，适用于大应变分析。在单元的定义中，横向剪切变形可以发生，当壳的厚度增加时使用厚壳理论，而当壳的厚度减小时则使用离散Kirchoff薄壳理论。

使用有限元模型进行屈曲/压溃分析的进一步讨论和验证可参见Bai等[5]、Mohareb等[4]、Bruschi等[19]和Hauch & Bai[20]。

39.3.2 解析法与有限元分析的比较

下文将对前一节所述公式及通过 FEA 得到的结果进行比较。首先比较 FE 结果和单个载荷作用下管道的承载力公式，*D/t* 比为 10 ~ 60。然后将 FE 结果与纵向力、压力和弯曲共同作用下的弯矩承载力公式进行比较。

39.3.2.1 单个载荷作用下的承载力

作为对 FE 模型的验证，通过 FEA 得到的单个载荷作用下的承载力将与本章前一节所述经过验证的解析表达式进行比较，并针对较大范围的 *D/t* 比进行承载力比较，以说明 FE 模型独立于 *D/t* 比获取正确失效模式的能力。所有分析的平均直径为 0.5088[m]、*SMYS* = 450 [MPa] 及 *SMYS* = 530 [MPa]。

图 39-4 对通过 FEA 获取的弯矩承载力与弯矩承载力公式(39-1)进行比较。图 39-5 比较 FE 结果与极限拉伸纵向力公式（39-7）。图 39-6 比较 FE 结果与压溃压力公式（39-2）、公式（39-5）。图 39-7 则对 FE 结果与爆破压力公式（39-6）进行比较。图 39-7 中 FE 结果与解析结果非常一致，因而有理由认为 FE 模型对于组合载荷也能提供可靠的预测。

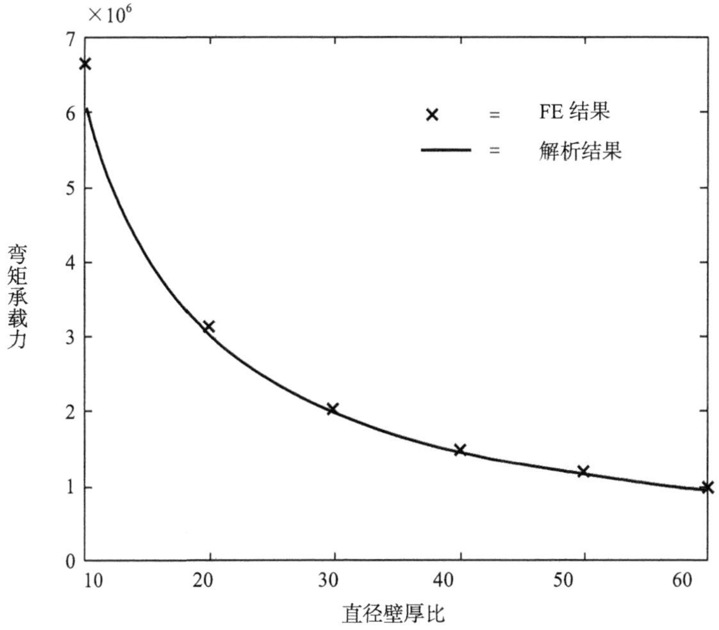

图 39-4 纯弯曲作用下作为 *D/t* 函数的管道弯矩承载力

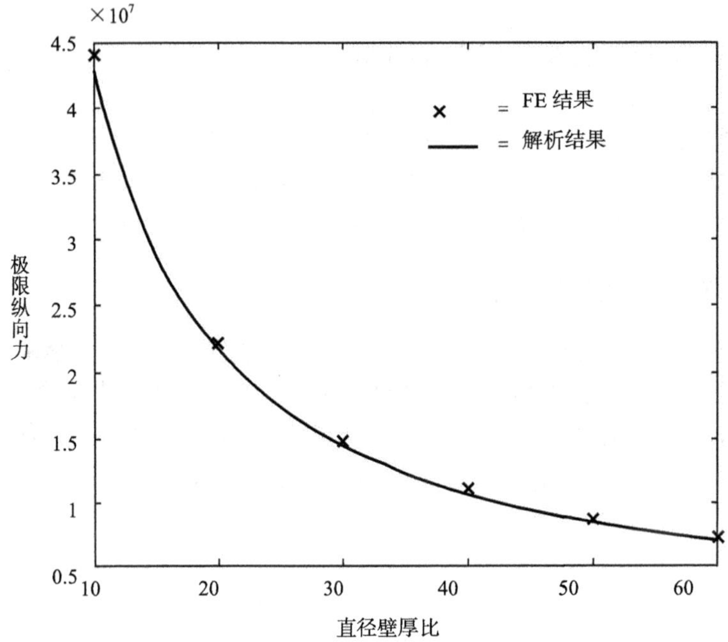

图 39-5　纯拉伸力作用下作为 *D/t* 函数的管道极限纵向力

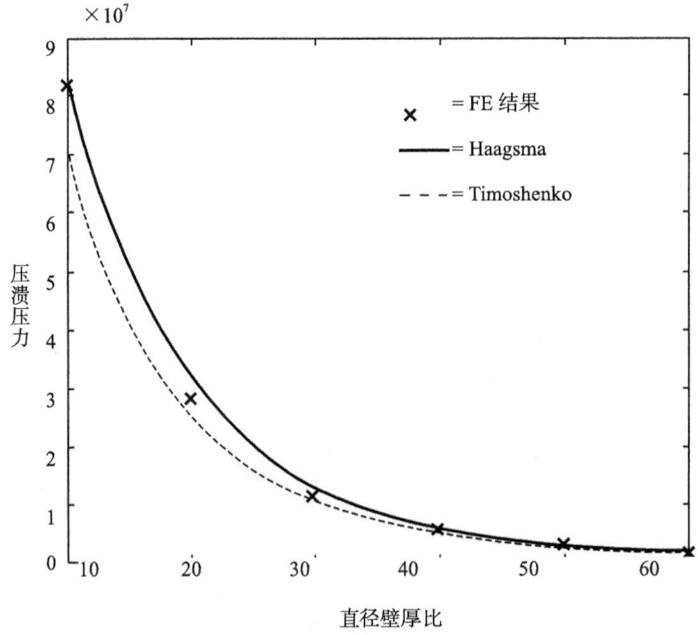

图 39-6　纯纵向力作用下作为 *D/t* 函数的管道极限纵向力

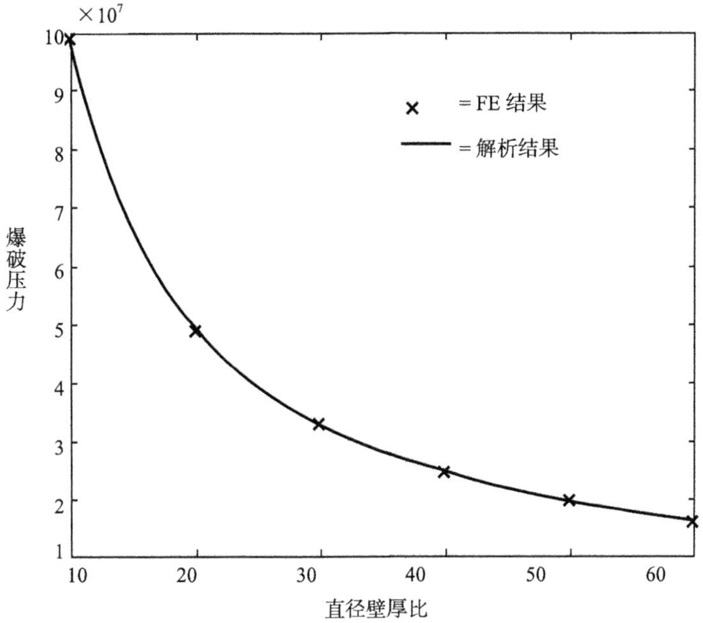

图 39–7　纯内部压力作用下作为 *D/t* 函数的管道爆破压力

39.3.3　组合载荷的承载力

如图 39–8 和图 39–9 所示的弯矩承载力面通过式（39–29）得出。图 39–8 中的弯矩承载力面为外部压力和压缩纵向力的函数，图 39–9 为函数的顶视图。图 39–4 至图 39–7 证明对于单个载荷，在较大 *D/t* 范围内失效面都能与 FE 分析非常一致。图 39–9 证明对于组合载荷，式（39–29）也能与 FEA 保持一致。对于纵向力和压力的不同定值，图中通过黑线对失效面进行切割。切割线及相应的 FE 结果如图 39–10 至图 39–13 所示。

图 39-8 至图 39-13 所示结果使用了下表中的管道尺寸

参数	值	单位
D/t	39.	[-]
f0	1.5%	[-]
SMYS	450	MPa
SMTS	530	MPa
α	外部超压为 1/5　内部超压为 2/3	[-]

图 39-10 将弯矩承载力作为压力的函数进行绘制。外部超压的极限压力通过 Haagsma 压溃公式（39-3）得出，内部超压的极限压力则通过爆破压力公式（39-4）得出。非加压管道的弯矩承载力由式（39-1）得出。图 39-11 将弯矩承载力作为纵向力的函数进行绘制。压缩和拉伸的极限力通过式（39-10）得出。对于特定水深，外部压力几乎保持恒定，而轴向力可能会发生变化。图 39-12 将弯矩承载力作为纵向力的函数进行绘制，外部过压等于 Haagsma 压溃公式（39-3）计算出的压溃压力乘以 0.8。图 39-13 同样将弯矩承载力作为纵向力的函数进行绘制，但内部过压等于式（39-2）计算出的塑性屈曲压力乘以 0.9。

根据图 39-10 至图 39-13 所示的结果，可以得出结论：对于所有纵向力和压力，解析法推导出的结果与 FE 结果都可以保持一致。但当外部压力非常接近压溃压力时，公式有些不够保守。这与先前关于 Timoshenko 和 Haagsma 压溃公式的讨论[8-9]是一致的。

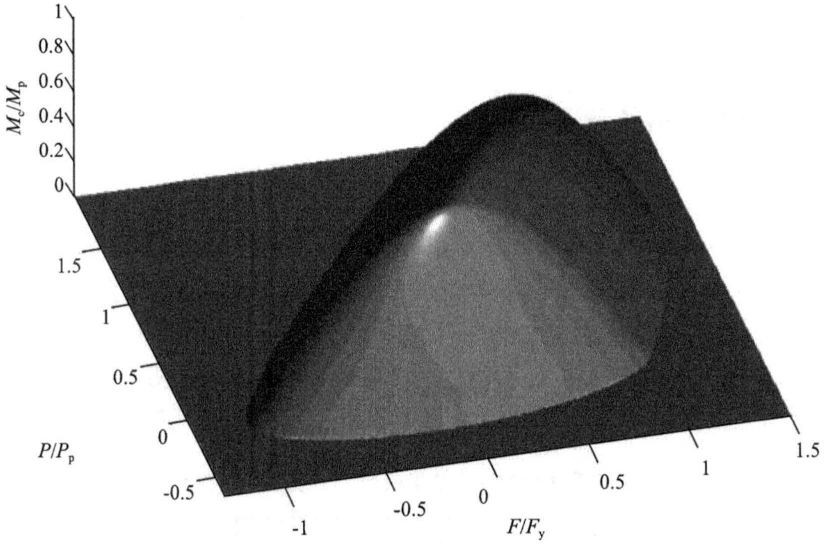

图 39-8　作为压力和纵向力函数的极限弯矩面

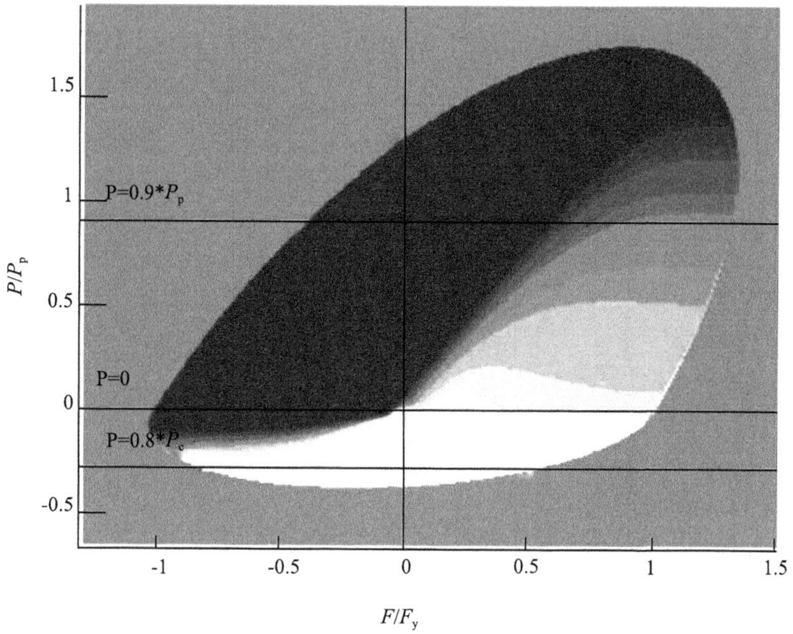

图 39–9　作为压力和纵向力函数的极限弯矩面

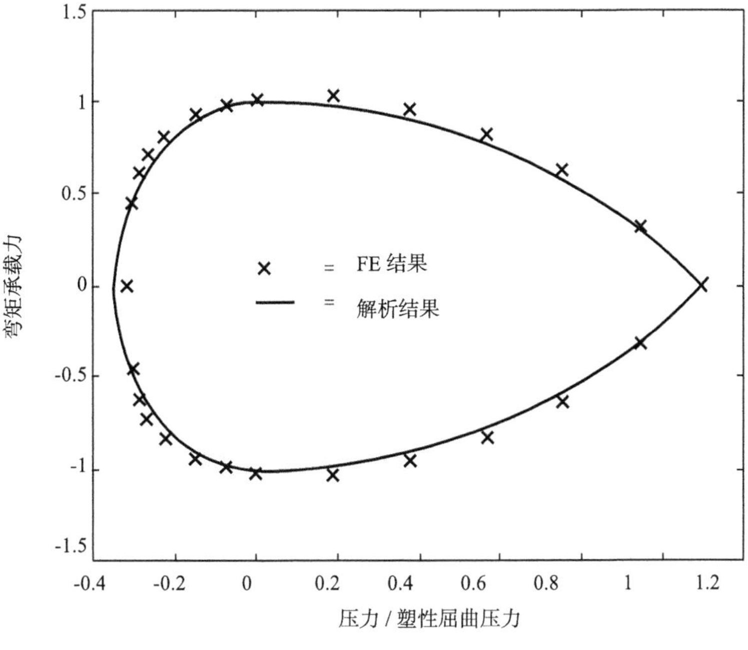

图 39–10　作为压力函数的归一化弯矩承载力

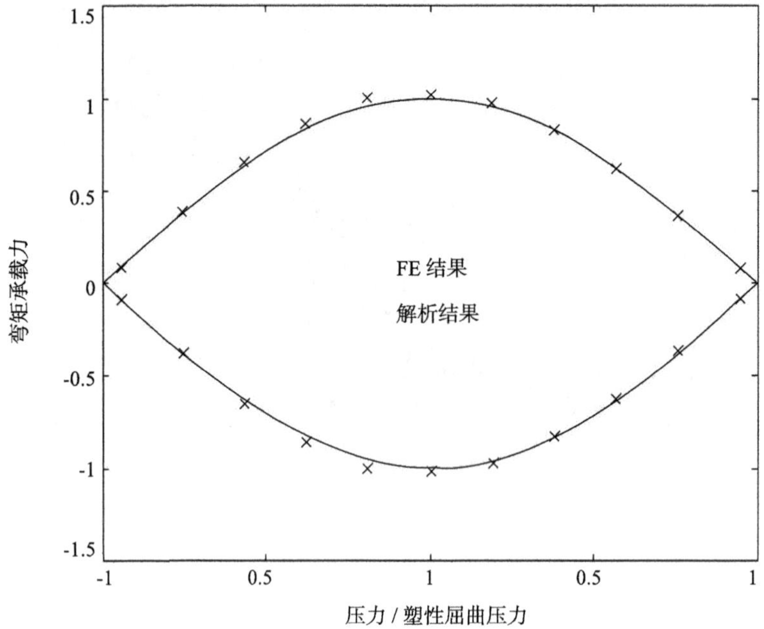

图 39–11　作为纵向力函数的归一化弯矩承载力压力为零

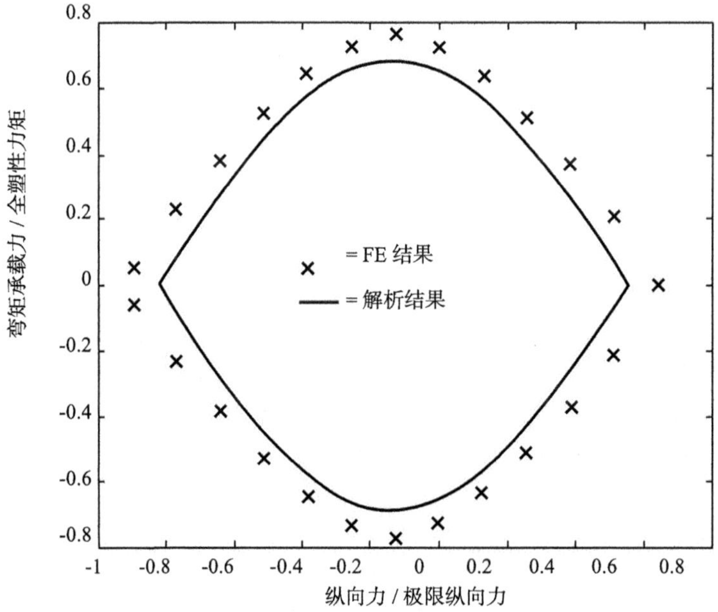

图 39–12　作为纵向力函数的归一化弯矩承载力

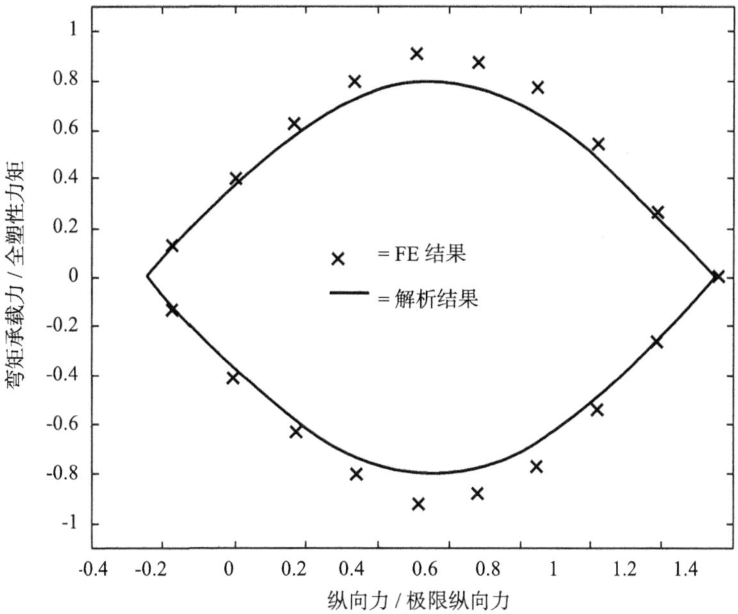

图 39-13　作为纵向力函数的归一化弯矩承载力

39.3.4　利用系数和安全系数

局部屈曲核查可分为对载荷可控状态（弯矩所致）的核查和位移可控状态（应变水平所致）的核查。当屈曲核查计算不用使用 / 安全系数时，两种核查应得到相同的抗弯承载力。管道设计中通过利用 / 安全系数来说明建模和输入的不确定性。对于载荷和位移可控状态，引入利用系数后抗弯承载力的减小量是不同的。根据管道力矩与应变的关系，对于特定的目标安全水平，使用基于应变的标准可达到的容许强度要比使用基于力矩的标准更高。本章只介绍容许弯矩标准，此标准同时适用于载荷和位移可控状态，但如上文所述，对于位移可控状态可能过于保守。

本章所述的利用系数法通过缩小失效面实现，如图 39-8 和图 39-9 所示。失效面被调整为代表与特定目标安全水平相关的最大容许弯矩，而不是弯矩承载力。通过式（39-29）得出的失效面形状由四个参数决定：塑性力矩 M_p，极限纵向力 F_l，极限压力 P_l 和修正系数（形状参数）α。为了缩小失效面，需将利用系数分别用于塑性力矩、极限纵向力和极限压力。利用系数是建模、几何和材料不确定性的函数，可因三个承载力参数而发生变化。变化通常较小，出于简化目的，可将最保守的利用系数用于所有承载载荷。修正系数 α 是极限纵向力和极限压力的函数，利用系数不可用于此参数。建模不确定性与公式的使用关系密切。SUPERB（1996）项目将力矩标准的使用分成四种不同情况：

（1）管道位于不平海床上；

（2）压力测试状态；

（3）连续刚性支撑管；

（4）所有其他情况。为了说明建模不确定性的变化，可将条件载荷系数 γ_C 应用于塑性力矩和极限纵向力。压力是内部压力和水深的函数，其模型不确定性是不同的，条件载荷系数接近 1，可以忽略。基于以上讨论，最大容许弯矩可表达为[7]：

$$M_{\text{Allowable}(F,P)}=\frac{\eta_{\text{RM}}}{\gamma_C}M_p\sqrt{1-\left(1-\alpha^2\right)\left(\frac{p}{\eta_{\text{RP}}p_1}\right)^2}\cos\left(\frac{\pi}{2}\frac{\dfrac{\gamma_C F}{\eta_{\text{RF}}F_1}-\alpha\dfrac{p}{\eta_{\text{RP}}p_1}}{\sqrt{1-\left(1-\alpha^2\right)\left(\dfrac{p}{\eta_{\text{RP}}p_1}\right)^2}}\right) \tag{39-32}$$

式中 $M_{\text{Allowable}}$——容许弯矩；

γ_C——条件载荷系数；

η_R——强度利用系数。

对于所有载荷组合，式（39-32）所用的使用 / 安全系数法可确保安全水平保持一致。

39.4 抗弯强度计算指南

39.4.1 引言

下述抗弯强度计算指南所用的条件载荷系数与 SUPERB（1996）报告中的结果一致，DNV（1996）和 DNV-OS-F101 随后将其应用于水下管道系统。强度利用系数 η_{RM}、η_{RF} 和 η_{RP} 则在对已有规范和作者的工程经验进行比较的基础上得出。

39.4.2 抗弯强度计算

1. 局部屈曲

同时承载压力、纵向力和弯曲的管道可能会出现局部屈曲，失效模式为横截面屈服或管道压缩侧发生屈曲。本指南所述标准可用于计算特定条件下的最大容许弯矩。应注意的是本指南计算出的最大容许弯矩未考虑断裂，而断裂标准将降低管道的抗弯承载力，特别是对于高拉伸 / 高压载荷条件。

2. 载荷与位移可控状态

局部屈曲核查可分为对载荷可控状态（弯矩所致）的核查和位移可控状态（应变水平所致）的核查。根据管道所承载的弯矩与最大应变的关系，对于特定的目标安全水平，使用基于应变的标准可达到的容许强度要比使用基于弯矩的标准更高。因为这个原因，弯矩标准同时适用于载荷和位移可控状态。本指南将只介绍弯矩标准。

3. 局部屈曲和累积失圆度

在安装和周期性运行载荷作用下失圆度会逐渐增加，可能使局部屈曲更为严重，因而必须予以考虑。对于管道整个生命周期内一直存在的载荷所导致的失圆度，建议采用有限元分析进行模拟。

4. 最大容许弯矩

载荷可控状态下局部屈曲的容许弯矩可计算为

$$M_{\text{Allowable}(F,P)}=\frac{\eta_{\text{RM}}}{\gamma_{\text{C}}}M_{\text{p}}\sqrt{1-\left(1-\alpha^{2}\right)\left(\frac{p}{\eta_{\text{RP}}p_{1}}\right)^{2}}\cos\left(\frac{\pi}{2}\frac{\dfrac{\gamma_{\text{C}}F}{\eta_{\text{RF}}F_{1}}-\alpha\dfrac{p}{\eta_{\text{RP}}p_{1}}}{\sqrt{1-\left(1-\alpha^{2}\right)\left(\dfrac{p}{\eta_{\text{RP}}p_{1}}\right)^{2}}}\right) \tag{39-33}$$

式中　$M_{\text{Allowable}}$——容许弯矩；

M_{p}——塑性力矩；

p_{1}——极限压力；

p——作用于管道的压力；

F_{1}——极限纵向力；

F——作用于管道的纵向力；

α——修正系数；

γ_{C}——条件载荷系数；

η_{R}——强度利用系数。

5. 修正系数

$\alpha = 0.25\frac{p_c}{F_I}$ 为外部超压；

$\alpha = 0.25\frac{p_b}{F_I}$ 为内部超压。

如果可能，应通过有限元分析对修正系数进行验证。

6. 塑性（极限）力矩

极限力矩可计算为

$$M_{C(F=0,P=0)} = \left(1.05 - 0.0015 \cdot \frac{D}{t}\right) \cdot SMYS \cdot D^2 \cdot t \tag{39-34}$$

式中 S_{MYS}——纵向额定最小屈服强度；

D——平均直径；

t——壁厚。

7. 压缩和拉伸的极限纵向力

极限纵向力可估算为：

$$F_l=0.5 \cdot (SMYS+SMTS) \cdot A \tag{39-35}$$

式中 A——横截面面积，可计算——$\pi \times D \times t$；

$SMYS$——纵向额定最小屈服强度；

$SMYS$——纵向额定最小拉伸强度。

8. 外部超压条件下的极限压力

极限外部压力 p_l 可根据下式进行计算：

$$p_l^3 - p_{el}p_l^2 - \left(p_p^2 + p_{el}p_p f_0 \frac{D}{t}\right)p_l + p_{el}p_p^2 = 0 \tag{39-36}$$

式中 p_{el}——$\frac{2E}{(1-v^2)} \cdot \left(\frac{t}{D}\right)^3$；

p_p——$\eta_{fab} SMYS \frac{2t}{D}$，对于 U_0 管道 η_{fab} 为 0.93，UOE 管道为 0.85，无缝管道或经过退火处理的管道为 1；

f_0——（Dmax-Dmin）/D，应包括建造阶段产生的初始失圆度，但不包括外部水压导致的压扁或铺设位置处产生的弯曲；

$SMYS$——环向额定最小屈服强度；

E——杨氏模量；

v——泊松比。

9. 内部超压条件下的极限压力

极限压力与爆破压力相同，可计算为

$$p_{l}=0.5(SMTS+SMYS)\frac{2t}{D} \tag{39-37}$$

式中　$SMYS$——环向额定最小屈服强度；

$SMTS$——环向额定最小拉伸强度。

10. 载荷和利用系数

表 39–1 列出了载荷系数 γ_C 和利用系数 η_R。

载荷条件系数可以结合起来考虑，例如不平海床上的管道进行压力测试时的载荷条件系数为 $1.07 \times 0.93 = 1.0$。

表 39-1　载荷和利用系数

安全系数 \ 安全等级		低	中	高
γ_C	不平海床	1.07	1.07	1.07
	系统压力测试	0.93	0.93	0.93
	连续刚性支撑	0.82	0.82	0.82
	其他情况	1.00	1.00	1.00
η_{RP}	压力	0.95	0.93	0.90
η_{RF}	纵向力	0.90	0.85	0.80
η_{RM}	力矩	0.80	0.73	0.65

39.4.3　小结

已有规范中的弯矩承载力公式在有些载荷条件下过于保守，而在其他载荷条件下则不保守。本章介绍了一些精确而简单的新设计公式。推导出的解析公式基于失效模式的机制，并与有限元分析的结果进行了大量比较。与已有规范相比，本章通过使用安全系数对分析进行了简化，且目标安全水平与 DNV [10]、ISO [11] 和 API [21] 相同。对于所有载荷组合，使用安全系数法可确保目标安全水平保持一致。

参考文献

[1] C.E. Murphey and C.G. Langner, "Ultimate Pipe Strength Under Bending, Collapse and Fatigue", OMAE' 85, 1985.

[2] P.E. Winter, J.W.B. Stark and J. Witteveen, Collapse Behaviour of Submarine Pipelines, Chapter 7 of Shell Structures Stability and Strength, Published by Elsevier Publishers, 1985.

[3] C.P. Ellinas, P.W.J. Raven, A.C. Walker and P. Davies, "Limit State Philosophy in Pipeline Design", Journal of Energy Resources Technology, Transactions of ASME, Jan. 1986.

[4] M.E. Mohareb, A.E. Elwi, G.L. Kulak and D.W. Murray, "Deformational Behaviour of Line Pipe", Structural Engineering Report No. 202, University of Alberta, 1994.

[5] Y. Bai, R. Igland and T. Moan, "Tube Collapse under Combined Pressure, Tension and Bending", International Journal of Offshore and Polar Engineering, Vol. 3（2）, 1993, pp. 121-129.62 Q. Bai and Y. Bai

[6] Y. Bai, R. Igland and T. Moan, "Tube Collapse under Combined External Pressure, Tension and Bending", Journal of Marine Structures, Vol. 10, No. 5, 1997, pp. 389-410.

[7] SUPERB, "Buckling and Collapse Limit State", December 1996.

[8] S.P. Timoshenko and J.M. Gere, Theory of Elastic Stability, 3rd Edition, McGraw-Hill International Book Company, 1961.

[9] S.C. Haagsma, D. Schaap, "Collapse Resistance of Submarine Lines Studied", Oil & Gas Journal, Feb. 1981.

[10] DNV, "Submarine Pipeline Systems", DNV-OS-F101, Det Norske Veritas, Oct. 2010.

[11] API, "Design, Construction, Operation and Maintenance of Offshore Hydrocarbon Pipelines（Limit State Design）", RP-1111, 2009.

[12] DNV, "Buckling Strength Analysis, Classification Notes 30.1", Det Norske Veritas, July 1995.

[13] R. Hill, The mathematical theory of plasticity, Oxford University Press, New York, ISBN 0 19 856162 8, 1950.

[14] E. Corona and S. Kyriakides, "On the Collapse of Inelastic Tubes under Combined Bending and Pressure", Int. J. Solids Structures Vol. 24 No. 5., 1988, pp. 505-535.

[15] S. Kyriakides and M.K. Yeh, "Factors Affecting Pipe Collapse", Engineering Mechanics Research Laboratory, EMRL Report No 85/1, A.G.A Catalogue No. L51479 Department of Aerospace Engineering and Engineering Mechanics, The University of Texas at Austin, 1985.

[16] S. Kyriakides and M.K. Yeh, "Plastic Anisotropy in Drawn Metal Tubes", Journal of Engineering for Industry, Vol. 110/303, Aug. 1988.

[17] S. Kyriakides and G.T. Ju, "Bifurcation and Localization Instabilities in Cylindrical Shells Under Bending-I-Experiments", Int. J Solids and Structures, Vol. 29, No 9, 1992, pp 1117-1142.

[18] W.F. Chen and I.S. Sohal, "Cylindrical Members In Offshore Structures, Thin-Walled Structure", Special Issue on Offshore Structures, Elsevier Applied Science, 1988.

[19] R. Bruschi, P. Monti, G. Bolzoni, R. Tagliaferri, "Finite Element Method as Numerical Laboratory for Analysing Pipeline Response under Internal Pressure, Axial Load, Bending Moment", OMAE' 95, 1995.

[20] S. Hauch and Y. Bai, "Use of Finite Element Analysis for Local Buckling Design of Pipelines", OMAE' 98, 1998.

[21] ISO/DIS 13623, "Petroleum and Natural Gas Industries - Pipelines Transportation Systems", 1998.

第 40 章

基于极限状态的强度设计

40.1 引　　言

近年来，人们越来越要求海底管道在高压高温（HPHT）状态下运行。图 40-1 为这一趋势随着油气田的开发逐渐从沿岸进入深水区域而日渐增强。在更高压力状态下运行是管道项目在高等级管材上所面临的技术挑战，若产品含有 H_2S、盐水且具有焊接兼容性，则将引起酸腐蚀。在更高温度状态下运行将导致管材和绝缘层面临腐蚀、屈服强度递减的挑战。当管道受到海床上的土体约束时，由于运行状态下内部流体温度和压力较高，承受高压高温的管道将产生较高的有效轴向压缩力。基于应力的传统设计标准已不再适用于高温状态，其解决方案是采用极限状态法设计此类管道。

从目前来看，高压高温管道的设计主要是基于极限状态原则，其根据为涵盖所有相关失效模式的一组极限状态或失效应变量。极限状态设计针对失效模式进行独立核查，而且项目设计时需要对若干不同的极限状态进行核查。针对失效的充分边界条件经由分项安全系数的应用而得以确保，其反映了载荷与材料的不确定性。当管壁厚度设计中的利用系数均取自传统设计标准所给定的数值时，极限状态强度设计变得至关重要。在过去数十年时间里，已有许多的联合工业项目（JIP）关注着高压高温管道的应用。

HOTPIPE 联合工业项目[2]的主办单位是挪威国家石油公司（Statoil）和 Norsk Agip 公司，其实施单位为挪威国家石油公司、DNV 和 Snamprogetti 公司。

由 HOTPIPE 项目确立了与 DNV OS-F101[3] 相符的设计指南，根据为风险原则和极限状态法。其采用了载荷与阻力系数，并将这一标准表述为更为常规的布局。

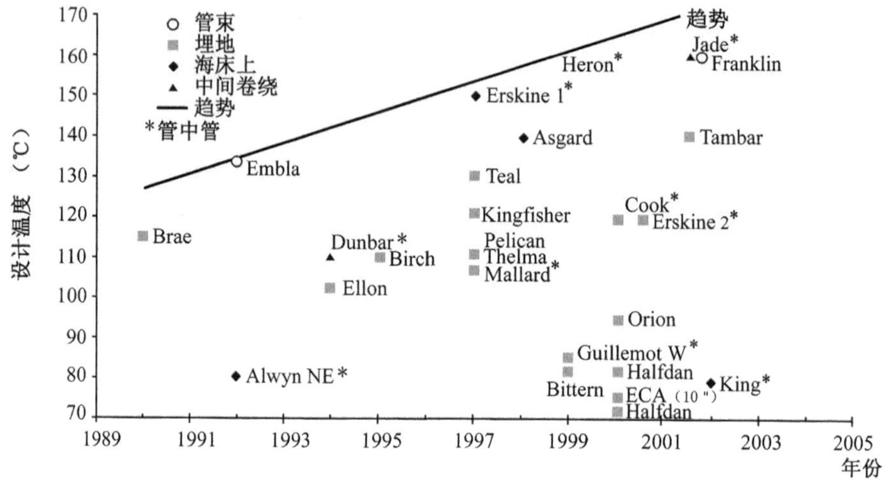

图 40-1　管道进水口设计温度的变化趋势[1]

SAFEBUCK[4] 是一个联合工业项目，得到了主要运营商的赞助，关注于在受到整体侧向屈曲时结构完整性方面的问题。其概括了基本的设计理念，并建议将 DNV OS-F101 和 API RP 1111[5] 视为最适用的设计标准。对于整体侧向屈曲，则需要对局部屈曲、应变能力、管道轴向移动和疲劳破损的失效模式进行核查。

40.1.1　极限状态设计

大多数传统的管道和立管设计标准均属于容许应力设计（ASD）范畴。但是，结构设计的成功实施已经采用了极限状态设计（LSD）法，其所包含的基于可靠性的技术可以稳定处理不确定性，且已有时日；近年来，极限状态设计法的发展已步入对海底管道设计进行评估的阶段[3, 5]。载荷抗力系数设计法（LRFD）参见 DNV-OS-F101，它是特定结构限制的设计基础。这一方法将设计中的不确定性融入到分项安全系数法之中。这些不确定性被归类为部分载荷或材料系数。分项安全系数与特征载荷和抗力效应相关。对于所考虑的任何失效模式而言，LRFD 的基本原理是为了核对特征系数设计载荷（L_d）是否超过系数设计阻力效应（R_d）。

$$L_d \leqslant R_d \tag{40-1}$$

式中，系数设计载荷 L_d 和系数设计阻力 R_d 如下：

$$L_d = L_F\gamma_F\gamma_C + L_E\gamma_E + L_I\gamma_F\gamma_C + L_A\gamma_A\gamma_C$$

$$R_d = \frac{R_k(f_k)}{\gamma_{sc}\gamma_m}$$

载荷效应系数 γ_F，γ_E，γ_C 和 γ_A，参见 DNV-OS-F101 第 4 部分的表 4-4 和表 4-5，采用风险和可靠性方法进行确定，进而达到目标可靠性水平。第 5 部分表 5-4 和表 5-5 中的 γ_{sc} 和 γ_m 分别为安全等级抗力系数和材料抗力系数。

图 40-2 为极限状态设计中特征载荷和阻力的分项系数之间的关系。例如，特征载荷和抗力可能是由环向应力 σ_h 和管道屈服强度 σ_y 所致的应力，其均以统计分布形式出现。经过对取自管子出厂证书记录中的试验实测值的统计分析，得出该屈服强度的概率强度函数。管壁厚度和直径的平均值与变化情况可从管子供应记录中读取。若载荷大于阻力，系统将失效。

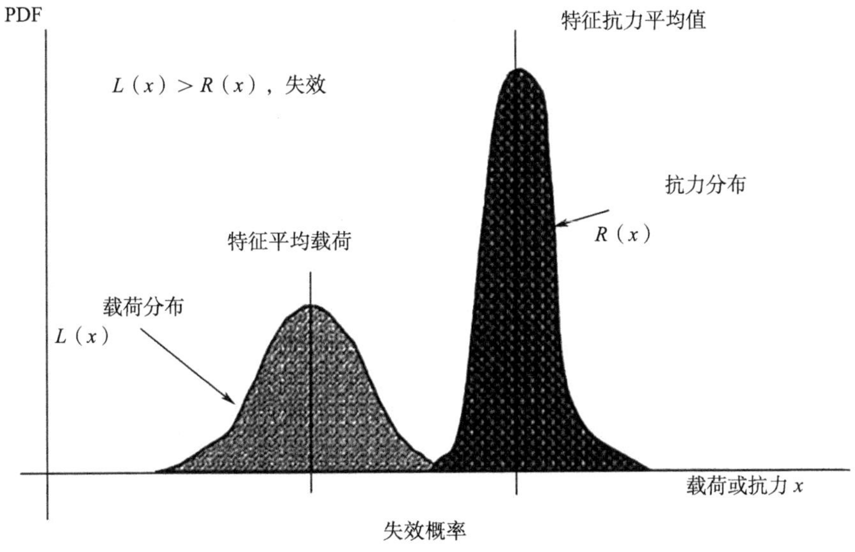

图 40-2　极限状态设计中的分项系数

管道的极限状态设计是一种基于极限状态概念的合理设计方法。极限状态是一种对管道的持续安全运行产生限制作用的情形。当管道对加载的响应成为不可接受时，即超过了这一状态。每一种极限状态都将管道分设为两种状态，即安全状态和失效状态。进行管道设计时，需对下述四种极限状态进行核查[3]：

• 最大极限状态(ULS)：与单一载荷应用或过载情形有关。若超过极限状态，管道可能会损失结构完整性。

——由于内部压力、纵向力和弯曲而出现爆破现象；

——由于压力、纵向力和弯曲而出现局部屈曲 / 压溃。

• 正常使用极限状态（SLS）：与灾害性失效无关，但会降低管道的运行能力或功用性。若超过极限状态，管道将不能满足其功能要求，如部分阻断流体流动或阻止清管器沿着管道运动，这是因为管道局部变成椭圆形之故。

——整体屈曲，也即隆起屈曲 / 侧向屈曲；

——正常使用下的失圆度。

• 疲劳极限状态（FLS）：ULS 情形所考虑的是累积周期性载荷效应；

——由于周期性全寿命热加载而出现低循环疲劳；

——由于涡致振动而出现的悬跨管道高循环疲劳；

——断裂层。

• 偶然极限状态（ALS）：若超出这一状态，其意味着因偶然载荷而损失结构完整性。

——由于非正常行为而出现累积塑性应变。

40.1.2 失效的定义

力学工程设计的目的是在给定的时间期限内以及在规定的载荷条件下确保给定管道的安全和性能。但由于存在相应的不确定性，绝对的安全是不切实际的。因加载、材料性能和尺寸的随机性，可能会出现此类不确定性。但此类不确定性可予以统计说明。作为 LRFD 方法的替代方法之一，DNV OS-F101 已依据不可接受后果的风险极限采用了基于可靠性的设计方法，以形成适当的安全裕度。这一点包括在概率设计核查的基础上对目标安全水平进行适当选择。经过核查，以确保基于经认可的可靠性方法计算而得的失效概率小于目标值。表 40-1 为基于不同极限状态的失效类型和安全等级的公称目标失效概率水平。目标概率水平被定义为每年每千米的概率。分项安全系数的安全等级定义参见 DNV OS-F101 第 2 部分表 2-5，其随所输送的流体（水、油、气等）、地点（500m 区域范围之内或之外）和时间期限（临时性或正常运行状态）而发生变化。

表 40-1　公称失效概率对比安全等级[3]

极限状态	概率基础	安全等级			
		低	中等	高	非常高
适用极限状态（SLS）	每根管道的年度值	10^{-2}	10^{-3}	10^{-3}	10^{-4}
最大极限状态（ULS）	每根管道的年度值	10^{-3}	10^{-4}	10^{-5}	10^{-6}
疲劳极限状态（FLS）	每根管道的年度值	10^{-3}	10^{-4}	10^{-5}	10^{-6}
偶然极限状态（ALS）	每根管道的年度值	10^{-3}	10^{-4}	10^{-5}	10^{-6}
—	压力容器	10^{-4} ~ 10^{-5}	10^{-5} ~ 10^{-6}	10^{-6} ~ 10^{-7}	10^{-7} ~ 10^{-8}

40.2　基于应力的设计和基于应变的设计

基于极限状态的管道设计包括基于应力的设计和基于应变的设计两者。受施加于系统的载荷事件性质的影响，其可以分类为位移可控制和载荷可控两类。DNV OS-F101 已被用作进行载荷可控（基于应力）和位移可控（基于应变）极限状态核查的关键指南。

40.2.1　位移和载荷控制

1. 位移控制

对于受周边介质约束的管道如埋地管道或卷绕管道，除管道自身所产生的弯曲外，周边条件限制了其他弯曲的产生。因弯曲而出现的额外应变，完全受到周边固定介质或周边条件的约束。若周边条件是固定的，载荷如重量或内部压力发生变化时，将不会改变管道的形状，因此应变也是呈分布式的。这种情形通常被归类为应变或位移控制。在此类情况下，需采用基于应变的设计标准。

2. 载荷控制

对于在外部载荷作用下自由发生弯曲的管道，管道弯曲的变化完全受限于内部应力为了平衡外部载荷而具有的承载力。外部载荷不随管道的变形而发生变化。当受载荷作用而出现的外部弯曲使得管材超出弹性极限时，管道可能会出现不可控的失效情形。这种情形通常被归类为应力或载荷控制。例如，自由悬跨管道。悬跨管道内的载荷如水动力载荷或重量，与管道的位移无关。在此类情况下，需采用基于应力的设计标准。

管道的侧向屈曲，部分是因为位移和载荷控制之故，因为与海床发生侧向摩擦而产生的约束条件将部分限制侧向屈曲时的管道发生变形。但是，当出现侧向屈曲时，有效的压力载荷将随管道的侧向变形而降低。

40.2.2 基于应力的设计

基于应力的设计法已应用于传统的管道设计以及全世界至今所安装的大多数管道之中，其通过管材的额定最小屈服强度（*SMYS*）的设计系数而对处于最不利载荷条件下的管子环向应力和等效应力产生限制作用，并受限于所考虑的设计情形。

环向应力极限，

$$\sigma_h \leqslant \eta_1 SMYS \tag{40-2}$$

等效应力极限，

$$\sigma_e \leqslant \eta_2 SMYS \tag{40-3}$$

设计系数 η_1 和 η_2 详见传统的管道设计标准[3,7–9]。基于应力的设计法已广泛应用于传统的管道设计之中，其设计经验具有相当的基础。当受限焊接认定试验令人满意时，就有可能通过工程关键性分析（ECA）最多采用 0.5% 的应变量[10–11]。

管子的环向应力标准可与材料折减系数组合使用。环向应力标准将 von Mises 应力限制在 *SMYS* 的某一范围之内。当 *D*/*t* 大于 20 时，可计算出等效应力的构成，该标准如下：

$$\sigma_e = \sqrt{\sigma_h^2 + \sigma_l^2 - \sigma_h\sigma_l + 3\tau^2} \leqslant \eta_2 \cdot SMYS \tag{40-4}$$

式中 σ_h——环向应力；

σ_l——纵向应力（轴向应力）；

τ——扭转剪切应力；

η_2——利用系数（设计系数）。

当 *D*/*t* 大于 20 管子出现高压时，可忽略剪切应力，可计算出等效应力的构成，该标准如下：

$$\sigma_e = \sqrt{\frac{1}{2}\left[(\sigma_h - \sigma_l)^2 + (\sigma_l - \sigma_R)^2 + (\sigma_h - \sigma_R)^2\right]} \leqslant \eta_2 \cdot SMYS \tag{40-5}$$

式中，σ_R 为径向应力。对于受约束的管道如无弯曲的陆上埋地管道，由于内部压力、外部压力和温度升高的影响，其纵向应力表示如下：

$$\sigma_{L,R} = \frac{2v(p_i A_i - p_e A_e)}{A_s} - E\alpha(T_p - T_a) \tag{40-6}$$

对于位移受控式埋地管道，温差也是纵向应力和等效应力的一个控制系数。超过屈服应力的等效应力在某些情形之下也是可接受的，因此应采用基于应变的设计法。

对海底管道采用基于应力的设计法时，弯矩、等效应力和许用应力的确定均需适宜于下述组合情形。

- 内空状态；
- 浸水状态；
- 水压测试状态；
- 运行状态。

强度标准可适用于下述情形：

- 管道在位性能；
- 拖网拖动响应；
- 自由悬跨管道。

40.2.3　基于应变的设计

基于应变的设计是一种在设计条件下设定应变极限而非应力极限的方法。其适用于位移控制载荷为主要设计条件的情形。在位移可控情形下，载荷的大小取决于结构的位移和变形。位移可控情形下的典型实例为热膨胀、地面移动（例如土坡不稳定和地震侧滑）、管道盘卷及管道铺放等。

传统的设计均基于管材的屈服状态即极限状态，而基于应变的设计则采用最大拉伸应力状态作为极限状态。基于应变的设计则最大限度地利用了管材的性能特征。其意味着允许管道超过屈服状态，即管子的受控塑性变形。一般情况下，适用于不使管道产生失效的受控弯曲。采用基于应变的设计法，能够使管道实现合适的安全性和完整性，且降低管道施工、运行和维护成本。但是，基于应变的设计法受到一定限制，无法替代基于应力的设计法。即使已在项目实际中采用基于应变的设计法，但管壁针对由内部运行设计压力所产生的环向应力通常是确定所需管道级别和管壁厚度的主要因素。

基于应变的设计法的安全应用，主要需进行位移可控或位移约束式加载，如以卷管和S型铺管方式铺设的离岸管道，以及J型管、基础沉陷和地震、温度变化所致的膨胀和收缩。近来，已有若干项目采用了基于应变的设计法。在安装和运行条件下，管道承受着较大的塑性变形。在某些情形下，一次加载可达到最大应变的4%。此类情形下管道的可能应变范围如图40-3所示，如下：

- 安装（卷管铺设等）；
- 热加载（整体屈曲）；
- 极地加载（冻胀、解冻沉降等）；
- 地震加载。

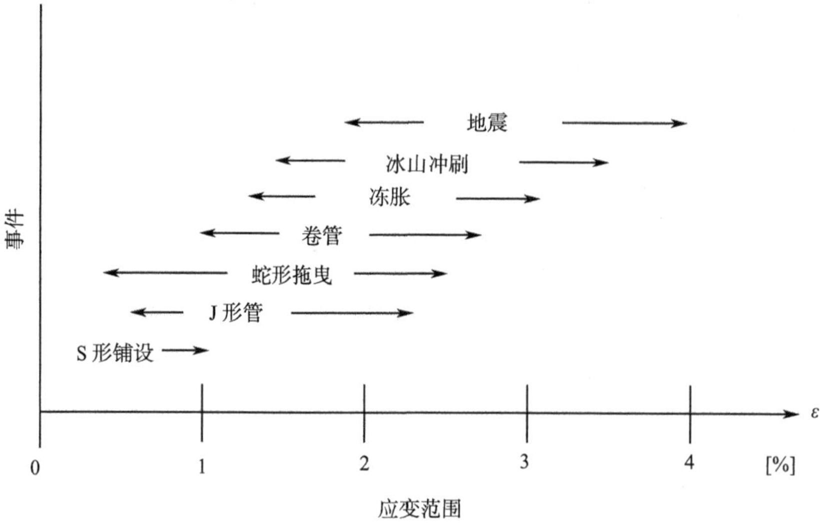

图40-3　位移可控事件中管道的应变适用范围

40.2.4　基于应力的设计方法的适用范围

基于应力的设计法的设计标准比起基于应变的设计法更为完善，而有些标准也需要涵盖基于应变的设计法。目前，有趋势仅涵盖有限类型的加载，诸如海底管道API-RP-1111标准所述。DNV-OS-F101对适用于从弹性到塑性的全纵向公称应变的环形焊缝损伤接受准则提供广泛指导，如图40-4所示。以下为一些相关的标准：

$\varepsilon_{1,\ nom} \leqslant 0.4\%$　　　　工艺；

$\varepsilon_{1,\ nom} > 0.4\%$　　根据附录 A 的工程关键性分析（ECA）；

$\varepsilon_{1,\ nom} > 1.0\%$ 或者

$\varepsilon_p > 2.0\%$　　根据补充要求 P 的附加测试

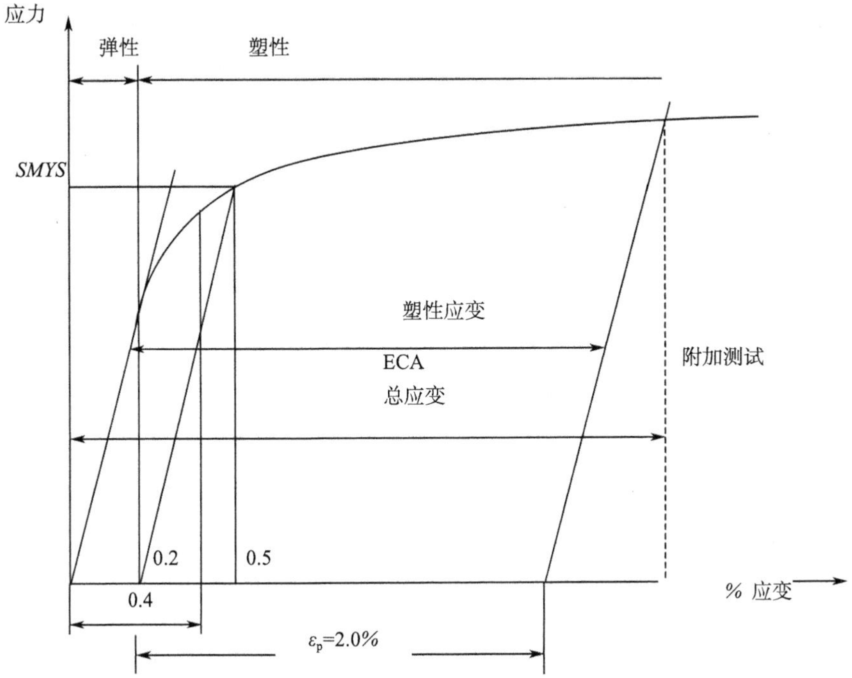

图 40–4　管道的环形焊缝损伤接受准则

有关管道的累积塑性应变 ε_p 和全纵向公称应变 $\varepsilon_{l,\ nom}$ 的相关标准和要求，参见图示。累积塑性应变 ε_p 的补充要求系针对应变高于 2% 的衬里管。当全纵向公称应变高于 0.4% 时，则必须进行工程关键性分析（ECA）。目前在离岸管道设计阶段经常采用工程关键性分析，用以计算环形焊缝中裂纹的容许数值。工程关键性分析是一种分析可否接受结构中存在裂纹的方法，也即用于演示结构的适用性（FFS）。在管道设计阶段，对承受高塑性应变的管道的断裂控制采用工程关键性分析法，以确定环形焊缝裂纹的允许大小数值。

诸如 BS 7910[10] 和 API 579[11] 的标准主要是基于应力类型的，不直接应用于基于应变的情形。DNV–RP–F108[12] 则通过提供源自英国和挪威研究项目的附加指导对此差异进行说明。该标准规定，工程关键性分析（ECA）的实施应符合高应变应用情形之下 BS 7910 标准的 3 级评定流程。BS 7910 标准的 3 级评定流程是一种基于应力的方法，采用失效评定图（FAD）形式。失效评定图

（FAD）依托于极限载荷（或塑性压溃载荷）的存在。极限载荷适宜于测定结构的承载能力，但在测定应变能力方面有欠缺。当材料的响应处在塑性范围之内时，应力的较小变化会导致应变发生较大的变化。如果材料的应变硬化能力很强，如在离岸应用中采用某种低等级材料，那么失效评定图（FAD）方法的应用就会相当出色。现代的高强度衬里管材料，如 API-5L-X70 及以上等级，其应变硬化非常低。相应的高强度环形焊缝金属的应变硬化能力甚至有可能更低。因此，失效评定图（FAD）方法的评定结果对这些材料的应变水平可能会相当不敏感。

在对管道进行基于应变的设计时，极限状态之一就是拉伸应变能力。由于存在焊缝损伤，环形焊缝倾向于成为管道中拉伸应变能力的最薄弱环节，并且其冶金性能和 / 或力学性能也随着焊接热循环而变化。这里的"环形焊缝"系指整个焊缝区域，包括熔敷焊缝金属、熔合区和热影响区（HAZ）。某些基底金属（这里指管道材料）性能是环形焊缝应变能力的关键所在，因为它们影响着焊缝区域的冶金和力学性能。例如，基底金属的化学组成会在热影响区（HAZ）氢致开裂的倾向中，尤其是在陈旧的高碳材料中起到关键作用。在现代的高强管道中，可能会出现热影响区软化和焊缝金属开裂现象，这两者均会对管道的拉伸应变能力产生显著影响。

40.3 最大极限状态

40.3.1 爆破

40.3.1.1 环向应力对比等效应变标准

屈服一般被认为是一种正常使用极限状态（SLS），因为它不至于立即导致最大的失效如破裂的产生。对于材料的屈服行为，需要进行限制，因为过度的塑性应变可能会影响到管道的长期结构完整性。爆破被定义为管壁上出现不可控撕裂点，其导致管子的最终破裂。因此，爆破是一种最大极限状态（ULS）。

Stewart[13] 的分析研究和有限元分析已经表明，对于承受内部压力和弯曲组合影响的管子：

● 如果有一节管道处于位移可控状态下，那么可通过环向应力标准很好地控制爆破现象。

● 如果有一节管道处于载荷可控状态下，那么就可以应用等效应力标准，以确保承受内部压力和轴向载荷组合影响的管子具有充分的抗爆破强度。

对于载荷可控状态，应根据分析研究和有限元分析的结果采用等效的纵向应力标准。对于处在运行中的管道，一般较为保守地应用等效应力标准来控制爆破现象，因为主要载荷就是内部压力并结合有弯曲。

爆破失效受到拉伸环向应力的控制。为确保具有抗爆破的结构强度，环向应力应满足下述条件：

● 屈服极限状态，$\sigma_h \leqslant \eta_s \cdot SMYS$，式中 η_s 为 $SMYS$（额定最小屈服强度）的利用系数；

● 爆破极限状态，$\sigma_h \leqslant \eta_u \cdot SMTS$，式中 η_u 为 $SMTS$（额定最小拉伸应力）的利用系数；

40.3.1.2　管道的爆破强度标准

环向应力标准

由于内外压之间 的压差，环向应力标准限制了特征环向拉伸应力 σ_h：

$$\sigma_h \leqslant \eta_h k_t SMYS \tag{40-7}$$

式中 η_h 为设计利用系数，k_t 为材料温度折减系数。环向应力公式一般表述为

$$\sigma_h = (p_i - p_e)\frac{D}{2t} \quad \text{对于薄管壁} \tag{40-8}$$

或

$$\sigma_h = (p_i - p_e)\frac{(D^2 + D_i^2)}{(D^2 - D_i^2)} - p_e \quad \text{对于厚管壁} \tag{40-9}$$

式中，p_i 和 p_e 分别为内部和外部压力；D 为外径；D_i 为内径；t 为管壁厚度。

对处于非平台区域内的海底管道，所有主要标准中的设计（利用）系数均定为 0.72。对于平台附近区域（安全区域）内的管道，ASME B31.8[8] 标准将利用系数定为 0.50。设计系数 0.72 的出处可追溯至 B31 标准（1935 年版），其中的许用压力被限定为出厂试验压力的 80%，后者的计算则采用式（40–7），其最大设计系数为 0.9。因此，许用压力下的有效设计系数为 0.8 × 0.9 = 0.72。1958 年版的 B31.8 标准已将系数 0.72 直接用于取自陆上管道的设计压力。

对于内部超压情形，等效许用应力和纵向许用应力均为 $\eta_h \cdot SMYS(T)$，

表 40-2 所给定的利用系数 η 参见标准 ISO13623[6]。

表 40-2　等效应力设计系数

载荷组合	设计系数
施工和环境载荷	1.0
功能性和环境载荷	0.9
功能性、环境和偶然载荷	1.0

运行状态下承受功能性和环境载荷时，BS 8010 和 DNV OS-F101 标准所采用的等效应力设计系数均为 0.96。承受施工和环境载荷时，DNV OS-F101 标准所采用的设计系数为 0.96。

40.3.2　局部屈曲 / 压溃

1. 局部屈曲 [14-15]

对于承受复合应力、纵向力和弯曲的管道，可能会出现局部屈曲。失效模式可能是横截面发生屈服或者在管子的受压一侧出现屈曲。本节所给出的标准可用于计算给定组合情形下的最大容许弯矩。应予注意，即本指南所给定的最大容许弯矩并没有考虑到断裂情形，因而断裂标准降低了管子的弯曲能力。其尤为适用于大张力 / 高压载荷状态。

2. 载荷可控对比位移可控状态

局部屈曲核查可区分为载荷可控状态（弯矩）的核查及位移可控状态（应变水平）的核查。由于管子内所产生的弯矩与最大应变之间相互关联，可以通过基于应变的标准而不是弯矩标准来达到给定目标安全级别下的较高容许强度。其结果是，弯矩标准可以较为保守地应用于载荷可控和位移可控状态。

3. 局部屈曲和累积失圆度

由于安装作业和周期运行载荷而使失圆度增加，可能会加重局部屈曲，必须加以考虑。弯矩与形成弯曲之间的关联性的计算应考虑到材料的弹塑性行为，其中的椭圆度可采用 Brazier 公式计算。建议采用有限元分析法对失圆度进行全寿命载荷仿真分析。

4. 最大容许弯矩

载荷可控状态下的局部屈曲的容许弯矩可表示如下：

$$M_{\text{Allowable}(F,P)} = \frac{\eta_{\text{RM}}}{\gamma_{\text{c}}} M_{\text{p}} \sqrt{1-\left(1-\alpha^2\right)\left(\frac{p}{\eta_{\text{RP}} p_1}\right)^2} \cos\left(\frac{\pi}{2} \frac{\frac{\gamma_{\text{c}} F}{\eta_{\text{RF}} F_1} - \alpha \frac{p}{\eta_{\text{RP}} p_1}}{\sqrt{1-\left(1-\alpha^2\right)\left(\frac{p}{\eta_{\text{RP}} p_1}\right)^2}}\right) \tag{40-10}$$

式中 $M_{\text{Allowable}}$——容许弯矩；

M_{p}——塑性弯矩；

p_1——极限压力；

p——作用于管子的压力；

F_1——极限纵向力；

F——作用于管子的纵向力；

α——修正系数；

γ_{c}——条件载荷系数；

η_{R}——强度利用系数。

- 修正系数

$$\alpha = 0.25 \frac{p_1}{F_1} \quad \text{对于外部超压} \tag{40-11}$$

$$\alpha = 0.25 \frac{p_1}{F_1} \quad \text{对于内部超压} \tag{40-12}$$

如果可能，应通过有限元分析来核对修正系数。

- 塑性（极限）弯矩

该极限弯矩的表达式为

$$M_{\text{C}(F=0,P=0)} = \left(1.05 - 0.0015 \cdot \frac{D}{t}\right) \cdot SMYS \cdot D^2 \cdot t \tag{40-13}$$

- 承受压缩和张力时的极限纵向力

该极限弯矩可按下式估算：

$$F_1 = 0.5 \cdot (SMYS + SMTS) \cdot A \tag{40-14}$$

- 外部超压状态下的极限压力

该外部极限压力 p_1 必须按下式计算：

$$p_1^3 - p_{\text{el}} \cdot p_1^2 - \left(p_{\text{p}}^2 + p_{\text{el}} p_{\text{p}} f_0 \frac{D}{t}\right) p_1 + p_{\text{el}} p_{\text{p}}^2 = 0 \tag{40-15}$$

式中 P_{el}——$\frac{2E}{\left(1-\nu^2\right)} \cdot \left(\frac{t}{D}\right)^3$；

P_p——$\eta_{fab} SMYS \frac{2t}{D}$；

f_0——初始椭圆度，式（40–7）给定；

E——杨氏模量；

ν——泊松比。

备注：

——以 UO 工艺制造的管子的 η_{fab} 为 0.925，UOE 工艺制造的管子为 0.85，无缝或退火管材为 1。

——制造阶段所引起的失圆度必须包括其中，但不包括由于埋设位置处出现外部水压或弯曲而产生的压扁现象。

● 外部超压状态下的极限压力

极限压力等于下式给出的爆破值：

$$p_1 = 0.5(SMTS + SMYS)\frac{2t}{D} \tag{40–16}$$

● 载荷与利用系数

载荷系数 γ_c 和利用系数 η_R，如表 40–3 所示。

表 40-3　载荷与利用系数

安全系数	安全等级	低	中	高
γ_C	非平整海床	1.07	1.07	1.07
	压力试验	0.93	0.93	0.93
	刚性支撑	0.82	0.82	0.82
	其他	1.00	1.00	1.00
R_P	压力	0.95	0.93	0.90
R_F	纵向力	0.90	0.85	0.80
R_M	弯矩	0.80	0.73	0.65

● 可以组合使用载荷状态系数，例如适用于依托非平整海床的压力试验的载荷状态系数，$1.07 \times 0.93 = 1.00$。

● 临时阶段的安全等级较低。对于运行阶段，划分为区域 1 和区域 2 的安全等级分别为正常和较高。

对于位移可控状态，需进行下述应变能力核查，以确保局部屈曲时的结构强度：

$$\left(\frac{\gamma_F \cdot \gamma_c \cdot \gamma_{sncf} \cdot \gamma_D \cdot \varepsilon_{F,c} + \gamma_E \cdot \varepsilon_{E,c}}{\frac{\varepsilon_{M,c}}{\gamma_\mu}}\right) + \frac{p_e}{\frac{p_c}{\gamma_\mu}} \leqslant 1 \tag{40-17}$$

式中 $\varepsilon_{F,c}$——特征功能性纵向应变；

$\varepsilon_{E,c}$——特征环境纵向应变；

$\varepsilon_{M,c}$——特征屈曲应变；

γ_{sncf}——应变集中系数，考虑到因涂层硬度的非连续性而使接缝位置处的应变增加；

γ_F——功能性载荷系数；

γ_E——环境载荷系数；

γ_D——动态载荷系数；

γ_C——条件载荷系数；

γ_R——强度抗力系数；

γ_ε——应变能力抗力系数。

与 DNV OS-F101 第 5 部分 D601 [式（5-31）] 中确定的公式相比，须包括两个附加的安全系数（γ_{sncf} 和 γ_D）。这些附加的安全系数为

γ_{sncf} 适用于应变集中系数（SNCF）。

γ_D 需考虑到跳跃动态屈曲期间的动态放大（Nystrøm 等[15]）。

40.4 正常使用极限状态

管子末端的失圆度（OOR）被确定为最大管径与最小管径之差（相同横截面面积），并根据下式进行定义：

$$OOR = D_{max} - D_{min} \tag{40-18}$$

式中 D_{max}——最大测得的内径或外径；

D_{min}——最小测得的内径或外径。

DNV-OS-F101 所定义的管道椭圆度由下式表述：

$$f_0 = \frac{D_{max} - D_{min}}{D_{nom}} \tag{40-19}$$

其有别于 API RP-1111 中所定义的椭圆度，定义如下：

$$\delta = \frac{D_{\max} - D_{\min}}{D_{\max} + D_{\min}} \quad (40\text{–}20)$$

管子的几何形状相同时，DNV–OS–F101 中所定义的管道椭圆度f_0是 API RP–1111 中所定义的椭圆度δ的两倍。衬里管的最大容许椭圆度受管道技术规格的限制，多数情况下其在制造过程中的管道椭圆度不必大于1.5%(f_0)或0.75%（δ）。卷绕管道的椭圆度可采用 Brazier 公式计算，其基于弹性管和塑性区域内的保守估算值进行。

$$f_0 = 2\left(1-\nu^2\right)\left(\frac{r_p^{\ 2}}{R_{\mathrm{reel}}t}\right)^2 \quad (40\text{–}21)$$

式中 f_0——DNV–OS–F101 中所定义的管道椭圆度；

R_{reel}——卷管半径；

r_p——管道平均半径；

t——管壁厚度。

卷管或定位器上卷绕管子的公称弯曲应变由下式给出：

$$\varepsilon_{\mathrm{nom}} = \frac{d_p}{D_{\mathrm{reel}} + d_p} \quad (40\text{–}22)$$

式中 $\varepsilon_{\mathrm{mon}}$——公称弯曲应变；

D_{reel}——卷管或定位器直径；

d_p——管道外径。

在管子承受反向弯曲的地方，管子的椭圆度可能会加大，必须考虑其对后续应变的影响。对于典型的管道，下述组合情形将对椭圆度产生影响：

- 在管子承受反向非弹性弯曲的地方，椭圆度在施工过程中可能会加大。
- 如果允许以整体屈曲来降低温度和压力所致的压缩力，那么因侧向屈曲而出现的周期性弯曲可能是运行期间停输的后果。

点载荷所致的椭圆度应予核查。在悬跨段肩部和人工支撑处，可能会出现临界点载荷。整个生命周期内的累积椭圆度f_0不得超过3%。如果椭圆度对抗弯能力的影响和应变要求均包括其中，并满足清管和修理系统的要求以及考虑到周期性载荷所致的椭圆度，那么可以降低这一椭圆度要求。

可进行有限元分析，以计算管道在生命周期内的椭圆度加大情况。分析时必须纳入各种制造公差和管道生命周期内的所有载荷，如点载荷、抗表面弯曲、轴向载荷以及反复出现的压力、温度和周期性弯曲。

40.5　疲劳极限状态

当确定应力范围的长期分布情况时，应考虑到整个生命周期内施加在管道和立管上的所有应力变化情况，其幅度和相应的循环次数足够大时会导致出现疲劳效应。管道和立管上应力波动的典型原因如下：

- 运行压力和温度的波动；
- 波浪直接作用；
- 管道系统因涡致振动而出现振动；
- 支撑结构移动。

有待采用的设计标准取决于分析方法，其可归类为基于疲劳试验（S–N 曲线）的方法和基于断裂机理的方法，详见第 28 章疲劳和断裂。

40.5.1　棘轮效应

一般来说，棘轮效应系指承受高压高温的管道在经受周期性载荷的作用下所发生的塑性变形增量。当应变差值在累积时，曾有塑性应变记录的管段，包括拉伸和压缩塑性应变在内（但不同量），可能会受到棘轮效应失效的影响。必须考虑到棘轮效应对失圆度、局部屈曲和断裂的影响。需多次承受塑性变形循环作用的管段的设计应避免出现棘轮效应失效。管段须满足初始循环期间累积应变的极限值，并须在后续循环加载时呈弹性。

必须计算两种类型的棘轮效应，其接受准则如下：

（1）环向应变时的棘轮效应（管子呈径向扩大）是在高压高温下运行的管子发生应变反转的结果。累积环向应变极限为 0.5%。

（2）因周期性弯曲和外部压力作用而形成弯曲或成椭圆形时的棘轮效应。累积成椭圆形的量不得超过相当于受单调加载或正常使用下局部屈曲的临界值。在核查局部屈曲和失圆度时，必须考虑到累积成椭圆形的程度。

BS8010 标准对棘轮效应的简化标准核查在于，等效塑性应变不得超过基于完美弹性的塑性材料的 0.1%，并假定零应变的参照点是水力试验后的完工状态。在违反简化标准核查的情况下，可采用有限元分析法，以确定棘轮效应是否就是关键的失效模式，并对棘轮效应所致的变形量进行量化。

一个完整的位移可控循环，其在管子的纵向上引起张力和压缩塑性应变，当与内部或外部压力组合时就会导致出现棘轮效应。在此，棘轮效应将作用于周向应变，在内部压力的作用下倾向于扩大管子，而在外部应力的作用下则使管子收缩。扩大纵向应变范围或压差，将使棘轮效应应变加大。

棘轮效应不仅仅会出现在周向方向上。例如，经过 Hassan、Kyriakides、Xia 和 Ellyin 的试验，当纵向加载的所有部分或某一显著部分呈载荷可控时，轴向方向上可承受棘轮效应扩张或收缩。出现周期性塑性期间的另一种累积逐周期应变，对于张力塑性来说，需与循环中受压缩时的起皱或屈曲相结合。

起皱或屈曲使得后续纵向力出现应力集中现象，并使环向应变发生局部变化。棘轮效应的关键部位倾向于出现在局部支撑处，诸如悬跨段末端、人工支撑处以及邻近下沉土体或海床处。

40.5.2 整体屈曲和轴向移动

当管段承受到处于整体轴向挤压下的载荷控制与位移控制之间的载荷时，其设计应做到限制整体屈曲应变的出现并结合失效模式（包括整体屈曲、断裂、延性失效）和周期性失效模式（诸如疲劳和管道轴向移动）来考虑整体屈曲。管道轴向移动类似于棘轮效应，即一段较短的管道因海床斜坡、SCR 载荷或瞬间温度变化而在受到周期性载荷的作用下发生轴向移动，但塑性 变形则不一定发生。有关管道整体屈曲和轴向移动的详细内容，请参见第 26 章侧向屈曲和轴向移动。

40.6 偶然极限状态

40.6.1 累积塑性应变

如果超过屈服极限，钢管将累积塑性应变。累积的塑性应变可能会降低管材的延展性和韧性。因而必须进行特殊的应变失效处理和韧性测试。累积的塑性应变被定义为塑性应变增量之和，不考虑符号和方向问题。必须从材料应力 - 应变曲线偏离了线性关系的那一点开始计算塑性应变增量，而累积塑性应变的计算则必须自制造时间起至生命周期结束止。对累积塑性应变进行限制，可确保管材性能符合标准。这尤其与断裂韧性相关。累积塑性应变也可以增加材料的硬度，因而可提升其针对 H_2S 环境下应力腐蚀开裂的敏感性。应力腐蚀开裂也与材料中的应力水平相关。如果超过材料的屈服极限，应力水平必定会很高。管子的塑性变形也将在材料中产生高残余应力，这可能会促使出现应力腐蚀开裂。

累积塑性应变的总体要求是其应基于管材的应变时效和韧性测试。这已说明，鉴于材料之故，最大至 2% 的固定 / 塑性应变是容许的，无需任何测试。实际上，这也对运行过程有效。累积塑性应变一般应用于确定卷管的效果，此时需要为一个卷管 / 非卷管周期内的多个周期考虑到周期性的弯曲塑性应变。如果管道的累积塑性应变必须超出 2%，正如通常的卷管安装法的情形一样，材料应进行应变时效测试。然而，对现代钢管的测试已经表明，最高至 5% 的塑性应变是可以接受的。

为达到额外的安全裕度，在屈服应力与最大拉伸应力之间设定一个特殊比值是可取的。对这一比值的要求请参见 DNV-OS-F101 的 1300，此时确定屈服应力不超过 C-Mn 钢最大应力的 90%，13 Cr 钢的 85%。累积塑性应变将加大材料的屈服应力，同时也使屈服应力与最大应力之比变大。

40.6.2　应变集中

受纵向塑性应变作用的管子可能会在邻近环形焊缝的区域内产生塑性应变集中。这种集中可能会出现在焊缝金属中，例如由于所选用的焊接材料的强度低于基底管材的强度，或者是相较于焊缝金属强度而言管材强度不稳定，这都会使一小部分的环形焊缝、甚至是大部分环形焊缝的屈服强度低于邻近的管材强度。这也会发生在热影响区（HAZ）的邻近区域内，使得某些材料的基底管材出现相对软化现象。本节对此类应变集中以及阻止或限制其发生的适用方法进行了阐述。

可能会在下述方面的环形焊缝处出现应变集中现象[18]：

- 焊缝顶部的形状；
- 焊缝根部的形状；
- 经过焊缝处的管壁中心未对齐；
- 经过焊缝处的厚度不一；
- 管子椭圆度；
- 焊缝内和周边的强度不一。

可采用 Neuber 法[18]，根据弹性应力集中来确定应变集中。在这一方法中，塑性应力与应变集中系数之积等于弹性应力集中系数（SCF）的平方。如果应力增加较少，即几乎没有应变硬化；塑性应变集中系数则是弹性 SCF 的平方。

椭圆度和厚度差异会使焊缝“高低不平”，成为环形焊缝上局部弹性应变的主要几何应变集中点。高低不平则以焊缝两侧之间的厚度中心位置的偏心距进行测定。在评估容许应变时，无论是张力还是压缩力，均须考虑到管段厚度变化和材料等级变化时以及附件过渡部位、涂层厚度过度部位和横向加载的局部区域上所出现的应变集中现象。

用于海底作业的离岸管道上的混凝土配重层，在现场焊接接缝处无法保持连续。由于管子自身的刚度要低于带配重涂层的管道，这可能会导致弯曲加载集中于现场焊接接缝的周边。如果载荷在位作用时间多于几分钟，而且管子与配重层之间的防腐涂层会出现蠕变，那么对这一刚度变化的范围可能就需要考虑到其随时间发生变化的情形。有必要就混凝土配重层对现场焊接接缝处的应变集中所产生的影响进行评估。已发现 SNCF（应变集中系数）为 1.2 的假定是合理的。之所以选择这一数值，主要是因为容许应变与源自断裂标准[19]的 0.4% 相等。

DNV OS-F101[3] 对此做出要求，即管材如果被应用于累积塑性应变≥ 2% 的情形，则需满足附加的质量要求。质量要求加强了对管子的检查，并限制了管子末端厚度与局部管壁厚度变化之间的差异。

40.6.3 偶然载荷

非正常和非计划情况下的载荷，若年度出现概率小于 10^{-2}，则被归类为偶然载荷，参见 DNV-OS-F101。典型的偶然载荷可能由下述方面所致：

- 波浪与海流的极限载荷；
- 船舶冲击或其他漂移物（碰撞、搁浅、沉没、冰山）；
- 坠落物体；
- 海床移动和 / 或泥流；
- 爆炸；
- 火灾与热流；
- 运行故障；
- 走锚。

表 40-4 简化设计核查对比偶然载荷

出现概率	安全等级		
	低	中等	高
$> 10^{-2}$	偶然载荷可视为类似于环境载荷并可类似于 ULS 设计核查进行评估		
10^{-2}~10^{-3}	有待于根据具体情况进行评估		
10^{-3}~10^{-4}	$\gamma_C=1.0$	$\gamma_C=1.0$	$\gamma_C=1.0$
10^{-4}~10^{-5}		$\gamma_C=0.9$	$\gamma_C=0.9$
10^{-5}~10^{-6}	偶然载荷或事件可忽略不计		$\gamma_C=0.8$
$<10^{-6}$			

注：当失效模式为爆破时，出现的概率应当低 1~2 个数量级。

偶然载荷大小与频率可通过风险分析进行定义。针对偶然载荷的设计可通过对结构上的载荷所产生的影响进行直接计算来实施，或以间接方式通过设计允许发生意外的结构来进行。

DNV OS–F101 给出建议，关于偶然载荷的简化设计核查请参见表 40–4 中合适的分项安全系数。

参考文献

[1] M. Carr, D. Bruton, and D. Leslie, Lateral Buckling and Pipeline Walking, A Challenge for Hot Pipelines, OPT 2003, Amsterdam, 2003.

[2] L.Vitali, R. Bruschi, K. Mork, E. Levold, and R.Verley, HOTPIPE Project: Capacity of Pipes Subject to Internal Pressure, Axial Force and Bending Moment, ISOPE Conference, Vol. 2, pp. 22-33, France, 1999.

[3] DNV, Submarine Pipeline Systems, DNV-OS-F101, 2010.

[4] M. Carr, F. Sinclair, and D. Bruton, Pipeline Walking—Understanding the Field Layout Challenges, and Analytical Solutions Developed for the SAFEBUCK JIP, OTC 17945, 2006.

[5] API, Design, Construction, Operation, and Maintenance of Offshore Hydrocarbon Pipelines (Limit State Design), API RP-1111, 4th Edition, 2009.

[6] ISO, Pipeline Transportation Systems for Petroleum and Natural Gas Industries, ISO 13623, 2000.

[7] ASME, Pipeline Transportation Systems for Liquid Hydrocarbons and Other Liquids ASME B31.4, 2009.

[8] ASME, Gas Transmission and Distribution Piping Systems, ASME B31.8, 2007.

[9] British Standard Institute, Code of Practice for Pipelines, Pipelines on Land: Design,

Construction and Installation, BS8010, 1989.

[10] British Standard Institute, Guide on Methods for Assessing the Acceptability of Flaws in Fusion Welded Structures, BS 7910, 2005.

[11] API, —Fitness-For-Service ‖ , API 579, Second Edition, 2007.

[12] DNV, Fracture Control for Pipeline Installation Methods Introducing Cyclic Plastic Strain, Recommended Practice DNV-RP-F108, 2006.

[13] G. Stewart, et al., An Analytical Model to Predict the Burst Capacity of Pipelines Proc. of OMAE, 1994.

[14] S. Hauch, and Y. Bai, Bending Moment Capacity of Pipes, OMAE, 1999.

[15] P. Nystrøm, K. Tørnes, Y. Bai, and P. Damsleth, Dynamic Buckling and Cyclic Behavior of HP/HT Pipelines, Proc. of ISOPE, 1997.

[16] L. G. Brazier, On the Flexure of Thin Cylindrical Shells and other Thin Structures, Proc Roy Soc, London, 1927, 116: 104-114.

[17] EWI, Strain-Based Design of Pipelines, Report of Project No. 45892GTH, 2003.

[18] H. Neuber, Theory of Stress Concentration for Shear-Strained Prismatic Bodies with Arbitrary Nonlinear Stress-Strain Law, ASME J. Appl. Mech., Vol. 28, pp. 544-550, 1961.

[19] O. B. Ness, and R. Verley, Strain Concentrations in Pipeline with Concrete Coating Journal of Offshore Mechanics and Arctic Engineering, Vol.118, 1996.

第 41 章

海底管道的水力和热力分析

41.1 引　　言

海底管道工艺设计和分析的一个重要部分是水力工程，水力工程是流体力学的一个分支，研究流体（例如油、气和水）的流动和输送，涉及流体的收集、存储、控制、运输、调节和管理等。工程设计时确定正确的管道尺寸非常重要，可确保系统将油气流体从管道一点输送到另一点的能力。管道运行时，准确了解管道沿程的压力和温度分布是安全运行和解决问题的关键。对于海底工程而言，将流体从贮罐输送到上部平台进行处理或存储或从上部平台输送到岸上设施的驱动力由贮罐压力、人工升举、泵及压缩机提供。要解决涉及传热和相变的水力工程问题，必须对流体力学、传热、热力学、气 / 液平衡以及流体物理特性等进行深入研究。一般而言，单相流比多相流相对容易分析。多相流是一个非常活跃的研究领域，每年都有大量相关文献发表。

本章将对油、油气、气和水管进行以下水力和热力分析：

● 输油管水力和热力分析，包括：管道沿程的稳态温降和压降、管道停输后的温降和压降以及水锤现象。

● 输气管水力分析，包括：水平管道、起伏管道、水力摩擦系数以及管道沿程的平均温降和压降。

● 油气两相流管道的水力分析，包括：管道沿程压降、持液率、流型判据、水力摩擦系数、段塞流以及侵蚀速率。

- 水管水力分析，包括：管道尺寸、压降以及水锤问题。

41.2 输油管道

41.2.1 概述

由于管道中的原油与周围环境的温差很小，通过海底管道输送粘度和凝固点都较低的原油时一般不需要加热。管道沿程温降也比较小，可忽略传热分析。工程设计将此类管道称为等温输油管。通过管道输送原油所消耗的主要能量是压力能，等温输油管水力分析是输油管道工程的重要组成部分[1]。

等温输油管的能量消耗主要包括两部分：一部分用于克服地形高程差，这对于特定输油管而言是恒定的，不受输油过程其他环节的影响；另一部分为使原油在管道中流动而消耗的能量。这部分能量消耗通常称为摩擦损失，与管道特性、原油特性以及流动特性等相关。在等温输送条件下，可根据基本流体力学原理对管道中的各种摩擦力直接进行计算。

但在许多情况下，作为管道工程的一部分需对输油管进行热分析，尤其是对于粘度和凝固点较高的流体或气候寒冷需要加热的情况。

输油管是由许多直管段、各种阀和配件构成的管道系统。因而长管的摩擦损失包括：（1）流体与管壁的剪切力导致的摩擦损失（h_f），称为管道摩擦；（2）对流体的局部阻碍（如阀、弯头及其他配件）导致的摩擦损失（h_i），称为局部摩擦。

41.2.2 管道沿程摩擦损失

管道中的流体流动可根据雷诺数分为三种不同流态：层流、湍流和临界态（介于层流和湍流之间的不稳定过渡区），雷诺数为惯性力与黏性力之比：

$$Re=\frac{VD}{\upsilon} \tag{41-1}$$

式中 V——流体平均速度，m/s；

D——管道内径，m；

υ——流体动黏度，m^2/s。

通常可将三种流态定义如下：

（1）$Re \leqslant 2\,000$，层流；

（2）$2\,000 < Re < 3\,000$，过渡；

（3）$Re \geqslant 3\,000$，湍流。

计算管道沿程摩擦损失（h_f）的 Darcy–Weisbach 公式是最通用的管段摩擦水头损失公式之一：

$$h_f = f\frac{L}{D}\frac{V^2}{2g} \tag{41-2}$$

式中 L——管道长度，m；

D——管道内径，m；

V——流体平均速度，m/s；

g——重力加速度，m/s^2；

f——摩擦系数。

管道沿程摩擦损失与流态直接相关，流态可通过雷诺数确定。根据“管道流体摩擦系数简明公式”[2]，摩擦系数可由表 41–1 中的公式得出：

表 41-1 摩擦系数的相互关系[2]

流动区域	雷诺数范围	摩擦系数 f
层流区	$Re<2000$	$f=64/Re$
平稳区	$2000<Re<Re_1=\dfrac{59.5}{(\varepsilon/D)^{8/7}}$	$1/\sqrt{f}=1.8\lg Re-1.53$ 当 $Re<10^5$，$f=\dfrac{0.3164}{Re^{0.25}}$
过渡区	$Re_1<Re<Re_2$	$1/\sqrt{f}=1.8\lg\left[\dfrac{6.8}{Re}+\left(\dfrac{\varepsilon}{7.4D}\right)^{1.11}\right]$
完全湍流区	$Re>Re_2=\dfrac{665-765\lg(\varepsilon/D)}{\varepsilon/D}$	$f=\dfrac{1}{(1.74-2\lg(\varepsilon/D))^2}$

41.2.3 管道沿程温降

计算管道沿程温降旨在确认最大温降处于安全范围内，这样正常运行过程中输油管不会出现水合物沉积和结蜡。

根据《海底管道和立管》[1] 第 39 章传热和隔热中的式（39-36），可用下式预测管道沿程的温度分布：

$$T(x)=T_a+(T_{in}-T_a)\exp\left(\frac{-U\pi Dx}{\dot{m}c_p}\right) \quad (41\text{-}3)$$

式中 T_{in}——原油的入口温度，℃；

$T(x)$——位置 x [m] 处的原油温度，℃；

T_a——管道周围的环境温度，℃；

D——管道总外径，m；

x——管道长度（从入口处计），m；

$\dot{m}$——原油的质量流量，kg/s；

c_p——原油的比热容，J/（kg · ℃）；

U——总传热系数或基于管道 OD 的 U 值，W/（m^2 · ℃）。

41.2.3.1 总传热系数

以下公式定义了总传热系数 U，参考《海底管道和立管》一书的式（19-28）[1]：

$$\frac{1}{UA}=\sum R_i=R_{film,\ in}+R_{pipe}+\sum R_{coating}+R_{film,\ ext} \quad (41\text{-}4)$$

式中

$$R_{film,\ in}=\frac{1}{h_i A_i}$$

$$R_{pipe}=\frac{\text{in}(r_1/r_i)}{2\pi LK_{pipe}}$$

$$\sum R_{coating}=\frac{\ln(r_{n0}/r_{ni})}{2\pi LK_n}$$

$$R_{film,\ out}=\frac{1}{h_0 A_0}$$

A——传热面的面积，A_i 或 A_0，m^2；

A_i——垂直于传热方向的内部面积，$A_i=2\pi r_i L$，m^2；
A_0——垂直于传热方向的外部面积，$A_0=2\pi r_0 L$，m^2；
r_i——出油管内半径，m；
r_0——出油管外半径，m；
r_1——钢管外半径，m；
r_{n0}——涂层 n 的外半径；
r_{ni}——涂层 n 的内半径；
k_{pipe}——钢管的热导率，W/（$m^2\cdot K$）；
k_n——涂层 n 的热导率，W/（$m^2\cdot K$）；
h_i——内部对流系数，W/（$m^2\cdot K$）；
h_0——外部对流系数，W/（$m^2\cdot K$）。

41.2.3.2　内部对流系数

内部对流系数（h_i）取决于流体特性、流速以及管径。对于层流（即 $Re_i<2\,100$），可通过以下 Hausen 公式（1943）[7] 计算：

$$Nu_i=3.66+\frac{0.0668\left(\dfrac{D_i}{L_0}\right)Re_i Pr_i}{1+0.4\left[\left(\dfrac{D_i}{L_0}\right)Re_i Pr_i\right]^{2/3}} \tag{41-5}$$

式中 L_0 为管道入口至关注点的距离。大多数管道的 $D_i/L_0\approx0$，上式就转变为：

$$Nu_i=3.66 \tag{41-6}$$

对于过渡区（$2\,100<Re_i<10^4$），可用 Gnielinski[8] 提出的公式计算 h_i：

$$Nu_i=\frac{\left(\dfrac{f}{8}\right)(Re_i-1\,000)Pr_i}{1+1.27\left(\dfrac{f}{8}\right)^{1/2}\left(Pr_i^{2/3}-1\right)} \tag{41-7}$$

对于完全湍流，可用 Dittus 和 Boelter（1930）[9] 提出的公式计算 h_i：

$$Nu_i=0.025\,5\cdot Re_i^{0.8}\cdot Pr_i^{n} \tag{41-8}$$

式中　f——摩擦系数，可通过穆迪图得到；
Nu_i——努塞尔数，$Nu_i=h_iD_i/k_f$；
Re_i——雷诺数，$Re_i=V_iD_i\rho_f/\mu_f$；
Pr_i——普朗特数，$Pr_i=C_f\mu_f/k_f$；
n——如果流体正在加热取 0.4，流体正在冷却取 0.3；

h_i——内部对流系数，W/（m^2·K）；
D_i——管道内径，m；
k_f——流体的热导率，W/（m^2·K）；
V_f——流体速度，m/s；
ρ_f——流体密度，kg/m^3；
μ_f——流体粘度，Pa·s；
C_f——流体的比热容，J/（kg·K）。

湍流内部对流系数的典型取值范围如表 41–2 所示。

表 41-2 湍流内部对流系数的典型取值范围[10]

流体	内部对流系数 h_i	
	BTU/（ft^2·hr·°F）	W/（m^2·℃）
水	300~2 000	1 700 ~11 350
气	3~50	17~ 285
油	10~120	21 ~ 680

41.2.3.3 外部对流系数

1. 裸置管道

可用 Hilpert（1933）[11]提出的公式计算裸置管道的外部对流系数（$h_{o,unburied}$）：

$$Nu_0 = CRe_0^{\ m} Pr_0^{\ 1/3} \tag{41–9}$$

式中 Nu_0——努塞尔数，$Nu_0 = h_{0,unburied} D_0 / k_0$；
Re_0——雷诺数，$Re_0 = V_0 D_0 \rho_0 / k_0$；
Pr_0——普朗特数，$Pr_0 = C_{p,0} \mu_0 / k_0$；
h_0——外部对流系数，W/（m^2·℃）；
D_0——管道外径，m；
k_0——周围流体的热导率，W/（m·℃）；
V_0——周围流体的速度，m/s；
ρ_0——周围流体的密度，kg/m^3；
μ_0——周围流体的粘度，Pa·s；
$C_{p,0}$——周围流体的比热容，J/（kg·℃）；
C, m——常数，取决于表 21.3 列出的雷诺数范围。

表 21.3　相关常数

Re_0	C	m
$4\times10^{-1}\sim4\times10^{0}$	0.989	0.330
$4\times10^{0}\sim4\times10^{1}$	0.911	0.385
$4\times10^{1}\sim4\times10^{3}$	0.683	0.466
$4\times10^{3}\sim4\times10^{4}$	0.193	0.618
$4\times10^{4}\sim4\times10^{5}$	0.027	0.805

当水中周围流体的速度小于 0.05 m/s，空气中小于 0.5 m/s 时，主要发生自然对流，可使用以下值：

$$h_{0,\text{unburied}}=\begin{cases}4\text{W/（m}^2\cdot℃\text{），空气中的自然对流；}\\200\text{W/（m}^2\cdot℃\text{），水中的自然对流；}\end{cases}$$

2. 全埋地管道

对于如图 41–1 所示埋置于半无限介质中的水平圆柱体，通过使用传导形状系数，可由下式计算全埋地管道的外部对流系数（$h_{o,\text{buried}}$）：

$$h_{0,\ \text{buried}}=\frac{k_{\text{soil}}}{\dfrac{D}{2}\cosh^{-1}\left(\dfrac{2Z}{D}\right)} \tag{41–10}$$

式中　h_{soil}——土壤的传热系数，W/（m²·℃）；

k_{soil}——土壤的热导率，W/（m²·℃）；

D——埋地管道的外径，m；

Z——土体顶部与管道中心的距离，m。

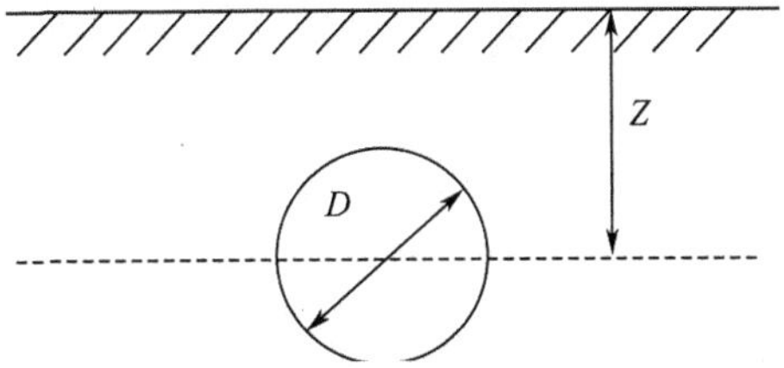

图 41–1　埋地管道的横截面

3. 部分埋地管道

对于部分埋地管道，外部对流系数（$h_{0,\text{partially}}$）可由下式计算：

$$h_{0,\text{partially}}=（1-f）h_{0,\text{buried}}+fh_{0,\text{exposed}} \tag{41–11}$$

式中 f——暴露于周围流体的管道外表面比例；

$h_{0,\text{partially}}$——部分埋地管道的外部传热系数，W/（m^2·℃）。

41.2.4 管道停输后的温降

温降计算旨在使整个管道内的流体温度高于流体的凝固点温度。根据《海底管道和立管》[1]第19章传热和隔热中的式（19-40），可用以下公式进行计算：

$$T_t - T_e = (T_i - T_e)\mathrm{e}^{-U\pi DLt \big/ \sum mC_p} \tag{41-12}$$

式中 T_t——时间为t时的流体温度，℃；

T_e——环境温度，℃；

T_i——管道开始停输时的初始温度，℃；

D——保温管道的外径，m；

m——内部流体或涂层的质量，kg；

C_p——流体、管道和保温层的比热容，kJ/（kg·℃）；

U——总传热系数，W/（m^2·℃）；

t——管道停输时间，s；

L——出油管长度，m。

41.2.5 水锤

单相流体管道设计中要考虑的一个重要问题是压力激增，也称为水锤。输油管中各个位置的流速和压力在不同时间通常存在差异，但其平均值一般保持不变或变化较小，因而可以认为输油管处于稳定状态。在诸如启动、停输、加压或降压等短时作业过程中，流体流动变得不稳定，管道内流体压力和速度突然变化并有可能发生水锤，如果不进行适当处理有时会对系统造成严重损伤。

对于短管，水锤导致的压力激增可计算如下：

$$\Delta H = \frac{\alpha}{g}\Delta v = \frac{\alpha}{g}(v_o - v) \tag{41-13}$$

其中：

$$\alpha = \sqrt{\frac{K}{\rho\left(1+\frac{Kd}{E\delta}\right)}} \tag{41-14}$$

式中　ΔH——水锤导致的压力激增 /m；

a——压力波的传播速度，m/s；

v_0——发生压力激增前的流体速度，m/s；

v——发生压力激增后的流体速度，m/s；

ρ——流体密度，kg/m^3；

K——流体的体积模量，pa；

d——管道的内径，m；

δ——管壁厚度，m；

E——管材的弹性模量，kg/m^2；

g——重力加速度，$9.8m/s^2$。

41.2.6　重启压力

需对最小重启压力进行估算以确保管道在停输一段时间后能顺利重启。根据《离岸石油工程设计手册》第 5 卷第 3 章，可用下式计算重启压力：

$$P=\frac{4\tau L}{D}+P_0 \tag{41-15}$$

式中　P——重启压力，Pa；

P_0——管道出口压力，Pa；

τ——流体的屈服强度，Pa；

D——管道的内径，m；

L——管道长度，m。

41.3　输气管道

41.3.1　天然气的成分和性质

天然气的主要成分是碳氢化合物，此外输气管道中通常还能发现水（H_2O）、氮气（N_2）、二氧化碳（CO_2）以及硫化氢（H_2S）。产自气田的天然气的主要组分是甲烷，占体积的 90%。产自油田的天然气中还含有其他碳氢化合物，如乙烷和乙烷以上的烷烃气体[3]。

表 41–4 列出了部分碳氢化合物的一些典型物理性质。碳氢化合物的沸点随着碳原子数的增加而升高。如果碳原子数小于 5，碳氢化合物在一个大气压下就处于气相。

天然气凝析物的典型成分如表 41–5 所示。

在常用的碳氢化合物成分列表中，最后一种碳氢化合物标记有“+”，说明其不是一种真正的组分，而是所有更重组分的集合。

表 41-4　石油主要组分的物理性质 （Pedersen 等， 1989）[4]

组　分	分子式	1 个大气压下的沸点温度 /℃	1 个大气压 15 ℃下的密度 / (g/cm^3)
石蜡			
甲烷	CH_4	-161.5	—
乙烷	C_2H_6	-88.3	—
丙烷	C_3H_6	-42.2	—
异丁烷	C_4H_{10}	-10.2	—
正丁烷	C_4H_{10}	-0.6	—
正戊烷	C_5H_{12}	36.2	0.626
正己烷	C_6H_{14}	69.0	0.659
异辛烷	C_8H_{18}	99.3	0.692
正癸烷	$C_{10}H_{22}$	174.0	0.730
环烷			
环戊烷	C_2H_6	49.5	0.745
甲基环戊烷	C_2H_6	71.8	0.754
环已胺	C_2H_6	81.4	0.779
芳烃			
苯	C_6H_6	80.1	0.885
甲苯	C_7H_8	110.6	0.867
邻二甲苯	C_8H_{10}	144.4	0.880
萘	$C_{10}H_8$	41..9	0.971

表 41-4（续）

组　分	分子式	1 个大气压下的沸点温度 /[℃]	1 个大气压 15 ℃下的密度 /（g/cm^3）
其他			
氮	N_2	-195.8	—
二氧化碳	CO_2	-78.4	—
硫化氢	H_2S	-60.3	—

表 41-5　天然气凝析物的典型成分 [4]

组　分		成分（摩尔 %）
硫化氢	H_2S	0.05
二氧化碳	CO_2	6.50
氮	N_2	11.71
甲烷	C_2	79.06
乙烷	C_2	1.62
丙烷	C_3	0.35
异丁烷	$i\text{-}C_4$	0.08
正丁烷	C_4	0.10
异戊烷	$i\text{-}C_5$	0.04
正戊烷	C_5	0.04
己烷	C_6	0.06
庚烷以上的烷烃气体	C_7+	0.39

41.3.2　水平管道的水动力分析

本文中水平管道指管道沿程的高程差不超过 200 m。以下半经验公式可用于计算标准工程条件下（P_0=0.101 325 MPa, T_0=293.15 K）管道的输送量 [3]：

$$Q = 0.038\,48\sqrt{\frac{\left(p_s^2 - p_t^2\right)d^5}{Z \cdot \lambda \cdot \gamma \cdot T \cdot L}} \tag{41-16}$$

式中　Q——管道输送量，m^3/d；

d——管道内径，m；

p_s——管道输入压力，Pa；

p_t——管道输出压力，Pa；

λ——水力摩擦系数；

γ——天然气相对密度（与空气相比）；

T——天然气平均温度，K；

L——管道长度，m；

Z——天然气压缩系数。

对于干天然气：

$$Z=\frac{100}{100+1.73p_{cp}^{1.15}} \tag{41-17}$$

对于湿天然气：

$$Z=\frac{100}{100+2.92p_{cp}^{1.25}} \tag{41-18}$$

式中 p_{cp} 为管道的绝对平均压力，MPa。

41.3.3 起伏管道的水动力分析

如果输气管的管道沿程高差超过 200 m，以下半经验公式可用于计算标准工程条件下（P_0=0.101325 MPa，T_0=293.15 K）管道的输送量：

$$Q=0.038\,45\sqrt{\frac{\left[p_s^2-p_t^2(1+\alpha\gamma h)\right]d^5}{Zf\gamma TL\left[1+\frac{\alpha}{2L}\sum_{i=1}^{n}(h_i+h_{i-1})L_i\right]}} \tag{41-19}$$

和

$$\alpha=\frac{2g\gamma}{ZR_aT} \tag{41-20}$$

式中 Q——管道输送量，m^3/d；

d——管道内径，m；

p_s——管道输入压力，Pa；

p_t——管道输出压力，Pa；

f——水力摩擦系数；

γ——天然气相对密度（与空气相比）；

T——天然气平均温度，K；

L——管道长度，m；

Z——天然气压缩系数；

h_i——各计算段起点处的标准高度，m；

h_{i-1}——各计算段终点处的标准高度，m；

g——重力加速度，m/s^2；

R_a——气体常数，标准条件下 R_a=2 887.1J/（kg · K）。

图 41–2 为起伏管道的简单计算图。

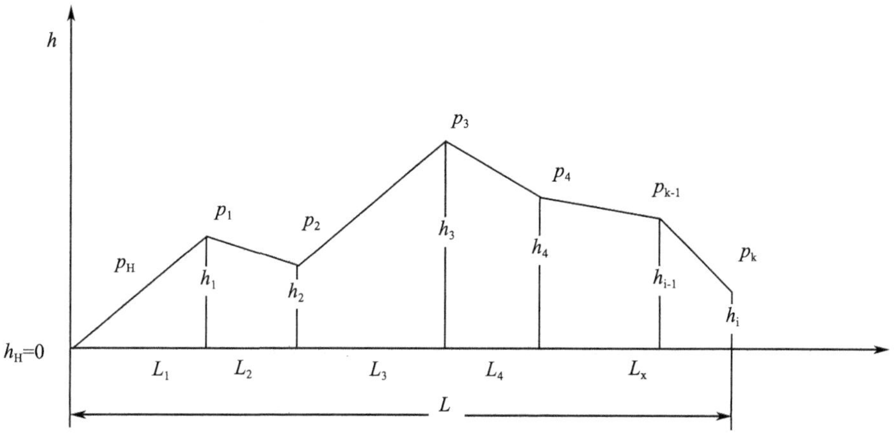

图 41–2　起伏管道

41.3.4　摩擦系数

上节介绍流体流动可根据雷诺数分为 3 种流态：（1）层流（Re<2 000）；（2）临界流（2 000<Re<4 000）；（3）湍流（Re>4 000）。输气系统的雷诺数可计算如下[12]：

$$Re = 1.777 \times 10^{-5} \frac{Q\gamma}{d\mu} \qquad (41\text{–}21)$$

式中　Q——管道输送量，m^3/d；

d——管道内径，m；

γ——天然气相对密度（与空气相比）；

μ——天然气的动力黏度，Pa · s。

对于不同流态，可根据以下公式计算水力摩擦系数f:

$$Re < 2000: \lambda = \frac{64}{Re} \tag{41-22}$$

$$2000 < Re < 3000: \lambda = 0.0025\sqrt[3]{Re} \tag{41-23}$$

$$Re > 3000: \frac{1}{\sqrt{\lambda}} = -2.01 \cdot \lg\left(\frac{\varepsilon}{3.7065d} + \frac{2.52}{Re\sqrt{\lambda}}\right) \tag{41-24}$$

式中　ε 为管壁等效粗糙度，mm。

湍流通常可进一步划分为以下 3 个分区，大多数长距离输气管都处于二次阻力区。建议根据经验公式计算二次阻力区的水力摩擦系数。此处 ε 为管道绝对粗糙度的平均值，一般取 0.02~0.03 mm[2]。

对于平稳区

$$2000 < Re < \frac{59.7^{8/7}}{2\varepsilon / d} \tag{41-25}$$

经验水力摩擦系数公式为

$$f = \frac{0.1844}{Re^{0.2}} \tag{41-26}$$

对于湍流过渡区

$$\frac{59.7^{8/7}}{2\varepsilon / d} < Re < 11\left(\frac{2\varepsilon}{d}\right)^{-1.5} \tag{41-27}$$

经验水力摩擦系数公式为

$$f = 0.067\left(\frac{158}{Re} + \frac{2\varepsilon}{d}\right)^{0.2} \tag{41-28}$$

对于二次阻力区

$$Re > 11\left(\frac{2\varepsilon}{d}\right)^{-1.5} \tag{41-29}$$

经验水力摩擦系数公式为

（1）Weymouth 公式（最初是针对直径和输送量较小、杂质较多且内壁绝对粗糙度高达 0.050 8 mm 的输气管）

$$f = \frac{0.009\ 407}{\sqrt[3]{d}} \tag{41-30}$$

（2）Panhandle 修正公式（光滑内壁）

$$f = \frac{1}{68.1Re^{0.0302}} \quad (41\text{–}31)$$

41.3.5　输气管道的平均压力

当输气管停输后，管道压力较高段的天然气将逐渐流动到压力较低处。高压点压力（p_H）降低，同时低压点压力（p_k）升高并最终达到平衡。可通过下式确定最终平均压力（p_a）：

$$p_a = \frac{2}{3}\left(p_H + \frac{p_K^2}{p_H + p_K}\right) \quad (41\text{–}32)$$

式中　p_a——绝对平均压力，MPa；

p_H——绝对起点压力，MPa；

p_k——绝对终点压力，MPa。

很明显，平均压力大于算术平均压力（$p_a > \frac{p_H + p_K}{2}$）。

41.3.6　输气管道的热力分析

41.3.6.1　无 Chilly Choke 效应的输气管的沿程温度分布

如果不考虑 Chilly Choke 效应，可通过式（41–12）计算输气管沿程任何位置的温度：

$$t_x=t_e+（t_s-t_e）\cdot e^{-ax} \quad (41\text{–}33)$$

式中　t_x——管道 x 点处的天然气温度，℃；

t_e——管道周围的环境温度，℃；

t_s——起点处的天然气温度，℃；

x——起点与管道沿程任意位置处的距离，m。

以及

$$\alpha = \frac{225.2 \cdot 5 \cdot 10^6 \cdot K \cdot D}{Q \cdot c_p \cdot \gamma} \quad (41\text{–}34)$$

式中　K——输气管的总传热系数，W/（m · ℃）；

D——管道外径，m；

Q——标准条件下管道的输送量，m^3/d；

γ——天然气相对密度（与空气相比），无量纲；

C_p——天然气的定压比热，J/（kg·℃）。

41.3.6.2 存在 Chilly Choke 效应的输气管的沿程温度分布

Temperature Profile along a Gas Pipeline with Chilly Choke Effect

由于真实气体存在 Chilly Choke 效应，所以输气管中的真实温度要略低于上述公式计算出的温度。如果考虑 Chilly Choke 效应，可通过下式计算温度分布情况：

$$t_x = t_e + (t_s - t_e)\cdot e^{-ax} - \frac{J\cdot\Delta P_x}{ax}\left(1-e^{-ax}\right) \tag{41-35}$$

式中 J 为 Joule–Thomson 效应系数，℃ /MPa；

ΔP_x 为管道沿程距离为 x 处的压降，MPa。

41.4 油气管道的水动力分析

41.4.1 多相流管道的沿程压降

可通过下式计算管道的沿程压降（Dukle 公式 II 模型）[13]：

$$\Delta P = \frac{\lambda_m}{d}\frac{v_m^2}{2}\rho_f L$$
$$\rho_f = \rho_l \frac{R_L^2}{H_L} + \rho_g \frac{(1-R_L)^2}{1-H_L} \tag{41-36}$$

式中 Re_m——雷诺数，$Re_m = \dfrac{d v_m \rho_f}{\mu_m}$；

ΔP——管道的沿程压降，Pa；

L——管道长度，m；

ρ_f——流体密度，kg/m³；

ρ_g——气体密度，kg/m³；

v_m——气液混合物流速，m/s，$v_m = \dfrac{Q_L + Q_g}{A}$；

d——管道内径，m；

μ_m——混合物黏度，Pa·s，$\mu_m=R_L\mu_L+(1-R_L)\mu_g$；
λ_m——混合输送水力摩擦系数；
R_L——体积流体速率，$R_L=\dfrac{Q_L}{Q_L+Q_g}$；
H_L——截面持液率，将在下节予以介绍，其值由两相流态决定：分离流态、过渡流态、间歇流态以及分散流态。

41.4.2 截面含液率

水平管道中分离流、间歇流和分散流的截面持液率 $H_L(0)$ 可通过下式得出：

$$H_L(0)=\frac{aR_L^b}{cFr} \tag{41-37}$$

式中 $H_L(0)$——水平管道的截面持液率；
R_L——流动流体的体积分数，$R_L=\dfrac{Q_L}{Q_m}$；
Q_L——流体的体积流量，m^3/s；
Q_m——气液混合物的体积流量，m^3/s；
F_r——弗劳德数，$F_r=\dfrac{v_m^2}{gd}$；
v_m——气液混合物流速，m/s；
d——管道内径，m；
g——重力加速度（$g=9.81m/s^2$）；
a, b, c——系数，不同流态的值如表 41-6 所示。

表 41-6 不同流态的 *a*、*b*、*c* 值

流态	a	b	c
分离流	0.980	0.486 8	0.086 8
间歇流	0.845	0.535 1	0.017 3
分散流	1.065	0.582 4	0.060 9

水平管道中过渡流的截面持液率 $H_L(0)_T$ 可通过下式计算：

$$H_L(0)_T=AH_L(0)_S+BH_L(0)_I \tag{41-38}$$

式中下标 T、S 和 I 分别代表过渡流、分离流和间歇流。A、B 由下式得出：

$$A=\frac{L_3-Fr}{L_3-L_2} \tag{41-39}$$

$$B=1-A \tag{41-40}$$

式中　$L_1=316R_L{}^{0.302}$；

$L_2=9.252\times10^{-4}R_L{}^{-0.246\,84}$；

R_L 为流动流体的体积分数，$R_L=\dfrac{Q_L}{Q_m}$。

倾斜管道的截面持液率 $H_L(\theta)$ 可通过下式计算：

$$H_L(\theta)=\psi H_L(0) \tag{41-41}$$

$$\psi=1+c\left[\sin(1.8\theta)-\frac{1}{3}\sin^3(1.8\theta)\right] \tag{41-42}$$

$$c=(1-R_L)\ln(dRe_L Nf_{LW}Frh) \tag{41-43}$$

$$N_{LW}=v_{sl}\left(\frac{\rho_L}{g\rho}\right)^{0.25} \tag{41-44}$$

式中　$H_L(\theta)$——倾斜角为 θ 时的截面持液率；

v_{sl}——流体修正流速，m/s；

σ——流体表面张力，m/s；

d、e、f、h——与流态相关的系数，如表 41-7 所示。

表 41-7　与两相流流态相关的系数

流态	d	e	f	h
分离流 向上流动	0.011	-3.768	3.539	-1.614
间歇流 向上流动	2.96	0.305	-0.447 3	0.097 8
分散流 向上流动	c=0, ψ=1			
多流态流 向下流动	4.70	-0.369 2	0.124 4	-0.505 6

41.4.3　两相流的流型判据

表 41-8 列出了油气两相流的流型判据。

表 41-8　两相流的流型判据

流态	判据		L 的公式
	R_L	Fr	
分离流	<0.01	$<L_1$	$L_1=316R_L^{0.302}$ $L_2=9.252\times10^{-4}R_L^{-0.24684}$ $L_3=0.1R_L^{-1.4516}$ $L_4=0.5R_L^{-6.738}$
	>0.01	$<L_2$	
过渡流	>0.01	$>L_2$ 和 $<L_3$	
分散流	>0.01 和 <0.4	$>L_3$ 和 $<L_1$	
	>0.4	$>L_3$ 和 $<L_4$	
分散流	<0.4	$>L_1$	
	>0.4	$<L_4$	

41.4.4　油气两相流的段塞

1. 段塞频率

通过 Hill 和 Wood 段塞流模型 [14] 可更精确地计算段塞频率：

$$\Omega=\frac{(0.007\,59w_s+0.01)w_{sl}}{D} \tag{41-45}$$

式中　Ω——段塞频率，Hz；

w_{sl}——流体修正流速，kg/m^3；

w_s——气液混合物流速，kg/m^3；

D——管道直径，m。

2. 气泡的真实平均速度

可通过 McQuillan & Whalley 段塞流模型 [15] 计算气泡的真实平均速度：

$$w_{gs}=w_s+1.53\left[\frac{(\rho-\rho_g)g\rho}{\rho_l^2}\right]^{0.25} \tag{41-46}$$

式中　w_{gs}——气泡的真实平均速度，m/s；

ρ_l——流体密度，kg/m^3；

ρ_g——气体密度，kg/m^3；

σ——表面张力，N/m。

3. 段塞中的持液率

可通过 McQuillan 和 Whalley 段塞流模型[15]计算段塞中的持液率：

$$H_s = 1 - 0.058\left[D_{CD}\left(2f_s w_s^3/D\right)^{0.4} \times \left(\frac{\rho_l}{\sigma}\right)^{0.6} - 0.725\right] \quad (41\text{–}47)$$

$$D_{CD} = 2\sqrt{0.4\sigma/\left[\left(\rho_l - \rho_g\right)g\right]} \quad (41\text{–}48)$$

$$Re_s = \frac{w_s D}{\upsilon_l} \quad (41\text{–}49)$$

$$f_s = C_1 Re_s^{-n} \quad (41\text{–}50)$$

式中　υ_l——流体动黏度；

f_s——气液混合物的范宁系数；

Re_s——气液混合物的雷诺数；

C_1 和 n——当 $Re_s<2300$ 时，$C_1=16$，$n=1$；

当 $Re_s \geqslant 2300$ 时，$C_1=0.046$，$n=0.2$。

其他参数与上文所述相同。

4. 膜层中泰勒气泡和分散气泡的速度

可通过 Bendiksen 等提出的方法[16]计算段塞膜层中泰勒气泡（w_t）和分散气泡（w_b）的速度：

$$w_t = Cw_s + 0.35\sqrt{gD}\sin\alpha + 0.54\sqrt{gD}\cos\alpha \quad (41\text{–}51)$$

式中，C 为与段塞中速度分布相关的常数。层流的 $C=2$ 而湍流的 $C=1.2$。

$$w_b = 1.2w_s + 1.53\left[\frac{\sigma g\left(\rho_l - \rho_g\right)}{\rho_l^2}\right]^{0.25} E_s^{0.1}\sin\alpha \quad (41\text{–}52)$$

5. 段塞长度

段塞长度可计算如下：

$$L_u = \frac{w_t}{\Omega} \quad (41\text{–}53)$$

6. 流体膜的持液率

流体膜的持液率 E_f 可通过以下 Crawford & Weiberger 和 McQuillan & Whalley 段塞流模型进行计算：

$$E_f = 4D_{TD} - 4D_{TD}^2 \quad (41\text{–}54)$$

$$w_{\mathrm{f}}=\frac{w_{\mathrm{s}}-\left(1-E_{\mathrm{f}}\right)w_{\mathrm{t}}}{E_{\mathrm{f}}} \tag{41-55}$$

式中，w_{f} 为流体膜速度，m/s。

$$D_{\mathrm{TD}}=0.0682\times\left[\frac{\left(\rho_{\mathrm{l}}\times\upsilon_{\mathrm{l}}\right)^{2}}{D^{3}g\left(\rho_{\mathrm{l}}-\rho_{\mathrm{g}}\right)\rho_{\mathrm{l}}}\right]^{\frac{1}{3}}\times\left[\frac{4\rho_{\mathrm{l}}\left|w_{\mathrm{f}}\right|D_{\mathrm{TD}}\times D}{\rho_{\mathrm{l}}\times\upsilon_{\mathrm{l}}}\right]^{\frac{2}{3}} \tag{41-56}$$

式中，υ_{l} 为流体动粘度，$\mathrm{m^2/s}$。

流体膜的持液率 w_{f} 可通过迭代求解 3 个公式（41–54）至公式（41–56）得出。

7. 流体膜中的气相速度和液相速度

流体膜中的气相速度 w_{gf} 和液相速度 w_{lf} 可通过 Xiao & Brill 段塞流模型计算如下：

$$w_{\mathrm{s}}=w_{\mathrm{sl}}+w_{\mathrm{sg}}=w_{\mathrm{l}}E_{\mathrm{s}}+w_{\mathrm{b}}\left(1-E_{\mathrm{s}}\right) \tag{41-57}$$

$$\left(w_{\mathrm{t}}-w_{\mathrm{l}}\right)E_{\mathrm{s}}=\left(w_{\mathrm{t}}-w_{\mathrm{f}}\right)E_{\mathrm{f}} \tag{41-58}$$

$$w_{\mathrm{s}}=w_{\mathrm{f}}E_{\mathrm{f}}+w_{\mathrm{g}}\left(1-E_{\mathrm{f}}\right) \tag{41-59}$$

8. 段塞单元的平均持液率

段塞中的平均持液率（H_{L}）可通过 McQuillan & Whalley 段塞流模型计算如下：

$$H_{\mathrm{L}}=1-\frac{w_{\mathrm{sg}}-w_{\mathrm{gs}}\left(1-E_{\mathrm{s}}\right)+w_{\mathrm{t}}\left(1-E_{\mathrm{s}}\right)}{w_{\mathrm{t}}} \tag{41-60}$$

9. 段塞单元的流体段塞长度（L_{s}）和流体膜长度（L_{f}）

$$L_{\mathrm{s}}=L_{\mathrm{u}}\times\frac{E-E_{\mathrm{lf}}}{E_{\mathrm{s}}-E_{\mathrm{lf}}} \tag{41-61}$$

$$L_{\mathrm{f}}=L_{\mathrm{u}}\times\frac{E_{\mathrm{s}}-E_{\mathrm{l}}}{E_{\mathrm{s}}-E_{\mathrm{f}}} \tag{41-62}$$

41.4.5　两相流的摩擦系数

$$\frac{\lambda_{\mathrm{m}}}{\lambda_{\mathrm{o}}}=e^{\mathrm{n}} \tag{41-63}$$

式中　λ_{m}——两相流管道的水力摩擦系数；

λ_{o}——两相均匀混合，两相之间无滑脱情况下的水力摩擦系数。

$$n=\frac{-\ln m}{0.0523-3.182\ln m+0.8725\left(\ln m\right)^{2}-0.01853\left(\ln m\right)^{4}} \tag{41-64}$$

$$m = \frac{R_{\rm L}}{\left[H_{\rm L}(0)\right]^2} \tag{41-65}$$

当 $1<m<1.2$ 时，$n=\ln(2.2m-1.2)$。

对于光滑管道，可通过穆迪图或下式得到无滑脱水力摩擦系数（λ）

$$\lambda_0 = 2\lg\left(\frac{Re_0}{4.5223\lg Re_0 - 3.8215}\right) \tag{41-66}$$

无滑脱情况下雷诺数（$Re_{\rm o}$）为

$$Re_{\rm o} = \frac{dv_{\rm m}\left[\rho_{\rm L}R_{\rm L} + \rho_{\rm g}(1-R_{\rm L})\right]}{\mu_{\rm L}R_{\rm L} + \mu_{\rm g}(1-R_{\rm L})} \tag{41-67}$$

式 $\mu_{\rm L}$——流体黏度，Pa · s；

$\mu_{\rm g}$——气体黏度，Pa · s；

$v_{\rm m}$——气液混合物流速，m/s。

41.4.6 油气两相流的侵蚀速率

$$V_{\rm e} = \frac{1.22C}{\sqrt{\rho_{\rm m}}} \tag{41-68}$$

式中 $V_{\rm e}$——流体侵蚀速率，m/s；

$\rho_{\rm m}$——混合密度，kg/m^3；

C 为经验常数：对于连续运行管道且无固体颗粒，C=100；对于间歇运行管道且无固体颗粒，C=125；对于连续运行管道且使用缓蚀剂或由防腐材料制造，C=150~200；对于间歇运行管道且使用缓蚀剂或由防腐材料制造，C=250。

41.5 输水管道

41.5.1 概述

海底输水管道用于输送注入水。如果油田中有几个井口平台需要注水，一般先根据规范在上部平台或浮式采油、储油及卸油船（FPSO）上对水进行处理，然后通过海底输水管道将水输送到各井口平台。当井口平台与上部平台或 FPSO 比较接近时，可在注入压力下将水直接输送至井口平台的注入井。但当井口平台与上部平台或 FPSO 较远时，应根据所需注入压力及海底管道的摩擦损失对管道尺寸进行设计。注入水被输送到井口平台并经过几重过滤以去除颗粒和微生物，然后由井口平台的注水泵压入注入井，这样可以避免管道中的压力过高。工程设计阶段需要对海底注水系统的许多变量予以考虑。

41.5.2　输水管道的尺寸

可通过下式计算管道直径：

$$d = \sqrt{\frac{4Q}{\pi v_e}} \tag{41-69}$$

式中　d——输水管道的直径，m；

Q——输水管道的计算流量，m^3/s；

v_e——水的经济流速，m/s。

41.5.3　输水管道的水头损失

41.5.3.1　输水管道的沿程水头损失

管道沿程水头损失公式如下：

$$h_i = iL \tag{41-70}$$

式中　h_i——管道沿程水头损失，m；

iL——管道计算长度，m；

i——单位长度的水头损失（水力梯度）。

陈旧管道的单位长度水头损失可通过下式计算：

$$v \geqslant 1.2\text{m/s},\quad i = 0.001\,07\frac{v^2}{d^{1.3}} \tag{41-71}$$

$$v < 1.2\text{m/s},\quad i = 0.000\,912\frac{v^2}{d^{1.3}}\left(1+\frac{0.867}{v}\right)^{0.3} \tag{41-72}$$

式中　v——管道中的平均速度，m/s；

d——管道内径，m。

如果管道较新，公式也是适用的，但 i 的值较小。

41.5.3.2 局部水头损失

除了管道表面摩擦所致的压力水头损失，还存在局部水头损失，局部水头损失为流体流经附件（如阀、弯头及其他配件）时产生的压力水头损失。配件中发生的局部水头损失包括：

- 表面摩擦；
- 流动方向改变；
- 流动路径中的障碍物；
- 横截面和流动路径形状发生突然或逐步改变。

局部损失也称为次要损失。对于工艺管线系统而言，这种说法具有误导性，因为配件损失常常会大于直管段中的损失。对局部损失进行理论量化比较困难，因而主要通过经验数据确定。局部损失通常以类似于摩擦损失的方式进行表达。对于各种配件，用损失系数 K 替代摩擦水头损失公式中的 L/D。配件导致的水头损失由下式给出：

$$h_2 = \sum K \frac{V^2}{2g} \tag{41-73}$$

式中，V 为向下流动的平均速度。可通过两种方法确定不同配件（如阀、弯头等）的 K 值。

一种方法是直接从表中选择 K 值，对于特定管道尺寸和雷诺数而言，K 值是不变量。表 41-9 列出了几种配件的 K 值。这种方法的数据散布较大，存在一定误差。另一种方法是根据标称管道尺寸的全湍流摩擦系数 f_T 确定 K 值。这种方法隐含说明了管道尺寸。Crane 公司技术文件 410 详细说明了不同配件的 K 值计算方法，得到管道业的广泛认可。

表 41-9 配件的损失系数 （Larock 等）[1]

配 件	K
球心阀，全部打开	10.0
角阀，全部打开	41.0
蝶形阀，全部打开	0.4
闸式阀，全部打开	0.2
打开 3/4	1.0
打开 1/2	41.6
打开 1/4	17.0

表 41-9（续）

配　件	K
止回阀，旋启式，全部打开	2.3
止回阀，升降式，全部打开	12.0
止回阀，球型，全部打开	70.0
弯头，45°	0.4
长径弯头，90°	0.6

41.5.3.3　管道起点的压力水头

Pressure Head of the Pipeline Start Point

管道起点的压力水头是摩擦水头损失（h_1）、局部水头损失（h_2）、起点和终点之间的高差（h_3）以及必要的剩余水头（h_4）之和。

41.5.4　水锤问题

41.5.4.1　产生水锤的原因

（1）开关泵及阀会使水泵转速发生变化，特别是快速操作，可迅速改变水流速度并导致发生水锤。

（2）泵意外暂停，说明作业中泵的电源突然中断。

41.5.4.2　水锤分类

水锤可分为开阀水锤、关阀水锤、开泵水锤以及停泵水锤。

41.5.4.3　水锤的主要损害

（1）水锤压力很高，可对水泵、阀和管道造成破坏。或者压力很低，使管道不稳定并造成破坏。

（2）水锤可使电动机转子变形或破裂，造成泵的反转转速过高或接近临界速度，然后反转会突然停止或电动机会重新起动。

41.5.4.4　水锤防护

（1）开阀水锤或关阀水锤

最有效的方法是延长开关阀的时间以避免直接水锤。

当阀关闭而泵仍在运行时，阀前方的压力与泵出口处的压力相同，其最大值通常等于泵的关闭水头。泵的关闭水头与阀的关闭时间无关，但与泵的种类相关。当阀完全关闭时不可停止离心泵，当阀关闭 15%~30% 时才可停止离心泵。这样可以减小泵的出口压力，防止泵发生振动并延长阀的寿命。

（2）开泵水锤

防止开泵水锤的最有效方法是排出管道中的空气并注满水，打开所有阀（泵出口处的阀除外）后起动水泵。管道上浮段应安装自动排气阀或注水设备。

当必须在空管状态下开泵时，如果泵起动后将阀逐步打开就可以防止水锤。水泵出口处的阀打开约 15%~30%，管道上的其他阀完全打开。管道注满水后，将所有阀全部打开或调节至所需的程度。

（3）停泵水锤

根据停泵水锤的过程计算，当水锤参数超过容许值时，可采取以下措施：

①增加管道的直径或壁厚；

②选择 GD^2 更大的电动机，GD^2 为水泵机组的飞轮惯性；

③安装防水锤设备，如气室、气囊式水锤消除器以及调压水锤消除器等。

41.5.4.5 水锤压力

由于产生水锤的原因不同，每种原因对应的公式和计算图也不同，所以计算水锤压力需要同时使用公式和计算图。对海底管道进行计算时，通常认为只有当管道末端的阀突然关闭时才会产生水锤压力。

水锤计算公式如下：

$$\Delta H=\frac{Rav_0}{g} \tag{41-74}$$

以及

$$a=\frac{a'}{\sqrt{1+\left(E_0/E\right)\left(d/\delta\right)C_1}} \tag{41-75}$$

式中 ΔH——水锤压力，m；

v_0——管道中流体的初始流速，m/s；

a——水锤的传播速度，m/s；

a'——水中的声速，1 435m/s；

d——管道内径，m；

δ——壁厚，m；

g——重力加速度，m/s^2；

E_0——水的弹性系数，2.059 39Pa；

E——管壁材料的弹性系数，Pa；

C_1——不同管壁厚度和支撑方式参数；

R——根据参数（ρ 和 θ）从图 41-3 获取的无量纲参数。

- 参数 C_1 可通过表 41-10 中的公式计算；
- 参数 ρ 可通过下式计算：

$$\rho = \frac{av_0}{2gH_0} \tag{41-76}$$

式中　ρ——无量纲参数；

H_0——管道的初始水头，m。

- 参数 θ 可通过下式计算：

$$\theta = \frac{at_c}{2L} \tag{41-79}$$

式中　θ——无量纲参数；

t_c——阀的关闭时间，s。

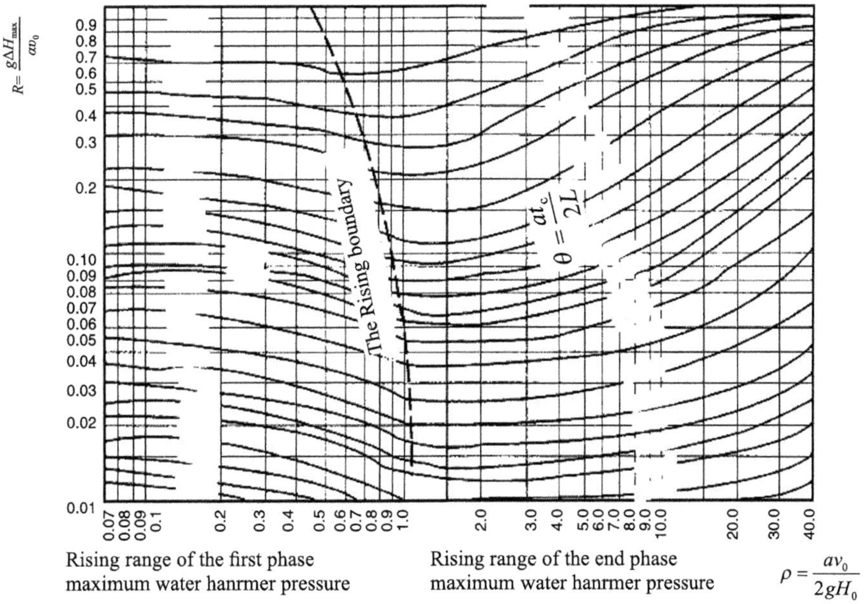

图 41-3　R. S. 快速水锤计算图 [17]

表 41.10 不同状态下不同管道类型的公式[17]

管道类型	状态	公式
薄壁管道（$d/\delta>25$）	仅固定上游管道	$C_1=1-\frac{\mu}{2}$
	所有管道固定，无轴向移动	$C_1=1-\mu^2$
	管道使用膨胀节进行连接	$C_1=1$
厚壁弹性管道（$d/\delta\leqslant 25$）	仅固定上游管道	$C_1=\frac{2\delta}{d}(1+\mu)+\frac{d}{d+\delta}\left(1-\frac{\mu}{2}\right)$
	所有管道固定，无轴向移动	$C_1=\frac{2\delta}{d}(1+\mu)+\frac{d(1-\mu^2)}{d+\delta}$
	管道使用膨胀节进行连接	$C_1=\frac{2\delta}{d}(1+\mu)+\frac{d}{d+\delta}$

式中，μ 为管壁材料的泊松比。

41.6 商业设计分析软件

海底管道的工程设计和分析是非常复杂的，不管是输送油气产品还是诸如天然气和原油这样经过处理的流体，大多数情况下都需要先进软件的辅助。就管道尺寸选择而言，需采用各种保温方法对水力和热性能进行稳态建模，以确保管道的输送能力和运行性能。油气业最常用的相关工具是 Schlumberger 公司的 PIPESIM、Aspen 公司的 HYSYS 以及 Honeywell 公司的 UNISIM。对于诸如启动、停输、段塞、降压、加压或接通等短时作业，SPT 集团的 OLGA 是进行上游油气业设计和分析的标准工具。SINTEF 公司新近开发的 LedaFlow 由 Kongsberg 油气技术公司进行了商业化，可提供与 OLGA 类似的功能。OLGA 是一维多相流模拟软件，而 LedaFlow 可对大直径管道的多维两相及三相流进行建模。

参考文献

[1] Y. Bai and Q. Bai, Subsea Pipelines and Risers, Elsevier Science Ltd, 2005.

[2] S.E. Haaland, Simple and Explisit Formulas for the Friction Factor in Pipe Flow, Journal of fluids Engineering, 105:89-90, 1983.

[3] Gas Processors Suppliers Association, Gas Processors Suppliers Association, Engineering Data Book, 12th ed, USA, 2004.

[4] K.S. Pedersen, A. Fredenslund, and P. Thomassen, Properties of Oils and Natural Gases, Gulf Publishing Company, 1989.

[5] Moody, L.F., （1944）, Friction Factors for Pipe Flow, Trans. ASME, 66, 1944, pp. 671-678.

[6] R.C. Reid, J.M. Prausnitz, and T.K. Sherwood, Properties of Gases and Liquids, 3rd ed., New York, McGraw-Hill, 1977.

[7] H. Hausen, Darstellung des Warmeuberganges in Rohren durch verallgemeinerte Potezbeziehungen, Z. VDI Beih. Verfahrenstechnik, No. 4, p. 91, 1943.

[8] V. Gnielinski, New Equations for Heat and Mass Transfer in Turbulent Pipe and Channel Flow, Int. Chemical Engineering, Vol 16, 359-369, 1976.

[9] F. W. Dittus, and L. M. K. Boelter, University of California, Berkeley, Publications on Engineering, Vo. 2, p.443, 1930.

[10] G.A. Gregory, Estimation of Overall Heat Transfer Coefficient for the Calculation of Pipeline Heat Loss/Gain, Technical Note No. 3, Neotechnology Consultants Ltd, 1991.

[11] R. Hilpert, Warmeabgabe von geheizen Drahten und Rohren, Forsch. Gebiete Ingenieurw., Vol. 4, p. 220, 1933.

[12] X.H. Yang and W.L. Zhu, The Influence of Inner surface Roughness on the Fiction Factor of Gas Transmission Pipeline, Petro-Chemical Equipment, 2005, 34.

[13] A.E. Dukler, Gas-liquid Flow in Pipelines, American Gas Association, 1969.

[14] T.J. Hill and D.G. Wood, Slug Flow: Occurrence, Consequences, and Prediction, SPE 27960, pp. 53-62, 1994.

[15] K.W. McQuillan, and P.B. Whalley, Flow Patterns in Vertical. Intl. J. Multiphase Flow 11(2), pp 161-175, 1985.

[16] K.H. Bendiksen, An Experimental Investigation of the Motion of Long bubbles in Inclined Tubes, Int. J. multiphase Flow, Vol. 10（4）, pp. 467-483, 1984.

[17] R.S. Quick, Comparison and Limitations of Various Water-Hammer Theories, mechanical Engineering, Vol. 49（5a）, 1927.

第 42 章

管土相互作用

42.1 引　　言

在安装和作业期间，海床土 / 管相互作用对海底管道和立管的不同方面产生影响，其包括：

- 安装和作业期间受水动力作用下的管道的坐底侧向稳性；
- 管道热膨胀和整体屈曲；
- 管道铺设、底部拖曳与拉入法安装；
- SCR 设计的触底点；
- 管道悬跨。

在计算上述有关设计的不同方面时，管道与海床之间接触点的相互作用模型通常是指管 / 土相互作用模型。管 / 土相互作用模型由海床刚度和从土壤到管子纵向或侧向移动的等效摩擦阻力构成。等效摩擦阻力主要是基于非黏性土（砂）、黏性土（黏土）或两种土组合（泥砂土和砂土）的库仑摩擦，与土体强度和土与管之间的接触压力有关。

在本章范围内，试图阐明管土相互作用对管道的在位稳性、膨胀和结构完整性的不同涵义，其包括：

- 预测出油管安装期间及运行寿命内的管道沉降；
- 对用于环境和运行载荷作用下计算在位稳性的轴向和侧向阻力进行界定；

- 对侧向屈曲和轴向移动分析所需的土壤参数进行定义。

42.1.1 土的类型与分类方法

为管土相互作用建模时，需要管道走向上的相关土体数据。这些数据可通过地球物理及岩土调查而取得，其提供了管道走向上表征不同土壤特征的土壤参数。土壤分类系统是一种根据其可能的工程性能而进行分类的系统性方法。

已有多种土壤分类系统被提出。最初的方法是根据颗粒大小进行分类。颗粒物大于 0.05mm 的土壤被称为粗颗粒型（砂和砾石），而小于这一尺寸的土壤则被称为细颗粒型（泥砂和黏土）。另一种分类不同土壤类型的方法是根据其塑性和黏性。例如，砂是非塑性、非黏性的，也即其不会相互黏合在一起，而黏土则具有塑性和黏性。泥砂则介于黏土与砂之间——其同样属于细颗粒型，但一般是非塑性、非黏性。

一般而言，土壤性能可分类为“排水”或“不排水特性”两种性能[1]。土壤是一种由固体颗粒所构成的多孔介质材料，其空隙内含有气体和水。在海底环境下，水压一般较高，足以使气体溶入水，而土壤是水饱和的。土壤性能取决于载荷（力）施加于土壤的强度。如果载荷的强度大于颗粒间孔隙内的孔隙水能够移入或移出土壤颗粒间孔隙的强度，那么可以说土壤具有不排水性能。如果加载的强度小于孔隙水能够移入或移出土壤颗粒间孔隙的强度，那么可以说土壤具有排水性能。

一种土壤（砂或黏土）是否具有排水性能或不排水性能，取决于加载强度，与土壤渗透率相关。一般认为黏土的性能是不排水的，因为加载强度通常远大于孔隙水能够移入或移出土壤颗粒间孔隙的强度。黏土的渗透率非常低，为 10^{-9}m/s 数量级。黏土强度设定为“不排水抗剪强度”，由符号 S_u 或 C_u 表示，单位为千帕斯卡（kPa）。一般认为砂的性能是排水的，因为孔隙水能够在大于加载强度时移入或移出土壤颗粒间的孔隙。砂的强度则按照摩擦角以符号 ϕ 表示。然而，如果黏土所受的剪切力非常之低，使得孔隙水有足够时间移入或移出土壤颗粒间的孔隙，那么其将不具有不排水抗剪强度。其性能反而更像是砂，可适用黏土摩擦角。与此类似，如果砂在极快速加载的作用下承受剪切力，使得孔隙水没有充分时间在周边移动，那么砂就具有不排水性能。

细颗粒型土壤的稠度估算可作为高质量未扰动取样的可靠依据。根据 BS 5930，相对于不排水抗剪强度而言的稠度描写性术语如表 42-1 所示。

表 42-1　黏土的不排水抗剪强度估算

黏土的描述	不排水抗剪强度 S_u（kPa）
很软	1~20
软	20~40
固结	40~75
硬	75~150
非常硬	150~300
坚硬	300~600
非常坚硬	> 600

对于非黏性土，相对密度是表征土壤的最佳办法。相对密度 D_r 是一个相对于标准化松散和密度泥土状态而言的表示土壤压实程度的度量单位。

$$D_r = \frac{e_{max} - e}{e_{max} - e_{min}} \tag{42-1}$$

式中　e_{max} 为土壤在最松散状态下的孔隙比；

e 为原位孔隙比；

e_{min} 为土壤在最密实状态下的孔隙比。

表 42-2 为非黏性土的相对密度、标准沉降阻力和内摩擦角（Peck and Meyerhof[2]）之间的一般关系。这些数据可用于初步设计。

表 42-2　非黏性土的性能

土壤类型	沉降阻力 N	相对密度 D_r	内摩擦角 φ	
			Peck（1974）	Meyerhof（1956）
极松散砂	<4	<0.2	<29	<30
松散砂	4~10	0.2~0.4	29~30	30~35
中等砂	10~30	0.4~0.6	30~36	35~40
密实砂	30~50	0.6~0.8	36~41	40~45
致密砂	> 50	>0.8	>41	>45

ASTM 土壤统一分类系统（USCS）是一种非常适宜于结合管道项目来描述土壤的系统。离岸土壤既可以是砂质土，也可以是黏性土。管道项目所要求的土壤参数分别为砂类和黏土类，（见表 42-3）。一些重要参数的建议值见表 42-4。

表 42-3　砂质土和黏性土的设计参数

	砂质土	黏性土
材料参数	等级，比重	流体和塑性极值
	最松散和最密实状态下的孔隙比	比重
		重塑抗剪强度
原位参数	孔隙比和密度指数	水含量和流体指数
	体积密度和干密度	体积密度和干密度
	峰值摩擦角	不排水抗剪强度
	基床反力模量	排水抗剪强度
	渗透率	敏感度，固结参数
		基床反力模量

表 42-4　典型海底土壤的关键参数建议值

USCS 符号	土壤描述	水中的浸没密度 / (kN/m³)	摩擦作用面角 / (°)	S_u / (kN/m²)
SW	优质级配砂	8.5~11.5	34~41	
SP	不良级配砂 - 非常松散 - 中等松散 - 非常密实	7.5~10.5 8.1 9.3 10.6	34~39 28 34 40	
SM	泥砂，不良级配 - 非常松散 - 中等松散 - 非常密实	8.0~11.5 8.9 10.1 11.4	31~37 27 32 38	
SC	黏性砂，不良级配	8.0~11.0	29~35	
ML	泥砂和黏质粉土	8.0~11.0	26~33	
CL	低至中等塑性黏土	8.0~11.0	N/A	
CH	高塑性黏土 - 非常松散 - 中等松散 - 非常密实	3.0~9.0	N/A	10~100 10 50 100

基床反力模量 K_s 建议值如表 42–5 所示。

表 42-5　不同类型土壤的基床反力模量估算

土壤类型	基床反力模量 K_s/MPa
极软质黏土	1~10
软质黏土	3~33
中等黏土	9~33
硬质黏土	30~67
沙土 / 冰碛土	13~140
松散砂	5~13
密实砂	25~48
泥砂	1~11
岩石	550~52 000
海生物岩石	550~52 000

42.1.2　摩擦系数

库仑摩擦模型是经典描述沿着土壤表面上管 / 土相互作用的最简化方法。在该模型中，摩擦力与管道伸入土壤中的正常压力成正比。摩擦力与接触压力之比为材料的一个常数，与土壤性能和管道沉降有关，命名为摩擦系数。侧向摩擦系数可应用于海床上非埋地管道的侧向移动，而轴向摩擦系数则可应用于海床上非埋地管道的纵向（轴向）移动。如图 42–1 所示，各向异性摩擦模型对管道侧向和轴向上的不同摩擦系数进行了界定。

将摩擦模型进行量化并非易事，因其取决于管道和土壤特性。在北海，人们已展开试验，以界定摩擦系数的范围。库仑摩擦模型的最小和最大值均已有估算值。表 42–6 为基于 BS PD 8010[3] 的北海应用所取得的结果。当不可能采用土壤数据时，这些数值会是良好的参照对象。

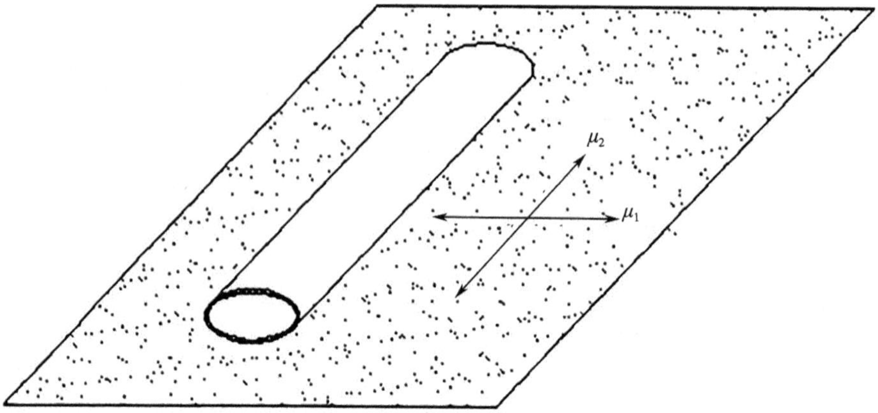

图 42–1　管道和土壤之间的各向异性摩擦

表 42-6　北海所采用的摩擦系数

土壤类型	侧向摩擦系数		轴向摩擦系数	
	最小值	最大值	最小值	最大值
非黏性土（砂）	0.5	0.9	0.55	1.2
黏性土（黏土）	0.3	0.75	0.3	1.0

1. 侧向摩擦的影响

选择合适的侧向摩擦系数取决于土壤特性和所考虑的分析类型。摩擦系数的范围应考虑其不确定性。例如在环向膨胀分析中，侧向摩擦系数大将导致摩擦约束的增加，并因此使膨胀环至管道的弯曲连接处出现过大的弯矩和应力，这需要较大的有效压缩力以促动屈曲出现。如果采用较低系数值，侧向约束将明显降低，使管道在弯曲处更易于激发屈曲。因此，合适数值的选择至关重要，其考量不可与有待执行的分析类型相脱节。

2. 轴向摩擦的影响

轴向摩擦系数的选择亦取决于有待执行的分析。例如，最大预期的拉载荷其计算应假定摩擦系数较大，而对相同管道的膨胀移动的计算则应采用该范围内的较低值进行，因为较小的轴向摩擦将加大管道末端的膨胀。较低的轴向摩擦也会使较长的管道产生足够的有效轴向压缩力以促动侧向屈曲出现。

管道埋置或埋地对轴向摩擦系数的作用不大。然而，管道埋置入海床，将明显影响到侧向移动管道所需的力。黏性土的管 / 土互相作用正在广泛调研之中，因为这是在深水中控制管道整体屈曲的关键因素。有关管 / 土互相作用的研究结果请参见后续几节内容。

42.1.3　管 – 土模型

管道与海床之间的相互作用是管道热力学分析中的最重要因素之一，其通常被纳入有限元分析之中，以呈现土壤作用于管道时所产生的轴向和侧向阻力载荷。最基本的管 – 土单元是弹簧滑件，其在轴向和侧向上给出双线性的理想弹性塑性响应。有关轴向和侧向摩擦系数的合适的基本管 – 土模型可应用于某些出油管的设计功能（诸如坐底稳性计算或热膨胀分析），并可在侧向屈曲的概念性评估中予以应用。如图 42–2 所示，库仑摩擦模型并不适宜于侧向屈曲的详细设计，尤其是针对因侧向屈曲而在隆起之间产生较大幅度侧向移动的情形。如图 42–3 所示，需对轴向和侧向上的非线性力 – 位移分别给出响应。有必要介绍 ABAQUS 软件分析中的一个子程序，其中对非线性载荷 – 位移响应进行了修订，以顾及①脆性破裂性能，②吸力释放，③大位移时的残余阻力，④周期性隆起加大。

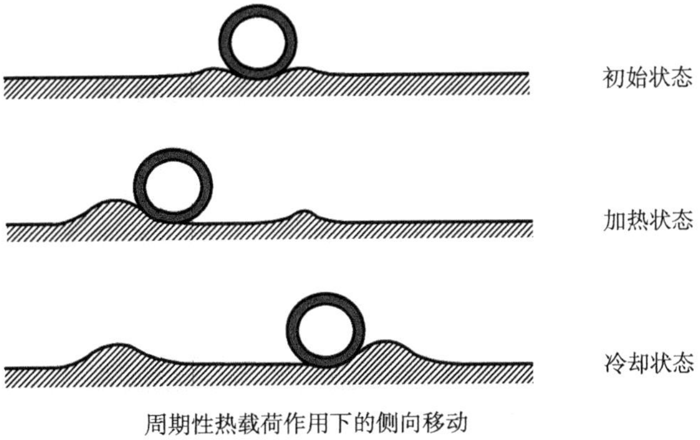

图 42–2　土壤隆起之间的管道侧向移动

在库仑摩擦模型中，假定弹性滑动对轴向和侧向均是相同的。然而，侧向上的弹性滑动次数一般是轴向上的几倍。轴向上的弹性滑动是在周期性热载荷作用下管道轴向移动的控制因素之一。一种解耦式摩擦模型是为结合了侧向屈曲的热力学分析之所需，用以精确仿真非线性管 – 土相互作用，如图 42–3 所示。

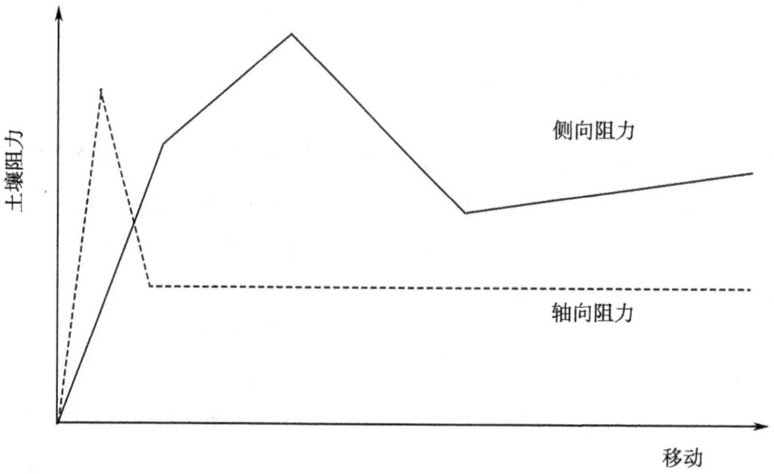

图 42-3　管道的轴线 / 侧向土壤阻力

42.2　管道在黏性土中的沉降

42.2.1　引言

海床中的管道沉降受到下述基本方面的影响：

● 与土壤最大承载力相关的岩土埋置。

● 因 SCR 和 / 或管道铺设作业而产生的作用，其中需考虑到动力学和外加的载荷影响。

● 因波浪和海流或土壤液化现象所导致的冲刷而存在的潜在影响。

42.2.2　初始沉降

对管道初始沉降进入海床的评估是海底工程其他后续评估工作的重要一步，它将影响到侧向和轴向上的管 - 土相互作用。初始沉降决定了管 - 土接触面积和土壤破裂的界面抗剪强度。图 42-4 为管道沉降模型中所使用的参数定义。管道埋置被定义为相对于非扰动海床而言的倒置物（管道底部）出现沉降的深度，以 Z 表示。

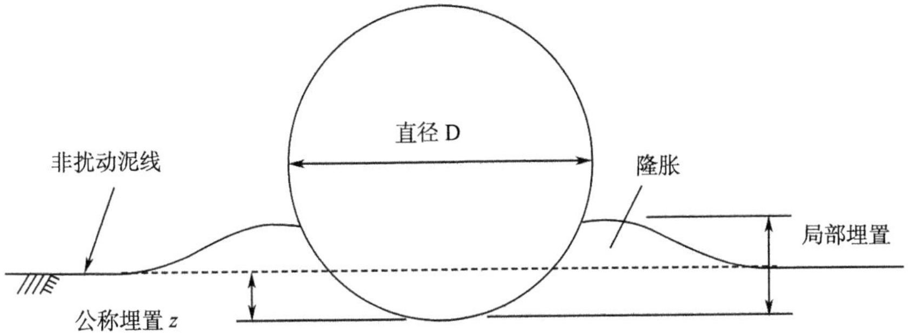

图 42–4　土壤中的管道沉降 [4]

通过提高相对于管道肩部的土壤表面高度，土壤在沉降期间的隆胀会增强管道的“局部”埋置效果。管 – 土接触的弧长是管 – 土相互作用的关联参数，其与局部埋置有关。单调垂直埋置期间所产生的典型隆胀高度约为公称埋置的 50%。

初始沉降的机制为，管道发生沉降直至最大土壤承载力有相应增加并支撑起管道载荷为止。管道一旦与海床发生接触则因其环状截面而产生线载荷，有效的承载压力在一开始的管 – 土接触中是无限大的。随着管道的沉降，承载面积逐渐加大，有效的承载压力则在减小直至沉降达到管径的一半为止。

初始沉降的计算法基于各种方法将管道沉降定义为源自管道的静态地面压力的函数。这些方法均为近似值，因为周期性土壤影响被忽略不计。行业内经常采用的方法请参见后续几节内容。

42.2.2.1　经典的承载力法

可采用标准的土壤力学公式对岩土埋置进行评估。这些公式可计算出土壤承载力，然后与管道载荷所致的压力进行比较。管道放置在海床上的情形可被视为地表条形基础，系指 Brinch Hansen 公式 [5]：

$$F_u = \alpha \cdot N_C + \gamma \cdot Z \cdot N_q + \frac{1}{2} \cdot \gamma \cdot B \cdot N_\gamma \qquad (42\text{–}2)$$

式中 F_u——最大承载力，表示为一种应力；

γ——土壤单位浸水总量或水中的浸没密度；

α——土壤黏性，不排水抗剪强度，S_u 表示黏土；

z——管道埋置深度；

D——管道外径，包括涂层；

B——管道的承载宽度，计算如下：

对于 $z < D/2$ $B = 2\cdot\sqrt{z\cdot(D-z)}$

对于 $z > D/2$ $B = D$；

N_c, N_q, N_γ：无量纲承载力系数，其为摩擦角的函数 φ，如图 42-5 所示。

对于饱和黏土，一般认定不排水条件（土壤摩擦角 $\varphi = 0$）控制着土壤情况，土壤黏性等于土壤的不排水抗剪强度。基于上述假定，承载力系数为 $N_q = 1$ 和 $N_\gamma = 0$，式（42-2）简化为

$$F_u = S_u N_C + \gamma z \tag{42-3}$$

式（42-3）与沉降和土壤刚性一节的公式相符，如 DNV RP-F105[7] 所述。

对于极软质黏土（S_u<10 kPa），Terzaghi 建议采用下述经简化的承载力系数[2]:

$$N_C = \frac{2}{3}(\pi + 2) \approx 3.43 \tag{42-4}$$

Small 等建议，对于黏土中管道沉降的评估需采用多种承载力描述形式[8]。对于 $z < D/2$ 时的管道埋置，管道埋置对承载力的作用可以忽略，它会导致出现最大沉降值

$$F_u = S_u N_C \tag{42-5}$$

对于 $z < D/2$ 时的管道埋置，需要考虑埋置的作用：

$$F_u = S_u N_C + \gamma\left(z - \frac{D}{2}\right) \tag{42-6}$$

结合 N_C 可表示为

$$N_C = 3.0 + \frac{z - \frac{D}{2}}{D} \tag{42-7}$$

为将铺设所致的影响考虑在内，建议在计算源自上述公式的沉降值时乘以系数 2。

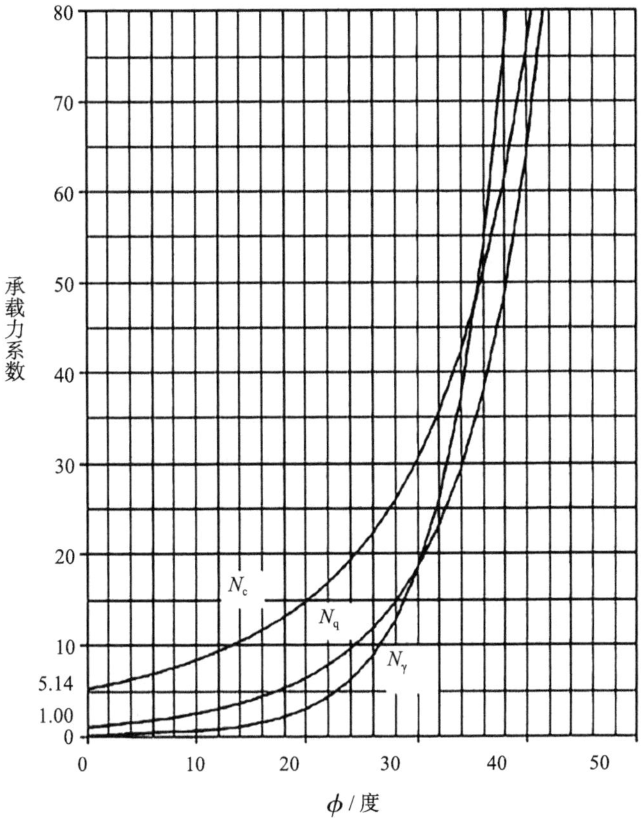

图 42-5　承载力系数 N_q、N_c 和 N_γ[6]

42.2.2.2　Verley and Lund 法

Verley and Lund[9] 采用了一系列行业研究数据，通过两个无量纲参数来表示标准化静态管道沉降 z/D。该公式将缘于管道自重而出现的埋置视为垂直载荷、管径、不排水抗剪强度和土壤密度的函数。

$$\frac{z}{D} = 0.007\,1 \cdot \left(S \cdot G^{0.3}\right)^{3.2} + 0.062 \cdot \left(S \cdot G^{0.3}\right)^{0.7} \tag{42-8}$$

式中　z——海床沉降或埋置，m；

S——无量纲参数 $S=F_c/(D \cdot S_u)$；

G——无量纲参数 $G=S_u/(D \cdot \gamma')$；

F_c——单位长度的垂直接触力，单位管道沉没重量，kN/m；

D——管道外径，m；

S_u——管道埋置深度土壤的不排水抗剪强度，kPa；

γ'——水中的土壤浸没密度，kN/m^3。

式（42–8）在表 42.7 中所示参数范围之内有效：

表 42-7　式（42-8）的参数范围

相关参数	符号	数值
不排水抗剪强度	S_u	0.8~70 kPa
管道外径	D	0.2~1.0m
管道比重	S_G	1.06~2.5
标准化管道沉降	（z/D）	0.0~0.35
土壤阻力参数	G	0.02~5.0

Verley and Lund 公式的依据为 $S\,D^{0.3}<2.5$ 时与相关数据的曲线拟合。对于较大数值，该方法过度估算了沉降值。以下为一种可选的公式（线性）， 对于 $S\,D^{0.3}$ 的所有数值均有效：

$$\frac{z}{D}=0.09\cdot\left(S\cdot G^{0.3}\right) \tag{42–9}$$

42.2.2.3　浮力法

该方法适用于放置在极软质黏土上的管道 [10]。浮力法假定，土壤没有强度且其特性像重质液体。对沉降值 z 的估算，要求土壤所致的管道浮力等同于垂直接触力：

$$B=2\cdot\sqrt{D\cdot z-z^2}$$

$$A_s=(z/6B)\cdot(3\cdot z^2+4\cdot B^2) \tag{42–10}$$

$$O=A_s\cdot L\cdot\gamma'$$

式中，B 是管道接触土壤的宽度；A_s 是管道横截面沉降部分；O 是浮力。

42.2.2.4　Murff，et al. 法（1989）[11]

$$\frac{F_z}{R\cdot S_u}=4\cdot(1+\Theta)\cdot\cos(\Theta)+4\cdot\left(\frac{z}{R}\right) \tag{42–11}$$

式中　F_z——单位长度上所施加的垂直接触力；

R——管道半径；

S_u——土壤不排水抗剪强度；

Θ——$\theta=\sin^{-1}(1-z/R)$；

z——管道沉降。

42.2.2.5 Bruton 等法（2006）

在 SAFEBUCK JIP 项目中基于历史的和最新的模型试验数据而研发的 Bruton 等方法[12]，决定了载荷所产生的沉降值。

$$\frac{z}{D}=\frac{S_t}{45}\left(\frac{F_z}{D\cdot S_u}\right)^2 \qquad (42\text{–}12)$$

式中 F_z——单位长度所施加的垂直力（或有效沉没重量）；

D——管道总外径，包括涂层；

S_u——管道倒置处的土壤不排水抗剪强度；

S_t——土壤敏感性；

z——管道沉降。

图 42–6 为 Verley and Lund 法、Murff 等法和 Bruton 等法应用于软质黏土海床的相互比较。Murff 等法[11]中所给出的模型试验数据也可用于参照。每一种方法所采用的输入参数亦参见图示。从中可以看出，用于 Murff 等法和 Verley and Lund[9]法的数值所生成的曲线与 Cathie 等[13]法所给定数值的曲线相同。采用 Bruton 等法所生成的曲线位于类似的范围之内。

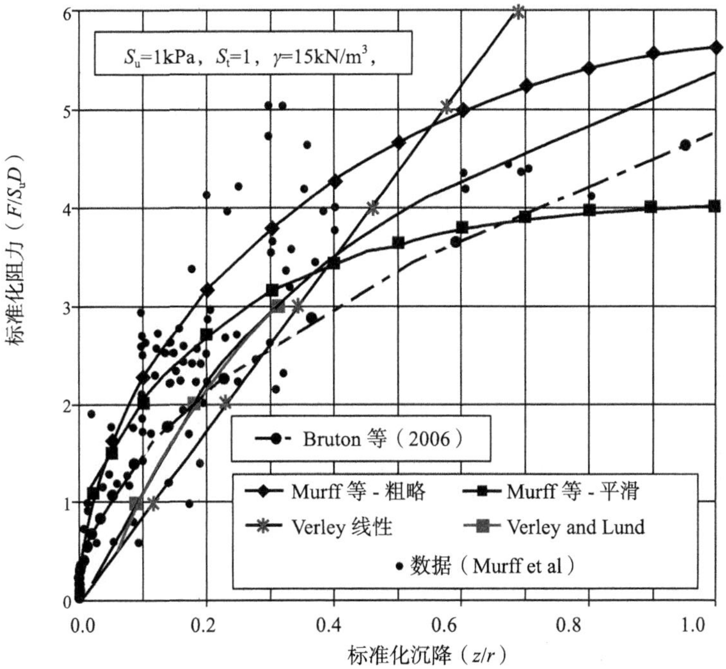

图 42–6 沉降模型比较[8]

42.2.3 铺设效应

众所周知，管道铺设期间的静态管道沉没重量并非是沉降计算所需的合适参数。已有观察表明，铺设时的管道埋置明显高于基于静态重量承载力理论的公式所得到的结果。管道在泥土中的沉降更大是铺管过程中的载荷条件所致，源自管道接触力和管道移动。

管道埋置机制

管道在铺设期间的附加埋置缘于两个因素：触底点的应力集中和因动态效应而产生的周期性埋置。在管道铺设期间，不管是J形铺设、卷管铺设还是S形铺设,触底点附件的管与土之间的接触应力通常会超过管道的 静态沉没重量。影响接触时“超应力”程度的有：水深、土壤刚度、触底区域内管道的弯曲刚性和有效张力。管道附加埋置的第二个原因是管道在触底区域内的动态移动，即受到船舶运动和悬吊管水动力加载的驱使。这些载荷引起管道在海床上形成垂直与纵向运动的组合。管道铺设期间，任何周期性的管道移动都将导致海床沉积物的局部松软。另外，任何侧向移动都会把土壤推向管道的另一侧，从而形成狭窄的沟道，管道即可埋置其中。

分析和仿真

有关管道铺设的实际沉降的实例偶尔已有报道，如 Lund 的论文。通常是对静态埋置方法进行如下的乘法调整，来评估触底应力集中和动态触底运行的独立影响结果。

- 如图 42–7 所示，已铺设管道的重量 p 乘以与悬链线形状有关的集中系数 F_{lay}，得出管与土之间的最大预期的垂直力 $F_{lay,p}$。对于软质黏土，典型的载荷应力集中系数 F_{lay} 为 2~3 之间。
- 最大触底载荷 $F_{lay,p}$ 用于评估管道埋置 Z_{static}，其依据为预计中的最大静态触底载荷。
- 动态铺设效应需通过将 Z_{static} 乘以一个动态触底 系数 f_{dyn} 加以考虑，以最终达到所预计的铺设埋置程度 [12]。

这种方法是习惯作法，但必须有实践经验，因为 f_{dyn} 的典型数值均落在 2 至 10 范围之内，对已铺设在相对较浅水域（深度 <500m）的管道来说其依据是对已铺管道的调查与静态埋置计算之间进行比较。铺设作业所致的附加埋置在超过 Z_{static} 时,则取决于铺设过程的细节 和海床对所施加的周期性载荷的响应。

静态条件下载荷集中的无量纲解决方案 [15]

图 42–7 为管道铺设期间的管道配置图示。标准悬链线解决方案与张力 T_0

的这些几何参数有关，即

$$\frac{T_0}{z_w p}=\frac{\cos(\phi)}{1-\cos(\phi)} \tag{42-13}$$

在将触底边界条件包括其中之后，根据水深和铺设角度将无量纲张力表示为

$$\frac{T_0}{\lambda p}=\left(\frac{\cos(\phi)}{1-\cos(\phi)}z_w\right)^{3/2}\left(\frac{p}{EI}\right)^{1/2} \tag{42-14}$$

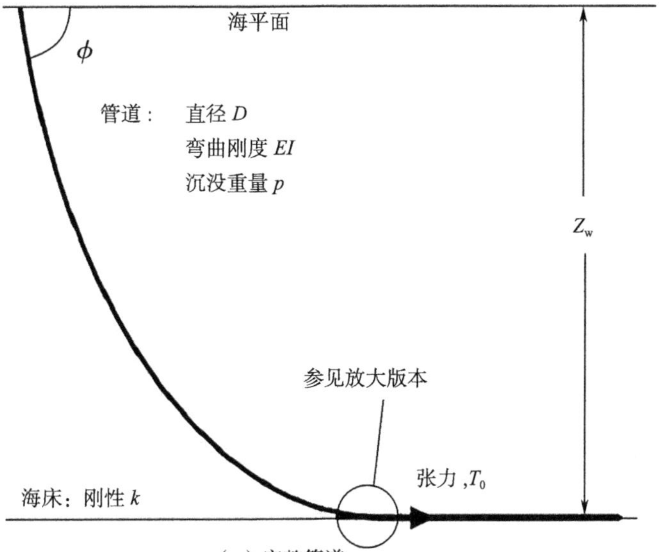

（a）完整管道

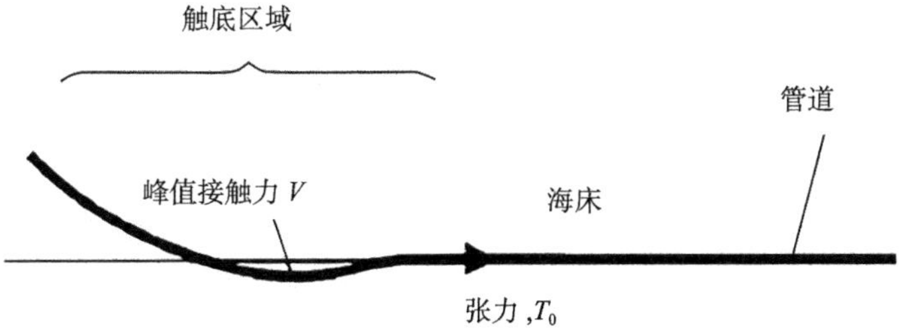

（b）触底区域的放大版本

图 42-7 铺设期间的静态管道构形图示[15]

式中，λ 为特征长度，表示为

$$\lambda=\sqrt{\frac{EI}{T_0}} \tag{42-15}$$

对于直径为 0.2~0.7m 的典型管道，$T_0/(\lambda p)$ 的数值很少会小于 3，除非在小于 500 m 的浅水水域或大于 85 度的非常陡的角度内。

标准化的最大接触力被表示为无量纲刚性的函数：

$$\frac{V_{\max}}{p}=0.6+0.4\cdot\left(\frac{\lambda^2 k}{T_0}\right)^{0.25} \tag{42-16}$$

图 42-8 中绘出了式（42-16）的解析解，其表示最大标准化接触力 Vmax/p 与无量纲刚性之间的关系。OrcaFlex 解答用于参照。

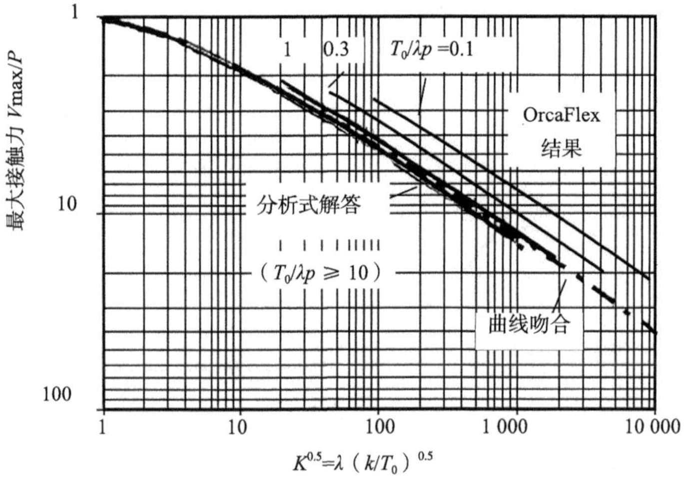

图 42-8　触底区域内的最大接触力 [15]

图 42-9 为满足下述条件 时沿着触底区域内海床的接触力分布：

- 水深：500~2 000m；
- 管道沉没重量：1.0~1.5 kN/m；
- 铺设角：83 度；
- $T_0/\lambda p$：3~20；
- 标准化刚性：6~450。

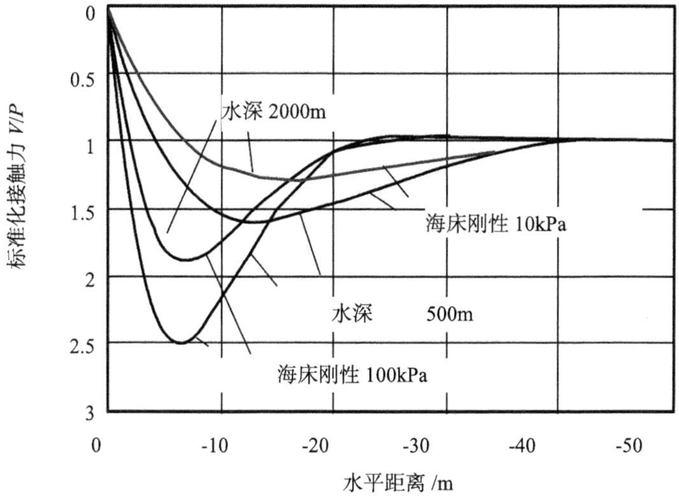

图 42–9 沿着触底区域内海床的接触力分布 [15]

42.3 管道在非黏性土中的沉降

42.3.1 初始沉降

42.3.1.1 Verley 法 [16]

在非黏性土壤或砂中，初始埋置深度被定义为接触力、管道外径和土壤单位浸没重量 的函数。无量纲 初始埋置经由下式确定：

$$\frac{z_{\text{init}}}{D} = 0.037 \cdot K_{\text{e}}^{-0.67} \tag{42–17}$$

式中 K_{e}——所施加的垂直力 $K_e = \dfrac{\gamma' D^2}{W'}$；

D——管道总外径，包括涂层；

γ'——水中的土壤潜密度；适用于正常范围 7 000 N/m^3（非常松散）至 13 500 N/m^3（非常密实）；

W'——单位长度管道沉没重量；

Z_{init}——管道初始沉降（埋置）。

42.3.1.2 经典的承载力法[6]

承载力程序可用于评估管道在砂中的初步沉降。管道在砂中的沉降通常非常小。砂的黏性 α 通常为 0。因此，最大承载力的式（42–2）简化为

$$F_u = \gamma\, z\, N_q + \frac{1}{2}\gamma\, B\, N_\gamma \qquad (42\text{–}18)$$

无量纲承载力系数 N_q 和 N_γ 均被视为摩擦角 φ 的函数，如图 42–5 所示。

42.3.2 液化土中的竖向稳定性

浅水区内的海底管道其埋地设置是为了防止自身受到捕鱼器具或浮锚的损坏，以及提高不同海洋条件下的坐底稳性。在埋地管道的设计中，应包括对管道因海洋或地震事件设计条件下的土壤液化而存在潜在的漂浮和沉降进行评估事宜，因为这些问题会支配着管道比重、埋地深度和工程回填材料的选择。

土壤液化是周期性快速和正常加载所致的孔隙压力过大时的土壤强度损失。无黏性土壤和黏性土壤都会在重复性的周期性加载过程中损失抗剪阻力。黏性土壤会经历重塑过程并变得更软。土壤液化的原因包括：

- 波浪作用于接岸部分的海床上；
- 地震活动中的压力波浪；
- 安装作业活动中的快速冲击加载，如沟道挖掘和犁土；
- 管道的震动性运动；
- 海床下伏地层的气体逸出。

接岸设计中最需关注的是波浪所致的潜在液化，此时因波浪传播使土壤中的剪切应力最大，而且难以将管道重新埋地或防止管道免于因连续暴露而受到机械损坏。地震活动所致的液化不同于波浪所致的液化。地震周期和延续时间远小于海洋波浪周期，但其载荷却来得更快、更强。此外，地震加载会导致海底斜坡坍塌，从而使埋地管道发生移位。

土壤液化危害到管道的稳性。如果管道已埋地设置且其比重低于液化土壤的比重，那么它会趋于上升至海面，此时它将承受波浪所致的各种力以及遭受可能的机械损坏。如果管道的比重大于液化土壤，那么它将趋于下沉，会使管道承受超压。当管道形成缺陷时，在高温高压下运行的管道可能会出现弯曲，而且土壤的约束力减低，会导致隆起屈曲。

在埋置深度处增强的管道浮力很大程度上取决于土壤的抗剪强度。在管道

陷入软质黏土即最大陷入深度为其直径时，相对于周围介质的管道比重将减小，管道变得更轻。为防止液化土壤中的管道出现移动，管道既不能过重而下沉，也不能太轻而上浮。有待 埋地的管道应核查其可能的下沉或漂浮情形。应结合最大内含物密度来考虑下沉现象，如注水；而对漂浮现象的考虑应结合最小内含物密度，如充气。

有关埋地管道漂浮的各种力的通用式可定义如下：

$$B=W'+R$$

式中　B——因土壤中的累积孔隙压力过大而作用于 管道的上拔力；

W'——管道沉没重量；

R——土壤阻力。

对土壤中埋地管道的漂浮潜力已有许多研究[17,18,19]。下述关系式为管道比重的理想化范围，用于简化之用。

$$SG_{\text{pipe, max}}=SG_{\text{soil}}+0.24\frac{S_{\text{ur}}}{D} \tag{42-19}$$

$$SG_{\text{pipe, max}}=SG_{\text{soil}}-0.24\frac{S_{\text{ur}}}{D} \tag{42-20}$$

式中　$SG_{\text{pipe,max}}$——管道不会出现下沉的最大比重；

$SG_{\text{pipe,min}}$——管道不会出现漂浮的最大比重；

SG_{soil}——液化土壤的体积比重；

S_{ur}——土壤的重塑抗剪强度；

D——整体管径。

如果管道的实际比重落在上式所给定的范围之内，那么管道在液化土壤中将保持稳定。上式适用于初步工程设计。

42.4　管道的轴向载荷 – 位移响应

在深水研发项目的设计中，管道轴向移动和非埋地管道的侧向屈曲已成为越来越重要的问题。因周期性热载荷 并结合有海床梯度和 SCR 轴向张力，轴向载荷在管道轴向移动和侧向屈曲的潜在研发中起到至关重要的作用。土壤对管道的侧向阻力决定了侧向屈曲的幅度，管道可以从已安装位置移动，在进入最终位置前滑行若干个直径距离。轴向和侧向上的峰值和残余阻力对设计而言均显重要。因土壤性能的不确定性，管道轴向移动和侧向屈曲分析需要一个上下限边界值范围。管道的轴向载荷 – 位移响应需根据“排水”或“不排水”模型进行典型评估，其取决于土壤类型和加载条件。两种模型均可以对峰值和残余阻力进行分别考虑。

图 42–10 为不同条件下与管道轴向位移相结合的不同轴向摩擦阻力。对于一般在不排水土壤条件下可见的“脆性”轴向阻力响应，通常经由“破裂”和“残余”轴向摩擦进行定义。破裂轴向阻力所描述的是最大摩擦在极小位移时呈线性关系的活动化情形。当管道在第一时间呈轴向移动或在一段时间静止后以某一速率移动而且该速率几乎足以产生过大的孔隙压力使土壤保持不排水性能时，则会出现明显的破裂峰值阻力。然而，一般在结合极限设置时间进行后续加载期间，并不可观察到该峰值，结果导致延性破裂响应，如图所示。一旦管道开始移动，摩擦响应将保持与残余摩擦阻力相同的水平，直到出现较大位移。残余轴向摩擦支配着管端的膨胀 / 收缩响应和每一次侧向屈曲的轴向扩展 / 缩减。如果管道位移发生得非常缓慢，不至于产生过大的孔隙压力，那么轴向土壤响应就呈现出“排水性能”，并逐渐增至明显较高水平的残余摩擦，图 42–10 所示绿色的力 – 位移曲线。根据 DNV 指南[20]，一般来说，呈现为排水性能的土壤的轴向摩擦系数 为 0.6。

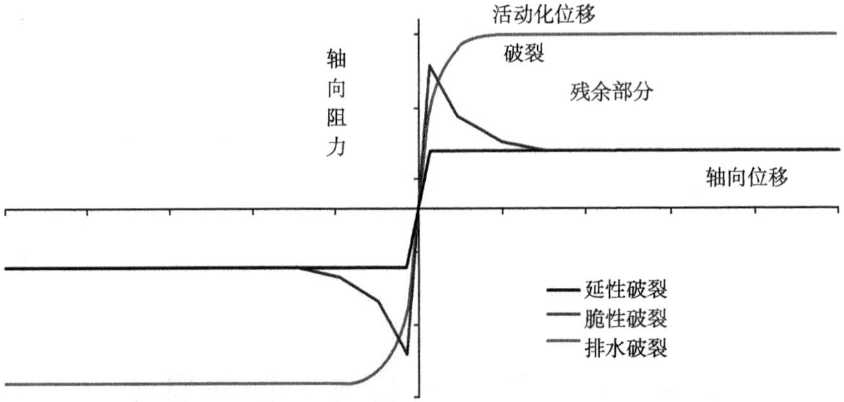

图 42–10　与管道轴向位移相结合的轴向摩擦阻力[4]

42.4.1　黏性土

阿尔法方法的依据为不排水模型，其假定剪切应力 αS_u 作用在管 – 土接触面上，此时的 S_u 为土壤的不排水抗剪强度；α 是整体摩擦系数，假定在破裂时峰值摩擦是 1.0；一旦已决定实施管道埋置，那么管道单位长度的轴向土壤阻力则可采用下式进行定义：

$$F_{axial}=\alpha S_u A \tag{42-21}$$

式中　F_{axial}——轴向阻力；

A——围绕管道周边的单位长度管 - 土接触面积，其表示为 $2R\cdot\arccos(1-(z/R))$，其中 R 为管道半径，即 $R=D/2$。

α 为亦称为黏附系数。其反映了 S_u 和管 - 土剪切因铺设作业和管道表面的粗糙度而发生的任何变化。试验结果表明[21]，间歇期之后的大多数轴向峰值阻力均与接近重塑抗剪强度的剪切应力相符。因此，残余轴向阻力在初始阶段相当于 $\alpha\approx0.5$。有许多作者[13]对 α 值 提出了建议。为简化起见，可定义如下[6]：

$$\alpha=0.608-0.123S_u-\frac{0.274}{S_u^2+1}+\frac{0.695}{S_u^3+1} \tag{42-22}$$

式中，S_u 的单位为 ksf。

可以看出，上述公式相对简单，但不排水模型则难以精确确定，因其主要取决于对界面抗剪强度和接触面的评估结果，而且涂层也起作用[4]。

- 抗剪强度受下述因素的控制：

①接触面上的抗剪强度；

②抗剪强度随深度的变化；

③因安装作业而重塑；

④固结和触变性效应。

- 接触面受管道位移和既往沉降的影响，可包括土壤隆起中形成的隆胀情形。根据 Cathie 等[13]，隆胀可在 $z/D=0.25$ 左右的深度使接触面 加大 35%。

42.4.2　非黏性土

非黏性土的轴向阻力可采用“贝塔”摩擦模型 进行定义。“贝塔”模型通过采用整体摩擦系数而使水平轴向阻力与所施加的垂向力相关：

$$F_{axial}=\mu\cdot W' \tag{42-23}$$

式中　F_{axial}——轴向阻力；

μ——整体摩擦系数；

W'——垂向作用力（管道沉没重量）。

整体摩擦系数值可根据下述关系式计算：

$$\mu=f_r\mu_a \quad (42-24)$$

式中 f_r——楔入系数 $f_r=\dfrac{2\sin\theta}{\theta+\sin\theta\cos\theta}$，其中 $\theta=\cos^{-1}(1-2z/D)$；

μ_a——整体摩擦系数；$\mu_a=\tan\varphi$，其中 φ 为管－土摩擦界面角（土壤摩擦角）。

式（42-24）也用于深水软质黏土的排水响应。已测得低应力水平下深水软质黏土的排水摩擦系数为 0.75（相当于 37° 摩擦角）[4]。管道－黏土相互作用一般会对快速移动的管道产生不排水响应，而对慢速移动的管道则是排水响应。不排水和排水响应均产生不同值的轴向响应。然而，从不排水状态过渡到排水状态，至今仍无法完全明白。

42.5 管道的侧向载荷－位移响应

从常规来看，管道坐底稳性设计的基础是水动力与土壤侧向阻力之间的静态平衡。在这一方法中，土壤侧向阻力通常采用库仑摩擦模型通过将垂向作用力（管道的沉没重量）乘以土壤摩擦系数的方式进行估算。然而，所测得的土壤侧向阻力表明，土壤力值远高于仅根据土壤摩擦系数而得的分析值。这一差异性说明，针对管道侧向移动需在土壤阻力中纳入其他的参数。尤为特殊的是，因管道沉没重量和所产生的动态管道铺设力，并结合黏土固结和管道振动所致的管道后续沉降之故，管道的初始埋置表明对相对于管道侧向运动的土壤阻力有明显影响。

从传统来看，对黏土中的侧向管－土阻力的评估已采用了包括两部分内容的公式：第一部分与用于轴向管－土相互作用的“排水”模型相类似，而第二部分则在其形成时含有被动 的土壤阻力，以顾及额外的侧向稳性，这是通过管道沉降入土壤而获得的，诸如土壤隆起的阻力。总之，侧向土壤阻力 F_L 由 F_F 和 F_R 组成，其中的 FF 为管道沉没重量和管－土侧向摩擦系数的线性函数，而 F_R 则取决于管道载荷历史所致的管道埋置情况，即：

$$F_L=F_F+F_R \quad (42-25)$$

式中 F_L——土壤总侧向阻力；

F_F——滑动阻力所致的侧向摩擦力，由下式给出：$\mu_L W'$；

μ_L——侧向摩擦系数，假定黏性土的数值取 0.2；

F_R——土壤侧向被动阻力。

Brennodden and Stokkeland[22] 以及 Verley and Lund[9] 建议将这些公式应用于基于该模型的侧向土壤阻力，其中的第二项 F_R 则结合不同的公式进行评估。这些模型主要为管道稳性的评估而研发，其下限值的应用系出于保守之故。作为 SAFEBUCK 的一部分，Bruton 等人 [12] 最近提出建议，即根据试验结果采用该模型的细化版。下述几节将描述应用于侧向土壤阻力评估的相关方法。

42.5.1　黏性土

42.5.1.1　经典岩土理论

对于不排水抗剪强度低的软质黏土，管道埋置相对动作较大，因此对侧向土壤阻力作用较大。因触底位置的动态效应和管道移动，管道铺设过程会引起软质土壤的重塑。50% 原始土壤强度的重塑强度通常被用在软质黏土的分析之中，而且还被用于评估出油管已铺设条件下的侧向土壤阻力。土壤敏感性系抗剪强度与土壤的重塑抗剪强度之比。

结合了经计算得出的与已铺设条件相关的管道沉降值，单位长度管道的侧向阻力可表示如下：

$$F_L = \begin{cases} N_{CH} \cdot S_{u\text{-reg}} \cdot D & 若\ Z \geqslant D \\ N_{CH} \cdot S_{u\text{-reg}} \cdot z & 若\ Z < D \end{cases} \tag{42-26}$$

式中　N_{CH}——侧向承载力系数 [2]；

S_{u_reg}——重塑土壤的不排水抗剪强度。

侧向承载力系数可采用如图 42-11 所示加以确定，其表示 N_{CH} 与埋置比（z/D）之间的关系。

42.5.1.2　Verley and Lund 法

Verley and Lund[9] 研发了土壤阻力模型，可适用于黏性土上的管道铺设作业。已从许多大型和小型实验室试验以及一些数字分析中采集了相关数据。根据 Verley and Lund 模型，取黏性土的侧向摩擦系数为 0.2，得出滑动力。对所有黏土而言，给定管道沉降中的侧向土壤阻力的最大值 可表示如下：

$$F_R = 4.13 D S_u G^{-0.392} \left(\frac{z}{D}\right)^{1.31} \tag{42-27}$$

式中　无量纲参数$G=\dfrac{S_u}{D\cdot\gamma_s}$。

这一土壤阻力模型系依据给定沉降而建立，其应根据式（42-8）及其参数范围进行计算。

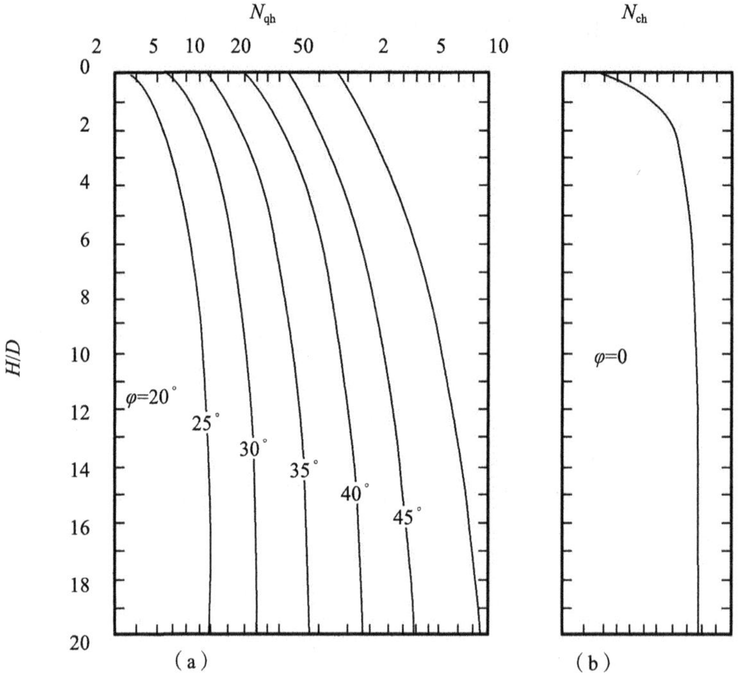

图 42-11　不同土壤的 Hansen 承载力系数 N_{qh} 和 N_{ch}

（a）颗粒状土　（b）黏性土

42.5.1.3　时变阻力法

Brennoddenn and Stokkeland[22] 为 Troll 第一阶段发展实施了一些全尺寸模型试验。这些模型试验的结果揭示了峰值土壤阻力有显著的增长，不管是轴向的还是侧向的，并在土壤固结方面时间延长。建议在计算土壤的最大侧向阻力时采用下述方法。

$$F_{l,\max}=k_{\max}\cdot\left(\mu\cdot q_s+\beta_{\max}\cdot S_u\cdot\frac{A_c}{D}\right)\tag{42-28}$$

$$F_{l,\text{residual}}=k_{\text{residual}}\cdot q_s\cdot\left(\mu+\beta_{\text{residual}}\cdot\lambda\right)\tag{42-29}$$

式中　μ——摩擦系数（软质黏土为 0.2）；

$k_{\max}, k_{\text{residual}}$——取决于破裂速率和管径的无量纲经验系数。对于 Troll 条件，相关系数分别为 0.8 和 0.6；

β_{max},$\beta_{residual}$——取决于不排水抗剪强度的无量纲经验系数。对于 Troll 条件，相关系数分别为 1.47 和 1.09；

λ——无量纲重量参数 $=\rho_W \cdot D^2/q_s$；

ρ_W——海水密度；

q_s——管道的单位沉没重量；

A_c——管－土接触面 $2R \cdot a\cos(1-z/R)$。

这些公式也可简化如下：

轴向土壤阻力（kN/m）：

$$F_{a,max}=1.05 \cdot A_c \cdot S_u \tag{42-30}$$

侧向土壤阻力（kN/m）：

$$F_{t,max}=0.8 \cdot (0.2 \cdot F_c+1.47 \cdot S_u \cdot A_c/D) \tag{42-31}$$

式中 F_c——垂直接触力 /（kN/m）；

A_c——$2 \cdot R \cdot a_{rc}\cos(1-z/R)$（$m^2$）；

z——海床沉降 /m；

S_u——不排水抗剪强度 /kPa。

42.5.1.4 Bruton 等人法

Bruton 等人[12]法的公式完全与式（42-12）两部分内容具有同等的关系，但相关项系根据经验法实施并予采用。经更新的模型将通常影响 $S_u \cdot D$ 的水平力和垂向力联系。峰值破裂阻力系根据下式计算：

$$h_{brk}=0.2v+\frac{3}{\sqrt{\dfrac{S_u}{\gamma' D}}}\frac{z_{start}}{D} \tag{42-32}$$

式中 h_{brk}——标准化峰值破裂阻力，$h_{brk}=H_{brk}/(S_u \cdot D)$；

H_{brk}——峰值破裂力，kN/m；

S_u——管道倒置处的不排水抗剪强度，kN/m^2；

D——管径，m；

v——标准化的有效垂直载荷，$v=F_z/(S_u \cdot D)$；

F_z——垂直载荷，kN/m；

γ'——有效的土壤单位重量，kN/m^3；

z_{start}——开始时管道沉降进入土壤。

残余阻力可采用下式计算：

$$\frac{h_{\text{res}}}{v_{\text{res}}}=1.0-0.65\cdot\left[1-\exp\left(-0.5\cdot\frac{S_{\text{u,1}D}}{\gamma'\cdot D}\right)\right] \tag{42-33}$$

式中 h_{res}——标准化残余破裂阻力，$h_{\text{res}}=H_{\text{res}}/(S_{\text{u}}\cdot D)$；

H_{res}——残余破裂力；

$S_{\text{u,1D}}$——1 米深不排水抗剪强度；

D——管径；

v_{res}——标准化的残余有效垂直载荷，$v=F_{z,\text{res}}/(S_{\text{u}}\cdot D)$；

F_z——垂向载荷；

γ'——有效的土壤单位重量。

式（42–32）和式（42–33）系峰值和残余侧向阻力的简化导出式。然而，管道后面的吸力可支配峰值阻力，尽管相应的关系并未出现在 Bruton 等人[12]的方法中。另外，有必要对激活这些单独阻力所需的位移进行预测。

42.5.2 非黏性土

非黏性土的侧向土壤阻力一般由两部分组成：纯库仑摩擦 F_F 和被动阻力 F_R，其因随管道侧向移动而产生土壤沉降。纯库仑摩擦部分也称为滑动阻力，其由 $\mu_L W'$ 给出。典型的被动土壤阻力模型由四个不同区域组成[20]:

（1）弹性区，其侧向位移一般小于管径的 2%。

（2）可明显感觉到位移的区域，在砂和黏性土中最大至管径的一半，其中管 - 土相互作用导致沉降变大，因此在被动土壤阻力中也是如此。

（3）破裂后区域，此时的阻力和沉降均减小。

（4）通常在位移超出一个管径时，可假定被动阻力和沉降是恒定不变的。

图 42–12 为四个区域内的被动阻力。在弹性区，$Y\leqslant Y_1$，砂的刚性 k 可取值 50 ~ 100 N/m。刚性随砂的密度而增加。沉降是恒定的，等于初始沉降。在第二个区域，$Y_1<Y\leqslant Y_2$，沉降增加，因此被动阻力也加大。如果位移超过 Y_2，那么假定管道出现破裂。破裂阻力 F_{R2} 的数值不可进行推理计算，因其取决于 Y_1 和 Y_2 之间区域内的累积管道位移。

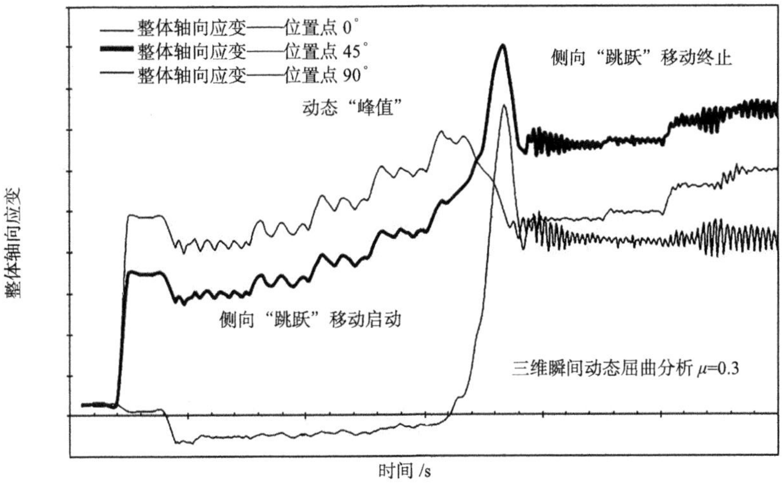

图 42-12　土壤中管道的被动阻力[20]

从 Y_2 破裂值开始，沉降呈线性减小，直至 $Y=Y_3$ 时该数值的一半，而被动阻力也相应降低。对于第四个区域，侧向位移大于 Y_3，可假定 沉降和被动阻力为恒定不变。

砂的被动阻力 F_R 可表示如下：

$$\frac{F_R}{F_C}=\begin{cases}\left(5.0\cdot k_s-0.15\cdot k_s^2\right)\cdot\left(\dfrac{z_p}{D}\right)^{1.25}, & \text{若 Ks} \leqslant 26.7\\ k_s\cdot\left(\dfrac{z_p}{D}\right)^{1.25}, & \text{若 Ks} > 26.7\end{cases} \tag{42-34}$$

式中　$k_s=\dfrac{\gamma' D^2}{W'-F_z}$　；

F_c 为管土之间的垂直接触力 $F_c=W'-F_z$；

F_z 为垂直水动力提升载荷。可在整体屈曲分析中忽略不计。

42.5.3　侧向屈曲“轻”管和“重”管

呈侧向屈曲的管道可分类为“轻型”、“中型”和“重型”管道，其依据为如图 42-13 所示的侧向响应。土壤破裂之后，在先于管道侧向移动的土壤隆起过程中，观察到三类大幅度侧向响应，其图示说明了取决于出油管重量与海床强度之比的侧向响应 $V/S_u D$，此时 V 为所施加的垂向力或单位长度有效沉没重量，系式（42–12）中的 F_z。

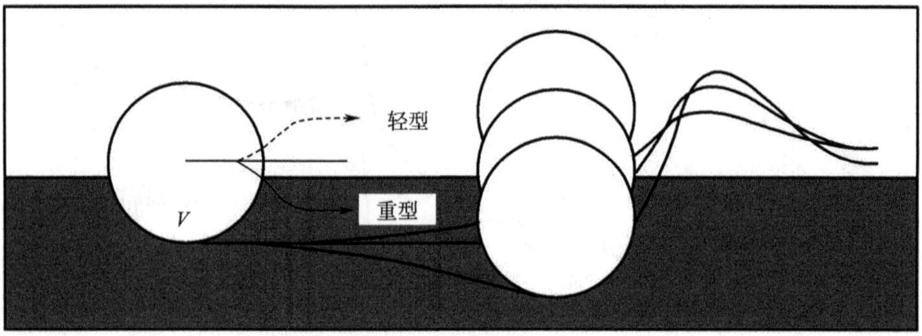

图 42–13 管道侧向响应[23]

V/S_uD <1.5 时，管道被归类为“轻型”管道。试验结果表明，在首次侧向移动期间，管道 在破裂之后上升至海床表面，如图 42–14（a）所示。随着管道的上升以及与管道后面的土壤失去接触即消除拉伸约束后，侧向阻力则从破裂值减小至稳定的残余阻力值。

V/SuD >2.5 时，管道被归类为“重型”管，在达到初始破裂阻力之后，一般向下移动。这一向下移动与先于管道的土壤隆起相结合，致使侧向阻力稳定增加，如图 42–14（b）所示。

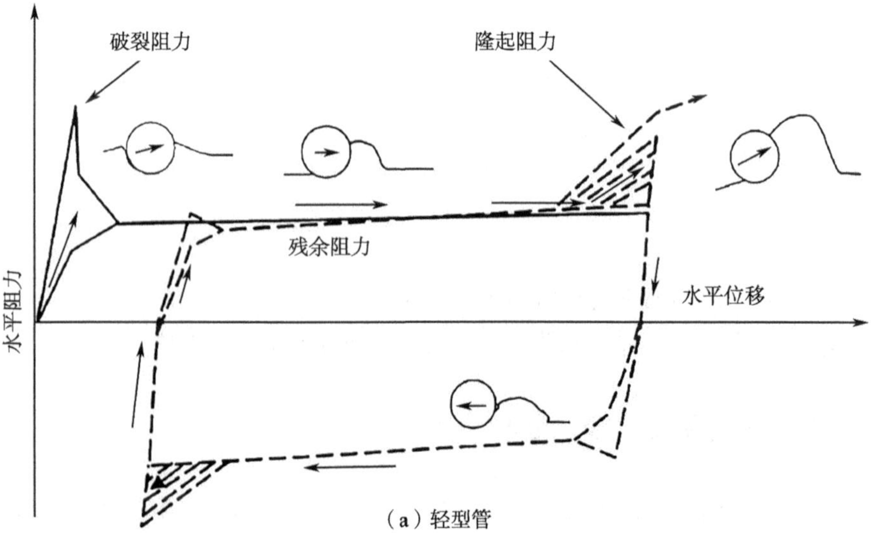

（a）轻型管

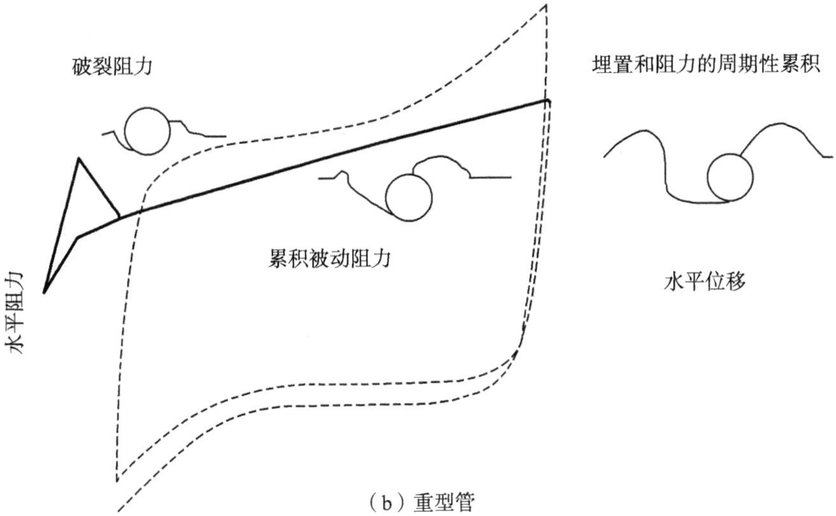

（b）重型管

图 42–14　“轻型”和“重型”管的侧向管 – 土响应 [24]

42.5.4　侧向屈曲导致的土壤隆起

由于管道受周期性热载荷的作用而出现热膨胀和收缩，因此管道呈周期性地来回穿越海床的同一部位。表面土壤则在 管道位移范围的极值处形成隆起。图 42–15 为土壤隆起的效果，是对在周期性热载荷作用下的管道侧向屈曲的数字分析实例。模型中无土壤隆起（a）的管道屈曲构形与包括了土壤隆起（b）在内的情形进行比较。如果土壤隆起忽略不计，可假定侧向阻力在侧向位移持续进行时保持恒定不变。基于这一侧向响应的数字建模表明，屈曲的幅度在每一周期都会增加。如果将土壤隆起包括其中，土壤隆起则限制了屈曲的增长，使得周期性位移在多个周期内几乎保持不变，如图 42–15（b）所示。在应力范围内隆起水平固定，其值接近于首个周期的值；与此相反，由于屈曲波长增加，忽略隆起的影响将使应力范围减小。忽略了隆起的设计计算可能会低估管道中所产生的 疲劳破损。

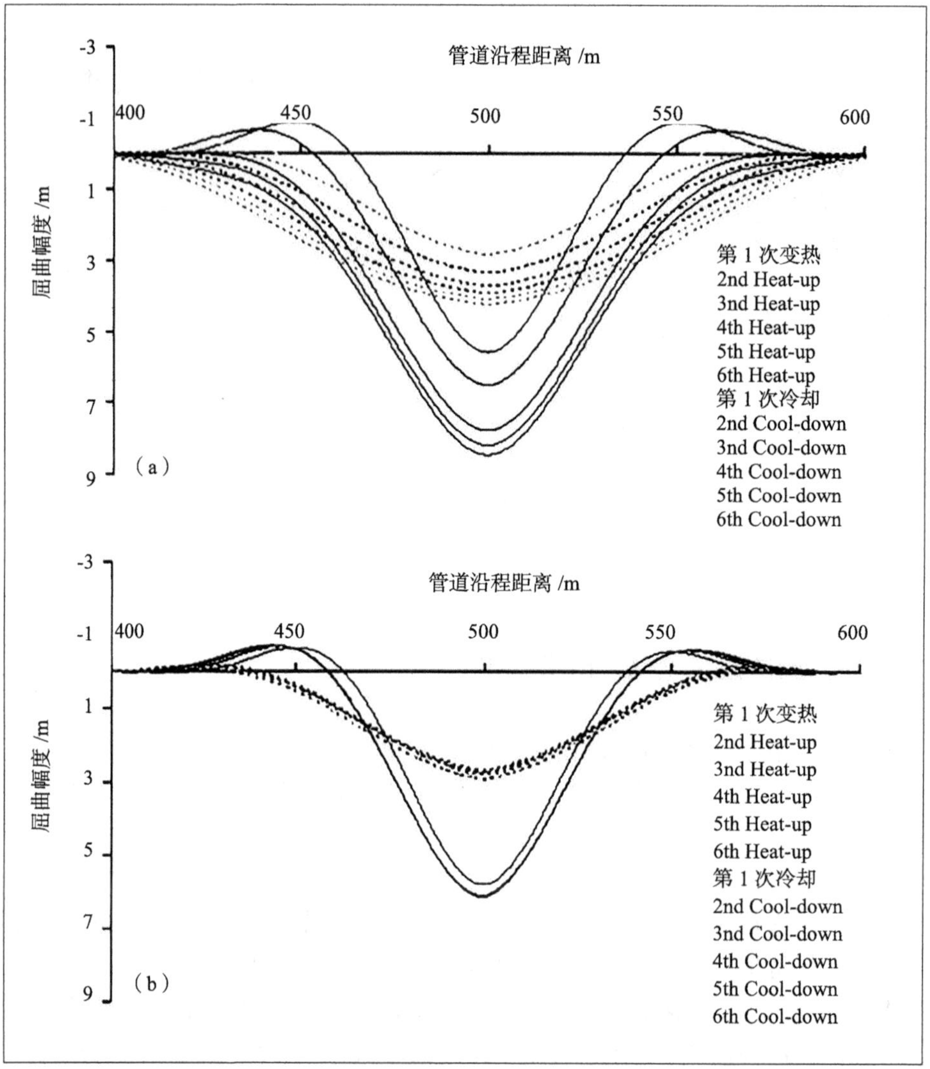

图 42-15　无隆起（a）和含有隆起（b）的管道屈曲构形 [4]

参考文献

[1] N.I. Thusyanthan, Seabed Soil Classification, Soil Behaviour and Pipeline Design, OTC 23297, 2012.

[2] K. Terzaghi, and R.B. Peck, Soil Mechanics in Engineering Practice, Second Edition, John Wiley and Sons, New York, 1967.

[3] BS, Code of Practice for Pipelines, Part 2 Subsea Pipelines, BS PD 8010-2, 2004.

[4] D. A. S. Bruton, D. J. White, M. C. Carr, and C. Y. Cheuk, Pipe-Soil Interaction During Lateral Buckling and Pipeline Walking – The SAFEBUCK JIP, OTC 19589, 2008.

[5] Brown & Root, AGA Submarine Pipeline On-Bottom Stability - Analysis and Design Guidelines, Vol. 1, 1993.

[6] ALA-ASCE, Guidelines for the Design of Buried Steel Pipe, 2001.

[7] DNV, Free Spanning Pipelines, DNV-RP-F105, 2006.

[8] T. Langford, R. Dyvik and R. Cleave, Offshore Pipeline and Riser Geotechnical Model Testing: Practice and Interpretation, OMAE2007-29458, 2007.

[9] R. Verley, and K. M. Lund, A Soil Resistance Model for Pipelines Placed on Clay Soils, Proceedings of OMAE ,95, Vol. 5, Pipeline Technology, 1995.

[10] Y. Bai, and Q. Bai, Subsea Pipelines and Risers, Elsevier Ltd., ISBN: 978-0-08-044566-3, 2005.

[11] J. D. Murff, D. A. Wagner, and M. F. Randolph, Pipe Penetration in Cohesive Soil, Géotechnique, 39, No. 2, pp. 213 - 229, 1989.

[12] D. A. S. Bruton, D. J. White, C. Y. Cheuk, M. D. Bolton, and M. C. Carr; Pipe-Soil Interaction Behavior during Lateral Buckling Including Large Amplitude Cyclic Displacement Tests by the SAFEBUCK JIP, OTC17944, 2006.

[13] D. N. Cathie, J. C. Jaeck and J. F. Wintgens, Pipeline Geotechnics - State of the Art, International Symposium on Frontiers in Offshore Geotechnics, 2005.

[14] K. M. Lund, Effect of Increase in Pipeline Penetration from Installation, Proc. Conf. on Offshore Mechanics and Arctic Engineering, OMAE2000-PIPE5047, 2000.

[15] M. F. Randolph and D. J. White, Pipeline Embedment in Deep Water: Processes and Quantitative Assessment, OTC 19128, 2008.

[16] R. Verley, and T. Sotberg, A Soil Resistance Model for Pipelines Placed on Sandy Soils, Proceedings of OMAE"92, 1992.

[17] H. Gravesen, and J. Fredsoe, Modelling of Liquefaction, Scour and Natural Backfilling in Relation to Marine Pipelines, Offshore Oil and Gas Pipeline Technology, European Seminar, Copenhagen, February, 1983.

[18] D. Bonjean, C. Erbrich, and J.Zhang, Pipeline Flotation in Liquefiable Soil, OTC 19668, 2008.

[19] S. N. Endley, and A. K. Potturi, and P. M. Rao, An Experimental Study of Pipeline Flotation, OTC 19918, 2009.

[20] DNV, On-bottom Stability Design of Submarine Pipelines, DNV-RP-F109, 2007.

[21] D. J. White, S. A. Ganesan, M. D. Bolton, and et al., SAFEBUCK JIP - Observations of Axial Pipe-soil Interaction from Testing on Soft Natural Clays , OTC 21249, 2011.

[22] H. Brennodden, and A. Stokkeland, Time-Dependent Pipe-Soil Resistance for Soft Clay, OTC 6486, 1992.

[23] A. J. Hill and H. Jacob, In-Situ Measurement of Pipe-Soil Interaction in Deep Water, OTC 19528, 2008.

[24] D. A. S. Bruton, D. J. White, T. Langford, and A. J. Hill, Techniques for the Assessment of Pipe-Soil Interaction Forces for Future Deepwater Developments, OTC 20096, 2009.

第 43 章

管道周围的水动力学

43.1 引　　言

43.1.1 概述

海底的环境条件在几乎所有海底结构物的设计中都至关重要，包括海底管道和立管。与海底管道和立管相关的环境数据包括：①波浪高度、时间周期和方向。波浪可在海底结构物上产生水动力。②风速和方向，可驱动海流。③ 海流和方向，也会在海底结构物上产生水动力载荷。此类环境数据可用于以下海底管道和立管分析：

- 管道稳性分析；
- 管道悬跨分析；
- 管道安装分析；
- 立管分析和设计；
- 海床土壤稳定性和液化分析。

海底管道和立管设计常使用两种波浪分析方法：时域分析和频域分析。海底管道和立管设计多用时域分析。波浪载荷由典型不规则波产生，可通过波高和相应的时间周期对不规则波进行描述。时域分析的优点是数据处理和应用较为简便。海底管道设计中针对安装的时域分析可基于 1 年重现期波浪的有效波高和相应周期，针对整个生命周期的设计（例如坐底稳性）则需基于重现期为100年的波浪。

43.1.2 波浪数据处理

时域分析通常从波浪数据中提取有效波高和平均过零波浪周期特征。有效波高参数被广泛应用于海岸工程，可对波浪状态进行定义和建模。

有效波高 H_s 为三分之一最高波的均值。如果是窄带高斯过程，那么有效峰间波高可计算为过程零阶矩 m_0 的四倍。

$$H_s = 4.0\sqrt{m_0} \qquad (43\text{–}1)$$

式中：m_0 为波浪功率谱的零阶矩；H_s 是海底管道工程中使用最多的波高度量方法，也是波浪状态的一个重要参数，可说明特定波浪状态的波浪能量。

最大波高 H_{max} 为单个波浪超越一组波浪的概率，可通过瑞利密度分布得到，如图 43–1 所示。有效波高则由波高统计数据（阴影部分的均值）确定。

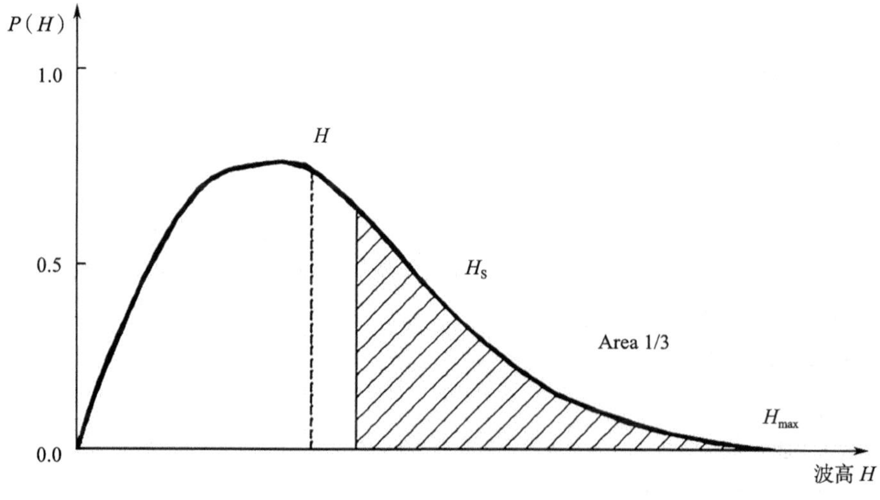

图 43–1 瑞利密度函数 [1]

根据瑞利分布，波高可计算如下：

$$H_s \approx 1.6 H_{mean} \qquad (43\text{–}2)$$

$$H_{max} \approx 1.86 H_s \approx 3 H_{mean} \qquad (43\text{–}3)$$

式中 H_{max} 为根据 H_s 得出的概率最高的最大波高。系数 1.86 是基于假定典型波浪周期为 10s，即 3 小时波浪状态将有 1 000 个波浪通过设计位置。但最大波高需限制在水深的 0.78 倍，即达到碎波的极限。常用的另一个参数是有效波浪周期 T_s，为记录的所有波浪周期中三分之一最高波的平均周期。

近似窄带高斯过程可以较好地描述波浪，这是因为波峰振幅通常要比波谷振幅更大。尽管瑞利分布可以对波高分布进行合理建模，但其对波峰振幅估计过低。瑞利分布波高特征如表 43-1 所示。

表 43-1　基于瑞利分布的特征波高

特征高度	H/H_{rms}	$H/\sqrt{m_0}$	H/H_s
标准偏差	0.354	1	0.25
RMS 波高	vv1	2.828	0.707
平均 高度	0.866	2.507	0.626
有效高度 $H_{1/3}$	1.416	4	1
十分之一最高波的均值 $H_{1/10}$	1.8	5.091	1.271
百分之一最高波的均值 $H_{1/100}$	2.359	6.672	1.667

有效波高和波浪周期是广泛使用的参数，因而需要注意通常有几个定义都可用于说明波浪周期。特别是对于波浪上升过程，经常用峰值周期和零上切波周期替代有效波浪周期。峰值周期 T_p 是包含能量最大的波浪周期，对于通过波浪谱定义波浪模型特别重要，当描述不规则随机波浪状态时常常使用。零上切波周期 T_z 为水面连续两次向上越过平均水位线所需时间的平均值。

43.2　波浪理论

43.2.1　概述

本节所述的大部分理论和公式都来自 Faltinsen（1990）、Gran（1992）

和 Langen 等（1997）[2-4]。

在 x 轴正向定义 2D 规则长峰波浪传播时所用的参数如图 43-2 所示。

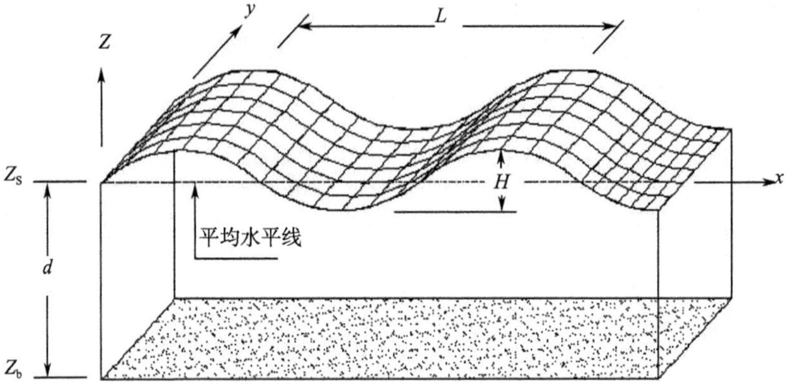

图 43-2　定义 2D 规则波浪的参数

本节中　L 为波长；

H——波高；

d——水深，通过 z_s-z_b 计算得出；

a——波幅（$H/2$）；

T——波浪周期；

g——重力加速度；

t——时间；

x——波浪传播方向。

波浪频率由下式定义：

$$\omega=\frac{2\pi}{T} \tag{43-4}$$

波数可表达为

$$k=\frac{2\pi}{L} \tag{43-5}$$

根据势波理论，表达波浪周期和波长之间关系的色散关系可由下式给出：

$$\frac{\omega^2}{gk}=\tanh\left(kd\right) \tag{43-6}$$

波浪理论的有效性通常可通过图进行量化，如图 43-3 所示。这是得到广泛认可的波浪理论适用性说明图，海岸工程规范经常使用。可基于三个参数选择波浪理论：波高 H、波浪周期 T 以及图中的水深。

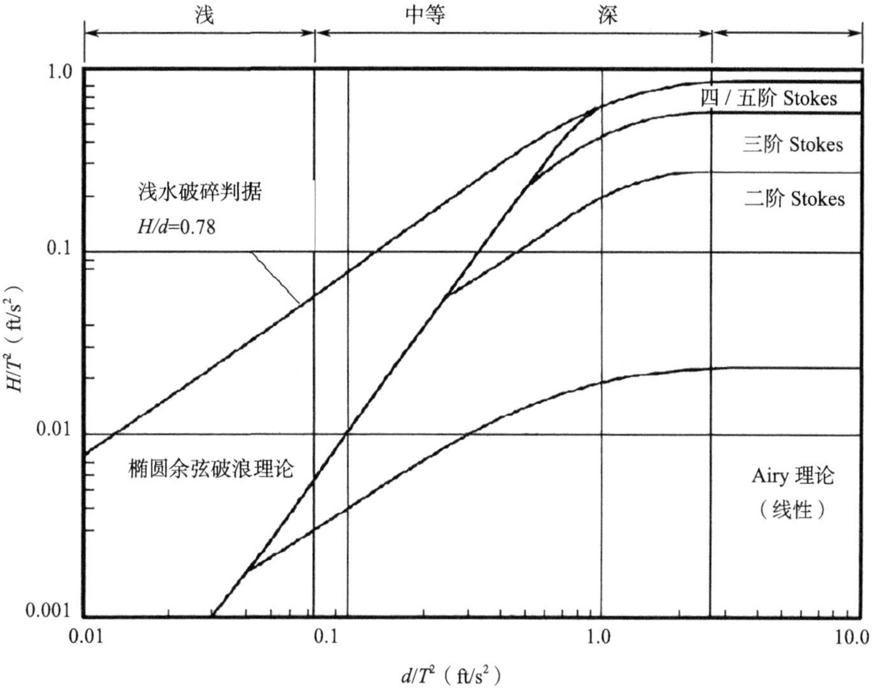

图 43–3　波浪理论的有效范围 [5]

将水深分为浅、中等和深是相对度量，并取决于波浪周期。纵座标 H/T^2 是波浪陡度的度量，与波面角度相关。如图 43–3 所示的不同波浪理论通常可分为两类：线性波浪理论（Airy）和非线性波浪理论（椭圆余弦和 Stokes）。图 43–3 说明在深水中，线性波浪理论适用的波浪陡度可以达到 0.02 ft/s^2，随着深度减小其应用限制逐渐增加。

Airy 和 Stokes 波浪理论都是最简单的理论，将水 / 空气界面的形状描述为时间的函数。Airy 波浪理论使用正弦函数表达波面，而 Stokes 波浪理论通过五阶正弦级数扩展了波面描述。这是最简单的波浪理论，但适用范围很广。

对于浅水中经常遇到的较陡波浪，Stokes 波浪理论可提供更好的近似。椭圆余弦波浪理论在稍深一些的水中近似程度较好。

对海上结构物进行疲劳极限状态分析时，需特别关注每天的平均波浪环境。此类波浪环境的特征通常为波浪相对较小，波浪陡度也较小，因而使用线性波浪理论是合理的。

为了确定什么波浪理论最适用于表达波浪作用导致的近海底运动，业界已经进行了广泛研究。Dean 等（1986）认为对于较大范围的相对水深和波浪陡度，线性波浪理论都能为近海底运动提供较好的预测[6]。能够较好预测一个原因是，对于自由液面以下的深度，较高阶波浪理论所考虑的非线性的影响降低了。Kirkgoz（1986）也发现对于接近破碎点的波浪，线性波浪理论可合理预测近海床水质点的速率[7]。因而对于较大范围的波高、周期和水深，将线性波浪理论应用于近海床物体是适当的。通过线性波浪理论可将计算流体速度和表面波加速度转移到海床面。

43.2.2 线性波浪理论

线性波浪理论最早由 Airy 在 1845 年发表，因而也称为 Airy 波浪理论。线性波浪理论假定波浪由小振幅（与波长相比）波构成，所以常常称作小振幅波浪理论。线性波浪理论的其他假定包括：

- 不可压缩的均匀流体；
- 忽略表面张力和科里奥利力；
- 表面压力均匀恒定；
- 无黏性的理想流体；
- 水平不透水海床；
- 长峰波浪（2D 方法）；
- 无漩涡流体运动。

43.2.2.1 规则长峰波浪

图 43-4 为 2D 规则长峰波浪，根据其振幅和频率定义绘制，波浪运动表达式为：

$$\eta=a\cdot\sin(\omega t-kx+a) \tag{43-7}$$

x 轴方向的流速分量：

$$v_x=\frac{agk}{\omega}\cdot\frac{\cosh\left(k\left(d+z\right)\right)}{\cosh\left(kd\right)}\cdot\sin\left(\omega t-kx+\alpha\right) \tag{43-8}$$

z 轴方向的流速分量：

$$v_z=\frac{agk}{\omega}\cdot\frac{\sinh\left(k\left(d+z\right)\right)}{\cosh\left(kd\right)}\cdot\cos\left(\omega t-kx+\alpha\right) \tag{43-9}$$

x 轴方向的流体加速度分量：

$$a_x = agk \cdot \frac{\cosh\left(k\left(d+z\right)\right)}{\cosh\left(kd\right)} \cdot \cos\left(\omega t - kx + \alpha\right) \tag{43-10}$$

z 轴方向的流体加速度分量：

$$a_z = -agk \cdot \frac{\sinh\left(k\left(d+z\right)\right)}{\cosh\left(kd\right)} \cdot \sin\left(\omega t - kx + \alpha\right) \tag{43-11}$$

动态压力：

$$p_{\text{dyn}} = \rho ag \cdot \frac{\cosh\left(k\left(d+z\right)\right)}{\cosh\left(kd\right)} \cdot \sin\left(\omega t - kx + \alpha\right) \tag{43-12}$$

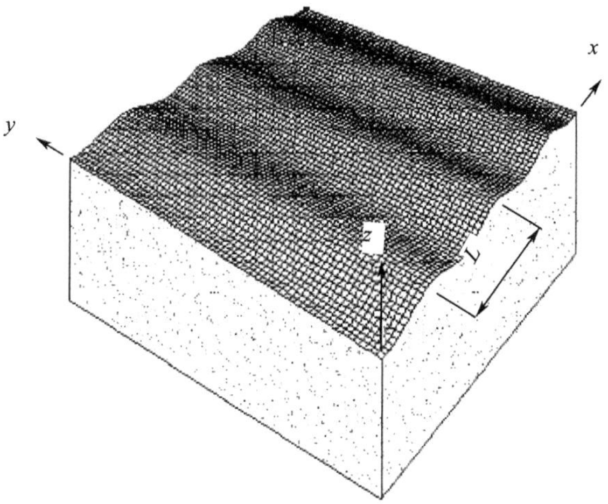

图 43-4　规则长峰波浪

43.2.2.2　随机长峰波浪

图 43-5 为 2D 随机长峰波浪，依据有效波高、峰值频率等绘制。本节中的公式将根据如图 43-6 所示波浪谱对波浪状态特征进行定义。

举例来说，北海波浪联合项目（JONWAP）基于北海测量数据提出 JONSWAP 谱，定义为

$$S\left(f\right) = \frac{ag^2}{\left(2\pi\right)^4 f^5} \exp\left(-\frac{5}{4}\left(\frac{f}{f_p}\right)^{-4}\right)\gamma^{a_p} \tag{43-13}$$

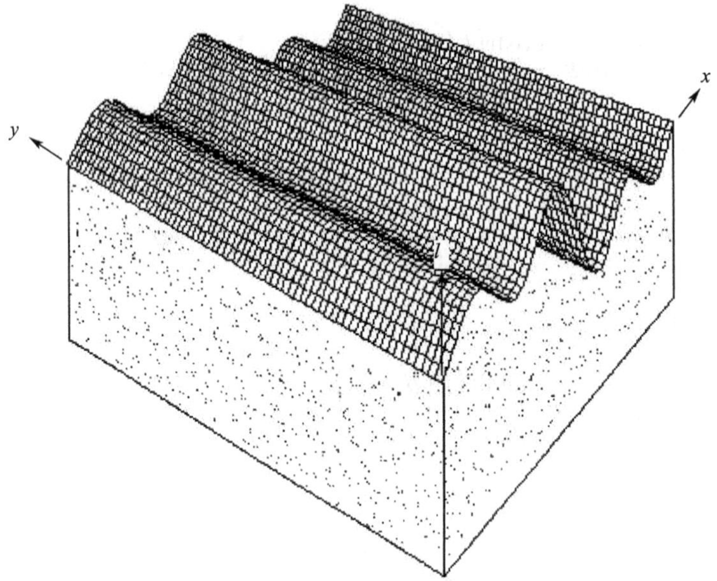

图 43–5　随机长峰波浪

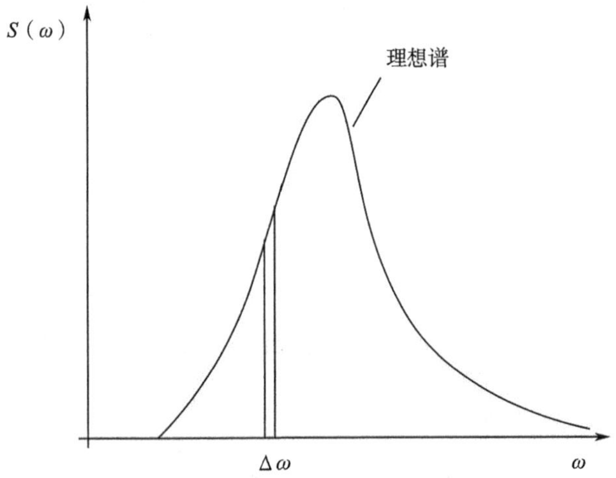

图 43–6　波浪谱

式中：

$$a_p = \exp\left\{-\frac{\left(f - f_p\right)^2}{2\sigma^2 f_p^{\ 2}}\right\}$$

$$\sigma=\begin{cases}0.07 & \text{当} f\leqslant f_p\\0.09 & \text{当} f>f_p\end{cases}$$

f——频率；

f_p——谱的峰值频率；

g——重力加速度；

a_p——Phillips 常数；

σ——谱宽度参数；

α——与风速和风区长度相关的常数，北海北部的取值范围通常为 0.0081~0.01；

γ 为 JONSWAP 谱的峰度参数，由下式确定：

$$\gamma=\begin{cases}1 & \gamma<1\\ \exp\left(5.75-0.367T_{\text{peak}}\sqrt{\dfrac{g}{H_s}}\right) & 1<\gamma<5\\ 5 & \gamma>5\end{cases} \tag{43-14}$$

现在使用更多的是根据 H_s、T_p 和 γ 对谱进行说明的 Goda 方法。

$$s(f)=B_J H_{1/3}^2 T_P^{-4} f^{-5}\exp\left[-\frac{5}{4}(T_P f)^{-4}\right]\gamma^{ap}$$

式中：

$$\beta_J=\frac{0.06238}{0.230+0.0336\gamma-0.185(1.9+\gamma)^{-1}}[1.094-0.01915\ln\gamma]$$

$$f_p=\frac{1}{T_p}，\gamma\text{（shape factor）}=1\sim7\text{（平均 3.3）}$$

通过波浪谱可发现几个特征。λ_n 为第 n 阶（应力）谱矩，可定义为

$$\lambda_n=\int_0^\infty f^n S(f)df \tag{43-15}$$

$H_{1/3}$ 为有效波高，可计算如下：

$$H_{1/3}=4\sqrt{\lambda_0} \tag{43-16}$$

过零点的平均周期 $\overline{T_0}$ 为

$$\overline{T_0}=\frac{1}{f_0}=\sqrt{\frac{\lambda_0}{\lambda_2}} \tag{43-17}$$

谱的带宽参数 ε 为

$$\varepsilon=\sqrt{1-\frac{\lambda_2{}^2}{\lambda_0\lambda_4}} \tag{43-18}$$

通过逆变换可将各波浪分量的波幅（a_i）和频率（ω_i）从波浪谱中提取出来。根据下式从波浪谱中提取各波浪分量的波幅和频率：

$$a_i=\sqrt{2\cdot\Delta f\cdot S\left(f_i\right)} \tag{43-19}$$

式中：

$$f_i=i\cdot\Delta f \tag{43-20}$$

Δf 为连续频率的恒定差值。

$$k_i=\frac{\left(\omega_i\right)^2}{g}\text{：深水色散关系，}\omega_i=2\pi\cdot f_i \tag{43-21}$$

波幅时间实现的一个例子是采用 Jonswap 谱分析，如图 43-7 所示。

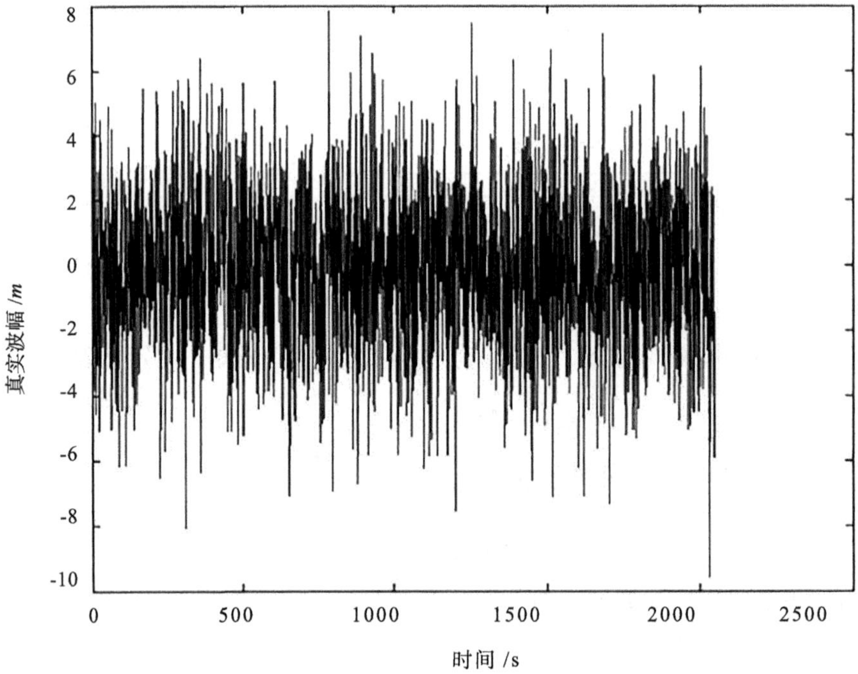

图 43-7　2048 s 零平均波幅时间实现

如果将平均分布于 0 和 2π 之间的随机相角 α_i 分配给各波浪分量，则波浪运动可用线性分量之和表达，如图 43-8 所示。

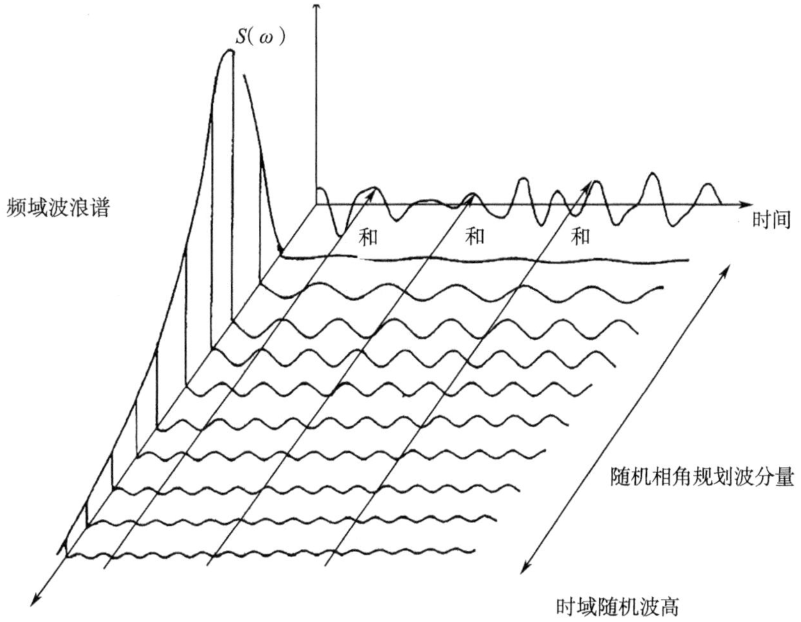

图 43-8　长峰波浪的频域和时域表达

若 N 为波浪分量数，即通常为 2 次数，特定时间和位置的波浪状态可表达为：
波面上升

$$\eta = \sum_{i=1}^{N} a_i \cdot \sin\left(\omega_i t - k_i x + a_i\right) \tag{43-22}$$

x 轴方向的速度分量

$$v_x = g \cdot \sum_{i=1}^{N} \frac{a_i k_i}{\omega_i} \cdot \frac{\cosh\left(k_i\left(d+z\right)\right)}{\cosh\left(k_i d\right)} \cdot \sin\left(-\omega_i t - k_i x + a_i\right) \tag{43-23}$$

z 轴方向的速度分量

$$v_z = g \cdot \sum_{i=1}^{N} \frac{a_i k_i}{\omega_i} \cdot \frac{\sinh\left(k_i\left(d+z\right)\right)}{\cosh\left(k_i d\right)} \cdot \cos\left(\omega_i t - k_i x + a_i\right) \tag{43-24}$$

x 轴方向的加速度分量

$$a_x = g \cdot \sum_{i=1}^{N} a_i k_i \cdot \frac{\cosh\left(k_i\left(d+z\right)\right)}{\cosh\left(k_i d\right)} \cdot \cos\left(\omega_i t - k_i x + a_i\right) \tag{43-25}$$

z 轴方向的加速度分量

$$a_z = -g \cdot \sum_{i=1}^{N} a_i k_i \cdot \frac{\sinh\left(k_i\left(d+z\right)\right)}{\cosh\left(k_i d\right)} \cdot \sin\left(\omega_i t - k_i x + a_i\right) \tag{43-26}$$

动态压力

$$p_{dyn} = -\rho g \cdot \sum_{i=1}^{N} a_i \cdot \frac{\cosh\left(k_i\left(d+z\right)\right)}{\cosh\left(k_i d\right)} \cdot \sin\left(\omega_i t - k_i x + a_i\right) \tag{43-27}$$

Abaqus/Aqua 采用的算法可根据 Airy 波浪理论进行线性计算。只要提供波幅、波浪周期、相角和传播方向，程序即可对单个波浪建模 [8]。不规则波浪状态的建模需重复输入足够参数，为 Abaqus 提供单个波浪的数据并在程序中进行叠加。但精确模拟真实波浪状态至少需要 1 000 组波浪数据，因而建议使用 ABAQUS 的子程序 UWAVE 对完整波浪状态进行建模 [9]。

43.2.3 非线性波浪理论

对于极限载荷状态，由于波高较大，无法进行基于线性波浪理论假定的精确建模。暴风中波浪为高长峰，不符合对称、低振幅波形的线性假定。

Stokes 于 1847 年提出的非线性波浪理论是最基本的理论之一，基于可作为幂级数展开的摄动解。为了展开幂级数，Stokes 波浪理论采用 Airy 波浪作为初始精确解。然后将附加谐波加入线性波浪理论的基本谐波，摄动参数 $\varepsilon = kA$，为波浪数 k 和振幅 A 之积。

$$\eta(x,t) = \varepsilon^1 \cdot \eta_1(x,t) + \varepsilon^2 \cdot \eta_2(x,t) + \ldots + \varepsilon^n \cdot \eta_n(x,t) \tag{43-28}$$

初始解为

$$\eta_1(x,t) = \frac{1}{k} \cdot s\cos\left(\omega t - kx + a\right) \tag{43-29}$$

研究发现对于浅水中经常遇到的较陡波浪，即便是五阶 Stokes 理论也不够精确，因而限制了 Stokes 波浪理论在离岸结构物上的应用。但五阶 Stokes 理论是 Abaqus/Aqua 中唯一的非线性波浪理论，建议在合适的情况下使用此理能。

43.3　稳定海流

如果存在稳定海流，就应考虑底部边界层的影响。设计数据中通常需要为海底海流提供一个参考高度。管道在速度边界层中的位置可降低管道高度处的有效速度，分析时可采用此处的平均流速。根据 DNV（2007），海底管道分析中已经使用了这种方法并假定平均速度曲线为对数曲线[10]。

$$v_c = \frac{v_c(z_r)\left(\frac{z_0}{D}+1\right)}{\ln\left(\frac{z_r}{z_0}+1\right)}\left\{\ln\left(\frac{D}{z_0}+1\right)-1\right\} \tag{43-30}$$

式中　$v_c(z_r)$——参考测量高度处的流速；

z_r——参考测量高度（通常为 3m）；

z_0——底部粗糙度参数；

D——管道总外径（包括所有涂层）。

式（43-30）考虑了海床粗糙度 z_0 的影响，海床的粗糙度越大，边界层越厚，管道高度处的平均速度就越低。

将波浪和海流速度相加即可得到水质点的总速度

$$v_{total}=v_w+v_c \tag{43-31}$$

43.4　水动力

43.4.1　水动力拖拽力和惯性力

在管道上方流速增加及管道表面流动分离的同时影响下，暴露于流体的管段会受到水动力的作用。管道周围的水质点速度分布如图 43-9 所示。本节将介绍作用力矢量的不同分量以及用于计算这些分量的表达式。

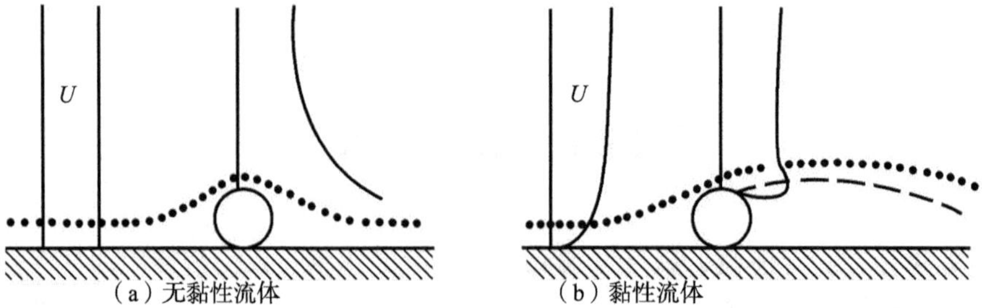

图 43–9　管道周围的流场

43.4.1.1　暴露于稳定流体的管道

主要是由管道前方的高压区和管道后方尾流中的低压区所造成的。拖曳力受尾流宽度的影响，下式给出管道单位长度的横向拖曳力分量：

$$F_{\mathrm{D}}=\frac{1}{2}\rho C_{\mathrm{D}}Dv_{\mathrm{n}}\left|v_{\mathrm{n}}\right| \tag{43-32}$$

式中　C_{D}——横向拖曳系数；

v_{n}——水质点横向速度；

ρ——海水密度；

D——管道总外径。

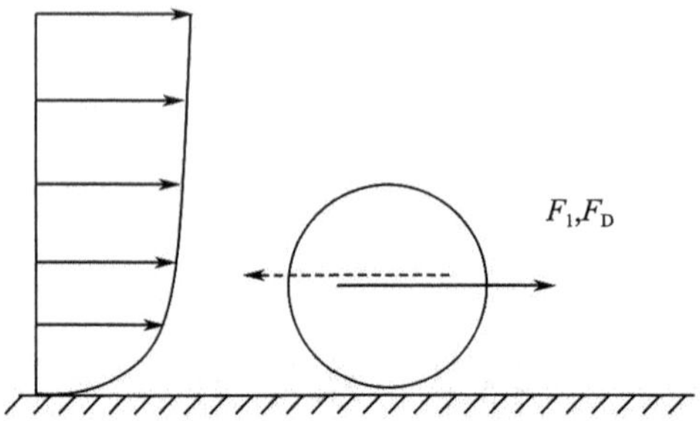

图 43–10　作用于管段的流体拖曳力和惯性力

43.4.1.2　暴露于加速流体的管道

波浪会对水柱内的水质点施加周期性载荷，使水质点在水平和垂直方向上加速或减速。暴露于加速流体的管道所受作用力与加速度成正比，此作用力称为惯性力。下式给出了管道单位长度的横向惯性力分量：

$$F_I=\frac{\pi}{4}\rho D^2 C_M a_n \qquad (43\text{–}33)$$

式中　C_M——C_m=C_a+1，横向惯性系数；
　　a_n——水质点横向加速度；
　　ρ——海水密度；
　　D——管道总外径。

43.4.1.3　完整莫里森公式

上述公式未考虑管道本身可能具有速度和加速度。可通过完整莫里森公式确定管道单位长度的纵向力：

$$F_{IL}(t)=\frac{1}{2}\rho C_D\left(U-\frac{\partial y}{\partial t}\right)\left|U-\frac{\partial y}{\partial t}\right|+C_M\frac{\pi}{4}\rho D^2\frac{\partial U}{\partial t}-(C_M-1)\frac{\pi}{4}\rho D^2\frac{\partial^2 y}{\partial t^2} \qquad (43\text{–}34)$$

式中　ρ——海水密度；
　　D——外径；
　　U——瞬时（基于时间）流速；
　　y——管道纵向位移；
　　C_D——拖曳系数；
　　C_M——惯性系数；C_M=（C_a+1），C_a 为附加质量系数；
　　$\partial/\partial t$——时间微分。

43.4.1.4　拖曳和惯性系数参数的相关性

通常由下式得出拖曳和惯性系数：

$$C_D=C_D(Re,KC,a,(e/D),(K/D),(Az/D)) \qquad (43\text{–}35)$$

$$C_M=C_M(Re,KC,a,(e/D),(Az/D)) \qquad (43\text{–}36)$$

雷诺数说明当前流态（如层流或湍流），可由下式得出：

$$\mathrm{Re}=\frac{UL}{v} \qquad (43\text{–}37)$$

式中　U——流速；
　　L——特征长度（管道——直径）；
　　v——流体动黏度。

对于周围振荡平面流（$U=U_M\sin((2\pi/T)t+\varepsilon)$），通过 Keulegan-Carpenter 数可了解圆柱体周围的流动分离情况，Keulegan-Carpenter 数由下式计算：

$$KC = \frac{U_M T}{D} \tag{43-38}$$

式中 U_M——流速振幅；

T——周期；

D——直径；

ε——相角；

t——时间。

可用海流流量比对流态进行分类：

$$\alpha = \frac{U_c}{U_c + U_w} \tag{43-39}$$

式中 U_c——垂直于管道的典型流速；

U_w——各种波浪状态下（H_s，T_p，θ_w）垂直于管道的有效波速。

应注意 α=0 对应于波浪导致的纯振荡流而 α=1 对应于纯（稳定）流。

管道附近出现固定边界（邻近效应）会对质量系数产生极大影响。当管道接近固体边界时，附加质量会增加，如下式所示：

$$C_a = 1 + \frac{1}{\left(10 \cdot \left(\frac{e}{D}\right) + 1\right)} \tag{43-40}$$

式中，e/D 为间隙比。

管道振荡的固有周期将随着附加质量的增加而增加。

粗糙度数（k/D）对流动分离有较大影响，因而对拖曳和质量系数也有较大影响（k= 物体表面粗糙度的特征横截面尺寸）。

涡致振动（VIV）和拖曳力之间存在联系，下式可进行粗略近似：

$$C_D/C_{D0} = 1 + 2\ (A_Z/D) \tag{43-41}$$

式中 C_D——存在 VIV 时的拖曳系数；

C_{D0}——无 VIV 时的拖曳系数；

A_Z——交叉流动的振幅。

此公式说明振荡圆柱体产生的表观投影面积为 $D+2A_Z$。

43.4.2 水动力升力

43.4.2.1 使用常升力系数的升力

水动力升力的产生与飞机通过气流产生升力的原理是一样的。海床导致管道顶部和底部的流动出现不对称，这使得管道底部压力较高，流速较慢或不流动；而顶部则压力较低，流速较快，于是产生升力。

可根据下式计算管道单位长度的升力：

$$F_L = \frac{1}{2}\rho D C_L {v_n}^2$$

式中 C_L——平面上管道的升力系数；

v_n——水质点横向速度（垂直于升力方向）；

ρ——海水密度；

D——管道总外径。

对于海床上的管道，水动力拖曳、惯性和升力系数的经验值通常可取 C_D=0.7、C_M=3.29 以及 C_L=0.9。

43.4.2.2　使用可变升力系数的升力

可以理解，由于管道和海床之间可能存在间隙，作为间隙的函数，水动力升力系数（CL）也可能发生变化。Fredsøe and Sumer （1997）提出的升力系数如图 43-11 所示 [11]。从图中可以看出，即使 *e/D* 比非常小，升力系数也会明显降低，剪切流和无剪流都是如此。

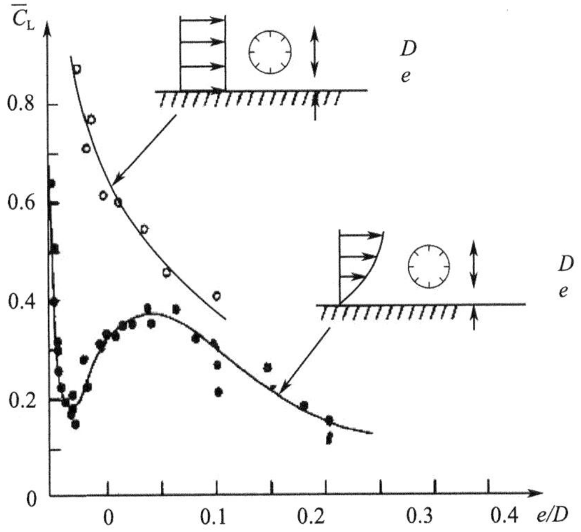

图 43-11　剪切流和无剪流的 CL，103< *Re* < 30 × 104[11]

参考文献

[1] Kellogg Brown & Root, Submarine Pipeline On-bottom Stability, Vol. 1, Analysis and Design

Guidelines, PRCI Project PR-178-01132, Dec. 2002.

[2] O.M. Faltinsen, Sea loads on Ships and Offshore Structures, Cambridge University Press, 1990.

[3] S. Gran, A Course in Ocean Engineering, Elsevier, 1992.

[4] I. Langen, O.T. Gudmestad, S. Haver, W. Gilje, and T.I. Tjelta, Forelesninger i Marin Teknologi, Høgskolen i Stavanger, 1997.

[5] US Army Corps of Engineers, Coastal Engineering Manual, Engineer Manual 1110-2-1100, 2002.

[6] R.G. Dean, M. Perlin, Inter-comparison of Near-Bottom Kinematics by Several Wave Theories and Field and Laboratory Data, Coastal Engineering, 9, 1986.

[7] M.S. Kirkgoz, Particle Velocity Prediction of the Transformation Point of Plunging Breakers, Coastal Engineering, Vol. 10, 1986.

[8] Simulia, ABAQUS User Manuals, Version 6.12, 2012.

[9] D. Markus, A Code Based Methodology to Account for Wave Loading in the Design of Offshore Structures, Diploma Thesis, 2009.

[10] DNV, On-Bottom Stability Design of Submarine Pipelines, DNV-RP-F109, Det Norske Veritas, 2007.

[11] B. Fredsøe and B.M. Sumer, Hydrodynamics around Cylindrical Structures, World Scientific Publishing Co, 1997.

第 44 章

管道在位特性的有限元分析

44.1 引　言

不平整海床上高压高温（HP/HT）管道的设计已成为近年来的一个重要议题。本章的背景在于需要进一步深入了解膨胀、海床摩擦和悬跨段是如何通过所选择的载荷工况而影响管道性能的。此类管道的性能其主要特征是倾向于承受整体屈曲，无论是垂向的还是侧向的，前者属于开掘槽沟或覆盖其上之情形，后者则是管道暴露于海床之上。对高压高温下运行的细长管道进行设计，其主要问题是如何在规划位置控制整体屈曲的发生。整体屈曲所致的较大水平位移和 / 或垂直位移会导致管壁上的应力和应变过高，超出了标准极限。

对通过测量海床地形而取得的实际三维环境中的设计管道进行仿真，使得工程师们有机会探索如何可以将管道特性应用于研发既安全又有成本效益的解决方案。例如，设计师首先可以对原始海床上的管道特性进行分析。如果某些载荷工况导致应力或应变极高时，可在有限元模型中进行海床改造仿真，并重新启动分析以确认改造工作是否已经如希望的那样降低了应力或应变。

有限元模型可以成为分析管道在位特性的工具。管道在位特性指管道在其整个生命周期载荷历史中的管道特性。管道载荷历史可由如下一些连续性载荷工况组成：

- 安装；
- 水压测试（注水和水压测试压力）；

- 管道运行（填料、设计压力和温度）；
- 管道停输 / 冷却周期；
- 隆起和侧向屈曲；
- 动态波浪和 / 或海流加载；
- 冲击载荷。

本章基于 Ose（1998）[1] 硕士论文编写而成，指导教师为本文作者；内容多受到会议论文的影响，如 Nystrøm 等人（1997）、Tørnes 等人（1998）和 Kristiansen 等人（1998）[2–4]。

44.2 管道系统的有限元建模

44.2.1 静态分析涉及的问题

1. 安装

安装条件下为管道建模是管道系统在位特性分析的第一步，其旨在发现管道处在三维海床上的构形。该构形可作为后续分析环节的初始配置。

主要的事情并非在于安装过程中的管道特性，这可以通过调查得到，重要的是需要确信安装过程中的铺设张力和铺设角度均以下述方式予以呈现，即需要考虑到因管道落在海床上时产生摩擦而在管道中形成残余力的情形。

该模型可以将施加铺设张力的方法包括其中，并规定管道与海床之间的铺设角度，以确保对管道落在海床上时触底区域内的接触力进行最佳建模。图 44–1 为安装过程前和进行中的海床和管道的有限元模型。随着管道的延伸，必须确保管道与海床之间形成稳定的平衡关系。其要求呈现具有代表性的管 - 土相互作用模型。管 - 土相互作用模型一般由摩擦和海床刚性定义所组成。已知的是，海床刚性的形成必须能够描述若干压力 / 沉降的关系，而且 ABAQUS 软件中各向异性摩擦模型的子程序 [5] 可用于表示管道在纵向和侧向上的摩擦阻力的差异。

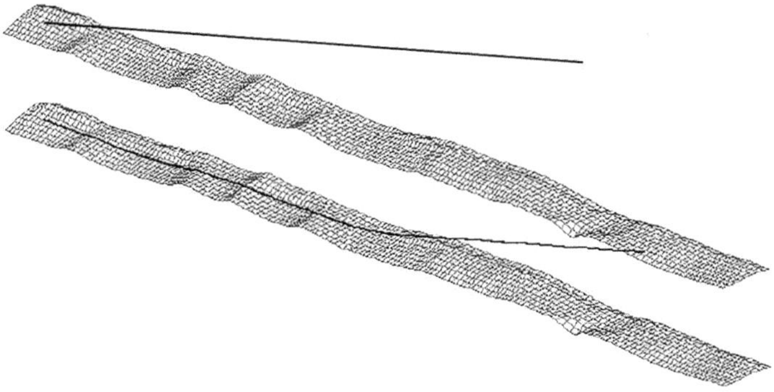

图 44-1　安装前和进行中的有限元模

2. 管道浸水和排水

管道的浸水和排水导致了管道沉没重量的变化，因此也导致管道构形发生变化。管道与海床之间的摩擦力是地面压力的函数，因此在管道注满时摩擦力加大。

采用作用于管道上的不同垂直载荷，可以简便地对管道浸水和排水进行建模。但是，承受此类载荷变化的管道在注满条件下可经受较大的轴向应变，其原因在于当管道路径下沉形成悬跨段的时候几何形状出现了变化，如图 44-2 所示。由于这一事实的存在，有待确立的模型可采用较大位移分析程序，以及由于轴向应变较高之故需考虑到管段区域内的变化影响。进一步说，材料模型可用于表示管段的塑性特性。

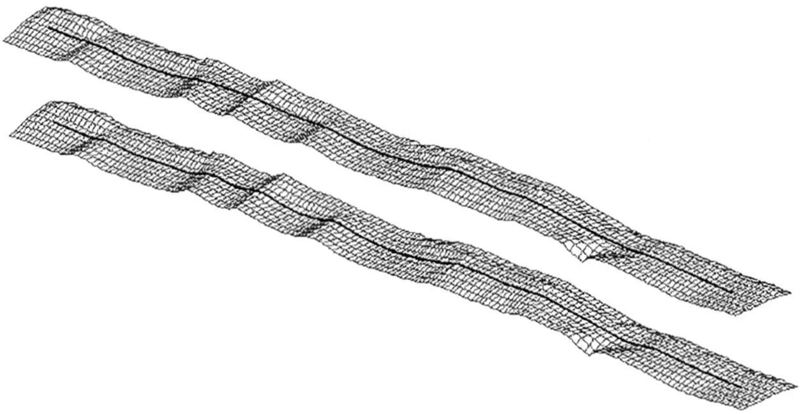

图 44-2　空管对比注水构形的有限元建模

3. 高压 / 高温（HR/HT）效应

管道内容物所致的高温会导致钢管材料发生膨胀；其引起管道长度延伸，

并会使管道发生屈曲，寻找新的变形路径以保持平衡，如图 44–3 所示。所以，因温度变化所产生的材料膨胀的影响可以被纳入该模型之中。

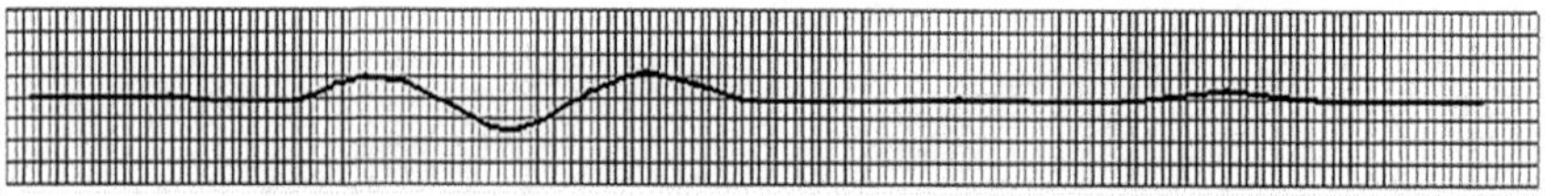

图 44–3　温度所致的侧向屈曲的管道构形（比例位移）

材料性能如屈服应力、抗拉强度和杨氏模量等均随材料温度发生变化，若有必要则需进行考虑。

外部静水压是涉及深水管道的强度承载力的一个重要因素。由于该模型可完全包括三维海床，外部压力可以成为水深的函数。内部压力在建模时可视为恒定不变，但是可以将虑及内容物静水压头的可能性包含在内。

44.2.2　动态分析涉及的问题

波浪与海流加载

水动力源自于水质点速率和加速度。这些力可以是波动的（由波浪所致）或是恒定不变的（由稳定海流所致），并将导致管道成为动态载荷模式，如图 44–4 所示。在分析承受波浪和 / 或海流加载的浸没管道的特性时，拉力、惯性力和升举力是关键。

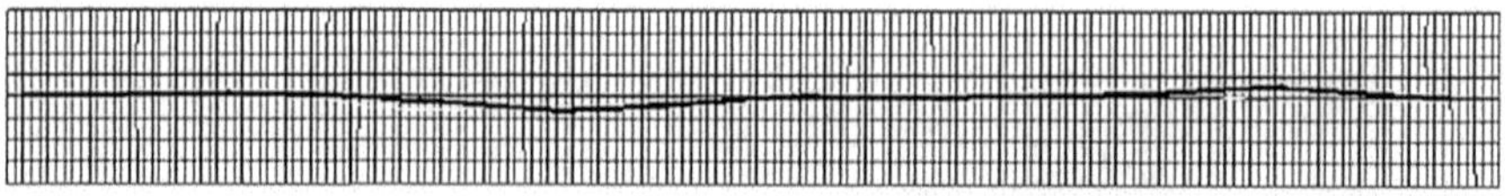

图 44–4　承受波浪和海流加载的管道的水平位移

由于波浪的动态特性，管道在承受此类加载时的响应可在动态分析中进行研究。并应满足几个波浪公式。可将二维常规或随机长峰波和三维常规或随机短峰波纳入有限元模型中，以构成动态分析中的波浪运动学内容。

拖网渔具拖动响应

拖网渔具拖动载荷可导致形成动态塑性响应。载荷与强度的计算标准详见第 16 章。

在有限元分析中，将隐式动态解决方案（详见第 44.3.2 节）应用于仿真位移、应力和应变随时间变化的情况。相关内容详见 Tørnes 等人（1998）[3]。

44.3　有限元分析程序和载荷步骤

ABAQUS 的基本概念是将载荷 / 问题历史划分成载荷步骤。用户可为每一步选择一个分析程序。这意味着有关载荷历史和所希望的分析类型的任何顺序均可执行。例如在某一静态步骤中，管道可以充满气体，而在下一步的静态步骤中却是空的，第三步则进行空管的动态分析。

源自确定模型的典型载荷历史如表 44–1 所示。

表 44-1　ABAQUS 分析中的典型载荷历史

载荷步骤	行　动	分析程序
1	施加自重和浮力	静态
2	施加外部静水压	静态
3	施加铺设张力	静态
4	将管道沉放到海床上（见图 44-1）	静态
5	移除 GAPSPHERE 单元（绞车）	静态
6	修正安装状态下的边界条件	静态
7	浸水状态下注水（见图 44-2）	静态
44.	水压测试条件下施加测试水压	静态
9	去除测试压力和排水	静态
10	充气	静态
11	施加运行压力	静态
12	控制运行条件下的运行温度（见图 44-3）	静态
13	去除冷却条件下的压力和温度	静态
14	施加波浪和海流载荷（见图 44-4）	动态

44.3.1 静态分析程序

采用模型中所使用的 ABAQUS 软件进行的静态分析，其内容是较大位移效应的非线性、材料的非线性和边界非线性，诸如接触、滑动和摩擦（管道/海床相互作用）。ABAQUS 软件采用牛顿法求解非线性平衡方程。因此，求解结果是一系列迭代增量，通过迭代可在每一次增量范围达成平衡。有关静态有限元分析的更多信息，敬请参阅文献[6]。

44.3.2 动态分析程序

必须采用一般动态分析（采用直接积分法进行动态分析）来研究管道的非线性动态响应。一般非线性动态分析对整个模型进行隐式积分，以计算系统的瞬时动态响应。直接积分法提供了 ABAQUS 软件中所谓的 Hilbert–Hughes–Taylor 算子。Hilbert–Hughes–Taylor 算子呈隐式，必须对积分算子矩阵进行逆变换，而且必须在每一次时间增量时求解系列非线性动态平衡联立方程。这一求解则采用牛顿法迭代完成。

44.4 建模单元类型

在确定的有限元模型中采用三类单元，如图 44–5 所示。

- 海床建模所采用的 R3D4 类型刚性单元。
- 管道建模所采用的 PIPE31H 管道单元。
- 将管道从其初始位置降低至海床时所采用的 GAPSPHER 单元，如图 44–1 所示。当管道已降落在海床上并达成平衡时，则从模型中去除这些单元。

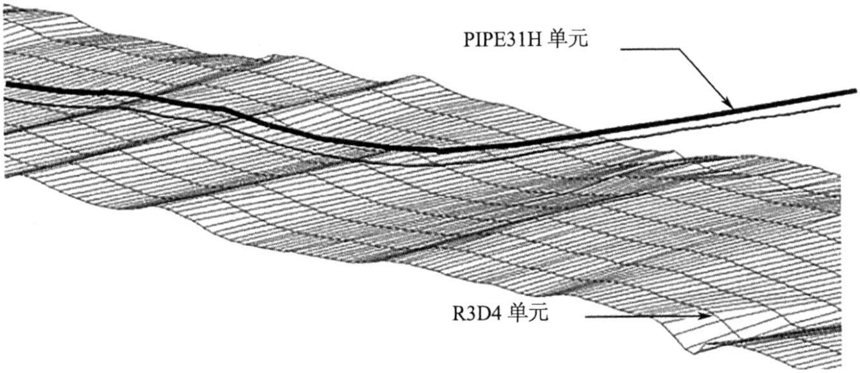

图 44-5　建模单元类型

1. PIPE31H 单元

图 44-6 为确定模型中所使用的三维有限元管道，其为双节点 12 自由度 PIPE31H 单元。该单元采用线性内插法，故呈集中质量分布。这一混合构成使得该单元非常适宜于细长结构和接触问题的情形，诸如海床上的管道铺设。

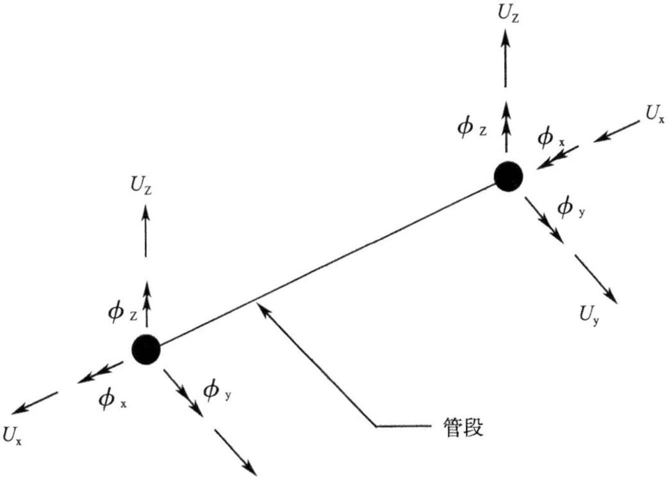

图 44-6　双节点 12 自由度三维有限元管道

ABAQUS 软件所提供的混合单元适用于下述情形，即难以通过常用的有限元位移法来数字化计算隆起中的轴向力和剪力。此类情形中的问题在于，节点位置上的细微差异会导致模型的某些部位出现非常大的力，其反过来又在其他方向上引起较大的运动。混合单元克服了采用多为一般构成所遇到的困难，其中包含了单元中的轴向和横向剪力，并结合节点位移和旋转作为基本变量。尽管这一构成使得这些单元的计算能力更为强大，但是当管道旋转幅度较大且在此类情形下总体上更为有效时，它们一般会收敛得更快一些。

PIPE31H 单元适用于中空薄壁环形管段，并为用户说明外部和 / 或内部压力提供支持。从 ABAQUS 软件 10.12 版来看，薄壁单元也已包含在软件中。这一单元也能考虑到管段区域内因管子轴向应变过高而出现的变化。

2. R3D4 单元

如图 44–7 所示，四节点 R3D4 刚性单元可以为任意几何形状的复杂表面建模，并为海床地形建模时进行选择。使用 ABAQUS 为海床建模的一个极其重要的特点是，可以使借助刚性单元生成的表面实现平滑，这使得海床的呈现更优于初始的多面性表面。

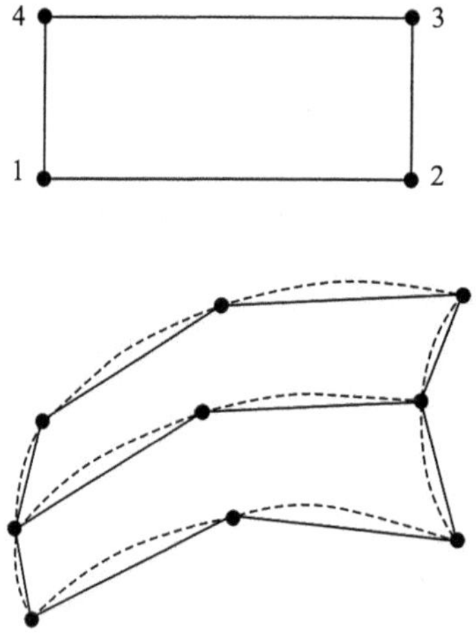

图 44–7　R3D4 刚性单元和刚性单元的表面的平滑处理

平滑处理系采用 ABAQUS 生成的 Bèzier 表面进行，其依据为经由刚性单元所形成的多面性表面。所生成的 Bèzier 表面并不像多面性单元表面那样，将是一条平滑的连续状外向表面法线。Bèzier 表面不可精确等同于刚性表面的多面性几何形状，但定义海床的刚性单元节点均悉数落在 Bèzier 表面上。另外，用户可定义平滑处理的程度，为的是控制经平滑处理的表面的几何形状。

在确立的模型中，对于与管道单元接触的应用，可将定义海床的全套 R3D4 单元应用于所谓的主表面。这意味着定义了接触对（管道 / 海床），并对相互作用模型进行了规定说明。这一相互作用模型一般由海床刚性和摩擦定义构成。

44.5　非线性模型和海床模型

模型中所采用的非线性应力分析至多含有 3 种非线性来源，其取决于应变水平、几何变化和载荷条件：

- 材料非线性；
- 几何非线性；
- 边界非线性（摩擦、滑动等）。

44.5.1　材料模型

所采用的材料模型能够为管道材料呈现出完整的应力 / 应变关系，包括非线性塑性特性，如图 44-8 所示。

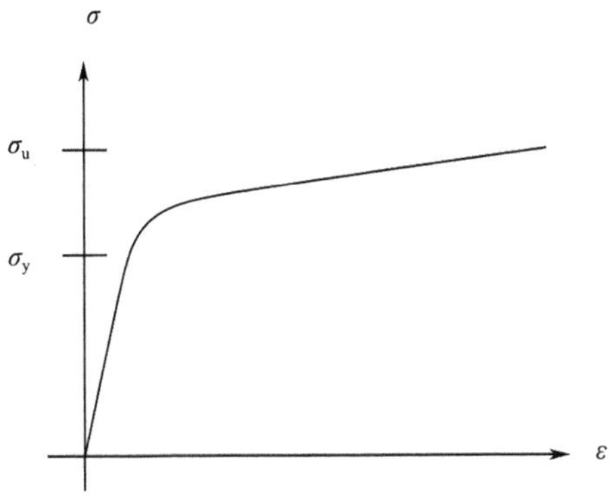

图 44-8　应力 / 应变关系

在弹性区，应力 / 应变关系经由材料的杨氏模量所支配。对于一般用作结构管道材料的钢材，其杨氏模量受到温度的限制。这一点较为容易在模型中通过数字式规定杨氏模量为温度的函数而实现。

材料塑性特性的定义系通过在输入文档的材料定义部分中数字式规定钢材的完整塑性应力 / 应变曲线而实现（例如，根据试验数据）。真实应力 / 真实应变的关系被应用于 ABAQUS 模型。若有必要，亦可将材料的温度膨胀系数定义为温度的函数。

44.5.2 几何非线性

模型中需考虑到几何非线性。这也意味着需要计算出模型几何形状变化所致的应变，并将这一刚性作用（应力刚性）添加至结构刚性矩阵中。另外，结构的瞬时（变形）状态始终被应用于下一次增量过程以及整个计算过程的更新。

在对承受波浪加载的管道进行动态分析时，这后一种特性尤为重要。通过在计算中纳入几何非线性，当计算水质点速率和加速度时，ABAQUS 软件将针对管道单元采用载荷积分点的瞬时坐标（取代初始值）。这确保了即便管道正经受着巨大的侧向位移，还是将根据构成管道的单个管道单元来计算正确的拉力和惯性力。

44.5.3 边界条件

可以规定管道沿程的任意边界条件。如果仅需要分析一段管道总长（例如，两次连续抛石之间），用户可在管端处设置弹簧并对剩余管道部分的刚性进行仿真。如果管道沿程上没有约束，则可通过固定节点或将弹簧指定给管道沿程上的许多节点而对此进行建模。

44.5.4 海床模型

构建三维海床模型的基础是源自于管道安装区域内水深测量的海床地形测量数据。在有限元模型内，可从这一构成中生成宽度达 40m、长度达几千米的一条通道，以确保在分析管道特性时具有真实的环境。

海床地形是一个四节点刚性单元，可以为任意几何形状的平坦或复杂表面建模。三维海床建模的优点在于 ABAQUS 软件采用了平滑算法。结果生成的经平滑处理的表面并不像平坦的刚性单元表面一样，将是一条穿过单元边界的连续外向表面法线，可更好地为海床建模。经平滑处理的表面不可精确等同于刚性表面的多面性几何形状，但定义海床的刚性单元节点均悉数落在该表面上。

44.6　有限元模型的验证

曾经对一段设置在两个逐次隆起岩石之间长达 1300m 的管道进行了分析，并与类似的有限元模型分析结果进行比较[2,7]。在后续几张图中，仅给出第一个 100 m 注水条件下的结果，以便对图的细节有清晰的了解。

图 44-9 为 ABAQUS 软件和 ANSYS 软件分析结果之比较[8]。可以看出，两个基于 ABAQUS 软件和 ANSYS 软件的在位模型分别给出了有关海床上管道轴向应力、应变、弯矩和构形的近似预测结果[9]。

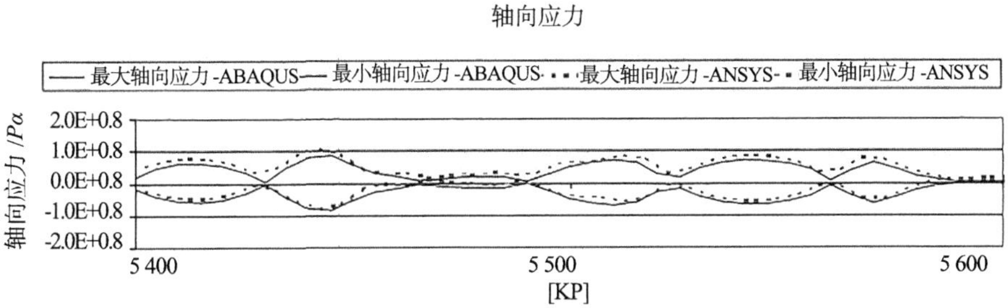

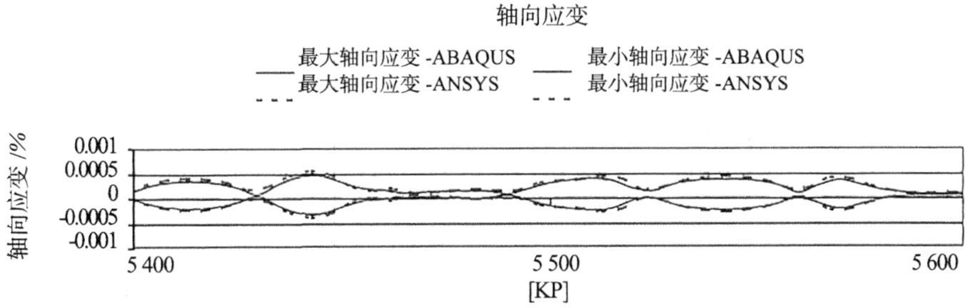

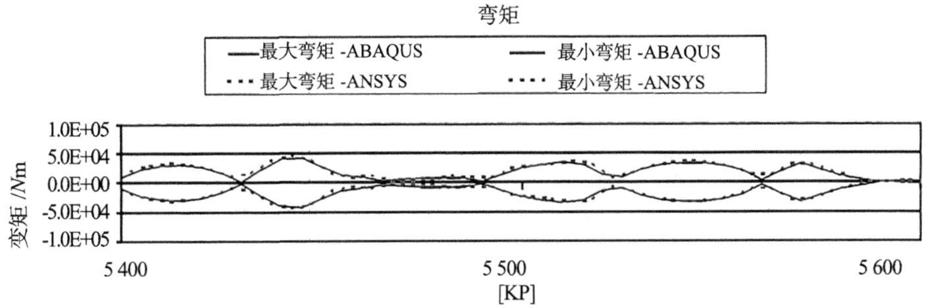

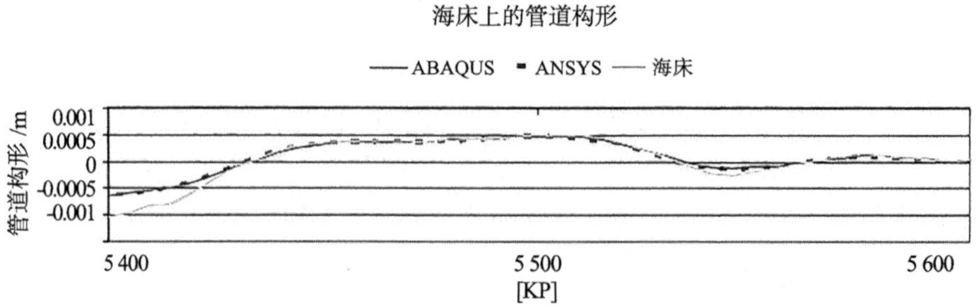

图 44-9　注水条件下 ABAQUS 软件和 ANSYS 软件比较

44.7　动态屈曲分析

对于放置在极不平整海床上的管道，铺设期间所形成的垂直缺陷比起水平缺陷更能引起出现突变曲率。其结果，垂直提升管道所需的临界屈曲载荷低于水平屈曲所需的相应的力。尽管在垂直面上发生初始移动，但还是希望在管道与海床的接触力减小时，临界侧向屈曲力将会减小，并能激活侧向屈曲。

为了尽可能实际调查不规则海床上的管道特性，人们构建了一个三维管道 - 海床有限元模型，在此将三维海床水深测量结果直接作为数字式地形模型（DTM）项目的 *X*、*Y*、*Z* 数据输入。三维管道 - 海床模型如图 44-10 所示。

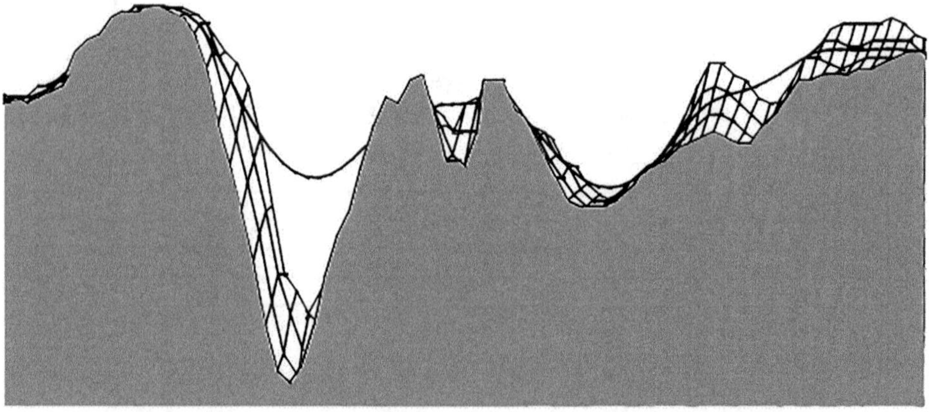

图 44-10　三维有限元在位分析——已铺设出油管的典型仿真细节 [2]

侧向屈曲是轴向稳性的突然间损失，其结果是出现动态的“跳跃”移动。Nystrøm 等人调查了管道发生屈曲时在应力 / 应变、位移、有效轴向力等方面实际上到底发生了什么[2]。在突弹跳变过程中，出油管经受了加速度和速度，其导致了可能会非常明显的动态效应。出油管的瞬间屈曲特性则采用动态系统通用的平衡公式进行仿真：

$$[M]\{\ddot{u}\}+[C]\{u\}+[K]\{u\}=\{F(t)\} \tag{44-1}$$

式中　$[M]$ 为结构质量矩阵；

$[C]$ 为结构阻尼矩阵；

$[K]$ 为结构刚性矩阵；

$\{u\}$ 为节点位移矢量；

$\{\dot{u}\}$ 为节点速度矢量；

$\{\ddot{u}\}$ 为节点加速度矢量；

$\{F(t)\}$ 为时限节点力矢量。

动态响应因势能转变为动能而产生。为了考虑周围的水发生位移的惯性效应，曾将质量单元结合到每一个管道节点上。

在非线性有限元的分析中，应力 / 应变可从环绕管道周围的 8 个位置点获取，如图 44-11 所示。

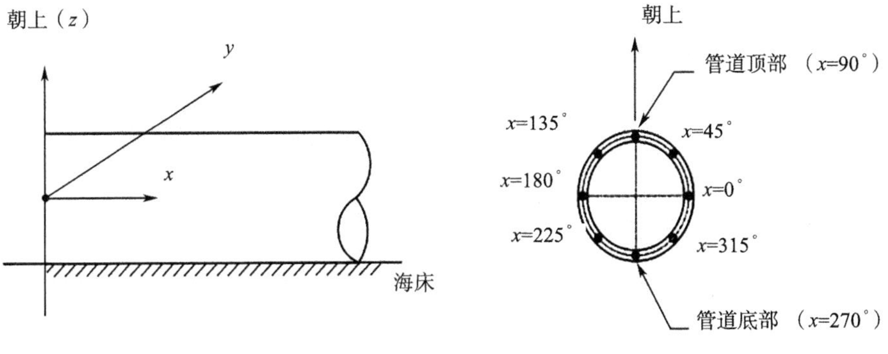

图 44-11　管道周围数据位置点的界定

图 44-12 为三维瞬间动态分析在所标出的屈曲点（与时间对应）的整体轴向应变。首先在升温期间，应变最大值出现在管道的顶部（位置点 90°）。然而，随着管道升离海床一定距离后，水平面发生相互作用，侧向“跳跃”屈曲被激活。位置点 0° 处的应变表明，在 32 s 时曲率开始逐渐变化，峰值出现在 37 s。0.09%

的最大整体轴向应变出现在 45°，是位置点 0° 和 90° 处的弯曲合力。

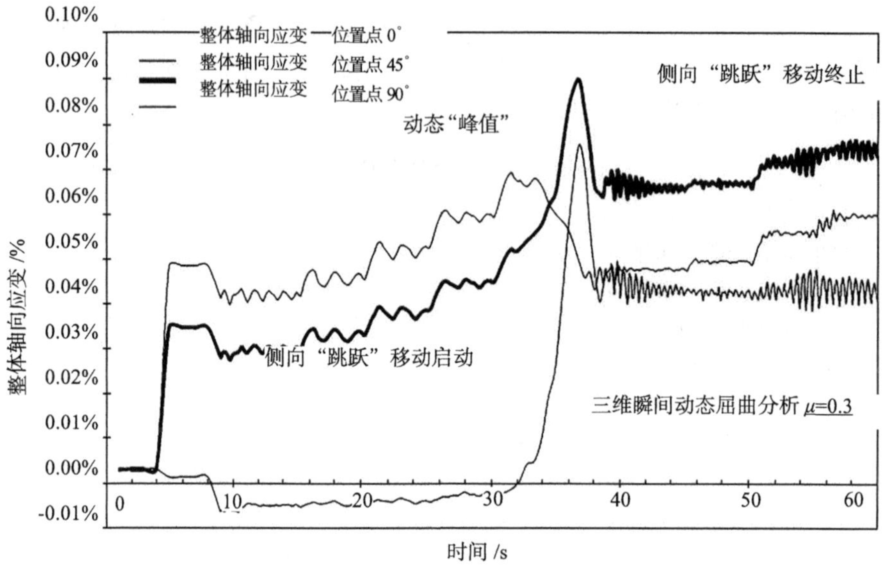

图 44-12　整体轴向应变与时间的关系[2]

随着跳跃移动的继续，应变减弱，最后约在 39 s 处“跳跃”移动终止，位置点 45° 的最大应变在应变约为 0.065% 时趋于稳定。因此，出油管在“跳跃”移动期间的整体轴向应变要比后屈曲构形时的高出 35%。

动态“跳跃”移动期间所体验到的应变，要明显高于后屈曲的静态结果。动态分析的结果如上所述，而管道的侧向屈曲则以连续性的平滑方式进行，皆因惯性力作用之故。当屈曲管道达到其最大曲率时，动能则继续以波浪的形式将管道从屈曲点侧向移开。尽管这种能量波消散得相对较快，但它还是在屈曲中心导致一定的曲率松弛。其结果，应变随着管道再次趋向静止状态而减小。

44.8　停输操作过程中的循环在位特性

让我们考虑一下承受周期性温度和内部压力变化的出油管在 Nystrøm 等人[2]所描述的停输事件中的情形。周期性承载力被定义为启动与停输之间温度和压力的最大差异性载荷，此时的结构“摇落”成一种弹性状态。在此需要提及一些概念：

- 周期性载荷导致延性耗散，并致使出现疲劳和断裂；
- 管道保持完整，但每一个周期内的应变均增加，直至无法承受为止；
- 每一个周期内的应变均降低，直至最后结构的性能就像纯弹性一样。这就称为“摇落”。

假定所调查的出油管承受着下述周期性载荷：

- 铺管船的卷筒在卷绕和退卷期间的 1 次周期性载荷；
- 托管架上及安装阶段下弯段出现弯曲期间的 1 次周期性载荷；
- 生命周期内的 100 次计划和非计划停输周期。

假定停输是恒定不变的，也即所有载荷周期的载荷范围均相同。保守假定在此类停输期间内容物温度从 130℃降至环境条件，也即 ΔT=125 ℃，并且内部压力从 370 bar 降至 0 bar。对三维海床表面上的管道进行分析，结果表明其出现了垂直和水平初弯曲。内部压力和温度载荷被施加到满运行载荷。因此，内部压力减至 0，管壁温度逐渐降至环境温度。相应的整体轴向应变如图 44–13 所示，系侧向位移的函数。最大拉伸和压缩应变出现在第一个周期内，然后分别减至 +0.14% 和 –0.11%。

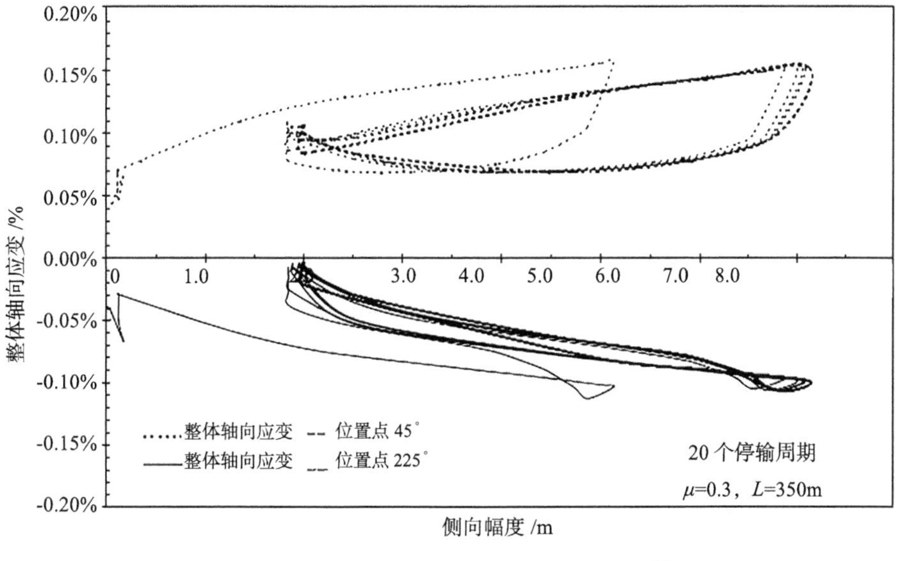

图 44–13　整体轴向应变对比侧向位移 [2]

参考文献

[1] B.A. Ose, A finite element model for In-situ Behavior Simulation of Offshore Pipelines on Uneven Seabed Focusing On-Bottom Stability, A M.Sc. thesis performed under the author's supervision at Stavanger University for JP Kenny A/S, 1998.

[2] P. Nystrøm, K. Tørnes, Y. Bai and P. Damsleth, Dynamic Buckling and Cyclic Behavior of HP/HT Pipelines, Proc. of ISOPE "97, 1997.

[3] K. Tørnes, P. Nystrøm, N.ø. Kristiansen, Y. Bai and P.A. Damsleth, Pipeline Structural Response to Fishing Gear Pullover Loads, Proc. of ISOPE' 98, 1998.

[4] N.ø. Kristiansen, K. Tørnes, P.R. Nystrøm and P.A. Damsleth, Structural Modeling of Multi-span Pipe Configurations Subjected to Vortex Induced Vibrations, Proc. of ISOPE "98, 1998.

[5] SIMULIA, ABAQUS, Ver. 6.12, 2012.

[6] Cooker et al., Concepts and Applications of Finite Element Methods, 1991.

[7] K. Tørnes, P.R. Nystrøm, P.A. Damlseth, H. Sortland, The Behavior of High Pressure, High temperature Flowlines on very Uneven Seabed, Proc. of ISOPE' 97, 1997.

[8] ANSYS Inc., ANSYS, Ver. 5.5, 1998.

[9] B.A. Ose, Y. Bai, P.R. Nystrøm, and P.A. Damsleth, A Finite Element Model for In-situ Behavior of Offshore Pipelines on Uneven Seabed and its Application to On-Bottom Stability, Proc. of ISOPE'99, 1999.

第 45 章
热膨胀设计

45.1 引　　言

45.1.1 高压高温管道

近年来，通过使用管道和立管输送油气产品，越来越多的高压高温油气田得到了开发。高压高温（HPHT）一词最早由贸易工业部提出，定义为“储层所在深度的稳定井底温度大于 300 ℉（150℃）并且钻井穿过的任何疏松地层最大预期孔隙压力超过 10 ksi（689 bar）”[1]，现在 HPHT 通常采用 300 ℉ 和 10ksi。HPHT 运行可分为三级：一级指储层压力最高可达 15 ksi（1034 bar）并且温度最高可达 350 ℉（177 ℃）的油井。表 45-1 列出了近年来在墨西哥湾开发的一些典型 HPHT 项目。在一级情况下，目前 HPHT 的运行条件如图 45-1 所示。二级为“极端”HPHT 运行条件，储层压力最高可达 20 ksi（1380 bar）且 / 或温度最高可达 400 ℉（204 ℃）。三级为“超级”HPHT 运行条件，储层压力最高可达 30 ksi（2068 bar）且 / 或温度最高可达 500℉（260 ℃）。

HPHT 管道正越来越多地应用于深水地区，例如西非和墨西哥湾。由于深水中条件严酷，例如水深更大、油气产品的压力和温度更高以及周围温度更低，所以安装、流动保障、热屈曲以及管理等都是 HPHT 管道设计的关键问题[2]。铺设在海床上的 HPHT 管道会发生侧向屈曲并导致侧向变形，在屈曲、局部屈曲及疲劳破损的顶端位置产生过度应变并使管道失效。当管道发生热膨胀但受到管道和海床间轴向土壤阻力的约束时，高轴向压缩力会逐步累积并导致出现侧向屈曲。

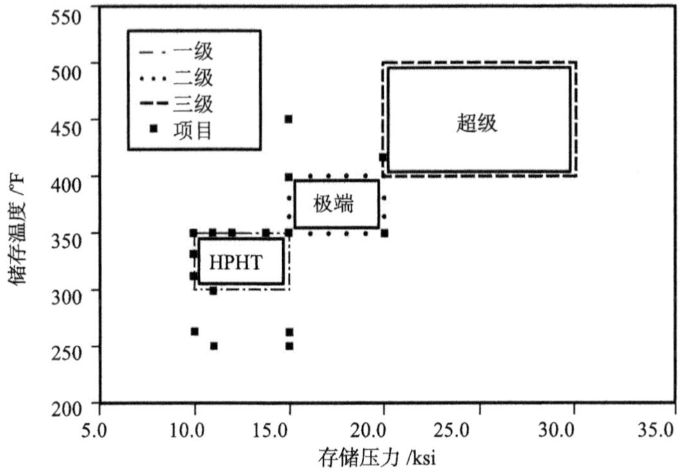

图 45–1　HPHT 项目的运行温度和压力 [1]

表 45-1　墨西哥湾开发的典型 HPHT 项目

项　目	储层压力	储层温度
Thunder Horse	15 ksi （1 034 bar）	300°F （150℃）
Tubular Bells	20 ksi （1 380 bar）	300 °F（150℃）
Tahiti	15 ksi （1 034 bar）	45.°F （120℃）
Thunder Hawk	15 ksi （1 034 bar）	45.°F （120℃）

45.1.2 热膨胀

出油管系统为单管管道系统、套管系统或管束系统。海底出油管通常是指将油气产品从井口输送到立管底部的海底管道，立管是连接处理设施（例如采油平台或 FPSO）的管道，而连接处理设施与海岸的海底管道则称为输出管道。出油管中的油气产品的温度和压力通常要高于周围环境，可导致出油管发生热膨胀，热膨胀和周期性热载荷会使出油管出现轴向移动、隆起屈曲和侧向屈曲。因而管道的热膨胀是海底系统设计和运行的重要问题。管道的热膨胀取决于管道沿程的温度和压力曲线、管道的沉没重量以及轴向摩擦力。当存在整体屈曲时，通常使用轴向管土摩擦系数的下限计算最大管段膨胀，而使用轴向管土摩擦系数的上限计算管道的最大轴向应力。计算热膨胀时还应考虑管道沿程回填导致轴向阻力增加的情况。热膨胀分析通常涉及以下问题：

- 管土相互作用；
- 接头设计；
- 侧向和隆起屈曲（或整体屈曲）评估；
- 轴向移动和疲劳分析；
- 悬跨评估；
- 管道交叉的设计及其他问题。

本章将首先概述热膨胀分析的基础知识，然后介绍几种典型管道情况的管道位移和膨胀力计算。

45.2　管道应变

45.2.1　引言

水压测试和运行时如果管道的内部压力和温度较高，管道会在压力和温度的作用下发生纵向膨胀。但发生任何膨胀移动时，管道都受到海床摩擦力的约束。对于两端未约束的管道，管端的有效轴向力为零，并因海床的摩擦力约束而逐渐增加。当膨胀力与海床土壤阻力达到力平衡时膨胀就会停止，管道膨胀停止处称为虚拟固定点（VAP），管道膨胀就发生在 VAP 和管端之间。

管道膨胀会使管道发生轴向应变。管道在 VAP 处达到平衡，此时所有应变分量之和等于完全约束管段的应变。当管道安装后无残余铺管张力并且内部压力等于其外部压力时，管段应变为零，例如陆上管道安装基本上就是这种情况。

以下章节将基于与压力、温度和海床土壤摩擦力相关的应变分量介绍其对管道膨胀的影响，假定管道材料为弹性并且轴向力与材料中产生的轴向应力成正比。

$$F_w=\sigma_1 A_s \tag{45-1}$$

式中 F_w——管壁横截面处的真实管壁轴向力；

σ_l——管壁处的纵向（轴向）应力；

A_s——管道横截面的面积。

45.2.2 压应变

压力载荷产生的纵向应变由两个分量组成：加帽端效应应变由加帽端纵向压力差导致，而泊松比效应应变则由环向和径向应力分量导致。

对于完整的单根管道，加帽端效应所致的纵向应变是一个常数，可通过修改式（45-1）得到

$$\varepsilon_{\text{end}} = \frac{p_i A_i - p_e A_e}{EA_s} \tag{45-2}$$

式中 ε_{end}——加帽端效应导致的纵向应变；

p_i——管道的内部压力；

p_e——管道的外部压力；

A_i——管道的内圆面积，$A_i=\pi(D-2t)^2/4$；

A_e——管道的外圆面积，$A_e=\pi(D)^2/4$；

A_s——管道横截面面积，$A_s=A_e-A_i$；

D——管道外径；

t——管道壁厚。

根据下文中式（45-11）所示的Lame公式，无论是薄壁管道还是厚壁管道，管段不同径向位置的环向和径向应力之和总是不变的。泊松比效应导致的纵向应变可由下式表达：

$$\varepsilon_{\text{Poisson}} = -\frac{v}{E}(\sigma_h + \sigma_r) = -\frac{2v}{E}\left(\frac{p_i A_i - p_e A_e}{A_s}\right) \tag{45-3}$$

式中 $\varepsilon_{\text{Poisson}}$——泊松比效应应变；

v——泊松比。

加帽端效应致的纵向应变与环向与径向应变的泊松比效应所致的纵向应变的方向是相反的。压力载荷产生的总纵向应变包含了加帽端效应和泊松比效应，可由下式表达：

$$\varepsilon_{\text{P}} = \varepsilon_{\text{end}} + \varepsilon_{\text{Poisson}} = \frac{1-2v}{E}\left(\frac{p_i A_i - p_e A_e}{A_s}\right) \tag{45-4}$$

45.2.3 热应变

未约束管道的初始状态温度发生变化时会产生纵向应变，可表达为

$$\varepsilon_T = \alpha \Delta T \tag{45-5}$$

式中 ε_T——纵向热应变；

α——管道材料的热膨胀系数；

ΔT——所考虑状态与初始状态的温差。

45.2.4 摩擦应变

管道移动时管道和海床之间会产生阻碍移动的摩擦阻力，这种阻力属被动效应，只有当管道相对于海床移动时才会出现。摩擦阻力在管道中逐步产生与压力和温度应变分量方向相反的负应变。裸置管道和埋地管道的摩擦应变公式是不同的。

1. 裸置管道

对于管端未约束的裸置长管（如果管端与膨胀环连接，管端阻力可忽略并假定为零），随着与未约束管端的距离增加，摩擦应变也线性增加。摩擦应变可由下式表达：

$$\varepsilon_f = -\frac{\mu_a w x}{A_s E} \tag{45-6}$$

式中 ε_f——摩擦应变；

μ_a——管道和海床之间的纵向（轴向）摩擦系数；

w——管道单位长度的重量（海底管道——沉没重量）；

x——未约束管端至估算点的距离。

2. 埋地管道

埋地管道的周围是土壤，管道周向会受到土壤压力效应的作用，因而摩擦阻力是增加的，这将减少整体膨胀移动。埋地管道单位长度的轴向土壤作用力可表达为[3, 4]

$$F_b = \pi D_o \alpha_a C + \pi D_o H \gamma_S (1 + K_o) \tan(\delta) / 2$$

式中 F_b——埋地管道单位长度的轴向土壤阻力；

α_a——粘附系数[1]；

C——回填土壤的粘附力代表值；

H——管道中心线的深度；

γ_s——土壤单位体积的沉没重量；

K_o——静止状态下的压力系数；

δ——管道和土壤之间的摩擦角。

根据式（45-1），埋地管道的摩擦应变可表达如下：

$$\varepsilon_f = -\frac{F_b x}{A_s E} = -\frac{\mu_a w x}{A_s E} \qquad (45\text{-}7)$$

式中 μ'_a 为埋地管道的等效轴向库仑摩擦系数，等于轴向土壤阻力与管道重量之比。

45.2.5 管道总应变

管道的总应变 ε 可由下式得出：

$$\varepsilon=\varepsilon_p+\varepsilon_T+\varepsilon_f \qquad (45\text{-}8)$$

对于初始应变为零的管道，其沿程各应变分量的如图 45-2 所示。管道横截面不变，其沿程的内部压力、外部压力以及温度都保持恒定。管道沿程的压力应变和热应变为正值常数，而未约束管端的摩擦应变从零开始线性降低。虚拟固定点（VAP）的总应变为零，不出现管道膨胀。

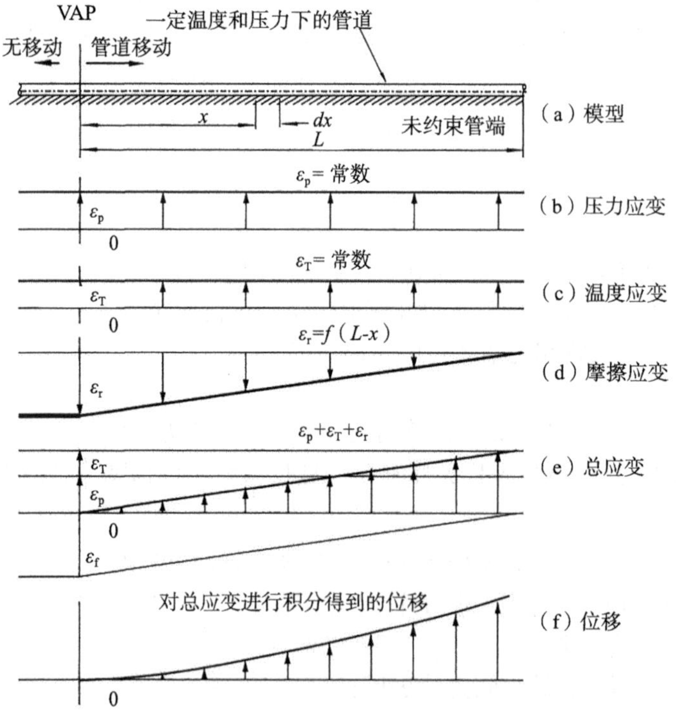

图 45-2 长管沿程的应变和位移分布

45.3 管道应力

45.3.1 压力效应

管道内表面和 / 或外表面上的压力会在管壁内产生应力。管道的应力分量包括纵向应力 σ_l、环向应力 σ_h 和径向应力 σ_r，其定义如图 45-3 所示。

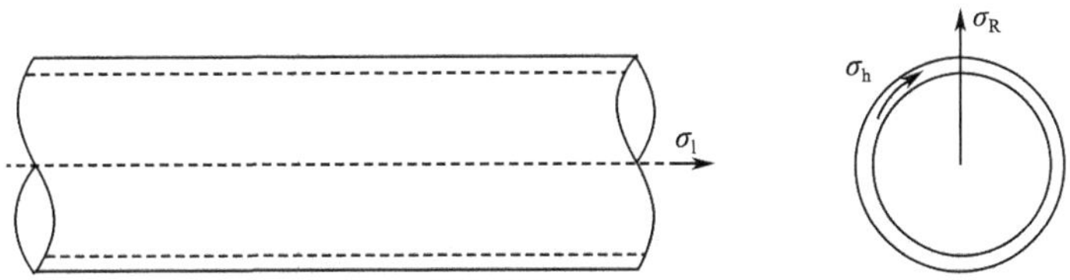

纵向应力 σ_l
环向应力 σ_h
径向应力 σ_r

图 45-3 管壁应力分量的定义

1. 薄壁管的应力分量

在任意一点，沿着无剪切应力的三个互相垂直的方向存在三个主应力。如果不存在剪切应力，轴向 / 纵向应力、周向 / 环向应力和径向应力即为薄壁管的一组主应力。

假定直径方向上的环向应力为常数，薄壁管的环向应力可通过力平衡得到

$$\sigma_{h,thin}=\frac{p_iD_i-p_eD_e}{2t} \tag{45-9}$$

管壁的径向应力的值从管壁内侧的内部压力 p_i 变化为管壁外侧的外部压力 p_e。纵向应力 σ_l 和环向应力 σ_h 相比，径向应力通常极小，因而可以忽略。

当存在剪切应力时，可根据管道的三个应力（σ_l,σ_h,σ_r）近似计算出主应力。如果用 σ_1（最大）、σ_2 和 σ_3（最小）表示主应力，那么采用莫尔圆，两个主应力可表达如下：

$$\sigma_1=\frac{\sigma_h+\sigma_l}{2}+\sqrt{\frac{(\sigma_h-\sigma_l)^2}{4}+\tau^2}$$

$$\sigma_2 = \frac{\sigma_h + \sigma_l}{2} - \sqrt{\frac{(\sigma_h - \sigma_l)^2}{4} + \tau^2} \tag{45-10}$$

第三个主应力（最小，即 σ_3）为零。

2. 厚壁管的应力分量

管端加帽的厚壁管模型如图 45-4 所示。厚壁管的应力分量可由下式表达：

$$\sigma_r = \frac{p_i D_i^2 - p_e D_e^2}{D_e^2 - D_i^2} - \frac{D_i^2 D_e^2}{D^2 (D_e^2 - D_i^2)}(p_i - p_e)$$

$$\sigma_h = \frac{p_i D_i^2 - p_e D_e^2}{D_e^2 - D_i^2} + \frac{D_i^2 D_e^2}{D^2 (D_e^2 - D_i^2)}(p_i - p_e)$$

$$\sigma_l = \frac{p_i D_i^2 - p_e D_e^2}{D_e^2 - D_i^2} + \frac{4F_{ext}}{\pi (D_e^2 - D_i^2)} \tag{45-11}$$

式中 D——计算环向应力或径向应力所用的直径；

D_e——管道外径；

D_i——管道内径；

F_{ext}——加帽端的外部作用力；

p_e——管道的外部压力；

p_i——管道的内部压力。

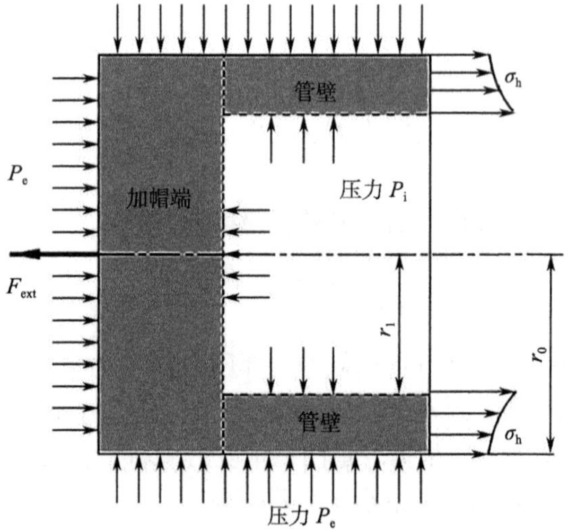

图 45-4 厚壁管的加帽端

当内部压力大于外部压力时，管壁环向应力从管道内表面的最大值变化到外表面的最小值，见环向应力式（45–11）。环向应力式也称为 Lame 公式。

$$\sigma_r+\sigma_h=2\frac{p_iD_i^2-p_eD_e^2}{D_e^2-D_i^2}=\text{constant} \tag{45–12}$$

这说明在管道的整个横截面上，环向应力和径向应力之和是个常数，不随直径 D 的变化而变化。

图 45–4 还说明了管端加帽管道的轴向力平衡情况。F_{ext} 为管道和其他结构物之间的相互作用力。根据式（45–11）的纵向应力定义，外部结构物的相互作用力可表达为

$$F_{ext}=\sigma_lA_s-P_iA_i+P_eA_e \tag{45–13}$$

因为与陆上管道相比，海底管道的外部压力可能无法忽略，所以此外部作用力（例如在水下工程中可来自 PLET、锚、应力接头以及链等）也可定义为加帽端的“有效轴向力”。如果用“S”表示有效轴向力，那么

$$S=F_w-P_iA_i+P_eA_e$$

式中第一项 F_w 为公式（45–1）定义的真实管壁轴向力。纵向应力 σ_l 也可用下式表达：

$$\sigma_l=F_w/A_s=(S+P_iA_i-P_eA_e)/A_s \tag{45–14}$$

3. Von Mises 应力（等效拉伸应力）

Von Mises 发现即使所有主应力都不超过材料的屈服应力，但在应力合力的作用下，屈服仍然可能发生。Von Mises 准则是一个公式，可将三个主应力合成为一个等效应力，然后将等效应力与材料的屈服应力进行比较并判断材料的失效条件。等效应力也经常简称为“Von Mises 应力”，但不是真正的应力，而是一个用于标识的数字。

Von Mises 准则是管道工程中检查屈服条件的最常用准则之一。

$$\sigma_e=\sqrt{\frac{1}{2}\left[(\sigma_1-\sigma_2)^2+(\sigma_2-\sigma_3)^2+(\sigma_3-\sigma_1)^2\right]} \tag{45–15}$$

式中 σ_1、σ_2 和 σ_3 为主应力。根据直角坐标系中的应力分量，管道的 von Mises 应力可表达为

$$\sigma_e=\sqrt{\frac{1}{2}\left[(\sigma_l-\sigma_h)^2+(\sigma_h-\sigma_r)^2+(\sigma_r-\sigma_l)^2\right]+3\left(\tau_{lh}^2+\tau_{lr}^2+\tau_{hr}^2\right)} \tag{45–16}$$

式中 τ_{lh}、τ_{lr} 和 τ_{hr} 为剪切应力。对于薄壁管，可忽略较小的剪切应力和径向应力，则 von Mises 应力可表达为

$$\sigma_e = \sqrt{\sigma_h^2 + \sigma_l^2 - \sigma_l \sigma_h + 3\tau^2} \tag{45-17}$$

由于管道横截面发生扭曲，剪切应力 τ 为 τ_{hr}。

45.3.2 温度效应

温度变化可使管道中的应变发生变化。当管道能轴向移动时，可视其为未约束。如果未约束管道可自由移动，其热应力 $\sigma_{T,U}$ 就为零。

$$\sigma_{T,U}=0 \tag{45-18}$$

但当管道纵向完全约束时，总纵向应变就为零，温度膨胀在管壁中产生纵向压缩应力而不是应变。

$$\sigma_{T,R}=-E\alpha\Delta T \tag{45-19}$$

式中 $\sigma_{T,R}$ 为完全约束管道的热应力。

45.3.3 管道应力

当管道放置在海床上时，压力和温度导致的管道移动会受到土壤摩擦阻力的约束，因而可将其称为约束管道。虚拟固定管段属完全约束管道。为了防止管道发生膨胀，有些管道设计中会采用机械约束，可通过特殊设计的锚或将管道固定于附近结构物上提供约束。因为管道被锚约束而无法移动，土壤摩擦阻力就不会产生。约束管道的结构物或锚将承载管道内由压力和温度效应所导致的全部膨胀力。

1. 未约束管道

图 45-5 为管端安装了盲板法兰的未约束管道，其横截面不变，沿程的内部压力 p_i、外部压力 p_e 和温度 T 都保持恒定。盲板法兰（加帽端）的约束力 F_{ext} 为管壁作用力和流体作用力的函数，如式（45-13）所示

$$F_{ext}=F_w-F_f \tag{45-20}$$

流体压力作用于管帽产生流体作用力，可表达如下：

$$F_f=P_iA_i-P_eA_e$$

未约束管道的约束力（固定力）为零

$$F_{ext}=0$$

加帽端的管壁作用力由内部压力和外部压力所致：

$$F_w=P_iA_i-P_eA_e$$

当温度上升导致未约束管道膨胀时，温度效应使应变发生变化，但不会使应力发生变化。由于无约束力作用于管道，管道沿程的管壁作用力保持不变，未约束管道的纵向应力为

$$\sigma_{\mathrm{l,U}}=\frac{p_{\mathrm{i}}A_{\mathrm{i}}-p_{\mathrm{e}}A_{\mathrm{e}}}{A_{\mathrm{s}}} \tag{45-21}$$

环向应力和径向应力可由式（45–11）计算。

未约束管端的膨胀移动为：

$$\Delta=(\varepsilon_{\mathrm{P}}+\varepsilon_{\mathrm{T}})L \tag{45-22}$$

2. 完全约束管道

图 45–6 为管端安装了盲板法兰的约束管道，其横截面保持不变。约束管道的管端约束力为

$$F_{\mathrm{ext}}=-E_{\mathrm{a}}(T-T_{\mathrm{a}})A_{\mathrm{s}}-(1-2v)(P_{\mathrm{i}}A_{\mathrm{i}}-P_{\mathrm{e}}A_{\mathrm{e}}) \tag{45-23}$$

管端的真实管壁作用力为：

$$F_{\mathrm{w}}=\left[\frac{2v(p_{\mathrm{i}}A_{\mathrm{i}}-p_{\mathrm{e}}A_{\mathrm{e}})}{A_{\mathrm{s}}}-Ea(T-T_{\mathrm{a}})\right]A_{\mathrm{s}}$$

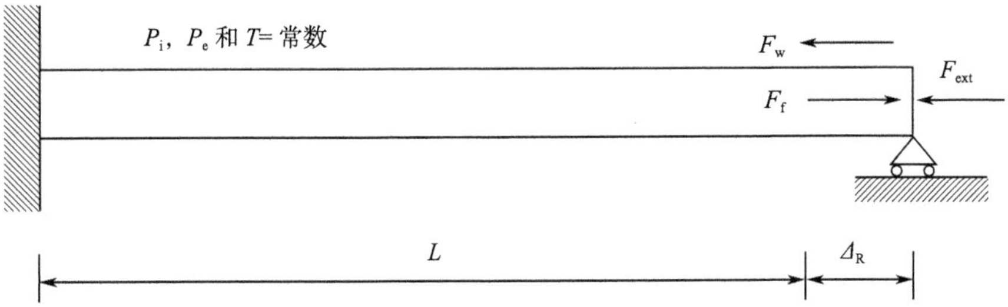

图 45–5　压力和温度保持恒定的未约束管道

因为径向和切向的约束条件没有变化，所以约束管道因内部压力所致的环向和径向应力与未约束管道是相同的，可由式（45–11）计算。

管端约束使纵向应力发生变化。流体压力作用于管帽并产生纵向力，其载荷路径直接延续至管端约束。这样对于完全约束管道，内部和外部压力的管帽效应不会在管道上产生纵向应力，管帽导致的纵向应力为零。约束管道管壁内的纵向压应力完全由环向和径向应力的泊松比效应所致，可由下式表达：

$$\sigma_{\mathrm{l,Poisson}}=\frac{2v\left(p_{\mathrm{i}}A_{\mathrm{i}}-p_{\mathrm{e}}A_{\mathrm{e}}\right)}{A_{\mathrm{s}}} \tag{45-24}$$

因而对于完全约束管段或虚拟固定管段，管壁的纵向合应力 $\sigma_{\mathrm{l,R}}$ 为温度及泊松比压应力分量之和，可由下式表达

$$\sigma_{\mathrm{l,R}}=\frac{2v\left(p_{\mathrm{i}}A_{\mathrm{i}}-p_{\mathrm{e}}A_{\mathrm{e}}\right)}{A_{\mathrm{s}}}-Ea\Delta T \tag{45-25}$$

例如对于管端未约束的摩擦约束管道，管道过渡段长度内的管壁纵向应力可表达为：

$$\sigma_{\mathrm{l,R}}\left(x\right)=\frac{p_{\mathrm{i}}A_{\mathrm{i}}-p_{\mathrm{e}}A_{\mathrm{e}}}{A_{\mathrm{s}}}-\frac{\mu_{\mathrm{a}}wx}{A_{\mathrm{s}}} \tag{45-26}$$

在这种情况下，未约束管端的纵向应力与式（45-21）所定义的未约束管道相同。随着 x 的增加，纵向应力减小并成为式（45-25）所定义的纵向应力，x 为从未约束管端至虚拟固定点的距离。

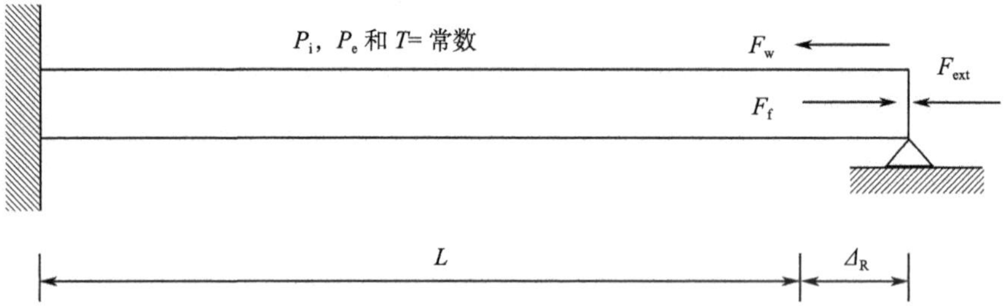

图 45-6　压力和温度保持恒定的约束管道

45.4　管道的有效轴向力

Sparks[5] 提出有效轴向力一词用以说明内部压力和外部压力的作用，其定义如式（45-13）所示。Fyrileiv[6] 简介了有效轴向力的背景及其在水下工程中的应用。总体来看，有效轴向力是管道结构响应的主要因素，可影响侧向屈曲、隆起屈曲、稳定力、端部终端以及悬跨频率等。但就局部效应而言，例如局部屈曲、钢的应力和屈曲等，起主要作用的是真实轴向力。当使用管道有效轴向

力时，应采用海底管道的沉没重量。

图 45-7 为传统 S 型铺设安装过程中的管道结构和水平载荷。水平力平衡要求安装后海床上管端的残余铺管张力 $F_{residual}$ 与铺管船的水平张力 F_{pull} 相同。当管道刚铺设到海床上时，残余张力为管端处的有效张力。根据残余张力的定义，可用下式表达：

$$F_{residual}=F_w-p_{i,install}A_i+P_eA_e \quad (45\text{-}27)$$

式中 F_w 为安装过程中海床上管道的真实管壁轴向力；p_e 为管道的外部压力；而 $p_{i,install}$ 为安装过程中管道的内部压力。安装状态下真实管壁轴向力为：

$$F_w=F_{residual}+p_{i,install}A_i-P_eA_e$$

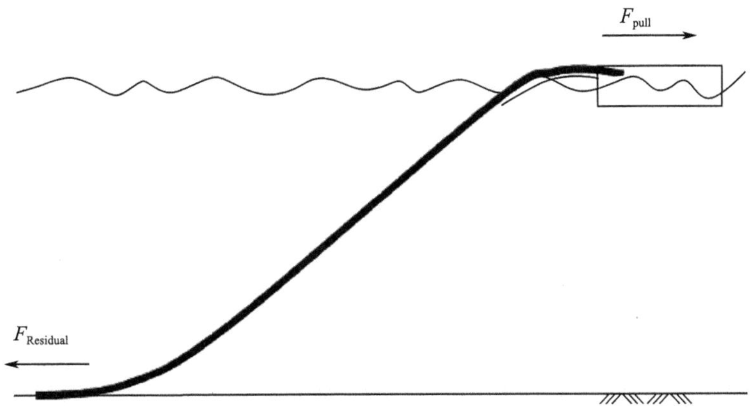

图 45-7　S 型铺设安装过程中的管道水平载荷

管道安装并约束在海床上后，导致有效轴向力变化的活动载荷为运行状态下管道的内部压力和温度。对于约束管道，当内部压力或温度增加时不会产生轴向移动，因而轴向应变不变。热膨胀、环向应力产生的张力以及泊松比效应（如果管道完全约束）使真实管壁轴向力成为压缩力。

$$F_w=F_{residual}+p_{i,install}A_i-p_eA_e+2\nu(p_i-p_{i,install})A_i-EA_s\alpha(T_i-T_{install}) \quad (45\text{-}28)$$

根据定义，可推导出以下完全约束管道的有效轴向力公式

$$\begin{aligned}S_0&=F_w-p_iA_i+p_eA_s\\&=F_{residual}-(1-2\nu)(p_i-p_{i,install})A_i-EA_s\alpha(T_i-T_{install})\\&=F_{residual}-(1-2\nu)(\Delta p_i)A_i-EA_s\alpha(\Delta T_i)\end{aligned} \quad (45\text{-}29)$$

式中　S_0——完全约束管道的有效轴向力；

$F_{residual}$——残余铺管张力或有效铺管张力；

Δ_{pi}——与铺管状态相关的内部压差；

Δ_{Ti}——与铺管状态相关的内部温差。

图 45-8 为海底长管在安装、水压测试和运行状态下的沿程有效轴向力分布，取决于轴向摩擦力、沉没重量、管道长度、管端条件、铺管张力以及管道在不同状态下的沿程压力和温度分布。图中张力为正值，而压缩力为负值。

当管道铺设在海床上时，土壤和管道之间不发生力传递，有效轴向力与管道中的残余铺管张力相同。如图 45-8 所示，整根管道包括管道中间的完全约束管段及两端的未约束管段。安装状态下的有效轴向力公式可表达如下：

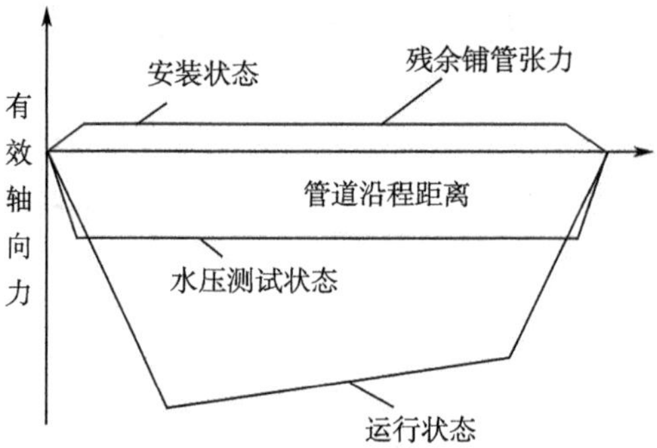

图 45-8　无屈曲管道的沿程有效轴向力分布

$$S_{\text{in,install}}=\begin{cases}\mu_{\text{a}}w_{\text{sub,install}}x+F_{\text{ext,in}} & \text{用于四通或立管连接}\\ F_{\text{residual}} & \text{用于固定管端}\end{cases}$$

$$S_{\text{out,install}}=\begin{cases}\mu_{\text{a}}w_{\text{sub,install}}(L-x)+F_{\text{ext,out}} & \text{用于四通或立管连接}\\ F_{\text{residual}} & \text{用于固定管端}\end{cases}$$

$$S_{\text{install}}=\min\left(S_{\text{in,install}},\ F_{\text{residual}},\ S_{\text{out,install}}\right) \tag{45-30}$$

式中 $S_{\text{in,stall}}$、$S_{\text{out,install}}$ 和 S_{install} 分别为入口端未约束管段、出口端未约束管段和整根管段的有效轴向力，x 为入口端至计算处的管道长度。

水压测试或运行状态下的有效轴向力公式可表达如下：

$$S_{\text{in,ope}}=\begin{cases}-\mu_{\text{a}}w_{\text{sub,ope}}x+F_{\text{ext,in}} & \text{用于四通或立管连接}\\ S_0 & \text{用于固定管端}\end{cases}$$

$$S_{\text{out,ope}}=\begin{cases}-\mu_{\text{a}}w_{\text{sub,ope}}(L-x)+F_{\text{ext,out}} & \text{用于四通或立管连接}\\ S_0 & \text{用于固定管端}\end{cases}$$

$$S_{\text{ope}}=\max\left(S_{\text{in,ope}},\ S_0,\ S_{\text{out,ope}}\right) \tag{45-31}$$

45.5　单管管道的膨胀

45.5.1　引言

如果能够确定管道的应变状态，通过对管道沿程总应变进行积分可计算出其相对位移[7,8,9]：以下各节将针对不同管道问题详细介绍如何计算管端膨胀。

可通过下述程序确定管道的膨胀特性：

- 确定管道的应变状态；
- 确定管端至稳定点的管道过渡段长度；
- 对过渡段长度上的应变进行积分可得出管端总膨胀。

45.5.2　轴向应变和管端膨胀

1. 安装状态

安装状态下完全约束管段的轴向应变可由下式表达：

$$\varepsilon_{\mathrm{l,installLR}}=\frac{1}{E}\left[\sigma_{\mathrm{l,install}}-\nu\left(\sigma_{\mathrm{h,install}}+\sigma_{\mathrm{r,install}}\right)\right]$$

应力由下式表达：

$$\sigma_{\mathrm{l,install}}=\frac{F_{\mathrm{w,install}}}{A_{\mathrm{s}}}=\frac{F_{\mathrm{residual}}+p_{\mathrm{i,install}}A_{\mathrm{i}}-p_{\mathrm{e}}A_{\mathrm{e}}}{A_{\mathrm{s}}}$$

以及

$$\sigma_{\mathrm{h,install}}+\sigma_{\mathrm{r,install}}=2\left(\frac{p_{\mathrm{i,install}}A_{\mathrm{i}}-p_{\mathrm{e}}A_{\mathrm{e}}}{A_{\mathrm{s}}}\right)$$

因而完全约束管段的轴向应变公式为

$$\varepsilon_{\mathrm{l,installLR}}=\frac{1}{EA_{\mathrm{s}}}\left[F_{\mathrm{residual}}+(1-2\nu)\left(p_{\mathrm{i,install}}A_{\mathrm{i}}-p_{\mathrm{e}}A_{\mathrm{e}}\right)\right]\tag{45-32}$$

管道铺放在海床上后就与安装管断开连接，只有 PLET 或四通产生的较小外部张力 F_{ext} 作用于管端。未完全约束管段的轴向应变公式为

$$\varepsilon_{\text{l,installLU}} = \frac{1}{EA_{\text{s}}}\left[F_{\text{ext}} + (1-2v)\left(p_{\text{i,install}}A_{\text{i}} - p_{\text{e}}A_{\text{e}}\right)\right] + \frac{\mu_{\text{a}} w_{\text{s,install}} x}{EA_{\text{s}}} \tag{45-33}$$

式中 x 为管端至估算位置的长度。上式第二项为摩擦应变，对于海底管道，如果第一项为负（管道收缩）则摩擦应变就为正。完全约束管段与未完全约束管段在虚拟固定点处连接，因为管道没有发生移动，所以未完全约束管段的轴向应变就与完全约束管段的轴向应变相同。安装状态下未完全约束管段的长度可表达为

$$L_{\text{install}} = \frac{F_{\text{residual}} - F_{\text{ext}}}{\mu_{\text{a}} w_{\text{s,install}}} \tag{45-34}$$

中间完全约束管段的管道膨胀 Δ_{R} 可由下式得出：

$$\Delta_{\text{R}} = \int_0^{L_{\text{R}}} \varepsilon_{\text{l,installLR}} dx = \varepsilon_{\text{l,installLR}} L_{\text{R}}$$

式中 L_{R} 为约束管段的长度。对于海底管道，式（45–32）的第一项为正而第二项为负。当外部压力过高时，管道会发生收缩，此时 Δ_{R} 为负值，其他情况下当管道铺放于海床上时会发生膨胀。

未完全约束管道的管端膨胀 Δ_{end} 可由下式得出：

$$\Delta_{\text{end}} = \int_0^{L_{\text{install}}} \varepsilon_{\text{l,installLU}} dx = \left[\varepsilon_{\text{l,installLR}} - \frac{\mu_{\text{a}} w_{\text{s,install}} L_{\text{install}}}{2EA_{\text{s}}}\right] L_{\text{install}} \tag{45-35}$$

公式第一项为未完全约束管道在残余张力作用下的长度变化，残余张力由外部静水压和管道接触海床前的铺管张力所致。如果是基于管道接触海床前的状态来计算管道膨胀，则可移除此后并无作用的第一项。因而在水压测试及运行状态下进行膨胀计算时，将不包含静水压和铺管张力对管道膨胀的影响。

$$\begin{aligned}\Delta_{\text{end}} &= \int_0^{L_{\text{install}}} \left(\varepsilon_{\text{l,installLU}} - \varepsilon_{\text{l,installLU}}\right) \mathrm{d}x \\ &= \int_0^{L_{\text{install}}} \left(\frac{1}{EA_{\text{s}}}\left[F_{\text{ext}} - F_{\text{residual}}\right] + \frac{\mu_{\text{a}} w_{\text{s,install}} x}{EA_{\text{s}}}\right) \mathrm{d}x \\ &= -\frac{\mu_{\text{a}} w_{\text{s,install}} L_{\text{install}}^2}{2EA_{\text{s}}} = -\frac{\left(F_{\text{residual}} - F_{\text{ext}}\right)^2}{2EA_{\text{s}} \mu_{\text{a}} w_{\text{s,install}}}\end{aligned} \tag{45-36}$$

2. 运行状态

因为管道安装后完全约束管段未发生移动，所以在水压测试或运行状态下

完全约束管段的轴向应变与安装状态下是相同的，可由下式表达：

$$\varepsilon_{\mathrm{l,ope,R}}=\frac{1}{EA_{\mathrm{s}}}\left[F_{\mathrm{residual}}+(1-2v)\left(p_{\mathrm{i,install}}A_{\mathrm{i}}-p_{\mathrm{e}}A_{\mathrm{e}}\right)\right] \tag{45-37}$$

未约束管段的轴向应变可表达为：

$$\varepsilon_{\mathrm{l,ope,U}}=\frac{1}{EA_{\mathrm{s}}}\left[F_{\mathrm{ext}}+(1-2v)\left(p_{\mathrm{i,ope}}A_{\mathrm{i}}-p_{\mathrm{e}}A_{\mathrm{e}}\right)\right]+a\left(T_{\mathrm{i}}-T_{\mathrm{install}}\right)-\frac{\mu_{\mathrm{a}}w_{\mathrm{s,ope}}x}{EA_{\mathrm{s}}} \tag{45-38}$$

因为上式的前两项为正并且管道在运行状态下发生膨胀，所以第三项摩擦应变就为负。虚拟固定点处未约束管段的轴向应变与完全约束管段是相同的。

$$F_{\mathrm{ext}}+(1-2v)(p_{\mathrm{i,ope}}A_{\mathrm{i}}-p_{\mathrm{e}}A_{\mathrm{e}})+EA_{\mathrm{s}}a(T_{\mathrm{i}}-T_{\mathrm{install}})-\mu_{\mathrm{A}}w_{\mathrm{s,ope}}L_{\mathrm{ope}}$$
$$=F_{\mathrm{residual}}+(1-2v)(p_{\mathrm{i,install}}A_{\mathrm{i}}-P_{\mathrm{e}}A_{\mathrm{e}})$$

水压测试或运行状态下未约束管段的长度可表达为

$$L_{\mathrm{ope}}=\frac{F_{\mathrm{ext}}-F_{\mathrm{residual}}+(1-2v)\left(p_{\mathrm{i,ope}}-p_{\mathrm{i,install}}\right)A_{\mathrm{i}}+EA_{\mathrm{s}}a\left(T_{\mathrm{i}}-T_{\mathrm{install}}\right)}{\mu_{\mathrm{a}}w_{\mathrm{s,ope}}}=\frac{F_{\mathrm{ext}}-S_0}{\mu_{\mathrm{a}}w_{\mathrm{s,ope}}} \tag{45-39}$$

或

$$S_0=F_{\mathrm{ext}}-\mu_{\mathrm{a}}w_{\mathrm{s,ope}}L_{\mathrm{ope}}$$

运行状态下未约束管道的管端膨胀 $\Delta_{\mathrm{end,ope}}$ 可由下式得出：

$$\Delta_{\mathrm{end,ope}}=\int_0^{L_{\mathrm{ope}}}\varepsilon_{\mathrm{l,iopeU}}\mathrm{d}x=\left[\varepsilon_{\mathrm{l,installLR}}+\frac{\mu_{\mathrm{a}}w_{\mathrm{s,ope}}L_{\mathrm{ope}}}{2EA_{\mathrm{s}}}\right]L_{\mathrm{ope}} \tag{45-40}$$

如果安装状态下管道存在残余张力，运行状态下未约束管道的管端膨胀就可表达为

$$\Delta_{\mathrm{end,ope}}=\frac{\mu_{\mathrm{a}}w_{\mathrm{s,ope}}L_{\mathrm{ope}}^2}{2EA_{\mathrm{s}}}=\frac{\left(F_{\mathrm{ext}}-S_0\right)^2}{2EA_{\mathrm{s}}\mu_{\mathrm{a}}w_{\mathrm{s,ope}}} \tag{45-41}$$

未约束管道的管端膨胀计算公式（45–40）同时适用于海底管道和陆上管道。因为海底管道和陆上管道的残余张力和外部压力是完全不同的，所以不可忽略两者 $\varepsilon_{\mathrm{l,install,R}}$ 的差别。但如果是根据管道接触海床之前的状态计算海底管道的管端膨胀，由于未约束管道的长度及管端膨胀不是外部压力和残余张力的函数，因而通过式（45–41）计算出的膨胀相同并且适用于海底管道和陆上管道。以下各节在计算未约束管道的管端膨胀时将忽略外部压力和安装张力的影响，这样根据压力载荷计算纵向应变的公式为

$$\varepsilon_{\mathrm{P}}=\frac{(1-2\nu)\left(p_{\mathrm{i,ope}}-p_{\mathrm{i,install}}\right)A_{\mathrm{i}}}{EA_{\mathrm{s}}} \tag{45-42}$$

温度变化导致的纵向应变可表达为

$$\varepsilon_{\mathrm{r}}=\alpha\left(T_{\mathrm{i}}-T_{\mathrm{install}}\right) \tag{45-43}$$

45.5.3 未约束边界长管的膨胀

图 45–2（a）为管端未约束的陆上长管模型，其残余铺管张力 F_{residual} 和外部张力 F_{ext}，如式（45- 37）所示都非常小，安装状态下轴向应变可以忽略。因为未约束管端之间的距离较远，使虚拟固定段在管道中间形成，所以管端特性是互不相关的。假定运行状态下管道的横截面不变，净内部压力 p 和内容物温度 T 保持恒定。式（45–42）和式（45–43）中的压力应变分量 ε_{P} 和温度应变分量 ε_{T} 平均分布于管道沿程，如图 45–2（b）和（c）所示。管道沿程的摩擦应变 ε_{f} 见式（45–6），呈线性增加，并与未约束管端的距离成正比，如图 45–2（d）所示。VAP 处的压力、温度和摩擦应变之和为零。VAP 与未约束管端之间的管道长度称为“过渡段长度 L”，可由下式确定：

$$\varepsilon_{\mathrm{P}}+\varepsilon_{\mathrm{T}}-\frac{\mu w_{\mathrm{s}}L}{A_{\mathrm{s}}E}=0 \tag{45-44}$$

对过渡段长度 L 求解得到

$$L=\frac{\left(\varepsilon_{\mathrm{P}}+\varepsilon_{\mathrm{T}}\right)A_{\mathrm{s}}E}{\mu w_{\mathrm{s}}} \tag{45-45}$$

未约束管端的总膨胀可由下式得到

$$\Delta=\int_0^L\left(\varepsilon_{\mathrm{P}}+\varepsilon_{\mathrm{T}}-\frac{\mu w_{\mathrm{s}}(L-x)}{A_{\mathrm{s}}E}\right)\mathrm{d}x=\frac{\left(\varepsilon_{\mathrm{P}}+\varepsilon_{\mathrm{T}}\right)L}{2} \tag{45-46}$$

管道沿程的位移分布如图 45–2（f）所示。

45.5.4 具有不同管截面的长管的膨胀

为满足设计安全性和成本要求，海上平台附近的管段有时使用比管道其他部分更厚的管道制造。在这种情况下，总膨胀移动由两根横截面不同的相邻管段的组合效应所决定，因而进行膨胀分析就更为复杂。

图 45–9（a）为具有不同横截面的管道的膨胀。第一根管段从未约束管端至横截面发生变化处，其长度为 a，横截面面积为 A_{s1}，沉没重量为 w_1。从横截

面发生变化处开始，管道的横截面面积为 A_{s2}，沉没重量为 w_2。下标 1 和 2 表示管段 1 和管段 2。

与未约束管端距离为（$L - x$）处的应变可表达如下：

对于 $0<(L-x)<a$

$$\varepsilon = (\varepsilon_{P1} + \varepsilon_T) - \frac{\mu w_1 (L-x)}{A_{s1}E} \tag{45-47}$$

对于 $a<(L-x)<L$

$$\varepsilon = (\varepsilon_{P2} + \varepsilon_T) - \frac{\mu w_1 a}{A_{s2}E} - \frac{\mu w_2 [(L-a)-x]}{A_{s2}E} \tag{45-48}$$

式中 L——过渡段总长度；

a——未约束管端与横截面不连续处的距离；

ε_P——压力导致的应变；

ε_T——温度导致的应变。0

虚拟固定点处的总应变为零，可由下式表达：

$$\varepsilon_{P2} + \varepsilon_{T2} - \frac{\mu w_1 a}{A_{s2}E} - \frac{\mu w_2 (L-a)}{A_{s2}E} = 0$$

因而：

$$L - a = \left(\varepsilon_{P2} + \varepsilon_{T2} - \frac{\mu w_1 a}{A_{s2}E}\right)\frac{A_{s2}E}{\mu w_2} \tag{45-49}$$

单个应变分量及总应变的分布如图 45–9（b）所示。

通过对虚拟固定点与未约束管端之间的总应变进行积分，未约束管端的位移可计算如下：

$$\Delta = \left[2(\varepsilon_{P1} + \varepsilon_T) - \frac{\mu w_1 a}{A_{s1}E}\right]\frac{a}{2} + \left[(\varepsilon_{P2} + \varepsilon_T) - \frac{\mu w_1 a}{A_{s2}E}\right]\frac{L-a}{2} \tag{45-50}$$

图 45–9（c）为具有不同横截面的长管的沿程位移分布。

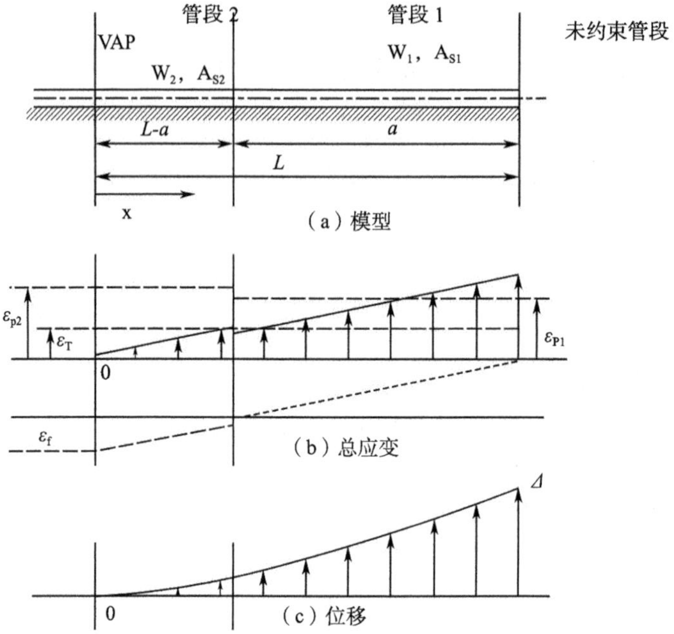

图 45-9 不同横截面的应变和位移分布

45.5.5 具有衰减温度曲线的管道的膨胀

由于热量会通过管壁传递至周围环境，管道内容物的温度将逐渐降低到周围海水的温度。如果入口处的管道内容物温度高于周围环境，随着管道沿程距离的增加，内容物温度将逐步衰减。温度衰减遵从指数曲线，见下式：

$$T_p = T_a + (T_{in} - T_a)\, e^{-\beta y} \qquad (45\text{-}51)$$

式中 T_P——管道内容物的温度；

T_a——周围海水的温度；

T_{in}——入口温度；

y——与管道入口的距离；

β——热损失系数。

图 45-10 为管端未约束的长管样例，管道的温度曲线呈指数式衰减。流体从未约束的右管端开始流动。将温度公式代入热应变公式可得到下式：

$$\varepsilon_T = \alpha\,(T_{in} - T_a)\, e^{-\beta(L-X)}$$

式中 ε_T 为温度应变；

x 为与虚拟固定点的距离；

α 为管道材料的线性热膨胀系数。

因而总应变为

$$\varepsilon = \varepsilon_{\mathrm{P}} + a\left(T_{\mathrm{in}} - T_{\mathrm{a}}\right)\mathrm{e}^{-\beta(L-x)} - \frac{\mu w_{\mathrm{s}}\left(L-x\right)}{A_{\mathrm{s}}E} \tag{45-52}$$

管道沿程的应变分量及总应变如图 45–10（b）所示。在虚拟固定点处，$x=0$ 且总应变 $\varepsilon=0$，得出下式：

$$0 = \varepsilon_{\mathrm{P}} + a\left(T_{\mathrm{in}} - T_{\mathrm{a}}\right)\mathrm{e}^{-\beta L} - \frac{\mu w_{\mathrm{s}} L}{A_{\mathrm{s}}E}$$

管道的过渡段长度为

$$L = \left[\varepsilon_{\mathrm{P}} + a\left(T_{\mathrm{in}} - T_{\mathrm{a}}\right)\mathrm{e}^{-\beta L}\right]\frac{A_{\mathrm{s}}E}{\mu w_{\mathrm{s}}} \tag{45-53}$$

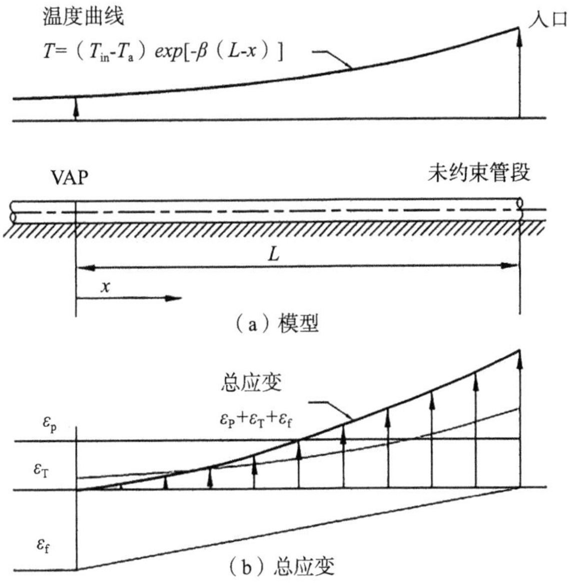

图 45–10　结合温度曲线的长管应变分布

从公式中可以看出未知参数 L 出现在表达式两边，因而需要通过迭代进行求解。计算出长度后，通过对过渡段长度 L 上的应变进行积分可得出未约束管端的总位移。

$$\Delta = \int_0^L \left[\varepsilon_{\mathrm{P}} + \alpha\left(T_{\mathrm{in}} - T_{\mathrm{a}}\right)\mathrm{e}^{-\beta(L-x)} - \frac{\mu w_{\mathrm{s}}\left(L-x\right)}{A_{\mathrm{s}}E}\right]\mathrm{d}x$$

从上式可得出：

$$\Delta=\varepsilon_{\mathrm{p}}L+\alpha\left(T_{\mathrm{in}}-T_{\mathrm{a}}\right)\frac{\left(1-\mathrm{e}^{-\beta L}\right)}{\beta}-\frac{\mu w_{\mathrm{s}}L^{2}}{2A_{\mathrm{s}}E} \tag{45-54}$$

式中　Δ 为未约束管端的位移。

45.5.6　未约束短管的膨胀

“短”管指管道未约束两端的过渡段长度之和大于管道的总长度。对于短管，必须整体考虑管道的膨胀，而不是单独考虑各管端的膨胀。这是由于未约束管端的过渡区在管道中间相连并互相影响。

图 45-11 为两端均未约束的短管模型，管道沿程的温度和压力曲线保持恒定。相应的应变分布如图 45-11（b）所示。管道沿程的温度和压力应变分量均保持不变。但摩擦分量从各管端开始呈线性增加，并在中点达到最大值。可以推知作用于中点两边管道的轴向力值相等且方向相反，因而在中点处达到平衡状态，中点也是虚拟固定点（VAS）。如果管道两端均未约束，各端的过渡段长度即为管道长度的一半。

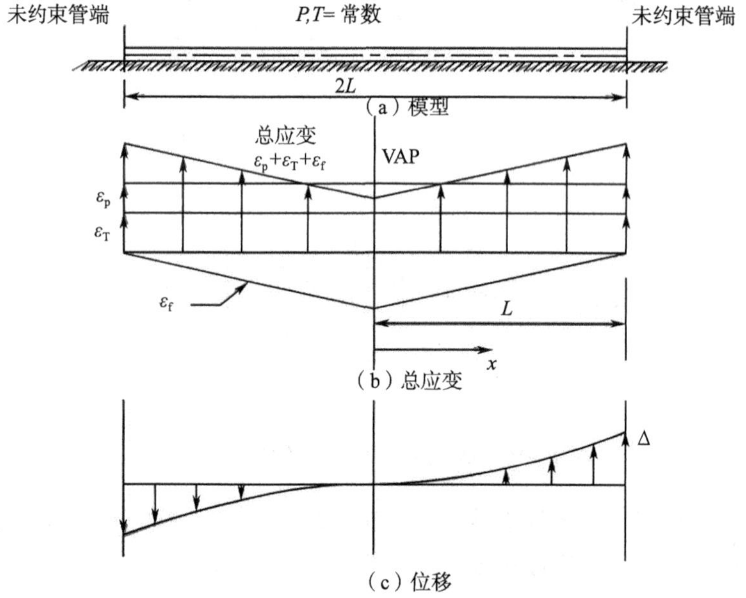

图 45-11　短管沿程的应变分布

下式中 x 为计算点与 VAP 的距离，此处的总应变为温度、压力和摩擦分量之和。通过对整个过渡段长度上的总应变进行积分可计算出未约束管端相对于 VAP 的移动量：

$$\Delta = \int_0^L \left[\varepsilon_\mathrm{P} + \varepsilon_\mathrm{T} - \frac{\mu w_\mathrm{s} (L - x)}{A_\mathrm{s} E} \right] \mathrm{d}x$$

得出：

$$\Delta = \left(\varepsilon_\mathrm{P} + \varepsilon_\mathrm{T} - \frac{\mu w_\mathrm{s} L}{2 A_\mathrm{s} E} \right) L \tag{45-55}$$

式中 Δ——未约束管端的位移；

L——过渡段的长度（此处为管道总长度的一半）。

上述情况下管道沿程的位移分布如图 45-11（c）所示。

45.6 PIP 系统的膨胀

45.6.1 引言

HPHT 储层与已有平台之间的水下回接中广泛使用了管束和套管（PIP）结构，可以对出油管进行保温，防止油气在管道沿程冷却时生成腊和水合物。PIP 系统主要由保温内管（内出油管）和保护外管（外输送管）构成。

PIP 系统的结构特性取决于系统的总体特性以及内管和外管间的载荷传递机制。系统中产生的整体有效轴向力则取决于温度和压力运行条件，如果管道处于管端膨胀区（过渡段），外输送管和土壤间会产生摩擦阻力[10]。

45.6.2 虚拟固定点

在运行温度和压力下，铺设于海床上的 PIP 管道的内管中会产生有效轴向力。当管道在运行状态下膨胀时，外管和海床间的土壤摩擦力会阻碍管道部件的自由热膨胀，导致系统中产生整体有效轴向力。整体有效轴向力的最大值取决于管道是否会产生完全轴向约束。在管端膨胀区，整体有效轴向力为土壤摩擦力、与管端的距离以及管道沉没重量的函数，可表达为：

$$S=F_{ext}-w_s \cdot \mu_a x \quad (45\text{–}56)$$

式中 S 为整体有效轴向力、w_s 为 PIP 的沉没重量、μ_a 为轴向管土摩擦系数、x 为与管端的距离以及 F_{ext} 为阻力（若管端安装了四通或 PLET，阻力为负而拉伸为正）。管端产生的整体有效轴向力逐渐增加直至出现完全轴向约束，单根管道的整体有效轴向力如式（45–29）所示。

$$S_0=F_{residual}-(1-2\nu)(\Delta p_{i,f})A_{if}-EA_{s,f}a_f(\Delta T_f)-EA_{s,c}a_c(\Delta T_c) \quad (45\text{–}57)$$

式中 S_0——完全约束 PIP 出油管的整体有效轴向力；

$F_{residual}$——残余铺管张力或有效铺管张力；

$\Delta p_{i,f}$——内管的内部压差，相对于安装状态；

ΔT_f——内管的温差，相对于安装状态；

ΔT_c——外输送管的温差，相对于安装状态。

45.6.3 管端膨胀

可基于 PIP 出油管接触海床之前的状态计算管道膨胀。内管和外输送管的应变增量可采用与单根管道相同的方法见式（45–41）计算。

对于内管

$$\Delta\varepsilon_f=\frac{1}{EA_{s,f}}\left[T_f+(1-2\nu)\Delta p_{f,i}A_{f,i}\right]+\alpha_f\Delta T_f \quad (45\text{–}58)$$

对于外输送管

$$\Delta\varepsilon_c=\frac{T_c}{EA_{s,c}}+\alpha_c\Delta T_c-\frac{\mu_a w_s x}{EA_{s,c}} \quad (45\text{–}59)$$

式中 T——管端的有效张力，为 F_{ext}、$F_{residual}$ 及内管与外输送管间的作用力之和；

$\Delta\varepsilon$——内管或外输送管的应变增量；

μ_a——外输送管与海床间的轴向摩擦阻力系数；

w_s——PIP 管段单位长度的沉没重量；

A_s——横截面面积；

E——杨氏模量。

对于无中间锚固件的 PIP 出油管，内管和外输送管都在管端锚固件处进行连接。内管和外输送管的总伸长量是相同的，假定两者之间无摩擦力，总伸长量可由下式表达：

$$\Delta\varepsilon_f=\Delta\varepsilon_{c,1}+\Delta\varepsilon_{c,2} \quad (45\text{–}60)$$

$$\int_0^L \left(\frac{T1_f + (1-2\nu)\Delta p_{f,i} A_{f,i}}{EA_{s,f}} + \alpha_f \Delta T_f \right) dx = \int_0^{L1_c} \left(\frac{T1_c - \mu_a w_s x}{EA_{s,c}} \right) dx + \int_{L-L2_c}^{L} \left(\frac{T2_c - \mu_a w_s (L-x)}{EA_{s,c}} \right) dx \tag{45-61}$$

式中　L——PIP 出油管的长度；

$L1_c$, $L2_c$——分别为外输送管管端 #1（左）和管端 #2（右）的过渡段长度；

$T1$，$T2$——分别为管端 #1 和管端 #2 的有效张力。

内管和外输送管的管端有效张力存在以下关系：

$$T1_f + T1_c = F_{ext,1} + F_{residual1} \tag{45-62}$$

$$T2_f + T2_c = F_{ext,2} + F_{residual2} \tag{45-63}$$

$$T1_f + \alpha_f \Delta T(0)(A_{s,f}E) = T2_f + \alpha_f \Delta T(L)(A_{s,f}E) \tag{45-64}$$

在外输送管的虚拟固定点处，应变增量为零，因而

$$T1_c - \mu_a w_s L1_c = 0 \tag{45-65}$$

$$T2_c - \mu_a w_s L2_c = 0 \tag{45-66}$$

根据式（45-61）~ 式（45-66）可以计算出外输送管管端的过渡段长度 L_{1c}、L_{2c} 以及内管和外输送管管端的有效张力 T_{1f}、T_{2f}、T_{1C} 和 T_{2C}。因而可由下式计算外输送管的管端膨胀：

$$\Delta 1 = \int_0^{L1_c} \left(\frac{T1_c - \mu_a w_s x}{EA_{s,c}} \right) dx \tag{45-67}$$

$$\Delta 2 = \int_{L-L2_c}^{L} \left(\frac{T2_c - \mu_a w_s (L-x)}{EA_{s,c}} \right) dx \tag{45-68}$$

如果 PIP 出油管的长度小于外输送管两端的虚拟固定长度之和，就将出油管称为“短管”。出油管第一个管端的虚拟固定点位置根据出油管两端的总有效张力确定，可由下式得出：

$$L_1 = \frac{L}{2} + \frac{F_{ext,1} + F_{residual,l1} - F_{ext,2} + F_{residual,2}}{w_s \cdot \mu_a}$$

长 PIP 出油管内管和外输送管的轴向移动计算结果如图 45-12 所示。

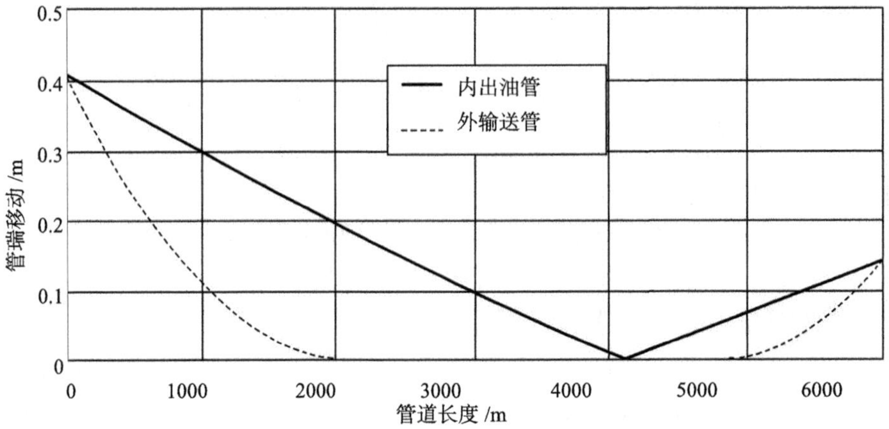

图 45-12 长 PIP 出油管沿程的位移分布

45.7 膨胀分析样例

本节将使用 Mathcad 工作表并结合温度曲线对单根管道进行热膨胀分析，并计算管道两端的膨胀及虚拟固定距离。作为样例，管道沿程使用了两种温度曲线：

（1）管道沿程为恒定温度曲线；

（2）管道沿程为指数式衰减温度曲线。

$$T_x = T_{\text{amb}} + \left(T_{\text{in}} - T_{\text{amb}}\right)\exp\left(-\frac{\beta x}{L}\right)$$

热膨胀分析所需的输入参数概述如下：

- 管道和涂层性质；
- 管道内容物的重量；
- 管道沿程的温度曲线；
- 压力曲线（管道沿程通常使用设计压力）；
- 岩土数据（摩擦系数，特别是轴向摩擦系数）；
- 管道的埋地深度。

表 45-2 详细列出了所需的输入参数。

表 45-2　热膨胀分析的输入数据

管道参数		符号	值	国际单位
钢管外径		D	323.9	mm
管道长度		L	20	km
钢管壁厚		t_w	14.3	mm
钢的密度		ρ_s	7850	$kg \cdot m^{-3}$
防腐涂层厚度		t_{c1}	0.5	mm
防腐涂层密度		ρ_{c1}	1300	$kg \cdot m^{-3}$
保温涂层厚度		t_{c2}	30	mm
保温涂层密度		ρ_{c2}	800	$kg \cdot m^{-3}$
内容物密度		ρ_c	800	$kg \cdot m^{-3}$
钢的弹性模量		E	2.1×10^5	MPa
钢的泊松比		v	0.3	
热膨胀系数		α	1.17×10^{-5}	1/℃
运行数据	管壁两侧的压差	ΔP	150.0	Bar
	入口温度	T_{in}	45.	℃
	温度衰减常数	β	3.0	
环境数据	海水密度	ρ_{sea}	1025	$kg \cdot m^{-3}$
	安装时的环境温度	T_{amb}	6.0	℃
	轴向库仑摩擦系数	μ_a	0.7	
	土壤的沉没重量	γ	45.0	$kN \cdot m^{-3}$
	静止状态下的土体压力系数	k_0	0.5	
	埋地深度	h	0.0	m

Mathcad 工作表分析方法介绍如下：

第一步：计算管道单位长度的沉没重量 W_{sub}；

第二步：确定 VAP 的位置（$L_{VAP}=x$），此处土壤摩擦力与有效作用力相同且轴向应变为零。

$$F_{f,VAP}=F_{E,VAP}$$

$$F_{f,VAP}=-\mu_a W_{sub} L_{VAP}$$

$$F_{E,VAP}=-A_b\Delta P(1-2v)-E\alpha(T_{VAP}-T_{amb})A_S$$

式中 A_b——管道内圆面积；

A_s——钢管的横截面面积；

W_{sub}——管道单位长度的沉没重量，N/m。

第三步：确定管端膨胀，管端膨胀为从 VAP 至管端的轴向应变的积分：

$$\Delta=\int_0^{VAP}\left(\varepsilon_{pressure}+\varepsilon_{temp}-\varepsilon_{soil}\right)dx$$

内部压力和外部压力的压差所导致的应变

$$\varepsilon_{pressure}=\frac{A_b\Delta P(1-2v)}{EA_s}$$

安装后温度上升导致的应变

$$\varepsilon=\alpha(T_x-T_{amb})$$

土壤摩擦阻力导致的应变

$$\varepsilon_{soil}=\frac{\mu W_{sub}x}{EA_s}$$

使用 Mathcad 工作表进行管道热膨胀分析所得到的结果包括出油管的管端位移、有效轴向力分布以及位移分布。

45.7.1 具有恒定 P 和 T 曲线的出油管的膨胀

Expansion of Flowline with Constant P & T Profiles

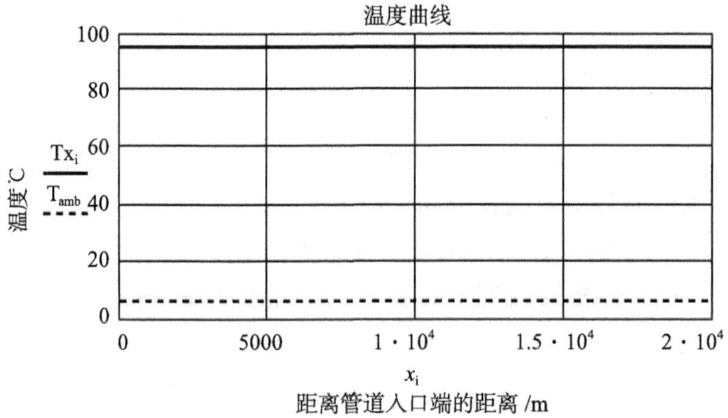

图 45-13 管道沿程的温度分布

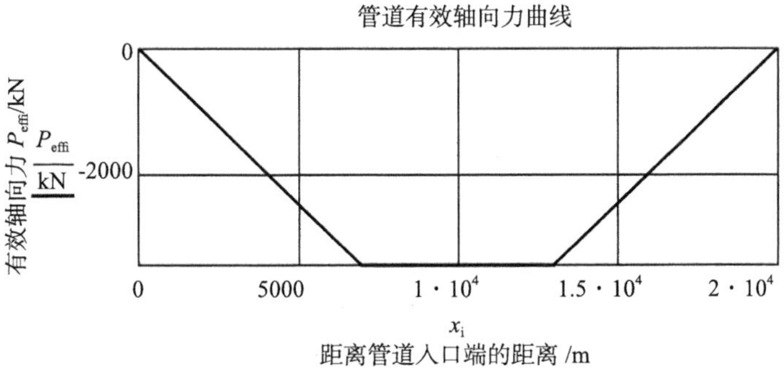

图 45-14　具有恒定 T 曲线的管道的有效轴向力分布

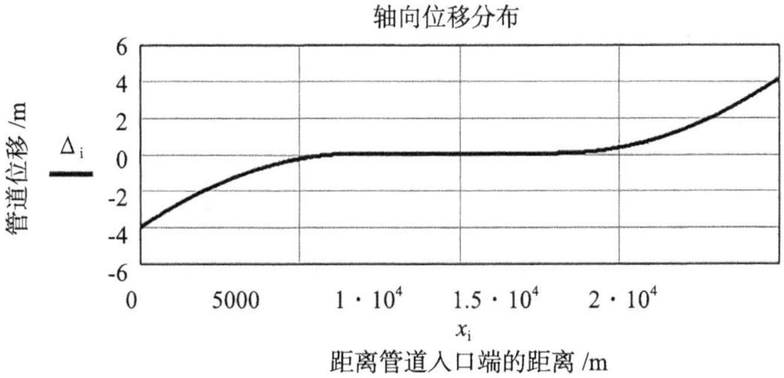

图 45-15　具有恒定 T 曲线的管道沿程轴向位移分布

45.7.2　具有衰减温度曲线的出油管的膨胀

Expansion of Flowline with Decaying Temperature Profile

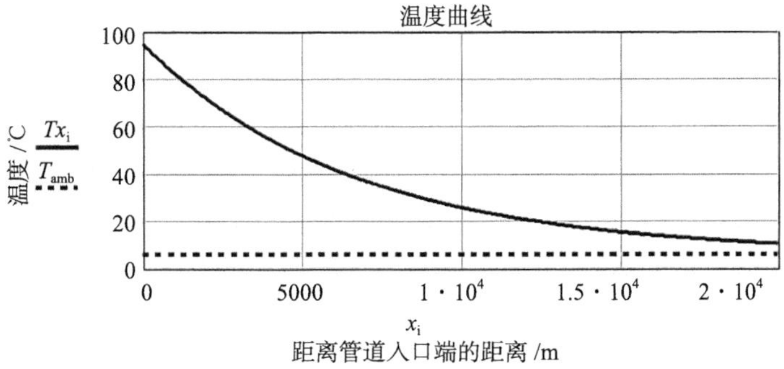

图 45-16　运行状态下管道沿程的温度分布

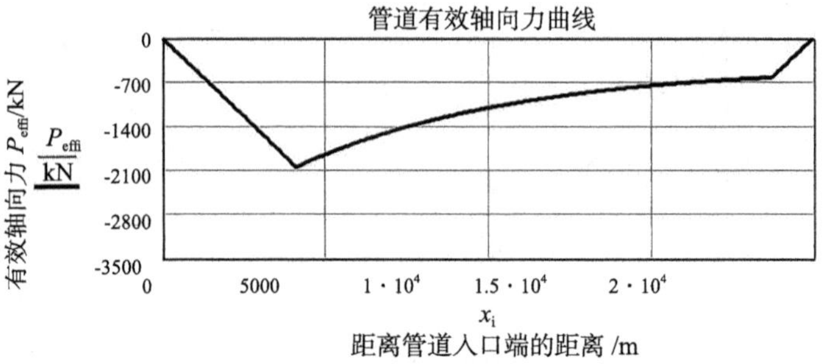

图 45-17　具有衰减温度曲线的管道的有效轴向力分布

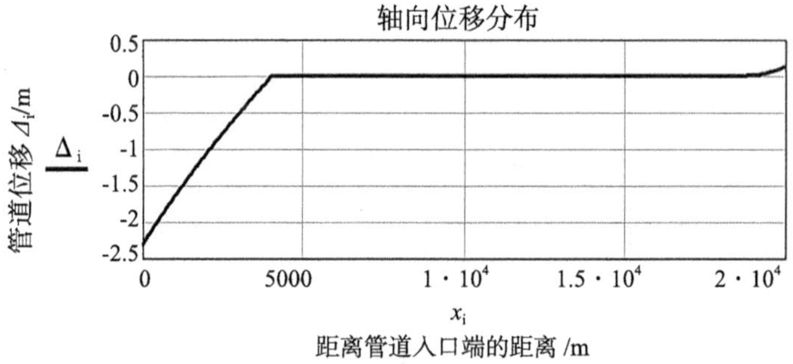

图 45-18　具有衰减温度曲线的管道的轴向位移

参考文献

[1] B. Maldonado, A. Arrazola, and B. Morton, Ultra-deep HP/HT Completions: Classification, Design Methodologies, and Technical Challenges, OTC17927, 2006.

[2] M. Dixon, HP/HT Design Issues in Depth, E & P, 2005.

[3] DNV, Global Buckling of Submarine Pipelines, DNV-RP-F110, 2007.

[4] ASCE, Guidelines for the Design of Buried Steel Pipe, American Lifelines Alliance, 2001.

[5] C.P. Sparks, The Influence of Tension, Pressure and Weight o Pipe and Riser Deformations and Stresses, Journal of Energy Resources Technology, Vol. 106, pp. 46 ~ 55, 1984.

[6] O. Fyrileiv, and L. Collberg, Influence of Pressure in Pipeline Design-Effective Axial Force, OMAE 2005-67502, 2005.

[7] A. C. Palmer, M. T. S. Ling, Movements of Submarine Pipelines Close to Platforms, OTC 4067, 1981.

[8] H.S. Choi, Expansion Analysis of Offshore Pipelines Close to Restraints, ISOPE-1995, 1995.

[9] J.C. Suman, and S. A. Karpathy, Design Method Addresses Subsea Pipeline Thermal Stresses,

Oil & Gas Journal, Aug, 1993.

[10] G.E. Harrison, N. Y. Kershenbaum, and H. S. Choi, Expansion Analysis of Subsea Pipe in Pipe Flowline, Proc. of 7th IOPEC, Honolulu, May, 1997.

第 46 章

侧向屈曲和管道

46.1 引　言

在运行加热和冷却循环过程中，由管端设备和土壤约束或半约束的高温高压（HPHT）管道会发生明显纵向膨胀和收缩，导致管道失直度（OOS）较大或缺陷（轴向压缩载荷所致）位置处出现整体屈曲。暴露于海床上的管道会发生侧向屈曲，而埋放或约束于沟道中的管道会发生隆起屈曲。不可控整体屈曲可使管道出现过度塑性变形，如果不进行适当控制，运行过程中的多次加热冷却循环可能会导致局部屈曲压溃和 / 或循环疲劳失效。侧向屈曲不一定会导致泄漏失效。例如对于在约 3 km 距离内发生几处屈曲的输气管，其侧向移动在几米之内的话，由于应力和疲劳都非常小，所以不必采取进一步措施，但就此认为侧向屈曲不会导致泄漏失效是不正确的。如 2000 年 1 月，巴西瓜纳巴拉湾的一根管道突然发生侧向移动 4m 的屈曲并断裂，导致 7000 桶原油泄漏。调查发现管道失效时，其发生侧向移动是运行状态下压力和温度升高所致。图 46-1 为单根管道和套管在周期性热载荷作用下因疲劳和断裂破损而失效。

与管道侧向屈曲最相关的失效模式包括 [2]：

- 局部屈曲，通常是过度使用导致的主要失效模式；
- 泄漏，原因是：

——过度使用导致横截面拉伸侧发生断裂失效；

——周期性热载荷作用下出现低周疲劳；

——马氏体钢（13%Cr）和铁素体－奥氏体钢（双相和超级双相）会发生氢致应力开裂（HISC）。

图 46-1　疲劳破损导致管道失效[1]

海床上的管道加热时会膨胀，膨胀被海床产生的摩擦力所阻碍。管道冷却时收缩，但海床摩擦力会阻碍管道回到其初始位置。如果加热/冷却循环过程中出现较大的热梯度，管道可产生轴向棘轮效应并向冷却端移动。多次循环后，这种移动会产生非常大的整体轴向移动并使管端的短管或跨接管过载。此累积轴向移动称为“管道轴向移动”。管道轴向移动可导致以下问题：

- 管端的短管/跨接管上出现过应力；
- 如果管端与 SCR 连接，SCR 会失去张力；
- 侧向移动导致侧向屈曲内的载荷增加；
- 需用锚进行约束，防止管道发生轴向移动；
- 约束系统路径弯曲处的弯度增加。

近十年来侧向屈曲和管道轴向移动现象已经得到了广泛研究。业界采用了许多方法来限制侧向屈曲和管道轴向移动，包括蛇形铺设、支墩、分布式浮力、开沟和埋放、膨胀四通等。还设计了计划屈曲启动设备（例如分布式浮力节或支墩加厚管）来控制整体屈曲，以确保管道的完整性。计划屈曲启动设备在许多项目中都得到了成功应用。计划屈曲启动设备有规律地分布在管道沿程，用以将轴向载荷降低至可以接受的水平。近年来，有限元分析软件被广泛用于模拟和预测管道对整体屈曲的响应。

对于产生整体屈曲的 HPHT 管道，为了推动其设计领域知识的发展而于近期实施了两个联合工业项目（JIP）HOTPIPE 和 SAFEBUCK。

HOTPIPE JIP[3] 针对 HPHT 管道的结构设计，其设计标准基于应用可靠性方法对分项安全系数进行修正，以便与 DNV-OS-F101 制定的安全理念保持一致。

SAFEBUCK JIP－SAFEBUCK 设计指南[4] 基于 JIP 成员提供的四条运行管

道的现场测量数据提出了一种方法。

46.1.1　侧向屈曲响应

如果有效压缩轴向力足够大，细长结构物就会发生欧拉屈曲（整体屈曲），例如管道。整体屈曲包括侧向屈曲和隆起屈曲。典型的侧向摩擦系数都小于1，因而土壤阻力产生的均匀分布侧向摩擦力小于管道的沉没重量。如果将管道铺放于海床上而未开沟或埋放，管道更容易产生侧向屈曲而不是隆起屈曲。Hobbs 的早期研究考虑了管道侧向屈曲问题并进行了理论分析[5]。作为研究工作的一部分 Hobbs 进行了实验并通过实验发现管道变形有许多不同的屈曲模态，最常见的模态如图 46-2 所示。

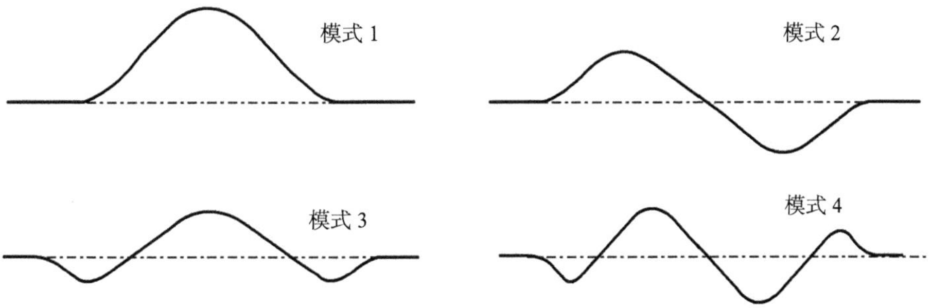

图 46-2　欧拉屈曲模态

模式 1 和 3 关于穿过屈曲中心并与管道初始中心线垂直的轴对称，而模式 2 和 4 则不对称。模式 1 是管道隆起屈曲中经常观察到的模式，因为该模式需要在屈曲构形各端集中侧向力以保持平衡，所以不会出现在侧向屈曲中。这些侧向力无法由侧向摩擦力单独产生，还需通过隆起屈曲垂直方向的土壤产生。如果没有这些集中力，管道的侧向变形将在中央弓形两端处"超出"，管道侧向屈曲将采用模式 3 而不是模式 1。由于管土相互作用的复杂性、失直度特征的随机性以及屈曲特性固有的不稳定性，侧向屈曲的模态很难预测。Hobbs 法已经得到认可，自 20 世纪 80 年代中期以来许多发表的论文都将其与管道的实际特性进行了比较。

46.1.2　Hobbs 法

用于确定侧向屈曲的参数和公式如下所示[6]。产生屈曲所需的有效轴向力

可表达为

$$P(z)=\frac{k_1\cdot E\cdot I}{\left[L(z)\right]^2}+k_3\cdot\mu_a\cdot\omega\cdot L(z)\cdot\left\{\left[1+\frac{k_2\cdot E\cdot A\cdot\mu_1^{\ 2}\cdot\omega\cdot\left(L(z)\right)^5}{\mu_a\left(E\cdot I\right)^2}\right]^{0.5}-1\right\} \quad (46\text{–}1)$$

屈曲幅度为

$$y(z)=\frac{k_4\cdot\mu_1\cdot\omega\cdot\left[L(z)\right]^4}{E\cdot I} \quad (46\text{–}2)$$

屈曲内的作用力为

$$P_{\mathrm{buck}}(z)=\frac{k_1\cdot E\cdot I}{\left[L(z)\right]^2} \quad (46\text{–}3)$$

屈曲导致的最大弯矩为

$$M=k_5\cdot\mu_1\cdot\omega\cdot\left[L(z)\right]^2 \quad (46\text{–}4)$$

式中：z——管道位置；

$L(z)$——屈曲长度；

μ_1——海床的侧向摩擦系数；

μ_a——海床的轴向摩擦系数；

ω——管道的单位沉没重量；

A——管道横截面面积；

E——杨氏模量；

k_n——屈曲常数。

表 46–1 给出了上式中屈曲常数的值 k_n。

表 46–1　屈曲模式的屈曲常数 k

屈曲模式	k_1	k_2	k_3	k_4	k_5
1	80.76	6.391e-5	0.5	2.407e-3	0.0694
2	39.48	1.743e-4	1.0	5.532e-3	0.1088
3	34.06	1.668e-4	1.294	1.032e-2	0.1434
4	28.20	2.144e-4	1.608	1.047e-2	0.1483

如果管道出现屈曲，随着屈曲的发展有效力会发生变化，屈曲中的作用力将减小。可发生屈曲的管段的最大长度等于管道的未约束膨胀长度。但是屈曲管段中的轴向力（P）不为零。管道从无屈曲状态到发生屈曲后屈曲管段长度的增加量 Δl 可由下式确定：

$$\Delta l=\frac{(P_{\text{buck}}-P)\cdot L}{A\cdot E} \tag{46-5}$$

屈曲发生时，随着作用力从 P_0 减小至 P，相邻滑动管段（L_s）的膨胀可表达为

$$\Delta l_s=\frac{(P_{\text{buck}}-P)\cdot L_s}{A\cdot E} \tag{46-6}$$

式中

$$L_s=\frac{P_{\text{buck}}-P}{\mu_a\omega} \tag{46-7}$$

屈曲导致的总膨胀为

$$\Delta L=\Delta l+\Delta l_s=\frac{(P_{\text{buck}}-P)}{A\cdot E}\cdot\left[L+\frac{(P_{\text{buck}}-P)}{\mu\cdot\omega}\right] \tag{46-8}$$

对于双屈曲模式 2 和 4，可将上式中的 L 替换为 $2L$。就概念设计而言，Hobbs 评估法足以核查管道是否会发生整体屈曲。

46.1.3 侧向屈曲的极限状态设计

就管道自身而言，侧向（整体）屈曲不是一种失效模式，如果管道在后屈曲构形中能保持完整性，其发生侧向屈曲是可以接受的。但对于发生屈曲后的管道，可能的失效模式包括：

- 局部屈曲；
- 椭圆变形；
- 疲劳和断裂；
- 管道轴向移动。

管道轴向移动本质上不是真正的失效模式，此处列出是因为其可能导致管端连接（例如水下跨接管）失效。

针对发生屈曲后的管道，DNV-RP-F110 和 Safebuck 使用了不同的极限状态设计标准[7]。对处于后屈曲状态的管道，DNV-RP-F110 使用载荷可控局部屈曲准则，而 Safebuck 则使用位移可控准则。当管道通过管土阻力对所承载的压力和温度进行响应时，不能认为管道状态为完全位移可控，使用位移可控状态需得到相应预防措施的支持。同样，由于屈曲状态下承载力降低，也不能认为管道状态为完全载荷可控。管道的屈曲特性难以预测，但管道设计必须确保

其在各种状态下都能保持安全并且不发生失效，因而对于整体屈曲控制应解决以下问题：

- 应力和应变与屈曲在管道上的位置相关，取决于屈曲间距及运行温度和压力；
- 整体屈曲的位置取决于管道的局部失直度；
- 土壤阻力难以精确预测，解决其不确定性问题应使用侧向和轴向的土壤阻力极限；
- 采用可靠性技术来理解整体屈曲的不确定性。

侧向屈曲可能会导致管道失效，解决方法为：①安装中间膨胀四通以减小轴向力，防止屈曲发生；②在直管上安装屈曲“启动设备”，通过控制特定位置的屈曲以减小轴向载荷。间隔合适的屈曲启动设备可确保屈曲位置只发生有限的热传导，使屈曲处的载荷处于可接受的水平。

46.2 屈曲产生

46.2.1 有效轴向力

管道的整体响应由有效压缩轴向力确定，详见本书中“管道的有效轴向力”。对于完全约束管道，有效轴向力可表达为

$$S_0=F_{\text{residual}}-(1-2v)(\Delta p_{\text{i}})A_{\text{i}}-EA_{\text{s}}a(\Delta T_{\text{i}})$$

对于中间管段完全约束而两端未约束的管道，运行状态下有效轴向力可由下式表达：

$$S_{\text{in,ope}}=\begin{cases}-\mu_{\text{a}}w_{\text{sub,ope}}x+F_{\text{ext,in}} & \text{用于四通或立管连接}\\ S_0 & \text{用于固定管端}\end{cases}$$

$$S_{\text{out,ope}}=\begin{cases}-\mu_{\text{a}}w_{\text{sub,ope}}(L-x)+F_{\text{ext,out}} & \text{用于四通或立管连接}\\ S_0 & \text{用于固定管端}\end{cases}$$

$$S_{\text{ope}}=\max(S_{\text{in,ope}},S_0,S_{\text{out,ope}})$$

图 46-3 为管端未约束及管端固定的长管在运行状态下其沿程的有效轴向力分布。图中点线为两端固定的管道，实线为管端未约束的管道，管端处的有效轴向力为零，并因海床的摩擦力约束而逐渐增加。滑动区中的作用力曲线斜

率由轴向摩擦力 $\mu_a w_{sub,ope}$ 确定。虚拟固定点（VAP）处的摩擦力约束足以防止发生任何膨胀，管道中的轴向总应变为零。图中显示在管道中段系统产生了一个完全约束段，位于两个虚拟固定点之间。膨胀在虚拟固定点和管端之间发生。如果是短管，其总长度可能不足以使管道被完全约束，如图 46-4 所示。端部未约束的短管无法达到完全约束位置，而是在接近中点处形成虚拟固定点，管道向此点两侧发生膨胀。在这种情况下，虚拟固定点处的位移为零，但轴向应变不为零。管道的最大轴向力可显著小于完全约束力。

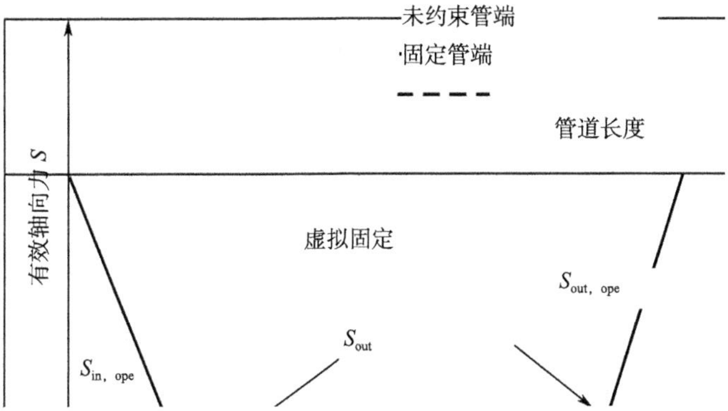

图 46-3　直管的有效轴向力

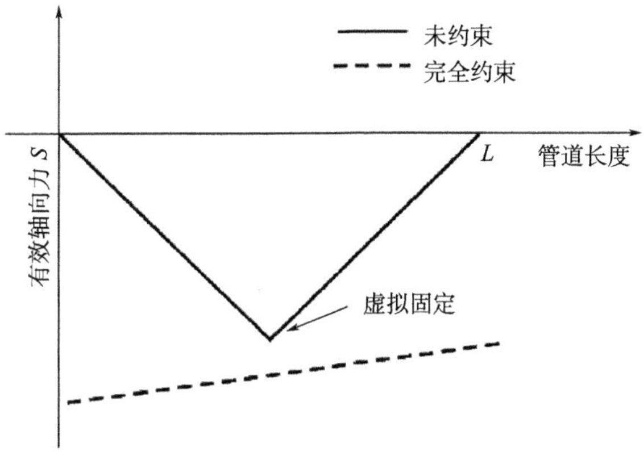

图 46-4　短直管的有效轴向力

46.2.2 侧向屈曲

如果有效压缩轴向力足够大，管道会发生侧向屈曲，管道在后屈曲状态下出现屈曲时产生的有效力会发生变化。随着屈曲的发展，屈曲中的有效轴向力将减小。接近管道中点处形成屈曲的情况如图 46–5 所示。屈曲处有效压缩力的减小导致管道从两侧形成屈曲，在屈曲管段的端部管道再次达到完全约束状态。

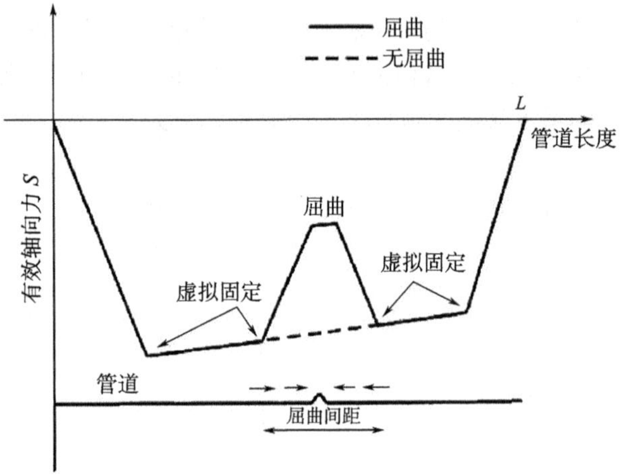

图 46–5　后屈曲构形中的轴向力分布[8]

如果管道非常长，系统中有可能会形成多个屈曲。如图 46–6 所示，管道中形成了 8 个屈曲。对于所有移动管段，有效轴向力曲线的斜率均由轴向摩擦力决定。相邻屈曲之间一定存在一个虚拟固定点，管道膨胀方向在此处发生改变。

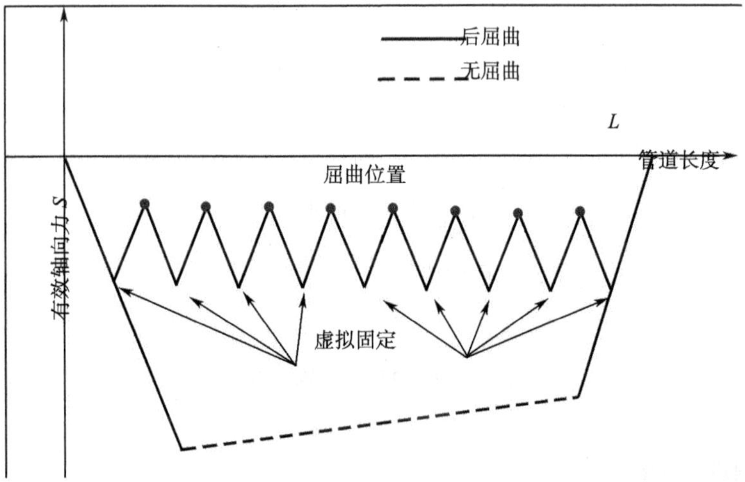

图 46–6　多屈曲情况下的有效轴向力分布

46.2.3 屈曲初始载荷

侧向屈曲由三个参数决定：有效轴向力、失直度（OOS）和边界约束。对于不同边界条件下的纯弹性整体屈曲以及弹性基础上的屈曲都有相应的解析方法。

典型的有效轴向力－屈曲响应曲线如图 46–7 所示。屈曲响应曲线的形状取决于侧向阻力和初始缺陷。图中绘出了 Hobbs 提出的无缺陷管道解析平衡法作为参考。当缺陷为零时，屈曲的有效轴向力为无穷大，说明无缺陷直管不会发生屈曲。极小的缺陷可产生极大的跳跃。随着初始失直度增加，在较小的有效载荷下出现了跳跃。最终当缺陷大到一定程度时，跳跃被消除，代之以单值放大的初始弓形。

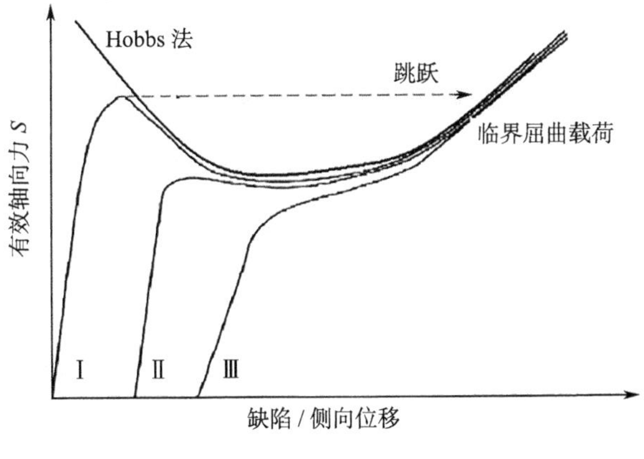

图 46–7　侧向屈曲的整体响应曲线 [5]

尽管通过 Hobbs 法可以得到屈曲载荷，但由于管土相互作用的不确定性，Hobbs 法未能广泛应用于管道屈曲预测。通常使用有限元分析程序并结合解析法来确定管道的临界屈曲载荷。有限元分析可用于评估侧向缺陷对临界屈曲载荷的影响，这是解析屈曲理论难以做到的，但对于无侧向缺陷的情况，两种方法的结论比较一致。图 46–8 为单支墩管道的临界屈曲载荷样例，由通用有限元软件 ABAQUS 计算。随着温度载荷的增加，开始时有效压缩力也是增加的，但当达到临界屈曲载荷时会突然下降。图中，温度从载荷步为 0.0 的环境温度上升至载荷步为 1.0 的运行温度。

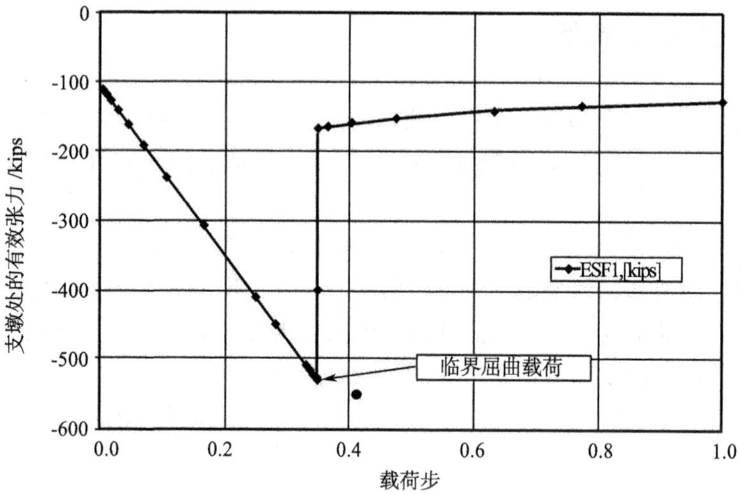

图 46–8　基于有限元分析的临界屈曲载荷

46.2.4　支墩参数对临界屈曲载荷的影响

对于将支墩作为屈曲启动设备的管道,其临界屈曲载荷为以下参数的函数:①管道刚度; ② 侧向缺陷的曲率; ③沉没重量和土壤或支墩表面产生的侧向接触阻力; ④支墩的高度。

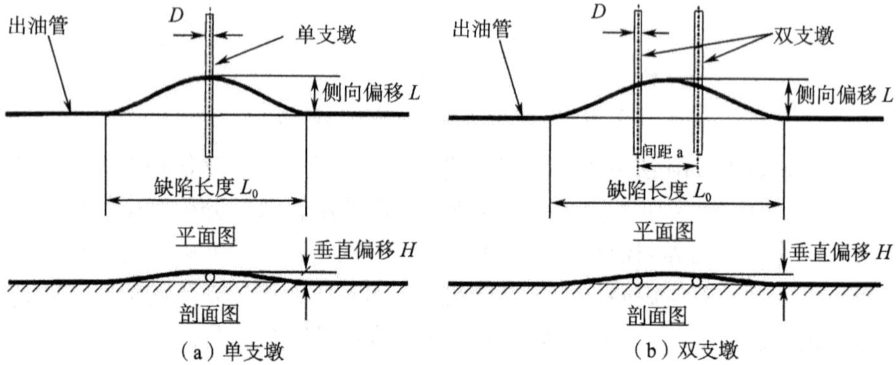

图 46–9　管道跨越支墩 [9]

为了评估屈曲启动设备（安装支墩作为屈曲启动设备）参数对临界屈曲载荷的影响而进行了一系列有限元分析和解析分析，所用 X65 管道的 OD 为 18 in，壁厚为 1 in，保温层为 2 in。图 46–9 为安装了（a）单支墩及（b）双支墩的典型管道构形并定义了尺寸，例如管道初始侧向偏移“*L*”、垂直偏移（单支墩和双支墩的高度）“*H*”以及间距“*a*”。垂直偏移高度参考管道跨越支墩处，对于双支墩（两支墩间距正中处）可能不是管道缺陷的最大高度。以下各节将介绍这些参数的影响。

1. 支墩高度 *H*

图 46–10 为单支墩和双支墩构形中垂直高度 H 对管道临界屈曲载荷的影响，假定管道平直跨越支墩。支墩处的屈曲初始载荷随支墩高度的增加而降低，随管道壁厚的增加而增加，因为壁厚增加导致管道刚度增加。图中还绘出海床上管道的临界屈曲载荷作为参考，其侧向缺陷半径为 1500m。侧向土壤阻力是决定海床上管道的临界屈曲载荷的关键因素之一。海床上的实际临界屈曲载荷应在图中所示临界屈曲载荷范围之内，但如果在平面图中管道是平直的，实际临界屈曲载荷可能会大于此范围。支墩处的管道临界屈曲载荷要远小于此海床上的实际临界屈曲载荷，这样可确保管道先在支墩上发生屈曲。

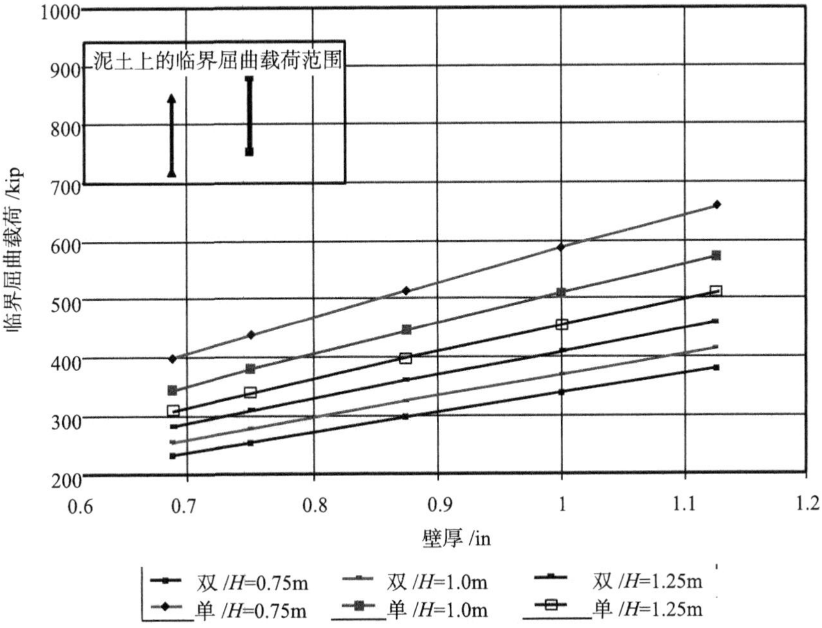

图 46–10　支墩屈曲初始载荷与管壁厚度

2. 侧向偏移 *L*

图 46–11 为侧向偏移不同的出油管的双支墩临界屈曲载荷，如果管道铺设平直，侧向偏移值为出油管偏离管道中心线的值。侧向偏移增加，临界屈曲载荷会明显增加。需注意的是安装过程中难以实现较大的侧向偏移，正常安装只

会产生非常小的偏移。

图中还绘出了两种长度的浮力节的临界屈曲载荷作为参考。如果能够限制双支墩上的侧向缺陷，两种屈曲启动设备的临界屈曲载荷就处于同一水平。浮力节长度是控制临界屈曲载荷的重要参数。较长的浮力节临界屈曲载荷较小，但如果浮力节过长，屈曲模态就会不稳定。两种方法的安装和材料成本也应予以考虑。

3. 支墩间距 *a*

图 46–12 为不同壁厚情况下两个支墩的间距对临界屈曲载荷的影响。间距增加可导致临界屈曲载荷减小，但如果间距过大则会产生涡致振动及应力 / 应变问题。

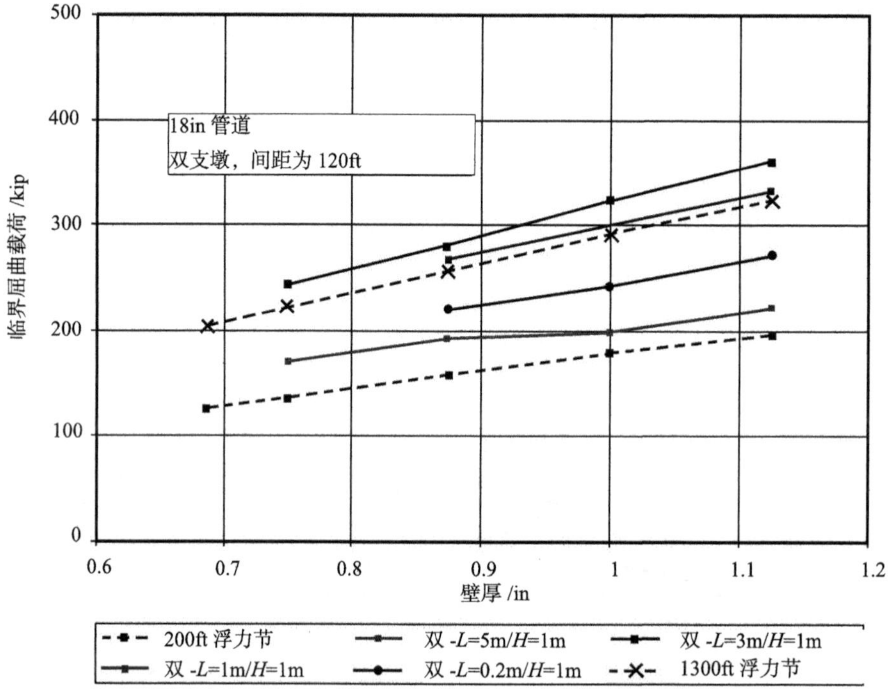

图 46–11　支墩与浮力节临界屈曲载荷的比较

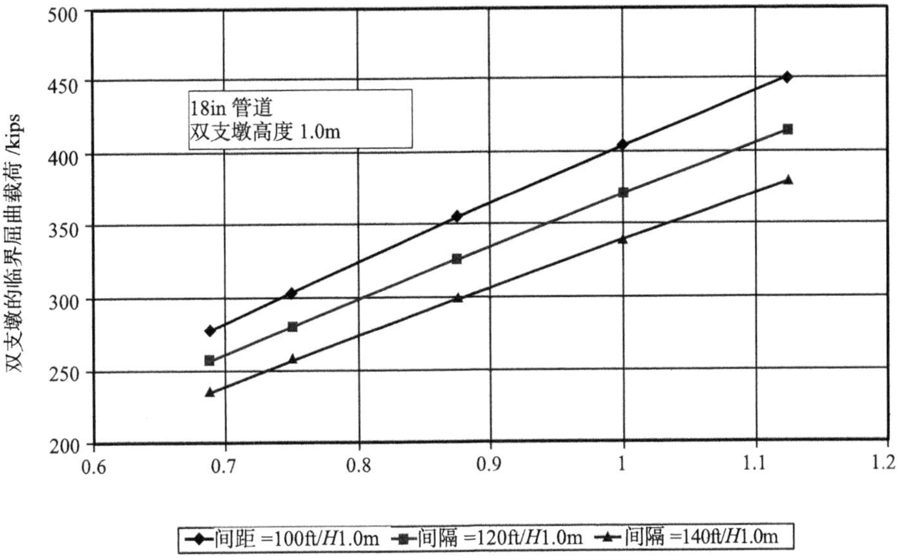

图 46-12　支墩间距对双支墩临界屈曲载荷的影响

46.2.5 屈曲启动设备的间距

当有效压缩力增至足以使管道在自然缺陷处发生意外屈曲时，管道沿程就会自然出现侧向屈曲。此类缺陷源自铺管过程中的船舶运动、波浪或海流载荷以及海床变化等。这种“意外屈曲”可局部减小有效轴向压缩力。意外屈曲会导致超出以下设计极限状态：① 管道过度塑性变形，可能导致局部弯曲和压溃；和 / 或②周期性热载荷作用下发生周期性疲劳失效。但可以通过在计划位置安装屈曲启动设备（限制屈曲设备）对侧向屈曲加以控制，例如支墩和浮力节。图 46-13 为单支墩和双支墩被用作屈曲启动设备的情形。

如果使用多个屈曲位置作为 HPHT 管道侧向屈曲的设计解决方法，需确保屈曲会如所预期的那样在各屈曲位置产生。屈曲位置之间保持合适的间距非常重要。屈曲位置之间的距离过小是存在危险的，可能会导致相邻位置互相干扰，例如一个屈曲会使相邻的屈曲位置无法产生屈曲。如果发现存在这种问题，可能需要进一步干预以增加屈曲位置之间的轴向阻力，例如增加屈曲位置之间管道的重量、在需要的位置堆石等。

泥土上管道的临界屈曲载荷（海床上的自然屈曲）应比计划的屈曲限制位置处的临界屈曲载荷更高，以避免管道在不可控制的位置而不是计划位置发生屈曲。

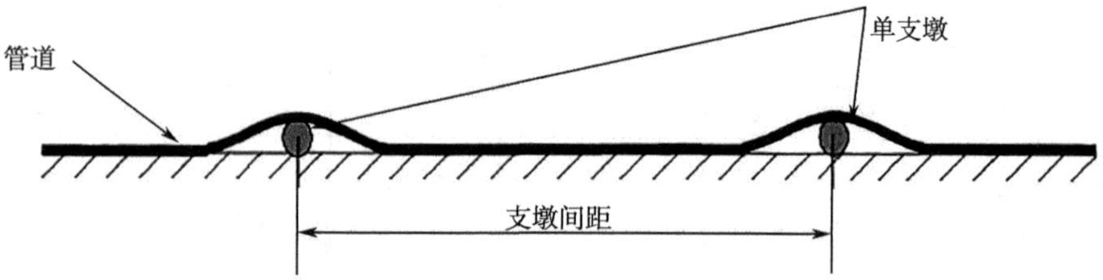

（a）单支墩

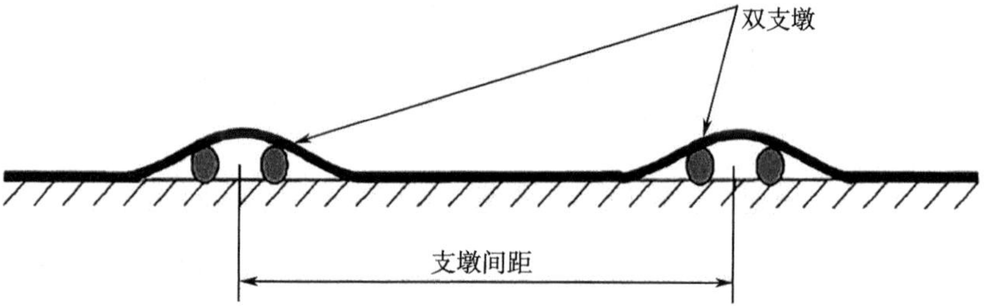

（b）双支墩

图 46-13　管道构形和支墩间距

计划屈曲的间距由几个因素确定。支墩间距应小于“临界屈曲间距”（确定标准通常为各屈曲的最大应变在可接受的范围之内并且在运行过程中的周期性应力的作用下疲劳寿命可以接受）。如果支墩间距大于临界间距，受到控制的屈曲将会超出一个或多个极限状态。支墩间距还应大于“最小间隔”，以确保相邻屈曲启动设备处的屈曲互不干扰。各计划屈曲启动设备的临界屈曲载荷必须小于此设备上可能出现的有效压缩力（即两个侧向屈曲之间累积的有效压缩力加上相邻屈曲启动位置处的最小后屈曲作用力），如图 46-14 所示。可使用最不利的土壤和载荷条件通过有限元分析得到最小后屈曲作用力。

总之，确定两个相邻屈曲产生位置的间距时需满足以下三个极限状态：

- 侧向屈曲必须先在计划产生位置出现，这说明间距必须大于最小间距；
- 计划和意外整体屈曲处的最大应力必须满足最大极限状态的要求；
- 计划和意外整体屈曲处的应力范围和疲劳破损必须满足疲劳极限状态的要求。

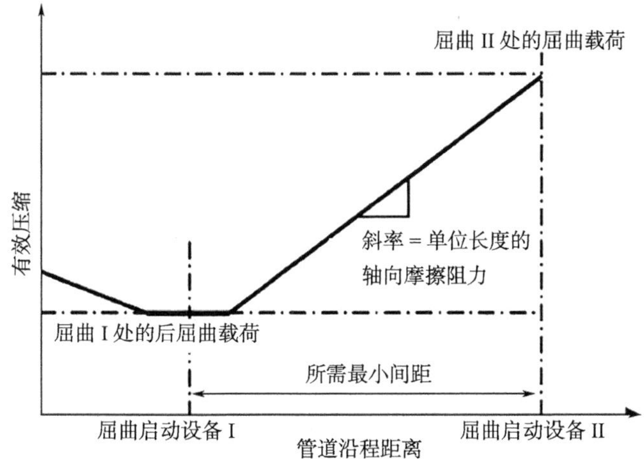

图 46-14　两个屈曲启动设备之间的最小间距[9]

46.2.6　屈曲可靠性

一些研究论文使用结构可靠性分析（SRA）技术提出了侧向屈曲可靠性设计方法[10-12]。可采用结构可靠性分析法合理处理屈曲分析中涉及的各种不确定因素。屈曲产生的概率可计算如下：

$$P_f=\text{Probability}[z \leqslant 0] \qquad (46\text{-}9)$$

式中 P_f 为失效概率，Z 为描述屈曲形成的极限状态函数，可通过对屈曲形成标准进行修正得出。下式为屈曲极限状态函数：

$$Z=P_{cr}-P \qquad (46\text{-}10)$$

式中　P_{cr}——临界屈曲载荷，存在侧向失直度的管道可表达为 $P_{cr}=\mu_{LS}\cdot W\cdot R$；

μ_{LS}——海床静态侧向摩擦系数；

R——有效曲率半径，涵盖长度足以产生屈曲；

P——下一屈曲事件的驱动力。

$$P=\mu_{LS}\cdot W\cdot x+\mu_{LD}\cdot P_c+P_0$$

可使用一阶可靠性方法确定屈曲失效的概率，因而所有模型不确定性都采用正态分布进行建模。

结构可靠性分析技术可用于评估屈曲产生、屈曲相互作用以及管道的后屈曲状态。评估将考虑设计方案中可能会影响屈曲启动设备正常工作的不确定因素，采用的方法是研究以下设计变量变化时管道的整体响应：

- 管道运行条件；

- 管道力学设计和管道特性；
- 岩土特性；
- 计划和意外侧向屈曲启动设备的性能。

结构可靠性分析的建模程序[10]

管道响应的建模方法如下：

（1）为了对输入数据集进行“最佳评估”，各屈曲启动设备—计划启动装置 / 水平失直度 / 海床特性—都与标称响应关联在一起。

（2）蒙特卡洛模拟可在每次迭代时为各屈曲启动设备提供不同的输入数据集，并可用于确定水平失直度特性。

（3）对各位置的标称响应进行修正以反映新输入数据集的影响，这可以通过对涵盖所有变量的综合数据库进行数字处理实现。

（4）基于修正响应对管道的后屈曲作用力曲线进行计算并提取需要的信息。

（5）重复步骤 2 至 4，为了得到结果的统计置信度需进行足够的迭代。DNV-OS-F101 的最大极限状态接受准则建议至少进行 106 次迭代。

管道设计中关于侧向屈曲可靠性的详细信息可参见文献[10-12]。SAFEBUCK 项目针对管道膨胀过程开发了结构可靠性模型，用于计算屈曲概率及屈曲之间的可能间距（可能的 VAS），所用的概率方法如图 46-15 所示。

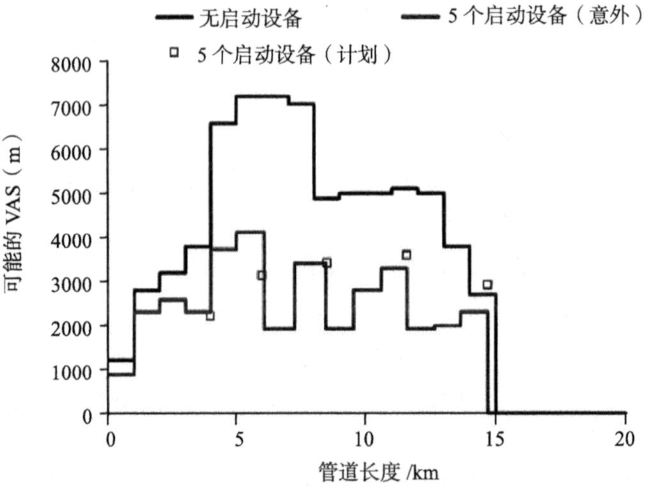

图 46-15　两个屈曲启动设备之间的最小间距[13]

46.3　限制侧向屈曲

46.3.1　引言

可通过减小屈曲驱动力及增加屈曲承载力来减小或限制侧向屈曲。使用高等级钢材以减小壁厚或降低运行压力都是能够减小管道有效轴向压缩力的方法，有效轴向压缩力是屈曲的主要驱动力，但许多工程因素限制了这些方法的应用。另一方面，增加屈曲承载力可通过增加土壤阻力、轴向约束、抗弯能力或减小失直度来实现。工程实践中采用锚固法兰及机械回填、抛石或沉排等局部约束来增加屈曲承载力。通过控制管道的侧向移动也可限制侧向屈曲。在管道沿程安装限制屈曲的设备以便为计划屈曲提供产生位置，在这些位置可迫使管道侧向移动并减小其轴向载荷。Bai 等人[9]详细介绍了计划屈曲的产生方法及运行经验。许多深水项目使用了产生屈曲的工程方法以促使侧向屈曲可靠形成并控制屈曲间距和运行载荷，包括：

- 蛇形铺设管段以形成侧向缺陷；
- 使用支墩以产生垂直加厚段；
- 使用分布式浮力节以形成沉没重量较小的垂直缺陷。

46.3.2　蛇形铺设

蛇形铺设法将管道以蛇形铺放在海床上。管道呈 Z 字形，可控制侧向屈曲只发生在弯曲段。

图 46-16 为典型蛇形铺设，管道呈 Z 字形围绕路径的中心直线。如图所示，“蛇形铺设”的关键参数是屈曲产生位置的节距、曲线半径以及侧向幅度。减小各蛇形弯曲处的半径或增加其侧向幅度可提高屈曲形成的可靠性。

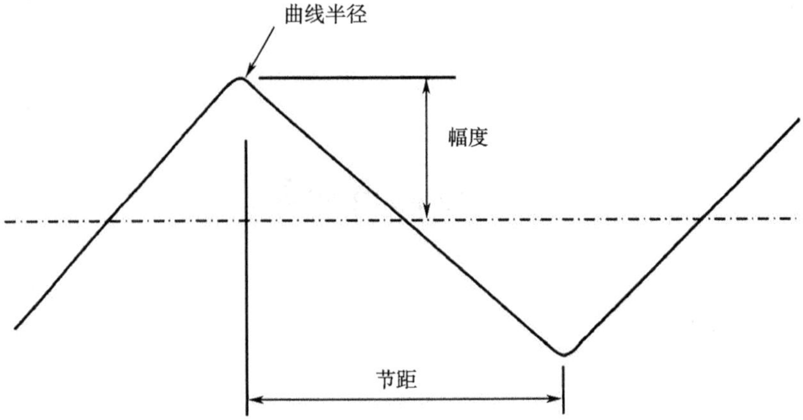

图 46–16　典型蛇形铺设构形 [9]

屈曲产生位置的节距取决于计算得到的最小容许距离，最小容许距离基于管道的温度曲线，可将产生的热传导限制在可以接受的水平。路径的各种考虑因素决定其沿程的实际节距和幅度会发生变化。因为运行状态和管土相互作用较为复杂，所以常使用有限元分析来确定这些关键参数。典型的节距长度为 1~2km 而典型的弯曲半径约为 1km。当管道在预定位置以计划曲线铺放于相对平坦的海床上时，蛇形铺设是一种经济的屈曲限制方法。水深较浅或中等情况下铺放长管时，经常采用蛇形铺设法。蛇形铺设的优点是可以简单地控制屈曲产生而无需在水下设备和安装上投入高昂成本。由于侧向缺陷，蛇形曲线弯曲段的临界屈曲（屈曲产生）载荷通常要小于直线段的临界屈曲载荷。但在有些土壤条件和管道温度下，确保侧向屈曲足以将最大应力和疲劳破损降低至可接受水平还是比较困难的。

46.3.3　支墩

支墩通常为有 / 无简单支撑底座的大直径管段，以垂直于管道路径方向预先铺放在海床上，可支撑管道并将其抬离海床。图 46–9 为两种使用支墩的限制屈曲设备：单支墩和双支墩限制屈曲设备。支墩在管道沿程不连续位置处产生垂直失直度（OOS）和初始垂直移动，当管道的有效轴向压缩力足够高时可导致出现整体侧向屈曲。

垂直支墩的优点是能产生确定的失直度并减小临界屈曲作用力和管土相互作用的不确定性。尽管管道触底处支墩两侧的土体隆起可对管道侧向移动产生一定阻力，但在设计产生屈曲的位置，管 / 支墩互相接触可减小管道的侧向阻力。

管道侧向移动阻力的减小有助于管道更容易产生整体屈曲并降低侧向土壤阻力的不确定性。但不可在捕捞区使用支墩，其产生的管跨长度应在容许范围之内并且无涡致振动问题。

图 46–17 为 BP Greater Plutonio 项目的单支墩 12in 出油管的测量位置，显示了管道的铺放时位置（灰色）和后屈曲位置（红色），黄线为支墩。左边的阴影为在运行中形成完全侧向屈曲之前进行水压测试时管道的最初移动位置。

在铺管前，必须特别注意支墩安装位置的精确性。通常采用有限元分析来确定后屈曲位移、弯矩和应变的水平，这些都是热膨胀处理的设计问题。BP 首先将单支墩屈曲限制方法应用于墨西哥湾 King 项目的现场出油管[15]，而 Petrobras 最早将双支墩屈曲限制方法应用于巴西近海 PDET 项目的出油管[10]。PDET 项目开始时准备采用标准单支墩，但无法够达到疲劳接受准则。双支墩构形则足以在较低的临界屈曲载荷下产生侧向屈曲并且后屈曲构形能够满足设计标准。

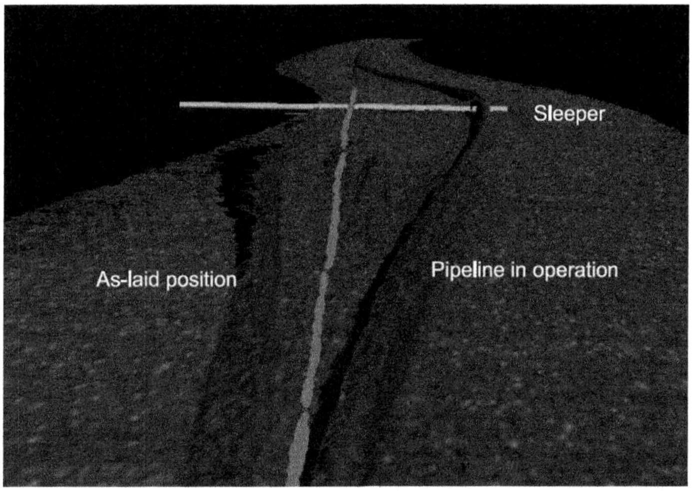

Sleeper：支墩 As–laid postion：铺放时位置 Pipeline in operation：运行管道

图 46–17　单支墩 12 英寸出油管的侧向屈曲[14]

46.3.4　分布式浮力

分布式浮力法在管道沿程的特定位置处增加分布式浮力模块作为屈曲启动设备和应力缓和设备。图 46–18（a）为管道上的分布式浮力节，图 46–18（b）为单浮力节的典型屈曲构形，其长度可达 100m。增加单位长度浮力的方法为：

增加保温涂层厚度或将具有计算密度的浮力模块连接在管道接头上，以确保正常运行过程中出油管借助浮力节使其单位长度浮力接近中性浮力。浮力大小因项目而异，取决于需缓和的应力大小。各分布式浮力节的长度 L_b 是控制侧向屈曲特性的关键参数。局部浮力不仅能产生有助于屈曲形成的较小垂直失直度，而且还能显著减小侧向土壤阻力。尽管在浮力节端部产生的局部浮力 / 海床反作用力较大，会增加局部侧向阻力。

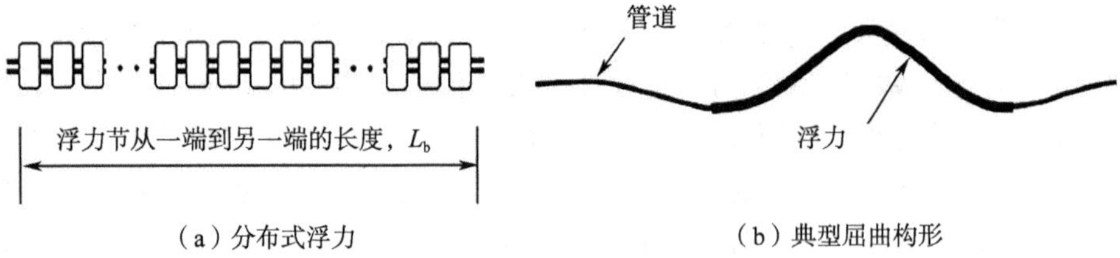

图 46-18　分布式浮力和管道构形 [9]

自从 BP 首先将分布式浮力法用于墨西哥湾 Thunder Horse 项目的出油管以来，目前该方法已经在许多深水项目中得到应用，包括墨西哥湾 Chevron Tahiti 项目 [16]。通过分布式浮力法可为不连续管段（60~200m）增加浮力，有助于在这些位置产生可控侧向屈曲。采用此方法的一个问题是可能会出现水动力不稳定性。

46.3.5　限制屈曲设备的比较

图 46-19 为使用不同屈曲启动设备的屈曲管道构形比较，所有构形都基于相同的参数并通过有限元分析进行模拟。底部的构形为无屈曲启动设备情况下产生的侧向屈曲，出油管屈曲的构形为模式 3。粉红色构形为使用单支墩的情况，橘黄色构形则使用了双支墩，而顶部（绿色）构形为使用了浮力节的情况。在无屈曲启动设备的情况下，后屈曲构形中的管道曲率最大。

图 46-20 为双支墩间距是 400 ft 的情况。在屈曲构形中，由于支墩间距较大，管道中间段会接触到海床，管道将在两个支墩上分别产生屈曲。顶部管道构形为使用了 400 ft 分布式浮力节的情况。使用了屈曲启动设备后，出油管屈曲构形变得平滑，这说明在屈曲产生后应力和应变都要低于没有使用屈曲启动设备的情况。

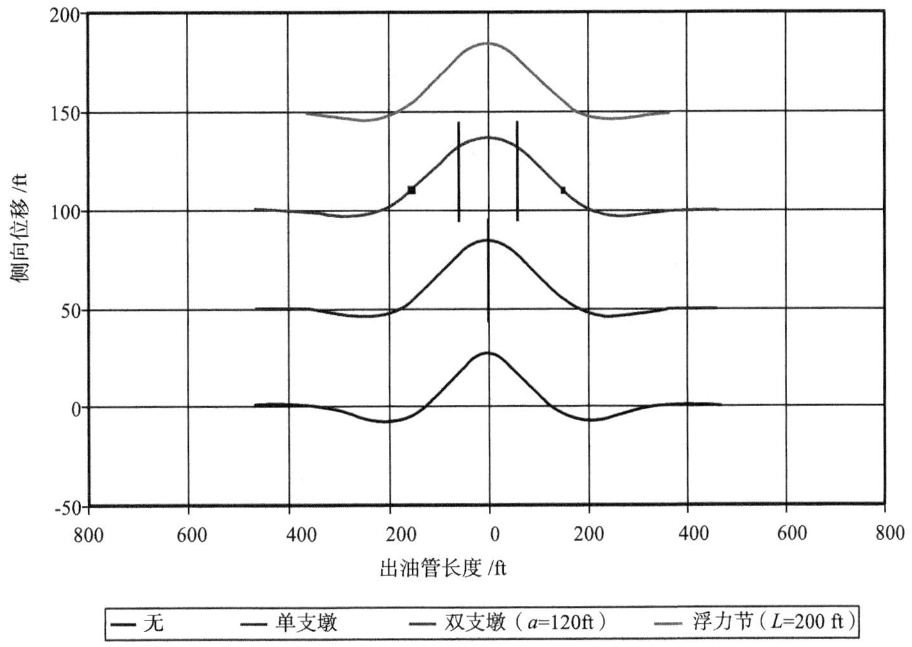

图 46–19　不同屈曲限制方法的屈曲构形比较

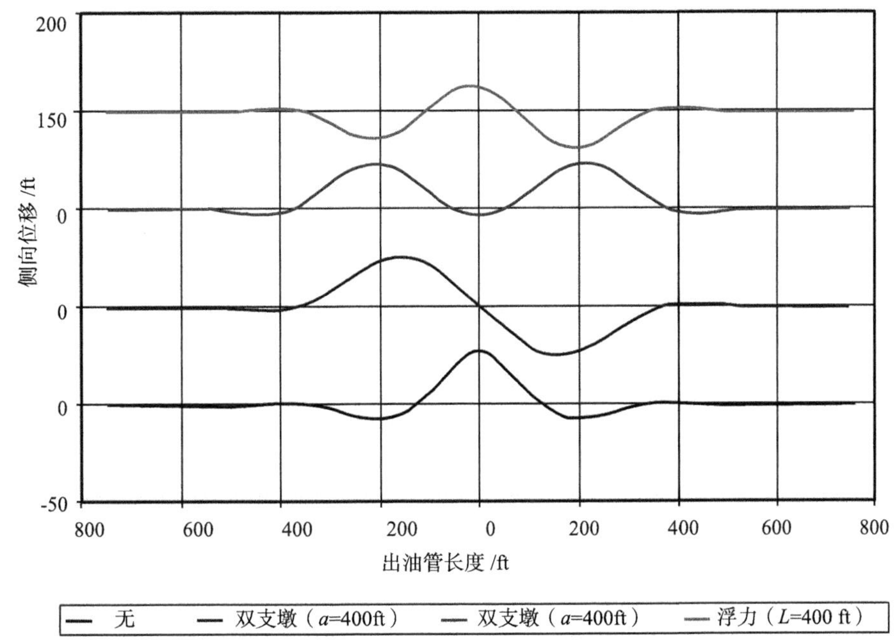

图 46–20　较长屈曲启动设备的屈曲构形比较

蛇形铺设、支墩以及分布式浮力节都是得到认可的侧向屈曲产生和应力缓和技术，过去几年里在数十个 HPHT 管道项目中得到了应用。蛇形铺设是最为简单的方法，但其临界屈曲载荷较高。三种方法中分布式浮力节的临界屈曲载荷通常最小。一般而言，双支墩的临界屈曲载荷要小于单支墩，但仍然比长浮力管段高。支墩的优点是采购和安装方便，但可能需要第二艘安装船，并且无支撑支墩在海床坡度较大时会不够稳定。因为在单支墩上大直径管道的屈曲产生载荷通常极大，所以对于直径较大的管道，双支墩是比单支墩更好的选择。需要指出的是在一条 HPHT 管道上可使用多种控制屈曲产生的方法。

26.4 管道轴向移动

46.4.1 引言

管道轴向移动通常发生于高温短管。“短”管指管道的热膨胀只能达到管道中间位置的虚拟固定点而不是中间的约束管段。对于 HPHT 管道，“短”管长度可为几公里。发生侧向屈曲的长管也会出现轴向移动现象。

图 46-21 为运行和冷却状态下“短”管的有效轴向张力曲线。有效轴向张力曲线的斜率由轴向摩擦力 $f=\mu \cdot w_{sub}$ 决定。图中还绘出了式（45-29）定义的有效完全约束轴向力 S_0 作为参考。对于承载和卸载时需要自由移动的管道，完全约束力的变化量 ΔS 必须大于轴向摩擦力（$f \cdot L$）包络图的高度。周期性约束出现的条件可用约束摩擦力 f^* 来表达：

$$f^* = \frac{|\Delta S|}{L} \tag{46-11}$$

如果摩擦力 f 小于 f^*（即 $f/f^*<1$），管道可自由移动并定义为“短”管，此时管道最容易发生轴向移动。

当管道长度足以使其被完全约束时，有效轴向力曲线会发生明显变化，如图 46-22 所示。当首次承载时的 $f/f^*>2$ 时，完全约束力不足以克服整条管道沿程的轴向摩擦力，无法使管道达到完全约束。完全约束管段可以防止轴向移动，除非热瞬态梯度非常大。

在以下情况下，形成侧向屈曲的“短”管或长管可能会发生轴向移动：

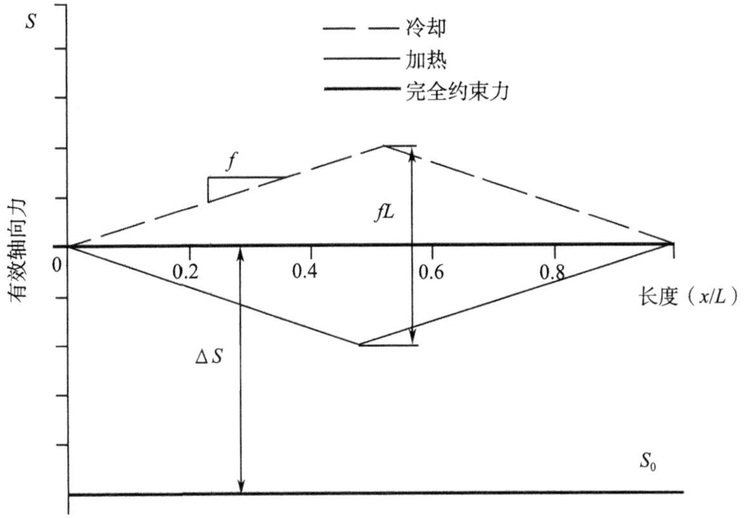

图 46-21 “短”管的有效轴向力曲线 [4]

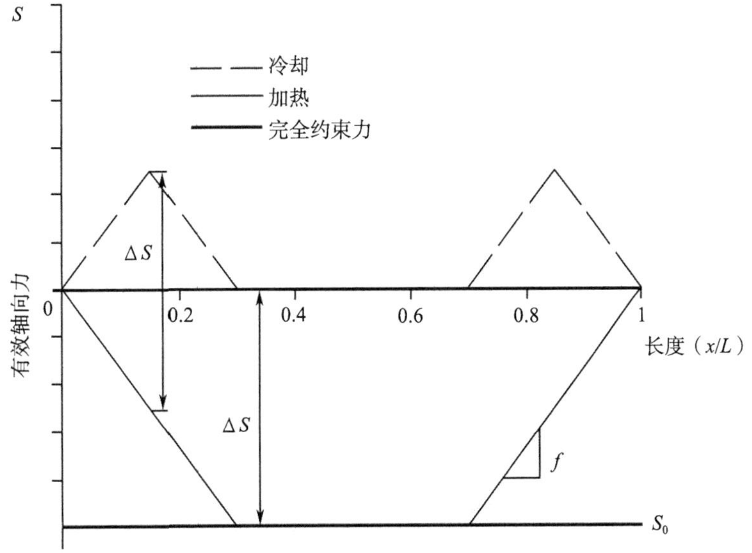

图 46-22 管道达到完全约束时的有效轴向张力曲线

- 管端与 SCR 连接，管道从 SCR 处发生与张力同方向的轴向移动；
- 管道沿程的海床总体倾斜，管道从海床较高位置向较低位置发生轴向移动；
- 管道开始进入运行状态时，其沿程存在瞬态热梯度，管道从“热管端”向“冷管端”发生轴向移动；

● 多相流出油管的停输特性使管道倾斜向下的轴向移动速率加快。

管道轴向移动的原因是管道中的有效轴向力不平衡，由 SCR 张力、海床坡度、瞬态热梯度或多相流出油管在周期性热载荷作用下其沉没重量发生变化所致。这些原因的任何一种都可导致管道轴向移动，但对于大多数系统而言，其整体响应是由一种以上原因叠加产生的。以下各节将详细介绍管道轴向移动现象及机制。

46.4.2 钢悬链立管

在深水领域的开发中，管道与 SCR 连接是比较常见的。SCR 通常设计为在其触底点（TDP）处将管道张紧。当管道短至无法自由移动时，管端张力在正常运行状态的加热和冷却循环过程中会导致短管发生轴向移动。假定管道沿程的轴向摩擦力足以克服立管的最大轴向张力，这样管道就可保持轴向稳定。图 46-23 为安装了 SCR 和出油管的典型浮式生产系统，出油管终止于海底油井或管汇。

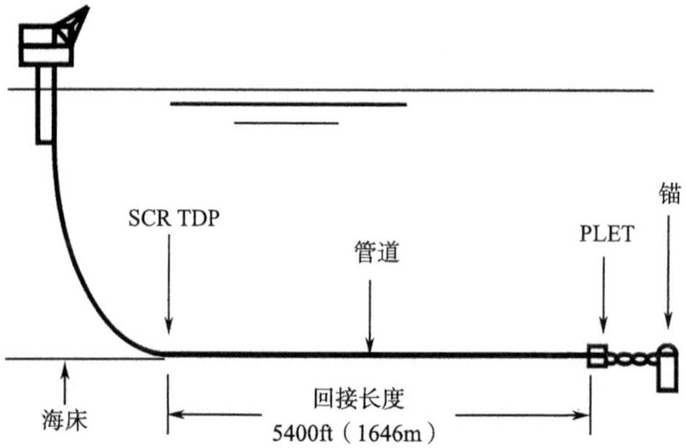

图 46-23 SCR 出油管和 PLET 的典型水下回接[17]

具备净有效力平衡的自由移动管道在经过多次运行循环后会发生轴向移动，由于存在张力，管道将逐渐向 SCR TDP 移动。为了控制轴向移动并防止连接 PLET 和油井或管汇的跨接管出现过应力，PLET 端部需要安装锚。滑动 PLET 允许出油管管端膨胀，锚可限制其收缩。出现一些轴向移动后，当管道在冷却状态下收缩时会与锚发生相互作用。SCR 动态载荷与管道轴向移动的相互作用对于预测出油管路径弯曲处的弯度及锚的设计是非常重要的。管道轴向移动导致的最大锚载荷通常要大于仅由立管运动产生的张力，由此决定了锚桩的设计载荷。但冷却过程中锚会显著增加管道张力并在路径弯曲处出现侧向不稳定，如图 46–24 所示，可增加路径弯曲处的弯度使更多管道能够轴向移动，直至曲率减小到可保持侧向稳定。

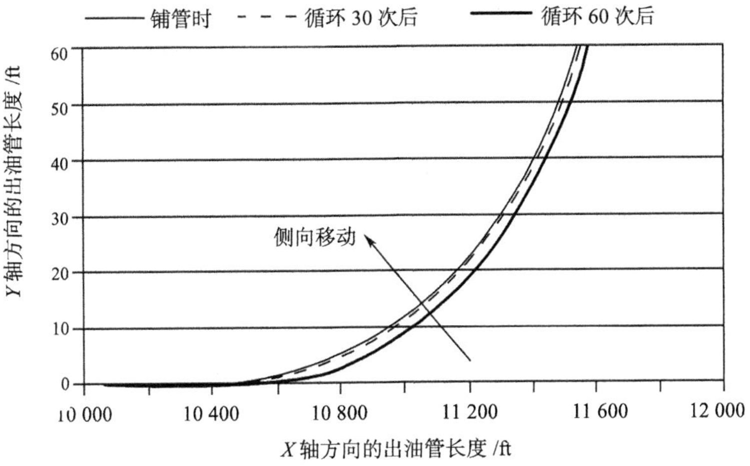

图 46–24　路径弯曲处的典型弯度 [18]

图 46–25 为冷端与 SCR 连接的自由移动管道在加热和冷却状态下的有效轴向力曲线。图的右边显示了 SCR 施加的恒定张力 S_r。因为冷却和加热的运行时间预期会持续几个小时，所以忽略动态张力波动可以认为是安全的。

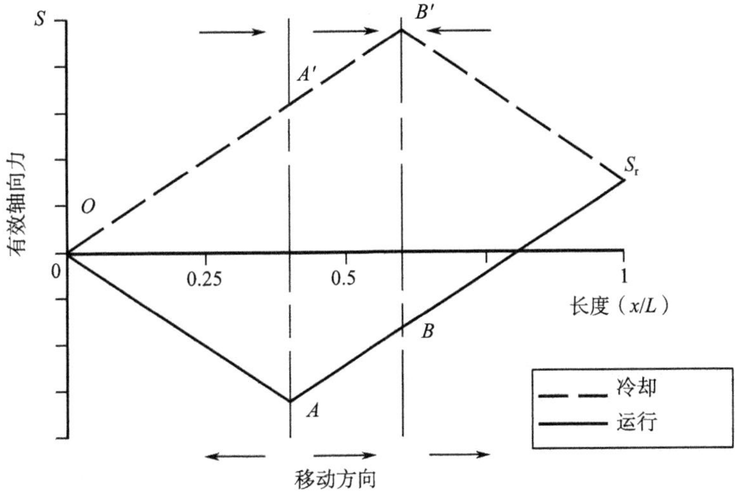

图 46–25　与管道冷端连接的 SCR 的有效轴向力曲线 [4]

管道冷端SCR的张力可导致有效轴向力曲线不对称，运行虚拟固定点“*A*”离SCR较远而停输虚拟固定点“*B*”离SCR较近，如图所示。在虚拟固定点之间（*A*–*B*），土壤和管道间的摩擦力导致加热过程和冷却过程的有效轴向力曲线的斜率保持不变。作用力曲线的斜率与阻碍移动相关，因而可说明移动方向。“*A*”和“*B*”之间的管段在加热阶段向SCR膨胀，在冷却阶段则向SCR收缩，在加热和冷却循环中移动方向相同，并且膨胀量与压缩量也相同。因而管道的总整体位移就由“*A*”和“*B*”之间的管段决定，在每个加热和冷却循环中都会使整根管道向SCR方向发生位移。

解析分析和有限元验证[4]表明在每个加热冷却循环中由SCR张力所导致的管道轴向移动可表达为

$$\Delta_{\mathrm{R}}=\frac{\left(|\Delta S|+S_{\mathrm{r}}-f\cdot L\right)S_{\mathrm{r}}}{EA\cdot f} \tag{46–12}$$

式中　Δ_{R}——每个循环中SCR张力导致的管道轴向移动量；

ΔS——完全约束有效轴向力在加热和冷却情况下的变化量；

S_{r}——SCR的张力；

f——摩擦力μW。

46.4.3　海床斜坡

路径沿程的海床斜坡可使管道在周期性热载荷的作用下发生轴向移动。为了对这种现象进行分析评估，假定将管道铺放在坡度为φ的海床上。重力分量可通过对两个方向上的摩擦力进行修正来表达，重力分量使管道有效轴向力曲线出现对称。重力分量影响有效轴向力曲线形状的方式与SCR张力类似，如图46–26所示。

解析分析和有限元验证[4]表明在每个加热冷却循环中由海床斜坡所导致的管道轴向移动可表达为

$$\Delta_{\varphi}=\frac{\left(|\Delta S|+W\cdot L\cdot|\sin(\phi)|-W\cdot L\cdot\mu\cdot\cos(\phi)\right)\cdot L\cdot\tan(\phi)}{EA\cdot\mu} \tag{46–13}$$

式中　Δ_{φ}——在每个加热冷却循环中由海床斜坡所导致的管道轴向移动量；

ΔS——完全约束有效轴向力在加热和冷却情况下的变化量；

W——管道的沉没重量，N/m；

μ——管/土摩擦系数；

L——管道长度；

φ——海床坡度。

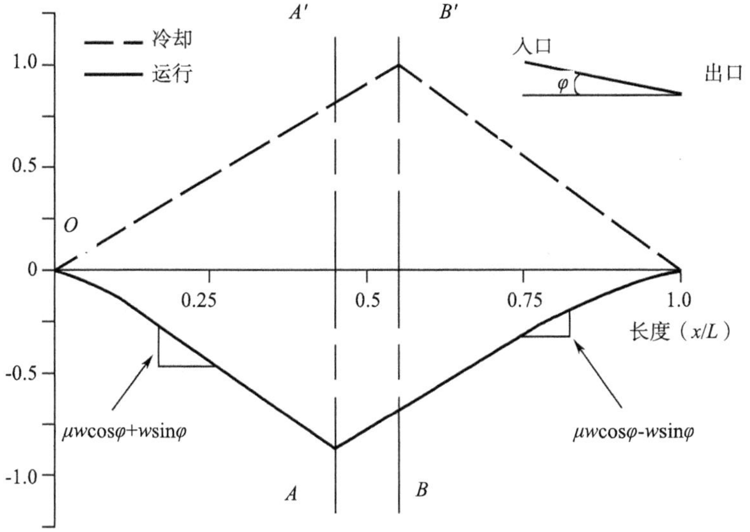

图 46–26　倾斜海床的有效轴向力曲线 [4]

46.4.4　热瞬态

管道轴向移动评估需考虑的一个重要问题是油气流的方向及由此产生的瞬态。通常将距离井口或管汇最近的管端称为“热端”，而接收设施或立管处的管端则为“冷端”。热瞬态载荷作用下轴向移动的方向通常是朝着管道的冷端。

图 46–27 为加热过程中管道的典型瞬态温度曲线。因为管道沿程不是均匀加热，所以温度曲线为非线性。由于热流体向前流动，经过一段时间管段的温升也沿着管道向前移动，这就导致管道沿程所有位置的位移响应都是非线性的。但当管道冷却时，流体停止流动并沿着整根管道逐渐冷却，因而冷却过程中的载荷响应是线性的。

图 46–28 为连续加热阶段的管道沿程有效轴向力分布，对应于图 46–27 所示的温度曲线。加热阶段 8 后有效轴向力分布不再变化。随着管道被加热，产生了很明显的不均匀膨胀。图 46–29 为周期性热载荷作用下，膨胀和收缩在管道中点和两端导致的典型轴向移动结果。管道从热端向冷端发生轴向移动。

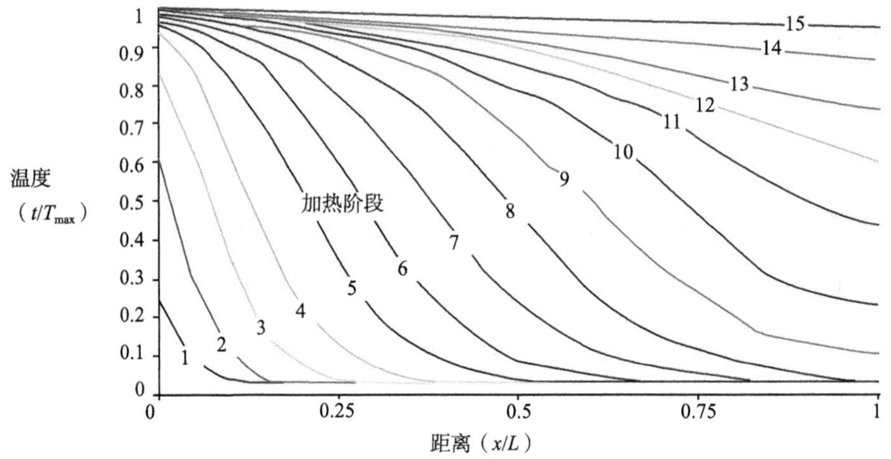

图 46-27　加热过程中管道沿程的典型温度曲线 [19]

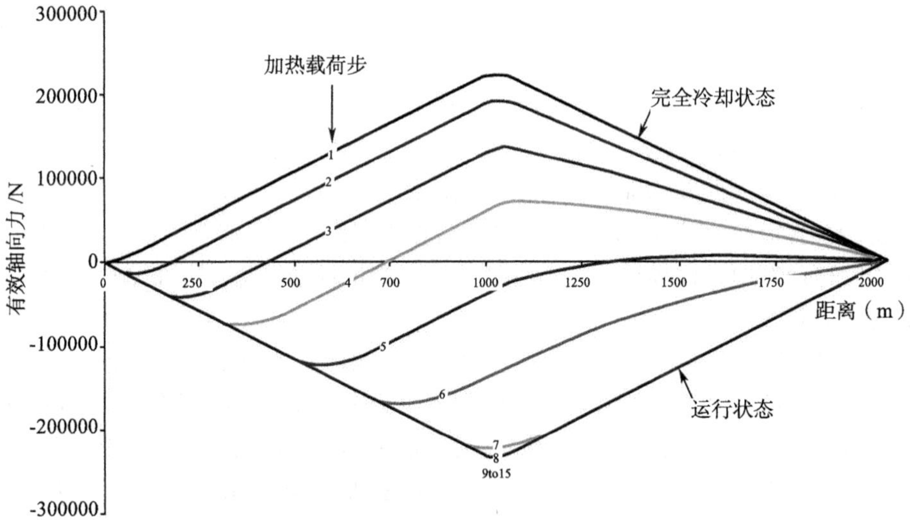

图 46-28　加热过程中管道沿程的有效轴向力分布 [19]

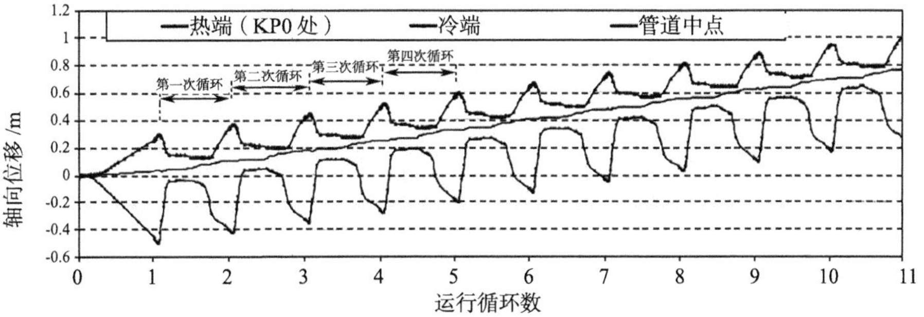

图 46–29　加热和冷却运行循环状态下的轴向移动 [20]

46.4.5 多相流特性

在多相流管道的停输过程中，产品油气流会迅速分离为气体和液体，导致内容物密度和管道沿程的沉没重量发生较大变化。如果管道铺放在斜坡上，液体通常会停留在斜坡底部而气体则聚集在斜坡顶部，如图 46–30 所示。这种密度变化可增加管道向斜坡下方发生轴向移动的趋势。

解析分析和有限元验证 [21] 表明在每个加热冷却循环中由持液所导致的管道轴向移动可表达为

$$\Delta_{L}=\frac{(\Delta S_{c}-\Delta S)X_{ab}}{EA} \tag{46-14}$$

式中　ΔL——每个循环中由持液所导致的管道轴向移动；

ΔS——完全约束有效轴向力在加热和冷却情况下的变化量；

ΔS_c——X_{ab} 上的有效轴向力变化量（多相）；

X_{ab}——虚拟固定点之间的距离；

EA——管道的轴向刚度。

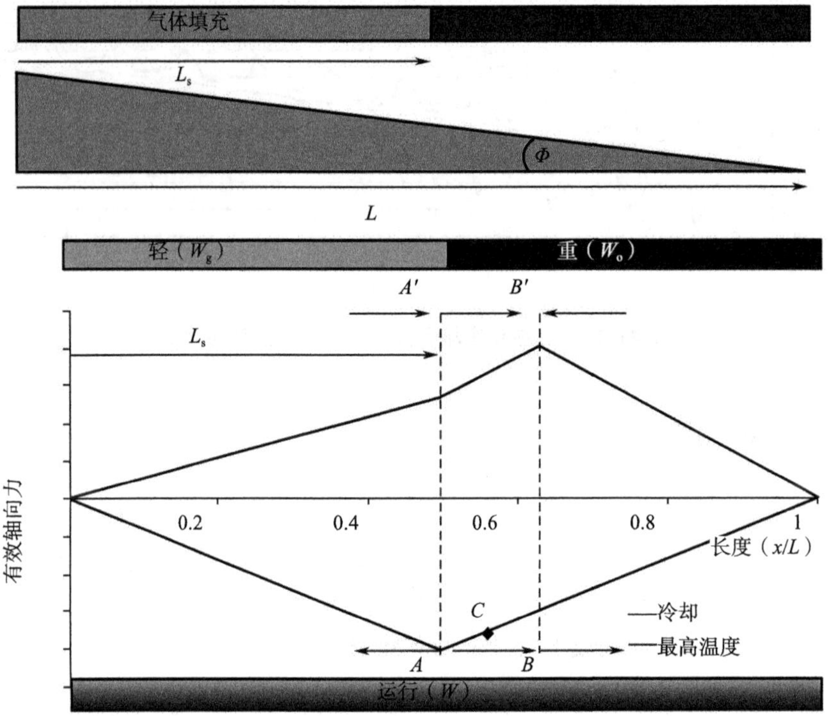

图 46-30　倾斜海床上持液导致的管道轴向移动 [21]

46.4.6　管道轴向移动的预防

轴向移动本身并不会导致管道失效。但在多次热循环中累积起来的整体位移可产生轴向移动并导致管道连接跨接管 / 四通失效。到目前为止许多管道都产生过轴向移动并至少导致了一次失效。减少管道轴向移动的方法为增加轴向摩擦力及对管道进行锚固 [10]。在浅水中有时使用抛石或埋管法，但这些技术常常不实用，在深水中的成本太高。可在管道沿程任何位置进行锚固，分析显示中线处的锚所受载荷比管端处的锚小，但中线处的锚通常要比管端处的锚使用难度更大。

1. 锚固

轴向锚固是一种用于控制和消除管道轴向移动的方法，其成功的可能性很高。但大而重的锚可能需要大型船只进行安装。锚的位置可进行优化，以重新分布管端膨胀。将锚安放在虚拟固定点或管道两端可防止轴向移动，管端锚固是限制管道轴向移动的最常用方法之一。图 46-31 为管道膨胀系统的示意图，一端安装了锚以控制轴向移动。

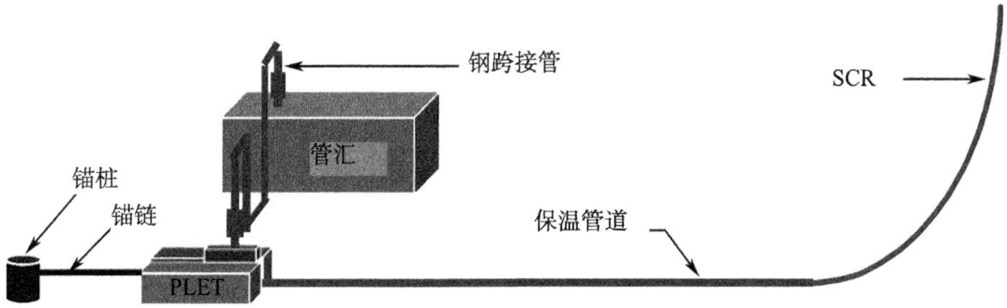

图 46-31　出油管膨胀系统，安装了控制轴向移动的锚 [22]

因为可将锚固系统包含在铺管作业的初始系统中，所以在管道一端进行锚固相对比较容易。但在管道另一端或虚拟固定点处进行锚固需要采用更为复杂的方法。铺管作业开始前可在海床上将管道一端的吸力锚精确定位，铺管开始后则利用吸力锚引导铺设或将其与管道连接。吸力锚和管道之间可通过锚链进行连接。

将管道和吸力锚直接进行机械连接的系统可以替代管端锚链连接系统。图 46-32 为用于管道中段的两种锚固方法。可预先安装吸力锚并在其顶部安放导向装置。然后借助导向装置进行铺管并使用一组锚链连接吸力锚和管道以提供轴向约束。

2. 混凝土配重层

通过使用混凝土配重层可增加轴向和侧向摩擦阻力，减小每个循环过程中的膨胀和轴向移动。混凝土层还有助于确保可控屈曲的产生并减小屈曲的轴向长度。但较大的轴向阻力会产生较大的有效轴向压缩力，因而不可控侧向屈曲的几率增加了。并且如果管道发生了屈曲，更大的侧向摩擦力可能会在屈曲位置导致更大的局部应变。带混凝土配重层的管道重量较大并且安装时需要极大的顶部张力，因而通常无法在深水中安装。

3. 开沟 / 埋放

开沟 / 埋放是另外一种增加轴向摩擦阻力的方法，但成本高昂并且深水开沟对设备也有限制。因为回填具有保温效果，所以埋地出油管的运行温度会上升并可能发生隆起屈曲。由于回填泥土的岩土特性存在极大的不确定性，确定开沟深度也是比较困难的。

4. 局部抛石 / 沉排

局部抛石或混凝土沉排可减小每个循环过程中的管端膨胀和轴向移动，有助于确保可控屈曲的产生并减小屈曲的轴向长度。但为了消除轴向移动问题需要大量抛石或混凝土沉排。此外，该方法会增加安装时间和成本，特别是混凝土沉排，并且深水抛石需要特殊船只才能实施。

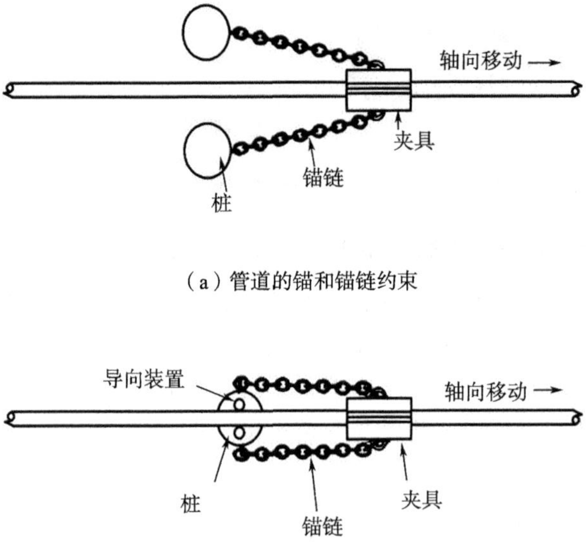

（a）管道的锚和锚链约束

（b）中线轴向约束系统

图 46–32 管道中段的锚系统[23]

参考文献

[1] D. Perinet, and J. Simon, Lateral Buckling and Pipeline Walking Mitigation in Deep Water, OTC 21803, 2011.

[2] DNV, Integrity Management of Submarine Pipeline Systems, DNV-RP-F116, 2010.

[3] DNV, Global Buckling of Submarine Pipelines, DNV-RP-F110, 2007.

[4] M. Carr, F. Sinclair, and D. Bruton, Pipeline Walking—Understanding the Field Layout Challenges, and Analytical Solutions Developed for the SAFEBUCK JIP, OTC 17945, 2006.

[5] R. E. Hobbs, F. Liang, Thermal Buckling of Pipelines Close to Restraints, OMAE 1989.

[6] R.E. Hobbs, In-Service Buckling of Heated Pipelines, Journal of Transportation Engineering, Vol. 110, No.2, pp. 175-189, March 1984.

[7] L. Collberg, M. Carr, E. Levold, Safebuck Design Guideline and DNV RP F110, OTC 21575, 2011.

[8] M. Carr, D. Bruton, and D. Leslie, Lateral Buckling and Pipeline Walking, A Challenge for Hot Pipelines, OPT 2003, Amsterdam, 2003.

[9] Q. Bai, X. Qi, and M. Brunner, Global Buckle Control with Dual Sleepers in HP/HT Pipelines, OTC 19888, 2009.

[10] A. Rathbone, M. Abdel-Hakim, G. Cumming, and K. Tørnes, Reliability of Lateral Buckling Formation from Planned and Unplanned Buckle Sites, OMAE2008-57300, 2008.

[11] G. Brown, M. Brunner, and X. Qi, Lateral Buckling Reliability Calculation Methodology Accounting for Buckle Interaction, OTC 17795, 2006.

[12] M. Carr, I. C. Matheson, R. Peek, P. Saunders, and N. George, Load and Resistance Modeling of the Penguins Flowline under Lateral Buckling, 23rd International Conference on Offshore Mechanics and Arctic Engineering, Vancouver, Canada, OMAE 2004 - 51192, 2004.

[13] D. A. S. Bruton, M. Carr, Overview of the SAFEBUCK JIP, OTC 21671, 2011.

[14] I. Matheson, M. Carr, R. Peek, P. Saunders, and N. George, Penguins Flowline Lateral Buckle Formation Analysis and Verification, 23rd International Conference on Offshore Mechanics and Arctic Engineering, Vancouver, OMAE2004-51202, 2004.

[15] G. E. Harrison, M. Brunner, and D. A. S. Bruton, King Flowlines - Thermal Expansion Design and Implementation, OTC 15310, 2003.

[16] J. H. A. Baker, D. A. S. Bruton, and I. C. Matheson, Monitoring and Effective Integrity Management of Laterally Buckled Flowlines in Deep Water, OTC 17932, 2006.

[17] M. Brunner, X. Qi, J. Zheng, and J. Chao, Combined Effect of Flowline Walking and Riser Dynamic Loads on HP/HT Flowline Design, OTC -17806, 2006.

[18] H. Thompson, M. Zhang, M. Brunner, K. DeLack, and X. Qi, Chevron Tahiti Project Flowline Expansion Control System, OTC 19858, 2009.

[19] B. Bruton, M. Carr, M. Crawford, and E. Poiate, The Safe Design of Hot On-Bottom Pipelines with Lateral Buckling using the Design Guideline Developed by the SAFEBUCK Joint Industry Project, Deep Offshore Technology, Brazil, 2005.

[20] A. Rathbone, M. Abdel-Hakim, G. Cumming, and K. Tørnes, Reliability of Lateral Buckling Formation from Planned and Unplanned Buckle Sites, OMAE2008-57300, 2008.

[21] D.A.S. Bruton, F. Sinclair, M. Carr, Lessons Learned From Observing Walking of Pipelines with Lateral Buckles, Including New Driving Mechanisms and Updated Analysis Models, OTC 20750, 2010.

[22] M. Brunner, X. Qi, and J. Chao, Challenges and Solutions for Deep Water HP/HT Flowlines, Deep Offshore Technology, France, Nov 2003.

[23] D. Perinet, and I. Frazer, Mitigation Methods for Deepwater Pipeline Instability Induced by Pressure and Temperature Variations, OTC 17815, 2006.

第 47 章
隆起屈曲

47.1 引　　言

如果管道在运行状态下无法自由膨胀，受到约束的轴向变形就会在管道中产生轴向压缩力。一般情况下管道不是完全平直，会存在一些失直度（OOS），而将管道铺放在大石块上或不规则海床轮廓将导致缺陷出现。当埋地管道的侧向约束力大于阻碍上拔运动的垂直约束力时，管道将向上移动并发生明显垂直位移，垂直约束力由管道沉没重量、抗弯刚度以及覆土阻力产生。这种现象称为隆起屈曲，是开沟和埋地管道设计中必须予以考虑的失效模式。隆起屈曲使管道向上移动并可能导致不可接受的局部塑形变形、压溃或易受渔具及其他第三方活动的损伤。

长期以来陆上管道就一直存在隆起屈曲问题，现在这也成为海底管道设计需要考虑的主要问题之一。海底管道发生隆起屈曲的最早记录是北海丹麦区域从 Rolf 至 Gorm 的 8in 管道，如图 47-1 所示。管道由包覆在高密度聚乙烯护套中的 2in 厚聚氨酯泡沫提供保温，聚乙烯护套外使用了 2in 厚的混凝土配重层，这样管道的总直径就为 0.45m。管道的埋放深度为 1.15m（从混凝土层顶部计）。

1988 年至 1990 年期间 Shell International Petroleum Maatschappij（SIPM）公司与其他欧洲主要石油公司开展了一次大型行业合作研究，发生这次屈曲失效后，隆起屈曲就成为该研究的一个主题。1990 OTC 论文集发表了分析结果并对其进行了总结[2-6]。尽管失效并未导致泄漏事故，但被认为可能是很严重的问题。管道运行温度和压力不断升高的趋势使业界对隆起屈曲问题更为敏感。随着这种高温高压情况的增加，几乎所有埋地管道在运行状态下都存在潜在的隆起屈曲问题。在北海，许多管道都开沟埋放以提供环境稳性及免受渔具损伤的物理保护。防止隆起屈曲的最常用方法是增加开沟埋放管道的有效向下载荷，自然或人工回填沟道可提供防止隆起屈曲的约束力并增加管道的保温性。

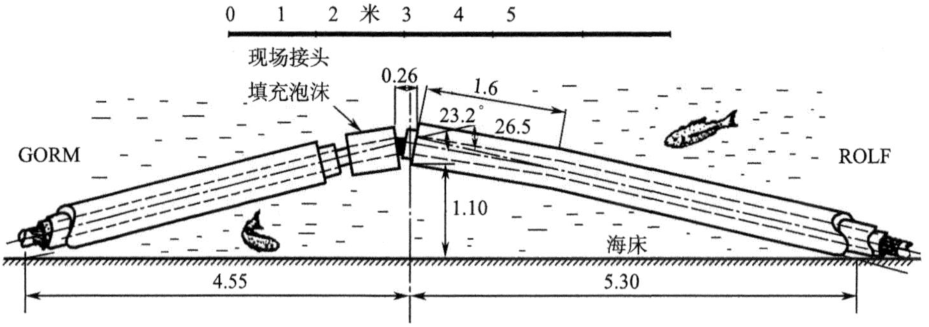

图 47–1　海底管道隆起屈曲的样例 [1]

隆起屈曲的经典分析方法是脱离初始状态寻找平衡状态，平衡状态下管道为屈曲构形。经典方法由当时正在研究铁轨隆起问题的 Martinet 于 1936 年提出，但对此问题进行最合理完善解释的是 Hobbs [7]。Hobbs 的方法为隆起管道处于平衡状态确定了必要条件，但未解释管道如何从初始未屈曲构形跃变为最终的屈曲构形，因而其本身并非不稳定性理论。隆起屈曲现象说明缺陷敏感性非常高，尽管欧拉柱对缺陷并不敏感。

认识到缺陷是屈曲问题的关键因素后分析方法得到了改进，可参见 1990 OTC 论文集。就隆起屈曲而言，管道缺陷与有效轴向力之间的关系如图 47–2 所示。对于曲率较大（弯曲半径较小）的缺陷，产生屈曲时的压缩力要比曲率较小（弯曲半径较大）的缺陷更小。

Statoil、Norsk Agip、Snamprogetti 和 DNV 实施的行业合作项目（JIP）HOTPIPE （1995~2002）旨在发展易产生整体屈曲的 HPHT 管道的设计领域知识，几篇论文对 JIP 工作进行了总结 [8, 9]，HPHT 管道的结构设计可参见项目指南 DNV–RP–F110 （2007）[10]。其设计标准基于应用可靠性方法对分项安全系数进行修正，以便与 DNV–OS–F101 制定的安全理念保持一致。

图 47–3 为存在初始缺陷的开沟埋放海底管道构形。工程设计中可用两种方法限制隆起屈曲。

- I 级：基于 Mathcad 或 Excel 工作表开发的解析模型，常用于初步设计。
- II 级：采用通用有限元软件（例如 ABAQUS）开发的有限元模型，用于对 I 级中的解析分析或细部设计中的一些重要方面进行验证。

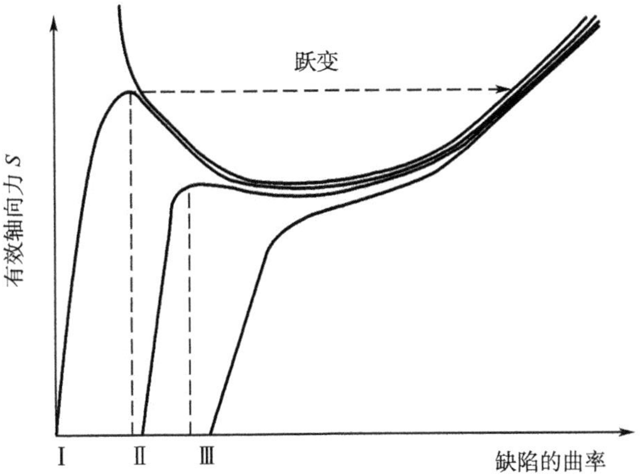

图 47–2　隆起屈曲的响应曲线

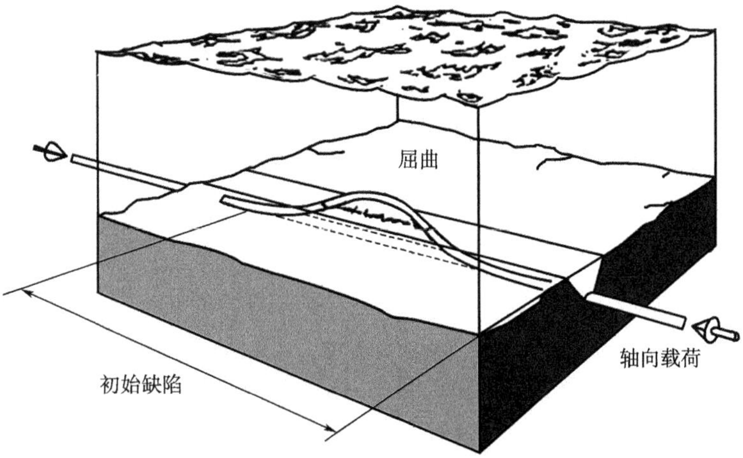

图 47–3　开沟埋放管道的隆起屈曲 [11]

过去 10 年中出现了许多解析方法，下节将对一些典型解析模型予以介绍。I 级方法的程序包括：

（1）当穿越不规则海床轮廓铺放管道时，对管道的初始构形进行评估；

（2）计算管道投入运行后保持其初始构形所需的外部向下作用力；

（3）确定管道的沉没重量及所有覆土或外部锚固的上拔阻力；

（4）将所需的外部作用力与已存在的作用力进行比较，如果已存在的作用力大于所需作用力，管道就是稳定的，否则需采取额外措施使其稳定。

因为在概念设计阶段无法得知设计基础缺陷的尺寸和位置，所以应针对一系列缺陷高度重复上述四个步骤。高度范围通常为 0.1~ 0.7m。对高度处于中间的情况，为了提供覆层要求可采用线性内插法。然后将分析结果概述在一张表格中，便于概念设计阶段迅速查看。 II 级分析是通过有限元方法进行的非线性数字分析，基于管道的初始状态并考虑到在运行温度和压力升高的加载过程中管道的弹塑性变形。

47.2 隆起屈曲的解析方法

47.2.1 概述

在运行温度和压力的作用下，开沟埋放于不平海床上的管道的有效轴向压缩力增加，导致产生隆起屈曲。隆起屈曲现象与以下因素相关：

- 管道的几何、重量和材料特性；
- 运行温度和压力；
- 海床轮廓和环境特征；
- 覆层 / 泥土特性。

管道的垂直缺陷被定义为开沟埋放时的失直度（OOS），与以下因素导致的隆起屈曲相关：

- 基础（海床）缺陷，例如大石块、海床轮廓、管道交叉位置等，取决于基础形态，管道需与基础形态一致；
- 安装过程中产生的管道缺陷，例如盘卷过程或焊接过程中未对直。管道缺陷可根据其高度和长度予以说明，高度和长度在建造阶段通过测量确定；
- 铺放和开沟作业后管道在沟道中的缺陷，例如挖沟机性能发生变化、停止和开始挖沟等。

当基础缺陷的高宽比大于管道的自然支撑形态时，管道下方将存在间隙，如图 47-4（a）所示。基础缺陷的长度 L_1 小于管道固有波长，若是这种情况，在压缩载荷作用下管道对缺陷的响应将符合图 47-2 中的曲线 “I” 。起初管道挠度随着有效轴向张力的增加而平滑增加，但在特定临界有效轴向张力处会突然跃变为大挠度。

图 47–4（b）中管道与基础的形态一致，基础的实际波长 L_2 大于管道固有波长，在热载荷作用下管道对缺陷的响应为图 47–2 中的曲线“II”。管道与基础部分分离并形成抬升顶部，随着有效轴向张力的增加，管道可能会出现较大缺陷，如图 47–5 所示。隆起屈曲可能发生，也可能不发生。

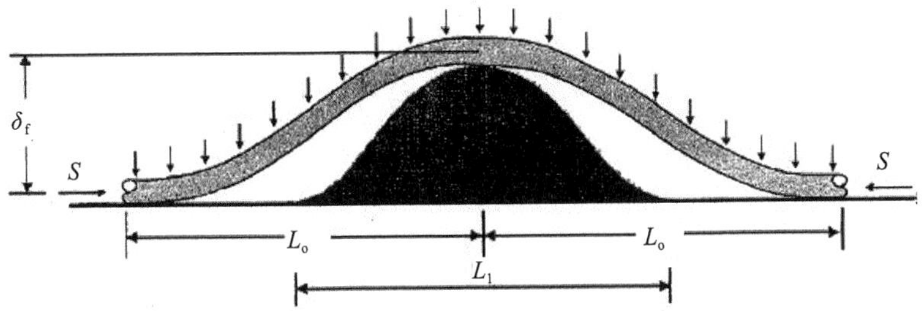

（a）缺陷，管道和基础之间存在间隙

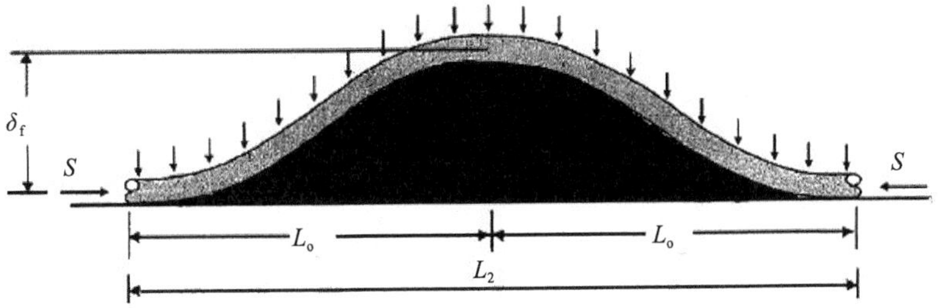

（b）缺陷，管道与泥土基础完全接触

图 47–4　缺陷管道和基础

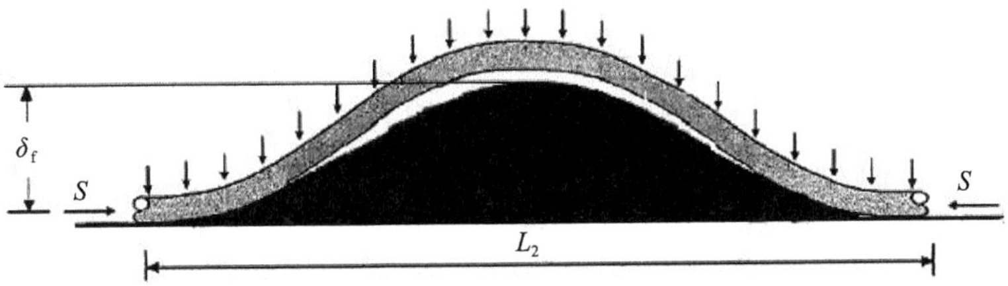

图 47–5　存在较大基础缺陷的管道抬升顶部

47.2.2 隆起屈曲的驱动力

47.2.2.1 完全约束管道

约束管道的隆起屈曲驱动力是轴向压缩力，由温度和内部压力上升以及铺管留下的残余张力所致。根据第 45 章中有效轴向力的定义，完全约束管道的有效轴向压缩力可表达为

$$S_0=F_{\text{residual}}-(1-2\upsilon)(\Delta P_{\text{i}})A_{\text{i}}-EA_{\text{s}}\alpha(\Delta T_{\text{i}}) \tag{47-1}$$

式中 S_0——有效轴向压缩力（压缩为“-”，拉伸为“+”）；

Δ_{i}——与铺管状态相关的内部压差，由于安装过程中的内部压力通常为零，此参数与运行内部压力相同；

ΔT_{i}——运行温度与安装温度的温差；

A_{i}——管道的内圆面积；

A_{s}——管道横截面面积；

E——杨氏模量；

υ——泊松比；

α——热膨胀系数；

F_{residual}——残余铺管张力。

生产曲线和储层分析表明最大运行温度和最大运行压力不会同时出现，因而应基于温度和压力能够出现的最不利组合计算设计有效轴向力，而非二者的最大值。计算管道特定位置的隆起屈曲驱动力时，应考虑管道沿程的预计温度和压力情况，而不是使用管道入口处的最大值。

47.2.2.2 纵向部分约束

如果管端与立管或管线终端（PLET）连接，随着轴向土壤阻力的减小，从虚拟固定点（VAP）至管端的有效轴向压缩力的值将从虚拟固定点处的完全约束轴向力开始逐渐减小。

图 47-6（a）为管端与固定立管连接的样例。与水平方向的管端相比立管柔性更好，因而管端易于向平台方向发生膨胀。同样为了使管道能够膨胀也可以使用膨胀环，膨胀可减小轴向压缩力。与图 47-6（a）所示管道系统对应的管道沿程有效轴向压缩力的变化情况见图 47-6（b）。

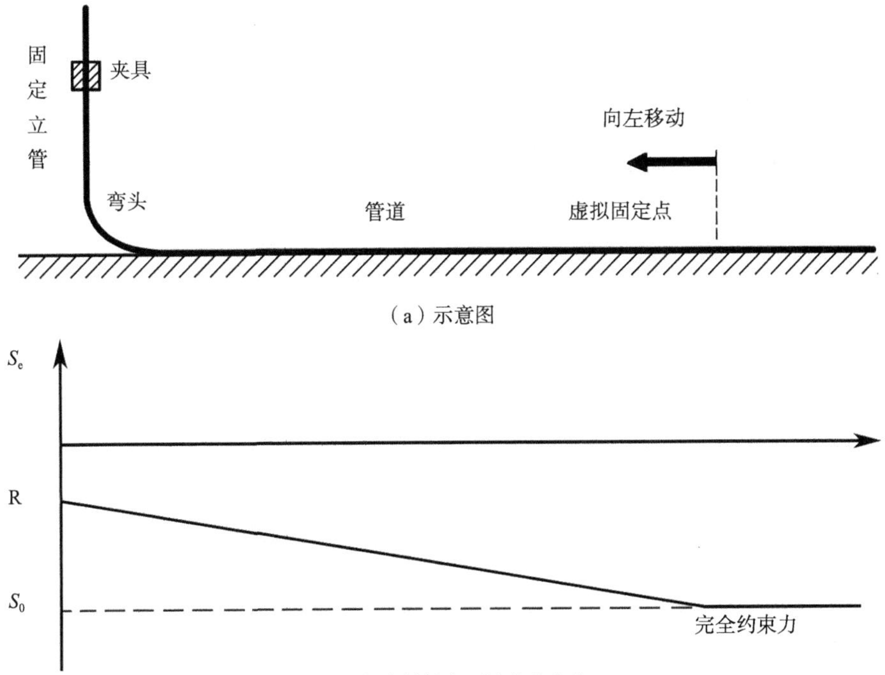

图 47–6　与立管连接的管道的有效轴向压缩力

向管端方向的膨胀移动会受到轴向海床摩擦力的阻碍。如果管道和海床之间的单位长度轴向摩擦力为 μaws，距离平台 x 处的有效轴向力为 $R-\mu_a w_s x$，那么到虚拟固定点处有效轴向力就会与完全约束力相同。

如果管道沿程的运行温度和压力不变，使有效轴向力达到完全约束力值的距离为

$$z=\frac{R-S_0}{\mu_a w_s} \tag{47-2}$$

因而出油管中的有效轴向力为：

$$S_e=\begin{cases} R-\mu_a w_s x & ;\ x<z \\ S_0 & ;\ x \geqslant z \end{cases} \tag{47-3}$$

式中：μ_a 为轴向摩擦系数；w_s 为管道的单位长度沉没重量。如果发生侧向或隆起屈曲，当屈曲中的轴向压缩力小于屈曲发生前的作用力时，管道通常可保持静止。管道从两端朝屈曲方向纵向移动，但移动受到海床摩擦阻力的阻碍。管道中屈曲对有效轴向力的影响如图 47–7 所示。

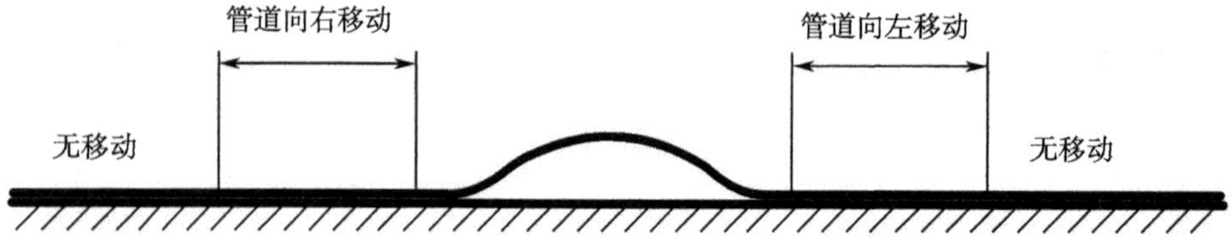

（a）示意图

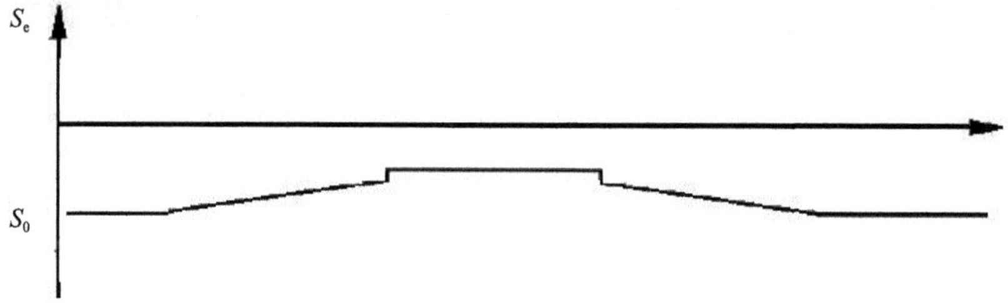

（b）纵向压缩力的变化

图 47–7　屈曲对管道沿程有效轴向力的影响

47.2.2.3　残余铺管张力

海床上管道的残余铺管张力 Fresidual 可用管道安装软件计算。如果通过推管法或拖管法安装管道，那么残余张力就为推力或拖力。残余张力的范围通常为 10 kips~60 kips，取决于水深和管道特性。如果采用 S 型铺设或 J 型铺设安装管道，残余铺管张力就是水深及管道与安装船夹角的函数。

残余铺管张力很难精确预测，作业中也无法保证。由于轴向蠕变或侧向移动，残余铺管张力会随着时间的推移而减小。因而在整体屈曲分析中，通常保守地假定为零。

47.2.2.4　基础缺陷

产生基础缺陷的原因是管道沿程的海床不够平整，安装或埋放状态下管道的垂直支撑条件发生了变化。出现大石块或其他单独障碍物、管道沿程的土壤特性改变等都可导致产生缺陷。

47.2.3　管道稳性

47.2.3.1　概述

文献中可见各种控制隆起屈曲的解析模型，但根据其假设条件，解析模型存在以下局限性：

- 线性弹性材料特性；
- 简化轴向和侧向管土相互作用；
- 小挠度理论；
- 所用初始和后屈曲构形基于假定屈曲模式。

47.2.3.2　悬跨管道的构形

Configuration of Spanning Pipeline

为了对管道是否会发生隆起屈曲进行初始评估并计算设计和运行状态下的驱动力，分析将使用图 47–4（a）所示的悬跨管道。悬跨段构形取决于管道特性、轴向力、垂直载荷以及垂直变形。

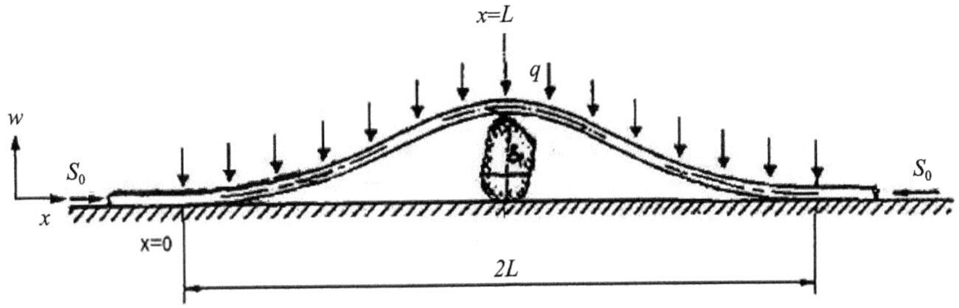

图 47–8　在轴向和垂直载荷作用下产生垂直缺陷的管道

图 47–8 为在轴向和垂直载荷作用下产生垂直缺陷的管道轮廓，这是管道交叉处的典型构形。水平距离为 x，从管道的左触底点开始测量。管道高度为 w，从海床向上测量。垂直缺陷的高度为 δ，管道悬跨段的总长度为 $2L$。由于对称性，只对一半系统进行分析。

假定管道为理想弹性梁，其有效轴向力为 S_0，抗挠刚度为 EI。根据基本梁柱理论，为了使管道保持平衡状态所需的单位长度向下载荷 $q(x)$ 为

$$EI\frac{d^4w}{dx^4}+S_0\frac{d^2w}{dx^2}=-q \qquad (47\text{–}4)$$

边界条件为

$$\begin{aligned} &w(0)=0;\ w'(0)=0;\ w''(0)=0;\\ &w(L)=\delta;\ w'(L)=0; \end{aligned} \qquad (47\text{–}5)$$

如果管道处于弹性状态，则式（47–4）适用。根据式（47–5）的边界条件，可由公式计算出管道悬跨段的长度 L。对于有效轴向力为张力或压缩力，管道

构形的解决方法是不同的。

轴向力不同，悬跨段高度和长度之间的关系也不同。对于无有效轴向力的情况

$$\frac{\delta}{\alpha}=\frac{L^4}{72} \tag{47-6}$$

对于有效轴向张力

$$\frac{\delta}{\alpha}=\frac{-\left[(kL)^2+4\right]\cosh(kL)+4(kL)\sinh(kL)-(kL)^2+4}{2\left[1-\cosh(kL)\right]k^4} \tag{47-7}$$

对于有效轴向压缩力

$$\frac{\delta}{\alpha}=\frac{\left[(kL)^2-4\right]\cosh(kL)-4(kL)\sin(kL)+(kL)^2+4}{2\left[1-\cos(kL)\right]k^4} \tag{47-8}$$

式中

$$k=\sqrt{\frac{|S_0|}{EI}}\ 并且\ \alpha=\frac{q}{EI}$$

式（47–6）为无轴向力情况下的悬跨段长度公式：

$$L_0=\sqrt[4]{\frac{72EI\delta}{q}} \tag{47-9}$$

计算出管道轮廓后，可对其进行微分处理以确定曲率 d^2w/dx^2 及其二阶导数 d^4w/dx^4，然后可通过下式计算出管道沿程的弯矩和弯曲应力：

$$M(x)=EI\frac{\partial^2 w}{\partial x^2} \tag{47-10}$$

$$\sigma_b(x)=\frac{M(x)D_0}{2I} \tag{47-11}$$

管道沿程的横截面剪力可表达为

$$V(x)=EI\frac{\partial^3 w}{\partial x^3}-S_0\frac{\partial w}{\partial x} \tag{47-12}$$

47.2.3.3 管道悬跨段的临界屈曲载荷

对处于有效轴向压缩力作用下的管道而言，当式（47–12）中的管道剪力在 $x=L$ 处（图 47–8 中基础缺陷的最高处）为零时会发生隆起屈曲，因而：

$$\tan(KL)-(KL)-0 \tag{47-13}$$

此式的最小解为：

$$KL=4.493 \tag{47-14}$$

将此结果代入式（47–8），得到临界轴向压缩力为：

$$|S_{\text{critcal}}|=3.962\sqrt{\frac{qEI}{\delta}} \tag{47-15}$$

相应的临界悬跨段长度可表达为：

$$L_{\text{critcal}}=2.257\sqrt[4]{\frac{\delta EI}{q}} \tag{47-16}$$

根据式（47–6）~ 式（47–8）的计算结果，悬跨段长度和有效轴向力之间的关系如图 47–9 所示。

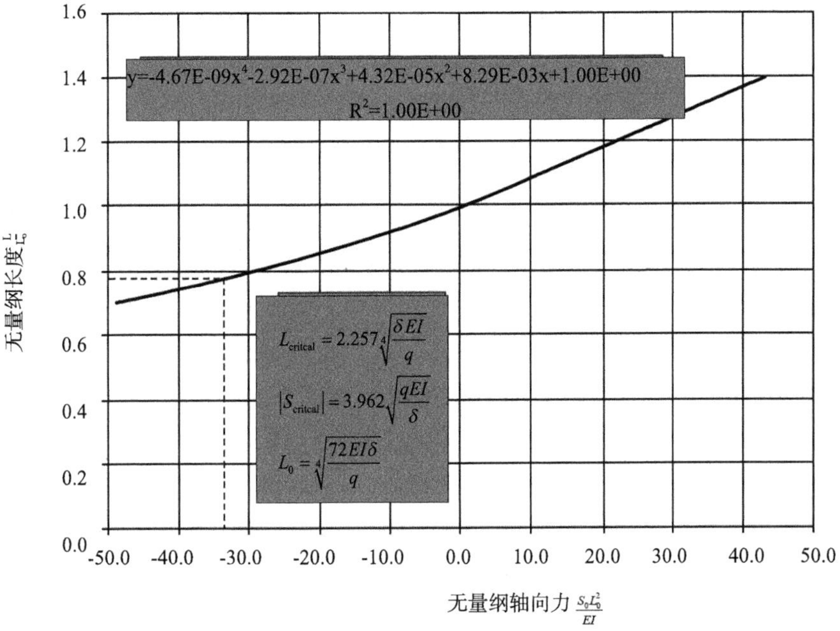

图 47–9　无量纲轴向力和无量纲悬跨段长度

水平轴为无量纲轴向力 $\frac{S_0L_0^2}{EI}$，垂直轴为无量纲悬跨段长度 $\frac{L}{L_0}$，L_0 为无轴向力时的管道悬跨段长度，如式（47–9）所示。图中点线为临界屈曲点。图中所示多项式修正可用于快速工程计算。

47.2.4 隆起运动分析

Analysis of Upheaval Movements

上节分析了支撑管道的隆起屈曲，本节将简介用于 I 级分析的传统隆起屈曲评估，该评估由 Palmer 等人（1990）提出[4]。

使用无量纲项后，式（47–4）可表达为

$$\Phi_w = c\Phi_L^{-4} + d\Phi_L^{-2} \tag{47–17}$$

式中 c 和 d 为待定数字常数。最大无量纲向下载荷参数可定义为

$$\Phi_w = w_{req}EI/(\delta_f S_0^2) \tag{47–18}$$

无量纲缺陷长度可定义为

$$\Phi_L = L_0 (S_0/EI)^{1/2} \tag{47–19}$$

式中　w_{req}——防止隆起屈曲所需的土壤上拔阻力；

δ_f——缺陷高度；

L_0——缺陷长度。

基于大量分析可以得出未知数 c 和 d，式（47–17）就转变为

$$\phi_w = \begin{cases} 0.0646 & ,\phi_L < 4.49 \\ 5.68/\phi_L^2 - 88.35/\phi_L^4 & ,4.49 < \phi_L < 8.06 \\ 9.6/\phi_L^2 - 343/\phi_L^4 & ,\phi_L > 8.06 \end{cases} \tag{47–20}$$

该式在图 47–10 中以实线绘出，在缺陷高度和长度已知的情况下为估算所需向下载荷提供了基础。将特征几何构形限制为支撑型以及未虑及运行过程中管道的移动常被视为该式的局限性并已得到证实[12]。公式采用如图 47–10 所示的有限元分析数据并不总能得到保守结果，特别是在管壁可能会发生塑性变形的情况下。为了说明管道移动，最大无量纲向下载荷参数可重新定义为

$$\Phi_{wm} = w_{red}\, EI/[(\delta_f + mob)\, S_0^2]$$

式中 mob 为运行过程中温度和压力所致的管道位移。

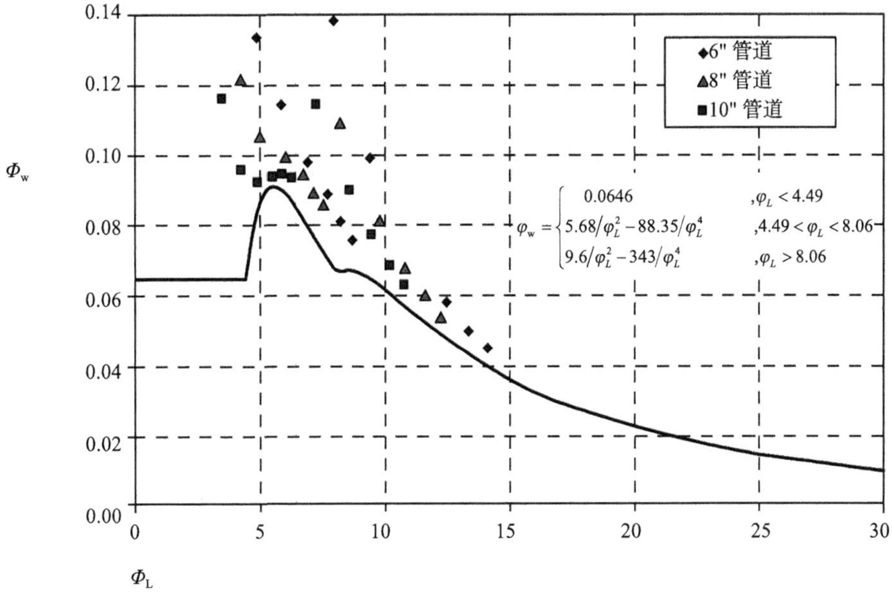

图 47–10　所需向下载荷的通用设计曲线

对于缺陷长度较小的情况，保持管道稳性所需的向下载荷可重新表达为

$$w_{\mathrm{req}} = 0.0646\frac{\delta_{\mathrm{f}} S_0^2}{EI} \tag{47–21}$$

在大多数初步设计中，设计人员可确定轮廓缺陷的最大高度而不是其长度。但缺陷长度可根据假定进行估算，即假定管道构形为安装状态下其抗挠刚度和重量之间相互作用所确定的构形。运行状态下保持管道稳性所需的向下载荷设计公式为

$$w_{\mathrm{req}} = \left[1.16 - \frac{4.76\left(EI\,w_0/\delta\right)^{1/2}}{|S_0|}\right]|S_0|\left(\frac{\delta w_0}{EI}\right)^{1/2} \tag{47–22}$$

式中　w_{req}——所需总向下载荷；

w_0——安装状态下管道的沉没重量（空管）；

S_0——有效轴向力；

δ——支撑（缺陷）高度；

EI——出油管抗弯刚度。

屈曲初始产生点位于单独基础缺陷上，对应于作为支撑缺陷的管道自然弯曲隆起处，管道中的轴向力为零而沉没重量则与开沟埋放过程中注水管道的沉没重量相同。当出油管的沉没重量无法提供足够的隆起阻力裕量时，必须增加

土石覆层。通过这种方法提供的隆起阻力包括直接作用于管道外表面的覆层重量以及相应土楔的抗剪垂直移动力。

47.2.5 跳跃屈曲和隆起蠕变

运行过程中的隆起屈曲有两种基本形态："跳跃"屈曲和隆起蠕变。当管道首次投入运行时，由于驱动力不足以克服所有阻力，跳跃屈曲产生时通常伴随着管道突然发生垂直移动。隆起蠕变指埋地管道在回填材料中不断向上移动的现象，由加热和冷却过程中周期性热载荷产生的驱动力所致。在管道的使用寿命内此周期性热载荷使管道周期性膨胀和收缩，可导致隆起屈曲的设计标准不再保守。图 47-11 为带有初始缺陷的管段在运行一年后发生的隆起屈曲。

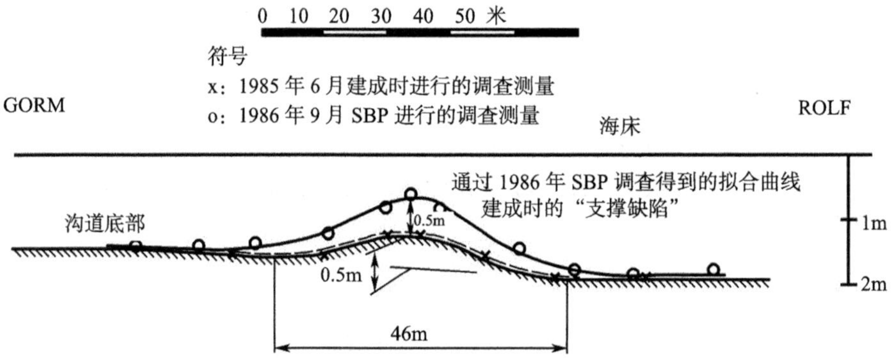

图 47-11 在初始"缺陷"管段上观察到的隆起蠕变[1]

带有初始缺陷的埋地加热管道在运行状态下会向上隆起，可将覆层略微抬起但不一定露出，即不发生隆起跳跃屈曲。当管道卸载时，上拔垂直变形起初将试图沿相同路径恢复至初始缺陷构形。但可以预料到沙粒会填充管道下方因上拔而出现的空隙，并且由于轴向摩擦效应，管道变形处将产生较小的残余压缩力。这些影响使管道无法完全恢复至初始缺陷构形。管道下一次加载时，由于缺陷幅度加大，这些缺陷可使管道在比先前更小的温度载荷下发生垂直上拔。因而如果初始缺陷的尺寸超出一定范围，在多次加热和冷却循环后，就会出现管道低于设计温度发生隆起屈曲的情况。为了避免管道的这种向上蠕变，必须将其前屈曲变形限制在非常小的范围内。减小容许温升同样可行，方法是对管道和沟道的容许缺陷进行约束。

因为管道位移将超出规定范围，所以通常仅在沙比较干净及堆石中淤泥和黏土较少的情况下发生隆起蠕变。一些研究提出了各种限制容许上拔量的方法，可保持覆土的弹性恢复性。建议将上拔移动限制在 15~20mm。在 U 形弯曲处将限制容许温度用作最低温度的情况如图 47-12 所示。

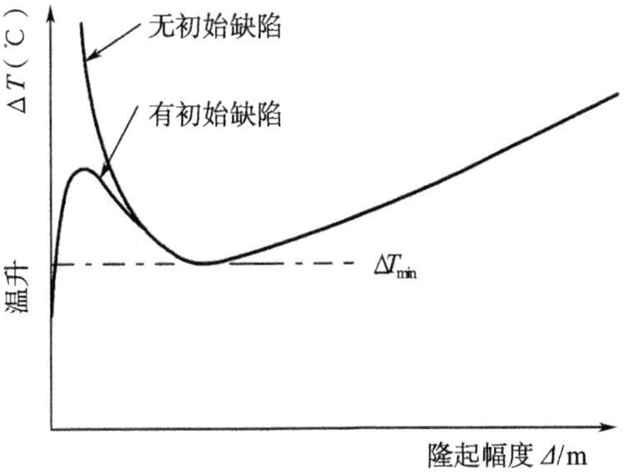

图 47-12 管道上拔趋势与温升 [13]

Pedersen 和 Jensen [14] 对从沟道底部发生上拔的管道的隆起蠕变过程进行了线性分析。假定管道的缺陷为塑性变形结合基础缺陷，对于在 x–w 坐标系中发生上拔的缺陷管道，根据弹性梁理论得出的模型如图 47-13 所示。

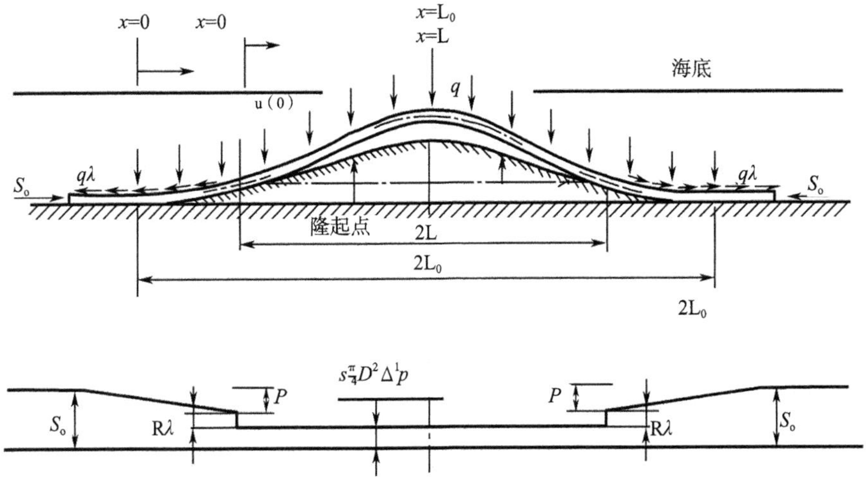

图 47-13 上拔管道（上）和轴向压缩力的变化 [14]

以下为上拔轮廓的计算过程：

（1）根据式（47-23）计算与已知自由悬跨段（$2L$）相关的 k 值：

$$\left(\frac{\alpha}{k^3}+\frac{\gamma}{k}\right)\sin kL-\left(\frac{\beta}{k^2}-\kappa\right)\cos kL+\frac{1}{k^2}(-\alpha L+\beta)=0 \tag{47-23}$$

上式中的希腊字母可由下式表达：

$$\alpha=\frac{q+q_{\mathrm{p}}}{E\cdot I}$$

$$\beta=\frac{q_{\mathrm{p}}\cdot(3L-2L_0)+3\cdot q\cdot L}{3\cdot E\cdot I}$$

$$\gamma=\begin{cases}\dfrac{q_{\mathrm{f}}}{6EI}(L_0-L)(3L-L_0) & \text{当 } L\leqslant L_0\\ 0 & \text{当 } L>L_0\end{cases}$$

$$k=\begin{cases}\dfrac{q_{\mathrm{f}}}{6EI}(L_0-L)^2L & \text{当 } L\leqslant L_0\\ 0 & \text{当 } L>L_0\end{cases}$$

式中 q——单位长度管道总重量，包括管道和覆土重量；

q_{p}——管道塑性变形产生的重量，可由式 $q_{\mathrm{p}}=72EI\delta_{\mathrm{p}}/L^4{}_0$ 计算；

q_{f}——与凸出石块或管道交叉高度对应的单位长度管道重量；

L_0——基础缺陷的半波长，由式 $L_0=2.913\sqrt[4]{\delta_f\frac{EI}{q_f}}$ 计算；

L——图 47-12 所示上拔长度的一半。

然后可用式（47-24）预测管道的轴向力

$$S=EIk^2 \tag{47-24}$$

（2）根据式（47-25）确定挠度构形：

$$w(x)=A\cos kx+B\sin kx+\frac{1}{k^2}\left(-\frac{1}{2}\alpha x^2+\beta x+\frac{\alpha}{k^2}+\gamma\right) \tag{47-25}$$

式中：

$$A=-\left(\frac{\alpha}{k^4}+\frac{\gamma}{k^2}\right)\qquad B=-\frac{\beta}{k^3}+\frac{\kappa}{k}$$

（3）根据式（47-26）和（47-27）计算相关温压组合：

$$S_0=S-\frac{\pi}{4}D^2\Delta P+\sqrt{q\lambda EA_{\mathrm{s}}\int_0^L\left\{(w')^2-(w_{\mathrm{f}}')^2\right\}\mathrm{d}x-(q\lambda L)^2} \tag{47-26}$$

式中 S_0——作用方向背离屈曲的有效轴向压缩力；

S——隆起屈曲内的压缩力；

D——钢管外径；

ΔT——温度变化值；

ΔP——油气产品与环境海床之间的压差；

w'——差动挠度而 wf′ 为初始差动挠度。

47.3　隆起屈曲的有限元分析

47.3.1　概述

应采用非线性有限元方法分析管道的屈曲响应，因为有限元分析通过大挠度理论足以对此物理现象 / 行为予以说明。对于简单解析分析显示管道有些不稳定或概念设计中必须对安全裕度进行量化等临界情况，细部设计时通常使用有限元分析。隆起屈曲的有限元分析有以下特点：

- 可能使用假定海床轮廓；
- 管道材料具有非线性特性；
- 为上拔阻力留出移动距离余量。

47.3.2　有限元建模

ABAQUS 软件[15]是典型的通用有限元程序，具有三维和非线性处理功能，可对高温高压载荷作用下埋地管道及铺放于海床表面的管道的特性进行仿真。

47.3.2.1　单元类型

进行有限元分析时模型中常用管道单元（PIPE31H、ELBOW31H）对管道进行仿真。PIPE31H 单元为三维混合管道单元，在每个节点都有六自由度。混合管道单元还有额外变量，涉及单元中的轴向力及横向剪力，有助于非线性分析的计算收敛。单元长度一般约为一倍直径，这是预期会发生屈曲的长度，对于其他直管段可以更长一些。

每个管道单元都通过弹簧单元（SPRING2 或 PSI34）与泥土相互作用，在其轴向、侧向和垂向都使用了单独的弹簧单元以表达所有方向上的管土相互作用。PSI34 单元为三维管土相互作用单元，可用于对埋地管道与周围泥土之间的相互作用进行建模。这些单元在其节点处只有位移自由度。单元的一侧或一边与下方管道单元共享节点，管道单元用于对管道建模，如图 47–14 所示。另外一边的节点代表远场表面，例如地表面，可用于通过边界条件定义远场地面运动。

“管道 – 泥土硬度”命令是单元“PSI34”的一个选项，能够在三个方向上定义管土相互作用单元的构成特性。对于黏土和沙，在命令中可用 ASCE 公式直接定义构成模型[16]。

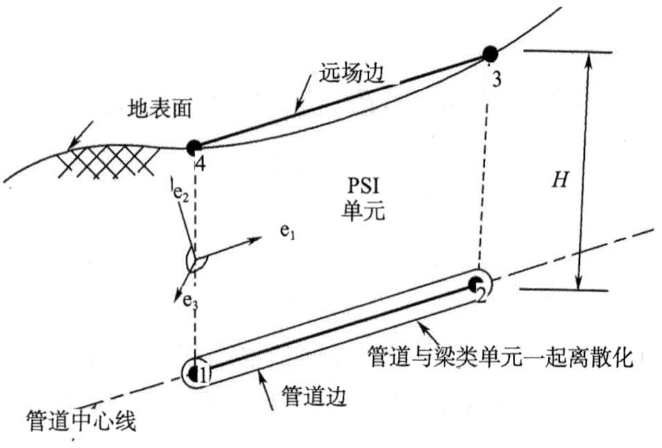

图 47-14 管土相互作用单元（PSI）[14]

47.3.2.2 管土相互作用

通常使用一系列固定于管道上的独立非线性弹簧对管土相互作用（PSI）进行建模。这些“弹簧”的特征是定义了非线性作用力 - 位移关系，当其与周围泥土相互作用时可代表作用于管道表面的垂向力和切向力的整体作用，如图 47-15 所示。

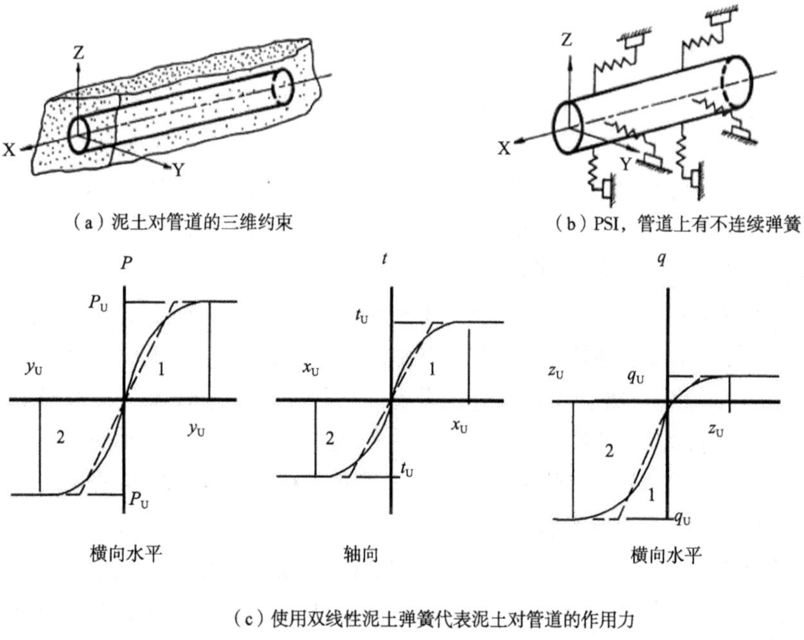

（c）使用双线性泥土弹簧代表泥土对管道的作用力

图 47-15 管土相互作用建模[16]

47.3.2.3　初始管道构形

管道铺放时的初始构形可影响隆起屈曲模式的发展。初始平直且无应力的管道应铺放在海床上或假定缺陷处，并处于安装张力及环境压力的作用下。海床上的管道在引发相关屈曲模式时将在具有初始构形的管道中产生应力和应变。但在有限元建模时，管道和海床接触的情况需要花费大量时间才能得到收敛结果。简化起见，可通过式（47-6）~ 式（47-8）对凸起物体上的管道缺陷轮廓进行预测，并用作有限元建模的初始管道轮廓。

对于无内部轴向张力但抗弯刚度为 EI、放置在高度为 δ_f 的物体上、承载的单位长度管道沉没重量为 w_S 的弹性管道，式（47-6）得出的悬跨段长度为

$$L_0 = \left[\frac{72 \cdot EI \cdot \delta_f}{w_s}\right]^{1/4} \tag{47-27}$$

解析方法还可通过下式得出管道轮廓：

$$w(x) = \delta_f \cdot \left(\frac{x}{L_0}\right)^3 \cdot \left(4 - \frac{3x}{L_0}\right) \tag{47-28}$$

47.3.2.4　模型和分析步骤

仿真隆起屈曲问题的有限元模型包括以下内容：

- 管道系统的结构，包括管段、短管、管道交叉、管道接头及管线终端（PLET）；
- 安装的影响，包括铺管安装导致的初始拉伸载荷；
- 海床缺陷、海床泥土刚度及管土相互作用；
- 沟道阻力、黏性和非黏性覆土或结合石块回填和自然回填。

隆起屈曲包括周期性热载荷作用下的隆起蠕变。有限元模型中使用的载荷步应包括安装、静水检测、正常运行以及加热 / 冷却循环。隆起屈曲和隆起蠕变分析中的载荷周期可通过以下分析程序予以说明：

- 将管道放置于海床上并使管道与海床接触；
- 施加管道重量及浮力以仿真安装状态；
- 施加管土相互作用，使管道构形保持埋置状态并移除接触；
- 对管道注水并进行水压测试；
- 使管道降压；
- 在运行温度和压力下进行加热；
- 冷却至环境温度，包括多次载荷周期内的支撑缺陷变化情况；

- 重复加热和冷却步骤，对管道的隆起蠕变进行检验。

47.3.3 设计标准

埋地管道隆起屈曲所导致的失效模式包括：

- 断裂和疲劳；
- 局部屈曲；
- 塑性变形。

防止管道发生隆起屈曲并保持安全必须满足几个标准。

（1）隆起蠕变 / 上拔。

一些研究提出了各种限制容许上拔量的方法，可保持覆土的弹性恢复性。对于非黏性土，Pedersen 等人[11]提出隆起蠕变的极限值等于上拔位移，上拔位移可由下式计算：

$$\frac{\delta_{\mathrm{f}}}{D}=0.02+0.08\frac{H}{D}$$

式中，δ_{f} 为对应于最大上拔阻力的上拔位移（最大移动距离）。最近 Thusyanthan 等人[12,17]提出可根据 H 和 D 用下式预测散沙中的 δ_{f}：

$$\frac{\delta_{\mathrm{f}}}{D}=0.02\mathrm{e}^{\left[\frac{H}{2D}\right]}$$

（2）应变标准。

遵从 DNV-RP-F110[10]。

（3）局部屈曲。

对于各种设计应使用合适的规范进行局部屈曲核查。

（4）疲劳。

（5）椭圆度。

47.4　限制隆起屈曲的稳定方法

47.4.1　概述

47.4.1.1　埋地管道

海底管道一般只铺放在泥土表面，但有时也铺放在沟道中并进行回填。埋地管道有以下优点：

● 保护管道免受海船活动导致的损伤，例如坠落物体、放置拖锚或诸如拖网板这样的渔具；

● 防止管道因海流和浮力而发生移动，沉没重量较小的管道具有稳性优势；

● 管道沿程的热损失可降至最低。温度对流体粘度的影响很大，管道温度较低会导致水合物生成。

海底管道的开沟方法通常有：

（1）射水法：通过高压水流冲刷并侵蚀海床，使土体（沙或软质黏土）流化，这样管道就可沉入所形成的“流沙”中。

（2）挖沟：在土体（沙或软质黏土）中进行机械挖沟，然后铺放管道并将开挖出的沙土机械回填至管道上。

图 47–16 为覆盖 / 约束管道的可能情形。海床泥土、开沟泥土或其他泥土都可用于覆盖管道。在海床土体较硬的地区可进行抛石，石块或砾石来自陆上采石场。采用抛石法时，船只通过安装了声学剖面仪的转向管抛下覆石以避免浪费石块。为了使海床更平坦，开沟后也可不回填。管道上方和周围土体的重塑强度通常要明显小于在位覆盖物的重塑强度。

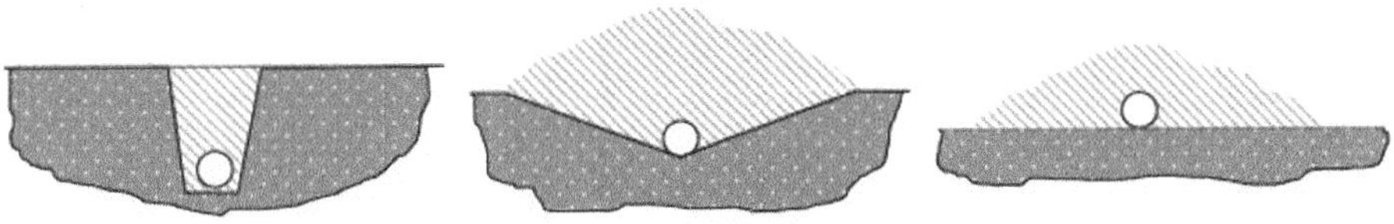

图 47–16　覆盖 / 约束管道的可能情形[10]

47.4.1.2 覆土的上拔阻力

隆起屈曲的上拔阻力源自管道重量和覆土，包括作用于管道沿程的轴向摩擦力以及管道回填物的上拔阻力载荷。管道的轴向摩擦力和上拔阻力载荷随着覆土厚度的增加而增加。因为各种埋管技术所用覆土的特性存在着极大的不确定性和随机性，所以预测埋地管道的隆起屈曲阻力非常困难。除土壤特性外，影响隆起屈曲阻力的因素还包括埋放深度、埋放与试运行的时间间隔、管道弯度的增加速率以及堆石厚度等。

47.4.2 上拔阻力与隆起屈曲

管道上拔阻力的传统模型如图 47–17 所示。管道上拔阻力来自：①管道的沉没重量；②土柱静重产生的被动阻力，土柱边界由管道上方的垂直滑动面决定（$W=\gamma' HD$）；③沿着垂直滑动面 τ 的边线移动的主动剪切阻力。对于非黏性土，一个常用的假设方法是“垂直滑动面”模型的剪切阻力随着深度增加而发生线性变化。

根据垂直方向上的平衡可推导出单位长度上拔阻力(Schaminée 等, 1990)[5]:

$$\frac{R}{\gamma' HD}=1.0+\frac{fH}{D} \tag{47-29}$$

式中 γ'——管道上泥土和堆石的单位长度沉没重量；

D——管道总直径；

H——从管道顶部至管道中心线上方泥土表面的覆层厚度（回填深度）；

f——根据经验确定的上拔系数，通常石块为 0.7，沙为 0.5，但散沙一般要小得多，可低至 0.1。

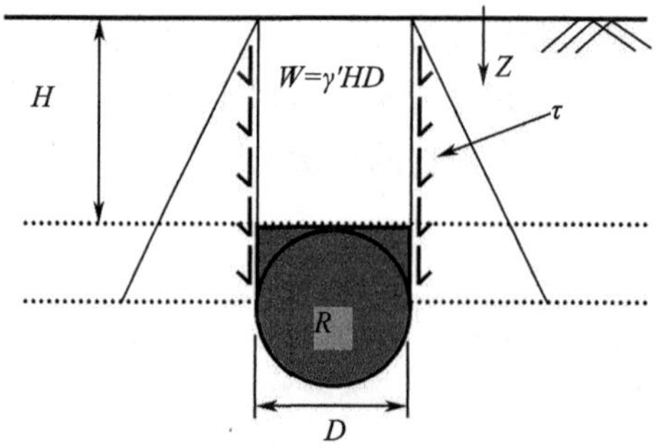

图 47–17 上拔阻力模型[12]

此系数也被称为摩擦阻力系数，可用下式表达：

$$f=K\tan(\varphi)$$

式中 φ 为非黏性土的摩擦角，K 为侧向土体压力系数，$K=1-\sin^2(\varphi)$。DNV -RP-F110 给出了这两个参数的建议值。对于可能值的下界

$$f_{LB}=\begin{cases}0.1 & ,\ \varphi\leqslant 30^\circ\\ 0.1+\dfrac{\varphi-30}{30} & ,\ 30^\circ\leqslant\varphi\leqslant 45^\circ\\ 0.6 & ,\ \varphi>45^\circ\end{cases}$$

基于 Pederson 模型[14]，DNV-RP-F110 建议对黏性土（黏土）和非黏性土（沙）都使用以下上拔模型：

$$\frac{R}{\gamma' HD}=1.0+0.1\left(\frac{D}{H}\right)+\frac{f\,H}{D}\left(1.0+\frac{D}{2H}\right)^2 \tag{47-30}$$

表 47-1 总结了非黏性土上拔阻力 f 及适用 H/D 范围的建议值。

表 47-1　DNV 指南的建议值[17]

回填类型	φ_{peak}/（°）	H/D 范围	f 的均值	f 的范围
散沙	30	[3.5, 7.5]	0.29	[0.1, 0.3]
中沙	35	[2.0, 8.0]	0.47	[0.4, 0.6]
致密沙	40	[2.0, 8.0]	0.62	
石块	N/A	[2.0, 8.0]	0.62	[0.5, 0.8]

石块是非黏性材料，计算最大上拔阻力所用的关系与沙类似。

设计时对于 H/D 比小于 1 的情况，目前业界的常用做法是忽略上拔阻力产生的剪切作用。但近期研究[12, 17]表明，在 H/D 比为 0.5~3.5 时，垂直滑动面模型能较好地表达散沙中的真实上拔变形机制。在 H/D 比非常小的情况下（$H/D<0.5$），变形机制更类似于楔，但泥土重量增加产生的影响会被剪切作用减小所补偿。因而基于垂直滑动面模型的设计公式仍能对最大可用上拔阻力进行较好的估算。

黏性土的上拔系数 f 可表达为

$$f=2\overline{S_u}/\gamma'$$

式中 $\overline{S_u}$ 为管道中心至沟道顶部的平均不排水抗剪强度。

47.5 限制隆起屈曲的设计

47.5.1 概述

最经济的选择是不采取任何措施预防隆起屈曲，在管道投入运行后对出现隆起的所有管段进行稳定处理。使用有限元程序可计算出隆起屈曲发生过程中的变形程度。如果管道中产生的塑性应变可以接受并且没有损失任何完整性，那么管道可以继续运行。如果隆起使管道抬离海床形成弯曲，则应通过精确抛石对弯曲段进行稳定和保护。

通过增加额外上拔阻力来限制埋地管道隆起屈曲的最常用方法是抛石覆盖管道。使用落石管进行深水抛石的技术出现于 20 世纪 70 年代，最初在北海丹麦区域用于管道稳定，现在已成为得到认可的常规作业[18]。但是连续抛石的成本相对比较高昂，这促进了对减少所需抛石量以降低成本的方法进行研究。随后多种方法被提出，例如通过减小壁厚以降低驱动力、更有效地使用石块、使用柔性管以及使用管束等，下节将对几种方法予以详细介绍。

47.5.2 减小驱动力

隆起屈曲的驱动力是管道中温度和压力产生的有效轴向压缩力，如式（47-1）所示。可通过以下途径减小驱动力：

（1）改变运行参数。降低运行温度和压力，如不进行外部保温以降低温度或者如果在运行温度和压力下无流动保障要求，可采取措施降低设计压力。

（2）减小壁厚。有效轴向力公式中的温度项与壁厚 t 成正比，这表明尽量减小壁厚是有好处的。基于成本原因，减小壁厚是设计的一个主要问题。一种解决方法是将钢材等级提高为 X80，成本略微增加或不增加，并且 X80 钢管易于焊接。

（3）增加残余张力。另外一种方法是增加残余张力。铺放时的张力是施加于管道表面的铺管船张力的水平分量。可增加此张力，但有一些实际限制，包括：① 可能损坏外部涂层；②可能对船只的系泊系统或动力定位系统造成限制，并且船只与触底点距离较长。但增加施加张力只能对小直径管道有明显帮助，因为铺放时小直径管道的施加张力一般约为 0.5 MN（470 kips），仅是运行状态下产生的轴向压缩力的五分之一；但对于大直径管道，运行状态下的有效轴向压缩力可达 10 MN，与之相比 0.5 MN 的残余张力只能起非常有限的作用。

（4）增加柔性。通过允许膨胀移动，有效轴向压缩力的值可减小至其完全约束值以下。实现方法有：使用膨胀弯管和管端膨胀环、以蛇形或 Z 字形铺管、弯曲铺管或者如果侧向屈曲易于限制的话，可允许管道发生侧向屈曲。

埋地管道向上发生屈曲的原因是管道克服其自重向上移动更为容易，并且覆层的上拔阻力随后会转向两侧或下方。而另一方面，未开沟埋放的管道向两侧发生屈曲要比向上更容易。

47.5.3 抛石或沉排稳定

管道屈曲发生在管道轮廓的较高位置。因而在较高位置处固定管道的方法是在其上放置额外重量，例如石块。如果无法有效确定关键缺陷，一个实用但昂贵的方法是在整根管道上抛石。

成本分析表明如果选择连续抛石，那么铺管、开沟、然后对沟道内的管道抛石要比在自然海床上对整根管道抛石更为经济。

47.5.4 管束

大多数管束都包覆在一根输送管内，并在管端由锚固件进行连接。如果在运行状态下内部管道和输送管都能自由纵向膨胀，内部管道要比输送管膨胀更多。由于锚固件在管端防止相对移动，当输送管进入拉伸状态时内部管道处于压缩状态。管束整体发生纵向膨胀，但其膨胀受到海床摩擦的阻碍。

管束中的合力是压缩力，但因为输送管提供了较大的抗挠刚度，所以屈曲通常不会发生。此外，对于包覆在输送管内的管束一般不会开沟埋放，因而其更容易向两侧而不是向上发生屈曲。

47.5.5 路径选择和轮廓平滑处理

沿不平海床轮廓铺放的管道要比沿平坦海床轮廓铺放的管道更容易发生隆

起屈曲，通过同时从宏观和微观尺度仔细选择路径能够在一定程度上解决这个问题。还可通过“预清理”疏浚对管道路径进行平滑处理，有时采用减小悬跨段长度的方法来实现，但非常昂贵。一个替代方法是在开沟过程中对管道轮廓进行平滑处理，大多数开沟作业形成的沟道底部轮廓都要比初始海床轮廓平滑得多，并可消除短波长缺陷。

参考文献

[1] N.J.R. Nielsen, B. Lyngberg, and P.T. Pedersen, Upheaval Buckling Failures of Insulated Flowlines: A Case Story, OTC6488, 1990.

[2] C.P. Ellinas, W. J., Supple, and H. Vastenholt, Prevention of Upheaval Buckling of Hot Submarine Pipelines by Means of Intermittent Rock Dumping, OTC 6332, 1990.

[3] F.J. Klever, L. C. van Helvoirt, Dedicated Finite-element Model Buckling Response of Submarine, OTC 6333, 1990.

[4] A.C. Palmer, C.P. Ellinas, D.M. Richards, and J. Guijt, Design of Submarine Pipelines against Upheaval Buckling, OTC6335, 1990.

[5] P.E.L. Schaminee, N. F. Zorn, G. J. M. Schotman, Soil Response for Pipeline Upheaval Buckling Analysis: Full Scale Laboratory Tests and Modeling, OTC 6486, 1990.

[6] J. Guijt, Upheaval Buckling of Offshore Pipelines: Overview and Introduction, OTC 6487, 1990.

[7] R.E. Hobbs, In-Service Buckling of Heated Pipelines, ASCE Journal of Transportation Engineering, vol. 110, pp 175-189, 1984.

[8] L. Collberg, K. J. Mørk, E. Levold, and L. Vitali, HOTPIPE JIP: Design Guidelines for HP/HT Pipelines, OMAE2005-67523, Halkidiki, Greece, June 2005.

[9] S. Goplen, P. Strøm, and E. Levold, Hotpipe JIP: HP/HT Buried Pipelines. OMAE- 67524, Halkidiki, Greece, June, 2005.

[10] DNV, Global Buckling of Submarine Pipelines, DNV-RP-F110, 2007.

[11] P.T. Pedersen, and J. Michelsen, Large Deflection Upheaval Buckling of Marine Pipelines, Proceedings of Behavior of Offshore Structures （BOSS）, Trondheim, Norway, June 1988.

[12] N.I. Thusyanthan, S. Mesmar, and et al, Upheaval Buckling Assessment Based on Pipeline Features, OTC 21802, 2011.

[13] G.T. Ju, and S. Kyriakides, Thermal Buckling of Offshore Pipelines, J. of Offshore Mechanics and Arctic Engineering, Vol . 110, pp.355-364, 1988.

[14] P.T. Pedersenand, and J.J. Jensen, Upheaval Creep of Buried Heated Pipelines with Initial

Imperfections, J. of Marine Structures, Vol. 1, pp.11-22, 1988.

[15] ABAQUS 6.10, ABAQUS Analysis User"s Manual, Dassault Systemes, 2010.

[16] ASCE, Guidelines for the Design of Buried Steel Pipeline, July 2001.

[17] J. Wang, R. Ahmed, S.K. Haigh, N. I. Thusyanthan, and S. Mesmar, Uplift Resistance of Buried Pipelines at Low Cover-Diameter Ratios, OTC 20912, 2010.

[18] A.C. Palmer, M. Carr, T. Maltby, B. McShane, and J. Ingram, Upheaval Buckling: What Do We Know, and What Don' t We Know? The International Seminar on Offshore Pipeline Technology, 1994.

第 48 章

疲劳与断裂

48.1 引　言

本章概述了与海底管道 / 立管的设计和分析相关的疲劳与断裂。设计和分析程序可应用于其他类似结构物。对任何承受着周期性载荷的结构构件，均应核查其是否会出现疲劳现象。部件的疲劳寿命被定义为该部件中的裂纹贯穿壁厚所需的时间。

海底管道和立管系统将海底钻井中心所生产的产品输送至中心设施，如浮式生产储卸装置（FPSO）、半潜平台或张力腿平台（TLP）。一般而言，出油管长达几千米，在安装和运行条件下易受疲劳载荷的影响，包括悬跨段涡致振动（VIV）和周期性热载荷在内。因悬跨管道处在横向海流条件下，涡致振动有可能发生在立管和管道中。管道悬跨段的形成取决于不利条件的海床地形和土壤特性。一旦悬跨段承受着横向海流，流向所致的管道振动则因涡致振动而可能形成疲劳加载。这种加载在管道中产生轴向波动应力，并作用于环形焊缝上。涡致振动和周期性热载荷是运行条件下海底管道的主要问题所在。海底立管主要受到主设施的波浪与海流所致运行的影响，其包括一阶波浪 / 船舶运动、二阶船舶运动和涡致运动。因海流和波浪载荷之故，立管和悬跨管道均承受着大量（$>10^3$）相对较低水平的应力循环。因循环加载过大所致的疲劳被称为高循环疲劳（HCF）。高循环疲劳的应力范围较少并发变形，主要是弹性变化。疲劳强度通常可采用基于应力的参数进行描述。

从另一方面来说，由于处在运行条件下的出油管系统升温和冷却之故，管道承受着周期性的热载荷。因高温高压之故，作为较大的有效压缩力的结果，整体屈曲可能会出现在管道中。为控制整体屈曲，将枕木和 / 或浮箱放置在海床的规划位置上，以利于出油管的侧向移动并控制高温高压管道中所产生的曲率变化或应力 / 应变。在此条件下，相对较低数量的循环会出现相对较大的应力范围（在生命周期内多达几百个升温和冷却循环），这是相较于因涡致振动而作用于悬跨管道和立管上的高循环疲劳载荷而言。此类疲劳被称为低循环疲劳（LCF）。多数情况下，低循环疲劳均结合有塑性变形；基于应变的参数可应用于疲劳评估。

48.1.1 疲劳分析方法

疲劳是一种渐进性的局部化结构破损，其原因在于结构承受周期性加载时裂纹形成并呈后续扩展态势。大多数结构性缺陷均起因于疲劳。一般有两种工程方法应用于针对疲劳的评估和设计工作：①应力对比缺陷循环次数法，其基于 Miner 法则说明应力范围与持续时间之间的关系；②断裂力学法（FM），其基于 Paris 法则来评估疲劳裂纹的扩展速度。

S–N 曲线的依据为 *S–N* 数据，而这些数据系由所定焊接细节的疲劳试验以及线性破损假设所获得。如果经由 *S–N* 曲线所估算的疲劳寿命小于部件所需的生命周期，而此时的缺陷可能导致严重的后果，那么即可采用断裂力学法。然而，这并非意味着断裂力学法优于 *S–N* 法。断裂力学法采用 Paris 公式计算裂纹的扩展，并采用公认的缺陷评估图（FAD）来评估最终的断裂条件。通过断裂力学裂纹扩展分析计算而得的设计疲劳寿命，应当至少是海底管道所有部件的生命周期的 10 倍。用于断裂分析的初始缺陷尺寸应当是管道焊接无损检测中所规定的最大可接受缺陷。

48.1.2 *S–N* 法与 FM 分析

管道和立管的 FM 分析一般所给出的疲劳寿命均小于 *S–N* 法所得到的数值，因为 *S–N* 数据均取自于优良质量焊缝，其初始缺陷深度为 0.1~0.2mm 数量级，通常无法从管道外部对此进行超声波检测。采用目前的技术，根部缺陷探测的实际极限值估计为 0.5mm，但通常取值约为 2mm，这是应当在 FM 计算中采用的可探测极限值。与管道和立管形成对照，多数板材的焊缝其失效均起始于焊趾，这可通过磁性探伤（MT）进行探测，对于表面劈裂型损伤而言磁性探伤更优于无损检测。因此，应用在板材中的 *S–N* 与 FM 计算法的差异并不显著。

另外，板材的制造质量控制与疲劳分析中的 S–N 假定更多的是保持一致。

除非改进检查分辨率以达到探测管道和立管焊缝中所产生缺陷的水平，否则通过 S–N 法和 FM 分析所获取的疲劳寿命的显著差异性将保持不变。

48.2　S–N 疲劳分析法

48.2.1　基于 S–N 曲线的疲劳评估

“S–N”系指应力范围对比发生失效所需的周期性加载次数。图 48–1 为典型的 S–N 曲线，其中应力幅度 S_a 为垂直轴，发生失效所需的周期性加载次数的对数为水平轴。

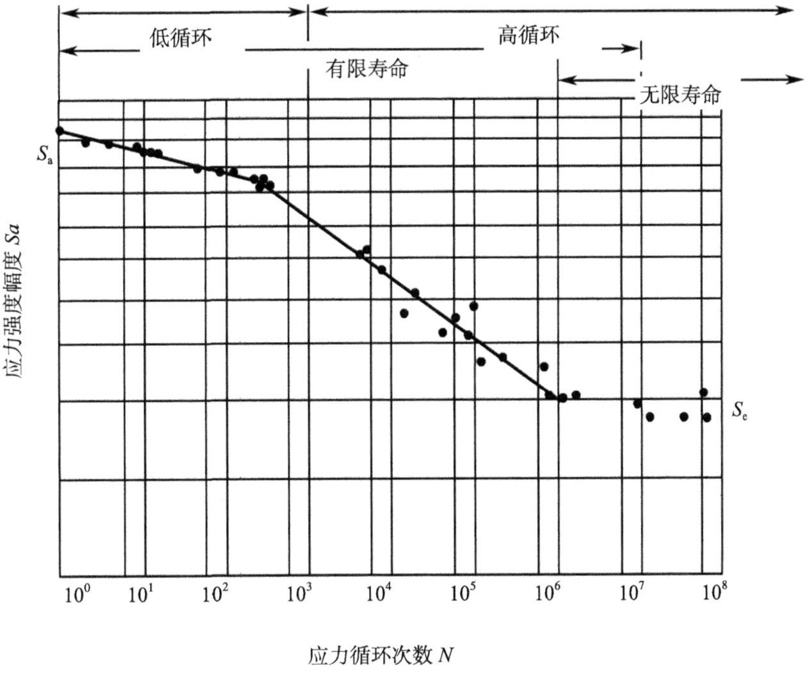

图 48–1　典型的 S–N 曲线

如果材料在极限应力 S_e 以下加载，无论加载循环次数多少，均不会失效。

给定循环次数时失效发生的应力幅度是疲劳强度。*N* 是材料在疲劳寿命中的特定应力范围内发生失效所需的循环次数。应力范围 $\Delta S = S_{max} - S_{min}$ 和周期性加载次数（见图 48-2）。

S–N 设计曲线源自于疲劳试验，其根据为相关试验数据的平均值减去 2 个标准差曲线。疲劳数据的分析需要统计技术，尤其是残余分析和线性回归。*S–N* 曲线的残余概率为 97.6%。一般而言，*S–N* 曲线只能通过试验精确获得，其取决于接合部细节和焊接工艺。历史上的各种规则和标准 [1,2] 已经为通用类焊接程序和接合部细节类型提供了此类曲线，但其主要是基于经焊接板材的相关数据。

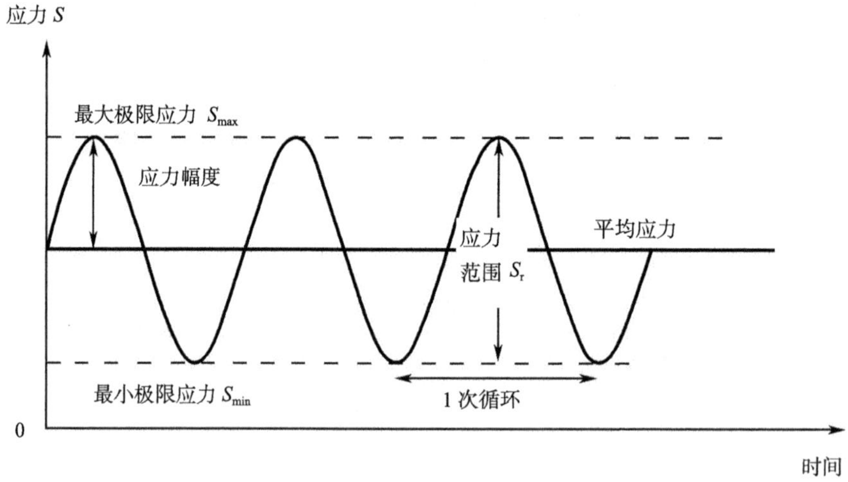

图 48-2　疲劳载荷

48.2.2　Miner 准则

1945 年，Miner 研发了一种被称为 Palmgren–Miner 准则的方法，其首先由 Palmgren 在 1924 年提出。图 48-3 为 Palmgren–Miner 准则，也称为 Palmgren–Miner 线性损伤假设。其说明，当应力图所示意的是长期应力范围分布时，疲劳损失则可以基于累积法则进行计算，其假定当 Miner 数达到一致时出现疲劳缺陷。

$$D_{fat} = \sum_{i=1}^{M_c} \frac{n_i}{N_i} \leqslant \eta \tag{48-1}$$

式中　D_{fat}——累积疲劳损伤；

η——容许损伤比 / 利用系数；

N_i——S–N 曲线所定义的在第 i 应力范围发生失效所需的循环次数；

n_i——应力循环次数，应力范围在 i 区内；

M_c——应力区数目。

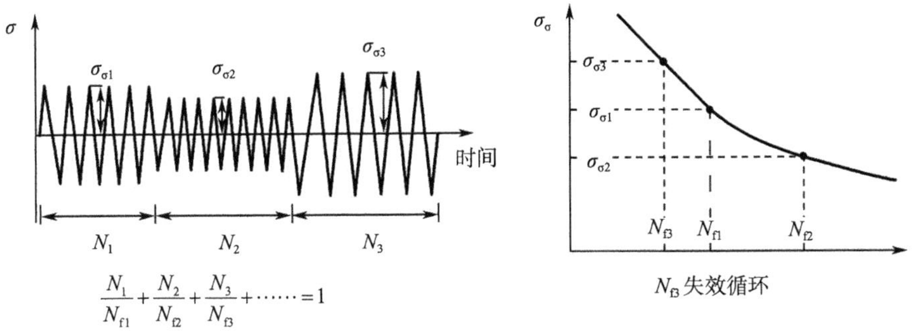

图 48–3　Palmgren–Miner 准则

尽管 Miner 准则是许多情况下的常用近似法，但其有两个局限性：

● 它没有识别出疲劳的概率特性，同时无法简单地将准则所预测的寿命与概率分布特征相结合。

● 在某些情形下，跟随有高应力的低应力循环所导致的损伤要比准则所预测的损伤更多。该准则的一个缺点是其并没有考虑到过载或高应力效应，它们会导致出现残余压缩应力。因出现残余压缩应力之故，跟随有高应力的低应力所引起的损伤会更小。

可基于下述步骤进行疲劳评估：

● 将复杂加载减为系列简单的周期性加载；

● 创建周期性应力范围的应力图；

● 对于每一个应力水平，均计算从 S–N 曲线获取的累积损伤；

● 采用诸如 Miner 准则一类的算法，将个体作用进行组合。

疲劳分析的程序均基于这样的假设，即仅需要考虑到确定耐疲劳度时周期性主应力的范围；也即评估焊接疲劳时平均应力忽略不计。

应用于海底管道和立管的疲劳寿命计算的 S–N 曲线如下式所示 [1]：

$$\log N=\log a-m\cdot\log\Delta\sigma \tag{48-2}$$

式中　N——容许应力循环次数；

a 和 m——定义曲线的参数，取决于材料和结构细节；

$\Delta\sigma$——包含有应力集中效应在内的应力范围（一次应力循环中最大应力与最小应力之差）。

S–N 法的关键因素包括：

- 选择合适的 *S–N* 曲线；
- 计算焊缝处的应力集中系数（SCF）；
- 将修正系数用于修正厚度影响。

48.2.3 离岸工程疲劳设计标准

离岸管道 / 立管和海底结构物的两个典型疲劳设计标准为 BS7608:1993[1] 和 DNV–RP–C203: 2008[2]。ASME B31.4 和 B31.8 设计标准要求把疲劳分析作为设计问题对待，但两者均不对合适的分析法提出指导。API 1111 系指经由 BS7608 建议的 S–N 设计曲线。DNV–OS–F101[3] 参照了疲劳推荐规程 RP–C203。

从根本上说，BS7608 和 DNV–RP–C203 均为源自系列 BSI 内容和英国健康、安全和环境（HSE）指南的疲劳设计建议的汇总。DNV–RP–C203 专门说明了管道中的环形焊缝，而 BS7608 则专门针对结构构件。

为了针对北海结构物的应用，HSE[4] 和 DNV[2, 3, 5] 引入了下述有关管道环形焊缝疲劳设计的分类。

- C 类：后续研磨齐平的双侧焊缝，证明可免于出现明显的焊接缺陷；
- D 类：平焊双侧焊缝，埋弧焊除外；
- E 类：埋弧焊（SAW）和经由任何工艺完成的定位焊缝；
- F 类：保留垫板上完成单侧焊缝；
- F2 类：无垫板完成的单侧焊缝，涉及接合部错位和焊根有缺陷等情形。

图 48–4 为疲劳设计 *S–N* 曲线，其根据 BS7608 为环形焊缝标上字母（C、D、E、F 等）。从 C 类至 F 类，在相同的应力范围内疲劳寿命呈单调减少。环形焊缝是承受疲劳加载的管道的需主要考虑之处。一些管道焊接设备允许对某些大直径管道从内外两侧进行环形焊缝焊接，正如对接焊接板材之情形。内外两侧表面上的焊趾部位是最易于形成疲劳裂纹的地方。主要是出于经济和实际操作原因，海底管道通常都在现场的驳船上采用单侧环形焊缝制造；对于此类焊缝来说，焊根是的疲劳关键所在。

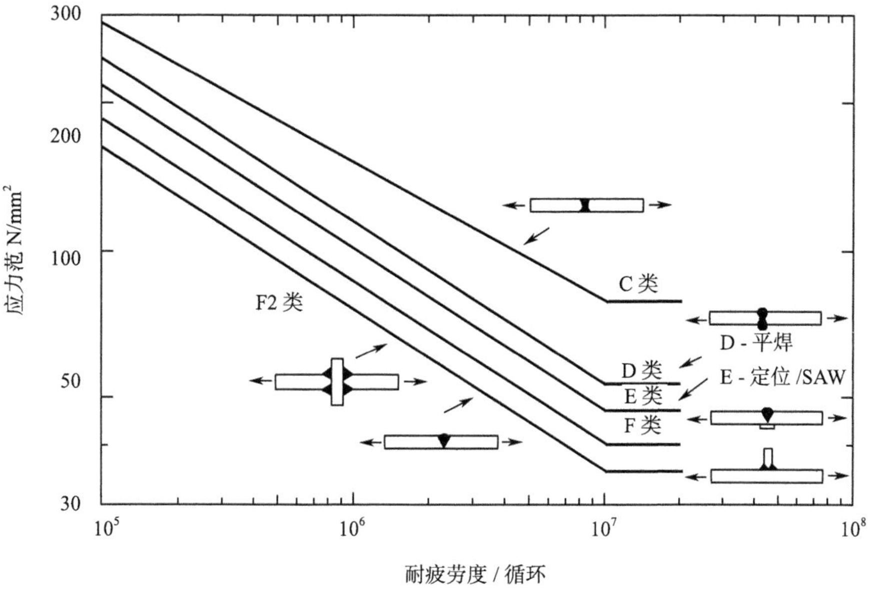

图 48-4　环形焊缝的疲劳设计 *S–N* 曲线 [1]

表 48-1 为管道设计和分析中的焊缝分类，经由 DNV-RP-C203 概述。对于管道内表面焊根处的应力集中点，采用不含应力集中系数（SCF）的 F1 或 F3 类 *S–N* 曲线，而对于管道外表面焊缝顶部的应力集中点，则采用含有应力集中系数的 D 类 *S–N* 曲线。DNV-RP-C203 标准含有在空气和海水中设置阴极保护的 *S–N* 曲线。海水中的 *S–N* 曲线通常应用于管道的外表面，而空气中的 *S–N* 曲线则应用于 ID 管道，因为管道的内表面与内部的流体产品完全接触。设计标准中也提供自然腐蚀（无防腐措施）的 *S–N* 曲线。一般也建议在管道设计和分析中采用 BS-7068 的 F2 类 *S–N* 曲线。

海底套管（PIP）系统可承受周期性热载荷作用下侧向屈曲所致的低循环疲劳损伤，并可承受涡致振动所致的高循环疲劳损伤。一般而言，套管系统的焊缝包括内管道上的对接焊缝及用于外管连接的分隔壳体或某种形式套管布置上的对接焊缝。应特别关注内管道内表面的疲劳评估，因其承受着生产的腐蚀环境，而外管道外表面则处在海水环境中。

选出 *S–N* 曲线的标准通常会给定公式，用以计算焊缝处管道错位所致的应力集中系数。应力范围应乘上一个适当的应力集中系数。对于酸腐蚀情形，应力范围应当在管道错位时乘上应力集中系数，而在酸腐蚀时则应乘上折减系数。

表 48-1　管道焊缝分类 [6]

描述		公差要求	S-N 曲线	厚度指数 k	SCF
焊接	几何形状和应力集中点				
单侧	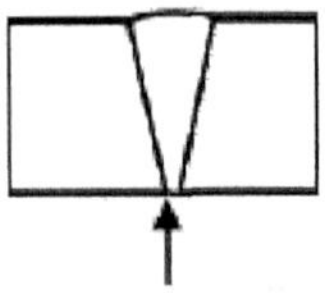 应力集中点	$\delta \leqslant \min(0.15t, 3\text{mm})$	F1	0.00	1.0
		$\delta > \min(0.15t, 3\text{mm})$	F3	0.00	1.0
垫板单侧	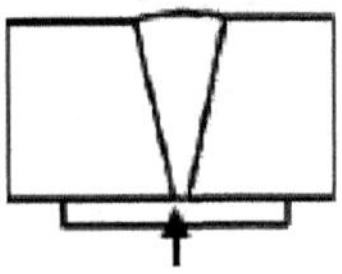 应力集中点	$\delta \leqslant \min(0.1t, 3\text{mm})$	F	0.00	1.0
		$\delta > \min(0.1t, 3\text{mm})$	F1	0.00	1.0
单侧	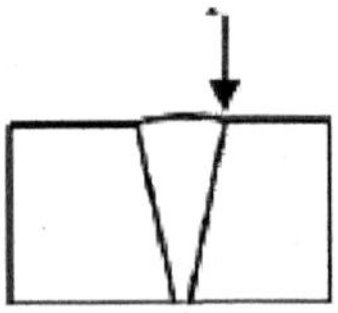 应力集中点	—	D	0.15	式（2.9.1）
双侧	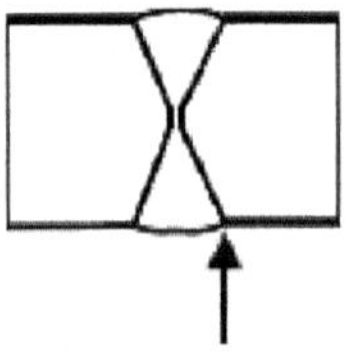 应力集中点	—	D	0.15	式（2.9.1）

48.2.4　疲劳损伤的控制因素

48.2.4.1　海水的影响

图 48-5 为钢材焊接结合部的 E 类 S–N 曲线实例，其在不同条件下的海水中运行，已广泛应用于立管环形焊缝。对于允许在海水中出现自然腐蚀的钢材，则通过设置约略系数 3 来降低疲劳寿命。海水中的阴极保护保存了空气条件下的钢材性能，但仅仅是在低应力下，而在高应力时则无裨益。从疲劳视角来看，阴极保护可能比高应力时的自然腐蚀更有害，因为出现了氢脆，尤其是在高强

度钢中。

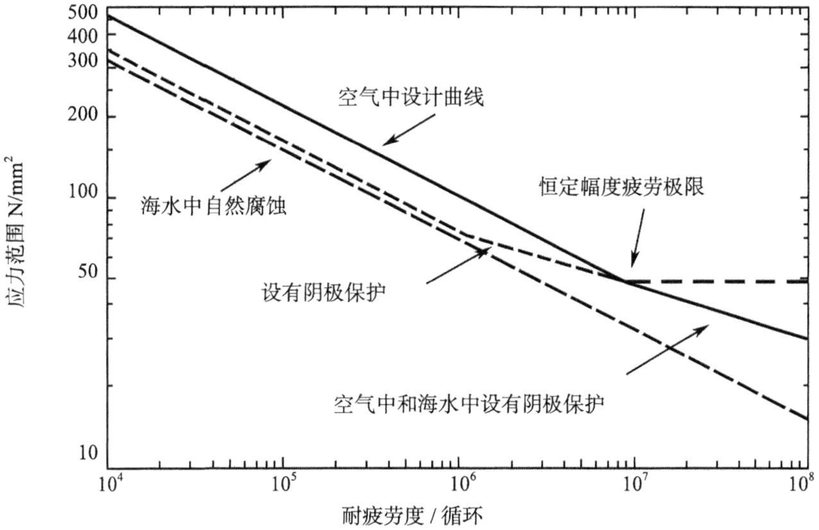

图 48-5　管材焊接结合部的 *S–N* 设计曲线 [7]

图 48-6 为海水中的 *S–N* 曲线与空气中的阴极保护之间的对比。当疲劳极限值大于 10^7 时，曲线为同一条直线，但是当疲劳极限值小于 10^7 时，则为同一应力范围。海水中含有阴极保护时的 *S–N* 曲线显示疲劳寿命较低。

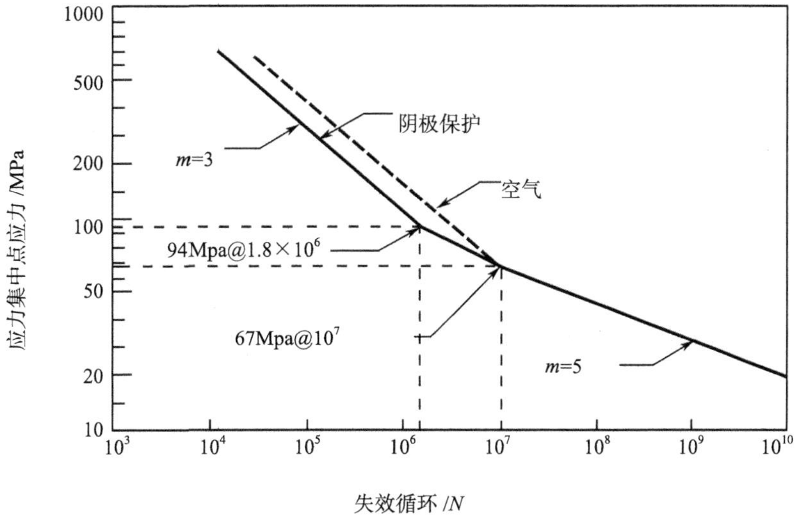

图 48-6　空气中和海水中的环形接合部的 *S–N* 曲线

48.2.4.2 壁厚的影响

对于超出上述参照厚度的材料厚度来说，应当通过采用壁厚与参照厚度之比来修正应力范围的方式而将下述厚度的影响应用于 S–N 曲线。

$$\log N = \log a - m \cdot \log\left[\Delta\sigma \cdot \left(\frac{t}{t_{\text{ref}}}\right)^k\right] \tag{48-3}$$

式中 m——S–N 曲线负的反转斜率；

$\log a$——$\log N$ 轴线的截距；

t_{ref}——非环形接合部的焊接接合的参照厚度 25mm。环形接合部的参照厚度——32mm；

t——管道的公称壁厚；$t = t_{\text{ref}}$ 时适用于小于 t_{ref} 的壁厚；

k——疲劳强度的厚度指数。（$k = 0.10$ 适用于从一侧完成的环形对接焊缝；$k = 0.25$ 适用于承受不同轴向应力的螺栓）。

48.2.4.3 应力集中系数

环形焊缝处的应力集中系数（SCF）产生于管道组装在一起时的几何错位情形。这些错位的组合影响导致产生局部的二次弯曲应力，并随着公称弯矩和轴向力穿过焊缝而加大了管段中的其他平面公称应力。图 48–7 为管道环形焊缝处的错位和扭曲变形类型。可直接对接合部进行 FE 分析，直接采用应变计测量或是采用参数研究的公式来取得应力集中系数。

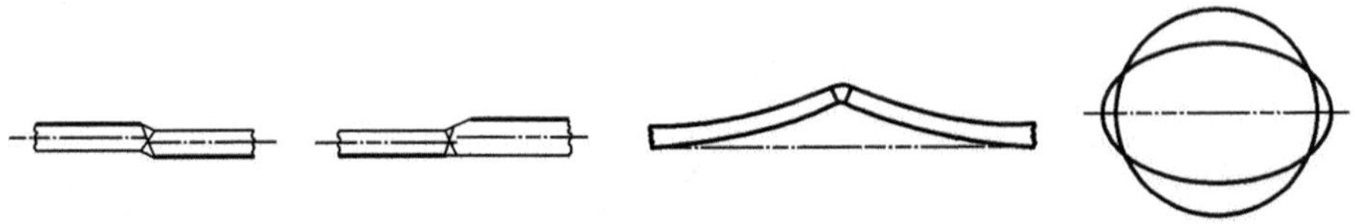

（a）错边　（b）环形扭曲变形　（c）椭圆度

图 48–7 错位和扭曲变形类型

局部轴向错位 e 所致的应力集中系数可由 Connelly[8] 进行估算。

$$SCF = 1.0 + 2.6\frac{e}{t_{\min}}\left[\frac{1}{1+0.7\left(\frac{t_{\text{thick}}}{t_{\text{thin}}}\right)^{1.4}}\right] \tag{48-4}$$

在该公式中，应力集中系数是薄壁管的最大表面应力除以薄壁管的横截面积，这里的轴向和局部弯曲应力均为附加应力。公式代表了错配管道 FE 分析所生成的数据点的平均拟合值。出现最大应力的位置点并非一定在管道的内表面上。当疲劳失效形成于焊缝的根部焊道时，应力集中系数可能略显保守。设计时，需对应力集中系数进行调整，以反映出管道 / 立管响应分析中所采用的公称厚度与出现应力集中系数处的实际厚度之差。

确定环形焊缝处应力集中系数的局部错位均可以尺寸公差为依据，其随管道尺寸和制造工艺的不同而变化。如图 48–8 所示，局部错位 e 一般可表示为局部失圆度 OOR 和匹配管壁厚 t_{thick} 和 t_{thin} 的函数

$$e = OOR + \frac{t_{\text{thick}} - t_{\text{thin}}}{2} \tag{48–5}$$

出于设计之目的，可通过假设最差可能错配系由壁厚公差和 OOR 确定，以取得最大偏心距 $e_{\max}$。

$$e_{\max} = OOR_{\max} + \frac{t_{\text{thick}} - t_{\text{thin}}}{2} \tag{48–6}$$

其中：

$$OOR_{\max}=OD_{\max}-OD_{\min} \tag{48–7}$$

$t_{\max}=t\cdot(1+\alpha/100)$ 和 $t_{\min}=t\cdot(1-\beta/100)$，其中 t 等于公称管壁厚度，α 和 β 分别等于大于和小于公称厚度的百分比。

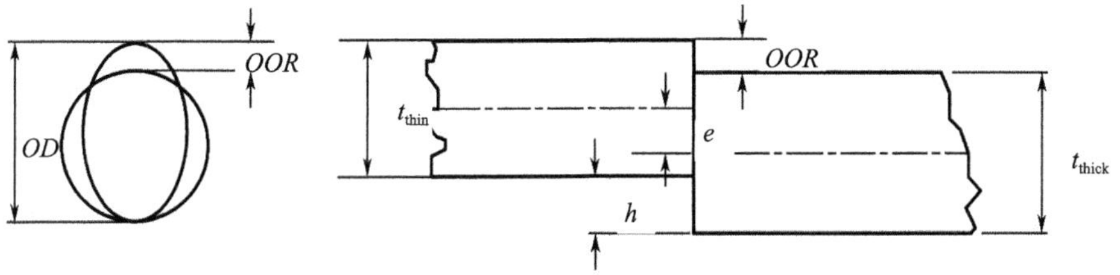

图 48–8　局部管壁厚度错配情形

对于非对称形状的焊缝坡口，应当涵盖因最大容许偏心距而出现的焊根应力集中情形。应力集中系数可基于下式进行评估[2]：

$$SCF = 1 + \frac{3\delta_{\text{m}}}{t} e^{-\sqrt{t/D}} \tag{48–8}$$

式中的符号如图 48–9 所示。这一应力集中系数亦可应用于焊趾的疲劳评估（见表 28.1）。应当将管道外部的公称应力用于外部的疲劳评估，而管道内部的公称应力则用于内部的疲劳评估。

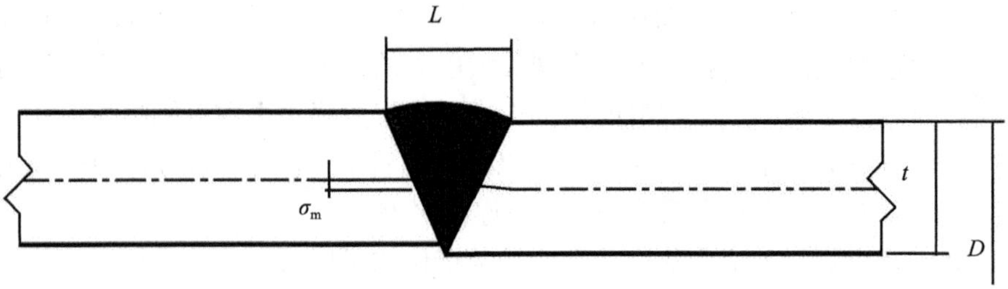

图 48-9　焊接界面的尺寸

对于焊接管道，一般正是其椭圆度控制着结果偏心距。因此，可以线性方式简单地添加公差的影响。对于无缝管则需明白，厚度公差对结果偏心距的影响是类似的。可如下求解结果公差，其有待应用于应力集中系数的计算，同时结合 $\delta_m = \delta_{Tot}$ 采用上式：

$$\delta_{Tot} = \sqrt{\delta_{thickness}^2 + \delta_{ovality}^2} \tag{48-9}$$

式中　$\delta_{thiekness}$——（$t_{max} - t_{min}$）/2；

$\delta_{ovality}$——$D_{max} - D_{min}$，如果管道得到支撑，就可在外侧某一点进行平焊；

$\delta_{ovality}$——（$D_{max} - D_{min}$）/2，如果管道在安装期间进行扶正；

$\delta_{ovality}$——（$D_{max} - D_{min}$）/4，如果管道在安装期间进行扶正，并旋转直至实现与周边良好吻合。

48.2.4.4　H_2S 的影响

如果碳氢化合物流体是非腐蚀性的，那么在空气中生成的疲劳试验数据就适用于管道中的环形焊根和 SCR。在此类环境下，可应用标准疲劳设计准则以及标准疲劳空气试验技术。焊帽通常须修整平滑以推进自动超声波检测（AUT），这也有利于疲劳强度，但比起焊根，焊帽很少受人关注，尽管它是在海水环境中运行。

当产品流体含有 H_2S、CO_2 和氯化物时，空气中所生成的疲劳数据则不再具有意义。如果生产过程中含有 H2S 和盐水，那么管道 / 立管则处在“酸性”环境下。图 48-10 为以应力范围 – 发生失效所需循环数曲线或 S–N 曲线绘制的耐疲劳度数据，如图所示为空心和实心钻石点。对于空气中的情形，中循环疲劳（ICF）机制中的酸性疲劳性能随着温和环境 B 而减退，后者的减退小于一个寿命数量级并小于随着较强酸性环境 A 而减退的程度，环境 A 的减退介于一到二个数量级之间。该图示也已表明，与试验所用的空气中寿命退化系数 10 至 100 相比，甚至在 H2S 浓度相对较低时对酸性环境疲劳的影响仍然非常明显。

实际的影响主要取决于特定环境、材料和应力水平，需要进行认定试验。

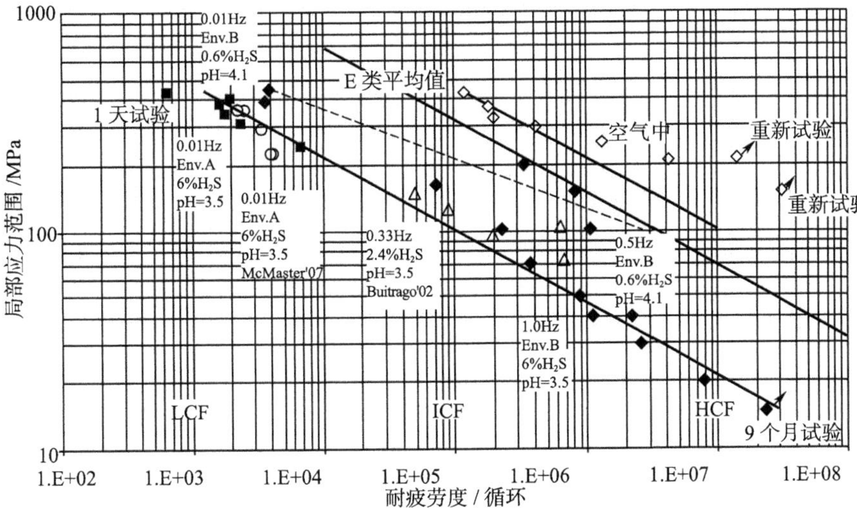

图 48-10　高循环疲劳（HCF）和低循环疲劳（LCF）的酸性耐疲劳度数据 [9]

在低循环疲劳（LCF）机制中，按照应力进行描述的 *S–N* 曲线的适用性似乎在约为 1000 次循环时受到材料屈服应力的限制。对于更短的寿命，则因应力范围较大而需要位移控制条件下的新数据。疲劳“击倒”系数则用于表述疲劳寿命的退化情形，同时含有酸性 / 盐水环境中的疲劳循环与实验空气中的循环之比。

对处在酸腐蚀环境中的管道和立管进行疲劳分析和设计时，将 *S–N* 曲线应用于单根管道出油管内径（*ID*）或套管的出油管内管内径时，应针对应力范围使用击倒系数。击倒系数的大小取决于生产产品中 H_2S 含量的多寡。当仅有中等壁厚的应力范围时，可直接将此类应力范围应用于计算管道内径的保守结果。对于管道外径（*OD*），应力范围可设置为中等壁厚的应力范围，系将其乘以系数 2*OD*/（*OD*+*ID*）而得，属于保守结果。

48.2.4.5　CO_2 的影响

在经由“无硫”条件下的某些管道运送的产品中，其他具有潜在害处的环境则因 CO_2 和盐水而起。图 48-11 为空气中和无硫环境下耐疲劳度的试验数据概述。可以看出，除了一个之外，所有的数据均落在取自 BS7608[1] 的 E 类曲线平均值的右边。0.2Hz 处的耐疲劳度超过了系数约为 8 的空气中的数据。频率增强一个数量级时，将改变 300MPa 时的环境影响，因此耐疲劳度变为系数 2，低于空气中的结果。

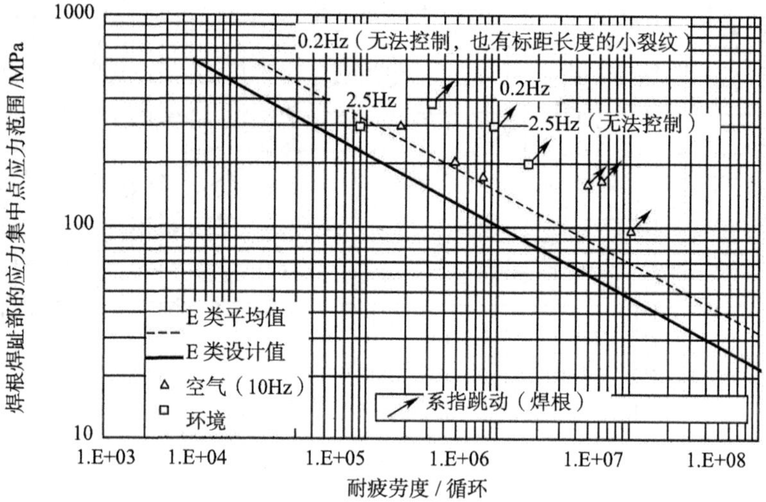

图 48-11 无硫环境下的耐疲劳度数据 [10]

耐疲劳度的增强确信是因为材料受一般腐蚀而被移除与疲劳裂纹扩展速度之间不可调和之故，从而使疲劳裂纹的扩展在强腐蚀条件下受到遏制。耐疲劳度的减弱则相信是裂纹端消解之故。

48.2.5 提高疲劳寿命的技术

对于焊接接合部，可通过一系列方法改进疲劳性能，包括焊趾的控制打磨、锤击或焊接外形控制等，以产生平滑的凹入型外观，并与母体金属平滑融合。去除焊趾缺陷或减小其尺寸的目的在于扩大疲劳寿命中的裂纹形成阶段。下述两种典型的方法均用于降低焊缝部位的局部应力：

- 打磨；
- 通过氩弧熔修（钨极隋性气体）进行再熔化。

1. 降低应力集中

打磨的主要目的是去除焊趾缺陷或减小其尺寸，同时也降低局部应力集中。打磨的质量取决于操作员的技能水平。

2. 引入有益的压缩残余应力

氩弧熔修的目的在于通过再熔化焊趾处的材料来去除焊趾缺陷，以降低局部焊趾部位的局部应力集中。通过下述方法在压缩时夹紧焊趾：

- 锤击和针击；
- 超声冲击处理（UIT）；
- 低温变换电极（LTT）。

疲劳寿命技术还包括：

- 减少下述所致的轴向错位：
  - 内表面上的管道接合壁高 / 低错配，尤其是采用管端加工或分类工艺的 0.5mm 水平；
  - 邻近管道的壁厚变化；
- 焊帽打磨以去除焊帽。

48.2.6　基于 $\Delta\varepsilon$–N 曲线的疲劳评估

可根据美国焊接协会（AWS）标准 $\Delta\varepsilon$–N 曲线对应变失效循环的次数进行评估，其中的 N 为周期性弯曲应变 $\Delta\varepsilon$ 范围的函数。$\Delta\varepsilon$–N 曲线表示如下：

$$\text{对于 } \Delta\varepsilon \geqslant 0.002 \qquad \Delta\varepsilon = 0.055N^{-0.4} \tag{48-10}$$

和

$$\text{对于 } \Delta\varepsilon \leqslant 0.002 \qquad \Delta\varepsilon = 0.016N^{-0.25} \tag{48-11}$$

上述两部分曲线的依据为邻近焊缝的应变范围，包括应变的几何集中，但不包括焊帽、根部或焊接缺陷所致的应变集中。应变范围 $\Delta\varepsilon$ 是应变变化的总幅度，也即周期性加载期间焊缝附近的管道上所出现的最大应变减去最小应变。

屈曲所致的局部应变集中需包含在 $\Delta\varepsilon$ 之中，以顾及循环内压缩阶段所出现的屈曲。可以预计，当屈曲所产生的应变集中足够大时，会严重减少疲劳循环的容许次数。

48.3　断　　裂

48.3.1　概述

根据材料的塑性变形，现将两种断裂模型定义为延性或脆性断裂。延性断裂具有在裂纹出现之前呈扩展式塑性变形的特征，这样的裂纹对于后续扩展而言是“稳定的”，除非所施加的应力变大。另一方面，脆性断裂的特征在于塑性变形相对甚少，其裂纹是“非稳定的”且在不加大所施加的应力时扩展迅速。图 48-12 为脆性和延性材料的典型拉伸试样及其应力 - 应变曲线。失效之前的显著收缩出现在延性材料上，但脆性断裂表面无收缩。

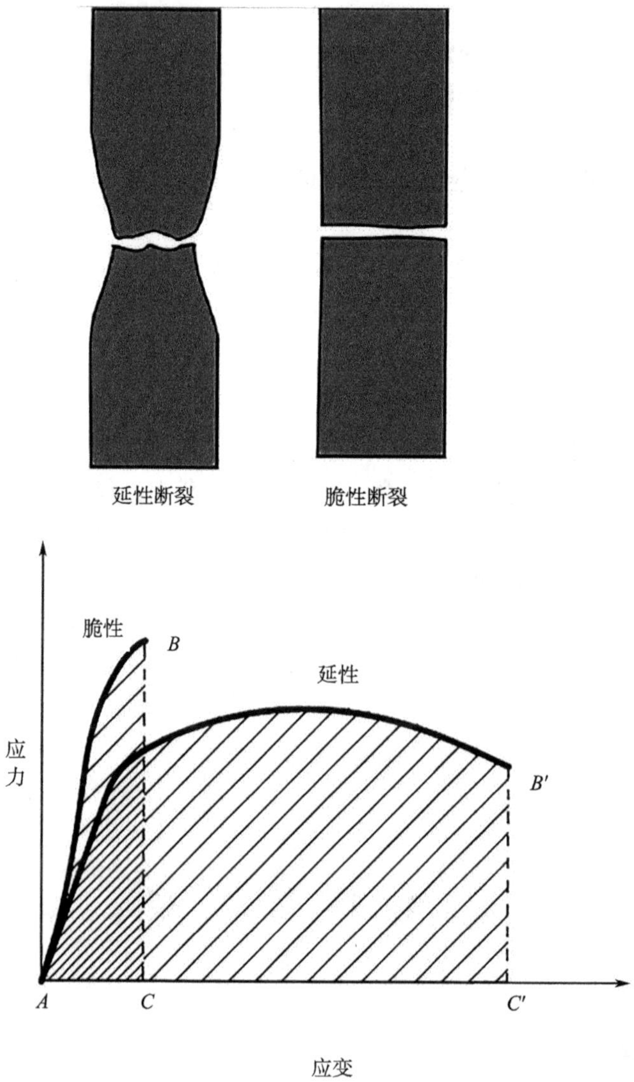

图 48-12　脆性和延性材料的应力和应变曲线

图 48-13 为拉伸试样在延性断裂时的典型失效程序。大多数金属都会出现

延性断裂，而脆性断裂通常会出现在陶瓷、冰和低温金属上。对于管道钢，延性特性更为可取。脆性或延性断裂特性所致的管道失效情形随疲劳损伤的加大而更为严重。在大多数运行应力水平下，缺陷都可使管道发生断裂，此时的损伤多由外力、焊接、腐蚀、材料损伤和环境条件导致。当作用于管道损伤的应力超出了断裂形成公差并达到临界值，而该临界值却超出了管道所能承受的物理、材料性能及运行条件的极限，此时即发生断裂。

（a）收缩　（b）形成空腔　（c）形成裂纹　（d）裂纹扩展　（e）断裂

图 48–13　延性断裂的失效程序

可将断裂力学分析用于制定缺陷接受准则，以限制管道疲劳损伤。假定管道的缺陷是固有的，那么断裂力学可用于表征疲劳裂纹的扩展情形。疲劳寿命的根据是从初始缺陷扩展至临界值。断裂力学分析的主要步骤包括：

- 假定初始缺陷尺寸基于检查能力而定；
- 裂纹扩展数据与材料相关；
- 针对相关的部件疲劳试验结果来校正裂纹扩展模型；
- 工程关键性评估分析（ECA）：
  - 动态应力分析；
  - 缺陷临界尺寸计算；
  - 容许缺陷尺寸定义；
  - 疲劳裂纹扩展计算；
  - 疲劳寿命计算；
- 分段试验；
- 分段试验与 ECA 结果比较；
- 确定接受准则。

断裂力学分析的强大用处不仅在于控制疲劳极限裂纹，而且还在于为选择合适的焊接检验技术以及减少需割除和替换的焊缝数量提供指导。

48.3.2 裂纹形成和扩展

图 48–14 为延性材料因疲劳所致的断裂表面。一种材料因断裂导致失效的步骤可分为三步：

- 裂纹形成：在这一阶段出现初始裂纹。裂纹可能是由表面刮伤（搬迁或加工材料时所致）、螺纹（如在螺钉或螺栓内）、滑移带或位错（与表面相交，是前期周期性加载或加工硬化的结果）造成的。
- 裂纹扩展：在这一阶段，裂纹作为持续施加应力的结果继续扩展。
- 破裂失效：当材料无法承受所施加的应力时就发生灾难性的破裂现象。这一阶段来得非常迅速。

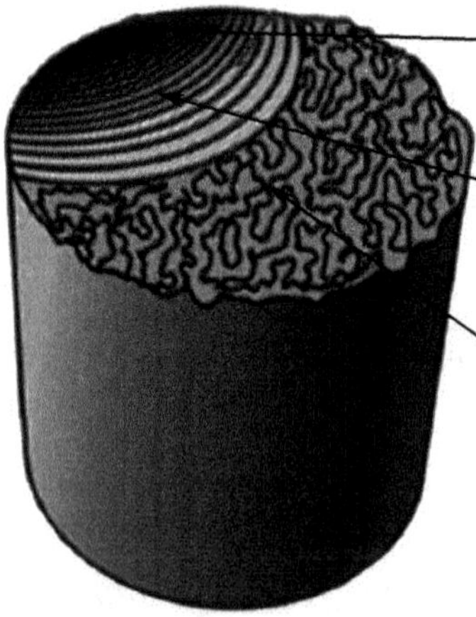

图 48–14　疲劳所致的断裂表面

与断裂相关的材料疲劳寿命由裂纹形成和扩展阶段构成，表示如下：

$$N_f=N_i+N_p \tag{48–12}$$

式中：N_i 为形成断裂的循环次数，N_p 为扩展至失效的循环次数。对于高循环疲劳或低应力范围水平，整个寿命的多数时间均在于形成裂纹且 N_i 较高，而低循环疲劳或高应力范围水平则以裂纹扩展步骤为主。

48.3.3 断裂韧性

有 3 种与载荷方向相关的裂纹端变形基本模型，如图 48–15 所示，即开口式（模式 I）、面内剪切（模式 II）和面外剪切（模式 III）。模式 I 是裂纹面垂直于最大拉伸加载方向的情形。这是最常见的模式；因此模式 I 的应力强度系数 K_I 被用于断裂评估。

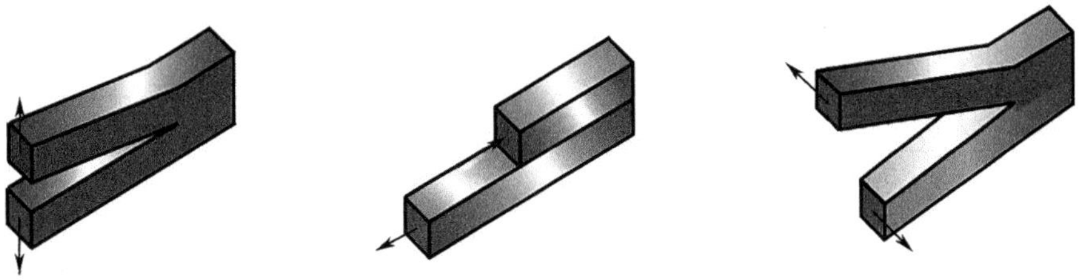

模式 I　　模式 II　　模式 III

图 48–15　裂纹的加载模式

可以认为，应力强度系数是基于应力而对断裂韧性所给出的估计值。源自于失效时施加作用力所决定的函数。应力强度系数 K 是加载、裂纹大小和结构几何的函数。应力强度系数可用下式表示：

$$K_I = \sigma\sqrt{\pi\alpha\beta} \tag{48-13}$$

式中　K_I——应力强度系数，单位 $MPa\sqrt{m}$ 或 $psi\sqrt{in}$；

σ——所施加的应力，单位 MPa 或 psi；

a——裂纹长度，单位 m 或 in；

β——裂纹长度和部件几何系数，每种试样均不同且无量纲。

应力强度系数被用于确定多数材料的断裂韧性。当应力强度系数达到某一临界值（K_C）时，出现不稳定断裂。应力强度系数的这一临界值被称为材料的“断裂韧性”。只有当屈服应力可以被认为是所施加应力的极限值时，断裂韧性方可被认为是应力强度的极限值。

断裂韧性是裂纹出现时材料对脆性断裂的抗力的量化表示方式。如果材料的断裂韧性值较大，它将有可能承受延性断裂。脆性断裂非常适于表征具有低断裂韧性值的材料。所选材料的断裂韧性 K_{IC} 如表 48–2 所示。

表 48–2　所选材料的断裂韧性 K_{IC}[11]

材料	断裂韧性		
	夏比 V 缺口韧性值 [ft · lbs]	裂纹端张开位移（CTOD）/mm	$K_{IC}/ksi\sqrt{in}$
玻璃	<1	<0.01	1~5
铝	5~25	0.1~0.6	20~25

表 48-2（续）

材料	断裂韧性		
	夏比 V 缺口韧性值 [ft · lbs]	裂纹端张开位移（CTOD）/mm	K_{IC}/ksi $\sqrt{in}$
钛	10~50	0.1~0.7	60~100
铸铁	10~30	0.1~0.5	30~90
钢	40~250	0.05~2.0	100~250

断裂韧性取决于温度和试样厚度，其在达到极限状态（最大约束）前均为变量。断裂韧性是用于表示既有缺陷扩展所需应力的一个参数。它是最为重要的材料性能，因为在加工、制作或使用材料或部件时产生缺陷并不是完全可避免的。材料中的缺陷可以裂纹、孔隙、冶金夹杂物、焊缝损伤和其他形式出现。常见的做法是假定某些所选大小的缺陷将出现在一些部件上，于是采用线性弹性断裂力学（LEFM）法来设计关键部件。这一方法采用缺陷尺寸和特性、部件几何形状、加载条件和断裂韧性来评估含缺陷部件对断裂的承载力。

48.3.3.1 裂纹端张开位移

裂纹端张开位移（CTOD）试验是对材料的裂纹扩展抗力进行测定。裂纹端张开位移法被用于那些在失效前会出现某些塑性变形的材料，其导致裂纹端呈张开式延伸。精确测定这一位移是本试验的精髓之一。

裂纹端张开位移法有两个常见定义，如图 48-16 所示。

（1）原有裂纹端的张开位移 δ。

（2）位移 δ，与裂纹侧翼相交呈 90° 顶角。

如果裂纹在半圆内变钝，那么这两个定义等效。

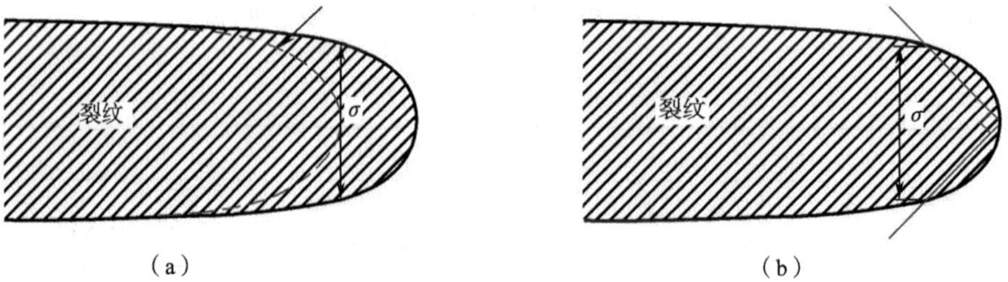

图 48-16 裂纹端张开位移法定义

对三点弯曲试样边缘上的裂纹采用裂纹端张开位移法。如图 48-17 所示，经测定的裂纹端张开位移（CTOD）表示为 m，通常出现在试样边缘附近，易于查看，而实际的裂纹端张开位移（CTOD）则表示为 a，是裂纹长度，b 是试样剩余部分长度。裂纹端张开位移可从两个相似三角形的简单几何形状进行计算：

$$CTOD=\frac{\rho b}{a+\rho b}CTOD_m \text{ 或 } \delta=\frac{\rho b}{a+\rho b}\Delta \tag{48-14}$$

式中：ρ 是无量纲旋转系数，用于定位铰的中心。

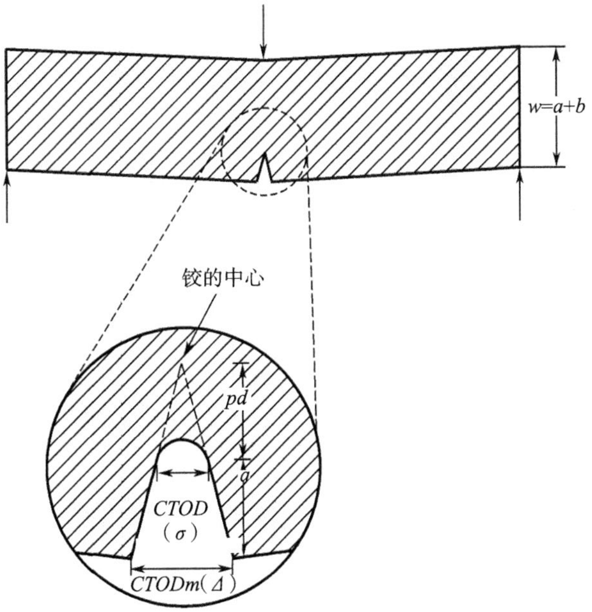

图 48-17　从三点弯曲试样中测定裂纹端张开位移

48.3.3.2　J 积分

J 积分是一种用于计算材料中应变能量的释放率或单位断裂表面面积的功（能）的方法。J 积分的理论概念系由 James R. Rice 和 G. P. Cherepanov 于 20 世纪 60 年代中期独立发展而成。J 总积分的计算需独立考虑弹性项和塑性项，当延性裂纹扩展规模小于 10% 的初始剩余韧性时可表示如下：

$$J=J_e+J_p \cong J_e+J_{p0} \tag{48-15}$$

式中　J_e——J 积分的弹性项；

J_p——J 积分的塑性项；

J_{p0}——J 积分的塑性项，不含裂纹扩展修正在内。

通过下式将 J 积分的弹性项与应力强度系数 K 直接关联[5]：

$$J_e = K^2/E' \tag{48-16}$$

式中：$E'=E$ 表示平面应力（E 为杨氏模量），$E'=E/(1-\nu^2)$ 表示平面应变。J 积分的塑性项则通过施加于裂纹试样的塑性功进行计算：

$$J_P = \frac{\eta_p U_P}{B(W-a_0)} \tag{48-17}$$

式中 η_p——几何形状的无量纲函数；

U_p——载荷与 CMOD 曲线下部面积的塑性项；

B——试样宽度；

$W-a_0$——剩余韧性；

a_0——初始裂纹长度[5]。

48.3.3.3 J 积分与裂纹端张开位移之比较

在英国，裂纹端张开位移（CTOD）主要用于焊接结构的断裂分析，起始于 20 世纪 60 年代后期因北海开发石油资源之故；而在美国，结合 J 积分的断裂研究主要由核能工业于 20 世纪 70 年代期间所驱动。J 积分与裂纹端张开位移均为断裂韧性的参数，在下式中彼此关联：

$$J = m\sigma_y CTOD \tag{48-18}$$

式中 m——塑性约束系数；

σ_y——屈服应力。

塑性约束系数 m 是一个经验参数，系由 ASTM 基于裂纹深度 a 与厚度 W 之比及屈服强度与极限强度 σ_u 之比进行定义：

$$m = -0.111 + 0.817\frac{a}{W} + 1.36\frac{\sigma_u}{\sigma_y} \tag{48-19}$$

可以认为，裂纹端张开位移是基于应变而对断裂韧性所给出的估计值。然而，它可分为弹性项和塑性项。裂纹端张开位移的弹性项源自于应力强度系数 K。其塑性项则源自于裂纹嘴张开位移。与裂纹端张开位移一样，J 的弹性项的基础是 K，而塑性项则源自于力－位移曲线下方的塑性面积。

48.3.3.4 断裂韧性试验[12]

断裂韧性是基于断裂力学的适用性评估的关键输入参数。它已成为弯曲条件下对管道试样进行试验的确定做法，旨在取得断裂韧性值，以通过工程关键性评估（ECA）的各种等级计算临界损伤尺寸。尽管断裂韧性有时可取自文献资料或材料性能数据，但是对有待评估的特殊材料和接合部来说，通过试验进行确定是更为可取的。虽然会有不同的断裂韧性测量值，但更值得以精确的方式根据 K、裂纹端张开位移或 J 来确定断裂韧性。

大多数广为使用的断裂韧性试验配置为：

（1）单边缺口弯曲（SENB 或三点弯曲）；

（2）紧凑（CT）试样；

（3）单边缺口张力（SENT）试样（见图 48–18）。

紧凑试样的优点在于其所需材料较少，但加工较为昂贵且与 SENB 试样相比试验更为复杂。也就是说需要满足温度控制的特殊要求。SENB 试样一般浸没在低温试验池内。尽管紧凑试样被加载张力，但裂纹端状态还是以弯曲为主。如果可用材料有限，则可以通过为装载臂在材料试样上焊接延伸块来制作 SENB 试样。

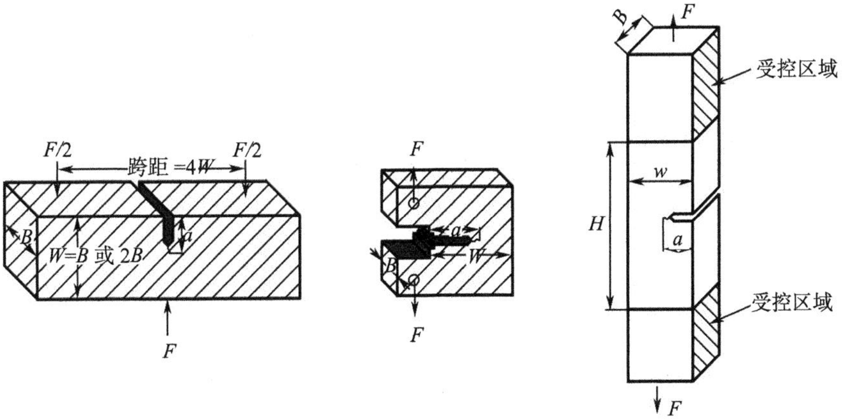

（a）SENB 试样　（b）紧凑试样　（c）SENT 试样

图 48–18　断裂试样常见类型实例

尽管诸如 K、裂纹端张开位移或 J 积分的断裂韧性常被用于描述材料的抗裂强度，但是裂纹端应力三轴的大小也影响着抗裂强度，正如裂纹端的应力和应变状态不完全仅表征断裂韧性一样。裂纹端约束较大的试样通常与裂纹端的高应力三轴相关联。裂纹端约束可表示为用于扩张各向同性对称的线性弹性裂纹端应力场的 T 应力，或是弹性 – 塑性裂纹端应力场的 Q 参数。

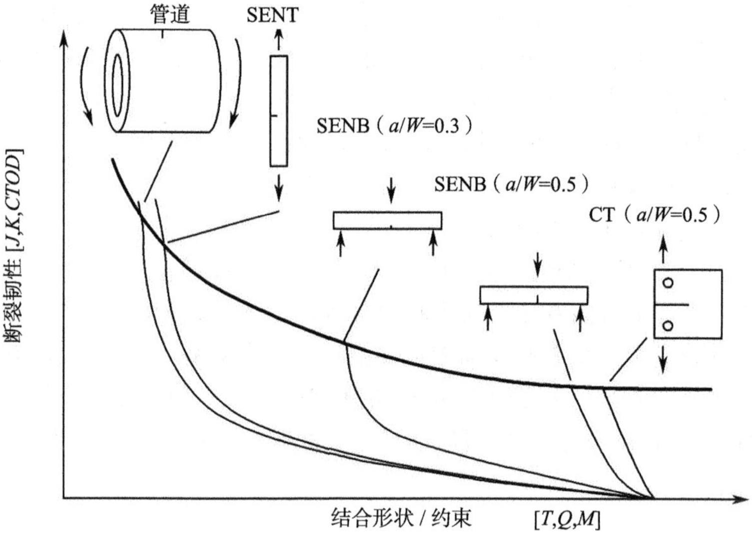

图 48-19　与试样几何形状相关的材料抗力 [13]

图 48-19 所示为材料抗裂强度与试样几何形状的关系。断裂韧性明显取决于几何形状和加载条件。粗线表示断裂韧性，例如材料性能，而细线则表示所施加的裂纹驱动力。当所施加的力超过材料抗力时，预计结构物将发生断裂。承受弯曲载荷的管道亦如图所示。管道几何形状一般所呈现的约束远小于断裂力学 SENB 试样。

SENB 和紧凑试样均有深度裂纹，非裂纹韧性处的变形以弯曲为主，其结果导致裂纹端的约束较大。针对 SENB 和紧凑试样的断裂韧性试验，可为具有相似加载条件和裂纹端约束的工程结构合理评估抗裂强度，但不适用于卷管过程中的管道。在管道卷绕 / 退绕过程中，环形焊缝的加载主要是弯曲和张力。另外，环形焊缝的典型裂纹尺寸一般远小于管壁厚度。上述状况所致的裂纹端约束小于深度裂纹试样的约束。因此，SENB 和紧凑试样的试验结果对管道卷绕工艺的评估过于保守。SENT 试样会形成相似的变形特征和裂纹端约束条件，这是管道在安装和运行期间存在的。图 48-20 为相关试验条件下断裂分析结果的比较。管道与 SENT 试样之间的裂纹端上的变形场和开口应力非常相似。SENT 试样尚未被证明符合运行条件，因为有关内部压力影响的信息有限。但是，SINTEF 的结果表明，内部压力不对延性材料的断裂韧性产生影响，这意味着 SENT 试样可用于确定运行条件下的断裂性能 [14]。

SENT 试样需以张力形式加载，最大净截面应力可直接根据试样测定。这种净截面应力可用作工程关键性分析（ECA）中的塑性压溃极限值。

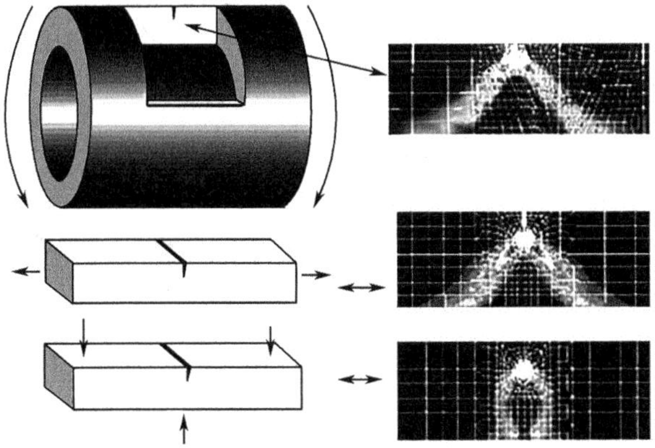

图 48-20　相关试验条件的分析结果比较 [13]

48.3.4　疲劳裂纹扩展

裂纹扩展的速率在确定材料寿命时具有明显的重要意义。图 48-21 所示为疲劳裂纹扩展的典型 log-log 图，其中的裂纹扩展三阶段 I、II、III 可表示如下：

• 阶段 I（接近阈值）：低于 ΔK 阈值时从无扩展过度到有限裂纹扩展速率。该阈值表示疲劳极限；

• 阶段 II（Paris 机制）："幂律"取决于 ΔK 时的裂纹扩展速率；

• 阶段 III（快速断裂）：扩展速率的加速度 ΔK。

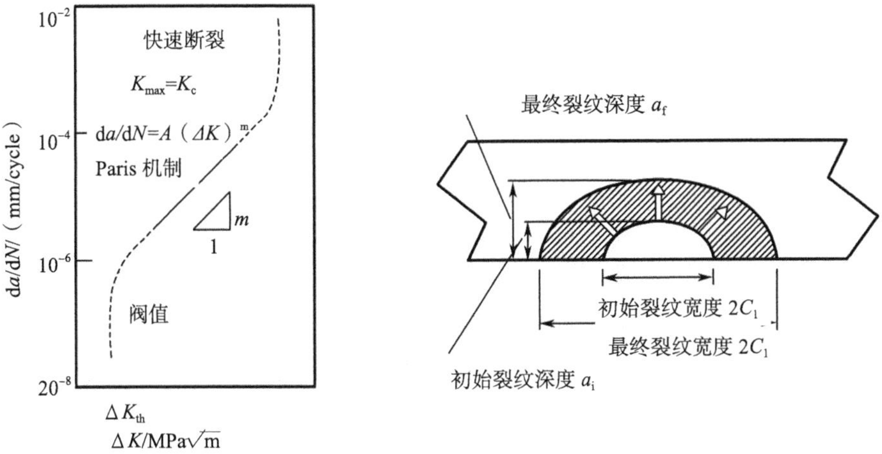

图 48-21　断裂裂纹扩展曲线

裂纹的扩展发生在断裂失效的第二步。当裂纹开始扩展时，裂纹的尺寸也开始变大。裂纹持续扩展的速率取决于所施加的应力水平。裂纹扩展的速率可表示为 Paris 准则，其说明 da/dN 与 ΔK 呈幂律关系。

$$da/dN=A(\Delta K)^{m} \quad (48-20)$$

式中：A 和 m 均为材料性能参数，da 为裂纹长度的变化，dN 为循环次数的变化。$m\approx3$ 表示钢材；$m\approx4$ 表示铝材。ΔK 为应力强度系数的变化或由下式表述：

$$\Delta K = K_{max} - K_{min} = Y\Delta\sigma\sqrt{\pi a} \quad (48-21)$$

应力强度系数 K 源自于线性弹性断裂力学。这一参数用于描述裂纹端之前的应力、应变和位移的幅度。 移动 Y 移动疲劳裂纹的速率 da/dN 系从试验所生成的 a 与 N 曲线中发现。BS7910 （1999）[15] 提供了 Paris 准则的建议性数值，应适用于疲劳分析。从试验中取得的材料特性数据相对价廉物美，可用于替代整理好的数据。

如果利用了理想化的应力强度系数解决方案来替代对实际几何形状进行的有限元断裂力学分析，例如平滑板解决方案，那么相关的应力集中系数则应当用于应力范围，以顾及因局部焊缝几何形状、管道错配等所致的应力加大情形。

48.3.5 工程临界评估

48.3.5.1 概述

工程关键性评估（ECA）是一种基于断裂力学的方法，其可用作传统疲劳 S–N 法的补充并确定管道和立管疲劳与断裂设计中的缺陷接受和检验准则。与传统的工艺接受准则相比，这是一种用于环形焊缝检验的可选接受准则。工程关键性评估要求焊缝检验的技术更先进、焊缝材料的强度和韧性更高、焊接控制更严格。工程关键性评估是一种基于断裂力学的分析法，对此要么接受缺陷要么拒绝。分析的基本理念是以缺陷尺寸、力学性能、材料韧性和所施加的应力之间的关系为依据。工程关键性评估分析法将确保，经由缺陷评估图（FAD）计算所得的缺陷尺寸极限值从脆性断裂和塑性压溃视角出发是可接受的，而该图定义了在给定缺陷、应力、材料强度和裂纹端张开位移时不会发生不稳定断裂的边界条件。缺陷尺寸和位置均经过试验，且源自于实际待焊接材料的无损检测。在缺陷评估中，工程关键性评估法通常并不比传统准则保守，可明显降低焊缝的废品率。在管道环形焊缝检验时采用工程关键性评估接受准则，可通过使不必要的修理最少化而明显降低建造输送管道的成本。

工程关键性评估法主要用于基于应变的设计，以设定检验时可接受的缺陷尺寸。基于对脆性和延性断裂及塑性压溃的工程理解，该方法用于环形焊缝和接缝焊接区域。工程关键性评估法也适用于“适用性”或“结构完整性”。工程关键性评估的主要目标是为了确定一种设备或结构物的可靠性是否足以满足它所倾向的运行要求。管道中的裂纹评估是完整性管理计划的重要领域之一。例如，在采用自动化超声波检测（AUT）的管道检验行业内，关键是要分析焊缝以确定是否会有缩短管道运行寿命的任何损伤。

工程关键性评估一般采用行业内认可的做法进行，如 EPRI 法、裂纹端张开位移法，或更多的严格分析法如 R–6 法。管道 / 立管一般采用 BS7910 标准[15]进行评估，其允许材料截面性能从脆性断裂变化至塑性压溃。然而，具有较好延性的最现代材料其通常最能表现为非线性断裂力学特点，并需要采用失效评估图（FAD）法进行处理。

48.3.5.2　工程关键性评估程序

有许多工业标准为工程关键性评估分析法的实施提供指南。BS 7910“金属结构物缺陷的可接受性评估法指南”[1]和 API–RP–579“适用性推荐规程”[17]是油气业内的代表性标准。符合 BS 7910 的分析程序概述如下：

- 确定极端和长期载荷；
- 执行断裂分析，以确定最大容许缺陷尺寸；
- 选择小型的初始缺陷尺寸，分析其疲劳裂纹扩展情况，以确定基于长期载荷数据的寿命；
- 迭代式改变初始缺陷尺寸并重复分析缺陷扩展情况，直至达到目标设计寿命；
- 重复一系列缺陷的长宽比，以确定最大可接受缺陷尺寸的分布情况；
- 重复内外表面缺陷和深埋缺陷；
- 编制或确认接受准则。

图 48–22 为容许缺陷尺寸的实例，该图以容许缺陷尺寸作为高度和长度的函数。容许缺陷尺寸系通过采用工程关键性评估法的结果和无损检测设备的敏感性而获得，后者被用于确定缺陷尺寸。当焊缝接受准则得以定义或确认时，方可对此进行应用。如图所示的容许缺陷尺寸系通过假定无损检测（安全系数为 2.0）的缺陷深度探测公差为 ±0.5 mm（0.02 in）而获得。

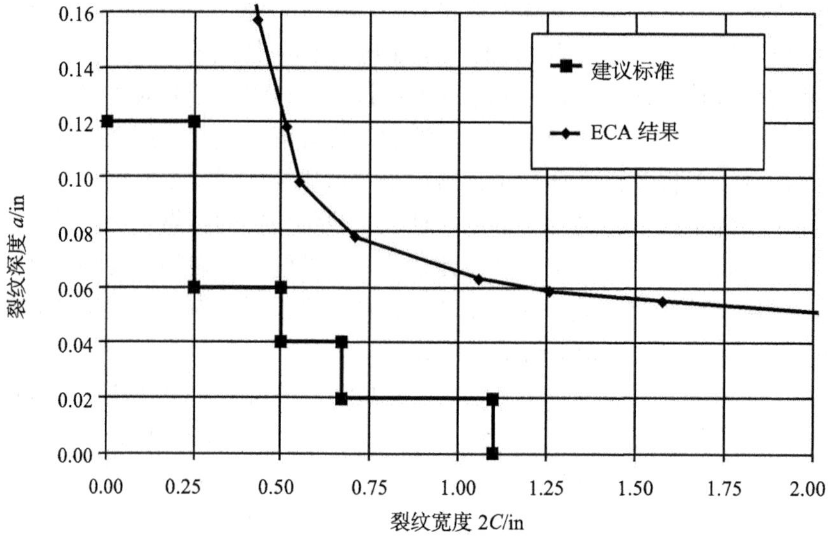

图 48–22　源自工程关键性评估法的容许缺陷尺寸和最大容许缺陷 [11]

48.3.5.3　缺陷类型

可在工程关键性评估法中予以考虑的缺陷类型被分类为表面、深埋和全厚度缺陷。表面缺陷出现在焊接管道 / 立管接合部的内表面或外表面上，分别被定义为内表面缺陷或外表面缺陷。缺陷尺寸与 BS 7910 相符，如图 48–23 所示。

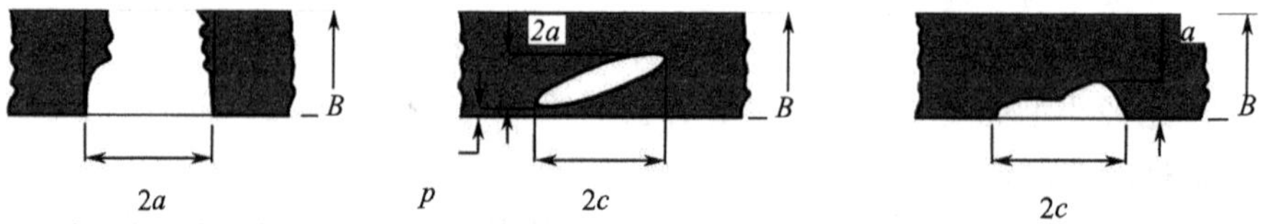

（a）全厚度缺陷要求尺寸：2a、B　（b）深埋缺陷要求尺寸：2c、p、2a、B　（c）表面缺陷要求尺寸：a、2c、B

图 48–23　缺陷构形 [16]

周向裂纹系由轴向应力所驱动，而轴向裂纹则由环向应力所驱动。一般而言，表面缺陷导致产生最大容许缺陷尺寸，其与深埋缺陷和内表面缺陷相比尺寸较小。这主要是因为与承受弯曲载荷作用的内表面相比在外表面上出现较大的应力之故。

48.3.5.4　接受准则

工程关键性评估法的目的是为了确定与特定运行加载历史相关的表面破裂和深埋缺陷的临界特性。其确定了经容许的临界缺陷尺寸，即超过该尺寸时管

道 / 立管因裂纹扩展和 / 或断裂而提前失效。

须将源自于工程关键性评估法的临界缺陷尺寸作为标准纳入到无损检测接受准则项目中，从而使无损检测承包方能够校正规定的无损检测技术并保持该系统在整个项目期间具有连续性。对于所考虑的每一种缺陷类型，均有不同的尺寸极限值，因此必须考虑到与每一种缺陷类型的探测相关的敏感性，以便对可接受的极限缺陷尺寸进行定义。

所选择的无损检测技术必须具备使可探测缺陷的大小实现量化的能力，以便与经由工程关键性评估法所确定的临界缺陷进行比较。缺陷大于临界缺陷尺寸可能预示着，焊接接合部并没有达到所希望的标准，需进行修理或割除。

48.3.6　失效评估图

采用具有充分韧性的材料制造而成的结构物可能容易受到脆性断裂的影响，但若过载时会以塑性压溃形式失效。API RP579[16]、BS7910[15] 和 R–6 法 [17] 均对如何评估焊接结构物中的损伤可承受性给出了指南，这里的依据是失效评估图（FAD）法。失效评估图法最初源自于双标准方法 [6]。这一方法说明结构物因两种机制即脆性断裂或塑性压溃而失效，而且这两种机制通过带状屈服模式的插值曲线连接在一起。失效评估图法现已被广泛接受并应用于金属结构物中所发现的损伤情况。失效评估图法对承受脆性断裂与塑性压溃相互作用的裂纹的失效包络线给出了定义。

图 48–24 为以 L_r 和 K_r 绘制成的典型失效评估图，其中 L_r 为载荷比，定义为所施加载荷（P）与参照载荷（P_0）之比；K_r 为断裂比，定义为所施加应力强度系数（K_I）与材料的临界应力强度系数（K_{mat}）之比。当评估点低于失效评估图法包络线时，裂纹稳定；否则，裂纹扩展呈不稳定。

失效评估图的初始形状适用于小规模屈服加载条件下的线性弹性变形。在失效评估图的带状屈服模型中，参照载荷是该材料的屈服强度。失效评估图更为常用的通式系由许多作者采用 J 积分绘制而成。基于 J 积分的失效评估图已应用于 Ramberg–Osgood 材料，其数值基于变形塑性，或者应用于其他基于增量塑性的弹性 – 塑性材料。对于延性材料，失效评估图的断裂比被定为所施加的 J_I 与 $J–R$ 曲线值之比。工程关键性评估水平 2 中基于 K 的失效评估图或者工程关键性评估水平 3 中基于 J 的失效评估图确定了疲劳裂纹的临界缺陷尺寸。

BS 7910 包括三种评估水平，其随着分析复杂性的增加而不同，同时较高水平的结果较不保守。

- 水平 1——简化评估；

• 水平 2——正常评估，包含生成2A和生成2B的失效评估图，前者对应力-应变数据不作要求；

• 水平 3——延性撕裂评估。

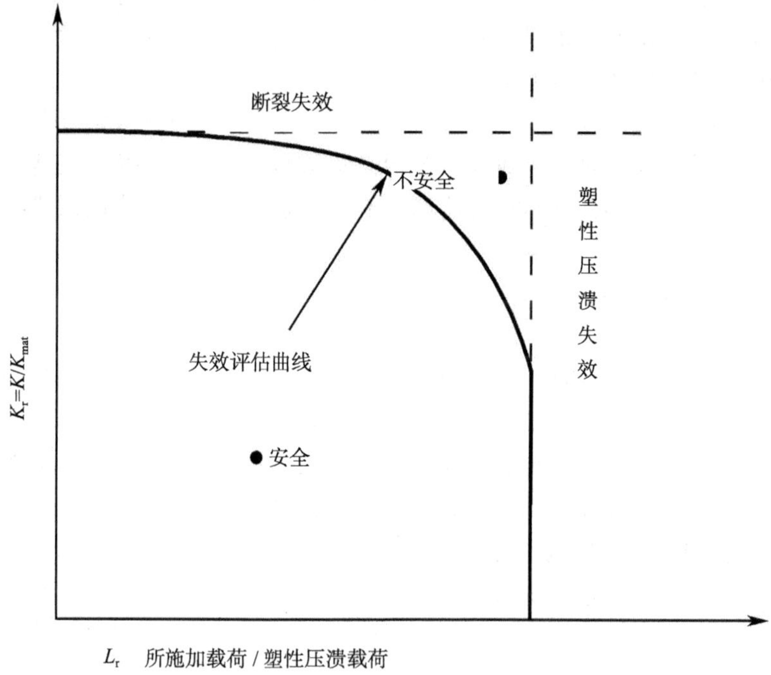

图 48–24　缺陷结构的失效评估图

图 48–25 为三种水平的 BS7910 失效评估图曲线比较。工程关键性评估分析法是以材料和特定部件评估点相对于失效评估图曲线的位置为基础。最为简便的情况是，当评估点落在失效评估图所限制的范围之内时部件被视为是安全的，并假定当其落在范围之外时即为临界状态。当在验证试验环境下进行 BS 7910 失效评估图分析时，正如对管道再次进行整圆所提供的一样，重要的是需要明白保守性标准与过载事件之后的初始裂纹尺寸和失效时的最终裂纹尺寸有着明显的不同。对于通用的断裂评估，术语“保守”意味着低估了失效时的临界裂纹尺寸。与之对比，在验证试验环境下“保守”则意味着高估了正好能够承受过载的临界裂纹尺寸。

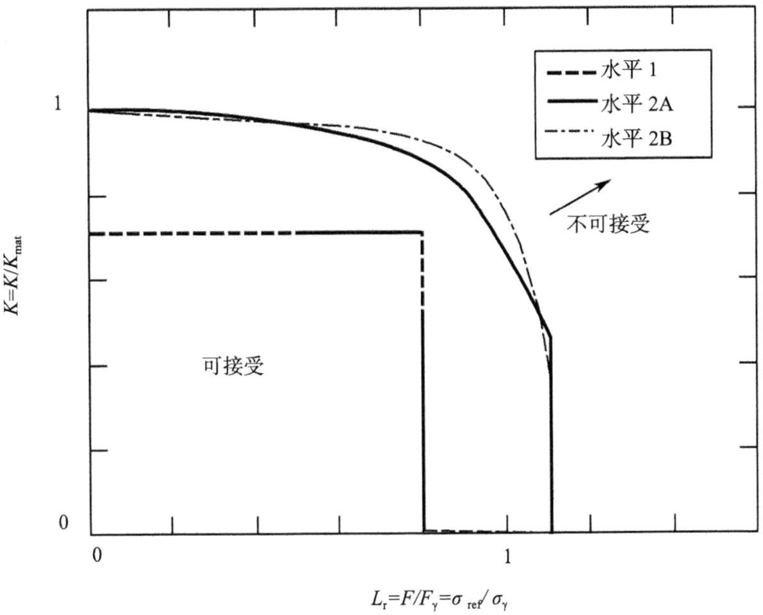

图 48–25 不同水平的 BS7910 评估曲线比较

在一般的 BS7910 水平 2A 失效评估图中，评估取曲线表示如下：

$$K_r = \left(1-0.14L_r^{2}\right)\left[0.3+0.7\exp\left(-0.65L_r^{6}\right)\right] \tag{48-22}$$

式中：

$$K_r = \frac{K_I}{K_{mat}} + \rho$$

L_r = 总的施加载荷 / 缺陷结构的塑性压溃载荷。

式中：K_I 为应力强度系数，K_{mat} 为断裂韧性，ρ 为塑性修正系数。当出现次应力如残余应力时，系数 ρ 必须考虑到主应力和次应力分布之间的相互作用。L_r 是载荷比，定义为超过 0.2% 验证应力的屈服强度时的参照应力。参照应力以可能发生塑性压溃为特点。

当 L_r 变大时，塑性也增加了有效的裂纹端驱动力，但重要的是需认识到 K_r 参数采用线性弹性应力强度系数时并不容许塑性对裂纹端驱动力产生影响。需加以考虑的是，如果发生断裂，总的有效裂纹端驱动力也即裂纹端驱动力的弹性 - 塑性值将会达到临界值，相当于 $\sqrt{EJ_{ep}}=K_{mat}$ 时的断裂韧性。所施加的线性弹性强度系数等于 $\sqrt{EJ_e}$，其中 J_e 是线性弹性 J 积分。

$$K_r = \frac{K_I}{K_{mat}} + \rho = \sqrt{\frac{J_e}{J_{ep}}} + \rho \tag{48-23}$$

在水平 2B 评估中，曲线如下：

$$K_{2B}(L_r) = \begin{cases} \left(\dfrac{E\varepsilon_{ref}(L_r)}{Lr\sigma_Y} + \dfrac{L_r^3\sigma_Y}{2E\varepsilon_{ref}(L_r)} \right)^{-0.5} & 若\quad L_r \leqslant L_r^{max} \\ 0 & 若\quad L_r > L_r^{max} \end{cases} \tag{48-24}$$

其在塑性压溃时出现偏移：

$$L_r^{max} = \frac{\sigma_Y + \sigma_U}{2 \cdot \sigma_Y} \tag{48-25}$$

48.4 ECA 工业规范

48.4.1 概　　述

断裂力学的研究对象是裂纹体承受应力和应变时的行为。此类断裂的原因可能在于所施加的主载荷或自平衡次应力场（或残余应力），其中的局部裂纹端现象可以用所测定的参数进行表征如裂纹长度和无裂纹时计算的公称应力，并结合有限几何修正系数。有关焊接时损伤的工程关键性评估（ECA）的断裂力学应用请参见诸如 BS PD 6493: 1991[18] 一类的标准文件，当前的修订版如 BS 7910[15]、CEGB R6 法 [17]、API –1104 Appendix A、DNV–OS–F101[3] 和 DNV–RP–F108[5]。此类方法中的多数均包含了失效评估图的双参数评估法，考虑了独立发生塑性压溃和快速失效的可能性。工业实践标准如 BS 7910 和 API 1104 均采用基于应力的工程关键性评估法，而 DNV–OS–F101 和 DNV–RP–F108 则采用基于应变的工程关键性评估法。基于应力的工程关键性评估法其评估结果可能过于保守，尤其是需要进行基于应变的设计且环形焊缝的相关强度参数均源自于标准材料试验时。

在管道安装和作业时如卷管和侧向屈曲，可能会形成高应变。近年来，基于应变的管道设计已为行业广泛接受，但是在现有的基于断裂力学的评估方法中对承受轴向应变的环形焊缝的可接受缺陷标准进行定义却成为了问题，因为这些方法本质上均是基于应变的。为将工程关键性评估标准方法扩大至大应变条件下，就必须面对若干挑战如焊缝强度错配、断裂韧性和焊接残余应力。采用基于应变的工程关键性评估法的 DNV-OS-F101 和 DNV-RP-F108 均已满足此类条件。

在超出上述几节一般性认识的基础上，有关此类标准的概述则确立了对围绕断裂的问题的深刻认识，并表明了不同群体已面对的诸多问题的细微差别。

48.4.2 PD6493

在英国，有关工程结构中潜在或实际损伤的工程关键性评估均被编入两份主要文件即 PD 6493: 1991[18] 和 CEGB R6 法 [17]，两者均已开发沿用 20 年之多。PD 6493 现已被 BS 7910:1999[15] 中的更为完善的方法所取代。

原来的 PD 6493:1980 文件对塑性压溃的可能性仅给与了有限的关注，其主要关注的是焊缝损伤的评估。英国中央电力产业局（CEGB）的方法与其高温下运行的设备多有不同，此时可以假定塑性压溃的重要性等同于断裂或更为重要。基于其实际情况，他们提议了分别评估塑性压溃和断裂可能性的双参数技术，然后将这些可能参数作为失效评估图（FAD）的轴进行绘制。这就是 R6:1976 文件的基础。

失效评估图（FAD）则直接需要可以处理扩展式塑性的断裂参数。R6 法主要提供 J 积分分析的特殊形式并结合塑性压溃极限处所附加的额外保障，而 PD 6493 则主要倾向于采用裂纹端张开位移法（CTOD），尽管在许多情况下可以接受基于 K 值的分析。

48.4.3 BS 7910

结构物裂纹的最广为使用的标准。其包括三个主要水平的断裂评估：水平 1 简化评估、水平 2 正常评估以及水平 3 延性撕裂评估。这些水平中的具体方法则采用了大量不同的关于特定材料的信息。

BS-7910:2005 所定义的三种工程关键性评估水平现予概述如下：

水平 1 虽是简化版，却是一种保守的评估法，此时用于水平 1 工程关键性评估的失效评估图的面积则是一个经由临界值 K_r 和 L_r 界定的矩形。如果评估点落在失效评估图范围之内，则属于可以接受的缺陷；如果落在边界上或以外，则是不可以接受的缺陷。采用水平 1 工程关键性评估法时，含有缺陷的结构物仅以全脆性或全延性方式发生失效。在脆性与延性失效之间不存在过渡区域。

水平 2 是一般应用的正常评估法。水平 2 工程关键性评估法的失效评估图已从水平 1 工程关键性评估法的矩形图修正为一条评估曲线，其考虑到了裂纹端小型屈服与结构物塑性屈服之间的相互关系。水平 2 方法包括两类评估：水平 2A 法和水平 2B 法。水平 2A 法采用了给定的失效评估图曲线，适用于失效评估，但不对任何特定的应力 – 应变数据作出要求。水平 2B 法则要求采用特定的应力 – 应变数据，而且其结果一般比水平 2A 法更为精确。水平 2 工程关键性评估法对结构物中的初始缺陷是否会扩展成可能导致管道发生脆性断裂的临界值进行确定。该方法取决于线性弹性断裂力学（LEFM），并结合极限载荷分析以对失效给出评估。应力强度系数（K）用于表征线性弹性断裂力学中的低应力裂纹扩展情形。

水平 3 是一种适用于呈稳定撕裂状的延性材料的高级评估法。水平 3 法包括裂纹抗力曲线（R 曲线）和延性撕裂分析在内，用以评估失效评估图边界上临界缺陷的可接受性。水平 3A 和水平 3B 工程关键性评估中的失效评估图类似于水平 2A 和水平 2B 的失效评估图，但是特殊材料的特定失效评估图则经由确定 J 积分而获得，其确定系采用对相关载荷作用下的缺陷结构物进行弹性和弹性 – 塑性分析而进行。如果失效评估图的 J 积分是针对特定材料和几何形状的，那么该方法则被称为水平 3C 工程关键性评估法。水平 3 工程关键性评估法已顾及疲劳裂纹达到临界值的情形，后续的裂纹扩展在考虑到裂纹撕裂抗力和相关塑性作用时仍可能是稳定的。该方法以弹性塑性断裂力学（EPFM）和用于失效评估的极限载荷分析为基础。J 积分一般用于弹性塑性断裂力学下的高应力疲劳裂纹扩展。

48.4.4 API 1104

API 1104 是与限制容许轴向应变的设计标准相关联的制造标准。但其本身并不对容许轴向应变进行限制。然而，对其附录 A 中环形焊缝缺陷的可选接受方法则涵盖了仅为 0.5% 的轴向应变。它们就是所施加的应变。编制标准时假定残余应变来自于焊接残余应力为 0.2% 的情况。

附录 A 中的方法以 BS 7910、BS PD 6493 早期版本的评估方法为基础。当前的 BS 7910 水平 1 法提供了类似的方法。这些方法用于确定断裂抗力，但不包括塑性影响或塑性压溃断裂模式。

48.4.5　DNV–RP–F108

DNV–RP–F108（2006）[5] 为试验和分析给出了特定指导，以确保管道环形焊缝在安装期间（例如卷管）承受周期性塑性应变时的断裂控制。其以 DNV、TWI 和 SINTEF 主持的接合部行业项目的结果为基础。并对此给出建议：SENT 试验、工程关键性评估、基于分段试验的确认试验和敏感性分析。

BS 7448 和 ASTM E 1820 则采用高约束 SENB 试样和紧凑试样来描述断裂韧性的测定方法，其适用于范围广泛的结构物和部件的保守性断裂评估。SENT 试样是一种试验用试样，一般与承受整体弯曲的环形焊缝的周向缺陷具有类似水平的约束。在一直缺少进行 SENT 试验的标准方法时，DNV–RP–F108 第 2 节给出了合适的指导。亦需注意，SENGT 试样可能并不适宜于纵向组合载荷和内部过压，后者与 DNV–OS–F101（2007）相一致。

对进行工程关键性评估的指导尤为限定于“安装阶段”，也就是仅为纵向载荷。DNV–RP–F108 中的修正与假定内容均与 DNV–OS–F101 附录 A 中的内容相一致，适用于位移可控式加载模式下的“静态”和“完全”工程关键性评估。关于应对多应变循环（例如，卷绕和定位器上的弯曲）的指导则更为复杂。DNV–RP–F108 也对扩孔处理给出了简便法，其根据为缺陷高度加大、壁厚减小，并因此降低扩孔所致壁厚变化所产生的应力。

DNV–RP–F108 给出建议，工程关键性评估的结果应通过分段试验进行验证，因为仅仅是有限度地体验到将工程关键性评估法应用于周期性高应变条件的情形。考虑到对约束匹配法的良好体验，DNV–OS–F101 附录 A 现对复合管或衬里管分段试验的要求进行限制；$\varepsilon_{l,nom} > 1.5\%$ 适用于 X65 和上述碳钢衬里管或不锈钢衬里管；$\varepsilon_{l,nom} > 2.25\%$ 则适用于所有的衬里管。

48.4.6　DNV–OS–F101

DNV–OS–F101（2007）现对 BS 7910 中所使用的方法给出了附加说明，因为其方法是为基于应力而不是基于应变的评估所设计的。注解中已注明需特定材料的应力 – 应变曲线，但仅接受 BS 7910 的水平 2B 法、3B 法和 3C 法。对于焊缝区域，保守性确定则要求将基底金属的特定材料上限应力 – 应变曲线应用于确定来自所施加应变的应力。然后，将来自焊缝金属的特定材料下限应力 – 应变曲线应用于确定失效评估图的抗力。这会使计算所得的抗裂强度明显介于低匹配与高匹配焊缝之间。

允许将极限载荷比 L_r 的最大值提高至单轴向极限强度与屈服强度之比。对于载荷控制情形，这一相同的比率不可超过屈服强度所分配的流动强度（屈服强度和极限强度的平均值）。也即是说，特定材料的应力 – 应变曲线被用于其实际应力 / 实际应变形式，而不是更为通用的工程应力 / 公差应变形式。其允许将失效评估图平滑扩展至极限载荷比的最大值。

参考文献

[1] BS7608, Code of Practice for Fatigue Design and Assessment of Steel Structures, British Standards Institution, London, UK, 1993.

[2] DNV-RP-C203, Recommended Practice for Fatigue Design of Offshore Steel Structures, Det Norske Veritas, 2005.

[3] DNV-OS-F101, Submarine Pipeline Systems, Det Norske Veritas, October 2007.

[4] HSE, Review of Low Cycle Fatigue Resistance, Research Report 207, 2004.

[5] DNV-RP-F108, Fracture Control for Pipeline Installation Methods Introducing Cyclic Plastic Strain, January 2006.

[6] A. B. Dowling, and C. H. A. Townley, The Effect of Defect on Structural Failure: A Two-Criteria Approach, International Journal of Pressure Vessels and Piping, Vol. 3, No. 2, pp. 77-107, 1975.

[7] S.J. Maddox, R. J. Pargeter, and P. Woollin, Corrosion Fatigue of Weld C-Mn Steel Risers for Deepwater Applications: A State of the Art Review, OMAE2005-67499, 2005.

[8] L.M. Connely, and N. Zettlemoyer, Stress Concentrations at Girth Welds of Tubulars with Axial Wall Misalignment, Proceedings of the 5th International Symposium of Tubular Structures, Nottingham, UK, 1993.

[9] J. Buitrago, S. Hudak, and D. Baxter, High-Cycle and Low-Cycle Fatigue Resistance of Girth Welds in Sour Service, OMAE2008-57545, Estoril, Portugal, 2008.

[10] R. Pargeter, and D. Baxter, Corrosion Fatigue of Steel Catenary Risers in Sweet Production, OMAE2008- 57075, Estoril, Portugal, 2008.

[11] R. Cordes, How Inspectors Can Use Fracture Mechanics, The 2000 API Inspector Summit, Texas, USA, 2000.

[12] H. Pisarski, Fracture Toughness Testing, http://www.twi.co.uk/content/kscsw011.html.

[13] C.Thaulow, et al. Consequences of Defects in Stainless Steel Weldments in Subsea Pipelines, UTC Conference 2004.

[14] B. Nyhus, E. Østby, H. O. Knagenhjelm, S. Black, P. A. Røstadsand, Fracture Control –Offshore Pipelines: Experimental Studies On The Effect Of Crack Depth and Asymmetrical

Geometries On The Ductile Tearing Resistance, OMAE2005-67532, 2005.

[15] BS7910, Guide on Methods for Assessing the Acceptability of Flaws in Metallic Structures, British Standard Institution, London, UK, 2005.

[16] API RP 579, Fitness-for-Service, American Petroleum Institute, Washington, USA, 2000.

[17] R6, Assessment of the Integrity of Structures Containing Defects, Revision 4, British Energy, June 2005.

[18] PD 6493, Guidance on Methods for Assessing the Acceptability of Flaws in Fusion Welded Structures, British Standards Institution, London, UK, 1991.

第 49 章

坐底稳性

49.1 引　　言

由于存在波浪和海流载荷，放置于海床上的管道会同时受到水平和垂直方向的作用力。当载荷足够大时，这些作用力可使管道失稳并导致浮动和 / 或侧向移动。管道稳定要求是海底管道项目的主要成本动因，特别在世界各地的一些浅水地区，波浪导致的海流是极具挑战性的。有时为了确保海床上管道的稳性而采取高成本的稳定措施，例如开沟、锚固、抛石及沉排等[1]。由于不存在波浪产生的海流，深水管道通常能稳定坐底。但世界上有些深水地区存在环流，可能会影响管道的坐底稳性。此外，管道的坐底稳性设计在管道设计的整个过程中也是非常重要的。

管道坐底稳性设计的主要目的是选择合适的管道路径、材料、尺寸以及方便的制造、安装和维护方法，以较低的成本使管道能够承载可能的设计海流和波浪载荷[2]。需进行坐底稳性计算来确定管道的最小沉没质量要求，管道沉没质量对所需的铺管张力、安装应力及管道在海底的构形都有直接影响。从安装的角度来看，特别是不考虑悬跨段的话，应优先减小所需的管道沉没质量。

对于安装和运行阶段，可在以下典型条件下进行坐底稳性设计。

● 运行阶段

假定管道注满内容物，内容物密度为预期最低密度，则可使用以下波浪和海流组合[3]：

——波浪为主：100 年重现期波浪载荷加上 10 年重现期海流载荷；

——海流为主：10 年重现期波浪载荷加上 100 年重现期海流载荷。

● 安装阶段（临时阶段）

假定管道充满空气，则可采用以下重现期：

——持续时间小于 3 天：根据可靠天气预报确定环境载荷的环境参数；

——持续时间大于 3 天：①不存在人命丧失的危险，则对于相关季节可使用 1 年重现期。②存在人命丧失的危险，定义参数时需使用 100 年季节重现期。

但相关季节不可短于 2 个月。如果整个冬季将空管不加保护地放置在海床上，则需对 10 年重现期海流载荷 +1 年重现期波浪载荷以及 1 年重现期海流载荷 +10 年重现期波浪载荷组合进行检验。持续时间小于 12 个月的临时阶段需如此处理，但超过 3 天的情况需依据 DNV-RP-F109[4]。对于安装条件而言，所需最小比重为 1.1。

49.2 竖向坐底稳性

根据 DNV RP F109，为了避免在水中浮动，管道的沉没重量必须满足以下标准：

$$\gamma_w \cdot \frac{b}{w_s + b} = \frac{\gamma_w}{S_g} \leqslant 1.00 \qquad (49\text{-}1)$$

式中 γ_w——安全系数；

w_s——管道的单位长度沉没重量；

b——管道的单位长度浮力。

安全系数取决于管道周围的波浪和海流速度以及管道与海床的相对位置。处于空管状态时，可使用安全系数 $\gamma_w = 1.1$。

波浪直接或通过周期性载荷作用于接触土壤的海床结构并使土壤结构中产生的孔隙水压力过高时，通常就会发生液化。液化过程减小了土壤的总相对密度，根据管道的相对密度，可导致埋放在液化土壤中的管道浮动或进一步沉降。准备埋置的管道应针对可能发生的沉降或浮动进行检验。沉降需在内容物密度最大的情况下予以考虑，例如注满水；而浮动应在内容物密度最小的情况下考虑，例如充满空气。如果考虑沉降问题，可使用由 Ghazzaly 和 Lim 提出的公式[5]：

$$\gamma_p + R_v \geqslant \gamma_s \geqslant \gamma_p - R_v \qquad (49\text{-}2)$$

式中 γ_s 为海床上土壤的饱和密度，$\gamma_s = (G \cdot \gamma_w) / (1 + G \cdot W)$；

G——海床上固体颗粒的比重；

W——土壤产水率；

γ_P——管道密度；

γ_W——海水密度；

R_V——土壤的浮动或沉降阻力，$R_V=2 \cdot C/D$；

C——土壤重塑剪切强度；

D——外径。

当在三种管道状态下（安装、运行和压力测试）进行计算时，如果土壤的饱和密度处于浮动极值和沉降极值之间，管道就是稳定的。否则如果大于浮动极值，管道将上浮；小于沉降极值，管道将下沉。对管土关系的更详细介绍可参见第 22 章。

49.3 侧向坐底稳性

海底管道在水平面上会受到波浪和海流载荷所致的拖曳力和惯性力作用，升力除外。当这些作用力足以克服海床摩擦力时，就可能发生侧向移动。管道侧向坐底稳性设计旨在获取其最小沉没重量，以便在运行过程中能够承载设计载荷。主要参考标准为 DNV 规范[3，4]。

49.3.1 DNV-RP-E305

DNV-RP-E305[3]介绍了三种管道侧向坐底稳性设计方法：

- 简化稳性法；
- 通用稳性法；
- 动态稳性法。

49.3.1.1 简化稳性法

该方法基于准静态稳性法，通过通用稳性结果对经典方法进行修正而将经典静态设计方法与通用稳性法结合起来。方法使用了修正系数 F_w，适用于所有常规设计的稳性检验。

准静态法的稳性可由下式得出：

$$\left(\frac{W_s}{F_w}-F_L\right)\cdot\mu \geqslant F_D+F_I \tag{49-3}$$

式中　W_s——管道的沉没重量；

F_w——修正系数；

μ——土壤摩擦系数（砂为 0.7，黏土可参见图 5.11 的 DNV RP E305）；

F_L——升力，由莫里森公式计算；

F_D——拖曳力，由莫里森公式计算；

F_I——惯性力，由莫里森公式计算。

然后可得出 W_s：

$$W_s=\left[\frac{F_D+F_I+\mu F_L}{\mu}\right]_{max}\cdot F_w \tag{49-4}$$

49.3.1.2　通用稳性法

该方法基于动态分析的通用结果，将一组无量纲参数用于设计曲线，使最小所需管道重量（根据无量纲重量参数 L）作为 Keulegan–Carpenter 数 K、海流波浪速度比 M 以及风暴持续时间（即波浪数）T 的函数。图 49–1 为 1 000 个波浪期间（约 2 个小时，平均波浪周期取 15 秒）针对 10 倍直径（$\delta=10$）的设计曲线。对于给定的 K 和 M 组合，可绘出所需重量参数的平方根图。还需给出无量纲应变参数曲线用以评估管道弯曲。应注意的是该方法只适用于以下条件：$4<K<40$；$0<M<0.8$；$0.7<G<1.0$（用于砂土）；$0.05<S<8.0$（用于黏土）以及 $D \geqslant 0.4m$。

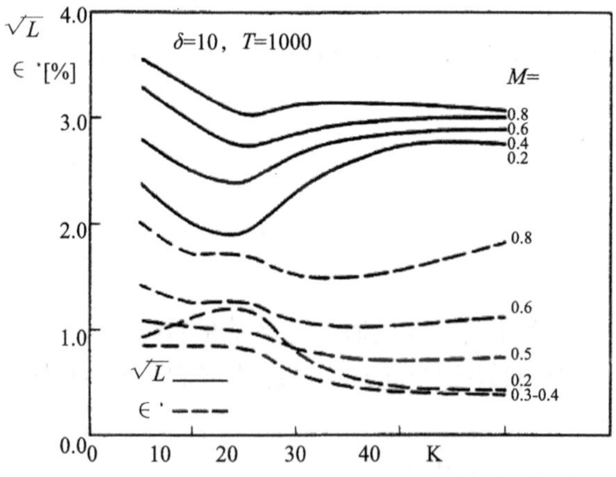

图 49–1　不同 M 值的通用重量参数 L 与 K[3]

黏土的通用稳性设计法如图 49-2 所示。

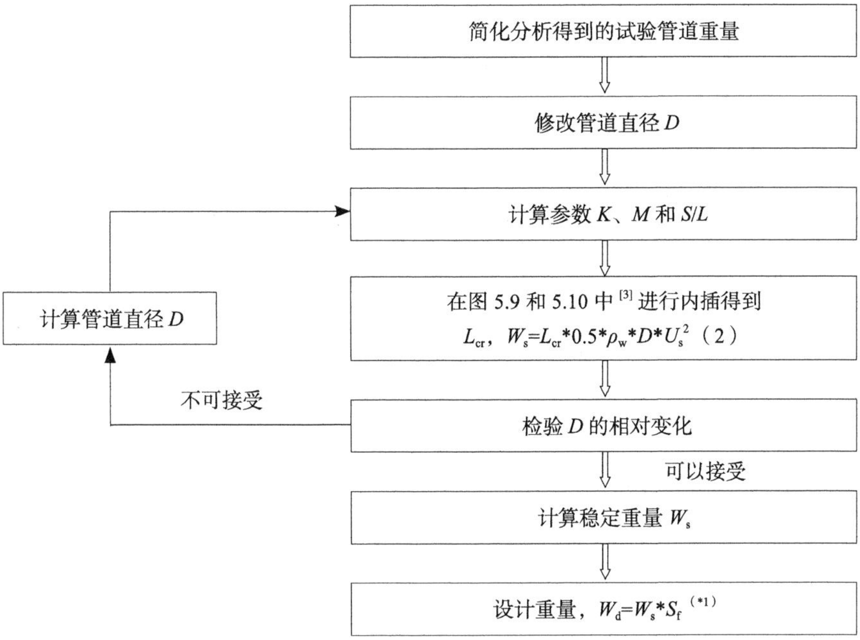

图 49-2　通用稳性设计法的流程图 [3]

（*1）注：基于 RP 图 5.9 和图 5.10[3] 计算的稳定重量 W_s 必须乘以安全系数 S_f =1.1 才能得到设计重量。

49.3.1.3　动态稳性法

推荐规程 [3] 所述的完全动态分析指使用 AGA level III 或 PONDUS 对波浪和海流作用下的管段进行动态仿真，但推荐规程未对如何设计这些分析给出建议。由于管道的非线性特性，建议采用时域法。

管道动态稳性分析常用有限元分析法，需对以下方面精确建模：

- 波浪谱及相应的实际时间序列；
- 海床处的海流速度；
- 管道的结构特性；
- 水动力；
- 土壤阻力；
- 约束（例如立管连接等）。

49.3.2 DNV-RP-F109

DNV RP F109[4] 是 RP- E305 的更新版本，许多符号的含义相同。若无其他说明，符号的定义也相同。

49.3.2.1 通用侧向稳性法

本方法使用了无量纲管道侧向位移 Y，Y 可由一组无量纲参数确定：

$$Y=f\left(L,\ K,\ M,\ N,\ \tau,\ G_s,\ G_c\right) \tag{49-5}$$

式中 $N=U_S/(g\cdot T_U)$——谱加速度系数；

$\tau=T/T_U$——设计底部速度谱中的振荡数；

$G_S=\gamma'_S/(g\cdot\rho_w)$——砂土强度参数；

$G_C=S_U/(D\cdot\gamma_S)$——黏土强度参数；

U_S——给定表面波浪状态导致的垂直于管道的近底部有效速度；

T_U——给定表面波浪状态导致的近底部零上切波周期；

T——波浪状态的持续时间；

S_U——不排水黏土强度；

γ'_S——土壤的单位浸没重量，砂的范围通常为 7 000~13 500N/m^3；

γ_S——土壤的单位干重，黏土通常可取 18 000N/m^3。

如果忽略管端约束，可使用以下侧向稳性设计标准：

$$\frac{Y}{Y_{\text{allowable}}}\leqslant 1.0 \tag{49-6}$$

$Y_{\text{allowable}}$ 为按比例缩放至管道直径的无量纲容许侧向位移。通用法采用了以下四个设计标准：

- 砂上 10 倍管道直径位移；
- 黏土上 10 倍管道直径位移；
- 砂上虚拟稳定管道；
- 黏土上虚拟稳定管道。

如果未对其他极限状态进行研究，例如最大弯曲和疲劳，建议将临时状态和运行状态下的总侧向位移限制在 10 倍管道直径。管道的最大沉没重量可用设计曲线法确定，曲线来自 PONDUS 计划[6] 实施的大量一维动态分析，即在平坦海床上并忽略管道的弯曲和轴向变形。虚拟稳定管道指重量足以避免产生较大位移（通常小于其直径的一半）的管道，RP-F109 中表示为 L_{stable}。

对于砂土，管道的比重可通过下式得到：

$$S_g = 1 + \frac{2 \cdot N \cdot K \cdot L}{\pi} \tag{49-7}$$

可根据设计标准在推荐规程[4]的表 3.2~ 表 3.4 中进行内插或查询如图 49-3 所示的设计曲线得到 L。

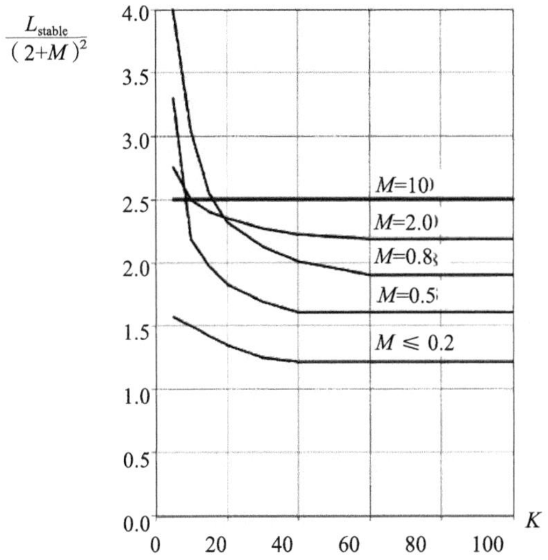

图 49-3　最小重量的设计曲线，Lstable/（2 + M）² 用于砂上管道[4]

对于黏土，将最大相对位移 Y 限制在 0.5 以内所需的最小管道重量可由下式计算：

$$L_{stable} = 90\sqrt{\frac{G_c}{N^{0.67} \cdot K}} \cdot \left[0.58(\log M)^2 + 0.60(\log M) + 0.47\right]^{1.1} \tag{49-8}$$

对于 10 倍管道直径位移标准，可通过下式对无量纲位移 Y 至 $10*\tau/1000$ 进行计算：

$$\frac{L_{10}}{2+M} = \begin{cases} C_1 + \dfrac{C_2}{K^{C_3}} & \text{当 } K \geqslant K_b \\ C_1 + \dfrac{C_2}{K_b^{C_3}} & \text{当 } K < K_b \end{cases} \tag{49-9}$$

式中的系数 C_1、C_2、C_3 和 K_b 参见 RP 附录 A 中的列表[4]。

49.3.2.2　绝对侧向稳性法

该方法基于静态力平衡给出侧向坐底管道的绝对静态要求，可确保管道阻力足以承载波浪状态下的最大水动力载荷。绝对稳性要求与诸如管道四通、狭小支撑物上的管道以及由海流和/或硬质黏土决定的工况等相关。

如果能满足以下要求，管道就可视为绝对静态稳定：

$$\gamma_{sc}\cdot\frac{F_Y^*+\mu\cdot F_Z^*}{\mu\cdot w_s+F_R}\leqslant 1.0 \tag{49-10}$$

以及

$$\gamma_{sc}\cdot\frac{F_Z^*}{w_s}\leqslant 1.0 \tag{49-11}$$

式中 γ_{sc}——安全系数，来自 RP 表 3-5~3-8[4]；

F^*_Y——最大水平载荷，$=\gamma_{tot,Z}\cdot\frac{1}{2}\cdot\rho_w\cdot D\cdot C_Y^*\cdot(U^*+V^*)^2$；

F^*_Z——最大垂直载荷，$=\gamma_{tot,Z}\cdot\frac{1}{2}\cdot\rho_w\cdot D\cdot C_z^*\cdot(U^*+V^*)^2$；

F_R——被动阻力，可从 RP 的 3.4.6 节得到；

μ——摩擦系数，砂——0.6，黏土——0.2；

$\gamma_{tot,y}$——总水平载荷减少量；

$\gamma_{tot,Z}$——总垂直载荷减少量；

C^*_Y——水平最大载荷系数，来自 RP 表 3.9；

C^*_Z——垂直最大载荷系数，来自 RP 表 3.10；

U^*——单个设计振荡的振荡速度振幅，垂直于管道，来自 RP 式(3.15)；

V^*——与设计振荡相关的稳定海流速度，垂直于管道，来自 RP 式(3.3)。

可从上式确定所需沉没重量 w_s。

49.4 管/土相互作用

管/土相互作用模型由海床刚度及可代表土壤阻碍管道移动的等效摩擦定义构成，因而精确预测土壤接触压力、等效摩擦力和土壤刚度非常重要。

当管道铺放到海床上时，管土相互作用是影响坐底稳性的一个重要因素，但由于非线性程度较高，使用数字模型进行分析是非常困难的。为了准确理解其影响，过去10年进行了许多实验。典型的被动阻力-位移曲线如图49-4所示。基于 Brennodden 等人[7]和 Verley 等人[8]开发的模型，管土相互作用可分为四个不同区域：

● 从原点 0 至 y_1 之间的管道位移处于弹性区，此区域内管道对土壤不做功，因而沉降水平保持不变。

● y_1 和 y_2 之间的位移导致沉降增加，沉降的增加量可通过管道对土壤做的功进行计算。

● 管道位移大于 y_2 后产生破裂，因而沉降和被动土壤阻力都将减小。

● 若管道位移大于 y_3，沉降和被动土壤阻力都保持不变。

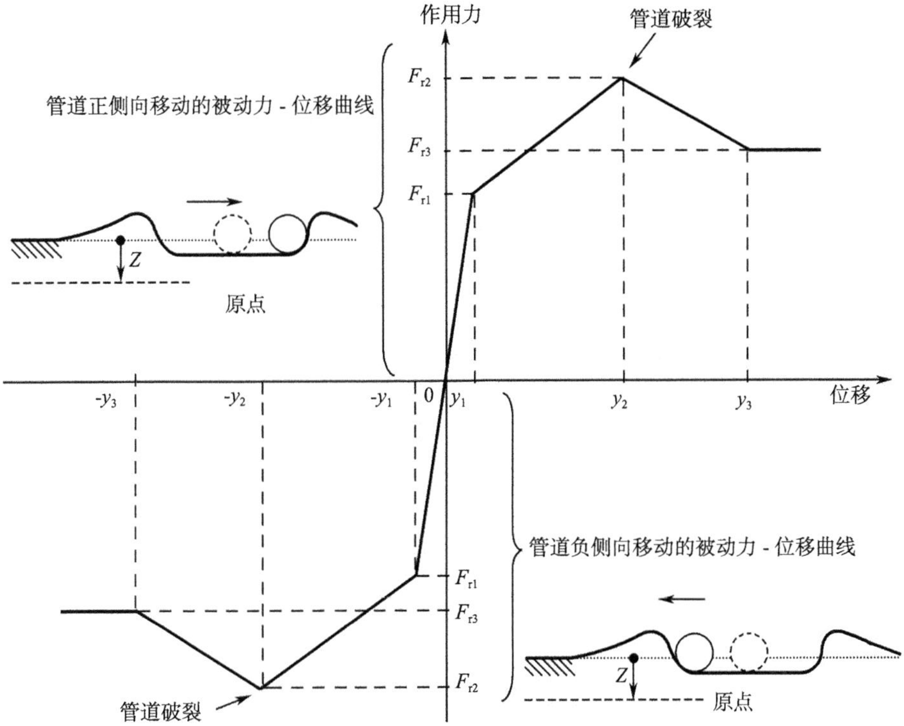

图 49–4 管土相互作用模型 [9]

图中：

F_{r1} 为最大弹性被动力；

F_{r2} 为最大被动力；

F_{r3} 为残余被动力；

y_1 为与 F_{r1} 相关的移动距离；

y_2 为与 F_{r2} 相关的移动距离；

y_3 为与 F_{r3} 相关的移动距离。

通过使用详细管土相互作用模型可以允许管道产生较小的周期性侧向移

动，因而与基于不允许任何位移或移动的简单力平衡法的设计相比，对混凝土配重层（CWC）的要求显著降低[10]。此外，较小的周期性移动会增加管道在土壤中的埋置深度，可明显增加管土阻力并使管道稳定。

49.5 稳定措施

海底管道失稳主要取决于流体在管道上的力平衡情况。为了保护管道，避免其因过度位移、浮动等而发生屈服和/或局部屈曲，除混凝土配重层外，有时还需采取额外稳定措施。为此有许多次要稳定方法可以使用。次要稳定方法因干预方法而异，例如开沟和抛石、管道锚固技术如锚杆、重力锚[1]等。以下将介绍一些稳定方法，包括混凝土配重层。

49.5.1 混凝土配重层

将混凝土配重层应用于海底管道是非常普遍的，可保持管道的侧向和垂向稳性。通常采用冲击法将混凝土覆盖在管道上，冲击法的基本原理是旋转管道接头并将混凝土加压喷射至管道接头上。混凝土层的厚度受实际考虑的限制，最小为 20 mm，最大约为 120 mm。混凝土密度值一般为：低密度混凝土 2 040 kg/m^3、中密度混凝土 2 540 kg/m^3 以及高密度混凝土 3 040 kg/m^3。

49.5.2 壁厚

尽管混凝土配重层是使用最广泛的方法之一，可以为管道的坐底稳性提供额外沉没重量，但厚混凝土配重层的负面影响是增加覆层管道的总外径，导致产生的水动力更大。使用更厚的管壁以增加沉没重量是实用的方法，但这不可避免地会增加管道的制造成本。

49.5.3 开沟和回填

开沟是广泛应用于海底管道的方法，沟道中的管道可部分免受水动力载荷的影响，因而能增加稳性。此外，该方法也适用于为管道提供保护，使其避免渔具损伤和冲刷等。一般而言，砂和黏土海床相对易于开沟，土壤越硬难度越大，在岩石或常有岩石出露的地区进行开沟的难度则要大得多。准备开沟时，取决于对环境影响，有时会使用吸式挖泥船或爆破法进行预开沟。

49.5.4　抛石

抛石是使用日益广泛的方法，可避免管道浮动、侧向移动、发生隆起屈曲以及受到坠落物体的机械损伤。在局部水流速度较大的地区，抛石设计必须确保材料具有一定的粒径，不会被轻易冲走。与开沟相比，抛石的成本相对更高，但适用于无法可靠开沟的海床条件，例如硬质黏土或岩石海床。抛石还常用作膨胀控制系统及悬跨段保护。

抛石作业期间应检验可能对管道造成的损伤，如果坐底稳性需要使用较大直径的石块，那么可能应先铺设小直径石块作为护层为管道提供保护。

49.5.5　混凝土沉排

为管道提供保护以避免失稳的混凝土沉排有多种类型。这种方法廉价而简单易用，可由潜水支持船装载运送。图 49-5 为 Submar 公司制造的典型护岸混凝土沉排。但混凝土沉排可能不适用于波浪比较严重的情况，因为沉排并不固定在管道上，其边缘会抬起并移离管道。

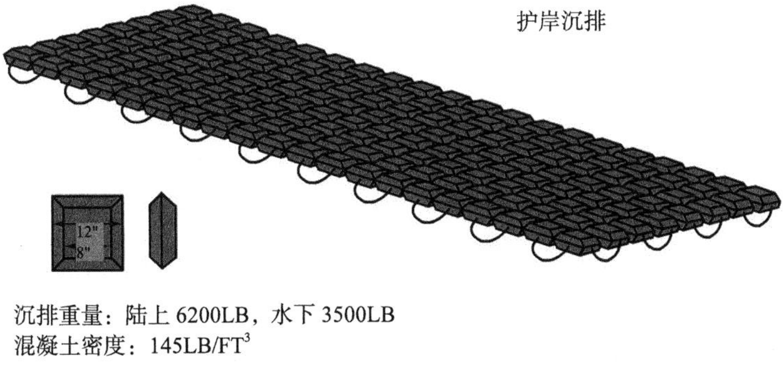

图 49-5　SUBMAR 公司制造的护岸混凝土沉排

49.5.6 锚或锚杆

锚或锚杆也是稳定管道的一种方法，该方法取决于海床能够承载管道的侧向和垂向载荷。当海床岩石较多无法开沟时，特别适合使用锚杆。锚杆由潜水员在铺管后进行安装，是非常昂贵的方法。锚也需要由潜水员安装，可压入或转入海床。

49.5.7 砂 / 水泥浆袋

砂袋可制成各种尺寸和重量以适应特定的环境。安装通常由潜水员实施，并且易于从潜水支持船进行安装。

水泥浆袋系统相比砂袋或沉排具有明显优势，因为灌浆前处理方便，特别适合于在管道和结构物下方进行安装。柔软的尼龙或帆布水泥浆袋可放置在管道上方和下方，为其提供稳定和保护。

49.6 接受准则

49.6.1 容许侧向位移

管道容许侧向位移的选择应基于几个因素，例如：

- 国家规范；
- 与平台或其他约束物的距离；
- 海床障碍物；
- 所测量走廊的宽度。

如果没有更多可用信息，根据 RP-E305，运行状态下管道的最大容许侧向位移可使用以下标准[3]：

1 区（与其他装置的距离大于 500m）：20m；

2 区（与其他装置的距离小于 500m）：0m。

如果有其他可用相关标准（例如基于极限状态的强度标准），这些标准可以放宽或替代。

49.6.2　极限状态强度标准

Bai & Damsleth[11] 对基于极限状态的强度标准进行了论述，并提出潜在失效模式、设计公式以及详细设计项目的设计经验，详见第 20 章。

49.7　稳性分析

管道稳性响应建模的通用工具可采用专用管道稳性有限元（FE）软件包，例如 AGA PRCI Stability（Levels I, II and III by PRCI, USA）[2] 或 PONDUS（SINTEF, Norway）[6]，或使用专用有限元模型 [12]。

49.7.1　稳性分析专用软件

简化稳性分析是基于作用于管道的准静态力平衡，但已使用通用稳性分析的结果进行了修正。一般来说，该方法得出的管道重量构成了通用稳性分析所得结果的保守包络图。

软件：专用电子数据表（EXCEL, LOTUS 1–2–3）

通用稳性分析基于一组无量纲稳性曲线，曲线通过对动态响应模型进行一系列运算得到。

软件：PIPE

动态分析涉及对放置于海床上的管道进行完全动态仿真，包括土壤阻力、水动力、边界条件以及动态响应的建模。软件可对管道沿程关键区域进行详细分析，例如管道交叉、立管连接等，在这些区域需要管道响应或可用于再次分析已有重要管道的详细信息。

软件：PONDUS 和 AGA

此专用有限元稳性软件包有几个缺点，包括：

- 简化了结构响应的假定，包括小挠度、二维运动以及未考虑几何非线性；
- 假定海床是平坦的；
- 建模能力不灵活，无法对非标准特性进行建模，例如不规则海床、出现沟道或连接四通等；

- 无法对额外稳定措施进行建模，例如开沟或锚固；
- 所考虑的管道稳性与其他设计问题分离，例如悬跨和屈曲。

● 使用诸如 ABAQUS 或 ANSYS 这样的通用有限元软件包开发的有限元模型涉及如下[9]：

- 水动力建模；
- 管土相互作用建模；
- 高级使用者需具备有限元知识。

上述分析方法的选择取决于设计分析结果需要达到的详细程度。

49.7.2 干预设计的有限元分析

49.7.2.1 设计程序

图 49-6 为海床干预设计程序的流程图。

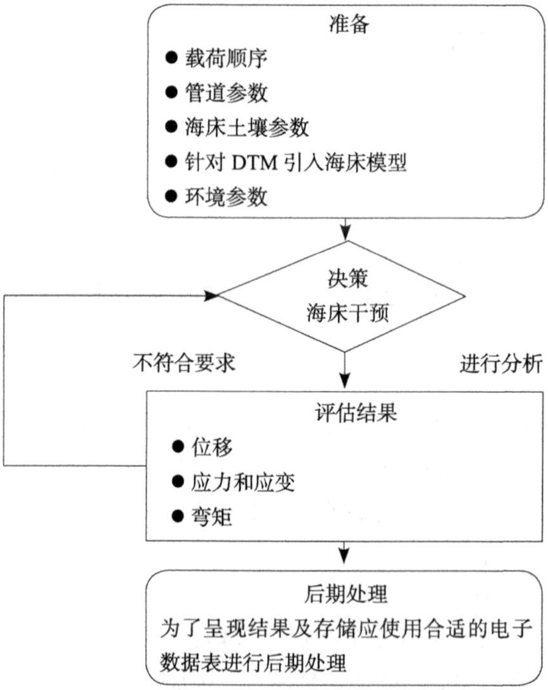

图 49-6 有限元法的分析程序

49.7.2.2 海床干预

海床干预有几种方法，例如抛石、开沟、埋置及预清理等。海床干预设计旨在确保管道在其设计寿命内保持结构完整性。因而制定设计标准并将其与仿真管道对载荷历史的响应进行比较的前提条件是已经完成了较好的工作。

通过对安装、注水、水压测试、除水及运行的载荷历史进行有限元仿真可分析管道沿程的结构特性，此分析使管道在位特性仿真成为可能。基于对分析得到的管道特性的认识，可选择技术可行且经济的海床干预设计。然后通过有限元仿真对管道各特定位置进行详细的干预效果分析。因而有限元仿真是制定合理干预策略的极佳工具 / 辅助。

此类仿真还表明分析结果对海床形状和性质非常敏感，所以管道的实际特性会与仿真特性不尽相同，一些因素为：

- 计划路径与实际铺放路径的偏差；
- 安装过程中的实际铺管张力；
- 海床干预的效果，主要是开沟；
- 土壤条件的局部变化。

因而建议在获得完工信息时才对是否需要在一些位置实施海床干预工作进行最终决策。

49.7.2.3 海床干预的效果

图 49-7 对三维海床模型进行了开沟和抛石海床干预，旨在减小管道中垂直载荷所致的应力和应变，并给出了干预前后的最大轴向应力和弯矩结果（Ose 等人，1999）[12]。

图 49-8 对三维海床模型进行了抛石海床干预，旨在减小管道中水动力载荷所致的侧向位移。

分析过程中可按以下步骤进行海底干预设计：

- 计算两根管道的应力、弯矩和位移，如图 49-7 和图 49-8 所示；
- 将计算得到的应力、弯矩和位移与接受准则进行比较；
- 对于超出应力、弯矩或位移接受准则的管段，进行海床干预设计。然后重新计算应力、弯矩或位移，如图 49-7 和图 49-8 所示，并与接受准则进行比较；
- 此迭代过程持续至所有管段均符合接受准则，如图 49-7 所示。从图中可以看出，对三维海床分析模型进行海床干预可显著减小载荷效应。

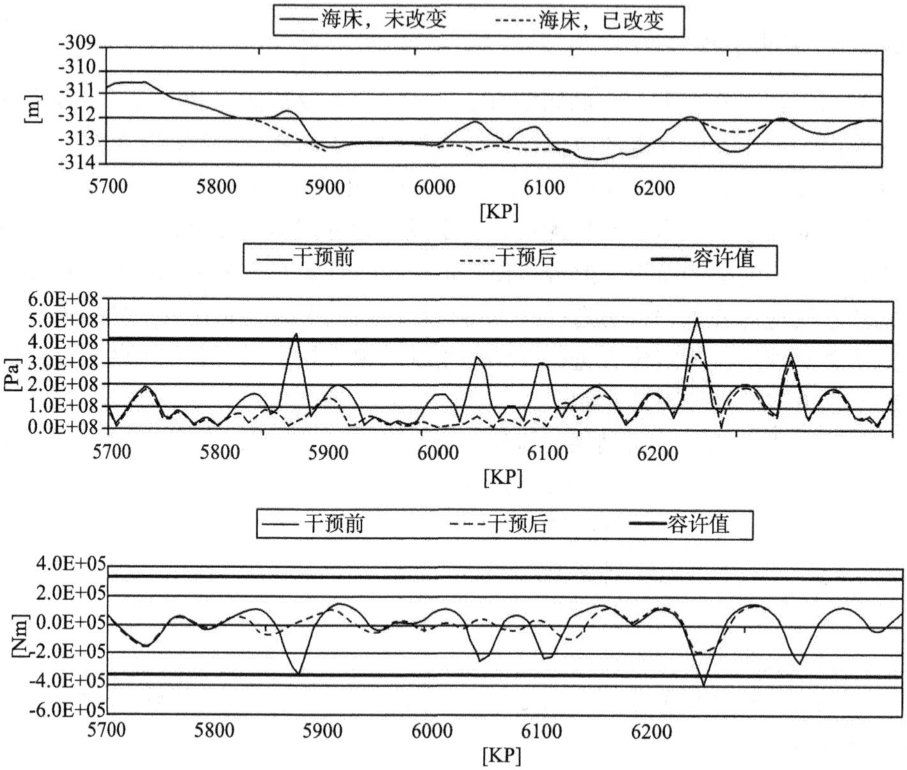

图 49–7　干预前后的应力和弯矩比较

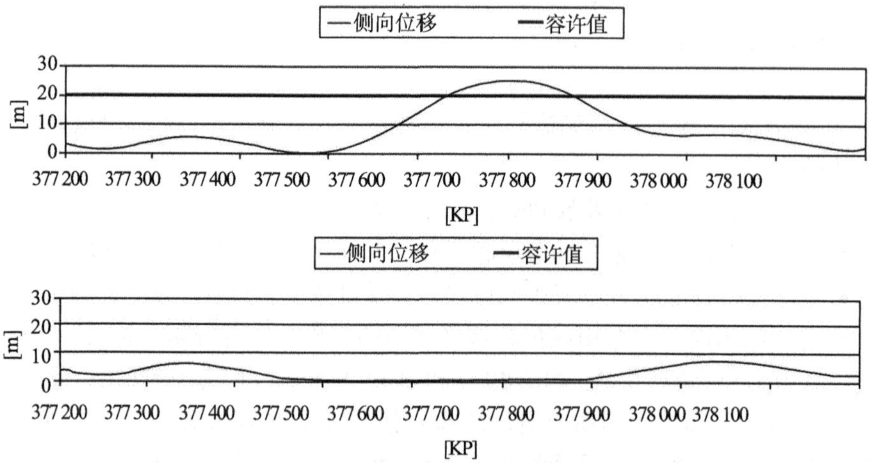

图 49–8　干预前后的管道侧向位移比较

参考文献

[1] N.B. Brown, and A.G. Fogliani, "Pipeline Lateral Stabilisation Using Strategic Anchors", SPE 77849, Proceedings of the SPE Asia Pacific Oil and Gas Conference, Melbourne, Australia, 2002.

[2] AGA, "Submarine Pipeline On-bottom Stability", Vols. 1 and 2, project PR-178-9333, American Gas Association, 1993.

[3] DNV, On-Bottom Stability Design of Submarine Pipelines, DNV-RP-E305, 1988.

[4] DNV, On -Bottom Stability Design of Submarine Pipelines, DNV-RP-F109, 2007.

[5] O. I. Ghazzaly, and S. J. Lim, "Experimental Investigation of Pipeline Stability In Very Soft Clay", OTC 2277, 1975.

[6] K. Tørnes, H. Zeitoun, et al. A Stability Design Rationale-A Review of Present Design Approaches, OMAE 79893, Proceedings of the ASME 28th International Conference on Ocean, Offshore and Arctic Engineering, Honolulu, Hawaii, USA, 2009.

[7] H. Brennodden, J. T. Lieng, T. Sotberg, and R.L.P. Verley, "An Energy Based Pipe Soil Interaction Model", OTC6057, Proceedings of the 21th Offshore Technology Conference, Houston, Texas, 1989.

[8] R.L.P. Verley, and T. Sotberg, "A Soil Resistance Model for Pipelines Placed on Sandy Soil", 5-a, Pipeline Technology, Proceedings of the 11th International Conference on Offshore Mechanics and Arctic Engineering, Alberta, Canada, 1992.

[9] H. O. Zeitoun, K. Tørnes et al, "Advanced Dynamic Stability Analysis", Proceedings of the ASME 28th International Conference on Ocean, Offshore and Arctic Engineering, Honolulu, Hawaii, USA, OMAE-2009.

[10] K. Holthe, T. Sotberg, and J.C. Chao, "An Efficient Computer Program for Predicting Submarine Pipeline Response to Waves and Current", OTC5502, Proceedings of the 19th Offshore Technology Conference, Houston, Texas, 1987.

[11] Y. Bai and P.A. Damsleth, "Limit-state Based Design of Offshore Pipelines", Proc. of OMAE’97, 1997.

[12] B. A. Ose, Y. Bai, P. R. Nystrøm, and P. A. Damsleth, "A Finite Element Model for In-situ Behavior of Offshore Pipelines on Uneven Seabed and its Application to On-Bottom Stability", Proc. of ISOPE '99, 1999.

第 50 章

管道跨段和涡致振动疲劳

50.1 引　　言

50.1.1 概述

管道在海床上的构形取决于海床地形、土壤类型、残余张力、管道刚度及其沉没重量。管道跨段是海床上未受支撑的管段。如果海床极其高低不平，那么管道将趋于形成跨段，而不是沿着海床地形进行布局。管道跨段的形成可能是因安装期间海床的不规则性或者是运行期间的后续冲刷和管道水平移动所致。管道跨段并非限于单跨段，也有可能形成多跨段构形，其中相邻跨段位于周边近距离位置，它们之间可能会产生相互作用[1]。图 50–1 为海床上形成的典型管道跨段。

多跨中各跨段之间相互作用的趋势取决于土壤特性和两个邻近跨段的相对长度。图 50–2 为管道跨段类型根据 DNV–RP–F105[2] 的分类。在四种土壤类型中，邻近跨段的相对跨段长度与相对跨肩长度之间的关联性如图 50–2 所示。如果多跨的关联性在曲线上方，那么多跨应被视为多跨，否则就可以将该多跨视为单独的单跨。较软的土壤趋于使跨段更短更少，相互作用的跨段少于硬质土壤的。

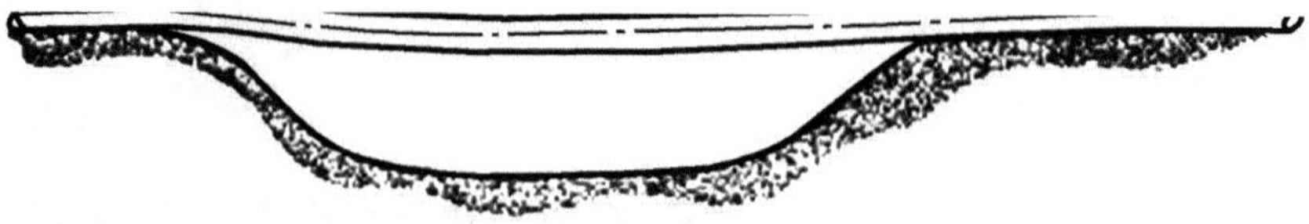

（a）为单跨段

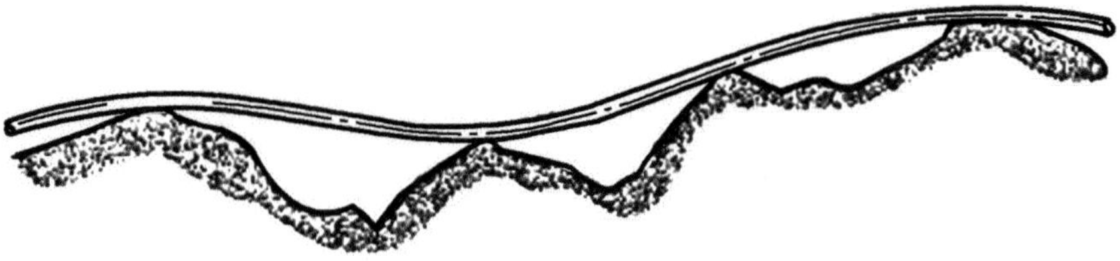

（b）多跨段

图 50-1　典型的管道跨段

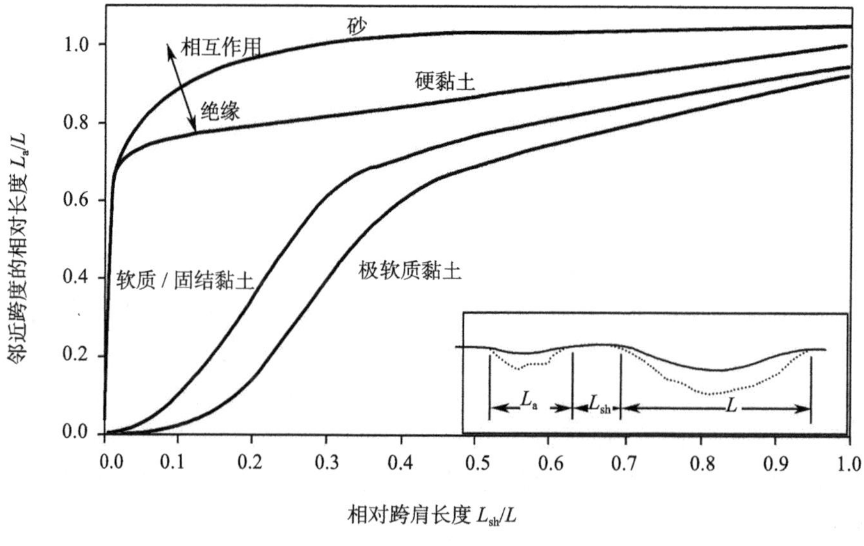

图 50-2　跨段类型分类[2]

作为浅水区中多数砂质海床的典型特点，砂波区趋于扩展，其结果导致管道跨段持续移动，除非把管道降低至海槽水平。安装期间跨段形成时的残余张力与管道沉没重量密切相关。残余张力较大时趋于形成更多跨段，而且跨段长度较大。较重的管道所形成的跨段一般较少且长度较短。如果管道重量较大，安装期间所需的张力也较大，用以防止管道中出现过大的应力。

管道跨段会对管道运行的安全性和完整性产生关键影响。通常在安装之前，可通过收集建议中的管道沿程的环境数据以及海底勘察情况来预测潜在的跨段。基本的跨段长度标准包含有静应力、涡致振动所致的振动和疲劳损伤，以及下述管道跨段失效模式所致的杆屈曲：

- 长跨段应力过度所致的屈服断裂；
- 直接波浪载荷和管道涡致振动所致的疲劳损伤；
- 因管道重量和海流载荷、涡致振动和波浪载荷、拖网干扰引起的局部严重弯矩所致的局部屈曲；或者受内部压力和温度载荷作用下有效压缩轴向力所致的杆屈曲。

对于每一种标准，一般应针对下述四种载荷条件来计算容许跨段长度：

- 安装条件——空管；
- 浸水和水力试验条件——注水管；
- 运行条件——加注产品流体管道。

上述载荷条件下的管道跨段加载均以对环境、施工方法、运行参数和试验要求的评估为依据，其包括：

- 管道的沉没重量；
- 管道的有效质量；
- 外部和内部压力；
- 温度；
- 残余铺设张力；
- 未埋地和埋地管道的土壤 / 管道相互作用。

在某些情况下，环境加载也包括下述原因：

- 海流和波浪运动所致的海水 / 管道相互作用、水动力；
- 地震活动所致的加载；
- 网板拖拉或起吊作业。

给定跨段构形的结构性能须以静态和动态性能进行表征。有待推导出的关键参数和关联性主要如下：

- 跨段加载 / 挠度与管壁的关联应力和截面力 / 运动之间的关联性（静态分析）；
- 跨段的固有频率和振型，振动幅度与应力循环之间的关联性（动态分析）；
- 土壤与管道的静态和动态相互作用所致的土壤阻尼。

50.1.2　结构静态模型

不同复杂性的结构模型、基于解析分析及有限元分析的模型均可应用，其从简单桌面计算的简化模型到用于有限元分析的高级有限元模型不等。

从根本上说，静态模型应用于确定静态或准静态载荷所致的应力，诸如跨段载重量、准静态波浪和海流载荷、网板和锚。管道自身时常选用弹性法，而弹性－塑性土壤性能则通常予以采纳。对于支撑在软质海床上的大跨段，这一点尤为重要。

对于冲击载荷的分析，通常需考虑到管道以及土壤的弹性－塑性性能。

50.1.3 结构动态模型

从根本上说，动态模型用于确定流动所致振动产生的应力，适宜于后续计算疲劳损伤（结合疲劳模型）以及与最大容许应力进行比较。流向振动和垂向振动可予整合或单独处理。

50.1.4 本章目的

海床上的管道跨段需进行评估，以确定是否需要补救行动以避免损伤管道。管道跨段的静态和动态特性应予调研，以确保能够维系在可接受的安全状态下。如果所需安全性不能确保，那么改变路线、修正跨段、限制涡致振动等形式的补救行动可应用于确认是否超过涉及涡致振动所致应力水平和潜在疲劳损伤的设计标准。

在设计阶段，可对建议路径沿程上的海床轮廓进行评估，以确定管道跨段是否符合预期要求。如果出现管道跨段，则应计算跨段位于何处以及有多长。管道路径的评估一般以勘察数据为依据，而数据的获取系采用有限元分析如ABAQUS软件或专家管道软件包如Orcaflex或Sage Profile，其均应用于在海床轮廓上铺设管道的情形。这一分析对预计管道跨段的数量和大小给出预测[3]。

DNV RP-F105是主要的设计标准，可用于评估海底工程中的悬跨管道。在其他的主要离岸标准中，如DNV OS-F101、PD 8010和ASME B31.8等，并没有涉及管道跨段的特定要求，但应力极值却被纳入计算基于静态应力标准的容许跨段长度。

本章目的旨在呈现与悬跨段所致涡致振动引起的静态应力极限和疲劳损伤极限相关的接受标准，并对管道系统详细设计的建议方法予以概述。

50.2　静态分析

50.2.1　解析分析

悬跨管道的静态分析系采用简化的线性弹性分析法，并将压力、温度和弯曲所致的最大等效应力限制在管道材料规定最小屈服强度（SMYS）的一定比例之内。当需要考虑到诸如土壤柔度、管 / 土摩擦和轴向有效张力等的影响时，线性弹性分析法的有效性成了极大的问题。

因产生于拖拉和惯性水动力的侧向弯曲载荷所致的和产生于管道、内容物自重以及水动升力的垂直弯曲载荷所致的均布载荷 q 需沿着跨段长度进行应用。因泊松效应、内部流体压力产生的管帽作用力和热膨胀引起的有效轴向载荷 S_0 也需包括在分析之中。

图 50-3 为管道跨段及其载荷的典型构形。下述公式均源自于管道单元的力平衡，其中假定管道旋转和管道单元相对于水平方向的初始倾斜很小。

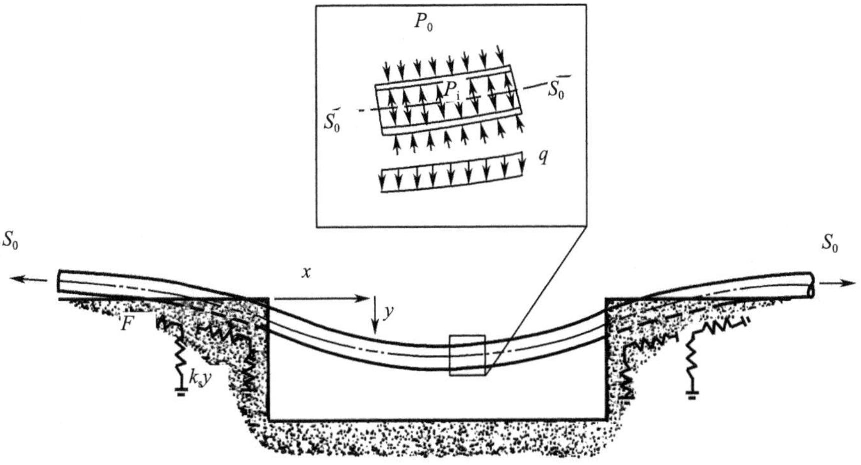

图 50-3　管道跨段和载荷的典型构形 [1]

$$EI\frac{d^4y}{dx^4}-S_0\frac{d^2y}{dx^2}+k_sy=q \qquad (50–1)$$

式中：k_s 为土壤刚度。采用设置边界条件的计算机程序来求解式（50–1）中的无量纲公式 [1]。因为公式的非线性特点，采用了迭代法。然后把所得结果用于计算弯矩和轴向力。如果跨肩被定为刚性接触，那么公式中的弹簧项可予忽略。简单梁理论的控制式（50–1）简化为式（47–4），其中以“$-w$”替代“y”。

由沿着跨段长度的均布载荷 q 在跨段长度 L 内所产生的最大弯矩 Mmax 如下：

对于两端铰支边界条件

$$M_{\max}=\frac{qL^2}{8} \qquad (50–2)$$

对于两端固定边界条件

$$M_{\max}=\frac{qL^2}{12} \qquad (50–3)$$

对于一端铰支一端固定边界条件

$$M_{\max}=\frac{qL^2}{10} \qquad (50–4)$$

两端铰支情形低估了真实跨段支撑的刚度，而两端固定模型则高估了多数跨段的稳定性。某一跨段的末端稳定性系介于两种情形之间，但难以精确确定在何处，正常的妥协办法是为一端固定而另一端铰支的跨段建模，取具有代表性的中间值。这一般会得出明显良好的结果。

静态弯矩亦可根据 DNV–RP–F105[2] 估算如下：

$$M_{\max}=C\frac{qL_{\text{eff}}^2}{1+\dfrac{S_0}{P_{\text{cr}}}} \qquad (50–5)$$

式中：C 为边界条件系数，1/8 适用于两端铰支边界条件，1/12 适用于两端固定边界条件。

对于海床上的单跨段，跨段中点为 C=1/24，跨肩处为$C=\dfrac{1}{18\left(L_{\text{eff}}/L\right)^2-6}$。

采用静态土壤刚度计算 L_{eff}。P_{cr} 为临界屈曲载荷，当有效轴向力处于压缩状态时 S_0/P_{cr} 项为负值。

最大弯曲应力 σ_b 如下：

$$\sigma_b = \frac{M_{max} D}{2I} \quad (50\text{-}6)$$

式中　M_{max}——最大弯矩；

I——管道惯性矩；

D——管道外径。

轴向约束末端条件下的纵向总应力 σ_L 如下：

$$\sigma_L = \sigma_T + \sigma_P \pm \sigma_b \quad (50\text{-}7)$$

式中　σ_T——热应力 $-E\alpha\Delta T$；

σ_P——泊松应力 $\nu\sigma_h$。

环向和纵向应力所致的 von Mises 符合应力：

$$\sigma_{eq} = \sqrt{\sigma_L^2 + \sigma_h^2 - \sigma_L\sigma_h + 3\tau^2} \quad (50\text{-}8)$$

式中，τ 为剪切应力，一般的管道跨段取值为 0。

管道跨段可在不同阶段承受不同载荷，如安装与运行期间。管道对这些载荷的响应变化明显，取决于与环境的相互作用、使用条件及其构形和几何形状。管道性能比起简化分析法所预测的结果明显会复杂许多。对于更精确的评估，建议采用有限元分析法。

50.2.2　静态应力极限

Static Stress Limits

管道跨段因其自身重量和水动力加载将提升管道的应力水平。弯曲应力应顾及上述载荷所产生的轴向和环向复合应力。此类载荷和运行载荷所致的复合应力应当根据相关设计标准中所给定的容许应力水平进行核查。

相关设计标准中的管道利用系数如表 50-1 所示。

表 50-1　海底管道不同设计标准的利用系数

设计标准	利用系数			
	等效拉伸应力	von Mises 应力		
		安装	功能性	功能性与环境性
DNV OS-F101	—	0.72/0.96	0.72	0.96
BS8010	—	1.0	0.96	0.96
ASME B31.4	—		0.72	

表 50-1（续）

<table>
<tr><th rowspan="3">设计标准</th><th colspan="4">利用系数</th></tr>
<tr><th rowspan="2">等效拉伸应力</th><th colspan="3">von Mises 应力</th></tr>
<tr><th>安装</th><th>功能性</th><th>功能性与环境性</th></tr>
<tr><td>ASME B31.8</td><td>0.9</td><td>—</td><td>—</td><td>—</td></tr>
<tr><td>API RP 1111</td><td>0.9</td><td>—</td><td>—</td><td>—</td></tr>
</table>

采用 DNV RP-F105 时，应力核查由针对局部屈曲的最大极限状态核查所取代。DNV RP-F105 给出了最大极限状态（ULS）标准，正如离岸管道标准 DNV OS-F101 所规定的一样。运行时跨段的临界最大极限状态为局部屈曲。局部屈曲预示着横截面有近似变形，DNV OS-F101 则要求针对系统压溃、组合式加载和扩展屈曲进行核查。

50.3 动态分析

固有频率是动态分析中最重要的参数之一，因为其确定了系统对时间关联性激振力的响应。如图 50-4 所示，管道悬跨段对涡旋脱落的响应系由涡旋脱落频率与出油管系统的固有频率是否接近所决定。

当涡旋脱落频率 f_V 与固有频率 f_n 相比为很小时，涡旋脱落的影响也很小，管道挠度与静态运动所致的挠度差别不明显。然而，当频率比 f_V/f_n 接近 1 时，所产生的强迫振动幅度快速加大，达到最大值，即为共振。这些由涡致振动引起的管道显著偏转可能会导致管道失效，原因在于发生了屈服、屈曲、混凝土剥落或其组合现象。另外，疲劳损伤也会因管道中的应力变化而发生。对于这些原因，有必要在涡旋脱落与固有频率之间允许保持安全裕度，以避免此类影响的发生。

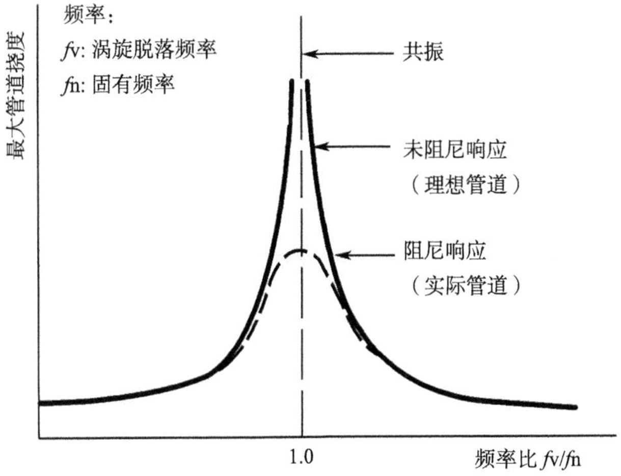

图 50–4　固有频率与涡旋脱落频率之间的关联性

50.3.1　管道固有频率

动态与静态响应之间的差异在于前者的沉没重量系由惯性力所取代，这是有效质量 m_e（合并附加质量效应）和梁单元横向加速度 y_t（t）之积。对于一个管道单元，动态平衡公式为：

$$EI\frac{d^4y_t}{dx^4}-S_0\frac{d^2y_t}{dx^2}=m_e\bar{y}_t \quad (50\text{–}9)$$

其类似于式(40–1)，但其重量系由惯性项所取代。y 上方的点(˙)表示对 t 的导数。

当管道以固有模式之一横向振动时，其挠度 y_t 随时间呈简谐波变化。

$$y_t=[\,yA\cos(\omega t)+B\sin(\omega t)\,] \quad (50\text{–}10)$$

式中，ω 为振动的角速度。将式（50–10）代入式（40–9），得到：

$$EI\frac{d^4y}{dx^4}-S_0\frac{d^2y}{dx^2}=m_e\omega^2y \quad (50\text{–}11)$$

上式的解为动态位移函数 y 和角速度 ω，因此与角速度 ω 成比例的固有频率 f 表示：

$$f=\frac{\omega}{2\pi} \quad (50\text{–}12)$$

固有频率 f 可表示为

$$f_n = \frac{C_1}{L^2}\sqrt{\frac{EI}{m}\left(1+\frac{S_0}{P_E}\right)} \quad (50\text{–}13)$$

式中 L——跨段长度；

EI——管道的抗弯刚度；

m——单位长度质量，包括考虑到周边水在内的附加质量；

C_1——常数，取决于边界条件，如表 50–2 所示；两端固定边界条件为 3.56；

S_0——有效轴向力，张力为正值；

P_E——欧拉屈曲载荷，两端固定边界条件为 $4\pi^2 EI/L^2$。

DNV RP–F105 给出的固有频率经验公式如下：

$$f_n = C_1\sqrt{1+CSF}\sqrt{\frac{EI}{m_e L_{eff}^4}\left(1+C_2\frac{S_0}{P_{cr}}+C_3\left(\frac{\delta}{D}\right)^2\right)} \quad (50\text{–}14)$$

式中 CSF——混凝土刚度增强系数，定义为 $CSF = k_c\left(\frac{EI_{conc}}{EI_{steel}}\right)^{0.75}$；

P_{cr}——临界屈曲载荷 $P_{cr} = (1+CSF)\frac{C_2\pi^2 EI}{L_{eff}^2}$；

δ——静态挠度。

边界条件系数 C_1 至 C_3 均参见表 50–2。

表 50-2 固有频率公式的边界条件系数

边界条件	C_1	C_2	C_3
两端铰支	1.57	1.0	0.8
两端固定	3.56	0.25	0.2
海床上的单跨段	3.56	0.25	0.4

管道固有频率的关系式（50–13）适用于流向首次涡致振动频率，式（50–14）则用于首次垂向固有频率。式（50–14）的平方根中的三项包括电缆、梁和土壤加上管道垂直挠度。

也可用附着式加速计和惯性清管器来测定固有频率，从而取代计算。影响固有频率的最重要参数如下：

- 轴向力；
- 土壤条件和管道在土壤中的埋置程度；
- 海床几何形状；

- 静态和动态非线性影响；
- 多跨段——间隔长度。

50.3.2　悬跨段的涡致振动分析程序

50.3.2.1　概述

从传统上讲，基于起始标准的管道系统在设计寿命期内不得在任何时候出现悬跨段涡致振动。近年来，DNV RP–F105 已允许出现涡致振动，但要求因涡致振动而产生的疲劳损伤不超过容许值。DNV RP–F105 的筛查标准类似于起始标准，但安全系数有待与筛查标准结合使用并允许在极端环境条件下出现一些振动。

流向的筛查标准 [2] 要求流向的固有频率 $f_{n,IL}$ 必须满足：

$$\frac{f_{n,IL}}{\gamma_{IL}} > \frac{U_{c,100year}}{V_{R,onset}^{IL} \cdot D}\left(1 - \frac{L/D}{250}\right)\frac{1}{\alpha} \tag{50-15}$$

式中：$U_{c,100year}$ 为管道水平处的百年重现期海流，$V_{R,onset}$ 为流向涡致振动的起始值，D 为管道外径，L 为跨段长度，α 为百年重现期海流与 $U_{w,1year}+U_{c,100year}$ 之比，γ_{IL} 为流向安全系数。

垂向筛查标准要求垂向固有频率 $f_{n,CF}$ 必须满足：

$$\frac{f_{n,CF}}{\gamma_{CF}} > \frac{U_{c,100year} + U_{w,1year}}{V_{R,onset}^{CF} \cdot D} \tag{50-16}$$

式中：$V_{R,onset}{}^{CF}$ 为垂向涡致振动的启动值，γ_{CF} 为垂向安全系数。如果违背了上述的流向或垂向标准，那么需进行全流向或垂向涡致振动疲劳分析。

如果管道跨段就全流向或垂向涡致振动而言达到临界状态，那么通常是以在管道下方抛石的方式进行跨段修正，以便缩短跨段长度，并因此提高跨段的固有频率。除了成本因素外，在海床上大量抛石的主要缺点是需在跨段内限制形成热膨胀。其结果表明，允许管道出现跨段将减小有效力，这是激活管道产生整体屈曲的主要因素。使屈曲最小化的优点在于支持跨段的抛石数量可保持在最低限度。因此，对于全面分析的涡致振动标准作如下建议：

如果有结果表明并没有超出容许应力和疲劳损伤，那么将允许在设计寿命的任何阶段内出现流向涡致振动；

假定有结果表明并没有超出容许应力和疲劳损伤，那么将允许在设计寿命的任何阶段内出现垂向涡致振动。

图 50–5 为涡致振动评估程序流程图[3]。

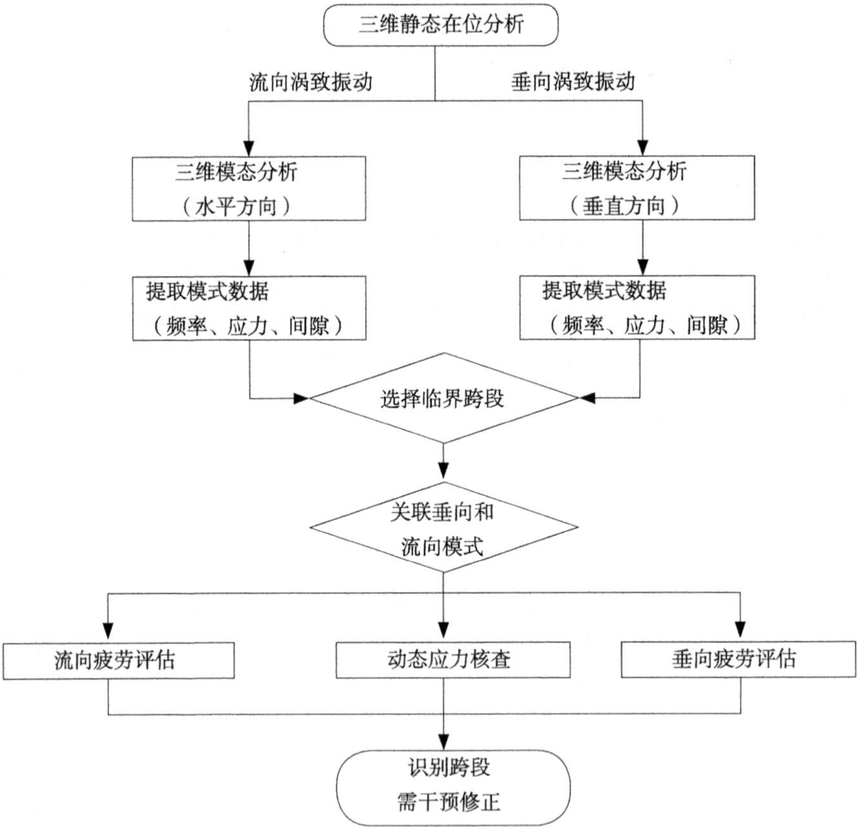

图 50–5　管道跨段评估流程图

适用于不同环境条件的管道跨段设计标准定义如下：

（1）极端条件下的峰值应力和弯矩将满足动态强度标准。

（2）疲劳损伤将不得超过容许疲劳损伤 η，其在安全系数为 10 时一般为 0.1。

Mørk 等人已就悬跨管道的涡致振动和疲劳发表了系列论文[6,7,8]。

50.3.2.2　跨段动力学

1. 换算速度

为了确定可能出现涡致振动的速度范围，采用换算速度参数 V_R，定义如下：

$$V_R = \frac{U_c + U_w}{f_n \cdot D} \qquad (50\text{–}17)$$

式中　U_c——垂直于管道的平均海流速度；

U_w——垂直于管道的波浪诱导速度；

f_n——给定振动模式下跨段的固有频率；

D——管道总外径，包括涂层或海生物。

2. 稳性参数

控制运动的其他主要参数是稳性参数 K_s，参见如下：

$$K_s=\frac{4\cdot\pi\cdot m_e\cdot\zeta_T}{\rho\cdot D^2} \tag{50-18}$$

式中　m_e——单位长度质量（管道总质量和附加质量）；

ρ——海水密度；

ζ_T——给定振动时的总模态阻尼比；

D——水动力直径，也即总外径。

3. 阻尼

一般认为总阻尼 ζ_T 由水动力阻尼、土壤阻尼和结构阻尼构成。

（1）水动力阻尼

水动力阻尼考虑到了周边水的阻尼影响。水动力阻尼与水的速度成正比，也即当水的速度趋向 0 时减为 0。涡致振动对锁定区域内水动力阻尼的作用被设定为 0，因为阻尼总是被包括在响应模型之中。

（2）土壤阻尼

土壤阻尼是土壤对管 – 土系统总阻尼的贡献。土壤阻尼是跨段的端部效应；因此，加大跨段长度将减小对总阻尼的总体影响。与垂向相比，土壤阻尼在流向上较大。对于筛查目的，可假定土壤阻尼为 0.01。

在 Grytten and Reid 指南中给出了不同类型土壤和跨段长度 / 管径（L/D）的典型土壤阻尼值。正如在 VIVA 中所使用的一样，可为正确的跨段长度插补阻尼值。对于连续性跨段，采用最大的跨段长度将为土壤阻尼设定最保守的数值[3]。应当强调的是，确定管土相互作用的影响则受累于源自土壤基本参数和物理模型的相对较大的不确定性。因此，重要的是展开敏感性研究以便对上述不确定性的影响进行调研。

（3）结构阻尼

结构阻尼是管道钢材内部摩擦所致的阻尼。如果无其他信息可用则选取数值 0.005（0.5%），这是非常保守的数值。如果结构中有混凝土，那么混凝土与抗腐蚀涂层之间界面上的滑动可进一步加大阻尼至 0.01~0.02。柔性管的结构阻尼较大，不易激活涡致振动。

4. 有效质量

有效质量定义为：

$$m_e=m_{str}+m_c+m_a+m_{con} \tag{50-19}$$

式中 m_{str}——结构质量（包括涂层）；

m_c——内容物质量；

m_a——附加质量，系海床与管道之间间隙的函数。其计算式如下：

$$m_a=\frac{\pi}{4}D^2\cdot\rho\cdot C_a \tag{50-20}$$

式中 :C_a 为附加质量系数。附加质量是结构物加速度非零时所出现的有效质量增加。也称为水动力质量。无加速度时，附加质量为 0。经由式（50–19）所定义的有效质量以下述假定为依据，即整个跨段处在振荡中，而涡旋脱落发生在整条长度上。这一假定将有助于较低水平的固有频率，属于保守值。

附加质量加大时固有周期变长。在本征值分析过程中进行固有周期计算。其次，附加质量加大时稳性参数 K_s 变大，因此阻尼的影响将增加。

50.3.2.3 振荡幅值和应力范围分析

结构和环境分析的结果被用作悬跨段针对环境载荷进行响应的计算输入值。可通过应用静态或准静态载荷来发现响应情形，或者经由振荡幅值直接给出。

由于相关物理过程的复杂性，也即振动跨段的流体 – 弹性相互作用的非线性特征较为显著，该跨段的响应一般经由模型的应用或全尺寸调研进行确定。因此，环境和悬跨段的流体 – 弹性特性将借助于诸多无量纲参数进行描述，其用于检索相关的响应数据（作用力系数和振荡幅值）。

响应数据可随后用于计算：

- 应力范围分布；
- 预计振荡次数；
- 疲劳损伤参数；
- 最大应力。

50.3.3 疲劳损伤

为计算管道所经历的应力循环与所产生的疲劳损伤之间的关系以及疲劳寿命的消耗量，可采用经验或半经验特性关系。一般而言，这意味着需要确定导致不同动态应力范围(例如，*S–N* 曲线)失效的循环次数以及随后的部分损伤(例如，Palmer–Miner 准则）的累积情况。请参见第 28 章，详细了解有关管道疲劳损伤的描述。

50.3.3.1　累积疲劳损伤

疲劳损伤以 Palmgren–Miner 累积准则为基础：

$$D_{fat}=\sum_{i=1}^{M_c}\frac{n_i}{N_i}\leqslant\eta \tag{50-21}$$

式中　D_{fat}——累积疲劳损伤；

η——容许损伤比，一般取值 0.1；

N_i——S–N 曲线所定义的在 ΔS_i 应力范围发生失效所需的循环次数；

n_i——结合应力范围 ΔS_i 的等效应力循环的总次数。

在给定海流速度下当几种潜在振动模式可能同时存在，应采用产生疲劳损伤最大的模式。否则，应进行多模态跨段分析。

50.3.3.2　*S–N* 曲线

在为换算速度 V_R 的数值范围确定了应力范围 ΔS（也即双应力幅值）时，则借助于 *S–N* 曲线来计算预计的疲劳损伤。

在未使用应力集中系数的情况下，建议在进行详细设计时为海水中的沉没结构物采用 F2 *S–N* 曲线。于是：

$\log a$ 为常数，等于 11.63；

m 为疲劳指数，等于 3。

50.3.4　响应幅值

50.3.4.1　以海流为主条件下的流向涡致振动

本节仅适用于以海流为主的情形，也即 $\alpha>0.8$ 或 $\alpha>0.5$。

1. 产生流向振动

DNV 给出了第一非稳定区域内换算速度的起始值。

第一非稳定区域：

$$V_{R\_onset}\gamma_{on,IL}=\begin{cases}1.0 & 当\quad K_{s,d}\leqslant 0.4\\ 0.6+K_{s,d} & 当\quad 0.4\leqslant K_{s,d}\leqslant 1.6\\ 2.2 & 当\quad K_{s,d}\geqslant 1.6\end{cases} \tag{50-22}$$

式中：$K_{s,d}=K_s/\gamma_k$，γ_k 和 $\gamma_{on,IL}$ 分别为与阻尼和流向换算速度起始值相关的安全系数。

第二非稳定区域：

$$V_{R\_end}=\begin{cases}4.5-0.8K_{s,d} & \text{当 } K_{s,d}\leqslant 1.0\\ 3.7 & \text{当 } K_{s,d}>1.0 \text{ 响应}\end{cases} \tag{50-23}$$

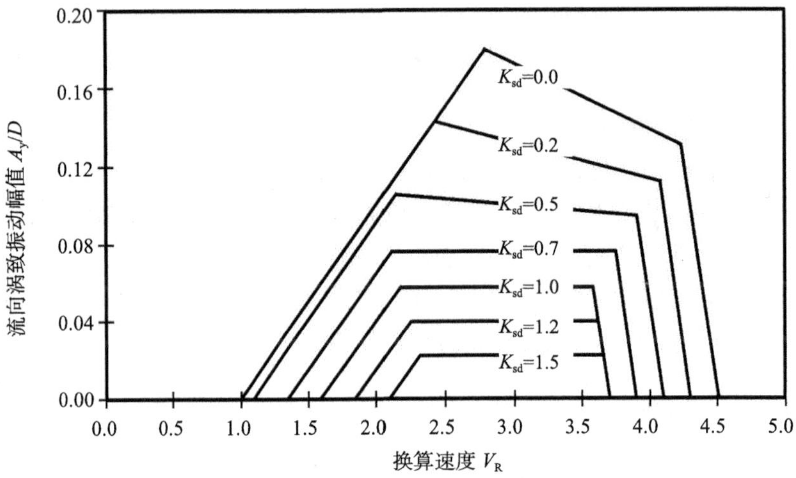

图 50–6 流向涡致振动的幅值响应模型 [2]

最大特征响应幅值如图 50–6 所示。

2. 应力范围

在以海流为主的条件下，管道跨段的流向响应与交变或对称涡旋脱落相关。本节内容涉及流向第一非稳定区域（$1.0<V_R<2.5$）和第二非稳定区域（$2.5<V_R<4.5$）的作用。可通过流向涡致振动响应模型来近似计算应力范围 S。

$$S=2\cdot S_{A=1m}\cdot(A_Y/D)\cdot D \tag{50-24}$$

式中 $S_{A=1m}$——单位应力幅值（一米流向振型偏转所致的应力），采用专用的有限元分析软件包进行估算；

(A_Y/D)——无量纲流向涡致振动响应幅值。

50.3.4.2 复合波浪与海流中的垂向涡致振动

本节适用于所有类型区域的所有垂向载荷（$\alpha<0.5$、$0.5<\alpha<0.8$ 波浪为主以及 $\alpha>0.8$ 海流为主）。

1. 产生垂向涡致振动

对于以稳定海流为主的流动情况，显著幅值垂向涡致振动的启动一般在换算速度 V_R 介于 3.0 和 5.0 之间进行产生，而最大幅值振动则介于 5.0 和 7.0 之间。对于以波浪为主的流动情况，在 V_R 值低至介于 2 和 3 之间时会激活垂向振动，其在这一区域内明显与流向的运行相关联。对于较大的 V_R 值，需再次对运行进行解耦。

$$V_{R,onset}=\sqrt{\frac{\pi^3\left(\frac{\rho_s}{\rho}+C_m\right)}{1.5+\left(0.27-0.03\cdot\left(\frac{e}{D_{pipe}}\right)\right)^2\times\left(\pi^3\left(\frac{\rho_s}{\rho}+C_m\right)-1.5K_s^{\ 2}\right)}} \tag{50-25}$$

式中（ρ_s/ρ）为特定质量，取值如下：

$$\left(\frac{\rho_s}{\rho}\right)=\frac{m(s)}{\frac{\pi}{4}\cdot\rho_w\cdot D_{pipe}} \tag{50-26}$$

如果换算速度小于 $V_{R,onset}$，则不会产生垂向运动。

2. 应力范围

如果确定会发生垂向涡致振动，那么必须核查跨段的疲劳损伤情况。一个重要的参数是应力范围 S，与应力幅值相关。应力范围可近似估算为

$$S=2\cdot S_{FE}\cdot R\cdot f_Y(V_R,\ K_C,\ \alpha) \tag{50-27}$$

式中　S_{FE}——应力幅值（单位直径振型偏转所致的应力），采用专用的有限元分析软件包进行估算；

R——考虑阻尼和间隙比的幅值缩减系数。

复合海流和波浪流中的（最大）特征幅值响应可取自图 50–7。

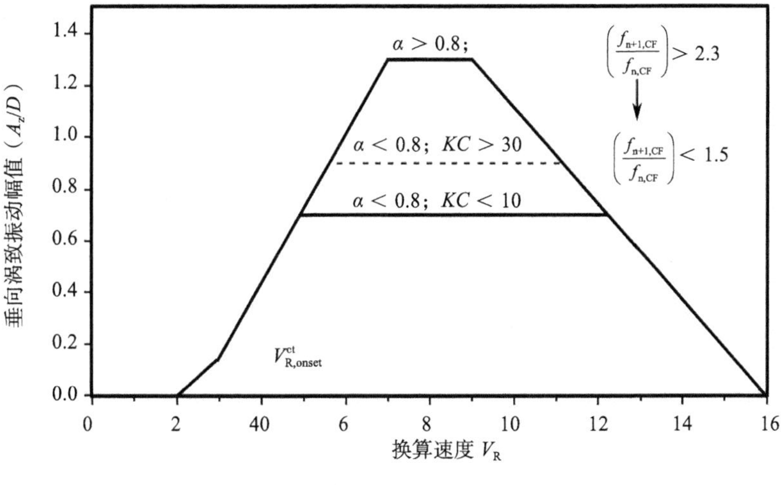

图 50–7　（最大）特征幅值响应 [2]

50.3.5 模态分析

50.3.5.1 概述

为了获取适用于可能的振动模式的固有频率、振型和相关标准化应力范围，应采用专用的有限元分析程序，取最小值时须考虑下述方面：

（1）为管道的抗弯特性建模时，需考虑弯曲刚度和几何刚度；

（2）需考虑控制跨段抗弯特性的有效轴向力；

（3）悬跨管段与铺设在海床上与其邻近的管道之间的相互作用应予考虑（多跨段项目）。

上述第 1 和第 2 点考虑事项已在单跨段和多跨段模态分析中予以采用。

• 在有限元分析中，已铺设跨段的形状偏转所致的整体刚度的变化（加大）需予以考虑。其包括二阶效应，如跨段中垂所致的应力刚化。

• 轴向有效应力，也即作用于管道上的外力总和需予以考虑。应予注意，即在设计寿命的不同阶段内有效力会出现明显变化。

为达此目的，关键在于确保进行模态分析之前为实际载荷历史建模[9,10,11]。

50.3.5.2 单跨段模态分析

进行单跨段分析是为了评估流向和垂向涡致振动的产生情况，以及计算疲劳损伤（如果发现已产生涡致振动时）。

对具有简单边界条件的单跨段进行模态分析，是为了评估流向和垂向涡致振动的产生情况以及相关疲劳损伤。对此验证如下：

• 多跨段分析的实施可根据这样的假定，即沿着路径的管道情况是有限元分析程序的输入值，而且需考虑到实际跨段长度。多跨段分析需考虑到邻近跨段之间的相互作用，也即若干个跨段会作为一个系统作出响应。尽管这可能对垂直振动模式至关重要，此时邻近跨段之间的海床会构成一个固定点而管道会在振动期间绕其转动，但这种影响对水平模式不具重要性，这里的海床侧向摩擦将阻碍运动的进行，且此时无固定点可供转动。实际跨段长度的涡致振动分析将在现场分析中予以考虑。

• 单跨段模型适宜于涡致振动分析，其依据这样的事实，即实际跨段长度未知，其为实施多跨段分析的一个条件。

两端固定和两端铰支边界条件均已结合系列轴向有效力进行分析。

50.3.5.3　多跨段模态分析

Multiple Span Modal Analysis

进行两维度多跨段分析是为了评估垂向涡致振动的产生情况，以及计算疲劳损伤（如果发现已产生涡致振动时）。多跨段分析需考虑到邻近跨段之间的相互作用。多跨段分析的实施可根据这样的假定，即沿着路径的管道情况是有限元分析程序的输入值，而且需考虑到实际跨段长度。实际跨段长度的涡致振动分析须在现场分析报告中予以考虑。

垂向涡致振动的标准旨在将跨段的固有频率保持在涡致振动频率之上，后者与产生垂向振动时相对应。为确保正确考虑每一个单一跨段的边界条件，垂向涡旋脱落需接受更为严格的模态分析，其中的纵向坐底构形被评估为二维静态分析的一部分。

需针对不同设计条件（安装、注水和运行）下产生垂向涡致振动的相应频率来核查跨段的固有频率。需识别出即将历经显著垂向涡致振动的潜在情形，用于预防或限制管道出现疲劳的措施需逐一进行评估。

50.4　涡致振动减缓与跨段修正

50.4.1　概述

要求对管道跨段进行干预修正，一般需根据悬跨管道构形的分析来决定，进而确定管道铺设在海床上时可能会出现的应力水平和跨段长度[12]。如果有检验数据表明设计阶段内的跨段不可接受，那么可采用不同方法来说明这一问题。不同的解决方案有：在可能考虑到任何给定的物理和经济约束条件时更改管道路径，减小铺管张力，加大管道沉没重量等。其他方法有：在极端不规则地形区域增设限制涡致振动和修正跨段的设备；采用喷水埋管船对不规则地形区域进行预扫海处理，以使沿着浅水区的路径变得平滑；允许采用预装支持手段；提高管道等级或增加壁厚等[13]。

如果经后续铺管或检查检验发现现有管道上有未受支撑的跨段，那么必须对这些跨段进行评估。在检验期间发现的跨段可与设计时的容许计算值进行比较。或者，可根据特定地点检验和环境数据对此进行分析以确定其可接受性。

图 50–8 为通过抛石缩短跨段长度之后的涡致振动响应。对于相同的海流分布，均把产生垂向或流向涡致振动延迟至出现较大的海流速度之时，其中出现较高速度的概率较小。因此，在修正跨段后，涡致振动所致的疲劳损伤将减小，或者将不发生涡致振动。

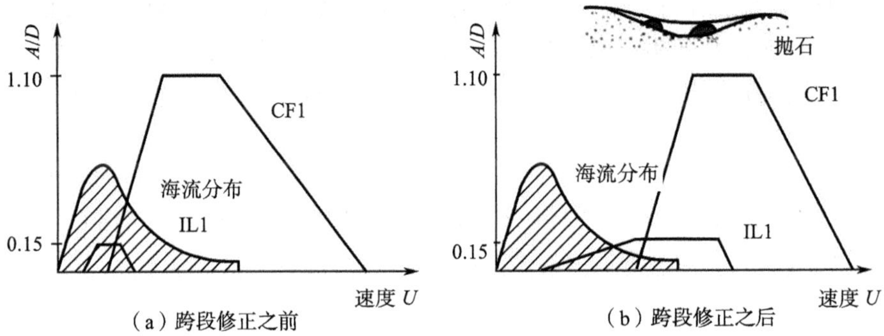

图 50–8　跨段修正之后的响应

50.4.2　涡致振动减缓

可借助于修改结构物或流动情况的不同方法来限制涡致振动，如图 50–9 所示。

最常见的涡旋限制装置是螺旋侧板。其功能是触动分离，以降低管道沿程上涡旋脱落的关联性。这一方法降低了管道成本，但加大了安装期间的操作复杂程度。流向的阻力系数也因引入侧板而加大。侧板设计的重要参数是给定管道直径时螺旋侧板的高度和节距。给定侧板设计的总体性能特征随着海流速度的分布而变化。

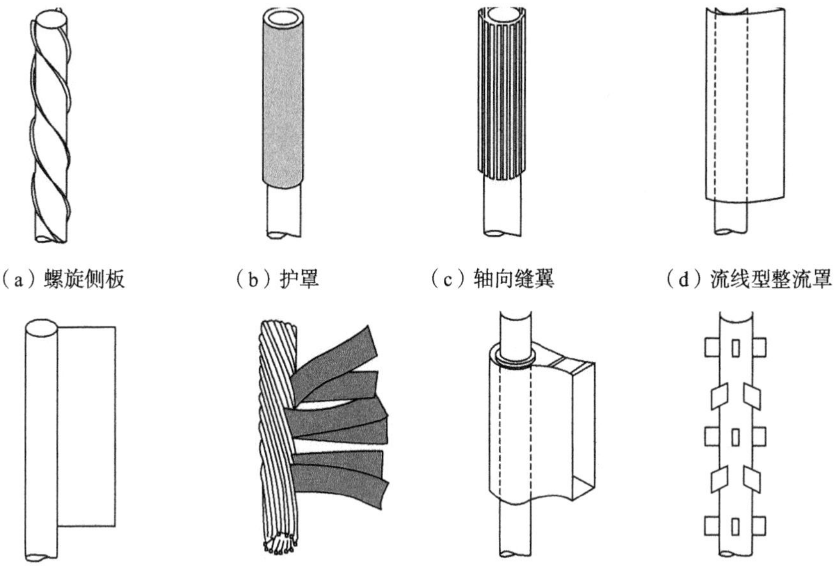

（a）螺旋侧板 （b）护罩 （c）轴向缝翼 （d）流线型整流罩

（e）分流器 （f）圆线缆带 （g）旋转导向叶片 （h）扰流板

图 50–9 限制涡致振动的圆柱状附加装置 [14]

50.4.3 跨段修正

下述跨段修正法可用于矫正不可接受的现有跨段：砂袋或水泥浆袋、机械支撑、水冲桩或开沟、回填以及强化沉降。

50.4.3.1 沉排和砂 / 水泥浆袋

由潜水员放置在跨段下面起支撑作用并缩短跨段的沉排、砂袋或水泥浆袋均为浅水区跨段矫正的常见方法。在深水区精确放置可以说既困难又耗时，因此不经济，尽管水泥浆袋可采用无潜水员方式进行沉放。

对于小间隙的跨段，砂袋或水泥浆袋可围绕其周边和顶部构建。水泥浆袋亦可靠近其他结构物进行铺放，即便是跨段间隙非常小的情形。如果预计有冲刷或底部异常软质，可首先铺放水泥编织沉排以作为支撑的基础。

一般而言，砂袋和水泥浆袋仅适宜于事后铺放干预修正，但沉排则可用于预先铺放或事后铺放干预修正。然而，如果沿着管道路径上有许多跨段需进行干预修正，在铺管之前放置大量的沉排 / 施工袋并非是一种实效的做法。

50.4.3.2 开沟

在管道下方的海床上开沟可用于改变管道轮廓，以减小曲率和跨段长度。常规的离岸管道开沟法包括使用犁、机械开挖机或喷水滑撬，详见第 22 章第 5 节。所有设备均可在管道铺设之后放置。当海床相对软质时，采用这些方法开沟是无黏性土或软质黏土中的最有效方法。总之，当管道路径的海床上有岩石时，开沟并非是一种实效选择。有许多管道尤其是小直径管，开沟是为其稳性和保护作考虑。开沟尤其适用于砂波和其他移动底形区域。

50.4.3.3 抛石

抛石可用于跨段干预修正工作，即在铺设管道前矫正海床轮廓或者在铺设管道后修正过大跨段。

为填充海床上的凹坑或整平峰顶，抛石区域应相当于铺设走廊的宽度，这需要大量的石材。在某些实例中，预铺设抛石干预修正是最为基本的，也是无法避免的。在悬跨区域内规定减小铺设公差将减少抛石数量，但一般会降低铺管作业的进度。事后铺放干预修正所要求的填石数量少于预先铺放干预修正的，因为跨段位置已精确可知，而且抛石可按需要进行。

50.4.3.4 机械支撑

可采用无潜水员的形式安装机械支撑，因此可应用于深水区。双腿式支撑降低了管道跨段并采用夹紧装置将管道夹持在双腿的顶部。这样的支撑用于抬升管道并改变管道轮廓，从而降低管道曲率。在设计机械支撑时，应考虑到最小高度、最大管道抬升力、最大承载能力、基础尺寸、最大海床斜坡、安装公差及容许值。

50.5 样　　例

50.5.1 概述

为深入考察对悬跨段疲劳的设计工作，以运行条件下 40in 管道的评估作为实例。为了完整分析起见，安装期间的疲劳损伤和水压测试条件应予以评估，并纳入到整体的损伤累积中。

表 50–3 为管道的特征尺寸和流动分析参数[9]。

表 50–3　管道输入参数

输入参数 / 管道参数	40 in
管道外径	1.016 m
壁厚	0.030 m
抗腐蚀涂层厚度	0.006 m
抗腐蚀涂层强度	1300 kg/m^3
混凝土涂层厚度	0.05 m
混凝土涂层强度	2500 kg/m^3
残余铺设张力	1350 kN
内容物强度	180 kg/m^3
内部运行压力	175 bar
运行温度	25 ℃
内部水压测试压力	200 bar

选择一处典型的非平整海床，以获取全面的跨段长度，其会产生较大的疲劳损伤。土壤是中等硬黏土。源自静态分析的构形和载荷均被用作固有模式分析的基础。模态分析适用于水平（流向）和垂直（垂向）方向。图 50–10 和图 50–11 为 40in 管道的流向和垂向出油管方向的模态分析结果。流向的固有模式数值（固有频率）趋向于比垂向数值更低，这是因跨段末端为刚度条件之故。为限制此次评估的数据量，疲劳的评估先行用于 10 种模式。

模态分析也生成单位应力幅值的结果，也即每种模式下一米模态偏转的管道应力。其应用于为涡致振动和波生振动发现管道沿程的相关应力。管段上最大弯曲应力的所在位置系指评估疲劳损伤的那个点。每一种模式中的最大应力一般均位于主悬跨段的跨肩上或跨段中点处。

垂向和流向模式形状需相互关联，以便考虑到因垂向所致的流向疲劳情形。对于上图所示的头 3 种模式，流向和垂向模式已明确相互关联。在同一位置处有两种明确的垂向模式，即可作为第 4 种流向模式。第 7 和第 8 种垂向模式显示在同一跨段上有较大的激励作用。第 7 种模式为保守型，因为固有频率较低。对于第 10 种流向频率，发现相应的模式即为第 12 种垂向模式（图中未标注）。

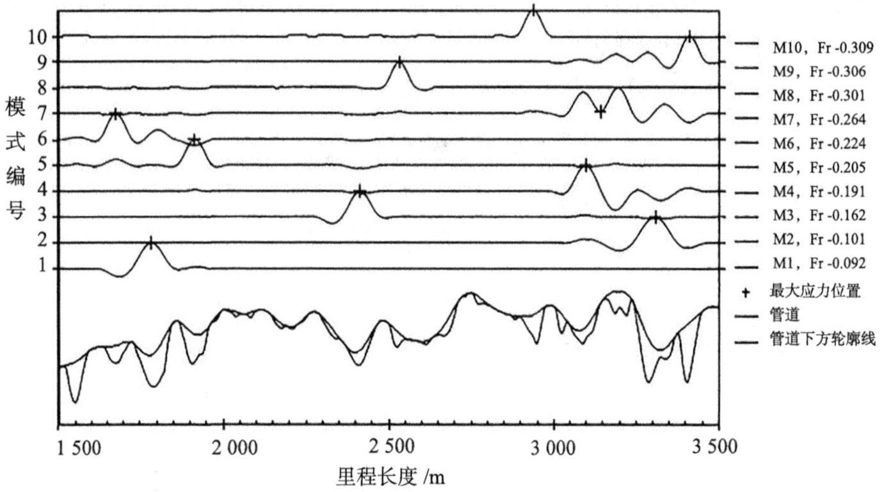

图 50-10　40in 管道的流向模式

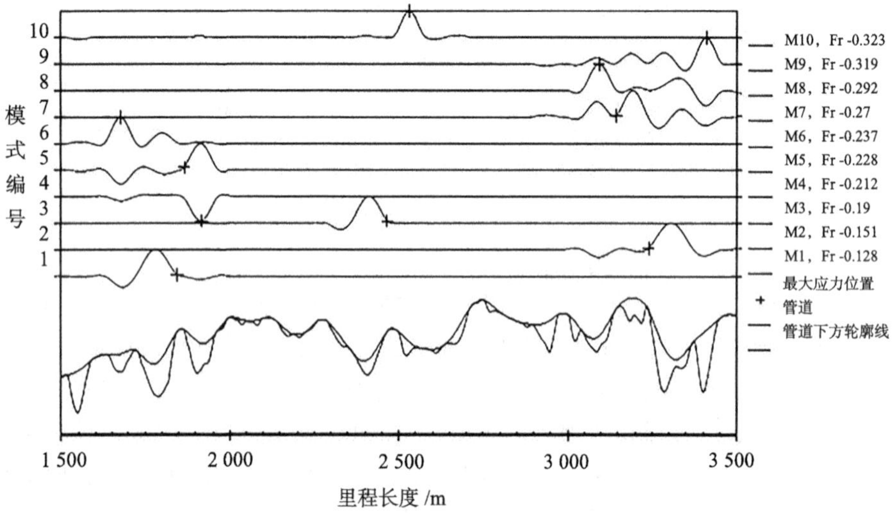

图 50-11　40in 管道的垂向模式

50.5.2　疲劳评估

为了对长期环境进行描述，在北海采用了典型的全向性波浪和海流分布。

- 3 小时海况的接合部频率谱（H_s 和 T_p）；
- 海床上方 3m 处 10min 平均海流测量的三参数 Weibull 海流分布。

水深约为 120m，因此较长周期波浪将对管道产生影响。初始考虑载荷呈 90° 角作用于管道。这是一个保守假设，减少了第一阶段分析过程中的处理时间。其被用于筛选目的，以便确定哪些跨段呈临界状态，因此需要进行更为详细的评估。

每一条管道的结构阻尼均取值为 1%。抗疲劳阻力的确定源自于设有阴极保护的海水中两斜率 F1 *S*–*N* 曲线。在所有预期环境条件下，发现 50 年运行寿命出现了损伤情况。允许在临时阶段内即空置和注水条件下出现 10% 的总疲劳损伤，后续安装也为 10%。表 50–4 为分析结果，其中运行条件下的损伤接受准则为 0.48。

表 50-4　疲劳评估结果

跨段位置	40in 管道	
KP	流向	X 轴方向流动
1585	N/A	N/A
1718	0.55	0.55
1841	3380	16.7
1956	0.95	2.06
2436	1.61	2.71
2571	0.19	0
2704	N/A	N/A
2970	0.05	0
3136	0.69	0.02
3236	0.39	0.18
3319	943	3.71
3444	0.17	0.003

注：给定为 N/A 的跨段损伤表明，该跨段并非落在头 10 个固有模式中。

正如所预期的一样，因海床高低不平，管道经受着较高水平的疲劳损伤，需要进行干预修正。对于垂向和流向，这均是不可接受的损伤。最低模式表明存在高作用力模型损伤，尤其在 KP 1841 和 KP 3319。大多数跨段均有垂向损伤情形，因此也经受着垂向所致的流向损伤。

对于所有不可接受的位置，支撑均放置在的跨段中点。支撑位置的优化可以减少抛石数量，即把支撑靠近跨肩处。后续的静态和模态分析以及疲劳再评估均已进行。图 50–12 和图 50–13 为添加支撑后的模式分析结果。流向和垂向上第一批若干模式的频率增至 0.1Hz 以上，因此证实了涡致振动所致的累积疲劳损伤。

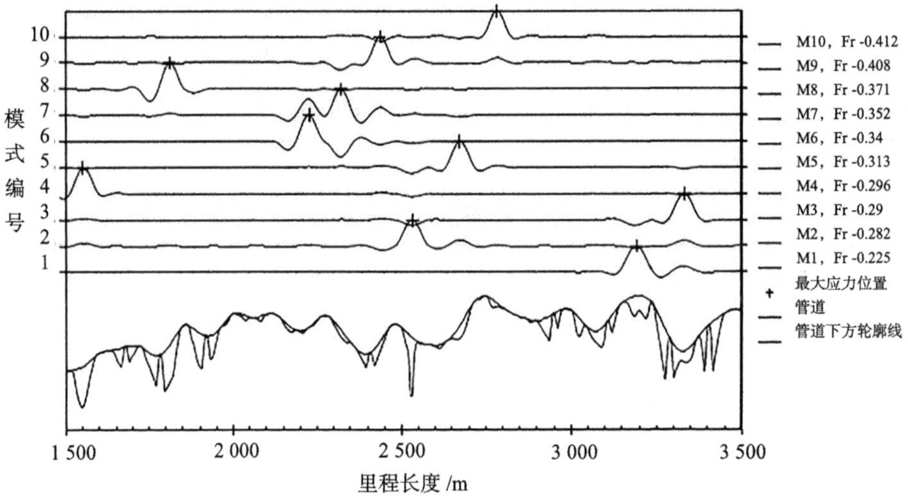

图 50–12　流向模式形状，40in 管道，设有支撑

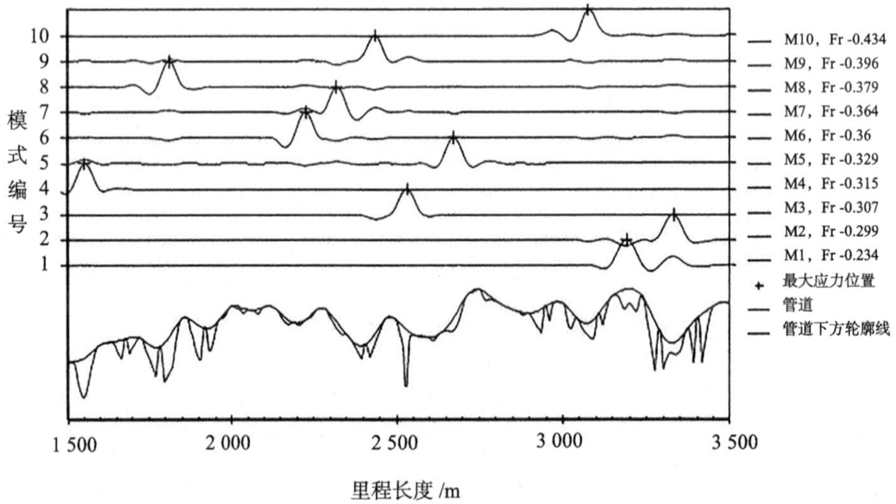

图 50–13　垂向模式形状，40in 管道，设有支撑

参考文献

[1] JP Kenny, Structural Analysis of Pipeline Spans, HSE Books, OTI 93 613, 1993.

[2] DNV, Recommended Practice of Free Spanning Pipelines, DNV-RP-F105, Det Norske Veritas, 2006.

[3] T.I. Grytten and A. Reid, VIVA Guidelines Volume 2 - Theory, J P Kenny A/S, 1999.

[4] JP Kenny, Evaluation of Vortex Shedding Frequency and Dynamic Span Response, HSE Books, OTI 93 614, 1993.

[5] HR Wallingford Ltd, Vibration of Pipeline Spans, HSE Books, OTI 92 555, 1992.

[6] K. Mørk, L. Vitali, and R. Verley, Design Guideline for Free Spanning Pipelines, OMAE 97, 1997.

[7] K. Mørk and O. Fyrileiv, Fatigue Design According to the DNV Guideline for Free Spanning Pipelines, OMAE 98, 1998.

[8] K. Mørk, R. Verley, M. Bryndum and R. Bruschi, Introduction to the DNV Guideline for Free Spanning Pipelines, OMAE 98, 1998.

[9] A. Reid, T.I. Grytten and P.R. Nystrøm, Case Studies in Pipeline Free Span Fatigue, Proc. of ISOPE’ 2000, 2000.

[10] O. Fyrileiv, K. Mørk, M. Chezhian, and G. Sigurdsson, Updated Design Procedure for Free Spanning Pipelines DNV-RP-F105 Multi-mode Response, OMAE 2006- 92098.

[11] A. Pereira, C. Bomfimsilva, L. Franco, L. Tardelli, and U. Eigbe, In-Place Free Span Assessment Using Finite Element Analysis, OMAE 2008-57272.

[12] J. P. Pontaza, R. G. Menon, R. C. Swanson, V. Jhingran, M. Hill, F. Kopp, and J. Hoffman, Fluid-Structure Interaction Simulations of a Pipeline Span Exposed to Sea Bottom Currents, OTC 21070, 2010.

[13] J. Wang, R. Banneyake, S. Huang, R. Jukes and A. Eltaher, The Span Mitigation Analysis with Use of Advance FEA Modeling Techniques, OMAE 2011-50239.

[14] R.D. Blevins, Flow-induced Vibrations. Van Nostrand Reinhold Company, 1977.